ISBN 978-7-313-15291-6
9 787313 152916 >

中華大典

交通運輸典

上海交通大學出版社

《中華大典》工作委員會

主　任： 柳斌傑　金人慶

副主任： 李　彦　于永湛　鄔書林　張少春　李衛紅

委　員： 周和平　陳金泉　李静海　張小影　伍　傑　朱新均　吴尚之　孫　明　王家新　徐維凡　劉小琴　毛羣安　遲　計　曹清堯　彭常新　王志勇　潘教峰　姜文明　王　正　石立英　安平秋　陳祖武　詹福瑞　戴龍基　宋焕起　孫　顒　陳　昕　魏同賢　王建輝　朱建綱　高紀言　莫世行　段志洪　李　維　何學惠　甄樹聲　馮俊科　譚　躍　羅小衛　王兆成

《中華大典》編纂委員會

總主編：任繼愈

副主編：席澤宗　程千帆　戴　逸　吴文俊　柯　俊
傅熹年

編　委：卞孝萱　任繼愈　李明富　余瀛鰲　林仲湘
郁賢皓　馬繼興　袁世碩　席澤宗　陳美東
黃永年　章培恒　張永言　張晉藩　葛劍雄
董治安　程千帆　傅世垣　曾棗莊　龐　樸
趙振鐸　劉家和　潘吉星　錢伯城　戴　逸
楊寄林　穆祥桐　吴文俊　金正耀　戴念祖
柯　俊　金維諾　白化文　汪子春　周少川
孫培青　朱祖延　傅熹年　李　申　郭書春
熊月之　柴劍虹　吴子勇　寧　可　江曉原
鄭國光　吴征鎰　尹偉倫　魏明孔

《中華大典》前言

《中華大典》是運用我國歷代漢文古籍編纂的一部大型工具書。其目的是爲學術界及願意瞭解中國古代珍貴文化典籍的人士提供準確詳實、便於檢索的漢文古籍分類資料。

中國是世界文明古國之一，幾千年來纂寫和聚集的文化典籍浩如烟海。我國歷代都有編纂類書的優良傳統，具有代表性的《永樂大典》等大多已佚失，現存《古今圖書集成》編就距今也已數百年。爲了適應今天和以後研究和檢索的需要，一九八八年海内外三百多位專家學者和各古籍出版社同仁倡議，在已有類書的基礎上，用現代科學方法編纂一部新的類書《中華大典》。

國務院在關於編纂《中華大典》問題的批覆中指出，編纂《中華大典》「是我國建國以來最大的一項文化出版工程」。本書所收漢文古籍上起先秦，下迄清末，約三萬種，達七億多字，分爲二十四個典，近百個分典，内容廣博，規模宏大，前所未有。

《中華大典》的編纂工作堅持科學態度和百花齊放、百家争鳴方針。儘量採用古精校精刻本，優先採用我國建國後文獻學和考古學的優秀成果。對傳統文化中重要的不同學派的資料，兼收並蓄。運用現代圖書分類的方法，對收集到的資料，精選、精編，力求便於檢索、準確可信。

這項工作從開始起就受到中共中央、國務院和有關部門的重視和支持。國家主席江澤民、國務院總理李鵬分别爲《中華大典》題詞。江澤民的題詞是：「同心同德羣策羣力認真編好中華大典爲建設有中國特色的社會主義服務。」李鵬的題詞是：「繼承和弘揚民族優秀傳統文化。」全國政協主席李瑞環、國務委員李鐵映也作了重要指示，要求抓緊辦理。一九九〇年五月，國務院批准《中華大典》爲國家重點古籍整理項目。一九九二年九月，正式成立了《中華大典》工作委員會和《中華大典》編纂委員會，召開了《中華大典》工作、編纂會議。自此，《中華大典》的編纂工作由試點轉入正式啓動，逐步鋪開。

編纂《中華大典》，學術性很强，工作量很大，工程十分艱巨，全賴廣大專家學者和全國各有關高等院校、科研院所、圖書館、出版單位的鼎力支持與積極參與。大家本著弘揚中華民族優秀文化的心願，發揚奉獻精神，克服各種困難，團結協作，給這部巨大類書的出版提供了根本保證。在此謹表示誠摯的謝意。

對本書的批評與建議，我們將十分歡迎。

《中華大典》編纂委員會

一九九七年四月

二〇〇六年十一月修訂

《中華大典》編纂通則

一、性質：《中華大典》（以下簡稱《大典》）是對漢文古籍（含已翻譯成漢文的少數民族古籍）進行全面的、系統的、科學的分類整理和彙編總結的新型類書，是在繼承歷代類書優良傳統、考慮漢文古籍固有特點的基礎上，借鑒和參照近代編纂百科全書的經驗和方法編纂而成。編纂《大典》的目的，是爲學術界及願意瞭解中國古代珍貴文化典籍的人士提供各種分門別類的、準確詳細的古代漢文專題資料。

二、規模和體例：《大典》所收古籍的時限，上自先秦，下迄辛亥革命。全書共收各類漢文古籍三萬餘種，七億多字。全書體例，著重汲取清代《古今圖書集成》所採用的經目和緯目相交織這一統一框架結構的模式，同時參照現代科學的學科、目録分類方法，並根據各類學科内容的實際情況，一般將每一大類學科輯爲一典，也有將幾個相關學科共輯爲一典的。對各典名稱，均以現代學科命名，對於所收入的各種古籍資料，亦儘可能納入現代科學分類體系之中。

三、經目：大典共分二十四個典，即哲學典、宗教典、政治典、軍事典、經濟典、法律典、教育典、語言文字典、文學典、藝術典、歷史典、歷史地理典、民俗典、數學典、物理化學典、天文典、地學典、生物學典、醫藥衛生典、農業典、林業典、工業典、交通運輸典、文獻目録典。典以下以分典、總部、部、分部分級，分部之下的標目根據各學科特點由各典自行擬定。

四、緯目：共設置九項緯目，用以包容各級經目的具體内容：

① 題解：對有關學科的名稱、概念、涵義、特點等作總體介紹的資料。

② 論説：有關理論部分的資料。

③ 綜述：有關學科或事物的系統性資料，凡有關學科或事物的性狀、制度、範疇、特點及學科地位、發展情況等具體内容均編入此緯目中。

④ 傳記：有關人物的傳記資料。

⑤ 紀事：有關學科或事物的具體活動或事例的資料。

⑥ 著録：重要人物或文獻的有關著作資料，如專集介紹、序跋、藏書題記，以及有關著作的成書經過、版本源流等。

⑦ 藝文： 有關屬於文學欣賞性的散文或韻文。

⑧ 雜録： 凡未收入以上各緯目，而又有較高參考價值的資料，均入雜録。

⑨ 圖表： 根據有關經目的内容需要，圖與表附於相關專題之下，或集中彙總於某級經目之後。

《大典》以内容分類安排各級緯目，各級緯目的正文，一般以原書爲單位，按時代順序排列。每一條資料前標明出處，包括書名或作者名、篇名或卷次，以利讀者核對原書。

五、書目： 每分典後附有該分典所收書之書目，書目包括書名、作者、時（年）代、版本等内容。時代以成書時代爲準，成書時代不詳者，以作者主要活動時代爲準，並遵從歷史習慣。

六、版本： 《大典》在選用版本時儘量採用古人的精校精刻本，亦採用學術界通用的近、現代整理圈點本及現代學者校點整理本。

七、校點： 爲儘可能保存古籍原貌，《大典》只對底本中明顯的脱、訛、衍、倒進行勘正。古本中的避諱字一般不作改動，只對缺筆字補足筆畫。後人刻書時避當朝人諱而改動的字，據古本改回。《大典》採用新式標點法。

一九九六年八月

二〇〇六年十一月修訂

《中華大典·交通運輸典》前言

葛劍雄

流動是人類的天性，遷移是早期人類賴以生存繁衍、逃避天災人禍的有效途徑。在長期的遷移中，人類先是利用天然的交通工具，進而發明和運用人造的交通工具和運輸手段，在天然通道的基礎上又開闢交通路綫，設置交通設施，實行交通管理。

《史記·五帝本紀》：「天下有不順者，黄帝從而征之，平者去之，披山通道，未嘗寧居。東至于海，登丸山，及岱宗。西至于空桐，登雞頭。南至于江，登熊、湘。北逐葷粥，合符釜山，而邑于涿鹿之阿。遷徙往來無常處，以師兵爲營衛。」《夏本紀》又載大禹治水時「陸行乘車，水行乘舟，泥行乘橇，山行乘檋，行山栞木」。這些在相當程度上反映了當時的部落或部落集團已經有了很大的活動範圍和頻繁的遷徙，已經能够「披山通道」，涉江渡河，具備了必要的交通工具和設施，也有了大量運輸人員和物資轉運的能力。

在三千二百多年前的商王后婦好墓中出土的和田青玉器物，證明當時已經開通由今南疆的昆侖山通向中原的交通路綫。另外，原産於西亞的小麥傳入中原，公元前二世紀張騫出使大夏時已能找到胡人嚮導，都説明中原與域外的交通路綫存在已久。《史記·夏本紀》載「五服」制度：「令天子之國以外五百里甸服：百里賦納總，二百里納銍，三百里納秸服，四百里粟，五百里米。甸服外五百里侯服：百里采，二百里任國，三百里諸侯。侯服外五百里綏服：三百里揆文教，二百里奮武衛。綏服外五百里要服：三百里夷，二百里蔡。要服外五百里荒服：三百里蠻，二百里流。」雖不可能是夏代已經形成的事實，却説明在分封制時代，交通路綫和里程對於維持統治的重要性。

正因爲如此，早在春秋戰國時期，各國都已有了專門的機構或人員負責管理交通運輸工具和設施的製造、修建和維護。秦始皇滅六國後，實行「車同軌」，統一全國的道路標準，在此基礎上建成高標準的馳道，由首都咸陽通向全國各地。隨著中央集權制度的鞏固，秦漢以降歷朝無不重視遍及全國的驛傳系統和道路網的建設和維護。到清朝最終完成統一的十八世紀中葉，在一千三百多萬平方公里的國土内，形成了聯通每個縣級行政區和重要居民點的驛傳和道路系統。至晚清，鐵路的建成和輪船的使用，則揭開了中國交通運輸史新的一頁，對中國産生了空前的影響。

西周初，被滅的商朝一批遺民遷入洛陽，利用那裏適中的地理位置和四通八達的道路從事貨物貿易，成爲專業商人。商業發展促成物流的增加和商品集散地、交通樞紐的形成，一些諸侯國的都城成爲繁盛的商業、手工業中心，聚集了大批商人和商品。《史記・貨殖列傳》：「夫山西饒材、竹、穀、纑、旄、玉石；山東多魚、鹽、漆、絲、聲色；江南出柟、梓、薑、桂、金、錫、連、丹沙、犀、瑇瑁、珠璣、齒革；龍門、碣石北多馬、牛、羊、旃裘、筋角；銅鐵則千里往往山出棊置，此其大較也。皆中國人民所喜好，謡俗被服飲食奉生送死之具也。」勾勒出一幅當時全國的商品産銷物流圖，而支撑這一商業物流系統的就是遍佈全國的商道。由於重要的水陸幹道優先保證國家公用或軍事目的，民間往往不得不另闢商道，逐步形成了一個完整的商道網路。明清以降，留下不少實用、翔實、詳細的全國性商路資料、手册和地圖。

隨著疆域的擴展，政治中心與經濟發達地區的分離，軍事或邊疆對糧食和物資的需求，使政府對糧食、物資的調撥量不斷增加，範圍不斷擴大。特别是爲了保證首都的糧食供應，歷代都設置了專門的交通工具、設施、路綫，並有專門機構和人員予以管理、支持和維護。春秋時代已開鑿運河，溝通不同水道和水系，充分發揮水運的便利。西漢、隋、唐的長安都離不開關東的漕運，京杭大運河的開通和維持保證了元、明、清北京的首都地位，運河的維護和漕運制度成爲國家不可或缺的基礎，直到近代才爲海運和鐵路所取代。

春秋時代的先民已經開闢了海上航綫，孔子曾表示想「乘桴浮于海」，徐福帶領數以千計的少年、農夫、工匠移民海外。西漢時從徐聞、合浦出發的航綫可駛至南亞的黄支國，唐宋的廣州、泉州、寧波、揚州等地成爲繁榮的外貿港口，鄭和的龐大船隊更遠達東南亞、南亞、西亞、東非，十六世紀以降東南沿海不斷有人由海路外遷。「五口通商」和西方輪船軍艦的來航形成新的海港，洋務運動與早期的民族工業促使中國有了自己的海輪海港，顯現現代海運的雛形。

周穆王西遊的傳説反映了先民的地理觀念，《山海經》的記載則顯示了更廣泛的地理知識和對外界的瞭解。公元前二世紀，張騫及其使團的足跡覆蓋了中亞、南亞，東漢的甘英已經到了波斯灣畔。此後，法顯、玄奘深入印度和南亞各地，鑒真和尚六次東渡終抵日本，杜環在中亞被大食軍俘至巴格達又返回中國。清朝被迫開放後，外交使節、學者、遊客往返於歐、美、亞、澳，足跡遠出前人，留下一批寶貴的記録。

中國疆域遼闊，幅員廣大，地形地貌複雜多樣，既有高山峻嶺、峽谷巖洞、戈壁荒漠，也有江河湖沼、榛莽叢林、海洋島嶼，還有平原丘陵、水鄉澤國、沃土良疇。先民篳路藍縷，以啓山林，創造了各種交通運輸工具，開鑿各條道路，架設各類橋梁，設置各處津渡港口，疏通各地航道，在前工業化時代長期保持著世界上最大規模的交通工具、設施和道路系統的地位。由此形成的豐富文獻記載，不僅是我們瞭解和研究中國古代交通運輸業的重要依據，而且是瞭解和研究中國古代史和古代文明的重要資料。但是除少數例外，這些資料一般分散於浩瀚的古籍之中，其中間接的、零星記録更難查找。爲此，《中華大典·交通運輸典》按交通路綫和里程、驛站、交通工具、交通設施等專題，將傳世歷史文獻中的有關資料收集、輯録、標點和整理，方便讀者查閲或提供一些綫索。

根據《中華大典》體例，本典所輯録的範圍是一九一一年之前用文言撰述的書籍、檔案。個别跨一九一一年，但以一九一一年前爲主的資料，也酌情收録其一九一一年後部分，以保持資料的完整性。對肯定完成於一九一一年前的資料，雖出版於一九一一年後，仍予收録。外國人來華以文言撰寫的資料、外國人以文言撰寫行程記録中國境内部分，同樣收録。晚清以來外國著作的翻譯本一律不收，但經國人翻譯改編的譯著、譯述則視其内容的重要性酌情收録。部分資料附有插圖、地圖，亦視其重要性和清晰程度酌情收録。

二〇一六年一月

《中華大典·交通運輸典》編委會

主　編： 葛劍雄

副主編： 傅林祥

編　委（以姓氏拼音爲序）：

傅林祥　葛劍雄　霍仁龍　路偉東　馬　雷

王大學

中華大典·交通運輸典

總目

中華大典・交通運輸典

交通路綫與里程分典

主　編：葛劍雄　傅林祥

主要編纂人員：

馬　雷　位書海　俞德斌　江培燕

葉江英　魏玉帥　趙龍琨　段　然

王　亮　曹　鑫　季忠平

編纂説明

一、《交通運輸典·交通路綫與里程分典》經目設「交通路綫總部」和「里程總部」。「交通路綫總部」下，設總論、京師、南方、西南、西北、東北、域外幾個部類。「里程總部」下，設總論、分論兩個部類。

二、根據本分典收録内容的特點，除「交通路綫總部」下的「總論部」設有題解、綜述、分述緯目外，其他各部均不設緯目，編排依據原始資料中的標題或另擬標題。

三、交通路綫一般包括從某一地至另一地或數地間，所經地名，時間，里程，運輸工具或手段，道路及設施狀況等，也包括沿途地形地貌，自然和人文景觀，氣候及其他與交通路綫相關的内容。但因作者記録方法各異，原始資料詳略不一，形式和内容無法統一。對原文中與交通路綫無關的内容均已删去，删去部分標明【略】。如删去的是每一段落的最後或段首，則不再標明【略】。同時，爲保持資料的完整性，在無關内容文字不多，或删去後容易引起讀者誤解時，亦予保留。

四、「交通路綫總部·總論部」之下，設題解、綜述和分述三個緯目。「題解」部分所收資料是對各類、各條道路起訖點和名稱的解釋或説明。「綜述」部分收録正史「地理志」（州郡志）、「地理總志」中全國範圍道路的起訖點和里距的概述，以朝代爲序排列。其中康熙《清一統志》與嘉慶《大清一統志》雖係同一種書的不同年代版本，考慮到兩者所用資料前後相差百餘年，均有代表性，故一併收録。「分述」部分收録分路綫或分區域的交通路綫概述，大致按京師（明清北京）、南方、西南、西北、東北、域外的次序排列，同一區域内則按年代先後排列。藩屬國與境外交通路綫一併收録，列於相關方位區域之後。

五、以下各部分别按交通路綫的終點劃分。「京師部」的收録標準是以明清北京（含此前的燕京等）爲終點，「南方部」的收録標準是以南方（大致包括今山東、河南、江蘇、安徽、浙江、江西、湖北、湖南、福建、臺灣、廣東、廣西及相鄰的越南等地）爲終點，「西南部」的收録標準是以西南（大致包括今雲南、貴州、四川、西藏）爲終點，「西北部」的收録標準是以西北（大致包括今陝西、甘肅、新疆、内蒙古、外蒙古和相鄰的今境外部分）爲終點，「東北部」的收録標準是以東北（大致包括今河北、内蒙古東部、遼寧、吉林、黑龍江和相鄰的今境外部分）爲終點，若往返路程終點相同，一般以此行「目的」地爲標準。「域外部」的收録標準是以外國和當時的境外爲終點，個别篇目起點爲「域外」，終點爲國内亦入此。同一部内，按起點的時間先後排列，不分陸路、水路。部分路綫跨不同的區域，則以終點所在爲準。「域外部」按唐、宋、元、明、清排列，清部分則按亞洲、歐美、俄羅斯、澳洲排列，内部以時間爲序。

六、「里程總部」收録全國性、區域性與縣級行政區内的道路起訖、經過地點、連結點、走向與里程的資料。「總論部」收録全國性的資料，按資料形成的時間先後排列。「分論部」收録區域性與縣級行政區内的資料，首列京師，然後按省排列。跨省的資料以出發地爲準，同一區域或政區内按時間先後排列。

七、《交通運輸典》另有《驛傳制度分典》，故明確屬驛程的資料均收録於《驛傳制度分典》。但古代交通路綫與驛程往往很難區别，或者時分時合，有分有合。爲保持資料的完整性，不宜將同一來源的資料分割或删節，因而不免會收録一些驛程資料，但除個别特殊情況外，本分典與《驛傳制度分典》不重複收録。

八、本書所録涉及外國和少數民族的資料，既有不實記録，亦不乏偏見、侮慢的内容，編纂時除删去無關内容，並將「犭」旁改爲「亻」旁外，未作任何改動，使用者當自能識别。

九、本書所收資料以一九一一年底爲截止期。個别完成於截止期之前，所記内容亦爲截止期前，但出版於截止期後的資料，亦同樣收録。

十、譯書一概不收。外國人以漢文所著來中國的行記或交通路綫，凡在中國部分照收。外國人在中國所著漢文著作酌收，中國人譯編、譯述著作照收。

十一、每一條資料都標明出處。按《中華大典》編纂體例規定，一般爲作者、書名、卷次、篇名，正史、總志等省略作者或卷次，類書或無篇名者用卷次，方志一般標明成書年號。同書而書名不統一者依原書。同名異書以作者或年號區别。各書内容完全相同者，一般選取時代較早者，其他注明「並見」某書。同書不同篇，或中間經删節者，同書省書名，同篇省篇名，在所引資料前加「又」字。但如資料編排相距較遠，爲便於使用者識别，仍標全出處。

十二、所收資料一依底本，訛、衍字用圓括號表示，正、補字用方括號表示。明顯筆誤徑改，省略用【略】標出。但如省略處於段落之末或之首，則不用【略】。正文中的注文用小一號字，部分古籍雖有大小字，但小字亦屬正文，如《讀史方輿紀要》等，本書則統一用正文字號，不加區别。

十三、因《中華大典》體例所限，本書所録資料大多不是全文，爲便於讀者使用，對不見於所録内容中的時間（如年號、年份、月份等）、地點（如所屬政區或涉及政區等）、人名（如姓氏、全名等）以及首次出現的簡稱之全稱等，均以方括號補全。

十四、通假字、古今字、異體字等，原則上保留不改。清代以前避諱字一般不改，清代則徑改。

十五、書末附「引用書目」，包括書名、作者或編者名、版本等信息。以正史爲各朝代著作之首，其他大體按時間先後排列。個别引用極少又非稀見者從略。

目録

交通路綫總部

西北部……五五四

東北部……七二五

域外部……七六四

里程總部

交通路綫總部

總論部

題解

《史記》卷二《夏本紀》 禹【略】陸行乘車，水行乘船，泥行乘橇，山行乘檋。左準繩，右規矩，載四時，以開九州，通九道，陂九澤，度九山。【略】禹乃行相地宜所有以貢，及山川之便利。

《元和郡縣圖志》卷三《關内道三》 秦故道在[襄樂]縣東八十里子午山。始皇三十年，向九原抵雲陽，即此道也。

《史記》卷二九《河渠書》 其後人有上書，欲通褒斜道及漕事，下御史大夫張湯。湯問其事，因言：「抵蜀從故道，故道多阪，回遠。今穿褒斜道，少阪，近四百里；而褒水通沔，斜水通渭，皆可以行船漕。漕從南陽上沔入褒，褒之絶水至斜，間百餘里，以車轉，從斜下下渭。如此，漢中之穀可致，山東從沔無限，便於砥柱之漕。且褒斜材木竹箭之饒，擬於巴蜀。」天子以爲然，拜湯子卬爲漢中守，發數萬人作褒斜道五百餘里。道果便近，而水湍石，不可漕。

《元和郡縣圖志》卷二二《山南道三》 漢孝武帝時，人欲通褒斜道及漕事，下御史大夫張湯。湯問其事，因言：「抵蜀從故道，多坂，迴遠。今開褒水至斜，間百餘里，以車轉，從斜下渭。如此，漢中之穀可致，山東從沔無限，便斗砥柱之漕。且褒、斜林木竹箭之饒，擬於巴蜀。」天子然之，拜湯子卬爲漢中守，發數萬人作褒斜道五百里，道果便近，而水多湍石，不可漕，遂止。

又 褒斜道，一名石牛道，張良令漢王燒絶棧道，示無還心，即此道也。諸葛亮與兄瑾書曰：「前趙子龍退軍，燒壞赤崖，以北閣道緣谷百餘里，其閣梁一頭入山腹，立柱於水。今水大而急，不可安柱，不可强也。」

《關中勝蹟圖志》卷二二《古蹟》 關中入蜀之道，自古有三。一曰褒斜道，南口曰褒，在褒城縣；北口曰斜，在鳳翔府郿縣。秦惠王取蜀之道也。一曰儻駱道，南口曰儻，在洋縣；北口曰駱，在西安府盩厔縣。魏曹爽侵蜀之道也。一曰子午道，南口曰午，在洋縣；北口曰子，在西安府長安縣。蜀魏延欲假奇兵入長安之道也。今之棧道，蓋即古之褒斜，而駱谷、子午，山徑險僻，僅爲間道焉。

《元和郡縣圖志》卷二二《山南道三》 小劍故城，在縣西南五十一里。小劍城去大劍戍四十里，連山絶險，飛閣通衢，故謂之劍閣道。自縣西南踰小山入大劍口，即秦使張儀、司馬錯伐蜀所由路也，亦謂之石牛道。又有古道，自縣東南經益昌戍，又東南入劍州晉安縣界，即鍾會伐蜀之路也。

又卷三三《劍南道下》 劍閣道，自利州益昌縣界西南十里，至大劍鎮合今驛道。秦惠王使張儀、司馬錯從石牛道伐蜀，即此也。後諸葛亮相蜀，又鑿石駕空爲飛梁閣道，以通行路。初，李特入漢川，至劍閣，顧眄曰：「劉禪有如此地，而面縛於人，豈非庸才。」

《太平寰宇記》卷一三五《山南西道三》 石劍閣道，秦使張儀、司馬錯伐蜀所由，亦謂石牛路也。

《明一統志》卷三四《漢中府》 石牛道，在褒城縣境，即五丁所開之路。東漢永平中，司隸陽厥又鑿而廣之。

嘉慶《大清一統志》卷三九一《保寧府二》 石牛道，在劍州東北。《華陽國志》：秦惠王謀伐蜀，乃作石牛五頭，朝瀉金其後，曰牛便金。蜀人悦之，有養卒百人，使之請石牛。惠王許之，乃遣五丁迎石牛入蜀。至周慎靚王五年，秦大夫張儀、司馬錯等，從石牛道伐蜀滅之。《元和志》：即劍閣道也。

《關中勝蹟圖志》卷二〇《名山》 石牛道，即金牛道。自沔縣西南至四川之大劍關口，皆謂之金牛道。考漢中入蜀之道有二，其一即金牛，其一謂之米倉，自南鄭而南循山嶺，達於四川之巴州。曹操擊張魯，魯奔南山，入巴中，乃米倉道也。今驛路所趣，蓋金牛道，而米倉爲僻徑焉。

《明一統志》卷三四《漢中府》 棧道，在褒斜谷中，即漢張良説高祖燒絶之處。元時有板閣二千八百九十餘間，今仍構葺。唐人詩：梁州秦嶺西，棧道與雲齊。

又 陳倉道，在沔縣東北二十里。由百丈坡入山，今荒塞。蜀漢諸葛亮出散關圍陳倉，曹操自陳倉出散關，即此。

雍正《陝西通志》卷一一《山川四》 由鳳縣南桑坪鋪而入沔縣，至百丈坡而出，路長二百里，爲古陳倉道，今荒塞。《輿程記》。

《漢書》卷九九上《王莽傳上》 [元始五年]其秋，莽以皇后有子孫瑞，通子午道。子午道從杜陵直絶南山，徑漢中。師古曰：「子，北方也。午，南方也。

言通南北道相當，故謂之子午耳。今京城直南山有谷通梁、漢道者，名子午谷。又宜州西界，慶州東界，有山名子午嶺，計南北直相當。此則北山者是子，南山者是午，共爲子午道。」

《元和郡縣圖志》卷一《關内道一》 子午關，在〔長安〕縣南百里。王莽通子午道，因置此關。魏遣鍾會統十萬餘衆，分從斜谷、駱谷、子午谷趨漢中。晉桓温伐秦，命司馬勳出子午道。今洋州東二十里曰龍亭，此入子午谷之路，梁將軍王神念以舊道緣山避水，橋梁多壞，乃别開幹路，更名子午道，即此路是也。

又卷二二《山南道三》 故鐵城，在〔黄金〕縣西北八十里。城在山上，言其險峻，故以「鐵」爲名。昔氐帥楊難當寇漢川，令魏興太守薛健據黄金戍，姜寶據鐵城，宋遣梁州刺史蕭思話攻拔之。驛即子午道也，舊道在今金州安康縣界，梁將軍王神念以舊子午道緣山避水，橋梁百數，多有毁壞，乃别開幹路，更名子午道，即此路是也。

《史記》卷六《秦始皇本紀》 〔秦始皇二十七年〕治馳道。《集解》應劭曰：「馳道，天子道也，道若今之中道然。」《漢書·賈山傳》曰：「秦爲馳道於天下，東窮燕齊，南極吴楚江湖之上，濱海之觀畢至。道廣五十步，三丈而樹，厚築其外，隱以金椎，樹以青松。」

《漢書》卷五一《賈山傳》 〔秦〕爲馳道於天下，東窮燕齊，南極吴楚，江湖之上，瀕海之觀畢至。道廣五十步，三丈而樹，厚築其外，隱以金椎。服虔曰：「作壁如甬道。隱築也，以鐵椎築之。」師古曰：「築令堅實而使隆高耳，不爲甬壁也。隱，音於靳反。」樹以青松，爲馳道之麗至於此，使其後世曾不得邪徑而託足焉。

《史記》卷一一〇《匈奴列傳》 〔秦蒙恬〕通直道，《索隱》蘇林云：「去長安八千里，正南北相直道也。」自九原至雲陽，《索隱》韋昭云：「九原，縣名，屬五原也。」《正義》《括地志》云：「勝州連谷縣，本秦九原郡，漢武帝更名五原。雲陽雍縣，秦之林光宫，即漢之甘泉宫在焉。」又云：「秦故道在慶州華池縣西四十五里子午山上。自九原至雲陽，千八百里。」因邊山險塹谿谷可繕者治之，起臨洮至遼東萬餘里。《索隱》韋昭曰：「臨洮，隴西縣。」《正義》《括地志》云：「秦隴西郡臨洮縣，即今岷州城。本秦長城首，起岷州西十二里，延袤萬餘里，東入遼水。」

《資治通鑑》卷七 〔秦始皇〕三十五年，使蒙恬除直道，道九原，抵雲陽，塹山堙谷，千八百里，數年不就。

《史記》卷一一六《西南夷列傳》 秦時常頞略通五尺道。《索隱》謂：棧道廣五尺。《正義》：《括地志》云五尺道在郎州。顔師古云其處險阨，故道纔廣五尺。如淳云道廣五尺。諸此國頗置吏焉。

《漢書》卷九五《西南夷兩粵朝鮮傳》 秦時嘗破，略通五尺道，師古曰：其處險阸，故道纔廣五尺。諸此國頗置吏焉。

《元和郡縣圖志》卷三一《劍南道上》 戎州，【略】古僰國也。初，秦軍破滇，通五尺道。至漢武帝建元六年，遣唐蒙發巴蜀卒通西南夷，自僰道抵牂柯，鑿石開道二十餘里，通西南夷，置僰道縣，屬犍爲郡。

《史記》卷一一六《西南夷列傳》 〔唐〕蒙乃上書説上曰：「南越王黄屋左纛，地東西萬餘里，名爲外臣，實一州主也。今以長沙、豫章往，水道多絶，難行。竊聞夜郎所有精兵，可得十餘萬，浮船牂牁江，出其不意，此制越一奇也。誠以漢之强，巴蜀之饒，通夜郎道，爲置吏，易甚。」上許之。

《漢書》卷九五《西南夷兩粵朝鮮傳》 唐蒙曰：「【略】誠以漢之强，巴蜀之饒，通夜郎道，爲置吏，甚易。」上許之。

《史記》卷一二《孝武本紀》 其明年，上郊雍，通回中道，巡之。《集解》：徐廣曰在扶風汧縣。

《漢書》卷六《武帝紀》 〔元封〕四年冬十月，行幸雍，祠五時。通回中道，應劭曰：「回中在安定高平，有險阻，蕭關在其北，通治至長安也。」孟康曰：「回中在北地，有山險，武帝故宫。」如淳曰：「《三輔黄圖》云回中宫在汧也。」師古曰：「回中在安定，北通蕭關。應説是也。而云治道至長安，非也。蓋自回中通道以出蕭關，孟、如二家皆失之矣。回中宫在汧者，或取安定回中爲名耳，非今所通道。」遂北出蕭關，歷獨鹿、鳴澤，自代而還。

《後漢書》卷二〇《王霸傳》 〔建武十三年〕是時，盧芳與匈奴、烏桓連兵，寇盜尤數，緣邊愁苦。詔〔王〕霸將弛刑徒六千餘人，與杜茂治飛狐道。飛狐道在今蔚州飛狐縣，北通嬀州懷戎縣，即古之飛狐口也。堆石布土，築起亭障，自代至平城三百餘里。

《元和郡縣圖志》卷一四《河東道三》 飛狐道，自〔飛狐〕縣北入嬀州懷戎縣界，即古飛狐口也。酈食其説漢王曰：「杜白馬之津，塞飛狐之口。」此言皆一方之阨也。又劉琨自代出飛狐口奔於安次，亦謂此道也。

《明一統志》卷二一《大同府》 飛狐道，在廣昌縣北，入懷仁縣界。漢酈食其説高祖塞飛狐之口，謂此。

《後漢書》卷三三《鄭弘傳》　舊交阯七郡貢獻轉運，皆從東冶汎海而至，風波艱阻，沉溺相係。[鄭]弘奏開零陵、桂陽嶠道，於是夷通，至今遂爲常路。

《漢書》卷六一《張騫傳》　天子欣欣以[張]騫言爲然。迺令因蜀犍爲發間使，數道並出：出駹，出莋，出徙，邛，出僰，皆各行一二千里。

《三國志》卷一《魏書武帝紀》　[建安十二年]秋七月，大水，傍海道不通，田疇請爲鄉導，公從之。引軍出盧龍塞，塞外道絶不通，乃塹山堙谷五百餘里，經白檀，歷平剛，涉鮮卑庭，東指柳城，未至二百里，虜乃知之。

《太平寰宇記》卷七〇《河北道十九》　[盧龍縣]盧龍道，《魏志》曰：曹公北征烏丸，田疇自盧龍道引軍出盧龍塞，塹山堙谷五百餘里，經白檀，歷平岡，登白狼，望柳城。即此道也。一謂之盧龍塞，在今郡城西北二百里。

《三國志》卷二八《魏書鄧艾傳》　[景元四年]冬十月，艾自陰平道行無人之地七百餘里，鑿山通道，造作橋閣，山高谷深，至爲艱險。

《元和郡縣圖志》卷二二《山南道三》　鄧艾故城在縣東七里。魏景元四年，鄧艾伐蜀，上言：「今敵既摧折，宜遂乘之。從陰平，由斜徑，經漢德陽亭出劍閣，西百里，去成都三百餘里，奇兵衝其腹心，破之必矣。」遂自陰平道伐蜀，蓋此時所築城也。

《明一統志》卷三五《鞏昌府》　陰平道，《同谷志》云：秦蜀出入兵之路又有陰平道，今爲蜀門户。鍾會伐蜀，姜維請備陰平，後主不從，故及於難。今麻關谷口有鄧艾、姜維故城。

《太平寰宇記》卷六《河南道六》　晉王斜路，即《漢書・地理志》函谷關路也。西接湖城縣，東至此[靈寶]縣界六十一里，已廢。開皇九年，晉王自揚州回，復此路，因名晉王斜路，至今不絶。

《元和郡縣圖志》卷五《河南道一》　二崤山，又名嵚崟山，在[永寧]縣北二十八里。春秋時秦將襲鄭，蹇叔哭送其子曰：「晉人禦師必於崤。崤有二陵，其南陵夏后皋之墓，北陵文王之所避風雨，必死是間。」漢建安中，曹公西討巴、漢，惡其險，更開北山道路，多從之。路側有石，銘曰：「晉太康三年，弘農太守梁柳修復舊道。」《西征記》：「崤上不得鳴鼓角，鳴則風雨總至。」自東崤至西崤三十五里。東崤長坂數里，峻阜絶澗，車不得方軌。西崤全是石坂十二里，險絶不異東崤。

《資治通鑑》卷一八〇　[大業元年三月]廢二崤道，開葼册道。《左傳》：晉禦秦師於殽，殽有二陵焉。南陵，夏后皋之墓也。北陵，文王所以避風雨也。酈道元曰：言山徑委深，峰阜交陰，故可以避風雨。《水經》有盤崤、石崤、千崤之山。盤崤之山，崤水所出也。石崤之山，石崤水所出也。所謂崤有二陵，則石崤之山也。千崤之山，千崤之水出焉，其水北流瀍、洛二道。漢建安中，曹公西討，惡南路之嶮，更開北道，自後行旅率多從之。山側附路，有石銘云：「晉太康三年，弘農太守梁柳修復故道。」太崤以東，東、西崤以西，明非一崤也。《魏書・地形志》：恒農郡有崤縣，太和十一年置，縣有三崤山。《志》：又有西恒農郡，治恒農縣，有桃林。《隋志》：河南郡桃林縣，開皇十六年置，有上陽宫。陝縣，後魏置陝州恒農郡，後周又置崤郡，開皇初郡廢，大業初州廢，置恒農宫。又熊耳縣，後周置，有後魏崤縣，大業初廢，有二崤及峽石山。《新唐志》：陝州峽石縣，本崤，移治峽石塢，有繡嶺宫。靈寶縣，本桃林，古函谷關在縣西，有桃源宫。洛州永寧縣，本熊耳，西五里有崎岫宫，南三十三里有蘭峰宫。此皆東、西二京往來緣道離宫，雜出於隋、唐所置，不載所謂葼册道，不知此道起於何所，入於何所。《山海經》曰：夸父之山，在湖縣西九里，其山多棕枏，其北曰桃林。或者「棕枏」字後訛爲「葼册」，遂爲葼册道歟？無徵不信，又當博考。杜佑曰：隋大業七年，移潼關道於南北鎮城間，坑獸檻谷置，去舊關四里。

《隋書》卷二四《食貨志》　煬帝即位，【略】又自板渚引河，達於淮海，謂之御河。河畔築御道，樹以柳。

《資治通鑑》卷一八〇　[大業元年三月]辛亥，命尚書右丞皇甫議發河南、淮北諸郡民，前後百餘萬，開通濟渠。自西苑引穀、洛水達於河；復自板渚引河歷滎澤入汴；又自大梁之東引汴水入泗，達於淮；又發淮南民十餘萬開邗溝，自山陽至楊子入江。渠廣四十步，渠旁皆築御道，樹以柳。

《隋書》卷三《煬帝紀上》　[大業三年五月]戊午，發河北十餘郡丁男，鑿太行山，達於并州，以通馳道。

《元和郡縣圖志》卷二二《山南道三》　駱谷路，在今洋州西北二十里，州至谷四百二十里。晉司馬勳出駱谷，破趙戍壁於懸鉤，去長安二百里。按：駱谷在長安西南，南口曰儻谷，北口曰駱谷。

《新唐書》卷四〇《地理志四》　興道，【略】有駱谷路，南口曰儻谷，北口曰駱谷。

嘉慶《清一統志》卷二三七《漢中府一》　儻谷，在洋縣北，即駱谷南口。

《唐書・地理志》：興道有駱谷路，南口曰儻谷，北口曰駱谷。《元和志》：儻谷一名駱谷，在興道縣北三十里。《輿地紀勝》：駱谷在真符縣，屈曲八十里，凡八十四盤。《明統志》：在洋縣北三十里。

《唐會要》卷七三《安北都護府》 ［貞觀二十一年］於是回紇等請於回紇以南、突厥以北置郵驛，總六十(人)［八］所，以通北荒，號爲參天可汗道，每通貢豐貂皮以充賦稅。

《資治通鑑》卷一九八 ［貞觀二十一年正月丙申］諸酋長奏稱：「臣等既爲唐民，往來天至尊所，如詣父母，請於迴紇以南、突厥以北開一道，謂之參天可汗道，置六十八驛，各有馬及酒肉以供過使，歲貢貂皮以充租賦，仍請能屬文人，使爲表疏。」上皆許之。於是北荒悉平，然迴紇吐迷度已私自稱可汗，官號皆如突厥故事。

《舊唐書》卷七四《崔湜傳》 初，湜景龍中獻策開南山新路，以通商州水陸之運，役徒數萬，死者十三四。仍嚴錮舊道，禁行旅，所開新路以通，竟爲夏潦衝突，崩壓不通。至是追論湜開山路功，加銀青光禄大夫。

《新唐書》卷三七《地理志一》 商州，【略】貞元七年，刺史李西華自藍田至内鄉開新道七百餘里，迴山取塗，人不病涉，謂之偏路，行旅便之。

又卷三八《地理志二》 偃師，【略】天寶七載，尹韋濟以北坡道迂，自縣東山下開新道，通孝義橋。

又卷四一《地理志五》 益陽，【略】永泰元年，都督翟灌自望浮驛開新道，經浮丘至湘鄉。

又卷四三上《地理志七上》 始興，【略】有大庾嶺新路，開元十六年詔張九齡開。

《舊唐書》卷一七《文宗紀下》 ［開成元年五月］丙寅，昭義奏開夷儀山路，通太原、晉州，從之。

方回《續古今考》卷九 棧道。師古曰：「棧」即「閣」也，今謂之閣道。劉禹錫有《山南西道新修驛路記》，有云：我之提封踞右扶風，觸劍閣，千一百里。自散關抵褒城，次舍十有五。自褒而南踰利州，至於劍閣，十有七。道塗次舍可見於此。

《元和郡縣圖志》卷四《關内道四》 又頃年每有回鶻消息，常須經太原取驛路至闕下，及奏報到，已失事宜。今自新宥州北至天德，置新館十一所，從天德取夏州乘傳奏事，四日餘便至京師。

《新唐書》卷二二二下《南蠻傳》 雅州西有通吐蕃道三，曰夏陽，曰夔松，曰始陽，皆諸蠻錯居，凡部落四十六。

《續資治通鑑長編》卷六一 ［景德二年九月丁未］詔興州青泥路依舊置驛，其新開白水路亦任商旅往來。

雍正《陝西通志》卷三六《驛傳》 ［宋仁宗至和二年］冬，利州路轉運使李虞卿以蜀道青泥嶺舊路高峻，請開白水路，自鳳州河池驛至長舉驛五十里有半，以便公私之行。具上未報，即預晝材費以待。知鳳州河池縣事、殿中丞王令圖首建路議，路去縣地且十五餘里，部屬陝西，即移文令圖通幹其事。明年秋七月，奏可。十二月，諸功告畢。作閣二千三百九間，郵亭、營屋、綱院三百八十三間。減舊路三十三里，廢青泥一驛，除郵兵驛馬一百五十六人騎，歲省驛廪鋪粮五千石，畜草一萬束。宋雷簡夫《新開白水路記》。

《新唐書》卷三八《地理志二》 湖城，【略】縣東故道濱河，不井汲，馬多渴死。天寶八載，館驛使、御史中丞宋渾開新路，自稠桑西由晉王斜。

《續資治通鑑長編》卷七四 ［大中祥符三年八月乙亥］自京師往河中府有二路，一由陝州浮梁歷白徑嶺，一由三亭渡渡河。司天保章正賈周言：二路巖險湍迅，不若出潼關，過渭、洛二水，趨蒲津，地頗平坦，雖興工，不過數十里。事下，陳堯叟等請如周所議，而渭水當同州新市鎮多灘磧，自此稍南而西紆行十數里，狹處可連舟爲橋。又洛河上亦爲浮梁，直抵河中。復以稠桑舊路緣崖西南有峭壁，或霖潦，多摧圮，乃徙路自靈寶縣南入虢州。路至函谷關，與漢武廟前舊路相合。

綜　述

《宋書》卷三五《州郡志一》 會稽太守【略】去京都水一千三百五十五，陸同。

吳郡太守【略】去京都水六百七十，陸五百二十。

吳興太守【略】去京都水九百五十，陸五百七十。

淮南太守【略】去京都水一百七十，陸一百四十。

宣城太守【略】去京都水五百八十，陸五百。

東陽太守【略】去京都水一千七百，陸同。

臨海太守【略】去京都水二千一十九，陸同。
永嘉太守【略】去京都水二千八百，陸二千六百四十。
新安太守【略】去京都水一千八百六十，陸一千八百。
南徐州刺史【略】去京都水二百四十，陸二百。
南琅邪太守【略】去州水二百，陸一百。去京都水一百六十。
晉陵太守【略】去州水一百七十五，陸同。去京都水四百，陸同。
義興太守【略】去州水四百，陸同。去都水四百九十，陸同。
徐州刺史【略】彭城去京都水一千三百六十，陸一千。
沛郡太守【略】去州陸六十。去京都一千。
下邳太守【略】去州水二百，陸一百八十。去京都水一千一百六十，陸八百。
蘭陵太守【略】去州陸二百。去京都水一千六百，陸一千三百。
東海太守【略】去州水一千，陸八百。去京都水一千，陸六百七十。
東莞太守【略】去州陸七百。去京都水二千，陸一千四百。
東安太守【略】去州陸七百。去京都陸一千三百。
琅邪太守【略】去州陸四百。去京都水一千五百，陸一千一百。
淮陽太守【略】去州水六百，陸五百。去京都水七百，陸五百五十。
鍾離太守【略】去京都陸六百二十，水一千三十。
馬頭太守【略】去京都水一千七百五十，陸六百七十。
南兗州刺史【略】去京都水二百五十，陸一百八十。
海陵太守【略】去州水一百三十，陸同。去京都水三百九十，陸同。
山陽太守【略】去州水三百，陸同。去京都水五百，陸同。
盱眙太守【略】去州水四百九十，陸二百九。去京都水七百，陸五百。
秦郡太守【略】去州水二百四十一，陸一百八十。去京都水一百五十，陸一百四十。
兗州刺史
泰山太守【略】去州陸八百。去京都陸一千八百。
高平太守【略】去州陸二百二十。去京都陸一千三百三十。
魯郡太守【略】去州陸三百五十。去京都陸一千一百。
東平太守【略】去州水五百，陸同。去京都水二千，陸一千四百。
濟北太守【略】去州陸七百。去京都水二千，陸一千五百。
又卷三六《州郡志二》 南豫州刺史【略】去京都水一百六十。
南譙太守【略】去州水五百四十，陸一百七十。去京都水七百，陸五百。
廬江太守【略】去州水二千七百二十，陸四百七十。去京都水一千一百，陸六百三十一。
南汝陰太守【略】去州陸三百。去京都水一千，陸五百三十。
南梁太守【略】去州水一千八百，陸五百。去京都水一千七百，陸七百。
晉熙太守【略】去州陸八百，無水。去京都水一千二百，無陸。
弋陽太守【略】去州陸一千一百，去京都水闕。
豫州刺史
汝南太守【略】去州水一千，陸七百。去京都水三千，陸一千五百。
新蔡太守【略】去州陸六百。去京都水二千五百，陸一千四百。
譙郡太守【略】去州陸道三百五十。去京都水二千，陸一千二百。
梁郡太守【略】去州陸一百六十。去京都水九百。
陳郡太守【略】去州陸七百六十。去京都水一千四百五十。
南頓太守【略】去州七百六十。去京都陸一千四百五十。
潁川太守【略】去州一千。去京都陸一千八百。
汝陽太守【略】去州二百。去京都陸一千四百，水三千五百。
江州刺史【略】去京都水一千四百。
豫章太守【略】去州水六百，陸三百五十。去京都水一千九百，陸二千一百。
鄱陽太守【略】去州水四百四十。去京都水一千八百四十，陸二千六十。
臨川內史【略】去州水一千一百，陸一千二十。去京都水二千八百三十，陸三千。
廬陵太守【略】去州水二千，陸一千六百。去京都水三千六百。
安成太守【略】去州水三千三百，陸三千六百。去京都水三千七百，無陸。
南康公相【略】去州水三千七百四十。去京都水三千八十。
南新蔡太守【略】去州水二百。去京都水一千三百七十，陸一千八百八十。

建安太守【略】去州水二千三百八十。去京都水三千四十，並無陸。
晉安太守【略】去州水三千九百九十。去京都水三千五百八十。
青州刺史【略】去京都陸二千。
濟南太守【略】去州陸四百。去京都二千四百。
樂安太守【略】去州陸一百八十。去京都陸一千八百。
高密太守【略】去州陸二百。去京都陸一千六百。
平昌太守【略】去州陸二百。去京都陸一千七百。
東萊太守【略】去州陸五百。去京都二千一百。
太原太守【略】去州陸五百。去京都一千八百。
長廣太守【略】去州五百。去京都一千九百五十。
冀州刺史【略】去京都陸二千四百。
廣川太守【略】去州陸一百六十。去京都陸一千九百八十。
清河太守【略】去州一百一十。去京都陸一千八百。
樂陵太守【略】去州一百四十。去京都陸一千八百。
司州刺史【略】去京都水二千七百，陸一千七百。
隨陽太守【略】去京都三千四百八十。
安陸太守【略】去京都水二千三百。

又卷三七《州郡志三》 荆州刺史【略】去京都水三千三百八十。
南平内史【略】去州水二百五十。去京都水三千五百，無陸。
天門太守【略】去州水一千二百，陸六百。去京都水三千五百。
宜都太守【略】去州水三百五十，無陸。去京都水三千七百三十。
巴東公相【略】去州水一千三百。去京都水四千六百八十。
汶陽太守【略】去州水七百，陸四百。去京都四千一百。
南河東太守【略】去州水一百二十。去京都水三千五百。
建平太守【略】去州水陸一千。去京都水四千三百八十。
永寧太守【略】去州陸六十。去京都三千四百三十。
郢州刺史【略】去京都水二千一百。
竟陵太守【略】去州水一千四百。去京都水三千四百。
武陵太守【略】去州水一千。去京都水三千。
巴陵太守【略】去州水五百。去京都水二千五百。
武昌太守【略】去京都水一千一百。
西陽太守【略】去州水二百八十。去京都水一千七百二十。
湘州刺史【略】去京都水三千三百。
衡陽内史【略】去州水二百二十。去京都水三千七百。
桂陽太守【略】去州水一千四百。去京都水四千九百四十。
零陵内史【略】去州一千四百。去京都水四千八百。
營陽太守【略】去州水一千七百一。去京都水五千五百五十。
湘東太守【略】去州水陸七百。去京都水三千六百。
邵陵太守【略】去州水七百，陸一千三百。去京都水四千五百。
廣興公相【略】去州水二千三百九十。去京都水五千。
臨慶内史【略】去州水陸二千八百。去京都水陸五千五百七十。
始建内史【略】去州水二千八十，陸二千六百三十。去京都水五千五百九十。
雍州刺史【略】去京都水四千四百，陸二千一百。
南陽太守【略】去州三百六十。去京都水四千四百。
新野太守【略】去州一百八十。去京都水四千五百八十。
河南太守【略】去州陸三十五。
梁州刺史
魏興太守【略】去州一千二百。去京都水六千七百。
新城太守【略】去州陸一千五百。去京都水五千三百。
上庸太守【略】去州陸二千三百。去京都水六千七百。
晉壽太守【略】去州陸一千二百。去京都水一萬。
北巴西太守【略】去州一千四百。去京都水九千九百。
宋熙太守【略】去州七百。去京都九千八百。

又卷三八《州郡志四》 益州刺史【略】去京都水九千九百七十。
廣漢太守【略】去州陸六百。去京都水九千九百。
巴郡太守【略】去州内水一千八百，陸五百，外水二千二百。去京都水六千。
汶山太守【略】去州陸一百。去京都水一萬。
犍爲太守【略】去州陸九十。去京都水一萬。

晉原太守【略】去州陸一百二十。去京都水一萬。
安固太守【略】去州一百三十。去京都水一萬。
新城太守【略】去州闕。去京都九千五百三十。
南晉壽太守【略】去州一百二十。去京都水一萬。
東江陽太守【略】去州一千五百八十。去京都水八千九十。
寧州刺史【略】去京都一萬三千三百。
晉寧太守【略】去州七百三十。去京都水一萬三千七百。
牂牁太守去州一千五百。去京都水一萬二千。
平蠻太守【略】去京都水一萬三千。
夜郎太守【略】去州一千。去京都水一萬四千。
朱提太守【略】去州七百二十。去京都水一萬四千六百。
南廣太守【略】去州水二千三百。去京都水一萬四百。
建都太守【略】去州二千。去京都水一萬五十。
西平太守【略】去州二千三百。去京都水一萬五千三百。
西河陽太守【略】去州二千五百。去京都水一萬五千五百。
東河陽太守【略】去州二千。去京都水一萬五千。
興寧太守【略】去州一千五百。去京都水一萬四千五百。
雲南太守【略】去州一千五百。去京都水一萬四千五百。
興古太守【略】去州二千三百。去京都水一萬六千。
梁水太守【略】去州水三千。去京都水一萬六千。
廣州刺史【略】去京都水五千二百。
蒼梧太守【略】去州水八百。去京都水五千五百九十。
晉康太守【略】去州水五百。去京都水五千八百。
新寧太守【略】去州水六百二十。去京都水五千六百。
永平太守【略】去州水一千二百。去京都水五千四百。
鬱林太守【略】去州水一千六百。去京都水七千九百。
桂林太守【略】去州水一千五百七十五。去京都水六千八百。
高涼太守【略】去州水一千一百，去京都水六千六百。
新會太守【略】去州三百五十。
東官太守【略】去州水三百七十。去京都水五千六百七十。
義安太守【略】去州三千五百。去京都水八千九百。
宋康太守【略】去州水九百五十。去京都水五千九百七十。
綏建太守【略】去州闕。
海昌太守【略】去州水六百五十。去京都水五千四百九十四。
宋熙太守【略】去州水三百四十五，去京都水五千二百。
交州刺史【略】去京都水一萬。
武平太守【略】去州水二百一十，陸闕。
九真太守【略】去州水八百。去京都水一萬一百八十。
九德太守【略】去州水九百。去京都水一萬九百。
日南太守【略】去州水二千四百。去京都水一萬六百九十。
合浦太守【略】去京都水一萬八百。

《元和郡縣圖志》卷一《關内道一》 京兆府【略】府境：東西三百一十里，南北四百七十里。八到：東至東都八百三十五里。東南至商州二百六十五里。西南至洋州六百三十里。東至華州一百八十里。南取庫谷路至金州六百八十里。正西微北至鳳翔三百一十里。西北至邠州三百里。東北至坊州三百五十里。正東微北至同州二百五十里。

又卷二《關内道二》 華州【略】州境：東西一百六十四里，南北一百四十里。八到：西至上都一百八十里。東至東都六百八十里。東至潼關一百二十里。東至虢州二百二十里。東北至同州八十里。南至商州山路二百七十里。

同州【略】州境：東西一百一十二里，南北二百三十五里。八到：西至上都二百五十里。東至東都六百五十里。東至蒲津關六十里。南至華州八十里。西北至坊州二百五十里。

鳳翔府【略】府境：東西一百八十三里，南北三百八十九里。八到：東至上都三百一十里。東至東都一千一百七十里。東北至邠州二百三十里。南取太白山路至興元府六百里。西南至鳳州二百八十里。西至隴州一百五十里。北至涇州二百二十里。

隴州【略】州境：東西二百里，南北四百九十五里。八到：東至上都四百六十五里。東至東都一千三百二十里。東至鳳翔府一百五十里。西至秦州三百四十里。南至鳳州山路四百三十里。北至原州三百三十里。

又卷三《關内道三》 涇州【略】州境：東西一百九十六里，南北二百八十六里。八到：東南至上都四百八十里。東南至東都一千三百四十里。東北至寧州一百五十里。西北至原州平凉縣一百五十里。北至原州城三百三十里。北至慶州三百二十三里。南至鳳翔二百五十八里。東南至邠州一百八十里。西南至隴州私路一百八十里。

原州【略】八到：東南至上都八百里。東南至東都一千六百六十里。東南至涇州三百二十里。西至會州三百九十里。南至秦州四百六十里。正西微南至臨洮軍六百二十里。北至靈州五百里。

邠州【略】州境：東西二百里，南北二百七十里。八到：東南至上都三百里。東(北)[南]至東都一千一百六十里。東至坊州三百一十里。東至奉天縣一百三十里。北至寧州一百四十里。西北至涇州一百八十里。

寧州【略】州境：東西二百十六里，南北五百十四里。八到：東南至上都四百五十六里。東南至東都一千三百里。東至坊州三百二十里。西至涇州一百五十里。東北至延州三百九十里。北至慶州一百三十里。南至邠州一百四十里。

慶州【略】州境：東西二百五十二里，南北四百七十二里。八到：東南至上都五百七十里。東南至東都一千四百三十里。東北至延州四百四十里。西北至靈州六百二十里。東至鄜州三百九十里。南至寧州一百二十七里。西至原州三百四十里。北至鹽州五百七十二里。

鄜州【略】州境：東西二百七十六里，南北二百七十三里。八到：東南至上都四百七十七里。東南至東都九百五十九里。東至丹州一百八十三里。南至坊州一百二十五里。西至慶州三百九十八里。北至延州一百五十里。

坊州【略】州境：東西三百八十九里，南北一百三十九里。八到：東至上都三百五十里。東至東都九百里。東南至同州二百五十里。西南至邠州三百一十里。東北至丹州二百六十里。北至鄜州一百五十里。

丹州【略】州境：東西一百九十九里，南北一百七十三里。八到：西南至上都五百五十里。東南至東都九百二十里。東至同州三百五十里。西至鄜州一百八十里。南至坊州二百六十里。北至延州二百五十里。

延州【略】州境：東西四百四十九里，南北三百五十一里。八到：西南至上都六百七十四里。東南至東都一千一百里。東至隰州三百六十里。西至鄜州一百五十里。西南至慶州四百四十里。西北至夏州四百里。

又卷四《關内道四》 靈州【略】州境：東西五百八十里，南北八十里。八到：東南至上都一千二百五十里。東南至東都二千二百七十里。東南至鹽州三百里。東南至慶州六百二十里。西南至凉州九百里。北至磧南彌娥川水一千里。

會州【略】州境：東西五百一十里，南北三百三十里。八到：東南至上都一千一百九十里。東南至東都一千五百里。東南至原州三百九十里。西南至蘭州三百八十里。西北至凉州五百四十里。東北至靈州五百三十里。

鹽州【略】州境：東西二百四十八里，南北二百七十里。八到：南至上都一千五百里。東至東都一千七百三十里。東北至經略軍四百里。南至慶州四百五十里。西北至靈州三百里。西北取烏池黑浮圖堡私路至靈州四百里。

夏州【略】州境：東西二百一十五里，南北七十里。八到：東南至上都一千五十里。東南至東都一千八百五十里。東至銀州一百八十里。東南至延州四百里。西南至鹽州三百里。西北至豐州七百五十里。

綏州【略】州境：東西二百一十九里，南北三百一十八里。八到：西南至上都一千里，東南至東都一千四百里，東至石州二百七十里，西至夏州三百六十里，西南至延州二百三十里，西北至銀州一百六十里，東北至太原五百九十里。

銀州【略】州境：東西二百七十一里，南北三百二十八里。八到：西南至上都一千六百里。東南至東都一千四百里。東至石州界黄河一百六十里。西至夏州一百八十里。東南至綏州一百六十里。東北至麟州三百里。

新宥州【略】八到：東南取夏州路至上都一千三百里。東南至東都二千一百里。東南至夏州三百二十里。西南至廢宥州三百里。東至麟州六百里。西南至靈州六百五十里。東北至中受降城五百六十里。南至鹽州六百里。

單于大都護府【略】八到：西南取太原路至上都一千九百二十里。東南至東都一千七百里。東南至河界静邊軍一百二十里。南至朔州三百五十里。西南至東受降城一百二十里。北至黑砂磧口七百里。

麟州【略】八到：西南至上都一千四百六十里。東南至東都一千五百一十里。東至嵐州一百八十里。東至嵐州界黄河一百二十里。河上有合水關。東北至勝州四百里。西南至銀州三百里。

勝州【略】八到：西南至上都一千八百五十三里。東南至東都一千九百四十里。西南至麟州四百里。西南至夏州九百里。南至銀州七百里。北至豐州七百里。

豐州【略】八到：南至上都一千八百里。南至東都一千二百九十里。東至勝州五百三十里。西南至靈州九百里。東南至夏州七百五十里。西北至河西城八十里。

天德軍【略】八到：西取寧遠鎮故落鹽池，經夏州至上都一千八百里。西南渡河至豐州一百六十里。西北至横塞軍城二百里。西南至新宥州六百里。西至西受降城一百八十里。東南至中受降城二百里。

東受降城【略】八到：南至上都一千八百六十里。東南至東都取單于路一千八百二十里。東北至單于都護府一百二十里。東北至朔州四百里。西至中受降城三百里。北至磧口八百里。

中受降城【略】八到：城南至上都一千八百六十里。城東南至東都取單于路二千一百二十里。東至東受降城三百里。西北至天德軍二百里。南至麟州四百里。北至磧口五百里。

西受降城【略】八到：城南至上都一千八百八十里。東南至東都取單于路二千二百五十里。正東微南至天德軍一百八十里。東南渡河至豐州八十里。西南至定遠城七百里。北至磧口三百里。磧口西至回鶻衙帳一千五百里。

又卷五《河南道一》 河南府【略】府境：東西六百二十一里，南北。八到：西至上都八百五十里。東至鄭州二百八十里。東北至懷州一百五十里。西北至陝州三百五十里。東南至汝州一百七十里。東南取嵠嶺路，至陽翟縣二百四十里，從縣至許州九十里。

又卷六《河内道二》 陝州【略】州境：東西二百五十二里，南北隔河二百四十六里。八到：西至上都五百一十里。東至東都三百五十里。西南至虢州一百三里。北至絳州一百里。西至潼關二百里。西北至河中府二百四十五里。

虢州【略】八到：西北至上都四百三十里。東至東都四百五十三里。東至陝州一百三里。西南至商州三百七十里。西北至潼關一百三十里。自關至華州一百二十里。西北至河中府一百八十里。

汝州【略】州境：東西二百三里，南北二百五十二里。八到：西至上都九百八十里。西北至東都一百七十里。南至蔡州四百五十里。西南至鄧州四百七十五里。東至許州二百三十里。

又卷七《河南道三》 汴州【略】州境：東西一百九十六里，南北二百三十五里。八到：西至上都一千二百八十里。西至東都四百二十里。南至宋州三百里。北至滑州二百一十里。東北至曹州二百四十五里。東南至陳州三百一十里。

宋州【略】州境：東西三百五十九里，南北二百一十八里。八到：西至上都一千五百八十里。西至東都九百二十里。東南至泗州七百五十里。東北至徐州三百五十里。東南至亳州一百四十里。西北至曹州一百五十里。

亳州【略】州境：東西三百六十七里，南北二百里。八到：西至上都一千七百二十里。東至東都八百六十里。正南微東至潁州二百六十里。西北至宋州一百四十里。東北至徐州三百九十里。西至陳州二百里。

潁州【略】州境：東西三百五十七里，南北一百九十六里。八到：西取陳州路至上都一千八百二十里。西至東都九百六十里。西北至汴州七百里。南至蔡州三百六十里。南至淮約一百里。東至壽州三百六十里。西北至亳州二百六十里。

又卷八《河南道四》 滑州【略】州境：東西二百三十六里，東北一百四十九里。八到：西南至上都一千四百四十里。東北至濮州二百一十五里。南至汴州二百一十里。正西微南至衞州一百五十里。西南至鄭州三百里。北至相州一百三十里。東南至曹州二百四十里。

鄭州【略】州境：東西一百七十六里，南北二百里。八到：西至上都一千一百四十里。西至東都二百八十里。東至汴州一百四十里。南至許州一百八十六里。東北至滑州三百里。北至黄河八十里。

許州【略】州境：東西二百一十七里，南北一百六十六里。八到：西至上都一千二百六十里。西北至東都三百四十里。北至鄭州一百八十六里。東南至陳州二百六十里。東北至汴州二百三十里。正南微東至蔡州三百里。

陳州【略】州境：東西一百六十九里，南北二百八十里。八到：西至上都一千五百二十里。北至東都六百六十里。東至亳州二百里。東南至潁州三百里。北至許州二百六十里。西北至汴州三百一十里。西南至蔡州二百二十里。東北至宋州二百二十五里。

又卷九《河南道五》 徐州【略】州境：東西二百六十九里，南北六百八十九里。八到：西至上都二千八十里。西至東都一千二百二里。東南至泗州五百九十里。東北至沂州三百五十里。南取埇橋路至宣州五百里。西南取蕭縣路至宋州三百一十里。東南至濠州三百九十里。西北至兖州三百四十里。

宿州【略】八到：西北至上都一千九百里。西北至東都一千四百里。東南至泗州四百二十里。東南至淮百里，與濠州分中流爲界，從界至濠州一百里。北至徐州一百五十里。西至宋州三百三十里。

泗州【略】州境：東西三百八十五里，南北三百七十九里。八到：西北至上都二千三百二十里。西北至東都一千四百七十里。東南陸行至揚州二百七十三里。東水路至楚州二百二十里。西南至濠州二百一十里。西北至埇橋四百二十里。

濠州【略】州境：東西二百六十里，南北一百八十一里。八到：北至上都取虹縣路二千三百七十五里。西北至東都一千五百一十里。東北至楚州盱眙縣二百二十里，從縣至楚州一百九十里。西南至壽州二百二十里。東南至滁州二百三十里。南至廬州三百三十里。東北至泗州二百二十里。西北至徐州四百五十里。

蔡州【略】州境：東西四百一十七里，南北五百一十三里。八到：西北至上都一千四百三十里。西北至東都六百二十里。南至申州二百五十里。西至唐州二百一十里。東北至陳州二百二十里。北至潁州三百六十里。東南至光州三百里。

申州【略】州境：東西二百里，南北一百七十八里。八到：西北至上都一千七百一十里。西北至東都九百四十二里。東北至光州二百六十里。南至安州二百六十里。西北至唐州二百六十里。西南至隨州二百三十里。北至蔡州二百八十里。

光州【略】州境：東西四百四十三里，南北二百三十五里。八到：西北至上都一千七百三十里。西北至東都九百二十里。東北至壽州四百三十里。西南至大別山三百里。西南至申州二百六十里。西北至蔡州三百里。

又卷一〇《河南道六》 鄆州【略】州境：東西一百八十七里，南北二百六十四里。八到：西南至上都一千八百二十里。西南至東都九百六十五里。東北至齊州二百八十里。東南至兖州一百九十里。西南至曹州三百三十里。北渡河至博州一百八十里。

兖州【略】州境：東西三百三十一里，南北三百五十三里。八到：西南至上都一千八百九十五里。西南至東都九百八十里。西南至宋州四百里。東至沂州三百八十里。西至曹州三百七十里。西北至鄆州一百九十里。東南至徐州三百四十里。正北微東至齊州二百三十里。

青州【略】州境：東西二百七十里，南北三百四十四里。八到：西南至上都二千四百五里。西南至東都一千五百五十五里。東北至萊州三百四十五里。南至沂州四百五十里。東至密州三百三十里。西北至棣州三百二十[三]里。

齊州【略】州境：東西三百八十二里，南北一百四十二里。八到：西南至上都二千一百五里。西南至東都一千二百里。東至淄州一百九十里。西渡河至博州二百九十里。東北渡河至棣州三百五十里。正南微西至兖州三百三十里。正北微西至德州二百四十五里。

又卷一一《河南道七》 曹州【略】州境：東西二百五十九里，南北二百五十九里。八到：西至上都一千五百二十五里。西至東都六百六十五里。西南至汴州二百四十五里。東至兖州三百七十里。東北至鄆州三百三十里。東南至宋州一百五十里。西北至滑州二百里。

濮州【略】州境：東西二百三十五里，南北一百三十五里。八到：西南至上都一千六百五十五里。西南至東都七百九十五里。東北至鄆州一百七十里。南至曹州二百一十里。北至黄河二十里。西南至滑州二百一十五里。

密州【略】州境：東西三百一十六里，南北三百九十里。八到：西至上都二千七百四十五里。西至東都一千八百八十五里。南至海州三百八十四里。西南至沂州三百七十里。西北至青州三百三十里。東北至萊州三百四十五里。東至大海一百六十里。

海州【略】州境：東西一百九十八里，南北二百五十七里。八到：西至上都取沂、兖路二千五百五里。西至東都一千六百四十里。東南至楚州四百一十里。南至揚州七百里。東南至泗州漣水縣取官河水路三百四十里，陸路二百五十里。西北至沂州二百三十里。西至徐州取下邳路五百六十里。北至密州三百八十四里。東至海二十里。

沂州【略】州境：東西三百二十一里，南北四百二十九里。八到：西至上都二千二百七十五里。西至東都一千四百一十五里。東南至海州二百三十里。西至兖州三百八十里。東南至泗州下邳縣二百七十七里。北至青州四百五十里。西南至徐州三百五十里。東北至密州三百七十里。西北至淄州五百三十里。

萊州【略】州境：東西四百二十八里，南北二百四十一里。八到：西南至上都二千七百六十里。西南至東都一千九百里。東北至登州二百四十里。正南微西至密州三百四十五里。北至大海五十里。西南至青州三百四十五里。

淄州【略】州境：東西一百一十五里，南北一百八十二里。八到：西南至上都二千二百九十五里。西南至東都一千四百三十五里。東至青州一百二十里。西南至兖州三百七十里。北渡河至棣州二百一十里。東南至沂州五百三十里。

登州【略】州境：東西五百六十里，南北一百六十五里。八到：西南至上都三千里。西南至東都二千一百四十里。北至海二里。西至海四里，當中國往新羅渤海過大路。正北微東至大海北岸都里鎮五百二十里。東至文登縣界大海四百九十里。東南至大海四百六十里。南至萊州昌陽縣二百里。南至大海六十里。

又卷一二《河東道一》 河中府【略】府境：東西二百五里，南北一百七十七里。八到：西南至上都三百二十里。東至東都五百八十五里。東北至絳州取桐鄉路二百六十里。西南至華州一百四十七里。西至同州六十七里。東南至虢州一百八十三里。東南至陝州二百四十五里。

絳州【略】州境：東西三百六十五里，南北三百二里。八到：西南至上都五百九十里。東南至東都取垣縣王屋路四百八十里。東北至晉州一百四十里。南至陝州二百里。東至澤州四百四十里。西北至慈州二百四十里。

晉州【略】州境：東西三百二十四里，南北二百五十里。八到：西南至上都七百三十里。東南至東都六百二十四里。東北至汾州三百六十里。東至潞州三百九十里。西至慈州二百二十里。東南至澤州四百一十里。東北至沁州二百九十里。西北至隰州二百五十里。

慈州【略】州境：東西五百五十一里，南北二百一十二里。八到：西南至上都六百八十五里。東南至東都七百二十五里。北至隰州二百里。西北至丹州一百八十里。東南至絳州太平縣一百九十里。西至龍門縣一百八十里。東南至晉州二百四十里。正西至黄河六十五里。東南至絳州二百四十里。

隰州【略】八到：西南取慈州路至上都八百八十五里。東南至東都八百八十里。東南至晉州汾西縣一百六十里。西至延州三百六十里。北至石州二百五十里。南至河一百四十里。東北至汾州二百七十里。東南至河中府六百里。

又卷一三《河東道二》 太原府【略】八到：西南至上都一千二百六十里。南至東都八百九十里。東南至儀州三百四十五里。西南至沁州三百四十里。東至趙州五百六十里。北至忻州一百八十里。正南微東至潞州四百五十里。東北至恒州五百里。

汾州【略】州境：東西一百六十四里，南北二百八十五里。八到：西南至上都一千九十里。東南至東都九百三十里。東北至太原府一百七十里。東南至沁州二百六十里。西北至石州一百六十里。東南至潞州四百四十里。西南至隰州二百七十里。

沁州【略】州境：東西一百五十里，南北二百六十四里。八到：西南至上都一千二十里，東南至東都六百三十里。西南至晉州二百九十里。西北至汾州二百六十里。東北至太原府三百四十里。西至晉州霍邑縣一百五十里。東南至潞州三百三十里。

儀州【略】州境：東西二百五十里，南北一百九十五里。八到：西南至上都一千六百四十里。西南至東都七百八十里。西北至太原府三百四十五里。西至太原府祁縣三百里。正東微南至洺州三百六十里。南至潞州三百一十里。北至太原府樂平縣一百十里。

又卷一四《河東道三》 嵐州【略】州境：東西三百一十里，南北二百七十八里。八到：南至上都取太原路一千五百八十里，取石、隰路一千三百七十五里。東南至東都一千二百一十里。東至忻州二百四十里。西至黄河一百八十里。河上有合河關，從關西至麟州一百二十里。南至石州二百四十里。東北至朔州三百七十四里。東南至太原府三百三十里。東北至代州三百里。

石州【略】州境：東西一百九十里，南北三百三里。八到：西南至上都一千二百五十里。東南至東都一千九十里。東南至汾州一百六十里。西渡河至綏州二百三十里。正南微東至隰州二百五十里。北至嵐州二百五十里。

忻州【略】州境：東西一百四十五里，南北八十六里。八到：西南至上都一千四百四十里。南至東都一千七十里。東北至代州一百六十里。西至嵐州二百四十里。南至太原府一百八十里。

代州【略】州境：東西三百二十里，南北三百二十八里。八到：西南至上都一千六百里。南至東都一千二百三十里。北至朔州一百二十里。西至嵐州三百里。東北至蔚州四百里。東南取崩石嶺至恒州五百四十里。

蔚州【略】八到：西南至上都二千里。南至東都一千六百三十里。東北至嬀州界孔嶺關一百里，從關至嬀州一百五十里。東至易州山路三百六十里。東南至定州取轆轤山路四百九十里。東至恒州取秦嶺路四百九十里。西至朔州二百八十里。西南至代州四百里。北至天成軍一百八十里。

朔州【略】州境：東西四百八十里，南北九十七里。八到：西南至上都一千七百二十里。南至東都一千三百五十里。東至蔚州三百五十里。北至單于大都護府三百五十里。東北至雲州三百四十里。西南至嵐州三百七十四里。

雲州【略】州境：東西一百七十七里，南北四百九十里。八到：西南至上都一千九百六十里。南至東都一千五百九十里。東至幽州七百里。西至静邊軍一百八十里。東至清塞城一百二十里，又東至天成軍六十里，又東至納降守捉九十里，與幽州分界。西南至太原府七百里。

又卷一五《河東道四》 潞州【略】州境：東西二百九十三里，南北三百三十六里。八到：西南至上都一千三百三十里。南至東都四百七十里。北至儀州三百一十里。東北至洺州四百五十里。東取穴陘嶺路至相州三百五十里。西至晉州三百九十里。東南至澤州一百八十七里。西北至沁州二百一十里。

澤州【略】州境：東西二百九十里，南北一百五十里。八到：西南至上都一千一百四十里。西南至東都二百八十里。北至潞州一百四十九里。北至太原府大路六百一十里。西至絳州四百四十里。東踰山至衛州四百一十里。

邢州【略】州境：東西二百八十二里，南北一百三十六里。八到：西至上都一千九百里。西南至東都八百四十里。東北至趙州一百九十里。東至貝州二百三十里。西踰山至儀州二百三十五里。東南至洺州一百二十里。

洺州【略】州境：東西一百九十七里，南北一百一十二里。八到：西南至上都一千六百二十里。西南至東都六百六十里。西北至邢州一百二十里。東北至貝州二百二十里。東南至魏州一百六十四里。正西微北至儀州三百六十四里。

磁州【略】州境：東西一百七里，南北一百一十五里。八到：西南至上都一千五百四十里。西南至東都六百四十五里。南至相州六十五里。正北微東至洺州一百十里。西至潞州三百四十里。

又卷一六《河北道一》 懷州【略】州境：東西二百一十七里，南北一百一十五里。八到：西南至上都一千一十里。西南至東都一百五十里。東至衛州二百六十里。東南渡河至鄭州一百九十里。北至澤州一百四十里。

魏州【略】州境：東西一百九十六里，南北一百三十八里。八到：西南至上都一千六百一十里。西南至東都七百五十里。東北至貝州二百一十里。正東微北至博州一百八十里。西至相州二百一十里。西北至洺州一百六十四里。東南渡河至濮州一百九十里。東南至鄆州二百四十里。

相州【略】州境：東西二百一十四里，南北一百六十九里。八到：西南至上都一千四百四十里。西南至東都五百八十里。北至磁州六十五里。東北至洺州一百八十里。東取臨洺縣北至邢州二百六十五里。東至魏州二百一十里。西至潞州三百五十里。東南至滑州一百三十里。

博州【略】州境：東西一百五十七里，南北一百六十六里。八到：西南至上都一千七百九十里。西南至東都九百三十里。西南至魏州一百八十里。西北至貝州一百九十里。東北至德州二百六十里。東渡河至鄆州一百八十里。東渡河至齊州二百九十里。

衛州【略】州境：東西二百三十六里，南北一百四十一里。八到：西南至上都一千二百五十里。西南至東都三百九十里。東北至相州一百九十里。東渡河至滑州一百一十五里。正西微南至懷州二百六十里。正南渡河至鄭州二百三十里。東北至澶州二百五十里。西北踰山至澤州陵川縣二百四十里。

貝州【略】州境：東西二百四十九里，南北一百九十里。八到：西南至上都一千八百二十里。西南至東都九百六十里。南至魏州二百一十里。正東微北至德州二百三十里。北至冀州二百一十里。西至邢州二百三十里。東至博州一百九十里。

澶州【略】州境：東西一百二十九里，南北七十里。八到：西南至上都一千五百里。西南至東都六百三十里。西南至衛州一百五十里。北至魏州一百一十里。南至濮州濮陽縣三十六里。東至濮州范縣一百一十里。西至相州內黄縣七十里。西至相州臨河縣八十里。東北至魏州朝城縣九十四里。

又卷一七《河北道二》　恒州【略】州境：東西二百一十里，南北二百七十里。八到：西南至上都一千九百九十里。西南至東都一千一百三十里。西取太原路至上都一千七百六十里。東北至定州一百三十里。東南至稾城縣六十里，從稾城北至定州一百二十里。東南至深州一百八十里。西取井陘路至太原府五百里。西北取五臺山路至代州五百三十里。

冀州【略】州境：東西二百六十里，南北二百二十六里。八到：西南至上都取相州路一千九百里。西南至東都一千四百里。正西微北至趙州一百六十里。北至瀛州二百四十里。西北至深州一百三十里。東至德州二百一十五里。東北至景州二百一十里。東北至滄州一百二十里。

深州【略】州境：東西九十里，南北一百一十里。八到：西南至上都取趙州路二千五十里。西南至東都一千三百二十里。止西微北至恒州一百八十里。東南至冀州一百三十里。西南至趙州二百里。東北至瀛州一百四十五里。

趙州【略】州境：東西二百五十里，南北一百一十七里。八到：西南至上都一千八百九十里。西南至東都一千三十里。北至恒州一百里。正東微南至冀州一百六十五里。東北至稾城縣七十里，從縣至定州一百二十里。西踰山至太原府五百六十里。

德州【略】州境：東西一百九十五里，南北二百一十九里。八到：西南至上都二千五十里。西南至東都一千七百九十里。西南至博州二百六十里。東北至棣州二百四十里。正南渡河至齊州二百四十五里。西南至貝州二百三十里。正北微東至滄州二百四十里。西至冀州二百一十五里。

棣州【略】州境：東西三百四十九里，南北一百四十二里。八到：西南至上都二千二百九十里。西南至東都一千四百二十里。西南至德州二百四十里。南至淄州二百一十里。正北微西至滄州二百五十里。東南至青州三百二十三里。西南渡河至齊州二百五十里。東北至大海二百里。

又卷一八《河北道三》　定州【略】州境：東西一百七十四里，南北三百里。八到：西南至上都二千八十五里。西南至東都一千二百二十五里。東北至易州二百五十里。東至瀛州二百里。西北至蔚州四百七十里。東北至莫州二百五十里。西南取稾城路至趙州一百九十五里。

易州【略】州境：東西二百一十里，南北四百四十七里。八到：西南至上都二千三百四十五里。西南至東都一千四百七十五里。東北至幽州二百一十里。北至嬀州取故城頭路四百里。東至莫州一百九十里。西北至蔚州取飛狐路三百六十里。

滄州【略】州境：東西三百二十二里，南北四百五里。八到：西南至上都二千二百二十里。西南至東都一千三百六十里。西南至景州一百二十里。東南至棣州二百五十里。西北至幽州五百五十里。西南至德州二百四十里。東至大海一百八十里。

景州【略】八到：西南至上都二千一百里。西南至東都一千二百四十里。西南至冀州二百一十里。東北至滄州一百二十里。南至德州二百里。北至瀛州一百四十里。

又卷二一《山南道二》　襄州【略】州境：東西二百四十六里，南北三百六十七里。八到：西北至上都一千二百五十里。北至東都八百二十五里。東至隨州三百五十里。南至江陵府四百七十里。西至房州陸路四百二十里，水路五百八十四里。東南至郢州三百二十里。西北至均州三百六十里。

鄧州【略】州境：東西五百九十里，南北三百八十一里。八到：西北至上都九百五十里。北至東都六百四十五里。東北至汝州四百七十五里。東至唐州三百二十里。南至襄州一百八十里。西南至均州三百四十里。

復州【略】州境：東西四百三十里，南北六百九十里。八到：西北至上都一千六百八十里。西北至東都一千四百二十五里。東北至安州三百三十里。東至沔州陸路三百四十里，水路七百里。西北至郢州陸路二百五十里，水路三百里。南至沔陽縣一百三十里，自縣南至岳州水路五百里。

郢州【略】八到：西北至上都一千三百八十五里。西北至東都一千一百二十五里。東南至復州三百里。正南微西至江陵府三百里。西北至襄州三百一十里。東北至隨州三百九十里。

唐州【略】州境：東西三百八里，南北三百十里。八到：西北至上都取葉縣路一千三百四十里，取鄧州路一千二百二十五里。西北至東都五百二十里。南至隨州三百六十里。東南至申州二百六十里。西北至襄州三百五十里。西至鄧州三百二十里。東至蔡州二百四十里。東北至許州二百七十里。北至汝州葉縣一百八十里，自葉縣取龍興路至汝州一百八十里。

隨州【略】州境：東西三百七十里，南北三百七十八里。八到：西北至上都一千四百三里。西北至東都一千一百六十五里。西至襄州三百五十里。西南至郢州三百九十里。北至唐州三百六十里。東南至安州一百五十五里。東北至申州二百四十里。

均州【略】八到：西北至上都九百里。東北至東都八百八十五里。東至鄧州二百四十里。東南水路至襄州三百六十里。南至房州二百六十八里。西至金州三百六十里。北至鄧州內鄉縣二百三十里。

房州【略】州境：東西五百二十三里，南北三百六十九里。八到：西北至上都一千六百六十八里。東北至東都一千一百五十五里。南至歸州山路五百里。東至襄州四百二十里，水路五百八十四里。正西微北至金州五百四十里。北至均州二百六十八里。

又卷二二《山南道三》 興元府【略】府境：東西二百九十九里，南北四百四十七里。八到：東北至上都七百六十里。東北至東都一千六十二里。西南至利州四百九十里。北取太白山路至鳳翔府六百里。西取斜谷路至鳳州三百八十里。西取巴嶺路至集州二百八十里。正西微北至興州二百五十里。東至洋州一百二十里。

洋州【略】州境：東西二百九十二里，南北六百六十里。八到：東北至上都六百四十里。東北至東都一千四百九十里。東至金州五百里。西至興元府一百二十里。南至壁州西路五百六十里。北至京兆府盩厔縣五百里。

利州【略】州境：東西三百三十里，南北二百五里。八到：東至上都一千二百五十里。東北至東都一千一百一十里。西至龍州四百里。東北至興元府四百九十里。東至集州三百里。西北至文州四百九十里。

鳳州【略】州境：東西四百八十里，南北三百七十六里。八到：東北至上都六百里。東北至東都一千四百六十里。西南至興州三百三十里。東北至鳳翔府二百八十里。東至興元府三百八十里。北至隴州四百二十里。

興州【略】州境：東西二百八十六里，南北一百九十里。八到：東北至上都九百五十里。東北至東都一千八百一十里。北至鳳州三百五十里。東南至興元府二百五十里。西至武州三百五十里。南沿流至興元府三泉縣一百五十里。

成州【略】州境：東西三百九十三里，南北三百九十四里。八到：東至上都一千里。東至東都一千八百六十里。南至武州三百八十里。東至鳳州四百五十里。東南取良恭縣路至宕州五百四十里。東北至秦州一百八十里。

文州【略】州境：東西一百八十里，南北二百四十里。八到：東北至上都一千四百五十里。東北至東都二千三百一十里。東取山路至龍州三百六十里。東南至利州四百九十里。西南至扶州一百六十里。北至武州二百五十里。

扶州【略】州境：東西三百九十里，南北四百十九里。八到：東北至上都一千六百里。東北至東都二千四百六十里。東南至龍州六百里。北至宕州四百里。東北至文州一百六十里。西南至松州驛路三百三十里。西北至故芳州驛路三百三十里。

又卷二五《江南道一》 潤州【略】州境：東西三百八里，南北一百九十里。八到：西北至上都二千六百七十里。西北至東都一千八百一十里。東南至常州一百七十里。北渡江至揚州七十里。正南微西至宣州四百里。

常州【略】州境：東西二百十二里，南北二百九十里。八到：西北至上都二千八百四十五里。西北至東都一千九百八十里。東南至蘇州一百九十里。西南至古宣州五百里。正南微西至湖州私路三百里。西北至潤州一百七十里。

蘇州【略】州境：東西四百四十一里，南北四百九十八里。八到：西北至上都三千三十里。西北至東都二千一百七十里。南至杭州三百七十里。正南微西至湖州二百一十里。東北至海三百三十里。西北至常州一百九十里。

杭州【略】州境：東西五百五十四里，南北八十九里。八到：西北至上都三千四百里。西北至東都二千五百四十里。西南至睦州三百一十五里。東南取浙江至越州一百三十里。西至歙州四百七十里。西北至宣州四百九十六里。東北至浙江入海處約一百里。北至蘇州三百七十里。

湖州【略】州境：東西三百八里，南北二百一十三里。八到：西北至上都三千二百四十里。西北至東都二千二百四十里。東北至蘇州二百一十里。正西微北至宣州三百七十里。東北至常州私路三百里。東至杭州私路一百九十里。

睦州【略】州境：東西四百二十里，南北三百十一里。八到：西北至上都三千七百一十五里。西北至東都二千八百五十五里。西北至衢州二百八十一里。西北至歙州三百七十里。東南至婺州一百六十里。

又卷二六《江南道二》 越州【略】州境：東西六百四十八里，南北三百六十里。八到：西北至上都三千五百三十里。西北至東都二千六百七十里。東至明州二百七十五里。東南至台州四百七十五里。西南至婺州三百九十里。西北至杭州一百四十里。

婺州【略】州境：東西三百三里，南北四百五十六里。八到：西北至上都三千九百九十五里。西北至東都三千三十五里。正北微西至睦州一百六十里，水路一百八十里。正北微東至越州三百九十里。西至衢州一百九十里。東南至處州二百六十里。

衢州【略】州境：東西六百一十里，南北二百十六里。八到：西北至上都四千九十五里。西北至東都三千一百三十五里。南至建州七百里。西至信州二百五十里。東至婺州一百九十里。東南至處州四百五十里。

處州【略】八到：西北至上都四千一百五十五里。西北至東都三千二百九十五里。西北至婺州二百六十里。西北至衢州四百五十里。東北至台州四百九十里。西北至建州水路九百里，陸路四百九十里。東南水路至溫州二百七十里。

溫州【略】州境：東西二百四里，南北七百二十里。八到：西北至上都四千四百二十五里。西北至東都三千五百六十五里。正北微西至台州五百里。西北至處州二百七十里。東至大海八十里。西南至福州水陸路相兼一千八百里。

台州【略】州境：東西三百九十三里，南北四百三十五里。八到：西北至上都四千五百里。西北至東都三千一百四十五里。正南微東至溫州五百里。東至大海一百八十里。西北至越州四百七十五里。正西微南至處州四百九十里。

明州【略】八到：西北至上都三千八百五里。西北至東都二千九百四十五里。東北至大海七十里。西至越州二百七十五里。西南至台州寧海縣一百六十里，至州二百五十里。

又卷二七《江南道三》 鄂州【略】州境：東西四百七十四里，南北三百八十八里。八到：西北至上都二千二百六十里。西北至東都一千四百里。東至江州六百里。西南至岳州五百五十里。西北至安州二百九十里。西至沔州隔江七里。正北微東至黄州二百里。

沔州【略】州境：東西二百五十二里，南北二百四十六里。八到：西北至上都二千二百五十里。東北至東都一千三百九十三里。東渡江至鄂州七里。西北至隨州四百三十五里。東北至黄州二百二十里。西至復州竟陵縣三百四十里。西北至安州二百八十里。西取桐塚路至復州四百六十里。

安州【略】州境：東西二百一十九里，南北三百二十五里。八到：西北至上都一千九百七十里。東北至東都一千一百六十里。東至黄州三百一十里。東南至鄂州二百九十里。西南至復州三百二十里。西北至隨州一百五十五里。東南至沔州二百八十里。

黄州【略】州境：東西二百一十里，南北三百三十七里。八到：西北至上都二千二百八十里。東北至東都一千四百七十里。東南至蘄州二百三十里。西南至鄂州二百三十里。南至大江一百步。西至安州三百一十里。北至光州三百六十里。

蘄州【略】州境：東西三百三十九里，南北五百五十五里。八到：西北至上都二千五百一十里。西北至東都一千七百里。東北至舒州三百七十里。東北至壽州踰大山九百七十里。東北至江州二百五十里。西北至黄州二百三十里。

岳州【略】州境：東西三百九十一里，南北四百一十里。八到：西北至上都二千二百二十五里。西北至東都一千八百六十五里。西北至江陵府五百七十里。南至潭州五百五十里。西至澧州四百四十里。東北至鄂州五百五十里。北至復州沔陽縣五百五十里。

又卷二八《江南道四》 洪州【略】州境：東西一千六百一十五里，南北一千一百五十六里。八到：西北至上都三千八十五里。西北至東都二千二百七十五里。東至饒州四百四十里。西至潭州一千一百三十五里。南至撫州二百一十九里。北至江州三百二十五里。

饒州【略】州境：東西六百五十九里，南北四百六十一里。八到：西北至上都三千一百三十里。西北至東都二千三百二十里。東南至信州五百里。東北至池州五百八十里。東北至歙州七百里。西至洪州四百四十里。西至撫州四百七十里。

虔州【略】州境：東西一千四百二里，南北一千三百三十九里。八到：西北至上都四千一百二十五里。西北至東都三千三百一十五里。東至建州一千五百八十五里。西至郴州一千一十二里。南至循州一千六百一十四里。北至吉州四百七十四里。

吉州【略】州境：東西四百二十里，南北六百九十二里。八到：西北至上都三千六百五里。北至東都二千七百九十里。東北至撫州四百五十里。西至衡州九百一十里。南至虔州五百二十里。北至洪州五百七十六里。

江州【略】州境：東西五百九十九里，南北一百七十七里。八到：西北至上都二千七百六十里。西北至東都一千九百五十里。東至宣州一千八百里。西至鄂州五百九十三里。南至洪州三百二十五里。西北至蘄州二百八十九里。

袁州【略】州境：東西五百二十六里，南北二百二十五里。八到：西北至上都三千一百八十里。西北至東都二千四百里。東至洪州七百四十里。西至潭州五百二十六里。南至吉州三百一十七里。北至江州五百六十五里。

信州【略】八到：西北至上都三千六百三十里。西北至東都二千八百二十里。東至衢州二百五十里。西北至饒州五百里。東南至建州五百里。

撫州【略】州境：東西四百七十八里，南北六百三十里。八到：西北至上都三千三百五十里。北至東都二千四百九十五里。東[北]至饒州四百七十里。西南至吉州四百五十六里。南至虔州一千一百八十里。北至洪州二百一十九里。

宣州【略】州境：東西四百八十六里，南北五百五十二里。八到：西北至上都取和、滁路三千一十里，取潤州路三千七十里。西北至東都取和、滁路二千一百五十里。正北微東至潤州四百里。正北微西至和州二百五十里。西南至池州三百四十里。正南微西踰嶺至歙州三百八十里。西渡江至廬州六百四十里。

歙州【略】州境：東西四百一十九里，南北二百四十里。八到：西北至上都取睦州路四千八百五里，取宣州路三千四百五十里。西北至東都三千三百二十五里，取宣州、潤州路二千五百九十里。東至杭州四百七十里。東至睦州三百七十里。西南至饒州七百里。正北微東至宣州三百里。

池州【略】八到：西北至上都取宣州路三千四百一十里，取江州路二千五百三十里。西北至東都取宣州路二千五百一十里，取江州路二千五百三十里。東北陸路至宣州三百四十里。西[南]至江州五百八十里。東南至歙州四百六十里。西南至饒州五百八十里。正北微西渡江至舒州四百三十里。

又卷二九《江南道五》 潭州【略】州境：東西一千六十里，南北五百七十五里。八到：西北至上都二千四百四十五里。北至東都二千一百八十五里。正南微東至衡州四百六十里。北至岳州水路五百五十里。東南至袁州五百二十五里。西北至朗州四百里。東至洪州九百八十里。

衡州【略】州境：東西六百五十里，南北四百九十九里。八到：西北至上都二千九百五十里。北至東都二千六百四十九里。東北至吉州九百一十里。東南至郴州三百七十里。東南至郴縣界七百三十八里。正南微西至永州五百七十里。北至潭州四百六十里。西至邵州三百五十六里。

郴州【略】州境：東西五百九十六里，南北三百二十三里。八到：西北至上都三千二百七十五里。北至東都三千一十五里。西至道州五百三十五里。東至虔州一千里。東南至韶州四百一十里。西北至衡州三百七十里。

永州【略】州境：東西三百三十二里，南北五百六十一里。八到：西北至上都三千一百五十五里。北至東都二千八百九十五里。西南至桂陽五百五里。東北至衡州陸路五百七十里。西至敘州南郎溪，山懸險不通，無里數。東南至道州水路二百六十里。東至韶州六百里。

連州【略】州境：東西二百四十二里，南北四百里。八到：西北至上都三千六百六十五里。東北至東都三千四百五里。東至韶州陸路五百里。西南至封州六百三十里。東至廣州八百九十里。西至賀州捷路二百七十里，取道州桂嶺路二百六十里。東北度嶺至郴州三百九十里。

道州【略】州境：東西二百九十五里，南北四百里。八到：西北至上都三千四百一十五里。北至東都三千一百五十五里。西北水路至永州二百六十里。南踰嶺至賀州四百四十里。正南踰嶺至韶州四百二十里。正東微北至郴州五百三十五里。

邵州【略】州境：東西屈曲一百二十里，南北水路七百三十四里。八到：西北至上都二千八百八十四里。北至東都二千五百八十五里。東北至潭州陸路五百三十里。東南至永州二百二十里。東至衡州三百五十六里。

福州【略】八到：西北至上都五千二百九十五里。西北至東都四千四百二十四里。東北至温州水路屈曲一千八百里，山路險阻。西南至泉州三百七十里。正北微西至建州六百里。東南水路至海一百六十里。西南至汀州水路屈曲一千三百六十五里。東至大海七十里。

建州【略】八到：西北至上都四千六百九十五里。西北至東都三千八百三十五里。正南微東至福州六百里。西北至信州五百四十里。西南至汀州水路屈曲一千五百里。東北至處州水路九百里。西北至撫州八百三十里。正北微東至衢州七百里。

泉州【略】州境：東西四百里，南北三百三十里。八到：西北至上都五千六百九十五里。西北至東都四千八百四十五里。東北至福州三百七十里。東至大海一百里。西南至漳州三百五十里。南至大海一百里。

漳州【略】州境：東西三百七十里，南北三百九十里。八到：西北至上都六千四百五十里。西北至東都五千六百四十里。東至大海一百五十里。南至大海一百八十里。西北至潮州四百八十里。北至汀州九百里。

汀州【略】八到：西北至上都取建州路六千二百九十五里。西北至東都五千三百三十五里。東北至福州水陸相兼屈曲一千三百六十里。東北至建州水陸相兼一千五百里。東南至漳州九百里。正南微西至潮州一千三百五十里。西至虔州水陸相兼一千二百里。

又卷三〇《江南道六》 黔州【略】州境：東西五百四十五里，南北二百九十八里。八到：（西）[東]北至上都，取江陵府路三千六百五十里，北取萬、開州路二千五百七十里。（西）[東]北至東都三千四百四十五里。南至夷州五百八十里。東南至思州二百八十里。北渡江山路至忠州四百里。西北至涪州三百三十里。西南至播州八百里。

涪州【略】八到：東取江陵路至上都水陸相兼三千三百二十五里，從萬州北開州通宣縣，及洋州路至上都二千三百四十里。東至東都三千六百里，水路至萬州六十里。東至忠州三百五十里。東至江陵府水路一千七百里。東南至黔州水路三百三十里。西南至渝州水路三百四十里。西北陸路至渠州陵山縣三百七里。

夷州【略】州境：東西二百九十里，南北二百九十里。八到：東北至上都取江陵路四千一百五十五里，北取當州路三千七百里。東北至東都二千九百四十五里。西南至播州二百四十里。東北至涪州四百里。北至黔州五百八十里。東至費州三百里。

思州【略】州境：東西二百三十里，南北五百十二里。八到：東北至上都，取江陵府路三千九百二十五里。東北至東都三千七百二十五里。西南至夷州四百里。東南至錦州常豐縣五百里。西北水路至黔州二百八十里。南至費州水路四百里。

費州【略】八到：東北至上都，取江陵路四千三百三十五里。東北至東都四千一百二十五里。北至思州水路四百里。正南微西至牂柯、充州一百九十里。西南至播州四百里。東至獎州水陸相兼四百里。

南州【略】州境：東西二百一十里，南北一百八十九里。八到：東北至上都三千一百六十里。東北至東都二千九百里。北至渝州江津縣二百三十里。東至契丹土六百里。西至没丁山八十里。南至溱州二百七十里。

珍州【略】八到：東北至上都五千五百五十里。東北至東都四千五百四十五里。(南)[西]接夷僚界。東南至播州二百里。北至溱州二百四十里。

溱州【略】八到：東北至上都三千四百二十四里。東北至東都四千二百九十一里。東北至黔州取珍、播夷路一千三百里。正南微東至珍州二百里。東北至南州二百七十里。東與賓州接界，山險不通，無里數。西接合江縣。

播州【略】八到：東北至上都取江陵路四千三百五十五里，北取萬、開州路三千二百七十里。東北至東都四千一百四十五里。東北至黔州八百里。東北至費州四百里。東北至牂柯北界巴江鎮七十里。東南至牂柯州二百二十里。

辰州【略】州境：東西一千二百五十七里，南北一千四百二十七里。八到：北至上都二千五百一十里。東北至東都二千二百五十里。東至朗州[水]路沿流四百六十里。南至叙州水路五百三十八里。正北微東至澧州七百五十里。西南至錦州水路七百里。正西微北水路至溪州三百六十八里。

錦州【略】八到：東北至上都三千二百一十一里。東北至東都二千七百五十里。東北至辰州水路七百里。南至獎州陸路五百四十里。東北至溪州五百里。南至思州八百里。

叙州【略】八到：東北至東都二千七百八十八里。北至上都三千四十八里。西泝流至獎州八百里。北沿流至辰州五百三十八里。南踰嶺至融州水陸共一千五百里。東南踰嶺至吉州水陸共二千一百里。

溪州【略】州境：東西六百里，南北八百里。八到：西北至上都二千八百七十八里。北至東都二千六百一十八里。正東微南至辰州三百六十里，一路取西泝流三百七十里。東北至澧州，水陸相兼一千三百里，山路險阻，若遇霖潦，則不通行。本管三亭縣，自縣西水陸路相兼五百里至黔江縣，又西三百里至黔州，其三亭縣與施州接界，山路峻，不通行。

施州【略】州境：東西六百一十八里，南北四百九十五里。八到：東北至上都二千七百里。東北至東都二千三百八十五里。西至萬州六百八十五里。北至夔州五百里。東至叙州七百六十六里。南至黔州四百八十五里。

獎州【略】八到：北至上都三千八百四十八里。東北至東都三千五百八十八里。西南泝流沿溪至費州五百七十里。西南泝流至牂柯充州七百里。東沿流至叙州八百里。南至牂柯羈縻應州三百里。

又卷三一《劍南道上》 成都府【略】州境：東西二百九里，南北三百八十八里。八到：東北至上都二千一十里。東北至東都二千八百七十里。正東微南至簡州一百五十里。西北至彭州一百里。正西微南至蜀州一百五十里。正南微西至陵州二百里。南至眉州二百里。西南至邛州二百六十里。北至漢州一百里。

彭州【略】州境：東西一百七十六里，南北七十一里。八到：東北至上都一千九百八十五里。東北至東都二千八百四十五里。東南至成都府一百里。東至漢州七十五里。西北取灌口路至茂州三百七十里。西南至蜀州一百二十里。

蜀州【略】八到：東北至上都二千一百一十五里。東北至東都二千九百一十五里。東(北)至成都府一百五十里。東南至眉州一百七十里。西南至邛州八十三里。東北至彭州一百二十里。

漢州【略】州境：東西六十八里，南北一百九十九里。八到：東北至上都一千九百一十里。東北至東都二千九百七十里。南至成都府一百里。東至梓州二百一十里。正西微南至彭州七十五里。東北至緜州一百八十里。

邛州【略】州境：東西二百八里，南北一百二十里。八到：東北至上都二千一百七十里。東北至東都三千三十里。東南至眉州一百七十里。東北至蜀州八十里。西南至雅州一百七十里。西至羌夷一百三十里。

簡州【略】州境：東西二百一十三里，南北一百八十八里。八到：東北至上都二千一百七十里。東北至東都二千九百里。正西微北至成都府一百五十里。正東微南至普州二百四十里。東北至梓州三百一十里。正西至陵州一百八十里。東南至資州三百二十里。

資州【略】州境：東西三百四十八里，南北一百一十三里。八到：東北至上都取遂州路二千三百三十里。東北至東都，二千二百九十里。西北至簡州三百二十里。正北微東至普州一百七十里。正西至昌州二百六十里。西南至榮州二百六十里。東至合州五百六十五里。

嘉州【略】八到：東北至上都二千三百五十里。東北至東都三千二百一十里。北至眉州一百四十里。東南至戎州陸路，三百二十里。東至榮州二百一十里。正北微東至陵州一百九十里。正西微北至雅州三百二十里。

戎州【略】州境：東西五百六十里，南北七百一十二里。八到：東北至上都取嘉、眉州水陸相兼二千七百里。東北至東都二千五百六十里。東北至瀘州水路三百一十里，陸路三百四十里。北至榮州三百一十里。西南至石門鎮三百里。西北至嘉州水路三百五十里，陸路三百二十里。西南至南詔所居羊苴咩城二千三百里。北至姚州三百一十里。

又卷三二《劍南道中》 雅州【略】州境：東西，五百三十九里，南北四百三十五里。八到：東北至上都二千三百四十里。東北至東都三千一百里。[東南至嘉州三百二十里。東北至邛州一百七十里。]西南至黎州二百四十里。西北至西山谷口和順鎮九十里。

眉州【略】八到：東北至上都二千二百一十里。東北至東都三千七十里。東南至嘉州一百四十里。東至陵州七十里。正西微北至邛州一百七十里。西北至蜀州一百七十里。北至成都府二百里。

松州【略】州境：東西二百一十四里，南北一百七十七里。八到：東北至上都一千九百里。東北至東都二千七百六十里。南至翼州一百八十里。[東北至扶州三百里。西南至當州三百里。]北至茂州三百三十里。

茂州【略】州境：東西四百七十八里，南北三百八十里。八到：東北至上都二千一百四十里。東北至東都三千里。南至成都府三百七十里。東至緜州取松嶺關路三百七十里。[南至彭州三百七十里。西至維州二百二十里。]北至翼州一百二十里。

翼州【略】州境：東西三百三十里，南北一百七十里。八到：東北至上都二千四百二十里。東北至東都三千二百七十里。南至茂州一百二十里。西至悉州二百二十里。西北至當州二百七十里。北至松州一百八十里。

維州【略】州境：東西三百二十五里，南北一百五十三里。八到：東北至上都二千八百三十里。東北至東都三千五百六十里。東至真州一百里。東至茂州二百二十里。東北至恭州三百五十里。南至當州二百六十里。西至悉州二百五十里。

當州【略】州境：東西二百六十八里，南北一百三十五里。八到：東北至上都二千一百一十里。東北至東都二千九百七十里。東至翼州二百七十里。東南至悉州三十里。東北至松州三百里。西南至静州六十里。北至維州二百六十里。

悉州【略】州境：東西一百六十里，南北八十里。八到：東北至上都二千三百里。東北至東都三千二百一十里。東至翼州二百二十里。西南至静州六十里。東南至成都府六百五十里。[東至維州二百五十里。]

静州【略】州境：東西三百二十里，南北二百三十里。八到：東北至上都二千二百九十里。東北至東都三千一百五十里。東北至悉州六十里。西北至柘州三十里。南至赤和縣三十五里。東北至當州六十里。北至茹州六十里。

柘州【略】八到：東北至上都二千二百六十里。東北至東都三千一百三十里。[東南至静州三十里。南至維州三百里。西至恭州一百里。]

恭州【略】八到：東北至上都三千三十里。東北至東都三千一百五十里。東至柘州一百里。東南至茂州三百五十里。西南至維州三百五十里。

真州【略】八到：東北至上都二千一百八十里。東北至東都三千四十五里。東至翼州四十里。西至維州一百里。西北至茂州通化縣一百里。北至悉州界四十里。

黎州【略】八到：東北至上都二千五百八十里。東北至東都二千四百三十里。東至戎城無路，約七百里。東北至雅州三百四十里。西南至嶲州六百五十里。西至廓清城一百八十里。其城西臨大渡河，河西生羌蠻界。

嶲州【略】州境：東西九百八十里，南北一千二百里。八到：東北至上都三千二百三十里。東北至東都四千九十里。北至成都府一千二百九十里。東至蠻界約二百里。西至東瀘水二百里。南至瀘渡四百五十里。東南至姚州三百五十里。（西）[東]北至雅州六百九十里。

姚州【略】八到：東北至上都四千三百里。東北至東都四千八百九里。東南至安南二千里。南至戎州三百一十里。西至羊苴咩城三百里。西北至巂州三百五十里。北接髳州。

協州【略】八到：東北至上都三千一百里。東北至東都三千九百六十里。東北至戎州四百一十里。南接曲州。

曲州【略】八到：東北至上都三千三百里。東北至東都四千三百三十里。南接郎州。北接協州。

又卷三三《劍南道下》 梓州【略】州境：東西三百六十里，南北三百六十三里。八到：東北至上都取緜州路一千八百六十四里。東北至東都二千七百三十四里。東南至遂州二百五十里。西至漢州二百一十里。西北至緜州一百三十里。正東微南至果州三百五十里。東北至閬州三百一十五里。西南至簡州三百一十里。正北微東至劍州三百六十里。正南微東至普州三百五十里。

劍州【略】州境：東西二百六十七里，南北二百五十六里。八到：東北至上都一千四百三十里。東北至東都二千三百里。東南至閬州二百二十里。西北至龍州三百二十里。西南至緜州二百九十里。東北至利州一百九十里。

緜州【略】州境：東西三百一里，南北二百六十里。八到：東北至上都一千七百三十四里。東北至東都二千五百九十四里。西南至漢州一百八十里。東南至梓州一百三十里。西至茂州取松嶺路三百七十里。北至龍州二百二十里。

遂州【略】州境：東西一百二十里，南北一百九十里。八到：東北至上都取果州路二千二十里。東北至東都二千八百八十里。東北至果州一百七十里。西北至梓州二百五十里。東南至合州二百六十里。正南微西至普州一百四十里。

渝州【略】州境：東西五百一十六里，南北四百七十九里。八到：東北至上都二千八百一十里。東北至東都三千八百一十里。正北至合州一百六十里。西南至瀘州水路七百里。東北至涪州水路三百四十里。西至渠州四百四十里。江津縣在州西一百二十里，縣南陸路至溱州三百六十里。又自江津縣南循僰溪水路至南州二百三十里。

合州【略】州境：東西三百二十四里，南北六百三十九里。八到：東北至上都二千六百五十里。東北至東都三千五百一十里。西至遂州陸路二百六十里，水路三百七十里。西南至瀘州五百九十里。北至果州二百里。

普州【略】州境：東西二百七十八里，南北三百九十三里。八到：東北至上都二千一百六十里。東北至東都三千二十里。正北微東至遂州一百三十里。正西微北至簡州二百四十里。正南微西至資州一百七十里。正北微西至梓州二百五十里。

榮州【略】州境：東西一百八十三里，南北一百五十六里。八到：東北至上都取資州路，二千四百九十四里。東北至東都三千三百五十里。東北至資州一百六十里。南至戎州三百一十里。東南至瀘州水陸路相兼五百四十里。西至嘉州二百一十里。西北至陵州二百一十里。

陵州【略】州境：東西一百四十里，南北三百一十里。八到：東北至上都二千二百一十里。東北至東都三千七十里。東北至成都府二百里。西至眉州七十里。東北至簡州一百八十里。東至資州二百三十五里。東南至榮州三百一十里。西至嘉州一百九十里。

瀘州【略】州境：東西四百七十八里，南北五百六十三里。八到：西北至資州泝流六百三十里，自資至上都二千三百三十里。東北至東都三千八百三十里。東北至渝州水路七百里。東北至合州五百九十里。西北至榮州五百四十里。西至戎州水路三百一十里，陸路二百四十里，山路險峻或不通。

龍州【略】州境：東西四百六十八里，南北二百九十六里。八到：東北至上都取利州路一千六百五十里。東北至東都二千五百一十里。東至利州四百里。西至緜州二百二十里。東南至劍州三百二十里。東至松州三百二十里。北至渝州取文州路三百三十里。西北至扶州六百里。西南至茂州四百九十里。

昌州【略】八到：北至上都取普州、遂州路二千五百四十里。東北至東都三千四百里。正南至瀘州取合江縣路三百八十里。正北微西至普州三百八十里。西北至資州三百里。東北至合州三百九十里。

又卷三四《嶺南道一》 廣州【略】州境：東西六百四十八里，南北一千二百一十里。八到：西北至上都取郴州路四千二百一十里，取虔州大庾嶺路五千二百一十里。西北至東都取桂州路五千八十五里。東北至韶州五百三十里。西北泝流至連州八百九十里。正西微北至端州沿泝相兼二百四十里。西南至恩州水路六百里。西北至賀州八百七十六里。正南至大海七十里。

循州【略】州境：東西九百八十三里，南北七十二里。八到：西北至上都取廣、郴路四千六百一十里。西北至東都取廣、郴路四千四百五十里。北至虔州一千五百里。東北至韶州一千二百里。西至廣州水路沿泝相兼四百里，陸路三百五十里。南至海一百一十里。

潮州【略】州境：東西五百三十六里，南北四百八十四里。八到：西北至上都取虔州路五千六百二十五里。西北至東都取虔州路四千八百一十里。西北至虔州一千五百里。東至大海一百二十里。西南至廣州水陸路相兼約一千六百里。西南至循州一千五百里。東北至漳州取漳浦縣路四百八十里。南至大海八十五里。

端州【略】州境：東西一百五十八里，南北一百一十四里。八到：西北至上都取韶、郴州路四千三百三十五里。西北至東都四千六百一十五里。[東至廣州二百八十四里。]東至廣州義寧縣一百五十里。東南水路至廣州新會縣三百里。東北至廣州四會縣陸路一百八十里。北取廣州四會縣界水路至韶州六百四十里。西南水陸相兼至新州一百八十里。西至康州二百九十里。

康州【略】州境：東西二百七十九里，南北二百四十五里。八到：西北至上都四千二百五十五里。西北至東都四千五百一十五里。東至端州一百九十里。西南水路至瀧州一百八十里。西北泝流至封州一百二十五里。北至霍山一百二十里，與廣州化蒙縣分界。

封州【略】州境：東西一百二十八里，南北二百八十九里。八到：西北至上都取梧、桂州路四千三百八十五里。西北至東都四千一百三十五里。東南沿流至康州一百二十里。北至賀州陸路三百九十里，水路六百四十里。西北泝流至梧州五十里。

韶州【略】州境：東西六百二十里，南北四百五里。八到：西北至上都取郴州路三千六百八十五里，取虔州、吉州路四千六百八十里。西北至東都取郴州路三千四百二十五里，取虔州、吉州路三千八百七十里。南至廣州，水陸相兼五百三十里。西北至郴州陸路四百一十里。東北至虔州陸路五百五十里。西至連州山路險峻五百里。

又卷三七《嶺南道四》 桂州【略】州境：東西三百八十一里，南北一百二十八里。八到：北至上都三千七百五里。北至東都三千四百五十五里。東南至昭州二百三十五里。西南至象州五百二十里。東北至道州四百八十里。西至柳州五百四十里。南至蒙州三百五十里。西北至融州四百九十里。東南水路至梧州六百三十里。

梧州【略】州境：東西一百一十里，南北三百八十里。八到：西北至上都取桂州路四千三百三十五里。西北至東都四千一百五里。東南沿流至封州五十里。西北泝流至富州三百二十里。正南微西至義州三百里。西南沿流至藤州一百里。西北至桂州六百三十里。

賀州【略】州境：東西三百七十里，南北四百一十里。八到：西北至上都三千八百五十五里。西北至東都三千五百九十五里。西至昭州三百里。西南至富州三百一十里。南至封州三百六十里。西南至梧州四百一十里。東至連州二百七十里。

昭州【略】州境：東西一百七十五里，南北三百三十七里。八到：西北至上都三千九百三十五里。西北至東都三千六百七十五里。西北至桂州二百里，水路三百里。北過嶺至永州六百里。東至賀州三百里。東北過嶺至道州四百里。東南水路至富州一百六十里。

象州【略】八到：北至上都四千二百二十五里。東北至東都三千九百六十五里。西南至嚴州二百八十里。東至康州陸路一百九十里。東南至潯州二百一十里。西至柳州一百六十里。

柳州【略】八到：北至上都四千二百四十五里。東北至東都四千一百四十里。東至桂州五百四十里。東至象州一百六十里。北至融州陸路二百二十三里，水路三百八十里。

嚴州【略】州境：東西一千四百四十一里，南北三百八十二里。八到：北至上都四千四百五十里。東北至東都四千一百二十五里。西南至賓州一百九十里。南至澄州二百二十六里。東北至柳州陸路二百里。

融州【略】州境：東西四百四十七里，南北四百九十七里。八到：北至上都取桂州路四千一百九十五里。東北至東都三千九百三十五里。東至桂州四百九十五里。南至柳州水路三百八十里，陸路二百三十里。

龔州【略】八到：西北至上都取梧、桂路四千五百七十五里。北至東都四千三百一十五里。北至象州三百一十里。南至繡州一百七十四里。東至藤州一百四十里。西至潯州泝流一百三十里。正北微東至蒙州二百三十里。

富州【略】州境：東西一百七十六里，南北一百八十里。八到：西北至上都四千九百五里。北至東都三千八百三十五里。東南沿流至梧州三百二十里。西北至昭州一百六十里。東北至賀州三百一十里。西至蒙州九十里。

蒙州【略】八到：西北至上都四千五十二里。北至東都三千七百九十二里。南至龔州三百五十里。西南至象州三百五十里。東至富州九十里。北至桂州三百四十七里。西北至桂州荔浦縣八十里。

思唐州【略】八到：西北至上都四千二百一十里。[東]北至東都三千九百五十里。東至富州三百五十里。西至象州一百八十里。南至龔州一百四十里。北至蒙州一百六十里。

又卷三八《嶺南道五》 邕州【略】八到：北至上都取象州路四千七百七十五里，取藤州路五千四十五里。北至東都四千五百八十五里。東至欽州三百三十里。西南至瀼州二百八十里。西南至安南一千里。東北至澄州二百四十里。

貴州【略】州境：東西一百三十七里，南北二百一十八里。八到：西北至上都取梧、桂州路四千八百七十五里，取象州路四千五百八里。東北至東都四千六百三十五里，取象州路四千三百二十五里。東北沿流至潯州二百一十五里，陸路一百四十里。東至繡州一百里。南至鬱林州一百四十里。西南沿流至橫州一百七十里。西至賓州二百二十五里。北至象州三百一十里。

賓州【略】州境：東西一百三十一里，南北六十三里。八到：北至上都四千五百九十五里。東北至東都四千三百三十五里。西南至邕州二百四十五里。西北至澄州八十八里。東至貴州二百二十五里。東北至嚴州一百九十里。

澄州【略】州境：東西三百五十三里，南北三百三里。八到：北至上都四千六百二十五里。東北至東都四千三百七十五里。東至貴州三百四十一里。西至邕州三百三十九里。南至賓州八十八里。北至嚴州二百三十里。

橫州【略】州境：東西一百三十二里，南北二百一十一里。八到：北至上都取貴、象州路四千七百五十里，取藤州水路四千一百七十五里。東北至東都四千三百九十五里。東北至貴州水路一百七十五里。西南至欽州水陸相兼三百一十一里。

欽州【略】州境：東西六百七十三里，南北四百四十里。八到：北至上都五千五十五里。東北至東都四千八百五里。東北至橫州三百一十里。東至廉州三百三里。西南至陸州七百四十里。

潯州【略】八到：北至上都四千六百九十五里。東北至東都四千一百七十五里。東北沿流至龔州一百二十里。西南泝流至貴州二百里，陸行一百里。南至繡州八十里。西北至象州陸路二百一十里。

巒州【略】八到：（西）[東]北至上都取橫、象州路四千八百五十五里。（西）[東]北至東都四千六百三十五里。西泝流至邕州一百五十里。東沿流至橫州一百三十里。北至澄州抵大山，無路。

安南【略】府境：東西五百一十六里，南北七百九十一里。八到：北至上都六千四百四十五里，水路六千六百四十里。北至東都五千七百八十五里，水路六千三百八十里。西北至峰州一百三十里。西南至愛州五百里，水行七百里。東至大海水路約四百里。東北至陸州水行一百九里。西北至姚州水陸相兼未有里。

愛州【略】州境：東西二百八十二里，南北四百一十里。八到：北至上都六千四百七十五里。北至東都六千二百一十五里。東至海州一百四十里。東北至長州水行四百五十里。西至小獠界水行一百九十里。南至演州二百五十里。西北至小獠柵三百里。西北至安南都護府五百里，水路七百里。

驩州【略】八到：北至上都六千八百七十五里。東北至東都六千六百一十五里。東至海一百里。南至林邑國界一百九十里。北至演州一百五十里。

峰州【略】州境：東西九十七里，南北六十里。八到：北至上都六千一百五十里。北至東都五千八百四十五里。東南至安南府一百三十里。南至漏口江一百里。北至羈縻南平州界二百里。

陸州【略】州境：東西七百一十里，南北五十四里。八到：西北至上都水陸相兼六千一百二十里。西北至東都五千八百六十里。東至廉州界三百里。東北至欽州六百里。西南至安南都護府百餘里。

演州【略】八到：北至上都六千七百二十五里。北至東都六千四百六十五里。北至愛州二百五十里。南至驩州一百五十里。東至大海六里。

又卷三九《隴右道上》 秦州【略】州境：東西四百三十九里，南北五百五十五里。八到：東至上都八百里。東至東都一千六百六十里。東[北]至隴州三百六十里。西[北]至渭州三百里。西南至成州二百里。東北至原州四百六十里。

渭州【略】州境：東西二百六十六里，南北三百八十六里。八到：東至上都一千一百里。東至東都一千九百六十里。東南至秦州三百里。西南至岷州二百二十六里。東北至原州五百五十里。西北至臨洮軍一百九十里。

武州【略】州境：東西二百五十六里，南北二百九十里。八到：東北至上都一千三百里。東北至東都二千六百里。東至興州三百五十七里。西北至宕州二百五十里。南至文州二百五十里。北至成州三百八十里。

蘭州【略】州境：東西二百一十七里，南北六百一十里。八到：東南至上都一千四百六十里。東南至東都二千三百二十里。東至臨州一百九十里。東北至會州三百八十里。西北至鄯州四百里。西南至河州三百里。

河州【略】州境：東西二百二十八里，南北二百七里。八到：東至上都一千四百六十里。東至東都二千三百二十里。東北至蘭州三百里。西至廓州三百九十里。(東)南至洮州三百里。西北至鄯州三百里。

鄯州【略】州境：東西三百五里，南北二百一十五里。八到：東南至上都一千九百六十里。東南至東都二千七百六十里。東南至蘭州四百里。西至青海三百七十里。西南至廓州二百四十里。東北至涼州五百里。

廓州【略】州境：東西三百九十四里，南北四百九十里。八到：東南至上都二千四百十里。東至東都三千九百六十里。東至河州三百九十里。西至吐蕃界樹郭城三百二十里。南至新置曜武軍二百里。北至新安夷騎八十里。

岷州【略】州境：東西一百六十三里，南北三百六十七里。八到：東北至上都一千三百三十六里。東北至東都二千一百八十六里。東北至渭州二百二十六里。西南至洮州一百八十里。南至宕州三百八十里。北至臨州三百四十里。

洮州【略】州境：東西五百五十里，南北二百二十里。八到：東北至上都一千五百里。東北至東都二千三百六十里。東至岷州一百八十里。西至黄河六百里西南至疊州一百八十里。北至河州三百里。

疊州【略】州境：東西二百六十五里，南北一百二十九里。八到：東至上都一千七百里。東至東都二千五百六十里。東南沿流至宕州二百五十里。西至黄河上党項岸二百八十里。東南至故芳州一百四十里。東北至洮州一百八十里。

芳州【略】八到：東至上都一千八百四十里。東北至東都二千七百里。東南至扶州三百里。西南至羌直州一百六十里。東至羌二百三十里。西至疊州一百四十里。

宕州【略】州境：東西三百六十五里，南北四百二十九里。八到：東北至上都一千四百七十里。東北至東都二千三百三十里。東南至武州二百五十里。西北至疊州二百五十里。西南至扶州四百里。北至岷州三百八十里。

臨州【略】八到：東南至上都一千四百八十里。東南至東都二千二百四十里。南至岷州三百四十里。西至蘭州一百九十里。

又卷四〇《隴右道下》 涼州【略】州境：東西四百里，南北八百三十里。八到：東北至上都取秦州路二千里，取皋蘭路一千六十里。東南至東都二千八百六十里。

甘州【略】州境：東西四百一十六里，南北一千三百七里。八到：東南至上都二千五百里。東南至東都三千三百六十里。東至涼州五百里。西至肅州四百里。南至大雪山二百三十里。東北至花門山一千四百五十里。

肅州【略】州境：東西五百六十四里，南北四百三十五里。八到：東南至上都二千九百里。東南至東都三千七百六十里。東至甘州四百里。南至吐蕃雪嶺二千五百里。西北至葭蘆泉五百里。

沙州【略】八到：東南至上都三千七百里。東南至東都四千五百六十里。東至瓜州三百里。西至石城鎮一千五百里。西至吐蕃界三百里。北至伊州七百里。

瓜州【略】州境：東西三百九十三里，南北六百八十四里。八到：東南至上都三千四百里。東南至東都四千二百六十里。東南至肅州四百八十里。西至沙州三百里。南至大雪山二百四十里。

伊州【略】州境：東西一千一十五里，南北四百九十里。八到：東南至上都四千四百三十里。東南至東都五千一百六十里。西南至西州七百三十里。東南取莫賀磧路至瓜州九百里。正南微東至沙州七百里。

西州【略】州境：東西八百九十五里，南北四百八十六里。八到：東南至上都五千三十里。東南至東都五千里。東北至伊州七百三十里。西南至焉耆七百一十里。東南至金沙州一千四百里。南至樓蘭國一千二百里，并沙磧，難行。北(至)[自]金娑嶺至北庭都護府五百里。

庭州【略】八到：東南至上都五千二百七十里。東南至東都六千一百三十里。東南至伊州九百七十里。東至西州五百里。西南至焉耆鎮一千一百里。西至碎葉二千二百二十里。北至堅昆衙帳約四千里。東北至迴鶻衙帳三千里。

王存《元豐九域志》卷一《四京》 東京開封府【略】地里：東至本京界二百四十五里，自界首至南京六十里。西至本京界一百一十五里，自界首至鄭州二十五里。南至本京界二百一十五里，自界首至陳州一百五里。北至本京界一百里，自界首至滑州一百里。東南至本京界二百五十五里，自界首至亳州一百五十里。西南至本京界一百五里，自界首至潁昌府七十里。東北至本京界一百四十五里，自界首至曹州一百三里。西北至本京界一百一十五里，自界首至衛州七十五里。

西京河南府【略】地里：東京三百八十二里。東至本京界二百里，自界首至鄭州六十里。西至本京界一百八十六里，自界首至陝州一百里。南至本京界八十二里，自界首至汝州七十八里。北至本京界六十五里，自界首至孟州五十五里。東南至本京界一百九十里，自界首至潁昌府一百二十里。西南至本京界三百二十五里，自界首至虢州一百二十五里。東北至本京界六十里，自界首至孟州二十五里。西北至本京界二百三十六里，自界首至絳州二百里。

南京應天府【略】地里：東京二百八十五里。東至本京界一百三十里，自界首至單州一百一十里。西至本京界九十五里，自界首至東京二百里。南至本京界一百三十五里，自界首至亳州三十五里。北至本京界一百三十里，自界首至單州三十里。東南至本京界一百一十五里，自界首至亳州三十里。西南至本京界一百五十里，自界首至東京二百二十五里。東北至本京界一百三十五里，自界首至單州四十五里。西北至本京界九十五里，自界首至東京一百八十里。

北京大名府【略】地里：東京四百里。東至本京界一百一十里，自界首至鄆州一百一十里。西至本京界一百五里，自界首至磁州五十五里。南至本京界六十一里，自界首至澶州六十九里。北至本京界一百八十里，自界首至貝州三十里。東南至本京界一百二十里，自界首至濮州六十里。西南至本京界一百一十八里，自界首至相州八十二里。東北至本京界九十八里，自界首至博州一百二里。西北至本京界七十里，自界首至洺州三十里。

又《京東路》 青州【略】地里：東京一千一百三十里。東至本州界五十里，自界首至濰州一百二十里。西至本州界四十五里，自界首至淄州一百二十里。南至本州界七十五里，自界首至沂州四百二十五里。北至本州界一百五十里，自界首至濱州一百八十里。東南至本州界四十五里，自界首至沂州二百□十五里。西南至本州界七十里，自界首至淄州五十里。東北至本州界一百四十里，自界首至濰州六十二里。西北至本州界一百二十八里，自界首至淄州一百三十二里。

密州【略】地里：東京一千五百里。東至海一百六十五里。西至本州界一百六十里，自界首至沂州一百四十里。南至本州界一百八十里，自界首至海州一百二十里。北至本州界一百三十二里，自界首至濰州四十八里。東南至海一百八十五里。西南至本州界二百里，自界首至沂州八十五里。東北至本州界一百九十里，自界首至萊州一百二十里。西北至本州界一百六十里，自界首至青州一百四十里。

沂州【略】地里：東京一千八十里。東至本州界九十五里，自界首至海州八十五里。西至本州界二百五里，自界首至兗州一百五十五里。南至本州界七十里，自界首至淮陽軍一百七十里。北至本州界二百五十里，自界首至青州一百七十里。東南至本州界一百二十五里，自界首至海州五十五里。西南至本州界二百四十五里，自界首至徐州七十五里。東北至本州界一百三十里，自界首至密州二百三十里。西北至本州界三百里，自界首至淄州一百六十里。

登州【略】地里：東京一千八百里。東至海四百九十里。西至海五里。南至本州界一百五十里，自界首至萊州二百四十里。北至海三里。東南至海四百六十里。西南至本州界一百二十里，自界首至萊州一百二十里。東北至海五里。西北至海四里。

萊州【略】地里：東京一千五百里。東至本州界一百里，自界首至登州一百四十里。西至海三十里。南至本州界一百四十里，自界首至密州一百六十里。北至海五十里。東南至海一百五十里。西南至本州界六十八里，自界首至濰州一百一十二里。東北至本州界八十五里，自界首至登州一百五十五里。西北至海二十里。

濰州【略】地里：東京一千二百六十里。東至本州界一百八里，自界首至萊州七十二里。西至本州界七十里，自界首至青州五十里。南至本州界五十里，自界首至密州一百三十里。北至海一百二十里。東南至本州界五十五里，自界首至密州一百六十里。西南至本州界九十里，自界首至青州四十里。東北至本州界一百五里，自界首至萊州七十里。西北至本州界三十五里，自界首至青州一百里。

淄州【略】地里：東京一千一百里。東至本州界六十里，自界首至青州五十三里。西至本州界四十里，自界首至齊州一百四十里。南至本州界五十四里，自界首至兗州三百八十里。北至本州界一百四十里，自界首至濱州五十里。東南至本州界一百四十五里，自界首至沂州三百四十里。西南至本州界六十里，自界首至齊州一百二十里。東北至本州界六十五里，自界首至青州五十五里。西北至本州界二百里，自界首至棣州六十里。

淮陽軍【略】地里：東京八百五十里。東至本軍界二百三十里，自界首至楚州七十里。西至本軍界六十里，自界首至徐州一百二十里。南至本軍界七十里，自界首至宿州一百七十里。北至本軍界一百七十里，自界首至沂州七十里。東南至本軍界一百三十里，自界首至泗州二百二十里。西南至本軍界七十里，自界首至宿州一百七十里。東北至本軍界一百三十里，自界首至海州一百七十里。西北至本軍界一百一十里，自界首至沂州一百八十里。

兗州【略】地里：東京六百里。東至本州界一百五十里，自界首至沂州二百一十里。西至本州界三十里，自界首至濟州一百二十里。南至本州界一百一十里，自界首至徐州二百五十里。北至本州界二百四十里，自界首至齊州一百二十里。東南至本州界九十五里，自界首至徐州二百二十五里。西南至本州界三十里，自界首至單州二百八十里。東北至本州界三百二十里，自界首至淄州五十里。西北至本州界九十三里，自界首至鄆州六十里。

徐州【略】地里：東京七百里。東至本州界一百里，自界首至淮陽軍九十里。西至本州界一百二十里，自界首至南京二百三十里。南至本州界五十里，自界首至宿州九十五里。北至本州界二百五十五里，自界首至兗州一百里。東南至本州界一百里，自界首至泗州三百五十里。西南至本州界一百三十里，自界首至亳州二百五十里。東北至本州界七十里，自界首至沂州二百八十里。西北至本州界二百一十里，自界首至單州一百二十里。

曹州【略】地里：東京二百四十里。東至本州界三十五里，自界首至單州一百五十里。西至本州界七十里，自界首至東京一百七十里。南至本州界四十里，自界首至東京二百三十里。北至本州界八十五里，自界首至濮州八十五里。東南至本州界五十里，自界首至南京一百八十里。西南至本州界九十里，自界首至東京一百三十五里。東北至本州界七十二里，自界首至濟州六十五里。西北至本州界一百一十里，自界首至滑州一百二十里。

鄆州【略】地里：東京五百二十里。東至本州界六十里，自界首至兗州八十里。西至本州界一百里，自界首至濮州八十里。南至本州界一百一十里，自界首至濟州七十里。北至本州界一百七十里，自界首至齊州一百二十里。東南至本州界八十里，自界首至兗州七十里。西南至本州界一百一十里，自界首至濟州七十里。東北至本州界一百六十里，自界首至齊州一百一十里。西北至本州界一百三十里，自界首至博州四十里。

濟州【略】地里：東京四百五十里。東至本州界一百二十里，自界首至兗州三十里。西至本州界七十里，自界首至曹州八十里。南至本州界一百二十里，自界首至單州三十里。北至本州界九十里，自界首至鄆州九十里。東南至本州界一百二十里，自界首至單州八十里。西南至本州界七十里，自界首至曹州八十里。東北至本州界七十里，自界首至鄆州一百二十里。西北至本州界八十里，自界首至濮州七十里。

單州【略】地里：東京三百八十里。東至本州界五十五里，自界首至徐州一百八十五里。西至本州界六十八里，自界首至曹州七十二里。南至本州界四十里，自界首至南京八十五里。北至本州界四十里，自界首至濟州一百二十五里。東南至本州界一百四十里，自界首至亳州一百七十五里。西南至本州界三十里，自界首至南京一百一十里。東北至本州界一百八十里，自界首至兗州一百里。西北至本州界六十八里，自界首至曹州七十二里。

濮州【略】地里：東京三百五十里。東至本州界八十里，自界首至鄆州一百里。西至本州界六十五里，自界首至澶州三十里。南至本州界八十五里，自界首至曹州九十五里。北至本州界九十里，自界首至北京一百三十里。東南至本州界一百里，自界首至濟州五十里。西南至本州界八十里，自界首至曹州一百四十里。東北至本州界八十里，自界首至鄆州一百一十里。西北至本州界四十里，自界首至澶州九十里。

又《京西路》 襄州【略】地里：東京九百五十里。東至本州界六十里，自界首至隨州二百八十里。西至本州界二百四十四里，自界首至房州二百五十里。南至本州界一百四十七里，自界首至江陵府三百一十里。北至本州界九十里，自界首至鄧州八十八里。東南至本州界一百六十一里，自界首至郢州五十六里。西南至本州界三百三十四里，自界首至峽州二百八十五里。東北至本州界八十七里，自界首至唐州一百六十三里。西北至本州界二百五十一里，自界首至均州一百八里。

鄧州【略】地里：東京七百五十里。東至本州界一百一十里，自界首至唐州七十里。西至本州界一百八十里，自界首至均州八十里。南至本州界九十里，自界首至襄州九十里。北至本州界四百四十里，自界首至西京六百里。東南至本州界一百二十里，自界首至唐州一百二十里。西南至本州界九十里，自界首至襄州一百二十里。東北至本州界一百八十五里，自界首至唐州一百九十五里。西北至本州界三百八十里，自界首至商州二百二十五里。

隨州【略】地里：東京九百里。東至本州界七十里，自界首至安州一百七十里。西至本州界二百四十五里，自界首至襄州五十五里。南至本州界一百里，自界首至郢州二百五十里。北至本州界一百五十里，自界首至唐州一百九十里。東南至本州界七十里，自界首至安州八十里。西南至本州界一百二十五里，自界首至郢州二百二十五里。東北至本州界一百四十里，自界首至信陽軍一百一十里。西北至本州界二百一十里，自界首至唐州一百一十里。

金州【略】地里：東京一千九百二十里。東至本州界三百八十五里，自界首至均州三百一十五里。西至本州界一百五十里，自界首至洋州一百九十三里。南至本州界七百里，自界首至夔州四百里。北至本州界二百里，自界首至京兆府五百里。東南至本州界一百四十五里，自界首至房州五百五十五里。西南至本州界四百八十里，自界首至洋州四百五十里。東北至本州界二百二十里，自界首至商州四百八十里。西北至本州界三百里，自界首至洋州二百一十里。

房州【略】地里：東京一千五百里。東至本州界一百七十六里，自界首至襄州二百四十四里。西至本州界二百七十九里，自界首至金州一百四十五里。南至本州界一百九十里，自界首至歸州一百三十里。北至本州界一百三十里，自界首至均州八十五里。東南至本州界二百八十里，自界首至襄州二百一十里。西南至本州界四百六十里，自界首至大寧監二百四十里。東北至本州界一百二十里，自界首至襄州三百四十里。西北至本州界三百里，自界首至均州一百九十里。

均州【略】地里：東京九百八十里。東至本州界九十里，自界首至襄州二百四十里。西至本州界三百七十里，自界首至金州三百三十里。南至本州界八十五里，自界首至房州一百三十里。北至本州界一百一十里，自界首至鄧州一百九十里。東南至本州界一百二十里，自界首至襄州二百二十里。西南至本州界一百九十里，自界首至房州三百里。東北至本州界六十五里，自界首至鄧州一百七十五里。西北至本州界二百四十里，自界首至商州四百里。

郢州【略】地里：東京一千二百里。東至本州界二百九十五里，自界首至安州一百二十五里。西至本州界三百里，自界首至江陵府三百二十里。南至本州界二百四十里，自界首至江陵府二百五十里。北至本州界一百五十里，自界首至隨州三百里。東南至本州界一百八十里，自界首至安州一百四十里。西南至本州界一百二十里，自界首至江陵府三百六十里。東北至本州界一百五十里，自界首至隨州三百四十里。西北至本州界九十里，自界首至襄州一百六十里。

唐州【略】地里：東京七百里。東至本州界一百七十里，自界首至蔡州一百八十里。西至本州界三十里，自界首至鄧州一百五十里。南至本州界一百四十里，自界首至襄州一百一十里。北至本州界二百三十里，自界首至潁昌府二百二十里。東南至本州界二百三十里，自界首至信陽軍九十里。西南至本州界四十里，自界首至鄧州一百九十里。東北至本州界二百二十五里，自界首至蔡州二百二十五里。西北至本州界七十里，自界首至汝州三百八十里。

潁昌府【略】地里：東京二百一十五里。東至本府界四十八里，自界首至東京一百八十里。西至本府界一百二十五里，自界首至西京一百九十里。南至本府界一百四十五里，自界首至蔡州一百二十里。北至本府界七十里，自界首至東京一百四十五里。東南至本府界一百二十七里，自界首至陳州一百一十三里。西南至本府界四十三里，自界首至汝州一百七十七里。東北至本府界五十五里，自界首至東京一百六十里。西北至本府界一百四十五里，自界首至汝州一百二十五里。

鄭州【略】地里：東京一百四十里。東至本州界二十五里，自界首至東京一百一十五里。西至本州界六十里，自界首至西京一百八十里。南至本州界一百一十里，自界首至潁昌府五十五里。北至本州界七十里，自界首至懷州五十里。東南至本州界六十里，自界首至陳州三百二十七里。西南至本州界六十里，自界首至汝州一百三十五里。東北至本州界七十六里，自界首至衛州三十九里。西北至本州界六十五里，自界首至孟州一百二十五里。

滑州【略】地里：東京二百一十里。東至本州界一十九里，自界首至濮州一百六十一里。西至本州界二十里，自界首至衛州九十里。南至本州界一百一十里，自界首至東京一百里。北至本州界二十七里，自界首至洺州二百二十七里。東南至本州界一百里，自界首至曹州一百二十里。西南至本州界一百里，自界首至孟州三百里。東北至本州界四十五里，自界首至澶州六十里。西北至本州界七里，自界首至相州一百二十七里。

孟州【略】地里：東京三百五十里。東至本州界八十五里，自界首至東京二百六十五里。西至本州界三十五里，自界首至絳州五百二十五里。南至本州界一十里，自界首至汝州二百四十里。北至本州界四十里，自界首至懷州三十里。東南至本州界一百二十四里，自界首至鄭州七十六里。西南至本州界二十一里，自界首至西京四十九里。東北至本州界八十五里，自界首至衛州二百三十五里。西北至本州界一百一十里，自界首至澤州九十里。

蔡州【略】地里：東京四百五十里。東至本州界一百四十里，自界首至潁州一百四十五里。西至本州界一百二十里，自界首至唐州二百二十五里。南至本州界一百四十里，自界首至信陽軍六十里。北至本州界一百里，自界首至東京三百五十里。東南至本州界一百六十里，自界首至光州八十五里。西南至本州界一百六十五里，自界首至隨州三百三十里。東北至本州界一百一十五里，自界首至陳州九十里。西北至本州界一百二十里，自界首至潁昌府一百四十五里。

陳州【略】地里：東京二百四十五里。東至本州界三十里，自界首至亳州一百七十里。西至本州界一百里，自界首至潁昌府一百二十里。南至本州界一百五里，自界首至蔡州一百里。北至本州界三十五里，自界首至東京一百一十里。東南至本州界一百三十里，自界首至潁州一百一十里。西南至本州界九十里，自界首至蔡州一百里。東北至本州界四十里，自界首至亳州一百二十里。西北至本州界三十里，自界首至鄭州三百一十五里。

潁州【略】地里：東京五百五十里。東至本州界一百五十一里，自界首至壽州五十五里。西至本州界一百四十五里，自界首至蔡州一百五十五里。南至本州界一百五十里，自界首至光州一百五十里。北至本州界一百五十里，自界首至亳州九十里。東南至本州界九十里，自界首至壽州一百八十里。西南至本州界一百四十里，自界首至蔡州二百三十里。東北至本州界一百二十里，自界首至亳州一百六十里。西北至本州界一百二十里，自界首至陳州一百五十里。

汝州【略】地里：東京四百五十里。東至本州界二百里，自界首至潁昌府四十里。西至本州界六十里，自界首至西京一百里。南至本州界二百八十里，自界首至鄧州二百七十里。北至本州界四十里，自界首至西京一百九十里。東南至本州界二百二十里，自界首至潁昌府一百五十里。西南至本州界六十里，自界首至西京三百一十里。東北至本州界一百三十里，自界首至鄭州二百三十里。西北至本州界四十里，自界首至西京一百二十里。

信陽軍【略】地里：東京七百五十里。東至本軍界一百六十里，自界首至光州九十里。西至本軍界一百五十里，自界首至隨州一百里。南至本軍界八十里，自界首至安州一百七十里。北至本軍界五十五里，自界首至蔡州一百九十五里。東南至本軍界一百三十八里，自界首至光州一百一十二里。西南至本軍界一百里，自界首至隨州一百五十里。東北至本軍界一百六十里，自界首至蔡州一百七十里。西北至本軍界八十里，自界首至唐州二百七十里。

又卷二《河北路》 澶州【略】地里：東京二百五十里。東至本州界三十里，自界首至濮州六十里。西至本州界七十里，自界首至衛州一百七十里。南至本州界七十里，自界首至滑州二十五里。北至本州界八十里，自界首至北京六十里。東南至本州界四十五里，自界首至曹州一百三十五里。西南至本州界七十四里，自界首至滑州二十五里。東北至本州界八十八里，自界首至博州五十二里。西北至本州界九十五里，自界首至博州二百一十五里。

滄州【略】地里：東京一千二百里。東至海一百八十里。西至本州界六十八里，自界首至瀛州一百一十二里。南至本州界一百五十五里，自界首至德州四十五里。北至幽州五百七十五里。東南至本州界二百四十里，自界首至濱州六十里。西南至本州界一百五十八里，自界首至德州五十二里。東北至海二百五十里。西北至本州界九十六里，自界首至瀛州一百二十里。

冀州【略】地里：東京七百五十里。東至本州界八十里，自界首至德州一百一十里。西至本州界九十里，自界首至趙州九十里。南至本州界五十里，自界首至恩州七十里。北至本州界七十里，自界首至瀛州一百七十里。東南至本州界五十里，自界首至博州二百七十里。西南至本州界九十里，自界首至邢州二百二十里。東北至本州界一百七十里，自界首至永静軍三十里。西北至本州界七十五里，自界首至深州一十五里。

瀛州【略】地里：東京一千一百里。東至本州界一百二十里，自界首至滄州六十里。西至本州界四十八里，自界首至永寧軍四十二里。南至本州界一百一十里，自界首至永静軍六十里。北至本州界三十五里，自界首至莫州七十五里。東南至本州界一百二十里，自界首至滄州九十里。西南至本州界四十五里，自界首至深州一百三十五里。東北至本州界九十里，自界首至霸州七十里。西北至本州界四十里，自界首至順安軍八十里。

博州【略】地里：東京五百五十里。東至本州界九十里，自界首至齊州一百四十里。西至本州界六十里，自界首至北京一百二十里。南至本州界四十里，自界首至濮州二百四十里。北至本州界九十里，自界首至德州一百七十里。東南至本州界四十里，自界首至鄆州一百四十里。西南至本州界七十里，自界首至北京一百一十里。東北至本州界一百六十里，自界首至德州一百里。西北至本州界一百二十里，自界首至恩州六十里。

棣州【略】地里：東京一千一百里。東至本州界六十里，自界首至濱州四十里。西至本州界一百里，自界首至德州八十四里。南至本州界八十五里，自界首至淄州一百五十五里。北至本州界五十里，自界首至滄州一百六十里。東南至本州界一百里，自界首至淄州一百里。西南至本州界一百九十二里，自界首至齊州一百八里。東北至本州界五十五里，自界首至濱州六十里。西北至本州界五十里，自界首至滄州一百五十里。

莫州【略】地里：東京一千二百里。東至本州界三十里，自界首至霸州五十五里。西至本州界五十里，自界首至順安軍二十里。南至本州界五十三里，自界首至瀛州三十五里。北至本州界一十九里，自界首至雄州一十里。東南至本州界五十九里，自界首至瀛州四十一里。西南至本州界五十三里，自界首至順安軍八里。東北至本州界一十九里，自界首至雄州一十五里。西北至本州界五十四里，自界首至安肅軍五十五里。

雄州【略】地里：東京一千二百里。東至本州界四十五里，自界首至保定軍二十五里。西至本州界六十五里，自界首至安肅軍二十五里。南至本州界一十五里，自界首至莫州一十五里。北至涿州一百二十里。東南至本州界六十里，自界首至莫州三十里。西南至本州界八十里，自界首至順安軍一十里。東北至本州界九十里，自界首至霸州一十里。西北至易州一百五十里。

霸州【略】地里：東京一千三百里。東至本州界二十里，自界首至信安軍三十里。西至本州界二十五里，自界首至雄州五十五里。南至本州界九十里，自界首至瀛州一百里。北至幽州二百里。東南至本州界一百四十里，自界首至乾寧軍二十里。西南至本州界二十五里，自界首至保定軍四十里。東北至幽州二百里。西北至幽州二百里。

德州【略】地里：東京九百五十里。東至本州界一百一十里，自界首至棣州一百三十里。西至本州界一十八里，自界首至永靜軍一百四十里。南至本州界八十五里，自界首至博州一百七十五里。北至本州界五十里，自界首至永靜軍一百里。東南至本州界四十里，自界首至齊州二百里。西南至本州界六十里，自界首至恩州一百七十里。東北至本州界一百一十里，自界首至滄州一百二十里。西北至本州界二十里，自界首至永靜軍一百二十五里。

濱州【略】地里：東京一千一百八十里。東至本州界九十五里，自界首至青州二百里。西至本州界四十里，自界首至棣州五十里。南至本州界五十一里，自界首至淄州一百七十里。北至本州界八十里。自界首至滄州二百四十里。東南至本州界六十五里，自界首至青州一百七十五里。西南至本州界八十里，自界首至棣州八十里。東北至本州界七十五里，自界首至滄州三百里。西北至本州界六十里，自界首至滄州二百四十里。

恩州【略】地里：東京六百五十里。東至本州界一百四十五里，自界首至德州六十五里。西至本州界三十八里，自界首至邢州二百里。南至本州界三十五里，自界首至北京二百二十里。北至本州界六十八里，自界首至冀州五十二里。東南至本州界五十五里，自界首至德州一百二十五里。西南至本州界四十五里，自界首至洺州二百里。東北至本州界一百六十里，自界首至永靜軍一百三十里。西北至本州界六十二里，自界首至趙州二百一十里。

永靜軍【略】地里：東京九百五十里。東至本軍界二十五里，自界首至滄州九十五里。西至本軍界八十八里，自界首至冀州一百四十二里。南至本軍界一百六十里，自界首至恩州一百四十里。北至本軍界七十里，自界首至瀛州一百一十里。東南至本軍界一百二十里，自界首至德州二十里。西南至本軍界一百一十七里，自界首至恩州一百八十三里。東北至本軍界四十五里，自界首至滄州七十五里。西北至本軍界八十里，自界首至深州一百二十里。

乾寧軍【略】地里：東京一千三百里。東至本軍界四十里，自界首至滄州六十里。西至本軍界一十五里，自界首至瀛州一百五十五里。南至本軍界三十里，自界首至永靜軍一百八十里。北至界河一百七里。東南至本軍界三十里，自界首至滄州六十里。西南至本軍界三十五里，自界首至深州三百七十五里。東北至界河一百四十里。西北至本軍界二十里，自界首至霸州一百六十里。

信安軍【略】地里：東京一千四百里。東至本軍界八十五里，自界首至乾寧軍一百五十五里。西至本軍界八里，自界首至霸州四十二里。南至本軍界二十里，自界首至霸州五十里。北至薊州一百六十里。東南至本軍界二十里，自界首至霸州七十里。西南至本軍界三十五里，自界首至保定軍三十五里。東北至幽州一百八十里。西北至幽州一百八十里。

保定軍【略】地里：東京一千二百五十里。東至本軍界三里，自界首至信安軍六十七里。西至本軍界一十里，自界首至雄州六十里。南至本軍界二十里，自界首至莫州五十里。北至涿州一百八十七里。東南至本軍界七里，自界首至霸州三十里。西南至本軍界一十五里，自界首至莫州五十五里。東北至本軍界八里，自界首至霸州二十二里。西北至幽州二百五十里。

真定府【略】地里：東京九百五十里。東至本府界八十九里，自界首至祁州一十里。西至本府界二百里，自界首至太原府二百三十里。南至本府界七十五里，自界首至趙州二十里。北至蔚州四百九十里。東南至本府界一百一十里，自界首至深州一百二十五里。西南至本府界一百一十九里，自界首至平定軍八十五里。東北至本府界六十里，自界首至定州六十里。西北至本府界三百六十里，自界首至代州二百六十里。

相州【略】地里：東京三百五十里。東至本州界七十五里，自界首至北京一百五里。西至本州界一百四十里，自界首至潞州一百二十里。南至本州界五十五里，自界首至衛州九十里。北至本州界四十里，自界首至磁州二十里。東南至本州界六十里，自界首至澶州八十五里。西南至本州界八十里，自界首至衛州七十六里。東北至本州界八十里，自界首至洺州九十里。西北至本州界五十里，自界首至磁州三十五里。

定州【略】地里：東京一千一百二十里。東至本州界四十三里，自界首至祁州一十七里。西至本州界七十五里，自界首至真定府六十里。南至本州界一百五里，自界首至祁州七十里。北至易州二百四十里。東南至本州界七十五里，自界首至祁州一十五里。西南至本州界七十七里，自界首至真定府四十三里。東北至本州界七十三里，自界首至保州四十五里。西北至蔚州三百八十里。

邢州【略】地里：東京六百五十里。東至本州界一百八十一里，自界首至恩州五十六里。西至本州界一百五十五里，自界首至遼州二百一十五里。南至本州界五十五里，自界首至洺州五十里。北至本州界七十八里，自界首至趙州一百五里。東南至本州界五十二里，自界首至洺州三十八里。西南至本州界七十五里，自界首至潞州四百二十五里。東北至本州界一百五里，自界首至趙州七十里。西北至本州界一百四十里，自界首至太原府三百六十里。

懷州【略】地里：東京三百二十五里。東至本州界二百二十五里，自界首至衛州一百二十里。西至本州界三十五里，自界首至孟州七十里。南至本州界三十里，自界首至孟州四十里。北至本州界六十里，自界首至澤州六十里。東南至本州界一百二十五里，自界首至東京二百里。西南至本州界四十里，自界首至孟州三十里。東北至本州界一百八十三里，自界首至衛州七十里。西北至本州界四十里，自界首至孟州九十里。

衛州【略】地里：東京一百三十五里。東至本州界二十里，自界首至滑州四十里。西至本州界一百一十里，自界首至懷州二百四十里。南至本州界三十里，自界首至東京一百一十五里。北至本州界九十五里，自界首至相州五十五里。東南至本州界二十里，自界首至東京一百一十五里。西南至本州界一百一十二里，自界首至鄭州五十一里。東北至本州界一百五十三里，自界首至澶州七十里。西北至本州界一百四十五里，自界首至澤州二百里。

洺州【略】地里：東京五百五十五里。東至本州界九十五里，自界首至北京八十里。西至本州界七十五里，自界首至磁州一百一十里。南至本州界五十五里，自界首至北京九十里。北至本州界四十里，自界首至邢州四十五里。東南至本州界六十里，自界首至北京六十里。西南至本州界二十里，自界首至磁州八十里。東北至本州界七十里，自界首至邢州一百二十里。西北至本州界二十八里，自界首至邢州六十四里。

深州【略】地里：東京九百五十里。東至本州界六十五里，自界首至冀州一百里。西至本州界七十三里，自界首至祁州九十里。南至本州界一十五里，自界首至冀州七十五里。北至本州界一百二十五里，自界首至瀛州五十五里。東南至本州界三十五里，自界首至冀州六十五里。西南至本州界一十五里，自界首至冀州七十五里。東北至本州界一百一十五里，自界首至瀛州六十里。西北至本州界一百五里，自界首至祁州六十五里。

磁州【略】地里：東京四百五十里。東至本州界四十五里，自界首至北京一百五里。西至本州界六十里，自界首至潞州三百二十里。南至本州界一百八里，自界首至相州四十二里。北至本州界九十七里，自界首至洺州一十三里。東南至本州界一十里，自界首至相州五十里。西南至本州界二十五里，自界首至相州三十五里。東北至本州界七十五里，自界首至洺州三十五里。西北至本州界二百三十三里，自界首至遼州二百里。

祁州【略】地里：東京一千二百里。東至本州界一十二里，自界首至永寧軍三十八里。西至本州界一十八里，自界首至定州四十里。南至本州界七十五里，自界首至深州七十五里。北至本州界二十三里，自界首至永寧軍三十里。東南至本州界二十五里，自界首至深州一百二十五里。西南至本州界一百五十里，自界首至趙州五十里。東北至本州界一十二里，自界首至永寧軍三十八里。西北至本州界二十二里，自界首至定州五十里。

趙州【略】地里：東京八百五十里。東至本州界一百五里，自界首至冀州一百三十里。西至本州界一百四十九里，自界首至平定軍一百四十里。南至本州界七十四里，自界首至邢州七十里。北至本州界三十九里，自界首至真定府八十里。東南至本州界九十五里，自界首至冀州七十里。西南至本州界一百一十九里，自界首至邢州七十八里。東北至本州界五十二里，自界首至祁州一百五十里。西北至本州界二十一里，自界首至真定府七十五里。

保州【略】地里：東京一千三百里。東至本州界四十里，自界首至順安軍二十里。西至本州界四十五里，自界首至定州一百一十五里。南至本州界七十里，自界首至永寧軍二十里。北至本州界五里，自界首至廣信軍三十五里。東南至本州界六十里，自界首至順安軍二十里。西南至本州界五十里，自界首至定州七十里。東北至本州界二十里，自界首至安肅軍二十里。西北至易州一百七十里。

安肅軍【略】地里：東京一千二百里。東至本軍界二十里，自界首至雄州六十里。西至本軍界一十五里，自界首至廣信軍五里。南至本軍界二十里，自界首至保州二十五里。北至易州八十里。東南至本軍界二十里，自界首至順安軍二十五里。西南至本軍界二十里，自界首至保州二十五里。東北至本軍界二十里，自界首至雄州六十里。西北至易州八十里。

永寧軍【略】地里：東京九百五十里。東至本軍界五十里，自界首至瀛州五十里。西至本軍界四十二里，自界首至祁州十五里。南至本軍界三十里，自界首至深州一百一十里。北至本軍界三十五里，自界首至保州五十五里。東南至本軍界三十五里，自界首至深州一百一十五里。西南至本軍界三十二里，自界首至祁州一十五里。東北至本軍界五十里，自界首至順安軍七十三里。西北至本軍界五十里，自界首至定州一百二十里。

廣信軍【略】地里：東京一千三百里。東至本軍界七里，自界首至安肅軍一十三里。西至易州九十里。南至本軍界三十里，自界首至保州一十里。北至易州七十五里。東南至本軍界一十五里，自界首至安肅軍五里。西南至本軍界一十五里，自界首至保州二十五里。東北至本軍界一十五里，自界首至安肅軍五里。西北至易州八十里。

順安軍【略】地里：東京一千二百里。東至本軍界一十六里，自界首至莫州五十五里。西至本軍界二十五里，自界首至保州四十五里。南至本軍界八十一里，自界首至瀛州四十里。北至本軍界一十三里，自界首至雄州七十七里。東南至本軍界四十里，自界首至莫州三十五里。西南至本軍界四十四里，自界首至永寧軍七十六里。東北至本軍界一十六里，自界首至雄州七十四里。西北至本軍界一十六里，自界首至安肅軍二十九里。

又卷三《陝西路》　京兆府【略】地里：東京一千二百五十里。東至本府界九十五里，自界首至華州八十五里。西至本府界一百六十一里，自界首至鳳翔府一百四十八里。南至本府界四百三十里，自界首至金州二百五十里。北至本府界八十三里，自界首至耀州九十七里。東南至本府界一百三十里，自界首至商州一百三十五里。西南至本府界一百四十五里，自界首至洋州四百九十五里。東北至本府界一百三十里，自界首至同州一百二十里。西北至本府界一百七十五里，自界首至邠州一百里。

河中府【略】地里：東京九百三十二里。東至本府界七十五里，自界首至解州二十里。西至本府界二十一里，自界首至同州四十九里。南至本府界五十里，自界首至陝州一百八十八里。北至本府界二百五里，自界首至隰州三百三十里。東南至本府界八十里，自界首至虢州九十五里。西南至本府界一十一里，自界首至華州一百二十九里。東北至本府界一百七十五里，自界首至絳州九十里。西北至本府界三十六里，自界首至鄜州三百九里。

陝州【略】地里：東京六百五十九里。東至本州界九十三里，自界首至西京一百九十五里。西至本州界一百九十五里，自界首至華州八十五里。南至本州界八十九里，自界首至虢州一十二里。北至本州界一百八十八里，自界首至絳州七十里。東南至本州界七十三里，自界首至西京一百七十里。西南至本州界六十八里，自界首至虢州三十里。東北至本州界一百四十三里，自界首至解州三十五里。西北至本州界一百二十八里，自界首至河中府一百九里。

延州【略】地里：東京一千五百三十里。東至本州界二百五十四里，自界首至隰州一百二十一里。西至本州界一百四十四里，自界首至慶州一百九十里。南至本州界一百五里，自界首至鄜州三十五里。北至夏州一百二十二里。東南至本州界二百二十里，自界首至隰州一百五十四里。西南至本州界一百二十里，自界首至坊州一百四十里。東北至本州綏德城三百三十里。西北至宥州二百六十四里。

同州【略】地里：東京一千一百里。東至本州界六十里，自界首至河中府一十五里。西至本州界三十五里，自界首至華州四十五里，南至本州界三十五里，自界首至華州三十五里。北至本州界一百九十三里，自界首至鄜州一百六十里。東南至本州界九十五里，自界首至華州四十里。西南至本州界五十二里，自界首至華州四十里。東北至本州界二百六十六里，自界首至河中府三十五里。西北至本州界一百九十里，自界首至坊州七十五里。

華州【略】地里：東京一千一百里。東至本州界九十里，自界首至陝州一百七十里。西至本州界五十里，自界首至京兆府一百里。南至本州界五十里，自界首至商州二百二十里。北至本州界二十里，自界首至同州四十里。東南至本州界八十里，自界首至虢州八十里。西南至本州界九十里，自界首至京兆府一百里。東北至本州界七十里，自界首至河中府三十五里。西北至本州界七十里，自界首至耀州八十里。

耀州【略】地里：東京一千二百里。東至本州界七十八里，自界首至同州一百二里。西至本州界一百三十里，自界首至邠州一百里。南至本州界六十里，自界首至京兆府一百里。北至本州界九十五里，自界首至坊州七十五里。東南至本州界八十五里，自界首至華州九十五里。西南至本州界八十五里，自界首至京兆府七十五里。東北至本州界一百里，自界首至坊州八十里。西北至本州界八十里，自界首至邠州一百里。

邠州【略】地里：東京一千七百里。東至本州界一百里，自界首至耀州一百里。西至本州界一百里，自界首至涇州五十里。南至本州界一百二里，自界首至京兆府一百八十里。北至本州界五十五里，自界首至寧州七十里。東南至本州界一百二里，自界首至京兆府一百五十里。西南至本州界六十里，自界首至鳳翔府一百一十里。東北至本州界一百二十里，自界首至坊州六十里。西北至本州界一百五里，自界首至原州九十里。

鄜州【略】地里：東京一千五百里。東至本州界二百里，自界首至隰州二百一十里。西至本州界一百八十里，自界首至慶州一百三十里。南至本州界七十里，自界首至坊州五十里。北至本州界三十五里，自界首至延州一百一十里。東南至本州界一百六十四里，自界首至同州二百五十里。西南至本州界一百八十里，自界首至寧州七十里。東北至本州界六十里，自界首至丹州六十里。西北至本州界五十里，自界首至延州三十五里。

解州【略】地里：東京七百一十五里。東至本州界一百三十里，自界首至絳州二十里。西至本州界二十里，自界首至河中府八十里。南至本州界二十里，自界首至陝州八十九里。北至本州界三十里，自界首至河中府九十五里。東南至本州界三十五里，自界首至陝州四十里。西南至本州界二十一里，自界首至陝州九十八里。東北至本州界一百三十五里，自界首至絳州三十里。西北至本州界三十里，自界首至河中府八十里。

慶州【略】地里：東京一千九百里。東至本州界一百六十里，自界首至鄜州一百九十里。西至本州界九十里，自界首至原州九十里。南至本州界七十里，自界首至寧州六十里。北至安州三百六十里。東南至本州界九十里，自界首至寧州三十里。西南至本州界一百里，自界首至原州八十里。東北至宥州四百六十里。西北至本州界五十五里，自界首至環州一百二十五里。

虢州【略】地里：東京七百三十六里。東至本州界二百八十三里，自界首至西京一百二十五里。西至本州界二十一里，自界首至華州一百六十四里。南至本州界九十里，自界首至商州一百四十里。北至本州界二十九里，自界首至解州七十六里。東南至本州界二百一十六里，自界首至鄧州一百六十六里。西南至本州界一百一十六里，自界首至商州一百一十四里。東北至本州界二十九里，自界首至陝州五十六里。西北至本州界二十一里，自界首至河中府一百六十四里。

商州【略】地里：東京一千二百里。東至本州界二百三十里，自界首至鄧州四百七十里。西至本州界一百一十里，自界首至京兆府一百七十里。南至本州界四百二十里，自界首至金州一百八十里。北至本州界一百七十五里，自界首至華州一百五里。東南至本州界四百一十里，自界首至均州二百九十里。西南至本州界一百里，自界首至洋州七百九十五里。東北至本州界二百里，自界首至虢州二百一十里。西北至本州界一百二十里，自界首至京兆府二百一十五里。

寧州【略】地里：東京一千八百里。東至本州界一百二十五里，自界首至坊州一百二十五里。西至本州界五十里，自界首至涇州七十里。南至本州界七十五里，自界首至邠州四十五里。北至本州界六十里，自界首至慶州六十里。東南至本州界一百七十里，自界首至坊州一百四十里。西南至本州界四十里，自界首至邠州一百里。東北至本州界一百二十五里，自界首至鄜州一百七十五里。西北至本州界四十里，自界首至原州一百五里。

坊州【略】地里：東京一千三百里。東至本州界四十里，自界首至鄜州一百六十里。西至本州界一百七十里，自界首至寧州一百一十里。南至本州界七十五里，自界首至同州一百六十里。北至本州界四十五里，自界首至鄜州六十五里。東南至本州界九十里，自界首至同州一百八十里。西南至本州界一百六十五里，自界首至邠州一百四十里。東北至本州界九十里，自界首至鄜州一百一十里。西北至本州界九十里，自界首至鄜州一百六十里。

丹州【略】地里：東京一千三百五十里。東至本州界一百五里，自界首至隰州一百八十五里。西至本州界一百五里，自界首至鄜州七十五里。南至本州界八十里，自界首至同州二百七十里。北至本州界九十里，自界首至延州一百二十里。東南至本州界一百三十五里，自界首至河中府三百一十五里。西南至本州界七十里，自界首至坊州二百七十里。東北至本州界一百一十五里，自界首至隰州三百一十五里。西北至本州界九十里，自界首至延州一百二十里。

環州【略】地里：東京二千一百里。東至宥州三百五十五里。西至本州界一百三十里，自界首至原州七十里。南至本州界一百二十五里，自界首至慶州五十五里。北至韋州三百八十里。東南至本州界六十五里，自界首至慶州一百五十里。西南至本州界一百三十五里，自界首至原州七十里。東北至鹽州三百七十五里。西北至靈州四百六十五里。

保安軍【略】地里：東京一千七百一十里。東至本軍界五十里，自界首至延州一百八十里。西至本軍界一百二十里，自界首至慶州二百里。南至本軍界八十里，自界首至延州一百五十里。北至宥州二百八里。東南至本軍界五十五里，自界首至延州一百里。西南至本軍界一百四十里，自界首至慶州一百八十里。東北至宥州二百二十里。西北至宥州二百七十里。

鳳翔府【略】地里：東京一千五百八十里。東至本府界一百一十三里，自界首至京兆府一百七十里。西至本府界三十六里，自界首至隴州一百一十四里。南至本府界一百六十五里，自界首至鳳州七十五里。北至本府界一百一十里，自界首至涇州九十里。東南至本府界二百九十五里，自界首至洋州四百五里。西南至本府界一百一十里，自界首至鳳州一百三十里。東北至本府界一百五十五里，自界首至邠州六十七里。西北至本府界二百四十四里，自界首至渭州八十里。

秦州【略】地里：東京二千三十里。東至本州界一百一十五里，自界首至隴州九十三里。西至本州界一百五里，自界首至通遠軍一百五十五里。南至本州界一百八十里，自界首至鳳州二百一十里。北至本州界一百五十九里，自界首至德順軍一百四十里。東南至本州界一百五十里，自界首至鳳州二百七十里。西南至本州界一百九十五里，自界首至成州七十里。東北至本州界一百八十里，自界首至隴州九十里。西北至曹司堡二百二十九里。

涇州【略】地里：東京一千七百里。東至本州界六十五里，自界首至邠州一百一十里。西至本州界三十里，自界首至渭州一百三十里。南至本州界一百里，自界首至鳳翔府一百一十里。北至本州界三十五里，自界首至原州四十里。東南至本州界一百四十里，自界首至鳳翔府一百里。西南至本州界九十里，自界首至隴州一百五十里。東北至本州界四十里，自界首至原州四十里。西北至本州界三十里，自界首至原州五十里。

熙州【略】地里：東京二千五百二十五里。東至本州界一百五里，自界首至通遠軍六十八里。西至本州界六十里，自界首至河州一百里。南至本州界九十里，自界首至岷州一百四里。北至本州界六十里，自界首至蘭州一百一十六里。東南至本州界一百五里，自界首至通遠軍六十八里。西南至洮州三百六十里。東北至馬銜山四十里。西北至本州界六十里，自界首至河州一百里。

隴州【略】地里：東京一千七百五十里。東至本州界一百里，自界首至鳳翔府三十二里。西至本州界九十三里，自界首至秦州一百五十七里。南至本州界一百六十里，自界首至鳳州九十里。北至本州界六十里，自界首至涇州九十里。東南至本州界一百一十里，自界首至鳳翔府四十五里。西南至本州界一百八十五里，自界首至鳳州一百四十五里。東北至本州界一百二十七里，自界首至鳳翔府三十三里。西北至本州界五十五里，自界首至渭州一百一十里。

成州【略】地里：東京二千五十五里。東至本州界五十五里，自界首至鳳州一百六十五里。西至本州界一百五里，自界首至岷州三百九十里。南至本州界五十里，自界首至興州一百四十五里。北至本州界七十里，自界首至秦州一百九十五里。東南至本州界五十里，自界首至興州一百四十五里。西南至本州界四十里，自界首至階州二百一十里。東北至本州界一百里，自界首至鳳州二百五里。西北至本州界一百里，自界首至岷州三百九十里。

鳳州【略】地里：東京一千八百六十二里。東至本州界二百五十里，自界首至鳳翔府一百四十五里。西至本州界二百里，自界首至成州七十里。南至本州界一百五十八里，自界首至興元府一百五十五里。北至本州界一百八十里，自界首至隴州一百九十里。東南至本州界二百八十四里，自界首至洋州四百七十里。西南至本州界二百一十里，自界首至興州一百七十里。東北至本州界一百里，自界首至鳳翔府一百一十里。西北至本州界二百七十里，自界首至秦州一百八十里。

岷州【略】地里：東京二千六百四十里。東至本州界三百六十里，自界首至秦州九十里。西至洮州一百九十一里。南至本州界一百八十里，自界首至階州一百六十里。北至本州界一百三十里，自界首至熙州九十里。東南至本州界三百九十里，自界首至成州一百里。西南至疊州二百八十里。東北至本州界一百二十五里，自界首至通遠軍八十五里。西北至本州界一百二十里，自界首至河州一百四十三里。

渭州【略】地里：東京一千八百里。東至本州界九十里，自界首至涇州三十里。西至本州界九十七里，自界首至鎮戎軍四十八里。南至本州界一百二十三里，自界首至隴州三十二里。北至本州界四十三里，自界首至隴州三十二里。自界首至原州一百八里。東南至本州界一百一十里，自界首至涇州五十里。西南至本州界一百五里，自界首至德順軍一十六里。東北至本州界六十里，自界首至原州五十里。西北至本州界五十里，自界首至原州一百一十九里。

原州【略】地里：東京一千七百九十里。東至本州界一百五里，自界首至寧州四十里。西至本州界九十五里，自界首至鎮戎軍六十三里。南至本州界七十里，自界首至渭州六十里。北至本州界七十里，自界首至環州一百五十里。東南至本州界四十五里，自界首至涇州三十五里。西南至本州界九十五里，自界首至德順軍一百三十里。東北至本州界八十里，自界首至慶州五十五里。西北至界壕一百六十里。

階州【略】地里：東京二千五百二十里。東至本州界三百里，自界首至興州一百三十里。西至宕州二百四十里。南至本州界一百五十里，自界首至文州九十里。北至本州界二百六十里，自界首至成州四十里。東南至本州界三百五十里，自界首至利州四百里。西南至本州界三百五十里，自界首至文州一百里。東北至本州界二百七十里，自界首至成州三十里。西北至本州界一百七十里，自界首至岷州一百八十里。

河州【略】地里：東京二千三百二里。東至本州界九十里，自界首至熙州五十里。西至青塘城四百八十里。南至洮州一百九十五里。北至黄河四十里。東南至本州界九十里，自界首至岷州二百一十五里。西南至一公城一百六十里。東北至吹龍城一百一十里。西北至黄河四十里。

蘭州【略】地里：東京二千七百一里。東至屈令支山五十里。西至本州界一百四十里，自界首至河州一百三十里。南至皋蘭山四里。北至黄河一里。東南至本州界一百五十二里，自界首至通遠軍一百四十五里。西南至本州界一百七十五里，自界首至熙州三十五里。東北至黄河三里。西北至黄河三里。

鎮戎軍【略】地里：東京二千四十里。東至本軍界八十五里，自界首至原州九十五里。西至會州三百三十五里。南至本軍界三十里，自界首至秦州四百三十里。北至靈州五百三十五里。東南至本軍界五十里，自界首至渭州九十里。西南至本軍界五十里，自界首至德順軍四十里。東北至本軍界八十里，自界首至慶州三百四十里。西北至靈州四百二十五里。

德順軍【略】地里：東京一千九百一十里。東至本軍界二十里，自界首至渭州九十里。西至本軍界一百三十里，自界首至通遠軍一百九十里。南至本軍界二十里，自界首至隴州一百七十里。北至本軍界三十里，自界首至鎮戎軍六十里。東南至本軍界二十里，自界首至渭州八十里。西南至本軍界一百二十里，自界首至秦州一百四十里。東北至本軍界二十里，自界首至原州一百九十里。西北至本軍開遠堡一百六十里。

通遠軍【略】地里：東京二千五百四十里。東至本軍界六十里，自界首至秦州二百四十五里。西至本軍界六十里，自界首至岷州一百六十里。南至本軍界一百二十里，自界首至秦州一百二十里。北至生户地四十一里。東南至本軍界一百二十里，自界首至岷州四百一十二里。西南至本軍界五十里，自界首至岷州一百六十里。東北至生户地四十一里。西北至本軍界四十里，自界首至熙州二百三十二里。

又卷四《河東路》 太原府【略】地里：東京一千二百里。東至本府界一百六十里，自界首至遼州一百八十里。西至本府界二百里，自界首至石州一百八十里。南至本府界三百四十里，自界首至遼州一百二十六里。北至本府界一百一十里，自界首至忻州五十五里。東南至本府界一百六十里，自界首至遼州一百八十五里。西南至本府界二百里，自界首至汾州六十里。東北至本府界二百里，自界首至真定府一百里。西北至本府界一百七十里，自界首至嵐州一百二十五里。

潞州【略】地里：東京七百二十里。東至本州界一百二十里，自界首至相州一百里。西至本州界一百四十七里，自界首至晉州二百四十里。南至本州界六十五里，自界首至澤州一百里。北至本州界一百四十五里，自界首至遼州二百三里。東南至本州界八十里，自界首至澤州一百四十里。西南至本州界七十五里，自界首至澤州一百一十里。東北至本州界一百二十八里，自界首至遼州一百一十五里。西北至本州界一百三十五里，自界首至遼州二百七十五里。

晉州【略】地里：東京九百里。東至本州界一百七十里，自界首至潞州一百一十五里。西至本州界一百三十三里，自界首至隰州二百五十里。南至本州界五十五里，自界首至絳州七十里。北至本州界一百八十里，自界首至汾州一百七十里。東南至本州界一百七十里，自界首至澤州二百四十里。西南至本州界七十三里，自界首至絳州六十五里。東北至本州界一百四十五里，自界首至威勝軍一百七十五里。西北至本州界七十三里，自界首至隰州一百八十里。

府州【略】地里：東京一千七百里。東至本州界二十里，自界首至火山軍一十里。西至本州界六十二里，自界首至麟州五十八里。南至本州界四十三里，自界首至岢嵐軍九十里。北至本州界一百二十二里，自界首至豐州三里。東南至本州界二十五里，自界首至火山軍一十五里。西南至本州界二十里，自界首至嵐州二百八十里。東北至河清軍二百二十里，西北至星和市三百二十里。

麟州【略】地里：東京二千五百里。東至本州界六十一里，自界首至岢嵐軍一百四十九里。西至夏州三百五十里。南至本州界一百四十五里，自界首至石州三百三十里。北至本州界五十里，自界首至豐州一百一十里。東南至本州界一百一十里，自界首至嵐州一百九十里。西南至銀州一百八十里。東北至本州界六十三里，自界首至府州五十七里。西北至夏州一百二十里。

絳州【略】地里：東京一千里。東至本州界一百四十里，自界首至澤州一百九十里。西至本州界六十里，自界首至河中府二百五里。南至本州界三十里，自界首至陝州二百二十里。北至本州界七十里，自界首至晉州六十里。東南至本州界二百里，自界首至西京三百里。西南至本州界五十里，自界首至解州一百一十里。東北至本州界九十八里，自界首至潞州三百二十里。西北至本州界一百三十七里，自界首至隰州三百七十七里。

代州【略】地里：東京一千五百里。東至蔚州三百九十五里。西至本州界一百三十里，自界首至寧化軍七十里。南至本州界二百五十里，自界首至真定府一百九十里。北至朔州一百二十里。東南至本州界二百五十里，自界首至真定府二百二十里。西南至本州界一百二十里，自界首至忻州四十五里。東北至蔚州三百五里。西北至朔州一百二十六里。

隰州【略】地里：東京一千八十五里。東至本州界一百六十里，自界首至汾州三十里。西至本州界一百三十四里，自界首至延州二百五里。南至本州界二百二十八里，自界首至絳州六十五里。北至本州界一百七十里，自界首至石州一百五里。東南至本州界一百八十五里，自界首至晉州六十五里。西南至本州界二百四十里，自界首至同州三百四十里。東北至本州界一百四十里，自界首至石州八十里。西北至本州界一百八十五里，自界首至綏德城一百五里。

忻州【略】地里：東京一千五百里。東至本州界九十里，自界首至代州一百六十里。西至本州界一百二十里，自界首至憲州六十里。南至本州界三十里，自界首至太原府一百一十里。北至本州界六十里，自界首至代州一百里。東南至本州界一百二十里，自界首至太原府二百里。西南至本州界一百二十里，自界首至太原府八十里。東北至本州界一百里，自界首至代州一百五十里。西北至本州界一百二十里，自界首至代州一百五十里。

汾州【略】地里：東京一千二百里。東至本州界一百四十里，自界首至潞州三百里。西至本州界六十里，自界首至石州一百五里。南至本州界一百八十里，自界首至晉州二百一十里。北至本州界七十里，自界首至太原府一百七十里。東南至本州界一百四十里，自界首至威勝軍二百一十里。

西南至本州界三十五里，自界首至隰州二百五里。東北至本州界三十七里，自界首至太原府一百七十三里。西北至本州界一百一十里，自界首至石州七十四里。

澤州【略】地里：東京四百六十二里。東至本州界二百里，自界首至衛州一百六十里。西至本州界一百九十里，自界首至絳州一百四十五里。南至本州界四十五里，自界首至懷州六十里。北至本州界一百里，自界首至潞州六十五里。東南至本州界七十五里，自界首至懷州六十里。西南至本州界六十里，自界首至孟州一百二十五里。東北至本州界二百里，自界首至相州一百六十里。西北至本州界一百六十里，自界首至晉州一百七十里。

憲州【略】地里：東京一千四百五十里。東至本州界七十五里，自界首至太原府一百五里。西至本州界五十里，自界首至岢嵐軍五十里。南至本州界四十五里，自界首至嵐州一十五里。北至本州界五里，自界首至寧化軍五十五里。東南至本州界五十五里，自界首至太原府八十里。西南至本州界二十五里，自界首至嵐州二十里。東北至本州界六十里，自界首至忻州一百二十里。西北至本州界六十里，自界首至寧化軍五十里。

嵐州【略】地里：東京一千五百里。東至本州界二十五里，自界首至憲州二十里。西至本州界二百三十里，自界首至麟州一百二十里。南至本州界一百三十二里，自界首至太原府一百一十里。北至本州界四十五里，自界首至岢嵐軍四十五里。東南至本州界三十里，自界首至太原府一百三十五里。西南至本州界六十里，自界首至石州二百四十里。東北至本州界四十里，自界首至寧化軍九十里。西北至本州界五十里，自界首至岢嵐軍九十里。

石州【略】地里：東京一千五百里。東至本州界九十里，自界首至汾州七十里。西至本州界九十里，自界首至延州四百七十五里。南至本州界一百五里，自界首至隰州七十五里。北至本州界一百五十里，自界首至嵐州三十里。東南至本州界一百里，自界首至隰州一百九十里。西南至本州界九十里，自界首至隰州二百三十里。東北至本州界九十五里，自界首至太原府三百里。西北至本州界一百七十里，自界首至嵐州六十五里。

遼州【略】地里：東京七百里。東至本州界一百一十四里，自界首至磁州一百九十里。西至本州界一百八十里，自界首至太原府一百六十里。南至本州界一百三十里，自界首至潞州二百二里。北至本州界一百二十六里，自界首至太原府三百四十里。東南至本州界一百九十五里，自界首至潞州一百二十里。西南至本州界一百六十五里，自界首至潞州一百六十七里。東北至本州界一百六十八里，自界首至邢州一百七十八里。西北至本州界一百八十五里，自界首至太原府一百六十里。

豐州【略】地里：東京二千二百二十三里。東至本州界二十里，自界首至府州一百里。西至沙井嶺五十一里。南至本州界二十里，自界首至府州九十五里。北至蛇尾旁六十一里。東南至本州界三里，自界首至府州一百二十一里。西南至本州界二十五里，自界首至麟州一百一十五里。東北至超没堠九十九里。西北至暖泉峰三十七里。

威勝軍【略】地里：東京九百二十里。東至本軍界一百六里，自界首至潞州一百四十里。西至本軍界一百八十五里，自界首至晉州一百四十里。南至本軍界八十五里，自界首至潞州八十里。北至本軍界一百五里，自界首至太原府一百九十五里。東南至本軍界五里，自界首至潞州一百四十里。西南至本軍界一百四十五里，自界首至晉州一百八十里。東北至本軍界一百八十五里，自界首至平定軍二百四十五里。西北至本軍界一百五十八里，自界首至汾州一百里。

平定軍【略】地里：東京一千二百里。東至本軍界一百五十里，自界首至趙州一百三十里。西至本軍界八十里，自界首至太原府一百七十里。南至本軍界二百三十五里，自界首至威勝軍一百四十五里。北至本軍界九十里，自界首至太原府二百六十里。東南至本軍界三百一十二里，自界首至潞州一百八十里。西南至本軍界九十里，自界首至太原府一百八十里。東北至本軍界九十里，自界首至真定府一百六十里。西北至本軍界九十里，自界首至太原府二百一十里。

岢嵐軍【略】地里：東京一千八百里。東至本軍界七十里，自界首至寧化軍五十里。西至本軍界六十里，自界首至嵐州八十里。南至本軍界五十里，自界首至嵐州四十里。北至武州八十里。東南至本軍界三十五里，自界首至嵐州五十里。西南至本軍界四十五里，自界首至嵐州七十里。東北至朔州二百八十里。西北至本軍界七十五里，自界首至火山軍七十里。

寧化軍【略】地里：東京一千五百里。東至本軍界五十里，自界首至忻州一百里。西至武州一百五里。南至本軍界五十五里，自界首至憲州五里。北至朔州一百八十三里。東南至本軍界五十五里，自界首至憲州六十五里。西南至本軍界四十五里，自界首至岢嵐軍八十里。東北至本軍界六十八里，自界首至代州一百四十里。西北至武州一百四十里。

火山軍【略】地里：東京一千五百里。東至朔州二百五十五里。西至本軍界一十二里，自界首至府州三十三里。南至本軍界九十七里，自界首至岢嵐軍六十五里。北至本軍界一百里，自界首至府州一百五十里。東南至本軍界七十五里，自界首至岢嵐軍六十五里。西南至本軍界四十里，自界首至保德軍一十二里。東北至天德軍五百二十二里。西北至本軍界四十二里，自界首至府州七十里。

保德軍【略】地里：東京一千五百六十里。東至本軍界五里，自界首至府州一十五里。西至本軍界二十里，自界首至府州三十里。南至本軍界一百里，自界首至嵐州一百八十里。北至本軍界八里，自界首至府州一十八里。東南至本軍界四十里，自界首至火山軍九十二里。西南至本軍界一百里，自界首至嵐州一百八十里。東北至本軍界一十二里，自界首至火山軍四十里。西北至本軍界五里，自界首至府州一十五里。

又卷五《淮南路》 揚州【略】地里：東京一千四百五十里。東至本州界八十里，自界首至泰州一十八里。西至本州界七十里，自界首至真州三十里。南至江四十五里。北至本州界一百五十里，自界首至楚州一百四十里。東南至本州界四十八里，自界首至潤州八里。西南至本州界二十五里，自界首至真州三十五里。東北至本州界八十里，自界首至泰州四十五里。西北至本州界六十五里，自界首至泗州七十五里。

亳州【略】地里：東京四百五里。東至本州界一百二十四里，自界首至宿州一百二十五里。西至本州界一百五十里，自界首至東京二百五十五里。南至本州界七十五里，自界首至潁州一百五十里。北至本州界四十里，自界首至南京八十里。東南至本州界三百二十里，自界首至壽州四十里。西南至本州界一百四十五里，自界首至陳州四十里。東北至本州界一百五十五里，自界首至宿州一百五里。西北至本州界八十里，自界首至南京六十五里。

宿州【略】地里：東京六百三十里。東至本州界二百一里，自界首至泗州一百九十九里。西至本州界一百四里，自界首至亳州一百六十六里。南至本州界一百六十六里，自界首至壽州七十里。北至本州界九十里，自界首至徐州五十里。東南至本州界一百七十九里，自界首至濠州九十里。西南至本州界一百六十八里，自界首至亳州三十四里。東北至本州界一百八十里，自界首至淮陽軍五十里。西北至本州界一百里，自界首至徐州一百一十里。

楚州【略】地里：東京一千三百里。東至海二百八十一里。西至本州界三十五里，自界首至淮陽軍二百六十里。南至本州界一百四十里，自界首至揚州一百五十里。北至本州界一百六十八里，自界首至海州一百四十里。東南至本州界一百九十里，自界首至泰州一百九十里。西南至本州界一百三十五里，自界首至泗州四十五里。東北至海一百六十五里。西北至本州界六十里，自界首至淮陽軍二百三十里。

海州【略】地里：東京一千四百六十里。東至海五十二里。西至本州界一百五十里，自界首至徐州三百三十里。南至本州界一百四十里，自界首至楚州一百六十里。北至本州界一百二十里，自界首至密州二百三十里。東南至海一百五十里。西南至本州界二百七十里，自界首至徐州三百四十里。東北至海一十五里。西北至本州界一百里，自界首至沂州八十里。

泰州【略】地里：東京一千六百五十里。東至海一百七里。西至本州界一十五里，自界首至揚州一百里。南至本州界五十七里，自界首至潤州八十里。北至本州界一百六十七里，自界首至楚州三百二十里。東南至本州界一百九十五里，自界首至通州六十里。西南至本州界一十八里，自界首至揚州九十八里。東北至本州界二百四十四里，自界首至楚州三百二十里。西北至本州界二百三里，自界首至楚州一百九十里。

泗州【略】地里：東京一千一百里。東至本州界七十里，自界首至楚州一百一十里。西至本州界一百二十里，自界首至濠州五十五里。南至本州界一百里，自界首至揚州一百七十里。北至本州界一百八十里，自界首至淮陽軍一百二十里。東南至本州界八十五里，自界首至揚州一百八十五里。西南至本州界六十五里，自界首至滁州一百四十里。東北至本州界五十五里，自界首至楚州一百六十五里。西北至本州界一百九十里，自界首至宿州二百七里。

滁州【略】地里：東京一千三百里。東至本州界七十里，自界首至真州一百二十里。西至本州界六十里，自界首至濠州一百六十里。南至本州界八十里，自界首至和州七十里。北至本州界一百二十五里，自界首至泗州五十五里。東南至本州界六十里，自界首至和州九十里。西南至本州界一百五十里，自界首至廬州一百三十五里。東北至本州界一百五十里，自界首至泗州六十三里。西北至本州界七十里，自界首至濠州一百六十五里。

真州【略】地里：東京一千四百里。東至本州界三十里，自界首至揚州三十里。西至本州界一百二十里，自界首至滁州八十里。南至本州界一百里，自界首至江寧府一百二十里。北至本州界四十里，自界首至泗州二百四十里。東南至本州界四十里，自界首至揚州二十里。西南至本州界一百三十里，自界首至和州一百二十里。東北至本州界四十里，自界首至揚州二十里。西北至本州界一百四十里，自界首至泗州一百四十里。

通州【略】地里：東京二千里。東至海八十里。西至本州界四十五里，自界首至泰州二百三十里。南至江二十四里。北至本州界五十里，自界首至泰州二百二十五里。東南至本州界二百七十五里，自界首至蘇州二百五十里。西南至江六十里。東北至海六十里。西北至本州界六十里，自界首至泰州二百一十五里。

壽州【略】地里：東京九百里。東至本州界一百里，自界首至濠州一百八十里。西至本州界五十五里，自界首至潁州一百八十五里。南至本州界五百二十里，自界首至舒州二百里。北至本州界四十五里，自界首至亳州二百六十里。東南至本州界一百二十里，自界首至廬州六十五里。西南至本州界三百四十七里，自界首至光州二百二十里。東北至本州界三十里，自界首至宿州一百五十五里。西北至本州界二百一十里，自界首至亳州二百一十里。

廬州【略】地里：東京一千五十里。東至本州界七十里，自界首至和州四百五十里。西至本州界一百五十里，自界首至壽州二百里。南至本州界二百三十里，自界首至舒州一百九十里。北至本州界六十五里，自界首至壽州三百一十里。東南至本州界一百里，自界首至無爲軍一百七十里。西南至本州界一百九十里，自界首至壽州三百六十里。東北至本州界三百里，自界首至濠州四百二十里。西北至本州界六十五里，自界首至壽州一百七十五里。

蘄州【略】地里：東京一千六百里。東至本州界一百五十五里，自界首至舒州一百五十里。西至本州界一百一十一里，自界首至黄州九十里。南至本州界六十里，自界首至興國軍一百四十里。北至本州界二百三十里，自界首至壽州二百里。東南至本州界二百一十五里，自界首至江州三十五里。西南至本州界六十里，自界首至興國軍一百里。東北至本州界一百一十里，自界首至舒州一百七十里。西北至本州界二百五十里，自界首至光州三百里。

和州【略】地里：東京一千四百八十里。東至本州界一十里，自界首至太平州三十一里。西至本州界六十九里，自界首至無爲軍一百五里。南至本州界一百一十五里，自界首至太平州六十五里。北至本州界七十里，自界首至滁州八十里。東南至本州界一十五里，自界首至太平州三十八里。西南至本州界一百四十五里，自界首至無爲軍三十九里。東北至本州界一百四十五里，自界首至真州七十里。西北至本州界一百一十五里，自界首至廬州一百二十里。

舒州【略】地里：東京一千三百里。東至本州界一百八十里，自界首至池州九十里。西至本州界一百四十里，自界首至蘄州一百五十八里。南至本州界一百七十里，自界首至江州一百八十里。北至本州界一百二十里，自界首至廬州一百七十里。東南至本州界三百二十里，自界首至池州四十里。西南至本州界二百里，自界首至蘄州一百五十五里。東北至本州界一百六十里，自界首至無爲軍一百五十里。西北至本州界一百二十里，自界首至壽州五百一十里。

濠州【略】地里：東京一千一百五十里。東至本州界六十里，自界首至泗州一百五十里。西至本州界一百二十里，自界首至壽州一百一十里。南至本州界一百八十里，自界首至廬州九十里。北至本州界一百五十里，自界首至宿州二百四十里。東南至本州界一百三十里，自界首至滁州六十里。西南至本州界一百八十里，自界首至壽州一百二十里。東北至本州界一百里，自界首至泗州一百五十里。西北至本州界九十里，自界首至宿州一百三十五里。

光州【略】地里：東京八百里。東至本州界二百 十里，自界首至壽州二百四十里。西至本州界一百一十五里，自界首至信陽軍二百八十五里。南至本州界一百八十里，自界首至黄州三百六十里。北至本州界七十里，自界首至蔡州一百八十里。東南至本州界二百五十里，自界首至壽州二百一十里。西南至本州界二百二十里，自界首至安州三百八十里。東北至本州界二百三十里，自界首至潁州一百一十里。西北至本州界一百三十五里，自界首至信陽軍二百二十五里。

黄州【略】地里：東京一千九百里。東至本州界九十五里，自界首至蘄州一百一十五里。西至本州界一百八十八里，自界首至鄂州一百八十五里，南至本州界五里，自界首至鄂州一百五十里。北至本州界三百里，自界首至光州一百五十五里。東南至本州界五十五里，自界首至蘄州一百一十里。西南至本州界五里，自界首至鄂州一百五十里。東北至本州界四百五十六里，自界首至光州一百八十里。西北至本州界二百四十里，自界首至安州一百六十里。

無爲軍【略】地里：東京一千五百里。東至本軍界一百二十里，自界首至和州六十里。西至本軍界一百九十里，自界首至廬州五十里。南至本軍界六十里，自界首至和州二百七十里。北至本軍界 百七十里，自界首至廬州七十里。東南至本軍界八十里，自界首至和州二百四十里。西南至本軍界二百里，自界首至舒州一百六十五里。東北至本軍界一百五十里，自界首至和州九十五里。西北至本軍界一百七十里，自界首至廬州七十五里。

又卷五《兩浙路》 杭州【略】地里：東京二千二百里。東至本州界三百二十九里，自界首至秀州一百二十里。西至本州界二百三十八里，自界首至歙州一百一十里。南至本州界三十四里，自界首至越州九十里。北至本州界六十五里，自界首至湖州九十里。東南至本州界三十六里，自界首至越州一百三十五里。西南至本州界一百六十四里，自界首至睦州一百五十一里。東北至本州界一百一十六里，自界首至秀州一十里。西北至本州界二百五十里，自界首至宣州二百三十七里。

越州【略】地里：東京二千四百七十里。東至本州界一百五十七里，自界首至明州一百一十五里。西至本州界一百三十八里，自界首至杭州三十一里。南至本州界二百九十五里，自界首至台州二百里。北至海一百一里。東南至本州界三百五里，自界首至台州一百六十四里。西南至本州界一百九十一里，自界首至杭州二百三十里。東北至本州界二百二十七里，自界首至明州一百三十里。西北至本州界一百一十五里，自界首至杭州一十八里。

蘇州【略】地里：東京一千八百五十里。東至海二百二十里。西至本州界一百三十二里，自界首至常州四十八里。南至本州界一百二十里，自界首至秀州三十里。北至海一百八十里。東南至本州界八十里，自界首至秀州六十里。西南至本州界一百三十里，自界首至湖州九十里。東北至海一百八十里。西北至本州界五十里，自界首至常州一百三十二里。

潤州【略】地里：東京一千七百五十里。東至江七里。西至本州界四十里，自界首至江寧府一百四十里。南至本州界二百一十七里，自界首至江寧府二百里。北至江二里。東南至本州界一百二十里，自界首至常州五十一里。西南至本州界八十里，自界首至江寧府一百里。東北至江八里。西北至本州界四十里，自界首至江寧府一百五十里。

湖州【略】地里：東京二千七十里。東至本州界一百三十一里，自界首至蘇州一百三十二里。西至本州界一百三十三里，自界首至宣州二百五里。南至本州界一百四十二里，自界首至杭州一十五里。北至本州界六十六里，自界首至蘇州一百一十二里。東南至本州界一百七十二里，自界首至杭州六十七里。西南至本州界二百二十九里，自界首至宣州二百二十六里。東北至本州界七十里，自界首至蘇州六十里。西北至本州界一百四十五里，自界首至常州七十四里。

婺州【略】地里：東京二千九百三十里。東至本州界三百一十七里，自界首至台州二百九十五里。西至本州界六十里，自界首至衢州一百三十里。南至本州界一百七十五里，自界首至處州八十三里。北至本州界一百三十一里，自界首至睦州四十九里。東南至本州界三百一十七里，自界首至台州二百九十五里。西南至本州界六十里，自界首至衢州一百三十里。東北至本州界二百三十二里，自界首至越州二百四十八里。西北至本州界一百三十一里，自界首至睦州四十九里。

明州【略】地里。東京二千六百八十里。東至海三百五十二里。西至本州界一百五十里，自界首至越州三百里。南至本州界一百二十五里，自界首至台州二百五十里。北至本州界二百三十五里，自界首至蘇州一千五百里。東南至海九百五十里。西南至本州界一百七十里，自界首至越州三百五十里。東北至海九百一十里。西北至本州界一百四十里，自界首至越州三百里。

常州【略】地里：東京一千六百七十里。東至本州界一百三十五里，自界首至蘇州四十五里。西至本州界五十里，自界首至潤州一百三十里。南至本州界一百八十里，自界首至廣德軍七十里。北至本州界九十二里，自界首至泰州一百五里。東南至本州界九十里，自界首至湖州一百八十里。西南至本州界一百八十里，自界首至宣州二百五十里。東北至本州界一百五十里，自界首至通州二百八里。西北至本州界五十里，自界首至潤州一百三十里。

溫州【略】地里：東京三千四百八十里。東至海七十里。西至本州界八十里，自界首至處州一百六十里。南至本州界四百八十七里，自界首至福州一千二百九十三里。北至本州界一百三十里，自界首至台州四百七十里。東南至本州界三百二十里，自界首至福州三百四十里。西南至本州界四百五十里，自界首至建州五百五十里。東北至本州界三百里，自界首至台州一百八十里。西北至本州界八十七里，自界首至處州一百七十二里。

台州【略】地里：東京二千九百二十五里。東至海一百八十里。西至本州界一百一十三里，自界首至處州三百三十七里。南至本州界二百三十九里，自界首至溫州二百九十二里。北至本州界一百六十二里，自界首至越州二百九里。東南至海二百九十二里。西南至本州界一百九十二里，自界首至處州一百五里。東北至本州界三百二十五里，自界首至明州一百六十五里。西北至本州界二百九十四里，自界首至婺州二百四十里。

處州【略】地里：東京二千八百四十里。東至本州界一百九十里，自界首至台州二百五里。西至本州界三百五十里，自界首至衢州一百六十里。南至本州界四百八十里，自界首至溫州三百五十里。北至本州界一百三十里，自界首至婺州一百二十里。東南至本州界一百七十五里，自界首至溫州九十里。西南至本州界六百二十里，自界首至建州二百里。東北至本州界一百二十五里，自界首至婺州一百五十三里。西北至本州界一百二十里，自界首至婺州二百里。

衢州【略】地里：東京三千五十里。東至本州界一百二十里，自界首至婺州七十里。西至本州界一百二十二里，自界首至信州一百二十五里。南至本州界一百五十五里，自界首至處州五百里。北至本州界六十里，自界首至睦州一百三十里。東南至本州界一百六十六里，自界首至處州二百九十六里。西南至本州界二百六十里，自界首至建州四百四十五里。東北至本州界一百四十九里，自界首至睦州一百三十五里。西北至本州界二百二十九里，自界首至饒州五百里。

睦州【略】地里：東京二千五百三十六里。東至本州界一百三十里，自界首至杭州一百七十里。西至本州界二百六十五里，自界首至歙州一百一十里。南至本州界七十里，自界首至婺州七十五里。北至本州界一百二十里，自界首至杭州一百五十五里。東南至本州界一百八十里，自界首至婺州二百里。西南至本州界三百一十里，自界首至衢州八十五里。東北至本州界三百一十里，自界首至杭州三百里。西北至本州界三百一十里，自界首至歙州一百二十里。

秀州【略】地里：東京一千九百九十里。東至海二百里。西至本州界一百二十五里，自界首至湖州七十五里。南至本州界七十五里，自界首至杭州一百一十五里。北至本州界三十里，自界首至蘇州一百二十五里。東南至海九十二里。西南至本州界四十五里，自界首至杭州一百里。東北至本州界六十里，自界首至蘇州八十里。西北至本州界四十五里，自界首至蘇州九十五里。

又卷六《江南路》 江寧府【略】地里：東京一千四百四十五里。東至本府界一百四十里，自界首至潤州四十里。西至本府界一十里，自界首至和州八十三里。南至本府界二百四十里，自界首至宣州一百二十里。北至本府界四十九里，自界首至真州一百一十里。東南至本府界二百八十五里，自界首至常州一百八十五里。西南至本府界九十里，自界首至太平州三十里。東北至本府界一百三十五里，自界首至潤州四十五里。西北至本府界二十二里，自界首至真州一百二十七里。

宣州【略】地里：東京一千七百里。東至本州界六十五里，自界首至廣德軍一百一十五里。西至本州界二百一十一里，自界首至池州一百四十九里。南至本州界二百六十八里，自界首至歙州一百里。北至本州界一百五里，自界首至太平州七十五里。東南至本州界一百一十里，自界首至杭州二百八十里。西南至本州界一百八十里，自界首至池州一百五十里。東北至本州界二百二十四里，自界首至太平州七十五里。西北至本州界二百一十一里，自界首至池州六十里。

歙州【略】地里：東京二千一百七十里。東至本州界一百四十三里，自界首至杭州三百三十六里。西至本州界二百八十三里，自界首至池州二百一十三里。南至本州界一百六十四里，自界首至睦州二百六十里。北至本州界八十里，自界首至宣州三百三十六里。東南至本州界一百一十里，自界首至睦州二百六十里。西南至本州界三百九里，自界首至饒州四百八十六里。東北至本州界一百三里，自界首至宣州二百八十里。西北至本州界二百八十五里，自界首至宣州一百五里。

江州【略】地里：東京一千八百里。東至本州界二百一十里，自界首至饒州九十里。西至本州界一百五十里，自界首至興國軍一百五十里。南至本州界九十里，自界首至南康軍三十里。北至本州界二十五里，自界首至蘄州二百七十五里。東南至本州界三十里，自界首至南康軍六十里。西南至本州界一百四十五里，自界首至洪州一百五十五里。東北至本州界二百七十五里，自界首至池州二百五里。西北至本州界一十里，自界首至蘄州二百七十五里。

池州【略】地里：東京二千一百里。東至本州界一百五十里，自界首至宣州一百七十五里。西至本州界三百六十里，自界首至江州一百六十里。南至本州界二百八十里，自界首至歙州二百五里。北至本州界三十里，自界首至舒州三百二十里。東南至本州界二百二十里。自界首至宣州三百里。西南至本州界三百八十里，自界首至饒州一百九十里。東北至本州界一百七十里，自界首至宣州一百六十五里。西北至本州界四十里，自界首至舒州三百二十里。

饒州【略】地里：東京二千四百一十里。東至本州界三百九十里，自界首至歙州三百九里。西至本州界一百七十里，自界首至洪州五百六十八里。南至本州界二百六十一里，自界首至撫州一百六十三里。北至本州界一百九十里，自界首至池州三百八十里。東南至本州界二百九十里，自界首至信州三百五十里。西南至本州界一百六十里，自界首至洪州二百一十里。東北至本州界三百八十里，自界首至歙州三百八十里。西北至本州界一百五十七里，自界首至南康軍二百二十二里。

信州【略】地里：東京三千四百里。東至本州界一百七十里，自界首至衢州一百一十里。西至本州界三百七十里，自界首至饒州三百七十里。南至本州界二百六十里，自界首至建州二百八十里。北至本州界一百二十里，自界首至饒州一百八十里。東南至本州界一百六十里，自界首至衢州二百五里。西南至本州界一百一十五里，自界首至建州四百里。東北至本州界二百五十里，自界首至衢州八十里。西北至本州界二百五十里，自界首至饒州二百九十里。

太平州【略】地里：東京一千七百里。東至本州界一百一十二里，自界首至江寧府八十五里。西至本州界三十一里，自界首至和州二十里。南至本州界七十里，自界首至宣州一百二十三里。北至本州界五十里，自界首至江寧府七十五里。東南至本州界一百五十里，自界首至宣州一百二十里。西南至本州界二百二十五里，自界首至池州一百八十五里。東北至本州界七十里，自界首至江寧府一百六里。西北至本州界三十八里，自界首至和州二十六里。

南康軍【略】地里：東京一千八百九十里。東至本軍界一百五十里，自界首至饒州一百五十七里。西至本軍界四十里，自界首至江州八十五里。南至本軍界一百九十里，自界首至洪州八十七里。北至本軍界四十五里，自界首至江州四十五里。東南至本軍界一百三十里，自界首至饒州一百六十五里。西南至本軍界六十里，自界首至江州三十里。東北至本軍界四十里，自界首至江州一百四十里。西北至本軍界四十里，自界首至江州八十里。

廣德軍【略】地里：東京一千九百二十里。東至本軍界三十里，自界首至湖州一百七十里。西至本軍界九十里，自界首至宣州七十里。南至本軍界八十里，自界首至宣州一百四十五里。北至本軍界八十里，自界首至江寧府二百八十里。東南至本軍界八十五里，自界首至湖州一百八十五里。西南至本軍界一百二十里，自界首至宣州一百五十五里。東北至本軍界七十里，自界首至常州二百五十五里。西北至本軍界一百一十里，自界首至江寧府二百五十里。

洪州【略】地里：東京二千三百里。東至本州界五百六十八里，自界首至饒州一百九十里。西至潭州山七百八十里。南至本州界五百二十里，自界首至吉州二百一十里。北至本州界三百四里，自界首至江州二百二十八里。東南至本州界八十二里，自界首至撫州一百二十七里。西南至本州界二百八十五里，自界首至袁州一百五十里。東北至本州界二百七十里，自界首至饒州一百七十里。西北至本州界一百八十九里，自界首至南康軍一百八十里。

虔州【略】地里：東京三千五百里。東至本州界四百四十里，自界首至汀州八十里。西至本州界三十里，自界首至南安軍二百一十里。南至本州界八十里，自界首至韶州三百二十里。北至本州界二百五十里，自界首至吉州二百八十四里。東南至本州界八十里，自界首至汀州七百里。西南至本州界二百三十里，自界首至南安軍一十里。東北至本州界八百二十里，自界首至梅州四百七十六里。西北至本州界二百一十里，自界首至吉州三百六十里。

吉州【略】地里：東京二千八百四十三里。東至本州界二百一十里，自界首至撫州二百一十里。西至本州界四百二十里，自界首至潭州三百六十里。南至本州界二百八十里，自界首至虔州二百五十里。北至本州界一百四十里，自界首至臨江軍二百二十里。東南至本州界四百四十一里，自界首至虔州二百一十里。西南至本州界二百四十三里，自界首至衡州三百里。東北至本州界一百一十二里，自界首至撫州二百四十四里。西北至本州界一百九十四里，自界首至袁州九十五里。

袁州【略】地里：東京二千七百里。東至本州界一百里，自界首至臨江軍一百七十里。西至本州界二百四十九里，自界首至潭州二百八十里。南至本州界九十五里，自界首至吉州二百二十里。北至本州界九十五里，自界首至筠州二百二十里。東南至本州界一百二十八里，自界首至吉州二百二十六里。西南至本州界三百三十里，自界首至潭州三百一十八里。東北至本州界二百三十里，自界首至洪州二百五十里。西北至本州界二百八十七里，自界首至潭州三百四十七里。

撫州【略】地里：東京二千七百二十里。東至本州界二百六十里，自界首至饒州三百一十里。西至本州界二百一十八里，自界首至吉州三百七里。南至本州界八十九里，自界首至建昌軍五十五里。北至本州界三十四里，自界首至洪州九十三里。東南至本州界一百四十七里，自界首至建昌軍五十五里。西南至本州界二百四十四里，自界首至吉州二百一十二里。東北至本州界一百六十三里，自界首至饒州二百六十一里。西北至本州界八十三里，自界首至洪州一百五十七里。

筠州【略】地里：東京二千四百里。東至本州界五十五里，自界首至洪州六十五里。西至本州界一百六十里，自界首至袁州一百二十里。南至本州界六十里，自界首至臨江軍四十里。北至本州界三十五里，自界首至洪州一百四十五里。東南至本州界四十里，自界首至洪州二百一十里。西南至本州界一百五十五里，自界首至袁州一百五里。東北至本州界五十五里，自界首至洪州六十五里。西北至本州界六十里，自界首至洪州一百七十里。

興國軍【略】地里：東京一千七百里。東至本軍界九十五里，自界首至江州一百五十里。西至本軍界四百五十里，自界首至鄂州六百一十五里。南至本軍界一百九十里，自界首至江州一百五十里。北至本軍界一百二十里，自界首至鄂州二百八十五里。東南至本軍界一百二十里，自界首至江州一百五十里。西南至本軍界二百一十五里，自界首至洪州三百八十里。東北至本軍界一百里，自界首至蘄州六十里。西北至本軍界一百五十里，自界首至鄂州三百五十五里。

南安軍【略】地里：東京四千四十里。東至本軍界二百一十五里，自界首至虔州二十五里。西至本軍界一百八十里，自界首至韶州二百里。南至本軍界二十里，自界首至南雄州六十里。北至本軍界二百八十里，自界首至吉州二百七十里。東南至本軍界二百二十里，自界首至虔州二十五里。西南至本軍界四十五里，自界首至南雄州六十里。東北至本軍界二百五十里，自界首至吉州三百八十五里。西北至本軍界三百四十里，自界首至郴州四百五十里。

臨江軍【略】地里：東京二千七百里。東至本軍界一百三十里，自界首至撫州一百四十五里。西至本軍界一百七十里，自界首至袁州二百二十里。南至本軍界二百二十里，自界首至袁州一百里。北至本軍界三十五里，自界首至筠州五十五里。東南至本軍界一百二十里，自界首至吉州一百八十里。西南至本軍界一百四十里，自界首至袁州二百四十里。東北至本軍界七十里，自界首至洪州一百五十里。西北至本軍界三十五里，自界首至筠州一百二十里。

建昌軍【略】地里：東京二千九百九十里。東至本軍界一百八十九里，自界首至邵武軍一百三十九里。西至本軍界五十里，自界首至撫州一百七十里。南至本軍界三百七十里，自界首至虔州五百一十里。北至本軍界六十里，自界首至撫州九十里。東南至本軍界二百里，自界首至邵武軍三百五十里。西南至本軍界三百七十里，自界首至虔州四百四十里。東北至本軍界一百二十里，自界首至饒州五百九十里。西北至本軍界五十里，自界首至撫州一百九十里。

又卷六《荆湖路》 潭州【略】地里：東京二千七百里。東至本州界二百五十里，自界首至袁州二百五里。西至本州界一百一十里，自界首至鼎州二百里。南至本州界三百七十里，自界首至衡州四十里。北至本州界二百五里，自界首至岳州八十五里。東南至本州界二百六十五里，自界首至郴州二百三十三里。西南至本州界二百九十八里，自界首至邵州一百二十五里。東北至本州界一百八十五里，自界首至岳州一百里。西北至本州界二百一十七里，自界首至鼎州二百里。

衡州【略】地里：東京二千七百一十里。東至本州界三百里，自界首至吉州二百四十三里。西至本州界一百三十里，自界首至邵州一百五十五里。南至本州界一百九十里，自界首至桂陽監九十里。北至本州界九十二里，自界首至潭州三百九十里。東南至本州界一百一十里，自界首至郴州二百二十里。西南至本州界七十五里，自界首至永州一百三十五里。東北至本州界一百八十五里，自界首至潭州三百五十四里。西北至本州界九十二里，自界首至潭州三百八十四里。

道州【略】地里：東京三千二百里。東至本州界一百四十里，自界首至桂陽監一百二十里。西至本州界一百六十五里，自界首至昭州一百六十三里。南至本州界一百九十五里，自界首至賀州一百　十里。北至本州界九十里，自界首至永州一百一十里。東南至本州界一百二十五里，自界首至桂陽監一百二十里。西南至本州界一百六十五里，自界首至昭州二百里。東北至江六十里。西北至本州界六十五里，自界首至全州八十五里。

永州【略】地里：東京三千五百里。東至本州界一百二十里，自界首至道州一百六十里。西至本州界一百六十五里，自界首至邵州一百三十里。南至本州界一百一十五里，自界首至道州一百五里。北至本州界一百三十五里，自界首至衡州七十五里。東南至本州界一百一十里，自界首至道州一百五里。西南至本州界一百一十五里，自界首至全州八十里。東北至本州界一百三十里，自界首至衡州二百五十四里。西北至本州界一百一十五里，自界首至邵州一百里。

郴州【略】地里：東京三千五百里。東至本州界二百八十里，自界首至虔州三百八十里。西至本州界三十八里，自界首至桂陽監三十二里。南至本州界一百里，自界首至韶州三百三十里。北至本州界一百一十五里，自界首至衡州一百七十二里。東南至本州界二百八十里，自界首至虔州三百八十里。西南至本州界二百八十五里，自界首至連州一百二十里。東北至本州界二百二十里，自界首至衡州六十七里。西北至本州界一百五十七里，自界首至衡州一百三十里。

邵州【略】地里：東京三千里。東至本州界一百五里，自界首至潭州四百三十里。西至本州界四百八十五里，自界首至誠州六十里。南至本州界九十五里，自界首至永州一百六十五里。北至本州界三百五十里，自界首至辰州三百里。東南至本州界一百五十五里，自界首至衡州一百里。西南至本州界九十五里，自界首至全州二百三十九里。東北至本州界二百七十五里，自界首至潭州三百八十里。西北至本州界二百三十五里，自界首至辰州四百二十里。

全州【略】地里：東京三千一百九十二里。東至本州界四十九里，自界首至永州八十五里。西至本州界九十二里，自界首至桂州一百六十九里。南至本州界一百七十里，自界首至昭州八十里。北至本州界八十七里，自界首至邵州四百三十三里。東南至本州界五十里，自界首至道州九十里。西南至本州界四十五里，自界首至桂州九十八里。東北至本州界八十里，自界首至永州一百一十五里。西北至本州界六十五里，自界首至邵州六十五里。

桂陽監【略】地里：東京三千三百里。東至本監界二十里，自界首至郴州四十五里。西至本監界一百二十里，自界首至道州一百五十里。南至本監界一百二十里，自界首至連州一百一十里。北至本監界九十里，自界首至衡州二百一十里。東南至本監界八十里，自界首至韶州二百四十里。西南至本監界一百二十里，自界首至賀州二百五十里。東北至本監界六十里，自界首至潭州六百五十里。西北至本監界七十五里，自界首至永州二百七十五里。

江陵府【略】地里：東京一千五百里。東至本府界五百七十五里，自界首至鄂州一百五十里。西至本府界二百五里，自界首至峽州七十五里。南至本府界一百九十五里，自界首至澧州七十里。北至本府界二百九十里，自界首至襄州一百五十里。東南至本府界三百三十里，自界首至岳州六十里。西南至本府界三百六十里，自界首至澧州六十里。東北至本府界一百六十五里，自界首至安州二百八十里。西北至本府界三百六十五里，自界首至襄州一百七十里。

鄂州【略】地里：東京一千四百一十里。東至本州界一百里，自界首至興國軍八十八里。西至本州界三百三十八里，自界首至郢州二百六十里。南至本州界三百四十六里，自界首至岳州一百八十里。北至本州界四十二里，自界首至黄州九十五里。東南至本州界三百四十六里，自界首至岳州二百八十里。西南至本州界三百六十五里，自界首至江陵府三百一十里。東北至本州界四百七十三里，自界首至江州五百一十里。西北至本州界四十二里，自界首至黄州一百五里。

安州【略】地里：東京一千一百里。東至本州界一百二十里，自界首至黄州二百八十里。西至本州界六十里，自界首至隨州九十里。南至本州界二百六十五里，自界首至江陵府二百四十里。北至本州界一百五十里，自界首至信陽軍一百二十里。東南至本州界一百五里，自界首至鄂州二百五十五里。西南至本州界一百一十里，自界首至鄂州一百四十里。東北至本州界一百二十里，自界首至光州五百一十里。西北至本州界一百六十里，自界首至信陽軍一百二十里。

鼎州【略】地里：東京一千八百二十里。東至本州界三百五里，自界首至岳州二百四十五里。西至本州界二百四十六里，自界首至辰州二百三十三里。南至本州界一百六十五里，自界首至潭州二百一十七里。北至本州界九十里，自界首至澧州九十里。東南至本州界一百一十里，自界首至岳州四百四十里。西南至本州界九十里，自界首至潭州二百九十二里。東北至本州界三百三十里，自界首至澧州一百二十里。西北至本州界二百五十六里，自界首至辰州二百一十里。

澧州【略】地里：東京一千八百里。東至本州界一百三十七里，自界首至岳州一百六十八里。西至本州界一千三百六十六里，自界首至黔州四百三十七里。南至本州界九十里，自界首至鼎州九十里。北至本州界七十里，自界首至江陵府一百三十里。東南至本州界一百三十九里，自界首至鼎州一百二十里。西南至本州界八十九里，自界首至辰州三百一十里。東北至本州界一百二十里，自界首至江陵府三百四十里。西北至本州界一百八十五里，自界首至峽州三百一十五里。

峽州【略】地里：東京一千六百里。東至本州界七十五里，自界首至江陵府二百六十五里。西至本州界九十五里，自界首至歸州一百五里。南至本州界一百三十五里，自界首至江陵府一百九十五里。北至本州界一百九十里，自界首至襄州三百八十里。東南至本州界二百四十五里，自界首至澧州三百一十里。西南至本州界七百六十里，自界首至施州二百一十里。東北至本州界二百五十里，自界首至襄州三百三十四里。西北至本州界一百五十里，自界首至歸州一百二十里。

岳州【略】地里：東京一千八百一十六里。東至本州界一百三十七里，自界首至鄂州三百七十里。西至本州界一百八十里，自界首至澧州三百五十里。南至本州界九十里，自界首至潭州一百九十里。北至本州界二百二十里，自界首至鄂州三百四十里。東南至本州界三百八十里，自界首至洪州七百二十里。西南至本州界三百二十五里，自界首至鼎州二百二十五里。東北至本州界一百三十里，自界首至鄂州三百二十里。西北至本州界一百二十五里，自界首至江陵府二百九十五里。

歸州【略】地里：東京一千九百里。東至本州界六十五里，自界首至峽州一百二十五里。西至本州界一百七里，自界首至夔州二百二十三里。南至本州界一百三十里，自界首至施州四百二十里。北至本州界一百九十一里，自界首至房州二百九十九里。東南至本州界一百二十五里，自界首至峽州一百五十里。西南至本州界一百三十六里，自界首至夔州一百四十九里。東北至本州界一百五十五里，自界首至峽州二百五十里。西北至本州界二百八里，自界首至房州三百四十里。

辰州【略】地里：東京二千二百八十里。東至本州界二百三十三里，自界首至鼎州二百三十三里。西至本州界三百六十里，自界首至沅州一百九十里。南至本州界五百二十里，自界首至邵州三百四十五里。北至本州界四百八十里，自界首至澧州三百四十五里。東南至本州界五百二十里，自界首至潭州六百二十里。西南至本州界二百六十四里，自界首至沅州一百九十里。東北至本州界四百六十六里，自界首至鼎州二百三十三里。西北至羈縻白水州二百七十五里。

沅州【略】地里：東京二千六百七十里。東至本州界二百四十里，自界首至辰州一百五十里。西至羈縻田、古州四百八十里。南至本州界二百四十里，自界首至誠州一百六十五里。北至本州界二百里，自界首至辰州二百二十里。東南至本州界三百里，自界首至邵州四百二十里。西南至本州界三百二十里，自界首至誠州一百四十里。東北至本州界二百四十里，自界首至辰州一百五十里。西北至羈縻錦州四百里。

誠州【略】地里：東京二千八百四十五里。東至本州界六十里，自界首至邵州四百二十五里。西至上和、雞公、潭溪一百八十里。南至本州界一百八十里，自界首至融州四百八十里。北至本州界一百六十五里，自界首至沅州二百四十里。東南至本州界五十里，自界首至邵州五百九十五里。西南至本州界一百里，自界首至融州六百里。東北至本州界一百五十里，自界首至邵州三百三十五里。西北至本州界八十里，自界首至沅州三百八十五里。

又卷七《成都府路》 成都府【略】地里：東京三千七百里。東至本府界六十五里，自界首至簡州八十五里。西至本府界八十二里，自界首至茂州三百九十五里。南至本府界五十五里，自界首至眉州一百二十五里。北至本府界七十五里，自界首至漢州二十里。東南至本府界一百三十五里，自界首至陵井監七十里。西南至本府界五十五里，自界首至邛州九十五里。東北至本府界八十八里，自界首至懷安軍七十二里。西北至本府界七十六里，自界首至彭州九里。

眉州【略】地里：東京三千六百八十里。東至本州界三十五里，自界首至陵井監五十里。西至本州界九十五里，自界首至嘉州一百二十里。南至本州界一百里，自界首至嘉州五十里。北至本州界八十里，自界首至蜀州九十里。東南至本州界八十七里，自界首至嘉州九十六里。西南至本州界九十里，自界首至嘉州七十里。東北至本州界三十一里，自界首至陵井監五十二里。西北至本州界七十里，自界首至邛州七十里。

蜀州【略】地里：東京三千八百里。東至本州界四十五里，自界首至成都府五十五里。西至賢宫山二百五十里。南至本州界二十里，自界首至邛州五十里。北至本州界五十五里，自界首至茂州三百六十六里。東南至本州界九十里，自界首至眉州八十五里。西南至本州界二十里，自界首至邛州六十里。東北至本州界三十里，自界首至成都府七十里。西北至本州界五十五里，自界首至茂州三百四十六里。

彭州【略】地里：東京三千五百八十七里。東至本州界四十六里，自界首至漢州一十五里。西至本州界九十三里，自界首至茂州三百七十里。南至本州界一十六里，自界首至成都府七十六里。北至本州界三十六里，自界首至漢州七十五里。東南至本州界一十三里，自界首至成都府七十二里。西南至本州界七十八里，自界首至蜀州九十七里。東北至本州界四十六里，自界首至漢州二十里。西北至茂州山八十里。

綿州【略】地里：東京三千五百里。東至本州界一百三十五里，自界首至劍州二百二十二里。西至本州界一百七十里，自界首至茂州二百一里。南至本州界一百二十里，自界首至梓州一百四十八里。北至本州界一百四十四里，自界首至龍州七十五里。東南至本州界三十七里，自界首至梓州一百里。西南至本州界一百五里，自界首至漢州八十四里。東北至本州界九十四里，自界首至劍州二百里。西北至本州界一百五十里，自界首至龍州一百二十二里。

漢州【略】地里：東京三千五百二十六里。東至本州界三十二里，自界首至梓州一百五十里。西至本州界三十里，自界首至懷安軍七十里。南至茂州山二百二十五里。北至綿州山一百三十一里。東南至本州界五十二里，自界首至梓州一百三十八里。西南至本州界二十里，自界首至成都府七十五里。東北至本州界八十四里，自界首至綿州一百五里。西北至本州界一十五里，自界首至彭州四十六里。

嘉州【略】地里：東京三千九百五十里。東至本州界一百里，自界首至榮州一百里。西至本州界二百里，自界首至雅州六十里。南至本州界一百八十里，自界首至戎州一百四十里。北至本州界五十里，自界首至眉州一百里。東南至本州界一百八十里，自界首至戎州一百四十里。西南至嶲州五百九十五里。東北至本州界九十里，自界首至陵井監一百里。西北至本州界二百里，自界首至雅州六十里。

邛州【略】地里：東京三千九百里。東至本州界五十里，自界首至成都府一百一十里。西至本州界一百四十里，自界首至雅州一百二十里。南至本州界八十五里，自界首至眉州八十五里。北至本州界五十里，自界首至蜀州二十里。東南至本州界七十里，自界首至眉州七十里。西南至本州界六十里，自界首至雅州一百里。東北至本州界六十里，自界首至蜀州二十里。西北至羈縻塗州二百三十里。

黎州【略】地里：東京四千三百六十里。東至沖天山一百里。西至飛越山二百里。南至大渡河一百里。北至本州界七十里，自界首至雅州二百三十里。東南至大渡河一百二十里。西南至大渡河三百里。東北至飛水山二百五十里。西北至晝崖山二百里。

雅州【略】地里：東京四千二十里。東至本州界六十里，自界首至嘉州二百五十里。西至羈縻羅巖州三百七十里。南至本州界二百三十里，自界首至黎州七十里。北至本州界一百五十里，自界首至邛州一百二十里。東南至本州界一百里，自界首至嘉州二百一十里。西南至本州界一百八十里，自界首至黎州六十里。東北至本州界一百里，自界首至邛州六十里。西北至陵關鎮蕃部四百六十里。

茂州【略】地里：東京四千一百里。東至綿州山五十里。西至羈縻霸州一百五十里。南至本州界三百七十里，自界首至彭州九十二里。北至羈縻翼州七十五里。東南至彭州山三十里。西南至威州山六十里。東北至三溪口五里。西北至黃崖關一十五里。

簡州【略】地里：東京三千七百里。東至本州界九十五里，自界首至普州一百三十里。西至本州界九十里，自界首至陵井監六十里。南至本州界二十八里，自界首至資州一百九十八里。北至本州界八十五里，自界首至成都府六十五里。東南至本州界九十二里，自界首至梓州二百五十八里。西南至本州界六十九里，自界首至陵井監七十里。東北至本州界三十一里，自界首至懷安軍五十五里。西北至本州界七十里，自界首至成都府一百三十五里。

威州【略】地里：東京四千三百六十九里。東至本州界一百三十里，自界首至茂州九十里。西至羈縻悉州二百三十里。南至雪嶺二百六十里。北至羈縻翼州一百三十里。東南至鋪頭村六十里。西南至大風流一百二十里。東北至弄里二百二十里。西北至弄悉罵一百三十里。

陵井監【略】地里：東京三千七百里。東至本監界六十里，自界首至簡州九十里。西至本監界五十里，自界首至眉州三十五里。南至本監界一百九十七里，自界首至榮州七十五里。北至本監界九十里，自界首至成都府一百一里。東南至本監界一百四十七里，自界首至榮州一百八十九里。西南至本監界一百三十九里，自界首至嘉州一百五十一里。東北至本監界七十里，自界首至簡州六十九里。西北至本監界五十二里，自界首至眉州三十一里。

又卷七《梓州路》 梓州【略】地里：東京三千六百里。東至本州界二百里，自界首至果州一百五十六里。西至本州界一百五十五里，自界首至漢州五十里。南至本州界一百三十八里，自界首至普州一百九十四里。北至本州界一百六十二里，自界首至劍州二百六十里。東南至本州界一百八十六里，自界首至遂州六十四里。西南至本州界二百二十四里，自界首至簡州九十四里。東北至本州界一百三十六里，自界首至閬州一百七十三里。西北至本州界一百九里，自界首至綿州三十七里。

遂州【略】地里：東京三千八百里。東至本州界四十里，自界首至果州一百里。西至本州界七十九里，自界首至普州一百四十里。南至本州界一百二十里，自界首至合州一百二十里。北至本州界五十五里，自界首至梓州一百五十里。東南至本州界六十四里，自界首至果州八十里。西南至本州界三十九里，自界首至普州六十里。東北至本州界九十四里，自界首至果州一百三十三里。西北至本州界九十五里，自界首至梓州一百六十五里。

果州【略】地里：東京三千四百一十七里。東至本州界六十里，自界首至廣安軍一百六十里。西至本州界一百五里，自界首至梓州一百三十五里。南至本州界四十五里，自界首至合州一百四十里。北至本州界九十里，自界首至閬州一百四十里。東南至本州界二十五里，自界首至廣安軍一百四十五里。西南至本州界一百一十五里，自界首至遂州九十里。東北至本州界一百三十里，自界首至蓬州九十五里。西北至本州界七十里，自界首至閬州七十五里。

資州【略】地里：東京三千五百里。東至本州界一百九十八里，自界首至昌州三十里。西至本州界一百四十八里，自界首至陵井監八十九里。南至本州界五十四里，自界首至榮州一百八里。北至本州界七十里，自界首至普州一百里。東南至本州界六十五里，自界首至榮州八十四里。西南至本州界一百三十八里，自界首至陵井監一百二十二里。東北至本州界一百里，自界首至普州八十里。西北至本州界一百九十八里，自界首至簡州二十八里。

普州【略】地里：東京三千五百三十里。東至本州界一百五十里，自界首至昌州二十五里。西至本州界一百三十里，自界首至簡州九十里。南至本州界七十里，自界首至資州七十五里。北至本州界一百四十里，自界首至梓州二百里。東南至本州界一百里，自界首至合州一百二十里。西南至本州界七十里，自界首至資州七十五里。東北至本州界六十一里，自界首至遂州三十九里。西北至本州界一百五里，自界首至簡州七十五里。

昌州【略】地里：東京三千六百二十里。東至本州界五十里，自界首至合州一百三十里。西至本州界五十里，自界首至資州一百六十里。南至本州界一百一十里，自界首至渝州一百九十里。北至本州界五十里，自界首至普州九十五里。東南至本州界二百二十里，自界首至渝州一百三十里。西南至本州界一百五十里，自界首至榮州二百里。東北至本州界四十里，自界首至合州一百里。西北至本州界四十五里，自界首至普州一百二十里。

戎州【略】地里：東京四千三百五十里。東至本州界一百五十四里，自界首至瀘州一百九十六里。西至本州界二百四十里，自界首至嘉州一百六十里。南至雲南蠻三百里。北至本州界一百五十里，自界首至榮州九十五里。東南至南廣蠻一百八十里。西南至雲南蠻　千里。東北至本州界一百二十里，自界首至富順監六十里。西北至本州界一百里，自界首至榮州四十五里。

瀘州【略】地里：東京五千里。東至本州界三百三里，自界首至渝州四百五十七里。西至本州界一百八十里，自界首至戎州一百四十九里。南至羈縻納州五百二十七里。北至本州界八十五里，自界首至昌州二百三十里。東南至羈縻納州四百五十里。西南至本州界一百七十七里，自界首至戎州二百二十二里。東北至本州界二百九十里，自界首至渝州四百五里。西北至本州界一百四十四里，自界首至富順監一百二十九里。

合州【略】地里：東京四千里。東至本州界四十里，自界首至渝州一百四十里。西至本州界一百二十五里，自界首至遂州九十五里。南至本州界一百三十里，自界首至昌州三十五里。北至本州界二百里，自界首至果州六十里。東南至本州界四十里，自界首至渝州八十里。西南至本州界一百五十里，自界首至普州八十里。東北至本州界一百二十里，自界首至廣安軍一百三十里。西北至本州界二百二十里，自界首至果州六十里。

榮州【略】地里：東京三千七百七十里。東至本州界一百里，自界首至資州六十里。西至本州界一百五十里，自界首至嘉州五十里。南至本州界六十里，自界首至戎州二百五十里。北至本州界七十里，自界首至陵井監一百五十里。東南至本州界一百五十里，自界首至富順監九十里。西南至本州界八十里，自界首至戎州一百八十里。東北至本州界一百三十里，自界首至資州六十里。西北至本州界六十里，自界首至陵井監一百四十里。

渠州【略】地里：東京三千五百九十里。東至本州界九十里，自界首至梁山軍一百里。西至本州界八十里，自界首至果州一百八十三里。南至本州界四十里，自界首至廣安軍八十里。北至本州界五十五里，自界首至達州一百三十九里。東南至本州界二百一十三里，自界首至涪州八十三里。西南至本州界四十里，自界首至廣安軍八十五里。東北至本州界九十五里，自界首至達州一百四十九里。西北至本州界七十里，自界首至蓬州一百八十九里。

懷安軍【略】地里：東京三千六百二十六里。東至本軍界八十里，自界首至遂州二百一十里。西至本軍界八十五里，自界首至成都府七十里。南至本軍界五十四里，自界首至簡州三十五里。北至本軍界二十五里，自界首至梓州一百五十五里。東南至本軍界七十里，自界首至簡州三十里。西南至本軍界五十里，自界首至成都府七十里。東北至本軍界六十里，自界首至梓州一百五十里。西北至本軍界八十五里，自界首至漢州一十五里。

廣安軍【略】地里：東京三千八百里。東至本軍界八十里，自界首至渠州四十里。西至本軍界一百六十里，自界首至果州四十里。南至本軍界一百里，自界首至合州一百里。北至本軍界一百二十里，自界首至渠州六十里。東南至本軍界一百二十里，自界首至合州一百四十里。西南至本軍界一百五十里，自界首至合州五十里。東北至本軍界一百五十里，自界首至渠州四十里。西北至本軍界一百四十里，自界首至果州六十里。

富順監【略】地里：東京四千七十里。東至本監界一百里，自界首至昌州二百二十里。西至本監界七十里，自界首至戎州一百八十里。南至本監界一百二十里，自界首至瀘州一百八十里。北至本監界九十里，自界首至榮州一百一十里。東南至本監界六十里，自界首至瀘州二百二十八里。西南至本監界七十五里，自界首至戎州一百七十三里。東北至本監界五十五里，自界首至榮州一百八十五里。西北至本監界七十里，自界首至榮州三十里。

又卷八《利州路》 興元府【略】地里：東京二千七百里。東至本府界七十五里，自界首至洋州三十五里。西至本府界一百四十五里，自界首至利州二百六十四里。南至本府界一百二十五里，自界首至巴州一百六十里。北至本府界一百八十五里，自界首至鳳翔府五百五十里。東南至本府界一百一十九里，自界首至洋州七十里。西南至本府界一百四十五里，自界首至三泉縣六十五里。東北至本府界七十八里，自界首至洋州三十五里。西北至本府界一百五十五里，自界首至鳳州一百六十里。

利州【略】地里：東京二千六百七十二里。東至本州界三百四里，自界首至閬州一百一十五里。西至本州界二百八十里，自界首至文州一百七十里。南至本州界一百六十里，自界首至劍州七十里。北至本州界三百二十五里，自界首至興元府二百六十里。東南至本州界一百六十五里，自界首至閬州七十五里。西南至本州界一百八十五里，自界首至劍州一百里。東北至本州界二百九十五里，自界首至巴州二百二十五里。西北至本州界七百一十里，自界首至階州二百三十五里。

洋州【略】地里：東京二千里。東至本州界二百三十九里，自界首至金州二百五十里。西至本州界三十三里，自界首至興元府七十七里。南至本州界二百六十八里，自界首至巴州三百一十里。北至本州界二百三十九里，自界首至鳳翔府三百二十里。東南至本州界二百一十九里，自界首至達州五百二十里。西南至本州界三百九十里，自界首至巴州四百里。東北至本州界三百七十里，自界首至京兆府一百二十里。西北至本州界四百七十里，自界首至鳳州二百八十四里。

閬州【略】地里：東京三千二百里。東至本州界七十五里，自界首至蓬州一百里。西至本州界一百二十里，自界首至劍州二百五十五里。南至本州界一百二十五里，自界首至果州八十里。北至本州界七十五里，自界首至利州一百六十五里。東南至本州界一百七十里，自界首至果州一百五十里。西南至本州界一百一十四里，自界首至梓州一百六十里。東北至本州界一百五十里，自界首至巴州一百二十里。西北至本州界一百二十九里，自界首至劍州九十八里。

劍州【略】地里：東京三千二百里。東至本州界八十里，自界首至利州一百二十里。西至本州界一百九十里，自界首至綿州九十里。南至本州界一百二十里，自界首至閬州九十里。北至本州界九十里，自界首至利州九十里。東南至本州界六十里，自界首至利州一百六十里。西南至本州界一百八十里，自界首至梓州一百二十里。東北至本州界七十里，自界首至利州一百一十里。西北至本州界二百一十里，自界首至龍州一百里。

巴州【略】地里：東京三千四百里。東至本州界二百九十里，自界首至達州二百四十里。西至本州界九十五里，自界首至閬州一百五十里。南至本州界七十里，自界首至達州九十里。北至本州界二百五十里，自界首至興元府二百九十里。東南至本州界一百五十里，自界首至達州一百五十里。西南至本州界七十里，自界首至蓬州一百二十里。東北至本州界三百五十里，自界首至洋州七百里。西北至本州界二百三十里，自界首至興元府五百里。

文州【略】地里：東京三千二十五里。東至本州界一百六十五里，自界首至利州一百六十五里。西至羈縻扶州二百二十里。南至本州界二百里，自界首至龍州二百三十里。北至本州界六十五里，自界首至階州一百五十里。東南至本州界二百三十里，自界首至龍州二百三十里。西南至羈縻松州二百二十里。東北至本州界一百八十里，自界首至階州二百里。西北至野羊崖一百八十五里。

興州【略】地里：東京二千三百一十七里。東至本州界八十五里，自界首至興元府一百三十五里。西至本州界一百四十五里，自界首至成州七十里。南至本州界一百一十里，自界首至階州三百里。北至本州界一百二十五里，自界首至鳳州一百六十七里。東南至本州界五十里，自界首至三泉縣九十五里。西南至本州界一百八十里，自界首至階州四百三十里。東北至本州界一百八十里，自界首至鳳州五十里。西北至本州界一百七十里，自界首至鳳州一百六十六里。

蓬州【略】地里：東京三千一百六十三里。東至本州界二百五里，自界首至達州五十里。西至本州界三十五里，自界首至閬州一百七十五里。南至本州界九十里，自界首至渠州七十里。北至本州界九十五里，自界首至巴州一百二十里。東南至本州界一百二十里，自界首至渠州七十里。西南至本州界五十五里，自界首至果州一百三十里。東北至本州界一百八十里，自界首至達州一百七十里。西北至本州界一百二十里，自界首至閬州七十五里。

龍州【略】地里：東京二千五百里。東至本州界三百三十三里，自界首至利州一百八十三里。西至羈縻松州二百二十五里。南至本州界八十五里，自界首至綿州二百三十里。北至本州界一百一十五里，自界首至文州二百里。東南至本州界一百四十五里，自界首至劍州一百八十四里。西南至本州界二百三十里，自界首至茂州一百六十里。東北至本州界一百七十六里，自界首至利州三百七十五里。西北至羈縻扶州五百六里。

三泉縣【略】地里：東京二千四百里。東至本縣界七十三里，自界首至興元府二百二十里。西至本縣界八十二里，自界首至利州一百八里。南至本縣界五百一十里，自界首至巴州三百六十三里。北至本縣界九十四里，自界首至興州二百七十里。東南至本縣界二百五十里，自界首至興元府一百六十三里。西南至本縣界一百五十里，自界首至利州二百五十二里。東北至本縣界九十五里，自界首至興州四十七里。西北至本縣界一百五十里，自界首至利州二百五里。

劍門關【略】地里：東京三千一百四十五里。東至本關界二十里，自界首至利州一百五十里。西至本關界六十里，自界首至劍州三十里。南至本關界四十里，自界首至劍州五十里。北至本關界一十五里，自界首至利州一百五里。東南至本關界七十里，自界首至劍州二十里。西南至本關界三十五里，自界首至劍州四十五里。東北至本關界六十里，自界首至利州一百二十里。西北至本關界一十五里，自界首至利州一百五里。

又卷八《夔州路》 夔州【略】地里：東京二千二百四十五里。東至本州界一百四十八里，自界首至歸州一百一十三里。西至本州界一百二十一里，自界首至雲安軍一十八里。南至本州界一百二十五里，自界首至施州二百里。北至本州界一百五十三里，自界首至大寧監八十三里。東南至本州界一百四十六里，自界首至歸州九十二里。西南至本州界二百二十一里，自界首至施州三百五十一里。東北至本州界一百五十三里，自界首至大寧監一百里。西北至本州界四百四十七里，自界首至閬州二百八十里。

黔州【略】地里：東京三千三百四十里。東至本州界六百六十四里，自界首至澧州九百里。西至本州界四百四十里，自界首至涪州一百一十里。南至羈縻夷州六百二十里。北至本州界一百四十二里，自界首至忠州三百二十里。東南至羈縻思州四百九十八里。西南至羈縻夷州五百五十里。東北至本州界二百五十九里，自界首至施州一百五十二里。西北至本州界四十二里，自界首至涪州二百四十里。

達州【略】地里：東京三千一百四十里。東至本州界一千二百五十里，自界首至夔州三百五十里。西至本州界一百八十里，自界首至渠州八十里。南至本州界一百五十里，自界首至萬州一百一十九里。北至本州界二百里，自界首至巴州一百二十里。東南至本州界二百五十里，自界首至開州九十五里。西南至本州界二百一十里，自界首至忠州二百一十七里。東北至本州界一千五百八十里，自界首至金州七百里。西北至本州界二百里，自界首至巴州一百五十里。

施州【略】地里：東京二千六百里。東至本州界二百一十里，自界首至峽州二百二十八里。西至本州界二百二十里，自界首至萬州三百四十五里。南至本州界五百一十五里，自界首至高州二十五里。北至本州界二百里，自界首至夔州一百二十五里。東南至本州界二百四十七里，自界首至澧州三百八十里。西南至本州界一百三十六里，自界首至黔州二百五十九里。東北至本州界二百四十五里，自界首至夔州二百二十一里。西北至本州界三百五十一里，自界首至夔州一百七十七里。

忠州【略】地里：東京二千八百里。東至本州界四十七里，自界首至萬州一百四十八里。西至本州界一百一十四里，自界首至涪州八十里。南至本州界一百里，自界首至黔州二百七十九里。北至本州界一百五十九里，自界首至渠州一百九十七里。東南至本州界二百四十一里，自界首至黔州四百二十五里。西南至本州界一百六十二里，自界首至黔州一百八十里。東北至本州界四十四里，自界首至梁山軍一百三十里。西北至本州界一百八十八里，自界首至渠州一百六十里。

萬州【略】地里：東京二千五百六十里。東至本州界七十七里，自界首至雲安軍一百三十三里。西至本州界一百五十一里，自界首至忠州二百里。南至本州界三百五十里，自界首至施州三百三十三里。北至本州界一百五十里，自界首至開州六十二里。東南至本州界三百四十五里，自界首至施州二百二十里。西南至本州界二百三十九里，自界首至忠州四十七里。東北至本州界一百四十三里，自界首至雲安軍一百一十四里。西北至本州界七十六里，自界首至梁山軍六十五里。

開州【略】地里：東京二千七百二十里。東至本州界六十八里，自界首至雲安軍一百二十里。西至本州界一百二十里，自界首至達州二百二十五里。南至本州界六十三里，自界首至萬州一百五十里。北至本州界一百六十里，自界首至達州二百四十里。東南至本州界六十七里，自界首至萬州一百三十三里。西南至本州界一百五十三里，自界首至萬州八十里。東北至本州界二百八十里，自界首至夔州四百四十七里。西北至本州界一百二十八里，自界首至達州一百八十里。

涪州【略】地里：東京三千四十里。東至本州界一百里，自界首至忠州二百五十里。西至本州界二百七十五里，自界首至渝州六十五里。南至本州界五百七十里，自界首至黔州一百里。北至本州界八十里，自界首至忠州二百五十里。東南至本州界二百四十里，自界首至黔州二百五十里。西南至本州界六十里，自界首至南平軍二百二十五里。東北至本州界八十里，自界首至忠州二百五十里。西北至本州界一百七十里，自界首至渠州二百七十里。

渝州【略】地里：東京四千九十里。東至本州界一百九十三里，自界首至涪州二百七十里。西至本州界一百四十五里，自界首至合州七十六里。南至本州界二百六十里，自界首至南平軍三百里。北至本州界一百六十里，自界首至渠州二百八十里。東南至本州界三百七十一里，自界首至南平軍一百四十五里。西南至本州界三百二十里，自界首至昌州一百九十里。東北至本州界三百三十里，自界首至涪州一百七十里。西北至本州界二百二十五里，自界首至合州二百一十里。

雲安軍【略】地里：東京二千四百八十里。東至本軍界一十八里，自界首至夔州一百一十五里。西至本軍界六十六里，自界首至萬州七十七里。南至本軍界一百二十二里，自界首至施州一百五十五里。北至本軍界一百二十六里，自界首至大寧監三百里。東南至本軍界七十五里，自界首至夔州一百六十八里。西南至本軍界一百一十四里，自界首至萬州九十六里。東北至本軍界二百三十八里，自界首至夔州三百八十七里。西北至本軍界一百一十四里，自界首至萬州一百二里。

梁山軍【略】地里：東京二千八百里。東至本軍界六十五里，自界首至萬州七十六里。西至本軍界六十二里，自界首至忠州一百九十八里。南至本軍界四十里，自界首至忠州一百三十四里。北至本軍界四十三里，自界首至達州一百六十二里。東南至本軍界一百二十里，自界首至忠州六十二里。西南至本軍界一百三十里，自界首至忠州四十四里。東北至本軍界六十四里，自界首至開州一百六十里。西北至本軍界一百五十里，自界首至達州一百三十里。

南平軍【略】地里：東京四千三百一十里。東至婁泰村一百八十里。西至鹿戰埡一百里。南至清水溪一百里。北至本軍界一百五十里，自界首至渝州一百四十里。東南至湯雍村二百一十里。西南至大粱茶園二百一十里。東北至本軍界二百二十五里，自界首至涪州一百五十里。西北至本軍界一百八十里，自界首至渝州一百六十里。

大寧監【略】地里：東京二千三百里。東至本監界八十三里，自界首至夔州七十里。西至本監界一百七十六里，自界首至達州五百六十里。南至本監界六十一里，自界首至夔州五十三里。北至本監界一百里，自界首至房州三百五十里。東南至本監界七十七里，自界首至夔州三十二里。西南至本監界一百三里，自界首至雲安軍七十五里。東北至本監界一百一十六里，自界首至房州三百二十里。西北至本監界一百一十一里，自界首至金州三百一十里。

又卷九《福建路》 福州【略】地里：東京四千七百里。東至海一百九十里。西至本州界二百六十里，自界首至南劍州一百二十五里。南至本州界一百五十六里，自界首至興化軍六十五里。北至本州界六百六十五里，自界首至處州三百五十里。東南至海二百八里。西南至本州界三百五十里，自界首至南劍州四百二十五里。東北至本州界五百四十里，自界首至溫州二百里。西北至本州界五百八十里，自界首至建州四百四十里。

建州【略】地里：東京三千五百里。東至本州界一百八十里，自界首至處州六百二十里。西至本州界一百六十里，自界首至南劍州一百里。南至本州界九十七里，自界首至南劍州六十五里。北至本州界三百里，自界首至信州一百里。東南至本州界三百五十里，自界首至福州五百八十里。西南至本州界八十里，自界首至南劍州一百三十里。東北至本州界四百七十里，自界首至衢州二百六十里。西北至本州界一百八十里，自界首至邵武軍七十里。

泉州【略】地里：東京四千一百三十里。東至海一百三十里。西至本州界三百一十里，自界首至南劍州三百四十里。南至海一百三十里。北至本州界一百里，自界首至興化軍一百二十里。東南至海八十里。西南至本州界二百二十五里，自界首至漳州一百四十里。東北至本州界九十里，自界首至興化軍七十里。西北至本州界四百里，自界首至南劍州二百里。

南劍州【略】地里：東京三千五百六十里。東至本州界七十里，自界首至建州一百一十里。西至本州界一百八十里，自界首至邵武軍一百二十里。南至本州界一百二十里，自界首至福州三百里。北至本州界一百三十里，自界首至建州八十里。東南至本州界一百九十里，自界首至建州一百一十里。西南至本州界三百里，自界首至邵武軍一百二十里。東北至本州界二百里，自界首至建州一百七十里。西北至本州界三百一十里，自界首至邵武軍一百二十里。

汀州【略】地里：東京三千五百九十里。東至本州界四百七十里，自界首至南劍州四百二十里。西至本州界六十里，自界首至虔州四百九十里。南至本州界三百三十里，自界首至梅州一百九十里。北至本州界六十里，自界首至虔州四百二十里。東南至本州界五百二十二里，自界首至漳州四百九十里。西南至本州界四百里，自界首至潮州六十里。東北至本州界三百三十里，自界首至南劍州四百二十里。西北至本州界二百五十里，自界首至虔州四百九十里。

漳州【略】地里：東京四千四百六十里。東至本州界八十一里，自界首至泉州二百一十四里。西至本州界三百六十五里，自界首至汀州二百七十五里。南至本州界三百二十五里，自界首至潮州六十五里。北至本州界一百二十里，自界首至泉州一百八十五里。東南至海一百六十九里。西南至本州界三百二十五里，自界首至潮州六十五里。東北至本州界一百里，自界首至泉州二百里。西北至本州界四百里，自界首至南劍州三百三十五里。

邵武軍【略】地里：東京三千三百五十里。東至本軍界五十里，自界首至建州三百一十里。西至本軍界一百四十里，自界首至建昌軍二百里。南至本軍界二百二十里，自界首至汀州三百二十里。北至本軍界一百八十里，自界首至信州三百六十里。東南至本軍界一百二十里，自界首至南劍州一百八十里。西南至本軍界三百二十里，自界首至汀州二百四十里。東北至本軍界七十里，自界首至建州二百里。西北至本軍界二百四十里，自界首至建昌軍二百二十里。

興化軍【略】地里：東京四千三百七十里。東至海七十里。西至本軍界一百四十五里，自界首至泉州三百四十五里。南至海四十里。北至本軍界六十五里，自界首至福州一百八十里。東南至海一百里。西南至本軍界七十里，自界首至泉州九十里。東北至海五十里。西北至本軍界一百里，自界首至福州九十五里。

又卷九《廣南路》 廣州【略】地里：東京四千七百里。東至本州界二百一十里，自界首至惠州一百五里。西至本州界一百五十里，自界首至端州九十里。南至本州界五百二十里，自界首至南恩州二百四十里。北至本州界三百五十里，自界首至英州七十里。東南至海四十一里。西南至本州界一百五十里，自界首至端州二百七十五里。東北至雞窠山一百三十二里。西北至本州界七百二十里，自界首至端州一百八十里。

韶州【略】地里：東京三千七百里。東至本州界一百二十里，自界首至南雄州一百三十里。西至本州界一百六十五里，自界首至連州二百五十里。南至本州界九十五里，自界首至英州一百里。北至本州界二百里，自界首至郴州二百一十里。東南至本州界一百三十九里，自界首至英州一百五十里。西南至本州界一百五十五里，自界首至英州八十五里。東北至本州界一百七十里，自界首至南安軍一百六十里。西北至本州界三百二十五里，自界首至郴州一百八十里。

循州【略】地里：東京五千六百里。東至本州界一百八十五里，自界首至潮州三百里。西至本州界一十里，自界首至英州七百七十里。南至本州界一十里，自界首至惠州二百九十里。北至本州界一百七里，自界首至虔州一千四十里。東南至本州界二百五十里，自界首至潮州五百里。西南至本州界一十五里，自界首至惠州六百六十里。東北至本州界一百八十五里，自界首至汀州五百一十五里。西北至本州界二十里，自界首至韶州八百九十里。

潮州【略】地里：東京七千七百一十里。東至本州界九十九里，自界首至漳州二百里。西至本州界二百八十里，自界首至梅州四十里。南至海一百七十里。北至本州界七百四里，自界首至汀州二百五十里。東南至本州界一百四十里，自界首至漳州一百五十九里。西南至本州界六百五十里，自界首至惠州四百六十里。東北至本州界六百五十里，自界首至汀州二百九十里。西北至本州界二百里，自界首至梅州一百二十里。

連州【略】地里：東京三千四百八十九里。東至本州界一百七十里，自界首至韶州三百四十里。西至本州界一百二十五里，自界首至賀州一百四十四里。南至本州界一百一十里，自界首至廣州七百八十里。北至本州界一百四十七里，自界首至桂陽監五十八里。東南至本州界八十七里，自界首至韶州四百二十三里。西南至本州界六十里，自界首至封州五百四十里。東北至本州界七十六里，自界首至郴州三百一十四里。西北至本州界一百里，自界首至道州四百七十里。

賀州【略】地里：東京三千二百里。東至本州界一百二十里，自界首至連州二百三十六里。西至本州界一百六十五里，自界首至昭州一百四十一里。南至本州界一百一十五里，自界首至封州二百四十六里。北至本州界一百里，自界首至道州二百四十五里。東南至本州界一百二十里，自界首至廣州七百五十五里。西南至本州界一百六十里，自界首至梧州二百五十二里。東北至永州山一百九十里。西北至本州界一百六十里，自界首至桂州四百里。

封州【略】地里：東京五千里。東至本州界一百一十里，自界首至廣州五百里。西至本州界五十里，自界首至梧州六十九里。南至本州界四十五里，自界首至康州一百八十里。北至本州界一百三十七里，自界首至賀州三百六十里。東南至本州界四十五里，自界首至康州七十九里。西南至本州界二十里，自界首至康州九十三里。東北至本州界一百里，自界首至廣州八百一十五里。西北至本州界四十里，自界首至梧州一十里。

端州【略】地里：東京五千三百六十里。東至本州界九十里，自界首至廣州一百五十里。西至本州界六十七里，自界首至康州一百二十九里。南至本州界一百七十五里，自界首至新州一百二十里。北至本州界一百七十五里，自界首至廣州一百里。東南至本州界一百八十里，自界首至廣州一百二十八里。西南至本州界一百里，自界首至新州八十一里。東北至本州界二百七十五里，自界首至廣州一百五十里。西北至本州界三百七里，自界首至廣州二百九十八里。

新州【略】地里：東京五千四十一里。東至本州界二百七十里，自界首至廣州三百二十里。西至本州界一百三十里，自界首至康州一百二十里。南至本州界一百一十二里，自界首至南恩州二百一十里。北至本州界五十七里，自界首至端州五十里。東南至海一百二十里。西南至本州界七十里，自界首至南恩州二百五十里。東北至本州界一百一十里，自界首至端州一百四十里。西北至本州界一百二十五里，自界首至康州一百一十里。

康州【略】地里：東京四千八百六十五里。東至本州界一百二十里，自界首至端州一百一十里。西至本州界一百一十五里，自界首至封州一十五里。南至本州界四百七十八里，自界首至高州一百四里。北至本州界一百五十里，自界首至廣州四十里。東南至本州界七十里，自界首至端州一百一十里。西南至本州界一百六十里，自界首至竇州一百六十里。東北至本州界一百二十里，自界首至端州八十里。西北至本州界八十五里，自界首至封州一十五里。

南恩州【略】地里：東京四千六百八十七里。東至本州界二百四十里，自界首至廣州四百一十里。西至本州界一百六十里，自界首至高州一百四十里。南至海二十里。北至本州界二百二十五里，自界首至康州二百九十里。東南至本州界八十里，自界首至廣州一百一十里。西南至海八十里。東北至本州界二百三十里，自界首至廣州四百二十里。西北至本州界三百四十里，自界首至康州一百三十八里。

梅州【略】地里：東京四千八百九里。東至本州界九十里，自界首至潮州二百八十里。西至本州界五十里，自界首至循州二百五十里。南至本州界一百三十里，自界首至潮州二百里。北至本州界一百四十五里，自界首至汀州三百三十里。東南至本州界一百二十里，自界首至潮州二百八十里。西南至本州界九十里，自界首至循州二百八十里。東北至本州界一百五十五里，自界首至汀州九十里。西北至本州界一百五十里，自界首至虔州五百五十里。

南雄州【略】地里：東京三千五百三十二里。東至本州界一百二十八里，自界首至虔州二百七十五里。西至本州界一百十五里，自界首至韶州一百二十里。南至本州界一百七十五里，自界首至韶州一百一十里。北至本州界八十里，自界首至南安軍二十里。東南至本州界一百二十八里，自界首至虔州二百七十五里。西南至本州界一百一十五里，自界首至韶州一百二十里。東北至本州界八十里，自界首至南安軍二十里。西北至本州界二百二十里，自界首至韶州一百三十里。

英州【略】地里：東京四千里。東至本州界三百里，自界首至惠州四百八十里。西至本州界一百六十五里，自界首至連州一百九十里。南至本州界七十里，自界首至廣州二百二十里。北至本州界八十里，自界首至韶州七十里。東南至本州界二百里，自界首至廣州二百二十里。西南至本州界一百八十里，自界首至連州一百九十里。東北至本州界一百五十里，自界首至韶州七十里。西北至本州界二百三十里，自界首至廣州二百二十里。

惠州【略】地里：東京五千一百二里。東至本州界五百五十五里，自界首至潮州二百五十五里。西至本州界一百五里，自界首至廣州一百五里。南至海一百一十里。北至本州界六百三十里，自界首至虔州二百一十里。東南至本州界六百三十里，自界首至潮州三百里。西南至本州界一百七十里，自界首至廣州三百里。東北至本州界六百三十里，自界首至虔州二百二十里。西北至本州界一百三十五里，自界首至廣州八十里。

桂州【略】地里：東京三千六百八十一里。東至本州界一百里，自界首至昭州一百二十里。西至本州界二百六十七里，自界首至柳州三十五里。南至本州界二百七十六里，自界首至龔州一百二十五里。北至本州界一百七十五里，自界首至全州九十里。東南至本州界一百一十里，自界首至昭州五十里。西南至本州界四百二十里，自界首至象州一百里。東北至本州界一百八十一里，自界首至永州三百七十里。西北至本州界三百九十三里，自界首至融州一百里。

容州【略】地里：東京四千四里。東至本州界一百二十三里，自界首至藤州一百二十三里。西至本州界七十七里，自界首至鬱林州三十五里。南至本州界九十六里，自界首至高州一百九十一里。北至本州界九十九里，自界首至龔州一百三十里。東南至本州界五十八里，自界首至藤州二百五里。西南至本州界三百六里，自界首至化州九十五里。東北至本州界七十九里，自界首至藤州一百一十二里。西北至本州界二百八十七里，自界首至潯州二十五里。

邕州【略】地里：東京四千六百里。東至本州界一百二十三里，自界首至賓州一百二十里。西至南江隘五百二十里。南至本州界八十五里，自界首至欽州一百六十里。北至本州界一百里，自界首至宜州一百九十里。東南至本州界一百二十里，自界首至橫州一百二十里。西南至羈縻蘇茂州三百三十五里。東北至本州界二百五十七里，自界首至賓州九十五里。西北至羈縻俄州五百七十五里。

象州【略】地里：東京三千九百一十五里。東至本州界九十里，自界首至桂州三百五十五里。西至本州界二百里，自界首至賓州九十三里。南至本州界一百五十七里，自界首至貴州一百一十八里。北至本州界四十里，自界首至柳州七十里。東南至本州界一百五十里，自界首至潯州一百二十里。西南至本州界一百九十里，自界首至賓州九十三里。東北至本州界九十里，自界首至桂州三百五十五里。西北至本州界六十里，自界首至柳州五十五里。

融州【略】地里：東京四千一百七十二里。東至本州界三百一十里，自界首至柳州一百四十三里。西至本州界二百里，自界首至宜州五十二里。南至本州界一百七十九里，自界首至柳州六十里。北至羈縻叙州九百六十七里。東南至本州界一百五十里，自界首至柳州一百一十九里。西南至本州界一百一十里，自界首至柳州一百四十三里。東北至本州界一百里，自界首至桂州二百二十三里。西北至羈縻古州一千一百九十七里。

昭州【略】地里：東京三千九百四里。東至本州界一百五里，自界首至賀州二百二十里。西至本州界二十三里，自界首至桂州一百九十里。南至本州界一百里，自界首至梧州三百九十里。北至本州界一百二十四里，自界首至全州一百七十里。東南至本州界八十六里，自界首至賀州二百二十里。西南至本州界五里，自界首至桂州二百七十七里。東北至本州界一百四十五里，自界首至道州一百一十五里。西北至本州界一十五里，自界首至桂州一百九十里。

梧州【略】地里：東京五千里。東至本州界三十七里，自界首至封州三十里。西至本州界九十里，自界首至藤州一十五里。南至本州界一百六十里，自界首至藤州一十五里。北至本州界一百九十里，自界首至賀州七十里。東南至本州界四十里，自界首至封州四十里。西南至本州界一百里，自界首至藤州一百三十里。東北至本州界一百九十里，自界首至賀州二百里。西北至本州界三百一十五里，自界首至昭州一百二十里。

藤州【略】地里：東京六千八百五十里。東至本州界六十一里，自界首至梧州六十四里。西至本州界八十里，自界首至龔州九十里。南至本州界二百九十五里，自界首至高州一百七十五里。北至本州界一百一十里，自界首至昭州二百八十里。東南至本州界二百四十八里，自界首至梧州六十四里。西南至本州界一百七十五里，自界首至容州九十五里。東北至本州界一十五里，自界首至梧州六十五里。西北至本州界一百四十一里，自界首至昭州二百八十里。

龔州【略】地里：東京四千四十里。東至本州界八十五里，自界首至藤州一百七十五里。西至本州界一十里，自界首至潯州八十五里。南至本州界一百三十五里，自界首至容州二百五十里。北至本州界一百二十五里，自界首至昭州四百二十五里。東南至本州界八十里，自界首至藤州一百七十三里。西南至本州界六十里，自界首至潯州一百二十九里。東北至本州界五十五里，自界首至藤州八十五里。西北至本州界一百三十六里，自界首至象州一百八十九里。

潯州【略】地里：東京四千八百里。東至本州界七十一里，自界首至龔州二十五里。西至本州界六十里，自界首至貴州七十三里。南至本州界一百二十五里，自界首至容州三百里。北至本州界二百一十里，自界首至象州一百五十九里。東南至本州界一百二十五里，自界首至容州三百里。西南至本州界六十里，自界首至貴州七十三里。東北至本州界七十一里，自界首至龔州二十五里。西北至本州界二百一十里，自界首至象州一百五十九里。

貴州【略】地里：東京六千五百里。東至本州界七十五里，自界首至潯州六十里。西至本州界六十八里，自界首至横州六十里。南至本州界五十二里，自界首至鬱林州一百三十七里。北至本州界一百二里，自界首至象州一百四十七里。東南至本州界九十里，自界首至容州二百七里。西南至本州界二百五十里，自界首至廉州二百五十五里。東北至本州界一百八十里，自界首至象州一百八十五里。西北至本州界一百九十九里，自界首至賓州八十五里。

柳州【略】地里：東京四千一百六十里。東至本州界三十五里，自界首至桂州二百六十七里。西至本州界一百五十五里，自界首至宜州六十七里。南至本州界七十里，自界首至象州四十里。北至本州界一百二十五里，自界首至融州八十九里。東南至本州界九十七里，自界首至象州四十七里。西南至本州界九十七里，自界首至宜州二百三十三里。東北至本州界一百三十里，自界首至桂州二百八十里。西北至本州界一百一十九里，自界首至融州一百五十里。

宜州【略】地里：東京四千三百三十九里。東至本州界六十七里，自界首至柳州一百四十六里。西至羈縻南丹州三百七十五里。南至本州界一百四十二里，自界首至賓州二百四十里。北至本州界六十五里，自界首至融州一百七十六里。東南至本州界一百七十里，自界首至柳州一百一十里。西南至本州界一百三十里，自界首至賓州四百六十八里。東北至山二十里。西北至山二十里。

賓州【略】地里：東京四千三百六十里。東至本州界一百二十里，自界首至貴州六十七里。西至本州界六十五里，自界首至邕州一百二十八里。南至本州界五十里，自界首至横州一百四十七里。北至本州界一百四十四里，自界首至宜州一百八十九里。東南至本州界一百五十九里，自界首至貴州二十八里。西南至本州界六十四里，自界首至邕州一百二十八里。東北至本州界九十五里，自界首至貴州九十二里。西北至本州界二百四里，自界首至宜州一百二十九里。

横州【略】地里：東京四千二百一十里。東至本州界五十里，自界首至貴州七十二里。西至本州界一百里，自界首至邕州一百二十里。南至本州界六十里，自界首至欽州一百八十五里。北至本州界一百二十里，自界首至賓州五十里。東南至本州界一百一十里，自界首至貴州七十一里。西南至本州界一百三十里，自界首至欽州一百八十里。東北至本州界一百七十里，自界首至賓州五十里。西北至本州界二百一十里，自界首至邕州一百二十里。

化州【略】地里：東京六千五百九里。東至本州界二十五里，自界首至高州一百二十里。西至本州界二百三十七里，自界首至白州一百二十里。南至本州界二百里，自界首至雷州一百六十六里。北至本州界一百三十一里，自界首至高州一百二十里。東南至海二百三十里。西南至本州界一百九十五里，自界首至雷州一百七十里。東北至本州界二十五里，自界首至高州一百八里。西北至本州界一百六十里，自界首至容州三百六里。

高州【略】地里：東京六千二百六十二里。東至本州界一百五十里，自界首至南恩州一百六十里。西至本州界一百二十里，自界首至化州一百二十里。南至本州界一百九十里，自界首至化州五十里。北至本州界二百一十里，自界首至康州四百七十里。東南至本州界一百八十九里，自界首至南恩州一百二十里。西南至本州界一百一十里，自界首至化州一十五里。東北至本州界一百五十里，自界首至南恩州一百四十七里。西北至本州界一百九十一里，自界首至容州九十一里。

雷州【略】地里：東京九千三百里。東至海三十里。西至海一百五十里。南至本州界一百七十四里，自界首至瓊州四百里。北至本州界一百六十六里，自界首至化州一百一里。東南至海一百四十五里。西南至海一百三十里。東北至本州界一百七十里，自界首至化州一百九十五里。西北至本州界一百里，自界首至白州二百七十五里。

白州【略】地里：東京四千五百里。東至本州界一百五十里，自界首至容州二百四十里。西至本州界一百二十里，自界首至廉州一百四十里。南至本州界一百二十里，自界首至化州一百三十七里。北至本州界二十七里，自界首至鬱林州六十里。東南至本州界一百二十里，自界首至化州一百三十七里。西南至本州界一百二十里，自界首至廉州一百四十里。東北至本州界一百五十里，自界首至容州一百七十里。西北至本州界二十七里，自界首至鬱林州七十里。

欽州【略】地里：東京七千三十里。東至本州界一百八十里，自界首至廉州二十八里。西至本州界一百三十二里，自界首至邕州六十八里。南至海一十里。北至本州界二百二十五里，自界首至横州五十五里。東南至本州界二百里，自界首至廉州二十五里。西南至羈縻永安州二十里。東北至本州界二百里，自界首至廉州四十五里。西北至本州界二百里，自界首至邕州八十五里。

鬱林州【略】地里：東京六千五百八十九里。東至本州界三十里，自界首至容州六十五里。西至本州界一百三十里，自界首至貴州五十三里。南至本州界五十五里，自界首至白州三十五里。北至本州界一百四十五里，自界首至貴州四十里。東南至本州界一十五里，自界首至容州二百三十六里。西南至本州界一百二十里，自界首至廉州九十里。東北至本州界二十里，自界首至容州八十七里。西北至本州界一百四十五里，自界首至貴州四十里。

廉州【略】地里：東京五千六百三十里。東至本州界一百二十五里，自界首至白州一百四十四里。西至本州界一十五里，自界首至欽州一百七十五里。南至海八十里。北至本州界一百四十五里，自界首至横州一百三十里。東南至海七十里。西南至海一十五里。東北至本州界一百六十一里，自界首至白州一百里。西北至本州界一百四十五里，自界首至欽州一百里。

瓊州【略】地里：東京六千五百八十里。東至海一百二十里。西至本州界一百八十一里，自界首至昌化軍五十五里。南至本州界二百二十五里，自界首至萬安軍一百一十五里。北至海一十二里。東南至本州界二百八十五里，自界首至萬安軍一百五十里。西南至本州界三百五十五里，自界首至昌化軍七十五里。東北至本州界四百二十里，自界首至雷州一百六十里。西北至海一十二里。

昌化軍【略】地里：東京七千二百八十五里。東至本軍界五十五里，自界首至瓊州二百一十里。西至海三十里。南至本軍界三百三十四里，自界首至朱崖軍一百五十里。北至海三十五里。東南至黎峒一百四十里。西南至本軍界三百八十四里，自界首至朱崖軍一百八十四里。東北至本軍界四十里，自界首至瓊州二十里。西北至海三十里。

萬安軍【略】地里：東京七千五百里。東至海一十五里。西至黎夷峒穴五十里。南至牛都碌岡五十里。北至本軍界九十里，自界首至瓊州二百九十五里。東南至海三十里。西南至本軍界一百七十里，自界首至朱崖軍一百二十五里。東北至博敖水九十里。西北至金仙水二十里。

朱崖軍【略】地里：東京七千六百八十五里。東至本軍界二百四十五里，自界首至萬安軍一百七十里。西至本軍界一百二十里，自界首至昌化軍三百八十四里。南至海一十里。北至黎峒五十里。東南至海四十里。西南至海一十五里。東北至猴豹嶺三百五十里。西北至昌化軍山一百二十里。

《元一統志》卷一《中書省統山東西河北之地》 大都路

大興縣，西北至上都八百里，北至大都三里。東至本縣東郊亭東通州界首三十里，西至舊城施仁門一里，(東)[南]至東安州界清潤店六十里，北至大都三里。東到通州六十里，西到舊城施仁門一里，南到東安州一百里，北到大都三里。東南到漷州八十七里，西南到固安州一百二十七里，東北到順州九十里，西北到宛平縣十里。同上[《永樂大典》四六五五，禾字引《元一統志》]。

宛平縣，西北至上都八百里，東北至大都平則門五里。東至大興縣界麗正門九里，西至奉聖州界南礬山三百三十里，南至固安州界首一百十五里，北至昌平縣界方頭店二十里。東到大都順承門五里，南到固安州一百三十里，西到奉聖州南礬山三百三十里，北到昌平縣九十里。東南到大興縣十里，西南到良鄉縣七十里，西北到奉聖州燕家臺山二百三十里，東北到順州九十里。《永樂大典》四六五四，天字引《元一統志》。

良鄉縣，北至上都八百七十里，東北至大都七十里。東至宛平縣南界首桑堡村二十里，西至房山縣董村東界首十五里，南至范陽縣東北界首張村四十五里，北至房山縣東北界北公村十五里。東到大興縣七十里，西到房山縣三十里，南到新城縣一百三十里，北到宛平縣平坡山五十里。東北到宛平縣七十里，東南到固安州一百里，西南到涿州范陽縣六十里，西北到房山縣大防山四十五里。《永樂大典》四六五六，天字引《元一統志》。

永清縣，西北至上都九百六十五里，北至大都一百六十五里。東至東安州東南界首四十里，南至霸州益津縣界首三十里，西至固安州南界首二十里，北至東安州界首火燒務北三十里。東到武清縣九十里，南到霸州古信安縣六十里，西到新城縣一百里，北到東安州五十里。東南到河間路靖海縣一百四十里，西南到霸州六十里，西北到固安州五十里，東北到漷州一百三十里。《永樂大典》四六五五，天字引《元一統志》。

昌平縣，北至上都七百三十里，南至大都七十里。東至順州界白狼河六十里，西至礬山界菩薩墓七十里，南至大都七十里，北至縉山縣界灰嶺四十里。東到順州九十里，南至宛平縣九十里，西到礬山城二百二十里，北到縉山縣灰嶺四十里。東南到大都七十里，西南到良鄉縣一百四十里，西北到縉山縣居庸關四十里，東北到檀州一百五十里。《永樂大典》四六五七，天字引《元一統志》。

香河縣，西北至上都九百三十里，西北至大都一百三十里。西至本州四十里，東至本縣牛集河東寶坻縣界二十里，南至武清縣東北界後巷村四十里，西至本州東南界白浮村二十五里，北至本縣留家莊北三河縣界二十里。東到寶坻縣六十里，西到本州四十里，南到靖海縣二百四十里，北到通州三河縣六十里。東南到海二百六十里，西南到武清縣七十里，東北到薊州漁陽縣一百五十里，西北到通州九十里。《永樂大典》四六五六，天字引《元一統志》。

順州，西北至上都八百里，西南至大都七十里，東至本州郭家務東三河縣界三十里，南至本州臨清村南趙州界三十里，西至本州白狼河西昌平縣界三十里，北至本州年豐村北檀州西南界三十里。東到平谷□九十里，西到昌平縣九十里，南到通州六十里，北到縉山縣四百二十里。東南到三河縣九十里，西南到大都七十里，西北到懷來縣三百五十里，東北到檀州七十里。同上。

東安州，西北至上都九百一十里，北至大都一百　十里。東至漷州武清縣界馮家莊三十里，南至永清縣界火燒務二十里，西至固安州界書家莊二十五里，北至大興縣界清閏店四十里。東至漷州八十里，南到永清縣五十里，西到固安州五十里，北到大興縣一百里。東南到武清縣七十里，西南到新城縣一百三十里，東北到通州一百一十里，西北到宛平縣一百二十里。《永樂大典》四六五七，天字引《元一統志》。

固安州，西北至上都九百三十里，北至大都一百三十里。東至本州書家莊東東安州界二十五里，南至霸州北南村北界六十五里，西至涿州界柳科營四十里，北至宛平縣界榆垡店南十五里。東到東安州五十里，西到涿州七十里，南到霸州九十里，北到宛平縣一百三十里。東南到永清縣五十里，西南到新城縣九十里，東北到大興縣一百二十七里，西北到良鄉縣一百里。《永樂大典》四六五五，天字引《元一統志》。

上都路

松州，西南至大都九百里，西北至上都七百里。東到高州分水嶺八十里，西到興州坌土嶺一百四十里，南到大寧路二百一十里，北到應昌府七百里。東南到武平縣三百里，東北到古泉州二百五十里，西南到興州三百五十里，西北到上都七百里。《熱河志》六二引《元一統志》。東南至大寧路，東至高州，西至興州。《熱河志》九七引《元一統志》。東南至大寧二百二十里。同上。

東昌路

東昌路，西北至上都一千八百里，西北至大都一千里。東至東平路東阿縣界雍邱鎮五十里，西至冠州界博寧鎮七十五里，南至東平路陽穀縣界王家寺二十里，北至德州清平縣界高家寨八十里。東到泰安州三百五十里，西到冠州一百一十里，南到濮州二百八十里，北到德州二百六十里。東北到濟南路二百三十里，西南到大名路一百八十里。東南到東平路一百八十里，西北到恩州一百八十里。乾隆《東昌府志》四引《元一統志》。

平陽路

遼州，北至上都一千九百里，北至大都一千二百里。西南至本路六百里，東至磁州武安縣管頭村一百四十里，南至沁州銅鞮縣墨蹬村四十五里，西至太原路「路」原誤「府」，今正。榆次縣傾城村一百四十里，北至平定州樂平縣界一百五十里。東到磁州三百四十里。東南到彰德路原「路」字脫，今補。四百里，南到潞州三百里，西南到沁州二百里，西到汾州三百五十里，西北到太原路「路」原誤「府」，今正。三百里，北到平定州二百四十里，東北到順德路「路」原誤「府」，今正。三百里。同上。

遼山縣，北至上都一千九百里，北至大都一千二百里。西南至本路平陽路「路」原誤「府」，今正。六百里，東至磁州武安縣管頭村一百四十里，南至沁州銅鞮縣墨蹬村界四十五里，西至榆社縣店榛村界五十五里，北至和順縣窑堤村界五十里。東到磁州武安縣二百四十里，東南到真定路涉縣一百八十里，南到潞州襄垣縣一百八十里，西南到沁州銅鞮縣二百里，西到本州榆社縣一百里，西北到儀城縣「到」下疑脫「廢」字。隋開皇十六年置平城縣，屬遼州。唐貞元二年廢，入遼山爲鎮。金貞佑四年復爲縣，改名儀城，元至元三年省儀城入和順縣。一百二十里，北到本州和順縣九十里，東北到順德路邢臺縣三百里。同上。

榆社縣，東北至上都二千里，東北至大都一千三百里。西南至本路平陽路「路」原誤「府」，今正。五百里，東至本州一百里，東至遼山縣黄巖村四十五里，南至銅鞮縣賈豁村界六十里，西至太原路太谷縣土河村界九十里，北至和順縣馬陵村界五十里。東到本州城一百里，東南到潞州襄垣縣一百五十里，南到沁州銅鞮縣武鄉城七十里，西南到沁州銅鞮縣一百二十里，西到太原路太谷縣二百里，西北到太原路榆次縣二百二十里，北到和順縣「縣」下疑脫「廢」字。儀城縣一百里，東北到和順縣二百里。同上。

和順縣，北至上都一千八百里，北至大都一千一百一十里。西南至本路平陽路「路」原誤「府」，今正。六百九十里，南至本州九十里，東至邢臺縣孫家會界一百一十里，南至本州遼山縣寒桃村界四十里，西至榆次縣傾城村界一百四十里，北至平定州樂平縣社莊村界五十里。東到順德路邢臺縣二百四十里，東南到磁州武安縣二百七十里，南到本州遼山縣九十里，西南到本州榆社縣二百里，西到太原路榆次縣二百里，西北到太原路壽陽縣一百五十里，北到平定州樂平縣九十里，東北到真定路贊皇「皇」原誤「黄」，今正。縣三百里。同上。

又卷二《遼陽等處行中書省》　大寧路

大寧路，西南至大都九百里，西北至上都九百里，東至懿州界驛安站六百里，西至上都路界雞嶺一百五十里，南至平灤路界雙峰嶺三百五十里，北至上都路界青楊嶺二百里。東到懿州七百里，西到興州三百五十里，南到遷安縣四百二十里，北到松州二百二十里。東南到撫寧縣七百里，東北到古慶州九百里，西南到遵化縣六百三十里，西北到上都路九百里。《熱河志》六二引《元一統志》。

大寧縣，西南至大都九百里，西北至上都九百里，東至金源縣界岔道站九十里，西至興州界雞嶺一百五十里，南至和衆縣界車家嶺五十里，北至高州界細河一百五十里。東到金源縣二百里，西到興州三百五十里，南到和衆縣九十里，北到高州二百二十里。東南到富庶縣一百五十里，東北到惠和縣一百五十里，西南到惠州二百二十里，西北到松州二百二十里。同上。

龍山縣，西南至大都九百里，西北至上都一千一百二十里。西北至本路二百四十里，東至利州界石匣口五十里，西至惠州界大嶺一百五里，南至撫寧縣界冷口三百里，北至利州界白道子嶺四十里。東到錦州四百里，西到惠州二百二十里，南到撫寧縣三百五十里，北到利州八十里。東南到瑞州二百八十里，東北到建州二百里，西南到遷安縣三百五十里，西北到和衆縣一百四十里。同上。

東北至利州，西北至和衆縣，南至撫寧縣界冷口，西南至遷安縣。《熱河志》六〇引《元一統志》。

北至利州，西北至和衆縣，南至冷口。《熱河志》九八引《元一統志》。

富庶縣，西南至大都一千一百里，西北至上都一千里。東至建州界弓子嶺十五里，西至大寧路界乾潤廟兒嶺一百三十里，南至利州界南港嶺五十里，北至金源縣界滑河堠子嶺六十里。東到建州七十里，西到本路一百五十里，南到利州七十里，北到惠和縣一百八十里。東南到錦州三百五十里，東北到金源縣一百二十里，西南到和衆縣一百二十里，西北到本路一百五十里。《熱河志》六二引《元一統志》。

東北至金源。《熱河志》六〇引《元一統志》、《蒙古遊牧記》二引《元一統志》。

西北至大寧路，東至建州，南至利州，西南至和衆縣。《熱河志》九七引《元一統志》。

和衆縣，西南至大都九百里，西北至上都九百里。西北至本路九十里，東至利州界水峪嶺三十里，西至惠州界鵓鴿嶺一百里，南至惠州界燕王城嶺六十里，北至大寧縣界車家嶺四十里。東到利州九十里，西到興州三百五十里，南到惠州一百六十里，北到本路九十里。東南到龍山縣一百四十里，東北到富庶縣一百二十里，西南到惠州一百六十里，西北到上都路九百里。《熱河志》六二引《元一統志》。

西北至大寧路，東至利州，東北至富庶縣，東南至龍山縣。《熱河志》九八引《元一統志》。

金源縣，西南至大都一千一百里，西北至上都九百里。東至興中州界青山嶺二十里，西至大寧縣界岔道站一百十里，南至建州界隆興寺四十里，北至武平縣界偏道子嶺七十里。東到興中州一百里，西到本路二百里，南到建州九十里，北到武平縣一百五十里。東南到錦州二百七十里，東北到高州一百五十里，西南到富庶縣一百二十里，西北到惠和縣九十里。《熱河志》六二引《元一統志》。

惠和縣，西南至大都一千五十里，西北至上都八百里。東至武平縣界黄柏嶺七十里，西至大寧縣界塗河六十里，南至富庶縣界趙花谷六十里，北至高州界荆家寨五十里。東到武平縣一百五十里，西到本路一百五十里，南到富庶縣一百八十里，北到高州九十里。東南到金源縣九十里，東北到武平縣一百五十里，西南到本路一百五十里，西北到松州二百五十里。同上。

西南至大寧路，北至高州，東南至金源縣，東至武平縣。《熱河志》九八引《元一統志》、《蒙古遊牧記》三引《元一統志》。

武平縣，西南至大都一千二百里，西北至上都一千里。東至川州界欄子嶺七十里，西至惠和縣界盤道嶺八十里，南至興中州界匣口五十里，北至蒙古行營界郭松寨二十里。東到川州一百五十里，西到惠和縣一百五十里，南到興中州一百八十里，北到臨潢府一千三百里。東南到義州三百里，東北到懿州四百里，西南到金源縣一百五十里，西北到高州一百五十里。《熱河志》六二引《元一統志》。

南至興中州，西至惠和縣。《熱河志》六〇引《元一統志》。

義州，西至興中州界蛤蜊山九十里，到興中州一百八十里。西北到川州一百八十里。《熱河志》六〇引《元一統志》、《蒙古遊牧記》二引《元一統志》。

興中州，西南至大都一千二百里，西北至上都一千二百里。西北至本路三百里，東至義州界喀喇山九十里，西至金源縣界青山嶺八十里，南至瑞州界油霧嶺一百六十里，北至武平縣界匣口一百二十里。東到義州一百八十里，西到金源縣一百里，南到瑞州三百里，北到武平縣一百八十里。東南到錦州一百八十里，東北到川州一百八十里，西南到建州八十里，西北到惠和縣一百八十里。《熱河志》六二引《元一統志》。

瑞州，北至利州界栲栳山一百五十里，到利州三百五十里，西北到龍山縣二百八十里。《熱河志》六二引《元一統志》。

高州，西南至大都一千一百二十里，西至上都七百里。東至武平縣界夾頭部落八十里，西至松州界陰涼河七十里，南至大定縣界細河九十里，北至蒙古行營界抡扠河九十里。東到武平縣一百五十里，西到松州一百五十里，南到本路二百二十里，北到古慶州七百里。東南到惠和縣九十里，東北到臨潢府七百里，西南到本路二百二十里，西北到應昌府七百里。《熱河志》六二引《元一統志》。

南至大定縣，西至松山州，東南到惠和縣。《熱河志》六〇引《元一統志》。

東至武平縣，東南至惠和縣。《熱河志》六一引《元一統志》。

利州，西南至大都一千里，西北至上都一千里。東至錦州界梨園嶺二百三十里，西至和衆縣界文山嶺六十里，南至龍山縣界白道子嶺四十里，北至富庶縣界龐家莊三十五里。東到錦州三百五十里，西到和衆縣九十里，南到龍山縣八十里，北到富庶縣七十里。東南到瑞州三百里，東北到建州一百二十里，西南到惠州二百二十里，西北到本路一百六十里。《熱河志》六二引《元一統志》。

南至龍山縣，北至富庶縣，西至和衆縣。《熱河志》六〇引《元一統志》，《蒙古遊牧記》二引《元一統志》。

西北至大寧路，西至和衆縣，南至龍山縣。《熱河志》九八引《元一統志》。

惠州，西南至大都六百六十里，西北至上都八百五十里。東至利州界長嶺二百十里，西南至興州界赤嶺六十里，南至豐閏縣界崖兒口三百十里，北至和衆縣界燕王城嶺一百十里。東到利州二百六十里，西到興州二百二十里，南到豐閏縣三百五十里，北到和衆縣一百六十里。東南到龍山縣二百二十里，東北到本路二百二十里，西南到遵化縣三百里，西北到松州四百五十里。《熱河志》六二引《元一統志》。

川州，西南至大都一千四百里，西北至上都一千里。西北至本路五百里，東至懿州界頡東山七十里，西至武平縣界欄子嶺八十里，南至興中州界獨山一百四十里，北至蒙古行營界蝦蟆山一百里。東到懿州二百二十里，西到武平縣一百五十里，南到興中州一百八十里，北到臨潢府一千五十里。東南到義州一百八十里，東北到咸平府六百二十里，西南到金源縣三百里，西北到高州三百里。同上。

南至興中州，「州」原誤「府」，今正。西至武平縣，西南至金源縣。《熱河志》九八引《元一統志》。

南至興中州一百八十里。《熱河志》六〇引《元一統志》，《蒙古遊牧記》二引《元一統志》。

建州，西南至大都一千一百七十里，西北至上都一千七十里。東至興中州界田家嶺四十里，西至富庶縣界兩家店五十五里，南至瑞州界油霧嶺一百二十里，北至金源縣界隆興寺五十里。東到興中州八十里，西到富庶縣七十里，南到瑞州五百里，北到金源縣九十里。東南到錦州二百六十里，東北到武平縣二百五十里，西南到利州一百二十里，西北到本路二百二十里。《熱河志》六二引《元一統志》。

東至興中州，「州」原誤「府」，今正。西南至利州，西至富庶縣，北至金源縣。《熱河志》九八引《元一統志》，《蒙古遊牧記》二引《元一統志》。

又卷三《河南江北等處行中書省》汴梁路

鄭州，北至大都一千五百七十里，北至上都二千三百七十里，東至本路一百四十里。東至中牟縣界三十里，南至新鄭縣界三十里，西至鞏縣界一百二十五里，北至滎澤縣界四十五里。東到中牟縣七十里，西到鞏縣一百五十里，南到許州一百一十五里，北到滎澤縣六十里。東北到原武縣七十里，西南到鈞州一百八十里，西北到懷孟路二百二十里，東南到洧川縣一百四十里。同上。

管城縣，至都并本路與本州同。東至中牟縣留村界三十里，西至滎陽縣京水河二十里，南至新鄭縣郭店界六十里，北至滎澤縣汴河界四十五里。東到中牟縣七十里，西到滎陽縣七十里，南到新鄭縣一百一十五里，北到滎澤縣六十里。東南到洧川縣一百四十里，東北到原武縣七十里，西南到密縣一百八十里，西北到河陰縣六十里。同上。

滎陽縣，北至上都二千三百里，北至大都一千五百里。西南至本州七十里，東至管城縣中郭村界四十五里，西至汜水縣夏侯保界五里，南至密縣范村界四十五里，北至河陰縣張村界二十五里。東到管城縣七十里，西到汜水縣三十五里，南到鈞州密縣七十里，北到河陰縣六十里。東南到新鄭縣一百三十里，西北到懷孟路温縣九十里，東北到滎澤縣七十里，西南到河南府登封縣一百五十里。同上。

汜水縣，北至上都二千三百三十五里，北至大都一千五百三十五里，東至本州一百五里。東至滎陽縣鴻溝界三十里，西至鞏縣界三十里，南至登封縣界鹿兒寨二十里，北至懷孟路温縣一十里。東到滎陽縣三十里，西到鞏縣四十五里，南到登封縣一百二十里，北到温縣二十五里。東南到密縣一百一十里，西南到舊芝田縣一百二十里，東北到河陰縣六十五里，西北到懷孟路一百里。同上。

河陰縣，北至上都二千三百里，北至大都一千五百里，東南至本州七十里。東至滎澤縣山莊村界一十里，西至汜水縣樹何村界三十三里，南至滎陽縣張村界三十里，北至懷孟路武陟縣黄河五里。東到滎澤縣二十五里，西到温縣八十里，南到滎陽縣六十里，北到武陟縣三十里。東南到鄭州七十里，西南到汜水縣六十里，東北到獲嘉縣一百里，西北到修武縣五十里。同上。

南陽府

裕州，北至上都二千九百四十里，北至大都二千一百四十里，西南至本府一百三十里。東至遂平縣龍堂一百八十里，西至南陽縣烏龜河五十里，南至唐州泌陽縣涉河鎮七十里，北至襄城縣界一百五十五里。東到遂平縣二百七十里，西到南陽縣九十里，南到唐州一百六十里，北到魯山縣一百三十里。東北到襄城縣一百八十里，西南到本府一百三十里，東南到比陽廢縣一百八十里，西北到汝州二百二十里。同上。

方城縣，北至上都二千九百四十里，北至大都二千一百四十里，西南至本府一百三十里。東至葉縣界溝五十五里，南至泌陽縣界涉河鎮七十里，西至南陽縣界烏龜河五十里，北至魯山縣界莊家村七十里。東到遂平縣二百七十里，西到南陽縣九十里，南到唐州一百六十里，北到魯山縣一百三十里。東北到葉縣一百三十里，西南到本府一百三十里，東南到比陽縣一百八十里，西北到汝州二百二十里。同上。

葉縣，北至上都二千八百二十里，北至大都二千二十里，南至本府二百四十里，東至郾城縣界徐莊八十里，西至魯山縣界黄家莊三十里，南至方城縣界硯瓦坡六十五里，北至襄城縣界南淇河三十五里。東到郾城縣一百四十里，西到魯山縣一百里，南到泌陽縣二百七十里，北到襄城縣六十里，東北到臨潁縣一百三十里，西南到裕州一百二十里。東南到西平縣一百五十里，西北到汝州寶豐廢縣九十里。同上。

襄陽路

房州，東北至上都三千九百五十里，東北至大都三千一百五十里。東北至本路五百里。東至南漳縣界山二百二十里，南至均州房陵鄉山界二百四十里，西至金州尹店江界二百九十里，北至均州界山一百八十里。東到南漳縣四百一十里，南到歸州四百五十里，西到金州五百七十里，北到均州二百七十里。東南到峽州夷陵縣四百二十里，東北到穀城縣二百六十里，西南到歸州興山縣三百五十里，西北到金州白土關三百三十里。同上。

房陵縣，東北至上都三千九百五十里，東北至大都三千一百五十里，東北至本路五百里。東至南漳縣界山二百二十里，南至均州房陵鄉山界二百四十里，西至竹山縣倒驢坡八十里，北至均州界山一百八十里。東到南漳縣四百一十里，南到歸州四百五十里，西到金州五百七十里，北到均州二百七十里。東南到峽州夷陵縣四百二十里，東北到穀城縣二百六十里，西南到歸州興山縣三百五十里，西北到金州白土關三百三十里。同上。

竹山縣，東北至上都四千六十里，東北至大都三千二百六十里，東北至本路六百二十里，東至本州一百二十里。東至房陵縣倒驢坡界五十里，南至歸州界山六百里，西至金州尹店河界二百二十里，北至均州界山八十里。東到房陵縣一百二十里，南到歸州五百六十里，西到金州四百五十里，北到均州鄖縣二百八十里。東南到峽州夷陵縣六百三十里，東北到穀城縣六百六十里，西南到歸州興山縣四百八十里，西北到金州白土關二百一十里。同上。

峽州路

峽州路，東北至上都四千里，東北至大都三千一百里。東至江陵路松滋縣界一百四十里，西至施州建始縣界四百九十里，南至澧州石門縣界二百五十里，北至襄陽府南漳縣界三百七十里。東到江陵府二百七十里，西到施州六百三十里，南到澧州石門縣二百五十里，北到襄陽府五百里。東南到澧州三百五十里，東北到荆門州三百五十里，西南到歸州三百九十里，西北到襄陽府五百里。同上。

夷陵縣，北至上都四千里，北至大都三千一百里。東至荆門州當陽縣界九十里，西至長陽縣界九十五里，南至宜都縣界四十里，北至遠安縣界一百五十里。東到荆門州一百九十里，西到長陽縣九十五里，南到宜都縣六十里，北到遠安縣一百五十里。東南到宜都縣六十里，西南到長陽縣四十五里，東北到遠安縣八十里，西北到歸州一百一十里。同上。

宜都縣，東北至上都三千九百一十里，東北至大都三千一十里，東北至本路九十里。東至江陵路松滋縣界三十里，西至長陽縣界八十里，南至江陵路枝江縣界三十里，北至夷陵縣界六十里。東到松滋縣九十五里，西到長陽縣八十里，南到枝江縣三十里，北到夷陵縣六十里。東南到松滋縣五十里，西南到長陽縣一百里，東北到荆門州五百里，西北到夷陵縣一百里。同上。

長陽縣，東北至上都四千九百里。東北至大都三千一百九十里，東北至本路九十里。東至宜都縣界一十里，西至施州建始縣界一百九十五里，南至澧州石門縣界一百五十里，北至夷陵縣界五十里。東到宜都縣二十里，西到建始縣一百九十五里，南到石門縣一百五十里，北到夷陵縣五十里。東南到宜都縣七十里，西南到澧州慈利縣一白七十里，東北到夷陵縣六十里，西北到歸州秭歸縣一百五十里。同上。

遠安縣，東北至上都三千七百六十里，東北至大都三千一百六十里，西至本路二百四十里。東至襄陽府宜城縣界六十里，西至夷陵縣界四十里，南至荆門州當陽縣界六十里，北至襄陽府南漳縣四十五里。東到宜城縣六十里，西到夷陵縣四十里，南到當陽縣四十五里，北到南漳縣四十五里。東南到當陽縣二十四里，西南到夷陵縣八十里，東北到南漳縣六十里，西北到南漳縣八十里。同上。

又卷四《陝西等處行中書省》　延安路

鄜州，東北至上都二千一百八十里，東北至大都一千三百八十里，東北至延安路一百八十里。東至宜川縣一百里，西至慶陽府邠州界一百三十里，南至耀州同官縣界三百里，北至甘泉縣界四十五里。東到宜川縣一百八十里，南到中部縣一百四十里，西到慶陽府寧州五百里，北到甘泉縣九十五里。西北到安塞縣併管敷政縣一百七十里，東南到安西路澄城縣二百五十里，西南到慶陽府邠州五百里，東北到甘泉縣省併臨真縣二百里。《大元大一統志》五四四《鄜州》。

洛川縣，東北至上都二千二百四十里，東北至大都二千四百四十里，西北至鄜州六十里。東至宜川縣界七十五里，西至中部縣界八十里，南至澄城縣界一百六十里，北至本州界二十八里。東到韓城縣二百五十里，南到白水縣二百五十里，西到寧州四百里，北到甘泉縣一百五十里。東北到宜川縣一百八十里。東南到同州三百七十里，西南到中部縣一百二十里，西北到本州六十里。同上。

中部縣，東北至上都二千三百二十里，東北至大都二千五百二十里，北至本州一百四十里。東至洛川縣界五十里，西至寧州界一百五十里，南至宜君縣界一十五里，北至鄜州界五十五里。東到洛川縣并管鄜城一百二十里，西到寧州三百二十里，南到宜君縣一百四十里，北到本州一百四十里。東北到洛川縣一百二十里，東南到白水縣一百四十里，西南到三水綫二百五十五里，西北到省併直羅縣一百四十里。同上。

宜君縣，東北至上都三千三百九十里，東北至大都二千五百九十里，北至本州二百一十里。東至洛川縣界一百里，南至同官縣界三十里，西至寧州界二百里，北至中部縣界七十里。東到洛川縣併管鄜城一百五十里，南到同官縣九十里，西到三水縣二百五十里，北到中部縣七十里。東北到洛川縣二百里。東南到白水縣一百三十里，西南到寧州三百里，西北到本州直羅廢城一百八十里。同上。

葭州，東北至上都二千四百三十里，東北至大都一千六百二十里，南至本路五百八十里。東至太原路界黃河五里，西至綏德州米脂縣界六十里，南至綏德州界一百四十里，北至大同路豐州界四百六十里。東到太原路臨州一百二十里，西到米脂縣一百二十里，南到綏德州併管義合廢縣界百四十里，北到大同路豐州六百二十里。東北到太原路興州一百八十里，東南到太原路石州孟門縣一百五十里，西南到綏德州一百八十里，西北到定西原脫「西」字，今補。州九十里。《大元大一統志》五四八《葭州》。

神木縣，東至上都二千二百二十里，東至大都一千四百三十里，南至延安路七百七十里，南至本州一百九十里。東至太原路保德州黃河界一百里，西至曳只剌八界五十里，南至葭州界一百八十里，北至古鄜州界三十里。東到保德州二百里，西到定西州一百八十里，南到葭州一百九十里，北到舊麟州四十里。東北到府谷縣一百里，西南到綏德州并管嗣武廢縣二百里，東南到太原路興州一百三十里，西北到西夏一百一十里。同上。

吴堡縣，東北至上都二千六百六十里，東北至大都一千七百六十五里，北至葭州一百八十里，西至延安路四百七十里。東至太原路石州界黃河一里，西至綏德州界二十里，南至石州孟門縣界黃河五里，北至本州界七十里。東到太原路石州孟門縣一百二十里，西到綏德州一百三十五里，南到平陽路石樓縣一百五十里，北到本州一百八十里。東北到臨州一百八十里，西南到青澗縣二百七十五里，東南到石州寧鄉縣一百里，西北到米脂縣一百八十里。同上。

府谷縣，東至上都二千四百九十七里，東至大都一千五百里，南至本州四百九十里。東至太原路保德州黃河三里，西至神木縣界一百五十里，南至太原路保德州界五里，北至大同路豐州界六十里。東到大同路武州二百里，西到神木縣二百里，南到保德州五里，北到東勝州五百里。東南到太原路五百里，西南到葭州四百九十里，東北到大同路原衍「西」字，今删。豐州一百三十里，西北到神木縣二百里。同上。

興元路

金州，東北至上都五千三百里，東北至大都四千三百里，西北至本路六百里。東至均州一千一百里，西至洋州四百八十里，南至大寧州七百里，北至乾祐廢縣六百五十里。東到均州鄖縣界五百里，西到洋州饒風嶺二百五十里，南到大寧州四百五十里，北到乾祐廢縣四百五十里。東北到商州二百五十里，西南到興元路西鄉縣二百五十里，東南到房州竹山縣二百八十里，西北到盩厔縣大白山瀉油關四百里。同上。

西和州

西和州，東至上都四千五百里，東至大都四千二百二十里。西北至本路「本路」不知何指，疑指鞏昌路。《元史・地理志》：元初，鞏昌路便宜都總帥府，統鞏昌等五府及西和等二十七州。四百里。東至成州界黃竹一百二十里，西至安西州界閭井三百里，南至階州界青院關一百七十里，北至寧遠縣界馬務裏二百一十里。東到成州二百里，西到安西州二百里，南到階州四百里，北到隴西縣四百里。東南到沔州六百里，西北無城邑，東北到秦州七百里，西南到岷州七百里。同上。

蘭州

蘭州，東至上都五千三十里，東至大都四千七百五十里，東南至本路說見上。四百三十里。東至金州界橫嶺四十五里，西至積石州界骷髏窩一百三十五里，南至臨洮府界摩雲嶺七十里，東至莊浪州界搊麻灣一百里。東到金州九十里，西到積石州三百五十里，南到臨洮府二百二十五里，北到莊浪州二百五十里。東南到隴西縣四百三十里，西北無城邑，東北無城邑，西南無城邑。同上。

會州

會州，東至上都四千六百五十里，東至大都四千三百七十里，西南至本路說見上。二百六十里。東至德順州界席家堡一百二十里，西至定西州界西鞏鎮龜兒觜五十里，南至本路界匝梅嶺九十里，北至中興府界黃河畔二百六十里。東到德順州二百七十里，西到定西州一百四十里，南無城邑，北到中興府四百里。東南到秦州三百五十里，西北到金州三百里，東北到開城路三百里，西南到隴西縣二百六十里。同上。

又卷五《四川等處行中書省》 成都路

威州，北至後番對如界大風流五十里，西北至後番界小風流一百里。嘉慶《四川通志》二一引《元統志》。

順慶路

蓬州，東北至新得州三百里。嘉慶《四川通志》五一引《元統志》。

儀隴縣，東南至小寧州一百五十里。同上。

紹慶府

黔江縣，縣昔爲蠻洞侵擾，移治老鷹砦。南至酉陽溪界一百二十里，東北至清江縣二百三十里，西北至龍渠縣二百九十里。嘉慶《四川通志》五七引《元統志》。

又卷七《雲南諸路行中書省》 麗江路軍民宣撫司

麗江路軍民宣撫司，北至上都九千九百四十五里，北至大都九千一百四十五里，東南至行省中慶路城一千三百一十里。東至羅羅斯界策脚寨五百六十里，西至蘭州冰琅山外盧蠻界四百八十里，南至鶴慶路劍川縣界木和寨十里，北至末附吐蕃竹羅界三百四十里。西南到鶴慶路劍明《元史·地理志》鶴慶路領一縣劍川，疑「劍明」爲「劍川」之誤。縣界■一百一十里，東南到大理路趙州界五百七十里，西北到吐蕃閣納實界四百八十里。《大元大一統志·麗江路軍民宣撫司》。

通安州，北至上都九千九百二十五里，北至大都九千一百二十五里，西北至本路八十五里。東至順州撒八橋金沙江界八十里，西至巨津州界四十里，南至昔西和鶴慶路「路」原誤「府」，今正。界四十里，北至巨戎光寶山州界六十五里。東北到寶山州界一百里，西南到劍川縣界一百一十里，東南到鶴慶路羅雖渡一百二十里，西北到巨津州界四十里。《大元大一統志·通安州》。

巨津州，北至上都九千九百四十五里，北至大都九千一百四十五里。東至通安州阿那傍山頂四十五里，西至蘭州入慶井界二百八十里，南至通安州馬呼谷界七十里，北至小旦當柏坡告界二百四十里。東北到吐「吐」原誤「土」，今正。蕃樣車閣二百三十里，西南到通安州寄和界三十里，西北蘭州在巨津州南，此云「西北」恐誤。到蘭州原衍「路」字，今刪。睒界二百一十里。《大元大一統志·麗江路軍民宣撫司》。

臨西縣，北至上都一萬一百六十五里，北至大都九千三百六十五里，南至本州二百二十里。東至吐蕃大旦當習明鋪和一百五十里，南至本州界明路三里，北至生蠻竹羅界八十里。東北到吐蕃大旦當拔著七十里，西南到蘭州界月習一百二十里，東南到本州界盍義七十里，西北到吐蕃界香哀七十五里。同上。

又卷八《江浙等處行中書省》 嘉興路

崇德州，北至上都四千五百八十五里，北至大都三千八百八十五里，東北至本路九十里。東至嘉興縣界六十里，西至湖州路德清縣界一十五里，南至杭州路鹽官州界五里，北至湖州路烏程縣界三十里。東到嘉興縣界六十里，西到湖州路德清縣一十五里，南到杭州路鹽官州五里，北至湖州路烏程縣三十里。東北到本路嘉興縣六十里，西南到湖州路德清縣二十里，東南到杭州路鹽官州一十里，西北到湖州路歸安縣二十里。同上。

平江路

平江路，西北至上都四千三百六十四里，西北至大都三千五百六十四里。東至大海二百二十里，西至常州路界一百三十二里，南至嘉興路界一百一十里，北至大江一百八十里。東到大海二百二十里，西到常州路界一百三十二里，南到嘉興路界一百一十里，北到江陰路大江一百八十里。東南到嘉興路一百五十里，西南到湖州路二百二十里，東北到大江二百三十里，西北到常州路一百八十里。同上。

録事司，里至與本路同。同上。

吳縣，西北至上都四千三百六十四里，西北至大都三千五里。東至本路長洲縣一里，西至湖州路界一百三十里，南至本路吳江州界四十里，北至本路長洲縣界五十里。東到本路長洲縣一里，西到湖州路一百六十里，南到本路吳江州四十五里。西南到湖州路烏程縣一百六十里，東北到本路長洲縣一里，西北到本路長洲縣界五十里。同上。

長洲縣，西北至上都四千三百六十三里，西北至大都三千五百六十三里。東至本路崑山州界三十里，西至本路吳縣一里，南至本路吳江州界四十里，北至常熟州界五十里。東到崑山州七十里，西到本路吳縣一里，南到吳江州四十五里，北到常熟州一百五里。東南到松江路一百三十五里，西到本路吳縣一里，東北到常州路無錫州一百五十一里，西北到常州路無錫州九十九里。同上。

紹興路

紹興路，西北至上都四千八百九十五里，西北至大都四千九十五里。東至慶元路慈溪縣界一百九十里，西至杭州路界一百三十八里，南至台州路天台縣界二百四十五里，北至大海一百一里。東到慶元路三百一十里，西到建德路三百七十里，南到台州路三百八十里，北到大海一百一里。東南到慶元路三百五十里，東北到大海一百一十里，西南到婺州路三百五十里，西北到杭州路一百七十一里。同上。

山陰縣，西北至上都四千八百九十五里，西北至大都四千九十五里，北至本路三里。東至會稽縣運河界一百五十步，西至蕭山縣小江界五十三里，南至諸暨州古博嶺界四十五里，北至大海三十五里。東到本路三里，西到蕭山縣一百三里，南到諸暨州一百二十里，北到大海三十五里。東南到嵊縣一百五十七里，西南到諸暨州一百一十里，東北到會稽縣三里，西北到蕭山縣九十七里。同上。

會稽縣，西北至上都四千八百九十五里，西北至大都四千九十五里，西至本路治一百八十步。東至上虞縣界小江九十二里，西至山陰縣界運河六十步，南至嵊縣界杉木嶺一百里，北至大海三十里。東到上虞縣一百二十里，西到本路四里，南到嵊縣一百五十五里，北到大海三十里。東南到上虞縣一百三十五里，西北到山陰縣三里，東北到上虞縣一百二十里，西北到蕭山縣九十七里。同上。

上虞縣，西北至上都五千一十五里，西北至大都四千二百一十八里，西至本路一百二十里。東至餘姚州界二十八里，西至會稽縣界二十八里，南至嵊州界七十里，北至大海四十里。東到餘姚州六十里，西到會稽縣一百二十里，南到嵊縣一百三十里，北到大海四十五里。東南到餘姚州六十五里，西南到會稽縣一百二十里，東北到餘姚州六十五里，西北到會稽縣一百三十五里。同上。

蕭山縣，西北至上都四千七百七十七里。西北至大都二「二」疑當作「三」。千九百七十七里，東至本路一百里。東至山陰縣界五十里，西至杭州路錢塘縣界二十三里，南至諸暨州界六十五里，北至杭州路仁和縣界三十五里。東到山陰縣一百三里，西到杭州路錢塘縣五十三里，南到諸暨州一百二十里，北到杭州路仁和縣八十里。東南到山陰縣九十七里，東北到杭州路鹽官州「州」原誤「縣」，今正。五十四里，西南到杭州路富陽縣九十里，西北到富陽縣八十里。同上。

嵊縣，西北至上都五千四十五里。西北至大都四千二百四十八里，北至本路一百五十里，東至慶元路奉化縣界一百一十里，西至諸暨州界一百二十六里。東到新昌縣三十里，西到諸暨州二百九里，南到新昌縣三十里，北到會稽縣一百五十五里。東南到新昌縣三十五里，東北到新昌縣四十五里，西南到婺州路原脱「路」字，今補。東陽縣一百七十二里，西北到山陰縣一百五十七里。同上。

新昌縣，西北至上都五千七十五里，西北至大都四千二百七十八里，北至本路一百八十里。東至台州路寧海縣界一百里，西至嵊縣界一十五里，南至天台縣界五十五里，北至嵊縣界一十五里。東到奉化縣二百四十里，西到嵊縣三十里，南到天台縣一百五里，北到嵊縣三十里。東南到天台縣一百五里，西南到嵊縣四十五里，東北到奉化縣一百八十里，西北到嵊縣三十五里。同上。

餘姚州，西北至上都五千七十五里，西北至大都四千二百七十八里，西至本路一百八十里。東至慶元路慈溪縣界一十里，西至上虞縣界三十二里，南至嵊縣界一百六十一里，北至大海三十五里。東到慶元路慈溪縣九十里，西到上虞縣六十里，南到嵊縣一百六十五里，北到大海三十五里。東南到慶元路慈溪縣八十里，西南到上虞縣六十五里，東北到慶元路慈溪縣八十里，西北到上虞縣六十五里。同上。

諸暨州，西北至上都四千九百一十四里，西北至大都四千一百一十四里。東北至本路一百一十里，東至嵊縣界八十三里，西至婺州路浦江縣界六十八里，南至婺州路東陽縣界一百三十里，北至本路蕭山縣界六十五里。東到嵊縣二百九里，西到婺州路浦江縣一百三十里，南到婺州路東陽縣一百九十里，北到蕭山縣一百二十里。東南到婺州路東陽縣一百九十五里，東北到山陰縣一百一十里，西南到婺州路浦江縣一百三十里，西北到蕭山縣一百三十五里。同上。

汀州路

汀州路，北至上都六千三百一十九里，北至大都五千五百五十九里，東至南劍路後改延平路。界三百里，西至贛州路原脱「路」字，今補。下同。界六十里，南至潮州路原脱「路」字，今補。界五百七十里，北至贛州路界一百九十里。東到南劍「劍」原誤「建」，今正。路四百里，西到贛州路四百一十里，南到潮州路六百六十里，北到建昌路七百里。東北到邵武路六百六十里，西南到梅州原衍「路」字，今刪。四百三十里。東南到潮州路六百三十里，西北到贛州路二百四十里。同上。

録事司，里至與本路同。同上。

長汀縣，北至上都六千三百一十五里，北至大都五千五百五十六里，南至本路一里。東至寧化縣界一百里，西至贛州路瑞金縣界六十里，南至上杭縣界一百五十五里，北至贛州路石城縣界四十五里。東到清流縣二百一十里，西到贛州路瑞金縣一百里，南到武平縣二百五十里，北到贛州路石城縣一百六十里。東南到蓮城縣一百四十里，西南到武平縣二百五十里，東北到寧化縣一百八十里，西北到贛州路瑞金縣一百里。同上。

寧化縣，北至上都六千二百五里，北至大都五千四百五里，南至本路一百八十里。東至南劍路將樂縣界一百八十五里，西至贛州路石城縣界五十里，南至本路長汀縣界一百里，北至邵武路建寧縣界九十里。東到南劍路將樂縣三百里，西到贛州路石城縣八十里，南到長汀縣一百八十里，北到建寧縣一百八十里。東南到清流縣六十里，西南到瑞金縣二百二十里，東北到泰寧縣二百八十里，西北到廣昌縣二百里。同上。

清流縣，北至上都六千三百四十五里，北至大都五千三百四十五里，南至本路一百二十里。東至南劍路將樂縣界八十里，西至本路寧化縣界三十五里，南至寧化縣界十五里，北至寧化縣界二十里。東到將樂縣二百四十里，西到寧化縣六十里，南到蓮城縣一百四十五里，北到寧化縣六十里。東南到沙縣三百一十里，西南到寧化縣四十五里，東北到蓮城縣一百八十里，西北到寧化縣六十里。同上。

蓮城縣，西至上都六千二百四十五里，西至大都五千二百四十五里，西至本路一百二十里。東至南劍路沙縣界一百三十里，西至本路長汀縣界二十五里，南至本路上杭縣界八十里，北至本路長汀縣界三十五里。東到南劍路沙縣四百八十里，西到長汀縣一百二十里，南到漳「漳」原誤「潭」，今正。州路龍巖縣三百五十里，北到清流縣一百八十里。東南到南劍路沙縣四百八十里，西南到長汀縣一百八十里，東北到清流縣一百五十里，西北到長汀縣一百八十里。同上。

上杭縣，北至上都六千三百五十五里，北至大都五千五百五十五里，南至本路二百三十里。東至蓮城縣界二百五十里，西至武平縣界三十五里，南至漳州路龍溪縣界三百一十里，北至長汀縣界　百六十里。東到蓮城縣三百四十里，西到武平縣一百里，南到龍巖縣四百五一里，北到長汀縣二百四十里。東南到蓮城縣五百八十里，西南到龍溪縣五百五十里，東北到長汀縣五百八十里，西北到長汀縣三百四十里。同上。

武平縣，北至上都六千五百九十九里，北至大都五千八百三十九里，南至本路二百八十里。東至上杭縣竹鑒保黃鎖五十里，西至贛州路原脱「路」字，今補。安遠縣界大中山一百四十里，南至梅州程鄉縣界南安巖九十里，北至長汀縣界黃公嶺一百五十里。東到上杭縣八十里，西到贛州路安遠縣二百四十里，南到梅州程鄉縣二百三十里，北到長汀縣二百四十里。東北到石城「城」原誤「門」，今正。縣一百六十里，西南到梅州程鄉縣二百二十里，東南到潮州路海陽縣四百五十五里，西北到贛州路會昌縣二百一十里。同上。

又卷九《江西等處行中書省》 瑞州路

新昌州，東北至上都五千一百七十五里，東北至大都四千四百一十五里，東至本路一百二十里。東至高安縣宜豐橋界七十五里，南至上高縣凌口界三十里，西至萬載縣連香嶺界六十里，北至分寧縣八疊嶺界八十里。東到高安縣一百二十里，西到瀏陽州三百五十里，南到上高縣四十里，北到寧州三百里。東南到臨江路一百六十里，西南到萬載縣一百二十里，東北到奉新縣一百六十里，西北到分寧縣一百八十里。同上。

撫州路

撫州路，北至上都五千一百四十五里，北至大都四千三百八十五里。東至饒州路安仁縣一百二十里，西至富州界牌六十里，南至南城縣界山七十五里，北至進賢縣界牌五十五里。東到信州路三百八十里，西到臨江路二百八十里，南到建昌路一百二十里，北到龍興路二百一十里。東南到邵武路六百七十里，西南到吉州路四百五十六里，東北到饒州路四百二十四里，西北到瑞州路二百八十里。《大元大一統志》九五八《撫州路》。《永樂大典》一○九四九，撫字引《元一統志》。

録事司，里至與本路同。《大元大一統志》九五八《撫州路》。

臨川縣，北至上都五千一百四十五里，北至大都四千三百八十五里，北至本路總管府二里。東至安仁縣腰鋪一百二十里，西至本路崇仁縣界四十五里，南至南城縣界游原七十五里，北至進賢縣界南陽曾坊五十五里。東到饒州路安仁縣一百六十里，西到崇仁縣一百二十里，南到南城縣一百五十里，北到進賢縣一百五里。東南到金溪縣九十里，西南到宜黃縣一百二十里，東北到餘干縣一百七十五里，西北到富州一百六十里。同上。

崇仁縣，北至上都五千二百六十五里，北至大都四千六百五里，東至本路一百二十里。東至臨川縣柏葉塘六十里，西至樂安縣界長山四十里，南至宜黃縣界孤嶺六十里，北至富州界界嶺三十五里。東到臨川縣一百二十里，西到新淦州二百八十五里，南到吉水州二百五十里，北到富州一百四十里。東南到宜黃縣八十里，西南到樂安縣一百三十五里，東北到進賢縣一百九十里，西北到清江縣二百四十里。同上。

金溪縣，北至上都五千二百三十五里，北至大都四千四百七十五里，西北至本路九十里。東至貴溪縣界仙巖五十五里，西至臨川縣界東澧市四十五里，南至南城縣界澤源嶺五十里，北至臨川縣界望州嶺六十里。東到信州路貴溪縣一百四十五里，西到宜黃縣二百一十里，南到建昌路南城縣一百七十五里，北到臨川縣九十里。東南到光澤縣三百三十里，西南到南豐州二百一十里，東北到安仁縣一百二十五里，西北到崇仁縣二百一十里。同上。

宜黃縣，北至上都五千二百六十五里，北至大都四千五百五里，東北至本路一百二十里。東至南城縣箬嶺一百二十里，西至崇仁縣界孤嶺四十里，南至寧都縣界黃土嶺一百六十里，北至臨川縣界搗港橋六十里。東到金溪縣一百七十里，西到樂安縣一百二十里，南到南豐州一百四十里，北到富州二百二十里。東南到南城縣一百二十里，西南到寧都縣二百八十里，東北到臨川縣一百二十里，西北到崇仁縣八十里。同上。

樂安縣，北至上都五千三百八十五里，北至大都四千六百二十五里，北至本路二百四十里。東至崇仁縣界丁家原三十里，西至永豐縣界羅蔡五十里，南至寧都縣界大木嶺一百八十里，北至富州界丁山嶺八十里。東到宜黃縣一百二十里，南到寧都縣四百里，西到吉安「安」原誤「州」，今正。路原脱「路」字，今補。永豐縣一百二十里，北到富州二百四十里。東南到南豐州二百六十里，西南到吉水州一百三十里，東北到崇仁縣一百三十五里，西北到新淦州一百六十里。同上。

廣州路

廣州路，西北至上都七千二百里。西北至大都六千二百里。同上。

録事司，里至與本路同。同上。

南海縣，西北至上都七千里，西北至大都六千二百里。同上。

番禺縣，西北至上都七千里。西北至大都六千二百里。同上。

東莞縣，西北至上都七千三百里，西北至大都六千五百里，東北至本路三百里。同上。

增城縣，西北至上都七千三百里，西北至大都六千五百里，西北至本路二百五十里。同上。

香山縣，西北至上都七千三百里，西北至大都六千五百里，西北至本路水路三百里，北到番禺縣二百九十里。同上。

新會縣，西北至上都七千三百里，西北至大都六千五百里，東北至本路二百九十里。北至南海縣一百九十里，東北到南海縣二百九十里。同上。

清遠縣，西北至上都六千八百二十里，西北至大都六千二十里。西南至本路一百八十里，西到肇慶路原脱上三字，今補。四會縣七十里，西南到番禺縣二十里。同上。

潮州路

潮州路，東至上都七千三百八十里，東至大都六千五百八十里。東至漳州路漳浦縣界分水嶺百四十里，西至梅州程鄉縣界瘦牛嶺一百五十里，南至大海本路海陽縣界闞望村八十里，北至梅州程鄉縣界雙流津三百五十里。東到漳州路五百里，西到梅州七百里，南到大海邊闞望村八十里，北到梅州五百里。東南到大海邊小江場六十里，西南到揭陽縣界三十五里，東北到汀州路一千一百里，西北到梅州六百里。同上。

録事司，里至與本路同。同上。

桂陽州

陽山縣，西至本州一百一十七里，東至樂昌縣黃嶺界二百七十里，西至桂陽州「州」原誤「縣」，今正。下同。紫山遥界。此處有脱字。南至含光縣《元史·地理志》無此縣。五山遥界七十里，北至宜章縣奔山界一百二十里。東至韶州路五百二十里，西到桂陽州一百一十七里，南到開建縣四百一十里，北到宜章縣一百七十里。東北到樂昌縣五百二十里，西南到懷集縣三百八十里。東南到清遠縣五百二十里。《永樂大典》一一九〇六，廣字引《元一統志》。

連州

連州，北至上都五千五百五里，北至大都四千七百五里。東至桂陽州小東門橋界一里，西至道州路江華縣界西嶺八十里，南至懷集縣界黃連山二百八十二里，北至桂陽路臨武縣界雷鳴水八十里。東到桂陽州三里，西到賀州三百二十里，南到封州六百里，北到藍山縣二百四十里。東南到廣州路「路」原誤「府」，今正。九百六十里，東北到樂昌縣五百二十里，西南到賀州桂嶺縣原脱「縣」字，今補。二百三十里，西北到道州路三百七十里。同上。

連山縣，東北至上都五千六百一十里，東北至大都四千八百一十里，東北至本州一百五里。東至本州上平鋪界七十里，西至江華縣界西嶺八十里，南至懷集縣界一百九十里。北至本州大鵬山八十里。東到本州一百五里，西到江華縣一百八十里，南到懷集縣一百九十里，北到藍山縣二百二十五里。東南到開建縣四百五十里，東北到臨武縣二百二十五里，西南到桂嶺縣一百二十五里，西北到寧遠縣一百八十五里。同上。

又卷一〇《湖廣等處行中書省》 邕州路

邕州路，《永樂大典》依明代建制改邕州路爲南寧府，今正。東北至上都原脱「都」字，今補。六千六百九十里，東北至大都五千六百九十里。東至橫州永淳縣界一百二十里，南至欽州路原脱「路」字，今補。下同。安遠縣界八十里，西至左江古萬寨管下溪洞界九十里，北至慶遠路龍水縣《元史·地理志》慶遠路領縣五，無龍水縣。案：慶遠路，唐爲龍水郡，疑元時因舊名置縣，而《地理志》遺之。一百五十里。東到橫州永淳縣一百四十五里，南到欽州路二百三十五里，西到左江古萬寨四百七十里，北到慶遠路龍水縣三百三十里。東南到橫州二百一十里，東北到賓州一百九十八里，西南到左江永平寨七百九十里，西北到右江橫山寨自杞國二千「千」當作「百」。五十里。同上。

宣化縣，東北至上都六千六百九十里，東北至大都五千六百九十里。東至橫州永淳縣界一百二十里，西至左江古萬寨管下溪洞界九十里，南至欽州路安遠縣界八十里，北至武緣縣界二十五里。東到橫州永淳縣二百四十五里，南到欽州路安遠縣二百三十五里，西到左江遷龍寨一百五十里，北到武緣縣一百里。東南到橫州寧浦縣二百一十里，東北到賓州領《元史·地理志》「領」作「嶺」。方縣一百九十八里，西南到永平寨七百六十里，西北到右江橫山寨四百九十里。《永樂大典》引此節漏寫引用書名，今補。同上。

武緣縣，東北至上都七千六十里，東北至大都六千六十里，東南至本路總管府一百里。東至賓州上林縣界一百里，南至宣化縣界七十里，西至右江橫山寨溪洞歸德州一百四十里，北至慶遠路龍水縣一百里。東到賓州上林縣一百七十里，南到宣化縣三百里，西到宣化縣那樓寨一百五十里，北到慶遠原脱「遠」字，今補。路龍水縣一百五十里。東南到宣化縣金城寨一百二十里，東北到慶遠路二百三十里，西南到左江古萬原衍「山」字，今删。寨三百九十里。同上。

橫山寨，東北至上都七千四百八十里，東北至大都六千四百八十里，東南至本路總管府五百二十里。東至武緣縣界二百五十里，南至宣化縣界二百里，西至特磨道界那温縣八百里，北至歸仁州三百里。東到慶遠路「路」原誤「府」，今正。龍水縣城四百五十里，南到本路宣化縣四百九十里，西到特磨道九百里，北到自杞國城一千六百五十里。東南到武緣縣三百九十里，東北到大理國界善闡府一千八百里，西北到羅殿蠻國一千七百三十里，西南到左江古萬寨三百一十里。同上。

遷龍寨，東北至上都六千九百里，東北至大都五千九百里，東至本路總管府二百里。東至本路宣化縣界六十里，南至欽州路靈山縣界三百四十里，西至古萬寨吴洞界一百里，北至宣化縣一百里。東到本路城一百里，南到欽州路靈山縣四百里，西到左江太平寨管下上思明州四百里，北到武緣縣界一百六十里。東南到欽州城四百五十里，東北到宣化縣金城寨一百八十里，西南到左江太平寨四百八十里，西北到古萬寨二百四十里。同上。

古萬寨，東北至上都七千一百五十里，東北至大都六千一百五十里，東至本路總管府四百六十里。東至宣化縣如禾鄉左江鎮一百五十里，南至遷龍寨界玉龍洞一百三十里，西至太平寨界龍州一百里，北至右江溪洞向武州界七百里。東到本路城四百六十里，南到遷龍寨城一百五十里，北到太平府「府」當作「路」，太平府當即《元史·地理志》左江太平路。一百六十里。東南到遷龍寨二百里，東北到右江橫山寨三百一十里，西南到太平寨管下「下」下疑脱「上」字或「下」字。思明州五十里，西北到太平寨一百二十里。同上。

太平寨，北至上都七千二百七十里，北至大都六千二百七十里，東北至本路總管府五百八十里。東至古萬寨管下安禮洞一百里，南至永平寨管下思凌州「建置沿革」思凌州作固陵州。界一百二十里，北至太平府一百里。東到本路城五百八十里，北到左江古萬寨一百里。東南到遷龍寨四百里，東北到右江橫山寨四百三十里，西南到永平寨一百五十里。同上。

永平寨，北至上都七千二百九十里，北至大都六千二百九十里，東北至本路總管府七百里。西至太平寨龍州界六十里，北至太平寨上思明州一百二十里。西到太平寨龍州八十里，北到古萬寨江州三百五十里。東北到太平寨一百五十里，西北到太平寨一百里。同上。

容州

陸川縣，北至上都七千二十七里，北至大都六千二十七里，東至本州一百六十七里。東至北流縣界峩石鄉八十里，南至化州路原脱「路」字，今補。下同。石城縣界陽村一百三十里，西至鬱林州博白縣界北旺村六十里，北至鬱林州南流縣界下坡村九十里。東到高州路茂名縣四百里，西到鬱林州博白縣一百二十里，南到化州路石城縣二百里，北到鬱林州南流縣一百一十里。東南到高州路茂名縣四百里，東北到北流縣一百一十里，西南到鬱林州博白縣一百一十里，西北到鬱林州南流縣一百一十里。《永樂大典》二三三八，梧字引《元大一統志》。

横州路

横州路，北至上都五千四百六十一里，北至大都四千四百六十一里。東至貴州界八十里，西到邕州路界一百八十里，南至欽州路界六十里，北至賓州原衍「路」字，今删，下同。界一百四十里。東到貴州一百三十五里，西到邕州路二百二十里，南到欽州路二百四十里，北到賓州一百九十七里。東南到欽州路二百九十里，東北到貴州一百四十里，西南到邕州路二百七十里，西北到邕州路二百一十里。同上。

寧浦縣，北至上都五千四百六十一里，北至大都四千四百六十一里。東至鬱林州「州」原誤「縣」，今正。下同。界八十里，西至永淳縣界五十里，南至靈山縣界六十里，北至嶺方縣界一百四十七里。東到鬱林州界一百三十五里，西到永淳縣界一百二十里，南到靈山縣一百八十里，北到嶺方縣二百四十里。東北到鬱林州一百四十里，西北到嶺方縣二百四十里，東南到宣化縣二百七十里，西[南]到靈山縣一百九十里。同上。

永淳縣，北至上都五千五百八十一里，北至大都四千五百八十一里，東北至本路一百二十里。東至寧浦縣界一百二十里，西至宣化縣界五十里，南至靈山縣界八十里，北至嶺方縣界一百里。東到寧浦縣一百五十里，西到宣化縣一百五十里，南到靈山縣一百五十里，北到嶺方縣一百三十里。東南到寧浦縣一百三十里，東北到嶺方縣一百五十里，西南到靈山縣一百七十里，西北到宣化縣一百六十里。同上。

《明一統志》卷一 順天府，東至永平府灤州界三百九十里，南至河間府任丘縣界三百五十里，西至山西大同府蔚州界三百五十里，北至延慶州界一百六十里。自府治至南京三千四百四十五里。

又卷二 保定府，東至河間府静海縣界三百里，西至山西大同府廣昌縣界三百里，南至真定府安平縣界一百二十里，北至順天府涿州界一百里。自府治至京師三百五十里，至南京三千一百里。

河間府，東至山東濟南府海豐縣界三百里，南至濟南府德州界二百九十二里，西至保定府蠡縣界六十里，北至保定府雄縣界一百三十里。自府治至京師四百一十里，至南京二千九百四十里。

又卷三 真定府，東至直隸河間府獻縣界三百一十里，西至山西平定州界一百八十里，南至直隸順德府内丘縣界二百一十里，北至直隸保定府慶都縣界一百七十里。自府治至京師六百三十里，至南京二千一百里。

又卷四 順德府，東至廣平府威縣界一百五十里，西至山西遼州和順縣界一百五十里，南至廣平府永年縣界五十里，北至真定府柏鄉縣界一百里。自府治至京師一千里，至南京一千七百二十里。

廣平府，東至山東東昌府臨清縣界一百二十里，西至河南彰德府磁州武安縣界八十里，南至河南彰德府臨漳縣界八十里，北至順德府南和縣界六十里。自府治至京師一千里，至南京一千六百七十五里。

大名府，東至山東東昌府冠縣界九十里，西至河南彰德府臨漳縣界一百一十里，南至河南開封府封丘縣界四百里，北至山東東昌府館陶縣界一百里。自府治至京師一千一百六十里，至南京一千一百四十里。

又卷五 永平府，東至山海關一百八十里，西至順天府豐潤縣界一百二十里，南至海岸一百六十里，北至桃林口六十里。自府治至京師五百五十里，至南京凡三千九百九十五里。

隆慶州，東至四海冶一百三十里，南至岔道屯界二十里，西至保安州沙城界一百里，北至雲州八谷寨界五十里。自州治至京師一百八十里，至南京三千六百二十五里。

保安州，東至延慶州界土木驛四十里，南至山西蔚州界美峪一百里，西至蔚州界深井一百四十里，北至宣府界泥河七十里。自州治至京師三百里，至南京三千七百二十五里。

萬全都指揮使司，東至四海冶三百三十里，南至廣昌千户所四百五十里，西至枳兒嶺一百六十里，北至長峪口四十里。自都司至京師三百五十里，至南京三千八百五十里。

又卷六 應天府，東至鎮江府丹徒縣界一百三十里，西至和州界八十里，北至揚州府儀真縣界一百五十五里。自府治至京師三千四百四十五里。

又卷七　鳳陽府，東至揚州府寶應縣界四百里，西至河南開封府項城縣界五百九十里，南至廬州府合肥縣界一百五十里，北至徐州蕭縣界三百三十三里。自府治至南京三百三十里，至京師二千里。

又卷八　蘇州府，東至東沙海岸三百一十四里，西至常州府宜興縣界一百里，南至浙江嘉興府秀水縣界九十四里，北至揚州府通州界一百五十里。自府治至南京五百八十八里，至京師四千八十里。

又卷九　松江府，東至海岸一百里，西至蘇州府長洲縣界六十里，南至海岸七十里，北至蘇州府崑山縣界八十里。自府治至南京八百里，至京師三千八百三十五里。

又卷一〇　常州府，東至浙江湖州府長興縣界二百里，西至鎮江府丹陽縣界五十五里，南至應天府溧陽縣界一百八十里，北至揚州府泰興縣界六十里。自府治至南京三百六十里，至京師二千八百八十里。

又卷一一　鎮江府，東至常州府宜興縣界七十五里，西至應天府句容縣界四十五里，南至常州府武進縣界一百一十七里，北至揚子江二里。自府治至南京一百八十里，至京師三千二百里。

又卷一二　揚州府，東至海三百六十里，南至江六十五里，西至應天府六合縣界一百二十里，北至淮安府山陽縣界二百八十里。自府治至南京三百三十里，至京師三千一百一十五里。

又卷一三　淮安府，東至海岸二百三十里，西至鳳陽府虹縣界三百一十里，南至揚州府寶應縣界六十里，北至山東青州府營州界四百五十里。自府治至南京五百里，至京師三千一十里。

又卷一四　廬州府，東至和州含山縣界一百九十里，西至河南汝寧府固始縣界三百五十里，南至安慶府桐城縣界一百八十里，北至鳳陽府定遠縣界一百八十里。自府治至南京五百一十里，至京師三千六百七十七里。

安慶府，東至廬州府無爲州界三百七十里，西至湖廣黄州府黄梅縣界二百一十里，南至池州府東流縣界五里，北至廬州府舒城縣界二百一十里。自府治至南京七百四十五里，至京師四千一百八十五里。

又卷一五　太平府，東至應天府溧水縣界一百一十里，西至和州界三十里，南至寧國府宣城縣界七十里，北至應天府江寧縣界五十里。自府治至南京一百五十里，至京師三千五百九十里。

寧國府，東至廣德州建平縣界六十里，西至池州府青陽縣界一百六十里，南至徽州府績溪縣界二百二十里，北至太平府當塗縣界一百五十里。自府治至南京四百二十里，至京師四千一十五里。

又卷一六　池州府，東至寧國府南陵縣界一百四十里，西至江西九江府彭澤縣界一百四十里，南至徽州府祁門縣界一百九十里，北至安慶府桐城縣界三十里。自府治至南京六百里，至京師四千五十里。

徽州府，東至浙江杭州府昌化縣界一百二十里，西至江西饒州府浮梁縣界二百七十里，南至浙江衢州府開化縣界一百八十里，北至寧國府太平縣界一百七十里。自府治至南京七百二十里，至京師四千里。

又卷一七　廣德州，東至浙江湖州府長興縣界三十里，西至寧國府宣城縣界一百里，南至湖州府安吉縣界六十里，北至應天府溧陽縣界七十里。自州治至南京五百里，至京師三千七百五十五里。

和州，東至應天府江浦縣界六十里，西至廬州府巢縣界一百一十里，南至廬州府無爲州界九十里，北至滁州界一百一十里。自州治至南京一百二十里，至京師三千二百八十里。

又卷一八　滁州，東至應天府六合縣界七十里，西至鳳陽府定遠縣界七十里，南至和州界七十里，北至泗州盱眙縣界一百三十里。自州治至南京一百二十里，至京師三千二百五里。

徐州，東至淮安府邳州界一百一十里，西至河南歸德府虞城縣界二百二十里，南至鳳陽府宿州界九十里，北至山東兖州府滕縣界一百二十里。自州治至南京一千里，至京師二千里。

又卷一九　太原府，東至直隸真定府井陘縣界三百七十五里，南至沁州武鄉縣界二百一十里，西至陝西延安府吴堡縣界五百五里，北至大同府馬邑縣界三百五十五里。自府治至京師一千二百里，至南京二千四百里。

又卷二〇　平陽府，東至澤州沁水縣界一百五十五里，南至黄河岸三百六十五里，西至黄河岸三百一十里，北至汾州孝義縣界三百二十里。自府治至京師一千八百里，至南京二千四百里。

又卷二一　大同府，東至直隸保安州深井界三百六十里，南至太原府代州雁門關二百九十里，西至大同右衛黄土山墩二百二十里，北至本府舊宣寧縣猫兒莊一百二十里。自府治至京師九百里，至南京三千五百里。

潞安府，東至河南彰德府林縣界一百七十里，西至平陽府岳陽縣界一百五十里，南至澤州高平縣界七十五里，北至遼州界二百里。自府治至京師一千三百里，至南京二千二百六十里。

汾州，東至太原府祁縣界一百四十里，西至太原府石州界六十里，南至平陽府靈石縣界一百里，北至太原府文水縣界五十里。自州治至京師一千三百八十里，至南京二千四百三十里。

遼州，東至河南彰德府磁州武安縣界一百四十里，南至沁州武鄉縣界四十里，西至太原府大谷縣界一百九十里，北至平定州樂平縣界一百三十里。自州治至京師一千二百里，至南京二千四百二十里。

沁州，東至潞安府界二百一十里，西至平陽府霍州界二百五十里，南至潞安府界三百五十里，北至太原府太谷縣界三百三十里。自州治至京師一千七百里，至南京二千四百里。

澤州，東至河南衛輝府輝縣界四百一十里，西至平陽府翼城縣界二百九十里，南至河南懷慶府河内縣界一百四十里，北至潞安府長子縣界一百九十里。自州治至京師一千八百里，至南京一千八百里。

又卷二二 濟南府，東至青州府臨淄縣界二百五十里，西至東昌府茌平縣界一百四十里，南至兗州府寧陽縣界三百里至直隸河間府景州吴橋縣界三百十七里。自府治至京師九百里，至南京一千八百五十里。

又卷二三 兗州府，東至直隸淮安府贛榆縣界四百九十里，南至直隸徐州沛縣界一百五十里，西至東昌府濮州界三百三十里，北至濟南府肥城縣界一百一十里。自府治至京師與南京俱一千二百三十里。

又卷二四 東昌府，東至濟南府長清縣界一百里，西至直隸廣平府廣平縣界一百五十里，南至兗州府陽穀縣界二十五里，北至直隸河間府景州故城縣界二百五十里。自府治至京師九百四十里，至南京一千五百四十五里。

青州府，東至萊州府濰縣界一百里，南至兗州府沂州界三百八十五里，西至濟南府淄川縣界一百二十里，北至濟南府利津縣界一百九十里。自府治至京師一千里，至南京一千五百里。

又卷二五 登州府，東至海七百里，南至萊州府即墨縣界四百里，西至萊州府掖縣界一百五十里，北至海三里。自府治至京師一千六百里，至南京一千九百里。

萊州府，東至登州府萊陽縣界一百八十里，西至青州府昌樂縣界二百六十里，南至青州府諸城縣界三百五十里，北至海崖九百里。自府治至京師一千四百里，至南京一千五里。

遼東都指揮使司，東至鴨淥江五百六十里，西至山海關一千一十五里，南至旅順海口七百三十里，北至開原三百四十里。自都司至京師一千七百里，至南京三千四百里。

又卷二六 開封府，東至直隸鳳陽府宿州界五百一十五里，西至河南府鞏縣界三百六十里，南至汝寧府上蔡縣界四百里，北至衛輝府汲縣界一百七十里。自府治至京師一千五百八十里，至南京一千一百七十五里。

又卷二七 歸德府，東至直隸鳳陽府宿州界二百一十里，西至開封府杞縣界二百二十里，南至鳳陽府太和縣界一百三十里，北至山東兗州府曹縣界四十里。自府治至京師一千五百五十里，至南京一千一百八十里。

又卷二八 彰德府，東至直隸大名府内黄縣界七十里，南至大名府濬縣界七十里，西至山西潞州壺關縣界一百七十里，北至直隸廣平府邯鄲縣界一百二十里。自府治至京師一千二百里，至南京一千七百里。

衛輝府，東至直隸大名府滑縣界五十里，南至開封府延津縣界四十里，西至山西澤州陵川縣界二百一十里，北至彰德府湯陰縣界七十里。自府治至京師一千四百里，至南京一千五百里。

懷慶府，東至衛輝府獲嘉縣界二百四十里，西至山西平陽府絳州垣曲縣界二百五十里，南至河南府鞏縣界七十里，北至山西澤州界六十五里。自府治至京師及南京俱一千八百里。

又卷二九 河南府，東至開封府汜水縣界一百六十里，南至南陽府南陽縣界二百六十里，西至陝西西安府華陰縣界四百九十里，北至懷慶府濟源縣界九十里。自府治至京師一千八百里，至南京一千八百里。

又卷三〇 南陽府，東至汝寧府遂平縣界二百八十里，南至湖廣襄陽府襄陽縣界一百八十里，西至鄖陽府鄖縣界二百里，北至河南府登封縣界四百三十里。自府治至京師二千一百四十五里，至南京一千七百里。

又卷三一　汝寧府，東至直隸鳳陽府潁州界二百三十里，西至南陽府裕州舞陽縣界一百四十里，南至湖廣黄州府黄陂縣界四百五十里，北至開封府陳州西華縣界一百十五里。自府治至京師二千三百里，至南京二千二百五十里。

汝州，東至開封府許州襄城縣界七十里，西至河南府洛陽縣界八十里，南至南陽府南召縣界九十里，北至河南府登封縣界五十里。自州治至京師一千七百五十里，至南京一千七百五十里。

又卷三二　西安府，東至山西蒲州黄河界三百五十里，西至鳳翔府扶風縣界二百四十里，南至漢中府金州界六百八十里，北至延安府宜君縣界三百五十里。自府治至京師二千六百五十里，至南京二千四百三十里。

又卷三四　鳳翔府，東至西安府武功縣界一百五十五里，西至鞏昌府清水縣界三百一十里，南至漢中府鳳縣界二百里，北至平凉府靈臺縣界二百二十里。自府治至京師三千二百里，至南京四千八百里。

漢中府，東至湖廣襄陽府上津縣界一千四十里，西至四川保寧府廣元縣界三百七十里，南至保寧府巴縣界一百四十里，北至鳳翔府寶雞縣界六百四十里。自府治至京師二千五百三十里，至南京三千五百四十里。

又卷三五　平凉府，東至西安府邠州界二百二十里，南至鳳翔府隴州界二百四十里，西至鞏昌府會寧縣界四百一十里，北至慶陽府環縣界二百九十里。自府治至京師三千四百里，至南京三千一百八十里。

鞏昌府，東至鳳翔府隴州界五百五十里，西至臨洮府渭源縣界七十五里，南至漢中府鳳縣界一千三百里，北至平凉府固原州界六百里。自府治至京師三千六百二十里，至南京三千六百三十里。

又卷三六　臨洮府，東至鞏昌府隴西縣界一百三十五里，西至河州衛界八十里，南至洮州衛界二百五十里，北至莊浪衛界二百七十里。自府治至京師四千六十里，至南京三千八百四十里。

慶陽府，東至延安府鄜州界二百五十里，南至西安府邠州界五百里，西至平凉府鎮原縣界一百五十里，北至古鹽州七百里。自府治至京師三千七十里，至南京三千六百里。

延安府，東至山西黄河界四百五十里，西至慶陽府合水縣界二百里，南至西安府同官縣界四百一十五里，北至沙漠界五百里。自府治至京師二千二百里，至南京四千八百四十里。

又卷三七　寧夏衛，東至省嵬墩二百里，西至賀蘭山一百里，南至慶陽府界三百六十里，北至西瓜山二百九十里。自衛治至京師三千六百四十里，至南京三千八百四十里。

寧夏中衛，東至寧夏大壩二百一十里，南至平凉府開城縣界三百里，西至莊浪衛界七十里，北至觀音山七十里。自衛治至京師三千九百里，至南京三千八百三十里。

洮州衛軍民指揮使司，東至岷州衛冷地峪界五十里，西至生番界九百里，南至疊州生番界一百二十里，北至臨洮府界一百四十里。自衛治至京師四千二百二十里，至南京四千里。

岷州衛軍民指揮使司，東至鞏昌府界一百四十里，西至洮州衛界七十里，南至階州界六百里，北至臨洮府界四百里。自衛治至京師四千一百里，至南京四千里。

河州衛軍民指揮使司，東至臨洮府界一百六十里，西至生蕃界七百里，南至洮州衛界二百里，北至西寧衛界一百七十里。自衛治至京師四千二百里，至南京四千里。

靖虜衛，東至海納都二百里，西至虎豹口四十里，南至郭城驛九十里，北至黄河五里。自衛治至京師三千六百二十里，至南京三千六百三十里。

陝西行都指揮使司，東至臨洮府蘭縣黄河一千一百七十五里，西至肅州衛嘉峪山五百七十里，南至西寧衛黄河一千五百七十五里，北至亦集乃地一千五百里。自都司至京師五千四百里，至南京五千三百一十里。

又卷三八　杭州府，東至赭山海口六十里，西至嚴州府桐廬縣界一百三十五里，南至紹興府蕭山縣界四十五里，北至湖州府德清縣界四十五里。自府至南京九百里，至京師四千二百里。

又卷三九　嘉興府，東至直隸松江府華亭縣界五十里，西至杭州府仁和縣界一百里，南至海八十三里，北至直隸蘇州府吴江縣界二十七里。自府治至南京七百三十八里，至京師四千一百里。

又卷四〇　湖州府，東至直隸蘇州府吴江縣界六十里，西至直隸廣德州界一百三十里，南至杭州府仁和縣界一百二十里，北至蘇州府吴縣界一十八里。自府治至南京七百二十里，至京師四千三百里。

又卷四一　嚴州府，東至杭州府富陽縣界二百里，西至直隸徽州府歙縣界二百三十里，南至金華府蘭溪縣界五十里，北至杭州府於潛縣界一百二十里。自府治至南京一千一百七十里，至京師四千四百二十八里。

又卷四二　金華府，東至台州府天台縣界三百九十八里，西至衢州府龍游縣界九十里，南至處州府縉雲縣界一百八十六里，北至嚴州府建德縣界一百一十里。自府治至南京一千三百三十里，至京師四千五百八十八里。

又卷四三　衢州府，東至金華府蘭溪縣界一百二十二里，西至江西廣信府府山縣界一百一十五里，南至福建建寧府浦城縣界二百一十里，北至嚴州府遂安縣界九十五里。自府治至南京一千五百七十里，至京師四千六百四十里。

又卷四四　處州府，東至台州府仙居縣界一百一十里，西至衢州府江山縣界一百六十五里，南至溫州府瑞安縣界三百五十里，北至金華府永康縣界一百二十里。自府治至南京一千三百三十里，至京師四千五百八十里。

又卷四五　紹興府，東至寧波府慈溪縣界二百里，西至杭州府富陽縣界一百三十五里，南至金華府東陽縣界二百五十里，北至海口三十里。自府治至南京一千二百一十三里，至京師四千六百五十八里。

又卷四六　寧波府，東至海岸一百四里，西至紹興府餘姚縣界一百二十里，南至台州府寧海縣界一百四十六里，北至慈溪縣界海岸六十二里。自府治至南京一千三百八十五里，至京師四千六百四十里。

又卷四七　台州府，東至海岸一百八十里，西至處州府縉雲縣界二百一十九里，南至溫州府樂清縣界二百三十九里，北至紹興府新昌縣界一百四十五里。自府治至南京一千八百三十三里，至京師五千七百七十八里。

又卷四八　溫州府，東至海岸九十里，西至處州府青田縣界九十里，南至福建福州府福寧縣界四百九十里，北至台州府黃巖縣界三百三十里。自府治至南京一千八百九十里，至京師四千六百九十里。

又卷四九　南昌府，東至饒州府餘干縣界二百四十里，西至湖廣岳州府平江縣界四百九十里，南至撫州府樂安縣界二百四十里，北至南康府星子縣界一百八十里。自府治至南京一千五百二十里，至京師四千一百七十五里。

又卷五〇　饒州府，東至浙江衢州府開化縣界三百七十里，西至南康府都昌縣界一百六十里，南至撫州府臨川縣界二百里，北至直隸池州府建德縣界一百七十里。自府治至南京一千五百八十里，至京師五千二十五里。

又卷五一　廣信府，東至浙江衢州府常山縣界一百二十五里，西至饒州府安仁縣界二百里，南至福建建寧府崇安縣界一百六十里，北至饒州府樂平縣界一百六十里。自府治至南京一千八百四十里，至京師五千里。

又卷五二　南康府，東至饒州府鄱陽縣界二百里，西至九江府德安縣界六十里，南至南昌府新建縣界一百二十里，北至九江府德化縣界五十里。自府治至南京一千三百二十里，至京師四千七百六十五里。

又卷五三　九江府，東至直隸池州府東流縣界三百里，西至湖廣武昌府興國州界二百里，南至南康府星子縣界五十里，北至湖廣黃州府黃梅縣界九十里。自府治至南京一千二百六十里，至京師四千六百里。

又卷五三　建昌府，東至福建邵武府光澤縣界二百一十里，西至撫州府宜黃縣界四十里，南至贛州府石城縣界三百四十里，北至撫州府臨川縣界四十里。自府治至南京二千三百八十里，至京師五千八百二十五里。

又卷五四　撫州府，東至饒州府安仁縣界一百二十里，西至吉安府永豐縣界三百二十五里，南至建昌府南城縣界九十里，北至南昌府進賢縣界九十里。自府治至南京二千四十里，至京師五千四百八十五里。

又卷五五　臨江府，東至南昌府豐城縣界八十里，西至袁州府分宜縣界七十里，南至吉安府吉水縣界一百六十里，北至瑞州府高安縣界三十里。自府治至南京一千七百九十里，至京師五千二百三十五里。

又卷五六　吉安府，東至撫州府樂安縣界二百里，西至袁州府宜春縣界一百八十里，南至贛州府贛縣界二百八十五里，北至臨江府新淦縣界一百四十里。自府治至南京二千一百一十里，至京師五千五百五十五里。

又卷五七　瑞州府，東至南昌府新建縣界五十五里，西至袁州府萬載縣界一百八十里，南至臨江府清江縣界六十里，北至南昌府奉新縣界三十五里。自府治至南京一千七百里，至京師四千九百六十五里。

袁州府，東至臨江府新喻縣界一百五十里，西至湖廣長沙府醴陵縣界二百四十里，南至吉安府安福縣界一百二十里，北至瑞州府上高縣界三百四十里。自府治至南京二千六百三十里，至京師六千七十五里。

又卷五八　贛州府，東至福建汀州府長汀縣界四百六十里，西至南安府南康縣界三十里，南至廣東韶州府翁源縣界五百二十五里，北至吉安府萬安縣界一百三十五里。自府治至南京二千八百一十里，至京師五千六百七十里。

南安府，東至贛州府贛縣界二百一十里，西至廣東韶州府仁化縣界一百八十里，南至廣東南雄府保昌縣界二十里，北至吉安府龍泉縣界二百八十里。自府治至南京三千二百一十里，至京師六千六百六十五里。

又卷五九　武昌府，東至江西九江府瑞昌縣界五百二十里，西至漢陽府漢陽縣界五里，南至岳州府臨湘縣界四百里，北至黄州府黄岡縣界七十二里。自府治至南京一千七百一十五里，至京師五千一百七十里。

漢陽府，東至武昌府界隔江七里，南至承天府沔陽州界二百六十里，西至德安府雲夢縣界二百里，北至黄州府黄岡縣界一百二十里。自府治至南京一千七百八十里，至京師五千四百八十五里。

又卷六〇　承天府，東至德安府應城縣界一百六十里，西至荆州府江陵縣界二百二十里，南至岳州府巴陵縣界一百七十里，北至襄陽府宜城縣界一百里。自府治至南京二千六百八十里，至京師六千一百二十五里。

襄陽府，東至德安府隨州界二百一十里，西至陝西漢中府平利縣界一千里，南至承天府荆門州界一百八十里，北至河南南陽府新野縣界九十里。自府治至南京三千七百里，至京師六千八百六十七里。

鄖陽府，東至河南(鄖)[南]陽府(浙)[淅]川縣界　百五十里，西至陝西漢中府平利縣界五百六十里，南至襄陽府均州界九十里，北至陝西漢中府白河縣界二百里。自府治至南京一千九百一十里，至京師二千三百五十里。

又卷六一　德安府，東至黄州府黄陂縣界一百八十里，西至襄陽府棗陽縣界二百里，南至漢陽府漢川縣界二百里，北至河南汝寧府信陽縣界一百八十里。自府治至南京二千二百里，至京師五千六百二十里。

黄州府，東至直隸安慶府宿松縣界五百一十里，西至德安府孝感縣界二百八十里，南至武昌府武昌縣界一十里，北至河南汝寧府羅山縣界四百七十里。自府治至南京一千五百五十里，至京師四千九百九十里。

又卷六二　荆州府，東至承天府沔陽州界二百里，西至四川夔州府巫山縣界六百六十里，南至岳州府澧州界一百九十八里，北至襄陽府宜城縣界二百四十五里。自府治至南京二千七百一十五里，至京師千一百三十里。

岳州府，東至武昌府通城縣界二百里，南至長沙府瀏陽縣界二百九十里，西至辰州府沅陵縣界八百二十五里，北至荆州府監利縣界三十里。自府治至南京二千二百二十五里，至京師五千六百七十里。

又卷六三　長沙府，東至江西袁州府宜春縣界一百五十里，南至衡州府衡山縣界二百三十五里，西至辰州府沅陵縣界六百五十里，北至岳州府巴陵縣界二百六十里。自府治至南京二千四百二十五里，至京師五千八百七十里。

寶慶府，東至衡州府衡陽縣界一百四十里，西至靖州綏寧縣界三百一十里，南至永州府東安縣界一百二十里，北至辰州府溆浦縣界三百八十里。自府治至南京三千七十五里，至京師九千三百九十五里。

又卷六四　衡州府，東至長沙府茶陵縣界一百五十里，西至寶慶府邵陽縣界一百二十里，南至廣東廣州府連州界四百八十里，北至長沙府湘潭縣界一百三十里。自府治至南京三千二百一十五里，至京師六千六百六十里。

常德府，東至岳州府華容縣界三百六十五里，西至辰州府沅陵縣界一百二十里，南至長沙府安化縣界一百二十里，北至澧州界九十里。自府治至南京二千七百六十五里，至京師六千二百一十里。

又卷六五　辰州府，東至常德府桃源縣界一百四十里，南至寶慶府新化縣界三百二十里，西至貴州鎮遠府界六百五十里，北至永順宣慰司界九十里。自府治至南京三千五百里，至京師七千里。

永州府，東至衡州府常寧縣界二百里，西至廣西桂林府全州界一百四十里，南至廣西平樂府富川縣界四百二十里，北至寶慶府邵陽縣界一百七十里。自府治至南京三千四百三十五里，至京師六千八百八十里。

又卷六六　靖州，東至寶慶府武岡州界二百六十里，西至貴州黎平府界一百六十里，南至廣西柳州府融縣界一百八十里，北至辰州府沅州黔陽縣界一百八十里。自州治至南京三千五百七十里，至京師六千一十里。

郴州，東至江西吉安府龍泉縣界三百九十里，西至衡州府桂陽州界四十里，南至廣東韶州府乳源縣界一百九十里，北至衡州府耒陽縣界一百一十里。自州治至南京三千七百里，至京師七千三百里。

施州衛軍民指揮使司，東至荆州府巴東縣五百里，西至酉陽宣撫司九百里，南至安定峒六百八十里，北至石柱宣撫司七百五十里。自衛治至南京三千四百五十五里，至京師七千一百五十里。

永順軍民宣慰使司，東至岳州府澧州慈利縣三百九十里，西至保靖州宣慰司二百二十里，南至辰州府沅陵縣三百一十里，北至永定衛二百九十里。自司治至南京三千八百里，至京師七千三百里。

保靖州軍民宣慰使司，東至鎮溪千户所界一百八十里，西至施州大田軍民千户所界三百里，南至四川酉陽宣撫司界一百八十里，北至永順宣慰司界四十里。自司治至南京三千八百里，至京師七千三百里。

又卷六七　成都府，東至潼川州安岳縣界一百五十里，西至雜谷安撫司界六百三十里，南至眉州彭山縣界一百一十五里，北至潼川州中江縣界二百五十里。自府治至南京七千二百六十里，至京師一萬七百一十里。

又卷六八　保寧府，東至夔州府達縣界七百三十里，西至龍安府界七百里，南至順慶府蓬州界一百七十里，北至陝西漢中府沔縣界五百九十里。自府治至南京五千九百里，至京師一萬三百里。

順慶府，東至夔州府梁山縣界六百二十里，西至潼川州鹽亭縣界一百四十里，南至重慶府定遠縣界一百三十里，北至保寧府南部縣界一百一十里。自府治至南京五千五百六十里，至京師八千八百二十五里。

又卷六九　叙州府，東至瀘州江安縣界一百四十里，西至馬湖府平夷長官司界六十里，南至鎮雄府界四百七十里，北至嘉定州榮縣界二百五十里。自府治至南京六千二十五里，至京師九千二百五十里。

重慶府，東至夔州府萬縣界六百四十五里，西至成都府内江縣界三百八十里，南至播州宣慰司界三百四十里，北至順慶府岳池縣界一百三十里。自府治至南京六千五百里，至京師八千七百里。

又卷七〇　夔州府，東至湖廣荆州府巴東縣界二百一十里，西至重慶府墊江縣界七百四十里，南至湖廣施州衛界二百六十里，北至陝西漢中府平利縣界八百里。自府治至南京三千五百三十里，至京師六千九百八十里。

馬湖府，東至叙州府宜賓縣界四十五里，西至建昌舊邛部州界六百一十里，南至烏蒙府蠻夷長官司界一百一十里，北至宜賓縣界一百二十里。自府治至南京六千一百六十里，至京師九千三百二十里。

龍安府，東至陝西漢中府沔縣界四百里，西至木坪西番界三百里，南至成都府安縣界四百里，北至白馬路長官司界三百一十里。自府治至南京八千八百里，至京師一萬二千二百四十里。

鎮雄府，東至烏撒軍民府界三十里，西至烏蒙軍民府界二百四十里，南至烏撒軍民府界二十五里，北至叙州府珙縣界二百二十里。自府治至南京六千七十里，至京師九千二百三十里。

又卷七一　潼川州，東至順慶府西充縣界二百六十五里，西至成都府漢州界一百八十里，南至重慶府大足縣界四百七十里，北至成都府綿州界九十里。自府治至南京七千二百六十五里，至京師一萬二百六十五里。

眉州，東至成都府仁壽縣界八十五里，西至雅州名山縣界一百八十里，南至嘉定州夾江縣界一百二十里，北至成都府新津縣界八十里。自州治至南京六千九百七十里，至京師一萬四百一十里。

又卷七二　嘉定州，東至成都府内江縣界二百六十里，西至雅州界二百里，南至叙州府宜賓縣界二百二十里，北至眉州青神縣界五十里。自州治至南京六千七百七十里，至京師九千八百四十五里。

瀘州，東至重慶府江津縣界一百五十里，西至叙州府南溪縣界一百六十里，南至永寧宣撫司界二百一十里，北至重慶府榮昌縣界九十里。自州治至南京七千五百里，至京師一萬五百一十里。

雅州，東至嘉定州夾江縣界八十里，西至六番招討使司界五十里，南至嘉定州峨眉縣界一百八十里，北至龍安府蒲江縣界一百一十里。自州治至南京七千七百里，至京師一萬一千二百里。

邛州，東至成都府崇慶州新津縣界五十里，西至雅州蘆山縣界四十里，南至雅州名山縣界五十里，北至夷界三十里。自州治至南京七千八百里，至京師一萬一千四百一十里。

東川軍民府，東至烏撒軍民府界一百二十里，西至會川衛界三百里，南至雲南尋[甸]軍民府界二百二十里，北至烏蒙軍民府界一百五十里。自府治至南京六千六百三十四里，至京師九千七百九十七里。

烏蒙軍民府，東至烏撒軍民府界二十五里，西至建昌衛界四百九十里，南至東川軍民府界一百三十里，北至叙州府界六百三十里。自府治至南京六千六百三十五里，至京師九千八百二里。

烏撒軍民府，東至貴州宣慰司界二百五十里，西至烏蒙軍民府界一百九十里，南至雲南霑益州界九十五里，北至鎮雄府界二百一十里。自府治至南京六千三百一十里，至京師九千四百八十里。

遵義府，東至貴州偏橋衛界四百八十里，西至瀘州合江縣界一千五十里，南至貴州養龍坑長官司界九十里，北至重慶府綦江縣界三百五十里。自司治至南京六千七百里，至京師九千七百里。

永寧宣撫司，東至播州界二百五十里，西至瀘州江安縣界一百五十里，南至鎮雄府界四百里，北至瀘州合江縣界一百六十里。自司治至南京五千六百一十里，至京師八千七百八十里。

又卷七三　天全六番招討使司，東至雅州界五十里，西至長河西宣慰司界一百四十里，南至雅州榮經縣界六十里，北至董卜韓胡宣慰司界一百五十里。自司治至南京七千八百四十里，至京師一萬一千二百九十里。

黎州安撫司，東至沖天山八十里，西至雜道長官司界一百三十里，南至越嶲衛界九十里，北至榮經縣界二十里。自司治至南京七千九百九十里，至京師一萬一千四百四十里。

平茶洞長官司，東至石耶長官司界一十里，西至貴州銅仁府烏羅長官司界二十里，南至銅仁府界一百里，北至西陽宣撫司界五十里。自司治至南京五千七百六十里，至京師八千八百六十七里。

松潘等處軍民指揮使司，東至龍安府界一百九十里，西至吐蕃草地界四百八十里，南至壘溪守禦千户所界二百里，北至陝西洮州衛界八百六十里。自司治至南京八千二十五里，至京師一萬一千四百七十里。

疊溪守禦軍民千户所，東至犛牛山界五里，西至生番界六十里，南至茂州衛界三十里，北至松潘界六十五里。自所治至南京七千八百二十里，至京師一萬一千二百七十里。

四川行都指揮使司，東至烏蒙府界五百里，西至常郎堡生吐蕃界五十里，南至雲南武定府界七百八十里，北至寧蕃衛界一百四十里。自司治至南京八千五百里，至京師一萬一千五百里。

又卷七四　福州府，東至海岸一百九十里，西至延平府南平縣界二百五十里，南至興化府莆田縣界二百三十里，北至浙江温州府平陽縣界六百三十里。自府治至南京二千八百七十二里，至京師六千一百二十三里。

又卷七五　泉州府，東至海岸一百三十里，西至漳州府長泰縣界一百五十里，南至海岸一百三里，北至興化府仙遊縣界一百三十二里。自府治至南京三千二百五十五里，至京師七千二百五十五里。

又卷七六　建寧府，東至福州府福安界三百三十六里，西至延平府順昌縣界一百一十五里，南至延平府南平縣界八十里，北至江西廣信府上饒縣界三百二十里。自府治至南京二千三百一十里，至京師五千七百五十五里。

又卷七七　延平府，東至建寧府建安縣界五十里，西至汀州府清流縣界三百二十五里，南至福州府古田縣界一百二十里，北至邵武府邵武縣界一百八十里。自府治至南京二千四百七十里，至京師五千二百九十三里。

汀州府，東至延平府將樂縣界三百三十里，西至江西贛州府瑞金縣界八十里，南至廣東潮州府程鄉縣界三百一十里，北至贛州府石城縣界一百四十里。自府治至南京二千八百八十六里，至京師五千二百二十六里。

興化府，東至海岸九十里，西至泉州府永春縣界一百二十五里，南至海岸四十里，北至福州府永福縣界八十里。自府治至南京三千一百四十里，至京師六千四百里。

又卷七八　邵武府，東至延平府順昌縣界一百二十里，西至江西建昌府新城縣界一百四十里，南至汀州府寧化縣界三百四十里，北至江西廣信府鉛山縣界三百里。自府治至南京二千四百五十里，至京師四千八百三十里。

漳州府，東至泉州府同安縣界八十里，西至汀州府長汀縣界二百三十里，南至廣東潮州府潮陽縣界三百五十五里，北至延平府尤溪縣界三百里。自府治至南京三千五百二十五里，至京師七千五百二十五里。

福寧州，東至浙江温州府平陽縣界三百三十里，西至建寧府政和縣界四百二十里，南至海岸三百六十里，北至温州府泰順縣界三百里。自州治至南京二千三百二十五里，至京師五千七百二十里。

又卷七九　廣州府，東至惠州府博羅縣界二百二十里，西至肇慶府高要縣界二百二十里，南至海岸三百四十里，北至韶州府英德縣界三百五里。自府治至南京四千三百九十里，至京師七千八百三十五里。

韶州府，東至南雄府始興縣界一百五十里，西至廣州府陽山縣界四百五十里，南至廣州府清遠縣界三百七十里，北至湖廣郴州桂陽縣界二百二十里。自府治至南京三千五百九十里，至京師七千三十五里。

又卷八〇　南雄府，東至江西贛州府信豐縣界二百四十里，西至韶州府曲江縣界一百四十里，南至贛州府龍南縣界三百里，北至江西南安府大庾縣界八十里。自府治至南京三千三百里，至京師六千七百四十五里。

惠州府，東至潮州府潮陽縣界六百五十三里，西至海岸二百五十里，南至海岸一百一十里，北至江西贛州府龍南縣界六百三十里。自府治至南京四千九百里，至京師八千三百四十五里。

潮州府，東至海岸一百五十里，西至惠州府海豐縣界二百五十里，南至海岸一百五十里，北至福建汀州府上杭縣界三百一十五里。自府治至南京六千五百八十里，至京師九千七百四十七里。

又卷八一　肇慶府，東至廣州府南海縣界九十里，西至廣西梧州府蒼梧縣界四百里，南至高州府電白縣界六百里，北至廣州府清遠縣界一百七十五里。自府治至南京四千二百六十里，至京師七千四百二里。

高州府，東至肇慶府陽江縣界一百九十里，西至廉州府石康縣界二百四十里，南至海岸一百五十里，北至廣西梧州府岑溪縣界一百三十里。自府治至南京五千四百八十里，至京師八千六百四十七里。

又卷八二　廉州府，東至化州石城縣界一百三十里，西至廣西上思州界三百三十里，南至海崖八十里，北至廣西南寧府横州界二百六十里。自府治至南京五千六百二十里，至京師九千六十五里。

雷州府，東至海岸一十里，西至海岸二百里，南至海岸二百里，北至高州府石城縣界三百二十里。自府治至南京五千五百九十五里，至京師九千四十里。

瓊州府，東至海岸四百九十里，西至海岸四百一十里，南至海岸一千一百三十里，北至海岸一十里。自府治至南京六千四十五里，至京師九千四百九十里。

又卷八三　桂林府，東至湖廣永州府道州界六百里，西至潯州府南平縣界三百五十里，南至柳州府馬平縣界二百六十里，北至湖廣寶慶府武岡州界三百八十里。自府治至南京四千二百九十五里，至京師七千四百六十二里。

柳州府，東至桂林府脩仁縣界二百三十里，西至慶遠府天河縣界二百五十里，南至南寧府宣化縣界四百里，北至桂林府永寧州界一百五十里。自府治至南京四千五百六十五里，至京師七千七百三十二里。

又卷八四　慶遠府，東至柳州府柳城縣界七十里，西至利州界七百里，南至柳州府賓州界一百四十里，北至柳州府融縣界九十里。自府治至南京七千五百里，至京師一萬一千里。

平樂府，東至廣東廣州府連山縣界五百里，南至梧州府蒼梧縣界四百二十里，西至桂林府陽朔縣界六十里，北至桂林府灌陽縣界三百四十里。自府治至南京四千四百六十里，至京師七千六百四十二里。

梧州府，東至廣東肇慶府封川縣界三十里，西至潯州府南平縣界二百四十五里，南至廣東高州府信宜縣界一百八十里，北至平樂府賀縣界一百七十里。自府治至南京五千九十五里，至京師八千二百六十二里。

又卷八五　潯州府，東至梧州府藤縣界一百六十五里，西至南寧府宣化縣界五百一十八里，南至梧州府容縣界一百八十八里，北至柳州府武宣縣界一百八十里。自府治至南京五千五百里，至京師八千五百四十五里。

南寧府，東至柳州府賓州界一百二十里，西至太平府羅陽縣界六十里，南至廣東廉州府欽州界一百三十里，北至羈縻州溪峒界七十里。自府治至南京六千四百一十里，至京師九千二百七十里。

太平府，東至交阯界二百四十五里，西至龍州界二百里，南至江州界六十五里，北至向武州界三百里。自府治至南京六千九百八十里，至京師一萬四百二十五里。

思明府，東至廣東欽州界三百里，西至交阯界一百三十里，南至思陵州界八十里，北至江州界四十里。自府治至南京六千三百六十里，至京師九千五百二十七里。

思恩軍民府，東至柳州府上林縣界二百五十里，西至果化州界一百六十里，南至南寧府武緣縣界一百二十里，北至慶遠府河池縣界一百七十里。自府治至南京七千五百里，至京師一萬一千三百里。

鎮安府，東至向武州界八十里，西至交阯廣源州界三百五十里，南至都康州界六十里，北至奉議州界四十里。自府治至南京七千六百五十里，至京師一萬一千四百九十五里。

田州，東至南寧府界五百三十里，西至泗城州界一百一十里，南至奉議州界一百里，北至慶遠府東蘭州界二百五十里。自州治至南京七千五百二十里，至京師一萬一千三百三十里。

泗城州，東至東蘭州界三百里，西至上林長官司界一百二十里，南至田州界一百八十里，北至永寧州界一千里。自州治至南京七千六百里，至京師一萬一千四十五里。

利州，東至泗城州界八十里，西至安隆長官司界一百五十里，南至田州界二百五十里，北至永寧州界九百里。自州至南京七千六百里，至京師一萬一千四十五里。

奉議州，東至田州界一十里，西至田州界一十五里，南至鎮安府界一百二十里，北至田州界一里。自州治至南京七千五百一十里，至京師一萬九百五十五里。

向武州，東至田州上林縣界五十里，西至鎮安府界一百二十里，南至太平府鎮遠州界七十里，北至田州界一百二十里。自州治至南京七千五百里，至京師一萬九百四十五里。

都康州，東至龍英州界二十里，西至鎮安府界一十里，南至龍英州界五里，北至向武州界五里。自州治至南京七千五百十里，至京師一萬九百九十五里。

龍州，東至太平府界二百里，西至上下凍州界四十里，南至思明府界一百四十里，北至安平州界一百八十里。自州治至南京七千一百一十五里，至京師一萬五百六十里。

江州，東至忠州界一百二十里，西至龍州界九十里，南至思明府界一百里，北至太平府界一十五里。自州治至南京七千里，至京師一萬四百四十五里。

思陵州，東至忠州界四百二十里，西至思明府界七十里，南至交阯界三百九十里，北至思明府界一百二十里。自州治至南京六千四百八十里，至京師九千九百二十七里。

上林長官司，東至泗城州界二百里，西至安隆長官司界一百五十里，南至雲南廣南府富州界一百五十里，北至泗城州界一百五十里。自司治至南京二千四百里，至京師一萬八百四十五里。

安隆長官司，東至泗城州界四十里，西至雲南廣南府界六百里，南至上林長官司界二百里，北至貴州宣慰使司界八百里。自司治至南京八千一百二十里，至京師一萬一千五百六十五里。

又卷八六　雲南府，東至澂江府邑市縣界一百八十里，南至澂江府河陽縣界一百二十里，西至臨安府廣通縣界三百五十里，北至尋甸軍民府界二百一十里。自府治至南京七千二百里，至京師一萬六百四十五里。

大理府，東至姚安府姚州界二百四十里，西至永昌府永平縣界一百八十里，南至順寧府界三百一十里，北至鶴慶府界一百二十里。自府治至南京八千里，至京師一萬一千四百五十里。

臨安府，東至維摩州界二百四十里，西至元江府界一百八十里，南至寧遠州界六百八十里，北至澂江府界二百里。自府治至南京七千五百里，至京師一萬九百九十里。

楚雄府，東至雲南府禄豐縣界二百里，西至景東府界三百八十里，南至元江軍民府界二百八十里，北至兆安軍民府界一百九十里。自府治至南京七千五百七十五里，至京師一萬一千二十里。

澂江府，東至廣州府彌勒州界二百里，南至臨安府寧州界九十里，西至雲南府晉寧州界二十五里，北至雲南府宜良縣界五十五里。自府治至南京七千三百里，至京師一萬七百四十五里。

蒙化府，東至大理府趙州界三十八里，西至順寧府界一百五十里，南至楚雄府定邊縣界六十里，北至大理府太和縣界九十里。自府治至南京七千九百七十里，至京師一萬一千四百一十里。

又卷八七　景東府，東至楚雄府楚雄縣界三百二十里，西至大侯州界三百六十里，南至威遠州界四百里，北至楚雄府定邊縣界二百里。自府治至南京八千一百八十里，至京師一萬一千六百里。

廣南府，東至廣西泗城州界一百二十里，西至廣西府維摩州界一百五十里，南至古器野界六十里，北至泗城州界二百四十里。自府治至南京七千九百九十里，至京師一萬一千四百三十里。

廣西府，東至廣南府界四百五十里，南至臨安府阿彌州界一百六十里，西至臨安府寧州界一百八十里，北至曲靖府羅雄州界五十里。自府治至南京七千五百二十里，至京師一萬九百六十五里。

鎮沅府，東至者樂甸長官司界二百里，西至景東府界三十里，南至威遠州界三十里，北至楚雄府南安州界二百里。自府治至南京八千六百里，至京師一萬二千四百五十里。

永寧府，東至四川行都司鹽井衛界一十五里，西至麗江軍民府寶山州界一百里，南至瀾滄衛蒗蕖州界一百五十里，北至西番界三百三十里。自府治至南京八千六百六十里，至京師一萬二千一百里。

順寧府，東至蒙化府界一百八十里，西至灣甸州界二百八十里，南至孟定府界四百七十里，北至永昌永平縣界四百二十里。自府治至南京八千一百八十里，至京師一萬一千六百二十里。

曲靖軍民府，東至普安州界一百七十里，西至尋甸軍民府界一百四十里，南至廣西府界一百六十里，北至四川烏撒軍民府界二百九十里。自府治至南京六千八百六十里，至京師一萬三百五里。

姚安軍民府，東至武定軍民府元謀縣界三百二十里，南至楚雄府鎮南州界一百二十里，西至大理府雲南縣界一百八十里，北至北勝州界四百五十里。自府治至南京七千七百六十五里，至京師一萬一千二百一十里。

鶴慶軍民府，東至北勝州界五十里，西至麗江軍民府界二百里，南至大理府鄧川州界一百三十里，北至麗江軍民府界七十里。自府治至南京八千二百四十里，至京師一萬一千六百九十里。

武定軍民府，東至雲南府富民縣界一百五十里，西至楚雄府定遠縣界三百里，南至雲南府羅吹縣界六十里，北至麗江軍民府通安州界二百五十里。自府治至南京七千三百九十里，至京師一萬八百三十里。

尋甸軍民府，東至曲靖軍民府霑益州界九十里，南至曲靖軍民府馬龍州界六十里，西至武定軍民府界一百五十里，北至四川東川軍民府界一百一十里。自府治至南京七千八十里，至京師一萬五百二十里。

麗江軍民府，東至瀾滄衛蒗蕖州界一百八十里，西至西番浪滄江二百里，南至鶴慶軍民府界七十里，北至永寧府革甸長官司界三百二十里。自府治至南京八千三百里，至京師一萬一千七百六十里。

元江軍民府，東至臨安府石屏州界一百一十里，西至思倫發者癸寨界三百里，南至臨安府思陀甸長官司界二百一十里，北至新化州界二百里。自府治至南京七千八百四十里，至京師一萬一千二百八十五里。

永昌軍民府，東至蒙化府界三百六十里，南至灣甸州界二百七十里，西至騰衝衛界二百二十里，北至大理府雲龍州界一百二十里。自府治至南京八千三百六十五里，至京師一萬一千八百一十里。

北勝州，東至馬剌長官司界三百五十里，西至鶴慶軍民府順州界二十里，南至大理府雲南縣界一百六十里，北至瀾滄衛蒗蕖州界五十里。自州治至南京八千三百里，至京師一萬一千七百五十里。

馬龍他郎甸長官司，東至臨安府嶍峨縣界二百二十里，南至元江軍民府界二百七十里，西至者樂甸長官司界三百四十里，北至楚雄府南安州界四百三十里。自州治至南京七千八百里，至京師一萬一千二百四十五里。

者樂甸長官司，東至馬龍他郎甸長官司界三百四十里，西至鎮沅府界八十里，南至鈕兀長官司界三百二十里，北至景東府界一百里。自司治至南京八千二百一十五里，至京師一萬一千六百四十五里。

瀾滄衛軍民指揮使司，東至姚安軍民府大姚縣界四百里，西至鶴府順州界二十里，南至大理府雲南縣界一百六十里，北至永寧府界二百一十里。自衛治至南京八千三百里，至京師一萬一千七百五十一里半。

金齒軍民指揮使司，東至蒙化府界三百六十里，南至灣甸州界二百七十里，西至騰衝衛界一百三十里，北至大理府雲龍州界一百□十里。自司治至南京三千八百六十五里，至京師一萬一千八百一十里。

騰衝軍民指揮使司，東至金齒潞江安撫司界一百二十里，西至麻里長官司界三百里，南至南甸州界二十里，北至茶山長官司界二百四十里。自司治至南京八千六百四十里，至京師一萬二千八十五里。

車里軍民宣慰使司，東至落恐蠻界，南至波勒蠻界，西至八百大甸宣慰使司界，北至元江軍民府界。自司治西北至布政司一十八程，轉達於京師。

木邦軍民宣慰使司，東至八百大甸宣慰使司界，南至木克剌蠻界，西至緬甸宣慰使司界，北至芒市長官界。自司治東北至布政司三十五程，轉達於京師。

孟養軍民宣慰使司，東至金沙江南至緬甸宣慰使司界，西至古剌界，北至干崖宣撫司界。自司治北至布政司三十七程，轉達於京師。

緬甸軍民宣慰使司，東至木邦宣慰使司界，南至南海，西至戛里界，北至隴川宣撫界。自司治東北至布政司三十八程，轉達於京師。

八百大甸軍民宣慰使司，東至老撾宣慰使司界，南至波勒蠻界，西至木邦宣慰使司界，北至孟艮府界。自司治北至布政使三十八程，轉達於京師。

老撾軍民宣慰使司，東至水尾界，南至交阯界，西至寧遠界，北至車里宣慰使司界。自司治西北至布政司六十八程，轉達於京師。

孟定府，東至威遠州界，南至木邦宣慰使司界，西至隴川宣撫司界，北至鎮康州界。自府治東北至布政司二十八程，轉達於京師。

孟艮府，東至車里宣慰使司界，南至八百大甸宣慰使司界，西至木邦宣慰使司界，北至孟璉界。自府治北至布政司三十八程，轉達於京師。

南甸宣撫司，東至永昌潞江安撫司界，南至隴川宣撫司界，西至千崖宣撫司界，北至騰衝軍民指揮使界。自司治東北至布政司二十二程，轉達於京師。

干崖宣撫司，東至南甸宣撫司界，南至隴川宣撫司界，西北俱至南甸宣撫司界。自司治東北至布政司二十三程，轉達於京師。

隴川宣撫司，東至芒市長官司界，南至木邦宣慰使司界，西至干崖宣撫司界，北至南甸宣撫司界。自司治東北至布政司二十八程，轉達於京師。

威遠州，東至他郎甸長官司界，南至孟璉長官司界，西至孟定府界，北至景東府界。自州東東北至布政司一十九程，轉達於京師。

灣甸州，東至大侯州界，南至鎮康州界，西至金齒施甸長官司界，北至順寧府界。自州治東北至布政司二十程，轉達於京師。

鎮康州，東至孟璉長官司界，南至孟定府界，西至金齒潞江安撫司界，北至大侯州界。自州治東北至布政司二十三程，轉達於京師。

大侯州，東至景東府界。南至鎮康州界，西至灣甸州界，北至順寧府界。自州治東北至布政司二十三程，轉達於京師。

鈕兀長官司，東至元江軍民府界，南至車里宣慰使司界，西至威遠州界，北至臨安府思陀甸長官司界。自司治北至布政司一十六程，轉達於京師。

芒山長官司，東至鎮康州界，西、南俱至隴川宣撫司界，北至金齒潞江安撫司界。自司治東北至布政司二十三程。轉達於京師。

又卷八八　貴陽府，東至龍里衛界九十里，西至安順州界七十里，南至廣西泗城州界九十里，北至舊程番府界四十里。自府治至南京四千三百九十里，至京師七千七百三十里。

貴州宣慰使司，東至龍里衛界五十里，西至四川烏撒軍民府界九百五里，南至廣西泗城州界、北至四川播州宣慰司界俱二百五十里。自司治至南京四千二百五十里，至京師七千六百六十里。

思州府，東至湖廣辰州府沅州界九十里，西至鎮遠府界一百里，南至黎平府界，北至銅仁府界俱二百二十里。自府治至南京四千二百里，至京師七千七百二十里。

思南府，東至銅仁府界三百九十里，西至四川播州宣慰使司界四百里，南至石阡府界一百四十里，北至四川涪州彭水縣界六百五十里。自府治至南京四千四百五里，至京師七千三百九十五里。

鎮遠府，東至思州府界西至興隆衛界俱一百二十里，西至播州容山長官司界六十里，北至石阡府界一百八十里。自府治至南京四千四百里，至京師七千九百三十里。

石阡府，東至銅仁府提溪長官司界一百八十里，南至鎮遠府鎮遠金容金達蠻夷長官司界一百七十里，西至四川播州餘慶長官司界一百六十里，北至思南府水德江長官司界一百二十里。自府治至南京四千里，至京師七千七百六十里。

銅仁府，東至思州府施溪長官司界，南至黃道溪長官司界俱七十里，西至思南府思印江長官司界二百里，北至四川邑棲長官司界二百二十里。自府治至南京四千二百七十里，至京師七千八百里。

黎平府，東至湖廣靖州界三百四十里，西至鎮遠府卬水長官司界三百六十里，南至廣西柳州府羅城縣界五百里，北至湖廣辰州府沅州界四百里。自府治至南京二千七百五十里，至京師六千二百里。

普安州，東至普定衛界一百九十里，西至雲南平夷衛界一百二十里，南至雲南廣南衛界四百五十里，北至貴州宣慰使司界五百五十里。自州治至南京五千三百里，至京師八千四百里。

永寧州，東至鎮寧州界二十五里，西至慕役長官司界四十里，南至廣西泗城州界一百六十里，北至安順州寧谷長官司界三十里。自州治至南京四千八百三十里，至京師八千二百里。

鎮寧州，東至康佐長官司界，南至永寧州界俱三十里，西至永寧州界五十里，北至寧谷長官司界二十五里。自州治至南京四千八百六十里，至京師八千二百二十里。

安順州，東至金筑安撫司界七十里，西至寧谷寨長官司界三十里，南至金筑安撫司刺曹寨五十里，北至鎮寧州十二營長官司界七十里。自州治至南京四千九百一十里，至京師八千二百九十里。

新添衛軍民指揮使司，東至平越衛界八十里，西至龍里衛界六十里，南至龍里衛太平伐界九十里，北至杉木箐界五十里。自衛治至南京四千七百三十里，至京師八千二百六十里。

平越衛軍民指揮使司，東至清平衛平定長官司界七十里，南至新添衛界六十里，西至四川播州草塘安撫司界，北至黄平安撫司界俱一百二十里。自衛治至南京四千六百七十里，至京師八千二百里。

龍里衛軍民指揮使司，東至新添衛界三十里，西至貴州衛界二十五里，南至大平伐長官司界六十里，北至貴州宣慰司界二十里。自府治至南京四千八百五十里，至京師八千三百八十五里。

都勻衛軍民指揮使司，東至四川播州宣慰司界二百二十里，西至龍里衛平伐長官司界一百二十里，南至廣西慶遠府南丹州界三百一十里，北至平越衛平伐長官司界一百里。自衛治至南京四千七百一十五里，至京師八千二百四十五里。

畢節衛，東至赤水衛界六十里，西至四川烏撒軍民府界一百一十里，南至水西奢香驛界二百二十里，北至四川芒部軍民府界八十里。自衛治至南京六千三百九十里，至京師九千五百六十里。

威清衛，東至貴州宣慰司界一十里，西至平壩衛界三十五里，南至金筑安撫司界八十里，北至水西鴨池河界九十里。自衛治至南京四千九百四十里，至京師八千三百六十里。

平壩衛，東至威清衛界四十五里，南至金筑安撫司界四十里，西至普安衛界，北至蒙楚地界俱三十里。自衛治至南京四千六百七十里，至京師八千五十里。

安南衛，東至安莊衛一百六十里，西至普安州一百六十里，南至廣西安降長官司五百二十里，北至普安州二百五十里。自衛治至南京四千六百五十里，至京師七千一十四里。

凱里安撫司，東至四川永寧宣撫司界一百里，西至永寧宣撫司九姓長官司界一百四十里，南至赤水衛摩尼千户所界，北至永寧衛界俱五十里。自司治至南京四千八百八十里，至京師八千二百五十里。

《明史》卷四〇《地理志一》 京師

順天府

通州，【略】西距府四十里。

霸州，【略】北距府二百十里。

涿州，【略】東北距府百四十里。

昌平州，【略】南距府九十里。

薊州，【略】西距府二百里。

保定府，【略】東北距京師三百五十里。

祁州，【略】北距府百二十里。

安州，【略】西距府七十里。

易州，【略】南距府百二十里。

河間府，【略】北距京師四百十里。

景州，【略】西北距府百八十五里。

滄州，【略】西距府百五十里。

真定府，【略】東北距京師六百三十里。

定州，【略】西南距府百三十里。

冀州，【略】西北距府二百八十里。

晉州，【略】西距府九十里。

趙州，【略】北距府百二十里。

深州，【略】西距府二百五十里。

順德府，【略】距京師一千里。

廣平府，【略】東北距京師千里。

大名府，【略】東北距京師千一百六十里。

開州，【略】北距府百六十里。

永平府，【略】西距京師五百五十里。

灤州，【略】東北距府四十里。

延慶州，【略】東南距京師百八十里。

保安州，【略】東南距京師三百里。

萬全都指揮使司,【略】東南距京師三百五十里。
萬全左衛,【略】東距都司六十里。
萬全右衛,【略】東距都司八十里。
懷安衛,【略】東距都司百二十里。
懷來衛,【略】西北距都司百五十里。
開平衛,【略】西南距都司三百里。
龍門衛,【略】西距都司百二十里。
龍門守禦千户所,【略】西南距都司二百四十里。
長安嶺堡,【略】西南距都司一百四十里。
鵰鶚堡,【略】西南距都司一百七十里。
赤城堡,【略】西南距都司二百里。
雲州堡,【略】西南距都司二百十里。
馬營堡,【略】西南距都司二百里。
北平行都指揮使司,【略】西南距北平布政司八百里。
新城衛,【略】距行都司六十里。
富峪衛,【略】距行都司一百二十里。
全寧衛,【略】西南距行都司二百里。
營州右屯衛,【略】西北距行都司四百里。

南京,【略】距北京三千四百四十五里。
鳳陽府,【略】距南京三百三十里。
壽州,【略】東距府一百八十里。
泗州,【略】西距府二百十里。
宿州,【略】東南距府二百三十三里。
潁州,【略】東距府四百四十里。
亳州,【略】東南距府四百五十里。
淮安府,【略】西南距南京五百里。
海州,【略】南距府二百七十里。
邳州,【略】東南距府四百五十里。
揚州府,【略】西距南京二百二十里。
高郵州,【略】西南距府百二十里。
泰州,【略】西距府百二十里。
通州,【略】西距府四百里。
蘇州府,【略】西距南京五百八十八里。
太倉州,西距府一百零五里。
松江府,【略】西北距南京七百七十里。
常州府,【略】西北距南京三百六十里。
鎮江府,【略】西距南京城二百里。

廬州府,【略】距南京五百十里。
無爲州,【略】西北距府二百八十里。
六安州,【略】東距府百八十里。
安慶府,【略】北距南京六百五十里。
太平府,【略】東距南京百三十五里。
池州府,【略】東北距南京五百五十里。
寧國府,【略】北距南京三百十里。
徽州府,【略】北距南京六百八十里。
徐州,【略】南距南京一千里。
滁州,【略】東距南京一百四十五里。
和州,【略】東南距南京百三十里。
廣德州,【略】北距南京五百里。

又卷四一《地理志二》 山東,【略】距南京一千八百五十里,京師九百里。

濟南府
泰安州,【略】北距府百八十里。
德州,【略】東南距府二百八十里。
武定州,【略】西南距府二百四十里。
濱州,【略】西南距府三百五十里。
兖州府,【略】東北距布政司三百五十里。
濟寧州,【略】東距府六十里。

東平州，【略】東南距府百五十里。
曹州，【略】東北距府三百里。
沂州，【略】西距府五百六十里。
東昌府，【略】東距布政司二百九十里。
臨清州，【略】東南距府百二十里。
高唐州，【略】西南距府百二十里。
濮州，【略】東北距府二百里。
青州府，【略】西距布政司三百二十里。
莒州，【略】北距府二百里。
萊州府，【略】西距布政司六百四十里。
平度州，【略】北距府百里。
膠州，【略】北距府二百二十里。
登州府，【略】西距布政司一千零五十里。
寧海州，【略】西距府二百二十里。
遼東都指揮使司，【略】由海道至山東布政司二千一百五十里。距南京一千四百里，京師一千七百里。
海州衛，【略】東北距都司百二十里。
蓋州衛，【略】北距都司二百四十里。
復州衛，【略】北距都司四百二十里。
金州衛，【略】北距都司六百里。
廣寧衛，【略】東距都司四百二十里。
義州衛，【略】東南距都司五百四十里。
廣寧中屯衛，【略】東南距都司六百里。
廣寧右屯衛，【略】東南距都司五百四十里。
廣寧前屯衛，【略】東距都司九百六十里。
寧遠衛，【略】東距都司七百七十里。
瀋陽中衛，【略】南距都司百二十里。
鐵嶺衛，【略】南距都司二百四十里。
三萬衛，【略】南距都司三百三十里。

山西，【略】距南京二千四百里，京師千二百里。
太原府
平定州，【略】西北距府一百八十里。
忻州，【略】南距府百六十里。
代州，【略】西南距府三百五十里。
岢嵐州，【略】東南距府二百八十里。
保德州，【略】東南距府五百里。
平陽府，【略】東北距布政司五百九十里。
蒲州，【略】東北距府四百五十里。
解州，【略】東北距府三百四十里。
絳州，【略】東北距府百五十里。
霍州，【略】南距府百四十五里。
吉州，【略】東距府二百七十里。
隰州，【略】東南距府二百八十里。
汾州府，【略】東北距布政司二百里。
永寧州，【略】東南距府百六十里。
潞安府，【略】西北距布政司四百五十里。
大同府，【略】南距布政司六百七十里。
渾源州，【略】西北距府百三十里。
應州，【略】北距府百二十里。
朔州，【略】東北距府二百八十里。
蔚州，【略】西北距府三百五十里。
澤州，【略】西北距布政司六百二十里。
沁州，【略】西北距布政司三百十里。
遼州，【略】西北距布政司三百四十里。
山西行都指揮使司
鎮朔衛，【略】東北距行都司一百二十里。
定邊衛，【略】東南距行都司一百九十里。
陽和衛，【略】西南距行都司一百二十里。
天成衛，【略】西南距行都司一百二十里。

威遠衛，【略】東距行都司一百八十里。
平虜衛，【略】東北距行都司二百四十里。
雲川衛，【略】東距行都司二百十里。
玉林衛，【略】東距行都司二百四十里。
高山衛，【略】東距行都司三十里。
宣德衛，【略】東南距行都司八十里。
東勝衛，【略】西距行都司五百里。

又卷四二《**地理志三**》　河南，【略】距南京一千一百七十五里，京師一千五百八十里。

開封府
陳州，【略】西北距府二百六十五里。
許州，【略】東北距府二百二十里。
禹州，【略】東北距府三百二十里。
鄭州，【略】東北距府百四十里。
河南府，【略】東距布政司三百八十里。
陝州，【略】東距府三百里。
歸德府，【略】西距布政司三百五十里。
睢州，【略】東距府百七十里。
汝寧府，【略】距布政司四百六十里。
信陽州，【略】東北距府二百七十里。
光州，【略】西北距府三百里。
南陽府，【略】距布政司六百八十里。
鄧州，【略】東北距府百二十里。
裕州，【略】西南距府百二十里。
懷慶府，【略】東南距布政司三百里。
衛輝府，【略】東南距布政司一百六十里。
彰德府，【略】南距布政司三百六十里。
磁州，【略】南距府七十里。
汝州，【略】東北距布政司四百九十里。

陝西，【略】距南京二千四百三十里，京師二千六百五十里。
西安府
華州，【略】西距府二百里。
商州，【略】西北距府二百二十里。
同州，【略】西南距府二百六十里。
耀州，【略】南距府百八十里。
乾州，【略】東南距府百六十里。
邠州，【略】東南距府三百五十里。
鳳翔府，【略】東距布政司三百四十里。
隴州，【略】東南距府百八十里。
漢中府，【略】東北距布政司九百六十里。
寧羌州，【略】東北距府三百里。
延安府，【略】南距布政司七百四十里。
鄜州，【略】北距府百八十里。
綏德州，【略】西南距府三百六十里。
葭州，【略】西南距府五百八十里。
慶陽府，【略】東南距布政司五百七十里。
寧州，【略】北距府百五十里。
平涼府，【略】東南距布政司六百五十里。
涇州，【略】西北距府百五十里。
靜寧州，【略】東距府二百三十里。
固原州，【略】東南距府百七十里。
鞏昌府，【略】東距布政司千六十里。
秦州，【略】西距府三百里。
階州，【略】西北距府八百里。
徽州，【略】西北距府四百八十里。
臨洮府，【略】南距布政司千二百六十里。
蘭州，【略】南距府二百十里。
河州，【略】東北距府百八十里。
靈州，【略】距布政司九百九十三里。

興安州，【略】西北距布政司六百四十里。
洮州衛，【略】南距布政司千六百七十里。
岷州衛，【略】南距布政司千五百五十里。
榆林衛，【略】南距布政司千一百二十里。
寧夏衛，【略】東南距布政司千四百里。
寧夏後衛，【略】東南距布政司千一百二十里。
寧夏中衛，【略】南距布政司千一百十里。
靖虜衛，【略】南距布政司千二百二十里。
陝西行都指揮使司，【略】距布政司二千六百四十五里。
肅州衛，【略】東距行都司五百十里。
山丹衛，【略】西距行都司百八十里。
永昌衛，【略】西北距行都司三百十里。
涼州衛，【略】西北距行都司五百里。
鎮番衛，【略】西距行都司五百五十里。
莊浪衛，【略】北距行都司九百四十里。
西寧衛，【略】西北距行都司千三百五十里。
碾伯守禦千户所，【略】西北距行都司千二百三十里。
沙州衛，【略】東距行都司千三百六十里。
鎮夷守禦千户所，【略】東南距行都司三百里。
古浪守禦千户所，【略】東南距行都司六百四十里。
高臺守禦千户所，【略】東南距行都司一百六十里。

又卷四三《地理志四》 四川，【略】距南京七千二百六十里，京師一萬七百一十里。

成都府
簡州，【略】西北距府百五十里。
崇慶州，【略】東北距府百十里。
漢州，【略】西南距府百十里。
綿州，【略】西南距府三百六十里。
茂州，【略】東南距府五百五十里。
威州，【略】東南距府四百五十里。
保寧府，【略】西南距布政司七百里。
劍州，【略】東南距府三百二十里。
巴州，【略】東北距府三百五十里。
順慶府，【略】西南距布政司六百里。
蓬州，【略】西南距府百四十里。
廣安州，【略】西北距府二百十里。
夔州府，【略】西距布政司千九百里。
達州，【略】東南距府八百里。
重慶府，【略】西北距布政司五百五十里。
合州，【略】南距府百五十里。
忠州，【略】西距府八百里。
涪州，【略】西距府四百三十里。
遵義軍民府，【略】西北距布政司千七百里。
真安州，【略】西南距府二百里。
叙州府，【略】北距布政司千二百里。
高州，北距府百五十里。
龍安府，【略】南距布政司四百八十里。
馬湖府，【略】東北距布政司千一百里。
鎮雄府，【略】北距布政司千五百八十里。
烏蒙軍民府，【略】東北距布政司千三百里。
烏撒軍民府，【略】東北距布政司千八百五十里。
東川軍民府，【略】東北距布政司千四百里。
潼川州，【略】西南距布政司三百里。
眉州，【略】北距布政司百八十里。
邛州，【略】東北距布政司三百里。
嘉定州，【略】北距布政司二百六十里。
瀘州，【略】西北距布政司千五百五十里。
雅州，【略】東北距布政司四百五十里。
永寧宣撫司，【略】距布政司千八百里。
天全六番招討司，【略】東距布政司五百五十里。

松潘衛，【略】東南距布政司七百六十里。
疊溪守禦軍民千户所，【略】東南距布政司五百八十里。
黎州守禦軍民千户所，【略】東北距布政司六百九十里。
平茶洞長官司，【略】北距布政司千六百七十里。
酉陽宣慰司，【略】西北距重慶府四百九十里。
石砫宣慰司，【略】西南距夔州府七百五十里。
四川行都指揮使司，【略】東北距布政司千四百八十里。
寧番衛軍民指揮使司，【略】南距行都司百九十里。
越嶲衛軍民指揮使司，【略】南距行都司百九十里。
鹽井衛軍民指揮使司，【略】東南距行都司三百里。
會川衛軍民指揮使司，【略】西北距行都司五百里。

江西，【略】距南京一千五百二十里，京師四千　百七十五里。
南昌府
寧州，【略】東南距府三百六十里。
瑞州府，【略】東北距布政司二百里。
九江府，【略】南距布政司三百里。
南康府，【略】南距布政司三百里。
饒州府，【略】西南距布政司二百四十里。
廣信府，【略】西北距布政司六百三十里。
建昌府，【略】西北距布政司四百里。
撫州府，【略】北距布政司二百四十里。
吉安府，【略】東北距布政司五百九十里。
臨江府，【略】東北距布政司二百七十里。
袁州府，【略】東北距布政司三百九十里。
贛州府，【略】西北距布政司一千一百八十里。
南安府，【略】東北距布政司一千五百二十里。

又卷四四《地理志五》 湖廣，【略】距南京一千七百一十五里，京師五千一百七十里。
武昌府
興國州，【略】西北距府三百八十里。
漢陽府，【略】西北距布政司，隔江僅七里。
黄州府，【略】西南距布政司百八十里。
蘄州，【略】西距府二百十里。
承天府，【略】東南距布政司五百七十里。
荆門州，【略】東北距府九十里。
沔陽州，【略】西北距府三百二十五里。
德安府，【略】東南距布政司四百里。
隨州，【略】東南距府百八十里。
岳州府，【略】東北距布政司五百里。
澧州，【略】東距府二百七十里。
荆州府，【略】東距布政司千二百一十里。
夷陵州，【略】東距府三百四十里。
歸州，【略】東距府五百二十里。
襄陽府，【略】東南距布政司六百八十里。
均州，【略】東南距府三百九十里。
鄖陽府，【略】東南距布政司千二百里。

長沙府，【略】東北距布政司八百八十里。
茶陵州，【略】北距府四百五十里。
常德府，【略】東北距布政司一千零五十里。
衡州府，【略】東北距布政司一千三百里。
桂陽州，【略】西北距府三百里。
永州府，【略】東北距布政司千八百二十里。
道州，【略】北距府百五十里。
寶慶府，【略】東北距布政司千二百五十里。
武岡州，【略】東距府二百八十里。
辰州府，【略】東北距布政司千七百里。
沅州，【略】東北距府二百七十里。
郴州，【略】北距布政司千八百八十里。

靖州，【略】東北距布政司千八百五十里。

施州衛軍民指揮使司，【略】東北距布政司千七百里。

大田軍民千户所，【略】東北距衛二百二十里。

施南宣撫司，【略】北距衛一百里。

散毛宣撫司，【略】東北距衛二百五十里。

忠建宣撫司，【略】北距衛二百五十里。

容美宣撫司，【略】西北距衛二百十里。

永順軍民宣慰使司，【略】東北距布政司二千里。

保靖州軍民宣慰使司，【略】東北距布政司千九百七十里。

浙江，【略】距南京九百里，京師四千二百里。

嚴州府，【略】東北距布政司二百七十里。

嘉興府，【略】西南距布政司百九十五里。

湖州府，【略】南距布政司百九十里。

安吉州，【略】東北距府二十里。

紹興府，【略】西北距布政司百三十八里。

寧波府，【略】西北距布政司三百六十里。

台州府，【略】西北距布政司四百四十里。

金華府，【略】東北距布政司四百五十里。

衢州府，【略】東北距布政司五百六十里。

處州府，【略】北距布政司七百三十里。

温州府，【略】西北距布政司八百九十里。

又卷四五《地理志六》 福建，【略】距南京二千八百七十二里，京師六千一百三十三里。

興化府，【略】北距布政司二百八十里。

建寧府，【略】東南距布政司五百二十五里。

延平府，【略】東南距布政司四百五里。

汀州府，【略】東距布政司九百七十五里。

邵武府，【略】東南距布政司六百七十里。

泉州府，【略】東距布政司四百十里。

漳州府，【略】東北距布政司七百里。

福寧州，【略】西南距布政司五百四十五里。

廣東，距南京四千三百里，京師七千八百三十五里。

廣州府

連州，【略】東南距府五百六十里。

肇慶府，【略】南距布政司二百三十里。

德慶州，【略】東距府二百十里。

韶州府，【略】西距布政司八百里。

南雄府，【略】西距布政司千九十里。

惠州府，【略】西北距布政司三百六十里。

連平州，【略】東北距府百八十里。

潮州府，【略】西距布政司千一百九十里。

高州府，【略】東南距布政司一千里。

化州，【略】南距府九十里。

雷州府，【略】東距布政司千四百五十里。

廉州府，【略】東距布政司千二百十里。

欽州，【略】東距府百四十里。

瓊州府，【略】東北距布政司千七百五十里。

儋州，【略】東北距府三百七十里。

萬州，【略】西北距府四百七十里。

崖州，【略】北距府千四百一十里。

羅定州，【略】東距布政司五百三十里。

廣西，【略】距南京四千二百九十五里，京師七千四百六十二里。

桂林府

全州，【略】南距府二百五十里。

永寧州，【略】東距府百五十里。

平樂府，【略】北距布政司百九十里。

永安州，【略】東北距府百二十里。

梧州府,【略】北距布政司五百八十里。
鬱林州,【略】東北距府三百三十里。
潯州府,【略】東北距布政司九百八十里。
柳州府,【略】東北距布政司四百里。
象州,【略】西北距府百十三里。
賓州,【略】北距府三百里。
慶遠府,【略】東北距布政司五百七十里。
河池州,【略】東距府二百五十里。
南丹州,【略】東距府二百四十里。
東蘭州,【略】東北距府四百二十里。
那地州,【略】東北距府二百四十里。
南寧府,【略】東北距布政司千二百里。
横州,【略】西北距府二百四十里。
新寧州,【略】東距府二百里。
上思州,【略】東南距府三百里。
歸德州,【略】東南距府三百五十里。
果化州,【略】東南距府三百二十里。
忠州,【略】東北距府四百餘里。
下雷州,【略】東距府五百八十里。
思恩軍民府,【略】東北距布政司千二百里。
奉議州,【略】距府百十里。
上映州,【略】東北距府四百七十里。
太平府,【略】東北距布政司二千五十里。
左州,【略】西南距府百里。
養利州,【略】南距府百五十里。
永康州,【略】西南距府二百里。
上石西州,【略】東北距府三百三十里。
太平州,【略】東南距府八十里。
思城州,【略】東南距府五百里。
安平州,【略】東南距府百十里。
萬承州,【略】西南距府五十里。
全茗州,【略】南距府百六十里。
鎮遠州,【略】西南距府二百八十里。
茗盈州,【略】西南距府六十里。
龍英州,【略】南距府二百十里。
結安州,【略】西南距府二百二十里。
結倫州,【略】西南距府三百三十里。
都結州,【略】西南距府三百三十里。
上下凍州,【略】東距府二百二十里。
思明州,【略】東北距府二百十里。
思明府,【略】北距布政司二千二百里。
下石西州,【略】西距府百四十里。
鎮安府,【略】距布政司二千二百里。
田州,【略】距布政司千六百里。
歸順州,【略】距布政司二千三百二十里。
泗城州,【略】北距布政司一千八百一十五里。
向武州,【略】距布政司二千四百里。
都康州,【略】距布政司二千五百四十里。
龍州,【略】距布政司二千三百里。
江州,【略】距布政司二千一百十里。
思陵州,【略】距布政司二千一百二十里。
憑祥州,【略】距布政司二千四十里。

又卷四六《地理志七》 雲南,【略】距南京七千二百里,京師一萬六百四十五里。

雲南府
晉寧州,【略】北距府百里。
安寧州,【略】東距府八十里。
昆陽州,【略】北距府百五十里。
嵩明州,【略】西南距府百二十里。
曲靖府,【略】西距布政司二百九十里。

霑益州，【略】西南距府二百十三里。
陸凉州，【略】北距府百二十里。
馬龍州，【略】東距府七十里。
羅平州，【略】西北距府二百七十里。
尋甸府，【略】西南距布政司二百六十里。
臨安府，【略】北距布政司四百二十里。
石屏州，【略】東距府七十里。
阿迷州，【略】西距府百二十里。
寧州，【略】西南距府百八十里。
新化州，【略】東南距府五百三十里。
澂江府，【略】西北距布政司八十里。
新興州，【略】東距府二百里。
路南州，【略】西距府百三十里。
廣西府，【略】西北距布政司三百十里。
師宗州，【略】西南距府八十里。
彌勒州，【略】東北距府九十里。
維摩州，【略】西北距府二百二十里。
廣南府，【略】西北距布政司七百九十里。
富州，【略】西距府二百里。
元江軍民府，【略】東北距布政司七百九十里。
楚雄府，【略】東距布政司六百里。
南安州，【略】西北距府五十里。
鎮南州，【略】東南距府五十里。
姚安軍民府，【略】東南距布政司七百里。
武定府，【略】東南距布政司百五十里。
禄勸州，【略】西距府二十里。
景東府，【略】東北距布政司千一百八十里。
鎮沅府，【略】北距布政司千五十里。
大理府，【略】東南距布政司八百九十里。
趙州，【略】西北距府三十里。
鄧川州，【略】南距府七十里。
賓川州，【略】西距府百里。
雲龍州，【略】東南距府六十里。
鶴慶軍民府，【略】東南距布政司千一百六十里。
劍川州，【略】東距府九十里。
順州，【略】西距府百二十里。
麗江軍民府，【略】東南距布政司千二百四十里。
寶山州，【略】西距府二百四十里。
蘭州，【略】東北距府三百六十里。
巨津州，【略】東南距府三百里。
永寧府，【略】東南距布政司千四百五十里。
北勝州，【略】南距布政司千二十五里。
永昌軍民府，【略】東距布政司千二百里。
騰越州，【略】東北距府二百七十五里。
潞江安撫司，【略】東北距府三百五十里。
蒙化府，【略】東距布政司八百六十里。
順寧府，【略】東距布政司千五百五十里。
雲州，【略】西距府百五十里。
車里軍民宣慰使司，【略】西北距布政司三十四程。
緬甸軍民宣慰使司，【略】東北距布政司三十八程。
木邦軍民宣慰使司，【略】東北距布政司三十五程。
八百大甸軍民宣慰使司，【略】北距布政司三十八程。
孟養軍民宣慰使司，【略】東北距布政司三十七程。
老撾軍民宣慰使司，【略】西北距布政司六十八程。
南甸宣撫司，【略】東北距布政司二十二程。
干崖宣撫司，【略】東北距布政司二十三程。
隴川宣撫司，【略】東北距布政司六十六程。
孟定禦夷府，【略】北距布政司十八程。
孟艮禦夷府，【略】北距布政司三十八程。
威遠禦夷州，【略】東北距布政司十九程。

灣甸禦夷州，【略】東北距布政司二十程。

鎮康禦夷州，【略】東北距布政司二十三程。

孟密宣撫司，【略】東北距布政司三十三程。

蠻莫安撫司，【略】東北距布政司三十一程。

者樂甸長官司，【略】東北距布政司千一百七十里。

鈕兀禦夷長官司，【略】北距布政司十六程。

芒市禦夷長官司，【略】東北距布政司二十三程。

孟璉長官司，【略】東北距布政司二十三程。

貴州，【略】距南京四千二百五十里，京師七千六百七十里。

貴陽軍民府

開州，【略】西南距府一百二十里。

廣順州，【略】南距府一百一十里。

定番州，【略】距府八十五里。

安順軍民府，【略】東距布政司百五十里。

鎮寧州，【略】東距府五十五里。

永寧州，【略】東北距府一百二十里。

普安州，【略】東北距府三百三十五里。

都勻府，【略】西北距布政司二百六十里。

麻哈州，【略】南距府六十里。

獨山州，【略】北距府百五十里。

平越軍民府，【略】西距布政司百八十里。

清平衛，【略】西南距府六十里。

興隆衛，【略】西南距府百二十里。

黃平州，【略】南距府三十里。

黎平府，【略】西距布政司六百三十里。

思南府，【略】西南距布政司六百二十里。

思州府，【略】西距布政司七百五十里。

鎮遠府，【略】西距布政司五百三十里。

銅仁府，【略】西南距布政司七百七十里。

石阡府，【略】西南距布政司六百三十里。

龍里衛軍民指揮使司，【略】西距布政司五十里。

新添衛軍民指揮使司，【略】西距布政司百十里。

安南衛，【略】東北距布政司三百四十里。

威清衛，【略】西距布政司六十里。

平壩衛，【略】西南距布政司八十里。

畢節衛，【略】東南距布政司四百五十里。

赤水衛，【略】距布政司六百二十里。

普市守禦千户所，【略】距布政司七百二十里。

敷勇衛，【略】南距布政司五十里。

鎮西衛，【略】西南距布政司六十里。

康熙《清一統志》卷二《直隸統部》 東西距一千二百二十八里，南北距一千六百二十八里。東至盛京錦州府寧遠州界六百七十八里，西至山西大同府廣靈縣界五百五十里，南至河南開封府蘭陽縣界一千四百三十里，北至邊城一百九十八里。東南至海岸四百四十里，西南至河南彰德府治一千二百里，東北至承德州邊界五百餘里，西北至山西大同府天鎮縣治五百六十里。自京師至盛京一千四百七十餘里。

又卷三《順天府》 順天府，東西距六百南北距四百八十八里。東至永平府灤州界三百七十里，西至宣化府保安州界二百三十里，南至天津府青縣界三百一十三里，北至邊牆一百七十五里。東南至天津府天津縣界二百里，西南至保定府新城縣界一百七十里，東北至喜峰口邊界四百二十里，西北至宣化府延慶州界一百三十里。

寶坻縣，在府東少南一百八十里。東西距八十里，南北距一百七十五里。東至永平府玉田縣界五十里，西至香河縣界三十里，南至天津府天津縣界一百十里，北至薊州界十五里。東南至勃海二百里，西南至武清縣界三十五里，東北至永平府玉田縣治九十里，西北至三河縣治七十里。

遵化州，在府東少北三百里。東西距一百二十里，南北距六十八里。東至永平府遷安縣界五十里，西至薊州界七十里，南至永平府豐潤縣界五十里，北至羅文峪關十八里。東南至豐潤縣治九十一里，西南至永平府玉田縣治九十里，東北至喜峰口關二十里，西北至馬蘭峪六十里。

又卷九《永平府》 永平府，在京師東五百五十里。東西距三百四十里，南北距二百二十里。東至盛京錦州府寧遠州界一百八十里，西至順天府遵化州界一百六十里，南至海岸一百六十里，北至桃林口邊界六十里。東南至海一百四十里，西南至順天府寶坻縣治三百五十里，東北至邊界一百九十里，西北至遵化州邊界二百二十里。

撫寧縣，在府東七十五里。東西距一百四十三里，南北距九十五里。東至盛京錦州府寧遠州界一百八里，西至盧龍縣界三十五里，南至昌黎縣界二十五里，北至邊界七十里。東南至海四十里，西南至昌黎縣界五十里，東北至邊界一百一十五里，西北至盧龍縣界五十里。

玉田縣，在府西二百六十里。東西距八十里，南北距六十七里。東至豐潤縣界四十里，西至順天府薊州界四十里，南至順天府寶坻縣界三十七里，北至順天府遵化州界三十里。東南至開平城一百二十里，西南至寶坻縣治九十里，東北至遵化州治六十里，西北至遵化州界八十里。

豐潤縣，在府西一百八十里。東西距七十里，南北距一百八十里。東至灤州界三十里，西至玉田縣界五十里，南至海一百二十里，北至順天府遵化州界六十里。東南至樂亭縣治一百九十里，西南至順天府寶坻縣治一百六十里，東北至遷安縣治一百三十里，西北至順天府薊州治一百六十里。

又卷一四《正定府》 正定府，在京師西南六百一十里。東西距四百六十五里，南北距三百七十里。東至河間府景州界二百七十五里，西至山西平定州盂縣界一百九十里，南至順德府唐山縣界二百里，北至保定府唐縣界一百七十里。東南至山東東昌府武城縣治三百四十里，西南至平定州樂平縣治二百五十里，東北至保定府祁州治二百里，西北至山西代州五臺縣治四百五十里。

平山縣，在府西少北七十里。東西距一百六十里，南北距五十五里。東至正定縣界四十里，西至山西平定州盂縣界一百二十里，南至井陘縣界七十里，北至靈壽縣界二十五里。東南至獲鹿縣界二十里，西南至井陘縣界三里，東北至靈壽縣界八里，西北至山西代州五臺縣界一百八十里。

又卷一八《大名府》 元城縣，附郭。東西距五十里，南北距五十五里。東至東昌府冠縣界四十里，西至魏縣界十里，南至大名縣界五里，北至東昌府館陶縣界五十里。東南至東昌府朝城縣治九十里，西南至河南彰德府内黄縣治九十里，東北至冠縣治六十里，西北至魏縣治四十里。

大名縣，在府南少東八里。東西距四十五里，南北距二十五里。東至元城縣界二十里，西至魏縣界十五里，南至南樂縣界二十里，北至元城縣界五里。東南至南樂縣界十二里，西南至河南彰德府内黄縣界六十里，東北至山東東昌府冠縣界七十里，西北至魏縣界二十里。

魏縣，在府西少北四十里。東西距五十里，南北距六十里。東至元城縣界三十里，西至廣平府成安縣界二十里，南至河南彰德府内黄縣界五十里，北至廣平府廣平縣界十里。東南至大名縣治五十里，西南至彰德府臨漳縣界四十里，東北至山東東昌府邱縣治九十里，西北至成安縣治四十里。

清豐縣，在府南九十里。東西距六十二里，南北距四十里。東至山東東昌府觀城縣界三十七里，西至河南彰德府内黄縣界二十五里，南至開州界十五里，北至南樂縣界二十五里。東南至東昌府濮州治六十里，西南至開州治四十里，東北至南樂縣治四十里，西北至魏縣治九十里。

又卷二〇《宣化府》 萬全縣，在府西北八十里。東西距一百十五里，南北距六十里。東至宣化縣界三十里，西至山西大同府邊界八十五里，南至懷安縣界三十里，北至邊界三十里。東南至宣化縣治八十里，西南至懷安縣治八十里，東北至邊界二十五里，西北至邊界五十里。

龍門縣，在府東少北一百十里。東西距一百九十里，南北距一百里。東至赤城縣界七十里，西至萬全縣界一百二十里，南至保安州界七十里，北至邊界三十里。東南至懷來縣治一百七十里，西南至宣化縣界七十里，東北至赤城縣界五十里，西北至邊界二十五里。

蔚州，在府西南二百三十里。東西距三十里，南北距一百十里。東與蔚縣接界，西至山西大同府廣靈縣界三十里，南至易州廣昌縣界五十里，北至西寧縣界六十里。東南至廣昌縣治一百三十里，西南至大同府靈邱縣治一百三十里，東北至保安州治一百八十里，西北至西寧縣治九十里。

蔚縣，在府城西南二百三十里。東西距九十里，南北距一百十里。東至保安州界九十里，西與蔚州分界，南至易州廣昌縣界五十里，北至西寧縣界六十里。東南至廣昌縣治一百三十里，西南至大同府靈邱縣治一百三十里，東北至保安州治一百八十里，西北至西寧縣治九十里。

延慶州，在府東南二百里。東西距一百六十里，南北距八十里。東至順天府昌平州界一百三十里，西至懷來縣界三十里，南至昌平州界五十里，北至赤城縣界三十里。東南至昌平州界五十里，西南至懷來縣界三十里，東北至邊界一百里，西北至宣化縣治二百里。

又卷二二《易州》 易州，在京師西南二百二十里。東西距二百八十里，南北距一百八十里。東至順天府涿州界七十里，西至山西靈邱縣界二百十里，南至保定府安肅縣界五十里，北至順天府房山縣界一百三十里。東南至保定府定興縣界三十五里，西南至保定府滿城縣界九十里，東北至順天府房山縣界七十里，西北至宣化府蔚州治三百里。本州境東西距一百四十里，南北距一百五十五里。東至淶水縣界二十里，西至廣昌縣界一百二十里，南至保定府安肅縣界五十里，北至淶水縣界六十里。東南至保定府定興縣界三十五里，西南至保定府滿城縣界九十里，東北至淶水縣界二十里，西北至宣化府蔚州界一百里。

又卷二七《承德州》 承德州，在京師東北四百二十里古北口外。東至八溝，西至濠村溝，南至柳河邊牆，北至湯泉溝。東南至冷口，西南至卯正，東北至東輪窖，西北至老千溝。

又卷二九《興京》 興京，在盛京東南二百七十里。東西距二百二十五里，南北距二百九十里。東至吉林烏喇界三十五里，西至奉天府將軍所轄界一百九十里，南至鳳凰城界一百八十里，北至開原城守界一百十里。東南至吉林界十五里，西南至鳳凰城界一百六十餘里，東北至吉林界一百五十里，西北至開原縣界一百三十里。自興京至京師一千七百四十餘里。

又卷三〇《盛京統部》 東西距五千一百餘里，南北距三千餘里。東至海四千三百餘里，西至山海關直隸永平府界八百餘里，南至海七百三十餘里，北踰蒙古科爾沁地至黑龍江外鄂羅斯界二千餘里。東南至希喀塔山二千九百餘里，西南至海八百餘里，東北至海四千餘里，西北至蒙古土默特界六百九十餘里。自盛京至京師一千四百七十餘里。

又卷三一《奉天府》 奉天府，東西距二百餘里，南北距九百九十餘里。東至興京界一百餘里，西至錦州府廣寧縣界一百里，南至海七百三十里，北至開原縣西北邊界二百六十餘里。東南至鴨绿江朝鮮界五百四十餘里，西南至廣寧縣界三百里，東北至寧古塔界一千四百八十里，西北至錦州府義州界四百五十里。

承德縣，附郭。東西距一百八十里，南北距一百三十里。東至奉天將軍所轄界八十餘里，又東至興京界二十里；西至錦州府廣寧縣界一百里，南至遼陽州界六十里，北至鐵嶺縣界七十里。東南至遼陽州界八十五里，西南至遼陽州界七十五里，東北至鐵嶺縣界八十里，西北至鐵嶺縣界九十里。

海城縣，在府南二百四十里。東西距一百五十里，南北距一百二十里。東至鳳凰城界九十里，西至錦州府廣寧縣界六十里，南至蓋平縣界六十里，北至遼陽州界六十里。東南至蓋平縣界六十里，西南至蓋平縣界八十里，東北至遼陽州界八十里，西北至遼陽州界六十五里。

蓋平縣，在府南三百六十里。東西距一百十里，南北距一百四十五里。東至城守所轄界九十五里，又東至鳳凰城界一百三十七里；西至海十五里，南至復州界九十里，北至海城縣界五十五里。東南至復州界二百四十里，西南至海九十里，東北至海城縣界八十里，西北至海城縣界六十里。

開原縣，在府東北二百里。東西距一百四十里，南北距五十五里。東至吉林烏喇界七十里，西至廣寧縣界七十里，南至鐵嶺縣界五十里，北至邊界五里。東南至鐵嶺縣界六十五里，又東南城守所轄至興京界一百四十五里；西南至城守所轄界六十五里，又西南至承德縣界一百二十五里；東北至威遠堡門吉林烏喇界三十里；西北至邊界五里。

鐵嶺縣，在府北一百三十里。東西距一百九十里，南北距九十里。東至開原城守界一百二十里，西至錦州府廣寧縣界七十里，南至承德縣界六十里，北至開原縣界三十里。東南至奉天將軍所轄界五十里，西南至承德廣寧二縣接界六十里，東北至開原城守界三十里，西北至開原縣界五十里。

復州，在府南五百四十里。東西距二百五十里，南北距一百六十里。東至鳳凰城界二百十里，西至海四十里，南至寧海縣界八十里，北至蓋平縣界八十里。東南至寧海縣界一百四十里，西南至海九十里，東北至蓋平縣界一百二十里，西北至海四十里。

寧海縣，在府南七百二十里。東西距一百三十里，南北距一百二十里。東至海九十里，西至海四十里，南至海二十里，北至復州界一百里。東南至海五十里，西南至海一百五十里，東北至復州界一百里，西北至海六十里。

鳳凰城，在府東南四百二十餘里。東西距四百二十里，南北距五百二十里。東至鴨緑江朝鮮界二百二十里，西至蓋平縣守界二百里，南至海二百里，北至興京界三百二十里。東南至鎮江堡朝鮮界一百二十里，西南至寧海縣界四百五里，東北至興京界二百五里，西北至牛莊城守界三百里。

又卷三四《錦州府》 錦州府，在盛京西四百九十里。東西距五百三十里，南北距一百八十里。東至奉天府遼陽州界二百四十里，西至山海關界二百九十里，南至海四十里，北至義州邊界一百四十里。東南至奉天府海城縣界三百五十里，西南至山海關界三百里，東北至開原城守界三百八十里，西北至寧遠州邊界一百六十里。自府治至京師一千里。

錦縣，附郭。東西距二百二十里，南北距七十五里。東至廣寧縣界一百十里，西至寧遠州界一百二十里，南至海三十里，北至義州界四十五里。東南至廣寧縣界九十里，西南至寧遠州界九十里。

寧遠州，在府西南一百十里。東西距二百十五里，南北距四十五里。東至錦縣界十五里，西至山海關界二百里，南至海十里，北至錦縣界三十五里。東南至海十五里，西南至山海關界一百九十里，東北至錦縣界十八里，西北至邊界一百九十九里。

廣寧縣，在府東北一百六十里。東西距二百七十里，南北距一百六十里。東至奉天府遼陽州界一百二十里，西至邊界一百五十里，南至海九十里，北至邊界七十里。東南至奉天府海城縣界一百九十里，西南至錦縣界五十里，東北至開原城守界二百二十里，西北至義州界七十里。

義州，在府北九十里。東西距一百六十里，南北距二百三十五里。東至廣寧縣界四十里，西至邊界一百二十里，南至錦縣界四十五里，北至邊界一百九十里。東南至廣寧縣界五十里，西南至邊界八十里，東北至邊界三百三十里，西北至邊界三百八十里。

又卷三五《寧古塔》 寧古塔，在盛京東北一千三百五十餘里。吉林烏喇界東北五百四十餘里。東西距三千二百五十餘里，南北距一千二百里。東至海三千餘里，西至吉林烏喇界二百五十里，南至土門江朝鮮界六百里，北至混同江黑龍江將軍所轄界六百里。東南至海一千八百七十里，西南至吉林烏喇界五百里，東北至海三千餘里，西北至阿爾楚哈城七百餘里。

又卷三六《黑龍江》 黑龍江將軍駐劄齊哈爾城，在盛京東北一千七百餘里。東西距三千一百餘里，南北距四千里。東至寧古塔界二千三百里，西至喀爾喀界八百餘里，南至白都訥界五百里，北至鄂羅斯界三千五百里。東南至寧古塔界一千七百里，西南至札賴特界一百二十里，東北至寧古塔界三千六百里，西北至鄂羅斯界二千里。自本城至京師三千二百三十一里。

又卷三七《江南統部・江南布政使司》 江寧府爲省會，在京師南二千四百里。東西距一千六百三十里，南北距一千七百里。東至太倉州海岸七百七十里，西至河南光州固始縣界八百五十里，南至江西饒州府樂平縣界七百五十里，北至山東兖州府滕縣界九百五十里。東南至松江府金山衛海濱九百三十里，西南至湖廣黄州府黄梅縣界七百八十里，東北至山東沂州府日照縣界八百三十里，西北至河南歸德府商丘縣界八百五十里。

又卷三八《江寧府》 上元縣，附郭，治城東北偏。東西距八十里，南北距一百二十里。東至句容縣界七十五里，西至江寧縣界五里，南至江寧溧水二縣分界處七十里，北至大江中流六合縣界五十里。東南至句容縣界七十里，西南至江寧縣界四里，東北至句容縣治一百十里，西北渡江至六合縣治一百二十里。

句容縣，在府東九十里。東西距七十里，南北距一百三十里。東至鎮江府丹陽縣界五十里，西至上元縣界二十里，南至溧水縣界六十里，北至大江中流揚州府儀徵縣界七十里。東南至鎮江府金壇縣治一百二十里，西南至江寧縣界五十里，東北至鎮江府丹徒縣治一百十里，西北渡江至江浦縣治一百四十里。

高淳縣，在府東南二百四十里。東西距一百里，南北距六十里。東至廣德州建平縣七十里，西至太平府當塗縣界三十里，南至寧國府宣城縣界三十里，北至溧水縣界三十里。東南至建平縣治一百里，西南至宣城縣治百二十里，東北至溧水縣界三十里，西北至當塗縣界二十五里。

又卷四一《蘇州府》 崑山縣，在府東少北七十里。東西距五十里，南北距八十一里。東至新陽縣界一里，西至新陽縣界一里，南至松江府青浦縣界八十里，北至新陽縣界一里。東南至太倉州嘉定縣界五十里，西南至元和縣界四十里，東北至新陽縣界二里，西北至新陽縣界一里。

又卷四四《松江府》 奉賢縣，在府東九十里。東西距五十七里，南北距六十三里。東至南匯縣界五十里，西至華亭縣界七十里，南至華亭縣界五十里，北至南匯縣界二十八里。東南至海一里，西南至華亭縣界六十四里，東北至南匯縣界二十四里，西北至華亭縣界七十二里。

青浦縣，在府西北五十里。東西距四十里，南北距五十八里。東至城中福泉縣界一里，西至蘇州府吴江縣界四十里，南至婁縣界四十里，北至福泉縣界十八里。東南至婁縣界七十二里，西南至吴江縣界四十五里，東北至福泉縣界二十里，西北至蘇州府崑山縣界十二里。

福泉縣，與青浦縣同城，治城東北偏。東西距五十五里，南北距三十六里。東至上海縣界五十四里，西至青浦縣界一里，南至青浦縣界十二里，北至太倉州嘉定縣界二十四里。東南至華亭縣界三十二里，西南至青浦縣界三里，東北至嘉定縣界三十五里，西北至蘇州府崑山縣界三十里。

又卷四七《淮安府》 清河縣，在府西五十里。東西距四十五里，南北距一百四十里。東至山陽縣界二十里，西至桃源縣界二十五里，南至山陽縣界五十里，北至海州沭陽縣界九十里。東南至揚州府寶應縣治一百三十里，西南至泗州治一百五十里，東北至安東縣治一百五十里，西北至桃源縣治六十里。

又卷四九《揚州府》 江都縣，附郭，東西距一百里，南北距五十里。東至泰州界九十里，西至城中甘泉縣界半里，南至大江鎮江府丹徒縣界四十里，北至甘泉縣界十里。東南至大江通州泰興縣界八十里，西南至儀徵縣界二十里，東北至泰州界九十里，西北至甘泉縣界半里。

泰州，在府東一百二十里。東西距二百七十里，南北距一百二十里。東至海岸通州如皋縣界二百四十里，西至江都縣界三十里，南至通州泰興縣界三十里，北至興化縣界九十里。東南至通州治三百里，西南至江都縣界三十里，東北至海一百九十里，西北至高郵州治一百五十里。

又卷五一《徐州府》 沛縣，在府西北一百二十里。東西距八十里，南北距八十里。東至山東兖州府滕縣界四十里，西至豐縣界四十里，南至銅山縣界四十里，北至兖州府魚臺縣界四十里。東南至銅山縣治一百十里，西南至碭山縣界一百二十八里，東北至滕縣治一百二十里，西北至魚臺縣治九十里。

又卷五三《太倉州》 寶山縣，在州東南九十里。東西距三十里，南北距五十四里。東至大海一里，西至嘉定縣界三十里，南至松江府上海縣界三十里，北至鎮洋縣界二十四里。東南至上海縣界三十六里，西南至上海縣界五十里，東北至海一里至崇明縣海岸百里，西北至鎮洋縣界四十八里。

又卷五五《通州》 通州，在江蘇布政使司北二百里，江寧府東五百三十里。東西距四百七十七里，南北距一百二十里。東至海一百九十二里，西至鎮江府丹徒縣界二百八十五里，南至蘇州府昭文縣界三十里，北至揚州府泰州界九十里。東南至海一百四十里，西南至大江七里，東北至海一百十里，西北至揚州府泰州界百七十里。本州境東西距百三十八里，南北距七十八里。東至海百二十里，西至如皋縣界十八里，南至大江十八里，北至如皋縣界六十里。東南至江海交界百四十里，西南至大江七里，東北至海百十里，西北至如皋縣治百三十里。自州治至京師三千六百九十五里。

又卷六三《鳳陽府》 鳳陽縣，附郭。東西距六十里，南北距一百十里。東至臨淮縣界十五里，西至懷遠縣界四十五里，南至定遠縣界五十里，北至靈璧縣界六十里。東南至臨淮縣界十里，西南至壽州治百八十里，東北至泗州五河縣治九十里，西北至懷遠縣界六十五里。

壽州，在府西少南一百八十里。東西距一百五十里，南北距二百四十里有奇。東至鳳臺縣界半里，西至潁州府潁上縣界六十里，南至六安州界一百五十里，北至鳳臺縣界半里。東南至廬州府合肥縣治一百八十里，西南至潁州府霍邱縣治一百三十里，東北至鳳臺縣界半里，西北至潁上縣治一百三十里。

卷六五《潁州府》 阜陽縣，附郭。東西距二百七十里，南北距一百九十里。東至潁上縣界六十里，西至河南汝寧府汝陽縣界二百十里，南至河南光州固始縣界一百二十里，北至亳州界一百里。東南至霍邱縣治一百九十里，西南至汝寧府新蔡縣治二百十里，東北至蒙城縣治一百九十里，西北至太和縣治八十里。

潁上縣，在府東南一百二十里。東西距一百五里，南北距一百五里。東至鳳陽府壽州界四十五里，西至阜陽縣界六十里，南至霍邱縣界二十五里，北至阜陽縣界八十里。東南至壽州界七十里，西南至河南光州固始縣界五十里，東北至壽州界五十里，西北至阜陽縣界五十里。

霍邱縣，在府東南一百九十里。東西距一百六十里，南北距二百二十五里。東至鳳陽府壽州界七十里，西至河南光州固始縣界九十里，南至六安州界一百八十里，北至潁上縣界四十五里。東南至六安州界一百八十里，西南至固始縣界一百六十里，東北至壽州界五十里，西北至阜陽縣界九十里。

太和縣，在府西北八十里。東西距九十里，南北距一百十五里。東至阜陽縣界三十里，西至河南陳州府沈丘縣界六十里，南至阜陽縣界二十五里，北至亳州界九十里。東南至阜陽縣治八十里，西南至河南汝寧府新蔡縣治一百八十里，東北至亳州界七十里，西北至河南歸德府鹿邑縣治一百七十里。

又卷六六《滁州》 滁州，在安徽布政使司西北一百二十五里，安慶府東北六百五十里。東西距一百九十里，南北距三百七十里。東至江寧府六合縣界一百二十里，西至鳳陽府定遠縣界七十里，南至和州界一百八十里，北至泗州盱眙縣界一百九十里。東南至江寧府江浦縣界五十里，西南至廬州府合肥縣界一百八十里，東北至泗州天長縣界一百五十里，西北至定遠縣治一百五十里。本州境東西距一百二十里，南北距二百里。東至江寧府六合縣界七十里，西至鳳陽府定遠縣界七十里，南至全椒縣界五十里，北至泗州盱眙縣界一百三十里。東南至江寧府江浦縣界五十里，西南至廬州府合肥縣界一百八十里，東北至來安縣界二十里，西北至定遠縣治一百五十里。自州治至京師二千二百五里。

來安縣，在州東北四十里。東西距八十里，南北距一百二十里。東至江寧府六合縣界三十里，西至泗州盱眙縣界五十里，南至本州界五十里，北至盱眙縣界七十里。東南至六合縣界三十五里，西南至本州界二十里，東北至泗州天長縣界四十五里，西北至盱眙縣界四十里。

又卷六八《廣德州》 廣德州，在安徽布政使司東南三百里。東南距一百三十里，南北距一百三十里。東至浙江湖州府長興縣界三十里，西至寧國府宣城縣界一百里，南至浙江湖州府孝豐縣界六十里，北至鎮江府溧陽縣界七十里。東南至長興縣界五十里，西南至寧國府寧國縣界一百十里，東北至常州府宜興縣界七十里，西北至江寧府高淳縣界一百三十里。本州界東西距七十里，南北距一百三十里。東至長興縣界三十里，西至建平縣界四十里，南至孝豐縣界六十里，北至荆溪縣界七十里。東南至溧陽縣界四十里，西南至寧國縣界一百十里，東北至宜興縣界七十里，西北至建平縣界五十里。由州治至京師二千七百八十里。

建平縣，在州西北九十里。東西距九十五里，南北距一百三十五里。東至本州界四十五里，西至寧國府宣城縣界五十里，南至寧國府寧國縣界九十里，北至江寧府高淳縣界四十五里。東南至寧國縣界五十里，西南至宣城縣界六十里，東北至鎮江府溧陽縣界五十里，西北至高淳縣界四十里。

又卷六九《六安州》 六安州，在安徽布政使司西六百八十五里，安慶府西北四百四十里。東西距二百一十里，南北距二百四十里。東至廬州府合肥縣界五十里，西至河南汝寧府固始縣界百六十里，南至安慶府潛山縣界一百八十里，北至鳳陽府壽州界六十里。東南至廬州府舒城縣界九十里，西南至湖廣黄州府蘄水縣界四百里，東北至合肥縣界六十里，西北至潁州府霍邱縣治百三十里。本州境東西距二百十里，南北距二百四十里。東至合肥縣界五十五里，西至河南固始縣界百六十里，南至潛山縣界百八十里，北至壽州界六十里。東南至舒城縣界九十里，西南至霍山縣治九十里，東北至合肥縣界六十里，西北至霍邱縣治一百三十里。自州治至京師二千九百五十里。

英山縣，在州西南三百六十里。東西距五十里，南北距一百六十里。東至安慶府太湖縣界三十五里，西至湖廣黄州府羅田縣界十五里，南至黄州府蘄水縣界四十里，北至霍山縣界一百二十里。東南至太湖縣治二百三十里，西南至蘄水縣治一百二十里，東北至霍山縣治二百七十里，西北至羅田縣治一百里。

霍山縣，在州西南九十里。東西距一百七十里，南北距一百六十五里。東至本州界二十五里，西至英山縣界一百四十五里，南至安慶府潛山縣界一百五十里，北至本州界十五里。東南至廬州府舒城縣治一百四十里，西南至安慶府太湖縣治二百七十里，東北至本州界二十里，西北至河南汝寧府商城縣治二百五十里。

又卷七〇《泗州》 泗州，在安徽布政使司北少西五百里，安慶府東北八百八十里。東西距二百六十里，南北距二百七十里。東至淮安府清河縣界四十里，西至鳳陽府臨淮縣界二百二十里，南至滁州來安縣界一百二十一里，北至淮安府桃源、徐州府宿遷二縣界一百五十里。東南至揚州府江都縣界二百二十里，西南至滁州治一百九十里，東北至桃源縣治一百九十里，西北至鳳陽府虹縣界一百八十里。本州境東西距一百六十里，南北距一百五十六里。東至清河縣界四十里，西至五河縣界一百二十里，南至盱眙縣界一里，北至宿遷縣界一百五十里。東南至天長縣治一百五十七里，西南至滁州治一百九十里，東北至桃源縣治一百九十里，西北至五河縣界一百三十里。自州至京師二千一百九十九里。

盱眙縣，在州南一里。東西距二百十里，南北距一百二十一里。東至天長縣界九十里，西至鳳陽府臨淮縣界一百二十里，南至滁州來安縣界一百二十里，北至本州界一里。東南至天長縣界六十里，西南至鳳陽府定遠縣界一百三十里，東北至淮安府清河縣界六十里，西北至五河縣界一百二十里。

五河縣，在州西一百三十里。東西距一百里，南北距一百一十里。東至本州界三十里，西至鳳陽府靈璧縣界七十里，南至鳳陽府臨淮縣界七十里，北至鳳陽府虹縣界四十里。東南至盱眙縣治一百六十里，西南至鳳陽府鳳陽縣治九十里，東北至州界二十里，西北至虹縣界二十里。

又卷七二《太原府》 清源縣，在府西南八十里。東西距四十里，南北距四十里。東至徐溝縣界十五里，西至交城縣界二十五里，南至祁縣界三十里，北至太原縣界十里。東南至祁縣治六十里，西南至文水縣治五十里，東北至太原縣界十五里，西北至太原縣界十里。

又卷七四《平陽府》 平陽府，在布政使司西南五百六十里。東西距二百三十五里，南北距三百六十里。東至澤州府沁水縣界一百五十五里，西至吉州蒲縣界八十里，南至絳州界一百十里，北至汾州府介休縣界二百五十里。東南至解州垣曲縣界一百九十里，西南至絳州稷山縣界一百十五里，東北至沁州沁源縣界一百五十三里，西北至隰州界一百五十里。自府治至京師一千八百里。

又卷七六《潞安府》 黎城縣，在府東北一百十里。東西距八十里，南北距一百二十里。東至河南彰德府涉縣界四十里，西至襄垣縣界五十里，南至潞城縣界二十里，北至遼州界一百里。東南至平順縣界三十里，西南至潞城縣治六十五里，東北至涉縣界三十五里，西北至遼州界一百里。

壺關縣，在府東南三十里。東西距五十里，南北距八十五里。東至平順縣界四十里，西至長治縣界十里，南至澤州府陵川縣界六十里，北至潞城縣界二十五里。東南至河南彰德府林縣界一百五十里，西南至長治縣界四里，東北至平順縣界三十八里，西北至長治縣界二十里。

又卷八一《寧武府》 寧武縣，附郭。東西距一百五十里，南北距二十四里。東至朔平府朔州界二十五里，西至太原府岢嵐州界一百二十五里，南至代州崞縣界七里，北至神池縣界十七里。東南至崞縣界九十五里，西南至忻州静樂縣界一百四十里，東北至朔州界三十五里，西北至五寨縣界九十里。

又卷八三《蒲州府》 蒲州府，在布政使司西南一千一百里。東西距九十五里，南北距二百二十里。東至解州界九十里，西至陝西同州朝邑縣界五里，南至陝西華州潼關縣界六十里，北至絳州河津縣界一百六十里。東南至解州芮城縣界一百十五里，西南至潼關縣界六十里，東北至絳州稷山縣界一百二十里，西北至朝邑縣界三十里。自府治至京師二千二百里。

臨晉縣，在府東北七十里。東西距六十里，南北距七十里。東至猗氏縣界二十里，西至陝西同州府郃陽縣界四十里，南至虞鄉縣界三十里，北至滎河縣界四十里。東南至虞鄉縣界三十里，西南至永濟縣界二十里，東北至萬泉縣界六十里，西北至滎河縣界三十五里。

又卷九〇《保德州》 河曲縣，在州東北六十里。東西距七十七里，南北距一百八十里。東至寧武府五寨縣界七十里，西至陝西葭州府谷縣界七里，南至本州界六十里，北至寧武府偏關縣界一百二十里。東南至太原府岢嵐州界一百里，西南至本州界三十里，東北至偏關縣界一百十三里，西北至蒙古界八十五里。

又卷九四《吉州》 吉州，在布政使司西南九百五十里。東西距一百二十里，南北距一百八十里。東至隰州蒲縣界六十里，西至陝西延安府宜川縣界六十里，南至絳州稷山縣界一百十里，北至隰州大寧縣界七十里。東南至稷山縣界一百八十里，西南至陝西同州韓城縣治一百七十里，東北至汾州府汾西縣治二百五十里，西北至宜川縣界一百二十里。本州境東西距一百二十里，南北距一百五里。東至蒲縣界六十里，西至宜川縣界六十里，南至鄉寧縣界三十里，北至大寧縣界七十五里。東南至鄉寧縣界三十五里，西南至鄉寧縣界五十里，東北至蒲縣治一百二十里，西北至宜川縣界一百二十里。自州治至京師二千一百五十里。

又卷九九《兗州府》 嘉祥縣，在府西南一百十里。東西距三十五里，南北距七十五里。東至濟寧州界十里，西至鉅野縣界二十五里，南至金鄉縣界五十里，北至汶上縣界二十五里。東南至魚臺縣治一百十里，西南至曹州府城武縣治一百里，東北至汶上縣治九十里，西北至曹州府鄆城縣治九十里。

又卷一〇二《東昌府》 臨清州，在府西北一百二十里。東西距一百十里，南北距六十里。東至清平縣界十二里，西至直隸廣平府曲周縣界七十里，南至堂邑縣界四十里，北至武城縣界七十里。東南至茌平縣治一百十里，西南至館陶縣治七十里，東北至夏津縣治六十里，西北至直隸廣平府清河縣治五十里。

又卷一一三《開封府》 滎澤縣，在府西一百四十里。東西距三十里，南北距三十五里。東至懷慶府原武縣界十五里，西至河陰縣界十五里，南至鄭州界十里，北至衛輝府獲嘉縣界二十五里。東南至中牟縣治一百十里，西南至滎陽縣治五十里，東北至原武縣治四十里，西北至懷慶府武陟縣治六十里。

河陰縣，在府西北一百八十里。東西距三十五里，南北距四十里。東至滎澤縣界十五里，西至汜水縣界二十里，南至滎陽縣界二十五里，北至懷慶府武陟縣界十五里。東南至鄭州界八里，西南至汜水縣治四十里，東北至衛輝府獲嘉縣治一百三十里，西北至懷慶府温縣治一百里。

又卷一二〇《衛輝府》 淇縣，在府北五十里。東西距五十里，南北距七十里。東至濬縣界十五里，西至輝縣界三十五里，南至汲縣界三十里，北至彰德府湯陰縣界四十里。東南至延津縣界七十里，西南至輝縣界五十里，東北至濬縣界三十里，西北至彰德府林縣治一百八十里。

輝縣，在府西六十里。東西距七十里，南北距一百一十里。東至汲縣界二十五里，西至山西澤州陵川縣界四十五里，南至新鄉縣界二十里，北至彰德府林縣界九十里。東南至新鄉縣界二十里，西南至獲嘉縣界三十里，東北至淇縣界五十里，西北至山西澤州府陵川縣界六十五里。

滑縣，在府東北九十里。東西距一百里，南北距一百四十五里。東至直隸大名府東明縣界九十里，西至濬縣界十里，南至開封府封邱縣界八十里，北至直隸大名府開州界六十里。東南至直隸大名府長垣縣界九十里，西南至延津縣界九十里，東北至開州界九十里，西北至濬縣界十二里。

又卷一二一《懷慶府》 原武縣，在府東一百八十里。東西距四十里，南北距六十五里。東至開封府陽武縣界二十里，西至武陟縣界二十里，南至開封府鄭州界三十里，北至衛輝府新鄉縣界三十五里。東南至開封府中牟縣界二十五里，西南至開封府滎澤縣界十八里，東北至開封府陽武縣界二十五里，西北至衛輝府獲嘉縣界十五里。

又卷一二五《南陽府》 南陽府，在布政使司西南六百一十里。東西距五百八十里，南北距三百五十里。東至汝寧府遂平縣界二百八十里，西至湖北鄖陽府鄖縣界三百里，南至湖北襄陽府襄陽縣界一百八十里，北至汝州魯山縣界一百七十里。東南至汝寧府信陽州界三百八十里，西南至湖北襄陽府均州界二百五十里，東北至許州府襄城縣界二百七十里，西北至陝西商州商南縣界四百二十里。自府治至京師二千一百四十五里。

唐縣，在府東一百二十里。東西距一百三十里，南北距二百一十里。東至泌陽縣界八十里，西至南陽縣界五十里，南至湖北襄陽府棗陽縣界一百三十里，北至裕州界九十里。東南至桐柏縣界四十里，西南至新野縣界六十五里，東北至泌陽縣界一百十里，西北至南陽縣界一百二十里。

泌陽縣，在府東二百里。東西距一百六十里，南北距二百二十里。東至汝寧府确山縣界一百二十里，西至唐縣界四十里，南至湖北德安府隨州界一百二十里，北至舞陽縣界一百里。東南至桐柏縣界七十里，西南至唐縣界三十里，東北至汝寧府遂平縣界一百二十里，西北至裕州界一百里。

桐柏縣，在府東南三百里。東西距二百四十五里，南北距一百里。東至汝寧府信陽州界一百二十里，西至唐縣界二十五里，南至湖北德安府隨州界四十里，北至泌陽縣界六十里。東南至隨州治二百八十里，西南至襄陽府棗陽縣界二百七十里，東北至汝寧府西平縣治一百五十里，西北至唐縣治一百四十里。

舞陽縣，在府東北二百七十里。東西距四十五里，南北距一百四十里。東至汝寧府西平縣界二十五里，西至葉縣界二十里，南至泌陽縣界八十里，北至許州府襄城縣界六十里。東南至汝寧府遂平縣界三十五里，西南至裕州界四十里，東北至許州府郾城縣界四十五里，西北至葉縣治七十里。

葉縣，在府北一百三十里。東西距六十五里，南北距八十里。東至舞陽縣界四十里，西至汝州魯山縣界二十五里，南至裕州界六十里，北至許州襄城縣界三十里。東南至舞陽縣治七十里，西南至鄧州治一百二十里，東北至許州府襄城縣界三十里，西北至汝州寶豐縣界十八里。

又卷一二九《陳州府》 陳州府，在布政使司東南三百里。東西距一百九十里，南北距一百八十里。東至歸德府鹿邑縣界四十里，西至許州府臨潁縣界一百五十里，南至汝寧府上蔡縣界一百里，北至開封府杞縣界一百五十五里。東南至江南鳳陽府太和縣界一百九十里，西南至許州府郾城縣界一百三十里，東北至歸德府柘城縣界五十里，西北至開封府尉氏縣界二百十里。自府治至京二千一百里。

又卷一三一《許州府》 許州府，在布政使司西南二百五十里。東西距一百五十里，南北距一百七十五里。東至開封府鄢陵縣界四十里，西至河南府登封縣界一百十里，南至南陽府舞陽縣界六十里，北至開封府鄭州界一百十五里。東南至汝寧府上蔡縣界一百五十五里，西南至南陽府葉縣界一百二十里，東北至開封府洧川縣界三十五里，西北至開封府汜水縣界一百三十三里。自府治至京師一千七百九十里。

石梁縣，附郭。東西距九十里，南北距六十五里。東至開封府鄢陵縣界四十里，西至禹州界五十里，南至臨潁縣界三十里，北至開封府洧川縣界三十五里。東南至臨潁縣界三十里，西南至襄城縣界四十五里，東北至鄢陵縣治七十里，西北至長葛縣界三十里。

長葛縣，在府西北五十里。東西距六十里，南北距四十里。東至開封府洧川縣界二十里，西至禹州界四十里，南至石梁縣界二十里，北至新鄭縣界二十里。東南至開封府鄢陵縣治七十里，西南至禹州界四十里，東北至洧川縣治三十里，西北至新鄭縣界二十里。

禹州，在府西九十三里。東西距九十里，南北距八十五里。東至石梁縣界四十三里，西至河南府登封縣界六十里，南至襄城縣界四十里，北至新鄭縣界四十五里。東南至臨潁縣治一百里，西南至汝州郟縣治七十里，東北至新鄭縣界七十里，西北至密縣界六十里。

又卷一三七《西安府》 西安府陝西布政使司治，東西距三百五里，南北距四百三十八里。東至華州界一百六十里，西至乾州武功縣界一百四十五里，南至商州鎮安縣界一百六十里，北至耀州界一百七十八里。東南至商州界二百里，西南至漢中府洋縣界三百六十里，東北至華州蒲城縣界二百十里，西北至乾州永壽縣界二百里。自府治至京師二千六百五十里。

又卷一四二《延安府》 延安府，在布政使司北七百四十里。東西距四百八十里，南北距三百九十里。東至山西永寧州界三百里，西至慶陽府合水縣界一百八十里，南至鄜州界一百三十里，北至綏德州米脂縣界二百六十里。東南至同州府韓城縣界三百五十五里，西南至鄜州界一百四十里，東北至綏德州清澗縣界一百九十五里，西北至榆林府靖邊縣界二百五十里。自府治至京師二千二百里。

又卷一四七《興安州》 興安州，在布政使司南六百八十里。東西距七百六十里，南北距六百二十里。東至湖廣鄖陽府鄖縣界四百十五里，西至漢中府西鄉縣界三百四十五里，南至四川夔州府大寧縣界三百五十里，北至商州鎮安縣界二百七十里。東南至湖廣鄖陽府竹溪縣界二百四十里，西南至四川達州太平縣界四百四十里，東北至湖廣鄖陽府鄖西縣界四百二十里，西北至西安府長安縣界三百九十里。本州境東西距一百八十里，南北距三百三十里。東至洵陽縣界七十五里，西至漢陰縣界一百五里，南至平利縣界三十里，北至鎮安縣界三百里。東南至平利縣界四十里，西南至紫陽縣界一百六十里，東北至洵陽縣界九十里，西北至漢陰縣界一百四十里。自州治至京師四千四百四十里。

平利縣，在州南少東九十里。東西距二百里，南北距五百五十里。東至湖廣鄖陽府竹溪縣界一百五十里，西至本州界五十里，南至四川夔州府奉節縣界五百十里，北至本州界四十里。東南至竹溪縣界二百五十里，西南至四川夔州府太平縣界二百六十里，東北至洵陽縣治一百九十里，西北至本州界三十里。

漢陰縣，在州西少北一百八十里。東西距一百十里，南北距三百九十里。東至本州界七十五里，西至石泉縣界三十五里，南至紫陽縣界八十里，北至商州鎮安縣界三百十里。東南至紫陽縣界一百二十里，西南至漢中府西鄉縣界一百二十里，東北至本州界八十里，西北至石泉縣界九十里。

又卷一四九《同州》 同州，在布政使司東北二百四十里。東西距八十八里，南北距二百十五里。東至山西蒲州府永濟縣界五十八里，西至華州蒲城縣界三十里，南至華州界三十五里，北至鄜州洛川縣界一百八十里。東南至華州華陰縣界五十里，西南至西安府渭南縣界五十里，東北至山西絳州河津縣界二百六十里，西北至雒川縣界一百九十里。本州境東西距四十里，南北距六十里。東至朝邑縣界十里，西至蒲城縣界三十里，南至華州界三十五里，北至澄城縣界二十五里。東南至華陰縣界五十里，西南至渭南縣界五十里，東北至朝邑縣界三十里，西北至蒲城縣界三十里。自州治至京師二千一百三十里。

又卷一五〇《華州》 華州，在布政使司東一百九十里。東西距一百四十二里，南北距二百四十里。東至河南陝州閿鄉縣界一百十五里，西至西安府渭南縣界二十七里，南至商州雒南縣界八十里，北至耀州泉縣界一百六十里。東南至雒南縣界一百十里，西南至渭南縣界六十里，東北至同州朝邑縣界一百里，西北至同官縣界二百十里。本州境東西距六十七里，南北距一百十里。東至華陰縣界四十里，西至渭南縣界二十七里，南至雒南縣界八十里，北至渭南縣界三十里。東南至華陰縣界一百十五里，西南至渭南縣界六十里，東北至同州界三十五里，西北至渭南縣界三十里。自州治至京師二千七百六十里。

又卷一五一《耀州》 耀州，在布政使司北一百八十里。東西距六十里，南北距一百三里。東至西安府富平縣界十里，西至邠州淳化縣界五十里，南至富平縣界三里，北至鄜州宜君縣界一百里。東南至富平縣界七里，西南至三原縣界二十里，東北至鄜州雒川縣界二百七十里，西北至邠州三水縣界九十里。本州境東西距六十里，南北距二十三里。東至富平縣界十里，西至淳化縣界五十里，南至富平縣界三里，北至同官縣界二十里。東南至富平縣界七里，西南至三原縣界二十里，東北至同官縣界十五里，西北至三水縣界九十里。自州治至京師二千四百里。

又卷一五六《葭州》 葭州，在布政使司東北一千三百二十里。東西距六十二里，南北距三百八十五里。東至山西汾州府臨縣界二里，西至綏德州米脂縣界六十里，南至綏德州界二百二十五里，北至邊牆一百六十里。東南至山西汾州府寧州界二百二十里，西南至綏德州界八十里，東北至山西保德州河曲縣界五百四十里，西北至榆林府榆林縣界一百七十里。本州境東西距六十二里，南北距二百七十里。東至臨縣界二里，西至米脂縣界六十里，南至吴堡縣界一百十里，北至神木縣界一百六十里。東南至臨縣界二里，西南至綏德州界八十里，東北至神木縣界一百十里，西北至榆林縣界一百七十里。自州治至京師二千里。

又卷一五七《甘肅統部》 甘肅布政使司治蘭州府，在京師西南四千四十里。東西距二千一百二十里，南北距二千四百十里。東至邠州長武縣界一千里，西至河州閻門番界一千一百二十里，南至四川龍安府平武縣界一千三百七十里，北至亦不剌山一千四十里。東南至漢中府略陽縣界一千二百三十里，西南至洮州衛番界九百三十里，東北至延安府保安縣界一千四百三十里，西北至沙洲衛外境二千四十里。

又卷一五八《臨洮府》 臨洮府，在布政使司南二百十里。東西距一千二百二十五里，南北距八百里。東至鞏昌府隴西縣界一百三十五里，西至閻門番界一千九十五里，南至鞏昌府岷州界一百二十里，北至涼州府平番縣界六百八十里。東南至岷州界二百四十五里，西南至鞏昌府洮州衛界一百四十里，東北至鞏昌府靖遠縣界三百四十里，西北至平番縣界二百六十里。自府治至京師四千一百九十里。

歸德所，在府西北八百五十里。東西距四百五十里，南北距一百五十一里。東至循化營界三百二十里，西至蒙古插漢諾木汗界一百三十里，南至番界一百五十里，北至黄河一里。東南至河州界三百七十里，西南至插漢諾木汗界一百十里，東北至番界四十里，西北至番界七十里。

又卷一六〇《平涼府》 平涼府，在布政使司東七百六十里。東西距五百里，南北距五百八十里。東至邠州長武縣界二百十里，西至鞏昌府會寧縣界二百九十里，南至鳳翔府隴州界一百五十里，北至慶陽府環縣界四百三十里。東南至鳳翔府麟遊縣界二百五十里，西南至秦州秦安縣界三百十里，東北至環縣界二百四十里，西北至寧夏府中衛縣界四百里。自府治至京師三千二百八十里。

又卷一六五《寧夏府》 平羅縣，在府北少東一百二十里。東西距六十五里，南北距七十五里。東至新渠縣界五里，西至賀蘭山六十里，南至寧朔縣界七十里，北至寶豐縣界五里。東南至新渠縣界三十里，西南至寧朔縣界九十里，東北至新渠縣界十里，西北至寶豐縣界十五里。

中衛縣，在府西南三百六十里。東西距一百三十五里，南北距四十里。

東至寧朔縣界二百二十里，西至臨洮府蘭州界二百十里，南至平涼府固原州界二百里，北至邊牆十里。東南至靈州界一百里，西南至鞏昌府靖遠縣界二百里，東北至靈州界二百里，西北至邊界一十里。

新渠縣，在府東北六十里。東西距十六里，南北距一百五十里。東至黄河十五里，西至平羅縣界一里，南至寧夏縣界一百里，北至寶豐縣界五十里。東南至黄河十五里，西南至寧夏縣界八十里，東北至寶豐縣界六十里，西北至平羅縣界五十里。

寶豐縣，在府東北一百六十里。東西距五十五里，南北距七十里。東至黄河十五里，西至賀蘭山四十里，南至新渠縣界三十里，北至石嘴山四十里。東南至新渠縣界三十里，西南至平羅縣界二十五里，東北至黄河堤二十里，西北至鎮遠關五十里。

又卷一六六《西寧府》 大通衛在府北二百二十里。東西距二百八十里，南北距一百七十五里。東至涼州府界一百五十里，西至番界一百三十里，南至西寧縣界一百六十里，北至大雪山接涼州府界十五里。東南至西寧縣界一百六十里，西南至西海夷界三百四十里，東北至大雪山二十里，西北至西海夷界三百六十里。

又卷一六七《秦州》 清水縣，在州東一百二十里。東西距一百二十五里，南北距一百六十里。東至鳳翔府隴州界一百里，西至本州界二十五里，南至本州界六十里，北至秦安縣界一百里。東南至漢中府鳳縣界八十里，西南至本州界三十里，東北至平涼府華亭縣界一百里，西北至秦安縣治八十里。

徽縣，在州南少東二百八十里。東西距一百里，南北距一百七十里。東至兩當界四十里，西至階州成縣界六十里，南至漢中府略陽縣界五十里，北至本州界一百二十里。東南至略陽縣界五十里，西南至成縣界九十里，東北至清水縣界八十里，西北至本州界八十里。

又卷一六九《肅州》 肅州，在布政使司西北一千四百七十里。東西距一百九十里，南北距一百五十里。東至高臺縣界一百里，西至靖逆廳赤金所界九十里，南至邊界一百二十里，北至邊牆三十里。東南至高臺縣界一百四十里，西南至雪山一百八十里，東北至金塔寺一百里，西北至邊牆六十里。自州治至京師五千五百一十里。

又卷一七〇《安西廳》 安西廳，在布政使司西北二千一百四十里，嘉峪關西北五百五十里。東西距四百五十里，南北距三百九十里。東至靖逆廳靖逆衛界一百五十里，西至邊界三百里，南至雪山三百里，北至邊界九十里。自廳治至京師六千一百八十里。

安西衛，廳治東西距一百四十里，南北距一百三十里。東至柳溝衛界七十里，西至沙州衛界七十里，南至柳溝衛界四十里，北至白墩子九十里。東南至石溝三十五里，西南至瓜州營六十里，東北至石板墩一百里，西北至紅柳泉一百二十里。

柳溝衛，在廳東一百六十里。東西距一百二十五里，南北距一百八十里。東至靖逆廳靖逆衛界八十五里，西至安西衛界四十里，南至紅柳邊一百四十里，北至橋灣四十里。東南至六道溝五十里，西南至黑水河九十里，東北至布魯湖墩一百十里，西北至空心墩八里。

沙州衛，在廳西二百六十里。東西距二百十里，南北距二百二十里。東至柳溝衛界一百七十里，西至古營盤四十里，南至千佛洞三十里，北至青墩硤一百九十里。東南至三危山三十里，西南至沙棗墩三十里，東北至安西衛界一百六十里，西北至鹽池四十里。

又卷一七一《靖逆廳》 靖逆廳，在布政使司西北一千八百四十里，嘉峪關西北二百九十里。東西距二百七十里，南北距二百三十里。東至肅州界二百三十里，西至柳溝衛界四十里，南至雪山二百十里，北至邊界二十里。自廳治至京師五千八百八十里。

靖逆衛，廳治。東西距九十里，南北距三十里。東至赤金所界五十里，西至柳溝衛界四十里，南至沙磧十里，北至花海子二十里。東南至沙磧十里，西南至昌馬河一百二十里，東北至撓斯圖七十里，西北至布魯湖三十里。

赤金所，在廳東南一百十里。東西距一百八十里，南北距一百五里。東至肅州界一百二十里，西至靖逆衛界六十里，南至雪山一百里，北至亂山子五里。東南至鴉兒河四十里，西南至野馬圖一百十里，東北至後柳灣六十里，西北至旱硤五十里。

又卷一九二《廣信府》 鉛山縣，在府西南八十里。東西距二百六十里，南北距一百四十里。東至上饒縣界七十里，西至弋陽縣界六十里，南至福建建寧府崇安縣界八十五里，北至興安縣界三十五里。東南至崇安縣治一百三十里，西南至福建邵武府光澤縣界一百八十里，東北至上饒縣界三十里，西北至弋陽縣治一百十里。

又卷一九八《吉安府》 永新縣，在府西南二百二十里。東西距一百六十里，南北距一百四十里。東至廬陵縣界八十里，西至湖廣長沙府南至龍泉縣界八十里，北至安福縣界六十里。東南至泰和縣治二百里，西南至永寧縣界六十里，東北至安福縣治一百五十里，西北至湖廣長沙府攸縣界一百三十里。

永寧縣，在府西南二百八十里。東西距八十里，南北距四十里。東至永新縣界五十里，西至湖廣長沙府茶陵州界三十里，南至龍泉縣界六十里，北至永新縣界十里。東南至龍泉縣治一百里，西南至湖廣衡州府酃縣界三十五里，東北至永新縣治一百里，西北至茶陵州治二百里。

又卷二〇二《贛州府》 寧都縣，在府東北三百二十里。東西距一百十五里，南北距三百十里。東至石城縣界六十里，西至興國縣界五十五里，南至瑞金縣界一百二十里，北至撫州府樂安縣界一百四十里。東南至瑞金縣界八十里，西南至雩都縣界三十里，東北至建昌府廣昌縣界十里，西北至吉安府永豐縣界一百九十里。

又卷二一九《宜昌府》 東湖縣，附郭。東西距一百七十五里，南北距四百十里。東至安陸府當陽縣界一百四十里，西至歸州界一百里，南至荆州府宜都縣界六十里，北至襄陽府南漳縣界三百五十里。東南至當陽縣界一百四十里，西南至長陽縣界三十四里，東北至荆州府遠安縣界九十里，西北至興山縣界四百里。

又卷二二〇《施南府》 施南府，在湖北布政使司西一千九百八十里。東西距五百八十八里，南北距四百九十四里。東至宜昌府鶴峰州界一百七十里，西至四川石柱土司界四百十八里，南至四川酉陽土司界四百十五里，北至四川夔州府巫山縣界七十九里。東南至湖南永順府龍山縣界二百六十五里，西南至重慶府黔江縣界三百十五里，東北至建始縣界一百二十里，西北至夔州府萬縣界三百八里。自府治至京師三千七百八十六里。

又卷二二二《長沙府》 寧鄉縣，在府西一百里。東西距一百九十里，南北距八十里。東至善化縣界五十五里，西至湘鄉縣界八十里，南至安化縣界一百三十六里，北至益陽縣界三十里。東南至湘潭縣界八十里，西南至湘鄉縣界九十里，東北至長沙縣界四十里，西北至益陽縣界五十里。

又卷二二四《衡州府》 衡陽縣，附郭。東西距二百三十里，南北距一百二十里。東至安仁縣界一百十里，西至寶慶府邵陽縣界一百二十里，南至常寧縣界七十里，北至衡山縣界五十里。東南至耒陽縣界九十里，西南至永州府祁陽縣界九十里，東北至安仁縣界一百里，西北至邵陽縣治二百四十里。

又卷二二五《永州府》 江華縣，在府南二百二十里。東西距五十五里，南北距一百七十五里。東至廣東連州界二百五十里，西至永明縣界二十里，南至廣西平樂府富川縣界一百里，北至道州界三十里。東南至平樂府賀縣界一百五里，西南至富川縣界七十里，東北至桂陽州藍山縣界三十里，西北至永明縣界三十里。

新田縣，在府東少南二百八十里。東西距五十四里，南北距八十里。東至桂陽州界十七里，西至零陵縣界一百八十里，南至寧遠縣界二十二里，北至桂陽州界二十里。東南至桂陽州界四十里，西南至寧遠縣治一百里，東北至桂陽州界二十里，西北至寧遠縣界五十里。

又卷二二七《岳州府》 岳州府，在布政使司東北三百三十里。東西距三百八十里，南北距三百四十里。東至湖北武昌府通城縣界二百里，西至澧州安鄉縣界一百八十里，南至長沙府瀏陽縣界二百九十里，北至湖北荆州府監利縣界三十里。東南至江西南昌府寧州界三百六十里，西南至常德府龍陽縣界三百十五里，東北至武昌府嘉魚縣界二百十里，西北至荆州府石首縣界二百里。自府治至京師四千二百五十里。

巴陵縣，附郭。東西距二百五十里，南北距一百五十里。東至湖北武昌府通城縣界一百里，西至華容縣界一百二十里，南至長沙府湘陰縣界一百二十里，北至湖北荆州府監利縣界三十里。東南至平江縣治二百四十里，西南至湘陰縣治二百四十里，東北至臨湘縣治七十里，西北至監利縣治一百五十里。

又卷二二九《辰州府》 辰州府，在湖南布政使司西四百里。東西距七百九十里，南北距四百三十里。東至常德府桃源縣界一百四十里，西至貴州鎮遠府界六百里，南至寶慶府新化縣界二百五十里，北至永順府永順縣界一百八十里。東南至寶慶府武岡州界三百四十里，西南至貴州鎮遠府界四百七十里，東北至岳州府慈利縣治三百六十里，西北至永順府保靖縣界一百六十里。自府治至京師四千三百四十里。

沅州，在府西二百七十里。東西距一百八十里，南北距一百里。東至黔陽縣界六十六里，西至貴州鎮遠府界二百四十里，南至黔陽縣界四十里，北至麻陽縣界五十二里。東南至黔陽縣治八十里，西南至貴州鎮遠府天柱縣界八十里，東北至辰溪縣界一百三十里，西北至貴州思州府玉屏縣界一百三十里。

黔陽縣，在府西三百三十里。東西距一百六十五里，南北距一百里。東至辰溪縣界二百四十里，西至沅州界七十里，南至靖州會同縣界一百十里，北至沅州界七十里。東南至保慶府武岡州界一百六十里，西南至貴州鎮遠府天柱縣治一百八十里，東北至溆浦縣治一百里，西北至沅州治九十里。

麻陽縣，在府西二百四十里。東西距一百七十里，南北距一百里。東至辰溪縣界一百三十里，西至鳳凰營界五十里，南至沅州界五十里，北至鳳凰營界五十里。東南至沅州界一百二十里，西南至沅州界一百三十里，東北至瀘溪縣界九十里，西北至鳳凰營界五十里。

又卷一二三〇《永順府》 永順府，在湖南布政使司西北六百里。東西距五百五十里，南北距五百五十里。東至辰州府沅陵縣界二百里，西至四川重慶府酉陽土司界三百里，南至辰州府乾州六里花園界三百里，北至湖北宜昌府鶴峰州界三百五十里。東南至辰州府沅陵縣界一百四十里，西南至永綏協界二百二十里，東北至澧州安福縣界三百里，西北至湖北施南府來鳳縣界三百里。自府至京師四千八十里。

永順縣，附郭。東西距三百里，南北距三百一十里。東至澧州安福縣界一百五十里，西至龍山縣界二百里，南至保靖縣界一百八十里，北至桑植縣界一百四十里。東南至辰州府沅陵縣界一百四十里，西南至保靖縣界一百四十里，東北至桑植縣界六十里，西北至龍山縣界一百二十里。

龍山縣，在府西二百二十里。東西距三百十里，南北距二百十里。東至永順縣界一百二十里，西至四川重慶府酉陽土司界一百八十里，南至保靖縣界一百五十里，北至湖北施南府宣恩縣界六十里。東南至永順縣界一百里，西南至重慶府黔江縣界二百里，東北至宣恩縣界八十里，西北至施南府來鳳縣界五十里。

桑植縣，在府北一百二十里。東西距一百七十里，南北距二百六十里。東至澧州慈利縣界一百二十里，西至永順縣界五十里，南至慈利縣界八十里，北至湖北宜昌府鶴峰州界一百八十里。東南至安福縣界一百里，西南至永順縣界六十里，東北至鶴峰州界二百里，西北至鶴峰州界二百里。

又卷一二三一《澧州》 慈利縣，在州西南一百四十里。東西距一百三十里，南北距二百三十里。東至石門縣界六十里，西至永順縣府界二百四十里，南至常德府桃源縣界七十里，北至湖北宜昌府鶴峰州界一百八十里。東南至桃源縣治二百十里，西南至安福縣界九十里，東北至石門縣治九十里，西北至安福縣界五十里。

安福縣，在州西南一百七十里。東西距九十里，南北距三百九十里。東至常德府武陵縣界五十里，西至石門縣界八十里，南至常德府桃源縣界六十里，北至本州界三十里。東南至常德府武陵縣界一百四十里，西南至辰州沅陵縣界九十里，東北至本州界三百里，西北至永順府桑植縣界七十里。

又卷一二三三《靖州》 靖州，在布政使司西南一千二百里。東西距三百六十里，南北距三百七十里。東至寶慶府武岡州界二百六十里，西至貴州黎平府永從縣界一百九十五里，南至廣西柳州府融縣界一百九十里，北至辰州府黔陽縣界一百八十里。東南至城步縣治二百五十里，西南至黎平府開泰縣界八十五里，東北至黔陽縣界二百九十里，西北至黎平府天柱縣界三十里。本州境東西距一百四十五里，南北距一百五里。東至綏寧縣界六十里，西至開泰縣界八十五里，南至通道縣界四十五里，北至會同縣界六十里。東南至綏寧縣界一百里，西南至開泰縣界八十五里，東北至會同縣界一百八十里，西北至天柱縣界三十里。自州治至京師六千里。

綏寧縣，在州東一百十里。東西距一百六十里，南北距二百四十里。東至寶慶府武岡州界八十里，西至本州界一百二十里，南至廣西桂林府義寧縣界一百八十里，北至會同縣界八十里。東南至寶慶府城步縣治一百五十里，西南至通道縣治一百八十里，東北至武岡州界二百里，西北至會同縣界一百二十里。

通道縣，在州南八十里。東西距九十里，南北距一百二十里。東至綏寧縣界十五里，西至貴州黎平府界六十五里，南至廣西柳州府融縣界八十里，北至本州界三十里。東南至綏寧縣界二十里，西南至懷遠縣界九十里，東北至綏寧縣治一百八十里，西北至黎平府界五十里。

會同縣，在州北九十里。東西距一百六十五里，南北距一百里。東至辰州府黔陽縣界七十五里，西至貴州鎮遠府天柱縣界六十里，南至本州界四十里，北至黔陽縣界一百十里。東南至綏寧縣治一百七十里，西南至貴州黎平府界一百四十里，東北至黔陽縣治一百十里，西北至辰州府沅州治一百六十里。

又卷二三八《重慶府》 重慶府，在布政使司東南九百六十里。東西距八百十里，南北距六百七十五里。東至黔彭同知所轄彭水縣界五百里，西至叙州府隆昌縣界三百十里，南至貴州遵義府桐梓縣界三百三十里，北至順慶府隣水縣界三百四十五里。東南至貴州遵義府正安州界三百四十里，西南至瀘州合江縣界三百十里，東北至忠州墊江縣界三百二十里，西北至潼川府遂寧縣界二百九十里。自府治至京師六千六百七十里。

又卷二三九《保寧府》 保寧府，在布政使司東北六百二十里。東西距七百十里，南北距五百四十里。東至達州太平縣界五百六十里，西至緜州梓潼縣界一百五十里，南至順慶府西充縣界一百四十里，北至陝州漢中府寧羌州界四百里。東南至順慶府蓬州界一百七十里，西南至潼川府鹽亭縣界一百里，東北至漢中府南鄭縣界五百里，西北至龍安府平武縣界三百五十里。自府治至京師五千三百九十里。

南江縣，在府東北三百四十里。東西距一百里，南北距二百五十里。東至通江縣界七十里，西至廣元縣界三十里，南至巴州界八十里，北至陝西漢中府南鄭縣界一百七十里。東南至通江縣界一百二十里，西南至蒼溪縣界一百九十里，東北至南鄭縣界一百九十里，西北至漢中府寧羌州界一百八十里。

劍州，在府西北二百二十里。東西距二百里，南北距三百五十里。東至蒼溪縣界一百二十里，西至緜州梓潼縣界八十里，南至潼川府鹽亭縣界二百里，北至龍安府平武縣界一百五十里。東南至蒼溪縣界一百二十里，西南至梓潼縣界八十里，東北至昭化縣界九十里，西北至平武縣界八十里。

又卷二四二《叙州府》 叙州府，在布政使司南六百五十里。東西距四百四十五里，南北距三百一十五里。東至瀘州江安縣界一百三十五里，西至雷波衛黄螂所界三百一十里，南至叙永廳界二百一十五里，北至嘉定府榮縣界一百里。東南至叙永廳界二百二十里，西南至雲南昭通府界二百五十里，東北至重慶府榮昌縣界二百二十里，西北至嘉定府犍爲縣界一百七十里。自府治至京師九千二百五十里。

建武城，在府東南二百八十里。東西距一百十四里，南北距七十里。東至大壩營界三十四里，西至筠連縣界八十里，南至雲南鎮雄州界四十里，北至長寧縣界三十里。東南至滴水巖大壩界四十里，西南至珙縣界三十里，東北至長寧縣界五十里，西北至珙縣界二十里。

又卷二四三《夔州府》 石柱宣慰司，在府西南六百里。東至湖廣歸州恩施縣界一百二十里，西至重慶府酆都縣界一百里，南至重慶府黔江縣界一百六十里，北至忠州界八十里。東南至黔江縣治二百四十里，西南至涪州彭水縣治三百里，東北至萬縣界二百五十里，西北至酆都縣界三十里。

又卷二四四《龍安府》 松潘衛，在府西少北三百里。東西距二百七十七里，南北距二百二十里。東至小何營界八十七里，西至生番界一百九十里，南至疊溪營界一百九十六里，北至漳臘營界三十里。東南至平番營界七十六里，西南至雜谷土司界二百里，東北至南坪營界三百里，西北至黄勝關草地界八十里。

又卷二四九《眉州》 眉州，在布政使司南少西一百九十里。東西距七十五里，南北距五十五里。東至資州仁壽縣界三十里，西至丹陵縣界四十五里，南至青神縣界二十五里，北至彭山縣界三十里。東南至資州井研縣界六十里，西南至嘉定府夾江縣界七十里，東北至彭山縣界四十里，西北至邛州蒲江縣界四十里。自州治至京師五千九百里。

又卷二五三《綿州》 德陽縣，在州西南一百二十里。東西距六十里，南北距五十五里。東至潼川府中江縣界四十里，西至綿竹縣界二十里，南至成都府漢州界二十五里，北至羅江縣界三十里。東南至中江縣界五十里，西南至漢州界三十里，東北至羅江縣界三十里，西北至綿竹縣界四十里。

安縣，在州西少北九十里。東西距九十五里，南北距一百二十里。東至本州界四十五里，西至綿竹縣界五十里，南至羅江縣界六十里，北至龍安府石泉縣界六十里。東南至羅江縣界六十里，西南至綿竹縣界五十里，東北至龍安府彰明縣界四十里，西北至茂州界六十里。

綿竹縣，在州西南一百四十里。東西距六十里，南北距八十里。東至德陽縣界三十里，西至成都府什邡縣界三十里，南至成都府漢州界四十里，北至安縣界四十五里。東南至德陽縣界四十里，西南至什邡縣界三十里，東北至安縣界四十里，西北至龍安府石泉縣界一百里。

梓潼縣，在州東北一百二十里。東西距五十九里，南北距一百五十里。東至保寧府劍州界二十五里，西至本州界三十里，南至潼川府鹽亭縣界三十里，北至龍安府平武縣界一百二十里。東南至鹽亭縣治一百里，西南至本州界五十里，東北至劍州界八十里，西北至龍安府江油縣治一百二十里。

又卷二五六《忠州》 忠州，在布政使司東一千五百里。東西距一百二十里，南北距一百十里。東至夔州府萬縣界五十里，西至酆都縣界七十里，南至夔州府石砫司界六十里，北至梁山縣界五十里。東南至石砫司界五十五里，西南至酆都縣及石砫司界八十里，東北至萬縣界六十里，西北至墊江縣界一百里。自州治至京師九千五百里。

又卷二五七《黔彭廳》 黔彭廳，在布政使司東少南一千七百四十里。東西距三百五十里，南北距三百八十里。東至湖廣歸州恩施縣界七十里，西至重慶府涪州界二百八十里，南至貴州思南府婺川縣界三百二十里，北至湖廣中路土司界六十里。東南至湖廣貴州二省界三百八十里，西南至婺川縣界三百五十里，東北至湖廣大唐崖土司界五十里，西北至夔州府石砫土司界二百四十里。自廳治至京師七千四百五十里。

黔江縣，廳治。東西距一百八十里，南北距一百七十里。東至湖廣歸州恩施縣界七十里，西至彭水縣界一百八十里，南至酉陽司界一百十里，北至湖廣中路土司界六十里。東南至酉陽司界一百三十里，西南至彭水縣界一百二十里，東北至湖廣大唐崖土司界五十里，西北至夔州府石砫司界二百四十里。

酉陽宣慰司，在廳南二百八十里。東西距一百四十里，南北距二百三十里。東至湖南永順府保靖縣界四十里，西至貴州思南府沿河司界一百里，南至邑梅司界八十里，北至黔江縣界一百五十里。

平茶洞長官司，在酉陽司南二百里。東西距一百三十里，南北距七十里。東至邑梅司界三十里，西至貴州銅仁府界一百里，南至銅仁府烏羅司界二十里，北至酉陽司界五十里。

邑梅洞長官司，在酉陽司南二百十里。東西距九十里，南北距二百里。東至湖南長州府瀘溪縣鎮溪所界七十里，西至貴州銅仁府烏羅司界二十里，南至銅仁府平頭著可司界一百里，北至酉陽司界一百里。

卷二五八《叙永廳》 雷波衛，在布政使司西南一千五百里。東西距一百五十里，南北距一百二十里。東至黄螂所界五十里，西至涼山蠻界一百里，南至雲南昭通府永善縣界二十里，北至馬邊營西寧隘界一百里。東南至雲南井底界四十里，西南至寧遠府洗馬溪界一百里，東北至馬邊營界一百三十里，西北至馬邊營烟草峰界二百里。

黄螂所，在衛東北一百二十里。東西距一百六十里，南北距一百二十里。東至雲南昭通府檜溪界九十里，西至本衛界七十里，南至昭通府吞都界五十里，北至蠻夷司界七十里。東南至昭通府檜溪界六十里，西南至昭通府井底界七十里，東北至撒水壩六十里，西北至牛井西寧隘界五十里。

又卷二八〇《潮州府》 海陽縣，附郭。東西距八十里，南北距二百里。東至饒平縣界五十里，西至揭陽縣界三十里，南至澄海縣界五十里，北至大埔縣界一百五十里。東南至澄海縣界四十里，西南至揭陽縣界五十里，東北至大埔縣界一百二十里，西北至嘉應州界一百五十里。

潮陽縣，在府南一百四十里。東西距一百四十里，南北距一百三十五里。東至海五十里，西至普寧縣界九十里，南至惠來縣界五十里，北至揭陽縣界八十五里。東南至海二十里，西南至惠來縣界一百二十里，東北至海三十里，西北至揭陽縣界一百里。

饒平縣，在府東少北一百五十里。東西距二百三十里，南北距二百二十里。東至福建漳州府詔安縣界一百六十里，西至海陽縣界七十里，南至黄岡海岸一百五十里，北至福建漳州府平和縣界七十里。東南至澄海縣界一百里，西南至海陽縣界一百里，東北至平和縣界六十里，西北至大埔縣界六十里。

大埔縣，在府北少東一百六十里。東西距二百一十里，南北距二百四十里。東至福建汀州府永定縣界五十里，西至海陽縣界一百六十里，南至饒平縣界一百五十里，北至嘉應州界九十里。東南至福建漳州府平和縣界一百二里，西南至饒平縣界一百二十里，東北至汀州府上杭縣界六十里，西北至嘉應州界八十里。

普寧縣，在府西南一百二十里。東西距六十里，南北距五十五里。東至揭陽縣界二十里，西至惠來縣界四十里，南至潮陽縣界二十五里，北至揭陽縣界三十里。東南至潮陽縣三十里，西南至惠來縣界三十里，東北至揭陽縣界二十里，西北至揭陽縣界十五里。

又卷二八一《肇慶府》 肇慶府，在布政使司西二百九十里。東西距四百九十里，南北距九百九十里。東至廣州府三水縣界九十里，西至廣西梧州府蒼梧縣界四百里，南至高州府電白縣界七百四十里，北至廣州府清遠縣界二百五十里。東南至廣州府新會縣界二百八十里，西南至電白縣界五百二十里，東北至三水縣界二百五十里，西北至廣西平樂府賀縣界三百五十里。自府治至京師七千九百八十五里。

新興縣，在府南一百三十里。東西距一百二十里，南北距一百五十里。東至恩平縣界七十里，西至羅定州東安縣界五十里，南至陽春縣界一百里，北至東安縣界五十里。東南至開平縣界七十里，西南至陽春縣界一百二十里，東北至高明縣界五十里，西北至東安縣界五十里。

陽春縣，在府西南三百二十里。東西距九十五里，南北距二百六十里。東至恩平縣界四十里，西至羅定州東安縣界五十五里，南至陽江縣界六十里，北至新興縣界一百里。東南至陽江縣界八十里，西南至高州府茂名縣界一百五十里，東北至新興縣界九十里，西北至東安縣界一百三十里。

開建縣，在府西北四百十里。東西距九十四里，南北距八十五里。東至廣西梧州府懷集縣界五十里，西至梧州府蒼梧縣界四十四里，南至封川縣界二十五里，北至廣西平樂府賀縣界六十里。東南至封川縣界六十里，西南至蒼梧縣界八十里，東北至懷集縣界一百里，西北至賀縣界五十里。

卷二八三《高州府》 電白縣，在府東南一百六十里。東西距一百四十里，南北距一百十六里。東至肇慶府陽江縣界三十里，西北至茂名縣界一百十里，南至海岸六里，北至肇慶府陽春縣界一百十里。東南至陽江縣界三十里，東北至陽江縣界七十里，西南至吴川縣界一百十里，西北至茂名縣界一百里。

又卷二八四《廉州府》 廉州府，在布政使司西南一千四百九十里。東西距五百四十里，南北距三百五里。東至高州府石城縣界一百六十里，西至廣西上思州界三百八十里，南至大海八十里，北至廣西南寧府横州界二百二十五里。東南至石城縣界一百十八里，西南至交阯界四百二十里，東北至廣西梧州府博白縣界一百八十里，西北至横州界二百二十里。自府治至京師九千六十五里。

合浦縣，附郭。東西距二百十里，南北距二百四十里。東至高州府石城縣界一百六十里，西至靈山縣界五十里，南至海岸八十里，北至廣西梧州府興業縣界一百六十里。東南至石城縣界一百八十里，西南至靈山縣界九十里，東北至梧州府博白縣界一百八十里，西北至靈山縣界一百十里。

靈山縣，在府西北一百八十里。東西距三百十五里，南北距二百五里。東至合浦縣界五十五里，西至廣西南寧府宣化縣界二百六十里，南至合浦縣界一百六十里，北至南寧府横州界四十五里。東南至合浦縣界七十里，西南至欽州界一百三十里，東北至廣西梧州府興業縣界七十里，西北至横州界四十里。

又卷二八五《雷州府》 遂溪縣，在府北一百八十五里。東西距九十里，南北距一百九十里。東至高州府吴川縣界三十里，西至高州府石城縣界六十里，南至海康縣界一百六十里，北至石城縣界三十里。東南至海岸一百四十里，西南至海岸二百里，東北至吴川縣界七十里，西北至石城縣界六十里。

徐聞縣，在府南一百六十里。東西距一百六十里，南北距一百里。東至海岸九十里，西至海岸七十里，南至海岸二十里，北至海康縣界八十里。東南至海岸二十里，西南至海岸七十里，東北至海岸一百里，西北至海康縣界八十里。

又卷二八六《瓊州府》 儋州，在府西南三百里。東西距一百三十五里，南北距一百四十里。東至黎界一百里，西至海岸三十五里，南至黎界一百里，北至海岸四十里。東南至黎界五十里，西南至昌化縣界一百十里，東北至臨高縣界七十里，西北至大海岸五十里。

又卷二八七《羅定州》 東安縣，在州東少北一百二十里。東西距一百四十五里，南北距一百六十里。東至肇慶府高要縣界六十里，西至西寧縣界八十五里，南至肇慶府新興縣界一百里，北至肇慶府德慶州界六十里。

東南至新興縣界六十里，西南至肇慶府陽春縣界一百八十里，東北至新興縣界六十里，西北至德慶州界一百里。

西寧縣，在州西北一百二十里。東西距一百八十里，南北距三百三十里。東至東安縣界一百二十里，西至廣西梧州府岑溪縣界六十里，南至高州府茂名縣界三百里，北至肇慶府封川縣界三十里。東南至羅定州治一百二十里，西南至高州府信宜縣界一百九十里，東北至肇慶府德慶州界五十里，西北至梧州府蒼梧縣界八十里。

又卷二八八《連州》 連州，在布政使司北七百六十里。東西距三百八十里，南北距二百里。東至韶州府英德縣界二百三十里，西至廣西平樂府賀縣界一百五十里，南至廣西梧州府懷集縣界一百里，北至湖廣衡州府臨武縣界一百里。東南至懷集縣界三百里，西南至賀縣界二百二十里，東北至湖廣郴州宜章縣界一百十里，西北至湖廣永州府江華縣界九十里。本州境東西距一百九十里，南北距一百二十五里。東至陽山縣界一百四十里，西至連山縣界五十里，南至陽山縣界二十五里，北至湖廣衡州府臨武縣界一百里。東南至陽山縣界四十里，西南至連山縣界一百二十里，東北至縣界一百十里，西北至江華縣界九十里。自州治至京師七千四百二十五里。

又卷二八九《嘉應州》 嘉應州，在布政使司東七百里。東西距四百一十五里，南北距二百七十里。東至潮州府大埔縣界一百四十五里，西至惠州府龍川縣界二百七十里，南至潮州府海陽縣界一百五十里，北至福建汀州府武平縣界一百二十里。東南至潮州府海陽大埔二縣界八十里，西南至惠州府永安縣界二百四十里，東北至福建汀州府上杭縣界一百二十五里，西北至江西贛州府長寧縣界一百六十里。本州境東西距一百九十五里，南北距一百五十五里。東至潮州府大埔縣界一百四十五里，西至興寧縣界五十里，南至潮州府海陽縣界一百十五里，北至鎮平縣界四十里。東南至海陽大埔二縣界八十里，西南至興寧縣界一百二十里，東北至鎮平縣界五十五里，西北至平遠縣界六十里。自州治至京師八千七百六十三里。

興寧縣，在州西七十里。東西距一百里，南北距二百里。東至本州界七十里，西至長樂縣界三十里，南至長樂縣界九十里，北至江西贛州府長寧縣界一百十里。東南至本州界七十里，西南至長樂縣界二十里，東北至平遠縣界一百八十里，西北至惠州府龍川縣界四十五里。

長樂縣，在州西一百一十里。東西距一百二十里，南北距二百四十里。東至興寧縣界六十里，西至惠州府龍川縣界六十里，南至惠州府海豐縣界二百里，北至興寧縣界四十里。東南至潮州府揭陽縣界一百里，西南至惠州府永安縣界一百里，東北至興寧縣界十五里，西北至惠州府龍川縣界六十里。

又卷二九一《桂林府》 義寧縣，在府西北八十里。東西距二百三十里，南北距二百五十二里。東至靈川縣界二十里，西至柳州府懷遠縣界二百十里，南至臨桂縣界十二里，北至湖廣寶慶府城步縣界二百四十里。東南至臨桂縣界八里，西南至永寧州界一百十里，東北至興安縣界一百四十里，西北至湖廣靖州綏寧縣界二百六十里。

又卷三〇九《武定府》 和曲州，附郭。東西距一百九十五里，南北距五十四里。東至祿勸州界十五里，西至元謀縣界一百八十里，南至雲南府羅次縣界三十九里，北至祿勸州界十五里。東南至雲南府富民縣界五十里，西南至雲南府祿豐縣界一百二十里，東北至祿勸州界十三里，西北至姚安府大姚縣界二百里。

撒甸同知，在府城北一百九十里。東西距二百四十里，南北距二百八十八里。東至東川府界一百里，西至和曲州界一百四十里，南至祿勸州界一百八里，北至四川會理州界一百八十里。東南至祿勸州界一百里，西南至和曲州界八十里，東北至東川府界一百二十里，西北至會理州界一百三十里。

又卷三一〇《廣西府》 邱北州同，在府東南二百九十里。東西距三百二十里，南北距一百二十五里。東至師宗州界二百里，西至臨安府阿迷州界一百二十里，南至廣南府界四十五里，北至本府界八十里。東南至廣西西林縣二百五十里，西南至開化府界一百六十里，東北至師宗州界一百八十里，西北至彌勒州界一百三十四里。

又卷三一二《元江府》 他郎通判，在府西南一百六十里。東西距一百七十五里，南北距二百三十里。東至本府界十五里，西至鎮沅府界一百六十里，南至普洱府界一百二十里，北至新平縣界一百一十里。東南至本府界六百三十里，西南至鎮沅府界二百五十里，東北至本府界二十五里，西北至新平縣界一百五十里。

又卷三一四《鎮沅府》 威遠同知治，在布政使司南一千五百九十里。東西距五百八十里，南北距三百八十里。東至普洱府界二百三十里，西至順寧府界三百五十里，南至普洱府思茅界二百四十里，北至鎮沅府界一百四十里。東南至普洱府界二百五十里，西南至孟璉長官司界四百里，東北至鎮沅府界一百六十里，西北至景東府界一百四十里。

又卷三一六《東川軍民府》 東川軍民府，在布政使司北五百三十里。東西距五百里，南北距四百二十里。東至貴州威寧州界二百里，西至四川寧遠府界三百里，南至曲靖府尋甸州界二百六十里，北至昭通府界一百六十里。東南至曲靖府宣威州界一百三十里，西南至武定府祿勸州界二百五十里，東北至威寧州界一百七十里，西北至四川會理州界四百五十里。自府治至京師九千七百九十里。

又卷三一八《普洱府》 攸樂同知，在府城南六百五十里。東西距一千三百五十五里，南北距五百三十七里。東至南掌國界七百五十五里，西至孟璉界六百里，南至車里界九十五里，北至思茅界四百四十二里。

又卷三二〇《楚雄府》 楚雄府，在布政使司西四百二十里。東西距三百八十里，南北距五百二十五里。東至雲南府祿豐縣界一百五十五里，西至大理蒙化二府界二百二十五里，南至元江府界三百里，北至姚安府大姚縣界二百二十五里。東南至雲南府昆陽州界二百三十里，西南至景東府界二百五十里，東北至祿豐縣界一百五十八里，西北至姚安府姚州界二百四十二里。自府治至京師一萬一千二十里。

石羿嘉州判，在府城南二百七十里。東西距一百里，南北距一百二十里。東至南安州界六十里，西至景東府界四十里，南至元江府新平縣界七十里，北至楚雄縣界五十里。

又卷三二一《姚安府》 姚安府，在布政使司西北七百里。東西距二百一十里，南北距三百五十里。東至楚雄府定遠縣界七十里，西至大理府雲南縣界一百四十里，南至楚雄府鎮南州界七十里，北至四川鹽源縣金沙江渡口界二百八十里。東南至武定府元謀縣界一百六十五里，西南至鎮南州界八十里，東北至四川會理州界四百二十里，西北至永北府界五百八里。自府治至京師一萬一千二百二十里。

又卷三二三《鶴慶府》 鶴慶府，在布政使司西北一千一百六十里。東西距三百六十里，南北距一百七十里。東至永北府界一百二十里，西至麗江府界二百四十里，南至大理府賓川州界一百二十里，北至麗江府界五十里。東南至永北府界一百二十里，西南至大理府浪穹縣界一百八十里，東北至永北府界四百八十里，西北至麗江府界二百里。自府治至京師一萬二百四十里。

又卷三二四《順寧府》 順寧府，在布政使司西一千一百五十里。東西距三百四十里，南北距六百九十里。東至景東府界二百二十里，西至永昌府灣甸土州界一百二十里，南至猛緬長官司界三百二十里，北至永昌府永平縣界三百七十里。東南至鎮沅府治一百五十里，西南至耿馬土司界二百五十三里，東北至蒙化府治三百四十里，西北至永昌府保山縣界二百二十六里。自府治至京師一萬一千六百二十里。

又卷三二五《永北府》 永北府，在布政使司西北一千二百里。東西距三百七十三里，南北距五百八十一里。東至四川鹽井衛界三百四十八里，西至鶴慶府界二十五里，南至大理府賓川州界一百十三里，北至外域黃喇嘛界四百六十八里。東南至姚安府大姚縣治二百五十里，西南至大理府鄧川州界八十里，東北至西番界三百九十里，西北至麗江府界一百十里。自府治至京師一萬一千七百五十里。

又卷三二六《麗江府》 麗江府，在布政使司西北一千二百四十里。東西距六百七十里，南北距七百八十九里。東至永北府界四百里，西至怒夷界二百七十里，南至鶴慶府界三十九里，北至蒙番界七百五十里。東南至鶴慶府界二百里，西南至鶴慶府劍川州界一百二十里，東北至永北府界三百七十里，西北至吐蕃界三百里。自府治至京師一萬一千七百六十里。

又卷三二七《蒙化府》 蒙化府，在布政使司西八百二十里。東西距二百里，南北距二百九十五里。東至大理府趙州界五十里，西至順寧府界一百五十里，南至順寧府雲州界一百九十五里，北至趙州界一百里。東南至景東府界一百三十里，西南至雲州界一百五十里，東北至趙州界五十里，西北至永昌府永平縣界一百七十里。自府治至京師一萬一千四百一十里。

又卷三三一《安順府》 安順府，在布政使司西一百八十里。東西距三百一十里，南北距一百六十里。東至貴陽府貴筑縣界一百四十里，西至南籠府安南縣界一百七十里，南至南籠府永豐州界一百里，北至大定府平遠州界六十里。東南至貴陽府廣順州界四百里，西南至安南縣界四百五十里，東北至大定府黔西州界四百里，西北至平遠州界一百里。自府治至京師七千八百二十里。

《大清一統志》卷五　直隸統部，東至盛京錦州府寧遠州界六百七十八里。西至山西大同府廣靈縣界五百五十里。南至河南開封府蘭陽縣界一千四百三十里。北至邊城一百九十八里。東南至海岸四百四十里。西南至河南衛輝府濬縣界一千二百九十里。東北至藩部界六百二十里。西北至大同府天鎮縣治五百六十里。自京師至盛京一千四百七十餘里。

又卷六　順天府，東至遵化州界二百四十六里。西至宣化府保安州界二百三十里。南至天津府青縣界三百一十三里。北至邊墻一百七十五里。東南至天津府天津縣界二百里。西南至保定府新城縣界一百七十里。東北至遵化州馬蘭峪邊墻三百四十里。西北至宣化府延慶州界一百三十里。

又卷一二　保定府，直隸省治。【略】東至河間府任丘縣界一百十里。西至定州曲陽縣界一百六十里。南至冀州新河縣界三百里。北至順天府房山縣界一百九十里。東南至冀州治三百四十里。西南至正定府晉州治二百二十五里。東北至順天府霸州治二百十里。西北至宣化府蔚州治四百里。自府治至京師三百五十里。

又卷一八　永平府，在直隸省治東八百三十里。【略】東至盛京錦州府寧遠州界一百八十里。西至遵化州界一百六十里。南至海一百六十里。北至承德府平泉州界六十里。東南至海一百四十里。西南至遵化州豐潤縣界一百三十五里。東北至承德府建昌縣界一百九十里。西北至遵化州邊界二百二十里。自府治至京師五百五十里。

又卷二一　河間府，在直隸省治南一百四十里。【略】東至天津府青縣界一百里。西至保定府蠡縣界六十里。南至山東濟南府德州界二百二十五里。北至保定府雄縣界一百二十里。東南至天津府南皮縣治一百四十里。西南至冀州治二百三十里。東北至順天府文安縣治一百三十里。西北至保定府安州治一百四十里。自府治至京師四百一十里。

又卷二四　天津府，在直隸省治東四百六十里。【略】東至海一百里。西至順天府霸州界八十里。南至山東武定府樂陵縣界三百里。北至順天府武清縣界三十三里。東南至山東武定府海豐縣界二百二十里。西南至河間府東光縣界三百一十里。東北至順天府寶坻縣治一百六十里。西北至武清縣界一百二十里。自府治至京師二百五十里。

又卷二七　正定府，在直隸省治西二百九十里。【略】東至河間府景州界二百七十五里。西至山西平定州盂縣界一百九十里。南至順德府唐山縣界二百里。北至保定府唐縣界一百七十里。東南至山東東昌府武城縣治三百四十里。西南至山西平定州界二百五十里。東北至保定府祁州治二百里。西北至山西代州五臺縣治四百五十里。自府治至京師六百一十里。

又卷三〇　順德府，在直隸省治西南五百七十里。【略】東至廣平府威縣界一百二十里。西至山西遼州和順縣界一百六十里。南至廣平府永年縣界六十里。北至趙州臨城縣界九十里。東南至永年縣界九十里。西南至河南彰德府武安縣界一百二十里。東北至冀州新河縣界二百里。西北至正定府贊皇縣界一百五十里。自府治至京師一千里。

又卷三二　廣平府，在直隸省治西南六百八十里。【略】東至山東臨清州界一百里。西至河南彰德府武安縣界七十里。南至彰德府臨漳縣界八十三里。北至順德府南和縣界五十里。東南至大名府治一百二十里。西南至彰德府林縣治三百里。東北至順德府廣宗縣治一百四十里。西北至順德府治九十里。自府治至京師九百五十里。

又卷三五　大名府，在直隸省治西南八百里。【略】東至山東東昌府冠縣界四十里。西至河南彰德府臨漳縣界八十里。南至河南開封府儀封廳界三百一十里。北至東昌府館陶縣界五十里。東南至山東曹州府定陶縣治三百里。西南至彰德府內黄縣治九十里。東北至山東臨清州治一百五十里。西北至廣平府成安縣治八十里。自府治至京師一千一百二十里。

又卷三八　宣化府，在直隸省治北七百里。【略】東至邊界二百十五里。西至山西大同府邊界一百四十五里。南至易州淶水縣界二百十里。北至張家口邊界六十五里。東南至順天府昌平州界二百五十里。西南至大同府廣靈縣界二百六十里。東北至獨石口邊界三百十里。西北至邊界一百六十里。自府治至京師三百四十里。

又卷四二　承德府，在直隸省治東北七百八十里。【略】東至盛京錦州府錦縣界七百五十里。西至直隸口北道屬獨石口廳界四百五十里。南至遵化州界一百五十里。北至木蘭圍場界二百十八里。東南至永平府臨榆縣界五百八十里。西南至順天府密雲縣古北口界一百九十里。東北至錦州府廣寧縣界一千零十五里。西北至口北道屬多倫諾爾廳界五百六十里。自府治至京師四百二十里。

又卷四五　遵化直隸州，在直隸省治東六百三十里。【略】東至永平府灤州界九十里。西至順天府薊州界七十里。南至順天府寧河縣界海口二百十里。北至羅文峪關十八里。東南至永平府樂亭縣治二百八十里。西南至順天府寶坻縣治一百八十里。東北至喜峰口關二十里。西北至馬蘭峪六十里。本州【略】東至永平府遷安縣界五十里。西至薊州界七十里。南至豐潤縣界五十里。北至羅文峪關二十里。東南至豐潤縣界七十里。東北至喜峰口一百二十里。西南至玉田縣界七十里。西北至馬蘭峪六十里。自州治至京師三百二十里。

又卷四七　易州直隸州，在直隸省治北一百四十里。【略】東至順天府涿州界七十里。西至山西大同府靈丘縣界二百十里。南至保定府安肅縣界五十里。北至順天府房山縣界一百三十里。東南至保定府定興縣界三十五里。西南至正定府阜平縣治三百八十里。東北至房山縣界一百四十里。西北至宣化府蔚州治三百里。本州【略】東至淶水縣界二十里。西至廣昌縣界一百二十里。南至安肅縣界五十里。北至淶水縣界六十里。東南至定興縣界三十五里。西南至保定府滿城縣界九十里。東北至淶水縣界二十里。西北至蔚州界一百里。自州治至京師二百二十里。

又卷四九　冀州直隸州，在直隸省治南三百三里。【略】東至河間府故城縣界四十五里。西至趙州寧晉縣界六十五里。南至廣平府威縣界七十里。北至深州安平縣界八十里。東南至廣平府清河縣治一百四十里。西南至順德府鉅鹿縣治八十里。東北至河間府阜城縣治一百八里。西北至保定府束鹿縣治七十五里。本州【略】東至棗強縣界十五里。西至新河縣界四十五里。南至南宮縣界五十里。北至衡水縣界二十里。東南至清河縣治一百四十里。西南至新河縣治六十里。東北至衡水縣治四十里。西北至束鹿縣治七十五里。自州治至京師六百三十三里。

又卷五一　趙州直隸州，在直隸省治西南三百九十里。【略】東至冀州新河縣界八十里。西至正定府元氏縣界二十五里。南至順德府唐山縣界八十二里。北至正定府欒城縣界二十里。東南至順德府鉅鹿縣治一百八十五里。西南至順德府内丘縣治一百七十五里。東北至正定府藁城縣界三十五里。西北至元氏縣界二十五里。本州【略】東至寧晉縣界十五里。西至元氏縣界二十五里。南至柏鄉縣界三十五里。北至欒城縣界二十里。東南至寧晉縣界二十里。西南至高邑縣界二十五里，東北至藁城縣界三十五里。西北至元氏縣界二十五里。自州治至京師七百四十里。

又卷五三　深州直隸州，在直隸省治南二百八十二里。【略】東至河間府交河縣界六十八里。西至保定府束鹿縣界五十五里。南至冀州衡水縣界五十里。北至保定府蠡縣界六十五里。東南至冀州武邑縣治六十里。西南至束鹿縣治六十五里。東北至河間府河間縣治一百六十里。西北至定州深澤縣治七十里。本州【略】東至武強縣界三十八里。西至束鹿縣界五十五里。南至衡水縣界五十里。北至安平縣界四十里。東南至冀州武邑縣治六十里。西南至束鹿縣治六十五里。東北至饒陽縣治七十里。西北至深澤縣治七十里。自州治至京師六百一十二里。

又卷五五　定州直隸州，在直隸省治西一百五十里。【略】東至保定府祁州界四十里。西至正定府阜平縣界九十里。南至正定府藁城縣界六十里。北至保定府望都縣界三十里。東南至保定府束鹿縣界一百二十里。西南至正定府正定縣治一百四十里。東北至望都縣治六十里。西北至保定府唐縣治六十里。本州【略】東至祁州界四十里。西至曲陽縣界三十里。南至正定府新樂縣界三十五里。北至望都縣界三十里。東南至深澤縣治九十里。西南至正定府新樂縣治五十里。東北至望都縣治六十里。西北至唐縣治六十里。自州治至京師五百里。

又卷五七　盛京統部，東至海四千三百餘里。西至山海關直隸永平府界七百九十里。南至海七百三十餘里。北逾蒙古科爾沁地至黑龍江外興安嶺俄羅斯界五千一百餘里。東南至錫赫特山朝鮮界二千九百餘里。西南至海八百餘里。東北至海四千餘里。西北至蒙古土默特界六百九十餘里。自盛京至京師一千四百六十餘里。

又卷五八　興京，在盛京東微南二百六十里。【略】東至吉林界三十五里。西至承德縣界一百九十里。南至鳳凰城界一百八十里。北至開原城守界一百十里。東南至吉林界十五里。西南至鳳凰城界一百六十餘里。

東北至吉林界一百五十里。西北至開原城守界一百三十里。自興京至京師一千七百二十里。

又卷五九　奉天府，東至撫順城與興京接界八十里。西至山海關直隸永平府臨榆縣界七百九十里。南至海七百三十里。北至開原縣邊界二百六十里。東南至鴨緑江朝鮮界五百四十里。西南至山海關界七百九十里。東北至吉林界二百一十里。西北至義州邊界四百五十里。自府治至京師一千四百七十里。

又卷六四　錦州府，在盛京西四百九十里。【略】東至奉天府新民廳界二百四十里。西至山海關直隸永平府臨榆縣界二百九十里。南至海三十里。北至清河邊門一百四十里。東南至奉天府海城縣界三百五十里。西南至直隸臨榆縣界三百里。東北至奉天府開原城守界三百八十里。西北至寧遠州邊界一百六十里。自府治至京師一千里。

又卷六七　吉林，在盛京東北八百二十餘里。【略】東至海三千餘里。西至威遠堡邊門五百九十五里。南至鴨緑江朝鮮界九百九十餘里。北至拉哈福阿里庫邊界六百餘里。東南至海二千三百餘里。西南至奉天府開原邊界五百八十餘里。東北至海三千餘里。西北至克爾素邊門四百五十餘里。自吉林至京師二千三百里。

又卷七一　黑龍江，在盛京東北一千八百餘里。【略】東至吉林界二千三百里。西至喀爾喀界一千二百三十五里。南至吉林界五百里。北至俄羅斯界三千五百里。東南至吉林界一千七百里。西南至科爾沁扎拉特界一百二十里。東北至吉林界三千六百里。西北至俄羅斯界二千里。自本城至京師三千三百餘里。

又卷七二　江蘇省，江寧府爲省會，在京師南二千四百里。【略】東至太倉州海岸七百七十里。西至安徽和州界一百八十里。南至浙江嘉興府嘉興縣界四百七十里。北至山東沂州府郯城縣界六百六十里。東南至松江府金山縣海岸九百三十里。西南至浙江湖州府長興縣界四百八十里。東北至山東沂州府日照縣界八百三十里。西北至河南歸德府虞城縣界九百四十里。

又卷七三　江寧府，江蘇省治，在蘇州府西北四百五十里。【略】東至鎮江府丹陽縣界一百六十里。西至安徽和州界一百八十里。南至安徽寧國府宣城縣界二百四十里。北至安徽泗州天長縣界一百四十里。東南至鎮江府溧陽縣界一百九十里。西南至安徽太平府當涂縣界一百三十五里。東北渡江至揚州府儀徵縣界一百三十五里。西北渡江至安徽滁州界一百四十里。自府治至京師二千四百四十五里。

又卷七七　蘇州府，江蘇省治，在江寧府東南四百五十里。【略】東至太倉州界一百二十里。西至常州府宜興縣界一百里。南至浙江嘉興府嘉興縣界一百里。北至大江通州界一百五十里。東南至松江府青浦縣界一百二十五里。西南至浙江湖州府長興縣界一百三十里。東北至通州界一百五十五里。西北至常州府江陰縣界二百六十里。自府治至京師二千七百二十里。

又卷八二　松江府，在江蘇省蘇州府東南一百六十里。江寧府東南六百二十里。【略】東至大海一百里。西至蘇州府吴江縣界六十里。南至大海七十二里。北至蘇州府昆山縣界八十里。東南至大海一百十里。西南至浙江嘉興府嘉善縣界五十里。東北至太倉州嘉定縣界一百十里。西北至蘇州府長洲縣界一百里。自府治至京師二千九百五十里。

又卷八六　常州府，在江蘇省蘇州府西北二百三十里，江寧府東南二百七十里。【略】東至蘇州府常熟縣界一百四十里。西至鎮江府丹陽縣界五十里。南至浙江湖州府長興縣界二百里。北至大江北岸通州泰興縣界八十五里。東南至蘇州府長洲縣界一百四十里。西南至安徽廣德州界二百三十里。東北至通州如皋縣界一百七十里。西北至揚州府江都縣界一百二十里。自府治至京師二千五百二十五里。

又卷九〇　鎮江府，在江蘇省蘇州府西北三百七十里，江寧府東少北一百八十里。【略】東至常州府宜興縣界一百六十里。西至江寧府句容縣界六十里。南至常州府武進縣界一百八里。北至揚州府江都縣界二十八里。東南至宜興縣界二百十里。西南至安徽廣德州建平縣治三百七十里。東北至常州府靖江縣界一百二十里。西北至揚州府儀徵縣界七十里。自府治至京師二千三百里。

又卷九三　淮安府，在江蘇省江寧府北五百里，蘇州府西北七百五十里。【略】東至海州界二百三十里。西至安徽泗州界二百十里。南至揚州府寶應縣界八十里。北至海州沭陽縣界一百八十里。東南至揚州府泰州治四百九十里。西南至泗州治一百八十里。東北至海一百八十里。西北至徐州府宿遷縣界一百九十里。自府治至京師一千九百七十五里。

又卷九六 揚州府，在江蘇省江寧府東北二百十里，蘇州府西北四百四十五里。【略】東至海岸通州如皋縣界三百六十里。西至江寧府六合縣界一百十里。南至大江鎮江府丹徒縣界四十里。北至淮安府山陽縣界二百六十里。東南至通州泰興縣界八十里。西南渡江至江寧縣界三百里。東北至淮安府鹽城縣界三百十三里。西北至安徽盱眙縣界二百五十一里。自府治至京師二千二百七十五里。

又卷一〇〇 徐州府，在江蘇省江寧府西北七百三十里，蘇州府西北一千二百里。【略】東至海州沭陽縣界一百四十里。西至河南歸德府虞城縣界二百十里。南至安徽鳳陽府宿州界一百二十里。北至山東兗州府滕縣界一百二十里。東南至鳳陽府靈璧縣界一百九十里。西南至歸德府永城縣界二百二十里。東北至山東兗州府嶧縣界一百四十五里。西北至山東濟寧州魚臺縣界二百里。自府治至京師一千一百六十五里。

又卷一〇三 太倉直隸州，在江蘇省江寧府東南五百六十里，蘇州府東北一百二十里。【略】東渡海至崇明縣東大海二百里。西至蘇州府新陽縣界一十里。南至松江府上海縣界六十六里。北至蘇州府昭文縣界四十里。東南至松江府上海縣界一百二十里。西南至松江府青浦縣界六十里。東北至海七十里。西北至蘇州府常熟縣治一百里。本州【略】東至海崇明縣界七十里。西至新陽縣界三十六里。南至鎮洋縣界一里。北至昭文縣界一百八里。東南至鎮洋縣界一里。西南至昆山縣界二十里。東北至崇明縣界一百三十里。西北至昭文縣界四十里。自州治至京師二千八百四十里。

又卷一〇五 海州直隸州，在江蘇省江寧府東北八百二十里，蘇州府北一千一百二十里。【略】東至高公島大海一百二十里。西至山東沂州府郯城縣界一百五十里。南至淮安府安東縣界一百五十里。北至山東沂州府日照縣界一百五十五里。東南至海二百里。西南至徐州府宿遷縣界一百六十里。東北至海一百里。西北至山東沂州府治二百四十里。本州【略】東至海十五里。至高公島大海一百二十里。西至山東郯城縣界一百五十里。南至安東縣界一百五十里。北至贛榆縣界四十里。東南至海二百里。西南至沭陽縣界七十里。東北至海百里。西北至沂州府治二百四十里。自州治至京師一千七百里。

又卷一〇六 通州直隸州，在江蘇省江寧府東五百三十里，蘇州府北二百里。【略】東至海門廳一百里。西至鎮江府丹徒縣界二百八十五里。南至蘇州府昭文縣界三十里。北至揚州府泰州界九十里。東南至海一百四十里。西南至大江七里。東北至海一百十里。西北至揚州府泰州界百七十里。本州【略】東至海門廳一百里。西至如皋縣界十八里。南至大江十八里。北至如皋縣界六十里。東南至江海交界一百四十里。西南至大江七里。東北至海一百十里。西北至如皋縣界一百三十里。自州治至京師三千六百九十五里。

又卷一〇七 海門直隸廳，在江蘇省江寧府東五百八十里，蘇州府東北三百里。【略】東至海一百里。西至通州界八十里。南至江五十里。北至通州界五十里。東南至海崇明縣界一百里。西南至海昭文縣界七十里。東北至通州界一百二十里。西北至通州界四十里。

又卷一〇八 安徽統部，安慶府爲省會，在京師南二千七百里。【略】東至江蘇江寧府溧水縣界三百九十五里。西至湖北黄州府黄梅縣界三百四十里。南至江西九江府彭澤縣界一百七十里。北至江蘇徐州府睢寧縣界四百九十六里。東南至浙江杭州府昌化縣界五百十里。西南至江西九江府界四百一十里。東北至江蘇江寧府江浦縣界五百二十里。西北至河南歸德府鹿邑縣界九百六十里。

又卷一〇九 安慶府，安徽省治。【略】東至廬州府無爲州界一百五十里。西至湖北黄州府蘄州界三百里。南至池州府東流縣界九十里。北至廬州府舒城縣界一百八十里。東南至池州府界一百二十里。西南至江西九江府治四百十里。東北至無爲州界三百二十里。西北至六安州界二百八十里。自府治至京師二千七百里。

又卷一一二 徽州府，在安徽省安慶府東南五百七十里。【略】東至浙江杭州府昌化縣界一百二十里。西至江西饒州府浮梁縣界二百七十里。南至浙江嚴州府淳安縣界一百里。北至寧國府太平縣界八十里。東南至嚴州府淳安縣界一百一十里。西南至饒州府樂平縣界二百七十里。東北至寧國府寧國縣界一百五十里。西北至池州府石埭縣界一百六十里。自府治至京師二千八百五十里。

又卷一一五　寧國府，在安徽省治東四百三十里。【略】東至廣德州建平縣界六十里。西至池州府銅陵縣界一百六十里。南至徽州府績溪縣界二百十五里。北至太平府當涂縣界一百二十里。東南至浙江杭州府於潛縣界二百二十里。西南至池州府石埭縣界三百里。東北至江寧府高淳縣界七十里。西北至太平府繁昌縣界一百三十里。自府治至京師二千七百四十五里。

又卷一一八　池州府，在安徽省治東少北一百二十里。【略】東至寧國府南陵縣界一百五十里。西至安慶府望江縣界二百二十里。南至徽州祁門縣界二百二十里。北至安慶府桐城縣界十五里。東南至寧國府太平縣界二百里。西南至江西九江府彭澤縣界二百里。西北至安慶府懷寧縣界一百二十里。自府治至京師二千八百里。

又卷一二〇　太平府，在安徽省治東北四百九十里。【略】東至江蘇江寧府溧水縣界八十里。西至和州界十里。南至寧國府南陵縣界一百六十里。北至江寧府江寧縣界五十里。東南至寧國府界一百八十里。西南至池州府銅陵縣界一百六十里。東北至江寧縣界一百里。西北至和州界九十里。自府治至京師二千四百六十五里。

又卷一二二　廬州府，在安徽省治北三百六十里。【略】東至和州含山縣界一百九十里。西至六安州界一百二十里。南至安慶府桐城縣界二百四十里。北至鳳陽府定遠縣界一百二十里。東南至和州界三百里。西南至安慶府潛山縣界三百四十里。東北至滁州界一百八十里。西北至鳳陽府壽州界一百八十里。自府治至京師二千四百六十里。

又卷一二五　鳳陽府，在安徽省治北六百七十里。【略】東至泗州盱眙縣界一百八十里。西至潁州府潁上縣界二百四十八里。南至廬州府合肥縣界一百五十里。北至江蘇徐州府蕭縣界三百三十里。東南至滁州界二百二十里。西南至六安州界三百三十里。東北至徐州府睢寧縣界二百四十里。西北至河南歸德府界五百五十里。自府治至京師一千九百八十五里。

又卷一二八　潁州府，在安徽省治西北八百四十里。【略】東至鳳陽府壽州界一百六十五里。西至河南陳州府沈丘縣界一百二十里。南至河南光州固始縣界一百二十里。北至河南歸德府商丘縣界二百三十里。東南至六安州界二百八十里。西南至河南汝寧府新蔡縣界一百二十里。東北至鳳陽府宿州界二百六十里。西北至河南歸德府鹿邑縣界一百五十里。自府治至京師一千八百二十里。

又卷一三〇　滁州直隸州，在安徽省治東北六百五十里。【略】東至江蘇江寧府六合縣界七十里。西至鳳陽府定遠縣界七十里。南至和州界一百八十里。北至泗州盱眙縣界一百三十里。東南至江寧府江浦縣界五十里。西南至廬州府合肥縣界一百八十里。東北至泗州天長縣界一百五十里。西北至定遠縣界七十里。本州【略】東至六合縣界七十里。西至定遠縣界七十里，南至全椒縣界五十里。北至泗州盱眙縣界一百三十里。東南至江浦縣界五十里。西南至合肥縣界一百八十里。東北至來安縣界二十里。西北至定遠縣界七十里。自州治至京師二千二百五里。

又卷一三一　和州直隸州，在安徽省治東北四百六十里。【略】東至江蘇江寧府江浦縣界六十里。西至廬州府巢縣界一百二十里。南至廬州府無爲州界九十里。北至滁州全椒縣界一百一十里。東南至太平府當涂縣界六十里。西南至無爲州治一百五十里。東北至江浦縣治一百里。西北至廬州府合肥縣治二百八十里。本州【略】東至江浦縣界六十里。西至含山縣界三十里。南至無爲州界九十里。北至含山縣界六十里。東南至當涂縣界六十里。西南至含山縣界四十里。東北至江浦縣界六十里。西北至含山縣界八十里。自州治至京師二千二百八十里。

又卷一三二　廣德直隸州，在安徽省治東南五百九十里。【略】東至浙江湖州府長興縣界三十里。西至寧國府宣城縣界一百里。南至寧國府寧國縣界九十里。北至江蘇常州府荆溪縣界七十里。東南至浙江湖州府安吉縣界四十里。西南至寧國縣界一百一十里。東北至湖州府長興縣界四十里。西北至江蘇鎮江府溧陽縣界七十里。本州【略】東至長興縣界三十里。西至建平縣界四十五里。南至寧國縣界九十里。北至荆溪縣界七十里。東南至安吉縣界四十里。西南至建平縣界六十里。東北至長興縣界四十里。西北至溧陽縣界七十里。自州治至京師二千七百八十里。

又卷一三三　六安直隸州，在安徽省治西北四百四十里。【略】東至廬州府合肥縣界五十里。西至河南光州固始縣界一百六十里。南至安慶府潛山縣界一百八十里。北至鳳陽府壽州界四十里。東南至廬州府舒城縣界七十里。西南至湖北黄州府蘄水縣界四百里。東北至合肥縣界六十里。西北至潁州府霍丘縣界一百四十里。本州【略】東至合肥縣界五十里。西至霍丘縣界七十里。南至霍山縣界六十里。北至壽州界四十里。東南至舒城縣界七十里。西南至霍山縣界九十里。東北至合肥縣界六十里。西北至霍丘縣界七十里。自州治至京師二千九百五十里。

又卷一三四 泗州直隸州，在安徽省治東北七百六十里。【略】東至江蘇淮安府山陽縣界二百五十里。西至鳳陽府靈璧縣界四十里。南至滁州來安縣界一百四十里。北至江蘇徐州府睢寧縣界六十里。東南至江蘇揚州府江都縣界三百五十里。西南至鳳陽府鳳陽縣界一百四十里。東北至江蘇徐州府桃源縣界一百里。西北至靈璧縣界七十里。本州【略】東至江蘇淮安府清河縣界一百七十里。西至靈璧縣界四十里。南至五河縣界三十里。北至睢寧縣界六十里。東南至盱眙縣界一百六十里。西南至鳳陽縣界七十里。東北至桃源縣界一百里。西北至靈璧縣界七十里。自州治至京師二千里。

又卷一三五 山西省，在京師西南一千二百里。【略】東至直隸正定府井陘縣界三百七十五里。西至陝西綏德州吴堡縣界五百五里。南至河南陝州界一千二十里。北至殺虎口外四子部落喀爾喀右翼毛明安各蒙古界一千一百三十里。東南至河南衛輝府衛輝縣界八百五十里。西南至陝西同州府朝邑縣界一千一百五里。東北至直隸宣化府懷安縣界六百七十里。西北至陝西榆林府府谷縣界八百八十里。

又卷一三六 太原府，山西省治。【略】東至平定州壽陽縣界一百七十里。西至汾州府永寧州界四百里。南至沁州沁源縣界四百七十里。北至忻州界二百六十里。東南至遼州榆社縣界二百四十里。西南至汾州府平遥縣界二百五十里。東北至忻州定襄縣界一百八十里。西北至保德州界五百里。自府治至京師一千二百里。

又卷一三八 平陽府，在山西省治西南六百里。【略】東至澤州府沁水縣界一百五十里。西至陝西延安府宜川縣界一百四十里。南至絳州聞喜縣界一百四十五里。北至霍州趙城縣界一百八十里。東南至解州垣曲縣界一百九十里。西南至絳州稷山縣界一百十七里。東北至沁州沁源縣界二百十里。西北至隰州界一百九十里。自府治至京師一千八百里。

又卷一四〇 蒲州府，在山西省治西南一千一百里。【略】東至解州界九十五里。西至陝西同州府朝邑縣界五里。南至陝西潼關廳界六十里。北至絳州河津縣界一百六十里。東南至解州芮城縣界一百十五里。西南至潼關廳界七十里。東北至絳州稷山縣界一百二十里。西北至陝西同州府韓城縣界一百二十里。自府治至京師二千二百里。

又卷一四二 潞安府，在山西省治東南四百五十里。【略】東至河南彰德府林縣界一百六十里。西至平陽府岳陽縣界一百五十里。南至澤州府高平縣界八十里。北至遼州界二百里。東南至河南衛輝府輝縣界三百三十里。西南至澤州府沁水縣界二百五十里。東北至河南彰德府涉縣界一百七十里。西北至沁州界二百十里。自府治至京師一千三百里。

又卷一四四 汾州府，在山西省治西南二百二十里。【略】東至太原府祁縣界一百四十里。西至陝西綏德州吴堡縣界二百九十里。南至霍州靈石縣界六十里。北至太原府文水縣界四十里。東南至沁州界二百六十里。西南至隰州界二百七十里。東北至祁縣界一百二十里。西北至陝西榆林府葭州界三百九十里。自府治至京師一千三百八十里。

又卷一四五 澤州府，在山西省治東南六百二十里。【略】東至河南衛輝府輝縣界二百四十里。西至平陽府翼城縣界二百二十里。南至河南懷慶府河内縣界一百十里。北至潞安府長子縣界一百三十五里。東南至輝縣界二百三十里。西南至絳州垣曲縣界一百九十里。東北至河南彰德府林縣界二百三十里。西北至翼城縣界二百二十里。自府治至京師一千八百里。

又卷一四六 大同府，在山西省治北六百二十里。【略】東至直隸宣化府懷安縣界二百十里。西至朔平府左雲縣界五十里。南至代州繁峙縣界一百六十里。北至察哈爾界三百里。東南至宣化府蔚州界二百五十里。西南至左雲縣界一百二十里。東北至察哈爾三百一十里。西北至朔平府寧遠廳界一百三十里。自府治至京師七百二十里。

又卷一四七 寧武府，在山西省治北少西三百四十里。【略】東至朔平府朔州界二十五里。西至太原府岢嵐州界一百二十五里。南至代州崞縣界七里。北至水泉營邊墻界二百七十里。東南至崞縣界九十五里。西南至忻州静樂縣界一百四十里。東北至朔平府平魯縣界二百里。西北至保德州河曲縣界一百十五里。自府治至京師九百五十里。

又卷一四八 朔平府，在山西省北六百七十里。【略】東至大同府大同縣界一百八十五里。西至邊墻七十里。南至寧武府寧武縣界二百九十五里。北至察哈爾鑲藍旗游牧地二百二十里。東南至大同府山陰縣界二百七十里。西南至寧武府偏關縣界一百四十里。東北至大同府豐鎮廳界二百六十里。西北至和林格爾廳界一百六十里。自府治至京師九百六十里。

又卷一四九 平定州，在山西省治東南二百七十里。【略】東至直隸正定府井陘縣界九十五里。西至太原府榆次縣界一百七十五里。南至遼州和順縣界八十五里。北至代州五臺縣界二百十里。東南至正定府贊皇縣界一百八十里。西南至榆次縣界九十五里。東北至正定府平山縣界二百三十里。西北至太原府陽曲縣界二百十里。本州【略】東至井陘縣界九十五里。西至壽陽縣界六十里。南至遼州和順縣界八十五里。北至盂縣界六十里。東南至贊皇縣界一百八十里。西南至榆次縣界九十五里。東北至平山縣界一百九十里。西北至盂縣界四十里。自州治至京師八百七十里。

又卷一五〇 忻州，在山西省治北一百四十里。【略】東至平定州盂縣界一百二十里。西至太原府嵐縣界二百二十里。南至太原府陽曲縣界四十里。北至代州崞縣界六十里。東南至陽曲縣界六十五里。西南至汾州府永寧州界三百三十里。東北至代州五臺縣界七十五里。西北至寧武府五寨縣界二百八十里。本州【略】東至定襄縣界二十五里。西至静樂縣界一百十里。南至陽曲縣界四十里。北至崞縣界六十里。東南至陽曲縣界四十里。西南至陽曲縣界六十里。東北至定襄縣界四十里。西北至崞縣界六十五里。自州治至京師一千三百里。

又卷一五一 代州，在山西省治東北三百二十里。【略】東至大同府靈丘縣界二百三里。西至寧武府寧武縣界一百七十三里。南至平定州盂縣界二百二十里。北至大同府山陰縣界一百二十里。東南至直隸正定府平山縣界二百四十五里。西南至忻州界一百四十里。東北至大同府渾源州界一百九十里。西北至朔平府朔州界一百四十里。本州【略】東至繁峙縣界四十五里。西至崞縣界三十里。南至繁峙縣界八十八里。北至大同府山陰縣界五十里。東南至繁峙縣界四十里。西南至崞縣界三十里。東北至繁峙縣界五十里。西北至崞縣界二十里。自州治至京師七百七十里。

又卷一五二 保德州，在山西省治西北四百六十里。【略】東至寧武府五寨縣界一百二十里。西至太原府興縣界一百十里。南至太原府岢嵐州界七十里。北至邊墻一百五十里。東南至岢嵐州界一百六十里。西南至興縣界一百里。東北至寧武府偏關縣界一百八十里。西北至蒙古界一百四十五里。本州【略】東至河曲縣界四十里。西至陝西榆林府府谷縣界四十里。南至興縣界九十里。北至府谷縣界一里。東南至岢嵐州界一百七十里。西南至興縣界九十里。東北至河曲縣界三十里。西北至府谷縣界三十里。自州治至京師一千七百十五里。

又卷一五三 霍州，在山西省治西南五百里。【略】東至沁州沁源縣界五十里。西至平陽府汾西縣界三十里。南至平陽府洪洞縣界七十里。北至汾西縣界一百五十五里。東南至平陽府浮山縣界一百五里。西南至隰州蒲縣界一百五十里。東北至汾州府介休縣一百五十里。西北至汾州府孝義縣界二百四十里。本州【略】東至沁源縣界五十里。西至汾西縣界三十里。南至趙城縣界二十五里。北至靈石縣界五十里。東南至趙城縣界四十五里。西南至汾西縣界二十里。東北至沁源縣界五十里。西北至靈石縣界三十里。自州治至京師一千五百五十里。

又卷一五四 解州，在山西省治西南九百五十里。【略】東至絳州垣曲縣界二百五里。西至蒲州府虞鄉縣界二十里。南至河南陝州靈寶縣界六十里。北至蒲州府猗氏縣界三十里。東南至陝州界一百里。西南至陝州閿鄉縣界一百二十里。東北至絳州聞喜縣界一百二十里。西北至蒲州府臨晉縣界三十里。本州【略】東至安邑縣界三十里。西至虞鄉縣界二十里。南至芮城縣界二十里。北至猗氏縣界三十里。東南至平陸縣界四十五里。西南至芮城縣界十里。東北至安邑縣界五十五里。西北至臨晉縣界三十里。自州治至京師一千四百五十里。

又卷一五五 絳州，在山西省治西南七百十里。【略】東至平陽府曲沃縣界十里。西至陝西同州府韓城縣界一百二十五里。南至解州夏縣界八十里。北至平陽府太平縣界二十里。東南至河南澠池縣界二百十五里。西南至蒲州府榮河縣界一百四十里。東北至太平縣界四十五里。西北至平陽府鄉寧縣界五十里。西至稷山縣界三十里。南至聞喜縣界三十里。東南至絳縣界十五里。西南至稷山縣界四十里。東北至太平縣界三十里。西北至稷山縣界五十里。自州治至京師一千八百里。

又卷一五七　隰州，在山西省治西南五百五十里。【略】東至平陽府汾西縣界九十里。西至陝西延安府宜川縣界一百五十里。南至平陽府吉州界一百三十里。北至汾州府寧鄉縣界一百六十五里。東南至平陽府臨汾縣界一百三十里。西南至宜川縣界一百五十里。東北至汾州府孝義縣界一百十里。西北至汾州府石樓縣界五十里。本州【略】東至汾西縣界九十里。西至永和縣界五十里。南至大寧縣界六十里。北至寧鄉縣界一百六十里。東南至蒲縣界七十里。西南至永和縣界四十五里。東北至孝義縣界八十里。西北至石樓縣界五十里。自州治至京師一千七百里。

又卷一五八　沁州，在山西省治東南三百十里。【略】東至潞安府黎城縣界二百十里。西至霍州界二百十里。南至潞安府襄垣縣界七十里。北至太原府太谷縣界三百三十里。東南至襄垣縣界八十里。西南至平陽府岳陽縣界一百七十里。東北至遼州榆社縣界八十里。西北至汾州府平遙縣界一百五十里。本州【略】東至武鄉縣界三十里。西至沁源縣界六十里。南至襄垣縣界七十里。北至武鄉縣界四十里。東北至武鄉縣界三十五里。西北至平遙縣界一百五十里。自州治至京師一千七百里。

又卷一五九　遼州，在山西省治東南三百四十里。【略】東至河南彰德府武安縣界一百四十里。西至太原府太谷縣界一百九十里。南至潞安府黎城縣界一百里。北至平定州界一百三十里。東南至黎城縣界一百里。西南至沁州武鄉縣界一百二十五里。東北至直隸順德府邢臺縣界一百十里。西北至太原府榆次縣界二百里。本州【略】東至武安縣界一百四十里。西至榆社縣界四十五里。南至黎城縣界一百里。北至和順縣界四十五里。東南至黎城縣界一百里。西南至武鄉縣界四十里。東北至邢臺縣界一百里。西北至和順縣界七十里。自州治至京師一千二百里。

又卷一六〇　歸化城六廳，在山西省治北八百九十里。【略】東至藩部四子部落界一百三十八里。西至鄂爾多斯左翼前旗界二百六十五里。南至朔平府右玉縣邊城界二百十里。北至喀爾喀右翼界一百六十里。東南至鑲藍旗察哈爾界二百四十里。西南至鄂爾多斯左翼前旗一百八十里。東北至四子部落界一百十里。西北至毛明安界一百七十里。至京師一千一百六十里。

又卷一六一　山東統部，在京師南八百里。【略】東至大海一千三百里。西至直隸大名府元城縣界三百四十里。南至江南徐州府沛縣界五百七十里。北至直隸河間府寧津縣界二百四十里。東南至江南淮安府海州界六百八十里。西南至河南歸德府商丘縣界六百八十里。東北至渤海四百二十里。西北至直隸冀州南宫縣界三百一十里。

又卷一六二　濟南府，在山東省治。【略】東至青州府臨淄縣界二百五十里。西至東昌府高唐州界一百十里。南至泰安府泰安縣界一百四十里。北至武定府商河縣界一百四十里。東南至青州府博山縣界二百三十里。西南至東昌府茌平縣界一百三十里。東北至武定府惠民縣界一百八十里。西北至直隸河間府景州界三百里。自府治至京師八百里。

又卷一六五　兗州府，在山東省治南三百二十里。【略】東至沂州府費縣界一百六十里。西至曹州府濮州界三百五十里。南至江南徐州府沛縣界一百五十里。北至泰安府肥城縣界一百一十里。東南至沂州府蘭山縣界三百三十里。西南至曹州府曹縣界三百一十里。東北至泰安府泰安縣界一百八十里。西北至泰安府東平州界一百六十里。自府治至京師一千二百三十里。

又卷一六八　東昌府，在山東省治西二百二十里。【略】東至濟南府長清縣界一百里。西至直隸大名府元城縣界一百二十里。南至兗州府陽穀縣界三十里。北至臨清州界一百二十里。東南至泰安府東阿縣界九十里。西南至直隸大名府開州界二百六十里。東北至濟南府齊河縣界一百八十里。西北至臨清州界一百五十里。自府治至京師九百四十里。

又卷一七〇　青州府，在山東省治東三百三十里。【略】東至萊州府濰縣界九十五里。西至濟南府淄川縣界一百八十里。南至沂川府沂水縣界一百五十里。北至武定府利津縣界一百九十里。東南至海五百里。西南至泰安州萊蕪縣界二百里。東北至海一百八十里。西北至武定府蒲臺縣界一百八十里。自府治至京師一千里。

又卷一七三　登州府，在山東省治東北九百二十里。【略】東至海四百里。西至萊州府掖縣界一百六十里。南至萊州府即墨縣界三百五十里。北至海三里。東南至海三百九十里。西南至萊州府即墨縣界三百六十里。東北越海至遼東金州界旅順口五百里。西北至海四十里。自府治至京師一千八百六十里。

又卷一七四　萊州府，在山東省治東北六百八十里。【略】東至登州府招遠縣界六十里。西至青州府壽光縣界二百二十里。南至海三百五十里。北至渤海八十里。東南至海三百五十里。西南至青州府諸城縣界二百六十里。東北至登州府招遠縣界八十里。西北至海倉口七十五里。自府治至京師一千四百里。

又卷一七六　武定府，在山東省治東北二百里。【略】東至青州府樂安縣界一百四十里。西至濟南府德平縣界一百四十里。南至濟南府齊東縣界八十里。北至海一百九十里。東南至青州府博興縣界一百五十里。西南至濟南府臨邑縣界一百六十里。東北至海二百十里。西北至直隸天津府南皮縣界一百四十里。自府治至京師七百里。

又卷一七七　沂州府，在山東省治東南六百六十里。【略】東至海三百里。西至兗州府泗水縣界二百二十里。南至江南徐州府宿遷縣界一百四十里。北至青州府臨朐縣界三百七十里。東南至江蘇海州界一百里。西南至兗州府嶧縣界一百五十里。東北至青州府諸城縣界三百里。西北至泰安府新泰縣界二百六十里。自府治至京師一千六百五十里。

又卷一七九　泰安府，在山東省治南一百八十里。【略】東至青州府博山縣界一百八十里。西至兗州府陽穀縣界二百五十里。南至兗州府寧陽縣界六十里。北至濟南府長清縣界一百一十里。東南至沂州府蒙陰縣界二百一十里。西南至兗州府汶上縣界一百里。東北至青州府博山縣界一百九十里。西北至東昌府茌平縣界一百八十里。自府治至京師一千二百里。

又卷一八一　曹州府，在山東省治西南五百八十里。【略】東至濟寧直隸州界一百六十五里。西至直隸大名府東明縣界三十里。南至河南歸德府考城縣界一百一十里。北至直隸大名府南樂縣界一百七十里。東南至江蘇徐州府碭山縣界一百六十五里。西南至直隸大名府長垣縣界七十五里。東北至兗州府滋陽縣界一百六十五里。西北至直隸大名府清豐縣界二百一十里。自府治至京師一千二百里。

又卷一八三　濟寧直隸州，在山東省治西南一百八十里。【略】東至兗州府鄒縣界四十里。西至曹州府鉅野縣界一百里。南至江蘇徐州府豐縣界一百四十里。北至兗州府汶上縣界四十五里。東南至兗州府滋陽縣界四十里。西南至曹州府單縣界一百二十里。東北至兗州府滋陽縣界五十里。西北至兗州府汶上縣界四十五里。本州【略】東至兗州府鄒縣界四十里。西至嘉祥縣界四十里。南至魚臺縣界六十里。北至兗州府汶上縣界四十五里。東南至兗州府鄒縣界四十里。西南至金鄉縣界六十里。東北至兗州府滋陽縣界五十里。西北至兗州府汶上縣界四十五里。自州治至京師一千二百里。

又卷一八四　臨清直隸州，在山東省治西一百十里。【略】東至東昌府高唐州界八十二里。西至直隸廣平府曲周縣界七十里。南至東昌府堂邑縣界四十里。北至直隸河間府故城縣界九十里。東南至東昌府茌平縣界九十里。西南至東昌府館陶縣界三十里。東北至東昌府恩縣界九十里。西北至直隸廣平府清河縣界五十里。本州【略】東至東昌府清平縣界十二里。西至直隸廣平府曲周縣界七十里。南至東昌府堂邑縣界四十里。北至直隸廣平府清河縣界十五里。東南至東昌府清平縣界二十里。西南至東昌府館陶縣界三十里。東北至夏津縣界三十里。西北至直隸廣平府清河縣界二十里。自州治至京師七百六十里。

又卷一八五　河南統部，在京師西南一千五百四十里。【略】東至江蘇徐州府碭山縣界三百六十里。西至陝西同州府潼關廳界八百六十里。南至湖北黄州府黄安縣界八百五十里。北至直隸廣平府成安縣界四百四十里。東南至安徽潁州府潁上縣界五百六十里。西南至湖北襄陽府襄陽縣界八百二十里。東北至曹州府曹縣界二百里。西北至山西遼州界七百四十里。

又卷一八六　開封府，河南省治。【略】東至歸德府睢州界一百四十里。西至河南府鞏縣界二百三十里。南至陳州府西華縣界二百三十六里。北至衛輝府封丘縣界五十里。東南至陳州府太康縣界一百四十里。西南至河南府登封縣界三百十五里。東北至衛輝府考城縣界一百五十三里。西北至懷慶府温縣界二百六十五里。自府治至京師一千五百八十里。

又卷一九一 陳州府，在河南省治東南三百里。【略】東至歸德府鹿邑縣界四十里。西至許州臨潁縣界一百五十里。南至汝寧府汝陽縣界一百三十五里。北至開封府通許縣界一百五十五里。東南至安徽鳳陽府太和縣界一百九十里。西南至許州郾城縣界一百三十里。東北至歸德府柘城縣界五十里。西北至開封府尉氏縣界二百十里。自府治至京師二千一百里。

又卷一九三 歸德府，在河南省治東二百八十里。【略】東至江蘇徐州府蕭縣界二百九十里。西至開封府杞縣界一百八十里。南至陳州府淮寧縣界二百五十里。北至山東曹州府曹縣界七十里。東南至安徽鳳陽府宿州界二百二十五里。西南至陳州府太康縣界一百三十里。東北至山東曹州府單縣界一百十里。西北至衛輝府考城縣界六十里。自府治至京師一千八百里。

又卷一九六 彰德府，在河南省治北三百六十里。【略】東至直隸大名府清豐縣界一百五十里。西至山西潞安府壺關縣界一百七十里。南至衛輝府淇縣界一百三十里。北至直隸廣平府磁州界七十里。東南至衛輝府濬縣界六十五里。西南至山西澤州府陵川縣界二百五十里。東北至廣平府成安縣界九十里。西北至山西遼州界四百四十里。自府治至京師一千二百里。

又卷一九九 衛輝府，在河南省治西北一百六十里。【略】東至直隸大名府東明縣界一百八十里。西至山西澤州府陵川縣界二百一十里。南至懷慶府陽武縣界七十三里。北至彰德府湯陰縣界一百五里。東南至直隸大名府長垣縣界一百五十五里。西南至懷慶府修武縣界一百十里。東北至彰德府内黄縣界一百八十里。西北至彰德府林縣界一百四十里。自府治至京師一千四百里。

又卷二〇二 懷慶府，在河南省治西北三百里。【略】東至衛輝府獲嘉縣界一百四十里。西至山西絳州垣曲縣界二百五十里。南至河南府孟津縣界七十里。北至山西澤州府鳳臺縣界六十五里。東南至開封府滎澤縣界一百五十里。西南至河南府治洛陽縣界一百四十里。東北至衛輝府輝縣界一百里。西北至山西鳳臺縣界一百二十里。自府治至京師一千八百里。

又卷二〇五 河南府，在河南省治西三百八十里。【略】東至開封府汜水縣界一百六十里。西至陜州界二百里。南至南陽府南陽縣界五百里。北至懷慶府孟縣界十五里。東南至開封府禹州界一百八十里。西南至陜西商州商南縣界五百三十里。東北至孟縣界七十五里。西北至山西解州平陸縣界二百十里。自府治至京師一千八百里。

又卷二一〇 南陽府，在河南省治西南六百一十里。【略】東至汝寧府遂平縣界二百六十里。西至湖北鄖陽府鄖縣界三百二十里。南至湖北襄陽府襄陽縣界一百七十里。北至汝州魯山縣界一百七十里。東南至汝寧府信陽州界三百八十里。西南至湖北襄陽府均州界二百五十里。東北至許州襄城縣界二百七十里。西北至陜西商州商南縣界四百二十里。自府治至京師二千一百四十五里。

又卷二一五 汝寧府，在省治南四百六十里。【略】東至陳州府項城縣界七十五里。西至南陽府泌陽縣界一百七十里。南至湖北黄州府黄陂縣界四百八十里。北至陳州府西華縣界一百十五里。東南至光州息縣界一百八十五里。西南至湖北德安府隨州界三百七十里。東北至陳州府項城縣界八十里。西北至許州郾城縣界一百九十里。自府治至京師二千三百里。

又卷二一八 許州直隸州，在河南省治西南二百五十里。【略】東至開封府鄢陵縣界四十里。西至開封府禹州界五十里。南至南陽府舞陽縣界六十里。北至開封府新鄭縣界六十五里。東南至汝寧府上蔡縣界一百五十五里。西南至南陽府葉縣界一百二十里。東北至開封府洧川縣界三十五里。西北至開封府汜水縣界一百三十三里。本州【略】東至開封府鄢陵縣界四十里。西至開封府禹州界五十里。南至臨潁縣界三十里。北至開封府洧川縣界三十五里。東南至臨潁縣界三十里。西南至襄城縣界四十五里。東北至開封府鄢陵縣界七十里。西北至長葛縣界三十里。自州治至京師一千七百二十里。

又卷二二〇 陜州直隸州，在河南省治西六百八十里。【略】東至河南府澠池縣界一百五十里。西至陜西潼關廳界一百八十里。南至南陽府内鄉縣界三百七十里。北至山西解州芮城縣界六十里。東南至河南府永寧縣界一百二十里。西南至陜西商州雒南縣界二百二十里。東北至解州平陸縣界四十里。西北至解州治一百里。本州【略】東至河南府澠池縣界一百十里。西至靈寶縣界四十里。南至河南府永寧縣界一百里。北至解州平陸縣界一里。東南至永寧縣界九十六里。西南至靈寶縣界四十里。東北至平陸縣界四十里。西北至解州治一百里。自州治至京師二千一百里。

又卷二二二　光州直隸州，在河南省治南八百里。【略】東至安徽潁州府霍丘縣界一百二十五里。西至汝寧府羅山縣界一百二十里。南至湖北黄州府麻城縣界一百二十里。北至汝寧府新蔡縣界八十里。東南至湖北黄州府羅田縣界一百八十里。西南至湖北黄州府黄安縣界二百十里。東北至安徽潁州府潁上縣界一百六十里。西北至汝寧府汝陽縣界一百三十里。本州【略】東至固始縣界七十里。西至光山縣界三十里。南至湖北黄州府麻城縣界七十里。北至息縣界四十里。東南至商城縣界六十里。西南至光山縣界三十里。東北至固始縣界七十里。西北至息縣界六十里。自州治至京師二千四百里。

又卷二二四　汝州直隸州，在河南省治西南四百九十里。【略】東至許州襄城縣界一百三十里。西至河南府洛陽縣界九十里。南至南陽府南陽縣界一百八十里。北至河南府登封縣界四十里。東南至南陽府葉縣界一百四十里。西南至南陽府南召縣治二百十里。東北至開封府禹州治一百七十里。西北至洛陽縣界九十里。本州【略】東至郟縣界四十里。西至伊陽縣界六十里。南至寶豐縣界四十里。北至河南府登封縣界四十里。東南至寶豐縣治九十里。西南至魯山縣治一百二十里。東北至開封府禹州治一百七十里。西北至河南府洛陽縣界九十里。自州治至京師一千九百里。

又卷二二六　陝西省，在京師西南二千六百五十里。【略】東至河南陝州閿鄉縣界三百五里。西至甘肅秦州清水縣界六百三十里。南至四川太平廳界一千三十里。北至榆林邊墻一千三百九十六里。東南至河南南陽府淅川縣界六百二十里。西南至四川保寧府廣元縣界一千三百八十五里。東北至山西保德州河西縣界一千八百六十里。西北至甘肅慶陽府正寧縣界三百二十里。

又卷二二七　西安府，陝西省治。【略】東至同州府華州界一百六十里。西至乾州武功縣界一百四十五里。南至商州鎮安縣界二百四十五里。北至鄜州宜君縣界二百七十八里。東南至商州界二百里。西南至漢中府洋縣界四百里。東北至同州府白水縣界二百七十里。西北至乾州永壽縣界二百里。自府治至京師二千六百五十里。

又卷二三三　延安府，在省治北七百四十里。【略】東至山西隰州永和縣界二百二十里。西至甘肅慶陽府合水縣界一百八十里。南至鄜州界一百三十里。北至綏德州米脂縣界二百六十里。東南至同州府韓城縣界三百五十五里。西南至鄜州界一百四十里。東北至綏德州清澗縣界一百九十五里。西北至邊界三百五十里。自府治至京師二千二百里。

又卷二三五　鳳翔府，在省治西少北三百六十里。【略】東至乾州武功縣界一百五十里。西至甘肅秦州清水縣界二百七十里。南至漢中府鳳縣界一百七十里。北至甘肅平涼府靈臺縣界七十里。東南至西安府盩厔縣界一百六十五里。西南至鳳縣界一百八十里。東北至乾州永壽縣界一百六十五里。西北至平涼府華亭縣界一百十里。自府治至京師三千里。

又卷二三七　漢中府，在省治西南一千七十里。【略】東至興安府石泉縣界三百十里。西至甘肅階州界五百里。南至四川保寧府南江縣界一百四十里。北至鳳翔府寶雞縣界五百十里。東南至興安府紫陽縣界三百二十里。西南至四川保寧府廣元縣界三百四十里。東北至西安府盩厔縣界三百六十里。西北至甘肅秦州兩當縣界四百八十里。自府治至京師三千五百里。

又卷二三九　榆林府，在省治北一千三百五十里。【略】東至山西汾州府臨縣界九十五里。西至甘肅寧夏府靈州界五百九十里。南至綏德州米脂縣界一百六十五里。北至鄂爾多斯界五十八里。東南至山西汾州府永寧州界三百四十里。西南至延安府靖邊縣界二百五十五里。東北至鄂爾多斯界一百三十里。西北至鄂爾多斯界八十里。自府治至京師一千七百九十里。

又卷二四一　興安府，在省治南六百八十里。【略】東至湖北鄖陽府鄖縣界四百十五里。西至漢中府定遠廳界三百四十五里。南至四川夔州府大寧縣界三百五十里。北至商州鎮安縣界二百七十里。東南至鄖陽府竹谿縣界五百四十里。西南至四川太平廳界四百四十里。東北至鄖陽府鄖西縣界四百二十里。西北至西安府寧陝廳界三百九十里。自府治至京師一千九百八十五里。

又卷二四三　同州府，在省治東北二百四十里。【略】東至山西蒲州府永濟縣界五十八里。西至西安府富平縣界一百二十里。南至商州洛南縣界一百五十里。北至鄜州洛川縣界一百八十里。東南至河南陝州閿鄉縣界九十五里。西南至西安府臨潼縣界一百四十里。東北至山西絳州河津縣界二百六十里。西北至鄜州宜君縣界一百九十里。自府治至京師二千一百三十里。

又卷二四六　商州直隸州，在省治東南三百里。【略】東至河南陝州盧氏縣界三百三十里。西至西安府藍田縣界一百三十里。南至湖北鄖陽府鄖西縣界二百四十里。北至同州府華陰縣界一百九十里。東南至河南南陽府淅川縣界三百二十里。西南至興安府漢陰廳界四百三十里。東北至河南陝州閿鄉縣界二百三十里。西北至西安府渭南縣界二百里。本州【略】東至商南縣界一百九十里。西至西安府藍田縣界一百三十里。南至山陽縣界九十里。北至雒南縣界七十里。東南至山陽縣界一百二十里。西南至山陽縣界一百十里。東北至雒南縣界一百九十里。西北至藍田縣界一百四十里。自州治至京師二千八百里。

又卷二四七　乾州直隸州，在省治西北一百六十里。【略】東至西安府醴泉縣界三十五里。西至鳳翔府扶風縣界六十里。南至西安府盩厔縣界九十五里。北至邠州界一百二十五里。東南至西安府興平縣界六十里。西南至鳳翔府郿縣界七十五里。東北至邠州界一百六十里。西北至邠州界一百四十里。本州【略】東至醴泉縣界三十五里。西至扶風縣界六十里。南至武功縣界四十里。北至永壽縣界四十五里。東南至西安府興平縣界六十里。西南至武功縣界五十里。東北至永壽縣界五十里。西北至鳳翔府麟游縣界六十里。自州治至京師二千八百里。

又卷二四八　邠州直隸州，在省治西北三百二十里。【略】東至西安府耀州界一百八十里。西至甘肅涇州界一百十里。南至乾州永壽縣界三十五里。北至甘肅慶陽府寧州界六十里。東南至西安府涇縣界一百七十里。西南至鳳翔府麟游縣界七十五里。東北至鄜州宜君縣界一百五十里。西北至寧州界一百二十里。本州【略】東至淳化縣界八十五里。西至長武縣界四十里。南至永壽縣界三十五里。北至寧州界六十里。東南至淳化縣界八十里。西南至麟游縣界七十五里。東北至三水縣界三十五里。西北至寧州界一百二十里。自州治至京師三千里。

又卷二四九　鄜州直隸州，在省治北五百五十里。【略】東至同州府韓城縣界二百十里。西至甘肅慶陽府合水縣界一百七十里。南至西安府同官縣界二百四十里。北至延安府甘泉縣界四十里。東南至同州府澄城縣界一百九十里。西南至慶陽府正寧縣界二百二十里。東北至延安府宜川縣界九十里。西北至延安府保安縣界九十里。本州【略】東至洛川縣界三十里。西至合水縣界一百七十里。南至中部縣界八十五里。北至甘泉縣界四十五里。東南至洛川縣界四十里。西南至中部縣界九十里。東北至宜川縣界九十里。西北至保安縣界二百十里。自州治至京師二千五百里。

又卷二五〇　綏德直隸州，在省治東北一千一百里。【略】東至山西汾州府永寧州界一百三十里。西至延安府安定縣界一百四十里。南至延安府延川縣界一百六十里。北至榆林府榆林縣界八十五里。東南至延川縣界二百二十里。西南至安定縣界八十里。東北至榆林府葭州界一百三十里。西北至榆林府懷遠縣界二百八十里。本州【略】東至永寧州界一百三十里。西至米脂縣界二十里。南至清澗縣界二十里。北至米脂縣界二十五里。東南至清澗縣界一百三十里。西南至清澗縣界五十里。東北至吳堡縣界一百二十里。西北至米脂縣界五十里。自州治至京師一千八百里。

又卷二五一　甘肅統部，在京師西南四千四十里。【略】東至陝西邠州長武縣界一千里。西至河州番門番界一千一百二十里。南至四川龍安府平武縣界一千三百七十里。北至伊伯勒山一千四十里。東南至陝西漢中府略陽縣界一千二百三十里。西南至洮州廳番界九百三十里。東北至陝西延安府保安縣界一千四百三十里。西北至安西州外新疆及伊犁新疆界四千一百四十里。

又卷二五二　蘭州府，在甘肅省治。【略】東至鞏昌府安定縣界一百四十里。西至涼州府平番縣界一百里。南至鞏昌府岷州界一百八十里。北至平番縣界四百三十里。東南至安定縣界一百六十里。西南至鞏昌府洮州廳界三百四十里。東北至寧夏府中衛縣界三百二十里。西北至平番縣界四百里。至京師四千四十里。

又卷二五五　鞏昌府，在甘肅省治東南四百二十里。【略】東至秦州界二百二十里。西至蘭州府渭源縣界七十五里。南至階州界五百三十里。北至蘭州府靖遠縣界三百八十里。東南至階州成縣界三百八十里。西南至岷州番界三百四十里。東北至平涼府固原州界七百四十里。西北至蘭州府金縣治二百九十五里。自府治至京師三千八百里。

又卷二五八 平涼府，在甘肅省治東七百六十里。【略】東至涇州界五十里。西至鞏昌府會寧縣界二百里。南至陝西鳳翔府隴州界一百五十里。北至慶陽府環縣界四百三十里。東南至陝西鳳翔府麟游縣界二百五十里。西南至秦州秦安縣界三百十里。東北至環縣界二百四十里。西北至寧夏府中衛縣界四百里。自府治至京師三千二百八十里。

又卷二六一 慶陽府，在甘肅省治東一千一百八十里。【略】東至陝西延安府甘泉縣界一百八十里。西至涇州鎮原縣界一百三十里。南至陝西邠州界二百二十里。北至陝西延安府定邊縣界二百里。東南至陝西邠州三水縣界二百九十里。西南至涇州治二百二十里。東北至陝西延安府保安縣界二百五十里。西北至寧夏府靈州花馬池所界三百八十里。自府治至京師由吴堡二千五百里；由大慶關路三千七十里。

又卷二六四 寧夏府，在甘肅省東北九百四十里。【略】東至陝西延安府定邊縣界三百七十里。西至賀蘭山邊界一百六十里。南至平涼府固原州界三百七十里。北至西瓜山邊界二百九十里。東南至慶陽府環縣界三百六十里。西南至固原州界四百里。東北至白塔山邊界三百里。西北至賀蘭山邊界二百二十里。自府治至京師四千五十里。

又卷二六六 甘州府，在甘肅省治西北一千五百里。【略】東至涼州府永昌縣界二百二十里。西至肅州高臺縣界一百里。南至邊界一百六十里。北至邊界四十里。東南至大黄山二百五十里。西南至祁連山二百里。東至邊界一百里。西北至高臺縣界一百二十里。自府治至京師五千八十里。

又卷二六七 涼州府，在甘肅省治西北五百六十里。【略】東至寧夏府中衛縣界五百九十里。西至甘州府山丹縣界三百四十里。南至番界四十里。北至伊伯勒山四百八十里。東南至蘭州府皋蘭縣界五百二十里。西南至城南山一百三十里。東北至魚海子邊界四百八十里。西北至山丹縣界二百六十里。自府治至京師四千三百四十里。

又卷二六九 西寧府，在甘肅省治西北六百一十里。【略】東至涼州府平番縣界二百六十里。西至青海番夷界九十里。南至黄河都受番族界三百七十里。北至大雪山涼州府界二百三十五里。東南至三川黄河沿界四百二十里。西南至番夷界二百三十里。東北至番界二百八十里。西北至甘州府張掖縣扁都口界四百九十五里。自府治至京師四千五百七十里。

又卷二七一 鎮西府，在甘肅省治西北四千三百四十里。東至圖古里克接喀爾喀界。西至乾溝接迪化州阜康縣界。南至天山，逾山接哈密界。北至哈布塔克接塔爾巴哈台界。自府治至京師七千五百十里。

又卷二七二 涇州直隸州，在甘肅省治東九百六十里。【略】東至陝西邠州長武縣七十里。西至平涼府平涼縣界四十里。南至陝西鳳翔府麟游縣界一百二十五里。北至慶陽府環縣界一百八十里。東南至麟游縣界一百三十里。西南至平涼府華亭縣界一百三十里。東北至慶陽府安化縣界二百一十里。西北至平涼縣一百里。本州【略】東至長武縣界七十里。西至平涼縣界四十里。南至靈臺縣界三十里。西至平涼縣界四十里。南至靈臺縣界三十里。北至鎮原縣界四十里。東南至長武縣界七十里。西南至崇信縣界三十五里。東北至慶陽府寧州界五十里。西北至鎮原縣界六十里。自州治至京師三千二百六十里。

又卷二七四 秦州直隸州，在甘肅省治東南七百三十里。【略】東至陝西鳳翔府隴州界二百里。西至鞏昌府伏羌縣界九十里。南至陝西漢中府略陽縣界二百四十里。北至平涼府隆德縣界二百十里。東南至陝西漢中府鳳縣界三百十里。西南至階州界三百五十里。東北至平涼府華亭縣界二百五十里。西北至鞏昌府通渭縣治一百八十里。本州【略】東至清水縣界一百里。西至伏羌縣界九十里。南至徽縣治一百五十里。北至秦安縣界三十里。東南至徽縣治二百八十里。北至秦安縣界三十里。東南至徽縣治二百八十里。西南至鞏昌府西和縣界七十里。東北至清水縣界一百里。西北至伏羌縣治一百二十里。自州治至京師三千七百十里。

又卷二七六 階州直隸州，在甘肅省治東南一千七十里。【略】東至陝西漢中府略陽縣界二百里。西至鞏昌府岷州界九十里。南至四川龍安府平武縣界三百里。北至秦州禮縣界二百五十里。東南至陝西漢中府寧羌州界五百二十里。西南至番界四十里。東北至秦州徽縣界三百二十里。西北至岷州界一百五十里。本州【略】東至文縣界一百三十里。西至鞏昌府岷州界九十里。南至番界二十里。北至秦州禮縣界二百五十里。東南至文縣界一百二十里。西南至番界四十里。東北至成縣界二百二十里。西北至岷州界一百五十里。自州治至京師三千九百四十里。

又卷二七八　肅州直隸州，在甘肅省治西北一千四百七十里。【略】東至甘州府張掖縣界三百一十里。西至安西州玉門縣界九十里。南至金佛寺南山一百二十里。北至邊墻三十里。東南至張掖縣界一百八十里。西南至雪山一百八十里。東北至張掖縣界二百八十里。西北至本州野麻灣堡邊墻七十里。本州【略】東至高臺縣界一百里。西至玉門縣界九十里。南至邊界一百二十里。北至邊墻三十里。東南至高臺縣界一百四十里。西南至雪山一百八十里。東北至本州金塔寺邊墻一百里。西北至邊墻六十里。自州治至京師五千五百十里。

又卷二七九　安西直隸州，在甘肅省治西北二千四百里。【略】東至肅州界五百七十里。西至古營盤接流沙界二百九十五里。南至南山二百里。北至青墪峽接哈密界二百餘里。本州界東至三道溝界十里。西至蘆草溝九十里。南至南山三百里。北至半泉八十里。自州治至京師六千五百八十里。

又卷二八〇　迪化直隸州，在甘肅省治西北五千七百二十里。距鎮西府治一千三百八十里。東至木壘烏蘭烏蘇接鎮西府奇台縣界。西至安濟哈雅接庫爾喀喇烏蘇界。南逾天山接闢展屬界。北至額彬格逮淖爾接塔爾巴哈台界。自州治至京師八千八百九十里。

又卷二八一　浙江省，在京師南三千三百里。【略】東至寧波府大海六百餘里。西至安徽徽州府界二百八十里。南至福建建寧府界九百六十里。北至江蘇蘇州府界三百三十里。東南至福建福寧府界一千一百三十里。西南至江西廣信府界七百五十里。東北至江蘇松江府界三百七十里。西北至安徽廣德州界三百二十里。

又卷二八三　杭州府，浙江省治。【略】東至赭山海口六十里。西至嚴州府桐廬縣界一百三十五里。南至紹興府蕭山縣界二十八里。北至湖州府德清縣界四十五里。東南至蕭山縣界二十八里。西南至金化府浦江縣界三百四十里。東北至嘉興府石門縣界一百二里。西北至安徽寧國府寧國縣界二百八十里。自府治至京師三千三百里。

又卷二八七　嘉興府，浙江省治東北一百八十里。【略】東至江蘇松江府華亭縣界六十里。西至湖州府歸安縣界九十里。南至杭州府海寧州界七十里。北至江蘇蘇州府吴江縣界三十里。東南至江蘇松江府金山縣界一百五里。西南至杭州府仁和縣界一百里。東北至松江府婁縣界六十里。西北至湖州府烏程縣界八十里。自府治至京師三千三百里。

又卷二八九　湖州府，在省治北少西一百八十里。【略】東至江蘇蘇州府吴江縣界七十二里。西至安徽廣德州界一百十里。南至杭州府仁和縣界一百二十里。北至太湖十八里。東南至嘉興府桐鄉縣界九十里。西南至安徽寧國府寧國縣界二百四十里。東北至江蘇蘇州府吴縣界六十里。西北至江蘇常州府宜興縣界七十里。自府治至京師三千二百里。

又卷二九一　寧波府，在浙江省治東南四百八十里。【略】東至海岸一百四里。西至紹興府餘姚縣界一百二十里。南至台州府寧海縣界一百四十六里。北至海岸六十二里。越海即江蘇松江府界。東南至海岸一百十二里。西南至寧海縣界一百二十六里。東北至海岸七十二里。西北至餘姚縣界一百五里。自府治至京師四千六百四十里。

又卷二九四　紹興府，在浙江省治東南一百三十八里。【略】東至寧波府慈溪縣界一百九十里。西至杭州府錢塘縣界一百三十里。南至金華府東陽縣界二百五十里。北至海四十里。東南至台州府天台縣界三百里。西南至杭州府富陽縣界一百九十二里。東北至慈溪縣界二百二十七里。西北至錢塘縣界一百二十五里。自府治至京師四千四百五十里。

又卷二九七　台州府，在浙江省治東南五百七十七里。【略】東至海一百八十里。西至處州府縉雲縣界一百九十里。南至温州府樂清縣界一百十里。北至紹興府新昌縣界一百四十五里。東南至海一百九十里。西南至温州府永嘉縣界二百五十里。東北至寧波府象山縣界二百八十里。西北至金華府東陽縣界二百七十里。自府治至京師四千七百七十八里。

又卷二九九　金華府，在浙江省治西南四百五十里。【略】東至台州府天台縣界二百九十八里。西至衢州府龍游縣界一百里。南至處州府縉雲縣界一百五十四里。北至嚴州府建德縣界九十里。東南至台州府仙居縣界三百五十里。西南至龍游縣界七十五里。東北至紹興府諸暨縣界二百十五里。西北至建德縣界一百里。自府治至京師三千七百四十里。

又卷三〇一　衢州府，在浙江省治西南五百六十里。【略】東至金華府湯溪縣界一百十里。西至江西廣信府玉山縣界一百十五里。南至處州府遂昌縣界一百二十五里。北至嚴州府遂安縣界九十五里。東南至遂昌縣界一百四十里。西南至福建建寧府浦城縣界一百八十里。東北至嚴州府壽昌縣界九十里。西北至安徽徽州府婺源縣界一百九十五里。自府治至京師三千八百四十里。

又卷三〇二　嚴州府，在浙江省治西南二百七十里。【略】東至杭州府富陽縣界一百四十里。西至安徽徽州府歙縣界二百二十里。南至金華府蘭溪縣界四十里。北至杭州府於潛縣一百三十五里。東南至金華府治一百四十五里。西南至衢州府治二百里。東北至杭州府治二百七十里。西北至歙縣治三百十里。自府治至京師三千五百八十里。

又卷三〇四　温州府，在浙江省治東南八百九十里。【略】東至海七十里。西至處州府青田縣界九十里。南至福建福寧府霞浦縣界三百里。北至台州府仙居縣界二百里。東南至大海一百里。西南至福寧府壽寧縣界三百八十里。東北至台州府臨海縣治三百里。西北至處州府麗水縣治三百六十里。自府治至京師四千三百十里。

又卷三〇五　處州府，在浙江省治南一千九十八里。【略】東至温州府永嘉縣界二百七十里。西至福建建寧府浦城縣界二百二十七里。西至福建建寧府浦城縣界二百二十里。南至温州府泰順縣界二百三十里。北至金華府武義縣界一百八十里。東南至温州府瑞安縣治二百八十里。西南至建寧府政和縣治四百六十里。東北至金華府永康縣治一百八十里。西北至衢州府龍游縣治二百七十里。自府治至京師四千五百八十里。

又卷三〇六　温台玉環廳，在浙江省治東南九百二十里。【略】東至碓頭堡二十五里。西至分水山三十里。南至梁灣四十五里。北至白干五十里。東南至坎門四十里。西南至普竺三十五里。東北至梅奥四十五里。西北至芳杜五十五里。由廳治至京師六千二十里。

又卷三〇七　江西統部，在京師西南四千八百五十里。【略】東至安徽徽州府婺源縣界六百里。西至湖南長沙府瀏陽縣界三百七十里。南至廣東惠州府和平縣界一千二百三十里。北至湖北黄州府界五百七十里。東南至福建建寧府崇安縣界五百八十里。西南至湖南郴州宜章縣界九百五十里。東北至安徽池州府東流縣界五百六十里。西北至湖北武昌府興國州界五百七十里。

又卷三〇八　南昌府，江西省治。【略】東至饒州府餘干縣界一百四十里。西至瑞州府新昌縣界二百四十里。南至撫州府樂安縣界二百二十里。北至南康府星子縣界一百八十里。東南至撫州府治二百里。西南至瑞州府治一百二十里。東北至南康府都昌縣治二百六十里。西北至湖北武昌府通山縣界五百里。自府治至京師四千八百五十里。

又卷三一一　饒州府，在江西省治東北三百里。【略】東至浙江衢州府開化縣界三百七十里。西至南康府都昌縣界一百六十里。南至撫州府臨川縣界二百里。北至安徽池州府建德縣界一百七十里。東南至廣信府治四百五十里。西南至南昌府治三百里。東北至安徽徽州府治六百里。西北至九江府彭澤縣治三百二十里。自府治至京師五千二十里。

又卷三一四　廣信府，在江西省治東南六百里。【略】東至浙江衢州府常山縣界一百三十里。西至饒州府安仁縣界二百二十里。南至福建建寧府崇安縣界一百二十里。北至饒州府德興縣界一百三十里。東南至福建建寧府浦城縣界一百五十里。西南至建昌府瀘溪縣界二百五十里。東北至浙江衢州府開化縣界二百一十里。西北至饒州府萬年縣界二百六十里。自府治至京師五千七百五十五里。

又卷三一六　南康府，在江西省治北二百四十里。【略】東至饒州府鄱陽縣界一百六十里。西至九江府德安縣界五十里。南至南昌府新建縣界六十里。北至九江府德化縣界五十里。東南至饒州府治二百五十里。西南至南昌府奉新縣治二百六十里。東北至九江府彭澤縣治二百五十里。西北至九江府瑞昌縣治一百二十里。自府治至京師四千六百七十五里。

又卷三一八　九江府，在江西省治北三百二十里。【略】東至安徽池州府東流縣界二百里。西至湖北武昌府興國州界一百四十里。南至南康府星子縣界九十里。北至湖北黄州府黄梅縣界二十里。東南至饒州府治四百三十里。西南至南昌府武寧縣治二百三十里。東北至安徽安慶府宿松縣界一百四十里。西北至湖北黄州府蘄州治二百二十里。自府治至京師四千六百里。

又卷三二〇　建昌府，在江西省治東南四百里。【略】東至福建邵武府光澤縣界一百八十里。西至撫州府宜黄縣界四十里。南至寧都州石城縣界三百四十里。北至撫州臨川縣界四十里。東南至福建邵武府泰寧縣治二百三十里。西南至寧都州治三百六十里。東北至撫州府金溪縣治一百十里。西北至撫州府臨川縣治一百五十里。自府治至京師五千四百八十里。

又卷三二二 撫州府，在江西省治南二百里。【略】東至饒州府安仁縣界一百二十里。西至臨江府新淦縣界二百五十里。南至建昌府南城縣界九十里。北至南昌府進賢縣界六十里。東南至建昌府瀘溪縣治一百一十里。西南至吉安府治四百五十里。東北至饒州府治四百二十里。西北至南昌府治二百四十里。自府治至京師五千四百八十五里。

又卷三二四 臨江府，在江西省治西南二百二十里。【略】東至南昌府豐城縣界八十里。西至袁州府分宜縣界一百五十里。南至吉安府吉水縣界一百七十里。北至瑞州府高安縣界三十里。東南至撫州府樂安縣治二百里。西南至吉安府廬陵縣界一百九十里。東北至豐城縣界一百里。西北至瑞州府上高縣界七十里。自府治至京師五千二百三十五里。

又卷三二五 瑞州府，在江西省治西南一百二十里。【略】東至南昌府新建縣界五十五里。西至袁州府萬載縣界一百八十里。南至臨江府清江縣界六十里。北至南昌府奉新縣界三十五里。東南至南昌府豐城縣界九十五里。西南至袁州府分宜縣治二百四十里。東北至南康府建昌縣治二百里。西北至南昌府義寧州界二百二十里。自府治至京師四千九百六十五里。

又卷三二六 袁州府，在江西省治西少南四百里。【略】東至臨江府新喻縣界一百里。西至湖南長沙府醴陵縣界一百九十里。南至吉安府安福縣界六十里。北至瑞州府新昌縣界一百五十里。東南至吉安府治二百四十里。西南至湖南長沙府攸縣界二百五十里。東北至瑞州府上高縣治二百里。西北至湖南長沙府瀏陽縣治二百八十里。自府治至京師六千七十五里。

又卷三二七 吉安府，在江西省治南五百二十里。【略】東至撫州府樂安縣界二百里。西至湖南長沙府攸縣界三百里。南至贛州府贛縣界二百八十里。北至臨江府新喻縣界一百十里。東南至寧都州界三百里。西南至湖南郴州桂東縣界三百七十里。東北至臨江府峽江縣界三百七十里。西北至袁州府治二百七十里。自府治至京師五千三百七十里。

又卷三三〇 贛州府，在江西省西南一千二百里。【略】東至寧都州界一百八十里。西至南安府南康縣界三十里。南至廣東惠州府連平州界四百三十里。北至吉安府萬安縣界一百三十里。東南至廣東嘉應州平遠縣界六百里。西南至廣東韶州府翁源縣界四百七十里。東北至寧都州界四百四十里。西北至吉安府龍泉縣治二百九十里。自府治至京師五千六百七十里。

又卷三三二 南安府，在江西省治西南一千二十里。【略】東至贛州府贛縣界一百八十里。西至廣東韶州府仁化縣界一百八十里。南至廣東南雄州界二十五里。北至吉安府龍泉縣界二百八十里。東南至贛州府信豐縣治二百里。西南至廣東韶州府治三百八十里。東北至吉安府治六百二十里。西北至湖南郴州治三百里。自府治至京師六千六百七十五里。

又卷三三三 寧都直隸州，在江西省治西南一千五百六十里。【略】東至福建汀州府長汀縣界一百十五里。西至贛州府興國縣界四十里。南至贛州府會昌縣界二百二十五里。北至建昌府廣昌縣界三十五里。東南至福建汀州府長汀縣界一百三十里。西南至贛州府雩都縣界七十里。東北至建昌府廣昌縣界六十里。西北至吉安府永豐縣界一百五十里。本州【略】東至石城縣界六十里。西至贛州府興國縣界四十里。南至瑞金縣界一百三十里。北至建昌府廣昌縣界三十五里。東南至瑞金縣界八十里。西南至贛州府雩都縣界七十里。東北至建昌府廣昌縣界六十里。西北至吉安府永豐縣界一百五十里。自州治至京師六千零三十里。

又卷三三四 湖北省，在京師西南三千一百五十五里。【略】東至安徽安慶府宿松縣界五百五十里。西至四川夔州府巫山縣界一千八百九十里。南至湖南岳州府臨湘縣界四百里。北至河南汝寧府羅山縣界二百八十里。東南至江西九江府瑞昌縣界四百五十里。西南至四川酉陽直隸州彭水縣界二千五百十五里。東北至安徽六安直隸州霍山縣界四百六十里。西北至陝西商州直隸州山陽縣界一千四百七十里。

又卷三三五 武昌府，湖北省治。【略】東至江西九江府瑞昌縣界五百二十五里。西至漢陽府漢陽縣界七里。南至湖南岳州府平江縣界四百里。

北至黃州府黃岡縣界七十二里。東南至江西南昌府武寧縣治四百五十里。西南至岳州府臨湘縣界六百三十里。東北至黃岡縣治一百八十五里。西北至漢陽府黃陂縣治一百二十里。自府治至京師三千一百五十五里。

又卷三三八　漢陽府，在湖北省治西北十里。【略】東至武昌府江夏縣界七里。西至安陸府天門縣界二百十里。南至湖南岳州府臨湘縣界二百四十里。北至河南汝寧府羅山縣界二百三十里。東南至武昌府治十里。西南至荆州府監利縣治五百六十里。東北至黃州府治一百八十里。西北至德安府治三百二十里。自府治至京師三千一百五十里。

又卷三四〇　黃州府，在湖北省治東北一百八十里。【略】東至安徽安慶府界五百十里。西至漢陽府界一百五十五里。南至武昌府武昌縣界十里。北至河南光山縣界二百三十里。東南至江西九江府界四百二十里。西南至武昌府界一百五十里。東北至安徽英山縣界二百一十里。西北至河南羅山縣界三百三十里。自府治至京師三千二百六十里。

又卷三四二　安陸府，在湖北省治西北五百三十五里。【略】東至德安府應城縣界二百七十里。西至荆門州界八十里。南至漢陽府沔陽州界四百里。北至襄陽府宜城縣界一百二十里。東南至漢陽府治五百六十里。西南至荆州府治二百八十里。東北至德安府隨州治三百里。西北至襄陽府宜城縣界七十里。自府治至京師三千二百里。

又卷三四三　德安府，在湖北省治西北三百二十里。【略】東至漢陽府孝感縣界八十里。西至襄陽府棗陽縣界三百里。南至漢陽府漢川縣界二百里。北至河南汝寧府信陽州界一百八十里。東南至漢陽府孝感縣治一百里。西南至安陸府京山縣治一百八十里。東北至河南信陽州界一百八十里。西北至襄陽府棗陽縣治三百十里。自府治至京師二千四百八十里。

又卷三四四　荆州府，在湖北省治西八百里。【略】東至漢陽府沔陽州界二百里。西至宜昌府東湖縣界三百四十里。南至湖南澧州界一百九十里。北至荆門州界二十里。東南至湖南岳州府華容縣界二百八十九里。西南至宜昌府長陽縣界二百六十里。東北至安陸府潛江縣治一百六十里。西北至荆門州當陽縣治一百五十里。自府治至京師三千二百八十里。

又卷三四六　襄陽府，在湖北省治西北六百八十里。【略】東至德安府隨州界二百十里。西至鄖陽府鄖縣界四百六十里。南至荆門州界一百八十里。北至河南南陽府新野縣界九十里。東南至安陸府治三百二十里。西南至宜昌府治五百七十里。東北至南陽府治二百二十五里。西北至鄖陽府治四百七十里。自府治至京師二千六百二十里。

又卷三四九　鄖陽府，在湖北省治西北一千二百五十里。【略】東至河南南陽府淅川縣界一百五十里。西至陝西興安府平利縣界五百六十里。南至宜昌府興山縣界五百八十里。北至陝西商州商南縣界一百八十里。東南至襄陽府南漳縣界四百一十里。西南至平利縣界五百六十里。東北至淅川縣界一百三十里。西北至商州山陽縣界二百八十里。自府治至京師二千五百里。

又卷三五〇　宜昌府，在湖北省治西一千八十里。【略】東至荆門州當陽縣界一百四十里。西至四川夔州府巫山縣界四百五十里。南至荆州府宜都縣界六十里。北至襄陽府南漳縣界三百五十里。東南至當陽縣界一百四十里。西南至湖南澧州石門縣界三百五十里。東北至荆門州遠安縣界九十里。西北至鄖陽府房縣界五百六十五里。自府治至京師三千五百四十里。

又卷三五一　施南府，在湖北省治西一千九百八十里。【略】東至宜昌府鶴峰州界一百七十里。西至四川石砫廳界四百十八里。南至四川直隸酉陽州界四百十五里。北至四川夔州府巫山縣界二百二里。東南至湖南永順府龍山縣界二百六十五里。西南至酉陽州黔江縣界三百十五里。東北至巫山縣界二百三十里。西北至夔州府萬縣界三百八里。自府治至京師三千七百八十六里。

又卷三五二　荆門直隸州，在湖北省治西北六百里。【略】東至安陸府鍾祥縣界八十里。西至宜昌府東湖縣界二百一十里。南至荆州府江陵縣界一百六十里。北至襄陽府宜城縣界一百八十里。東南至安陸府潛江縣界一百二十里。西南至荆州府宜都縣界一百五十里。東北至安陸府鍾祥縣治九十里。西北至襄陽府南漳縣治三百里。自州治至京師三千二百里。

又卷三五三　湖南省，在京師西南三千五百八十五里。【略】東至江西南昌府義寧州界二百八十五里。西至貴州銅仁府銅仁縣界一千一百三十五里。南至廣東連州界七百六十五里。北至湖北荆州府監利縣界三百八十五里。東南至廣東韶州府仁化縣界七百九十里。西南至廣西平樂府恭城縣界九百五十九里。東至湖北武昌府通城縣界六百四十里。西北至四川重慶府酉陽州界九百里。

又卷三五五　長沙府，湖南省治。【略】東至江西袁州府宜春縣界三百五十里。西至常德府沅江縣界六百五十里。南至衡州府衡山縣界二百三十里。北至岳州府巴陵縣界三百六十里。東南至江西萍鄉縣界二百九十里。西南至寶慶府邵陽縣界二百七十里。東北至江西南昌府義寧州界二百九十里。西北至常德府龍陽縣界二百三十里。自府治至京師三千五百八十五里。

又卷三五九　岳州府，在湖南省治東北三百里。【略】東至湖北武昌府通城縣界一百四十里。西至澧州安鄉縣界一百八十里。南至長沙府瀏陽縣界二百九十里。北至湖北荆州府監利縣界三十里。東南至江西南昌府義寧州界三百六十里。西南至常德府龍陽縣界三百十五里。東北至湖北嘉魚縣界二百一十里。西北至湖北石首縣界二百里。自府治至京師三千二百八十五里。

又卷三六〇　寶慶府，在湖南省治西南五百里。【略】東至衡州府衡陽縣界一百二十里。西至靖州綏寧縣界三百二十里。南至永州府東安縣界一百一十里。北至辰州府溆浦縣界二百八十里。東南至永州府治三百里。西南至廣西桂林府全州治四百二十里。東北至長沙府治四百五十里。西北至辰州府治二百里。自府治至京師四千八十五里。

又卷三六二　衡州府，在湖南省治南三百八十里。【略】東至江西吉安府永寧縣界三百四十里。西至寶慶府邵陽縣界一百二十里。南至桂陽州界一百六十里。北至長沙府湘潭縣界一百三十五里。東南至郴州治三百里。西南至永州府治三百五十里。東北至吉安府治八百七十里。西北至長沙府湘鄉縣界一百六十里。自府治至京師三千九百六十五里。

又卷三六四　常德府，在湖南省治西北四百十五里。【略】東至長沙府益陽縣界一百六十里。西至辰州府沅陵縣界二百六十里。南至長沙府安化縣界一百二十里。北至澧州界九十里。東南至益陽縣界一百二十五里。西南至沅陵縣治三百八十里。東北至岳州府治四百五里。西北至澧州石門縣治二百二十里。自府治至京師三千二百六十里。

又卷三六六　辰州府，在湖南省治西八百五里。【略】東至常德府桃源縣界百六十里。西至乾州廳界百九十里。南至寶慶府武岡州界四百十里。北至澧州永定縣界二百四十里。東南至寶慶府邵陽縣界四百十里。西南至沅州府芷江縣界二百五十里。東北至澧州慈利縣治三百里。西北至永順府永順縣界百六十里。自府治至京師三千六百五十里。

又卷三六八　沅州府，在湖南省治西一千一百三十五里。【略】東至辰州府辰溪縣界一百三十五里。西至晃州廳界八十三里。南至靖州會同縣界一百二十五里。北至鳳凰廳界一百三十里。東南至靖州會同縣界一百九十里。西南至貴州鎮遠府天柱縣界八十里。東北至辰州府瀘溪縣界二百二十里。西北至貴州思州府黄道土司界八十里。自府治至京師三千九百八十里。

又卷三七〇　永州府，在湖南省治西南六百七十里。【略】東至衡州府常寧縣界二百里。西至廣西桂林府全州界一百四十里。南至廣西平樂府富川縣界四百二十里。北至寶慶府邵陽縣界一百七十里。東南至桂陽州治三百五十里。西南至平樂府治六百三十里。東北至衡州府治三百五十里。西北至寶慶府治三百八里。自府治至京師四千二百五十五里。

又卷三七二　永順府，在湖南省治西北一千八十里。【略】東至辰州府沅陵縣界一百五十里。西至四川酉陽州界三百四十里。南至乾州廳界二百八十里。北至湖北宜昌府鶴峰州界三百九十里。東南至沅陵縣界一百七十里。西南至永綏廳界一百三十里。東北至鶴峰州界二百九十里。西北至湖北施南府來鳳縣界二百五里。自府治至京師四千八十里。

又卷三七三　澧州直隸州，在湖南省城西北六百五里。【略】東至岳州府華容縣界一百二十五里。西至永順府永順縣界三百二十里。南至常德府武陵縣界一百二十里。北至湖北荆州府公安縣界八十五里。東南至常德府沅江縣界一百四十里。西南至常德府桃源縣治二百五十五里。東北至公安縣界八十里。西北至荆州府枝江縣治三百六十里。本州【略】東至安鄉縣界九十里。西至石門縣界九十里。南至武陵縣界百二十里。北至公安縣界八十五里。東南至安鄉縣界一百二十五里。西南至桃源縣治二百五十五里。東北至公安縣界八十里。西北至安福縣界一百六十里。自州治至京師三千七十里。

又卷三七五　桂陽直隸州，在湖南省治東南六百三十里。【略】東至郴州界三十里。西至永州府江華縣界一百九十七里。南至廣東連州界一百八十里。北至衡州府耒陽縣界七十里。東南至郴州宜章縣治一百五十里。西南至永州府新田縣界八十里。東北至郴州永興縣界六十里。西北至衡州府常寧縣界一百里。本州【略】東至郴州界三十里。西至藍山縣界六十里。南至臨武縣界四十里。北至長寧縣界七十里。東南至宜章縣治四十里。西南至嘉禾縣界六十里。東北至永興縣界六十里。西北至新田縣界八十里。自州治至京師四千二百十五里。

又卷三七六　靖州直隸州，在湖南省治西南一千六十里。【略】東至寶慶府武岡州界二百六十里。西至貴州黎平府錦屏縣界一百一十里。南至廣西柳州府懷遠縣界一百八十里。北至沅州府黔陽縣界一百八十里。東南至寶慶府城步縣治二百五十里。西南至黎平府開泰縣界八十五里。東北至黔陽縣界二百九十里。西北至貴州鎮遠府天柱縣界三十里。本州【略】東至綏寧縣界六十里。西至開泰縣界八十五里。南至通道縣界五十里。北至會同縣界六十五里。東南至綏寧縣界一百里。西南至開泰縣界八十五里。東北至會同縣界一百八十里。西北至天柱縣界三十里。自州治至京師四千六百四十五里。

又卷三七七　郴州直隸州，在湖南省治東南六百八十里。【略】東至江西吉安府龍泉縣界三百里。西至桂陽州界四十里。南至廣東韶州府乳源縣界一百里。北至衡州府安仁縣界一百三十里。東南至江西安南府治三百里。西南至廣東連州治二百五十里。東北至吉安府永寧縣界四百里。西北至衡州府治三百里。本州【略】東至永興縣界四十里。西至桂陽州界四十五里。南至宜章縣界四十五里。北至永興縣界五十里。東南至桂陽縣治二百四十里。西南至桂陽州臨武縣界一百四十四里。東北至永興縣界八十里。西北至永興縣界四十里。自州治至京師四千二百七十五里。

又卷三七九　乾州直隸廳，在湖南省治西南九百六十五里。【略】東辰州府瀘溪縣界四十五里。西至永綏廳界八十里。南至鳳凰廳界四十里。北至永順府保靖縣界五十里。東南至辰州府瀘溪縣界九十里。北至永順府保靖縣界五十里。東南至辰州府瀘溪縣界九十里。西南至鳳凰廳界十五里。東北至瀘溪縣界九十里。西北至永綏廳界六十里。由廳治至京師三千九百里。

又卷三八〇　鳳凰直隸廳，在湖南省治西南一千五十里。【略】東至辰州府辰溪縣界百里。西至貴州銅仁縣界八十四里。南至辰州府麻陽縣界四十里。北至永綏廳界八十里。東南至麻陽縣治二十里。西南至銅仁縣界八十四里。東北至乾州廳界八十里。西北至貴州松桃廳界七十里。由廳治至京師三千九百三十里。

又卷三八一　永綏直隸廳，在湖南省治西南一千一百五十九里。【略】東至永順府保靖縣界二十五里。西至貴州松桃廳界六十五里。南至鳳凰廳界百二十里。北至保靖縣界三十五里。東南至乾州廳界七十五里。西南至松桃廳界七十里。東北至保靖縣界二里。西北至四川秀山縣界五十里。由廳治至京師三千九百五十里。

又卷三八二　晃州直隸廳，在湖南省治西南一千二百四十五里。【略】東至沅州府芷江縣界二十七里。西至貴州玉屏縣界二十五里。南至貴州青溪縣界百一十里。北至玉屏縣界二十五里。東南至芷江縣界二十八里。西南至青溪縣界九十里。東北至貴州黃道土司界三十三里。西北至玉屏縣界二十五里。由廳治至京師四千四百九十八里。

又卷三八三　四川統部，在京師西南五千七百一十里。【略】東至湖北宜昌府巴東縣界一千七百六十里。西至甘肅西寧府生番界一千二百四十里。南至雲南武定州元謀縣界二千三十里。北至陝西漢中府寧羌縣界一千一百八十里。東南至貴州大定府畢節縣界一千一百五十里。西南由打箭爐出口，至西藏阿里拉丹界九千六百七十五里。東北至陝西興安府安康縣界一千四百一十里。西北至甘肅階州文縣界一千一百五十里。

又卷三八四　成都府，四川省治。【略】東至潼川府樂至縣界一百六十里。西至茂州瓦寺土司界一百八十里。南至眉州彭山縣界一百十五里。北至綿州綿竹縣界一百六十里。東南至資州資陽縣界一百六十五里。西南至邛州界一百二十里。東北至潼川府中江縣界一百五十里。西北至茂州汶川縣界一百四十里。自府治至京師五千七百一十里。

又卷三八七　重慶府，在四川省治東南一千二百里。【略】東至忠州墊江縣界二百二十里。西至敘州府隆昌縣界三百四十里。南至貴州遵義府桐梓縣界二百五十里。北至順慶府岳池縣界三百四十五里。東南至貴州遵義府正安州界三百里。西南至遵義府仁懷縣界二百里。東北至酉陽州彭水縣界三百五十里。西北至潼川府遂寧縣界二百二十里。自府治至京師六千六百七十里。

又卷三九〇 保寧府，在四川省治東北六百二十里。【略】東至太平廳界五百六十里。西至綿州梓潼縣界一百五十里。南至順慶府西充縣界一百四十里。北至陝西漢中府寧羌州界四百六十里。東南至順慶府蓬州界二百五十里。西南至潼川府鹽亭縣界二百里。東北至陝西漢中府南鄭縣界四百八十里。西北至龍安府平武縣界三百五十里。自府治至京師五千三百九十里。

又卷三九三 順慶府，在四川省治東北六百二十里。【略】東至綏定府渠縣界二百三十里。西至潼川府鹽亭縣界二百四十里。南至重慶府定遠縣界一百二十里。北至保寧府南部縣界八十里。東南至忠州墊江縣界三百三十里。西南至潼川府蓬溪縣界九十里。東北至保寧府巴州界二百七十里。西北至鹽亭縣界一百二十里。自府治至京師五千八百二十五里。

又卷三九五 叙州府，在四川省治東南七百九十里。【略】東至瀘州江安縣界一百三十五里。西至涼山蠻界四百六十里。南至叙永廳界二百一十五里。北至嘉定府縣界一百六十里。東南至叙永廳界二百二十里。西南至雲南昭通府鎮雄州界二百六十里。東北至重慶府榮昌縣界二百八十里。西北至犍爲縣界一百七十里。自府治至京師六千四百九十里。

又卷三九七 夔州府，在四川省治東一千七百四十里。【略】東至湖北宜昌府巴東縣界二百一十里。西至綏定府新寧縣界三百三十里。南至湖北施南府恩施縣界二百四十里。北至陝西興安府平利縣界五百里。東南至湖北施南府建始縣界一百一十里。西南至忠州界三百九十里。東北至湖北鄖陽府房縣界三百一十里。西北至綏定府東鄉縣界六百一十里。自府治至京師四千二百四十里。

又卷三九九 龍安府，在四川省治北少東六百五十里。【略】東至保寧府劍州界二百八十里。西至松潘廳界四百九十里。南至綿州安縣界三百里。北至甘肅階州文縣界二百二十里。東南至綿州梓潼縣界二百八十里。西南至茂州界四百五十里。東北至陝西寧羌州界四百五十里。西北至黃勝關番地界四百八十里。自府治至京師六千三百四十里。

又卷四〇一 寧遠府，在四川省治西南一千二百三十里。【略】東至木托營涼山蠻界二百里。西至雲南永北廳界六百四十里。南至雲南武定州元謀縣界八百里。北至雅州府清溪縣界四百九十里。東南至雲南東川府界七百三十里。西南至永北廳界六百四十里。東北至涼山蠻界六十里。西北至清溪縣界五百六十里。自府治至京師六千九百四十里。

又卷四〇二 雅州府，在四川省治西南三百四十里。【略】東至嘉定府洪雅縣界四十里。西至西藏二千二百九十五里。南至寧遠府越嶲廳界三百十里。北至邛州蒲江縣界七十五里。東南至嘉定府峨眉縣界一百二十里。西南至喇土司夷地界一千四十里。東北至蒲江縣界一百里。西北至番界一千二百四十五里。自府治至京師六千一十里。

又卷四〇四 嘉定府，在四川省治南三百九十里。【略】東至資州內江縣界二百里。西至夷界二百里。南至叙州府宜賓縣界一百六十里。北至眉州青神縣界五十里。東南至宜賓縣界一百六十里。西南至夷界二百十里。東北至資州井研縣界六十里。西北至雅州府名山縣界一百七十五里。自府治至京師六千一百里。

又卷四〇六 潼川府，在四川省治東北三百二十里。【略】東至順慶府西充縣界二百里。西至成都府漢州界一百八十里。南至資州內江縣界四百八十里。北至綿州界九十里。東南至重慶府合州界三百五十里。西南至成都府簡州界三百十里。東北至保寧府南部縣界一百七十里。西北至綿州界九十里。自府治至京師五千五百七十里。

又卷四〇八 綏定府，在四川省治東一千二百里。【略】東至夔州府開縣界一百五十里。西至順慶府營山縣界二百八十里。南至忠州墊江縣界二百里。北至太平廳界二百七十里。東南至忠州梁山縣界一百八十里。西南至順慶府鄰水縣界一百七十五里。東北至開縣界三百七十里。西北至保寧府巴州界一百三十里。自府治至京師六千五百八十里。

又卷四一〇 眉州直隸州，在四川省治南少西一百九十里。【略】東至資州仁壽縣界三十里。西至雅州府名山縣界一百三十里。南至嘉定府樂山縣界一百里。北至成都府新津縣界八十里。東南至資州井研縣界九十五里。西南至嘉定府洪雅縣界七十里。東北至資州仁壽縣界八十里。西北至邛州蒲江縣界四十里。本州【略】東至資州仁壽縣界三十里。西至丹陵縣界五十五里。南至嘉定府夾江縣界八十五里。北至彭山縣界三十里。

東南至青神縣界五十五里。西南至嘉定府夾江縣界七十里。東北至彭山縣界四十里。西北至蒲江縣界六十里。自州治至京師五千九百里。

又卷四一一　邛州直隸州，在四川省治西南一百八十里。【略】東至成都府新津縣界六十里。西至雅州府蘆山縣界一百六十里。南至眉州丹陵縣界九十里。北至成都府崇慶州界六十里。東南至眉州彭山縣界五十里。西南至雅州府名山縣界六十里。東北至新津縣界六十里。西北至雅州府天全州界五十里。本州【略】東至新津縣界六十里。西至蘆山縣界一百六十里。南至蒲江縣界十五里。北至大邑縣界二十里。東南至眉州界五十里。西南至名山縣界六十里。東北至新津縣界六十里。西北至天全州界六十五里。自州治至京師五千八百九十里。

又卷四一二　瀘州直隸州，在四川省治東南七百五十里。【略】東至重慶府江津縣界一百七十里。西至叙州府長寧縣界一百四十里。南至叙永廳永寧縣界一百二十里。北至叙州府隆昌縣界一百里。東南至重慶府江津縣、貴州遵義府仁懷縣界三百三十里。西南至叙州府興文縣、叙永廳永寧縣界一百五十里。東北至重慶府永川縣界一百五十里。西北至叙州府富順、隆昌二縣界六十里。本州【略】東至合江縣界六十里。西至江安縣界五十里。南至納溪縣界三十里。北至重慶府榮昌縣界一百三十里。東南至貴州仁懷縣界一百里。西南至叙州府南溪縣界五十里。自州治至京師六千四百一十里。

又卷四一三　資州直隸州，在四川省治東南三百四十里。【略】東至叙州府隆昌縣界一百五十里。西至眉州界二百八十里。南至嘉定府樂山縣界三百二十里。北至成都府簡州界一百八十里。東南至嘉定府威遠縣界八十里。西南至眉州界二百九十里。東北至潼川府安岳縣界八十里。西北至簡州界二百二十里。本州【略】東至內江縣界四十五里。西至仁壽縣界九十里。南至威遠縣界五十里。北至安岳縣界八十里。東南至內江縣界五十里。西南至威遠縣界六十里。東北至內江縣界七十里。西北至資陽縣界四十五里。自州治至京師六千五十里。

又卷四一四　綿州直隸州，在四川省治東北二百七十里。【略】東至保寧府劍州界一百五十里。西至成都府漢州界一百五十里。南至潼川府三台縣界四十里。北至龍安府彰明縣界六十五里。東南至三台縣界七十里。西南至潼川府中江縣界六十里。東北至劍州界一百八十里。西北至龍安府石泉縣界一百三十五里。本州【略】東至梓潼縣界六十里。西至安縣界四十五里。南至三台縣界四十里。北至彰明縣界六十五里。東南至三台縣界七十里。西南至中江縣界六十里。東北至梓潼縣界八十里。西北至安縣界五十里。自州治至京師五千四百五十里。

又卷四一五　茂州直隸州，在四川省治北少西四百一十里。【略】東至龍安府石泉縣界一百里。西至黑虎寨番界八十里。南至成都府灌縣界二百七十里。北至松潘廳界一百六十里。東南至石泉縣界一百里。西南至雜谷廳界一百六十里。東北至石泉縣界一百里。西北臨大江。本州【略】東至石泉縣界九十里。西至黑虎寨番界八十里。南至汶川縣界七十里。北至松潘廳疊溪營界八十里。東南至綿州安縣界一百二十里。西南至汶川縣界七十里。東北至石泉縣及疊溪營界一百里。西北至疊溪營界九十里。自州治至京師四千九百里。

又卷四一六　忠州直隸州，在四川省治東一千五百里。【略】東至夔州府萬縣界八十里。西至重慶府涪州界一百八十里。南至石砫廳界五十里。北至綏定府新寧縣界一百三十里。東南至萬縣界、石砫廳界各七十里。西南至石砫廳界六十里。東北至萬縣界八十里。西北至重慶府長壽縣界一百四十里。本州【略】東至萬縣界五十里。西至豐都縣界七十里。南至石砫廳界六十里。北至梁山縣界五十里。東南至石砫廳界五十里。西南至豐都縣界、石砫廳界各八十里。東北至萬縣界六十里。西北至墊江縣界一百里。自州治至京師六千二百十里。

又卷四一七　酉陽直隸州，在四川省治東少南一千七百四十里。【略】東至湖南永順府龍山縣界二百八十里。西至貴州思南府婺川縣界一百八十里。南至貴州思南府印江縣界一百八十里。北至湖北施南府利川縣界三百八十里。東南至湖南永綏廳界二百九十里。東北至湖北施南府來鳳縣界二百三十里。西南至貴州沿河司界一百二十里。西北至重慶府涪州界二百八十里。本州【略】東至湖南龍山縣界二百里。西至貴州婺川縣界一百八十里。南至貴州印江縣界一百八十里。北至黔江縣界一百一十里。東南至秀山縣界一百三十里。東北至湖北來鳳縣界二百三十里。西南至貴州沿河司界一百二十里。西北至彭水縣界二百里。自州治至京師七千四百五十里。

又卷四一八　叙永直隸廳，在四川省治東南九百九十里。【略】東至貴州遵義府仁懷縣界二百里。西至叙州府界五十里。南至雲南昭通府鎮雄州界二百二十里。北至瀘州納溪縣界八十里。東南至貴州大定府畢節縣界一百五十里。西南至鎮雄州界七十里。東北至仁懷、納溪二縣界一百二十里。西北至叙州府界八十里。自廳治至京師八千七百八十里。

又卷四一九　松潘直隸廳，在四川省治北九百五十里。【略】東至小河營八十七里。西至生番界一百九十里。南至疊溪營界一百九十里。北至漳臘營界三十里。東南至平番營界七十六里。西南至雜谷土司界二百里。東北至南坪營界三百里。西北至黄勝關草地界八十里。自廳治至京師六千十里。

又卷四二〇　石砫直隸廳，在四川省治東一千二百里。【略】東至湖北施南府恩施縣界一百二十里。西至忠州豐都縣界一百里。南至酉陽州黔江縣界一百六十里。北至忠州界八十里。東南至黔江縣界二百四十里。西南至酉陽州彭水縣界三百里。東北至夔州府萬縣界二百五十里。西北至豐都縣界三十里。自廳治至京師五千里。

又卷四二一　雜谷直隸廳，在四川省治北少西三百八十里。【略】東至茂州界八十里。西至懋功屯綽斯甲布土司界八百八十里。南至茂州瓦寺土司界八十里。北至茂州界九十里。東南至茂州汶川縣界一百四十里。東北至茂州界一百二十里。西南至懋功屯鄂克什土司界二百一十里。西北至梭磨土司界二百二十里。自廳治至京師六千八十里。

又卷四二二　太平直隸廳，在四川省治東一千五百六十里。【略】東至夔州府大寧縣界三百里。西至保寧府巴州界十里。南至綏定府東鄉縣界九十里。北至陝西興安府紫陽縣界二百五十里。東南至東鄉縣界一百六十里。西南至綏定府達縣界一百四十里。東北至陝西興安府界二百三十里。西北至陝西漢中府西鄉縣界六十里。自廳治至京師六千九百四十里。

又卷四二三　懋功屯務廳，在四川省治西八百九十里。【略】東至茂州瓦寺土司界二百一十五里。西至雅州府打箭爐廳屬瓦述色他土司界一千一百九十里。南至雅州府天全州屬木坪土司界一百八十里。北至雜谷廳屬梭磨土司界三百九十里。東南至瓦寺土司界二百二十里。東北至雜谷廳界三百里。西南至打箭爐廳屬明正土司界二百一十里。西北至雜谷廳屬卓克采土司界四百二十里。自廳治至京師六千六百里。

又卷四二四　福建統部，在京師南六千一百三十里。【略】東至海一百里。西至江西寧都州瑞金縣界八百五十里。南至海二百八十里。北至浙江處州府龍泉縣界七百里。東南至海二百八十里。西南至廣東嘉應州界一千二百里。東北至浙江温州府平陽縣界五百十五里。西北至浙江衢州府江山縣界八百二十五里。其臺灣一府在省東南海島中，東距大山與生番接界。

又卷四二五　福州府，福建省治。【略】東至大海一百九十里。西至延平府南平縣界二百五十里。南至興化府莆田縣界二百三十里。北至建寧府政和縣界四百里。東南至大海二百八里。西南至永春州德化縣界二百六十里。東北至福寧府寧德縣界二百一十里。西北至南平縣界二百七十八里。自府治至京師六千一百三十二里。

又卷四二七　興化府，在福建省治南二百四十里。【略】東至大海九十里。西至永春州界一百二十里。南至大海四十里。北至福州府福清縣界四十五里。東南至大海一百里。西南至泉州府惠安縣界六十里。東北至福清縣治一百二十里。西北至永春州德化縣治二百里。自府治至京師六千四百三里。

又卷四二八　泉州府，在福建省治西南四百一十里。【略】東至海一百三十里。西至漳州府長泰縣界一百五十里。南至海一百三里。北至興化府仙游縣界一百三十里。東南至海八十三里。西南至漳州府龍溪縣界一百四十里。東北至仙游縣界九十里。西北至永春州界一百五里。自府治至京師七千二百五十五里。

又卷四二九　漳州府，在福建省治西南六百八十里。【略】東至泉州府同安縣界七十里。西至汀州府永定縣界二百里。南至海一百八十里。北至泉州府安溪縣界一百十里。東南至海一百八十里。西南至廣東潮州府饒平縣界二百八十里。東北至同安縣界一百二十里。西北至龍岩州漳平縣界一百四十里。自府治至京師七千五百二十五里。

又卷四三〇　延平府，在福建省治西三百六十里。【略】東至建寧府建安縣界五十里。西至汀州府清流縣界二百二十五里。南至福州府古田縣界一百二十里。北至邵武府邵武縣界一百八十里。東南至福州府古田縣界二百二十里。西南至永春州德化縣界三百九十里。東北至建寧府甌寧縣界一百三十里。西北至汀州府歸化縣界二百六十里。自府治至京師五千二百九十三里。

又卷四三一 建寧府，在福建省治西北四百八十里。【略】東至福寧府壽寧縣界三百四十里。西至邵武府邵武縣界一百五十五里。南至延平府南平縣界八十里。北至浙江衢州府江山縣界三百五十里。東南至福州府古田縣界二百五十里。西南至延平府順昌縣界一百十五里。東北至浙江處州府龍泉縣界二百二十五里。西北至江西廣信府鉛山縣界三百四十五里。自府治至京師五千七百五十五里。

又卷四三三 邵武府，在福建省治西北六百七十里。【略】東至延平府順昌縣界一百二十里。西至江西建昌府新城縣界一百四十里。南至延平府將樂縣界一百十里。北至建寧府建陽縣界七十里。東南至將樂縣界一百四十里。西南至汀州府寧化縣界三百四十里。東北至建陽縣界六十里。西北至建昌府新城縣界一百六十里。自府治至京師五千七百五十七里。

又卷四三四 汀州府，在福建省治西九百七十五里。【略】東至延平府永安縣界二百四十里。西至江西寧都州瑞金縣界六十里。南至廣東潮州府大埔縣界二百十里。北至江西建府廣昌縣界一百七十里。東南至漳州府南靖縣界四百里。西南至廣東嘉應州界三百四十里。東北至邵武府泰寧縣界三百五十里。西北至寧都州石城縣界二百里。自府治至京師五千二百二十六里。

又卷四三六 福寧府，在福建省治東北五百四十五里。【略】東至海二百里。西至福州府古田縣界一百六十里。南至海一百里。北至浙江溫州府泰順縣界一百七十里。東南至海一百里。西南至福州府羅源縣界一百六十里。東北至溫州府平陽縣界二百里。西北至浙江處州府慶元縣界二百九十里。自府治至京師七千二百里。

又卷四三七 臺灣府，在福建省治東南五百四十里外。又水程一十一更。四面皆海。東西距除澎湖及水程四更外廣一百里。南北距二千八百四十五里。東至大山番界五十里。西至澎湖島五十里。南至沙馬磯頭海五百三十里。北至雞籠城海二千三百十五里。自府治至京師七千餘里。

又卷四三八 永春直隸州，在福建省治西南四百一十里。【略】東至興化府仙游縣界八十里。西至龍岩州漳平縣界三百里。南至泉州府南安縣界四十五里。北至福州府永福縣界一百八十里。東南至南安縣界三十里。西南至泉州府安溪縣界三十里。東北至永福縣界一百九十五里。西北至延平府永安縣界四百一十里。本州【略】東至南安縣界三十里。西至漳平縣界四十五里。南至南安縣界四十五里。北至德化縣界四十五里。東南至南安縣界三十里。西南至安溪縣界三十里。東北至仙游縣界六十里。西北至漳平縣界一百五十里。自州治至京師七千一百四十五里。

又卷四三九 龍巖直隸州，在福建省治西南九百里。【略】東至泉州府安溪縣界二百一十里。西至汀州府上杭縣界五十里。南至漳州府南靖縣界九十里。北至延平府永安縣界二百里。東南至漳州府龍溪縣界二百二十里。西南至汀州府永定縣治一百六十里。東北至永壽州大田縣界二百里。西北至汀州府連城縣界一百里。本州【略】東至漳平縣界九十里。西至上杭縣界五十里。南至南靖縣界九十里。北至連城縣界一百里。東南至南靖縣界二百里。西南至永定縣治一百六十里。東北至寧洋縣治一百四十里。西北至上杭縣界五十里。自州治至京師七千三百四十里。

又卷四四〇 廣東統部，在京師西南七千五百七十里。【略】東至福建漳州府詔安縣界一千里。西至廣西南寧府宣化縣界一千五百里。南至大海三百里。北至湖南郴州桂陽縣界七百八十里。東南至大海二百八十里。西南至崖州大海二千四百里。東北至江西贛州府長寧縣界八百里。西北至廣西平樂府賀縣界七百三十里。

又卷四四一 廣州府，廣東省治。【略】東至惠州府博羅縣界二百二十里。西至肇慶府高要縣界二百里。南至海三百一十二里。北至佛岡廳界二百十里。東南至海四百里。西南至肇慶府陽江縣界五百四十里。東北至佛岡廳界二百四十八里。西北至連山廳界七百八十里。自府治至京師八千一百八十五里。

又卷四四四 韶州府，在廣東省治北少東一千里。【略】東至南雄州始興縣界一百五十里。西至連州陽山縣界四百五十里。南至佛岡廳界三百一十五里。北至湖南郴州桂陽縣界二百二十里。東南至惠州府連平州並長寧縣夾界三百三十里。西南至清遠縣界四百五十里。東北至始興縣界一百六十里。西北至湖南郴州宜章縣界三百七十里。自府治至京師七千三百三十五里。

又卷四四五 惠州府，在廣東省治東少南三百里。【略】東至嘉應州長樂縣界五百四十里。西至廣州府東莞、增城、龍門三縣連界一百三十里。南至海岸一百二十里。北至江西贛州府龍南縣界五百五十里。東南至潮州府惠來縣界四百四十里。西南至廣州府新安縣界一百七十里。東北至贛州府長寧縣界六百七十里。西北至韶州府翁源縣界四百八十里。自府治至京師八千四百八十五里。

又卷四四六 潮州府，在廣東省治東八百七十八里。【略】東至福建漳州府詔安縣界一百五十里。西至嘉應州長樂縣界三百五十里。南至海岸九十里。北至福建汀州府上杭縣界二百四十里。東南至海門一百四十里。西南至惠州府陸豐界六十里。東北至汀州府上杭、永定夾界三百二十里。西北至嘉應州界二百三十里。自府治至京師九千六十三里。

又卷四四七 肇慶府，在廣東省治西二百九十里。【略】東至廣州府三水縣界九十里。西至廣西梧州府蒼梧縣界四百里。南至海岸四百七十里。北至廣西梧州府懷集縣界三百里。東南至廣州府新會縣界三百二十里。西南至高州府電白縣界五百三十里。東北至三水縣界二百五十里。西北至廣西平樂府賀縣界四百六十里。自府治至京師七千四百二里。

又卷四四九 高州府，在廣東省治西南一千十里。【略】東至肇慶府陽江縣界一百九十里。西至廉州府合浦縣界三百二十里。南至限門海一百十五里。北至廣西梧州府容縣界二百里。東南至陽江縣界一百九十里。東北至羅定州界一百二十里。西南至雷州府遂溪縣界二百里。西北至廣西鬱林州博白縣界二百二十里。自府治至京師八千六百四十七里。

又卷四五〇 廉州府，在廣東省治西南一千四百九十里。【略】東至高州府石城縣界一百八十五里。西至廣西南寧府上思州界六百里。南至大海八十里。北至廣西南寧府橫州界三百一十里。東南至雷州府遂溪縣界二百六十里。西南至交趾界四百二十里。東北至廣西鬱林州興業縣、南寧府橫州夾界二百四十里。西北至廣西南寧府宣化縣、上思州夾界二百二十里。自府治至京師九千六十五里。

又卷四五一 雷州府，在廣東省治西南一千四百二十二里。【略】東至高州府吳川縣界二十里。西至廉州府合浦縣界一百四十里。南至瓊州府瓊山縣界一百八十里。北至高州府石城縣界二百十五里。東南至海岸二百里。西南至瓊州府臨高縣界二百二十里。東北至吳川縣界一百六十里。西北至合浦縣界二百里。自府治至京師九千五百五里。

又卷四五二 瓊州府，在廣東省治西南一千七百里。【略】東至萬州海岸四百九十里。西至儋州海岸四百八十里。南至崖州海岸九百六十五里。北至瓊山縣海岸十里。東南至陵水縣海岸五百四十里。西南至感恩縣海岸八百一十里。東北至文昌縣海岸一百六十里。西北至臨高縣海岸二百八十里。自府治至京師九千七百一十五里。

又卷四五四 南雄直隸州，在廣東省治東北一千三百里。【略】東至江西贛州府信豐、龍南兩縣夾界一百四十里。西至韶州府曲江、仁化兩縣夾界一百八十里。南至韶州府翁源縣界二百五十里。北至江西南安府大庾縣界九十里。東南至龍南縣界二百五十里。西南至翁源縣界二百一十里。東北至信豐縣界二百里。西北至大庾縣界二百里。本州【略】東至信豐縣界一百四十里。西至始興、仁化兩縣夾界一百六十里。南至始興縣界九十里。北至大庾縣界九十里。東南至龍南縣界二百五十里。西南至始興縣界四十里。東北至信豐縣界二百里。西北至大庾縣界二百里。自州治至京師七千三十五里。

又卷四五五 連州直隸州，在廣東省治北七百六十里。【略】東至韶州府乳源、英德兩縣夾界二百四十里。西至連山廳界五十里。南至廣州府清遠縣并肇慶府廣寧縣夾界三百二十里。北至湖南桂陽州臨武縣界一百二十五里。東南至英德縣界二百六十里。西南至連山廳界一百二十里。東北至湖南郴州宜章縣界一百十里。西北至湖南永州府江華縣界一百四十里。本州【略】東至陽山縣界一百四十里。西至連山廳界五十里。南至陽山縣界二十五里。北至臨武縣界一百里。東南至陽山縣界四十里。西南至連山廳界一百二十里。東北至宜章縣界一百十里。西北至江華縣界九十里。自州治至京師七千四百二十五里。

又卷四五六 嘉應直隸州，在廣東省治東七百里。【略】東至潮州府大埔縣界一百四十五里。西至惠州府龍川縣界二百七十里。南至潮州府豐順縣界八十里。北至福建汀州府武平縣界一百二十里。東南至豐順縣界九十里。西南至惠州府永安縣界二百四十里。東北至福建汀州府上杭縣界一百二十里。東南至豐順縣界九十里。西北至江西贛州府長寧縣界一百六十里。本州【略】東至潮州府大埔縣界一百四十五里。西至興寧縣界五十里。南至潮州府豐順縣界八十里。北至鎮平縣界四十里。東南至豐順縣界一百里。西南至興寧縣界八十里。東北至鎮平縣界五十五里。西北至平遠縣界六十里。自州治至京師八千七百六十三里。

又卷四五七　羅定直隸州，在廣東省治西南六百五十里。【略】東至肇慶府高要縣界一百八十里。西至廣西梧州府岑溪縣界一百七十里。南至高州府茂名縣界一百八十里。北至肇慶府封川縣界一百五十里。東南至肇慶府新興縣界一百六十五里。西南至高州府信宜縣界一百八十里。東北至肇慶府德慶州、高要縣夾界一百四十五里。西北至廣西梧州府蒼梧縣界二百里。本州【略】東至東安縣界三十五里。西至西寧縣界五十里。南至信宜縣界八十五里。北至西寧縣界一里。東南至東安縣界六十里。西南至西寧縣界一百二十里。東北至東安縣界五十里。西北至西寧縣界二里。自州治至京師七千八百六十里。

又卷四五八　佛岡直隸廳，在廣東省治北四百四十里。【略】東至廣州府從化縣界五十五里。西至廣州府清遠縣界二十五里。南至清遠縣界二十五里。北至韶州府英德縣界七十里。東南至從化縣界四十里。西南至清遠縣界三十二里。東北至惠州府長寧縣界一百八十里。西北至英德縣界七十里。自廳治至京師八千一百里。

又卷四五九　連山直隸廳，在省治北八百七十里。【略】東至連州并陽山縣夾界八十里。西至廣西平樂府賀縣界一百里。南至廣西梧州府懷集縣界九十里。北至湖南永州府江華縣并廣西賀縣夾界一百二十里。東南至陽山縣界六十五里。西南至懷集縣界一百里。東北至連州界一百四十里。西北至賀縣界一百里。自廳治至京師七千五百一十里。

又卷四六〇　廣西統部，京師西南七千四百六十里。【略】東至廣東肇慶府廣寧縣界一千二百六十里。西至雲南廣南府土富州界一千五百五十里。南至廣東廉州府靈山縣界二千四十五里。北至貴州黎平府永從縣界九百二十里。東南至廣東高州府石城縣界一千一百八十里。西南至越南國界二千三百十里。東北至湖南永州府東安縣界三百四十五里。西北至貴州興義府貞豐州界一千三十六里。

又卷四六一　桂林府，廣西省治。【略】東至湖南永州府零陵縣界三百四十五里。西至柳州府融縣界二百十里。南至平樂府荔浦縣界一百八十里。北至湖南寶慶府城步縣界三百二十里。東南至湖南永州府永明縣界三百七十里。西南至柳州府雒容縣界二百五十五里。東北至湖南寶慶府新寧縣界三百六十里。西北至柳州府懷遠縣界二百十里。自府治至京師七千四百六十里。

又卷四六三　柳州府，在廣西省治西南三百七十里。【略】東至平樂府修仁縣界二百六十五里。西至慶遠府宜山縣界一百六十里。南至潯州府貴縣界二百七十里。北至湖南靖州綏寧縣界五百六十里。東南至潯州府武宣縣界一百八十里。西南至思恩府遷江縣界一百二十里。東北至桂林府永寧州界一百三十里。西北至貴州黎平府永從縣界五百六十里。自府治至京師七千八百三十里。

又卷四六四　慶遠府，在廣西省治西南五百七十里。【略】東至柳州府柳城縣界四十里。西至貴州都匀府獨山州豐寧下土司界四百三十里。南至思恩府上林縣界一百二十里。北至柳州府羅城縣界一百七十里。東南至柳州府柳城縣界七十里。西南至思恩府安定土司界一百六十里。東北至羅城縣界五十里。西北至貴州都匀府荔波縣界三百二十里。自府治至京師八千三十里。

又卷四六五　思恩府，在廣西省治西南一千一百五十里。【略】東至柳州府來賓縣界二百八十五里。西至雲南廣南府土富州界七百十里。南至南寧府宣化縣界一百三十里。北至慶遠府永定土司界二百四十里。東南至宣化縣界二百四十里。西南至太平府龍英土州界六百二十五里。東北至慶遠府宜山縣界三百六十里。西北至慶遠府東蘭州界二百四十五里。本府【略】東至上林縣界九十里。西至下旺土司界一百二十里。南至武緣縣界十里。北至興隆土司界二十五里。東南至宣化縣界一百里。西南至南寧府歸德土州界四十里。東北至白山土司界六十里。西北至定羅土司界五十里。自府治至京師八千六百十里。

又卷四六六　泗城府，在廣西省治西南二千四十里。【略】東至慶遠府東蘭州界二百里。西至貴州興義府普安州界四百五十里。南至思恩府土田州界一百五十里。北至興義府貞豐州界三百七十里。東南至土田州界一百四十里。西南至雲南廣南府界七百五十里。東北至東蘭州界四百七十里。西北至貴州貞豐州界四百里。自府治至京師九千五百里。

又卷四六七 平樂府，在廣西省治南少東一百八十里。【略】東至廣東連州連山縣界五百六十里。西至潯州府平南縣界三百八十里。南至梧州府蒼梧縣界二百六十里。北至桂林府陽朔縣界十里。東南至梧州府懷集縣界二百里。西南至梧州府藤縣界四百七十里。東北至湖南永州府永明縣界一百里。西北至陽朔縣界六十里。自府治至京師七千六百四十里。

又卷四六九 梧州府，在廣西省治東南八百里。【略】東至廣東肇慶府封川縣界四十里。西至潯州府平南縣界一百九十里。南至廣東高州府信宜縣界四百二十里。北至平樂府賀縣界二百十五里。東南至廣東羅定州西寧縣界二百六十里。西南至鬱林州北流縣界三百九十八里。東北至廣東連州陽山縣界四百八十里。西北至平樂府昭平縣界一百五十里。自府治至京師八千三百六十里。

又卷四七〇 潯州府，在廣西省治西南九百五十里。【略】東至梧州府藤縣界一百九十里。西至南寧府橫州界二百二十里。南至鬱林州界一百九十里。北至柳州府象州界三百三十里。東南至鬱林州北流縣界二百八十里。西南至鬱林州興業縣界二百二十里。東北至平樂府永安州界二百六十里。西北至柳州府來賓縣界二百八十里。自府治至京師八千四百十里。

又卷四七一 南寧府，在廣西省治西南一千七百六十里。【略】東至潯州府貴縣界三百四十里。西至太平府羅陽土縣界九十里。南至廣東廉州府欽州界二百七十里。北至思恩府武緣縣界六十五里。東南至廉州府靈山縣界五十里。西南至越南界三百六十里。東北至思恩府賓州界一百二十里。西北至思恩府白山土司界三百十里。自府治至京師九千二百二十里。

又卷四七二 太平府，在廣西省治西南二千五十里。【略】東至南寧府宣化縣界二百三十里。西至越南界二百五十里。南至南寧府土忠州界七十里。北至南寧府歸德土州界二百十五里。東南至南寧府還隆峒界一百里。西南至越南界二百七十五里。東北至南寧府隆安縣界二百六十里。西北至鎮安府都康土州界二百二十五里。自府治至京師九千五百十里。

又卷四七三 鎮安府，在廣西省治西南一千三百五十五里。【略】東至思恩府土田州界一百五十一里。西至雲南廣南府土富州界一百九十里。南至太平府龍英土州界一百二十里。北至土田州界九十里。東南至土田州界一百三十五里。西南至越南界二百二十里。東北至土田州界九十里。西北至雲南土富州界二百里。自府治至京師八千八百二十五里。

又卷四七四 鬱林直隸州，在廣西省治西南九百七十里。【略】東至梧州府容縣界六十里。西至廣東廉州府合浦縣界一百九十里。南至廣東高州府化州界一百七十里。北至潯州府桂平縣界一百二十里。東南至廣東化州界二百二十里。西南至廣東合浦縣界一百四十里。東北至潯州府平南縣界八十里。西北至潯州府貴縣界九十五里。本州【略】東至北流縣界三十里。西至興業縣界四十里。南至陸川縣界二十里。北至潯州府桂平縣界一百二十里。東南至陸川縣界二十五里。西南至興業縣界二十五里。東北至北流縣界七十里。西北至貴縣界五十里。自州治至京師八千四百三十里。

又卷四七五 雲南省，在京師西南八千二百里。【略】東至廣西泗城府界七百五十里。西至神護關接野人界一千七百六十里。南至交趾界七百五十里。北至四川寧遠府會理州界四百里。東南至廣西鎮安府界一千一百四十里。西南至天馬關接緬甸界二千三百一十里。東北至貴州興義府普安縣界四百三十里。西北至吐蕃界二千里。

又卷四七六 雲南府，雲南省治。【略】東至澂江府路南州界一百二十五里。西至楚雄府廣通縣界二百四十五里。南至澂江府新興州界一百五十五里。北至曲靖府尋甸州界一百四十三里。東南至澂江府河陽縣界八十四里。西南至楚雄府南安州界四百二十二里。東北至尋甸州界二百三十里。西北至武定州界一百一十里。自府治至京師八千二百里。

又卷四七八 大理府，在雲南省治西北八百九十里。【略】東至楚雄府姚州界二百八十里。西至永昌府保山縣界六百八十里。南至蒙化廳界六十里。北至麗江府鶴慶州界一百六十里。東南至蒙化廳舊定邊縣界一百三十里。西南至永昌府界一百五十里。東北至永北廳界四百一十里。西北至麗江府界六百二十八里。自府治至京師一萬一千四百五十里。

又卷四七九　臨安府，在雲南省治東南四百二十里。【略】東至開化府界三百二十里。西至元江州界二百五十里。南至交趾界二百五十里。北至澂江府江川縣界二百三十里。東南至開化府界二百七十五里。西南至元江州界二百九十里。東北至廣西州彌勒縣界三百四十里。西北至元江州新平縣界三百六十里。自府治至京師八千六百二十里。

又卷四八○　楚雄府，在雲南省治西四百二十里。【略】東至雲南府禄豐縣界一百五十五里。西至大理府界二百二十五里。南至元江州界三百里。北至四川寧遠府鹽源縣界四百五里。東南至雲南府昆陽州界二百三十里。西南至景東廳界二百五十里。東北至禄豐縣界一百五十八里。西北至永北廳界七百五十里。自府治至京師一萬一千二十里。

又卷四八一　澂江府，在雲南省治東南一百二十里。【略】東至廣西州彌勒縣界二百里。西至雲南府晉寧州界三十六里。南至臨安府寧州界一百二十里。北至雲南府呈貢縣界五十五里。東南至彌勒縣界二百五十三里。西南至臨安府嶍峨縣界二百一十五里。東北至雲南府宜良縣界七十里。西北至呈貢縣界一百三十里。自府治至京師八千三百二十里。

又卷四八二　廣南府，在雲南省治東南八百五十里。【略】東至廣西思恩府土田州界四百二十里。西至開化府及廣西州界二百里。南至交趾界二百九十里。北至廣西泗城府西林縣界一百四十里。東南至廣西鎮安府界二百九十里。西南至臨安府阿迷州界四百里。東北至廣西泗城府西隆州界二百十里。西北至廣西州彌勒縣界三百里。自府治至京師九千五十里。

又卷四八三　順寧府，在雲南省治西一千一百五十里。【略】東至蒙化廳界二百里。西至騰越廳界一百二十里。南至猛緬長官司界三百二十里。北至永昌府永平縣界三百六十里。東南至景東廳治二百六十里。西南至耿馬土司界二百五十三里。東北至蒙化廳界三百四十里。西北至永昌府保山縣界二百二十六里。自府治至京師一萬一千六百一十里。

又卷四八四　曲靖府，在雲南省治東北三百里。【略】東至貴州普安直隸廳界一百七十里。西至雲南府嵩明州界二百二十里。南至廣西州界一百七十里。北至貴州大定府威寧州界四百五十里。東南至普安廳界二百五十八里。西南至澂江府路南州界一百三十里。東北至威寧州界二百七十里。西北至武定州禄勸縣界四百六十七里。自府治至京師七千九百里。

又卷四八五　麗江府，在雲南省治西北一千二百四十里。【略】東至永北廳界一百三十里。西至怒夷界六百十五里。南至大理府賓川州界二百三十五里。北至蒙番界五十五里。東南至永北廳界三百二十里。西南至大理府雲龍州界六百三十里。東北至永北廳界四百八十里。西北至西番界四百五十里。自府治至京師一萬一千七百六十里。

又卷四八六　普洱府，在雲南省治西南一千二百三十里。【略】東至元江州界二百五十里。西至順寧府界四百三十里。南至緬甸界一千五十里。北至鎮沅直隸州界一百九十里。東南至老撾南掌界一千四百一十里。西南至緬甸界一千三百里。東北至元江州界二百二十五里。西北至景東廳界二百七十里。自府治至京師九千四百五十里。

又卷四八七　永昌府，在雲南省治西一千二百里。【略】東至順寧府順寧縣界一百四十里。西至騰越廳界一百七十里。南至孟定土府界一百七十里。北至大理府雲龍州界二百五十里。東南至順寧縣界一百一十七里。西南至天馬關界一千一百一十里。東北至雲龍州界三百五十二里。西北至馬面關界三百里。自府治至京師一萬一千八百十里。

又卷四八八　開化府，在雲南省治東南七百一十里。【略】東至交趾界四百六十里。西至臨安府建水縣界六百八十五里。南至交趾界二百四十里。北至廣南府界一百八十里。東南至交趾界二百三十里。西南至交趾界四百一十里。東北至廣南府界二百二十里。西北至阿迷州界一百八十里。自府治至京師一萬二千五百里。

又卷四八九　東川府，在雲南省治北五百三十里。【略】東至貴州大定府威寧州界二百里。西至四川寧遠府會理州界二百二十五里。南至曲靖府尋甸州界二百五十里。北至昭通府界二百一十里。東南至曲靖府宣威州界一百三十里。西南至武定州禄勸縣界一百七十里。東北至昭通府界一百九十里。西北至會理州界四百五十里。自府治至京師九千七百九十七里。

又卷四九○　昭通府，在雲南省治西北一千一百六十里。【略】東至貴州威寧州界九十里。西至四川寧遠府界四百九十里。南至東川府界一百三十里。北至四川叙州府馬邊廳界五百里。東南至威寧州界四十里。西南至威寧州界九十里。東北至四川叙州府筠連縣界五百里。西北至四川雷波衛界四百里。自府治至京師九千八百里。

又卷四九一　廣西直隸州，在雲南省治東南四百里。【略】東至廣南府界三百里。西至臨安府寧州界一百二十里。南至臨安府阿迷州界二百里。北至曲靖府陸涼州界一百八十五里。東南至廣南、開化二府界三百六十里。西南至阿迷州界二百里。東北至曲靖府羅平州界二百六十四里。西北至陸涼州界一百里。本州【略】東至曲靖府羅平州界九十里。西至彌勒縣界六十五里。南至丘北界八十里。北至師宗縣界四十里。東南至丘北界一百里。西南至彌勒縣界六十里。東北至師宗縣界三十里。西北至澂江府路南州界七十里。自州治至京師八千六百里。

又卷四九二　武定直隸州，在雲南省治西北二百四十里。【略】東至曲靖府尋甸州界一百二十里。西至楚雄府大姚縣界二百四十里。南至雲南府羅次縣界三十九里。北至四川寧遠府會理州界三百里。東南至雲南府富民縣界四十五里。西南至楚雄府定遠縣界八十六里。東北至會理州界三百里。西北至會理州界三百十里。本州【略】東至禄勸縣界十五里。西至元謀縣界一百八十里。南至雲南府羅次縣界三十九里。北至禄勸縣界十五里。東南至雲南府富民縣界五十里。西南至雲南府禄豐縣界一百二十里。東北至禄勸縣界十三里。西北至楚雄府大姚縣界二百里。自州治至京師八千四百四十里。

又卷四九三　元江直隸州，在雲南省治西南七百九十里。【略】東至臨安府石屏州界一百里。西至鎮沅州界二百里。南至車里宣慰司界一千六百里。北至楚雄府南安州界五百里。東南至交趾、老撾界一千三百四十里。西南至普洱府界四百七十里。東北至臨安府嶍峨縣界五百里。西北至鎮沅州界四百里。本州【略】東至臨安府石屏州界一百三十五里。西至普洱府界七十五里。南至普洱府他郎界一百二十五里。北至新平縣界一百三十里。自州治至京師八千九百九十里。

又卷四九四　鎮沅直隸州，在雲南省治西南一千二百里。【略】東至元江州界一百里。西至順寧府雲州界二百四十里。南至普洱府威遠界二百三十里。北至景東廳界六十里。東南至普洱府界八十里。西南至普洱府界三百里。東北至楚雄府南安州界二百九十里。西北至蒙化廳舊定邊縣界三百里。本州【略】東至恩樂縣界四十里。西至雲州界二百四十里。南至威遠界一百里。北至景東廳界六十里。東南至元江州界一百五十里。西南至威遠界一百二十里。東北至恩樂縣界八十里。西北至景東廳界九十里。自州治至京師一萬二千四百五十里。

又卷四九五　景東直隸廳，在雲南省治西南一千一百八十里。【略】東至楚雄府南安州界一百二十里。西至順寧府雲州界二百二十里。南至鎮沅州界二百九十里。北至蒙化廳界一百三十七里。東南至鎮沅州恩樂縣界一百三十五里。西南至順寧府順寧縣界三百里。東北至楚雄府鎮南州界一百三十里。西北至蒙化廳界三百里。自府治至京師一萬一千六百里。

又卷四九六　蒙化直隸廳，在雲南省治西八百二十里。【略】東至大理府趙州界六十里。西至順寧府順寧縣界一百五十里。南至順寧府雲州界二百里。北至趙州界九十里。東南至景東廳界一百二十里。西南至雲州界一百五十里。東北至趙州界一百二十里。西北至永昌府永平縣界一百八十里。自廳治至京師九千零二十里。

又卷四九七　永北直隸廳，在雲南省治西北一千三百五十里。【略】東至武定州元謀縣界三百五十里。西至麗江府鶴慶州界一百二十五里。南至大理府賓川州界二百二十里。北至外域黄喇嘛界六百里。東南至楚雄府大姚縣界三百里。西南至大理府鄧川州界一百八十里。東北至四川鹽源縣界三百里。西北至麗江府麗江縣界一百五十里。自廳治至京師一萬一千七百五十里。

又卷四九八　騰越直隸廳，在雲南省治西一千三百二十里。【略】東至永昌府保山縣界一百七十里。西至野人界一百八十里。南至南甸宣撫司界二十里。北至保山縣界一百八十里。東南至隴川宣撫司治一百二十里。西南至野人界一百二十里。東北至保山縣界一百十里。西北至野人界二百七十里。自廳治至京師一萬三千十里。

徼外附見

舊鈕兀長官司，在雲南省治南十六程。

舊猛密宣撫使司，在雲南省治西南三十三程。

舊木邦軍民宣撫使司，在雲南省治西南三十五程。

舊孟養軍民宣慰使司，在雲南省治西南三十七程。

舊孟艮土府，在雲南省治西南三十八程。

又卷四九九　貴州統部，在京師西南七千六百四十里。【略】東至湖南晃州廳界五百四十里。西至雲南曲靖府沾益州界五百五十里。南至廣西慶遠府南丹州界二百二十里。北至四川重慶府綦江縣界五百五十里。東南至廣西柳州府懷遠縣界三百五十里。西南至雲南曲靖府平彝縣界五百三十里。東北至湖南永綏廳界五百二十里。西北至雲南東川府會澤縣界五百六十里。

又卷五〇〇　貴陽府，貴州省治。【略】東至都匀府麻哈州界一百二十里。西至安順府清鎮縣界三十里。南至興義府貞豐州界二百二十里。北至遵義府遵義縣界一百五十里。東南至麻哈州界一百二十里。西南至貞豐州界一百二十里。東北至遵義縣界二百一十里。西北至清鎮縣界六十里。自府治至京師七千六百四十里。

又卷五〇一　安順府，在貴州省治西一百八十里。【略】東至貴陽府貴筑縣界一百四十里。西至興義府安南縣界一百七十里。南至興義府貞豐州界一百里。北至大定府平遠州界六十里。東南至貴陽府廣順州界四百里。西南至安南縣界四百五十里。東北至大定府黔西州界四百里。西北至平遠州界一百里。自府治至京師七千八百二十里。

又卷五〇二　都匀府，在貴州省治東南三百里。【略】東至黎平府古州界二百里。西至貴陽府貴定縣界一百二十里。南至廣西慶遠府南丹州界三百五十里。北至平越州界一百里。東南至古州界二百五十里。西南至貴陽府定番州界一百八十里。東北至鎮遠府黄平州界三十里。西北至平越州界六十里。自府治至京師七千五百六十里。

又卷五〇三　鎮遠府，在貴州省治東三百八十里。【略】東至思州府青溪縣界三十里。西至平越州餘慶縣界一百五十五里。南至黎平府界一百二十五里。北至石阡府界八十里。東南至湖南靖州界二百六十里。西南至都匀府清平縣界一百四十里。東北至思州府界四十里。西北至石阡府界八十里。自府治至京師七千二百六十里。

又卷五〇四　思南府，在貴州省治東北六百里。【略】東至銅仁府界一百里。西至遵義府界三百里。南至石阡府界六十里。北至四川酉陽州彭水縣界五百里。東南至銅仁府界一百八十里。西南至石阡府龍泉縣界五十里。東北至四川酉陽州界三百七十里。西北至四川瀘州合江縣界二百一十五里。自府治至京師七千二百九十五里。

又卷五〇五　石阡府，在貴州省治東北四百八十里。【略】東至銅仁府界八十里。西至遵義府界三百六十里。南至鎮遠府界十五里。北至思南府界五十里。東南至思州府界六十里。西南至平越州餘慶縣界六十里。東北至思南府印江縣界一百七十里。西北至平越州湄潭縣界十里。自府治至京師七千三百八十里。

又卷五〇六　思州府，在貴州省治東五百十里。【略】東至湖南晃州廳界九十里。西至鎮遠府界一百里。南至黎平府界一百一十里。北至銅仁府界一百五十里。東南至湖南芷江縣界六十里。西南至鎮遠府界二十里。東北至湖南麻陽縣界一百二十里。西北至銅仁縣界一百二十里。自府治至京師七千三百八十里。

又卷五〇七　銅仁府，在貴州省治東六百六十里。【略】東至湖南麻陽縣界六十里。西至思南府安化縣界一百十里。南至思州府界七十里。北至松桃直隸廳界三十里。東南至思州府界二十五里。西南至思州府界一百三十里。東北至湖南永綏廳界一百六十里。西北至安化縣界七十里。自府治至京師七千二百里。

又卷五〇八　黎平府，在貴州省治東南一千里。【略】東至湖南靖州界一百八十里。西至都匀府獨山州界二百九十里。南至廣西柳州府懷遠縣界一百六十里。北至鎮遠府天柱縣界二百八十里。東南至靖州通道縣界一百六十里。西南至都匀府荔波縣界二百三十里。東北至靖州會同縣界九十里。西北至鎮遠府屬邛水司界八十里。自府治至京師七千里。

又卷五〇九　大定府，在貴州省治西北三百三十里。【略】東至貴陽府修文縣界二百三十里。西至雲南東川府界三百五十五里。南至安順府鎮寧州界二百六十里。北至四川叙永廳永寧縣界一百五十里。東南至遵義府遵義縣界一百里。西南至普安廳界三百八十里。東北至遵義府仁懷縣界二百五十里。西北至雲南昭通府界一百九十里。自府治至京師七千九百二十里。

又卷五一〇　興義府，在貴州省治西南五百四十里。【略】東至廣西泗城府界五百里。西至普安直隸廳界九十里。南至泗城府西隆州界二百二十五里。北至安順府永寧州界二百八十里。東南至西隆州界二百四十里。西南至雲南羅平州界二百四十里。東北至永寧州界六百一十里。西北至普安直隸廳界二十里。自府治至京師八千二百二十里。

又卷五一一　遵義府，在貴州省治東北二百五十里。【略】東至平越州湄潭縣界一百五十里。西至四川叙永廳界五百里。南至貴陽府修文縣界一百二十里。北至四川重慶府綦江縣界三百七十里。東南至平越州湄潭縣界一百二十里。西南至大定府黔西州界一百五十里。東北至四川酉陽州彭水縣界五百五十里。西北至仁懷直隸廳界五百六十里。自府治至京師七千九百二十里。

又卷五一二　平越直隸州，在貴州省治東一百七十里。【略】東至都勻府麻哈州界二十里。西至貴陽府開州界一百六十里。南至貴陽府貴定縣界五十里。北至石阡府龍泉縣界二百八十里。東南至都勻府麻哈州界五十里。西南至貴陽府貴定縣界五十里。東北至鎮遠府黄平州界五十里。西北至貴陽府開州界一百八十里。自府治至京師七千五百里。

又卷五一三　松桃直隸廳，在貴州省治東八百四十五里。【略】東至湖南鳳凰廳界八十里。西至四川秀山縣邑梅司界六十里。南至銅仁府銅仁縣界九十里。北至湖南永綏廳界九十里。東南至銅仁縣界九十里。西南至思州府都素司界二百一十里。東北至湖南永綏廳界六十五里。西北至四川秀山縣界一百四十里。自廳治至京師七千二百里。

又卷五一四　普安直隸廳，在貴州省治西南五百五十里。【略】東至興義府界二百四十五里。西至雲南曲靖府沾益州界八十四里。南至雲南曲靖府平彝縣界一百里。北至興義府普安縣界五十里。東南至雲南曲靖府羅平州界二百七十里。西南至平彝縣界八十六里。東北至普安縣界五十七里。西北至沾益州界六十里。自廳治至京師八千五百二十五里。

又卷五一五　仁懷直隸廳，在貴州省治西北九百七十里。【略】東至遵義府仁懷縣界二百里。西至四川叙永廳界一百二十里。南至仁懷縣界三百六十里。北至四川瀘州合江縣界十里。東南至仁懷縣界三百六十里。西南至叙永廳界二百七十里。東北至合江縣界十里。西北至合江縣界八里。自廳治至京師八千五百四十里。

又卷五一六　新疆統部，至京師一萬八百二十里。

又卷五一七　伊犁，在迪化州西一千七百七十里。東至額通古里嶺，接喀喇沙爾界。西至塔拉斯河，接藩屬右哈薩克界。南至沙圖阿滿軍台，接阿克蘇界。北至巴勒喀什池，接左哈薩克界。東南逾天山，接庫車界。東北至呼蘇圖布拉克軍台，接庫爾喀喇烏蘇界西南至英噶爾，接東布魯特界。西北至吹河，接右哈薩克界。至京師一萬八百二十里。

又卷五一八　庫爾喀喇烏蘇，在伊犁城東千六十里。東至奎屯，接甘肅綏來縣界。西至托和木圖，接塔爾巴哈台烏爾格圖布拉克台界。南至天山，接伊犁東南界。

又卷五一九　塔爾巴哈台，在伊犁城東北一千九百五十里。東至額爾齊斯，接喀爾喀界。西至齊爾，接藩屬左哈薩克界。南逾沙磧，接甘肅迪化州界。北接藩屬俄羅斯界。

又卷五二〇　烏嚕木齊，東界哈密所屬之羊圈溝塘一千四百六十七里。西界伊犁所屬之瑚素圖布拉克台一千四百四十里。南界喀喇沙爾所屬之蘇巴什台八百二十里。北界塔爾巴哈台所屬之烏爾圖布拉克台八百三十五里。東北界科布多所屬之鄂倫布拉克台八百四十里。至京師八千八百九十里。

古城，東至奇台縣九十里。西至濟木薩六十里。南阻松山。北界沙山。西北通科布多。東通羊圈灣產鉛之地。

又卷五二一　巴里坤，在甘肅省肅州西北一千七百九十里。東至哈密所屬之羊圈溝塘二百里。西至烏嚕木齊所屬之濟木薩塘九百里。【略】至京師七千五百十里。

哈密，在嘉峪關西北一千六百里。東至塔勒納沁，接喀爾喀界。西至瞭墩台西之胡桐窩，接吐魯番界。南至沙磧。北至天山，接甘肅鎮西府界。東南至羊池泉、星星峽，接甘肅安西州界。至京師七千一百八十里。

又卷五二二　吐魯番，在鎮西府城西九百二十里。東至塔呼，接哈密界。西至伊拉里克，接喀喇沙爾界。南望羅布淖爾，北倚博克達山。至京師八千四百三十里。

又卷五二三　喀喇沙爾，在吐魯番城西南一千二十里。東至烏沙克塔勒，出蘇巴什塔克口，接吐魯番界。西至第訥爾河，接庫車界。南逾沙山，至羅布淖爾沙磧界。北至天山，逾山接迪化州伊犁東路界。至京師九千一百里。

又卷五二四　庫車，兼轄沙雅爾。在喀喇沙爾西八百里，第納爾河西二百里。東至第納爾河，接喀喇沙爾界。西至烏恰特河，接賽喇木界。南至烏恰特河，接沙雅爾界。北至額什克巴什山，接伊犁界。沙雅爾東至托伊博羅多，接喀喇沙爾界。西至塔木根庫勒，接阿克蘇界。南至塔里木大河，北至烏恰特河，接庫車界。庫車至京師一萬八十里。沙雅爾至京師一萬二百三十里。

阿克蘇，在庫車西八百里。東至赫色勒台，接庫車界。西至察哈喇克台，接烏什界。南至喀什噶爾達里雅。北至噶克察哈爾海台，接伊犁界。至京師一萬七百九十里。

又卷五二五　烏什，在阿克蘇西二百四十里。東至阿察塔克台，接阿克蘇界。西至色帕爾拜，接喀什噶爾界。南至庫珠克嶺，逾山通葉爾羌和闐北路界。北至天山，逾山通伊犁西路界。至京師一萬九百九十里。

又卷五二六　喀什噶爾，在烏什西南九百三十五里。東北至巴爾昌，通烏什界。西北俱接葱嶺，通藩屬布魯特、安集延界。東南至英吉沙爾屬之赫色勒塔克，接葉爾羌界。至京師一萬一千九百二十五里。

又卷五二七　葉爾羌，在阿克蘇西南一千四百一十里。喀什噶爾東南五百七十里。東至都齊特台，接阿克蘇界。西至喀爾楚入葱嶺，通藩屬拔達克山界。東南至卑窪勒台，接和闐界。西至赫色勒塔克，接英吉沙爾界。至京師一萬二千三百八十五里。

又卷五二八　和闐，在葉爾羌東南七百九十里。東至克勒底雅河，入沙磧。又東至阿氏爾干。西至卑窪勒河，接葉爾羌界。【略】距京師一萬二千一百五里。

又卷五二九　左哈薩克，在舊準噶爾部之西北。【略】東至塔爾巴哈台界。西至右哈薩克部界，南至伊犁界，北至俄羅斯國界。其貢道由伊犁以達於京師。

右哈薩克，在舊準噶爾部之西北，左哈薩克之西二千里。東至左哈薩克界。西至塔什罕界。南至布魯特安集延諸部界。北至俄羅斯國界。東南至伊犁界。其貢道由伊犁以達於京師。

東布魯特，在舊準噶爾部西南，回部西北。東北距伊犁一千四百里。東南距阿克蘇七百九十里。其貢道由回部以達於京師。

西布魯特，在回部喀什噶爾之西北三百里。【略】貢道由回部達於京師。

又卷五三〇　霍罕，在回部喀什噶爾西北八百八十里。【略】其貢道由回部達於京師。

安集延，在回部喀什噶爾西北五百里。東南至鄂什四百里。西至霍罕三百八十里。【略】其貢道由回部以達於京師。

瑪爾噶朗，在安集延西百八十里。

那木干，在瑪爾噶朗西北八十里。

塔什罕，在回部喀什噶爾西北一千三百里。【略】其貢道由回部以達於京師。

又卷五三一　拔達克山，在回部喀什噶爾葉爾羌之西南六百餘里。國居葱嶺中，其貢道由回部以達於京師。

布哈爾，在拔達克山西二千餘里。其貢道由回部以達於京師。

又卷五三二　烏里雅蘇台，距京師七千餘里。

又卷五三〇　庫倫，距京師五千餘里。

科布多，距京師八千餘里。

又卷五三五　土默特，二旗。在喜峰口東北五百九十里。【略】至京師一千里。

敖漢，一旗。駐古爾板圖爾噶山。在喜峰口東北六百里。【略】東至奈曼界六十里。西至喀喇沁界一百里。南至土默特界二百里。北至翁牛特界八十里。東南至土默特界一百二十里。西南至喀喇沁界二百里。東北至奈曼界九十里。西北至喀喇沁界一百十五里。至京師一千十里。

奈曼，一旗。駐章武台。在喜峰口東北七百里。【略】東至喀爾喀左翼界四十里。西至敖漢界五十五里。南至土默特界一百二十里。北至翁牛特界一百里。東南至喀爾喀左翼界一百二十里。西南至土默特界一百二十里。東北至喀爾喀左翼界一百里。西北至敖漢界一百二十里。至京師一千一百十里。

又卷五三六　巴林，二旗。同界。右翼駐托鉢山，在古北口東北七百二十里。左翼駐阿察圖拖羅海，在古北口東北七百八十里。【略】東至阿嚕科爾沁界一百六十里。西至克什克騰界九十一里。南至翁牛特界六十里。北至烏珠穆沁界一百七十三里。東南至阿嚕科爾沁界一百八十五里。西南至克什克騰界八十一里。東北至烏珠穆沁界二百五里。西北至烏珠穆沁界一百四十二里。至京師九百六十里。

札嚕特，二旗。在喜峰口東北一千一百里。【略】至京師一千五百一十里。

阿嚕科爾沁，一旗。駐渾圖山東。在古北口東北一千一百里。【略】東至札嚕特界三十里。西至巴林界一百里。南至喀爾喀左翼界二百里。北至烏珠穆沁界二百二十里。東南至札嚕特界二百二十里。西南至翁牛特界二百里。東北至札嚕特界二百六十五里。西北至巴林界二百七十里。至京師一千三百四十里。

又卷五三七 科爾沁，六旗。在喜峰口東北八百七十里。【略】至京師一千二百八十里。

札賚特，一旗。屬科爾沁右翼。駐土百新插漢坡。在喜峰口東北一千六百里。【略】東至杜爾伯特界三十五里。西至郭爾羅斯界二十五里。南至郭爾羅斯界一百五十里。北至索倫界二百五十里。東南至郭爾羅斯界一百里。西南至郭爾羅斯界一百六十里。東北至杜爾伯特界二百八十里。西北至右翼後旗界二百七十里。至京師二千一十里。

杜爾伯特，一旗。屬科爾沁右翼。駐多克多爾坡，在喜峰口東北一千六百四十里。【略】東至黑龍江將軍地界一百四十里。西至札賚特界三十里。南至郭爾羅斯界一百四十里。北至索倫界一百里。東南至郭爾羅斯界一百六十里。西南至郭爾羅斯界一百四十里。東北至黑龍江將軍地界一百六十里。西北至札賚特界一百十里。至京師二千五十里。

又卷五三八 郭爾羅斯，二旗。屬科爾沁左翼，在喜峰口東北一千四百八十七里。【略】至京師一千八百九十七里。

喀喇沁，本二旗，新增一旗。在喜峰口東北三百五十里。【略】至京師七百六十里。

又卷五三九 翁牛特，二旗。在古北口東北五百二十里。【略】至京師七百六十里。

克什克騰，一旗。駐吉拉巴斯峰。在古北口東北五百七十里。【略】東至翁牛特界一百六十三里。西至正藍旗察哈爾界一百七十一里。南至翁牛特界三十七里。北至烏珠穆沁界三百二十里。東南至翁牛特界五十一里。西南至正藍旗察哈爾界四十三里。東北至巴林界一百五十四里。西北至浩齊特界二百十里。至京師八百十里。

又卷五四〇 喀爾喀左翼，一旗。駐察罕和碩圖，在喜峰口東北八百四十里。【略】東至科爾沁界七十五里。西至奈曼界五十里。南至土默特界一百里。北至札嚕特界一百三十里。東南至土默特界一百四十里。西南至奈曼界一百三十里。東北至札嚕特界一百四十里。西北至翁牛特界三百三十五里。至京師一千二百十里。

烏珠穆沁，二旗。在古北口東北九百二十三里。【略】至京師一千一百六十三里。

浩齊特，二旗。在獨石口東北六百八十五里。【略】至京師一千一百八十五里。

蘇尼特，二旗。在張家口北五百五十里。【略】至京師九百六十里。

又卷五四一 阿巴噶，二旗。在張家口東北五百九十里。【略】至京師一千里。

阿巴哈納爾，二旗。在張家口東北六百四十里。【略】至京師一千五十里。

四子部落，一旗。駐烏蘭額爾濟坡，在張家口西北五百五十里。【略】東至蘇尼特界一百三十里。西至歸化城土默特界一百五里。南至鑲紅旗察哈爾界一百四十里。北至蘇尼特界一百里。東南至蘇尼特界一百八十里。西南至鑲藍旗察哈爾界二百里。東北至蘇尼特界一百六十里。西北至喀爾喀界一百二十里。至京師九百六十里。

茂明安，一旗。駐車突泉，在張家口西北八百里。【略】東至喀爾喀右翼界四十里。西至烏喇特界六十里。南至歸化城土默特界八十里。北至瀚海一百十里。東南至喀爾喀右翼界七十里。西南至烏喇特界八十五里。東北至瀚海一百二十里。西北至瀚海一百四十里。至京師一千二百四十里。

又卷五四二 烏喇特，前、中、後三旗。俱駐鐵柱谷，蒙古名哈達馬爾。在歸化城西三百六十里。【略】東至茂明安界九十里。西至鄂爾多斯界一百二十五里。南至黄河鄂爾多斯界五十里。北至喀爾喀界二百五十里。東南至五達河歸化城土默特界一百二十里。西南至鄂爾多斯界一百里。東北至茂明安界一百四十五里。西北至喀爾喀界二百八十里。至京師一千五百二十里。

又卷五四三　喀爾喀右翼，一旗。駐塔嚕渾河。在張家口西北七百十里。【略】東至四子部落界六十五里。西至茂明安界五十五里。南至歸化城土默特界七十里。北至瀚海六十里。東南至四子部落界九十里。西南至茂明安界一百里。東北至四子部落界七十里。西北至茂明安界六十里。至京師一千一百三十里。

鄂爾多斯，舊六旗。今七旗。在歸化城西二百八十五里河套内。【略】至京師一千一百里。

又卷五四五　阿拉善厄魯特，一旗。駐牧賀蘭山陰及龍首山北。【略】至京師五千里。

又卷五四六　青海厄魯特，至京師五千七十里。

又卷五四七　西藏。

其貢道由西寧以達於京師，一萬四千餘里。

又卷五四八　歸化城土默特，左右二旗。俱駐歸化城。在殺虎口北二百里。【略】東至四子部落界一百三十八里。西至鄂爾都斯左翼前旗界二百六十五里。南至山西邊城界二百十里。北至喀爾喀右翼界一百六十里。東南至鑲藍旗察哈爾界一百一十里。西南至鄂爾多斯左翼前旗界一百八十里。東北至四子部落界一百一十里。西北至茂明安界一百七十里。至京師一千一百六十里。

養息牧牧廠，在盛京錦州府廣寧縣北二百一十里彰武台邊門外。【略】東至科爾沁左翼前旗界九十里。西至土默特左翼界六十里。南至彰武台邊門五十里。北至科爾沁左翼前旗界二百里。東南至邊界一百里。西南至邊界八十里。東北至科爾沁左翼前旗界一百十里。西北至西勒圖庫倫界一百五十里。由喜峰口至京師一千二百五十里。

御馬廠，亦名上都牧廠。在獨石口東北一百四十五里博羅城。【略】東至古爾板庫德八十里。西至鑲白旗察哈爾界五十里。南至插漢噶爾特七十里。至邊城一百四十里。北至鑲白旗察哈爾界五十七里。東南至鄂博圖五十里。西南至木魯爾圖魯五十里。東北至阿齊圖喀拉八十里。西北至鑲藍旗察哈爾界四十七里。由獨石口至京師六百七十五里。

禮部牧廠，在張家口西北二百二十二里查喜爾圖插漢池。【略】東至鑲黄旗牧廠界五十二里。西至正黄旗察哈爾界四十里。南至正黄旗牧廠界四十里。北至正黄旗察哈爾界六十里。由張家口至京師六百四十里。

太僕寺左翼牧廠，在張家口東北一百四十里喀喇尼墩井。【略】東至宣化府邊界七十里。西至鑲黄旗牧廠界六十里。南至鑲藍旗牧廠界三十里。北至鑲黄旗察哈爾界二十里。東南至鑲藍旗牧廠界九十里。西南至鑲黄旗牧廠界六十里。東北至正白旗察哈爾界七十里。西北至鑲黄旗察哈爾界七十里。由張家口至京師五百五十里。

太僕寺右翼牧廠，在張家口西北三百十里齊齊爾漢河。【略】東至正黄旗察哈爾界六十里。西至鑲紅旗察哈爾界九十里。南至大同府邊界三十五里。北至正紅旗察哈爾界三十里。東南至邊界四十里。西南至邊界八十里。東北至正黄旗察哈爾界四十里。西北至鑲紅旗察哈爾界七十里。由張家口至京師七百二十里。

鑲黄等四旗牧廠，在張家口北一百里控果羅鄂博岡。【略】東至鑲藍旗牧廠界九十里。西至正黄旗牧廠界五十里。南至宣化府邊界四十里。北至鑲黄旗察哈爾界一百十里。東南至鑲藍旗牧廠界九十五里。西南至邊界五十里。東北至太僕寺左翼牧廠界六十里。西北至鑲黄旗察哈爾界一百九十里。由張家口至京師四百一十里。

正黄等四旗牧廠，在張家口西北二百里諾莫渾博羅山。【略】東至鑲黄旗牧廠界六十里。西至正黄旗察哈爾界七十里。南至邊界一百三十里。北至正黄旗察哈爾界一百二十里。東南至鑲黄旗牧廠界八十里。西南至正黄旗察哈爾界九十里。東北至鑲黄旗察哈爾界一百十里。西北至正黄旗察哈爾界一百里。由張家口至京師六百一十里。

又卷五四九　鑲黄旗察哈爾，駐蘇門峰。在張家口北三百四十里。【略】東至正白旗察哈爾界九十里。西至正黄旗察哈爾界七十里。南至鑲黄旗牧廠界七十里。北至蘇尼特右翼界一百二十里。東南至正白旗察哈爾界一百六十里。西南至正黄旗牧廠界五十里。東北至蘇尼特左翼界一百二十里。西北至蘇尼特右翼界一百三十里。由張家口至京師七百五十里。

正黃旗察哈爾，駐木孫忒克山。在張家口西北三百二十里。【略】東至鑲黃旗察哈爾界五十里。西至正紅旗察哈爾界六十里。南至太僕寺右翼牧廠界一百里。北至喀喇烏納根山一百八十里。東南至正黃旗牧廠界九十里。西南至正紅旗察哈爾界一百里。東北至蛇井二百五十里。西北至伊克扎喇和邵山一百九十里。由張家口至京師七百三十里。

正紅旗察哈爾，駐古爾板拖羅海山。在張家口外西北三百七十里。【略】東至正黃旗察哈爾界三十五里。西至鑲紅旗察哈爾界二十里。南至太僕寺右翼牧廠界一百里。北至四子部落界一百八十里。東南至正黃旗察哈爾界一百十里。西南至鑲紅旗察哈爾界一百里。東北至四子部落界一百七十里。西北至鑲紅旗察哈爾界一百六十里。由張家口至京師八百里。

鑲紅旗察哈爾，駐布林泉。在張家口西北四百二十里。【略】東至正紅旗察哈爾界二十里。西至鑲藍旗察哈爾界三十里。南至大同府邊外一百二十里。北至四子部落界一百七十里。東南至邊界一百里。西南至鑲藍旗察哈爾界一百十里。東北至四子部落界一百七十里。西北至鑲藍旗察哈爾界一百八十里。由張家口至京師八百三十里。

正白旗察哈爾，駐布爾噶台。在獨石口西北二百九十里。【略】東至鑲白旗察哈爾界五十八里。西至鑲黃旗察哈爾界二十里。南至鑲黃旗察哈爾界一百四十里。北至鑲白旗察哈爾界一百五十里。東南至鑲白旗察哈爾界一百九十里。西南至鑲黃旗察哈爾界六十里。東北至鑲白旗察哈爾界七十五里。西北至鑲黃旗察哈爾界一百五十里。由獨石口至京師八百二十里。

鑲白旗察哈爾，駐布雅阿海蘇默。在獨石口北二百四十五里。【略】東至太僕寺牧廠界八里。西至正白旗察哈爾界四十八里。南至太僕寺牧廠界六十六里。北至正藍旗察哈爾界一百三十一里。東南至太僕寺牧廠界八十二里。西南至正白旗察哈爾界九十里。東北至正藍旗察哈爾界四十里。西北至正藍旗察哈爾界四十里。由獨石口至京師七百七十里。

正藍旗察哈爾，駐扎哈蘇台泊。在獨石口東北三百六十里。【略】東至克什克騰界一百九十里。西至鑲白旗察哈爾界七十五里。南至御馬廠官羊羣界三十五里。北至阿巴噶左翼界六十里。東南至御馬廠界四十里。西南至鑲白旗察哈爾界五十里。東北至阿巴噶左翼界一百二里。西北至阿巴噶右翼界五十五里。由獨石口至京師八百九十里。

鑲藍旗察哈爾，駐阿巴漢喀喇山。在殺虎口東北九十里。【略】東至鑲紅旗察哈爾界六十里。西至歸化城土默特界五十五里。南至山西大同府邊界九十里。北至四子部落界七十里。東南至邊界七十里。西南至歸化城土默特界四十里。東北至鑲紅旗察哈爾界一百二十里。西北至歸化城土默特界五十里。由殺虎口至京師一千里。

分述

余寀《塞程別紀》 京師東直門七十八里至牛欄山。山北二川，西曰白河，源出石塘口外；東曰朝河，源出古北口外。至此合流，由通州達天津直沽入海。又五十里至密雲縣。縣有新舊二城，朝河遶城。西八里至石嶺，雙崖列峙，朝河夾流。【略】又五十二里至石匣城，山環四面，水遶城東南一二里。【略】南去十餘里，山上泉如瀑布，過大石下積爲深潭。【略】又八里至腰亭，望見口上諸山，始有森森戟立如墻如壁者。至此路雖漸隘而山曠，中間澗水分流，頗曲折有致。又十五里至新開嶺，道出兩山間，下臨絶澗，盤旋曲折十餘里，隘峻難行。嶺上舊有關城，俗名「三天門」。嶺北河水深沒馬腹，幾不能渡。別從嶺南下，東去又一山道，亦通古北口，頗平坦。至朝河下流，有橋可渡。十五里至古北口，城在四山之上，澗水中流，長城綿亘，雖人力，實天險也。【略】城西北數里至關口，朝河從水口入。西有皇華亭，東接冀遼大道。又十五里至三岔口，又七里至釣魚臺，山石臨河，坐其上俯視，潭水中隱隱然有魚可釣。【略】又二十八里至十八盤，嶺高不過數里，而紆回曲折。車馬由其上，忽左旋隱木石中，倏右旋如出頭上，漸高漸遠，望之若可梯天。【略】又十里至偏嶺，高亦不過數里。嶺上下積驟馬骨，臭不可聞。因十八盤及此重險，凡車載過之者，不難於上，而難於下。【略】又八里至鞍匠屯，兩山漸開，川原曠闊，現在耕牧旗下莊頭數家，犂鑿樹畜，彷彿內地。又二十里至小興州，耕牧丁壯二十餘家。又五里至大興州，皆元故州城，基址猶存。今置大糧莊頭三家，耕牧爲業，丁壯百餘口，又山東流民三四家。【略】灤水由喜峰口入內地，經太平路，南出峽口山，至遷安縣折而東，繞清風臺山後，由永平府城西，灤州城東南，至樂亭縣西南劉家墩入海。自大興州七里至兩間房，耕牧數家，林木暢茂，溪流有聲。【略】又十八里至波羅腦。【略】至此兩山又漸相逼，山高水深。【略】又十里至騷壺營，籬落數十家。又十里至鐵匠營，籬落十餘家。自大興州至此，夾道皆崇山峻嶺，懸崖峭壁，其道或寬或窄，而旁多細柳夭桃，蒼松古樹，不亞江南春色。但㵎中猶有積雪，望之如玉石，就之則森森然冷逼人矣。初夏尚被重裘，蓋所謂同天而不同時者，此也。又十五里至小官營，籬落二三十家。又十五里至土城，平原大川，周四山，寬數十里，籬落五六處，耕牧爲業。【略】又十五里至大官營，籬落數十家。又十五里至二道營，又十五里至頭道營，各籬落數十家。又五里至百花洲，山多野芍藥，可採而食。【略】又二十五里至青嶺，本名北和氣嶺，不甚高，多大樹。望嶺北諸山如大屏風，一峰列壁尤聳翠，山脉分十數行蜿蜒而下，各各回抱。山窩間草木深黑而揺動，飛走潛伏，殆非人境。【略】又三十里至郭家屯。自青嶺以北，夾道兩山間多石壁。將出兩山口，望見前山曠然壁立，張數十里，外多赤色，儼然赤城，真大觀也。【略】灤河從西北來，寬一二十丈，深没馬腹。【略】十里至羅北營，籬落十數家。又五里至三道營，籬落五六家。【略】又二十里至崆峒山，一峰直立，上有孔，洞然達前後。【略】又十五里至小伯顔溝。自此以北多沙石，少土性，地遂寒薄，惟見氈毳，無復村舍籬落矣。又十里至半邊山，山高壁立，有云似畫家疊書皺者。【略】又十里至大伯顔溝。伯顔者，猶言豐饒也。其山草木頗茂盛，多野獸，便於色目人打生放牧而已，餘無足取。又三十里至轉水河，山多松樹，無人煙。三十里至紅門山口，本名哈馬兒昂阿，多松樹，無人煙。山漸低小，灤河之源亦至此。【略】又四十里至夾河溝，本名塔本它羅海。自此以北，山澗漸遠，惟覓有水草處即可駐。又三十里至螞蟻圖，地頗平坦，山遠少樹。【略】又三十里至甲達河，本名牙帶它羅海，有水草，可駐。又四十五里至諾爾，有河二道，山遠無樹。又四十五里至克本泥又拉，俗名後店子，寬廣平坦，並無薪木，用馬糞代薪。自此始又四十五里至上都，本名圖爾根伊查里，元舊都。【略】五里至雙塔，塔兩立小山上，去十餘丈，各高數丈，如尖底甕而無級，有竇中空。【略】又十五里至趙耐漫蘇門泥叉喇，小小土山無足觀。又十五里至滉綽可，又三十五里至額崙山脈。沙起，非土非石。【略】三十里至十八里臺，又三十里至枯崙諸爾。凡言諸爾者，華言海也。海周數十里，色如米汁，飲無毒。其北里許又有小海，周十餘里，水甚清甘。二十里至三岔口，本名西喇諾爾，其水甚清。其地路分古北、獨石、張家口，故曰三岔。【略】至此始見有酒可沽，凡鹽米果蔬及乾魚肉等俱有之，價俱十倍，賈者從口內捆載而來。【略】又二十五里至六臺，本名和爾博諾爾。海周二十餘里，色如米汁。掘地取水，沙白者水清，有黄者、黑者、赤者，皆因沙得色，然澄之許久，未易清。

（日本）**策彦周良《大明譜》** 寧波府之内名所。從定海至寧波府六十里。

【略】自安遠驛至四明驛四十里。又從四明驛至車厩驛四十里，共在八十里。

四明驛，路程如上。

車厩驛，至六十里。

姚江驛，至四十里。

曹娥驛，四十里。

東關驛，傍在曹娥廟，【略】四十里。

蓬萊驛，至九十里。

西興驛，浙江杭州府内錢塘縣城裏，自車乘船，即從西興驛至浙江驛，錢塘江際二十里。

浙江驛，【略】浙江杭州府錢塘縣城裏，至二十里。

武林驛，在城裏，至三十里。

吴山驛，西湖保叔寺善導和尚開山也，至一十里程歟。

長安驛，一百四十里，崇德縣十八里。

皂林驛，五十里。

平望驛，六十里。太湖七十二橋在之，垂虹橋也。

松陵驛，六十里。三忠祠在吴子胥廟。

姑蘇驛，四十里。楓橋、寒山寺、三忠祠在城外，在子胥廟。

錫山驛，八十里。

毘陵驛，五十里。

呂城驛，一閘，六十里。

雲陽驛，二閘，九十里。

京口驛，鎮江府，一閘。

龍江驛，六十里。
龍潭驛，八十里。不到此驛，紫金山、獅子山城周迴三百五十里，是即南京築地回也。
儀真驛，五十五里。
廣陵驛，七十里，揚州府在城裏。
邵伯驛，四十五里。
孟城驛，六十五里。
界首驛，六十里。
安平驛，六十里。
淮陰驛，六十五里，在新舊二城。
青河驛，八十里，五閘。
桃源驛，六十里。
古城驛，六十里。
鍾吾驛，六十里。
直河驛，七十里。
下邳驛，六十里。
新安驛，六十里。
房村驛，六十里。
彭城驛，七十里。
夾溝驛，九十里。
泗亭驛，九十里。
沙河驛，六十里，一閘。
魯橋驛，九十里，石佛閘，五閘其一也。
南城水馬驛，六十里，七閘，在南門城土。
開河水驛，一百里，五閘。
安山水驛，六十里，二閘。
荆門驛，七十里，周家店閘。
崇武水驛，七十里，在七十城。八閘，土橋閘其一也。
清陽驛，七十里，二閘。
清源水馬驛，七十里，敷閘、放下閘，三閘。
渡口驛，八十里。
甲馬驛，八十里。
梁家莊驛，九十里。
安德驛，七十里。
良店驛，八十里。
連窩驛，八十里。
新橋驛，七十里。
磚河驛，七十里。
乾寧驛，七十里。
流河驛，七十里。
奉新驛，七十里。
楊青驛，七十里，此際在直沽城。
楊村驛，八十里。
河西驛，一百里。
和合驛，一百里。
通津驛，六十里，從和合至通州一百里。此間張家灣，自本灣駕車馬至北京，一車馬九疋。
潞河驛。

（日本）策彦周良**《七驛程録》** 浙江寧波府鄞縣城裏。
安遠驛。
四明驛。
本府西門外有西壩。自北門壩舟行四十里，此次有慈谿縣。自西壩至車厩四十里。
車厩驛，同左方。至七十里。
姚江驛，紹興府餘姚縣城外右方。龍泉寺。
大江口壩，至七十里。
上虞驛，同左方。梁潮壩。
曹娥驛，同右方。曹娥場，江口壩。至七十里。
東關驛，同會稽縣左方。江口壩。
蓬萊驛，同城外左方。會稽山在近。至八十里。

錢清驛，同山陰縣。至七十里。

蕭山縣。

西興驛，同蕭山縣左方。同浙江驛。【略】西興武林中間有錢塘江。

武林驛，浙江杭州府錢塘縣城裏。

【略】至七十里。

西湖。

自此門到錢塘江。

嘉靖廿七年戊申小春十九日宵分，登吴山。經忠節坊詣伍子胥廟，廟門牓忠清廟。

嘉靖廿七戊申小春二十日辰刻，冒雨駕轎，經武林門北關駐節。至吴山驛停驂。

東西天目，徑山一百里路

同上小春、廿一。登北高峰，峰頂乃保叔寺也，山門揭「寶石山」三大字。次有八角七重角塔婆。牓舍利寶所塔。鐘樓傾倒，掛鐘於佛殿裏。鐘銘曰「西湖北山保叔崇壽院」。廿七里。

長安驛，杭州府寧海縣。此間有吴山驛武林門外。百四十里。

崇德縣，嘉興府左方。十八里。

皂林驛，同桐鄉縣左方。五十五里。

西水驛，同城外右方。【略】五十五里。

平望驛，蘇州府吴江縣左方。【略】六十里。

松陵驛，同城外右方。太湖七十二橋，乃垂虹橋也。【略】六十里。

姑蘇驛，同城外右方。【略】六十里。

錫山驛，常州府無錫縣左方。【略】六十里。

毘陵驛，同城裏右方。【略】六十里。

吕城驛，鎮江府丹陽縣右方。南水北水關。一閘。六十里。

雲陽驛，同左□縣。【略】二閘。六十里。

京口驛，同丹徒縣城外左方。丹徒壩。

龍江驛，應天府南京城外。【略】城門十二門，城周迴三百五十里。外國人不留入城裏。六十里。

龍潭驛，同句容縣。不至此驛。八十里。

儀真驛，揚州府儀真縣。車壩不知數。【略】五十五里。

廣陵驛，同城外左方。【略】七十五里。

邵伯驛，同江都縣右方。【略】四十五里。

盂城驛，高郵州城外左方。【略】六十五里。

界首驛，同右方。六十里。

安平驛，同寶應縣右方。【略】六十里。

淮陰縣，淮安府山陽縣城外右方。【略】六十里。

清口驛，同清□縣右方。【略】五閘。八十里。

桃園驛，同桃源縣左方。【略】六十里。

古城驛，同右方。六十里。

鍾吾驛，邳州宿遷縣右方。【略】八十里。

直河驛，同右方。六十里。

下邳驛，淮安府邳州城外右方。

新安驛，同睢寧縣右方。六十里。

房村驛，徐州右方。

彭城驛，同城外。【略】七十里。

夾溝驛，同左方。【略】三閘。九十里。

泗亭縣，同沛縣左方。【略】九十里。

沙河驛，兖州府右方。兖州東北有岱山。兖州屬魯，濟寧屬齊。魚臺縣之乃魯公觀魚臺舊地。一閘。六十里。

魯橋驛，同濟寧州左方。五閘。石佛閘、棗林閘亦其一也。【略】九十里。

南城水馬驛，同城外左方。【略】八十五里。【略】到分水龍王廟，分水成兩片，其下水南至杭州入錢塘歸海，北至通州直沽，其下水入海。【略】前程長堤，有盜賊之患，不許夜行。七閘。六十里。

開河水驛，同東平州汶上縣左方。魯地。【略】開河西可十里有湖，曰青丘。【略】五閘。一百里。

安山水驛，同右方。二閘。六十里。

荆門驛，同東阿縣右方。【略】周家店閘。七十里。

崇武水驛，同東昌府城外聊城縣左方。【略】八閘，土門閘亦其一也。

七十里。

清陽驛，東昌府清平縣右方。載家灣。【略】二閘。七十里。

清源水馬驛，同臨清縣右方。【略】甎閘，放下閘。齊地。【略】自此水閘以下無閘，故舟人於是造櫓。三閘。七十里。

渡口驛，同高唐州武城縣左方。八十里。

甲馬營驛，同右方。【略】八十里。

梁家莊驛，濟南府德州右方。九十里。

安德驛，同城外右方。【略】七十里。

良店驛，同右方。【略】八十里。

連窩驛，河南府景州吴橋縣左方。八十里。

新橋驛，同交河縣左方。【略】七十里。

磚河驛，同滄州城外左方。【略】七十里。

乾寧驛，同魚濟縣右方。【略】七十里。

流河驛，同左方。【略】七十里。

奉新驛，同静海縣右方。七十里。

楊青驛，順天府通州城武清縣右方。【略】此間有直沽城。七十里。

楊村驛，同左方。【略】八十里。

河西驛，同左方。【略】一百里。

和合驛，同右方。一百里。

通津驛，自和合至通州一百里。此間有張家灣。

潞河驛，同。驛門揭「水陸要會」四大字，堂裏顔「日近皇都」四大字，乃張家灣也。自本灣駕車入北京。六十里。

驛縣總數七十□所。

會同館，順天府通州。

京都城門。

禁門。

自寧波至北京路程四千五百七十五里。與日本路程合較則凡七百六十二里半。

大明嘉靖十九庚子年小春初五，書於寧波嘉賓堂。

黄宗羲《南雷文定》卷二《餘姚至省下路程沿革記》己未　吾邑至省下，其程不過三百里，而曹娥、錢清、錢塘三江，横截其間。又地勢卑下，曹娥而東，未入姚江，率數十里而一堰。船之大者不能容數十斛，不然則不可以拖堰。風雨之夕，屈折篷底，躑躅泥淖，故行者爲甚難。自餘姚至曹娥，其路有二，分於城西二十里之曹墅橋。溯姚江而行，謂之南路；進曹墅橋，入支港而行，謂之北路。

南路二十里至下壩，又分爲二：挽壩而上，旁渣湖，行支港中，十八里至新壩，挽壩而上十里，即上虞治也；不挽下壩，仍溯姚江而行，三十里至通明壩，始挽而上，至上虞縣城，與支港之路會，又三十乃至曹娥。初，南路必出通明壩，宋淳熙間，魏王薨於四明，將葬於越，詔遣刑部尚書謝廓然、運副韓彦質護喪，使者旁午，州縣震動。知上虞縣汪大定以通明壩高峻，潮汐雖登，僅過數舟，則已涸矣。於是增浚渣湖，别於支港創小堰以通舟。募遊手二百人，别以旗色，分列左右。俟大舟入，引湖水灌之，水溢堰平，衆力扶喪舟以進，略無攲側，舳艫相銜，俄頃俱濟。自是以來，反以支港爲通衢，非大旱水涸，則無有由通明者矣。

北路較南弱十里，歷陡亹、横河、驛亭三堰。南堰挽舟設轆轤，北堰則徒手舉之，故其舟尤小也。三堰盡掠夏蓋湖，渡百官江，即曹娥之下流也。陸行二里至塔橋，與南路會。

自曹娥而西，路無支徑，地勢平衍，無拖堰之勞，無候潮之苦，較曹娥而東相懸絶矣。然按周益公《思陵録》：錢清江者，東自三江口來，西過諸暨，約三百餘里，闊十餘丈。運河半貫其中，高於江水丈餘，故南北皆築堰止水，别設浮橋渡行旅，大舟例剥載，小舟則拖堰而過。梓宫船欲渡，待其潮水平漫開閘，水勢奔注，久之稍定。兩岸以索牽制，始放御舟，將達南閘，大舁輿繼之，御舟受觸，幸而篙工能事，得入閘口。輿舟不能入，横截南岸，册寶又往，江流湍急，舟人力不能加，直衝其腰。既而靈主亦來，復衝册寶，勢尤可畏。運使趙不流頓足垂涕，幾欲赴水。當日之險如此。今自麻溪作堰，錢清上流之水引入錢塘，三江口作閘，潮水亦不入錢江，而錢江與運河相渾，有江之名，無江之實矣。不然，與曹娥而東，其艱難不甚相遠也。

錢塘之渡，自昔爲難。孫覿志汪思恩云：會稽渡錢塘，舟人冒利，稛載而行，半渡弭楫，邀取錢物，而暴風猝至，舉舟盡溺死，操舟者皆善泅，獨免。公爲臨安守，曰：「不戮此輩，則殺人未艾也。」悉論殺之。更造大艦十數，每一艦受若干人，制號如其數，以五采別異之。置吏監總，渡者給號登舟，即過數，而號與舟不類者皆不受。舟人給直有定估，除十之一備脩葺之費。抵今二十年，無一舟之覆。蓋錢塘除暴風積水亦不甚險，唯載人過甚，舟力不勝，則有覆沉之禍。舟子僥幸頃刻，往往以尋丈之舟載至百十人。當事每每以空言申敕，安得如汪守者而與之講濟人之事乎！

百官江本不甚闊，而土人輪日取利，止以一舟值渡，餘舟不得攙入，往來候渡甚艱。爲令者苟革其輪日之例，則行者不滯矣。是故吾邑風氣樸略，較之三吴截然不同。無他，地使之然也。然而民生愈促，樸略變爲智巧，是則非三江疊堰之所能限也，不能不歸之世運耳。

張必剛《舟行記》 吾自皖城登舟，沿鳩江，歷采石，至金陵。易舟抵廣陵，再易舟渡淮水，亂黄河，陟直河衝泇口，挽牐河，宿濟甯。再易舟越南旺，跨臨清，循衛水，浮交河，泊天津。再易舟泝白河，止通州。水行凡三四千餘里，經吴、楚、齊、魯、燕，漕經湖、牐、衛、白，必五易舟乃至。其自灊山抵皖城凡百里，自通州抵京師凡四十里，皆乘車鞭馬，提行李伻從以來，水陸既皆可達京師，陸行之勞頓既不如水逸，而陸行止二千七百餘里，水行多五分之二，遠近迥不同。

姚瑩《臺灣番社考》 其水程由安平鎮大港出口，沿海邊而行，喜西北風。歷鳳山、打狗、西溪、東港、大崑、麓加、六堂、風港、琅璚，至沙馬磯頭，水道一十二更。其俗以六十里爲一更。又向東轉，行山背，當用南風，過蟒卒、老佛、大紫、高蕭、馬間、卑南，覓山外水道十更，復至薄辦社水道三更，此皆鳳山縣界也。沿海北向，直至崇爻之石門港口，水道九更，港内溪灘水急，須待天清氣朗、風平浪静，用土番牽纜上灘，方入大溪寓灣，而大舟不得達。復由山道灣進武芝蘭，又三里至機密，又九十里至牡丹，五十餘里至丹朗。四社熟番共千餘家，則近水沙連内山矣。至欲往四社，須從原路復出下灘，往北駕駛，水道二更方至筠椰椰社，二十餘里至斗難社，又四十餘里至竹脚宣社，又二十餘里至薄薄社。四社熟番均約千餘家，其生番散處深谷，不通教化者約數萬之衆，規模風俗不得而考矣。東北山外悉皆大海，又當從水道，沿山歷哆囉猴猴，始到蛤仔灘，水道二十一更。南路船無有過者，惟淡水社船由大雞籠三潮而至云。

姚瑩《東西勢社番記》 東勢社番者在濁水大溪以南，自溪南至蘇澳凡十六社。

加禮宛社距城十六里。

流流社距城十四里。

掃笏社距城十四里。

芭荖鬱社距城十四里。

歪仔歪社距城十四里。

貓里府煙社即馬荖武煙社，距城十五里。

南搭吝社即馬魯煙社，距城十五里。

武罕社距城十五里。

打那美社即打納美社，距城十五里。

猴猴社距城二十五里。

其澤簡社距城二十里。

奇武巷社距城二十五里。

里腦社即里荖社，距城二十里。

婆羅新仔宛社距城十六里。

珍珠美簡社距城二十里。

西勢社番者在濁水大溪之北，自溪北至烏石港凡二十社。

哆囉美遠社距城十二里。

打馬煙社距城二十二里。

奇立板社距城十里。

蔴里目罕社距城十里。

擺離社距城五里。

珍仔滿力社距城五里。

抵美福社距城六里。

流流社距城二里。

蔴芝鎮社距城四里。

仔罕社距城四里。

抵美抵美社距城八里。

踏踏社距城八里。

高東社距城八里。

打那岸社距城八里。

奇武暖社距城六里。

奇蘭武蘭社距城十二里。

辛仔羅罕社距城二里。

棊立丹社距城十四里。

抵把葉社距城十四里。

抵美簡社距城二十里。

姚瑩《臺北道里記》 舊説臺灣南至瑯璠，北至雞籠，綿亘一千七百餘里，以臺澎爲中路，鳳山爲南路，嘉彰淡水爲北路。今噶瑪蘭新闢，又過雞籠極北，越三貂大嶺，轉折而南，至蘇澳爲界，計增幅員一百餘里。其南路仍舊，余以辛巳年正月入蘭，乃記北路道里於左。

台郡出北門，五里柴頭港，有塘汛。又二里洲仔尾，居民頗稠。三里三嵌店，有溪二道，一由鯉魚潭出，一由大穆降出，會流至鹽埕出海，有汛。又一里許台、嘉二邑交界。十里木柵，有汛，民居小村市。十五里曾文，民居稠密。有溪，即灣裏也。有汛。又五里茅港尾，民居街市頗甚，有汛，并館舍。十里鐵綫橋，有汛。十里汲水溪，有塘。十里下茄苳，大村市，館舍。有大汛，駐守備一員。十里八槳溪，有汛。十里水堀頭，有溪，不甚大，有汛。五里樹頭，有汛。十里嘉義縣城。【略】自嘉義北門，五里殺狗溪。五里打貓霧，大村市，有汛。十里大埔林，民居稠密，有汛。五里興化店，有溪。五里他里霧，大莊市，有溪，有汛。五里榕仔脚，有溪。五里鹿場溪，嘉、彰交界。十里西螺大市，有汛，駐把總一員。有溪，出柑，香美異他柑。五里三條圳，圳即俗畝字，土人讀如浚。凡三道水，盛時非舟不渡。十里東螺溪。三里斗寶大村市，即舊東螺也，民居稠密，街市整齊，有汛。五里茉莉莊。五里關帝亭，廟宇甚新峻。【略】五里大埔心，民居小村舍，多盜匪。其東北沿山即下林仔，東南沿海爲二林，皆匪巢也。五里築固橋，五里燕霧，五里茄苳脚，皆有汛。五里口莊。五里彰化縣城南門。【略】今新城重建，復於山上砌小甎城爲援，工甫竣。自縣東北，五里茄苳脚。五里大渡溪，有村市。五里龍目井。五里烏瓦窑。五里沙路，有汛。五里牛罵頭，民居稠，有街市館舍。七里青埔前，入淡水界。自嘉義之下，茄苳至是一百五十餘里，皆平壤，山水清秀，田膏腴，人殷富，洵沃土也，入淡水界則沙瘠矣。入界，一里大甲溪溪，廣數重，水盛時一望無際，下皆亂石，溪流湍激，舟筏一不慎，即入海不返。每大雨後，行者必守溪數日，水退乃敢渡。八里大甲街，民居頗稠，駐巡檢一員，外委一員。自大甲西去，八里即大安海口也。自大甲北行，五里大安溪。十里坊里溪，有汛。十里椿梢街市，有溪、汛、館舍。五里五里椿梢園。五里望高寮。五里白沙崙，有汛，駐外委一員。五里烏梅崎，毗連打那拔，有溪。七里後壠，民居街市稠密，館舍甚整潔，有汛，駐千總一員，稽查海口。【略】後壠北行，五里山仔頂。五里中港街，有汛，外委一員，巡查海口。五里魯衢崎，一名螻蛄崎，兩邊皆山，蓋如峽矣。五里望高寮。三里香山，有汛。八里竹塹圍，竹爲城，四門民居約二千餘户，淡水同知駐此。【略】竹塹北行，三里金門厝，有溪渡。十里鳳山崎，山甚平廣衰。十里爲大湖口，又名糞箕湖，涸湖也。十里枋碑。十里楊梅壢，大村市。有汛，駐把總一員。五里頭重溪。十里中壢街，民居稠，有汛。十里内崁脚。十里桃園大村市，山水清秀，田土膏腴，恍如江南道上矣。十里龜崙頂，有汛。五里大邱園，小溪數重，兩邊皆山。八里龜崙脚。七里新莊，大村市，民居約近千家，駐縣丞一員，有汛。五里渡大溪，至艋舺，途中山水曲秀，風景如畫。擺接十三莊在其東南，爲北路第一勝境。艋舺民居鋪户約四五千家，外即八里坌口，商船聚集，闤闠最盛，淡水倉在焉。【略】由艋舺東，水程二十里即八里坌海口，設滬尾一營，與内地五虎門對渡。自郡至艋舺皆北行，由艋舺以上乃東北行。十里錫口，有街市。五里南港，入山，沿山屈曲。其港水自三貂内山出，上自暖暖，下達滬尾。十里水返脚，小村市。水返脚者，臺境北路至此而盡，山海折轉而東出臺灣山後，故名。過此天山嶺，迎日東行，十五里爲一堵山，再北過五堵、七堵、八堵。凡十里至暖暖，地在兩山之中，俯臨深溪，有艋舺小舟，土人山中伐木作薪炭枋料，載往艋舺。鋪民六七家，皆編籬葺草，甚湫隘，每歲鎮道北巡及欽使所經皆宿於此。蓋艋舺以上至噶瑪蘭頭圍凡三日程，皆山徑，固無館舍耳。暖暖迎日東行，二里許稍平廣，可三百餘畝，居民四五家，散處三里。至碇内渡溪，北岸更東行，二里楓仔瀨。復過溪南岸，仍東行，三里至魚桁坑。過渡，沿山二里，伽石路甚險窄，土人白蘭始開鑿之，奇其事，以爲神所使云。二里至三貂嶺下，俗云三貂仔，有汛。四里茶仔潭，過渡，水深無底，有小店，爲往來食所。三里則三貂嶺矣，盤石曲磴而上，凡八里至其巔。嶺路初開，窄徑懸磴，甚險，肩輿不能進。草樹蒙翳，仰不見日色，下臨深礀，不見水流，惟聞聲淙淙，終日如雷。古樹怪鳥，土人所不能名，猨鹿之所遊也。藤極多，長數十丈，無業之民以抽藤而食者數百人。山界廣約數十里，內藏生番，其外熟番，有社及街市。在楊廷理所開路東，因其路迂遠，人不肯行，故多由此舊路云。嶺上極高，俯瞰雞籠在嶺東南，海波洶湧，觀音、燭臺諸嶼，八尺門、清水澳、跌死、猴坑、卯裏鼻諸險，皆瞭然如掌。蓋北路山之最高矣。下嶺，八里牡丹坑，本名武丹坑，武鎮軍隆阿改今名。有民壯寮守險於此，護行旅，以防生番也。六里巃坑口，過渡。六里頂雙溪，有渡。八里魚行仔，有溪。八里下雙溪，過渡爲遠望坑民壯寮。里許至三貂，大溪西淡水界，東噶瑪蘭界，嘉慶十六年總督汪志伊奏定。過溪，迆北轉東，八里半嶺，四里草嶺，十里下嶺，至大里簡民壯寮，則山後矣。自此以下皆東而海，爲蘭北境。沿海南行，十里番薯寮，七里大溪，五里梗枋，皆有隘，設丁防護生番。四里至北關，有汛，駐外委一員。八里烏石港，水自叭哩沙喃出，至此入海。與龜山海中相對，山形如龜，首北而尾南。港口沙綫一道如蛇，土俗以爲天生玄武之象，建真武廟祀之。港門春開秋塞，蓋乘南北風爲通塞，內地及雞籠、艋舺一帶小船每乘南風進港。蘭地惟産米穀，百貨皆仰給於外，隔山難通，故賴小船出入，以濟百物。有礮臺守港，以防海寇。更二里，乃至頭圍，二十五里則五圍蘭城矣。

姚瑩《噶瑪蘭紀略》 噶瑪蘭本名蛤仔難，在淡水東北三貂雞籠大山之後，社番地也。【略】自山至海寬廣不及四十里，自三貂溪南至烏石港三十餘里，皆山石，無地。自烏石港至蘇澳山下綿亘不及百里，然一望平疇，溪港分注。

藍鼎元《瓊州記》 瓊郡周環皆海也，屹立萬里汪洋中，爲全粵西南之保障。【略】郡北十里爲海口，渡海六十里爲徐門，距廣東省城一千七百里。附郭曰瓊山，居海外全島之極北，崖州居島之極南，東陲萬州，西陲儋州，實分四隅而峙焉。由瓊山東行，八十里爲定安，百六十里爲文昌，二百九十里爲會同，三百五十里爲樂會，四百七十里爲萬州，五百八十里爲陵水，一千一百一十里爲崖州，此瓊島東方諸州縣。惟定安爲腹裏，其餘皆濱海也。由瓊山西行，六十里爲澄邁，二百三十里爲臨高，三百七十里爲儋州，六百六十里爲昌化，九百里爲感恩，一千一百里爲崖州，此瓊島西方諸州縣，皆遵海而西而南者也。其海道，周環俱通，東行，由清瀾、頭調懶、博敖、蓮塘、李村諸港，五日可至崖州臨川港。西行，由東水、博鋪、洋浦、烏泥、抱羅諸港，六日可至崖州保平港。俱有港汊可以灣泊。

嚴如熤《苗防備覽》卷六《道路考上》 邊防戰守之方，以審徑路爲最要。各汛相通有營路，居民取徑往來有民路，轉輸軍實有臺站。苗路雖云如髮，其間亦有經由常道，兹悉爲詳載，環苗疆數百里鳥道羊腸，視若康莊矣。作《道路考》。

鎮筸城即鳳凰廳城

辰州往鎮筸官路。自辰陽驛至辰谿縣，俱由往雲貴大路。由辰谿縣城南門外渡河，十里至潭灣，五里至雷打巖，五里至九溪灣，十里至太平溪，十里至李家坪，十里至桑林坪，五里至孫營，五里至濫泥堡，即蘭里。十里至茅坪，五里至袁坪，七里至淥溪口，五里至高村堡，二里至窑里，渡小河。三里至藍家，十里至龍池，十里至巖門堡，五里至滴水巖，五里至楊柳坪，五里至石羊哨堡，過小溪。此處爲鎮筸糧運起陸路。十里至十里牌，五里至蘆荻坳，五里至鎮筸城。按：此路地勢平夷，無崇山大嶺。而自辰谿至窑里，皆沿辰江西上，西北後山一帶時有苗佬出没。自窑里渡河至石羊哨，沿樂濠溪東上，通右營、前營苗路。再自石羊哨過溪至鎮筸，長坂危磴，羊腸一綫，俱從崇岡上下矣。

麻陽往鎮筸官路。由麻陽縣城西門外渡辰江，十里至蓬溪塘，十里至長梁坳，渡河，十里至函池坳，十里至譚家寨，分路，十里至白泥塘，又十里至巖門堡。五里至桐油坪，五里至洞水溪，五里至楊家寨，八里至梅田，八里至石羊哨，與辰谿大路會。按：此路通長寧哨、丫喇營，爲鎮筸前營，花苗出没之所，連山疊嶂，跋陟維艱。

附：往鎮筸永安哨小路。由麻陽縣城南五里至官村，十五里至乾洞，十五里至黄羅寨，交鎮筸地界，十五里至水打田，分路至楊家寨，通石羊哨大路。五里至巖屋田，五里至易家坳，八里至大都羅，八里至白泥江，過小溪，十里至永安哨。此路登山涉澗，密邇苗巢，頗爲崎嶇。

沅州往鎮筸官路。由沅州府城東門外，十里至冷家塘，十里至唐家塘，十里至真武塘，十里至崇溪塘，即松樹坪腰站。十里至石板塘，十里至齊天塘，分路，十里至龔家塘，十里至石惹塘，十里至南村塘，十里過河至麻陽縣。十五里至江口塘，係河岸小市。沿河十里至龍家鋪，渡河，五里至木寨，十里至椒林坡，十里至巖門堡，與辰谿大路會。按：此路稱平夷，惟齊天塘崇岡高峙，及椒林上下坡山坳頗爲崎嶇。

浦市往鎮筸民路。由浦市堡南門外上庵，五里至巖底，五里至新堡，五里至螞蝗溪，五里至白頭溪，十里至達蘭橋，五里至達蘭坳，五里至都用，十里至各水，分路，東行十里至冷風坳，五里至巖寨，十里至雄山，十里至蘿蓄溪，十里至濫泥，會辰谿大路。八里至木隴，八里曬竹田，五里至天堂，馬路頭、沙子坳俱上下不過里許。五里至踏虎堡，西行分路，十里至馬路頭，五里至巖坡，五里至五路坪，五里至興隆場汛地。南行五里至丁牛寨，分路，西行七里至新寨，十二里至木江坪。南行五里至地藤溪，分路，東南行五里至瘦田，經過武巖、板栗樹、大寮、上潭與高村大路會。南行七里至通通坳，十里至茅坪沖，五里至溪口，十里至官莊，東行分路過鑾山、黃柔沖，至巖門東南門分路過上下萬、招茶羅、雨羅溪，會石羊哨大路。五里至長坪，五里至椅子坳，十里至鎮筸城。

附：浦城往太平溪山路。浦市堡外浦溪五里至巖隴，五里至高隴頭，五里至青草坪，五里至中塘，五里至隴頭園，五里至高橋，五里至橋頭，五里至桐山，十里至太平溪，通鎮筸大路。

鎮筸往乾州營路。出北門一里過小溪至擂草髮，三里至四方井，五里至奇梁橋，此地頗險。行人闢其險，則由四方井北分路，繞黃坡、杜壤可至清溪哨。五里至黃土凹，五里至黃巖江，五里至靖疆營，五里至高樓哨，五里至得勝營，鎮筸右營。苗由高樓哨出者，經鼓沖、得家，出務頭則至溪口，出杜壤則至官莊。由得勝營出者，經白頭巖、魚梁頭、楠木坨、寡脚巖、夾脚巖、豬樓門，則至底江木壠。二里至西門江，五里至三脚巖，五里至龍潛營，五里至瑞安營，五里至龍鳳營，五里至曬金塘，此路二十餘里極險。如闢其險，則由西門江東北分路，從高坳、狗田、龍滾營沿溪而下，可至筸子哨。五里至重郎坡，五里至筸子哨，鎮筸右營、乾州左營。苗人出口者，多由此過舊司坪，或從廟坳，平鑾至將軍巖過茨沖，或從治略、茶園坳，利略，冒州至狗毬巖，巖隴。五里至灣溪，五里至二砲臺，五里至乾州城。

按：此路極爲崎嶇，安營設汛，星列碁布。沿途分東北爲民地，西北爲苗寨。西北苗寨即鎮筸右營生苗、乾州左營生苗是也。計程不及百里，而處處苗口。其路如髮，特詳其往時經由之要途云。

鎮筸往乾州民路。出東門五里至平臯，五里至小田，三里至鑾寨，五里至新路口，五里至官莊，通巖門路已詳前。十里至溪口，通巖門、高村路詳前。五里至大灣萬牙，五里至木江坪，通踏虎、高村路已詳前。十里至巖隴，五里至萬溪口，五里至蘿萄溪，五里至狗毬巖，北通浦市路，詳後乾州廳路下。過溪三里至冒州，三里至務鋤，三里至皮兒坨，十里至雙塘，八里至硯池井，八里至彭家寨，八里至楊家寨，十里至乾州城。由狗毬巖沿溪下，過將軍巖、溪口、毛蘭坪，可至河溪堡。按：此路較營路略爲平夷，而自官莊以下至狗毬巖，傍山繞溪，甚爲碕仄。渡溪之後，則皮兒坨、硯池井諸處亦在山峽中行焉。

鎮筸往銅仁府正大營營路。出鎮城南門外，行五里至冷風坳，五里至水塘坳，東南行里許至涼水井，通石羊哨，詳前麻陽縣路下。十里至廖家橋，即菖蒲塘。南下里許爲永安哨舊址。十里至全勝營，十里至木星關，五里至丫剌營，分路，南行山梁上，十五里至犀牛坉，五里至柳木坉，十里至豹子場。十里至浪中江，十里至鳳凰營堡，十里至盤塘營，十里至大營堡。

附：廖家橋往施溪司民路。由廖家橋十里至佘家橋，十里至古沖，十里至新場，一名凝巖。分路，西南五里至犀牛坉，即往豹子場路。五里至桐木坳，五里至巖坳，五里至亭子關，十里至馬槽溪，十里至馬脚巖，過河爲施溪司。按：鎮筸往正大營之路，雖在山峽中行，而峰巒不甚險峻。廖家橋一帶地近長坪，黑苗滋擾。麻陽上半縣多由此數口，木星沖、丫剌營尤爲此路險隘。自鳳凰營至正大營，則皆山腹中迤邐而行，無甚險路矣。

鎮筸往永綏營路。出北門，過小溪，沿岸行險路十里至長寧哨，往時哨地。二里至潭江，傍山沿溪行，六里險路至四路口，山峽中行六里至長坪，一名箭塘。上大坡行五里至糯塘。緣大坡山腰行，險路十里至得勝坡。上山脊行，亂巖路十里至得勝坡。下陡坡，磴路五里至烏巢河。過小溪，上陡坡磴，五里至新山。梁上行十里至苟若，行二里上蘇麻坳，過池荷營，山梁上行險路十里至栗林。山梁上行險路十里至黑土寨，一里至泛石巖。交永綏廳界。山峽中行險路十里至鴨西寨，山峽中行險路十里至排打叩。下坡，過洞水溪橋，至董維走小田隴，共行險路十里至夯尚。行山沖路五里至補抽。上坡，行山路七里至永綏城。

附：鎮筸城至盛華哨舊路。出鎮城西門，不過溪，沿溪彳亍石徑中，過老師巖，共險路十里至白巖峽。行巖峽中，險路五里至木林橋。出巖峽，行山隴中路至河坎。共險路五里至火燒灘。渡小溪，上坡經長坳，行險路十三里至盛華哨。由此處東北行，横過大凹，共險路十五里至長坪。按：此路爲永綏開廳之初舊闢營路，兩面生苗寨落，中間一綫羊腸，共計一百三十餘里。雖設有營汛，而勢甚孤危，是以各大帥議將此路營汛撤出。既未立有營伍，即未可爲營路。但苗巢有事，多從此中犂巢搗穴，其徑路之險夷，里數之多寡，亦必詳志，用備參稽。

乾州廳

瀘溪往乾州官路。出南門行，十里至上堡，七里過溪至蘇木溪，七里至洗溪堡，十里至能灘，十五里至魚梁坳，五里至潭溪，五里至小壁流，八里至大壁流，五里至下扯旗，五里至中扯旗，五里至上扯旗，五里至丑坨，五里至楠木橋，二里過溪至河溪堡，三里至百里，七里至張牌寨，二里至五經坪，過溪二里過上下巖屋，三里至大莊，八里至小莊，二里至小溪橋，五里至乾州城。按：此路沿武溪而進，直至河溪堡，爲乾州所轄。兩面高山，路繞山脚溪岸，輿馬俱便。中數魚梁坳、丑坨二處較險峻焉。由河溪至乾州，則上下巖屋亦稱崎嶇，苗疆中無康莊。此路自瀘溪至廳城共一百二十餘里，雖非内地坦途可比，然他處往乾州者俱一面民地，一面苗寨，惟此路兩面俱爲民村，無伏莽之慮焉。

浦市往乾州民路。由堡外瓦寨壠五里至楊球坪，十里至高山坪，五里至使人坡，五里至當門坡，二里至都奇坪，七里至黑沖，三里至三灣，四里至蕎地坪，五里至高顯場，五里至長沖，二里至銅撑坡，二里至三層坡，三里至三沖堡。分路，東南行五里至下廣，五里至上廣，七里至東瓜寨，三里至下得堡，三里至後塘，三里至興隆場汛地。分路，正南行十里至迷登，三里至田家寨，七里至武偃，四里至都里坪堡，三里至六保，五里至乾田坪堡，二里至龍頭寨，五里至龍潭沖，十里至檻木板，五里至已溶，十里過龍滚坡至狗琵巖，與鎮筸下乾州民路合。由三沖坪西南行，五里至烟竹坪，從此地入五都仡佬地。五里至小章，十二里至舊寨，三里至穿洞。分路，西横行二里至大章，五里至池梁，五里至門樓坳，五里至硬寨，五里至高寨，五里至鐵枕巖，過溪十里至毛蘭坪，三里至桃花坪，五里至狗兒寨，五里至三十撈，十五里至乾州廳城。由穿洞西南行，三里至黄桑沖，五里至竹坪，東南横行過地灰壠，十五里至龍潭沖汛。西南行三里至略寨，四里至牛洞。西行四里至蓑衣坳，八里至魚梁坳。由牛洞西南行，二里至臘樹坳，五里至萬溪山，五里至茨沖，六里至魚梁坳，過溪五里至乾州溪口，八里至廟坳，出仡佬寨至民路。七里至岑盤，五里至三十撈，十五里至乾州城。

附：浦市往大小章山路。由高山坪分路，西行五里至巖門，八里至磨刀巖，六里至野猫界，六里至桑溪。分路，西行五里至馬旺溪，五里至大坪，四里至川坳，五里至茅坪，五里至中灣水，入仡佬地。由桑溪西南行，五里至湖田，五里至樏木坨，入仡佬地。十里至大西老，三里至烟竹坪，五里至小章，通乾州路。

附：浦市往能灘潭溪山路。由浦市堡外，五里至花園坪，七里至會得坳，三里至小鑾，五里至朝陽山，五里至巖陀山，十里至唐家寨，五里至下麻溪，五里至上麻溪，五里至胡麻田，五里至能灘，會由潭溪往乾州大路。

附：浦市往洗溪堡山路。由花園坪分路，北行八里至青竹坪，十二里至丫山頭，五里至桐木坳，十里至蘇木溪，會洗溪往乾州路。按：此路至乾州城一百三十餘里，由高山坪進，一望危峰峻嶺，路從山峽中行。至烟竹坪，則入五都仡佬村寨。計自烟竹坪至乾州之溪口四五十里，悉仡佬地方。浦市重地，而民、苗、仡佬俱經由於此，故特詳於簡云。

乾州往永綏路。由乾州城出西門外，行山沖路十里至沖角，山沖路十里至寨陽，軟坳路八里至鬼板過溪，沿溪傍山八里至平郎，再行十里至偉者。經由高山麓行逼仄路十里至黄臘寨，五里至巡檢坪，十里至高巖汛，上大坡險路十里至望高嶺，山梁上行六里至分水坳，山梁上行十里至永綏城。按：此路八九十里，一綫羊腸，兩面苗寨。自鬼板過河，左臨深澗，右傍峻嶺，直至高巖，俱稱崎嶇。由高巖上望高嶺，則所云山從人面起矣。扳援而上，極爲難行。及至嶺，則由山梁迤邐而行，雖高出雲表，而路頗平坦。此路關永綏粮道，用特詳之。

乾州往鎮筸營路。詳前鎮筸城下。

乾州往保靖永順路。詳後保靖永順下。

永綏廳

永綏往綏靖鎮營路。由永綏城出西門，行山沖路五里至董馬，行下坡山中路五里至大排吾，五里至小排吾，行山陵中路十里至北鴨保汛，行山峽中崎嶇路十里至張坪馬，行山沖險路十里至龍團堡，行山沖路十里至排樓鋪，之後上坡，上坡進山沖，三里至擺頭沖，高山峽中行過豐和鋪，共十里至窩郎榜，山腰上行五里，下河坎至綏靖鎮。即花園。按：此路七十餘里，兩面俱係苗巢，中間一綫羊腸，出城即行下坡磴路。自大排吾至張坪馬，中經石麒麟各處，左傍危巖，右臨幽磵，亂石屵岈，山徑詰屈，號稱極險。擺頭沖至窩郎榜在高山峽中，往來亦爲幽暗，行人嘗有戒心云。

永綏往四川秀山縣民路。由永綏城至花園分路，西行十里至風火場，五里至巴東坪，五里至龍山田，五里至攬蒿，過河五里至莪蓉，沿河上行十里至洪安汛，西向山沖小壠中行十里至平馬場，山沖小壠中行十五里至鬼刀溪場。上丟草坡，下抵溪坎上，二十里至洪安溪。沿溪行大山脚下路，二十里至三脚巖。田隴路五里過溪至秀山縣。按：此路自花園至攬蒿，俱經由永綏花苗寨落，重岡疊嶂，路從山峽中行。自莪蓉渡河，爲秀山縣土人村寨。平馬場一帶尚爲坦夷，惟丟草坡及三脚巖當鳳凰山麓，頗爲逼仄。

永綏往松桃營路。由永綏小西門，行坳路十五里至葫蘆坪。繞老鳳山脚，行坳路五里至篁子坳。再行山峽中坳路十里至芭茅坪。由山沖中上坡，行山路十里至嗅腦汛。山腰中軟坳路十里上坡至盤陀營堡，西南行坡路十里至馬乾溪，沿山傍澗行十里至十里牌，山壠中行十里至平所，五里過河至松桃廳城。按：此路七十餘里，路在高山峽中，一徑盤紆，兩面亦苗人寨落，但沿途多小隴軟坳。惟馬乾溪一帶頗爲逼仄，餘則輿馬往來，無甚艱阻。永綏在萬山之上，高出雲表，東、北、南三面俱極崎嶇，獨此路稍坦夷。于役其間者，尚宜審於借徑焉。

永綏往鎮筸營路，詳鎮筸。

永綏往乾州路，詳乾州。

永綏往保靖路，詳保靖。

保靖縣

保靖往乾州營路。出東門，陽斜行上坡路二十五里至積穀莊。係土人村寨。山腰陽斜行十五里至塗乍塘，山腰行險路十里至魚塘塘，塘在高山腰中。山梁上行崎嶇路十七里至葫蘆汛，上坡行巖窠路十里至尖巖，一名自生橋。兩山削立，中有竹根結成橋，上覆以土，用便行人。下大坡行巖窠中險路十五里至亂巖溪，上山坳行險路十里至喜鵲營，入乾州境。山路五里至椰木坪，山坳行崎嶇路五里至馬頸坳，山沖中行盤曲路十里至大灣，山沖軟凹路十里至振武營，山坳路五里至鎮靖營，在鵝粟坡上。從此東北行山路十五里至著落汛，又山路八里至把布，山路八里至把金，俱乾州仡佬地。東行行下坡路五里過河至鎮溪所堡，過了溪行山沖軟坳路十五里至乾州城。按：此路由積穀莊即集古汛。至亂巖溪，內爲土人村堡，外爲苗人寨落。由亂巖溪直至乾州城，兩面俱苗人寨落，仡佬、土客間亦雜居中間。椰木坪、亂巖溪一帶山既峻惡，尖巖坪在青山之腹，路尤崎嶇。惟苗情視他處尚易箝制，故其道亦易通焉。

保靖往永綏營路。出保靖南門，軟坳路五里至魏家莊，山沖路五里至董維，軟坳路十里至新寨，軟坳路行十里至古董溪，與永綏交界。軟坳路十里過小溪至臘耳堡，沿河傍山行五里至河口汛，二里至綏靖鎮城。此後往永綏路，詳永綏廳。按：此路兩面黑苗寨落，山雖不甚陡惡，而路從山沖中行，頗亦幽曲。至新寨、臘耳堡則通永綏生苗矣，往來其間者，恒不忘警露之戒云。

保靖往秀山。自城至綏靖鎮，詳前條。自綏靖鎮至秀山城，詳永綏。

永順縣

永順古仗坪往永順府營路。由古仗坪同知署，五里至龍潭坪，十里至黑潭坪，十里至一碗水，五里至馬路口，以上皆行土人村寨中。自馬路口過北河渡，上大坡路，十里至博古塘，十里至小龍村。下陡坡落牛路河，又上陡坡，共險路十里至視坪塘坡界。上行十里至別些坡，繞高峰坡，山腰行十里至金魚塘。下山陽斜行十里至永寧塘，山沖路十里至永順城。按：永順地方向本土宣慰所據，其山川之險峻，道路之崎嶇，與苗寨無異，故有兩山相望而一上一下輒數十里。此路中如牛路河，下墮深澗，上援層磴，行者莫不有蜀道難之嘆。

永順古仗坪往保靖民路。由同知署，二里至新寨汛，十里至蔡家莊，十里至排沙汛，十里至洗溪塘，十里至排若汛，十里至魚塘塘，十八里至塗乍塘，十一里至集古塘，二十七里至保靖城。按：此路繞土寨中行，若由蔡家莊小路北橫至馬路口，十里至王家洞，十里至田家洞，十五里至白棲關，二十里至城，則在保靖往永順大路中行矣。

永順古仗坪往辰州大路。由同知署，十五里至黑潭坪，十里至叢樹坪，十里至茅坪，西行十五里至一碗水，即會往永順府大路。二十里至水井坪。上大坡，即高望界，險路二十里至沅陵之葛竹溪，險路十里至石板塘，十里至李子塘，十里至楓香塘，十里至施溪塘，十里至榆溪塘，十里至落潭村，十里至烏宿營，十里至羅仙鋪，十里至白泥塘，十里至辰州府城。按：此路經由土人村落之中，鳥道羊腸，與苗寨無異。而高望界石脊嶙峋，高出雲表，行人扳援而過，罔不目眩心驚云。

永順古仗坪往瀘溪小路。自同知署，十里至巖坳汛，十五里至旦武營，十里至曹家坪塘，十五里至土蠻坡，與瀘溪之思馬沖交界。又由旦武營，十五里至下河蓬塘，十三里至瀘溪之司馬沖。又由老旦武營，至下河蓬轉東北，十五里至牀機坡，十五里至山溁溪，再十五里至沅陵之拱辰坪。按：三路俱從苗寨行，崎嶇路。瀘溪之北、沅陵之西南與永順之東南三處，地相毗連，故其徑路亦到處相通。

永順古仗坪往乾州。由巖汛十里至白巖寨，十里至毛坪，十里至排巴魯，十里至保靖之亂巖溪，與保靖往幹路會。如由白巖經由櫻桃坳，共二十里至龍鼻嘴，十里至蕩它，則徑達乾州之喜鵲營。又由龍鼻巖行上坎、中坎、下坎，絶險路，二十九里至土蠻坡，北往瀘溪，南行十餘里至窩米溪，與乾州之野毛坪路相會。按：永順至乾州經由亂巖溪、喜鵲營，均由營路。其由龍鼻巖土蠻坡之小路，雖亦立有營汛，而猱巖猿徑，爲人跡所罕歷矣。

永順古仗坪至乾州小路。由古仗坪南行，險路五十五里至平拔，高嶺上行崎嶇路二十里至葛藤寨，山凋崎嶇路二十里至尚老，再行坡路十二里，下坡過河至鎮溪所，十五里至乾州城。按：此路從熟苗、仡佬土人各村寨中徑行，山勢陡峻，羊腸詰曲，尤爲奇險，爲行旅所不便。

瀘溪縣

瀘溪往鎮筸官路。出南門，渡河，由稱鉈山下二十里至船溪驛，與沅陵大道會。

瀘溪往鎮筸小路。由縣城至洗溪堡，五里至鄧家坪，山路五里至楓香坡，五里至黄鼠坡，大坡路五里至桑溪，大山沖險路十里至杉沖坡，山沖磴路五里至門級坳，山梁上行十里至三層坡，下坡五里至三沖坡，小田壠路五里至下廣，壠路五里至上廣。分路，東行五里至溪頭，十里大坡路至六里沖，二里山沖路至巖坡，山沖路八里至白頭溪，通浦市。南行山沖路七里至東瓜寨，田壠路三里至下得保。分路，西行八里至興隆場。南行山沖五里至上得保，七里山坡路至彭總管。分路，正南行八里至平沙溪，五里山坳路至曬竹田。西南行山坡路至馬路頭堡，行山沖路十里至馬路口，五里山沖路至踏虎堡，與浦市往鎮筸民路會。按：此路往鎮筸頗徑直，而重山疊巘，鳥道羊腸，極爲難行。山民往來其間，官商不取道焉。

瀘溪往保靖民路。出北門，從大坡山腰行十里至鐺架山，五里至涼亭坳，山腰行十五里至都來，山灣中盤折行十里下坡至大田坪，山壠行二十里至大路口，分路，西行二十里至古仗坪。西北行軟坳路十里至茅坪，西行沿河上十五里至馬路口，對河即永順之王村。西行沿河上大坡，十五里至王家洞，山腰横行十里至田家洞，山沖軟坳路十里至白棲關，二十里至保靖城。按：此路山徑逼仄，與馬亦不甚便，而去苗寨尚遠。至大路口一帶，則往來土民村落，土人極爲馴良，而力能禦苗。由瀘溪繞辰州至保靖，取徑甚迂，道尤險阻，故於永保者多借途於此。

瀘溪往乾州路，詳乾州。

瀘溪往辰州民路。沿河直上，無甚險阻，無事詳志。

麻陽縣

麻陽縣往銅仁府營路。由縣城出西門，行十里至渡頭塘，十里至銅信塘，十里至小坡，由小坡分路，西南北行至乾河，通黄羅寨，爲鳳凰廳地。十里至米沙塘，十里至牛牯坪，過河五里至施溪，係思州府管。沿河上十五里過河至黄臘關，十五里至小桶，十里至銅仁府。按：此路銅信、小坡爲舊時設哨之所，沿河上下，路尚坦夷。自施溪至銅仁，傍山沿河，頗爲險仄。

麻陽往鎮筸，詳鎮筸。

麻陽往乾州。由高村進土潭大寮，至溪上，與鎮筸往乾州民路會。

麻陽往沅州，詳沅州往鎮筸路。

銅仁府

鎮遠、沅州往銅仁官路。俱由芷江縣大魚塘過河，行軟坳路十七里至汪家溪，軟坳路十三里至田塍坪，山中小坪有土司公署。山路十里至亞魚塘，山腰中上陡坳路十里至茶店塘，行亂巖窠中險路十里至游魚塘，行崎嶇路五里至開天鋪，上陡坡名鵝利坡，再過一坡名石灰坡，共行極險路十五里至謝家橋，下坡行山沖路五里至桐子巷，過渡至銅仁府城。按：此路係營路。至田塍坪即土司所轄，中經游魚、開天，山勢峻嶒，直接鹿龍。山路從山腰中行，極爲崎嶇。

銅仁往松桃營路。由銅仁城出西門，行山沖軟坳路十里至茶山塘，山沖軟坳路十里至馬頭營，行山沖軟坳路十里至豹子場，一名報國場。由山溝中東北行，十里至白水洞，再由山溝中行十五里至馬脚巖，過水即施溪司。山沖中行十里至新寨塘，高山峽中行軟坳路十里至吖喇營，山坳路五里至盤塘坳，五里山隴路至正大營，行山沖軟坳路過官舟營，共行十里至盤勝營，山腰軟坳路十里至馬腦臺，十里至麥地營，上山梁上行，崎嶇路十里至張鬼溪。由山腰中繞松桃山脚，行陡峻路十里至涼水井。下山腰陡峻路行十里至平所，下坡行田沖路五里過河至松桃城。按：此路自豹子場以西，兩面苗寨，中間一綫羊腸。自麥地營分路向北行，中經雷公坡、松桃山，山既高峻，苗尤凶頑。

銅仁往永綏廳營路。由正大營分路，東北行山梁上，軟坳路十里至寄保寨，五里至柳皮營，山沖軟坳路八里至上下搆皮汛，山梁軟坳路十里至桐木寨，五里至地州，山梁軟坳路五里至亢金，五里至紅巖北，下陡坡行崎嶇路，十里至嗅腦，與松桃往永綏路會，詳永綏。按：此路繞大臘耳山麓而行，峰巒層疊，而路由軟坳往來，惟從亢金下嗅腦稱陡險，故于役者多取徑於此。

銅仁往鎮筸路。由府城北行至盤塘坳，出鳳凰營，與鎮筸往正大營路會。詳鎮筸。

銅仁往省溪沿河民路。出城五里至鯉魚嘴，十五里至鸕鷀巖，十五里至龍塘，二十五里至平汊，三十里至長坪，此帶與清溪縣之小竹山相毗連。十里至壩盤，二十五里至潮水溪，十里至省溪，沿河由潮水溪十五里至花橋，二十里至江口，即省溪司。二十里至提溪司，二十里至火燒橋，四十里至梵凈山。

銅仁小河民路。二里至瓦窑河，十里至新灘，十里至秀才溪，分路，東至川洞二十里。十里至龍玉，二十里至涼水井，十里至小磴，十五里至溪口場，二里至何家山，二里至苗子溝，此帶雖係苗寨，頗爲馴良。十里至平禾溪，十里至平陰，二十里至桃映洞，十里至天堂，十里至地樓，十里至陸溪場，五里至長坪，十五里至溫水洞，二十里至載容場。

松桃廳

松桃往永綏，詳永綏。

松桃往銅仁，詳銅仁。

松桃往鎮筸山城，至正大營會銅仁往鎮筸，詳鎮筸。

松桃往花園。由廳城出北門，行山坡路十里至長沖，五里至卡落，行軟坳山路十里至長行鋪，上坡行詰曲路五里至大塘汛，上天山行險路十里至白竹山，由山東下，五里至白牛坪，十里至木樹汛，過河沿溪行十里至潮水塘，十里至猴兒跳，五里至長老墳，七里至茶洞汛，由山西行十里至老龍洞，下坡五里至羊蹄壩，五里至青龍磴，山沖路十里至梨木場。北行下陡坡十里至茅坪，山沖坡坳路十里至迓架場，山坳路十五里至兔拉場，繞九龍山脚，沿溪岸行詰曲路十里至得壩營，對面即永綏之茶洞。五里至洪安汛，與綏靖鎮往秀山路會。按：此路自長沖至大塘汛，俱山峽中上下。白竹山乃松、秀交界大山，山上苗人所居。下山至茅坪，則土人村寨。其貴州營路繞九龍山麓，亦詰屈難行。此路較木樹汛路稍險，而木樹汛盡從生苗寨落經過，故于役者寧由此往來。

松桃往秀山營路。出城西南行，十里至油蘿磴，十里至牛角洞，沿河行十里至太平場，田隴中行十里至平城汛，平路十里至地爺河，田壠小坳路十里至濫橋灣，山沖軟坳路十里至邑梅司，山腰分路，轉南行四十里爲皿溪場，即四十八溪，乃往時屯家。西由山腰小坳路行十里至梨木場，上坡行崎嶇路十里至白楊嶺，下坡行田壠中平路共十里至官橋場，田壠中平路五里至平塊，再行五里至秀山城。

附：松桃往邑梅司小路。由城西北上坡行十里至黄坪，山梁上陽斜行十里至鐵爐坡，再上陡坡行十里至濫泥溝，再上陡坡行五里至欅木山，下陡坡行田壠中五里至黔陽溪，五里至上晏，農田壠中行五里至下晏，（農）再[農]田壠中行軟坳路五里至紅沙溪，五里至邑梅司。按：此路自邑梅以西達秀山者，詳前條中，蓋坦途焉。其邑梅司之南，如鐵爐坡、濫泥溝、欅木山各處，山路崎嶇，苗匪出沒，往來恒懷戒心。

思州府

銅仁往施溪司，詳麻陽往銅仁路。

思州往施溪司。由田塍坪上坡八里至洞坡，山梁上行險路十里至馬腦山，下陡坡險路十二里至凱溪坳，上下大山行十里至向家坡，行軟坳路十里至黄道司，係土司公署。上陡坡險路十里至米家山，大坡山腰行十里至子母坳，下陡坡行險路十里至施溪司。

附：沅州便水驛之新店街西北行，山沖軟坳路五里至青山口，山沖軟坳路五里至把關口，山沖軟坳路行十里至牛欄沖，上大坡行險路至黄道司。

沅州往施溪司山路。由沅州城至便水驛俱馬路，由便水東北山沖中行小路十五里至絲羅鄉，東分路，過大黄、小黄、黄天坳至西晃山，通麻陽縣路。北上大山行磴路十里至小岔，由山梁下山溝中行險路十里至野狗溪，由山溝中上陡坡行崎嶇路十里至鵝公坡，下陡坡行崎嶇路十五里至施溪司。按：施溪司、黄道司俱思州土司，在萬山之中，沿途皆危嶺削壁，扳援而上，輿馬弗便。

秀山縣

秀山往銅仁官路。由秀山城出東門，自平塊至平城汛詳松桃廳。由太平場分路，南行經山灣，幽暗路上坡行五里至龍頭營，高山峽中行崎嶇路十里至十里坡，東南行山梁險路十里至太平營，下陡坡行軟坳路十里至麥地營，與松桃往銅仁路會，詳松桃。按：此路自秀山至太平場，從土人村落經過，路亦平夷。自龍頭營至銅仁城，則兩面苗巢，路從高山峽中行，十里坡、太平營一帶尤稱極險。石峴生苗間坐草攖人，于役者常有戒心云。

秀山往永綏路，詳永綏。

秀山往保靖路，詳保靖。

秀山往松桃路，詳松桃。

嚴如熤《苗防備覽》卷七《道路考下》 水道

轉輸軍實，必曰水陸交運。而苗疆溪河淺瀨，綫蟠折萬山之間，莫不怪石森羅，亂巖排列。舟人計篙上下，稍不戒則舟人俱覆。秋冬水涸石露，濤聲砰訇，盤渦傾仄。上者必合十餘舟，夥幫而進。長年整舵家長攔頭，纜夫數十人蟻行於石角樹根之前，一舟既上，更迎一舟。故舟行計程，潭中日數十里，遇險灘則不過日十數里矣。甚至後舟既至，前舟未發，不能越次前進，停泊灘尾，守候數日者有之。古稱水險必曰蜀之灧澦、閩之九龍，以蠻地灘溶較之，殆有甚焉。軍興以來，當事督夫役剷石開泓，横板積水，險勢略殺。春夏之交，間可資以運載。而灘頭牽挽之勞，在所不免。兹將數河源流並灘泓里數詳列於後，庶後之揚舲往來知安瀾無驚，其有藉於開鑿之功者大矣。

潕江

江從貴州鎮遠至湖南沅州者爲潕水，江自都勻、黎平至湖南靖州者爲沅江，二水於黔陽治相會，此後統謂之沅江。潕水 名鎮陽江，源出偏橋左司，東南流至施秉縣北，右會源出黄坪州之小江。又東至縣之東南界，北門河水注之。又東流過縣南，太陽河東南注之。又東下爲諸葛洞，中有鷺鷥灘、芙蓉崖諸險。水仍折東南行，泉牙溪水自東注之，小田溪、湧溪水自西注之。又東至鎮遠府治西南，是爲鎮陽江。又東至石屏山，水右得吉祥山水。又東得鐵溪、宛溪、松溪、秋溪諸水。又東入思州府，治西北之養苗溪、治西南之注溪，治西之磨寨河，治南之架木溪，治東之施溪並田勝巖諸水俱注之。又東下至清溪縣，治南之竹坪河、描龍河、鐵廠河諸水俱注之。又東下玉屏縣平江，合易家河，海龍溪、黄道司溪、淘沙溪諸水自西南來會。江乃東下，至掛榜山入湖南沅州府界。至清魚塘，洑溪江自北注之。又東過大魚塘，此地楚黔糧運易舟陸運。至龍溪口市，龍溪自北注之。又東北至江口塘，西溪合貢溪、傘寨柳巖溪諸水自西南注之。又東北至便水，楊林溪自北注之。又東北經沅州府城至結蓮灘，楊溪水自西注之。又東北至羅舊，五郎溪水注之。又北至小港口，九溪自西注之。江自榆樹灣折而東南入黔陽縣境，煙溪自西注之。又東至黔陽縣治，清江即沅江。自東北合渠水來會，以下統稱沅江。又東南至洪江市，此地爲靖州會同所管。雄溪自廣西界合綏寧、通道諸水自北注之。江又折而東北，過安江，大龍溪、穩禾溪、淇溪諸水俱注之。又東北至黄溪司，入辰州府界，黄溪自東注之。又東北至大江口，溆江合宣陽江諸水自東注之。又東北自辰谿縣境，正溪、修溪、思溪諸水俱注之。又東北至辰谿縣治，銅仁河即辰江，爲九江之一。自西來會。又東北至瀘溪縣，峒河自西注之。峒河即武溪。爲九溪之一。又北入沅陵縣界，楊溪、舒溪、荔溪、蘭溪諸水注之。又北至辰州府治，北河即酉江，九江之一。自西來會。又東北過北溶清浪界，首楊溪、梅子溪、乾溪、怡溪、朱洪溪諸水俱注之。又北入常德府桃源縣界，夷望溪、蘇溪諸水注之。又北至桃源治。又北經常德府治。又北至龍陽界入於洞庭。

由大魚塘十里至龍溪塘，十里至酒店塘，十里至晃州汛，十里至新村塘，十里至林木塘，二十里至鱷灘塘，十里至江口塘，十里至便水驛，十五里至黄猴塘，十五里至西隴塘，十里至闕東塘，十里至窑灣塘，十里至龍津橋，在沅州府城西門。十里至結蓮塘，二十里至垍州塘，二十里至浮蓮塘，二十里至艾頭塘，二十里至白巖塘，十五里至灣灘塘，十五里至楓木塘，十五里至白馬角，黔陽界。十五里至中坊，十里至竹塹塘，十里至高溜塘，十里至桐木塘，十五里至倒水灣，十五里至渡口塘，黔陽治。三十里至新店塘，三十里至洪江市，會同縣管。十五里至巖門塘，黔陽管。十五里至茶陵塘，十五里至卜沖塘，十五里至安江市，十五里至黄絲洞塘，十里至婆田塘，十五里至貴州塘，十五里至新路塘，十五里至銅灣塘，十里至銅頂，辰谿縣管。三十里至龍頭庵，三十里至黄溪司，三十里至江口，溆浦管。十五里至沙堆，十五里至辰谿白面巖，十里至松溪，十里至修溪塘，十里至正溪塘，十里至辰谿縣，十里至張家溜，十五里至浦市，十里至浗汊，十五里至鐵柱塘，十里至白巖塘，十里至辛女巖，十里至白沙塘，十五里至瀘溪縣，十里至小龍溪塘，十九里至窩坨灣塘，十四里至要溪塘，十里至蘭溪口，十里至辰州城，五里至清平塘，十二里至蕉溪塘，十一里至九磯塘，十五里至梅子溪，十六里至北溶，十六里至朱洪溪塘，十三里至麻布淇塘，十七里至怡溪塘，八里至大晏塘，九里至清浪塘，八里至洞庭溪塘，七里至雷回塘，八里至纜子灣塘，九里至麻泙洑塘，七里至甕子洞塘，九里至界首塘交常德界，下至穿石六十里。又水程平路六十里至桃源縣城，又九十里至常德府治。共計自芷江大魚塘至芷江共險路三站半，自芷江至沅陵縣共險程十站，自沅陵至武陵共險程六站。

計開大河灘名：

磨鈎灘，紅崖灘，秫馬灘，銅槽灘，鐵爐灘，大慈灘，猴灘，滿天星灘，摇浪灘，白茅洞，陡灘，抱河灘，送親灘，三葉灘，伏鼂灘，大嵣灘，小嵣灘，大觀音洞，石灰灘，長灘，螞蝗灘，北門灘，磨盤灘，考坡灘，歇馬灘，蘇家灘，鴜公灘，筆竹灘，黄牛吼灘，漁梁灘，油榨灘，鴨嘴巖灘，灣灘，以上在芷江境。中坊灘，竹塘灘，七里長灘，高溜灘，桐木灘，毛田灘，紅巖灘，唐家灘，牛尿灘，獅子灘，紫羅百丈灘，漢水灘，大鷗鷁灘，運珠灘，大洑瀉灘，小洑瀉灘，倒掛金鈎灘，三篙灘，風蓬巖灘，黄絲滚洞灘，盌盞灘，婆田灘，桂州灘，以上在黔陽境。銅灣灘，銅頂灘，龍頭庵灘，黄溪口灘，小鷗鷁灘，在辰谿境。辰州灘，茶灣灘，江口灘，虎子灘，沙堆灘，在溆浦境。白面巖灘，黄皮溜，思溪灘，鐵鎖纜，孤舟灘，正溪灘，張家溜，魚灣溜，在辰谿境。唐家洲灘，五脚溜，球汊灘，毛家灘，丁魚灘，五里灘，白沙灘，上青家灘，下青家灘，三洲灘，荔溪灘，上沙井灘，劉家灘，上姚灘，北河口灘，黄草尾灘，百曳灘，高湧灘，九磯灘，横石灘，北溶灘，鋤灘，劍灘，北斗灘，朱洪溪灘，麻布碕灘，老虎灘，大暗塘灘，鮎魚套，清浪灘，山門灘，閃電灘，敬畏灘，雷回灘，思怡灘，洞庭溪灘，纜子灣灘，虎子磯，獅子崖，平崖灘，長灣頭灘，沙灣灘，甕子洞，界首灘，以上皆沅陵境。棉灘，寧静灘，羊兒灘，倒水灘，古牛巖灘，白馬坡灘，潘公灘，花水清灘，娘娘灘。以上皆常德境。按：此河江瀧湍激，石骨峭岈，駭浪驚濤，接程皆是。上則挽纜篙聲終朝呼暑，下則危檣倒艫轉眼泛瀾。歷此者，局促庫蓬中，求所謂「輕橈緩楫自在中流」，曷可得邪。自桃源至黔陽，尚可用麻陽船之大者，舟載二十餘石。由黔陽而上，則專在潕江中行，須改用靖州之甕洞船與思州撥船及麻陽之四艙、五艙小船，船只載貨十數石，稍重則牽挽難前。險灘節節，兹特取其灘之尤險者，開列於册云爾。

辰江

辰江一名錦江，爲九江之一，在黔則名銅仁河，至楚則曰麻陽河。發源於銅仁之梵浄山，此山九峰蜿蜒，故一名九龍山。江東南至烏羅司，乜江、羊溪二水注之。又東至提溪司，提溪水自西注之。又東至省溪河寅，羅江水注之。又南至文筆洞，小江源出甕濟洞者南流注之。又東至銅仁治南，大萬山水東北來注之。又東至施溪司入麻陽界，施溪自北注之。又東至小坡，銅信溪水南流注之。又東北逕縣治至江口，西陂溪、石龔溪、曹家溪次第注之。又東折至窑里，欒濠溪自北注之。又東至渌溪口，渌溪自西注之。又東至濫泥，麻伊溪自北注之。又東至太平塘，太平溪自北注之。又東北至官渡，欒村溪水注之。又東至石馬灣，龍門溪自南注之。又東過迷河塘，東行三十里至丹山洞，下與沅江相會。

此河由銅仁至辰谿，兩岸千仞壁立，中間一綫溪河，險灘鱗次，每遇夏令，大雨時行，或苗巢山水陡發，小船可直達銅仁。至秋冬乾涸，麻陽以上不但重載難行，即小船亦難行走，牽挽之勞數倍大河矣。由辰谿縣西進辰江，十里至潭灣，十七里至石馬塘，十里至迷河塘，麻陽界。十里至九溪灣塘，十里至桑林塘，十里至濫泥塘，十里至逢伊塘，二十里至高村塘，二十里至龍家鋪塘，二十里至江口塘，三十五里至石庵潭，三十五里至麻陽縣。由城西南行，十里至渡頭塘，十里至銅信塘，十里至小坡塘，十里至米沙塘，七里至牯牛坪，五里至施溪司，交貴州界。五里至馬脚巖，十五里至黄臘關，二十五里至銅仁府城。

計開辰江險灘名：

鐵爐灘，鼈魚灘，大潭灣灘，小潭灣灘，株木洞，雷打巖灘，鴜公頸灘，三篙灘，下猛虎灘，上猛虎灘，九巖灘，羅家灘，巖角灘，黄桑灘，鎖柱灘，猴子灘，孫營灘，濫泥灘，湯家灘，茅坪灘，車比灘，樏木灘，渌溪口灘，羊粒腦，麻衣灘，馬欄灘，高村灘，逢爺灘，粒牛灘，洑伏灘，山公梁灘，火燒洞灘，磨鈎磯，布搭口灘，龍家鋪灘，木架洲灘，王家莊灘，黄婆灘，藺家灘，騾子灘，木村灘，牛灘，石眼灘，舒家灘，石溜灘，荷包灘，大泓灘，滿家灣灘，小角灘，石馬灘，小洞灘，大角拉灘，以上辰谿城南至麻陽縣治下。龍門灘，渡頭灘，銅信口灘，那鶩灘，小坡豬婆灘，銅槽灘，木茶口灘，重陽灘，小坡灘，黄花灘，渠行灘，溶涸灘，絲灘，下魚梁灘，鱷魚灘，門閂灘，銅鼓灘，臘鶩灘，金斗灘，馬脚巖灘，王那灘，釀土司灘，黄臘關灘，老旂灘，紙糊灘，小桶灘，大桶灘，上魚梁灘。以上麻陽至銅仁府。

峒河

峒河，即古之武溪，馬援門人所歌「武溪深」是也。一名盧江。此水深在苗巢之中，源分三處：西一支爲烏巢河，中一支爲萬溶江，北一支爲高巖河。值苗巢山水漲發，西一支船可至冒州之老虎口，中一支船可至乾州城下，北一支小船可達高巖貯粮之所。乘漲運載，未能常通舟楫也。烏巢河發源苗寨之小天星寨西，折流至釀水沱，龍角洞諸水注之。又西過大新寨，繞上下猿猴寨，南至麻沖，小鳳凰營水東來注之。又東南過馬頸灘，繞盛華哨至提溪，白巖江水西北流注之。又東繞鎮筸城，稱此水曰沱江。又東流至城東，新地溪水西流注之。又東北流至雷公洞，萬根溪水北流注之。又東北流至溪口，小溪水注之。東北流至冒州入瀘溪界，下老虎口至將軍巖，茨沖諸水注之。又東北流至河溪與萬溶江合。萬溶江發源苗寨之大天星寨，南行繞巖口汛至木里汛，折而東至老皤潭，西門江北流注之。又東北繞三脚巖過龍滚營至筸子哨，發源苗巢之鵲如寨諸水東南流注之。又東北流至灣溪，上茶園、龍爪溪、三岔溪諸水俱會東南流注之。又東北流至乾州城，武溪水東流注之，自後稱此水曰武溪。又東流至鴉溪，鴉溪水南注之。又東至張牌，與高巖相會。高巖河發源永綏之大小龍峒，合潮水、老寨、黄土諸溪水流至高巖，即可通小船。東至小沖，小沖溪水注之。又東過偉者，平郎溪水南注之。又東至溪頭汛，吕洞諸水南注之。又東至鎮溪所，鎮溪、新寨溪諸水注之。又東南折至張牌寨，與武溪會。又東南行十餘里至溪口，與沱江合，統名曰峒河。東至楠木橋，楠木溪水北注之。又東至思麻溪口，思麻溪水南注之。又東至潭溪口，潭溪水北注之。又東至能灘，發源巴斗山之灣水繞四都、五都至茅坪，合馬旺溪、桑溪諸水東南來流注之。此水亦可通小舟數十里。又東至洗溪堡，洗溪水北注之。東至蘇木溪口，蘇木溪水流注之。又東至瀘溪城入沅江。

由瀘溪進峒河，十七里至蘇木溪，十里至洗溪塘，二十一里至能灘，十五里至潭溪，十里至大陂流，十里至扯旗，三十里至河溪，折北行十里至張牌寨，進小河，中經大莊、小莊，共五十里至乾州城西北，由高巖河進十五里至鎮溪所，十五里至仙鎮營，十里至鎮寧營，二十里至平郎，五里至偉者，八里至巡檢坪，二十里至高巖汛。其南由沱江口進經溪口、將軍巖，過冒州至老虎口，約五六十里過老虎口，由木櫳底江至鎮筸城，亦約六七十里。按：此河中峭巖劍立，怪石戟森，奔流湍激，駭浪澎濺。舟行稍不戒，未有不立碎者。秋冬乾涸，運載維艱。只當夏令，苗寨山水陡發，小船尚可往來。然巖崎石角，因漲增險，一灘每至一日。扛溶拽灘之苦，倍加於他河矣。

計開峒河險灘：

上堡灘，旛形灘，清江灘，山羊灘，始路灘，猢猻灘，沙里灘，睒刀灘，葫蘆灘，門灘，長灘，小壁流灘，大壁流灘，下能灘，上能灘，來船灘，横巖灘，崑頭灘，斗尖角灘，瞿家灘，麻札魚梁灘，三溪灘，丑坨洞灘，大虎灘，牛洞灘，戰灘，雙梁灘，公公灘，紙方灘，鷺鷥灘，河溪槽灘，張牌灘，以上皆峒河合流各險灘名。下紅巖灘，上紅巖灘，押船灘，兩岔洞灘，烏龜灘，三岔灘，上長灘，喫飯灘，磨鈎灘，大莊灘，小莊灘，壩口灘，小溪灘，亂巖灘，魯家灘，趙巖灘，以上乾州小河。崑盤灘，石家灘，和尚灘，所里灘，巖保灘，亂石灘，鬼板灘，平郎灘，小新灘，巡檢坪灘，排楚灘，貓兒灘，下高巖灘，上高巖灘。以上皆高巖小河。

北河

北河即九江中酉江，一名受水。源分三支，中支自四川酉陽州來，北支自湖北宣恩縣來，南支自貴州松桃廳來。自宣恩來者，南流至穿天河入來鳳界，東至李家河，李家溪水注之。又東至來鳳縣治，又東南至紅巖堡，又東南至百福司，水從卯洞伏流。此江上下可通舟，而中阻卯洞。又南過老家場至大溪口，大溪水注之。又南過酉頭場至後溪場，後溪水注之。又南過魚潭場至石提司，秀山境。與酉陽中支相會。酉陽州水發源於龍池鋪犀牛潭，伏流二十里至泉孔而出，環繞城南，至何家壩，洞口水入之。又伏流五十里出蒲海場，過梅樹、龍潭至溪口場，大溪水注之。東至廟前，秀山縣發源邑梅司之秀水繞縣城，合鳳凰山、貴圖諸水，經烟陽嘴至廟前，與酉陽州水相會。合流過龍圖壩、麻寨至石提，與宣恩縣水相會。合流至里耶，保靖界。茱萸界諸水北注之。東至鋪土巴，免車溪水南注之。又東至保靖縣兩河口，與松桃南支水會。南支水有二源，一出平頭司，西南經太平營之北，折而東北；一出平頭司之西北，自西而東與南支相會，共道而東，又受三不管之水，經雲羅坉至松桃城，張鬼溪、馬乾溪水先後注之。過筲坪至米糯，米糯溪水注之。又北至木樹汛，大樹河水注之。又北至潮水溪塘，潮水溪注之。又北至臘耳堡，大帽溪、合剛溪、老木溪、隆團溪、以齊溪、夯溪諸水東北來注之。又東北至古銅汛，古銅溪水注之。又東北至兩河口，與酉陽、宣恩二水相會。合流東至惹毛溪，七溪、牛欄諸水先後注之。入永順縣界。又東至那集溪塘，有源自桑植中建司來之猛峒河會，合府治東西諸水，經虎視坪、巖弄凡鋪至王村司上注之。此水春夏可通小舟，徑達府治。但源短流細，至秋冬乾涸，行人跴淺而過，小舟亦寸步難行矣。又東至村下，施溶溪水注之。又東至羅衣口，羅衣溪水注之。又東至會溪口，會溪水注之。入沅陵界。又東至葉口堡，明溪自東注之，深溪自西注之。又東至烏宿堡，酉溪合草潭溪、施溪、葛竹溪、耍利溪、妙溪諸水，繞小西山下東北來注之。又東至辰州城虎谿山下，與沅水相會。內羅衣溪春夏小船可至古仗坪，計灘路四十路。按：此河中兩岸層巒疊嶂，高插入雲，舟行於卓午始見日光。常有霧氣迷漫。又石角巖崎，節節皆有。當春漲發時，動輒數日阻水。至其形勢之險惡，白樂天所云「難於尋鳥道，險過上龍門」者，庶幾近之。舊惟沅陵之荔溪船往來其間，如閩中九龍灘必九龍居人爲舵師也。軍興以來，當夏令，川黔各邊山水陡發，間亦僱麻陽半波各小船從此河轉運，而船必用荔溪人爲舵師。每上一灘，數十人或撑或扛，或牽或挽，譻呼用力之聲與怒濤共喧。由辰州至保靖計程五六站，無一日可揚帆徑進者。自保靖入南小河，雖輕舠可至松桃城下，而水分灘洞視此河之陡陡，又有加焉。所載不過數石，計程日不過十餘里。由沅陵至保靖，水路通計二百七十里，而舟行必十餘日。至保靖入小河，或乘漲，舟運不可以里數計。永綏開廳之始，花園、米糯兩處皆設倉貯米，而舟行難以按期交兑，故米糯之運貯旋行停止。

計開北河險灘名：

燕子灘，早子灘，鵞兒溶灘，烏宿灘，踏虎灘，猴兒灘，白泡圍灘，下箭灘，白報灘，茄灘，高截灘，龍陽灘，畬刀灣灘，明溪洞灘，油灘，張家灘，盆灘，巖梁灘，鳳頭灘，二鳳灘，三鳳灘，茨灘，新灘，杉木長灘，田坵灘，上箭灘，了魚灘，順江灘，施溶灘，施溶洞，會士灘，雞籠灘，李子灘，石米灘，雙溶灘，鬼灘，麻灘，青魚灘，散截灘，羅衣溪灘，花灘，上下陽喬灘，山門灘，山白灘，上蟻灘，下蟻灘，白溪灘，老師巖灘，黃花灘，石灰灘，上下羊灘，三班洞灘，窄口灘，蟻槽灘，沸溪灘，鴨農灘，狗欄灘，鐵成灘，氽水灘，吟那長灘，竅灘，山高灘，馬過灘，進瓶灘，金盆老虎灘，施溪老虎灘，陡灘，腰牌老灘，信平長灘，大小要灘，魁甲灘，乳香灘，高竹長灘，踏體灘，鈎長灘，馬龍灘，以上辰州至保靖。下五里灘，碁步灘，彭城灘，畬刀灘，旋灘，馬落坪灘，茅壩灘，洑波廟灘，雷打巖灘，花園兩河口灘，以上保靖至綏靖鎮。蝦蟆孔灘，竹刷灘，鴨跟壩灘，二蛟灘，下白巖老虎灘，以齊灘，著落老虎灘，亂巖灘，巖板灘，五穀灘，巖坎灘，上白巖老虎灘，舍板彭明灘，鸕鷀巖灘，下壩灘，共連二洞灘，洞上灘，魚洲灘，江西灘，大木樹灘，若水白嵩灘，鵞溶兩河口灘，老虎灘，高巖山灘，朋灘，廟灘，平頭長灘，慢磨灘，茶洞魚梁灘，猴兒跳灘，橋南灘，沙刀灣灘，三浪灘，銅灘，錢塘灘，銅溜灘，草樹五鐵灘，打鴨灘，望盆灘，大樹河灘，米塘灘，土孔長灘，穿石老虎灘，沙流灘，穿石灘，羅塘灘，十八灘。以上綏靖鎮至松桃廳。

附：各廳縣苗路

由鎮筸北清溪哨營路，西橫行五六里過黃土坳，可達潭江。

由鎮筸北靖疆營營路，西橫行五里至都營，五里至蘆塘，五里至牛隘，五里至扁洞，五里至長坪舊營。此路係邊牆內熟苗寨落，在軟坳上行，不甚崎嶇。

由靖疆營路西北山沖中進，三里至倒拖，五里至太平關，五里至司門前，高山梁上行，五里至木里汛，折南下陡坡行山灣中，八里至駱駝沖，西南山灣中行，八里至長坪舊營。

由鎮筸北得勝營堡營路，橫進過小溪，由山沖中行，三里至老皤潭，上打喊坡陡險路，八里至赤蘭坪，山腰行險路八里至廟坳，上山脊行險路八里至火略坪，折南山梁行四里糖寨，下陡坡行險路八里至萬溶江，由山溝中上陡坡極險路十里至龍井，山脊上行四里至木里汛，與靖疆營往長坪路會。北從山梁上行懸崖路五里至巖口汛，山梁上行五里至天星寨，下陡坡險路十里至龍角洞，西從山溝中行險路十餘里至牛練塘，西向山溝中上大坡行陡險路十餘里至栗林，與鎮筸(住)[往]永綏舊時營路相會。

由鎮筸北筸子哨營路，西南從山沖行七八里至廖家沖，西行十里至火麻營，高山峽中行十餘里奇險路至結石岡，再從山峽中行十里過上下麻沖，上陡坡行險路五里至地良坡，分路，南行過大坡五層險路一餘里至樑木營，山溝中行險路十餘里至天星寨。西從山梁山上行險路十餘里至鴨保寨，下陡坡行山溝中十餘里至龍蛟洞，與得勝營苗路相會。

由鎮筸北灣溪營路，西南從山峽中行，上坡坳一餘里至龍團，山梁上橫行七八里至强虎哨，由山中小坪西向山溝中行詰屈路八里至兩岔溪，西向山溝中行詰屈路十里至龍爪溪，即九龍溝。由溝上陡坡極險路十餘里至岑頭坡，山梁上行險路七八里至狗兒寨，山梁上行險路七八里至鴨保寨，南行與筸子哨苗路相會。西行上峻嶺密行中險路七八里至只喇，南下五六里至隆朋，南(竹)[行]五六里至勾補，南行五六里至栗林，與鎮筸往永綏舊路相會。由鴨保寨西北行，溝中行七八里至卧盤寨，再西北從山溝中行五六里至廓家寨，與平隆小路相會。

由鎮筸西不過河，經白巖至盛華哨苗路，詳見鎮筸。北行山坳路五里至竹刷，山坳路五里至孤塘，山坳路五里過小溪至火燒潭，傍山沿溪行詰屈路七八里至打郎汛，又東過小河，上陡坡險路五里至猿猴下寨，三里至猿猴上寨，翻大坡，行山梁險路十里至梁頂，山脊上行，翻一界，再上大坡，共險路七八里至馬鞍山，從亂巖窠中下石磴，險路七八里至烏巢河，過河上石磴，絶險路八里至大樹坡，此地即新寨，與鎮筸往永綏舊路相會。

由鎮筸西南全勝營營路北上山沖險路五里至拉毫南，北行五里至老田沖，西上駝子嶺，沿山梁行八里至隘門，再西行山險路五里至龍鄂營，西南行山險路至吖喇營，折南行與鎮筸往正大營營路相會。

由鎮筸西南小鳳凰營營路，東北行山沖三里至教場坪，東北上大坡，險路五里至巖板坳，下坡行山沖軟坳路十里至都里，小隴軟坳路七八里至木林隘，與鎮筸往正大營路相會。

由鎮筸西南鳳凰營營路，東北上坡三里至威遠營，下坡從小溪行五里至兩岔河，上陡坡險路七八里至坡木樹，山梁上七八里至太平山，下陡坡傍山沿溪行詰曲路至馬頸潭，過小溪，東北上陡坡行險路十里至油麻坳，即蘇麻寨，與大新寨相近。再東北行險路五里至下西梁，二里至中西梁，一里至上西梁，北行險路七八里至雷公灘，對面即小烏巢河，東北下陡坡過小溪，上山坳上行共險路十里至盛華哨，通鎮筸往永綏舊路。

由鎮筸西南鳳凰營，營西北行山沖軟坳路十餘里至龍潭河，東行過沙子河，險路十餘里通馬鞍山。東北向山峽菁林中行詰曲路五六里至巖塘，山坳路行五六里至巖坳汛，山坳中行過老虎寨，共險路七八里至楊柳坪，即柳皮寨，近清水塘各苗。山坳險路七八里至仡佬寨，從山坳上大坡行險路七八里至新寨，與鎮筸往永綏舊路相會。

由鳳凰營西小路進山沖，七八里至王會營，山坳路五里至高雲洞，再行七八里過銅仁之豹子場。

由乾州南五里之二砲臺營路，西南從山沖中行，十餘里至龍團，折北下坡行山溝中路，十餘里至三岔坪。西由山梁上行，五里至强虎哨，詳見鎮筸子哨苗路。

由乾州西南行山沖路，五里至捧風坳，三里至竹山坡，西南行崎嶇十里至勞神寨，西南極險路八里至老虎寨，再上大坡，五里至平隴，五里絶險路至馬頭山，又十五里至石隆，西南行崎嶇路，十五里至地母寨，十五里山溝路至龍牙。

由乾州西南行山沖路，四五里至下三岔坪，二里至上三岔坪，西南從山溝中行詰屈路，七八里至麥地溪，南分，從山溝中行十餘里可至火麻營，西南從山溝中上大坡行十餘里可至平隆。西南上大坡，險路五六里通勞神寨，南沿坳下山溝中行詰屈路，七八里至鬼猴溪，對面即偉者。西南高山峽中行詰曲路，七八里至三郎溪，從山溝中上陡坡行險路，五六里至萬郎坡，從山梁上西行險路，十餘里至下葦董，山溝中行二三里至上葦董，西行十餘里至補抽，與永綏舊路相會。從西南山溝中上陡坡，由葦董行五六里至只喇。由山丫翻大坳南行五六里至鴨保寨，與鎮筸筸子哨苗路相會。

由乾州西經沖角寨陽至鬼板，沿高巖河東岸而上，行詰曲路十餘里至鬼猴溪，過小溪上陡坡，五里至鬼沖，四面高山路，從山溝中行極詰曲路，十餘里至小龍洞。西北行山溝中崎嶇路，七八里至大龍洞。分路西通夯尚。西南行山溝中，上陡坡，共險路十餘里至郎當。再西南從山脊上行絶險路，六七里至龍蛟洞，與鎮筸得勝營苗路相會。

由乾州東至大莊，過河，山坳路行七里至阿那。上陸坡，山梁上行二十里至涼亭坳。對面即丑坨。山梁上行十里至芒東寨，緣坡行山路十里至居住山。東南下陸坡行山溝中，險路五六里至司馬溪，沿溪繞山脚行，十餘里至澤溪。此路爲乾瀘民路，而沿途有仡佬寨落，故附載於兹。

由乾州東北鎮溪所，過高巖河，西北行山沖路，八九里至小溪口，山峽中行十餘里至穿洞，山溝中行崎嶇路十餘里至紀略，繞呂洞山脚行崎嶇路五六里至夯坨，再北行山沖路十五里至夯沙坪，爲保靖所轄。

由乾州東北鎮靖營營路，西北行山沖路五六里至溪頭汛，上陸坡行崎嶇路，五六里至新建營，再上大坡，繞山梁行崎嶇路六七里至良章營。分路，北行山坳路七八里至喜鵲營，與乾州往保靖路會。分路，西北行山梁崎嶇路七八里至然灼，下山溝復上陸坡，共行七八里至然燭腦，崎嶇路行五六里至夯坨與保靖路會。

由乾州北五里山路至仙鎮營，沿高巖河東岸行詰曲路七八里至滚馬坡，再沿河東岸行逼仄路十餘里至鬼板，與永綏路相會。

由乾州北仙鎮營過河，沿高巖河西岸行五六里至鎮靖營。再沿河繞山北西行崎嶇路七八里至木林隘，上香爐山腰迤邐行，下山沖至河坎，共行崎嶇逼仄路十餘里至老坪郎，與乾州往永綏路相會。

由乾州北鎮寧營北行山沖路十餘里至硯臺寨，繞銅鼓山脚至呂洞山脚，共行山溝崎嶇路二十餘里至溪子寨，再東北行山溝中十餘里，與保靖苗路相會。

由乾州西至偉者，北上陸坡石磴險路十餘里至排壁猛，進沖上陸坡行極崎嶇路十餘里至楊孟，由山腰北下陸澗中行七八里爲呂洞山之南麓，再北從山溝中行詰屈路七八里至排料，再北向山溝中行險路十餘里至溪子寨，與前往保靖苗路相會。

由乾州偉者，西北從山腰中横進沖，行大坳險路十餘里至排彼，再從山灣中上大坡行詰屈路十餘里至排補美，爲永綏所轄。

由永綏東至望高嶺，下大坡險路十餘里至黄腦寨，山脊上行險路七八里至大新寨，北行五六里至排楚，通排彼一路。東北行山脊險路七八里至桃枝寨，下陸坡極險路十餘里至偉者，與乾州往永綏路相會。

由永綏出城東北山梁上行崎嶇路十餘里至廣盆，向北山梁上行崎嶇路十餘里至排補美，再向北山梁上行崎嶇路十里至巖落寨，再向北山梁上行崎嶇路十餘里至排料，下陸坡山溝中行極險路十餘里至溪子寨，與乾州往保靖苗路相會。

由永綏北臘耳堡營路，向東傍山沿溪行詰曲路十里至長潭，東北上陸坡險路十里至擢馬卡，山腰中行幽暗路十餘里至擢水，山溝中行詰曲路十餘里至龍家寨，此帶係保靖土人村寨。再東向山沖行十餘里至張家坪，山腰中行十餘里至吴家寨，再東上青山大坡險路十餘里至茄樹坪，與乾州往保靖營路相通。

由永綏北花園營路，東上陸坡山梁上行十五里至馬騎落，上下大坡行白竹叢中十餘里至乾塘，再從東大坡山腰中行白竹叢中十餘里至夯都，下大坡落小田壠中行十里至尖巖汛，此處南行二十餘里龍團。上陸坡行險路十里至巖落汛，再北行經由排補美、排彼，詳前至乾州楊孟。此路向爲保靖、花園往乾州營路，近因深入苗巢，將各汛撤出。

由永綏東北尖巖汛苗地，東上陸坡行崎嶇路十餘里至把略，山梁上險路十里至老鐵坪，再東上大坡險路八九里至谷坡，東通乾州，北通保靖。

由永綏北窩郎榜營路，南向山沖中行七八里至風火場，山沖中行七八里至巳東坪，與往松桃路相通。

由永綏北隆團堡營路，西南上陸坡五六里至排樓，西南行險路七里至李梅塘，由山梁上行險路十餘里至老旺寨，北下坡七八里即巳東坪。西上陸坡行幽暗路七八里至倒馬坎，下陸坡行幽暗路七八里至茶洞汛。汛在河坎上，對面爲秀山之洪安汛，南爲松桃之貫州營。

由永綏北龍團營路，西上陸坡行險路七八里至三橋坪，從山梁行七八里至箄子坪，再從山梁行七八里至鉛廠，下陸坡落山溝中，行詰屈路十餘里至洞乍，從山溝中上陸坡行密叢中十里潮水溪塘，對河爲松桃苗地。

由永綏西北鴨保汛苗地，西登陸坡，一上一下經過丁牛、柳斗各寨，共行極險路二十餘里至剛溪汛。西南横從山溝中行詰曲路十餘里至米糯汛，陽斜下坡行詰曲路至木樹汛，與松桃苗路相會。

由永綏西北鴉保汛營路，東沿溪進山沖，行詰曲路十餘里至巳皮寨。過溪上坳，行山沖中路五六里至黄土坪。東上陸坡行極險路十餘里至廣車，經排補美與乾州楊孟相會。

由永綏城西門外，山梁(土)[上]行崎嶇路十餘里至簑衣寨，再從山脊上南行崎嶇路十餘里至望鄉臺。下陡坡，南入山溝中行極險路五六里至土空。折北行十餘里至水田溪，五六里至下石花寨，過河爲上石花寨。如不過河，轉從山溝中上大坡，共行險路十餘里至自菓坪。西向山腰中行詰曲路七八里至米糯，與前往木樹汛路相會。

由永綏南鴉酉汛舊營路，西從山沖中上陡坡行崎嶇路十餘里至欅木磴，山梁上行崎嶇路十餘里至雷公坪。西南分路，十里至滚牛坡。由坡正北向，山梁落山溝中行極陡險路十餘里至雞爪溪，山溝中行十餘里至隆團，與永綏北營路相會。

由永綏南排打扣舊路，東從山沖中行十餘里至郎富，山溝中行五六里至米坨，向南上坡五六里至只喇，下龍蛟洞與鎮筸得勝營苗路相會。

由銅仁東北正大營營路，東北上山，行軟坳路十餘里至地所坪，山梁上行崎嶇路十餘里至巖坳塘，再東行山路七八里至清水塘，與鎮筸小鳳凰營路相通。山路七八里至仡佬寨山坳，又上大坡，東北行崎嶇路十餘里至栗林，與鎮筸往永綏舊營路相會，可通鴉保寨。

由銅仁東北報國場，進山沖中行五六里至牛欄沖，西行崎嶇路七八里至川洞，此内皆大苗寨，與包家坪、何家山兩路相會。

由銅仁東北至大營營路，東北上山沖至寄保營，一路爲臘耳山苗路，近因大兵進勦，沿途安營設站，已爲官馬大路。詳見前銅仁營路中。

由松桃東十里牌營路，北向大山山腰中行崎嶇路十餘里至大汉，東北山梁上行崎嶇路十餘里至溜沙，行高山溝中極崎嶇路十餘里至濫草坪，在老鳳山下轉東行山溝中七八里至著落汛，從山溝上陡坡行七八里至筸子坳，與松桃永綏舊路相會。

由松桃東馬乾溪營路，北上陡坡，險路十里至小紅巖，五里至亢金，分路，北路即嗅腦汛。東從山梁上行崎嶇路七八里至黄土坪，落山溝中行詰屈路七八里至有儀塘，山溝中行詰屈路七八里至草鞋坪，從山溝中上陡坡行崎嶇路十餘里至栗林，與鎮筸永綏舊路相會。此路由松桃至乾州不過百五六十里，舊時苗窠中小販往來多由於此，但路絶險，非輿夫所便，生長苗境者亦鮮經行。

由松桃東北盤陀營堡營路，東北上陡坡，極險路十餘里亦可至亢金。東北進菁山，行詰曲路十餘里至郎木坨。下山坡，又上陡嶺，共險路五里至黄瓜山。下山陡路二里至黄瓜寨，上陡坡行山丫中崎嶇路五六里至上强坳。下陡坡，過小溪數次，行山溝詰屈路十餘里至青樹坪，行詰曲路十餘里至土橋隴。山沖中上坳，行崎嶇路十餘里至鴨酉，與鎮筸往永綏舊路相會。此路從大小臘耳山，時上時下，極爲陡險。

由松桃東北盤陀營堡營路，北上陡坡，極險磴道十里至小臘山。過小壑，又上陡坡，十里至臘耳關。繞大臘耳山，東北從山梁上行十餘里，落至山腰爲鴉酉寨，與鎮筸往永綏路相會。此路雖爲捷徑，而地勢奇險，必扳援上下，苗地小販往來亦鮮由焉。

由松桃城北五里至教場坪，行山坳路五里至十八灘，沿河傍山下五里至羅塘汛。過渡，東北往山沖中行四五里至蒿坪。北從山沖中，上陡坡，行崎嶇路十餘里至白果坪。分路，西北山溝中行崎嶇路七八里至菓兒坪，與永綏米糯苗路相會。又東從山溝中行十餘里至水田溪，與永綏望鄉臺、下上空、巖板寨一帶苗路相通。

由松桃北卡落長沖苗路，經由水田壩洞口一帶至木樹汛，對面爲永綏苗寨。路亦崎嶇，因與長行鋪各汛相近，詳前長行鋪營路中。

由松桃南渡河，五六里至坪頭。再南從山沖中行崎嶇路十餘里至怕龍。上陂，行崎嶇路十餘里至太平營。西行營路十里至十里坡。從營路南進沖，兩面高山，中通蛇徑，極崎嶇路三十餘里至石峴。此内生苗極悍，常結隊於十里坡、龍頭營等處伏草。商賈往來至此，常有戒心，或僱順苗護送。行此數十里，西至平城汛，東至盤勝營，則坦行無慮矣。

由保靖南土民村中行十八里至格乎塘，再南從土民村中行十八里至塔普汛，入苗寨中行八里至中壩，折西南行苗寨中險路八里至排大方，再西南過臘坡，險路八里至空坪，再西南繞馬皮坡行崎嶇路十一里至阿課塘，再西南進大紅沖，繞大紅巖行崎嶇路十一里至格若，西通永綏排乍各寨。南行十里至夯沙，與乾州苗寨相通，詳乾州苗路。

由保靖南苗寨排大方南行崎嶇路十三里至鼻子巖，轉西南繞夯羅，行崎嶇路七里至卡大讓，西南過周陶兩牙，繞夯囊山麓，行崎嶇路十五里至夯略，西行十里至夯沙。南行經望天坡，行崎嶇路十五里至夯已，與乾州連界。又從夯已轉行崎嶇路十五里至夯不吾，折北行山澗幽暗路十五里至兩岔河，由此路過上公萬、五其等寨，至蕩它與乾州喜鵲營相通。

由永順古仗坪西二里至新寨，西由土民村中行二十里至上洗溪，西向苗寨傍山沿澗行逼仄路十里至排若塘，再西行二十里至漁塘，與保靖大路會。

由古仗坪新寨東南行苗寨中崎嶇路十五里至高梁洞，再東南行十五里至旦武營，折東行大坡崎嶇路十七里至下河蓬，再東行山坳詰屈路十五里至牀機坡，分路東南行十餘里至桑木洞，與瀘溪思麻溪接。東行山澗幽險路十五里至山棗溪，與沅陵拱勝坪接界。

由古仗坪旦武營，南行巖窠崎嶇路十里至對沖溪，再南行過上下叭喇，行詰屈路十里至上寫喇，折東過烏龜界，行陡路十二里至土蠻坡，再東行至平扒、窩米等寨，爲乾州瀘溪交界之地。

由古仗坪新寨，西南行巖壑崎嶇路十五里至白巖，再南行幽險路十里至上茅坪，西南行逼仄路十里至桐木寨，分路，西横行五里至保靖葫蘆汛。南行大山崎嶇路十三里至已著它，再南行繞蕩羅坡陡險路十二里至龍鼻巖，西南行崎嶇路十里與乾州喜鵲營路會。

由龍鼻巖折東行五里至老寨，爲上坎。十里至中寨，爲中坎。十里至智明寨，爲下坎。五里至土巒坡，與瀘溪思麻溪交界。計自上坎至下坎，巉巖如削，路行巖峽，扳援上下，極爲陡險，詳見《險要》。以上均係苗窠徑路。

嚴如煜《苗疆險要考》 鳳凰廳：觀景山，在城東南。【略】擂草坡，城北里許，下臨沱江，峰巒不甚高，而爲鎮城對山，且往乾州必經之地。【略】四方井，城北四里。【略】奇梁橋，城北九里。【略】黄土坡，城北十一里。【略】清溪哨，城北十五里。【略】黄巖江，城北二十三里。兩山雄峙，一徑盤紆。【略】靖疆營，城北三十里。【略】高樓哨，城北三十七里。【略】得勝營，城北四十五里。【略】老皤潭，城北四十八里。【略】西門江，城北四十八里。【略】三脚巖，城北五十里。在得勝營西北。【略】龍滚營，城北六十里。【略】龍潛營，在三脚巖北五里，與瑞安營聲息相援。此路自三脚巖至曬金塘，近三十里皆前阻深硐，後負峻嶺，一徑緣石壁中，極爲嶮巇。【略】曬金塘，城北七十里，距龍滚營七里。【略】算子哨，城北七十五里。【略】舊司坪，城北八十里。據巖臨流，山路險仄。【略】沱田二坳，城西里許，山勢高峻。【略】青平灣，城西二里許。【略】四路口，城西北八里，當沱江北岸，爲往永綏舊路，極爲陡險。【略】潭江，城西北十里，近長甯哨舊營。右傍峻嶺，左臨深澗，石徑盤曲。【略】長坪，一名箭塘，城西北二十三里。【略】駱駝沖，城北三十里，在長坪東北七里。山勢陡險，徑路幽暗。【略】木里汛，城北三十八里，在駱駝沖東北，山勢崒嵂，扳援而上，極爲崎嶇。【略】塘寨，城北五十五里，在萬溶江北。危險壁立，懸崖陡峻，于役者必扳援上下。【略】火略坪，城北六十里，與塘寨相接。【略】巖口汛，城北六十五里，在火略坪北，高數百仞，在水石山，天生險境。上有泉水，清洌可飲，别無徑能通。【略】天星寨，城北七十二里，在巖口汛北七里。上土下石，中頂平坦，有泉可汲。【略】高多寨，城西北八九十里，地勢崎嶇，與鴨保山徑路相通。【略】龍角洞，城北八十二里，在天星寨北鴨保寨西。【略】司門前，城北四十八里，在木里汛北。【略】太平關，城北四十里，在靖疆營西、司門前北。【略】赤蘭坪，城東北五十里，在得勝營西七里。【略】廟坳，城東北五十五里，在赤蘭坪西五里，當打喊山脊，山路陡峻。【略】欅木營，城北八十里，在天星寨東北萬山之中，地勢寛平，縱長五六里，横廣三四里，有泉塘七八口，可供汲飲。【略】西北通鴨保寨，西南通龍角洞。【略】連雲山，城北百數十里。【略】鴨保寨，在鴉保山中，城北九十三里，當欅木營西北十里苗地。自正大營迆邐而上，漸登山界，至寨前爲山界之巔。澗壑幽曲，灌莽叢集，地極高寒。【略】得盤寨，城北八九十里高山峽中，地勢頗平，距鴉保十餘里。【略】隆朋，城北九十八里，在鴉保寨西北五里，地勢陡險。【略】高斗山，城北百餘里，山勢嶔崎，山腰結有小坪。征苗時設粮臺，由欅木營達此二十餘里。【略】禾栗山，城北百餘里，山勢嶔崎，徑路叢雜。【略】長吉山，城西北數十里，山險谷深。【略】由禾栗山西繞至此，險路約數十里。只喇，城北九十八里，在鴨保西北五里。高山四環，雜篁叢集，一徑扳援而上，雖鴨保之險不能及也。【略】廊家寨，城北百餘里。【略】地良坡，城北九十里，在欅木營北。兀然直立，登者如蟻。自算子哨進，由上麻沖登坡，右折而左，羊腸一綫，上懸絶壁，下臨深谷。【略】結石岡，城北百數十里。【略】吉吉寨，城東北百餘里。【略】由金嶺沖轉南，繞道行二十里至此。【略】楊管沖，城北九十里，在算子哨西。兩面石壁嶙峋，中有小田壠，蟠屈二十餘里，直至大田苗寨，爲苗中極險之區。【略】平逆坳，城西北百數十里，鳳、乾交界。【略】金嶺沖，城東北百餘里，峰巒回合，中有小坪。由乾州擒頭坡東繞至此約數十里。【略】火麻營，城北九十里，在箄子哨西北，爲㰚木營粮運必經之地。【略】壁多山，城北百數十里，地極幽險，在萬山之中，爲人迹所不到。【略】廖家沖，城北百餘里，後扼火麻沖，前接得峰山。【略】糯塘，城西北三十里，一名總兵營，峰巒重疊，徑路崎嶇。【略】得勝坡，城西北四十里，在糯塘北坡，高十餘里，連峰疊嶂，勢甚幽曲，磴道扳援而上。【略】黄芽坡，城西北五十里，與得勝坡相連，山勢陡峻，上多亂巖，路從巖巢中行，下磴，過詰曲路，十餘里即烏巢河，爲由鎮至永第一扼要之區。【略】馬鞍山，城西南五十里，高約八九里，山勢險峻，形似馬鞍。山頂有井，取汲不竭。【略】大烏巢河，城西北六十里，在大樹坡下。兩岸石壁如削，磴道陡險，夏令山漲發時，溪流湍急，必俟漲退，方可結筏而渡，爲苗中極險。【略】毛都塘，城西北五十里，亂山重沓，曲徑幽暗，爲苗中極險阻之地。寨落甚衆，由長坪北進二十餘里，由㰚木營南行亦二十餘里，俱皆崎嶇。【略】新寨，城西北六十五里，山勢高峻。左接池荷，右臨烏巢。【略】桃花寨，城北八十里，與天星寨相連，山勢陡峻，高入雲表，天星險比此十不及二三焉。【略】苟若，城西北七十五里，在新寨北，右爲池荷營，山幽谷暗。【略】栗林，城西北八十五里，在苟若北，當蘇麻坳高界。一山聳拔，四面峰巒攢簇，西通有泥亢金各寨，爲由鎮入永必由之路。【略】木林橋，城西二十里，沿澗傍山，極爲崎嶇。東接老師巖、白巖，石壁嶙峋，路繞其下。【略】盛華哨，城西三十里，舊名魚洞坡，峰巒不甚高。【略】麻沖汛，城西四十里，與盛華哨相隔十餘里。其山即蘇麻坳，地勢陡峻，下臨深澗，係中營所轄，與右營之上下麻沖一西一北，相距數十里。【略】打郎汛，城西五十里，傍山沿澗，其溪即巢河也。過河爲梁頂，高峰插雲，石泉洒雨。【略】西梁，廳西南三十里。【略】大臘耳山，城西七十里，高十餘里，山勢甚大，跨楚黔兩省。【略】其間極險者在關上下十餘里。【略】大坡腦，即團魚腦，山勢高峻，與本城聲息相援，亦要隘也。【略】冷風坳，城西南五里，山甚險峻，路徑亦爲崎嶇，爲往正大營必由之路。【略】水塘坳，城西南十餘里，地勢陡峻，與涼水井相接，亦近城要隘。【略】永安哨，一名牛坳堡，城西南二十里。【略】馬頸潭，城西三十里，西倚峻嶺，東臨深澗。【略】全勝營，城西南三十里，高山峽中有小田壠，當楚黔要路。【略】樂濠城，西南三十三里，峰巒重疊，沖隴盤曲。【略】櫻桃坳，去樂濠不遠，山勢崚嶒，徑路盤曲。【略】苜蓿沖，城西四十里，一名木星沖，山勢聳拔，徑路崎嶇，西北通生苗寨落。【略】丫喇營，城西四十五里，即古永甯哨。兩面高山，中間羊腸一綫，東連永安，南抵小坡，西至雞公寨，北通烏巢河。【略】落潮井，城西五十里，與苜蓿沖、丫喇營聲息相聯，峰巒層疊，徑路逼仄。【略】龍鄂營，城西南四十五里，山高數十仞，一徑環繞其下，苗民出入必由之途。【略】威遠營，城西南六十里高山灣中，地勢峻險，與教場坪聲息相連，楚黔接壤要隘。【略】鳳凰營，舊名雞公寨，城西南六十里。山路紆蟠，地勢高敞，東連永甯，南抵天星，西鄰貴州龍潭，北通生苗巢穴。【略】浪中江，城西南七十里，兩面高山，中有田沖，楚黔要隘，與小鳳凰聲息相援。【略】王會營，城西南七十里，舊名火草營。地勢險峻，在楚疆絶徼，爲兩省要隘之區，東與永甯、小鳳凰比鄰，西與黔省民苗接壤，南抵銅仁，北通中營苗巢附近之栗樹坪、皮沖、江口等處，爲苗人出入要路。【略】亭子關，城西南七十里，山勢崚嶒，接貴州銅仁。【略】新塲，城南五十五里，一名癡巖。【略】柳木坉，城南八九十里，與犀牛坉相聯絡，山勢高峻，林木蔭翳，爲楚黔交界之地。【略】黄羅寨，城南三十里，五峰頭共相環抱。【略】水打田，城南二十餘里，兩面高山，中間羊腸一綫，計長二十餘里，前後隘口極爲緊險。【略】蘆荻坳，城東五里，萬山簇列，中通一道，曲折盤繞十餘里，踰坳則至城矣。【略】小田，城東七里，沿溪負山，徑崎嶇。【略】新路坡，城東十五里，右倚層閣，左臨深澗，徑路崎嶇。【略】官莊，城東北二十五里，在沱江之上，層巒聳拔，通石羊哨、巖門堡各後路極爲阻隘。【略】溪口城，東北三十里，兩面高山，中間一小峰，形如箕覆，環以小溪，通巖門堡、高村各路。【略】木江坪，城東北四十里，在高山麓有小坪半里許，深澗繞其下，地勢崎嶇，通高村踏虎各後路。民險民要。老虎口，城東北五十里，通豬樓門要路。在沱江中，亂巖錯立，沱江上下俱可通舟，爲此處阻隔，廳官嘗設法疏通，如能鑿開此險，則小船挽運能徑達城下。【略】豬樓門，城東北五十餘里，連峰疊嶁，山勢幽險，當右營苗出狗𦧲巖溪口總路，極爲要扼。

乾州廳：田家園，距城二里。【略】上莊園，城西二三里。【略】中巖屋，城東十餘里。【略】張排寨域，東二十里。【略】百里，城東二十五里。【略】河溪堡，城東三十五里山峽中，地稍平衍，爲沱江、高巖河二水相合之處，永乾粮運俱由此進，爲瀘溪至廳第一要隘。【略】楠木橋，城東三十五里，當沱江東岸，渡河即爲河溪。兩面高山如屏，一綫羊腸蟠於山脚河坎，極爲衝地。

【略】溪口，城東南三十五里，在河溪東十里，右負峻嶺，左臨深澗，爲乾苗出瀘溪之路。【略】將軍巖，在溪口上，壁立江岸，石勢嶙峋，有介胄不可犯之色，當茨沖至廳城要路。【略】鐵枕巖，城東南四十里，在溪口對河五里。【略】硯池井，城東南三十餘里，高山對峙，中間一綫羊腸，爲由鎮至乾民路經由要隘。【略】皮兒坨，城東南四十餘里，亂峰蟠屈，徑路幽暗，往來俱向山峽中行。【略】鴉溪城，東北十餘里。【略】鎮溪所，城東北二十里。【略】鎮靖營，城北二十五里，距鎮溪所五里，在鵝栗枝上。【略】振武營，城北三十里，山勢峥嶸，徑路崎嶇。【略】馬頸坳，城北四十里。【略】椰木坪，城北五十里。【略】喜鵲營，城北五十五里。重岡複嶂，徑路詰曲，與永順之龍鼻巖、保靖之亂巖溪接界。【略】把布把金，城東北三十餘里，與瀘溪、永順相鄰。【略】上、中、下三百户寨，城東北五十餘里。【略】爛草坪，城北五十餘里，與永順交界，山路險阻，草木蒙茸。【略】溪頭汛，城西北二十五里，在高巖河西岸，前臨深澗，後負峻嶺。【略】新建營，城西北三十里，距溪頭汛五里，山勢嶙峋。【略】良章營，城西北三十五里，東連椰木坪，南接新建營，連山疊嶂，磴路崎嶇。【略】夯坨，城西北四十里，山勢深峻，徑路詰屈，與保靖接界。【略】然燭臘，城西北五十里，高峰嶙峋，山腰羊腸一綫，與永靖接界。【略】吕洞山，城西北五十里，綿亘數十里，複山疊嶂。其北麓爲保靖之夯沙、夯略各寨，南聯永綏之谷坡，東接永順之青山，南與天門諸山嶜崒争勝。【略】叢桂山，城西北三十五里，與吕洞相連，山高千仞。【略】香爐山，城西四十里，在桂折寨西。【略】仙鎮營，城西北六七里，在高巖河東，負山臨澗，徑路逼仄。【略】滚馬坡，城西北十餘里。【略】鎮甯營，城西北二十餘里，在高巖河西岸，山峻路仄。【略】木林隘，城西北三十里，高山夾峙，一徑中盤，磴路陡險，輿馬難行。【略】沖角，城西十里，山不甚高峻，輭坳上下，爲入永綏要路。【略】武山，城西十二里。【略】寨陽，城西二十五里。【略】鬼板，城西三十里。傍山臨磵，徑路崎嶇，入永綏要路。【略】老平郎、少平郎，城西三十五里，在高巖河西，有小田壠。往永綏途中惟此稍爲平敞，然倚山臨河，徑路崎仄。【略】鬼者，即偉者，城西四十里，在天門山脚。【略】天門峰，城西四十里，在桂折寨南，偉者汛西北。山高十餘里，石壁嶙峋，一徑扳援而上，危磴層累，名曰上天梯。【略】巡檢坪，城西五十五里，傍山沿河，徑路崎仄，爲入永要道。【略】下高巖，城西七十五里，與永綏之上高巖相接，左倚峭壁，右臨深澗，最爲險阻。【略】排壁猛，城西五十里，緣天門峰而上，爲舊時至花園要路。【略】楊孟，城西六十里，由鬼者上天門峰至此，磴道二十餘里，山勢峻惡。【略】排彼，城西北七十里，距楊孟十里。危巖峭壁，地極高寒。【略】大新寨，城西六十里，爲偉者分路往永綏之處。【略】黄老寨，城西六十里，與永綏望高嶺路相通，山形陡峻，徑路崎嶇。【略】二礅臺、三礅臺，城南五里，輭坳上下，不甚險峻，爲往鎮筸要路。【略】强虎哨，城西南十五里。【略】兩岔溪，城西南三十里，兩面高山，傍嶺臨澗，蛇徑蟠曲，極爲幽峻。【略】龍爪溪，城西南四十里，高山陡峙，幽磵盤旋，深暗難行，當午始見日光。【略】岑頭坡，即琴圖也，城西南五十里，坡高十餘里，磴路層累，下臨幽磵，其險與天門山相埒。【略】路通南鴉保寨，西南與平隆各險寨徑路相通。【略】一渡水，城西南十里，山勢重疊，澗水縈洄。【略】三岔坪，城西南二十里，兩面高山，中有田坪，澗水縈洄。【略】竹山坡，城西南二十餘里，連峰疊嶂，徑路崎嶇。【略】巖人坡，城西南二十餘里，山勢陡險。【略】勞神寨，城西南二十五里，萬山圍繞，山梁有小坪。【略】平隆，城西南三十里，由城取道大坡，數層始至其地，山勢陡險，徑路幽曲。【略】大頂坡，城西南三十餘里，亂峰劍立，磴道梯盤。【略】石隆，城西南十餘里，連峰合沓，山幽谷暗，徑路叢雜。【略】半沖、龍牙，地相毗連，城西四十餘里，幽險深暗，人迹罕到。【略】葦沖，城西南六十里，山勢險峻，徑路崎嶇。【略】三郎溪，城西南六十五里，與葦沖相通。高山夾峙，蛇徑一綫，密箐蒙茸，極爲幽暗。【略】望郎坡，城西南七十五里，山勢陡峻，林木蔭翳，從山溝中扳援而上，極爲幽峻。【略】下葦董，城西南八十里，高山峽中，蛇徑一綫。【略】灣溪堡，城南十里，峰巒秀異，溪水縈洄，中有田隴。【略】重郎坡，城南二十里，山勢蟠屈，徑路紆迴，爲往鎮筸要隘。【略】木林坪，城南十餘里，山徑紆迴，與筸子哨相接。【略】茨沖，城東南四十里，在沱江之東。兩面高山相峙，中間一綫羊腸，密箐蔭翳，乾苗往瀘溪經由之路。【略】丑坨，城東四十里，兩山夾峙，中緣深澗，爲乾州門户。路沿山脚溪岸而行，地勢逼仄，極爲要險。【略】大壩坪，城南五里，山勢迴環，田(曨)[隴]平衍。【略】西梁山磵，城西里許，山勢嶔崎，可以俯瞰城中。【略】北梁山磵，附城北里許。【略】滚牛坡，城西南十餘里，連峰如屏，嶔崎崒嵂，爲往松桃道路。【略】吉多下寨，城外二三里，廳城所建之地。【略】黄土坡，城西南二三里，疊嶂嶔崎。【略】土空，城西南二十餘里，亂峰迴環，曲徑蟠折。【略】分水坳，城東九里，山勢陡險，徑路蟠紆，從山脊上往來，爲東境要隘。【略】望高嶺，城東十五里，由高巖而上，至此已在山脊，地勢高敞，上入雲表。【略】上高巖，廳東南二十五里，與乾州下高巖相接。倚山臨水，磴道陡險，永綏之粮舊皆在此貯倉，雇夫陸運，扳援而上，行崎嶇路十餘里，直到望高嶺始略平衍。【略】大龍洞、小龍洞，俱城東南二十餘里，連峰崒嵂，石洞嵌空，洞泉甚旺，入高巖河中。【略】補抽，城南八里，山勢高峻，徑路崎嶇。【略】夯尚，城南十五里，山峽中小田沖，地勢紆蟠，爲往鎮筸舊路。【略】排打扣，城南二十里，當高岡之中。山谷幽曲，灌莽叢雜，且多亂石。森峙徑路，極爲崎嶇。【略】鴨酉，城南三十里，逼近大臘耳山。箐木插天，道路蟠曲，極爲幽折。【略】與鳳凰、松桃兩廳接界，南境第一要區。【略】泛石巖，城南四十里，亂山環灣中有小隴，距黑土里許。【略】青樹，城西南五十里，亂峰重疊，曲磵灣環，入其中者迷不知去處。因其地有老青樹數十章，俱大數十圍，蔽日參雲，苗人多憩息其下，因而得名。旁路通黃瓜寨。【略】黃瓜寨，城西南六十里，在臘耳山南。【略】葫蘆坪，城西南十五里，兩面高山，中有乾坪，爲往松桃大路。【略】筸子坳，城南二十里，山峽中小坳，路亦崎嶇。【略】芭茅坪，城南三十里，兩面高山對峙如屏，中有乾坪，縱横約數里。【略】大、小臘耳山，兩山相連，城西南四十里，詳見鳳凰廳下。【略】蓑衣寨，城南十餘里，山勢陡峻。【略】老鳳山，俗名望鄉臺，城西南二十餘里，高數千仞，插入雲表。【略】白果坪，城西南五十里，在老鳳山下，亂峰雜沓，與果兒諸寨接聯。【略】水田溪，城西南四十里，西北當老鳳山之麓，山澗幽暗，蛇徑一綫，與水田壩地勢毗連，爲永綏、松桃交界要隘。【略】董馬，城西七八里，山勢不甚高，連峰環合，中有小隴，爲往花園大路。【略】大小排吾，城西十五里，兩山夾峙，中有小沖，路頗平夷，爲往花園大路。【略】北鴨保汛，城西北二十五里，在老鳳山脚，危巖削立，絶澗幽深。池西爲石麒麟山，突兀峥嶸，路由麟尾繞麟腹而行，極爲崎嶇。【略】剛溪汛，城西北四十五里，在老鳳山脚。【略】米糯汛，城西北六十里，崇巒疊嶂，徑路崎嶇。【略】張坪馬，城北三十五里，山勢高峻，徑路崎嶇。自北鴨保至此十餘里中，俱係絶險，爲西境關隘。【略】隆團，城北四十五里，四面環繞，中有地坪，泉水滃湧，較他處尚稱平夷。【略】擺頭沖，城北五十五里，兩山夾峙，中間羊腸一綫，極爲詰曲。【略】喬郎榜，城北六十五里，山勢高峻，徑路崎嶇，旁通火場各苗寨。【略】空堡，城西北五十五里，亂山環合，蛇徑幽仄，通雞爪溪、老芒山。【略】鉛廠，城西北六十五里，山高十餘里，磴道欹崎，扳援而上，極爲崎嶇。【略】洞乍，城西北七十五里，複巒疊嶂，徑路幽暗。【略】李梅，城西北五十五里，在隆團西十里。山勢高峻，徑路崎嶇，扳援而上，恍登天門。【略】老旺寨，城西北六十里，在高山灣中，地勢幽暗，徑路崎嶇。【略】倒馬坎，城西北六十五里，兩巖對峙如門，路從巖峽上下，極爲詰屈。【略】茶洞，城西北七十里，背負峻嶺，面臨絶壁，西接秀山，南鄰松桃，諺云「一眼望三省」。【略】芭茅山，城西北六十里，山形高峻，深入雲表，綿亘甚大。【略】潮山溪塘，城西南五十五里。【略】木樹汛，城西南六十里，在松桃河東岸。右臨深澗，左傍崇岡，爲楚黔接界重地。【略】綏靖鎮，即花園，城北七十里，峻嶺重沓，中環大坪，一帶陽斜而下，直至河坎。四面沖壠，頗有水田，周環數十里，松桃河繞其前，小船徑至鎮城，通楚、黔、蜀三省。【略】蜡耳堡，城北八十里，前傍高山，下臨幽澗。【略】河口汛，城北七十五里，在花園西隅，永綏粮船多停泊於此。【略】涼水井，城北六十里，崇山複岡，徑路崎嶇，中有小坪，頗爲平敞。【略】排樓山，城西北五十里，層巒潑翠，峭石連雲，兩山並列，俱有雙峰，形如佛髻。【略】沙子坳，在城西北，地勢高敞，徑路逼仄，亦近城要隘。【略】翁坪塘，城東北十二里，山巒高峻，徑路崎嶇，當往排補美路。【略】廣車，城東北二十四里，連峰疊嶂，極爲高峻，亦在排補美路中。【略】紫花寨，城東北三十餘里，山勢欹崎，徑路逼仄。【略】排補美，城東北三十四里，在高山灣中，亂峰迴環，中有小坪。山高氣寒，長夏亦穿綿夾，爲苗巢深處，北通乾州之楊孟。【略】猴兒山，城東北二十里，山極崔嵬，自龍孔至排補美俱繞此山，高十餘里，長三十餘里，連山疊嶂。【略】巖落汛，城東北四十餘里，山勢欹崎，徑路逼仄。【略】排彼，城東五十里，與楊孟寨接聯。長坂危磴，勢如懸綆。【略】排料，城東五十餘里，山脊高峻，與乾州、吕洞、保靖、夯沙各處相接。【略】尖巖汛，城東北五十餘里。【略】夯都，城東北六十里，山勢欹崎，叢篁龐雜，路極難行。【略】乾塘，城東北七十里，連峰高峻，白竹叢生，徑路崎嶇。【略】馬巳落，城東北八十里，山勢欹崎，篁竹叢生，與花園相通，極爲扼要之地。【略】把略，城東北七十里，山勢欹崎，徑路逼仄，與尖巖聲息相通。【略】老鐵坪，城東北七十五里。【略】谷坡，城東北八十五里。【略】長潭，城東北九十里，左傍峻嶺，右臨深澗，徑路極逼仄，與臘耳堡相通。【略】擢馬卡，城東北一百里，由長潭而進，山勢陡峻，徑路崎嶇。擢水，城東北一百一十里，山高谷暗，與擢馬卡相連。【略】假明塘，城西北六十里，後倚峻嶺，前臨深澗，與隆團相通。齊溪塘，城西北五十里，後倚峻嶺，前臨深澗，與隆團相通。剛剛寨，城西北七十里，山勢幽邃，磵路迴環。【略】著落汛，城西南三十里，與蘭草坪相近，峰巒合沓，苗寨林木櫛比。【略】㯞木磴，城東南三十里，石磴陡險，林木蔭箐。

沅陵縣：烏宿汛，城西三十里，與小酉山對峙，北河繞其下，地勢雄峻。【略】清水坪，城西南八十里，下繞河流，地勢雄便，當永順苗衝。【略】明溪，城西北四十里，下繞北河，旁縈小溪，徑路崎嶇。【略】羅仙鋪，城西南二十里，山勢嵯峨，徑路詰屈。【略】蓮花池，城西南七十里，山勢合沓，曲徑蟠紆，爲往永保要路。【略】施溪，城西南四十里，前臨深澗，後傍高岡。【略】白竹庵，城西南四十里，其山爲白竹界，徑路崎嶇，永、保要衝。【略】龔家村，城西六十里，危峰四立，徑路幽險。【略】白洋洞，城西七十八里，在高望界下，山勢嵯峨，徑路崎嶇。【略】葛竹溪，城西八十四里，永順交界。高峰削立，下臨幽澗，沅西屏蔽。【略】草潭，城西南七十里，負山臨澗，徑路幽險。【略】拱勝坪，城南六十里，山路崎嶇，接連永乾地方。

瀘溪縣：天橋山，城西十里，高峰兀立，上入雲表。盤折而上，徑路崎嶇，陟其巔者可以俯瞰城中。【略】杜家寨，城西北五十里，北接永順，西鄰乾州。【略】把天寨，在城西北六保地方，連山疊嶂，徑路幽曲。【略】土䕺坡，在城西北六保，山勢陡峻，徑路幽曲。【略】白巖，城西北數十里，石壁嶙峋，環列如城，中只一徑可通。【略】椰木隘，城西北二十里，背負峻嶺，下臨幽澗。【略】苦竹隘，城北二十三里，山勢合沓，徑路幽曲。【略】上茅界，在洗溪對岸數里陽斜，而北繞中茅界，至下茅界，與沅永接界。山勢連綿，徑路詰曲。【略】里巖關，縣西十五里，左右兩山夾江而峙，北岸高峻，惟南岸一路可通。【略】大凹，縣西十八里，路通鎮、乾、永、保。【略】鑽子巖，城西二十里，蹊徑高出山脊，橫亘數十里，最爲奇險。【略】思麻溪，縣西六十里，兩山屹立，峰巒相向。【略】居住下，縣城西八十里。【略】阿那，縣城西九十里，與乾州交界。【略】洗溪，城西二十五里，洞河東岸，上有小坪。【略】能灘，城西四十五里，洞河東岸。傍山沿澗，徑路幽曲。【略】魚梁坳，城西五十里，自洗溪至河溪兩岸高山，一溪中蟠，地雖幽暗，路從河坎山脚而行，此處山勢陡峻，必須攀援上下。【略】大壁流，城西六十八里，洞河東岸山脚有陽斜小坪，傍山臨澗，爲入乾大路。【略】上、下扯旗，城西七十餘里，傍山臨水，徑路詰曲。【略】湖田，城西南七十里山。【略】杉沖山、門扆山，城西南七十餘里，山勢陡削，行人經由其上，心常慄慄。峰巒接三層坡，爲湖田一帶至四都要路。【略】浦市鎮，城南六十里，在沅江西岸，背負大朝山，其地平衍膏腴，煙火萬家，商賈往來滇黔，風檣雲帆，多停泊於此，號爲闤闠盛地。【略】高山坪，城南七十里，浦市西北十五里。磴道蟠紆而上，上有廣坪，水田千畝，資洞水澆灌。【略】磨刀巖，浦市西二十五里，山勢嵯峨，徑路逼仄。【略】野貓坳，浦市北三十五里，山高谷深，灌木叢篁，土蠻往來之徑。【略】都奇坪，浦市西北四十二里，山高谷深，接連黑沖三灣，俱極幽暗，往來行人恒有戒心。【略】三層坡，浦市西北六十五里，山勢嵯峨，磴道紆盤，攀援而上，崎嶇難行，爲由乾來浦必由之路。【略】唐家腦，在小張地方，浦市西北七十里，山高徑仄。【略】瓦槽，與小張毗連，浦市西北七十五里。南北天生石城，高十餘丈，後面空處僅敷足趾，土人用石砌前路，一徑盤繞而上，亦極崎嶇。【略】大張，城西南九十里，浦市西北八十五里。在山界上，地勢嶔崎，徑路逼仄。【略】魚梁坳，城西南一百里，浦市西北九十七里，連巒疊嶂，極爲險峻。【略】都里坪，城西南一百里，地勢平夷，中有水田，當鵝栗坪一帶苗路。【略】乾田坪，城西南一百一十里，地勢平廣，水田膏沃，當龍潭沖口。自狗琵巖至乾田坪，高山峽內行二十里，至此始入坦途。【略】狗琵巖，城西南一百三十五里，浦市西一百三十里。石峰嶙峋，攢立如戟，背負滾龍坡、貓兒巖，俱極嶔崎。俯臨沱江，徑路碕仄，爲乾苗入瀘總口。【略】巴斗山，城西南一百四十里，浦市西一百三十五里。山高二十餘里，高入雲表。【略】興隆場，城西南一百二十里，浦市西一百里。【略】中塘，城南七十里，浦市南十里。【略】白頭溪，城南八十里，浦市西南二十里。【略】達蘭坳，浦市西南四十里，山路崎嶇，澗水縈洄。【略】各水，城南一百里，浦市西南五十五里。一溪縈洄，高山峽中頗有田隴，而路通雄山。【略】馬路口，城南一百二十里，浦市西南八十五里。與天堂沙子坳接，爲鎮苗往興隆場、浦市要路，山亦險峻。【略】踏虎，城南一百三十里，浦市西南九十里。當巴斗山東麓，亂峰合沓，中有田坪，溪流映帶，爲鎮苗入瀘第一要隘。【略】長嬴坡，城西南一百五十里，當巴斗山西麓，臨沱江之上，山勢嵚崎，徑路逼仄。

辰溪縣：潭灣，城西十里，辰江西岸，傍山臨水，徑路灣環，往鎮筸衝衢。【略】隴頭園，城西二十里。【略】童山，城西二十五里，羣峰環合，中饒水田，徑路崎嶇，地勢阻深。【略】鵝公頸，城西二十餘里，三面環以辰江，狀似小洲，中寬里許。

麻陽縣：鎮陽山，麻陽縣治東南，二面俱皆環以錦江，西北二面列嶂如屏。【略】譚家砦，城東北三十里，山勢迴合，徑路崎嶇，爲本城往巖門、石羊必由之途，西北通鎮筸前營苗路。【略】巖門，城東北五十里，一溪中埒，雙峰並標，如兩雄薄險相持，割溝分壘，勢不相下。巖關四扇，以扁舟通之，鎮城粮運自樂濠溪進者多停泊於此。【略】巖羅寨，城東北七十里。【略】楊柳坪，城東北六十里，羣峰拱峙，一溪帶縈，爲鎮筸要路。【略】石羊哨，城北六十里，樂濠溪岸爲往時哨地，鎮筸粮運從此起旱，陸運而北，通右營苗路。西接前營苗路，實鎮筸之咽喉。【略】窑里，城北六十里，傍山臨澗，當鎮筸孔道，爲粮運自辰江入樂濠溪之處。【略】高村，城東北七十里。【略】武巖，城東北九十里，連峰疊嶂，徑路崎嶇，當木江坪溪口要隘。小午沖，城東北一百二十里，巴斗山麓。山勢高峻，徑路崎嶇，與新寨、牛尿洞氣息相援，爲溪口、萬芽苗來必由之路。【略】大寮，城東北一百五里，孤峰突兀，下環田沖，上湧泉水，與踏虎、小午沖聲息相援。綠溪口，城東八十里，背山面水，稻田千畝，小溪中貫，往鎮筸要隘。【略】招諭，城東北一百二十里。【略】濫泥，一名蘭里，城東一百一十里，與龍首營故址相距不過數里。【略】袁坪，城東一百里，東臨錦水，西負雄山，當鎮筸衝衢。【略】雄山，城東一百三十里。【略】太平溪，城東一百四十里，溪水縈洄，北通各水霧露，當鎮筸大道。【略】九曲灣，城東一百五十里，地勢平坦，徑曲灣環，當鎮筸要衝。【略】鹽井十八關，城北八十里，長坂危磴，勢如懸絙，險路十餘里。【略】板栗樹，城東北九十里，岡巒沓合，鳥道盤紆，當溪口苗路。【略】兩岔溪，城北九十里，猱崖夾峙，羊腸中盤，當官莊溪口苗路。上、下萬招，城北九十里，山沖幽深，徑路詰屈，當官莊苗路。羅瓮山、羅裙山，城西北三十餘里。【略】乾洞，城西北十五里，與鎮城永安哨、廖家橋一帶徑路相通。【略】銅信溪，城西二十里，傍山臨水，徑路崎仄，爲往銅仁要道。【略】小坡，城西三十里，西傍危嶺，東縈大江，通永甯、永安及丫喇營各苗路。【略】米沙，城西四十里，背負崇岡，面臨深硐，附近之編口、雷打坡、鱷魚潭、蜡螃溪、張田坪皆苗出要路。【略】牯牛坪，城西五十里，負山臨水，對岸爲思州施溪司。【略】雷打坡，城西三十里，峰巒聳拔，硐壑幽深，當永安哨、丫喇營苗路。【略】西晃山，縣南三十里。【略】齊天山，在縣東南五十里，與西晃山連麓別峰，岧嶢竦峙，折坂當空，行者越此，鮮不躃躠，爲沅州至鎮筸途中第一要區。

永順縣：古仗坪，城南一百二十里。【略】土蠻坡，古仗坪東南五十里，保靖與乾、瀘三邑交界之地。【略】夯娘長沖，古仗坪東南六十里，與土蠻坡接連。【略】龍鼻觜，古仗坪西南六十三里，層巖竦峙，贔屭崢嶸，路從石壁中。【略】新寨，古仗坪南二里，與乾苗密邇，當萬山之中，盤渦徑仄，蒙茸犖确，行人舉足蹣跚，亦險要之地。【略】山棗溪，古仗坪東六十里，危峰峭峙，下俯深澗，溪岸蛇徑蟠紆，極爲險阻。【略】黑潭坪，城南一百四十里，古仗坪西南十五里。四面峻嶺，中開小坪，路緣溪岸，坂嶠曲盤，極爲險塞。【略】曹家坪，古仗坪四十里，亂山環合，懸巖仄坂，登陟爲難。【略】牀機坡，古仗坪東南五十里，乾、瀘、永三邑接連，層巒疊巘，裹繭旋螺。【略】巖坳，古仗坪西南三十餘里。【略】旦武營，古仗坪南三十里。【略】排沙，古仗坪西南二十餘里。【略】槨木坳，古仗坪西南三十餘里，當桐木寨、巖寨之間，山峻谷深。【略】賣若，古仗坪西南三十餘里，峰巒紆峻，溪徑艱險。【略】排口，古仗坪西南三十餘里，峰巒幽峻，徑路崎嶇，極爲險要。【略】半坡，古仗坪西南四十里，地近保靖。【略】河蓬，古仗坪西四十里，乾、保接壤，岡隴盤紆，地勢阻深。【略】蔡家莊，古仗坪西南二十餘里，與保靖接壤，重巒疊巘，地勢幽深。【略】上洗溪，古仗坪西二十餘里，永、保交界。傍山臨水，徑路逼仄。【略】老虎巖，城南百餘里，距茅坪、鐵鑪坪不遠。山勢陡險，徑路崎嶇。【略】牛乳山，城東南一百二十餘里。【略】鬼界，古仗坪東二十餘里。【略】雷鉢山，古仗坪東南二十餘里。【略】烏龜界，古仗坪東南六十里。【略】上坎、中坎、下坎，古仗坪東南七十里，當龍鼻觜土蠻坡之中，巉巖如削，磴道盤梯，約二十餘里，行人攀援上下，有懸絙之思。【略】銅鼓坡，古仗坪東南六十里，山幽谷暗，徑路崎嶇，與瀘溪司馬沖接界。下有溪，自土蠻丫家而來者，南流至潭溪對面，注洞河中。【略】桑木洞，古仗坪東六十餘里。【略】茅坪，城東南一百里，四面峰巒，中開坪壠，爲沅、瀘入永要路。【略】大路口，城東南一百一十里，西通古仗坪，南接瀘溪，山勢環合，徑路詰屈，亦爲要地。【略】高望界，城東南一百五十里，嶺勢險峻，高出雲表，其絶險處捫蘿攀藤，羊腸一綫，陟其巔者心悸目眩，不數太行九折坂也。爲由永至辰必由之途。【略】王家洞，城西南一百里。【略】田家洞，城西南一百一十里。【略】白巖洞，城南一百三十餘里。【略】馬路口，城南九十五里，在北河南岸。負山臨水，爲古仗坪、沅、瀘進永順必由之路，磴道盤紆。【略】王村，城南九十里，在北河北岸。傍山臨水，磴道崎嶇，爲永順門户。往永順者，從此捨舟登陸，水陸通衢。

保靖縣：二月坡，城東里許。【略】叢樹坡，附城里許。【略】獅子橋，城西南數里。【略】魏家莊，城南十里。【略】新寨，城南二十里，峰巒合沓，徑路逼仄，地勢極爲幽暗。【略】古董溪，城南三十里，亂山迴合，幽磵盤紆，當永綏、保靖交界之地，徑路極爲崎嶇。【略】鞾頭坡，城東北四十里，前臨深磵，後倚崇岡，爲王村至城必由之路。【略】塗乍河，城東南四十里，傍山臨澗，徑路崎嶇，永保接壤要隘。【略】葫蘆寨，城東南六十八里，亂山合沓，小坪平衍，爲由保至乾州必由之路。【略】得勝坡，城東南百餘里，北與本邑之葫蘆寨，南與乾州之喜鵲營，東與永順之日武營俱聲息相援。【略】哄哄寨，城南七十里，山幽谷暗，地勢阻深。【略】梯子巖，城南十餘里。【略】格者，城東南十八里，亂山環合，徑路崎嶇。【略】積穀莊，城東南二十九里，山勢嶔崎，徑路蟠曲，與葩溪聲息相援。【略】魚塘，城東五十一里，永保接壤。【略】尖巖塘，城東七十八里，西連門頭山，東接龍鼻巖。【略】亂巖溪，城東八十八里，幽谷窮巖，灌木叢篁，徑路極爲崎嶇。【略】蕩它，城東一百五里，與乾州喜鵲營接界，山高徑陡，通乾苗路。【略】中壩，城東南二十四里，傍山臨水，徑路逼仄。【略】排大，城東南三十二里，連峰疊巘，山勢極爲阻深。【略】鼻子巖，城東南四十五里。【略】卡大讓，城東南五十二里。【略】夯沙，城東南九十里，北接夯已，南通排料。【略】夯已，城東南一百八里，在天坡下。危山高聳，直入霄漢，登者疑大羅境界，呼吸可通，逼近乾境。【略】夯不吾，城東北一百二十里，南與乾州各寨犬牙相錯，西與本邑之兩岔河聲息相倚。【略】空坪，城南四十二里。【略】阿稞，城南五十三里，當科國山椒，層巒疊嶂，徑路極爲叢雜。【略】格若，城南七十八里，東接然聶山，南通永綏排乍，地幽徑險。【略】呂洞山，城東南九十里。【略】夯囊山，城東南七十里。【略】野豬山，城東南六十里山。【略】龍頭山，城東七十里。【略】門頭山，城東七十五里。【略】水銀山，城東四十里，亂峰合沓，幽徑蟠繞。【略】雷打巖，城東南三十里。【略】巖門山，城東三十里。【略】塔普，城東二十五里。【略】白棲關，城北三十餘里北河上，前臨深澗，後傍崇岡，徑路碕仄。【略】江口汛，城西酉陽、松桃兩河相會，永綏粮運由此撥小船運入。【略】黑爺司，一名新場，在北河南岸，爲龍山、秀山二邑接壤之地。背負崇岡，前臨深澗，川楚民多於此間赴集。【略】柵門，城西北七十餘里，與秀山小溪、滑石接壤，當川楚要路。兩面高山，中繞深澗。

銅仁縣：茶山塘，城北十里。【略】馬頸營，城北二十里，連崿疊嶂，時起時落，往正大營要路。【略】豹子場，一名報國場，城北三十里。羣峰迴合，擁翠抱嵐，中結大坪，地勢寬敞。【略】新寨，城北四十里，坡坨曲折，行徑甚微。【略】啞喇營，城東北五十里，帶隴連岡，高下嶢若巉巖對峙，擘險當關，爲往鎮筸途中險要。【略】黄臘關，城東十五里，岡巒沓合，鳥道盤紆，長坂千尋，勢如懸絙，爲往麻陽必由之徑。【略】白水洞，城東三十餘里，高山邃谷，小路可通施溪司。【略】馬脚巖，城東四十里。【略】後洞，城東北四十里。【略】穿洞，城西北五十里，連山夾峙，幽邃阻深，由牛欄沖而進，蛇徑一綫。【略】何家山，城西北五十餘里。【略】盤塘坳，城北五十五里，峰巒重疊，徑路紆盤，過其地者不數十步九折也。往正大營要路。【略】正大營，城北六十里，銅仁至松桃適中之路。四面崇山峻嶺，中結地坪，周圍數里形如釜底。【略】官舟營，城北六十五里，坡陀曲折，中有田沖，爲往松桃要路。【略】巖門寨，城東北六十五里，距正大營五里。山勢峻嶒，徑路崎嶇。【略】地所坪，城東北七十里，距正大營十里。【略】巖坳汛，城東北八十里，四面高山屏舒障展，矗立橫敷，莫可名狀。徑路極爲崎嶇，楚黔交界，與鳳凰廳之新寨、栗林相通。【略】寄保營，城東北七十里，山勢嵯峨，苗寨攢列，路從山腰中行。【略】搆皮汛，城東北八十里，崇岡極巘，上有小坪，洞水潺湲，盛夏不竭。往嗅腦要路。【略】盤勝營，城北七十里，羣峰環衛，林谷阻深。山沖之中間有水田，爲往松桃要路。【略】馬腦臺，城北七十里，山勢鬱盤，徑路逼仄，往松桃要路。【略】桃映，城北六十里。【略】提溪司，在城西。【略】省溪司，在城西，後負崇岡，前臨深澗，路通川省，市集喧闐。【略】石硯，城西南一百一十里，連峰疊巘，障列屏舒。四面高山中有田隴，溪水縈洄，當口僅一徑，碕仄幽暗，一夫憑之，千軍難過。【略】龍勢關，城東二十餘里，危坂長磴，勢極蜿蜒，旁通漾頭司。【略】倒馬關，城北一十餘里，山形幽峻，徑路崎嶇，征騎往來，不啻盤蟻封中。

松桃廳：平所，城東五里，負山臨水，地勢稍平，爲近城輔車。【略】十里牌，城東十里，層岡複嶂，中有田沖，旁通大汊、沙溜各苗寨。【略】馬乾溪，城東二十里，層巒屼嵂，曲磵幽深，沿山傍澗，徑路崎嶇。【略】盤陀營，城東三十里，四面山列如屏，一峰突起，勢甚崔嵬。舊築土堡，極爲形勝，旁通麻洲、地洲、上下長坪各寨。【略】嗅腦汛，新改名盤石，城東四十里，亂山環合，徑路崎嶇。峰頭舊建石城一座，中有泉水可供汲飲。【略】芭茅坪，城東五十里，疊崿複巘，連綿數十里。【略】亢金，城東五十里，在大臘耳山腰，環臘耳山數十里。幽峭嶔巘，地略開敞。【略】紅巖，城東南五十五里，重巖複巘，嶔崟相屬，路在石山峽中。涼水井，城南二十里，松桃山崒嵂崔嵬，高出雲表，行者從猱崖猨徑攀援而上，極爲崎嶇。【略】張鬼溪，城南三十里，山勢崟嶔，溪流幽邃，從山谷中攀援上下。【略】老虎巖，城南三十餘里，巖勢峥嶸，狀如於菟，耽耽下視，行人悚然。【略】小龍塘，城南三十餘里，在正大營路側。兩山夾峙，曲磴碕仄。【略】麥地汛，城南四十里，疊嶂連崿，周遭迴環，中有小坪，水田漠漠，爲往秀山、銅仁分路之處。【略】平頭，城南十餘里，南倚崇岡，北臨幽澗，中開大壠水田，通太平場。【略】怕龍，城南二十餘里，山勢崟嶔，林木蒙密。【略】雷公山，城東南三十里，連崿疊嶂，嶔崟陡削，山勢綿亘，東通盤陀，南連地所。【略】雲羅坉，城西南十里，層巒聳翠，頗爲碕仄。【略】黄板，城南三十餘里，山勢幽峻，與界坪、和尚坉等處毗連。【略】牛角河，城西南二十里，山勢紆盤，溪流曲折中，多水田，可耕，而徑路高出雲表，四面如削，只一徑攀援而上。其上寬平，泉水數道，可汲飲。【略】太平場，城西三十里，地勢平夷，水田膏腴，往秀山要道。【略】龍頭營，城西南四十里，山勢蜿蜒，迴巖曲澗，重複阻深。【略】十里坡，城西南五十里，山勢峥嶸，徑路逼仄。【略】太平營，城西南五十五里，羣山合沓，曲徑紆盤，當山谷之中，極爲幽暗，爲秀山往松桃要路。【略】濫泥溝，城西三十里，峰崿陡峻，路從山溝中，羊腸蟠折，極爲幽險。【略】鐵鑪坡，城西三十餘里，高山贔屭，狀似洪鑪，磴道陡險，登陟非易，爲黔蜀交界要隘。【略】地爺河，城西四十里，峰巒秀蒨，林木清華，地勢頗平，秀山要路。【略】長沖，城西十里，山勢叢峙，徑路幽曲，與卡落相接。【略】上、下卡落，城北十五里，亂山迴合，戟立戈樹，徑路極爲陡峻。【略】長行鋪，城北二十五里，大山磅礴，曲徑盤紆，與大塘汛相接。【略】後洞，城西北三十里，複岡疊嶂，洞壑阻深，徑路崎嶇。【略】大塘汛，城北三十里，與大寨營相距數里，山勢崟嶔，徑路陡險。【略】水田壩，城北三十五里，背負崇岡，面臨深澗，與永綏接壤。【略】白菓坪，城北四十里，永綏、松桃交界之地，負山臨水，徑路崎嶇。【略】白竹山，城北五十五里，崒嵂崔嵬，綿亘數十里。東至白牛坪，南至大塘汛，西至老龍洞，北至茅坪，俱此山支分。【略】羅塘汛，城東北十餘里。【略】蒿菜坪，城東北二十餘里，倚山臨水，中有水田寬平，通永綏。【略】石花寨，城東三十餘里，山勢崟嶔，徑路詰曲，下臨深磵。【略】大汊城，東北二十餘里，亂山複沓，徑路崎嶇。【略】溜沙城，東北八十里，在九龍山下，俯臨深磵。山幽谷暗，易以藏奸，與永綏之茶洞、秀山之洪安地勢毗連。【略】壩得汛，永綏、松桃接界之地。【略】九龍山，在烏羅司西南六十里，一名梵浄山。【略】萬勝囤，在烏羅司西南三十里，石壁嶙峋，高數十仞，一徑盤繞而上。【略】觀音囤，在烏羅司東北里許，連峰疊巘之中孤巒特出，磴道盤繞而上，高約二三里。山頂上有巨坪，可容四五百人。井泉三口，雖炎伏不涸。【略】石榴坡，城南三十里，山勢高峻，林木蔭翳。大路在坡上，于役者攀援上下。【略】森崖山，城西南四十里，與石榴坡皆在平頭司管内。

思州府：黄道溪蠻苗長官司，府東北一百五十里，與沅州之便水、晃州接壤，萬山叢錯，峒壑阻深。其田塍坪一路爲楚餉入銅仁之路。【略】田塍坪，城東北八十里，山勢嵯峨，徑路詰曲。【略】開天鋪，城東北一百一十里，崇山峻嶺，一路崎嶇。附近之鵝梨坡、石灰坡崔巍屴崱，登者如蟻附垤，俱往銅仁必由之路。【略】馬腦山，城東北一百一十里，山形陡削，狀類驤頭，爲田塍坪往黄道溪必由之路。【略】凱溪坳，城東北一百四十里，猱崖削立，鳥道高盤，亦往黄道要路。【略】老山口，城東北一百三十里，爲茶店塘往黄道司路，連崿嶔崎，密林陰翳，當關一路極爲陡峻。【略】施溪長官司，府東北二百二十里。東抵麻陽，西抵銅仁，南抵芷江，北抵鳳凰，後依峻嶺，前俯大江。【略】雞公坡，司南十五里。【略】野狗溪，司東南二十五里，崇山夾峙，曲澗中盤，行人往來蛇徑中。【略】子母坳，司西南二十餘里，界域楚黔，體勢磅礴。西來諸山綿聯巀嵲，以兹山爲首，磴道陡險，行者有上青天之詠。【略】(麻)[鹿]隆山，司東北二十餘里，自麓至椒二十餘里，連岡峙岫，青覆遠近。

秀山縣：平塊，城南五里，路當孔衢，地勢平衍。【略】官橋塘，城南十五里，當松桃要路，地勢平衍。【略】白楊嶺，城南三十里，山勢聯綿，徑路碕仄，當松桃大路。【略】梨木場，城南四十里，嶺嶠高峻，水木清華，通楚黔苗路。【略】邑梅司，城南五十里。【略】地爺，城南六十里，峰巒明媚，地勢平衍，當松、銅要道。【略】平城汛，城南七十里，羣峰竦峙，清流映帶，中有水田，當銅松要道。【略】黄瓜坉，城東南二十餘里，峰巒峻拔，徑路碕仄。【略】紅沙溪，城東南四十五里，層巒疊嶂，曲澗幽深，爲往松、桃要道。【略】上晏農、下晏農，城東南五十餘里，兩山夾峙，一徑中盤，懸崖密箐，極爲阻深。【略】黔陽溪、龍壩溝，在城東南六十里，倚岡臨澗，徑路碕仄。【略】巴家坉，城東南七十里。【略】欅木山，城東南六十里，峰巒峻拔，洞壑深阻，與白竹山接聯。【略】黄坡，城東南五十七里，山勢陡險，與欅木山徑路相通。【略】鳳凰山，城東南二十餘里。【略】牛角山，城東北三十餘里。【略】川河蓋，城東南四十餘里。【略】野豬坪，城東北七十里，高山界上結有小坪，一路連峰疊嶂，極爲嶔崎。【略】石爺，城東三十餘里。【略】中寨，城東四十里，山勢嶙峋，徑路碕仄。【略】洪巖洞，城東北十餘里。【略】白巖，城東七十里，石壁嶙峋，徑路崎嶇。【略】平馬場，城北一百里。【略】洪安汛，城東北一百二十里，背負重岡，前臨幽硐，渡河而東，即永綏之茶洞南。沿河而上，則爲貴州苗寨。【略】官莊，城北二十里，右臨深澗，左傍崇岡，中結地坪，水田頗多。【略】龍團壩，城北八十餘里。【略】廟泉，城北七十里，秀山小河與酉陽正河相會之處。【略】攔河，城北一百里，傍山臨水，徑路碕仄。【略】石隄，城北一百三十里，峰岫嵯峨，徑路盤曲。北河自湖北宣恩縣來，至此與酉陽州水相會，水陸通衢。【略】小塘坡，城北一百六十里，山幽谷暗，楚蜀交界之區。【略】大巒坡，城北一百五十餘里。【略】小溪、滑石，城北一百六十餘里，羣岫合沓，一綫羊腸，地勢險阻。對河即保靖棚門地方。【略】平茶，城西南六十里。【略】迓架場汛，城東北八十里，連山環合，與黔省相接。【略】莪蓉汛，城東北一百五十里，右臨深澗，左傍崇岡，與永綏苗寨毗連。【略】濫橋汛，城南七十里，山勢蟠錯，溪流縈繞，中有水田，當松、銅要路。

徐延旭《越南道路略》 河内省即昔之東都。【略】東至海三百二十里，西至老撾深山五百六十里，今老撾改名烏哩南。至富春省今之國都二千零三十一里零，北至中國憑祥土州界四百里。河内省至天朝京師一萬一千一百六十五里，由越南國今之國都至天朝京師一萬三千二百零六里有零。

《明一統志》：交趾路自州西南陸行，取馬援舊路，至瀼州二百七十里，又二百四十里至緣州，又二百里至交州。天寶以前，陸行凡二十驛。一説南渡鬱江，西南行，經羈縻五州，至變州約六百里。安南城西至愛州界小黄江口四百十六里，至長州界靖江鎮一百五十里，西北至峰州界淪江口水路一百五十里，至宋鵝界小黄江口五百五十里，北至武定江二百五十里。宋太平興國中伐交州，命蘭州團練使孫全興帥三將屯邕州路，宋人所紀未得其要領。又入交趾道三：一由廣西，一由廣東，一由雲南。由廣東則用水軍，伏波以來皆行之。廣西道則宋行之，雲南道元時始開。由廣西之路亦分爲三：從太平府憑祥土州入者，由南關隘歷越南文淵州之坡壘驛，又經脱朗州北，一日至諒山，又一日至温州之北，險徑半日至鬼門關，又一日經温州之南新麗村，一日至保禄縣，半日至昌江，又一日至安越縣南市橋江下流北岸。一由太平府思陵土州過辨强隘，一日至越南禄平州。州西有路，一日半至諒山。若從東行，過千里江。此江永樂中黎季犛堰之，以拒明師，後偵知其堰處，乃決之以濟師。一日半至安博州，又一日半過耗軍峒，山路險惡。又一日至鳳眼縣，又分二道：一道一日至保禄縣，亦渡昌江；一道入諒山，亦一日至安越縣之南市橋江北岸，各與前道會。其自龍州入者，一日至平而隘，又一日至越南七淵州，二日至文蘭平茄社。又分爲二道：一道從文蘭州，一日經右隴縣之北山，經鬼門關平地，四十里渡昌江上源，繞右隴之南，沿江南岸而下，一日至安世縣，平地至安勇縣，又一日亦至安越縣之中市橋江北。一道從平茄社西，一日半經武岸州山徑，二日至司農縣平地，又一日半亦進至安越縣之北市橋江上流。北岸市橋在安越縣境中昌江之南，諸路總會之處，隨處皆可濟師。一日至慈山，又過東岸嘉林等縣，渡富良江，入交州，即河内省也。雲南亦有二道：由蒙自縣蓮花灘入越南之右隴關，下程瀾峒諸處，循洮江源右岸，四日至水尾州，又八日至文盤州，又五日至鎮安縣，又五日至下華縣，又二日至清波縣，又三日至臨洮府洮水，即富良江上流，其北爲宣化江，南爲沱江，所謂三江者也。臨洮三日至山圍縣，又二日至興化府，今云興化省也，即古云多邦城。自興化一日至白鶴神廟之三歧江，又四日至白鶴縣，渡富良江。其一道自河陽隘循洮江左岸，十日至平源州，又五日至福興縣，又一日至宣化州，今之宣化省也。又二日至端雄府，又五日至白鶴三歧江，然皆山徑，攲側難行。其循洮江右岸入者地勢平夷，乃大道也。若廣東海道，自廉州烏雷山發舟，北風順利，一二日可至交之海東府。若沿海岸以行，則烏雷山一日至永安州白龍尾，二日至玉山門，又一日至萬甯州。萬甯一日至廟山，廟山一日至屯山，又一日至海東縣，二日至經熟社。有石隄，陳氏所築以禦元兵者。又一日至白藤海口，經天遼至安陽海口，又南至塗山海口，又南至多漁海口，各有支港以入河內省。自白藤而入，則經水棠、東潮二縣，至海陽府，復經至靈縣，過黃徑、平灘等江。其自安陽縣海口而入者，則經安陽縣，至荆門府，亦至黃徑等江，由南策、上洪之北境以入。其自塗而入者，則由古齊，又歷古陽縣，經安老縣之北，至平河縣，經南策、上洪之南境以入。其自多漁海口而入者，則由安老、新明二縣至四歧，溯洪江至快州，經鹹子關以入。多漁南爲太平海口，其路由太平、新興二府，亦經快州鹹子關，由富良江以入。此北海之大略也。交州之東有海陽、荆門、南策、上洪、下洪、順安、快州等府，去海頗遠，各有支港穿達，迤邐數百里，大艦不能入，故交人多平底淺舟，以便入港云。此洋夷之所以不能驟至越南之北圻也。

諸書所載，皆在越南未遷都之前，或詔命所至，或用師所攻，皆指交州立言。交州，今之河內省也，故取道皆專向河內省。迄今地名改易，而南遷都於富春，故再由河內以至國都，詳紀地名，以備考覽。富春在橫山之南，古之林邑國、扶南國、占城國皆在此，即秦之象林縣地，屬象郡。【略】今其國道路不計里，而計尋，因其俗以記之，可合里數核算也。大率自河內之文亭起程，至富春國都，計行十八日，共三十六宫程，三十萬四千六百九十九尋。經海陽省之東上跕邯上社，至東俸跕厗俸社，又至興安省之興舍站安舍社，又入南定省城南潢跕，歷南隊跕同隊社，又至甯平省，過城邊之甯多跕多枚社，城内亦可宿。另有一道，由河洄、河富、河瑞、河安、河忠，至甯平省城，亦是六跕程，七千一百七十三尋，所謂首六跕也。以下單列，以便觀覽。

甯平之捄林　漆陡　館巴颩　捄安　帮絇，可宿。　館枚　館崞　篤鹽　甯遊跕古迄社，屬安謨縣境，自此至屯嗝，土石文錯，林莽叢雜，常有匪人截劫者。由甯平城至此七千二百九十三尋。

館軺　隳拜岙　殿梘甯平巡守　三疊山，中山最高，爲清化、甯平之界山。連神符海口有碧桃洞，不可暮行。魯笳崇珍祠，祠奉柳杏聖母，云係前世國王之女成仙者。館榹　屯嗝扁山社，清化巡守。貢渠光明社，此處可望見嘉苗殿。清和站號宫渠，有館舍，有渡，接大連津，右對冦來寺。豁蜡崞貓，原地名光朗社，係宋山縣界。以貴鄉免役，故站夫用峨山高隴社鄉民。由館軺至此九千八百三十三尋。

平和橋有土山，名九嶿。又有石山，名金甌。宋山、莪山、永禄山相對峙立。帮檜金甌社，宏化縣境，可宿。大連渡，津次可宿。舊大賫，即潤胡所居之地。南面槊山，是鄭棟故里。亦有直渡，一夜可達楊舍江，名曰渡貞。館浮沙　重盤山　帮椰錦羅社，可宿。　館毛　清山跕美化社，屬宏治縣，號宫貞。自平和橋至此九千一百九十二尋。前有渡江，上有象頭山，東又有龍頷山九十九峰。相傳有百鶴羣飛，九十九鶴集九十九峰，其一鶴冠至清化省壽鶴社，堪輿家云「九鶴羣冠」是也。

楊舍江即貞江。　館定香　捄鶴　館蹤　帮營楊　布術社，國王黎灝故里。前有江橋，名曰龍橋。旁有金童山，遥望之頭青面白，堪輿家云「玉女朝前，金童拱北」是也。又有一山，如象立，上析爲兩，係唐交趾都護高駢所鑿。　清化省附郭東山縣舊在楊舍，後移於此，號鎮鶴城。館密山　帮布術，可宿。　館庵　館櫥多賣扇者，故名。　館劉術　清泰跕泰來社，號宫甓，屬廣昌縣。自楊舍江至此九千二百九十二尋。

館竹　館茹濤，土語，濤娼也。　屯䃔䃜，兩邊山立，中有窄路。　渡湖玉甲社，玉甲江面三百尋，近海口，風静波平方可渡。　館韓　擺埒，自此至館𩿧林莽叢生，多匪人。　館帮庫　清含跕號宫囂，今爲静嘉府治。由館竹至此八千八百四十尋，路少居民，多匪人。

廚豁，本名天成。　館囂　館𩿧　土山屯，多沙礫。　捄茶　館土，爲聖母祠，殿前有江，蜿蜒如龍。　清科跕號宫科，可宿。自廚豁至此八千八百零四尋。

館同和，有山名更仙。　屯騗樸　屯館軺，清化省巡守。　呋甕，兩山對峙，中有狹路由此，至館枚多匪人。　冷水溪，清化、乂安兩省界，水最毒，多猛獸。　帮黄梅，有渡。　岸椿，地皆赤，土山多松。　安瓊跕、瓊花社屬瓊瑶縣，號宫坦。赤祝，自館同和至此一萬零二百八十一尋。

館回　帮瓢完厚社，有市，可宿。村旁有二山，堪輿家謂「平地樓臺，還朝科宦」。有路通蔡州七總，下乾海口，爲商賈往來之區。　拯戛　館柄黄莊社　館旅　館梘　安壘站有舊壘，明人屯兵於此，故名。號宫齋，屬東城縣。自館回至此六千一百七十四尋。

仙里渡，土名渡蓬。　仙里屯，今演州府治，可宿。　館蝸，沙洲多蚌殼，故名，有市。　白龍岡　鮪壬，山脚林莽叢雜。安香站安藹社，號宫壬。自仙里渡至此七千一百七十尋。自此至崞鐵俱行山脚，多匪人。

殿鴿，有祠，祀蠻神涇陽王。旁祀女神，名媚珠，土人祀之甚恭。山多孔雀，人不敢犯。自此至拯禁，雨後泥淖難行。　崞鐵，一溪黑水，唐高駢爲都護府時所鑿。多鐵山，故水黑，甚毒。　天威港，相傳雷震遂闢而爲港，故名。　核椰堆　渡求禁巖社，爲興元縣治。江面闊五十三尋，地多毒草。　聖母祠署黄社　岗頭猧，有土山，形似象首，故名。　安溪站金溪社，號宫楣，可宿。自殿鴿至此七千八百一十五尋，自此至宫決皆平坦。

館行　殿會，過此有市。　館蓮金元雲屯社，可宿，前有二路，一達乂安，一達勇決。　乂安省城號鎮泳城，邊有九曲江，舟行一日夜可至河静省户渡。水路遲，不若陸路之速。　安決站安決社，號宫決，近連省城，可宿。自館行至此九千三百二十二尋。

渡瀝有横渡，亦有直渡，可達渡制，陸行亦便。江南面有鳳凰山九十九峰，屬宜春縣境。山有寺，又有石牀，相傳仙人在此得道飛昇。帮蘥　帮制　渡制三制社　擺栫，地近山川。　静逵站，號宫橑，乂安、河静交界。自渡瀝至此九千五百八十九尋。黎灝有國時，循吏御史韓擒虎善決獄，築石堰利農，有祠祀之，在度逵社。

帮逵，地産茶。　館楝　研江渡爪牙社，屬河清府石河縣，可宿。　帮研，此處吴姓是其望族。　渡茄來盤社。　館毞江扶越社，有二庯。　静舟跕丹制社，號宫毞江。自帮逵至此九千二百四十尋。

帮棋玉田社，善造酒。　我罚附近河静省。　大奈屯，號宫禁值，有城，可宿。　河静省　大奈渡，過渡即奇英縣。　館庫　静溪跕石溪社，號宫那，地多溪澗。自帮棋至此九千九百六十九尋零二尺。

館會雲峰社，可宿。　渡户　館鳳凰，有市。　落川渡，即渡館格。　嵩落　館下，此處岡隴沙磧，甚遠甚寂。　宫猧，路在山脚，多林莽。　館篤　静樂跕有樂社，號宫猧，爲黎氏飼象之所，象廐猶存。自館會至此九千九百六十一尋。

館下下館社，可宿。　海郡公祠　館鎬　殿嘲，有祠，祀黎氏舊臣虎威大將武石盤，以爲福神，土人事之甚謹。　帮嘲，遇雨不可行。　静沙跕潙沙社，號宫營，黎氏時有兵屯守，故名。今爲河英府治，可宿。　自館下至此九千六百七十四尋。自此以前路多山洞，藏匪人。

天擒山，明兵擒胡季犛於此，故名。　智水溪，清淺可涉。　石盤溪，號館硋。以下無宿處。　鹹水溪橋　火號館，黎阮二氏相拒，登山舉火爲號，故名。地多猛獸毒藥。　帮貢椰　狀元祠神投社，黎氏時黎廣分、黎廣意兄弟二人皆中狀元，有祠祀之。静神跕神投社，自天擒山至此九千六百七十四尋。自此至横山多毒草林莽，惡獸毒蟲，山洞澗水湍急。

館鮪刀，有兵屯守，過者須投遞呈狀，地連海岸。　横山，號岩昂，自梁山至此重山疊嶂，横當海門。甚高山南七百七十三級，山北七百九十一級，捨此別無路至國都，其國之一險要也。　聖母祠，在山南之下，祀柳杏公主。　館泳永山社，道左是海口，右沿山行，多阪峻小溪。　溗廚，在海旁，有山，有寺。　廣禄跕天禄社，號宫洊，可宿。自館鮪刀至此九千一百六十四尋。

帮洊，屬布政州，山澗陡絶，樹多石險，海潮聲如雷。有市，爲南北交會之區，多賣烏賊魚與海蝦者。　館庵　景陽渡，號渡洊。　館廊程　帮毞屯　渡瀧箏，水面廣二百八十三尋，外通海門，凡茤稍起，波浪驚人，其國以爲天限南北之境。臨晨波平，方可渡。自此以南婦女衣皆純白，其幗以小帶束之，垂於背後以爲飾。　廣溪跕蒲溪社，號宫瀧箏。自帮洊至此七千零四十尋。路多沙，過江底驛，沿海岸沙中行。

擺翅，沿海岸沙中行。　砂祀海門，大小石環立，春日水漲，移行山上，山高石險，難行。　里和館，近市婦女以椰油塗髮爲飾，多商賈，頗繁富，可宿。　里和橋，長一百洞，高八十六級。　廣臯驛蒲溪社，號宫迍，有市，地多白沙。自擺翅至此七千八百六十二尋。

帮迍安老社，可宿。過此二里以前至館箠，路多險峻，難行。　福禄江，清淺可涉。　帮營坑止安市，附近多嘉苗。外莊，國王之私莊也，可宿。

館椂，館核椰，館瑶，三處皆無可宿處。 壘茦扶舍社，黎氏臣昭武侯所築，上自兜鍪山，下至日麗海門，以爲防守之所。 廣甯驛鎮甯社，號宫同海。自㠌沲至此七千八百六十七尋。

廣平關，號同戲，過關須遞呈詞，驗文憑方能過，有兵屯守。與廣平省城相連，砌石爲城。自此至海門一帶盡是沙堆，直接兜鍪山。 廣平省城

長板橋，自廣平關至同海江有兩長橋，抵錫羅社。 墹侯渡延安社，此江甚闊，中有沙洲，多蛤蚌殼。有祠，國人奉之甚謹。 㠌武舍，屬麗水縣境，有市。至館吉一路皆白沙，難行。 㠌營邁，黎氏屯兵於此，號十奇屯。館墿槐，有市，有宿。 廣舍驛石舍社，路多沙，難行。自廣平關至此八千九百二十四尋。

館外 㠌安定安定波月等社，仕宦族多居此。前至海門號𠠩松、𠠩越，少館舍，無宿處。 㠌緻，可宿。 㼆吉 廣禄驛鄧棣社，號宫扶，路皆林莽沙石，難行。自館外至此九千八百四十尋。

館吉，沙多難行。 館蓮内水蓮社，俗傳社有大湖蓮，不植而生，有社長廟。昔黎灝征占城，欲開港以通水道，社長陳某謂沙嘖不能成港，灝怒，斬之。既而果塞，灝悔，立祠祀之。 館蓮外，自此至館下淇多灌莽沙石，難行。 館孛水蓮下社，有生成石佛寺，今廢。一帶荒莽，多虎狼。 館使

館下淇界連廣治道，可宿。淇村富長社 㼆沙、龍通兩沙州，堪輿家謂是國都左龍之應。 治立驛，號宫茹胡。自此至館嶲皆平田，自館吉至此六千七百六十六尋。

嵩茹胡春媚社，胡季犛此處人，灌莽極目，有渡名渡茹胡，舟行二日半可至國都。不易行，不若陸路之便。【略】破三江，地近海門。 館岃囂 珠瑞庯，可宿。 明良渡，有市 㠌辰利 治高驛高社舍，自嵩茹胡至此七千六百零六尋三尺。

館嶲高舍社，椰門山頗高，館在山上。 㠌捄河卜社，可宿。 館驛庯山治安驛，號宫崇安樂社，屬登昌縣。自館嶲至此九千四百四十三尋。

渡釣鼇江 館礶 渡來福 館吉禄全江 愛子橋，近愛子江。 館福美 嵩墿旗沙州 渡砃翰石翰社，水極清。 廣治省今改爲道，界連海陵縣。治舍驛立舍社，自渡釣至此九千四百四十三尋。

渡戎 館瓶，過此二里有延生市，可宿。 嵩瓶，灌莽極目。 館几延，爲海陵縣，治有市 渡砃 渡髩界香茶縣，屬承天府 良田江 承美驛美川社，號宫髩，屬廣田縣。自渡戎至此七千七百七十五尋。

㠌鑪髩，可宿。 瀆江 嵩吉 嵩瀆 嵩茹斂，路皆沙，宜早行。 館扶宅 館核旁 館營 嵩捄，坦路，皆沙。 承安驛上安社，號宫捄坦，自㠌髩過二里，至扶宅社。又至高驛墟，路甚遠，多沙難行。自渡戎至此七千三百二十尋零一尺。

宫富屋，可宿。 渡富屋 館清涼 館邾 㠌六初 北亭 六初橋西北門 㠌我罰 承天府 國都富春省，屏山、香江俱在城南。自宫富屋至國都四萬六千三百四十九尋零二尺。

計一尋作八尺，其一百五十尋視中國爲一里，由河内至國都只得二千零三十一里有零。又北至憑祥土州界四百里，其南圻皆是。後吞併占城、真臘各國地，不在此數。

由鎮安府鎮安廳入越南國各路：

鎮安廳一百六十里至那波，又三十里至谷傍，又六十里至隆欄，又十里至達郎，又五十里至淰臺。淰臺分二路：一路四十里至那晚，又三十五里至底定縣，又名者良。又二里至板文，又二十里至毛街，又五里至那坑，又二十五里至牡丹。一路由淰臺七十里至板童，又六十里至猛集，又八十里至襄安府，又名堂上，有小路可至牡丹。由牡丹十五里至者扒，爲雲南開化府界。襄安府西南行，五里至燕峒，又十里至干禾，又十里至江峺，一名項高。又十里至官壩，又五里至南天門。又一路由者扒東北行，四里至拉陰，又東行二十里至乂河，又二十五里至雙車河，又三十五里至江釵河，又十里至那音，又十里至南天門。

南天門南行，二十五里至箔竹擔，又東行十二里至潘坦街，又十里至馬皮良，又十里至陌心河，又十里至萬行，又十五里至草鞋店，又十五里至洞大海，又十五里至安邊，又五里至河陽，又一百九十里至貪安。再東行，由隆安百坡入越南國之宣光省。以上各路，廣西、雲南兩省皆可行。

一路由底定縣南行，五十里至南瓜墟，又七十里至猛集，又二十里至淰池，又三十里旁懷，又三十里至猛化。再西南行，四十里至洞大河，復東行，十五里至安邊，亦由河陽、貪安入宣光省。一路由鎮安廳南行，又三十里至那年，又三十里至菜園。又西行，三十五里至那雞，又五十里至安邊。其一

路由那柴東南行，一百六十里至棠陰，又三十里至清涼，又三十里至灘頭。又西行，十五里至菜園灘頭。亦有路竟達安邊，一百里，荒僻難行。

由鎮安廳西行，一百二十里至百都，又二十五里至者合。又西南行，三十里至新墟，入越南界。又三十里至河，過河，三十里至苗旺。由苗旺南行，六十里至龍平，又三十里至底定縣。由苗旺北行，二十里至油榨房，又三十里至同文。西行，四十里至茶平，又二十五里至弄河，又二十五里至櫳杠，又十里至普高，入雲南開化府界。

一路自者合正西行，二十五里至谷桃，又十五里至小坪，又二十五里至田篷，又七十里至普梅，入雲南廣南府界。由田篷正南行，三十里至河，過河，二十里至同文，亦可入開化界。

關梁：鎮彝關，舊名雞陵，今名鎮南。隘留關，今名油隘。二關係廣西入越南之路。猛烈關、華關隘、河陽隘，三處係雲南入安南之路。鹹子關，係陳氏敗元師處，近膠水縣界。牛鼻關，近美良縣界。鬼門關，馬希範建銅柱處，在諒山西南。

楊慎《滇程記》 中州達滇有三路：自邛雅、建昌、會川渡金沙江，入姚安、白崖，曰古路。秦常頞略通五尺道，漢武侯南征，乃大闢焉。今蜀碉門有大相公嶺，桐槽驛有小相公，皆因武侯得名。姚安有諸葛營，白崖舊名昆彌。武侯軍次白崖川，斬雍闓，遂渡瀾滄，入永昌。永昌城外七里有村，曰舊漢，其人言語、衣服皆類蜀人，蓋征南留居者也。唐曰姚嶲路。《唐書》：高宗上元中，南詔犯邊，殺李知古，姚嶲路絶。姚，姚州；嶲，越嶲也。起瀘州，溯永寧，走赤水，達曲靖，曰西路。唐天寶中出師伐南詔，亦由此進。《蒙國德化碑》云：唐節度使章仇兼瓊遣越嶲都督竹靈倩置府東爨通路，安南鮮於仲通取南谿路下，李暉自會同路進，王知進自步頭路入。又曰仲通大軍至曲靖，劫江口。按此，則西路唐已通矣。至元世始開郵傳，今因之焉。出湖藩，轉辰沅，經貴州，曰東路。肇自莊蹻，立傳則自國朝始也。又由重慶三驛至綦江，綦江七驛至播州，播州六驛至貴州，乃武侯遣李恢、關索分道南征，逐北盤江，馬忠撫定牂柯，實由此路進。其地有馬忠關索嶺，今爲間道焉。東路由大江舍舟，首程曰公安，六亭而達孫黃。板橋、三檀、三穴橋、孱陵、罐子。道經故孱陵縣，遺甃存焉。孱陵、罐子皆十里而遥，樹多女貞，多貴竹。

孫黃驛七亭而達順林，塔岡、羅塢、樟莊、黃鐘、沙嶺、闌山。坡於塔岡，坦於順林，望皆煙篁，鐃水田。羅塢、樟莊皆十里而遥，山多荒茅亭竹，吹錫叫竹，以代銅鉦。順林驛六亭而達澧州。涔河、河同、厢堰、新店、鎖石。絶涔水，水清澈，産蠃蚌，巨者象盤。岸有諸葛遺釜二，有澧陽橋，遇仙橋，有車胤故里，有屈原祠。蘭江驛實枕澧水。

自蘭江驛濟澧水，再濟道溪，六亭而達清化。上觀、新渡、東山、五泉、新添。坡首東山，樹多松。

清化驛七亭而遥石堤、沙溪、虎踏、鰲山、獅子、馬鞍。達大龍，山多赭，土帶石。

大龍驛六亭新橋、韓村、梁山、清泉。而至常德府。有珠履坊、春申君墓、馬伏波祠。

常德府八亭佛子、南湖、高梧、鄢溪、呂鎮、鹽泉、古石。而達桃源。路沿沅水，經三渡，鄢溪、呂鎮、亭臺。山水清曠，有物外致。有徑路，霜降後始通騎。

桃源縣六亭緑蘿、白馬、桃川、烏桃、唐林、辰溪。而達鄭家驛。緑蘿山枕沅水，山形峭隒，二岐分背，下瞰溪潯。白馬渡流極清駛，環數里，平曠芊綿，爲古桃源，有桃川宫、秦人祠。洞門面宫，有瞿童樹，其杉枵腹，中容考工車二軌，瞿童之所鍊形羽化也，幹燬本存焉。再渡爲水溪，三渡爲辰溪。

鄭驛七亭竹瓦、灰窑、燕莊、長坂、竹老、唐底。而達新店，林箐邃密，爰多戾蟲，鐃暴客，不可以暝行。溪澗九帶，□涂揭涉者七，梁絶者二。

新店驛七亭太平、蘇黃、寧鄉、楊家、木稠、官生。而達界亭，涉蘇黃三渡，楊家二渡。陟牛欄關，路始峻。

界亭驛七亭新楗、潘鄉、馬鞍、獅子、柟木、楊步。而達馬底，經冷水坡，馬鞍山。自新店至是歷四十八渡，諺云：「四十八渡脚不乾，前頭又上馬鞍山。」皆溪澗湊流，無舟楫。夏雨漲時，東西旅絶。地復多蠻，實槃瓠之遺，洞居血食，龐衣猺言，名爲洞人，時出肆掠。

馬底驛七亭而遥白霧、嵩溪、洶溪、洶飯、獅子、新安、長田。至辰州府，經新開、松溪、七盤、相見、望坡五大坡。

辰州府八亭苦藤、清水、印溪、麻溪、楊溪、野柘、狗尾。而達船溪，植石若林，拔地數仞，巧逾刻劃。山多洞穴，入洞有槃瓠祠，有叢垣壇位，而無像設，洞人飲食必祝，過者亦肅然。

船溪驛四亭山水、乾溪、十里。而達辰溪。渡沅江，岸對穆天子大酉山。有石鼓及鐘，考之中音。有虎坐岩，截壁千仞，無草木，猿猱弗捷也。下有石肖虎。有乾溪洞，深不測。爰產岩筍，晶色而節幹，修咫有倍，采以春夏，其柔可環，出洞得風始堅，服之已臚疾。

辰溪縣三亭石碑、寒岡。而達山塘，途經馬援壺頭山。

山塘驛七亭而遥寺前、小龍門、中河、大山、近泉、白牛堡。達懷化。有桃花崖、芥子洞，蠻寇常出入所也。有樠坪，坪林多樠，其樹類榆，蜀人名曰「榆樠」。《左傳》：楚子卒於樠木之下。是楚地多樠也。今太嶽、太和山有樠梅，蓋異產焉。有温泉坡，下有水，冬温夏寒。路經中河，其水深湛，緯以舸艚，枋覆藤絡，人僅免濡足，騎解韉以濟焉。

懷化驛四亭而達盈口。小田、石門、乾溪、包家。山形平曠，類桃源、仇池，多良疇，鮮凶歲。露積野牧，人弗相竊。坡樹多茗。

盈口驛四亭向溪、石凹、石橋。而達羅舊。有石口溪，交樾垂藤，中多漁舟，匯於沅江。

羅舊驛四亭八州、十八坡、大橋。而達沅州。州臨江，江繞明山。

沅州達便水號四亭，竹坪、岩田、冷水、栗子。實八亭。自沅而西，亭傲荒漫，記里多倍而遥，亭遞徂宵，兩燎相續，跋炧乃至。路經栗子關，地產玉，泥可陶。阪陡石滑，捨騎乃躋。

便水五亭而遥對大、波洲、冷水、新村。達晃州。州廢名存，土人相傳此地爲古夜郎，無據焉爾。《後漢書》曰：夜郎東接交阯。其地在湖南。君長本出於竹，以竹爲姓。《唐志》：夜郎隸夷州。《宋志》：隸珍州，迨今廢。故夜郎城在貴州石阡府葛彰長官司西六十里，與晃州遼絶，不知土人因何傳訛也。李白流夜郎，實未至夜郎而返。其詩云：「夜郎萬里道，西上令人老。」又曰：「五色雲間鵲，飛鳴天上來。傳聞赦書至，却放夜郎回。」又曰：「昔云三湘遠，今還萬死餘。」意者太白上夜郎，泝三湘，至晃州聞命而返，遂以晃州爲夜郎歟？ 再亂沅江，途亘蜈蚣關，山束道迮，形如其名。樹多樺，土人燧樺膚以代燭。

晃州驛六亭而遥團灘、米槁、黏魚甕、西溪、陳二、平溪。達平溪。途經鮎魚、南寧二堡，山產石墨，道皆黝泥。

平溪衛四亭而遥丙溪、楊坪。達清浪。中渡沅江，有峩眉、太平二堡。

清浪衛達鎮遠號四亭，梅溪、焦溪、宛溪。實十亭。途經雞鳴關、草鞵坡。

鎮遠府達偏橋六亭而遥，白羊、九曲、望雲、劉家莊、青岡。有油榨關、九曲關、望雲關、望城坡、相見坡。渡河入城。沅水泝流，舟道通鎮遠而止。近議決石梁達偏橋，功尚未就，計成之艱爾。

自公安至偏橋二十五驛，一百四十九亭，一千四百九十里，爲湖藩城。

偏橋衛五亭王五、東坡、履坦。而達興隆。途經東坡，近易名東陵。有巖洞，類梵壁普陀境，垂乳結溜，象雲朵芝英，懸泉淙然，邇雲泉閣、月潭寺。

興隆衛達清平七亭而遥，黄猴、周洞、重安、羅沖、落燈。渡重安江，江色如渥靛。重安長官司隸四川播州。岸樹二桓，絙纜絶之，舟循纜以渡。渡西有雲溪洞，可隱千室。望香爐山，爲邑三成，其高蔽霄，下肆無景。上有瀵流，一溪沃疇千畂，聚落千蔀，時出禦貨戕人，官兵來討，輒洴水下注。西陽土兵環之，弗克攻。有隕自崖者，獲之。詢之，江佑也，舍之。苗俗以長至爲歲朝，考鼓擊抃，羣飲醉卧。土兵尾江佑以登，窺其關，殺其關焉者二人。急摐金，羣帥悉登，盡殲之。遂城香爐爲官戍，居其降苗於黄猴落燈之間。

清平衛達平越號六亭，雞場、胡資、楊老、羊場、三郎。實九亭而遥。陟梅嶺關，渡麻合江，津人乃木僚夷。江涘苗人以石望就水澤髮，僚家夷女罾鰍鰕以供臘祭。地有羊場、雞場，實諸夷互市，以十二辰相遞，歷十二日一市。

平越衛達新添號六亭，谷子、西陽、黄絲堡、冷溪、崖頭。實十亭而遥。途經倒馬、西陽、儸儸、江西、望城五坡，有龍場、蛇場、谷蠻關。路皆石齒，馬升甗，昆蹄踏石鏗然，火星隨迸。箐有苗寇，行者側足焉。昆蹄，範金飾馬蹄以禦石齒，《爾雅》所謂「昆蹄善升甗」，《漢書》所謂「踏石汗血」是也。或曰昆蹄乃周公通道九夷時所制。

新添衛六亭乾溪、甕城、新安、巃㟾、麻子。而達龍里。路夾長澗，有長谷坪、空洞坡、野猪洞、巃㟾坡。野猪洞，野猪穴之。石崖截立千仞，盤回復迮，人騎弗戒，恒有墜者。新安對亭有石埭，峭立而上平，下有洞深靚，九龍觀標其巔。苗寨星旷，道次以敝罾、故履、鴨頭縛交竿端，置茅蘢中，謂之退鬼。男女踏歌，宵夜相誘，謂之跳月。東苗種人皆吹蘆笙，旋繞而歌，男女相和，有當意者即偶之，曰跳月成雙。皆露髻翹簪，闌衣具飾，男呼女曰阿娟，女呼男曰馬郎。

龍里五亭高寨、獨脚、畢堡、龍洞。而達貴州治城。城近巒之秀者曰鳳皇，帶城有襄陽橋。林多貴竹，有貴竹長官司，因竹以名。州野產紫芝，土人呼菌王，解菌毒。城市僅以猴、兔二辰爲易。

貴州五亭阿江、小箐、倒樹、六寨。而達威清。山稍夷，類峭澠，夾路多野橙，以春冬之交華。

威清衛四亭而畸的澄、狗場、鎮夷、阿東。達平壩。有的澄橋，其水黝湛，夾堤多簝葉。

平壩衛六亭沙作、飯籠、龍窩、阿箸、樂得。而達普定。兹實荒徼名都，永寧、安順、鎮寧三州同城，惟安順坐署，二州假氓廛而已。地稍平衍，山如髻鬟。城南闉有塔山，浮圖標其嶺。

普定衛五亭楊家橋、馬場、龍泉。而達安莊。

安莊衛二亭阿橋、白水。而達白水。諺云：「渣城白水，半人半鬼。」

白水驛六亭雞背、關嶺、白口堡、安龍箐。而達渣城。兹滇路險絶首程也，有懸崖迭水、飛流瀑布，自山湍下注，二崿相承，下爲深潭，有神蛇宅之，見者必嬰重疢。夏漲時，噴沫如雲霧，籠罥數里。有雞公背，與關索嶺相對，兩山之趾界以溪澗。關嶺四十三盤而上，有香樹坡，有小箐口坡，有白口東坡，有安龍箐坡，有胡椒凹，有象鼻嶺，左右皆崖箐，萬仞中僅有道如梁，行者慄且汗。草多芝，鳥多山呼，獸多熊。

渣城驛達安南號六亭，黃土坡、盤江、寶甸、水洞、尾洒。實十亭而遥，有西關坡、黃土坡、癩石坡，至盤江，江出烏蠻，匯於廣西者香江。即左江。饒瘴癘，草青之月有緑煙騰坡，散爲宛虹駮霞，觸之如炊粳菡萏，行人畏之。江岸乃靖遠伯南征喪大師之所，每水溢時，多化爲異物。居人言水張江渾，鬼物咸化爲無頭尾魚及傘衣之類，舟人有逐之者，必遭溺死。過江，有盤江坡、倒馬坡、哈馬章，山幽箐邃，吐霧彌天，不分咫尺，行者前後相呼。南闉有尾洒井，清甘可茗。夷言尾洒，華言水下也。

安南衛達新興號六亭，實八亭。烏鳴、臘茄、牛場、泥納、芭蕉。下老鴉關、沙子嶺，登江西坡、分水嶺、芭蕉關、新興坡，石行者十四，沙行者十六。堡站實枕新盤山。

新興驛達普安號六亭，板橋、革刺、撒麻、水塘、高麗。實八亭而畸。有板橋坡，地皆黃壤，樹多青松，土人燧松梯以代燭。下軟橋坡，渡軟橋。兹水亦盤江之委，舊以藤絡楮橋，今易之以石。撒麻亭有八部山，地名舊普安，唐盤州遺址在焉。近城有狗場坡，驛曰湘滿，民無編户。土酋號十二營長，其部落有儸儸、仲家、仡僚、僰人，言語各不相諳，以僰人譯之。

普安州達亦資孔號六亭，實八亭。蒿子、海子、火蒿、娥郎。驛枕石象山。有番納牟山，土人稱雲南坡。坡陁相續，行石齒中。土人曰我道掌平，問亭哨，隔閡兼山猶曰咫尺爾。自興隆至亦資孔凡十五驛，一百二十亭，一千二百里，爲貴州域。

亦資孔六亭而達平夷，火燒、東堡、平夷。中路有綽楔，曰滇南勝境，西望山平天豁，還觀則箐霧瘴雲，此天限二方也。入填境多海風，蜚大屋，人騎闢易。貴之雨，雲之風，天地之偏氣也。

平夷衛六亭多羅、響水、石層。而達白水。有茶花箐，多盜。侯行者不戒而掠之，曰張冷。路有清溪洞，面溪流，中窅深。炬火入之，有浮圖、龍象、芝朵、雲英之像，皆石乳溜結者。有桂花洞，有桂一本百尺，根蟠洞底，枝出洞外，秋華時香徹他山。

白水驛達南寧號三亭，分水、交水、阿幢橋。實八亭。交水川平，可走輪。阿橋有大道走曲靖府，號三叉路。有鐵溝哨，守以盧鹿夷。

南寧驛四亭響水。而達馬龍。馬至是脱昆蹄。

馬龍州達易龍號三亭，滄浪、白塔、趙河。實八亭。途經魯伽巡司、下板橋、古城堡、小關索嶺，夾路多斗瑒花，丹素二采。

易龍所地又名木密關。達楊林號三亭，納地、羅傍。實七亭。羅傍山枕楊林海子，方如支郡三城，有漁舟百十艘，岸然沃壤。

楊林達板橋號三亭，赭茶、赤文鵬。實六亭。

板橋驛三亭金馬關。而至雲南治城。近郊有金馬關，其鎮太華山，其浸滇海。近城菜市有銀卄，五花寺有金卄，秋時恒多瘴。大氐地孕寶者氣必沴。

雲南城七亭黑林、高橋、始甸。而達安寧。近郊有碧雞關，多平林沃壤。有螳螂川，通舟楫。有温泉，浴之已痾。民食馬蹄鹽，鹽産象池井。

安寧州六亭炒坡。而達禄朡。朡音「剽」，《志》作「品」。地食釜鹽，鹽産黑井。

禄朡驛八亭而畸白寒場、楝橡關、楝樹。達禄豐。有老鴉關巡司。獅子口路迮臨壑。諺云：「獅子口，十騎九下走。」楝橡坡、棠梨哨有草名金剛鑽，碧幹而蝟芒，形肖刺桐，孔雀是食，其漿殺人。

禄豐縣七亭而畸南平關、響水、岩壁。達舍資。地産蘭葉，大而香遠。蘭産響水關坡，實《離騷》所稱可佩之真蘭，莖葉皆香，不待花也。有窩石砲、南平坡、六里箐、響水橋、響水坡、胡孫坡，警哨相望，實爲寇巢。越有小瘴。

舍資驛四亭蒙七塔。而達廣通，驛名路甸。有十八彎坡、清川橋。

廣通縣七亭而畸石澗、馬石。而達楚雄府。驛名峨碌。途經回蹬關、封民，蒙氏閣羅鳳逆唐師返轡所也。民食團鹽，鹽產白井。

楚雄府四亭而畸大石。達呂合，合，《元史》作「閤」。元段平章敗紅巾明玉珍地也。有錢郎橋，結構壯麗，實冠一方。見素林公毁鶴慶佛寺金像以成茲役，貲蓋千萬。

呂合驛三亭而達鎮南州城。南有石吠之山，是占豐歉。此山遇凶年將至，輒有吠聲聞於谷。有奇埊，號仙人骨，瘍醫采之。

鎮南州三亭而畸水盤。達沙橋，有鴛鴦、白塔二坡。自茲徂西，山确道修，逮日而舍。

沙橋驛八亭而遥，苴裏、天神堂。達普淜。途經小孤山、鷃鵡關、七里坡、普昌關、麥地哨，道歷巨箐危石。土人稱陂堰爲淜。姚安有七淜，安寧州有石硃淜，皆瀦水灌田處也。

普淜驛六亭水泉、沫滂。而達雲南。土人曰小雲南，以別於治城也。途經桃樹坡、金雞廟、孟獲箐，武侯擒獲所也。下安南坡，地復坦夷，古雲南郡治此。去驛有古城村焉。

雲南驛八亭葉鏡、波大、矣江、加買、青龍。而達定西嶺，即古白崖，武侯南征立郡地也。蜀漢建興三年，武侯南征，斬雍闓於白崖川，即白崖立雲南郡。白崖，夷名昆彌。蒙氏時改立文案、洞坡、葉鏡、波大、矣江，多段思平遺迹。【略】中途望洱海衛城。洱本作「珥」，其形似之，因名。後去玉從水。《括地志》：「西珥河形如月。」《尚書疏》《水經》俱作「珥」。又西有岐，通蒙化。岐左有青華洞，中極寬衍，天竅漏日。

定西嶺六亭定西嶺、湯顛。而達趙州。途經定西嶺關，踰嶺乃夷。

趙州三亭舊鋪。而達下關，故名河尾，蒙氏龍尾關也。踰飛來寺，望點蒼山，山形聳拔，蒼顏侵漢，積雪(實)[貫]四序，雲氣恒帶其翠微。山端列峰，匯溪皆十有九，一峰帶一溪。五臺峰怪石是產，巧出靈陶，文有雲樹人騎，是斫屏障。走中原踰萬里，山麓浸以滄海，平谷百里，鎮以兩關。兩關，蒙氏皮羅閣所築，名龍首、龍尾。今名上關、下關。

下關八亭楝塘、果江、杞溪。而達樣備。樣備江貫神莊水，出鶴慶，入洱海。關西爲天橋口，石梁中横，下臨無極。當蒼山之沖，多暴風，貫四序不息，偃樹走石，人騎闢易。至碗水哨，籟乃平。又西爲四十里橋，又西爲響水澗橋。循澗行，巨石峭崿，鳴若轟霆，類嘉陵、散關。邇關有花橋，橋皆架木飛梯，横楮懸度，人上之慄。

樣備驛九亭白木、横嶺、許東。而達打牛坪。途經横嶺，其高侵雲。緯箐以升，樹多松，花多杜鵑。土人名映山紅。鳥多鸚鵡，羣來蔽林，若朔方鴉然。又西爲雲龍橋。又西爲大陡坡，相傳武侯南征，駐師茲坪，辰值立春，鞭土牛以訓夷，遂以名驛也。

打牛坪十亭而畸畢勝、白頭、天井、梅花。達永平縣。有畢勝橋、觀音叫狗山。土人呼爲娘娘叫狗山。諺云：「娘娘叫狗山，九轉十八彎。」

永平縣七亭而畸花橋、玎璫。達沙木和。土語謂坡爲和。古《志》有蒙次和，今縣有太和，皆訓和爲坡也。途經鐵場坡、花橋哨、蒲蠻哨。玎璫山，是高倍觀音叫狗山。

沙木和十亭而畸平坡、山塔、天井、板橋。至永昌府。途經瀾滄江橋。江即瀾滄之委。後漢永平中，通道於博南瀾滄，行者怨苦之，謠曰「渡博南，踰蘭津，渡瀾滄，爲他人」是也，土人訛呼爲「浪滄江」。建枋，書曰「霽虹」，益失古始矣。仍漢之舊，爲蘭津橋可也。越有大瘴，零雨始旭，草玄葉脱時，行旅忌之。江流介二山之趾，兩崖壁峙，截若墉起，因爲橋基。橋纜鐵梯木，懸跨千尺，束馬以度。又西爲江波，有徑路新闢，爰楝一亭。

自亦資孔驛至永昌凡二十四驛，一百五十六亭，一千五百六十里，爲雲南域。

博南山人曰：余竄永昌，去都門，陸走萬餘三千里。買舟下江陵，乃登陸，鬢流弓折，幾萬里而倍矣。江陵以西，山川益窮以遐，目益以曠，心益以悲壯，趾蹶來夢想未到，豈詩人之登高，史氏之足迹耶？然休旅之暇，猶不忘性習，乃作《滇程記》。肇筆江陵，滇首路也。繭足痡僕，數亭徼以前，故於亭舍詳焉。山川書其歷，不書其望。迂怪謡俗或書，圖經有存者則略矣。昔人志於役，紀行程，後世有傳焉；茲簡其無淪矣夫！

《滇程記》附録：楚雄有醫士張姓者爲余言，曾隨雲南知府趙渾撫夷，入大孟艮，能言其風土之詳，今録以廣異聞：

金齒西上一程曰蒲縹，地猶稍平。違蒲縹驛，經打板箐，下潞江，若降深阱，四序皆燠，赤地生煙，瘴氛騰空，觸人鼻如花氣。渡江至八彎，登高黎共山，其高四十里。下山爲橄欖坡，驛在。渡龍川江，其炎瘴同潞江。過江至騰衝衛地，復稍涼，中國之西南界盡於此矣。潞江、龍川地方異木奇草，有萋子，即扶留藤，土人以爲檳榔佐餌者。有果名抹猛，色類櫻桃，形如橄欖。有波羅蜜，狀若薑，味皆甘而微酸，蓋積熱所鍾。瘴起以春尾，止以冬首。江路兩堤草頭相交結，不可解，名交頭。瘴時則行旅皆斷，江岸居人多黄面，鮮及中壽，婦女獨不染也。出騰衝鎮夷關，爲南甸，又西爲干崖貳宣撫司。其地雖寒月，衣葛，汗猶如雨。又西爲布嶺，稍涼，如騰衝焉。又西爲雷弄，又西爲揭揚，又西爲孟乃，又西爲火岡，炎毒又倍南甸諸地。自火岡渡金沙江，過江畔，多百夷。【略】百里入小孟貢，渡小孟貢江，入大孟艮。

師範《入滇陸程考》 郡國未有以旅途記者。滇在天末，東有黔中諸夷間之，北有蜀之裔土，南有粵之羈縻屬縣間之，道途通塞，命脈繫焉。昔楚莊蹻泝沅水，略地至滇池，其轉戰逐北，經歷之地，未有紀也。秦常頞通五尺道，漢唐蒙治夜郎道，司馬相如治靈關道，其所鏤山刻木之地，未有紀也。劉尚之擊棟蠶，孔明之擊雍闓，皆渡瀘水。李雄僭蜀，遣李釗攻甯州刺史王遜，進軍由小會。隋史萬歲之討爨翫，自蜻蛉川經大小勃弄。元世祖之伐大理，自忒剌分三路，或由宴當，或出白蠻，或由滿陀城，而其師行所過，止宿警蹕，未有紀也。公孫述時，句町大姓保境爲漢，遣使自番禺江奉貢，而其間道所趨，閱歷何所，未有紀也。惟《唐志》載貞元十年遣祠部郎中袁滋與内給事劉貞諒使南詔，自戎州開邊縣，由曲州石門鎮、鄧枕山、馬鞍渡、蒙夔山，諭官州薄嗕州界江山、荆溪谷、瀲涤池、湯麻頬、柘東城、安甯井、曲水、石鼓、佉龍，至羊苴咩城。貞元十四年，遣内侍劉希昂使南詔，自嶲州清溪關，由大定、達仕二城，西南經箐口、永安、木瓜嶺、台登城、蘇祁縣、羌浪驛、蓬嶺、會川河子鎮，渡瀘水，至姚州。又載安南經交阯太平峰州南、思恩、樓縣、忠城、多利州、朱貴州、浮動山、天井，由山上夾道皆天井間不容跬者三十里，又經湯泉州、禄索州、龍武州，皆爨蠻，安南境。又歷儻遲頓，入平城洞澡水，至曲江、劍南地。然其山川之險易，物情之變幻，未有紀也。迨明初，通滇爲列藩，其入覲之路，置傳設驛馬，曰東路，間道走蜀者曰西路。其後安氏衡決，烏酋吠聲，東西道斷，因北走金沙、大渡，曰建越路。多夷患，復不能以時開通。又南間道粵西，自廣南達南甯，其分歧而合於廣南者，通曰廣南路。廣南在滇之南，折而東北，始達南甯，其道迂。又有由東直走羅平、安籠，以達田州者，曰羅平路。一一撮其亭徼焉，覈其遠近險夷，考其人情焉。東路由黔以達於沅州，始爲楚郡，故止於沅州。志普定、興隆路，并志黔，志黔亦以志滇也。黔之腹心，滇之咽喉也，志清浪、晃州路，并志楚，志楚亦以志滇也。楚之邊徼，滇之唇齒也。西路由黔西以達納谿，建越路由會川以達滎經，始爲蜀邑，故止於納谿、滎經，志烏撒、建越路，并志蜀，志蜀亦以志滇也。蜀之藩籬，滇之門户也。廣南羅平至於南甯，始爲粵郡，故止於南甯，志歸順、田州路，并志粵，志粵亦以志滇也。粵之穹荒，滇之扼塞也。諸路皆由陸，惟金沙有水道而未通，其詳載之别帙。山川書其歷，不書其望。艱難險阻，迂怪謡俗咸書，以補他志所不及云。

師範《入滇江路考》 自古入滇之路有三：楚將莊蹻略巴、黔以西，威定蜀楚，其所由入，則今之貴州，古之牂牁郡也。南越以財物役屬夜郎，漢王然於乘誅南越之威，脅取滇土。史稱牂牁江出番禺城下，其源在田州泗城之境，與雲之廣西、貴之普安實相接壤，輕舟東下，徑達南海，所謂南路也。司馬相如持檄諭西南夷，諸葛武侯渡瀘深入，皆由益部取道南中，非古所謂西路邪？又以其形勢言之，東爲黔中，在今日爲内地固勿論；若南蔽元江，元江之外爲車里，此外則爲交阯；西蔽永昌，永昌之外爲麓川，又外則爲緬甸；西北則爲羈縻，麗江以爲捍蔽，此外則爲吐番，氣勢稍弱，則吐番西伺，南郊外竊，西南諸夷不受約束。天寶間，張虔陀暴使滇人，致有南詔之衂，連結吐番，終唐之世不入職貢。宋室不競，遂棄爲異域，蒙、段二氏崛據數百年。計其士馬，不足當中國一大郡，然窮天下之力不能下者，則以兵恃險遠，下流仰攻，形不便，勢不利也。開通西南二路非無所考，而漫爲言也。嘗考求故道，在昔故多歧矣。其小小間捷之徑，人不得益肩，車不得方軌者，置勿論。金沙江寬廣數里，自麗江而下，吞納滇武諸水，徑達蜀江，其爲舟楫利涉，行道之人能言之。明太祖諭潁州侯，謂關索嶺本非正道，正道乃在西北，則訏謨具存。奈土夷射利，詭言爲梗，一疏鑿之，民固樂從，昆明、威、楚、羅、婺之境，皆可揚帆至矣。

外如九邊，雖汛地可分矣，而薊、遼、宣、大、關、陜又各設總督以聯之。内如各省，雖疆界别矣，而兩廣、南贛、鄖陽亦各設總督以聯之。獨雲南界在萬里外，孤懸一隅，其所道之道，特藉貴州九驛以爲往來。萬一中阻，即彼此懸隔，鄰邦軍旅雖衆且强，而救援無可通之途，勢可隱憂，莫此爲亟也。

況土官各巢穴其中，唇齒黨結，雖省會黔郡號稱人物，未免軍民華夷雜處。議者謂自古入滇之路有三，今之貴竹其一也。而烏道紆遲，險峻可危，莫若西南疏鑿金沙江，由水路以達於蜀，東南經營廣南郡，自普安、安隆，由陸以達於粵。三路俱通，公私俱便，此亦一説也。彼曲靖古益州地也，古人既可以益州而統轄乎曲靖，豈獨不可以曲靖而聯屬於益州邪？【略】俟區畫既定，物産漸豐，或金沙江水路可疏鑿焉，即疏而鑿之，無難也。或廣南諸郡陸路可經營焉，即經而營之，無難也。【略】夷考金沙江之源，出於吐番異域，南流漸廣。至於武定之金沙巡司，又東過四川之會州、建昌等衛，以達於馬湖、敘南，然後合於大江，趨於荆吴，此其水之所從經絡。蓋南中西北之險也，自漢武帝遣郭昌等開益州諸郡，西南之夷始通中國。及孔明渡瀘南征，七擒孟獲，六詔之地遂入華圖。大約爲不開之説者，其端有四：其一則曰，由滇南之金沙以達蜀之馬湖，原非操舟縱楫之江，水雖徑流，而口多巇嶮。由東川之小江貓至闊州，則有阿補溪灘矣。由闊州至烏芒，則有虎跳大灘、大流小流灘矣。故其奔騰衝撞之勢，見者方懼心焉，而憚其排鑿之難成也。其一則曰，雲南尋甸之柯度，以至馬湖之銅廠溪，原非經商往來之地，沿江夷僚雜居，跧山伏穴，易擾難馴，竊弄鋤挺，行將禦人矣。故其桀驁忿鷙之性，聞者且戒心，而畏其即次之或虞也。況滇雲一省，接壤於蜀、貴之間，封疆之臣，各爲其土。其爲西蜀計者，則曰金沙江之路一通，則當建之郵舍，而設以夫役。其應夫之值，當必取給於蜀民土木之餘材，力久竭矣。故滇雲之所利，而蜀境之所不利也，此又一説也。爲貴陽計者則曰，金沙之路既通，則行商競便於舟，而憚勞於陸，其轉輸之貨當必充斥於北路，九驛之道工商闃寂矣，故滇南之所利，而貴陽之所不利也，此又一説也。如人力必不可施，即如蜀之新灘設爲盤運之夫，亦可也。如夷玀一時果未可馴，則沿江一帶多設巡司亦可也。彼西蜀既以錢粮爲難，則經理之勞，滇當獨任其費，而求借官帑以充之，俟榷商税以補之，亦無有不可者，況滇之與蜀本有輔車之勢者哉！貴陽既以商販爲病，則貿遷之征，滇當稍寬於陸，而舟車並用以通之東西一路以分之，亦無有不均者。況滇之於貴，本有比鄰之義者也，豈可乘以爾我之私若此哉？宋太祖得國之初，尚未徧覩天下之勢，乃以斧畫大渡河曰：「此外非吾有也。」遂成鄭、楊、趙、段之僭。元憲宗乘革囊，及筏濟江，進薄大理，擄段智興，遂平西南之夷。夫以宋主之畫河爲界，若有得於閉關謝西域之意，然而棄險以資敵，其爲謀也疏。憲宗之乘勢濟師，似有戾於勤兵務遠略之訓，然能思患而豫防，其得策也宜。

余慶遠《維西見聞紀》 維西在滇徼外，屬麗江通判治。

栗地坪在城東四十里，適維西之路經焉。高三十里，峻嶺重複，緣溪爲徑，如階如梯，險仄逼人。喬木蓊蔽，晝不見景，雲嵐往復，常多雨霧，雖盛夏天晴，必衣裘衣。九月雨雪，冬春之際則積雪一二丈。十年前至秋暮，路旁每一丈遠豎一高竿，每三尺高繫一横欄，路或二三旬不通。視天稍霽，乃督兵卒夷人二百，循竿扶欄，往還踐之，雪固如溪，人由溪内。新雪復積，仍前踐之。至二三月，晴霽日久，雪半融而柔脆，人猶可行，馬至則陷。立夏之後，雪融路出，而深巖之雪容有嵌自太始者。近年雪微減，兵卒於雪中亦能識路，踐雪成路如故，不復立竿欄也。

白鋅山在城北一千三百里，高四十里。由阿墩子踰此山，至吉咱廠。九月積雪，六月始消，七八月之間旋風如水，寒氣徹骨。人昇高，氣喘，口鼻之間迎風不能呼吸，輒僵不甦，土人謂之寒瘴。一至山頂，黄雲四起，五步之内不復見人，高聲言笑，即有拳大之雹密下不止，人亦多斃焉。

梭石坡在城西北四百里，自城至阿墩子所必由者。其山石骨而砂膚，浮疏頽潰，長三里，厚不可測。下逼浪滄江，風及雨，則砂卸石崩，石如碓如棁，如閾，如杵，如轆轤，如碾，如瓜，如刳木，如盤根，相縁相擊，相激相旋轉而下，聲如淅瀝，如豕，如伐木，如版築，如羣鳥飛，如垣傾。江干喬木，觸之立折。人至此，必視風雨静，而後踏沙徐行。或行里許，風作，砂下石擊，無不斃之江中。初，別駕謝公欲渡江至對岸，開路，則壁削巖廠；欲置舟，則石聚磯危，卒皆無濟，年以人馬斃聞者，數數也。

維西以金沙、浪滄江爲天塹，水湍急，舟不可渡，乃設溜繩。其法對岸栽石，横江繫竹纜，江陽自上而下一，江陰自下而上一，以通往來之渡。渡則攜一竹片如瓦者，兩旁有孔繫繩，人畜縛於繩竹，冒於纜，如梭擲而渡之。或止，可繫一纜，兩岸高懸，中塽而低，往來皆渡於此。至低處，則以手挽纜，遞引而上。渡物，則人前物後，引而渡焉。《史記》所謂「笮」也。笮非一處，以夷語譯之，每遇笮，皆曰溜筒江。

師範《入緬路程》 由騰越州城南六十里爲曩宋，爲南甸土司，故爲府。由南甸左行，六十里爲龍抱樹，又五十里爲杉木籠山，山之險者也。又三十里爲蠻隴，又六十里爲隴川土司，又四十里爲邦中山，又一百里爲猛卯土司，凡四百五十里。自南甸右行，二十里至沙沖，二十里至猛宋，五十里至黄陵岡，五十里至千崖土司，八十里至盞達土司，三十里至太平街，又自翁輪三十里至銅壁關，凡三百五十里。此自騰越州南分左右之里數也。自隴川八十里至腊撒土司，户撒在其北三十里。自腊撒至鐵壁關八十里，由鐵壁而左，二十里至蠻等，七十里至虎距關，又五十里至南喜，三十里至等扮，又十里至天馬關，此境内南行之里數也。至於臨夷之路則有五：一自騰北道，四程至茶山界，自騰西道八程至里麻界，十程抵孟養境。一自州南，一程至南甸，二程至千崖，四程至盞達蠻哈山，十程由蠻暮至猛密，二十七程至緬甸，三千里有奇至南海。一自騰南，一程至南甸，四程至隴川西南，又十程至猛密轉達緬，自隴川東道又十程至木邦，轉達景綫國。一自騰東南道，二程至蒲窩，二程至芒市，轉達鎮康。舊謂古臨夷之路，皆撫勦所必由。惟茶山而西，號野人境，峭壁不可梯繩，弱水難於舟筏。而茶山、里麻前明設有兩長官司，明季時爲野人所驅，奔入内地，今尚有早土司後裔，已爲齊民，其地閉塞不通久矣。至阿瓦之道出銅壁、鐵壁、虎踞三關，皆可乘船赴緬。惟猛卯出天馬關，陸路多於水道。前用兵時密探其路，自天馬關五十里而小濫，又五十里而蔓布，三十里而猛卡，四十里而蠻空，四十五里而猛老，四十里而猛勒，四十五里而蠻黑，六十里而猛密土司，三十里而布亞，七十里而章谷洞，三十里而尼孤，凡五百九十五里。然後下船，兩日即抵和瓦歷彦得上漿謬直埂，至阿瓦約三百里。計天馬關至阿瓦，水陸兼行，不過九百里耳。而明將軍征緬，由木邦出天生橋，取宋寨，其地散漫，小徑叢出，深入無繼，必至潰散。傅經略由萬仞關，四十里歷猛弄、蠻理，止丹來戛、南盞河，又三十里出戛鳩，渡江，十里蠻乃，三十里蠻赧，又三十里麻里，而至猛拱，百五十里南烏賴，三十五里沙河，三十里深溝，又六十里而至孟養。其地至阿瓦甚遠，且路徑不熟，炎天瘴盛，因回師而駐老官屯。其路則出鐵壁關，五十里而至猛卡，又五十里而楞木，又十里而至洗帕河，歷猛允、猛暎，而至新街，趙宏榜所敗績處也。南行即爲老官屯，臨大金沙江。

盛繩祖輯《入藏程站》 自成都至打箭鑪程站：成都縣至雙流縣尖，雙流縣至新津縣宿。成都北走秦鳳，東下荆襄，南通六詔，西拒吐蕃。由錦城南門五里過萬里橋，即武侯送敬侯使吴處。十五里過簇橋，即今之蠶市，雙流縣境。十里過金花橋，十里至雙流縣。漢廣都地。出南門，五里過南林鋪，十里過黄水河，河自温江縣南流，四十里過縣東，至彭山縣合岷江。十里過串頭鋪，新津縣境。十五里過花橋子，十里至新津縣，漢武陽地。計程九十里。驛程平坦，沃野衺延，萬里之行發軔於此。新津縣至斜江河尖，斜江河至邛州宿。新津出南門，五里過太平場，五里過鐵溪橋，下爲鐵溪河，昔武侯烹鐵於此。二十里至斜江河，源出大邑縣鶴鳴山，東委曲斜流，因名邛州境也。十五里過高橋鋪，二十里過聖花堡，十五里過天官橋，十里至邛州，漢臨邛地，即司馬長卿遇卓文君處，州城南街有文君井。計程九十里。路亦平坦，過此則漸歷崎嶇矣。邛州至大塘鋪尖，大塘鋪至白站宿。邛州出南門，過南河大渡，即邛水。由大道街上小坡，十里過十里橋，十里過卧龍場，十里過乾溪鋪，蒲江境也。十里至大塘鋪，十里過萬工坡，明藍玉取雲南，鑿石開道，費二萬餘，故名。二十里過弔枋鋪，五里過墨竹關，八里過何家坪，名山縣境。七里至白站，即「百丈驛」訛名。白站有唐百丈縣故址。計程九十里。

白站至名山縣尖，名山縣至雅安縣宿。白站十五里過洗馬池，十里過白土坎，石頭漫坡路。十五里過和尚腦，十里至名山縣，十五里過金雞關，小岡上建關帝廟。十五里過桐子林，渡平羌江，武侯故事。十里至雅安縣，計程九十里。雅安縣至觀音鋪尖，觀音鋪至榮經縣宿。雅安縣出南門，五里上嚴道山，原名鹿角山，唐玄宗改。五里過對崖，十里過風木埡，十里過八步石，十五里至觀音鋪，在山溪間。十里過飛龍關，頂有古刹，名龍興寺。下山，十五里過麻柳灣，榮經縣境。十里由廟過七縱河，源發瓦屋山，武侯初擒孟獲處。十里至榮經縣，計程九十里。榮經縣至小關山尖，小關山至清溪縣宿。榮經縣出南門，十里過磨刀溪，十里由箐口站順溝而進，過大通橋，十里過安樂壩，清溪縣境。十里過黄泥鋪。上山，十里至小關山，由溪内行，林木障翳，山谷陰森，晴少雨多，雲霧時結。溝直上，偪仄難行，十五里過大關山。下岡，五里過板房，沿溝而上，十五里過長老坪，即相嶺，武侯曾屯兵於此。冬春雪盛，險滑，行旅戒焉。十五里下山，過二十四盤，即邛筰山，路甚險峻。五里過羊圈門，五里至清溪縣，其地風大，每日夕時狂飆陡作，房屋振撼，窸窣有聲，居人習慣，不異也。此地分路，由南門即建昌路。計程一百十里。清溪縣至富莊尖，富莊至泥頭宿。清溪出西門，下坡過溝，復折上山，十里過冷飯溝，十五里過四埡口，五里至富莊，俗名蠻莊。三十里過陡溜子，二十里至泥頭驛，清溪尉駐此。計程八十里。

自過清溪縣，鳥道羊腸日益加險，而蠻烟瘴雨亦漸繪邊徼之景矣。泥頭驛至林口尖，林口至化林坪宿。泥頭走山溝中，由老君劍，水急如劍，故名。其地有猓玀，乃昔羌人也。十五里過高橋，上三角坪，二十里至林口，復下溝，紆折登坡，十五里經伏龍寺。十里上飛越嶺，唐置飛越縣於山足，旋廢。山勢陡峻，怪石巉巖，逼人面起。終年積霜雪，懶雲下垂山足，行旅如在層霄，此內地第一險阻也。山頂有隘，過隘即下山，十五里陡坡，無駐足處，至化林坪，沈邊土司屬。山頂有一海，廣不過三里，居民取汲焉。計程七十五里。化林坪至冷磧尖，冷磧至瀘定橋宿。化林坪峻嶺臨江，斜盤鳥道。下山，二十里過龍壩鋪，有伊公溝水繞此，流入瀘河。右走沈村，現今沈邊土官余國璽游牧處。左過小河，十里至冷磧，現今冷邊土官周廷棟住牧處。二十里過瓦角，十里過安樂村。十五里至瀘定橋，設巡司。地稍溫暖，河即瀘水，有鐵索橋，康熙四十年建，東西長三十一丈一尺，寬九尺，施索九條，覆板木於上。水頗險惡，恃橋利濟。計程七十五里。

瀘定橋至大烹壩尖，大烹壩至頭道水宿。瀘定橋十五里過大岡塘，五里過咱哩，現今土官古應洪住牧處。五里由黃草坪過小烹壩，十里過大烹壩，復上小坡。十里過冷竹關，下溝曲折，十五里瓦斯溝。十里至頭道水，高崖夾峙，一水中流，居民皆住山麓，水聲坪訇如雷霆。巖後有瀑布，天矯噴薄，亦一大觀。計程七十里。頭道水至柳楊尖，柳楊至打箭爐宿。頭道水五里過日地塘，二十五里至柳楊，一路深溝，柳陰密箐。十五里過沈坑，十五里抵打箭爐，計程六十里。自成都至打箭爐共計程九百二十里。

打箭爐至裏塘程站：打箭爐至折多宿。打箭爐出南門，十里過工竹卡，凡差使至此，始照口外例支應。平坡逶迤，四十里至折多山麓，有塘鋪，有旅舍。崇岡在望，峗嵲逼人，自此出口，一攬山川之勝，亦足以廣聞見，第蠻荒冰雪中常使人心慴耳。計程五十里。折多至提茹尖，提茹至阿娘壩宿。折多過山，山雖長，不甚峻，產大黃藥，氣薰蒸，過者多氣喘。秋冬積雪瀰漫，三十里過坡碉，行漫坡亂石中。二十里至提茹，有塘鋪。二十里過納哇，路不甚阻，下山南行，十五里至阿娘壩，土產饒多，地方儼有富庶之象。計程八十五里。阿娘壩至瓦切尖，瓦切至東俄洛宿。阿娘壩行三十里，道路平坦，至瓦切，過俄松，多橋，經小營官寨子，復歸大路。行十五里，過打納石，有土人數十家，有柴草。十里至東俄落，有塘鋪。計程五十五里。東俄落至高日寺尖，高日寺至卧龍石宿。東俄落南行，過大雪山二，深林密箐，矗如玉立，人迹罕逢。三十里至高日寺，循海子而南，三十里穿大松林，下山，十五里至卧龍石，有旅店，有塘鋪。計程七十五里。卧龍石至八角樓尖，八角樓至中渡宿。卧龍石西行，一路平衍，荒涼特甚。六十里至八角樓，有塘鋪，間有旅店，然廢置無常。再行六十里，至中渡，即河口，過河爲裏塘界。所謂雅龍江也，設外委一員，兼司渡船，夏秋以舟渡，冬春則列船爲浮橋，濟行旅。蠻人以牛皮船渡，逐浪上下，望之如水中鳧。凡官差過此，在河東宿者明正土司供役，過河西宿者裏塘土官供役。計程一百二十里。中渡至翦子灣尖，翦子灣至西俄落宿。中渡過河，上山行，三十五里過麻蓋，中有碉房，有柴草。此站路險遠難行，且多夾壩，行人或宿麻蓋，以均途程，且戒備焉。然必人少始可，多則不能容矣。四十里上大雪山，至翦子灣，有塘鋪。山頗陡險，亦有瘴氣。下山，復盤折登山，四十里過波浪工汛，設有駐防塘鋪，以防夾壩。强盜也。十里下山，又十里至西俄落，設有塘鋪及土百户，供給差役，有柴草，換烏拉。背夫也。有漢人客舍，可宿。計程一百三十五里。西俄落至咱馬拉洞尖，咱馬拉洞至大竹卡宿。西俄落路經小山，進溝，過大雪山下坡，共行四十里。至咱馬拉洞，林深谷邃，夾壩最多，有塘鋪。三十里至蠻卡，復越小山，下灣，名亂石窖。再折而上，小岡，又順山溝而下，行三十里，復翻過大山，二十里至火竹卡，有人户柴草，設有駐防塘鋪。計程一百十里。火竹卡至火燒坡尖，火燒坡至裏塘宿。

火竹卡過小橋，沿河紆折登小山，二十五里至火燒坡，下坡即平原。二十五里抵裏塘，有駐防塘鋪，換烏拉。有市廛，番漢雜處，二百餘家。計程五十里。自打箭爐至裏塘六百八十里。

裏塘至巴塘程站：裏塘至頭塘宿。裏塘西南行，三十里過大木橋，上阿喇柏桑山，峻嶺層巖，日色與雪光交燦。二十里至頭塘，即公撒塘，番名額凹奔松。柴草人户俱無，僅有塘鋪官，則裏塘烏拉駝載以給，客則自攜帳房，裏粮從事焉。計程五十里。

頭塘至乾海子尖，乾海子至喇嘛丫宿。頭塘寒風凛冽，凍綻肌膚，從此愈行愈冷。上山，過黃土岡行，四十里至乾海子。又經濫泥壩及虎皮溝，上山下嶺，盤旋五次，大石森立，横梗道塗，樹木交遮，流泉千匝，均係夾壩出没之區。行四十里，過拉爾塘，有塘鋪。上喇嘛山，二十五里至喇嘛丫，有柴草人户。計程一百五里。喇嘛丫至二郎灣尖，二郎灣至三壩塘宿。喇嘛丫由溝上山，越雪嶺四層，石山礧碨，不生樹木。過嶺則深林密箐，水草徧地，共行五十五里。二朗灣有塘鋪，無人户。由山足進溝而下，路稍平，過著東塔，五十五里至立登三壩，番人稱壩爲橋。此裏、巴二塘交界處，有塘鋪，少柴草。計程一百十里。三壩塘至松林口尖，松林口至大所塘宿。由三壩行，亂石縱横，青松蔽日。過巴山，有海子，下山枯樹參横，絶不聞鳥雀聲。五十里至松林口，下溝路平，五十里過巴隆達河，至大所塘。地居溝口，有塘鋪，碉房、柴草。計程一百里。大所塘至崩察木尖，崩察木至小巴沖宿。大所進溝，上大雪山，三十里至巔，高險非常，雪後瀰漫。越山而下，有林繞路，六十里至崩察木，有塘鋪，無人户。道路險阻，下山行四十里，至小巴沖，有碉房柴草，頭人給役。計程一百三十里。小巴沖至巴塘宿。小巴沖順溝而進，上小坡，雜木叢生。陟降五十里，出溝口，抵巴塘。其地沃野千里，水泉環繞，日麗風和，豁人心目。計程五十里。自裏塘至巴塘五百四十五里。

巴塘至察木多程站：巴塘至牛古尖，牛古至竹巴籠宿。巴塘西南行，過一小山，自巴塘至西藏途次有醉馬草，馬食如醉，輒疲乏不能行。經茶樹頂，復上大山，鳥道臨江，勢最險要。四十里至牛古。有河，可通舟楫，直抵宿處。復沿山行，景物暄麗，道路透迤。五十里至竹巴籠，天氣温暖，有碉房、柴草、駐防塘鋪。計程九十里。竹巴籠至公拉尖，公拉至莽里宿。竹巴籠渡江，即金沙江，通四川馬湖。四十里公拉，有柴草，頭人給役。由山凹中行，五十里過空子頂，有塘鋪。山峻，亦夾壩出没之區。上下四十里至莽里，即莽嶺。有人户柴草，有熱傲供給差役，凡熱傲碟巴，皆番中頭人之稱。換烏拉。計程一百三十里。莽里至南墩尖，南墩至古樹宿。莽里過龍新山，春冬多積雪。三十里過邦木，有碉房柴草，有塘鋪。中有甯静山，勒碣石，與西藏分界。南行經大山，五十里至南墩。有漢人寺，每年七月，巴、察兩地客民皆雲集貿易，如内地廟會。過山，四十里至古樹，有人户、柴草、塘鋪。計程百二十里。古樹至普拉尖，普拉至江卡宿。古樹過漫山，雲霧四垂，間有瘴癘，路亦崎嶇。四十里至普拉，有人户平房柴草，有喇嘛供役，多黑帳房番民。行漫坡，六十里至江卡，有碉房、柴草、駐防塘鋪。計程一百里。江卡至山根尖，山根至黎樹宿。此下山僻荒涼，稱惡八站。江卡行，四十里過渌河，十里至山根。上大雪山，終年積雪，即盛夏亦涼飆刺骨。復越小山，上下七十里，至黎樹，有人户、柴草、駐防塘鋪，換烏拉。計程一百十里。黎樹至阿拉塘尖，阿拉塘至石板溝宿。黎樹過漫坡，樹木環映，五十里至阿拉塘，屬阿布拉。有人户柴草，換烏拉。番人頗刁頑不馴。又過小雪山二，高下紆折。六十里至石板溝，有人户、柴草、駐防塘鋪，有頭人給役。計程一百十里。

石板溝至阿足塘宿。石板溝西南行，過大雪山二，寒輝騰耀，射目迷離，上下無可駐足，行人裹糧而前。八十里至阿足塘，屬乍丫。蠻人狡猾，殆亦習俗使然，有駐防塘鋪，有頭人給役。計程八十里。阿足塘至歌二塘尖，歌二塘至洛加宗宿。阿足塘過漫山二，阿足河一，水勢洶湧。五十里至歌二塘，經平川二十里，上山三十里，路最險要。至洛加宗，有塘鋪，頭人供給烏拉。計程一百里。洛加宗至俄倫多尖，俄倫多至乍丫宿。洛加宗沿溝而上，傍山行，路紆曲，稍平，第偏仄，多偏橋。四十里過木橋，至俄倫多，有柴草人户。復西南行，四十里至乍丫，有寺院，《會典》札雅廟。有碉房、柴草、駐防塘鋪，換烏拉。此地番民桀驁，駕馭不易。計程八十里。乍丫至雨撒尖，雨撒至昂地宿。乍丫順溝行，石徑蠶叢，道多梗塞。三十五里至雨撒，有人鋪柴草。復西行，過大雪山，路甚險，積雪如銀，煙嵐之氣輒中人作病。上下六十里，至昂地，有駐防塘鋪，有喇嘛供給烏拉。計程九十五里。昂地至噶噶尖，噶噶至王卡宿。以上惡八站。昂地順溝行，三十里至噶噶，上大雪山，亂石崎嶇，積雪層疊，秋濤怒湧，路復曲折上下，行人肌寒作栗，手指皸裂。六十里至王卡，有人户柴草，頭人換給烏拉，有塘鋪。計程九十里。

王卡至三道橋尖，三道橋至巴貢宿。王卡經熱水塘，二十里至三道橋，路平。又二十五里，紆折上山，路轉峰迴。五里至巴貢，有塘鋪柴草，有頭人供給。計程五十里。巴貢至苦弄山尖，苦弄山至包墩宿。巴貢上大山，多上下，終日蹀躞於荒山中。六十里至苦弄山根，亦名窟窿山，多石，穴大者如堂皇，小者如鍾盎，掩映迴環。上山行，拗折而下，四十里至包墩，有頭人供給烏拉。計程一百里。包墩至猛卜尖，猛卜至察木多即前藏。宿。包墩沿河行，十里過大山一、小山二，俱偏橋，列如雲棧，崎嶇難行。上下六十里，至猛卜，一名孟鋪。有碉房柴草，在山凹之中，沿山臨河。復沿河登山，行二十里過大山，有地名小恩達，皆木石搭偏橋，路險窄，不可騎行。六十里過四川橋，抵察木多，即昌都。有土城，居民二百餘户，換烏拉。計程一百五十里。自巴塘至察木多一千四百五里。

察木多至拉里程站：察木多至俄洛橋尖，俄洛橋至浪蕩溝宿。察木多由南河而進，偪窄多偏橋，行者戒焉。水複山重，路通各部番境。四十里至俄洛橋，有人户，路稍平。三十五里至浪蕩溝，有碉房柴草，可棲止焉。計程七十五里。浪蕩溝至拉貢尖，拉貢至恩達寨宿。浪蕩溝二十里過裏角塘，進溝上山，由偏橋行，險如前。雪淩甚滑，且有瘴氣。八十里至拉貢，有塘鋪、碉房、柴草，有頭人給役。二十里過松羅橋，屬昌都。上山，四十里至恩達寨，其重役夫馬則類伍齊倉儲巴供給焉。計程一百六十里。恩達寨至牛糞溝尖，牛糞溝至瓦合寨宿。恩達寨二十里過恩達塘，有塘鋪。二十里過喇貢山，二十里至牛糞溝，二十里過瓦合山，高峻百折，山上海子煙霧迷離。有望竿，合周天數，矗立於土臺之上。如大雪封山時，必藉爲標記。過此，戒勿出聲，違則冰雹驟至。山中四時俱冷，鳥獸不至，上下百里無炊煙。二十里過肐膊梁，下山，三十里過瓦合塘，有塘鋪。又二十里至瓦合寨，隸類伍齊。有頭人供役。計程一百五十里。瓦合寨至麻利尖，麻利至嘉裕橋宿。瓦合寨西南行，四十里至麻利，有碉房柴草。十里過山，勢高聳。下山繞河行，偏橋疊見，三十里至嘉裕橋，番名三壩橋。有碉房柴草，兩山環抱，一水中流，天氣喧和，地土饒美，有塘鋪。計程八十里。嘉裕橋至鼻奔山根尖，鼻奔山根至洛龍宗宿。嘉裕橋西南行，上得貢喇山，山勢陡峻，上下二十五里，詰屈如蛇形。有松林，路悉險窄，多溜沙地。五里過橋，至鼻奔山根，五十里至洛龍宗，有碉房柴草，換烏拉，有塘鋪。計程八十里。洛龍宗至曲齒尖，曲齒至碩般多宿。洛龍宗西南行，經漫坡上坡，山路陡險。九十里過鐵凹塘，大山壁立，有塘鋪。順溝而行，路稍平坦，二十里至曲齒，又名紫駝。有大喇嘛寺，可尖可宿。近新開一路，繞東南，避春夏水漲也。五十里至碩般多，居人稠密，物産亦饒，有碉房柴草，有駐防，換烏拉。計程一百六十里。碩般多至中義溝尖，中義溝至巴里郎宿。碩般多沿溝而上，路平，五十里過巴喇山，不甚峻，至中義溝，山路平坦。五十里至巴里郎，有碉房柴草，有塘鋪，頭人供給烏拉，但居人落落，旅況增岑寂焉。計程一百里。巴里郎至索馬郎尖，索馬郎至拉子宿。巴里郎進溝三十里，上賽瓦合山，《通志》作朔馬喇山。邊風獵獵，亂山皆童。二十五里至索馬郎，又四十五里至拉子，沿山繞河而行，地多溜沙，足却不前。其地有塘鋪，頭人給役，柴草價昂，蓋山兀地荒故也。計程一百里。拉子至邊壩即達隆宗。尖，邊壩至丹達宿。拉子西南沿山上，過必達喇山，山路平坦，上下十里。下山路偪仄，河流縱横，水清淺，可褰裳涉。四十里至邊壩，有塘鋪，二山横跨，四水環襟，爲西藏遼闊之區。六十里至丹達，有塘鋪，營官碟巴供役，換烏拉。計程一百十里。丹達至察羅松多尖，察羅松多至郎吉宗又名浪金溝。宿。丹達之麓有廟，相傳雲南某參軍解餉過此，歿於王事，屢著靈異，土人祀焉，過山者必禱之。十五里上魯貢拉山，峭壁摩空，中一小溝，俄焉上下，夏則泥滑，冬則成冰雪槽，行人拄杖，魚貫而行，不能並進，此赴藏一險阻也。三十里下山，五里至察羅松多，五十里至郎吉宗，有碉房柴草，有塘鋪，碟巴供給差役。計程一百里。郎吉宗至大窩尖，大窩至阿蘭多宿。郎吉宗曠野平坦，換烏拉，順壩而下有兩路。一由山徑，路險窄；一由溝，路稍平，惟夏日水漲，多阻。四十里至大窩塘，有碟巴供給差役，路雖平而側進若谷。順河而下，五十五里至阿蘭多，有塘鋪、碉房、柴草。計程九十五里。阿蘭多至破寨子尖，破寨子至甲貢宿。阿蘭多西南行，側身循溝而上，南北俱有偏橋，上山路險窄，行人懍然如墜。三十里至破寨子，又名阿蘭卡。有横石，森如人立，俗名鸚鵡嘴，鑿以爲道。四十里至甲貢，屬拉里。有柴無草，有塘鋪，碟巴供給差役。計程七十里。甲貢至大板橋尖，大板橋至多洞宿。甲貢路崎嶇，傍山而上下，過小坡，漫衍荒涼。四十里至大板橋，四十里至多洞，人煙寥落，無傳舍，有塘鋪，凡往來者即其汛棲息，地無水草。計程八十里。多洞至擦竹卡尖，擦竹卡至拉里宿。多洞塘附近水邊，率水滸而上。二十里上大山，山峰峭立，雪淩險滑，視丹達無異。六十里至擦竹卡，《通志》作擦楮卡。有熱水塘。過山凹中有一湖，約寬七八里，長十餘里，冬春凍如平地，行人履之無所怖。六十里抵拉里，天冷，柴草鮮少，有駐防塘鋪，堪布供給差役，而烏拉則類伍齊之所供給也。計程百四十里。自察木多至拉里一千五百里。

拉里自中藏程站：拉里至阿咱尖，阿咱至三灣宿。拉里由溝行，復上大山，危峰聳峙，冰雪四時不消，巉巖海岸風起雪擁，險滑難行。五十里至阿咱，有塘鋪，碟巴供役。再行三十里，有海子，長四十餘里，俗傳有獨角獸，頗爲怪。八十里至山灣，有塘鋪，少柴草。計程一百六十里。山灣至常多尖，常多至甯多宿。由山灣上卓喇山，峻險難行，約四十餘里，多冰雪，積石嶙峋。共六十里至常多，天時常如冬，山皆不毛，有塘鋪，居人以樹皮爲屋，僅數間，炊煙零落，屬江達。有碟巴供給烏拉。六十里路稍平坦，至甯多，有塘鋪。計程一百二十里。甯多至過拉松多尖，過拉松多至江達宿。甯多路平，順溝而下，四十里至過拉，松多。過橋，水潺湲，激石有聲，橋以東屬江達。四十里至江達，地不甚寒，有駐防塘鋪，有柴草。計程八十里。江達至順達尖，順達至鹿馬嶺宿。江達在拉里之西南，憑依山谷，形勢險要，有工布碟巴供給差役。沿河而下，六十里至順達，有塘鋪。沿溝而進，河道分流，林木陰翳。一百里至鹿馬嶺，有塘鋪，山高，無險阻，約四十里，視前歷之冰雪崚嶒、怵心劌目者居然平易矣。計程一百六十里。鹿馬嶺至堆達尖，堆達至烏蘇江宿。鹿馬嶺進溝，而上下約四十里山路坦夷，微有障厲，寒風凛冽，夏無盛暑。八十里至堆達，又名氆氌倉。有塘鋪，煙火寥寥，柴草亦稀。順河繞溝而下，過竹貢，六十里至烏蘇江，路俱坦，有塘鋪，小碟巴支應柴草牛羊。去衛藏佛國較近，別開奇境矣。計程百八十里。此站道路過遠，有即堆達宿者。烏蘇江至仁進里尖，仁進里至墨竹工卡宿。烏蘇江水勢平緩，順河西行，雖僻處一隅，而程途夷坦，迥異前險。六十里至仁進里，在喇嘛寺尖。有塘鋪，行人如僕馬告瘁，至此可憩息焉。由東北上七十里至墨竹工卡，有塘鋪，碟巴給役。計程百三十里。墨竹工卡至拉木尖，拉木至德慶宿。墨竹工卡正北接察木，多草地，其水西流，至藏即藏河也，水驛有皮船。四十里至拉木，有房舍，柴草稀少，寺院幽敞，人稠地廣。遶河而下，五十里過占達塘，復西行三十里至德慶。計程百二十里。德慶至蔡里尖，蔡里至中藏宿。德慶其地多候館，往來者恒棲止，路旁有塘鋪。遶道而下，四十里至蔡里，一作采里。【略】有碟巴供給柴草，與前藏隔一水。二十里抵前藏，有駐防在藏之北，名三珠剛。又其地四山環峙，儼若城垣，水秀山奇，宛然福地。計程六十里。自拉里至中藏一千十里，自打箭鑪至中藏通共五千里。察木多至拉里，其地俱屬衛藏。

中藏至後藏程站：中藏至登龍岡尖，登龍岡至業黨宿。佛地四十里過大橋，至登龍岡，有房舍。順河而行，又四十里業黨，有塘鋪房舍，有碟巴供給柴草。計程八十里，路皆平坦。業黨至僵里尖，僵里至曲水宿。業黨亦順河行，經崖塥三，亦不甚險阻。四十里至僵里，又五十里從阡陌行，河流委折，至曲水。有蝎子洞，犯死罪者縳至洞，令食之。沃野平原，綿亙百里，有房舍柴草，有碟巴給役。計程九十里。曲水至岡把撑尖，岡把撑至白地宿。曲水十五里至鐵索橋，江流浩瀚，甚險，渡以木船。過河，三十五里至岡把撑，有房舍柴草。上下一大山，四十里過殺馬隴，柴草稀少。又行，平地五十里，至白地，有塘鋪柴草。計程百四十里。白地至撻魯尖，撻魯至噶浪子宿。白地三十五里過葉賽，十五里至撻魯，有房舍柴草。有歧路，一由江孜，一由然巴。然巴春夏爲商販所必經，冬則雪淩阻滯。且翁古一帶村落廣粮食，乾隆五十三年西征，已改由噶浪子。五十五里路皆平坦，有碟巴人户。計程一百五里。噶浪子至翁古尖，翁古至熱隆宿。噶浪子五十五里至翁古，有碟巴人户。過山，六十五里至熱隆，有碟巴人户，路皆平坦。從左分路布魯克巴。通計程一百二十里。熱隆至谷洗尖，谷洗至江孜宿。熱隆七十里至谷洗，又七十里江孜，亦要隘也。二地均有碟巴人户柴草，而江孜較多。路俱平坦，計程一百四十里。江孜至人進岡尖，人進岡至巴浪宿。江孜五十五里至人進岡，又六十里至巴浪，有碟巴人户、柴草，行人可尖可宿。計程一百十五里。巴浪至春堆尖，春堆至札什倫布宿。即後藏。巴浪迤邐而進，過大橋，路坦。七十里至春堆，有碟巴人户。又四十里即札什倫布。自中藏至後藏九百里。

後藏至聶拉木程站：札什倫布至乃黨尖，乃黨至拉爾宿，計程九十里。拉爾至粘尖，粘至乃安宿，計程一百里。乃安至熱隆尖，熱隆至札什岡宿，計程一百十里。札什岡至半達尖，半達至彭錯嶺宿，計程九十五里。彭錯嶺至乍喜宋尖，乍喜宋至札塘宿，計程一百里。札塘至沙巴都尖沙，巴都至納子宿，計程一百里。納子至白佳紀岡尖，白佳紀岡至雜務宿，計程九十五里。雜務至山根尖，山根至甲錯白宿，計程一百十里。甲錯白至由共有尖，由共有至拉古籠古宿，計程一百里。拉古籠古至羅羅尖，羅羅至脇噶爾宿，計程一百五里。由脇噶爾八十里滅猛，九十里第哩郎古，九十里彌木耳，一百二十里擦木達，九十里下馬卡，一百二十里噶叭角爾杆，八十里碩馬拉杜，一百二十里重噶爾，九十里宗喀。由宗喀繞道，九十里嗎爾，一百二十里滚達，八十里卓黨，一百十五里竹塘，八十里濟龍。由濟龍繞道，八十六里俄龍，一百二十里索絨，七十五里札林多，八十五里絨轄，一百十五里至聶拉木。自後藏至聶拉木二千八百五十一里，自成都至聶拉木通共九千八百一十一里。

由後藏塞爾地方行十餘日，交白木戎界。再半月餘至宗里口，山崖壁立，往來者必以木梯度之。又數日始至白木戎住牧地所屬種。【略】地連朱巴，中以巴隆江爲界。白木戎東至朱巴，南至西天烏岔子，西至北布，北至日蓋子。日蓋子者即札什倫布，仍仲甯翁結巴寺之後山也。由白木戎西去十餘日，交小西天界。再行十餘日，始至小西天。從此登舟涉海，約半月即至大西天矣。

松筠輯《藏甯路程》 薩木多嶺，嘉里察木，嘉沖，倫珠宗，沙連多，過察拉山至此。 彭多，過達隆山至此。右六站隸前藏。

拉康洞，錯羅鼎，那隆噶爾瑪，過卓孜山至此。 仲喇庫，右四站隸呼徵胡土克圖。

固瓦褚察，過朗里山至此。 札木褚卡，過玉克褚河至此。 鄂多布拉克，哈喇烏蘇，有營官。 巴嚕，過察褚河至此。 錯瑪喇，過託納河至此。 察倉，右七站隸哈喇烏蘇。

褚那干，過察倉山至此。 蘇木多，過嘉本鄂羅山至此。 香迪，過沙克褚河至此。右三站隸百長貢楚克那木結。係西藏夷情部郎專轄。 札噶爾布，琫褚卡，尼谷拉，索克褚卡，當拉，右五站隸百長碧烏朗噶爾。係西藏夷情部郎專轄。

畢巴魯魚，鼎谷瑪哩，巴噶安達木，伊克安達木，右四站係西甯屬之番目布木巴格結遊牧。 多倫巴圖爾，彌多，三音庫本，棟闊，那木溪，察倉蘇木多，右六站係西甯屬之番目畢哩魯瓦遊牧。

科科薩里，直揆多，褚那干，過志褚七道河至此。 褚瑪爾，列布拉崗，斯烏蘇木多，格巴温布，喇嘛隆，巴彦哈喇，右九站係西甯屬之番目玉舒本遊牧。 噶嘎，喇嘛託隆谷，噶達蘇赤老，黄河源見此一帶。 噶爾瑪湯，右四站係西甯屬之番目那木錯多瑪遊牧。

喇嘛綽克綽，錯尼巴爾，拉尼巴爾，札克達昌，瑪爾褚札木，哩布，走都克湯平甸地，多毒草，行人於此站乘夜兜馬口而行。 沙巴爾圖，格巴噶中，右八站原屬班禪，寥無人居。

特們庫珠，入青海交界，有蒙古卡防。 瑪爾津拉尼，都壘淖爾，阿哩湯泉，索呼拉崗，德爾敦，康昂拉，過雅瑪圖河至此。 右七站係青海札薩克珠勒瑪札布遊牧。

沙拉圖，過袞額爾吉河至此，隸察罕諾們汗。 珠爾朗章噶，隸濟克默特貝勒。 彦達圖，哈陶拉，察罕鄂博，過哈陶山至此。 右五站，内後三站係成壘貝勒遊牧。 霍約爾託羅該，霍爾褚，日雅拉山，右三站係根敦公遊牧。 尼雅木溪，隸棟科爾胡土克圖。 棟科爾。即丹噶爾，至此已入内地。 右共七十五站，約五千餘里。如遇雨水過大之際，可自香迪岔路走當拉犛山，宿格瑪，二十一站至褚那干，仍歸正路。

香迪，格瑪爾，經當拉犛山，是謂上路。 那木溪，綿楚卡，拉咱，右五站隸阿札族噶爾札布桑。係西藏夷情部郎專轄。 當楚「楚」，一作楮。 卡，過當拉山至此。 拉宰噶哩，崗喇褚嘎，志「志」，一作支。 褚，又名哈沌果勒。 哩波，過營布喇布渡江。 察褚卡，彌多，札那犛，蝀布哩野，棟闊，過坦壩尼拉山至此。 多爾，離瑪爾褚東岸吉里嘉木那，色谷闊邁，濟雄，自當楚卡至此，寥無人居。 褚那干。

儲大文《賀蘭山口記》 賀蘭山，甯夏西屏，袤五百里有奇，山口約四十。《秦邊紀》亦曰口巨者三十有七，小者復一十有奇。今南由甯夏中衛西，迆東北至平羅營北計之，迆西曰黄沙坡，曰黑山觜，曰黄沙渡。黄河兩岸爲金積山，中爲青銅峽，胥近中衛。又迆東曰觀音山口，近棗園堡。又迆東北曰大佛寺、外口、裏口、小口、偕井溝，胥近廣武營。又迆北曰哈剌木口，曰林泉口，曰靈武山口，有沙羅堠山，多水，胥近大壩堡。曰雙山南口，北岔口，北舊口，曰磨石裏口，中口，胥近玉泉營。曰赤木關裏口，曰甯木關新口，百馬可齊驅，蓋山勢至此散漫，多礫少水，又多卑峰仄徑，間得土壤，而關之二口胥近甯化堡。曰金塔中口，曰獨樹裏口，胥近平羌堡。堡東四十里則甯夏鎮也，曰獨樹兒口，近楊顧堡、鎮威堡。曰滾鐘裏口，曰黄硤裏口，曰纍石口，曰水吉口，曰鎮北口，胥近鎮北堡。而堡隸墩曰黄硤外口，曰黄硤敵臺，曰宿嵬口，曰石關，曰高渠，曰宿嵬，曰敵臺，曰乾渠，曰鎮靖，曰下古，曰馬房，凡十有一墩。又迆北曰白寺口，曰宿嵬裏口，曰賀蘭口，拜寺口，去黄硤口五十里，黄硤口去賀蘭口五十里。賀蘭口外七十里爲麥垛山，又東五十里即河套界。而《秦邊紀》又謂賀蘭口外河套西番沙漠罔不可達，蓋綜紀山之樞要若此。又迆北曰新開口，曰塔硤小口、大口，曰西番口，曰小水口，曰大水口，曰汝箕口，曰挑柴口。又迆西北曰小風口，曰大風口，曰歸德口、外口，曰大風外口、裏口，胥近鎮朔堡而環六盤山巓之前後左右，以亘延二百里有奇者也。【略】塞垣由大壩堡北至鎮朔堡，有山險而無亭障，洎賀蘭勢極，迆西北至紅口兒循山而東，又循山北接黄河，石觜以東迆平羅城北九十里之鎮遠關爲河山之交，又東南迆花馬池，凡袤三百九十里，號北長城。明嘉靖初，王瓊棄關不守，遂由甯朔墩循山北接黄河堰以東，迆平羅城，亦號北長城。由是關胥塌，而關南五十里之北門關築而不克蒇工矣。迆西爲乾關，又迆西爲王玘，越沙湖而至棗兒溝，凡三十有五里，又以斥鹵輟工矣。平羅北十里築垣，西迆臨山堡，裁遺墩臺址矣。平羅西北四十里之打磑外口、中口、裏口三關，昔所謂東守鎮遠，西守打磑者，且胥毁於水矣。平羅西八十五里之黑山爲賀蘭山尾，形如虎踞，扼隘飲河，而山前又有黑水以限之。今則營制倉儲偕平湖墩、架礮梁、水塘墩、沙竹梁、沙山、老灣、蜂窩山之設伏制勝，胥爲故紙遺聞矣。是故打磑書口，而實不成乎其爲隘口也。乾關棗兒溝偕王玘口并不書口，明既不成乎隘口，而并猶之九達之逵也。抑賀蘭口至黄硤口五十里，又二十里至纛石口，又三十里至拜寺口，又二十里至大風口，又十里至小風口，又二十里至黄沙坡，又二百里西至銀盤水，其地則靖魯蘆塘營北七十里也。又迆南，百六十里而至莊浪之下紅水堡。塞外徑亦名溝，或時名水也。又七十里而至大松山，由中衛西南七十里至塞，又十里至黄沙坡，又九十里而至長流水。由賀蘭口外至五岔河亦松山密徑，而要之大佛寺爲通逵，金塔則銀盤水之隘徑也。

祁韻士《西陲要略》卷四《霍罕路程記》 西陲荒服，自左右哈薩克、東西布魯特而外，若安集延，若瑪爾噶朗，若那木塔什，若塔什罕，若博洛爾，若巴達克山，若愛烏罕，若痕都斯坦，若布哈爾諸部，於古皆爲大荒以西。自新疆戡定以來，無不向化歸誠，虔奉職貢。凡夫八駿四駿之馬，白鷹海青之鳥，以及劍、斧、刀、匕首之器，琛賮疊獻，藉申悃忱，見於高宗純皇帝御製詩集者，不可勝紀。諸部中，以霍罕爲最大，今記其路程里數於左。

喀什噶爾至木什卡倫九十里，有柴、水、草，居住明伯克一名、喀什噶爾回子一百名。

木什卡倫至汗玉罕六十里，有柴、水、草。

汗玉罕至特爾勒克六十里，此處出鉛，有柴、水，無草。

特爾勒克至庫舒烏珠黑六十里，有柴、水、草。

庫舒烏珠黑至鄂克蘇嚕爾三十里，小達巴罕一座，有柴、水、草。

鄂克蘇嚕爾至巖斯克奇克七十里，有柴、水、草。

巖斯克奇克至色爾哩克野塞三十里，有柴、水、草。

色爾哩克野塞至納哈爾察勒迪四十里，有柴、水、草。

納哈爾察勒迪至伊根二十里，有柴、水、草。

伊根至托海巴什五十里，有柴、水，無草。

托海巴什至依克依雜克達巴罕十里，依克依雜克達巴罕至依克依雜克布拉克三十里，兩處有水、草，無柴。

依克依雜克布拉克至庫庫蘇四十里，有水、草，無柴。

庫庫蘇至鐵葉爾哩葉克達巴罕下三十里，有水、草，無柴。

鐵葉爾哩葉克達巴罕下至達巴罕十里，過嶺至色哩庫楚克七十里，有柴、水、草。

色哩庫楚克宿一日至塔爾噶拉克六十里，有柴、水、草。中間沙爾騰恩格斯亦通喀什噶爾。

塔爾噶拉克至圖巴爾拉克塔木三十里，有水、草，無柴，有坍塌土城，墻圈周圍一里之地。此處是巖德格訥所管，阿塔布托游牧，修橋路之十餘户布魯特。

圖巴拉克塔木至古勒沙四十里，有柴、水、草。

古勒沙至圖古爾克托海七十里，有柴、水、草，中間有噶布蘭、蘇提布拉克二處達巴罕。

圖古爾克托海至鄂什九十里，此處有土城一座，霍罕所管，三百餘户回民住所。此城有辦事一人，名曰阿克呢雜爾。又有管兵一人，名曰伊爾哩扈哩。又有一河名曰阿克卜古拉爾。有水、草，無柴。

鄂什至阿拉班五十里，有小土城一座，只有西門一座。此城有所住五十餘户回民，無柴，無水、草。

阿拉班至明圖伯四十里，有坍塌土城，墻圈周圍三里之地。此處是霍罕十餘户，回子住所，有水、草，無柴。阿拉班至明圖伯舊扈什齊游牧人等耕田之地。

明圖伯至扈巴六十里，有小土城一座，霍罕五十餘户，回子住所，有水、草，無柴。

扈巴至瑪爾噶浪六十里，有回民三千餘户，再沙拉斯瑪胡斯人等所住之處。瑪爾噶浪有納爾巴圖之子邁瑪迪敏統轄伊等都管，伯克呢雜爾鄂布勒克色木等幫辦。有水、草，無柴。

瑪爾噶浪至阿克圖伯四十里，阿克圖伯至布拉克巴什八十里，中間布帕拉散、阿拉普圖伯等鄉莊，此等莊子五六十户起至二三百户不等，回子住所。

布拉克巴什至霍罕六十里，塔爾噶拉克起，自沙爾騰阿格依斯路行，止托海巴什四十里，有柴、水、草。

托海巴什至沙爾騰達巴罕之根三十里，有柴、水、草。

沙爾騰達巴罕至愛哩雅瑪九十里，有水、草，無柴。

愛哩雅瑪至托海巴什八十里。兩中間有嶺二處。有柴、水、草。

《武經總要》前集卷一六下《邊防》 東京，遼東安市城也。城之東即大遼河，城之西即小遼河。【略】《皇華四達記》曰：自安東府東南至平壤城八百里，西南至都里海口約六百里，西北至建安城約五百里，正南微東至鴨緑江北泊約七百里。今以契丹《地形圖》參校，惟建安城不知處所，其他地形遠近率同也。東北至女真界約五百里，西至遼河百五十里，又八百八十里至中京。西六十里至鶴柱館，又九十里至遼水館，又七十里至閭山館，在醫巫閭山中。又九十里至獨山館，又六十里至唐葉館，又五十里至乾州。微北六十里至楊家砦，又五十里至遼州。北六十里至宜州，又百里至牛心山館，在牛心山北。中又六十里至霸州，又七十里至建安館，五十里至富水。

薩英額《吉林外記》 吉林共三十八站，分兩路。【略】東路自省城小東門外烏拉站起，舊名呢什哈站，在城外十里松花江岸北。九十里曰額赫穆站，八十里曰拉發站，六十五里曰退摶站，八十里曰意氣松站，四十里曰鄂摩霍站，八十里曰他拉站，六十里曰必爾罕站，六十里曰沙蘭站，八十里曰甯古臺站，在甯古塔城東門外。凡十站，大站一，小站九，計程六百三十五里。烏拉站通東西北三路。西路自省城起，七十里曰蒐登站，七十里曰伊勒門站，五十五里曰蘇瓦延站，六十里曰伊巴丹站，即驛馬站。六十里曰阿勒灘額墨勒站，即大孤山站。六十里曰黑爾蘇站，八十里曰葉赫站，四十里曰蒙古霍洛站，凡八大站，計程五百五十五里。以上大小十八站，統歸烏拉額赫穆站監督管轄。北路自省城東北六十五里金珠鄂佛囉站起，即哲松站。六十里曰舒蘭站，四十五里曰法特哈站，四十五里曰登伊勒哲庫站，即秀水甸子。自此分道，正北八十里至蒙古卡倫站，小站。又西北四十五里曰盟温站，五十里曰陶賚照站，四十五里曰孫扎保站，即五家子站。三十五里曰浩色站，六十五里曰社哩站，七十里曰伯德訥站，八十里至齊齊哈爾界茂興站，凡十大站，計程五百二十五里。自蒙古卡倫站起七十里曰多歡站，七十里曰薩庫哩站，六十五里曰蜚克圖站，八十二里曰色勒佛特庫站，六十一里曰佛斯亨站，七十三里曰富拉琿站，七十五里曰崇古爾庫站，七十二里曰鄂爾國木索站，六十八里曰妙嘎山站，至三姓城五里，凡十小站，計程七百二十二里。以上大小二十站統歸金珠鄂佛囉站監督管轄。西北路站各支廪給銀五百兩，凡馳驛差員照勘合，應付官員一品至九品每站發廪給銀自一錢二分至一錢八分爲止，兵每站給口粮銀六分，一年應付之數約不過五百兩，六月題銷。又例於馬十匹內歲補三匹，牛十頭內歲補四頭，每馬給銀九兩，牛給銀七兩，統歸六月題銷。馬一匹歲領草豆銀十八兩，牛一頭歲領草豆銀十二兩，秋季報銷。甯古塔至琿春無站，亦無旅店，有卡倫六處傳遞公文。甯古塔西九十里曰瑪勒呼哩，一百二十里曰薩奇庫，八十里曰噶哈哩，四十里曰哈順，八十里曰穆克德和，七十里曰密占，往來行旅自裹餱糧，借宿卡倫，輜重車輛間有露宿者，俗謂之打野盤。

西清《黑龍江外紀》 齊齊哈爾城中卜奎站起，西南五十五里曰特木德赫，七十五里曰温托歡，七十五里曰多鼐，七十五里曰塔爾哈，六十七里曰古魯，五十五里曰烏蘭諾爾，四十五里曰茂興，凡八站。卜奎站起，東北六十里曰塔哈爾，七十里曰甯年，凡二站。此十站謂之下站，站官一員治之。

甯年站起，東北八十里曰拉哈，六十里曰傅爾多，四十三里曰喀木尼喀，四十二里曰伊勒哈，七十里曰墨爾根，七十五里曰科絡爾，七十六里曰喀塔爾希，八十五里曰庫穆，三十五里曰額玉爾，七十八里曰黑龍江，凡十站。謂之上站，站官一員治之。

黑龍江至京師有二路，由吉林、奉天入山海關者，俗稱大站，此進本路。由蒙古郭爾羅斯、扎賚特、都爾伯特、烏珠穆沁等部入喜峰口者，俗稱蒙古站，亦曰草地，此遞摺路。又由蒙古境入法庫邊門，至盛京有一路，俗稱八虎道。八虎者，法庫轉音。《八旗通志》「將軍郎談察奉天諸邊，卒於八虎口」即此，商販往來必由之路也。三路道里遠近，入關出塞者所宜知，並爲詳考而附記於後。

由大站至京道里：自茂興站起，南八十里至吉林省伯都訥站，七十里至舍利站，六十里至蒿子站，三十五里至孫扎包站，俗名五家子。四十五里至陶賚洲站，五十里至蒙古站，四十五里至登額勒哲庫站，俗名秀水甸子。四十五里至法特哈站，站在法特哈邊門內。四十五里至舒蘭河站，六十里至金洲俄佛羅站，俗名哲松站。五十里至尼什哈站，站在吉林城外十里。七十里至搜登站，俗名蘇通站。七十里至伊勒捫站，五十里至刷煙站，俗名雙揚站。六十里至伊巴丹站，俗名驛馬站。六十里至阿勒坦額墨爾站，俗名大孤山。六十里至克爾蘇站，八十里至葉赫站，四十里至棉花街站，站在奉天威遠堡邊門外。五十五里至奉天省開原站，七十五里至高麗屯站，七十里至懿路站，七十里至盛京城，六十里至老邊站，四十里至巨流河站，七十里至白旗堡站，五十里至二道井子站，五十里至小黑山站，七十里至廣甯站，八十里至十三山站，五十四里至小凌河站，五十四里至高橋站，六十二里至甯遠站，六十二里至東關站，六十三里至涼水河站，九十七里入山海關，至昌黎縣遷安驛，六十里至樂亭縣榆關驛，四十里至撫甯縣蘆峰口驛，七十里至蘆龍縣灤河驛，六十里至灤州七家嶺驛，一百里至豐潤縣義豐驛，八十里至玉田縣陽樊驛，八十里至蘇州漁陽驛，七十里至三河縣三河驛，七十里至通州潞河驛，四十里至都城，凡三千三百餘里。

由蒙古站至京道里：自卜奎站起，西一百六十里至蒙古境內哈代罕站，八十里至綽羅站，一百二十里至克爾蘇臺站，一百六十里至哈沙圖站，一百八十里至諾水齊站，一百四十里至伯里額爾格站，一百三十里至奎遜布喇克站，一百四十里至希嫩果爾站，八十里至三陰哈希站，一百三十里至達喇海站，一百四十里至俄岳羅克圖站，一百三十里至洪霍圖站，一百二十里至伯里克站，一百四十里至圖哈圖站，一百五十里至奎蘇庫站，一百三十里至大平格爾站，由此稍西北一百八十里至熱河。九十里至寬城驛，八十里至喜峰口，七十里至三屯營，七十里至遵化州，六十里至石門驛，七十里至（蘇）［薊］州，七十里至三河縣，七十里至通州，四十里至都城，凡二千三百餘里。

由八虎道至盛京道里：自茂興站起，西六十里至蒙古境內色克吉，以下皆蒙古村名。十五里至納哈代，十五里至捫圖克伊，四十里至齊罕特默，五十里至哈斐爾罕，五十里至烏蘭扎勒哈，十八里至奈吉，三十里至古爾班格爾，十里至俄爾拖巴喇，四十里至奈瑪代，五十里至烏拉勒吉臺，五十里至察倫霍多克，三十五里至白彩，三十里至達蘭錫伯，二十五里至瓦房，十里至克什克轄，八里至鄭家屯，二里至轄爾薩臺，二十里至蒙古拖羅凱，八里至烏蘇倫扎蘭，二十里至都爾本台吉，八里至塔本格爾，三十里至綱安錫伯，五里至噶布喇，二十里至轄巴爾臺，七里至阿爾袞臺吉，八里至多倫諾因，五里至罕霍多克，四十里至多倫格爾，十五里至都爾本格爾，五里至六家子，四十里至郝公屯，十里至新安堡，二十五里至燒鍋，五里至法庫門，門在奉天開原縣西北二十里。二百餘里至盛京城，凡一千餘里。

曹廷傑《伯利探路記》 光緒十一年【略】訂期四月十三日啓程前往，於二十七日入俄界，即順松花江至東北海口，復由海口泝流入黑河，至海蘭泡地方，仍順黑河返伯利，溯烏蘇里江，過興凱湖，經紅土崖，由旱道至海參崴，坐海舟入彦楚河海口，於九月初八日入琿春界，三十日抵省。共在俄界一百二十九日，凡彼東海濱省所佔吉、江二省地界兵數多寡、地理險要、道路出入、屯站人民總數、土産賦稅、大概各國在彼貿易、各種土人風俗及古人用兵陳蹟有關於今日邊防，與夫今日吉、江二省邊防可以酌量變通，或證據往事，堪補史書之闕者，繕具清册，繪圖立説。

徐爾固在黑龍江入松花江處，東北沿距三姓約七百里。松花江從西南來，經其前向東流。黑龍江從西北折，到正西入松花江。有二口，下口即在徐爾固江沿，水淺不能行舟。上口在徐爾固上六十五里松花江南岸莫宏庫地方西北，俄人輪船俱由此口出入。松花江水色渾黃，黑龍江水色深黑，至此合流，黃水在南，黑水在北。行七百餘里至伯利，二色始融。徐爾固西南二方無山，東北二方有山，圍繞如城垣狀。北山自外興安嶺分枝，向南迆邐而來。西分精奇里、牛滿二大江入黑河，東分恒滾、格林、庫魯三江入松花江。其山至徐爾固正北數十里落爲平陽，凡東北數十里外山皆其麓也。東面數十里外街基額圖諸山由長白山東北分枝，經哈爾巴嶺，出牡丹江東、興凱湖西，曲折向東北行，盡於松花江南沿，與北山同爲黑龍、松花二江門户，誠形勝地也。俄人於此立鎮，名迷海郎西苗斯克。【略】其西三里許俄屯人民四十餘家，其東五里許俄屯人民七十餘家。【略】然南岸爲三姓邊地，其西南九十餘里爲拉哈蘇蘇屯。【略】其東六十餘里額圖石蠟。

海蘭泡在舊黑龍江省城、即今愛琿城北七十里。【略】俄人呼黑河爲暗木彔，自咸豐四年五月十三日摩力摇付犯境後，次年即於海蘭泡立屯，成聚成都，稱爲不拉好爲十親四克，一名把拉云省斯克。

伯利在三姓東北千六百餘里，烏蘇里江入松花江處。【略】俄人名曰克薄諾付，光緒初年始設固畢爾拉塔，專主其地。光緒十年改設一泥拉拉固畢爾拉塔，總理東海濱省等處事宜。

紅土巖在興凱湖西沿適中之處，正南循鐵綫道二百二十九里弱俄里一百零三里。爲雙城子，正北偏西二百里爲蜂蜜山。由山西北行，六百里至三姓。有孔道由山正西行，四百里抵甯古塔。由山正東偏南行二百餘里至龍廟子，其處爲興凱湖出口，流水一綫，曲折萬千，輪船入湖道必經此。有華民七八家，對岸即爲俄界。【略】俄人於此立鎮，名曰甘昇俄里薄諾付，通呼里薄諾付，東北距伯利俄里七百六十四里。每里一千六百步，以華里七百二十步除之，實距一千六百九十八里弱。烏蘇里江輪船行至里薄諾付而止。

趙老背在紅土巖南四十三里，雙城子北六十里，皆以俄里計數，爲自紅土巖至雙城子第三站。獨有站房一所，專管來往迎送之事。站東五六里有俄屯，名馬得克。

雙城子在紅土巖正南二百二十九里弱，東南距海參崴俄里九十六里，正西距三岔口華里一百四十里。由三岔口向西偏北行，四百八十里至甯古塔。由三岔口向西南行，五百里至琿春。雙城子以東西二城得名。相距四里許。

蝦蟆塘在雙城子東南八十三里强，即俄里三十七里，東南距海參崴俄里五十九里。其處爲綏芬河入海門户，扼海參崴陸路咽喉。俄人【略】鐵綫房一，北一綫通雙城子、紅土巖，至伯利南。四綫通海參崴，内有一綫，行數十里分向西南，即通蒙古街彦楚河等處地方也。該處爲由雙城子至海參崴第二站，【略】俄人輪船每於七日内由海參崴兩至其處。

海參崴在雙城子東南二百一十三里强，即俄里九十六里。西南由海道距彦楚河約三百餘里，距琿春約四百餘里。俄名那吉窪斯托克，坐東北向西南，海口形如撮箕，長約十里，寬約六七里，出口處寬四里。口外數里有大島，名亢島，長七十餘里，寬二三十里不等。天然形勢，八風不忌。

三岔口在雙城子正西一百四十里，甯古塔正東偏南四百八十里，爲中俄分界之處。俄名格爾里斯，亦名巴大斯克。

蒙古街即蒙武河，爲綏芬海口西北之支河，在三岔口正南二百餘里，東北距蝦蟆塘俄鎮二百餘里，西南距阿濟密俄鎮亦然。

阿濟密在海中大多壁島、小多壁島，西北與琿春東北黑山背卡倫連界，東北距蒙古街俄鎮二百餘里，西南距彦楚河俄鎮稱是。

摩闊崴在彦楚河海口，距海口約二十里，北距彦楚河俄鎮三十里，西北距琿春一百二十里。其南數里有二石山生於海口内水中，平列如門，與長江東西梁山相似，但形勢較小，商船出入莫不由斯。俄人名摩闊崴地方爲默些二。

彦楚河俄呼言其，在琿春東南九十里，東北距阿濟密俄鎮二百餘里。輪船由海參崴至此，半日可到。

札依在伯利下一千五百三十餘里。混同江至此折向正北流，其南二十餘里東岸有湖，號札依倭温。黑斤濟勒彌人等語。倭温，猶言湖也。其北七十里東岸亦有湖，號奇吉倭温，即奇吉泊，徑約六七十里。東踰山嶺二十餘里爲庫葉海峽。俄人初得東海濱地時，於奇吉設立重鎮，名馬林義斯克。

廟爾在伯利東北二千二百七十里，凡外興安嶺以西以南、長白以東以北諸山俱於此處總匯，再向東偏南行百餘里即出海島，口内有天然八島。

堆依河在庫葉島西適中之地，即輿圖伊對河，俄於此設官，總理通島事務。【略】爲輪船自日本海入混同江必由之路。

哈四第力在混同江出口南行約百餘里西岸海沿，即輿圖尼滿河口。

嘎沙古斯克在混同江出口南行約八百里西岸海口内，與札依倭温東西相值。

因拔納斯克在嘎沙古斯南八九百里，東北距庫葉島、堆依河約五百餘里。其處海口寬平，可泊巨舟，與嘎沙古斯克無異。

刀平河疑即輿圖夾皮河之轉音。在海參崴東北八百餘里，旱道與海參崴不通，惟向西北有道至趙老背，分往紅土巖、雙城子諸處，又有鐵綫道至烏蘇里江尼滿河口等處。

阿勒幹在海參崴東北一千五百餘里，其處有大海口，與拔納斯克同。【略】由海道通海參崴，有旱道分通尼滿河、趙老背諸處。

江吉二省舊地現屬俄夷東海濱省，各處屯站自伯利順松花江至廟爾共五十三。自伯利入烏蘇里江，過穆陵河口，入興凱湖，至紅土巖，共三十六。自紅土巖順鐵綫道至海參崴，西南與甯琿交界，抵圖們江，合紅土巖北一屯，共二十六。自雙城子北第一站以東興凱湖入烏蘇里江處，以南盡海濱阿勒幹西諸地，共三十七。自伯利西溯松花江北岸，至黑河口，即泝黑河東岸，北岸至額爾古納河，入黑松江處，共七十二。自外興安嶺東索倫河口，向東南抵恒滾河口，共十二。自廟爾出海，順海沿南至因拔納斯克地方，及隔海庫葉島，共十餘。通共大小屯站二百四十有奇。

伯利以西有鐵綫，順松花江北岸至河口，即順黑河東岸通海蘭泡，上至尼布楚，以達該國京城。伯利東北有鐵綫，順松花江南岸下達廟爾。廟爾有鐵綫入海，一通庫葉島，一通岡札德加。伯利以南有鐵綫通興凱湖入烏蘇里江處，一循烏蘇里江源通阿勒幹等處，一入興凱湖，由紅土巖經雙城子。至蝦蟆塘分爲四綫，一通彥楚河抵圖們江，一通海參崴，一通上海，其一不知通何處。

各處驛站，大站距俄里二十六七里，小站距俄里十四五里。惟自紅土巖至雙城子，西南至彥楚河，東南至海參崴。自尼滿黑河口以上，由烏蘇里江西沿至阿勒幹等處。各驛路寬平如砥，稍有凹凸，即遣俄兵修理。其順黑龍江、烏蘇里江下至松花江以迄廟爾，順鐵綫道可以步行，無大驛路。江沿俱設有站房，夏月輪船通行，無人經管。冬月由江心跑站扒里，與陸路站車同。其站各有馬數十匹，陸路有車及扒里各四五具，江沿止有扒里。無論華人俄人，但取站車站扒里票，至站即送。駕以三馬，奔馳如飛，每一日夜可行華里七百。每人行一俄里，一馬給該國銅子三，曰特林克别克。特林謂三，克别克謂銅子。每一銅子合中錢十二文。

東海濱省相通各道，由伯利泝松花江入黑河口，上至尼布楚，爲一道。夏由輪船，冬由冰道。順松花江北岸、黑河東岸北岸有鐵綫路可通，徒行其中。由黑河東岸海蘭泡地方泝精奇里江上外興安嶺，至索倫河口，又别爲一道。水路陸路兼行。由伯利順松花江行三十餘里，北入庫魯河行八百餘里，登山，經格林河源，陸行四百餘里，入恒滾河上游，即由恒滾河沿向東北行五百餘里，又折而北行二百餘里，踰小嶺由陸路向北偏西行九百餘里，即至索倫河，爲一道。【略】由伯利順松花江西入恒滾河，行一千七百餘里，與由庫魯河經恒滾河踰小嶺之陸路會，亦至索倫河，爲一道。其未抵恒滾陸路之先，夏由輪船，冬由冰道，如履平地。由伯利下至廟爾，夏由江輪登海輪，南岸並有鐵綫道通步行，爲一道。冬月海凍無所通，此由伯利通該國之道也。由伯利入烏蘇里江，至穆陵河口上，西南入興凱湖，至紅土巖，夏由輪船，冬由冰道，即由紅土巖陸路南至雙城子，再由雙城子陸路分往海參崴、彥楚河諸處，此爲一道。其半途由穆陵河口上順烏蘇里江西沿，由陸路南至阿勒幹等處，又於半途分道，由陸路西通趙老背、雙城子等處，此爲歧道。由伯利至穆陵河口以上並無陸路可通，由海參崴、廟爾兩處海輪通海濱各口及薩哈林，遂東歷大洋，抵岡札德加部南洋，經大西洋，入波羅的海，抵該國京城。或經紅海入黑海，亦抵該國屬部。其由西北海經正北，歷墨領海峽，東北包岡札德加部，入混同江口者，每年間止五六七月可以行船，餘多凍，故由此道者每年止一次。此該省相通之道路也。

江吉二省通俄界之道，在琿春者二：一向南出彥楚河、圖們江二口，由海船向東北抵海參崴，此爲水路一道。一向東南至彥楚河俄屯，即由俄人站道東北至阿濟密、蒙古街、蝦蟆塘，向北偏東，至三岔口，此爲陸路一道。在甯古塔者三：一向東偏南至三岔口，一向正東至紅土巖，一向東偏北至蜂蜜山東，皆陸路。在三姓者三：一向東南出蜂蜜山，一向正東出撓力河，此爲陸路。一順松花江抵徐爾固及伯利，此爲水路。在黑龍江者二：一由齊齊哈爾察邊舊道出額爾古納口，一由卜魁驛路出愛琿城及大黑河屯，一由呼蘭河向東北，由小道亦出愛琿城，此爲正道。其吞昂河、都魯河等處踏荒向北行數日，俱可抵黑龍江，則間道也。

自雙城子東南至海參崴陸路一百餘里，皆出入山澗，多叢林密樹。俄人又於海參崴西北一百餘里内凡路在兩山間者，俱於其旁掘暗穽，且有蝦蟆塘扼水陸之衝。

伯利東北行一千二百餘里，至阿吉大山。

自阿吉大山順松花江東北行，又西北行，共約八百餘里，至黑勒爾地方。

自黑勒爾以下西北行，又東行，南折至海口，共約六百餘里。

黑河口爲江、吉二省門户，在三姓東北七百里。當水路之衝，凡順黑龍江而下、逆混同江而上者，此處實扼其咽喉。

蜂蜜山在三姓東南六百里，與甯琿成犄角之勢，於三姓爲陸路之門。

通江在三姓東北一千四百餘里，其處爲烏蘇里江上口，西南距蜂蜜山約一千五六百里，東距伯利九十里。

繆祐孫《通俄道里表》 中俄接壤東西幾二萬里，卡倫、鄂博凡一百餘所，間大山沙漠，實爲天險其不足恃者。舊新之界既乖，往來之路日闢，初定互市於庫倫，厥後有塔城之約，有愛琿之約，有伊犂之約，隨地交通，罔有隔閡。考諸書所稱通俄之途，大都舉其崖略，鮮能詳析驛程。矧聞湮啓難易，今昔情形頗殊，又所述雜以外蒙古、哈薩克、厄魯特、布魯特諸語轉譯淆誤，更無準的。俄又於所侵割別易已名，意在遏諸族懷舊之心，且使識途者爲所迷罔，此不可不察者也。兹得其所繪彼國行軍地理圖，窺探極遠，鉤勒極微，就而譯之。凡由我邊陲能達於彼者悉取録，若官路，若商路，若夏路，若冬路，若輪舟水程，皆分注焉。

由伊犂庫勒札至俄倭穆司克：此城爲彼國提督官所駐，極繁要。西北至裘冕六百三十一里，即接烏拉爾火車路。又所載皆官路，能行馬車，俄人設驛遞，甚便捷。二十五里藺噶爾，十八里綏敦，十八里欽察果吉，即奇欽卡，有路通甘肅。二十里阿林都，即烏林卡。十五里霍爾果斯，中俄界卡。二十二里阿克堪特，十四里札爾堪特，十四里郭魯別甫司開耶，二十五里柯伊奔斯開耶，二十五里闊盧爾烏連司開耶，二十里挨納布拉克司開耶，二十五里拔什勒司開耶，二十七里阿爾汀伊蔑立司開耶，二十五里固噶林斯喀，二十五里擦利層司克，二十里成吉思阿噶斯喀，二十二里喀喇布拉格司克，二十一里薩里布拉格司喀，二十八里阿克亦赤金司克，二十七里闊拔爾，劇邑，有礮壘兵屯。二十九里阿拉珊斯克，二十一里阿巴枯莫甫司喀，二十五里阿克蘇亦士克，二十八里拔士千司喀，二十八里列卜星司科耶，小村，近中國邊。十六里堪志噶布拉克，十七里阿士幾布拉格司喀耶，二十九里阿爾噶拉勒司開耶，三十一里竹事阿嘎敕喀耶，二十六里馬絡阿雅古自克耶，二十六里刻自爾幾司開耶，二十三里土爾堆古都刻斯喀耶，二十九里阿雅古自克耶，三十一里寫爾幾倭波立，以上嚮西北。二十六里阿爾登顆拉格司嘍，二十九里伊布離迦司嘍，二十六里烏尊布納刻司嘍，二十四里阿列長阿堆羅復司嘍，二十四里阿爾喀茨嘍，二十六里奇仄爾畝立司嘍，二十六里槎爾達弛司嘍，二十一里阿施奇古爾司嘍，二十七里阿爾喀雷刻司嘍，二十二里烏魯古十克，二十五里仙米帕拉停斯克，省會，由此至倭穆司克皆傍伊爾推什河行，春夏有輪舟。十六里斯他立仙米帕拉停司克，十六里隔魯霍甫司科耶，十九里別洛卡珉司喀耶，二十三里多倫司克耶，二十里撒烈穆霍木司喀，十五里亦自曰斯特可威，十七里格拉撒甫斯克耶，二十六里仙米亞爾斯喀耶，二十九里克理倭耶，二十四里波特布司克乃，二十四里烈撇日亞，三十一里車爾泥，以上嚮東北。二十二里雅梅余甫斯喀，五十里坡得思帖布乃，二十一里把勿洛達爾，劇邑。以上嚮西北。二十六里車爾雅爾斯喀，十三里格黎果里葉甫司喀，十三里車爾諾獵次喀，十八里別列司乃，二十四里別士槎拏耶，十六里噶赤爾司喀，十三里倭士莫累日斯喀，十八里波卜洛甫司喀，十七里撇脱累日司喀，二十四里熱列秦司喀耶，十五里拔實馬什乃，十四里烏爾留求別司喀耶，二十四里韃靼爾斯該，十四里阿特馬司該，十三里車爾納果甫司喀耶，十四里野黎雜曰茨克，十二里索獵喏耶，十八里伊側勒拔什司喀耶，十七里波顆羅甫司喀耶，十八里阿扯伊爾司克，二十一里烏私奇雜倭司託羅甫，十六里撒咧木霍甫斯克，十九里倭穆司克。

由庫勒札至札爾堪特路：此係商路，沿伊犂河行。十八里英吉沙爾，三十五里闊直格爾，二十八里開魯干，中俄界，即廓克興。十五里安達蘭，二十里獨本，十里伊犂河，四十五里札爾堪特。又一路：亦商路，較前多十三里。十八里英吉沙爾，三十七里汗梅，三十里可爾札特，五十三里獨本，十一里伊犂河，三十五里札爾堪特。與前官路合。

由木札爾至札爾堪特：木札爾距阿克蘇不過二百里。二十五里納林可爾，中俄界。二十四里喀爾喀克，二十六里薩雷札士，三十五里迦堅帖尼，二十一里帖蔑爾立克，二十一里坡特果爾尼，二十一里沖直，三十五里伊黎河，二十五里札爾堪特。以上嚮東北。

由英吉沙爾至阿爾汀伊蔑立：與由庫勒札至倭穆司克路合，自此至納林礮臺皆小路，不易行，尚有水草，中間有嶺。十七里抡由河，徑渡。十八里阿爾呑阿爾推什，十里阿爾呑，十里阿爾古，十二里朱衣諾紫，十八里登吉他爾，二十里帖列克礮臺，三十里帖列克台山，中俄界，逾嶺。五十五里阿克賽河，過河直北行。四十里阿特巴什河，逾山，渡河。三十五里納林礮臺，二十四里溫拏爾槎，二十六里喀蘭古爾特，二十六里薩理布拉克，二十二里拱別爾阿達，二十七里臥爾特脱凱，二十五里枯切馬爾勒司克耶，在伊西庫爾湖上。二十四里可克買納克司喀耶，二十三里直力阿雷克，二十六里斯他羅脱克馬克，二十七里脱克馬克，三十二里喀拉布拉克，三十二里撒累札斯，二十六里喀司得克，二十七里喀簪司柯博郭羅茨科，二十七里留波勿乃，二十八里唯爾壘，即仙米烈省會，俄設重兵，甚嚴。二十四里喀喇蘇亦司克，二十二里昆金台司克，二十三里伊利司克，二十三里成吉利金司克，三十三里喀喇赤金司克，二十七里枯煙古茨，二十八里阿爾汀伊蔑立。

由喀什噶爾至納林：小路，難行，有水草，宜乘駱駝。十九里阿爾推什，十八里推什格他什礮臺，二十里土什谷，以上順托由克河。二十里穆爾札帖烈，十八里察克馬克，過蘇士喀河。三十里中俄界卡，十八里土魯噶爾特山，此山甚大，逾山即俄屬。二十里查特爾枯力湖，沿湖嚮北。二十五里過山，嚮東。五十五里喀喇開迎河，二十五里阿特巴什河，沿河行，徑渡。三十五里納林。

由喀什噶爾至薩馬爾干：俄建鐵路已達此城，又將修至塔什干，此二城俄皆駐重兵。五里薩爾瞞，十里們果爾，十里喀南噶雷克，十里堪竹干，三十里枯爾噶深喀泥，三十里烏顆阿拉爾，五里馬實嚕特，十五里舒爾布拉克，過天山。二十里烏魯克察得礮臺，四十里伊爾格什他木，中俄界卡。二十八里塔溫木偷，過天山，阿來司克山。十二里喀喇坑得克，二十里薩擂達什，十三里塔爾堆克，過天山，阿來司克山。十四里烏赤求別，十一里沙爾特，十二里蘇菲庫爾干，二十里克仈里庫爾干，十五里古爾槎礮臺，以上河北。三十二里梁噶爾，十九里馬堆，十二里倭什，以上嚮西北。二十五里霍哲窪特，二十里安集延，十六里阿薩克，二十一里枯窪，三十三里諾威馬爾格蘭，貿爾干省。十二里阿克阿雷克，二十九里庫爾干求別，三十里額利實丹，二十五里都爾瞞槎，二十六里霍罕，十一里鋤柴，二十一里卑什阿雷克，二十三里巴塔兒，二十七里喀拉出肱，二十二里喀斯達顆茨，十八里霍佔，以上嚮西，以下嚮北。二十四里木爾濟拉巴特，二十五里佔布拉克，二十六里烏拉爾司克耶，十六里別堪特，十六里託野求別，十九里尺爾尺克，在尺爾尺克河上。十里塔什干，希爾達利亞省會。二十里呢亞茨巴什，二十一里斯他立塔什干特，二十二里赤納茨，在希爾達利河上。二十三里別爾唯喀倮茨馬烈克，三十三里穆爾札拉巴特，三十一里阿噶赤堆，二十二里烏赤求別，十五里制雜克，二十五里雅宜庫爾干，十七里薩來勒克，十五里喀綿尼抹司特，有石橋。十九里成拜司克，十二里薩馬爾干。

由倭什至諾威馬爾格蘭：此係捷徑，較前正路省三十五里。中間有山，不大。二十四里阿拉咱，十四里門求別，十九里達爾馬札爾，二十八里諾威馬爾格蘭，又由此一捷徑，三十里阿爾推阿雷克，二十八里都爾瞞克，較前正路省三十八里。三十里阿爾堆阿雷克，二十八里都爾瞞槎。

由楚庫察克至仙米帕拉停司克：楚庫察克在塔爾巴哈台邊境，至雜哈爾甫喀係商路，以下係正路。二十七里雜哈爾甫喀，中俄界。二十七里阿塔該司開耶，二十八里赫呑蘇馬堪，二十一里巴拉克排司開耶，二十二里烏爾札爾司開耶，二十七里布爾觀司開耶，二十二里節爾思拔干司開耶，二十二里喀拉果爾司開耶，十九里札刻思札爾達甫司開耶，十七里疊協刻達石司開，二十四里納林司克，三十七里寫爾幾倭波立，二十六里阿爾登顆拉格司開，二十九里伊布離迦司克，二十六里烏尊布納刻司開，二十四里阿烈長阿堆羅復司喀，二十四里阿爾喀茨喀，二十六里奇仈爾畝立司喀，二十六里槎爾達弛司喀，二十一里阿思齊古爾司喀，二十七里阿爾喀雷刻司嘍，二十二里烏魯古士嘍，二十五里仙米帕拉停司克。

由科布多烏科克卡倫至仙米帕拉停司克：此卡與同治九年新界特勒噶魯國卡接，其次鄂依霍爾巴爾塔蘇果克。三十六里戍達嘎禿亦司克模司特，三十里他巴特，二十四里烏擂立司克，二十四里成吉思台，三十三里阿爾台司克，以上商路，以下官路。二十三里別略作甫司克，又名蔑得日得喀。十七里達羅甫嘎，二十八里馬絡納林司克，十六里納林司克，二十六里馬絡格拉司諾雅爾司克，二十里車烈木山司克，二十里倭羅尼，十九里布克達爾珉司克耶，十五里別略作甫司克，十里阿烈克三德爾司克耶，十八里哆曰爾乃耶，十三里費刻黎司脫甫斯克，十五里烏爾頻司克，二十六里烏私奇喀綿諾果爾司克，二十四里烏窪囉甫司克，二十一里克拉司諾雅爾司克，即野尼塞省會。二十里拔拉佘甫司克，二十五里烏賓司克，十八里畢雅諾牙爾司克，二十三里樹立必自克，二十五里接離紫克，二十四里阿嚼而尼，十八里仙米帕拉停司克。

由烏梁海之薩理布拉克至烏私奇喀綿諾果爾：薩理布拉克即鄂蘭布拉克，由此至布倫託海約一百五十里。三十里坑得爾尼克，二十五里帖烈克推，十六里宰桑司克，有礮臺。以上商路，以下官路，皆嚮北行。十九里喀喇布拉克，三十里薩果布拉克，十九里拕衣朱紫兼特，二十五里挨司別，十七里撮爾嘎，十五里布爾汗，二十五里把雜爾喀，二十九里喀喇烏特枯立，二十二里諸士阿嘎飭，二十里阿拉理求別，二十二里科克別克推，二十八里喀喇札勒司克，由仙米帕拉停司克有小路至此，二百一十三里。二十八里阿嘎乃科克停司克，二十六里仙成司克，二十四里叶賓斯克，二十四里烏倫該司克，二十八里烏私奇喀綿諾果爾。

由霍占至制雜克：嚮西小路如自喀什噶爾，徑取霍占，於此分路，一赴塔什干，一赴蓬馬干。二十六里納烏礅臺，二十七里納烏噶擬，十六里烏拉求別，三十二里撒窪特，二十九里雜明礅臺，三十一里拉巴特，二十里制雜克。

由恰克圖至託穆司克：此爲中路。自託穆斯克至裘晃有輪舟水程，別録於後。有新開商路，自烏私奇恰克圖分，至梅瑣洼合，直北，越大嶺數重，其途甚狹，但能兩車並行。其驛站不由官經理，計九站，每站一車出十盧布。較正路可省百餘里。夏秋趁輪舟，自伯雅爾徑渡拜噶爾湖，八十九里抵黎士特洼，遵陸，三十八里至伊爾古慈克，可省一百五十四里。冬令湖冰合，即驅車從冰上過，里數與舟程同。 四里士洛伊自科薩勿司克，華人稱後營。二十三里烏私奇恰克圖，二十五里喀離諾撒列窪洛復喀耶，耶，由此十八里至上烏金。二十九里波羅維納耶，二十六里伊利盈司喀耶，二二十四里坡倭囉特拉耶，十九里洩稜庚司克，過洩稜格河，沿河行。三十里阿爾布作復司喀耶，二十七里尼日捏烏布工司喀耶，二十七里克留掣復司喀十五里塔蘭喀諾夫司喀耶，二十四里喀班司克，二十五里博離佘烈成司喀耶，二十三里伯雅爾斯喀耶，至拜噶湖上。十九里梅瑣窪耶，瀕湖以下繞湖行。二十五里米施星斯喀，十五里馬裏諾甫斯喀耶，十四里撒烈咽莫拏耶，二十四里威德連斯喀耶，十七里事聶日納，二十里穆陵司喀耶，二十七里烏圖理克司喀，十六里阿木耳斯科耶，十七里枯爾禿克，以下不瀕湖。二十三里駁爾設葛盧拌司科耶，二十一里莫脱司喀邪，二十里悦顛斯科耶，二十四里伊爾古慈克，大省會。十三里波可甫司喀邪，過安噶拉河。二十一里蘇霍甫司喀耶，二十七里帖利明司喀耶，過嘍挖伊河。二十一里馬理汀司喀耶，過別盧游河。二十九里波羅唯納耶，十八里扯烈木霍甫司喀耶，二十八里枯禿黎克司喀耶，三十里雜拉林斯喀耶，二十三里推烈特斯喀耶，二十四里雞鳴司喀耶，過吉木河。三十里嘍米立帖益司喀耶，二十里利昔堅司喀耶，十八里奎屯司喀耶，二十三里士林司喀耶，十九里佘拉古爾司喀耶，二十五里都魯諾甫司喀耶，過伊由河。二十五里枯爾簪斯喀耶，二十一里餘拔金司喀耶，二十一里呼得益蘭斯喀耶，二十六里切爾鼓堆司喀耶，二十一里尼日里烏金司克，二十八里烏果弗司喀耶，十八里卡梅佘特司喀耶，二十四里阿勒噶佘司克耶，二十五里阿羅雜默司科耶，二十里額拉司觀拉耶，二十五里拔葉保甫司喀耶，二十一里碧流新司喀耶，二十三里波羅沄喏掣列木霍甫，十九里克留稱司喀耶，二十八里亭司喀耶，二十五里尼日里殷噶佘務司喀耶，二十六里益蘭斯喀耶，二十七里堪司克，二十五里駁爾佘烏林司喀耶，二十二里克留掣弗司喀耶，十六里波羅汀司喀耶，十八里噹頻司喀耶，二十五里烏鴉爾司喀耶，二十四里拔來司科耶，十八里鐵爾帖石，十五里枯士昆司喀耶，二十五里波爾益司喀耶，十六里別喀作甫司科耶，十四里克拉司諾雅爾司克，過野尼塞河大省。二十一里烏私榻諾勿司喀耶，十八里蘇荷弗司喀耶，十八里馬洛切木初克司喀耶，二十二里伊布流利司喀耶，十七里迦爾初布司喀耶，十六里科鋤立司喀耶，二十二里擢爾諾列成司喀耶，十六里榻魯汀納，十六里阿陳司克，過楮林河，其城有路赴米奴星。十三里別諾雅爾司喀耶，十七里克拉斯諾列成司喀耶，三十一里博可奪力司喀耶，十六里博利灼耶擴舒，十八里亦塔特司喀耶，十七里勃洛蔑茹脱赤拏耶，十七里恰仁司喀，二十八里蘇士羅洼，二十五里馬里迎司克，過幾亞河。二十三里波得頁力擬飭拏耶，十六里秋免聶洼，十二里別梨古立司喀耶，二十六里駁飭丹司喀耶，二十三里顆類完司喀，二十二里伊實木司喀，二十三里圖侖塔葉洼，二十三里哈爾迭葉洼，十五里仙米盧什乃耶，十里倭倮擬拏，十九里託穆司克。

由伯雅爾至伊爾古慈克輪舟水程：過湖至黎士特洼，入安噶拉河。九十里黎士特洼擬斥那耶，二十里塔里勒司喀耶，二十三里拔脱羅諾夫司喀耶，十八里伊爾古慈克。

由託穆司克至裘晃輪舟水程：陸路即沿河行，冬日河水凍合，車馳冰上。十二里別羅薄洛奪洼，十五里車爾泥力飭可洼，二十七里布實喀略洼，十一里卜拉幾納，以上託木河，以下倭別河。二十六里喀爾納烏合洼，十五里尼顆力司科耶，二十里卑理納，十九里茹可洼，二十六里莫勒查諾倭，十五里烏私奇楮林司克耶，二十二里格里倭鹿池幾耶，十八里松古爾韋，二十三里幾倭斯幾尼，二十五里巴拉納可威，十三里諾倭伊里迎司科耶，二十七里柯爾拔佘洼，十三里託古爾司科耶，十六里蒲羅多赤乃耶，二十一里伊灣節乃，二十里殷節乃，十四里薩爾杜可威，十八里木枚佘威，二十里納絲幾擬，二十一里把拉別力司科耶，三十二里納琳，三十五里伊里納，四十七里柯拉司幾宜，二十二里唯爾赫涅克仈司科耶，三十里推木司科耶，十七里喀爾幾押茨克耶，二十八里穆拉瑣洼，二十里類木飭乃，即拉類木。十三里唯爾赫涅拔擬乃，二十里既牟涅拔擬乃，十三里窪爾朵甫司幾，三十一里納飭乃，十六里唯爾赫涅龍拔果爾司幾，二十一里列格鋪噶力司幾，三十四里挖卑爾幾尼，十八里龍拔果爾司幾，十八里拉琳司幾，二十六里可勒拕郭爾司幾耶，三十二里呰擂木司幾耶，三十七里禨爾奪甫司幾，三十四里唯爾赫涅梅煙司幾，二十六里尼日里梅煙司幾，二十六里斜馬羅威，十八里薄古爾司幾耶，二十八里伊窪什幾尼，二十五里窪合甫司科耶，三十三里拚果限，二十九里阿袞木幾尼，三十四里涅倭耶汝幾尼，五十一里蘇爾姑特，七十里瑣爾幾納。三十七里敦德林司克耶，二十六里古實尼可喀，四十四里薩哈陵司克，三十四里叶黎雅爾司克耶，二十五里札勒可窪，三十四里沙卜深司克耶，以上倭別河。六十六里薩馬羅波，三十三里倭涅烈窪，二十六里把齊亞羅窪，三十九里額烈把羅甫司克耶，三十六里雜倭金司克，十四里薩爾噶茨幾耶，三十二里秦噶林司幾耶，四十三里節尼什柰果甫司喀耶，三十一里蘇波極納，二十一里額諾馬諾甫司科耶，二十七里荻穆演司科耶，二十八里猶洛甫司科，二十一里額諾駡羅洼，二十五里顆佘略洼，十五里烏窪特司科耶，二十里阿雷木司克耶，三十里諾倭耶，四十九里喀爾賓司克，二十里肥納朵窪，二十五里布倫宜可窪，以上伊爾推什河。十七里唯諾古羅窪，二十三里拕波爾斯克，省會，由此有舟至倭木司克。二十三里喀拉遲納，二十九里枯塔爾畢得喀，二十一里拜喀羅甫司幾，二十六里拔槎裏納，以上在拕波爾河。二十五里叶勿烈窪，二十四里猶熱可窪，二十三里薄可羅甫司克耶，十五里土布羅烏拉，以上在卑什麻河。十六里索作諾甫司科耶，十四里薄爾果甫司克耶，十一里唯藜惹詣呐，二十三里袠冕。以上土拉河。

由拕波爾至倭穆司克輪舟水程：其陸路多沿河行，冬夏分注，蓋冬日冰合，車馳河中。十七里索烈拏耶，入伊爾推什河。十七里拔克帖野窪，冬二十五里、夏二十七里頗果司特，二十一里圖拉野洼，十四里杜博羅勿諾耶，冬十二里、夏十五里喀吞姑彜司克，冬二十里、夏十五里薩輪斯克耶，冬二十里、夏三十里喀喇眩司克，冬二十里、夏三十四里雜克倭自精司科耶，三十里帖平金司克耶，三十里烏私奇益什木司克耶，二十里喀駟馬果甫司克耶，十九里烏特銘司克耶，十五里古拉諾甫司克耶，二十四里帖勿利司科耶，十二里拜[illegible]合金司克耶，十八里大沙達坑斯克耶，十八里拔克舍耶窪，十八里台岑斯克耶，十八里熟合窪，二十三里自拉明斯科耶，二十里布塔果夫司科耶，二十九里他納，十九里顆爾涅窪，二十四里節烈霍洼，十七里蔑實顆洼，十八里達克枚疵克耶，十八里薄獵佘列成司科耶，二十五里摩幾爾乃耶，十七里殷噶林司克耶，十八里車爾諾倭節爾拏耶，二十里悉畢爾司克耶薩爾噶特卡，二十里薄洩爾司科撒爾噶特卡，十八里別接迎斯克耶，二十四里克拉斯諾牙爾斯特，小村。十七里古拉陳司科耶，二十八里倭穆司克。

由倭穆司克至袠冕：此陸路。二十六里古拉勤司克，十七里克拉司諾雅爾司克，小站。二十八里蘇合弗司喀，十八里別梯佘弗司科耶，二十八里安德巒齊納，二十六里秋喀林司克，分二路，一至葉南司克。二十三里喀勒馬可窪，二十二里克魯拕耶，九里葉爾作甫喀，二十里倭爾羅洼，二十五里喀梅審司科耶，二十三里阿巴茨克耶，二十二里圖什諾羅波洼，二十八里駁洛甫司科耶，十五里伊什木，十四里別自盧河窪，二十七里喀喇蘇利司科耶，二十八里郭雷什馬諾洼，十六里色威土都神司科，十七里烏私奇納珉司克耶，二十五里倭米勒斯科耶，二十二里窄佘尼瓦干司科，二十二里諾倭雜因漠司克，二十七里雜倭奪烏果甫司科耶，二十二里牙諾都羅甫，十九里羅馬諾窪，三十三里波干丁司克，二十九里袠冕。

由恰克圖順界卡向西：三十二里納烏深司克耶，九里雜罕烏松司克，三十里拔秦司克，二十一里抑擢多益司克，十二里車木爾達耶甫司克，十七里葉樂堆司克，二十七里奪列益司克耶，二十一里喀喇才司克，八里哈林司克，二十一里大奪列益司克耶，十八里阿爾薩刻司克耶，二十六里接日，十六里哈米涅司克，二十里雜幾爾，十九里莫奪枯爾，二十一里薩拉雜爾金，四十里克盧掣甫斯科耶，十五里薄離灼耶布囉特，六十里烏魯顧節葉甫司克，五里都益，三十里佘木精斯科耶，二十五里泥羅窪，四十五里海金司克，六十五里諾林霍爾乖司克，七十五里倭金司克。在倭喀河上，其水入安噶拉。

由恰克圖順界卡向東：二十二里喀喇木司克，二十五里枯塔林司克，十二里枯塔力，二十二里沙拉果爾司克。

由枯塔林司克分一路：十四里伊巒諾甫克，二十二里沙拉果爾斯克，三十三里烏私奇倭爾盧格，十五里制金司克，一百二十里綿金司克，一百里阿審精司克，五十里駁爾直甘司克，三十里吉爾肱司克，三十里布谷肱斯克，二十八里阿爾單斯克，三十一里欸蓮司克，十九里先噶盧喀，二十七里唯爾赫涅烏爾渾司克，十五里滿古特慈克，二十里巴爾提烏爾渾司克，二十五里烏渾司克，四里納拉松司克耶，三十五里幾爾畢飭乃耶，三里阿克深司克耶，十三里烏私奇土侖達耶甫司克，二十一里枯爾南任司克耶，二十一里吐魯郭耶甫司克，四十一里姑布海耶甫司克，二十二里雜蘇撤甫司克，以下嚮南。三十一里古魯蘇達葉甫司克，嚮東。四十二里誠覃司克，三十一里刻留撤甫司克耶，二十七里雜甘烏嚕頁甫司克耶，二十五里雜隱喀烏爾倫古耶甫，三十一里朔刻都益甫司克，上二站嚮南。五十四里阿巴該土耶甫司喀，在阿爾肱河上，南行四十里即達來諾爾湖。四十四里凱納蘇都耶甫司克，四十四里土羅耶甫司克，二十八里土塔羅楚魯海都耶甫，二十里諾倭楚魯海都耶甫，二十五里作落郭耶甫司克，二十里布領司克，十六里薄爾勤司克，十九里布勒都魯亦司克，二十里郭爾布諾窪，有路通尼布楚。十五里倭倮誠司克，二十三里阿爾肱司克耶，十里木納成司克耶，二十一里唯爾赫宜唯纍司克，有山。二十五里尼日里唯纍司克，十一里巴書羅洼，十五里達羅甫噶，十九里烏羅甫司科耶，以上嚮西北。二十三里利士特唯義飭乃耶，二十七里果掣英司喀耶，二十二里熱噶奪成司喀耶，二十五里烏倫堪斯克耶，二十五里烏留畢納，又名金枯拉烏稱克耶。四十五里奴金司克，六十里熱葛奪陳司克耶，四十五里烏私奇得烈諾赤乃耶，四里薄克羅甫司開耶。此驛在阿爾肱什爾喀入阿穆爾之處。

由外蒙古境克魯倫河上克魯倫城至聶爾琛司克：克魯倫有路直達張家口，聶爾琛即尼布楚。一百七里蒙古界，四十里古魯蘇達葉甫司克，在巴倫塔烈河。三十一里司他諾勤達茨克，十二里諾倭勤達茨克，一十三里巴爾節博爾勤司克，二十五里土爾金司克耶，在鄂倫河上。三十五里諾倭薩拉乃斯克耶，十里尼日里薩拉乃司克耶，二十二里喀喇可薩爾司克爾，二十五里日金斯科耶，十五里馬喀羅窪，二十四里寫洛圖魯所窪，二十七里密爾薩諾洼，二十九里聶爾琛司克。

出外蒙古，由德林司克至赤塔：嚮南。赤塔或譯口乞圖，係雜拜噶爾省會。又德林界内即奎屯河。四里唯爾赫涅烏爾渾司克，十五里蒙古茨克，二十里拔爾吉烏爾渾司克，二十五里烏爾渾司克，三十里脱克奪爾司克，二十五里阿克深司克耶，即阿克沙。十三里烏私奇士倫達葉甫司克，三十五里烏私奇伊里迎司克耶，在鄂倫河上。三十三里獨羅圖林司克耶，十八里伊里迎司克耶，十三里克留撤甫司克耶，十二里巴爾靖司克耶，二十里達拉松，三十三里得爾幾堆司科耶，二十里任比林司克耶，十五里圖裏拉薄倭諾特耶，二十三里馬果唯野洼，十里克鹿勤司喀耶，九里烏私奇盧薄果甫司克耶，二十七里赤塔。

由海參崴至赤塔：海參崴，俄人名曰務拉的倭斯脱克，自此至哈巴羅夫是商路，自布拉郭唯式塵司克以下分冬夏二程，其夏路即輪舟水站，至施特烈勤司克止。十九里波特果倮得乃耶，十三里烏格諾倭耶，十八里額烈飭諾耶，三十里拉自多利洛耶，十六里巴拉諾甫斯喀耶，十里倭芬司科耶，在綏芬河上。十里尼果力司科耶，十四里米海洛甫司喀耶，二十九里格黎果里野洼，十六里肆帖烈飭乃耶，二十五里鄭十九里喀綿嚅波羅甫，以下繞興凱湖。三十一里烈弗，三十二里珊塔協雜，二十九里益斯脱克松喀察，中俄界臨湖。三十里司坍齊牙諾蔑爾特烈吉，二十五里司坍齊牙諾蔑爾復脱洛耶，二十五里馬爾顆洼，順松花江行。二十三里步洩，烏蘇里河自此始。八里米海洛復司喀耶，小村。八里尼果立司喀耶，二十六里伊里迎司喀耶，十三里克拉思諾雅爾司幾，十二里格拉弗司幾耶，二十里克拈熱斯幾耶，二十一里克盧脱別烈日磊，二十里羅拔勤司克耶，大驛。三十里尼日里米海洛夫司喀，二十二里尼日里尼果力斯克耶，十二里雜盧畢納，二十四里駁可羅甫司喀耶，二十五里果自羅洼，二十四里倫剎可洼，十四里唯得拏耶，十九里舍爾涅蔑且洼，十三里且奪羅洼耶，二十一里曰牛顆洼，二十三里布奪郭司喀耶，二十三里顧且烈洼，十五里得略合肆曰梯帖力，二十里車爾尼耶弗司幾耶，二十里涅唯力司幾耶，二十里喀雜皆曰飭，二十里哈爾薩果洼，以上沿烏蘇里。二十里哈巴羅夫，即伯力，爲俄東海濱省會。二十里諾甫果倮茨克耶，二十五里尼日里肆拔司喀，二十里曰爾赫涅四拔斯喀，别一小路嚮東北，三十里逕達盧葛哇耶。十七里雜别羅洼，十二里盧葛哇耶，二十二里别得羅甫司喀耶，二十里倭自涅旋司克，二十六里葛羅微拏，十八里肆帖把諾窪，十三里倭斯克烈旋司喀耶，二十四里米海洛西苗諾甫司喀，二十八里諾哇耶，十八里克窪什擬納，十八里諾倭韞仈獵洼，二十一里奪布拉耶，十二里拏幾駁洼，二十五里卜吉納，二十里頁喀帖離諾尼果力司喀，十八里率由自乃耶，十八里波立喀爾薄甫喀，冬二十六里、夏二十一里新堪，冬二十里、夏二十六里朋别耶甫喀，冬二十二里、夏二十五里吉春，冬二十里、夏十九里拉疊甫喀，二十一里斯抡羅熱洼耶，十五里巴什課窪，十九里撒幾薄洼，二十六里喀灑得幾拏，三十一里米海洛夫司喀耶，十八里伊諾坑切夫司喀耶，十九里斯果别爾茨拏，二十四里尼果立斯喀耶，二十三里古撇里亞諾甫喀，十八里扯思諾果洼，十五里薄牙爾可注，二十三里肆掣復斯喀耶，二十里寬斯坦廳羅甫司喀耶，二十六里擬自綿那耶，二十五里涅倭熱達賴耶，與愛琿對岸。二十一里士單切諾米爾撇爾韋，二十六里布拉郭唯式廑斯克，即阿木爾省會。冬二十三里、夏二十三里亦格拏且注，入黑龍江輪舟路。冬二十一里、夏二十一里叶喀接離諾甫司喀耶，冬二十六里、夏二十六里庇闢可窪，冬二十五里、夏二十九里肆節拔諾注，又名蘇合提納。冬二十八里、夏二十七里步叶注，冬十六里、夏十六里喀爾薩果注，冬二十九里、夏二十二里西抹諾注，冬二十一里、夏三十三里古馬爾司喀耶，冬二十六里、夏三十三里古馬爾司喀耶，冬二十六里、夏二十一里阿烈三得諾甫喀，冬二十四里、夏十八里烏薩果注，冬十四里、夏十四里果笠撮注，冬二十二里、夏二十七里阿諾朔注，冬二十九里、夏二十二里雜嘎陽，冬二十一里、夏十二里叶爾罵果注，冬二十五里、夏二十四里古自涅撮注，冬二十五里、夏十八里葛藟，冬二十三里、夏十六里車爾尼叶注，冬二十七里，夏二十八里倭力吉拏，冬二十四里、夏十九里諾倭瓦噶羅注，冬二十三里、夏三十里託勒補齊拏，冬二十二里、夏二十九里別迦託注，冬二十二里、夏二十四里別烈梅幾納，冬十九里、夏二十五里別塔諾注，冬十九里、夏十七里倭司克涅旋司科耶，冬十九里、夏十七里阿爾巴秦，即雅克薩。冬三十里、夏三十三里倭爾羅注，冬三十五里、夏三十三里肆威爾別野注，冬三十六里、夏三十七里肆幾布涅注，冬二十七里、夏二十九里亦格拏幾諾，冬二十八里、夏三十六里阿馬爪兒，冬三十四里、夏三十六里波可洛夫司喀耶，在阿爾肱什爾喀合處。冬二十八里、夏二十八里烏确司乃耶，冬二十三里、夏二十三里波倭傈得乃耶，冬二十一里、夏十九里喀拉干司喀耶，冬二十六里、夏二十六里寫烈布連司喀耶，冬二十八里、夏三十里察索洼耶，冬二十里、夏十八里挐波林司喀耶，冬十九里、夏二十里倭斯克烈旋司科耶，冬二十七里、夏二十二里郭爾卑成斯克耶，冬二十二里、夏二十一里烏斯奇擢爾乃耶，冬二十一里、夏二十二里盧然金司喀耶，冬十里、夏十里烏私奇喀拉，冬十六里、夏十六里什爾幾諾，冬二十五里、夏二十五里駁堆，冬二十二里、夏二十五里烏堆成司喀耶，冬十九里、夏二十一里落梅，冬二十四里、夏二十五里施特烈廑司克，至此遵陸。十九里節流倫司喀，三十里古顏司科耶，二十四里尼日里克留掣弗司喀耶，二十里聶爾琛司克，二十九里米爾洒落注，二十四里喀雜諾弗斯科耶，二十八里拉茨麻合甯司喀耶，二十四里噶勒齊納，二十九里克涅齊別烈郭洼耶，二十四里凱撻羅弗司喀耶，三十六里潑倭傈特拏耶，二十三里馬可唯也注，十里闊盧成斯喀耶，九里烏私奇克魯薄郭弗斯喀，二十七里赤塔。

由琿春至拉自多利洛耶：與前路合，此商路。四十里諾倭畿耶甫司克，連直開庚奴界。二十里郭拉特可注，二十四里咧雜洛注，十一里阿的密五里司拉完司喀耶，十七里車爾喀司喀耶，二十三里噶迦烈注，二十一里什可脫注，二十里彝薩葉注，十八里烏格諾倭耶，九里幾格諾倭耶，十九里拉自多利洛耶。

出甯古塔過江至肆帖烈飭乃耶：與前路合，此亦商路。一百五十里波爾塔夫司克，五里法帙頁甫司克，四十五里巴拉諾甫司克，十二里播固司納甫司克，十五里聶斯帖洛甫司克，三十五里肆帖烈飭乃耶。

由赤塔至唯爾赫涅烏金司克：與前由恰克圖赴託穆司克路之穆惺納驛合。二十一里車爾諾注，十八里奪目諾刻留掣甫司喀，二十六里別克烈彌設勿司喀，三十二里昆金司科耶，三十里悦爾什諾烏金司克耶，二十一里奪木乃耶，又名韃韃爾司科耶。二十七里烏克里司科，二十一里薄格羅明司喀耶，二十六里薄別烈赤乃耶，二十七里格獵得斯喀耶，三十一里倭甯司科耶，十五里古爾司科，二十七里塔巴哈台司科耶，二十四里呑格羅波勿達士科耶，二十六里古爾頻司科耶，三十三里倭諾霍益司科耶，三十四里唯爾赫涅烏金司克。

聶士成《東省與韓俄交界道路表》 天津至山海關鐵路站道：由天津車站向東偏南行豐高道，逕過圍墻，四十六里至軍粮城。又逕過運煤河，五十四里至塘沽。以上屬直隸天津府。又二十八里至北塘，又北偏東行，逕過金鐘河，四十二里至漢沽。又二十里至蘆臺，又三十里至唐坊。以上屬順天府。又行平墊道，五十里至胥各莊。又行開山道，三十里至唐山。以上屬遵化州。又行平山道，三十里至開平。又東偏北行，二十里至窪里，又三十里至古冶，又行山道，二十五里至雷莊，又三十五里至灤州。又東偏南行開山道，一十五里至石門。又行山道，三十里至安山，又二十五里至昌黎，又三十里至留守營。又東偏北行，二十五里至北戴河，又三十里至湯河，又三十里至山海關。以上屬永平府。共計六百二十五里。

山海關至盛京御路站道：由山海關向東偏北，行山崗路，逕過環七嶺，二十里至老君屯。又逕過涼水河，三十里至高嶺站。又逕過大小松嶺溝，一十里至王崗臺。又逕過涼水河、狗兒河，三十里至葉家墳。又逕過東西嶺，三十里至中後所。又逕過六股河、報官嶺，五十里至沙後所。又逕過西女兒河，三十里至甯遠州。又逕過長龍山、乾柴嶺，四十里至連山。又北偏東行，逕過周流河，二十八里至高橋。又逕過杏山鎮、東女兒河、小淩河，五十里至錦州。又逕過百股河、紫荊山，四十里至大淩河。又東偏北行，逕過大淩河，三十里至十三站。又逕過老爺山，三十八里至閭陽驛。又行石沙路，四十一里至廣甯站。又行平沙路，五十五里至二里店，又五十里至金家窩鋪。又行平坦路，三十五里至半拉門。以上屬奉天錦州府。又五十里至潘家崗，又逕過柳河溝，三十里至新民屯。又二十里至巨流河城，又東偏南行，逕過巨遼河，四十五里至老邊，又三十里至大石橋，又三十里至盛京城。以上屬順天府。共計八百一十二里。

盛京至吉林站道：由盛京向北偏東行輭土道，逕過龍崗，四十里至蒲河，又三十里至驛路站，又三十里至房河站，又三十里至鐵嶺縣，又一十里至高麗站，又六十一里至開原縣。又行山衢道，三十五里至威遠堡。以上屬奉天府。又逕過威遠堡門，四十里至蓮花街，又五十里至葉赫站。又逕過橫道河，二十五里至英額卜站，又二十五里至火石嶺。又逕過遼河岔，三十里至赫爾蘇站，又二十五里至小孤山。又東偏北行，逕過小崗，三十八里至大孤山。又行平坦道，三十五里至伊通州。又逕過伊通河，二十五里至伊巴丹站。又行山道，逕過老爺嶺、石河子，六十里至蘇巴延站。又逕過雙陽河、大嶺、飲馬河，五十五里至伊勒門站。又逕過岔路河，七十五里至蘇通站。又逕過大水河、老爺嶺、環七嶺，六十里至吉林。以上屬吉林吉林府。共計七百七十九里。

吉林至伯都訥即新城。站道：由吉林向北偏西，行山路，逕過松花江，十二里至墨什哈站。又逕過山崗，四十里至金珠站。又逕過啞叭河、溪浪河，六十里至舒蘭河站。又行平道，五十里至法特哈站。以上屬吉林府。又行山路，逕過巴彥鄂佛羅邊門，五十里至登伊勒哲庫站。又逕過數小崗，四十八里至盟溫站。又西偏北行，五十六里至陶賴昭站。又行平坦道，五十里至遜札保站，又三十五里至浩色站，又六十里至社哩站，又六十里至伯都訥。以上屬長春府。共計五百二十一里。

伯都訥至齊齊哈爾站道：由伯都訥向北偏西，行平坦道，二十五里至伯德訥站。又逕過松花江，四十五里至三岔江，以上屬長春府。又四十五里至茂興站，又四十五里至新站。又行沙土道，四十五里至古魯站，又七十五里至他爾哈站。又行沙崗漢淀道，七十五里至多耐站，又七十五里至溫托河站。以上屬蒙古都伯特貝子府，黑龍江借地設站。又正北行，七十五里至特木德黑站，又六十里至齊齊哈爾。以上屬黑龍江齊齊哈爾。共計五百六十五里。

齊齊哈爾逕瑷琿即黑龍江省舊城。至俄阿穆爾省城即海蘭泡。站道：由齊齊哈爾向北偏東，行平坦沙土道，六十五里至塔哈爾站。屬齊齊哈爾。又逕過江岔，七十五里至甯年站，又九十五里至拉哈站，又六十五里至博爾多站，又四十二里至喀迷你喀站，又四十三里至喇哈站，又七十五里至墨爾根站。又東偏北，行土崗道，八十里至科落兒站。又行山嶺道，七十五里至喀兒塔兒奚站，又一十五里至興安城。以上屬墨爾根。又逕過小興安嶺，二十七里至小興安嶺。又行山衢道，三十五里至庫木爾站。又逕過石頭廟，三十五里至額雨爾站。又行山嶺道，逕過匡安嶺，三十五里至匡安嶺，又四十里至黑龍江站。又正北，行土崗道，二十五里至瑷琿城。又行江沿道，逕過五道溝，七十里至黑河屯。以上屬瑷琿。又逕過黑龍江，四里至俄阿穆爾省城。中俄交界。共計九百零一里。

海蘭泡俄名布拉郭威什臣斯克，即阿穆爾省城。抵伊克那伸渡江至漠河站道：由海蘭泡向北偏西，行江路，沿江兩岸皆山，多樹木，少村莊，溝河結冰，均被雪覆。二十四里至伊克那及。又逕過俄屯馬爾刻，二十一里至葛吉林，又三十里至比比克夫，又二十五里至蘇赫金，又二十八里半至卜係克，又十六里半至蛤耳哂果夫，又二十九里至奚們額夫，又二十三里至孤瑪耳，又三十里至阿里克三得勒，又二十四里半至烏舍果夫，又十四里至哥哩磋夫，又二十八里至安諾司，又三十里至擦河洋，又二十二里至伊而媽果夫，又二十五里至孤欣磋夫，又二十五里至多來次，又二十三里半至漆立乜夫，又二十七里至窩哩根，又二十四里至瓦崗。又西偏北行，三十里至多耳巴金，又二十七里至比開埃特，又三十三里至比立迷懇，又十九里至比吞，又十九里至窩司克欣士克，又十九里至窩耳巴金。即雅克薩城。又正西行，三十一里至窩耳羅烏，又二十四里至業哩泥申，又二十六里至兮哩別由，又三十八里至子吉撥牛，又二十九里至伊克那申。以上屬俄阿穆爾省。又向正南行，逕過黑龍江，二里至漠河。屬黑龍江。共計七百六十七里。

漠河至奇乾河道路：由漠河口向西偏南，行山道，逕過松林，七十里至金廠老溝。又北偏西行，四十里至廠卡。又正西行江道，六十里至洛股河，又十一里至三岔口。又行山道，七十八里至礦局。又西南行，七十里至奇乾河。以上屬璦琿。共計三百二十九里。

海蘭泡至伯利俄名哈巴羅夫克，即東海濱省城。站道：由海蘭泡向東偏南，行平坦道，逕過華八旗屯，四十里至業力根。又逕過華八旗屯，二十六里七分五至格力秦。又逕過華八旗屯，二十四里二分五至克留池，又二十七里至依吉木，又十六里至巴雅爾格，又十五里二分五至啓司那呆瑪，又十八里至溝布里亞那，又二十三里七分五至米果司克。又逕過帑滿河，即布列雅河。二十七里至司果哩岑，又十九里半至伊那殿津，又十八里七分五至米海洛司克，又三十三里半至克薩得克，又二十七里至雜吉博。又行江道，十九里半至巴司克。又逕過七女石，十五里至托拉支威。對觀音山。又南偏東行，入山峽，二十一里至額拉及必，又二十零半里至伊春。又行山道，二十二里半至班貝業夫。又行江道，二十五里至新干，又二十六里至波里葛幅，又十八里二分五至蘇尤則。又出山峽，十八里至伊格林米果司克。又行路坦道，二十里至沽津那，又十三里七分五至布拉司那温諾夜，又二十三里至多布洛。又東偏北行，二十一里至雲次卧，又十八里至郭什烏威，又十八里二分五至訥威。又行平坦道，逕過松花江口，二十八里二分五至米海洛斜明司克，華名錫爾固，對黑河口。又二十四里至倭克先司克，又十三里半至西及班，又十八里至果洛必那，又二十六里至卧克斜仔，又二十二里半至必得洛司克，又二十二里至路克謂，又十二里七分五至雜必洛夫，又十七里至冑紅司巴咱，又二十里至斯特諾克。又行江道，二十五里七分五至那克洛司克。又逕過混同江，二十里二分五至東海濱省城。以上屬俄東海濱省。共計八百六十六里半。

哈巴羅夫克即伯利。至米果爾司克即雙城子。站道：由哈羅巴夫克向南偏西，行江道，十九里至噶咱果夫，又十九里七分五至喀雜接威。又行平坦里，逕過通江口，對耶字牌，十八里半至囁咧司克亞，又十四里至池哩約夫。又行山道，二十二里至格林司克，又十八里二分五至庫克哩，又十七里半至威尼果克，又二十七里半至咧呢郭威，又十六里七分五至節得勒夫，又十二里七分五至涉拉囁司克，又十九里七分五至唯得那，又十八里至安渣果夫，又十五里至各得洛克。又行江道，二十二里二分五至瓦西哩，又二十五里七分五至噶路濱。又行山道，二十一里至呢司必果仔，又二十八里七分五至拉巴金克。又行樹林道，逕過呢哈拉司，二十七里至克多別林司克，又十七里二分五至格林年司克。又行江道，逕過伊瑪口，十五里至格拉司克。又行松阿察河，二十六里半至伊淋司克，又二十五里至約哩紅米果司克，又二十二里半至布薩，又二十三里半至瑪爾克，又二十五里至柏司諾米哩。又西偏南，二十五里七分五至訥米得奇。又逕過龍廟子，對亦字牌，三十里至奇特米里司。又行湖道，逕過興凱湖，三十九里二分五至珊大海。又逕過興凱湖，三十二里七分五至裏幅。又逕過興凱湖，三十一里二分五至嘎呢布羅夫。即紅土崖子。又行坦道，十七里半至茂站。又正南，行崗道，二十五里二分五至司得咧辛，又十八里半至烏校司克，即沙河站。又二十七里至杜濱克，即王八山鎮。又十四里至米果爾司克。即雙城子。以上屬俄東海濱省。共計七百七十九里半。

米果爾司克至烏拉的倭司托克即海參崴。鐵路站道：由米果爾司克向南偏西，行開山道，三十里至巴那爾司克，即石頭河。又十六里至拉司多那。即蛤蟆塘。又行塾平山道，逕過阿穆爾海沿，十三里至克巴黎色爾。又逕過阿穆爾海沿，十一里至那敵落司丁司克。又逕過阿穆爾海沿，十二里至伯特郭老津。又行開山道，逕過阿穆爾海沿，十二里至別咧阿咧司克。又逕過阿穆爾海沿，四里至烏拉的倭司托克。即海參崴。以上屬俄東海濱省。共計九十八里。

烏拉的倭司托克逕阿穆爾海灣至琿春站道：由烏拉的倭司托克向西偏北，行水道，逕過阿穆爾海灣，二十五里至蒙古街。又西偏南，行山道，二十里二分五至切落哥司克，即西機密。又二十一里七分五至司落於雲克，即土拉木。又十五里七分五至阿利則那。即坎椽子溝。又逕過六股河，二十一里至哥拉特克，即柳樹營。又二十三里至巖杵河。以上屬俄東海濱省。又西偏北，行崗道，逕過橫道河俄卡，二十八里半至長嶺子。中俄交界銅柱。又逕過二道河華卡，十六里半至琿春。以上屬吉林省。共計一百八十一里七分五。

米果爾司克在拉司多那即蛤蟆塘。岔道至琿春站道：由米果爾司克向西偏南，行鐵道，三十里至巴那爾司克，即石頭河。又十六里至拉司多那。又逕過綏芬河，二十里至二道溝。擬由此於本年建修鐵道至嚴杵河。又行漫山道，二十三里至阿孟別，西北五十華里即分水嶺。又二十一里至蒙古街，西北四十華里即土門子。又二十里二分五至。切落哥司克，即西機密。又二十一里七分五至司落於雲克，又十五里七分五至阿利則那。又逕過六股河，二十一里至哥拉特克，又二十三里至嚴杵河，屬俄東海濱省。又二十八里半至長嶺界牌，又十六里半至琿春。屬吉林省。共計二百五十六里七分五。

琿春入朝鮮至元山站道：由琿春向南偏東，行山嶺道，逕過盤嶺，三十五里至大肚川。又逕過朝陽溝，四十五里至黑項子。以上屬琿春城。又行陷沙道，逕過圈兒河、土門江，二十里至慶興府。又西偏南，行山嶺道，三十里至阿吾地，以上屬朝鮮咸鏡道慶興府。又四十里至德明郵。屬穩城府。又逕過江巴嶺，六十里至行營。屬鐘城府。又逕過車腰嶺、沙石里嶺，四十五里至會甯府。又南偏東行，六十里至豐城鎮。以上屬會甯府。又逕過茂山嶺，六十里至富甯府，又六十三里至輸城鎮，以上屬富甯府。又四十二里至鏡城。即咸鏡分道。又南偏西行，逕過生氣嶺，四十五里至永康站。又逕過永康嶺、柴門嶺，四十五里至朱村站。以上屬鏡城。又逕過柯洞、雲院、貴門地境等嶺，六十里至明川府。又逕過雲水嶺、破災嶺，四十五里至古站。以上屬明川府。又逕過溫水坪嶺，三十五里至吉州。又逕過臨溟嶺，六十里至臨溟鎮。又逕過臨湖津，二十里至雙浦。以上屬吉州。又西偏南行，逕過雙浦嶺，一十里至城津鎮。又逕過摩天嶺，五十里至磨谷站，又四十五里至端川府。以上屬端川府。又逕過鳳嶺、摩雲嶺，五十里至谷口站。又逕過鴻津嶺，三十里至利原縣。以上屬利原縣。又逕過門抹嶺，四十五里至居山站。又逕過居山嶺，五十里至北青府。又逕過道吉嶺，五十五里至平浦。又逕過大門嶺，四十五里至洪原縣，以上屬北青府。又二十里至咸原站。屬洪原縣。又逕過咸蝎嶺，四十五里至德山站，又三十里至咸興。即咸鏡道。以上屬咸興府。又南偏西行，五十五里至定平府。又逕過五柳嶺、古城嶺，三十五里至楚原驛。以上屬定平府。又逕過金波嶺、黑突嶺，四十里至永興府。又逕過地境嶺，四十里至高原郡。又逕過泥嶺，五十里至文川郡，以上屬永興府。又三十五里至德原府，又十五里至元山濟物浦。以上屬德原府。共計　千五百五十里。

元山至漢城道路：由元山向南偏西，行山溝道，二十里至長壽嶺。又逕過太平崗河，五十里至南山站，又五十里至高山站。以上屬咸鏡道。又逕過鐵嶺，五十五里至懷陽驛。又逕過小河二，二十五里至新安站。又逕過小河三，五十里至昌道站。又逕過小河一，四十里至真木站。又逕過小河二，四十里至金化縣。以上屬江源道。又五十里至豐田，又七十里至驛陽巨里站。又逕過大河一，二十八里至祝石嶺，又三十二里至議政府鎮。又逕過三角山，四十里至漢城。以上屬京畿道。共計五百五十里。

仁川經漢城至九連城貢道：由仁川濟物浦向東偏南，行山嶺道，逕過漢江，八十里至龍山，屬仁川府。又一十里至漢城。即王京。又逕過山嶺，四十里至高陽站。以上屬漢城府。又北偏西，行逕過蕙蔭嶺，四十里至坡州。又西偏北行，逕過臨津關、臨津江，四十里至長湍府，又四十里至開城府。又逕過松都城、青石關，七十里至金川郡，又三十里至平山府，又三十里至葱秀站，以上屬平山府。又五十里至瑞興府，又四十里至釗水，又三十里至鳳山郡。又逕過洞仙嶺、洞仙關、赤壁江，四十里至黃州，即黃海道。以上屬黃海道。又五十里至中和府。又北偏東行，逕過大同江，五十里至平壤府。即平安道。又西偏北行，逕過又陽關，五十里至順安縣。又北偏西行，六十里至肅川府，又三十里至雲暗屯，又三十里至安州。以上屬肅川府。又西偏北行，逕過青津江，三十里至古津鎮。屬博川郡。又逕過津頭江、曉星嶺，二十里至嘉山郡，又六十里至定州。又逕過加枝嶺，三十里至郭山郡，又五十里至宣川府。又逕過古兵城，五十里至鐵山府。又北偏西行，逕過鎮西關、古兵城，三十里至龍川府，又八十里至義州府。以上屬朝鮮平安道。又行沙灘道，逕過通天河、鴨綠江，八里至中江臺。又逕過靉河，八里至九連城。以上屬奉天鳳皇廳。共計一千一百七十六里。

九連城逕鳳皇城至金州、旅順道路：由九連城向北偏西，行泥土道，逕過土崗，二十五里至通天溝。又入大道行，十五里至五龍背。又逕過土崗，二十里至唐山城。又逕過紅土磊子，二十五里至高麗門。又逕過長嶺子，三十五里至鳳凰城。又西南逕過十巴嶺，三十里至老爺廟，又二十里至石柱子，又二十里至鵰高。又行窪泥道，逕過詩雅嶺，二十五里至沙力寨。又逕過西洋河，二十五里至陡溝子。又逕過王家崴子，二十五里至小甸子。又逕過小洋河，二十里至大孤山。又西偏南行，逕過大石橋，三十里至林坨子。又行土平道，逕過土崗，三十里至槐樹下。又逕過灘堆子，二十五里至鄧家店，又二十五里至小孤山。又逕過大莊河，三十里至大莊河。又逕過土崗，三十里至孔家店，又二十里至半拉門，又四十里至宋家坎子。以上屬鳳皇廳。又行土大道，逕過畢流河，四十里至夾心子。又逕過大平嶺金廠，二十里至皮子窩。又逕過大高屯，五十里至寡婦橋。又行土平道，逕過李家店，五十里至梁家店。又逕過土嶺溝，三十八里至金州城。又行山大道，逕過南五嶺，三十里至三十里堡。又逕過革鎮堡，三十里至牧城驛。又行山高道，逕過營城子，三十里至雙臺子溝。又逕過三小嶺水師營，三十五里至旅順口。以上屬奉天金州。共計八百一十三里。

齊齊哈爾北第三拉哈站逕呼蘭城至賓州道路：由拉哈站向南偏東，行平坦道，三十里至占爺屯，又四十里至二道灣，又三十三里至楊樹屯，又二十五里至哈州屯。又逕過亞州河，五十五里至亞州屯，又三十五里至陳家窩鋪，又三十里至莫家店，又二十二里至前莫家店，又四十里至新店，又三十八里至甯家店，又四十五里至張興店，又十五里至秀水店，又三十四里至和家店，又三十五里至三義店，又二十五里至大林家店，又四十八里至張殿邦店，又四十里至魏家店，又三十五里至雙廟子，又三十五里至小榆樹，又三十八里至高家渡口。又逕過呼蘭河，二十六里至呼蘭城。以上屬黑龍江呼蘭城。又東偏南行，逕過松花江、黄山觜，一百一十八里至蜚赫圖，又七十里至賓州。以上屬吉林吉林府。共計九百一十二里。

賓州至三姓站道：由葦子溝站向東偏北，行平道，逕過淘氣河，六十里至色勒佛特庫站。又逕過東沙河子，七十里至佛斯亨站。以上屬賓州。又行小崗逕，過濃濃河，七十里至富拉琿站。又逕過小橋子河、沙林河，六十里至崇古爾庫站。又逕過大同河、烏拉渾河、香春山，九十里至鄂勒國木索站。又行江道，逕過大小古洞河，六十里至妙葛山站。又逕過松花、牡丹江口，四里至三姓城。以上屬三姓。共計四百一十四里。

三姓至甯古塔站道：由三姓城向正南行，冬季沿江行江道，夏季越嶺行山道。五十里至太平莊站，又五十里至克司克，又三十里至烏斯琿站。又逕過五道河、四道河，四十五里至城子站。又逕過柳樹河，四十里至蓮花泡站。以上屬三姓。又逕過望天嶺，五十五里至臺四站，又六十里至臺三站，又三十五里至臺二站。又逕過頭河子，五十里至臺頭站。又逕過長嶺子，四十里至樺樹林子，又四十里至乜河鎮，又三十五里至胡石哈，又二十里至甯古塔。以上屬甯古塔。共計五百五十五里。

甯古塔至琿春站道：由甯古塔向南偏東，行土道，三十里至小荒地，又四十里至新官地站，又二十五里至陳家嶺。又行山道，逕過陳家嶺，一十五里至瑪勒瑚哩站。又逕過三道河、六道河，六十里至老松嶺站。又逕過老松嶺，六十一里至薩奇庫站，又二十里至拉七嶺。又逕過拉七嶺，三十五里至太平嶺。又逕過太平嶺，十五里至瑚珠站，以上屬甯古塔界。又五十里至哈順站。又逕過嘎牙河，四十五里至大坎站。又逕過長嶺，十里至牛泥哈嶺。又逕過牛泥哈嶺，三十里至高力嶺。又逕過高力嶺，二十里至穆克德站。又行土道，六十里至密占站。又逕過盤嶺，六十里至琿春。以上屬琿春界。共計五百七十六里。

吉林至琿春黑石道：由吉林向正東，行山道，十二里至渡口前。又逕過松花江，四十八里至江蜜蜂。又逕過雙岔河，十八里至阿河木站。又逕過老爺嶺，三十里至老爺嶺，又三十五里至拉法站。又逕過額拉河，六十八里至退團站，又四十里至張廣才嶺。又逕過張廣才嶺，三十里至意氣秋站，又五十里至額木索站。又東偏南行，逕過珠爾多河，二十里至牡丹江三岔口，又五十里至通溝崗，又四十五里至沙河鎮，又五十里至涼水河，又二十里至哈爾巴嶺。以上屬吉林府。又逕過哈爾巴嶺，三十五里至蜂蜜磊子，又二十里至珠盤嶺，又四十五里至土門子。又逕過青龍山，三十五里至松樹川。又逕過五箇頂子，三十里至老頭溝，又三十里至官道口，又二十里至甩灣子，又二十里至南崗，又二十里至烟集崗嶺，又三十里至葦子溝，又十八里至小盤嶺。又逕過嘎牙河，四十二里至高力嶺，又十五里至空山洞，又十五里至涼水泉子，又三十里至密占站。又逕過黑白低塔，三十里至大盤嶺。又逕過盤嶺，一十里至水灣子。又行沙土道，二十里至琿春城。以上屬琿春。共計九百七十一里。

甯古塔至烏扎庫卡逕奎屯畢拉再往龍王廟道路：由甯古塔向東偏北，行土平路，逕過牡丹江、新河、温村嶺，二十五里至胡石哈，又三十五里至乜河。又行山崗，逕過土嶺四，六十五里至邊沿子。又逕過石頭廟西嶺，三十五里至臺馬溝，又二十里至敢面石。又逕過穆稜河，四十里至穆稜河釣魚臺卡。又行平路，三十五里至下城子。又逕過數嶺，七十五里至亮子河。又行山嶺樹木路，逕過青溝嶺，一百二十里至石頭河。又行土崗路，逕過下亮子，八十里至水曲流河。又逕過土崗，三十五里至柞木臺子，又四十里至三蓑拉通。又行平路，十八里至烏札庫卡。又南偏東行，逕過半截河，五十里至奎屯畢拉喀字牌。又東偏南，行湖沿，逕過白泡子，五十五里至梨樹溝。又逕過小湖，七十里至魚亮子，即小湖。又八十里至龍王廟亦字界牌。以上屬甯古塔。共計八百六十二里。

甯古塔逕穆稜河至三岔口站道：由穆稜河甯古塔至穆稜河與前同。向東偏南行山路，逕過腰嶺子，二十五里至孤榆樹。又逕過葫蘆密嶺，二十里至馬橋河。又逕過空榆樹嶺，二十五里至高路井。又行石塊路，逕過細鱗河，二十五里至細鱗河。又行崗路，逕過柞木臺子土崗，二十五里至小綏芬河。又行嶺路，逕過大平嶺、對頭磊子，五十里至八道河子。又逕過雙榆樹，二十五里至平房店。又行萬鹿溝，逕過南天門，四十五里至大營盤店。又行平路，三十六里三岔口。以上屬吉林將軍。共計二百七十里。

三岔口至琿春人行山路：由三岔口向南稍偏西，行崗路，四十里至荳姑娘川。又逕過土崗，二十里至乾河子，又五十里至亮子山，又七十里至青林子。又行山林小路，逕過松林，五十里至大青林子。又逕過松林，七十里至蘭教塘子，又二里至高麗營子，又二十里至土門子。以上屬甯古塔。又行山溝路，逕過梨樹溝口、五道溝口，六十里至潘家窑。又逕過西北溝口、南咧拉溝口，五十五里至瓦崗寨。又逕過三道溝口、二道溝口，三十五里至黄溝。又逕過頭道溝口、駱駝河，三十里至琿春城。以上屬琿春。

齊齊哈爾至呼倫貝爾即海老臺。道：由齊齊哈爾向西偏北，行山崗路，五十里至七家臺，又四十五里至乾井子臺，又五十五里至那奇希臺，又四十三里至木爾滾楚臺，以上屬齊齊哈爾。又五十里至和呢畢賚昂阿臺，又三十五里至和呢畢擡臺，又三十五里至西巴爾哈里臺，又四十里至巴林臺，又五十里至嘎爾甘哈達臺，又四十里至牙勒博霍扎臺，又五十里至依勒克特臺，以上屬布特哈。又四十里至呼爾格特依臺，又五十里至們都克依臺，又六十里至扎敦畢拉牙克薩臺，又五十一里至克拉霍硯臺，又六十二里至扎拉木太臺，又五十二里至哈克卧漢臺，又六十二里至呼倫貝爾。以上屬黑龍江呼倫貝爾。共計八百六十八里。

吉林北出巴彦鄂佛羅門由登依勒哲庫站至賓州廳站道：由巴彦鄂佛羅門向北偏東，行崗道，五十里至登伊勒哲庫站。又逕過三道溝，四十八里至孤榆樹。又逕過老邊，三十六里至蒙古喀掄。又行山路，逕過大溝嶺、拉林河、牛頭山，七十里至拉林歡站，又四十里至拉林蒼。又東偏北行，四十里至薩庫哩站，又二十里至阿什河。又逕過阿什河，六十里至蜚克圖站，又七十里至賓州。即葦子溝站。以上屬吉林長春府。共計四百二十四里。

呼蘭城至三姓草站道：由呼蘭城向東偏北，行土道，二十五里至雙井子，又三十九里至公家溝，又四十七里至西集廠，又四十里至巴彦蘇蘇。又行崗道，三十一里至劉燒家鍋。又逕過小石頭河、廟嶺，二十八里至公興龍，又三十里至萬興玉，又四十里至白楊木河。又逕過白楊木河，二十里至佛斯亨站。以上屬黑龍江呼蘭廳。自此站至三姓城與前同，應加入二百八十四里。共計五百八十四里。

賓州逕呼蘭城鐵山包至觀音山草道：由賓州向北偏東，行坦路，逕過金家窑，七十里至蜚赫圖站。屬吉林府。又逕過黄山觜、松花江，一百一十八里至呼蘭。又逕過趙花窩鋪，一百九十里至北林子，又三十五里至金和，又七十里至榆慶街，又四十里至安那河，又三十五里至黄家窩鋪，又七十五里至鐵山包。又東偏北行，五百里至觀音山。以上屬黑龍江呼蘭城。共計一千一百三十三里。

中國境内道路遠近里數用中國工部尺三百六十弓計算，俄國境内道路里數用俄國里計算，每一里約合中國二里。朝鮮境内道路里數用朝鮮里計算。每十里約合中國八里。

闕名《外藩疆理考》 科爾沁東至札賴特，西至札魯特，南至盛京邊牆，北至索倫，東西八百七十里，南北二千一百里，至京千二百八十里。六旗。

札賴特東至杜爾伯特，西與南均至郭爾羅斯，北至索倫，東西六十里，南北四百里，至京二千有十里。一旗。

杜爾伯特東至黑龍江，西至札賴特，南至郭爾羅斯，北至索倫，東西百七十里，南北二百四十里，至京二千五十里。一旗。

郭爾羅斯東至吉林，西與北均至科爾沁，南至邊牆，東西四百五十里，南北六百六十里，至京千八百九十七里。二旗。

敖漢東至奈曼，西至喀喇沁，南至土默特，北至翁牛特，東西百六十里，南北二百八十里，至京千有十里。一旗。

奈曼東至喀爾喀左翼，西至敖漢，南至土默特，北至翁牛特，東西九十五里，南北二百二十里，至京千一百十里。一旗。

翁牛特東至阿禄科爾沁，西至熱河禁地，南至喀喇沁及敖漢，北至巴林及克西克騰，東西三百里，南北百六十里，至京七百六十里。二旗。

巴林東至阿禄科爾沁，西至克西克騰，南至翁牛特，北至烏珠穆秦，東西二百五十一里，南北二百三十三里，至京九百六十里。二旗。

札魯特東至科爾沁，西至阿禄科爾沁，南至科爾沁及喀爾喀左翼，北至烏珠穆秦，東西百二十五里，南北四百六十里，至京千五百十里。二旗。

喀爾喀左翼東至科爾沁，西至奈曼，南至土默特，北至札魯特及翁牛特，東西百二十五里，南北二百三十里，至京千二百十里。一旗。

阿禄科爾沁東至札魯特，西至巴林及翁牛特，南至喀爾喀左翼，北至烏珠穆秦，東西百三十里，南北四百二十里，至京千三百四十里。一旗。

克西克騰東至翁牛特及巴林，西至正藍旗游牧、察哈爾及蒿齊忒，南至翁牛特，北至烏珠穆秦，東西三百三十四里，南北三百五十七里，至京八百十里。一旗。

土默特東至盛京養什木，西至喀喇沁，南至邊牆，北至敖漢及喀爾喀左翼，東西四百六十里，南北三百十里，至京千里。二旗。

喀喇沁東至土默特及敖漢，西至正藍旗王屯界，南至邊牆，北至翁牛特，東西五百里，南北四百五十里，至京七百六十里。三旗。

烏珠穆秦東至索倫，西至蒿齊忒，南至巴林，北至瀚海，東西三百六十里，南北四百二十五里，至京千一百六十三里。二旗。

阿霸垓東至阿霸哈納爾，西至蘇尼特，南至正藍旗游牧、察哈爾，北至瀚海，東西二百里，南北三百十里，至京千里。二旗。

蒿齊忒東與北均至烏珠穆秦，西至阿霸垓，南至克西克騰，東西百七十里，南北三百七十五里，至京千一百八十五里。二旗。

蘇尼特東至阿霸垓，西至四子部落，南至正藍旗游牧、察哈爾，北至瀚海，東西四百有六里，南北五百八十里，至京九百六十里。二旗。

阿霸哈納爾東至蒿齊忒，西至阿霸垓，南至正藍旗游牧、察哈爾，北至瀚海，東西百八十里，南北四百三十六里，至京九百六十里。二旗。

四子部落東與北均至蘇尼特，西至歸化城土默特及喀爾喀右翼，南至鑲紅旗游牧、察哈爾，東西二百三十五里，南北二百四十里，至京九百六十里。一旗。

喀爾喀右翼東至四子部落，西至毛明安，南至歸化城土默特，北至瀚海，東西百二十里，南北百三十里，至京千一百三十里。一旗。

吴喇忒東至毛明安及歸化城土默特，西至鄂爾多斯，南至黄河，北至喀爾喀右翼，東西二百十有五里，南北三百里，至京千五百二十里。三旗。

毛明安東至喀爾喀右翼，西至吴喇忒，南至歸化城土默特，北至瀚海，東西百里，南北百九十里，至京千二百四十里。一旗。

鄂爾多斯東至歸化城土默特，西至喀爾喀右翼，北至吴喇忒，三面距河，南至陝西界長城，是爲河套，自山西偏關縣界至陝西甯夏衛，袤延二千餘里，至京千一百里。七旗。

歸化城土默特東至四子部落，西至鄂爾多斯，南至山西界長城，北至喀爾喀右翼及毛明安，東西四百有三里，南北三百七十里，至京一百六十里。二旗。

喀爾喀後路土謝圖汗部東至肯特山，接車臣汗部界；西至翁金河，接賽因諾顔部界；南至瀚海，通蘇尼特界；北接俄羅斯界；至京二千八百里。二十旗。

喀爾喀東路車臣汗部東至厄爾得尼拕羅海，西至插漢齊老台，南至他爾衮柴達木，北至翁都爾罕，至京三千五百里。二十三旗。

喀爾喀西路札薩克圖汗部東至翁克西爾哈兒朱忒，西至喀喇烏蘇俄落克諾兒，南至阿爾察喀喇托輝，北至推河，接賽因諾顔部界，至京四千里。十七旗。

喀爾喀賽因諾顔札薩克親王部東至博羅布爾哈蘇鄂倫，西至庫爾薩牙索郭圖厄格嶺，南至車車爾齊克，北至齊老圖河，至京三千里。二十二旗。

青海即庫庫諾爾。四部落東至陝西西甯、洮、岷邊境，西至西藏，南至四川松潘，北至肅州安西府，袤延三千餘里，至京五千七十里。厄魯特二十一旗，回特三旗，土爾古特四旗，喀爾喀一旗，部各散處，不分畛域。

賀蘭山厄魯特東至陝西甯夏，西至甘州，南至涼州各府邊境，北至瀚海，袤延七百里，至京五千里。一旗。

額濟内土爾古特東至古爾鼐，西至陝西肅州邊境，南至三岔河，北至坤都崙湖，袤延八百里，至京五千里。一旗。

烏魯木齊東至巴理坤，東南接闢展界，西至博羅塔拉，西南接伊犁界，南至天山，踰山接哈拉沙拉界，北至塔爾巴哈台，通俄羅斯界，東北至額爾齊斯，西北至齊爾，通哈薩克界，至京九千八百九十里。

伊犁東至闢展，西至吹塔拉斯，南至天山，踰山接回部諸城界，北至烏魯木齊，通哈薩克界，至京萬八百二十里。

游牧察哈爾東至克西克騰，西至歸化城土默特，南至太僕寺牧場及山西大同、朔平二府邊境，北至蘇尼特及四子部落，袤延千有餘里，至京千里。八旗。

西藏之地有四，曰衛，曰藏，曰喀木，曰阿里，轄六十餘城。東至四川邊境，西至大沙海，南至雲南邊境，北至青海，東西六千四百餘里，南北六千五百餘里，至京萬四千餘里。

哈密東至納爾納沁，接喀爾喀界；西至喀拉都伯，通土魯番界；西南至半池泉、星星峽、博羅特口，接安西府界；南至沙磧，北至天山，接巴里坤界。【略】至京七千百八十里。

闢展東至塔庫，西至伊拉里克，接哈拉沙拉界；南至沙磧，北至博克達山，接天山北路界。【略】至京八千百有十里。

哈拉沙拉東至烏沙克他爾，出蘇巴什山口；東南至察罕通格，出那林氣拉山口，接闢展界；西至第納爾河，接庫車界；北至天山，踰山接烏魯木齊界；南至沙山，入沙磧。【略】至京九千一百里。

庫車東至第納爾河，接哈拉沙拉界；西至鄂根河，一名渭其河。接賽里木界；南至鄂根河，接沙雅爾界；北至額什克巴什山，通伊犁界。【略】至京萬有八十里。

沙雅爾東至托衣坡羅的，接哈拉沙拉界；南至特里木，濱大河；西至答阿什根科，接阿克蘇界；北至鄂根河，接庫車界。【略】北距庫車城百五十里，至京萬二百三十里。

賽里木東至赫色爾河，接庫車界；西至哈拉烏蘇，接拜界；南至穆薩爾河，踰河接沙雅爾西南境外界；北至天山，踰山接伊犁西北路界。城一，周一里九分，在赫色爾河西四十里，東北距庫車城二百十里。【略】至京萬二百九十里。

拜東至哈拉烏蘇，接賽里木界；南至穆薩爾河，踰河接沙雅爾西南境外界；西至沙拉爾岱，接阿克蘇界；北至天山，踰山接伊犁西北路界。城一，踞山岡，周一里三分，在哈拉烏蘇西三十里，賽里木西九十里。【略】至京萬三百八十里。

阿克蘇東至雅爾漢，接拜界；西至遮爾格吉克得，通烏什界；北至他木哈他什，通伊犁界；南至克什噶爾河。城四，踞高崖二三十丈，四城連峙。【略】東距雅爾漢三百二十里。【略】至京萬七百九十里。

烏什東至噶斯漢，接阿克蘇界；西至色波爾拜，通喀什噶爾界；南至庫魯克山，踰山通葉爾羌和闐北路界。城一，周三里二分，【略】在阿克蘇西界遮爾格吉克得西九十里。【略】至京萬九百九十里。

喀什噶爾東至阿爾古，通烏什界；東南至赫色爾布依，通葉爾羌界；西北皆至葱嶺，通布魯特、安集延界。城一，周四里餘，在巴爾昌西南百四十里，烏什西南九百三十五里。【略】至京萬一千九百二十五里。

葉爾羌東至查特齊林，接阿克蘇界；西至他克布依，入葱嶺，通拔達克山界；東南至皮雅爾瑪，接和闐界；北至喀什噶爾河，接喀什噶爾界。城一，周十餘里，凡六門。東道由阿克蘇八百里，西道由喀什噶爾五百里至其地。【略】至京萬二千四百二十五里。

和闐東至克里雅河，入沙磧；西至阜瓦河，接葉爾羌界；南至南山，北盡和闐河，接阿克蘇界。【略】至京萬二千百五十里。

齊召南《海道編》 盛京東南之鴨绿江口在九連城南，其東爲朝鮮國界，海口與山東登州之成山遥相望。海自鴨绿口西經鳳凰城、秀巖城南，有小水口五。又西南經東高麗城西、高麗城南，有小水口一。又西南過官家山，又西南經古金州城東南，有小水口六。自東高麗城東南至此，海中洲島無數。又西南爲甯海縣之旅順城，地自古金州城西南至此，横僅數十里，東南西三面懸居海中。其山脈東北自長白山來，西經盛京東南之興京摩天嶺，而西南相接千有餘里，至旅順入海。海中洲大者曰北黄城，曰南黄城，曰小欽、大欽二島，其東曰鼉磯島，又南曰廟島，其南曰長山島，洲嶼落落，如星羅棊布。又南即山東登州府蓬萊縣也。【略】旅順三面懸海，南望蓬萊僅二百五十里。南過海至北黄城島，僅百餘里。西望天津千里。海自旅順城折而北，經城西，其西爲鐵山島。又西爲雙島。又北而東爲甯海縣，西又北稍西爲復州城，有小水口三。復州城西南爲長興島，島大數十里，海中洲之巨者。又北而東爲永甯監城、李官屯、熊岳城，蓋平縣之西有小水口三。熊岳水口西有兔兒島，蓋平縣西有連雲島，皆小洲。又北有耀州河口，又西北爲海城縣西南之大遼河口。自河以左爲遼東，以右爲遼西，漕運由此口入。海自遼河口西北經右屯衛南，有小水口二。至衛南爲大凌河口，又西經錦州府南爲小凌河口，又西稍南經松山、杏山東南，塔山村東，東有小筆架、大筆架二島。又西南經連山、雙橋二城，甯遠州東南水口。口東南有桃花、菊花二島，菊花即明所稱覺華島也。又西南經沙河所、中後所、高兒河、前衛中前所五城南，有小水口五。又西爲山海關南。其西入直隸界，自山海關之南，東北至大遼河口六百里，大遼河口南至旅順城六百餘里，自旅順東北至鴨緑口八百餘里。

直隸東北自山海關之南經山海衛南，又西南經撫甯縣東南，有小水口四。又西南經昌黎縣東南，有小水口二。又西南經樂亭縣南之齊家莊，爲永平府之灤河口。又西經灤州南，又西經順天豐潤縣南之澗河莊南，有小水口三。又西經神堂、韓沽南、寶坻縣東南境，爲薊運河口。海折而南，經武清縣東南境，爲新河鎮。東即天津直沽口也，口曰大沽，有海神廟，當天津府之東南。東北至山海關六百里，南至山東界二百五十里，東南至山東之登州府八百餘里，古黄河入海之口也。海自直沽南經静海縣東，又南稍西爲青縣東之濟溝小口，又東南經鹽山縣東北。其東南入山東海豐縣界。

山東地東北、正東、東南三面濱海。海自武定府之海豐縣東北有大沽口。俗曰牡蠣口。東省巨川惟大清河。又東南經霑化縣、濱州東北，又東南爲利津縣東北之大清河口，又東南經蒲臺縣東北，又東爲青州府之博興縣、樂安縣東北，即小清河口也。又東南經壽光縣北、萊州府之濰縣東北、昌邑縣北，有小水口五，濰水口其大者。曰小清河口，而東爲瀰河口，爲黑洋口，爲於河口，爲白狼河口。又東爲濰口，俗曰淮河。又東爲北膠河口，又東爲海倉口。又東北經萊府治掖縣北，北有海廟口，其西曰芙蓉島。又北爲三山口。又東北經登州府之招遠縣，西北有界河口。又東北有地懸入海中，曰峔𡾊島。又東北經黄縣北，有小水口，西北曰桑島。又東北經登州府治蓬萊縣城之西北而東，蓬萊閣在府西北，北有廟島，西北曰大、小黑山二島，東曰長山島，又北曰侯雞島、高山島，又北曰鼉磯島，稍細。又東北曰碗磯島，稍大。曰大欽、小欽、南黄城、北黄城四島，北與旅順口隔海相望。長山島之東曰沙門島，小竹、大竹二島皆在府東北灣子口之北。又東南經福山縣北，有小水口。又東北，地懸入海中，曰之罘島。又東南經奇山所東北，又東南經甯海州城北，有小水口外，島嶼無數，可名者曰栲栳島，曰大小崆峒、養馬及莒四島，曰瀧子島，皆在之罘島東，正對州北之龍門港口，若斷若連。又東經文登縣北之威海衛西、北、東三面，西有戲山、金山寨、郝慶三港口。衛東島嶼無數，可名者曰麗島，曰劉公島，曰衣島，其南即長峰港口。又東南經夏崖所東，曰朝陽口。又東經榮城縣北榮城即成山衛，西北有雞鳴島，東北海驢島。成山地一綫縱二十里，横八十里。北、東、南三面懸居海中。東六度八分，極三十七度五分。海自成山之東折而西南，經山麓西，至縣城南之裏島口，始折而南，經龍地崖，尋山所、崖頭集東，有港口四。曰養魚池，曰青魚灘，曰倭島，曰佳雞旺。又南爲甯津所東北之桑溝口，又東北而南，而西南，經赤山寨東南，有鏌鋣島、石島，南有王家島。又西南經靖海衛南，東南有馬家嵛、朱家圈二口，南爲蘇門島。又西折而北，爲文登縣南之望海口、長會口，又西爲五里島口，長會之西有姑嫂島、五里島、耳島、琵琶島。又西經海陽縣之南，即海洋衛。有小水口六。東曰窑頭口、浪暖口，南曰南泓口、西泓口，西曰琵琶口、乳山口，即大河口也。海洋三面懸海，東有黄島、腰島，南有南泓疃、棉花島、青島。又西南經大嵩衛南，有港口二。東南草島嵛，南徐家口。又西經萊陽縣南之大山所南，海渚曲入。經行村寨南，中有香島、馬公島，其口曰魯家口、河家口，其東有古盧、土埠、千里三島。又西，海渚曲入，北爲五龍河口。又西經雄崖所東、北、西三面，有李家口、金家口、齊口，其東曰運家口。又西南經即墨縣東之坡子口東，東有蘆島、水島、青島、田横島、長牙島、牛島、馬龍島、石島，西南有女島。又西有渚曲入，曰嶗村口。又西南經鼇山衛東南，嶗山三面懸海，鼇山衛亦然。南有嶗島及大管、獅子、小管、小女四島。自雄崖所、黄龍莊、坡子口及鼇山衛，地實三面居海中也。又南經即墨南境勞山東，折而西，經浮山所南，又折而北，至縣西南之女姑口。勞山地東、西、南三面懸海，南北八十里，東西五十里，其東南有石門島、車公島、勞公島，南有福島、石島、梅島，浮山所西與靈山衛相對。自女姑口西北經膠州東南之會海口、麻灣口，即南膠河口也。北膠河北至昌邑東北之海倉口入北海，而南膠河至此入海，二河之源出州西北分水嶺，以山險相阻，故運舟不能通。又西北經州城東南，又南經靈山衛東，有小口。曰小河，曰大河，曰頭營子，曰洋河，曰淮子，其南曰古積洋，即東海大洋也。渚中小島曰陰島，曰黄島，曰陳家島，曰竹岔島，近衛東南曰薛家、劉家、顧家三島，唐島。又南爲古鎮口、夏河所、龍旺口東，又南爲諸城縣東南境，夏河所之琅琊臺三面懸海。又西爲窑頭、董家、安家三港口，又西南經日照縣東南石臼所南之夾倉口，又南爲濤雒、張雒、嵐山三口，又西南經安東衛西南之荻水口。其西南入江南界，西自海豐東至成山一千五百里，東自成山西南至安東衛九百里。

江南自荻水口西南經贛榆縣東，有小水口四。曰柘柱，曰潮河，曰興莊，曰牊口，牊口隔海有秦山，頗高大。又南經海州城東，有小水口五。曰唐牛，曰范家，曰小河，曰臨洪，在州東南曰恬風口。州東隔海巨島，即古鬱洲也，懸居海中。洲東有雲臺山，有二水入海口，西北有虛溝城，西南有鳳凰城，其北隔海有鶯游山。海又南，稍東經新壩、板浦、白河港三口。又南爲鹽河入海，俗稱曰淮河口。又南稍東，經安東縣東北之雲梯關，是爲大河淮瀆入海口也。自荻水口至此二百八十里，自此至大江口五百餘里。口東三度五分，極三十四度。海自河淮口之南稍東，經阜甯縣東，有射陽出海三口。北曰雙洋港，中曰當尖港，南曰射陽港。又南稍東，經鹽城縣、如皋縣東，有水口六，皆串場鹽河洩水之港。曰野潮洋，曰新洋港，曰大閘港，曰闞龍港，曰苦水洋，曰天開河頭。又南稍東，經通州東境之蓼角嘴，與崇明之北舊城，西南與太倉州北境相望，是爲人江入海口也。蓼角嘴在通州狼山之東百二十里。自此南至吳淞口二百二十里。又二百餘里，西南至金山城。口東四度八分，極三十二度。江口之南經太倉州鎮洋縣，東北有七鴉、楊林、新巖、劉家四浦口，隔海與崇明縣相望。崇明即東沙，懸居海中，縣城西與太倉、南與吳淞江口相望。地南北六七十里，東西百二十餘里。今城近南有舊城在西北，又隔海相連。北有東三沙，東北有永豐沙，東南有稡沙，南有新興沙，實大江水口沙也。又南稍東，經嘉定縣東羅店鎮水口。又東南爲吳淞江口，又南經寶山縣城東北，又南經上海縣東。又南，折而西，經南匯縣南。又西南經松江府華亭縣東南、奉賢縣南，又西南經金山縣城南。金山縣東南海中島嶼有勝山、金山、龜山、盤山、小洋大洋二山，又東有馬蹟山、花鳥山、畫山，驛絡相連，近於南匯。又西經白沙灣、江門營之南。又西入浙江界。

浙江自江南營西南經平湖縣東南，有乍浦口。口東南有浦山。又西南經海鹽縣東南，稍西爲澉浦口。東南與曹娥江口相望，有白塔山在海中。又西經海甯縣東南，稍西爲赭山，與南岸之龕山相對，曰海門，即浙江口也。浙口東北至吳淞口三百里，東南至舟山四百里。口東四度，極三十度四分。南自蕭山縣東北之龕山，龕山北臨浙江，傍有小山懸居，俗曰鼈子門。又東稍南，經紹興府治山陰縣北境三江閘口。又東南經上虞縣北瀝海所西北之曹娥江口，又東北經餘姚縣北境臨山衞滸山所北，又東北經慈谿縣北境觀海衞盛山之北，始折而南，稍東經奄浦古窑淞浦三口。海中島嶼曰許山，其南曰泥螺山、蠏浦山，其北曰西鶴山、東鶴山，又東曰五齊山、烈表山。又南經鎮海縣東招寶山麓，外即七里嶼。又南曰蛟門，即甬江口，甯波府治鄞縣之水口也。前即三山大洋，當口東北島嶼甚多，最大者曰金塘山。又東南爲舟山定海縣。蛟門東北隔海大洲，南北長廣數十里，近南曰虎蹲山，曰大謝山，近北曰金塘山，與列表、五齊兩山相接，其東南即舟山也。舟山定海縣懸居海中，正西與蛟門、西南與象山相望。地形如舟，首向西北，尾指東南，縣城近西南火燒門港，與穿山、郭衢二所相對。其西北過螺頭門，即大謝山，其前導小船也。正北曰大沙口，相近有長白山，又北曰秀山，又北曰岱山，稱鉅。又北曰大衢山，其東南尾曰舵嶴、洞嶴，隔海東北曰普陀山，曰竹嶼門。又東曰大落伽山，南曰小落伽山。普陀之南曰順母塗，曰朱家尖，曰盧家山，曰桃花山，皆與舵嶴相近者。由東而南曰烏沙門，曰沈家門，曰田嶴山，地稍寬廣。東南曰亂礁洋，正南曰東嶴門、西嶴門。又西，隔海即象山北之錢倉所也。舟山爲甬江外屏，其外即大洋海。海自鄞江南口，又東南有小口二。一對黃茅山，一對下嶼、大茅兩山。又東南經穿山所北，折而南，而西，經郭衢所東南海渚曲入，經所南而西，經慈嶴、吉琦司、大嵩所松嶴之南，又西北經河泊所東南，折而西南，經奉化縣東南，又西南爲浮門，折而東，屈曲經象山縣城西北，又北至鐵倉所西北，折而東，錢倉所北與郭衢所相對，海渚廣六七十里。河泊所與浮門東望象山，長百餘里，皆海渚。又折而南，經爵溪所東。又南經東溪村東，又東南經昌國衞石浦所之東南。爵溪海中有青門山，又東曰牛門山，曰大目山，遠曰韭山。象山縣地西、北、東三面皆海。昌國地北、東、南、西四面皆海，惟西北一綫與象山東溪村接。又西經衞之西南海渚，曲而西北，經東溪村西南。昌國北有擔門、鎖門，東有牛欄門小港，南有銅下門、下灣門，皆小島也。西南正與林門對。又西北至甯海縣東胡、陳南，又西北至杏浦南，又西北經縣東渚中有島，曰南田山，曰石佛、青珠、蛇盤山。又東南至慢嶴、東嶴、海游所南，折而東，經竇嶴北。渚中有桃頭山。又東南經健跳所北，又北而東，經浮門嶺西、林門北，自甯海白溪入海，海曰大湖汎，縱橫百餘里。浮門嶺地東西皆海，林門與昌國其渚口也。杏浦地南北皆海，一綫地，東至象山、昌國。自浮門嶺而南，經赤嶼，曰牛頭門。有牛頭山、白代山相望。海渚西北曲入，長七十里，廣八九里不常，至橋寨南，小姐寨、都寨、梅嶴之北。其海口牛頭、白代、青唐三門。又南有小口無數，經桃渚所東，又西南經貔埠杜下橋東南，又西南至前所，與海門衞山相望，即台州府治臨海縣靈江口也。自海門衞南，經黃巖縣東，海門外島嶼甚多，可名者曰穿礁山；東南曰琅璣山，曰大陳山、几青山。又南稍東，經太平縣新河所東，又東南至松門衞，海中有松門山。始折而西，經隘頑所東。又西南經東嶴南，海中有楚門山。始折而西北，至江下汎西、千嶺寨南，又折而西南，至大荆營南芙蓉村東，有數小口。又西南經樂清縣東北之蒲圻所，又南爲樂清水口，東與海中玉環相對。玉環山懸居海中，東北與太平之楚門、西與樂清、西南與甌江口相望。自楚門而西北，有數島嶼，其大者曰龍王山，正西即玉環也。自江下汎而南，海中有太平山，有水漲嶼，有茅衍山，與玉環接。地南北百餘里，東西七十里，多山谷，有一水港。其東南隔海曰黃大嶴，曰三盤山，南曰霓嶴山，又南曰鳳凰山，即甌江外大口。西有島，曰大島、小島二山，與樂清相近。自樂清而南，經盤石衛東南，又西，有小口二，又西爲温州府治永嘉縣東南之甌江口。口東有大門山，東北有小門山，其中曰黃花關，對黃大嶴。甌江口南經甯村所、梅頭寨東、海安所東南，又西爲瑞安縣東之江岸寨，曰飛雲渡口。口正東對鳳凰山。又南爲南岸宋埠東，又南爲平陽縣東南之横陽江口。口外島嶼甚多，可名者曰大巖頭山，曰麂山，曰大嶼、小嶼，曰大琵琶山、小琵琶山，曰長腰山。又南經金鄉衛東南，有小口三。曰大漁口，曰石塘口，曰赤溪口島，曰雞山，曰七星山，曰屏風山。又西南經蒲門所東南之鎮下關南，與海島南關、北關二嶼相望。又西南入福建界。自舟山至松門三百六十里，松門至蒲門三百餘里。

福建地東南二面濱海，臺灣則懸居大海中。自南關嶼而西，西南經沙埕南，爲南鎮澳口。又西南經斂城崇嶼東南，海中有屏風山，東爲台山，東南有七星山，北對南關嶼。又西南經北洋硤門牙城東南，有水口二。海中曰烏樹山，曰俞山，其前曰烽火門。又西南經福甯府治棲霞縣東南，海渚曲入，當港口有大、小門二山，北有小島筋山，南有長泰山。其東即烽火門也。門南有北桑山、南桑山、火燄山。又南屈曲而西南，而西北，海渚經下許堡折而東北，又西北至棲霞南之鹽田。自棲霞南沙糖汎而東爲魚灣、武成二堡，又南爲程路、長村二堡，又南爲大金所，又西南爲長溪、延亭、柘羊三堡，至下許爲内港口，地百有餘里。又折而北，經竹江關門，八寶城，龍灣村南，皆外濱大洋，内濱海渚，一綫曲屈相接，地形如象鼻然。海渚又西北經福安縣東南梅嶺浦白石司南，曰白馬門。又西爲金垂寨，南曰雲溪門，折而東，經甯德縣北，曰斗門。又東南經上下三都，爲飛鸞渡口，出口爲大洋。當港海中有東樹山，又東有王安山，又東爲馬熾山，與胡纓山相近。其南曰西洋山，曰東引山，頗大，外即大海也。又南，而西北曲入爲羅源縣東之浦口，又東南經西澳北，而南，而西，經馬鼻澳東南，又東南經連江縣東北之白鶴澳、奇達堡北，又東經北茭司東而南。當西澳港中有前嶼、東北有鶴嶼，外爲大洋，東南有西落、東落二山，又東南有下目山，與北茭接。又折而西，經縣東之黃崎堡、定海所南，爲連江口，南爲東岱浦。又西南經福州府治閩縣東南之閩安鎮，南曰急水門，與東南岸長樂縣相望，是爲閩江内口也。又東至五虎門，爲大口，外即大洋。自急水門而東，海港始闊。東北有琅琦山，東南有小廬、巴豆、大廬三嶼，中曰福斗山，頗大。又東曰梅花山，又東爲五虎山，北與定海所北茭司相望，西與梅花所相望，爲大海門。又東爲白犬洋，稍南爲東沙。南岸自長樂縣東稍北之梅花所折而西南，經仙岐、渡橋二寨，東有小渚港二。海中有磁澳。又東而南經松下寨北、東、南三面。又海渚西屈，經福清縣東之鎮東、海口二寨南，又折而東，經牛田前薛寨、三山白鶴寨北，與北岸糖嶼相望，爲松下門、石門以東之古嶼港口，其外即海壇鎮也。糖嶼東有大練山、小練山，糖嶼西與松下寨地鄰近。海壇地形狹而長，自西而東，而南，而西北，如玉玦内向，懸居海中。鎮居中，西北與福清港相對。鎮北曰蘇澳，中曰興嶼，南曰觀音嶼。雖正當福清港口，實興化府江口之外屏也。福清港自糖嶼南之古嶼，其東曰爛泥嶼，曰石牌嶼，曰大扁山，其東即海壇。東北洋中有小庠嶼、東庠嶼，南有草嶼，又南有長嶼、鷺鷥嶼，可門嶼，小日嶼，南日嶼，與興化府東南之平海衛相望。海自白鶴山南經萬安寨北，而南，而西，寨三面懸海，東北與海壇之觀音澳、東南與草嶼俱相望。又西北曲入牛田漁溪寨水口南。自牛田而東南，曰前薛寨，曰牛牙寨，曰青嶼，曰夾石港，曰西港，曰白鶴寨，曰東潮村，曰萬安寨，地皆四面濱海，當青嶼南。港中有狹長沙洲，曰壁頭寨，其地尾北尖而首南稍廣，如鯉魚。北與萬安寨，南與平海衛相望，爲大口。又西南經興化府治莆田縣東峰頭、江口二寨南，又西南至涵江鎮南，與南岸黃石寨相望，爲三江口。自口東南經數曲折而西南，經平海衛東南折而西南，至吉了寨南。平海衛西爲莆所，又西爲塔村，其北爲嵌頭寨，魏澳地形，兩面濱海。自黃石寨、天馬寨而東，而南，而西，爲内外洋屏蔽。莆所南海中有眉洲嶼，南曰大定山，西曰鵝尾山，曰後山灣。自吉了寨南海渚西北曲入爲大港，經仙游縣東南，又折而東南，經惠安縣東北，至黃崎澳北，而東，而南，黃崎北與吉了寨相對，爲内港口。港中有水口二，有小嶼澳。自黃崎折而南，經崇武所東南折而西，經獺窟澳南海渚西，曲入泉州府治晉江縣東之洛陽口。又南爲晉江口，南自水頭寨東至日湖寨北，折而南，日湖寨與北岸下安澳港中大墜、小墜二島爲内港之口。外爲大海。南經永甯澳東，又西南至圍頭寨澳折而西，海渚曲入西北，經後湖寨水口，又西南經同安縣東南石井澳南，隔海爲金門鎮。海渚北當水口曰東獅寨，西有洲曰大登嶼，東曰小登嶼，又南爲金門所，其東有北定嶼。金門地懸居海中，北尖南廣，形如三角。東南有小港所，在正南。鎮在西南，負重山，東北與圍頭寨、西北與灣頭澳相望，實西爲廈門之外屏也。海自石屏澳西南至灣頭澳，又西北至同安縣南丙洲之南，又西南有水口三，經長泰縣東、海澄縣北，爲漳州府治龍溪縣江水口。其北岸曰海門山，東口曰圭嶼，稍東北曰廈門。廈門懸居海港中，西北曰高灣寨，東曰五山渡，東南正對大海之澎湖、臺灣。而相近島嶼，東北自金門灣頭隔港爲列嶼諸島，西南與大武山、鎮海城相拱護。列嶼最大，其相連曰星嶼、大擔嶼、小擔嶼，曰浪嶼。漳府海口南岸自鎮海城東而南，折而西，經崎沙汛南。臺灣懸居海中，東爲大山生番界，濱海地北自雞籠城沿海而西，至淡水城，有水口五。又西南經南嵌、竹塹、中港、後龍、吞韶五社，有水口十四。又南經貓盂、房裏、大甲等社，至諸羅縣西，有水口十六。又南經府治西，有水口八。自府治而南，稍東經鳳山縣西，有水口二。又東南經鳳山下淡水社，有水口五。南至沙馬磯，地形如初生月，狹長，南北千餘里。臺灣城西濱海，西北爲鹿耳門，西爲安平鎮大港口，西北隔海爲澎湖。自鳳山南望，小琉球島、澎湖懸居海中，地廣僅數十里，島嶼四面環之無數，稍大者曰西嶼，曰吉貝嶼，曰白沙嶼，曰船篷嶼，曰罩嶼。臺灣西北至澎湖一百里，澎湖西北至廈門三百餘里。臺地東三度五分至東五度四分，極南自二十二度，北至二十五度四分。海自廈門南對岸之大武山又南經鎮海城東，東南海中有南定嶼，遥與北定嶼對。折而西，經崎沙鎮南，又西至漳浦縣東之東湖城東南，有小山三。近海島嶼可名者曰連晉嶼，曰南風灣，曰岱嵩嶼，曰燈火澳，曰門扇後嶼，曰將車澳，北即浮頭港。又西南至大澳，海渚北曲，經縣城東南爲南溪口。大澳地三面懸海，前有紫萊嶼沙洲，當港面懸海中。又前爲横嶼。海渚西岸自洋山東曲屈經而南，爲大海，經古雷寨之東、南、西三面。古雷地自洋山一綫八十里，隔内外洋。古雷西海渚又曲入西北，爲雲霄城水口。又東南經八天門、林豆村南，隔港即銅山城大嶼也。古雷之西北有小松、大松、佳松三小島。銅山城懸居海港中，地形圓曲而西北向，城在東，其北曰塔嶼，其南曰青營山，又西曰北山汛。塔嶼之西曰古港，又西曰大帽嶼。城隔海南曰蘇尖山，曰虎仔嶼。青營山西與懸鐘山口相對，曰松柏門。自虎仔嶼外爲東南大海，有大柑、小柑二山。自林豆村西有水口，又西經詔安縣東懸鐘山之東，而南至懸鐘寨西、洋林寨東，爲水口。南隔海曰南澳。自獵嶼而南，東曰獅頭，南曰青澳。隔海有中澎、北澎，皆屬福建，一嶼爲兩省交界地也。又西南爲南澎，入廣東界。自浙界南關嶼西南至五虎門二百里，五虎門東南至海壇鎮百餘里，海壇西南至泉江口二百八十里，泉江口西南至金門百餘里，金門西至廈門百里，廈門西南至南澳四百餘里，閩地東南海共一千二百餘里。

廣東地皆南濱海，雷州則東、西、南繞之，瓊則懸居大海中。海自福建分水關南海中南澳，澳南島嶼有南澎，入廣東界。稍西有赤、黑、白三小嶼，又西有平嶼、赤石嶼，外即大洋。澳北島嶼無數，可名者曰青嶼，曰白沙。其北即饒平東南之大成所。經饒平縣東南之大成所南，又西北經黄岡鎮南，爲縣水口。海港中島嶼甚多，曰並洲，曰草澳，曰招洲，曰信州嶼，曰大金門，皆東與白沙、南澳相近。曰鴻門，曰牛心石，曰侍郎洲，曰小金門，曰長山尾，皆近西南，外此即大洋也。又西南經澄海縣東北樟林鎮南，海渚曲入，爲潮州府韓江口，港汊無數。樟林鎮南曰來龍港，又西曰北港，又西南爲澄海縣城南港，又有新港，共四口入大洋。北港、南港之間有大、小萊蕪二嶼，新港之西有放雞山、尋回山及殿江寨。又西南經蓬州所南，有小港西北曲入，爲泥嶼口。又西南經潮陽縣城東南，爲練江口。有滄洲，在港口中。其東長州爲海門所，又東爲青萊嶼，外即大洋。海門所形南北狹長，爲潮陽屏蔽。東青萊嶼，地稍大，東北與殿江寨相近。東曰馬耳澳，東南曰蓮嶼，南曰廣澳，廣澳與海門對曰磊石門。自練江口又南，而西經惠來縣東南之靖海所南，又西南經縣南神泉司南，爲縣水口。又西南經海豐縣東甲子所，有水口二。又西經揭石衛南，又西有海港三。衛西曰碕石港，稍西爲西港，又西南爲大德港，港口隔洋有遮浪、金嶼二島。又西爲捷勝所南二小口，又西爲扁涌湖西口之瞰下城，隔洋南有江母嶼。又西爲縣西南麗江口，港前有雞籠山、記心嶼。又西爲鵝埠南小漠港口，又西爲惠州府治歸善縣東南之鹽洲海平所南。又西經碧甲司南，又西南經新安縣東之大鵬所東南，自鹽洲浦而西，海平所西有乾溪口，又西有墩頭口。大鵬所地東、南、西懸海中。又西南經官富司南，又西經大鵃、磨刀、掛角三山南麓，大鵃山南隔海有大澳，長三十里。東有一洲，中曰急水門，小島環大澳者無數。掛角山西南有老萬山，廣數十里，南有小島，曰竹没山，曰海尉山。又西南有東澳，實粵江口之極外屏蔽也。又西北至柸度山麓，海渚屈曲經其西而北，爲新安縣城南之水港口。口西有洲三角，又有小洲相次而北，曰零丁洲，曰大山，曰平洲。又北而稍東，經城西而北，經鼇灣茅洲西，有小水口。又西經東莞縣西南之缺口司南，又北而西，經虎門二寨南而北，而東至虎頭山北麓，折而北，經縣西中堂司之西北，爲東莞支江口。海港中島嶼無數，近東岸者新安縣城西北有馬鞍洲，鼇灣西北有龍穴洲，又北有合瀾洲，缺口司之南有赤岡，北有海月山。其西南曰東洲山，曰三洲山，西與香山縣相近。三洲之北有大洲數十里，曰飛花嶼，北曰三角海，東北曰珊瑚洲，正與虎門二寨相望。又東北曰林洲，自江口而南俗總呼爲南海，小港口亦無數。又西北經廣州府治南海、番禺二縣南境，爲粤江口。西三度五分，極二十三度。東江港汊亦與相通，洲渚無數。自中堂司西曰獅子塔，曰金釵營，曰龍灣，曰歷心沙，曰松排嶺，皆最大者。又西南爲順德縣東，又東南爲香山縣東，又經其南。香山實懸居海渚中，洲嶼相接。其北有黄圃司，東北曰坡頭海，東南曰分流海，中曰永泰山司，南曰浮墟村。縣北有長洲，又西北有豬頭山、青霞山，縣東北有横當山，東南有煙筒山、箭口門、淇嶴、金星門、梅角山、澳門、九星洋，正南爲金紫山、前山寨、香鑪山，白銀水、濠鏡嶼、清洲，又南爲十字門外，即大洋也。西南有象角洲、胡桃山，又西南有北臺、南臺山。海渚又西南經新會縣南，縣東南皆港汊，有鉅洲曰荔枝山，有小洲曰縹緲，曰江門海，其南有崖門山，又南有小、大横琴山。東有連灣洲、宿聚洲，小島無數。又東爲十字門，大横琴之南有三竈山、赤洲、皋蘭山、牛角山。小林、大林二洲外有白石洲無數。大横琴西南有大嶼曰白礁、銅鼓山，西當長沙臺水口。又西南經新甯縣南之廣海衞南，有小口。西南隔港有龍溪望高司，隔海東南兩大洲，東曰上川山，西曰下川山，中曰小金門，海南曰大牌海。又西南經陡門營、海朗所南，又西爲陽江縣東南水口。海中島嶼自下川山而西，曰漭洲山，曰大鑊山、中鑊山、小鑊山，曰三汲山。至漢陽江口爲海陵山，地頗大，外即大海。又西南經丞相嶺東水口，又西經雙魚所南，又西南經電白縣南水口。東有白礁嶺，西南有小汾、大汾二洲及放雞山。又西南經吳川縣南水口，折而南，經雷州之遂溪、海康、徐聞三縣之東，有水口六。吳川水口有三，並爲一大口。當港數小洲，曰芷芋沙，東南曰特秀山，曰飛雲山，曰麻縹沙，曰限門，又外曰硇洲，南曰新門港，曰東頭山，當遂溪東南之石門港口。石門港溪東西並入海，經遂溪縣城南。石門港之南爲海頭營，又南一小水口，外有調雞門洲。又南爲庫竹港口。又西南爲雷府城東北通明港口，外有長洲曰東海島。又南爲雙溪口，外有瀌洲。又南爲淡水港、調嶺港、吳家港，外有新芋洲。又南爲北門港，在兜鍪山錦囊所東北。又南面西至徐聞東爲青灣口，外有耳聾山、白沙港。又西至徐聞南之海安所港口，正南與瓊府城北之海口所相對。瓊州府地懸居海中，中爲黎母山、五指山，周回千餘里，黎人所居。水最長者曰黎母水，北至府城東北入海，一支分於儋州西入海。山外沿海地郡縣環之，府城在北，北與徐聞相望。隔海百五十里。有港五。西曰小英港，北與徐聞西南之麻崙港對。正北曰牛姑港、白沙港，西北與徐聞之溥張港對。東北曰麻錫港，曰芒芋港，皆黎母水之委。北曰瓊海。又東稍南至抱虎山，有港三。曰北洋，曰石瀾，曰抱虎，皆北入海。折而南至文昌縣東，南至清瀾所東北，有港五。曰郭婆，曰走水，外有洲。曰浮邱，曰抱淩，外有小洲。曰陳港，在銅鼓山南。曰文昌，港東大海有分洋洲。又折而南、而西南，經會同縣東，又西南經樂會縣東南，有小口八。其大者曰馮家，曰歐村，曰港門，曰蓮花洲，曰龍滚水，皆東入海。又西南經萬州東南，又西南經陵水縣南，有港四。曰周村港，前有樟樹山、前澳、獨洲山、保定嶺。曰楊梅澗，曰呑人港，曰水口港，外有雙女嶼、加攝嶼，皆東南入海。又西至崖州南，有港七。曰黎安，曰合港，曰高沙港，曰榆林港，前有大瑇瑁洲。曰三亞港，前雙洲門曰保平港、番坊港，即崖州水口也。自崖州而西，稍北至望樓港，有口三。曰龍棲港，曰小瑇瑁洲，曰望樓港，水始西南入海。又西北至感恩縣西，有港五。大者曰橋港，水皆西入海。又北至昌化縣西北之棊子灣，始折而東，有港三。曰北溝，曰魚鱗，曰鳥泥洲，其水皆西稍北入海。又東北至儋州西北之獅子山，有港三。曰永安塘，曰新英港，曰洋浦港，即黎母水分支也。又東稍北至臨高縣北之昆耶山，有港三。曰黄沙，曰幾浸，曰博浦，皆北入海。又東北至澄邁縣城北，有小口三。澄邁與府最近，亦北與徐聞相望。瓊所統惟安定在府南文昌之西，餘俱濱海，崖當極南。瓊府西六度七分，極二十度强。崖州西七度七分，極十八度三分，中國極南地也。海自徐聞縣南之海安所，西爲河泊所，又西爲討綱港，徐聞三面懸海，其南入海之港，東南曰青灣港、白沙港，正南曰溥張港，曰麻崙港，正對瓊府，討綱其西南口。始折而北，經縣西爲北山溪、青銅港，以下水皆西入海。又北爲潭浪港北海康所，又北爲雷府西境雷公山，又北爲蠶村港、下落港、羊脚港，又北爲暗浦港，即遂溪西境也。又北爲石城縣西南之急水港、榕根港，始折而西，有二小港。又西爲廉州府治合浦縣南之龍村寨港，又西爲珠場白龍城，爲武刀港，又西爲府城西南之廉江港。自入廉州，水皆南入海。港南海中曰珠母池山，又東南曰潿洲。海自廉江西口釁港而西，爲大觀港、牙山港。外有洲，曰香鑪墩。又西爲欽州西南之龍門營，爲欽江口。東南有洲，曰白鱗尾。又西有小口二，至白龍尾。海中有洲，曰三口浪，曰漁洲砰，曰釣魚臺。又西爲安南江口，其西爲安南國界。自南澳西南至南海口千餘里，南海口自東澳北至番禺三百餘里，內港自東莞西至順德二百里，自新安西北至香山百六十里，新安西至新會三百里，自急水門西南至吳川縣九百八十里，吳川南至徐聞四百里。瓊自府南至崖九百里，自崖西北至瓊千里，徐聞北至石城四百餘里，石城西至欽州西界五百餘里。

胡鳳丹《航海圖説》 海船自上海縣黄浦口岸東行，五十里出吳淞口，入洋。繞行寶山縣之復寶沙，迆至崇明縣之新開河，計一百一十里，又七十里至十滧，是爲內洋。十滧可泊船，爲候風放洋之所，崇明縣地。

自十溦開行，即屬外洋。東迆一百八十里至佘山，一名㠶山，又名南槎山，係荒礁，上無居民，不可泊。但能寄椗，爲東出大洋之標準，蘇松鎮所轄。

自佘山駛入大洋，向正北微偏東行，至通州吕泗場對出之洋面，約二百餘里。水深十丈，可寄椗。從此以北入黑水大洋，至大洋稍對出之洋面，約一百四十餘里，係狼山鎮右營所轄。又北，如臯縣對出之洋面起，至黄沙洋港對出之洋面，約二百六十里。又北，泰州對出之洋面起，至黄家港對出之洋面，約二百二十里，係狼山鎮掘港營所轄。又北至鬬龍港對出之洋面，約二百里。又北至射陽湖對出之洋面，約一百二十里，係鹽城營所轄。又北至黄河口對出之洋面，約一百二十里，係廟灣營所轄。黄河口稍南有沙埂五條，船行過，東風則慮淺擱，宜避之。又北至安東縣灌河口對出之洋面，約九十里，係佃湖營所轄。又北至海州贛榆縣鷹游門，約一百八十里，係東海營所轄。計自佘山大洋以北起，至鷹游門對出之洋面止，約計一千五六百里，統歸狼山鎮汛地。凡舟行過佘山，即四顧汪洋，無島嶼可依，行船用羅盤格定方向，轉鍼向北，略東行。如東南風則鍼頭偏東一箇字，如西南風則鍼用子午。查江南佘山與山東鐵槎山南北遥對，謂之南槎北槎，行船應用子午正鍼。因江境雲梯關迆東有大沙一道，自西向東，接漲甚遠，暗伏海中，恐東風過旺，船行落西，是以鍼頭必須偏東一箇字，避過暗沙，再换正鍼。此沙徑東北積爲沙埂，舟人呼爲沙頭山。若船行過於偏東，一直上北，便見高麗諸山，故將至大沙時仍須偏西，始能對成山一帶也。

行過鷹游門對出之洋面，往北即山東日照縣界，山東水師南陽汛所轄。又北至文登縣之鐵槎山，一名北槎山，自佘山至此始見島嶼。又北至文登縣之馬頭觜，入東洋汛界，經由蘇山島靖海衛及榮成縣之石島養魚池。石島居民稠密，可泊。惟島門東南向，春時乘風，易入難出。自鷹游門至石島約六百餘里大洋中，雖舵工以鍼盤定方向，猶須常用水託。水託者，以鉛爲墜，用繩繫之，探取水則也。每五尺爲一託，查十溦開船試水，自十託至二十託上下。行過佘山試水，均在三十託上下。順風一日餘，均係黑水，再試至十託上下，即知船到大沙洋面。行過大沙，試水漸深至五十託上下，視水緑色，則係山東洋面。順風再一日，試水二十託上下，水仍緑色，遥望北槎及石島一帶，山頭隱隱可見。再行半日，即至石島洋面。此商船赴北一定鍼路也。

自石島至俚島洋面，約一百六十里。俚島至成山洋面，約一百四十里。俱榮成縣地，爲南北扼要之所，可泊。水緑色，鍼盤仍用子午，略偏東。從成山轉頭，改鍼向西，略北，入北洋汛界。至文登縣之劉公島約一百餘里，又西至威海衛一百餘里，又西至福山縣之罘島一百餘里，又北至蓬萊縣廟島二百餘里。以上自石島起，至廟島止，約共九百餘里。之罘島西北一帶有暗礁，船行偏東以避之。又廟島之東有長山頭淺灘，宜避。試水在十五六託至二十託不等。船至廟島以東，南風爲大順。計東省洋面共一百零五島，中有二十五島最爲海道要地，而廟島尤大，可以停泊。

自廟島過掖縣小石島，即入直隸天津海口，約九百里。鍼對大西，偏北，沿途試水在十四五託，再試水至六託上下，黄色，水底輭泥，即可拋錨，候潮進口。約計天津海口逆流挽縴一百八十里，即抵天津東關外。以上海運水程，自吴淞口出十溦東向大洋，至佘山北向鐵槎山，歷成山，西轉之罘島，稍北抵天津，總計水程四千餘里。

楊炳南《海録》 余鄉有謝清高者，少敏異，從賈人走南海南，遇風覆其舟，拯於番舶，遂隨販焉。每歲遍歷海中諸國，所至輒習其言語，記其島嶼、阨塞、風俗、物産，十四年而後反粵，自古浮海者所未有也。與余傾談西南洋甚悉，因條記之。所述國名悉操西洋土音，或有音無字，止取近似者名之云。

萬山，一名魯萬山，廣州外海島嶼也。山有二，東山在新安縣界，西山在香山縣界，沿海漁船藉以避風雨。西南風急則居東澳，東北風急則居西澳。凡南洋海艘俱由此出口，故紀海國自萬山始。既出口，西南行，過七洲洋。有七洲浮海面，故名。又行經陵水，見大花、二花、大洲各山。順東北風，約四五日便過越南會安、順化界，見占嗶羅山、朝素山、外羅山。【略】又南行，約三四日過龍奈，又謂之陸奈，即《海國聞見録》所謂禄賴也，爲安南舊都。由龍奈順北風，日餘至本底國。

本底國在越南西南，又名勘明，疑即占城也。國小，而介於越南、暹羅二國之間。【略】又順東北風西行，約五六日至暹羅港口。現并入越南。

暹羅國在本底西，縱横數千里，西北與緬甸接壤，國大而民富庶。船由港口入内河，西行至國都，約千餘里。

宋卡國在暹羅南少東，由暹羅陸路十七八日。水路東南行，順風五六日可到。

大尼國在宋卡東南，由宋卡陸路五六日，水路順風約日餘可到。【略】海艘所泊處謂之淡水港。其山多金，山頂產金處名阿羅師。【略】由淡水港至此須陸行十餘日，由吉蘭丹港口入則三四日可至。

吉蘭丹國在大尼東南，由大尼沿海順風約日餘可到。

丁加羅國一名達拉岸，在吉蘭丹東南，由吉蘭丹沿海約日餘可到。

邦項在丁加羅南，古志多作彭亨，以謝清高所述音近邦項，故改從此二字，其餘亦多類此。由丁加羅陸路約二日可到。【略】以上數國閩粵人多來往貿易者，內港船往各國，俱經外羅山南行，順風約一日過烟筒大佛山，又日餘經龍奈口，過崑崙海，日餘見崑崙山。至此然後分途而行，往宋卡、暹羅、大尼、吉蘭丹各國，則用庚申鍼轉而西行矣。由邦項東南行約日餘，復轉西，入白石口，順東南風，約日餘則到舊柔佛。以上自宋卡至邦項，皆屬暹羅。

舊柔佛在邦項之後，陸路約四五日可到。

麻六甲在舊柔佛西少北，東北與邦項後山毗連，陸路通行。由舊柔佛水路順東南風，半日過琴山徑口，又日餘到此。

沙剌我國在麻六甲西北，由麻六甲海道順東南風二三日，經紅毛淺，下有浮沙，其水不深，故曰淺。謂之紅毛，則不知其何取也。此國在紅毛淺東北岸。

新埠，海中島嶼也，一名布路檳榔，又名檳榔士，英吉利於乾隆年間開闢者。在沙剌我西北大海中，一山獨峙，周圍約百有餘里。由紅毛淺順東南風，約三日可到，西南風亦可行。

吉德國在新埠西北，又名計達。由新埠順東南風，日餘可到。後山與宋卡相連。【略】由此陸路西北行二三日，海道日餘，到養西嶺。讀力養切。陸路又行三四日，水路約一日，到蓬牙，俱暹羅所轄地。

烏土國即緬甸，烏土蓋其別名也。在暹羅蓬牙西北，疆域較暹羅更大。由蓬牙陸路行四五日，水路順風約二日，到佗歪，爲烏土屬邑。廣州人有客於此者。又北行百餘里，到媚麗居。又西北行二百餘里，到營工。又西行二百餘里，到備姑，俱烏土屬邑。王都在盎畫，由備姑入內河，水行約四十日方至。

徹第缸在烏土國大山之北。

明牙剌，英吉利所轄地，周圍數千里，西南諸番一大都會也。在徹第缸海西岸，由徹地缸渡海，順東南風約二日夜可到。陸路則初沿海北行，至海角轉西，又南行，然後可至，爲日較遲，故來往多由海道。其港口名葛支里，港外沿海千餘里海水渾濁，淺深叵測。外國船至此不能遽進，必先鳴礮，使土番聞之，請於英吉利，命熟水道者操小舟，到船爲之指示，然後可。土番亦必預度其淺深，以泡志之。泡者，截大木數尺，製爲欖形，空其中，繫之以繩，墜之以鐵，隨水道曲折浮之水面，以爲之志，土番謂之泡。每一望遠及轉折處，則置一泡，然外人終不能測，是殆天險也。港口有礮臺，進入內港行二日許，到交牙礮臺，又三四日到古里葛達。

曼達剌薩在明牙剌西少南，由葛支里沿海陸行約二十餘日，水路順東風約五六日。

笨支里在曼達剌薩西南，爲佛郎機所轄地。由曼達剌薩陸行約四五日，水行約日餘即到。

尼古八當國在笨支里西嶺介中。

西嶺在笨支里少北，又名古魯慕。由笨支里水路約六七日，陸路約二旬可到。

打冷莽柯國在西嶺西北，順東南風，西北約二三日可到。

亞英加在加補西北，順風約五六日可到。

固貞在亞英加西北，水路順風約日餘可到。

隔瀝骨底國在固貞北少西，水路順風約二日可到，陸路亦通。

馬英在隔瀝骨底北少西，水路順風約二日可到。

打拉者在馬英西北，陸路相去約數十里。

馬剌他國在打拉者西，疆域自東南至西北長數千里。沿海邊地分爲三國，一小西洋，一孟婆羅，一麻倫尼。

小西洋在馬剌他東南沿海邊界，由打拉者向北少西，行經馬剌他境，約六七日到此。

孟婆羅國在小西洋北山中，由小西洋水路順風約日餘可至國境。

麻倫尼國在孟婆羅北，水路順風約日餘可到。

盎幾里國在麻倫尼北少西，水路順風一二日可到。

孟買在盎幾里北少西，相去約數十里。

蘇辣在孟買北，水路約三日可到。

淡項讀平聲。在蘇辣北，水路約日餘可到。

即壯國在淡項北，疆域稍大，由淡項水路順風約二日可到。

龍牙國在舊港北，由峽口水路到此順風約三日。由此北行日餘則爲柔佛，西北行日餘則至雷里。

柔佛國在舊柔佛對海，海中別一島嶼也，舊柔佛徙居於此，周圍數百里。由白石口南行約半日可到。

雷里國在柔佛西南，海中別峙一大山，不與柔佛相連。由柔佛渡海而南行，約日餘可到。

錫里國在雷里西北，疆域風俗與雷里同。由雷里買小舟沿海行，約四日可到。海東北爲麻六甲，由此又西北行約二日，仍經紅毛淺。

大亞齊國在錫里西北，疆域稍大。由紅毛淺外海西北行，日餘即到。由國都向西北陸行五六日，水路順風一二日，則至山盡處，俱屬大亞齊。

小亞齊國一名孫支，在大亞齊西。由大亞齊西北行，經山盡處，轉東南行，約日餘可到。

蘇蘇國在小亞齊南，水路順風約二日即可到。

八當國在蘇蘇東南，水路順風亦二日可到。

茫古魯在八當東，水路順風約五六日可到。陸路亦通，但山僻，多盜賊，故鮮有行者。

舊港國即三佛齊也，在茫古魯東，疆域稍大。由茫古魯東南行，約三四日轉北，入葛剌八峽口，順風行半日方出峽。峽東西皆舊港國疆土，峽西大山名綱甲，別峙海中。山麓有文都、上盧寮、下盧寮、新港等處，山南復有二小島，一名空殼檳榔，一名朱麻里，皆産錫。【略】國王所都在峽之西，由文都對海入小港西行，四五日方至。

尼古巴拉，西南海中孤島也。由亞齊山盡處北行，少西，順風約十一二日可到。【略】其海道亦向西北行，約旬日可到。由此又北行，約半日許，有牛頭馬面山。【略】又北行旬日，即到明牙剌海口。若向北少西行，順風六七日可到曼達剌薩。

尼是國又名哇德，在蘇蘇、八當二國之西，海中獨峙一山。【略】自此以西，海中多大石，風濤險阻，難以通行。故大西洋海船往小西洋各國貿易，必由八當之西、尼是之東。

葛剌八在南海中，爲荷蘭所轄地。海船由廣東往者，走内溝則出萬山後，向西南行，經瓊州、安南至崑崙。又南行約三四日，到地盆山，萬里長沙在其東。走外溝則出萬山後，向南行，少西，約四五日過紅毛淺，有沙亘水中，約寬百餘里，其極淺處止深四丈五尺。過此又行三四日，到草鞋石。又四五日到地盆山，與内溝道合，萬里長沙在其西。溝之内外以沙分也。萬里長沙者，海中浮沙也，長數千里，爲安南外屏。沙頭在陵水坑，沙尾即草鞋石，船誤入其中，必爲沙所湧，不能復行，多有壞者。遇此須取木板浮於沙面，人卧其上，數日内若有海船經過，放三板拯救，可望生還。三板，海舶上小舟也，舟輕而浮，故沙上可以往來。若直立而待，數刻即爲沙掩没矣。

七洲洋正南則爲千里石塘，萬石林立，奔濤怒激，船若誤經，立見破碎，故内外溝亦必沿西南，從無向正南行者。由地盆山又南行，約一日到綱甲。經葛剌八峽出峽口，又南行，過三洲洋，約三日到頭次山，即葛剌八邊境也。上有中華人所祀土地祠。又行二十餘里，到海次山，有數島，一以居中華之爲木工者，一爲瘋疾所居，一爲罪人絞死之所，俗呼爲弔人山。【略】過海次山則至葛剌八山，山縱横千里，有城郭礮臺，南海中一大都會也。

萬丹國在葛剌八南，疆域甚小，與葛剌八同一海島。由葛剌八陸路南行，三四日可到。

尖筆蘭山在地盆山東少南，南海中小島也。【略】由地盆山東行約二日可到，山西北即千里石塘。

古達國在尖筆蘭山東南，海中別起一大山，迤邐東南，長約數千里。【略】由尖筆蘭東南行，順風約二三日即可到。【略】由埔頭買小舟，沿西北海順風約一日即到山狗王，地名。爲粤人貿易耕種之所。由此登陸東南行，一日即到三划，又名打剌鹿。

巴薩國一名南巴哇，在古達東，沿海順風約日餘即可到。

崑甸國在巴薩東南，沿海順風約日餘可到。海口有荷蘭鎮守，洋船俱灣泊於此。由此買小舟入内港行，五里許分爲南北二河，國王都其中。由北河東北行，約一日至萬剌港口。萬剌水自東南來會之。又行一日至東萬力，其東北數十里爲沙剌蠻，皆華人淘金之所。

萬剌國在崑甸東山中，由崑甸北河入萬剌港口，舟行八九日可至。

戴燕國在崑甸東南，由崑甸南河向東南，溯洄而上，約七八日至雙文肚，即戴燕所轄地。又行數日，至國都。

卸敖國在戴燕東南，由戴燕內河逆流而上，約七八日可至。

新當國在卸敖東南，由卸敖至此亦由內河行，約五六日程。

馬神在崑甸南少東，由崑甸沿海順風東南行，約二日，經戴燕國境，又行二三日即到。

蔣里悶讀去聲。在馬神東南，沿海順風約二日可到。

三巴郎國在蔣里悶南少東，海道順風約二三日可到。

麻黎國在三巴郎東南，疆域同三巴郎，沿海順風約四五日可到。

茫讀莫浪切。加薩在麻黎東南，沿海約四五日可到。

細利窪在茫加薩東南，由海道行約二三日可到。

奄悶國即細利窪東南海中亂山之一也。萬丹之南，火燄山在國之西北。

奄門國亦亂山之一。

地問在奄門東南海中，別起一大島，周圍數千里。

文來國在細利窪西北，由細利窪東南入小港，向西北行，順風約五六日可至。由地問北行，順風七八日可至。

蘇禄國在文來北少西，舟由文來小港，順東南風約七八日可至。【略】二國同據息力大山東北半面山中絶巘崇巖，荆榛充塞，重以野番占據，不容假道，故與西南諸國陸路不通。船由廣東往者，出萬山後向東南行，經東沙，過小呂宋，又南行即至蘇禄海口。由古達往則須向東南行，至細利窪入小港，轉西北，沿山行，經文來，然後可至。其國西北大海多亂石，洪濤澎湃，故雖與古達比鄰，舟楫亦不通也。

小呂宋本名蠻里剌，在蘇禄、尖筆闌之北，亦海中大島也。【略】千里石塘是在國西，船由呂宋北行，四五日可至臺灣，入中國境。若西北行五六日，經東沙，往呂宋、蘇禄者所必經。其沙有二，一東一西，中有小港，可以通行。西沙稍高，然浮於水面者亦僅有丈許，故海舶至此遇風雨，往往迷離，至於破壞也。凡往潮、閩、江、浙、天津各船亦往往被風至此，泊入港內，可以避風。掘井西沙，亦可得水。沙之正南是爲石塘，避風於此者慎不可妄動也。

妙里士，西南海中島嶼也，周圍數百里，爲佛郎機所管轄。凡大西洋各國船回祖家，必南行經葛剌八，至地問，然後轉西稍北行，約一月可到。【略】由此向北少西，行約半月有奇，謂之過峽。一路風日晦暝，波濤汹怒，寒雪飄零，六月不息，舟人戰慄，咸有戒心。其天氣與妙里士迥别。過峽後至一島，謂之峽山，爲荷蘭所轄。天復炎熱，但海闊風狂，波浪騰湧，舟行經此，遇風過猛，必須稍待風和而行。【略】由此更北行少西，順風約七八日，復至一島，名散爹里。周圍約百里，爲英吉利來往泊船取水之地。

大西洋國即蒲萄芽。又名布路幾士，氣侯嚴寒，甚於粵閩。由散爹里正北行，約二旬可到國境。

大呂宋國即西班牙。又名意細班惹尼，在西洋北少西，由大西洋西北行約八九日可到。

佛郎機國即法國。又名佛蘭西，在呂宋北少西，疆域較呂宋尤大，沿海舟行四十餘日方盡，由呂宋陸行約二十日可到。

荷蘭國在佛郎機西北。

伊宣國即瑞士。在荷蘭北，疆域較西洋稍狹。由荷蘭向北行，約七八日可到。

盈蘭你是國即比利時。在伊宣西北，疆域、風俗、土産與伊宣同。由伊宣沿海向北少西行，約旬餘可到。

亞里披華國即普魯士西部。在盈蘭你是東，其南與佛郎機毗連。由盈蘭你是向東少北行，約數日可到。

英吉利國即紅毛番，在佛郎機西南對海。由散爹里向北少西行，經西洋、呂宋、佛郎機各境，約二月方到。

綏亦古國即瑞國。在英吉利西少北，疆域與西洋略同，風俗、土産如英吉利，而民情較淳厚。船由荷蘭往約旬餘，由英吉利約六七日可到。

芋里千國即美國。在英吉利西，由散爹里西少北約二月，由英吉利西行約旬日可到。

亞弗里隔國在峽山正西，由峽山西行，約一月可到。【略】由沿你路西行十餘日，地名埋衣埛，亦爲西洋所轄。又西行十餘日，至彼古達里，則爲英吉利所轄。

鬖毛烏鬼國在妙里士正西，由妙里士西行約一月可至。

哇夫島、哇希島、匪支島、奄你島、千你島、蘤格是島、那韋巴島、亞多歪島，以上八島俱在東海，由地問正東行，約二月可到。【略】由此又東行二三月，海中有三山，西洋人呼其一爲努玉，一爲衫里，一爲亞刺德反，并無居人，唯有鳥獸。

開於在東北海，由哇夫島北行，約三月可到。

呂調陽《東南洋鍼路》 明張奕作《東西洋考》，並載兩洋鍼路。諸所傳述，不無訛謬，兹故詳加校正，俾覽者識其形勢焉。

南洋鍼路：自鎮海衛在廈門。太武山出大擔門，凡半更。每更五十里，或曰六十里。船過此用丁未鍼，四更，取大小柑橘嶼，船從外過，打水二十五托，內十五托。以繩墜鉛量深淺也，每托五尺。用申未鍼，三更，取南澳坪山，漳潮連屬也。遠望只一山，近有三門，西南邊一派沈礁，內十八托，外二十五托。船從外過，用坤申鍼，十五更。取大星尖，屬東莞縣，內三十五托，外四十五托。用坤申鍼，七更，過東莞山。對開四十五托，其前爲弓鞋山。對開四十九托，內外俱可過，其前爲南亭門。對開四十七托，用單坤鍼，五更，取烏猪山。洋中八十托，用單坤鍼，十三更，取七洲山，洋名七洲洋。《瓊州志》：在文昌縣東一百里海中，有山連起七峰，內有泉，甘洌可食。舶過用牲粥祭海厲，不則爲祟。舟過此極險，稍貪東便是萬里石塘，即《瓊志》所謂萬州東之石塘海也。舟犯石塘，希脱者。七洲洋打水一百三十托，若往交趾東京用單申鍼，五更。見黎母山，即五指山，在瓊州定安縣南四百里，五峰如人指屹立。每辰巳後雲收霧斂，則一峰聳翠插天。申酉間復蔽不見。用庚酉鍼，十五更。取海寶山，用單亥鍼及乾亥，由塗山海口，五更，取雞唱門，即安南雲屯海門也，至交趾東京，東至海，四至老撾，南至占城，今并入越南。北至思明府。

又七洲洋用坤未鍼，三更，取銅鼓山。《廣東通志》曰：在文昌東南銅鼓海，極深險。用坤未鍼，四更，取獨珠山。山在萬州東南海中，峰勢高峻，周圍五六十里。明時南國諸番修貢水道，視此爲準。其洋爲獨珠洋，舶人云有靈伯廟，往來祭獻。打水六十五托，用坤未鍼，十更，取交趾洋。打水七十托，用坤未鍼，取占筆羅山，是廣南港口。廣南漢爲日南，隋唐爲驩州，明爲義安府。國朝爲安南所并，統曰越南。

又交趾洋用未申鍼，三更，取望瀛海口，入清華港。漢爲九真，隋唐爲愛州，交趾爲西京，明爲清化府。

又從交趾洋取小長沙海口，入順化港。明爲順化府，今越南王建都於此。經緯表所列越南經二十二度，緯四十度者，乃東都，非西都也。

又交趾洋用坤未鍼，十一更，取外羅山。占筆羅之外山。遠望若城門，近看東高西低，北有椰子塘，西有老古石。船傍西行，打水四十五托。用丙午鍼，三更，取馬陵橋。其內爲提夷，是交趾屬縣。馬陵橋打水二十五托，內外俱可過船，南邊有橋。出水用丙午鍼，四更，至交杯嶼，即新州港口，明爲新安府。宋時占城國都。交杯嶼兩嶼相對，故名。內打水十八托，用丙午鍼，三更，取羊嶼，有小石塔好拋錨。內打水八九托，外二十托。南有羊角礁，不可近。用丙午鍼，三更，取煙筒，交趾、占城分界處也。用丙午鍼，三更，取靈山。即所謂大佛靈。山與占城山連接，嶺峻而方，山頂一石塊似佛頭，故名靈山。往來販舶於此樵汲，崇誦佛經，禳禱開帆。打水六十托，用單午鍼，二更，取伽倆貌山。港內有三嶼，潮漲則不見，由遠過。打水十五托，用坤未鍼，五更，由圭龍嶼取羅灣頭，即占城港口。占城東距海，西抵雲南，南接真臘，北連安南，東北至廣東，舟行可半月程，至崖州可十日程。

占城羅灣頭打水五十托，用坤申鍼，五更，取赤坎山，近打水二十托，外十八托，用單申鍼，四更，取鶴頂山，打水二十五托。洋中有玳瑁洲，宜防。若往柬埔寨，由此分路，用單庚鍼，四更，取柯任山。自赤坎沿山而行，因風應變，外任尋港。外任謂柯任外山，如稱外羅也。用庚申鍼開，有石爛礁在西南。若行船放落嶼下，開頭用單庚及庚申鍼。看風讓高，收毛蠏洲，打水六七托，船頭對洲收入。有三托水在淺內，船恐犯洲尾淺。要認毛蠏洲，須見兩邊坤身頭碕便是。海中沙垠曰坤身，一作鯤身。大略晴明，潮水淺退在外，任開船，東風小午到淺，至午進港爲妙。柬埔寨港即古真臘地也，國人自呼甘孛智，後訛爲甘破蔗，舶人又訛爲柬埔寨云。今并入越南。

又從赤坎山用單未鍼，十五更，取崑崙山。屹然海中，山高而方，基盤廣遠，俗云：「上怕七洲，下怕崑崙。鍼迷舵失，人船莫存。」用單庚及庚酉鍼，三更，取小崑崙，兩邊有礁出水。用庚酉及單酉鍼，八更，取真嶼。有山三，成內過，打水十四托。泥地外過，打水十八托。沙地遠過，止七八托，便是假嶼，水溪不可行。直從真嶼東北邊出水，礁南邊過船，用辛戌鍼，五更，取大橫山。到此是暹羅界。外過南邊，打水二十五托，爲正路。北邊水淺，止五托水。船在南邊見小橫山，其山多樹。打水十四托，用辛戌鍼，十更。用單戌鍼，十更。用乾戌鍼，十更，取筆架山，遠望形如筆架，故云。山下打水十四托，開，打水二十托，用壬亥鍼，五更，取陳公嶼及黎頭山。山西面高大，東南稍低，西北一派是石排山。用壬子鍼，五更，取圭頭淺。打水四十托，用單乾鍼，三更，取竹嶼淺口。打水四五托，用壬子鍼及乾亥，沿山坤身尾即暹羅，在占城極南。

又從崑崙山用坤申及庚酉鍼，三十更，取吉蘭丹，即大嶼港口，用坤申鍼，七更，入港是大泥國，暹羅屬國也。

又從崑崙山取真嶼，用辛酉鍼，二十八更，取六坤。暹羅屬國也，與大泥連。

又從崑崙山用坤未鍼，三十更，取斗嶼。用丁午鍼，五更，取彭亨國。用單午鍼，五更，取地盤山。在彭亨港外打水二十八托，內四十四托，三更，至東西竺，爲柔佛界。用丁未鍼，十更，取羅漢嶼，即柔佛港口。柔佛一名烏丁礁林，今屬英吉利，名新嘉坡。羅漢嶼有淺，宜防，往來尋白礁爲準。今名白石口。往滿剌加，從北邊過船，用庚酉鍼，五更，入龍牙門，其南爲龍牙國地。山門相對如龍牙狀，中通船，多盜，南有涼傘礁。中打水三十托，北二十托，南八九托，又過淡馬錫門，用庚酉及辛戌鍼，三更，取吉里問山。此與噶剌巴東北馬神、西南之吉里問大山名同地異。打水二十七托，兩邊有淺，用乾亥鍼，三更，取崑宋嶼。打水二十五托，用單亥鍼，五更，取箭嶼。打水三十四托，用乾戌鍼，五更，取五嶼，中有真假五嶼，從此山入爲麻六甲，即滿剌加。

又從東西竺，用丙午鍼，十更，取長腰嶼，北邊正路打水二十六托。若往龍牙國，用坤申鍼，四更，取獨石門，出門用單酉鍼，過鐵釘嶼。其外水急，用單庚及庚申鍼，四更，至鱷魚嶼西，是坤身，晝南流，夜北流。再進由第二港入，是龍牙國。

又從長腰嶼，用丁午鍼，十更，取龍雅大山。即龍牙國東隅海岸山。在馬户邊過，用單午鍼，三更，取饅頭嶼，收入即是詹卑，七更，可到三佛齊，人稱其國王爲詹卑。其國既爲瓜哇所破，故王徙居於此，因以名地。又從饅頭嶼駕開，用丁午鍼，三更，取七嶼。又用丁未鍼，七更，取彭家山。又用坤未鍼，三更，取西南第二山，有沈礁。用坤申鍼，收舊港，即三佛齊故都也。其先爲干陀利國，初時爲瓜哇即葛剌巴。所併，故名舊港，以別於彼之新村。

又從彭家山，用辰巽鍼，十更，取進峽門。即葛剌巴峽。用丙巳鍼，巡坤身，七更，見三麥嶼。過嶼用單丁及丁午鍼，五更，用單未鍼，五更，取都麻橫港口，中望一山，名真不真假不假。正路打水十七托，用單午鍼，十更，取覽邦港口，覽邦夷人好食人，故舶無維纜者。外有小嶼，名奴沙牙，近嶼打水八九托，用丁午鍼，三更，取奴沙剌，打水十四托，又用丁午鍼，三更。遠望錫蘭山，錫蘭山即南印度之西崙島，入峽以來並爲三佛齊島所蔽，至是始望見之。即梁時所謂狼牙修也，今訛爲石旦。夷言高山爲錫蘭，因名。此瓜哇地，而稱錫蘭港口者，亦就望見言之，其實去彼尚遠。洋中凡五嶼，正門打水四五托，用丙巳鍼，六更，至下港，即古闍婆在南海中者也，亦名社婆，至元始稱瓜哇。今下港止彼國一巨鎮耳，舶人亦名順塔。再進入爲加留巴。即瓜哇，即葛剌巴。

又從加留巴國五嶼分路，入蘇門答剌，用單乾鍼，五更，取棉花嶼第三灣，正好過船，打水七八托，外二十托。用單戌鍼，過淺用辛戌鍼，四更，取雞骨嶼，對開打水六十六托，有淺，船宜遠過。用乾戌鍼，十更，取雙嶼，對開打水三十五托，門中打水十托，即正路所經也。用乾戌鍼，並辛戌，四更，取單嶼，內打水十六托，外四十托。用辛戌鍼，十更，認亞路，亞路坤身打水三托，洋中二十托。用壬亥及乾亥鍼，若離山用乾戌鍼，十五更，取巴祿頭，即叭當。其旁爲九州山，即尼是。明鄭和遣人入山採香處也。用單亥及乾戌鍼，五更，取急水灣，西邊有狼灣沈礁，對開打水二十五托。用辛酉鍼，五更，取啞齊國，即蘇門答剌國也。自滿剌加九晝夜可至。

又從玳瑁洲，用丁未鍼，三更，取東西董，從西董過船，遠似石礁狀。用單丁鍼，五更，用丁未鍼，三十更，從西董入，更歷崑崙。取失力大山，即息辣，一作實力嶼。近山用坤未鍼，五更，取馬鞍嶼，又用巽巳鍼，五更，取塔林嶼，山尖有老古石，正路在西。用辰巽鍼，三十更，取吉林馬哪山，一名鈒馬廊。山上有池，池上石壁有古篆。用單丙鍼，六更，單巳鍼，七更，取勿理洞山。用丙午鍼，十五更，取吉里問大山，即吉利門，一作砥利汶。西面坤身拕尾甚長，有老古淺離山，宜防。用辰巽鍼，四更，取保老岸山，山與吉里問相對，俗訛呼巴哪大山也。番舶未到，先見此山，頂聳五峰，雲覆其上。用巽巳鍼，四更，取椒山，即猪蠻地，沿山取磨嶼，七更，收入思吉港饒洞，即蘇吉丹國也。與瓜哇國相近，而吉力石爲之主。

又從保老山，用乙辰鍼，五更，取吉力石港，吉力石與蘇吉丹別爲一島，其所轄地跨海，而西盡於蘇吉丹國。即瓜哇之杜板村，杜板村在思吉港之北，即《元史》之杜並足，《諸蕃志》之打板國也。地轄於吉力石，而隔海港。史所謂通莆奔大海者也。莆奔即杜板聲轉。打水八九托，用乙辰鍼，一更，取雙銀嶅。用丁未鍼，五更，取磨里山，即《星槎勝覽》所謂彭里者也，俗尚寇掠。用單乙鍼，三更，取郎木山，山下有三巴哇嶼，嶼前有老古淺。用單卯鍼，五更，取重迦羅，舶人訛呼高羅，地與瓜哇界相接。高山奇秀，内一石洞，前後三門，可容萬人。用單卯鍼，五更，取火山，内是里馬山，有真里馬、假里馬。此真里馬也，巴里馬閣則假里馬也。過火山門，用辰巽鍼，二更，取大急水，一名雙牌，水深流急。出門，用乙辰鍼，三更，至髻嶼，用乙卯鍼，十更，取大雲螺、小雲螺，即兩𡸴悶島也，火山在其西少北。用乙卯鍼，六更，用單卯鍼，七更，取蘇律山，地爲荷蘭所據。用乙辰鍼，三更，收山取印嶼。用單卯鍼，二更，至美羅港，即地悶，是諸國最遠處也。又從吉林馬礁往文郎馬神分路，用丙巳及巽巳鍼，五更，取巴里馬閣，即白水洋，打水八托，是正路。近嶼有淺，宜防。用乙卯鍼，五更。用甲卯鍼，五更。用單卯鍼，五更。即取三密港，用乙卯鍼，二更，取龜嶼，打水六托，是正路。龜嶼稍開，有石六七塊，名貓著萬里淺。用單巳鍼，三更，取單戌世力山，有淺，宜防。打水五托，是正路。用單巳鍼，及巽巳，四更，又用辰巽鍼，收美亞柔港口。是處多盜，好夜殺人。前有大山，是文郎馬神國。此國與文萊、蘇禄同在息利大山，而南北相距十二度餘，則島之大可知矣。

東洋鍼路：自太武山用辰巽鍼，七更，取彭湖嶼，漳、泉間一要害地也。用丙巳鍼，五更，取虎頭山；七更，取沙馬頭澳。用辰巽鍼，十五更，取筆架山，遠望紅豆嶼並浮甲山，進入爲大港。用辛酉鍼，三更，取哪哦山，再過爲白土山。用辛酉鍼，十更，取密雁港，南是淡水港，水下一灣有小港，是米呂萼。下一老古灣是磨力目，再過山頭爲岸塘。又從密鴈港樸頭門，用丙午單午鍼，十更，取六藐山，下有四嶼。用單巳鍼，四更，取郎梅嶼。用單午鍼，四更，取麻里荖嶼。用丁午鍼，五更，取蘇安山及玳瑁嶼，東是傍加施欄。用壬子鍼，四更，及癸丑鍼，五更，取表山，山甚高，爲濤門之望，故名。用丙午鍼及單午鍼，五更，取里銀中邦。用丙巳鍼，五更，取頭巾礁。用單午鍼，五更，取呂宋國。

又從呂宋用丙巳鍼及乙辰鍼，十更，取沙塘淺開，是苗里務國。

又從呂宋取豬未山，入磨荖央港。

又從呂宋過文武樓，沿山至龍隱大山，爲以甯港，山尾十更。西邊取里擺翰，至高藥港。

又從以甯港用丙巳鍼，取漢澤山，即屋黨港口，距呂宋二十三更。用單巽鍼，取海山。用單巳鍼，五更，取吶嗶，其内爲沙瑶。

又從漢澤山，用丙午鍼，二十更，取交溢，一名班溢，稍下爲遂奇馬山。用乙辰鍼，七更，取魍根礁老港。距呂宋五十八更。用乙辰鍼，七更，見紹山。又用乙辰鍼，十更，入干子智港，是米洛居地，今佛郎機駐此。對面是直羅里，稍上是紹武淡水港，紅毛夷駐處。東洋鍼路多有不詳處，如前云淡水港在密雁港之南，此云直羅里稍上爲淡水港，皆約略之詞。淡水港，今臺灣淡水廳也，在臺灣盡北處，去此甚遠。此處大山凡四，當爲美洛居、呂宋、直羅里、紹武也。直羅里蓋即萬克高，紹武即臺灣。入港即美洛居，舶人稱米六合。

又從交溢對西開船，取犀角嶼，外有三四白礁。南勢開船，用單申鍼，入蘇禄國。

又從呂宋用坤未鍼，五更，取芒煙山。用丁未鍼，十更，取磨葉洋，因麻逸國得名。用單未鍼，並丁未，取小煙山。用丁未鍼，五更，取七峰山。用單丁鍼，五更，取巴荖圓。用丁未鍼，五更，取羅葡山。用丁未鍼，三更，取聖山。自聖山東去，突出二大尖，兩旁皆老古石，中止一溝，舟行甚險。用單未及坤未鍼，五更，取崑崙山，此又別一崑崙，舟人强名之耳。用坤未鍼，取長腰嶼。舶過嶼門，用單午鍼，五更，取鯉魚塘。從鯉魚塘取毛花臘，即文萊港口。文萊國即婆羅國也。此東洋最盡頭，西洋所自起處，故以婆羅終焉。

京師部

樓鑰《北行日録》上　乾道五年己丑十月九日辛卯，邸報仲舅侍郎充賀正使，會總管覿副之。

十日壬辰，蔡輿以仲舅書來闢充書狀官，二親許一行。是日游南園，微雨。

十五日丁酉，雨。周仁甫約同登途。

十八日庚子，晴。飯後別二親，徑出城。張子質一見於驛亭，仲兄器之、元聲弟淳相送至壽寧寺，仁甫繼至。飲罷東行，宿巖泉夏家店，去城十五里。

十九日辛丑，晴。行二十里，飯午頓驛。行二十五里，宿荆山上方。

二十日壬寅，晴。早登小樓眺望。行十里，飯蔣家店。過縉雲縣，少候仁甫，即行。道經放生潭。【略】渡溪，入仙都玉虚宫路。回顧南岸，石筍森列，有亭翼然。僕夫曰：「此初暘谷也。」中有石鼓，扣之有聲。以既濟，不復往。路轉山回，已見獨峰，大松夾立，清溪映帶。眇視林間，有巨石屹據如雪，且行且觀。遇道童，問石之名，云有洞，名「忘歸」。既懲初暘之失，遂回登焉。洞中可容數十人，四旁嵌空，如出鐫斵。旁有小洞，又一石横陳如臺，松風清微，俯和湍瀨，是真使人忘歸也。下行里許，益近獨峰。【略】峰後大山如屏，奇石峭萃。【略】後山有石空洞，躋攀而上，一竇通明。昔劉先生於竇之外横木爲牀以居，至今遺簀猶在，號隱真洞。高不可登，悵望久之。循峰而北，又有仙水洞，一名鏡巖，懸崖數十尺。級石以上，石罅有水，僅如屋漏，終古不竭，下鑿小泓貯之。【略】宫前有門，書祈仙總真洞天。是日行四十五里。

二十一日癸卯，晴。【略】有徐氏小亭，横跨練溪，小憩而行，三十里飯黄碧邨，醪醇釃，不殊家釀。二十八里，宿和尚店，去李溪猶二里。

二十二日甲辰，夜微霰，早陰，晴。行二十七里，飯諸應。行三十餘里，至龍窟。行五里，宿尚書塘。

二十三日乙巳，晴。行二十里，飯楊溪。仁甫由新塘路往四明，分袂於此，田間行久之，猶能相望，將入山，舉手一揖而別。四十里宿横塘暮嶺間張家店。【略】深夜微雨，即霽。

二十四日丙午，晴。行十餘里，入東陽縣。【略】行十里，飯愛頭孫家。渡溪，行五十里，宿余店，蓋過蘇溪八里矣。夜微雨。

二十五日丁未，微雨作而復止。行二十二里，飯羅嶺下篆坑何店。行三十五里，宿義井夏店，過牌頭十里。

二十六日戊申，晴，風。過平歷，遇客將李濬等，回發家書第二封。行三十里，飯高擁楊家。行三十五里，宿灰灶頭於店。

二十七日己酉，晴。行三十里，飯溪口傅店。行三十里，宿漁浦鎮上朱店。東陽士人周忠厚同邸，清話久之。夜分，小雨作。

二十八日庚戌，微雨，辰巳間晴。早作飯了，同周君行數里，三憩方到渡頭。裝載既畢，潮落舟膠，監渡厲君以小舟般剥已，又加一舟，蕩兀波間久之。大舟既前，復挈行李裝載，勞擾良甚。又艤棹。食頃，挽綷徐行，近廟山始用櫓。潮上方急，篙櫓努力欲進，爲山石所激，進寸退尺，舟人失色。少縱復上，久方得過。又挽行十餘里，雨霽風静，一波不興。至六和塔下登岸，已薄暮矣。驅馳至嘉會門，閉關已久，宿俞家店。

二十九日辛亥，晴。早起入城，館於仲舅家。

[十一月]八日庚申，陰。發行李上船。

九日辛酉，雨。下遞擔籠。

十日壬戌，晴。飯了登舟。

十一日癸亥，晴。飯時過長河九十里。【略】午過崇德。蘇彭年來迓，水縮舟膠，牽挽寸進。

十二日甲子，晴。飯時過永樂，行二十七里至秀州。【略】閘頭登舟，風作。

十三日乙丑，晴。四更行，六十里過平望。【略】行四十五里過吴江，又行四十五里至平江。【略】船由城外至閶門。【略】一夕行九十里。

十四日丙寅，晴。早到無錫。【略】行九十里，深夜去毘陵數里泊。

十五日丁卯，晴。【略】三十六里過奔牛，又十八里過吕城，月明水深，挽舟甚駛，夜行五十四里，過丹陽縣，約五更矣。

十六日戊辰，晴。行二十七里，小泊新豐。又二十七里過丹徒鎮，行三十六里，午後到鎮江。以水澀，良久方抵丹陽館。

十八日庚午，晴。四更起，天微明即從使副到江干，先登舟，以待沈嚴二君相送。晴和無風，俄頃至瓜洲，登岸，未幾風作。【略】俟行李上，坐船即行。薄暮至揚州城中，水澀，更餘方出城。

十九日辛未，晴。【略】約四更方得行，辰時到召伯埭，去揚州纔四十五里，以夜來留滯故爾。張帆而行，三十里過露筋，三十里到高郵。【略】兩岸然草如畫，三十里夜過塘頭。

二十日壬申，晴。三十五里過界首，二十五里過范水，三十五里至寶應。夜風雨，行三十里過黄蒲，二十里過平柯橋。

二十一日癸酉，晴。辰時到楚州。【略】三十里過磨盤，三十里夜過淮陰，三十里過閘家峰。

二十二日甲戌，晴。三十里到洪澤。前去歐家渡極淺，欲爲般剥計，使副借潮於瀆頭神。東北風作，欲候酉潮，而申初已應，開閘張帆，三十里過瀆頭，使副上廟拄旛。又過數里，舟膠而止。

二十三日乙亥，晴。未明東北風大作，潮亦先期而應，談笑過歐家渡，去瀆頭十五里。一行人歡呼而行，且感神貺之如響也。行十五里至龜山，以風大不可出淮，擺泊山下。

二十四日丙子，晴。早出淮，三十里至盱眙，泊燕館下。

二十七日己卯，晴。盱眙客將李寶渡淮探問，接伴使副已到泗州。

二十八日庚辰，晴。掌儀引接等渡淮傳銜。【略】移舟淮亭。

二十九日辛巳，天明雪作。使副以下巳時渡淮，至泗州草館。【略】上馬入城，天色開霽，和氣翕然。

十二月一日壬午，晴。車行六十里，臨淮縣早頓。【略】又八十里，宿青陽鎮驛。

二日癸未，晴，風。車行八十里，虹縣早頓。城門不容車，乘馬入驛。市井多在城外，驛之西有古寺。【略】飯後乘馬行八十里，宿靈璧。行數里，汴水斷流。【略】虞姬墓在西岸荒草中，橫安二石板，相去尺餘。隆興間我得泗虹，以此墓爲界。縣外山上有叢祠，漢高帝廟也。淮北荒凉特甚，靈璧兩岸人家多瓦屋，亦有小城，始成縣。

三日甲申，晴。車行六十里，静安鎮早頓。又六十里，宿宿州。自離泗州，循汴而行，至此河益堙塞，幾與岸平，車馬皆由其中，小有作屋其上。州城新築，雉堞甚整。聞是五月下旬上畔指揮重修，限四旬畢，工費一出於民。城中人物頗繁庶。

四日乙酉，陰晴，風作。車行四十五里，蘄澤鎮早頓。又四十五里，宿柳子鎮。晚小雪，即止。

五日丙戌，霜寒頗力，行人鬚髮皆冰。六十里永城縣，早頓，驛中猶有燈。【略】又七十里，宿會亭鎮。

六日丁亥，霜晴。車行四十五里，沙山岡换驢。三十五里，穀熟縣早頓。【略】縣外有虹橋跨汴，甚雄，政和中造。今兩旁築小土墻，且敧損，不可行，絶河以入。又二十二里至金果園，果木甚多。馬行十八里，入南京城。市井益繁。【略】大樓曰「睢陽」，製作雄古，傾圮已甚。驛曰睢陽。

七日戊子，晴。車行六十里，寧陵縣早頓。【略】又六十里，宿拱州。

八日己丑，晴。車行六十里，雍丘縣早頓。【略】又行二十里，過空桑，伊尹所生之地也。又里餘過伊尹墓。【略】宿陳留縣，去雍丘六十里。

九日庚寅，晴。車行四十五里，道傍多陂塘，路頗迂回。古塚相望，發掘無遺。至東御園小亭少憩，使副以下具衣冠，上馬入東京城，改曰南京。新宋門舊曰朝陽，今曰弘仁。城樓雄偉，樓櫓壕塹壯且整。夾壕植柳，如引繩然。先入甕城，上設敵樓。次一甕城，有樓三間。次方入大城，下列三門，冠以大樓。由南門以入，内城相去尚遠，城外人物極稀疎。有粉壁曰信陵坊，蓋無忌之遺跡。城裏亦凋殘，街南有聖倉，屋甚多。望見婆台寺塔，云城破之所。街北望見景德、開寶寺二塔，並七寶閣寺、上清儲祥宮，頹毀已甚，金榜猶在。皮場廟甚飾，雖在深處，有望柱在路側。各挂一牌，左曰「皮場儀門」，右曰「靈應之觀」。又有樂將軍廟。頹垣滿目，皆大家遺址。入舊宋門，舊曰麗景，今曰賓曜，亦列三門。由北門入，尤壯麗華好。門外有廟曰靈護，兩門裏之左右皆有闕亭，門之南即汴河也。故街南無巷，街北即甜水巷。過鄭太宰宅，西南角有小樓，都人列觀。【略】相國寺如故，每月亦以三八日開寺。兩塔相對，相輪上銅珠尖左暗右明。橫過大内前，逆亮時，大内以遺火殆盡，新造一如舊製，而基址並州橋稍遺向東。大約宣德樓下有五門，兩旁朶樓尤奇。御廊不知幾間，二樓特起，其中浮屋，買賣者甚衆。過西御廊數十步，過交鈔所，入都亭驛，五代上元驛基，本朝以待遼使，猶是故屋，但西偏已廢爲瓦子矣。

十日辛卯，陰晴。歇泊。

十一日壬辰，晴。賜宴。

十二日癸巳，晴。五更出驛，穿御街，循東御廊，過宣德樓側東角樓下，潘樓街頭東，過左掖門出，馬行街頭。北過東華門，出舊封丘門，金改曰玄武。新封丘門舊曰安遠，金改曰順常。河中有亂石，萬歲山所棄也。北郊方壇在路西，青城在路東，面南，中開三門，左右開掖門，西開一門以通壇，皆荒墟也。北門内外人煙比南門稍盛。車行四十五里，飯封丘。又四十五里，宿胙城縣。【略】胙城之南有南湖，去歲五月河決，所損甚多。河水今與南湖通，衝斷古路，用柴木横疊其上，積草土以行車馬。

十三日甲午，晴。五更車行，四十五里到黄河。因河決，打損口岸，去年人使迂行數十里，方得上渡。今歲措置，只就淺水冰上積柴草爲路里餘，車馬行其上，策策有冰泮聲。遇深險處，即有人跣立道傍指示，使驅車疾行。河心有沙墠甚闊，蓋河決時所淤積者。一行人兵車馬盡於此登舟，渡舟底平，無篷屋，於船頭品字用抄，兩傍又以大枋爲槳，併力喝號。使副以下露坐其中，分數舟以渡。風静不寒，上下冰合僅二寸許，惟通舟處見水面數丈。此李固渡本非通途，浮橋相去尚數里。馬行三里許，飯武城鎮，一名沙店。車行四十五里，宿滑州。途中有土山夾道，塵埃最甚，咫尺不可辨，俗號小灰洞，蓋前路有甚於此者。

十四日乙未，晴。五更車行，二十五里至濬州城外，乘馬入城早頓。【略】濬依山爲州，子城據山上。故州在今郡城之北，紹興初河失故道，蕩爲陂澤，遺堞猶有存者，舊河却爲通途。東有黎陽山，因以名縣。聞上有大佛與館，相直橋之兩岸也。馬行三十里，過屯子河。河出太行，泝流而上，可至燕山，故金人又名清御河。築三橋以濟行者。【略】復車行四十五里，過伏道。望扁鵲墓，墓前多生艾，功倍於他艾。經伏道河、伏道店，入湯陰縣。縣有重城，自此州縣有城壁。市井繁盛，大勝河南。

十五日丙申，晴。四更車行，三十六里至相州城外，安陽驛早頓。馬入城，人煙尤盛。【略】大街直北出朝京門，牌曰通遠門，皆甕城。【略】門外過安陽河，至更衣亭。【略】至此從便馬行，每十里置一馬鋪。及所過豐樂鎮、居民頗多，皆築小塢以自衛，各有城樓。西望太行，頗爲風埃所蔽。土地平曠膏沃，桑棗相望。至漳河，水縮沙出，中多石子，俗傳可以暖腹。南向循河行三四里，於狹處作柴橋以渡。層冰峨峨，中有水甚駛，載冰澌以東。聞水盛時，至與高岸平，闊可數里，土人號小黄河。北行沙中，又數里，復渡一小橋，即漳支流也。回望鄴鎮，有塔，古都皆在其地。聞魏銅雀臺故基猶在，昔爲縣，金以爲鎮矣。經講武城，猶有壁壘，氣象雄壯，有將臺甚高。城外高丘相望，號七十二塚，世傳曹公之葬，以此惑後人，使不至發掘。或云其家數世所葬，有廟屋甚雄，即曹公祠也。塚間又有螭首碑，聞是晉碑。六十里過滏河，上有觀魚亭，頗新壯。少西百餘步入磁州。城門與州治相近，篆牌字甚穩，大定五年所立。過惠政門，入禮賓坊。又有東溪，在驛之東，聞其中是郡庠，有士人十餘人。夜宿滏陽。

十六日丁酉，晴。【略】車行七十里，邯鄲縣早頓。有城及樓甚壯，皆舊物也。未至三里許，有舊城。【略】趙王叢臺在縣之北，上有亭榭。馬行四十里，宿臨洺鎮，洺河出其下，隸洺州永年縣。館舍極寬潔，前有大廳，傍列三節位次，廳後主廊方分使副位。【略】道傍數處賣酒，皆掘地，深闊可三四尺，累塊上風以禦寒，一瓶貯酒，苕蒂爲望，石炭數塊以備暖盪，河朔之樸如此。

十七日戊戌，晴。車行三十五里，過沙河縣，屬邢州。縣有重城。換驢行二十五里，至邢州，今榜曰安國軍。甕城三重，入門，直對州衙東，入邢臺驛早頓。過七教坊、椽木巷、立節坊、成義坊、熙暉樓。市肆牌額多寫般作麯。有大塔十三層，寺宇亦雄壯。北門外陂塘冰厚尺餘，巒疊岸上，如柱礎然，青瑩如菜石。三里至柳溪，唐柳公權遺跡，亭榭數所，引溪水載之高岸，流觴曲水，爲邢臺游觀之地。東北有邢山，出邢沙，碾玉所用也。過沙河數處，春夏間皆不可徒涉。四十五里，宿内丘縣。

十八日己亥，晴。車行六十里，柏鄉縣早頓。【略】六十里宿趙州。道中過漢光武廟。【略】行十里，由王郎城，縱廣約數里，去趙州五里。使副以下觀石橋，橋有石欄，高二尺餘，上分三道，下爲洞。橋兩馬頭又各爲二洞，旁爲小亭板閣以入，石理堅緻。【略】上馬入城外驛。

十九日庚子，晴，風。車行三十里，欒城縣早頓。晉大夫欒氏之邑。又七十里，宿真定府城外館。【略】過滹沱河，出土橋以行。河側有開凌村，以光武渡河未畢數車而冰陷，俗傳河水隨車而折，故以名。自河以北，每五里許必有小舍，或在古塚上，每夜輪保甲十人宿其中，以伺察行者。

二十日辛丑，晴。歇泊住驛。

二十一日壬寅，晴。賜宴東館。

二十二日癸卯，晴。四更車行七十里，飯新樂縣，尤繁庶。古鮮虞國也。又四十五里，宿中山府。【略】城門曰昭化，甕城三里，甚壯。城壕有流水。過信利、鮮虞、高陽三坊，坊各有小樓。又有明月樓。【略】子城門亦雄偉，曰中山門，兩旁亦有挾樓。入門東行百餘步，入驛。子城西門曰夕陽樓，即《望長安》詞所作之地。北去又有仁教、化原二坊。

二十三日甲辰，晴，天氣清寒，方思近火。四更車行五十里，望都縣早飯。縣有城樓。又七十里，宿保州。城壕、甕城皆三里，城約厚十餘丈，門曰雞川。負郭爲保塞縣，驛曰金臺，燕昭王遺迹也。驛西城上有亭，曰富覽。御莊閒在西上四十里。過鴻福院，三門，有樓。崇積倉道西，有小門，榜曰教女直學。州樓曰順天軍。驛在州治西南，驛分東西，供張如法，屋宇寬潔。

二十四日乙巳，晴。五更車行四十五里，至安肅軍南，城外上馬，由城中，又入北城驛早食。【略】二城甚固，南城南門三重，北門一重，爲安肅縣治，有雄威營二所。北城兩門各二重，二城之間有壕塹，水櫃積冰甚多，方取以入窖。又有祥光塔、福善寺。食罷，又乘馬出北門，過一大廟，或云北嶽行宮。車行二十五里，過白溝河。又五里，宿固城鎮。

二十五日丙午，晴。五更車行三十里，定興縣早食。縣本黄鄉，近以爲邑。今歲九月方築城，四旬畢工，雉堞甚整，獨門樓未起。驛舍亦創造，始待使客於此。又六十里至涿州。【略】入宣清門，過釋迦普賢堂、商稅務、范陽縣樓。入子城，城無門，上有清風樓，兩旁土累爲高臺，左曰迎月樓，右曰棲霞樓。州治在道西，門廡陋甚，館驛尤湫隘。

二十六日丁未，晴。五更車行六十里，良鄉縣早食，因宿道中。以琉璃河或云劉李河。堤岸爲水所壞，又迂行二十里方抵縣。縣有城門二重，衙在道左，驛在北門墻下。有大防山。

二十七日戊申，晴，風大作，抵暮不止。四更初車行，六十里過盧溝河，至燕山城外。【略】入城，道傍無居民。城壕外土岸高厚，夾道植柳甚整。行約五里，經端禮門外，方至南門。過城壕上大石橋，入第一樓，七間，無名。旁有二亭，兩旁青粉高屏墻甚長，相對開六門，以通出入。或言其中細軍所屯也。次入豐宜門，門樓九間，尤偉麗。分三門，由東門以入。又過龍津橋，二橋皆以石欄分爲三道，中道限以護穽，國主所行也。龍津雄壯特甚，中道及扶欄四行華表柱皆以燕石爲之，其色正白，而鐫鏤精巧，如圖畫然。橋下一水清深，東流。橋北二小亭，東亭有橋名碑。次入宣陽門，樓九間，分三門。由西門入會同館，館在內廊之西南向。

又《北行日録》下　［乾道六年正月］六日丁巳，晴。先發麄車行，使副率三節人同館伴出至燕賓館。【略】滯留至晚方行。【略】車行六十里，更盡宿良鄉縣。

七日戊午，晴。五更車行八十里，涿州早食。又六十里，宿定興縣。

八日己未，晴。五更車行六十里，安肅軍早食。又四十里，宿保州。

九日庚申，晴，陰，風有雪意。四更車行七十里，望都縣早食。又行五十里，道中看大龍桑、小龍桑，宿中山府。

十日辛酉，晴。四更車行五十里，新樂縣早食。又行七十里，宿真定府。

十一日壬戌，晴。賜宴。

十二日癸亥，晴。三更車行六十里，欒城易驢馬，三十里飯趙州。【略】又六十里，宿柏鄉縣。

十三日甲子。四更車行六十里，飯內丘縣。天明雪作，至晚方止。又四十五里，宿邢州。北門曰拱德。

十四日乙丑，霧子下，天明開霽。四更車行，二十五里至沙河縣，易驢馬。又三十五里，飯臨洺鎮。食後與去僞馬行四十里，宿邯鄲縣。雪後塵清，盡見太行山色。邑中沿街作燈洞，頗可觀。

十五日丙寅，晴。車行七十里，磁州早食，燈火尤盛。出門麄車有折軸者，隨使副乘馬過漳河。登車，六十里至相州，使副復上馬入城。燈洞不如磁州之多而工巧過之，秦樓街尤繁華。自北門至南門約七八里所，士女多靚妝擁觀。有食店，挂一燈，上爲胡羊，中横一瓠，下爲經一卷。蓋河朔人語音以羹爲經也。宿城外安陽驛。

十六日丁卯，晴。四更車行三十六里，飯湯陰縣。又七十五里，宿濬州安德。暮夜叩門，送私覿。

十七日戊辰，晴，風。三更車行二十五里，三角路上換驢馬，一路可入滑州。又四十五里，武城鎮早飯。馬行至黄河，去程所行李固渡口以冰泮水深，柴路不可行。又稍上三四里，先横過中潬上，入水牽挽數里，拋過南岸。待車船至，方行，循河至浮橋邊掃岸。又行荒草陂澤中四十五里，宿胙城縣。

十八日己巳，晴。三更行四十五里，飯封丘。短墻爲城，人煙牢落，便遠不及河北。日未午又行，四十五里抵東京北郊青城側亭子，換馬，具衣冠。所過柔遠館，但有斷垣敗屋。入順常、玄武二門，二門之間過五丈河、菜市橋、夷門、山巷口。【略】由竹竿巷口斜街入第二門，土市，馬行街，皇建院巷，德勝橋，轉太廟巷口，東行相國寺，出御街，歷廊屋三十間，過榷貨務。又廊屋七十間，中有小門，是國子監前後御廊尚多，不知其數。投西穿門，由舊路入驛。

十九日庚午，晴。【略】宴罷，行四十五里，宿陳留縣。

二十日辛未，晴。車行六十里，至雍丘縣，早飯臨川驛。又六十里，漸行汴河中，宿拱州襄陵驛。城外客旅往來，人家頗多。入城舊有橋，河流既斷，築隄以行。子城内舊是州衙，今以屯軍，有三箇千户，約有千二百人。

二十一日壬申，晴。四更車行六十里，飯寧陵縣永寧驛。又六十里，宿南京。

二十二日癸酉，晴。四更車行四十里，飯穀熟縣。又三十五里沙岡，换驢。又四十五里，宿下邑縣會亭鎮。

二十三日甲戌，晴。四更車行七十里，飯亳州永城縣。又六十里，宿柳子鎮。

二十四日乙亥，晴。車行四十五里，飯宿州臨涣縣蘄澤鎮，早頓。又四十五里，宿宿州。汴河底多種麥。

二十五日丙子，陰晴。車行六十里，飯蘄縣静安鎮。又六十里，宿靈璧。夜微雨作，即止。

二十六日丁丑，陰晴。三更車行八十里，飯虹縣。又八十里，宿青陽鎮驛。

二十七日戊寅，晴。四更車行八十里，飯臨淮縣。過縣即見龜山塔及淮山，一行已不勝喜躍矣。又六十里，宿泗州。自臨淮即依淮西行。

二十八日己卯，晴。先發遞擔罨車，即上馬出城。使副入草館，同去僞先乘馬至河岸，舟至。【略】頃之，俟行李裝船了却，具衣冠入草館。俟使副茶酒畢，辭送伴，即行。是日大風拍岸，良久方到盱眙。【略】宿淮岸。

二十九日庚辰，微雪。早離盱眙，過龜山，以新制行淮。大風不可進，宿淮岸，約去龜山數里。

三十日辛巳，微雪。天明欲舟行，風又大作，力行而前。過瀆頭數里，風正北，駕浪益急。又止宿。

二月一日壬午，午後風力稍平，衆舟齊行，迫暮僅能入洪澤。舟人交口相賀。

二日癸未，晴。過淮陰，夜過楚州。

三日甲申，晴。過寶應。

四日乙酉，晴。過高郵。

五日丙戌，雨。以沿路水澀，寸進甚艱，夜宿木鋪壩裏。

六日丁亥，雨，晚晴。昨晚以禮物船與前船舳艫相觸，斃一篙人，至召伯埭，使副捐金使瘞之。晚過揚州。是夜，禮物船爲暗樁所敗，漏發而人不覺，同行楊、劉、羅三人蒙被登岸，舟已沈矣。抵瓜洲宿。

七日戊子，晴。渡揚子，宿丹陽館下。

八日己丑，晴。城中水澀，良久方出門。夜過丹陽縣及吕城閘。

九日庚寅，晴。天明過奔牛閘，午後過毘陵。

十日辛卯，晴。天明抵無錫。【略】夜宿楓橋。

十一日壬辰，晴。過平江城外，午後過吴江。久苦淺澀，至是大風，駕太湖水入港，張帆而行。

十二日癸巳，晴。天未明到秀州。【略】夜過崇德，抵長河閘。

十三日甲午，晴。天明起，見諸親。午後過臨平赤岸，晚泊閘頭。【略】宿税務下。

十四日乙未，晴。使副上馬赴朝參，船入北關，以小舟般載歸舅家。

二十三日甲辰，雨。先發行李下船，兩返方畢。使吕葵、張吉宿舟中，期以來早啓行。

二十五日丙午，晴。早作襆被。辭舅家，轎行七十里，出暗門，由赤山出六和塔下，至廟山登舟。宿富陽。雨作。

二十六日丁未，晴，雨作，復止。風逆，寸進至三江口。東風微動，方理帆，忽西風再起，甚勁。力挽至桐盧，凡行九十里，過青溪。

二十七日戊申，晴。東風張帆，過鸕鷀原、釣臺下、伴伯原。風止，過烏石、大浪灘、十五郎灘。大浪最可畏，雖以水漲不見灘磧，而歧頭水怒，良久方上。居民以小舟來助，剌船什伍爲羣，以舟輕，止用一人。方當湍流，忽隨篙墜水，觀者膽落，而少年善泅，如履平地，復登舟助力。犒以百錢而去。宿東館。凡行九十里，去嚴州二里。

二十八日己酉，雨大作，午間加以西風，水又盛長。舟人疲於牽挽，屢止復行。晚雨止，風静，行至烏岐灘下，宿小港中，緫行三十餘里。

二十九日庚戌，晴。風亦止，但以水漲寸進，遇一岐，輒移時方能冒險以進。懸崖飛瀑所在，見之雖快覽勝處，至凌犯怒濤，亦可駭也。所過白、雁二岐尤暴怒，又過横流數處。夜同衆舟宿桑林間，隔岸望鄉頭，終日驚險勞動，止行三十餘里。夜水益長，至五更方少退。

三十日，辛亥，晴。舟子早起，候望前路，黄泥岐不可上，復回數里，尋路避之。溯流行亂林間，半日方出大溪。晚至蘭溪。

三月一日，壬子，風雨。早起束裝，飯後李尉來訪，即行。又飯竹馬館，晚到婺州。

四日乙卯，陰晴，微雨間作。早别景山兄，即行三十五里，飯摩訶樣。又行數里，【略】宿楊公橋，永康界首，行八十里。

五日丙辰，晴。過永康數里飯。至李溪，遇承局持家書來接。晚過黄壁。

六日丁巳，雨。過縉雲。【略】縣得四夫，又荆山寺四夫，輪番舁轎。冒雨登馮公嶺，至天寧寺已昏黑。【略】先行還家，拜二親燈下。

范成大《攬轡録》 乾道六年閏五月戊子，成大被命，以資政殿大學士與崇信節度使康諝爲奉使大金國信使副，六月甲子出國門。

八月戊午，度淮。

庚申，過虞姬墓。

甲子，至南京。金改爲歸德府。

丙寅，過雍丘縣，二十里過空桑，世傳伊尹生於此。一里過伊尹墓。【略】過陳留縣。

丁卯，過東御園，即宜春苑也，頽垣荒草而已。二里至東京，金改爲南京。入新宋門，即朝陽門也，金改曰弘仁門。彌望悉荒墟。入舊宋門，即麗景門也，金改爲賓曜門。過大相國寺，傾檐缺吻，無復舊觀。横入東御廊門，絶穿橋北馳道，出西御廊門，過交鈔處。【略】入都亭驛歇泊。

庚午，出驛。循東御廊百七十餘間，有面西欞星門大街，直東出，舊景靈東宫也。過欞星門，側望端門，舊宣德樓也，金改爲承天門。五門如畫，兩旁左右昇龍門，東至西角樓，轉東鑰匙頭街，御廊對皇城，俱東出，廊可二百餘間。過左掖門，至皇城東角樓，廊亦如畫。出樊樓街，轉土市馬行街，出舊封丘門，即安遠門也，金改爲玄武門。門西金水河，舊夾城曲江之處，河中卧石礧磈，皆艮嶽所遺。過藥市橋街，蕃衍宅、龍德宫、擷芳擷景二園，樓觀俱存。擷芳中喜春堂猶巋然，【略】金今則以爲上林所。過清輝橋，出新封丘門，舊景陽門也，金改爲柔遠館。

壬申，過伏道。【略】十里即湯陰縣。

癸卯，過羑河。上有羑里城，四垣儼然，居民林木滿其中。過相州，市有秦樓、翠樓、康樂樓、月白風清樓，皆旗亭也。【略】晝錦堂尚存，金嘗更修飾之。過漳河，入曹操講武城，周遭十數里。

甲戌，過台城鎮，故城延袤數十里。【略】三十里至邯鄲縣。

(甲)[丙]子，過沙河，六十里至柏鄉縣。

乙酉，過良鄉縣。是日大風，幾拔木。接伴使云：「此謂之信風，使人遠來此，風先報使入城也。」

丙戌，燕山城外燕賓館。燕至畢，與館伴、使副並馬行柳隄。緣城過新石橋，中以杈子隔絶，道左邊過橋。入豐宜門，即外城門也。過石玉橋，燕石色如玉，上分三道，皆以欄楯隔之，雕刻極工。中爲御路，亦闌以杈子。兩傍有小亭，中有碑，曰「龍津橋」。入宣陽門，金書額，兩頭有小四角亭，即登門路也。樓下分三門，中門爲御路，常闔，皆畫龍。兩傍門通行，皆畫鳳。入門北望其闕，由西御廊首轉西，至會同館。

戊子，早入見。上馬出館，復循西御廊至横道，至東御廊首轉北，循檐行，幾二百間。廊分三節，每節一門，路東出第一門通街，第二門通毬場，第三門太廟。廟中有樓。將至宫城，廊即東轉，又百許間。其西亦有三間出門，但不知所通何處，望之皆民居。東西廊中馳道甚闊，兩傍有溝，溝上植柳。兩廊屋脊皆覆以青琉璃瓦，宫闕門户即純用之。馳道之北即端門十一間，曰應天之門，舊嘗名通天。亦開兩挾，有樓，如左右昇龍之制。東西兩角樓，每樓次第攢三檐，與挾樓接，極工巧。端門之内有左、右翔(鳳)[龍]門，日華、月華門。前殿曰大安殿，使人入左掖門，直北，循大安殿東廊後壁行，入敷德門，自側門入。又東北行，直東，有殿宇，門曰東宫，牆内亭觀甚多。直北，面南列三門：中曰集英門，云是故壽康殿，母后所居。西曰會通門，自會通東小門北入承明門，又北則昭慶門。東則集禧門，尚書省在門外。又西則有右嘉會門，四門正相對。入右嘉會門，門有樓，與左嘉會門相對，即大安殿後門之後。至幕次，有頃入宣明門，即常朝後殿門也。門内庭中列衛士二百許人，貼金雙鳳幞頭，團花紅錦衫，散手立。入仁政門，蓋隔門也。至仁政殿下，大花氈可半庭，中團雙鳳，兩傍各有朵殿。朵殿之上兩高樓，曰東、西上閤門，兩傍悉有簾幙，中有甲士。東西兩御廊，循檐各列甲士，東立者紅茸甲，金纏桿槍，黄旗畫青龍，西立者碧茸甲，金纏桿槍，白旗畫（青）[黄]龍，直至殿下皆然，惟立於門下皂袍，持弓矢。殿西階雜立儀物幢節之屬，如道士醮壇威儀之類。使人由殿下東行，上東階，却轉南，由露臺北行入殿。

壬辰，入辭。

癸巳，出館。

丁巳，至泗州。

戊午，渡淮。

周煇《北轅録》 淳熙丙申[三年]十一月二十九日，詔待制敷文閣張子正假試户部尚書充賀金國生辰使，皇叔祖右監門衛大將軍士褒假明州觀察使知東上閤門兼客省四方館事副之。

明年正月七日，陛辭，出國門。

初九日，離行在。

二十一日，至淮陰。

二十六日，燕館習儀。

二十八日，北行。

二十九日，盱眙置酒餞使介。度淮，午至泗州津亭，使副拜望如儀。【略】少頃，聯轡入城，夾道甲士執兵，直抵於館。

二月一日，甫交睫間，接伴所晨衙，三節謂北家聲喏，各相呼而起，時猶未至三鼓。【略】細車四輛奉南北使副亦以叙行。車之形制既不美觀，出館各有紅紗二燭籠爲導，氣象甚不佳。亦有羌管從後，聲頓悽怨，永夜修途，行人爲之感愴。車每輛用驢十五頭，把車五六人。行差遲，以巨挺擊驢，謂走車，其震蕩如逆風上下波濤間。粗車三十六輛，每輛輓以四牛，禮物、私覿、使介三節行李皆在焉。自起程至三許折車，真定、汴京、燕山。蓋常先一兩程，而往來人夫及輓車牛驢，所至州縣更易。六十里至臨淮縣。縣有徐城，本徐國，有徐君墓，季札挂劍處，即此。是日行循汴河，河水極淺，洛口既塞，理固應然。承平漕江淮米六百萬石，自揚子達京師，不過四十日。五十年後乃成污渠，可寓一歎。隋堤之柳無復彷彿矣。

二日，至虹縣，晚宿靈璧縣。汴河自此斷流。自過泗地皆荒瘠，兩岸奇石可愛，石産於縣鳳凰山，以小爲貴。或云花石綱所棄者。虞姬墓在西岸，雖無碑，却有襯幢名陰陵。靈璧舊爲鎮，亦名獻齒頭。

五日，至永城縣。

六日，至穀熟縣。十八里至南京，入陽熙門，市樓榜曰「睢陽」，夾道甲兵甚盛。【略】及門，數妓來迎。北使率皆騎驢，不約束步武，便乘騎也。

七日，至寧陵縣。【略】虜改曰濉州。濉河在十里外。

八日，至雍丘縣。【略】縣東有葵丘，齊威公所會也。行二十里，過空桑，伊尹所生之地。又里許，即伊尹墓，地名三家。次過范郎廟，其地名孟莊，廟塑孟姜女偶坐，配享者蒙恬將軍也。又六十里至陳留縣。

九日，至東京，虜改名南京。未到城，先過皇城寺、宜春苑，使副易朝服，三節更衣帶，從者跨馬。入新宋門，舊曰朝陽，虜名洪仁，樓櫓濠塹甚設。次入瓮城，次入大城，人煙極凋殘。至會同館，舊貢院也，接伴所得私覿盡貨於此，行户倍償都窮。

十三日，至黄河，浮航以渡。自南抵北，用船八十五只，各闊一丈六七尺，其布置，相去又各丈餘，上實算子木，復覆以草，曳車策馬而過，如履平地，虜以順天名橋。予觀駢頭巨艦，緈以寸金，規制堅壯，掃兵守護甚嚴。

十四日，至湯陰縣。【略】十八里至建津，津即袁紹渡處。

十五日，至相州，闤闠繁盛，觀者如堵。

十六日，至邯鄲縣。【略】趙王叢台在縣之北，聞每年三月二十四日空巷上簡子塚，塚形如硯，世謂硯子冢。程嬰、公孫杵臼墓亦在焉。路逢一細車，蓋以青氈，頭段人家也。頭段者，謂貴族及將相之家。

十七日，至邢州。

十八日，至内丘縣，内丘本漢之中丘。未至内丘，西望太行山，岡巒北走，崖谷秀傑，如昔所聞。山延袤八十里。

十九日，至柏鄉縣。【略】六十里至趙州。道經光武廟，有二石人首横於路。【略】未至城五里，渡石橋。石橋從空架起，工極堅致，南北長十三丈，闊四之一，實隋人李春所造，元祐間賜名安濟，有張果老驢迹。

二十日，至真定府。未至城，先過滹沱河，河流不甚闊，聞當春漲時亦湍急也。

二十二日，至新樂縣。【略】四十五里至中山府。

二十四日，至安肅軍，過白溝河。

二十五日，至涿州。

二十六日，至良鄉縣。

二十七日，過蘆溝河，即盧龍也。燕人呼水爲龍，呼黑爲盧，亦謂之黑水河，色黑而濁，其急如箭。至燕山府外燕賓館，赴班荆宴。【略】趨入城，初入端禮門，次入南門，次入豐宜門。次過龍津樓，樓亦分三道，通用奪玉石扶闌，上琢爲嬰兒形，極工巧。次入宣陽門，由馳道西南入會同館。

二十九日，辨色，副使率三節入見，行司捧國書於馬上前行。初出館，横過馳道而行。御廊東西曲尺，各二百五十間。至掖門下馬，自專德門，由會通、承明二門入左嘉會門，趨而南，至幕次。【略】先入宣明門，次仁政門，於隔門上面北百官叙立，門之裏即殿庭。【略】殿九楹，前設露臺，柱衣文綉。兩廊各三十間，中有鐘鼓樓兩，外垂金漆簾，額飾以綉。【略】少留，俟其禮竟，閤門來引，復舊路出。至嘉會門，駐立久之，以麗人在門外受賜未畢也。歸館久之，宣威將軍客省使兼東上閤門盧璣到館押伴，置酒殿上。

九日，入辭，使副受書而歸。

十日，離館宴。

二十三日，至東都。未至城三二里，車夫指一土岡云：「是名愁臺，乃晋少帝北狩之路。」

四月十六日，到家。是行往返凡九十六日。

戴褐夫《乙亥北行日記》 ［康熙三十一年］六月初九日，自江寧渡江。【略】是日風順，不及午已抵浦口，宿大山家。

明日，宿旦子岡。甫行數里，見四野禾油油然，老幼男女俱耘於田間。

明日，抵滁州境。過朱龍橋。【略】過關山。【略】過磨盤山，山勢峻峭，重迭盤曲，故名，爲滁之要害地。是日宿岱山鋪，定遠境也。

明日，宿黄泥岡，鳳陽境也。【略】薄暮，余告圉人，數日皆苦熱，行路者皆以夜，當及月明行也。乃於三更啓行，行四五里，見西北雲起，少頃布滿空中，雷電大作，大雨如注。倉卒披雨具，然衣已沾濕。行至總鋪，雨愈甚，遍叩逆旅主人門，皆不應。【略】是日僅行四十里，抵臨淮。【略】薄暮，獨步城外。是時，隍中荷花盛開，涼風微動，香氣襲人，徘徊久之，乃抵旅舍主人宿。

明日，渡淮。先是，臨淮有浮橋，往來者皆便之。及浮橋壞不修，操舟者頗因以爲奸利。余既渡，欲登岸，有一人負之以登，其人陷淖中，余幾墮，岸上數人來共挽之，乃免。是日行九十里，宿連城鎮，靈璧縣境也。

明日，爲月望，行七十里而宿荒莊，宿州境也。屋舍湫隘，墻壁崩頹，門户皆不具，圉人與逆旅主人有故，因欲宿此。余不可，主人曰：「此不過一宿耳，何必求安？」余然之。是日頗作雨，而竟不雨。三更起，主人苛索錢不已。月明中行數十里，余患腹脹，不能食，宿褚莊館。

十七日，渡河，宿河之北岸。夜中過閔子鄉，蓋有閔子祠焉。明孝慈皇后之故鄉也。徐、宿間羣山盤亘，風氣完密，而徐州濱河，山川尤極雄壯，爲東南藩蔽，後必有異人出焉。

明日，宿利國驛。

明日，宿滕縣境，曰沙河店。

又明日，宿鄒縣境，曰東灘店。是日過孟子廟，入而瞻拜。欲登嶧山，因熱甚且渴，不能登也。

明日，宿汶上。

明日，宿東阿之舊縣。是日大雨。

明日，宿茌平。

又明日，過高唐，宿腰站。自茌平以北，道路皆水瀰漫，每日輒紆回行也。聞燕、趙間水更甚，北行者皆患之。

二十六日，宿埠城。

二十七日，宿商家林。

二十八日，宿任丘。

二十九日，宿白溝。白溝者，昔宋與遼分界處也。

七月初一日，宿良鄉。是日過涿州。【略】蓋自任丘以北，水泛溢，橋梁往往皆斷，往來者乘舟，或數十里乃有陸；陸行或數里，或數十里，又乘舟。

初二日，至京師。

程庭《停驂隨筆》［康熙五十二年］歲在癸巳，恭逢皇上六旬萬壽，薄海内外大小臣工以及鄉耆士庶咸趨赴京師，敬申祝釐之忱。余以列在兩淮後，亦與行焉。先期遣騾綱前發，候於淮陰。余乃卜於花朝日偕曹二萊業師、許子潛奄、汪子海樵，辰刻登舟，親串相送者四十餘人，固知非久别，乃謂余遠行也。解維後，北風小阻，似不欲余作客之意。午刻抵茱萸灣，風乍轉，頃之大作，逆流而上，帆若馬駛，爲一大快焉。汪表兄菊村以送女至盂城，附余舟而前。是夜乘風進發，月色頗佳。

十三日，未刻住平河橋，屏當騾馱。

十四日，早微陰，坐騾車至淮。飯已，發烏沙河，風雨大作，長堤泥濘，曹師幾有覆轅之患。甫渡黄河，衣囊漬透。住王家營，作家書，遣僕方昇歸報平安。晚有晴意。

十五日，陰晦，塗泥未乾，沙塵不起。午過魚溝，小歇，令僕役飽饗。晚霽，宿衆興集。

十六日，風雨不止，施舍卑隘，多滲漏，且無㢑廄，騾馬竟夕立雨中，勢不堪再留，因各束雨具以待。午刻雨少間，即行，五十里至仰化集，俗稱眼花集，土人方言之訛耳。飯畢，時已下春，復沖泥走五十里，宿順河集。喜微風不雨，日影在地。及抵村落，燈火昏黄，人家晚炊久矣。連日道上同北往者幾千餘騎，是日盡落余後。

十七日，風日晴和，六十里次峒峿，又六十里，住紅花埠，自是入山左界。

十八日，微風，六十里次郯城。經縣治，雉堞圮毁，屋舍荒凉，城内居民僅數十家，誠瘠地也。旅邸粳飯無多，佐以餤餅，頗柔潤適口。又六十里，宿李家莊，屬沂縣，人家煙火數倍於郯城。

十九日，風狂雨驟，行淖泥中，甚苦。七十里抵鵝莊，宿焉。

二十日，北風狂吼，兀兀坐車内，氈帷四蔽，一無所睹，爲之悵悵。七十里，住青駝寺，行山徑中。

二十一日，陰，午後微雪。五十里次垛莊，旅舍敞潔，有室有廡，堊垣以粉，可謂郵亭之最佳者，更聞有平康佳麗，呼之即來，惜日尚午，未便停驂。飯罷行六十里，至蒙陰宿焉。

二十二日，嚴寒薄日，午後風更劇，吹人面無色。五十里，飯於新泰縣之花園鎮。又六十里，至羊流店，即羊叔子故里也。原擬宿此，因亭館悉爲有力者所踞，復走十五里，宿於關橋。

二十三日，晴明，氣寒冽。五十五里，次崔家莊。飯訖，四十里抵泰安州。

二十四日，晴，大風，飛塵撲面，余坐氈車内，亦不能免沾涴。【略】五十里次店台，又五十里，宿張夏鎮。

二十五日，晴和。五十里至杜家廟，又五十里，住晏城，地屬齊河縣。

二十六日，大風，塵飛揚。余以夜來爲郵卒詬誶所擾，不能成寐，升車後一枕蘧然，少補黑甜之不逮。行五十里，至十里望，余竟不覺也。又六十五里，至平原縣東門止宿。

二十七日，午刻大雨，寒極。五十里至黄河厓，又三十里抵德州城下。渡衛河浮橋時，雨如翻盆，輿上四垂油幙不能外窺，惟聞人語斷斷，似極蕃庶地也。再二十里，宿劉智廟，雨止。德屬苦久旱，今始得雨，士女相慶。

二十八日，晴。四十里景州，又三十里漫河，又二十里阜城縣，宿焉。

二十九日，行四十里富莊驛，又三十里單家橋，十里獻縣，渡滹沱河。又三十里，宿商家林。自景州入北直境内，村落相望，其間殷實者多築立堡寨，高與城郭等，上列雉堞，可以瞭遠，可以施火炮弓矢，用備盜賊不虞，其法甚善。

三月初一日，以驛站途遥，五鼓即起。行三十里，入河間府城，天方曙。又七十里任丘縣，又十五里，住香城埠。

初二日，黎明行，二十里至鄚州。【略】十八里爲趙北口，一堤綿亘，間以長橋，水左右繞之，港汊流通，大有江鄉風景。元人有句：「長溝如浙右，下壤似淮東。」真不虚也。又五十里白溝河，三十里新城縣，是夕宿縣南門。

初三日，六十里涿州，城郭崔巍，橋梁坦迤，車哼哼，馬騰騰，往來者林林總總，闤闠喧闐，市貨駢集，皇都華麗，先於此地略窺一斑矣。二十五里琉璃河。【略】余是夕宿竇店，計去涿四十五里。

初四日，七十里抵長新店，日方亭午。飯畢，余獨乘肩輿入彰儀門，至汪子周士寓。

［四月］初八日，别諸友人，巳刻登車，宿竇店。

初九日，宿白溝河，投旅店時已曛黑。

十一日，宿商家林。

十二日，疏雨，晚霽。宿阜城縣。

十三日，曉霧，至巳刻方開爽。晚宿德州城下，沽羅酒飲之，色味較少遜於平原也。

十四日，雨後無塵，輕陰不見日，途中得此甚暢。是夕宿於平原二十里鋪。

十五日，雨。未刻次禹城黄鋪，余分途赴歷城，訂曹師、汪子待余於泰安州。余是夜宿馬站，計去黄鋪二十里，投驛舍時雨甚猛。

十六日，晴。六十里抵歷城，歷城枕山而城，東南歷山、函山一帶崱屴姽嫿。時宿雨初收，殘煙未斂，望去不甚了了。城中多泉，其源自下而上，人家階前悉壘石爲池，涓涓不竭。摩詰詩云：「城外青山如屋裏，東家流水入西鄰。」似爲歷城而作也。入城候臬台蔡公琦，回宿旅舍。

十七日。【略】至未刻别，出西門。【略】是日行五十里，住開山店。

十八日，雞初鳴即起，未及盥漱，登車行，四十里至青陽鋪。入野店餐，黄粱粥甚甘美。又四十五里至界首，方投旅館，進午餐。天忽雨雹數陣，大如橡栗，落階石上有聲，頃之即止，日復出。【略】余又行，五十里抵泰安。

二十日，宿羊流店。

二十一日，宿蒙陰縣。

二十二日，宿青駝寺。

二十三日，宿李家莊。

二十四日，微雨，午後風甚大。宿紅花埠。

二十五日，次順河集，改就水道。時運河粮艘鱗集，乃於黄河覓得二舟，輕裝減從而登。是夜東南風急，未得解維。

二十六日，風雨交至，蕩雙槳行黄河中一百五十里，泊桃源縣。

二十七日，雨止，北風大作，張帆順流，一百九十里抵淮。日方午，往候伯叔弟侄之在淮者。酉刻登舟，乘風夜下。

二十八日，風逆，不得張帆，舟人蕩槳甚力，於酉刻方抵家。是役也，自春徂夏，爲期七十有七日，計程四千五百餘里。

楊名時《自滇入都程記》 雍正乙卯十一月二十五日，歇板橋驛。屬雲南省雲南府昆明縣，去省城四十餘里。

二十六日，十五里大覺寺，有桃紅山，茶歇楊林驛。屬雲南府嵩明州，去板橋六十里。戌刻地震。

二十七日，十餘里過羅良上下二村，二十里海潮寺。【略】約三十五里至河口新公館，下雨，雷大發聲。至申刻雨止，約又三十五里，歇奕隆驛。屬曲靖府尋甸州。

二十八日，三里即小關嶺，三十里下板橋，打尖。約十餘里，道左有古松。【略】又數里，道右有山，黑石布列，或攢簇，或分散，如人物之狀，絡繹二三里間。又數里，一山俱黑石，或疏或密，或巨或細，錯落有致，形或類獅子。此外之山全無秀氣。過烏龍箐哨，山坡甚大而彎，自打尖後至此足五十里，歇馬龍州屬曲靖府。城。内城止三里，驛在州衙。是日天半陰晴。

二十九日，霜霧極重。行平路，二十二里至響水塘，天甚寒。行山坡，八里至麪店，打尖。行山坡，三十餘里至霑益州。屬曲靖府。【略】是日午至晚俱晴明。

三十日，行山坡間，有可觀之石。至三十里外，道左之小青石山緜聯起伏，石不高大，而叢攢錯布，道右相隔里許，亦遥相對，景狀最可觀玩。又十五里，至白水驛歇。屬曲靖府南甯縣。

十二月初一日，天微雨。自白水向東北行，路左山亦有低攢密簇錯布之青黑石可玩。行三十里，有青石攢湧，高二仞之山，又有團結層圓形高數仞之山，亦青色。又五里涼水井，中伙，道右大木數株，生山坡間。井在其下，未往觀。行二十里，入觀清溪洞。【略】二里至平彝縣屬曲靖府。東關歇。

初二日，行山坡，多升降紆折。山石藍色，巨細不一，頗雄峻有勢。十七里滇南勝境，再十八里平彝所，中伙。又二十五里，亦資孔驛歇。屬貴州省南籠府普安州。山多小青松，亦有聳立高松，遥見一絶高特結之山頂，其上生松，鬱然崖間，蒼黑之巨石類獅獸形者。

初三日，升降高坡，三十五里至海子鋪，打尖。五里行新開驛路，坡稍平。又三十餘里，歇劉官屯。道旁石亦有平正可坐者。

初四日，三十里楊松驛，屬南籠府普安縣。中伙。上楊松矮黑石小山頗可觀，一路山俱有松。十五里庚戌橋，四山圍合，碧澗中流，石橋跨之，平闊堅緻。傍崖而行，石皆藍色，質蒼而潤。隔岸石磯臨水，老樹數株，經冬葉脱，霜榦亭亭。【略】自此溪迴山轉，一二十里間皆有山家茅舍，亦有臨溪而漁者，青松翠竹，犬吠雞聲，驛途中儘堪領閒静之趣。入暮共行四十里，抵礶子窑驛歇。亦屬普安縣，名三十里實四十里，名四十里實六十里。方明而行，至夜火把照行，五里俱升降山坡，有甚高之處，此站人馬困乏，宜改站頭。嵐氣噴爲濃霧，寒陰侵人，連日全無日影。

初五日，下細雪，草木上俱有，凌氣寒冽。十二里過鐵廠，有數處打鐵坡，石多黑色，在道旁者亦間有可觀。三十里，村店略停。行陡郎箐中十里，細竹雜木，叢密包裹，不見山體。箐中亦有合抱大木，霧迷漫，殊悶人。出箐行大坡，十里歇律當。名五十里實七十餘里。

初六日，晴，見日色，巳刻略飄雪。【略】坡行二十里，渡河，水自盤江來，兩岸石壁高擎，渡處寬平，隔水人家遥對。因馬乏，只行二十五里，歇毛口。

初七日，行數里，道右黑石小山簇立，散步可觀。亦有在道左者，低祇一二尺，高不過尋丈，長短參差並匀整，如經斲削。升降於數十仞之山坡中，名四十里實六十里。陰霧，飄雪寸許，至郎岱歇。屬安順府。其處平區中有小山七八座，内有兩三座可觀。

初八日，早見雪，積寸許，茅檐垂冰鐸尺餘，與前過鐵廠所見同，是日早晚俱下細雪。郎岱在關内住者數百家，有山環圍，喜不甚高大，但山形俱圓滿直下，少秀發生動耳。【略】又上下山坡數里，共二十五里，在石龍關中伙。又行山坡，見山間亦有低小之坡，可墾可居者，亦有滿山樹木蒙茸，全不見山體者，共二十五里，歇坡貢。

初九日，行七八里，有湖石山攢聳一二丈，及錯布野間。又山石多嶙峋古異者，又有青石攢結，二小山相連綴者。至近黄果樹一二里處，有山六七座，勢甚坦夷寬廣，小黑石匀布，極可玩，春秋登陟眺望尤宜。下又有卓立一二丈，及撑架二三丈古秀之石，目中所不恒見者也。共三十里，至白水河打尖。水自南籠來，至河岸，疊三層而下。自此仍歸舊驛，一路山俱枯直，二十餘里至安莊驛歇。屬安順府鎮甯州。

初十日，山勢開陽，道俱平廣，山或層圓結頂，如米囤增高；或長直平整，如人工砌就之城牆；或山頂有石攢簇，及離立如人；或勢有起伏，斷續相生。道旁有大石版，平正寬廣，數層鋪展。共二十餘里，至大山哨打尖。漸行漸覺山有脱换露丰骨意。至近城數里，黑石棱棱，諸山迤邐相屬，俱高三四尺，密排匀布如林。約長二里餘，有壁壘精嚴，旌麾屯擁，豹蔚蛇蟠之概，附近岡巒皆雄勁見奇，入安順府城歇。是日天有雲，近晚有欲霽意。

十一日，山形如層團之囤儷，有頂盔擐甲之象。亦有一連數山，俱短石攢排，及短石布列平處，齊平成隊者。亦有數山之頂屹立小石，如人物之形及鼎鐺干盾之狀者。平田中石或簇涌作堆，或錯落散布，凡數十里。是日濃露如雨，天寒泥滑，三十五里水橋中伙，又三十五里歇安平縣。屬安順府，名七十里實九十里。燈火照行二四里。

十二日，出東關，見山不高壓，勢甚陽和。至六七里外，過山坡，道右之山俱小青石，層排密列，接連長二里餘，乃斷爲平地。即於道左高聳一山，亦小青石，自頂至麓，行由中過。道右離山二十丈許，卓立一山，徧山俱小青石。道左離高山數丈許，起一低平青石，其後一山如褰帷托擁，後又有稍高之山護之，最有情勢。又道左有一山，低平脱卸，小青石齊攢密布，山頂中聳一石，高四五尺，尖圓端秀，尤可愛玩。【略】二十五里樓梯哨，中伙。濃霧泥滑，二十五里歇清鎮縣。屬安順府。

十三日，山多平坦，易於登陟，殊覺蹊輭有情，泥滑。二十五里，狗場打尖。陟高坡，行平田中，池水濺濺，流泉活活。三十五里至省。晚晴，有日色，夜月好。

十四日，停一日。

十五日，二十五里升降高坡二三重，過驢兒關，貴筑縣境，屬貴陽府。止此。五里谷脚打尖，名三十里約三十五里。望見山巒叢矗，近處亦有低坦之山。晚晴，有日色。道左一帶十餘里山俱有石，不高峻，而嶙峋見骨，道右亦有石山，低而蒼鬱者。共三十里，歇龍里縣城中。屬貴陽府。

十六日，山有低坦蹊輭，下開陽，可爲田處。行十五六里，過高坡兩三重，遠近山俱青色石，至新安。名三十里實三十五六里。十六七里過牟尼珠洞，【略】又十六七里至貴定縣屬貴陽府。城中歇。名三十里約及四十里。燈火照行三四里。

十七日，行坦路二十餘里，俱傍山行。下一高坡，又下一高二三十丈之坡，歇黄絲驛。名三十里實四十里。山多蠻樣。因新設之酉陽驛無可歇之處，離此十餘里，黄絲去平越府平越縣三十里。

十八日，五更雨中行，十餘里過酉陽驛。天明雨止，三里即新開驛路，比舊路少三十里。中途一帶高坡層層，崖石如天造甎城，從高至下約百餘仞，石橋橫跨深澗上，約二十餘丈，亦平闊堅整。又二十里楊老驛，去平越三十里，名三十里實四十里。中伙。未到楊老三里，已歸舊路，楊老離街有一石城，城外道右有丈許高之石筍一二十株，屹立勻排，小有棱厲峭特者。過一高坡，即多平道，亦多低坦肥輭可墾可居之山。三十里至清平縣歇。屬都勻府。

十九日，有霧，無日色。山坡高下不一，山帶石者如伏蟎之脱骨，亦有青石礧砢攢成二三仞之山。約十七八里過大風洞，洞在石壁中，圓圍丈餘。童子以桶入汲，其泉清洌。三十里至重安江，有文昌閣，過之未登。渡江，旅店中伙，三十里歇黄平州。屬平越府。店房新造，甚潮溼。近州之山如波浪，中有甚尖者，城内所見之山亦兜抱緜輭。

二十日，霧甚重。二十里飛雲巖，中伙。巖如雲朵鋪覆，結構精奇，人物、獅象、蜂房、水渦，景狀千變。仰觀未竟，更升對面一峰，斗室之上諦視之，真可謂天工獨絶，非雕鏤繪畫所能彷彿形似者也。其飛翔動盪之勢，空濛渾漠，在有意無意，有蹟無蹟間，直與灝氣游行神化混一矣。自麓至巔可十餘仞，左肩石筍聳秀，四山環拱，一水朝迎，瀉爲瀑布，注於深澗，汪洋橫鎖如帶，不見去蹤，人境有此，難乎名矣！在途屢觀坡間及澗底之泉，石質或青或黑，如鱗如介，遠山稠疊，如波濤騰涌，近城之水冬月歸槽，可想夏秋水盛發時。由施秉縣屬鎮遠府。出東關歇。

二十一日，霧重，無日色。渡河，約闊三四十丈，左傍山，右有河流平行。十里陟坡，有甚高處。二十里華巖洞，洞口有石獸，内有倒垂蓮蕊極多，又有龍眠窩，長廣各數尺，如篋有邊有底，惜無長炬高照，不能細觀，但見大略而已。人云洞極深，可行一日。又行相見坡等數長坡，共又四十餘里，歇鎮遠府。

二十二日，未刻登舟。曉微雨，有霧，無日色。

二十三日，春朝，曉行。登舟，見所歇官店後灘河之山，其中亦多巖洞，聞亦有垂乳雲景，内可容數十人，尚有避難民居。【略】因冬水歸槽，楚省運粮及各解餉之舟絡繹阻塞，先阻於大王灘，後又屢有停頓，衹行六十里，歇粟子沖。午未刻，見日色，有春和之意。

二十四日，五更下雨。三十里至清溪縣，屬思州府。望清溪山溪崖，時有黑白相間之石，亦有瀑布淙淙瀉溪。過清溪三十里，名燕子塘，石多開罅穿透。洞口寬大者，見内有倒垂乳筍。近塘一村名羊坪，竹木葱翠，居民可三數十家。【略】共三十里至玉屏縣。城屬思州府。僅五六尺許，長里餘，臨水石壁有高有下，共三重，其石每層或厚二寸，或厚寸許，不異人工所累砌之城垣。隔水一石壁聳峙，頂上有高丈許及數尺之石矗立，約十餘笏，溪灣環抱之。亦有石楞剥落，如經刻鏤，似小柱小廊層樓疊閣，及山形如獸昂首者，亦有低平衍迆之小山。又十餘里，歇二汊。岸有大樹根，可四五人抱。一泉自根流出，人謂内有小龍。是日陰，無日色。

二十五日，無日色。灘河屢有穿孔開穴之石壁。巳刻至鮎魚灘，遇運粮舟，阻片時。共五十餘里至貴州與沅州府屬湖南府。交界處，兩岸俱有煙墩塘房，名大漁塘。灘河見旗斗杆，六枝排列，舟人云内有舉人貢監之家。一往野多開陽，山多夷坦。二十里龍溪口，此處兩跕至沅州，山亦有低小露骨見拗折者，亦有起伏連綴生動有情者，亦有稍高大之山，頂如水波中滚出浮漚者。共百里，歇阿洲塘。夜有小雨。

二十六日，細雨濃霧，辰刻雨止，溪水面出尺餘之石。三十里便水驛，屬沅州府芷江縣。有塔灘水石崖上，三層，高三丈餘。一樓莊依山麓，對水洲前豎斗杆二枝。又二十里，溪邊巨石堆架，如輪如囷。溪中之石鱗次屹立，自二三尺以至四五尺，齒崿粼粼，非操舟極熟者，能行於此嶮巇之中而與之狎乎？午後小雨。共六十里至沅州府，難民尚有六千餘。

二十七日，雨，至黎明止。河闊山低，田原開廣，迥異黔疆。傍晚見不甚高峻之山，其上偏起輕白小片雲朵，殆陰兆也。六十里，過公平驛二里歇。

二十八日，凌重成雨。二十餘里，舟左臨水岸架房頗整密，問之，名魚水灣，陸路打尖處也。山頭冰凌，望之如雪。一路所見僧樓野亭，平山異石，及淺灘急溜，每有足遊目經心者。共百十餘里，尚去黔陽縣屬沅州府。十五里歇。

二十九日，霧尚輕。黔陽城在舟左，篷掩不見，問之，云已過矣。又二十餘里，開艙門，觀舟左之山，石壁之景色紋理有極可玩者。其右有塘房處平和舒展，高下得宜。旁有巒坡迴抱，一勝區也。溪邊平鋪水面之石及攢擁層密之石，熟知而善避，乃無抵觸之患。此日有一舟，因略觸石而致小漏者。黔陽至洪江四十里，屬靖州會同縣。此處居民最繁。過數里見山，有外如環圍、内又生一山，如在懷抱中者；又兩山並起，中腰突出一石山，與兩山俱相連屬者。瀕河有旗斗四杆，立於野岸。八十里歇。

三十日，重霧。石壁如高大之城墉者極多。四十里過安江，一往溪邊皆尺許高之石，布滿水面。因除夕度歲，又行三十里，歇新渡河。坡麓民居高下，鱗排稠密，終宵不絶爆竹聲。

乾隆丙辰正月初一日，曉少霧，辰刻舟行。見山頂雲蒸如絮，溪邊臨水之石，上覆出而色黝，下比立而色白，匀排密次，望之儼如舍宇門壁。山多硬直重疊，略似黔山者。至巳刻行，十里至桐灣。在舟左民居後，有端正和平之小山，對岸亦有平陽及低小之山。遥見東山有雲朵雲片鋪擁山腰，而景色却漸開霽，豈山欲收雲邪？一往松磯，石壁高下，坡巒亦有足供登眺者。舟人言天成牆，可觀，亦石觜之特出而屹然者。又十餘里，水面之石鋪塞溪中大半。自此，溪旁之石有中空者，有横直開罅者，有絲理直垂而紋細縐者，有覆出成巖中如堂阿者，有如獸形而態狀生動者。小山復起大山之間，有如侍立而相依者。有低圓平匾如覆盂，純土無石，人於其上徧植菜茹，生意蓊然者；有青石横累，高丈餘，長尋尺，中略兼土，其上生松鬱茂者。石壁之洞穴圓斜不一，其中乳柱參差，在隱現之間。是日午後晴和，郊原清曠，泉石幽奇，舟行晚眺，意境殊佳。仰觀高壁，景色斑斕，紋如魚鳥。俯視石根，風湍剥蝕，細若蜂蠶。薄暮，霽日舒光，衆山皆赤，連朝之霾霧全消，春景之熙明兆象矣。共行六十餘里，歇江口塘，尚去辰州府三站。

初二日，舟曉行，見旭日自舟尾平野水岸而升，碧空澄澈，無纖毫雲翳，清光紫靄，氤氲凝罩於岡巒遠近間。迎曦之山赤如染絳，緑如鋪茵，望中尖圓曲直皆有秀朗之容。平坡高下，每有位置合宜，足供遊息之境。臨水累行石崖，或高尋丈，或倍尋丈，或相倚，或獨結。數其崖層，自根至頂或十層，或十三四、十五六層，上皆有收束端圓之頂。舟或向西行，或向西北行，或向南行，以日定之，雲陰無日則難定矣。舟左多平坦小山，舟右多高而直下之山，喜其少石，人架屋於其下居之。後兩山近麓相夾處生一小圓邱，各半跨之。坡上多植桐，樹子可爲油。二十里松溪塘，白面崖，石白如雪，□□有□功。自此舟向北行，又過白石巖，坳向東行，曠野低坡，如平川疊浪。春陽煦和，薰人欲醉。四十里秀溪口塘，有鎔鐵鑪冶四座。近山産鐵，溪旁每見鐵鑪。山崖巖穴亦多，溪水衝激處石成嵌空，紛懸齒乳。獅形之石，頭前足後，口開足立。後似又有一獅，頭只半現，而足則全現。又二十里過辰谿縣，屬辰州府。行里許，有七層白塔，出山松中三四丈許，石壁多白黑黄相間。【略】三十里普市，房樓高整而稠，舟俱向東行。又十餘里歇。

初三日，霜白天晴。舟左山崖邊宛如人立，稍近觀之，又如人坐。更有與之相對者一崖，高四五丈，下一石橋承之。橋大半中空，可坐數人。溪旁石罅巖穴極多，斜直横方，大小淺深，高下隱現，移境换形，難以備寫。石狀如獸、如雲，色則黑白成章，紅黄蒼碧，斑然如繪。近水處漁人就巖穴居之，而繫舟挂網其旁。【略】舟先向西行，隨向西北，又向北行。行三里，舟左小山村落，景色清幽。又向南行，又向西行，又向東行，共又二十里，過瀘溪縣城。屬辰州府。舟向西南，又向東行五六里，舟右山小岸平，民居軒整，云村中有富人。晚觀溪岸之山，多低小平和，間有起頂而尖秀者。連日晴明，霜後尤暖，凍解陽回，春意漸融矣。溪廣水平，舟人划槳殊猛，欸乃聲急。舟前左右二槳，舟後二槳在左，一在後艙，一在火艙，划槳者左手執舵。又共行六十里，至辰州府，民居最爲稠整。過城，向北行，小圓山一塔七層。行數里歇。

初四日，晴明。舟向東行，略帶北。兩岸多低小起伏之山，舟左村莊迎曦而居者，長二三里。所過州縣數十，此爲最盛。東山白塔高峙，所見塔皆白色，白則遠望易見耳。二十餘里，舟向正東行，又轉東南，又轉東，頗有急浪，是名横石灘，長二三里。水小，舟歸槽道中行，灘聲喧厲。過此水平，舟右山下對北而居者數里相接。舟左向南山足傍水，無地可居民也。又二十餘里，去辰州府五十里，名北容，有百家之聚，亦一站頭。行十餘里，山有連起數頂，如波中滚浪者；間有特起頂而尖秀者，有如小泡匀排而密比者，有或二或三並立攢聚，其頂俱尖者；有於山坳中矗然特起者。舟人言觀銀壺山，其處山岡上生兩小山，俱方形而多土，草木青葱。一山差小，上有銀壺之山較大，頂石之旁有石，宛如甕形，下有白石如壺，望之光亮耀目，上有樹覆之。自此五十里舟向東行，又東北行，一路俱一二尺、三四尺高之石鋪於水面。神廟在舟左向，云是伏波將軍，舟人但云清浪廟。此處溪中之石高四五六尺，所謂清浪灘也。硬浪衝舟，高躍過顙，行至塘邊，言已行百二十里。

初五日，晴明。向東行十餘里，舟人言看虎跳澗山。舟左後高，而前多起伏，坡陀高下。又十餘里，岸多平山，舟左峰巒有一高二十餘仞之山，樹木繁茂，峰頂尖秀，上有神宇。又前見低平處屢生小山，漸稍高大，有長方如屏而下不單薄者，有頂圓身渾高可四五仞者，有高八九仞而身與頂之大亦不止倍之者，有高一二仞并不及一仞者，皆自地突生，森然端直。亦有旁生支脚，可緣之上躋者，大小高低，共六七座，皆黛色輕勻，非青非紫，而帶松花淺黄之意，上各生緑草覆之，如髮之覆額然，亦山容之僅見也。又前，則嶺岫參差，峰巒重疊，石壁峭削斑斕。仰眺間，云已行四十里，至界首，入常德府界矣。舟右小山松徑，亦多清勝。舟略向西行，旋向西南，仍向東行，將入申刻，至穿石山。舟人云：自界首至此六十里，又一站。頭溪灣處傍石壁突起，圓崖如塔，高十丈餘。崖根中空，穿透崖背，前寬闊如堂宇。背之洞穴長洞平匾如口形，上下開三四尺，而上倍之。舟右小山最多，尖圓長仄俱有，內亦有端平而頂方者，雖偶有突起之山，猶未成爲培塿也。又二十餘里，右岸乃起接連長山，高數丈許。左岸數里低山，復有稍高之山。四五里，對岸之山復低而就平矣。此七八十里溪中無石。將夜復行十里，歇桃源縣屬常德府。尚十里，歇塘邊，共行一百三十里。

初六日，有霧氣。見舟右之山接連，數里已抵桃源縣城。城在舟左，民居稠密而長，一望俱平坦。舟右數里無山，又連山相接十餘里，始一往平曠。行四十餘里，舟左有低山，舟人云「活佛山」，人謂是「河袱山」，舟人語音混耳。山低輭，如包裹河流，故云「河袱」。離府四十里，民居甚長，云是木客所聚。至常德府大西門外客店內歇，樓臨河，一望空曠。對河約有二里闊。

初九日，自常德府陸行。初望平曠，十餘里外漸有山坡起於左右，一往連接不斷，氣勢甚厚而長，土色潤而質肥，山松茂密。六十里大龍驛歇，屬武陵縣。竟日晴和，夜有月。

初十日，三十里鼇山，中伙。四十里清化驛歇。屬澧州。此七十里間山勢高下起伏，緜輭秀動，土色紅黄，無石。松樹茂密處極多，但坡間未見流水。數里外見有高山，其上有石有泉。村園望見梅花兩樹，菜花到處徧開，但棵葉小耳。天陰無日色，東北風。

十一日，天陰。行十五里，過新添鋪，中伙。東北風漸緊，微雨。行二十餘里，渡新渡河，地勢已落平原。道旁亦有池積水，行數里，風急，雨漸大。行里餘，共六十里，至澧州城外歇。雨止，新柳芽肥。

十二日，天微明即行，風或東北，或西北，或東南不定，有雨。五十里順林鋪，中伙。雨止行，左右俱有小山起伏。見道旁之田俱有池塘，山松多，茂密處梅花爛熳者五六株。共四十里，張莊歇。晚晴，有月色。

十三日，晴明。曉行，平田中有霧氣。三十里渡河，約三四里公安縣，屬湖北荆州府。城外中伙，四十里孱陵驛歇。屬公安縣。竟日一望無山，但見菜花麥苗，黄緑相間，徧處春花耳。問公安來役，言石首離公安百二十里。

十四日，天晴，霧氣迷漫，紅日雖升騰，而光照未熾，交巳刻霧收陽盛。至虎渡口，早市人頗喧繁，此處去孱陵三十里。行高平坦闊之大隄，三里餘下，登舟渡荆江，約三里，水小沙乾。行里許到。陸路約二十里，至荆州府西關。

十五日，天晴無霧。沿城牆而北，殊堅整壯觀。旭日東升，如融金在冶，丹光騰耀，踰刻南風甚大。四野平曠中亦有起伏之勢。四十五里四方鋪，中伙。又四十里建陽驛。屬安陸府荆門州。

十六日，早有雲，北風轉東北，卯辰之交日復爲雲蔽，巳刻復有日光，北風帶西，雲陰未散。五十里園林鋪，中伙。行十餘里，見道左數里外有低平小山，迤邐而北，二十餘里平而復起。道右亦有山連接北山，及越山坡，已望見州城矣。登坡時殊不甚覺，及下坡，乃見竟有十數丈之高石，大者俱青黑整石，左右山巒則多尖碎小石，密攢錯聚，不如雲貴低小之石布置可觀。自西城外繞之而行，歷南、東二門，至北門外店房歇。荆門州城甚完整，東南城外無居民，山環抱之。

十七日，早五更即行，二十里天小明，又數里大明，北風，飄細雪，下雨。左右皆有山坡，在平坡上行，略有升降，共六十里至石橋驛，屬荆門。中伙，山勢起伏盤旋，氣甚旺相。蒼松四望鬱然，亦連有青石錯布高起之山。又六十里，行大風雨中，晚至麗陽驛歇。尚屬荆門州。是日共行一百二十里。

十八日，晴明，日出方行，數里坡俱平廣，十餘里外間有行於田塍窄狹之上，以避泥滑。四十五里渡蠻河，屬宜城。中伙。此處名新店鋪，約及四十里至宜城縣。屬襄陽府。道左之山緜亘數十餘里，近宜城，乃見道右亦有數遠山，田疇村落、城池橋梁俱可觀。

十九日，乘月色行，約十里天明。一路麥田菜圃，畛域井然，樹木俱成行列。四十里小河口，屬宜城。中伙，渡河。【略】午後日蒸風暖，行五十餘里，穿襄陽縣城。渡江行四里，江從漢中府來。歇樊城，屬襄陽府。共行百里。左右俱有山巒，遠近起伏，近城過山麓行。

二十日，天初明行，四野平曠，田疇墾易，亦有由高趨下、漸就低平之勢。六十餘里呂堰驛，屬襄陽縣。中伙。【略】辰巳刻，見村婦乘驢，攜抱孩幼，夫男隨之，絡繹不絶，云是往襄陽城南十里九宫山進香者。二十里入河南界，又十五里，南新店歇。午後見道右遠處亦低平小山。

二十一日，行里餘渡白河，又行五六里，天明至新野縣。屬河南南陽府。共三十里，中伙，穿縣城行。桃棗林甚多，麥苗偏野，一路沿塘河行，彌望白沙鋪塞河邊，若沙漫入田，即爲田害。七十里瓦店驛歇，離瓦店約二十里有漢光武故里碑。

二十二日，月色熹微中行，七八里天明，日出稍高，漸透光耀。行三十里，至三十里屯，中伙。又三十里，行白沙灘，二里餘渡河，至南陽府城。府城後西北有山，城西南六七里有卧龍岡，諸葛武侯故鄉也，望中亦多桃棗林。又二十五里，行白沙灘，里許渡河，約又五六里，北新店歇。是日未午以前，平地一石橋，甚堅整，其下并無溝渠。晚見一石橋，又寬大堅緻，而下無通流，僅一段乾池耳，不識其造之何意也。

二十三日，早發，狂風。行七八里天明，塵土飛揚。三十里博望驛，屬南陽府南陽縣。中伙。三十里趙河，四十里過裕州屬南陽府。城之北，歇官店。

二十四日，行七八里天明。日高後發，西南風甚狂猛。道左數里外有山，高下起伏，重疊數層，緜長數十餘里。行四十里龍泉鎮，亦名獨樹，小店中伙。又行二十里保安驛，尚屬裕州。民居長二里餘。又行三十餘里，歇舊縣。舊昆陽境，屬葉縣。

二十五日，行六七里天明。十餘里，道右有子路止宿處匾。又十餘里葉縣，屬南陽府。中伙。是日無風，車塵自揚，道間多沙。約行八九里渡河，白沙鋪積處甚廣，人云白沙隨白河水即汝水。湧來。其南有子路問津處碑，過五六里，有文王化行汝墳碑。去襄城縣三十餘里，即見西北岡巒相接緜亘，至近城則山環轉於右山下，民居甚稠，道從山坡槽中行，人騎多從平坡行。土中多石磧，器用牆垣皆淡紫色石琢成。十數畝桃林中見杏花一株，村中又見一株，皆爛漫矣。共六十里歇襄城店。屬許州。

二十六日，環城行，六七里天明。四十里潁橋，中伙，有潁考叔墓。尚屬襄城。行五十餘里，至石堡歇。屬許州長葛縣。竟日四望無山，田疇墾藝，緑楊白杏，徧處春光矣。

二十七日，天明行。林樹園田，鬱鬱畇畇，野杏叢開，掩映於新楊翠竹間，如玉粉成堆。中道見河水通流，有兩三處。六十里至新鄭縣，屬開封府。城外名雙溪河，溱、洧二水合流，故名。因邁院住郭店驛，屬新鄭縣。送歇城北。是日風大，有塵，未刻漸息。

二十八日，行五六里天明，辰刻風漸狂猛。四十里郭店，中伙，尚屬新鄭縣。風愈狂大，迷目迷路，行數里，仍回郭店歇。

二十九日，天明行，四十里鄭州，屬開封府。中伙。後行五十里，至滎澤舊縣歇。屬開封府，因被水沖，移於十七八里外。西有山，長數里，田溝道旁常見有漫流之水，云是溪河中遠處流來，非黄河水也。連日常在夾槽中行，兩邊之土坡或高丈餘，或高二丈，年深行久而然也。申刻大風洒雨，陰寒。

二月初一日，天明行。自滎澤舊縣至黄河邊渡處，約十八里。於近河數里野間聞雁，視之，見其逐對羣飛，是北鄉時也。辰巳刻渡，於舟中見一帶遠山雪滿，知夜中雨變爲雪而霽也。過河灘沙，共行五十餘里，歇亢村驛。屬衛輝府獲嘉縣。

初二日，行七八里天明，五十餘里新鄉縣屬衛輝府。之駱駝灣，庵中中伙。運河直通至此，道右有「擊磬處」三字石匾。路西一帶重山疊岫數十里，云是輝縣屬衛輝府。之山，蘇門山亦在其内。下有百泉，邵子安樂窩在焉。新鄉之水近自百泉來，北自淇水來。中伙後行四十五六里，小雨中至衛輝府。

初三日，天小亮行，東北風狂，又轉西北。道右有斮脛河碑，近城有三仁故里碑，五十五里至淇縣，屬衛輝府。城外中伙。後二十五里過石橋，淇水從諸環洞流注，勢湯湯然。道間常見大小石子，皆水漲泛時所隨流衝積者。自西而北，數十餘里皆有山。典史汪楷云：「再北七八十里即太行山。」竟日風狂，又行六十里，至宜溝驛。屬彰德府湯陰縣。

初四日，天明行，二十五里穿湯陰縣城，岳武穆廟在城中，數里有文王演易碑，又有扁鵲墓碑，西望岡巒稠疊。又三十里魏家營，又十五里穿新德府城，數里有韓魏公故里碑。西望遠山，岡脊低平，云即太行山之尾。共行四十五里，豐樂鎮歇。

初五日，天明行，二里至漳河。先渡闊河，約二里，行沙上里餘，又渡狹處里許，俱官所役之夫擡轎於水中行。又三十里過磁州，漳河北岸即磁州，屬直隸省廣平府。穿城行，石坊俱極壯觀。又三十里，杜村中伙，西望俱有起伏遠山。又五十里邯鄲縣。屬廣平府。

初六日，天小明行，二十里黄(梁)[粱]夢，入觀。二十里臨洺關，關北有先賢冉子祠。過洺河，行小沙中，二十里搭連店，中伙。先行小沙七八里，行大沙中十二三里，穿沙河縣屬順德府。城行，又三十里順德府。

初七日，天明穿城行，城門外有關，關外又有一重，俱極壯觀。行數里，沙漫甚廣甚長，望中多沙堆，大小高低不一，不生草木，踐之滑而陷足。六十里內邱縣，屬順德府。自辰刻下雪，直至晚。中伙後行六十里，至柏鄉縣歇。屬趙州。

初八日，天明行，不雨，無灰。五十五里至大石橋中伙。五里繞趙州城，又共四十五里，歇欒城縣屬正定府。官店。轉西風，天晚晴。連日以來見柳色纔黄，未有杏花。

初九日，天明行，六十里至正定府，四十五里阜成驛歇。十八年前臘月立春之前一日，亦於人佛寺中伙。近午起風，晚宿，風聲如吼，有日色。

初十日，天明行，小北風，竟日陰而無雨。四十里過新樂縣屬正定府。城外，又二十里明月店中伙。行滑沙中數里，共三十里，過定州城外，又三十里清風店歇。午後見西北有山。

十一日，天初明行，微寒，無日色。三十里過慶都縣城外，屬保定府。三十里方順橋中伙，屬慶都縣。在老生員夏柱石園中。【略】三十里大激店，屬保定府滿城縣。三十里保定府。

十二日，天初明行，微寒，無日色。五十里安肅縣，屬保定府。中伙。三十里固城店，屬安肅。又三十里北河口歇。人静後下雪二寸許，五更人起，已霽矣。

十三日，晴明，天小亮行，四野雪光燿目。十里過定興縣城外，屬保定府。二十五里高碑，二十五里松林店中伙，二十里穿涿州城，屬順天府。過大石橋，十五里先鋒坡歇。

十四日，天晴，初明即行。十五里琉璃河，十五里竇店中伙，二十五里良鄉縣，屬順天府。二十五里長新店歇。是日共行八十里。

楊應琚《據鞍録》 乾隆己未[四年]六月，余時任西寧監司，奉命輪流赴京引見，即裝候代。

六月二十日，飯後長行，【略】日昳始至平戎驛，【略】計程六十里。

二十一日，五鼓行，殘月在天，山河闃寂。六十里至碾伯縣，即唐之湟州，古西戎地也。因東路橋圮，繞道出勝番溝，經土司祁氏園林。登樓小憩，樹木陰翳，溪流湍激，涼爽如秋。五十里至老鴉驛，見民刈麥，籽粒肥滿，婦子嬉笑，而雞犬鳴吠，亦若助人忙云。

二十二日，黎明行。寧邑夏禾尚青，此地已築場矣。【略】辰刻行四十里，將次冰溝驛，始見山巔有林木，然亦無多，如人仰卧，頷下一二微髭也。驛中旅舍甚卑隘，多借民居以款冠蓋。與張令登高助興國寺浮屠，於佛殿後起屋一區，爲往來休息之所。寺近山，雨晨月夕，宛有幽致。是日仍飯於此。飯已行一十餘里，石壁彎環，皴劈如畫，前監司劉公殿衡題曰「大癡筆意」，隔溪可見。渡河抵西大通城，計五十里，接涼州郡屬平番縣界。

二十三日，因通遠驛相距八十里，四鼓遂行。次驛食畢，又行四十里，至平番縣。經仁壽山，寺閣屋椽，高插絶頂。余曾一至其處，今遥望之，始知奇險之可慮也。策馬過莊浪河，河水亦與黄河會。入城，酬酢甚繁。【略】是夕避喧，宿於距縣南十三里之牧牛庵。

二十四日，四更離寺，朧朧月色中。一路聞田水聲可喜。【略】辰末次紅城驛，已行七十里，夾道皆水田並渠，多叢木高柳，村舍錯置，行者改觀。然平邑供支甚夥，美田惟此一帶，餘多係山坡荒野，民以此苦之，而往來冠蓋不知也。離縣城幾三十里，道傍有清水一池，經圍數丈，細泉上出如噴珠，甘腴紺潔，游魚鬐尾可指。乃居民棄諸路側，飲牛羊而已，悲夫！自紅城至苦水驛五十里，苦水至臯蘭縣沙井驛七十里，如由咸水河一路則近二十里。是日住宿咸水河南之哈家嘴，焦土磽田，漢土居民廑二十餘家。

二十五日，蚤起，五十里至沙井驛，始見黄河。沿河行，或近或遠，抵金城關，石岸夾束，河如建瓴。【略】度舟梁，登望河樓，波濤澎湃，甚可壯也。【略】入城，謁撫軍，會司道府倅，往還至二鼓始散。俯城距沙井驛四十里。

七月一日，由南路臨洮行，郡城諸君皆送至西郭外。北路走金縣界較近，余因臨洮爲先清端公舊治，慾往一觀耳。【略】四十里至阿干峪，居民皆以陶爲業，墻角屋脊皆瓮器焉。徐方伯遣使饋餐。又行二十里，住摩雲嶺驛。嶺矗入雲，上有關，今廢。

二日，四更起畢，宿下插路高下，秉炬行，至沙泥驛六十里。再行五十里，宿新店堡。【略】午飯，日尚蚤，閒步村外，見赤雲如山。

三日，蚤行四十里，至臨洮，今爲州治，郡守移於皋蘭州，仍屬焉。【略】入城，住唐寶刹寺，前明改爲圓通寺。

四日，行五里，過東峪河，水亦入洮，殆即酈《注》所謂「翼帶二水」者歟？至窑店驛六十里，居民廑數十家，亦無店肆。飯於官廨，上漏旁穿。又行五十里，抵鳥鼠山下。【略】又行十里，至縣城。【略】城内居民廑數百家，蓋屋皆以亂石壓木片，廑蔽風雨，極屋之故俗也。蔬菜俱無，彫敗可念。

五日，雞三號起，行五十里至熟羊城。城約二里餘，四圍尚壁立。【略】又行四十里，至鞏昌府。是日常涉渭水。近城，仰見仁壽山，樓閣金碧，參差可喜。入城，酬酢冠帶移時。住萬壽寺。

六日，飯於四十里鋪之官廨，屋梁將傾，以一木支之，可危。行十里，至沙灣。【略】又行十里，至廣吴山下，宋所置廣吴城猶有遺址。廣吴河繞其下，流入渭。山斗峻，上下五里。又二十里至寧遠縣，宿。始見稻田，一路聞鶯聲。

七日，蚤行，明星未落，日脚漸紅，渭水屏山，時隱時見。【略】三十里次落門鎮，即古落門聚。【略】居民有五百餘户。飯罷行，夾道柳陰，鳥聲斷續，村園緑竹數竿，摇曳墻外，九年廑土，見此風味，悵然不勝故鄉之思。經永寧城，宋崇寧三年置縣，金爲寨，元省。永寧河繞其下，水亦入渭。據高臨流，圍垣半缺半存，仰望廑有廟屋而已。至朱圉山，色如馬肝，《禹貢》朱圉即此，距伏羌縣二十里。涉渭河二次，水幾至馬腹。又經大象山，距縣五里。【略】至縣，不入城，宿三官廟，距落門計程七十里。【略】是日始食稻粮。晚頗熱，蠅漸多，可厭。

八日，過沙石坡，至巔二十里。然土肥可耕，山田青黄錯雜，野花紅紫相間，殊可觀。每於山缺處，又時見渭水。下坡二十里，至關子鎮，屋瓦望若鱗次，自此居民皆瓦屋矣。【略】午後遇大雨，忽晴忽陰，山色蒼茫可畫。六十里入伏羲城，謁伏羲廟。【略】是日借寓胡副憲麟徵居第，叢竹片石，頗雅潔。【略】始見蚊，夜雨。

九日，往游天靖山玉泉觀，元時建，距城三里許。【略】下山東行三十里，徑馬跑泉，少憩。短籬竹屋，鵝鴨浮沈溪水中，高柳外青青稻田，殊似江南風景。又行十餘里，過東柯谷口，【略】臨渭河，波瀾洶湧，用方舟始可濟，非復前日之涓涓矣，所謂有本而不息，受下流多故也。又過牛頭河，水亦入渭。次社樹坪，距州五十里。借宿道院。

十日，踰丁華嶺。至巔，遥望石門山，碧峰巉絶，直插雲表，數十里外望之，嵐光逼人。【略】飯於草團鋪，計程四十里。又行四十里，抵清水縣，宿。【略】借宿兩銘書院。

十一日，蚤行，道傍多種麻，蓬蓬鬱鬱。二十餘里至湯峪，距二里許有温、冷泉，温可浴身，冷可漱齒，一脉並出，相距五步，亦可異也。三十里至白沙鎮，【略】飯於楊姓太學生書室。【略】又行四十里，逕盤龍山。有人震闞。【略】山椒漸多林木，道傍時有流水聲。又行二十里，住長寧驛。距驛二三里，兩阜如牛角對插，中有溪水流出，疑無去路，沿溪入角，始望見人家後依大隴，即關山也。

十二日，過關山，山峻阻，盤折而登。林木叢茂，樺柞尤多，人行不見日色。溪澗重密，皆覆以板橋，翼以扶闌，以通行旅。水流已急，而四山泉瀑乍大乍小，穿林越峽，奮湧揚波而來，溪聲益壯。登頓洄沿，雖馬行甚艱，覩此，杖策不能捨去。始見有結茅而居者。

十三日，黎明行，出州南門二里，過汧河，水至馬膝。【略】五十里至草壁鎮，謁唐段太尉祠。【略】至汧陽縣，古隃麋縣也。昔尚有汧陰，今並入隴州，蓋以汧水分南北也。又行二十里，至黄里鋪宿。是日，道傍官柳間始聞蟬聲。旅店頗狹，熱甚，揮扇竟夕。

十四日，行五十里，至鳳翔府。

十五日，四更行，月明如晝，遥望太白山積雪未消，若玉屏南障。【略】廿里至龍尾鎮，【略】過周原，閘連亘數縣，《詩》所謂「周原膴膴」者是也。【略】入扶風界，唐貞觀八年始以扶風名縣，疆域僅延六十五里，袤百里有奇而已。過漢伏波將軍馬援墓，距縣西七里餘。【略】六十里至縣，問郃城，在縣東南三十五里，有姜嫄廟。入城，游龍光寺。【略】出縣東門，過漆水，水與漳水會，而入於渭。【略】五十里抵武功縣，瞻拜張横渠先生祠堂。自鳳翔東至青門，在在皆有祠宇，關中之學，昔日入人之深可知也。入城，謁前明康對山先生祠堂。

十六日，黎明行，一路皆太白山色，五十里至東扶風。又行二十里，次馬嵬坡。【略】又行三十里，抵興平縣。熱甚，借宿道院。

十七日，夙興。詢漢武帝茂陵徑路，行由東北折，地勢劇高，遥望巋然一小山也。十七里至陵下，方形，四角稜起，高一十四丈，方一百四十步。【略】自陵邐迤而下，由槐里故城入大道。【略】自興平至咸陽縣五十里，由陵路則多行十餘里矣。是日次旅舍尚早，沐浴，往謁周諸陵。

十八日，五鼓行。出城東門數武即渭水古渡，登舟，月白如晝，終南對列如屏。賈客艟舶集岸下，如雁行，影落水中，摇曳不已。燈火明滅，渭城女墻隱見，樓櫓參差，嘔軋中流，涼風滿袖，信可樂也。【略】過渭三里，度灃水橋。自咸陽至西安省五十里。

二十二日，自南城長行，此地名胭脂坡。【略】遂出南門，城南近終南山有樊川、御宿諸水，漢唐以來，苑囿池館櫛比星連，今皆湮没，無所考求。南走，望薦福寺、小雁塔，隨問隨行，直抵牛頭寺坡下。【略】過滻水，又過灞河，不特無橋，亦無寸柳，更覺黯然。行四十里至臨潼縣，往觀温泉，宿於泉側寺屋。

二十三日，阻雨不行。

二十四日，行十七里，道側南原即古鴻門，下馬徘徊，千載下猶爲沛公危也。過新豐市，想昔日之盛。又三十里次靈口。【略】陰雨，又行四十里，徑漕水萬里橋，抵渭南縣。

二十五日，早行十里，經唐太師王忠嗣墓道。【略】又行三十里，過西溪水。此一帶皆少華山色，遥映樹杪，山亦巖嶭，及視太華山，則似兒孫矣。西溪余曾至其處，山水彎環，荷花極盛，遥望如依依故人云。又十里抵華州，出東門。【略】過太平橋，有「宋希夷先生墮驢處」碑碣。過漢將軍紀信祠堂。又行二十五里，經蓮花寺。【略】又行五里，次柳子鎮，飯已即行。又行五十里，抵華陰縣。未到二里許，過漢神醫華陀墓道，墓距道尚遠。【略】日尚未落，亟往觀岳廟。【略】是夕宿岳廟側。

二十六日，漏未盡一刻行，三十里，下馬拜漢太尉楊公震墓。【略】又行二十里，次潼關縣。【略】飯已，過風陵渡，河廣永較皋蘭所見豈特倍蓰哉？【略】自此酬應益繁，無暇記録，距京師尚隔二千二百四十五里云。

王初桐《北遊日記》卷一　甲午［乾隆三十九年］三月二十七日，至蘇州。

［四月］五日，僱定太平船。

六日，至白公堤觀五人之墓。

七日，船至普濟橋。

八日，出南運河，至滸墅關。陽山在其南。

九日，過興賢橋、南新橋、普恩橋、金雞汛、望亭橋、新安里、通湖橋，到無錫。【略】舟行梁溪道中，望馬跡、夫椒等山景氣可愛。過王婆墩、高橋、潘楓鋪、落社、王牧、横林、戚墅堰、丁堰、西蠡、河口、政成橋、白家橋、洪濟庵、永固橋、司尉橋，到常州毘陵驛。

十日，游艤舟亭，蘇學士艤舟於此，有東坡洗硯池。

十一日，過新閘、西倉橋、連江橋、三里庵，到奔牛。【略】過天井閘、張店、泰定橋，到吕城。【略】過錫口，其地古有神亭，孫策與太史慈遇於神亭者是也。旁有蕭港，通梁簡文帝陵。過陵口，多南朝陵墓。

十二日，過青陽鋪、七里橋、萃秀橋，到丹陽。【略】至觀音山，有玉乳泉，井在觀音寺中，井額陳文忠所作，堆玉八分也。寺前有練光亭，西瞰練湖，水草瀰漫，土人稱爲開家湖，或云香草湖。湖外羣山稠迭，句曲、三茅隱約可辨。【略】過張官渡，至黄泥壩。

十三日，過直瀆，到新豐鎮。【略】過大瀆山、永寧橋、桃莊、月河、丹徒鎮、猪婆灘、鼎石山、泰運橋、通阜橋，入海鮮河，到京口古驛。

又卷二　十六日，黎明剪江，入瓜洲口，到由閘關。西北有錦春園，舊爲大觀樓。入伊婁河，過八里鋪，紅廟，到茱萸灣。【略】過揚子橋，《江都縣志》謂之揚子渡。入邗溝，過九龍橋、寶塔灣、文峰寺，至揚關。【略】游九峰園，從古渡橋拏小湖船，蕩槳而北，過鎮淮門，入小秦淮，循虹橋、蜀岡以達於平山堂。兩旁園亭鱗比，水次廿里無隙地。换棹移形，目不暇給。

十七日，【略】過灣頭閘、高廟、壁虎橋、鳳凰橋、廣陵故城、西灣壩、東灣壩、金灣壩、陸閘，到邵伯埭，歐陽公遣人走邵伯取荷花者是也。【略】過昭關壩、三溝、竹林寺、腰鋪、崇家灣、夏家莊、蓮花庵、嵇家閘，到露筋祠。有米襄陽志文。施愚山云：露筋祠，相傳鄭、蕭二姓。按碑刻無名氏。徐文長直稱爲蕭荷花，不知何據。過白塔河、秋子港、南車路、北車路、大姚閘，到二十里鋪。

十八日，過車邏鎮壩、五里中壩、南關、新大壩、南關汛，到琵琶閘，高郵城南閘也。【略】入康濟河，過通湖橋、新子口、清水潭、馬棚灣，望高郵湖連天無際。

十九日，過六漫閘，到界首鎮。【略】過七里閘、釭橋、氾水鎮、永安閘、郎兒閘、瓦甸汛、劉家堡、平溝、龍王廟、汛淮樓、鎮柳城，到寶應縣。【略】過洪濟閘、黄浦鎮、黄浦雙閘、大涇河、小涇河、平河鎮、頭鋪、二鋪、楊家廟。

二十日，到淮安府。其地爲南北沖會，水陸津梁，明末藩鎮劉澤清建牙於此，造宅壯麗，僭擬皇居，事詳《南征紀略》。城西有五牐，每歲粮船以春月北上，夏初閉牐，以防黄水灌入裏河。俟秋水退，九月開牐回空。牐内所瀦，皆高郵、寶應諸湖南來之水。過太平鋪、長樂鋪，有釣魚臺、漂母祠。【略】過永利閘、板閘，至淮關，屬山陽。

二十一日，過圓通寺，到清江浦，清河縣治在焉，無城。舊治在河之北，曾有土城，元至元十五年所築，惟立東、西、北三門，南枕小清河。

二十二日，過清江閘，至越河。

二十三日，過福興越閘、通濟越閘、惠濟越閘，即天妃閘。又過三壩，至二壩，瞻惠濟祠，俗呼奶奶廟，殿額曰「碧霞元君廟」。

二十四日，過頭壩，出清口，入大河。越甘羅城故址，相傳甘羅所築。【略】未幾入陶莊，到仲莊口。

二十五日，過西河成、羅家營、三岔口、黄家嘴、宋家莊、徐家渡，雙金閘、新河口，屬桃源縣界。

二十六日，過滿家灣、崔鎮、古城、白洋河、陸家墩、小河口。【略】過吴家莊墩。

二十七日，過朱家閘，到宿遷。【略】過關即爲順河集，再北則三山，則永濟橋。東北有馬陵山。西爲駱馬湖，環湖一百五十餘里。

二十八日，過西寧橋、董家溝、汊路口、毛兒莊、龍崗淺、長山口、皂河、直河。《河防一覽》：「直河，所以宣泄蒙、沂諸山之水。」李東陽詩：「直河西下直如弦，水淺沙深不受船。」自此至夏鎮二道：其一從驛右進口者是也；其一直上過沙坊、張陵鋪、鋤頭灣，至邳州，又過唐口、新安、馬家淺、雙溝、栲栳灣、防村、呂梁、黄鐘集、樊家店、狼石溝，至徐州。舊有彭城水驛，項羽遷都之地。南關有呂布戲馬臺。又過秦梁渡、流城、豆腐店、玉皇廟、陸家口、李家口，至夏鎮。驛東爲王家營，入邳州界，古曰下邳。

二十九日，過窑灣、竹閘、田家口、萬莊閘、馬莊集、猫兒窩。徐貞明《水利疏》云：上流十五河之水，泄於猫兒一灣。又過潘家湖、徐塘橋、二郎廟、王市閘、河成閘、河定閘、河清閘，入泇溝，過泇口。【略】過梁旺城、汶河口，到黄林莊，屬山東界。途中望神望山、勝羊山、葛峰山、黄石山、抱犢山，螺黛煙鬟，遥挹清氣。

三十日，過台莊閘、侯遷閘、鄧家閘、踞梁閘、頓莊閘。

五月一日，過丁家廟閘、萬年閘、張莊閘、六里閘。

二日，過德勝閘，到韓莊閘。【略】閘右即昭陽湖。

三日，過黄阜莊墩，到彭口閘，屬滕縣。

四日，過泗水亭。【略】到夏鎮，本名夏村，隆慶元年山水聚漲，沖塌石壩，復淤三河口，乃復疏浚新河，以泄積水，自此運艘俱由新河，遂改夏村爲夏鎮，亦曰夏陽。【略】有鎮口河，總名之曰新河。夏鎮河起南陽，七十八里至王家口，由朱家集折而東，又南經夏鎮，五十七里至留城河是也。留城河北至滿家橋，四十里南經境山，由茶城口四十五里出濁河是也。自李家口河開，此河遂廢。李家口河自呂公堂迤西轉東南，經龍堂，至内華閘，以接鎮口河，共十里。

又卷三　五日，過楊莊閘、珠梅閘。【略】過馬堡汛，到邢莊閘，屬魚臺縣界。東鄰獨山湖，湖周一百九十六里。湖外獨山，其北則黄山、白山。

六日，過新莊橋、利建閘，到南陽閘。【略】到棗林閘。

七日，過泗河口，至魯橋。【略】過師莊閘，到仲家淺。【略】魚臺、九龍、龜、蒙、鳧、峰等山俱在其東，青翠如染。【略】過新閘，到新店閘。

八日，過石佛閘、趙村閘，到濟寧州。古任國，漢曰任城。城南有會通河，元人所開。泗水自府城之東折而西流，洸水自府之西折而南流，會於州城之南，由天井牐入於河，以通漕。城下有南池，杜少陵曾宴其地，集中《與許主簿遊南池》詩是也。學舍中有漢安二年《北海相景君碑》、延熹元年《郎中鄭固碑》、熹平二年《司隸校尉魯峻碑》、中平二年《尉氏令鄭君碑》、無年月《執金吾丞武榮碑》。

九日，過在城閘，到天井閘。本名會源閘，元人於此分水。

十日，過草橋、十里鋪、孫村、安居、台汛，到通濟閘。西岸有蓬子山壩，明成化間僉事陳善作此壩，以障大薛湖。至火頭灣，旁有土山，登望馬場湖。湖周四十里。

十一日，過鉅野縣界。

十二日，到南旺上閘，亦名柳林閘。西鄰南旺湖，湖周九十三里。

十三日，過分水口，屬汶上縣，有大禹廟、龍王廟、宋公祠，兩岸有沙山。【略】過南旺下閘，亦名十里閘。東鄰馬踏湖，湖周三十四里，亦謂之南旺北湖。到開河鎮。

十四日，過劉老台，到袁家口。

十五日，過靳家口、劉家莊，至安山閘。

十六日，游靈雀寺。西爲安民山，山下安民湖，四面築堤置閘，以時蓄泄。再西爲梁山，接壽張界，本名良山。【略】至戴家廟。

十七日，過壽張縣界。【略】過沙灣，灉水南來入之。灉水本黄河支流，土人謂之西裏河。又過五孔橋，到張秋。【略】過荆門上閘，到下閘，有大德六年碑，至元五年碑，皆稱荆門爲景德鎮，下閘爲景德次鎮。

十八日，至阿城。【略】過上下閘、七級上下閘、劉家灣、官窑口、周家店，到李海務，其地近龍灣，徐有貞作減水閘，泄之徒駭河者是也。

又卷四　十九日，到東昌府通濟橋閘。東昌舊治在巢陵，宋淳化三年，河決城圮，乃移治孝武渡西，即今治也。【略】過東柳行墩，到永通閘。

二十日，過疏地淺、七里灣，到梁家鄉閘，屬堂邑縣。【略】過土橋閘，到魏家灣。徐有貞於此作減水閘，泄水於馬頰河。過青陽驛，到戴家灣。有來青寺，荒頹不可入，斷碑云：戴灣者，漯陽地。

二十一日，過新莊、雙淺鋪，到臨清關。過磚閘，到板閘。【略】過清真寺、寶塔灣，入夏津縣界，至油坊。

二十二日，過渡口驛、梁家莊，至武城縣。武城地卑土淖，東西有黄河、沙河故迹，一遇水潦，四境盡爲洿池。【略】過姚良門兒，至鄭家口。

二十三日，過防前梁家莊，到四女寺，又稱四女樹，在恩縣西北。

二十四日，過故城縣東，到德州。【略】舊有良店水驛。過安陵、黄家園、河口，至連窩驛，屬吴橋縣。

二十五日，入大龍灣，至御莊鋪，屬阜城。【略】又過油坊兒、下口，入交河縣界。過泊頭。《明史紀事本末》「流盗趙鐩等分掠河間、泊頭、慶雲」是也。過化城寺，風帆如之字行，三面見之，衛河最曲折，有回旋往復之勢。【略】過齊家堰、薛家窩，入南皮縣界。

二十六日，過掘地兒，到滄州。【略】過馬廠汛、流河驛、唐官兒屯，到雙塘兒。

二十八日，過靜海縣。【略】過獨流。【略】過新口，到楊柳青。【略】過北斜汛、曹家莊，到天津。

二十九日，同舟人惠起車行。水程從天津過丁字沽、尹兒灣，至桃花口，有桃花寺。又過滿溝兒、下老米店、楊村驛、南北蔡村、磚廠、黄家務、蒙村、白廟兒、河西務、王家浦、魯家渡、紅廟、蕲家莊、扳罾口、蕭家林、漷縣、馬頭、火燒屯、公雞店、沙鍋堆、李兒寺，至張家灣。

三十日，書定驢券。

六月一日，過唐家灣、馬坊口、老米店，到楊村，屬武清縣。

二日，到河西務。自元以來運漕要途，元時有十四倉，明初由直沽敗元人於河西務。今爲商民攢聚，舟航輻輳之地，京東第一鎮也，户部分司於此榷税。東爲打魚莊、楊口驛。

三日，入通州界，過漷縣，馬頭。【略】過張家灣，其地爲盧溝河、通會河與白河會流處。通惠河亦名大通河，源出昌平州。元萬户張瑄督海運至此而名，乃南北水陸之要會也。有廣利閘在中馬頭，大通關在長店，百貨匯集，船舫駢臨，弦唱相聞，最爲繁盛。自此至通州十五里，通州至都門四十里。是日不由通州，取便道行，日未夕入廣渠門。

周廣業《冬集紀程》　癸卯[乾隆四十八年]十二月十八夜，發落塘。柔櫓乘風，輕航溯月，不覺其爲寒宵也。經長水塘。【略】過梅會，東方微露曙色，離舍四十里矣。

十九巳刻，抵嘉興，過盛福百春。所杉青閘。【略】晚遇西南風，舟行甚駛。

二十曉，抵吴江。避糧艘，從龐山湖達吴，趨風利如昨。泊胥門。

廿一，晝堂來會於申衙寓舍，致贐換船。將至京口，移泊閶門外。【略】

晚過崔淳初表弟寓，初更行至滸墅關，故虎瞬也。

廿二日，出關，順風揚帆，二十里至望亭。【略】隋置驛，唐李襲譽改望亭驛。今驛廢。晚抵無錫。【略】聞京口浚河，尚未開壩，將取道江陰，泊城外之江尖嘴。【略】初更風大作。是日遇鄰船會試者二焉。凡會試船用紅黄旂，大書「禮部會試」字，以便津吏驗放。余船亦爾。

廿三阻風無錫。

廿四至江陰，古延陵縣之暨陽鄉也。【略】晚泊北門。是夕爲小歲，俗祀竈，爆竹聲不絶。

廿五步至君山。【略】是日東北風，舟行曲折趁風，望彼岸浮圖，乍近乍遠，約兩時許始至。船大容五六百斛，中流欹側可畏。同濟數十人，或語余曰：今日平風最爲安穩，時值惡風涌浪，舟掀簸如桔槔，人隨之俯仰，多至嘔吐。【略】將至江岸，回望君山，正如水晶盤裏貯青螺也。肩輿三里，宿西門外侯氏。

廿六，靖江，一名驥江縣，惟一山名孤山。【略】是日午發行六十里，村落甚疎。夜行二十里，至黄橋鎮，慎齋弟先三日旋署，相見甚歡。

廿七，黄橋鎮，本名永豐鎮，在泰興縣之東四十五里。

廿八，閱通州、泰興二《志》。

甲辰正月初一，賀歲如家法，往東關外謁關帝廟。

初十晴，余將北行，慎齋餞飲。

十一，曉發行二十里，東北風大作，雪甚。遥望松柏林，瓊瑶錯落，殊可觀。入泰興城，宿袁少府泰。署。

十二辰刻，慎齋至。晚霽，月如晝。

十三出城，過印莊，古柴墟也。【略】夜宿泰橋。

十四立春，從泰興行二十里許渡河，又數里渡山陽河。晌午抵揚州鈔關門外，住盛姓店。

十五，余發本州。

十六，陳姻家邀游平山堂。

十七，屢遣人向關探問，會試船無自浙來者，不解其故，恨未能如趙公孫龍弟子一呼而船來也。旅舍岑寂，出韓昌黎文讀數首，大有意致。命酒下之。

廿一，午發邗江。自此至山陽爲隋所開，即通濟渠也。西南風順，迎流而進，不覺其難。晚泊邵伯埭。

廿二，經高郵州，宿界首驛内。

廿三，連日順風，舟子貪於前路，帆葉飽滿，易致傾側，令稍減之不可。【略】黄昏移泊北門。

廿四，風利如昨。經淮安，抵清江浦。【略】此水，今人謂之清河，縣所由得名也。午後渡河，河甚狹，一葦可杭。至王家營楊氏店。

廿五，僱車一，用錢三十千。時車價甚昂，解人尤甚。凡車用榆爲之輪，輪十字者佳，故曰桑車榆轂，聞聲數里。大車雙輪，故一乘曰一輛，駕三馬爲三套。余所乘兩馬、兩驢，亦爲三套。閩、粵、豫章會試者先後雲集，可數十人，所謂進如百川之朝海也。

廿六，晨發軔，行十餘里，遇雨。晚泊來安集。【略】余南人未習乘車，奔馳傾側，筋脈動摇，勞飢過舟居十倍。

廿七，行二十里，宿重慶集。以正站多候館，恐客無所容也。

廿八，與雞俱興，至仰化集。【略】夜宿順河。

廿九，行二十里許，雞始號。頓新店，午憩堰頭。【略】地屬宿遷縣，舊名宿豫，唐避代宗諱改。

三十，《公羊傳》所謂僅逮是月也。【略】是日曉渡義河，中流擊楫，事適相合，惟車輛積多，鬻渡者頓高其直耳。經邳州城，古下邳郡。【略】夜宿岔河，入山東境矣。

二月初一，馬蘭屯打尖，地屬沂州府蘭山縣。【略】夜宿陰平集。

初二，北望岡巒綿亘，土人云嶧山，即鄒山也。以其絡繹相連，故名嶧。【略】飯臨城驛，屬滕縣。折而北十里許，有趁墟人賣驢馬於此。【略】晚大風，沙四塞，半里内不辨村樹。宿南沙河。大雪，半夜始止。自出門至今，凡四遇雪。

初三，文昌神誕，車中虔誦陰騭文五徧，以當祝釐。朔風緊甚，雪與沙俱飛，寒氣襲人，足指瘃裂。迤二十里，過滕縣城。【略】飯界河驛。日方晡，僕夫以雪路澀行，早稅駕焉。

初四，曉過鄒縣。城外孟子廟棹楔巍峨，古柏葱鬱。方欲展謁，而操箠者恐妨就食，驅車徑過，悵然久之。既飯中山店，相距實止二里耳。

初五，曉霧彌空，行二十里飯。

初六，東風扇和，積雪皆融，一望平疇，麥含青色，大有蓬蓬遠春之意，但無所謂草奮鳩滜耳。經東平州城外。自此至舊縣爲東阿境，繞山坡行，大小石犖确，雖不甚危險，亦覺崎嶇。

初七，曉行大風。俗傳初八爲祠山張王生日，先有請客風意，其是歟？頃之黄沙四起，人面盡灰色。江南春時間亦有之，謂之落沙天，所著木葉草莖，悉如傅粉，莫知所由來，至此始知江南其波及者也。飯湘城驛。晚宿茌平。

初八，風沙如昨，午後益甚。飯新店。過高唐州，土産繭綢，績野蠶絲成之。【略】地屬濟南府。

初九，刮沙未止。憩甜水鋪。土人云本名苦水鋪，今改焉。【略】過浮橋口，宿劉智廟。

初十，平明始發，經景州城。【略】宿富平驛。

十一，由獻縣(曆)[歷]河間府，城中甚荒寂。晚宿三十里鋪。自渡江以來，所見樹楊柳爲多，夾道疎密皆此物，雪後略帶鴉黄色。獨未有青草。

十二，過任丘縣，故燕之鄚也。經趙北口，亦名趙堡口，始見積水，俗呼西淀。【略】是日經所謂古石門城者，下有碑書。

十三，經白溝河，古陽樂水，源出陽山，今屬永平府盧龍縣。過新城縣。【略】宿三家店。

十四，經涿州，城門榜云「日邊衝要無雙地，天下繁華第一州」。【略】晚宿良鄉南門外。唐時屬幽州，稱望縣。是日過琉璃河，古聖水也，房山龍峪諸泉委輸於此。

十五，盧溝橋跨盧溝河，本桑乾河。【略】進彰義門，皇都壯麗，車馬喧闐，士女雜沓，始得快覩焉。卸裝海昌會館，實棉花衚衕之西也。

王昶《臺懷隨筆》 乾隆五十七年，駕幸五臺，擇以三月初八日啓鑾，蓋西巡第五次也。【略】是日曉微寒，日出，御膳泉宗寺。寺地近玉泉，水脈往往隨地湧出，疏林晻靄，水田若方罫然，頗有南中之勝。十二里過西頂，蓋奉碧霞元君之神，廟極壯麗。過夏莊尖營，又西過拱極城、盧溝河橋，河水初生，未盛也。又過趙新店尖營，至黄新莊行宫，爲良鄉縣境。

初九日，從黄新莊行，至俞家莊尖營。過梨園店，爲房山縣地。途間有賈島墓，傍奔牛河，爲韓村尖營。遥看望海陀、泰湖嶺，皆石經山支隴也，綿亘數千里，隱約雲際，早陰，晚晴霽，稍有塵埃。

初十日，晴暖如昨。過石經碑洞，其北數里爲隋静琬法師樹碑刻經於此，山因以得名。【略】二十一里過石亭尖營。度昇平橋，其下有西巨馬河。又十八里過薛家莊尖營，又十六里至秋蘭行宫，是淶水縣境也。望檀山、石龜山岡巒起伏。

十一日，二十六里至安河尖營，有御製詩碑亭，易州界也。又十五里至良各莊行宫。晴暖更甚，節近清明，故和煦如此。

十二日，清明節前一日也。聖駕於寅刻詣泰甯山，展謁泰陵。禮畢，又謁泰東陵。【略】禮成，還至良各莊，又十三里抵東北谿。途中有荆軻村、樊館山諸勝。【略】自良各莊而西不設行宫，但以蒙古包布城供駐蹕，蓋崇儉也。

十三日，二十一里過淶山營尖營，又二十里過范村尖營，又二十里至龍山大營，爲安肅縣地。

十四日，二十里過黄各莊尖營，是滿城所屬。【略】又二十里過五侯村尖營，又十八里至五郎村大營，完縣所屬。

十五日，二十五里過莊里河尖營，又二十五里至東都亭大營。是日兼程過完、唐兩縣之地。祁河自東而西，凡數曲，皆有橋亙之。途中望伊祁、大騩山屏列雲表，五雲泉出於此。頻日燥熱，風沙滿目，是晚稍寒，微雨。

十六日，曉行，雨已霽，猶未霑潤也。過靈濟祠，座落二十三里。又至隆村大營，二十五里。兩旁山勢漸逼，廣利河出龍蹟山，南流注於祁河。滱水自山西代州來，亦與祁河合，蓋上曲陽縣境也。

十七日，早寒。二十里過赤磵橋，又過雙楊庵尖營，又十八里過槐樹埝尖營，十八里至王快大營。沿途見麥苗葱翠，枯柳生稊。東北大茂諸山俱峰巒峭削，松柏秀鬱，蓋山色至是又一變矣。

十八日，晨起極涼。自王快鎮二十里過張家莊，又十七里過普佑寺，寺頗宏麗。又二十三里至法華寺大營，蓋阜平縣境也。

十九日，二十四里過靈應庵，兩山漸逼，山桃作花殊爛熳。二十二里至大教場行宫。途間有紅草河、梨雲鋪諸勝。

二十日，自大教場啓行，月甚明。過招提寺尖營，兩山盤旋曲折，徑已狹。又十里過印石寺尖營，爲龍泉關。關有城，氣象峻整。從此盤屈而上，下臨絶壑，幾八九里，名長城嶺，雉堞參差，或云即蒙恬所築者。以余扈蹕所經，如田盤之蓮花嶺、古北口之青石梁，斗峭皆不如也。過嶺即山西界，殘雪尚存，凝冰未化，馬蹶滑磴，時有戒心。巳刻至臺麓寺行宫，北爲射虎川，聖祖殪虎於此；南有挂甲樹，俗傳楊延昭曾挂甲也。午前清寒，復須重裘矣。往年過嶺輒遇風雪，今晴朗無塵，扈從者皆額手志慶。

二十一日，寅刻微雨，入土二分，卯刻復雨，旋霽，頗可壓塵。十八里過金剛庫尖營，望西北諸山積雪，玉簪粉章，高與雲齊。【略】又十八里至白雲寺，上入寺禮佛畢，還宫。

二十二日，上過殊相寺拈香，又上菩薩頂，頂在行宫上三里許，蓋山之主寺，以奉曼殊師利者。上拈香畢旋宫。申刻大雪繽紛，至亥刻止。

二十三日，晨起望顯通、羅睺、塔院、南臺諸寺，紅牆碧瓦，皆在珠雪中，絶景也。因各山徑雪厚盈尺，未易掃除，命暫停臨幸。

二十四日，晨晴。上幸鎮海、顯通、羅睺三寺。午後，余亦策馬往禮。【略】晚雨，迄亥刻止，西北諸山則皆雪也，聞東磵寒流琤琮不絶。

二十五日，晴。卯初刻，上詣菩薩頂。

二十六日，西北風，寒頗厲。上幸殊相寺而還。

二十七日，早寒。

二十八日，至臺麓寺。

二十九日，丑正三刻起程。以御道不便先行車，策騎過長城嶺。月黑雲濃，盤旋曲磴，俯視深澗數百仞，殊自危也。清曉雲霽，微晴。至大教場頗熱。

四月初一日，過靈應庵尖營，在右山脚盤互。橋下泉流淙淙然稍作響，山桃花亦爛熳矣。晚駐法華。

初二日，晨起北風甚勁，日出，塵埃蓬勃，蓋長城嶺以南未得雨故也。午間微雨數點，夕漸陰，西北風呼洶竟夕，行帳多偃仆破裂者。

初三日，晴。二十里過龐家莊尖營，又二十里過大山寺尖營，巳刻至楊家莊大營，蓋行唐縣界。

初四日，自楊家莊二十里，過南楊村尖營，係行唐縣界。踰郜河，過半壁店尖營，又二十里，又踰木刀水，至樺皮村大營，是新樂縣境也。

初五日，踰滋河，蓋源於五臺縣，下流入於滹河。十七里過北縣村尖營，又二十一里至真定龍興寺行宫。【略】自是而東，皆常經之地也。是夕陰，微雨。

初六日，駐蹕，上幸崇因、廣惠兩寺。莅望河亭，亭在府北門外。

初七日，自龍興寺至二十里鋪，爲尖營，進膳。又踰滋河，二十里尖營，爲小吴村。踰木刀溝、浴河，至趙村大營，是新樂縣境也。

初八日，浴佛日也，晚涼。踰郜、沙兩河，二十里過劉家莊尖營，又踰孟良河，南亘明月店。過南會洞尖營，亦二十里。又十三里，至定州衆春園行宫。

初九日，二十里過唐河，又過黑龍泉，是爲清風店尖營。又二十里過七里鋪尖營，望都縣界也。湧魚八泉合流，遶城東西而南。上詣堯帝廟行禮。余前所寓者堯母陵殿廡在城内，此在城外。又二十里至膏腴堡大營。暖如前。

初十日，早涼，繼以微雨。過月河、方順兩橋二十里，經陘陽驛尖營二十六里，又十五里至保定府城靈雨寺行宫。

十一日，駐蹕，上詣蓮池書院。

十二日，十八里過長樂村尖營，踰漕河，又十八里過茂山衛尖營，過支河、瀑河，至新莊大營，安肅縣境也。

十三日，十八里過黄家莊尖營，又十八里過巨馬河，爲劉村尖營。又十八里過藍溝，至紫泉行宫，新城縣境也。

十四日，二十五里過三家店尖營，二十三里至涿州，督亢亭、樓桑村遺址皆所經也。

十五日，自涿州至仙峰坡。二十二里過弘恩寺，駕入拈香。又二十四里至黄新莊。

十六日，駕回圓明園，余歸勾蘭衚衕寓所。

吴錫麒《還京日記》 乾隆五十八年，假滿還京。九月二十八日起身，兒子清學侍行，諸親友送出北新關別去。解維行，四十里至五林港泊舟。遠望超山，黛眉呈態，雲開煙合，濃淡有情。

二十九日，曉過塘棲。晚泊石門縣，夜大風雨。

三十日，曉雨。過匯秀禪院，鐘鼓無聲，風煙俱浄。接寺皆青松紅樹，窈窕相臨。下多罾魚者，寒滴打蓑，時聞清響。【略】午至羔羊亭，雨始霽。得順風，天末素帆如牆而進，雙眼通明。晚泊嘉興北門外。

十月一日，曉移泊端平橋，水市喧闐，一路皆蝦菜船也。早飯後買小舟，至角里街。

二日，陰。舟人五鼓解維，比曉已過王江涇矣。虛煙抹林，如潑水墨。清霜變葉，間雜丹黃，茅屋幾家，稻堆高於檐角。酒帘一桁，漁艇聚於門前，足暢吟襟，尤饒雅趣。經平望，眺鶯脰湖一鏡澄明，四遠無際，佳饒菱芡，亦富魚蝦，誠水國之沃區也。居人多捕魚爲生，鸕鷀一軍，參差出没，鳴榔厲響，如聽指揮。午後至吴江，得順風，晚抵蘇州。

四日，曉冒霧發舟，天水混合，孤帆摇曳，洋洋無依。至滸墅關始開霽。午過望亭，茂林修竹間楓樹一株，紅衣曬晴，倚水獨立，宛如戴文進《秋江圖》裏人。晚，望見錫山一塔，亭亭從雲影中脱穎而出，亦入畫。本夜泊無錫，是日立冬。

五日，曉起宿霧猶白，殘星獨青，舟人放帆，行已數里矣，九龍山色恰掠余面而過。至藩封，東南風大作，舟行若奔馬。午後抵毘陵，過東坡艤舟亭。【略】夜雨。

六日，舟人四鼓發舟，時聞雨聲灑篷，至曉方止。過呂城、陵口諸汛，一路陂塘漫衍，水陰時生，草樹蕭蕭，寒意可掬。抵丹陽，晚泊。是夕大風。

七日，曉發，風尚未息。過練湖，風水相激，浪大於鵝。按練湖即曲阿後湖也。至黄泥壩，【略】小泊移時。午後次新豐，【略】晚頗寒，雲起如墨。夜行，達京口驛。

八日，渡江，旭日始旦，微風不瀾。【略】抵揚州。

十四日，開舟過揚關，舟人候船票不及，發晚。

十五日，晚發，午至灣頭。又二十里抵召伯鎮。【略】稱爲南北孔道，商賈所會，閭閻且千，亦廣陵之附庸也。晚去鎮十里泊，圓蟾在天，流光徘徊，照人不寐。

十六日，曉過腰鋪，望召伯湖。時天寒水縮，平波鏡清，無風濤之異。若伏秋之交，黄水勢大，淮不能敵，往往上帶汝、泗、壽春之水，跨高良澗、武安墩，過山陽、高寶，盡注於召伯湖，大浸稽天，此爲最險。【略】夕泊陸漫溝。

十七日，曉過界首驛，以高郵與寶應分界，故名。一十里至氾水鎮，即氾光湖口，煙波浩淼，鱗族滋生，設斷羅筌捕者甚衆。【略】晚泊寶應。

十八日，曉過黄浦鎮，鎮以黄浦溪得名，其水西通運河，東入淩溪。舊有堰，相傳吴王濞所築，今廢。十五里至平河橋，貫貿之區，帶以村落，林邊曬網，肆上飛帆，亦一巨鎮也。《志》稱運河水至此平，故受斯名矣。夕抵淮城。

十九日，移舟泊西湖嘴。

二十二日，曉過板閘。宋故沙河所經處，明平江伯陳瑄於此建閘，開漕渠，先以板，故名。午至清江浦。

二十三日，遣人往王家營雇車。晚大風。

二十五日，渡河，渾渾洪流，雖寒水不波，猶可想其下龍門、駛竹箭之勢。是日宿王家營堂子巷陳必昌店。晚雨一陣。

二十六日，晴和，暖如春。看行李裝車。五家營爲南北孔道，發輻寫鞍，仕商交湊，卸帆者回頭彼岸矣。

二十七日，晴。飯於漁溝，小店數間，背臨流水，鴨雛浮緑，葦葉瀋黄，可入畫本。晚宿衆興集。

二十八日，五鼓發車，曉至崔鎮。大風從西北來，寒水始冰，若合龜兆。【略】晚宿於宿遷城外。

二十九日，從宿遷開車，時方四更，遠火微明，荒鈴暗咽，尖風刺骨，破被生稜。度永濟橋，橋在駱馬湖，西湖水由此東注，入六塘河歸海。午後至堰頭鎮。

十一月一日，過邳州，古下邳縣也。雉堞參差，濠水清澈，疏楓老柳，掩映爲佳。晚宿汊河。

二日，從汊河開車，二十里交山東嶧縣，以葛嶧山得名，即《禹貢》之嶧陽也。午飯於馬蘭屯。【略】宿陰平，漢陰平縣地。

三日，早飯於臨城鎮。【略】又三十里爲官橋，橋跨薛河，河之北有故薛城，城東有孟嘗君封地碑。晚宿滕河，俗名南沙河。

四日，夜過滕縣，寒犬相吠，荒雞亂鳴，枯楊蕭蕭，落葉槭槭，每動靡及之感，不勝于役之悲。【略】飯於界河，爲滕、鄒二縣分界處。望嶧山，石如累卵，旁綴窈窕，中通玲瓏，青翠之姿，積爲遠色。【略】午後過鄒縣。【略】城南有孟子廟，古柏森竦，寒翠逼天。【略】晚投東山店宿。

五日，夜過滋陽。【略】飯於高吳橋，爲洸水所經處。時曉色初白，林煙更清，禽離宿棲，犬動寒吠。計行已五十里矣。午至滕村，居人葭牆，土銼近數百家，亥市竟喧，星貨雜集，間以離披敗柳，亂影相攙，夕照欲迷，村落如畫。晚宿汶上。

六日，大風。飯於東平，古須朐國也。又三十五里爲陽穀店，又二十里爲南穀鎮，即東阿舊縣，俗猶以舊縣稱之。一路山石犖确，陂陀蜿蜒，臨高降深，不勝惴慄之懼。亦有白羊千百，騰踔其間，細毛豐髯，望之如雪。

七日，過東阿。飯於桐城驛，大風陡作，黄塵漲天，食頃始息。今年司冬妍暖，雖渡河而北，蘆碕柳磧，冷緑炫姿，猶是殘秋光景。自連朝風緊，摇落有加，脱木寒條，對之蕭瑟。晚宿茌平。茌音池。

八日，夜行，西北風尤勁。午過高唐州，城中浮圖十二級，頗極宏麗。【略】夕宿腰站，爲平原縣界。

九日，開車行十里，至金雞店，村雞方喔喔也。過恩縣，舊隸平原，爲趙勝所封地。又二十里，飯於甜水鋪，舊名苦水鋪。午至德州，接神京之軫，倚衛河而城，水陸所交，輪帆畢湊，人煙稠密，商貨紛紜，亦一大都會也。晚宿南留智廟。

十日，曉起甚冷，日色爲寒氣所薄，殷紅慘慘，逗瘦木中，景狀甚異。過景州，【略】晚宿阜城縣。

十一日，曉行五十里，至富莊驛，乃交河、獻縣分界處。【略】午過單家橋，以單姓所建，故名。宿獻縣。

十二日，夜過臧家橋，滹沱水所經也，世稱爲胡盧河。晚宿新中驛。

十三日，過石門。【略】午至趙北口。夕宿雄縣，即古易京地。舊設瓦橋關，與河間高陽關、霸州益津關號稱三關。【略】今則人煙密湊，雞犬相聞，平原大野間惟有麥隴禾塍，廓然彌望。【略】是日微陰，曉來月色透煙而出，寒芒炯然，如在水晶世界。

十四日，從月下起程，行六十里猶未曙也。飯於公雞店，喔喔嘐嘐，纔流雄唱。又三十里至巨谷，寒煙落木，瘦日孤村，策蹇徘徊，足寫荒山行旅矣。晚宿固安。

十五日，自固安渡渾河，行月色中。【略】行十餘里，村店中稍有賣酒食者。遠火乍生，犬聲狺狺吠客，頗似輞川夜景。俄而荒雞四起，曙色漸通，清寒特甚。過黄村，訪汪柳湖司馬應紹不值。午後進右安門。

（越南）李文馥《使程志略草》［紹治元年三月］初十日，同候命官諒按官進至關上仰德臺之左右廊，少歇。先是，諒省官循例將使部人數霜數咨知內地太平府員，內地亦將護接員數開由交諒省知會。至是，內地官員於關上仰德臺會齊，各委出通事，兩相通帖問好，訂以午時啓籥。晝時，內地官設祭關門之神，放砲開關，使部並候命官諒按官各具大朝品服，奉迎國書，扈隨龍亭。至仰德臺庭前龍亭止，正候命官跪捧國書加額，太平府官接捧，安於臺之正中龍亭。內地官員分班侍立，儀衛整肅。使部與候命官諒省官趨庭行三跪九叩禮。內地通事贊排班，班齊，跪，叩首凡三；興，跪，叩首凡三；跪，叩首凡三，興，分班。禮成，退回仰德臺，各换烏袍角帶禮服，候命官諒省官具贄見送好禮牛、羊、猪、米酒、銀、絹扇、桂、象尾、幅㻛等項。再同使部過關，參見內地官員。內地官延坐款茶，殷懃慰答，只領蠟瓶象尾等項，餘皆璧謝。頃之告退，復回仰德臺，更换常服，各具由繕疏並咨部公文，轉交諒省發遞。遂與候命官諒省官作揖爲别，鑾行隨人員，飭扒箱臺過關。內地换扒輞夫擡夫進行，放砲過關。初抵關時，兩國官兵各於關傍山上張旗執㦸兩相對，凡三四百夫，關既閉，各虚放鳥鎗爲别，例也。時南北民人觀者如堵，其從來未見像象形者尤聚觀焉。是役也，內地官員主其事兼護左江兵備道署太平府李閈，接護則太平分府王濟，馗纛營昭武都尉馬國慶、武略騎都尉鍾廣仁、鎮南關武略騎都尉李忠沛，長送則太平府正堂景鯤、義寧協鎮都尉都督府熊宗貴、候補政廳朱服，通事則李郁文、農太□。是日行經關前隘溏，至幕府公館駐宿。使部帑頓，例由沿途所在官按時供給。使臣每員一桌，或合爲一桌，行人二桌。自此每到駐宿，必令通事賫名帖，就長送答好，水陸程途皆然。自過關至此，連山錯落，行路崎嶇，惟此地稍稍開曠，其營四圍磚城，城門有大榕樹，旗書「恩覃九有」等字，中列瓦屋。

十一日，進行，經卓治塘。庯舍稍稠。憑祥庯新添塘，申刻至受降城公館駐宿。館門外大黄旗二竿，一書「南關鎖鑰」，一書「西粵干城」。按內地塘法，每十里或十五里、二十里設一塘，許塘兵六七駐守。塘各設兩柱爲門，横書其塘等字。旁設火烟墩，以備警報。廣西一轄塘設火墩三，湖廣河南以內塘設火墩五。道光初又增設上下汛，或五里、或十里，加置卡兵駐守。每見使部與長送兵到，則塘兵或許兵卡兵鳴鑼發砲，跪於道旁候接，水陸程途皆然。每所設塘或汛旗書盤。輯奸盗字。

十二日，早行，經下石州界分、白馬塘、馗纛營、松林塘。午後，到明寧城津次，留寄輞子，捨陸而舟。使舟七，各有黄旗一竿、燈籠二柱。就中使臣船三，旗與燈各書「越國大陪臣」、「二陪臣」、「三陪臣」等字。行隨舟四，各書「越貢使」等字。又長送船六，通事船四，旗與燈亦書其職官。是夕俱於此停泊。知州葉圭祥備辦暮飯一頓，再備物供應，凡船内所需器皿物件及日用之飲食燈燭油蠟柴炭，件件具足。爰委將土宜具帖送好，伊官辭弗敢當。土宜六色每色各四。按：寧明州，唐爲思明，宋隸永平，元改縣州同此思明路，明又改思明府，清改寧明州，屬太平府。州城臨江，西門前有銅柱，東有水月庵，南有太子井，屋舍頗稠，船艘亦聚集。自南關至此，可稱爲小小都會。城距府位一百二十里，江口上流，從本國諒省之安博禄平州來，曲折縈迴二千餘里，至貽州㕣平漓江，是則左江云太子井，或云元太子南侵時戰敗，因渴掘井得泉，故名。又按：自過關至此，土人言語衣服略與諒山省同，本國鉛錢尚可通用，自此以往不復用。自寧明以往，所過地方官各按轄下站數，站給稟銀，陪臣各一錢，行隨各五分，共九十七站半，去回皆然。

十三日，早爲文祭寧明江之神，舟由水程進發。羊猪禮品由州官辦，給之銀不受。自此所過祠廟所禱告者，禮品各由地方官辦，給銀皆不受。【略】是晚，抵珠山塘江次山麓泊。

十四日，早，開船。自此江岸連山峙立，石壁屹然，或一邊石山，一邊土山，皆以山爲岸，足見天地造設之奇。

經瓜辰塘，對岸有大花山，山腰石色如丹，有人馬旗鼓之狀，俗稱黄巢兵馬山。【略】又經紫霞洞、窑頭塘、江口塘、羅村塘、鄧勒塘、進數里暮泊。自此所過諸江口所設巡司所，旗書「裕國通商」等字。

十五日，開船，經白雪塘、揚額塘、馱揚塘、馱覺塘。對腰有掛榜山，石壁千仞，山腰稍低處顯字甚多，如文魁梅蕊雲路等字，蓋水漲辰舟，行者顯之。盤馬塘、歆波塘、上牌灘、下牌灘、水口塘、壺關塘、深暮至太平府城津次。【略】所過州轄，各有巡舟換扒護送，謂短送船，旗書「巡查河道」。

十六日，委將土宜具帖就府鎮縣員送好，俱璧謝。【略】巳刻縣員委貢食品帖來送款。使臣三桌，隨行三桌。爰支出土物銀，再給許送食之夫役等有差。辨差則給之銀一□，牙扇或煽三物；撞夫則給以錢三四百文，下同。自此所過之州縣官，各具帖來答問好，并送品食，使臣亦委將名帖并土物送好，他皆辭弗受。寧明州差役辭回，給之土物牙扇煽各一，或象尾毛一。而遣之。使部改由崇善府供，後凡所過州縣，各按轄委員於界首接候，備物供應。其前次差役辭回，各給以土物，餘俱做此。

未刻，委帖就府鎮縣員辭行，他各有帖來送别。尋即開船，經硯岸山龜龍塔。江中有石嶼頗高，上有古塔一座，塔凡五級。此後所過往往有之，蓋州縣以爲一境之鎮，非浮屠塔也。進里許，以遇雨泊。

十七日，開船，經隴黄塘、三泊塘、黄巢城、冰港塘、沖燈塘、沖口塘、馱村塘、馱珠塘、瀨湍響水泉、教城塘、徐峽塘、八索塘、銀甕灘、至錢灘、馱峽塘、馱思塘，暮至竹□塘次泊。

十八日，開船，經觀音灘、慈容灘、廣訪灘、梨花塘、安定塘、白沙灘、隴阜塘、美人山、摩窑塘，市肆頗稠，土人多業清油，即落花生之油也。暮至馱丁塘江次泊。自寧明州至此，田瘠村稀。

十九日，開船，經那勒塘、隴椿塘，巳刻至新寧州城津次泊。署知州莫鍾琪帖來答好，并送品介，各照例往復如前。長送官隨即催捉開行。【略】即於午刻進行。經金鷄洞、山腹中，奉呂仙，石刻「金鷄仙洞」字。觀音院、文昌閣、新灣塘、那歡塘、龍頭塘，有龍頭市，人烟頗稠。扼鶏塘、米場進數里暮泊。

二十日，早開船，經羊村塘，自此江岸多是土山，江道漸漸開廣。將軍灘、那正塘、石馬灘、魚躍灘、上林、下林羊尾塘，有三界廟，樹木森然。新沙大灘塘、三江口塘、白沙、魚鯉、老口、村子、托州等塘，沿江民居稠。石皁西鄉卡頭塘。未刻，至江西岸塘，即南寧府城津次泊。岸左見有弁兵布列竚接，軍容甚肅。津次設江亭一座，扁題「雲帆遠濟」四字。江岸與城上下觀者以億萬計。知府劉夢蘭、宣化知縣柳際青、武翼都尉揚毓果各具帖來問好，并送品介，乃照例往復如前賞給。自此所到治所津次，均設江亭。亭用粉布或彩帛結之，以備陪接長送官，或延接使臣。

二十一日，開船，過卡路、豹子、私鹽、瓦缶、冷水等塘，青山塔。未刻至剪刀塘，以風稍大泊。

二十二日，開船，縣給灘師，每船二三名。蓋先路多有灘磧，須扒土苦熟手者以資幫護。行過灘塘老子岩，扁題「道本真道」。八尺、袴衣、釣魚、笛人、大涌、大沖、東瓜、水昡、大凍、門頭、伶俐、例裝、盤石、虞井、日麗、白沙等塘。深暮至永淳縣城津次泊。縣員具帖送好，仍照往復賞給如前。是夕發許内地通事每名銀一□，桂一片，□絹布牙扇、煽屏各一。

二十三日，開船，永淳縣換扒給灘師。經過卡頭高村江口，池鄉、火烟洞、開尖角等塘。申刻，至飛龍塘，以風大灘險泊。

二十四，開船，過麥麵灘，江流斜曲。丁村塘，平江口，居民頗稠，有一支水自廣東來。塞口，南鄉，米阜，三州，西津等塘。未刻，至州前塘，即横州城津次泊。知州德興具帖送好，再令二子來拜，給之牙扇象尾，二子拜領，餘各照例往復如前。尋移數里暮泊。

二十五，開船，行經曹村、清江、茶亭等塘，茶亭山、半山洞，洞中奉佛，禪房僧舍在焉。州堤塘、苦竹塘、通天岩，洞通日影。掛紅阜、寧福塘、大司灘。未刻至伏波廟津次，暫備辦祝文禮品，具常朝服詣禱。【略】禱畢輒行。抵五險灘，增給灘師最熟手者幫護。經龍門塘，至孜起灘。灘凡五，起立一壁，二龍門，三虎跳，四轉兒，五掛蛇。五險明王貞吉改爲孜記灘。灘石横樹高低，巨小希列，散亂於江流間，水流激石，其聲彭彭。舟行迂曲，東趣西避，令人毛骨俱凜。申刻，歷五險灘，俱無恙。使船與長送官船各具清安道喜，灘師辭回，賞給銀錢，慰而遣之。暮至大嶺塘江次泊。

二十六日，開船，經香江塘。午刻，至鯉魚塘，即貴縣城津次泊。知縣世襲恩具帖送款，仍往復賞給如前。未刻，進經古塔二座，至城裏暮泊。

二十七日，開船，經東井塘。巳刻，至大灣塘津次，遇狂風暴雨，暫泊。頃之進行，至官江塘暮泊。

二十八日，開船，經福山塘。巳刻，抵潯州府城津次暫泊。府縣員各具帖答好，縣員再具帖送款，仍具往復賞給如前。【略】未刻，移船，進數里許泊。

二十八日，開船，經兩岸合水處，至烏江塘。江口有烏玉廟，扁曰「三江一柱」。過至南平縣城津次暫泊。縣員送復如前。至白馬塘，梁狀元廟。【略】經十二磯塘，至黄婆塘，暮泊。

三十日，開船，經火燒塘。巳刻，至三合塘，即藤縣城津次暫泊。縣員具帖送好，仍復賞給如前。【略】午刻，復開行，經三合水龍母廟，至三合嘴塘。旁有三界廟，庯舍甚稠。暮泊，至梧州城津次，江水甚赤濁。【略】按：前古使路，自安南黎正和以前，使船至梧州，順流東下，經至廣東省城。永盛以後，船由梧州逆流，泝漓江上廣西城，至今遂定例。

四月初三日，辰刻開船，泝江而行。午至大利塘，以雨泊。初四日，開船，至倒水塘，暮泊。初五日，開船，至烏龍塘。有小江，與大江相連，大江水濁，小江水清。初六日，開船，未刻至下古攬塘，以江流太急，泊。初七日，以江流太急，船路不前，仍泊。初八日，至攬水塘，暮泊。初九日，開船，經楊令公廟，三門灘。石磧横江，如門如户。巳刻，抵沙中江次。【略】暮乃泊。初十日，開船，經令公廟、五將塘、深中塘，泊。十一日，經碁灘，江心窄狹，舟行甚難。楊公砲臺，傳是楊文廣出兵嶺南時所築。又過泓灣、浮珠，暮泊。十二日，開船，未刻至昭平底塘，即昭平縣城津次泊。縣員送好，往復如前。【略】十三日，經劉三烈廟，【略】至平峽塘泊。岸有山水廟。十四日，開船，至逢沖塘，暮泊。十五日，經象碁灘，此灘最險，岸上石刻廣東布政廣國林脩水陸階經字。至巴江塘，暮泊。十六日，開船，至結大塘，暮泊。十七日，至長灘塘，暮泊。十八日，開船，午刻至平樂府城津次，暫泊。平樂縣送好，往復如前。兩岸連峰，奇秀如畫。【略】十九日，經行至五打連灘，再進里許泊。江中迭起五洲，沙草茂密。【略】二十日，巳時至包水塘，即湯朔縣城津次泊。【略】行至瀑布塘，深暮泊。【略】二十一日，進至羊蹄塘江分，深暮泊。二十二日，進至大墟塘，深暮泊。大墟庯亦小都會。二十三日，過桃花灘、劉仙洞，【略】暮至舳艫塘泊，抵廣西城湛恩停津次泊。

道光二十一年五月【略】初一日，雨甚，水漲，仍泊。初二日，晴，巳刻開船，經白石塘，進數里泊。此江曲狹，多水踏車。初三日，薄暮至靈川縣城次泊。縣員送款往復如前。又按：靈川屬桂林府，近城有石橋，兩岸有田，村人多作水車灌田，奇峰至此而盡。初四日，申刻至大落江次泊。江岸庯舍頗稠。初五日，【略】至娘娘廟泊。初六日，至黑石塘暮泊。初七日，至社公塘泊。初八日，至畫眉塘泊。初九日，經畫眉山，進數里泊。初十日，進四五里泊。十一日，進三四里暮泊。十二日，經八徒暮泊。十三日，至雲霞徒暮泊。十四日，至興安縣城，稍進暮泊。十五日，知縣送款往復如前。巳刻船行，過□來石，石左刻「夜月潭輝」。過張劉李三墓，至龍王廟。【略】十六日，船行順流，八三湘江，至何家陡花橋，沿岸有何家祠，一帶皆何族。【略】十九日，至禄阜塘，進里許泊。二十日，過兵書山，俗傳武侯兵書山，現存石刻。又過洋湘合流三岐處，岸上有禹皋廟，扁「功在平成」。是夕至永州府零凌縣城次泊。縣員送好如前。【略】二十一日，過梧山，即三吾景勝。【略】深暮至祁陽城泊。縣員送好如前。【略】二十二日，至黄泥塘暮泊。二十三日，至北方司塘泊。二十四日，至衡州府城津次泊。府員送好如前。【略】二十五日，至衡山縣城次泊。縣員送好如前。【略】二十六日，至晚洲灘夜泊。二十七日，至湘潭縣城泊。【略】二十八日，過包爺廟塘，扁「一笑河清」。至長沙府城，即湖南省城津次泊。長送就船問到該府員答取官啣。

六月大，初一日，過□子塘，有包公廟，魯班廟。至湘陰縣城津次泊。送好如前。【略】初二日，【略】風起，且停泊。【略】初三日，五更半，開船，泛湖，過鹿角塘。【略】初四日，至羅山暮泊。初五日，過南屏山，即葛諸求風處，又三峽口，即赤壁鏖兵故地。又八小港，近嘉魚縣城津次泊。縣員送好如前。【略】初六日，過至口塘。【略】初七日，辰時到湖北省。【略】十一日，漢陽縣給□陪臣大轎三，行人中轎八，隨人竹椅九。未辰進行，申至黃波縣聶口塘公館宿。送好如前。十二日，點心訖，進行，午至雙廟公館，中伙。午飯謂中伙。暮至孝感縣宿。【略】十三日，【略】是日仍停駐。十四日，【略】定以明日早行。十五日，進行，未至對蘆，中伙。申至小河司公館宿。十六日，經小河至廓店中伙，屬德安府。未至廣水塘宿駐，屬應山縣。按：應山廣水驛，即明御史楊公連鄉。【略】十七日，過武勝關，是湖北河南交界。未至李家寨公館駐。信陽知州答好，往復如前。十八日，過淮水。申至信陽縣住。答好往送如前。十九日，經先賢子貢祠，子貢爲宰碑，申刻至明港驛。二十日，申至三里店館住。二十一日，申至遂縣城住。二十二日，未至西平縣住。二十三日，午至郾城住。【略】二十四日，未至臨潁縣城書院住。縣員送好，往復如前。二十五日，申至直潁許州城住。送往如前。【略】二十七日，至古管城住。二十八日，至岡里塘住，屬滎澤縣。二十九日，過黃河南岸，半更渡過北岸，深暮至亢材驛住，屬獲嘉縣。【略】三十日，至石水橋，即八新縣三樂堂住。

七月小，初一日，逾百雉重關門，即抵衛輝城住。【略】初二日，過比干墓，午至淇縣城住。按：【略】初三日，經子貢故里碑，至湯驛住。【略】初四日，至湯陰縣城，詣岳武穆王祠謁，再行出北門，經文王羑里演易處碑，又過宋韓魏公故里，抵彰德府安陽縣城住。城中有韓公祠，扁「兩朝顧命定策元勳」。【略】初五日，過豫州石界碑，渡彰河，有銅雀遺址。又河南北多堆草埠，傳是曹操疑墳。至磁州城住。又按：河南、直隸二省，多車馬往□來，官家富家所乘車乘，紗窗彩帳，裝飾甚華。【略】初六日，過二程講易石碑，至邯鄲縣城住。初七日，至永年縣城公館住。【略】初八日，就順德府城外公館住。城外有商祖乙故都碑，北城數里有豫讓橋，並記事碑。初九日，申刻，至內邱縣城公館住。【略】初十日，抵柏鄉縣城公館住。十一日，過光武千秋亭，即鄗南即位。未牌入趙州城內公館住。十二日，午至欒城縣公館住。十三日，渡滹沱河，至正定府縣合住。【略】十五日，經羲皇聖里碑，申至定州城住。十六日，經陶唐故都至帝堯廟。十七日，深暮至直隸省城定保府公館住。十八日，見省官禮成如前，午末進行，挽橋章升車，夜二更至安肅縣城住。十九日，暮至河驛公館住，定興縣送好。二十日，抵琢州城住。二十一日，長送官以風雨泥濘，訂宿舍住。【略】二十二日，過永濟橋。【略】又過琉璃橋河，入良鄉縣公館住。二十三日，已至長新店中伙。【略】二十四日，至盧构橋北，有盧构曉月石碑，此燕京八景之一。巡司點霜數而行，經洪極城威嚴門外，傍城而行，抵燕京外城，過皇城大清門前，就禮部堂王會館，左行廊所。【略】出，登車，經皇城西安門，就四譯公館住。

高延第《北遊紀程》 咸豐元年春，由蜀入都，季秋復返，往來道塗閱百日。旅邸無事，凡所經由，輒於燈下記之，以志一時之遊歷云。

自蓬州起程，東北行，六十里住王家場。州城面嘉陵江，一名西漢水，至重慶合大江，舟行可達淮郡。

自王家場行，五十里至石橋鋪，又四十五里，住南部縣。

自南部行，三十五里至老鷹崖，又四十里，住保甯府。過嘉陵江浮橋。

自保甯行，四十五里至下五里子，又五十里，住槐樹驛。槐樹驛客邸修整，主人張姓。

自槐樹驛行，五十里至上五里子，又四十里，住永甯鋪。槐樹驛至此屬蒼溪縣。橘柚橙柑彌滿山谷，經秋成熟，焜燿如金。

自永甯鋪行，二十五里至柏林溝，又八十里，住梅水鋪。

自梅水鋪行，四十里至龍潭，又七十五里，住廣元縣。保甯至廣元岡巒起伏數百里，抵潛水而止。土人謂之梁子，以其連亘隆起，如屋梁也。榛梗塞路，溪澗縈迴，夏日山水發，行旅頗艱，蓋僻道矣。龍潭至廣元歷二十四坡，路尤詰曲，山多童赭，戲寸土，居人鋤而種之，麥長四五寸即實。入蜀有數道，自陝西甯羌州道廣元、昭化，入劍門，八日至成都，正道也。道廣元，達保甯，十日至成都，奇道也。自甘肅道階、文，達龍安府，不十日而至成都，亦奇道也。從水道來者，自湖北宜昌府入巴峽，爲正道，舟行抵重慶府登陸，十日至成都。自湖南施恩府入酉陽州，奇道也，而去成都回遠。

自廣元行，五十里至沙河驛，又五十里，住朝天鎮。過千佛崖、朝天關、龍洞背，崖間鑿龕，鐫佛像，施以金碧，纍纍千百，可玩。西漢水自甯羌來，入龍門潛焉，南出合於江。夾岸羣山突起，如迸筍，石骨嶙峋，屹立不依坿，勢極雄尊。

自朝天鎮行，四十五里至神宣驛，又四十五里，住教場壩。過飛仙嶺、黄荆嶺、龍門山。漢水淺狹，秋漲通小舟。輿夫憚登降之勢，每勸客舟行達廣元。然水勢慓怒，石稜如劍，敗亡相屬，未可輕試。

自教場壩行，二十里至黄壩驛，又七十里，住甯羌州。黄壩驛雨行二十五里，至四水河客邸小憩。雨止復行。黄壩産佳米。過牢固關七盤巔，又名五盤嶺，爲川陝分界處。五盤、朝天諸隘登道回裊，行人螺旋而上，肩輿上下多用百丈牽輓。甯羌居人多用石片蓋屋。

自甯羌行，五十五里至滴水鋪，又六十里，住大安驛。過五丁關、五丁峽、金牛道，唐於此置金牛縣。越溪澗百餘重，俗名七十二道脚不乾。山勢奇突，崩崖險峭，横出壓人頂。山皆骨立，無片土，水出石罅成溪，蓋山中積雪所化，石氣陰森，盛夏如深秋。崖刻險類九折，蛟涎滴翠。

自大安驛行，四十五里至蔡壩，又四十五里，住沔縣。大安驛即宋大安軍，四山環抱，形勢雄闊。過裂金坪，漾水自秦州來，合沮沔達漢。遇賈人曹姓，詢以由沔至湖北興安府路程，録示一紙甚詳，擬回准日道此達漢口，可避瞿唐之險。沔縣起程，至黄沙鎮四十里，至柳黄鋪二十里，至長寨二十里。過河，至漢中府三十里，至十八里鋪二十里，至潘家渡，經麻柳鋪、七里溝、板凳埡、孫家坪，凡百里至西鄉縣，百二十里至板橋灣，十五里至分水嶺。經白廟溪、茶鎮，凡百五里。自茶鎮舟行，至石泉縣八十里，至尺河五十里，至漢陰廳五十里，至澗池鋪三十里，至雙乳堂三十里，至月亮灣五十里，至横鎮二十里，至長江鋪五十里，至興安府二十里。以下達漢口，多夜跕，不計程。雇船須覓麻陽興國艑子，其長年驍悍，爲水賊所畏。

自沔縣行，四十里至黄沙驛，又五十里住褒城縣。武侯祠在道右，古柏參天，皆數百年物也。

自褒城行，五十里至青橋驛，又四十里，住住馬道。過雞頭關，一名七盤關，即宋雞頭隘，石磴侵雲，一綫盤繞，行人匍伏而升，無敢回顧。臨關下視，褒城如井底，遥望西來諸山，羅列如屏障，遠亘雲表，蓋蜀地視漢鳳爲尤高也。是日住通義店，屋枕山溪，水聲徹夜。住馬道相傳爲蕭何追韓信處。是日棧道極險，終日行亂石中，左崖右溪，下瞰千尺，石角如蘖棘，水勢騰沸，肩輿適爲騾綱所擠，幾墜其下。自此以上爲蜀棧，下至和尚原爲秦棧，蓋漢中本蜀地也，總名連雲棧。由漢至明，偏欄橋閣以千萬計，承平久，驛使往來，代有修平，視昔已爲坦道，所謂橋閣無一存者矣。

自住馬道行，四十五里至武關，又五十里，住留壩廳。過武休關、三交城、畫眉關、八里關、馬鞍橋、二十四坡。去住馬道里許有鐵索橋，跨漢水，俗名樊侯河，兩崖牽鐵索五枚，布板其上，極穩固。凡棧道皆在巖間，遇山腰内凹處路即中斷，乃於崖壁鑿孔，以短木納孔中，一頭淩空向外，置板布土於木上，以渡行人，斯橋閣之遺製也。又有溜筒者，夏水漲，溪澗阻絶，於兩崖植大木，牽以巨絙，中貫大竹。急遞至，兩手坿竹筒，對崖人以繩輓之，淩空徑渡。旅客俟水落方行。

自留壩行，五十里至廟臺子，又六十里，住南星。廟臺子留侯祠，池館幽麗，花木蕭疏，行人至此，輒流連忘行。過柴關嶺，經紫柏山、赤松山、柴關，山林深阻，煙雨晦迷，傳有狼虎，徒行者皆持梃而過。自留壩至鳳縣人多癭瘤，衣皆左衽，風俗極陋。

自南星行，五十里至心紅鋪，又五十里，住鳳縣。過心紅峽，崖間石煤纍纍，石筋突出如鐵，馬行多蹶，路亦拗折，最爲險惡。鳳嶺上下四十餘里，山上有關帝廟，行者休焉。石碣云「去天尺五」，廟旁石關踞山頂，風極雄猛。嶺外萬山環疊，與隴阪相接，最高者爲雲霧峰。廟前一山上有大穴，土人傳爲鳳穴云。三岔驛一名廢邱關，溪旁有金絲柳一株，大數抱，猶北宋時物，長條踠地，臨風拂水，極曳搖之態。昔人謂「鳳州三絶，手、酒、柳」，謂此柳矣。

自鳳縣行，七十里至草涼驛，又八十里，住黄牛鋪。跕大，須早行。

自黄牛鋪行，五十里至觀音堂，又五十里，住寶雞縣。過煎茶坪、大散關、和尚原，處處阨要，乃蜀漢屏蔽，劍門鹿頭堂廡之地不足爲固也。自此以下路始平坦，多大風，始見敞車。寶雞城外阻渭水，上有浮橋，橋外有達蘭州大道。

自寶雞行，五十里至油坊村，又五十里，住岐山縣。油坊客邸如馬厩，食皆草具，長途所經，此爲下矣。岐山在縣西，沃野彌望，所謂膴膴周原也。山亦坦迤，無獰惡之態。

自岐山行，六十里至扶風縣，又六十里，住武功縣。

自武功行，五十里至東扶風，又五十里，住興平縣。

自興平行，五十里至咸陽縣，又五十里，住西安府。過咸陽橋，渡渭水。自鳳縣至長安夾道皆髠柳，大數抱，飛花覆路，如積雪。以下車行。

自長安行，五十里，住臨潼縣。過灞橋，形製雄闊。橋北青青客舍，爲餞送之所。

自臨潼行，四十里至臨口鎮，又七十里，住赤水鋪。過鴻門阪、驪山、渭南縣。

自赤水鋪行，五十里至柳子里，又五十里，住華嶽鎮。過華州華陰縣。【略】是夕三鼓即行，陷泥淖中。時方仲夏，月色如晝，荷塘夾道，去人居甚遠。與僕夫推輓久之，乃得起，以申刻至鎮。往遊華嶽廟，迨暮而返。

自華嶽鎮行，四十里至潼關廳，又六十里，住盤豆鎮。潼關倚山踞河，唯東西二門，所謂潼關四扇也。城堞出山頂，關門當谷口，榜云「第一雄關」。關外石臺方廣數丈，下臨深谷，即河南界。出關者由臺右小徑曲折而下，達谷中。客車至此皆易軸，蓋自關而北則轍狹，南則轍寬也。谷路峻急，車後多用挂木撑拄而行，頗遲鈍，而無傾躓之患。

自盤豆鎮行，四十里至大字營，又六十里，住靈寶縣。

自靈寶行，四十里至橋頭，又五十里，住磁鍾。

自磁鍾行，五十里至峽石，又四十里，住英豪鎮。峽石山多坡陀，每車雇二人扶掖而行。過澠池縣秦趙會盟處，鎮以此名。茅村距黄河里許，砥柱、三門皆在其地。

自英豪鎮行，五十里至石河，又四十里，住鐵門。過新安縣新函谷關，終日由峽石至鐵門，居人壘石爲牆，五色斑駁可觀。行亂石中，人馬疲困。

自鐵門行，六十里至磁澗，又四十里，住河南府。過伊洛慈澗，爲澗水所經，訛爲磁澗。經李耳墓、夾馬營。

自河南府行，五十里至夏臺鎮，又五十里，住孟縣。過孟津縣，渡黄河。

自孟縣行，六十里至懷慶府河内縣，又四十五里，住清化鎮。風雨中過懷慶南關，客邸皆閉户，無所得食。清化皆回民，漢人僅一家耳。

自清化鎮行，五十里至大王鎮，又五十里，住獅子營。過修武縣甯都鎮。修武，漢山陽縣，魏爲國。清化至衛輝地勢卑下，久雨即成沮洳，須改過。

自獅子營行，七十里至新鄉縣，又五十里，住衛輝府汲縣。由衛輝改道，行六十里至新鄉縣，又六十里，住獲嘉縣。獲嘉縣行三十里，至宣陽驛，又四十里，住母蜡店。過武陟縣，秋潦浸城，河流高於城堞。母蜡大鎮，水陸輻輳。母蜡店行，四十里至大司馬集，又四十里，住温縣。【略】温縣行，六十里達孟縣。

自衛輝行，五十里至淇縣，又六十里，住宜溝。涉淇水、過羑里城。

自宜溝行，五十里至魏家營，又五十里，住豐樂鎮。過湯陰縣，謁岳武穆祠。【略】經彰德府治安陽，渡漳水，遊水神祠，旁爲銅雀臺故址。

自豐樂鎮行，五十里至杜村，又五十里，住邯鄲縣。入直隸界。過磁州，出磁器。

自邯鄲行，六十里至搭連店，又六十里，住順德府。

自順德行，六十里至内邱縣，又六十里，住柏鄉縣。内邱寥落如荒村。晚過沙河縣，積沙成陵阜，行極遲鈍。

自柏鄉行，五十里至趙州，又五十里，住欒城縣。趙州橋旁鐵柱出水數尺以殺水勢者，人以爲王彦章鐵槍，甚俚。

自欒城行，六十里至十里鋪，又五十里，住伏城驛。過正定府治。正定城極大，唐成德軍治。渡滹沱河，寬廣類黄河，夏日涸流。

自伏城驛行，六十里至明月店，又六十里，住清風店。過定州、巨馬河。

自清風店行，六十里至方順橋，又六十里，住保定府。過白溝河、望都縣。

自保定行，五十里至安肅縣，又六十里，住北河。破跕，可住定興縣。

自北河行，四十里至高碑店，又五十里，住涿州。

自涿州行，五十里至竇店，又五十里，住長新店。

自長新店行，四十里至彰儀門。過琉璃河、蘆溝橋，良鄉縣。共四十八跕，四千八百餘里。

周星譽《入都日記》 咸豐六年丙辰正月十一日己巳，晴。三鼓登舟，應明日日辰也。季貺同舟，送余至蕭山。丑刻過柯橋。

十二日庚午，陰。黎明過錢清，遣人招珊士下船。巳刻至蕭山東門，珊士先渡江。

十三日辛未，晴。巳刻偕瀛臺、雪甌、嘯篁、藍叔、春颿、季貺渡江。江口水沙約五六里，乘牛車跋水登江船，江面祇三四里矣。未刻抵杭。

十五日癸酉，晴，甚暖。卯刻解纜，過長安壩，至石門縣泊。

十六日甲戌，陰，北風作寒。晚抵嘉興西門。

十七日乙亥，陰。巳刻解纜，風亟利，暮抵吴江縣泊。

十八日丙子，晴。辰刻抵蘇州，泊胥門。

十九日丁丑，雨。移船泊閶門中水衖。

二十日戊寅，曉晴，午後雪。

二十一日己卯，陰，極寒。解維出關，過望亭。兩岸列營，一典史駐此，盤詰。申刻雪，抵無錫縣北門泊。聯句未成。大雪終夜。

二十二日庚辰，陰，微雪。

二十三日辛巳，陰，大風，微雪，夜半風益猛，寒甚。

二十四日壬午，晴，風如昨，河凍，仍泊黄埠墩下。阻風三日矣，悶甚。

二十五日癸未，晴，大風，仍泊黄埠墩下。

二十六日甲申，晴，風稍微。自黄埠墩解纜，舟行殊鈍，申刻抵戚墅堰泊，僅行六十里。

二十七日乙酉，晴。辰刻抵常州，拜金静川司馬。未刻自常州解纜，至奔牛泊。自望亭以北，每鄉鎮必有團練局稽察行旅，營兵鄉勇闐塞市肆，類皆飽食以嬉，可歎也。自常州至奔牛見小舟可千餘艘，皆極敝，以席蔽之，每舟男婦小兒六七人。聽其語，似揚鎮土音，大約貧民避難漂泊者也。

二十八日丙戌，晴暖。過丹陽縣，隔城見女牆上旗幟林立，蓋因廬州賊南竄，故增兵立營於此。泊新豐。

二十九日丁亥，晴暖。辰刻自月河口渡江，過二道橋。鈔關移設此處，無屋廨，惟數大舟扼隘口盤詰而已。抵六閘泊。

三十日戊子，晴。過高郵州，泊六安溝。

二月初一日己丑，晴。四鼓即解纜，風極利，迨曉行四十餘里矣。晨起風轉，舟頗遲，申刻過寶應縣，暮抵大金河屬山陽。泊，去淮安七十里。過高郵以北便無防堵，此間居民皆恬然不知兵。

初二日庚寅，晴。巳刻過淮安府，未刻抵清江浦，泊張家碼頭。

初三日辛卯，晴。作家書。

初四日壬辰，晴，大風。偕珊士覓輿赴王營，河流如帶，輿人皆褰裳而渡，從來所未有也。東北風極猛，河中飛沙蔽天，鯁喉眯目，大爲所窘。未刻抵湯吉升行，余僱車二輛，每輛十三兩二錢。

初五日癸巳，晴，風稍微。巳刻開車，渡鹽河，至魚溝鎮，亥刻抵重興宿。

初六日甲午，晴。黎明開車，渡新河。去年全黄東注，故運河從此連歲南漕俱由海運，當事者遂亦緩於修復，河政不舉，恐運道自此壞矣。午刻至仰化集鎮。屬宿遷。午後與珊士貰驢，驢無鞍鐙，中道仆於泥。晚抵順河集宿。屬宿遷。

初七日乙未，陰，午晴。開車渡順河，巳刻至峒峿鎮，屬宿遷。暮抵紅花埠宿。南屬宿遷，北屬山東郯城。車中讀《史記》。

初八日丙申，晴。開車，巳刻至郯城縣十里鋪鎮，酉刻抵李家莊宿。屬蘭山縣。

初九日丁酉，晴，大風。過沂水，巳刻至沂州府鎮，酉刻抵半城宿。

初十日戊戌，陰，大風，霾。早發，巳刻至青駝寺鎮。山路磽确，無一半平地，蔽帷踡卧，簸蕩不得少甯。酉刻抵垛莊宿。

十一日己亥，陰，大風。開車，午刻至聳家城鎮。車中望敖山，奇石骨立，頭不戴土，殊雄崛可喜。酉刻抵敖陽宿。

十二日庚子，晴，午後大風。辰刻開車，行三十里，余車轅折。未數里，復因騾驚翻車。巳刻至翟家莊鎮。連日山行，車中不得看書，又不得睡。今日路稍平，得假寐半時許。申刻抵羊流店宿。店屋爽塏，起居甚適，陸行以來第一日也。胃滿小瘥，膈間終苦不暢，蓋每飽食後即登車曲體踡卧所致。行旅無事不苦，慨然！慨然！

十三日辛丑，晴。五鼓開車，山路甚惡，巳刻抵崔家莊鎮。午後車行泰山下，雲霧蒙翳，山色隱約不可辨。申刻抵泰安府西關宿。

十四日壬寅，晴。黎明開車，遍地皆亂石，大者如斗，小者如卵，縱横磊砢，彌望皆是。車行其間，輪與石相鬪，輒掀起數尺，聲洛洛如怒雷，顛頓震盪，不堪其苦。午抵墊臺鎮。午後行兩山夾縫中，直陋如土衖，搴帷周眺，四面皆層峰疊嶂，雲光石氣，漭漾萬重。平生五嶽未登其一，僅在真定一望恒山，及今日一望泰山耳。薄暮抵張夏宿。

十五日癸卯，陰。黎明開車，山路惡如昨日。午刻至杜家廟鎮。午後出山，路頓平，卧車中甚適。未刻忽雨，薄暮益甚，至隄城宿。夜雨達旦。

十六日甲辰，雨，至午後見日。黎明開車，過齊河縣，午刻至禹城鎮，酉刻至平原縣二十里鋪宿。

十七日乙巳，晴。黎明開車，過平原縣，午刻至黄河崖鎮。酉刻抵劉智廟宿。

十八日丙午，晴。五更開車，過景州，午至漫河鎮，薄暮抵富莊驛宿。

十九日丁未，陰。開車，巳刻抵臧家橋鎮，過河間府，晚抵二十里鋪宿。黄氏昆季自商家林分道往保定府。

二十日戊申，陰。三鼓開車，黎明抵任丘縣鎮。午後開車，去雄縣十里渡河。河面可三里，蓋去秋河決此間，遂潴爲湖，十二連橋俱在水中。趙北口舊有村市百餘家，亦不復可識矣。申刻至雄縣宿。

二十一日己酉，雪。黎明開車，巳刻渡河，至孔家馬頭鎮。酉刻抵曲溝宿。大雪終夜，極寒。

二十二日庚戌，微雪。辰刻開車，午刻至固安縣鎮。午後渡渾河，申刻抵榆垡宿。

二十三日辛亥，陰。黎明開車，巳刻至黄村饍。午後道中皆積淖，大者幾及里許，車行甚艱。自河間以北，車路多泥濘，而近京爲尤。申刻入南西門，至山會邑館卸車。與雪甌、珊士同室卧。

（越南）黎峻、阮思僩、黄竝《如清日記》 嗣德貳拾壹年即清同治柒年。捌月初壹日開關，本年正月貳拾（拾）玖日抵燕京。

由陸程：自南關至寧明州城，行貳日。

由水程以下：自寧明州城至梧州府城津次，共叁拾日，行拾玖日，泊拾壹日。

自梧州府城至廣西省城津次，共貳拾肆日，行拾捌日，泊陸日。

由改陸程：自廣西省城至全州城，共拾叁日，行肆日，住玖日。

由水程以下：自全州城至湖南省城津次，共貳拾陸日，行貳拾日，泊陸日。自湖南省城至湖北省漢陽縣城，共叁拾日，行拾貳日，泊拾捌日。自漢陽縣城至滎澤縣城，共貳拾五日，行拾柒日，住捌日。自滎澤縣城至直隸省清（宛）[苑]縣，共貳拾壹日，行拾玖日，住貳日。自直隸省清宛縣至燕京，共拾日，行陸日，住肆日。

合共自南關至燕京去程該壹百捌拾壹日，途間留住陸拾肆日，寔行壹百零拾柒日。內陸行自南關至寧明州城貳日，內水行自寧明州至漢陽縣柒拾叁日，內陸行自漢陽縣城至燕京肆拾貳日。

本年肆月初拾日自燕京回程，至拾壹月拾叁日抵南關。

陸程以下：自燕京至新鄭縣城，共叁拾日，行貳拾柒日，住叁日。自新鄭縣城改路至樊城公館，共拾陸日，行拾貳日，住肆日。

水程以下：自樊城至湖北省城津次，共叁拾捌日，行拾叁日，泊貳拾五日。自湖北省城津次至湖南省城津次，共拾壹日，行陸日，泊五日。自湖南省城津次至廣西省全州城津次，共叁拾玖日，行貳拾陸日，泊拾叁日。

陸程：自全州城改陸程至靈川縣城津次，共柒日，行叁日，住泊肆日。

水程：自靈川縣城津次至寧明州城津次，共陸拾日，行肆拾壹日，泊拾玖日。

陸程：自寧明州城津次至南關，共五日，行叁日，泊貳日。合共自燕京回程至南關該貳百陸日，內途間留住柒拾五日，內寔行臺百叁拾壹日。又留住燕京柒拾日。

戊辰年，【略】捌月大，初壹日，【略】巳刻臣等與行隨人等過關進行，未刻過幕府，酉刻至憑祥州停住。

初貳日，【略】辰刻進行，午刻至受降城，屬寧明州上石分州。暫住。給發茶房廚房銀物各項事清，進行。酉刻抵寧明州津次，登船停泊。

初叁日，早檢點擡裝箱函安置船內。共船拾貳隻。

初肆日，辰刻臣黄竝具禮服上岸致祭，【略】訂日開船。

初五日，仍泊寧明州。

初陸日，【略】辰刻開船。申刻到窑頭鋪停泊。

初柒日，寅刻開船，酉刻到歌波塘停泊。

初捌日，寅刻開船，辰刻到太平府城津次停泊。

初玖日，仍泊該府城津次。

初拾日，辰刻開船，酉刻到八索塘停泊。

拾壹日，寅刻開船，酉刻到新寧州城津次停泊。

拾肆日，寅刻開船，酉刻到三江汛口塘停泊。塘左有一江道，舊云可通雲南達本國。

拾五日，寅刻開船，巳刻到南寧城津次泊。

拾柒日，仍泊。

拾捌日，仍泊。

拾玖日，卯刻開船，酉刻到冬瓜塘停泊。

貳拾日，寅刻開船，午刻到永淳縣。

貳拾貳日，卯刻開船，戌刻到米阜塘停泊。

貳拾叁日，卯刻開船，辰刻到横州津次停泊。

貳拾肆日，早給發横州差役土物有差，卯刻開船，申刻到大灘司停泊。

貳拾五日，寅刻開船，卯刻到五險灘。【略】申刻到貴縣城津次停泊。

貳拾陸日，【略】巳刻開船，申刻到大灣塘停泊。

貳拾柒日，寅刻開船，申刻到潯州府城津次停泊。

貳拾玖日，寅刻開船，申刻到平南縣。

叁拾日，寅刻開船，酉刻到藤縣津次停泊。

玖月小，初壹日，【略】午刻開船，酉刻到榕塘停泊。

初貳日，寅刻開船，巳刻到梧州府城津次停泊。

初叁日,【略】是日仍泊。
初肆日,【略】仍泊。
初五日,酉刻移津到銅鼓岩停泊。
初陸日,寅刻開船,申刻到古邊塘停泊。
初柒日,寅刻開船,酉刻到上古欖塘停泊。
初捌日,寅刻開船,申刻到覽水塘停泊。
初玖日,辰刻開船,酉刻到馬江塘停泊,有巡司。
初拾日,寅刻開船,申刻到涼風塘停泊。
拾壹日,寅刻開船,申刻到下符塘停泊。
拾貳日,卯刻開船,申刻到昭平縣津次停泊。
拾叁日,【略】仍留停泊。
拾肆日,【略】日暮遇雨,仍留停泊。
拾五日,卯刻開船,酉刻到桂花塘停泊。
拾陸日,卯刻開船,酉刻到巴江塘停泊。
拾柒日,卯刻開船,酉刻到大桔塘停泊。
拾捌日,卯刻開船,酉刻到長灘塘停泊。
拾玖日,卯刻開船,午刻到平樂縣鰲金局津次暫停。
貳拾日,【略】留泊。
貳拾壹日,辰刻開船,酉刻到劉公塘津次停泊。
貳拾貳日,辰刻開船,巳刻到陽朔縣城津次停泊。
貳拾叁日,卯刻開船,戌刻到黄阜塘停泊。
貳拾肆日,卯刻開船,遇雨,戌刻到南亭塘停泊。
貳拾五日,卯刻開船,連雨,酉刻到龍門塘停泊。
貳拾陸日,卯刻開船,申刻到廣西省城津次停泊。
拾月大,【略】初陸日,巳刻起陸進行,暮到靈川縣公館停住。
初柒日,【略】辰刻進行,暮到興安縣停住。
初捌日,【略】辰刻進行,暮到全州山東分司停住。
初玖日,卯刻進行,暮到全州城,住清湘書院。
初拾日,【略】仍停泊。
拾貳日,【略】嗣因北風盛發,停泊。

拾叁日,卯刻開船,申刻到西瓦窑塘停泊。
拾肆日,卯刻開船,暮到陸步頭塘停泊。
拾五日,卯刻開船,暮到湘口停泊。是瀟湘合流處,去永州府城拾五里。
拾柒日,【略】仍停泊。
拾捌日,卯刻開船,暮到鸕鴣塘停泊。
拾玖日,寅刻開船,巳刻到祁陽縣城津次停泊。
貳拾日,申刻開船,暮到古洲塘停泊。
貳拾壹日,寅刻開船,暮到歸陽塘停泊。
貳拾貳日,寅刻開船,暮到柏芳驛停泊。
貳拾叁日,寅刻開船,暮到東陽渡停泊。
貳拾肆日,寅刻開船,辰刻到衡州府城停泊。
貳拾五日,申刻開船,暮到河陽口停泊。
貳拾陸日,寅刻開船,暮到老人灘停泊。
貳拾柒日,寅刻開船,巳刻到衡山縣城津次停泊。
貳拾捌日,巳刻開船,暮到馬公站停泊。
貳拾玖日,卯刻開船,暮到朱庭站停泊。
叁拾日,卯刻開船,酉刻到龍灣塘停泊。
拾壹月大,初壹日,卯刻開船,酉刻到下灣塘停泊。
初貳日,卯刻開船,午刻到湘潭縣城停泊。
初叁日,【略】巳刻開船,申刻到包爺廟停泊。
初肆日,卯刻開船,未刻到湖南省城津次停泊。
初捌日,遇雨,仍留泊。
初玖日,未刻開船,暮到落灘河停泊。
初拾日,風雨盛發,仍泊。
拾壹日,卯刻開船,暮到灣河口停泊。
拾貳日,卯刻開船,巳刻到湘陰縣城津次停泊。
拾叁日,因風雨盛發,仍泊。
拾肆日,【略】是日風雨盛發,仍留泊。
拾五、拾陸、拾柒等日,雨雪寒甚,仍留泊。

拾捌日，卯刻開船，午刻到滎田汛停泊。

拾玖日，卯刻開船，未刻到鹿角汛停泊。

貳拾日，辰刻開船，巳刻到岳州府城津次停泊。

貳拾壹日，未刻開船，暮到白螺磯停泊。

貳拾貳日，卯刻開船，申刻到嘉魚縣江分停泊。

貳拾叁日，午刻開船，行約五里，因北風停泊。

貳拾肆日，因北風，仍留泊。

貳拾五日，卯刻開船，未刻到簰洲司停泊。

貳拾陸日，卯刻開船，暮到金口司停泊。

貳拾柒日，卯刻開船，未刻到湖北省城津次停泊。

拾貳月小，【略】初貳日，仍泊。

初叁日，辰刻開船，巳刻到漢陽縣津次停泊。

拾壹日，辰刻進行，申刻到灄口店屬黄陂縣。停住。

拾貳日，【略】辰刻進行，酉刻到雙廟店停住。

拾叁日，【略】辰刻進行，申刻到楊店鋪屬孝感縣。停住。

拾肆日，卯刻給發辨差及茶廚房錢文土物，進行，酉刻到小河溪鋪停住。

拾五日，早給發孝感縣辨差茶廚房土物錢文，進行，酉刻到廣水塘停住。

拾陸日，早給發應山縣辨差土物錢文，進行，酉刻到河南省汝寧府信陽州李家寨停住。

拾柒日，早給發直候信陽州李家寨之辨差茶廚房土物錢文，進行，酉刻到信陽府州城停住。

拾捌日，早給發湖北轎夫頭辭回錢文，進行，酉刻到明港驛屬信陽州。停住。

拾玖日，早給發明港驛辨差茶廚房錢文土物，進行，酉刻到确山縣銅川書院停住。

貳拾日，【略】進行，酉刻到遂平縣城書院停住。

貳拾壹日，早【略】進行，申刻到西平縣城停住。

貳拾貳日，早進行，申刻到郾城縣景文書院停住。

貳拾叁日，早給發郾城縣辨差茶廚房土物錢文，進行，申刻到臨潁縣城潁川書院停住。

貳拾肆日，早給發臨潁縣辨差茶廚房土物錢文，進行，申刻到許州城停住。

貳拾五日，早給發許州辨差茶廚房土物錢文事清，進行，酉刻到新鄭縣城屬開封府。公館停住。

貳拾陸日，早給發新鄭縣辨差茶廚房土物錢文事清進行，酉刻到鄭州城公館停住。

貳拾柒日，早【略】進行，申刻到滎澤縣草村坡停住。

貳拾捌日，早給發滎澤縣辨差土物錢文，進行，巳刻過黄河，酉刻到獲嘉縣元村驛停住。

嗣德貳拾貳年清同治八年。正月大，【略】初貳日，卯刻進行，申刻到新鄉縣城停住。

初叁日，早給發新鄉縣辨差銀兩，辰刻進行，申刻到衛輝府城北門外橋北鋪公館停住。【略】

初肆日，早給發汲縣辨差土物錢文，進行，申刻到淇縣南關店公館停住。

初五日，早給發淇縣聽差錢文，進行，申刻到湯陰縣宜溝驛停住。

初陸日，早給發湯陰縣辨差土物錢文，進行，【略】酉刻到彰德府南關外瑞升店停住。

初柒日，早給發安陽縣辨差銀兩錢文，進行，申刻到磁州城內公館停住。

初捌日，早給發磁州辨差茶廚房土物錢文，進行，申刻到邯鄲縣城外南關鋪停住。

初玖日，卯刻進行，酉刻到永年縣臨洺關公館停住。

初拾日，【略】辰刻進行，酉刻到順德府城南門外義興店停住。

拾壹日，【略】辰刻進行，酉刻到內丘縣中丘書院停住。

拾貳日，【略】巳刻進行，酉刻到柏鄉縣城外南門關店停住。

拾叁日，【略】辰刻進行，酉刻到趙州城內考試院停住。

拾肆日，【略】卯刻進行，申刻到欒城縣外南關鋪停住。

拾五日,【略】辰刻進行,酉刻到正定府城公館停住。
拾陸日,【略】辰刻進行,申刻到新樂縣西關店停住。
拾柒日,【略】辰刻進行,申刻到定州城外西關店停住。
拾捌日,【略】辰刻進行,申刻到望都縣城外東關店停住。
拾玖日,【略】辰刻進行,午刻到滿城縣方順店。【略】酉刻到直隸省城外西定門店停住。
貳拾肆日,【略】申刻進行,酉刻到安肅縣城外北關店停住。
貳拾五日,【略】辰刻進行,申刻到定興縣北河店停住。
貳拾陸日,【略】辰刻進行,酉刻到涿州城外南關店停住。
貳拾柒日,【略】辰刻進行,酉刻到良鄉縣城外北關店停住。
貳拾捌日,【略】辰刻進行,申刻到宛平縣界長新店停住。
貳拾玖日,【略】辰刻進行,經過盧溝橋,申刻到廣安門,又行數里入正陽門,就内務府四譯公館安歇。
四月小,【略】初拾日,【略】午刻,接護貢委員王復吉兆慶等就公館,詳稱今日出京,但兵部照給車叁輛,他雇,現未足數,宜就城外店一宿,明早起行至良鄉縣,另由該縣换給車輛,臣等一面飭雇短車馬匹轉送箱擡出城外永陞店停住,一面支出銀兩交王委員認雇車輛馬匹以備次日前往良鄉。
拾壹日,【略】巳刻進行,午到盧溝橋暫停,(辨)[辦]買食物,戌刻到良鄉縣城外北關店停住。
拾叁日,【略】未刻進行,亥刻到涿州城外南關店停住。
拾肆日,【略】申末進行,至拾五日丑刻到定興縣城停住。
拾五日,【略】辰刻進行,申刻到安肅縣城外北關店停住。
拾陸日,【略】辰刻進行,申刻到直隸省城清苑縣西定門店停住。
拾捌日,【略】巳刻進行,未刻到滿城縣方順店中伙。【略】是刻進行,酉刻到望都縣城外東關店停住。
拾玖日,【略】辰刻進行,申刻到定州西關店停住。
貳拾日,【略】辰刻進行,申刻到新樂縣城外北關店停住。
貳拾壹日,【略】辰刻進行,申刻到正定府城崇因寺停住。
貳拾貳日,【略】巳刻進行,酉刻到欒城縣城南關店停住。
貳拾叁日,【略】辰刻進行,未刻到趙州城考試院停住。
貳拾肆日,【略】辰刻進行,申刻到柏鄉縣城外南關店停住。
貳拾五日,辰刻進行,未刻到内丘縣城内中丘書院停住。
貳拾陸日,【略】辰刻進,未刻到邢臺縣城外南關店停住。
貳拾柒日,【略】辰刻進行,申刻到永年縣城臨洺關公館停住。
貳拾捌日,【略】辰刻進行,午刻經過邯鄲古觀小憩,【略】申刻到邯鄲縣城外南關店停住。
貳拾玖日,【略】仍留停住。
五月小,初壹日,【略】辰刻進行,申刻到磁州城公館停住。
初貳日,【略】辰刻進行,申刻到彰德府安陽縣城外公館停住。
初叁日,【略】辰刻進行,午刻到岳廟停歇。【略】是刻進行,申刻到直溝驛公館停住。
初肆日,【略】辰刻進行,申刻到淇縣城郭外停住。
初五日,【略】辰刻進行,申刻到衛輝府城外斌元店停住。
初陸日,【略】辰刻進行,申刻到新鄉縣城北門店停住。
初柒日,【略】辰刻進行,申刻到獲嘉縣亢村鎮停住。
初捌日,【略】辰刻進行,午刻過黄河,申刻到滎澤縣草村坡停住。
初玖日,【略】辰刻進行,未刻到鄭州城西關公館停住。
初拾日,【略】辰刻進行,午刻到郭店驛停歇。【略】是刻進行,酉刻到新鄭縣城公館停住。
拾壹日,【略】卯刻進行,改從新路,申刻到長葛縣石固驛公館停住。是日行陸拾里。
拾貳日,【略】卯刻進行五拾里至潁橋鎮襄城縣界。中伙,給發差役錢文訖,進行肆拾里,至酉刻到襄城縣公館停住。
拾叁日,【略】辰刻進行陸拾里,未刻至葉縣公館停住。
拾肆日,【略】因以欠給車輛等待,至午刻進行陸拾里,酉刻到保安驛停住。屬葉縣。
拾五日,【略】卯刻進行陸拾里,申刻到裕州城北貳里新街鋪公館停住。
拾陸日,【略】是日州員辨給車輛未及,仍留一宿。
拾柒日,【略】辰刻進行陸拾里,未刻至博望驛停住。屬南陽縣。
拾捌日,【略】辰刻進行陸拾里,酉刻至南陽府南陽縣郭外東關店停住。

拾玖日，【略】連日雨行，箱擡尚未齊到，因留停住。
貳拾壹日，仍留住。
貳拾貳日，留住。
貳拾叁日，【略】辰刻進行陸拾里，申刻至林水驛停住。屬南陽縣。
貳拾肆日，【略】辰刻進行陸拾里，至新野縣城外南關停住。
貳拾五日，【略】辰刻進行柒拾里，申刻至吕堰驛停住。屬襄陽縣。
貳拾陸日，【略】辰刻進行陸拾里，申刻至襄陽府樊城公館停住。
貳拾捌日，【略】日暮下船。
陸月大，初壹日，停留津次。
初叁日，【略】巳刻開船，申刻到小河口遇雨停泊。約得玖拾里。
初肆日，卯刻開船，行約叁拾里。巳刻到宜城縣游灣津次停泊。去縣城叁里。
初五日，辰刻開船，江水漲溢，行約壹百里。申刻到鍾祥縣安陸府附郭。倒河坡津次停泊。去縣城拾里。
初陸日，大雨，仍留停泊。
初柒日，卯刻開船，行約叁百拾里。申刻到荆門州沙洋津次停泊。去州城壹百貳拾里許。
初捌日，【略】辰刻開船，行約叁拾里，午刻到京山縣多寶灣津次停泊。去縣城壹百肆拾里。
初玖日，卯刻開船，行約壹百陸拾里。午刻到潛江縣官吉口津次停泊。去縣城貳拾里。【略】申刻開船，行約叁拾里。暮到張家港停泊。屬潛江縣。
初拾日，寅刻開船，行約壹百五陸里。至岳家口停泊。屬天門縣。
拾壹日，【略】辰刻開船，大風，不能進行，仍停泊。酉刻開船，行約壹百五里。至夜丑刻到沔陽州漢陽府屬。麥旺嘴津次停泊。去州城柒拾里。
拾叁日，卯刻開船，行約壹百五里。大風，午刻泊漢川縣泮河口。
拾肆日，大風不息，仍停泊。
拾五日，辰刻開船，行約叁拾里許。午刻到城隍岡，逆風，船不能進，停泊。日晚風勢漸停，開船，行約肆拾里。戌刻到漢川縣涓口津次停泊。去縣城壹貳里。
拾陸日，【略】辰刻開船，行玖拾里。酉刻到上湖邊停泊。
拾柒日，大風，留泊，申刻開船，行拾里許。戌刻諸船各隨便分泊。
拾捌日，辰刻開船，行柒拾里。申刻到漢口津次停泊。
拾玖日，仍停泊漢陽，换給大船。
自貳拾壹日至貳拾柒日，仍留停泊。
貳拾捌日，【略】辰刻移船到省城津次停泊。
柒月小，【略】初叁日，仍泊。
初肆、初五等日，風逆，未能開船，仍泊。
初陸日，未刻開船，申刻到金口驛停泊。
初柒日，卯刻開船，申刻到嘉魚縣津次停泊。
初玖日，【略】辰刻開船，酉刻到新堤鎮停泊。
初拾日，遇南風，仍留泊。
拾壹日，卯刻開船，酉刻到岳州府城津次停泊。
拾叁日，卯刻開船，酉刻到湘陰縣津次停泊。
拾五日，卯刻開船，未刻到彤關集遇雨停泊。
拾陸日，丑刻開船，巳刻到湖南省城津次停泊。
自拾玖至貳拾壹等日，仍留泊。
貳拾叁日，【略】辰刻開船，酉刻到湘潭縣城津次停泊。
貳拾五日，仍泊。
貳拾陸日，【略】辰刻開船，酉刻到下灣塘停泊。
貳拾柒日，卯刻開船，酉刻到昭陵灘停泊。
貳拾捌日，卯刻開船，酉刻到灣洲塘停泊。
貳拾玖日，卯刻開船，酉刻到衡山縣津次停泊。
捌月小，【略】初貳日，仍留泊。
初叁日，辰刻開船，酉刻大雨，分泊智公塘、度光鋪兩處。
初肆日，寅刻開船，申刻到衡州府城津次停泊。
初五日，仍留泊。
初陸日，仍留泊。
初柒日，【略】辰刻開船，酉刻到荷葉灘停泊。
初捌日，寅刻開船，申刻到柏芳驛停泊。
初玖日，寅刻開船，申刻到千口塘常林河口停泊。

初拾日，寅刻開船，申刻到九洲塘停泊。
拾壹日，寅刻開船，申刻到康家埠停泊。
拾貳日，寅刻開船，申刻到觀音塘停泊。
拾叁日，卯刻開船，未刻到祁陽縣城津次停泊。
拾肆日，仍留泊。
拾五日，【略】巳刻開船，午刻到浯溪停泊。
拾陸日，卯刻開船，酉刻到啼水岩停泊。
拾柒日，卯刻開船，酉刻到冷水灘停泊。
拾捌日，寅刻開船，未刻到湘口去永州府城拾五里。停泊。
貳拾日，【略】辰刻開船，酉刻到仁村埠停泊。
貳拾壹日，寅刻開船，酉刻到石磯鋪停泊。
貳拾貳日，寅刻開船，申刻到過河山司阜頭塘，因武護貢船擱淺壞焉，留待俱發。
貳拾叁日，辰刻開船，申刻到下廠塘江路，水淺涸船，不能進，徐徐挑刮砂石，方能進舟，至日暮仍泊。
貳拾肆日，寅刻開船，遇雨到廟頭塘停泊。
貳拾五日，以寒雨仍泊。
貳拾陸日，卯刻開船，未刻泊黄沙渡山角司。【略】土物事清開船，酉刻到梅塘灣停泊。
貳拾柒日，寅刻開船，未刻到全州城津次停泊。
玖月大，【略】初貳日，辰刻進行，午刻到覺山塘中伙。【略】申刻到咸水塘住。
初叁日，【略】卯刻進行，午刻到唐家司中伙。【略】申刻到興安縣城行臺停住。
初肆日，【略】辰刻進行，午刻到大溶江口中伙。【略】申刻到靈川縣城行臺停住。
初五日，辰刻飭行隨人等遞將箱擡就船安置，由承撫憲派船先到靈川縣迎接。日晚，水脚未清，仍泊。
初陸日，辰刻開船，酉刻到廣西省城馬家倉河下停泊。
初柒日，仍泊。
拾貳日，【略】酉刻移船到水東門上津次停泊。
拾叁日，辰刻開船，未刻到大墟塘停泊。
拾肆日，卯刻開船，申刻到鉛寶塘界停泊。
拾五日，寅刻開船，午刻到陽朔縣城津次停泊。
拾陸日，寅刻開船，午刻到平樂府城津次停泊。
拾柒日，【略】辰刻開船，酉刻到大結灘停泊。
拾捌日，卯刻開船，未刻到昭平縣城津次停泊。
拾玖日，【略】仍泊。
貳拾日，【略】辰刻開船，申刻到龍門塘停泊。
貳拾壹日，寅刻開船，申刻到魚梁塘停泊。
貳拾貳日，寅刻開船，未刻到梧州府城津次停泊。
貳拾叁日，仍泊。
貳拾五日，辰刻開船，酉刻到榕潭汛停泊。
貳拾陸日，卯刻開船，未刻到藤縣城津次停泊。
貳拾柒日，【略】仍泊。
貳拾捌日，巳刻開船，申刻到大灣村停泊。
貳拾玖日，卯刻開船，申刻到白馬塘停泊。
叁拾日，卯刻開船，未刻到平南縣城津次停泊。
拾月小，初壹日，【略】未刻開船，申刻到古雍塘停泊。
初貳日，卯刻開船，酉刻到潯州府城津次停泊。
初叁日，仍泊。
初肆日，辰刻開船，酉刻到官江塘停泊。
初五日，卯刻開船，申刻到飯蓋墟停泊。
初陸日，卯刻開船，申刻到貴縣城津次停泊。
初柒日，【略】辰刻開船，酉刻到下宋村停泊。
初捌日，卯刻開船，酉刻到田菜塘劉公村停泊。
初玖日，卯刻開船，午刻經過五險灘。【略】酉刻到曹村塘停泊。
初拾日，卯刻開船，辰刻到横州城津次。
拾壹日，【略】午刻開船，酉刻到米阜塘停泊。
拾貳日，卯刻開船，申刻到火烟塘停泊。

拾叁日，卯刻開船，未刻到永淳縣城津次停泊。
拾肆日，【略】酉刻移船縣城西壹里許停泊。
拾五日，卯刻開船，酉刻到高塘停泊。
拾陸日，遇雨，卯刻開船，酉刻到剪刀塘停泊。
拾柒日，連雨，卯刻開船，未刻到南寧府城津次停泊。
拾捌日，【略】仍泊。
拾玖日，酉刻移船縣城西貳里馬石巷停泊。
貳拾日，辰刻開船，酉刻到白沙下塘停泊。
貳拾壹日，卯刻開船，酉刻至上凌汛停泊。
貳拾貳日，卯刻開船，酉刻到新寧州城津次停泊。
貳拾叁、肆、五等日，仍留停泊。
貳拾陸日，巳刻開船，申刻到埇弄塘停泊。
貳拾柒日，卯刻開船，申刻到馱驢塘有巡司。停泊。
貳拾捌日，卯刻開船，酉刻到叫程塘停泊。
貳拾玖日，卯刻開船，酉刻到古涌塘停泊。
拾壹月大，初壹日，卯刻開船，午刻到太平府城津次停泊。
初貳日，【略】仍留泊。
初叁日，【略】仍留泊。
初肆日，遇雨，辰刻開船，申刻到歌波塘停泊。
初五日，卯刻開船，申刻到馱棉塘停泊。
初陸日，卯刻開船，申刻到農村塘西南劍山下停泊。
初柒日，卯刻開船，申刻到瓜村塘停泊。
初捌日，卯刻開船，申刻到寧明州津次停泊。
拾壹日，辰刻進行，酉刻到受降城公館停住。
拾貳日，【略】辰刻進行，未刻到憑祥州公館停住。
拾叁日，【略】辰刻進行，未刻到關上停住。
拾肆日，【略】巳刻進行，申刻抵諒山省城停住。

董恂《鳳臺祗謁筆記》 同治八年十二月二十五日，工部以東陵承辦事務衙門溥森等先後奏請應修各工，經派查勘應修繕單，請派大臣承修，欽奉鈐派臣董恂暨禮部左侍郎臣察杭阿，臣恂隨帶臣部員外郎錫鎮、主事楊鴻典。

九年二月初二日，請訓。

初三日，束裝。冬久無雪，是日庭積寸許。

初四日，晴。卯正二刻起程，出朝陽門。【略】過新橋，行土道。橋在朝陽門外關廂市梢盡處。石大道在土道之南，大通河又在石大道之南。朝陽門至通州四十里，雍正七年建修石大道，計長五千五百八十八丈有奇，寬二丈，兩旁培土，各寬二丈。過慈雲寺。【略】過太平莊後五里，爲步營、大興交界。過定福莊後，爲大興、通州交界。又過三間房，土道出定福莊、三間房之背。過八里橋，即永通橋。【略】自過橋後，大通河在石大道之北。仍行土道，土道南爲石大道，土道北爲大通河，巳正進通州西門。【略】尖城内客店。署牧張翼南鵬雲來晤，謝去。自出朝陽門至此，計行四十里，舊以自京至定福莊爲二十里，又二十里抵通州。肩輿五班。尖後，午正發通州，出北門，過木廠。舊册木廠中伙。過西浮橋，橋下温餘河。時凍始解，搭有草橋。以在北關外，亦稱北浮橋。過東浮橋，橋下潮白河。【略】亦搭草橋，舟閒置岸側。過潞邑，過白廟，過箭桿河，【略】亦有草橋，即窩頭河也。【略】是日過此，天漸有風。過煙郊，行鎮中，時未正。鎮門顔曰「燕郊鎮」。自西而東，街頗長。【略】過半壁店，爲通州、三河縣交界。過馬起乏汛，有墩臺，時未正二刻五分。過柳河屯汛，有墩臺，鄉導舊册有尹家溝，有麻窩溝。【略】抵夏店宿，地屬三河縣，在城西稍南。【略】是日宿店在鎮西券門外，到時申初三刻。自通州至此計四十里强，二十里强至煙郊，二十里至夏店。肩輿七班。

初五日，陰。發夏店。是日辛丑初二刻十分驚蟄。寅正三刻起，卯正起程。出東券門，過石橋，橋下鮑邱河水也，橋道圖稱爲夏店河。時已涸。【略】道北過棊盤莊。舊册棊盤莊中伙。過泥窪鋪，有墩臺，當即《安瀾志》之泥窩鋪。過新店。過白浮屠，時辰初三刻。汛有墩臺。【略】過棗林莊。過三河縣南關廂之三官廟、八蜡廟、南店税局。又過關帝廟，廟壁上題字云：東至邦均四十里。鄉導册載三河中伙，蓋在縣城之西北。【略】過錯橋，俗稱草橋。【略】過石碑汛，有墩臺。尖段家嶺，入薊州境。【略】有沙河溝，【略】嶺長五里，鎮人言西二里屬三河縣，東三里屬薊州。到時巳初一刻，自夏店至此計四十五里，二十里棗林莊，五里三河縣，二十里段家嶺。肩輿六班。尖後發段家嶺，時午初。過白澗莊。鄉導册作白澗村。【略】過啞叭坑。過邦均店，時午正一刻。【略】過大孫各莊，有墩臺。【略】過五里河村、五里橋。午正一刻入薊州拱極門，城西門也。【略】出威遠門，宿東關，只此一店。自段家嶺至此計行四十五里，二十里邦均，二十五里薊州。肩輿六班。

初六日，晴。卯初一刻起，卯正一刻發薊州東關。自此山行，地多石子。過五里碑。過黄土坡汛墩臺。黄土坡之南爲東大屯，自東大屯起至隆福寺計程二十九里。其橋道歸遵化州辦理，薊州、遵化交界則在馬伸橋之東五里有奇。過三家店，時辰初一刻。三家店東五里爲白莊子，道北即桃花寺，在濠門西二里。過濠門汛墩臺，時辰初三刻。道北遥見桃花寺。【略】過窑鋪。鄉導册作姚鋪莊，有姚鋪河。過臺頭。鄉導册作擡頭莊，有擡頭寺，並圖有河形。道有小水，蓋龍泉水也。【略】尖馬伸橋，實鎮也，時辰正三刻。鎮西柵外橋曰馬伸橋，因以橋名名其鎮。橋下馬伸河，淋河暨隅頭諸泉之所匯也。【略】自薊州東關至此，計行四十里，二十五里濠門，十五里馬伸橋。肩輿四班。尖後，巳正三刻發馬伸橋鎮，過東柵外店東橋。過史各莊，東二小土橋，水清見底，石子可數，地屬薊州。道北見隆福寺。【略】過韋家嶺，地屬遵化州。過石門鎮，即《水經注》灃水所經之石門峽也。過租户莊，過新城。【略】未初二刻抵馬蘭峪，透迆頓折，入馬蘭鎮城，寓紫極宫真武殿東偏。山城斗大，跨巖間，背倚鐘樓。門三，由南門入，東西兩門相望，酷似京都正陽門外之甕城。將抵城，有小水横道，履石子而渡，《安瀾志》所稱「馬蘭峪關有小水，流注湯河」者也。【略】自馬伸橋至此，計行三十五里，二十里石門鎮，十五里馬蘭峪。肩輿六班。

初七日，晴。卯正三刻出西門，赴昌瑞山，計行十二里。辰正初刻祇謁山陵。

初八日，晴。卯初二刻發馬蘭峪，辰初至陵。【略】由大紅門影壁山後直南行，出龍門口，履石子而渡。水清徹底，當即《安瀾志》所稱興龍口。河源發寬田峪，遶皇陵之右，下經興龍口西、金星山東麓，而南注於合河者也。沙河合於梨河，爲合河。梨河即沽河上游。過龍門口後，再進，已出石門鎮背之迆西，其新城租户莊舊路越而過矣。帶道弁兵下馬，遥指西南爲淋河莊，過此即歸馬伸橋大道。弁兵辭去，騶從前進，遥過此莊之背，少頃抵韋家嶺舊路。過史各莊二土橋，尖馬伸橋，到時巳初。自馬蘭峪至此，計行四十里，十二里大紅門，八里興龍口，三里韋家嶺，十七里馬伸橋。肩輿六班。尖後發馬伸橋，時午初。過濠門村，西南有蜘蛛山。過東大屯，舊册於此言遵化、薊州界，蓋兩州辦道界也，地實屬薊州。過五里碑，西南有翠屏山天齊廟。【略】過薊州城中，時未初。城北有崆峒山府君廟。【略】山下有白馬泉。【略】出西門，北望見漁山。【略】過五里河，村北有盤山岔路。過賈各莊汛墩臺，路北有無名山娘娘廟。過大孫各莊汛墩臺、左各莊汛墩臺，路北有牛頭山藥王廟。《薊州志》山在州西二十五里。申初一刻抵邦均。【略】大店在鎮西市梢盡頭，誤投小店，僅能容膝，然視山東道計偕北上則已寬矣。肩輿人嘖有煩言，轉令慰諭之。自馬伸橋至此，計行六十五里，十五里濠門，二十五里薊州城，二十五里邦均。肩輿七班。

初九日，晴。卯初起，卯正發邦均。道北見盤山，有塔。【略】過白澗村，有盤山岔路。過公樂莊，薊州、三河交界。【略】過段家嶺，時辰初一刻。道北見青龍山。當即《名勝志》所載青梁山。過石碑汛墩臺，過小營，道北見齊家山、《縣志》作齊家木，在縣東十五里。駱駝山、《縣志》作駝山，即寶陀嶺，《名勝志》《畿輔通志》俱作駝山。堡子山。《縣志》：堡子山在縣東十五里。【略】過草橋，即錯橋。岸西之南有莊，居人呼爲草橋莊。過三河縣城南關厢，尖棗林莊，時辰正三刻，覃地山家宰館於右壁。自邦均至此，計行四十五里，二十里段家嶺，二十里三河縣城，五里棗林莊。肩輿五班。尖後，巳初三刻發棗林莊，過白浮屠汛墩臺、泥窪鋪墩臺，過鮑邱河石橋，過夏店汛墩臺，時午正一刻。過柳河屯汛墩臺，有東柳河屯、西柳河屯。馬起之墩臺，道北見孤山。【略】過三河、通州交界半壁店，店之東與戴嶺莊相連。未初三刻抵煙郊。自棗林莊至此，計行四十里，二十里夏店，二十里煙郊。肩輿五班。

初十日，晴。卯初起，卯正一刻發煙郊。過箭桿河土橋，箭桿河即窩頭河，其下游亦於寶坻境入鮑邱。【略】過東浮橋、西浮橋，過迎福寺，舊有寺。【略】尖柵欄店，通州北關厢市梢盡處店也，時辰正一刻。自煙郊至此，計行二十里强，《鄉導册》三十里，《伻記》二十三里半。肩輿三班。尖後發柵欄店，時巳正。行十里許，南望，從者詢土人，地名云高麗莊，實未見莊。【略】過楊家閘，《通州志》言普濟閘即楊尹閘，俗名楊家閘，今以閘名名其地。【略】未初抵朝陽門。自柵欄店至此，計四十里弱，二十里弱定福莊，二十里朝陽門。肩輿五班。

戴燮元《北轅録》 同治九年冬十月，家君既謝廣州。己酉，余偕龔仲堅發自廣州，泊花埭。【略】庚戌，至佛山。壬子，至三水。乙卯，至清遠。丁巳，過峽江，遊飛來寺、飛泉亭、帶玉堂。晚大風，山水争鳴，駭人心耳。庚申，過滇陽峽。壬戌，過觀音巖。閏十月丁卯，至韶州，過風度樓、風采樓。戊辰，泊津頭。【略】辛未，至始興江口，水淺甚。甲戌，改陸，至南雄州。乙亥，登古太平橋望月。丙子，過山。謁張文獻公祠，登補青亭，至南安。己卯，去南安。癸未，至贛州。甲申，下白澗灘、鼈灘，至天砫灘。舟觸石，隙水敗。宿高坑勝廟。丙戌，使人至贛州買舟來，即行。下天砫灘、大烏洲、九脚灘、天子地、石人壩、攸鎮、錫洲、銅盤，宿良口。丁亥，下涼灘、黄金洲、五座灘、匡風灘、武索、小溜灘、大溜灘、棉繩閣、惶恐灘，至萬安縣九瀧十八灘，以天砫、九脚、匡風等處爲最險。文信國詩云「惶恐灘前説惶恐」，信然。庚寅，至吉安。十一月朔壬辰日長至，至峽江。癸巳，雪。甲午，至樟樹鎮，遠山多積雪。乙未，余疾。丙申，至南昌，疾又加。丁酉，移客館。【略】庚戌，疾漸瘳。壬子，去南昌。癸丑，至建昌，疾又作。甲寅，輿中觀廬山瀑布。丁巳，至九江，宿洋樓。己未，登氣拉渡輪船，至湖口易山西輪船。庚申，大霧，晚至大同，夜行。辛巳晨，過金陵，午至鎮江易舟，晚泊瓜洲。壬戌，次揚州，假館於劍湖以醫疾。【略】十二月辛巳，疾愈，居丁家灣。十年春正月朔壬辰，余在揚州。二月癸酉，如鎮江。丙子，遊焦山，宿松寥閣。【略】三日乃去。三月癸巳，家君還揚州。四月丙寅，北行。【略】丁卯至邵伯，毛墨昀偕。己巳過淮陰釣臺，次清江浦，以耀堂弟行。庚午，如西壩。【略】辛未，至王營。買車，詰朝遂行。丙子，過沂州。【略】丁丑，入山。己卯，宿羊流店，謁羊叔子祠。庚辰，至泰安，遊玉皇閣。上泰山天門孔子登臨處，謁斗母宫、王母祠。入南門，瞻嶽廟，秦松漢柏，巋然猶存。辛巳，過二疏故里。壬午，【略】是日次濟南。【略】戊戌，去濟南，耀堂留濟上。是日齊河渡黄，雨後滑澾甚。己亥，過平原君相士處。庚子，次陵。【略】甲辰，去陵，至德州。見蝗，晚日食。丙午，至河間。丁未，過仟丘，度十二連橋宿雄縣。戊申，至固安。己酉，渡永定河，雨雹。庚戌，至京師。廣州在京師東南，去京師遠。由廣州至南雄，度大庾嶺而北，至南昌，今與昔同。由南昌取陸道至九江，由九江登輪舟，泝長江至鎮江，今與昔異。由鎮江、揚州至清江浦，今與昔同。由清江浦至王營，取山道至濟南、陵縣，而達於京師，今與昔又異。

董恂《永甯祗謁筆記》 同治十一年二月【略】三十日，細雨溟濛。卯初二刻冒雨起程，辰正出彰義門，今廣甯門也。【略】過普濟堂、【略】小井村、【略】大井村，村以義井名，有義井庵。【略】是日出城，迆西石道彌望皆煤駝，石泐雨滑，一駝踣，羣駝立而待，綿亘可十餘里。乃改道北出，而西，而南，小井、大井兩村遂越而過。抵拱極城，明拱北城也。【略】巳正過盧溝橋，橋下盧溝河，今永定河也。【略】自出彰義門皆西行，漸偏南，過盧溝橋後折而南，漸偏西。巳正三刻抵長新店，尖。店北券額曰長新鎮，街道甚長。舊曰長店，明御史李日宣議於長店等處築堡宿兵，即此。自彰義門至此，計行四十里。舊自皇華驛計程起，至彰義門五里，又十五里小井村，十里大井村，十里盧溝橋，五里長新店。尖後，午正二刻發長新店，出南券。過石橋，永濟橋也。舊爲啞叭河所經，今涸。【略】過趙新店，過董公庵，有通濟橋。《安瀾志》：「通濟橋即董公庵道南之石橋，爲牤牛、雅河所會處。」此《安瀾志・淶水篇・橋渡册》文。有董公庵泉。【略】過長楊村，明碑文作長陽店。有長楊橋，橋下廣陽河水也。【略】過石橋，橋下雅河也。【略】未正一刻過塔岡，即料石岡，料亦作燎。抵良鄉縣城。【略】是日過東關橋，繞城而南，復過南關石橋。過石橋，舊爲茨尾河所經，今涸。【略】過蕭家莊，大十三里，小十三里。兩十三里之間迆西有後十三里。過弘恩寺。【略】申正抵竇店鎮宿，燕樂毅、宋竇禹鈞故里也。自長新店至此，計行五十里。五里趙新店，五里董公庵，五里長楊橋，十里良鄉縣城，五里蕭家莊，五里大十三里，五里小十三里，十里竇店。

三月乙酉，朔，向曉雨甚急，比明暫息，沈陰不開。卯初發竇店鎮時，雨稍止。過白草窪，房山縣地錯出良鄉境者。辰初一刻過燕谷店，北琉璃河橋。燕谷店俗稱琉璃河鎮。【略】過挾河村，地屬房山，有房山窩鋪。道左清流，可鑑毛髮，自燕谷店南石橋來，當即挾活河也。過石橋，有義勝營，壁壘甚新。有涿州界碑，界入涿州地，則仍挾河村也。【略】過常店，過仙峰坡，過胡良河鎮，鎮南有石橋。【略】過永濟橋，橋跨巨馬河上，即淶水也。【略】巳初一刻尖橋南涿州北關，時雲氣甚厚，雨復溟濛。【略】自竇店至此，計行四十五里。五里白草窪，十里燕谷店，十里挾河村，五里常店，五里仙峰坡，五里胡良河，五里涿州城。尖後，午初一刻發涿州北關，冒雨行。【略】是日由北關轉西關，自此皆西行，稍偏南。過范水橋。《涿州志》作范水草橋，并云跨巨馬河上流。【略】過西壇村，距城三里。馬村，距城六里。邊家莊，距城十二里。陶家屯，距城十五里。俱道出村中。陶家屯一稱桃屯，過此時已未正。過二站村，距城二十五里，土人言陶家屯至此八里。道亦出村中，時未正二刻。過二十里鋪，土人言二站至此七里。按此涿州西二十里鋪也，距州城實三十里强。南望見一塔，隱約雲霧間。申初三刻過淶水縣東十里鋪，鋪東涿、淶分界，有稻子溝橋。【略】自由縣城東而南，申正三刻抵南關之西市梢宿。候輜車，戌初始到。【略】自涿州至此，計行五十里。三里西壇，三里馬村，六里邊家莊，三里陶家屯，八里二站，七里涿西二十里鋪，十里淶東十里鋪，十里淶水縣城。

初二日。昨抵寓時小雨，入夜時大時小，向曉止。卯正發淶水縣南關西市梢，過三里鋪，實不足二里。過淶水縣西十里鋪木橋，橋下秋蘭河水也。【略】發源本境洛平山下，【略】自懸屬泰安石橋來。【略】過北橋頭，地東屬淶水，西屬易州，距州縣城各二十里。橋下迎紫河水也，發源易州東北洪崖山。過此橋下，下游即易州東二十里鋪石橋。即迎紫河橋。【略】過小山南村，距易州城十五里。道出門山之間。過七里亭，距城七里。過五里河橋。距城五里。【略】過拐子渠。距城三里。巳初入易州城迎暉門，城東門也。【略】出城西靖遠門，尖於西關。自淶水縣南關西市梢至此，計行四十里。三里三里鋪，七里淶西十里鋪，十里北橋頭，五里小山南，八里七里亭，二里五里河，二里拐子渠，三里易州西關。【略】尖畢，午初一刻發易州東關，天有晴意。過山廠，見小水，白楊嶺水也，入北易水。過石門店，見小水，沙峪口水上黄蒿河水也，俱入北易水。過梁各莊，泰甯鎮總兵駐此，過門報之。莊西有行宫，門前石橋下爲分水嶺，東小河源出易州之馬家溝，東南流逕行宫南，又東流逕龍興寺北，又東流，凡十二里入北易水。行宫之西爲永福寺。是日發易州以來所過土橋、石梁，皆北易水之所纏絡也。諸涓涓細流，亦皆曲曲匯歸北易水者。未初一刻履石而渡，抵半壁店，寓華祖廟。【略】自易州西關至此，計行二十里。十里石門店，五里梁各莊，五里半壁店。

初三日，晴。卯正二刻赴永甯山，健卿郎中隨往。過土橋，踰北易而北；復過石橋，踰北易而南；計行八里。五里東口子門，三里大紅門。辰初二刻祇謁山陵。

初四日，晴。未初赴昌陵，計行九里。五里東口子門，又四里至此。

初五日，晴。寅正起，卯初發半壁店，由路南穿店過嶺，便道山行，道在御路之南。辰初過易州，入城西門，出東門。【略】自半壁店至易州西關，肩輿四班。來程以道濘，紆回繞越，未計班數。過拐子渠、五里河、七里亭，過麻屋莊鋪，距州城十里。有墩臺。過門山，兩山相對如門，道出其間。土人呼爲啞啞山。北山南麓有小山南村，來時經之；南山南麓有大山南村，歸時經之。村均距州城十五里。過北橋頭。過淶西十里鋪，鋪西木橋入淶水縣界，路北有真武廟。過三里鋪，巳初三刻抵淶水縣城，南關西市梢舊館尖。【略】自半壁店至此，計行六十里。二十里易州西關，二十里北橋頭，二十里淶水縣西關。自易州西關至此，肩輿十一班。尖畢，午初三刻發淶水縣西關。【略】過淶東十里鋪，過涿州西二十里鋪，過二站陶家屯、邊家莊、馬村、西壇村。過范水草橋，范水實不在此。【略】由涿州西關轉抵北關宿站，時申正。【略】自淶水縣西關至此，計行五十里，二十里涿州西二十里鋪，十五里陶家屯，十五里涿州北關。尖後肩輿十七班。

初六日，夜雨，向曉未已。卯初三刻，冒雨發涿州北關。【略】過永濟橋、胡良河橋，皆冒雨行。雨中見窩鋪，題字「第四鋪綫莊」，五鋪東先峰坡，六鋪常店，七鋪周家莊，八鋪挾河村，九鋪羊户屯。永濟橋南坊曰「萬國梯航」，橋北通軒，其北額曰「千間大庇」，南額曰「一葉通津」。先峰坡或書仙峰，《涿州志》作仙風。【略】過羊户屯鋪，稍折見義勝營前涿州界碑，過此入良鄉界。過挾河橋、琉璃河橋，過房山境白草窪，仍冒雨行，巳正一刻抵竇店尖。自涿州北關至此，計行四十五里，十里仙峰坡，二十里琉璃河，十五里竇店。尖後雨益連綿，午正一刻冒雨發竇店。過弘恩寺、小十三里、大十三里、蕭家莊，未正一刻過良鄉縣城，逕南關石橋，行城根，復逕東關石橋北行。城南三里有望諸君墓，踰乾河而北，有郊勞臺。【略】過長楊村，村中石橋，較高大，橋下當即廣陽河水也。南市梢將盡，復有石平橋，疑即《良鄉輿圖》所稱石橋，雅河所經，今無水。村北大石橋一，讀橋側碑，知爲永安橋，前明萬曆四十二年敕建。【略】過董公庵，道西有晉慈萬安寺。過趙新店，申正一刻抵長新店宿。自竇店至此，計行五十里，二十五里良鄉縣城，二十五里長新店。肩輿十三班。

初七日，晴。卯初三刻發長新店，過盧溝橋。上年山水異漲，橋石多圮。由拱極城而東，過大井村、小井村，入彰義門，時辰正一刻。自長新店至此，計行四十里，十五里大井，十里小井，十五里彰義門。肩輿八班。巳初二刻抵京邸，肩輿五班。

洪良品《北征日記》 同治十年十二月九日，余假滿入都，經兒送至沙河橋頭，洒淚而别。暮宿舊洲同宗家，次日用旗蓋送至河干，陳問齋通判亦來道別，泊舟去鵝公頸渡十餘里，已漏下二鼓矣。

十一日，泊鵝公頸渡，即舉口也。舉水入江處，形屈曲如鵝頸，故名。【略】其西南即坪江，今謂之團風鎮。

十二日，發鵝頸渡。風帆逆駛，江楓岸柳，蕭瑟動人。行四十里，晚泊葉家洲。

十三日，舟行數里，早飯陽邏堡。【略】是日過武當口，望青山磯，夕陽已落江，昏黑不見人。已而燈明如晝，霞光燭天，洋樓番舶鱗列江岸。泊漢口。漢水西來，至漢陽之大別山下入江，亦曰沔口。

十四日，寓漢口楊千總巷。午時立春，大雨。

十六日，登舟泊大別山下，與内子、猷兒泛舟，登晴川閣。是日午後開帆，行十餘里。

十七日，過蔡店。有汊河，即古之三澨也。

十八日，過濆口。【略】一帆風利，望小別山在微茫煙靄間，山形如甑，亦名甑山，在漢川縣南十里。過數里又有陽臺山，下有陽臺渡。是日日未晡，行一百二十里，泊漢川縣。

十九日，過繫馬口、揚子口。按漢水一名襄河，又名長夏河。長夏河有揚水，疑即此。行八十餘里，泊蚌湖。

二十日，入沔陽州界。斜風細雨，水煙一白，輕帆迅駛。行百餘里，泊仙桃鎮。

二十一日，風利，行一百二十里，泊岳家口。廛市鱗列，人煙輻輳，燈光隨流上下。

二十二日，午過黑牛渡，雨作。行五十餘里，宿潛江縣郭外五里。

二十三日，雨甚，且行且止，泊芭蕉塘。已而雨止，復行數十里，野泊彭家集。是日行計三十餘里。

二十四日爲小除夕，行四十餘里，泊長流苑。舟中與妻孥圍鑪飲酒。

二十五日，行五十餘里，入荊門州界。【略】晡泊沙洋鎮登岸散步，至市而返。

二十七日，行一百里，宿石牌。

二十八日，行六十里，宿獅子口。

二十九日，大風。入鍾祥縣界行，泊西河店度歲。

十年正月元日，天未明大雨雪。以風，自元日至三日不晴，仍留西河渡口。

初四日，天始霽，開頭行過安陸府城。

初五日，天色清和，望遠山青葱，迆邐帆隨峰轉，沙平水闊，一碧無際。行九十里，泊轉渡灣。

初六日，午憩流水溝。小山綿亘江岸，山頂有寺，寺下村煙茂密，廛市掩映緑樹間。居人於山旁築堡，以禦流賊。行七十餘里，泊白貓洞上。

初七日，入宜城縣界。【略】餘停舟漢岸，命僕於村肆沽酒。其味酸，僕嘗而棄之，竟持空壺歸。余笑曰：「酒以酸爲上，汝殆未知其趣耳。」再沽而飲之，果香冽異他釀。聞唯井水所釀獨異，余不能逮也。【略】薄暮過小灘，泊漢水北岸沙洲上。纍纍多怪石，五色斑駁，不減吾黄之寶石山也。命僕囊取，妻孥争拾玩以爲樂。

初八日，自宜城入襄陽界。【略】自此傍漢江行，青山白雲，風帆沙鳥，極曠淼之觀。余以舟行，泝漢水而上，百里間隱隱數峰，蒼翠近人，知爲鹿門、蘇嶺諸山。是日泊石灰窑。

初九日，泊襄陽東津灣，即龍尾洲。【略】按漾水出漢中府甯羌州北嶓冢山，東至漢中府南鄭縣南，爲東漢水。東漢水自陝西白河縣流入湖廣界，又東流經鄖縣，至均州。又東南流，歷光化、穀城二縣，至襄陽縣東津灣折北而南。有榷關，算估舟於此。蓋其上流有光化縣老河口鎮、陝西白河鎮，商賈輻輳，往來舟必經此。余時附估舟行。

初十日，仍在東津灣候關。望一山聳然高，綿岡疊巘，蜿蜒而東。土人指謂余曰：「此虎頭山也。」一作阿頭山。

十一日，開頭行三十里，泊樊城。向唯土垣，咸豐、同治間始築甎城，建飛樓以守，賊不敢犯。入城，石路無塵，市屋如櫛。登城北跨鶴樓，望襄陽城郭，大隄横亘，萬山、峴首諸峰嵐光秀色，如在目前。【略】暮返舟中。

十二日，擬遊隆中，不果行。

十三日，因騾車值昂，改雇小車。

十四日，舟泊樊城西三十里之竹竿店，候車。回望萬山、峴首諸峰蜿蜒不斷，依依如送人也。

十五日，辰刻車至，挈眷登岸。啓行，天驟北風微雨。晚宿鄧家鋪度元夕，燈火礮竹聲達旦。

十六日，行二十餘里。春陰晻靄，寒翠幕野。因行李過重，命僕回樊添雇一車。宿楊柳驛，簫鼓喧闐，與元夕無異。自襄以北皆然也，殊不類吾黄之以元夕爲限耳。

十七日，由柳陽驛過白河。即《水經》之淯水也，源出嵩縣雙雞嶺，近南陽府，至樊城合東流水，俗名白河，一名白水。是日行六十里，宿新野縣，隸河南南陽府。

十八日，行六十里，入南陽縣界。宿瓦店。

十九日，過隴西砦，繞白水而行。望山單椒峭立，嵐翠照人。土人曰：「此豫山也，俗名獨山，有二十六陂。」其西一山相去里許，天然秀異。土人曰：「此豐山也。」【略】是日行九十里，宿南陽縣之新店。

二十日，過博望驛。【略】今則立土砦，市聚數十家而已。【略】入裕州界，行六十里，宿趙河鋪。

二十一日，天微陰。過歌鳳城，相傳爲孔子遇接輿處。過裕州。【略】望諸山綿延蒼秀，一峰聳如筆尖，不知何名。【略】過扳倒井，有光武祠。祠外有井，上覆以亭，水極清洌，即扳倒井也。【略】是日行八十里，宿獨樹店。

二十二日，入葉縣界。望黄城山危峰矗雲，懸巖送翠，樹木蓊翳，岡巒蜿蜒起伏，連山奔走銜接，數十里不斷。山産石，土人斲以爲硯。余購二枚，色青而質不甚堅。山下石路犖确，河水曲折，屢渡。【略】過舊縣，爲楚葉公封邑，有玩龍臺。又五里過墳臺店，有王喬墓。【略】又數里渡昆水，爲古昆陽城。【略】又十里爲尤潦鋪，有横碑書「止子路宿處」五字。是日行八十里，宿葉縣南關。

二十三日，行十里。見左陂右畝，平野無際，麥秀一碧。【略】又行十里，有一小山，石黝成堆，其旁皆棗林柳蔭，路旁亦有一碑，題「孔子使子路問津處」八字。前臨大河，爲汝水所經，俗名沙河。河有土橋，俗名耦耕橋。黄城山在其西。又行十里，過保和砦，望一山數峰高立，旁一山迆邐而長，蓋即首山也。其南亦有一山，山頂一塔直插霄漢。【略】晚宿襄城南關旅店。是日計程行六十里。

二十四日，出襄城北關。行二十餘里，路旁有碑，大書「吴季子挂劍處」。又行十餘里，有蔡孝子祠。【略】又行十里，爲潁橋，即潁谷封人地。是日午後微雨，僅行四十里。

二十五日，行二十餘里，入許州界，爲魏都許昌地。離城二十里傍西而行，南有許田。又過興源堡、石固店，入長葛縣界，爲鄭繻葛地。又行二十餘里，過太平店。【略】是日天氣陰翳。晚過潩水，【略】河上有石橋以渡。計行八十里，宿會河鎮。

二十六日，早行。望豐山色葱翠，形如飄旗。土人曰：「此陘山也」。至梨園，入新鄭縣界。【略】溱水、洧水源皆出密縣，至新鄭合。有橋曰宛陵橋。南有金龍大王廟，栱桷宏麗。【略】余停車，望西南連山綿延，蒼翠萬狀。繞城東關而行，有子産祠，又有「軒轅故里」碑。【略】是日行七十里，宿郭店。

二十七日，過袁家堡、林錦店。爲管叔鮮封地，亦名管城。是日行八十里，宿東趙莊，去黄河沿七里。

二十八日，過黄河滎澤口。【略】同治戊辰河決於此。是日大風揚沙，金隄横亘，決口新築游隄。渡河，沙重難行，僅行三十餘里，宿王禄營。

三十日，行數十里，入汲縣界。爲殷牧野處。過衛輝府，城郭壯麗。南關外石橋跨河，亂艇泊岸。【略】出府城十里爲頓坊鋪，疑即古頓邱地。【略】是日行九十里，宿唐家屯。

二月初一日，行二十里，過淇縣。余過淇側，惟荒陂亂澗，斷橋流水，無所謂菉竹猗猗者焉。又行二十五里，過高村店，傳爲古鹿臺地。村北有淇水，急湍亂石，聲淙淙然。又行十餘里，大風。入濬縣界，爲漢黎陽地。縣東有大伾山，亦名黎陽山，有黎水。又行十餘里，入湯陰縣界，宿宜溝驛。【略】是日行七十五里。

初二日，行二十里，過光村鋪，爲浣衣里。【略】又過湯陰縣，入城内謁岳忠武王祠。【略】出城里許，高阜上有岳武穆先塋碑。又行十里，路旁有碑二，一大書「文王演易處」，一大書「文王羑里城」，旁有文王廟。【略】又五里爲羑河鋪。又行十里，入安陽縣界。路左有「鄧禹枚策追光武處」木坊。又五里爲魏家營，曹操屯兵處。又行二十里，宿彰德府南關。

初三日，辰出彰德府城北門。【略】過安陽河，一名洹水，源自故洹水縣界，至林、安陽二縣，屢伏屢見，東入衛河。上有石橋，爲南陽橋。行三十里爲豐樂鎮，東十五里地有銅雀臺。過漳河。其源有二，一出山西長子縣發鳩山，曰濁漳；一出樂平縣少山，曰清漳。自涉縣入境，俱東至林縣合流。行二十餘里，過磁州。望見高阜纍纍，或曰此曹操疑冢也。【略】磁州城外斷橋跨水，楊柳參差，溪流一碧，怪樹森立，水光山色，映帶數十里，大有江鄉畫景。余擬宿磁州，因無店，仍至杜村，日已晡矣。是日行八十五里。

初四日，仍住杜村。

初五日，過車騎關，至趙王古城，有廉頗墓。又行二十里，過邯鄲縣，有叢臺。王郎城在西，縣内有明張少保祠。出祠行二十里，過黃粱仙蹟地，有吕仙廟。過界河鋪，入永年縣界。行二十里，宿洛關。洛水源出遼州大行山。【略】是日行九十里。

初六日，出關過洛河。行十五里，入沙河縣界。沙深陷足，人馬淩競行，如跛鱉蹣跚。十里過沙河縣城，煙火荒涼。舊城在縣東一里，今廢。【略】又行二十餘里，爲張謙故里，入邢臺縣界，爲古邢國地。是日行七十五里，宿順德府南關。

初七日，行二十餘里，入内邱縣界。望見一水在東南，即泜水也。【略】過金隄店，爲漢孝子郭巨獲金處。【略】是日行六十里，宿内邱縣城中。

初八日，行六十里過柏鄉縣城，爲魏裔介故里。又行二十里，有漢光武斬石人處碑，在路西。又行五里，宿石固店。

初九日，過槐水。按槐水發源贊皇北沙嶺。行數里，路西有漢車騎都尉馮唐墓碑。又十五里爲馮唐故里，又十五里爲左軍故里。入趙州界，過大石橋，橋上有樓，額題「古橋仙蹟」四字。《朝野僉載》謂趙州石橋望之如初月出雲，信然。有二碑，叙言此橋爲隋大業三年李春建。又五里過趙州城，西關東街有柏林寺，寺壁有吴道子畫水猶存。又行二十里，宿欒城縣北關。城爲欒武子所築，故名。是日行七十五里。

初十日，行三十里，過荆壁鋪。【略】又行二十五里，過滹沱河。【略】是日行六十餘里，宿正定府城内小紅廟三陞店。

十二日，行四十里，宿伏城驛。

十三日，行二十里爲馬頭鋪，即古蓮花店，相傳爲伏羲生處。【略】又行十餘里，爲小寨鋪，【略】又行五里，過新樂縣城，爲春秋時鮮虞舊都。【略】又行十五里，宿定州之明月店。是日計行七十里。

十四日，出明月店。村北有雞鳴臺，一曰鬭雞臺。【略】又十里爲漢安喜城，又五里爲慕容舊村，又十里過定州城。【略】又十里渡一河，俗呼清水河，疑即唐水，在定州北。滱水發源恒山，自東北來會之。河上有一村，爲陶唐故都地。又二十里爲古博陵郡，又五里爲漢高祖紀信城。又行五里，宿清風店。

十五日，入望都縣界。行二十五里，見小橋跨澗，曲港通流，路旁有堯母第一泉碑。又五里入望都城。【略】又十里爲光武故城。入完縣，即古之曲道城。見一水，疑濡之支流。【略】又十餘里，入滿城縣界。【略】是日行六十里，宿方順橋。

十六日，清明。行十五里過涇陽驛，又五里張燕公讀書處。過大汲店、小汲店，入清苑縣界。是日行六十里，宿保定府西關。

十七日，行十五里過徐河橋，河發源易州五迴嶺。【略】又五里西漕店，又五里漕河。河自西北朔甯縣曹河澤發源，由滿城南韓營流入安肅楊村界。【略】又五里荆塘鋪，爲荆軻故里。又十里十里鋪，有晉隱士劉伶廟墓碑。【略】又十里安肅縣城。【略】今南城周三里，題曰「銅梁峻壘」。關南石橋，曰永濟。北關題曰「鐵雁雄封」，關外有瀑河。又有雞爪泉，種蔬甚美，黃芽尤佳，世稱安肅菜。是日宿南關外。

十八日，行十里，望浮屠插雲，樹陰蓊翳。旁一村曰白塔村，有崇國寺塔，在寺後，堊墁色白。【略】過石橋，橋下爲萍水，源出易州黃山。清淺多浮萍，故名。又五里麒麟店。【略】又五里出村，爲田光故里。有橋曰村橋，橋下雞爪泉也。又十五里固城鎮，鎮爲秦范陽縣故城。今作固，蓋故之訛。【略】又五里尚汲店，有九汲莊，莊北有唐詩人賈閬仙故里碑。又十餘里過北河店，以在固城之北，故名。北河又曰白河，亂溪夾路，明流漾川，疑即古白溝水。【略】跨澗一橋，有石碑，題曰「河陽南渡」。【略】又五里小北河。【略】又十里，天大風，宿定興縣南關。縣西一里有拒馬河，亦謂之淶水。

十九日，行五里祖村店。南有祖村，祖逖故里也。又二十里高碑店，地在新城縣治西三十五里。【略】又二十五里過西臯村、忠義店，入涿州界。

二十日，行三十里，過琉璃河，即古聖水也。【略】今驛名固節，縣仍漢名。又十里長楊村，橋曰長楊橋，橋下廣陽河水也。又十餘里，宿長新店。

二十一日，過盧溝橋。入彰義門。【略】晡到黃岡試館。館明恭誠伯陶仲文故邸，旋爲邑人憩車之地，時就禮部試者咸萃。余挈眷屬，無下榻處，次日遷至宣武門外將軍教場衚衕寓焉。

陳炳泰《北行日記》 余歷届奉檄辦理海運交米事務，俱附輪北上。歲丙子［光緒二年］，同人大半遵陸而行，余亦於三月二十八日偕表姪施淑陳茂才由蘇買櫂開行。三日風順，三十日傍晚抵丹徒口。

四月朔，守風竟日。

初二日，早出江，溯流而上。經過焦山，風狂不能進，距鎮江僅三里，祇得收小港泊舟。與淑陳同坐篷窗，飽看金、焦山色。傍晚步登甘露山頂望江，頗豁心目。次早風平，可以渡江，而舟膠港内，不得出。遂赴鎮江另雇一舟，即對渡至瓜州口，抵維揚。至岸訪石亭菊丈，至二鼓回舟。連日風利，於初六日巳刻抵清江。與淑陳至車行雇定車輛。

初七日辰刻，自清江開車，至玉溝午餐。晚宿衆興鎮，桃源縣境。【略】計行七十里。

初八日，至仰山集午餐。晚宿順河集，屬宿遷縣。計行一百二十里。

初九日，至峒峿鎮午餐，入山東郯城縣境。晚宿紅花埠。計行一百二十里。

初十日，過東海孝婦祠，惜怱怱不及瞻謁。經郯城縣，至十里鋪午餐，行入蘭山縣境。晚宿李家莊。是日行一百二十里。自清江至此一路皆坦途，明日須進山，僕夫預愁況瘁。

十一日，過沂州府城，至半城午餐。入山，過青駝橋，層巒疊嶂，四面環繞。路雖崎嶇，如入山陰道中，頗覺應接不暇。晚宿青駝寺。買唾沫膏，臧姓專門名家。是日加半站，計行一百三十五里，均蘭山境。

十二日，過垜莊，屬沂水縣境。至公家城午餐，經蒙陰縣城。晚宿鼇陽，屬新泰縣境。是日加半站，計行一百五十里。

十三日，至羊流店午餐。過羊太傅祠，經任家莊，入泰安縣境，過崔家莊。晚宿泰安府城外。是日加一站，計行一百八十里。

十四日，不加站。天明開車，一路看太行山色，亂石充路，車行顛簸更甚。入長清縣境，至塾臺午餐，晚宿張夏鎮。計行一百十里。

十五日，曉行三十里，至開山。山路行盡，從此皆坦途矣。該處分道，至濟南省城祇二十里。過杜家廟，入齊河縣境，渡齊河，經縣城而北。又二十五里，抵晏城午餐。入禹城縣境，過禹城。又五里，晚宿禹城橋。是日加半站，計行一百六十里。

十六日，入平原縣境，至二十里鋪午餐。過縣城，入德州境，晚宿黄河沿。計行一百十里。

十七日，行二十五里，進德州城午餐。過桑園，入直隸吴橋縣境，晚宿連鎮。計行一百二十五里。

十八日，入東光縣境，過縣城。入南皮縣境，至縣城午餐。入滄州境，晚宿捷地。計行一百二十里。

十九日，行經滄州城下，入青縣境，至興濟鎮午餐。入靜海縣境，晚宿唐官屯。

二十日，行至良王莊午餐，入天津縣境，申刻抵津。計行一百三十里。

王錫祺《北行日記》 光緒己卯［五年］，余應順天試，並往福州爲燕弟過聘。三月十一日乙卯起行，早起祭祖畢，家中各處辭行拜別。【略】逕乘輿登舟，送者坌集。【略】督諸僕整頓行李。大風雨，不能開舟，住西門外，篷背淅瀝，聲甚惱人。

十二日丙辰，陰，北風。曉煙未散，輕帆已開，舵聲啞啞，雞聲喔喔，舟子長年聲嘈嘈，都從夢寐中聽之，醒時窗紙已曙矣。卯刻起，過二鋪、三鋪、平橋，辰刻大小涇河、黄浦，巳刻寶應。風利帆駛，如輕駿奔坂，弩箭離弦。午刻劉家堡，氾水，未刻子嬰閘、界首、六漫閘。【略】申刻馬篷灣。清水潭一帶新修隄工，人夫雲集。惟挖老隄就近之土以固隄身，恐伏汛大發，老隄反更喫緊。風略小，戌刻泊高郵南門外接官廳。小雨旋霽，夜月甚皎。計行二百里。

十三日丁巳，晴，西南風。卯刻開船，紅日射彩，黄粱悟人，鑼聲艣聲，擾我清睡。辰刻起，已過大小車邏壩。巳刻露筋祠、昭關壩，午刻邵伯埭、六閘。【略】未刻瓦窑鋪、灣頭，湖水甚小，舟緩緩行，兩岸緑樹葱蘢，茆屋迆邐，一幅水鄉圖畫也。申刻五臺山，西岸營盤遣撤，祇剩東岸一座。抵揚州，泊鈔關外。先由東關同介弟等進城，教場啜茗。計行一百零六里。

十四日戊午，陰，清明，未開船。

十五日己未，西南風，霧，晴。卯刻開船，辰刻揚子橋、三汊河、八里鋪，隔江諸山在煙樹微茫中。巳刻瓜洲口開江，浪静風平，一目無際，金、焦對峙，見客欲笑。【略】午刻抵鎮江，泊金山南脚下。【略】歸船，晚潮長三尺餘，有輪船自漢口來。月皎甚，船頭暢飲，並犒舟子，亦分甘之微意也。是日行五十里。

十六日庚申，陰，霧，東北風。本擬今日搭輪船往滬，因招商太古下水須遲三四日，在原船坐候。晚大風，艢艣攲側，婦稺叫號，舟極顛簸，飲食不得下咽，猶欲嘔吐，逕脱衣卧。夜大雨，竟夕不成寐。

十九日癸亥，晴，西北風。早起督僕收拾行李，搭招商局江永輪船往滬。介弟等送至江干躉船，因船未到，先後去，臨别甚依依也。日間困頓，上船即睡，一夜江濤激沸，軸聲震耳。福山一帶形勢雄勝，夜半不及見。

二十日甲子，陰。卯刻，煙靄渺瀰中見狼山雄峙，如海上三山，可望而不可即。已刻晴，抵上海，住寶善街天順客棧。【略】自鎮江至上海得西人一百五十六米，每米伸中國三里三分。

二十三日丁卯。【略】是日怡和行有利輪船赴閩，督二僕搬行李並喜盒上船，每人搭費十五元。晚雨。

二十四日戊辰，寅刻開船，出吴淞口，南風尚平穩。辰刻過甯波舟山，普陀山在其南，俗所謂南海也。傍晚大風，昨日天后暴期，今日應顛簸特甚，飲食皆嘔出，疲苶不堪。問買辦，云已過温州，夜半可抵福甯府界。

二十五日己巳，晴。大風未息，船行海中，雙輪震震，時而天上，時而地下，捧起數十尺，跌落十數丈，浪花噴雪，怒瀧如雷，箱籠什物擊撞有聲，不能飲食，不能語言。賴天后威靈，先人福佑，亥初安抵福州五虎口。停輪口内，浄淥淵澄，别有天地。食稀粥半甌，爽甚。自滬至閩，得西人四百三十一米。

二十六日庚午，晴。整頓各件，自羅星塔雇小船至南臺，一路山明水秀，松栝青蒼，如入武夷九曲，一境一變，愈變愈奇。農子攜鋤，漁人曬網，水鄉畫境，人間樂事，吾輩奔走功名奚爲者？福省言語不通，筆以示之。

二十八日壬申，晴。有利輪船開回上海，不能耽遲，早起即收拾動身。乘輿入城，貨物雲屯，街市蕃盛。

【略】坐揚清小輪船，午刻至羅星塔，上大船。前廿四來時值暴期，未省此行何如也。

二十九日癸酉，晴，㲉雨。卯刻開出五虎口，稍覺簸蕩，漸遠漸甚。大風不止，浪湧如山，伏枕困卧，點滴不能下。聞同行各云，今日爲諸神朝上帝，暴。此行兩遇大暴，險極。夜半約抵福甯境。

閏三月初一日，甲戌，晴，大風。約過温州、甯波境。

初二日乙亥，晴。天明抵吴淞口，候潮一時許，始開入，泊公和祥碼頭。仍住天順棧。

初五日戊寅，晴。黄僕回家，由珊記碼頭搭民船到鎮江，换船至淮。

十二日乙酉，晴。定招商局漢廣輪船，碼頭在下海鋪。貨未上，不開。

十三日丙戌，晴。上岸早點。【略】酉刻上船住。

十四日丁亥，晴。開行，出吴淞口，南風平穩已極。過揚子江口、通州、崇明等境。是夕和衣睡。

十五日戊子，晴。過淮安、海州兼山東交界等處。順風，水作淡緑色。是夕和衣睡。

十六日己丑，晴，立夏。入山東境，即俗稱黑水洋也。初出口時海色黄，繼而白，繼而青，至此作深藍色。午後抵煙臺福山縣屬，有亭翼然建於島上，潘中丞偉如霨建也，名觀海樓。風大，未駁貨，停輪。一路島嶼綿亘，如廟島、大竹、小竹、鼉皮、雙島、養馬、崆峒，皆不能確指。

十七日庚寅，晴。駁貨畢，開行。是夜大雷，大風雨，船稍簸。然行甚疾，竟能熟睡。

十八日辛卯，晴。抵大沽口，輪船鐵駁來駁糧米，三點鐘始開。同艙甯波某姓言，昨夜雷雨時，有一物上船，長身披髮，火光數尺許。船主令投以飯，倏躍入海，不知何怪。將進口，舟膠於沙，一時許始脱。大沽礮臺甚得形勢，口内紆徐曲折，有事時扼以禦敵，鐵甲輪舟亦難飛入。兩岸桃柳千萬株，夕陽映之，紺碧萬狀。土屋臨流，忽斷忽續，婦稺見輪舟來，皆出立河干望。有荆關筆，是一册好圖畫也。天晚水淺，停輪。是夕和衣睡。

十九日壬辰，晴。甫開輪，即膠於沙，一刻許始暢行。將抵紫竹林，又淺兩時許。午刻泊招商局碼頭，發行李，住春元棧，在法大馬路。上海至天津往皆四日，至速三日半，今乃遲至七日。自滬至津得西人七百五十六米。

二十日癸巳，晴。雇定車三輛，明日開行。

二十一日甲午，晴。五鼓起，裝車即行。過城北浮橋，【略】六十里楊村，住雷家。【略】計行六十里。

二十二日乙未，晴。五鼓開車，三十里，辰刻蔡村，三十里，午刻河西務，尖。十八里小沙河，十七里馬頭。時方申酉間，大風忽至，飛沙揚塵，車不得前，遂住。雨，旋晴。計行九十五里。

二十三日丙申，晴，大風。五鼓開車，二十五里，巳刻張家灣，三十里，午刻余家園，尖。三十里，未刻抵京。進沙窩門，門者索酒貲，給以青蚨二百。未饜所欲，云上務，則隨之上務，税房單開箱一隻，報銀二十兩，外費四五兩。余告以貨無絲毫，因鄉試而來，有照可證。必欲報，則票上書明書箱一隻，報銀若干，自有給銀處。彼見不能動，遂故意留難，適查驗官至，開箱件與驗，即刻放行。此行車夫狡獪異常，門役爲所攛掇，幸未入其彀中。申刻至西河沿晉隆店住。一路沙土滿身，狂風侵面，困頓不堪。凝神稍坐，如釋重負，斫蔗食之，其甘如飴。自天津至京二百四十里，得西人七十一米。

[九月]十三日癸未，雇定車三輛，明日出京。仍由天津航海，而滬，而鎮，坐内河船回家。

十四日甲申，由京起身。巳刻出沙窩門，中尖余家園，晚宿張家灣。頹城一角，在荒榛蔓草中，人家吹煙縷縷從茅屋出。

十五日乙酉，晴。開車，中尖安平，晚宿蔡村。談僕車至更餘始至。近畿一帶近多伏莽，卸轅静待，殊有戒心。夜月甚朗。

十六日丙戌，晴。五鼓起，涼月向人，曉星欲落。促車夫開行，寒甚，擁衾小卧，轅騾駸駸不能止，似睡似覺，客中佳況也。中尖蒲口。天津一帶夏間河溢成災，距衛祇四十里，車不得達，不得已換小船行。碧樹夾溪，清流瀰瀰，垂楊萬餘樹，殘照麗之，遠近皆成金碧色。船逕從田上過，人家墳墓宛在水中。晚抵河北，令僕督行李至春元棧，余乘肩輿行。

十七日丁亥，晴。【略】明日大沽輪船開洋，託棧東寫票定艙。飯畢發行李上船。

十八日戊子，晴。午刻開行，雙輪初展，人若登雲，樹木房舍轉瞬即過。晚至大沽口，已百數十里。爲攔江沙所阻，候明日早潮行。

十九日己丑，晴。天明開行，巨浪喧豗，心凛凛然，不能進飲食，擁衾酣卧而已。次日聞舵工言，是日浪直從篷上打過，輪舟之巨，鐵皮之固，險巇若此，海行不易。戌刻抵煙臺，停輪。

二十日庚寅，晴。海面風狂，艙客聚語，皆謂必遭顛簸，如食鯢鯢肉矣。午後開船，果隨浪上下，不減昨日，夜半稍平。

二十一日辛卯，晴。黑水洋風静浪平，可在舵樓上作遠眺，實出意料之外。船行甚駛，明日一點鐘必抵上海也。

二十二日壬辰，晴，風定如常。午刻抵上海，住洋涇浜長安里祥發棧。

二十三日癸巳，晴。今日即擬搭輪船赴京口，因開行者乃麥邊洋行發財輪，船艙既逼窄，又無躉船。江表明日開行，改期，以趨穩當。【略】葛芝翁來言，其壻程姓在江表司事，因託致意，在路照料。

二十四日甲午，晴。早起收拾行李，至金利源碼頭上江表輪船。沿黄浦江閒步，輪船夾板如林，如蝟，兒時觀西洋畫不及也。入肆小酌。晚乘馬車回，夜三點鐘開行。

二十五日乙未，小寒，陰。起觀江景，細雨霏霏，霧氣瀰漫不可辨。蓋甫出吴淞口數十里，在崇明一帶。午後見狼山，過江陰，西岸礮臺深得扼吭之勢。【略】夜半抵鎮江。【略】風大，就躉船樓上卧，黑甜一覺，窗日大明矣。

二十六日丙申，晴。金風瑟瑟，披裘禦之，猶有餘寒。【略】上小船，西南風不能開江。

二十七日丁酉，晴，風稍微。晨起促令開行，忽逆風阻舟，折回小泊。推窗閒眺，正對金山。

二十八日戊戌，晴，西南風。天尚昏黑，舟子已收拾過江，艣聲咿啞，不能成寐。披衣起，朝暾漸上。巳刻抵瓜洲，【略】午刻三汊河，【略】申刻寶塔灣，距揚州五里。寒鴉作陣，點墨翻空，老樹臨流，枝葉盡落，絶好寒鴉古木圖也。風順，行甚駛，頃刻抵揚州，申刻住灣頭。計行六十里。

二十九日己亥，晴，東南風。天未明即開船，湖水漸落。辰刻瓦窑鋪，巳刻邵伯埭，頭石工，午刻荷花塘，未刻露筋祠。湖雲祠樹，繫纜無人，日未銜山，一葉扁舟直指秦郵泊也。申刻二十里鋪、小車邏、大車邏。春間所築之壩爲伏水衝坍，今築月隄，重修閘底，畚鍤從事者遍河干焉。過八里松、壽佛禪林，中有松一株，夭矯萬變，聞畫工繪之，十不一肖。其實獨幹亭亭，青籐附之，無他枝葉，真神物也。正遐眺間，漁舟一蕩漾中流，呼之即至。解囊中青銅錢三百，買得蝦蟹，並沽陳木瓜釀，爲晚間暢飲計。客中有此，自笑老饕福大。計行九十六里。

三十日庚子，晴，東南風。五鼓開行，辰刻清水潭，從者指點丙寅決口處，歷歷如繪。今兩岸垂柳成行，隄根堅固，永無漫決之患。又得巨鰲二，秋風起，食指動，小住江鄉，是何清福？我欲卜宅甓社湖濱。十里馬篷灣，巳刻六漫閘。霧，轉西風。午刻界首，出艙閒眺，赤日當空，天絲獨裊，蘆葦夾岸，蕺蕺作花。申刻氾水，日已晡，鹽艘銜尾，絡繹不絕。酉刻瓦店，戌刻劉家堡，上燈多時住。計行一百里。

十月初一日辛丑，晴。夜半大風自北來，船與浪鬭，不能勝蕩漾。終夜鄰船聚語，皆鄉音，聽之狂喜。熟睡一覺，船已開行。辰刻寶應，巳刻八淺。風轉東，挂帆行。午刻黃浦，戴家灣，入山陽縣境。未刻大小涇河，申刻平河橋，三鋪，酉刻二鋪。日已入，亥刻抵淮西門。計行一百里。乘肩輿至家。

南方部

李翺《來南録》 元和三年十月，翺既受嶺南尚書公之命；四年正月己丑，自旌善第以妻子止船於漕。

乙未，去東都，韓退之、石濬川假舟送予。

明日及故洛東，弔孟東野，遂以東野行。濬川以妻疾，自漕口先歸。黃昏到景雲山居。

詰朝，登上方，南望嵩山，題姓名記别。既食，韓、孟别予西歸。

戊戌，予病寒，飲葱酒以解表。暮宿於鞏。

庚子，出洛下河，止汴梁口。遂泛汴流，通河於淮。

辛丑，及河陰。

乙巳，次汴州。疾又加，召醫察脉，使人入盧又。

二月丁未朔，宿陳留。

戊申，莊人自盧又來，宿雍丘。

乙酉，次宋州，疾漸瘳。

壬子，至永城。

甲寅，至埇口。

丙辰，次泗州。見刺史，假舟轉淮上河，如揚州。

庚申，下汴渠入淮。風帆及盱眙，風逆，天黑色，波水激；順潮入新浦。

壬戌，至楚州。

丁卯，至揚州。

戊辰，上棲靈浮圖。

辛未，濟大江，至潤州。

戊辰，至常州。

壬午，至蘇州。

癸未，如虎丘之山，息足千人石，窺劍池，宿望梅樓，觀走砌石。將游報恩，水涸舟不通，無馬道，不果游。

乙酉，濟松江。

丁亥，官艘隙，水溺舟敗。

戊子，至杭州。

己丑，如武林之山，即靈隱、天竺寺。臨曲波，觀輪轄，登石橋，宿高亭。

癸巳，駕濤江逆波，至富春。

丙申，七里灘至睦州。

庚子，上楊盈川亭。

辛丑，至衢州。以妻疾止行，居開元佛寺臨江亭後。

三月丁未朔，翺在衢州。

[四月]丙戌，去衢州。

戊子，自常山上嶺，至玉山。

庚寅，至信州。

甲午，望君陽山，怪峰直聳似華山。

丙申，上干越亭。

己亥，直渡擔石湖。

辛丑，至洪州。遇嶺南使，游徐孺亭，看荷華。

五月壬子，至吉州。

壬戌，至虔州。

己丑，與韓泰安平渡江，游靈應山居。

辛未，上大庾嶺。明日至湞昌。

癸酉，上靈屯西嶺，見韶石。

甲戌，宿靈鷲山居。

六月乙亥朔，至韶州。

丙子，至始興公室。

戊寅，入東陰山，看大竹筍如嬰兒。過湞陽峽。

己卯，宿清遠峽山。

癸未，至廣州。

自東京至廣州水道，出衢、信七千六百里，出上元、西江七千一百有三十里。自洛川下黄河、汴梁，過淮，至淮陰一千八百有二十里，順流；自淮陰至邵伯三百有五十里，逆流；自邵伯至江九十里，自潤州至杭州八百里，渠有高下，水皆不流；自杭州至常山六百九十有五里，逆流，多驚灘，以竹索引船乃可上；自常山至玉山八十里，陸道，謂之玉山嶺；自玉山至湖七百有一十里，順流，謂之高溪；自湖至洪州一百有一十八里，逆流；自洪州至大庾嶺一千有八百里，逆流，謂之漳江；自大庾嶺至湞昌一百有一十里，陸道，謂之大庾嶺；自湞昌至廣州九百有四十里，順流，謂之湞江。出韶州，謂之韶江。

歐陽修《于役志》 景祐三年丙子歲五月，【略】余貶夷陵。

辛丑，舟次宋門。夜至公期家飲，會者君謨、君貺、景純、穆之，道滋飲婦家不來。

壬寅，出東水門，泊舟不得，岸水激舟，横於河，幾敗，家人驚走登岸而避。遂泊亭子下，損之來弈棋飲酒，暮乃歸。

乙巳，晨興，與宿者别。舟既行，武平來追，及至下鏁見之，少頃乃去。午次陳留，登庚廟。

丙未，在陳留。

丁未，次南京。

六月己酉，次柳子。

庚戌，過宿州，與張參約泊靈璧鎮，游損之園。會余有客住宿州，參先發檥靈璧，待余不至，乃行。晚次靈璧，獨游損之園。舟失水道，敗柂。

辛亥，次青陽。

壬子，至於泗州。晚與國器小飲州廨中。

癸丑，始見春卿。

甲寅、乙卯、丙辰，獨在泗州，始食淮魚。

丁巳，次洪澤。與劉春卿、同年黄孝恭相遇，始識大理寺丞李惇裕、洪澤巡檢顔懷玉者，錢思公在洛時故吏。遂與四人者夜飲，五鼓罷。明日食畢，解舟與飲者别，春卿復相送以前。晚入沙河，乘月夜行向山陽，與春卿聯句。二鼓，宿閘下。黎明，元均來。遂至楚州，泊舟西倉，始見安道於舟中。安道會飲於倉亭，始食瓜。出倉北門看雨，與安道弈。

庚申，小飲舟中，會者元均、春卿、安道，余始飲酒。移舟檥城西門，門閉，泛月以歸。

辛酉，安道解舟，不果别，與春卿弈於倉亭。晚别春卿。

壬戌，與元均小飲倉北門舟中。夜宿倉亭。

癸亥，夕與元均坐水次納凉。已而大風雨，震雹暴至。

甲戌，知州陳亞小飲魏公亭，看荷花，與者隱甫、朱公綽。晚，移舟楚望亭。陳從益來自京師，見余於舟中，始聞君謨動静。秀才陳策來自京師，夜見余於楚望亭。作常州書。自泊西倉至於楚望，凡十有七日。

乙亥，次寶應。

丙子，至於高郵。

七月丁丑，復見子聰，會飲弭節亭。

戊寅，遂與子聰同舟，以前次邵伯。

己卯，至於揚州，遇秀才廖倚。夜，與倚及子聰飲觀風亭。明日，子聰之潤州，倚之楚州。伯起來，宿觀風亭。

丙戌，至於真州，大熱，無水。

辛卯，飲僧於資福寺。移舟溶溶亭，處士謝去華援琴。待凉，以入客舟。

戊戌，入客舟，泊涵虚亭。

庚子，次江口。

辛丑，次長蘆。

壬寅，夜，乘風次清凉寺。

癸卯，晨至江寧府。

八月丙午，猶在江寧。

庚戌，次采石。

辛亥，阻風，與侍禁陳宗顔飲。

壬子，過太平州。夜，乘風宿帶星口。

癸丑，過蕪湖、繁昌，宿慈母磯。

甲寅，乘風晝夜行。

丙辰，禱小姑山神，至江州。

丁巳，在江州。約陳侍禁游廬山，余病，呼醫者，不果往。遂行次郭家洲。

己未，阻風郭家洲。【略】余疾，謀還江州召廬山僧以醫，不果。

壬戌，小飲瞿珣家，會丹稜知縣著作佐郎范佑、蘄春主簿郭公美。

癸亥，次新冶，禱江神，得大魚。

甲子，至於磁湖。

乙丑，猶在磁湖。自丁巳余體不佳，至是小間。

丙寅，至於黄州。

丁卯，與知州夏屯田飲於竹樓。興國寺火，約余明日爲社飲，不果。夜登江澳，次漆磁。

戊辰，次雙柳夾。

己巳，次白楊夾。

庚午，至於鄂州。始與令狐修己相識。

辛未，遣人之黄州召家兒。大風雨，不克渡江而還。

九月丙子，次沌口。

丁丑，次昭化港。夜大風，舟不得泊，禱江神。

戊寅，次穿石磯。夜，大風擊舟，不得寢。

己卯，至岳州，夷陵縣吏來接，泊城外。

庚辰，假舟於邵暖。

辛巳，壬午，入官舟。

癸未，入荆州，次李家洲。

甲申，次烏沙。

乙酉，次魯洑。

丙戌，次塔子口，觀魚，望五鵝、麈角、望夫諸山。

丁亥，次石首。夜大風。

戊子，阻風。

壬辰，次公安渡。

（日本）成尋《參天台五臺山記》 第一 延久四年三月十五日乙未，寅時，於肥前國松浦郡壁島，乘唐人船。【略】船在壁島西南浦。

十六日丙申，寅時，依有東風，出船，上帆。無幾，有西風，船還著本泊了。

十七日丁酉，【略】依無順風，猶在壁島。

十八日戊戌，【略】依無順風，不出船。

十九日己亥，【略】寅時，東北順風大吹。先乘坯出見埼「波體宜由」來告。即以艫進船。卯時，上帆，亂聲擊鼓，出船。

廿日庚子，【略】飛帆，馳船。雲濤遮眼，只見渺渺海，不見本國山島。午時，比過高麗國耽羅山。

廿二日壬寅，【略】林皐告云辛林廿郎：「昨日未時入唐海了。」【略】終日竟夜飛帆馳船。

廿三日癸卯，【略】戌時，得順風，馳船。終夜飛帆。

廿四日甲辰，【略】風吹如故，馳船不止。午時，風止，船留。令人登桅，見山。戌時，南島稱不見。風吹來，終夜向北馳船，人人竟夜歎息。

廿五日乙巳，【略】東北風吹。【略】進船。巳時以後，四方大翳，不辨東西。午時天晴，順風如故。未時，始見蘇州石帆山，大巖石也，無人家。【略】丑時，至蘇州大七山宿。從日本國至大唐蘇州，三千里。弘法大師云：「南路間，三千里到蘇州。」

廿六日丙午，天翳，不知東西。不出船。依無順風，以艫進船。申時，著明州別島徐翁山。無人家，海水頗黄。西南見揚山，有人家。三姑山始相連，有人家。將著徐翁山間，北風大吹，騷動無極。殆可寄巖石，適依佛力，得著別島宿。

廿七日丁未，【略】巳時出船，依有北風，以艫進船。未時，著明州黄石山，山石並土其色如紅。大海水大濁，最黄。「從此島得順風，一日至明州」云云，北見北界山，有人家。依南風，吹去黄石山，回船著小均山，黄石西南山也。有四浦，多人家。【略】小均山東南有桑子山，有人家，灣海五六町。桑子山南，隔海數里有大均山，有二十四澳，各人家多多也。大均山西畔有隨稍山，有港，無人家。

廿八日戊申，【略】依無順風，猶在小均山。【略】申時，南風大吹。島人以小船四隻相共助大船迴島，著北面宿。

廿九日己酉，【略】依北風大吹大出船。迴島，著南面。

四月一日庚戌，辰時，依北風吹出船。申時，著袋山。在隨稍山西山也，有人家。東南有欄山，有人家。雖有順風，依潮向止船已了。

二日辛亥，辰時，出船。依潮滿，以艫進船。午時，到著東茹山。【略】向東南見揚翁山，有人家。翁山西見馬務山，無人家。有三路港。依風向吹不出船宿。

三日壬子，依西風吹，尚不出船。在東茹山。

四日癸丑，巳時，依有順風，出船向西行。上帆，馳船。未時，南見烈港山金塘鄉，有人家。向西北上，有吴農山，無人家。連四座小山，大船不可通來去，山外通船。烈港山南有一小山，號爲鐵鼠山，無人家。山下泊得船留。鐵鼠山西有加門山，無人家。西有令礁山，無人家，山中下有通船來去。向西南，入定海縣。縣南有一座山，名遊山，港口有虎頂山，無人船。上到招寶山，無人家。金雞山在港口東畔，無人家。從港入明州。令不入明州，直向西，赴越州。依越州指南人出來，申時出船，向東山北邊。同二點止船，有人家數十，明州界内地。

五日甲寅，【略】巳時，得順風出船。午時，著明州陸地邊，進船。未時，過明州界，入越州界内，進船。酉時，止船越州小島。亥時，依潮滿出船。終夜以艫進船。

六日乙卯，寅時，著越州思胡浦。【略】終日留在此浦。

七日丙辰，雨下。依潮乾，不出船。

九日戊午，【略】巳時，乘移小船，運積法門等。猶在思胡浦。

十日己未，【略】午時，依潮滿，少下船，至川口。

十一日庚申，【略】子時，出船浮海。

十二日辛酉，巳時，出船。雨雖少下，依潮滿風宜。未時，著越蕭山泊。

十三日壬戌，【略】巳時，雨止。【略】即出船了。未時，著杭州湊口。津屋皆瓦葺，樓門相交。海面方疊石高一丈許，長十餘町許，及江口。河左右同前。大橋亘河，如日本宇治橋。賣買大小船不知其數。回船入河十町許，橋下留船。

十四日癸亥，午時，潮滿。【略】開河中門户入船，上河數里。又開水門入船。大橋兩處，皆以石爲柱，並具足物以貴丹畫莊嚴。申時，著問官門前。

廿五日甲戌，(旱)[早]旦，從金剛寶乘寺金剛般若會主許送迎船，即出，乘船。一時許，著寺。

廿九日戊寅，辰時，府使並轎子持二人到來。即向興教寺。四里許。

[五月]四日癸未，卯時出船。過通濟橋次，門見公移免下了。過十五里，至第二水門清水閘，依潮少閉門。門下止船了。

五日甲申，【略】卯時，【略】開水門出船。【略】巳時，江下止船，依潮未滿也。申時，潮滿出船。得順風，上帆，過錢塘江，三江中其一也。酉時，著越州西興泊宿。

六日乙酉，【略】卯一點出船。過十里，入河。船頭陳詠行向主船司衙，令見杭州牒，取開門劄來，即開水門，名「定清門」。古閘基石。船入門了，過十五里，至五雲門，第二水門也。以主船引入閘孔。開門入船，即附綱手了。巳時，於蕭山寺前乍船，遥拜了。山上有石九重塔，上階鶴造巢。次過官市務，主市司乘轎來船謁。船過，入了。次過駐楫亭，傍有五重塔二基，高五六丈許，名「覺苑寺」。遥拜了。自五雲門過五十里，未時至錢清堰，以牛輪繩越船，最希有也。左右各以牛二頭卷上船陸地，船人多從浮橋渡，以小船十艘造浮船，大河一町許。過三里，有山陰縣，有大石橋。通前五大石橋也。過二里，至錢堰。從堰過五十里，戌時，至府迎恩門止。水門閉了，宿下。【略】今日過百卅里了。

七日丙戌，【略】卯時，以「杭州令」見官人，令開門入船。【略】過五里，有都督大殿，如杭州府。過五里，有都泗門，以牛二頭令牽過船。都泗二階門樓五間，如迎恩門。未時，過六十五里，著盤江。同四點過十五里，至白塔山酒坊。過一里，至敕護聖禪院。【略】過十五里，至東關，有天花院，不參禮，過了。過十五里，至曹娥堰宿。今日過百卅五里了。

八日丁亥，天晴。辰一點潮滿。元以水牛二頭引上船陸，次以四頭引越入大河，名曹娥河。向南上河。河北大海也。河泝蒿山行，過五十里，午四點至王家會，暫逗留買薪。過廿五里，酉一點至夏午浦口河名也，雖同河，上下名異。過廿五里，至蔡家山宿。【略】今日過一百里也。

九日戊子，【略】卯時出船。巳時，過十五里，至彎頭。借小船乘，移運入雜物。河水淺，大船不能上，仍借小船也。過廿里，午時著三界縣。過卅五里，申四點至黄沙。順風出來，上帆進船。過十里，戌時至蔡家浦宿。【略】今日過九十里了。

十日，己丑，【略】卯時，出船上帆。馳船過五里，至剡縣。巳時，著張九郎家。

十一日庚寅，【略】賴緣供奉私以六百七十文錢雇二人，乘轎。餘人徒行。過卅五里，至新昌縣。【略】過十五里，至王婆亭陳公店宿。

十二日辛卯，【略】卯時出坊。過十五里，辰三點之同縣仙桂鄉亦有石阿彌陀佛堂，壽昌寺僧正明知大師弟子行者姓李建立。【略】過十五里，午時至天姥。【略】過十五里，申時，過新昌縣界，入台州天台縣界，名關嶺，高山頂夜。過關嶺一里，至鄭一郎家宿。

十三日壬辰，【略】卯時出宿。過五里，永保鄉内旻十三家休息。次過五里，至飛泉口休息。次過五里，至陳七叔家休息。【略】次過三里，至景福院休息，【略】次過二里，至萱家橋休息，立牓：「至天台縣廿里。」過關嶺廿里者。次過五里，見石塔，高五丈許，名「何方洋塔」。次過五里，午時，見赤城山。【略】次過五里，未刻，至清家休息。【略】牓云：「太平鄉：東至國清寺一十里，至京縣五里。」【略】漸面赤城山，南面如以赤石造城。

次過五里，入國清寺山。【略】行山，過五里，未一點，至國清寺大門前。【略】寺在天台縣北一十里。次退歸宿房休息。

十八日丁酉，【略】辰時，乘轎登山。【略】登寺東險峻阪，過十三里，参金地定惠[慧]真身塔院，【略】出智者大師留身之墳，乘轎漸向大慈寺。

過二里，至大慈寺。【略】隔十五里，有二戒壇也。大慈寺戒壇，陳宣帝敕建；國清寺戒壇，隋煬帝敕建。次禮佛隴道場。

從此行卅五許里，至天台山最高，雲峰號曰「花頂」。【略】次参石橋。路阪造廊十餘間。過廊，至石橋頭亭子，五間大屋也。【略】申時還庵。齋備珍膳。人人重参石橋，予留宿所。此寺名「石梁寺」。

十九日戊戌，辰時，参石橋。【略】午時退出。過數十里，於智者泉亭對面，壽昌寺監寺等賜紫三人以通事數(剋)[刻]殷勤，智者大師以錫築石出井，仍名「智者泉」。未一點，於真身塔院休息。住持老僧點茶。同四點，著國清寺。

廿六日乙巳，【略】午時，寺主、禹珪、陳詠諸共乘轎出寺。先向天台縣。【略】寺主歸寺，三人赴州。從寺過四十五里，至泊步宿。

廿七日丙午，【略】卯時，出泊步，過五里，入臨海縣了。【略】申時，過五十里，至丹丘驛永福院，石色赤，故名「丹丘」也，山以赤巖疊。過一里，入州城朝京門，至國清寺廨院。有元表白從國清寺來會，告云：「台州是屈母龍王宅。地名丹丘，水名靈水，山名小固山，城名白雪城。去天台縣九十里。章安寺者，在臨海縣東，一日至寺」云云。

廿八日丁未，【略】辰時，参向州衙。

廿九日戊申，【略】辰時，向都監大保衙。【略】次参開元寺，今名景德寺。

[六月]三日辛亥，【略】巳時，参府。【略】午二點，出廨院，過五十里，申時，至國清寺莊宿。

四日壬子，【略】卯時，過五十里，到國清寺。

第二

[閏七月]十一日丁巳，【略】巳時，向台州。【略】未時出莊，申二點著臨海縣内宿。

十二日戊午，【略】未時，著州國清廨院。

第三

[熙寧五年]八月一日丙子，【略】依州牒，寅時，出國清寺向台州。未時，於臨海縣道安驛對面使臣崇班，令見州牒，「來日到國清寺司待者」。申時，至□八徐八家宿。今日行八十里。

二日丁丑，【略】卯時，出宿。巳時，到著州國清廨院，即参少卿衙：東過五里，於東門謁少卿。

三日戊寅，【略】辰時，参少卿衙。

四日己卯，辰時，参少卿衙，告可歸由。兵士四人轎擔，司送越州者。巳時，出廨院。以兵士四人擔轎。申時，到著國清寺莊。【略】今日行五十里。

五日庚辰，卯時，出宿。巳時，行向天台縣。【略】過五十里，午時著國清寺。從台州至天台縣九十里，至寺百里也。

六日辛巳，【略】雇寺邊人力十二人，借寺主、副寺主、海表白轎，賴緣供奉、快宗供奉，予三人同乘轎出寺。【略】巳時，至縣。行會路，待天台縣人力十人擔錢來。午時到來，同去。申時，過四十五里，至關嶺南家宿。【略】途中，入景福院禮佛。

七日壬午，【略】卯時，出宿。同二點，至天姥山關嶺村。天台縣至關嶺四十里。從關嶺至天姥驛十五里。從驛至新昌縣五十里。【略】關嶺，天台縣、新昌縣界也。過七十里，申時，到著新昌縣。謁知縣並少府，令見州牒，乞安下所。即以使送寶嚴寺，大伽藍也。

八日癸未，【略】辰時，出寺。國清寺轎並十二人皆返遣了。行向知縣、少府許，二人在一處，謁了。巳時，去縣。十里立牒：「至剡縣廿五里，至東京二千三百四十里。」午時，到著剡縣。從新昌縣三十五里至剡縣也。即謁崇班知縣，乞安下所。即安下實性院，本名清泰寺，有傅大士影。

九日甲申，【略】卯時，長老儲粥。長時乘時。【略】次乘船了。申時，過六十里，至三界。子一點，過五十里，至曾娥山宿。

十日乙酉，【略】卯一點，出船。午時至東關。先入天花院，禮佛，喫茶。次乘移杭州大船且迎來台州大船一(雙)[隻]、杭州大船一隻也。使臣並僧各一隻乘了。子時，過七十里，至州東門宿。

十一日丙戌，【略】辰時，回船入光相寺。【略】巳時，回船，過十里，至越府前。

十二日丁亥，【略】午時，乘越州新大船轉運使被渡杭州。

十九日甲午，【略】午時，出船。過五十里，子時至錢清堰。駐船宿。

廿日乙未，【略】申時，至於蕭山。【略】今日過四十里，至河口定清門宿。

廿一日丙申，【略】辰時，從法過門乘大船，待潮生。天小晴，申時潮生，渡錢塘江。過十五里，酉時，到著杭州官舍。運船物，宿。

廿二日丁酉，【略】依船未造，今日駐留。

廿三日戊戌，辰時，回船。至府駐船。

廿四日己亥，【略】寅時，出船。運使以兵士四人催船，副船行陸。午時，出杭州北門，名餘杭門，水上二階樓門也。子時，至倫濱宿。七時行法了。今日過六十里。從杭州至秀州二百廿里。

廿五日庚子，【略】卯時，出船。午時，至鹽官縣長安堰。未時，知縣來，於長安亭點茶。申時，開水門二處，出船。船出了，關木曳塞了，又開第三水門，關木出船。次，河面本下五尺許，會門之後，上河落，水面平，即出船也。亥時，至縣宿。【略】今日過六十里。

廿六日辛丑，【略】寅時，出船。午時，入秀州界内崇德縣界。秀州是割蘇州所置也，有四縣：崇德縣、嘉興縣、(花)[華]亭縣、海鹽縣也。亥時，至三塔寺，大門外河邊有三塔，高三四丈許，磚塔也，去州二里也。今日過一百，從秀州至蘇州一百四十五里也。【略】至州門宿。

九月一日乙巳，【略】申時，出船。過州北門，經六里，至三樹堰。(令)[今]開二水門出船了。堰官人來入船中，謁見道場。依待袈裟，不進船。戌時，七條七帖衣衫七領持來，有府文狀，錢十四貫四百文出獻了，即出船，至閘頭宿。

二日丙午，【略】寅時，出船。過五十四里，申時，至蘇州平望縣。暫駐船。同二點出船。戌時，至感墩宿。

三日丁未，【略】卯時，出船。巳時過大湖，五湖中東湖也。午時，過松江水，三江中一也。立鳥居，書江銘。有木橋、石橋。有橋，不知其數。未一點，至茶陵亭，有「利往橋」，長一里，二丈間四十八間也。橋有高欄，以朱塗之，中有樓四間。橋了，有笠澤亭。次渡大橋，次渡市橋，至吴江縣。從平望驛過四十五里，至吴江縣也。河左有酒稅務。蘇州使王守和乘小船迎來。今日終日過大湖。酉時，從吴江縣過四十五里，至州前宿。

四日戊申，【略】卯時，諸寺依都督命來迎船。進向清詔亭，數里，諸僧步行。

五日己酉，辰時，爲拜圓通大師影，向普門院。【略】過八里，至普門院。

六日庚戌，【略】卯時，出船。巳時，越上亭堰，入常州界。堰水門並轆轤皆荒蕪年尚。戌時，過八十里，至常州無錫縣宿，廣大縣也。

七日辛亥，【略】卯時，出船。辰二點，暫駐船。【略】巳時，出船。【略】戌時，過一百里，至常州南門前宿。【略】今日得順風，終日上帆馳船。今日過百里。從常州至潤州百八十里。

八日壬子，【略】卯時，入州城門。辰時，臨川亭駐船逗留。州刺史以王瑜併兵士八人爲使。午時，出北門。南北水門，二階門樓。門外，過二里駐船。【略】兵士七八人爲使。即出船，曳之。戌時，過三十五里，到奔牛堰宿。

九日癸丑，【略】卯時，越堰。左右各有轆轤五。以水牛十六頭，左右各八頭。辰時，過十八里，至蔡縣，暫駐船。同二點出船。未時，過五十四里，至丹陽縣駐船。同二點出船。丑時，過七十五里，至潤州南門宿。

十日甲寅，【略】卯時，開水門，入州城蕭閒堂，官舍也。休息，上堂，謁通判、推官二人。【略】辰時，至京口堰，駐船。午時，乘小船，崇班、都衙、通事相共渡揚子江，參金山寺，一名「浮玉島」，江中孤絶山也。【略】酉時，歸著。

十一日乙卯，【略】申時，以牛十四頭，左右各七，越堰。依堰司命上陸，見越船，最以希有也。堰下河船駐宿。

十二日丙辰，【略】卯時，出船，出水門。過一里，出水門，向揚子江。渡江間，從州船二隻，各乘兵士廿人，艫各四枝，以老僧船並崇班船綱各付，付一隻，令牽船。一時許，渡江了，最可云勤功。送著河口，兵士船歸了。江間卅五里。巳時至河口，有「利涉亭」，入揚州界内了。次至橋，橋頭有迎湖大泊廟。遠見金山寺，四面甚妙也。次入流州内，（隋）［隋］帝時所分置也。今又屬揚州，無別刺史。至水門，駐船，待湖生，可開鬮木。申一點，湖生。曳水中木，入船。過二里，到著（派）［瓜］州堰宿。

十三日丁巳，【略】卯時，越堰。牛廿二頭，左右各十一，牽上，入上河。河左有廊五十間，每間有立隔。午時，至揚子鎮江都縣駐船。【略】未四點，過十里，至揚州安賢亭。【略】未二點出船，終夜牽船。丑時，過一百五里，新湖口宿。揚府南北十一里，東西七里，周卅里築城。【略】從潤州府至揚府，四十五里。

十四日戊午，【略】卯時，出船。辰時，至邵伯鎮，止船。從船前捧幡打廝羅伎樂數十人渡邊「祭神人」云云。未時，開水門二所了。次開一門，出船了。子時，過六十里，至高［郵］縣。廣大縣也。北去楚州寶應縣界五十五里，南去江陽縣卅三里。揚州有六縣：江陽縣、天長縣、六合縣、高郵縣、海陵縣、揚子縣也。揚州去東京一千五百里，南行一千四百五十里有台州。

十五日己未，【略】卯二點，開水門扉。【略】至縣官舍前止船。午時出船，得順風，飛帆。子時至楚州寶應縣管内，僧行賀橋停船。【略】今日行五十五里。

十六日庚申，【略】巳時，出船。過十里，至黄莆鎮駐船。同二點出船。順風，上帆。戌時，過八十里，至楚州城門宿。【略】從揚州城至於楚州城三百十里云云。

十七日辛酉，【略】巳時，出船。回州城，至閘頭，築城南北九里三百步云云，至於泗州二百十里。巳時，過十里，至閘頭。依潮幹，不開水閘。【略】戌時，依潮生，開水閘。【略】亥時，出船。依不開第二水門，船在門内宿。

十八日壬戌，【略】戌時，開水閘，出船。即得順風，上帆，並牽綱手。寅一點，過六十里，至楚州淮陰縣新開駐船。

十九日癸亥，【略】卯三點，出船。過六十里，申三點至閘頭，石梁鎮内也。戌時，開閘，出船。至淮河口宿。

廿日甲子，【略】寅時，出船。入淮河，牽船。未二點，至（肝船）［盱眙］縣貴山。【略】順風，上帆。戌時，過八十里，至泗州東淮頭停船。

廿一日乙丑，【略】卯時，以小船令牽船。同二點，入小河河口。南北有二階閣，内立八角大石刻雕經，額名「度人經」。依遠，不見何經。淮河有浮船，船脚有六十餘隻。從河口過二里，至州前停船。午二點，知府送酒三瓶，與使錢三十文。同四點，故徒行，參普照王寺。

廿二日丙寅，【略】午二點，出船。過廿二里，宿胡口。酉一點，停船，州内七里，臨淮縣同十三里也。

廿三日丁卯，【略】寅二點，出船。河極駛流，黄濁難飲。戌時，過五十五里，至下易縣宿。終日牽船，河駛船重，里數非幾。【略】從泗州至宿州，四百廿里。

廿四日戊辰，【略】卯一點，出船。終日牽船。戌時，過八十里，至青陽驛宿。

廿五日己巳，【略】寅一點，出船。辰時，見青陽驛館舍等，最廣大也。【略】戌時，過四十二里，至通海鎮停船宿。

廿六日庚午，【略】寅二點，出船。申一點，過三十八里，到宿州虹縣，有大橋。即出船。戌時，過七里，至店家前，爲駐船宿。

廿七日辛未，【略】寅四點，出船。卯三點，得順風，飛帆。終日馳船。酉四點，過七十三里，至史頭縣大橋下宿。

廿八日壬申，【略】卯一點，出船。終日牽船。亥時，過四十五里，至静安鎮宿。

廿九日癸酉，【略】寅三點，出船。終日牽船。戌時，過四十五里，至宿州宿。

卅日甲戌，【略】寅二點，出船。辰時，過十五里，至州艤舟亭。【略】巳時，出船。【略】戌時，過四十里，至寄宅鎮宿。

十月一日乙亥，巳時，過柳子驛。未四點，至柳子驛。未四點，至柳子鎮，有大橋。申時，一里停船宿。【略】今日行五十里。

二日丙子，【略】寅三點，出船。終日牽船。戌時，過六十里，至亳州永城縣甫城縣甫城甫亭停船。從宿州至當縣一百五十里。從縣至南京二百里。

三日丁丑，【略】辰時出船。【略】未四點，過三十四里，至酇陽鎮，去亳州一百里云云。有大橋石。酇陽市橋過三百步又有大橋。此鎮，亳州酇縣內也。不停船，過鎮了。戌時，十六里，至甫中宿。【略】今日行五十六里。

四日戊寅，【略】卯一點出船。辰四點，過十八里，至南京迎應亭停船。有大橋。辰三點出船。得順風，上帆並拽船。酉時，過五十二里，至十八里店宿。今日行七十里。

五日己卯，【略】卯一刻，出船。巳時，過宋州穀熟縣。從縣官許，以兵士十人送之。從大橋下過，行，終日拽船。酉一點，過七十四里，至南京大橋南停船宿。【略】從南京至東京三百二十里。從越州至楚州八州河，不流河也。河左右殖生楊柳相連。從泗州至東京，駛流河也。

六日庚辰，【略】辰時，拽船從橋下過。【略】經二里，至次大橋外停船。【略】巳時，大河亭；次過六百步，過望雲亭。河中有損沈船，凡此駛河，見損船及廿餘隻。八月四日出台州府，至今日六十二日，到著南京。經於一十三州，二千六百七十五里：從台州至關嶺越州界也。一百卅里，從界至剡縣一百里已上陸路。乘小船從河下，過一百九十里至越州府。乘大船行，行掘川，過一百五里，至杭州府。經二百廿里，到秀州府。過一百四十五里，到蘇州府。過一百八十里，到常州府。過一百八十里，到潤州府。過四十五里，到揚州府。過三百十里，到楚州府。過二百十里，到泗州府。過四百廿里，至宿州府。過一百五十里，亳州永城縣。過二百里，到著南京也。從南京至東京，三百廿里。從台州至東京，二千九百九十五里。從揚州至東京，一千六百十里也。酉三刻，過三十五里，到宋州葛驛，停船宿。

七日辛巳，【略】卯一點，出船。巳時，至宋州府。有大橋，河邊有寧陵縣驛。即拽過一里，停船。乘崇班(橋)[轎]，過一町半，到象厩。【略】今日過卅八里，酉二刻至府中宿。

八日壬午，【略】卯一點，出船。過七里，辰一點至東京宋州襄邑縣舟亭停船。有大橋，廣大縣也。【略】同三點，出船。過七十三里。酉二點，至府中駐船宿。【略】今日行八十里。

九日癸未，【略】卯一點，牽船過八里，至東京汴州雍丘縣停船。有大橋。【略】終日在縣留宿。

十日甲申，【略】辰二點，出船。終拽船。酉時，過八十里，至東京陳留縣宿。有大橋。【略】去洛陽城四十五里。

第四

大宋國熙寧五年十月十一日乙酉，【略】卯一點，從東京陳留縣拽船。申一點，過三十八里，到著鎖頭。去洛陽城七里，停船。

十二日丙戌，【略】雖宣旨未下，且辰時拽船，過二里，至開封縣水門，問官前止船。【略】午時，出船。未剋，至同縣下土橋停船。【略】申時，拽船過三里，見麗景門，七間高樓，有三户。過一里，至相國寺前延安橋下停船。

廿三日丁酉，【略】卯一點，使臣入內內侍省內侍殿供奉官來，即出講堂。【略】即借馬九疋出立。先從行向太平興國寺，廣大伽藍也。【略】點茶之後，出東大門，乘馬行六里，到啓聖禪院大門。【略】出院，向大相國寺。經八里，到寺大門，四重閣也。從脅門入，於大門內點茶。

廿四日戊戌，卯一點，三藏中門張引幕，立倚子，待侍中。成尋出參，共待。三藏點茶。同二點，中使侍中來坐。待官馬至，辰二點未見。因之私借馬出院，【略】過數里，見皇城南門，宣德之門。【略】漸漸向東行，經數里，次到福聖禪院。

次出院，向開寶寺。見皇城北門東第一門，名「景龍門」。第二名「天陰門」。【略】從此向北，經數里到開寶寺。次中門額名「敕壽禪院」，塔額名「感慈塔」。入塔，燒香禮拜。【略】次七寶莊[嚴]之柱，造付山立鏡。【略】次見羅漢堂，【略】申時還間，見皇城西門，名「闔門」，北第一門也。入門向南行，二町許，有第二門，名「宣秋門」。高樓如前。今日回皇城，四面大略八町許，如日本皇城。同二點，著本院了。

第五

同四年十一月一日丙午，【略】午時，【略】即出，院少卿、三藏、諸大師皆大門出送。【略】漸過京中，經五里，至順天門外，見金明江，有大橋樓。首剋從門馬鋪過十二里，至祥(府)[符]縣新點馬鋪西一町永福院。

二日丁未，【略】卯時，從新點馬鋪馬十疋來，即出行。過十五里，至八甬馬鋪，換馬十疋。過十五里，午時，至醋溝馬鋪，換馬十疋。過十里，至十里店馬鋪，十里換馬。過十里，至中牟縣三異驛齋。【略】中牟馬鋪馬十疋來。即出行，過十二里，至義井馬鋪，換馬十疋。過十二里，酉時，至白沙馬鋪，留宿。今日行七十三里。

三日戊申，【略】卯時，騎馬十疋，猶向西行。過十二里，至國田馬鋪，換馬十疋。過十二里，至道士店馬鋪，換馬十(鋪)[疋]。過十里，至鄭州靈顯王廟。【略】次過五里，奉寧驛，午時止宿。使臣本宅在此州，因之逗留。【略】今日三十九里。

四日己酉，【略】今日依使臣乞請逗留。

五日庚戌，【略】巳時，馬十疋將來。即出驛，向乾方行，過十二里，至侯家莊馬鋪，十疋出乘替了。次過十二里，至須水馬鋪，十疋出乘替了。次過十二里，至廿里點馬鋪，十疋乘替了。次過十八里，至滎陽縣滎陽驛，廣大驛也。路北邊有大海寺。次有「天齋仁聖帝廟」之門。【略】次有敕賜護聖禪寺。次入滎陽驛了，宿。今日過五馬鋪六十四里。

六日辛亥，【略】卯四點，出馬十疋，即向西行。十二里，至汜水縣孟店馬鋪，出馬十疋，向西行。過十二里，至同縣汜水馬鋪，出馬十疋，向西行。過十五里，入敕行慶。開二階樓門，數十人兵士並立，見人數。過入西京東關也。過一里，有西樓門，至行慶馬鋪，十疋乘替了。過十五里，至鞏縣郭村馬鋪，十疋乘替了。孟州界內縣也。見黃河，過行。次行潞河南岸。過十二里，至同縣任村馬鋪。向西行，過十八里，至同縣上驛，留宿。申一點留了。今日行七十二里，西京之內也。

七日壬子，【略】卯時，乘鞏縣上驛馬十疋，向坤方行廿四里，至永安縣馬鋪，十疋出替。過十二里，渡潞河，浮船橋，以大船十六隻渡，二町許橋也。過十二里，至牙莊馬鋪，十疋出了。過十二里，至河陽縣內望仙(披)[坡]馬鋪，十疋[出]了。東方見二山陵並莊嚴寺。過十五里，至河陽縣，南北樓門廣大，向北行來也。次渡黃河浮橋，先五町許浮大船廿一隻造橋，隔一里；次渡浮橋，十六大船，三町許，二分取也。過河陽驛，至孟州河陽門前，至廣禪院宿。【略】今日過七十五里。

八日癸丑，【略】卯一點，河陽驛馬十疋將來。即乘馬，向北，入孟州門，行店家前。過一里，出州北門。行十二里，至梧桐馬鋪。十疋乘替，向北行。過十五里，至五里馬鋪。十疋乘替，向北行。過十八里，至十八里馬鋪。十疋乘替，向北行。過十七里，入(壞)[懷]州門。【略】出州北門，一里，至覃懷驛，廣大驛也。【略】此驛，河內縣也。今日行七十里。

九日甲寅，【略】卯一點，門馬鋪馬十疋乘，向北，入懷州南門。過一里，出北門，向北行，廿里至萬善驛，十疋乘替。向北行五里，北行，登大降山小路堠。次至長老堠，有小伽藍。【略】次過十里，至山上長平馬鋪，十疋乘替。從萬善驛至長平馬鋪，十五里也。次過十里，至黃望堠，有小堂，文宣王謁孔子影也。次過一里，有孔子小堂。從長平馬鋪過十五里，至夾泉堠，有夾泉馬鋪，十疋乘替。過十二里，至澤州晉城縣星軺驛，申剋，留了。【略】今日過四馬鋪，六十二里了。

十日乙卯，【略】卯一點，星軺驛馬十疋來，不[乘]向北行。山上過十二里，至天井關馬鋪，馬十疋乘替，尚向北行。太行山十過十里，至南小箕馬鋪，十疋乘替，向北行。山上過十里，至北小箕馬鋪，十疋乘替，向北行。山上過七里，至晉城縣。過太行山了。過六里，至澤州高都驛，見州外廊：垣上四面作矢倉，如懷州。未一點，止宿驛了。【略】未時留宿。【略】今日過四十五里了。

十一日丙辰，卯一點，出馬十疋，乘向北。尚行河東道。從州外廊過十五里，至王太馬鋪。馬十疋乘替了。過十五里，至巳公馬鋪，十疋乘替了。過廿里，至喬村馬鋪，高平縣內也。過十五里，至高平縣高平驛宿。未時留了。今日行六十五里。

十二日丁巳，【略】寅一點，驛馬十疋乘，向北行。過十三里，至長壽馬鋪，十疋乘替。過十七里，至換馬馬鋪，十疋乘替。過十五里，至澤州上党縣上党驛，十疋乘替。過廿里，至韓店馬鋪，十疋乘替。過十八里，至同縣郝店馬鋪，十疋乘替。過十八里，至潞州崇賢驛。過驛三里，至開元寺安下。【略】今日越羊頭山了。【略】今日百里，申時止宿。

十三日戊午，【略】巳時，澤州兵士二十人還了。潞州兵士二十人來了。即馬鋪十疋乘，向北行。過二十五里，至呈寺馬鋪，十疋乘替。渡深都橋，向北行，廿里至寺底驛，依無止人被宿，過一里至資慶寺宿。【略】依崇賢驛請錢。兵士遲來。今日四十五里，宿了，兩驛粮錢八百文請來了。潞州，此留縣内也。

十四日己未，【略】卯時，【略】依無驛馬，以呈寺馬鋪馬夜留飼，乘行。廿五里，至孝義馬鋪，只有惡馬貳疋，無馬。仍以本馬重行，祇召擔夫十人，令擔雜物。二十里，至九龍山九龍馬鋪，出馬五疋，淺以本馬用之。呈寺馬鋪馬夫與錢百文了。過十五里，至紫巖山紫巖寺，莊嚴廣大寺也。欲夜宿間，從寺内死人擔出，乍驚，出寺，過五里至褫亭驛宿。

十五日庚申，【略】卯一點，出馬十疋，乘向北行。過二十里，至潞州襄垣縣窑子馬鋪，五疋出，本馬五疋相加，乘，向北行。一十里過潞州界，入威勝軍内縣。過十里，入軍内。從馬鋪過廿五里，至星軺驛。過驛，入敕廣教禪院安下，寺僧等點茶。依兵士等事，未一點留宿。

十六日辛酉，【略】卯時，星軺馬鋪馬十疋將來，驛在寺南五里，乘向北行。過十二里，至故驛馬鋪，十疋出替，乘向北行。越鼓子山，過十五里，至交口馬鋪，十疋出替。向北行，過十五里，至銅鞮縣西陽驛。錢一貫半請來，十疋乘替。向北，過十八里，越千佛山，至良候馬鋪宿。山東面石刻千佛，故名山也。今日六十里宿了。

十七日壬戌，【略】卯一點，馬十疋，乘向北行。過十五里，至武鄉縣新馬鋪，十疋乘替。過十二里，至南開驛，錢四百六十文[請]取了，十疋乘替。越斗底嶺，過二十里，至(大)[太]原府祁縣來遠馬鋪，十疋乘替。越石覆山，過十五里，至盤駝山盤駝馬鋪，十疋乘替。越盤駝山，過十五里，至團柏驛宿。【略】今日行七十七里。

十八日癸亥，【略】卯一點，馬十疋來，乘向北行。過十五里，至團柏店馬鋪，十疋乘替。過十五里，至白珪村馬鋪，十疋乘替。過廿里，至(大)[太]原府汾州(大)[太]谷縣懷跡橋懷遠馬鋪，十疋乘替。向北行十五里，至徐溝縣徐溝驛，北去并州七十四里，留宿。今日行六十五里。

十九日甲子，【略】寅一點，馬十疋來，乘向北行二十里，至三女馬鋪，十疋乘替。行過十五里，至東橋馬鋪，十疋乘替。行過十五里，至新店[馬]鋪，十疋乘替。行過二十里，至平晉驛，莊嚴廣大驛，(大)[太]原大驛，(大)[太]原大府。

廿一日丙寅，【略】午時，馬十疋乘，出驛向北行。過十五里，至白楊木馬鋪，十疋乘替。行過十五里，至楊曲馬鋪，留宿。【略】今日行三十里。

廿二日丁卯，【略】卯一點，馬十疋乘，向北行。過十五里，至塔地馬鋪，出馬十疋乘，向北行。過十五里，至百井寨百井驛，司官西頭供奉官來問。馬十疋乘替，並兵士廿人出替，太原府兵士廿人還了。出驛向北行，過二十里，至大孟馬鋪，十疋乘替，向北行。過十五里，至石嶺關，重重門，四面垣上矢倉如城。兵士二十人出替，供奉官來謁，百井兵士二十人還了，十疋乘替，向北行。過十五里，至新興馬鋪，十疋出替。過十五里，至忻州驛宿。今日行九十里。

廿三日戊辰，【略】卯二點，馬十疋，忻州兵士二十人來替。向北行，過廿五里，至泡池馬鋪，十疋馬來[替]。向北越金山，過廿里，至忻口寨金山驛。午時，留宿。今日行四十五里。

廿四日己巳，【略】卯一點，忻口馬鋪十疋[馬]來，忻口寨兵士二十人來。向北行。過二十里，至平地泉馬鋪，代州縣内也。十疋馬來。乘，向北行。過十五里，至買村馬鋪，十疋馬來。向北行。過廿里，至崞縣驛，未一點，留宿。【略】五十五里。

廿五日庚午，【略】卯一點，馬十疋向北行。廿里，至龍泉馬鋪，十疋來[替]，向東行。過二十五里，至代州内崇軺驛，廣大州也，有都督府。【略】今日行四十五里。

廿六日辛未，【略】辰一點，門前馬鋪馬十疋來。馬鋪十人，如例爲擔人。出驛向東，出州門，渡大橋，向東行廿五里，於店家喫酒菓即出。行過卅里，入繁(時)[峙]縣城内，住宿繁時[峙]驛南行衙。今日行五十五里。

【略】廿七日壬申，【略】卯三點，出繁(時)[峙]縣行衙。申一點，到著寶興軍寶興驛。未時，始入滅山谷，入軍初門。始見東台頂，感淚先落。過數里，入軍門，三重城垣如州城。軍東有興國寺下院。入宿驛。【略】今日行五十里。

昨、今從驛至驛，中間無馬鋪。

廿八日癸酉，【略】卯時，從真容院送馬八疋，軍驛馬二疋，人人乘，登山。先行谷十里，次登坂，最以峻險，時時下馬徒行。雪十月中下旬雨下，凍冰，馬足難駐。谷間五里有地鋪，兵士各住止。谷三十里，坂十五里，登山頂北臺傍路也。先下馬拜北臺，遥拜西臺。中臺、南臺至於東臺，隔山不見。從岑漸下，十里。

［十二月］二日丙子，卯二點，還向。馬二疋，行者四十八人。副僧正被催送，即來坐安下亭。暫談話後還本房了。予爲辭別，參入。行者申云，爲送，被去大門者。【略】出寺，過二里，小堂。副僧正、都維那乘馬先來，儲茶藥，最丁寧事也。漸登花嚴頂間，雪下大。入花嚴嶺小堂，脱去袈裟，裳，步行下坂。依雪凍，馬足難駐也。從寺過三十里，至嶺下第四鋪，從寺，知客僧温志來，儲大齋。午時，出鋪下行，雪猶大下。過十里，雪止天晴。過三十里，至寶興驛，軍主送炭（紫）［柴］，多多也。

三日丁丑，【略】依驛馬不足，山馬五疋、軍馬五疋用之。【略】二點，出驛，過三十里，於店家喫飯。午時出店，過卅里，未三點至繁峙驛，安下行衙。【略】今日行六十里。

四日戊寅，【略】卯時，馬十疋來。即出驛，過三十里，於店家喫茶菓。依家主謹厚，與菓酒錢了。過廿五里，申一點，至代州驛。

五日己卯，【略】巳一點乘馬還至龍泉馬鋪，官人二人各用馬云云，直乍騎過了。過四十五里，申時至崞縣驛。

六日庚辰，【略】卯時出驛。州馬五疋、驛馬五疋用之。過二十里，至買村馬鋪，州馬五疋還了。驛等馬鋪並十疋用之。過十五里，至平化泉馬鋪，馬五疋相替，驛五疋返了。過廿里，申一點，至忻口金山驛。

七日辛巳，【略】卯一點，出馬十疋，即出行。過廿五里，至泡池馬鋪，馬十疋乘替。過廿里，至忻州驛。子三點留宿。【略】今日四十三里。

八日壬午，【略】卯一點，馬十疋來。過十八里，至新興馬鋪，十疋出替。過十二里，至石嶺關，兵士二十人出替。關司來（謂）［謁］。十疋出替。過二十里，至大孟馬鋪，十疋乘替。過十五里，至百井驛。依巡檢使宿，至寺宿，名嵒南寺。

九日癸未，【略】寅時，出馬十疋。即乘，向南行。過十五里，至地塔馬鋪。馬十疋乘替。過十五里，至楊曲馬鋪。【略】馬十疋替乘。過十五里，至（大）［太］原府平晉驛宿。未二點止了。

十一日乙酉，【略】申時，馬鋪馬十疋來，即出。驛間被送齋，不喫，出了。過二時里，酉時至新店馬鋪宿。

十二日丙戌，【略】卯時，馬鋪馬十疋來，即出行。過十五里，至東橋馬鋪。馬十疋替。過十五里，至三女馬鋪。馬十疋替。過廿里，至徐溝鎮內徐溝驛。未時，止宿了。

十三日丁亥，【略】卯一點，出驛乘馬，十疋行。過十五里，至懷遠馬鋪。十疋替過。廿里，至白桂馬鋪。馬十疋替。過十五里，至團佰店馬鋪。十疋替。過十五里，至團佰鎮團佰驛宿。今日行六十五里。

十四日戊子，【略】卯時，馬十疋來。即出驛，過十五里，至盤陀馬鋪。十疋替。越石覆山，過十五里，至來迎馬鋪。十疋替。越斗底嶺，過廿里，至南關驛宿。今日過五十里。

十五日己丑，【略】寅三點，馬十疋來。即出南關驛。過十二里，至新馬鋪。十疋乘替。過十五里，至良候馬鋪。十疋乘替。過十八里，西陽驛。十疋乘替。至交口馬鋪，十（佰）［疋］乘替。過十七里，至故亦馬鋪。十疋馬乘替。過十八里，至星軺驛。申一點，止宿。【略】今日九十里，兩驛各四十五里也。

十六日庚寅，【略】卯時，馬十疋來。即出驛，過二十五里，至窑子馬鋪。十疋替乘。過二十里，至褫亭驛。即至馬鋪，十疋替。過五里，至紫嵒寺，山土色如紫，故名也。即不入寺。過十五里，至九龍馬鋪止宿。未三點，留了。今日行六十五里。

十七日辛亥［辛卯］，【略】寅二點，馬十疋乘。出九龍馬鋪，過（甘）［廿］里，至孝義馬鋪。十疋乘替。過二十里，至寺底驛。十疋乘替。過二十里，至呈寺馬鋪。十疋乘替。過二十五里，至潞州崇賢驛。未至州門一里，都督送迎人笠持等六人驛，州刺（吏）［史］來宿，因之前亭宿。

十八日壬辰，【略】辰一點，出崇賢驛。過十八里，郝店馬鋪。十疋馬替。過十八里，至韓店馬鋪。十疋替。過廿里，至上党驛。未一點，止宿。今日五十六里。

十九日癸巳，【略】卯一點，出驛。馬十疋替。過十五里，至換馬馬鋪。十疋替。過十七里，至長壽馬鋪。十疋馬替。過十五里，至高平驛。途中人人買茶垸，馬乘，様様器等了。今日四十五里。

廿日甲午，【略】丑一點，馬十疋來。出驛，過十五里，至高村馬鋪。馬十疋替。過廿里，至巴公馬鋪。十疋替。過十二里，王太馬鋪。十疋替。過十八里，至高都驛。巳時，止宿。依使臣請乞也。澤州南門外也。【略】

從州内過，行至驛。【略】今日行六十五里。

廿一日乙未，【略】丑一點，馬十疋來。出高都驛，過十二里，至北小箕馬鋪。十疋馬替。過十里，至南小箕馬鋪。十疋馬替。卯一點，出馬鋪，過十二里，至大井關馬鋪。十疋馬替。過十二里，至星軺驛。從郰車馬鋪，十疋馬替。過十五里，至長平馬鋪。十疋馬替。過十五里，至萬善馬鋪。南有萬善從。十疋馬替。過二十里，至懷州覃懷驛。但驛牓銘：「北至星軺驛七十里。」又星軺驛銘云：「南至覃懷驛七十里，北至高都驛四十五里。」今日一百五十里。

廿二日丙申，【略】卯三點，馬十疋來。出驛，過十七里，至十八里馬鋪。十疋乘替。過十八里，至五里馬鋪。十疋乘替。過十五里，至梧桐馬鋪。十疋乘替。過二十里，至孟州河陽驛，宿此驛東堂。子時留了。【略】今日七十里。

廿三日丁酉，【略】卯三點，出北門。馬鋪馬十疋。即出驛，渡黄河浮橋兩。過十五里，[至]望仙坡馬鋪。十疋出替。過十二里，至牙莊馬鋪。十疋出替。過十二里，至油店馬鋪。十疋出替。過十二里，至孝義馬鋪。是中路也，非先路。十疋出替。過廿里，至洛濱驛。未時，止宿了。今日七十一里。

廿四日戊戌，【略】卯一點，馬十疋來。出驛，過十八里，至任村馬鋪。十疋乘替。過十二里，至郭村馬鋪。十疋替。過十五里，至汜水馬鋪。十疋替。過十五里，至孟店馬鋪。十疋改替。過十二里，至滎陽驛。十疋改替。過十二里，至永青馬鋪。十疋替。過十里，至廿里店馬鋪。十疋替。過十五里，至須水馬鋪。十疋替。過十三里，至侯家莊馬鋪。十疋替。過十五里，戌一點，至鄭州奉寧驛。依奉官先宿，宿店家。今日行百三十七里。

廿五日己亥，【略】卯時，移奉寧驛。【略】申一點，馬十疋來。即出驛。【略】過十五里，至道士店馬鋪。十疋換馬。過十二里，至國田馬鋪。酉一點，止宿了。【略】今日行二十七里。

廿六日庚子，【略】寅一點，出國田馬鋪，馬十疋乘，過十五里，至白沙馬鋪。換馬十疋。渡金池河，行(提)[堤]邊，過十二里，至義井馬鋪。換馬十疋。過十二里，至中牟縣馬鋪。過三里，至。換馬兩疋，本馬八疋。過十里，至十里(點)[店]馬鋪。換馬十疋。過十二里，醋溝馬鋪。換馬十疋。過十二里，至八角馬鋪。換馬十疋。過十二里，至新(點)[店]馬鋪。換馬十疋。過十二里，至順天門馬鋪。十疋換馬。即入門。看門官人暫止擔物，以通事觸子細。即過五里，至傳法院。【略】酉一點，入宿房了。

廿七日辛(巳)[丑]，【略】參入(大)[太]平興國寺，巡禮院院。【略】辰時，參天吉祥三藏房，拜觀。從中印度摩竭提國到來，經廿二年云云。

第八

[熙寧六年四月]六日己卯，【略】辰時，三藏共行壽聖院尼大師齋所，通事、小師二人同去。路極遠，三十里，北門外院也。

十五日戊子，【略】未時，出船。至申時，至水門頭止船。數剋逗留。【略】僧方，官人不來。即出船。酉時，至遥務近邊，止船了。

十六日己丑，【略】今日過一百九十里，到蓑邑縣止宿。

十七日庚寅，【略】卯時，出船。【略】未時，到南京，止船。【略】即及戌一點，出船了。子時，至迎應亭止宿。一百六十里，今日過了。

十八日辛卯，【略】卯時，出船。酉時，過二百里，至宿州其宅鎮宿，止船了。

十九日壬辰，【略】卯時，出船。辰時，至宿州，止船逗留。【略】今日過二百卌里，至宿州障縣宿。

廿日癸巳，【略】卯三點，出船。過一百六十里，申時，至臨淮縣逗留，梢工等買賣云云。過六十里，酉時，到著泗州府岸。

廿一日甲午，天翳，雨不下。以通事奉都督府，即以侍人被問訊。依風不宜，今日不出船。

廿二日乙未，【略】辰一點，出船。入淮河了。見浮船、大橋，皆如前，不記。得順風，上帆。過九十里，至鴻澤。申時，入小河，楚州内。即曳船，過六十里，至淮陰縣。丑時，止船宿。

廿三日丙申，【略】辰一點，出船。申時，過六十里，著楚州府。申三點，開閘頭。先出船數百隻間，及於酉一點，入船。南門邊著船，宿了。使臣本宅在此州，仍逗留。

廿四日丁酉，【略】依船修理，今日逗留。徒然在南門内。

廿六日己亥，【略】辰一點，開閘頭，出船。梢工依請，取修理船板等，至午時逗留。午一點，曳綱手出船。離楚州新店，上船行間，來向船有杭州監軍資庫韓守承。【略】離州三十五里，至平河橋宿。

廿七日庚子，【略】卯時，出船。午時至寶應縣，逗留。同二點，出船。過六十里，酉時至界首，止船宿，楚、揚二州界也。【略】今日過楚州謝[射]陽湖了，五湖之一也，廣大也。堀川西渺渺也。

廿八日辛丑，【略】卯一點，出船。未時，過六十里，至揚州高郵縣，止船。梢工賣買。止宿了。

廿九日壬寅，【略】卯時，出船。酉時，雨下。過六十里，至邵伯鎮，止船宿。

五月一日癸卯，【略】先入京上船間，在閘頭内待船入了。晚頭入了。開第三閘而入。夜間不出船，止宿。

二日甲辰，【略】卯時，出船。午時，到著揚州府，三十六里也。爲乞船，逗留。

三日乙巳，【略】洩於之間，徒送時剋。船未來間，今日過了。

四日丙午，【略】卯二點，以兵士四人，乘轎參府。【略】次參開元寺。【略】次參壽寧寺，廣大伽藍也。【略】齋後，即出參龍興寺，依鑒真和尚本住寺也。【略】還著船。【略】即指本船上河，著南門。

五日丁未，【略】卯一點，乘移杭州船了。杭州牒等未來間，逗留。

六日戊申，【略】辰二點，出船了。未時，過二十五里，至(派)[瓜]州堰。申時左右，轆轤牛各五頭次曳越云云。故里下河宿。

七日己酉，【略】卯時，通事來，僅所取錢一貫半云云，秀才遁隱了。即出船，渡揚子江。堰兵士七人來加。巳一點，入潤州河畢。堰兵士七人與百文，梢工百文。本兵士十人，合二百文畢。巳三點，至京口堰，止船。常州知府送酒小三瓶，使與五十文了。未時，參府，謁知府大卿，【略】依潮乾，不越堰宿。

八日庚戌，【略】殿直、嵩大師參金山寺已畢。午時越堰。左右轆轤牛合十六頭，依潮生也。待殿直等間，至渌水橋止船。

九日辛亥，【略】巳一點，出船。酉時，過七十五里，至丹陽縣丹陽橋，止宿。

十日壬子，【略】卯一點，曳船。午時，過四十五里，至呂城堰。即曳船，未三點，過三十里，至奔牛堰。左右轆轤合十六頭水牛曳越已了。即曳船，酉時，至常州北水門留宿。

十一日癸丑，【略】常州刺史爲送金龍形，張公洞去畢。去州陸路百廿里，船路九十里云云。【略】弭節亭著船逗留。未時，出船間，梵才三藏弟子温大師來拜，常州太平興國寺住僧也，三藏申與紫衣也。【略】成尋過三十六里，至迴林鎮，止船宿。

十二日甲寅，【略】卯時，出船。巳時，至落杜鎮，過三十里了。未時，[過]廿四里，至無錫縣。張行者流本宅，暫下船向宅了。州[至](與賜)[無錫]，九十里也。又至蘇州九十里云云。無錫館驛亭逗留，船人賣買間也。未二點，出船。酉時，過二十五里，至顧墓，止宿。

十三日乙卯，【略】卯時，出船。申時，過六十五里，至蘇州北門緇衣亭，止船宿。

十四日丙辰，【略】辰時，參府，謁王司勳。【略】他官人次參出。今日終日依船人米請取逗留。

十五日丁巳，【略】終日徒然入緇衣亭休息。

十六日戊午，【略】巳時，出船。戌時，過六十五里，至八尺里鋪宿。

十七日己未，【略】卯時，出船。終日曳船，過八十里，至秀州北門宿。

十八日庚申，【略】巳時，出船了。過六十里，戌時，至秀州内皂樹驛宿。

十九日辛酉，卯一點，出，曳船。過九十里，戌一點，杭州十八里店宿。【略】今日未時左右，轆轤牛合十四頭曳越長安堰了，鹽官驛内也。

廿日壬戌，【略】卯一點，出船。辰時，過十八里，至臨平，賣買。次至廣嚴寺，逗留。即曳船，上帆，入杭州了。過九十里，至照禮亭，止船，宿了。

廿三日乙丑，【略】徒然在船。

廿六日戊辰，【略】辰時，行向：嵩大師並小師三人，通事；使臣、殿直稱「無暇」由，不去。出州西門，於集賢亭乘船，渡西湖三里上，步頭陸，經於五里間，漸向松林，二寺門宛如天台十里松門。次至靈隱寺。【略】次參天竺寺。【略】次參敕[建]興聖院，見靈鷲山洞。【略】未時還船。於西湖船，船頭等喫酒菓等。申時，還通江橋大船了。

廿八日庚午，【略】辰一點，向靈隱寺。嵩大師、三人小師同去。於西湖乘船。先參天竺寺僧正，昨日出去者，善妙大師出來，點茶。以橋上塔院拜禮了。【略】巳時，向靈隱寺。【略】申時，歸船了。

廿九日辛未，【略】向新船許，乘船了。使臣別船，最好也。

卅日壬申，【略】張行者與通事口論放言，仍出船了。頗非常行者也。

六月一日癸酉，【略】爲申船悦，參轉運使衙，奉謁了。【略】開閘頭，出船了。大卿舒州守云云。恐風，不出船；殿直同不出。實出船了，風止。

二日甲戌，【略】船在閘頭外口。依人人恐風同梢工，不出也。以「止風」由示大卿、殿直、梢式等畢。午時，潮生，即出船，渡錢塘江了。大卿舒州都督白地向明州也。殿直同渡了。但殿直船被曳潮，不入河，船居木上，傾水入，雜物皆取上云云。【略】潮乾不開閘，閘外止船了。

三日乙亥，【略】卯時，開閘入船。即曳船至州北門外宿。殿直船不見。

四日丙子，【略】卯時，出船，入州内了。(侍)[待]殿直申時來著，即共參府，有茶湯。【略】不出船，止了。

五日丁丑，【略】卯二點，出船。一船曳進。申時，至東關。於天花院前暫止船。酉時，曳船至堰了。

六日戊寅，【略】辰一點，以牛十二頭曳越船。堰司來，沙汰出兵士七人乘。今渡曹娥江已了。殿直船，閘渡江了。午時，至蔡山頭路邊，有好泉，造亭，酌入船已了。從江過四十八里至上虞縣初等慈寺前宿。

七日己卯，【略】卯一點，出船。過十二里，至餘姚江。辰二點，以牛十六頭曳越堰頭了。自曹娥堰至餘姚堰，五十里也。午時，入餘姚縣。界内皆越州縣也。申時，從堰過六十里，至餘姚縣，廣大縣也。【略】至龍泉寺大門前觀風亭，止船休息。亥時，出船。丑時，過六十里，至熟山江邊宿。

八日庚辰，【略】辰時，出船。依風迎吹，不能遠去。過餘姚縣，入明州界了，宿。

九日辛巳，【略】過六十里，至明州北門前，宿了。

十日壬午，【略】至州前，即參府學士，用意最多。即安下廣惠禪院。

十一日癸未，【略】今日未下定海縣船，明日相定五人僧可下定海也。

十二日甲申，【略】五人相共，今日乘孫吉船渡了。

張舜民《郴行録》 丁丑，拜雙廟，即張巡許遠祠也。

乙酉，率建安進士葉浮遊北郭劉氏園。

辛卯，次洪澤口，過龜山寺。

壬辰，次虹縣。虹當爲紅，《漢書》所謂「紅陽侯立」是也。訛而不改，遂謂之虹。城北有湖水，廣袤十里，蒲魚之饒，周給鄰境。

乙未，次泗州。

甲辰，入運河，艤舟洪澤間。下見比目魚，高柳清渠，寂無暑氣，魚鰕蟹蛤，日厭盤飡。自是行運河矣。

己酉，至太平興國觀。

辛亥，同辛大觀遊楊氏園、紫極宫。

丁巳，次召伯埭。

甲子，同陳舅遊甘露寺。【略】是日同陳舅遊延慶寺。

乙丑，晚離潤州，趨金山寺。自南岸登小舟，風雨暴作，大浪如屋，出没於其中。比達寺下，已見燈矣。

丙寅，大雨。食罷登山頂，江中風浪如萬羊齊奔。寺在江心島上，樓殿周匝可數百楹，松竹疎翠，望之如浮動，南朝人謂之浮玉山。其下即水府也，大浪舂簸，夜晴晝雨，初若不安。東望海門，焦山出没，皆在海中也。【略】晚渡瓜洲，夜泊運河。

己巳，徐瓘承議、丘朝奉、辛大觀遊建隆寺、九曲池，登大明寺塔，摘星樓故基。望江南山水，煙雨隱顯如圖畫。【略】胥浦河在揚州揚子縣，一水縈回，南入大江，名曰胥浦河。一日三潮，俗曰伍子胥渡江解劍之所。

己丑，立秋。是夜風雨。

戊戌，同徐承議遊儀真觀。因過法雲寺、伍子胥廟，瞰江山尤爲爽塏。

庚戌，發長蘆。始循北岸行，五里許即絶江。至南岸下漾口，循南岸行數里，入新河口。王介甫時爲江寧所開新河，其南有卑麓，正類解梁南山。稍稍南趣，馬鞍山口有居民巡檢司。復出大江，少南循石頭城，過清涼寺，宛轉入秦淮北。晚次江寧府。始將離真州，人多以涉江爲戒。比至長蘆，南望渺溟，誠可爲懼。及放舟乘風，不踰食頃已達南岸。介甫開新河以避欒家磯數十里風水，甚爲行舟之利。然夾口土山屢崩，歲勤補葺，方可經久。石頭城者天生石壁，有如城隅，起夾口，直至清涼寺。

辛未，發江寧。出秦淮西南行，順風。循東南行小夾中，左面卑麓勢如石頭，比比有人煙。十里過板橋店，地形平曠，行蘆葦可三十里。出夾，瀨大江過三山，又十里至烈山祠。即烈州也，王濬、庾亮泊舟之所。五里過白土磯。烈山下有響石，擊之，聲聞數里。

壬申，旦出大江，南岸小山甚秀。五里許入慈湖夾，東望山原高下，極類京口。有巡檢司。以西皆小山臨水，可三十里出夾。行大江，趣東岸，北夾極闊，無異大江。過采石磯，望天山，其下即中水府也。采石即牛渚磯也，乃温嶠然犀照水怪、袁宏月夜艤舟之所。北對和州，江岸極狹。本朝下南唐，樊若水假爲僧徒，於此築庵鑿石穴，度量水面。及大軍臨江，用以爲橋，不差尺寸，軍事獲濟。今石鑿穴尚存。

丁丑，登大信口。出十許里過碙石磯，風逆水急，舟行極力。循東岸，數里過磯，即平行十許里。斥岸皆卑麓，如壞城臨水。可二十里過薤葉磯。過光寧姑孰堂，臨溪上，制作宏麗，江表諸郡無此。亭後著李白畫像，並十詠詩，乃李白平生遊詠之地也。西梁山，《前漢・地理志》所謂梁博望山，亦謂之天門山。李白有銘鐫於江亭，宋沈慶之破臧質於此，置梁山軍，至李建中立雙廟於上，南北岸各有巡檢司。

己卯，發蕪湖。循東岸而行，數里拋西岸。中有羣石拱起，林樾蒼然，曰蟂磯。其上有若塔屋，俗云有道人居其上。過板子磯，磯上紅黄絲花，俯照江面，花繁而石怪，間以翠篠，正如徐熙所畫者，乃知藝之工者皆有本也。

辛巳，發上口。行十里許出大江，循東南岸淺水，五里入銅陵夾，五里銅陵縣，隸池州。沿江牽行，五里許上口，少轉西。望行過石人磯，磯臨江隱起，石理如側磚，有石拱立，遠望如人形。過此上流坦然，不見山阜。

壬午，發銅陵。逆風可五里許，出大江，南岸皆人山。十餘里拋北岸，少轉而西，牽行可四十里，復拋南岸，次梅根港。江流至此稍狹，兩岸上下，廣輪數十里，皆平陸良田，極類北地。東北望九華山，見峰嶺勝於池州所見也。

癸未，出大江。逆風，循東岸挽行，可四十里入峽口，又三四里入池州溪口，宛轉行陂澤中，可十餘里次池州。弄水亭，杜牧之所創，俯溪流，望齊山，景致清絶，人皆采爲圖畫。

壬辰，移舟出清溪。次池口，有人煙税場，距城四里許。兩邊長松夾路，云九里松也。

乙未，微雨，無風。牽行可五里，出夾入大江，循西岸，二十里至將軍堰。拋東岸，入雁翅夾下口，次上口。是日逆風，可行六十里，雨至夜。北有小龍王廟，西對皖口，即舒州路也。

丁酉，行東岸，勢類石頭城。忽然天氣翳黑，自北而南，時頃開朗。可三十里過祝家磯，東流縣磯，極爲險惡。是時秋深水落，在夏潦最爲難上。

己亥，行山夾，順風。夾合大江，東岸山小而近，尤爲秀拔。西岸淮南界，極望平曠。過烽火磯，山勢特然高茂。乃南朝於此置烽火，以通上流征鎮也。

丁巳，泊鎮岸。自入龍峰港趣蘄州，四十港口。依山有寺，叢翠可愛。

戊午，發蘄口。順風，溯東岸行。臨岸皆小山培塿，可二十里拋西岸，可三十里過新野夾上口，又五里過道士磯、散花洲。舟過磯上，風勢方急，爲山所轉，帆或倒掩，船即回旋，久之方能整行。惟此與馬當山有風，乃山勢使然也。

辛酉，晴，風逆。循北岸牽行，可十餘里過巴河口。北岸無山平曠，南岸培塿童禿。又十里至菜園步，以風止。此距黄州五里，南岸下江中有石，如伏牛，曰節度石。舟人云，或者重載而下此石，往往觸而覆之。謂節度者，戒之也。

壬戌，早次黄州。【略】州在大江之湄，北附黄崗，地形高下，公府居民極於蕭條，知州廳事敝陋。

丙寅，【略】食罷移舟，離黄州，泊對岸樊溪口。

己卯，夜雨，至旦少霽。解舟，順風，西南行十餘里，過五家洲。江流兩山之間，勢尤偪狹，而水急，非迅風不可上。又五里過雷家步，右岸有寺，名兜率，云韋宙所建

庚辰，雨雪。循岸牽行，宛轉二十餘里，過思塘鋪。有廟曰思唐相公，不知爲何神也。

癸未，循丁家洲北岸縴行，可二十里過昭坎。爲正南行，少間風作，西北來，勢横掠岸，吹使船側。可二十里次茅州洑。居人云舊無此洑，昨六月内一夕無風，但水匯所成。昨夕丁家洲夜半水發，浪急崖崩，舟人云下有蛟蜃所作也。然自鄂以南江無完岸。

丙戌，觀萬石船。船形制圓短，如三間大屋，户出其背，中甚華飾，登降以梯級，非甚大風不行。錢載二千萬貫，米載一萬二千石。次岳州，日方辰巳間，行一百二十餘里。見知州大夫黄休。晚登岳陽樓，即岳州之西門也。

下湖水北望，荆江自西北流，東南至岳州城下，與湖水合而東流，始爲大江。凡絶湖而西南趨鼎、澧，西北趨荆、峽，一湖之間分此四路也。每歲十月以後，四月以前，水落洲生，四江可辨。餘時彌漫，雲涯相浹，日月出没，皆在其中。望水中如覆斗者，即君山也。岳州西南山勢如覆舟，東連衆山而孤絶。山之南即石橋港，舟行緩急避風之地。

癸巳，次晚洲。洲上平廣，土壤如北方，居人止一兩家。自朱洲之西，水中處處有三石，形如壞塚，土人謂之黄牛石，出没水中，頗爲舟船行旅之患，過者避之。行次晚洲。

甲午，早發岳州。自東山又五里許，過閣子湖口，即灉湖也，《爾雅》所謂「春夏有水，冬無水，曰灉」也。【略】順風放湖，是時冬深水落，港浦可辨。近東岸向西南行，十里許過靈妃廟。在東山下，水次極望甚遠。過扁擔山，勢如覆舟，東連衆山而孤絶，上有小塔，望之巋然，曰啞女塔。昔有士人女生，數歲而不能言，一日涉湖，女見塔，即語其父母，故名曰啞女塔。巴陵以南，漁者皆用連網罩水中，延袤可一二百步，有如城郭，謂之欄灘網。過巴溪，十里許次鵝洲，以風急，止鵝洲下。

丙申，陰晦欲雪，岸洪宛轉，尚未全出湖中。午際風，微雨作。可十五餘里，東岸始有人煙。曰龍渥水，色極深，乃湘水也。有水自東出，曰歸義江口入口。十許里餘即汨羅也，一水中分，南曰汨，北曰羅。洲上有忠潔侯廟，即三閭大夫也。東望培塿，迤邐林薄，曰鹿角巡檢司。又十餘里，西岸有沙洲，堆阜隆起，即青草廟。下有一湖，湖之中有此洲，南名青草，北名洞庭，所謂重湖也。申後次廟下，舟人展賀。大率南行至此，北行者至廬，舟人皆致賀，以其萬里江湖，至此方保平善也，乘舟人當有酒肉之賜。【略】廟外有巡檢司，居民十數家，以漁釣爲業。樟木數百株，徑數圍，遍覆洲上，冬青可愛。是夜，船上不敢打更提舉，舟人云廟中自打更報牌也。夜深傾聽，亦有所聞。青草湖旁有朱陵洞，亦謂之朱陵仙府，有唐人題刻，散滿巖上。歲久荒凉，至慶曆中，因其地建爲石鼓書院，雖略爲規制，然僻在江郊，又三冬寒露，學者未嘗遊焉。唯守將之好事者，歲時一爲登覽燕遊之地。黄陵廟即舜二妃，牓曰懿節廟，庭宇湫隘，竹木蓊鬱。

癸卯，逆風，循西岸牽行。可五里，有江自東南出，其大江與湘江等，曰瀏陽江。西岸有廟，曰三沙，牓曰武威王。石刻乃天佑二年馬殷爲馬援建，而遠祖之也。

甲子，晴，無風。發潭州，循西岸牽行，艤舟王公亭。奠南嶽行祠，遊嶽麓升中洞真觀，謁漢文帝廟、嶽麓書院塔院。【略】橘洲湘江中，南北與城等，有巡檢司，僧寺兩三所，居民業漁者數百家。

丁卯，晴，無風。抛東岸，牽行五里許，過車子磯，西岸有小山。又行十里，過昭潭，其水澄湛如墨，俗云傍通江南。

壬申，夜大雨。順風行，五里許水中多亂石，三十里至昭靈灘，有昭靈廟。凡四灘，皆行亂石中，而復湍急。自三門船上執色倡道，皆土人謂之灘子，舟人束手，一不與焉。官舟過者擊鼓呼之，即時來集舟上，至昭靈出灘，方各捨去。在湘中最爲險處。

癸酉十月朔，抛西岸十里許。江轉自西來，北望武口，又三十里過青山磯，臨岸培塿。

丙子，如岳下。出衡山縣西門，長松高下，夾道三十餘里，或云三十里松，乃馬希萼所植。馬長而無髭，遂禱於嶽神，種松而髭生。

丁丑，陰。朝謁嶽祠，退食真君觀，謁北門侍郎神位。食後率檀宣義登山，自嶽西渡小澗，以轉軸轎子迤邐挽行。路皆直上，略無盤曲，一轎至十餘夫方可舉而前。可里許，至石橋，亦謂之石梯，鑿成階級，長可二十餘步，必履而登之。其石每在山之面，蔽路，鑿乃能通也。其端有小寺，可數楹，謂之石橋寺，乃遊人憇足之所，主僧必具茶食。又登陟可五里許，左之福巖，右之南臺寺，在福巖之下峰側架空爲之，制作奇巧，殿堂皆板瓦，宛轉下上，始能及奧。

戊子，雨。晚往花藥山寺浴，其山則在州城之南培塿，竹木可周數百步，其寺則居懷抱之中。寺後有迴雁峰，高可數百步。俯見城邑，其上有面嶽亭。北望衡山之陽，有如屏扆。過陷池，五里許至湯泉。在澗底，大如車輪，熱不可插手，稍稍下流，始可盥濯，浸溉田畝流數里。左右山徑偪側，略無興葺之地，瘴嶺蠻溪，亦有此泉，渴飲猿鳥，汙濯儂傜，物同而其致異，亦可歎也。過陷池，嶺少南下，有清池隱出山腹，泓澄可二十畝，即是也。

鄭剛中《西征道里記》原序　紹興乙未，上以陝西初復，命簽書樞密樓公諭以朝廷安輯混貸之意，某以祕書少監被旨參謀。【略】至於所過道里，則集而記之，雖搜覽不能周盡，而耳目所際，亦可以驗遺蹤而知往古，與夫兵火凋落之後人事興衰，物情向背，時有可得而窺者。以其年四月二十二日舟出北關，六月二十四日至永興，七月十三日進至鳳翔。越三十七日，府告無事，公率官吏以歸。水陸凡六十驛，往來七千二百里。本計七千一百九十里，汜水以未至縣十里，河水南浸，自嬰子坡移路旁山，回程衍十里。【略】左宣教郎、試祕書少監、充樞密行府參謀鄭剛中序。

又《西征道里記》［紹興乙未四月］二十二日，道銅口、臨平鎮、長安閘，宿崇德縣。

二十三日，石門、皂林、永樂，由秀州城外，宿杉青閘。

二十四日，兩界首，宿平望。

二十五日，大風，阻吴江不進。

二十六日，吴江縣，登垂虹亭。宿平江府。

二十七日，許市、望亭，宿無錫縣。

二十八日，潘葑、欒社、橫林，宿常州。

二十九日，奔牛、吕城閘，宿丹陽縣。

三十日，新豐、丹徒鎮，宿鎮江府。

五月一日，行府官望拜於府庭。

二日，會茶丹陽樓，登連滄觀，觀人馬輜重渡。

三日，濟渡，至瓜州鎮，楊子橋，宿揚州城外。

四日，邵伯閘、車樂，宿高郵軍，會茶韓世忠園。

五日，樊良、丁至、梵水，宿寶應縣。

六日，黄蒲鎮、河橋，宿楚州。

七日，磨盤，宿淮陰縣。

八日，高秋堡、洪澤閘，宿瀆頭。

九日，龜山鎮，宿泗州。

十日，治陸。

十一日，機宜姚焯等三員管押激賞庫行。

十二日，唐家店、湖口，宿臨淮縣。

十三日，中路宿青陽驛。

十四日，馬翁店、通海鎮，宿虹縣。城因隋渠爲壕，潴水深闊，城具樓櫓。虹西諸邑往往皆城，虹獨堅密，豫賊蓋自此爲邊也。隋自虹以上爲陸，木已叢生。縣以東水接淮口。淮地卑，而縣西北隅有湖，曰萬安，東西百里，北南半之。豫賊引湖擁城，而東南出其流於隋。又淮潮可登三十里，與湖水接，通小舟。若置閘於泗，以時入潮，又略治隘塞，則數十斛之舟可致宿無疑。

［六月］四日，八角鎮、醋溝，宿中牟。

五日，白沙鎮、圃田，宿鄭州。

六日，侯家莊、須水鎮，宿滎陽縣。滎陽，濟水復出之地也。

七日，洪溝店。道旁隸三大字，曰「漢洪溝」。今雖草莽間似有長坎，然必非楚與漢劃者。又孟店、汜水縣、鶯坡子、洛口鎮，宿鞏縣。汜水，即行慶關也。過關，乃下視大河，與虜營相望。洛河又在大河之南，洛口墻數圍，問之，即所謂洛口倉者。

八日，十八里，朝拜昭厚陵。又七里，過黑石頭渡。十里鳳凰臺，又拜。五里會聖宮。宿偃師縣。

九日，石橋店、白馬寺，宿西京。京號三川者，即黄河、洛河、伊水也。伊闕又名闕塞山，又謂龍門，大内對伊闕，望王屋不百里。宫墻之内草深，不見遺基。舊分水南水北，居水南者什七八，今止水北有三千户，水南墟矣。回程日，知州翟襄謂予，域外近添五百餘家。

十一日，榆林鋪、磁澗，宿新安縣。未至新安十里許，道旁山石一柱裂，勢欲傾危，過者畏仰視。

十二日，缺門鎮、千秋店，宿澠池縣。行十里，過會盟臺。澠池、新安之間溪山人家，如東浙用溪石壘墻。

十三日，東西土壕、干壕，宿石壕鎮。杜甫作《石壕》《新安吏》二詩，即其地。

十四日，魏店、横渠，宿陝府。

十五日，望拜召公甘棠木，舊在府署西南隅，今亡矣。郡有召公原，原盡處置府縣七，而夏縣、平陸、汭城今皆隅河。夏距城九十八里，即温公涑水也。虜瀕河築二小城，時一二騎揭小旗偵邏，或放牧堤上。馬鬃渠在城之東南，虜人破陝所自入。

十六日，新店、曲屋，宿靈寶縣。縣南五里即函谷。

十七日，黑曲、稠桑、静遠鎮，宿胡城縣。

十八日，千伯鋪、盤豆、欑節店，宿閿鄉縣。閿鄉、胡城二縣原屬虢州，太平興國三年隸陝府，自府界至號三十里。

十九日，關東店、潼關、關西店、西岳廟。行府官謁於祠下。至華陰縣，出南門，朝謁雲臺觀，然後還宿潼關。或謂是古桃林塞，河山之壯，府視他關，獨城内蕪廢。華州差使臣番休守關，關門北向。入踰半里，大河洶湧，乃涇、渭、洛三水會處，號三河口。

二十一日，敷水鎮、柳子店、將相鄉。按石刻，乃郭汾陽之里。宿華州，州治對少華。對太華者，華陰也。

二十一日，赤水鎮、東西陽村，宿渭南縣。

二十二日，另口鎮、新豐市，道北一里有馬周廟。宿臨潼縣華清宫之西館。

二十三日，灞水漲，不進。是日，知永興軍節制諸路軍馬張中孚渡輕舟來迎。

二十四日，灞橋鎮、滻水、長樂坡，宿永興軍。軍以漕居爲府治，後有涼榭，别爲一區。【略】府西北一百五十里，即奉天。

二十五日至七月七日，行府並治事永興軍。

八日，楮林店、沙坡、偏店，宿咸陽縣。縣在渭水之東北，未渡渭二里許，有故墟，謂是舊咸陽。自楮林道旁土堠西入十里，即未央宫基。又蒼頡製書臺、樗里子墓，皆渭河南，不及至也。是日，環慶帥趙彬甲士迎於咸陽橋。

九日，魏店、馬跑泉、高店，宿興平縣。馬跑泉、高店之間塚土數尺，高拱雜木二三本，曰楊妃塚。

十日，東陽臺、馬嵬坡、東扶風，宿武功縣。馬嵬旁短墻周圍，路人指謂妃子死所。

十一日，杏林店、邏店，宿扶風縣。

十二日，東新店、龍尾坡、青陽店，宿岐山縣。

十三日，任官村、横水店，至鳳翔府。府古扶風郡，壤地饒沃，四川如掌，長安猶所不逮。岐山之陽，蓋周原也，平川盡處，修竹流水，彌望無窮，農家種床尤盛。

十四日至八月十九日，行府皆治事鳳翔。

二十日，行府遵舊路歸，次舍道里如故。獨至泗州，由平源、天長、大儀出鎮江府，然後舟行。

周必大《癸未歸廬陵日記》 自後省歸廬陵，起隆興癸未三月甲辰，止是年六月壬午。

[三月]庚申，受敕主管台州崇道觀。以狀申尚書省，乞免謝辭。

四月朔辛酉，輜重登舟。

壬戌，出暗門，寓寶成寺。予以庚辰歲三月二十八日到闕，今以是日離後省；四月二日供職太學，今以是日出門：適三年矣。

癸亥，至廣慈，别姚媪墳。

甲子，雨，旋霽。骨肉登舟出城，予循城過北關就之，【略】解舟至閘下，遇修梁而止。

乙丑，晴，復陰。甥尚貢之告别，遂行。夜，距長安閘十餘里止。

丙寅，大風雨，過崇德縣，不留，夜宿福嚴渡口。

丁卯，大風雨不止。【略】風稍定，解舟，晚距秀州三十五里止。

戊辰，晴，過秀州，不留，晚宿施涇。

己巳，過平望，少留。未後抵吴江縣，登塔四層。攜家遊臞庵名園，主人王氏，名份。申後移舟過垂虹，泊縣北。

庚午，乘順風而行，過平江府，不留，夜宿無錫縣。

辛未，早雨，旋止。過洛社，少留，攜兒登開利寺，寺有十數小院。夜宿常州門外。

壬申，自城中過，晚泊沙子口。

癸酉，早過沙子，風大作，白瀼淺澀，舟人束手。强之使行，而風亦止。晚至許亭，船尾高，不能度橋，遂止。

甲戌，早入荆溪，次宜興縣。舟過長橋，水極清駛，篙師幾不能制。午後乃至外舅宅，相别四年矣。

乙亥，邑宰姜敷言詔已下。及莊氏諸親往復，不盡記。

丁丑，早出南門，度銀村嶺，至臺莊，拜外祖父給事墳。

己卯，赴寺觀，開啓天申節。

庚辰，天氣清和，同莊德邁出南門，約行四十里，游洞靈觀。【略】飯罷登山，入張公洞。初至燒香臺，頗平廣，自此下臨棧道，篝火以入。怪石錯立，如真武像，如人形，如狻猊，如耐重蹲踞，不可殫名。【略】路窮，攀緣而上，有穴達山背，謂之風洞。穴口甚隘，匍匐乃可出。游洞宜冬，冬則氣温，且不蒸潤。今日挾纊，猶凛凛也。此去金沙寺、頤山陸希聲講易臺皆不遠，日已斜，不果往。與德邁對飲洞口之石巖，流水平布，頗類水洞。久之，遂過湖洑鎮，山色如畫，溪水紺緑，所謂罨畫也。【略】惠氏南園葺治極有法，溪流正貫園中。隔岸即大第，吾方倦游，不無慕焉。歸縣，一更後矣。

丙戌，留妻孥外舅家，單舸發宜興，溪流清快，不移時至定誇，蓋太湖口也。

丁亥，舟人言風作，予乘轎陸去，崎嶇三十餘里方至荻浦，而舟自湖中來。今日風本不高，而波浪洶湧，聲如萬木，況風饕乎？晚泊獨木山下葉家團，去湖州十八里。

戊子，早過湖州，望城中樓觀縹緲，環以溪山，宜晉唐以爲名郡也。申時過德清縣，溪橋頗壯麗，有左顧亭，謂放龜也。二更宿鳳口。

己丑，早過安溪，午後至餘杭縣，艤舟税亭下。溪流即苕水也，自天目山出，注於湖。過寶輪寺，祭程氏亡妹一娘。寺興於齊之永明，真廟時賜今額，經兵火，惟存鐘樓。晚宿沈監税宅，尚貢之婦家也。貢之在城中。

庚寅，早同祝升卿秀才游洞霄宫，去縣約二十里，青山九鎖，溪流不斷。道傍有仙人迹，相傳秦始皇移山，仙人拒之，其説荒唐難據。衆山之中一峰稍高者，天柱也。宫門立錢鏐大碑，頗叙興廢，餘皆無所考。招知宫監義陳希聲飯。觀撫掌泉，泉水常漬溢，而不加多。遍游五湖，惟大滌可觀，頂如砥平，入至龍井而止。棲真洞去宫稍遠，山極高，可望府城。洞中有石乳，下覆如寶蓋。石寶洞甚平凡，道士云以吴天師藏書劍得名。龍洞、風洞不可入，强名耳。未時還縣，貢之自府中來，置酒待諸沈。

五月辛卯朔，早同貢之甥游，徑山道過無相院、普浄院，（皇祐間陳述古嘗留題。）約四十五里至山下。雨作，飯於廨院。院後有玉乳泉，白稱其名。肩輿上山，少休半山亭，彌望皆大杉，風雨過之，龍虎吟嘯，令人聳然。自山脚至寺僅十里，地本龍湫，唐國一禪師化而居之，形勢峻窄，屋宇層出，不足以容衆。今大慧禪師宗杲爲長老時，用意創千僧閣，遂爲巨刹。舊無常住，云龍自打供，不許置田，其奉事龍神甚嚴。井在祠前，相傳水通天目山，東坡所謂乞歸洗眼者，此水也。齋粥不敢擊木魚，往嘗誤擊，地裂魚涌，以魚龍爲同類也。山多兩足小蛇，不傷人，背有金縷，自腰以下純青，云龍眷屬也。（蔡君謨集中有游山記。）

壬辰，黎明同世永至含暉亭候日出，陰翳無所見，下視羣山，皆培塿也。食罷，乘山轎游白雲庵、菖蒲田、喝石巖。又有淩霄亭，峻甚，不果游，此寺之後山也。歸歷僧寮作坊，軒窗欄檻間雲氣可掬。昨日自邑中來，望叢林在山半，即寺場也。若其山之最尊者，必能極目萬里。

癸巳，同世永出寺門，步至南塔峰，眼界可亞含暉。【略】二更就含暉請聖，衷老請觀聖燈，閃爍合離，如曳螢爝上下衆峰之間，云龍所化也。頃有人掩得之，蓋木葉耳。

甲午，別杲老下山，杲令侍者了賢同世永送別無相院。未時抵餘杭，小酌沈家，遂行，貢之甥送至嶽廟前。晚宿彭塢口柴店，離縣十五里。

乙未，欲便道趨桐廬，故由桐嶺入長福院午飯。值盛暑，雇夫懦弱，數步一息，急改塗之富陽縣，少休於接待院，爲舟行計。既得舟，即解去，偶遇上水風，夜半至桐廬縣。是日，路中見村夫戴艾葉，方記端午，市數十粽，均及僕隸。

丙申，早發桐廬，雨作，風猶順。泊七里灘，登嚴先生祠堂，今謂之九壠院，有三僧主香火。【略】釣臺高峻，雨滑不可上，解舟回望而已。晚次嚴州，泊安流亭下。

戊戌，早行，諸公送別放生池上，《圖經》謂之西湖。山郡殊無陂澤，故貴之。連雨，小溪暴漲，徒涉頗難。晚過白沙渡，宿葉家店。

己亥，早過壽昌縣，飯於廣安寺。晚至烏石山，（衢州龍游縣界。）山如削鐵，懸瀑十仞。其上有幽巖精舍，今爲宗室儀恭孝王功德寺，意欲一游，而從者終日冒大雨，皆告憊，遂呼山轎而上。路極峻狹，約三里乃至，樓閣層出，極目千里。舊巖在山之頂，以形勢迫窄，徙焉。紹興甲寅，張魏公題字案間，僧就刻之。匆匆下山，籠篋皆遠去，日暮泥濘，崎嶇奔走，一更後及於大樓，亦好奇之過也。

庚子，雨行極勞。過順溪，市井頗盛。食時至蓮花寺，溪漲橋斷，遂宿。

辛丑，早行三二里，過趙清獻公神道，不果入。至溪邊，僅得小舟，争濟紛然。既渡溪，地勢平衍，山遠而秀，非嚴陵比也。午後抵衢州，【略】入城，泊如歸館，易八兵。大雨終夕。

壬寅，雨。【略】未後發衢州，聞常山道中溪漲無舟，遂行江山路。宿新礄，去城三十里。

癸卯，過江山縣。避雨海會寺，梁天監中某甲捨宅造。雨不止，復行。途中邸店頗多。望見江郎石，三柱拔起平地。晚抵禮賢鎮，投宿太平寺。寺極破敝，長老善參來謁。自衢州至此凡一百一十里。

甲辰，入信州界，邸店稀矣。晚投宿靈鷲寺之駐麾堂，寺宇幽潔，山勢環抱，貫休嘗留詩。【略】雨晝夜不止。

乙巳，冒雨行，已而稍霽。自昨日路已磽确，今日尤崎嶇也。食時次廣豐縣，縣官相見。同年涂文伯爲丞，致羊麵酒，報謁即行。過唐校書郎有道先生墓。申後至中團，有報恩寺，粗雅潔，欲宿不果。行至信州之水南，日已落矣。遂入太霞宮，寓客充滿，無所容膝，排道士之園宿焉。是日行八十餘里，堠又遠，故費力如此。

丙午，早至江邊，濁流渾渾，上浸民居。呼小舟過渡，甚危。繞城詣廣教展墓，館於藏殿。【略】是日纔晴，夜復大風雨。

戊申，焚黄畢，赴州會於面山塘後圃。

己酉。【略】申後登舟，溪漲櫓鳴，岸如奔馬。夜泊唐羅步。

庚戌，早過汭口鎮、弋陽縣，皆不泊。終朝望見龜峰，如行南康，江中對五老峰，所謂「横看成嶺側成峰」者，甚欲一至其下，而溪湍不能艤岸。午後，强舟人使泊，得步曰桃花，上有步口市，雇二夫前導，約十餘里抵瑞相院，今爲陳丞相功德院。長老慧光來謁。院前後皆逼山，而其前列三十二峰，大抵皆石崖也。地勢峻迫，以無水爲患，門外有觀音泉可汲。予初謂山勢昂首俯背，故以龜名。寺僧乃指山頂石形如龜云。回至渡口，入桃花臺之妙音院，頗有前輩題咏，元絳厚之參政之父守文亦有詩，厚之爲刻碑。臺乃臨溪盤石耳，未嘗種桃，惟石上窠臼十數，覆以孤松，相傳道士於此煉丹，或云葛洪，非也。申時解去，晚抵貴溪縣，泊三山堂下。三山，對溪石山也，粗惡無足觀。是日，舟中望遠山極秀傑，舟人云靈山也，跨饒、信二州界云。知縣右通直郎談莊來，捨舟，館於縣驛。此去上清宮與龍虎山不遠，暑甚，僕疲，且聞泛舟詰曲方見形勢，不果游。

辛亥，天申節。【略】食罷發貴溪，陸行四十里，宿香爐源。途迂阻如八九十里。

壬子，欽宗大祥。過仙岩，望衆峰連屬，俗呼排衙山。曾宣教熹遣人致書。晚宿大嶺。距金溪十餘里。是日涉安仁，入金溪界，道路稍平易。

癸丑，早至金溪。乙卯歲嘗過此，值大水，留數日。【略】少留縣驛，易轎夫而行。至耿源市，有新興寺，天尚早，不宿。過清江，渡甚狹而水可造紙。晚下路里許，投宿靈巖寺，雅潔可愛，篔簹軒大竹成林。離金溪已四十里。

甲寅，早入南城界，過章山寺，少休。午後抵軍城，軍本撫之南城縣。水號盱江，張天覺爲江西漕，窮其源，出血木嶺，留五言詩一篇。【略】熱甚。

乙卯，早出西門，行十餘里，游麻源第三谷。未至數里，石嶺盤互，水行其間，略類洞霄。訪卷石岩，入雲門寺，鄉人南安太守陳杭父子殯寺側，爲之悽然。寺前有靈豐廟，正臨溪流，顔魯公所謂「源口有神，祈雨輒應」者也。地出二石笋，就塑神及夫人像，遇科舉歲，士人競乞夢占得失，他祈禱亦驗。【略】飯罷，步入太霄觀，聞近處有九井，或云無足觀。別由小路過麻姑山，約行十里至山脚尋真亭。遇筍輿來迎，遂上山，其紆峻亦略類徑山。中路有界青亭，次雙練亭，懸瀑對瀉，雪濺雷吼，天下奇觀也。進至龍王祠，其下有潭，天寶中黄龍見於此。自此始得平地，而爲仙都觀，相傳蔡經宅，方士謂之丹霞小有天。觀宇雖古，而道士星居，無復清高氣象。【略】觀後有星杉亭、齊雲亭，齊雲望軍城如一聚落。景常云觀之極西乃丹霞福地，欣然往游。初循田塍，僅能容足。既而復登山，兩山之間泉流不絶，良田叠出幾萬畝，未嘗旱澇，皆觀中常住也。山行十餘里，極麻姑之巔。自山缺至丹霞界，入祥符觀，乾道二年，南唐臨川牧齊王李景達與開山道士黄觀英相善，爲造此觀。【略】日斜急歸，景常送顔碑二本。下山由大路，自司出行十五里，宿繞池鋪。

丙辰，晚至南豐縣，知縣不在，丞張承事耀卿及同官相訪。極暑，疲憊幾不能出語，亦坐昨日游山之勞也。自出南城門，望諸山迤邐，而軍山傑出數百丈，其左四小峰尤秀拔，人物炳靈，有自來矣。

丁巳早，黄元授鉞通判相訪，世永之父也。出西門，謁之不遇。遂過石仙觀，去縣十餘里，敕額曰「沖寂」，漢張道陵天師十八代孫開山，因巖爲屋，冷氣逼人。【略】而歸道過福勝院，俗呼籮籃寺。是行望軍山尤近，相傳吴芮嘗駐軍於此，故曰軍山。按圖牒：在縣西北四十里，高二十三里二步。第二峰有龍穴，旱澇祈禱皆驗。【略】登三仙壇，山峻不通車馬，往往攀援而上。三仙，謂王與郭及其師浮丘伯云。山下有護國、清凉等寺，王介甫、三曾皆嘗留詩。曾子固與其父不疑、名易占。祖正臣名致堯。皆葬縣之世賢鄉昌後者，地名龍池洞；子開葬世賢鄉塘源者，地名獅子岡，惟子宣葬京口。張丞攜其祖右丞㴶明達文集來，集中論畫甚精詳，蓋李伯時自出也。

戊午，早發南豐，過溪橋，頗壯麗。寧都遣人來迎。未後至松石鋪，畏暑而止。

己未，昧爽，有星大如月，燭地有光，流向東南没。巳時至廣昌，縣令亦不在，主簿張從政瑀及同官相訪。縣置未久，褊陋殊甚。

六月庚申朔，早發廣昌，以驛路無人煙，出西門，入小路，多行崖腹及野彴。約二十里至郎君潭，始遇村店，四十里達驛路，遂入寧都界。午後抵吴池鋪，獻之甥及邑丞林梓、巡尉等，慶雲、文爾長老皆來迎。病暑氣羸，卧與爾老道舊，夜宿鋪中。

辛酉，巳時至寧都縣，與大姊別十年矣。追懷子柔，相向而慟。晚，長道置酒。初，歸途當出臨川清江，急欲至姊家，故由貫溪至金溪一百二十里，金溪至南城八十里，南城至南豐一百二十里，其實止八九十里。南豐至廣昌一百二十里，廣昌至寧都一百二十里。

丁卯，早，約孫宣季札、慶雲、爾老、東山慶傳及獻之甥出郭二十里，游桃林。長老宗暐葺治，寺宇頗備。堂下有泉，歲八月常竭，春末漸歸，故號結夏泉。孫宣季年八十三，所居名延春谷，可以爲對。宣季諸父志康、志舉皆名士，見東坡集中，今皆無後矣。去寺數里有七佛巖，南唐嘗捨金銀字經，寺今廢。飯罷游金精山、陽靈觀，山如削成，蔽虧險怪，其色赤黑，乏秀潤。【略】自觀中穿石穴，過三清殿，望羣山周圍無缺，獨左崖微罅，水涓涓下滴，貯以方斛，注爲流盃池，前邑丞姜覺所造也。天大暑，而崖下凜然。日落乃歸。道旁有東陽巖，一黄冠居之，庭宇頗幽静。望見木鐘、杵臼棲巖間，唐人煉丹遺迹也。

庚午，初伏，雨凉。

壬申，過惠政橋，游東山。

癸酉，晚別長道大姊，登舟行數里止。

甲戌，早至唐步虚，令七四及寧都寨巡檢邢寶歸縣。午後至河東虚，爾傳二長老相別。申時過石城江口，舟人上廟，夜宿白頭翁。

乙亥，早入石[閘]，水既溜，而舟人不熟河道，衝撞傾側，欲碎者數矣。午間惡熱，未後暴風異常，正觸亂石，危不可言。急令諸僕入水持舟，久之風定，方能去。夜宿白田。

丙子，風雨。巳時至雩都縣，不泊。過大灘，一名梁面。亦險，而招灘者熟知河道，挨桅有方，賴以安然。夜略繫纜，乘月復行。

丁丑，早，過七里鎮，一名東江務。抵贛州泊。唐步門權州、任提刑文薦字希純。來，假大舟以居。入壽量寺訪舊，惟盧光稠鑄鐵佛及羅漢在耳。自癸酉歲到此，今復十一年矣。是日江水暴漲，昨夜浮橋斷裂。

戊寅，早，約李及之飯，不至，與陳老高行、二甥及李儀之纂共食。食罷過水東，奠李氏妹墳。問途於華嚴堂，披荆棘至墓下。歸同汪强中提幹澹游鬱孤臺，面對崆峒，俯視章、貢，城壁僅如繞帶，蓋登臨之勝地也。【略】小酌臺上，循城過庾江樓，訪八境臺，不復見矣。

己卯，極暑，早謁客慈雲寺，遇長老妙應，同過報恩，酌廉泉，入景德寺而歸。【略】巳時赴州會，退而解舟，聶贛縣詔寬之及丞、簿、尉送別數里外。丞即從周，簿姓曾名三復，皆吉州人。至儲潭上廟，廟有唐刺史裴諝詩石。晚泊横弦上。

庚辰，午後至萬安縣，知縣左承議郎程九萬相訪。申後得水手，即行。江漲，十八灘皆平。

辛巳，早至泰和縣，知縣右奉議郎張之德、簿右迪功郎晏滋訪快閣。有過客，不可登，頗以爲恨。巳時得水手，即行。七兄自永和來，一別復五年。未後遇大風雨，趨岸以避之。晚泊白沙。

壬午，早，移舟東岸，發鳳山，拜墳。遂過方廣，與吕氏姊及兄弟會，哭子柔攢堂。飯罷，歸永和本覺寓居。

周必大《庚寅奏事録》 起乾道庚寅四月丁亥，止是年七月辛丑。

乾道庚寅，南劍守闕到，法當奏事，以四月六日丁亥挈家泛舟入浙。

丁亥，早發永和。鄧庚子長秀才偕行，伴綸讀書也。入城應接人事，泊舟候春亭，守倅來餞飲。乙夜散，與兄弟宿亭上。

戊子，早，二兄先歸。江漲風静，俄頃至吉水。縣官相候，弟、侄、甥與送客皆還，唯永和十七客少留，因置酒焉。晚，同長道赴莫宰會。

己丑，早放舟至白沙。挈家過羅陂，赴羅子行夫婦及其兄思齊會。蕭伯和投詩及所業。南風方大作，繼而甚雨。夜歸舟中，小婢溺。

庚寅，辭羅氏會。白沙相對有石牛潭，其尾即隋以前州城，尚有故基及南郭之名。

壬辰，早發白沙，羅思齊、子行、蕭秀才特起，送別於三十里外。晚抵新淦縣。

甲午，早發新淦，南風浩然。午後至臨江軍，泊貢院前。

戊戌，早解舟，未時抵豐城縣，泊寶氣亭。

壬寅，早暴風可畏，徙舟稅亭。未後解維，邑官置酒曲江僧寺，二鼓後散。

癸卯，早遣帥司急足周權持辭免文字之臨安。行三十里，遇漕司所假舟，徙焉。晡時宿小橋。

甲辰，早次隆興，府帥吴明可澧、任希純、魯季欽相迓於南浦亭。夜大雷，風雨可駭。張彦自永和來。

庚戌，諸公來別。遣周忠厚、張彦歸廬陵，即解維。過樵舍鎮，監官承節郎范淵來迎。宿昌邑山。

五月辛亥朔，風雨，姚媪忌。午後抵吴城山，謁廟。少休，看經閣，方知東坡所留石砮尚在，取而觀之。

壬子，早陰霾，風逆，行二十餘里而晴，風色亦順，揚帆頗駛。未後抵南康軍。

乙卯，凌晨冒大雨，陸行四十餘里至延真昭德觀，知觀陳拱微。與江州樂順之教授相會，飲菖蒲酒五行，同登閣而別。由問道渡溪，入净慧院。主僧净一。此兩處皆前歲所未至者。未後出山，泥塗殊險，微以勞勩。晚，投宿尋真觀，與道士湯善翔小酌雲錦閣。

丙辰，晴。早過白鶴觀、棲賢寺，寺愈蕭索，主僧數易故也。獨登五老亭，坐玉淵，及三峽橋而行。約十里，飯羅漢院。【略】未時還軍，別太守而下。欲解纜，南風太高，遂止。

丁巳，拂旦離南康，風順而高，舟過大孤，軒簸可畏。午後次湖口縣，略艤岸即行。日正午，泊交石峽，舟人欲止，姑聽之。晚有暴風雨。

戊午早，以風逆，巳時方解舟。過馬當，泊波斯夾，約行百餘里。

己未，風正，揚帆而下。午後以雁汊風猛而横，泊對岸港中移時。復行三十里，泊懷家渡。是日約行二百餘里。

庚申，北風大作，晡後稍息。移舟十餘里，泊長風沙，距舒州一百三十里云。

辛酉早，北風未止，行四十里，至大雲倉。移時浪稍平，又行四十里，至蔣家汊。夜月甚佳，風稍息。

壬戌早，復有北風，抛過南岸，而浪稍平，遂行，四十里至池口市鹽駱。復行八十里，未後至大通鎮。雲氣稍變，舟人遂止。【略】五更後，大風自西來，繼以大雷雨，舟游蕩不可止。川船相去纔數丈，沉焉。予舟本泊於彼，臨夜稍徙，僅免於難。

癸亥早，南風，挂帆行近四十里，片雲忽在頭上，轉爲北風，兩舟相望，篙師皆失色無措。急令轉舵，就帆逆行十餘里，入銅陵夾，方定。午時至銅陵縣，泊綉衣亭下。游天王禪院，今名護法，殘僧敗屋，不類叢林。【略】寺後山有富覽亭，望江流凡三夾，對岸即濡須也。五里有寶雲寺，李白祠堂在焉。十里有銅坑，知縣右承務郎閻晟相候，德夫郎中之子也。邑在亂山中，殊陋。

甲子，北風復作。夜來月色如晝，波伏不興，今乃阻滯如此。閻宰送別於石龍磯，磯下有洞，雖爲三門，而淺局無足觀。稍前，江邊有馬磁石。行三十里，入丁家夾，過板子磯，抵繁昌縣，泊於對岸。是日約行百里，溯流之帆相屬。既泊，而風輒定。

乙丑早，風復作。行夾中約四十里，近月子港而止，過此復出大江故也。

丙寅，風定。雞再鳴，乘月解維，過三山磯，入青墩夾，望魯江口，遂入蕪湖，泊吴波亭下，日向巳矣。

丁卯，雨。略至吉祥寺。【略】。夜大風。

戊辰，風雨稍止。晨發蕪湖，過福山磯。又遇和州裕溪河截税之舟，紛紜愈甚，至投瓦石，久之方去。未時次太平州。

己巳，赴州會，風雨不已，天氣如暮秋。借郡舟，易豫章者。

壬申，早雨，俄晴。舟行小河甚駛。至採石鎮，以雲氣駁雜，少留。已而復行，泊慈湖夾，方午、未間也。東坡有《阻風》五絶句，即此。

癸酉，早行，飯後入鵝港，午時泊新河口。

丙子，乘便風出新河。午時過長蘆寺，江水漲溢，去寺纔十餘步，不暇游也。日欲晡，次真州，太守王朝請察相候。

丁丑，早欲行，會大雨，不敢解維。赴王守飯於山堂之澄瀾閣。同報恩長老妙湍登塔兩級，望金山及揚州大明寺塔。

戊寅，早解維，巳時至鎮江府。【略】晚乘潮方能入閘，未至第三閘，遇淺而止。

己卯，早入第三閘，而連夕大雨，水漲，裏閘不開，遂止焉。都統制成大尉閔相候。是日夏至，雨尤甚。

閏五月庚辰朔，早至丹陽館，使客之館也。赴蔡守素飯於普照寺，長老慧照，興化人。雨稍止，攜鄧子長及綸上甘露寺。【略】鎮江因北固山以爲城，而寺在山上。【略】金、焦二山在左右，而面對瓜州，似勝舊基也。

辛巳，同鄧子長冒大風雨登浮玉亭，亭在江邊獨山上，或謂此即浮玉山，故創亭焉。傍有小石山，是爲鯨山。又其旁有七山，號堅山，土紋皆堅故也。登舟，風益大，衝浪至金山。龍游寺長老寶印，川人，有衆二百，棟宇鼎新。寺繞山臨水爲屋，故諺云：「金山屋裹山，焦山山裹屋。」蓋實録也。山門藉石牌山爲案，乃江中三石峰耳。其外小山稍有樹木，而鳥雀不棲者，世傳爲郭璞墓。或謂石牌山正爲浮玉，水漲不能没，唐人於此鑄鏡，南岸創亭者，非也。別有鶻山，以鶻棲得名。寺有雄跨堂，頗雄偉，洪景伯書額。觀音殿下臨龍淵，長老云頃年軍士習水戰，嘗墜石測之，深三十二丈，而揚子江心深有七十餘丈云。會飯於方丈，白絲糕、黑鹽豉、糖豆粥三者，山中之精饌也。登妙高臺烹茶，壁間有坡公畫象。【略】轉至頭陀巖，頭陀姓裴，唐貞元中獲金於山而得名者。聞此巖舊乃蛟窟也。中泠泉在水陸堂中，陸羽品江心之水，比與同味，酌之。聞京口城中井水皆鹹濁，甘泉僅一二云。日午觀僧齋畢，過歙州門。僧榻皆逼近江，夏潦方至，憑欄眩駭。大抵寺之軒窗無不臨水，而此尤可畏。戲投餅餌，黿鼉畢集。初欲自此下焦山，而風雨殊未止，復衝巨浪，還西津，亦危道也。

壬午，【略】午時開閘，晡後方抵丹陽館。

癸未，早別諸公。道過總領所，登供軍堂、得江樓、花信亭，皆洪景伯所創也。【略】歸而解舟，河道隘塞，行甚緩，送客相見於門。巳未後，晚行三鋪，共二十七里，宿焉，雨不止。

甲申，早大雨，舟行，隔堤望練湖。《記》云方四十里。自離鎮江皆溯流，又南風打頭，牽挽者泥淖没骭。未後次丹陽縣。古曲阿也。【略】天色稍霽，順流行三鋪，宿柵口。自丹陽至呂城四鋪，每鋪十三里，共五十二里。呂城至奔牛四鋪，每鋪九里。奔牛至常州四鋪，共三十六里。

乙酉，晴，早過呂城閘，至奔牛鎮。水泛而閘不開，監鎮沈修職元攜數十夫自支港蕩舟，曲折而過。晚次常州。

丙戌，【略】换舟，遣當所假者。

丁亥，早赴李守素飯於感慈寺。未後解維，抵暮僅行三十里，宿小井。

戊子，南風益高，牽挽費力，黄昏方次無錫。

庚寅，【略】歸邑即行，仲賢自昆山來迓。

辛卯，未後至平江，知府汪聖錫、提舉常平芮國瑞相候於姑蘇館。

丙申，【略】晚解維，抵門而止。

丁酉，早出盤門，如崑山縣，以塘路橋低，轉湖濼。土人謂之皇天蕩。正值東南風打頭，撐駕甚勞，晡時方抵丁亭瀆，距府城纔十二里。

戊戌，終日逆風，牽挽進寸而退尺，一更後方抵崑山柵外。

己亥，舟轉而南，越兩時方抵妻家。【略】夜飲，四鼓散，浴而後寢。

辛亥，早赴仲吉會。初，泊舟外姑宅前，而東西照不可過，惟磬折可避，復爲橋礙，乃移舟南門津，晚宿西柵。

壬子，早隨潮行舟，午時泊岸，距舊處纔十餘步，阻於一橋，爲此迂枉。

乙丑，晚以小舟入城。

丙寅，辰後入婁門，至從母宅。

壬申，復熱。晡時輜重自崑山來，別從母、茂之，出婁門，登府中所借舟，爲奏事之行。晚次吴江縣。

癸酉早，步過長橋，入臞庵。【略】是日大暑，或行或止，惟舟人是聽。

甲戌，早次秀州，泊驛亭。【略】入城報謁，憩精嚴寺。【略】二更解舟。

乙亥，【略】晚過崇德縣，縣令吴從事道夫相接。即行。

丙子，早抵長安閘，終日伺候啓閉，逼暮始能過。大暑不可堪，夜氣稍凉，連夕進棹。

丁丑，早祇受告命，尋抵臨安閘，飯後入北關門，權寓普惠院。

周必大《壬辰南歸録》 起乾道壬辰二月丙辰，止是年六月庚申。

乾道壬辰二月乙卯，予任權禮部侍郎兼侍講直學士同修國史實録院修撰，坐不草新除簽書樞密張説、王之奇不允詔，與在外宫觀。

丙辰，黎明受省劄，即登車。【略】逕出北關，杭一葦疾馳。三十里至赤岸高亭峰，登岸百餘步，假館遍福院。【略】晚以小車行數里，入崇先院，蓋顯仁皇后功德院也。

丁巳，【略】夜，大兄挈孥累自城來，遂登平江使舟。【略】風雨大作，雷電。

戊午，社，早冒雨行，十餘里至桐扣。【略】乃知晉臨平岸崩，得石鼓，張華以蜀中桐材刻爲魚形，扣之，響聞數里，即此地也。近世訛爲同口，失之矣。【略】晚宿臨平。

己未，雨，早行三十里，過長安閘十里宿。

庚申，雨止，早過崇德縣。又十八里至石門，登新創東嶽廟，頗雄壯。傍有接待院。【略】晚宿永樂鋪。

辛酉，早行，至本覺寺，登岸觀覽，即古檇李也，舊號小長蘆，今遺基。【略】頃之至秀州，【略】晚宿界首。

壬戌，風順，行至八尺而東南風太猛，卷水入湖，河道淺澀，日午泊舟，乘除之理如此。夜雨船漏，殊不安枕。

癸亥，早風定，而所至河乾，其行甚艱。午時至吴江縣。【略】遂游臞庵，比舊加葺，梅李海棠正開。度長橋，徘徊亭上久之。

甲子，【略】從王季海提刑别借舟就驛中治叠行李，蓋去國匆匆，殊無倫理也。

乙丑，仲賢先入城治叠，竟日方畢。季海大舟至，徙焉。夜大雷雨。

丙寅，風雨。【略】食罷行，半里而止，風逆水澀也。

丁卯，竟日牽挽，不能行半里。妻孥小舫先過崑山。

戊辰，【略】風捲河水，僅存尺餘，米船數百艘占據中道，趙尉率徒役竭力推蕩，彼此舟舷相戛，損者甚多。自朝至未，方次七星橋。出吴江界，河道稍廣，而風高不可進，又行數里止。

三月己巳朔，晴，風順，俄頃至尹山。以小舫入崇福寺，【略】少休還舟中，繞城抵盤門，【略】既退，易舟赴范至能石湖之招。過横塘，即賀方回所謂凌波不過者。入般若院，長老祖康，蜀中仕族也。風横而逆，薄暮方至。

庚午，風雨大作。飯罷登舟，至木瀆已夜，遂宿舟中。

辛未，晴。早至靈巖山下廨院。【略】午後登山，與大兄遍游覽焉。

癸酉，陰。早肩輿二里，觀金沙塔，其地有金屑雜沙中，丁亥歲所未至也。

甲戌，清明節。早濃霧方開，湖山競秀，方快心目，俄而大風。

丁丑，早飯畢，别漢卿，復還靈巖。

戊寅早，巾車游穹窿。

辛巳，粥罷，同卿老下山行二里，觀韓王墳畢。欲登舟過寶華，而天氣晴和，忽有游杭塢之興，遂與大兄呼車往焉。【略】主僧具飯，遂宿客館。

壬午早，慶深具飯訖，發杭塢。約十里入寶相寺，無足觀。風雨交作，行近一里至梅舍，訪鄉人張氏。【略】飲散欲行，雨益甚，無雨具，遂過運屬公之子德遜允懷家，置酒留宿。

癸未，晴，德遜再留飲而别。出門僅半里即太湖，近岸水纔三四尺，稍深者丈餘，聞湖心亦不深，但水聚而渺瀰耳。登舟值西風，揚帆極駛，望洞庭諸山，恨不一往。移刻入胥口，遂至木瀆，平生未有如是之快也。行李船尚在靈巖之下，即往就之。至圓通庵，而張德醇、德懋自城中來相候已。再約范至能會石湖，復挂帆而東，及園，至能未來。【略】薄晚，至能來。夜，月色如晝，乘小舟入石湖之心，風露浩然。登岸，策杖渡行春橋，石橋，極壯大。次度越來溪，橋新修。歸飲煙波亭，飯農圃堂。此景此樂，未易得也。夜分乃寢。

甲申，大風。至能具飯訖，同跨馬游横山寶積寺。【略】至能辭還城，復侍大兄絶湖，入涇約十五里，游寶華寺。未至二里，捨舟而徒，及門已暮，夜遂宿焉。去靈巖只十餘里，長老慧現。

乙酉早，周覽寺宇，修廊華屋，吴中之名刹。【略】欲訪顧野王墓，不果。

遂自石湖入少府港，歸盤門舟中，以昏暮，自寶華寺至此三十餘里云。

丙戌，黎明别大兄，過崑山，小舟繞城，泊婁門。

丁亥，早飯畢，别從母登舟。夜抵崑山。

乙未，留崑山已八日，困於夜飲，不勝其疲。

丙申，早飯畢，挈家隨潮宿怡亭。

丁酉，早過閶門。【略】與大兄同游虎丘，【略】夜宿寺中。

戊戌，【略】晚移舟過楓橋。

[四月]庚子，雨作風順。揚帆才二十里，風忽轉北，牽挽不能寸進，距望亭數里，遂止。

辛丑，風逆如故。過望亭，【略】晚距無錫數里，止。

壬寅，早次無錫。【略】大兄獨游惠山。飯罷解維，風色微順，約行二十里，宿。

癸卯，風順，午時次常州。【略】晚宿西門外巡檢司前。

甲辰，終日風雨，進棹甚艱，僅行三十餘里。

乙巳，晴，午後過沙子，距港口僅十里。遇淺，推蕩甚久，竟不能動，別以小舟挈家逕趨宜興，至溪南大宅已二鼓。

庚戌，【略】乘舟至吴墟，赴周敦義大資政飯。

辛亥，早遣李榛、鄒七部押輜重往鎮江府附綱舟溯江。午時，赴邵至卿會於天遠堂。晚風雨作。

甲寅，早挈家登舟，巳時方行。風色初逆，旋順，揚帆湖湾中，其行甚速。晚過溧陽縣三里，宿。

乙卯，風猶順，彌望皆湖田，行七十里至三塔院。【略】天氣驟熱，微雨作，方以爲憂，已而復止。又三十里至鄧步，有數十家及税場。又十里至東壩，亦數十家，宿焉。

丙辰早，雨意甚濃，晡時灑塵。程泰之運使先諭溧水宰備車乘相待，治疊移時，乃登陸。天氣稍霽，行十五里至銀樹，亦有一二百家。若水泛則自此便通舟。又六七里，至雙港口。復登舟，約十餘里至固城湖，日猶未晡，蓋數百家之聚也。是日西風動地，而雨不作，幸甚。過湖，登妙智庵，觀范同參政墳。晚與庵僧散步固城之上，父老謂之楚王城，其周數里，地勢極高，但餘城基。

丁巳，五更同大兄肩輿五六里，至禪林山惠照院，開啓天申節。【略】急登舟解維，度湖，水纔數尺，然亦瀰漫，其中多茭葑。凡三十里至石橋頭，入溪港。地名石橋，而無橋。約五十里至太平州河口，兩岸多民居，溪流不甚闊，煙樹如畫。稍前即永豐圩。八十四圩共之。夜泊黄池鎮，距固城河已百一十里，商賈輻湊，市井繁盛。俗諺有「三不如」，謂太平州不如蕪湖，蕪湖不如黄池也。

戊午早，大兄與綸登岸游觀，午時方解去。西南風猛，牽挽三十餘里，至張宗元少卿易泰莊少休。晚又行十餘里，至行春圩丁秀才莊宿。

己未，早行數十里，至小淮登岸。入棲隱寺，敝陋無足觀。又十餘里至郭城，登普化寺。遣人先往隱静借人轎，遂至。入別港，約行二十里，泊新林。小商數十，皆以船爲家。登岸三里，至市，有民居酒坊及韋察院祠，守者云興於後唐同光中。

庚申早，隱静人至，挈家行十里，至寺。【略】乃升車由南陵路行，十里落路，過趙家步，已見星矣。早間先移舟於此。

辛酉，舟中行十餘里，近南陵縣，詰曲數十折，幾不可轉舟。【略】午時挈家入行衙，爲遵陸計。

壬戌，早黑雲暴風，遂作雨，雇夫亦未齊，爲留一日。

癸亥，晴。昨日雨晝夜不止，而今遽霽，天贊我也。【略】早飯敬亭山，去縣三十里。山在宣城，而名在此，當考。過孔村，土人無孔姓，聞專以夫子得名。晚宿隔河口何氏酒坊，去縣六十里。夜冷，頭岑岑。

甲子，早行十五里。【略】次燕兒壠，上山數十步有石洞，刻云「劉公巖」。又二十里，飯木瓜塘徐家店。又十五里，見游人來者憧憧，問之，云半月來樵夫新得一洞，深數十丈，其大如數間屋，有石鐘。而近時人皆不知，惜乎行李已過，不及一游。晚至青陽，望九華，如見故人。

乙丑，早發青陽，二十里至長橋，回望九華甚奇。路傍復有泉，自山石中出，吴説又題曰「鮑公泉」，爲淹耳。飯葉氏新店，即鐵券路口，去縣已三十五里。至齊山，從者告疲。攜家入寺登覽，【略】投宿寺中，主僧智瑞。

丙寅，早入城，館於司户廳中。

戊辰，早發池陽，飯十八里店。又十二里過紫巖，民居稍衆，即産紙之地，有紫巖大王廟。又十五里至柯村，亦有數十家。日甚早。或云前村爲取馬軍兵所占，遂宿焉。柯村，東流縣境也，凡三十里乃入建德縣界。

五月己巳朔，姚媪忌。早行二十里，過白面渡，又十餘里，飯烏楓潭。【略】又四十里至藍橋，宿張氏。

庚午，早行二十里，飯石潭。【略】自石潭四十里至建德縣。【略】館於行衙，其前山石蒼翠，謂之後山，以縣治正倚此山故也。

辛未，早行三里，過堯城渡，《方輿記》云堯南巡至此。又縣北二十里櫟山下有舜城，故老云舜南巡至此。又縣北六里斷崖石壁之上有印文，圓如馬蹄，兩兩相對，《圖經》云許旌陽逐蛟至此所留也。邑官送別二十里外，飯三十里之楓門嶺。晚宿堯山，去縣已七十五里。未至建德四五十里，邸店稀少。既過縣，居民頗盛，但逃移未歸，其存者皆枯瘁無人色，蓋去歲煮蕨根而食故也。

壬申早，泥雨艱阻，俄而晴霽。行二十五里飯。哺時抵石門市，市井甚盛，適連年水旱疾疫，逃移紛然。今歲蠶麥稍熟，而去者猶棘其門，居者率皆菜色，亦有老弱坐待餧死者，終日道途，更無鵲烏，氣象如此。市爲鄱陽西尉治所，右承務郎新知東莞縣董南老攝其事，士人林瑑相候。本欲權寓尉廨，而傍無居民，遂徙居林生之家。

甲戌，雨霽，以夫脚未齊，少留。

乙亥，早發石門。道傍游南臺院，破敝無足觀。又二十里，飯車陂。又三十里過童子渡，相望有小山，俗號童子塚，其説謂九女溺死，甚不經。又二十里，宿觀岡。

丙子，早行二十里，飯山口。又二十里，有民居百餘家，謂之四十里店。又二十五里落路，過薦福禪寺，避入城人事之勞也。

丁丑，王守移具來。晚登舟，諸公來別。自離南陵，凡小留輒雨，行乃霽。

戊寅，雨作而風順，以僕人入城貿易，飯後方能行。溯流過永平監。即鑄錢處。行近二十里，以水漲無牽路而止。

己卯，雨不止，雖風順，而溪曲帆破，不可用，終日僅行二三十里。

庚辰，風雨如昨，溪益曲，水益漲，行益緩。感冷，頭痛，竟日酣寢。

辛巳，如庚辰。

壬午，晴。辰時至餘干江口，距邑尚十五里。【略】自此凡順流而下，溪水彌漫，田野皆爲陂池。夜泊樹江，乘月登洪福院。聞去鄡子止數里，欲乘月行，而舟師不知港道，遂止。

癸未，四鼓解纜，舟師果誤行，近湖始悟，急呼漁艇前導。復溯流而上，黎明乃至鄡子寨。謁廟畢，令寨兵前導入湖，巨浸漫天，非丙戌歲經從之比。未後將入港，湍流不可溯。復行石𥕢湖約二十里，穿小竇，達於港，繫舟蘆間，四無人煙，彌望皆水。是日過湖，略無風濤，有小蛇昂首引舟，抵岸乃回。

甲申，大風，不能行。

乙酉，風雨不止，水益漲，無岸可泊。且舟夫乏糧，去趙家埠尚十五里，遣小舟往市米。午後風稍緩，夤緣葦間，移時僅行二三里。已而趙氏子名良平者乃攜十餘丁來，云正港深且湍，人力不可施，請入池口，十五里趨寂照院。從之。其地皆民田，趙氏數池在焉，漫爲大湖，秧苗盡在深淵。此邦去歲旱乾異常，今復大水。晚至寂照，破弊卑濕，水亦及門。【略】自過湖入港達於江，絶無民居，惟趙氏擅陂湖之利，爲鄉之豪，漁户數百，悉其部曲，往來之舟未有不從其家假人以濟。聞第宅甚壯，去水里餘。

丙戌，稍霽，北風未止，舟人云不可行，再遣人市米。水溢漲，自鄱陽而上甚缺雨，既登舟又值積潦，聞贛、吉大水。

丁亥，巳時風稍定。解舟，行數里望度門院，在水中，棹小舟往游。至則破敝將傾，一僧出門，隔淺水遥語而回。稍前涉，高磯湖菰蘆之場皆爲水没，野鼠無數被浸灌，依聚沫而立。晚泊徐汊，水漲未已，民居皆没。龔帥差小舟來。

戊子，捨鄱陽之舟，别以小艇乘順風而行，晚泊龍沙章江禪院，挈家投宿。

庚寅，【略】移舟滕王閣下，挈家寓閣上，如遷喬木也。

己亥，早行三十里，泊蔣家灣。

庚子，早行三十里，過生米鎮。又二十里，泊曲尺湖。

辛丑早，以舟人亡失脚船，移時方能行。二十里至市汊，又十里，泊稈堆步，相對龍霧洲。登岸，與村民黄氏語，皆云政和戊戌後方有今歲之水，自三月至今屢退屢溢，沿江人家寺院多浸損，而桃木皆蕩去，不然亦浸死。

壬寅，炎熱終日。行數十里，將至曲江而止。

癸卯，巳時至豐城縣。【略】晚，馬君壽移具來寶氣亭。

甲辰，早行，縣官送别李家坪。距樟鎮十餘里宿。

乙巳，甲夜至臨江軍，館於貢院，即行衙也，其側有翠微亭。

戊申早，移舟慧力寺下，【略】攜家少休江月亭。午後方解去，晚宿永泰寺。

三十日，發富陽。雪滿千山，江色沈碧，但小霽風急，寒甚。【略】晚宿嚴州桐廬縣。

癸巳歲正月一日，巳午間至釣臺。【略】而宿西口。

二日，午至嚴州，泊定州館。

三日，泊嚴州。渡江上浮橋，遊報恩寺。

四日、五日，皆泊嚴州。

六日，發嚴州，宿大羊。

七日，至婺州蘭溪縣，泊澄江館。

八日，泊蘭溪。

九日，大雨連日。小舟跧灣，病倦，又聞衢之龍遊小路泥深溪漲，渡江不如陸。乃改陸行，取婺州路。晚至婺州，泊金華驛。

十日，泊婺州。

十一日，早飯馬海寺。【略】宿湯峪。一作嵎。

十二日，早飯舍利寺，宿龍遊縣龍丘驛。未至，有長橋，工料嚴飭，他處所未見，前令陶定所作。

十三日，至衢州。自婺至衢皆磚街，無復泥塗之憂。異時兩州各有一富人作姻家，慫便往來，共甃此路。

十七日，將發衢州，暫遊郡圃。

十八日，過常山縣，宿蔣連市。

十九日，宿信州玉山縣玉山驛。

二十日，宿沙谿。自入常山至此，所在多喬木，茂林，清溪，白沙，浙西之所乏也。

二十一日、二十三日，皆泊信州。自此復登舟。

二十四日，舟行，宿霍毛渡。

二十五日，過弋陽縣，宿漁浦。

二十六日，過貴溪縣，宿金沙渡。【略】旁入數里有軀山。

二十七日，過饒州安仁縣。吏士自信州分路陸行者，適方渡水取撫州路，會余於南昌之宿港。

二十八日，至餘干縣。【略】過思賢寺清音堂。

二十九日，宿鄒公溪。

己酉，南風甚高。晚宿青泥。

庚戌，早至神頭之龍安寺。

辛亥早，移舟入邑，借鄒氏江亭檥泊。

癸丑，早發新淦，南風甚高，僅行三十餘里，宿廬州。

甲寅，【略】晚宿硤江灘下。

乙卯，【略】晚宿敖山。

丙辰，【略】晚至元潭登觀，觀古劍，長尺餘。頃之拋江，復行數里。

丁巳，【略】巳時抵白沙，羅子行邀至其家，遂留終日。

戊午，早發白沙，未後至吉水縣。【略】晡後解去，北風微作，又移時方能上滑石灘，宿墨潭。

己未早，微有北風，舟人方擊鼓挂帆，得未曾有，僅行兩箭地，已轉南薰矣。未後將至梅林，【略】尋艤舟候春亭下。【略】晚入城，略至所居，遂往謁太守，拜從母，歸舟中宿。

庚申，早挈家入宅。

范成大《驂鸞録》 石湖居士以乾道壬辰［八年］十二月七日發吳郡，帥廣西，泊船姑蘇館。

十四日，出盤門。【略】泊赤門灣。

十五日，發赤門。早飯松江。【略】夜登垂虹，霜月滿江。【略】遂泊橋下。

十六日，發垂虹，宿震澤。

十七日，至湖州，泊碧瀾堂。

十九日，將遊北山石林。【略】乘輕舟十餘里，登籃輿。【略】自此入山。

二十日，發湖州，十八里宿横山。

二十一日，發横山，宿德清縣。

二十二日，泊舟左顧亭。【略】自此過武康纔二十五里，道間有梅花邨，以千萬計。【略】午發德清，宿安溪。

二十三日，宿餘杭縣苕溪館。

二十四日至二十七日，皆泊於餘杭。

二十八日，陸行，發餘杭。【略】晚宿富陽縣廢寺中，即客館也。

二十九日，晚復登舟，大雪不可行。

閏月一日，宿鄔子口。鄔子者，鄱陽湖尾也，名爲盜區，非便風張帆及有船伴不可過。大雪，泊舟龍王廟。

二日，雪甚風横，禱於龍神。午霽，發船鄔子，宿范家池。

三日，未至南昌二十里，泊。

四日，泛江至隆興府，泊南浦亭。

五日，登滕王閣。

六日，遊東湖，謁孺子亭。又過其祠廟，轉至詠歸亭。

七日，將發南浦。

八日，泝清江，宿張家寨。

九日，宿市汊。緣岸居人，煙火相望，有樂郊氣象。

十日，宿上江。兩日來帶江悉是橘林，翠樾照水，行終日不絶。

十一日，過豐城，縣小。艤寶氣亭。聞舊縣去北尚四十里。

十二日，風駛，盡帆力，舟如飛。宿臨江軍。初議詣宜春出陸，至此則江道漸淺，大艘不可進，遂泊。夜，大風急雪，頃刻積盈尺。

十三日，登富壽堂。

十四日，將登陸，家屬已行。

十五日，過棲桐山，遊玉虛觀。【略】宿萬安驛。

十六日，宿袁州分宜縣。

十七日，宿新喻縣。

十八日，至袁州。【略】泊報恩光孝寺。

十九日、二十日、二十一日、二十二日，皆泊袁州。聞仰山之勝久矣，去城雖遠，今日特往遊之。【略】晚出山，復入袁州。

二十四日，發袁州，宿宣風市。

二十五日，宿七里鋪。自離宜春，連日大雨，道上淖泥之漿如油。不知何人治道，乃亂置塊石，皆刓面堅滑，輿夫行泥中，則漿深汩没；行石上，則不可著脚，跬步艱棘，不勝其勞。

二十六日，宿萍鄉縣，泊萍實驛。

二十七日、二十八日，皆泊萍鄉。

二十九日，發萍鄉，宿裏田驛。

三十日，宿潭州醴陵縣。數日行江西道中，林薄(副)[逼]塞，蹊徑欹側。比登一小嶺，忽出山，豁然彌望，平蕪蒼然，別是一出陸，蓋已是湖南界矣。

二月一日，宿山陽驛。

二日，宿儲洲市。又當捨輿泝江，此地既爲舟車更易之衝，客旅之所盤泊，故交易甚夥，敵壯縣。

三日，始汎湘江。自此至六日早莫行，倦則少休，不復問地名。湘江[兩]岸小山坡陀，其來無窮，亦不間斷。又皆土山，略無峰巒秀麗之意，但荒涼相屬耳。

七日，宿衡山縣。西望嶽山，岧嶢半空。

八日，入南嶽。半道憩食，夾路古松，三十里至嶽市，宿衡嶽寺。

九日，上謁南嶽廟。【略】余病寒，不能風雨中登山，遂還。

十日，行舟數里，即再見南嶽峰。

十一日，早莫行湘中。

十二日，至衡州。

十三日、十四日，泊衡州。

十五日，捨舟從陸。登回雁峰，郡南一小山也。【略】小憩花藥寺，又行二十里宿。

十六日、十七日，行衡、永間。路中皆小丘阜，道徑粗惡，非堅撥即亂石坳處。又泥淖，雖好晴旬餘猶未乾，跬步防躓，吏卒呻吟相聞。大抵湘中率不治道，又逆旅、漿家皆不設圊溷，行客苦之。自吳至桂三千里，除水行外，余舟車所通皆夷坦，無大山，惟此有黄羆嶺，極高峻，回複半日方度，與括之馮公、歙之五嶺相若。宿大營。

十八日，宿永州祁陽縣。

十九日，發祁陽里，渡浯溪。浯溪者，進山石澗也，噴薄有聲，流出江中。上有浯溪橋。【略】宿東青驛。

二十日，行羣山間。時有青石如雕鎪者，叢卧道傍，蓋入零陵界焉。晚宿永州，泊光華館。

二十二日，渡瀟水，即至愚溪。

二十三日，行山間，宿深溪。桂之門接牙隊例至於此。

二十四日，宿全州，泊至湘館。

二十五日，入湘山寺。

二十六日，入桂林界。有大華表，跨官道，榜曰「廣南西路」。

二十七日，【略】自此趨府，二十七里至安興縣，十七里入嚴關。兩山之間僅容車馬，所以限嶺南北。相傳過關即少雪，有瘴。二十三里過秦城。

二十八日，至滑石鋪。【略】二十二里至靈(州)[川]縣，秦史禄所穿靈渠在焉，縣以此名。六十里至八桂堂，桂林北城外之别圃也。【略】泊八桂堂十日。三月十日入城。

呂祖謙《入越録》 淳熙元年八月二十八日，自金華與潘叔度爲會稽之游。辰後出旌孝門，五里至關頭，南折入會稽路。二里桐樹嶺。八里東藕塘，城東陂塘此爲大，溉田甚博，他時秋夏之交輒涸，今歲雨澤以時，田不卬水，秋深猶瀰漫也。十五里含香，民居頗成聚落。道旁野塘，木芙蓉初發，映水殊有思致。十里義井，五里上下倉，十里孝順鎮。十里自驛路北折，入香山路。五里宿杭慈潘氏莊，凡行七十里。是日凝陰不開，風襲人已有力，始御夾。四山雲氣滃然，岡巒出没，申後微雨，夜遂大。

二十九日早，冒雨行，二里小鳳林寺。涉溪，屈曲稻塍間，泥淖没屨。五里苦山。二十里梅口，邸舍蠲潔勝官道，蓋行賈避義烏市征，往往出此。十五里香山，林壑稍邃。八里下稠巖景德寺，寺屋可百年，繪事皆樸質。飯於小軒，方池叢竹皆有趣，然稍蕪矣。七里塘口，自是復出驛路，老梧離立道旁，濯濯如青玉榦。又二里，宿逆旅，凡行五十九里。晡後雨始歇，所歷大抵匆匆，不能詳也。

三十日，早發，二里石斛橋，溪流潺潺，岸旁大石如屋，橋西走浦江道也。度橋而北，十里石牛，有樓臨路，樓下牖户亦明敞，主人留，小語云創以待使客，非其居也。所謂石牛者，道下塘卧石若牛，水滿不可見。五里洞井，居民依小坡植雞冠花數百本，冠距低昂，大類尸鄉祝雞翁舍。雲薄見日，已而大霽。十里新界，自石斛橋道出兩山間，少曠土，至此山圍始寛，秋稼極目，黄雲蔚然。過義烏、東陽、浦江、永康四縣巡檢寨，婺越界焉。五里邵家灣，觀五指山，其巔石如駢拇，然近視不若遠望。飯民家，舍後水竹可步。逢驅羊行賈者，數百蹄散漫山谷，風毛沙肋，頓有汧隴秋色。五里涉楓江，土俗諺云：「第一揚子江，第二錢塘江，第三楓江。」蓋甚言其水波惡，實上溪耳，聞春夏頗湍悍，今僅至脛而已。南岸有復斗山，山形正方，若斗復。五里興樂，槿花夾道，室廬籬落皆整。五里界牌隴，平坡淺草，隱隱起伏，環山城立真監牧地也。五里牌頭市，道分爲兩：北道出漁浦，度浙江，入杭；東道入越。輪蹄擔負，東視北不能十一。市傍斗子巖，巖旁獅子山，首昂背偃，略類狻猊。五里寒熱阪，五里宿硯石村，凡行六十五里。屢愒逆旅，墻壁横斜，多市儈榜帖，大要皆尤人語，斯其所以爲市道與，悚然久之。

九月一日，晨霧上横隴，東嶂出日，金暈吞吐。少焉，全璧徑升，晃耀不可正視。升數尺，韜於雲，絢采光麗，因蔽益奇，非浮翳所能揜。露道風葉，皆鮮鮮有生意。五里裏湖，五里蔡家塢，五里桐木嶺。五里諸暨縣，入縣北門，人煙猶蕭疏。縣方築社，南垣兩松樛枝小異。里許至市。自縣治前東折，度下橋，橋屋半圮矣。並大溪行，流甚壯，其源一自東陽，一自浦江，一自孝義，至街亭合流，逕縣城，又逕蕭山浮橋，入浙江。縣東陶朱山頗雄，自入新界已巋然見之。出縣東門，山益遠，川原益曠，田萊多荒，蓋沮洳不宜稼而然。五里放生橋，道左女貞新葉生，黄緑間錯，如行閩粵荔枝林。五里馬秀才店，店旁小室，隨事蒔花草，馬久罷舉矣。三里雙橋坂，二里烏石，其南入剡百里而近。十五里苦李橋，溪磧頗清淺，木陰扶疏。百餘步入山徑。五里至新店，復得平地。五里栗橋，登栗嶺。五里冷水，望東嶺神祠，縹緲雲間，下坂稻穗垂黄，際山數十里，平鋪如拭，洋洋乎富哉！豐年之象，道中所未見也。五里宿楓橋鎮。前歲析諸暨之十鄉，即鎮爲義安縣，今年五月廢。凡行七十里，薄暮小雨。

二日，辨色發楓橋，陰風薄霧。十里乾溪，溪橋榆柳數百株，有十圍者。過橋，繞山足行，十里古博嶺，嶺左右皆叢篠。五里洪口，有别徑入明。自楓橋而上，美竹佳樹相望。近洪口，曲折循小溪，水聲濊濊，風物漸佳。十里含暉橋亭，天章寺路口也，遂穿松徑至寺。【略】寺右王右軍書堂，庭下皆杉竹。觀右軍遺像，出書堂，徑田間百餘步，至曲水亭。【略】由曲水亭穿小徑，涉溪，復出官道數里，買舟泛鑒湖。湖多湮爲田，所存僅如溪港，然秋水平岸，菰蒲青蒼，會稽、秦望、雲門諸山互相映發，城堞樓觀，跨空入雲，耳目應接不暇。入水門，過南堰，歷府學、天慶觀，至禹迹寺門舍舟。

十四日，自丁氏園偕叔度、壽之、應朝、應之、季和登舟，出五雲門，入鑒湖。湖面獨此爲闊，隆興初，吴給事芾浚湖，未一二尺，多得古棺，皆刳木爲之，蓋漢未鑿湖前古墓也。【略】今自五雲門重堤隱然，達於曹娥五六十里，民間謂之省塘，此乃故湖堤。湖田之民每毁堤以決積水，故堤缺而湖廢。異時有意復湖者，第修完省塘，則盜湖之田不待廢而自爲陂濼矣。自湖尾入若耶溪，過後漢鄭弘廟，傳所記樵風蚤暮迎送舟楫，采薪者云至今猶然。半里石帆山，山横若張帆。又數十步秦始皇酒瓮，乃山脚兩石，粗類瓮盎。又一二里，艤舟游龍瑞宫，方士謂之陽明洞天。穿松徑數百步，至宫。宫後三峰翔舞飛動，勢若復壓，大略如棲賢望五老，特久其二耳。中峰乃會稽山，祠宫春秋用事焉。由西廡循山逕觀龍見壇，其旁即禹穴，乃大石中斷成罅，殊不古，殆非司馬子長所探也。又數步飛來石，老木槎枒，石壁如削。緣磴道至錢秀才庵，遂自東廡出院。【略】復登舟，徑鑒湖，湖天夕照，水村漁屋皆被光景日所入，諸山如在金霧中，天下絶境也。暮泊先以觀，宿於明遠堂下小室。

黄福《奉使安南水程日記》 永樂四年，有事於安南，舟車所抵，耳目所得，具筆於後。

七月初一日，入辭。是日會同館起馬，宿龍江驛。

初二日，早，龍江驛起船，由大勝港過茅山渡，望方山，詢單橋。午至大勝驛，有仙人磯，石横於中流，其勢巉巖，其流洶湧，舟人每爲之震讋。又有三山磯，三峰聯峙於岸，其峻秀可觀。是夕風雨横江，艤舟於岸，逮中夜而作。

初三日，晚至和尚港。其港繞山周回，首尾通江，僅百餘步。港之兩岸，柳陰茅屋，豚柵雞塒，儼然如市。次至黄蓬磯，獨一山枕於江岸。又之響糠磯，有觀音洞。又南之雲頭磯，雲峰侵沖漠，狂瀾回汪，舟子莫能支，沿岸而縴者蟻附。又之鵝兒磯，山青雲白，耕牧雜然於下，有政平訟理之氣象。又之望夫磯，其山連亘僅一里，怪石巉巖，芳草叢緑。又之采石驛，時將及午，入支江，上有李白墓。俗謂此地多旨酒，以故居者樓閣重重，臨流而市酒者比他率多。又南二十里，覩黄山。又二里許，望太平，皆出支江之左也。又三十里許，曰東梁山，在大江之左、支江之右，山勢甚怪。西梁山又在大江之右，與東梁山相望，其勢相若。此處出支江，入大江，亦扼要地，有大信巡司在焉，治居支江之左。暮泊黑山磯，是夕風雨大作，中夜而興。

初四日，早至櫓港驛，風雨如昨。驛治在江之東岸，近荻港，有板子磯，如采石。支江抱一小山，而南行十里許，與大江通。磯之東約五里，荻港驛在焉。是日申時至驛，晝夜兼行。

初五日，辰至大通驛。其驛亦在支江之東南約數十步，與大江合。暮至池口驛，是夕天清月白，風息波平，鼓枻而南，如有助者。

初六日，五更至李楊河驛。入長風夾，傍有小徑，舟子得以索簟。辰至安慶同安驛，泊舟於張家港。港西岸有嶺，林茂地僻。

初七日，平旦之雷港驛。過急水溝，仍乘風入江，一帆輕快，過彭郎磯，望小孤山。已而至龍城驛。【略】龍城發棹，日將暮矣。

初八日，辰至彭蠡驛，有湖口縣治在驛之東北。過鄱陽湖口，江水湖水於此合流而下。南望廬山，隱隱在雲霧表，而不知其高下也。湖水中有鞋山峙焉，中流特立，其勢類鞋，名取此也。江流西上，有南湖觜山巡司在焉。午末至潯陽驛，九江府治在焉。由支江而南，東望廬山最近，問人，云約三十里。山外南康所隸，山之中有竹林等寺，山之側有五老等峰，而周顛仙碑亭災之後，而今見興焉。夜行如昨。

初九日，辰至富池驛，驛隸興國州。午末至蘄陽驛，隸蘄州。

初十日，曉至蘭溪驛。江岸有路，牽者得行。過赤壁，望黄州。下午末，至齊安驛，驛在黄州府城外，與遞運所連枕江流。舟行未十里，風雨大作，冒行不已。

十一日，卯至陽邏驛，驛隸黄岡縣。過午，至夏口驛，驛在武昌城外。舟次於驛前，報名於典儀所。

十二日，早入見，回時將辰，遂放舟而南。午末至金口驛，驛隸江夏縣。風順帆輕，篙者咸有豫色。逮暮至簰洲驛，驛隸嘉魚縣。舟行過半夜，至魚山驛，驛亦隸嘉魚縣。自金口驛以來，湖水彌漫，多與江合，吾舟悉由湖而行，帆拂蘆荻花，棹穿菱芡實，水閒風順，無洶湧之虞，亦甚樂也。

十三日，辰至石頭口驛，驛亦隸嘉魚縣。舟亦從湖水徑之鴨欄驛，時將交申。驛之前有石如砥柱，峙於邊流。轉而南，有鴨欄磯。又尋之白馬磬。鴨欄比之白馬，山高水急，舟者未免用力。驛之右，有茶引批驗所及臨湘巡檢司，三衙並枕江流，俱隸臨湘縣。又南，有楊陵及臨湘一磬。暮至城陵驛，越十五里許，過巴陵縣，望岳陽樓，君山、褊山峙於西南，如中流砥柱焉。時風順月明，波濤不作，湖之行如履平地。過夜半，舟至鹿角驛，驛在湖山之東。以水急，舟皆集於驛之南小河之所，去邑一里許，遂乘風挂席而南。

斯驛隸巴陵縣。

十四日，日將出至磊石驛。【略】是日出洞庭，巳時至營田驛，驛隸湘陰縣。過未時，至笙竹驛，驛亦隸湘陰縣，縣治在驛之東南，去泊舟之所不遠。治縣者未之見，不知其爲人。舟遂行，至申末至彤關驛，驛隸長沙縣。驛背小山竹木森然，驛前有樓曰「凝翠」，倚山枕水，可縱游覽。遂挂席而南，是日夜將半，舟至臨湘驛，驛在長沙府城外，驛隸長沙縣。

十五日，早入見，遂辭而行。至申末，舟至湘潭驛，驛隸湘潭縣，縣治在驛之後，北去約一里許。舟行過半夜，至淥口驛，驛隸長沙醴陵縣，驛治可觀。行三十里，空洲。

十六日，辰末至泗洲驛，驛亦隸醴陵縣。暮至都石驛，驛隸湘潭縣。夜半至皇華驛，驛隸衡山縣，驛至縣十五里。縣有南岳，歲時享祀。

十七日，卯末至霞流驛，驛亦隸衡山縣。未時至七里驛，驛隸衡陽縣。驛之北有七里灘，俗云漢嚴陵曾釣於此，詢無遺跡。暮至臨烝驛，驛隸衡陽縣，衡州府治在焉，驛治在府之城外北門。放舟夜行，驛之下三四里許，一水自西北來，通寶慶；一水自東南來，通郴州耒陽縣。

十八日，辰至新塘驛，驛亦隸衡陽縣。驛周回皆有渠，引水養魚，生意可嘉。巳末至柏坊驛，驛隸衡州府常寧縣。夜至河州驛，驛隸常寧縣。

十九日，早歸陽驛，驛隸永州府祁陽縣。申至三吾驛，驛亦隸祁陽縣。此驛間至方瀲驛有九十里，夜行如前。

二十日，卯至方瀲驛，驛隸永州府零陵縣。是日中時至湘口驛，驛亦隸另陵縣，去永州府城十里許。驛之東南一水通道州，驛之西北一水通廣西，二水至驛合流而北。是夜泊舟於驛前。

二十一日，早行，未末至石期驛，驛隸永寧府東安縣。湖廣地方界分於此，南至柳浦驛以往隸廣西。

二十二日，丑至柳浦驛，驛隸廣西桂林府全州。驛西行四十餘里有黄沙市，河設浮橋，連横於水上，司橋有判官倉使老人。是日未時至山角驛，驛隸全州。

二十三日，早至城南驛，驛隸全州。是日申末至白雲驛，驛隸桂林府興安縣，縣去驛半里許。驛之南北設閘三十六所，驛以北閘十，水流而北；驛以南閘二十六，水流而南；每處設軍二人守之，船過則放閘。

二十四日，五更至大龍驛。是日未初至東江驛，館於紫極宫，報名典儀所。

閏七月初五日，報名典儀所。

初六日，早辭，免禮。是日午後遂行，至南亭驛，驛至臨桂七十里，隸臨桂縣。

初七日，丑時至古祚驛，驛隸陽朔縣，遠有一百二十里。午後至昭潭驛，驛隸平樂縣，遠一百里，有平樂府治，千户所治在焉。申時至廣運驛，驛隸平樂縣，遠一百里。是日戌時至昭平驛，程一百二十里，隸平樂縣。

初八日，卯時至龍門驛，程二百四十里，隸平樂縣。午時至龍江驛，程六十里。申時至府門驛，驛隸蒼梧縣，梧州府治、千户所治在焉，驛之程一百二十里。

初九日，巳時抵藤江驛，驛隸藤縣。【略】驛之程百一十里。是日戌時至黄丹驛，驛隸藤縣，程百二十里。

初十日，午時至烏江驛，驛隸平南縣，縣治去驛不遠，程百二十里。

十一日，巳時至府門驛，驛隸桂平縣，潯州府衞治在焉，程百八十里。

【略】至暮發舟。

十二日，戌時至東津驛，驛隸貴縣，程八十里。

十三日，卯時至懷津驛，程百六十里，隸貴縣，有縣治、千户所在焉。

十四日，辰時至香江驛，驛隸貴縣，程八十里。申時至烏蠻驛，驛隸横州，程八十里。香江之來烏蠻，灘水險惡，有十里餘，遡舟頗難，名曰烏蠻灘。

十五日，辰時至州門驛，驛隸横州，州治與馴象衞在焉，程百八十里。是日午後開船。

十六日，午後至火煙驛，驛隸横州，程八十里。驛之北十餘步許，有灘曰雷霹，水甚險遠，舟人每先繫纜於岸之樹，然後沿纜而進，已復解纜而去，繼者復如之，人勞事滯，計無所出。特命驛與永淳縣置大纜繫之，便於舟人。是日戌時至永淳驛，驛隸永淳縣，程百八十里。

十七日，酉時至黄範驛，驛隸宣化縣，程八十里。

十八日，午時至建武驛，驛在南寧府之南，有衞治在焉，程百二十里。住一日半。

十九日，戌時發舟，翼日辰時之左右江水合流處。

二十一日，午時至凌山驛，驛隸宣化縣，程四百里有奇。

二十二日，午時至大盧，由旱路行，夜亦行。

二十三日，早至太平府，館於千户所，與大理陳公、給事馮公、僉事杜公同事務，共炊爨。

九月初三日，早先來龍州整理事務。行約二十里，有老軍王英追報馮給事軍前回還，就復回太平。

初六日，早起馬來龍州。夜暫住於蹬勒驛。尋即夜行，達旦至龍州，館於頭目王二之空閣。

十月初五日，軍前隨令前進，議留黎主事、杜僉事理龍州粮運事，愚與大理公，給事公遂行，先之馱海。度粮運之難，不可離去，復於軍前白准仍留領督，館於憑祥縣廳事。事頓有緒，遂復往軍前。

二十一日，早起馬前進。是日午未至坡壘關，宿於都督韓公之營。

二十二日，早行，午過丘温堡，暮宿於丘温南二十里王都司行營。

二十三日，早行，午過隘留關。此關賊之塹壘尚在，其險異於他隘。暮至雞靈堡。

二十六日，早行，暮至隘龐關，宿於陳都司營。

二十七日，早行，晚至芹站堡，宿於張都司營。

十一月初九日，起馬至昌江小堡宿。

初十日，午至市橋堡。

十一日，早行，於吕都督營宿。

十四日，早至大營，白議事畢。

十八日，復回，暮宿於野。

十九日，至市橋堡宿。

二十日，晚至昌江堡宿。

二十一日，至芹站。

二十三日，至雞靈堡宿。

二十四日，晚至丘温宿。

二十七日起至坡壘宿。

二十八日，至憑祥縣，仍治所事。

王穉登《客越志》 歲丙寅［嘉靖四十五年］五月，余方有事於故相國袁公之喪，以十二月壬寅治裝。【略】坐久日斜，不及發。

十三日，早出金昌門，十五里寶帶橋，作詩寄德安令殷君。二十里吴江，泊垂虹亭下，與友人管建初對月賦詩。

十四日，雨，舟人買簑笠。早發，二十里八尺，又二十里平望。大雨。夾水居人甚稠，蝦菜魚鹽與土同價。岸右長梁，石甃精楚，流水作青黛色。此去鶯脰湖僅半里，雨昏風逆，竹縴不前，意殊悵恨。三十里王江徑，千家巨市，地産吴綾，爲入越初程。三十里嘉興，《春秋傳》所稱「檇李」，干越敗吴軍處。河流湯湯，設閘中流，曰三清，即四十八牐之一。剽俗煮海，邏者夜嚴，桴鼓四起。夾河軍壘尚壯，往年東方有事，諸樓船將軍建旗鼓地。夜泊城北門，雷雨大作。

十五日，嘉興南行。過三塔灣，見田間空桑，吃蠶忌已過。家兄在石門，欲就問平安，命舟師飛槳行。十五里斗門，十五里皂林。【略】五里石門，地饒桑田，蠶絲成市。四方大賈歲以五月來貿絲，積金如丘山。【略】雨濛濛不休，倉忙解維。十八里泊崇德城外，燈下焚枯魚佐酒。夜，雨益甚。

十六日，稍霽。四十五里塘棲，河廣百尺，隔河人聲不相聞。星橋横空，如白虹沉沉下飲波上。過塘棲，水益闊，桑益多，魚亦益賤。青田白鷺，小船如瓜，葉葉煙波中，有濠濮間想。望見吴山翠微，神思翻飛，不可復禁。四十五里至杭州北新關，司徒主事奉命榷税其地，官衙壯甚，設鹿柴於河中，兩端鐵絙維之，以譏舟楫，大倍於吴中許市。

十七日，新晴，見青天，人意欣暢。入關，泊德勝壩。僮輩入城僦得邸舍，過午，並當箱篋，擔夫三人尚有餘力。【略】兜子輕如馬蹄，余以畏日，獨買一巾車，然不若兜子快意。從武林門入，風景大略似兩都，人家門外悉是冬青樹。

廿四日，顧丈來送别，遣隸護行。過鎮海樓下，出永昌門，青泥一尺，負而登舟。【略】西興隔水，略如楊子瓜渚，所乏者金、焦兩點。東望海門，羲和正升。人言八月潮生，如雪山東傾，雷霆門鳴，爲天下潮聲第一。是日風氣甚恬，江流似鏡，漏刻未移，已達西興。方其怒濤時，雖艅艎如龍，千夫棹歌，莫可渡也。西興買舟，已在蕭山境上。此地舟形如梭，捲篷蝸居，不可直項。插一竹於船頭，有風則帆，無風則縴，或擊或刺，不問晝夜，余甚以爲困。二十里蕭山縣，聽潮樓甚偉。日暮過剡溪，山川映發，水木清華，陂深堰曲，清波蕩漾，數十里皆作碧琉璃色。新田緑漲，若佛衣參差，十樹一村，五樹一塢，門扉隔竹，人面半緑。【略】四十五里山陰縣，枕上過。六十里紹興郡，禹穴已成夢游。

廿五日，早過樊江，去紹興五十里，爲會稽縣。【略】又六十里渡曹娥江，微波鱗鱗。【略】過曹娥爲東關驛，買舟如西興。三十里上虞縣，因山爲城。十里中壩，十八里下壩，灘聲下磧，怒如驚濤，船從枯堤而下，木皮如削，爲之毛髮森竦，何必瞿塘峽方知蜀道難也。過壩即姚江，水才一綫。是日夏至，大熱，行李圖書蒸蒸若甑中。仰視翠壁夾岸，溪流如束，對之心涼。【略】未至四十里，夜半過餘姚，舟中苦熱。

廿六日，大熱。八十里入慈溪縣，【略】由縣門外過慈溪，以漢董孝子黯得名。縣在浮鰲山上，山郭生寒，海錯登市。

廿八日，别袁君，欲入郡訪張孺穀。【略】舟人報乘潮，乃行。十五里小新壩，二里大新壩，二十里，夜泊寧波西門。

廿九日，大雨。孺穀遣舟來迎，寓客寶雲寺，借香積治供具燕客。

［六月］初七日，雨。行李早發，君房、孺穀兄弟皆來送。孺穀諸君載酒，要建初先出西門。【略】入舟，雨暴甚，諸君待良久，冒雨解維。二十里，送至壩上爲别，衆皆黯然，自厓而返。建初以同行獨留，青衫盡濕，余甚爲之淒。其晚宿壩上，夜半乘潮過丈亭。

初八日，雨，姚江增闊數尺。江上山半入雲中，如白幘綦巾，下羃緑鬟，處處流泉並出，水銀匹練，空中亂垂，比來日風景益奇。夜泊姚江驛，石楔如林，兩城夾河，舊城縣治，新城李相公所居。

初九日，大雨，姚江驛發舟。龍泉嵐氣，盡在雉堞之上。望孫忠烈祠，拱立而過。江橋湍水，盤渦千尺，爲機度綆始得進，舟師顔色如土。夜過中壩，水高一丈。雨晴微月，磧聲怒激，若千雷殷作。石樞爲水沖落，壩人烈炬，築杙數十，裝轆轤，易以新絙，又益添舟人，邪許沸地，夜分乃上，信矣，如升天也。

初十日，雨晴。【略】達曹娥驛。渡江甚平，往來不一遭其鐵面，幸矣幸矣！過曹娥，遣方君舟人還，買舟過陶家堰。蒼龍柈南海中，白日雷電，甚靈怪，舟中人皆倚柂而觀，久之始滅。暮抵紹興郡，溪清水茂，山水名都。石壁插江，二三里如翡翠，舟行，手捫緑蘿而過。月下過蓬萊驛，篙師夜行。

十一日，早達蕭山，雨復作。到西興，小晴。萬壑齊赴，江流頓高。買大舟渡錢唐江，海門在煙中，不可見。入杭城，楊梅滿市，問價甚賤。欲就顧丈衙齋飽餐，以病作還舟。中夜有微月。

十二日，艤舟得勝壩，檢校行李，遣顧杭州隸歸。並問張觀察玄超，尚未至。雨復大作，晚出關門。

十三日，晴，泊崇德。

十四日，泊平望。

十五日午，還家。

是行也，自五月十二日壬寅，迄六月既望甲戌，爲日三十有三。自姑蘇閶門迄寧波東錢湖，爲程九百里有奇。所歷分野二，吴、越。郡五，蘇州、嘉興、杭州、紹興、寧波。邑十六，長洲、吴、吴江、嘉興、秀水、崇德、桐鄉、錢唐、仁和、蕭山、山陰、上虞、會稽、餘姚、慈溪、鄞。江六，吴江、錢唐、曹娥、姚江、慈溪、甬江。湖四，西湖、鬬湖、月湖、東湖。溪一，剡。閘一，三清。關一，磗一，北新、雲龍。壩五，德勝、中壩、下壩、大新、小新。堰三。陶家、莫枝、梅栗。名山登者十，寶石、孤山、南屏、吴山、鬬峰、大寶、茂嶼、琴山、霞嶼、大慈。其無名與名而不登者不可數。舊刹遺祠、洞天名迹、古人墓隧，過而題者十四，垂虹、大佛、岳墓、林和靖墓、昭慶、藕花居、净慈、蘇堤、紫陽庵、寶雲、賀監祠、補陀洞天、大慈、史丞相墓。其過而無題者不可數。

黄向堅《滇還日記》 壬辰［順治九年］小春，謁帝廟，【略】仲冬四日，自白井早發。【略】過柳塘别去，登梨武坡，小憩一滴庵。老父回望寄廬，如去故園，爲之悵繫彌久。早歇毛家灣樓頭，旅況不堪。【略】初五日，【略】入姚安，慨任公已遷都匀矣，盤桓半月餘。【略】廿五日，倩夫出城，拜卓吾先生祠，飯於諸葛嶺，歇王朝里。廿六日，歇楊關屯。隆冬見桃柳争妍，亦見氣候之不齊也。廿七日，至琅井，尹公送程儀數種，拜别。廿八日，至黑鹽井。【略】十二月十一日啓行。【略】十二日，歇稗子溝屯中。十三日，出禄豐縣，道經王崑華太老師宅。【略】十四日，過練象關。十五日，過獅子口。【略】十六日，過碧雞關，行二十里，達滇陽驛。【略】癸巳歲朝，啓門卜兆。【略】新正十一日，始發足，主人餞行，兵馬填塞於道。過歸化寺，驗票放行，此出滇中第一關也。歇板橋驛。【略】十二日，歇楊林驛。十三日，衝風冒寒。中道遇一將士，止余緩行，云：黔中初冬至今不見日色，下雪四十餘日，雪深至馬腹，樹頭皆劍戟。聞之齒戰。至易隆歇。十四日，上小關嶺，奇峰環繞，蒼翠映日。【略】歇黄土坡。十五日，過馬龍州，歇響水關。山荒路僻，惟見山民遞送火藥軍器，民亦勞苦。十六日，行二十里，老父入曲靖府。【略】堅同老母過三岔河，歇交水。【略】十七日，歇白水驛。十八日，寒威偪人，凍雲障天，歇平夷衛。夜大雪。二十日，始冒雪過「滇南勝境」坊，此係滇黔接壤。天寒怯行，早歇，烘火，主家出酒禦寒，且慶脱却滇中一省。廿一日，陰霾塞日，山風砭衣。過玀玀海子，歇海子鋪。前過此幾至狂瀾飄没，今無勺水。廿二日，歷馬鞍山，宿雨路滑，著足艱難。下雲南坡，歇普安州。州侯范公致贈。廿三日，下輭橋坡，層級千折，不減蜀棧賜輭橋，尋上大嶺，雙膝俱輭，輭不獨橋也。廿四日，出板橋城，上新興坡。連日踔泥，泥深盈尺，傷足，不得前，早歇芭蕉關。廿五日，下江西坡。有大江横亘，坡在江之西，故云。自雲南坡以下，俱若從空而下，想上去時山高路長，迄今歷之，更覺兩足之疲甚矣。歇烏雲鋪。夜雨潺潺，待曉不止。乘雨過安南衛，亂雲封路，高下莫能辨。晚歇海馬莊，舊寓汙穢不堪，老母極其嗟歎。廿七日，歷倒馬坎，過舊城，下盤江，嚴查放行，此又下黔中第一關也。旋歷大坡，歇嶺頭。自盤江以上，終日雨雪集身，瘴霧迷目，如在甑中，所云「天無三日晴，地無三里平」，真鬼國也，較之雲南風土，迥乎不同矣。廿九日，早歇關嶺口，下薦福。一路皆崇巒疊巘，聯蹠帶天，阻日連雲，不見斷續處，至此分形突峙，負勢争奇，歷歷可數，殆不可名狀。三十日，早上關嶺，進殿(瞻)[瞻]禮。至嶺截，指來時喘倒處，老父曰：「今亦宜少息。」盤嶺下至江畔，俟喘息得行，翹望羣峰矗天，相詫良久。【略】又歷大坡三四重，所云雞公背，蛇倒退，足憊，少息得行，次安莊衛。【略】二月一日，到普定衛，計歷三千餘里。行旅斷絶，正憂疑間，又聞主帥已入楚，貴陽一路兵阻難行。拜李郡守换票，改往思南，從僻路往謁主帥。初五日，驗票出城，過平壩衛，宿萬隆鋪。途遇少婦幼女絡繹而上，有云廣西來者，有云沅州來者，或策蹇，或拄杖。念彼室家離散，堅扶二親長途歷險，愈增憂懼。初六日，歇羅底哨。初七日，早行。遇蜀中回兵，擁一象縱横，突來顧我。二親讓畔，疾馳無阻。將曉，覓微徑，撇威清來時大路，由城北歷癩石坡，歇黄官哨。危峰塞户，深林岑寂，痞痳神摇。初八日，路極荒奥，山勢夭矯如樓閣，參雲逼天，晝行多暝色。過龍場驛，城郭邱墟，殊覺慘淡。【略】歇羅鬼甸。初九日，歇落邦。初十日，歇息烽所，係施州界。日來草深合路，放火徧燒，聲如霹靂，火燄偪身。十一日，至養龍司。有龍潭八九，深不可測。十二日，渡烏江，入四川遵義界，即古牂牁、夜郎境也。辭老子關，緣江南行，石坎碕仄，路多茅塞。歇个界水，與悍兵混宿，談虎不休，令人戰慄。十三日，行路多觳觫，早歇龍坪塲。停足一日。十五日，歇三度關，乃楊應龍據險處。十六日，至湄潭縣，寓城外酒家。馬邑侯留飲致贈。十九日，山險溪惡，土人戒余當在永定塲早歇，不可貪路。二十日，路多荒茅白骨。進龍泉縣，城郭傾圮，寂無煙火，夜聞鬼哭聲。廿一日，荒林晦塞，深莽牽刺，强通於不可通，步步膽寒。老父、老母徬徨終日。至壽水，幾無宿處。廿二日，歇煎茶溪，入西陽不遠。廿三日，路更荒寂，進東(部)[郭]溪覓宿。廿四日，歷鸚鵡溪，峰攢巉巖，洞壑奔流，奇外之奇，令人魄奪神駭。歇碗水壩。自威清至此，不惟山荒徑僻，磴道嶙峋，時見虎迹，心惴惴，常恐不保。至於溪澗錯縱，時慮飄溺，食宿艱難，幾至不火。廿五日，早達思南府。府治形勝多奇，危峰環拱如斗絶，碧水清漣，江魚肥美。【略】三月七日，黎明候渡，煙江絶嶂，非復尋常景色。上武勝關，峭壁嶔崎，宛如鳥道。宿邵家鋪。八日，徑荒岸絶，渡江，歇板橋。此地人迹罕到，鄉民多戒言。初九日，見村墟籬落，桃李芳菲，零落無人，莫測所向，遇樵者指迷。登嶺，山雨忽來，嵐霧騰空而捲，與之前後相追逐。歇平地，淒然一望，此在銅江、石阡之界。初十日，進楊柳灣，早歇。十一日，到凱樓寨，新民闢土結茅，差堪棲宿。十二日，下凱樓坡，涉水五十餘道，没膝撩腹。老父老母坐輿中，時時回顧，憐惜不置。土人有「四十八道脚不乾，五十二道繞上山」之語。歇馬口司，住處偪仄，僅堪蔽身。夜有虎突至，牛爲驚喘。十三日，淋雨，江漲。得獨木船，截流飛渡。歇雲盤寨，插竹爲樹，以避虎狼。夜雨岸没，不得行。十五日，冒雨，以杖候水，走三四里。叢(林)[棘]刺股，血流不止。登岸，聞前慕寨江水險，艱於渡。覓舟，放至二十里外，得渡。山溪層折，夷路荒蕪。日暮，勞勞作宿計。入思州府，府治蕭條，不聞雞犬聲。【略】十七日，曉雨，涉水數道，歷峻嶺三四重，亂雲遮護。見虎迹人頭徧山，人多懼色。從北路復出清浪，歇城内。明晨渡江，又撇平溪舊路，繇東南進邛水司。峻嶺盤曲，川谷縈迴，内新開複道，上通鎮遠，下達沅靖諸路。多肥田，頗有樂利之風。會兵伍混雜，借棲野廟。十九日，進瓦寨，風景怪異，溪瀨湍激，架木渡人，甚危。過鬼迷撥，晝行覺晦。至等溪，無處投宿。一叟遥指山隈，遵險疾趨，結茅坡截如鳥巢，檻外僅可容足。扳木猱行，苗民驚懼塞户，幾不肯留。來日阻雨，兀坐悶絶。廿一日，過隔溪、賴峒，辭天柱縣路，歇矸峒。環山帶水，田饒土沃，素無兵火，可稱樂土。今爲養兵地，民苦不能逃。廿二日，轉入地鎖，至甕峒。高岑架天，修坂排江，山容水意，真别有天地。問渡，老父指顧欣賞，幾忘此身在逆旅間。廿三日，江岸石鉎嚙足，若涉春冰。過沙堆寨、金子寨，渡大江，歇東城。廿四日，歷金坑、皂溪諸嶺。宿雨不收，一步一倒。歇崖頭龍家，此在黔陽、會同之界。時聞滇兵新敗於武岡，兵士横行，山民逃竄。曉雨，輿人聞警怯行，悉告去。是日進退無措，扶老父老母勉隨鄉民踰峻嶺，入深谷。寨民復送至像木庵，庵立絶頂，旋螺而上，雲山四繞，真可忘世。計資斧垂盡，歸途尚遥，深以爲憂。至初四日，放膽下山探路。問土人，云有間道可去。初五日，出舊主家，倩夫爲鄉導。谿僻境疾走，時聞前路兵阻。余病暑，慌慌涉水，過九洞口，巖石嵸巃，舉足不前。負仙弟背行，則喘倒。老父歇久，遣輿人候，至白石坡。初六日，谿苗徑唤渡，每從幽暗處轉出空明，歇麻塘寨。初七日，踰嶺涉溪，有古木磐石，稍堪頓坐。宿道口，遇同鄉友行鹽，得前路消息，喜甚。初八日，林深蓊鬱，見難民踉蹌猝至，驚疑不前。尋宿，苦不留，立雨，徬徨樹間。忽出一人，引至草舍，相叙如故舊，云亂兵時恐傴入，明早當繞路速走。初九日，出鳴溪，主人鄧林楚導前，山徑崄巇，上下艱於攀躋。宿羅藍寨，聞警，鄉民俱不敢穩睡。夜半潛行，將曉，遇虎突於老母輿前。輿人幾倒，驚喝跳去。山民遠遁，歇處無主。十一日，將及高沙市避兵，歇牛欄山寨，棲敗屋中，晦塞如荒墓。民多不良，覘行色蕭然，得免於難。十二日，得蕭老桂倩山農送至藍田水次。聞北兵上武岡州，西兵退守楓木嶺，谿間道行，過洞口，遇盜簡搜，幸裝薄無害。渡江，有逃兵尾後，至巖山却走，歇水口。主人楊擎天係青衿，於倥偬時執禮甚恭，老父以氈衣贈之。十四日，亂兵横殺，鄉民攜老負幼，東奔西竄，如蟻移穴。且雨濘，輿人欲逃去。暫宿王雙寨，竟夜不睡。十五日又雨，上坡下坡，涉溪逐浪。過沙羅田，至水西，雨甚，鄉民相戒。飯頃，又見難民嘑哭奔走，深夜火光燭天，隨合寨男婦冒雨逃出，立坡足候曉，驚走，仙弟失去斗米。後至沙羅寨山寺，與諸難民亂宿。十七早，倩老僧導前進蕭家洞，步步踏雲，峰峰帶雨，衣袖淋漓。至黄柏山，入僧舍，惡僧叱咤不留。復下江畔，勉强借宿，柴米難覓，窮途之苦，是日爲甚。十八日，得脱諸險，歇塘沖。爲老父改妝，潛行出寶慶之邵陽、新化界。十九日，谿苗田觀歇半山鎮。二十日，又倩鄉導過楊溪，歷九龍寨，遇兵無犯。自金坑以前日日談虎，金坑以後日日談兵。諺云：甯逢惡虎，莫逢善兵。不知誰惡誰善？廿一日，歇貓兒鋪。廿二日，到蘭田鎮，停兩日。寫倒扒子船，將草鞋抛却，始奉父母登舟。兩足雖安，又不免風波之懼。廿五日，下灘，泊佛泉寺河下，候伴。廿七日，泊婁底。廿八日，泊檀市鎮。廿九日，泊湘鄉之西。兩岸青山，一江碧水，頗多樂意。三十日，出湘江，上水，仍欲從江右歸。泊下執司，江中夜有警。五月一日，進鹿口，南望衡嶽，雲氣接天。初二日，泊神福江。初三日，過醴陵縣，上大灘五六道，泊雙江口。雖虚舟無懼，不得鼾睡。明早聞土寇前阻，榜人不敢行，泊於沙洲漁嶼之間。午後復下醴陵，谿大江東歸。【略】初六日，順流下湘潭縣。初七日，抵岸，因屢經兵燹，無從覓寓，留船上，殊苦炎蒸。初九日，搭營船火艙，坐卧窄隘，與仙弟終日炙火守舵，又思行路之快活多矣。【略】初十日，泊招山沙洲。十一日，泊長沙府城下。十二日，過湘陰縣，風利，乘月又行三十里，泊塘鋪。十三日，開帆，飛過洞庭。中流忽然舵裂，前帆索絶，巨浪掀翻，將覆者數次，無不惶遽。衆僧合掌念呪，風愈高，浪愈大，船隨浪滚至岳州城下。賴神天默佑，幸而得生。堅急慰老父老母，相向大哭。整舵復行一百二十里，泊新隄。【略】次日大雨，不行。十五日，過嘉魚縣，望武侯借風臺屹立江干，泊河套。十六日，晚泊武昌府。江流浩浩，帆飛如駛，黄鶴樓在望，因日暮，又不及登。十七日，早放至漢陽江口，搭貨船。十八日，行數里許，風雨大作，待曉不息，浪湧船移，復進漢江口。二十日，横風，過黄州府回風磯，泊武昌縣南岸。老父指赤壁，所謂「東望武昌，鬱乎蒼蒼」，即此間也。廿一日，風逆，早泊巴河口。廿二日，浪大，至蘭溪停舟，候風細，過道士洑，石壁立水涯，湍激多回漩，無風作湧，真險處也。泊王市江口，溽暑船貨蒸熱，二親晝夜不得甯息，堅眉目未嘗一刻少舒。廿三日，過蘄州馬河口，山高水險。過田家鎮，泊吴王廟江口。廿四日，風阻，泊伍家穴。廿五日，至九江府。廬山雄峙，波濤洶惡，船不能久泊。上岸見榷部，係同鄉，一笑不顧，客船過關，順風吹去，急唤艤舟，破浪追二十里，幾覆。泊峡内。廿六日，煙雨滿江，過鄱陽湖口縣，泊鎚魚觜。是日始達江南界。廿七日，過彭澤縣，小孤山亭立江心，如翠螺。過馬當，其山水亦甚險。孤舟泊東流縣對岸。廿八日，過望江縣、安慶府。忽起颸風，泊清溪峽中，巨浪滔天，坐困四日。【略】六月初四日，過池州，泊大同鎮。初五日，風逆，從峽內行，泊荻港。初六日，放舟里許，風不利，泊山足。初七日，過坂子磯舊縣，繇峽內得抵蕪湖，泊舟三日。登岸，隨老父步吉祥寺。十一日，放關，過梁山及采石磯。老父遥望鍾山，不勝故國依依之感，風利帆輕，不覺已過燕子磯矣。【略】泊儀徵之舊江口，風雨，又停兩日。十五日，過金山，進京口，買小艇，次城西。【略】十六日，泊毘陵。十七日，揚帆過惠山，見故鄉景色歷歷在望，泊滸墅關。十八日，趁月早發，將曉到楓江，上午抵家。約計去來行二萬五千餘里。

杜臻《粵閩巡視紀略》卷一 皇帝既平三逆，復命將討定海外，威德所屆，與天同際。爰念海壖之民，遷移未復，分遣廷臣馳往安集之，臣臻與焉。

[康熙二十二年十一月]己卯，啓行，宿良鄉。偕行者，石學士柱、主政般特、正郎張建績、中翰尹達理、筆帖式賴都暨嚴子侗、丘子民表也。

壬午，至河間府。

甲申，至德州。

己丑，至兗州府。

辛卯，至利國驛，蓋已入江南界矣。計行十有二日，皆雞鳴首途，漏再下而止。

壬辰，渡大河，止徐州。

丙申，渡淮。

丁酉晦，過紅心驛，行亂山中四十里。

十二月戊戌朔，發定遠。

己亥，至廬州府。

辛丑，過七里河，止桐城。蒼山萬迭，松檜蕭森，風景大異北地。

壬寅，過岡嶺二十餘，涉溪澗亦十餘，止潛山。

甲辰，至黄梅，始入湖廣境。

乙巳，由孔壠驛渡江，止九江府。

丙午，過五石門，止德安縣。峻阪斗絶，登頓殊艱。方即次而雷雨作，幸免霑塗之苦。

丁未，止德興，宿徐中書宅。

戊申，至章江，安撫軍世鼎【略】率府屬共迎，且具舟以待。

己酉，揚帆早發，乍釋羈靮之勞，而遇此，差足快意。

庚戌，止樟樹。

辛亥，止峽江。山水回縈，頗似浙東嚴陵瀨。是夕微雪。

壬子，止吉安府。

癸丑，止鹽溪。凡四日皆順風。

乙卯，至萬安。將上灘，覔灘夫以行。是地水勢湍急，必用健夫習水道者二人，一持篙，一捩舵，宛轉石罅中，方免傾欹撞擊之患。是日幸假風力，不覺其難。行六十里，止大王廟。

丙辰，亦行六十里，上四灘，止攸鎮。

丁巳，連上十灘。虔郡諸君共迎於除灘廟，張燈時次贛州。自萬安抵贛二百四十里，名灘十八餘，小灘不可勝數，懸水斗瀉，亂石鋒矗，舟尺寸失便利，即不可知。然勢益險，而境益奇，行人方以洞心駭目爲快，不暇震怖也。城北即章、貢合流處，章自粵來，貢自閩來，交會於此，郡名所自得也。

戊午，易茅蓬船，止新塘。

己未，止南康。山光秀潤，村壠時有菜花，如江南二月時。

庚申，早發，兩岸峭壁千仞，江流百折。將至南安，距城五里許，已二鼓矣。有虎自山巔下，直搏挽船卒，挽船卒惶遽疾呼，舟中人羣起和之，僅乃獲免。少頃，張正郎至，言虎又挈其儕偶狙伺山麓，冀攫後曹挽卒。舟人覺之，連發四鳥槍，乃去。

辛酉，舍舟度嶺，過所謂南越雄關者。夾道皆短垣，蓋少宗伯楊公爾茂祭告時所築也。蒼松列嶂，間以平疇，約九十里。村民以竹籠盛大蝴蝶，兩翅廣可尺餘，五色絢爛，腹垂綉囊，遺子大如梟卵。或言此蝶産於羅浮，麻姑仙去時蜕裙所化云。薄暮，抵南雄，登舟。

癸亥，泊蘇渡江。

甲子，過韶州府，泊白兔。

乙丑，挂帆行三百里，過英德，泊江岸。廉石諸峰玲瓏錯峙，奇秀壁立。

丙寅，除夕，抵迎恩亭，泊舟分歲。

二十三年正月丁卯，元旦，即迎恩率諸臣行慶賀禮。泊三水。

庚午，至肇慶之崧臺驛。【略】崧臺危石孤聳，高二百餘仞，廣六十餘丈。下有石室，高可五丈，容百人。北向通明，南有門可入。【略】前有浦名高星，旁連七星巖，曲折列峙如北斗。中爲石室巖。東逾瀝湖半里爲屏風巖，又一里爲閬風巖。石室西半里爲天柱巖，一里爲蟾蜍巖，又一里爲仙掌巖，西北二里爲阿坡巖。延袤數十里，瀝水環其下。【略】自此舍舟。

甲戌，偕同事諸公俱西。

乙亥，至新興。

丙子，過佛子嶺，奇峰律兀，登降頗煩。止天堂。

丁丑，至陽春。

戊寅，渡潭瀝、那思二河。

己卯，至太平。

庚辰，至電白。

辛巳，行三十里，至温泉庵。有兩池，廣輪數尺，冬夏常熱，居民用以給浣濯。止三橋。

壬午。【略】次高州，戍卒士民迎候不絶於道，訴訟如雲。

癸未，【略】過冼夫人祠，冼夫人祠在郡東門外。

甲申，止化州。州署有兩橘，實大如橼，可以療疾。庭有龍首石，又有石在州後潛江中，曰龍尾，相傳龍首時有吼聲如鵝。隋置石龍縣，以此。

乙酉，過菉竹堂、琉璃庵，止石城縣。夾道灌栵叢生，蟲鳴似秋，而行旅揮汗。

丙戌，渡龍灣河，宿清平營。

戊子，至廉州。

己丑，閱乾體營，登八字山望海，復返。廉州而西，地多濘淖，昏黑不可舁輿，騎行二十五里。用土人爲導，躑躅林箐中，時時恍見獸鬼來攫人。抵那暮塘，宿。

廉州至乾體十五里，乾體至海四十里。乾體，村名，屬合浦。

庚寅，行六十里，渡平銀河，止一小艓，而渡者甚衆，争先過重，方半渡而舟沉，溺者十餘人，僕高大與焉。鈎得已僵，舁行三十里，至欽州而復蘇，吐白沫斗餘。是日死者四人，兩人屍不可得，蓋爲蛟屬所噬矣。止欽州，登天涯亭，閲州治。

辛卯，石學士、吴制院分閲龍門，先别去。予與李撫軍同詣防城，登舟於鴻飛亭。

辛卯，舟行十里至尖山嶺，又十里至石灘，又三十里出猫尾灣。海口望亞公山、黄陂門、龍門七十二逕，皆在巨浸中，歷歷可辨。其東則牙山斗出海外，循海而西，十五里至青鳩口戍臺也。故有守臺五卒，虎噬其三，二亦棄去，臺隨圮矣。又五里至長墩河口，夾岸置炮臺，無守者。又行五十里，至埇讀如崇。淪塘。自青鳩至此，夾岸皆林木，在山趾者多海欖，潮至半浸水中；在山巔者多鐵櫪，色白而葉細。

壬辰，曉起陸行，萬木陰森，猿啼不絶，其音淒斷，必以三聲爲度。憶唐張説《欽州詩》有「飢狖啼相聚，哀猿喘更飛」之句，爲低徊久之。十五里至防城。【略】河西山麓廢壘巋然，舊防城也，尚有民居五家，以隔水難於策應，遂徙。【略】正南十里爲水營，又南九十里爲蓬羅臺，西南四十里爲漁洲坪，正西四十里爲三囊臺，又西五十里爲如昔峒，又西九十里爲澌凛峒，又西一百八十里爲古森峒，即分茅嶺也，更西即交阯矣。西北爲王光、十萬大山口，正北接廣西上思州界，上思之西即交趾岐那隘。防城正南江口有洲，名曰三口浪，土人謂浪一湧爲一口。相傳馬伏波下營於此浪三湧，連發三矢射之，皆平，遂成此洲。巳刻復登舟，由長墩内河行，六十里至埇口，有戍兵。向在長墩，因楊二亂徙此。

甲午，陸行十里，過楓門嶺，又二十里至欽州。峻阪斗絶，舍輿而徒。會大雨，困甚。

乙未，行三十里，再渡平銀，合懲前失，多縛筏以待，坦然安流，無復戒心。又六十里至那暮。

丙申，行六十里，至烏家汛。自欽至此皆山險，更前，悉平坦矣。又四十里，止廉州，登海角亭。

二月丁酉朔，行四十里，至上窑。又三十里至白龍城，明時采珠内監所駐也。有城，四門，内官署及巡道署廢址猶存於城之東隅，皆蕩爲墟莽，城亦傾壞。是夕宿於野，四無人居，張幄以寢。夜分，有物至帳外，勃窣作聲。披帷視之，龐然巨虎也。方睨櫪上，驝驝未覺，圉豕先見之，驚啼躍出，虎齧之而去。

丙戌，行三十里，至兵辨村。又十里至珠場寨，明時設兵以防珠盜者也。偕李撫軍、張正郎列坐海岸，望海外雲山，重迭如畫，西即白龍城，東爲調埠寨，又東稍南爲永安所，而雷州又在其東，舒雁行列，一覽可盡。

又北行五十里，止白水塘。荔枝、龍目夾道羅生，扶疏可愛。

己亥，行二十里，至白沙塘，爲廣西博白縣界。蓋兩粵地形牙錯，廉、欽之北皆粵西也。又行二十里，止新墟。

庚子，行五十里，至青平營。又六十里至龍灣，一名龍頭沙。石城令白玠云：龍頭沙乃石城西南境，與合浦之永安所相望，二地皆嬴出海外，而龍頭稍縮。東村在其右，三墩烏兔在其左。若急水炮臺，乃因內河通海而設，非邊地也。

辛丑，行七十里，抵遂溪。

壬寅，行七十里，次城月驛。其地山圍四面，中低處如月，故以名地。蒸濕多穢氣，必爇香以亂其臭。

癸卯，次雷州府署。

乙巳，從間道西南行一百里，至扶茂村，仄徑嶇嶔，人煙寥絶。

丙午，從榛棘中行四十里，抵家山。遇六麞，射得其一，以充午膳。家山者，雷西南之要扼也。其下有流沙港，由西海入。岸南爲青桐，徐聞所轄也。岸北爲流沙，海康所轄也。今爲兩炮臺，綰轂其口。登山而望，正西有小山，青石嶙峋，房參嶺也。西北有城，雉堞參差，海康所也。大海之西，煙雲杳靄中防城在焉。流沙、青桐相去八里，別有鵝脰港在青桐臺下。青桐南十里爲石馬臺，八燈港出其下。又南二十里爲白盤臺，東場港出其下。又南二十里，漸折而東，爲包西港、新地灣，東場臺在其內，此雷之西隅也。自流沙以北，二十里爲英翎臺，又十里爲總堠墩，又十五里爲房參臺，房參港出其下。又北，二十里爲徒房墩，又二十里爲郎斗墩，又二十里爲吴蓬墩，海康港出其下。又北，三十里爲博袍墩，又十里爲洪排臺，洪排營在其內，距海康所四十里。又北，二十里爲調建墩，屬樂民所。更北，歷羊蹄臺、下落港，爲文體港，東距遂溪縣八十里。自文體臺更北，即接石城矣。諸港惟流沙港最深廣，長七十里；其次海康港，長三十里；皆可泊舟。是夕，仍返扶茂宿。

三十里官場港，船嘗於此避風。

丁未，返雷治。訪城西羅湖十賢堂故迹。

又卷二　己酉，復至遂溪。

庚戌，行五十里，至銅鼓。又五十里，止唐墩。

辛亥，行五十里，至梅菉鎮。閱限門。

壬子，行六十里，至沙苑。又六十里過蜑場，又三十里次樹再。

癸丑，行三十里，過電白縣。繞城，折而西南行，十里至海邊。登白蕉墩，山特高聳，望大洋，天水相涵，無復涯涘，漁舟出没隱見，如煙中薺。並海多鹽田，雪練皎皎。蓮頭、放雞諸山簪列螺浮，蒼翠可攬。蓮頭港口在縣南三十里，水行止十里。由此迤西，有博賀臺，去縣三十里，水行止二十里。又西有赤水港，去縣六十里，水行止三十里。又西有流水臺，去縣九十里，水行百里。又西有河口臺，去縣三十五里，水行五十里。此電白之東南境也。赤水、蓮頭、山後三港俱可泊舟。

甲寅，行四十里，至儒峒。又六十里，止太平驛。

乙卯，行七十里，止樂安。舊營名，屬陽江。又四十里過麻橋河，又十五里，止陽江。

丙辰，偕諸公自陽江登舟，行三十里，至北津寨。寨因山爲城，登之可以遠眺。有兩炮臺，一曰南津，與北津對峙，夾海口。而海陵島在其前。自陽江並海西南行，四十里有白鹿《疏》稱「北菉」。炮臺，又十里有豐頭港。自陽江至豐頭陸行則甚遠，爲途一百里，而水行邪徑止四十里。自豐頭又西南，五十里爲雙魚所，又二十里爲白額《疏》稱「北額」。港，此陽江西接電白之境也。自北津東南三十里爲三汊港，與陽邪徑相距六十里。自三汊港又東至海朗所四十里，此陽江東接廣海之境也。

丁巳，行六十里，至蓮塘。又三十里，止那龍，爲恩平縣界。

戊午，大雨，行四十里，至占村。又十里，過那扶營，多鹽田。又三十里，次鎮安屯。《志》：屬恩平。周繚以垣，垣外有溪繞之，居民數百家，屬開平縣界。

己未，大雨，行四十里，至白沙。又六十里，止新寧。

庚申，行十五里，登舟。又五十里，止長沙。閱廣海衛寨城，南面即大海，繞城而東，廣二十里。夾海口有二炮臺，西曰長沙，距那扶營海程百五十里；東曰烽火，距元頭山海程八十里。廣海、陽江之界有香山口，廣二十里。

辛酉，行七十里，泊新會。閱厓門，厓門去縣六十里。又十里爲長沙汛。虎臀去縣四十五里，獨子山、白石嶺皆其分汛。

癸巳，行海程兩日，泊香山。失記里數。

甲午，登陸，自縣東南行山脊百里，至前山寨。左右皆臨斗絶之坡，中一徑，僅數尺，止容舁輿，頗稱艱險。又二十里至嶴門，宿。

乙未，登嶴中兩炮臺，曠覽海南形勝。蓋香山一邑，位廣省之正南，環通四潮，島嶼森拱。而嶴門一鎮，又在前山寨之南，一名濠鏡嶴，亦曰香山嶴。形如靈芝，廣二十里，長半之。正北一石埂，貫大海，而屬於前山寨，廣十餘丈，長六里，如芝之有莖埂。與寨相屬處築關守之，曰鬼子關，啓閉有節。島中居人皆番夷，約千餘家。土人有非時闌出者，關吏呵止之，夷亦不得輒入焉。【略】自嶴而南，海程十里爲十字門，山如兩眉横列，而闕其正中。又南十里爲小横琴，適當缺口。又南稍西爲大横琴，重案也。自嶴而西，海程二十里爲三灶島，又西二十里爲黄梁都。自嶴而東，海程三十里爲涌口，又二十里爲旗纛澳。又有蕉門、黄角潭、洲村諸島在嶴之東北，而沙尾、北山在其北，止隔一水。諸島雖爲省會之案沙，而周羅環匝，嶴門獨居其中，如蓮之有菂，亦一奇也。是日，又閲黄梁都，穿虎穴，夜行二十里，宿翠微村。是處虎特暴悍，能登人屋極，裂椽以入，破壁而出，居人皆以鐵櫪爲門關，嚴設警備，猶惴惴不保云。

丙申，行五十里，踰逕嶺。嶺甚峻，千崖聳列，中通一逕，旋折如絲。憑高下視，山麓皆在雲中也。午刻抵縣，登舟。

戊戌，次廣州，登粤王臺。

辛丑，謁南海神廟，次於野。

壬寅，行百里，止東莞。

癸卯，行三十里，至石角，舍巨艦。易暹海小艓出海口，行二十七里至鎮口。又十里至虎門寨，登最高山巓，望大虎、小虎山，三門横當炮臺，及南沙、海南栅、寧洲等島決皆可盡。三門在寨南二里，又南五里爲寧州島，南山炮臺在寨西七里。又一里爲横當臺，又西二里爲南沙，又西十里爲蕉門，又西二里爲黄角左汛，又西五里爲黄角右汛，香山所轄也。南栅鄉在寨東，僅隔一水。又東五里爲上角村，又東三十里爲碧頭鄉，而茅洲墟鹽場在寨之東南四十里，皆接新安境。是日仍返東莞。

甲辰，復易舟行二十里，次板土瀝。

張正郎分閲新安。新安城南水程二十里至伶仃山，山外即伶仃洋。縣東一百六十里爲大鵬所，其南面有七娘山，山外爲老大鵬，即濱大海所城。東南有海口，大船可入。其東北過西鄉嶺、小貴嶺復有港口，僅通小舟。大奚山海島在邑南，水程九十里。《志》稱二百里。佛堂門海島在邑東南，水程一百五十里。《志》稱二百里。

又卷三　乙巳，登陸行六十里，止平山驛。

丙午，行三十里，至白雲。又三里至橋嶺，又三十里，止鵝埔。【略】過白鶴峰，訪蘇文忠公軾宅遺址及豐湖諸勝。

丁未，行四十里，過羊蹄嶺，仄徑斗絶，險過大庾，約十里而得平壤。又八十里，止海豐。

戊申，行四十里，過白沙。又四十里，次東海滘驛。

己酉，行七十里，至燈籠山。又五十里，止碣石衛，總兵陳耀率甲士千人來迎。遂登山以望，羣山趨拱，盡於海隅，諸島環之，真要區也。

己酉，行七十里，至長青寨。又四十里至龍江堡，又四十里，止惠來。

庚戌，行七十里，至武寧驛。又二十里至小黄岡，又三十里渡練江海口，過海門所。又二十里，次潮陽。

辛亥，行三十里，至達壕海島。登最高峰，陟峻坂五里許，始至極巔。一望大海，浩[瀚]無際，諸洲島演漾其中。更有遠峰，如簪如髻，乍明乍滅於重山之外，即南澳諸山也。欲仍返潮陽宿，會大雨，止桑田。

壬子，行一百十里，次潮州府。登東山，謁韓文公祠。

乙卯，行四十里，踰白石嶺。又五十里過黄岡，又四十里，止柘林。

丙辰，登雞母嶼，泛舟至南澳，東望皆閩山矣。是日仍返黄岡。

丁巳，返潮州。

又卷四　四月癸亥朔，始畢粤事。次日甲子，自潮州發，九十里至黄岡，又二十里至閩界之分水關，詔安境也。

丙寅，共登梅洲之八尺門，望銅山。

戊辰，行九十里，止海澄，施將軍烺自厦門來會。

己巳，漏下四鼓，同登繖繒船，過圭嶼，涉海七十里，至厦門。

壬申，登陸，行九十里，止大盈。是夜大雨。

癸酉，行六十里，次泉州府。

又卷五　癸酉，行三十里，至洛陽橋。又三十里，過惠安縣。

甲戌，行六十里，至興化府。又四十里，止江口寨。自寨東行二里，即内海也。

乙亥，自江口驛過蒜嶺，行八十里，至福清縣。自縣東北行十里，至鍾山。登其巔，望海壇山、鎮東衛諸處，薄暮而返。

丙子，行七十里至青坡，又二十里渡烏龍江，水面約四五里，夾岸俱山，波濤驚駛。又行四十里，次福州府。

己卯，自福州發，行三十里，至北嶺。又二十里至何虎嶺，又二十里至潘渡，又十里至羅侖渡河，又二十里至連江縣。

庚辰，行四十里，至丹陽鋪。又四十里，止羅源縣。

辛巳，行三十里，至迭石。又三十里至白鶴嶺，止寧德縣。

壬午，行三十里，至三嶼渡。十里至金垂渡，沿海路少迂。又三十里踰大梨嶺，又五里至白石司渡，又二十里次灣塢，福安縣地也。

癸未，行四十里，官嶺渡河。又四十里，止福寧州。

甲申，殷主政分閱桐山，予與石學士、金中丞先行返省。

丁亥，復至會城。

五月癸巳朔，集諸公會議於公署，五日而後定。

是日，將軍施烺、巡撫金鋐、提督萬正色俱至行帳，北向跪行請安禮，且致辭，望闕叩頭別去。

癸卯，至閩清之溪口，行五日。

丁未，過暗談灘，至延平府。

己酉，至建寧府，溯流上瀨，易舟以行。是日過阿彌陀佛灘，稱絶險。凡行三日，所過灘不可勝紀。

壬子，過六牙灘、老虎口灘，止大園。

癸丑，過老鼠灘、太平灘，止古廟灘。

甲寅，過將軍灘、火燒灘，止浦城縣。

乙卯，陸行五十里，至漁梁。又三十五里，過五顯嶺。又五里，止廟灣。是日過仙陽街，真西山先生故里也，在縣北三十里。五顯廟規制宏壯，踞山之巔，萬竹圍繞，間以長松，蒼翠襲人衣裾，飛流瀑布震蕩於下，行者至此，每盤桓不忍去。

丙辰，行十里，過楓嶺，爲浙閩接壤處。又二十里至念八都，又十里至上竿嶺，又五里至羊粘嶺，又十里至仙霞關。關有上、下兩重，中作漢壽亭侯廟，石磴峻絶，真天險也。又十里至保安，又五里至姚嶺，又二十里，止峽口。

丁巳，行五十里，至清湖登舟，自此沿江入浙矣。

王士禛《南來志》 康熙二十三年十月十九日辛亥，上東巡狩，祭岱宗，謁先師闕里。先期布告中外，遣官祭岳鎮海瀆之神，禮官列名上請。【略】余以詹事府少詹事兼翰林院侍講學士有事南海。

[十一月]十九日庚寅，發京師。【略】踰亭午始發，過盧溝，渡桑乾水，古盧睪也。晚次良鄉縣。

二十日，過琉璃河，古聖水。晚次涿州，渡涿水。

二十一日，午過北新城縣。遇行在進魚慈壽宫者，發新城十里，聞警返。

二十二日，雪。過白溝河，【略】晚次雄縣。

二十三日，早發。堤行二十里，積雪四照，望淀中煙樹如畫。雄即公孫瓚易京。漢末童謡云：「燕南垂，趙北際，中間不合大如礪。」今稱趙北口，以此間九十九淀，易、滹沱、濡、寇諸水所會，燕趙巨浸也。午過鄚州，大霧始解。晚次任丘縣，令鄧君文源來。

二十七日，陰。發任丘，晚次河間府。

二十八日，微雪，近午雪止。過獻縣，南渡濁漳水，晚次交河縣富莊驛。

二十九日，夜雪，曉霽，川原皓然，風色寒洌。午過阜城縣，晚次景州。

三十日，風寒。發景州，午次德州。渡衛河，入山東境。

十二月初一日壬辰，山公澹心早發過別，取道泰山，余取道兖州。

初二日，子侄輩以家累行，取道平原。予西南行，晚次恩縣，宋貝州。

初三日，大風，寒甚。渡屯氏河，古馬頰，九河之一。晚次高唐州。

初四日，早發，午次茌平縣。

初六日，拜別大人，啓溶隨予南行。渡大清河，晚次東阿縣。【略】東阿城北黄山、魚山諸峰環抱，濟水横貫之，狼溪水流兩城間，北注濟，山水甲諸邑。

初七日，大雪，城南碻磝諸山迤邐掩覆，松篁錯落。過文定公墓道。午後望鵞尾、黄華諸山，過峗山，漢東平王蒼墓。謁冉子祠。晚次東平州，唐宋鄆州也。

初八日，大風雪。州南渡坎河，汶水支流。東平地沮洳，上受岱西諸山之水，有安山、小洞庭諸湖。晡渡汶水，次汶上縣。古中都，有南旺、蜀山諸湖。【略】大雪竟夜。

初九日，雪霽。午渡洗水，亦汶水支流。晚次兗州府滋陽縣，舊名嵫陽。

初十日，早發，過故魯王宫址。南渡泗水，石橋蜿蜒，如青龍見水上。過蓼水，渡白馬河，二水皆西南流，入泗。午食鄒縣，謁述聖書院，次謁亞聖廟，松楸皆千百年物。出郭，並嶧山行，林巒積雪如米家研山。夜次界河驛。

十一日，渡沙河。午過滕縣，渡漷水，東南有狐駘山，臧孫紇侵邾敗處。渡薛河，望薛城，有靖郭君墓。渡洳河。諸水皆西南流，入泗。晚次臨城驛。

十二日，並昭陽湖行。湖介滕、嶧間，多蒲蓮魚蚌之産，周圍數百里，上達任城。微山在湖中，亦曰微子之山。午渡運河，次利國驛，入江南境。宋吴居厚置利國監鐵冶，引沂、泇二水連汶、泗，即此。

十三日，渡荆山口，水勢如江湖。渡河，次徐州，河水甚厲。黄樓在東城隅，坡公詩「黄樓高十丈，下建五丈旗」，形勝宛然。

十四日，早登龍山放鶴亭。【略】午食桃山驛，有岳忠武祠。晚次夾溝驛。

十五日，過符離故城，渡濉水，次宿州。

十六日，宿州東門道有長堤，古隋堤也。午食大店驛，晚次任橋。

十七日，食固鎮驛。渡澮河、蠏河，二水皆東流入淮。晚次王莊驛。

十八日，食三鋪。晚渡淮水，次臨淮縣，淮與東、西二濠水會處，亦曰濠梁。

十九日，始見稻畦。午食紅心驛，晚次定遠縣。縣有故靖南侯黄公祠，公明末鎮此縣，有功德於民。

二十日，自定遠南入合肥界，田間皆陂塘。食張橋，晚次護城驛。

二十一日，過廢梁縣，滁水所出，有鮑明遠讀書臺。午食店埠驛。晚渡肥水，次廬州府合肥縣。

二十二日，渡泒河，食泒河驛。肥水有二泒，一東流經合肥縣，南入巢湖；一西北流，出壽春，入淮。此其西泒也。過桃城，渡桃溪水，水亦入巢湖。晚次舒城縣。

二十三日，渡南溪，過李伯時墓。食梅心驛，驛南龍眠、鹿起諸山連接不窮，松櫟、冬青、烏桕、楓香諸木被滿山麓，溪流曲折，樹間時見時隱，遇石激而怒，輥雷噴雪，不知處所。晚渡桐溪，次桐城縣。

二十六日，發桐城。望盛唐山，漢武作《盛唐之歌》者也。渡挂車河，見瀑布。王立極别歸。次陶沖驛，夜大雪。

二十七日，冒雪行，諸峰出没雲霧中，丹楓烏桕，石流百折。至沙河，以舟濟，上流有釣魚寺。午食唐婆嶺，自此峻阪相屬，屢有登頓。雪中望見前人魚貫上下，登阪四矚，萬樹如薺，溪流經緯之。阪盡，渡陶埠河，過青口驛，夾道皆竹園。再渡皖水，曰後河，晚次灊山縣。夜大風，雪有聲。

二十八日，雪。渡灊水，曰前河。西北望灊山，横絶雲表。【略】食小池驛，驛南北羣山連亘，深坳淺凸，煙雲繚繞。過楓香嶺，雪益急。晚抵龍山，渡河，寒山雪麓，長橋漁浦，居然雪浦待渡圖也。次太湖縣。

二十九日，雪。逕棠梨宫，謁張睢陽廟。食宿松縣楓香驛，晚次亭前驛，亦名太子驛，相傳梁昭明生於此，入湖廣黄梅縣界。是夕歲除，誦唐人「亂山殘雪夜，孤燭異鄉身」之句，宛如目前。夜大風雪。

康熙二十四年正月辛酉朔，晨起拜闕，次遥拜家大人，遂行。【略】過兩河口，晡次黄梅縣。

初二日，晨出西郭，過東禪寺，謁四祖、五祖、六祖像。四祖道場在廣濟破額山，距東山四十里而近。殿側竹圃，即槽廠故迹，有六祖墜腰石。二十里過濯港，遵湖堤行。食孔壠驛，渡小江，彌望沮洳。晡大雪。更餘次清江鎮。

初三日，大風雪。渡江，中流見江豚出没。至琵琶亭東登岸，次九江府德化縣，入江西境，宿舊権部署。晚登江亭，雪甚，舟皆不行。

初四日，雪止。早發南郭，望甘棠湖，唐李渤遺迹。【略】晚次通遠驛。

初五日，過圓通寺，晤杲庵禪人。【略】食馬回嶺，古柴桑地。次德安縣。

初六日，過甘露庵。自渡潯陽不見竹，庵前後巨竹數百挺，上摩雲日。午食建昌縣，渡修水，望雲居山唐道膺禪師道場。過唤渡亭，亭以白傅詩得名，有白詩石刻。堤行二里，人家種竹爲藩籬，雞聲人語，皆在竹中。晚次上繚津。

初七日，人日。渡繚水，午食慈姑張文端公祠。渡章江，次南昌府，泊滕王閣下。閣再毀於火。晚入城。

初八日，過東湖。

初九日，過鐵柱宮，登舟。【略】晡乘小舟往石亭寺。寺有鈞天閣，與滕王閣相望，眺西山，俯江渚，夕陽明滅，帆檣出没，佳境也。

初十日，舟發南昌，過生米潭，阻風，野泊。

十一日，風便，過市汊，見梅花。午後阻淺。晚過□山曲江亭，不登。山下有金光潭，宋元祐太后投金花祈風於此。次豐城縣，江右壯縣也。泊劍江驛。

十二日，過苦竹洲，始聞雁皆北飛。晡次樟樹鎮，臨江府清江縣地，王文成公誓師處也。

十三日，風便，早發，過新淦縣。縣東二里許東山，有宋劉次莊戲魚堂，嘗摹刻閣帖置堂中。新淦上、下兩岸皆單椒複嶺，枯林竹洲。晚次仁和，野泊。

十四日，舟行多淺阻，踰午抵峽江縣，古巴丘。城堞出山上，其東南爲玉笥山，道書第六洞天。晚次黄金口，野泊，見新月。

十五日，晨微雨，乘小舟，登釣魚臺，片石俯江，坳窪呀突。【略】午晴，過龍洲，岸上菜花已黄。晚次三角鎮。

十六日，過吉水縣。【略】阻風墨潭，夜過白鷺洲。【略】次吉安府廬陵縣。

十七日，易小舟，便灘行。廬陵城外多塹壘，城南神岡即昨官軍與賊戰處。東望青原山，唐行思禪師道場。過張家渡，東南望見香城山，宋胡忠簡公家於此。連日暄甚，更裌衣。午後陰，始聞雷。夜次袁金渡，野泊，雨。

十八日，風便，早抵泰和縣城郭，不二里，彌望榛莽。【略】午後微雨，驟寒。夜次百嘉村。

十九日，早發，過萬安縣，縣南諸山回合，高出雲際。惶恐灘爲諸灘首，過綿津、漂神、大蓼、小蓼，凡五灘。大蓼最險，怪石錯互，激湍怒飛，舟魚貫而上。晚次皂口。【略】夜風雨，聞灘聲甚悲壯。

二十日，過武朔、昆侖、錫洲諸灘，石勢如奇鬼獰獸，争欲拏攫。自惶恐灘以往，四山黯黮，如夔巫諸峽，但差卑耳。晚次攸鎮，岸上桃花盛開。夜雨。

二十一日，過大小湖、天柱、横弦諸灘。小湖石奇秀，多作獅象形；天柱最雄闊；横弦多伏石，皆十八灘險處。鱉灘石如棋布，水亦坦迤，過此出峽，悉夷途矣。抵儲潭，謁廣濟祠，有唐元和碑，前桂州臨桂縣令裴曙撰，前河南府參軍裴弘書。晚次贛州府贛縣，城北章、貢二水合處。貢水自閩汀州東來，章水自南安西來會之，是爲贛江。

二十二日，過雁水甓園，園中梅、桂、辛夷皆華。【略】别雁水，登舟，借得《後漢書》《文選》。門人莆田林一璘來。移舟過關。

二十三日，章水多屈曲，舟中望空同諸山，向背屢移，始悟古語「帆隨湘轉，望衡九面」，可謂能言。晚次玉潭山口，野泊。夜雨。

二十四日，微雨，風寒，水多淺阻，山益逼。晡次南康縣，《漢地理志》之南壄。

二十五日，南康縣兩岸皆連岡積砠，水勢因之曲折。有小城二：曰新田，曰小溪。晡次小溪，野泊。

二十六日，過鳳皇城，此城與新田、小溪、九所諸城，皆文成築。午後雨，入雙牌峽。峽兩厓悉石壁，深則膏渟黛蓄，潭而不流；淺則曲流盤渦，震動崖谷。巨石以數千百計，舟行罅中，險踰十八灘也。晚次南安府大庾縣，泊金蓮山。

二十七日，南安府有兩城，夾章水。由水南城過横浦關，陂陀而上，至雲封寺，山勢漸高，螺旋而上二里許，雙壁巉巉，中通一綫，爲梅關，庾嶺最高處。【略】庾嶺之南，奇峰秀石，松杉映蔚，若矚林園。始見榕樹。食腰站。晚次南雄府保昌縣，入廣東境。

二十八日，胡中允會恩孟綸來。食後過孟綸，遂登舟。湞水，即《水經注》之「湞溪」也，又名大庾嶠水。晚泊修仁水口。

二十九日，次黄橋，野泊。

三十日，過鼻天子城、始興江口。始興水亦名東溪，西合湞水，又有墨江水來注之，湞水至此始成巨津。晚次三江口，野泊。

二月初一日辛卯，曲江道中多怪山，形貌詭特，不可殫名。往往有巨石插入江水，舟宛轉避之。潼溪自仁化來會，溪中有丹霞山别傳寺，澹歸禪師所創。過韶石，兩石對峙，曰雙闕；又有風閣、左右毬門等，凡三十六石。夜大風雨。

【略】晚次韶州府曲江縣，縣令秦熙祚遺《曲江公文集》《曹溪通志》。

初二日，微雨。【略】午霽，過白芒，有石壁臨江，甚奇，壁上鐫「回龍」大字。晚次簑衣渡，野泊。

初三日，十里過曹溪水，與湞溪合流，西入湞江。【略】歸舟見新月，泊東岸。

初四日，過英德縣，古英州。【略】城南三里，石壁桀立相望，嵌竇玲瓏，藻繢不及，曰蛾眉岡。入湞陽峽，峽長二十里，潭潭可畏。【略】又三十里，野泊。

初五日，四鼓發舟，夜過大廟峽，至清遠峽日始上。滙水自東來，入湞。峽中有飛來寺，寺有禺陽二帝子祠，《山海經》謂黄帝二子也。東北石磴詰曲，上曰半山亭。復踐石磴，行大壑中，可四五折，夾道多龍目樹，松竹文蔭。至上飛來寺，有何象岡相國書「古飛來」三大字碑。又榜書「第十九福地」，上即歸猿洞。循帝子祠後，平行渡石梁，梁下以竹筧引泉，清駛可玩，跋多羅三藏定心泉也。其西峭壁峆岈，石級甚峻，巨石屹立，古榕生其罅，如蛟龍結蟠。寺門菩提寺葉如霧縠，以水漚數十日，膚膜盡脱，絲理益出，堅致霏結，若罘罳焉。登舟出峽，山遠江平。過清遠縣十五里，阻淺。又五里，泊湞江口。

初六日，過胥江，江流益闊，山益遠。晚次三水縣。三水者，湞水曰北江，鬱水自端州來，曰西江，皆會於縣之肄江，以達南海。海潮東自佛山、西自新會來，上達胥江而止。

初七日，雨。過小塘，始見荔枝。南望西樵山，山上有七十二峰，昔先兄考功愛其名，取以自號，過此黯然。午霽，泊沙口候潮。潮至甚遲，夜次佛山。

初八日，舟過珠江，以中流有海珠石，故名。東江自博羅來，會西、北二江入海。次五羊門。

初九日，齋戒沐浴，易舟。三江下石門，東過瀝滘、東沖，達於蜆江，由珠江會於扶胥之口，所謂波羅江也。

王士禛《北歸志》［康熙二十四年］四月初一日庚寅，出廣州府南門，登舟。

初二日，【略】巳刻解纜，晡次佛山。

初四日，【略】午潮至，舟發，峕孩追送五里始別，宗德、衍祖買舟相送。晡泊紫洞，望西樵山。

初五日，微雨。過三水縣，趁潮，不泊舟即行，邀宗德、衍祖飯。由師賢深入西江口，雨中看山，空濛萬態。午後晴，次長利口。

初六日，過羚羊峽，登峽山寺。【略】西望小山，棋布如墨點，七星巖也。午抵肇慶府高要縣，總督兩廣吴尚書興祚留村來。

十一日，【略】次三水縣。

十二日，【略】次鴨埠水。

十三日，次清遠縣。

十四日，游清遠峽飛來寺。【略】觀元天曆碑，驟雨，遂發舟。午晴。晚次黄石磯，大雨竟夜。

十五日，雨。過大廟峽，【略】午晴，晚次湞陽峽口。

十六日，雨。過湞陽峽，四山出雲，一水湍悍。過英德縣，陸令榮登揆哉遺英石數枚。湞水驟漲，晚次猫兒石。

十七日，過觀音巖，不登。乘江漲望之，縹緲如神山。過龍頭影山，未及觀音巖之半，而山脚插江玲瓏，悉如洞户，亦一奇也。晚次清溪，雨竟日，甚寒。

十八日，雨。過彈子磯。英德瀕江諸山，觀音巖第一，此磯次之，龍頭影山又次之。午晴。晚次濛滘。

十九日，雨。自濛滘至曹溪山行僅二十里，雨濘，無輿馬，不果往。午後稍晴，過曹溪水口，次白芒。

二十日，次韶州府曲江縣，易舟。【略】雨竟日。

二十一日，雨，湞水大漲。過韶石，次平圃。

二十二日，晴。午次始興江口，縣去江口十八里，候縴夫，入夜始至。舟中閲《澹歸集》，詩筆雄肆，可謂辨才。晚次修仁水口，范雲賦詩處，舊有三楓亭。

二十三日，晴，次菱塘。

二十四日。湞水石流清淺，晴三日，舟已膠不可行，或推之，或挽之。

晡次南雄府保昌縣，宿西竺庵。

二十五日，輿行過大庾嶺，觀六祖卓錫泉。晡次江西南安府大庾縣。南安人以蠟樹爲業，花如散雪，彌望皆是。

二十六日，登小舟，順流出雙牌峽，次阿坑。

二十七日，過南康縣，晚次贛州府贛縣。

二十八日，早飯雁水甓園，午歸舟，暑甚。【略】移舟泊湧金門。夜大風雨，驟涼。

二十九日，次攸鎮。

三十日，順流飛渡諸灘，過萬安縣，次窑頭，行二百里。

五月初一日庚申，過泰和縣，至張家渡，見龍舟。午過吉安府廬陵縣，晚次吉水縣。

初二日，過峽江縣，遇粤東裴學使憲度渭湄。乘風過新淦縣。【略】發新淦，大風雨，鼉作鯨吞，咫尺莫辨。未及樟樹鎮四十里野泊。

初三日，風逆，雨時止時作。晚次揚子洲，作詩寄懷雁水、公韞。

初四日，野泊守風，午後抵豐城縣。邑人前江都令熊明遂子羽升來，遺《揭文安集》、鄧子龍《横戈集》及白沙先生墨迹二軸。晡次龍山，登古曲江亭，今爲龍山書院。磯下爲金花潭，右爲曲江，遠山屏紆，清流鏡徹，映帶如畫。【略】泊磯下。

初五日，午次南昌府，泊廣潤門，巡撫安中丞來。章江龍舟甚盛。是日暑。

初七日，【略】巳刻發舟，風便。過樵舍，王文成公破宸濠於此。晡次吴城，行二百里。

初八日，謁令公廟，神張睢陽也。其旁有望湖亭，近攬廬山、彭蠡在襟帶間。大風，舟人停帆以待，風止始發。入彭蠡湖，晚次南康府星子縣。

初九日，北風大作，舟不發。

初十日，雨，北風益厲。【略】午後雨止，望見開先瀑布。

十一日，北風不止，星公邀往開先寺。【略】别星公登舟，風止，遂發，泊謝師塘。

十二日，過大孤山，上有神祠。過南湖觜，即潯陽江入湖處。有山在其東，上石鐘也。次湖口縣，移舟過關，即發。過下石鍾山，二鐘石壁與英德彈子磯相類，山根皆玲瓏空罅，水所激蕩，噌吰鞺鞳，天籟出焉。惜不月夜泊此，一驗東坡語也。晚次彭澤縣，泊胭脂港。縣二里有西山，怪特似韶石。

十三日，守風江口，面小孤山。山峭麗勝大孤，其南丹霞翠壁，叢祠綺樹，望若畫圖；其北巉巉露骨，與彭郎磯隔岸對峙。

十四日，大風雨，寒甚，守風江口。

十五日，守風，始見晚霞。

十六日，稍晴，舟發。過小孤山，風起浪涌，舟鮠卼可畏。過馬當山，入江南池州府東流縣界。晡後風甚，泊花園鎮，安慶府望江縣界，古雷池，鮑照有《大雷岸與妹書》。

十七日，過東流縣，古彭澤地，城逼大江。次安慶府懷寧縣，巡撫薛中丞柱斗梁公來。安慶，古皖國，城北有龍山。

十八日，過羅刹磯，建文時侍中黄公殉節處。次夏家口，三鼓發舟，不及望九華。

十九日，過荻港。望板子磯，孤阜臨江，上有城堞，故靖南侯黄公置戍於此。晚次三山磯。

二十日，過魯港，望蟂磯靈澤夫人祠，片石瀕江，高不尋丈。《圖經》謂高十丈者，妄也。過蕪湖縣，古鳩兹縣。東北小山曰鶴兒山，有識舟亭，其後曰赭山。二十五里過褐山，又十五里次天門山。天門二山夾江遥峙，東曰博望，西曰梁山，李白《天門山銘》云「梁山、博望，關扃楚濱」是也。或謂東博望、西天門，或謂東梁、西梁，皆非。晚泊梁山夾。

二十一日，過采石，即牛渚磯也。登太白樓，南望當涂青山三峰，雲嵐出没；黄山、白紵、九井諸山，隱隱目中。【略】過烈山，山在大江中流，白鷺數十，見人驚起，翻飛松杪。亦名栗洲，晋簡文帝爲相曰會桓玄處，伏滔《北征記》謂之烈洲。過三山，次上新河。

二十二日，過龍江關，泊江東關。

二十六日，渡江，次浦口，地屬江浦縣。

二十七日，雨。浦口城北小山絡繹，大石離立道左，如人位置者。次西葛城。

二十八日，雨。食烏衣鎮。次滁州，州守王君邀游瑯邪山。【略】宿南郭旅舍。

二十九日，雨。過清流關，宋藝祖擒皇甫暉處。皇祐中，嘗立原廟於滁。關不甚險，而松柏蔚然，上有蘭若。次珠龍橋，行三十里。

三十日，過池河驛，驛北有池河，東流入淮。次黃泥鋪。

六月初一日庚寅，過臨淮縣，關吏殊暴，久之乃得行。次三鋪。

初二日，【略】次固鎮。

初三日，次宿州。

初四日，過符離，自清流關至此五百里，始見山。次新豐。

初五日，雨。拜先賢閔子祠，祠側有騫山。吾鄉歷城東南五里亦有閔子祠墓，曾子固有記。晚次桃山，行三十里。

初六日，雨止。涉水五十里，次徐州。

初七日，渡河，河魚大上。中流望黃樓，縹緲在煙雨中。泥行五十里，次柳泉。

初八日，渡運河，行昭陽湖岸。雨時作時止。次沙溝。

初九日，晴，青山緑野，芳樹蔽虧，徒旅有喜色。次滕縣。

初十日，滕縣北行，林木中四十里，緑陰如帟幕，右流活活，涼風灑然。午後驟雨，避嶧山下田家。雨止，屢涉怒流而濟，次鄒縣。

十一日，過富村，有坊，表曰「孟子故里」。【略】又二十里，次管村。

十二日，渡大汶口。汶水多磯石，水勢噴薄如雷霆。過汶口，西北望岱岳，東北並徂徠，汶水明滅，時見林杪。徂徠有石守道故居，地曰北王村，祠墓尚在，有司春秋祀焉。次團瓢店。

十三日，過舊奉符縣，至汶河鎮，渡汶水。汶水清淺見底，廣可二里許。遥望車者、騎者、負戴者、揭者、厲者、蹄者、角者紛紛渡水如畫。次兔子口。

十四日，過楊家硿，羣峰犬牙，一溪屢渡，溪中白石如玉，濺沫飛流，衆山皆響。度青石關，關南石壁夾立，曰甕口峽，二十里中攙空擢壁，峥水擲戟，古齊魯之要害也。【略】雨，宿趙氏。

十五日，過淄川縣，游高念東珩。先生載酒堂。入城午飯，晤唐濟武太史、薦玄表弟。晚次張店鎮，諸子姪皆至。

十六日，辰刻抵舍。

張英《南巡扈從紀略》［康熙二十八年］己巳正月初八日，駕南巡。是日宿南溝驛，扈從第一日。出正陽門，至南海子，上同皇太子及諸皇子在南苑射獵。申時後南發，宿南溝驛。

初九日，宿齊漕。

初十日，宿馮家莊。

十一日，過河間，宿劉家莊。

十二日，過獻縣，宿阜城縣。是日駕至河間屯，有獻麥穗二枝者，以示從臣。

十三日，宿德州。

十四日，宿平原縣之南。是日詔免山東來年租税。

十六日，過濟南，扈從至濟南。是日五鼓啓行，百五十里始至。

十七日，宿泰安州，詔給岳神祠廟祝每年香税銀四百兩。

十八日，宿浮丘。

二十日，宿郯城。

二十一日，宿蒙陰。

二十二日，宿紅花鋪。

二十三日，宿宿遷。余隨駕，以申刻至宿遷縣。上出城南門，過五壩堤，指顧中河甚狹。後又至支河口，上席地坐，出地圖指示。晚始歸行在。

二十四日，宿清江浦。自宿遷五鼓啓行，岸上行四五十里，聞上已登舟，余輩四五人亦登舟，然舟行稍遲。又五六十里，聞上已登岸，余輩又登岸，行至清河，已將日落。

二十五日，宿清河。是日詔蠲江南歷年逋賦。

二十六日，宿清水潭。是日薄暮有風。

二十七日，宿寶應之南。

二十八日，宿瓜洲。是日經維揚，見閭閻之間供帳甚盛，上命撤之。

二十九日，辰刻渡江，扈從登金山，飲第一泉。舊惟第一泉在江中，今並在江半，非是。上乘舟至焦山，余輩不能往。

三十日，宿丹陽。

三月初一日，至常州。

初二日，至無錫，駐蹕黃婆墩。時已暮，墩上懸燈數百盞，下映河水，甚可觀。

初三日，至蘇州。

初四日，宿蘇州，登虎丘。

初五日，宿念齋分雲亭。【略】是日隨到吴江，已深夜，吴甥來晤，宿吴江。

初七日，宿斗門。

初八日，宿塘棲。

初九日，到杭。

初十日，駕之西溪，余未從。

十一日，住杭州。

十二日，大雪。

十三日，渡錢塘。隨駕渡錢塘，之西興渡，上小舟，由蕭山到紹興。時已日暝，聞上已之禹陵，急掉船往行在，已一鼓。次早天未明，上展祭禹廟，從之。

十四日，祭禹陵，回至西興渡，宿。

十五日，過雲棲、靈隱，暮登舟過西湖。

十六日，宿金河。

十七日，宿吴江。

十八日，宿蘇州。

二十一日，從蘇州至常州。

二十二日，到無錫，過惠泉，再過秦園，又之鄒園。

二十三日，到丹陽。

二十四日，宿句容。

二十五日，雨。至江寧，從駕自丹陽登陸。

二十六日，至金陵之次日，上詣明太祖陵致祭，余輩從之。【略】至五鼓，急渡江，詣行在，乃三月初二日也。是日至揚州。

初四日至清江浦，換船北行。

十八日，抵天津衛。舟行運河之速，未有如此者，蓋舟小而縴夫多，閘皆啓，晝夜兼行，故無遲留也。

三月十九日，駕從天津已登陸，余輩舟始至。京中僕馬來迎，次於直沽。巳時同京江登陸，行至楊村，天已將暝。聞駕已過武清，道黑不可辨。從村中呼老叟相送，不肯行，探青蚨百文與之，始同行。二鼓至武清，叩破寺門，炊豆粥充飢，土銼略憩。聞滿洲諸公宿於城北，已啓行，遂同京江攜僕馬繞城而行。星光微月，一望皆荒草，無一村一人可以問道，但遥聞一牛車聲，漸聽漸遠。約略行三十里，兩僕兩馬攜行李衣褥尾之而行，忽而落後，渺不可見。此地曠僻多盜，意必有失，同京江下馬坐草間，命一僕從來路尋覓，呼之數百聲，不可得。遂同上馬，又行五六里，見一驅牛車之人，時已五鼓，説汝等行錯，此是武清往南，非向北路。問此處離武清遠近，曰不過十里，蓋中夜行四十餘里皆錯也。於是向北行十餘里，天漸明，始見村落，杏花盛開。巳時行至一村，飢甚，風大作，遂同入草舍炊飯，各食少許。風愈急，馬不可行，勉力衝突，砂石飛揚，不見馬首。行十餘里，風漸定，然馬亦疲乏，屢卧塵土。申時至京師，詣乾清門請安，是三月二十日也。蓋上以十九日於天津登陸，二十日即進京師，滿洲諸臣於巳時到，余同京江以申時到。

魏麟徵《閩行日記》 康熙庚午[二十九年]十一月十日丁酉，從杭州西湖至湧金門。登岸，出鳳山門，細雨如霰，彳亍泥中。行二十里，抵浙江驛，一舟如斗大。是夕泊錢塘江干。

戊戌，江行六十里，富陽縣界。六十里富陽城，負山面江，有春江第一樓。晚宿其下。

己亥，四十里黄山頭，十五里桐廬縣界。

過桐廬，有灘，西爲桐江驛。

三十里瀧口，上爲七里瀧。

庚子，五里過嚴先生釣臺。臺臨大江，地稱錦峰綉嶺。

十里柴步，二十里桐廬。

二十里望夫塔。

二十里建德縣界烏石灘，茅屋十數家，積薪水次，鸕鷀捕魚。灘流湍急，滚滚出亂石中，篙工力與灘争，乃得上。三里風門灘，二里篠里灘，又里許曰小灘，悉如之。南北岸兩峰對峙，頂有白塔，亦稱南、北高峰，是爲嚴州府治，建德附。瀧口至此七十里，諺云：「有風七里，無風七十。」自錢塘來皆西行，過此漸折而南矣。

十里桐溪步。

十里石壁灘。東岸橘山形如石房，或如樓閣，層迭結構，聳出雲際。西岸石壁巉立如削，亦一奇也。

十里過小羊灘。遥見燈火漸近，聽犬吠聲，有煙村可泊，遂繫舟焉。

辛丑，早行，十里石塘洪。

五里三河灘，五里將軍巖，下臨深溪，旁列嘉樹，可坐以避暑。五里桐子山，三里爻步，蘭溪縣界。

五里金梁，有灘，石淺水迅。舟人急持篙，始而立，繼以傴僂，又繼以坐，終乃仰卧，篙爲之曲。舟稍進，又起如前，或以手推，或以肘抵，或以趾拒，奮全軀之勢，喘汗攝息以渡。若舟與舟相觸，則寸不能上，諸灘盡然。五里焦石灘，石如煙色。竹筏浮灘而下，倏已遠颺，泝逆流，遇石尤風，殊爽然失也。十里女步，浙鹽行常山、江山者，到步易竹簍以載。簍二十二觔。十五里過水步，至蘭溪，屬金華府。城西爲瀔水驛，自此南行。

壬寅，蚤發，經磨船灘、下横山、鷺鷥灘、上横山，共十里。

二里皂夾洪，三里水居灣。水姓所居。

二里伍家聚，子胥後。三里蘆蓏灘，七里襄堰，有灘。

五里帽頭潭，龍游縣界。十里童灘。上、中、下三。十里七都灘。

五里鵝頭涇，二里相公灘，三里亭步驛。距龍游五里。

癸卯，五里木灘，五里陳灘。

十里野狐墩，五里羅漢松，各有灘。過桐廬至此，始見紅樹數株出林莽間，與藂碧相映，掩靄朝曦，景可留玩。大約蘭溪諸灘，視建德頗高，難渡。自此而上愈高，愈難渡矣。五里迎春潭，西安縣界。五里培風灘，上、下二。十里黄溜，五里安寧街。

五里箬帽灘，五里楊村灣，五里張港，俱有灘。

五里牌湖岐，有灘淺如前。五里漳樹潭。

甲辰，五里雞鳴塔，五里帝王灘，灘三。十里浮石潭，二里翁步，三里蘇木灘，次衢州府西安縣水亭門外。自錢塘至此，計水行六百里。前路水涸，將棄舟登陸。

乙巳，曉起，過衢州通廣門，向光遠門外西南行。

五里打鐵街，三十里北林。

十五里江山縣界，五里大溪渡，五里平塘，五里湖村。

十五里江山城北，宿。環縣高崖邃谷，景特奇勝。

丙午，入城。出南門，五里岳廟。寒甚，輿人燎火，久始行。

十里清湖，過渡入閩。至此溪流已斷，皆作山行矣。

十里花園岡。有寺，寺内黄楊甚茂。岡頭小樹半作紅葉，亦山行所僅見也。僧持武夷茶飲過客。

五里昭明橋。

五里石門鎮。地有石坊，故名。

十五里江郎街，過江郎山。俗傳周霞隱名史卿，修煉於此，後仙去，所至輒著靈異，仙霞關因以得名。山巔三片石，劍拔亭峙，𡺸險莫陟。其石隙呼爲一綫天。

五里楓樹岡，五里蘇嶺，土石皆紫。凡險峻處輒步過。

五里峽口，宿。

丁未，蚤大風。五里鷺鷥亭。

五里五雲亭，一里卿口交昌橋。五里窑嶺脚，五里窑嶺頂，有亭，俗呼窑半天。過嶺，五里保安橋。

五里仙霞嶺。五里過嶺，有關。

五里茶嶺，五里龍溪，五里小竿嶺，十里過古大仙嶺，宿廿八都。自清湖至漁梁一百七十里，分汛額兵千人，楓嶺營領之，兼肅浙、閩，此尤居中扼要之地云。

戊申，是日長至，五更起，望北遥叩。

五里溪口。南望楓嶺，若高不可上，上爲浙、閩分界。

二里鐵帽山。相傳有焦贊墓。

五里楓嶺，南屬福建浦城縣。山僧索余留題，時匆匆行，未暇也。下駐楓嶺營，自此東南行。

十里石龍庵，稍南爲廟灣。五里梨嶺，舊有關。

二里高波亭，五里九牧亭，五里回向庵，二里吴墩，三里寒橋，一里杉峰，二里血紫塘，一里皋亭。五里漁梁山，古稱天下十大名山之一。有瀑布，若珠簾窣地，建溪、信溪之水出焉。過嶺，地頗平曠，畝成膏腴。旅次宿。

己酉，五里畫墻頭，楓嶺營汛止此。五里新嶺，嶺路盡。昔江淹令浦城，云：「碧水丹山，平生所酷好，何嫌僻遠？」余到閩，如入園林，目不給賞，幾忘道途之倦。

五里仙陽鎮，南有揖仙橋，碑記云真西山先生故里。十里周塘。七里有橋，橋上有亭。十三里浦城縣。自衢州至此，計陸行三百二十里。遂買舟行，草橋泊。

庚戌，舟發浦城西門外，一里古老灘，一里柳亭灘，四里九秋橋，一里火燒灘，一里黄蒲灘，二里將軍灘，二里良子灘，三里九條溪。

五里石鼓碑，三里大石溪，二里紫崎潭。舟人遇淺，輒躍入水推。舟行沙石上，戛戛有聲。舟鋭前廣後，微聳起，中蔽箬篷，面鋪平板，僅可趺坐。底形方，取其穩。若過灘，横一木於舟腰，維以繩，兩人肩之，前者曳，後者擁。才上，則繩繞雙竹數匝，展轉而下，竿觸石間砉然。冬深水涸，所見如此。五里西潭，五里硿涯。

辛亥，五里太平灘，五里觀前。入溪口，船尾繫竹纜，繞船一匝，衆登岸引之。船首繩維竿，手挽乘急湍以下。東岸山曰小武當，瘦石雲聳，古木林立，頗云勝覽。過此水漸深廣，舟始用槳。下灘用棹，棹長二丈餘，與柁稱。

五里後塘，有浮橋，鐵索貫之，亦通陸路。觀前以南岸皆石壁，清溪繚繞，白沙碧樹，影入波中，一一如畫。二里老鼠灘，山下巨石如鼠。三里鎖鍊灘，一里蕉頭，五里菜洲灘。五里水北，人煙多。五里蕉溪，五里曹村。

壬子，五里松墩，五里溪源，三里澄源，五里蓮花石，三里老虎灘。三里舊館，爲水陸交會處。

三里南岸，三里塔嶺灘，甌寧縣界。望遠山如霧，窅靄空濛間。五里大侖灘，石骨嶙峋，煙雲萬狀。五里連甌。入舟以來，偃仰不自伸，眠食頓減，日夜意殊昏昏也。

癸丑，曉大霧，咫尺不辨。日高行，二里龍牙灘，五里小羅灘，五里瀛洲灘。俗呼平洲。四里大羅灘，一名羅隱灘，山上有祠。

五里苦洲，五里蜈蚣灘，五里回龍灘，十里龔墩。三里玻璃鋪，有灘。七里水吉驛，廟曰石磯，其神林公、張公，唐末破走黄巢，試劍石在焉。水、陸路至此分。

甲寅，大霧。十里七里灘，五里大湖，五里小湖，二里樹林灘。一里環琦灘，下一石有耳。二里雙門灘，石多奇峭。

五里牛尾灘，三里九菖灘，一里牛頭灘，五里小米灘，五里大米灘，五里清洲。二里雞心灘，南爲雙溪口，一水西流入建陽境，往崇安。十里葉坊驛，水、陸路又合。

乙卯，五里青桐灘。舟人登岸取柴。

十里桃葉村。六里紅硃灘，沙石皆赤。三里北津渡。二里念佛灘，有二石幢，鐫佛號。舟人呼阿彌陀佛灘。五里難公灘。五里城西驛，屬甌寧；南屬建安縣；俱建寧府附郭。

丙辰，大霧，發建寧臨江門外。通都橋久斷，過石罅，頗險。

二里烏鴉灘。

二十里梨灘，十里五馬潭，五里太平驛，三里盆灘。

三里鐃鈸口，十五里呂口，五里蒙洲，五里房村口。

十二月朔丁巳，晨起，作憶去年此日在杭州，前年此日都門，又前年茅山先慈墓下。歲月如駛，感慨繫之。

入南平縣界，十里三節灘，三里大横驛，十五里龍孔灘，大、小二。十里油灘，二里黯淡灘，三里鑿灘。亦大、小二。二里延平府，附郭南平縣。

延平城在山上，緣山民居瓦屋鱗比。岸旁有明翠閣、百角樓諸勝。過延福門外浮橋爲劍潭，一水西流，往邵武、汀州境，俗呼丁字水。迤南有化劍閣。

五里大灘，望城南峰頂雙塔對峙。十五里湘灘，灘二，亦稱大傷、小傷。溪多木筏。十里徐洋。十里吉溪，同公車客同泊。

戊午，五里蛇溪，五里金砂灘，五里葫蘆山，五里茶洋。自此南行，十里岳溪，十里鷓鴣塘，五里九里潭、羅漢灘。

五里蛟龍潭，五里尤溪口，十里樟湖坂。十里嵢峽，南爲古田縣界。過雲頂鋪、秤鈎灘，八里平瀨，二里黄田驛。

十里穀口，十里鵝洋，十里上灣口，五里螞蟻灘，五里下灣口，五里雷尖灘。五里水口驛，一名困關。鹽運分司駐。【略】延平以南，山不甚高，榕最大，他樹甚少。溪愈闊，流愈迅，至水口水始平。

己未，五里白蓮塘，五里飯甑石，二十里安民溪，五里大箬，五里小箬驛，二十里閩清口，十里梅坡。

十里大士閣，十里新塘，十里大目溪。二十里白沙驛，侯官縣界。十里葉洋，十里竹崎所。十里甘蔗洲，山水尤佳，果木叢植，環蔭如亭。時荔子、龍眼、橄欖諸實俱已盡落，惟朱橘累累，猶懸碧樹，亦籬落間物色也。

庚申，十里白石頭，十里古侯官治，十里芋源驛，十里洪山橋。又二十里南臺洪山橋。登陸，十里福州府，附郭爲閩縣、侯官。自浦城至此，計水行七百七十里。

自浙江杭州府治至福建福州府治，共計水陸行一千七百二十里。

郁永河《裨海紀遊》 丁丑［康熙三十六年］春王，遂戒裝行。

二十四日，午刻出南門，至大橋。會雨，留宿吕陽邸舍。

二十五日，天稍霽。行三十里渡烏龍江，宿霧初收，江光如練，望海口羅星塔影，如一鍼倒懸水中。

二十六日，度相思嶺。【略】晚宿漁溪。

二十七日，曉行，肩輿在晨光薄靄中。村民攜犂牽犢，往來隴上，余買山無日，不勝慨然。午刻至浦尾，輿夫以肩輿置小舟中，余雖乘舟，實坐輿中。舟人持竹篙挽舟，在岸上行，舟去甚疾，岸上撑船，舟中乘轎，一時兩奇事僅見於此。岸旁多老榕，根株盤結，離奇萬態。有十餘樹排聯半里，而仍屬一株者。余常維舟其下，至今念之，愛其榮茂如昔。再過涵頭，煙火萬家，一大村落。【略】晚宿興化郡。

二十八日，行莆陽道中。麥已秀，風過成麥浪，蓋四月時令也。嶺南春早，於此可見。

二十九日，渡洛陽橋，至泉郡。【略】晚宿郡城。

二月朔日，宿沙溪。

初二日，行四十里，至劉五店，即五通渡也。渡實支海，廣十餘里。登舟，飆風驟至，巨浪如山，帆掠水三尺，傾斜欲覆，浪入舟中，衣冠盡溼。抵岸即厦門地，顧視日影，已墮崦嵫。復行三十里，抵水仙宫，漏下已二十刻。旅舍隘甚，無容足地，姑就和鳳宫神廟坐以待曉。明日假水師裨將公署館焉。晤蕭山來子衛，爲余覓舟，爲渡海計。

十六日，小瘥，風亦暫止，舟人促行。遂登舟，俄而急雨驟至，雨過風復横，海船在巨浪中摇曳震蕩，凡三晝夜無甯息。登舷望港口，左爲厦門支山，右爲海澄縣古浪嶼山，兩山對峙，蜿蜒入海。盡處有小山矗起中流，舟子言是大旦門，海船出洋必由此。

十九日，風息波平。石君、董君皆至，方共叙三日闊，董君忽委頓，伏艎底大嘔。舟人伐鼓鳴鉦，揚帆起椗，約行二十里，抵向所見大旦門。有十二艘，皆依山泊宿。

二十日，無風，不能行。

二十一日，黎明聞鉦鼓聲，披衣起視，已乘微風出大旦門。一望蒼茫，淼無涯涘，同泊十二船參差並進。望舟左數十里外有土坡，隱隱可見，凡自厦門往臺灣水道當自乾趨巽，舟師忽轉舵指坎。比午至黄土坡下椗，使從者問之，對曰：「舟無風不行，依此暫泊耳。」復問：「此何處？」曰：「遼羅，是金門支山。」蓋已去大旦門七八十里矣。視同行，僅得三舶，餘皆不復可見。頃之，有微風，復起椗行。比暮，視黄土坡猶未遠，以風力弱不勝帆也。始悟海洋汎舟固畏風，又甚畏無風，大海無櫓摇櫂撥理，千里萬里祇藉一帆風耳。憶往歲榕城晤梁溪季君蓉洲，言自臺令旋省，至大洋中，風絶十有七日，舟不移尺寸，水平如鏡，視(徹)[澈]波底，有礁石可識，斯言誠然。既暮就寢，初更風漸作，寤聽舷間浪激聲甚厲，而艎中董君呻吟聲若相和不輟。夜半渡紅水溝。

二十二日，平旦渡黑水溝。臺灣海道惟黑水溝最險，自北流南，不知源出何所。海水正碧，溝水獨黑如墨，勢又稍窳，故謂之溝，廣約百里，湍流迅駛，時覺腥穢襲人。又有紅黑間道蛇及兩頭蛇繞船游泳，舟師以楮鏹投之，屏息惴惴，懼或順流而南，不知所之耳。紅水溝不甚險，人頗泄視之。然二溝俱在大洋中，風濤鼓蕩，而與緑水自古不淆，理亦難明。度溝良久，聞鉦鼓作於舷間，舟師來告，望見澎湖矣。余登鷁尾高處憑眺，祇覺天際微雲一抹如綫。徘徊四顧，天水欲連，一舟蕩漾，若纖埃在明鏡中。頃之，視一抹如綫者漸廣漸近矣。午刻至澎湖之馬祖澳，相去僅十許丈，以風不順帆，數輾轉不得入澳，比入已暮。

二十三日，乘三板登岸。三板即脚船也，海船大，不能近岸，凡欲往來則乘三板。至欲開行，又拽上大船載之。岸高不越丈，浮沙没骭，草木不生。【略】澎湖凡六十四島澳，【略】悉斷續不相聯屬，彼此相望，在煙波縹緲間，遠者或不可見，近者亦非舟莫即。澳有大小，居民有衆寡，然皆以海爲田，以魚爲粮。若需米穀，雖升斗必仰給臺郡，以沙磧不堪種植也。居人臨水爲室，潮至輒入大室中，即官署不免。頃之歸舟。【略】申刻出港，泊澳外。舟人駕三板，登岸汲水畢，各謀晚餐。【略】夜半微風徐動，舟師理舵欲發，余始就枕。

二十四日，晨起視海水，自深碧轉爲淡黑，回望澎湖諸島，猶隱隱可見。

頃之，漸没入煙雲之外，前望臺灣諸山在隱現間。更進，水變爲淡藍，轉而爲白，而臺郡山巒畢陳目前矣。近岸皆淺沙，沙間多漁舍，時有小艇往來不絶。望鹿耳門，是兩岸沙角環合處，門廣里許，視之無甚奇險。門内轉大，有鎮道海防，盤詰出入，舟人下椗候驗。久之風大作，鼓浪如潮，蓋自渡洋以來所未見，念大洋中不知更作何狀，頗爲同行未至諸舶危之。既驗，又迂迴二三十里，至安平城下。復横渡至赤嵌城，日已晡矣。蓋鹿耳門内浩汗之勢不異大海，其下實皆淺沙，若深水可行舟處不過一綫，而又左右盤曲，非素熟水道者不敢輕入，所以稱險。不然，既入鹿耳，斜指東北，不過十里已達赤嵌，何必迂迴迺爾？會風惡，仍留宿舟中。

二十五日，買小舟登岸。近岸水益淺，小舟復不進，易牛車，從淺水中牽挽達岸，詣台邑二尹蔣君所下榻。計自二十一日大旦門出洋，以迄臺郡，凡越四晝夜。海洋無道里可稽，惟計以更，分晝夜爲十更。向謂厦門至臺灣水程十一更半，自大旦門七更至澎湖，自澎湖四更半至鹿耳門。風順則然，否則十日行一更，未易期也。（常）［嘗］聞海舶已抵鹿耳門，爲東風所逆，不得入，而門外鐵板沙又不可泊，勢必仍返澎湖。若遇月黑，莫辨澎湖島澳，又不得不重回厦門，以待天明者，往往有之矣。海上不得順風，寸尺爲艱，余念同行十二舶未至，蔣君職司出入，有籍可稽，日索閲之，同至者僅得半餘，或遲三五日至七八日，最後一舟逾十日始至。友人僕在焉，訊其故，曰風也。余曰：「同日同行，又同水道，何汝一舟獨異？」曰：「海風無定，亦不一例。常有兩舟並行，一變而此順彼逆，禍福攸分，此中似有鬼神司之，遑計遲速乎？」余以舟中累日震蕩，頭涔涔然，雖凭几倚榻，猶覺在波濤中。【略】王君圖便安，卒登舟，挽之不可。余與顧君率平頭數輩，乘笨車就道，隨行給役者凡五十五人，時四月初七日也。經過番社即易車，車以黄犢駕，而令土番爲御。是日過大洲溪，歷新港、嘉溜音葛辣。灣社、麻豆社，雖皆番居，然嘉木陰森，屋宇完潔，不減内地村落。【略】見營官，中途爲余治餐，意余必適。彼爲御至佳里興，至則二鼓矣。問孰爲宿處，則營中也。【略】聞漏下三十刻，乃就寢。

初八日，仍馭原車返麻豆社。易車，渡茅港、尾溪、鐵綫橋溪，至倒咯國社，日已近暮。憶王君此時乘南風，駕巨艦，瞬息千里，余至則後矣。乃乘夜渡急水、八掌等溪，遲明抵諸羅山。倦極，坐憩。天既曙，復渡牛跳溪，過打貓社、山疊溪、他里、務社，至柴里社宿。計車行兩晝夜矣，車中倦眸欲瞑，每至深崖陡塹，輒復驚覺。所見御車番兒皆徧體雕青，背爲鳥翼盤旋，自肩至臍斜鋭爲網罟纓絡，兩臂各爲人首形，斷脰猙獰可怖，自腕至肘纍鐵鐲數十道，又有爲大耳者。

初十日，渡虎尾溪、西螺溪，溪廣二三里，平沙可行，車過無軌迹，亦似鐵板沙。但沙水皆黑色，以臺灣山色皆黑土故也。又三十里至東螺溪，與西螺溪廣正等，而水深，湍急過之。轅中牛懼溺，臥而浮，番兒十餘扶輪以濟，不溺者幾矣。既濟，值雨，馳三十里，至大武郡社宿。

十一日，行三十里，至半綫社。居停主人揖客頗恭，具饌尤腆，云過此多石路，車行不易，曷少憩節勞？遂留宿焉。

十二日，過啞束社，至大肚社。一路大小積石，車行其上，終日蹭蹬，殊困。加以林莽荒穢，宿草没肩輿，半綫以下如各天。至溪澗之多，尤不勝記。

十三日，渡大溪，過沙轆社，至牛罵社。社屋隘甚，值雨過，殊溼，假番室牖外設榻，緣梯而登，雖無門闌，喜其高潔。

十四日，陰霾，大雨不得行，午後雨止。聞海吼聲如錢塘怒潮，至夜不息，社人云海吼是雨徵也。

十五、十六日，皆雨，前溪新水方怒，不敢近。

十七日，小霽。余榻面山，霾霧障之，凡五日，苦不得一覩其麓，忽見開朗，殊快。

十八日，又大雨，嵐氣盛甚，衣潤如洗。階前泥濘，足不得展，徘徊悵結。

十九日，晨起忽霽，差爽人意，計二三日水落可涉，則前路匪遥矣。比午方飯。南風颼颼起萍末，衣潤頓乾，覺快甚。飯罷風漸横，草木披靡。念兩海舶當已至，不然殆矣，王君奈何，意甚憂之。薄暮有人自海濱來，云見二巨舶乘風而北，益駭。披襟坐大風中，至三鼓勉就枕，然竟夜無寐。

二十日，晨刻風定，無從得二舶耗。顧君慰余曰：「君無憂二舶也，彼非南風不行，既久無南風，昨風又横，無行理，何憂爲？」土官使麻答爲余問水，麻答是番兒之矯健者。問水，探水之深淺也。曰水急且高，未可涉也。

二十三日，余念二舶，遂叱馭行。行二十里至溪所，衆番爲戴行李，没水而過。復扶余車浮渡，雖僅免没溺，實濡水而出也。渡凡三溪，率相越不半里。已渡，過大甲社，即崩山。雙寮社，至宛里社宿。

二十四日，過吞霄社、新港仔社，至後籠社。甫下車，王君敝衣跣足在焉，泣告曰：「舟碎身溺，幸復相見。」余驚問所以不死狀，曰：自初三日登舟，泊鹿耳門，候南風不得。十八日有微風，遂行。行一日，舵與帆不洽，斜入黑水者再，船首自俯，欲入水底，而巨浪又夾之。舟人大恐，向馬祖求庇，苦無港可泊，終夜徬徨。十九日猶如昨，午後南風大至，行甚駛，喜謂天助。頃之，風厲甚，因舵劣，不任使，强持之，舵牙折者三。風中蝴蝶千百繞船飛舞，舟人以爲不祥。申刻風稍緩，有黑色小鳥數百集船上，驅之不去。舟人咸謂大凶，焚楮鏹祝之，又不去。至以手撫之，終不去，反呷呷向人，若相告語者。少間，風益甚，舟欲沈。向馬祖卜筊，求船安，不許。求免死，得吉。自棄舟中物三之一，至二更，遥見小港，衆喜倖生。以沙淺不能入，姑就港口下椗。舟人困頓，各就寢，五鼓失椗，船無繫，復出大洋，浪擊舵折，鷁首又裂，知不可爲。舟師告曰：惟有划水仙，求登岸免死耳。划水仙者，衆口齊作鉦鼓聲，人各挾一匕箸，虚作棹船勢，如午日競渡狀。凡洋中危急，不得近岸，則爲之。船果近岸，浪拍即碎，王君與舟人皆入水，幸善泅，不得溺，乘浪勢推擁登岸。顧視原舟，惟斷板折木，相擊白浪中耳。余亟問後舶安在，王君曰：「彼舟利涉，自十八日已先余舟數百里矣，尚何能知之？」余聞王君言，意欲回車。復自計曰：驅馳千餘里，何惜一二數日程，不往探後舶確耗乎？

二十五日，與王君共一車，兼程進。越高嶺三，至中港社午餐。【略】飯竟復登車，由海壖横涉小港，迂迴沙岸間。三十餘里，王君指折舵碎舟脱死登岸處甚悉，視沙間斷木廢板尚有存者，惟相對浩歎而已。又浮一深溪，至竹塹社宿。溪水湍急，役夫有溺而復起者。奴子車後浴水而出，比至，無復人色。有人自雞籠、淡水來者，言二十日風後有一舶至。余聞之甚喜，謂王君曰：「沈舟諸物固無存理，然大鑊與冶器必沈沙中，似可覓也。且一舟猶在，無中輟理，君毋惜海濱一行。」遂留王君竹塹社，余復馳至南嵌社宿。自竹塹迄南嵌八九十里，不見一人一屋，求一樹就陰不得，掘土窟，置瓦釜爲炊，就烈日下以澗水沃之，各飽一餐。途中遇麋鹿麏麚逐隊行，甚夥，驅獫猲獢，獲三鹿。既至南嵌，入深箐中，披荆度莽，冠履俱敗，(直)[真]狐貉之窟，非人類所宜至也。

二十七日，自南嵌越小嶺，在海岸間行，巨浪捲雪，拍轅下，衣袂爲溼。至八里分社，有江水爲阻，即淡水也，深山溪澗皆由此出，水廣五六里。港口中流有雞心礁，海舶畏之，潮汐去來，淺深莫定。余停車欲渡，有飛蟲億萬，如急雨驟至，衣不能蔽，遍體悉損。沙間一舟獨木鏤成，可容兩人對坐，各操一楫以渡，名曰莽葛，番舟也。既渡，有淡水社長張大罄折沙際迎，遂留止其家。視後舶果已至，當風横時棄擲數物，餘皆獲全，然不過前舶之餘，計所亡已什八矣。爰命張大治屋，余留居五日以待。

五月朔，張大來告屋成。

初二日，余與顧君暨僕役平頭共乘海舶，由淡水港入。前望兩山夾峙處，曰甘答門，水道甚隘。入門水忽廣，漶爲大湖，渺無涯涘。行十許里，有茅廬凡二十間，皆依山面湖，在茂草中，張大爲余築也。

[七月]二十三日，平明風雨俱息，比午有霽色。呼番兒櫂莽葛，至山下渡余登海舶。過草廬舊址，惟平地而已。余既倖生存，亦不復更念室中物。敝衣猶足蔽體，解付舟人，就日曝乾，復衣之。遂居舟中。

二十五日，水既落，乘海舶出港。至張大所，有病者一人殞舟中，爲葬山下，以屍骨無渡海理也。

二十九日，復大風雨四晝夜，洪水又至，走二靈山避之，驚怖又甚於前。幸早避，得免涉水，然在空山中，竟一日夜不得食。

初四日，雨止風息，再返張大所。

初八日，有一舶入港，言初五日三舶同自省中來，半渡遭風，一舶已碎，其一不知所往。友人顧君、敷公在焉，念之甚切，自此旦旦出海上望之。

十五日，中秋節，番兒報舊址茅屋成。尚有臺郡病夫二人不能歸者，從余走海外沙際遥望。午後張大攜肴核至，與余就沙際飲，抵暮而返，不見一帆。

十六日，乘莽葛返茅屋中。

二十五日，忽聞有海舶至，驚喜出户，則顧君、敷公至矣。問遭風飄泊何所，云是日西岸頗無風，半渡風至，舟人强持之。已見雞籠、二靈諸山，值潮落，不得入港。陳某一舶已觸岸爲齏粉，惕然轉舵，歸西岸，泊定海鎮山下。舟中器具悉敗，需補製，而大風又半月不輟，故遲來，幸無恙。而余前遣歸一舶亦以是日至，問病者歸去何若，則死已過半矣。

十月朔，硫事既竣，將理歸櫂。命衆役夫向山間刈薪，午後又使人檥三板水涯以待。

初四日，復出至張大家，與別，遂登舟。

初七日，未刻值風便，與顧君舶同出大海。北風方勁，巨浪如山，行不數里，余舟檣折，有聲。回視顧君一舶，亦大呼檣折。二舶在巨浪中，既無復入港理，隨風蕩漾，意必飄南方千里外，憂不能寐。

初八日，侵曉風息，余攬衣出視，晨光初動，宿霧未收，而一輪紅日從鷁尾水底湧出，三躍而後昇，大如車輪，海波盡赤，不瞬息已高丈餘矣。向聞登州日觀擅奇，殆未必如余所覩也。將午，遥見遠山在有無間，猶疑爲海上雲氣。午後審視漸真，舟師謂是省城官塘山。夜半抵官塘，猶屬海外孤島，不連内地。

初九日，自官塘趨定海鎮。巳刻將近山，顧君一舶業已先至，相見如夢。意二舶檣折，無並全理，竟達會城，歎爲神助。

初十日，復登舟。苦水涸，必候潮至始行。十里至閩安鎮，有副帥屯兵千人守口。再行十里，膠淺不前。

十一日，行不數里。

十二日，趁微風，以櫂佐之，望見南臺大橋。周子宣玉率數僕乘小艇來迓，既見歡甚。余與宣玉共乘小艇，同至大橋，登陸入城。

戴褐夫《庚辰浙行日記》 歲己卯［康熙三十九年］冬，鴻臚寺少卿兼户部科給事中保德姜公奉命督學浙江，貽書於余，欲余入幕中贊理其事。庚辰五月抵任，其公署在嘉興。是月十五日，遣一役及一僕至江寧相迓。余於十八日由虎踞關出太平門，是日天氣頗暑，而道旁多樹陰，余時時下肩輿，憩於樹下。【略】是日宿龍潭，過中山王及岐陽王墓；塚木森然，墻垣無恙。

十九日，至鎮江。登舟，宿丹徒鎮。

二十日，宿戚墅堰。

二十一日，泊虎丘。

二十二日，未至平望二十里宿。

二十三日，昏夜到嘉興。

嘉興試事既畢，於八月初六日往湖州。是日大雨，余坐肩輿出城，衣盡濕。登舟，宿平望。明日，到湖州行署。署狹隘甚，同行者多人，人各數尺地，殊不可一朝處。

九月初四日，始得往杭州。是日宿菱湖，泊奎章閣下。明晨，登閣望之，菱滿湖中，人家約數千，岸上皆桑樹，蓋東南蠶桑之盛莫過於湖州，而此地煙水茫茫，兼收菱芡之利，其風景甚可樂也。是日行數十里，望見杭州諸山，宿北新關。

初六日，入舉場。蓋杭州校士，舊有公署，而日就傾圮，不可居，故督學校士即在舉場也。

［十月］初十日，出草橋門，渡錢塘，過蕭山。

十一日，至紹興。

十一月初三日，謁禹陵。

初五日，登府山，游蘭亭。

初七日，自紹興啓行，泊舟舞陽侯廟。换小舟，游吼山及樂壽庵。還舟宿。

初八日、初九日，所過爲上虞、餘姚。

初十日，過西壩。壩左右各竪一柱，各繫索，挽舟使上。既上，縱而使下，若轆轤然。是日至寧波。

二十八日，過鄞縣。

二十九日，啓行還嘉興。

十二月初二日，過北新關。

初三日，至嘉興。

初九日，余與三君同舟行。

初十日，至閶門，大雨，不得登岸。是夜風雪大作，凡八日乃止，舟頗不得行。【略】余與鶴天至丹陽乃別。

十五日，自丹陽僱肩輿行。雪更甚，深且數尺，彌望皆白，真奇景也。

十七日，到虎踞關寓舍。

戴褐夫《辛巳浙行日記》 余以再赴督學姜公之約，於［康熙四十年］正月初八日啓行。策蹇驢，宿句容。

次日，至丹陽賃舟。是時，各官以賀新歲，往蘇州謁巡撫，舟盡賃去。薄暮，乃賃一小舟，僅如葉，晝夜行。

十一日，至吴門，宿友人汪武曹家。

次日，晤顧俠君、顧有常。晚乃登舟。

十三日，至嘉興時，姜公已發檄試嚴州。

十九日啓行。

二十日，泊新馬頭。

二十一日，渡錢塘。順風，行五十里。

次日，過富陽，宿桐廬。

又次日，未至嚴州五六里宿。

二十四日，大雪，至嚴州。

二月初八日，啓行往衢州，歷蘭溪、龍游。

初十日，未至衢州二十里曰樟樹灘，登岸觀樟樹，蓋千餘年物。

十一日，至衢州。

二十二日，游爛柯山。

二十三日，啓行往金華。是日仍宿樟樹灘。

次日，順風，行一百八十里。

次日，大雨，宿金華城外。

又次日，入行署。

三月十四日，啓行往處州。是日宿永康。

次日，宿縉雲。此兩縣峰巒峭拔，途徑曲折幽深，山花粲發，彌望不窮。昔人稱山陰道上應接不暇，正不逮此遠甚也。

十六日，過桃花嶺，至處州。

三月三十日，大雨，啓行往温州。是日登舟，舟小，僅能載兩三人。行二十里，至青田界。雨後羣山，皆有瀑布。

次日，過青田，薄暮至温州。

四月十三日，游江心寺。

十四日，登望海亭。

十七日，啓行往台州。是日，舟行三十里，至館頭陸行，宿樂清。

次日，宿大芙蓉。

次日，游雁蕩。

次日，宿黄岩。

次日，至台州。連日皆重嶺絶巘，肩輿不可上，則徒步行，力疲氣喘，時時坐地憩息，額汗滴於地，若雨點然。

五月初六日，登巾山。

初七日，游東湖。中有雙忠祠，祀方正學及東湖樵者。

初八日，啓行往寧波。蓋歲試已畢，而科試又自寧波始矣。是日宿朱嶴。

次日，宿寧海，謁正學祠，觀義井。途中見耕耨者，皆裸體匍匐田中，良苦，甚憫之。

次日，宿奉化。

次日，至寧波。寧波行署湫隘，略似湖州。

二十二日，仍飲鄞縣署中。

六月二十三日，啓行反嘉興。

二十五日，過曹娥江，登岸，入曹娥廟。

次日，過錢塘，泊新馬頭。

次日，過石門。

次日，至嘉興。

七月初九日，啓行往湖州。

十一日，至湖州。【略】滯至八月初七日，乃得啓行往杭州。

次日，至杭州。

九月初九日，啓行往紹興。是日觀潮。【略】潮退，乃渡江。

次日，至紹興。【略】至九月二十四日，乃得啓行往台州。是日舟行，宿三界，會稽、上虞、嵊縣交界之地，居民數十家。

次日，至嵊縣。嵊縣水與娥江水通，即剡溪也。

次日，陸行四十里，至新昌，游南明洞。

次日，行一百二十里，至天台縣。

次日，游赤城及天台諸勝。

次日，行九十里至台州，是十月初二日。台州城甚峻峭，下臨溪，溪與海通。前此之來，從西門外過浮橋入城，此則自西來，緣城行，仍入西門。

十二日，復登巾山。

十三日，啓行往温州。

次日，宿黄岩。

次日，宿大荆。

次日，宿大芙蓉。

次日，宿樂清。

次日，至館頭登舟，乘潮行，晚至温州。温州濱海，海舶泊於城外者，帆檣相屬不絶。

十月二十七日，啓行往處州。

次日，過青田。

次日，過石門洞，距青田七十里，登岸往觀焉。兩石竪道旁，如門，石壁甚峻峭，飛泉自上瀉下，亦多有奇趣。是日宿海口。

次日，至處州。

十一月初九日，游三巖洞。

初十日，啓行往金華。是日宿縉雲。

次日，宿永康。

次日，至金華。

十一月二十四日，啓行往衢州。是日宿蘭溪。

次日，游塔山趙氏園。又至城隍廟，觀鳳尾樹。

次日，過龍湫二十里宿。

次日，風順，日午至衢州。

十二月初六日，啓行往嚴州。

次日，未至蘭溪。

次日，至嚴州。

十九日，啓行返嘉興，凡六日乃至。是時歲科兩試皆畢，諸人次第散去。余與上元張兆人同舟反江寧，凡八日乃至，未及逐日記其宿處也。

顧彩《容美紀遊》 容美宣慰司在荆州西南萬山中，距枝江縣六百餘里，草昧險阻之區也。

［康熙四十二年］二月初四日，發枝江署中。來使一姓覃，其千總；一姓張，其幹辦舍人；舁行李者三人。使者先謁令君，犒以酒食。乃發舁夫，以高竹筐盛行李，束之於背。仍牽白騾一，甚駿，余乘之。從余者長兒肇祁及山東趙連城，併來使五人，共八騎。行李中釜鬵帳幔皆具。日午出枝江東門，漸趨西南行，無大道，皆山峽樵徑，荒草茸雜，岡巒回互。道多虎迹，人家稀少。薄暮抵龍山坪，四圍皆山色也。投宿民家，猶枝江境，以令客，甚敬畏。是日止行二十五里。

初五日，早行。日出時雨，反披羊裘，而行路皆荒阜，連亘起伏不一。小埂出水田中，磽确泥淖，下騎扶掖乃過。忽然岡嶺四合，如行蜀棧。就松間打火作飯，使者出所持乾魚、鹿臘，席地張傘食之，甚可口。出山口，前阻大溪，波濤洶湧，雨復滂沱，無橋梁可渡。幸水尚清淺，從者負余，蹇裳徑涉，一人在前持杖測淺處，或没至腰。既渡，坦道，暮抵官渡坪。屬松滋縣。就農家借宿，辭以窄小，不肯留。然雨甚，計無復之，徑驅騎入，一嫗攔阻，欲鞭之，乃强留。後甚畏敬，出薪燎衣，點松脂作燭，照余吟詩。有一少年頗識字，見詩贊歎，謂其老人曰：「非歹人也。」鄰里争來觀客，雜坐夜話，嘈嘈與雨聲相間。雨稍微，乃就寢。是日行五十里。

初六日，雨不止。入山漸深，路徑愈窄，亂石嵯峨，瀑泉奔注。連渡溪澗六七重，水冷砭骨，人馬皆惴惴。出苦竹坪，竹篠蒙密拂人面，挂帽鉤衣，不可以騎。前行者奮刀仰斫，路稍開，前臨危崖，陡立百仞，路乃在其上。攀蘿捫葛，相緣而登及高原。野燒之後，黑如煤釜，草根如鍼，刺人足底。彌望陰慘，不類人境，而林風蔌蔌，設有虎豹來偪，人莫之避也。下坡，石皆緑色，碎如豆瓣，流雨浸之，琮琤有聲。峰回路轉，煙雨蔽之，蒼莽蓊蔚，作黄大癡畫。暮抵薛家坪，宿逃亡空舍中。以竹篠爲牆壁，無復門限。從人掘舍旁木葉堆，得鐵鼎鐺一具，白米二斗許，喜曰：「天助我粮也。」是日約行六十里，然抵官道百里。

初七日，雨。山路益窄，中注清泉一道，深無底。踏碎緑石，脆如炒豆。然不可俯視，以路在山腰，下皆陡壁也。是日忽高出雲杪，忽下入泥沙，行旅參差，上呼下應，因憶老杜詩云「我行已水濱，我僕猶木末」，真奇景也。薄暮至羅村，地屬岳州之天平所。民舍在下坡，無徑可入。適半坡有義塾生徒畢散，乃啓籬門入宿焉。夜爇火四隅，防虎。正苦溼薪不可卧，忽有樵童投寄輭草一束，遂藉之而寢。是日約行六十里。

初八日，晴。早行，路滑，幾墮不測之崖。時有雲氣來襲，人輒如入綿絮中，更不辨足底高下，最爲危慄。飯兩崖間古松下，有茶客數人驅驢至，亦坐憩松間，云此處距宜沙不過百里，分兩程可到。因登坡上，指數峰外一峰崩労，瘦如芝蓋，即宜沙也。須臾客去，復循崖而行，晚至南山坡，有佛廟，荒頽不可居。幸已得平地，山月明朗，沙土乾燥，東行數里得民房，門道甚整，屋宇亦寬，雞豕牛驢成隊，而闃無主人。余令從者入探之，其東廂有竹牀布被，架上有衣襦，不扃鎖，而無人焉，疑不敢輒入也。少選，有鄰姥過籬外，問之，姥云祇管住，無妨。姑解鞍，厝行李於西側房，夾竹爲牆，中有磨牀農具與薪。俄而主人歸，姓李，見投宿人衆，亦了不瞋怪，意鄰姥先告之矣。余問何故委畜物而久不歸，設爲人攫去，奈何？李笑曰：「深山中鬼亦無一箇，誰攫者？且年成幸好，豈有賊乎？」噫！此太古風也。仍舁竹榻至，然松作飯，又餽青蒜一把供夜膳。是日約行五十里。

初九日，晴。早過三里坪，茸草輭沙，可以縱轡，蓋希遇也。下馬，同衆摘野菜，煮食之甚鮮美。三里外又無一寸平地矣，少而夕陽在山，斷虹飲澗，紫緑萬狀，石壁如靛，遠峰爲日光所映，皺處色如鈎金，儼然在唐小李將軍畫中。宿處奇險，地名漁陽隘，直上陡壁，半腰有孤亭，不知誰所築，覃千總曰：此五臺山半山亭魯智深古蹟也。中堆木葉灰。縛帚掃净，施褋於其中。夜半有虎從對山過，從人皆見，目如炬燈，所乘馬懼，人立而嘶。急撤亭前廢材，盡以篝火張傘五六把向之，虎徐步去。是日約行五十里。

初十日，晴。行數里，忽見蒼峰削出，當面石紋旋轉如螺，其下炊煙滃然。從者喜曰：「已至宜沙矣。」路旁野蘭花甚肥大，特不甚香，叢生石罅。其道左巖洞明朗，隱隱見其中紅牆碧瓦，謂是廟宇，近觀則非，蓋石色之所變幻也。從人先爲余安行李於民家，王姓。然後謁宣慰君於行署。【略】是日行二十五里。

十七日，發宜沙，約余偕遊南府。南府在石林山，君之外府也，亦據山水之勝。仍以二騎及行李夫四人來，君辭先行，請余後發。南府之距宜沙百五十里，君令捷足舁肩輿，一日可到。度余不能及之，諭從人作兩程緩行，細玩山景。甫出山口，大雨滂沱，衣褋盡溼。路既高危，行雲霧中，須洞不見其下，但聞猨嘯及鵰鴣聲耳。中道雷電交作，巨瀑當道，策馬逆流而上，人與水鬬。而水勢甚急，雨復助之，此時無暇更恤沾溼，但覺波濤撞擊肩背，差可快耳。抵清官渡宿，尚屬石門縣。有板屋二楹在高埠，館人預儲供應，炬火燎衣，夜分乃寢。計行五十里。

十八日，雨。過麻寮所，屬岳州府，半隸容美。一村如巨鎮，街衢平直，亦有土官駐劄，人煙頗盛。前後皆大山，巉巖秀削，面面改觀，問之皆無名。土人謂山爲坡，此地皆西坡也。暮抵白菓樹，地名。荒坡無店舍，惟古銀杏樹一株，大百圍，腹空，可容十許人，行旅就宿其中。已爲雷火焚去上枝，就根爲牆，構薪作寮鋪居焉。夜多然薪環其外，而四遠不知何人放火燒山，炬如列星，照耀通夕。夜半大雨如傾，衣被盡溼，最爲狼狽。計行五十里。

十九日，雨甚。寮鋪既不可居，徙倚張蓋，就餘火作飯訖，冒雨行。上大隘關，土人名爲咨牙關，直上二十五里。壁立千仞，回視麻寮諸山皆平地矣，此乃容陽第一門户也。關前石各異狀，有青獅、白象、蓮臺、燈擎、香鑪、净瓶、如意等形，煙雨瀰漫，或見或不見。而杏花滿山，深紅淺白，爛如堆錦。攀援至頂，乃得平地。入關數里，名三路口，有戍堡空房，可以避雨。因入作飯，雨甚，遂留宿焉。衣褋無一寸乾者，盡伐關前木，篝火燎之。入夜忽天宇澄霽，月明如晝，山翠欲滴，玩月久之始睡。所乘馬忽逸去，從人惶駭，冒泥水追覓，天曉乃得之。是日止行二十八里，早宿。

二十日，晴。稍下坡，爲核桃荒徑八里，泥没人踝中，多尖石，腐木磊砢隔礙，馬步俱不良行，乃路之最惡者。荒盡，至五里坪，則天開一嶂，山環水繞，如十二翠屏，桑麻雞犬，别成世界。人居疏密，竹籬茅舍，猶有避秦之遺風焉。路左一面山豁，平遠千里，如中原。從人云：「非無山也，山俱在下，俯視不可見，故若平耳。」踰一砦，抵南府，計行三十二里。寓於張桓侯廟。

三月初二日，君戒行，將歸中府。中府名芙蓉城，俗曰老司里，距南府百里。以五鼓先發，復令騎從來邀余同往。甫就道，復大雨，從者請疾馳，恐雨深江漲，不可渡也。巳刻抵江岸，一望汪洋，亂石出没如黿鼉，其底莫測深淺。土人名爲難到江，余改其名曰蘭濤。此蓋山頂之江，其窮處注爲瀑布，匹練下垂。土人編竹木爲橋，偃卧水面，旁施扶欄，側足而行，惴惴恐墮。橋凡十餘節，踏一節，餘俱撼動。一人過訖，後者乃登，人多則莫支矣。土人云：再過一刻，水没橋面，則必從西山紆道取百順橋過，較遠二十里，崎嶇不可步。過江上李虎坡，相傳昔有虎化爲人，自稱姓李，居此，故名。即樺皮嶺之南支山，插入青霄，窮日未能到頂。半坡有狹路紆曲，而平開一嶂，民居十餘區，地名東鄉坪。君之壻劉天門名躍龍，官椒山司安撫使，知詩，好讀書。預儲饌於山房，呷酒鮓魚，留余夜話，因宿焉。夜大雪，寒冽如隆冬。是日行五十里。

初三日，上巳，雪。由東鄉坪上陟至頂，泥滑不可駐足。雪大如毬，草木俱垂冰筯，寒砭人骨。平西一望，有大山壁立如屏，其高千仞，色如蔚藍。

白雲朵朵綴其上，宛如巨幅青錦，繡成白牡丹花，真奇觀也。稍下，復上一坡，借民家避雪。劉天門亦至，民家乃其部下旗長也。劉、李二姓。具雞黍及蕨粉、餅餌，余素不飲，至是寒甚，飲五六甌。雪止乃行，猶小雨，抵細柳城，宿公館。計行四十里。

初四日，雨。發細柳城，徒有城名，實無城也。其中平而山遠，可試騎射，君有園曰衆春在焉。涉巨澗，循平麓，迤邐而西，皆康莊坦道，可並轡而馳。兩崖山態萬變，煙雲卷舒，如行西湖十景隄間。有小酒肆，可下馬沽，君之所設以便諸將吏往來也。抵中府。僅十五里。

中府爲宣慰司治城，環城皆山。寓余於龍溪之百斯庵。

住中府一月，無日不雨，況味如深秋，四月初方有霽色。君約余同往平山，君先一日行。平山在中府東二十五里，八峰之盡處也。

四月初四日，早行路，由細柳城上山。北麓皆奇險，舍馬策杖而行，且行且憩，逶迤出峽口。石色葱蒨，多竹木，流澗淙淙，溼透履底。下坂，過天心橋。橋在兩崖間，下臨七十仞深澗，兩崖壁如鏡面，步步鑿磴，僅容足，逡巡而下。至橋面，以碎石下投，作霹靂聲，久乃至底。若投輕物，則翔舞，逾時不下，蓋龍氣所逼也。過橋，緣磴而上者四十仞。半道有石闕，一夫當之，萬人莫敢仰叩。君嘗於是設守以禦亂，爲司中之絶險。崖石皆如月白粉箋色，可以書大字。惜無蘇米之筆，亦從無以一字污之者，殆爲山靈全本來面目耳。石闕以上爲下平山，高處有關夫子廟，廟前對峙二奇石，穴石施楝，以起戲樓。守關沈千總奉主命設中伙於廟，候余久矣，至則飽餐。乃扶掖余上山，始得平地。余寓在胡親將家，胡本官廚，其子爲親將，賜宅於三十二峰草堂。其堂東面下臨陡澗，正對三十二峰。

［六月］【略】遂定期於六月二十五日行。是日君亦往天泉。

二十五日，君遣前使覃千總領向把總、彭百户、柳門子及行李夫三人，以騾一馬二送余起程。【略】司中小校及歌者皆隔宿攜酒榼來與余從人餞別，相持而哭失聲。辰發雲來莊，循東北山麓行。熱甚，但有水處輒下騎覓飲。飯於過山坪，食瓶中魚鮓極美。夕至細砂溪，止於向把總之家。【略】細砂溪者下有洞，出白雉，羣飛可羅，人家在其上。是日止行三十里，此非來時路，乃司中官道，路較寛，但多坡磴，多下少上，下即低身。千尺坡易下，磴難行，重山疊水，煙村斷續相望。

二十六日，所行皆高荒，地寛平，四山皆遠。飯民家，殺雞供膳。宿燕子坪，田中黑石棊布，如羣燕掠地而飛。土户餽蒸肉。所宿處亦君行館也，扁曰燕子亭。是日行四十里。

二十七日，由燕子坪折而西行，復轉而北。其路屈曲，碎石礧磈。地名梅籃坡。直下爲樺皮界，自巔至底十八里。略上爲紅毛尖，其頂尖削闊僅二尺，下俯千仞，到山脚又二十二里。紅毛尖有小小佛廟，上坡者度不能至頂，則宿於此，次日乃上樺皮界。紅毛樺皮插天礙日，土人熟行者猶望而畏之，外來客至此無不憮然却步。幸是下坡，猶不勝疲，況上者乎？容美迎客多取道南府，蓋大隘關雖高，猶有曲折，不似此之陡削也。山脚有巨澗，浴其中，水清而多樹陰，解鞍飲馬，即澗中造飯，且浴且食，取溪中魚蟹，炙之下飯。憩良久，復行，東至百順橋。磴道懸絶，舍馬背負而下。上橋，北有關公廟，稍坐乘凉。驟雨至，避入廟舍。度雨不止，則宿廟中矣。俄而雨霽，日未下舂，從者皆欲賈勇復行，乃前進約二十里。至大面山，如行磨盤，路皆側滑，需人背負。向夕復雨，投宿民家，暑溼不可卧。牛虻大如蟬，夜來嚼人，最可憎怖。是日行七十里。

二十八日，抵灣潭，與南府僅隔一坡，路皆高平。人家稀少，皆縛柳葺蒲以爲筐筥，家家養蜂作粉，流水小橋，榆柳映帶，桃熟，纍纍如火。齊宿山濤閣，亦君之行署也。彭百户以蜂蜜蕎粉來餽，向把總以足疾辭歸。是日行五十五里。

二十九日，早行，草長於人，露重如雨，衣襪盡溼，暑氣蒸鬱。進石梁荒，地屬石梁安撫司。路奇險，岡巒起伏，樹陰猛惡，地無晴雨皆泥淖，殆瀑泉之所噴激，林露之所滴瀝也。其坡八上八下，須疾馳而過，恐一雨則阻水不可行。凡四十里至牛項嶺，蒙翳不見天日，豸虎老蛇竄伏吟嘯，陰風如吼，最可駭怖。一行李夫病，遂宿於荒中，余不暇俟也。荒盡爲杜鵑坪，始疏豁，覃千總等俱入土地廟打火作飯。此時已過險，彼此相慶。下坡爲菩提界，壁立萬仞，至底二十二里，一氣下，不能留步。既下，過水二重，俱有石梁可度，景最幽異。石梁所以名也。宿栗子坪唐旗長家，供雞黍，是夜雨。是日行七十里。

三十日，大雨。待行李夫不至，俄見菩提界高處有白點，僅如蟻，徐徐移過松林而下。從者喜曰：「夫來矣。」俄頃果至，自云夜宿窩鋪中，遇青衣鬼，爲所迷，故久不醒，然行李無失也。余命沽酒犒之。雨不止，漲溪不可涉，仍宿東坪尚百户家。是日止行五里。

七月初一日，晴，乃行。路平坦，連岡舒緩，流水淙浄，多茶客。抵油溪，屬石梁司。宿民家，室宇窄隘，無牀榻，深夜涼甚，牛虻螫人，蛙鼓聒耳。是日行四十五里。

初二日，始向正北行。灣環皆石壁，或玲瓏多竅，或平若截餅，石紋如層虹，最可撫玩。黄楊亭亭如蓋，楠木大二十圍，皆外人所未覩也。上九反坡，抵五峰司，步步踏石，行亂流中。有安撫司署，後有園池之勝。【略】宿司前民舍。

初四日，出關。關下山勢平遠，可以縱轡驅車，渼堰相望矣。抵謝家坪宿。地半屬司，半屬長陽縣。是日行六十里。

初五日，過長樂坪，長四十里，路坦如康莊。兩邊皆山，煙巒萬變，應接不暇，如入畫圖。草中多獐鹿，狎不避人。但少亭臺以爲點綴耳。【略】坪盡爲三登坡，稍上復下者三，至底十二里。石磴嶙峋，下馬策杖而行。渡漢陽河，清淺可浴然，容之地界到此盡矣。抵漁陽關宿，屬長陽縣。有守關吏，猶食容美之禄，待客甚恭。是日共行七十八里。

初六日，行平岡，無復山險。至白馬溪，乃更起羣峰，一潭澄泓，民居環之，茶客二十餘人，放驢滿山。余雜之共宿一店，溪中每夜有物大呼，不知何怪。是日行□□里。

初七日，行大荒，無奇景。至錢村屬闕六字。家林宿，野鬼迷人，怪鴟叫嘯，一行李夫迷不得出，逆旅主人秉燭登高呼之，夜分始至。是日行六十里。

初八日，下磻子坡，至此無山矣。渡□□河，辰時抵枝江縣。共行二十五里。

戴褐夫《丙戌南還日記》 丙戌［康熙四十五年］四月，余自京師南還。十四日，使僕賃車。十五日，【略】行七十里，宿良鄉。

十六日，行一百四十里，宿定興。

十七日，飯於安肅。【略】是日宿清苑，凡一百二十里，道旁有楊柳。

十八日，行一百二十里，過慶都，宿定州之清風店。

十九日，過定州、新樂，宿真定之福成驛，凡一百二十里。是日始聞布穀，又見池中有荷，岸有野花。

二十日，行一百里，過真定，渡滹沱，宿落城。

二十一日，行一百里，宿柏鄉。是夜始有雨。

二十二日，行一百二十里，飯内丘，宿邢臺。此兩縣皆有山相連屬。【略】行數十里，至沙河，沙深没馬腹，馬畏之，往往車不能行。是日行一百二十里，過臨洺，宿邯鄲。

二十四日，行一百里，過磁州，柳陰夾道，數十里不絶。【略】渡漳河，望銅雀臺，宿安陽之豐樂店。

二十五日，過彰德湯陰。【略】是日宿濬縣之宜溝驛，凡一百一十里。

二十六日，渡淇水，過淇縣，宿汲縣，凡一百一十里。

二十七日，過延津，道中有碑，曰「陳平張倉故里」。凡行一百一十里，宿封丘之于家店，距黄河不遠矣。

明日啓行，余坐車中假寐，既覺，見所行非大路也。問車夫，車夫曰：「此捷徑，可省二三十里。」余密語二僕：「此可虞也，各執利器備之。」蓋自磁州以南，土肥而連得雨，故麥皆有秋。至是，刈麥者相望，而人家亦頗稠密，車行往往無路，或行麥田中，輾轉達於黄河之岸，而前此屢經雨，路多泥濘，前後左右往往有淖不可過也。車夫不辨路東西所向，輒策其馬使東，東復策使西，馬不知所爲，則絶靷而奔，阻於淖而止。車夫徐行至其前，拊其背，抱其項，誘之來，使就轡。既就轡，仍鞭之，馬負痛復逸，如是者數焉。余與二僕皆下車行，車凡陷於淖者三四，盡去車之所載，舁之，良久乃得起。一居人爲指示大路，薄暮乃得達。是日約略行百餘里，乃達大路，則距昨日所宿二三十里耳。盡日不食，飢且疲。車夫時時目余，怒曰：「沙河誤我事。」余佯爲不聞。至是，益信其爲老爪之黨，而此日之小徑行，實欲速，反得紆回，非有他也。

明日，早至黄河岸，無渡船，候之日中，乃得渡。高岸重迭，直接於開封，黄河故道依稀可見。【略】是日入城，宿逆旅。

五月初三日，余辭［巡撫］汪公南行。【略】是時水涸，周家口去汴三百餘里，乃賃車，於初四日出城，徐公使人送之郊外。是日宿陳留。

初五日，行一百二十里，過許，宿扶溝之李家潭。

初六日，行一百一十里，至周家口。【略】周家口屬商水。先是，徐公已使人在舟中相迓矣。余與徐君登舟，遂辭徐使去。

初七日，未行。

初八日，行九十里，泊襄城之淮方口。是時水涸，過灘甚艱險，往往相視咫尺，踰時不能過。余與徐君上岸，行一二十里，至淮方口候之。夜將半，舟始至。

初九日，行六十里，泊界口。

初十日，行九十里，泊潁州之界牌集。

十一日，行八十里，泊潁州之洄溜集。

十二日，行九十里，泊潁上。

十三日，行六十里，泊正陽關。關不開，至十六日始開關。順風，行九十里，泊壽州之下蔡。

十七日，風不順，行可四五十里，泊處不知名。鄰舟落落無多，頗有警，徐君終夜不成寐。

十八日，行一百八十里，泊長淮衛。

十九日，行四十里，泊臨淮。

二十日，順風，直抵盱眙。先是，余與徐君計之，舟過洪澤湖，風濤險惡，而舟甚輕，尤難行，莫若自陸路至揚州爲善也。明日早，各使一僕登岸，各賃肩輿一、驢三。午後始回，云有牙儈者任其事，金已付矣，約以明日行。

二十一日，凌晨驢至，而肩輿不至，問牙儈，則云輿人者既得金，則逸矣。

明日，周君薄責牙儈，而使人賃肩輿二，余輩乃得成行。宿天長之張官鋪，凡九十里。是日始見陂塘堤堰，男婦俱下田分秧，宛然江南風景矣。

二十四日，行九十里，宿天長之人和鋪。

二十五日，行九十里，至揚州。是日熱甚，輿人流汗且喘，余憫之，或徒走，或賃驢行。既至，余與徐君各賃一舟。

明日，諸人至舟相送，即開帆。至三叉河，泊舟登岸。是時造有行宫，一僧導余入，遍爲之指示。復登舟，至江干，見無風波，遂過江，泊丹徒之新里。

二十七日，行百數十里，泊無錫。

二十八日，抵蘇州寓舍。

程庭《春帆紀程》 余世籍新安，自先大父僑居維揚，遂隸籍焉。余生四十七年，未嘗一睹故鄉面目，【略】迨今康熙五十七年戊戌二月，十期於初三日，果於行矣。酉刻登舟，偕行者方子公由，家彤有侄，登舟後，詩以志喜。

初四日，至真州閘口，粮艘鱗集，梗塞難前。更乘舴艋，櫂至黄泥灘，上江船。是日西風不利，未得解纜。

初五日，黎明東風微起，挂帆行，三十里至青山之白茅墩。忽西風大作，矴舟江心，掀簸不已，舟中人心煩目眩，殊不可耐。日將暮，勢莫能鼓櫂而前，青山一帶，又素稱萑苻之澤，未敢卜夜。於是回帆，仍宿於黄泥灘下。

初六日，西風如昨，留方子督率童僕，在舟候風，余與彤侄各束襆被，覓肩輿，由陸途先發。四十里，飯於東溝，【略】飯畢行，六十里至瓜步，唤渡。過俞氏山莊，門徑荒蕪，竹蔓叢雜，近又不知歸誰氏矣，慨歎久之。自瓜步至浦口四十里，堤柳行行，水田井井，時正殘霞斂江岫，纖月出林表，門掩幽篁，鬧村童讀書聲，江鄉樂趣，吾不如老農矣。是夜宿浦口。

初七日，自浦口募輿夫，訂驢券長行。二十里入江浦縣，晤曹子清。門屋後小圃，梅花正放，香氣襲人，啜清茗數杯別去。二十里，飯於高望鎮。又二十里，至烏江，宿揚子端揆寓中。

初八日，十五里孟家橋，野水無航，輿人褰裳濡足，□輿涉水，余獨浮木罌以渡。又十五里沙河，家咸遠再侄貝壺飧，覓漁舟以俟。食畢渡江，江行二十里，至采石磯，即翠螺山也。山下人煙稠密，悉環山面水而居。【略】又二十里，長堤夾柳，周道坦夷，直接太平府治。穿城度浮橋，宿南關外。

初九日，四十里玩鞭亭【略】沿途堤柳如采石道中，自此五里一蘭若，十里一津亭，隨處泉茗清潔適口，不似長安道上河潤艱難，令人吻内生煙，無解渴處也。二十里入蕪湖縣城，度浮梁而南，又三十五里，住石會鎮。

初十日，早渡石會河，坡陀曲詰，無復平衍。彤侄謂余曰：「自此漸入山徑矣。」行三十五里新林鎮，又三十里，宿南陵縣東門外郵亭，囂雜絶無意趣。

十一日，三十三里雞子嶺，上有漢壽亭侯廟。又七里三板橋，再二十里過下坊渡。【略】蓋江船自真州開行，至宣城之灣沚鎮，復易山船，約兩日程抵此地，即從陸矣。又十五里晏公塘，輿人息肩小餐，人家多編竹作箕，遠近爭購，不識能媲美京口，入宣武之賞否？又十五里，宿考坑。

十二日，朝陰欲雨，午霽。十里踰月明嶺，十里白花鋪，人家屋後青山，屋前流水，香松白雲，石梁風磴，宛如圖畫，此景惟大癡筆法能之。又二十五里吴家橋，飯畢，五里入三溪。三溪左右危峰插天，中横深澗，兩山瀑布奔流，争入澗底，其聲琮琮然。山半石崖廣不及丈，人馬行崖側，時有盤谷旋風吹來，幾不能立足，令人凛然。回環紆折，亘十里有餘，至稿口溪而止。【略】自稿口二十里，入旌德城，時已曛黑，叩逆旅投宿。

十三日，分界山，徽寧接壤境也。又二十五里，至新嶺之麓，另覓山轎，雇健夫舁送過嶺。嶺極險峻。【略】自頂而下至九里坑，共十五里，健夫等曳山轎辭去。余復乘故輿，行二十八里，宿臨溪，計距余家之岑川僅五十五里。

十四日，三里至界牌嶺，自此入歙邑境矣。【略】入境二十里桂林村，洪氏居焉，彤侄内舅洪子席玉邀至家，具醇酒，温淘作餉，飽餐而别。十五里至太平橋，俗名河西橋是也。【略】立橋上右眺，黄山諸峰，千片芙蓉，隱隱羣插天外。左瞻太平十寺，紺宇蒼松，疏鐘夕照，恍非塵境。循石欄而東，五里越豐隆嶺，又十里抵岑山，族中老幼歡迎，牽裾執手，樂何如之？

［三月］二十七日，治裝，别通族。酉刻登舟，便道雄村，辭二萊業師。留酌，定侯偕曹子聖和攜襆被來同行。過義城村，許子子和亦至，遂放舟泊於朱家村。

邵嗣宗《舊鄉行紀》 癸亥［乾隆八年］春正月八日，由太倉起程，晚至崑山。

九月十日，舟次吴閶。

十一日，自吴江至烏鎮。

十二日，至杭州東新關。

十三日，過江塘，是夜舟泊錢塘。

十四日，曉發，經三澗江，紆迴曲折。溯流而上，夜抵富陽。

十五日，渡桐江，經富春山，一路山勢重疊，高岡綿亘，迴抱合沓，迆邐而入。柳子云：「舟行若窮，忽又無際。」此殆似之。自是以上，率以爲常。是日晚霽，夕陽如赭，江月皎然。

十六日，過釣臺，經乳香巖，至嚴州。【略】夜大風雨，舟次宗潭。

十七日，渡馬没灘，波清若鏡，可鑑毛髮。至倉後灘，溪水奔溢如駛，舟不得上。自是灘水之迅日甚一日，每涉一灘，泉聲若吼，過則渌水澄澈，波紋如縠。

十八日，早發。將至茶園，有山萃起，絶壁崚嶒。午刻雨甚，篷窗縮瑟，山色迷濛，但一片煙景耳。過藻河，民居傍山依水，斜交密布，崖石窿然，築亭其上，緑樹映帶左右。夜泊遂安港口。

十九日，復雨。過淳安，經響山潭，四圍高山，潭中有響，四山皆應。

二十日，雨甚，舟不得進，阻錫行渡。

二十一日，渡雲頭潭，至八郎廟灘，勢險急，較前益甚。四山積雪，寒氣逼人。

二十二日，雨雪。渡米灘、牽鑽灘、横石灘，三灘爲徽河最險處，過此則水勢略緩矣。夜泊綿潭，雪益甚。

二十三日，天霽。渡莊溪而上，夜泊岑山。山峙中流，林木蓊鬱，樓閣隱現，望若仙居。

二十四日，發程山渡，夕春未下抵屯溪。

二十五日，雨。易小舟至梅林，水漲，舟不得進。

二十六日，雨，至休甯縣。

二月一日，謁静村下普林祖塋。

七日，往龍源。

八日，往霞村。

九日，往西館環珠。

十日，往甌山，至座主金慕齊翰撰第。並至石嶺。

十二日，往水南，歷古城巖。

三月一日，辭别親黨，歸吴。

四日，早發，下汶溪，天色晴明，波光蕩漾。午刻抵屯溪。

五日，發屯溪，春水灌河，舟行若鶩，峰迴路轉，倏忽變態。晚至街口。

六日，至淳安，泊百步街。

七日，過嚴州，晚至鸕鷀源口。

八日，過桐廬。日亭午風甚，舟不進，次新店灣。

九日，巳刻至富陽，風復甚，舟不進。

十日，抵錢塘江，易小舟進杭州城。再易舟，夜發。

十一日，曉至新市，經含山。是日清明節，游人雜沓，有水嬉者。夜泊大船坊。

十二日，午刻至吴閶。

十三日，辰刻抵家。

曹鈞《南遊筆記》 乾隆戊辰［十三年］二月十三日晚，隨仲兄掌文登舟。先余至者二客，一程淩萬，一少年方姓。後至者三，夜深未通問，各就寢。

十四日蚤起，訊後至爲孫郁先、孫倬雲、沈美如。倬雲久客杭，言西湖甚悉，遂訂同遊。

十五日，過高郵，望氾光湖，驚濤中小舟如走馬，輒作乘風破浪之想。

十六日，泊江口，風作，不得渡。步進瓜州城，景色荒淡。歸舟，風益甚，落日亭亭。

十七日，渡江，過金山。【略】今又風利，不得泊，悵甚。入口抵鬧，舟鱗集，莫能前。引觴高詠，頹然倚枕。

十八日，黎明潮湧，回舟出港，轉焦山放櫂。迴顧金山，彼人巧此天工也。及暮，下丹徒閘。

十九日，由丹陽歷常州，舟泊城下。

二十日，雨。舟子牽笮而行，日僅數十里。晚泊潘葑，或云地多偷兒，同人秉燭夜話。

廿一日，清晨至無錫。

廿五日，【略】因假寐，寐起別瑶階，攜惠泉下蘇州。

廿六日，平明過滸關，舟次官塘，菜花夾岸。抵閶門，寓上津橋徐宅。

廿八日，舟南下。帶雨，暮過吴江。

廿九日，風逆。抵嘉興，飯於鍾子生伯家。對岸爲煙雨樓，艤舟獨上。

三十日，夜大雨，旦霽。過石門，夾岸桑柘陰陰。行百里至長安壩，兩旁砌石，中泥坂高丈許，絞舟以達上河。過臨平、臯亭兩山，臯亭一名半山。峰巒數十里。晚入杭城，寓仙林寺無垢房，乃倬雲舊寓也。

［三月］初七日，別倬雲、心印登舟。始由上河入杭，過臨平、臯亭兩山前，今取道由塘棲過兩山之後，去山較遠，若隱若見。杭俗清明日多駕小舟，少年試拳勇，比刀槊，舟行望之不絶。

初八日，風雨逼舟。【略】午餘晴暖，兩岸菜花清芬襲人。吴歌低唱，嫩白自斟，不覺斜陽下西崦矣。

初九日，夜復雨。平明抵滸關，舟壅，久乃得過。雨未止，風逆，舴艋伏不可仰，篷無隙光。有王某者附舟，窘甚，分遊資贈之，至無錫別去。

初十日，返侯寓。

（越南）黎貴惇《北使通録》卷四 辛巳，乾隆二十六年六月二十六日、二十七日，仍駐。風順，由舟人販鹽不行，遣通事請欽差官開船，猶許舟人商賣，托以風少未可行爲辭。

二十八日，巳時行一百三十里，酉初至畝下河駐。地屬和州。

二十九日，巳時行三十里，至西梁山，無風，駐。

七月初一日，仍駐。初二日，行二十五里，至江邊沙州，無風，駐。地屬蕪湖，與四合山對岸。

初三日、初四日、初五日、初六日大風雨，仍駐。初七日、初八日、初九日、初十日、十一日、十二日無風，並仍駐。

十三日，午時行二十五里，申至蕪湖縣城駐。發船户銀，整禮祭江，祈神祠。以下常祭並同，不贅書。

十四日，辰時祭江南省大江水官之神。【略】其日順風，仍駐。

十五日，辰時行八十里，未刻半至繁昌舊縣駐。風方順，舟人賣鹽，遣請進行，彼答明早。

十六日，巳時行七十里，酉刻至丁家洲，駐。

十七日，巳時行十里，至銅陵縣城外控油港，駐。

十八日，辰時行一百里，酉初至上池口塘，駐。

十九日，辰時行，過貴地縣一百二十里，申刻至安慶府城花園澤港，駐。

二十日，仍駐懷寧。

二十一日、二十二日、二十三日、二十四日，並守風，駐。

二十五日，辰時行七十里，酉至路灌溝，駐。屬望江縣，與東流縣對面稍下。

二十六日，辰時行六十里，酉時至蒼陽鎮，駐。

二十七日，辰時行六十里，申時至彭澤縣對岸沙洲，駐。

二十八日、二十九日，並阻風，駐。

三十日，辰時行六十里，申初至湖口縣，對岸八里江駐。風方順，欽差待縣官來拜，不行。

八月初一日，無風，仍駐。

初二日，少風，行十里，至沙洲駐。

初三日，行四十里，未初至九江府城港，駐。

初四日，卯時祭江西省山川及河伯之神。亦同祭各省，乂約寫今抵九江府德化縣地方。【略】午時風色順，舟人賣鹽不行。

初五日，風大順，仍駐。遣請開船，伊謂舟人言，只行得三十里，此風便逆，姑待之。再差言：「江路迴轉，舟子所諳，固不敢辨。但待順於彼則逆於此，將如之何？」伊因以對，只答明日而已。

初六日，巳時行四十五里，申至陸家司。風息，駐。屬湖廣省黃梅縣。

初七日，午時行十里，至新開口驛，駐。

初八日、初九日，仍駐。由欽差管家人陳魁前站船賣私鹽，爲驛上巡司察出，捉船户二人、鹽百斤餘送縣。縣官欲動文申詳，欽差尚使解説，以是未行。

初十日，巳時行四十里，申刻到中廟塘。大風雨，駐。

十一日，無風，行五里，至武穴駐。屬廣濟縣，大市鎮，貨俱備，舟船多聚。

十三日，欽遇天皇帝萬壽聖節，使臣行詣欽差官船，望闕行三跪九叩禮。仍駐。

十四日，仍駐。

十五日，中秋節。四船户水手叩賀，賞銀兩土宜。仍駐。

十六日，行二十里，至蟠塘駐。

十七日，行二十里，至田家鎮駐。二日並無風，牽挽而上。

十八日，順風，正使官船沿西岸七十里，至魚陽口駐。欽差官横渡東岸，船户少遲商賣。二副使官船從片風勢捲迫，悉力移出。申時始行四十里，侵夜至蘄州駐。二伴送船亦從渡東岸，得風先發，前抵漁陽口駐。

十九日，二副使船行一百二十里，至楊葉洲。欽差官船下，在流回磯駐。正使官二伴送船，並至黄州城駐。

二十日、二十一日，並阻風雨，駐。

二十二日，欽差官船渡江行十里，與二副使官同駐。夜行十里，至觀音洲駐。

二十四日、二十五日，並無風，駐。

二十六日，行七十里，戌時至黄州府城駐。

二十七日，仍駐。重登赤壁山。

二十八日、二十九日，並阻風，駐。

九月初一日、初二日，並無風，駐。

初三日，行三十里，至三江口。無風，駐。

初四日，行五里，至江邊沙洲。無風，駐。

初五日，仍駐。

初六日，辰時行一百二十里，申至入溪鋪，駐。

初七日，巳行六十里，申至漢陽府，龜山津駐。

初八日，行十里，至湖北省武昌府城，鯶魚港駐。

是日晚，驛道官已差吏送票，給宣樓船四隻，照例打發。其呈文無有投納。

初十日，換船。

十二日，遣通事賫手本詣衙門致謝，并辭行。

十三日、十四日，仍驛。

十五日，巳時行十里，至白沙洲。風大，駐。

十六日，辰行八十里，未初至江東□，駐。

十七日，巳行四十五里，酉至下簰洲，駐。

十八日，辰行五十里，申至小林灣，駐。風方順，伊差前帖舟往嘉魚，故仍駐。

十九日，辰行七十五里，過嘉魚縣，酉至陸溪口，駐。

二十日，順風，仍駐。

二十一日，卯行一百六十五里，酉初至象骨港，駐。

二十二日，行三十里，午至岳州府城，北門港駐。

二十三日，辰時祭洞庭湖尊神。其日仍駐。

二十四日，順風，舟人以少雨不行，仍駐。

二十五日，東南風，仍駐。

二十六日，夕辰微順風，移舟五里。過岳陽樓，至南津港駐。

二十七日，順風，舟人以風大不行，仍駐。

二十八日，晴明，東北風輕，行一百八十里過湖，酉辰至雲田洲，駐。

二十九日，小雨，行六十里，未辰至湘陰縣。

三十日，早時行一百八十里，申初至湖南省長沙府城，駐。差通士稟到。

十月小，初一日，正使、乙副官並告，獨甲副官往贄見巡撫。

初二日，早差通事賫手本詣院司道各衙門，謝送下程，并辭行。【略】申時祭湖廣等處山川及河伯之神。文同前祭各省文，惟内寫今到長沙縣地方換船，以本日進行事關敬謹。是日巡撫官連□催促欽差官開船，酉時進三里，駐。

初三日，十五船船户手本叩賀，照例賞犒。欽差官取縣丁夫拽船，每隻二名。午時行二十五里，西至包爺廟，駐。

初四日，巳時行六十里，申至湘潭縣城，駐。

初五日，未時行四十五里，西至向家塘，駐。

初六日，早時行六十里，西抵渌口塘，駐。

初七日，早行七十五里，西至居亭汛，駐。

初八日，早行七十五里，西至石灣塘，駐。連日有雨，是日尤雨。

初九日，早行二十里，至衡山縣城，駐。未時再行十五里，夕至雷家埠塘，駐。

初十日，早行九十五里，西至樟木寺塘，駐。

十一日，早行三十里，至衡州府城駐。前年夜發州城，不知形勢。今年泝流而上，未至城約十里，右有一水頗闊，下柳州，直至廣東。過城東北有蒸水，色赤，來自寶慶府，至此江口。内石橋一座，不開，□石竇七門，通舟。其外名爲石鼓山，有合江亭。城廓甚長，舟船多聚，魚米大饒，芋薯極賤。

十二日，午時行四十五里，西至車江塘，駐。

十三日，大雨，辰行七十里，西至松柏街，駐。

十四日，早行六十五里，西至管山塘，駐。

十五日，早行六十五里，西至上山塘，駐。

十六日，早行五十里，西至牛肆塘，駐。

十七日，早行六十里，至祁陽縣城，駐。

十八日，仍駐。自湖以南，地豐和煖，草木繁茂，野花山竹，隆冬不凋，風土景物，宛如我國。上游湘潭而上，兩邊峰巒連亘，江路之玄，水勢猶稍平。自管山塘以上多灘磧，如登峻阪，水流湍迅，青藍徹底。

十九日，巳時行四十里，西至黄江司，駐。

二十日，早行七十里，西至永州老埠塘，駐。

二十一日，仍駐。

二十二日，仍駐。

二十三日，早行三十里，西至苓村塘，駐。

二十四日，早行二十里，至西牛灘。永州護送船覆，漂盡器物。十里至石期市，舟人回探家，仍駐。

二十六日，行五十五里，西至黑狗灘，駐。

二十八日，行二十里，至金州城駐。

二十九日，欽差官取民夫拽船，巳時行四十五里，未末至小江口，駐。

十一月初一日，行三十五里，未末至深逢塘，駐。

初二日，行三十里，西至塘家司，駐。由此以上水道漸狹，僅容一舟。

初三日，行十里，經華朝橋，舟船下帆柱。未時至分水祠，敬祭。【略】再行里餘，至興安縣城駐。

初四日，行十三里，申初至畫眉塘，駐。

初五日，【略】辰時行三十里，申刻至大溶江塘，駐。

初六日，早行十里，至大阜塘。【略】午時再行三十里，西至靈川縣城，駐。

初七日，行六十里，未時至廣西省桂林府城，駐。

初八日，正使、甲副使官往贄見巡撫兵部右侍郎熊學鵬。江南人，庚戌中進士。先投呈文二道，一請照例預差前路，一請行牌梧州以上州縣給夫拽船。

十一日，差通事岸忠詣撫院，投呈文乞行。【略】撫院送公咨一道，内開已扒船隻及應付廩粮，委官發兵護送出關，應咨本國差候命，到關接領，照例發號房土宜數色。

十二日，早甲副使詣院司，道各衙門謝，并辭行。

十三日，【略】申時祭廣西山川河伯之神，文如前祭分水祠，惟内寫今抵桂林府臨桂縣地方，以本日開船進行。酉時行半里，至舳艫橋駐。由差通事請開府官，報待明日。

十四日，過橋，仍駐。

十五日，申時行二十五里，夕至龍門水塘，駐。

十六日，早時行九十里，西刻又過鉛寶塘，五里至象棋角，駐。

十七日，早行四十里，至陽朔縣，又行七十五里，申至平樂府城，過軸轤橋駐。

十八日，大霧，辰時行一百十五里，西至黄牛塘，駐。

十九日，大霧，辰時行七十五里，至昭平縣，又行四十里，西至深沖塘，駐。

二十日，早行一百二十里，西至古攬塘，駐。

二十一日，早行一百四十五里，戌至梧州府塘，駐。

二十二日，仍駐。舟人整理蓬帆，以便上水。

二十三日，仍駐。

二十四日，午時泝流行四十五里，西至石良塘，駐。自此以上，亂石滿江，進行甚難。

二十五日，早行五十里，申至克先塘，羅伴送船觸石破壞，仍駐。促舟人修治。

二十六日，行十五里，至藤縣城，换夫再行十里，至下嶺塘，駐。

二十七日，行四十五里，西至黄棲州塘，駐。自此以上，亂石滿江，進行甚難。

二十八日，行九十五里，西至平南縣城，駐。

二十九日，换夫，辰時行七十里，西至石觜塘，駐。以下逐程换夫，不悉書。

三十日，行三十五里，辰時至潯州府城，迎眄亭下駐。差贄見府官全還，本日過巡官，行十五里，至錢村塘駐。

十二月大，初一日，行一百十里，西至石門塘，駐。

初二日，行一百二十里，西至貴縣城，駐。

初三日，辰時行七十里，西至老灣塘，駐。【略】自此以上，逐塘换夫，不悉書。

初四日，行五十五里，未時過龍門塘五險灘，詣伏波廟拜謁。【略】本日再進行二十五里，西至平伕塘，駐。

初五日，行七十五里，未時至横州城，駐。【略】其夜大雨。

初六日，行九十里，西至飛龍塘，駐。

初七日，行七十五里，西至三洲塘，駐。

初八日，行二十里，至永淳縣城，再行五十里，西至伶俐塘，駐。

初九日，行一百七十里，西至豹子塘，駐。

初十日，行十五里，至南寧府城駐。

十三日、十四日，仍駐。

十五日，申時祭廣西邕巡江河伯之神。文同前，内寫今抵南寧府地方。

十六日，遣詣鎮縣辭行。午時開船，數里駐。

十七日，午時行四十里，西至石埠塘，駐。

十八日，早行一百五里，西至揚尾塘，駐。

十九日，早行一百二十五里，西至新灣塘，駐。

二十日，早行十五里，至新寧州城，午時再行三十里，西至丁塘，駐。

二十一日，早行一百五里，西至逐鹿塘，駐。

二十二日，早行九十五里，西至賴灘塘，駐。

二十三日，早行八十五里，西至隴黄塘，駐。

二十四日，早行三十里，巳時至太平府城，駐。

二十五日，【略】客聞道台定來年正月二十八日開關，因寄語吏役，請縮期，且投文。

壬午乾隆二十七年，正月大。

初六日，【略】午時，【略】出祭山川及河神，二位分祭。放砲三聲，登舟還京。

孟超然《使粵日記》卷上 ［乾隆三十年］五月二十九日，自都門起程，夜宿良鄉。

三十日，發良鄉，自琉璃河至仙風坡，途中十圍之柳約數千株。是日晴雨不一，涼風習習，竟忘其爲溽暑中也。

六月初一日，發涿州，夜宿定興。

初二日，發定興。【略】午過安肅，小憩於漕河之慈航寺。寺臨水次，頗有濠濮之趣。是夜宿保定金臺驛，大雨。

初三日，發清苑縣，午過滿城。去滿城四十里入望都境。

初四日，發望都，道經帝堯廟，與堯母陵相去十里許耳。午過真定河。是夜由定州，宿新樂縣南門。定州塘鋪有書「陋室遺芳」四大字者，按：劉禹錫定州人，此殆其里居也。

初五日，發新樂，夜宿正定之龍興寺。【略】連宵驛亭旅店，吏卒喧嘈，是夜宿於雨花堂，槐陰松徑，垂簾煮茗，清風襲人，滌炎鬱而濯塵纓，信一樂也。

初六日，發正定，過滹沱河時大雨方行，山水驟發，中流洶涌，波浪駭人。予居京師五年，絶無舟行之樂，始登舟時，遠望青山如黛，林木葱蒨，殊爲爽然。惟北人不善操舟，横流湍急，喧呼聲相續，僮僕皆失色，不能如南方篙師之鎮静耳。憶光武渡河冰合事，爲賦一詩。聞河上有麥飯亭，詢諸舟人，無知者。是夜宿欒城。

初七日，發欒城，四十里至趙州。【略】去趙州十里，暑甚，入道旁破寺中。【略】夜至柏鄉，雨。

初八日，發柏鄉，道過臨城，六十里至内丘，又六十里至邢臺。【略】過豫讓橋。晚入邢臺城，又有國士祠。

初九日，發邢臺，二十里許渡沙河，又四十里渡洺河。【略】去永年二十里，入邯鄲，謁吕仙祠。祠前有方池，前祀鍾離，中祀吕翁，後有盧生石像，壁間題詠甚多，大抵皆夢中説夢也。

初十日，發邯鄲，七十里至磁州，原屬河南彰德府，今歸直隸，設州如故。蓋以漳水爲界，過漳則爲豫境矣。【略】是夜宿豐樂鎮，去鄴城四十里。

十一日，發豐樂鎮，四十里至彰德府。彰德，古相州，韓魏公故里也，書錦堂今爲書院。自安陽四十五里至湯陰，過美城鋪，即羑里。【略】二十五里至宜溝，雨。

十二日，發宜溝鎮，入衛輝府淇縣。道旁有碑，書「淇水」二字，流泉如故，但數株楊柳離立水次，無復青青菉竹矣。過殷三仁祠，與孔廟相對。尋至汲縣，即古牧野地。【略】是夜宿汲縣南城。

十三日，發汲縣，過新鄉，夜宿獲嘉縣亢村驛。

十四日，發獲嘉，行三十里許，望見廣武山。【略】一望平原無際，廣武山下有古戰場，即楚漢戰地。是日渡河，風日晴和，波浪不興。午至廣武驛。

十五日，發滎澤縣廣武驛，晨至鄭州。【略】是夜宿新鄭郭店驛。

十六日，發郭店，行四十里至新鄭城。自鄭州至新鄭郊外，官道皆挖山成路，忽而高坡，忽而深谷，田無阡陌，山少林木，視趙魏之邦沃野千里迥不同矣。晨渡溱水，隔岸看山，臨流倚柳，鄭之風景惟此最勝。【略】午入許州界，暑甚，憩僧寺中。是夜宿□□驛，去許州三十里。

十七日，自許州至臨潁。許、潁之間田禾與衛輝相等，迥非鄭州、新鄭之比。道旁有書「魏鄧艾屯田處」，平原沃壤，信爲地利。過純孝伯潁考叔故里。是夜宿臨潁南城。

十八日，發臨潁。是日暑甚，蠅蚊交集，夜不能寐。三鼓起行，三十里至李秀才家小憩。比天明，至郾城縣，則已行六十里矣。憩於王氏園林，飯畢又行，三十里至郾城小郭店。

十九日，發小郭店，三十里至西平，又六十里至遂平，館於王氏園林。

二十日，發遂平。【略】九十里至确山。自臨潁至确山諸邑，農田俱茂，且所過館舍極多叢桂高梧，清陰可喜，皆北方所稀見者。

二十一日，發确山縣，九十里至信陽州明港驛。

二十二日，發明港驛，行五十里渡淮，水甚淺，從人皆乘馬過焉。舟中可望見桐柏山，云相去有二百餘里。蓋淮水發源桐柏，由确山、信陽入潁州界，信陽正其沖也。過淮後，途中數十里平陂上下，頗有登陟之勢，但四望皆山，蒼翠蘢葱，回環旋繞，與北方之平沙蒼莽一望無際者異矣。水田綉錯，或高或下，泉流瀌瀌有聲，與北方之土脉燥烈、不分畦畛者異矣。田必有塍以界官路，塍上植木以防出入，與北方之禾苗被野、人畜踐踏不復愛惜者異矣。

二十三日，發信陽州，行里許又渡淮水，水愈淺，不可以舟行。六十里至李家寨，四面皆山，崎嶇詰曲，曉日方升，嵐光慾滴，板橋石磴，芳草幽林，儼然身入畫圖中矣。

二十四日，發李家寨，過武勝關。關南北皆山，山趾闢路，信險塞也。行四十里許，入湖廣應山縣界。舊驛路由信陽六十里至恨這關，近爲督臣奏請裁並改設，由信陽七十里至廣河驛，廣河七十里直至孝感小河司。舊途安陸、雲夢及孝感縣治俱置驛，今皆廢矣，惟聞應山驛馬增至加倍。由信陽至孝感界上，應山供應將及二百里，且將入廣河驛界，徒涉過河者七，聞水淺則不可以舟，或山水驟發又不及防，恐亦非永遠之計也。

二十五日，發應山廣河驛，七十里至小河司，新設巡檢駐此，應山、孝感交界地也。此七十里内路頗平坦。

二十六日，發孝感縣小河司，七十里至楊店驛，道路紆曲，實有百里之遠。楊店去黄陂界僅十里許。入楚至此，漸覺開闊，非信陽、應山之比。

二十七日，發楊店驛，比天明，已行六十里，至雙廟，又六十里至灄口，皆黄陂治也。黄陂漢西陵地，舊屬黄州，今屬漢陽，川原平坦，惟將入灄口有數里山路耳。

二十八日，發灄口即登舟，由後渡至漢口。陸行一月矣，舟中少憩，甚爲暢適。漢口人居稠密，商賈輻輳，信一大市鎮也。但蚊蚋之多，亦平生所未見者。

二十九日，自漢口渡江至武昌。江南北兩山對峙，晴川閣在大别山下，閣下兩石，大書「沱潛既道，江漢朝宗」八字。自漢口至武昌甫十里，而是日舟行甚遲，自卯至午方到。江山勝概，徐爲領略，亦一快事也。至皇華館小憩。即同積公登黄鶴樓。【略】是日暑氣甚酷，舟行半日，登樓半日，猶不能解炎鬱也。是夜宿皇華館。

七月初一日，居皇華館，熱甚。夕陽西沉，乃入武昌西門，出南門，至常豐橋登舟。夜泛六十里，至東湖驛已五鼓矣。遇南風，鼓枻不前。湖甚寬，頗作風浪，不免戒心。

初二日，發東湖驛，六十里至山坡驛，仍江夏治。

初三日，發山坡驛，行六十里，至咸寧城南。

初四日，發咸寧縣，行六十里，至蒲圻官塘驛。是日行獨遲，爲先一夕聞途中虎有傷人者。

初五日，發官塘，六十里至蒲圻縣，宿縣治龍門書院。蒲圻境内官路坦平，四面青山蒼翠，村煙矗矗，曉景夕嵐，俱爲絶勝。而林木之多，又北來三千里所未經見者，山率種松，長者百尺參天，新植者漸漸列行，田旁多樹花卉，石橋曲澗，野趣甚佳。又時方收獲，隴上腰鐮婦子俱集，信一樂土也。

初六日，發蒲圻縣，六十里至港口驛，宿於萬年庵。

初七日，發港口驛。六十里至臨湘縣長安驛。

初八日，發臨湘縣長安驛，六十里至雲溪驛。是日清風習習，始有秋意。

初九日，發雲溪驛，六十里至巴陵。

初十日，發巴陵，六十里至青岡驛，仍巴陵治。

十一日，發青岡驛，行五十里始爲湘陰北界，又十里至大荆驛。出都四十餘日，俱值天氣晴明，自入臨湘雖晴，而居停往往有濕氣，今日至大荆，雨後蒸暑，尤覺苦人。長沙卑濕，自古言之矣。是夜大雨，熱甚。

十二日，發大荆驛，六十里過汨羅江，江上賦詩一章，遂止於歸義驛。是日始見包茅。

十三日，發歸義驛，六十里至湘陰縣。過夏忠靖公祠，公邑人也。館於北門外邸舍，甚爲宏敞，聞舊爲佛寺，改建公館者。登高一望，湖光在目，翠竹緑蕉，環繞前後。是夜大雨。

十四日，發湘陰縣，六十里至長沙橋頭驛。是日陰雨。

十五日，發長沙橋頭驛，行四十里渡江，又十里許入長沙北門，館於善化縣治蘇州會館。【略】是夜大雨。

十六日，發長沙，大雨如注，午後始晴。傍晚渡江至湘潭縣，風日晴和，水波不興。時方雨後，四望青山如沐，人家如櫛，楚南風景，兹亦一大觀也。是夜館於昭潭書院。

十七日，發湘潭縣，仍渡湘江而南，九十里至黄茅驛。

十八日，發黄茅驛，九十里至衡山縣，宿於文昌書院。

十九日，發衡山縣，至西門，行三十里至岳廟下。自予發長沙，連日苦雨，晨行二十里，衡山已在望，但半爲雲霧所掩，行愈近則雲愈洶湧，因止於祝聖寺。

二十日，發衡山下祝聖寺，行五十里至普救渡。大雨如注。

二十一日，發救渡鋪，五十里至衡州，寓學使院中，前後俱植芭蕉，清陰可喜。是日途中北望衡岳，煙雲繚繞，非復昔日清朗矣。

二十二日，發衡州府城，四十里至清泉四塘。

二十三日，發清泉縣四塘驛，五十里至祁陽排山驛，入永州界，山徑漸狹矣。

二十四日，發排山驛，五十里宿大營鋪，山路愈狹，四顧皆草木，杉樹尤多。

二十五日，發大營鋪，亦從山徑中行。二十里許度熊羆嶺，嶺甚高，遥望若無路，兩山回合，山趾闢道，下臨深澗，行半日不見人居，甚爲荒凉。行五十里至縣治，將至縣時，山水頗開闊秀潤。

二十六日，發祁陽縣，行四十里，至孟公山下。

二十七日，發孟公山，五十里至永州府城，館於永州學使試院。【略】入零陵時，見道旁怪石甚多，亦多埋於榛莽者。

二十八日，發零陵，七十里至廣西黄沙河。去黄沙河三十里，宋中丞遣桂林張司馬來迎予。

二十九日，發黄沙河，五十里至全州。五十里内途俱坦平，長松數千株夾道，大者合抱，小亦數圍，每株官懸一木牌，分里數編爲號，聞新舊交代，則稽其數焉。

三十日，發全州湘山寺，六十里至唐家司，仍全州治。始出寺不里許，道旁懸崖或俯或仰，玲瓏剔透，中有流泉濺濺，高各數丈，亦山石之美觀也。過此則仍坦途，夾道松林，真生平所未見者。

八月初一日，發全州唐家司，五十里至興安縣。【略】是夜宿漓江書院。

初二日，發興安，七十里至靈川。去興安不二十里，過嚴關，兩山對峙，中作石關，可稱險隘。聞關内外氣候亦有差別，蓋桂林之門户也。過大榕江、小榕江，水淺甚，白石磷磷，臨流可數。入靈川境，過鳳凰橋，乃同年楊友蘇明府新修者。靈川四面皆山，而頗空闊，山皆巨石拔地，不可名狀。

初三日，發靈川，行二十里，憩於甘棠渡，蓋靈川縣治之南。水從東、西兩江來，合流於漓江，此地爲南北通衢也。海寧相國撫粤時，設浮梁，並墾田爲修橋費，至今遵之。【略】又行二十五里，至桂林府城，居於流恩書院。

初四日，驟雨。

初五日，雨愈甚，始入境時蒸暑如盛夏，至初五夜則襆被裝棉，中宵怯冷，氣候之異如此，且聞有一日内數變者。

又卷下　九月十三日，出桂林北門，【略】至甘棠渡，因於渡口館舍小憩。是日至靈川縣。

十四日，發靈川縣，楊友蘇送至三十里外興安縣交界處始還。是日仍過大榕江、小榕江，度嚴關，晚至唐家司登舟。

十五日，舟發興安唐家司。

十六日，舟至全州城下。

十七日，舟至黄沙河。自桂林至唐家司皆設斗閘，蓋猶用伏波遺法。【略】自唐家司以下，斗閘稍少，而民間設壩，數里相望。將至壩所，水流衝激可駭，不異吾鄉建溪灘行也。雖立下水，時遇北風，舟行亦不能駛。

十八日，發黄沙河，午過東安縣界。對面看山，横亘數十里，石罅垂垂，皆鐘乳也。山勢磅礴，非復粤西拔地奇峰，不相比附者矣。山至永州特奇，舟中見之，愈覺秀異不可名狀，或俯或仰，或凸或凹，或峻如削壁，或平如周道。每峰必有怪石，遠望若蹲虎豹，若人立，不可枚舉。岸旁皆石，移步换形。間有土山戴石，雜以林木，愈見其勝，若桂林。山則一望皆黑石，處處離立，不復連屬，未免見者生駭也。是夜舟泊磨盤塘，去零陵九十里。

十九日，舟發磨盤塘，至零陵。舟中所見山益奇特，真令人目不給賞也。【略】是夜泊零陵十五里外，作《永州山水歌》一篇。

二十日，三鼓即開船行。零陵至祁陽，陸路不過百里，而水程倍之。是日泊舟處去祁陽十五里，四更月吐方行，爲此十五里内亦有沙灘之險也。

二十一日，天明，舟至祁陽城下。【略】飯畢發祁陽城下，李君送至中流，並請留詩爲别。自祈陽至衡州水程三百餘里，是日晝夜行。

二十二日，晨起，聞舟人曰，自昨發祁陽至此，已百八十里矣。過祁陽數十里外，則石山漸少，土阜漸多。山多種杉木，林木葱鬱，水平流如掌，絶無灘石之險矣。是夜月上方開船，行不數里，大風驟起，急泊舟。卧聽水石相激，震撼可驚。五鼓披衣起坐，開窗四望，陰雲瀰布，寒氣凛然。

二十三日，天明風少止，開船行。始余在桂林聞自唐家司登舟下水，不五六日可至長沙，行十日矣，猶未至衡州。舟中悶坐，甚爲鬱鬱。是日遣僕駕小艇先至衡州，促其夫馬，計由陸路至長沙矣。是夜上燈時又大風，去衡州城尚四十里。

二十四日，辰刻至衡州城下。【略】是日爲陸行計，因至館舍小憩。【略】是夜憩於衡州使院。

二十五日，發衡州，行百里，至衡山縣。途中看山，甚覺爽豁。蓋桂山石黑如鐵，多怪狀，不免牛鬼蛇神。永州奇秀，而異態森列，至衡則氣局開張，峰巒宏峻，山川正氣於此獨鍾矣。

二十六日，由衡山縣行，六十里至黄堡驛，湘潭治也。是日天氣寒甚，村落寥寥。館舍即巡檢公署，荒凉之甚。

二十七日，至湘潭縣。是日大雨如注，百里内渡湘者再，道途泥濘難行。晚仍宿昭潭書院。

二十八日，大雨。自湘潭至長沙甫百里，而長途遇雨，行至二更方到。

二十九日，居賈公祠。

十月初一日，發長沙，巡撫及藩臬諸公俱餞送於南郊外。行一百三十里，至湘陰縣，已三鼓矣。

初二日，發湘陰縣，行一百八十里至青崗驛。是日頗晴，至夜仍大雨如注。

初三日，發青崗驛，行六十里至岳州，食於岳陽樓上。來時洞庭湖水直逼城下，平波無際，中望見君山如盤中螺黛，玆則水去城下直數十丈，近君山處亦露出一片平沙矣。【略】再行六十里，至雲溪驛。

初四日，發雲溪驛，行六十里天始明，至長安驛，臨湘縣治也。又六十里至港口驛，食於萬年庵，來時宿庵中。【略】是日又行六十里，二更始至蒲圻縣城中，宿於龍門書院。

初五日，發蒲圻縣，行五十里至官塘驛，又五十里至咸寧縣城南，已上燈矣。少憩於伍氏宅中。【略】行六十里，至山坡驛，宿於民舍。

初六日，自山坡驛行，一百二十里至武昌城下，已初鼓。

初七日，晨起渡江。【略】乘月色行，四十里至灄口。來時渡後湖，汪洋如大江，今則盡爲平陸矣。

初八日，發灄口，行百里至楊店。

初九日，發楊店，行百里至小河溪。小河溪市鎮頗盛。

初十日，發小河溪，行四十里至郭店。【略】六十里至東王店驛。【略】是日大風。

十一日，發東王店，行二十里許爲觀音河，遇雨。【略】行一百里至信陽州，輿夫病嘔血，不能行，又無代者，爲乘馬，雨後泥濘，甚難行。

十二日，發信陽州，行百里至明港驛。【略】至明港，則路坦平，非復信陽之比矣。

十三日，發明港驛，行九十里，至確山縣。

十四日，四鼓發確山縣，過遂平、西平，是日行一百八十里，至郭家店。

十五日，發郭家店，經郾城、臨潁，至許州。

十六日，發許州，歷新鄭，至鄭州。出新鄭北門，路西有宋太師歐陽文忠公墓。

十七日，發鄭州，行四十餘里渡河，冬間水落，非如來時盛漲矣。是夜宿亢村驛。

十八日，發亢村，至天明已行百里，至衛輝府。促具夫馬，又行百里，至宜溝驛。

十九日，發宜溝，至磁州。【略】過漳河時，亦俱成平陸，水稍深處架木爲橋，上實以土，亦古者輿梁之遺也。

二十日，發磁州，至順德府。【略】是日陰雨，天寒甚。

二十一日，發順德府，至欒城。

二十二日，發欒城，至新樂。過正定時，仍憩於龍興寺。滹沱河來時水甚洶湧可驚，及冬淺流，皆由浮梁而過。

二十三日，發新樂，至保定。【略】是日至保定，方初鼓，當事但遣僕通問而已。始就寢，天明方行。

二十四日，發保定，至定興。

二十五日，發定興，至長新店。先是至涿州時，先遣僕人入都，具復命衣冠。自入安肅後，途中所見與京師無異，喜於至京日近，不啻還鄉之樂也。

二十六日，發長新店，行三十五里進廣寧門，寓旅店中。

黄鉞《泛槳録》乾隆五十二年丁未正月，謁石君師於杭州。時師方視學兩浙，招之入幕。十八日，由蕪湖買舟至東壩。

十九日，泊高淳縣。

二十日，過高淳湖，抵東壩。換船至杭。

二十三日，到蘇州，泊閶門外。

二十五日，到杭州，寓西湖昭慶寺旁王氏小樓。

[二月]九日，隨石君師按試甯、紹兩府。渡錢塘，至西興，過蕭山縣。

十日，黎明過紹興，大雨，船滲漏。薄暮抵曹娥壩，冒雨渡江。換船，船狹而長，方言所謂艑也。彼處呼爲王瓜船，象形耳。

十一日，晨起過上壩，行十八里過下壩。壩以土，曳船上，沃水令滑，較濟運河險易迥別。

十二日，到西壩飯。期抵甯波西門，入校士館。

[三月]五日，由甯波赴紹興。五十里泊螺灣廟，候潮。廟門有古樟，可兩人抱一枝，橫出長三五丈。

六日，曉過餘姚，日夕渡曹娥江。

七日，曉行大霧中，飯於遶門山下，鑿聲丁丁。出深谷，十里至紹興西郭門，入水關，約十里始抵行館。

［四月］六日，舟發紹興。去城十里許，觀農人競渡。三十里至柯亭，二更抵蕭山泊。

七日，早至西興。渡江，至杭州學使者署。

十三日，發至杭州，按試嚴、金、衢三屬也。溯錢塘而上，未至富陽二十里泊。

十四日，早過富陽。暮泊桐廬。學書十數年，乃得覩吾家子久真面目，爲之心醉。

十五日，發自桐廬，入鸕鷀亹，飯於釣臺下。日夕抵嚴州。桐廬至此灘石清激，然淺不盈尺，可履而行。《水經注》所謂不掩鱗，昌黎所謂不敢唾者，信哉！

［五月］六日，自嚴之金華。八里至石壁，劖削如堵。【略】夜泊三河，水瀑漲有聲。

七日，發三河。廿里飯於女步，廿里至蘭溪縣小泊，十五里至古松潭泊。

八日，晨發古松潭，行大霧中，旋即消霽。午泊金華南城下，入八詠門，里許入試院。

［六月］四日，自金華赴衢州，坐蘆烏船至蘭溪。行六十里，水清淺，僅没脚。薄暮小雨，换江山船，行三里泊。

五日，天陰晦，有風，舟行甚適。過龍游灘泊。

七日，巳刻抵衢州，浮橋入南門，到試院。

七月朔，由衢州解維回杭州。順風下灘，其駛如箭，九十里飯於龍游灘。未至龍游約三里許，有艾公洞，山腹嵌空玲瓏，近以石塞之。舟人云於風水有礙，殆恐奸人潛伏也。三十里至烏鎮泊。三更大雨雷電，枕簟清涼，兩月來僅有事也。

二日，六十里至蘭溪飯。五十里至三河，大雨驟至，少駐。雨止，行十里至石塘洪泊。

三日，廿五里至嚴州，十里入瀧，六十里至桐廬，行三十里泊。夜復密雨纏綿，過三更大雨如注。

四日，曉霽，涼颸颼颼，殘暑將束裝矣。六十里至富陽，近杭州廿五里泊，避潮故也。

五日，行廿里，飯於六和塔對岸。巳正入署。

［八月］六日，往湖州，一日夜行□里。

七日，曛黑入湖州右文館。此行山水清絶，浙西極樂國也。

［九月］二日，自湖州赴嘉興。舟發二十里，與張在蘆、張愚溪持螯飲烏程酒，回望弁山，猶青青滿眼也。

三日，日出微雨。至平望驛，距湖已百二十里矣。六十里至嘉興校士館。

廿四日，晴。舟發西馬頭，返杭州也。送張在蘆游大梁，愚溪歸繁昌。

廿五日，復雨。午過塘西，初更抵杭州。大雨，遂宿河下。

廿六日，仍雨。冒雨入城，住杭州試院。

晦日，隨石君師按試台州，將渡江。肩輿誤出望江門，溯江干而上，至閘口乃得渡。

十月朔，三十里至鑑湖飯，七十里至上虞之蒿壩换船，較甯波王瓜船尚小。夜雨，約行三十餘里泊，不省何地。

二日，晴。行四十里至棗樹灣，山水幽絶，白雲紅樹，掩映茅屋，風景不減七里瀧、山陰，乘輿之櫂豈能已乎？六十里至嵊縣，館於喻氏。

三日，黎明由嵊縣乘竹兜子渡剡溪。行大霧中，四十里至新昌縣飯，廿五里至楓樹嶺，大類滁之清流關。十五里至斑竹宿，行館在兩山中，泉聲潺潺，竟夜不絶於耳。此山行第一程也，謝靈運鑿山通道殆即從此入，昔人所謂競秀争流，意亦指此也。

四日，由斑竹十里至會墅嶺。步而上，高可百丈。十里至大姥嶺，靈運詩「暝投剡中宿，明登天姥岑」即此。【略】十二里至關嶺，新昌、天台分地也。五里至黄渡，十里至烏漏，五里至石板橋飯，三十五里至天台縣宿。

五日，五鼓出城，渡清溪。五里至苦竹嶺，十里至界牌嶺，天台、臨海分界處，《志》所稱杜潭嶺也。十里至百步嶺下，即惡溪，憩於紫陽宫。雍正十二年奉憲皇帝敕修者，有亭覆御製碑文，叙張平叔悟真大概。飯於山樓上。四十五里至八疊嶺，廿五里至台州府。府城據山上，盤旋而入。校士館甚寬敞，四圍皆見山，面巾子山。山有雙塔，背大固山。登樓，翠可挹也。

廿六日，由台之温。十二里至三洞橋，橋製如崑崙邱，亦目中所僅見。十五里至長大店，飯於某氏。【略】五里至拗嶺，盤折而上可十里許。十里至釣魚嶺，十里至黄土嶺，嶺上爲臨海、黄巖交界，十里至黄巖縣宿。

廿七日，早行，廿里至柏嶴飯。廿里至盤山嶺，極高峻。廿五里至大荆溪，宿於都司署中。

廿八日，黎明由大荆游雁蕩。

廿九日，三里至海口塘，廿里至窑嶴嶺，嶺絶高，海艦望以爲準，俗謂窑半天，實丫髻山也。十里飯於紅橋，卅里至樂清縣。縣固小，丁明府空其署，館石君師。

十一月朔，五十里至館頭。飯罷登舟，溯永嘉江潮，水渾濁，如北之御河，距海口僅二三十里耳。卅里至温州雙門，入校士館。

十四日，冬至，雨。

廿一日，舟發永嘉，候潮小泊。游孤嶼，登東西兩浮圖，謁文信國、卓文貞二公祠。過江心寺，隳壞不可入。登舟，乘潮曛黑行，百廿里至青田縣，海潮亦自此駐。

廿二日，溯江而上，廿里至東嶴灘，五里至擂石灘，十里至大洋灘，十里至洪府前灘，卅里至蓮嶴。游石門洞，觀瀑。瀑懸絶壁，高三四十丈，下注如運河啓閘，淙淙有聲。大風横截之，又如白龍蠕動於煙霧中。淵深，碧如翡翠，廣十丈餘。左爲洞，可容數十人。

廿三日，十里至海口，十里至小犨灘，十里至緊水，十里至臘口。水湍急異常，見下灘木筏觸石，甚險。十里至石帆，志稱有仙人擘永嘉江北山之半置此，荒唐可發笑也。初更至處州，肩輿行五里入城。民居荒寒，浙東儉約之郡。

[十二月]十二日，自處歸杭。三十八里至劉山之刼金館會食。【略】館舍三楹在嶺上，極高峻，對面重巒疊嶂，中窪如澗，有小山連屬不斷，亦高十餘丈也。廿里至桃花隘，卅三里至縉雲縣宿。縣無城，四山環之，東望仙都，殊瑰奇也。是日甚暖。

十四里，卅里至黄碧街飯。卅五里至裏溪，「裏」當作「李」，俗誤也。廿里至永康縣，松陽書院宿。書院面溪，右有長橋，曰西津。土人云長七十三丈，有屋覆之，亦巨製也。是夜大雨。

十五日，曉起雨未止，寒甚。行卅五里，至楊公橋飯。五十里至嶺下，朱文昌宫宿。雨猶甚也。

十六日，晴。廿六里至金華府試院飯。【略】五十里至蘭溪縣下船。

十七日，風冷。行九十里，至嚴州泊。夜大雪。

十八日，冒雪行，十里入瀧。晨起鉤窗，惟覺光摇銀海而已。約日中過釣臺，買鰣魚，煮酒取醉。晚泊桐廬。

十九日，由桐廬百里至富陽，小泊。乘夜泛舟，天明抵杭州江頭矣。

乾隆五十三年戊申，【略】二月八日，渡錢塘，至西興，夜過紹興，科試甯、紹也。

九日，午後抵曹娥壩，夜過中、下二壩候潮。

十日，午後過餘姚，百里至西壩宿。

十一日，抵甯波府。

三月朔日，由甯波往紹興，閲三日入其城。

廿三日，歸杭州。

四月二日，自杭往嘉興，三日到嘉興。

廿一日，自嘉興往湖州。順風揚帆，幾不可纜。

廿二日，未刻抵湖州。

七日，返杭州。雨過碧浪湖，暮行四十里，至菱湖。

八日，日出抵武陵口，小泊塘西。【略】九日到杭州。

七月朔，將赴江甯省試，買舟歸蕪湖。曉起辭石君師，肩輿至斷河頭，天熱甚。閽者爲予買兩舟，一載行李，一坐卧也。晚至塘西，大雨，小泊即行。夜熱甚，不能寐。五鼓至璉市。

二日，早抵烏鎮，行約五十里。大風暴起，煩熱頓解。矴船移時，縴曳而上，三十里至平望驛。

三日，日出抵蘇州葑門，近午過滸墅關，日入至無錫。是日復熱，過虎邱亦不敢往，夜泊無錫西門馬驛前。

四日，九十里至小娘蕩。蕩田爲水所没，農人即於水中插禾，冀其水退晚成也。卅里至和橋，行未遠，暴風驟至，曛黑莫辨何處，遂纜於蘆葦中宿。

五日，四鼓解纜，行十餘里至宜興過橋，水駛急。天明過東氿，早飯時過西氿，約行五十餘里。氿，宜興人讀爲九，音之轉耳。九十里至溧陽，四十里至南渡泊。夜熱不能睡，復爲蚊蟲所苦。

六日，曉渡三塔蕩，水闊如大江，實皆田也。日中抵東壩，换船，風甚利，夜渡高淳湖。

七日，辰刻抵蕪湖浮橋。

自七月七日還家，月望往江甯省試，八月廿三日返櫂。

十月十三日，復往浙江，偕王潤生澤行。午刻由浮橋泛舟，順風開帆，夜泊烏溪。

十四日，午後抵高淳，日夕渡湖，二更到上壩宿。

十五日，曉起换船。【略】午後登舟，夜宿縴頭。

十六日，曉過溧陽，積金橋小泊。

十七日，早飯時過無錫，行卅里至望亭橋。【略】晚過蘇州。

廿日，到杭州，過斷河壩，卓午入署。

廿四日，隨石君師按試嚴、衢，六十里泊虎爪山。

廿五日，六十里至富陽。【略】四十里至程墳泊。

廿六日，六十里至桐廬縣。風利，不得泊。卅里至鸕鶿壇，十里至釣臺，與二張同舟。六十五里至嚴州試院。

十一日，自嚴之衢，坐二張船。行廿里，歸作畫一幅。廿里至石塘洪泊。

十二日，廿里泊桐梓灘，會食。風便開帆，五十五里至上黃山碇。

十三日，廿里泊裘家堰，八十里至龍游泊。

十四日，廿五里泊檀樹灣，飯。行十餘里，逆風大作，灘高水急，船且前且却，意甚不適。晚泊程碓港。

十五日，五里至孟江塔，日午抵衢州。

廿九日，登舟歸杭。五十八里泊，安仁街宿。

十二月朔，五更開船，行卅二里，至龍游小泊。大風遽作，緑波捲雪，類白鷗出没浪中。纜逾時，復行，至暮抵裘家堰，凡六十里。

三日，過嚴州，初更抵胥口。

四日，風甚利，曉起已出鸕鶿壇，食頃至桐廬，未至暮抵富陽城下。夜行六十里。

五日，巳刻到閘口，肩輿渡慈雲嶺。【略】下嶺，由清波門入署。

十日，曉辭石君師。鉞歸蕪湖，愚溪歸繁昌，練江歸江陰，鉞與愚溪同舟，練江別具一艇。因約練江共眠食，至無錫再分舟行，蓋距江陰僅八十里矣。【略】四十里至王家涇泊，風大故也。

十一日，泊新市。是日風更大。

十二日，風未息，曉過含山飯，期泊烏鎮。薄暮風少息，行六十里至渡船坊。時夜已半，枕上聞船似在蟹斷上行。曉起詢之，冰合不可櫂矣。

十三日，冰未平，鑿而行。過鶯脰湖，至平望營前路。冰結如雪山濤屋，非東南風不可開，遂泊於西岸。

十四日，守冰。【略】冰少開，移敵樓泊，才里許。

十五日，泊敵樓，離平望才九里。前路冰猶未泮，糧艘復北來，相待尚不知幾日也。飯罷與二張步至前岸，見南北舟聚數千，有小船西路打冰，僅通一綫。糧艘忽乘北風，揚帆壓冰而來，兩岸復以縴挽之，河水頓開。萬聲歡沸，觀者如堵牆，後至無地駐足。中流有鮮魚船横截之，遂擠於鷁首，没其半，魚潑潑躍去者無算。糧艘倒曳之，始免於沈。自此坦行無礙，一夕約七十里。

十六日，日始出泊閶門，九十里至無錫。夜將半，北風大作，練江過舟歸江陰矣。

十七日，行四十里，過無錫之高明橋。西南風大，遂泊。二更開行，八十里天將明矣。

十八日，曉至和橋小泊，一日夜行百廿里。

十九日，天明過溧陽，四十里至南渡，廿里至淺口，水僅三五寸，船不可行，計到東壩尚六十里。淺口居民每年於水涸時造撥船，以濟不通，船長可三丈，闊僅三尺有奇，如小兒剖竹筍爲船戲者。恐小而行緩，夜深方得到東壩，因宿淺口。

廿日，五鼓坐撥船到壩。魏知年留飯，爲買舟至黃池，以洋津水涸故也。日入開頭，三鼓抵高淳泊。

廿一日，自高淳行六里，密雪下，暫泊。食頃，復冒雪行八里，舟子衣袴盡溼，乃纜於野岸。

廿二日，雪霽。申初到黃池。

廿三日，由黃池與愚溪肩輿至蕪湖，愚溪宿予碧鮮草堂，明日送之歸繁昌。

王昶《使楚叢譚》 乾隆庚戌［五十五年］七月三十日，湖南湘鄉民童高門控書吏等折色重徵諸弊，上命偕少司馬覺羅吉君慶往讞之，以刑部員外郎許兆椿從。自京起程，宿廬溝橋。

八月初一日，【略】過良鄉，夕至涿州。

初二日，至定興。

初三日，過安肅，飯。【略】晚至保定。【略】晚西南風，稍涼。

初四日，過陘陽驛，滿城所屬。知縣未見。晚至望都，宿於老母廟旁。

初五日，過定州，晚至新樂。【略】自保定而西，歲屢豐，且因安南國王及各外藩祝釐獻賮，閭閻村落無不修整粉飾，以昭昇平郅治之象焉。

初六日，【略】午刻過阜城驛，驛爲藁城所屬，距縣□□里。知縣張健未來，借新樂車馬始得行。晚至正定宿。

初七日，晨至欒城。【略】飯已行，午刻過趙州，候車馬久之。酉刻至柏鄉，車馬缺乏，與趙州同。

初八日，巳刻至内邱，晚至邢臺宿。頗熱。

初九日，七十里至臨洺驛，永年縣所屬，知縣韓修鳳未得見。館舍敞朗，碧紗如煙，其能可知。過曹公祠，不入。晚至邯鄲，煙火稠密，人物浩穰，洵古都會地也。

初十日，過磁州，入河南境。肩輿過漳，巳刻至安陽。

十一日，七十里過湯陰縣，至宜溝驛飯，蓋縣所屬也。晚至淇縣，沿途日望百泉，蘇門山蜿蜒綿亘，黃翠如畫，宜有通儒節士出其間矣。過衛輝府治。【略】是夕，抵新鄉縣宿。

十三日，萬壽聖節。【略】遂行，至亢村驛飯。又四十里抵河濱，時黃水陡落，隄外地寬二十餘里，其平如簟，其凈如鏡，雖千萬碌碡人力亦不能致此，於是詫天工之巧。無風，彈指而渡。又十五里，至滎陽驛宿。

十四日，【略】午刻過鄭州，又五十里過新鄭，停少許。又四十里，至永新驛宿，猶新鄭境也。九十里中土岡起伏，輿行深路中，兩崖峭立，塵沙坌湧，甚不適。

十五日，寅刻起。【略】近天明行，雨，及午甚。九十里至許州宿，知州李煒匿不出見，以車馬短乏故也。許州爲赤持缺，市肆浩穰，從人稍市餅餌瓜果以充節物云。

十六日，晴。過臨潁縣飯，五十五里至郾城宿。

十七日，至西平，知縣焦若鈞來謁，問西平距正陽才二百餘里。【略】又六十里至遂平縣，又至御店鎮宿，爲確山縣所屬。是日初霽，涼爽無塵，月光如水，蓋征途樂事矣。

十八日，辰刻抵確山縣。知縣包敏，常州江陰人，己酉進士，抵任才一月耳。具言確山去歲一年中九易縣令，地丁至二年未奏銷，驛馬虛無，有事則取之於民。【略】又四十五里，過□□鎮小憩。晚至明濱驛宿，蓋信陽州境也。

十九日，丑初起，至武勝關飯。渡浉水，又四十五里至信陽州。知州諸以謙來見，車馬不給，待久之乃行。自此入楚北境，山色四面，岡嶺迴合，竹樹分布如畫，而留嶺景尤勝。其間土田衍沃，陂塘滄沱，又有長溪亘之，家家背山臨流。安徽、湖北風景多如此，洵可卜居也。晚至李家寨宿。

二十日，曉行，頗寒。五十里過觀音河，又三十里至廣水店，晚至小河□宿，爲孝感縣地。連日夫馬不繼，行次竭蹶，不意河南、湖北郵政之弊如此。蓋州縣各站均有額設馬匹，而州縣所購者不過十之三四，非惟掊克馬價，而馬食之草豆並侵蝕之。及有差過境，則取民馬以供應，馬之倒斃與否，置之不惜。其鄰境之無馬者亦維縶之，謂之過站，往往有過六七站而不已，且給草料不過少許。馬夫號呼叩首，而悍役尼之不放，行道多爲心惻者。至此十有三四馬之豆草亦購之民間，給價值止十之五六，而收草也大其秤，以二當一，且又指草爲潮溼、爲朽腐而不肯收。鄉民輸草，必大車十餘輛，一車牛馬四、人夫二，住一日則所費不可支。於是又出貲賄諸家人書役，然後得收，其納豆同之。民之疾首蹙額，實有不勝言者。

二十一日，過柳店，晚至楊店宿。僅行幾十里，以馬疲憊極，實不能行也。

二十二日，子刻行，卯正過雙廟，黃陂縣所屬也。又四十里過灄口。【略】又四十里過漢口，時已下春，不入候館。遂渡江，東南風緊側戧，逾時始達彼岸。

二十三日，【略】六十里至東湖，長隄如虹，煙波渺瀰。及驛已擊柝矣，驛中馬匹俱無。

二十四日，七十里至山坡驛，猶江夏所屬，過此爲官塘驛，則蒲圻境也。又六十里，至咸甯縣宿。知縣朱鑑來見，漢軍舉人。驛務荒廢，與前數站略同。

二十五日，過鳳山驛，又飯於港口驛。過此則入湖南境矣，至臨湘縣，宿於萬年庵。

二十六日，過臨湘縣，又過雲溪驛，參將等帥隊伍來迎。戌刻抵岳州府治，館即在岳陽樓下。

二十七日，過青岡、平江兩驛。【略】又至歸義驛宿。

二十八日，六十里過湘陰驛，又六十里至□□鋪，又六十里渡□□□，抵省。【略】遂入館舍宿。

九月初一日，飯於學使署，未刻行，由水路。

初二日，循湘水行，水緑如碧玉色，兩崖逶迤迤邐，亦有脚插水中者，風景絶勝。【略】聞湘潭以下淺不勝舟，復登陸。

初三日，至湘鄉，住縣署。地卑溼，早晚飛蚊撲面。

初九日，此地久不雨，風雨忽作，殊翛然也。

十七日，讞事畢，從湘鄉回。

十八日，至湘潭下船，薄暮風緊，頗寒。

十九日，早微雨。將抵郭，江旁石壁色紅而方皺。

[十月]初七日，按事畢，拜發奏摺。行六十里，板橋驛宿。

初八日，過湘陰，晚宿歸義驛。

初九日，過大荆、青岡兩驛。戌刻乘月抵巴陵，登岳陽樓。

初十日，飯雲溪驛，晚抵長安驛。中間如荷盤諸驛，由崖水涘，兼以茅茨丹楓黄葉，皆是大癡畫稿也。過□□村，綿亘數里，極爲富庶。是夜小極。

十一日，過湖北港口驛，至蒲圻宿。城在山麓上，循陂而上，肆市修整，殷實可知。

十二日，飯官塘驛，至咸甯縣宿。館於諸生張氏，庭宇修潔，頗有插架書。

十三日，飯於山坡驛，至東湖驛宿。

十四日，巳刻至省。

十六日，【略】是日得旨，以江陵縣民趙學三控吏書何良弼等侵冒隄工，命赴荆州鞫之。因即啓行，渡江，至漢口宿。

十七日，拜摺具言先赴德安，再赴江陵。行五十里至灄口，又四十里至雙廟。沿途齋麥青葱，村莊稠疊，丹楓黄葉，掩映山腰牆角，風景絶勝。薄暮北風生，甚寒，繼以雨霰泥滑，訖二更始抵孝感，宿。

十八日，早晴，四十里至雲夢。【略】宿於書院。

[十一月]初八日，自德安起程赴江陵。過府城外金泉寺。午刻飯於楊家河，晚至應城書院宿。肆市亦俱修整。

初九日，曉寒，過潘家店飯。又二十里至觀音磵，亦名觀音巖，蓋古之白兆山也。又名百丈泉，泉由山巔分四道下。【略】會日暮，趨道至京山縣宿。

初十日，飯於闞家鋪，猶京山境也。又二十里至鍾祥郢東驛，換馬行，又七十里至安陸府城。北門内外市廛鱗比，亘七八里許，蓋此地水陸皆通，故殷實繁富迥殊他處。

十一日，飯於冷家鋪，至荆門州。仍宿象山龍泉書院。

十二日，過卓刀泉飯，至建陽縣宿。【略】兩日皆晴暖。

十三日，飯於新添鋪，申刻抵荆州。

十四日，出南門，閱示隄工。【略】是夕宿於觀音堂，凡六十里。

十五日，五更起，六十里赴郝穴。【略】是夕仍歸觀音堂。

十六日，從堂東回，復過觀音寺。【略】是日冬至，月色皎然。晚復奉旨，長沙民王澤遠告知縣勒買常平倉穀，步軍統領衙門以聞，上命荆州案畢往鞫之。

二十九日啓行，由虎渡口渡江，即窖金洲上流，江至此分流入口，下至澧州，合於洞庭湖。【略】無風晴暖，至孱陵驛宿，公安縣境也。

三十日，陰，飯於公安館舍。又七十里，至順林驛宿，凡一百十五里。

十二月初一日，行五十里，至澧州。【略】晚宿清化驛。

初二日，六十里至大龍驛，又四十里至常德。【略】是夕雨，蓋楚南晴燥兩月矣，於豆麥殊霑益也。

初三日，微雨，俞君送於東門外。三十里渡沅江，過江爲白沙鋪。寒波不起，村煙渺然，漁船鱗次，風景如畫。【略】又四十里，至龍陽宿。

初四日，雪。【略】行六十里，至龍橋宿。頗寒，是夜仍大雪。

初五日，雪未霽，途間積至數寸，輿夫凌競。六十里至益陽，候館亦宏敞。

初六日，晨雪。途次接諭旨，以提督衙門奏湖南永明縣民蒲太圻控案，命在長沙就近提審。是夕抵甯鄉宿。

初七日，飯於白衣鋪。薄暮過湘江，入西門。【略】仍寓使院中。

[辛亥正月]十六日，發摺啓行，諸君送至西門外江滸。微雨，晚雪，過白石鋪，抵甯鄉宿。

十七日，雪。過滄水鋪，抵益陽，泥塗滑刺，輿人凌競叩叫，抵館舍時已紞如三下矣。

十八日，雪未止，早晚寒甚。未刻過龍潭橋，亥刻抵龍陽縣。夜霽，月色皎然。

十九日，晴。黨令來見。飯已行，申刻抵武陵。

二十日，晴。【略】晚至大龍驛宿。

二十一日，過鼇山鋪、清化驛六十里，又六十里抵澧州。

二十二日，六十里過順林驛，四十里過章莊鋪，又四十里抵公安孫黄驛。春氣漸和，麥苗豆莢，濃緑盈畦，而山岡迆邐，皆有松柏蔭之，足以賞心悦目。

二十三日，抵荆州。

二十四日，復往勘方家淵隄工，未修補也。

二十五日，辰刻副都統隆公招飲而行，過四方鋪，抵建陽驛宿。

二十六日，過團林鋪，抵荆門州，仍寓龍泉書院。北風，作微雪。

二十七日，【略】兩日頗寒，飯於石橋，至麗陽宿。

二十八日，雪益甚。由新店至宜城宿。

二十九日，午晴。由小河至樊城九十里，渡漢江。夕照中望襄陽，帆檣城郭如畫。

三十日，過石堰。又過新店，至新野宿。

二月初一日，六十里過瓦店驛，又六十里至南陽府治。

初二日，偕吉少司馬赴卧龍岡謁諸葛武鄉侯廟，其廟距城八里云。【略】還至東門，【略】三十里過博望，又三十里過趙河，四十里至裕州。

初三日，六十里過保安驛，又六十里至葉縣宿。

初四日，二十五里過汝墳橋，四十里至襄城，飯。【略】又四十里過潁橋，爲許州長葛縣境。【略】又四十五里，至石固驛宿。新月如鉤，迥出雲際。

初五日，六十里過新鄭。是日大風。又過郭店小憩，宿於鄭州。

初六日，行五十里，飯於岡嶺，即滎澤也。抵亢村渡河，甚晴暖。晚至新鄉宿。

初七日，【略】行五十里至衛輝。

初十日，發摺行，大風，揚塵眯目。過淇縣飯，【略】至宜溝驛宿。

十一日，五十里過安陽。【略】晚過漳河，沙水綀綀，忽斷忽續。至直隸磁州宿。

十二日，過邯鄲，又過臨洺關，三更餘始至邢臺，蓋順德府也。【略】是日從沙河中行，朔風鼓蕩，塵坌蔽空，幾成土偶。

十三日，六十里過内邱，又六十里至柏鄉。

十四日，大風。五十里過趙州，又六十里至欒城，三更至真定府。

十五日，七十里過伏城驛，又五十里過新樂，又五十里，三更至定州宿。新樂俗稱明月店，定州稱清風店，土人云叢臺妙伎都於此聚集云。

十六日，六十里過方順橋，蓋慶雲縣所屬也。又三十里過滿城涇縣驛，又五十里至保定府。

十七日，過安肅、定興，途次塵坌亦盛，至涿州宿。

十八日，過豆店及良鄉，晚至長新店飯。初更抵盧溝橋，西路同知署宿。

十九日，偕吉少司馬至海淀一畝園小寓宿。寓在西朝房稍南，距枑楯纔數武耳。

吴錫麒《南歸記》 丁巳[嘉慶二年]之春，二月初吉，陳情得請，薄言旋歸。

[三月]十二日，晴。晨起治裝，出齊化門。宿雨新霽，東風不寒。行二十里憩車於定府莊。商旅往來，輪蹄絡繹。【略】至二鼓，始相別下船，宿通州東門。

十三日，曉微雨。【略】歸後解纜，行二里許，以風緊泊舟。

十四日，晴，一路水纔盈尺，進艇甚難，至晚始達皇木廠，去張家灣猶一里也。

十五日，晴。舟人以水淺風横，留泊竟日。

十六日，晴。曉過張家灣，盧溝與白河合流處也，水勢環回，冬春之交舟行易致淺阻。【略】午次里二泗。【略】夕泊榆林莊，大風竟夜。

十七日，陰。舟人犯風曉行，淺渚澀灘，篙力屢竭。濃雨繼至，械然留人，棲泊斷岸間，水風蕭寥，寒不可避。午後雨止，開舟，過漷縣馬頭。【略】晚來雨氣入雲，波光承日，籠連空際，斐亹可觀。泊高家村，略有人煙，自成聚落。

十八日，晴，春寒甚勁。至和合驛，糧艘阻塞，繼以大風，舟人五里一停，十里一泊。幸午後風止，竭力撑挽，得至河西務。河西務在白河之西，故名。西岸旅店喧闐，貨殖充牣，帆檣過市則白雲自飛，鐙火沿流則華星倒落，爲京東第一鎮，亦漕渠之咽喉也。

十九日，風，峭寒積水，嫩煙脱林，乍陰乍晴，天色無定。午後南蔡村，防河者方事修築，梅椿葦索，用戒不虞。【略】晚泊大榆莊。

二十日，陰風怒於虎，浪翻若鵝。行十八里，過楊村而泊。

二十一日，陰。午過蒲溝，酒標插檣，炊煙隱屋，頗可入畫。舟師占有風信，行抵辛莊，泊舟以待。俄而黄沙塞望，白浪沸空，則毘嵐迅至矣。夕勢尤横，密纜糾結，猶有戒心。

二十二日，晴，朝日初出，紅如臙脂，竦躍回翔，風色閃映。過桃花口，多小舟賣魚者。【略】午次丁字沽，以河形似丁字，故名。又二十里爲三岔河，急漩盤回，奔流湍駛。【略】晚過天津關泊。

二十三日，大風，泊天津。

二十四日，大風。

二十五日，大風，不能發舟。

二十六日，晴，風小住，開舟行，十餘里至大園。【略】午後過楊柳青，即柳口也。四面皆植楊柳，煙態描蛾，風枝畫蚓，微波相映，雜樹不生，故地受其名矣。居民數千家，闤闠殷闐，魚美蝦豐，實天津之附庸。【略】夜泊木廠村。

二十七日，過獨流口。【略】午後陰，東風甚緊，至静海縣。

二十八日，陰，大風。舟行，見村落梨花掩抑塵土間，憔悴可念。午泊長屯，候風定開舟，過釣魚臺。有子牙里，子牙河在焉。

二十九日，晴，得順風，掛帆而行。過獨流河，東南十里爲蔡家窪，其地最爲窪下，水深勢闊，每夏秋之交風浪搏擊，斯稱危險矣。晚抵青縣。

三十日，晴。曉自青縣開舟，沿隄悉栽楊柳，摇青縋緑，露染煙霏，濯濯可愛。【略】午過乾甯驛，興濟廢縣也。【略】夕泊花園。

四月一日，陰，大風雨，俗以爲白龍暴也。午過滄州州治，即長蘆廢縣，亦名幞頭城。漢參户城地，其西北屬青縣，東南屬滄州也。【略】夕泊馬家口。

二日，晴，微風不波，初旭澄映，致爲清美。過化城寺，【略】午次泊頭鎮，人家甚多，樹合村稍，水鳴庳尾，祝鷄牧犢之輩，抱布貿絲之氓，生業自怡，市喧無競，亦可樂也。【略】宿十五里口。

三日，陰。次牛坊，值風泊舟，未及東光十里也。

四日，陰。開舟行三四里，大風揚沙，白日如冥，約炊五斗米時方見天色。黄土穿窗隙而入，蓬蓬勃勃，類穀飛爲蟲矣。午後風少歇，竭力牽挽，遂至連窩。

五日，晴。一席依雲，數星在水，曉景如畫。午次安陵，晚泊柘園鎮，即桑兒園也。

六日，陰。經白草窪，野水縱横，亂柳無次，土墻草舍，鷄犬寂然，冷趣可念。午大風，停泊半日。至晡開舟，抵德州已二鼓矣。

七日，晴，大風，住德州。

八日，晴。從德州賃車陸行，令舟至濟甯相待，將有事於泰山也。經黄河涯，即王莽枯河。【略】晚宿二十里鋪。

九日，立夏，清曉頗寒。【略】飯後過禹城。【略】晚宿晏城。

十日，曉過齊河，飯於大清橋，其下即大清河也。【略】午後抵歷城界，古齊歷下城也。

十二日，陰。宿張夏，遇鮑雅堂户部，以乞假歸里，遂同岱游。

十三日，曉起天宇極清，肩輿行嵐翠間，陟谷降深，凡數十里。【略】飯於長城嶺，俗呼大嶺。【略】午後陰，近泰安郡城始望見泰(安)山。入登封門，泰安令蔣君子林潔館以待。

十四日，晴。游泰山，宿碧霞元君廟。

十五日，自泰山歸，仍宿旅館。

十六日，自泰(山)[安]起身，出南門。【略】飯於夏張村。午後大風，掘堁揚塵，眯目塞望。渡汶水，即所謂大汶口也。

十七日，晴。細麥花餘，垂楊絮後，晨氣甚清。過乇村，茅茨數家，炊煙初動，可入儲王田家詩也。至甯陽，飯於逆旅。【略】經吕家村，白楊參天，青蘆夾水，風行蕭槭，如同秋聲。晚至兖州。

十八日，自兖州起身，天色微陰，如有雨意。一路麥穗垂緑，菜花簇黄，人家皆在空翠中，放犢摸魚，足慰羈望。午抵濟甯旅舍。

二十日，晴。待舟不至，聞尚滯荆門、安山間。小松爲余借運河廳船，暫宿水次以俟。

二十六日，陰。州中探子回云，余舟已過柳林閘矣。晚雨。

二十八日，晴。余舟始至。【略】比歸舟，已過天井、仟城二閘矣。天井閘至任城閘一里，任城今訛在城，原名下閘。

二十九日，陰。【略】是日晚過趙村閘。

五月一日，晴。午後過石佛閘，閘上有石佛寺。

二日，曉陰，水雲魚鱗，浮動涼氣。午後晴。過新店閘。自去年河決，豐汛倒灌，諸湖綿延數百里，成巨浸，新店門以下田廬大半被淹。今春合龍後，雖隄路稍稍涸出，而運河一帶湖水旁夾，去隄不及尺許，沈沈淼淼，流如白虹，帆影艫聲，往來若接。村落所聚，積垣壞堵，雜出於柳椿蘆滬間。思患防危，悼心聳目。

三日，晴。過仲家淺，一名横坊村。【略】其南六里爲師家莊閘，又南五里爲魯橋閘。魯橋，泗水入運處也。閘下有硯瓦溝橋，其水墨色。【略】晚過棗林閘。

四日，晴。曉過南陽閘，閘東西夾獨山、昭陽兩湖，檉柳垂陰，罟罾疏布，漁謳艫唱，欸乃相聞。南至李家港一百二十里，皆新河運道也。夜泊徐家口，值大風聲水，令人心悸。

五日，曉陰。過珠梅閘，早飯後開霽。次夏鎮，爲江南沛縣地，亦名夏陽，古中陽里也，即漢高祖龍興處，上有泗水亭。

六日，雨。舟行數里，至彭口而泊。彭口乃嶧縣温水等泉由此入運者也。菰蒲一艇，楊柳幾家，水氣生涼，漁煙送暝。居人多以瓶汲，陂陀峻滑，上下如歷重險矣。晚霽，得順風，掛帆而行，颯然快意。宿赤山口。赤山在微山東南，下即赤山湖。

七日，晴，衆緑生香，一波如畫。望吕孟諸山俱在縹緲間，雲落煙飛，極清霽之勝。早飯後過韓莊閘，北至棗林閘皆新河所經，凡運河東岸會滕縣、魚臺二縣諸泉濟運者，爲新河派。自韓莊閘南至江南邳州直河口皆泇河所經，凡運河南北兩岸會嶧縣諸泉濟運者，爲泇河派。泇河者，以東西兩泇河得名。東泇源出費縣箕山，逕沂州卞莊而南。西泇出嶧縣抱犢山，東南流，與東泇合，又南合武水，至邳州入泗，謂之泇口，即《漢志》之治水也。是日運過德勝、張莊諸閘，望微山湖，匹練卷舒，一螺隱見。其水北承昭陽，南接郗山、吕孟、韓莊、張莊四湖，要皆以微山湖統之，所謂水櫃也。往時以昭陽、馬場、南旺、安山爲四大水櫃，侵佔有禁，耗減有稽，出納之嚴甚於北門之管焉。自新泇通道，津瀆異形，今惟南旺、馬場實權贏縮，然南旺瀦濟易而瀦汶，馬場納汶易而納泗，亦復移其故派，鍾彼新流。若安山自黄陵岡築斷以來，濟水不經，僅足爲漕河洩漲耳。即昭陽支流最遠，翕受特宏。而運道東移，西岸諸湖用以減水，不以進水，韓莊一脈涓注裁通，直至微山而南分流入泇，方爲灌輸之助。然仗一隄之保障，總諸水之尾閭，淫潦一臻，奔洪四溢，往往馬牛不辨，鼃黽横生矣。晚抵臺莊，水陸要衝，發輻寫舟，商旅鱗集，歸人望帆檣而喜，游子聞鈴鐸而悲，極睇參差，用增棖觸。

八日，晴。自臺莊發舟。午後【略】次大王廟。【略】夜泊猫兒窩。

九日，晴。過牛頭灣，有行青龍求雨。午大風，陰，至九龍廟而泊。

十日，晴。過駱馬湖，湖在宿遷縣西北十五里，由溝口入泗。自泇河開後二十年，河臣欲更避河險，乃挑駱馬湖隄三十里，自董溝、陳溝入湖以入泇。已而駱馬湖淤淺難行，又别開皂河四十里，以入於泇。然漕船自清口入皂河，溯流而上，尚有一百八十里之遥，重載急湍，程期莫定，風狂水漲，則有漂溺之虞，沙澀洲膠，則有起剥之累，病猶未艾也。康熙二十七年，河臣靳輔從幕友陳璜字天一，錢塘人。策，引駱馬湖水開中河，從攔馬河起至仲家莊止。建仲莊石閘於清口對岸，使漕船出清口，只於黄河行二十里許，即由此閘進中河，入皂河，免風波之險阻，省緈挽之煩勞，惠及漁商，一葉往來，布帆安穩矣。午後至宿遷縣地，設關以譏往來，屬於淮之監督，舟舶所聚，稱都會焉。尤富於雞豚，不事豢養，草食而水飲，散漫田野間。至夕陽下春，於笠於塒，若投巢之翼矣。然無糟糠之飽，肌理不腴，值亦倍減於他處。【略】際晚開舟，乘月而行，至小河口泊。

十一日，陰。一路雞魚皆賤，過崔鎮，市肆民居鱗次櫛比，孤篷静閲，半里喧聞。值大風，舟不可行，停泊村梢。至晚始發，宿半路劉。夜聞雨聲，如撒菽也。

十二日，風雨竟日，浪大於鵝，晚始霽。過桃源縣，屬淮安府。

十三日，晴。抵楊莊，即黄河口也。自河臣靳輔引駱馬湖水開中河，以避黄河一百八十里之險，當時或賴其利。然出清口至仲莊閘，猶行黄河二十許里也。康熙四十六年，有詔東開楊莊引河，放漕船順流以達於中河，由是盡避逆流之險。千帆相接，一葦可杭，易風濤爲衽席矣。時糧艘過盡，閘下流諸湖閘壩開以洩黄河之水，俾受清水刷沙，中流遂淤，往來多阻，船唇空哆，帆脚不申，惟有青眼看天而已。

二十四日，陰，頗涼。【略】午後雲氣四布，雨意滃然，倘得三日爲霖，便可增長水勢，則渡河有日矣。

二十六日，晴。和潛齋觀察渡河來候，云爲設法放水，人力已盡，惟俟天時而已。是日河魚大上，余卜爲水來之信。

二十七日，晴，大風。

二十八日，陰。余别潛齋，仍渡河而歸。聞舟人云河中水已長至三拏。三拏者，一尺五寸也。【略】余舟無他長物，惟載書爲多，得水四拏有餘，可以行矣。涸轍之助，何靳於斗升？故鄉之思，翻限於衣帶，是所感也。午後雨。

二十九日，陰。【略】暗雨飛涼，疏鐙颭暝，未必非河伯作之合也。

三十日，雨紛若，連晨酸然，及晚崩崖殷地，如聞雷聲，逆浪泝空，無益水勢。

六月一日，雨。聞河中水勢頗長，鮒魚車轍，入耳快心。

二日，微雨。劉金門學士先渡河去，聞溜急難行，舟不敢發。

三日，晴。過河淺灘或澀，迅溜若奔，舟子泅波宛浮野鴨，旅人翦紙争賽波臣，或柁折而檣摧，或需沙而入坎。余渡黄屢矣，而險阻艱難，莫甚於此。迨至彼岸既登，布帆無恙，莫不酌酒而賀矣。晚泊馬頭鎮，夜聞風浪作聲，猶聞彷彿唱「公無渡」也。

四日，陰雨，溜急風横，濬波拍天，贔響震地。舟人畏三壩五閘之險，竟不敢發。

五日，晴。午後始放舟，過三壩。《志》稱束水三壩，蓋因運口南接，淮水直瀉易隘，乃於上流折流、分流之處遞建三壩，收束水勢，以利漕運也。湍聲稍緩，清景相貽，草樹綿蒙，罟罶疏布，頗有佳致。

六日，晴。聞閘上水勢未平，舟不可過，復見稽留。日對洪流，正如波斯匿王觀河面皺矣。

七日，陰。風波莫定，羈旅自傷。

八日，陰雨。水拍斯干，雲迷彼岸。一舟當屋，六月如秋。

九(月)[日]，陰雨。連下惠濟、通濟、福興諸閘。

十日，陰。移舟至清江浦，泊禹王臺。

十一日，曉雨涔涔未已，颯颯逾涼，午後始霽。【略】晚移舟過龍王閘，即清江閘也。

十二日，晴。過淮關，遂下移風上、下二閘，上閘在下閘南十里，亦名板閘，皆陳平江所建。匝岸蓼花疏紅可愛。又數里爲河北鎮，俗呼西湖嘴，當黄河未決徐灣以前，鎮在河北，故名，今則已在河南矣，尚存舊河一道。自鉢池山後抵新城北門外三束壩，名爲鹽河，鹽運分司舊駐安東者，今乃移此。鹽官所在，食力之家不下數千户，商賈輻輳，儷於維揚，故有小揚州之稱焉。【略】夜泊寶應。

十三日，微陰。過平溝，天始開霽，牧兒三五，藉草眠莎，野色欲煙，蓑袂皆緑。午後過界首，青蘆彌望，緑柳相攙，漁網灑旗，風景可畫。晚甚熱，泊高郵。蛙梵未已，蚊雷轉喧，惱人清睡。

十四日，陰。經召伯鎮，微雨數點而止。【略】晚抵揚州，泊徐寧門外。

[閏六月]二日，晴。【略】晚買小舟赴儀真。

三日，曉赴儀真。過朴樹之灣頭，訪白沙之江上。

五日，晴。【略】是晚酒後下船回揚。

六日，晴。自儀真回，慮復爲同人延款，遂不復上庢。午後開舟，過鈔關。

七日，晴。【略】起程，晚泊三汊河。

八日，晴。曉渡江，波平如席。望金山爲日氣所射，磷磷爛爛，若丹霞之秀天。次京口驛。

十日，飯畢渡江。

十一日，五鼓開舟，順風掛帆而行，瀌瀌水聲，催人曉夢。過丁卯橋。【略】三十里次新豐鎮。【略】午後抵丹陽，雨勢欲來，雷聲殷起，舟人停泊以待。惜微灑數點而止，惟見雲峰矗矗，奇翠照天。夜泊呂蒙城。

十二日，曉過張店，人家不甚多，廬舍清幽，草樹掩映，瓜花荳蔓，絡繹生涼，兒童牧犢采魚皆有以自樂，羈旅之士觸目悽情矣。抵常州，以風順不及泊，望艤舟亭老木修篁，垂映水際。【略】晚泊戚墅，飛雨過樹，涼月飄天，光景幽絶。

十三日，陰，天氣蒸溽。過潘葑汛，【略】望錫山塔裊裊一枝，亭亭雲際，山下萬屋鱗次，繚以粉垣，狀如聚雪。晚來微雨，有雷。泊十里亭，俗呼爲老窑頭者是也。

十四日，晴。際曉開船，涼氣浮動。由望亭至金雞橋汛遠近十里，交曳帆光，東西兩塘皆通水道，或短橋横跨，或小港支分。煙處峰來，雪然鷺下，樹外皆屋廬。【略】午後抵滸墅待關。

十五日，晴。曉過滸墅關，經射瀆，微風遠至，涼氣起菰蒲間，若虚煙遠生，與波無際。【略】至蘇州，泊胥門外。

十七日，晴。【略】早飯歸即開舟，高伯陽宗元追送至盤門，舟中茶話別去。【略】晚泊寶帶橋，橋跨澹臺湖，南北長三十餘丈。唐王仲舒捐帶築此，故名。其外即太湖也。

十八日，晴。曉過伊家橋，望招寶、靈巖諸山，遠塔插空，奇峰壓水，松交竹互，眩緑迷青。午至八尺，八尺或作八坼，又作八赤。【略】晚泊上墩鋪。

十九日，晴。舟中曉起，四圍皆水，一碧如煙。過平望，望鶯脰湖，萬頃琉璃間惟數葉漁舟隨風翔舞而已。欲買銀魚作羹，不可竟得。晚泊王江涇。【略】自平望以下百里無山。

二十日，曉過杉青閘，值荷花盛開，旭彩射之，若紅雲秀天。【略】北一里有死亭灣也。抵西水驛泊。

二十一日，晴。得順風，五鼓開舟。【略】比曉已過斗門汛矣。涼氣彌襟，始有秋意。午次石門鎮小泊，地爲吴越相交處，以石門爲阻，故名。市肆喧闐，今稱巨鎮。又二十里爲石門縣，繞郭而行。過青陽橋，疏竹瘦籐，倒映水際，涼波相蕩，虚煙若浮。又十里至松老橋，始望見杭州山色。一路魚罾高下，犢舍東西，多藝瓜壺，密交桑柘，賦田園之雜興，樂郊野之閒居。

二十二日，曉自塘棲開舟，至杭，泊拱宸橋。余先覓肩輿進城。

郭麐《江行日記》 戊辰[嘉慶十三年]九月九日，湖樓早起，曉寒殊甚，稍有開霽意。從者報江船已具，擬明晨束裝。

十日，破曉同壽生啓窗，東方精色昱然，謂必無雨。飯罷至鹽橋坐船，赴閘口登江山船已下舂矣，城中舟行極邅回故也。積陰已久，勢不能驟晴，時掠面小雨霏霏如霧。【略】六和塔近船無一里，泥濘不克登。是夜宿江頭。

十一日，六和塔曉發，至梅家堰小泊。舟子欲换篛篷，卒不果换，但小補罅漏數處，其貧薄可想。幸天漸開朗，亭午後日光盪窗，當可卜數日晴也。風順，挂帆約行三十里許，人定至富陽郭外。一路烏桕，經霜如赭，如臙脂點綴淺絳山色間，絶妙荆關筆也。

十二日，曉霧迷漫，不見雉堞。舟子上岸糴米回，日出三竿矣，霧散氣霽。羣山朗朗如列眉，或左或右，時見村落，白稷黄粱，布野垂穗。有耞板打稻者，早禾熟也。村氓荷擔，牧兒叱犢，皆有熙然自得之色。【略】薄暮去桐廬三十里而住。夜分月色皎潔，而天晏温，又恐未必久晴也。

十三日，起稍遲，舟已行三十里矣。天陰而不雨。飯罷進七里瀧，風利船駛，帆如張弓，兩岸羣山若馳驟奔赴，絡繹送迎。【略】出瀧已下舂，風益横，船益駛，舟人貪於進取，值湍流猛悍，竹石戛戛，幾至傾側，然並行數舟皆在其後。日落，風不止，泊於大洋，去嚴州三十里。

十四日，陰晦。日中至蘭溪，所歷數灘，幸風色順利，不至阢杲，他舟有巍峨大艑而摇兀不止，邪許之聲若牛羊駝圖，可笑也。到蘭溪之日，舟子例買魚肉祭神，具酒肴款客，髫孃髫女，絲肉互發。余所坐舟皆黄頭郎，但乞利市，博一醉飽而已。僕人上岸買橘佐酒，甘香沁鼻，詠「手香齒冷」之句，不覺瞥然又起一念。薄晚小雨，開船不及十里，泊於江心。

十五日，晴。開帆行二十里始起，推篷，道中見小舟載山柴薑芋，往來不絶。舟人餉芋魁，甚甘美。日過中至龍游，小泊。斷岸楓林，人家雜煙樹中，皆有寒意。復挂帆，約行四十里，泊於安宜。是日始開篋，取敝裘。所歷灘以二三十數，無十里安行者，遇水碓處尤湍悍，廉利號呼之聲，偏束船西舫，惟烏篛小艇得任意洄沿。

十六日，晴。曉卧見篷窗旭影晃朗，即披衣起。【略】岸旁橘林益夥，小者結實瑣碎，大樹或止數十顆，當已先采擷耳。橘樹之外，多圍以烏柏、松槲、石楠，丹黄之色互相映發。【略】晌午過衢州，灘急風小，舟行稍遲，曛黄泊北圩。

十七日，晴。逆風行遲，薄晚始至常山。

十八日，晴。僮僕皆破曉束裝，至啓行已日出，炊五斗黍頃矣。風色甚寒，始披風帽，余及壽生皆重裘。輿轎踰嶺，飯於玉屏關。米色殷紅，然尚可下咽，殆任彦昇所謂桃花米邪？初輿丁慮路遠日短，行頗駛，至是乃稍逶遲，抵玉山未上燈也。夾路皆賣漿家，以女當壚，布裳椎髻，或傅粉黛，與行客相媚嫵，幸輿丁欲速行，不爲流連。【略】止宿客邸，候行李久不至，和衣假寢，二更後襆被始來，遂得甘寢。

十九日，晴，立冬。風從西來，於行爲逆，喜不大。午飯後下三版船，船開即有灘，過時視上水若天淵，猶以風不順爲嫌，殆又近於不知足也。至十里山，並山樹數百株，皆秃觡植立。問之榜人，云松爲蠶食，葉垂盡，以故幾不復識。前此未有，不知是何祥也。復行，約三里止泊。

二十日，晴。風水俱順，而一里輒有數灘，帆時挂時落，亦未能快意。將及上饒，一山斗入江，楓槲雜圍，彷彿似京口望焦山，特未見其三面耳。詢之舟子，語譌不可辨，殆所謂南屏天爲者邪？惜無圖經爲之考證。【略】晚抵廣信府郭。【略】夜泊郭外。

二十一日，晴。舟人破曉挂帆，夢寐中聽風水激盪聲，始悟「浩浩復湯湯，灘聲抑更揚」二句體物之工。蓋惟夜泊曉行，從枕邊聽之，乃知爲佳耳。舟行甚速，未薄暮已至河口。檣竿林立，舟人估客語龐雜不可辨。人定稍息，望隔江遠樹叢薄，時露燈火。薄醉就寢。

二十二日，曉聞篷背小雨灑淅，連日甚暄，仍去裘著綿衣兩重，故宜有此。雨時作時止，亭午後仍見日影，至晚則餘霞滿天，晴景絢爛矣。半日行九十里，抵弋陽郭，小住復行。自河口以來水碓漸少，或三數里始一見。近岸臨江，亦不甚爲舟行之累。過弋陽遇一灘，大石爲底，延袤數丈，急流織其上，如紈縠蹙縮。數十舟或上或下，崎嶇其間，叫號之聲震撼山谷，岸上羣兒笑呼應之。我舟已入洄洑，勢不得下，後船教之左折。初不之信，卒如其言，始迴旋而下，人之不可執拗自信如此。遠望煙嵐葱蒨，秀出諸嶺，顧況有《弋陽溪望仙人城詩》，意其是也。【略】夜泊一灘側，聯榜爲鄰，宵中風色狂横，摇兀簸盪殊甚，倦極始能寐，尚一夢數驚也。

二十三日，晴。隔宿聞狂飆怒號，意必西北風作寒，曉聞舟人整理篷蓆，則仍從東來，但小耳。暄暖尤甚，幾欲卸綿。粥罷已達貴溪。【略】晚去貴溪二十里野泊。

二十四日，晴，午後風轉西北，勢方未已，雲容黯澹，波流渾渾。兩日極暄，欲爲釀寒之地，此其先聲也。舟抵安仁，榜人候風，不能行。與壽生登岸入城，街衢蕭寥，市肆皆無所有，惟飯店三四家，老嫗應門。旁穿曲巷，婦女三五聚處，滌埸曬穀，吠犬祝雞。沿山之田所植，非蔬非蓏，不知其名。棕櫚極多，皆垂小實，黄沙赭石間犬聲如豹。尋路回船，已曛黄矣。連日順流揚帆，不知其適，一夕阻風，便覺懊悶。見來船篛篷如駛，輒生羡妬，心之難平如是。

二十五日，風雨。舟人殊無行意，强之始行一二里，以風大不能前，復泊。篷不可開，偪仄昏黑，悶人之極。平生阻風，所在多有，此風亦未甚横，而長年瑟縮畏葸，鄰舟數舫亦高坐視相風烏，江右水手大都劣於身手如此。傍晚風稍定，雨亦時止，復開行。約二十餘里，去龍津尚兩舍。【略】夜極寒，被兩重猶若未足，更以衣覆足間。

二十六日，曉已放晴，風止，始放舟行，間或挂帆。江路紆回，亦時有順風也。將至龍津驛二十里，烏柏森布，如翦如截，深赭淺赤，照灼江流。【略】至龍津薄暮，【略】是夜泊龍津。

二十七日，晴。舟人勇於進取，夜半發龍津，與綱船相觸，争鬭忿鬨，語侏儺不可辨。午後至瑞洪，乞神福錢，市酒脯以勞艑郎，以明日將過鄱陽湖也。凡舟行，上水則於河口，下水則於瑞洪，亦猶江山船至蘭溪必宿留也。諸水手皆洪飲大啗，未上燈，已企脚高眠矣。【略】自貴谿以下，灘平水漫，水碓已盡，勢不能作也。由安仁至餘干，兩岸山俱盡，遥岑寸碧，曠朗天末，汀迴沙聚，時見獨輪車鹿歷其間，風物劣似吾鄉，村落但荒略耳。

二十八日，曉過鄱陽湖，僅二十里有餘。【略】是日行終日，四無一山。意謂今夕必抵南昌，問之舟人，云尚有一站。雖多譌言，要不能到矣。

二十九日，晴。辰刻已達南昌，舟泊滕王閣。

顧禄《省闈日記》 道光壬午[二年]七月朔癸酉，知涵香文廟執事辦果。予始議先發，適君繡過從，語及同行，君繡欲之，遂訂初八日離郡。

初八日庚辰，巳刻拜辭祖慈以次，庭訓諄諄，諸父昆(李)[季]及至戚好相送登舟。少選，君繡剩行李上船，乃發。更次出滸墅關，宿望亭。柝鳴野戍，秋暑蒸人，弦月欲墜，始就枕席。

初九日辛巳，黎明解維，至清甯汛，水淺舟膠，牽挽寸進，迫暮僅出熙春橋，泊九龍山。

初十日壬午，曉發小金山。連朝密雲不雨，稻田幾槁，桔槔聲四野相聞，鄉人閔旱，歲歉可憂。申刻入常郡惠濟橋。雨，陣虹見，即霽。泊艤舟亭。

十一日癸未，辰巳間舟膠毘陵驛，以麻索努力絞行，勞擾良久，止行里許。水縮儎重，舟子謀小舟般剩。急不能待，與君繡易小舟，挈囊裝過行。食頃出西門，風帆順利，勢若奔馬。行二十六里，過奔牛鎮。【略】又十八里過吕城閘，閘水湍激有聲，甚壯。明月滿船，涼風襲體，過雲陽已夜分矣。

十二日甲申，小泊新豐鎮。居民市肆頗盛，沽酒甚香洌。【略】行二十七里，過丹徒鎮。居人多織蘆爲席，岸高於山。過老人閘，風雷大作，電影騰掣。舟小，幾傾，幸爲風水所沖，擱住沙岸，急繫纜而定。雨行三十里，泊市口閘。【略】船舫櫛比，多楚巫巴客，酗酒鬬毆，幾致失足。夜觀金山塔燈，風濤擊船，鞺鞳有聲。

十三日乙酉，風潮益勁，榜人不告便風解船。君繡亟捉予登陸，見江中驚濤駭浪，舟摇兀，如一葉掀舞。由北固山【略】委折行四五里，達河神廟。吾船已進港，順風張帆。懲昨日狼狽，約舟人摇櫓進發，不應。舟中見金陵羣山蒼翠萬狀，蜿蜒數十里。俄頃雲氣接天，連續不斷。申泊龍潭驛。君繡苦舟中掀簸，商從旱道發。登岸探詢，驢賈較殺，於棲霞雇定八騎，約候曉即發。返舟，聞後行船多有折檣破帆者。小舟叩舷，買魚頗賤。蚊如蟻，蕫船矮，不復能設幮。夜大風，舟人增纜，驛卒驚邏，不寐達旦。

十四日丙戌，策蹇登程，亂嶺縱横，層折而過。土人駕獨轅小車七八輛，聲轆轆然，先後進發。行三十里，飯朱家店，赤日滿空。過紫金山，墮驢者再。且喜草褥青輭，身如因風荷葉，寸膚不傷。申酉間過孝陵衞，西望明陵，基址苕蕘，規制閎壯。進東華門，汗流浹體，跋履殊苦，蓋距朱家店又行四十里矣。尋入滿城。

[八月]十三日甲寅，同君繡買歸舟，繫河下。約先束裝上船，候明晨放閘開行。涼甚。

十六日丁巳，早出三山門，【略】登舟進發，泊燕子磯下。磯石甚巉峻。本名雁門山，臨江瞰水，形如飛燕，故名。居民市肆何止數百家，其間復有巷陌往來，憧憧如織。是夜雨細風静，一波不驚，比曉已入御河口。

十七日戊午，平明出萬緑山莊，萬枝髡柳，煙雨迷離，舟中遥望板屋土牆，幽邃可愛。舟人挽繂行急，誤竄入罾網中，遂致勃谿。登岸相勸，幾爲鄉人所窘，償以百錢，始悻悻散。行百餘里，灘險日暮，不敢發，約去港口數里泊。江潮大來，荻蘆如雪，肅肅與風相搏。推窗看月，是夕正望，宛如紫金盤自水湧出。水勢益長，澎湃有聲。

十八日己未，夙興風淒，冷如暮秋，初御衾。解舟，渡七里江，江中有二島，左曰鶻山，舊傳有棲鶻，右曰雲根島，皆特起不附，俗謂之郭璞墓。旭日初昇，望金山頂塔金光四射，樓觀如畫。瞬息入京口，申刻抵雲陽觀音山。夜行五十四里，遇糧艘下，南舟阻毘陵。

十九日庚申，飯已尚阻不行。旋見糧艘魚貫而泊，乃得徑過。行四十三里，過洛社，傳以爲樂道德出身處。行三十里，泊錫山。【略】蓋自南望亭以北，夾河皆長岡高壟，多陸種黍麥，或灌木叢篠，氣象窘隘，至是稍平曠，而山水亦秀絶。囑舟子竟夜進發，歸心如箭，不得鼾睡。

二十日辛酉，早抵莞山。予以船擠，跳岸，買小舟先行，命張福挈行李，伺啓關而進。

李鈞《轉漕日記》 道光十六年丙申【略】[十月]十五日辭行，定於十七日赴楚旺水次，督兑漕糧。

十七日，辰刻啓程。【略】出北門行二十五里，抵柳園渡口，以少牢祭河禮，生贊行二跪六叩禮。乃登舟，登岸行六里，新店早尖。祥符縣地。又十八里，封邱縣宿。

十八日，辰刻早飯後行，三十五里黄德集，茶尖。滑縣地。又十八里，牛市屯宿。仍滑縣地。

十九日，辰正行，三十五里沙店，早尖。仍滑縣地。又三十五里，宿滑縣，館於縣署。

二十日，辰刻偕邑令婁明府汭謁滑伯祠。【略】行二十五里，濬縣尖。【略】未入城，與聯璧、晴皋先登浮邱，游碧霞元君廟。登樓一眺，衛河經其西，彎環如帶。入城，館於黎陽書院。飯後與邑令王明府步鼇游大伾山。又四十五里，井店宿，已漏下矣。

二十一日，辰刻行二十五里，繞道至次范村，內黄縣地。謁商中宗陵。【略】又十里，東莊早尖。仍内黄地。【略】飯後又行三十里，渡衛河，漳水於此合流。總運永司馬等及各幫千總迓於河干。又五里抵楚旺，楚旺原名楚王鎮。

[十二月]十一日，因辦漕務奏銷，留總運在船彈壓，啓程回省。辰刻行三十五里，東莊尖。又三十五里，井店宿。

十二日，辰刻行四十五里，濬縣尖。又二十五里，滑縣宿。

十三日，辰刻行三十五里，沙店尖。又三十五里，牛市屯宿。本日天陰而寒，大有雪意，向夕復晴。

十四日，辰刻行十八里，黄德集尖。又三十五里，封邱縣宿。

十五日，辰刻行十八里，新店尖。又六里渡河，又二十五里抵省。

二十四日，辭行，中丞暨司道以下俱來送。

二十五日，以行裝尚須檢點，改於次日起程。

二十六日，辰刻起程，仍與湯薇堂、胡晴皋、邊聯璧同行。出城後日暖風和，纖塵不起，土膏滋潤，麥隴回青，真好氣象。二十五里抵柳園口，祭河登舟，順風下水，頃刻達彼岸。又六里新店尖，又十八里封邱縣宿。

二十七日，【略】三十五里黄德集尖，【略】又十八里，牛市屯宿，時甫申初。

二十八日，辰刻行，三十五里沙店尖，又三十五里滑縣宿。【略】連日暖甚，夜西北風峭寒。

二十九日，【略】行二十五里，濬縣尖。早起微風而曀，愈行愈厲，飛塵撲面，寒襲重裘。【略】遂於飯後與聯璧復登大伾，【略】申初下山，風沙迷目，加縴夫挽輿而行。三十三里過搭連村，天已昏黑，籠燭前進，又十二里，井店宿。

三十日，辰刻行。風止天晴，餘寒料峭。三十五里東莊尖，內黄汪明府來迓。又三十里渡衛河，又五里抵楚旺行館。

[二月]初二日，齎發行李下船。添雇小船一隻，分載從人。

初三日，飯後登舟，欸乃一聲，平流如掌。篷窗閒坐，胸次悠然。【略】行十八里，晚泊劉堌，清豐縣地，入直隸界。

初四日，卯刻行，五里過第六店。去歲幫船守凍處。河面漸闊，風逆不得速進，引縴而行。約三四十里，天已曛暮，遂泊，不及傍村落也。入直隸界後兩岸青青，麥田彌望，桑梓關懷，爲之一慰。

初五日，風仍不順，且時而擱淺，雖嚴催不能著力，終日推移，又僅行三四十里，仍未依村而泊。

初六日，天未明即聞鳴金開船，意可趲程前進。乃行未數里，狂飆怒發，浪湧有聲，終日維舟，未移寸步，即來船亦滅迹矣。余船泊南岸，別船泊北岸，幕中諸君終日未得一晤，可謂「盈盈一水間，脈脈不得語」矣。

初七日，卯刻行三十里，泊龍王廟。距大名府城十八里，有縣丞分駐於此。

初八日，卯刻行，十餘里又遇大風，泊趙家寨。元城縣地。萬籟調刁，艤舟竟日。傍晚風少息，又行數里，遂泊元城縣。

初九日，卯刻行，二十五里過小灘，又四十五里泊衛家淺，館陶縣地。入山東界。本日天氣晴明，微風蕩漾，舟行甚駛。

初十日，卯刻行，十餘里又遇大風，泊兩時許。又十餘里，過南館陶，村名。蓋館陶廢治也。又二十里，泊李家圈。仍館陶地。月下與聯璧登岸閒步。夜大風，船身震撼，寒氣撲人。

十一日，卯刻行，二十餘里過館陶縣。【略】水次距城約三四里，隱隱可望。又二十餘里遇風，少泊。繼以微雨，又數里，泊傅家頭。仍館陶地。

十二日，卯刻行，十里過尖莊，臨清州地。又六十里，泊菜園，距臨清不及十里也。

十三日，辰刻行，五里過南水關。【略】關以纜爲之，兩岸之間横牽爲界。迆東曰大關，則限以閘，即南粮幫船所由之會通河也。設閘七十二，蓄水濟運，故俗曰閘河，至此合流於衛。又五里，泊臨清西關外。日尚未午，本擬飯後再行，緣家丁船户上岸買什物，人不能齊，遂止。

十四日，辰刻行，未數里濃陰四合，細雨廉纖，萬點輕漚，波紋如繡。不但眼前好景，滌盡塵氛，甘澤一犂，更足爲農人慶也。雨意連綿，大有終日之勢，遂泊。申刻變而爲雪。

十五日，天微明聞爆竹聲，詢之，爲舟人祀神，乃復就枕。辰刻興，天已放晴。行十餘里，爲風所阻，過午始行。又三十餘里，泊安泰寺，仍臨清地。巨刹也。

十六日，辰刻行，天氣晴爽，微風不波。六十里泊武城縣西關，縣爲東武城，古清河郡地，今隸東昌府。

十七日，卯刻行，風静波平，一路所見山東幫船絡繹不絶。六十餘里泊竹竿箱。仍武城地。

十八日，辰刻行，五里過鄭家口，故城縣地。少泊。市廛殷庶，巨鎮也。又十餘里，風暴作，終日不息，遂泊。入夜風更劇。

十九日，卯刻風少定。行十餘里，萬竅怒號，浪花如雪，又不能進矣。抵暮又行數里，泊蘇家樓。仍故城地。過鄭家口後河流曲折，大率皆對頭灣。蘇家樓村中舊有一樓，舟行三次見之，故有三望蘇家樓之諺。今圮。

二十日，卯刻行，未數里風又大作，停泊終日。既夕，又行數里，泊賈家林。仍故城地。風姨肆虐，簸浪揚沙，船身加數纜引之，猶覺震動，較日間更有餘威也。【略】五更風止。

二十一日，辰正行，三十里抵故城縣東關。【略】又二十餘里，泊四女寺，地屬山東恩縣，距城五十里，恩縣於此兑漕。

二十二日，辰刻行，十餘里抵畫兒樹，德州地。徐前後幫船在此停泊，運官來謁。詢之，幫内平静。飯後又行。一路河南幫船魚貫停泊，直抵關外浮橋。總運及各運官陸續來見，知山東船僅開三幫，尚須少候，方能前進。山東船共十幫，臨清閘内五幫，閘外五幫。閘外者，德正、濟左、濟右、臨東前、臨東後等幫也。總運在前押行，閘内者濟前、濟後、東昌、濮州、東平等幫也。糧道在後押行，閘内幫船又因受兑，各州縣有在閘外者，分出五小幫，仍濟前、濟後等名。附前五幫内。河南船向候前五幫開竣，銜尾而進，後五幫則在河南船後也。行三十里，抵德州西關，泊浮橋口。

二十五日，巳刻沈明府來送，正欲解纜，又遇石尤風矣，不果行。

二十六日，行五里，以風劇不能進，泊北倉，山東兑漕地也。

二十七日，山東前五幫開訖，河南幫船銜尾而進。行未數里，風又大作，遂泊，終日不能解纜也。夜間風止。

二十八日，丑刻行，六十里抵桑園，仍德州地。少泊。【略】飯後又二十五里，過安陵，又十五里泊，通州幫越而前矣。安陵屬景州，入直隸界。【略】就枕後聞幫船夜行，不能成寐。

二十九日，寅刻行，十餘里風起水湧，不能推移，遲至午後。又行十餘里，風復作，遂泊，距連鎮約七八里。天津、德左兩幫一夜過盡。

三月初一日，卯刻行，七八里抵連鎮，仍景州地。少泊。飯後又行三十里，過東光縣。發家書。東光古安陵地，又曰觀州，今隸河間府。土城殘缺，可渡行人。【略】又十里遇風，泊油房口。仍東光地。余屢向榜人問程，笑曰：「此公故鄉，乃不識道里邪？」是日清明。

初二日，卯刻行，十餘里遇雨，少泊。煙水迷離，好景如畫。霑灑約兩時許，變而爲雪，瓊英飛舞，旋落旋消，甘澤及時，可爲枌榆志喜。申刻雨止，又行二十里，抵泊頭鎮泊。泊頭巨鎮也，屬交河縣。

初三日，因僕輩登岸買食物，未能早行。【略】巳刻正欲開舟，大風起矣，傍晚移至鎮北而泊。兩日來，臨前後兩幫俱已前邁，本日遇平前幫，永司馬親押是幫，過船晚飯。

初四日，卯刻行，十餘里又遇大風，停泊至夕。又行二十餘里，泊薛家窩。仍交河地。

初五日，卯刻行，三十里過甎河驛，滄州地。又三十里，泊滄州南關。

初六日，辰刻入城，回拜喬君。歸舟即行，順風揚帆，舟如激箭，快甚。三十五里過興濟，故縣治也，今廢，居民以編草笠爲業。【略】午後風甚，又不能進。將晡復行三十五里，泊青縣。【略】任城幫過訖。

初七日，卯刻行，三十餘里過流河驛，仍青縣地。遇風，少泊。又三十餘里過唐官屯，静海縣地。已黄昏矣。新月高揭，輕風滿帆。又四十里，泊静海縣，時已子初。【略】徐前後兩幫又於夜間過訖。

初八日，辰刻行，十餘里抵獨流鎮，仍静海地。少泊。鎮以河得名，貨物甚備。其最有名者醯也，馨烈異常，買之以供饋餉。臨河又多賣蘆席者。午後又行二十餘里，泊楊柳青。天津縣地。

初九日，辰刻行，三十餘里抵天津，泊北關外火神廟前。【略】向夕大風而寒，入夜微雨，河水陡長尺許，蓋潮至也。

十一日，河南幫船均已過竣，其在天津北倉交卸。保定、雄縣、遷安、霸州、東安、玉田、良鄉、固安、寶坻九處兵米船亦已到濟。共一萬一千八百餘石。

留原委運弁文陞候兑定，於明日押同幫船前進。

十二日，管椒軒、王執軒暨天津縣俱來送，巳刻行。城東北角即三岔河，北岸有望海樓。【略】行十餘里，泊紅橋。仍天津地。橋下有河來匯，乃西淀水也。

十三日，以風急，未能開舟。

十四日，辰刻行，十餘里泊西沽。仍天津地。

十五日，寅刻行，五里過丁字沽。仍天津地。永定、子牙諸河之水匯爲三角淀，自南入運，形如丁字，故名。又十餘里過北倉。仍天津地。是日風甚順，揚帆直下，共行八十里，泊楊村。楊村武清縣地，距城三十里。【略】楊村以上多暗灘，粮艘至此必須起剥。其地設通判一員，歲備剥船數十隻，以待剥運。河南幫船均已陸續剥訖，徐前後兩幫尚未過楊村也。

十六日，卯刻行，船屢擱淺，四十里泊南蔡村。仍武清地。

十七日，卯刻行，水多淤淺，宛轉避之，不能速進。晨起微雨，四十里過河西務，仍武清地。又十餘里，泊土門樓。香河縣地。雨打篷窗，瀟瀟竟夜。

十八日，卯刻行，二十餘里。見太行山遥青一抹，掩映於煙靄間，眺望久之。又二十餘里過香河縣，遇雨，少泊。香河隸順天府，古即武清地也。境内有大小龍灣二水，傳爲遼海運故道。薄暮又行十餘里，泊甘露寺。仍香河地。

十九日，卯刻行。河勢灣曲，如往而復，又有三望蘇家樓之意。三十里，泊石槽。通州地。

二十日，卯刻行，十里過漷縣馬頭。漷縣古爲漷陰，今廢，併入通州。馬頭距舊治十餘里。又二十餘里，泊崔家樓。仍通州地。無風將十日矣，抵崔家樓不過未申之交，仍擬趲行。狂飆忽作，艤舟傍岸，至夕不能解纜也。

二十一日，卯刻行，八里過小河口。仍通州地。兑漕原在張家灣，後移通州，今小河口尚有通張家灣故道。又十餘里，忽起大風，日色晦冥，河水鼎沸，泊至黄昏，飕飀未已。距通州石壩卸粮之所，僅十餘里，竟不能到矣。

二十二日，卯刻行，河水淺滯，粮艘雲集，乘隙而進。午後抵通州，泊東嶽廟前。【略】東嶽廟前有支河一道，即温榆水也。各省漕粮挽運抵通，由坐粮廳監督驗收，轉運京倉，設倉場侍郎二員董其事。是日驗通州、天津、德左、臨前四幫，隨驗隨收，辦理妥速。

[四月]初八日，寅刻行，二十里沙河尖。又二十五里，過立水橋，入僧寺一茶。又二十五里，東壩尖。又二十里，回抵通州。

十一日，辰刻守土諸君俱來送。【略】未刻行，四十里抵京。

[五月]二十日，【略】午刻行，三十里宿黄村，地屬大興。時甫未正。

二十一日，寅刻行，四十五里於垡尖。地屬宛平。又十二里渡永定河，古名無定河，一曰桑乾，又曰盧溝，俗曰渾河。【略】又六里過固定縣，又四十里宿曲溝。地屬固安。

二十二日，卯刻行，四十五里孔家馬頭尖。地屬新城。新城漢曰新昌，唐曰新城，今隸保定府。又四十里，宿雄縣。

二十三日，辰刻行，三十里鄚州尖。地屬任丘。又四十里，抵任丘，寓於邊氏外家。

二十六日，辰刻行，三十里辛中驛尖，仍任丘地。朗如明府候送於此。又四十里抵河間，家中平安。

[六月]初二日，辰刻行。【略】三十里商家林尖，地屬獻縣。又三十里抵獻縣。赴陳家莊拜候陳氏表伯叔，飯後宿於南關旅寓。

初三日，卯刻行，四十里富莊驛尖，地屬交河。又四十里，宿阜城。

初四日，寅刻行，五十里景州尖。城内有塔，高十三級，傳爲高齊時所建。諺云：「滄州獅子景州塔，正定府的大菩薩。」同爲直隸巨觀。又二十里，過劉智廟，地屬景、德兩州。入山東界。又二十里渡運河，宿德州。時南粮船方過揚州三幫。

初五日，寅刻行，舒刺史送於郊。四十里苦水鋪尖，仍德州地。又三十里過恩縣茶尖，又三十里宿腰站。地屬平原。

初六日，寅刻行，四十里過高唐州，又二十里新店尖。仍高唐地。又六十里，宿荏平。

初八日，三十里過朝城縣。途間泥水甚大，知亦於前日得雨。【略】又二十里，宿郭壇。地屬觀城。

初九日，卯刻行，五十五里濮州尖，又四十里，宿董家口。仍濮州地。【略】州城以北泥濘難行，以南缺雨。

初十日，卯刻行，五十里高莊尖。地屬菏澤。【略】又六十里宿東明集。地屬東明。【略】薄暮微雨，旋止，熱甚。

十一日，寅刻行，六十里黄家集尖。地屬長垣。【略】又五十里渡黄河，抵河南蘭儀縣。

十二日，寅刻行，四十五里招討營尖。地屬祥符。祥符縣李叔鯨明府溟來迓。又二十五里城岡茶尖，署開封府鄒鍾泉太守同年來迓。又二十里抵省城。

戴鈞衡《味經山館文鈔》卷三《金陵西歸日記》 八月二十二日，偕鍾甫出水西門，由下關渡江。【略】是晚渡江，宿浦口。【略】是日［二十三日］，行八十里，抵界首宿。界首，距全椒二十五里。【略】是日［二十四日］，行六十里，宿遠峰集。次曉，行十里，至大墅街。【略】行十五里，過張飛集。【略】是晚宿石塘橋。【略】二十六日，抵廬州。【略】自浦口至廬州，路皆自東而西。自廬州至桐城，路則自北而南。【略】次日早起，行十里天始曙。【略】日午過派河。【略】是日行九十里，宿桃城。二十八日，過舒城治。【略】自渡江行數日，類此曠野，少山，有亦卑小，無可觀。過舒城二十里，始見高山峰巒巖壑，知近故鄉。【略】薄暮，抵北峽關，宿鮑氏。次日抵家。

徐宗幹《浮海前記》 道光丁未［二十七年］秋服闋，九月二十日由里門挂帆入覲，挈海兒姬女輩同行。二十八日，舟抵淮上，奉命巡台，即折回赴任。在袁浦孫伯醇壻家小住，冬月起程。戊申二月二十三日至福州，三月十六日自福州起行，二十一日至泉州，二十八日駐蚶江。四月初一日，爲文祭海，祭畢回館。初二日，登舟。舟人歐進寶也，舵水數十人，載可四五千石。中設天后龕，下爲懸牀，兩旁小艙各三間，土名曰馬利，前後可容數百人。桅三，其一高數十丈，圍數丈席，帆十餘丈，柁椗將千斤，此爲正駕。又副駕二，幕丁分居。【略】初三、四兩日天氣晴明。初五日即得西北風，出口平穩，將午入洋，風益猛，而雨且疾，漸形簸蕩，至將夕更甚。夜間天昏水暗，如片葉入旋風中，坐卧不能定，器皿門户皆震動。眷屬並撲地，稍動則唾嘔不止。予初抱兒於手，唯默禱神力保佑，及渡黑水洋時，與兒皆睡而未覺。夜間兒起坐，索燭、索茶，號泣不止。家人王禄唾洟蛇行，至前送茶半甌。兒大呼其母，而顧姬卧於艙下，不能動，動即眩暈，但呼兒，不得近。燭旋滅，昏昏冥冥，風雷澎湃中微聞母子遥遥呼應而已。久之，忽聞砉然如石破山頹，蓋懸牀左右皆堆積木版釜蓋，以千百計，每起一浪，則滚倒如演團牌陣。既而思之，所以置於艙面者，防有變，可持之凫水耳。又聞錚錚金鐵聲，則排列巨礟，將以禦盜也。惟時生死存亡在須臾呼吸間，及天將明，每起一浪，即從半天而落。初六日，日出稍定。問舟人，曰尚有三更路，每更約計六七十里。頃刻皆曰：即到鹿港口。向來從蚶江對渡，有一定港口，不能移易。乃風帆迅利，不得泊，收之不及，已駛過二百餘里。近笨港落帆，入内洋下椗。北風極大，不敢行，終日在風浪中撞打而已。遠望副駕二船，不約而同入笨港矣，相距尚數十里，隱約帆檣可辨。四面仍水天混茫，不見一物。至初九日，依然天清日朗，舟中人漸能起坐飲食矣。停泊四日，自謂無恙，然猝起風暴，或撞碎，或漂出，皆未可定，彼時固憒然也。笨港縣丞管裕疇，山東舊僚友也，是日破浪而來。嘉義縣王令廷幹亦至，各以小舟來迎。及初十日，乃促舟人起椗入港。行二十餘里，仍以潮落不能行而止。彼意欲折回鹿港口也，於是以小舟隨繫而下，挈海兒同登岸，姬女輩後至。是日水平如鏡。初十日住南港，十一日住嘉義，十四日由嘉義至茅港尾，十五日申刻入府城。

徐宗幹《渡海後記》 ［甲寅］四月初八日卸任，小住過夏五。時伏汛多風，且洋匪充斥，而不敢遲遲吾行。由厦門覓銅底夾板船，商夷所合造者，初約放至台郡鹿耳門。出洋直抵福州五虎港口，因官紳有附便回嘉義者，乃收泊五條港口，須移以就彼，蓋去處仍來處也。適又有粤艇至，兼用爲副駕。前數日卜籤於天后宫，有「中流自在任夷猶」之句，是夷船已爲之兆也。六月十七日，由郡起程，駐茅港尾四日，行至海濱朴仔脚地方候風。二十一日，祭海如初禮。二十二日，東南風起，即登舟中。艙極精潔，而别有臭味，不可一刻居，挈兒女並坐桅艙下，上有方井，可接天光。【略】方由港口乘小舟出，風逆潮湧，頗顛簸。近大舟，以紅繩縋而登。潮平，風亦定。二十四日寅刻開行，安穩如室中。【略】二十五日辰巳間，已見五虎山影，旋入閩安港口。二十六日，泊省垣南臺。二十七日登岸，旋入城。

楊慶之《南行日記》 今上登極之元年咸豐辛亥，詔天下舉恩科鄉試。七月初，【略】擇十九日啓行。及期，送者至崖返，鳴鉦南行，過平橋，【略】池溼河，晚泊白田之劉家堡。雨勢漸大，逾時乃住。

二十日，晨微明陰晦，薄午有虹。【略】傍晚住高郵城外官驛，顔曰「臨澤迎暉」。

二十一日，曙後聞櫓聲，知舟子已進取矣。日薄無色，風微有聲。【略】

迆邵伯鎮，停舟少刻。【略】由河入湖，波平於掌，風淡如絲，隔江諸峰隱隱可辨。經壁虎橋，過高廟，溜駛如飛，寸香時逾。廿里日未落，抵揚州。

二十三日，天色晴朗。未曙開舟，巳刻至朴樹灣傍岸。【略】未刻抵儀徵關口，市聲鼎沸，廛市雲連。過濂溪、新林、西陵三書院，墻宇峻整，而皆宛在水中。日將落，至沙漫洲，舟楫坌集，檣竿銜接，如編竹之籬，大半皆鄉試船，阻此數日，未獲開江者。

二十四日，月未落渡江，風恬浪静，一霎時已達南岸，舟中人不之覺也。行未踰時，忽風逆難進，就三江口泊。住地甚遼廓，岸上人家斷續三兩户，有救生公局一所，荒劣無可觀，有野店。【略】晤鎮江某，言某月日有差船在此遇比匪失事，此地甚不可停宿，余亦囑舟子開船。將行矣，同人因急回船，催舟人排挽前進。時已申刻，叢蘆兩岸，密匝十餘里，人踪斷絶，棲霞最高峰已在目前。又十里餘，抵龍安鎮。即龍潭。斜日滿山，忽舟人報大風將至，瞥見黑雲猛起，風聲自山背來，舟急欲泊岸，不得。雹掣雷轟，風聲如狂虎抛毛，將軍鎮之乃安。不踰時風收雨住，山潔如沐，水碧於油。

二十五日，夜雨斷續，達旦猶晦。披衣啓牖，但見雲去雲歸，蒼茫一氣。巳刻泊住棲霞，天忽大霽。

［八月］十七日，同人檢點琴書，裝束行李。未刻，由關頭坐小船搬運畢，雨絲颯颯，遂泊石城橋外。

十八日，微雨纖纖，終日未歇。辰巳間過黄天蕩，舟平如砥，浪穩眠漚，風聲如無，人語皆静。雖結轄稍陂，而自饒恬適。【略】未晚泊江汊，六合界東溝口，一名瓜堡。上燭後雨始歇。

十九日，西南風大。天明發船，未刻抵揚州鈔關外，天霽。

二十日，雨勢迷離，灣頭水溜，船行不得利，加縴夫四人。牛牟駝圖，不耐耳聞。近晚住瓦窑鋪。

二十一日，天仍微雨。辰巳間開船，風溜俱逆，咫進尺退。喚漁船行路，至暮始達邵伯湖口。

二十二日，天雨，北風大起。舟人引縴行泥淖中，至酉刻泊邵伯鎮。

二十三日，仍未晴，風逆愈甚，行縴徐行。午後風稍平，近黑泊露筋祠。

二十四日，夜大風，宿雲四卷。雞鳴時，聞舟子語石尤也，日出後不能寸進。

二十五日，昨晚二更後風轉南向，諸君子皆暗祝封姨。舟人亦躍然起鋭意，月出時即行，及期理棹，駕帆出湖口。【略】月中不辨東西，隨其所向，既入口，舟人迷津，幾受陰陵之紿。幸小峴告以路，始回。日未高舂，已抵界首。日方中，踰汜水，越劉家堡，達寶應城。【略】風緊得利，急回船。行如矢，申刻抵戴家灣，兩岸刈聲秷秷不斷。黄昏至二鋪，舟子加縴，三更後抵官驛前，呼城闔而入。

戴燮元《粤遊録》［同治七年］八月壬申，同惠元弟奉家母發京師，上船於通州。【略】甲戌，去通州。九月丙子，次天津。【略】遂循潞入運，丁亥至德州，甲午次臨清州，以閘河水涸，舟不通止行。【略】十月乙巳，劍湖自東昌以車迓何星垣先行。丁未，登陸，大風，止梁家淺。戊申，次東昌。己酉，登光嶽樓。庚戌，微雪。辛亥，陸行，至李連橋登舟。李連橋者，黄河支流也，距張秋鎮近，以兵差故，船避於是，鏡橋先在焉。明日遂行。丙辰，夜寒，甚多流冰。戊午，出沈家口，至蔣家莊，水淺甚。己未，易小舸，至十里鋪。庚申，宿戴家廟。【略】辛酉，出黄入運，水溜甚激，泊安山閘。癸亥，至南旺下閘，復乘原舟。甲子，過分水龍王廟，登來汶樓。乙丑，至濟甯，假楊總戎礮舟送渡湖。丁卯，登太白樓，訪古南池。己巳，出湖。辛未，至韓莊。十一月丁丑，至楊莊，余如清江浦，浦上新築城。戊寅，如西壩，見焕章兄。辛巳，至淮安，過古枚里，泊淮西門。丙戌，至揚州，以天寒止行，居南河下。癸卯，余如鎮江。十二月丙午，下鄉埽歷代先人墓。己酉，如金陵。戊午，回揚州。八年【略】二月甲辰，登舟。丁未，去揚州，三伯送於河干，宿瓜洲。戊申，阻風。己酉，假紅船濟大江，過焦山，風利不得泊，晚宿丹陽。辛亥，至無錫。壬子，風雨，駕小艇遊惠泉山，品第二泉，沽酒歸舟飲。甲寅，至蘇州。丙辰，遊山塘，虎邱。辛酉，至杭州。【略】癸亥，登吴山。乙丑，遊西湖。【略】丁卯，再遊西湖。【略】三月丙子，去杭州。【略】丁丑，至富陽。【略】戊寅，己卯，風雨，山水陡漲，逆濤至桐廬。辛巳，入七里瀧，過嚴子陵釣臺，至嚴州。乙酉，至衢州。丁亥，次常山。己丑，度嶺，至玉山。壬辰，至廣信。癸巳，至河口鎮，易船。己亥，至瑞洪。四月朔癸卯，出彭蠡湖，中流風作，止於湖汊，詰朝始渡。乙巳，至南昌。丙午，遊百花洲。【略】戊申，至豐城，江水漲，舟子泅水引纜行。癸丑，至峽江，城門没於水，行人跨城往還。乙卯，至吉水。余小疾。丁丑愈。戊午，泊萬安。庚申、辛酉、壬戌，過九瀧十八灘。甲子，次贛州，得家君守廣州信。辛未，至南安。五月朔壬申，雨。癸酉，上大庾嶺，晚至南雄。丙子，至韶州。戊寅，過湞江峽。庚辰，至清遠。辛巳，至三水。壬午，次佛山。癸未，至廣州。自京師至廣州，驛道出皖江江右七千五百七十里，出蘇、杭、衢、信七千七百二十里。自通州至天津曰潞河，自天津至楊莊曰運河，由漳、衛、濟、汶以達於湖。自楊莊至揚州曰淮河，以達於江。自丹陽至杭皆渠河，水無洪流。自杭州至常山曰嚴江，即古所謂富春江。自常山至玉山八十里陸道，曰玉山嶺。自玉山至瑞洪曰溪河，以達於彭蠡湖，出湖至南昌，乃江湖交匯處。自南昌至南安曰漳江，自南安至南雄一百二十里陸道，曰大庾嶺。自南雄至廣州曰湞江，出韶州曰韶江，今廣州之人又曰北江。

洪良品《東歸録》 同治九年正月九日，余初到渝城，寓千斯門東門外。

[三月]十八日，余將買舟東歸。

十九日，余出千斯門，登舟。羅、吴二君送余至江岸，蓋千斯門外即嘉陵江水也，前至朝天門外，與岷江合。舟行過夫歸石，夫歸石者，謂禹導江過門不入，塗后望禹歸，亦如楚山之望夫石也。石在塗山之足，俗訛爲烏龜石。北有遮夫灘，回望華鎣，塗山，煙雲縹緲，亂峰夾岸，嵐翠送人，城郭在緑樹掩映間，依依難别。鮑、鄭二君送余至唐家沱，夕陽已落，人語潮生，夜登舵樓，猶望見渝城燈火也。

二十日，黎明開頭，過蓮花背，出銅鑼峽。峽去重慶府東二十里，懸巖臨江，下有圓石，如銅鑼懸挂。明初廖永忠平蜀，引舟師至銅鑼峽，夏明昇出降於此。又歷豬芽子、野騾灘、野豬巖，明陳計長有《野豬巖修路記》。又歷明月沱、温湯峽、胡盧灘，至木洞驛。【略】又歷箭灘、紅沙磧、大紅岡、石牛欄、黄角嘴、羅溪、板凳角、雀舌灘，泊扇背沱。山下有韓公韓婆廟，危巖千尺，破屋一間，神像剥落。問之土人，皆不知神爲何時人。余泛小舟，登北岸小阜。散步村市間，過三聖宫，竹林映江，鐘聲答潮。舟子語余曰，其地名石家沱云。

二十一日，歷石鼓灘、馬頭磧，至長壽縣。望白龍山，雲出油油，松篁交翠。【略】是日歷龍舌灘、羊角灘、燈籠磧、鉢盂子，出黄草峽。【略】又歷雞冠子、犀牛望月石、磨盤灘、茶壺磧、魚腸子，至藺市。【略】又過五布政村地，昔有任藩司者五人，故名。望牛糞堆石，過翦刀峽。舟人云峽如翦刀形，洶然。過龜龍峽，望龜龍閣、賽酆都山，即鬼門關。

二十二日，過涪州。【略】同治初，藍、李二賊自貴州竄入，焚燬城外民居殆盡，被官軍擊退，今葺治復舊。命僕入城沽酒，酒香洌異常，色如琥珀頳，與漢州鵝黄、峨眉玻璃春鼎峙。州西有横石灘，本名黄石灘。【略】州北有歇神灘，相傳張桓侯被刺，其首曾飄泊於此。又州東十里有群豬灘，水落則見拳石如豬。又歷鷂嘴碚，至百牽灘。顧祖禹曰：以舟行至此，牽挽爲艱也。又歷平西壩、腰子磧，至焦巖。【略】焦巖而下有清溪鎮，亦曰清溪關。【略】過竈門峽，江中有石，上合下開，形如竈門。晡泊琢坊沱。

二十三日，過觀音灘，入酆都縣界。【略】又歷賓梁，疑即南賓河。【略】歷蠶背梁，至酆都縣城。【略】縣有天師治，兼建佛寺，甚清靈。望平都山，與白鹿山峰巒相接，林木邃茂，山頂有五雲洞。【略】又歷葫蘆溪。【略】又行數十里，望雞嘴山、石龜山，山皆臨江爲險。又歷高家鎮，至虎鬚灘。【略】又行數十里，至花林水驛歷羊渡溪，爲除夕泊舟度歲處。又歷白馬灘、金龜入洞、水獺尾。《郡志》：忠州東二里江中有猴子灘，州西三十里有白馬灘，皆以形似名。又歷臨江鎮，至忠州。【略】問雲根遞運所，今廢。行數十里，過折魚灘，俗呼爲折尾子。《郡志》：折魚灘嘴入江，水勢衝激，魚不能上，往往折回。舟行至此，水漲則平，水落則凶。又歷穿心壕，至漕溪水驛。【略】行數十里，歷鷺鷥碚，望石寶砦。石寶砦即古之石城也。【略】午後泊石鼓峽，舟子皆忠州人，各歸家去。余檥舟以待，欲遊石寶砦，不果。土人語余云：石寶砦中有寺，寺有井，井眼日出米，供僧爨。後因寺僧掘井，求多米，遂不復出。至今飛樓懸磴，照臨江岸。

二十四日，歷武陵溪、磨刀灘，至壤塗。【略】歷盤龍磧，望天城山，四面峭立如堵，惟西北一徑可登。相傳漢昭烈常駐兵於此，常璩所謂小石城也。望西山上有太白巖，巖以李白讀書於此得名。宋郡守相繼於山麓濬池種蓮，栽荔支雜果，景物清勝。巖有黄魯直石刻，蜀人陳名宣以拓本見貽。過萬縣，古朐䏰地。【略】縣治北有都歷山，一峰突出衆山之上，岧嶢爲平阜，氣象融結，爲縣之主山。縣治南又有南山，下瞰大江。《圖經》云「面揖南山，背負都歷」是也。大江南峰有岑公巖，盤結如華蓋，左爲方池，有泉湧出巖際，盛夏注水如簾。隋末岑道願隱此，又名岑公洞。【略】行數里，歷蛾眉磧，水落石出，磧形如眉。每正月七日，士女至磧上擊小鼓，唱竹枝歌。又歷紅砂磧、猴子石、虎頭磧、道人灘、焦灘、鷂子磧，至大周溪。《方輿紀要》曰：集賢驛在縣東五里，周溪水驛在縣東五十里。又歷鴨卵石、太陽溪、黄柏溪，出巴陽峽，白鶴沱，入開縣界。望得勝臺。【略】過小江口，小江口即開江。【略】又歷癡灘、長磧、上巖寺，至下巖，亦名燕子巖。兩巖壁上皆鑿石佛，上巖神像儼然，鬚眉畢現；下巖僅存髣髴。相傳二匠賭技巧，期以一夜鑿成，上巖已就，下巖猶未，而天曙矣。又過挖禿子、黄蓮溪、二郎灘，望張桓侯廟。【略】望飛鳳山，在大江南岸，與縣治對峙，蒼翠欲滴。有瀑布泉自山麓流下，入江。余方欲檥舟江岸入城，湍急不得泊，順流過龍脊石。江中有磧，矯如游龍，故謂之龍脊。【略】時北風正厲，鄰舟有覆者。余有戒心，遂泊寶塔石下。

二十五日，雨甚，四山翠溼萬樹，泉飛溪漲，驟增數尺。舟子賀余曰：「此平灘水也，灘中險石皆没，輕舟可過萬重山矣。」余按：蘇東坡詩云「一篙新漲百灘空」，亦此意也。

二十六日，開頭行數里，聞喧沸聲甚急，前有溪漲入江，與怒洑激射，回渦鼓漩，舟直犯其險，墜而復起。胡茂才登甲《出峽歸程記》曰：下灘，船頭縛木以撇水，并暗防磯石衝突，兩舷密排艣枝，夾鼓長櫂，如張翼然。捩舵須數人，左右隨鷁首轉，方逐順流瀉去。行數武，水驟逆而上，撥橈宜迅飛，緩則墮入漩中，便盤旋不能出。每放一灘，濤聲怒號，櫓聲沸騰，人聲亦喧呼震撼，舟少簸，即下一縱，而轉瞬已遥。暮停崖下宿，纜繫磐石數重，通宵起視者屢，以張暴而湍悍，猶虞拔樁去也。是日風不利，泊青草灘上。

二十七日，過東瀼。【略】東瀼而下，十五里爲廟磯，皆湍險。【略】又歷石板灘、小瀼口。小瀼口在湯溪口下數里，江水自朐䏰縣東逕下瞿塘，左則湯溪水注之，謂之湯口。【略】又歷龍洞溪、南沱。南沱水驛也，接奉節縣界。《方輿紀要》曰：夔州府西六十里有安平水驛，一百二十里有南沱水驛。由南沱過挖溪、安平驛、南陽峽、烏龍沱、光武鎮。【略】遂至官渡口，即古之西津口也。【略】今設鈔關，委知府監收。夔爲蜀門户，商舶輻輳，兵興以來兼設釐局。漢之江關在瞿塘口，今之鈔關在夔州郭外官渡口。余檥舟郭下。

二十八日，入夔州城。

二十九日，舟下瞿塘。歷銅錢堆，望八陣圖。【略】過瞿塘峽。【略】又過鐵柱溪，舟人云：鐵柱二，水落可見。【略】又歷黄牽沿、洗磧、小黑石灘、大黑石灘，峽束偪仄，水益湍悍可畏。石壁上有明張儉題「天子萬年」四大字，雖苔蘚剥蝕，字畫猶可辨。按黑石爲峽中最狹險處，廖永忠伐蜀，舁小舟上黑葉渡，即此。又過貓兒磧、餓鬼灘，至戴溪。風逆，暫泊。已而開船復行，歷李拐灘、乾魚肚坪、龍抱子灘、挖禿子、飛纜子、玉兔峰、下馬灘、將軍灘、烏雞灘、紅石梁、鏡架灘，流石數十里中，疑皆古烏飛水。【略】望琵琶峰，夾江兩岸相對，亦曰琵琶峽。過巫山縣，楚之巫郡也。【略】縣在江北，緣山爲墉，三面皆傍深谷，南臨大江。其江岸爲南陵渡，上有南陵故城，今廢。【略】望高唐觀，在縣城西。陽臺山在縣治北。《志》云：上有雲陽臺遺址。又縣東北四里有女冠山。【略】又東行，經巫峽中。峽長百二十里，危巖蔽虧，白晝陰翳，不見曦景。過公家坊，兩崖偪立，峰勢殆交，青天僅劃一綫。舟子云：過此不宜鳴鉦，上有黠猨，驚之則推石壞舟。又過跳石，唐雷萬春爲鄉之跳石人。【略】又過老鼠湊、金盔甲、癩子洞，望夫巖、青石洞。望神女峰，如美人揚袂凝立，天然纖麗，又如花矗重臺，承跗累萼而起者，瞻玩移時，不能去。過小磨水，舟人云：「峽中水有大磨、小磨者最險，言水漩輪轉如磨也。」晡泊沙窩瀼。

三十日，早發，過白鷺鷥灘、香鑪灘、弟兄溪、鯿魚港，至棺材峽。【略】又過布袋口，至萬流驛。【略】歷楠木園，望黄金嶂、黄柏山高矗入雲。山有坑，土人呼爲天坑，有一洞名龍洞。【略】又歷三松灘、門扇峽。《邑志》：峽在縣大江南岸，峭壁如門，夏秋水泛，渦漩極險。三松灘在門扇峽右。又歷官渡口，即大江西來出巫峽之口也。有西瀼口。按三壩河在縣西六十里，源出九府坪，流入西瀼溪，合大江，此西瀼出江之口也。【略】又歷雲沱、雄灘，雄灘疑即清水灘。【略】又歷萬户沱。《志》云在縣西五里。今訛爲萬福沱。又歷東瀼溪。《志》云：「縣西北五里，其右爲青竹標灘。」《志》云：「青竹標本蛇名，其行最駛，灘水似之。」過巴東縣，縣治在江南岸，枕山臨江。【略】其北有龍鳳山，與縣治相對。其東有羅頭山，濱大江，環鎖江水，回護縣治。下有羅頭洞。又有破石峽，在縣東五里，兩崖如刀劈狀，所謂巴東峽也。歷磨刀灘、蛟龍沱。按蛟龍沱疑即苟使沱。《方輿紀要》云：「苟使沱亦有巨漩，行者畏之。」又歷牛口灘、八斗灘。【略】叱灘有三，水石相激，如噴叱聲。《志》曰：「灘在雷鳴洞南，官漕口爲上叱，雷鳴洞爲中叱，黄牛口爲下叱。舟行至此，多覆，亦名人鮓甕。」八斗灘有上八斗、下八斗，水滿則平，半亦平，惟及八分時最險，因名。《志》曰：「上八斗水勢南趨，大泡時作，水大至險。下八斗怪石嶙峋，浪急漩湧，水小至險。」望石門山。【略】其下爲石門灘，中有巨漩，爲行者患。《志》曰：「上石門兩岸山脚横截，水勢湍急，至險。俗亦呼爲小石門灘，以歸州有石門灘，故稱小石門以别之。」【略】又歷七姊妹、石女流、洩灘。《歸州志》云：「洩灘在州西二十里，水勢洶洶。有洩牀石，長三十餘丈，水落則石出，水漲若隱若見，行者無不驚怖。」土人云：「有洩無新，有新無洩。」蓋言新、洩二灘，水漲則洩險，水涸則新險耳。又云洩灘江心有石，名洩牀、洩枕，逼水成漩，水大至險。又行十餘里，過一灘，舟人曰：「此野豬横江也。」疑即中叱。《州志》曰：「叱灘江心有石梁九道，又有山脚横截江心，水勢澎湃，水大至險。」又疑即横梁灘。《方輿紀要》曰：横梁灘有石，横亘水半，江行泝流，每患其險。」皆近雷鳴洞。其東爲沙鎮溪，有廟曰沙鎮觀，又有流來觀。【略】右有真武劍石，長十丈有餘。新灘未崩時横截江心，水極淺狹。明嘉靖間，新灘暴漲，一夕忽不見，豈即俗所稱野豬横江石邪？又歷腰鼓沱、鸚鵡巖，至官漕口，爲上叱灘。【略】叱灘即人鮓甕，亦名黄魔灘，長石截然，據江三之二，五六月水勢噴薄，聲若雷霆，爲歸峽最險。將近歸州，又有九龍奔珠石，蓋江中有九石斜亘，舟行曲折讓之。至下有一圓石，所謂珠也。過歸州城。【略】舟行數里，過烏牛石、蓮花灘、屈原沱。《州志》云：「烏牛石在江心露出，水勢洶湧，水大至險。蓮花三漩江心怪石錯綜，激水成漩，水小至險。屈原三泡水急漩深，水大至險。」蓋蓮花三漩即蓮花灘，屈原三泡即屈原沱也。【略】又歷鐵心肝石、下石門灘、金盤磧。望麻綫堆在歸峽口，一峰矗起，樵徑縈行如綫。宋范成大曰：「浮屠德寶始沿巖伐木，另作新路，不復登山。」今上水猶資以作縴道，縴長百步，遇石棱輒斷，今於山轉角處設一機輪，俾得圜動。又名其地爲礡碌角。《州志》：下石門灘兩岸巨石坌入，截江若門。金盤磧大石迎立中溜，水小並險。行數里，過香溪。香溪即昭君故里，至今居民多王姓者。按香溪一名鄉溪，源出興山縣，南流入江，其入江處謂之香溪口，或謂之鄉口溪。【略】又歷叟和尚巖、米倉口、兵書峽。叟和尚巖在兵書峽内，形似比邱，水淹其石，舟不敢過。諺云：「水淹和尚口，神仙不敢走。」《州志》曰：「叟和尚，香溪山水横沖出時激水成漩，水大至險。」米倉口亦在兵書峽内，水落時，土人視其中沙土多寡，以占來歲之豐歉。【略】按兵書峽一名鐵棺靈磧。【略】又望之若存書卷然，上有鎖江鐵索，常隱不見，見則不祥。又有寶劍峽，望之如劍在石上，因名。出兵書峽，數里爲新灘。按新灘舊名豪三灘，明嘉靖二十一年久雨，山頹，水石横亘。天啓五年，按察使喬公拱璧鑿平之。然據江瀆南廟有一碑，前進士曾華旦撰，言皇祐三年山崩石壓，成此灘，害舟不可勝計。知歸州尚書都官員外郎趙誠聞於朝，疏鑿之，用工八十日而灘害始去。其事皆在嘉靖以前，然灘害至今未去。聞之王刺史燕瓊曰：道光中，四川灘石爲漢陽李祥興所鑿甚多。至新灘，以炭油燒，石不焦。石工見一老人言：「此新灘，乃心灘也，不妄壞人船物者。」須臾不見，李乃停工。竊以此爲兩岸居民利其拉灘放灘之直，故神其説，惜李工之爲所誤也。新灘南岸曰官漕，北曰龍門，激湍怪石，舟不可近。其官漕差可行，故舟多由南上。然灘亦有三，第一灘有癩子石，横出江心，阻絶中溜。有雞心石，大石羅列，舟從中溜而下，必經石旁，水道極狹，至險。第二灘有天平石，亂石交錯。有豆子石，圓石突出江面，激水如沸，至險。第三灘上游石多逼成泡漩，水涸時石級懸絶，舟下如墜千尺，至險。【略】本灘有慣識灘性者，亦謂之灘師。即延放舟，其抡梢仍以舊工掌之，彼則獨立船高處，揚手擲足，大聲疾呼，若三軍赴敵。兩岸小船無數，皆官設以救生者。一船將下，諸船皆張目近視，持篙竚立以俟。舟人見之，各惴惴不能出一語。橈夫則於上流各預以繩布纏橈樁，懼其顛入浪也。甫至灘門，又皆蹲踞板上，以橈尾支翻向上，待船身將盡下石門，方敢起立。岸人祇見層波疊浪中，飄然一葉已杳，莫得其影響，少頃衝噴而出，餘沫猶淋淋在人頭面，觀者皆爲色喜，否則直掩没之，而無可如何矣。又歷射洪磧、石板灘、驢子溪、炭船灣、青林井、馬肝峽。【略】其旁有獅子崖，巖中有一小石，蹲踞張頤，翠草被之，如青獅水泉泠泠自巖中出。又轉一崖，有石下垂如牛肝形，土人因呼此爲牛肝，呼前石類馬肝者爲馬肺。晚雨甚，泊九曲溪下。

四月一日，解維行數里，入空舲峽，即宜都、建平二郡界。望五六峰參出雲表，上有聳石，如人偶立狀。《水經注》所謂督郵石也。絶壁上有物懸出，長數尺，即《水經》所謂埵灶。【略】《歸州志》曰：峽有大石，左下三石聯珠，峙伏水中，土人號曰三珠石。舟行必由大石左旋，捩舵右轉，毫釐失顧，舟糜石上矣。明萬曆十八年，知州吴守忠始鑿平之，改名通舲峽。過柳樹磧、黑巖、大埡巖，巖上刊「東湖界、歸州界」六字。又歷鐵鑪背、白洞子、獺洞灘、屈溪腰磯子、鱘魚背、飯甑倒、下不管、上不管、三斗砰、大紅珠灘、雷劈石灘、鹿角灘、虎頭狼尾灘、人灘，所謂灘如竹節稠者。【略】白洞子灘俗名鮓人坑，尤險。鹿角灘有上下二灘，在峽江南岸。灘對岸有汞洞、虎頭灘，即《水經》流頭灘。【略】望黃牛山，嵐翠近人，數十里外即見，初遠，漸近。舟至黃陵廟前，故老相傳黃陵神即黃龍，助禹開江者。【略】其下即無義灘。【略】南岸有黃牛灘，俗呼大老翁灘、小老翁灘。又有查波灘，前爲官漕一珠。【略】今其灘巨石長亘江岸，江漲水奔，石上激撞，復奮起於紅石，舟行最險。乾隆三十年，荆宜道來謙鳴覓工劈削尖峭，以殺水勢，舟行便之。紅石在北岸羅佃溪口，俗呼爲紅石子灘。【略】又歷大巫沱、小巫沱、斗船沱、南沱。《東湖志》：南沱三漩在峽江心，最險。望黃茅山，孤起矗雲，南岸爲喜灘，北岸爲黃顙洞。【略】又望石鼻山，下臨江流，有巨石橫出六七十丈，如簰筏然。亦名石簰峽。【略】江水又東，與下牢溪合。下牢溪有州舊城，或曰劉封城，爲漢昭烈帝章武初封守宜都郡時所築。其上爲三遊洞，懸崖削壁，徑纔踰尺，蛇行傴步，行數十武始得洞。【略】又歷豬圈子灘、猢猻灘、打麥場灘，臨江有兩巖中坼，穴石拱立，如人狀，嶙峋傴僂，有若老漁之把釣竿，陸游所記，洵不虛也。又東至平善壩，謂峽勢之險至此稍平善也。川卡舊設黑巖子，雍正五年移置平善壩，乾隆二十六年知縣林有席詳請設立號票，編給船户，上下赴壩驗行。【略】又過爲黃金藏，宋陳膺於巖石間得金版書一册，乃古《易傳》，與今《周易》絶異。【略】又歷黃茅峽，至荆闕峽，即西陵峽也。【略】又歷白龍洞，出南津關。關當三峽之口，相傳漢昭烈嘗據守此津之南，故地有東木院，疑即楠木坑灘，最險。又歷冷水磧、圍磧子，泊宜昌府城外之屯甲沱。

初二日，仍住屯甲沱。

初三日，入宜昌府城。

初五日，擬泛舟遊松門谿，在平善壩里許。【略】而舟子告余云：上稅已畢，即開帆行矣。是日傍午開頭，迆絲網灘而行。絲網灘者，在府城小南門外河下，以漁人曬網絲處，故名。連青草、羅鏡、虎牙、五拗、子灘，自邑順流至宜都，凡五灘。又歷青草灘。青草灘在縣東南十五里，水漲則平，水落則激。【略】望天然塔，在青草灘上，乾隆十年建。灘之南爲五龍山，葛道山峙其南，執笏山環其右。葛道山，相傳葛稚川煉丹之所。執笏山秀插雲表，狀如人之執笏挺立者。中貫一溪，沿溪而入，境象清幽。自此過十二碚，望荆門山。荆門即古江關，楚西塞也。其以門命名，或曰與江左虎牙山相對若門户然。又曰峰上有門，上合下開，故名。舟行望之，石虹下垂，中空，形如偃月，俗呼曰仙人橋。行者至此，避虎牙而南，復避荆門而北，横流湍急，懸崖千尺。【略】康熙五十三年，荆門太守邱天英雇匠，於懸崖間鑿石爲路，纔容寸趾，垂鐵索石柱，以資攀援，爲行舟牽縴之用，至今賴之。虎牙山下即虎牙灘，楚江之灘始此。范成大詩云「一灘今始嘗，三峽此其亞」是也。又歷紅花套、紅石背、秤杆磧、後沱港、南陽磧，至宜都縣。【略】又歷白陽鎮、造船廠、龍窩磧，至枝江縣。【略】舟中望縣城，不甚高峻，沙渚棊布，島嶼縈迴，沙鳥明滅，浮圖插雲，水木明瑟如畫。縣西三里有津鄉，《左傳》莊十九年，巴人伐楚，楚子禦之，大敗於津，即此。北岸有池湖，長十里。【略】又池洲在枝江東北十餘里，亦曰延洲。【略】又洋溪在縣城南，商賈聚集於此。是日行百餘里，泊洋溪。

初六日，開船，沿百里洲而行。江流至此分而爲二，間以大洲，洲之北曰北江，南曰南江。【略】望沮水，自當陽縣流入縣界，南入於江，謂之沮口。【略】又東南行，過羅家河、三汊腦、羊角洲，至松滋縣。【略】縣北一里，岷江至此分爲三派，名曰川江，下流三十里，復合爲一，達於江陵。縣北三里有上菜洲。又過縣南車公套、罐背灘、下多磧、澌洋洲。按罐背灘，《志》云：秋冬水涸，有傾罐聲，因名。【略】又歷樊家場、朱家埠、雀兒尾、馮口、雞公灘、高家套、鯉魚灘、采溪閘口，至晡泊流店尾。有流店水驛。

初七日，過曬穀坪、拕溪灣、天鵝磧、龍洲。《志》云：龍洲南有虎渡口，後漢時郡守法雄有異政，猛虎渡江去，因名。大江經此分流，注於澧江，同入洞庭，所謂穴口也。今則謂之太平口。又過腰店子、太保灘、太平口、筲箕垱、御路口、窖金洲。聞畢秋帆尚書爲湖廣督時，江水暴漲，溢入荆州城，下游州縣淹没。公以江心窖、金洲阻塞水道，爲上游之害，亟命拔去蘆葦，居民毋得占據，仍於北岸築壩，逼溜南趨，以資保護。【略】是日晡泊沙市。

初八日，登岸。午後大風拔木，江水爲沸，已而復雨。仍寓巡司街羅宅。

十一日，蕩小舟至荆州城南門外。

十四日，由便河開船，行十里，泊草市。

十五日，渡長湖，湖即夏水府。東南二十五里有夏水口，乃夏水之首江之汜也。

十六日，過三湖。三湖者，白湖、中湖、昏官湖也。二湖合爲一水，東通荒谷。【略】是日泊張聚河。

十七日，行監利縣境。縣爲漢華容地，吴置監利縣。東南三十里曰大馬長川，自大江分流，經縣南十里爲魯洑口，相傳以魯肅屯兵於此而名。又東北入沔陽州境，謂之長夏河。【略】入環沔皆湖，長瀾巨浸，浩瀚無際。過白鷺湖，其相接者曰鼉湖，緑蘋吹岸，白波卷空，水鳥夕陽，上下映帶。晡泊趙港。登岸散步，小田新緑，村煙澹沱，江鄉畫圖，瞻玩忘歸。

十八日，過湖，俗名大碟子湖、小碟子湖，延綿數十里。湖盡則曲渚迴汀，水行地中，如螺旋蚓屈，風帆作之字而去。湖口有桃花井，是日微雨，泊柳集。柳集即柳港口，其相近者爲上洪口。

十九日，過洪湖。余來時經洪湖口，即紫貝淵，波甚湍急可畏。今避口入湖，風静浪平，水天一碧，較泝河水程近六十里。晡泊楊家觜。

二十日，過黄蓬湖。【略】是日風順，行一百九十里，泊新灘口。

二十一日，出新灘口，過大軍山、小軍山，去漢陽府四十里。【略】又過金口，即塗水，亦曰塗口。時大風掀浪，戍鼓相應，煙波縹緲間望黄鶴樓隱隱欲出。已而過黄軍浦，至鸚鵡洲下。【略】又過漢陽府城、大别山，泊漢口。【略】余留漢口三日，由陸路歸家。

二十五日，過沙蕪口，亦曰沙口，上達武湖，下通大江。【略】又行八十里，至新洲，亦曰舊洲。【略】是日宿陳孝廉天驥家，去家四十里。【略】是日午後仍返沙河舊寓。

吴燾《遊蜀後記》 光緒丙子［二年］正月二十六日，仲宣叔交卸總督關防，擇期三月十九日起程回籍。家眷由川江行者，先期二日登舟，舟泊雷祖廟。廟距府城七里，左爲方公祠，方公名積，安徽定遠縣人。右即薛濤井也。時久旱水涸，江流淺不盈尺，深處亦不足三尺，舟行者用小船撥至江口，督署家丁幕友及各船眷屬約百餘人，隨行差弁兵勇又百餘人，共用三艙船十四隻，小船不計數。余偕姚芷軒同坐三艙船一隻，是日停泊未行。夜小雨。

十八日，微陰。黎明開行，四十里過大橋二，不知其名。下午泊中興場。川江灘淺溜急，水底皆小圓石，舟行石上，磕磕有聲，稍不戒嚴，遂至侵漏。是日李巡捕船覆焉，幸水淺，不致沈溺。

十九日辰刻，自中興場開行。四十里至古佛洞，又二十里泊黄龍溪。途次多見水輪，兩岸皆土山。

二十日，自黄龍溪開行，三十里至江口。前望白沙渺瀰，一水東注者，即岷江之正流也。【略】江水至此漸大，亦漸深，非復褰裳可涉矣。十里至彭山縣。縣城濱江，江畔列巨艦四，皆署中所賃，所謂川河船也。時吉甫弟扶其生慈史淑人靈柩回籍，余附吉甫舟中，同舟者上下十餘人，舟子二十餘人。

二十一日，發彭山縣，巳刻過眉州。【略】自眉州以下，沿江山勢平迆，六十里泊青神縣。

二十二日，發青神縣，七十里過荔枝灣。灣産荔枝，夾岸山勢嶙峋，江流深闊。遥望南岸有觀音龕，在石壁上，距水約十餘丈，仄徑斜通，僅能容趾。又九十里至嘉定府。【略】青衣水自西來，大渡河自南來，繞府城東南，併入大江。舟行至此，盡移小船所載，併入大船，蓋自此以下無虞淺擱矣。

二十三日，住嘉定。

二十四日，自嘉定開行，五里過大佛崖。岸當江口，石壁側立，山脚怪石纍纍，洪波衝激，舟行畏焉。舟子鼓勇推橈，逾時始過。十五里至牛華溪，江面愈闊，煙波無際，岸山秀拔，松竹陰翳，頗饒幽趣。六十里至汊魚子，江中險灘也。凡灘，水底皆巨石，石激水湧，如大風鼓浪，噌吰澎湃，劇心駴目。故川江之船，惟上水使帆，下水不豎桅，不張帆。舟子用長橈十八柄擊水而行，長年一人高坐船頭，謂之太公，捩舵一人，或左或右，悉聽太公指使。每至一灘，太公橈夫無不大聲疾呼，破浪竟渡，惴惴焉不敢稍懈云。過汊魚子，泊犍爲縣。

二十五日，發犍爲，八十里至泥溪。沿途多鉅鎮，臨水大石壘砢，北岸峰巒重疊，石崖光滑如斧劈。岸畔鑿微徑，以通行旅。山上多碉樓，圍以雉堞，皆避亂者所居。又一處石壁千仞，壁上鑿石龕如蜂房，不知祀何神，龕旁刻「丹崖碧水」四大字。又數里，江流左折，波濤洶湧，地名龍尾漩，亦險灘也。過灘波平岸闊，下午至叙州府。將及府城，北岸有石觜横出，江流爲石所阻，迴波激盪，舟行亦懍懍焉。

二十六日，巳刻開行。南望大山横亘，上絶霄漢，山外即雲南界矣。叙府旱道至滇界九十里。是日行一百二十里，住南溪縣。

二十七日，曉發南溪縣，六十里至江安縣，又八十里過納江縣。沿途山明水秀，艣聲欸乃，如在畫圖中，吾鄉無此風景也。又百餘里至瀘州，泊焉。

二十八日，曉發瀘州，四十里過舊瀘州，有荒城高踞山嶺。又里餘過鑽子口，亦險灘也。時江水尚平，盛漲時則行者有戒心矣。下午泊合江縣。

二十九日，發合江縣，過王家場、朱家沱、石門、白沙等處，下午至油溪口。岸北大山特起，峰巒秀媚，峭壁俯臨江面，江流折而東趨，山間大麥已微黄矣。過龍門灘，有重慶鎮礮船四隻來迓，申刻泊江津縣。

四月初一日，江津開行，巳刻入巴縣境。過貓兒峽，峽長不及二里。北岸尖峰聳峙，石壁嶙峋，人家多就石隙結屋，山腰有仄徑，通行旅。南岸山勢稍平，臨水皆巨石，舟行畏焉。荔枝、龍眼、橄欖遍山皆是。出峽數十里，過佛圖關。下午泊重慶府。【略】因石壁爲城，周十二里，高踞山巔。國朝康熙二年重修，地形若秋葉，街道高低不一。山頂有平地一塊，爲教場，再上爲五福寺。自江岸仰視，雉堞參差，如在天際。城門俯瞰大江，拾級而登，盡百餘級始達城内。諺云：天生重慶，鐵鑄瀘州。【略】江水繞府城東南，四望皆崇山疊巘。大江對面有真武廟，山頂有鐵旗竿，山半有覺林寺、報恩塔。嘉陵江合渠宕諸江水，北來注之，即西漢水也。蓋自合州以下，涪、漢、强白、宕、渠五水合流，其别名分出不一，涪江一曰内江。

初二日，住重慶府。舟子用巨木作長櫂兩柄，其名曰尺。每用時，以十數人推之。又以巨木爲招，置船首，皆入峽所用。川江水急，且多漩渦，舟與水争力，非此不能勝也。

初三日辰刻，自重慶開行。是日微陰，岸山重疊，皆在雲霧中。行十餘里，至木洞停泊。木洞，大江邊聚落也。明置水驛於此，居民百餘户，背山面江，殆瘠土也。

初四日，曉發木洞，九十里至長壽縣。【略】又六十里至藺市，藺市在涪州西六十里。【略】自藺市以下，波面闊至二里餘，岸山迆邐，爲煙霧遮蔽，隱約可辨。又六十里，至涪州泊焉。【略】涪州四面皆高山，大江中貫，州治據南岸，因山爲城，煙火萬家，亦劇邑也。

初五日，自涪州開行，四十里過陡崖，亦險灘也。過灘數十里至酆都縣，有巨石浮水，面長約十餘丈，高出水面三四尺，水石相搏，湍騰可畏。舟子熟於趨避，須臾已過。【略】縣城舊多水患，後改建新城於舊城之西，然市井貿易仍在舊城，居新城者蓋寥寥焉。城東一山挺出，林木深秀，爲酆都城隍廟，香火最盛。俗傳爲陰陽分界者，鄉里之談也。又縣旁有平都山，道書所謂七十二福地是也。山頂有閻羅殿，陰陽分界。各土地廟又有古井，俗云下通地獄，可笑也。下午泊忠州。

初六日，發忠州，過簸箕子、折尾灘，皆險灘也。巳刻至石寶寨，石山嵯峨，上有古寺。相傳寺内有石穴六，出白米，亦異聞也。午刻過大湖灘，申刻至萬縣。【略】包山爲城，水陸衝衢也。岸陂陡峻，城門俯臨江岸，登頓爲勞。

初七日，自萬縣開行，午刻至雲陽縣停泊。【略】未刻自雲陽開行，岸山高峻，居民就陡崖結屋，耕種俱在，岸上無一尺平地。申刻泊夔州府。【略】府城依山，登岸者歷二百餘級始達城門。城内街衢洞達，繁富遜於重慶等處，然有鹽關，有釐局，水路爲全蜀咽喉，亦財賦之區也。

初八日，住夔州。巳刻余登陂閒眺，四圍皆山，東望羣峰合沓，犬牙相錯，江流其間，即夔門也。

初九日，阻雨。

初十日，晴，辰刻自夔府開行，十里入瞿塘峽。灩澦石適當峽口，長約二三丈，高出水面丈餘，一巃石堆耳。按灩澦一名淫預，一名猶預。詢之舟人，云水小時石出水面數十丈，長夏盛漲，則水没石者亦數十丈。諺云：「灩澦大如象，瞿塘不可上。灩澦大如馬，瞿塘不可下。」舟人以此爲水候，蓋石愈小則水愈大，不可行矣。【略】峽口兩山交互，懸流奔注，舟行最爲危險。既入峽，則江平如掌，陸《記》所謂「兩壁對聳，上入霄漢，仰視天如匹練」，非親至其地不知也。數十里至大溪口，江面稍闊，山坡居民數百家，山間一村鎮也。下數十里至下馬灘，午後至巫山縣。【略】縣城背山面江，周圍六七里，臨高視下，約數百丈，貿易者多在城外。登城四望，層巒疊嶂，日月蔽虧，無復平地也。

十一日，辰刻微雨，東北風甚勁，不敢解纜。下峽之船最畏逆風，風逆則捩柁不靈，易於觸石，故長年慎之。午後開行，一里入峽，即所謂巫山峽也，今訛爲烏山峽。峽中之險與瞿塘略同，然岸上奇麗不可言狀，崖愈高，江愈曲，每一轉折，必有一山横攔，前望若無路可通。巫山十二峰俱在北岸。【略】神女峰最爲纖麗，俗謂之美人峰。舟人自舟中指示之，較諸峰微高，一石斜出如刀，不知是否。其餘諸峰莫可辨識。二十里至彈子澳，風疾雨驟，遂停泊焉。峽中村落甚少，間有茅屋數椽，棲絶壁下，幽林環繞，非復人世間也。雨止，復行數十里，住楠木園。

十二日，曉發楠木園，十五里至官渡口。出峽又數里，過東瀼、西瀼，近巴東縣境。【略】巳刻泊巴東縣，入湖北境。【略】午後自巴東開行，十五里至牛口，過上下石門，下午至業灘。此灘在峽中爲最險，迴瀾倒倦，水面作無數旋渦。有隨行皦船一隻落漩中，十數人推橈盤旋，久之始出。過業灘，二十里至歸州。有山觜插入江中，有廟名牛奶觀。又數里，泊老歸州。民居寥落，蓋州治在新州也。

十三日，自老歸州開行，辰刻過兵書峽，峽長不及二里。出峽爲香溪口，一名昭君溪。溪水發源昭君村，村在興山縣南。【略】巳刻過青灘，亦峽中險灘也。諺云：有青無業，有業無青。蓋業灘險則青灘轉平，一畏水大，一畏水小也。青灘古云新灘。【略】宋朝著令，自十月至二月禁行舟，亦指水涸時言也。過新灘，十五里爲馬肝峽。將入峽，石尤風起，就淺水停泊。午後風雨。

十四日，黎明開行，入馬肝峽。峽有石，形似馬肝。時曉色初分，雲氣滃鬱，所謂馬肝者不見，惟峭壁陡立而已。出峽爲東陵灘，波明如鏡，岸山平遠，唯水際多碎石。數十里至黄陵廟，祀禹王像。又十餘里過無義灘，至南沱。兩岸陂陀有村落，前望石壁，側立如屏風，如芾柴，如浮圖者，千態萬狀，古所謂黄牛峽、扇子峽、石牌峽皆在其間，不能一一指名也。巳刻過平善壩，又十餘里，豁然開朗，上下天光，一碧萬頃。舟人至此，皆懽呼相慶，蓋出險就夷矣。按瞿塘、巫山、西陵三峽相連，緜亘幾七百里，其中灘名最多，不可指數。午刻泊宜昌府，遥望傑閣巍然，俯臨江面，即古至喜亭也。

十五日，住宜昌府。附郭爲東湖縣。

十六日，巳刻自宜昌開行。宜昌爲入川門户，舟行者入峽，陸行者取道施南，皆於此分路。宜昌以下，江平岸闊，峰巒明秀，荆州十二碚俱在江岸。行十餘里，地名雲池，風逆停泊。午後開行，過宜都縣。【略】下午泊白楊驛。

十七日，自白楊驛開行，辰刻過枝江縣，巳刻過松滋縣。宜都、枝江、松滋皆在江之南岸，所謂百里三縣也。午刻過東市，閭閻鱗次，煙火萬家。推篷四望，不見一山。【略】又數十里，江面愈闊，北岸始見蘆洲。下午西南風起，舟如箭駛。東望水天一色，隱隱見孤塔卓立，即沙市鎮也。申刻泊沙市。

十八日，住沙市。市踞江之北岸，沿隄居民數萬家，閭閻櫛比，百貨充牣。臨江有工部中關，有鈔關，水陸出峽入峽，俱於此換船，亦水陸衝衢也。市北距荆州府城十五里。

十九日、二十日、二十一日，俱住沙市外江。

二十二日，余移行李入内江船。内江者，江邊小夾也。由大江至漢口，風順不過三四日。由内江須六七日，行旅避風波之險，多由内江。時同行人衆，箱籠甚多，共用大小船二十餘隻，余占小舟一隻。是日大熱，如盛暑，舟中著單布衫，猶汗流不止。兩岸皆蘆葦，蚊蟲螫人，終夜不能成寐。

二十三日，午後大雨一陣，晚涼，夜大雨。

二十四日，大風雨竟日，舟中寒甚，羊裘絮袍猶不能禦。舟子於船頭支席棚避雨，艙門遮蔽，黑暗如夜。不能登岸，終日悶坐而已。

二十五日，晴，北風猶勁。

二十六日，由沙市開行，十里至草市。市中有鈔關，諸舟皆於此豎桅張帆。巳刻開行，午刻至丁家觜停泊。

二十七日，自丁家觜開行。過長湖，四望渺瀰，煙波無際。舟子乘微風挂帆，淺處仍用竹篙。行六十里，入小港，又三十里爲了官廟，亦名了市，江鄉巨鎮也。過了市，河仄風逆，二十餘舟銜尾而進。兩岸皆漁户，緑樹陰中罾罟相望。酉刻停泊，地名臧家祠。

二十八日，曉發臧家祠，數十里過上湖。湖面更闊，南望不見水端，亦淺蕩也。過湖，泊張家坡。午後開行，沿隄皆農户，河隄以外江田萬頃，嫩緑縱横，已插秧矣。晚雨，泊張官口。

二十九日，黎明開行，辰刻過白駱湖。湖廣三十餘里，初行四望皆青蒲，行十餘里則白波千頃，水清見底。舟人借北風張帆，炊許時已達東岸。晚泊黄溪口。

五月初一日，曉發黄溪口，十數里入湖。兩湖相連，約三十里，湖水尤淺。舟子借南風，張帆過湖。入小河，又數十里，至柳關泊焉。

初二日，自柳關開行，河流曲折，舟行甚緩。午後風漸利，兩岸古柳侵雲，風帆葉葉，掩映於緑楊影裏，頗似淮揚風景。申刻泊河口。

初三日，自河口開行，大霧橫江。辰刻霧散，過小湖，湖闊數里，波平似鏡，舟子撑竹篙競渡。午後順風，揚帆數十里，就荒坡停泊，不知地名。鄉農數家，皆刈柴爲業者。

初四日，辰刻開行，午後漸見岸山，行一百二十里停泊。北望江濱一山，山下居民百餘家，蓋小聚落也。地距漢口鎮七十里。是日大熱。

初五日，黎明開行，南風微颺，艣聲嘔啞。辰刻至黄陵磯，江中一大鎮也。同舟皆停泊，購買香紙食物。時西南風大起，舟人解纜，帆飽舟輕，三十里至沌口，日猶未午，自登舟以來無此快利也。沌口距武昌三十里，出沌口即大江。是日爲端陽節，舟人停橈沽飲，各謀醉飽，下午始行。順水順風，前望大江東去，泱漭無際。酉刻至白沙洲，又數里入鮎魚套，泊武昌府南門外。

初六日，辰刻遊黄鶴樓。

十九日，卯刻渡江，泊漢口鎮中馬頭。漢口者，漢水入江處也。【略】漢口水陸交衝，繁富甲於天下，沿江十餘里通闤帶闠，萬商雲集，舟行擁擠，幾於無處停泊，洵東南一大都會也。【略】是日大熱，余小病，不能飲食。

二十日，微陰。巳刻，余櫂小舟，往遊晴川閣。

二十二日，大雨，午刻雨稍止。余乘肩輿上輪船，船爲花旗國所造，長二十餘丈，前半洋人居之，不容人窺伺，後半房艙八間，爲署中家眷所居。外艙附船者數十人，皆不知何許人也。余與吉甫各占房艙一間。

二十三日，余挈僕人登岸，購買零物。

二十四日，子刻，余方熟寐，忽有聲如風雨驟至，余知爲輪船開行也。急坐起，推窗視之，船已離岸。時江面昏黑，一無所見，余復就睡，曉起則已過蘄州界矣。兩岸青山重疊，不知其名。巳刻至武穴鎮，鎮爲商賈輻湊之所，閭閻鱗次，周圍十餘里。午刻至九江，停輪須臾，有江船載貨物數千桶來附舟，皆裝載出洋者。申刻開行，酉刻至湖口縣。大江自湖口分一支爲南江，蓋江西路也。時小雨霏微，遥望大孤山屹立水中，約在數十里外，廬山面目付之想像而已。湖口即彭蠡口，蘇子所遊之石鍾山在焉。自舟中望之，一石壁耳，無他異也。又數十里爲彭澤縣，縣北即小孤山，青蒼聳秀，舟行近在咫尺。時江霧昏暗，同人以遠鏡窺之，亦不甚了了。初鼓至馬當，余已醉卧。是夜停輪兩次。

二十五日，曉起至池州界，巳刻至蕪湖縣。【略】過蕪湖數十里，有小山夾江者，爲東西梁山。【略】過東西梁山數十里，爲采石。采石一名牛渚，與和州對岸，江面比瓜州爲狹。隋平陳，宋曹彬下江南，皆自此渡江。午刻至金陵。過金陵，沿江營壘相望，時大吏方講求江防也。未刻過儀徵界，申刻至鎮江府。計輪船行大江，每一時可得八九十里，海行當更快也。是日吉甫挈家眷移住江船，余占小舟一隻。

王錫祺《南遊日記》 壬午春仲［光緒八年］，聽客談西湖之勝，忽觸遊興，與穀人叔、燕來弟、盧君鈞甫、李善才秀雲約期偕行。

三月初四日，上船，稍開即住。晚宿于家。

初五日，巳刻開船，順風，晚住寶應。

初六日，巳刻過氾水。得活河豚二，畏其毒，不敢食。滿地蔞蘆，辜負春江時節矣。晚住高郵。

初七日，泊揚州。

初八日，住瓜洲，候風過江。

初九日，風雨，仍難開江。【略】晚風略小，渡江，泊金山河。

初十日，陰，逆風，未開行。

十一日，晴。枕上聽柔櫓咿啞，已開江矣。巳刻進丹徒口，晚泊呂城。

十二日，東北風。午刻過常州。【略】晚泊無錫。望惠泉山，昏黑未及登。

十三日，泊蘇州閶門三里外之留園。

十四日。【略】開船，酉刻泊南厫。是日始食鰣。

十六日，雨，順風。住王江涇，近百里間港汊多通太湖，昏夜泊此，羣有戒心。

十七日，順風。清早過嘉興，晚泊雙橋。未至數里，船户之子忽遭滅頂，後艙驚呼，同人失色，幸即救起，然亦危矣。

十八日，立夏，陰。巳刻過塘棲。【略】午泊杭州武林門外之黑橋頭。

二十三日，早晴，開船。過塘棲市，得枇杷二簍，尚未黄熟。晚泊雙橋。

二十四日，住永新鎮，日未銜山。

二十五日，午刻過茶禪寺。三塔並峙，俗呼三塔寺。數里至嘉興，稍泊即開。過嘉善，黑雲翻墨，榜人報風雨將至，俄頃大風雨。天將晚，遂住。

地名三折灣。

二十六日，黎明開船，午刻住朱涇候潮。已出浙江，爲江蘇金山縣境。黄浦江一望汪濊，左通上海，右達青浦。值順風，舟疾於馬。至德勝港住，華亭縣境。

二十七日，紅日麗窗，船已開行。早過閔行鎮，順風，午刻抵上海，泊鐵橋堍。

四月初一日，陰雨，西北風。住新閘，此行舟子狡滑，甚惡之。

初二日，晴。新閘橋不容舟，俟潮退方過。晚住黄渡。

初三日，小滿，晴。【略】申刻過崑山，東南風。晚住蘇州之葑門。

初四日，陰。移泊閶門。

初五日，霧，晴，東南風。開船數里，岸左有徐節母勁節樓故址。巳刻過滸墅關，轉西風，未刻望亭，申刻仍東南風，晚抵無錫。疏星幾點，新月一鉤，近岸人家燈火直射水底，松枝作爨，時聞清香。泊北門塘米市。

初六日，晴。日未出即挂帆行，巳刻轉西風，晚抵常州花市住。

初七日，晴，南風。未刻過丹陽，壞塔一枝，筆立岸際，輕舟如駛，轉瞬已在篷後。晚住丹徒口，是日兼程行一百七十里。

初八日，晴，西南風。開江，過焦山，古木叢篁，琳宫梵宇，倚篷静對，爽氣若接。【略】象山與焦山對峙，當道慎重江防，築礮臺兩座，頗據形勝。轉東南風，過甘露寺，舟人指金山一點，又在目前。風順，扁舟一葉直達瓜洲。過江以南桑田茂密，菜子翻黄，風景大殊江北。渡江而北，櫻筍廚荒，枇杷市熟，風景亦不亞江南。酉刻泊揚州，大雨。

初九日，陰霧，雨，東北風。暫泊瓦窑鋪。湖隄告成，新築紫竹雲宫，舟即泊於其側。【略】申刻晴，渡邵伯湖。波紋縐練，月睨磨鐮，夜景悽人，彌增酒思。住鐵牛灣。

初十日，晴，西南風。早聞布穀聲，午刻露筋祠，申刻轉東風，過高郵，晚泊六漫閘。

十一日，陰。距家一程，風雨作惡，懣悶之極。晚泊寶應。

十二日，晴，西北風【略】。酉刻抵淮，余乘騎回家。

王相《鄉程日記》 余籍浙江，先曾祖宦宿預，隨葬於此，吾祖吾父祔焉，迄今子若孫六世矣。余生長於宿，未至鄉土。

二十一日，偕成世講序東攜兩僕起早，至白洋河。

二十三日，雇黄河船至鐵心壩，定次日起行李。

二十四日，早飯後偕敏亭、序東登舟，東北風大，不能解纜。

二十五日，風逆，竟日行四十餘里。

二十六日，辰刻至桃源渡口。【略】風大，停泊未移。更餘，風挾雨益甚，驚惶不寐。

二十七日，風微緩，雨竟日，仍泊桃源渡，計登舟已四日，尚未出境。【略】是夜四鼓後聞大風自東而西，起止有迹，枕上同呼舟人，語無應者，恐復成暴，懊惱不眠。風三起三歇，經過之迹不出五里，斬然而止，不離故處，真神風也。良久，天欲明，聞榜人曰「好風」，驚以爲仍逆也。呼問之，曰：「半日即到矣。」卧聽起柁聲，打篷聲，又似出谷之春禽。

二十八日，早餐未畢，已抵清江。同序東登岸，泥深不能步。坐小車至張家馬頭，雇會試回頭船包送蘇州。因丹徒煞壩也。看定後，序東回原船，發行李過壩。余至程、胡二宅探親，晚宿新船。

三十日，早發。【略】復前行，至淮陰城。【略】晚泊寶應。

二月初一日，午後過秦郵，入城小步。更餘抵露筋祠。

初二日，開船風逆，序東躍躍欲上，拉敏亭登岸，余不能從。舟漫衍至瓦窑堡，二人待於岸，入舟憊極，蓋十餘里無所獲也。日下舂方抵揚州，泊徐甯門。

初四日，早發，風色頗利，日已晴。辰刻抵江口，風猛，雇兩船帶江。敏亭尚有懼色，余繫風兜，踞船唇，望金焦兩點，萍浮水面，隔江諸山如屏障。風正帆懸，波平如砥，披襟不讓大王雄矣。【略】風利不泊，午刻抵丹徒閘，水落不能起板，候潮須至亥刻，則又彳亍野岸，無游觀處矣。

初五日，風不順，四人上縴，盡日牽曳，僅抵吕城。自登舟以來雙槳摇漾，不能握管，是日舟行平穩。

初六日，早微雨，午前止。晚泊洛社，距無錫尚卅里。

初七日，巳刻至錫山驛。欲游惠泉，途中泥滑，返舟。遂發，日未落抵滸墅關。過關前行，風色轉。【略】二鼓泊閶門。

十一日，原船前赴嘉。未四鼓開行，聞水聲瀫瀫，知風利，甚喜。又聽落雨聲，遂復曉眠。至辰巳間起，問已抵八尺，地名。約六十餘里，雨亦止。

早餐未畢，又至平望。【略】日未落，已抵禾郡。此行千餘里中，迅速未有逾此者。泊東門。

十三日，雨少止，復作，不能登岸。遣人呼姪鋆來船共發，待其至已及午，風亦不順。行五里許，至三塔灣，遠見方丈大字曰「盡忠報國」，知是岳王祠。急命泊舟，冒雨敲門而入。【略】又行二十餘里，過本覺寺，對岸有住槎亭，坡公詩「三過門時老病死」者，此其地矣。晚泊妙智，地名。荒驛數家而已。雨霽雲開，月已向圓，惟寒風料峭，不能啓户。

十四日，逆風，行約百里，過石門縣皂林驛，住五旺，距杭城尚七十餘里。是夕微雲淡月，無所觀攬。

十五日，五鼓呼榜人發船，曉霧未開。【略】日上至塘棲。【略】午後抵杭城，泊倉基。

二十一日，黎明開船回轉。自昨夕落雨，淋浪不止，四鼓震雷，雨大注，逮曉微歇。岸樹青翠欲滴，風逆行遲。【略】終日雨霏微，舟中重著重裘。晚泊五旺。

二十二日，雨復徹夜，曉復漸止。過午微露日影，旋復陰晦，未有晴意。【略】晚泊學繡，地名。距嘉興尚二十餘里。

二十三日，早抵禾郡。

二十四日，【略】方發船，日已過午。迎風行，艙門晝掩，春水方生，中流容與，不知幾何里。忽榜人驚呼大風至，頃刻喧呶如沸。余起，自闢艙門，露半面窺之，礮雲晦紫，煙霾漲天，風聲如雷，五六人推挽雙櫓，欲近岸不可得，舵側檣傾，水及舟面。當此呼吸頃，風力迅埽，船頭直撞土岸。余大聲曰：「不妨矣！」回視舟中，皆無人色。榜人以雙纜繫岸，樹顛風不止，數人牽挽，入斷港淺水避之。少頃，復有一舟來同泊。驚魂方定，日已薄暮。

二十五日，昨夜風雨打窗，衾枕沾溼。曉覘風逆，不能行。飯後前進五里許，抵王江涇，復泊，離禾城方卅里。午後雪片灑空，寒氣逼人。

二十六日，雪霽，枕上見日光穿射，急推窗遥睇，彌望皆亂瓊碎玉，曉寒尤甚。【略】午後即抵八尺泊舟，榜人不肯行，云前途夜警。大都榜人家近此處，戀親舊耳。距蘇城七十里。

二十七日，辰刻抵蘇，過葑門。【略】未刻方至閶門，登岸，寓南濠葉家衖。

[三月]初四日，俶裝登舟，約舊友嚴星海同行。午後放舟虎邱。

初五日，早起暄暖，止襲輕棉。午後風雨，旋復重裘。暮抵無錫。此舟微寬敞，可列小案，理筆硯，惟迎面風來並雨，旁窗皆不能啓。

初六日，仍雨，望惠泉不得至，疑或山靈拒客，請迴俗士駕耳。遂發船，風逆行遲，五十里住奔牛。

初七日，辰刻抵丹陽。【略】至午，【略】遂行，距江口尚百里。【略】日暮竟抵鎮江城下，江口閘未啓板，舟不得前，泊西門。

初八日，枕上聞雨聲。【略】將午潮至，啓閘，尚喜無風，遂放舟入江，延緣金山郭墓，指瓜步，翦江而渡。終日雨不絶，泊瓜州，由閘關上。

初九日，盥漱畢，過高明敬避成廟諱。寺。

初十日。【略】申刻開船，風甚利，三更抵車絡壩，半日行九十里。

十一日，風逆，竟日行七十里，晚泊界首。

十二日，未曉風雨齊作，黎明雨歇，風益甚。【略】二鼓抵淮西門。自蘇郡登舟時漕艘交錯，渡江後前幫已遠，後者不繼，遂數百里不相值。舟行坦夷，殊非易得，至此前望，則帆檣林立矣。

十三日，五鼓開行，過淮關，城中皆高眠未起。趲行至清江，從張家馬頭過壩，渡黄河，抵揚莊已初更矣。宿中河工廠，蓋河道惟此處最爲盤錯，幾成畏途，遂過淮不入。

十四日，早揚莊開船，晚泊衆興馬頭。對岸黄河渡口即去時阻風出險處也。

十五日，將午過鄭曲舊居。自此起旱，重新檢束行裝，敏亭雇小車返宿城，余復渡黄，宿白洋河。

十六日，陸行五十里，抵舍。途中時有顛風欲逞之意，非昨晚渡黄，又不免風濤之險矣。

此行往返三千里，行程五十五日。

鄭觀應《長江日記》 癸巳春二月，將出游長江各口，因川河之水暮春必漲，擬先溯江直達重慶，復折而東下。爲枝節歷覽之計，遂定於十三日丙寅首途，偕行爲吴君瀚濤。局中同人餞别殷殷，三鼓登「江裕」輪舟。【略】時鐘二敲，舟乃啓輪出吴淞口。

十四日丁卯，陰雨大風。考「江裕」爲商局長江第一等船，價值廿餘萬，造自光緒壬午，開行自癸未六月，馬力三百匹，順水每點鐘可行十米，逆水可行九米，每二十四點鐘計燒煤二十噸，可裝貨二千四百噸，空船吃水約五尺餘。【略】午前十點鐘過通州，自上海至此計二百三十六里。午後二點過江陰，通州至此百四十里。四點過泰興，江陰至此七十里。八點鐘到鎮江，泰興至此計二百四十里。【略】十點一刻開行。夜過儀徵，自鎮江至此六十五里。四點鐘過南京，自儀徵至此百三十里。

十五日戊辰，晴。十點半鐘過東西梁山。考東梁山一名博望，東西兩山對峙，形勢險固，合呼爲天門山。【略】午刻十二點鐘至蕪湖，自南京至此計二百二十里。【略】八點一刻過大通，蕪湖至此百九十里。十點半鐘過流波磯及藕山，池州轄地，向多礦産處也。夜中兩點鐘過安慶。【略】自大通至此計百七十里。

十六日己巳，晴。八點鐘過小孤山，一峯突起，屹立中流，是爲九江門户，形勢奇險，累代江表用兵上下游，必争之地。【略】十一點一刻過江西壺口縣界石鐘山，山石中多空竅，風水相激，大聲雷發故名。蘇子瞻曾游此作記者也。一點鐘至九江，古潯陽，隋荆州郡也。安慶至此三百二十里。適「江寬」下水先至，兩點半鐘乃得泊傍躉船。【略】梅西言：本口生意惟茶市最廣，其紙張生意則因上海棧房不能通融囤擱，遂爲怡、太二家佔去。然此際三公司和局已定，凡水脚、棧租自歸一律，無慮增減相傾也。閒與大車堅爾理談及煤事，據云開平九槽塊煤勝於本局所購東洋之煤。伊在本局當大車已十七年矣。出示渠近日創繪新式機汽鍋爐圖説，能用煤少而行速，擬將圖説寄回外國，就正於講求機器之公司，因該公司舉有專精機器者二十人，如均邀許可，即能售其法於人也。堅大車係英國士穀倫人，曾於機器大書院肄業六年。同學有一華人年二十歲，人極聰明，技藝精巧出衆，尋爲外國船廠聘去，計已二十餘年，現不知所在矣。晚六點鐘至武穴，九江至此百一十里。少停。雷雨大作，西南電光流紫，涼風颯然，煩熱頓袪。八點鐘開行，夜過黄石港，武穴至此百五十里。

十七日庚午，晴。十點鐘至漢口，黄石港至此計二百七十里。

二十二日乙亥，天朗氣清。【略】晚餐後登「江通」輪船，時磐雲如墨，星月掩明，西風大起。過戰口，自漢口至此三十里。又過京口，亦三十里。據「江通」船主云：「江通」船昔本明輪，今改作雙暗輪，每點鐘可行九米，不裝貨船頭吃水三尺五寸，船尾六尺，裝貨約四百餘噸，每廿四點鐘約計燒煤十五噸。

二十三日丙子，晨陰薄寒，著重棉，登舵樓與船主閒話。八點鐘過新堤，自京口至此約計二百七十里。新堤，小鎮市也，有木捐關及鹽務督銷局在焉。俄晴旭排雲而出，天氣始清。十一點鐘，過荆口河，即觀音洲。距新堤一百有五里。晚刻六點鐘過下車灣、上車灣，自漢口至此，兩岸平原，去山較遠，江面漸狹，測水亦漸淺。聞明日將近沙市，有活沙，名天生沙，遷徙靡定，水深時僅六尺，尚須放小輪不時測水，乃可過也。

二十四日丁丑，天明時大雨。至天星洲，活沙時有移換，故必須用土人引水。停輪，放小火輪測水，良久乃過。天氣陰濕，薄寒中人，大雷雨暴至，俄霽。午刻十二點鐘至沙市，自下車灣至此計三百九十五里。晚刻六點半鐘至洋溪，自沙市至此計一百六十五里，沿途山巒倚伏，林木稠密，村落頗多。白煙自山谷中隨風四起，則土人燒石灰處也。八點一刻至宜都拋錨，自洋溪至此六十里。因天黑沙多，恐有擱淺之患，故停輪云。

二十五日戊寅，侵曉三點鐘開輪，未幾大霧忽作，兩岸皆莫能見，遂停輪。太古「沙市」船亦拋錨同停。八點鐘時霧氣漸銷，展輪復行。朝日未出，雲容抹瀅，餘霧猶起，兩岸山林如籠輕綃薄綺。【略】九點半鐘到宜昌，水師樊軍門著武弁以礮船來接，宜局陸雨生亦至，遂同登岸，税駕宜局。即託雨生僱船赴渝，并囑船不宜大，非獨糜費，且恨駛行遲緩。旋云已代僱定三艙一隻，價一百千文，犒賞在外。余即託施子香前往驗看，因艙底微漏有水，另換三艙一隻。與前船大小同，三艙亦名划子船。價一百二十八千，犒賞亦在外，較李鐵船世兄李稚繩所僱者便宜多矣。聞李僱船略較大，價約三百兩云。【略】

二十六日己卯，晴。【略】晚飯後偕瀚濤登舟，船名三艙，實則兩艙半耳。頭艙可容二僕及安置箱件。中艙可容一榻一棹，已無隙地，余居之。後艙瀚濤居之，惟容一榻而已。樊鎮軍所遣礮船，即傍船泊。管帶高弁，直隸籍也。更有小船一，俗名紅船，實與小划子形式相等，是爲探水引路用者。因送周統領公子自川中來，順便隨我船同行，(行)藉資引探，止須略加賞勞而已。秉燭略坐，即就寢，轉側中夜，未能成寐。

二十七日庚辰，晴。舟中晨興，盥櫛畢，即催舟子開船。本舟六人，外僱十三人，共十九人。蓋登灘過險之處，須人夫用縴努力拖曳云。午刻行十五里至南津關。江灘叢石險惡，不能跬步。上則峭拔千仞，有類方城，奇在大小石卵和黄沙凝結而成。佛典謂摶沙世界，信不誣也。山石間往往有洞，不甚深廣，緑草如茵，流泉涓涓而出。須臾過楠木坑，船至此等處，大水沖激磐石，輒作旋渦，下水船尤險。俄過白龍洞，水大時旋渦極多，船須繞南岸而行。兩岸怪石嵯岈，舟人輒繫長篾纜牢䌸而行，慮觸舟也。一路山田犂緑，高下如梯。臨江石壁千仞，儼類削成。懸崖草樹，時聞丁丁伐石聲，土人燒石灰，取石材者悉聚於此。【略】下午四點鐘至大平善壩，宜昌至此計三十里。繫鼓停船南岸。中餐後縴夫逃去二名，只可停泊再僱。凡川江停船必擊鼓爲號，俗名「打寛」，游蜀者不可不知也。蜀江險阻，進止動不由人，雖客心火急，正無如此輩何矣。夜卧不能成寐。本日計止行四十五里。

二十八日辛巳，晴。晨起，舟尚未開，據舟人云：風大難行。力趣之，始上坡縴曳而去。自此始入巴峽，拓窻一望，左右石壁矗立，拔地參天，如頹敗白堊粉垣，連絡不斷，真奇觀也。

酈道元所謂「三峽七百里，兩岸連山，略無缺處，非停午夜分，不見曦月。夏水襄陵，雖乘驥禦風，不似其疾」，可謂善狀川江者矣。此七百里中，險灘鱗比，舟子稍不慎，則舵折檣傾，淪於魚腹者歲以千百計。雖經丁文成、彭剛直先後奏設紅船救生，然不過補苴一二，卒無能化險境爲坦途也。九點鍾過偏腦。舟人云：每遇大水，此處旋渦極大，船在腦上須先繞北岸，次第渡至南岸而行。石壁間忽見懸額金字黑地，一曰「神威感應」，一曰「有求必應」，不知何爲而設也。十一點鍾泊舟午飯，飯罷復行。連過石牌珠、黄顙洞，皆著名險地也。上則壁立萬仞，下則回湍沖激，大水尤險。一點鍾過南沱，自平善壩至此卅里。對岸爲喜灘，正當馬牙山下。水勢洶湧，急流成旋。回環若連珠，盤渦如仰盂。水大時則稱奇險，兹遇水小得以平穩過之，幸哉！酉刻過南岸如意灘，一名無義灘。大水時旋渦四五尺，北岸紅石子，怪石錯列，浪滚如沸，水性拗怒，是爲峽江第一險。行舟至此輒停。余舟幸遇順風，藉力徑過，未覩所云險狀也。已而過上下鹿角，亂石磥砢，急湍可畏，杜詩云「鹿角真走險」者是矣。既復過大紅珠、虎頭灘，頑石嵚側。急流中，稍左右，觸舟即糜矣。日落雲陰，風雨將至，泊舟毛坪，計自平善壩至此八十餘里。以上爲東湖縣屬，以下入歸州界。夜中雷雨大至，狂飈撼舟，震震有聲，令人心悸。本日約行九十里。

二十九日壬午，晴。晨起，舟已至獺洞灘。考《行川必要》云：上枯水縴纜二合，合者，計纜之長短而言，大約三丈之數。須添人夫。下枯水須繞北岸，徐過南岸之溜，方能歸槽。灘旁多洞，怪石逶迤，水勢澎湃，觸石分流，四季皆險。聞「江通」小脚輪曾至此爲逆流所拒，不得上而止。蓋水深處則石多溜急，水平處又恐淤淺，故輪舟終不宜也。【略】自無義灘至此，石山峭壁甫斷，以上多土山戴石，平沙遠岫，竹樹繁稠。一路始見電杆錯立於木石間，沿江村落頗多，瓜皮漁艇，泛泛如鳧，水鄉風景絶佳。惜灘石林立，激湍爲患，行舟多梗，亦天壤間一恨事耳。按川行全仗篾纜，長且十丈，十數人背負而行。舟人則以合計，每合約計三丈許。一二人隨後理纜，蓋沿岸多怪石，纜嵌石牙間搓磨，勢且立斷，故必須時時手理之，乃免牽罣也。誌此，下不復贅。午飯後，舟至小崆嶺峽，銀濤飛滚，漩渦迅急，澒洞有聲，揚帆過之，舟欹側而行，几案間物皆傾墮。已而過三珠，則有巨石勢若連珠，或横截江表，或峙伏中泓，有頭珠、二珠、三珠之名。珠尾爲鴉子石，枯水則防淺，水大則流激。雪浪飛騰，石勢偪束，船必由中溜直過，絶無趨避之方，險境可怖。三珠盡處是爲廟河，小村落也。過廟河至大崆嶺峽，對面北岸爲獅子崖，亦奇險。至此，石壁復見臨江崛起，又復前觀，無異石崇錦步幛也。【略】獅子崖見一洞高廣數丈，深約丈餘。電綫杆至此不見，想因路斷繞越崇巖上矣。峯回路轉，又得斜坡，綫杆始復見。大崆嶺，一名牛肝馬肺峽，兩山聳立摩天，巖石下垂，一黄一黑如肝肺。然挽舟甚難，務空其舲然後得過，故名「徐過」。射紅磧北磧多石，南磧多峭壁。復前至新灘，地爲興山縣屬。【略】村鎮頗大，瓦屋連雲，爲峽中最險名灘。康熙年間山崩，遂成此險。兩岸亂石跂砑，横峙江心者不可勝數。洪流薄激，怒濤沸勝。冬春水涸，其險尤甚，非輕舟不可上下。舟行至此，必盤貨陸行，名曰「起撥」。遂邀瀚濤上岸行，彳亍亂石中，鞋襪皆沙，半里許始登官道。高弁前爲引導，約行里許，至市鎮之尾，得一小茶軒，憇坐候舟。日晡，舟仍不得上灘，乃以礮艇渡江。由叢石中越嶺上船，仄徑欹斜，不可駐足，止容足尖點竄而過，稍滯即墮深壑。今而知蜀道之難非虚語也。【略】夜波濤狂湧，舟震蕩如在大洋，灘聲聒耳，不能成寐。是日計行九十里。

三月初一日癸未，晴。凌晨登岸，再四督促榜人，乃僱縴夫曳舟而上。

本處陋習有所謂夫頭者，領道署帖，公然爲一方土霸，千百人夫聽其指揮，貨船每强索六七千文，而縴夫每人大者只發十文，小童只發八文，餘皆夫頭自利之。舟必循序而過，無論有何要差，即自備縴夫，概不聽越次先行。其把持情狀可想。舟人亦畏之，雖輕舟不敢自過，必待大頭而後行。足見中國陋習之重，湖川民風之狡，奈何有司竟聾瞶尸居，不一爲行旅計也。午前，舟過新灘，乃登舟行，適風順，揚帆過兵書寶劍峽。山腰有洞，洞中空若有書卷堆積者，然俗傳爲諸葛武侯藏兵書處，要亦齊東野語耳。午飯後，過金盤磧，一曰冰盤磧。緊接石門，碎石迎立，急溜中水。涸時最險，今幸未也。三點鍾過屈原祠、宋玉宅，曰屈公三泡，蓮花三漩，皆急湍巨險處也。過此抵歸州城，小泊待縴。空城斗大，前半臨江，後半踞山腰，狀若仰盂。【略】俄過人鮓甕，一名叱灘，有叱神廟在焉。石梁九道，突出江心。五六月時，水勢噴薄，聲如震霆。黄山谷詩曰：「命輕人鮓甕頭船，日渡鬼門關外天。」即詠此。是爲歸峽最險處也。對面南岸則爲陰陽山。上尾灘，蒲莊河山水沖出，亦往往爲估客之患云。日落時，至洩灘，急湍頗惡，遂與瀚濤復上岸行。考《行川必要》，洩灘江心有石，名「洩床」、「洩枕」。逼水成漩，船著其上，則臥而不能移動，故名。大水時發絶險，洩灘斜對面沙鎮地方，亦出煤鐵。若前濟新灘，則又以水枯成奇險，大水反得順流上下。二灘之險不同，而行舟者必有一厄，不可均倖免也。晚至大八斗，泊舟。洩灘至此三十里。自新灘開行至此計行八十五里。夜中雷雨大作，客夢爲破。

初二日甲申，陰。小雨未歇，强促舟子解維前進。沿途山水暴至，鳴泉百道奔激而下，聲隆隆然，猶疑阿香之車未斂轡也。唐人詩「山中一夜雨，樹杪百重泉」，可謂詩中有畫。【略】午初舟至牛口峽。山脚碎石直入江心，水勢洶湧，四季皆險。牛口以下屬歸州，牛口以上則屬巴東管轄。對岸爲碑灣，爲蒼坪。午刻過無源洞，至巴東縣。北岸爲紗帽山，有鎮江寺在焉。【略】自歸州至此約九十里，大八斗至此則三十里也。午後過東瀼口，山皆赤色，出煤。再過西瀼口，至官渡口，有鹽卡。巴東至此計三十里。【略】日落時，過門扇峽。南岸爲火燄石，聳峙江心，形狀獰惡。春夏水急，怒吼如雷，聲聞十數里，行舟皆畏避之。已而夕煙沉水，素星流天。至楠木園晚泊，是處通施南旱道。自入巴東界至此爲巴峽，有民居數百户，上下泊舟所也。

初三日乙酉，晴。舟將過鐵棺峽，極欲一觀，故早起。薄寒中人須禦棉衣。徐過萬流驛，新崩灘也，水漲時頗險。【略】俄至鐵棺峽，石壁千仞，飛鳥不及之處有小洞。【略】已而過布袋口，江流湍急，水大至險。是爲楚蜀分界之區，下爲巴峽，再上則爲巫山大峽。巴東界盡，已入巫山縣界矣。北岸石山斗立，山民往往穴居；南岸略有平坡，民居數十家，地名培石。收纜禦風，午飯時過巫山十二峯。十二峯者，曰望霞，曰松巒，曰朝雲，曰翠屏，曰集仙，曰聚鶴，曰浄壇，曰起雲，曰上昇，曰飛鳳，曰登龍，曰聖泉。舟中所見者九峯，三峯内隱。遠隔山表，深崟難測。【略】已而過青石洞、三峽水，地名。偃風忽發，舟人不慎，致舟觸於石者三。船底破裂，流水滿艙。丈餘頭舵已折成兩截，使非此木捍禦則船糜矣。險哉！强艤崖畔，地名老鼠處。【略】北面則爲銀甲峽也。修補半日，水稍住流。開行，申刻過跳石灘。相傳昔日江北山頂有石跳落南岸，遂成險阻，一名掉石。途見一貨船破覆崖畔，正前日争我舟之先過新灘者也。尋過神女廟、梅花石，至巫山縣。枕山爲城，略大於巴東等處。

初四日丙戌，陰。凌晨解纜，過陽臺山。山巔有高唐觀，祠神女焉。杜甫詩「神仙峯娟妙」即此。雲雨迷空，山巔廟不可見。旋過紅石樑，水勢湍急。舟用雙篾纜牽之，良久乃得上。午初至蝦蟆灘，是爲蜀江第一灘也。【略】看縴夫曳長纜拖舟上灘，一進三却，約半點鍾乃克過險，登舟。俄復過烏雞灘，灘水迅急而寬廣，回溜成槽，亦一險也。午後過下馬灘，水枯時亂石峙江，頗險。尋至交灘，復上岸行，過灘歸舟。雨絲風片，時雜陰晴。登舟覺倦，偃臥而游觀焉。少頃過油札磧，南岸爲錯開峽，傳聞大禹錯開此峽，江流仍不能通。【略】晚過北岸金銀河，至南岸代溪，泊焉。

初五日丁亥，陰。開舟進瞿塘峽。考《夔府志》：瞿者，大也。塘者，水所聚也。舊名西陵，乃三峽之門户。過風箱峽，壁立萬仞。【略】相去數丈，崖畔又有一横額刻「夔門」二字，下識「同治庚午年吕熚」。此處兩峽對峙，中貫一江，灩澦當其口，實爲夔府門户。尋過閻王崖，峽盡出口，見灩澦石正當衝道，亦一卷之多耳。考《寰宇志》：灩澦堆周圍二十丈。冬涸水枯，屹然露百餘丈。夏水漲，没數十丈。諺云：「灩澦大如馬，瞿塘不可下；灩澦大如龜，瞿塘不可窺。」今祇見數丈耳。北岸則爲白帝山，高聳突峙。【略】午刻至八陣圖。考志書謂：永安宫南一里渚下，平磧上週回四百八十丈，中有諸葛武侯八陣圖，聚細石爲之，各高五尺，廣十圍，星羅碁佈，縱横相當，中間相去各九尺，正中開南北巷，悉廣五尺，凡六十四聚。【略】午飯後抵夔州府南門，自代溪至此三十里。按：夔州本治有奉節縣，爲川東分巡道所屬。枕山爲城，局勢開展，煙户稠密，檣帆如織，是爲川東水陸大都會也。

初六日戊子，晴。【略】午後復解維行，自此以上入奉節縣界。行數里，逆風頗大，舟不能上，乃泊於官渡口。

初七日己丑，晴。舟早開，過八母子灘、高女磧、闕刀峽。南岸山田間有石形如闕刀，故名。見一大舟破壞，後尾已没，船唇尚露，旋轉中流漩渦中，危哉！蜀道之艱險如此，不禁毛髮悚然。須臾至漫流三沱前，過安平、爲哪叭灘，産鐵，有官廠焉。又遇壞舟二，皆貨船重載上灘，觸水中横伏石檪而破者。所載棉花全溼，攤曬山石間。乃偕瀚濤暫憩茶鋪，坐良久，舟不上灘。高弁來云：西風甚緊，逆水太溜，恐今日不得過灘矣。坐待至申酉間，風仍不少息，只得歸舟，遂泊於此，地距夔州六十里。

初八日庚寅，晴。昧爽開舟。【略】行三十里至三塊石，仍屬夔府奉節縣。再上爲二道溪，北岸爲銅梁溪，遂入雲陽縣界。聞此溪春冬水小，漩泡潰湧，極易壞舟。風色不順，逆水難以上灘，暫泊，候風。至落日時風少息，乃至二道溪宿焉。【略】泊定，回舟。是日約行四十餘里。

初九日辛卯，晴。舟早開，過龍洞溪，源出白海垻，南流入岷江。【略】俄過小鼓沱，水枯時每須防淺，不可停泊。午初過磁莊子。磁莊在江心，有巨石三塊，梗水爲患，亦一險也。既而至廟磯灘，係枯水極險之處。南岸雞翅石，北岸亂石林立，夾偪猛水，江面愈窄而湍流愈急。又有石檪一道，自南亘北横卧江心，漩折深渦，行舟每不易過。須臾路近石灰沱一帶，石堤高數丈，卓然一片天成，齊如刀削，真可異也。申刻過東洋子灘，水微漲極險，以江心亂石堆垛，水勢蕩激，頗易覆舟。道光五年，夔州知府事恩成捐俸除石，舟利於前矣。晚刻至雲陽縣城，亦倚山而成，煙户之繁尤勝夔府縣城。

初十日壬辰，陰。夜來悶熱，知不能久晴矣。晨起，聞雨聲淅瀝，篷背如撒豆。早粥後，天忽開霽，更轉順風，信乎，桓侯之靈施此嘉貺也！遂掛席行。巳刻過二郎灘、馬糞沱，一路山勢漸低，平陂多而峭壁絶少。民皆得墾爲梯田，故地稱富庶。午後雲陰微雨，過下巖寺。【略】已而復過上巖寺，勝景略同下巖。申刻過小江，昔名彭溪，亦名開江，水由新甯縣發源，東流經開縣，又東南歷萬縣，至雲陽界入江，亦江之支流，故名小江也。居民甚密，住山坡上，瓦屋連雲，一都聚也。酉刻至九堆子，泊焉。

十一日癸巳，晴。侵晨開舟，過余家嘴，已入萬縣界。以下屬雲陽，上皆萬縣屬也。巳刻過巴陽峽。【略】擬至渝停駐五日，即返棹回粤。

十二日甲午，晴。凝晨開舟，礮艇聲礮致禮鳴，相送意也。辰刻過盤龍石，古曰石龍，又名盤龍磧。【略】午初過闕刀磧。午正至湖灘。南岸山水匯成十數丈極大瀑布，匝崖下垂，水勢潰湧如萬馬注坡。上建一石橋，工頗堅緻。自萬縣至此三十里。申刻過瀼渚，距湖灘三十里。【略】俄而殘日含山，夕煙籠水，舟過五林磧，泊焉。小有村落，地名無風渡。夜見觜、參二星高掛天際，知緯度近西南矣。是日行九十餘里。

十三日乙未，曙時大雨，俄大風，雨止。晨行，過石鼓峽，是萬縣、忠州分界處。巳刻過平明灘、石寶砦。山頂突起一石寨，四面削成絶壁，中嵌廟宇，其巔可容千人。架梯而上，無路可通，避兵真妙境也。已而過「對我來」石，崖刻此三大字，殆示行舟之准則與。午刻過簸箕子。飯罷無事，與瀚濤閒談，謂川江灘險如是踦嶇，初意若由官紳捐集巨貲鑿石平之，按舟收費，以償鑿險之貲，似爲甚便。繼思洋人通商口岸已至重慶，今祇因輪舟難越險灘，故仍用華船掛旗。倘灘險朝平，則飛輪暮至，雖小有利於商局，實大有害於川民。且天心設險，未嘗無意。蜀江憑高下注，建瓴千里，不有梯階樞閾，以限隔而迂蓄之，則一洩無餘，投鞭可斷矣。即今爲蜀計，宜莫如開鐵路，我能坐收利益，彼族莫能效尤，一也。【略】須臾白雲吐山，時雨斯至。幸不甚大，仍令舟人開行，兩岸春山拖藍滴翠，如笑如沐，行旅之苦賴有此詩情畫境以薄酬之耳。晚至淵溪泊船，一作元溪。距忠州尚十五里。

十四日丙申，陰雨以雷。晨過忠州，午初過烏鵶鎮，忠州至此三十里。午刻過新場，遇掛英美旗貨船數艘。查掛旗有怡和、太古、公泰、立德四家。【略】未刻至羊渡溪，又名羊肚溪。是忠州、石柱、酆都三縣交界處，俗名花嶺。人煙稠密，亦一大市鎮也。順風頗大，已去忠州七十五里矣。晚刻過高家鎮，亦大都市。尋至丁溪停泊。自忠州至此計一百里。

十五日丁酉，陰，微雨以風。舟人又推阻不行。激勸再三，乃開船前進。過珍珠簾，丁溪至此三十里。午刻屢見白色浮圖，知已距酆都不遠。忽舟人不慎，撤縴搖櫓過河，正當忽溜之中，又不同心用力，彼此觀望護呼，有如兒戲，舟遂被溜水捲激，倒流而下，至菱角腦，對面爲鷂子磧。舟人皆張手叫囂，互相推諉，莫肯出絲毫之力，竟致觸石而壓。登時水入中艙，幸傍巨石，急與瀚濤躍登石背。縴夫等既不顧舟，亦不顧客，惟各搶私貨兼乘危竊取吾等物件。幸水勇林有才及家丁朱貴等奮力從竄中搶出行李箱件，因帶物本不多，尚無大失。箱件既出，舟即隨沉。零星書卷，一切食物皆付波臣，不堪問矣。【略】余與瀚濤既登石，風雨復大至，張洋傘露立風雨中。急遣林勇駕漁舟赴酆都僱駁船。約越兩點鐘時，有才始駕船至，乃偕翰濤至酆都登陸，暫税駕於秦恒順客邸。至起鼓乃晚餐，是日僅一食耳。【略】隨遣價向河干僱船，因此地旱道係分支小路，與萬縣官站不同，陸行苦不便，只得仍就水程耳。旋僱定一小貨船，價三十千，送至重慶。添夫買米，須明日成行，晚仍宿棧中。

十七日己亥，晴。登舟，舟止一艙，兩頭通風，以篾席障之。苦不暇計，攤被即眠。過送客灘、觀音灘，皆夢中也。巳刻至紅巖頭，亂石參差，上生小樹，蟠錯甚古，青翠可觀。舟中與瀚濤談及川江之險，灘石之多，此行屢觸危機而幸免，乃至酆都卒罹沉舟之厄，益信古人言「蜀道之難，難於上青天」也。記畢，舟已至驢矢鎮，去酆都三十里矣。午刻過南沱，申刻至交灘，距南沱三十里。晚至麻柳沱，停舟。是日計行九十里。

十八日庚子，晴。破曉開舟，黑甜鄉中過新場、羣豬石、和尚石諸險。巳刻至涪州，去麻柳沱三十五里。【略】未刻過里渡，距涪州三十里。申刻過剪刀峽、大曲濠。曲濠最險，石亘中流，名豆腐石，水落時現三四尺，水漲石没，切防觸舟，須過河繞南岸而行乃穩。酉刻過甯石，距里渡三十里。晚至磨盤石，泊焉。是日約行一百一十里。

十九日辛丑，陰霧。早過横樑、馬縴，石岸陡出，快如并剪，中流又有亂石，嵯峨如島，舟於兩石縫中蜿蜒穎脱而出，稍左右偏倚皆敗。幸水猶未大漲，故尚不成奇險耳。川江如此等險大小百十處，其著名巨灘尚不在此。吁，可怖哉！ 太白詩「使人聽此凋朱顔」，殆實録也。巳刻過黄魚嶺，是爲涪州、長壽分界處，以上入長壽縣界。午初見白浮圖，知距縣境不遠。俄過張爺灘，水石亦多險境。已而又過鯉魚口、石龍灘，乃至長壽縣。自甯石至石家沱二十五里，自石家沱至長壽三十五里，水程表計一大站是也。【略】未刻至黄家灘，雨大，停舟，計已行七十里矣。未末雨細復行，申刻過扇背沱，距長壽三十里。酉刻過羊方子，北岸爲林家廟，是爲長壽巴縣分界，過此即入巴縣境矣。晚至上洛磧，泊舟。微雨東風，是日計行一百廿里。

二十日壬寅，宿雨初霽。晨過錦雞三背。午初過木東司，煙户頗盛，亦著名市鎮也。上洛磧至此三十里。申刻至驢子沱，距木東司三十里。【略】俄舟過水帳子，岸石臨水，傳聞有墓葬此，石上有八分書「大吉山」三字，不知何代何人及葬此復何意也。晚過野驢子，舟傍石崖上灘，灘急縴弱，危險備至，幸得無恙出險，驚魂乃定，暮色催矣。因前路復有小險，恐致意外，遂泊，距洛磧寺尚四五里。是日行八十餘里，距重慶四十五里，明日必可至矣。

二十一日癸卯，晴。舟晨過洛磧寺，灘險已完，驚魂乃定。巳刻抵重慶，先見一城，係江北鎮。次入内港，艤舟重慶城下。呼輿進城，拾級而登，凡不知幾千百層，約二三里始抵商局。【略】本治人煙輻輳，下游通湖北、湖南、江西諸路，上通成都大道，南通雲貴，北通漢中、陝西，爲水陸之通衢，實行商之都會。

三十日壬子，晴。【略】登舟。局中同人堅送之舟中，情意殷渥，令人聽驪歌而黯然矣。已而同人辭去，少坐即眠。

四月初一日癸丑，陰雨。早過唐家沱。【略】一路輕舟順水，日晡已至石家沱，停泊。是日計行二百四十里。

初二日甲寅，晴。早過涪州何家嘴。【略】午刻過酆都，前次碰船處菱角腦之巨石已爲大水漲没，破舟亦莫可蹤跡矣。晚至忠州泊舟。是日計行四百一十五里。

初三日乙卯，晴。舟早過石鼓峽，是忠州、萬縣分界處也。午刻過萬縣，篷窻無事，細閲葉山苞兒及各司事問答商務情形節略。【略】晚至雲陽泊舟，計行四百里。

初四日丙辰，晴。早過高梔子、哪叭灘，距安坪咫尺矣。午刻至夔府，停舟片刻，待税關驗單。未刻復行，過鹽磧，八陣圖已没水中。須臾過灧澦石，大僅如牛而已。諺稱：「灧澦大如馬，瞿塘不敢下。」今幸未至漲極大時也。申末過巫山縣，尋過巫峽，見巫山十二峯披青挹翠，猶如前日也。已而過淯石布袋口，已出蜀疆入楚境矣。酉刻過鐵棺峽，俄至楠木園。日落，風復不順，遂泊。是日計行三百九十五里。

自初五日起，以下瀚濤代記。

初五日丁巳，晴。晨發楠木園。【略】辰刻過巴東縣，經洩灘，水勢浩大，洶湧殊甚。舟從中流直瀉，勢若離絃之箭，脱機之弩，險境可怖，舟過猶心悸也。巳初過歸州，須臾過新灘，則水漲波平，石痕皆没，無復前渡之險，灘形變幻，孰可測哉！午刻過牛肝馬肺峽，懸巖壁立，有物倒懸其間，色黄黑，狀若肝肺，前已紀之。申刻過老黄陵廟，至南沱天柱山，谷中逆風甚大。舟人欲停，余知陶翁心急回粤，刻不可緩，乃囑朱价諄促舟人，且許重犒，乃復鼓勇前進。夜將二鼓至宜昌，問知「固陵」輪船在埠，急登岸至局，適「固陵」買辦潘雲峯亦至，與局友及雲峯商定，即刻過船，是夜准行，俾無耽擱，以安陶翁之心。

初六日戊午，晴。【略】夜過條關。

初七日己未，晴。順水漲潮，一點鍾足行四十餘里，計午後二三點鍾可達漢口矣。因陶翁急欲返滬回粤，商局適是日無船，只得上太古「安慶」船，候十點鍾開行。

初八日庚申，晴。午刻抵九江，登岸。【略】「安慶」船停泊待貨，約四點鍾之久，至午後三點鍾乃開。

初九日辛酉，陰，東風狂發。六點鐘船抵鳩江，遂拜别陶翁，並慰囑再三，乃過躉船登岸。

二十五日丁丑，晴。【略】申刻摒擋行李上「江寬」船。適羅星潭觀察南下，將赴澳門探訪陶翁觀察，高誠齋直刺亦赴滬，同舟劇談，頗不寂寞。「江寬」船頗小，猶不及「江孚」，下水每點鐘可行四十里。

二十六日戊寅，晴。午刻抵滬，船傍碼頭已午杪矣。

附録　長江水程表：

上海至吴淞三十六里
吴淞至狼山一百五十里
狼山至江陰一百九十里
江陰至西山一百九十里
西山至鎮江一百二十里
鎮江至儀徵六十里
儀徵至南京九十里
南京至采石磯九十里
采石磯至東西梁山五十里
東西梁山至蕪湖四十里
蕪湖至荻港九十里
荻港至大通九十里
大通至松陽九十里
松陽至安慶九十里
安慶至東流九十里
東流至小孤山八十里
小孤山至彭澤一百二十里
彭澤至湖口九十里
湖口至九江六十里
九江至龍平九十里
龍平至武穴三十里
武穴至沂州六十里
沂州至道士湖六十里
道士湖至黄石港三十里
黄石港至黄州九十里
黄州至葉家洲九十里
葉家州至楊羅三十里
楊羅至漢口六十里。
從上海至漢口共計二千三百四十八里

漢口至宜昌水程：
漢口至戰口三十里
戰口至京口三十里
京口至東關腦四十五里
東關腦至排州四十五里合零數少八里
排州至小林甲三十里
小林甲至嘉魚縣四十五里

陸溪口至石頭磯十五里
石頭磯至島口十五里
島口至新堤三十里
新堤至羅山四十五里
羅山至白露磯三十里
白露磯至觀音洲三十里
觀音洲至謝家店三十里
謝家店至赤把口三十里
赤把口至反一作萬。嘴三十里
萬嘴至王家寨三十里
王家寨至下車灣三十里
下車灣至上車灣十五里
上車灣至監利縣三十里
監利縣至大石驛十五里
大石驛至土地港三十里
土地港至調關十五里
調關至齊公橋三十里
齊公橋至觀音閣三十里
觀音閣至張家灣十五里
張家灣至石首縣十五里
石首縣至新場四十五里
新場至河市三十里
河市至馬家寨三十里
馬家寨至文星夾十五里
文星夾至觀音寺十五里
觀音寺至窑灣十五里
窑灣至沙市十五里
沙市至石套子四十五里
石套子至江口四十五里
江口至董市三十里
董市至洋溪四十五里
洋溪至枝江十五里合零數多四十五里
枝江至白洋三十里
白洋至宜都十五里
宜都至古樓背三十里
古樓背至白沙腦三十五里
白沙腦至天然塔十里
天然塔至宜昌城十五里
從漢口至宜昌共計一千二百六十里

宜昌至重慶水程：
宜昌至三游洞十五里
三游洞至大平善垻三十里
大平善垻至南沱三十里
南沱至黄陵廟三十里
黄陵廟至毛坪下車湖、上歸州。三十里
毛坪至曲溪一作衢溪。三十里
曲溪至老關廟一作廟河。三十里
老關廟至興灘亦名新灘。三十里
興灘至歸州三十里
歸州至洩灘二十五里
洩灘至大八斗三十里
大八斗至巴東縣三十五里
巴東縣至官渡口三十里
官渡口至楠木園三十里
楠木園至萬流三十里
萬流至青石洞三十里
青石洞至巫山縣三十里
巫山縣至下馬石二十五里
下馬石至龍包子二十五里

龍包子至代溪三十里
代溪至夔州府三十里
夔州府至頭塘二十五里
頭塘至安坪三十里
安坪至四塘十五里
四塘至拖板十五里
拖板至磁莊子二十五里
磁莊子至東洋子三十里
東洋子至雲陽縣二十五里
雲陽縣至譚家濠三十里
譚家濠至小江三十里
小江至鴨蛋石三十里
鴨蛋石至野土地三十里
野土地至萬縣三十里
萬縣至湖灘三十里
湖灘至瀼堵三十里
瀼堵至五林磧三十里
五林磧至漕雞子三十里
漕雞子至官磧三十里
官磧至圓磧二十五里
圓磧至忠州三十里
忠州至烏鵪鎮三十里
烏鵪鎮至新場十五里
新場至羊肚灘三十里
羊肚灘至花林十五里
花林至虎鬚子十五里
虎鬚子至丁溪三十里
丁溪至珍珠連三十里
珍珠連至酆都縣三十里
酆都縣至驢矢鎮三十里
驢矢鎮至南沱二十五里
南沱至交灘三十五里
交灘至麻柳沱二十五里
麻柳沱至涪州三十五里
涪州至里渡三十里
里渡至甯石三十里
甯石至石家沱二十五里
石家沱至長壽縣三十五里
長壽縣至扇背沱三十里
扇背沱至上洛磧三十里
上洛磧至木東司三十里
木東司至驢子沱三十里
驢子沱至洛磧寺三十里
洛磧寺至重慶府三十里一作四十里
從宜昌至渝共一千七百四十五里按：《行川必要》作一千八百里。合零數少二十五里。

水程表既照録矣，然細加核算，總與總數不符，與書中所紀亦少有不合。將來寄呈督辦，此表或去或留尚候鈞裁酌定。

瀚濤謹白：《長江水程表》係從「江裕」抄來，朱熙亭自云本未能吻合也，《川江水程表》則大致皆合，小有不符耳。

俞樾《閩行日記》 正月丙戌朔【略】二十六日辛亥，余在杭州詁經精舍。門下士蘭溪令吴焕卿以余將至福甯，具舟來迎。

壬子，【略】飯後坐小舟度西湖，至湧金門，易肩輿，至江干登舟。

癸丑，發江干。余從前客授新安，每歲必溯錢塘江而上，今二十餘年，風景小殊矣。泊楊家步。

甲寅，過桐廬十里而泊。

二月乙卯，微雨，即止。過七里瀧嚴先生祠。余往來祠下一十七次，未一登岸，今始游焉。是日出瀧而泊，其夜雨。

丙辰，有甚雨，日暫見泊三河。

丁巳，日加午至蘭溪。

戊午，吴焕卿來送。遂易小舟而行，過金華八里泊。

己未，雨，泊武義縣城北，距城五里。

庚申，至永康。

辛酉，乘籃輿發永康，宿於王碧家，或曰王寶街。

壬戌，飯於縉雲縣。遂登桃花嶺，宿於隘頭。桃花嶺極高峻，輿丁頗以登陟爲勞。然山徑曲折，蒼翠萬狀，溪流瀧瀧有聲，視七里瀧更幽秀矣。

癸亥，微雨，至處州之夏河登舟。

甲子，雨。過石門洞，入觀瀑布，瞻禮劉伯温先生像。泊峙川渡。

乙丑，日加午至温州。【略】其夕飯於觀察署中之且園。

丙寅，【略】其暮登夜航船，遂發。

丁卯，遲明至瑞安，見孫渠田前輩。乘籃輿出城，渡飛雲渡。又坐小舟至平陽，飯而行。又坐小舟至錢倉，又過蕭家渡而宿。是日四易舟，忽水忽陸，行頗不易。然自平陽以南山色甚佳，層巒疊嶂，蓋即所謂南雁蕩矣。其夜雷雨。

戊辰，有微雨。坐小舟至琳溪，壬甫兄使人以書來迎。復乘肩輿行，自此不舟矣。至橋墩門而飯，飯後踰嶺，度分水關，乃閩、浙分界處也。宿於半嶺塘。

己巳，飯於巖前，至白琳而宿。福鼎縣黄星楂大令使人候於白琳，饋酒食。

庚午，飯於蔣洋，宿於楊家溪。是日所行皆山嶺，而太王嶺尤危峻。輿行至此，頗覺勞勩。初登輿時，四山雲氣迷濛，不可辨識。及登五蒲嶺，已有微雨，余默禱於神，旋即開霽，晴日杲杲，蓋神佛之祐也。

辛未，渡觀音嶺。於觀音閣瞻禮，小坐啜茗，遂行，飯於棗坑。日加未至福甯府。

丁酉，叩辭太恭人，還浙。壬甫兄及兄子祖福、祖綬送於城外，新舊霞浦令劉夙寅、程九希兩君皆送於郊。是日飯於棗坑，宿於楊家溪。

戊戌，飯於蔣洋，宿於白琳。

己亥，於倪家地舟行三十里，復輿行至福鼎縣。見黄星槎大令，遣福甯之送者歸。是日有小雨，宿於半里塘。

庚子，飯於橋斗門。自琳溪舟行，至蕭家渡而宿。

辛丑，過蕭家渡，自錢倉舟行，至平陽飯焉。又舟行至飛雲渡，渡飛雲，至於瑞安。見孫渠田前輩、羅雨樵明府，飯於渠田所。遂登夜航船，羅明府來送，遂發。

壬寅，至温州。【略】遣福甯之輿者還。

癸卯，既登舟。【略】是日泊青田。

甲辰，過石門洞，因再游焉。【略】乃行，至五里亭遇暴風，不可帆，危欲觸於石。遂泊舟，搖搖竟夕。

乙巳，至夏河，於逆旅小憩。遂易肩輿行，宿於巖前。其夜雷雨。

丙午，飯於却金館，大風雨。踰桃花嶺，至隘頭而宿。雨竟夕不休。

丁未，霽。飯於縉雲縣，【略】是日宿於王碧家。

戊申，雨。至永康縣，於牙行小坐。即登舟行，未至武義縣五里而泊。

己酉，至蘭溪縣。【略】遂易舟而泊。

庚戌，【略】遂發，泊桐廬縣，夜將半矣。

辛亥，至杭州，泊江干。

壬子，還詁經精舍。

任棟《度嶺日記》 夏五庚子，侍家大人乘竹輿自清湖起程。路鱗次石子，中央石稍大，兩傍或大如拳，或小如雞鵠，寬準丈，修整無畸角。山遠近擁攢，蒼翠撲衣裾。五里至觀音塘，望東南兩峰矗立諸峰上。是日赤烏未駕，兩峰嘘雲與天連，輿夫告予曰：「此江郎峰也。」自是路漸高，山益稠，而夾路水聲潺潺，稻畦葱鬱，如澤國。【略】經昭明橋，橋七級，五孔，石欄刻獸形，甚精緻。折而東，上賢臨橋，級十一，孔七，橋下溪聲沸耳。【略】過石門十一里，歷界橋，距江郎甚近。

辛丑，早行。夜雨初歇，宿雲未收，昨日江郎峰忽失所在。出門數里，左右耳聞水聲汩汩不絶，仰視環繞諸山，近者蒼翠新沐，遠者雲烟離合，又遠者第見白雲蓊鬱，間露淡墨痕。經楓樹崗，松列崗上，是時雲薄天清，松際緑陰黯黯，旋聞風敲竹聲。嶺既高，碧竹干霄，節更峻，每竿漆標「蘇嶺號」三字，字大寸許，乃知過楓嶺又歷蘇嶺矣。【略】遂登輿，至峽口，侍家大人早膳。峽口何嶺至此路絶，三峽水横，前二溪聯以板橋，一溪以舟渡。溪水深尺許，溪底石子斑紋可覩。過溪稻畦平鋪十餘里，遠環以山。【略】已至三清口，行不數里，上窑嶺。右傍山根行，望山上松千章，竹億萬個。左則山少遠，中稻畦如鏡。移時左山亦來逼人，蛇行一逕，左右泉聲争響，如驚雷駭雹。里餘，左山復少遠，逕益高，稻畦層累俱高。以嶺高，水脈不塞，故峻嶺皆稻畦。又右嶺陡壁，野人種蔬。嶺既險，農人犂陡壁如平土，創見也。是時輿人口張氣喘，踵不能舉，氣續寸步。肩輿至嶺巔，憩聖水庵。始下嶺，據高望下，始知巔陟半天，余步行未半。乘輿下嶺，嶺下復平畦數里，宿保安橋。

壬寅，辭店門，三里抵仙霞嶺下。第一重門曰北頭門，有雉堞，門以鐵裹，上建樓。迤逕而上，嶺陡峻，開嶺者治道取旋螺形，盤折而上，或百餘級一折，或十數級一折。輿人歷多級則氣喘，歷少級折又旋闢不能展。折漸多，嶺漸陡，百尺之桐，二千尺之柏在行人足下。【略】約計歷數千百級，至關帝廟。廟僧餉茶，往來人皆息足於此。【略】歷二重門，曰北二門，此嶺巔也。過此，經南二門下嶺，又南一門左折而下，凡經數大折千百級，乃息嶺足。陟茶嶺。仙霞嶺之奇在陡峻，茶嶺之奇在俯視，路右下臨萬仞，令人心悸，其底淵水縈紆。又過小竿嶺，歇念八都。飯畢，出店門數武過橋，橋下水聲喧豗，上覆以亭，亭長竟橋。折而右行，十里至溪口，無復前之崇山峻嶺，茂林脩竹矣。左依山巖，其右諸山連亘，中有清流演肆，又闢一境。過此上大竿嶺，較小竿高甚，視仙霞逕平闊。嶺腰皆建關帝廟。【略】下嶺經新坑，抵廟灣，宿。從新坑至廟灣十里，兩岸山夾溪，溪石大或如甕，或如几案，或虎立龍拏，或蹙而與溪争搏，或噎而與溪相阨。溪聲爲怒號，爲喧闐，如三軍戰争，鉦鼓皆鳴，礮礮雷轟。山風不斷，風疾溪響，行子聒耳魂驚。

癸卯，晨起冷甚，家大人著裘，予與烈兒重絮。上黎嶺，俗名五顯嶺，高與仙霞埒。仙霞盤折而上，詰曲回互，行人錯趾，黎嶺折處稍寬，五大折至嶺巔。仙霞木樹蒙翳，黎嶺翠竹挺然夾侍，緣嶺上下，如丈人拱立，如角里、黄公，翛然塵外。【略】下嶺依巖行，山農四五家，茅爲屋，竹爲門爲壁。巖之東，羣山映帶，中央窪處無復亂石驚灘，皆稻畦。行不二三里，折而東，又以西山爲映帶。東西山漸相讓，而闊畦益多，山農依雲根結宇，或左或右，或高或低。【略】行不數里，東西山復相逼，夏日匿景，寒風淅淅栗人。經漁嶺，嶺甚小。下嶺已飯，以冷，遂宿。計行三十五里云。

甲辰，雨行，輿人戴笠障雨，大如僧笠，衣不濡。道滑，行甚捷，以逕平，不似山路崎嶇。一望平疇，濺波跳沫，如大珠小珠落畦中。農人冒雨，持鐵笆堆塗泥，擁苗根。【略】嶺北畦埂，樹柏葉微尖，色嫩緑，與苗相掩映，隨畦遠近，參差一碧。此間畦高，蒔煙，各省地多蒔煙，浦城煙最擅名。自漁梁至浦城四十五里，入閩境，所見皆崗阜。

西南部

樊綽《蠻書》卷一《雲南界内途程第一》 安寧城，後漢伏波將軍馬援立銅柱定疆界之所，去交趾城池四十八日程。漢時城壁尚存，碑銘並在。

苴咩城，從安南府城至蠻王見坐苴咩城，水陸五十二日程，只計日，無里數。

從安南上水至峰州兩日，至登州兩日，至忠誠州三日，至多利州兩日，至奇富州兩日，至甘棠州兩日，至下步三日，至黎武賁栅四日，至賈勇步五日，已上二十五日程，並是水路。

從賈勇步登陸至矣符管一日。從矣符管至曲烏館一日，至思下館一日，至沙隻館一日，至南場館一日，至曲江館一日，至通海城一日，至江川縣一日，至進寧館一日，至鄯闡柘東城一日。

從柘東節度城至安寧館一日。安寧館本是漢寧郡城也。

從安寧城至龍和館一日，至沙雌館一日，至曲館一日，至沙卻館一日，至求贈館一日，至雲南驛一日，至波大驛一日，至白嚴驛一日，至龍尾城一日。李謐伐蠻於龍尾城，誤陷軍二十萬衆，今爲萬人塚。至陽苴咩城一日。

自西川成都府至雲南蠻王府，州、縣、館、驛、江、嶺、關、塞，並里數計二千七百二十里。

從府城至雙流縣二江驛四十里，至蜀州新津縣三江驛四十里，至延貢驛四十里，至臨邛驛四十里，至順城驛五十里，雅州百丈驛四十里，至名山縣順陽驛四十里，至嚴道縣延化驛四十里，從延化驛六十里至管長賁關。從奉義驛至雅州界榮經縣南道驛七十五里，至漢昌六十里，屬雅州，地名葛店。至皮店三十里，至黎州潘倉驛五十里，至黎武城六十里，至白土驛三十五里，至通望縣木筤驛四十里，至望星驛四十五里，至清溪關五十里，至大定城六十里，至達士驛五十里，至新安城三十里，至菁口驛六十里，至滎水驛八十里，至初裹驛三十五里，至臺登城平樂驛四十里，至蘇祁驛四十里，至嶲州三阜城四十里，至沙也城八十里，至儉浪驛八十里，至俄淮嶺七十里。下此嶺入雲南界。已上三十二驛，計一千八百八十里，並屬西川管，差官人軍將專知驛務。

雲南蠻界：從嶲州俄淮嶺七十里至菁口驛，三十里至芘驛，六十里至會川鎮。差蠻三人充鎮。五十里至目集館，七十里至會川。有蠻充刺史，稱會川都督。從目集驛至河子鎮七十里，瀘江乘皮船渡瀘水。從河子鎮至末柵館五十里，至伽毗館七十里，至清渠鋪八十里，渡繩橋至藏傍館七十四里，至陽褒館六十里，過大嶺險峻極。從陽褒至赤棟城七十里，本是姚州，舊屬西川。天寶九載，爲姚州都督張乾陀附蠻所陷。從弄棟城至外彌蕩八十里，從外彌蕩至求贈館至雲南城七十里，至波大驛四十里，至渠藍趙館四十里，至龍尾城三十里。從龍尾城至陽苴哶城五十里。以上一十九驛，計一千五十四里。

從石門外出魯望、昆州至雲南，謂之北路。從黎州清溪關出邛部，過會通至雲南，謂之南路。從戎州南十日程至石門。上有隋初刊記處云：「開皇五年十月二十五日，兼法曹黃榮領始、益二州石匠，鑿石四孔，各深一丈，造偏梁橋閣，通越析州、津州。」蓋史萬歲南征出於此也。越析州今西洱河東一日程。越析州諮長故地也。津州未詳其處。天寶中，鮮于仲通南溪下兵亦是此路，後遂閉絶。

僅五十年來，貞元十年，南詔立功，歸化朝廷，發使册命。而邛部舊路方有兆吐蕃侵鈔隔關。其年七月，西川節度使韋皋乃遣巡官監察御史馬益開石門路，置行館。石門東崖石壁，直上萬仞，下臨朱提江流，又下入地中數百尺，惟聞水聲，人不可到。西崖亦是石壁，傍崖亦有閣路，横闊一步，斜亘三十餘里，半壁架空，欹危虚險。其安梁石孔，即隋朝所鑿也。

閣外至蒙夔嶺七日程，直經朱提江，下上躋攀，傴身側足，又有黄蠅、飛蛭、毒蛇、短狐、沙虱之類。石門外第三程至牛頭山，山有諸葛古城，館臨水，名馬安渡。上源從阿等路部落，遶蒙夔山，又東折，與朱提江合。第五程至生蠻阿旁部落，第七程至蒙夔嶺。嶺當大漏天，直上二十里，積陰凝閉，晝夜不分。從此嶺頭南下八九里，青松白草，川路漸平。第九程至魯望，即蠻漢兩界，舊曲、靖之地也。曲州、靖州廢城及丘墓碑闕皆在。依山有阿竿路部落。過魯望第七程至竹子嶺，嶺東有暴蠻部落。嶺西有盧鹿蠻部落。第六程至生蠻磨彌殿部落。此等部落皆東爨烏蠻也。男則髮髻，女則散髮，見人無禮節拜跪，三譯四譯乃與華通。大部落則有大鬼主，百家二百家小部落，亦有小鬼主。一切信使鬼巫，用相服制。土多牛馬，無布帛，男女悉披牛羊皮。第九程至制長館，於是始有門閣廨宇迎候供養之禮，皆漢地。凡從魯望行十二程，方始到柘東。

黎州南一百三十里有清溪峽。乾元二年置關。關外三十里即嶲州界也。行三百五十里至邛部川，故邛部縣之地也。下南一百三十里至臺登，西南八十里至普安城，劍南西川節度使重兵大將鎮焉。臺登直北去保塞城八十里，吐蕃謂之北谷。天寶以前嶲州柳强鎮也。自入吐蕃，更增修嶮，因城下有路，向曩恭地。谷東南一百三十里至羅山城。天寶以後吐蕃新築，非國家舊城。貞元十年十月，西川節度兵馬與雲南軍併力破保塞、大定，獻俘闕下。十一年正月，西川又拔羅山，置兵固守。邛南驛路由此遂通。臺登城直西有西望川，行一百五十里入曲羅，瀘水從北來，至曲羅縈迴三曲。每曲中間皆有磨些部落，以其負阻深險，承上莫能攻討。瀘水從曲羅南經劍山之西，又南至會同川。邊水左右，總謂之西蠻。邛部東南三百五十里至勿鄧部落，大鬼主夢衝地方闊千里。邛部一姓，白蠻五姓，烏蠻初止五姓，在邛部臺登中間，皆烏蠻也。烏蠻婦人以黑繒爲衣，其長曳地。白蠻婦人以白繒爲衣，下不過膝。又東、欽兩姓在北谷，皆白蠻。三姓皆屬夢衝。内受恩賞于國，外私於吐蕃。貞元七年，節度使韋皋使嶲州刺史蘇隗殺夢衝，因别立大鬼主。勿鄧南七十里有兩林部落。

陸游《入蜀記》卷一　乾道五年十二月六日，得報，差通判夔州。方久病，未堪遠役，謀以夏初離鄉里。

六年閏五月十八日，晚行，夜至法雲寺。

十九日，黎明，至柯橋館，見送客。巳時至錢清，食亭中。【略】申後至蕭山縣，憩夢筆驛，驛在覺苑寺旁。【略】二鼓歸。【略】四鼓解舟行，至西興鎮。

二十日，黎明渡江，江平無波。少休仙林寺，寺僧爲開館，設湯飲。遂買小舟出北關，登漕司所假舟於紅亭税務之西。

二十八日，同仲高出閶門，買小舟泛西湖，至長橋寺。

二十九日，【略】晚出湧金門，並湖繞城，至舟中。

六月一日，早移舟出閘，幾盡一日始能出三閘。船舫櫛比。熱甚，午後小雨，熱不解。泊羅場前。

二日，禺中解舟。【略】過赤岸班荆館，小休前亭。班荆者，北使宿頓及賜燕之地，距臨安三十六里。晚急雨，頗涼，宿臨平。【略】夜半解舟。

三日，黎明至長河堰，亦小市也，魚蟹甚富。午後，至秀州崇德縣。【略】是晚行十八里，宿石門。火雲如山，明日之熱可知也。

四日，熱甚，午後始稍有風。晚泊本覺寺前。

五日，早抵秀州。【略】遊寶華尼寺，拜宣公祠堂。【略】移舟北門宣化亭。

七日，【略】晚移舟出城，泊禾興館前。館亦頗閎壯。終日大雨不止。

八日，雨霽，極涼，如深秋。遇順風，舟人始張帆。過合路，居人繁夥，賣鮓者尤衆。道旁多軍中牧馬。運河水泛溢，高於近村地至數尺，兩岸皆車出積水。【略】過平望，遇大雨暴風，舟中盡溼。少頃，霽，止宿八尺。

九日，晴而風，舟人懲昨夕狼狽，不敢解舟，日高方行。自至崇德，行大澤中，至此始望見震澤遠山。午間至吳江縣，渡松江，風極静。【略】晚解舟，中流回望長橋層塔，烟波渺然，真若圖畫。宿尹橋，登橋觀月。

十日，至平江，以疾不入，沿城過盤門。【略】宿楓橋寺前。

十一日，五更發楓橋，曉過滸墅，居人極多，至望亭，小憩。自是夾河皆長崗高壟，多陸種菽粟，或灌木叢篠，氣象窘隘，非楓橋以東比也。近無錫縣始稍平曠。夜泊縣驛。

十二日，【略】晚行，夜四鼓至常州城外。

十三日，早入常州，泊荆谿館。

十四日，【略】至東嶽廟，觀古檜，數百年物也。又小憩崇勝寺，納涼，遂解舟，甲夜過犇牛閘，【略】閘水湍激有聲，甚壯。遂抵吕城閘。

十五日，早過吕城閘，始見獨轅小車。過陵口，【略】夜抵丹陽。

十六日，早發雲陽。【略】過夾崗。【略】夜抵鎮江城外。

十七日，平旦入鎮江，泊船西驛。

十九日，【略】申後移舟出三閘，至潮閘而止。

二十日，遷入嘉州王知義船。微雨，極涼。

二十三日，至甘露寺飯僧。甘露，蓋北固山也。

二十五日，【略】是晚慫出江，舟人辭以潮，不應，遂宿江口。

二十六日，五鼓發船，是日舟人始伐鼓。遂遊金山，登玉鑑堂、妙高臺。

二十七日，留金山。

二十八日，【略】午間過瓜洲，江平如鏡。舟中望金山，樓觀重複，尤爲鉅麗。中流風雷大作，電影騰掣，止在江面，去舟才丈餘。急繫纜，俄而開霽，遂至瓜洲。

二十九日，泊瓜洲。

又卷二　七月一日，黎明離瓜洲，便風挂帆。晚至真州，泊鑒遠亭。

三日，【略】晚大風，舟人增纜。

四日，風便，解纜挂帆，發真州。岸下舟相先後發者甚衆，烟帆映山，縹緲如畫。有頃，風愈厲，舟行甚疾，過瓜步山。【略】入夾行數里，沿岸園疇衍沃，廬舍竹樹極盛，大抵多長蘆寺莊。出夾。【略】晚泊竹篠港，有居民二十餘家，距金陵三十里。

五日，大風，將曉，覆裌衾，晨起淒然如暮秋。過龍灣，浪湧如山。望石頭山，不甚高，（無）［然］峭立江中，繚繞如垣牆，凡舟皆由此下至建康。【略】自新河入龍光門。城上舊有賞心亭、白鷺亭，在門右。近又創二水亭，在門左，誠爲壯觀。然賞心爲二亭所蔽，頗失往日登望之勝。泊秦淮亭。

七日，早遊天慶觀。【略】遂出西門，遊清涼、廣慧寺。【略】食已，同登石頭。

八日，晨至鍾山道林真覺大師塔焚香。【略】歸途過半山。

九日，至保寧、戒壇二寺。【略】移舟泊賞心亭下。

十日，早出建康城，至石頭。得便風，張帆而行，然港淺而狹，行亦甚緩。宿大城崗。【略】居民數十家，亦有店肆。

十一日，早出夾，行大江，過三山磯、烈洲、慈姥磯、采石鎮，泊太平州江口。【略】凡山臨江皆曰磯，水湍急，篙工併力撑之，乃能上。然今年閏餘秋早，水落已數尺矣，則盛夏可知也。【略】采石一名牛渚，與和州對岸，江面比瓜洲爲狹。【略】夜雨。

十二日，早移舟，泛姑熟溪五里，泊閱武亭。初詢舟人，云江口泊船處距城二十里，須步乃可入。及至閱武，乃止在城闉之外。

十三日，【略】午後入州。【略】州正據姑熟溪北，土人但謂之姑溪。【略】兩浮橋悉在城外，其一通宣城，其一可至浙中。【略】往時溪流分一支貫城中，湮塞已久，近歲嘗浚治，然惟春夏之交暫通，今七月已絶流矣。

十五日，【略】飯已，遊黄山東嶽廟、廣福寺，遂登凌歊臺。

十六日，郡集於道院，歷遊城上亭榭。

又卷三　十七日，【略】早飯罷，遊青山。【略】夜歸舟次，已一鼓盡矣。

十八日，小雨。解舟出姑熟溪，行江中。江溪相接，水清濁各不相亂。挽行夾中三十里，至大信口泊舟。蓋自此出大江，須風便乃可行，往往連日阻風雨。小山夾江，即東梁、西梁，一名天門山。【略】夜行堤上，觀月大信口。

十九日，便風，過大小褐山磯。【略】過梟磯，在大江中聳拔特起，有道士結廬其上。【略】至蕪湖縣，泊舟吴波亭。

二十日，寧國太平縣主簿左迪功郎陳炳來見，泛小舟往謝之，則寓寧淵觀下院。【略】予遂遊東寺，登王敦城以歸。【略】將午解舟，過三山磯。【略】江中江豚十數出没，色或黑或黄。俄又有物長數尺，色正赤，類大蜈蚣，奮首逆水而上，激水高三二尺，殊可畏也。宿過道口。

二十一日，過繁昌縣，【略】晚泊荻港。散步堤上，遊龍廟。【略】又至一庵，僧言隔港即銅陵界。遠山嶄然臨大江者，即銅官山。【略】最後至鳳凰山延禧觀。【略】歸舟已夜矣。

二十二日，過大江，入丁家洲夾，復行大江。自離當塗，風日清美，波平如席，白雲青嶂，遠相映帶，終日如行圖畫，殊忘道途之勞也。過銅陵縣不入，晚泊水洪口。江湖間謂分流處爲洪。

二十三日，過陽山磯，始見九華山。

二十四日，到池州，泊税務亭子。

二十五日，【略】遊光孝寺。【略】晚登弄水亭。

二十六日，解舟過長風沙、羅刹石。【略】蓋自金陵至此七百里。【略】地屬舒州，舊最號湍險。仁廟時，發運使周湛役三十萬夫，疏支流十里以避之，至今爲行舟之利。【略】宿懷家洑。懷，姓也。

二十七日，五鼓，大風自東北來，舟人不告，乘便風解船，過雁翅夾。有税場，居民二百許家，岸下泊船甚衆。遂經皖口至趙屯，未朝食已行百五十里，而風益大，乃泊夾中。【略】是日大風，至暮不止。登岸，行至夾口。觀江中驚濤駭浪，雖錢塘八月之潮不過也。有一舟掀簸浪中，慾入夾者再三不可得，幾覆溺矣，號呼求救，久方能入。北望正見皖山。【略】夜雨。

二十八日，過東流縣不入，自雷江口行大江。江南羣山蒼翠萬疊，如列屏障，凡數十里不絶，自金陵以西所未有也。是日便風張帆，舟行甚速。然江面浩渺，白浪如山，所乘二千斛舟摇兀掀舞，纔如一葉。過獅子磯，一名佛指磯。薛壁百尺，青林緑篠，倒生壁間，圖畫有所不及。猶恨舟行北岸，不得過其下。旁有數磯，亦奇峭，然皆非獅子比也。至馬當，所謂下元水府，山勢尤秀拔，正面山脚直插大江。【略】舟至石壁下，忽晝晦，風勢横甚，舟人大恐失色，急下帆，趨小港，竭力牽挽，僅能入港繫纜。同泊者四五舟，皆來助牽。【略】入夜，風愈厲，增十餘纜，迨曉，方少定。

二十九日，阻風馬當港中。風雨凄冷，初御裌衣。有小舟冒風濤來賣薪菜豨肉，亦有賣野彘肉者，云獵盧場中所得。飯已登南岸，望馬當廟。北風吹人，勁甚，至不能語。既暮，風少定，然怒濤未息，擊船，終夜有聲。

八月一日，過烽火磯。南朝自武昌至京口列置烽燧，此山當是其一也。自舟中望山，突兀而已。及抛江過其下，嵌巖竇穴，怪奇萬狀，色澤瑩潤，亦與他石迥異。又有一石不附山，傑然特起，高百餘尺，丹藤翠蔓，羅絡其上，如寶裝屏風。是日風静，舟行頗遲，又秋深潦縮，故得盡見。【略】過澎浪磯、小孤山。二山東西相望，小孤屬舒州宿松縣，有戍兵。【略】晚泊沙夾，距小孤一里。微雨。復以小艇遊廟中。南望彭澤、都昌諸山，烟雨空濛，鷗鷺滅没，極登臨之勝，徙倚久之而歸。

二日，早行，未二十里，忽風雲騰湧，急繫纜。俄復開霽，遂行。泛彭蠡口，四望無際。【略】始見廬山及大孤。大孤狀類西梁，雖不可擬小孤之秀麗，然小孤之旁頗有沙洲葭葦，大孤則四際渺瀰皆大江，望之如浮水面，亦一奇也。江自湖口分一支爲南江，蓋江西路也。江水渾濁，每汲用，皆以杏仁澄之，過夕乃可飲。南江則極清澈，合處如引繩，不相亂。晚抵江州。【略】岸土赤而壁立，東坡先生所謂「舟人指點岸如赬」者也。泊湓浦，水亦甚清，不與江水亂。自七月二十六日至是，首尾財六日，其間一日阻風不行，實以四日半泝流行七百里云。

三日，移泊琵琶亭。

四日，遊天慶觀。【略】史志道招飲於發運廨中，登高遠亭，望廬山，天氣澄霽，諸峰盡見。

五日，郡集於庾樓。樓正對廬山之雙劍峰，北臨大江，氣象雄麗。

七日，往廬山，小憩新橋市。蓋吳蜀大路，市肆壁間多蜀人題名，並溪喬木往往皆三二百年物。蓋山之麓也，自江州至太平興國宮三十里，此適當其半。是日，車馬及徒行者憧憧不絶。

又卷四　八日，早由山路至太平興國宮。【略】憩於雲無心堂，蓋冷翠亭故趾也。【略】遂至東林太平興龍寺。【略】登華嚴羅漢閣。遂至上方五杉閣、舍利塔、白公草堂。【略】宿東林。

九日，至晉慧遠法師祠堂及神運殿，焚香，憩官廳。【略】寺極大，連日遊歷，猶不能遍。【略】食已，遊西林乾明寺。【略】晚復取太平宮路還江州。小憩於新亭，距州二十五里。

十一日，解舟。【略】自到江州至是凡十日，皆晴，秋高氣清，長空無纖雲，甚宜登覽，亦客中可喜事也。泊赤沙湖口，東北望猶見廬山。

十二日，江中見物，有雙角，遠望正如小犢，出没水中有聲。晚泊櫓臍洑，隔江大山中有火兩點，若鐙，開闔久之。問舟人，皆不能知。或云蛟龍之目，或云靈芝丹藥光氣，不可得而詳也。

十三日，至富池昭勇廟。以壺酒特豕，謁昭毅武惠遺愛靈顯王神。神，吴大帝時折衝將軍甘興霸也。

十四日，曉雨。過一小石山，自頂直削去半，與餘姚江濱之蜀山絶相類。抛大江，遇一木栰，廣十餘丈，長五十餘丈，上有三四十家，妻子、雞犬、臼碓皆具。中爲阡陌相往來，亦有神祠，素所未睹也。舟人云：此尚其小者耳，大者於栰上鋪土作蔬圃，或作酒肆。皆不復能入夾，但行大江而已。是日，逆風挽船，自平旦至日昳，纔行十五六里。泊劉官磯旁，蘄州界也。【略】晚，觀大黿浮沉水中。

十五日，微陰。西風益勁，挽船尤艱。自富池以西，沿江之南皆大山，起伏如濤頭。山麓時有居民，往往作棚，持弓矢伏其上，以伺虎。過龍眼磯，江中拳石耳。磯旁山上有龍祠。晡後得便風，次蘄口鎮。居民繁錯，蜀舟泊岸下甚衆。【略】夜與諸子登岸，臨大江觀月。

十六日，過新野夾。【略】地屬興國軍大冶縣。【略】晚過道士磯。石壁數百尺，色正青，了無竅穴，而竹樹迸根，交絡其上，蒼翠可愛。自過小孤，臨江峰嶂無出其右。磯一名西塞山。【略】蓋江行惟馬當及西塞最爲湍險難上。抛江，泊散花洲，洲與西塞相直。

十七日，過回風磯。無大山，蓋江濱石磧耳，然水急浪湧，舟過甚艱。過蘭谿。【略】晚泊巴河口，距黄州二十里，一市聚也。【略】自蘭谿而西，江面尤廣，山阜平遠。兩日皆逆風，舟人以食盡，欲來巴河糴米。極力牽挽，日皆行八九十里。

十八日，食時方行，晡時至黄州。【略】晚移舟竹園步，蓋臨臯多風濤，不可夜泊也。

十九日，早遊東坡。自州門而東，崗壟高下，至東坡則地勢平曠開豁。【略】出城五里至安國寺，亦蘇公所嘗寓。兵火之餘，無復遺迹。【略】郡集於棲霞樓。【略】循小徑，繚州宅之後，至竹樓。規模甚陋，不知當王元之時亦止此邪？樓下稍東即赤壁磯，亦茆崗爾，略無草木。【略】晚復移舟菜園步，又遠竹園三四里。蓋黄州臨大江，了無港澳可泊。或云舊有澳，郡官厭過客，故塞之。

二十日，曉離黄州。江平無風，挽船，正自赤壁磯下過。多奇石，五色錯雜，粲然可愛，東坡先生怪石供是也。挽行十四五里，江面始稍狹。隔江崗阜延袤，竹樹葱蒨，漁家相映，幽邃可愛。復出大江，過三江口，極望無際。泊戚磯港。

二十一日，過雙柳夾。回望江上，遠山重複深秀。自離黄，雖行夾中，亦皆曠遠，地形漸高，多種菽粟蕎麥之屬。晚泊楊羅洑。大隄高柳，居民稠衆，魚賤如土，百錢可飽二十口。又皆巨魚，欲覓小魚飼猫，不可得。

二十二日，平旦微雨。過青山磯，多碎石及淺灘。晚泊白楊夾口，距鄂州三十里，陸行止十餘里。居民及泊舟甚多，然大抵皆軍人也。

二十三日，便風挂帆。自十四日至是始得風。食時至鄂州，泊税務亭。賈船客舫不可勝計，銜尾不絶者數里，自京口以西皆不及。【略】自江州至此，七百里溯流，雖日得便風，亦須三四日。

二十六日，與統紓同遊頭陁寺。寺在州城之東隅石城山。

又卷五　二十七日，郡集於南樓，在儀門之南石城上，一曰黄鶴山。制度閎偉，登望尤勝。【略】是日早微雨，晚晴。

二十八日，同章冠之秀才甫登石鏡亭。訪黄鶴樓故趾。石鏡亭者，石城山一隅，正枕大江，其西與漢陽相對，止隔一水，人物草木可數。【略】復與冠之出漢陽門，遊仙洞。【略】由江濱堤上還船。民居市肆，數里不絶，其間復有巷陌往來，憧憧如織。蓋四方商賈所集，而蜀人爲多。

二十九日。【略】日昳，移舟江口。

三十日，黎明離鄂州，便風挂帆，沿鸚鵡洲南行。洲上有茂林神祠，遠望如小山洲，蓋禰正平被殺處。【略】自此以南爲漢水。《禹貢》所謂「嶓冢導漾，東流爲漢」者，水色澄澈可鑑。【略】過謝家磯、金雞洑。磯不甚高，而石皆横裂，如累層甓。得縮項鯿魚，重十斤。洑中有聚落，如小縣，出鱘魚，居民率以賣鮓爲業。晚泊通濟口，自此入沌。沌讀如篆字，《書》云水名，在江夏。過九月則沌涸，不可行，必由巴陵至荆渚。

九月一日，始入沌，實江中小夾也。過新潭，有龍祠，甚華潔。自是遂無復居人，兩岸皆葭葦彌望，謂之百里荒。又無挽路，舟人以小舟引百丈，入夜財行四十五里，泊叢葦中。平時行舟，多於此遇盜，通濟巡檢持兵來警邏。不寐達旦。

二日，東岸葦稍薄，缺時見大江渺瀰，蓋巴陵路也。晡時次下郡，始有二十餘家，皆業漁釣，蘆藩茅屋，宛有幽致，魚尤不論錢。自此始復有挽路，登舟背，望竟陵遠山。泊白臼。有莊居數家，門外皆古柳侵雲。

三日，自入沌，食無菜，是日始得菘及蘆服，然不肯劚根，皆刈葉而已。過八疊洑口，皆有民居。晚泊歸子保。亦有十餘家，多桑柘榆柳。

四日，平旦始解舟。舟人云：「自此陂澤深阻，虎狼出没，未明而行，則挽卒多爲所害。」【略】過綱步。有二十餘家，在夕陽高柳中，短籬曬罾，小艇往來，正如畫圖所見，沌中之最佳處也。泊畢家池，地勢爽塏。居民頗衆，有一二家，雖茅茨結廬，而窗户整潔，藩籬堅壯，舍傍有果園甚盛，蓋亦一聚之雄也。與諸子及二僧步登岸，遊廣福永固寺，闃然無一人。東偏白雲軒前，橙方結實，雖小而極香，相與烹茶破橙。抵暮乃還舟中。畢家池蓋屬復州玉沙縣滄浪鄉云。

五日，泊紫涓。

六日，過東場。並水皆茂竹高林，隄净如掃，雞犬閒暇，鳧鴨浮没，人往來林樾間，亦有臨渡唤船者，使人恍然如造異境。舟人云，皆村豪園廬也。泊雞鳴。

七日，泊湛江。

八日，早次江陵之建寧鎮，蓋沌口也。【略】阻風，大魚浮水中無數。凡行沌中七日，自是泛江，入石首縣界。夜觀隔江燒蘆場，烟焰亘天，如火城，光照舟中皆赤。

九日，早謁后土祠。道旁民屋，苫茅皆厚尺餘，整潔，無一枝亂。挂帆抛江，行三十里，泊塔子磯，江濱大山也。自離鄂州，至是始見山。【略】夜雨，極寒，始覆絮衾。

十日，阻風雨。遣小舟横絶江面，至對岸買肉食。得大魚之半，【略】遣人先之夔。晚晴，開船窗觀月。

十一日，舟行，望西南一角，水與天接。舟人云是爲潛軍港，古嘗潛軍伺敵於此。遥見港中有兩點正黑，疑其遠樹，則下不屬地。久之漸近可辨，蓋二千五百斛大舟也。又有水禽，雙浮江中，色白，類鵝而大，楚人謂之天鵝，飛騫絶高。有弋得者，味甚美，或曰即鵠也。泊三江口，水淺，舟行甚艱。自此遂不復有山。

十二日，過石首縣，不入。【略】泊藕池。

十三日，泊柳子。

十四日，次公安。【略】規模氣象甚壯。兵火之後，民居多茅竹，然茅屋尤精緻可愛。井邑亦頗繁富，米斗六七十錢。【略】遊二聖報恩光孝禪寺。【略】寺後有廢城，髣髴尚存，《圖經》謂之吕蒙城。【略】泊弭節亭。

十五日，【略】晚攜家再遊二聖寺。

十六日，過白湖，渺然無津，抛江至升子鋪。有天鵝數百，翔泳水際。日入泊沙市。自公安至此六十里，自此至荆南陸行十里，舟不復進矣。

十七日，日入後，遷行李過嘉州趙青船，蓋入峽船也。沙市堤上居者大抵皆蜀人，不然則與蜀人爲婚姻者也。

十九日，郡集於新橋馬監，監在西門外四十里。自出城，即黄茅彌望，每十餘里有村疃數家而已。道遇數十騎縱獵，獲狐兔皆繫鞍上，割鮮藉草而飲，云襄陽軍人也。是日極寒，如窮冬，土人云此月初已嘗有雪。

二十日，倒檣竿，立櫓牀，蓋上峽惟用櫓及百丈，不復張帆矣。百丈，以巨竹四破爲之，大如人臂。予所乘千六百斛舟，凡用櫓六枝，百丈兩車。

二十一日，【略】是日重霧四塞。

二十二日，五鼓赴能仁院，建會慶節道場。中夜後，舟人祀峽神，屠一豨。

二十六日，修船始畢，骨肉入新船。祭江瀆廟，用壺酒特豕。廟在沙市之東三四里，神曰昭靈孚應威惠廣源王，蓋四瀆之一，最爲典祀之正者。

二十七日，解舟，擊鼓鳴櫓，舟人皆大噪，擁堤觀者如堵牆。泊新河口，距沙市三四里，蓋蜀人修船處。

二十八日，泊方城。

二十九日，阻風。

十月一日，過瓜洲壩、倉頭、百里洲，泊沱灗。皆聚落，竹樹鬱然，民居相望。亦有村夫子聚徒教授，羣童見船過，皆挾書出觀，亦有誦書不輟者。

二日，泊桂林灣。仝、證二僧陸行來，云沿路民居大抵多四方人，土著財十一也。舟人殺猪十餘口祭神，謂之開頭。

三日，舟人分胙行差。晚與兒輩登隄，觀蜀江。【略】自離塔子磯，至是始望見巴山。山在松滋縣。泊灌子口，蓋松滋、枝江兩邑之間。

四日，過楊木寨。蓋松滋有四寨，曰楊木、車羊、高平、稅家云。泊龍灣。

五日，過白羊市，蓋峽州宜都縣境上。宜都，唐縣也。謁張文忠公天覺墓。【略】泊赤崖。

又卷六　六日，過荆門十二碚，皆高崖絶壁，嶄巖突兀，則峽中之嶮可知矣。過碚，望五龍及雞籠山，嵯峨正如夏雲之奇峰。荆門者，當以險固得名。碚上有石穴，正方，高可通人。俗謂之荆門，則安也。晚至峽州，泊至喜亭下。

七日，【略】以小舟遊西山甘泉寺。【略】又至漢景帝廟及東山寺。【略】遂至夷陵縣。【略】晚郡集於楚塞樓，遍歷爾雅臺、錦(障)[嶂]亭。

八日，五鼓盡解船，過下牢關。夾江千峰萬嶂，有競起者，有獨拔者，有崩欲壓者，有危欲墜者，有横裂者，有直坼者，有凸者，有窪者，有罅者，奇怪不可盡狀。初冬草木，皆青蒼不彫。西望重山如闕，江出其間，則所謂下牢谿也。【略】繫船與諸子及證師登三遊洞。【略】泊石牌峽。

九日，微雪。過扇子峽，重山相掩，政如屏風扇，疑以此得名。登蝦蟆碚，《水品》所載「第四泉」是也。蝦蟆在山麓，臨江，頭、鼻、吻、頷絶類，而背脊皰處尤逼真，造物之巧有如此者！自背上深入，得一洞穴，石色緑潤，泉泠泠有聲，自洞出，垂蝦蟆口鼻間，成水簾入江。是日極寒，巖嶺有積雪，而洞中温然如春。碚洞相對，稍西有一峰，孤起侵雲，名天柱峰。自此山勢稍平，然江岸皆大石堆積，彌望正如濬渠積土狀。晚次黄牛廟，山復高峻。【略】其下即無義灘，亂石塞中流，望之可畏。然舟過乃不甚覺，蓋操舟之妙也。【略】夜，舟人來告，請無擊更鼓，云廟後山中多虎，聞鼓則出。

十日，早以特豕壺酒祭靈感廟，遂行。過鹿角、虎頭、史君諸灘，水縮已三之二，然湍險猶可畏。泊城下，歸州秭歸縣界也。與兒曹步沙上，回望正見黄牛峽。廟後山如屏風疊，嵯峨插天。第四疊上有若牛狀，其色赤黄，前有一人，如著帽立者。昨日及今早雲冒山頂，至是始見之。因至白沙市慈濟院，見主僧志堅，問地名城下之由，云院後有楚故城，今尚在。因相與訪之，城在一崗阜上，甚小，南北有門，前臨江水，對黄牛峽。城西北一山，蜿蜒回抱，山上有伍子胥廟。大抵自荆以西，子胥廟至多。城下多巧石，如靈璧、湖口之類。

十一日，過達洞灘。灘惡，與骨肉皆乘轎陸行過灘。灘際多奇石，五色粲然可愛，亦或有文成物象及符書者。猶見黄牛峽廟後山。【略】晚泊馬肝峽口，兩山對立，修聳摩天，略如廬山。江岸多石、百丈縈絆，極難過。夜，小雨。

十二日，早過東濡灘，入馬肝峽。石壁高絶處有石下垂如肝，故以名峽。其傍又有獅子巖，巖中有一小石，蹲踞張頤，碧草被之，正如一青獅子。微泉泠泠自巖中出，舟行急，不能取嘗，當亦佳泉也。溪上又有一峰孤起，秀麗略如小孤山。晚抵新灘，登岸宿新安驛。夜雪。

十三日，舟上新灘，由南岸上，及十七八，船底爲石所損。急遣人往拯之，僅不至沈，然鋭石穿船底，牢不可動。蓋舟人載陶器多所致。新灘兩岸，南曰官漕，北曰龍門，龍門水尤湍急，多暗石，官漕差可行，然亦多鋭石，故爲峽中最嶮處。非輕舟無一物，不可上下。舟人冒利以至此，可爲戒云。

十四日，留驛中。晚以小舟渡江南，登山，至江瀆南廟，新修未畢。有一碑，前進士曾華旦撰，言因山崩，石壅成此灘，害舟不可計，於是著令自十月至二月禁行舟。知歸州、尚書都官員外郎趙誠聞於朝，疏鑿之，用工八十日而灘害始去，皇祐三年也。蓋江絶於天聖中，至是而復通。

十五日，舟人盡出所載，始能挽舟過灘。然須修治，遂易舟。離新灘，過白狗峽。泊舟興山口。肩輿遊玉虛洞，去江岸五里許，隔一溪，所謂香溪也。源出昭君村，水味美，録於《水品》，色碧如黛。呼小舟以渡，過溪又里餘，洞門小，纔袤丈。既入，則極大，可容數百人，宏敞壯麗，如入大宫殿。中有石，成幢蓋、旛旗、芝草、竹笋、仙人、龍虎、鳥獸之屬，千狀萬態，莫不逼真。其絶異者，東石正圓如日，西石半規如月。予平生所見巖竇，無能及者。【略】比歸已夜，風急，不可秉燭炬，然月明如晝，兒曹與全師皆杖策相從，殊不覺崖谷之險也。

十六日，到歸州。【略】館於報恩光孝寺，距城一里許。蕭然無僧。歸之爲州，纔三四百家，負卧牛山，臨江，州前即人鮓瓮。城中無尺寸平土，灘聲常如暴風雨至。隔江有楚王城，亦山谷間，然地比歸州差平。

十七日，郡集於望洋堂玩芳亭，亦皆沙石犖确之地。

十八日，初得艬船，差小，然底闊而輕，於上灘爲便。

十九日，郡集於歸鄉堂。慾以是晚行，不果。訪宋玉宅，在秭歸縣之東。今爲酒家，舊有石刻「宋玉宅」三字，近以郡人避太守家諱去之。

二十日，早，離歸州。出巫峰門，過天慶觀，少留。【略】觀下即吒灘，亂石無數。飯於靈泉寺，遂登舟。過業灘，亦名灘也。水落舟輕，俄頃遂過。

二十一日，舟中望石門關，僅通一人行，天下至險也。晚泊巴東縣。江山雄麗，大勝秭歸，但井邑極於蕭條，邑中纔百餘户，自令廨而下皆茅茨，了無片瓦。【略】謁寇萊公祠堂，登秋風亭，下臨江山。是日重陰，微雪，天氣飂飂。

二十二日，發巴東。山益奇怪，有夫子洞者，一竇在峭壁絶高處，人迹所不可至，然髣髴若有欄楯，不知所謂夫子者何也。過三分泉，自山竇中出，止兩派。俗云：三派有年，兩派中熟，一派或絶流饑饉。泊疲石。夜雨。

二十三日，過巫山。凝真觀謁妙用真人祠，真人即世所謂巫山神女也。祠正對巫山，峰巒上入霄漢，山脚直插江中，議者謂太華、衡、廬皆無此奇。然十二峰者不可悉見，所見八九峰，惟神女峰最爲纖麗奇峭。【略】泊清水洞。洞極深，後門自山後出，但黮闇，水流其中，鮮能入者。

二十四日，早抵巫山縣，在峽中，亦壯縣也，市井勝歸、峽二郡。隔江南陵山極高大，有路如綫，盤屈至絶頂，謂之一百八盤，蓋施州正路。

二十五日，晡後至大谿口泊舟。

二十六日，發大谿口，入瞿唐峽。兩壁對聳，上入霄漢，其平如削成，仰視天如匹練。然水已落，峽中平如油盎。過聖姥泉。蓋石上一罅，人大呼於旁，則泉出，屢呼則屢出，可怪也。晚至瞿唐關。【略】關西門正對灩澦堆。堆碎石積成，出水數十丈。土人云：方夏秋水漲時，水又高於堆數十丈。肩輿入關，謁白帝廟。

二十七日，早，至夔州。州在山麓沙上，所謂魚復永安宫也。【略】州東南有八陣磧，孔明之遺迹。碎石行列如引繩，每歲江漲，磧上水數十丈。比退，陣石如故。

郭松年《大理行記》 中慶距大理城西顧里有千，歷府治一，曰威楚；州四，曰安寧、鎮南、雲南、趙州；縣三，曰禄品、安邊、白岩；皆三府支屬。鎮南而西有雌嶺，即大理之境。

出行七十里，有甸焉，川原坦夷，山勢四合，周二百餘里，乃雲南州也。州西北十餘里，山麓間有石如鏡，光可見面，故舊名鏡州。張氏進求時，州北龍興和山忽五色雲起，肖素輪囷，終日不散，人以爲祥。州居雲之南，因改今名。

又西行三十里餘，至品甸。按：《唐史》，嘗置坡州，亦名清子川。其川澤土壤不減雲南，而民種蒔爲不及爾。甸中有池，名曰清湖，灌溉之利達於雲南之野。湖西官道中有石焉，紋如古篆，號曰地符，行人謹避，莫敢踐之。

又山行三十里，至白巖甸。其地形南北袤，大小略與雲南品甸相埒。居民輳集，禾麻蔽野。縣西石崖斬絶，其色如雪，故曰白巖。赤水江回環曲折，經於其中。甸西南有古廟，中有鐵柱，高七尺五寸，徑一尺八寸，乃昔時蒙氏第十一主景莊王所造，題曰「建極十三年壬辰四月庚午朔十有四日癸丑鑄」。土人歲歲貼金其上，號天尊柱，四時享祀，有禱必應。或以爲武侯所立柱也。

又山行四十里，至趙州甸，即趙瞼也。山形四周回抱，有藏風蔽氣之勢，川澤平曠，故家喬木猶有存者。神莊江貫於其中，溉田千頃，以故百姓富庶，少旱虐之災。出州治十五里，路轉峰回，茂林修竹，蔚然深秀。中峰舊建神廟在焉，凡水旱疾疫，祈請有徵，州人賴之。州之北行約數百步，地極明秀，蒙昭成王保和九年，有高將軍者即此地建遍知寺。其殿象壁繪，於今罕見，意非漢匠名筆，不能造也。出寺門東北行一里餘，有高原號城澄，其地空而不耕，乃世祖駐蹕之所也。

川行三十里，至河尾關，即洱水之下流也。架木爲梁，長十五丈餘，穹形飲水，睨而視之，如虹蜺然。順流而下約一里許，有石門，巨石横楣，號石馬橋，爲羣波争道之地。懸流奔注，雲濤雪浪，聲聞數里。河尾橋之西有關焉，北入大理，名龍尾關，即蒙氏所築，西厄蒼山，東屬洱水，其高壁危構，巋然猶存。

入關十五里，山巒濃秀。望之蔚然前陳者，點蒼之奔沖也，諸峰羅列，前後參從。有城在其下，是曰太和，周十有餘里。夷語以坡陀爲和，和在坡陀，故謂之太和。

又北行十五里至大理，名陽苴咩城，亦名紫城，方圍四五里，即蒙氏第五主神武王閣羅鳳葦普鐘十三年甲辰歲所築，時唐代宗廣德二年也。自後鄭、趙、楊、段四氏皆都其中。

此大理之大觀。南游則永昌、騰衝，北走則鶴慶、麗江，周行數千里，皆莫若此也。

王士禛《蜀道驛程記》 康熙十一年六月，士禛奉命偕鄭工部次公典蜀試，二十二日陛辭。七月朔，【略】雨，抵良鄉縣。

初二日，夜雨，晨霽。夾道青林蕭條，上不見日。北望大防諸山，如彈冠振衣。午次涿州，渡涿水。【略】暮抵松林店。

初三日，過定興縣，暮抵安肅縣。

初四日，午次保定府治清苑縣。【略】抵陘陽驛宿，是日暑甚。

初五日，過慶都縣，古望都。暮抵定州北十里，渡唐水。【略】自涿州西南行，三四百里無山，渡唐水，望見西北一峰突起，舟人云曲陽之嘉山也。

初六日，次新樂縣。【略】抵伏城驛，元侍郎蘇天爵春風亭在驛南蘇村。是夕雨。

初七日，晨雨止。午次真定府治真定縣，唐成德軍也。城南渡滹沱，西山爽氣漸來親人。抵獲鹿縣。獲鹿彈丸山郭，羣峰環抱。

初八日，出獲鹿。西郭有山自南來，石骨刻露，清流浸趾，曰西屏山。入土門口，巖嶺蜿蜒相屬。【略】問土人，惟能指目抱犢，即《史記》萆山。海螺數峰，余多不知名。午次井陘縣，太行八陘之第五陘也。緜水一名阜漿，自平定來，入滹沱，濁流奔浪，聲動厓谷。井陘西南二十里龍窩寺石壁對峙，壁上小松一株生石罅，徑尺許。【略】暮抵胡桃園，夜雨。

初九日，冒雨騎行。自胡桃園至井陘舊關，十餘里間石壁最奇，角圭廉利，下無寸土。山中人耕石田，如浮屠層級然。及關下峰迴徑斷，呀然中開，忽見戍樓雉堞，冠山而出。登樓小憩，觀諸山出雲，濃緑蓊鬱，飛瀑淙潺，争流競響。冒雨出關，危棧臨溪，延緣錯互。午過柏井驛，有柏井故城。【略】抵平定州，入山西界。【略】夜大雨。

初十日，夜雨。【略】是日山溜暴漲，自旦至暮凡三十餘渡，輿馬甚苦揭厲。抵芹泉驛。芹泉水一名桃川水，又名桃江，發源壽陽，入太平谷，流入緜水。此別一緜水，非介休緜水也。

十一日，晨次壽陽縣。【略】抵什貼鎮宿。

十二日，晨食鳴謙驛，榆次縣境。【略】暮抵徐溝縣。

十三日，雨，午次祁縣。【略】暮抵平遥縣，隸汾州。

十四日，早涼。發平遥，三十五里憩張蘭鎮。鎮爲商賈輻輳之地，有類巖邑。

十五日，立秋，早涼。介休西南二十里兩山夾立，汾水貫其中。【略】入谷數十里間道隘水，左右悉結偏梁閣道，汾流湍悍。登高臨深，令人思垂堂之戒。晡抵靈石縣，隸平陽府。倚山枕河，雉堞頹落，不及平介間一聚落。

十六日，發靈石，路犖确，去汾水漸遠。二十里登韓侯嶺，祠在山巔，墓在祠後。【略】午次仁義驛。【略】暮抵霍州。自靈石西南，盡日行嵚崟間。南望高峰入雲，即霍太山。

十七日，發霍州，午次趙城縣。【略】晡抵洪洞縣。【略】城外清泉萬道，彌望稻塍。【略】薄暮次公至，次公後余三日行，及余於此。

十八日，洪洞城南十里過皋陶祠墓。午次平陽府治臨汾縣。【略】汾水經城西南，入襄陵縣界。自是不復沿汾行。暮抵趙曲鎮，屬襄陵。

十九日，過蒙城驛。驛北有橋，曰豫讓橋，地在太平、曲沃界，與趙城國士橋皆傳疑也。暮抵侯馬驛，雨。

二十日，雨，次公先行，余後發，人馬行山谷泥淖中。

二十一日，雨。午次弘芝鎮，安邑縣境。暮抵猗氏縣。

二十二日，次臨晉縣。【略】望中條山，刹那之間，俯仰萬態。【略】暮抵蒲州。

二十三日，並中條山行，人家煙火與雲嵐相雜，柿林數十里，菁葱彌望。過首陽山，山在中條西南，居雷首之陽，故名首陽。夷齊廟在其麓。至此坡陀益高，下見黄河，河南連山縣縣不絶，三峰峭拔，迥出天外，知是華嶽也。時見白雲逢逢自山半出，惝怳無定姿，心目爲之清曠。至風陵渡渡河，戴延之所謂風埏也。對岸即潼關，入陝西界。【略】晚抵華陰嶽鎮，宿西嶽廟。【略】適同鄉宋方伯艾石可發自蜀臬遷粤轄，相遇於此。同宿萬壽閣下，略悉蜀道之難。

二十四日，昧爽登萬壽閣。閣南與太華相對，東指河潼，北眺涇渭，西望終南，雜樹薺浮，川原繡錯。【略】冒雨行，五里次華陰縣。自潼關而西，垂楊夾道，稻香盈路，頗忘行役之勞。【略】過汾陽王里，暮抵華州。

二十五日，發華州。月出少華之巔，林風不絶，行十里始曙。自遇仙橋至赤水橋，浦樹山煙，應接不暇，漁川江村，諸原之水北流入渭所經。午次渭南縣。縣南倚豐原，北負渭水。【略】午次新豐。【略】過鴻門坂，有留侯、舞陽侯廟。暮抵臨潼縣。

二十六日，過灞橋。橋旁兩岸皆植楊柳，古名銷魂橋也。【略】上長樂坡，望終南繞長安城東北。【略】午後西行。【略】渭水在咸陽城下。時秋漲不得度，循渭北行六七里始得舟。返照初霽，亂雲乍歸，南望白閣，紫閣諸峰紫翠萬狀，渼陂、高冠潭諸勝皆在咫尺。【略】雨，易舟始抵西岸。暝色欲來，望舟上人歷歷在終南嵐氣中。抵咸陽縣。

二十七日，【略】午次興平縣，過武帝茂陵。

二十八日，午次武功縣。岡阜四繞，城倚雍原，城東有漆水。【略】暮抵扶風縣，隸鳳翔府。

二十九日，過漢伏波將軍墓。又過龍尾坡，唐鳳翔節度使鄭畋破黄巢於此。午次岐山縣。【略】暮抵鳳翔府治鳳翔縣。

三十日，出鳳翔南郭。遥望陳倉山直插天漢，與太白、終南相連亘，秦蜀大阻也。渡汧水。【略】又東逕吴山，即西鎮。古之汧山也。【略】晡抵寶雞縣。【略】西南彌望，連峰疊巘，杳然無際。【略】夜大風，寒甚。

閏七月朔，寶雞城南渡渭水。【略】又二三里過清澗河，水特澄碧。棧中煎茶坪以東諸澗之水匯爲此河，東下入渭。溯清澗而上，過益門鎮。元平章李思齊築石壁峭絶，往往瀑水成川，聲若奔霆，一徑如髮，明滅亂峰中。入棧之始，車殆馬煩。五十里次觀音堂，假宿僧舍。

初二日，陰晦。過和尚原、煎茶坪，坪高出衆，峰上俯視，四山雲霧如沆瀣一氣，皆在足下。循山麓而西，稍有平田村聚。山南渡大蘭河，河流至階、成、文、禮間爲白水江，南至四川昭化縣，與嘉陵江同入閬中。次黄牛堡，吴璘以强臂弓退敵處。暮抵五星臺宿。

初三日，晴霽，小憩。石關即大散關也，關下有大散水，又曰故道。【略】午次鳳縣。

初四日，登鳳嶺，或曰鸑鷟山。【略】嶺直上二十里，人馬踏石棱上行。始易小輿，才十許里，風氣寒甚，添絮衣。山巔有僧閣，四眺無所見，類子厚所賦囚山也。下山十五里，過新紅鋪，兩壁對峙，石勢如奇鬼攫人。一水自東山來，極清駛，巨石扼之，更作澎湃，石梁屢折，頗似人家林園。午次廢邱，暮抵南星鎮。

初五日，枕上聞急雨淙淙，四山草木有聲，如甲馬馳驟。冒雨即行，諸山出雲，縷縷石上。過古陳倉道，即兩當道也。度柴關嶺，嶺上下二十里，石齒廉利如劍鍔。下嶺，沿青羊河行，河流挾雨，益怒。巨石怪醜，時來壓人。幽篁叢木，蒙茸數十里，不見山巔，行人與虎豹蛇虺争一綫。聞其南紫柏山有巖洞七十二，爲仙真棲止之所。次留壩，天已暝，止宿。夜雨稍霽。

初六日，雨止。趨武關，以小舟渡。入褒城縣界，山多猨，多鸚鵡。自畫眉關而下，至馬道百里間，俗爲二十四馬鞍嶺，險峭特絶。一嶺上下，登頓輒數里，上如猱升，下如鼈行，外俯迅流，内倚絶壁。石磴連卷，其中山骨呈露，不受寸土，壽籐古竹，轇轕四垂，石壁如厂，如突，如堿，如碣，如步櫚如堂皇，如庨豁，奇態殊狀，流玩不置。飛泉出石罅，奔流千尺，與江水鏜鎝相亂。棧中之水大約有四支：茶坪以北衆水北流，爲清澗河，入渭，爲一支。茶坪以南衆水西流，至階州西和成白水江，爲一支。鳳縣以北斜谷、大散、嘉陵諸水西流，由徽州兩當，略陽成嘉陵江，爲一支。柴關以南，青羊水西南，至武關北，褒水從東來注之，俗曰黑龍江。合流至武關，石溝水從西來注之，合流至馬道驛，樊水從西來注之，又南合青橋、沙河諸水，以入漢江。其大較如此。

初七日，發馬道，渡青橋河，食青橋驛。再渡沙河。自馬道至此，山頑劣，少竹。至觀音碥，舊名閻王碥，賈中丞漢復易今名。奇石插天，犀株林立，飛湍箭激，凝爲深淵，其色黝黑，潭而不流。憑高下瞰，令人魂悸。有舊碑在道左，大書「雲棧首險」。近陝撫賈中丞煅石開道，自此迄寶雞，凡木石之工九百三十八丈有奇。又於此剗大石，置欄楯，行旅便之。【略】下嶺，次褒城縣宿。

初八日，渡褒水，循山河堰。堰上有漢相祠，祀蕭、曹二公。祠中宋碑二，一慶曆二年給事郎守秘書丞知縣事騎都尉竇充撰，一乾道五年左丞承直郎四川宣撫使司準備差遣閻蒼舒撰書。皆仿虞永興，圓勁可愛。四十里次漢中府治南鄭縣。

初九日，過次公邸，故明瑞王宫也。

初十日，發漢中府。沿漢江北岸而西，復涉褒水，其南直中梁山，不半里即褒水入漢處。飯長寨虚谷庵，有黄楊二樹交柯攢葉，一本萬殊，高出簷霤，亦奇觀也。晡抵黄沙驛。【略】自南鄭至此七十里間，水田漠漠，穲稏萬頃，畝可十鍾，古稱天漢不虚爾。

十一日，次沔縣。

十二日，微雨。出沔縣西門，曲折行亂山中。沔水流經其中，略如棧道，但山庳，無林木，沔流舒緩，不及褒水湍悍耳。西涉沮水。【略】暮抵大安驛。有土城廢址。【略】今沔、沮之間闊者未丈許，狹者才二三尺，沙石磷磷，深不没踝，不可行舟，惟略陽至陽平關舟楫可通廣元、昭化，去三泉尚六十里。

十三日，雨。三十里，小憩寬川鋪。自大安西南亂山益稠，至金牛驛北望，見嶓冢山峨然雲表，一小水自西東流，即所謂嶓冢導漾者也。水纔濫觴，不没鳧雁，合五丁峽水東流爲沔，其流始大。金牛驛西三里有路通陽平關，稍南入五丁峽，一名金牛峽。【略】峽口懸崖萬仞，陰風颯然，入峽即奔峭四合，猨鳥蹟絶。水自峽中噴薄而出，人馬從水中行，惡石如蠻象獰龍伏水中，時時齧人。自峽口至五丁關十五里，步步懸絙而上，下峽亦如之，則傴僂循牆而走矣。傳稱此峽爲蜀道第一險，信然。雨次甯羌州，州在亂山中，無城堞。本沔縣羊鹿坪地，明洪武中以山寇作亂，置衛於此，成化中即衛建州治。明末流寇小紅狼據之，又經獻賊之亂，城郭爲墟。宿北關，在州城隔河。入夜雨不止。

十四日，冒雨發甯羌。行十里，河水大上，不得渡，解鞍待渡道旁田家。【略】午後水稍落，乃行。時洄水怒漲，取道大崖，巨石嶄嶄，仄徑不容跬步。下臨奔湍數十丈，皆下馬捫壁，彳亍而過，人面如土。過百牢關。【略】下有分水嶺，嶺東水皆北流，至五丁峽，北合漾水入沔。嶺西水皆南流，逕七盤關、龍洞，合嘉陵水，爲川江。二鼓抵黄壩驛，是日冒雨涉水四十餘次。夜聞呼譟聲，詢之，云麋多食稼，農夫野宿驅之故耳。

十五日，雨。過七盤關，入四川保甯府廣元縣界，次神宣驛。上龍洞背兩山夾峙，一山如獰龍奮脊，横跨兩山之間。下有洞，似重城門，可通九軌，水流其中。下視煙霧蓊鬱，不測尋丈。自是盤折而上，騎龍背行，四望諸山如劍鋩戟牙。二十里許始下山，渡河即分水嶺，以西水入嘉陵江處。南山之巔爲朝天關，孫樵所謂「朝天雙峙，以虧蔽中，慘慄而陰翳」是也。其下江岸小有聚落，止宿。明日登舟。

十六日，夜大風，晨稍霽。入舟，遣從騎山行。舟中寬首尾狹，竹箬覆之，僅蔽風雨。左右用槳六枝，不施桅篷，製如江浙之梭船，川人呼爲板船。過朝天峽，兩峽各高數十丈，削立如闕門。石壁上有巨洞，云是獻賊所鑿，可容萬夫。壁下近水多石孔，昔人緣崖架棧於此。三十里，一山秀拔如劍劈，上有飛仙閣。江平舟駛，未午次廣元縣。【略】午微雨，晡晴抵昭化縣。【略】廣元、益昌皆瀕嘉陵江，自甯羌至此，荒殘凋瘵之狀不忍覩聞。【略】近昭化里許即桔柏渡，白水江自北來，與嘉陵江合，水色澄碧，二水合處清濁劃然。【略】入夜月色皎然，江聲激壯，舟人作渝歌，與柝聲斷續，中夕不能成寐。

十七日，五更早發，江平無風。過魚尖子、算錢、石箭、憶期、歸期、上下三岐諸灘，一水自劍州來會。次虎（眺）[跳]驛，暫泊。午後過長洋灘、東灘、竹灘、樓門灘、香溪、蒜渡、鴛溪口、鴦溪口、亭子口，亭子夾岸，居民數百家，有良田沃野。暮抵雙漩子泊舟。見月，夜聞笛聲，甚淒婉。五更大風雨。

十八日，雨中過葡萄碥、燒雞灘、水觀音、塔子山，次蒼溪縣。【略】縣城在嘉陵東岸，江水西南流，其東離堆山有顏魯公記。午後過新開灘、朱公子、白崖子、石羊寺、瓦子灘、西門灘，抵保甯府治閬中縣。東北過靈山，昔蜀王鼈靈登此。又有玉臺觀、滕王亭子，皆唐滕王元嬰遺蹟。泊舟城南閬中山下，山一名錦屏山。【略】山上舊有少陵祠堂，遥望山半一亭，蕪陋甚，無樓觀臺榭，蓋亂後廢久矣。江間多碓船，如水車之製。泊急溜中，礶碓舂簸悉用水功，軋鴉之聲不絶。入城宿使院，夜見螢火。

十九日，晴。閬去成都六百餘里，尚隔十一驛。需次公至，約同行。【略】薄暮次公至。

二十一日，出南門，渡江。登南岸，四眺羣山迴合。【略】遶出錦屏山背，西南行四十里，抵龍山驛。四無人居，雨甚。

二十二日，雨。盡日行亂山中，渡小河，其水自梓潼、劍州來，南流入嘉陵江。小憩香潭子，南部縣界。【略】雨行六十里，抵柳邊驛。

二十三日，柳邊驛西南頗見稻塍。雨行四十里，次天馬山富村驛。【略】窗外即荒山，蟲聲四起，夜不成寐。

二十四日，五更雨行，把炬亂山中，上霧下潦，衣袴盡溼。午次鹽亭縣。【略】縣東北里許石壁奇峭，俯臨一溪，曰瀰水。溪東爲孱亭山，水自閬州來，遶城東南，合梓潼水。水源出劍州陰平廢縣，歷梓潼縣，至鹽亭城南。雲溪水出城西，來與之合，三水同流入涪江。【略】又鵝溪在城北，亦流入涪。溪上人家以絹爲業，堅潔異他處。【略】縣城堞已毁，居民尚數百家。冒雨出南門，渡梓潼江。緣光禄山行，即杜光禄坂詩所謂「山行落日下絶壁」者也。又三十里登蟾毒山，險惡殊甚。雨中望四山，林木鬖髿，暝色漸合，令人心悸。下山行十五里，次秋林驛，在深箐中，月前種種如地獄變相，恐復非吴生畫筆所辦。人家十餘，結茅竹在箐中。土人云蛇虎雖多，與人無害。夜雨甚。

二十五日，冒雨行，又十五里始出箐中。稍晴，午憩高山鋪。山峻絶，砌石爲階級，登頓稍易。午渡涪江，江發源吐蕃，入塞，經松、威諸州，由緜州至潼川，南合中江，下合州，與嘉陵江合。【略】里許次潼川州。

二十六日，雨止。州西門外跬步即牛頭山，杜詩「春山意不盡，衮衮上牛頭」者也。山高不丈許，無巖壑之觀。【略】上有亭，即所謂牛頭山亭子，今廢。渡西溪，午晴，晡抵建甯驛。竟日出没荒草中，土人云地多虎，日高結伴始敢行。

二十七日，微雨。自潼川西來，山險稍平，然泥淖特甚，人馬多蹶。彌望百里，田在草間。午後次中江縣。【略】縣頹廢甚於潼川，境内人户纔三十餘家。

二十八日，雨。西門渡江，即登天柱山，盤折而上二十里，路峻泥滑，徒旅鮮不顛踣。至雲津橋，雖蕪没叢箐，規製尚極宏麗。夾路巨竹成林，惜其荒翳薈蔚，無復本色。過走馬坡，山勢稍平，然草樹陰晦，上不見日，與五丁蟾毒相似。下連山，渡河，野宿漢州界。自閏七月朔入棧，時逾旬月，途歷二千，至此始出山。杜詩「連山西南斷，始見千里豁」，信爲實録。夜大雨。

二十九日，自連山泥行二十五里，渡河，曰沱江，次漢州。自連山至此凡三水，皆自灌口來，源同派别，共入金堂界，下合涪江。

八月初一日，晴。發漢州，渡河凡三，皆以竹楗，川流迅激，殊有戒心。【略】午過彌牟鎮，觀武侯八陣圖，惟一殘碣立道左，草木荒翳，不能通人。【略】晡次新都縣使院，爲楊用修先生故居。稍東即文忠公第，從蔓草中多見柱礎遺蹟。【略】夜晴，列星粲然，自入棧一月來未覩此矣。

初二日，晴，憩新都縣。

初三日，發新都，過昇仙橋，司馬相如題柱處。午抵成都府。

九月二十五日，發成都府，陸行之嘉州。【略】騎行次雙流縣，縣已廢入新津。近郭修竹萬竿，人家結屋竹中，自成籬落。入城即頹墉廢塹，虎迹縱横。縣【略】去成都僅四十里，郵符絡繹，爲嘉、眉、邛、雅諸州要路，而新津去成都且百餘里，似當議復。晚抵黄水河。

二十六日，騎行至新津縣，渡江。江流遶修覺山下，山容鬱秀，宛然畫圖。自雙流至新津，夾道竹林聯緜數十里，居人斧斤狼籍，以供樵爨。晡後雨，次梓潼宫，野宿眉州界。

二十七日，雨不止，騎行次彭山縣。古武陽地，縣北武陽江，岷江支流也。【略】午次眉，遥望蟆頤山，蒼然可愛。【略】夜雨。

二十八日，雨。出眉州西行，望魏鶴山，環湖在榛莽中。一水自城東南來，西流曰松江。又八里曰醴泉江，二水合注岷江。至松江口，易輿而騎馬，行淖中。過石佛山，【略】今彌望荒原，風雨如晦，數十里無炊煙，最爲荒閬。涉思濛江，小憩田家。暮抵金流，宿僧舍。

二十九日，冒雨騎行，涉金流江。江自丹稜，經青神入岷江。午次夾江縣，嘉定州界。【略】自巴閬走成都，至眉千餘里，名都大邑鞠爲茂草。入夾江境即溝塍棊布，煙村曖然，類吴中風物。午後雨甚，令喬君數挽留，余辭之。遂發夾江，南竹多如雙流，人家以竹爲藩，微徑通出入，時露茅茨，或聞雞犬聲，乃知有人。晚抵乾姜鋪。

初一日，稍霽。過九盤山，山臨青衣江，石壁如横磨大劍，江濤奔突其下，令人骨慄。遥望大峨秀出天半，雲嵐萬狀，積雪晶然。中峨如傴僂，少峨如拱揖。北來諸山蜿蜒起伏，争趨峨下。【略】下山，食連珠鋪，嘉定州境。連岡複嶺，直達州郭。一水遶郭南流，注江，曰竹公溪。【略】溪上人家背江面山，隨溪數曲，達於州門。【略】駐上南道舊署，署枕高望山之足。【略】晚晴。

初二日，晴。遣行李入舟。余以小艇由東門截流渡江，四子從行。既登岸，諸子請候輿馬，余屐而登焉。草深石滑，登頓甚苦。二里許，泉流夾道，石壁書「淩雲第一重」五大字。上下山谷間，草露沾衣，泥中虎迹交錯於路。又四五里，始及山門。【略】寺創自開元，鉅麗爲西南第一。明末袁韜、武大定作亂，寺爲灰燼。【略】舟人報船泊大像閣下，循山門西麓而下，不數武即至江口。適舟人言此地盤渦迅急，不可艤舟，故由東山徒步，崎嶇數里始達，可笑也。江干别四子，登舟，祭神解纜，頃刻已過烏尤。烏尤一名青衣山，罩椒秀出，在九峰之後，濃秀如金陵燕子磯。【略】時風日流麗，澄江如練，順風蕩槳，倏忽數十里。回望嘉州城郭，居然金粉畫圖，大峨峰頂奇雲片片，作白毫光。【略】晚抵犍爲泊舟。

初三日，大霧，日出乃解纜。岸上諸峰雲霧解駮，絪緼輪囷，光景甚奇。【略】入叙州府宜賓縣界，過赤厓山，山色斕斒，如紅紫靺鞨，陸離可愛。【略】登鎖江亭，遥望落霞孤鶩，城堞歷歷在蒼山暮靄間。晚泊叙州府合江門。

初四日，【略】過南廣，黑水自西南彝界來，入於江。午至南溪縣，【略】縣瀕江城，無完堞，闤闠寥寥，茅茨不數十家，令庭可張雀羅。待後舟不至，遂解維，行三十里，晚泊江安縣，瀘州界。

初五日，發江安。【略】午抵納溪縣。縣南有支江，通永甯衛，爲滇南孔道。過大溪三灘、清酒三甕石，晡抵瀘州。【略】有荔支、巴菽、桃枝、蒟蒻、客橙，蓋西南一都會也，山水明秀，亞於嘉陽。岷江東來，資江北來，二水縈帶，會於城之東南，注云緜水。又曰洛水，亦曰郫江。又東逕資中縣、安漢縣，至江陽縣方山下入江，曰中水，江陽枕帶雙流，據江洛會也。

初六日，晨起與兩生登五峰，泛小舟，由海觀渡資江。舟中四眺，晨曦晻靄，煙雲卷舒，遠近諸山，濃淡出没，江樓水市，漁浦風帆，歷歷可數。【略】至山麓，輿而上，兩生騎從。穿小市，居人百餘家，負山映江，蔬畦竹圃，蒼翠彌望。何生云：昔盛時，此爲商舶輻輳之所。二里至峰頂，遥與豸角四峰相對，有真武祠。北折而里許爲北巖寺，寺前石路方廣，最宜眺望，延目賞心，殆不暇給。與兩生小坐茶話，遂循小市而下。復泛小舟，往觀撫琴臺。【略】日將午，舟人催發，不及往遊。遂别兩生，解維東下。屢經灘險，有大石尋丈，偃卧江面，盤渦激迅，曰折梔子。夏秋江漲，此號首險。抵合江縣，舟中望少岷山甚奇秀，一名榕山。

初七日，五鼓發舟，詰旦行十里。回望少岷，日光照映，作黄金色，殊恨不及登覽。【略】過金注子，舟行甚駛。松溉、牛溪之間山多赭石，層松間之，頗足流玩。晡抵江津縣。距縣二里許小山多桐子，樹葉如渥丹，與夕霞相映，可愛。

初八日，過貓兒峽。連峰疊巘，虧蔽雲日，一山突起，石棱刻露，其色青碧，曰青石尾。長年云：夏秋水漲，石尾没，則舟不敢行。過龜亭子，小山卷石，孤立江中，滄波四匝，亦浮玉之雲礽、小孤之婢媵也。抵重慶府巴縣治。江中遥望渝城，因山爲壘，邈在天際，女牆闤闠，繚繞山巔，下被水面，山號金碧。瀕江人家編竹爲屋，架木爲砦，以防暴漲。【略】泊朝天門，候後舟不至。

初九日，飯後遊塗山。【略】後舟復不至。計自嘉州登舟，今已八日，尚淹留於此，殊悶悶。

初十日，晨大霧。【略】飯後後舟到，遂易巴船，爲下峽計。是日將遊海棠溪，舟至，遂弗果往。午刻解纜，出巴峽。【略】過明月、銅羅二峽，見岸上有豺五，大才如犬，見人殊不驚。晚抵木洞驛，野宿。驛在亂山中，有神祠。

十一日，早發，過養蠶堆、金雞三背，辰刻次長壽縣。【略】抵涪州北門泊舟。

十二日，五更登小舟，遊北巖。巖南對涪城，江流迅急，逆流五里達北岸，始曙。岸上皆巨石，石磴自巖脚繚繞而上，里許至普浄院舊址。【略】循石磴而上，石壁益峻。有洞可十笏許，南面江水，即伊川先生紹聖中謫涪註易處，涪翁爲題鉤深者也。西偏有小棧跨澗，澗中巨竹數百竿，夾棧而生。竹杪欄杆詰曲，孤亭翼然，下臨江水，風帆沙鳥，如在鏡中，宋之碧雲亭也。【略】日出解纜，午抵酆都縣。【略】午後發舟，風勁甚。過虎鬚灘，更餘抵花林驛，岸上無居人，不可泊。移舟水陽溪，石砫土司界，民居數十家，語言冠服與蜀人不異。

十三日，五更早發，辰刻至忠州。【略】城堞冠山，略如巴、涪，列肆民居頗輻輳。【略】乘風過石寶砦，砦一巨石，屹立江干，高可十丈許，懸崖無路，梯而升之，上有二池，紺宇浮樹杪，砦下居人數百家，昔譚氏據此。過石鼓峽、大小磨刀灘，水勢湍悍可畏。更餘抵壤塗，野泊，風寒。

十四日，辰至萬縣南二里許繫纜。【略】午刻解維，過巴陽峽。有山九峰，曰九堆子。開江自開縣來，注於江。【略】晡抵雲陽縣。西三十里萬户驛即漢朐忍舊縣。

十五日，祭南岸武烈公即桓侯。廟，始發舟。舟過東洋子、廟基子，峽逼浪洶，舟人皆呼譟奮力，僅而出險。自嘉州至此踰旬，未嘗有此險也。橈手皆閩人，蓋閩中投誠安插於蜀者。過龍洞沱，四山雜樹，丹黄相錯，爛若雲錦。人家茅屋，蔭映樹間，皆有小艇以通往來。有大、小石城，産靈壽木，可爲杖。晡抵夔州府治奉節縣。【略】與陳都督登東城樓，望八陣圖。時十月，水落石出，在江岸沙磧中，去城僅數十步，煙霧障之，不甚了了。【略】夜大風。

十六日晨，太守過余，以小舟同往魚復浦，磧上觀八陣圖，所謂「六十四陣如棊盤，二十四陣如偃月」，不甚可辨。【略】連騎而東，石路頗坦迤。山上女牆曰子陽城，下爲下關城。稍折而南即白帝城，二城犬牙相連。城枕白帝山，石垣繚繞，上極青冥。【略】羊腸數轉，始達絶頂，正俯瞿唐兩崖，灧澦石在其西，孤峙江面。南向爲昭烈廟，規制宏麗。【略】東即瀼谿，源出大昌縣，流經天池、清溪，南入草堂河，曰瀼谿水，流逕赤甲、白帝二山間，逶迤入江。又一水出大甯縣，流經郡北戚静山，亦南與瀼會。【略】瞿唐之上，兩山夾立，北爲赤甲，南爲白鹽。對江山半有故城基，略可辨識，陗仄尤甚。【略】由山麓出白帝城西門，門去江岸直下數十丈。【略】余登舟，諸君自匡而反。舟過灩澦，自江中望之，出江面可二十餘丈，正當瞿唐兩崖之中，勢如怒猊，北尻南首。稍北即黄龍灘，復有一石，宛如研山。兩崖各百餘丈，豁然中坼，是爲峽門。【略】峽口有鐵柱二，景定五年守將徐宗武作，各六尺四寸，貫以鐵絙鎖峽者。時江水既落，明流紆直，白鹽、赤甲峰巒交映，鬉翠流丹，四十里間目不給賞。山間紅樹與石色相錯如繡，舟人云山黄金也。過臺閣子、黑石、虎鬚灘，皆夏秋江漲時最險處，今猶湍悍可畏。大風，抵夔州。峽之山丹碧赭白，不一狀，其高刺天，望若雲霞。山趾別有巨石，似巨靈初闢，斧鑿宛然；如跗承萼，削壁萬仞，玲瓏凹凸。割其片段，皆米家海嶽庵中物也。峽中風逆，晚抵飛纜子泊，去巫山縣三十里。

十七日，五鼓發舟，風更逆，卯刻抵巫山縣。縣在江北，緣山爲墉，正面巫山。吴之建平郡也，山形絶肖巫字。泊舟，即騎登高唐觀。觀在城西土山三里許。【略】其東即陽雲臺，在縣治西北五十步，高一百二十丈。二山皆土阜，殊乏秀色。【略】二山之間有楚王細腰宫址，有池曰楚王池。東行二里許，渡小河，源亦出大甯之千頃池，至此入江。【略】溪東一山枕江岸之北，與巫山隔水相望，曰箜篌山。山前復有小山，其巔即神女廟，舊燬於兵。近始搆茆屋三楹，西向，冠帔儼然，頗得婉孌幽静之態。【略】舊廟本在今巫峽中十二峰下，去縣東四十里，范石湖《吴船録》載之甚晰。父老二人爲余言，廟址在飛鳳峰，有古碑，以江濤洶怒，不可繫舟，前代始移於此。廟西有琵琶峽。【略】山凡一百八盤。【略】舟入巫峽。【略】過此即十二峰，舟人指，似得其六七，縹緲秀拔，令人有驂鸞駕鶴之想。中有三峰連綴，其一修纖，如人揚袂而立，俗曰美人峰，即放翁所謂神女峰，最爲纖麗，宜爲仙真所託者也。會風急灘迅，所謂十二峰者不及盡矚。【略】至萬流驛，入湖廣界。【略】晚抵門扇峽、泊舟，去巴東三十里。

十八日，早發，過西瀼。【略】抵巴東縣，湖廣荆州府界。縣無城郭，茆屋數十家，枕山臨江而居。謁寇萊公祠，祠在巴山南麓。【略】循祠東上，有平臺，即秋風亭址，柱礎猶在。其西白雲亭，與公手植二柏，久已化去。二亭皆倚巴山之麓，中爲壽甯寺。寺後有泉，流遶寺門，下入於江，雖大旱不涸，曰相公溪。溪上有石梁，曰相公橋。【略】午晴，無風，舟行稍駛。過業灘，白浪洶洶，一葉之舟飛舞掀欺而下。舟人諺謂：「水大畏業灘，水落畏新灘。」夏秋之交，則篙師束手，商舶裹足，險可知矣。再過咤灘，亦曰鮓灘，即人鮓甕也，險與業灘等。抵歸州，泊拗灘。州城在江北山巔，江南有楚臺，山上有楚王臺及舊秭歸城址。【略】午後風大作，仍泊拗灘。

十九日，五更山行，之屈沱，謁三閭大夫廟。【略】登舟，三十里過香溪。溪出興山縣昭君村，水碧如黛，南合江流。溪上民居數百家，頃西山用兵，此爲儲胥之地。過兵書峽，峽半石壁有洞，中有石形如卷帙，俗謂武侯兵書。遥望峽口，煙靄明滅，虧蔽萬狀。稍近之，則驚濤如雪，浩洶恐人，聲聞數里。大石側隤，横梧水面，楚蜀間第一險也。【略】土人云：此本舊灘，嘉靖中龍起山崩，水勢騰湧，因號新灘。【略】遣僕輩移行李，由北岸行。獨坐舟中，看漁人十餘立灘口大石旁，截流抛網，頃刻得魚數千頭。有尺餘者，從人往買之，不肯受直，云斤止三銅錢也。灘上人家百餘，依巖以居，男女皆能背負，人可百餘斤。自上灘至下灘五里，受直亦止三錢耳。余由龍門北騎行，岸上皆磐石啣互，交加累積，不可殫形。俯看虚舟放溜，其疾如箭，撇漩而下，令人骨慄。余先至下灘候行李。【略】午後始解維，入空舲峽，即《經》所謂埵灶，《注》稱宜都、建平二郡界也。秀拔峭絶，略與夔、巫相埒。壁上多石洞，孔穴玲瓏，似仙靈所棲止。峽中有馬肝石，故又稱馬肝峽。峽勢高險蔽天，陽影罕曜，舟行其中，謂已向夕。及連峰稍斷，忽見日影，始悟酈氏云「三峽七百里中，自非亭午、夜分，不見曦月」，語不妄也。歷達洞、羊腸、虎臂、使君諸灘險，晚泊屈溪。

二十日，早過黄牛山，謁黄陵廟。【略】遥望祠後，四峰如屏風狀，絶頂上有黄牛，昂首北向，頭角宛然。有一人立牛側，如繪畫，人牛皆有神氣。【略】自此下黄牛灘，歷扇子峽，數十里間皆土山戴石，峰巒森削。至蝦蟆碚，泉從巖腹洞中流注蝦蟆口鼻間，成水簾，下入於江，濺珠散玉，望之極可愛，蝦蟆形尤肖似。【略】踏江中亂石，溯瀑而上，從蝦蟆背至洞中。水自洞出，聲如風雨。中有巨石，泉匯其下爲池，清泠沁骨。【略】循碚左而下，衣屨盡溼。大索舟中瓶盎，止得三四，盡汲貯之。【略】順流下西陵峽，蜀江之險始此，即東來入峽之首也。峽口有三遊洞。【略】余發興獨往，躡巉巖而上。甫行半里，舟人云徑久荒翳，迫發舟，廢然而返。【略】舟出下牢溪，望虎牙、荆門二山錯峙江上，《注》所稱「荆門、虎牙，楚之西塞」也。此下即荆江，江流洪闊舒緩，遠山映帶。自入峽七百里，重巒疊嶂，虧蔽霄漢，至此始覺天日清朗。【略】午抵彝陵州。【略】泊舟，入城訪歐陽公絳雪堂故蹟。【略】喚小舟，横江而西，獨遊西山甘泉寺。寺踞土阜，頗荒閴，崖下有孝婦泉，入緑蘿谿，注於江。【略】歸舟，候橈手不即至，晡後始解維。行十五里，野泊。

二十一日，早發，次宜都。【略】清江自舊施州開蠻界來，與江合，色如翡翠，可愛。【略】巳刻發舟。城南里許彝水合江處，清濁劃然。十許里過白洋驛，驛後有張商英墓。午過枝江，古羅國，亦曰丹陽，蜀江至此，始分枝爲諸洲。【略】未泊，即發。午後風大作，一葉欹蕩巨浪中，前後舟俱相失。長年皆巴郡人，不識荆江水道，面盡土色。薄暮風益逆，令橈手十餘人循西岸牽挽，更餘始行一二里，得泊處，去松滋尚遠。危坐待曙，夜大風不止。

二十二日，風稍息，卯刻達松滋縣。【略】亂後闤闠寥落，縣令適赴鄂，尉深避不出。乃自出直，傭宜都橈手，送舟至江陵，而余先登宜都兵船以行。蓋兵船有橈十枝，號内河船，視川船較輕疾耳。【略】過松滋，渡雀兒尾，江面益闊，四望莽蕩，了無一山，與西陵以上迥不侔矣。【略】暮抵荆州府治江陵縣，泊舟燒雞窪，去沙市十里。

二十三日，入城。擬以次日束裝陸行，趨襄陽。【略】夜宿館驛。

二十四日，早赴鳴石招。歸館，遣重慶舟及夔州兵還蜀，作書謝陳都督。

二十五日，早發，騎行。江陵城北十五里即荆門州界，彌望黄茆白葦，十月中木葉盡脱。此去彝陵二三百里，峽中尚未摇落，而此間風物已如此。暮抵建陽驛。

二十六日，五更大寒。早行，午至荆門州安陸府界。【略】城在陂陀之下，兵民錯居。順治初設重鎮於此，扼荆襄之衝，以備西山寇盜。賊平後，移鎮彝陵，改設遊擊一員駐此。會日暮，州守與州將高宴醉甚。余不得已，先騎而行，更餘抵小南橋，諸從人三鼓始至云。州北十里遇虎，衆列炬譟逐，久之乃去。館人云：此地至宜城最多虎害，日暮無敢行者。

二十七日，騎行盡日，行童阜犖确中，荆棘彌望。陂陀高處西望，漢江在三十里外鍾祥、潛江二縣界也。【略】晡抵麗陽驛。

二十八日，曉發荒原，寒燒，偏野黑墳。土人云：「地荒多虎，燒野以便行人耳。」【略】抵宜城縣。

二十九日，五更早發。過杜康臺，下有井曰杜康井。城北十五里過黄叔度墓，有明督學徐栻撰碑。自此傍漢江行，青山白雲，風帆沙鳥，頗極曠淼之觀。江濱驛路坦夷，村墟相接。由宜達襄陽百里間，東漢時刺史二千石凡數十人，朱輪相望，號冠蓋里。江東數峰，秀色欲滴，問輿人，知是鹿門、蘇嶺諸山。【略】峴山在江岸西北，羣峰迆邐，北趨郡郭。習池在南麓，一水泓然，下布文石，翠鑒毛髮，溅珠浮水面，與吾郡趵突、珍珠、金綫諸泉相似。池方廣畝許，稍東復有一池，才如半規，流出院外，北匯爲小潭。復伏流而南，爲溪，由鳳皇亭下注漢江。【略】復北三里許爲羊太傅祠，門外瀕江有碑，明世廟南巡遣駙馬都尉鄔景和諭祭文也。祠門下刻晉碑，所謂墮淚碑也。【略】祠在峴山東麓，下俯漢水，北即峴首，有亭。會日暮，將渡漢之樊城，竟不及登。峴西北十里爲萬山，山下有潭，杜元凱沈碑處。【略】漢水自嶓冢來，經漢中、鄖陽二郡，至此。【略】余以閏七月渡沔，過嶓冢，實東漢發源處。今行萬里，下三峽，復與沔水相見，未免有情，而余行役之久可知矣。漢水新緑可愛，古稱如鴨頭，信然！江北岸即樊城，【略】樊與襄陽隔水相望，實爲南雍屏蔽。盛時爲吴楚大賈輻輳之所，酒樓歌館，鱗次十餘里。【略】數年來流移稍歸，居人尚數千家，隸襄陽府治襄陽縣。

三十日，風寒。發樊城，午後渡白水。《水經》之淯水也，出弘農盧氏縣攻離山，《山海經》作支離之山。南過新野縣西，下入於沔。【略】騎行，更餘始抵新野，隸河南南陽府。

十一月初一日，發新野縣，過樂廣故里，所謂樂宅戍也。淯河旁白水村有巨碑三，一書「漢光武皇帝故里」，一書「白水村」，一書「貴人鄉」。【略】暮抵林水驛，即小長安城。

初二日，早過古三公廢城，並淯河東岸行。卧龍岡在西岸，松柏鬱然，樓觀頗壯。土人云河湍急，無舟梁，遂不果渡。【略】又七里，渡淯水，次南陽府治南陽縣。

初三日，午次裕州城。南過漢廷尉張釋之祠墓。【略】出郭東北望，諸峰翠浮眉睫。曰方城山，曰小武當，曰蘭香巖，傳是杜蘭香仙處。過扳倒井，謁光武廟。【略】井水深碧，亭覆其上。水自亭下石甃側出，溉稻田數十頃。【略】暮抵龍泉店。

初四日，早行。望黄城山。【略】過葉縣舊城，【略】渡醴水。又二十里渡昆水，次葉縣。

初五日，五更早發。過汝濆，【略】再過湛水，【略】二十里過首山，【略】又五里過汝水，次襄城縣，隸開封府。【略】二十里過李元禮墓，晡抵閆寨保。

初六日，五更早行，辰刻次禹州。州治西北羣峰蜿蜒，遥連嵩少，城負其陽，望之在煙靄中。【略】食畢即發東門，過清潁亭，下臨潁水。【略】過黄臺、黄次公祠，涉潩水。【略】暮抵新鄭縣。城南五十里過周世宗陵，三十里過裴晉公墓，里許涉洧水。

初七日，次鄭州。【略】宿滎澤縣。

初八日，發滎澤。【略】渡河，宿新鄉縣。

陳奕禧《益州于役記》 壬戌〔康熙二十一年〕之秋七月廿四日，奉山西布政司調安邑丞，轉餉廿五萬赴四川。廿六日遂行，萬里之役自此始矣。十五里至陶村，【略】出村不數里，上玉鉤山，鳴條岡之支脈也。岡亘夏縣、安邑界，其盡處安坂口有堯舜陵寢。十里至石碑莊，莊有周譙郡太守曹恪碑。二十里宿夏縣水頭鎮。

廿七日，四十里至聞喜縣。小尖畢，飲馬於涑川。欲晤絳州司馬天寶兄，遂從西門外取道而北，東至七里店，穿峨嵋嶺下，上坡陀，二十里至鋪頭莊，始平衍。此嶺從聞喜發脈，直達蒲州，臨河而盡，綿延三百里，分隔兩川。涑水在南，汾水在北。又卅里下坡，絶澮，棄舟北渡。絳州踞汾，形勢雄要，州署俱在高嶺，面臨二水，瀠洄環抱，山嶺雲迴，波瀾煙闊。

廿八日，【略】五十里至太平縣，小尖，卅里至古城。絶澗而過，爲京安鎮屬襄陵境。【略】卅里襄陵縣，【略】復南渡汾，四十里疾馳，入平陽府已暮。

廿九日，謁通府閩中林公芃，留早食畢，出郡北門。門外有帝堯陵碑。十里過高河橋，澮水也。卅里至陽曲鎮，【略】自陽曲二十里踰洪水，過洪洞縣，小尖。十五里過國士橋，以豫讓名也。五里至楊堡，【略】十里至趙城縣宿。

卅日，去趙城不數里，登岡歷崖，縈紆小道，深澗陡峻。時有土峰峭立，或數十尺，或百許丈，蓋晉之地理，直上堅躁，雖土如石，故不至傾落，物性亦從而剛鋭矣。五十里下山，涉澆水，至霍州小尖。入城，【略】出北門，汾水側觀鐵牛，萬曆間鑄以鎮河水。【略】卅里仁義驛，卅里師莊，十五里踰常家山，下郭家溝，五里上韓信嶺。【略】十里，將至靈石縣，汾河上壞巖壁立，道出其下，時有巨石如樓，崩墮巖側，崲屼水際，奔流激之，砉然雷奮。有梁柱二，在西岸五里。宿靈石縣之小水頭。

八月一日，依山行數十里，間道隘阻水，左右悉結偏梁閣道，累石就路，縈帶巖側，或去一丈，或五六丈，上戴山阜，下臨絶澗，俗謂之魯般橋，蓋通古之津隘，亦今之地險也。自霍州至此，舊設關門數重，遺制尚在，河東鎖鑰，斯爲可守。閣道古楊九十餘樹，或偃或卧，或仰而立，或身臃腫如老翁頹落而坐，或枝奮發如壯士伸臂而舞，不一其狀，掩岸遮水，憩息行人。五十里冷泉關，在唐爲驛。【略】十里介休縣之義棠驛，西踰長梁，可入汾州，汾北山上有弘濟寺。廿里介休縣，【略】十里湛泉。廿里張南鎮，百貨湊集，汾之美地，與曲沃並盛。

二日，早出張南，卅里平遥縣。經城北東行，廿里洪善驛，小尖。卅里祁縣，城西有陂，無水差小。東十五里白沙彌望，自南及北，長數十里，疑即祁藪。五里賈令鎮，卅里宿堯城，屬清源縣。

三日，廿里徐溝縣，廿里北格，卅里小店。徐溝北來皆大鹵之墟，地斥鹵多，鹽民於平地括土，瀝水煮之，田疇煙灶相錯。冷泉關以外至太原雖屬河東，而解鹽不至矣。十五里紅村寺，宿於太原南關。

四日，入省，謁藩司領餉。

五日，留省整頓鞍馬。

六日，發餉啓行。用駕部勘合，自陽曲縣臨汾驛應夫馬，八十里抵徐溝縣同戈驛，駐使館。

七日，七十里抵祁縣賈令驛，駐使館。

八日，四十里抵平遥縣洪善驛，駐使館。

九日，七十五里抵介休縣義棠驛，駐使館。

十日，十里去介休城南。【略】七十里索洲，洲南山巖重疊，居者每多富民遠賈。【略】廿里抵靈石縣瑞石驛，駐使館。

十一日，四十里仁義驛，六十里抵霍州霍山驛，宿州城之東福昌寺。

十二日，廿里辛置，六十里抵洪洞縣普潤驛，駐使館。

十三日，六十里抵平陽府臨汾縣建雄驛，駐使館。

十四日，【略】十里至堯廟。【略】卅里趙曲鎮，五里逶迤南入，一里雞鳴山，【略】十里史村廠，廿五里蒙城驛，宿旅舍。

十五日，【略】廿里高縣鎮，卅里抵曲沃之侯馬驛，宿旅舍。

十六日，卅里有裴相村，唐晉公裴度之故里也。【略】廿里下東鎮，其鎮垣乃故城，疑是正平郡之廢理也。【略】卅里至聞喜縣涑水驛，駐使館。

十七日，九十里，馳至署治裝。

十八日，午刻疾馳，四十五里泓芝驛，又廿里猗氏縣，又四十里臨晉縣樊橋驛，駐使館。昨餉先從泓芝行，今乃馳及之。

十九日，四十里拷老鎮，廿五里穿峨嵋坡，又五里至於蒲州河東驛，駐使館。

廿日，【略】出城南門，門有樓，郡鸛鵲樓也。廿里新店，柿林盈野，秋實綴條，濃霜泛紅，巒嶺互出於其前，車徒迴折於其下，白帝東臨，黄河西轉，三晉之境至此盡矣。五十里風陵渡，其上名風陵堆。風陵之南即雷首山，俗謂之堯山。【略】拏舟渡河，入潼關，爲陝西東界，駐潼關驛使館。

廿一日，晨發潼關。潼水在關西一里，遂以名關。其扼塞則曰桃林塞，又名雲潼關，本名衝關。河水自龍門，衝激至華山東也。【略】一里潼津橋，十里漢楊太尉震墓，在道北廿五里。【略】五里華陰縣潼津驛，宿城隍神祠。

廿二日，五里有漢神醫華陀墓，在路南，二冢前後相連，方圓畝許。廿五里敷水，舊有敷西城，以在敷水之西而名。今水西有鎮，沿水土脈隆起，猶有城形舊蹟可尋，當即敷西城也。十里夾柳子鎮，一水北流入渭，不知何名。水上有橋，曰八斤鞋橋，宋時仙人八斤鞋之所造也。十里東湖，宋元祐間小敷峪崩，天禧五年近峪口阜頭峰崩，其崩處名半截，又曰復成山，東接華陰之境。十餘里上下島嶼迴環，蓮荷被浦，巖曲通路，水流蕩舟，良時美日，爲古昔名賢散懷之地。【略】十里羅汶鎮，有水，俗即呼羅汶河。八里郭汾陽祠，二里華州，宿楊氏居。

廿三日，出華州西關，【略】十里西溪，一曰小曲江。【略】十里遇仙橋，廿里赤水，有大小赤水之分，今所渡者大赤水也，小赤水則涓涓細流不絶耳。水西有鎮，以駐行旅。廿里渭南縣，宿南氏居。

廿四日，出渭南縣，酒水遶其城西，石橋跨水上，曉色煙靄之中，望之若長霓下飲，關西之鉅梁也。廿里梁田陂，又上連屬者爲承天陂，陂地西來，形勢臨高。廿里冷水，有鎮在水西，俗稱冷口。廿里戲水，有戲亭。【略】十里抵臨潼縣，駐使館。

廿五日，十五里斜口鎮，有烈士廟，祀段秀實也。西北五里原上有墓。十五里灞橋所，所外灞水北流，水上有橋，昔人送行者多至此折柳贈別，故唐人語曰「詩思在灞橋風雪中」也。其梁柱平廣，去水不甚高。霸川自藍田谷南來，瀰漫瀠洄，侵沙薄岸，不從橋下行，而近今乃有派流穿橋而過，旅客矚眺山川，徘徊西渡，不待折柳而惆悵傷神，已覺異於他所。【略】十里滻水，水西長樂坡地勢隆起，上坡即望見西安會城。五里，道南有高冢，俗曰韓信冢。【略】五里入城東門，逕故秦府，宿於咸甯縣之開元寺。

廿六日，出陝省西郭，五里過崇仁寺，俗呼金勝寺。【略】十五里逕漢長安故城，城形似斗，故名北斗城。【略】十里三橋鎮，鎮東有渠，北流入漢城，故沈水枝渠也。廿餘里至灃水上，皆秦阿房之地也。渡灃水，五里渡渭水，水上舊有橋，與便門對直，故曰便門橋，即唐咸陽橋也。渭北即咸陽縣渭水驛，駐使館。

廿七日，正西行，廿五里馬跑泉。泉從地出，浸爲池，甃石以蓄之，方三丈許，村中人飲汲之。風物漸就荒，人民漸就稀，秋風古道，一望始多旅人之悲。五里，道北坂上望見茂陵，高十四丈，方一百四十步。【略】廿里興平縣。

廿八日，卅里馬嵬驛。【略】十五里東扶風，四十里武功縣，駐使館。

廿九日，上西坡，十里周原，亦曰雍原。【略】坡下見隋文帝冢。十里杏林鎮，廿里浪店。【略】十五里扶風縣，駐使館。

九月一日，十里道北有伏波村，村有墓。五里新店，十五里麻衣溝，又西十里龍尾溝，又西十里研瓦溝，【略】十五里岐山縣，駐使館。

二日，十里望鳳鳴岡，在縣北岐山上，山上有周公廟。五里洪水鋪，卅里張橫渠鋪，五里淩虚臺。【略】入鳳翔府，宿鳳翔縣署。

三日，卅五里渡汧水，底店小尖。磻溪在望，相傳太公釣石膝印猶存。店西數里有龍巖，巖畔水泠泠下，長坂自西相接，即陳坂，獲寶雞處也。廿里祀雞臺，在坂上十五里，寶雞縣據坂而治。駐使館。

六日，出寶雞南門，渡渭水。水南舊壘布列，壕深堠接，滇逆故營也。【略】十五里益門鎮，茅屋五六家。過此上連雲棧，峰巒四繞，漸行漸狹，奇秀峭疊，屏嶂滿前。溪流嗚咽，不絕於耳，即瀑布泉，發源秦嶺，狀如飛練，北流入渭。二十里二里關，在高嶺上，嵔崒盤折，長亘二里，關左右山水尤峻急。時在杪秋，氣爽霜清，雜樹五色，摇映若被錦繡，彌望不斷。【略】十五里觀音堂，宿茅店。【略】溪北見虎蹤。是日行棧閣廿處。

七日，五里上煎茶坪。坪分隴、漢，水東西流，雖高止十里，而石道嶄鑿，驟脚格格，行不得出，人爲之懼。十五里下坪，至河東驛，猶屬寶雞。至此山徑稍寬，平谿旁隙地有耕穫者。卅里黄泥鋪，小尖。十五里，上有青風閣，閣高十丈，逶迤巖側。下俯清谿，乃嘉陵江之源也。下閣爲黄牛鎮，設巡檢司收税，屬漢中鳳縣。五里長橋，《蜀道集》云自長橋至草涼樓，山水漸見坦夷矣。十里宿紅花鋪。是日行閣道十八處。

八日，十五里至鳳縣草涼樓驛，十五里五星臺，殘黎數家，小歇。十里裴家坡，小尖。廿里石門關，廿里至鳳縣，住馬王廟。是日計行棧閣六十三處。

九日，在鳳縣。山遠民稀，夫役未集，不得行。

十一日，在鳳縣。雨，南岐山頭有雪，午始消。

十二日，在鳳縣。夫役將集，明當行。

十三日，別嘉陵江，五里上南岐山。望竹雲洞在巖下，幽深不可到。山多竹，有松。逶迤上鳳嶺，十里下嶺，石上松槲數樹，最勝，憩息移時。北望隴山，隱見雲外層波疊浪，無有窮極。十里心紅鋪，小尖。出鋪數里入峽，削壁萬丈，立於峽口，蒼翠撲衣，急瀑濺瀉，下渟澄潭，危棧曲盤，峰迴嶂轉，人行秋林，若出圖畫，入棧以來第一佳境，生平游歷亦所希覯。廿里三岔鎮，俱瓦屋，鎮外里許老槐可五十圍。五里舊鋪，鋪外垂楊高四五丈，長絲繞地，細眼牽愁，雖已經秋，尚未憔悴。《志》稱鳳縣産金絲柳，此豈其種歟？五里廢邱關，宿茅店。是日行棧閣廿六處。

十四日，出店外小橋，兩水交匯，即三岔河，亦東漢水之源也。卅里南星店，店外里許小山有尚書甘爲霖題字。廿五里松林驛，小尖。十里上柴關嶺，兩崖迴抱，林木交蔭，怪石幽花，鳴泉淙淙，好鳥嚶嚶，紅翠瑣細，轉折深邃，若園林結搆，非復向東境地，雖徑路泥淖，而觀覽怡暢，已忘登涉之苦。關門險要，丸泥封之，萬夫莫施，天有扼塞，運無定謀，良可慨惜。下嶺望紫柏山，巉削天外，奔湧東走。【略】十五里至廟臺，溪北豐碑林立。【略】由此徑入，即登山之路。或云太白山之陰，地當鳳翔、扶風之直南也。稍東亂水西來，危石激響，委折嗚咽，暗壁倒影，叢箐夾水，蕭森窈窱。溪中巨石，可坐静息，一時頓遺身世。【略】稍東大灣店宿。是日行棧閣八處。

十五日，卅里小留壩驛，屬鳳縣東。至小留壩之西，【略】十里遇仄棧，至大留壩小尖，地頗寬闊。十里上畫眉關，五里沿野洋水而上，俗所謂二十四箇馬鞍橋者，凡三十五里。青龍寺東南循洋水而行，水合烏龍江。武關北烏龍江東岸石壁間鑿有方孔六七，是昔時架閣處，今道已改於西岸。沿江轉崖，十里武關故址。關下有茅房數家，可歇。五里渡小橋，不知何水。有平陽，乃新武關驛也，宿茅店。是日行棧閣廿六處。自入畫眉關，風氣已變，山無黄葉，時候尚暄，而棧閣縈繞，上俯危巖，下臨深壑，山樹俱高二十丈許，排蔽上下，萬峰連陰，仰視天色，如在井中。叢箐益密，冷溜浸澄，泥濘没踝，升降峻岅，傾敧浮梁，前後顧瞻，驚目悸魄。江水沈碧，噴雪奔濤，及其急注，瀠爲澄潭，每多頳魴，潛游清瀾。時有小山浮出水際，樹淩風湍，枝條偃卧。縱目高視，宛若島嶼。武關絶壁，突立江中，關門一綫，秦蜀咽喉，左右形勢，雄冠諸關。山南奇觀，諸所莫敵。

十六日，廿五里五渠鋪，小尖。廿里虎頭關，五里馬道驛，屬褒城，皆瓦房。驛東有橋，舊名樊河橋，相傳樊噲所建也，今廢。蕭相追淮陰過此，有碑。十里十里關，十里二十里鋪，宿茅店。天色未晚，泛木筏於烏龍江。【略】是日行棧閣六十五處。

十七日，廿里青橋驛，小尖。【略】行十里外，路無寬途，右立石崖，傾曲不斷，對江絶壁，鐵色突兀，幾千丈許，獰惡之狀，不與常同，絶巘籐蘿之緣，並無猨鼯之路，久視令人生畏。十里巖轉路絶，烏龍江聲噴騰礐濩，如擊玻璃。衆山卧起，疊塞道路，石足偏跂，懸巖外出，厓厂著步仰矚，驚其欲墜，旁求斂其旅魂，即所謂閻王碥也。曲沃賈中丞漢復過此，徒行，集費鳩工，以火煅石，用醯沃之，石碎功成，道寬倍昔，因改爲觀音碥。【略】十里將軍石，在烏龍江中，高四丈，如兜鍪狀。前有大石如盆，名白玉盆。又有釣臺，即鄭子真朴隱處，有茆屋數家。過此稍西有仙人足迹，在石上。再上爲七盤嶺，歷七盤而後至頂，故名。再上即雞頭關，石峰臨江，突起如雞冠狀，薄削高峙，洵爲奇觀。自入棧來，險以閻王碥爲最，高以七盤嶺爲最。自碥以來，山無樹木，又易一境。下關，南望空闊，神情頓遠，如出天井。平川數百里，中梁、建城諸山拱其屏翰，漢、褒諸水作其襟帶，人煙村落，橘柚參差，稻田高下，風土物産近於江南，氣候暄寒迥非北土。【略】十里褒城縣，縣城無人家，惟官署一區，尹亦鄉居。【略】宿縣署。是日行棧閣廿六處，北棧已畢。

十八日，渡烏龍江，十五里至宗家營，小尖。廿五里南至漢中府南鄭縣，駐使館。

十九日，以西去甯羌夫少，董太守行褒城、沔縣、略陽、城固、洋縣、南鄭六邑協夫未集，不得行。

廿八日，夫集啓行。出郡西門，【略】漢山在南。二十許里即牛頭山，旁有石牛十二頭，一云五頭，蓋秦惠王造以紿蜀者。【略】十五里涉水而西，數里又度一水，俱不知名，或云即龍江之支流也。過小柏鄉，十里大柏鄉，村東道北十數武有蜀將趙巋墓。五里乘舟，絶黑龍江，南下數里即入漢處，江西長寨村小尖。民居瓦屋數百家，屬褒城縣。【略】三十五里過黄沙河，至驛宿店。民居瓦屋千餘家，自興平以來未嘗有此巨鎮。

廿九日，廿里有水從西北來，南流入漢，策蹇絶流而渡。訊之土人，云循此水北入山口，四十里至長溝，二日可通鳳縣。度水西岸地名舊州鋪，南望定軍山，已見諸葛武鄉侯墓。【略】去舊州鋪南里許，村名蒼臺堡，俗云是舊縣城。十里過漢丞相諸葛武侯神道碑，碑南去墓十里，墓在漢南。【略】十里沔縣，宿東門口關廟。午食於令君常熟單賓王署。

十月一日，出城西門，渡白馬江，里許入南棧。十三里上土門關，水南有瀑布，棧口循漢江行，兩山復合。三十里渡沮水，十里蔡壩，小尖。微雨四日，泥淖漸深，山路少石，輪蹏之蹂躪何止億計，遂爲深坑，馬足陷其中，屢步屢仆。五里邋遢溝，十里青楊驛，日已暮。時當月朔，兔魄未生，濛濛雲雨，途路漸暗，彌望不見前程，三十里之遥，無中道可宿。荒山高下，三十萬餉人疲馬乏，鞘顛深塹而人不能扶，人落泥窟而馬爲之倒，前後呼號，各不能顧，尺尺而行，寸寸而進，委數命之已定，任疲蹇之所之。渡河至大安驛，雞已唱矣。

二日，昨夜脚力疲甚，甯羌九十里又極難，窮日不能到。十里宿埒金壩，嶓冢山在村北，插天直峙，俗呼漢王山。山半有漾泉，稺水濛流，微涓細注，自村西東下，即漢源也。

三日，大雨，阻埒金壩。晚晴。

四日，陰。里許南渡漾水，沿五丁峽水南上。水十倍於漾，亦漢源也。廿里寬川鋪，入五丁峽。峽口鐘鼓二山，左右夾立，水流其間，人行水中，陰風森颯，倍益奇怪。一水自南來，一水自西來，是峽水源。廿五里上五丁關，小尖。此道又名金牛峽，即蜀王命五丁力士開以引石牛，爲秦惠王所滅者也。下關五里，左側崖上有瀑布飛流路畔，俗呼滴水崖，水極甘。自關西下，水亦西流，兩山迴合，樹密巖深，十步一曲，谿流潺潺，石門陰閉，【略】關左右溪水石上多有九節石菖蒲，叢生可愛。三十里至甯羌州，入北門。四郭皆荒草，縛柴爲城門，刺史與城隍神同衙，餉銀頓於孔子位下，四壁皆穿，風雨不蔽。

五日，大雨，阻於州。

六日，出西門，渡水泥濘。廿五里渡洄水河，水自南來，至此數里内凡數十許折，如迴腸之曲。崖石竹樹亦隨之而轉，結茆其側，殊爲幽勝，惜其荒僻，不能如志。廿里黄壩驛，宿茆店。路極難行。

七日，十里上閔家坡，嶄鑿難行。十里下坡，已盡陝南境，水皆南流。有百牢關，義山詩「武關猶悵望，何況百牢關」者也。渡小水，上七盤嶺，褒城七盤嶺一倍其高。嶺上有關，即四川廣元地矣。十里木寨山，五里小屯，宿茆店。

八日，廿五里四川廣元縣神甯驛。【略】十五里，有水自黄壩北流至山下，阻絶高巖，青壁陡峻。壁下石洞東向，高廣五丈許，嵌空天成，水奔騰入洞中，勃然發興。降崖往觀，莽無道路，茆深丈許。二里其遥茆盡，密林遮前，叢棘蔽之，僕役拔刀斬棘而入茆中。有虎，野不識人，驟見乃驚，遁去。三里出林，臨崖絶步，墜葛藟者三數丈，至於沙岸，虎豹之迹交錯沙上。緣岸里餘，巨石森立，聱牙當溪，水來觸石，濺沫噴濤，寒風冷雪，極壑陰洞，遠魂脆骨，目悸神摇。踰石而過，得至洞所，聞洞中有蘇長公題字，今已湮滅。乘舊路而返，從北崖轉行，歷山背四五里，石皆豎立，玲瓏秀麗如太湖石，不與常同。路南碥上三穴作品字，穴大如甕口，各去五尺。水從此南出，轉西注於白水江，俗呼爲龍背洞，即潛水也。十五里渡潛，朝天驛宿茆店。至此水甚深廣，已通舟楫。

九日，十里上朝天嶺。南崖有瀑布數百尺，練練如雪。嶺下即峽，嘉陵水行其中，兩壁陡立，斷缺見斧鑿之痕。禹導江漢，當是神功所治矣。此嶺爲西來第一險峻。下嶺廿里沙河驛，五里飛仙閣，有山嵂崒，阻絶棧道。稍低處置關，由關右經行山脊。二里許有閣，巍然山巔，三面皆絶，俯臨關門，恒有起勢，所謂飛仙閣也。稍下，有明萬曆時川撫張士佩開嶺石碑。五里石橋鋪，小尖。五里金鼇背，亦有張士佩碑二，碑文俱佳。五里千佛崖，前川藩蕭山來天球書，字方丈，莊嚴有平原風格。慈像千尊刻於巖間，上下三層，大者丈餘，鏤龕空廣，容若殿宇。小者或一二尺、四五尺者相比，密坐下層，俱元明人題刻甚多。仄徑尺許，上數十磴，至中層，【略】上層傾嶄，步所不到也。稍前轉山脚，有元修路碑。稍前過小橋，爲大雲寺址。西側有劉崇文碑云：廣元北去有二道：一由藁本至埡口，一由龍門至黄壩，即古所謂龍門閣也，其路最險。自鑿石垂慈，便成坦道。藁本一路極寒，今行旅斷絶矣。十里廣元縣，宿於邑尉署。

十日，將由水道，舟未集。

十一日，廣元拏舟九隻，由白水江西下皇澤寺灘。寺即武士彠爲利州都督孕金輪處。三十里五佛崖，崖上亦刻佛像。廿里嘉陵江，自略陽兩當縣東南流，入白水江，是爲西漢水。里許即少陵所經之桔柏渡也，渡南即昭化縣。是日經灘凡十，皇澤、磨船、燕子灣、青崖子、理石子、皂角鋪、火餤、黎元、五佛崖、兩河口。

十二日，一百里江口，有水從劍州來，東入漢水，頗壯。水旁路南通劍州，崖上有老官廟。水會處即灘也，甚險，舟行灘中，伏石驚湍，流屯激怒。下此里許馬道院，在南山上。對岸沙平數頃，舟泊沙際，月已上矣。村名劉壩。是日計灘廿三：龍爪灣、簸箕、算錢、石箭、泥溪、鬼溪、大賊洞、小賊洞、平林壩、姑救、畫溪、百花口、天子墓、小賊、大賊。至紫石六十里一站，上三溪、下三溪、臘爪、黄金口、陶簹、羣珠、江口、新城、廣元、詩算、錢灘，下水不及客愁多，諸灘以龍爪、姑救爲險，而江口尤甚。

十三日，十五里虎跳驛，煙火百家，樹色蒼翠，朝煙翳空，山水相映，頗勝於縣。一百里泊槐樹壩。是日計灘廿七：吴溪、恵灘、三官灘，在虎跳上流；長漾灘、東灘、漩口，有青龍廟；南里、豬灘、青溪、避風、釣魚背、算都、龍門、秧溪、石塔口、眩溪、龍晦、高橋，自虎跳至此六十里；石罏鍋、亭子口、小站、甘溪、雙漩子、二里、葡萄碥、昭溪、磨船灣、槐樹壩。以三官、龍晦、雙漩子爲最大。

十四日，十五里蒼溪縣，換船。五十里玉臺觀，觀後有頤神洞，洞旁有滕王亭子址。【略】十里保甯府，入西門，駐使館。是日計灘十三：鷂子崖、黑面，在蒼溪上流。磨船、大沙灣、趙家背、新開灘、竹共子、張家灘、白崖子、石盤、千佛崖，崖上有石羊寺，爲蒼溪、閬中之界。瓦子灘、西門灘，城西有水北流，入漢强水也。

十五日，晤閬中令秀水潘見龍。復舍舟登陸，以民稀夫少，未得行。

十八日，渡嘉陵江，稍南上錦屏山，一里至諸葛廟。

廿日，渡嘉陵江而南，山皆轃秀寬敞，高地低田，兵餘僅見耕耨。十五里大風鋪，十里石榴觀，十里龍山舊驛。居民一家，遂宿焉。

廿一日，十里黄角樹。樹葉類冬青，而皮麤，蒼翠陰密，頗可愛，獨生村東，村遂以是名矣。五里渡水，名西河。五里小猴埡，小尖，有大柏。五里土主廟，廟東有石笋三，名曰瑞笋，在道南百許步，三株並立，相距各三尺，中笋獨高五六尺，爲宋陳文忠兄弟之瑞。十里大猴埡，十里虎跳泉，十里柳邊驛，宿館舍。自入棧來，州邑皆荒殘，無復煙火。【略】是日路惡，不減西棧。

廿二日，廿里金峰寺，小尖。寺在山上。十里花牌樓，張桓侯廟甚壯觀。路行橋上，橋有樓。廿里富村，舊驛裁汰，而設站。

廿三日，十里碧山廟，十五里紫荆鋪，小尖。巖阿羣鹿大者如馬，往來於荒田中，止息甚閒。行客風塵，殆弗若也。紫荆河南流，即鵝溪，溪水漂絹最白。【略】自閬南來此，水始有滂薄之勢。廿五里鹽亭縣，宿店。

廿四日，渡鵝溪，廿里猴子鋪，小尖。十里廟埡，見虎稍下有泉涓涓，左出路旁。土人相傳，此水不可飲，飲令人啞。【略】過梓潼水，即射洪江。潼、涪合流，急如箭奔射，蜀人謂水口爲洪，故即名之。十里秋林舊驛，宿店。自蟾泉至驛，山境林木復密。

廿五日，五里桓侯廟，廟在叢箐中。【略】十五里桃花溪，霜林左右數十里，山巒緊密，林木蒼秀。有柴關嶺、五丁峽，【略】十里高山鋪，小尖。廿里下巖，渡涪江，江水深清，色如碧玉。三里入潼川州，宿店。

廿六日，出西門，牛頭山當門而立，不數十步形如牛頭，寺在其上，下有洞，深不可窮，今塞。山四面孤絶，俯臨州郭。【略】郪江自西南來，流其下，合於涪。三十里樂安鋪，小尖。三十里建甯舊驛宿。山多高松，鮮他雜樹。

廿七日，行長茆中，四十里花籐寺，小尖。寺有井，在山下，井中有飛燕出則大水。今井平，寺亦塌矣。山漸坦夷，雖平岡疊阜不斷，而中多平陽，拱木連雲，青峰秀出。【略】十五里渡，水流入中江，不知何水。五里中江縣，宿店。中江遶其西，南流合涪水。城大而荒，民四十家，賦六金。城中宿莽，雉鳴鹿逐，虎時來遊。

廿八日，出西門，過中江。【略】廿里雲津橋，十里高山鋪，小尖。已上天柱山，山極高峻，横亘於中江、漢州之間，松柏陰翳，慈竹叢叢，高者五六丈。山無耕牧，意態荒躍，高巖重嶺，陟降甚於秦棧。五十里望見成都，一川浩渺，若見巨浸，平野千里，故亦稱陸海焉。下山渡流沙河，至連山鋪宿。

廿九日，渡石亭河，又渡白衣河，合連山鋪北流沙河，俗呼三道河，未知何水。三十里渡小市河，即洛水。四川者，岷、瀘、渝、洛，此其一也。入漢州，州北門街道甚遠。父老云：比屋連接，十里煙火相望，有小荆州之稱。【略】洛水上有橋，辮篾爲索，繫於兩岸，編竹成牌，置於索上，鋪板墊土，即成橋矣。蜀中多有之，謂之笮橋也。

三十日，出漢州城。問房相西湖，悉爲平地。十里木馬河、姚景橋河，十里清白河，十里彌牟鎮。鎮左有武侯八陣圖，纍纍石磧，具營壘之象。鎮南十里有河，十里有大墓，【略】墓南數百步有河。五里新都縣，宿店。

十一月一日，出南門，十里錦水河、潘家街。道多細竹，數百頃不斷。十里松陵口，有土岡，蜿蜒於平陽之間，脈絡連綿。【略】十里昭覺寺，【略】五里昇仙橋，【略】五里入成都北門，寓於大慈寺。至此餉程已畢，共水陸四千八百四十七里。

方象瑛《使蜀日記》 康熙二十二年癸亥閏六月，奉命典試四川，初八日宣旨。

七月初一日，出都門。【略】是夕宿良鄉縣。

初二日，涿州。

初三日，定興。

初四日，過安肅，驟雨。暮抵保定府。

初五日，慶都縣。

初六日，過定州，憩新樂縣。【略】夜宿伏城驛。

初七日，次真定府。【略】渡滹沱河，洪流濁浪甚洶湧。晚至獲鹿縣。

初八日，次井陘縣。出固關，關踞山頂，中通一路，即井陘關也。【略】晚宿核桃源，夾道皆胡桃，兩山石層疊，僧庵之往來曲折。自此數日，皆太行山路。

初九日，過柏井驛，至平定州。熱甚。【略】途中無村落，土人穴土爲居，有至數層者，炊煙縷縷出其中，窗榻几杌皆就土成之，其巔依然樹藝也。

初十日，過芹泉驛。雨甚，夜始抵壽陽。縣令遣燈來迓，入城時民然燈燭，或草束，候於門，光照街衢。

十一日，大雨。過太安驛，宿土橋。

十二日，大雨。過鳴謙驛，至徐溝縣。

十三日，大雨甚，人馬躑躅泥淖中，盡一日始到祁縣。

十四日，雨。次平遥縣，【略】午後稍霽，宿郝家堡。

十五日，至介休縣。【略】有介子推廟、郭林宗故里、文潞公祠。夜抵靈石縣，【略】是夕復大雨。

十六日，冒雨過韓信嶺，山谷險巇，車殆馬滑。絶頂有韓侯廟。夜入霍州，望霍山，晦蒙不可見。

十七日，至趙城縣。【略】申刻洪洞縣。是日細雨，沿汾河西行。

十八日，霽，抵平陽府。自發平定凡八日，皆山行苦雨，至此始曠衍。

十九日，復大雨，至蒙城驛。夜宿高巇，過文中子故里。

二十日，至侯馬驛。午後雨，從者相失，夜始抵聞喜縣。

二十一日，至宏芝驛。午後雨，宿猗氏縣。

二十二日，過臨晉縣。稍晴，望中條山修然雲表，顧不知何處爲首陽山。晡時抵蒲州。

二十三日，渡黄河。瀕河路仄甚，疾雨如注，人馬幾蹶者數四。少頃達南岸，崇山壁立，潼關踞其上，【略】俯視河流，奔湧撼蕩。【略】十里楊橋鋪，漢太尉楊震墓旁有四知祠。過西嶽廟，雨，不得入，太、少二峰僅從雲霧中彷彿其概。是夕宿華陰縣。

二十四日，至華州。郭汾陽故里。時雨久，諸水皆漲，州守言西行山澗暴溢，往往留滯，以余王事迫遣，諭沿途瀕水居民預爲渡具。比至赤水鎮，果阻水，宿蓮花庵，爲二絶句贈僧。晡後稍霽。

二十五日，水落，縛几案坐其上，數十人擎之以濟，僕從行李皆然，水洶洶尚數尺也。午過渭南縣，數里至新豐。漢高帝爲太公營新豐，即此。是日喜晴，過鴻門。項羽宴沛公處。夜三鼓抵臨潼縣。

二十六日，渡大小滻水。灞橋橫灞水上，石已斷，以上木續之。午至西安府。

二十七日，留西安，更騾馬。

二十八日，次渭水。漢時東西渭橋無復舊址，咸陽令具舟迎，遂登舟。賈舶漁船，銜尾相接。登岸即咸陽縣，【略】復大雨，遂止宿。

二十九日，霽。至興平縣，過馬嵬，觀楊妃墓。【略】夜宿扶風驛。

三十日，至武功縣。【略】是日又雨，夜行十餘里，抵扶風縣。

八月初一日，次岐山縣。【略】秦地過此，風景漸蕭索。抵鳳翔已暮矣。

初二日，經磻溪。澗中亂石磋磋，泉流清冽，上爲太公廟。【略】晡抵寶雞縣。古陳倉地。大散關在其西，詢石鼓山，無知者。

初三日，縣令吕君送余渡渭水上流，曰過此即棧道矣。【略】二十里至益門鎮，爲入棧之始。高峰崒嵂，澗水奔流，兩山茂林深箐，止通一路，巨石横斜磵中，棧山大抵皆然，特險處各不同耳。過觀音堂，【略】數里度煎茶坪，【略】夜抵東河驛。編竹爲舍，山風颯颯，時聞虎嘯聲。

初四日，過黄牛驛一帶，崇山峻阪，水瀧瀧流石隙中，細浪如雪，途中野花徧開，紅黄紫翠，多所未見者。夜宿草涼樓驛，無驛舍，茅屋數間，蟲聲四壁，霜氣襲人。

初五日，度石門嶺，抵鳳縣。寥寥數十家，和尚原在縣東。

初六日，過心紅峽。峽當兩山間，横亘如枕，鸜鵒羣羣，飛鳴林箐中，泉流清淺，魚游可數。過廢邱驛，踰鳳嶺。嶺極高，曲折崎嶇。從輿中仰睇，前騶度嶺，如在天半，人馬皆長尺許，蜿蜒鳥道中。嶺有關，上接崇崖，頫臨邃壑，中止通一騎，峰巒雲霧皆出其下，秦鳳天險也。夜宿南星茅舍，人馬同羣，截竹爲箸，鋪篠爲茵，蟲豸往來衾枕間。

初七日，次松林驛。午度柴關嶺，四面高山不見頂，路狹苦濘，止宿流壩驛。

初八日，大雨。度武關、虎頭關、畫眉嶺、馬鞍嶺，皆險隘。馬鞍尤嶔崎紆曲，高或隆起，低則窪伏，如馬鞍然，登降凡二十有四。夜宿馬道驛。

初九日，霽。過青橋驛，至觀音碥，危崖峻壁，横列如屏障，鑿石爲徑，下臨絶磵，石缺處架木補之，人馬相扶以度，摇摇然。《志》稱褒城棧閣二千九百八十九間，想即此，今廢，斧鑿痕參錯崖壁間。本名閻王碥，順治中賈中丞漢復煅石開徑，稍寬之，護以竹闌，始更今名。【略】西即雞頭關，巨石巉鋭，横出道中如雞頭。自此十數盤，始至頂。瀑布落澗中，轟轟不辨人語。巔有石，約高十數丈，從山下屹立，如竹筍，離奇峭拔，較江郎三石更奇。出關不數里，山勢陡斷，平原曠野，炊煙點點，即褒城縣也。

初十日，憩黄沙驛。東南距漢中府六十里。自益門鎮至褒城凡五百五十里，曰北棧，至此始平。

十一日，過沔縣定軍山，謁漢丞相諸葛忠武侯祠墓。【略】薄暮始抵沮水。喬柯叢篠間猨聲淒切，百十爲羣。

十二日，次青陽驛，過臘搭溝，險仄不可行。晚宿大安驛。

十三日，過裂錦壩，【略】未時度五丁峽，一名金牛峽，即五丁力士鑿山開道處。山石高數百仞，截然中分。兩岸鋒鍔廉厲，碎石零亂，蹊磵中水激石如雷鳴，或如笙瑟。人行石上，杖而步，傴僂上下。馬蹏觸石，皆脱落。輿人則疾驅，步武著石，不失尺寸。哀猨怪鳥，吟嘯壁間數里。瀑布從山巔下瀉，束於石，散濺如珠飛，曰滴水崖。暮抵甯羌州，城郭室廬[盡廢]，秋花爛熳滿街市。嶓冢山在州境，漢水出焉。

十四日，大雨，次黄壩驛。

十五日，過閔家山、木架山、七盤嶺。嶺最高陡，凡七折，四面危峰峭石，下視皆百尺深磵，人傴而行，前後頂趾相觸，以鐵鞖繫足心，狀如馬鞍。鐵著石，得不滑也。絶頂四望，全蜀山川歷歷在。西南另闢一境，是爲秦蜀分界處。

十六日，次神宣驛。山石險惡，或高如浮圖，或連亘如列幛。下有洞，甚修廣，神龍所居，道乃出其上，曰龍洞背。三十里至朝天鋪。西北即劍州，古劍閣也。

十七日，始更舟。凡陸行由朝天鋪上朝天關、大小梅嶺、大小二郎，曰南棧，視北棧尤險峻，舟行避險也。晚發嘉陵江，俗呼白龍江，經劍州、廣元、昭化，閬中界。其曰閬水、巴水、渝水、漢水，皆此江之異名也。疾流激石，舟行如駛。榜人唱渝州歌，悠揚清越可聽。仰睇朝天諸嶺，高入天際，崖半石穴數千，亦古棧閣故蹟也。下有千佛崖，鑿石爲屋，鏤諸佛羅漢其中，大小數百，或立或坐，變相畢具。川東諸處亦有之。是夕泊廣元縣。

十八日，經飛仙閣、桔柏津，泊昭化之平林壩。

十九日，次虎跳驛，宿高橋。

二十日，經蒼溪縣離堆山。秦李冰所鑿，突入江中，直上數百尺，不與衆山伍，故名。蜀有三離堆，此其一也。午餘抵保甯府，古閬中地。前對錦屏山，兩峰壁立如屏。一名寶鞍山。

二十一日，留治裝具。

二十二日，渡閬水。復陸行，次龍山驛。舍宇頽廢。【略】夜趨柳邊驛，不及，宿小猴牙草舍。索米不得，取乾粮給從人，然薪達旦。

二十三日，次柳邊驛。頗多民居，夫役不習輿，跟蹌欹仄，甚苦之。晚次富村驛。

二十四日，由靈山鋪至鹽亭縣。

二十五日，抵秋林驛。

二十六日，抵潼川州，【略】沃野千里盡荒棄，田中樹木如拱，溝塍隱隱，悉膏壤也。

二十七日，渡梓潼江，或云郪江。宿建甯驛。

二十八日，過中江縣。

二十九日，遇天柱山，甚高。名巨竹，節長二尺餘。晚止連山鋪。

九月一日，次漢州，抵新都縣。皆名區，亂後中衢茅屋數十家，餘皆茂(州)[草]，虎迹徧街巷。

初二日，抵成都府。

[十一月]初五日，辭行。

初七日，發成都府，諸公會餞武侯祠。是日陸行至金花橋，宿黄水河。

初八日，過修覺山。至新津縣始登筏子，編竹爲之，架竹屋，覆以茅，門窗皆具，可遠眺。

初九日，至舊彭山縣。望青城、玉壘、大隋諸山，連亘千里，峰巒秀出。

初十日，至眉州。渡玻璃江，訪三蘇祠。

十一日，經青衣江。一名平羌江。上有上巖、中巖，【略】以夜過，不及登。

十二日，過小三峽，水洶急，筏皆搖蕩，遂停橈，野泊。

十三日，至嘉定州，整筏子。

十四日，微雪。或言淩雲山之勝，櫂舟，乘雪登之。

十五日，登高幖山。一名高望山。

十七日，泊石板溪。

十八日，至犍爲縣。

十九日，至宣化驛。

二十日，抵叙州府。

二十二日，發宜賓。瀕江一帶皆石，望之如堵牆，連亘數里。及登岸，其平如砥，可當數千人。【略】夜抵南溪縣。

二十三日，至江安縣。【略】夜泊井口。

二十四日，過納溪縣。縣踞石山頂，石虎關通雲南交阯。晚至瀘州，州枕瀘江，一名汶江。

二十五日，泊舊瀘州。

二十六日，至合江縣。

二十七日，松溉。

二十八日，至江津縣。過七門灘，大石横江，凡七，望之如門。

二十九日，抵重慶府。【略】郡皆石山，城市廬舍依陂陀爲高下，三面距水，陸路達佛圖關。東魚復，西僰道，北漢中，南夜郎，形勝要地也。石高水疾，漏二鼓始抵岸。

三十日，具舟，爲出峽計。舟長五丈，廣半之，惟後二艙可坐，餘皆平。以板上架木爲篷屋，舟行則撤去。用橈十有四，十四人左右蕩之。前二人挽巨橈，覘所向，後柁類櫓而長，主船者曰板主，柁工曰太公，意即古長年、三老也。祭江，祀水神及張桓侯。餕餘先太公，然後敢食。每行船，太公升柁樓，唱巴渝歌，衆和之，輕重疾徐，皆有頓挫，大約唱峽中諸地名，或俗傳故事，無他詞也。

十二月初二日，放舟東下，泊木洞驛。

初三日，至長壽縣。經不語灘，俗傳舟人多言則水勢噴湧。

初四日，至涪州。【略】江心雙魚刻石上，各三十六鱗，旁有石稱石斗，見則歲豐。

初五日，酆都縣。

初六日，抵忠州。

初七日，過石寶驛。江岸石奇絶，峥嶸挺拔，如峰如雲，或如樓臺，如屏，如柱，如笏，是不一狀。頂有瀑，水穿石而下，惜無善畫者圖之，爲卧遊耳。晡時至萬縣。

初八日，至雲陽縣。【略】荒殘無人居，蓬茅數間，令尉棲焉。

初九日，至夔州府。

初十日，十餘里至瞿唐峽。兩崖各數十仞，對峙如門。灩澦堆當其口，江水分流左右下。循灩澦而北，登白帝城，路陡峻。

十一日，至巫山縣。【略】巫峽壁立峭削，與瞿唐、歸峽爲三峽，連亘七百里。絶頂皆樫柏，懸泉飛瀑，猱玃哀吟。

十二日，至跳石，阻風。峽山數里一折，水奔急，舟行易觸，故遇風輒止。

十三日，出峽，過三分水。巖畔三泉眼分流，甚奇。【略】望十二峰，皆雄峭，横見錯出，惟美人峰最高秀。考十二峰曰望霞、翠屏、朝雲、松巒、集仙、聚鶴、浄壇、上昇、起雲、飛鳳、登龍、聖泉，首尾一百六十里，顧不甚肖，亦無美人名。舊神女廟在峰半。【略】午過萬流驛，楚蜀分界處。次巴東，縣瀕江，倚巴山，又名金字山，一峰分三岡，狀若金字。自麓至巔，因山爲城市。

十四日，過歸峽，怪石猙獰，較瞿、巫二峽稍卑，而奔流怒濤過之。葉灘多石，與新灘同險，然葉灘水高於石，新灘石高於水。語云：「有葉無新。」言葉灘水大，則新灘平也。午抵歸州，不得泊，阻風，艤屈原沱。沱即潭。【略】是日次新灘。

十五日，渡新灘。灘高數丈，巨石横欹江中，雪浪峰湧，晝夜轟轟，若江潮聲。凡舟至，行李悉陸運，更募其地舟師，加橈楫，淩空而下。船首没浪，復起者再，然後徐引近岸。小船則以長筏沿岸放之，上水用百丈盤之而上，蜀江第一險也。余從岸上遥觀，魂摇目悸。是夕宿灘下，灘凡三處。

十六日，至黄牛峽，重巖疊起，最高處崖黑色，如人負刀牽牛狀，人黑牛黄，江湍紆曲，經數宿猶望見之。行者謡曰：「朝發黄牛，暮宿黄牛。三朝三暮，黄牛如故。」山下黄陵廟，【略】前有閣，臨江亂石嶙峋，水石相觸，磷磷齒齒。此下水漸平，乘夜泛舟，山空峽静，明月滿船，猨聲裊裊峭壁間。漏三鼓抵彝陵州，以川江至此始平，故名夷陵。巖石中斷，豁然大江矣。

十七日，更舟。

十八日，過白陽驛，張江陵居正祖墓。野燒滿山，樵采往來。對江宜都縣虎牙山，【略】下有虎牙灘，一名武牙。與荆門山對。夜抵枝江縣。

十九日，立春。過松滋縣，至百里洲，地寬衍。洲首派别，南爲外江，北爲内江，故稱枝江。

二十日，至荆州府，泊沙市。

二十一日，過公安縣。

二十二日，宿三杆桅。

二十三日，過石首縣，至壺瓶套。

二十四日，過監利縣。經城陵磯，在洞庭湖口。南望洞庭，水天浩淼，岳陽樓崢嶸雲霧間。青螺數點，蓋君山也。

二十五日，至白羅山。夜大風驟雨，江豚跳擲，寒鴉譟呼，甚蕭寂。初意抵漢上度歲，至是連值怪風，雨雪紛霏，舟人皆思歸歎息。長隨燕人，泣下沾襟。余亦悵然有懷，呼酒放歌，作懷人詩二十首。

二十九日，至新隄。在臨湘縣東六十里。

康熙二十三年正月一日，風利，遂發舟。經嘉魚縣，望赤壁山，孫劉破曹處也。黄州特以東坡二賦名。本名赤鼻山。夜泊牌洲。在嘉魚縣東七十里。

初二日，過鸚鵡洲，達漢口。

［二月］二十日，清明，渡江東發。

二十一日，至青山，阻風。

二十二日，過陽邏，至白湖鎮。

二十三日，經團風鎮，至黄州赤壁、白龜渚，皆舊遊，以病未登。

二十四日，過武昌縣，至蘭溪驛。

二十五日，進[illegible]水縣。

二十七日，返舟，經鳳棲山，訪陸羽第三泉。是日泊道士洑。

二十八日，過蘄州，泊田家鎮。

三十日，阻風。

三月初一日，至九江府。

初二日，過湖口縣，水石湍急。余向自江陵回，觸風幾殆。今九江關移此。

初三日，過彭澤縣。小孤山突立江心，四面斗絶。經馬當山，王勃夢神（阻）［助］風處也。是夕泊花陽鎮。

初四日，東流縣阻風。

初五日，抵安慶府，寓天甯寺。

徐炯《使滇日記》 康熙二十六年六月十五日，至儀曹恭領詔書，出國門。餞者三四席，親友送者，馬上揮手，不覺黯然。是日天陰，乘馬至良鄉固鄉節驛，宿。

十六日，大雨，涼甚，不似三伏時。宿涿州廣文王士錦，家君所取士移尊見酌。

十七日，天陰。乘馬至忠義店，謁張桓侯廟。二十里外有樓桑村，地《志》云漢昭烈故居，本朝春秋祀如故。過祖逖里，至定興，鼓樂出迎，宿固城。

十八日，過安肅。道逢楊邑侯錫瓚入都，公館少憩即行。宿保定，巡撫於公率屬官迎詔。

十九日，諸官送詔，皆如禮。過慶都，宿清風店。自發都亭，涼如初秋，不覺行役之苦。大激店午餐。

二十日，大霧，過定州霧始散。至新樂，魯令起送於郊外，宿伏城驛。微雨霢霂，作家書寄都中。

二十一日，大雨，至卯、辰間勢少殺，始發。四望蒼茫，煙雲無際，輿中爽甚。過真定，道府以下出迎城外。兩堤夾池蓮始花，香氣襲人，宛似故鄉景色。去城十里，渡滹沱，水急如黄河，土人云漲時視黄河加險。泥濘妨輿騎，行次欒城，宿。

二十二日，過趙州。距柏鄉數里有漢光武祠碑，云斬石人處。

二十三日，發柏鄉，過内丘，暑甚。路旁有庵，名元津，室宇精潔，長松數樹。解鞍少憩，微風忽至，差可消暍。乘騎至順德邢臺，宿。

二十四日，行至沙河，驟雨浩漫，阡陌成渠，輿人行步艱苦，不能前。强之行，至臨洺關宿，是日止行七十里。官廨雨漏，假民居止焉。早歇無事，與張、陸二君手談移時。

二十五日，天明雨歇，始行。距邯鄲叢臺驛二十里有吕仙祠，云是盧生黄粱夢處，過客題詩甚衆。與張君亦作二絶句。飯畢，遇陸冠周寅赴京兆試，談片刻。將至磁州二十里，緑楊夾道，蓮花滿地，白者尤盛，騎行其間，香氣襲人。行至磁州官舍，雨益甚。【略】自入河南界，大道兩旁夾種柳樹，菀然成林。每二十里建一郵亭，僧施茶其間，行者賴之。

二十六日，行二十里，過漳河，水漲，風更猛惡，良有懼心。及半，遇膠淺，舍舟乘輿，水行二里許。登岸，午至彰德，晴霽，飲於郡丞家定山署中。浹旬霪雨，衣履沾濕，人馬俱疲。漳水一名漳河，漳有清濁，泛溢無常。當其盛時，廣三四十里，近村民田多没。疑塚在漳河之北，形如小山，累累不絶，凡七十有二，世傳曹操葬之以惑後人者。宋俞應符詩云：「盡發疑塚七十一，必有一塚藏君屍。」

二十七日，乘霽少息，作家書寄都中。【略】黎明匆匆起行，韓魏公書錦堂未及瞻謁，爲之悵然。

二十八日，過美里城。次湯陰，謁岳忠烈祠。廟貌肅然，子雲等五人列坐兩廡，有後裔爲奉祠生，世守其廟。又拜嵇侍中祠。至宜溝驛宿，更餘雷電大作，雨盈尺，五鼓方止。

二十九日，泥濘，日出方行。過淇水，至淇縣，有殷墟碑。騎行紆道，訪殷比干墓，觀至聖題字。墓前有廟，棟宇巍焕，遺像英偉。漢唐以來碑碣甚多，迫暮不及盡讀。馳數里，宿衛輝。

三十日，立秋，半月來，非連陰即澍雨，略無炎氣。是日無風，熱逾三伏。午復大雷雨，余坐輿中，衣盡濕。暨晴，路已没。騎行二十餘里，宿亢村驛，復大雨。

七月丁丑朔，行五十里，渡黄河，水泛溢，波濤洶湧，心頗悸。幸天晴無風，舟楫尚平穩，頃刻登岸，至鄭州已昏黑。

初二日，至郭店驛，見宋相吕文穆墓碑，過軒轅丘舊址。宿新鄭永新驛，雨終夜。

初三日，路隔一渠，山水驟漲，不得渡。及辰，雨少止，水旋退，以漁舟渡。日亭午策馬，晡時至禹州。官廨宏敞，秋颸乍動，神襟爽然。

初四日，天復雨，煙樹朦朧，山雲黯黮。過午餐，策馬沖泥至襄城縣。水陸都會，廛市稠密。

初五日，侵晨微雨，行後開霽。四山回繞，土人亦莫之名。一峰特秀，觀宇隱見。行四十里涉水，渡頭有汝墳碑，蓋汝水也。宿葉縣民家，以官舍水淹故。

初六日，過昆陽城。山色葱蒨，澗水潺湲，行役得此，殊恰游賞。道旁山有大石，坡陀可坐千人，攬轡回顧，爲之悵然。行九十里，地名扳倒井，有光武祠，云是帝爲蕭王時飲兵於此，水甘冽，其源不竭。宿裕州官署，庭甚寬敞。少焉，月上，清風徐來，蟲聲唧唧，殊動人秋思。

初七日，過博望驛，張騫封地也，府城東北有博望城。行四十里，渡淯水，土人名白河，源出嵩縣雙雞嶺。自入南陽境，人煙蕭索，附郭稍殷繁，然亦凋敝之餘也。

初八日，熱甚。復渡淯水。府城西北二十里有卧龍岡，即孔明躬耕處，有諸葛廟，未及展謁。行七十里爲貴人鄉，乃光武故里。宿新野。

初九日，早發，行三十里，復渡淯水。自南陽至楚境，陸逕水紆，凡三渡皆經其水。十五里至黄家河，即湖廣界，暑氣酷蒸。又七十里，宿吕堰驛。

初十日，四鼓即發，辰至樊城，民廬稠密，諸官集此接詔。渡漢江即襄陽城下，官舍甚軒敞。峴山在近，暑甚，未及登，悁悵移日。

十一日，出城即峴山，望見山上羊叔子廟。復行數里，隔山即習家池。宿宜城之鄢城驛，暑甚，不成寐。

十二日，四鼓即發，行三十里天明。午至荆門州之麗驛，宿焉。居民數家，圍繞皆山。暑甚，不能出。驛至安陸府治百里，驛屬州，租賦民事乃屬鍾祥。鍾祥，安陸附郭縣。

十三日，三鼓即發，至石橋驛早餐。道上青山似畫，緑疇如綉，襄陽以南皆山路，苦炎蒸。是夕宿於州之荆山驛。

十四日，早行。久困於暍，體氣不快，至州之建陽驛而宿。

十五日，過四方鋪，午前抵荆州。

十六日，出都匝月，馬僕瘏痡，乃別僱足力，理行裝，故憩荆州兩日。

十八日，日出方發。過大江，風恬無波，挂帆而渡。行五十里，至孱陵驛宿。

十九日，早發，飯於順林驛，宿澧州之清化驛。

二十日，三鼓即發，渡澧水，復渡蘭江，月色朣朦，萬象澄澈，四面皆山，林木蒼鬱，野花爛熳。有鰲山，雪峰自呼成道處也，《志》不載，土人言之。過此樹益密，峰巒争翠，真若畫圖。距武陵大龍驛十里，微雨，萬山煙霧，鬱爲佳境，知山水之勝，昉此矣。

二十一日，早至常德武陵縣，諸官迎詔如禮，宿官廨。

二十二日，大雨，天將明始發。沿江而行，過河洑山，飯於陬溪市。午後至桃源邑，無城郭。

二十四日，天明始發。茂柏層松，傾山蔭阜，遠望高巖，雲屯如雪。俄大雨，溪流勃注。午後山林蓊鬱，盤紆深隱，罕見人迹，幾於迷道。將至新店驛，諸山連繞，四面青葱，嵐氛杳靄，知爲始霽矣。至驛，日方午，猶桃源縣境。

二十五日，東方明，大雨，行後開霽。連峰接岫，夾於左右，柔柯細幹，盤繞山阿。行路者時登峻巖，時入邃谷。過大平坡，路稍崎嶇。將至辰龍關，奇巒絶壁，迭秀横空，數山列峙，境色幽深。縱鞍少坐，心境豁然。又於攢巖迭嶂間登峻嶺，即關口也，㮣石夾道，止通一騎。是日度溪水四十餘處，西注東流，莫窺其際，潺潺之聲，不絶於耳。午，余憩沅陵之界亭驛。

二十六日，過亂石關，山少林木，頗敗人意。逾數里，高岡複嶺，萬木森羅，與昨所歷無異。至馬鞍關，（陟）［陡］峭千尺。過此皆萬仞峻巖，松柏交蔭，下臨深澗，不止數丈。隔岸峰巒對峙，盤紆深曲，引人入勝。始聞猿啼。自入武陵桃源，山色奇秀，應接無暇，忘行路之崎嶇矣。過芙蓉關，宿馬底驛。辰龍關以西十里一亭，懸榛於上，宦游過者擊以相應。

二十七日，徹夜淫雨，至天曉未止，勢如傾河，山水頓漲，沸聲如雷，路幾成渠。且溪流迅急，馬不能前，兀坐一室，以至終日。自入武陵境，村里每立馬伏波廟，馬援征五溪蠻於此，故民皆祠之。

二十八日，溪流小緩，辰刻方行。激湍猶如怒濤，令人心悸。越青山坡，山連空，林木少，絶無前日蒼鬱幽秀之致，而稜稜峭石，懸崖壁立，亦稱勝景。行數里，峭壁飛泉，觀者悦目。越高嶺凡五，路稍崎嶇。將至辰州，有清溪逕二十里，峰石飛舞，尤奇絶。是日所過山以石勝，不以樹勝也。至沅陵之辰陽驛，宿於驛丞之館。館在山上，有一亭，顔曰「注水停雲」，俯臨沅江，對矚郡治，城郭樓堞，井舍市廛，歷歷在目。未幾，風雨大作，煙樹迷離，氣象杳冥。至暮，萬家燈火，遠寺鐘聲，皆隔江遥聽，明滅遠近，意態萬端，此爲不可多得之景矣。

二十九日，發辰州。山雖重迭，俱秃石蔓草，無甚可觀。徑略平闊，但苦水發，隨處迅流，過者艱之。行數里，渡蘭溪，水漲流急。又四十里渡麻溪，俱蕩小艇以渡。將至船溪驛□里，復過一溪，無舟，乘騎涉水，水没馬腹。過此山徑漸佳，多松柏，田塍隨坡高下，溪水蓄洩隨宜。今歲湖南苦旱，此地稍稔。宿於驛舍，驛屬盧溪，民屬沅陵。

三十日，山行，石岐嶒如昨。行二十里，地名乾溪，有洞深邃。土人云此洞可容二千人，亂時多避兵者，洞後有門，可通食物。四十里至辰溪，邑治在山中，石城圮壞，廛室蕭條，荒殘特甚。午後渡辰溪，溪水清絶，兩岸石峰矗立，秀若天成。望中有船，挂帆而上，乃知此溪亦水驛所經。渡溪後，山形如堆，高松千株，或密或疏，景色亦勝。宿辰溪之山塘驛館。

八月丁未朔，山行，雖無他幽勝，然峭石茂林，斷續有致。行三十里，至中河，兩崖林木森秀。有橋跨清溪，長數丈，左右朱闌，僞將軍胡國柱所建也，碑已毁滅。至沅州之懷化驛，宿驛去州百二十里。驛官折桂枝以餉，香氣襲人，不見此花已七載，把玩之餘，殊動鄉思焉。山中有石，黑色，居民鎔去土，石即成鐵，惟此山有之。

初二日，四鼓即發，行二十里始曙。大路夷坦，山不高峻，惟喬松老柏，亭亭森列。更進，地更平曠。飯於羅舊驛。終日沿沅江而行，山青水緑，如在畫圖中。龍津橋綿亘里許，俗呼江西橋，市廛布列，下臨沅江，爲雲貴通衢，故稍殷繁。然皆遠估阻兵，聊營生業，土著十無三四也。將至沅州，北望一山高數百丈，環抱州城，濃嵐疊翠，儼若畫屏者，明山也。宿州之沅水驛。

初三日，漸行漸逼山，路徑紆折，未見峭拔。午後行一徑，絶似桃源，但山勢萃律，樹色朦朧，爲不及耳。登栗子關，陡峻過於馬鞍、辰龍。又陟回龍坡，石立如峰，頗似關口。見沅江中二艇順流而下，爲之心羡。至沅之便水驛，公館甚陋。旁有一室，軒窗明敞，可面山臨水，欲移榻就之，以老屋將頹而止。楊升庵《滇程記》云：沅州達便水驛號四亭，實八亭。每亭十里。

初四日，復渡沅江，山無嘉木，惟緑草叢生。登蜈蚣關，山連道迮，形如其名。終日繞江而行，隔岸巖壑，嵐氣欲奔。將至沅之晃州驛，再渡沅江而宿。驛夫半苗蠻，長髮椎髻，箬葉裹飯，隨地而食，言語侏儺。苗有十餘種，供役惟謹，今所稱熟苗也。《滇程記》云：便水五亭而遥達晃州。州廢名存，古夜郎地。

初五日，天微雨。度坡四五，頗坦，山皆塊然土阜，無林木。隔溪有石如削，可觀。過此無佳境矣，民苗雜處，景色蕭條。至平溪衛宿，館舍略高敞，可蔽風雨。自此不設驛，有衛如縣，守備如令焉。《滇程記》云：晃州六亭而遥達平溪。

初六日，微雨。地闊坡平，行五十里，至清浪衛，衛屬湖廣都司。復度沅江，宿公館。《滇程記》云：平溪四亭而達清浪。

初七日，大雨。行五里，登雞鳴關。山徑縈紆，溪流旋曲，雖少林木點綴，而高峰奇削，勢最峻嶒。五十里渡焦溪，入黔中界，副將、知府設宴公館。將至鎮遠，峭石砓砢，時有深穴，窈不可窺。至府治，峰壁巉巖，遍綴古刹。過長橋，四繞碧峰，下臨清澗，萃巖林泉石之勝。館廨頗宏敞，後窗對山，壁立千仞，聳拔蒼潤，繞於廨後，《志》所謂石屏山是也。晚步後庭，則山腰燈起，密雨乍另，更添幽境。【略】鎮遠爲雲貴門户，滇貨所出，水陸之會。無城，依山爲固。隔溪乃縣城，周三里。《滇程記》云：清浪達鎮遠號四亭，實十亭。

初八日，天晴。行十里，陟油榨關，石峰崒嵂，屹立萬重，鑿石爲關，與辰龍相似，而森峭過之。又十五里至相見坡，盤曲而上，加峻削焉。又十里過華嚴洞。【略】行距偏橋衛五里，尋水源，復游諸葛洞。

初九日，天晴。所過坡，峻險不至如昨。四十里至飛雲巖，下有一軒，長林蒼秀。【略】復行三十里，宿興隆衛。

初十日，守備宣應魁攜石來，索《飛雲巖》詩，書丹遂行。三十里，飯於重安驛，驛屬施秉縣。渡重安江，江色如染藍。岸樹二桓，絙纜絶江，舟循纜以渡。再行二十里，冒雨游雲溪洞。【略】又十里，宿清平縣，公館甚窄。雨未止。是日所陟老君關、觀音坡路不甚險。

十一日，夜雨，曉未已。行三十里，飯於楊老驛，雨益甚，路益崎嶇。距平越五里，過葛鏡橋，崖石峻削，壁立萬仞，碧溪如練。坡半有屋數椽，下瞰長橋，景概幽勝。郡有城郭，在山中。村民門外，曲折流注，浣濯灌溉皆用之。【略】《滇程記》云：清平達平越號六亭，實九亭而遥。陟梅嶺關，渡麻哈江，地有羊雞之場，乃諸夷互市處。場凡十二，當十二辰，歷旬二日一市。每場歲三十市，歲暮即場醵會，持牛角爲觴，吹蘆笙爲樂，男女踏歌互侑，至元夕乃撤。

十二日，天大晴。黄絲驛飯，距新添衛數里，有懸崖瀑布。《志》謂東北有蔡苗山，奔泉名曰白虹。疑即其地矣。萬山層迭，中通輿馬，路皆石齒，行者側足。溪水隨坡奔注，響應千谷。晡時至公館，面山而宿。《滇程記》云：平越達新添號六亭，實十亭而遥。經望城、江西、羅羅、酉陽、倒馬五坡，有谷孌關、龍場、蛇場。行者範金飾馬蹄，踏石鏗然。【略】衛西南有跳月溪，苗人吹蘆笙，男女相和作樂，名爲跳月。衛城皆營房，白姓絶少，不過里許，四圍皆苗家矣。

十三日，微雨，行數里即晴。【略】至龍里縣宿，縣治居民不及數十家。是日路險不如昨，惟雲頂關高峻，洞約十餘，俱無名。《滇程記》云：新添六亭而達龍里，路夾長澗，有長谷坪、空洞坡、野猪洞、巃嵸坡。

十四日，早行天晴，至新貴，日尚午。巡撫及藩、臬兩司在闈中監臨提調，不出，驛道、學道、知府以下迎詔。省城在萬山中，迭翠層嵐，圍環前後，城周九里有奇。是日路稍平闊，此鄉者道里似近。【略】貴山在城北二里，蜀道所經。《滇程記》云：龍里達貴州五亭。

十五日，晴雨不常。路如昨，山勢穹隆，溪水流注，澎湃之聲不絶於耳。行四十里，大路没於淫潦，平地水丈餘。別取小徑，行亂石蔓草中，約五六里始合官道。宿威清衛。《滇程記》云：貴州五亭而達威清。山稍夷，頪崤、澠。秦漢黔中地。西北八里有的澄河，城周四里。

十六日，微雨，行後開霽。石路滑而平，山或近或遠，無甚可觀。向午至平壩衛。

十七日，晴。發平壩驛，地坦平，山皆荒丘頑土，時露峭石，亦或絶壁橫空，或叢石碁布。過午至安順之普定縣。

十八日，天晴。過狗場、龍耳等鋪，至鎮寧州宿。街道平衍，四望山如髻鬟。城南闉有塔山，浮圖標其巔。是日適遇市集，土人呼爲趕場。見苗子貿貨而回，男子椎髻如囚，女人跣足不袴。州有城，約二里有奇。

十九日，早發，月尚朣朧，未及五里而曉。十里至安莊鋪，又十里至白水河，鎮寧知州設飯途中。遥聞聲若雷吼，俄見懸崖，迭水自山下，注爲深潭，噴沫如雲霧，冒數里。僧云：潭深可八十丈，有水犀，時出巖谷，人或見之。僧舍恰直飛泉，對之悦目。石壁題曰「雪浪川霞」，貴陽最勝處也。又數里，陟雞公背，殊高峻。下坡遠望，崖間飛瀑數處，匯爲清澗，有長橋以渡。復上坡，五十四盤始達關索嶺，與雞公坡兩崖相對，而陡險盤曲，此嶺更甚。下嶺止九盤，於關嶺驛易傳。少憩，復陟白口坡、安籠箐、象鼻嶺，崖箐萬仞，中有道如梁，行者汗慄。於象鼻嶺回望，千峰如波濤劍戟，不可名狀。宿永寧州，名爲頂站，有查城驛，居民不及數十家。城里許，官舍數椽，僅蔽風雨，深山邃箐，盜賊可虞。安莊四亭達關嶺，爲一站；關嶺四亭達查亭驛，爲一站；是日兼程而行，夫馬疲困，行裝二鼓始到。此滇路絶險之首程，始知不可越站也。關嶺之半有馬跑泉，流於關侯廟門外，激湍奔駛。【略】《志》云四十三盤而上關嶺，復經修治，今爲五十四盤。盤互既多，不覺其斗絶。

二十日，天晴，陟黄土坡，復上高嶺三，至盤江，過鐵索橋。萬曆初，貴州按察司朱家民以監軍征水西蠻，過盤江，不能渡，請於朝，以鐵索爲之。兩岸山皆拔聳，中流迅猛，橋兩旁建樓，憑窗一望，峻嶺環繞。暑氣鬱蒸，不可久留。過盤江，坡路稍寬平，至保甸驛午餐，過哈馬章，宿安南衛。登玉皇閣眺望，四遠在目，晚景尤佳。《滇程記》云：查城達安南六亭，實十亭而遥。至盤江，江出烏蠻，匯於廣西者。香江即左江。饒瘴癘，草青之日有緑煙騰波，散爲宛虹駮霞，觸之如炊秔菡萏，行人畏之。【略】安寧至盤江三十里，源出烏撒，經曲靖西，由七星關下注，經廣西，至廣東。其間崖壁隘束，或穿深洞，或注石端，紆迴隱見，不可窺究，故舟楫不能通。鐵索橋長十三丈，東、西兩樓，高四丈餘，橋有板屋十三間，俱用鐵索絆之。吴三桂敗遁，焚橋，重修於康熙二十五年。保甸驛舊在盤江，爲盤江驛，以地熱馬傷，移於保甸，改今名。遠盤江五里。明設衛治於江西坡，後遷於此。此地舊爲尾洒驛站，包山爲城，周九里有奇。

二十一日，早發，天晴。過老鴉關，上江西坡，其陡削，坡半而飯。復上，高聳寬平，約數里外踰芭蕉關、新興坡，宿普安縣。是日沙行者十六，石行者十四。每陟高坡，肆眺萬山，皆在其下，煙雲繚繞，實曠觀也。縣舊爲新興站，康熙二十二年改爲普安縣，城周里許。《志》云：新盤山在普安州東七十里，新興站在其上。《滇程記》云：安南達普安六亭，實八亭。

二十二日，微雨。登高坡，煙浮雲繞，結翠朦朧，松柏競秀，沉沉若暮。每下坡，回望鄉所歷，則白雲蔽之矣。過軟橋驛，在山趾，夾以清流，激湍潺潺，似武陵桃源間。過軟橋坡，其水爲盤江之委。至板橋坡，黄土平廣，樹皆青松。復上白雲坡，其峻埒於關嶺。道遇普安州守，入會城途間，接詔成禮而去。宿州之公館。《滇程記》云：普安縣達州號六亭，實八亭而奇。民無編户，土酋號十二營長，其部落有羅羅、仲家、仡僚、僰人，言語各不相諳，譯以僰人。

二十三日，微雨。陟雲南坡，驛道在諸山之巔，盤旋而上，最峻險。以新關治，寬平易行，輿人謂三年前未能然也。《志》云：州治北有番納牟山，陂陀相續，往來者行石齒中。即其地。過此稍坦，宿亦資孔驛。驛務屬普安衛經理。《滇程記》云：普安州達亦資孔號六亭，實八亭。

二十四日，行黔滇分界處。有坊題曰「滇南勝境」，忽覺山平天闊，大道坦夷，山川明媚，林樹青葱，心目廓然，從者皆有喜色。戍防之兵列隊以迎，宿平夷衛多羅驛，天霽。亦資孔達平夷衛六亭。

二十五日，早發，至白水驛午飯。天晴景和，林巒秀麗，卉木繁茂，風物絶似三春。復行數里，山色蒼黄，丹碧燦若霞綺，金飆蕭爽，霜葉滿林，始知李昭訓畫自以此地山水爲粉本，非心造也。將至交水，南寧令張允文年伯遣郎君來迎，置餐公館。交水即沾益州治。巳刻有雨，風至即晴。諺云「貴州雨，雲南風」，信然。平夷達白水六亭，爲一站；白水達交水四亭，爲一站。是日以道路平坦，兼程而進，歇時尚在午、未間。

二十六日，天將明，大風雨，將發乃止。至三義口，南寧復設午飯。策騎過響水關，督撫遣迎者至。宿馬龍州，居民多瓦屋，風景稍似江南。《滇程記》云：交七亭達馬龍，路平易行。

二十七日，天晴，無風。經魯婆伽嶺，於下板橋午飯。策馬陟小關索嶺，此於雲南爲最高，然止關嶺之半。登高一望，山色如綉，鬱然五采，滿目爛焕，山川之奇麗，至此極矣。將至易隆驛，有石壁廣數十丈，題四大字，曰「高山流水」。峰巒競秀，泉脉争流，夾路野花，若張綺錦。是日屢陟坡嶺，而此黔中稱平。《滇程記》云：馬龍達易隆號三亭，實八亭。

二十八日，天晴，微風。至河口，嵩明州境也，州官迎詔，設午飯公廨。過海子，有漁舟數十，兩岸皆沃壤，一路有流泉，引以灌田，緑疇參差，巖石五采。至楊林所，所官新裁，地並於嵩明，故州官再接詔。居民稠密，煙火千家，田疇樹木，花卉服食半似江左，去黔中荒凉之狀遠矣。河口、楊林距州各三十五里。《滇程記》云：易隆所達楊林驛號三亭，實七亭。

二十九日，風日晴和，山色如畫，微風一起，紅沙洒空。赤水堋午餐。又二十五里，宿板橋驛公館，督撫司道府縣遣人來迎。離會城三十五里，是日可達，欲於朔朝到，以便從容開讀也。《滇程記》云：楊林達板橋號三亭，實六亭。

［十一月］初九日，辰刻奉詔出省城，百官於歸化寺送詔。【略】武天柱、李秉公、陸雲州送至板橋，置酒。

初十日，發板橋。三君又送至龍王堂，酌酒而别，黯然幾至隕涕。是晚宿楊林。

十一日，天陰，大風，寒甚。宿易龍。

十二日，天晴，微暖。午間策馬，至馬龍宿。

十三日，行至響水鋪，南寧遣郎君殿臣迎，置午餐。南寧躬迎於二十里外，有鼓吹，亟遣去。宿縣署中，【略】署舍草覆，墻壁傾頹，荒涼萬狀。萬里宦游，得此疲邑，相對浩歎。

十四日，别南寧，益惆悵，復送余交水。沾益州守馬君其德郊迎，晚不能進，即宿於交水。與南寧談，二鼓乃寢。

十五日，别南寧，早行。州守送於郊，殿臣送至白水。策騎行，宿平彝衛。是日大風，而山景樹色甚佳，砂石撲面，不能肆覽。馬甚良，六十里俄頃即到，不至困人。衛已裁，曲靖通判攝事。

十六日，天未明，雷雨交作。中途復大雪，千巖盡白，樹雜青蒼，不甚寒。但涂滑，輿人若之。澗中梅花盛開。宿亦資孔驛，駐後晴明。

十七日，冬至，就公館設香案，遥望拜闕。晴和，宿普安州。

十八日，天晴。將至普安州，見一洞深廣，奔流匯入洞中，土人名爲觀音洞。

十九日，路盤曲高峻，不啻羊腸，無向時夷坦，輿夫艱苦，爲之惻然。宿南安衛。

二十日，發時天陰，至盤江始見日光，暖氣微蒸，方信此地隆冬不寒也。宿永寧州。盤江至安莊名屬永寧，皆土司爲政，而夫馬專責有司，故其邑尤稱疲惡。

二十一日，天晴日暖。行三十里，亭午至關嶺驛，止宿焉。驛在山之西麓，城周不及里許，城外居民六十餘家。

二十二日，越關嶺之半，爲馬跑泉，久旱水涸。廟前新竹已長百竿，無復前時湍激矣。坐頃之，下嶺。攜酒至望水亭，對泉而飲，賞心怡目，莫過於此。距鎮寧三里，游雙明洞，俗名觀音洞。【略】宿州治。

二十三日，天晴。早到安順。

二十五日，雨雪。提督置餐，待於水橋。天寒，連舉觴，微酣而行。宿平壩。

二十六日，天陰。沈訥遠訂同行至會城，過威清衛地，宿狗場鋪。已裁衛設縣，名清鎮，新令未至，廣順知州攝事。清鎮至狗場二十里。

二十七日，天陰。行二十五里，至貴陽，巡撫率諸官接詔。禮畢，同沈君夜飲。

[十二月]初二日，發貴陽，巡撫以下送詔。天陰，下午大風。宿龍里，微雨。

初三日，發時晴明。復游馮虚洞，奔泉作雷聲，心神爲駭。宿新添，已裁衛，並於貴定縣，遷縣治於此。前治，土人稱舊貴定。

初四日，五鼓微雨，發時晴明，道滑難行。將至平越，路徑幽折，溪水環流，令人有悠悠世外想。宿公館，陋甚。

初五日，天陰。至葛鏡橋，登三元閣，復於橋上觀石壁流泉，久之乃舍去。宿清平，微雨。

初六日，雨未止，路稍平，泥濘難行。至大空洞，題詩於壁。渡重安江，窮日之力，得到興隆。【略】。已裁衛，並於黄平州，移州署於此。興隆至黄平三十里。

初七日，天陰。【略】宿偏橋，飲游□□邦棟署中。

初八日，鎮遠副將張祚置午飯於中途。宿鎮遠官廨。

初十日，登舟，舟狹而長，名鰍船。行於叢石間，順流如矢，水聲淙淙，兩岸千仞，溪水清澈，可鑒毛髮，仰眺俯視，應接不暇。行五十里，泊於羅漢溪。

十一日，舟中得宴起。天雨，兀坐，傍山而行，片石孤峰，皆有奇趣。泊平溪衛，夜雨雪。是日讀《滇志》三册。

十二日，寒風颯颯，擁爐坐舟中，快讀《滇志》四册，得解寂寥。行百二十里，宿壩州。

十三日，積雪未消，微霰復下，寒風蕭瑟，而山色明秀，耀人心目。泊沅州，謁辰沅道王公舜年。

十四日，天寒如昨，雨雪雜下，霏霏終日，山景更佳。讀《滇志》三册，泊瀛口。

十五日，天尚陰，過高溜洞，灘水急，聲沸如雷。舟行奇險，而山水亦奇勝，坐於船艫，瞻眺不暇給。諷杜詩數章，以下大白至黔陽。黔江源出牂峒，經縣城南里許，有赤寶山，山勢插空，日出霞映如錦，黔水行其下，爲沅、靖二江合流處。

十六日，天陰。飲於令署中，巳刻發棹。過鸕鷀灘，行六十里，至洪江，煙火萬家，稱爲巨鎮。過大黎溪，石壁崇峻，夭矯亘大，四望萬山，或遠或近，皆披霜雪。泊舟茶陵溪。

十七日，早發，天晴，嚴霜雖零，而樹色蒼翠，雲山明媚，猶如秋初。過黄絲滚洞，灘險與高滙等。下午微得日光，夜月皎潔，水天一色，登岸，坐良久乃下。宿桐頂。

十八日，行後復陰。兩崖皆絶壁，峭峙數十里不絶，溪流少緩。舟至辰溪，泊處景絶佳，已暮，不及游，終夜悵然。

十九日，天氣晴和，舟行僅遘此耳。危石插空，不啻千仞，於懸絶處得寸隙，即置屋，如蜂房蠔殼，下臨深淵，上壓巍巘。【略】過浦市，約四十餘里，皆有綴巖小屋，懸梯猶在，兵革之苦，於此可見。過盧溪縣十里泊。

二十日，晴和。過辰州，於白湧維舟。

二十一日，晴和。順帆而下，行一百四十里，山高敝天，草木蒙翳，諸峰迭秀。泊水心寨，以水心崖得名，見《桃源志》。

二十二日，雨。至桃源，晤汪令，泊舟城南。

二十三日，四鼓即行，寐初覺已至武陵。登岸，宿公館，提督徐君治都、岳常道甘君文瑛以下來顧。是日風雪，寒甚，晚少止。

二十六日，陸行，渡滄浪水，宿龍陽官廨。

二十七日，五鼓就道，行一百三十里，宿益陽縣。

二十八日，早行，渡資江，宿寧鄉。

二十九日，行至半途，湖南撫軍丁公思孔遣官來迓。乃渡湘江，值水落，蕩槳平渡。憩長沙官廨。

［二十七年正月］初七日，辭行，赴長沙朱令前詒之宴。

初八日，登舟，行未三里，阻風，泊於江濱。江船視風色爲行止，風不利，寸步不能前，故杜子美有《銅官守風》之作。

初九日，守風。

初十日，行未數里，復阻風。

十一日，午間風利，行五十餘里，宿於喬口。少陵詩云：「喬口桔州風浪促」，即此地。

十二日，行十餘里，阻風。

十三日，登舟以來，無日不遇風雨，是日雨小風微。過三十六灣口，至湘陰，祭河神。宿於蘆林潭，離縣三十里。大雨竟夕。長沙至湘陰縣一百二十里。

十四日，守風。

十五日，早雪，仍泊湘岸。更餘，朱令使至，聞慈寧宫之喪。

十六日，行數里，風厲復止。依一戍亭，四壑曠野。方就枕，聞柝聲亂鳴，訊之，云有虎。又鳴金吹角，發銃乃去。

十七日，四鼓即發。天質明，風復動，日出少衰。行六十餘里，狂飆頓作，艤舟未穩，心沖沖然。

十八日，午後風少衰，得移舟泊善地，終不能行。

十九日，風止浪息，傍君山而行，過鹿角鎮，至岳州。泊西門外，太守李遇、郡丞李鍾靈來晤。

二十日，晴日微風，順帆而下。過城陵磯、道人磯、白螺山，午刻至臨湘，縣治距江濱三里。復行六十里，泊新堤。

二十一日，早行，晴和。過石頭口鎮，泊嘉魚。

二十二日，天晴日暖。早行至簰州鎮，泊於鄧家口。

二十三日，晴暖。過金口鎮。午後駕小舟至漢陽，其令張壽民，吾姊夫也。入署省姊，骨肉聚對，愉快可知。並與家鄉親友話舊，盡醉，始就寢。

二月甲辰朔，晚别壽民，登舟，泊大江渡口，即漢口也。萬艘雲集，帆檣蔽江，市廛鱗次櫛比，約三十餘里，風景繁庶。民不事田産，惟趨貿易，百貨會集，商賈輻輳，稱天下巨鎮。但五方雜處，奸宄叢生，號難治焉。漢水入江處謂之沔口，吴魏相持，以沔口爲重鎮。

初三日，渡江，游黄鶴樓。峭峙江口，與大别對。樓三層六角，眺望漢陽，草木人物，歷歷可數。

初八日，晴，始解維。掛帆行六十里，宿於陽邏。更餘人寂，偕同行諸君步於舟艫，明月流光，水渡激射，徘徊良久，心曠神怡。

初九日，晴，風未順，行數里即泊。千里無煙，孤舟獨繫，稍有戒心。酒後，令從者登岸射燈，更餘始卧。

初十日，行二十里，宿於雙流夾。夜半烈風起。

十一日，風猛，停舟。江灘震蕩，終日不寧，更餘始息。

十二日，早發。揚帆過團風鎮、三江口，午餘至黄州府，泊舟南門外之臨皋亭，與武昌縣隔江相對。

十四日，微雨，午晴。以修舵，泊舟巴河，蘄水縣地也。

十五日，守風。

十六日，細雨微風。過蘭溪，經道士洑，望西塞山突出江中，峻巖如削。山之南樹色葱鬱，幽凝深奥，不類人間。是日行百四十里，泊蘄州。

十七日，至武家穴泊，廣濟縣屬也。自過蘄州，層巒迭巘，遠近錯出，豁人神思。是夕微雨，遠望迷離，煙景尤勝。

十八日，酣睡中，聞篙工云：九江在望矣。亟披衣起，洗沐方畢，猶得望見琵琶亭、鎖江樓。風帆迅激，頃刻已過。早飯罷，至湖口之八里江，度江八里至縣，故名。久困石尤，乍得風便，徑過九江，未及登眺。南望一山綿亘，其高插雲漢，蒼翠層迭，羣峰隱見，不可端倪，即匡廬山也。又望見一小山，在鄱陽湖中，舟人云大孤山是。

十九日，宿於湖口關前。度江至縣治，游石鍾山。

二十日，五鼓大雷雨，阻風。蔡總兵招飲舟中，觀劇。

二十一日，大雨，阻風。

二十二日，煙雨空濛，水天一色。過彭澤十里，一山突兀中流，峭拔秀麗，名曰小孤。四面斗絶，惟南崖之半有寺閣可登，僧人棹小艇分衛，其舟赤，呼爲紅船。次馬當山，泊於磨盤洲。終日大雨，夜分不止。

二十三日，守風，終日雨。

二十四日，雨雪，大風如昨，蕩撼不寧，浪高如山，聳心駭目。賴傍崖繫纜，視巴河之中流而宿，安矣。

二十五日，天陰。早行，過東流，宿於黄石磯。

二十六日，行三十里，早至安慶，晤楊撫軍、多按察。傍晚上岸，游迎江寺，登迎江塔，上鎮皖樓。龍山聳峙於後，大江浩瀚於前，登眺足樂，列炬始登舟焉。龍山周五十里，北郭郡城，如列屏扆，皖封鎮山也。

二十七日，天晴，風未利。將至哪吒磯，風迅浪急，轉舵不得，危險特甚。舟人齊力操楫，始得依岸，掛帆隋風，還泊樅陽之上口。

二十八日，天晴，行二十里，至樅陽之下口，以風未順而泊。

二十九日，晴暖。午刻放舟，同諸君過襄船，飲於汪氏。風和帆緩，行八十餘里，過池州，至更初，宿於梅根。江流瀾汗，萬里無際，坐襄船，不自知其在舟也。

三十日，早行微雨，晚霽。過大通鎮、銅陵縣，泊於鯉魚料。大通，池州巨鎮也，江右磁器畢集。

三月甲戌朔，大霧，行未二十里，風勁，挽舟。荻港村市整密，依山爲城。天氣晴和，與諸君游鳳凰山。石爲几，草爲茵，楊柳正緑，梨花始放，舉酒相囑，不覺頹然。斜陽晚色，疏樹清風，守風之苦殆忘之矣。

初二日，行二十里，風阻，還泊於舊縣。午後風微，復行數里而泊。

初三日，晴暖，至蕪湖泊舟。

初四日，五鼓大風，午後細雨，未開舟。

初五日，守風。

初六日，早行至西梁鎮，復爲風阻。同諸君游西梁山，巉石嵯峨，横江峭立。山半石上勒「天門」二字，旁刻「李白題」。復登絶頂，與東梁山對峙。東梁山一名博望，兩峰相聳，夾以大江。山下有僧舍數椽，花柳濃豔，鳥雀争喧，絶無囂塵。復數武，竹籬茅舍，皆臨水背山，雜植桃李，亦復雅韻。

初七日，揚帆至江寧之龍江關。

初八日，泊關東門，晤李觀察寅工。

初九日，守風。

初十日，開舟，過燕子磯，至黄天蕩，江闊無際。正欲維舟，烈風頓作，幾至不測。隨風漂蕩，忽得傍岸，若有神助焉。風雨交至，波濤震撼，終夜不得安寢。泊處名朱家咀，猶未離黄天蕩也。

十一日，大霧，風順，泊於鎮江之銀山蕩。小舟游金山，梵宫琳宇，丹碧輝煌。御書「江天一覽」及墨刻《心經》，賜名江天寺。宸章焕麗，樓殿改觀矣。

十二日，風迅，不得進口。祭江神，游避風館。館在銀山，寺名定波。

十三日，進京口。

李澄中《滇行日記》卷上 康熙庚午［二十九年］秋，予奉命典試雲南。念舟車經過萬餘里，將日記所歷，以示子孫，庶借異時遺忘。

五月端陽後一日丙申，出彰義門。十里許，大雷雨。日西至盧溝橋。

丁酉，至涿州。

戊戌，過桓侯故里。【略】十餘里至范陽故城，又經祖村，士稚故居也。

己亥，發定興，亭午至安肅。【略】時復雨，望遠樹，空濛如畫，人影滅沒其中，亦一奇也。是日抵保定，隋清苑故地。

庚子，雨晴。望太行蜿蜒起伏，數千里若指掌。

辛丑，出慶都。【略】三里許，有堯母鄉第一泉。又有龍泉河，溉田三百餘頃。其地沮洳，多蒲葦之利焉。日中過定州，漢中山郡也。【略】日西過麥飯亭，光武戰河北處也。

壬寅，發伏城驛，至真定。【略】五里渡滹沱河，至欒城止焉。

癸卯，抵趙州，游柏林寺，觀壁間吴道子畫水。至今趙州人多畫水，蓋其遺意耳。是日至柏鄉。

甲辰，至内丘。

乙巳，内丘南二十里，過圓津庵，庵内一松甚古。其後爲藏經閣。迤東迭石城小山，構亭其上，俯池荷有致。距順德三里，有豫讓橋。

丙午，道出沙河縣，故襄國地也。【略】十里行蒼沙中，又二十五里至臨洺驛。《水經》云「洺水東流，經曲梁城」是也。再三十里，過呂仙祠，祠有鍾離權及盧生像。入門一池，構亭其上，通來往焉。日暮抵邯鄲。北門内觀叢臺遺址。

丁未，過賀蘭山。賀蘭真人居此。《名勝志》。將至磁州二十里，夾堤楊柳如畫，道左荷花，稻塍間之，人行其中，渺渺作濠濮間想矣。

戊申，磁州南二十里渡漳河。【略】時河漲初消，濁浪滚滚如沸。蓋發鳩山之漳水，濁漳也。北岸爲古鄴城，遺址尚存。河東南十五里，銅雀、金虎、冰井三臺並峙，相去各六十步。日中過安陽橋，洹音恒。水經其下。橋故名鯨背矣。晚抵彰德，古西河地也。

乙酉，彰德南二十餘里，經古美里，至湯陰縣。【略】謁鄂王祠。岳氏子孫蓋寥寥焉。又十里許，抵嵇侍中祠，又數里爲侍中墓。再數里至扁鵲墓。【略】晚抵宜溝驛。縣西南有宜師溝，水殊寒，土人目爲冷泉。

庚戌，過淇水，澄泓噴薄，激石橋有聲。亭午抵淇縣。【略】城南有殷三仁故里。十里許爲斮脛橋。又二十里經蘧伯玉墓。又十里有殷太師比干墓碑。【略】薄暮至衛輝府。【略】時急雨驟澍，竟夜乃已。

辛亥，雨晴，食時雲四面起，如馬，如獅，如象。惟太行山雲洞黑，尤奇。是日過新鄉，謁湯廟。至亢村驛。

壬子，渡黄河。望廣武山，想楚漢戰處。廣武本土山，北枕黄河，河乃折而西，無横決之患焉。【略】有敖山，所謂敖倉也。過滎澤縣。【略】夕次鄭州。

癸丑，過鄭故都。次新鄭，古鄶國也。《名勝志》。有溱、洧二水。《通典》。新鄭東北三十五里有古鄶城。

甲寅，出新鄭數里，道傍多棗柿，仿佛□青間物色也。至此始見山，雖尋丈，具巖壑之勢。稍西，一山頗峻。道士曰：雨蓋山也。又十里許，雨垂垂將至。遠望道左，地中湧濃煙若孤塔，高數丈，尾鋒鋭，直入雲際。雲邊白且明，似凝寒冰焉。衆驚甚，久之色漸赤，或曰龍桂也。又久之，色變黄，中忽斷，其下爲平臺，化作黄霧。迤南又起煙一縷，初不甚真。未幾，旋攪若飆輪，下粗而上鋭，其變化如前，亦散爲黄霧。馬前不數武，又起黄塵二道，其勢相逼，衆疑畏益甚。方旋攪時，忽大風至，乃散。是日宿禹州。【略】巳，雨止。

乙卯，將發禹州。聞昨風起處，穴地爲龍湫，大如三間屋，深不可測。南四十餘里，經周八士墓。晚抵襄城。

丙辰，渡汝河，河勢壯闊。【略】迤南三十五里至汝墳橋，其下爲溵水。後漢光武破王邑，會大雷風，雨下如注，溵川盛溢，是也。又數里，經沮溺耦耕，子路問津處。【略】是日宿葉縣，縣本楚地，楚葉公邑也。

丁巳，經「荷篠丈人止子路宿」處。三十里至澧河，《水經注》云「澧水東過西唐山」是也。迤南爲葉縣故城。又六十里，過光武廟。廟前古柏二株，傍附凌霄花，花大如盂，映柏枝作赭色，皆數百年物也。是夕抵裕州。

戊午，渡淯水，俗名白河。【略】薄暮過獨山，古豫山也。入南陽。

己未，在南陽。日中出郭門，西南行約七里許，至武鄉侯祠。

六月庚申，渡白河。午過白水村，弔光武故迹。【略】是日並白河行，薄暮至老白河，淺水青莎，與浴鳧飛鷺相映。抵新野宿。

辛酉，雨，在新野。廨前爲孔明議事臺，遺址巋然。

壬戌，雨中發新野。七十里再渡白河，抵樊城。仲山市之國也。《九域志》。晚渡漢水，時月落平江，江水浮月光，滚滚若銀虹逹船下。乃乘月入襄陽。

癸亥，自襄陽城中南望虎頭山，稍東即峴山，亂峰嵯峨，似螺髻浮女墻上。遵峴首而西，眺隔江煙樹如畫。復傍江行，日中忽大雨，江灘上下，空明相接。至小河村憩焉。復循江岸行。江稍遠即宜城，故鄀楚之别都也。

甲子，行荒山中，四十里渡新店河，河漲方急，小舟摇漾甚輕。【略】過新店，並西山行，至麗陽驛。

乙丑，出驛，二十餘里陟高岡，望旭影與襄水晃漾。【略】晚抵石橋驛。

丙寅，晨起渡河，望四山皆屯雲霧中，似青螺摇摇水上。已而躋山背，或曰即斑竹岡也。【略】遂並荆門西山行，其山有靈鷲、荆山、蒙山、西山等，遠望莫辨。山數重，高下參差相映，如看畫中層累山矣。

丁卯，出荆門，西南行，三里至虎牙關。【略】荆門在萬山中，過虎牙，山意漸弛，竟日行平岡，所見水田稻畦無數。二十里經關壯繆祠，祠外有馬跑泉，蓋荆州舊戰場也。是夕抵建陽驛。

戊辰，自驛渡建陽河，所經皆平疇，稻芊芊若緑雲，有吐穗者。將至荆州二三十里，道傍多木槿、紫薇。

己巳，過小河口。再數里渡荆江，即錦江下流也。是日風順。江中一洲，多居民。隔屋望蒲帆，往來甚速，豈三洲之一耶？十餘里達南岸。過江，竹漸多，在道左者與草萊等。姚合詩「江村竹樹多於草」，可想其概矣。土白墳，宜烏桕、冬青、榆椵，而野胡椒署月葉輒赤。日西遇雨。雨止，至孱陵驛。

庚午，自孱陵南行，東望青陽湖，晃漾可愛。又數里有堤，土人名紀湖堤。藕花三里餘，香氣襲人。迤南渡馬場河，五十里至公安縣。【略】至孫黄驛，止焉。【略】其地宜杉，宜桂，宜木香。爲荆之南界，過此則湖南境矣。

辛未，渡孫黄河，雨後水氣如秋。駐馬河干久之。五十里許過湖汊，又數里經豹子岡，至順林驛。驛爲澧州地。

壬申，渡涔河。盧肇詩「君夢涔陽月，中秋憶棹歌」是也。時夜雨初收，大風若深秋。是日初聞蟋蟀聲。其地多水，水必有荷，竟日行香風中。六十里至澧陽橋，循澧州城，望水中江豚成羣。【略】抵暮過蘭江，宿東岸。

癸酉，澧州南五里渡綉水。《一統志》云：水至此曲折如綉紋。范文正嘗游此。又六七里過澧山。又數里，山乃有松。久之，至檀木堰，松益多。道傍雜樹爲樟，爲杉，爲雞臑子，爲雀不踏，爲猫兒茨，又名六角，爲楓香樹。少陵所謂「遠岸富喬木，獨歎楓香林」也。

甲戌，發清化，唐郡名，今廢爲驛。亂山中松益大而多，東望藥山，葱鬱有致。【略】四十里至鰲山鋪。又五里爲大龍驛，驛有大龍山，蜿蜒若龍形，驛以此得名。

乙亥，四鼓去大龍驛，夜氣微茫中，無可紀者。惟道傍百蟲聲，與澗水潺潺相應。時明月在南，梁山亘其前。山之上雲接天，山之下雲浮水，雲斷處乃山耳，山與天一色，雲與水同光，不知孰爲山，孰爲天，孰爲雲，孰爲月，孰爲水也。【略】循山行五六里，久之出山。月漸低，始聞雞鳴。三十里，天乃明，見稻畦茸茸，數十頃不斷，大似江北麥秋時。過七里橋，如常德。茄形似王瓜，晚多懶蟲聲，喧喧不能寐。

丙子，在常德。買山輿，其制與肩輿等，第無底，取便山行耳。

丁丑，在常德，制山輿未完。從者供江鱸，味美，異常魚。

戊寅，自常德西南行。下臨沅江，有堤亘十里，俗呼花馬堤。又二十里至武山，一名河洑山。山不甚高，樹色葱蒨可喜。【略】日中過吕鎮，再十餘里抵桃源縣，東漢之沅南縣也。

己卯，自桃源十里，山漸大。又十里，行崖焧中，巖壑深窅，蟲聲唧唧滿之。五里爲白馬渡。

庚辰，出鄭家驛數里，樹漸多，旭景草煙，蟲聲秋引，兩山如峽，林木被體，岡勢蔽虧，窅然深迴。【略】抵新居驛，雷電交作焉。新居竟夜雨。

辛巳，曉行，望西山雲氣，或在山腰，或挂峰末。過連三坡，山益大，樟、櫟、楓香皆高數丈。肩輿行山背，尚仰視八九尺，回睨谷底，薈蔚蒙密，眩然邃深，不可紀極。又十餘里，草長丈許，前二人撥草，肩輿始得行。山中多野牛，居人插標田中驅之。山澗凡四十八渡，竟日行溪水中。山樹處處皆畫眉，聲相接也。亭午至辰龍關，關險絶，兩山如門，中通一綫。其下左右山壁立，深峪迢迢者五里許，蓋辰州門户也。過關，峽勢餘四里，危險次之，一溪汩汩然。地稍闊，爲界亭驛。

壬午，大霧，如行積水中。過山口，碌碌僅能見丈尺。從微茫中視緑樹沉影，畫工所不能到也。五里許，迢迢輕輿，出没白雲中，不復自識矣。五里渡河，土人曰親捷河也。又五里爲亂石關，關高里餘。南山雄秀，若雲垂天際。有鳥聲如人。西下爲峽，兩山林木交蔭，生米蟲聲亂人語。生米蟲者，似蟬，稻將熟乃生，獲稻後即死，故名。十里至馬鞍關，關背迤邐土坡耳。西下，斗削壁立者里許，數折至谷底，約二里餘，名因形似也。左高山，右大壑，越三里，山徑始平，有稻塍流水焉。十五里爲芙蓉關，關不甚高，羣山四面削立，若萬仞芙蓉。關下勢漸闊，心目恬霽。

癸未，出馬底驛，樹與山俱，雲隨峰轉。所歷如關者二所：曰青山，曰白霧。而青山坡尤高，顧東北大山，皆没白雲，如浸海濤矣。【略】三十里至馬溺關。【略】關下凡十里，地乃平。時大雨將至，回望數日所行山中道，在雷雨杳冥中，不可復識矣。又十五里至辰州。【略】是夕，對辰州宿江樓，看船上鸕鷀、水獺捕魚。

甲申，發江干。顧辰在山上，形如半月，城中廨署，望之顯顯然。日出，行荒岡細澗中，並蘭溪者數里。迤南，看横山出雲，可見者山脚耳。道傍婦女，皆用藍布裹頭，跣足著草履，與男子等。蓋自襄陽南下，婦人多操作田間，習勤務本，亦由於風俗朴厚也。每一溪，必用草泥起數疩蓄水。水深處，用水車汲諸田，其制似車輪而大，以木爲輻，每輻懸小桶，而以長木鑿霤如畦隴，以水爲機，水激而輪轉，故挹注不窮耳。是日所經皆培塿，草木榛莽，舉無足紀。時而高山深林，啼鳥戛戛，輒又聽然，一快也。將至船溪驛，則流水環堤，稻疇平緑，千林蔽峰，蔚然雲霞，深藤架壑，杳然無際矣。

乙酉，出船溪，緑樹蒼崖，輕輿下上，溪行谷轉，習便爲常矣。數里，望鳴脚崖，山峰蒼翠欲流。二十里至乾溪洞。崖石懸飛，可數十丈。簷石高下，亦可數十層。每層有石笋倒垂，若冰柱。洞深三十里，乾溪下注，如洪鐘響答。中蓄爲潭，其深不可測。洞之南壁，土人積穀百餘石，蓋洞可容數千人，辰人避亂處也。又三十里爲辰溪縣。【略】日西，出辰溪南門。隔江望紫金山，嵯峨如劍戟。登舟，溯流而上。約半里，乃放舟，順流抵西岸。逶迤至丹山洞下，水渟蓄若鏡，徐行達南岸焉。數里過紫金山，千山皆松，萬松同響，斜陽倒影，如行緑雲世界矣。【略】今辰溪南别無大山，惟紫金諸峰皆石，石隙生雜樹。連日所經，惟紫金獨有紫翠色，意大西即紫金也。詢之土人，無知者。又十餘里，見西山稠緑中一庵。時暮色將暝，炊煙裊裊從谷底起，與長林相引，酈生所謂「渺渺禪棲」者矣。三里抵山塘驛。

丙戌，所經皆小澗壑。若夫穹然而高者爲山，涓然而鳴者爲澗，呀然而邃深者爲壑，窅然而濃緑者爲林，則習見，無可驚奇矣。十五里至山口，道旁石猙獰卧趾下。其北有溪，夏涼而冬燠，土人呼温溪。【略】又數里爲龍門橋，長可三四十步。兩面有欞檻，傍眺羣山，翠色在掌握間矣。又西南行，微雨，樹色愈嫩緑。山中多虎，多猿猴。虎有獵户所不能捕者，居人號神虎。猿長如人，有尾，啼聲若小兒。時盛夏，草樹茂密，率匿深山中，故其啼不可得而聞云。

丁亥，發懷化驛。山不嵯峨，周道漸平，蓋天地清淑之氣至此而盡，川原淺窄，無幽邃窈窱之觀，罕可爲世人道者。二十里至石門，高樹鳴禽，歷歷可聽。過此雖無幽巖峻崿，而林松如薺，緑色連岡，縱矚靡涯，又不覺悦心快目矣。又二里，並沅江行，折而西，兩山銜峽，蛇徑低回，巖樹參天，不復知有地也。四十里抵羅舊驛。

戊子，大霧。行谷底，鳴鳥啾啾，與谷聲相應。聆之若近，即而彌遠。蓋白雲蒼茫，視聽失真也。道旁堆松杉甚多，賈人出辰溪，編筏入大江，四方人所取材多出山中。又十餘里，山忽秀，高岫拔地，若鵬翼垂天。睇視之，則喬林上聳，下疑無地。已峰回徑絶，跬步之中，山意屢變，樹色異態矣。出山，望積霧如海。沅辰地勢卑濕，山雲水氣，結轖如煙，故目弱不能容光也。又數里，遇趙觀察浮山，班荆縱談，久之乃去。再南，復並辰溪行。

己丑，在沅州過江西橋。

七月庚寅，發沅州。沅山不甚高，是日聞鷓鴣啼，「行不得哥哥」五字甚真。三十里至栗子關。關前峽中多雜樹，一徑裊裊行亂石中。里許至關背，土人曰小栗子關也。斗折下，多石稜峭壁焉。未及谷，復上。谷底樹大合圍，其(抄)[杪]僅及足。又豊里，望南壁，樹杳冥不可窮。久之，草莽平澗，實則數十尺不見底也。五里，兩山回抱如門。西下，見沅江從山外來，與山相曲折。岡背鳥道一綫，下臨蛟宫，輿人側足號呼。並江十里，遠望一塔當山嘴，有閣曰回龍。時大雨猝至，投便水驛止焉。

辛卯，渡沅江。輿人多熟苗，言語侏儷不可辨。二十里至蜈蚣關，谷勢逶迤，斗絶不可上。時而雙峽對峙，如行深霤。時而回崖單覆，峭壁通人。蓋無徑不曲，曲必有意。百餘折至關門，秋風颯至，凄清破暑。旁睨别峰，皆與爲埒，更無絶巘能出其上者。西下坡陀三里許乃達谷底，仍並沅江行，望江上諸山，若錦屏舒卷，與江水掩映。又三十里，仍渡沅江，至晃州驛。是日山行多鷓鴣，其聲斷續，悽然有旅思焉。晃州驛村落夾沅江，山北多紅苗。至驛尚早，呼漁子網魚，得六頭，皆不可識。

壬辰，復大霧，寸步不辨人。蓋辰州已有瘴癘，第中人不覺耳。由晃州西南行，皆童山，巖谷間多榛莽細草。惟南寧鋪上下里許，若沅川山色焉。

癸巳，去平溪衛。【略】西行，皆荒阜短莎。五十里渡河，北至清浪衛，爲楚南界。夫沅州下幽薊不啻百里許，至是卑濕已極，山川草木之氣，腥腐不可邇。至鎮遠，地勢漸上，故雲南與山陜等，近北方風土焉。

又卷下 甲午，晨起行五里，過雞鳴關。下關此去，斗絶二里餘，南映沅江，宛宛一碧矣。再二十里爲栗子坡，再西爲小溪坡，又西爲草鞋坡。而栗子坡尤高，及巔，初未覺其峻，從谷底仰觀，皆成抗峰矣。是日沿江行，五十里抵椒溪。將至鎮遠，萬山羅列，或孤峰聳秀，或羣岫刺天，或急峽奔濤，或雲雷迭巘，莫不蒼翠欲流，新緑如洗。第徼外之山，初無名稱耳。日暮渡沅江，至鎮遠。

乙未，出鎮遠，至油榨關。關勢險峭，數十折，有峽如門，斗削甲雞鳴。又十里許，至相見坡。【略】西五里，過華嚴洞。洞口高敞，入丈許，秉炬始能行，以其黝黑，輒出。十里經望城坡，南望沅江，窈窕如練。穿南山出，土人稱諸葛洞，其實石壘耳。亦見南人之心服武鄉焉。六七里抵偏橋衛，衛在沅水西，有石橋跨河，故曰偏橋云。

丙申，游飛雲巖。【略】晚抵黄平州。

丁酉，出黄平州西行。一坡高十餘里，下視羣峰，皆俯踵下。對面望金鳳山出雲，時西南風正急，雲凝則爲水，飛則爲煙，或風吹入肩輿，與人面相拂。三十里至重安江，食時渡江。過老君關、觀音坡，皆極高峻。二十餘里至三教堂，登三遠閣，見芭蕉長六七尺，新緑可喜。西五六十步，觀大風洞。洞石四層，悉有竅相引，内有水聲，不可行。土人云可連四五山也。十餘里抵清平縣，本清平衛也。

戊戌，行三十里，抵楊老驛。山至此多石笋，羅列道傍，如圭璧劍戟。【略】過青山坡、白羊坪，雖高，不甚險。距平越五里爲葛鏡橋。【略】日西至平越。

己亥，三里過武勝關。【略】南下倒馬阪，三十里至黄絲驛。又經倮倮坡，大、小江西坡。【略】蓋黔皆童山，至此忽緑蔭垂垂，便足移我情矣。晚抵貴定。

庚子，行五里，過連三坡，土人呼馬桑沖。【略】又三十里至雲頂關，路斗峻，百仞一壁矣。又十里至龍里縣，其地有冗刀山、加牙河、甕首河。

辛丑，過高寨坡、七里沖，再兩小坡，抵涼水鎮。十餘里上千門嶺。再十里看龍洞，洞内有三碑，卓立最高處，苔蘚封之，不可讀。五里許經油榨關，關勢甚平，較鎮遠者不及十二三。又五里渡南明河，河横跨襄陽石橋，每水響必火，響愈久則火愈熾。【略】橋對甲秀樓，仰丞相祠。丞相祠者，武鄉侯廟也。【略】過祠，入貴陽府。

壬寅，行五十里，路稍平，有二小坡不知名。抵清鎮縣。【略】旅寓隘甚。薄暮游三清觀，觀側馬鞍山，俯臨屋背，聽梵音鐘磬聲，至千山月滿始歸。是日爲七月十四，清鎮人多焚楮於門，往往相聚哭，其俗如此。

癸卯，西行，上二坡，渡江橋，皆不知名。蓋貴竹土著皆苗民，漢人惟流寓者，故其山川土地之名悉苗語，不可得而書也。三十里抵蘆荻哨，望西山一帶，如芙蓉萬朵，鋒鋭插天；或拳石競體，各離立不相連，山下悉可耕，尤奇。再二十里上小坡，至安平縣。

甲辰，山路坦平，細雨中行五十里，至楊家關。【略】又二十里至安順府。安順出革器，陸離滿市上，器爲盤、盂、盆、壺、棋局、障泥之屬。

乙巳，過楊家橋。又二十里至馬場鋪，再十里探龍井洞。西山五里有龍湫，湫地中，穿山出，道旁爲龍井，中皆積水，有魚長尺許。東山及道周皆洞所穿也。十里抵鎮寧州，元所置州也。其婚姻論中爲聘。

丙午，出鎮寧，二里過觀音洞，上安莊坡。【略】渡白水河，河在兩峽間，處處激石有聲。至望水亭，河懸注三十丈，闊二十丈，噴沫濺雪，如匹練倒垂，雲氣時時起水面。【略】五里許爲雞公背，北山洞中有石雞，故名。其下爲大凹哨。再上，經大坡頂，下五里爲灞陵橋，西上即關索嶺，嶺半有關壯繆祠，三十步許有啞泉。【略】乃躋嶺，上有關索廟。嶺四十八折，高五里餘，可當北方十里，南北關嶺無有過於此者矣。【略】左右皆崖菁，萬仞中僅有道如梁，行者慄且汗，下爲關嶺驛。

丁未，五里至小關嶺，勢峻險。關下望西山，雲氣彌天。西經安莊坡，從山缺處回望，東北諸山盡培塿伏矣。再上安龍坡，復上象鼻嶺，從衆山頂上下望，過來山莽蒼一氣，並不見培塿矣。【略】三里許至永寧州，俗稱頂站，謂地勢之高寒也。

戊申，上黑土坡，歷梅子關。又經竹林坡，西望雲氣彌漫，不見咫尺。下黄土坡，至白雲嶺，雲氣彌深，雖有日光，暗黮不能下。時天色氤氲，山出雲直上，上下相接，天地同色，成銀海世界矣。久之，急雨驟澍，不沾濕，益滑，肩輿飄飄如葉。上雨聲，下流潦聲，傍澗水飛瀑聲，澎湃鞺鞳，萬山一響。下倒馬坎，並盤江行。【略】過鐵鎖橋，橋長四十餘步，跨盤江。江兩崖如削，水爲石束，不得舒，江勢怒作聲，其色濃緑，若膠漆。鎖大於臂，左右各四條，鑿孔納諸石，從石壁穿而上，爲屋棟。復鑿孔穿木而下，爲橋梁。再透而上，繫諸石，雜用小鎖相維。乃附木爲橋，鎮以鉅石，施欄楯，覆板屋，塗以丹雘。南北有門，設兵司啓閉，爲滇黔咽喉焉。【略】南上盡重嶺，十五里至猴兒關，又五里爲海馬關。關後有海馬洞，洞可容二千人。中一泉，相傳爲海眼云。《志》稱洞中有物如龍，與牝馬交，多産名駒。又十五里抵安南縣。

己酉，自安南出門下坡，五里爲大、小老鴉關，道旁刻「鳥道千重」四大字。再下烏雲坡，雲氣彌彌如昨。已而大雨滚射。至沙子嶺，上江西坡，坡長十五里，險峭，實山巔耳。黔人或呼爲坡，或呼爲嶺，不以山名也。山中草時作橘柚香，時而惡臭，氣閉不得。蓋苗蠻之地毒草叢生，著手輒墳起，經一兩日始消。西過芭蕉關，又上新興坡，三里爲普安縣。

庚戌，過觀音洞，洞可二日游，以積水渟蓄不果。相傳有妖猴在其中，故刻石大士洞口鎮之。又五里爲九峰寺，寺舊有羅漢松一株，今不復存。自此道傍松多偃蓋，而羅漢松亦間有焉。十里爲鸚哥嘴，懸崖千尺，下臨絶壑，兩峰横出如翼。迤西有鸚鵡，門前喬林蓊鬱，山僧淳朴，不乞布金錢，與他處迥異。歷兩三坡，三十里至普安州。

辛亥，上雲南坡。時積雨連朝，山山雲起，坡獨出雲上，其長可十餘里。【略】又四十五里，抵亦資孔。

壬子，西行，二里許至仙人洞。洞在東山壁下，逆賊亂時，驛舍毁，土人多族居其中。又十里爲五里坡，坡前亂石，參差可觀。二十里至滇南勝境。復西行，山山皆松，極鬱忽之觀，過此復童然盡矣。又二十里抵多羅驛，多羅即平夷衛。《滇程記》曰：亦資孔六程而達平夷衛。至此四望，山平天豁，因以爲名。

癸丑，自多羅三里至青溪洞。【略】十五里過山嶺閣哨。連日苦霪霖，是日始晴，望衆山松色，歷歷行圖畫中。過此，山不必高，而新翠渺渺；松不必深，而風聲謖謖；悦目怡情，償數日泥濘之勞焉。又十五里，山皆石笋，松生石隙中，長僅及肩，而枝悉虬曲，青葱之色相接。復十里抵白水驛。【略】

甲寅，出衛，路漸平。十五里上新鋪嶺，嶺前石如錦紋，形狀不可一名。至老虎口，虚谷邃深，雨漬土溜，怪石聳立尤奇。自此至沾益州皆平岡，而石勢如被鱗甲焉。

甲寅，在沾益州。

乙卯，出州，地平如掌。道左蓄水爲塘，中多野菱芡草之屬，土人呼望海子。【略】十里過新橋司。又五里過黑風嶺，其南有黑風洞，故名。再二十里至鸚哥嘴，西下迤邐坡，十七八里山乃平。是日行七十里，抵馬龍州。

丙辰，行七里許，過嶺，多坡陀小岫。又十里，秋柳鬖鬖，衰草枯短，山不甚高，松僅及肩，秋風颯然，心目俱恬矣。又十五里下黄土坡，復登青石坡，其地多野薑花、老米果、救軍粮。【略】四十餘里有山，亦名關索嶺。【略】又五里爲易隆驛。

丁巳，十里過秀嵩山。山峭拔，若青蓮孤聳，自多羅驛即望見之。【略】並楊林河行，十五里至河口村，復十餘里，經大鼎山，登准提閣，望秀嵩湖。湖闊三十里，接嵩明州，俗亦呼望海子，即嘉利澤也。時芡草映水，白鷺雙飛，漁舟摇漾水滸，湖外山連雲如城郭。月餘困亂山中，忽見秋色平遠，宴甚不能去。【略】已而下坡，坡前亂石，極奇巧之致，與湖光相稱。再十五里至楊林驛。

戊午，自楊林歷兩小坡，行六十里，至板橋驛。

己未，發板橋，二十五里爲歸化寺，在金馬山之麓。【略】再五里抵雲南府。

王士禛《秦蜀驛程記》 康熙三十四年十二月十七日乙巳，詔赦天下，【略】[士禛]奉命陝西、四川祭告西岳、西鎮、江瀆，歲皆在子。

二月初三日己丑，發京師，大風寒。夜抵良鄉縣，【略】行六十里。

初七日，晴，與常中丞同發。過琉璃河，或云劉李河。抵涿州，【略】行七十里。

初九日，晴。【略】抵定興縣，范石湖云舊黄村，金始建縣。行七十里。

初十日，晴，無風。十里涉白河，過白河店，拜楊忠愍公祠墓，在河北二里。食固城鎮。【略】抵安肅縣，縣北有瀑河，宋静戎軍也。石湖云舊梁門三城，今惟一城，塘濼皆涸，蓋宋遼分界。行七十里。

十一日，晴。再渡瀑河，午抵保定府治清宛縣。一畝雞距二泉，夾郡城合流，南入滱水。【略】行五十里。

十二日，晴，風氣暄暖。食陘陽驛，抵慶都縣。【略】行九十里。

十三日，微陰，午晴。過清風店，抵定州。【略】行六十里。

十四日，晴，次新樂縣。【略】抵伏城驛，行九十里。

十五日，晴，次真定府治真定縣，憩龍興寺。【略】涉滹沱，抵獲鹿縣，行九十五里。

十六日，晴。出獲鹿西關，清溪環繞，羣峰翕集。十里入土門，史所稱井陘口也。食冶河，河發源平定娘子關妬女祠下。次井陘縣，縣在四山之坳，冶水繞其三面，中流皆置水碓。過龍窩寺，懸厓有亭，朱闌層松，縹緲可愛。抵胡桃園，行九十五里。

十七日，晴。過井陘舊關，下有趙秉文《懸泉賦》碑。次井陘關，舊關地狹山卑，至今關即絶壁造天，石色如鐵，鳥道百折始及關門。廣武君所云「井陘之道，車不得方軌，騎不得成列」，謂此也。食柏井驛，抵山西平定州，行一百五里。

十八日，晴。自平定州而西，竟日行荒山中，山坳積雪，人馬踏堅冰行，地氣吁可怪異，晉人語謂冷壽陽也。食芹泉驛，抵壽陽縣東方山成化院，唐李長者造華嚴論處。行一百里。

十九日，晴，大風。食大安驛，抵什貼鎮，行八十五里。

二十日，晴。食鳴謙驛，抵徐溝縣。洞渦水經其縣南。行一百里。

二十一日，雲而風，辰晴。渡侯甲水，次祁縣。【略】抵汾州府平遥縣五里莊，宿。【略】行一百五里。

二十二日，晴。食張蘭鎮，抵介休縣。【略】行八十五里。

二十三日，晴。過冷泉關，關爲太原平陽要害，嘉靖、萬曆再修之，今廢，無居人。次索洲鎮，六十里始蓐食。抵靈石縣北一里小水鎮，舊有唐永徽公主手痕碑。行八十里。

二十四日，陰。過韓侯嶺。【略】食仁義驛，抵霍州。【略】行一百里。

二十五日，晴。霍州南郭望見霍太山，次趙城縣。自霍州南，柳已黄緑，杏花盛開，視並、汾間寒燠頓異。抵洪洞縣，洪洞山水人物冠於河東，乙亥四月地震，公私廬舍多圮。假宿北關弘濟寺遍聞禪人方丈。行八十里。

二十六日，晴。謁皋陶廟。抵平陽府臨汾縣治，宿北關。平陽地震之變，郡城尤甚，次襄陵、洪洞、浮山三邑，賴上發帑金二十萬，城垣、廟學、官廨、民居以次修治，尚未及什二也。【略】行六十里。

二十七日，大風。食趙曲鎮，抵高縣鎮，曲沃縣境。【略】行一百里。

二十八日，大風，晝晦。食侯馬驛，抵聞喜縣。【略】行一百十里。

二十九日，入東門，謁祠下，諸生父老皆從。食水頭鎮，抵牛犢村宿，猗氏縣境。【略】行一百二十里。

三十日，晴。食樊橋驛，抵蒲州。【略】行一百十里。

三月初一日丁巳，晴。與常百子中丞同行，食首陽，即首陽之下，山上有夷齊廟。自風陵埠渡黄河，抵潼關，陝西境。【略】行七十里。

初二日，晴。謁關西夫子墓。【略】午次西岳廟齋，宿。行五十里。

初三日，晴。昧爽詣白帝宮。【略】晡下山，抵岳廟寓館。

初四日，晴。食敷水鎮。【略】抵華州東關，謁唐汾陽郭忠武王祠。有宋皇祐中王彰碑、明秦王賓竹道人詩碣長歌，頗遒勁有氣。宿西關。【略】行七十里。

初五日，夜聞雨聲，甚喜。自晨發，輕陰，雨止，路無風埃。過西溪，溪上有鄭縣亭子，張氏西溪草堂皆廢。次赤水鎮，其南有晉孝侯祠。【略】食謂南縣東關。【略】遂行，抵冷口宿。【略】行九十里。

初六日，陰，復晴。過新年，有漢留侯、舞陽侯祠，去鴻門坂二里。抵臨潼縣，食麗出華清門，浴於温泉。【略】行四十里。

初七日，雨。過灞橋，夾岸楊柳視昔已減什九。【略】再渡滻水，眺終南山在雲氣中，如隔霧谷。抵西安府，【略】入城，駐貢院。【略】行五十里。

二十日，晴。發西安府，巡撫中丞藩臬諸公送五里外，漢中潘郡丞雲柱、門人守備李國祥以中丞命從行。渡灃水，有橋梁。舟渡渭水，抵咸陽縣。【略】行五十里。

二十一日，晴。過馬跑泉，泉深碧，可畝許，惜在周行，無竹樹亭榭之觀。經漢武帝茂陵，李夫人冢在陵西北數步，謂之英陵。【略】次興平縣，漢茂陵縣也。晚抵馬嵬驛。【略】行八十里。

二十二日，陰，大風。過太真墓。【略】食武功縣。自武功至扶風，高岸深谷，屢有登頓，即三時原也。三時者，好時、密時、鄜時也。抵扶風縣，鳳翔府境。【略】行一百二十里。

二十三日，夜雨達旦。冒雨行，歷龍尾三溝，甚苦泥淖。雨後西北望，岐山、佛螺，帝青近在眉睫。北有五將山，苻堅爲姚萇所困處。食義店，鳳翔許太守嗣國來迎。抵岐山縣，約以明日謁周文公廟。行六十里。

二十四日，辰微雨。岐山西北行，數里入山，煙村映帶，微雨霡霂，良苗懷新。十里至周公廟。【略】沿西溪望南山，雲氣如層冰，積雪如海濤，凸凹起伏，亦奇觀也。行十里，次橫水鎮。水出陽山，酈《注》之杜水也，亦名大横水。抵鳳翔縣治，【略】駐使院。

二十五日，早晴。訪秦穆公墓。【略】午微雨，諸君復邀游東湖，暮歸。

二十六日，陰。過靈山，上有靈鷲寺，不登。抵汧陽縣。【略】行五十里。

二十七日，微雨。汧陽西南涉汧水，竟日山行。食縣頭鎮，屬隴州。【略】鎮下有一水，出吴山，北流入汧，即金陵河也。是日陰雨，既抵吴山神廟，雲氣解駁，五峰畢出。行九十里。

二十八日，昧爽入西鎮廟。【略】食罷山行，暮抵汧陽。

二十九日，晴。發汧陽，郭外引汧水灌注，多粳稻。東南行，十五里至歸家峽，登靈山。山乏石乏水，亦無林木，然大坂横絶，高處可西見吴岳，東見太白，北見岐梁，南見陳倉。登降十餘里，始達東峰浄慧寺，唐建也。有兩院，北院頗有雜樹，殿宇華整。食藥師殿，觀馬光禄溪田理碑。循東麓而下，坡陀坦夷，二里已及山趾。又十里，過唐村通靈寺，觀性空禪師牧牛圖十偈碑。【略】晡抵鳳翔府，行六十里。

［四月］初三日，晴。過西虢古城、陳倉古城、祀雞臺，即秦之陳寶祠也。涉汧水，過蟠龍山，故相國少傅黨公崇雅居此。涉金陵水，抵寶雞縣。

初四日，陰雨。渡渭入棧，過二里關，關隘險阻，蛇徑縈回，峻阪上下數里。食觀音堂，訪壬子歲舊宿處，已無一僧，惟佛殿後石壁如故，壁下一泉泓然，修竹亦不復存，徘徊久之乃去。登煎茶坪，雨作，登頓十五里，乃就平陸。過東河驛，不留。又三十里，雨止，宿黄牛堡，漢中府鳳縣境。行一百里。

初五日，雨。過青峰閣，白水江源出其下，西流入兩當。食草涼驛，傳爲唐明皇駐蹕之地。過北星長橋，登五星臺，高際天外，下蟠地底，箐林黝窈，不寒而慄，曹孟德所謂天獄，良然哉。暮宿鳳縣，行一百一十里。

初六日，夜雨，晨陰。過鳳嶺，上下三十五里，驟寒。下山，食新紅鋪。午晴，新紅而西歷三岔驛、廢丘關，皆夷塗，人家陶瓦作屋，稍成聚落。【略】宿南星，行九十里。

初七日，晴。食松林驛，度柴關嶺。嶺上下大木千章，尤多漆樹。居人取漆，必先祭於漆神祠。下嶺即古陳倉道，過紫柏山留侯祠。【略】紫柏以南，石壁絶奇。至小留壩，兩壁夾澗，徑忽斷絶，從壁下徐得一徑如綫，乃復通人。宿留壩驛，行九十里。

初八日，晴。度畫眉、青羊二關，羣木陰慘，陽景罕曜，四月著裘帽，寒砭肌骨。至青龍寺南，方就夷塗。又度虎頭、界牌二關，關南北石壁連屬數百丈，悉如人家園林，巧匠所營，下臨黑龍江，映帶如畫；棧中石壁，當以此地及紫柏山南爲最。又下武關，《名勝志》作「武休關」。渡河，宿馬道驛，褒城縣境。行九十里。

初九日，過仙人關，食青橋驛。又二十里，夾江兩岸石如鐵，壁立千仞，時有大石牴牾横道，如巨丈夫頹冠落珮。兩山忽合，疑若無路，從石罅螺旋而下，有橋跨水，才通人騎。過橋，石壁益險怪，略如藺相如持璧睨柱，髮盡上指；又如樊將軍擁盾裂眦，拔刀割彘肩，憤怒鬱勃，不可殫形。予意必觀音碥，本名閻王碥也。問之，果然。燕子碥險亦如之。遂登七盤嶺，每盤斗折而上，漸入天際。下臨江水數百丈，令人掉慄不已。嶺下江岸有石，傳是鄭子真釣臺。臺側有白石盆，似玉刻，字剥蝕不可讀。下嶺，過褒城縣，渡褒水，即褒谷之口也。宿河東張太學蘭若，庭前有桂樹三、梔子、黄楊各一。行九十里。

初十日，晴。抵漢中府南鄭縣，駐使院，在故瑞邸之東。【略】行四十里。

十三日，晴暑。發南鄭之沔，一涉褒，再涉沔，過長寨，訪虛谷庵。【略】食黄沙驛，過舊州鋪。其南三里沔陽故城，漢昭烈皇帝爲漢中王，築壇即位於此。【略】暮抵沔縣，宿東關。行一百一十里。

十四日，晴。沔縣西多土砠，鮮嘉樹，非棧中比。渡沮口，食蔡壩。午後雷雨，尋霽，此今年聞雷之始。抵大安驛，古三泉縣也。其東有泉三，問之土人，久涸。其南五里龍門山，宋蘇元老有記刻石。行九十里。

十五日，晴。過嶓冢山，涉漾水，食寬川鋪。入五丁峽，峽水甚壯，雖入漾，而勢足並吞之。峽口左右石壁獰怪，狀若鬼神，水流其下，巨石縱横，鱗甲飛動，水上馬蹶皆脱。自北棧來，惟觀音碥險怪相埒，然彼行棧上，此行水中，艱危不啻過之。十五里五丁關，關西下，水石竹木，險仄蒙密。是日晴霽，不見曦景。自沔以西，水無橋梁，亂流二十餘渡。過松林驛，抵寧羌州。州城廢，虎晝入市。行九十里。

十六日，晴。州西南一水，屈曲北流入漢，曰洄水。凡數十渡，食黄壩驛。【略】歷百牢關、閔家坡、七盤關，皆險峻。宿轉頭店，四川保寧府廣元縣境。行八十里。

十七日，食神宣驛，即諸葛忠武侯籌筆驛也，題一詩。上龍門閣，松栝皆參天。潛水流經洞門，灘石拒之，有聲甚厲，《梁州記》所云葱嶺山有石穴高數十丈，號爲龍門者也。下山十五里，宿朝天鎮，潛水入嘉陵江處。行六十里。

十八日，晴。登舟，出朝天峽，或云峽上有籌筆驛故址。過飛仙閣，閣在山椒，相傳徐佐卿化鶴詮泊之地。又十五里千佛巖，鑱石爲慈氏像，多至百千萬億，唐蘇許公頲有《利州佛龕記》。食廣元縣。又西皇澤寺，有武則天像。【略】抵昭化縣，無城郭館舍。【略】水行一百二十里。

十九日，晴。昭化南里許登牛頭山，山下皆土阜，陂陀而上，西俯嘉陵江，數折，不復見江，江水西南趨閬中也。每折愈高，石梯斗絶，約二十里始造其巔，奇壁修林，略如北棧。南下，斗絶亦如之。已及深谷，更陟一峰，石梯斗絶如前，人馬仰天脅息。如是陟五六峰，四顧羣山，皆在其下，猨鳥迤絶，風雲通之，仰視白日，如可手捫，高埒鳳嶺，而險峭什倍其山皆橡林，鮮他樹。過志公寺，古壽聖寺也。【略】大劍山亦曰梁山，石壁粗醜，草木薈蘙，僅通人迹，兩壁如頑鐵，狀類崇墉，劍門呀然中開，張載所銘「一人荷戟，萬夫趑趄」者也。東壁一山，削成四方，望若堅壘，即贊皇所銘「翠壁中横，黯然黛色」者矣。入關，石益獰，途益狹，草木益幽翳，令人魂悸。是日所經率多險絶，行八十里，實百二十餘里。自牛頭山以下皆壬子舊游所未經歷。

二十日，陰。劍關以南，古柏夾道如龍虬，兩臣石對峙，曰石洞子，巖厓峭仄。緣石磴屈曲而上，五六折乃造其巔。食罷三十里，達劍州。【略】行六十里。

二十一日，陰。劍州城西皆土阜戴石，路尤詰曲，登頓甚苦，其坦夷處亦多古柏。過柳池，故兵部尚書恭襄趙公炳然墓。抵武連驛，武連故縣也，本名武功。【略】行八十里。

二十二日，雨。行砠阜上，登頓如前。未及鳳嶺牛頭之半，而雲雨已在其下，人行雲氣中，濛濛沾衣。四十里，食上亭鋪，古名郎當驛。【略】二十里七曲山，謁文昌宫，甚壯麗。登百尺樓，觀盤陀石，八卦，望水二亭，潼水經其下，流入鹽亭、射洪。上有二柏，傳是晉物。下山，過劍泉，泉出石壁下。其上祠觀音大士，俗稱水觀音。十里有石表，曰送險亭，蜀棧之險至此始盡。門人通判陳祥裔、守備李咸瑛自成都至。抵梓潼縣，行八十里。

二十三日，晴暑。早渡潼水，望長卿山，相傳司馬相如讀書處。明皇幸蜀過之，賜今名。【略】三十里，食石牛鋪。又三十里，抵魏城驛，故後魏魏城縣，唐鹽泉縣也，有鹽井，今屬綿州。州守門人李萃秀至。行七十里。

二十四日，晴。食沈香鋪，門人劉侍御修賢至。侍御予壬子所取士，安縣人，僑寓綿州。下富樂山，舟渡涪江。涪水自龍安來，經綿州城西，東南與安昌水合，匯於芙蓉溪，宛成巴字，流入潼川。州古梓州界，康熙三十一年涪漲，潰入北城，公私廬舍皆汩没，今州治移西南，版築方始，予暫託宿焉。【略】行六十里。

二十五日，夜微雨，晨霽。沿安昌水行，食皁角鋪，有水田。午後大風，過古潺亭，涉潺水，俗曰涼水河，水下入於涪。里許抵羅江廢縣，縣省入德陽，今爲驛。縣西南有大霍山，《真誥》云：大霍洞中有五色隱芝，南真及司命所居之地。行八十里。

二十六日，夜雨，晨霽。登落鳳坡，上有諸葛公、龐靖侯祠。祠燬於獻賊，惟祠門石狻猊尚存。其一有碑，題漢龍、鳳二公祠。東鹿頭關，即士元墓，杜詩所謂「鹿頭何亭亭」者也。地多鸜鵒。食孟店，涉綿堰水，水出中江。抵德陽縣，行五十里。

二十七日，晴。涉石亭水、沈水、雁水，食漢州。西南涉石梯水、彌牟水。【略】彌牟鎮今名唐家寺。路側池東有八陣圖遺迹。又南過漢兖州刺史雒陽令王君稚子雙闕。【略】抵新都縣，提督四川吴公英遣守備劉應琯來迓。夜雨。行一百里。

二十八日，雨稍霽。過楊文忠公廷和墓，升庵祔焉。渡錦水、大小昆橋二水，水濱夾道皆竹園。食天回鎮，成都縣境，明皇幸蜀返，蹕駐此，因名。圖經云有天回山，實無山也。過升仙橋，【略】入城，駐使館，諸公來。行五十里。

[五月]十六日，晴。早發成都。

十七日，晴。朱蕭、張三子别歸。過漢王渙稚子墓，觀兩石闕。

十八日，陰。祁新都送至德陽縣，食後别歸。次落鳳坡，雨大作。晚宿羅江縣，戎德陽來，高方伯遣使至。

十九日，雨。戎德陽送至金山鋪，食後别歸。晚晴，門人劉侍御、李綿州來。晚宿綿州。

二十日，晨雨。渡涪江，劉侍御、李州守别歸。食沈香鋪，宿魏城驛。

二十一日，晴。過羅漢橋，門人李梓潼來，同登華嚴寺閣。食石牛鋪，晚宿梓潼縣。

二十二日，雨。登七曲山，再謁文昌宫，觀八卦臺。李梓潼别歸。食郎當驛。自演武坡以北，經仄泥滑，輿人跋疐良苦。暮抵武連驛。夜大風雨，茅屋穿漏，屢移榻。

二十三日，大風雨，山行驟寒。食柳池，忽晴霽。小憩清凉驛，宿劍州。

二十四日，晴。登石洞子，古柏數千株，形制怪絶，自此南抵梓潼界，百里間儼立相望，皆明正德間劍州守李壁所植。午後抵劍門驛。

二十五日，雨。季守戎至劍關别歸。食達摩樹，過牛頭山，行雲氣中，不見下界，時見嘉陵江水一綫，與雲氣相雜。午後抵昭化縣，宿官署。是日桔柏渡有覆舟，溺四人。

二十六日，雨。山行抵廣元縣。

二十七日，雨。舟行嘉陵江，江漲，逆流頗費牽挽。晚宿朝天鎮，夜大風雨。

二十八日，阻雨朝天鎮，江漲增數尺。

二十九日，有河魚之疾，自夜達辰，憊甚。廣元沈令録藿香正氣丸方來，服二劑，稍瘥。午大晴霽，力疾行，登龍門閣，即龍洞背。宿神宣驛。

六月初一日，乙酉，晴。食轉頭鋪，過七盤關。陝西境閔家坡與七盤相距五里，祇隔潛水，其高不啻數倍，險亦牛頭、柴關之比，而以坡名，失其實矣。宿黄壩驛。

初二日，陰，巳刻晴。雨後洄水漲，不甚溢，數十渡抵寧羌州，病始愈。

初三日，陰，巳刻晴。自寧羌州至五丁峽四十里，涉水過半。諸水皆入潛水，出龍門閣，趨嘉陵。峽口有滴水巖，石壁嶄然，飛沫賤流，壁鐫「天清風雨」四大字，溪聲如千兩車，甚可怖畏。自關東下十五里，石上刻「洞雲溪月」大字，即前所云人行水中者。峽裏水悍，如獰龍奮迅，如獅子嚬呻，如象王蹴踏，若有好事者制其灌莽，伐山開道，亦是一奇。作是想已忘其怖畏，轉生歡喜。經云三界惟心，信夫。食寬川鋪。經嶓冢山下，有大禹祠，茅茨不翦。【略】宿大安驛。

初四日，晴。大安驛以東皆稻畦，沔流映帶如畫。食青羊驛，渡沮口。沮水深廣，舟行甚駛。沔江流峽中，山偪則江狹流急，山遠則江闊流緩，峽盡江平。抵沔縣，宿舊館。

初五日，晴。舟渡沔之武侯坪，謁諸葛公墓。墓正東向，定軍山環繞左右，若負扆然。近墓復有小山環之，天然佳城也。再渡沔，食黄沙驛，取北道之褒城縣。縣無居人，宿宗侄安官署。

初六日，雨。登七盤嶺雞頭關，徑險石滑，下臨褒江，甚可畏。過觀音碥，雨大作，上下二十餘里，怪石如金剛王劍，如羅刹面，如夜叉臂。江水受衆山瀑流，漩渦回洑，如雪車冰柱，如疾雷震霆，聞見駭人，毛髮森竪。四山出雲，又如亂絮，如曳練，如崩山。竟日行鐵圍中，遠游之苦，至是而極。食青橋驛，暮抵馬道驛。雨不止，江聲益怒。

初七日，晴。候馬道水落，乃敢渡。上馬鞍嶺，歷界牌鐵佛寺，嘉樹美箭，清泉秀壁，涼颸襲襟袖，頓失炎暑，棧中佳處無過此矣。如是三十里許，過武關河，長橋跨水，在兩山間，亦一佳境。食武關驛，宿留壩。

初八日，晴。過留侯祠，不入。登柴關嶺，抵南星鎮宿。

初九日，晴。食廢丘關。溪上金絲老柳，已爲風折其一枝，未免有情，爲之歎息。三岔驛有老槐一，六人始能合抱，亦古物也。登鳳嶺，驟雨。宿鳳縣，令從人買鸚鵡。

初十日，雨。歷白石鋪、石關、草涼樓、五里坡，石壁皆奇秀，石關斗折臨江，亦天險也。食白家店。過五星臺，寒甚，增垂綿。登頓十里，行幽箐中，如墮羅刹鬼國。暮宿黄牛堡。

十一日，雨。登煎茶坪，坪北五峰羅列，宛如佛手。峰斷處有大壑，泉出其上，流爲瀑布，石磴數折，下有危梁跨澗，澗中水石擊撞，隱轔澎湃，即其尾閭矣。坪上下十五里，石壁亦奇。食觀音堂。將抵益門鎮，兩山劃然中開，渭水横流，山外渭北，城堞樓櫓憑山而起，秦川曠然，别有天地，心目爲之清朗。舟渡渭河，回望谷口，煙霧晦冥，不辨來徑。【略】宿寶雞縣，夜雨。

十二日，雨，阻寶雞。

十三日，陰。金陵、汧二水漲稍減，乃敢渡，然浩洶之勢，尚駭睹聞。食邸店，倚西平原有瀑布，一石刻「飛熊在望」四字，此去磻溪當不遠。暮宿鳳翔府。

十四日，晴。過東湖，拜東坡祠。蓮葉滿塘，菡萏始花，尚未爛熳，小鴨十餘頭，往來唼喋其中，宛然崔白畫本矣。食岐山縣。西門外謁周公祠，亦與召公、太公合祀。午後過龍尾坡，即唐節度使鄭畋大破黄巢處。宿扶風縣。

十五日，晴。食杏林鎮，宿於武功縣。

十六日，陰。鳳翔令宗侄嘉孝遠送别去，扶風孔令追送東坡天和寺石刻拓本。食東扶風鎮。過馬嵬太真墓，興平張令弘圖、陸丞宏承已勒予詩墓側。微雨，抵興平縣使院。

十七日，雨。食咸陽。舟渡渭，又渡灃。午後雨甚。暮抵西安府。

十八日，大雨自夜達曙。【略】聞灞水漲。

二十三日，晴。發西安府，中丞、方伯、臬長諸公皆送郊外。渡灞、滻，滻水已落，石子磊磊可數；灞水分流爲四支，濁浪如黄河；古稱玄灞素滻，厥有旨哉。小憩斜口。【略】抵臨潼縣，晚浴温泉。

二十四日，早陰，午晴。過戲水，食冷口，抵渭南縣。

二十五日，雨。食華州。境中多神祠，金碧照映。涉敷水，水大溢，近華陰縣十里許，官道乃成江河，行旅苦之。【略】途經蓮花寺，平地突起巨石，縱横田塍間，如獅象者以千百計。其南皆水，所謂白崖湖者，即胤伯祉園故地。宿岳廟。

二十六日，晴。晨起謁西岳廟，登萬壽閣，觀二華出雲。【略】宿潼關。

二十七日，晴。西安張别駕晟送至關外别去，二李子送於皇天原。原北有楊伯起故居，其東即荆山、鼎原，所謂鼎湖也，上有軒轅祠。過閿鄉舊城，廛市尚數百家，有閿亭。食盤豆驛，涉郎水，李義山詩「思子臺前風正急，玉娘湖上月應沈」，即此。與河中永樂鎮隔河相望，永樂即義山所居也。過戾太子冢，有望思臺、泉鳩水。午後抵閿鄉縣，河南(河南)府境。

二十八日，晴。食達子店，店北有晉龍驤將軍王濬墓。過稠桑，涉稠桑水，《春秋》「虢公敗戎於桑田」是也。過關龍逄墓、弘農故城、古函谷關，關南有尹喜宅，旁據衡嶺。下臨弘農澗，西北入河，濁浪喧豗，不啻灞水。抵靈寶縣，宿。

二十九日，夜大雨，晨稍止。即發東郊，過許襄毅公進賜阡。【略】阡倚東原，俯黄河，面中條，形勢甚偉。今贔屭相望，而松楸無復存者。涉好陽水，有曹陽亭，漢孝獻皇帝故迹。食曲沃鎮，縣令門人孫宗彝别歸。涉譙水、橐水，午次陝州，右虢國。【略】晚宿磁鐘。

三十日，雨竟日。食硤石，古二崤也，與函谷東西相距有七十里。《左傳》蹇叔曰：「崤有二陵焉，其南陵，夏后皋之墓；北陵，文王之所避風雨也。」峻坂崎嶇，加之泥淖，二更始抵石壕，即杜詩中所云之「石壕吏」者。是日困甚。

七月初一日乙卯，涉澠水，阻雨澠池縣。

初二日，【略】涉澗水，食千秋鎮，至鐵門，及新安城南，凡三涉澗，即夏周《書》之澗瀍矣。【略】宿門人張令琦署。夜雨。

初三日，陰。新安東門外一里即漢之函谷關。【略】食磁澗，見壁上蓬池吴閶章三詩，辭翰並傳。午晴，渡洛水，抵河南府洛陽縣治。

初四日，晴。食白馬寺。【略】傍洛水行，水北邙山，水南望見伊闕、伏牛諸山，其東即少室、太室，諸峰秀出天表。抵偃師縣，商之西亳。

初五日，晴。門人盧氏令謝廷爵前一日追送及此，食孫家灣，謝别。歸舟截洛水而東。

初六日，大雨，自子迄午。冒雨行，鞏東皆羊腸鳥道，淫潦載途，十步九躓。二十里洛口，即洛水入河處。二水泛溢，腴壤悉成江湖。顔令别歸。登大伾山，成皋古城踞其上，山盡處即虎牢，亦名崤關。東阻汜水，縣以得名。

初七日，陰，不雨。自汜以東皆夷塗，沙路亦少泥淖。食滎陽縣。【略】涉索水，出嵩渚山。四十里次須水鎮。涉須水，出萬山。又十里涉京水，出嵩渚山。漢與楚戰滎陽南京索間，即此。過周敬王之墓。【略】宿鄭州，是日行百一十里。

初八日。鄭東五里有僕射陂，後魏以賜僕射李沖，因名。陂廣十餘頃，水光可鑒，夾岸皆垂柳，白蓮正華，清芬襲人，不啻萬柄。其上有鳳皇臺、李衞公祠。四十里次圃田，《爾雅·十藪》所謂「鄭有圃田」者也。【略】晡抵中牟縣。

初九日，晴。過南湖蒲蘆亭，張林宗民表常飲酒於此，予易名墊巾亭。過板橋，汴河下通舟楫，達朱仙鎮。唐小説記板橋三娘子事甚怪異，即此地。食水月庵，精廬甚雅。【略】晡抵開封府祥符縣治。

十一日，晴。發汴，李中丞蒲陽偕藩臬諸公餞於曹門。【略】過小黄古城。【略】抵蘭陽縣。

十二日，晴。【略】食儀封縣。【略】抵考城縣，歸德府境。

十三日，雨。自劉家樓渡黄河，秋水時至，百川灌河，兩厓之間，不辨牛馬，幸風浪不作，遂達北岸。食留董集，雨益甚。抵曹縣，山東兖州府境。

十四日，雨。食安仁集，午晴。自曹而東，地形窪下，一堤防黄、運兩河之水，堤外盡爲澤國。抵城武縣。

十五日，晴。食秦壇村福勝院。【略】自此而東五十里，悉行水中，肩輿䠐㕒，僕馬痡瘏，入夜始抵金鄉縣。

十六日，晴。舟發金鄉，柳色波光，宛然江國。西望水天無際，南、北二堤之外，惟見漁舟往來，悉民田也。自秦豫以東千餘里，水潦爲災，莫此爲甚。抵南陽易舟，廛市千家，帆檣林立，爲運河孔道，其湖南與昭陽相接，魚臺縣境。

十七日，雨甚，風逆，舟行甚遲。任城以南，四望如洞庭、彭蠡，東見鳧、嶧諸山峰，縹緲若海中神山。暮抵濟寧州，宿東關逆旅，地主無至者。

十八日，雨。【略】雨中過嶧輝，遂出北關，過陳伯庶丕績，不遇。十里過漢尚書鄭均墓，又十里過議郎何休墓。次顔村，復聖之裔聚族於此。入夜涉洸水，宿高吴橋。伯庶自汶上來，夜話。

十九日，雨，頃之稍霽。食寧陽縣。【略】舟渡汶水，岱岳、徂徠，隔水南北相望。東岸有龍母祠。入夜宿東項，泰安州境。

二十日，微雨。行岳下，雲起膚寸，風雨暴作，岳色咫尺不辨。過長城，有姜女廟。入夜，抵安福店宿，長清縣境。長清古山茌。

二十一日，雨時作時止。食桑柳店，過固山、厥山，固山之巔有神祠，松柏被山；厥山下一水西南流，有橋跨其上，極巨麗。【略】宿黄山店。

二十二日，快晴。次郡城，觀於趵突泉。

二十三日，晴。過章丘縣。【略】至新店，飯焦吏部隆吉毓棟所，過故少司徒焦公石虹毓瑞宅。遂行抵鄒平縣，晤同年前御史馬右實光，時歸自塞外。宿張甥秉鐸齋，貽西弟至。

二十四日，晴。過長山縣，涉灉水，新築石堤，甚壯麗。午刻抵舍。是行往返萬一千里。

李紱《穆堂别稿》卷四《雲南驛程記》上　康熙五十六年四月【略】二十二日，辰刻啓行，惟京營遵例，撥馬兵六名。至盧溝橋，則馬兵四，步兵二矣。【略】晚至良鄉縣。【略】廿三日，至涿州，始與中路分行。【略】廿四日，至定興，仍雨。廿五日，至安肅。【略】廿六日，予病馬數匹，日晏始至保定。【略】廿七日早，乘馬行四十里，至陘陽驛。【略】是晚宿慶都縣。【略】廿八日，行五里，有坊，曰「堯母第一泉」。又二十五里至清風店，又三十里至定州。【略】廿九日，過定州五里，有坊，曰「古鮮虞國」。又二十五里至明月店，又二十里至新樂縣，又四十里掠藁城西界，入真定縣境，至伏城驛宿焉。

五月初一日，晨起走三十里，至拐角鋪。又三十里至真定府。【略】行五里，渡滹沱河，河水甚濁，若黄河然。日晡至欒城縣。【略】初二日，由欒城六十里，至趙州早飯。五里至大石橋，【略】又二十五里至王莽城，又二十里至柏鄉縣。【略】初三日，早發，行三十里，至尹村河。【略】又三十里至内邱縣。【略】余騎馬行六十里，至順德府城。【略】初四日，早行，出城南，【略】三十里至沙河縣。【略】初，邢臺縣覓羸車不得，以牛車負行李，甚遲鈍。【略】又三十里至臨洺驛，宿公館。明日重午矣。晨發臨洺，行二十五里，至黄粱夢。【略】又二十里至邯鄲縣。【略】以上直隸。初六日，發邯鄲。【略】行二十里，至趙城，入河南境。又二十里至車騎關，稍前十里許爲廣濟橋。過橋而南，凡二十里至磁州。【略】初七日，過磁州五里，有橋曰滏陽，其下滏水經焉，水狹而流駛。又十五里，渡漳河。【略】又前爲豐樂鎮，入安陽界。又五十里爲彰德府。【略】初八日，四十里至湯陰，【略】又十五里至宜溝驛。初九日，【略】行三十里，過石橋。橋用石板平架，凡三十架，下跨淇水。過橋爲高村，則淇縣界也。益兵二人。又三十里至縣。【略】初十日，發淇縣，出南關五里，有石橋，下跨小谿，旁豎碑曰「斮脛河」。又二十五里至段方鋪，【略】又二十里至衞輝府。十一日，由汲縣西行五十里，至新鄉縣。【略】十二日，早行，四十里至小冀鎮，又二十里至獲嘉縣亢村驛。【略】十三日，早行。五十里入滎澤界，過黄河。【略】過河又十里爲患濟橋，去滎縣治十里。【略】十四日，行五十里至鄭州，宿州之北關。十五日，行五十里至郭店驛，驛屬新鄭。【略】十六日，行四十五里，辰刻至新鄭縣滎澤。【略】十七日，四更出新鄭東門，渡洧水，俗呼溱洧河。【略】行三十里至七聖店，即七聖迷途處，俗呼七王店。又六十里至禹州。【略】十八日，早起，乘馬行三十五里，至閤砦早飯。旋乘轎行十五里，至王落子鋪。又二十里至襄城縣。【略】十九日，早行，三十里至新莊，又二十里至汝墳橋。平布石板，長里許，下爲汝水。又十八里至葉縣。【略】將近澧水，上有平版，石梁長可半里，下跨澧水，故縣驛從澧水名。二十日，早起，行三十里至葉舊縣，即古昆陽城。【略】余至此復乘馬行，十里至廟兒崗，又十里至柳莊。始乘轎，十里至保定驛，止焉。【略】二十一日，入裕州界，行二十里至龍泉店，民居頗盛。有市，長半里許。又十里至扳倒井，【略】又行三十里至裕州，止北門外新街。【略】二十二日，行三十五里，至趙河早飯。又三十里，有橋，曰當陽。過橋爲博望驛，止焉。【略】二十三日，早行三十里，涉淯水，至新店。又三十里至南陽府。【略】廿四日晨，出府南門，復涉淯水。【略】三十里至三十里屯，循白河南下，又三十里至林水驛，止焉。【略】廿五日，行六十里，至新野縣。【略】二十六日，早起，率車强行三十里，復渡淯水，至新店鋪。又十五里至南通鋪，過石橋，橋旁有碑，曰湖廣北界。迤南皆山路，車不能行，始僱襄陽民夫，舁三十里，至吕堰驛宿焉。以上河南。【略】二十七日，自吕堰驛早行，三十里至葉家店，又十里至桃樹店。【略】行二十里，至樊城。【略】南過漢江，江面才二里。【略】登岸爲襄陽府，即古大堤城，入北門，宿學院。二十八日，【略】出南門，【略】過橋南行，左漢水，右峴山。【略】緣漢水行，五十里有小河，東注漢水，疑即所謂檀谿者。渡河，有市曰小河口，午飯。復行四十里，至宜城縣。【略】二十九日，早行四十里，至新店鋪。飯已，渡小河，問其名，舟人曰蠻河也，地故名蠻河鋪云。又行山路五十里，至麗陽驛。【略】三十日，早起，乘馬行山間。【略】凡四十里至樂鄉關，漢江東南去，始不復見。又二十里至石橋驛。

六月初一日，早行二十四里，至小南橋，又三十六里至荆門州。【略】自宜城以南，悉行山路，近二百里，仰而登山，俯而涉谿，無三里平坦者。【略】初二日，四鼓起俶裝，以驛道遠，早行。騎馬出州南門，即逾高山，上下近五里，所謂虎牙關也。自是地勢平坦，頗多荒蕪者。二十里至剁刀石。【略】又行二十里，至團林鋪早飯。又十里至鴉陂鋪，又四十里至建陽驛。【略】初三日，早起，乘馬行四十里，至司坊早飯。又五十里至荆州府。【略】初四日，黎明行五里，度荆江，即岷江也。【略】江中有大州，劈江爲二。又兩岸不正對，須溯流十里，斜刺至流水口登岸，連亂流約二十里許。流水口【略】一名虎渡口，有村店，去岸三四里許，至村早飯。復行三十里，至公安之孱陵驛止焉。初五日，早起，行二十里，至紀湖堤。【略】又二十里至馬廠港。【略】又十五里至公安。【略】初六日，早起，乘馬至驛，渡小谿。谿即江水自虎渡口别出分入洞庭者。既渡，又行三十里，至張莊鋪早飯。是日天陰，復乘馬，行二十里，至關山鋪。有山谿，溢爲湖，可通舟楫。谿有橋，過橋屬澧州境，蓋湖南、北分界處。日漸午，始乘轎行二十里，至順林驛。【略】以上湖北。初七日，發順林驛，十里至涔河鋪，天始明。河廣才五六丈，渡河。五十里至澧州。【略】初八日，早起行里許，渡蘭江，土人名爲星河，下流東入江水。又里許渡一水，土人名爲外河，下流南入洞庭。行二十里，至新渡塘，所渡水疑即所謂綉水者。又十里至東山鋪，又五里至檀木堰。【略】又五里至五泉鋪，又二十里至清化驛止焉。初九日，【略】騎馬行四十里，至鰲山鋪。【略】又十里至柿子鋪，入常德境。又二十里至大龍驛。【略】自此以南皆山路。【略】初十日，騎馬行二十里，至四十里鋪天始明。又二十里至二十里鋪，又二十里至常德府西門外。【略】使滇黔者例於此停一二日，换山轎，名爬山虎，蓋常德而南皆危陂峻嶺，非常轎可行也。【略】十二日，早起，騎馬行高堤上，左玉帶河，右臨湖水。【略】二十里至河洑塘，【略】又十里至陬谿鎮，渡朗水。又十里渡小谿，又三十五里渡延谿，又五里至桃源縣。十三日，早起，行二十五里至白馬渡，即沅江也，廣五里。既渡，陟高山十四五里，至桃源洞。【略】下山五里許，漸就平坦。渡小谿，疑即漁人溯舟處，土人名曰水谿。又十里渡辰谿，又五里至鄭家驛。十四日，雞鳴起，騎馬夜行三十五里。【略】至楊谿橋天明，始乘轎。又三十五里至新店驛。【略】夜分即行，【略】行三十里至太平鋪，天猶未明，始乘轎行，十五里至官莊，又十里至辰龍關。【略】又五里至界亭驛，丞亦他出。是日山谿迴複深阻，每逾一山，即涉一谿。營卒云：「今日所歷凡四十八谿，在此間所涉不過尋丈，出百十里外皆廣川矣。」【略】十六日，早行，十里至清捷鋪。【略】又十里至馬鞍鋪。【略】又十里至獅子鋪，又十里至枏木鋪，又十里至楊步塘。【略】稍前爲芙蓉關。【略】自辰龍關至此，凡六十里。【略】驛路如鳥道一綫，緣山腹盤旋，據高山，臨深澗，失勢一落即齏粉矣，不知視蜀道如何也？過芙蓉關，山稍開朗，十里至馬底驛。【略】十七日，早行十里，歷青山坡，至白霧鋪。【略】凡十里至松谿浦，又十里至馬廖關，過關爲淘飯鋪。【略】由淘飯鋪而西，二十五里至望城坡。【略】又五里至辰陽驛。【略】十八日，早行三十里，至仰谿鋪。又十里，至麻谿鋪早飯。又十里至楊谿鋪。【略】又二十里至船谿驛，蓋盧谿屬地。十九日，夜分起，騎馬行八九里，至一小坡。【略】又十里至楊木凹。【略】又二十里至辰谿。【略】振轡疾驅，入城東門，出南門渡河。河即沅水，有黔水自南來會。既渡，【略】乘轎行三十里，至山塘驛。【略】二十日，早起，騎馬行四十里，至中火鋪。【略】既飯，渡小水，行二十里，至大山鋪。又十里至白牛鋪，又十里至懷化驛，屬沅州境。【略】二十一日，辰起，雨稍止。騎馬行四十里，至盈口。【略】乘轎二十里，至羅舊新驛，實馬公坪也。【略】二十二日，四更騎馬行，二十里至羅舊舊驛，又二十里至汎州鋪。【略】又行二十里至沅州。【略】二十三日，早乘馬行，二十里天始明。又二十里至冷水鋪，乘轎行十五里至小栗子關。山坡甚峻，復乘馬行，五里至大栗子關。山益峻急，下坡乘轎。【略】稍前爲白馬店，【略】又前二里爲便水驛。廿四日，早起，復渡沅水。行十五里至蜈蚣關。【略】又三十里至晃州驛。以上湖南。

李紱《穆堂別稿》卷五《雲南驛程記》下　［康熙五十六年］六月廿五日，早起，自晃州騎馬行，四十里至鮎魚堡，屬平谿衛。【略】廿六日，乘轎行二十里，至秋谿浦。乘馬行十里，至羊坪。【略】又十里，至漫坡，復乘轎十里，渡沅水，至清浪衛東關。【略】二十七日，【略】乘轎十里，至梅谿哨，又五里至栗子衙。【略】稍前爲栗子坡，甚陡峻。又五里爲小谿哨，又十里爲平戀哨，又十里，復渡沅水，至焦谿哨，入貴州鎮遠界。午飯。乘馬行十里，至武定塘。又十里至大武塘。【略】然日午暑甚，復乘轎，十里至盤石塘，又五里至鎮遠府。【略】二十八日，以雨故，天明始行。乘轎十里，至文德關，舊名油榨關。坡甚陡峻，關在山嶺，路出石罅間，才可容一騎。又十里至相見坡。【略】又五里至華嚴洞。【略】又五里至千谿鋪。自辰龍關以來，坡嶺峻絕，肩輿非引繂莫上，復用繂夫。又十里至望城塘，又十里至施秉縣偏橋驛。【略】二十九日，强起，行十里，至草塘鋪。又十二里至秤鈎坡，八里至濫橋，又八九里過石橋。【略】十里至十里橋。【略】又十里至興隆衛，亦曰新黄平州，與舊州相距尚三十里。

七月初一日，【略】行十里坡路，至黄猴塘。稍前三里許爲石頭鋪，多旅店。又十里爲周洞塘。【略】又前三里許爲十里坡，又十里至重安驛。有丞不迎送，換馬而行。稍前渡重安江。【略】既渡，有鋪曰對江。又前五里，有危坡，曰老君關。又前爲觀音坡，凡五里至羅仲鋪。【略】行十里至洛登鋪，復下十里至清平縣。【略】初二日，强起。冒雨行五里，有橋曰五里橋。又五里至洛邦鋪，五里至蠟梅塘，有小坡。又五里至黄茅嶺，嶺有塘，曰白泥。又五里至楊老驛，換馬。【略】下陡坡，過重安江，復上小坡，凡四十里至雞場鋪。又五里至陡箐營，又五里至三郎鋪。一路危坡怪石，險仄可畏。【略】又前五里至官田塘，又二里至葛鏡橋。【略】過橋三里至平越府。【略】初六日，早起，行三四里，過陡坡。【略】又六七里至谷子鋪，又十里至西陽鋪。【略】十里餘至黄絲驛，有小城，止焉。【略】初七日，早起，行十里，過高坡，至冷谿。又五里至小江西坡，坡短而峭急。稍前數里有陡坡，曰谷蒙關，舊名谷忙。過關八里至巖頭。【略】又五里至玉樞觀，觀在高坡旁絕頂。一路清谿白石，五里至新添衛。【略】初八日，天明，行五里至馬桑衛，又五里至乾谿哨。又五里上陡坡，至憑虎洞。【略】下坡，又五里至瓮城，又十里至新安堡，午飯。行陡坡，五里至山隘，爲雲頂關。【略】又前五里爲隴聳鋪，稍平。十里至麻子鋪，又十里至龍里縣。【略】初九日，早起行數里，過雞鳴關，又數里至高寨，天始明。又十里至谷脚鋪，又五里至黄泥哨，天微雨。又十里至龍硐鋪。【略】又十里至圖寧關，山石峭拔夾道。過關里餘，至貴州省城。【略】初十日，【略】余以驛遞馬多闕，特停一日。【略】十一日，

【略】强行十里至阿江鋪，又十里至湯粑哨，雨稍止。又十里至狗場鋪。【略】行十里，至黑泥哨，又十里至清鎮縣。【略】十二日，早起，行十里，過的澄橋。【略】又十里至長寧哨，又十里至蘆獲哨，又十里至鴨場。【略】又行十里至龍井灣。【略】又前十里至界首鋪，又十里至安平縣。【略】十三日，早起，冒雨行五里，天始明。又五里至沙作鋪，又十里至飯龍鋪。【略】又前五里曰水橋。【略】渡橋，早飯。又五里至楊家關。【略】過關二十里，至羅德鋪。【略】又十里至安順府。【略】十四日，早行十里，至楊家橋。又十里至馬場鋪，俗呼腰鋪。又五里，至大山哨早飯。【略】又十里至龍井鋪，又十里至鎮寧州。自貴陽至此，凡四站。【略】十五日，早起，行五里觀音洞。【略】又五里至安莊鋪，即舊安莊衛也。【略】又前十里，爲白水河。【略】行五里，至黄葛樹早飯。【略】又前十里爲雞公背。【略】下坡里許爲關嶺驛。【略】十六日，早行五里，至小箐哨，又五里，至小關索嶺。【略】又十里，陟安籠箐，【略】過箐數里爲胡椒凹，過凹爲象鼻嶺。【略】下嶺五里爲永寧州。【略】十七日，五更起行，明月如晝。永寧峻處山巔，出郭復上小坡。【略】稍前約四五里，復穿雲而上，陟巍坡，至梅子關。【略】復行三里，直下爲竹竿坡，緣隴而西，陡行二里許爲黄土坡，又上五里爲白雲哨，高入霄漢。又下五里至新鋪，又下五里爲北極觀，又下五里至沙灣。【略】出沙灣，即至盤江。【略】過橋即上盤江，山石道陡峻，百盤而上，約高五里，至盤江哨。又十里，至普安州之保甸鋪。早飯盤江驛，於此換馬。又行十里，至哈馬莊。【略】凡十里至安南縣。【略】十八日，早起，行二里許，至老鴉關。【略】又前四五里爲砂子嶺，山路碎砂，陡峭直下，甚險。【略】又前十里爲蠟谿鋪，又前有山坡，曰黄龍倒挂。【略】四里至一谿，有石橋跨其上。問土人谿名，曰大橋河。【略】自安南縣至此，【略】約二三十里。【略】過橋，上江西坡，峭急。五里至驛所，早飯。復緣坡上，十里至泥納鋪，向前漸平，十里至芭蕉關，又十里至普安縣。【略】十九日，早起，行十里，上小坡。【略】又前十里爲三板橋。【略】又前五里有陸坡。【略】又前數里爲草納鋪，又十里至軟橋驛止焉。【略】二十日，雨稍止，戒行。驛故在山半，緣坡下二三里，至軟橋。【略】稍前上峻坡，長二三里。【略】下坡六七里，至撒馬鋪，即普安舊治。又十里至水塘鋪，路漸平坦。又五里有狗場坡，陡急，數十盤始下。又五里至普安州。【略】二十二日，早起，行三里許，上陸坡，曰擺龍尾。又三里許至坡頂，有元壇廟。稍前有坡，曰仙人背。直下，又三四里至蒿子鋪。【略】過蒿子鋪，十里爲海子鋪，舊名易納鋪。【略】又十里至大坡鋪，山坡坦易，不稱所名。又十里至鵝瑯鋪，又十里至三一谿。【略】過谿半里即亦資孔，有小城，止焉。【略】二十四日，早起，行三里，始天明。又七里至魯尾鋪，舊名火燒鋪。稍前，過魯尾橋，其水即三一谿，三水之一也。又五里過長坡，至平彝鋪，舊爲平彝所。【略】又十餘里有坊，曰「滇南勝境」，入雲南界。【略】又三里至宣武關，又十里至平彝縣公館。以上貴州。二十五日，早發平彝，二里許有橋，跨小谿。過橋，至青谿洞。【略】又五里上揚威哨坡，坡長五六里，哨在其頂。又三里至永福哨，又五里至多羅鋪，有小平坡。又七八里至山梨果鋪，又七里至土地坡。【略】又五里至腰鋪，又十里至乾溝鋪。【略】又十里至白水驛。【略】天明，戒行，是爲二十六日。行七里至海家塘，又八里至分水嶺，過嶺平坦。【略】又五里至獨樹嘴，又五里至秧草灘。【略】五里至海子鋪。【略】土人云：周三百里，即舊時海子，今淹爲田。然官道穿隴過，西抵霑益州城才五六里。【略】二十七日，早起，【略】至作新橋。又五里至廟坡。【略】又十五里至三岔口關。【略】稍前五里爲麪店。【略】又前十里爲嚮水坡，又十里爲大海哨。【略】又十五里至馬龍州。二十八日，早起，行五里至昌隆鋪，或訛爲蒼狼鋪。【略】又五里爲小哨塘，又五里爲蛇橋灣。【略】近十里許，至黄土坡早飯，即舊時魯婆伽司也。【略】又十里至白塔鋪。【略】又五里至婆婆灣。稍前爲馬龍，尋甸分界處。凡五里至下板橋，又五里至獅子口。【略】又五里至涼漿哨，又五里至關下村，過村即陟小關索嶺，平險相伴，凡五里至頂。【略】下坡五里至易龍驛，即舊本密所。二十九日，早起，行十里，至多衣樹塘。【略】又五里至雙婆樹塘。【略】又十里至果子園，村落頗盛，有集場。村後小河，經海子，達楊林驛，下流至尋甸。【略】又七里，至河口早飯。又三里至腰站，又五里至牛肝哨。【略】又前十里至大山哨。【略】山下有羅旁鋪，又前五里有羅良村。【略】又十里海始盡，至楊林驛，即舊時楊林所，今屬嵩明州。

八月初一日，【略】行十里至者察鋪。【略】又五里至小哨，又五里至長哨。【略】又十里至赤水鵬，一名潢水塘。又五里至分水嶺，又十里至觀音哨。【略】五里至板橋公館。【略】初二日，【略】行二十里至放馬橋，又十里經金馬山側，過歸化寺。【略】又十里至雲南省城南關三市街。凡七里入城，至公館。以上雲南。

杜昌丁《藏行紀程》 庚子［康熙五十九年］十二月初八日，雲貴總督蔣公陳錫因奏、蜀、滇會勦西藏誤粮，奉命進藏效力贖罪。藏故險阻，非人所行，從者皆散歸。余於公有知己之感，誼難舍去，獨以倚閭之望不能久稽，請以一載爲期，送公出塞，因遣僕從孤身就道。

十六日，別署中諸友，乘馬至德勝橋登舟。由近花圃水行，三十餘里至碧雞關。【略】抵關陸行，三十五里安甯州宿。

十七日，行七十里，宿老鴉關。

十八日，行七十里，至禄豐縣。縣令張公遠邀宿署中。

十九日，行七十里，至捨貲宿。

二十日，行五十五里，至廣通。縣令劉公淑亦邀入署，未果。

廿一日，行七十里，至楚雄府，宿公館中。

廿二日，行七十里，至吕合宿。

廿三日，行三十五里，宿鎮南州署中。

廿四日，行三十五里，至沙橋。天氣嚴寒，宿旅店中。

廿五日，行七十里，至普淜宿。

廿六日，行七十里，至雲南堡宿。

廿七日，行七十里，至白崖宿。

廿八日，行七十里，至趙州。是日過定西嶺。

廿九日，行七十里，至大理府，宿永昌道白公洵署。是日途中遊獵，野羊甚多。健卒追，不能獲，惟獲斑鳩三四枚。野羊即黄羊，大如鹿，最輕捷，土人云其味肥美，勝於羊也。

辛丑正月初一日，由大理北行，九十里至沙坪宿。自大理以北，皆巡試所未經，山川之秀爲迤西勝。沿點蒼山脚望十九峰頭積雪，寒氣透入骨髓。過浪穹縣，沿河窄岸約八里許，其險視黔中永昌更甚，心竊畏之。

初二日，早行，十五里至鄧川州。道旁兩岸皆水，北風甚厲，較之省會寒逾十倍。又行五十五里，至三營宿。

初三日，行三十里，至觀音山巡檢司宿。有觀音巖，頗幽僻。

初七日，行七十里，至劍川州。州牧王公世貴邀宿署中，備衣裝，覓騾馬，整葺氈帳鞍轡刀箭弓弩火器之屬，召募壯丁土兵，共一月。至廿七日，蔣公孫枏字廣蔭，同顧子善長自京師兼道，追送出塞。

二月初一日，滇中領兵都統五哥率所部自藏凱旋。蔣公往迎，詢塞外風土及途中形勢甚詳。自中甸進藏有兩路：由天竺寨又木多一路，道寬而遠，多夾巴高山大川，爲滇蜀會兵孔道。由卜自立阿敦子擦瓦崩達洛龍宗一路，高坡峻嶺，鳥道羊腸，幾非人迹所到，然頗近，五公凱旋所由。遂定走阿敦子。夾巴，譯言賊也。

初三日，五公旋省，蔣公出塞，撫軍甘公國璧亦於是日出塞，旌旗相映，絡繹數十里。行六十里，至九河關，宿氈帳中。華夷已別，所對麽些猓猓，黄沙白草無人煙，埋鍋造飯，訓練行伍，不勝去國之悲。

初四日，五鼓束裝，天明早膳，起行，五十里至阿喜渡口，麗江土府所屬。過阿喜即猓猔地矣，阿喜即金沙江，發源木魯烏蘇，入永北府界，經姚安武定叙州，至岷山，歸長江出海。《禹貢》岷山導江，言導自岷山，非源出岷山也。

初五日，渡金沙浮橋，北岸木撤灣下營，無人煙。是日約行數里宿，營門閲射。

初六日，行六十里，至黄草壩宿。是夜有虎警，大操募兵，火器弓矢並舉，依然大觀。

初七日，行五十里，至咱喇姑。又行十五里，至橋頭宿，有虎警。

初八日，行三十里，過螺螄灣十二闌干。又行三十里，至土官村宿。十二闌干爲中甸要道，路止尺許，連折十二層而上。兩騎相遇，則於山腰脊先避，俟過方行。高插天，俯視山溝深萬丈，麗江、雪山巍然對峙，古木蒼崖，目不勝賞。然絶險，爲生平未歷。

初九日，行六十里，至一家人宿。渡江以來絶無人煙，晝習射，夜枕戈，有從軍之況焉。

初十日，行五十里，至挖木郎提督張公谷貞領兵駐此，策應伐木，結寨塞外，大規模也。張公隨凱旋兵歸署，因宿空寨中。始有人家，萬山中忽見平原曠野，猓猔數家，不成村落。

十一日，寨中歇一日。浴温泉，歸營習射。温泉去寨五里，水頗熱，無房屋。旁有數家，其婦女伺人浴必薄而觀之。張幕以避，羣然笑之。

十二日，行五十里，至小中甸。過木橋，約行四五里下營。居民較挖木郎更多。

十三日，行五十餘里，至大中甸，番名結黨。出塞第一部落，有營官，番名碟巴。有喇嘛寺，大喇嘛一人。【略】居民二百餘户，皆板屋。【略】時積雪封山，往來斷絶，暫駐中甸。雇覓騾馬一百六十頭、夫四十名。馬每頭四十兩到藏，夫每名二十四兩到藏。立文書，名信子。俟雪消起程。

十八日，黎明鄰居失火，延燒將及寓樓。幸早覺，即集兵丁救護移徙，倉卒無可遷之地，不得已立營曠野中。行李甫畢，燄已及，頃刻成灰燼。【略】午後大雪，火熄。

十九日至廿五日，住。陰晴不時，地多雪瘴，飲陰泉之水者皆喘急，手足觸雪即墮，兼傷目。余卧病三日，不敢服藥，亦無覓處，出汗而愈。

廿六日，少晴。

廿九日，大雪。

[三月]廿七日，探使從阿敦子歸，云積雪已消，遂議前進。

廿八日，遷營中。逐隊分撥派遣，驗馬。先是，青馬頗馴健，爲厩人誤食沙土，脹死。今所選雖堪驅策，而回念十二闌干所寄此一身者已歸烏有，前途險惡更甚，餘馬當不知何如也，爲之憮然久之。中甸有大河，馬牛死，皆棄於水。

廿九日，行二十里，至箐口宿，馬力甚疲。是夜忽傳有免進藏之信。

四月初一日，易黔驢，行五十里，至湯碓宿。

初二日，湯碓歇一日。發家信。

初三日，又行五十里，至泥西宿。

初四日，行四十里，至橋頭。有温泉，在江邊山脚下，景可入畫。時炎熱，浴於泉，風於橋上。過橋一大嶺，蒼翠插天，來日所行之路也。

初五日，上嶺路窄而陡，皆石檻也。山行六十里，至崩子欄，即卜自立，川中所屬，係泥塘小部落。舊轄麗江，吴逆割賂吐蕃，遂爲外地。頗産米麥，滇中進藏必由之路也。

初六日，金沙守渡弁來云，瀾滄橋已斷，修造尚需時日。

初七日，甚熱。遥見深林，攀援而至，有核桃樹一株，廣可數丈，少憩。旁有居人，名格土木，率子女獻茶酒果物，因遷寓兩月餘。卜自立山水頗佳，風土亦善，飲食居處都無所苦，惟暑熱太盛，不減江南六七月也。

五月廿四日，橋功將成。詔令偕駐藏滿兵同行，始知傳聞之訛，於是急謀啓行。時募兵逃亡殆盡，行文捕捉無虚日，所存三十餘人皆非馴良，頗事防閑。

六月初二日，崩子欄啓行，六十里至杵臼。乘黔驢，有疲意。

初三日，易海騮馬，從杵臼上小雪山。早甚熱，至半坡寒風逼人，蔣公中寒病矣。余幸著羊裘，得無恙。

初四日，蔣公病痢，不能行，歇一日。雪山通亙二百里，不甚高，有樹木，不生草，亦無人煙。水不可飲，飲則喘急，甚至傷生。有白蟒能興雲霧降雨雪，觸之即病，過者皆銜枚疾走，人少則晴朗如常，若一喧雜，必遭其毒。時兩家並進，約有五百餘人，宿則鳴鑼放礮，雨雪連緜，故多病者。

初五日，營中以無草，騾馬飢號不已。計至阿敦尚有二程，羣請扶病前進，至阿敦養病。大雨中行五十里，至龍樹塘。宿地無寸平，亦無寸乾，立營寨帳中，陰溼之氣上蒸，如露處，坐卧維艱。略睡片時，右臂已受陰溼，痛不能舉。

初六日，扶病上馬。雪片大如鵝毛，途中所見花卉四時皆備，多中國所未見。一種似菊而小，五色，葉如芝蔴，番名鶴來蜜塗。蜜塗譯言花也，鶴來則不得其解。行五十里，至阿敦子宿。七林家養病半月。

二十日，蔣公以催續餉，遣孫枏同顧子善長東歸瀾滄。浮橋垂成，作別啓行。臂痛猶未愈，扶痛行五十餘里，至多木宿。七林回家。自此北行過鹽井，數日即小天竺、大天竺，滇蜀會兵必由之路也。西即瀾滄。

廿一日，歇。聞山頂有温泉，能療疾。扶痛而上，約五六里至泉，熱氣蒸人，浴時臂痛殊酸癢，頃之痛稍止。又一泉，功少遜。又一泉，冷熱交注。有丹砂洞，中鐫大篆云「老君煉丹處」，亦能去病。浴罷徧身發疹，惟右臂不發而痛已愈。

廿二日，蔣公往浴温泉。午後，守橋者報橋成，橋去多木四十餘里。約次日五鼓，乘早涼水小而過。

廿三日，五更結束，沿江行五十里至橋頭。甘公已先渡，坐山巔。蔣公扶輿而下，面有恐色。蔣公度量素淵泓，寵辱不驚，聞命時淡然言笑，絶無憂疑驚恐之色，賓朋僚屬無不服其雅量，至是亦少改其度。石屏牧劉公洪度以委查糧運，駐阿敦，固請乘輿過橋，不聽。祭江畢，令二童扶掖而前，余杖策以從，劉牧隨焉。橋闊六尺餘，長五十餘丈，以牛皮縫餛飩數十隻，餛飩應作渾脫。竹索數十條貫之，浮水面，施板於上，行則水勢盪激，掀播不甯。蓋江在大雪山之陰，雨則水漲，晴則雪消，故江流奔注無息時，舟筏不能存，橋成即斷。土人絜竹索於兩岸，以木爲溜，穿皮條縛腰間，一溜而過，所謂懸渡也，俗名溜筒。江時畏竹索之險，故俟橋成。是日巳刻水高橋二尺餘，波浪衝擊，蔣公幾至傾覆，賴劉牧扶掖得免。余雖不至傾跌，而水已過膝。過片刻，橋即衝斷，墮水三人，一以足指挂索得生，余則無從撈救矣。生者昆明募兵楊嘉祥，素馴謹。死者係麗江麽些造橋匠役也，不知姓名。人馬行李皆從竹索過，三日始畢。渡江爲黑喇嘛所屬地，更寒苦，所有惟牛、羊、牸粑，若米、豆、菜、蔬、魚、肉、雞、鴨不可得矣。

廿五日，行六十里，至梅李樹，險仄較十二闌干逾十倍，寬不及尺，平不及丈，左絶壁，右深淵，出口以來所稱最窄最險，莫過於此。步行，不敢乘馬，行李馬匹有墮水者，不可救矣。

廿六日，行李陸續渡江，候一日始齊。水即瀾滄，山即葱嶺，陰霾之氣無開日。相傳達摩一葦渡江，隻履西歸處也。

廿七日，蔣公祭雪山，然後迆邐上山。巉巖怪石，崚嶒峷岃，無一步可以循階歷級者。用爬山虎攀藤附葛而上，馬四蹏不能並立，斃者不計其數，臭氣觸鼻，不可嚮邇。無草，無人煙，水聲徹夜如雷，樹木參天者皆太古物也。行五十里，稍平處下營，帳房僅下數頂。

廿八日，又上四十里，至山頂平處宿。險處較前更甚，不獨中華未有，即塞外亦未之見也。

廿九日，又上二十里，至最高處，萬山皆在足下。土人云：自木魯烏蘇而南，緜亘數千里，至緬甸插入南海，高莫可比，乃天地間之脊也。自此而西，山勢層疊而下，直至拉撒，拉撒即西藏之中藏也。元人有《岡脊黑水辨》，以此爲脊。東瀾滄，西怒江，皆匯諸小水，南流至緬甸出海者，《禹貢》雍州黑水之上流也。弱水在類五齊，去此千里，崑崙、三危皆其地。山巔晴時蓋少，遥峰積雪，冬夏無異，四月至八月僅消大路之雪，九月以後即封山矣。下六十里，至坡脚河邊宿。蔣公之病深矣，語余曰：「力不能支，死便埋我，不必以骨歸也」。因勸慰數四，且請進藥，不聽。

閏六月初一日，蔣公扶病就道。行六十里，至甲浪，路之仄與莫盧朱、梅李樹同，始有人煙。

初二日，養病一日。甲浪之水皆西流，發源葱嶺，至此始歸怒江，名爲池敞。敞，譯言江湖也，爲池之義未詳。

初三日，蔣公扶病行。六十里至喇嘛臺宿，山尖窄路不減甲浪。將至寺，忽有平地里許，覺馬蹏少適，心胸爲之一開。

初四日，出腰窄路，行六十里，至必兔宿。怒江之水晝夜潺潺，不聞言語，緣江萬丈，俯視江流如綫。間有奇勝，中心惴惴，無暇領略也。是日有夾巴之警。

初五日，行六十里，至多臺宿。

初六日，歇。

初七日，行七十里，至煞臺。路較莫盧朱少寬，而視中國則其窄尚未有也。

初八日，行八里，上小雪山。盤旋至頂，約五十餘里下坡，宿。葡萄甚多，以布尺許可易一二斗也。

初九日，行六十里，至臨米。又行二十里，至喇嘛寺，前驅不見蹤迹，徬徨無措，暫歇寺中。而喇嘛狀貌猙獰，居心叵測，牛馬過其寺門，輒强取，至此未免有戒心焉。少頃，前驅聞礮，來邀復行，十里至營中宿。其地名江木滚。

初十日，行六十里，至札乙滚。有數十家，大橋南有喇嘛寺，路通臨卡三阿曲宗諸部落，有牸粑可以貿易。歇一日。

十二日，行數里，皆沿江。江南北兩峰對峙，天然屏障，壁立水中。疑無路矣，忽復峰迴路轉，窄徑數武，有一橋，過橋又開生面。行六十里，至熱水塘宿。

十三日，行六十里，至三巴拉宿。

十四日，行五十里，至浪打宿。浪打，譯言起馬也。

十五日，行二十里，至木科。又行四十里，至賓達宿。

十六日，歇。

十七日，行五十里，至烈達，復行數里宿。

十八日，行五十里，至擦瓦岡。營官數里外遠迎，服飾甚偉，侍從甚都，俯伏道旁，獻茶果。問風俗，則重譯始通。先是，營官聞蔣公至，遣人修道，至壩臺接壤地。及抵境，邀住署中，制度壯麗，法令森嚴。門懸人頭手足無算，其俗，犯法應誅者，投喇嘛寺即免，中甸等處皆然。住二日。

廿一日，行六十里，至天通宿。有醉馬草，甚肥，騾馬食之皆醉，似中毒者，然不能禁。

廿二日，乘醉馬行，三十里至塔石。歇二日。

廿五日，雨中行，八十里至崩達，副將曹公維城率所部迎於道旁。曹公字敬亭，癸未武會狀也，時以護糧駐此。迎蔣公至營官大石署中宿，住三日。地苦寒，近雪壩，歲止一收。蔣公見余深入，欲遣歸者屢矣。【略】遂决歸計。

廿八日，崩達添雇牛馬，啓行。自此以西，五百餘里無人煙，曹公送於道。行六十里宿，其塞盛夏如隆冬，不毛之地，名雪壩。山凹間有黑帳房，以牛羊爲生，數萬成羣，驅放曠野。見漢人即出盜馬，所謂夾巴也。兵多道死，雪壩山中白骨纍纍。

廿九日，行五十里，宿。夜雪。

三十日，行五十里，宿。

七月初一日，行五十里。雨雪，依水草處宿。

初二日，行五十里，宿。馬疲餓，不勝驅策。

初三日，行五十里，至魯體南始見樹木，尚無人煙。

初四日，行廿里，至瓦河始見人家，耕種不藉人力。又行十里，宿。

初五日，行五十里，至馬里衣。女子挂硨磲瑪瑙戒珠各一串，著半臂，宛然江南也。時有賊盜馬，隨獲之。

初六日，行六十里，至曉葉桑宿。譯言鵲橋也。有大木橋，長四十餘丈，今名落龍橋，下即怒江。水深黑，煮飯皆黑色，即博望乘槎見牛女處也。

初七日，曉發，有鵲橋七夕一律書於石。過橋上大嶺，五十里始陟其巔。又行二十餘里，至小橋邊宿。

初八日，行四十里，至落龍宗，頭藏部落也。有營官，可以雇馬，遂定歸期。營立山頭。

初九日，帳下兵丁環帳慰留。

初十日，蔣公親作家書。是日送甘公及淩子兆鵬，淩字扶九，甯波府庠生，塞外相識。【略】雇脚騾至崩達，每頭白金三兩五錢，一乘一載。立文書，有圖章，用火漆，烙於紙上，文曰「結樹藏人」，皆大篆也。

十一日，束裝定，送蔣公至河邊，揮泪，不忍仰視。俟去騎已遠，然後跨刀獨回。所雇猓猔語言不通，惟會意而已。至曉葉桑，宿甘布家。甘布，頭人名色。

十二日，至波學宿。是日行一百二十餘里，經前所宿者凡五處。

十三日，約行百里，至雪壩中。大雨昏黑，不得已，即於河邊宿。無帳房，而大雨不止，徧體透溼。烹茶，食炒麪少許，和衣而坐。夜半忽有哨聲遠來，亟呼猓猔，不應，自起拔刀叱之。見兩騎隱隱渡河而去，有頃，猓猔始以手加額，曰：「呀部呀部。」譯言「好」也。猓猔名阿傑所那得。

十四日，行百餘里，傍水露宿。

十五日，行百餘里，至黑帳房邊露宿。

十六日，行五十餘里，始見漢兵。雨中至崩達，晤曹敬亭，換脚騾。曹亦將歸，次日同行。

十七日，曹公雇烏拉啓行。雨雪，甚寒。上小坡，幾與疲馬同墜。少頃晴，行八十里，宿塔石。歸途住帳房自此始。

十八日，晴，行六十里至天通，宿帳房。釣魚爲羹，味甚美。

十九日，行五十里，至擦瓦宿。營官家遇蜀中王、何二人，不知其名，皆行間效力者也。寄一信與涪公在兄。烏拉每站給白金二錢。

二十日，行五十里，至賓達，宿康巴。康巴，譯言「房」也。

廿一日，行六十里，至烏雅宿。

廿二日，行六十里，至浪打。

廿三日，行六十里，至三巴拉。

廿四日，行六十里，至熱水塘。

廿五日，行六十里，至札乙滚。

廿六日，行六十里，至江木滚。聞都統五公復領兵駐藏，已至立米，曹公單騎往見，俱宿寺中。

廿七日，都統五哥、吴納哈共領滿兵一千進藏，途中擁塞，歇一日。

廿八日，五公已行，吴公未至，乘空下坡。途遇吴公，高年跨馬，略無憊容。雨中過立米坡，至壩臺，共行七十里。

廿九日，烏拉艱難從行，皆後。歇一日，三更始到。

三十日，晴，六十里過小雪山，宿。彝情刁惡，楷粑馬草深藏不市，軍中有忍餓者，白金七錢易草一束，牲畜幾斃。

八月初一日，六十里至煞臺，宿。去煞十五里名必免，有米存臺。軍中具領，裹十日糧，始有生色。

初二日，六十里至多臺，宿。

初三日，六十里喇嘛臺，宿。

初四日，六十里甲浪，宿，歇一日。烏拉至此止，雇泥塘脚騾過雪山，每頭三兩。其地多産梨、杏、核桃。

初六日，候脚騾未來，先乘曹馬同行，至則令曹僕乘之。行至窄處，馬懸崖驚墜，腸裂而死，曹僕步行獲免。余之不爲淵中魚也，幸哉！

初七日，上大雪山，晴。至半山，忽大霧雨雪，冒雪而上，僕從無不下泪，余步行過頂。宿，寒甚，如隆冬。雪止，焚柴向火，一夜溼衣始乾。

初八日，晴，下雪山，道甚泥濘，死馬塞途，無下足處。下三十餘里，則甚乾。宿梅李樹，歇一日。

初十日，六十里至江邊，路之窄已習慣矣。浮橋已斷，從溜筒過。以百丈之寬而命懸一索，一失足則奔流澎湃無所底止，此中惶惶，然不得不以身試也。令猓猔扶過，初脱手，閉目不敢視，耳中微聞風聲。稍開，見洪流湯湯，復急閉，達彼岸然後開視，坐觀行李人馬俱從索渡，真一奇勝，然天下之險莫過於此也。宿江干。

十一日，三十里過石屏，牧劉公同張若千司戎來接，四騎並行，至多木。飯後兼程，至阿敦，仍住七林家，留十日。

二十日，雨中上小雪山，六十里。

廿一日，雨，行六十里，至杵臼宿。

廿二日，六十里至崩子欄，宿三日。

廿五日，渡金沙，六十里至行多，宿。

廿六日，七十里至湯碓，宿。

廿七日，七十里至中甸，宿。

廿八日，歇一日，雇進口馬脚。居民已復業矣。

廿九日，雨，三十里至箐口。宿董姓麽些家，猓猔自此別。

三十日，八十里至扡木郎，宿。夜雨，甚泥濘。

九月初一日，泥路，六十里至土官村，宿臺兵家新起營房。【略】蓋臺兵專主遞送公文。

初二日，六十里，宿一家人。有虎警。

初三日，六十里過十二闌干、螺絲灣，至橋頭宿。視十二闌干已如坦道矣。

初四日，十里咱喇姑，遇劍川牧王公世貴往中甸，班荊道故，相訂至其署脱征衣。是日渡金沙，至阿喜宿。

初六日，九十里過蒙古哨，已屬内地。至麗江，休息七日，晤沈我斯別駕、程公廷偉，候脚騾到齊起行。

十二日，從麗江至劍川，十四日至署，盤桓竟日。

十五日，歇。

十六日，七十里，宿觀音山。

十七日，九十里，宿鄧川州署。是日大雨。

十八日，行十里，過浪穹河邊，覺寬平，非復向之可畏矣。又行六十里，至大理，城守張公應宗署宿。

二十日，七十里，趙州宿。

廿一日，七十里，白崖宿。

廿二日，七十里，小雲南宿。

廿三日，七十里，普淜宿。

廿四日，七十里，沙橋宿。

廿五日，七十里，吕合宿。是日上沫滂坡，回望麗江雪山，晴色相映，潔白無比。

廿六日，八十里過楚雄，宿石潤鋪。

廿七日，九十里，過廣通，捨貲宿。

廿八日，七十里，禄豐宿。

廿九日，七十里，老鴉關宿。

三十日，七十里，安甯州湯泉宿。浴此泉凡五次，從此別矣。

十月初一日，七十里，至雲南省，宿南關外旅店三日。

初五日，同蔣公使者陸相兼程七十日，至十二月十三日抵家。

吴廷偉《定藏紀程》 康熙五十九年四月二十八日，自西寧衛起程。走三十五里，過峽口，沿路有河，山坡石路九里，共八十里，至南山溝。走二十里，過徐家寨。又走二十里，入西山，過三道嶺，乃塔兒寺，達賴喇嘛住處。

走二十里，出得勝口，乃瞻金王地方。【略】沿路有河，草好。又走四十里，共一百里，至西拉庫忒兒土山坡，路高低不等，沿路有河，草好。共計七十里至無蘭它羅海，路寬窄高低不等，河草好。計五十里至活兒，過日月山，達名那拉薩拉。此一嶺北邊嶺口土黃色，南邊嶺口土紅色，所以名日月山。路寬有河，草少。六十里至巴顔挪羅，過巴顔活羅山溝，走三道土山崗，名叉罕卧白嶺，路皆寬，好走。出溝口乃是一片雪白鹽鹹大池，少水有草。計程六十里至叉不七兒，走六七里大路下一大嶺，，里許，稍窄。又過四小土坡，好走，無柴草，水渾黑。又走四十餘里，共計五十五里至他蘇爾海。過六小土嶺，下一大嶺，半里多長，路寬平，草多，有河。計程七十里至公厄挪羅下營處，有一大水泊子，長十三四里，闊二里。走十五里長沙岡路，草少有柴。又行四十里，共計程五十五里至沙兒圖。過六小沙坡，走二十里平路，下一坡，入山口走岡，有河，草好。路雖寬，不甚好走，有瘴氣、醉馬草。又走五十里，共七十里，至得勒勒進。過一嶺，二里多長，又連過六小岡。一大澗水深，東流甚急，即淺處亦輕易不可過，水清方可過，名渾厄爾爾幾河，草少。七十里至杵兒得母。過得勒勒進嶺，一漫坡，上下二十多里，有石不好走。有河過以馬，河水南流，好走，柴少，水草好，共計五十五里至阿墩七老。連過六七横山溝，過兩道河，有石。過阿墩七老嶺，上下三里，好走，有河，草好。計程六十里至度立拉及大巴罕，走一漫偏坡，路約七八里，有塔子頭石。又過燈努思臺嶺，上七八里，下六七里，都是塔子頭，泥水陷路，甚難走，有石。下嶺十里方寬平好走。又三十里過一嶺，上半里長一漫坡，下來乃是熱水泉，過兩道河，水草好，並有薪。計程六十里至西拉塞。過一河入山口，上嶺走不及一里，沿山一漫坡，下好走。二十里地阿拉思蘭哈達，上七八里，下四里，亦難走。過一小山崗，下崗寬平好走。二十八里下營處有大湖，名多羅挪羅，甚寬大，多薪草。六十里至得兒不勒，過一嵐里許，又上一土嶺，上下二里，又走三十多里，寬平路。又過一土嶺三里，有此塔子頭處有河，走七八里，山邊偏坡路。又走五六里塔子頭路，過一土嶺四里，又走平路十數里，塔子頭路二三里下營，有小河，草好。離此西北十餘里有一湖，方圓二三十里，出鹽，名大不索挪羅。計程共七十里至必流退，過一小山崗，走十六七里寬平路。過一道河，六七股水過河西來，塔子頭路甚多，入山溝内山坡上下營，有河，草少無薪，聞此處雨雪冰雹甚多，值暑天亦然。共計程六十里至西拉無主兒，走塔子頭路二十多里，不好走。過一小山，上下一里，又走山邊，路寬平好走。沿路有河，無薪草少。共計六十里至活牙拉大巴罕，走四十里寬平路，過兩道小河，有些塔子頭處路窄。又過一嶺，草少無薪，又二十二里。共計七十里至索羅木。

右西寧衛至索羅木共計程一千二百三十五里。

自此走四里山邊路，有些塔子頭處，連過二土山、二漫坡，下俱有小河，塔子頭嶺名活牙拉大巴罕。下嶺有一川，二十里長，有河出川口。朝南走二三十里，有一大湖，遠看有三四十里。又走寬平大路三十里，有黄河，一箭寬，水南流，淺漫好過，深處亦不過馬腹，此乃黄河上梢。過下營，水草好。營南二里有一河二三十里。計程六十里至黄河源前。過一道土山崗，走大路三十多里，過小河，又過一土嶺，一漫坡上下二里，好走。又連過兩道小土崗，下來乃是黄河源前湖，有三百多里。沿湖走，又過一土山崗，走五十里湖山邊下營，草甚好，無薪，河水清甜。順湖邊南去至木魯烏蘇，一路俱好走，草好。計程八十五里至索羅木挪羅。過四道土山崗，又過一土山，一漫坡，草甚好，無薪。此一站沿湖山邊路好走。計程六十五里至下營處，仍名索羅木挪羅。順湖走山邊路二里，過石崗一漫坡。又走十里，過三道土崗。再走二十五里，過黄河源，内流出之水向東流，不深不寬，好過，水清，不比他處黄河水渾。又走十五里，過三道土崗。八里湖邊下營，草好無薪。計程六十里至黄河源後河。順河邊走十五里，入山口。又走三十里，過一土崗，接連又過二土崗，都是漫坡，好走。再走二十五里，共計七十里至下營處，仍名索羅木挪羅。走七八里，過一土嶺、一漫坡，好過。又走五十里，離湖邊五里下營，草少無薪。計程五十八里至下營處，仍名索羅木挪羅。過一土崗，望見湖走四五里，過一山，都是漫坡，過好。沿湖走十里，過一土嶺。走五六里，又過一嶺，都是漫坡，路寬平好走。又順湖過三十里，連過四個土山，好走，湖邊下營，草好。下營處過此湖，内流出之水，小河不深不寬，水南流入前湖之内。共計五十里至索羅木挪羅。哈沙兔、五兔各順湖沿山邊走，過四道土山崗。此一站塔子頭處甚多，難走，有河有草薪。計程六十里，黄河源星宿海之東邊。走二十里寬平大路，入山溝口，連過三土崗，過此一帶，一望無際。片地有水池，大小不同，乃長流水，有河，草好，不好走。又三十里，共六十里至黄河星宿海之西邊。走二十里，塔子頭泥水路，此處有小河數條，一丈寬，三四尺深。遠觀水内常泛水泡子，名星宿海。過此路寬平，好走。過三道小河、兩道大河，又過黄河，寬半箭，深不過馬腹，草好無薪。共計六十里至海努兒佗兒海。沿河順山邊走，過三個小土崗，窄些，隨後漸寬平，草好。計程四十里至厄佗羅海，沿黄河順山邊走過三道小河，又過黄河，走二十里，過小土崗。又走塔子頭路二十里，再走三十里，黄河源邊下營。此河名阿兒坦，水清，不寬不深，草好。共計七十里至黄河源邊以可西立克口。順黄河祖源阿兒坦河走，過三個土崗，二道小河，此一站塔子頭路多，過阿兒坦河，三丈寬，二尺深，水清好過。向東流，草好。計程四十五里至阿拉兒八彦喀拉大巴罕。順黄河祖源走過此河，又過兩三個土山崗、兩三道小河，過阿拉兒八彦喀拉嶺。此一站都是塔子頭路，草好。時六月十三日大雪，凍死人畜甚多。計程四十里。下營處仍名阿拉兒八彦喀拉大巴罕，西邊噶爾拉河。過八彦喀拉嶺，上下俱是漫坡，長二十里，好過。此一站塔子頭泥水甚多，草好。天大雪，凍死人畜更多。又二十里，共計程四十里，至以可八罕兔兒哈兔，三河合流處。過哈瑪古兒大崗，過兔兒哈兔河，好過。此一站先走塔子頭路二十里，後走寬平好路四十里，有薪草，地方很冷，共計六十五里至以可八罕兔兒哈兔果兒。順河邊走，過三道小河岔。又過兩次兔兒哈兔河，水南流，好過，此河六七股水，不深。此一站路寬平，好走。從此無薪，皆炊畜糞。計程五十里至兔兒哈兔河邊庫庫賽。沿河順山邊走，過二道小河，路窄高低不等，好走，草甚好。計程六十里至兔兒哈兔河邊鄂兒吉兔托灰。沿兔哈兔河順山邊走，過二道小河。此一站先走數里窄路，後俱寬平好走，草甚好。一帶出野騾子，生相與家騾一般，毛片都是栗色，脖子肚下俱有白毛，再無别樣毛片者。計程四十五里至木魯烏蘇東灘。漢名通天河。順兔兒哈兔河沿邊靠山走，數里平路。過一土山甚窄，三尺寬路，一漫坡上下三里長。此處見兔兒哈兔河流入木魯烏蘇，一邊水清，一邊水黄，流二三里，方不見清水。下嶺路寬平，順通天河邊走，又過三個小土崗、一土嶺、一漫坡，好走，草甚好。天氣微暖。共計五十里至木魯烏蘇。按：木魯烏蘇乃雲南金沙江之祖源，三箭寬，水色黄而且急，向南流，非船不可渡。索羅木至此共計一千一百三十三里。

右西寧衛至木魯烏蘇，共計程二千三百六十八里。時七月十四日也。

木魯烏蘇沿通天河向南，走過四個土山崗，好走，沙土路，草甚好。河東岸新建一土城，周圍四百丈，高一丈，名爲聞喜城，立有一小石牌。城西北四五里，爲大將軍作牛皮筏子渡兵之處。河西岸有一石砌小塔，三丈高，兩邊有小廟名晾經臺。順河東岸向南走三百多里，過二十二個土山，大小不等，有好走處，也有不好走處。看見山口向西走，乃是過七岔河地方，因此處水分七岔，故名。要過河，先令人騎馬於辰、巳、午時試看，水不過馬腹深，未、申、酉時水必長，不可過。過河西岸，向北走一百餘里，仍歸庫庫賽。過河走來之路，草好。平逆將軍延公信在河西岸住八日。一隊火器營，七月二十四日在七岔河過，八月初二日與將軍同行。計程五十里至庫庫賽，向南大偏西走，有些塔子頭路，水草俱好。計程三十里至土股兒佗羅海，入南山口，過一土山，一漫坡，上下三里，有些塔子頭泥水路。此站不甚好走，草好有河。計程六十里至東不勒兔，向西走過四道土山崗，一大土山，好走。先有塔子頭路，後寬平好走，水草俱好。計程七十五里至大牙拉浩秦茶罕哈達，向西南走過兩道河，過三四個土山崗，好走。入山口内路窄，有石塊，塔子頭泥水河不好走。出山口往西走，過三四個土嶺，有些塔子頭，草好有河。計程六十五里至塞音庫本，向西走入山口，有塔子頭石頭泥水，走山邊坡路。過一山，二里有石，下山路甚窄，不好走，出山口路寬。過二土山崗，有河草好。計程七十里至多倫必兔立，向西走過二土山崗，一道河，有乾塔子頭，路寬。下營處有泥水塔子頭，草好，有河。計程八十里至不哈色立，一直向西南走，從此盡是往西南路。至此路過一道小河，二三個山崗，好過路寬，乾塔子頭路多，泥水塔子頭路少，有河草好。計程六十五里至阿幾個忒門他拉，走兩個平土嶺，好過。此站乾塔子頭路多，泥水塔子頭路少，河草好。計程七十里至阿克大母果兒車邊，亦是乾塔子頭路多，泥水塔子頭路少。過一大嶺，一漫坡，上下三里，名巴彦喀拉大八罕，上邊有些泥水塔子頭路，好過。又過阿克達母河，水清東流，馬腹深。又過一坡，草好，有河。計程六十五里至拉八忒門他拉。過一嶺，有漫坡，上下三四里，有些塔子頭泥水路，下嶺路寬好走。過一道大河，一小河，水草好。計程七十五里至以可挪莫渾五八士嶺東邊，有幾處塔子頭泥水路。過一平山，上有石塊難走。下山過一河，四五股水，又上一坡，下營處有塔子頭，水草俱好。計程八十里至西挪莫渾嶺中間。過以可挪莫渾五八士嶺，又一漫坡，上下四五里，塔子頭泥水難走。嶺上有一大堆石，有石頭砌的兩間破房子。過三道河，此站乾濕塔子頭路多，有河草好。計程六十五里至八罕挪莫渾五八士嶺東邊。東邊過五個土崗，都是塔子頭泥水路，後稍平。過六七道河，一大平嶺，有些泥水塔子頭、大小水池子，不好走。下營處草好，有河。計程七十五里至不母出果兒。過三四個土崗，過八罕挪莫渾五八(士)[土]嶺，又有一漫坡，上下四五里，嶺上有泥水小石頭。過三個山崗，三道河，一大嶺，一漫坡，此站泥水塔子頭多，難走，乾路只有十里。草好，有河。計程七十里至白克果兒。過七個嶺，都是平嶺，前四嶺塔子頭泥水路難走，後三嶺路乾好走。過二道河，水草好。八月十五夜，大兵住此，有賊來偷營，打仗賊敗。計程八十里至沙克果兒。過一道大河，一平嶺，漫坡好走。下營處乾濕塔子頭俱有，水草俱好。計程五十里至悶贊西主。入山溝，中間有塔子頭泥水，兩邊有小石。過一平嶺，上有塔子頭，泥水甚深，多大石，兼多水池子，約十里，甚不好走。下營處有大小水池塔子頭，水草俱好。計程六十里至棹挪果兒。向山溝内走山邊路，乾濕塔子頭多，連過四道土山，好走，過山後路寬。過四道河，有泥水塔子頭路，草好，有河。八月二十日夜，大雪，有賊四更時來偷大營，放炮槍打敗。計程七十里至厄不出。走塔子頭泥水路十餘里。過一土山，東邊有泥水塔子頭，不好走。下山沿邊好走，中間有泥水塔子頭，草好有河。八月二十二日夜，有賊又來偷營，打仗賊敗。此地瘴氣更甚，兵丁人等得病，吐淡紅血水，不過兩日必死，百無一生。計程六十五里至杵烏拉克。過四個山崗，又過一大嶺，一漫坡，好走。此站有塔子頭五六處，過三道小河，下營處泥水塔子頭，草好，有河。計程五十五里至喀拉烏蘇東邊。漢名黑河。過二道河，一漫坡，好走，有三處塔子頭路。此站平正好走。下營處有些小塔子頭泥水，草好，有河。計五十里至喀拉烏蘇西邊。向西走五六里平路，過黑河，水不過馬腹深，淡黃色，東南流，好過。河西邊有大小池子，草好。又走四十餘里，共計五十里至不魯兒烏占。過一土山，漫坡好走。此站有兩處泥水塔子頭路，寬平好走。下營處潮濕，草好有河。計程五十里至不奈莽奈。過三道土山，一漫坡，長七八里，東邊山上有三處泥水塔子頭，路還好走，小河草好。計程五十里至哲隣佗羅海。過一平土山，一漫坡，長七八里，東邊山上有二處泥水塔子頭，兩邊山下有一塔子頭，泥水大塔子頭處，不好走。連過三個土山，一漫坡，三道河，好走，水草俱好。共計程六十里至叉罕烏蘇。過三個土崗，三道河，河内有石頭，此站寬平好走，有河，草少，有薪。計程八十里至達母。過一大河，又長土坡六七里好走。坡西有一石砌塔，二丈高。坡下有泉。又過一坡，上有石砌塔八座。又過一河溝，三個土坡，草好，有河。共計程七十里至羊阿拉。入南山溝，有幾處石頭路窄些。下一大坡，五六里長，好下，有河，草好。計程五十里至雷東廟。順北山邊走向西，上一山，上下窄些，至頂上一漫坡，下三四里長，好走。下南山邊，仍有一路不好走。下山順溝走，窄路多，多小石，沿溝有河。走二十里向西南轉灣，有兩三處破石房，有田地，溝寬。從此起有人家。上坡草好，有河，天氣漸暖，此一帶是唐古特居住。又進西南山口，走山邊坡路五六里稍窄，有石頭，沿溝有大河，過此山邊路寬多石。走三十里，乃是鐵索橋，有兩根極長極粗的鐵索，釘在兩岸山石上，皮條編綱兜住，鋪板於皮兜上。人過用兩手扶鐵索，脚踏綱兜板。水南流半箭寬，橋之北騎馬可泛水過，約二尺深。河西有一堡子，山頂上房屋蓋造甚好，下邊有兩株楊樹。順溝沿河走，窄，多大石，不好走。有一南北小橋。北山上有三四處小廟，南山邊下有一所大廟，草少有河。行至此處，人皆平安無病矣。走十五里，共計程七十五里至達兔龍白兒七立，不過大廟。進南山溝，行走二十里，過一大嶺，一漫坡，上六七里，下亦然，微陡些。盤道西下，此處無人居住，路窄，有大河，大石，不好走。又向西南，走五六里，出山溝，路始寬。有水磨、村莊、大樹，山上有大廟。田地甚多，有河水澆田，能種五穀。草好。大兵住此一帶。走二十里至孫樓不宗。走十六七里，過南邊小山嶺，向東南又走十七八里，此一帶路平好走。有村莊人家接連不斷，田地甚多，有楊、榆、柳等樹。山上有廟。再走十里，草少，有河。共計四十五里至挪兒不應喀。向東南走，接連有村莊、樹木，田地甚多，過三道小河，路平好走，草少有河。計程五十五里至浪拉靈喀。向西南走，過一帶大柳林。此處大河有橋，一丈多闊，七洞，水南流，淺時亦可涉水。走數里過山崗，上有房屋，路甚窄，十里長，寬處不過二尺。下邊是大河，有水舤皮船，又走四十里，山邊窄路二三里，亦二三尺寬，東邊有河，都有(樹)[村]莊、樹木，人家接連不斷。山上鑿著佛像，有廟，下營河傍有柳陰，草少。共行五十里至藏。

自藏回經拉□，東西洋阿渡口，過藏莫立河，計程五十里至彩□，計程五十里至得秦宗，計程六十里至取也取喀，計七十五里至街右立宫。以上經過俱有村莊樹木，草好有河。計八十里至擦兒庫塘。過剛葛兒嶺，水草好，有薪。八十里至立公堤，有廟，近人家，水草俱好。八十里至索喀，一路有草薪，近河。七十里至紫起那，過公噶兒山。計七十里至郭拉辦那，過子起兑嶺，有河，柴草好。計程七十五里至果拉那莫那果。過果兒拉嶺，計七十里至出庫公喀。過稜蘭拉薩嶺，俱有水草。計七十五里至稜蘭拉薩。計六十里至拉里。過河有廟及村舍水草。六十里至果斷，八十里至噶拉農，過加拉素母多濃嶺，八十里至古囊。以上俱拉里所轄，俱有草，有樹，有河。計程六十五里至結書冰噶兒，有大村莊。七十里至羊阿多，七十五里至林達，六十五里至拉公塘，過扎母拉噶嶺，七十里至甲母達，七十五里至中定。以上俱結書冰噶兒所轄，俱有草，樹，河。八十里至輪怎馬，過拉薩出濃嶺，七十里至龍布記羅，過巴拉尼窪嶺，七十五里至班達蘇母多，七十里至馬能，過雅塘嶺，計七十五里至龍宗薩母。以上俱索兒贊旦公所轄，俱有草，有樹，有河，間有廟。八十里至早多，六十五里至錯千個，七十里至落滿多，七十里至果記，過沙魯個衣嶺，七十里至噶母順，以上俱胡户挪兒所轄。過剛達拉尼巴嶺，八十里至文秦扎多，過莫克塘達克黨嶺，計七十五里至類伍齊，有大廟。七十里至起母賓多，六十里至龍金多，過浪右兒拉嶺，六十五里至薩兒馬塘，計六十里至布雲，以上俱類伍齊所轄。過那母尊拉嶺，七十里至古魯三母帕，俱有草、樹、河。七十里必母多，有大廟。過橋七十里至伊□。計程六十里至達拉公，六十里至撥水兑，過嶺有村，六十里至巴拉公，以上俱察木多所轄。過二必拉嶺、馬拉嶺，俱有村，有草木、河。八十里至窪母喀，六十里至客母，過錯拉嶺，六十里至瞻對，過噶母拉嶺，八十里至拉則，七十里至阿蘇兒，以上俱扎押所轄。過剛金拉嶺、布重拉山，俱有村，有樹、草，有河。八十五里至阿克塞，過扎浪噶山鋪拉嶺。計程六十里至立蘇催松，八十五里至加木噶兒，過寧大拉嶺，一百里至古續，地拉尼巴嶺，八十五里至撥木。以上俱胡户挪兒所轄。過那卓拉山、撥木嶺，俱有村，有樹，有草，有河。計程八十里至果拉，過公子拉嶺，七十里至牛古永，坐船過金沙江至爐一千一百二十里。計程六十里至巴塘，有大廟。七十里至巴龍，五十五里至達克書，過背叉木山、噶泥雅大不扎嶺，計一百里至撥莫撥孫。以上俱巴塘所轄。過新拉嶺，俱有村，有樹草，有河。一百里至拉農，過立勒兒拉山擦出拉嶺。六十五里至裡塘，過阿東拉薩山，有廟，過大河。計程一百里至好爾棹喀過撥拉山，六十五里鄂羅，過七及拉山甕七拉嶺，一百里至咱出喀，過密浪古嶺，坐船過雅龍江。計程一百二十里至鄂龍石中果，九十里至窪結，過高日拉山，一百里至哲多，以上俱裡塘所轄，俱有村，有樹，有草，有河。計九十五里至打箭爐，由藏至此五千二百七十五里。大村莊與藏内房屋一般，唐古特地方有税課司，有土司女官，明正司有兵把守，西安府作買賣人在此甚多，有大河，有樹，山上出猴子。【略】此屬四川省，漸近内地。計程四十里至烹壩，計八十里至冷積，過瀘定橋，乃康熙四十四年所造。兩岸俱有石亭，四丈多高。亭内有大池，池内横壓鐵柱十三根，鐵索套在鐵柱之上，索上鋪木板。長三十一丈，寬九尺，離水面九丈高，起風時抽去板，恐吹損鐵柱。柱每根重一千四百斤，索環每個重二斤半，一根索有一千六百餘環。額設兵一百名把守。河邊立有御製碑文，孔明渡瀘即此處也，打箭爐乃孔明打造軍器之所。計程七十里至泥頭，過化林坪營飛越嶺即天全州所屬。有大嶺，上下俱有石頭路，六十里至羊圈門，過二起山，離此西南六七里是黎州東門。寺内有花椒樹七株，係進上者。一帶山上出茶，村多儸儸種人。七十里至滎經縣，過象嶺大山，上下砌有石路。【略】一百里至雅州，過大河又過山，有金雞關，産茶。八十里至名山縣，過大河。【略】四十里至邛州，過大河，過雙流縣，計九十里至成都府。

自藏至成都共計程五千九百零五里。從藏起至成都，一路山溝窄，山高石大，多無人家處，難走。察木多以西人還好，東邊人甚野，賊多。過雅龍江，人才進王法。共過七十餘座山，大者上下七八十里，或四五十里，或二三十里，或十數里，山陡石大，樹木多，一帶俱有瘴氣，至邛州方好走。

從成都府走九十里至新都縣，五十里至漢州。五十里至德陽縣，路寬平有井，東漢姜詩故里。五十里至羅江驛，走四十里過落鳳坡，長二十里，有龐統祠墓。五十里至綿州，七十里至魏(丞)[城]驛。出城過九王河船渡，又走上坡路。六十里至梓潼縣，過三個土坡，六十里至武連驛。走二三里過七曲山，有梓潼廟，下山七八里有石臺階。從前三站好走，自武連起，有三四站不好走。八十里至劍州，七坡三里，山頂上走還好走，下走五里，有七八處石臺階級，不好走。八十里至劍閣，山坡一上二里，有石坎子，走山頂路三十里，又上一坡，又走山頂路二十餘里，下一坡二三里長，不好走，俱石路，有井，共計程六十里至昭化縣。出劍關，關口路窄，下石階級七八里又上山，山大石頭多，樹木多極，西門外有後漢尚書令費禕墓。八十里至廣元縣城，不遠過橘柏渡，又名北水江，古名錦江，船渡。過二小土山，土路多，順江邊走方好。四十里至朝天關，順江走，路窄，有幾處石頭路、石階級路。過關是大山，上下二十多里，不好走。過千佛崖，崖上鑿佛像，有河。六十里至走馬嶺，山頂上走。三十里至神仙驛，又走山彎路二十多里，好走，有河，共計六十里至寧羌州。走五里，過一小土山。又十里過七盤關，上下七里，此係陝西界。又過閔家坡，長十五里。再走五里，過一小山，石路不好走。共八十里至大安驛。走五十里過五頂關，乃古關，尚有城門，俱石路，過七十二道脚不乾溪河，山逼路窄，還好走，又四十里，共計九十里至沔縣。過五六個小崗，好走。縣東南十五里，乃定軍山，下邊有武侯祠墓，計九十里至大塞子。向西北走，路稍窄，有河，計五十里至木瓜橋。走三十里，過尖叉嶺，又過小土山，有小石子路好走，有河。又走二十里，共計五十里至略陽縣。走二十里過葛老嶺，大石子路，不好走，有河。又三十里，共五十里至魚池子。過白水江，有浮橋。順江沿山邊走，高低路窄，三十里過方離江。又走三十里，過七十二道脚不乾山河，石頭路好走，有河。六十里至白馬關，五里過一土山，好走，有河。又走六十餘里，共七十里至西河口，係鞏昌府屬。五里過小土山，又三十里過山夾河，走高坡路，或上或下，有幾處石頭路，有河。六十里至紙方鎮，走土山，過三個山頭，有石不好走，成都至此多樹，此處獨無，有河。計程六十里至青陽峽，走上山三十里，又走山邊路三十里，好走，有河，有樹。六十里至石寶城，走五十里過西河縣，乃孔明彈琴之處，有河。八十里至禮縣，四十里至木蘇關，河多好走，過大、小土山，路寬平。六十里至四門塞，六十里至鴛鴦嘴。過寧遠縣，順渭河走，七十里至鞏昌府，順渭河走，路寬平，城方圓二十里，商賈多聚北關，坊店甚多，熱鬧，有牡丹花極高大，井水味苦。六十里至渭源縣，路寬平。臨洮縣走十里過關山，古名鳥鼠山。城方圓十里，四門，有北關。又走百十里，共一百二十里至沙寧站。五里過洮河，又走七十里過一山有河，共九十里至蘭州，城方圓九里，甚熱鬧。北門外是黄河，東流，春夏秋用船搭浮橋，冬走水橋約百餘丈，過河亦是往西寧大路，有牌坊，上書「天下第一橋」。河北岸上有一根大鐵柱，山頂有白塔寺、關王廟。三十里至柳溝，路寬平，有河。計程一百二十里至馬回子，沿黄河走，有山，船渡過河。一百二十里至上川口，有山，用筏渡河。計九十里至紅水店，石路不好走。過青梁山。計八十里至平戎驛，路寬平，有河，六十里至西寧衛。

右西寧衛至木魯烏蘇，共計程二千三百六十八里，走三十八營。木魯烏蘇至藏，共計程二千一百三十里，走三十六營。西寧衛至藏，通共計程四千四百九十八里，共走七十四營。成都府至西寧衛，共計程二千八百三十里。

以上從西寧衛到藏往返，通共計程一萬三千二百三十三里，自康熙五十九年四月二十八日起程，六十年五月二十日事竣，計一年有餘。其間忍飢受寒，勞瘁之狀，筆難盡述。惟將風土奇異、山川險阻，及所産物件，略記大概，以備查考云爾。

王世睿《進藏紀程》 余於壬子［雍正十年］重九奉檄西藏，自成都迆邐西南行，歷雙流、新津、邛州、名山、雅安、清溪等州縣，化林協、瀘定橋、冷磧烹壩冷邊三長官土司，計程十六站。山有百站、孟山、大相嶺、飛越嶺、黄草坪之險峻，水有新津、平羌、瀘水之湍流。直抵西鑪，則羣峰巑岏，高插雲霄，中敞一澗，廣闊如平地，番蠻聚族而居。其石壘而層高者爲碉樓，土砌而脊平者爲碉房，人居其上，牛豕在其下。地不産五穀，惟青稞與牛羊而已。昔諸葛武侯征蠻，曾於此地造箭，遣一軍人監之，厥後成神，立廟享祀，此打箭鑪之所由名也。四方商賈輻輳，爲川茶夷貨交易之所，設有欽差，監督稅務，而明正宣慰司實世守兹土焉。由鑪出口，西南行三十里，爲折多山之半，委折寬平，易行。四時皆雪，彌望如玉，視内地已較然異矣。又俗呼爲藥山，人畜至此皆氣喘，不堪捷步，須口含陽起石粉草，或廣檳榔解之。又五十里爲提茹，碎石參差，土阜如椎髻，一路皆蜿蜒石徑也。又四十里爲瓦七，又三十里爲東鄂落，或平衍草地，或兩山夾澗，坦如也。由山澗行，三十里至中鍋塘。登小山，委曲十里，至高日山頂，則山脊曠闊，大雪瀰漫，霧氣溟濛。通事云，係終古如兹也。約三里許，盤旋而下，則南嶺青杉，北嶺黄楊，澗水之潺湲有聲，石骨之嶙峋突起，宛然入畫圖中矣。行三十里，忽一石猙獰，高可丈餘，色青而翠，欲流偃仰之勢，依稀太古，當道而立。土人云，昔武侯南征，曾宿於石之旁，故名曰卧龍石云。由卧龍石入澗西行，山腰鳥道，冰淩堅滑。四十里至八角樓，又三十五里至中渡。按中渡即啞龍江，上下中三渡皆有防汛把守，水寬約箭許，設平底船一隻應差至。往來行人皆由皮船過渡，其製用兩牛皮，聯縫四邊，陡起如牆，止載一人，一水手摇槳渡之，飄飄然駕一葉之扁舟也。又三十里，至麻蓋。中出山澗，上坡過雪山。四十里至翦子灣，過小嶺，二十里至撥浪工。山之頂平闊，四時皆雪，五六月或得見土，而冬蟲夏草出焉。又二十里至西鄂落，一路上坡，行四十里下山，即咱瑪拉洞。回望巖崖，有如拱背。塘左一碉樓，高聳如岑，殊足助觀。由咱瑪過灣河，入山澗，約行二十里，歷小嶺，五十里至火竹卡，平疇彌望，路轉峰回，又五十里至裏塘。

裏塘正副營官新授爲按撫司之職，其地東至明正，西至巴塘，與大小瓦述接壤，疆域寬平，蠻人順化。西南行五十里，爲額哇奔松，草地坦夷，小河水淺，可渡。上坡，亂石峻嶒，行二十五里，至西海子，一水冰凝，長里許，寬可四十餘丈，停滀不動。行人過此，禁槍鑼，忌高聲，若一觸犯，則雨雹雷電頃刻而至。又十五里至西海塘，又二十里至喇嘛塘，一路雪山，寒風凛冽。又十五里至喇嘛丫，懸崖曲徑，宛轉村落間。過此則或坡或澗，俱極平衍。行二十里爲二郎灣，又五十里爲立登三壩，係廣衍，稼穡地也。上坡行三十里，遥望一山，長坂積雪，山脊嵯岈處旋風滚滚，如萬馬奔馳之勢，則大朔山也。由山脊而下，入澗西行，則兩山列峙，峰嵐崒嵂，青杉翠柏，倚壁參天，一曲流澌，清淺可愛。蜿蜒五十里而至大朔塘，西行亂石中，三十里登雪山。回望山之東瑩然玉砌，俯瞰山西層層下坡，如游釜底行。行二十里爲元根塘，十里爲崩七木，三十里爲小巴沖，一路翠柏丹崖，蒙翳歷落，殊不令人寂寞。忽而河流梗路，則有山半羊腸，雲棧鱗次。行三十里，而巴塘在目焉。

巴塘正副營官新授爲按撫司之職，其地東接裏塘，西聯江卡，與占對比鄰，世相仇殺。【略】沿東有温泉，澄泓一池，清潔可浴。街即小溪，司糧務者公餘鑿池引之，搆草亭於其上。觸景舒嘯，亦足以極一方之勝概焉。西行，則金沙江由西北而來，水色渾黄，溶溶而下。兩岸皆山崖，水無泛溢，屈曲至雲南，轉馬湖，徑叙府，與川江合流。順金沙江之半崖，四十里至牛古塘，設有官船。江行四十里，直抵竹巴籠。若登陸，則半崖窄徑，一綫盤曲。抵塘過渡，順江行，三十里爲工喇，又四十里至空子頂，石徑回旋，過頂而平。又四十里爲邦木，山路宛轉高下，皆寬闊。四十五里至滿多，有從人寺，相傳爲番王避暑處。十五里至谷黍，四十五里至普喇，一路村煙歷落，衡宇相望，地皆可耕，又五十里而至江卡。

江卡營官係烏斯藏所轄也，圖域褊小，番蠻悍野，以剽竊爲事，與鄰番合謀截劫，名曰夾巴，其性殊不易馴。由江卡入溝行，六十里過雪山一架。又溝行，六十里至梨樹，一片荒山草徑，並無蠻寨汛塘。又六十里而至阿布喇，則委折俯仰，尚屬坦途也。又四十里而至石版溝，則嶺路迢遞，盡山腰偏徑也。忽而雪山横互，歷五十里而至阿足，忽而層巒干霄，歷八十里而至洛家宗。再入溝，順溪河，履草地，曲曲折折，寬平無礙，直至乍丫。

乍丫係正副營官管轄，番蠻悍野，惟事剽竊，較江卡尤甚。且路多支溝，易於藏匿，過者宜倍加慎焉。三十里至兩撒，過雪山。山之高不過里許，東則山腰委折，自頂以西雪路褊窄，寬僅尺許，深不計尺。由山半直行而西，則下臨無地。由西轉南，層層折下，雪路多坎陷，馬蹶不能行，即徒步，時防顛趺焉。五十里至昂地，行山澗，二十里至空撒，過大山，高約五六里，而巉巖險峻，如上青天。計五十里而至王卡，自王卡而西，宛轉山徑，平衍易行，六十里而至巴貢。自巴貢而南，委曲山蹊，渡小河，入崖間。望之，有兩石並峙，渾如關門，前則溝之遠不知其幾許里也，旁則崖之懸不知其幾何丈也，爲虎豹豺狼之所隱伏，夾巴之所嘯聚焉。東崖徑偏而冰滑，行里許，馬首轉東，而雪之深又不知其幾何尺寸也。登極頂，則昌都交界。此站計行一百二十里而至奔地，再循山半羊腸，八十里而至蒙布，過小嶺，入山澗，五十里而昌都在目。行北山半腰，徑窄而偏，下臨深溪，宛轉及平地，而仰覘昌都，殆屹然雄鎮矣哉。

察木多又名昌都。爲三藏之頭藏，國王號呼圖兔，衣服類喇嘛，而鬚髮猶是番人。所居背倚南山，碉房深邃，洞宇紆回，下臨土埠。番民環集於其上，三面河壩，中隆起而頂平，幅員約計數里，石樓蕭寺，高可淩雲，彩能耀日，夜静鐘鳴，雞唱犬吠，喧闐似一都會也。於坡下建營壘，列市肆，爲西蜀南滇大兵駐防之所。東望則江流如帶，湍急而環抱。南望則山岫如屏，幽峻而列峙。加以羣峰羅列，若遠若近，殆居然西域形勝，非荒殘寥落者所可埒也。雲南進藏者，路至此會合，由此而西，出郭門，沿江滸，青山緑水，秀異非常。四十里而至鄂落藏，從山半行，歷雲棧，渡偏橋，六十里而至過脚。

登山多窄徑，雪深尺許。行五十里爲喇貢，過冰橋，履狹路，五十里而至恩達，又五十里而至瓦河山。按此山爲西域第一雪山，五峰綿亘，高插雲霄。由深澗近山脚，歷坡而上，大雪瀰漫無涯涘。至二峰，路旁有海子一片，冰凝，深廣難測。經其旁銜枚而過，亦如裏塘之西海子，罔敢觸犯也。登絶頂，昂首四望，雪連天，天連雪，草樹土地窅無其形，南北東西幾於莫辨，即巖岫煙雲亦在迷離間矣。遄行至山盡處，馳長坂而下，入松林，渡山溪，共計程一百廿里，而至瓦河蠻寨宿焉。凡往來過此山者，必於一更時造飯，二更時起行，口含檳榔，或粉草，或陽起石，以避陰寒之氣。乘坐者時騎時走，步行者兩足毋得停歇。夜行，令蠻夫多備火把引導，務於亭午趲行至山之盡處。蓋足不動則凍冽墜指，無火把則鬼怪迷人，至日午則寒風陡發，雪徑皆迷矣。又必於第二架山岫内熬茶，或燒酒飲之，但禁人從萬萬勿以手足近火可耳。由蠻寨入溝，行數里踰小嶺，穿杉林，三十里而至麻里。麻里，平壩也。登西崖行，三十里下懸崖，而至三巴。又上山，崎嶇三十里而至敞工塘。下陡澗，入深溝，宛轉六十里而至洛龍宗。按恩達瓦河類五齊呼圖兔管轄地方，所用番民皆馴順，較江卡乍丫若逕庭云。

洛龍宗疆域褊小，與準噶爾爲鄰，蔓草荒煙，居然僻壤。營官居高埠，坐碉房，番民列族而居焉。入河壩西行，過雪嶺，五十里至鐵凹，二十里至紫託，二十里至曲齒，四十里至説班多。一路高陵深谷，非盡平壤，而無多坎坷，稱坦途焉。

説班多有正副營官，地踞形勝，洞門高敞，碉樓峻巍，環以長垣，如雄鎮焉。土産緑松石、青金石，食物則青稞豌豆、牛隻而已。過雪嶺，四十里至中譯，再過雪嶺，四十里至巴里郎。行十里登雪山，山横寬十五里，雪深尺許。又四十里而至索嗎郎，入溝行，四十里而至拉子。拉子山袤延不過數里，雪深不過尺許，而處處冰淩堅滑，必扶杖乃可舉步。越五十里而止，地名冰壩，良不誣也。

冰壩小營官，係説班多兼攝，居蠻寺，佛殿神龕開敞巍峨。離里許則蠻寨，實憩息之所，川滇大兵曾駐防於此焉。歷四十里爲甲喇，又四十里爲丹達，皆坦途也。又二十里至土國，中雪山疊嶂，高聳雲霄。登山脊，險峻異常，上下崎嶇。約四十里至山脚，入溝，行五十里而至郎吉宗。渡谿河四道，或由山半羊腸，或由河壩石徑，路窄而險。六十里而至大河，又六十里而至阿蘭多，過橋六座，峻石之蹭蹬，棧道之傴仄。行八十里而至甲工，又六十里而至多洞，又四十里而至魯工納。按：魯工納係西域險要雪山也，歷兩峰，至陡絶處行雪上，路不及尺，左臨雪窖，深數十丈，右倚山根，巉削而壁立。舍馬而徒，扶杖以登，步不數武，喘急不能行。將及頂，泥滑不能著足。頂狹，止容五六人，速奔而下，山陡雪滑，急不留行，不數刻已二十餘里，抵平地焉。又四十里而至擦竹卡，行雪地，過雪山，六十里而至拉里。按大河、阿蘭多等處係札仙空撒營官管轄地方，荒草蒙茸，牛羊千百成羣，爲黑帳房住牧之地，溼溼濈濈者徧野，貨賂酥者沿途，殆杳無蠻寨居室焉。又阿蘭多之西崖産銀鑛，蠻民聚挖，亦一寶山也。

拉里營官巢穴高居峻崖，扃以棘門，屹然如城墉。傍崖居民落落如晨星，地苦寒，多陰翳積雪。登拉里山，委曲而上，臨雪窖，深數十丈不測。至頂，頗陡險，委曲而下，六十里至阿咱，五十里至喜竹。路旁有海子，兩崖夾澗，水冰凝不動，適中處露一洞，孔黑而深，其禁忌與裏塘瓦河相同。傍東崖南行，十里至海之盡處。一轉而東，三十里至山灣，又轉而登西山，委折偏坡。下山多石徑，五十里至常多，三十里至洞古，三十里至甯多，七十里至江達，猶稱坦途焉。

江達營官三員，居平埠，地曠而民稀。五十里至順達，四十五里至三巴，入溝行，四十五里至鹿馬里。又十里上嶺行，風寒而勁，侵人肌膚。詢之土人，蓋自古苦寒地也。七十里至磊達。行四十里，山溪東崖下有湯泉，由平地石罅中滚滚而出，氣蒸而沸，沫色如硫黄，亦可嗅。近傍渟滀一池，澄泓清潔，可以浴，可以風。又十里至烏蘇，四十里至甯欽，三十里至結宗，又三十里而至工卡。此一番國也，山川平曠，民安耕鑿，有無懷葛天之風，蓋近佛國，而風景頓殊矣。

墨竹工卡疆域褊小，而陵谷開敞，兩山列峙，屈曲隨人。蠻寨蠻寺若繪若畫，其淡遠浮動之勢渾如仙島。且人勤耕稼，稻畦縱錯，一如内地。溪流清淺中之鼓鬣而浮潛上下者，殊有游泳自得之樂。五十里而至拉末，十里而至車谷，四十里而至得慶，宿焉。

得慶小番國也，地不過一區，而偪近西藏，爲首衝之所。碉房高敞，風景熙和，頗類工卡。三十里至砌塘，五里及河，夏間水勢瀚漫，無正派，冬水歸漕，有船可渡，另有皮船以濟行人，其形亦如啞龍江中渡之制。又十五里而至西藏。

烏斯藏古陳古忒地方，一名西藏，又名中藏。東臨大河，西枕葦蕩，前揖峻嶺，後倚高山，離後藏班禪喇嘛八日之程，實番王之窟宅，西域活佛之寶剎也，諸番職貢之所會，而喇嘛僧之所卓錫而處者也，形勢如内地一大鎮。東西約七八里，南北約三四里，街廛數四忽斷忽聯，草樹溪流亦隱亦現。

林儁《由藏歸程記》 廓爾喀搆逆，余以臬司督辦粮餉。大軍奏凱，於癸丑[雍正十一年]五月二十五日脱然就道，雞鳴而起，策馬東旋。各牧令候送河干，忽忽揖别，遂乘皮船徑渡，穩放江流於波濤中。頃刻即登彼岸，朝暾初上，風日晴佳，碧草黄花，殊不荒寂。入菜園，稍憩片時。午間抵德慶，因與承觀察同行，即在碉樓小飯。次日曉征，山路多寒，絶似深秋天氣。約三十里至占達，青稞緑麥，一望無涯，沿途村婦番民共相力作。又三十里至納木，田畝更佳。假寓吹仲廟中，寺極宏敞，所奉佛像皆狀貌猙獰，屋椽排架弓矢刀矛等兵器。【略】次日，由墨竹工至仁進里，道路較長，幾及百里。次日，仁進里起程。自藏一路俱係循河行走，至烏斯江一派西流，詢亦藏河上游也，新漲初生，勢極浩瀚。由此取道東行，曉抵維達，童山濯濯，風景荒涼，僅有敗屋數椽，塘兵及番婦數人而已，此外别無寨落，購買顆粒俱難。幸人有裹粮，馬有野草，藉以度此寒宵。次日上鹿馬嶺，未及數里，四望重陰，雪山層疊，寒風刺骨，手足俱僵，五月杪不啻三冬。下至半山，氣候少暖，草木叢生。漸行，漸入佳境，凝芳積翠，山色頓覺改觀，爲西藏以來所未有。次日至順達，沿途山色頗佳，茂林深密，百鳥争鳴，如一路笙簧，嚦嚦可聽。晚登碉樓遠眺，見夕陽芳草，牧馬成羣，嫩緑豐肥，足資芻秣。次日密雨綿綿，石頭路滑，中有山徑，寬僅二尺許，峭壁連雲，勢極險仄。過此即係江達，當面一山羣嶺蒼崖，絶似黄大癡筆意。至行館，次日天曉尚霪霖不絶，峰嵐合沓，雲氣蓊然，或鎖山腰，或覆山頂。於飄渺中策馬而行，沿河曲折，水勢又見西流，應亦藏河東派，山重水複，未能一溯其源。行六十里，即在林多喇嘛寺住宿。樓高百尺，萬山俱在目前，樹色嵐光，蒼翠欲滴。次日雨勢連綿，不過五六十里，即於常多住歇。四山壁立，風景荒寒，絶無棲止之作，僅有黑帳房一所，又復破爛攲斜，不足以庇風雨。兀坐半宵，未明即行，上瓦子山，勢極高峻，一路俱係碎石矗砂，形同瓦礫，意即瓦子所由名也。山頂石徑陡險，積雪尺餘，凛冽寒風，砭人肌骨。過山，馬不能下，隨更换肩輿，令蠻夫十餘人牽馬於後。建瓴之勢，猶覺足不能留，下視一片茫茫，雲氣如海。途次甯咱塘，日已向暮。次拉里山，迤邐而上，道尚寬平，惟到頂峰峌高入青冥。下坡路險而長，徑仄而曲。傍晚抵拉里舊臺，屋宇整潔。山程跋涉業已經旬，馬亦間有疲乏者，又值大雨連宵，積雪層巒，雖狐裘重疊，猶覺寒氣逼人，少住一日。至擦竹卡遇雨更大，僅止土屋一間聊資憩息，坐以待日。起過魯公拉，爲西藏第一名山，路徑綿長，砂石縱横，與瓦子相等。至半山，則巨石嵬巖，亂流奔溢，人馬均無著足之處。有雕大如鶴，啄食倒斃人馬，見人亦不驚，數十爲羣。行百里，至多洞，本係一站，緣柴草俱無，不能止宿。復策馬至甲貢，途間山色絶佳，蒼翠相接，路亦稍平。聞前站阿南多更勝於此。次日束裝，過鸚哥觜，有巨石横踞道旁，尖矗於外，故以爲名。徑極陡窄，雖設有危欄，而步行甚險。兩峰山勢雄奇，劈斧亂柴，各成其妙。又有古柏萬株，羣木森列，濃陰積翠，蔽日干霄，曲折紆回，如行深巷。中間奔流急湍，聲若驚雷，絶壁之上瀑布飛懸數百步，噴薄如雨。過危橋七道，抵阿南多。小住，休息一日，擬行兩站。午間抵大咱甯，至浪吉宗。曉起趲行，皆砂石。過插拉松即係上坡，行二三十里，遥望丹達雪峰並峙，中路影一條，盤旋而上，陡險異常。有雪城數仞，壁立如牆，或遇風狂雪化，往往被其傾壓。山下丹達神廟最稱靈應，人過必祭賽。瞻謁神祠，廟貌重新，規模宏敞。是日抵站後，忽有十數馬委頓不食，不知何病。詢之蠻人，云係誤食醉馬草。當令人鍼刺數匹，倒斃兩匹。由丹達塘起程，道路平坦，稞麥青葱，廟宇碉房亦皆修整。次大坡，勢極高峻。次賽瓦合，上下五十餘里。次忠義溝，路徑亦與賽瓦合相類。次碩板多，有大喇嘛寺一座。該處本有都司一員，近改駐後藏，僅留千總防守。是日行六十餘里，住紫泥喇嘛廟，殿宇宏深，即萬人亦多餘地。由紫泥至洛隆宗爲口外豐美之所，由洛隆宗行數里即入谷口，萬山夾峙中隔一綫河流，翠嶺蒼崖，嵐光合沓。沿山曲折而行，地轉峰回，别有天地，爲所過第一佳處。少憩，登别蚌山頭，松樹連雲，隨下馬坐樹根，心目一爽。抵嘉峪橋，過麻利山，至瓦合寨。由此上山雖不甚險陡，而道路綿長。有乾海子一處，聞當年總鎮帶兵駐此，大雪連宵，官兵五百餘名盡行壓斃。是日至恩達塘，歷閻王堉，巨石臨崖，峻嶒逼仄，其無路處駕一偏橋，偶一失足，與鬼爲鄰，號曰閻王，洵不誣也。至梭羅橋，山兩旁皆良田，無隙地，彌望青葱，內地秋稼之佳亦不過此。中間老柏成林，實爲勝景。過次角山，過俄落橋，過擦木多。該處爲前藏至打箭鑪適中之地，大橋二道，一通雲南，一通西鑪。上有喇嘛廟，屋宇極多，下有土城，俱係官兵駐劄。城外寨落甚稠，滇民貿易者不少，真口外一大都會也。憩二日，午刻起程，至孟普山，風景亦佳，小住畷墩。出門上窟窿山，下山里許巨石横披，勢頗奇峭。中有石孔，透石穿雲，旁有石門，通風度水，其餘亦多小洞。行半日，山色不同，雄偉巉巖，山如積雪，遥望番寨山田，已抵巴貢，曲折攲斜，直同鳥道。至王卡，上下均極陡峻，非土非石，一望黑沙數里。有大溪一道，名老龍溝，水勢略爲加長，行人阻絶。至噶噶，趕至昂地時已向暮，風雨驟來，衣履沾溼。按站應住乍丫，平明上山，行過一溝，與老龍溝相等。前途山水漲發，探有别徑，隨復登山。氣候凝寒，山頂雪深數寸。繞道至兩撒，係新開羊腸一綫，險仄之處備極艱難。抵暮始到乍丫，住一日。明晨就道，水勢浩瀚，河分三股，中流尤深，人馬均從驚濤駭浪中行。又過大橋一道，方登彼岸。崎嶇七八十里，抵洛家宗。自是行路較平坦，過磴達河，深處幾没馬背。三十里係阿足，又三十里係石板橋。由黎樹塘過河數次，至黎樹山。當面玉峰危峙，與三愛巴地界毗連，向爲夾壩即響馬。出没之所。至大壩，少憩片時。抵江卡，泥深尺許，普拉更換牛馬，傍晚始至古樹塘。建有行館，門列老樹。次日至南墪，路通滇省，賣有普茶等物。晚住莽里。過空子頂，緑樹成陰，野梅成熟，從人摘食，味甚酸，亦可望而止渴也。歷竹巴隴，次公拉，牛谷渡卜坡，過茶樹頂，入巴塘，居然內地風景。寓舍前有柳樹一株，屈曲攲斜，勢極奇古，殆百年物。遂由奔槎木上大鎖塘，次松林口，抵三壩塘。行至雪山約八九十里，氣候凝寒。又自二郎灣歷喇嘛崿，山形峭削，色雜青黄，壁立如屏。松杉萬株。層層疊翠於諸山，另具一格。由喇嘛崿行，正當刈割之際，寨落毗連，内有八角戰碉一座。二十里至喇爾塘，一路空山荒寂，樹木俱無。又數十里，至濫泥塘登山，氣候極冷。山頭有乾海子一處，人語馬嘶，風雹立至，半晌方停，亦屬怪事。又行三十里，至黄土岡，地頗平曠，各山竟似碎瓦亂甎堆積而成。計程百里，抵公撒塘。天氣嚴寒，圍鑪而坐。至裹塘行館小住，往喇嘛寺瞻翫。寺倚層巒，梵宇琳宫，高下層疊，僧徒三千六百衆，爲大叢林。又六十里至火竹卡，由千把嶺歷坡嶺、蓢子灣，一路樹禾叢生，濃陰交蔭，參天蔽日，如在翠幄中行。而曲徑連雲，小橋跨岸，風景絶佳。四十里至河口，水勢奔騰，船從驚濤急湍中順流而下，浪頭飛濺入艙，駭人心目。到寓後隨步游覽，旁有小閣兩層，供奉觀音大士。相連即係平臺，波光山色，悉在目前。次日路徑頗平，至八角樓，歷卧龍石，多係平原豐草。至東俄洛，人稠寨密，幾與内地相同。薄暮抵阿娘壩，至提茹，道路亦皆平坦。過上折多山，勢高峻，積翠凝芳。借榻一宵。行五十里，即至打箭鑪。行館頗爲華美，鋪陳亦極鮮明，即錦官城之官署人家亦不能有此豐盛也。

余慶長《金廠行記》 乾隆丁丑[二十二年]冬十有二月，余以通海縣令奉檄委查慢梭金廠。既望起行，經臨安府，凡三日抵摸黑銀廠。晤廠官王元贊，慢梭其兼管也，云道僻而多瘴。邀之行，有難色。夕宿廠之西嶽廟。次日，廠官以疾辭。十八日，飭行裝，釋輿，乘竹兜，馬三匹，僕從輿馬夫各七人。東南行，五十里抵塔瓦鋪。又五里，有山澗，澗南入蒙自界。又四十里抵个舊廠，商賈輻輳，煙火繁稠，視摸黑迥勝。地産銀、錫、鉛、白錫，質良甲於天下。又南五十里爲龍樹銀廠，又附近之七八里爲蒙自新銅廠，以路紆，均未之去也。晤廠官王鋙觴於彌陀庵，宿。天陰霾，山色不可辨，霧結冰，如霰雪狀。自府南來無營汛，亦無坊店。四十里至浪舊壩，餉於火頭家焉。火頭者，夷民之百夫長也。其民爲㑩玀，僕從炊於野，立而風餐。犒火頭布一端，鹽菸各若干兩。午霽而騎，山岡黄茅迷離，蚓路如隙。又三十里抵烏谷，宿。茅茨高不及七尺，食豉菜，其犒火頭如前數。二十一日，行五里，村晨餐。又南下十五里，遥望兩岸壁削，中涵白雲，時天光皎霽，雲散如絲如簾，如風檣來往，撲馬首人面。又下，則懸崖萬仞，無梯級，五步一曲，三步一盤，馬尻未轉而首已迴。至阿亦鐵，半步行，蓋入白雲深際矣。凡二十里，乃渡，水駛舟狹，三駕僕從咸濟。又二里至蠻鐵寨，屬納更司，爲土巡檢治所。其民爲水㑩夷，沿河編竹樓居。上至元江，下至開化，皆類此。天氣炎蒸，不可留，登而上，僕馬喘息不止。行二十五里，盤旋至絶頂，迴視後嶺，聲可響應。又五里周鐵寨，其民爲㒒剌，宿。二十二日，晨陰霧。行五里，至小箐口，芭蕉竹葦，彌滿山谷，古木參天，藤蘿糾繆，萬籟闃寂，山泉瀰瀰，循馬足鳴。一綫石磴在青林罅中，如甕洞，曳踵而首觸。從者云：「夏日雨水，青葉上有蟲，名馬黄，聞人息，隨下嚙人。」凡二十五里至大喇，其民爲老烏鋪。又三十里抵陸薩，宿。二十三日，陸薩之土兵護以行，十里至火燒坡，又十五里至龍溪坡。深林無際，白日寒湫，似有陰魅逼人，宜奔走者之心懾也。又二十里至阿蔡田，又二十五里爲銀礦河，有金塘，其上爲胡關。又二十五里爲麻梨坡，抵慢梭廠官房宿。二十四日，巡視廠地。【略】二十五日，旋至龍溪坡。對山西向有泉，至山頂下，相傳爲金田所在，南注爲河。河經猛喇，匯阿墨河。宿陸薩越。四日回摸黑廠，則除夕也。明日爲戊寅元日，入臨安府。初三日乃旋通海。

孟超然《使蜀日記》卷一 ［乾隆三十三年戊子八月］十三日，發京師，【略】晚至良鄉縣。

十四日，發良鄉縣，行十三里至侯生家，生爲余治酒食。【略】是日宿涿州。

十五日，發涿州，行七十里，至定興縣。縣令劉君先登來見，劉同安人也。以日未西，復行十里，至北河店。是日陰寒特甚。

十六日，發北河店，甫四鼓，月明如晝。洎天明至安肅縣治，已行六十餘里矣。午後至保定。

十七日，發保定府，行四十五里，至涇陽驛少憩。時天始曉，霜華被野，古木蒼煙，大有幽趣。又行十五里，至方順橋，入定州境。次於清風店，去定州三十里，市廛闐密。是日遇集，尤盛。

十八日，發清風店，過定州。州故有唐水，憶乙酉夏過此，呼舟以濟，今則爲平陸矣。【略】午食於新樂縣城南。【略】晚次伏城驛。

十九日，五更起行，過正定府正定縣，由大佛閣左，憩於書院中。正定唐成德軍，宋爲沿邊巨郡，城郭較他郡尤雄壯。入城時，見郡中甚蕭索，非復乙酉歲經過時舊觀。蓋今夏被水，城皆浸，屋廬田舍亦多毁矣。出城南數里，渡滹沱河，中流水淺，舟膠不可行，呼善泅者挽以行。登岸行四十里，抵獲鹿縣。往予入粤時，即由真定入豫，此疇昔所未經之第一程也。將至獲鹿十里許，俱行山溝中，非復沿途平坦之比矣。

二十日，發獲鹿縣，入土門口，仰面皆山。行五十里，少憩於圮水鋪。【略】次井陘縣。井陘爲太行入陘之第五陘也，四面高，中尖，下如井，故名井陘，地利最爲險峻。亦名土門口，杜詩所言「土門壁甚堅」是也。邑治多石少土，間有可耕處，則累石爲畦畛，高下綉錯，而山路俱以石子填之。過井陘二十五里，宿於胡桃園。

二十一日，天明自胡桃園行，十五里至井陘舊關，石壁削立，亭堠戍堞多在叢際。少憩於舊關驛亭。【略】午食於柏井驛，有柏井故城，今屬山西平樂城，去縣治九十里。晚抵平定州治。自舊關至平定一日，峰回路轉，皆在山下官道中行。入平定界，始見土窑，緣山皆是，蓋古者穴居之遺也。

二十二日，自平定州治行數里，過南天門，陂陀下上，頗爲勞頓。是日又遇大風，苦寒特甚。午食於雜石鋪，晚次壽陽縣。未至壽陽二十里，有芹泉驛。

二十三日，五鼓發壽陽驛，行五十里至太安驛。是日爲予生日，僕人具湯餅於太安館舍，同彭、陸二君食畢。行七十里，次於榆次縣之王胡鎮。

二十四日，五鼓自榆次王胡鎮行，七十里，食於太原府徐溝縣城西。【略】過賈令驛，次於祁縣。

二十五日，發祁縣，午次平遥，屬汾州府，即古平陶也。館舍舊爲西河書院，壁門有韓苑洛先生七言詩。過平遥三十五里爲張蘭鎮，民居稠密，環以城郭，商賈輻輳，極似故鄉南臺、湖廣漢口。暮抵介休縣。

二十六日，天明發介休，行二十餘里，爲平陽府、靈石縣交界處。自此兩面皆山，中流汾水，官道傍山，或平或坡。五十里，暫憩館舍。【略】午後復行，三十里至靈石縣治。冬日水落，緣途尚無險阻。詢諸邑人，云今夏水漲，汾流湍急，皆由山上别開路以行。靈石四面皆山，城郭狹小，市聚蕭條，較之平遥、介休迥不侔矣。

二十七日，發靈石縣。城北有石，色如鐵，從人扣之有聲，不知即隋文帝所獲石否？二十里登韓侯嶺，嶺上有韓侯祠。聞墓在祠後，以曉寒未及至。過嶺，次仁義驛。【略】行六十里，至霍州治。自仁義驛南行，數十里皆山路。南望高峰，蒼翠崎嶇，即霍太山也。

二十八日，發霍州，行五十里，至趙城縣治。趙城爲穆王封造父處。霍州城邑寥落，入趙城則漸多平壤，溝洫修治，道旁榆柳離立。【略】三十里至洪洞縣治。【略】行六十里，至平陽府臨汾縣治。

二十九日，發臨汾，午次太平縣驛中。過太平二十里爲曲沃蒙城驛。【略】是夜，次曲沃高縣驛。

三十日，發曲沃高沃驛，三十里至侯馬驛。今曲沃，古新田地。過澮水橋，左氏《傳》所謂「有汾、澮以流其惡」，即此。土原平衍深厚，真三晋樂土。

入聞喜界。【略】暮抵聞喜縣東關，宿。是夜微雪，不逾時即止。聞喜隸絳州。

十一月初一日，發聞喜，過涑水，有石梁。司馬文正公故里未及一訪。午抵夏縣水頭驛，暮次安邑縣之北相鎮，去安邑治三十里。

初二日，發北相鎮，西行過猗氏縣之油杜村。【略】行四十里，次於臨晉之樊橋驛。

初三日，發樊橋驛，七十里至蒲州府永濟縣之坡底塘，去府治五里。

初四日，發永濟縣之坡底鋪。由城外行，皆中條山下也，緣途柿林茂密。過首陽山，【略】午食於某村，行十餘里，至風陵渡，過黄河。河自西來，兩山束之。登舟時即望見潼關。

初五日，發潼關驛，行十里天始明。【略】尋抵華陰縣界，去縣治五里即西岳廟。【略】出岳廟行五里，至華陰縣。【略】食畢，復行華陰道上。【略】入華州，將至羅紋橋，旁有碑，刻書「唐汾陽王故里」。自華陰至華州百里内，岳色蒼翠，田疇廣闢，夾道榆柳雖冬日零落，而風景自佳。暮抵華州治。

初六日，發華州，行五六里天始明。午至渭南縣治。【略】過渭南，入新豐界，【略】薄暮至臨潼縣，縣令趙君友烺來見。臨潼秦驪邑，甫及郊，即望見驪山。入城抵館舍，在驪山西綉嶺下。舍之右即温泉，【略】館舍内湯最佳，附近尚有六七所，皆可浴。

初七日，天明仰觀，驪山上萬松離立，蒼翠特甚。【略】出館舍，行三十里至灞橋。【略】過灞橋二十里，將至西安，當事迎於郊外，就館舍。少頃，次於城中皇華館，隨往荅拜諸公。

初八日，發長安府。【略】隨即西行，五十里至咸陽縣。去縣城鉅河即渭水，灃水西北流，北入於渭。時隆冬水涸，渭水上爲輿梁，可通車馬。

初九日，發咸陽。【略】郊外高塚相望。是日爲林令君款留，行頗遲，五十里已夕陽在山矣，遂次於興平縣。興平仍屬西安府。

初十日，發興平。【略】行三十里，抵馬嵬驛，下車登坡上，觀楊太真葬處，【略】今甚荒涼。馬嵬道左樹一碑「唐楊貴妃墓」，墓左右有小圍墻。墓前列二碑。【略】又行十餘里，食於館舍，其地名東扶風，屬乾州武功縣。又行四十餘里，抵武功縣治。縣城倚雍原，四山環繞。將入城，過漆水，漆水北流於渭。

十一日，早行二十里，天始明。【略】抵扶風縣，屬鳳翔府，漢三輔故地也。過班孟堅、馬伏波墓，又有華表大書「漢伏波將軍故里」。【略】暮抵岐山縣，縣令孟玟來見。詢岐山故迹，云在邑東北，數千年來崩者數次，今則一土坡，不甚高。梁山亦在東北。

十二日，發岐山，四十里至第五村，或云第五氏世居於此，未詳是否。又四十里至店底鎮，過磻溪，又過祀雞臺。晚抵寶雞縣，秦武公都雍陳倉城，即此。入寶雞界後，彌望皆高阜崇山，多樹松柏，蔚然深秀。過汧水，汧水出弦蒲藪，東流入於渭。渭水出渭源，至此流始大，而城外山下出泉，環流曲折，甚有幽趣。計明晨當入棧，是夜從人備繩縴，爲肩輿推挽，至二鼓後方休。

十三日，發寶雞縣。城南二三里過清澗河岸上，時天尚未明，惟聞水石相激聲。洎曉一望，則四山環繞，道如蟻垤，爲入棧之始。自此肩輿始用縴夫四人挽之而行，宛如行上水船。及下坡陀，則後用二人維之。俯視崖下皆亂石，清流聲如奔霆，與故鄉建溪灘中無以異也。沿山樹木森然，時雨雪甫晴，仰觀連峰迭嶂，皆積素瑩然。五十里至觀音堂，始有村落。【略】見山坡峻甚，步行二三里，過第二關，又過和尚原、煎茶坪。坪最高，遥望前途，真若無路。二十里至東河橋，稍憩焉。自東河橋南行，路稍平坦，林煙山徑中頗有聚落。晚至黄牛堡，宿。

十四日，發黄牛堡，堡即吴璘以强弩退敵處。沿途皆山，而道頗平。四十里，食於草涼驛，屬漢中府鳳縣治。過五星臺，自此山行曲折，皆上有懸崖，下臨深淵，而山路斷處，以木聯之爲棧。棧却甚平坦，臨溪處皆砌以石，名爲欄馬墻，稍寬處則皆用木欄杆，有延十餘里，一望如曲廊廣榭者，此前制府西林鄂公弼所爲也。午後至大散關，俗呼石頭關。此宋時中原已陷，極邊鉅鎮。關下有大散水。【略】關上金書「荆門底柱」四大字。余下車眺望，隨步行數里。途中見村民多持吐綬雞者，彩色可觀。道上有金絲柳，枝仰而條垂，隆冬尚青緑可愛。舊傳鳳縣酒、柳、手三絶。緣山坡行，俯視水際，飛鳥甚多，亦有鳴於林木間者，宛然春陽氣候也。暮抵縣治，館於東關外。

十五日，發鳳縣，出西郊，即由山道行二十里，直上鳳嶺，一名鸑鷟山。舊傳周文王時，鳳集於此。嶺道二十里，極險峻，回環縈互，中間十數里皆上懸層霄，下臨無際，回視諸高山，皆在下。將抵絶頂，余步行而上。上有關，即以崖石上通路。少憩於驛亭上，四望則障面皆山矣。【略】下嶺十五里，緣山而行，臨水多翠篠娟娟。至心紅鋪，寥寥數家，四面奇峰矗立，猙獰可畏。自此路稍平，間有棧道，尚無甚險。林木亦有不凋者，水聲噌吰，石梁曲折，極有佳境。五十里至南星鎮，館舍新葺。【略】是夜，鎮中鳴金鼓，護月食良久。

十六日，發南星鎮，方五鼓，月色朦朧，以爲將啓明也，行二十里始曉。過陳倉道，聞即古兩當道。鳳州兩當縣因界内兩當水爲名。【略】上柴關嶺，嶺高十餘里，嶺道砌石，皆如劍鍔。時微雪，遥望諸山，雲氣洶湧，竹木轇轕，宛然故鄉仙霞景象。下嶺入裹，抵廟臺鎮。館舍正對紫柏山，古所稱山上有七十二洞，異人多隱此者。入望如畫屏，蒼松翠柏，彌滿山徑。自柴關以下，河流一道，爲青羊河，時隆冬水涸，尚洶湧有聲。岸旁竹最多。循是南行，巖際有刻「碧鏡青蓮」四大字，又有刻「紫柏山張留侯辟谷處」。怪石古木，迤邐道左，宛如人家園林。五十里抵留壩，日猶未沉西也。留壩今設通判，分駐於此。

十七日，天明發留壩，二十里過青羊鋪，又十里過青龍鋪，又十五里至武關。又行五十餘里，至馬道。過武關則爲褒城縣界。一日内所過嶺最多，俗稱二十四馬鞍，每上下輒三四里。内倚高山，外臨深淵，然皆砌以石子，其臨溪處率有小墻圍之，而石壁連亘，奇秀百出。水中白石粼粼，水際怪石儼如位置，而古木蒼翠，彌滿山谷，冬日猶青，山水之奇，目不給賞。予向過永州，以其地山水冠絶天下，今復經此，頓忘行役之勞也。馬道驛前經江，蓋褒水注於此。岸上有碑，書「漢蕭相國追淮陰侯至此」。

十六日，五鼓發馬道驛。行十餘里，道遇西安巡撫明公山自漢中閲工回，立談少頃。遂行，趨青橋驛。自馬道至青橋四十里内，路雖略坦平，而山石猙獰，夾路草木蒙茸，惟聞江流聲洶湧而已。出青橋，行十里許，奇峰矗立，望疑無路，而趾下深潭，令人心悸。李太白詩所云「飛湍瀑流争喧豗，砅崖轉石萬壑雷」，此地近之。度小橋，望石壁上有刻宋荔裳琬爲賈中丞漢復所作《棧道平詩》。又數十武，石壁上刻「觀音碥」三字。蓋此地最險，原名閻王碥，賈爲易今名也。二十里至七盤嶺雞頭關，循石磴而上，凡七折，每折處僅容二三步，余爲下車行。半嶺刻「鳳嘴崖」三字，初望關在山巔，儼如雲際。盤旋而至，則見絶頂兩峰上下，恍如雞幘。上有果親王詩碑刻。循嶺南下數里，則一望平原無際，心目豁然矣。自出寶雞，入棧六日，至此六百里，皆仰視絶壁，俯瞰深潭，而危棧懸崖，真如一髮垂堂之戒，時爲凛然。然猶幸棧道修理完固，而稍險處皆有欄楯，蓋本朝累費帑金，以便行旅，而康熙間賈中丞漢復、雍正間果親王皆有修棧之功，近鄂中丞弼亦踵事焉。不然，急湍飛崖，猿啼獸駭，真不啻登天之難矣。是日微雪。次褒城縣城中。

十九日，發褒城，五十里，食於黄沙鋪，暮次沔縣。六日行棧道中，如入鼠谷。今日一望平原，遠山迭翠，漢、沔環流，土田綉錯，居民稠密，不覺欣然。將至縣治十里許，有華表，書「昭烈故都」。按：昭烈帝始爲漢中王，設壇沔陽，即此。又數里過定軍山下，道旁大碑書「漢丞相諸葛武侯墓」。尋經漢左將軍斄鄉侯馬超祠，不二里許，詣武侯祠下。

二十日，天明發沔縣，六十里至青羊驛。自縣治至此道非復坦平，亦從山趾行，坡陀曲折。循沔水而西，又過沮水，水亦甚淺。沔、沮合流處曰沮口，四望亂山層迭，但不若北棧之峻削耳。又三十里，抵寧羌州大安驛，唐之三泉縣，宋置大安軍，故名。地多山少田，居民寥落，驛館亦荒凉，去州治尚九十里。

二十一日，自大安行，三十里至寬川鋪。沿途亂山含沓，石徑确犖。去寬川不數里，巖洞陰森，望之竟無徑路，而中劃然，洞中書「金牛故道」四大字，即所謂金牛峽。舊傳秦惠王以金牛詐蜀，蜀王遣五丁力士開道，秦因以滅蜀者是也。峽口陰寒逼人，循是南行，皆在亂石中，遥望嶓冢山在雲表。十五里至五丁關，關上有漢關侯祠，像設儼然，視他方稍異。俯視四山環繞，巖際皆斧鑿痕，蜀道之險，不虚傳也。旋折南下，至滴水鋪，有高巖，陰森觸目，水從巖洞中出，滴滴不絶。過滴水橋，食於館舍中。又行三十里，至寧羌州治。州在萬山中，土田稀少，而延袤將二百餘里。

二十二日，發寧羌州，雨雪。五十里至黄壩驛，時水已涸，車馬皆行亂石中，往往有顛踣之虞。一望四山積素，行人斷絶，山路紆折，惟聞泉流瀧瀧聲。中過百牢關，懸崖對峙，孫可之賦所云「越百牢而南指」者是也。分水嶺在其下，嶺東水北流，西則南流矣。食畢，過七盤關，入四川保寧府廣元縣界。七盤關亦陟絶，盤折處下臨不測，旁立一碣，大書「小心移步」四字以告行者，與丁亦前推後挽而行。關上遥望，雲氣鬱勃，山外有山，皆如圖畫，而府視怪石巉巖，中闢一徑，令人悚然。是夜次轉斗鋪，雪不止。

二十三日，曉起雪晴。赴神宣驛，途中間有小嶺，憑高一望，四山雪色明瑩，而村落煙火錯落其中，江流一綫，真爲絶景，不啻行故鄉南浦橋、夢筆山霽雪氣候也。至此天氣亦和暖，雖雪後微風，不覺其凍。隨登龍洞背，洞邊遥望，深廣無際。其上兩山對峙，中如龍脊，盤旋而上。時午後雪消，頗有登頓之勞，而翠嶺煙林，極爲勝景。背上有亭，循背而下，又十里，計二十里始下山，次於江岸館舍。南山之巔爲朝天關，館人以爲水陸路俱可達廣元，但由陸則過關，頗有勞頓。余思自北來將五千餘里，俱陸行，不若江行之爲快也，遂定以明日登舟。

二十四日，晨興渡江，舟制與江南小船略同，推窗四望，心目曠然。過朝天峽，峽兩山對峙，峽口水略急。余雖下水，實俱平波，時届中冬，水涸，水中石粼粼可數。近水數里，山巖皆鑿石孔，蓋即古所謂龍閣懸巖，架棧而行者，亦名葱嶺山。昔人云：他閣道雖險，然在山腰，亦微有徑，可以增置閣道，惟此閣石壁斗立，虚鑿石竅，而架木其上，比他處尤險。【略】將至縣十數里，巖際石上皆鑿空，刻佛像大小不一，多至千餘，且有鑿洞爲室宇，中供石佛者，蓋始唐韋抗，今名千佛巖。午次縣治。

二十五日，廣元縣館舍中，五鼓叩祝聖母皇太后萬壽畢，即行。四十里至昭化縣。是日，聞過昭化將度牛頭山，雪後山陡，路極滑難行，因次於縣治館舍。【略】將至縣，度桔柏渡。桔柏乃文州、嘉陵二江合流處，唐明皇幸蜀，至益昌，渡桔柏江，即此。【略】白水江北來，與嘉陵江合，夜聞江聲甚壯，如卧故里釣龍山下也。

二十六日，發昭化。【略】不數里即陟高坡，旋轉數十次，方到牛頭山。其上有天雄關，竣踞山巔，俯視一切。關設漢壽亭侯廟，廟旁有小閣，兩間壁上題詩頗多。少憩閣下，旋行。不一二里，輒登高坡，履石磴時積雪才消，泥滑難行，車馬甚有顛躓之虞。四十里，食於大木村。村在深山中，寥落數家。將至大木村時，望有一山，數峰連起，極爲秀潤，山上草木葱蒨。詢諸土人，云爲雲頭山，上有祠極神，每歲二三月，寧羌州、成都府民人皆遠至此祈禳。亦未考爲何祠也。過大木村十里，即爲劍州界。過七里坡，又十里，過志公寺塘，志公寺已廢矣。又行數里，望劍關兩崖竣絶，行徑愈窄，輿丁彳亍而至，始見懸崖宛如城垣，插天之高，削壁之險，中闢一徑，架閣其上，高數仞，顔曰劍閣。閣上書「青嶂丹崖」四字，本唐玄宗詩。落日黄昏，駐馬四望，令人心悸。【略】是夜，次於劍閣下五里塘館舍。

二十七日，晨起行，微雨。自入劍閣後，四顧山頗平坦，雖坡陁不斷，而不至陡絶。下七里坡畢，有天生橋古迹，兩旁皆窪下，中平坦如橋。自是道旁古柏夾立，陰翳蔽空，綿亘二十餘里，至大者皆數十圍，蓋數百年樹也。【略】午食於石洞驛，雨少息。三十里至劍州治。將入城時，有武侯橋。城倚山，甚高，蓋蜀北扼要之地也。

二十八日，發劍州城內。皆山徑，山行四十里，憩於柳溝。又四十里，次武連驛。沿途雖有山坡石磴，但高者不過里餘，非復劍閣以外之險矣。去柳溝十里有堠亭，名講書臺，蓋宋黄兼山講學處。將至武連驛，省中胥役來迎。武連地頗平曠，居民稠密，夕陽原上，遥望炊煙矗矗，皆在深林中，亦一方勝景也。驛有顔魯公書「逍遥樓」三大字，鐫於石。

二十九日，發武連驛，四十里至上亭驛。【略】是日細雨如絲，路滑難行。尋大風起，又作鵝毛小片雪花。二十里至七曲山，謁文昌廟。廟甚宏峻，神像清超，與南方微有不同。自入南棧至梓潼，山徑略平，潼水甚低，而田疇分區井井。詢之土人，云水下不能入田，每歲嘗苦旱。但觀其原隰畇畇，非復昭化、劍州之比矣。暮次梓潼縣治。

三十日，發梓潼縣，三十里入綿州界。【略】食於魏城驛。過萬年橋，橋上四望，殊有清曠之致。暮次州治。至此始見水田，與南方無異。而野園蔬菜，或有黄花，不殊春日景色也。州有涪水洪流，冬日稍涸，車馬皆從沙石中行。

十二月初一日，發綿州，二十里，食於皂莢鋪。又五十里，抵羅江縣。望鹿頭山，山自羅江迤邐入漢州德陽界。【略】自出綿州城南，沿途皆竹林青青，山色漸覺平遠，而竹園前後，時聞流泉瀌瀌聲，劍州之柏、綿州之竹，可謂雙絶。羅江水有二派：一從綿州來，一從安縣來，兩水相織如羅紋，合流入中江。水田綉錯，宛然江南景物，而橘柚之美，竹柏之盛，爲入蜀第一程勝景。過長橋，入潺水門，蓋邑有潺山，或以爲潺水所出，故名。城外有山，原名武侯亭，其地平衍。【略】是日午後微雪，旋晴。

初二日，發羅江縣，十里過落鳳坡，龐士元戰死地也。今即於坡側建龐、葛二公祠，道左立碑曰「龍鳳二師」。入德陽縣。【略】四十里至沉犀橋、雁齒橋，入漢州城。州城北枕沱水，漢廣漢郡。自德陽至漢州，土益平衍，水田益多，山色遠近，竹木蒼翠，真有畫圖所不能到者。水從灌口來。【略】館舍栟櫚、芭蕉、竹、柏、薔薇，臘月皆青翠如春，而橙橘黄柑，其香撲鼻，宛然故鄉風景矣。

初二日，發漢州。午過彌牟鎮，諸葛武侯八陣圖在此。【略】次新都縣，有「楊狀元故里」華表。

初四日，發新都，五十里過升仙橋，即司馬長卿題柱處。成都當事迎余於北門外武侯祠，遂入城，次於皇華館。

又卷二　乾隆三十四年六月十七日，發成都，出華陽東門。【略】憑高一望，江山勝概皆在目前。祭江訖，登舟，夜泊傅家閘。

十八日，過白馬潭，賦詩。午至彭山縣江口。【略】江口爲水迅急，祭畢，乃發舟，亭午入眉州境。過蟇頤關。【略】晚泊張家閘。

十九日，舟行三十里，過青神縣。【略】午泊嘉定城下，太守吴君交煌來見。

二十日，在嘉州使院。

十八日，發嘉定府，出東門，登舟。過凌雲石壁，上書「凌雲第一重」五字，有大佛臨江，水浸其脚，爲唐開元間釋海通所鑿，後節度使韋皋成之。巖洞玲瓏，秀絶寰區。【略】自是順流而下，過烏尤、九龍諸山，山川之奇秀，目不給賞。午抵犍爲城下。

十九日，亭午艤舟江畔，叙州守河南楊君天文來晤。登岸，歷級而上，入城。【略】入使院，前望列峰，平秀如案，後即師來山。又左爲仙侶山，山上産仙茅。

十九日，發叙州，過南溪，夜泊江安。

二十日，晨過清溪。太白詩「夜發清溪向三峽」，即此。由納溪入瀘州。

二十一日，試瀘州、叙永廳二屬，二十八日竣事。

［九月］初九日，發瀘州。州邑長請余過重陽，余謂九日登舟，亦一别趣也。諸生送至江上，雨始晴，乃解纜。夜宿合江。

初十日，過江津縣。

十一日，過猫兒峽、車亭子，江中卷石孤立，蒼秀可喜。午抵重慶府。【略】在舟中望渝城，邈若雲際，而巖端重屋迭架如櫛，岸側泊舟無算，舊傳水面浮居者尚五百家，可想其繁盛矣。歷層級，至山亭上，總戎和君邦額及當事皆竢於此。遂入通遠門，經銅鼓臺，入使院。院舊爲川湖總督署，甚宏敞，而後楹特高聳，俯瞰城中屋鱗次高下，近晚及凌晨則霧氣沈霾，濕入几案，亦不自知身在煙靄中也。

二十八日，拜摺畢，遂發巴縣，時日已亭午矣。祭江神，登舟。

二十九日，晨過木洞驛。驛丞倪某以一雉雙鯉饋，受之。木洞驛臨水次，一望人煙，别成島嶼。過長壽，有灘甚險，舟人戒勿言，俗名張飛不語灘。

三十日，過涪州。【略】晚泊，去酆都四十里。

十一月初一日，過酆都。【略】過李溪數里爲水洋溪，仍石砫界。大風，舟不能行，遂泊。

初二日，晨發水洋溪，不數里灘險，風色亦厲，望後舟有碎者。午至忠州。忠古名臨江，三面俯江流，背山爲城，城中屋皆因山高下，無十家鱗比者。至使院，亦數折而入，堂皇對翠屏山，後楹墻外皆翠竹緑蕉。折而西，稍高屋二間，望江中帆楫往來，咫尺間耳。地雖僻，頗愜心目，不若渝州之日在煙霧中也。

二十六日，發忠州，過折尾灘，灘險甚。又過石寶寨，寨臨江，巍然一阜，遥望如塔。稍近，則見石磴環列，上有佛寺。【略】晚泊石鼓峽。

二十七日，舟過萬縣，屬巴郡。初爲萬州，後改。縣治北三里有都歷山，一峰聳秀。地處岷嶓之下、三峽之上，東接夔府，北連梁山，實水陸輻輳之鄉也。【略】晚泊萬户驛。

二十八日，過雲陽，泊舟城下，望雉堞甚小。初聞東洋子、廟棋子峽各處俱險，是時冬水涸，灘石皆出，殊無戒心也。兩岸青山蒼翠，冬日如春。暮泊舟，去夔府二十五里。

二十九日，晨至夔州府治，遂入使院。

二十五日，發夔州，夜泊雲山磁莊。荒山歲暮，永夕無聊。

二十六日，晨興舟行。【略】是夜泊舟蟠沱。

二十八日，午過雲陽縣，宿中佛巖。

二十九日，過大舟溪，午從淺瀨過，下皆細石，舟格格有聲，則前艙已漏矣。自成都至夔門二千餘里，惡灘無算，皆安穩。兹去陸行才數里，輒有此險，人生信不可忽於近也。登岸，宿萬縣皇華館，館後枕大江，竹柏參差，數峰蒼翠。

又卷三　乾隆三十五年庚寅元日，寓萬縣皇華館。初二日，行五十里，至佛寺鋪，路旁懸崖削立如壁。夜抵分水鋪，所過道路皆修治，水田高下，翠竹成林，修塍廣陌，宛然楚南風景也。

初三日，發分水鋪，不數里即踰嶺而下，入梁山境，頗險峻。四十里至葫蘆鋪，又十里過銀河橋，兩水漣漪，白石粼粼。自是十餘里皆峻險，歷磴而上。始在下遥望，崇山如天際，中有白氣數丈，疑爲人跡所不到。經百折，望之漸近，則知爲瀑布矣。視前行人如蟻蛭，輿丁勞甚，集纜夫二十人牽挽之。乃至山上白兔亭。【略】佛寺後爲蟠龍山，山愈峻。寺前樓三間，倚檻一望，下臨無地，從人胥吏自後來者，遠望魚貫如畫。而左側正見向所望白氣，則瀑聲濺濺，正所謂「銀河落九天」也。【略】余以此地爲極高，出寺乃又歷坡陀而上，又數里乃下山。山下高處皆有田。晚抵梁山縣治，宿於城西門之桂香書院。

初四日，發梁山縣，不數里，循山徑而上，至高都里。東下至江市橋，四山環繞，中闢平洋，田疇橋梁，井井可觀。每日在懸崖絶澗中，到此殊爽然也。午入達州新寧縣界，益平衍。夜宿仁市。

初五日，發仁市。先是，五鼓雨聲淅淅，已有沖泥之憂。十里至涼風壩，雨益甚。晚抵麻柳場。場居民數百家，自萬縣至此，村落爲最盛。宿禹王宫西偏。

初六日，雨止。初行四十里稍平坦，至雷音鋪而南則多窄險。及通川江岸，已昏黑矣，列炬登舟。考通川江發源東北，古稱萬頃池，自太平縣流至東鄉縣界，水漸寬衍，可通舟楫。西南五十里至州界，又四十餘里至州南門外，繞翠屏山而西。入城，至使院。

二十九日，發達州南門，登舟行數十里，宿大灘渡。

二月初一日，至三匯場，入渠縣界，有丞分駐。夜宿禹王宫。

初二日，過棲賢塘，行百里，夜宿於静邊寺。

初三日，發静邊寺，午至小橋場，薄暮抵營山縣治。自静邊至營山，道稍坦平，川原廣辟，時方春月，緑塍秀野，遠山叢林，宛然江南風景。

初四日，發營山，西行三十里，至風竇鎮。【略】午至舟子口，蓬州治也，登舟四顧蕭然。夜泊金竹庵。

初五日，發金竹庵，舟行百餘里，至順慶城下。

三月初一日，發順慶，午至金溪塘。跨水爲長橋，柳絲蕩漾，遠近山色甚佳，臨溪一望，令人有濠濮間想。夜宿永豐鋪。

初二日，抵南部縣。縣令郝君適亦庚辰同年，别十年矣。始見鹽井。

初三日，發南部，過黑水塘、彭城壩。山回水復，望嘉陵江波色湛然，而時方春月，岸柳園花，芬菲滿眼。【略】是日午抵保寧府。

二十五日，發保寧，大雨。【略】行三十里，憩天宫院。晚止南部之大橋場。

二十六日，發大橋場，山路稍平，春林茂密，少雨即止。至柳邊驛，頗成村落。三十里，食於金峰寺。寺在蟠龍山巔，石磴歷五十級而上，遥望若樓閣，俯視原隰綉錯，林木葱蔚，亦一清景也。三十里至富村，歷靈山鋪，晡抵鹽亭縣治。

二十七日，發鹽亭，六十里至秋林驛，午抵潼川府。

十七日，發潼川府，出北門不里許，既循坡陀而行。春流已漲，江水漣漪，蓋涪水自綿州西下，行愈上則流愈窄矣。九十里至葫蘆溪，三十里宿豐谷井，去綿州治一舍。

十八日，晨行。循江岸皆鹽井，轆轤有聲。過大佛寺，寺在巖側高處，面臨江，下望其深邃。自是皆沿江行，三十里渡江，至綿州。【略】地多竹，日在緑陰中行，人家亦多環竹而居者。晚渡江而南，其地名漫波渡。

十八日，發漫波渡，有華表題「青蓮故里」。【略】午至中壩，爲江油縣門户。沿江行四十里，皆涪水也，山巖多荆棘。至江油縣屬。

二十八日，發江油，歷彰明、綿州、羅江、德陽、漢州、新都，以五月初二日抵成都。爲科舉期近，遂定以初七日赴邛州。

又卷四　五月初八日，具疏，爲蜀紳士恭謝萬壽恩科。拜疏畢，遂行。【略】五十里至雙流縣。【略】四十里至新津，渡江，入縣治，竹林茂密，山水清佳。但其地爲邛、雅、建昌、西藏往來必經之程，郵符絡繹，亦緊縣也。

初九日，發新津，三十里至斜江河鋪，入邛州界。憩於茂陵書院，蓋舊祠司馬長卿處。【略】過天官橋，甚修整，爲明文選郎中楊公伸建。晡至邛州。邛使院在州治北善政街，舊爲鶴山書院，今石坊猶在路南，蓋文靖公講學地也。

二十一日，發邛州。【略】行十餘里，西望見雪山，時方盛暑，對之爽然。四十里入名山縣界，又四十里，宿於百丈驛。

二十二日，發百丈驛，晨行殊寒甚，時方五月，氣候之異如此。「曉驛雲容」爲名山八景之一，望白雲列岫争吐，環繞蓮花山、蒙山，雲白山青，秀態百出，真一奇觀也。【略】自百丈驛四十里至名山縣治，又二十餘里過金雞橋，入雅州府界。

以［閏五月］初八日發雅州，赴寧遠。出雅州南門，城在層坡上，地勢獨高。至郊外，見耕夫乘時尚可插秧，非復來時閔雨景象矣。五十里，憩觀音鋪。又十里至飛龍關，形勢頗峻，上有普惠寺，跨關而峙。又十里至高橋，則榮經分界處也。【略】過章公渡，入榮經東門，館於縣署。

初九日，發榮經。西行數里，過孟橋。又十里過武侯故城。【略】過安箐里，食於黄泥鋪，此三十里内雖稍險，尚禾田綉錯也。食畢，覺寒甚，皆易裘以行，時閏五月初旬矣。上小關山、大關山，皆紆回十里，山極峻險。始望白雲在天際，洎至大關，則侵人衣袂。上長老坪，坪有武侯祠。又五六里至相嶺絶頂，林木陰森，不聞鳥雀聲，俯視一氣濛濛，衆峰皆不見矣。相嶺俗呼大相公嶺，明洪武間，景川侯曹震曾修路以便行旅。今自小關山而下，有石徑，斷處亦用木棧連之，又以木爲闌干，以防蹉跌。九折坂即在大關山下。【略】數十里内，峻削較雲棧有過之，且水石衝激，聲洶湧驚人，信絶險也。自相嶺絶頂下，數步一折，險巇不可言，肩輿過處，半臨無際，爲心悸，名二十四盤山。晚至清溪縣，城内寥寂，一村鎮之不如。

初十日，發清溪，出南門，循石磴而下，望諸山皆雲霧中，一出城則更無居人矣。十五里過梵音水，淺流澄澈，俗云玄奘過此，持梵音而泉湧出。二十餘里至漢源街。【略】縣治人居寥寥，惟此爲商賈輳集之所，城中一絲一粟皆至此購焉。然地熱，甚有瘴，始易裘而過相嶺，洎至此則又苦熱，易葛衣矣。食畢行，小有村落，皆板屋，上壓以石，塍中所植皆椒也。歷龍洞、富林營，晚至萬工堰，凡五十餘里。蜀山多林木，到此則童矣。富林驛有數十家，羊姓尤多。萬工堰近河岸，寓把總署。

十一日，晨輿微雨。時聞大渡河水長，持瓣香祭畢，乃登舟。大渡河源出吐蕃，水勢洶涌，西南蠻夷挾吐蕃以爲患中國，大渡其一徑也。【略】登岸，微雨，行二十里，皆倚山臨河，險窄破碎，時虞顛躓。至大樹堡，村落頗多，始見倮儸環集館舍前。又二十里，至曬經山，益險，俗傳爲唐僧玄奘曬經處。【略】是日雨甚，所過之處皆出爲扶肩輿，頗得其力，雎盱傖獰，其意甚恭謹也。十里至白馬塘，又十里至河南站，站後有聖泉，武侯南征時軍士飲啞泉，至此飲水乃甦。自河南站二十里至平夷鋪，路稍平，然草木蒙茸，山石犖确，亦難行也。

十二日，發平夷鋪，晴。四十里至平壩，又四十里至海棠鋪，有游擊駐於此。過平壩時，有六翁土百户押衣呷率倮儸十餘人迎於道左。自大樹以下，緣途皆倮儸。平壩、海棠間有居民，板屋竹棚，敝陋殊甚。海棠偶詢米價，云斗米七百錢，貧民粒食難矣。倮儸日食，皆以蕎麥爲粉，腰繫木碗，飢則就山溝有水處調食之。其以麥爲餺飥者，各曰簪巴。

十三日，發海棠鋪，四十里至蓩葉坪。是日晴，然曉行二十餘里，山徑中不見日，冰風逼人，寒氣殊不可耐。時方閏夏，而道上可衣重裘，氣候之異至此。晡至利濟站，沿途皆坡陀上下，板屋中皆倮儸所居，内地人無幾也。

十四日，發利濟，度青岡關，關險峻。過羅羅河，一名倮儸河，河有二源，皆出吐蕃，東流合魚洞河，入大渡河。【略】洎至，則見水流尚淺，惟於亂石中作波激聲，駕木橋以行，殊無褰裳之苦也。渡河十里許，見有村落。過天王山，明萬曆間總兵官劉綎征王大咱等，戮首三千葬此，題曰「鯨鯢封處」。至牙嶲廳治，城新建，城内居人無幾，所見亦皆倮儸也。是夜，寓同知署中。

十四日，發越嶲城。越嶲地險夷多，有參將駐劄於此，兵七百，歲粮所入，僅足支兵餉，倅所居如傳舍。時際升平，夷人恭謹，尚易治也。出南門，過小孤山，蒼然特秀。嶲有二孤山，在西者爲大孤山，在南者爲小孤山。又金馬山，相傳爲文昌顯化處。自此至小哨汛計五十里，沿途所見，峰巒秀拔，林木陰森，山石恍如刻畫而成者，奇景異態，不可殫述。惜乎荒僻夷地，無人爲之搜剔品題也。午上小相公嶺，高峻與大相嶺略等，亦相傳爲武侯南征時所闢。涼山野夷舊多於此掠人口、商賈貨物，號綽綽烏。今五里即有兵防汛，行旅可安。自登嶺，至龍潭溝四十里，始有數家人。自是下白塘，路益破碎，肩輿不能過，爲之步行。越嶲、冕寧以小相嶺、鎮遠營爲界。晚至登相營，板屋三間，後圍以松枝，倮人環門前爲報更等，到此覺心境頓異也。夜大雨。

十六日，發登相營，五十里至冕山營，駐縣丞一。始行，雲氣瀰漫，山徑曲折隨之。有花似槿而白，蔓衍十餘里。入冕寧界，則多松。川北宜柏而少松，至此則龍鱗虬須，夾道清陰矣。發冕山營，十里過倮儸關，蓋凉山以西皆野夷生聚之所。十里過瑞慶塘，十里過鐵廠，又十里過鹽井。鹽井、鐵廠即古定筰縣，元爲柏興府，洪武初爲州，尋改千户，置鹽井衛指揮。其地産鹽鐵。夜宿瀘沽，商賈頗多。《明史稿》云：安氏所轄四驛，曰禄馬、阿用、白水、瀘沽是也。始將至鐵廠時，有新橋，遥望在巖際雙石上，蓋從前橋下有路，可通行旅，水既西注，遂另闢山徑以行，斷處爲橋，俯視甚危。沿途所經，則孫水也。【略】將至瀘沽，沿山行，甚險，然俯望仰觀，真覺奇絶。上有摩崖，刻「西南形勝山水奇觀」八大字。又過啞泉，崖上刻「此處啞泉斷不可飲」八字。啞泉自巖際下，噴沫如散珠。

十七日，發瀘沽，過深溝，乃冕寧、西昌分界處。至此地稍平衍，累日行鼠谷中，睹此空曠，殊爲爽然神怡。但其地土薄石多，細草茸茸，少墾闢爲田者。午至禮州所。【略】是日居丞署，鹽源丞王某來見。

十八日，發禮州所，行五十里，至寧遠府治。

［六月］初九日，發寧遠府，出南郊，謁武侯祠。過青山嘴，青山在治北，松特多。是夜宿瀘沽，蚊極多，不能寐。

初十日，晨大雨，發瀘沽，冕寧諸生盧元愷等數十人皆俟余，送於山下。即瀘沽峽也，峽水怒號，肅然如深秋天氣。【略】午至冕山營，夜宿登相營，大雨如注。

十一日，發登相營。先一夕大雨，曉過蒼耳崖，甚險滑，幾至顛躓，輿丁之苦不可言。自是二十里内皆亂石，經驟雨衝激，益危。度小相嶺，則多下坡，非復來時艱難矣。七十里至小哨營，歷觀音巖、炒米關，雨後山色益佳。每山腰白處，皆如削刻而成，其尤奇者，如枯木，如竹節，目不給賞。歷陶家營，至小孤山，三十里將至時，山水驟發，肩輿水及膝，勢甚猛，藉倮儸人扶掖而過云。其地名乾河，夷山水發則漲，詢嶲人來迎者，曰晨到此猶無水也。昔余過楚南永州，嘗歎其山水之奇，惜其荒僻。越嶲此五十里内，山川視永又過之，而倮夷雜處，較永更寥落，是可歎也。

十二日，發越嶲，八十里，食於利濟站。過倮儸河，雖水勢較急，而橋尚無恙。度青崗，益覺其險，所過不見人，惟負銅及販沙木者數輩而已。宿蓩葉坪，坪在高山之巔。

十三，晨發，憩於海棠，大雨。晚至平壩所，居後臨水聲，如萬馬奔騰。

十四日，晨發，過深溝、觀音祠，五十里，止於河南站，緣從人皆言大樹堡瘴重不可居，故止此。

十五日，晨行，二十里至曬經山。【略】渡大渡河，河水視來時稍平，一葦航之，風恬浪息。連日多雨，聞王觀察過此，水漲不得渡，爲俟二日乃行，信天幸也。次萬工堰把總署。是日熱甚。

十六日，自萬工堰過富林，食於漢源街，熱甚，有瘴氣。晚至清溪縣，入東門。將至時，望雉堞如在天際，蓋高山壁立，築城其上，勢甚雄峻。來時自上而下，時值晨霧，故見一氣空濛耳。

十七日，發清溪，上二十四盤山。來時過此，自上而下，尚不覺，今日真數步一折，旁少扳附，下皆砂石，輿丁之苦，爲之心惻。至草鞋少憩，爲相嶺最高處，憑高一望，心目豁然。自是以後多下坡。至長老坪，再謁武侯祠。相嶺高寒，六月可衣裘。來時入小關山、大關山，雲氣瀰漫，今日天氣晴明，了無障翳矣。八十里至黄泥鋪，夜至滎經。至此始見田疇井井，旱後得雨，與與翼翼，可望有秋也。

十八日，到雅州，是夜大雨。

二十八日，發雅州。

七月初二日，返成都。

又卷五　十月二十五日，發成都，再至邛州科試。夜宿新縣。

二十六日，至邛。

十一月初五日，發邛州，諸生餞余於天官橋。是夜宿新津文昌宫。本意自新渡出江口，舟行入嘉州，而冬水涸，甚不能達。乃陸行四十里，至青龍場，入彭山縣治。彭山即武陽，數十里内山平如案，江水環流其下，即所謂彭亡山也。道左有碑，大書「仁智動静」四字。過忠孝橋，有碑書「漢張綱故里」，又一碑記李令伯事，二公皆邑人。出彭山不十里，即眉州界。入城，居三蘇祠。

初七日，發眉州南門。【略】行五十里，入青神境。沿江有石堰，將十里餘，與丁從堰上行，俯視兩旁，皆深溝陡絶，意甚悔之。然已至堰上，亦無可如何，稍在蹉跌，則不可救。甚矣小人之好趨捷徑，不卹禍也。江中漁船皆以鸕鷀取魚，多至百餘只。午後抵青神縣治，亦近荒閴。

初八日，發青神，二十五里，憩於劉家場。遂渡江而南，三十里爲青神、樂山交界處。循山徑上下，望諸峰秀異特甚。由江岸行，天始陰，遠近諸山皆如米家圖畫也。晚抵嘉定府。

二十一日，發嘉定，樂山令同年胡範水、青神令樊君送余於凌雲大佛下。舟次峨眉。

是日天甚晴明，【略】不數十里，阻風，乃泊舟。

二十一日，泊清水溪。

二十三日，晨大霧，久之乃解纜。過犍爲時，肺疾又作。入宜賓界，計三日尚未到叙州，去夏來時二日耳，意殊悶悶。

二十四日，午後到叙州。

初八日，發叙州合江門。由叙州趨南溪，舟行，望四山秀絶。時已届寒臘，山下菜花盛開，蒼巖白石，上下掩映，真金碧畫圖也。水上多蜻蜓，開船窗，有蠅飛入，則川東地暖可知矣。

初九日，午過江安，令王君承廣於岐黄術能以意推之，坐談逾時。乃解纜，晡過清溪。

初十日，至瀘州，二十一日試竣。

二十二日，封篆畢，即發行李登舟，日已亭午矣。過撫琴臺，一石立江側，云即臺。【略】三十里，風，泊舟。

二十三日，趨合江。望少岷山，沿江山色秀異。晚泊處近荒寂，而有來舟前鬻佛手、柑、蘭花者。蘭此時開，亦僅見也。

二十四日，過江津。

二十五日，泊重慶城下。以二十六日入城。

二十八日，晨興微雨，行不里許，風益厲，雨雪，寒甚。昨發重慶時，天甚熱，棉衣欲脱，今日又可重裘矣。四十里至青木關，與壁山交界處，關去巴縣一百里，在寶峰山口，自渝走銅梁、合州以達關中，則此關爲要隘也。又二十里過温湯驛，四十里至八塘，風雪苦寒，而崖磴甚多，路經百折，泥濘難行，蓋不啻褒斜梁萬間也。

二十九日，曉行至合州十塘，雪始晴。途中讀儲光羲詩，清賞翛然。數十里内山徑迫窄，然至高處一望，茅檐積素瑩然，晨曦方射，好鳥弄晴，聲滿林谷間，亦自忘其登陟之勞也。午抵合州治，寓鄒忠介公祠之前楹。

二月初二日，發合州北門，四十里至大石橋，又五十里，宿於伏龍橋邸舍。合州匯三江水，嘉陵江從保寧來，渠江從順慶來，此句應考。涪江從綿州來，山川綿密。緣途所見高原下隰，俱宜禾黍，時方仲春朔日，而菜花蕎麥已盛開，隴上梨花如雪，山紅澗碧，掩映生姿。

初二日，發伏龍橋，入定遠縣興隆橋界。晚宿走馬場，有溪澗，岸旁楊柳清陰。定遠北界南充，南界合州，無關隘之險，地比壁山稍平衍，亦沃土也。

初三日，入南充界。

初四日，至順慶府治。六十里内過大重山，徑窄甚，瀕河處亦險，幸石磴頗修治。

二十四日，發順慶，晡抵瀘溪塘。

二十五日，入南部界，途中雨甚，然農田正望雨，殊爲欣然。

二十六日，過琵琶塘。【略】憩於文昌宫。

二十七日，發南部，入保寧府治，是日大風。

十二日，發保寧，雨。【略】出南門，諸生不辭泥濘，送余者遍山谷間。感其意，爲賦詩二首。夜宿天宫院東偏，佛像甚奇。二更後雨晴得月，聞杜鵑鳴不止。

十四日，晴，過大侯埡，蓋從山脊闢路，上下殊險窄，賴以石爲級，去年經此殊不覺也。過柳邊驛，雨後，秧針深緑可愛。晡抵金峰寺。

十五日，發金峰，大雨，與僮行泥淖中，甚苦。然先二日下田沾足，今日雨則高原皆遍矣。憩天馬山之富村驛。【略】晡抵鹽亭，宿鳳山書院。

十六日，發鹽亭。出南門二里許，渡梓潼江。江上眺望，水色山光甚佳。【略】入三臺界，過蟾毒山，林木茂密。食於秋林驛，舊云蛇虺之鄉，今居民已二百餘家，成一市鎮矣。六十里至潼川府治，入使院。［四月初二日］晡過葫蘆溪，宿豐谷井，村落甚佳。夜不能寐，聞鹽井轆轤聲不絶。

初三日，晨發豐谷井，三十里至綿州舊治。【略】午入彰明界，夜宿漫波渡。是夜大雨，時亦憂旱也。

十一日發江油，十四日至成都。

王昶《滇行日録》 乾隆三十三年戊子，上以緬事未平，先命户部尚書阿公里衮以定邊副將軍署雲南貴州總督；而召阿公桂於伊犁，亦以定邊右副將軍兵部尚書代之。公本軍機大臣，夙知予，時予與趙君升之文哲方以口語落職，公奏請掌書記，得旨允行。十月初十日啓程，出彰義門，曹編修來殷仁虎、陸員外耳山錫熊諸君皆送別。升之亦至，遂就道。時北風初定，頗寒。七十里抵良鄉縣固節站，止宿於永安堂。

十一日，行，日出過拒馬河，長橋數十丈，甚巨麗。行七十里，抵涿州涿鹿驛，飯於僧舍。又七十里抵定興宣化驛，人家皆在岡塘疏樹間，鵝鴨游泳，有南中風景。少憩，過萍泉，日入。又行七十里，抵安肅白溝驛。

十二日，行五十里，抵清苑金臺驛。又四十里抵滿城縣逕陽驛，又四十五里抵慶都縣翟城驛。晴暖來牟，有青葱出土者。又六十里抵定州，止於試院，聞麗譙三鼓矣，假寐頃之。

十三日，曉發。【略】是日也，行五十里，抵新樂縣西樂驛。過滹沱河時水已落矣，策車可渡。自此而西，風沙蒼莽。又九十里抵藁城縣伏城驛，又五十里抵正定府治，總兵張君和來見。又六十里抵欒城，城鼓四下，不復能寐。

十四日，自欒城行四十里，日出抵趙州鄗城驛，食於慶陽書院。【略】又六十里抵柏鄉縣槐水驛，市集甚盛。又六十里，二更餘抵内丘縣中丘驛，始少憩。

十五日，行三十里，日出抵順德府治，過沙河。又三十里抵邢臺縣龍岡驛，六十里中流沙無際，塵坌交集。又七十里抵永年縣臨洺驛，又四十五里抵邯鄲叢臺驛，宿。連日無風，頗暖。

十六日，【略】行三十餘里，【略】又三十里抵磁州滏陽驛，又三十五里過漳河，河水落，中間僅存大溜。每年十月末始輿梁，是時功尚未成，車馬均以舟濟。過河爲河南安陽縣界，村莊林木，暗藹相望。又三十餘里抵安陽鄴城驛，頗潔靚。又七十里抵湯陰宜溝驛，晨雞角角鳴矣。

十七日，自宜溝驛行，過淇水，六十里抵淇縣淇門驛。【略】五十里抵汲之衛源驛，衛輝府治也。

十八日，升之小極。天明始行，五十里抵新鄉新中驛，又六里抵獲嘉縣亢村驛。寒日西風，驛路塵坌不減燕趙間。

十九日，行四十里抵河滑，大風忽作，寒濤怒湧，憩於草舍久之，風定乃渡。比上南岸，則長星出林稍如月。又十里抵滎澤縣廣武驛，宿。驛在縣東十里。

二十日，行四十里，抵鄭州管城驛。【略】巳刻行，途中有泉瀰瀰流，甚清激。又四十里抵永新驛，下車啜茗粥。行五十里，抵新鄭郭店驛，已二更餘矣。

二十一日，行三十餘里，有泉從西北來，涓涓南注。渡泉稍西，徑路益窄。從明將軍征緬八旗兵奉旨旋京，車百餘輛，適遇於弇中，俟過畢乃抵腰站。【略】申刻抵禹州清隸驛。飯已，留行李，並辭升之先行。行九十里，鼓二下抵襄城。換車即行，黎明五鼓抵葉縣滍水驛。

二十二日，行六十里，抵裕州赭陽驛，六十里抵南陽縣博望驛。城外十五里即卧龍岡，有武鄉侯廟。殘月初出，空林皓然。

二十三日，丑刻抵南陽宛城驛，巳刻抵林水驛，申刻抵新野，【略】二更抵湍陽驛，已入湖北境矣。距驛十餘里渡白水，水自南陽來，凡三渡此水，此爲最廣。四更抵襄陽之樊城，蓋呂堰驛也。

二十五日，住樊城。

二十六日，【略】以買舟小住。

二十八日，解纜，順流而下。天微晴，江水寒緑，淺者才數尺，江底石子磊磊可數。【略】兩岸青山迤邐，村墟相望。二十里抵東津灣，七十里抵嘯河，四十里抵官莊，泊。

二十九日，無風，江平如鏡，稍作鞾紋縐耳。重陰積霧，有釀雨意。遥望溪村樹屋，葱蒨杳靄，殆不減圖畫。自出都後，早晚凛冽，重裘尚不勝寒，至此則氣候妍暖，絶似吾鄉。午後微雨，迨暮止。【略】自官莊二十里抵黄家觜，又二十里抵茆草洲，又五十里抵劉家集，又二十五里抵轉斗灣，過内河，又十餘里抵謝家集，泊。自過官莊，兩岸皆無山矣。

三十日，晨起微雨，西北風作，稍寒。挂颿行，四十里抵歐家廟，又三十里抵棠港，又三十里抵石篺。望石篺村鎮亘四五里，人煙叢密，始見竹圃。泊舟登岸，土潤無纖塵，麥苗剡剡，已二三寸許。有水自石篺奔流而出，注於江，不知其源也。又四十里抵舊口，泊。

十一月初一日，微雨。土人因朔日賽神，爆竹聲不絶，擁被聽之，殊似春正景象也。曉起風色悽緊，薄寒中人，旅人殆難爲懷。三十里抵沙洋，又三十里抵多寶灣，又四十里抵葉家灘。未刻雨止，尚未霽也。距大澤口十餘里泊。竟夕雨。

初二日，清曉雨止，陰霏未開，風色悽緊如昨。三十里抵澤口，水深尺許，舟膠不能行，小泊，以須人夫。入暮，風益緊，雨益密，水花噴薄，終夜有聲。

初三日，巳刻，潛江令李君遣挽夫二十餘人來。因水益落，挽之不得進，乃計以陸路往田關。

初四日，晴。僱小車載行李，自與升之登肩輿行。【略】沿江皆高堤，楚人稱堤爲垸。經上官湖垸，見人家率槿樊茆屋，竹林相望，楊柳蕭疏，微黄未落，麥畦蔬圃若方罫然。農事休，老牸閒卧，寒鴉凍雀往往噪於其角，風景清逸如此。行二十里，至田關，復買舟。舟以紙糊之如屋，差小而潔。惟水色忽渾，蓋長湖之水所注也。十里抵周家磯，又十五里抵高家場，又二十五里抵張窑觜，泊。

初五日，晴。四十五里至丫角廟，又二十里至湖口。湖水南來注之，水淺而急，沿岸皆黄蘆白葦，魚罾相望如畫。過湖里許泊。

初六日，行三十里，抵關磯口。又十五里抵草市，入城，見荆施宜道金君祖静。荆州長衢高屋，人物浩穰，比襄陽尤盛。草市距沙市十五里，水道淤塞，行李復由陸路捆載，始至沙市登舟。沙市瀕江，貨物繁富。【略】是夕泊舟江滸，風濤渺然。

初七日，【略】辰刻渡江。岷江自枝江縣東來，分而爲二：南爲經流，北爲沱。此内江，蓋沱也。渡江至虎渡口，凡三十里。又二十里至彌陀寺，又三十里抵代家場，泊。

初八日，行二十里，至横涇口，又三十里至鼉空市。【略】又十里至於關，又十五里至雙店，又十五里至鄭公渡，又二十里至四水口，又十里至瓦窑河，泊。

初九日，行三十里，至山查橋。又二十里至界溪，市集繁庶，人家屋前高柳侵雲，已入湖南公安縣境矣。又三十里，晚至霧口，忽聞雁聲，令人悽絶。

初十日，【略】辰刻過洞庭湖，湖水落，洲渚盡出，絶無浮天浴日意。午刻復雨，沙雁叫羣，連綿不絶。晚至辰湖泊，【略】是日行百餘里。

十一日，晴。行一百二十里，暮抵常德城外。即沅江，長橋亘之，蓋五代時雷滿所築者。水煙渺瀰，略見微月。

十二日，换鰍子船行。又有麻陽船者，尤窄，傴僂而入，僅可趺坐，則以供家人載行李酒食之用。是日仍泊常德，市巷笋橘載路，值賤且佳，不嘗此者十年矣，但不得遺歸爲憾爾。舟人告明日冬至也，爲之累欷屑涕。

十三日，自常德行，水益淺清，沿江煙村如畫。行五十里，山腰松篠蒼翠，微露精藍，其下人家蒙密幽靚，意路近桃源，風景清麗爾許耶？翻《淵明集》讀之，感喟不已。又二十里至周溪，又三十里，暮抵桃源。縣無城郭，僅如一村落耳。雲月昏黄，杈舟岸側。

十四日，陰。自桃源行，水湍急，舟人舉篙枝拄，隨勢所至，輒背卧船板，上躍而復起，盡力如此，可憫也！行三十餘里，爲甕子洞，兩巖盡石骨，紆折處水益溜，石如横劍，如覆舟，如蟬腹，如熊首，如屏風，如笋節，瓌態百出。尤巧者，一石長數十丈，中間石竇通透，下插江底。船子云：「此穿石灘也。」又四十里至羅家灣，又二十五里至界溪，泊。

十五日，晨行，兩岸山勢詭(瓌)〔環〕，不可名狀。過鸕鷀呰，戍邏旁有神祠，不審是何神也。過祠里許，抵虎子磯，磯下削壁，上有鐵路，鑿石所成，劣可容趾，絙鐵繩以援手，云是下秋水漲時牽挽道也。又里許，臨江一峰，單椒秀出，上爲明月庵，庵前石橋横亘，橋覆以亭，爛然金碧。又二十里至雷回灘，水中亂石，高低隱現，亦有如三門雙闕者，舟率從石罅中行，漩渦濆薄，久之乃得過。又十五里，岸旁石高者丈餘，亞者數尺，若倚，若仆，若坐；若危堞，若頹墻；或刓其首，或平其頂，如經斧鑿，絶無膚土。直接清浪灘，灘長四十里，上有伏波祠，相傳討五溪蠻時經此。過灘二里餘乃泊，猶聞灘聲砰訇不絶。是日陰，午間微晴，夜偶見月。

十六日，雞初鳴，雨沉沉下，至巳刻風稍順。然灘勢益急，雨益驟，前山雲氣蒙之，皆不復可見，風水相搏，船出其間，心魂悄然。經芝草、白榕、北門諸灘，抵暮至楊家塘泊。時雨歇，西北風起，蓬舷戛擊，刁騷拉雜，永夜有聲。

十七日，陰。風順，張帆過横石、九溪等灘，是日行五十里。

十八日，黎明開船。自入灘後，必辨色始解纜，恐昏黑觸危石也。然灘自清浪以南，已鮮奇譎絶險者。行四十里，過瀘溪縣。又三十里過辛女巖，壁立水中，如刀削然，石色青黄，紋皆圓皴，不減子久畫本。壁多竅穴，最異者，山半穴内如箱，如船，如楣檻。諦視，皆以木爲之。【略】其趾亦有穴，大者如屋，望之深窅，有泉流出，下注於灘，色甚白。是夜泊白龍巖下，陰。

十九日，從白龍巖行，舟人告巖穴内有刀，長四五尺，微露其穎，惜清曉未得見也。行二十里，有溪西流，往麻陽道由此。午刻次辰溪，縣城緣山斜上，郭外人家倚於峭壁，軒窗整潔，俱在林煙巖靄中。【略】對溪一峰，高五六十丈，圓袤數十畝，矗立溪水上。上有寺，爲大西觀，懸巖締構，繚以高樓，丹碧迴出林表。縣令以《志》來，荒陋不可耐。小泊即行，至秀溪口，泊。

二十日，曉晴，清暉所照，山翠如沐，溪雲炊煙，翕藃繚白，山外有山，濃淡相次，真昔人所云「不惟耳目怡暢，亦覺形神清朗」者。過江口、猳吊、千畝田諸灘，薄暮抵鸕鷀灘，石戢戢出没水中，頗爲險溜。

二十一日，陰。過蘆子、黄溪、洞庭諸灘，惟黄獅、滚洞最險。蓋灘形至此三折，亂石槎枒，矗出兩岸間，水益湍激。然巖石絶佳，視清浪差小，出水俱二三尺許，亂立無行次。【略】是日風順，行百餘里。晚泊玉湖灘，西風大作。

二十二日，清澆打蓬，索索有聲，蓋霰也。辰刻後，霰化爲雨，瀰漫益甚。晚過茳江，人煙叢密。五里許至連州灘，灘石崆峴，水勢洶涌，兼以雲雨晦冥，舟子牽絙，久之乃過。

二十三日，天明行，已刻至溑水灘。沿灘而行，水甚急，縴夫數人不能挽，失勢一落，甚駭。頃之，復從旁上。午刻至黔陽縣，晚泊倒水渦，行四十餘里。

二十四日，晨起大雪。向來南雪落地輒消，今至午始霽，而千山積雪，直接雲表，瑶簪玉笋，與翠靄蒼嵐相間，山下人家，竹樹雜以青黄，真一幅黄鶴山樵畫本，第恐畫不就爾。舟人亦云此間下雪未有如此者，殆造物以娱羈客耶？篷窗眺望，爲之叫絶。晚過七十里長灘。【略】至高梁回灘，最險，今以雨後水漲，牽輓即過。

二十五日，微晴，積雪猶未消。岸旁石瓏玲嵌空，徑圓不過丈尺許，離立水中，如朗人秀士，太湖石不足道也。過玉樹灣，人家俱在石壁上，此種景物，即西泠、鄧尉皆當遜其清勝。灣西有仙人橋，石長數十丈，而穹其下。對岸有石雞，作抗首佇立狀。【略】行五十里，至玉蘭溪灘泊。

二十六日，陰，巳刻復雨。行七十里，至沅州府，過江心橋泊。比曉，殘月初出，推篷而望，雲水渺然。

二十七日。【略】時新雨初霽，廳事前寂歷無人，市集亦稀少，土瘠而事簡，可想見也。發船復雨，徑官灘、石炭諸灘。惟惡灘石如青玉而刻，其上居人取以爲硯及界尊、墨床之屬，工雅可玩。是日過灘泊。

二十八日，過大惡灘，灘上石或側弁，或平峙，崚嶒迭出，其色或赭，或微緑，皆如斧削成。行至卞水，布政使三君實遣人來饋餅餌。是日所經，滿天星、黄猴諸灘俱絶險，而大、小遲灘爲最，上下水高低五六尺許，石如犬牙，如棋布，傍晚過之，頗有戒心。

二十九日，陰。行三十里，至晃水驛，貴州境矣。又十里至能溪，微雪，繼以雨。雨過，溪山益蒼秀，石楠殷紅，與栟櫚篁竹相間，山觜人家小閣，盡得溪山佳處。山後復有遠山，如睡如倚，蒼煙濛濛。不知造物何以作此絶境？倘能卜居終老，吾志畢矣。行六十里，至三迭塘泊。

三十日，過大姑諸灘，灘益夥，舟行琤潺不絶。日暮抵玉屏北門。【略】是夕泊北門灘，風水甚厲。

十二月初一日，往見戴、顔兩君。入城，芭蕉猶緑，山茶作花甚盛。

初四日，戴、顔二君以肩輿，始登陸，繞城而西。遵溑溪行，經獅子、象鼻兩山，野雞河貫其中，河上有橋。過橋後，溪時隱時見，二十里爲秋溪塘，又二十里爲楊坪溪，又十里爲漫坡塘，渡清溪，入縣城。過壽佛寺，頗壯麗，小憩。飯畢行，三里許至雞鳴關，路忽西折，盤旋而下，右爲峭壁，左爲長溪，奔雷濺雪，石細路古，時有噴泉界道。行二十里，入抵果子沖宿。

初五日，雞鳴起，出門登山，行十餘里始明，至焦溪小憩。又四十里，繞山行，如螺旋然，俯視宛溪，琮琤噴薄，上有洞，呀然在絶壁間。抵鎮遠府，入東門。【略】館舍在溑溪之陽，隔溪望山寺門如畫，風景約略秦淮，而山水寒峭過焉。【略】抵暮，度祝聖橋，游青龍洞。次過太和洞，一名中河洞，洞中石如雲垂花簇，深二丈許，袤倍之。左稍南，復有户，可俯瞰也。上泉脉二，間次滴作，月池及石盂承之。【略】會昏黑，呼燭，游乃竟。

初六日，辰刻行，五里度文德關，俗名油榨關。又十里爲羊溪塘，又十里爲相見坡，兩坡對峙，中隔小溪，行者相去數里，而彼此招呼，如在尋丈。

坡路絶峭，舁夫以繩屬輿，並力牽輓。而是日適晴，尚不至艱窘。蕪湖道李君世傑以丁憂歸黔，相見於此。又十里爲劉家莊，小憩。飯已，又十五里爲乾溪塘，又十餘里至偏橋，溪水直逼打杵巖下，乃爲棧閣以通行旅，故云偏橋。【略】里許入城，宿。

初七日，二十六里，抵黄平州黎峨里，游飛雲巖。【略】暮月甚皎，至重安江渡口宿，有城。

初八日，晨起渡重安江，江水甚平，寛才數丈耳。行二十餘里，過大風洞。【略】行三十餘里至清平，又三十里至楊老驛，宿，係平越縣所屬。

初九日，行二十里，過新橋。兩厓壁立，一澗中横，有橋跨其上。瀑布三折飛下，如雪如絮，流入漁梁江。又二十里至西陽驛，亦平越所屬。飯訖行，道漸峻，盤折而上，不減相見坡。將近貴定城十里許，有瀑布數丈懸巖間，山益峻，蓋陽寶山也。【略】登山豐，羣峰若在几席間。山石瑩白，名以寶，殆不虚也。抵縣治宿，館舍甚潔。

初十日，行十五里，抵牟珠洞。【略】過洞行四十里，抵龍里縣治。飯畢行，微雪凌兢久之，日暮乃抵谷脚，宿。

十一日，行三十里，抵省治。過甲秀樓，有所見不逮所聞之歎。

十二日，高君積招飲，乃行。三十里至狗場，小憩。黔人市集每以日支爲名，狗場蓋戌日市集也。又二十里至清鎮，宿。

十三日，至安平。令王君雨溥直隸交河人，爲盧抱孫宅相，款待甚洽。飯已行，至水橋宿。

十四日，行三十里，至安順府普定。【略】又行六十里，至鎮寧州宿。黔中夙有「天無三日晴」之諺，今入境十日矣，僅遇微雪，而兩夕月色之佳，不減上元風景，即輿人候吏皆以爲不可多得者。

十五日，行三十里，過白水河。河自山中數折而來，水石相搏，滿澗如雪，故以白名水。屈曲行二三里許，忽斗落，緣壁而下，瀑布長數十丈，厚者如鋪雲，薄者如綿，悠揚窈裊如飛絮。比及水面，濛濛化爲煙霧。《志》稱瀑布下水極深，旁有洞，名珠簾，中隱神物，宜或有之。對岸望水亭頗傾圮，未及登覽。兩巖村家山店俱在叢篁修樾中，日對銀河傾瀉，江山如此，一句無是，可歎也！過此皆土山戴石，石拔地起，率一二丈，或數尺，色如水墨，玲瓏削峭，無一圓刓者。又行三十里，至坡貢宿。

十六日，晨雨，四山雲氣如海，巖高路滑，屢窘於險。至郎岱稍晴，過石龍、打鐵兩關及拉幫坡，鈕侍讀汝騏以其不雅，易名巢雲。又六十里渡毛口河，至普安州所屬阿都田宿。是站屬普安境，而驛事則安南令所辦也。

十七日，晨起微雨，行二十里至花貢，雨甚。登老鷹巖，路數十盤而上，艱險特甚。雲氣莽滄，傔從離十數武即不復見。所過竹樹青紅，石林空嵌，益奇。四十五里至吕沙驛，宿。

十八日，雨，曉霧罨塞，候館前山嶂悉墮雲海中。辰刻始行，行十餘里始薄霽。過松嶠關，【略】未刻抵上寨，蓋普安州所屬也。

十九日，陰。過庚戌橋，殊整麗，蓋鄂文端公所建者。二十里抵楊松塘，小憩。又三十里，復雨，泥淖深數尺。晚至劉官屯宿。

二十日，晨起下凌，凌如煙霧，著樹草如雪，蓋北地所謂淞木介之屬也。三十里至海子鋪，小憩。又三十里至亦資孔，宿。

二十一日，凌甚。行三十里，入雲南境。過宣威嶺，上有坊，額云「滇南勝境」。土皆赤埴，山石若朱皴然。又行五十里，抵平彝縣治，令曾君導予出城，約三里許，游青溪洞。【略】出洞，依山行，右爲小黄河，以四時水色恒黄，故名。又行五十里，至白水驛，驛南寧縣屬，距縣八十里。

二十二日，凌如昨。行六十里，至沾益州，日午。州牧汪君及楊君皆相送，飯已行。時宿雨初晴，微陰薄冷，道旁豌豆出土六七寸，油菜已作花矣。行三十里，至三岔驛。又三十里至馬龍州驛，宿。

二十三日，晨起雪，午益甚。行四十里，至板橋之左城驛，飯。復行二十餘里，經關索嶺，即楊磨山。上有諸葛武侯廟，四圍松栝千萬株，冰瑩玉綴，俱在銀海中。而西風送雪，皆有梅花香氣，凌兢塌凍中，歎爲奇絶。又行十餘里，至易隆驛宿，寒甚。

二十四日，晨起甚雪，巳刻霽，始行。十餘里至河口，有棹小舠行者。又三十里過海潮寺，寺額爲「天然圖畫」，松竹青葱彌望。下對嘉利澤，澤外遠山重迭，玉雪攙天，落日照之，多成異彩。又行二十里，至嵩明州之楊林驛，宿。

二十五日，廣西巡撫宫公兆麟以雲南布政司升任赴粤，亦宿楊林，來會，談緬事久之。既别，乃行，過茶亭，雪霽，泥濘特甚。行六十里，至板橋驛，舍中紅梅、辛夷花已爛漫矣。

二十六日，行五十里，至省治。

二十七日，晴暖。滇省南門最盛，值歲暮，梅花、山茶賣者盈市，而山茶尤殷紅可愛。是日立春。

［正月］初三日，啓行，馮君與諸君皆送於西門外。沿池行三十里，至碧雞山。【略】山下有關，小憩。過關，循螳螂川而西，菜花盡開，香甚。又十餘里，至玉泉山之雲濤寺。寺前洞穴嵌空，寺中紅梅二株及山茶皆盛開。飯已，浴於碧玉泉。泉寬丈餘，深二尺許，楊用修題爲天下第一湯，蓋温暖而無硫氣，較他處爲佳。是夕宿寺中，川水淙潺，永夜不絶。

初四日，日出始行。巖洞間勒詩數十首，惜不暇録也。渡螳螂川，經鳳山，二十五里至草鋪，始飯。又三十里抵老鴉關，小憩。過此爲獅子口，循山而行，盤旋十餘折，又三十里抵揀象關，宿。

初五日，踰兩山趾，行七十里，路稍平。道中有石峰拔起，旁有庵曰石雲，右有亭曰別有天，其前山田如罫，風景幽絶。至禄豐，山城僅如斗大。館舍係一老貢生家，頗雅潔，庭前有滴乳石二，長各二尺許，玲瓏嵌空，如蜂房，如蓮菂，如笙脚籥孔，皺透兼而有之。余所見石山佳者，唯安寧州段氏家及此，而段氏石視此才半耳。把玩良久始行。過江橋，江源一出羅次九涌山，一出和曲百花山，至此合流。橋建始於明萬曆年間，嗣後屢修屢圮，今以板爲之，一名永豐橋。行四十五里許即入山，盤屈上卜，行三十里許，至梅子箐大慈寺，稍憩。寺舊名法崇，亦建於萬曆中。有碑，陷置壁間，其文淺率，不足録也。僧房頗幽靚，庭前花藥盛開，啜茗而去。行五六里，至響水關，本名蘭谷關，兩山夾磵，有橋跨其上，鐵索爲絙，壓以板，復爲屋覆之，明成化間巡撫蘇文昇所建，今名翔雲。自此西皆叢樾密箐，高厓大壑，路緣山腰，數十折始度一山，極爲險隘。行四十里抵舍資，宿。自禄豐而西，供役者皆倮儸，中有妙倮儸，黑白諸種不同，楚雄、大理、蒙化尤多，其役於有司，與編氓無異。

初六日，晴。行七十里至廣通，又十五里至楚雄。

初七日，早飯於張君署。出西門，由峨禄山趾行，五十里至吕合，宿於驛舍樓上。連日風來，每有香氣，土人云此蠶豆花香，蓋是時菜莢已登盤矣。

初八日，出行。因入春數日，候吏戒勿早起，以觸嵐瘴。三十五里至鎮南州治，又三十里至沙橋，路頗平。日色尚早，欲再行，以輿夫未備止。

初九日，行六十里，至天神鸚鵡塘，蟻封蛇徑，彌望箐林。憩飯已，風大作。滇南地高，每日巳、午間，風蓬蓬然起，及晚而止。復行三十里，至普淜宿，爲姚安府州境。

初十日，行六十里，抵雲南驛。過驛數里，遥望青龍海在杳靄間。稍前，過葉鏡湖，湖中有石如鏡，因名。唐段思平得駿馬於此。又數里抵清華洞，洞石作赭黄色，間有洞穴穿透，第其頂穹敞，少鐘乳、石笋下懸耳。洞中寬平，亦無亂石齟齬，而土性埴，間以暗泉微滴，往往令人砝倒。土人云：「四五月間泉脉蒸湧，兼以巖罅懸霤，不能游也。」進二百餘步，偶見天光穿漏，地漸高。進半里許，洞石忽下罨，劣容傴僂，土益濘，乃止。導者云：「其深可二十里，内有水一泓，蓋龍潭云。」出洞，視層厓上，故人嚴遂成海珊、葉觀國毅齋皆有詩，未足形摹百一也。登輿，日已下舂。行十里抵倚江塘，始昏，月色泠然，兩崖水聲潺潺然，頗覺神觀清越。又行三十里，過彩雲橋，抵白崖山，山勢綿亘，由北五里覆釜山來。其西有懸香洞，《志》稱玲瓏瑰異，惜未及游。入館舍，已初更矣，宿。

十一日，從白崖行，二三里過定西嶺，是爲畢鉢羅窟，寺名雲濤，前爲露井，樓後精舍三楹，頗幽寂。中懸惲南田畫，怪而訊之，僧白云：「此談君霞署趙州牧時所檀施也。」危厓峭壁，林木蓊翳。行六十里，至趙州。州牧楊文柏以事出，在署小憩。前有方池小亭，殘蕉翠竹，小桃方作花，風景極幽。飯已，循昆彌山麓行，明沐英更名定昆。行十餘里，過飛來寺，景泰六年中涓某所修，按察使池陽沈君□□爲文，陷置壁間。後殿最高，可眺百餘里，遥望點蒼山，雲氣靉靆不見頂。下爲西洱河，遵河南岸至下關，即龍尾關也，其地大理府太和縣屬。

十二日，由下關過天生橋，橋倚峭壁，路逕偪仄，數十丈下澗水如鼓、如雷，如噴雪，如濺珠，如鋪氈飛絮，處處與石斗，鱗甲怒生。人又以白龍澗名，不虚也。沿澗而西，山徑屢折，澗寬廣處緑如瓜瓤，傍山樹蓺，殆無曠土。五十里至合江鋪，沿途柳絲垂垂，間以緗桃作花，風景佳絶。山趾流泉，時時淙潺界道。又六十里至漾濞，宿。館舍前即漾濞江，終夜有聲，忽如風雷，忽如繅絲，忽如鼓瑟。洱海一路向多烈風，力能掣肩輿去。兩日皆微風，輿人以爲得未曾有。

十三日，行里許，過雙雁橋。循碧溪江行，遥望點蒼積雪，如雲覆頂，初日照之，生大光明。又二十里過大覺寺，稍憩。經太平鋪，又二十里抵橋下，爲勝備江。【略】又十餘里過羅武山，高出天際，俯視大壑，千丈老松如薺，沿路山茶花紅殷巖谷，而叢箐密樹，葱蒨蓊鬱。其險巇絶處，皆以木爲棧。又聞水聲潺潺然，蓋雙橋河水發源於上西里，經此會諸澗水，流入勝備江也。十餘里抵黄連鋪，宿。

十四日，行四五里，登寶藏山，一名觀音山。行躋其頂，俯視羣山，若兒童然。【略】二十里過萬松哨，又二十里過松杉哨，至梅花塘，是爲天井鋪。飯訖，又過平鑾哨，尋甸關，經寶峰寺，共四十五里，抵永平縣。一路連山松木，鬱葱蒙密。縣城以銀龍江爲壕，館在城外。

十五日，行數里，上金浪山。【略】行四十里至花橋，飯已又行。五十里過寧西禪院，頗荒落，而庭前山茶花特茂，殷紅照半空。又行三十里，至杉木河宿。望遠山野燒，如數百火龍，蜿蜒空際。

十六日，由杉木河行，過鳳鳴橋，三十餘里山勢斗峭，蓋羅岷山也。云昔有番僧羅岷居此，因名。山頂有江定寺，余入游，見兩僧方畫佛，意態蕭寂，見客了不相關。山折而下，鑿坡開道，曲折如之字。俯瞰蘭滄江，水色如碧玉，霽虹橋亘其上。【略】復上山，道亦險峭。又十五里抵威寧哨，石路頗犖确。又四十里至官坡，宿。

十七日，明撫軍使人相迓，平君聖敬及保山令蔣君日杞皆來謁。行十餘里，見村莊中荒坡斷汊，蓋青華海也。館於府治前，屋後有泉水，傍墻流，潺潺不絶。

三月初二日，别明制府，赴騰越。時居永昌四旬餘，阿公令沖齋以書見招，乃起程。出南門，四十里過孔雀廟。微雨，旋霽，頗蒸熱。【略】又三十里至蒲縹，本朝王尚書宏祚蓋其里人。是夕宿蕭公廟，不知是何神也。自永昌郡治而南，氣候忽涼忽熱，數十里内彈指不同。遥望濃嵐漲霧，瀰漫山趾。

初三日，黎明微雨，旋止。行二十里，至觀音寺，啜茗小憩。又十里至冷水箐，又十里至打板坡，懸崖密箐，下俯奔泉，路峭窄，時方興工修築，恐夏秋驟雨急瀑，不能鞏固也。又十里過干溝，或云即盤蛇谷，爲武侯燒籐甲軍處，蓋齊東語耳。谷盡至潞江，一名怒江，怒夷居此，土司因以得名。【略】江色深緑如油，時大雨未行，水勢尚緩。土人云：「水漲時，山坳巨石如舟，皆乘流下，一日僅能兩渡，四月初即有瘴氣矣。」過江，十五里至八灣，宿。蒸熱殊甚，頭涔涔然，蓋濱水之區，地勢窊下，四山合沓環抱，氣不得疏泄，故然。

初四日，晨起雷雨，霽始行。回溪短彴，瀑水數道，訇訇然砰擊，怒流而東。三里許，登高黎貢山，是山一名高侖，一名昆侖岡，【略】屈折峻峭，幾不能留馬足。【略】又上爲五十三參，荒林密莽，近始開鑿，樹皆撑天蔽日，數千萬本，雜以甘蕉、栟櫚，薈蔚杳冥。道左右石壁苔蘚厚數寸，流泉沮洳，蓋千古未見日色處也。猨聲如小兒，叫嘯不絶。向所經數百盤而上者，已俱在蒙蒙大壑中。涼風忽生，毛髮蕭颯，昨日毒淫如易冬序。行二十里至蒲鑾哨，又十里至太平坡，又十五里至分水嶺，是爲騰越州界。乃稍折而下，又三十里至龍江橋。江有數源，一發源於七藏甸之明光河，一發源界頭甸鹿馬塘，一發源雪山之鹿雙河，一發源喀木所屬春多嶺，衞藏境也。自此從隴川繞猛卯，經虎踞、天馬關外，西南流，由速帕合南大金江入海。其上亦以鐵索絙爲橋。渡橋上嶺，又二十餘里至橄欖坡，宿。是日也，駭心怵目，所見者未曾有，夜不能寐。

初五日，行三十里，至芹菜塘，路頗平。由塘而南，漸下，崎嶇犖确，頗艱登頓。又十五里，山勢已盡，平疇曲隖，水田漠漠，村家多在修竹中，杜鵑花開，殷紅照面。又十五里入城。

王昶《征緬紀聞》 乾隆己丑[三十四年]七月二十日，經略大學士忠勇公傅公恒、定邊右副將軍户部尚書果毅公阿公里衮、定邊右副將軍領侍衛内大臣阿公桂奉命征緬。【略】三十三年二月，阿公里衮先往。十一月，阿公桂亦赴永昌。是年二月二十日，傅公自京師啓程。【略】四月初四日，抵永昌。初九日，抵騰越。【略】先於中元日祭前陣亡將士，十八日祀山川風雨旗纛諸神，二十日啓行。是日天容澄霽，雲日爽朗，士女觀者如堵墻。四十里次黄果樹，又十里，舍於熱水塘。旁有湯泉，熱甚。

二十一日，行十里，過曩宋關。又四十里，稍憩南甸土司。【略】又十五里，次沙沖口。

二十二日，經南牙山麓，山徑崎嶇高下，騾馬擁塞隘口，久之始通。老卒告余云：前時明公統兵經此，甚雨，軍士皆雨立竟夜云。過海泊江橋，江源西番岡底斯東打莫朱喀巴珀山，譯言馬口也。其水流出爲牙母藏布江，從南折東，流經危藏地，過什噶工遥爾城旁，合噶爾諾母論江，南流經工布部落地，入滇騰越州，爲檳榔江，及是名海泊江。逕旁多叢林密箐，流泉注之。二十五里至猛宋，四十里至黄林岡，四十里至千崖土司刀得衆署。熱甚，不減北方酷暑。營於江滸，江聲如風雷湍激，甚壯。

二十三日，途次石道，齧缺若鋸齒，泥淖實之，頗艱於行。過蠡達湖上界木杓，水澹沱見底，沈沈南注於海泊江。又十餘里，見塔在岡上，緬寺也。六十里至蠡達土司刀思儒署。

二十四日，分兵行。阿公里衮先議同阿公桂赴野牛壩，及是從傅公出萬仞關。【略】傅公是日疾趨，行九十餘里，宿平山。阿公桂駐蠡達一日，以息馬力。

二十五日，微雨。過直峒河竹橋，窄不可行，乃浮馬以渡，水深湍急，幾致漂没。頃之漸開霽，行四十里，至翁冷駐營。水草極美，早稻已結穗矣。平野青蕪，一望無際，墾之皆可成上畝也。

二十六日，行數里，雨。望道旁山頂叢莽中略見竹屋，從者云此波龍人避緬寇來居此者。沿海泊江行，三十里下營，距銅壁關可望而見。午後晴。

二十七日，陰。過太平街，有居民十數家，間市米肉。詢之，云江西撫州府人僑此。行十餘里上山，山路極峭滑。十五里至關下，無城堞，樹林爲栅，蓋守汛兵官新設者。兩旁皆層巖大壑，林深篠密，雲霧蓊翳。其間俯視，甘蕉長數丈，葉大於門。出關路甚平坦，【略】或云舊關址在南五十里野人境内，今七關皆移近内地，而龍漢關在猛尾，昔爲走猛密要道，今久棄，亦無有知者，蓋皆非陳用賓之舊矣。三十五里至楊雙河駐，淖更甚。

二十八日，陰。沿途林箐益蔚薈蕪穢，喬柯怪木，揵撑枝拒，高者干霄，卑者貼地。有横枝入土，穿石而出，復至數十丈者。有連根倒拔，所生槎蘖長逾其舊者。間以巨藤下垂，如龍胡蒙密連絡，仰不見天日。而香楠數十萬本皆合抱，日照之，葉亦香甚。土人云蠻方有香瘴，即此氣也。其下本流泉沮洳，入夏久雨，石罅泥淖至深數尺，有及馬腹者。三十里至野牛壩中，四五峰無草木而冢其上，余同按察使諸君穆親居之。是時船工已過半，凡大者四十，容五十人；次者四十，容三十餘人；又次者四十，以供絶流而渡。

二十九日，大雨。【略】是夕得沖齋信，云傅公以二十五日駐孟弄，二十六日駐奇木嶺，二十七日駐來戛，二十八日駐南底壩，蓋賀丙舊所屬之地也。

八月初一日，雨後午晴，抵暮西北風大作，殊涼。夜静聞刁斗聲震動谿谷，鏗訇鞺鞳不絶，始知此山殆空中也。

初二日，晴。每日四山猨嘷叫嘯如沸。

初三日，晴。紅溯野人來獻瓜菜，紅溯距野牛壩四十里，赴蠻暮所必經。

初四日，大雨。及暮遣侍衛海蘭察往觀蠻暮水草道路，將以初十日前往。

初九日，大雨，晚稍霽。【略】是日海蘭察還，云往蠻暮有二道：一由二龍宗火焰山，一由紅溯甕谷。二龍宗道極崎嶇峻峭，且臨江，乃定由紅溯。

初十日，早行。林叢蒙密，倍於楊雙河。頃之大雨，騾馬騰蹴，泥滑如脂如餳。徑復斗峭，每下坂，馬蹶輒溜而下，至數十丈乃止。下有石陵如刀劍，樹根如網，騾馬稍弱，即苦顛蹶。又有樹楂竹梢，刮人面目，蒼籐如巨絙，横亘道，須蒲伏馬背乃可過，攬轡殊自危也。沿路巨竹千萬挺，歲久皆長苔蘚，不復知其爲竹矣。過紅溯寨，野人羣聚而觀。道旁山坡所種旱稻，青葱彌望。行四十里，駐營。聞江聲噴薄，甚壯，即入南大金江之蠻暮江，爲蠡達湖、海泊江尾閭也。夜月出，林巒插天，雲霧翕合，又列帳炊煙如曳匹練，竊疑爲世外境云。夜半雨復作。

十一日，子刻雨，及晨冒雨行，及午稍霽。過孟都山，山峰界天，泥淖益甚。瘁千野人砦隱現灌莽間，斫樹界道，恐馬騾踐食禾稻也。中有磵，清而駛。詢之野人，云是伊奴磵。稍下爲甕谷寨，望見南大金江如綫，横於炎雲毒瘴中。渴甚，乞水野人家，即前所來獻瓜菜者。瓢以飲余，頗甘。是夕帳幕不至，覓得野人竹房。房如舫式，中隔三四層。【略】適經略書來，言住南底壩者三日，至初二日行三十餘里。有積水，寬十餘丈，用一大木架以先渡，隨率官弁伐木成橋，不一二時橋就，二千五百兵過畢，抵南蚌。其地一望數十里，直接南大金江。初三日行三十里，抵南拐。亦有水一道，名南籠河，寬四五丈，深急。夜半橋始成，乃渡。初四日行五十里，抵戛鳩。有木寨一。【略】望戛鳩江心有沙洲亘之，須渡兩次，乃議從允帽渡。允帽在戛鳩上游數里，時脱猛烏猛具十數舟來迎。舟刳獨木爲之，長而狹，僅受兩三人耳，不能渡馬，議將筏濟之。又言出萬仞關後至南底壩，山路險仄，林木叢密，且大雨泥濘，故前月十五日啓行之兵及初四日始到，而後起之兵計須八月望後到也。升之亦有書來，言行李不至者一旬於此矣。

十二日，雨，至午餘霽。路淖如昨，二十二里過東谷野人砦，始出林莽。又二十里至蠻暮，其地三面距水，蠻暮江在南，南大金江在西，南來湖在北。南大金江，夷人云從臼霍來，蓋發源衛藏，下流經於阿瓦，入於南海。南來湖則匯諸山之水而成，由此望新街猛音，約略可見。

十六日，晨起雲霧翕合。【略】經略書亦至，言數日來雨多江漲，巨木千萬，乘流以下，不能即渡。今水稍平，率緑營索倫兵各一千二百人於十三日先渡，其餘須望後渡畢。由允帽至猛拱約行六日，由猛拱至蠻暮西岸約八九日，計在九月初會合也。

二十四日，雨。沖齋書來，云經略以十八日駐邦木訥，其地在江西岸三十里。蓋公雖以十三日先渡，因待後隊，尚未成行。

二十五日，晨雨。經略書來，仍在邦木訥所發，並得升之書，言八月初十日江水盛漲，而獨木船窄，稍攲即覆，渡十日尚未能畢也。計至蠻暮會合，須以九月下旬。

［九月］初八日，傅公書來，言二十七日已抵猛拱。【略】且聞由猛拱抵新街江西有二道，一從蒼浦，路近而窄；一由暮魯，路稍遠。屬偵探，以定所向。

十三日，得傅公初一日書。【略】時阿公桂以傅公抵猛拱已半月餘，當進屯新街，爲江西援應，乃啓行。五里抵蠻暮江，江面寬半里許，水色澄緑。北岸山勢稍峻，叢蘆雜樹，風景絶佳。西望江中多洲嶼，其南合於南大金江，候兩時乃渡。又行一里，駐營。

十四日，軍士渡未畢，因留一日。

十五日，由西帕江行。江源於猛英，折而北流，入蠻暮江，以達南大金江。沿江巨竹數十里，梢雲拂地，不見天日。下雜甘蕉數百本，洵緑天也。俯瞰江中，湍急處如奔雷濺雪，其平緩處則澹沱澄澈，作碧玉色。行四十里，駐營。營枕西帕江，月出人静，江聲益奔怒，蓋是時晴數日矣。

十六日，江折而北，軍從西行。竹木青翠如昨，流泉界道，間有稻田，穠緑如毯，已將吐穗矣。【略】行三十里，抵猛英駐營。

十七日，自猛英行，沿江沮洳，頗妨馬足。三十里出箐林，又三十里至新街。一望平蕪，蠻暮江自東迆西，南大金江自北迆南，江流浩渺，寬四五里許。其中沙洲層疊，隔江遠山，蒼煙淡沱，方池一泓，是野象羣浴處。

十八日，船成，阿公桂令福建總兵伊君昌阿率舟師自蠻暮江順流而下，巳刻將出南大金江。

二十四日，阿制府思哈至新街。【略】是晚，伊公兵始渡至滚弄。

二十七日，距傅公猛拱啓行時已十七日矣，計猛拱距孟養七站，孟養距哈坎六站，乃未得信。

十月初一日，丑刻大雷雨。卯刻，從阿公桂及阿制府諸君以獨木船渡江。江水將落，頗平。行數里，過蠻暮江口，又五六里至南來湖口。經滚弄，長二十餘里，其上夷寨頗完整。江田沙鶴長於人，俛啄甚適，巨魚躍水面如舟。又十餘里抵哈坎，見傅公及阿公里衮。【略】抵暮順流而下，歸江東。

十八日，辰刻行五里許，出箐林。時水稍落，沿江白沙如坻，行者頗適。又數里，方塘水色湛緑，鯈魚來往。隔岸叢筠清樾，往往倒影池中。瀕江汊港無算，涉水數次，三十里至冰伴駐營。

十九日，行五里許，遇江汊寬數十丈，旱塔河上流也。行者多，岸沙頹塌成淖，騎者不能下。余令一僰夷負以渡，及南岸，益沮洳。又三十里許，高坂無磴，泥滑如餳，馬上而復墜者甚衆。時昏黑，燭滅，步行幾墜。旁有掖之者，乃得躍上。又二里許至營林，月始出，江霧迷霾。距老官屯僅數里，賊營鼓角傳呼，隱隱可聽。三更微雨。

二十日，抵老官屯。

［十一月］二十一日，阿公盡撤老官屯之兵，赴户游。

二十二日，行八十餘里。俯視巖麓，水潺潺然。自是陂隴出没，石細路古，頗艱行走。四十里駐營，山頂西望，南大金江猶横列煙際云。

二十三日，四更行，穿深篁密樹中。其地爲風日所不到，而竹露沾浥，土膏特甚。行三十里天始明，至馬膊子，路崱屴，其南可通老官屯。【略】自此復過一山，有城闕狀者，相傳爲諸葛城。蓋蠻人重公，有故蹟必以公命名。又有石道遺趾，蓋明時此路直通於孟養，爲貢使及貿易人往來要道，故作此。又十餘里，至墨石河駐營。

二十四日，曉始見微霜。塗次亂水縱横，頗艱行涉，四十五里至黄科。

二十五日，曉行塗間，草木悉黄落矣。亂泉深淖，略與昨同。將抵虎距關，【略】關路雖窄，而内外坦平，殊無設險之勢。入關駐營。

二十六日，留總兵馬君彪駐關。行二十里，至章風街，始見人家，野圃中油菜作花矣。緬人通貿易時，此地市集最盛，今人民竄徙，僅有竹房數架耳。營於高原，極敞豁，對岸多竹樹。是夜二更大雷雨。

十二月初一日，從章風街行六十里，駐龍川土司署。

初二日，晨行。望盞達湖自西南流，遠山蒼翠鑱天，蓋南牙及撒拉杉木隴諸山也。行五十里，抵蠻弄駐營。

初三日，過杉木隴山，山徑嶮岈詰屈，林木薈蔚，猨狖相喚不絶，小隴川、邦中山諸山環抱之。行六十里，抵唰𠻞駐營。

初四日，路稍平，岡巃起伏，兼以流泉沃壤，皆昔日夷人藝稻處。行五十里，抵龍抱樹山下駐。見遠樹花紅而淺白，或云此杏也。

初五日，行三十里，至沙冲口，即去時往盞達路也。又十五里至，南甸土司署小憩。又五十里，至熱水塘駐營。

初六日，行壞道，流泉頗窘馬足。風益寒，望遠山有微雪，蓋自沙冲口至此地形漸高故耳。抵騰越，復寓城東李氏宅。

初九日，從騰越行，菜圃竹林，平疇遥嶺，人家曉閉，有若畫圖，令人如望并州也。抵橄欖坡宿。

初十日，曉行，風急天清，較春夏經過時氣象稍别。抵八灣晚飯，趁月行抵潞江。江水已落，亂涉殊易。宿於民家，砍竹煮茶，飲少許即睡。

十一日，抵蒲缥。

十二日，抵永昌，寓於袁氏宅。

庚寅正月初四日，自永昌起程，抵杉木和宿。微雨，春寒頗峭。

初五日，晚雨，及午晴。抵太平坡宿。

初六日，由漾濞抵合江鋪宿。

初七日，過龍尾關。【略】經趙州，宿於白崖。

初八日，由雲南驛抵普淜。

初九日，自普淜抵沙橋。大雨，日暮雪作，甚寒，三更止於吕合。飯已，雞角角鳴矣，遂行。

初十日，過沙橋，經楚雄，宿於廣通。

十一日，宿老鴉關。

十二日，抵省，寓五華書院。

王昶《蜀徼紀聞》 乾隆三十六年九月，予從定邊右副將軍温公福於永昌，將襲緬。會四川金川土司索諾木與革什咱土司拉旺斯布登夙有隙，隱爲兼併，計四月乘其浴於温泉掩擊殺之，取其地。【略】二十八日遂行，參軍事者兵部員外郎巴君尼琿、尚君安及主事王君日杏、趙君文哲皆同行。辰刻雨，頃之晴，所過官坡、威甯哨、鐵索橋泥途滑滑，徒御頗爲艱窘，戌刻抵杉木河憩。

三十日，丑刻行薄寒中，人殊不可忍。辰刻過漾濞，稻畦已刈矣。今秋雨多，百溪怒漲，漾江水尤訇鏗蹴沓，可畏。酉刻抵合江。

十月初一日，寅刻過龍尾關，日出過趙州。【略】午刻過白崖，戌刻抵雲南驛。

初二日，子刻行，辰刻至普淜。【略】飯已至天神堂，有微徑通鸚鵡塘，林木陰翳，黄葉時墮，遵路流水淙淙，景物極幽寂，然地下沮洳，夏秋弗可行也。夕抵沙橋，已見初月。

初三日，過吕合，至楚雄，飯於同年太守周君際清廨中。【略】夕抵廣通。

初四日，過捨資、禄豐，皆啜茗而去。及暮微雨，抵錬象關，俗名老雅關也。

初五日，子刻行，雨甚，乃舍輿而馬。黎明至安甯州，未刻過碧雞關，【略】申刻抵省。

初六日，辰刻將行，有歌者楊暹來送。【略】就道，雨甚，過板橋，與唐再可思明府、余庚有慶長同知小坐，話别而去。亥刻始抵楊林。

初七日，寅刻行，巳刻過易龍，戌刻抵馬龍。

初八日，丑刻行，巳刻過松林驛。又八十里，戌刻抵炎方驛，即來遠驛也。

初九日，微陰，辰刻過霑益州。自易龍以東地多平敞，申刻至宣威州，則四山環抱，林莽復蔽虧矣。夕抵淌塘驛，郵舍僅數椽，疥牆溼地，弗可憩也。飯畢即行，西風作，五鼓寒甚。

初十日，辰刻渡可渡橋，橋長數十丈，雄壯險阨，滇黔接壤處也。亥刻抵威甯。

十一日，辰刻過鄧子坎，又四十里過渾水塘，四十里過水槽。黔中多雨，泥淖殊窘於行。四十里抵七家灣。四十里過平山哨，又四十里過新屯，又四十里過高山鋪，又四十里抵畢節，時已亥正三刻矣。

十二日，巳刻拜摺後行。畢節爲黔滇兩省銅運總匯處，市集甚盛。行二十里，度七里橋，上爲七星關，氣象頗雄闊。又四十里抵層臺，俗名孫家集。

十三日，行五十里，過白崖。又五十里，未刻過赤水河，一名齊郎水，其源出貴州赤水衞，故名，流至四川合水縣入於大江。水色深緑，扁舟以渡。河西即四川界也，登岸村舍半塌，無坐處，食粥少許。又行三十里，下山甚峭，俗以判官腦呼之。時雨大作，行頗艱險。又二十里，戌刻抵摩泥。有微月，村家早閉門，無可棲止者。久之得一空舍，蓋萬壽宮也。取火市米，呼守舍一嫗炊飯，飯輿人去。

十四日，子刻過半邊山，止於逆旅，無人夫，不能行，秉燭危坐。因思查君儉堂禮方爲四川松茂兵備道，小金川各夷境皆其所轄也，乃作詩四章寄之。比曉，始雇貿易人舁輿以行。五十里過普市，市在山半。又四十里，酉刻過滴水鋪，始蠃有供帳具。又四十里，亥刻抵永甯。

十五日，卯刻過老軍營。又三十里，巳刻過馬嶺。又四十里，未刻至江門驛。驛西清水河源於雲南鎮雄州，及是太平山始通舟楫。聞副將軍已從水路往，蓋自江門至瀘州應歷大洲、渠壩、納谿三驛，凡一百六十里，若乘舟順流，半日可達也。酉刻，予同兵部員外郎尚安後改名伊綵。亦登舟。江出兩崖間，水湍急，所謂江門峽尤悍，舟至是忽落數丈，其旁巨石如獰獅奔馬，皆與船舷戛擊。初見山腰遠火上下與舟人呼嘯，頃之齊列峽側。因是峽險惡，晚行尤不易，故土人把火來照云。時傔從不寐數日矣，是夕皆熟睡。

十六日，寅刻起，倚艦眺望，微月將墮，水雲空濛。舟人指云：前納谿縣也。繞縣境北行，水漸逆，是爲清水河入大江處。頃之，見大江從西來，沖瀜渺瀰。又東行二十里，午刻至瀘州。闤闠富庶，市集繁溱，蓋雲南之銅皆於此運江行故然。寓舍堂軒整敞，蓋川南道行署也。時尚君小極，憩久之乃行。三十里抵林坎驛，則二更餘矣。

十七日，子刻行，辰刻過嘉明驛。【略】五十里過石燕河，又二十里，亥刻抵隆昌縣。

十八日，行三十里，辰刻過雙鳳驛。又三十里過椑木鎮，又三十里，未刻過內江縣。江水自灌縣來，分爲二支，此由成都之北繞縣郭，流至瀘州入江，故謂之內也。又六十里，戌刻抵營山鎮，飯已小憩。

十九日，子刻沿唐明渡行，六十里渡中江，寅刻過資州，辰刻過金帶鋪。又四十里，午刻過南津驛。又六十里，未刻抵資陽。中江自北來，繞城東行，至城南而資溪水自西來注之。城在資溪東，故謂資陽。又四十里，戌刻抵臨江寺。

二十日，子刻行，六十里至簡州。【略】飯已，七十里過龍泉驛，以近龍泉山名。又七十里抵成都，則副將軍已於十八日至，阿公於十九日至。寓皇華館，在城之北。

二十一日，詢各路軍情。打箭爐距章谷四百里，章谷距約咱二十餘里，中隔河，夷人用皮船往來。

二十四日，【略】乃行，昧爽出城，四五里許有武侯祠，少陵所詠「丞相祠堂」也。三十里過雙流縣，大江從黃勝岡東南流，至灌縣分爲二支，及崇慶又分爲二，自温江流入境內，故縣以名。在縣北者名大阜江，在縣南者名楊柳河，實皆岷江所分，至眉州合流。行五六里渡楊柳河，又十里過新津縣，又三十里過斜江。江源出大邑縣鶴鳴山，東流入於邛水。又三十里抵邛州，漏下三鼓矣。【略】自成都至邛州沃野數百里，溝塍如繡，道途如砥，村莊相望，桑柳猗猗，豆莢麥苗皆青葱彌望，錦城天府之言良信。

二十五日，子刻從邛州行，三十里過百丈驛，入名山縣境。蓋古百丈縣境東有百丈山，因名。下有河，源出蓮花山，流入蒲江，注於鐵溪。飯已行，自此而南路漸犖确。六十里，申刻過名山縣，益峻峭，皆蒙山之支山也。又四十里抵雅州府。城東二里水聲潺然，邛水也，俗名長濆江，源自邛崍山，經州界東入青衣江，笮橋布其上。時已戌刻。

二十六日，丑刻燃炬行，上下坡，磡旁長濆水噴激不絶，所謂自由山也。凡五十里過觀音鋪，又二十里過嚴道。漢文帝賜鄧通嚴道銅山，得鑄錢，即此。又三十里過滎經縣，復行，雨作，既夕雨益密，路益險。六十里抵小關山，宿於村民家，埽除半室，假寐頃之。

二十七日，卯刻行，雨霽。十里過大關山，視小關山倍峻，縣崖路絶，輒編木爲橋，半插嚴間半支木杪。《志》云明洪武間曹震始修鑿者。其下盈路皆圓石如卵，蓋夏秋間四山瀑水齊下，萬石磨盪推激成此。又十里登大相公嶺，相傳諸葛武侯南征所經，絶巔有公廟，遺像清高，摳衣再拜。時雨雪，輿人皆僵凍，索粥糜少許食之。坐望山西，北面雲霧瀰漫，一無所見。有頃，循嶺而下，俗名七十四盤，即九折坂，爲王陽停馭、王尊叱馭處。是日辰刻副將軍抵青溪縣。

二十八日，奏上乃還。還過大相公嶺，時初霽，雲濤如海，日光照之作白毫光色，清溪城郭及各山皆覆其下。惟遥見大雪山數峰卓立天際，如瑶簪玉笏，真偉觀也。是日抵滎經宿。

二十九日，至名山宿。

三十日，至邛州宿。

十一月初一日，至新津，雨。抵雙流宿。

初二日，還至成都。

初四日，副將軍令以初五日啓行。【略】以日入三商行，時纍日勞勩，肩輿中假寐，頗熱。亥刻抵郫。

初五日，子刻飯罷。【略】頃之日將出，行。又三十里，過崇義鋪，道路平直，不減雙流、新津間。又三十里過灌縣，時日已下舂，微雨，四面巖嶂繞天，縣城迆邐屬山半。出西門，俯瞰大道，若建瓴然。其旁大江環之，【略】循江行，其左離堆，蓋秦時李冰所鑿。上爲伏龍觀，士人云觀有鐵索沈於江，每歲易以新，則舊索浮出。行二里，過二郎神廟，陸放翁詩觀英惠王廟，即此，廟頗壯麗。望天彭闕、青城山，皆在雲霧罨靄中。又三十里，亥刻過娘子嶺，抵尤谿小憩。

初六日，丑刻行，雨止，風甚寒。卯刻過映秀灣，村屋索湯茗不可得，吹鑪火擁之，少頃而去。自是以西，山腰路益窄，岷江在脚底下數千百尺，皆亂石穿空，驚濤捲雪。又三十里過興文坪，已入汶川境矣。自茂州松潘衞至灌縣，峰巒高下，亘千餘里不絶，俱岷山也。《志》稱汶川在岷山中，故險峭尤甚云。又三十里過桃關，舊有索橋，過橋西即草坡路，較從汶川行近二站。乾隆十二三年軍行皆由此，後兵罷撤橋，復由汶川，以舊設汛兵可詰察往來夷衆也。至是兵備道查君禮請復之，方鳩工。又行三十里，抵汶川縣。縣城纔半里，民居不滿三四百，無館舍。

初七日，日將出行，以索橋險，必天明始可度也。出城五里，岷江從北來，橋界其上，長凡百餘丈，纜竹爲索，横亘空中，人行輒蕩漾顛簸，心目暈眩久之。渡橋，沿草坡河折而南，即興文坪桃關。對岸路尺許，下臨千仞，雪後冰凍，控馬行殊可畏也。是河一源於沙派溝，一源於龍潭，下流入岷江。又三十里過碉頭，始見所謂碉者，圍牆俱以碎石壘成之，上施木梁，以石板平其頂，可行可坐，番人家其間。【略】又三十里抵草坡瓦寺土司行署。

初八日，行三十里，飯於樹林口。其旁溪水瀧瀧然，即龍潭溝也。自是登天舍山，山上下六十餘里，路本峻，又皆在山陰，爲日色所不到，是以冰雪凍結，其堅如鐵，光如鏡，健馬輒仆，而下步行者亦無可置力。余易布鞵，踏石罅，援枘枝，或先登者引以手，始得稍稍蟻附上，久久登其巔。路旁巨木率數百年物，積雪縈之，如千萬玉龍糾結。番人云：此山洞有龍，神人結屋，居此必爲冰雹所擊，其凌迄五六月始解，號爲至險。【略】下山滑彌甚，兩役人持余臂夾行，稍不自持，輒與役夫俱跌。日暮山盡，抵格節薩，棲於草房，四壁編竹爲之，風縷縷入，腰脚酸澀，不復能舉掉。飲粥糜少許睡。

初九日，天明自格節薩行，三十里過跟達橋，橋下水源於斑斕山，經納凹山址，流至汶川縣之娘子嶺，入於江。其西有衺徑，可由别蚌山通小金川。橋間新蓋草屋數十間，以供軍士頓宿。飯已行，三里登納凹山，細路如綫，略通騎。又三十里陟山頂，則積雪層冰，不減天舍山矣。山陰峭險凍滑，步行三十里，下抵燒湯宿。

初十日，行三十里。過溪，即二道橋也，有衺徑可由得爾密通小金川。又三十里抵卧龍關，關如碉狀，凡軍粮火藥悉待儲於此，以供轉運。留都司一人，以兵三百戍焉。

十一日，自卧龍關三十里，抵巖洞。

十二日，三十餘里過頭道橋，抵山神溝。

十七日，行二十餘里，至龍巖止營。

十八日，時距賊境甚近，乃以五鼓行。【略】路極滑，馬步半之。黎明登鄧生山，滑尤劇。十餘里登其巔，曉寒凜冽，鬚髭間塵土與冰稜相結。小坐，頃之復行，四十餘里抵向陽坪。以道路方向考之，碉頭抵燒湯皆自北而南，燒湯抵向陽坪皆自東而西，向陽坪抵沃日諸寨皆自南而北，揆諸鳥道，碉頭徑直沃日不過百餘里，惟中隔崇山積雪，故紆繞四百餘里耳。

二十一日，自向陽坪上山，行三十里爲大石包，又三十里抵斑斕山。半山石皆黄黑，有稜，如植夜叉髮，如千萬刀戟攢簇而成。

[十二月]十七日，進發，過斑斕山，山石崯岈犖确，無數尺平者。過巔，其陰積雪深二三尺，往往没膝，崖陵步步須人扶掖行。五六里雪盡，路可騎。又行十餘里，兩山迫偪，疑無路者，循山址以行，忽望南麓如屏風，松數萬株，俱著脚石罅，不附膚土，蓋松林口也。沿途飛泉凝結，冰稜墳起，殆不能留馬足。又數里，峰迴路轉，抵日隆。自草坡至此皆層崖疊嶂，石骨崚嶒，夷人率於山頭坡角墾闢數稜，種青稞、蕎麥，無可以畝計者。【略】人行輒喘，蓋地瘠薄，苦寒惡劣，無用如此。

十八日，由日隆行，三十里至木耳。佔寨依山爲碉，中隔一溪，深數百丈。下溪水怒流，蓋發源於卓克基之夢碧山，西南流入打箭爐河者。橋横其上，使以一二百人斷橋守之，未易過也。遵橋而行，崖石峭削，刻劃詭怪百出，非中國山水所有。又三十里抵達圍召。

二十一日。四川行兵舊例，以山徑峭仄，不可用馬馱載，故皆役州縣民背運糧米、火藥、銅、鐵諸物，謂之站夫。西路兵萬餘人，日支粮百餘石，須夫三百人運之。又應運火藥、銅、鐵之夫稱是。自草坡至向陽坪十四站，已須站夫萬人；而凡緑營兵一千人須長夫四百人，合計滿漢兵萬餘人，又須夫四千餘人。【略】及是兵至達圍，距向陽坪三站，復須站夫幾二千人，無可撥者。

王昶《雪鴻再録》 乾隆五十三年三月初二日，以驗收騰越城工赴迆西。初七日至龍尾關，得富制府綱書，始知調任江西。【略】六月初一日，李君抵昆明。初五日交印，遂以十二日起行。【略】是日至板橋。

十三日，申刻抵楊林。前此連旬陰雨，及時晴霽，輿人快之。

十四日，從瀟湘江行，三十里抵海潮寺，微雨。【略】申刻抵易隆，爲尋甸境。晚晴，宿。

十五日，【略】早飯行，三十里過關索嶺，小憩。下板橋，又五十里抵馬龍州，【略】宿於州署之澄齋。

十六日，曉雨，旋止。行四十三里，滿山皆蕎麥花，花紅者苦，花白者甘，故甘蕎爲多。至三岔驛，飯。又過茶亭塘，三十里抵霑益州境。

十七日，晴。由霑益分嶺而下，土山戴石，高率數尺許，如圭璧，如弁冕，如神劍，鬼鑿湖嵌，不足數也。行可十七里，至白水驛，又爲南甯所屬。

十八日，陰，過棠梨灣始微晴。至楊威哨，入平彝縣境。【略】經青溪洞，巖厓如哆唇吻，下廣數十席，供佛其中，有僧居之石皆皺瘦透。余前此曾游其半，今聞洞中水多沮洳，暑中饒蛇蝎，未暇繼前游也。小坐茶話，至縣署宿。

十九日，微晴。五十里至滇南勝境，則出雲南境矣。過玉真觀汛，【略】四十里抵亦資孔。【略】是夕微寒，不知正入中伏也。

二十日，飯畢行十里，過蛾郎塘村。【略】小憩馬桑塘，又三十七里至劉官屯宿。

二十一日，晨雨。過庚戌橋，即西林渡也，雨止。四十五里過楊松塘，楸槐蒙密，沿路離立，雜以棕櫚，濃陰如幄。其下茅茨數十家，婦稚皆有自得色。自入黔境，秧田上下，彌望青葱，與往年迥別。又二十里，飯於上寨。晚霽，風極涼，舁輿者皆踴躍。又四十七里，宿於白沙。是日行兩日程。亦資孔、劉官屯、上寨皆普安州境，白沙普安境。

二十二日，微晴。得家信，云六月初連日大雨，官道水深四五尺，繞榛莽叢礀中行，騎駝多損壞者，家眷幸以十二日至鎮，達下水矣。過半坡塘，俗謂之老鷹崖。自崖而下，屈曲數十盤，幾四十里，因此知滇境之高。申刻宿於阿都田，安南縣境也。

二十三日，十里渡毛口河，蓋西林渡水自此達於重安江，最湍急。使縣官作木筏數十此十餘站中，不惟便行人，亦利於載貨物。江中亂石數處，開除亦易，惜懶於事者計不及此。自毛口行，山勢漸陡，即拉幫坡矣。盤曲亦四十里，及頂始迆邐下。由打鐵關十里至郎岱，是處有同知駐之。夜大雨。

二十四日，晨冒雨行，山岡起伏，陂陀上下，雜以泥淖，頗爲滑刺。至坡貢飯，西風起，稍晴。由繁花塘三十里過白水河，登望水亭。亭正值飛瀑，積雨後噴薄而下，望之如十輛車，如百練帛，如疾雷迅霆，大地震動。蓋前兩次過時當冬春水涸，故未獲見此奇觀也。又行三十里，夜抵鎮甯州城。

二十五日，行六十五里，至安順府。

二十六日，早行，天極晴，山風時作，未覺爲大暑也。自郎岱東來，山峰多拔地離立，如米廪然。石紋層壘，土人斷而分之，用蓋屋，可以代瓦，故謂之石板房汛云。晚至安平。

二十七日，晴，西風作涼，仍可御綿夾衣也。路平坦，稻田中均有山泉貫注，瀌瀌鳴不已。過界首、龍井、蘆荻諸塘，六十五里抵清鎮。

二十八日，由清鎮行，經高樹、鴨江諸塘，凡五十里，未刻抵貴州省治。【略】時驟熱，與清鎮迥殊，相去不百里，而氣候相懸如此。

七月初一日，李撫軍招飲，以趲程辭。遂行四十八里，至龍里縣宿。是日雲陰，且多風，夜雨極涼。

初二日，晨雨，行五里霽，抵新安塘露日色，頗熱。過牟珠洞，不入，小立洞門前，涼風刺骨，於此知仙山洞壑中自有清涼世界也。經乾谿塘，早稻已吐穗，花亦香甚，至貴定。

初三日，是日晨起大雨如雹，沿途山水下注，皆成飛瀑，匯於溪澗，驟湧丈餘，與巨石相激，聲若車轟。其有徑途而過者，奔雷濺雪，盤互輿人足趾間，駭絶，亦奇絶也。過黄絲雨止，抵鄭陽，蓋平越州境。晚晴，夜復雨。

初四日，晨起霽。過黄花塘，上下甚峻峭。又過魚梁江，今名響琴峽，流泉奔瀉如練。【略】至石關蠟梅塘，晴，頗熱。抵清平縣。【略】館舍甚幽靚，蓋以備緬甸貢使，故沿途皆修葺也。

初五日，晴。經大風洞，道茀不可行，兼以亂流宿莽，兩傔從扶掖往視之。雨後，水從洞噴薄出，挾石而走，不能入也。土人云：冬間如列燧穿入，五里許可出後洞。至楊老驛，又八里抵重安江。兩次皆以夜行，今觀其形勢，亦頗雄偉。過江，飯畢微雨，頃之抵黄平。晚晴，宿。

初六日，晴。十餘里過飛雲巖。【略】過沼沙塘，登頓而上，甚峭。又過草塘關，至施秉縣。是日辰刻已立秋矣，舉頭新月，但有感歎。

初七日，晴。三十五里至劉家莊飯。踰相見坡，抵鎮遠府。【略】晚熱甚，揮汗不止，蓋因尚在中伏耳。亥刻大雷雨。

初八日，曉晴。換船，由水路行。余前此來滇，泝流而上，至玉屏登陸。今於此放舟，得盡玉屏清谿水道之勝矣。雨後水張，瞬息數里，而夏山濃緑奇秀，兼之直補疇曩所未及也。未刻大雷雨，水益駛，行八十里，至琅洞泊。

初九日，晨過酒店塘，蓋入湖南境矣。此下諸灘皆曩時所游歷者，爾時水落，舟泛石罅行，頗慮其戛觸，兹則水漲溪平，怪石觸觸然在水底，舟行小有顛簸爾。午晴，望思州府城隱現竹樹之外。晚抵晃州泊。秋暑雖劇，而夜無飛蚊，差自適也。

初十日，微陰，午驟晴，極熱。過冷水塘，是沅州芷江縣境也。

十一日，【略】至午始別。薄暮雷雨，泊於玉樹灣。中夜月色皎然。

十二日，晴，連日北風，雖水順，不能速也。山雲忽起，時雨時晴，而石壁往往臨水如屏，峭立其間，洞穴空嵌，千百異狀，覺疇曩所記未足盡其奇。

十三日，入溆浦縣境。聞五月間出蛟，水忽涌二丈，屋舍摧塌，淹斃者萬餘。【略】至辰溪縣泊。山半野火不斷，蓋以時近中元，人家多作盂蘭盆耳。二更風作，繼以微雨，始涼。

十四日，晴。過白龍、辛女諸灘，又過辰州府泊。

十五日，過横石、九溪諸灘。未刻過清浪灘，水漲灘平，前所見奇絶處皆在水中，風景轉不如冬春也。酉刻圓月東昇，便有秋意。

十六日，辰刻過桃源溪，山平遠，村墟蕭然，幾於清暉娱人，游子忘歸矣。未刻抵常德。

十七日，俞君招飲觀劇，云荆襄水漲，澧州一路茫無畔岸，且時多北風，決不可行。緬使已從龍陽、長沙，由武昌出河南信陽，宜踵之而行。從之。

十八日，辰刻岳常澧道臧君榮青來見，蓋以護送緬使來此。【略】遂行，江漸闊，無風，秋暑甚。戌刻至龍陽。

十九日，由龍陽從□□江行，田廬俱没，故江南寬至十餘里。時北風浪湧，舟不能行，小泊久之。日下舂，風定乃解纜，四更始抵十里鋪宿。熱甚。

二十日，陸行，三十里至白鹿鋪，五十里至益陽縣飯。【略】出城，度長橋，至毓德鋪宿。

二十一日，曉行，五十里至甯鄉，甯鄉無城郭。渡江，又五十里，宿於柏葉鋪。一名白箬鋪。

二十二日，四更行，渡江。

二十四日，【略】比至橋頭驛，已初更矣。

二十五日，五更行，巳刻渡湘江，至湘陰縣，暑甚。飯已復渡，又行六十里，更餘抵歸義驛宿。

二十六日，晨自歸義渡江，六十里至大荆驛，此三湖湘陰所屬。飯畢，大雷雨，以風，頗解炎暍。申刻乃行，二十里過新橋，肆集盛繁。市北爲新橋湖，蓋龍窖、樂沽諸山水下注，至此由女兒凹出湖。列炬渡水，亥正始抵青岡驛，是巴陵縣境。三更後甚涼。

二十七日，行三十里。時秋水未退，道窪者尚淹，乃泛小舟，由水行，蓋洞庭湖汊口也。行十里，又從陸路，十五里，午刻到岳州府城。不入館舍，直登岳陽樓。【略】坐至酉刻始入城，館舍頗工麗。

二十八日，以夫馬未齊，稍待之。【略】迄戌刻罷散，出東門，沿楓橋湖而行，是洞庭之别。大路既湮，取九華山麓小路行。風高月黑，惟聞湖流激盪，頗憂顛墜。過太平、株木諸橋，子刻抵雲溪驛宿，是爲臨湘縣境。

二十九日，辰起。【略】是日陰，時有雷聲。過白沙都南村鋪，飯於長安驛。過橋爲泉塘鋪，又過梧桐鋪，晚至巷口驛宿，是湖北蒲圻境也。【略】三更後極涼。

八月初一日，午刻至蒲圻，【略】夕次官塘驛。雷雨。

初二日，晨起大雨，冒雨行。江流灌注，田廬低者皆成汊港，衝泥跋淖，刻刻歎顛仆也。數次呼渡，至咸甯。【略】日卓午飯畢，由田畔行，道路崎嶇詰曲如前，每逢險處，輒下步行。三更抵山坡驛，杳無候人，自買新米，炊食而宿，云是江夏界也。

初三日，晴。行十餘里，坐小舟蕩槳，過金絲橋。遠岫平湖，風景澹沱，可謂勝地。六十里抵東湖驛，驛舍頗整，館人供饌唯謹。

初四日，换船下東湖。時沿江兩岸村莊漂没，渺漫無際。午刻抵武昌。

初五日，以漢口淹没，無雇馬騾處，遣人往社口雇之。社口距城四十里，實黄陂境也。

初七日，仍住，未能成行也。

初八日，社口信來，云五六日間貢使及姜撫軍暨舒制軍家眷絡繹啓行，雇驛馬以數百計，故至是始得騾綱。

初九日行。武昌江面本八九里，今寬至五十里，望漢口更浩淼也。酉刻抵社口館宿。

初十日，飯於雙廟，宿於楊居驛，是爲孝感縣境。日晴沙軟，行一百十里，輿人以爲快。至夜雷雨。

十一日，早雨止，頃之北風大作，涼甚。交白露節三日矣，至此始有秋意也。五十里至柳店，市集頗盛。又四十里至小河店宿，人煙叢密，室宇整潔，猶孝感境也。

十二日，晨起東北風益厲，墨雲黯黮，繼以密雨，清寒入骨，不減深秋，造物真不可料也。四十里至應山縣屬勝河店飯，又冒雨行三十里，宿廣水，距縣四十里，而距德安府城有一百二十里。是夕雨。

十三日，萬壽聖節也。五更起，望闕行禮，及曉行。自雙廟來，道中多平岡高壟，至是四山迴合，罨翠霏青。山下多稻田，村墟相望，饒有富庶之象。過古甘露寺，寺廢久矣，寺旁人家牆墉周整，其内樹木陰森，竹林尤盛，且瀦魚陂焉。又過大寨嶺，即雞公山，亦謂之雞翅。上有武勝關，古謂之直轅，又謂武陽，【略】俗又名恨這个關，過此信陽州境矣。又十里，至李家寨宿。稍晴，夜有月。

十四日，曉晴，竹樹峰巒，新翠如沐，可愛也。沿溮水而行，水源隨州黄土山。【略】又過東西兩雙河水，六十里抵州城。

十五日，行四十五里，渡淮，時秋水已落，且距桐柏初發源處二百里，故僅深二三尺，行人可徒涉也。渡水爲長臺鋪，小住。飯畢復行，四十里至明河，河源確山之天目山，俗稱明港，有驛，猶信陽境也。是夜月色佳甚。

十六日，行三十五里，飯於桂家店。又行十里，【略】又五十里，抵確山縣。【略】館舍在城西三里店，宿。

十七日，四十五里至駐馬店飯，猶確山境也。又五十里抵遂平縣，寓王氏宅。【略】是日秋熱。

十八日，行六十里至西平，又六十里至郾城，即楚之召陵。【略】宿。

十九日，行六十里至臨潁，飯於書院。規模宏敞，惜今爲往來館舍，移諸生肄業於學宫，可慨也。飯畢行，途中有周穎考叔祠、漢諫議大夫劉陶墓。又六十里至許州。

二十日，行三十里，至□地飯，猶許州境也。過郵亭廟，自是入新鄭。又七十里抵城，館於東門外城隍。

二十一日，行四十里過段村，又過停驂鋪，而稍西飯於郭店，蓋今時之鎮。【略】又五十里抵鄭州。

二十二日，行四十里，至岡林飯。又十里抵黄河岸，微雨，候渡船久之。東南風忽作，遂挂帆，行抵北岸。又五十里，戌刻始抵亢村驛。薄暮甚涼，疏星數點，微露雲際。

二十三日，陰。行六十里抵新鄉，又六十里抵汲縣。自此而北，皆曩日所經也。

二十四日，行六十里，至□□飯。自此見太行山横列雲外，其近山則蘇門、百泉也。【略】又過淇水，甚駛，橋下噴薄如雪。日下舂，殊熱，塵坌盈路。

二十五日，曉陰。【略】四十里至寶蓮寺，有屋數十楹，田四頃，僧人十餘人，耕而自食其力，雖朴拙喬野，亦可喜也。又二十里抵安陽，門人陰海來迎，遂飯於館舍。【略】行三十里過華村，長林蓊鬱，室廬迤邐，蓋聚落中之最盛者。又十里，抵豐樂鎮宿。

二十六日，行三里渡漳水，水已落，輿梁未建也。是梁磁州與安陽遞年分任之，今年當直安陽云。七十里抵滏陽驛飯，又四十五里抵邯鄲宿，即叢臺驛也。

二十七日，行二十里過呂仙祠，唐人小説盧生炊黄粱處也。【略】三十里至臨洺關，距永年縣五十里，有驛。飯畢行，又三十里過沙河，寬十五里，無水，蹇澀難行。遂逕沙河縣，又三十五里抵邢臺，蓋順德府治，是爲龍岡驛，因宿。

二十八日，六十里至内邱縣，飯於中邱驛。又六十里，至柏鄉宿。

二十九日，六十里至趙州。塵坌滿目，土人云自六月不雨，至今三月餘矣。四十里抵欒城。

九月初一日，陰。行六十里，抵恒山驛，是正定府治也。【略】途次微雨，惜不成分寸，晚晴。過滹沱河，五里抵伏城驛，猶是正定縣所屬。

初二日，五十里渡河，至新樂縣。【略】三十里至定州小憩，又三十里，至清風店宿。

初三日，行四十里，至望都飯。過方順橋，【略】飯於陘陽驛，雨作泥融，滑甚，然潤沾秋麥，農民之喜可知也。上燈乃抵保定。

初四日，晨雨。過清河道，【略】雨止乃行，午至安肅。飯畢又行，抵定興宿。

初五日，過涿州，至竇店宿。

初六日，至良鄉，【略】飯已行，至彰義門，【略】宿。

初七日，入城。【略】飯畢出城，宿於林溝。後車不至，假寐竟夕。此後所經皆往日隨輦時所屢經者，山川風土，具見《輿安雜録》中。

初八日，飯石槽。過懷柔，經九松山，途次尚有積水，輿人取小路行，顛仆之至。晚宿密雲。黑雲漫天，頗有欲雪意。

初九日，飯石匣，宿巴克什營。道中過天南門、古北口，楊業、孟姜女廟，潮河橋，青石梁。【略】逆旅正對文筆峰，晚風起，頗寒，初見月。

初十日，【略】是夕宿喀喇河屯。

十一日，早大雪。過廣仁嶺，泥淖深尺許，來牛過馬，兼以車輛擁擠，至不得行。申刻抵熱河。

十二日，晨雨，詣宫門請安。

十三日，聖駕自熱河啓程旋京。黎明侍班於宫門外，遂隨行。頃之至喀喇河屯，宿農家，辣塌殊不堪也。

十四日，侍班如昨，隨蹕至兩間房。

十五日，隨蹕至巴克什營。【略】此兩夕皆宿帳房。

十六日，至遥亭子，復召見。

十七日，晨在卡倫門外恭送聖駕摒擋還京。是晚宿石槽。

十八日，進京，宿宛平縣署。

二十二日，【略】遂行，宿長新店。

二十三日，飯良鄉，宿涿州。

二十四日，飯新城。並白溝河行，風帆漁艇，頗有南中風景。宿雄縣。

二十五日，晨起西北風大作，塵埃鬱勃。過趙北口，【略】頃之大雪，極寒。抵任丘縣飯。冒雪行，又三十里雪止，晚晴，至河間縣。

二十六日，晴，寒風尚栗烈也。六十里至獻縣，又四十里至富莊驛宿，是爲交河縣境。

二十七日，四十里至阜城驛，又五十里至景州。

二十八日，二十里過劉智廟，又三十里至德州。【略】四十里過苦水鋪，又三十里抵恩縣宿。

二十九日，五更啓行，七十里至高唐州魚邱驛，大風，寒甚。又七十里，至茌平縣茌山驛。

三十日，亦以五更行，六十里至桐城驛，又三十里至東阿縣。

十月初一日，七十里至東平州東原驛，六十里至汶上縣新橋驛，已入兖州境矣。【略】宿。

初二日，五十里至新嘉驛，又四十里至兖州府。【略】小憩新嘉驛，換馬，遂行，三十里至昌平驛宿。

初三日，三十里至鄒縣，【略】又五十里，抵界河驛飯。又四十里至滕縣。

初四日，六十里至臨城驛飯，猶滕縣境也。余四十八年由臨城赴臺莊，以至清江浦，今由岔道赴韓莊閘，因可以直抵徐州也。過沙溝、挖泥二市鎮，新月皎然。抵韓莊宿，此爲汶、沂諸水所經，地潤，故灰沙少，而麥已青。

初五日，行三里，將渡運河。【略】飯於柳泉，則入江南境矣。暮抵徐州，黄河甚寛，溜甚急，津吏云今年水落最遲，霜降河流忽長數尺，爲從前所未有。亂而渡，山村城堞，夕陽麗之，風景佳絶。

初六日，行五十里至桃山驛，舊稱利國驛。至東岸驛九十里，又至桃山驛五十里者，誤也。候館無人，自買魚菜食之，亦復欣然一飽。自是入安徽境，四面亂山，迤邐平遠，村樹黄而未落，輒有流水環之，風沙亦漸少矣。聞米價甚賤，因秋收豐稔也。至夾溝驛宿，是爲宿州境。

初七日，二十里過褚莊鋪，呼船過渡。遥望人家樹木多在水中央，土人云今秋七月河水漲，道路村莊悉淹没，至今猶未盡涸，以泥已澄，故成清流耳。十餘里將至符離驛，復渡。又二十里，至宿州東門館舍飯。又五十里，花莊宿。

初八日，二十里過任橋，蓋□水所經也。又三十里，飯於靈璧固鎮驛。又三十里過□湖，有隄，亘四里許，中有橋以通水。又三十里，抵鳳陽縣王莊宿，是爲鳳陽縣境。

初九日，三十里至三鋪，渡□水，長橋亘之。又三十里，遥望長淮，蜿蜒從西南來，驚濤往往拍岸。淮水之爲瀆，不虛也。過淮關，造舟爲梁，市闤叢密。濠梁驛舍後俯帶淮河，一望淼瀰。【略】午中暄暖異常。飯畢行，三十里抵總鋪宿，亦鳳陽境也。

初十日，二十里至臨淮紅心驛飯。又四十五里池河驛，極晴暖。【略】又行，岡嶺數重，坡陀高下，三十五里至滁州大柳驛宿。村莊相望，氣象與靈璧、鳳陽稍别。

十一日，行二十里，至清流關。江北無阨塞處，差足稱雄，然視予所經滇、蜀、黔、楚諸隘如培塿耳。【略】關内外村墟相望，溪磵縱横，黄葉未凋，風景殊勝。又四十里抵滁州。【略】飯於試院畢，又行六十里，所過諸市鎮頗繁盛。抵東谷驛宿。天暖，雲微陰，江月昏昏，殆將風也。自德州而山東，皆以旅店爲館舍，故馬糞牛溲，倍極穢惡，至是始新潔雅靚，宿者乃安枕矣。

十二日，行三十里抵江淮驛，小憩於馬氏宅。【略】飯已登望江樓，江流如帶，絶無浩淼之狀。登舟，風極静，長年摇艣，逾時乃達南岸。微雨，入儀鳳門，十餘里中樊圃相望，翠筠黄葉，飄蕭如畫。

十四日，晴。自水樹起程，還出儀鳳門，東南風，不數刻而渡。復至浦口馬氏家飯，晚宿東谷，月甚明。

十五日，至滁州，【略】復自清流關而北，十餘里皆柳樹，淡黄慘緑，蕭槭隨風，零亂溪渚，未免軫羈旅之歎。晚至大柳鋪宿。

十六日，晨過苦竹澗，循大橋湖，至池河驛飯。是河自巢縣北流至此，故名。又過池河二里許，路折而南，六十五里經朗公山，至定遠宿。

十七日，四十五里至張橋驛飯。又過江家港、八斗嶺，六十里至護城驛宿，則合肥縣境矣。極晴暖。

十八日，四十五里至店埠，市集甚繁。又四十里至合肥縣，蓋廬州府治也，城逕十里，雉堞整齊。東門外帆檣林立，運租船爲多。【略】由金斗驛换馬即行，十餘里過南昌鎮，【略】四十五里至派河驛宿。

十九日，四十五里過陶沖驛飯，猶合肥境也。又三十里抵舒城，又三十里至梅心驛宿，則爲桐城所屬矣。

二十日，行五十五里，過呂亭驛飯。【略】又行十五里過縣。【略】午後風作，飛沙挾石，肩輿軒簸，過梁數道，殊有戒心。一更始達陶沖驛。

二十一日，三十五里過小路口飯。風復作，又三十五里過潛山縣，又四十里至小池驛宿。

二十二日，四十里過太湖縣，又二十里過楓香驛，驛屬宿松。【略】驛距縣三十里，未得見也。又六十里，晚至黄梅縣亭前驛宿，爲湖北黄州境。自潛山西南諸山之水下注爲□湖，湖寛水緩，淤沙日積，水亦日漫，湖底距岸僅三尺許，距城根不及五尺。

二十三日，丑刻乘月行，過黄梅縣。【略】乃行，田被水而未涸者尚十之四五。【略】飯於左港鋪，風大作。又三十里過孔龍驛，不入。【略】風亦平，遂渡。

二十四日，日出行，過東林寺。【略】三十里過通遠驛，有驛丞駐此。

【略】因飯畢行，由馬回嶺、烏石門，共六十里，至德安縣宿。

二十五日，過新興驛飯，至建昌縣宿。

二十六日，曉行五十里，過慈姑，又三十里，晚宿南浦驛。

二十八日，入城莅事。

松筠《西招紀行》 自前藏西南行，一日宿業黨，又行一日宿曲水。曲水者，東西雙溜紆回湍激，故名。此地東來之水曰藏江，其源出拉撒東北；西來之水曰羅赫達江，其源出崗底斯雪山；二水匯此，曲折東南，由工布入南海。

由曲水前行三十里，過渡。有皮船，此外另無渡口，雖有鎖橋，僅三繩，惟土人行之，他有過往須用船渡。此即羅赫達江也，南岸有廟，巖岑狹徑，步履維艱，亦一要隘。

自鎖橋前行，過一大嶺，復越高峰，長約二十餘里，凡五十里至巴則。嶺南有大海子，番名洋卓雲角，嶺頭高聳，路徑崎嶇，旁臨海子，是又一要隘。

自巴則宿白地，又宿朗噶孜，過宜椒大山，宿春堆，次日始至江孜。【略】西行二日，至札什倫布。自江孜南行七日，至帕克哩。【略】其部西通廓爾喀境內，道路平坦，每貢象馬，皆由布嚕克巴送入帕克哩。帕克哩爲藏地南門，保障西南，界連哲孟雄部落。

由帕克哩西行三日，至干壩，駐有第巴。由干壩西行一日，至定結，駐有營官。定結、干壩兩處隘口相距札什倫布程途僅四五日，外通廓爾喀，最爲險要。

由札什倫走崗堅喇嘛寺，過花寨子，共行三日，至彭錯嶺。有大寺依山傍水，森森然楊木萬株。

自彭錯嶺西行一日，宿拉孜營官寨。次日又西行，十餘里入甲錯山，無水草，土石色盡青黑。有瘴氣。罡風陣陣，行人五月尚披重裘焉。甲錯傍依雪嶺，絡繹相連，且途長，行一日弗能盡越，須於中途過宿。次日越大嶺，始至羅羅塘，是又一天然要隘。

自甲錯過羅羅塘共行二日，至協噶爾微。有田禾官寨，居山頂，下臨大寺。寺寨相依，勢頗險固。【略】喀達東距定結僅四日程，此爲緊要關隘。

自協噶爾宿密瑪次日，行六十里，至定日汛。其地本名第哩浪古，新設漢兵四十名，番兵五百名，有守備一員統領操演。【略】定日汛岔路有三：一西北行，四日至宗喀。自宗喀西南行，三日可抵濟嚨邊隘。一西行，二日即抵聶拉木邊隘。一南行，三日可抵絨轄邊隘。此三處邊外均與廓爾喀毗連，絨轄在喀達迤西，相距路程僅四日。定日一汛可謂獨鎮三邊。自定日西行十餘里，入通拉山，風大異常，寥無民居，怪石陡壁，偏坡流沙，長約百餘里。【略】迤西聶拉木境內有塔廟，名帕甲嶺。

自定日曉發，行百九十里，至巴都爾地方，始有民居。

由巴都爾過達爾結嶺，行一日至聶拉木，是爲極邊。依山臨澗有小關門一座，並無墻垣，營官寨築於關門之外，居民無多。尚有廓爾喀所屬之巴勒布常川貿易者二十餘人。【略】聶拉木以外，相距廓爾喀巢穴陽布地方路程僅五日，山徑崎嶇。巴勒布俗名別蚌。

由聶拉木旋走達爾結嶺西向，宿莪拉喇嘛寺。次日過嘉納大山，宿伯孜草地，又宿拉錯海子南岸，此一段水草頗[佳]。

自拉錯海子前行，二十里上鞏塘拉山，走十餘里至山巔，馬已疲矣。既過山巔，路益陡峻，有流沙，馬步維艱，真是天然險要。【略】下至山根，西行二里許，路旁有一小山，上有大寺，名瓊噶爾寺。後有泉，亦係扼要之區。

瓊噶爾寺南行十六里，至宗喀營官寨。後接喇嘛寺，周圍有墻垣，勢頗堅固。

自宗喀西南行一站，宿衮達。路險，五月河水漲發時須繞越大山而行。途間居民最少。

自衮達西南行一站，至卓黨。有民居，屋舍類内地，草木茂盛，有田禾。衮達、卓黨適中有卡名察木，此卡以内數里間有長橋三座。

由卓黨前進，山明水秀，其飛瀑寔勝於打箭爐之頭道水，而兩旁間有山寺民居，林木森然，鳥獸蕃多。凡八十里至濟嚨，爲衛藏極邊，外接廓爾喀，西南行十日可抵陽布。番民大小四百餘户，地氣和煖，一年兩熟。

薩喀東南界連宗喀，西南與廓爾喀作木朗落敏湯交界，北與阿哩爲鄰，西北與阿哩所屬之布陵地方交界。阿里乃衛藏西北極邊，駐有營官二員，邊外西北與拉達克汗部落交界。由拉達克北行月餘，可抵回疆業爾羌地方。【略】阿哩之西南半月路程所屬布陵地方駐有營官一員，爲阿哩營官統轄，境内有崗底斯大雪山。

余自濟嚨旋程，經宗喀轉向東北，走桑薩，過達克孜、阿木陵，共行十二日，回至拉孜。

余自察嚨出薩迦東北山，旋走崗堅，兩日至後招。旋程走生多喇嘛寺，渡藏布河，一帶山徑崎嶇，行七日，直至陽巴井德慶始見平陽。沿途巖崗險隘，絡繹相連，自陽巴井行三日，迴至前藏。

松筠《招西秋閱紀》 乾隆乙卯［六十年］歲高宗純皇帝發帑金四萬兩賑卹衛藏番民，余周覽邊城，凡所經行既著於篇。洎嘉慶丁巳秋，又因稽核賑務，重閱招西，徧歷佛地。

前藏至業黨七十里。

（曲）［業］黨至曲水九十里，鐵索橋換烏拉，關門依山臨水。曲水唐古忒語曰褚滑。褚，水也；滑，漩流也。

曲水至巴則五十五里。巴則，唐古忒本呼巴孜。巴，峰也；孜，高也。山根一帶渠似天然，山陽有大海子，番名羊卓雲角，又名雲錯。梵語錯，海也。環山四百餘里，此地氣候較煖，有兩熟者，深秋始穫。

巴則至白地九十里。

白地至朗噶孜九十里，換烏拉。朗噶孜本名那噶爾孜，番語那，鼻也；噶爾，白也；孜，高也。【略】西招山野深秋往往午後多風，固宜早發早住。自巴則走白地至朗噶孜，俱紆繞海岸而行。

朗噶孜至春堆百二十里。納錦濟科雪山，唐古忒咸稱菩薩護法，能怙恃行人，故過往皆禮之。

春堆至江孜百二十里，換烏拉。

江孜至白朗□□里。

白朗至後藏九十里，換烏拉。

後招至崗堅喇嘛寺九十里。

崗堅至花寨子六十里。花寨子本名轄布格登，番户百餘，屬薩迦。壬子夏，大兵深入陽布時，林觀察儁督運糧糈至轄布大河，水發難渡，觀察捐銀建橋。

花寨至彭錯嶺百一十里，屬後藏，換烏拉。彭錯嶺山勢雄峻，營官寨高居山嶺，而廟在山根，近臨大路。廟東五里有巖道，下臨崗噶。札什倫布迤西通衢有三：左即薩迦溝。【略】中則珠鄂嚨路，在薩迦迤北，亦築長墻爲隘。彭錯嶺又在珠鄂嚨迤北，是爲右路。

彭錯嶺至嘉湯六十里，屬後藏。

嘉湯至拉孜六十里，屬後藏，換烏拉。自嘉湯西行十里許，江岸有直壁，番名日東巴。登岸數丈，僅容一騎臨江而渡。過日東巴數里又有大嶺，番名科布拉。【略】東南通薩迦，西南達定日、聶拉木，西北經阿木嶺，達克孜桑薩，直通宗喀濟嚨。

拉孜至甲錯山九十里，宿處地名拉布。乙卯夏經此，雨雪交加，風冷殊甚。

甲錯至羅羅塘百二十里。

羅羅塘至協噶爾五十里，換烏拉。

協噶爾至密瑪塘七十里。自協噶爾曉發，西南行數里，山名羅哩，夾溝僅容一騎。有果瓊拉山，釋曰小山門，爲協噶爾屏障。渡捧褚河，盛夏漲發難渡。

密瑪至定日六十里。

定日至莽噶布蔑百一十里。

莽噶布蔑至莽噶布堆五十里，此站最近。途經大山口，遇風甚烈，然晴明日煖，余勒騫縱騎，即時至站，一無所苦。

莽噶布堆至疊古蘆百里，屬波絨巴。乙卯年由定汛過通拉大山，行百九十里，至巴都爾宿。由巴都爾行七十里至此，由聶拉木旋走達爾結嶺，轉西行，百三十里宿峩拉喇嘛寺。自峩拉過嘉納山，西北行九十里，即伯孜，係草地，屬波絨巴。今至疊古蘆，南望伯孜舊宿之地，游牧殊爲寬闊平坦。此次所敍路程尚缺前經行聶拉木數站，因補書之。

疊古蘆至拉錯海子九十里。

拉錯海子至宗喀百一十里，換烏拉。

宗喀至衮達百里，經行靈瓦昌山。

衮達至邦馨百一十里。【略】邦馨至濟嚨二十里。【略】即日旋，宿邦馨。【略】濟嚨至陽布十日程。使稱該王令伊等速來，因趕緊九日行抵濟嚨。詢諸前曾經行之人，濟嚨外有色新卡，有熱索橋，有包達木，有協布魯，有噶多，有東覺馬黄山，有章站，有雍雅，有白菓地，有堆補木，有帕朗古，有吉爾濟，有別蚌宗，有潑沖拉山，有賈喀呢，有腔孜崗，有朗卡格密，迤南即陽布，共十八小站，每站三四十里不等，通計約七百餘里。

還宿宗喀。

由宗喀還，越羣塘拉大山，至霍爾嶺九十里，屬宗喀。前兩日羣塘拉微見風雪，本日過山，晴光和煖。

霍爾嶺至恰木果，屬宗喀。【略】宗喀近鄰薩喀，由霍爾嶺行五十餘里，至薩喀東境。

登拉薩爾山。乙卯年閲邊旋程經此。既過山，又係宗喀所屬之地。行五十餘里，至前所宿之恰[木]果(本)地方。此地旁臨藏江，其源發自崗底斯雪山。

恰木果至列克隆八十里，屬宗喀。沿昨日所見藏江直走一站。

列克隆至達克孜六十里，屬後藏，換烏拉。渡岡噶津，在達克孜迤西。

達克孜至湯谷百四十里，屬薩喀。有大山兩座，南曰貢喀江鄂拉，北曰江拉。

湯谷至桑薩百三十里，屬薩喀。

薩喀南界落敏湯外通廓爾喀，其西北界連阿哩，境有鹽池。

桑薩至札布桑堆九十里，屬後藏。鹽池在阿哩境内，此地番民以牛運鹽，日行三十餘里，還須四閲月。札布桑堆至阿木嶺六十里，屬後藏。海子名金莫錯，無城，産大魚。

阿木嶺至僧格隆百四十里，屬後藏。自阿木嶺東行七十里，有海子，唐古忒呼爲那木錯，乃番語天池也。

僧格隆至察布，屬後藏。此地温泉甚佳，因沐浴焉。由僧格隆東行四十里，渡藏江，過拉孜，至此係入薩迦路。

察布至薩迦廟九十里。【略】薩迦廟西南山溝名春堆瑪布[甲]，在甲錯大嶺迤左，其西南路通定日、聶拉木，東南通定結喀達，係兩隘口，東北經察嚨，即通札什倫布。所有廓爾喀屬之巴勒布貿易人等來往俱經此，故廓爾喀熟悉道里。前由春堆瑪布甲入寇，詢知其詳，故志之。

薩迦廟至察嚨百一十里。

察嚨至那爾湯百五十里。由察嚨東北行，七十里至朗拉山，形勢險要。朗(孜)[拉]山距後招百餘里。

那爾湯至後招五十里。

自札什倫布旋程，七站至陽巴井。第一站曰額莫爾崗，九十里。二曰那木嶺，百三十里。三曰喇湯，百一十里。四曰宗木湯，九十里，換烏拉。五曰瑪爾江，百四十里。六曰巴布賴，百三十里。七乃陽布井，八十里，換烏拉。喇湯迤西有田禾，東北一帶俱係游牧。九月十九日立冬。二十三日由札什倫布旋程，東北行，七十餘里西渡藏江，乃至額莫爾崗宿。第一次在曲水迤南渡江，係自右而左；二次渡江在達克孜迤西，係左而右；三次渡江在拉孜迤南，係自右而左；往復共四渡，皆崗噶水也。先時過渡，惟有皮船，今四處皆有木船矣。【略】乙卯年巡閲，由陽巴井東行七十里，宿德慶。又六十里，宿朗孜。又六十里，抵前藏。今往達木較閲，自陽巴井分路，東北行八十里，宿霞菩提大雪山根。又八十里，宿甯仲湯泉。又八十里乃至達木。

還抵前招。由達木東南行八十里，宿錯羅鼎草地。又四十五里，宿拉康洞，換烏拉。此迤南有田禾，由此西南行七十里，宿達隆。又七十里，宿倫珠宗。又八十里，宿嘉里察木。又七十里，宿薩木多嶺。又八十里乃至前藏。達木在前招正北約二百餘里，中隔大山，路險，且少民居，故由達木東南經哷徵達隆地方旋藏，路在前招東北。沿途烏拉、馬牛、人夫，或三五日、或六七日一換，非驛站可比。

陶澍《蜀輶日記》 嘉慶十五年庚午夏五月十五日，臣陶澍奉命偕編修史評號松軒，山東樂陵人，戊辰進士。典四川鄉試。

二十九日庚午，午刻啓行。連日大雨，是日天色開朗。出城，望西山一帶蒼翠欲浮，路旁柳色如畫。十五里大井，十五里盧溝橋，五里尖長新店，廿五里宿良鄉縣。夜復雨。

三十日，大雨，水深没軌。申刻車夫始集，行不數里，大雨漫山而至，暫避道旁古廟，席地坐片刻。秉燭行泥淖中，通夕未歇，凡二十里至竇店，十五里過琉璃河，三十里過涞水，一名巨馬河。

六月初一日，卯刻抵涿州，一飯即行。五里過忠義店，張桓侯故里。【略】午刻與松軒騎馬同行，夕陽鞭影，摇曳於深柳中。凡十五里至松林店，又十里入定興界，十五里高碑店，廿五里宿定興縣。

初二日，發定興，十里渡白河，古督亢水也。稍西三里許地名東引村，有楊椒山墓。【略】又十里入安肅界，又二十里故城鋪。西望易州一帶，山勢嶐嵸峭拔，如花如火。【略】又三十里，宿安肅縣。

初三日，晨發，廿五里天色始旬。渡曹河，憩南岸慈航寺。【略】廿五里抵保定府清苑縣，直隸之省會也。縣以水得名，有清苑河，在城西里許。

初四日，發清苑縣，廿五里大吉店，入滿城界。廿里涇陽驛，十五里方順橋，濡水所經也。十五里入望都界，十五里宿望都縣。

初五日，四鼓即發，三十里清風店，入定州地。十五里渡唐河，十五里尖定州。【略】廿五里明月店，西望恰見嘉山。又西爲倒馬關，内三關之一。廿五里宿新樂縣。

初六日，晨起渡沙河，四十五里尖伏城驛，伏羲生此。入正定州，聞日前雨雹，有被擊死者。午刻騎而行，四十五里抵正定府，宿隆興寺。

初七日，出西門，十里渡滹沱河，廿里趙陵鋪，入獲鹿界。三十里宿獲鹿縣。縣枕蓮花山，自此入太行山峽矣。夜大雨。

初八日，晨起雨猶未歇。出郭五里，過土門口，五里入井陘界。踰梁子嶺，過抱犢山麓，又過白石嶺，有樓揭「東天門」三字，峆岈甚險。凡三十里至微水鋪，一名洪口。飯後涉綿水，即澤發水，凡三渡。共行三十里，宿井陘縣。燕趙之間謂山脊爲陘，其山形如井，故名。縣倚山阜，往往聞虎豹聲，綿水繞其三面。是日輿前始用縴人挽之，如舟行。

初九日，出東門，復渡綿水，轉入山徑。十里板橋，十里過龍窩寺，至黑桃園，十里舊關，即故關，自此入山西平定州界。石堡崔巍，踞山坳，亦要害也。五里甘桃驛，換馬。五里固關，重巖疊峰，壁立摩天，小城跨其間，繚繞達於山巔，北接娘子關，相去不二十里。固關古井陘關，出關望，巖壁尤峭。遵溪行，登頓确礫間，有曰閻王臺、小鬼寨者，每多覆車之患。凡三十五里，出西天門，宿柏井驛。

初十日，出柏井，溪行多石。微雨從林際來，霏微若霧。出石門口，過西郊鋪，桃水合流，趨娘子關，變名爲綿水矣。凡五十里，宿平定州。

十一日，出西門，五里黑煞嶺，俗名南天門。山中産鶺鴒，健鬭，異於他産。十五里義井鎮，自此行水中，或揭或厲，有七十二渡之稱。又三十里，尖側石驛。本樂平縣地，廢入平定州，驛歸(孟)[盂]縣協濟。十里入壽陽界，十里張浄鎮，十里芹泉驛，地有二泉，一清一濁，平定桃河之水發源於此。換馬，過黄土嶺，崩洪剥落，中抽一綫，以分水觀之，知爲北幹龍過峽出脈之所矣。凡二十里，宿壽陽縣。

十二日，十里黄門鎮，古狄那村。二十里清平鎮，涉水凡數次。二十里太安驛，【略】二十五里入榆次界，又五里尖什貼鎮。五里三坌口，北通山西省城，相距僅兩舍。南行三十里，宿王湖驛，距榆次縣治五里。

十三日，四十里尖永康店，十五里入徐溝界。汾水由静樂縣管涔山流經太原府城西，至縣境之清源鄉，洞渦水自壽陽來注之，一名同過水。十五里宿徐溝縣。

十四日，二十里堯城，有帝堯廟。十里同戈站，蓋因同過水得名，而訛。入祁縣界，十五里賈令鋪，有故里碑。十五里祁縣，有祁奚墓。二十里入平遥界，十里洪善鋪，二十里宿平遥縣。

十五日，二十五里入介休境，十里張蘭鎮，商賈輻輳，爲晉省冠。四十五里宿介休縣。

十六日，二十里義棠鎮，入靈石界。有冷泉關，自此濱汾河行，崖頹浪激，羊腸繚繞，蜀中左擔道想亦不過如是。三十里尖兩渡鎮，東岸即綿山，有小路至介之推廟，不過數里。三十里宿靈石縣。

十七日，二十里過韓侯嶺，其巔有淮陰侯墓，巋然而高。【略】二十里下嶺，尖仁義驛。驛係浮山、岳陽、孝義、汾西、沁源五縣協濟。十里逍遥嶺，入霍州界。五十里宿霍州。是日所行皆坡陀險隘，翹首見東南一山，氣勢峻拔，黝然有光，意必中鎮霍山也。問之，良然。

十八日，晨興出南門，望霍山半立雲中，山勢南去，起落不羣。【略】五十里尖趙城縣，【略】三十里宿洪洞縣。縣南有洪崖，高踰百尺，東西袤五十里，澗水出焉。又名洪洞嶺，縣以得名。九箕山屹立治東，蓋霍太山之支絡。是日數見汾水，洪趙之間田渠瀰瀰，灌溉甚饒，其水皆出自霍山，引爲南北二渠。

十九日，出南門，渡石梁而西。十里皋陶廟，五十里尖平陽府臨汾縣。【略】出南門七八里許有堯廟、舜廟，頹落甚。四十里至趙曲鎮，襄陵地。二十里宿史村鋪，太平地，西距縣治三十里。稍北有巢父洗耳處，西北有姑射山。日晡熱甚，自太原而南，左山多聳拔，右山多平地，汾流其間，日行見之。

至平陽城北遂不見，蓋西南逕沃、絳、河津，以入於黄河矣。

二十日，二十里入曲沃界。【略】五十里宿侯馬驛，曲沃地，有水曰澮河，源出冀、絳之間，西入於汾。驛西北距縣治三十里。

二十一日，晨大風。行二十餘里，至隘口。越山而南，蜿蜒曲折，羣阜蒼然。午尖董鎮，晚宿聞喜縣。【略】是日行八十里，抵傳舍大雨。

二十二日，出城見涑水，三十里尖水頭鎮，夏縣地。過涑水橋，有司馬温公故里碑。三十里將軍廟，三十里宿北相驛，安邑地，西距縣三十里。【略】是日泥滑甚，晨起冒雨行不數里，輿夫屢蹶，乃舍而騎。望中條諸山在煙霧中，忽隱忽現，沿路補種秋苗，皆欣欣有向榮意。自保定以來所見皆旱，連日得雨，殊可喜。

二十三日，尖游杜鎮，猗氏地。四十里宿樊橋驛，臨晉地，西距縣治三十里，古解梁也，有司空圖故里碑。先夜雨淋漓，比曉路滑，仍與松軒騎行。

二十四日，過荆中丞道乾墓。【略】七十里宿坡底，蒲州府永濟縣地，西距府治五里。【略】是日晨晴，抵傳舍復雨。

二十五日，繞府城而南，路滑，穿柿林中。久之達中條山麓，四十五里尖匼河。【略】隔河望華嶽在雲氣中，依稀可辨。二十五里抵風陵口，稍上有沙堆，風后所葬。或曰女媧墳，女媧風姓，故曰風陵也。渡黄河，宿潼關，入陝西境。

二十六日，早發潼關，古桃林塞也，背山臨河，全秦門户。古函谷關在其東，形勢扼要，今設廳員，所轄城外僅五六里，其民與地在河南之盧氏、閿鄉。出潼關，西上里許即華陰地。過四知坊，拜楊震墓。三十五里憩華嶽廟。【略】少頃抵山麓，浮埃盡埽，萬里無纖翳矣。仰見突兀，承於肩睫，乃舍輿而騎，傍山西上，俯仰曲折，一一心領神會。輿夫驚詫，以爲盛夏時從未見華山如此清爽也。【略】出廟西行，五里頓華陰縣，三十里過敷水鋪，有紀信廟。二十里宿華州。【略】自華陰而上，沿路稻畦，水瀰瀰流垂楊深樹間，山懸瀑布，望之洒然，漁洋所稱「二十八潭天上落」者也。南對烏雲山，東南見少華一角矗出，若可仰拾。

二十七日，四鼓出華州西郭，恍惚見萊公故里碑。過西溪，舊有亭，又有齊雲樓，今俱廢。西溪有小曲江之目，黑夜過之，不及詳也。四十里古橋鎮，入渭南界。南望可見藍田諸山，赤水從南來，入渭。十里尖渭南縣，渭水繞縣後，漁汀煙樹，渺然有滄洲之趣。過白香山書院，有墓，在縣北紫蘭村。出城過首水，即湭水也。西南數里有灰堆，崇三十尺，周百步，俗傳始皇焚書處。又過金氏陂，四十里臨口，入臨潼地。二十里新豐，稍東里許鴻門坂，有張良、樊噲廟。驪山當其前，山麓有大冢若阜，秦始皇墓也。二十里宿臨潼縣。縣對驪山之首，館舍在山之腹，凡三進。中有複道飛梁，花木蔚然，即唐華清宫故址也。

二十八日，繞繡嶺坡路而西，十里有唐段太尉秀實祠墓。南望藍田，山色蒼然，直接終南。東北有峰，尤峻立，儼如砥柱，知是華山之南面也。二十里渡灞水，舊有橋，曰銷魂，已圮。數日前暴漲，船隨浪去，以八人肩輿而過。十里渡滻水，十里至長安府長安縣，陝西省會也。

二十九日，留住長安，收拾行箱，易車爲馬。

七月初一日，西行四十里，經通天台。七里渡灃水，淺流澄静，水波不興。三里渡渭水，登岸即咸陽縣。是日天氣晴和，而爲游氛所隔，四望不見一山。

初二日，【略】晨起出咸陽西郭，薄霧中見黄閣、紫閣、白閣，約略如螺，不甚了了。二十五里馬跑泉，二十五里宿興平縣。

初三日，三十里馬嵬坡，本馬嵬所築，地以人名也。楊貴妃墓在路北尼庵後。【略】十五里尖扶風鎮，四十五里渡漆水，宿武功縣。

初四日，彳亍坡隴間，三十里至杏林鋪，其南有三畤原。三十里食扶風縣。【略】出郭望西南山色皓然，傳言「武功太白，去天三百」，春夏積雪不消，以此知爲太白山矣。北望五將山連綿而西，與梁山、岐山蒼靄相接。六十里宿岐山，治在山之南麓。

初五日，循岐山而西，五里鳴鳳岡，有太伯廟碑，在道旁。四十五里鳳翔府鳳翔縣。

初六日，五鼓穿城南去。【略】六十里渡汧水，尖底店。煙樹間微露朱欄碧瓦，有石刻「太公釣魚處」，又揭「飛熊在望」四字，山上有太公廟也，稍南即磻溪。溯渭西上，十五里涉小水，僅如一渠。旁有碑，謂即金陵河。十五里宿寶雞縣。土城倚山，狀若屏風，南望羣山簇湧，如刀箭攢空。西望亦多崖岫，又西二十餘里至陸川，則秦地平川盡矣。【略】是日熱甚，晚乃雨。

初七日，從寶雞渡渭。【略】十五里益門鎮，從此入北棧，一路懸崖峭壁，陳子昂詩：「蜀道自茲始，雲山方浩然。」十五里軍陽鋪，十里二里關，烏道蛇盤，峻隘難行，即古大散關。十里觀音堂，十里半坡鋪，北有數峰，如石笥立雲端，泉流爲清澗河。五里煎茶坪，坪據大散嶺之頸，左水入渭，右水入嘉陵江，蓋中幹界脈也。古和尚原當在此，地勢高平，西地東險，與二里關聲勢相連，天然隘守也。東河逕其下，即嘉陵水，疑和尚原爲河上之訛。下嶺，五里東河驛，又三十里宿黄牛鋪。

初八日，循故道水行巖棧間，居民田舍新坍於水間，有溺者。十五里長橋，二十五里草涼樓，有驛，漢中府鳳縣地。十五里尖五星臺，五十五里宿鳳縣。嘉陵水繞城西去。是日所行多棧道，架木爲橋，下臨險巇，逼仄殊甚。

初九日，大馬不齊，巳刻始行。【略】登鳳嶺，相傳周文時鳳凰集此。其山西南角有石，峭立而中空，謂之鳳凰窩。凡二十里，始達嶺巔，危崖仄徑，捫歷維艱。下嶺，十五里新紅鋪，十五里尖三岔驛，其地北通唐藏，西通兩當。【略】十里廢邱關，二十五里至南星而宿。留壩廳地新設巡檢一員，茅屋三楹，寄宿其中，跼蹐甚。

初十日，自南星東行，南望山坳洞開一綫，曰陳倉溝，有山路可通沔縣。三十里松林驛，巒壑森秀可愛。十里長橋鋪，七里柴關嶺，嶺即紫柏山之跗也。【略】下嶺，八里尖廟臺子，有廟祀留侯與黄石公、赤松子。自此重溪迴壑，有小路緣山，可達益門，古陳倉道也，較鳳縣稍捷，但陒陿難行耳。柴關嶺東之水爲春羊水，湫瀨潺潺，石壁甚奇。自廟臺十五里，宿留壩廳。

十一日，巳刻始發。【略】十里畫眉關，十五里青羊鋪，十五里南河口，又五里尖武關驛，棧中之要害也。三十里武曲鋪，二十里樊河橋，【略】過河，宿馬道驛，褒城地也。是日巉巖峻坂，罕見天日，凡過二十四馬鞍嶺，山腰鑿路，形如馬鞍，路既崎嶇，又經雨後，上顧懸崖，摇摇欲落，下臨不測，硠硠有聲。

十二日，十五里仙人溝，二十五里尖青橋河。十里觀音碥，巨石摩天，不受寸土。原名閻王碥，賈中丞漢復鑿之，改今名，宋荔裳爲之賦棧道平者也。壁間石刻詩甚多，輿中望之，不甚了了。十五里過沙河，小憩茶坪。五里陟七盤嶺，羊腸一綫，繚繞雲端，闌之以石，俯瞰潺流，耳轟目眩，垂堂之戒，令人懔然。良久至雞頭關，憩關帝廟。南望漢中，豁然開朗，心目爲之一舒。壁刻黨崇雅詩，有「回頭一轉地天寬」之句，逼肖此間情景。雞頭石冠而峭，關所由名也。【略】七盤嶺南北高二十里，土色南黄北黑，判然不同。下嶺即褒城縣，棧水繞其東，而南流入於沔，所謂褒谷口也。北通斜谷，斜口在郿縣西南三十里。又有箕谷，在褒城西北十五里。又有駱谷，在盩厔縣西南三十里，南通洋縣。又有子午谷，在洋縣東，向禁行旅，以防奸宄竄入。乾隆年間，陝撫畢沅因遞送金川軍書，改由此道，較舊驛可近七八日之程，漸成通衢。【略】。己未冬，有旨倣明代原傑經理鄖陽流民之法，於南山老林中酌加開墾，以棲難民。於是議設總兵於五郎谷，分設小營於子午等谷，又增設縣丞、巡檢等員以資彈壓。蓋終南一山跨越西安、鳳翔、興安、漢中、商州，南北八百餘里，東西千七百餘里，分屬三十餘廳、州、縣，其實山内設治者僅止商州所屬及孝義、五郎二廳，孝義迤西千餘里并無營汛，至是設官駐守，而防轄始密。

十三日，溯沔水西上。沿路漁莊小艇，稻苗方始作花，香氣滿畦。回首東望，漢中相去僅一舍耳。川原閒曠，風日清佳，憶數日崎嶇之苦，此乃不啻桃源。【略】五十里尖黄沙驛，沔縣地。二十里舊州鋪，涉沙河，二十里過馬超墓，舊有祠，已圮。【略】武侯祠堂在大路南，松柏蔚然。【略】西行里許，宿沔縣。

十四日，自沔縣西上，三十里渡沮水，十五里蔡壩，十五里青羊驛。過桑樹灣，北望潭毒山，土人呼爲安凝山也。凡三十里，宿大安驛，甯羌地。故三泉縣址，爲入蜀要害。是日行山坳間，清流澮沱，稻田夾路，立秋已數日，熱氣猶熾。

十五日，十里烈金壩。西望可見嶓冢，土人謂之漢源山，漾水所出，即金牛峽之水也。每雨後，水從山石間沸起，旱則聲潺潺，在地中，不見其流，疑山本中空，故以冢名。甯羌、略陽一帶之山皆嶓冢之支裔，獨此處可指目者，以漾出於此耳。二十里寬川鋪，五里五丁峽，一名金牛峽，漾水流經其中，縈繞至寬川而東。峽中巉巖矗起，千奇百怪，如鬼斧鑿成。人行攲石下，天光一綫，跋涉狼牙虬户中，令人懔懔。十里出五丁關，稍覺平夷，然巉巖尚多，路經水漬，殊難行。十五里下山，至滴水鋪，有水鏜然出山凹，沿途沮洳，甚溼。又二十里，宿白蓮驛。

十六日，十里過甯羌州。城據白馬山下羊鹿坪，泗水自牢固關來，繞城東去，頗有開展之勢。但地乏壞壋，前月山溪暴漲，遂至壞城云。三十里過界牌，自(泗)[洄]水鋪過牢固關。關以東水皆東流，入沔，爲東漢水。關以西水皆西流，入嘉陵江，爲西漢水。十五里宿黄壩驛。驛後有山，曰柴山嶺，頓起如囷廩，從州城即望見之，至是乃繞出其右，北與二郎關相近。【略】四川藩司專人迓，距蜀境僅二十里矣。

十七日，晨出黄壩驛，涉閔家坡，上下凡十五里。名爲坡，實即嶺也。西有深澗，爲秦蜀分界處。過澗登七盤嶺，入四川保甯府廣元縣地。石磴延緣，下臨深潭，不可逼視。往時有失足墜者，人馬皆化烏有。楊中丞刻「小心移步」四字於路旁，以儆行旅。嶺西爲武侯坡，五里教場壩，十里轉斗鋪，十里鍾子堡。塗間頗有佳壤，惜無知之者。十里扶嘉墳，【略】溪北有高梁山，其頂峭石如小廩。十里宿神宣驛，武侯籌筆驛也。

十八日，自神宣驛沿溪西行，十里至龍洞背，兩山忽合而爲一，其合處高巖牆立。橫截而過，有如長虹，下岈一洞，門户儼然，溪水奔入其中，雷硠震動，聲滿四山，伏流數里始出。【略】緣巖直上，達山脊，反覺平曠。二十里下山，度潛水，尖朝天鎮。五里登朝天關，盤旋十餘折，始達山頂，不亞於雞頭。其下即朝天峽，萬仞陡起，削峙如門。懸崖間鑿孔甚多，蓋昔時取道山下，以之架棧者。蓋自入廣元謂之南棧，其近水處尤多飛崖陡壁，與北棧之以木作棧、補坡陀之缺者異矣。關南北凡二十里，下山五里至望山鋪，十五里沙河驛。沿江風帆雲樹，想見吴道子繪水繪聲時。十五里飛仙嶺，相傳仙人徐佐卿嘗憩此山腰，彈指可穿，而石脊隆起，挺而西去，遏江水，旋繞幾三里許，上有飛仙閣焉。十五里石鼓鋪，十五里千佛崖，石壁赭艷。【略】五里宿廣元縣，舟航四達，西蜀要衝。【略】西望山勢波起，作金水形，爲入棧來所罕見。

十九日，早飯後始行，二十五里皂角鋪，二十里榆錢鋪，五里桔柏潭。渡口有碑，刻「唐縣令何易於腰笏挽舟處」。渡江，宿昭化縣。

二十日，雨，留昭化。

二十一日，發昭化，過費褘墓。遂陟牛頭山，十五里大雄關，捫石級而上，陡峻不能著足。嘉陵江逕其下，折而東去，其聲弄然。十里陟山頂，反覺平夷。繞而西，俯瞰白水如束帶，諸峰蹲伏，皆在膝下，山頂頑石如纍甎塊。十五里竹埡子，其南有石山，曰高梁寺。初望若小城，近視，奇巖矗出，頗肖壺中九華。稍西，數岫尤奇，似人家所置太湖石，皺瘦皆有之，惟不甚透，意欲易以矗字，則米元章袖中物皆在是矣。其山曰雲頭山，或曰即小劍山也。上有小祠，蓊以樹木，天然畫境。十里下山，宿大木樹。一名達摩樹，即小劍戍也。南望石山如城如筍，拔出雲表，即劍關也。蜀道之奇，至此乃見。

二十二日，出傳舍數百步，有碑刻「白衛嶺」三字。【略】五里孔道新，五里架梘溝，五里高廟鋪。南望山形如荷戈負劍，皆作攲側勢，鋒鋩可愕。二十里至志公寺，梁時志公脱化於此，寺久廢，略無可尋。劍水從亂石中流出，古檜夾道，頗森勁。棧道山多翦伐，此處喬木猶存。五里劍門關，山石塊壘，層積如三和土做成，龐然而大，岸然而高，如城，如壁，如屋，綿延數十里，萬仞支空，如欲墜。閣扼其隘，兩山如門，下削上平，北險南夷，舊有玉女臺、飛仙閣諸仙蹟。出閣而西，石縫中嵌碣頗多，張、李、杜諸作皆在，商隱一碑字作率更體，尤可觀。五里宿劍門驛，有姜伯約祠。

二十三日，由劍門十五里至青樹子，北望羣山如鋸齒，皆作攲勢向北。【略】五里天然橋，路出山脊，若橋然。五里漢源鋪，十里石洞溝，十里抄手鋪，二十里下山，渡聞溪，入劍州。城踞山坡，北枕漢陽，山上有姜維故壘。是日所行，皆在坡壠之背，道旁古柏成圍，黛色干霄，連綿不斷，青樹子一帶尤鬱森可愛。自劍閣南至川閬，西至梓潼，三百餘里如蒼龍蜿蜒，夏不見日，國朝知州喬鉢題曰「翠雲廊」。兵燹以後，各山樹木甚少，獨此處蒼然古色，殊不易得。

二十四日，出城，西上普翠山，石徑犖确，南接鶴鳴山，有宋黄文叔故里碑。又西，十里青涼橋，十里梁山汛，十里讀書臺，即文叔讀書之所。沿路古柏尤多，冷翠襲人。十里下山，尖柳溝驛。水出垂泉山，東南流入嘉陵江，有石橋可過。自此仍(涉)[陟]砠壠，凡三十五里。逾武侯坡，有乾隆四十二年川督李世傑修路碑，稱自七盤關至此共修路四百餘里，有益於南棧不淺，夷險通阻之功不可泯也。五里下山，涉小溪，宿武連驛，小潼水出焉。是日山多犖确，遠望西北有十數峰，獨尖起如笏，隱隱可辨。

二十五日，晨渡小潼水，(涉)[陟]盤龍山，七曲山之脊也。其山來從江油之五子山，至是二百餘里矣。十里瓦子埡，十里演武鋪，二十里尖上亭驛。【略】二十里憩七曲山文昌宫。【略】又西爲望水亭，其下有試兵壩，山中松柏萬株，森秀可愛。循坡而南，五里過劍泉，有水觀音，又有送險亭，石坊揭「陂去平來」四字。十里宿梓潼縣。是日所行皆在山脊，逶迤曲折，實七曲一山耳。

二十六日，早飯後渡潼水，五里過長卿山，【略】十五里板橋，有水自士門埡來，入潼。十里石牛鋪，路平坦。三十里宿魏城驛，綿州地。

二十七日，三十里沈香鋪，即杜工部重送嚴公之奉濟驛也。五里蔡家壩，過橋西行，越山脊，犖确亘道，其頂有一石，宛肖七曲山，所謂盤陀者。十里炕香鋪，十五里度仙人橋。過芙蓉溪，水色渟涵，上通靈山，夏月潦盛則涪江倒匯而入，夾岸多芙蓉，秋時甚豔。南望恰見富樂山，五里渡涪水，入城，宿綿州。

二十八日，晨渡安昌河。俗名草石河。有翥鶴堰，乾隆中州牧費元龍、羅克昌先後修築，灌田百餘頃，民以爲利。十里石橋鋪，爲巡鹽隘口。二十里皂角鋪，二十里雞鳴鋪，途間山田早稻盡作黄金色，有已付枷板者。【略】十里尖金山鋪，羅江地。三十里過太平橋，入羅江縣。是夜大風雨。

二十九日，食後雨霽，乃行。十里陟白馬山，一名落鳳坡。與鹿頭山對峙相連，實即一山，松柏頗多。【略】山上建關，爲兩川要害。五里林坎鎮，自寶雞入棧，至此千六百里，而地始平。南望平原，眼界一空。五里渡綿堰河，過德陽關，亦名鹿頭關，市集頗盛。綿堰水發源茂州牛心山，其山四時積雪，水出其間，回環二百餘里，始出山口，逕綿竹，入德陽境。【略】五里過仙人橋，秦時韓仲修煉之所。十里牛耳鋪，五里三造亭，秦宓故宅，太守夏侯纂嘗三造其門。五里宿德陽縣。

三十日，二十里大漢鎮，入漢州界。十里渡石亭，過小漢鎮。十里白魚橋，十里沈犀橋，水性剛，可淬刀劍。又一里渡金雁橋，橋北有張任墓，入宿漢州城。

八月初一日，出城，過房公湖。【略】五里度石梯橋，其水曰馬木河。五里度姚景橋，十里藍家店，渡清白江。又五里彌牟鎮，有孔明八陣圖遺址，在茂草中。【略】五里過東漢循吏王稚子墓，前有石闕。【略】五里過獨橋河，即彌牟水，湔水之分也。十里過永清橋，宿新都縣。

初二日，出新都南門外，路西有楊廷和墓，升庵祔焉。渡錦水河，十里渡毘河橋，又五里小毘橋。自毘橋西南行，五里至天迴鎮，入成都境。有北闕山，一名學射山，連日所行皆平田腴壤，香稻連阡，流水竹籬，回環掩映，洵稱樂土。十里將軍碑，五里歡喜庵，有昭覺寺。【略】五里過馹馬橋，五里過迎恩橋，已刻入四川省城，憩皇華館。在城西北隅，隸成都府成都縣。是夜大風雨，霹靂甚鋭，數日陰晴相半，至初五日始霽。

［九月］十八日，午刻啓行，出東門。各官祖送於真武廟，旋登舟。過安順橋，又過九眼橋，或曰九眼即萬里橋，其南門外之萬里橋本名江橋云。西岸有白塔，登之可肆觀覽。舊有合江亭，錦江與流江會於此。【略】是夕宿中和場，共行二十里，華陽縣地。

十九日，乘流南下，俯視清波，宛然瀟湘間，石子如樗蒲可數，人煙平遠，尤有畫意。十里洞子場，十里中興場，二十里傅家壩，其西爲雙流縣地。二十里古佛洞，山勢迴抱，上有石堰，相傳開堰時得一石佛，嵌庵祀之，因名。二十里黄龍溪，建安末黄龍見此。三十里泊江口，彭山縣地，西岸則新津縣地。

二十日，自江口十里過彭山縣，有龍爪、鼓樓二灘，尚不甚險。二十里蟆頤堰，入眉州界。二十里泊眉州，南揖大峨，北枕長江，川原平曠，古名州也。

二十一日，晨發，二十里太和場，二十里張家坎，十五里紅花堰，五里羅漢場。東望岡巒巍起，蓋井研諸山從象耳、蟆頤、大旺而南，連峰競秀，屹立江東，壯觀也。二十里青神縣，舊隸眉州，康熙中析置，地狹而瘠，遠不逮眉。有芙蓉溪、五渡溪，在縣東，入於江。是夕泊象鼻子，去縣五里。

二十二日，早發象鼻子，灘聲甚壯。十里劉家場，十五里鴨婆灘，入樂山界。十五里正陽關，五里入平羌峽，兩岸石峰峻起，古籐蔓延，望之森然。凡十五里出峽，至板橋溪，十里荔子灣，有荔樹大數抱，旁枝拱矗，皆數百年物。【略】三十里泊嘉定府樂安縣。

二十五日，晨霧，舟人呼爲罩子。已刻開行，二十五里牛華溪，有鹽場，交犍爲界。十里老木孔，南岸石壁陡起，坎其半爲路，以通縴，水流湍激，頗險。十里竹根灘，灘下即五通橋，一曰四望關。此處有山高聳，可以四望。又有火井油，以竹筒盛而然之，可代燈燭。十里鐵蛇壩，北岸有道士觀，獨石成山，下多圓孔，紫雲宫據其巔，甚陡峻。十里木子場，十五里子雲亭，揚雄嘗寓此。五里石板溪，二十里漁叉子，灘甚惡。又十里犍爲縣，南有犍爲山，又有沈犀山，北倚大江，對岸石尤嵚奇。三十里幺姑沱，三十里樂坡，有水曰箭板河，自南來注之。

二十六日，二十五里磨子場，十五里泥溪，交宜賓界。三十里乾柏樹，三十里斑鳩石，六十里豬毛沱，岸石綿亘如城。五里高家場，三十里牛屎壩，五里紅崖寺，石壁爛若朝霞，一名赤崖。有五色魚從禁來，至此而止，畏崖映水也。五里雷撇石，十里流杯池，黄山谷遺蹟。十里泊叙州府宜賓縣，東岸有登高山，宋時嘗移治其上。

二十七日，晨發宜賓縣，十里國公沱，十里南廣，路通滇黔，有市集。江水東歷啞吶磯，渴睡壩，凡四十里至李莊，入南溪界。過九捧子灘，三十五里石筍沱，灘石如筍，長數丈，因名。又東過活水灘、鷺鷥磧，凡二十五里至南溪縣。三里九龍灘，石磧如龍，凡九。又七里銅鼓了，一里孝女磧，十里木頭浩，蜀人謂港爲浩也。入江安界，其北岸則富順縣地。五里羅鍋碥，五里磨盤灘，十里香罏灘，十里江安縣，隸瀘州。西北枕江，淯溪水自長甯縣來注之。

二十八日，過黄葛磧、撈坑子、麻衣沱、風波磧、二龍口、大碑寺、千窩灘，凡六十里至大角石。又過金扁擔、癩石子，凡二十里至清溪。又過野豬崖、井口、大渡口，凡二十里至納溪縣。小城倚層阜，名曰樓子山，納溪水從城西入江。【略】二里掇旗石，武侯樹旗於此，以誓蠻。八里鋸梁子，又過石埠、三堆子、九節碥、魚珠磧、南田三壩，凡三十里，泊瀘洲。【略】吴楚峨舸大艑方行而來，滇黔銅鉛均至此换船，蓋大江自嘉定而上，崖高流疾，牽挽維艱，嘉定而下灘磧交錯，江流闊狹不常。瀘州以東灘險雖多，而水深岸闊，大舟可通，故市廛亦盛矣。

二十九日，舟發，過歸子山，巨石方廣，屹立江岸，一名撫琴臺。【略】稍東江西沱，有吕仙崖，二十里崙口，二十里鑽口，二十里陡坎子，三十里彌陀巖，三十里舊瀘州。語云「天成重慶，鐵打瀘州」，皆言其險也。自江西沱以下，過梁山石、馬髮磧、棺木巖、高壩磧、巴崖子、龍角灘、新磯子、螃蟹磧、天生橋，皆灘險處也。自舊瀘州以下，又過甕灘磧、魚肚磧、折桅子、田牛尾，凡六十里至牛老驛，入合江界。又過猴子石、石鼻子、焦石子、茶溪亭，凡三十里，泊合江縣。城倚安樂山，如屏風然，西臨大江，榕山在其南。

十月初一日，過明堆子，三十里王家場，三十里陽石盤，入江津界。十里史壩坨，即十八沱。二十里洙溶溪，三十里朱家沱。自入史壩，所過門關灘、雞婆磧、糯米灘、倒流灘、猴子石、黄石瀧、石馬口、壺瓶口、灌子口皆險灘也。又六十里，過羊角灘、羊屎壩、松溉、狗愁子、大磯腦、羊狗磧、紅滑磧、黄魚沱，凡六十里至石門。有市在北岸，與巴縣接界。又過羅筐子、澄清巖，凡二十里，宿白沙。是日所過多大石，往往寬廣百餘丈，頑梗江心，此時水落，尚不甚爲害。

初二日，過母豬磧、狗巴崖、石羊磧、龍七子，凡四十里。過油溪口，二十里龍門灘，山頂叢巒如城，往往若人物攢集其上。又過雙漩子、雞鴨碥、魚子沱，凡四十里至江津縣。江水繚繞，縣門如几字，故稱几江。晡過雞翅膀、蜂窩子、石牛欄、青草碚，凡三十里，泊江口。

初三日，晨過九龍灘、黄牽灘、甕巴磧、青石尾，又過蓮蓬三灘、虎跳子、紅崖磧、雞心石、豬嘴子，凡三十里至銅罐驛。入貓兒峽，巉崖峻起，皴險入畫，略似五丁、金牛諸石。峽内有觀音崖、斑竹沱、長尾石，綿亘連絡，《巴中記》謂之東窮峽也。危峰瞰江，上有金界寺。江心單椒矗立，名曰黿亭子。凡四十里入巴縣地，又過陽橋灘、古墳堆、土鬧觜、釣魚觜，凡二十里至魚洞溪。又過水銀口、竹節子、灶門子、斗七子，凡四十里，舉首恰見佛圖關，控扼山梁之上。又二十里，過珊瑚壩、鷓鴣石，泊巴縣城東南朝天門外，即重慶府治。據山水之會，右嘉陵而左大江，居高臨深，險扼天成，市廛鱗比，萬瓦雲連，川東一大都會也。

初五日，雨甚。午刻移舟泊江北廳，即朝天門對岸大江與嘉陵江合流之水口也。

初六日，自江北廳解維，過五桂石、彈子石，十里至觀音碚。南岸有大石佛，面飾以金，光彩奪目，僞夏都察院鄒興所鑿也。二十里銅鑼峽，其南則石鼓峽，崖上有鑼鼓形，故名。或曰水聲似之。三十里至野騾子灘，連過烏黿石、餓鬼堆、鮓人坑、馬嶺子，皆險灘也。凡三十里至明月峽，又三十里過鉅梁灘、白鶴灘，至木洞，有巡檢司，大路可通南川。沿江巖石如困，如廩，如獸，如鬼，綿亘不絶。又過江沙磧、横梁子、百丈梁、雞公觜，凡三十里至羅磧。又三十里至扇背沱，入長壽界。【略】又過石門、養蠶擡、盤子諸灘，凡三十里，泊長壽。

初七日，舟發，過龍舌灘。回望城山，頗如飛鳳，治後石骨削立，天然險固。又過張公灘，有桓侯廟，灘石刻「桓侯不語灘」五字。舟過，偶嘈戲，則灘水怒沸，故榜人戒焉。凡三十里入涪州境，過黄草峽，又過黄魚、横梁、馬絆諸灘，皆險絶，水聲轟然。凡三十里至藺市，北岸有二山，方其頂而峻其郭，背有石峽，圍繞如圈几形。【略】又過磨盤、麻堆諸險，凡三十里至李渡，相傳李白渡此。又過鼂龍峽、妃子園，唐時於此置荔枝驛，七日而至長安，香味猶生。十五里過火烽灘，南岸有白馬石，崇巖聳峭，其上有廟，即古雞鳴峽也。又十五里過龍王沱，泊涪州。古巴郡，巴先王墓在焉。楚、黔、川三省咽喉要害，有小重慶之目。州治在南岸磧石上，恰對北巖。

初八日，舟發，過雙魚石。此石魚在江底，一銜芝草，一銜蓮花，各三十六鱗，現則年豐。十五里羣豬灘，江心亂石如豬。稍下五里，一石突立如屏風，名曰㪷崖，水漲時甚險，上下維舟以俟。諺云：「羣豬㪷崖，無事莫來。如必要來，煙漲雲霾。」言宜乘煙雨中過也。三十里百牽灘，三十里焦崖，二十里利市鎮，入酆都界。十里南沱、北涪，三十里過觀音梁、大佛面、送客堆、殘悲梁，均極險惡。過酆都縣，因縣有豐水、平都山得名。明初改豐爲酆，小説家遂有鬼山陰洞之説，語皆荒誕。【略】縣境山多險陋，獨平都山在治東北二里許，蒼翠可愛。【略】晡行，三十里過葫蘆溪，泊高家鎮。

初九日，五里鑾珠背，十里虎鬚子，五里鳳凰子，皆險灘。十里羊渡溪，隸石柱廳。【略】十里魚洞子，入忠州界。十五里白馬子，南岸曰烏揚鎮，北岸曰將軍溪。有巖將軍墓，因名。四十里忠州。【略】自忠州東下，五十里有黄華洲，一曰黄華城，在大江中，周遭十餘里，四面懸絶。【略】十里過折桅子，巖脚如敗甕，舟行避之，反旋入不得脱，而尾折，歲壞船無數。乾隆間，州牧甘隆濱沈鐵鐘十二，以鎮水祟，復操舟，往復上下數日，始得放舟之法。遂於灘上立石，大書深刻「對我來」三字，行者賴之。十五里曹溪，岸石連亘不絶。北岸有石寶寨，尤奇。【略】五里西界沱，石柱廳通衢也。【略】五里入萬縣界，過石鼓峽，凡三十里，泊武陵集。

初十日，雨而風。

十一日，曉過雙魚子、磨刀灘，三十里至冉渡。二十里大湖灘，北岸山如長城，鋭其尾以入江，修亘十餘里。有曰蓮花碚者，玲瓏透剔，巧若鬼工，在諸頑石中特出面目，奇觀也。江流至此爲巨石所扼，激而成湍。凡六十里至蛾眉磧，其間迴崖複壁，摩天插江，猙若龍象，不可方物。南岸有匾擔寨者，彷彿日前所見之石寶寨也。蛾眉磧下有岑公洞，深廣數十丈，石巖盤結如華蓋，有泉出焉，唐時岑道願隱處。北岸即萬縣地，縣治背負都歷山，峛崺突出。【略】又西十餘里有萬户城，一名人存山，險峻亦如天生城。【略】苧溪之上又有太白巖，一名絶塵龕，太白讀書於此。【略】未刻復解維，十里過高梔子，至赤沙磧。北岸圓峰聳天，亦古寨也。三十里猴子石、太陽磧，入巴陽峽，亂石林立，長千百丈，細視皆修整，有層次如城脚，然水面忽窄，若可葦杭。語曰：「淺莫過羅磧，在重慶下。深莫過巴峽。」昔有人以絲四兩，繫石探江，底不能到，蓋水爲石束，易廣爲深矣。又過九堆子、白鶴灘，凡二十里泊小江口，即開縣水也。開縣産米，舟航四達。是日所過多巖險，陸路由萬縣，梁山、大竹、渠縣、蓬州、南充、蓬溪、射洪、三臺、中江、金堂，至成都一千三百里，半月可到。

十二日，發小江，入雲陽境。過上崖寺、下崖寺，巖庵嵌空，上結佛龕，以鐵練縆而上，一名燕子巖。又過馬嶺子灘，凡六十里至雲陽縣。【略】午刻開舟，五里過寶子塔，江心鑿石作塔，以爲舟標。南岸有方山，路通施南府各境也。又十里東陽子，又十五里廟磯子，又十五里磁莊子，此三灘極險惡。有張桓侯廟，甚靈，舟人虔祀之，遂甯。【略】是日過東陽子，邑令具轎，請余登陸。余却之曰：「一灘尚畏，焉能泛海上槎乎！」危坐作書不輟，蓋藉以鎮舟人之心耳。然浪花洶湧，篷窗盡溼矣。又十里，泊三塊石。

十三日，自三塊石過烏龍沱、南陽峽、合水子，南岸有水曰烏龍。凡四十里至白巖，有水曰頭塘溪。又二十里過青岸子、老馬灘，泊夔州府奉節縣南門外。地據關險，黔楚之咽喉，兩川之鎖鑰也。

十四日，巳刻自奉節開舟，過魚復浦，土人謂之棊壩，即八陣圖也。【略】南岸有魚復城故址，每歲魴魚上至浦前，則迴首順流而下，故夔以西無魴也，魚復之名因此。十里至灩澦堆，孤石蹲踞，高二三十丈，或言其形似夔，故地以名焉。然夔本一足，兹石恍惚四足，近有撈銅者没水，至其下，云石底嵌空，實三足也。一説蜀山有大牛名夔，重千斤，此石似之，故以夔名。舟行至此，必作之字，繞以避之。來時宜對此石，及將近，乃轉而南，又折而東，尺寸間成毁立判矣。北岸即白帝城。過東瀼水，逕黄龍灘，一名鐵柱，溪北岸如鑱鋸，南岸如劈削，即峽門也，萬仞矗天，奇險可怖，古稱江關。又曰扞關，一曰鐵鎖關。五里男女孔灘，五里石板匣，懸崖間有一小匣，又有石洞，置竹箕數事。【略】五里黑石灘，入巫山界。石質如生鐵鑄成，滲痕宛然，夏漲時最險。諺云：「灩澦冒頂，黑石下井。」言其危也。十里戴溪，有小市，南通湖北之利川，夔峽至此而盡。北岸有石，曰惡鬼堆。五里虎鬚子灘，南岸巨石側立如梳齒，又曰門扇峽。五里九墩子、小青灘，十五里龍寶子，五里焦灘，十五里三纜子，五里東竿觜，五里蝦蟆灘，一里紅石梁，五里泊巫山縣。

十五日，辰刻發箜篌山下，五里空亡沱，入巫峽，山岸峭起，奇皺萬狀。十五里跳石，唐雷萬春生於此。五里上座、牛黑石，林立如夔峽所見，兩岸合沓，惟見青天一髮，山頂如城，如閣如囷，如花如火，如華表，如人物鳥獸，争奇獻詭，目不暇給。五里老鼠错，五里黄草坡，北岸山頂如方城，西南向有門，有闕，長年呼爲獅子挂銀牌，名雖俚，亦可想其奇幻也。五里霸王愁，南岸皺石蹲水，千仞陡立，其紋如波濤洶湧，舟人以金盔金甲名之。五里蒲泊子，北岸山崖萬仞，頂有兩崖，尖鋭甚，層巖之上似有空坪，一洞天也。山脚如重甎斜迆，石路斷絶，縴纜者鑿石爲磴，繫鐵索以引手。問其名，無知者，蓋地名鬼錯愁，舟子諱言之。其頂一石如太湖石，次如囷，次如廪，舟人呼爲大磨、小磨。又下，一石獨立千仞，謂之尖刀鋒，亘古無人能上也。數里内南岸稍圓平，有土，北岸無寸土，草木所不能生，猨狖所不能緣也。稍下，兩壁削立如圓鏡，面上刻大字，但見重巒疊嶂及一「峽」字，中間數字不能辨。兩山頂凹凸微露，團山亦隱秀，一瞥眼失之矣。五里杉木瀼，南有小峽，重巖迴護，其中岈然，疑武陵源不遠人世。北峰山頂石槽直下，如火甎色，稍下有一洞。此來山多洞，跳石北山頂一洞尤奇，望之似可見天。杉木瀼下石壁皆峻，有一石高起，如雞卵，日色至此，高擱崖巔，冷風料峭，直欲添綿矣。往聞人談蜀道，上山脱衣，下山加裘，言山高則陰晴頓異，峽中亦復似之。五里美人峰，又名朝雲峰，即神女峰也。巫山十二峰皆在北岸，美人峰尤纖麗，神靈所棲止也。古神女廟本在此峰前，馴烏迎送客舟，色如常烏而差小，摶飯擲之，銜接甚捷。五里過一山，如圓髻而聳，近觀若獸昂首南望。其右偏有石洞，居者架庵其中。十里棺柴峽，山腰凹入，上置一物，舟人謂其形如棺，細望似鐵鍋，其地非人所能至，莫窮其怪異也。五里培石，亂石堆聚江干，皆方平如桌子然。稍東又有小灩澦石，其石皺黑，宛然瞿塘峽口如馬如象之石質也。此處即古新崩灘，漢和帝時山崩，晉太元二年又崩，當崩時，水逆流，湧起數十丈，今洄漩猶悍。五里萬流驛，入湖北巴東界，即鯿魚溪。七里過金匾擔灘，三十里卓牛灘，八里二松子灘，又五里過門扇峽，泊關渡口，巫峽至此而盡。

十六日，自關渡東下，過西瀼口、東瀼口，經母豬灘、青竹標，凡四十里至巴東縣，隸宜昌府，治巴山麓。【略】自巴東二十里至牛口，入歸州界。有小鎮，舊設巡司一員，今廢。十里上巴斗、下巴斗，十五里石門，二十里葉灘，亂石林立，有葉枕、葉牀之稱，水漲時極險。十五里老虎石，五里吒灘，水石相激，作叱咤聲。江心有石梁九道，名曰九龍，亦名人鮓甕。北岸即歸州治，依山即坂，如一彈丸在磐石上，城内外無分寸土，四時但聞灘聲如雷，晝夜不絶。州前不可泊，灘行十里，過烏牛石、蓮花三漩，泊南岸老歸州。山頂平闊，堞址隱隱，相傳楚王舊城，其下爲屈原三沱，有三閭大夫祠、宋玉宅、女嬃碪。薄暮登岸，踏亂石，至山頂，徘徊久之。東望煙靄明滅間，兩崖對刺天外，蓋即兵書峽也。

十七日，晨聞欸乃聲，披衣起，已行十里，過蒲莊河、黄牛灘，至香溪矣。五里過要和尚，至白狗懸，危崖桀竦欲裂，疊空間若疊瓦片。舟人云：此武侯所藏兵書。五里過新灘，有頭灘、二灘、三灘之稱，礧硌横江，其聲雷硠，喧轟動地，水落時尤險。語云：大水怕葉，小水怕新。灘上居民百餘家，以挑負爲業，每貨舟上下，必起卸搬灘而更載。同知一員駐劄，以彈壓焉。於時水勢未落，崩洪沄沄，遂放舟而下，三老、長年齊聲奮楫。余方倚窗檻觀山色，倏覺雪花飛起，浪大於屋，舟擲其中，飄如一葉，瞥目間已迅瀉十數里。過馬肝峽，北岸絶壁上有石，如肝肺纍纍下垂。旁有獅子巖，翠草被之，如毛毿毿。南岸有小澗，從兩崖間流出，望見其中碨礧兀硉，面目無一雷同。計自新灘而下，共行三十里，至空舲峽，岸壓鈐束，江心大石力拒洪流，名曰雞翅膀。下有黄石坂、三珠石，又有南丈珠、北丈珠，左旋則右觸，上撇則下横，冬夏之月，必輕舟卸載，始可上下，故以空舲爲名。遠望交嶺上有二石如人，攘袂相對，俗傳兩郡督郵争界於此。宜都石小皺，議者以爲不如也。又十里過虎鬚沱、牯牛石、羊背灘、黑崖子，至屈溪驛，入宜都界。山勢忽豁，推窗遠望，峕嵷蒨麗如壺中九華，別有洞天。西望峽中煙嵐迴合，千態萬狀，又如天台歸客，乍出仙源，洞口雲封，蒼崖零亂，不待漁舟重問，已有天上人間之隔矣。自屈溪而下，凡六十里至黄陵廟，其間亂石如麻，節節皆灘，達洞、野貓、使君、鹿角、狼尾、流頭諸灘，皆古險。鍋籠子尤險，謂之亂石羅城。又有渣波灘、南虎、北虎、大峰、三珠等險，總名爲竹節灘，俗呼腰站河。至黄陵廟，而無義灘齒列其下。又十里至紅石子，而川峽極險之灘始盡矣。舟子皆喜躍，相賀以平安，出銀牌犒之。黄陵廟祀黄魔神，牛首人身，舊有孔明碑記。後即黄牛山，北首南尾，兩角嶄然。旁有石，宛若人形，立牛側，人黑而牛黄，崖壁則灰白色，其山礧砢魁硊，亘紅石而東，數十里相屬不絶，所謂朝暮見黄牛也。二十里南沱三漩，入扇子峽，山高五百仞，名曰石鼻山。臨江阻險，上有巨石，横六七十丈，如牌筏然。峽口有和尚、道士二石，對峙江濱，皆絶肖。五里蝦蟆碚，山麓豁開一洞，蟆居其中，作黄金色。泉從頤間噴薄而出，水品謂爲天下第四泉。北岸有黄顙洞，迴湍入之。又一石纖瘦特立，如人挾柁，所謂梢公也。又過神磡子，有洞中立，一石似老人持竿而釣。計自蝦蟆碚而下，連過石碑、胡勁、編牢、黄毛等灘，凡三十里至平善壩，言江流至此而馴也，俗呼水之渟涵者爲壩云。過白龍洞，出扇子峽，凡十里至南津關，即下牢戍，夷陵故城也。谿北有三游洞，名自元白始，而蘇公父子繼之。西陵峽至此而盡，四望曠然，有舉頭天外之概。【略】自南津關放舟，日已暮。見江豚拜風，有物黝而長，出深潭中，似蛟虬之屬也。十五里泊東湖縣。

十八日，晨大霧，發東湖。舟行二十里臨江市，十里虎牙灘，北岸有虎牙山，石壁紅，而有白文如牙形。南岸即荆門山，隸宜都縣。其山上合下開，有石跨兩壁，如橋，通一門。江濱石屹若碑，謂之十二碚。碚一作背，謂與大梁山相背也。此地縴纜難施，鑿路以通行人。舟至此，先避虎牙而南，復遊荆門而北，爲大江極險處，楚之西塞也。又有虎腦碚，即古猇亭。四十里宜都縣，相傳廩君乘土船處。又有白巖溪、蒼茫溪、富金溪，源出鶴峰州，皆從縣境入江。過秤桿、馬鬃、狼牙三磧，凡四十里入枝江界。

十九日，二十里過枝江，縣隸荆州府。東過石鼓灘，至焦崖，凡三十里，山勢逶迆欲盡。又二十里至羊角洲，而彌望皆洲，江流至此如枝之析，分爲南江、北江，以江心爲界，北屬枝江，南爲松滋地。二十里過松滋縣，又五十里，泊紅口，即百里洲之脐也。一作馮口。南岸曰采穴口。

二十日，二十里過鬧口，枝江地。沮漳水從當陽來，入江，直射南岸李家灘。過魚兒尾，入江陵界。十里，因風泊太平口，即虎渡口也。

二十一日，午刻風息，始開舟。東過龍洲，即百里洲之尾也。自江陵而下，洲渚漸少，兩岸藉隄爲防，北岸至沔陽州之茅埠口，南岸至巴陵之城陵磯，隄長各五百餘里。寸地失防，千里爲壑，是以江陵等處向有九穴十三口以洩漲勢，後俱湮廢，而荆州之水患日甚矣。【略】凡二十里，泊荆州府南城外。東望沙市，煙帆叢萃，江流渺然。

二十二日，道府各官迓，晨飯後登岸。自成都解纜匝月，而始出峽，又五日始抵荆州，水路共行五千餘里，至是始就陸。向例星使入蜀，往返由棧道。嘉慶五六年間教匪蹂躪，道梗，改由水路，後遂援以爲常。峽灘雖險，較之雲棧猶便易也。五里過龍山寺，孟嘉落帽處。【略】五里入驛館，在荆州府南。

二十三日，晨起送子晉歸安化。子晉來往皆徒步，無肩輿，囑其至澧州買舟，由洞庭而南。【略】荆州無車，以駝載行李。繞城而西，城外平衍，別無險阻。是日行五十里，尖四方鋪，荆門州地。又四十里，宿建陽驛。

二十四日，三十里新店鋪，二十里尖團林鋪。二十里掇刀石，道旁有關廟，一鐵刀嵌盤石上。連日不見山，至此漸入陂陀。十五里鳴鳳關，五里宿荆門州，安陸府屬地。館於龍泉書院，陸九淵知州軍，講學於此西直象山之麓，九淵以之自號者也。

二十五日，五鼓即發，天氣寒冷，與峽中大異。三十五里小南橋，二十五里尖石橋驛，又六十里宿麗陽驛，鍾祥縣地，東去縣一百二十里，僅一巡檢駐此。抵驛微雨。自荆門至此東西皆有山，從山缺處行，頗有坡壟。其山之最著者曰章山，在荆門、鍾祥交界處。

二十六日，晨霽。五十里渡漳水，登岸，食新店，宜城地。四十里宿宜城縣，隸襄陽府。

二十七日，薄霧中行，二十里至羅家河，始見漢水，風帆煙樹，如入畫圖。自此沿漢西上，十里食小河口，十里歐家廟，入襄陽縣界。十五里獨樹塘，十五里王家集，北岸正對鹿門山，龐德公、孟浩然所從遊隱也。稍西有白沙洲，五里轉入山徑，過峴山。【略】五里襄陽府襄陽縣，道左有唐張柬之故園，習家池在其南。出北門，至漢皋樓，昔神女遇鄭交甫解珮於此，所謂襄陽大隄也。西有夫人城，城西即檀溪，有釋道安寺。溪之陽爲徐元直、崔州平故居，又西即萬山。一名方山。渡漢水，宿樊城。南北交衝，舟車換易，皆必由之。五方雜處，轂擊肩摩，與襄陽隔岸對峙，猶輔車也。

二十八日，以收拾行李，易負爲乘，留住樊城一日。

二十九日，晨大霧，自樊城北行。二十里桐樹店，過小水曰新河。二十里柳堰，又二十里，尖呂堰驛。教匪起事時首被焚躪，余壬戌冬過之，行旅猶有戒心，近則廛居復舊矣。二十五里黄渠河，入河南新野界。十五里新店，渡白河，一名唐河。即淯水也。二十里宿新野縣。

三十日，濱白河行，一路風帆絡繹。二十里沙店鎮，五里入南陽縣界。十五里趙店鎮，二十里貴人鄉，光武故里，有碑。十里食瓦店，西北望卧龍岡，遥遥若接，上有武侯草廬。【略】凡六十里，宿底店，西距府縣治僅五里。晚寒甚，風自窗櫺入，砭人毛髮。

十一月初一日，早發，途間聞爆竹聲，殊增歲暮之感。濱唐河行，二十里北新店，二十里夏向鋪。西北有山徑，可通汝、洛，古三鴉路也。二十里博望驛，漢張騫封邑。十五里龍貴橋，入裕州界。十里趙河鋪，即堵水。三十五里宿裕州。途中涉小水凡數次，皆南流入趙河。

初二日，自裕州北行，二十里招撫岡，俗訛趙福岡。此處爲中幹過脈之所，岡以北水皆北流。十里扳倒店，有光武廟。二十里涉龍泉水，此水可淬劍，故曰龍泉之劍，爲楚寶也。十里保安驛，入葉縣界。連涉兩小水，不知其名。二十里至舊縣，有問政書院。【略】涉醴水，三十里過昆水，宿葉縣。

初三日，大風，天明乃行。十里過黄城山，塊然一土阜，在路北。又北有石阜，曰鵝羊山。十里渡滍水，入襄城境。五十里辛店，二十五里宿襄城縣，隸許州。襄城山勢屹然，爲荆豫門户。出城而北，地益平曠，驚沙撲面，與南方風景別矣。行坡疇間，凡二十里至林水鋪，古汾邱也。又二十里宿潁橋。

初四日，五鼓即發，渡潁水。五十里尖石固鎮，長葛地，南爲許州境。十里尚友堡，入新鄭界。二十里會河鋪，過溟水。途中西望，可見鞏洛諸山。三十里涉洧水，渡溱洧，入新鄭縣開封府屬。

初五日，四鼓即發，四十里尖郭店。十里袁堡，入鄭州界。十里涉二十里河，凡兩涉。二十里鄭州，周封管叔於此，今有管城驛，又城東六里有邲城。由城西過古僕射陂，有裴晉公墓。涉甫水，凡四十里宿岡李驛，滎澤地，西去縣十里。

初六日，因候夫馬，留住岡李。

初七日，自岡李登河隄，十里至黄河濱。水已落，渡口西徙，距廣武山在指顧間。滎以西無河患，以此山爲之障拒也，又西即敖倉矣。渡甫畢，西北風大作，揚沙塞路，籃輿摇摇不能定，以四人夾持之。凡三十里過隄，至原武界之王禄集而暝。又二十里宿亢村驛，繼之以霰。是日風殊勁，渡少緩，必且臨河而返矣。亢村獲嘉地，隸衛輝府，東距縣三十里，本修武地。

初八日，晨起衝風而行。六十里尖新鄉縣，西望可見太行。衛河發源蘇門山，謂之百泉，羣水觱沸，潴而成陂，溉田千頃。南流逕縣城東北，趨汲境。東爲淇門口，通漕至山東之臨清州，由天津入海，俗呼運粮河，即古黄河故道也。五里駱駝灣，四十五里宿衛輝府汲縣。

初九日，十里黄土岡，過比干墓，有祠在西山麓，所謂左林右泉，後岡前道也。十里頓坊，十里入淇縣界，涉王莽河，未悉命名所由。十里尖淇縣。【略】出北門，五里過斮脛河，二十里高家集，渡淇水。十里太程店，十五里黄家溝，濬縣地，即黄雀溝，古有黄橋。十里宜溝驛，彰德府湯陰縣地。

初十日，二十里光村鋪，過嵇侍中祠。【略】五里入湯陰城，拜岳忠武廟。出城過河陽橋，十五里羑河鋪，過愁思岡，入安陽境，曹子建嘗登之而悲吟也。十五里魏家營，曹操屯兵處。二十里彰德府安陽縣。【略】出城五里安陽橋，過洹水。又過七里岡，舊有温子昇碑。三十五里宿豐樂鎮，稍東有銅雀台遺址，又東入臨漳縣地，即古鄴都矣。

十一日，從豐樂鎮渡漳河，入直隸境。三十里尖磁州，舊隸彰德。【略】滏出州西神麕山下，溉稻田十數萬畝，下達子牙河，舟楫往來，民商均利。今磁城之外稻田連陌，花柳夾渠，宛有江南風景。二十里杜店，漢杜喬故里。五里車騎關，十里臺城鋪，入邯鄲界，岡路崎嶇，古趙王城也。二十里宿邯鄲縣。

十二日，出北門，過學步橋。【略】二十里黄粱夢，有吕仙廟。十里界河鋪，入永年界，東距縣四十里。十五里臨洺關，冉伯牛故里，有祠。有小城，駐通判一員，有路可通山西之澤、潞。飯後涉洺水，【略】十五里搭連店，入沙河界，即渦水。二十里沙河縣，途中四望無人，惟有白沙一片，積成邱阜，馬行其中，喘汗交迫，五步一憩，不勝其憊。昔聖祖西巡，經此，閔其荒瘠，遂諭令永免驛差焉。十里食膳鋪，東北五里許有梅花亭，唐宋璟祠墓在焉，顔真卿書碑尚存。入邢臺界，十里富莊鋪，十里宿順德府邢臺縣。

十三日，二十里白塔村，又十里馮唐故里，入内邱界。又三十里尖内邱縣，二十里過泜水，五里任村，五里麒麟鋪，原名野狐岡，臨城地，西距縣二十里。五里入柏鄉界，二十里宿柏鄉縣，隸趙州。

十四日，出柏鄉，二十里有光武斬石人處。【略】五里故城店，此處有老河身，霖潦時爲害，元代嘗鑿之爲新溝河，今仍淤矣。十里野雞鋪，涉小沙水，入趙州界。二十里大石橋，過清水河，下流爲洨河。五里尖趙州，【略】二十里水塞鋪，入欒城界。二十里宿欒城。

十五日，自欒城二十里冶河鋪，即井陘之綿蔓水也。十里荆壁鋪，入正定界，西爲獲鹿地。三十里渡滹沱，時河水已冰，中流一綫，錚錚有聲。【略】尖正定府，四十里宿伏城驛。

十六日，自伏城北行，十里經藁城地，五里涉木刀溝，入新樂界。溝水出平山縣，亦名袈裟水，縣境湧泉、海泉諸水皆瀝入，可以灌溉。東有大流村、牛家溝，皆田也。三十里渡浩河，尖新樂縣。二十五里明月店，出新樂縣。二十五里過定州，州西六十里曲陽縣即北嶽恒山所在。太行自衞輝西界綿亘而北，行千數百里，嵯峨萬仞，如一綫長城，至曲陽以北而華萼競呈，倍增雄傑矣。十五里渡唐河，又十五里宿清風店，已三鼓矣。

十七日，寒重，輿夫匿弗出，天明始行。三十里望都縣，十五里膏腴鋪，完縣地。十五里方順橋，滿城地。十里涇陽驛，十里郭村，天已暝。騎行三十五里，宿保定府。

十八日，雨霰，住清苑。

十九日，五十里，晨尖安肅縣。又三十里故城鋪，又三十里渡白河。紫荆關在縣西易州境，北通宣大，與倒馬、居庸稱内三關，而山西之甯武、偏頭、雁門爲外三關，皆燕都之衞也。十里宿定興縣。

二十日，七十里尖涿州。出城不數里，輿夫遁，乃秉炬騎馬行，四十五里過竇店，入良鄉境。又二十五里至縣。時廣西主考彭春農、賀藕耕已先至，時彭亦因夫逃，騎馬傷足，蓋行路之難如此。自涿以北，夫役皆自募，往往得值即遁。濱河之民掘坑陷車，以索賄。皆應整飭。

二十一日，尖長興店，過盧溝橋。【略】晡入城。

林則徐《滇軺紀程》［嘉慶二十四年己卯閏四月］廿七日戊午卯刻，考差人員侯宣，得旨，以則徐充雲南正考官。

［五月］初八日戊辰，晴。晨送行者絡繹，巳刻起程，未正抵長新店。小憩，又行，路窪多潦，酉正至（長）［良］鄉縣城外宿。聞行李車離此二十里，停閣難動，雇贏往迎，四鼓始到。

初九日己巳，晴。辰刻行，巳正到豆腐店，與巢松前輩同飯罷，行過琉璃河。熱甚，憩一小廟。申刻抵涿州，穿城行，宿南關外旅店。

初十日庚午，晴。卯刻行，巳刻高碑店飯。又行三十五里，抵定興縣，宿城内行館，垣瓦多傾圮。

十一日辛未，晴。子刻行，十里渡北河，黎明過故城鎮，小憩，辰刻抵安肅縣城内，行館較大。早飯後行二十五里，其地爲漕河，有慈航寺，方恪敏公督直隸時所重建也。【略】因與巢松在此避午暍，觀恪敏公遺照。曾爲設寒具，飽啖而行。申刻抵保定省城。

十二日壬申，晴。寅刻行，辰刻至涇陽驛，其地屬滿城縣，而距縣城三十里。飯罷即行，午刻至望都縣城内行館。

十三日癸酉，晴。子刻行，三十里過清風店，天尚未明。辰刻抵定州縣城，飯罷即行，過明月店，見羲皇聖里碑。午正刻抵定州縣城，行館在城外。

十四日甲戌，晴。子刻行，刮風，涼如深秋。寅刻伏城驛飯，四十五里，屬正定縣。午刻抵正定府城，宿城内行館。

十五日乙亥，晴。平明行，五里渡滹沱河，水甚小。過二十里鋪，喫麪，巳刻抵欒城縣，由城内行，住東關外旅店。是日因渡河，不能早行，僅行六十里，實則長如七八十里。夜驟雨一陣。

十六日丙子，晴。平明始行，因昨夜新雨故也，途有行潦，自欒城至趙州四十里多繞道。辰正刻飯趙州而南，昨夜未雨，路亦甚坦。行五里過大石橋，又十五里憩古廟口金山寺。【略】申刻抵柏鄉縣，穿城行，住南關外旅店。是日計行一百里。

十七日丁丑，晴。子正刻行，月色如晝，卯正至内邱城内行館。飯罷即行，自内邱以南多沙地，然遠山疊翠，林木葱茂，泉潤草香，道旁有稻田數畝，差具南中風致。未刻至邢臺縣，順德府城。適有集場，人貨坌積，宿南關外旅店。計行百二十里。

十八日戊寅，晴。子初刻行，黎明至永年縣屬之臨洺關，巳行七十里矣。行館較精緻，飯罷又行，過邯鄲觀小憩，其地即盧生入夢處。【略】午初刻至邯鄲縣，由城内行，宿南關外旅店。

十九日己卯，子刻即雨，寅初稍晴，行。淩晨雨甚，道泥濘，輿人皆委頓。午抵磁州，宿南關外行館。先二十里爲杜村店，自杜村至城雙渠夾道，其清如鏡，芰荷出水，蘆葦彌岸，翛然可賞。

二十日庚辰，夜大雨，黎明行，天始霽，路仍甚滑。辰刻渡漳水，則陽烏上升矣。漳之旁有銅雀臺故址，又纍纍相望者，皆曹孟德疑冢也。登岸數武即豐樂鎮，屬河南安陽治，行館甚敞。飯罷又行，四十里至彰德府，城内宿。

廿一日辛巳，晴。子初刻行，黎明至湯陰縣城，謁岳忠武祠。【略】辰刻宜溝驛，行館飯。【略】又行三十五里，過淇水，先數里爲鹿臺、鉅橋遺蹟。水流激石，作下灘聲，有草橋，可徑行過。西岸爲高村店，又二十五里抵淇縣城内，宿緑筠書院。是日計行百三十里，而實有百五十里長。

廿二日壬午，晴。子刻行，黎明過比干墓，有孔子書碑。至衞輝府，館於城外旅店。飯罷又行，午刻新鄉縣，宿城外旅店。計行百里。

廿三日癸未，晴。子刻行，多沙路，途遇野狼，輿大哄逐之始却走。卯刻至亢村驛，屬獲嘉縣，有驛丞駐此。飯罷行，二十里至工禄集，西北風殊大。或云黄河盛漲，無渡船；或云南北岸俱多深淖，不能徒涉，衆意皆願止此。余與巢松遣人先赴河濱察聽，尚可過去，乃復行。凡深淖之處，輿人裸而舁之，行李則募人運送，始抵河之北岸。酉刻開舟行，風已息，而河溜仍甚急，水將平隄。歷十二刻，於南岸登陸，天已薄暮，滎澤縣尹遣人來迓。詢知行館在縣城内，蓋岡陵驛之館爲大水所汩故也。又行二十餘里，凡涉深淖者八九處，甫抵行館，漏已再下矣。

廿四日甲申，晴。卯刻行，途間仍多積潦，蓋近河州縣皆於月之中旬連霔大雨故也。午刻抵鄭州，行館在城外，甚精邃，有竹木之勝。是日僅行四十里，以昨過疲，今有勝地，且作偃息云。

廿五日乙酉，晴。子刻行，平明至郭店驛。飯罷又行，午刻至新鄭縣，館於城内。【略】申刻飯罷，又行，渡洧水，乘小舟，輿馬皆徑涉。岸上有子產乘輿濟人處碑。亥刻至長葛縣屬之石固鎮宿，是日計行百四十里。

廿六日丙戌，晴。平明行，五十五里渡潁水，飯於潁橋行館。襄城縣轄。【略】是日甚熱，飯後暫息數時。申刻又行，晡時抵襄城縣，穿城行至南關外，過石橋，乃汝、潁合流處，宿於橋南旅店。余衣箱落水浸溼，漏夜開曬。

廿七日丁亥，丑刻巢松先行。時已微雨，晨起尚未息。余將行李草部署，早飯罷始就道。道旁有黄城山，其下即沮溺耦耕處。申刻過遵化店，渡沙河，其上有子路問津處碑。至葉縣城内行館，則巢松已赴保安驛矣。飯後余亦前進，路甚泥濘，蓋今晨之雨南來愈大也。十里有丈人止子路宿處碑，渡湍河，至舊縣行館，漏已再下，因宿焉。

廿八日戊子，平明行，三十里至保安驛，行館飯，仍葉縣境。有裕葉巡檢駐此。飯後又行，三十里爲扳倒井，【略】見黑雲如墨，亟須就道。甫二里，則大雨如注，沿途輿人多蹶，余亦爲箕之簸揚矣。酉刻抵裕州北關外，行館甚敞，巢松在此相候。裕即古方城之地。

廿九日己丑，辰刻行，道旁有張廷尉祠墓。三十里許渡趙河，於岸上行館小坐。未刻冒雨行，申刻宿博望驛，即漢張騫采地。

三十日庚寅，寅刻冒雨行，三十里至新店，天晴。飯罷又行，至南陽府，離城八里之栗河店宿。此地行館本在城内，近因夏間河水常發，往來非易，故每館於此。明日即由此前進，不經府城矣。

六月初一日辛卯，晴。子初刻行，平明林水驛飯，未刻過新野縣，館於南關外。

初二日壬辰，晴。子刻行，渡白河，換船兩次。白河即淯水，發源嵩山雙雞嶺，西南入漢河，上有望夫石。平明新店鋪飯，辰刻憩吕堰驛，入湖北襄陽境。下午又行，渡小青河，晚抵樊城，即仲山甫封地，宿於旅店。自京都至此，已行二千三百九十五里矣。

初三日癸巳，晴，在樊城檢行李。

初四日甲午，晴。候夫馬未齊，再住一日。聞漢江老龍隄漫口，府縣皆在彼防護。

初五日乙未，晴。平明濟漢，由襄陽城外行。【略】是日多沿漢行，六十里渡小河，飯。宜城轄。又三十里至宜城縣，城内宿。

初六日丙申，晴。子刻行，平明新店飯。仍宜城轄。渡小鹽河，巳刻至鍾祥之麗陽驛宿。是日行九十里，實則七八十里耳。

初七日丁酉，晴。亥刻即行，二十里過斑竹岡。【略】又四十里石橋驛，飯。屬荆門州。時天尚未明，又行四十里，至子陵鋪，【略】又二十里宿荆門州城内之考棚。下午微雨，是日多山路。

初八日戊戌，晴。子刻行，二十里過掇刀鋪，【略】又二十里團林鋪，飯。六十里宿建陽驛，其地以建陽河得名，仍荆門州治。

初九日己亥，晴。以昨晚旅店湫隘，熱不可耐，定更後即行。丑刻四方鋪，飯。卯刻至荆州府城。【略】聞江水猝發，官道盡没，(舟)[車]行爲梗，因定計乘舟。未刻赴舟次，舟殊窄，俗名倒爬。下午大風，不能開，在江邊暫泊。

初十日庚子，晴。巳刻風定，解纜行，東南風利。三十里至虎渡口，俗名太平口，江面較小，過此則皆下水矣。晡時過李家口，公安縣轄。亥刻至黄金口泊，計行九十里。

十一日辛丑，晴。辰刻發，午過沱孔，蓋自公安達湖南皆泛沱水，江之别支也。申刻過四水口，入湖南澧州界。夜行，漏四鼓泊津市，距澧州二十里餘。是日計行一百八十里。

十二日壬寅，晴。開舟，以上水行較遲緩，巳刻至澧州，距城二里許卸舟，館於城内試院。【略】是日熱甚，下午雷雨數陣。

十三日癸卯，晴。未刻就道，渡湖舟者三，戌刻宿清化驛。

十四日甲辰，晴。丑刻行，平明過鼇山鋪，辰刻抵大龍驛。武陵縣轄。縣北有大龍山，故名。

十五日乙巳，晴。子刻行，平明已抵常德府，館於城外。

十六日丙午，晴。子刻行，丑刻過陬市，又作周溪，屬桃源縣。人居市肆亦極整密。過小渡三處，皆以舟爲梁。辰刻至桃源縣，行館在河滸。因緬甸貢象入境，邑令恐前途驛舍不敷，勸余併兩程行。申刻飯罷，又行，過即山路，俯臨大谿，勢險而窄。經桃源洞，即秦人避地處，以昏黑未得觀，聞有劉夢得書「桃源佳致」四字。渡白馬、水西、辰谿三水，亥刻至鄭家驛宿。是日計行百二十里。

十七日丁未，晴。天涼如秋，平明行，巳刻次新店驛，仍桃源轄。是日轎始加縴。

十八日戊申，晴。寅刻發，平明已二十五里，入沅陵縣界。巳刻過辰龍岡，山勢環抱，疑若無路。次界亭驛。

十九日己酉，晴。寅刻行，平明過馬鞍塘，遇緬甸貢象過此。又過獅子塘及來溪石橋，巳刻至馬底驛宿。驛在馬鞍山之麓，故以命名。是日山路陡甚。

二十日庚戌，寅刻行，山路多險，巳刻至辰陽驛。在驛館小坐，雲南伴送貢象之員亦於是日到此，行館逼狹，邑令張時庵鴻箴勸余入城，住其署中。遂渡沅，入辰州府城，於縣署之後堂下榻。

廿一日辛亥，張明府留住一日。【略】是晚雷雨大作，滂沱達旦。此地已旱四十餘日，得此喜雨，交相慶也。

廿二日壬子，張明府又留一日，以滇省貢使亦過此，夫馬不足故也。午後又大雨。

廿三日癸丑，平明行，張明府渡河送於郊。未刻至船谿驛，仍沅陵轄。是日皆山路，七十里遠如百里。抵驛後有雷雨一陣。

廿四日甲寅，寅刻行，四十里過辰溪縣，其地無城。飯後渡溪行，三十里至山塘驛宿。是日山多路長，天氣陰晴各半。

廿五日乙卯，寅刻行，四十里至中和鋪，憩留雲寺。又四十里，宿芷江縣之懷化驛。【略】是日所過諸山俱峻絶，木旗嶺雲氣尤變幻，八十里地遠如百里。晡時雨。

廿六日丙辰，晴。寅刻行，平明過榆樹灣，市肆甚密。謁天后宫，憩楊公廟，楊公宋時人，蓋神於沅水者。巳刻抵羅舊驛，俗名馬公平，以山路到此忽平坦也。羅舊在公平南二十里，本有驛舍，嗣因去懷化過遠，而府城又太近，故移驛於馬公平，而仍其羅舊之名。

廿七日丁巳，寅刻行，巳刻至沅州府城。行館在城内，甚清邃。

廿八日戊午，寅刻行，過橋，橋兩旁皆列肆。三十里冷水塘，小坐。自冷水以南又皆山路，過小栗、大栗二嶺，遇雨，即晴。又過迴龍閣，瀕河狹路險甚。巳刻抵便水驛，【略】行館即在巡檢署中。

廿九日己未，晴。寅刻行，渡沅水，又過蜈蚣嶺，巳刻至晃州。

三十日庚申，晴。寅刻行，渡沅，三十里至鮎魚鋪，入貴州界。又三十里至玉屏縣，行館在城内。此地亢旱月餘，田禾槁者十之七八。是日熱甚，向聞雲貴夏不葛，冬不裘，恐未盡然。

七月初一日辛酉，晴。寅刻行，五十里至清谿縣，路坦而近。渡清浪水，入城，館於縣署，蓋此地無驛舍也。

初二日壬戌，晴。寅初刻行，五十里至焦谿，過河飯。又四十里，宿

（定）[鎮]遠縣。是日路甚險惡，上接千仞，下臨重淵，聞雨後水發，尤不可行。茲以遇晴爲幸，然此地苦旱久矣，身雖行役，亦甚爲盼澤也。【略】府前大石橋臨鎮陽江，江即潕溪，合西來諸水入沅。由此泛舟下水，可直達常德。是日始見苗民。

初三日癸亥，晴。寅刻行，平明過文德關。關側有石，五竅，竅中出泉，名雲根五漏泉。又十里經相見坡，三重迭起，每陟一坡，則兩坡皆見。行人相去數里，若覿面然。辰刻劉家莊飯，又行經華嚴洞，輿匆匆舁過，以未得觀爲憾。又過望城坡，距施秉縣十里，而全城在望。坡南兩山夾澗，俗傳諸葛武侯鑿以運粮者，明黔撫郭子章開之復塞。國初洪承疇謂開此洞可舟運，至偏橋以達黄平，役千人鑿之，不通而止。諺曰：「若要此洞開，除非諸葛來。」蓋山削水急，每爲崩石壅斷故也。午刻抵施秉縣宿。縣北有巴施山，南有秉谿，故名。

初四日甲子，寅刻行，遇雨。巳刻處暑。三十里瀶橋塘，飯。又十里，將至東坡塘，有飛雲巖，天然奇秀，真如金枝玉葉，輪囷葱鬱。上有大士立像，左右皆流泉，四時不竭，由兩方池瀉出，歷溪橋而下，山中終日泠泠有聲。巖下一洞雖小，亦覺奇古。西有數百年古柏，而西南有月潭寺，王文成公碑記在焉。到此小憩。又行二十里，抵黄平州，館於城內。聞城東四十里有架梁山，孤峰插天，可望千里。城北三十里有北攸河，原名都凹水，即潕江之源。

初五日乙丑，平明行，天陰，微雨。三十里重安江，飯，仍黄平州轄。飯後過渡，午過大風洞，至清平縣。由北城出，南關外宿。夜雨，有寒意。

初六日丙寅，雨，甚涼。平明行，四十里飯楊老驛。又四十里，過魚梁江，四面石壁如削，嵐翠滴瀝。中亘石橋，泉琤瑽過橋下，亦名響琴峽。岸旁小寺有閣三重，值雨，景尤佳絶。過峽爲黄花嶺，又十里，宿西陽驛。自楊老至此皆平越州治，距州城三十里。

初七日丁卯，平明雨歇。行五十里，次貴定縣。

初八日戊辰，晴。卯刻行，十五里經牟珠洞，俗名母豬洞。【略】初入尚有容光，謂之天窗。中間矗立自然石柱，高十餘丈，層級分明，僧人奉佛於此。再進則須然炬，見石乳垂垂如筋，異狀百出，曰童子拜觀音，曰七層寶塔，曰蓮花座，曰鐘，曰木魚，叩之，音各相類。曰石象，石尊，曰千人座，曰十八羅漢，無不宛肖。地下白石如梅，曰落地梅花瓣。過此路益仄而滑，難以更進矣。聞洞之西復有兩洞，皆相通，未及悉觀。又十五里新安飯，仍貴（州）[定]轄。過銀錠關，又三十里次龍里縣。【略】夜雨。

初九日己巳，晴。卯刻行，三十里谷脚小坐。又行，過龍洞坡，午至貴州省城。

初十日庚午，辰刻行。黔中當事俱遣送過湯粑嶺，飯龍場驛，仍貴筑轄。【略】飯後又行，遇大雨，午至清鎮縣城内住。

十一日辛未，晴。卯刻行，在蘆荻塘飯，次安平縣。自昨日過龍場後，山皆迤邐，路較坦易。是日午後天氣亦暄暖。

十二日壬申，晴。卯刻行，三十里過飯籠鋪，飯於白板房。又五十里，至安順府，與巢松宿城内旅店，緣行館留待制軍耳。

十三日癸酉，晴雨相間。雲貴制府伯協揆今日住鎮甯州，恐行館未能騰出，因在此暫住一日。

十四日甲戌，雨。晨起飯罷行，三十里馬場塘，【略】又三十里鎮甯州，城内宿。

十五日乙亥，晨起飯罷行，三十里過安莊坡，又十五里繁花鋪。過白水橋，有瀑布横亘十餘丈。又過羅伽坡、迴龍坡，路俱險惡。未刻至坡貢宿。

十六日丙子，晴。早晨飯罷行，過鳳凰關、石龍關，俱陡削。三十里至安樂鋪，路稍平。午至朗岱。

十七日丁丑，晴。晨飯罷行，十五里過打鐵關，又十里拉邦坡，十五里那當坡，俱陡險，下臨無地。自昨日鳳凰關以西皆登多而降少，至此則上少而下多，拉邦直下十里，那當十五里中下坡者居四之三。又渡毛口河，河水如渥赭，亦名西林。渡後過二小坡，宿阿都田，爲興義府南安縣轄，距城九十里。

十八日戊寅，陰。卯刻飯後行，歷山坡十餘處，至花貢遇雨。過老鷹崖，直上十五里，黔山之峻無出其右者。次白沙驛，普安縣轄，距城六十里。雨後天氣嫩寒，如初冬。

十九日己卯，晨起飯罷行，遇雨，路甚泥濘，幸無峻險處。二十里罐子窑，李家旅店小坐。又十八里，至上寨行館，半將傾圮，與巢松前輩於一屋内聯牀而寢。

二十日庚辰，卯刻飯，行，沿溪傍山，路窄泥滑。過庚戌橋，乃雍正八年鄂西林相國所建。逾南鯨坡，頗峻，然視前數日則夷施矣。三十里至楊松，道旁桂花盛開，以多雨，其香少減。又三十五里次劉官屯，遇雨，仍普安廳轄。至夜分始息。

廿一日辛巳，陰晴相間。卯刻飯，行，途多怪石，泥又滑，幸雨已歇，輿人雖蹶，尚無甚苦。七十里至亦資孔，本名亦是孔，以路形似亦字也。武弁來迓。是日風勁，如北地之九十月。

廿二日壬午，晴。卯刻飯，行，三十五里入滇省界，有「滇南勝境」木坊，右爲關聖廟，左爲石虬亭，有石蜿蜒地中如虬形。小坐，又行十五里，至平彝城內，住縣署。

廿三日癸未，晴。卯刻飯，行，西風大。官道以積雨故，爲水所没，繞道由山麓行。山皆迆邐，土色如赭。三十里棠梨灣，小坐。又三十里，至白水驛宿，屬南甯縣，距城七十里。

廿四日甲申，晴。卯刻飯，行，西風大。過分水嶺，不甚峻。四十五里至霑益州城內，巢松待余於逆旅，湫隘喧雜，實不可住，因移榻於州署。【略】

廿五日乙酉，晴。卯刻飯，行，三十里至三叉路，南甯縣轄。又四十五里至馬龍州，下榻於州署之西偏。

廿六日丙戌，晴。卯刻行，五十五里板橋鋪，二十八里逾關索嶺，不甚峻。宿易隆驛，仍尋甸州轄。夜雨達旦。

廿七日丁亥，晨起雨歇，飯，行。三十里又雨，有一水，可十餘里，衆山環之，名嵩明海。一山突出水濱，萬松森立，道旁一碑曰「小蓬萊」。有寺曰海潮，適大雨如注，未得登眺爲憾。雨後山泉陡落，如黄龍蜿蜒，百道疾走。四望山色明秀，水田千頃，甚愜幽賞。又三十里，至楊林驛宿，乃嵩明州轄，距州治三十里。

廿八日戊子，晴。卯刻飯，行，路坦而近，六十里至板橋驛宿。

廿九日己丑，晴。以向例皆於八月朔進省，仍在板橋住一日。

八月朔日庚寅，晴。卯刻行，二十里高坡塘，有亭，立銅牛一。又十里過金馬山，相傳阿育王季子至德呼馬於此，又名呼馬山。漢王褒所祭或即其地，今有金馬祠。【略】去城二里有太平橋，古名贊甎橋，相傳爲諸葛武侯建。入麗正門，城甚宏壯，城中舉袂成雲，視黔省數倍。

徐瀛《西征日記》 道光甲申[四年]後七月十三日建癸卯，午刻自成都皇華館啓程晉藏。共用馱騾二十二頭，送至打箭鑪。擡担一架，成都、華陽兩首縣傳單開騾二十頭、驛馬十二匹，加班十二名，縴夫十名，至鑪城經過地方一體應付。隨帶家人四名、差三名、廚役一名，又通事一名，帶幫看馱子一名，大班共十名。是日出錦城南門，至武侯祠拈香。【略】即起程，行二十里，過簇橋，申刻抵雙流縣。區谷樵拔熙大令招飲署中，晚即住雙流公館。是日行四十里。

十四日甲辰，辰刻雙流啓行，二十里過黄水鋪，一名黄水河，發源温江縣，南流，由彭山縣合岷江。又十里串頭鋪，已入新津縣界。又十里，即渡新津河，凡三道，過河即縣治。住公館，吉大令達善送席來。是日行五十里。

十五日乙巳，卯刻新津啓行，三十里楊家場，尖。即渡斜江河，河出大邑縣鶴鳴山，東委曲斜流，故名，屬邛州境。二十里過高橋，又三十五里抵邛州，止宿公館。【略】是日行九十里，時連日陰雨綿綿，甚不易行。

十六日丙午，晴，卯刻邛州啓行。三里渡邛水，四十里至大塘鋪，屬蒲江。又十五里入名山界，界牌二十五里。至百丈驛，即唐百丈縣故地，住公館。是日行八十里。

十七日丁未，微雨，卯刻百丈驛啓行，四十里抵名山縣。至邑署，桂山留飲。未刻名山起程，行四十里，渡平羌河，以武侯平羌得名。過河即雅州郡城，住公館，署令郭古樵彬圖送席。

十八日戊申，晴，雅安小住。

十九日己酉，晴，卯刻雅安啓行，四十里觀音鋪，尖。過飛龍關，上山十里，下山十五里，頗不易行。酉刻行，四十五里抵榮經縣，渡河一道，即七縱孟獲處，源發瓦屋山。

二十日庚戌，晴，因榮經夫馬未齊，辰正始啓行，二十里箐口尖。又行二十里，至黄泥鋪，屬清溪，天已午未。相嶺險峻迂迴，谿徑偪仄，恐不及至縣城，即於黄泥鋪官店住。酉刻即雨，檐溜泉聲，喧填竟夜。

二十一日辛亥，卯正發黄泥鋪，十里小關山，十里大關山，又十五里長老寨，尖於武侯祠堂。十五里至二十四盤，即邛崍九折坂相嶺，以諸葛丞相駐師得名。自山足至巔共四十里，鬱盤稍折，如螺旋，如蟻曲，碎石歷亂，極不易行。筍輿四圍雲氣擁之，憑軾而觀，茫茫銀海，細雨如煙，不知身入雲中也。下至山半，則紅日當頭，時纔亭午。漸近邊徼，景物變幻如此。又十里至清溪縣，即古沈黎郡。邑令鄭金榜送席，並送加班四名，縴夫六名，騎馬則自雇。

二十二日壬子，晴，卯正發清溪，十里冷飯溝，十里四亞口，又五里富莊，尖。十里一碗水，十里斑鳩嚴，十里山溪口，十五里泥頭驛，住公館。館即分防典史署房，屋頗寬整。【略】是日行七十里，多係山溝，細石淩亂，滑不留蹤，極狹處僅容一騎，羊腸鳥道，鎚幽鑿險而行。斯道之難，較之雲棧不啻倍蓰矣。前人稱黎風雅雨，余過雅州則杲杲出日，至黎州則習習微風。憶出門時友人相謂，抵清溪必須重裘。是日暍熱異常，僅披單袷衫，尚揮扇不止，洵邊疆氣候難以預定也。至縣署，問種黎椒處，久以翦伐爲薪，僅得厚朴數塊而已。一路萬山陡削，壁立千仞，似無路可通，而山上居民棲止，種植成疇，頗有雞犬雲中之概。

二十三日癸丑，晴，卯刻泥頭啓行，二十五里至林口，二十里至伏龍寺，尖。十里上飛越嶺，嶺高插天半，陂陀旋折，蟻穿九曲，殊不足形其迂迴，俯視萬峰，盡出其下，人馬如豆，始知置身之高，氣可與閶闔通耳。下坂，其險更倍於上山。唐置飛越縣於其麓，旋廢。二十里至泰甯營，即化林坪，屬沈邊土司境。

二十四日甲寅，晴，卯正發化林坪。下坡，三十里冷磧，屬冷邊土司，尖於公館。先二十里興隆鋪，又二十里瓦角塘，十里大壩，十五里瀘定橋，河即瀘水。

二十五日乙卯，晴，卯刻瀘定橋啓行，下輿過鐵索橋。橋建於康熙四十年辛巳，以巨鐵索九條，長三十一丈餘，矗可盈拱，兩岸用大鐵柱釘定，上用木板匀鋪。鐵索之寬約九尺餘，左右扶又用大鐵索兩條。人行其上，僅可迭相先後，若人多勢重，則鐵索摇曳如晾帛狀。橋下怒濤噴薄，若萬馬騰沸，一爲俯視，必心荒足輭，進退無主，須放開眼界，遥矚對岸，則履險如夷矣。渡橋後，十里咱哩，十里小烹壩，十五里大烹壩，尖。十里冷竹關，十里頭道水，高崖夾峙，林木陰森，瀑泉如雷，境頗奇絶。又二里至二道水，宿。

二十六日丙辰，晴，卯正發二道水，十里日地塘，十五里大藏橋，五里柳楊塘房，尖。十五里沈坑，又十五里至打箭鑪。相傳武侯南征，遣將郭達安鑪造箭之地，今仍其名。即住永盛旅店。

［八月］初九日己巳，晴，鑪城各官均餽路菜送行。未初啓程，用烏拉五十九匹、坐馬十六匹。出南門，五里至喇嘛廟，菊船備菜，尖。行四十里，至折多宿。一路晴日杲杲，輿中暍甚，揮扇不輟。而四圍雪山照耀，銀海生花，雪與扇遇，非塞外之氣候不及此。

初十日庚午，卯初發折多，天微雨。上折多山，則雪花如掌，積三寸許。亂石嶔崎，頗不易行。五十里提茹，尖。又四十里，至阿娘壩，宿土百户家。

十一日辛未，晴，辰正發阿娘壩。行五十里，至東俄洛，宿陝人劉姓店。時方正午，天忽雨，大雷雹，少頃即紅日當頭矣。土百户換縴夫，又以牛二頭曳縴，蓋次日高日寺坡人力難施也。此站最近，路極平坦。

十二日壬申，卯正發東俄洛，天極晴霽。二十五里高日寺，尖。循海子，又行五十里，黑雲陡起，飛雪珠如雹。輿人手僵，不能舁，遂避大松林下。少刻雪止，復行十里，抵卧龍石，宿漢州人黄姓店。自高日寺下坂至卧龍石，一路深林邃壑，人迹罕逢，四圍壁立萬仞，古木槎枒，刺柏垂松，奇崛萬狀。此境若移於吴越之間，吾知春秋佳日，笠屐探幽，當不減山陰道上。第遇於蠻荒冰雪中，反使人增感耳。即隨地松柏，雖高不盈咫尺，而虬枝蟠屈，並數百年物，使栽種盆盎中，則賣花翁居奇貨之矣。

十三日癸酉，晴，卯正卧龍石啓行，四十里至八角樓，尖。接到署拉里糧務事明主政閏七月望日所發書。又五十里，抵河口住。又名中渡，過河即裏塘界，明正土司夫馬送至此止。晚寓雅州人胡姓店，復接華陽令程友石、榮經令金午亭書。

十四日甲戌，晴，河口住。

十五日乙亥，中秋，河口候烏拉。

十六日丙子，河口烏拉未至，遣通事往喚協廒土百户，均規避不出。隨催西俄洛頭人改桑牲畜共六十九，送至西俄洛。辰初至河口，渡雅龍江。江不甚寬，而水勢極溜，官渡設方舟二。民人往來則皆用皮船，船用堅樹枝作骨，蒙以牛革狀，如吾鄉小兒所睡之籃蓋，一人打槳，中可容二三人坐，望之若水中鳧也。行四十里，宿麻蓋中。主人黄姓，陝之武功人。是日菡農遣鼓譟五人護接。

十七日丁丑，卯初發麻蓋中，行三十里，上大雪山。萬山重疊，雪壓其巔，如羣玉山頭。天風浪浪，甚爲寒慄。十里過蒴子灣，此地爲夾壩出没之所，頗有戒心。又二十里至博浪，上塘房尖。復行二十里，抵西俄洛，住陜西涇陽人劉姓店。

十八日戊寅，晴。西俄洛協厫遠隔十五里，至巳刻始催齊烏拉，爲時已晏，未即登程，仍住宿焉。

十九日己卯，晴，辰初發西俄洛。行四十里，至咱瑪拉洞，林深谷邃，徑路崎嶇。因烏拉上山力乏，不能趕至火竹卡，且七十里中並無房舍可住，即宿咱瑪拉洞塘房。自西俄洛至裏塘，凡用騎馬十五匹、牛五十頭。

二十日庚辰，晴，卯正發咱瑪拉洞，行三十里亂石窖野，尖。上大山，過千把頂，又下坡，三十里抵火竹卡。汛官秦起龍送菜來，以上兩處産魚甚佳。

二十一日辛巳，晴，辰正發火竹卡，四十里至火燒坡，野尖。又三十里抵裏塘，有土城，即住糧務衙門。夜菡農留飲。

二十二日壬午，晴，住裏塘。發明主政及西藏張莘田書。

二十三日癸未，晴，午初發裏塘，行三十里，過大木橋。上阿喇柏桑山，又二十里，至頭塘住。即公撒塘，番名額凹奔松。是日天宇澄霽，渡河後風雪大作。

二十四日甲申，晴，卯正發頭塘，行三十里，大雪，寒風凛冽，幾欲裂肌。又行三十里，至拉爾塘，尖。復上山，行二十五里，至喇嘛丫宿，換烏拉。

二十五日乙酉，晴，巳正由喇嘛丫起程，積雪埋嶺，水草甚稀，過嶺則否。凡行五十里，至二郎灣，塘房住。

二十六日丙戌，晴，卯正發二郎灣，行二十里，野尖。路至此稍平，又行四十里，抵三壩塘住。四面雪山圍繞，奇寒蝎甚。此爲巴、裏二塘交界處，所云三壩者，蠻言橋也。

二十七日丁亥，發三壩，亂石縱横，松箐蔽日，過巴山後則禿樹寒雲，禽聲俱絶矣。凡四十里，野尖。又行五十里，過巴隆河達，至大朔塘住。是日接王觀察及葉雲塍書。

二十八日戊子，卯正發大朔，天色晴朗，雪日交輝，萬峰玉峙。行四十里，至大松林，野尖。又行五十里，奔察木茶尖。嶺高雪深，極難行走，又三十里，宿小巴沖蠻寨。

二十九日，己丑，雨。自小巴沖行，五十里抵巴塘，其地水草甘肥，氣候和暖，儼如内地。昔爲西藏拉藏汗所屬，歸順後改設糧務一員。是日即住公館。

九月初一日庚寅，微雨，巴塘歇馬。發銅梁公館書。

初二日辛卯，晴。巴塘僅有小烏拉，因飭換大烏拉，在公館等候。

初三日壬辰，晴，巳初發巴塘，用馱驢四十七頭、騎馬十五匹。發至南墩，劉都閫及正副土司官俱來送行。四十里牛古，尖。又四十里，竹巴籠住宿。汛官顧動及塘兵六名，均送菜。

初四日癸巳，晴，卯正竹巴籠啓行。十里渡金沙江，江通蜀之馬湖江。案竹巴籠對江向有大橋，因漲水衝塌，故渡船移於下流。過渡，又三十里，公拉蠻寨硐房尖。復行五十里，至空子頂住。自小巴沖至公拉景物暄和，風土不異川中，公拉以西又冰雪漫山矣。是日所行均山腰鎚鑿之徑，僅容一騎，俯視浮雲，神魂俱懾，其險峻不待言矣。即晚寓，主人送葡萄，味甚甘美，塘兵送醃魚木耳。

初五日甲午，晴，卯正發空子頂。行四十里，過莽里，上新龍山。雖不甚險峻，而積雪甚深。又行二十里，至邦木塘房，尖。其地甯静，山巔勒有西藏分界碣石。四十里抵南墩，公館換烏拉，住。土司送菜四篚來。

初六日乙未，晴，巳正南墩啓行。四十里住古樹公館，換烏拉。過巴塘，千總李遇春解拉里軍餉一萬五千，至察木多回。

初七日丙申，晴，辰正發古樹，寒雲結瘴，道復崎嶇。過漫山，四十里抵普拉，公館住。其地多黑帳房番民，放夾壩者皆此類，行旅戒嚴，且住爲佳耳。

初八日丁酉，晴，辰正普拉啓行，六十里至江卡，袁雪汀二兄留飲。適前藏游戎李榮回省，同席。夜宿公館。

初九日戊戌，重九節，晴。換烏拉，至午刻始催齊，仍住江卡公館。與雪汀作竟日談，云江卡至梨樹一百二十里中人煙極稀，過大壩僅有屋一間，不能住宿。因先令馱牛行走，至大壩暫歇，次日抵梨樹，方不疲乏。初十日己亥，晴，卯初發江卡，五十里至大壩，尖。上大雪山，行七十里，抵梨樹住宿，然已秉燭行十里矣。蓋自大壩上山雖不甚險峻，而雪深尺許，冰滑難行，氣極寒冷，即盛夏亦不减焉。俗稱此地至王卡爲惡八站。

十一日庚子，晴，梨樹烏拉因送李游府未回，坐候一日。

十二日辛丑，晴，巳初梨樹啓程。六十里住阿拉塘，屬阿布拉境。

十三日壬寅，晴，巳正阿拉塘啓行，陟小雪山二重，二十里抵石板溝，住公館。周千總送菜來。

十四日癸卯，晴，石板溝碟巴需索犒賞，仍住公館。

十五日甲辰，晴，辰正發石板溝。過山，積雪尺許，寒輝射目，幸旭日麗空，稍減其冷。且山頂爲夾壩出没之所，殊爲心慴。行六十里，抵阿足塘，屬乍丫境，即住宿武帝廟。李千總送菜。

十六日乙巳，晴，阿足頭人膽真因隨辦三暗巴夾壩，小頭人以不能自主，藉端推諉。即出賞，需雇蠻人至三暗巴送信。

十七日丙午，住阿足。李副戎送菜。

十八日丁未，晴。接楊雲浦書。

十九日戊申，晴。

二十日己酉，晴，署拉里把總涂占魁回省，來晤。

二十一日庚戌，晴，酉刻三暗巴鼓諜始至。三暗巴即古三危地。

二十二日辛亥，晴，小頭人及鼓諜勒索賞需，極刁頑。

二十三日壬子，晴，始辦齊烏拉。

二十四日癸丑，晴，巳正阿足啓行，越山渡水，凡五十里至歌二塘，野尖。又行四十里，抵洛家宗宿。

二十五日甲寅，晴，巳正洛家宗啓程，三十里至俄倫多，尖。又四十里抵乍丫，已曛黑矣，住喇嘛廟。廟甚壯麗，即《會典圖註》之札雅廟也，凡地方公事俱聽該寺管。是日路平，而山多偏陂，徑甚偪仄。又渡小河七八次，只一兩次有橋，涉水頗深。若春夏過此，水勢泛濫，行裝難免滅澤之慮矣。羅副戎送菜。

二十六日乙卯，晴，拉里外委陳永安領江拉回省兵七十餘名，途遇。

二十七日丙辰，晴。

二十八日丁巳，晴，接明主政書。

二十九日戊午，晴。

三十日己未，晴，巳初發乍丫，二十里過雨撒，換烏拉。即行，上大山，凍雪如銀，寒飆刺骨，上下凡五十里。抵昂地，住公館。

十月初一日庚申，晴，住公館。昂地山高雪深，産雪蓮花頗多。

初二日辛酉，晴，辰正發昂地，行十五里，過噶噶，停輿換烏拉。頭人有意梗頑，且昂地協辦夫馬之兵暨通事人等朋比爲奸，需索無厭，至未末申初始克就道。二十里至王卡山，天已迫暮，山路高峻，行甚緩澀。下坡徑更陡絶，滑不留足，其窘萬狀。行三十里，方抵王卡公館，已三鼓矣。

初三日壬戌，晴。向例王卡夫馬隨差即付回，九月二十六日大倉儲巴所轄番户與二倉儲巴所轄番户互争邊界搆釁，擄去二倉儲巴番户牛馬數百頭，兩造洶洶，共擬械鬭，竟無烏拉應差。爲此蠻觸致稽守候，鬱悶殊不可耐。

初四日癸亥，晴，住王卡。

初五日甲子，雪。

初六日乙丑，晴。傳到頭人，理諭再四，乃二倉儲巴之番户欲借此差使爲脅制彼軍之計，陽雖諾而陰實違。不得已，先啓程，暫留行李於王卡。凡行二十里，至三道橋，營官梭斗備茶尖。又三十里，抵巴貢公館宿。

初七日丙寅，晴，住巴貢。

初八日丁卯，晴，符把總至王卡催辦烏拉。

初九日戊辰，雪。

初十日己巳，晴，接符把總書。

十一日庚午，晴，王卡夫馬始送行李至巴貢。

十二日辛未，晴，辰正巴貢啓行。上大山，或降或陟，蹀躞於雲根雪壑間。凡六十里至窟窿山，奇峰高簇，上有石穴，透漏玲瓏，大小不一，因此名山焉。又四十里，抵包墩，住公館，時交戌末矣。幸寒月騰輝，無煩秉燭。

十三日壬申，晴，巳正包墩啓行。二十里下坡，沿河溝以進。【略】又四十里抵猛卜，即孟鋪，住蠻公館。晚雪殊甚。

十四日癸酉，雪，辰正發猛卜，山峻路滑，極不易行。申刻雪止，行二十里，過大山，至小恩達，偏橋險窄，至不容騎。又六十里，抵四川橋，至察木多，即昌都，有土城。此爲西藏門户，設有糧務等官。又有江巴林寺，殿宇壯麗，胡土克圖暨儲倉巴居之。

十六日乙亥，晴，修整行李。

十八日丁丑，晴，巳初察木多啓程。行三十五里，過俄洛橋，尖。又十里夾嶺塘，二十五里抵浪宕溝，住蠻公館。是日路尚平易。

十九日戊寅，晴，辰正發浪宕，三十里過裹角塘，尖。進溝，上裹角山，風大雪深，奇寒竭甚。行六十里，抵拉貢公館住，已亥刻矣。

二十日己卯，晴，辰正拉貢啓行。二十里過松羅橋，上山，積雪尺許，水凍路滑，人馬難行。四十里至恩達寨，住公館。楊外委送菜。昌都夫馬至此止，恩達係類烏齊所轄。

二十一日庚辰，晴，恩達住。

二十二日辛巳，晴，午正發恩達寨，行二十里，至恩達塘住。

二十三日壬午，晴，寅正恩達塘啓行，上雪山，行十餘里天始明。又三十里，至牛糞溝，尖。升瓦合大山，雪没馬腹，奇寒刺骨，輿夫手足俱僵裂，舉步極艱，下山日已曛黑，離瓦合寨尚隔七十里，中間並無居人，暗行深雪中四五十里，迷不辨徑，月上後四顧茫茫，無門託足。不得已，停輿愁坐，使人依望竿探路，而積雪封山，杳無人迹。時已四鼓，風冷徹肌，飢窘萬狀，擬坐待天曉，或可尋途。忽數里外一鐙熒熒，呼譟而至，則瓦合塘汛兵秉炬來迎也。僕從等蜷縮雪中，寒冷欲僵，忽覩鐙火，如慶更生。即隨行，二十里抵瓦合塘，已五鼓，而烏拉等已抵瓦合寨住。自瓦合山至此綿亘百里，四時積雪，盛夏不消。山中鳥獸不棲，了無草木，洵窮邊荒絶之區。幸此日晴杲風微，尚可勉力行走。倘朔風捲地，則寸步不可行，吉凶不可問矣。

二十四日癸未，晴，辰初瓦合塘啓行，二十里瓦合寨，始得飽食，蓋各已枵腹一晝夜矣。復行五十里，抵麻里蠻寨住。自瓦合寨以後蠻人俱淳樸，皆預備烏拉伺應。

二十五日甲申，晴，辰正麻里啓行。上麻里山，二十里至頂。下坡二十里極陡險，又十里抵嘉峪橋。橋頗壯闊，番名三壩橋，蓋達賴喇嘛費千餘金於道光三年癸未重爲修整者。即住公館，發碩板多吴千總書。

二十六日乙酉，晴，卯正發嘉峪橋。即上碧貝山，土人名的玶山，又名得貢喇山，陡峻百折，磴曲崗旋，雲迷霧鎖，雖駿馬俱難展足。至巔凡三十里，下坡之險更倍上坡，懸崖峭壁，仄徑蜿蜒，俯視下方，昏黑無底，一落不止千丈强也。回思褒斜、劍閣，刮耳摩天，直康莊耳。雖王公顯貴至此，亦須步行，輿馬之力至此窮矣。又三十里始抵山麓，路少平衍，尖畢沿河溝走，六十里洛龍宗，公館住。地尚蕃庶，産陶器，出售遠方。

二十七日丙戌，晴，巳初發洛龍宗，路徑稍平。七十里過鐵塘，塘兵備尖迎接。大山壁立，形勢頗奇險。又三十里，至紫駝，住喇嘛廟。酉刻雪至，二更止。

二十八日丁亥，晴，辰正發紫駝，二十里曲齒，尖。又四十里，抵碩板多，汛千總吴任超備茶尖親迎。隨住武帝廟公館。

二十九日戊子，晴，住碩板多。

十一月初吉己丑，晴，辰正烏拉催齊，巳刻自碩板多起程。吴君遠送登程，友誼可感。行五十里，抵博密喇嘛廟已申刻矣，即住宿。

初二日庚寅，晴，辰初發喇嘛廟。行六十里，抵巴里郎住。是日山程平坦，境頗荒寂耳。

初三日辛卯，晴，卯初發巴里郎。十里上雪山，即賽瓦合，又名翔馬喇山，亂峰童禿，積雪没骭。凡四十里始下坡，又行五十里。將至拉子，兩峽對峙，中間横貫一溪，而積水極深，時雖冰合，牛馬一踏，即凌解泉湧。策騎而渡，殊爲戰兢，從人中多因馬蹶而淹透裳衣者。吁，危矣！晚宿拉子。

初四日壬辰，晴，辰初發拉子。過必達喇山，不甚高峻。途中野水縱横，幸皆清淺可涉。凡六十里抵達隆宗，即邊壩，外委馬開泰備茶尖以迎，又送菜至。隨住喇嘛廟。

初五日癸巳，晴，巳刻邊壩烏拉换齊，與雲浦握别，並寄孫秋浦書及雪蓮花三十朵。行七十里，酉刻至丹達，住公館。隨謁丹達神廟，廟在丹達山麓，極靈異，神爲前明雲南葉參軍某，監餉晉烏思藏，過此墮雪窖中，迨春夏雪消，猶僵立鞘上。土人驚異，因奉其尸而崇祀焉。今過山者必禱之，忠藎成神，亦固其所。

初六日甲午，晴，卯初啓程。十五里上魯貢拉山，摩空石徑，雪厚冰堅，人馬行崖隙中，頗嗟況瘁。中所謂閻王褊者，更險惡。凡五十里始至頂，冰天雪窖中馬不能行，即徒步數里，始陟其巔。下坂則絶壁萬丈，心魂震蕩，跬步皆危，賴左右扶掖，蛇行而下。意鄧艾裹氈偷度陰平，亦未必爾爾。下山方能乘騎，十里過察羅松多，天日已曛黑。尖畢，策馬循行冰雪中，雖有微月，皆爲高峰所蔽，嵐氣迷茫，頗有夜半深池之警。生平奔走萬里，乘危履險無踰此夕。五十里抵郎吉宗塘房，已交三鼓，甫得息騎以宿，而夢魂猶悸也。

初七日乙未，晴，紅日三竿肩輿未至，復乘馬啓程。行五十里，抵大窩住。

初八日丙申，晴，換烏拉，巳初自大窩啓行，五十五里至阿南多塘住。是日路尚坦易。

初九日丁酉，晴，辰初發阿南多，路徑險仄，陂陀欹削，所謂車不容方軌，馬不容旋轡，殆有甚焉。四十里抵阿蘭卡，一名破寨子，尖畢又行，五十里至甲貢塘房，喜已入拉里境矣。

初十日戊戌，晴，辰正甲貢啓行。山徑崎嶇，小坡漫衍，四十里大板橋，尖。又四十里，抵多洞塘住。

十一日己亥，晴，辰發多洞，上魯公拉山。雪深數尺，上山幸不甚陡峻，下坡約二里許，形勢極險削，幾與丹達相埒。又行五十里，至擦竹卡塘房住。

十二日庚子，晴，辰初自擦竹卡啓行。三十里過横山，而堪布及拉里軍民均備尖迎接。又三十里抵拉里，萬里征塵至此一洗，即隨住公館。

拉里所轄城鄉四至界址，遠近赴藏山川道路里數：東至察木多交界三百零五里，南至波密交界一百六十里，西至前藏交界九百八十五里，北至三十九族交界四百二十里，東北至三十九族交界二百里，西南至野人境交界三百三十里。

拉里所轄北界村鄉：自拉里北行七十里至墨地卡，自墨地卡北行六十里至拉克什族，自拉克什族北行五十里至貢巴族，自貢巴族北行六十里至色爾查族，自色爾查族東北行七十里至奔盆族，自奔盆族迆東北行五十里至畢魯族，自奔盆族迆西北行六十里至達克魯族、三十九族交界。

拉里所轄東北村鄉：自拉里東北行六十里至三村樸樸族，自樸樸族東北行六十里至拉巴族，自拉巴族東北行八十里至三渣族、三十九族交界。

拉里所轄西南村鄉：自江達汛西南行七十里至工布阿批，自工布阿批西南行六十里至淑卡，自淑卡西南行八十里至角木宗，自角木宗西南行六十里至包拉扛，自包拉扛西南行六十里至野人界。

黃勤業《蜀遊日記》 時丙戌[道光六年]正月六日也。薄暮登舟，泊於淞湖下岸。

初七日，寒風細雨。解纜，淩晨水淺沙膠，舟如蟻磨。行不數里，泊下馬山側。【略】地有石亭，顔曰「同善」，緣山有迴風，不利舟行，當道者設救生船於山下，誠善舉也。

初八日，大雨滂沱，停舟不發。

初九日，細雨逆風，舟行緩緩。過流坊，至千金坡，古文昌堰也。汝水逕流於此，前人因風水之説，開文昌新河，引水城下，築此堰，以塞其故流。

初十日，雨意猶濃。舟由文昌橋甕裏行，泊郡城下。

十一日，冒雨放舟，出河東灣，至張家石，泊萬魁塔下。

十二日，輕陰不雨。過蕭公渡、柴埠、許家渡，黄昏渡焦石、李家渡、温家圳等處，俱借風力自在而行，所謂「風正一帆懸」也。

十三日，雨收雲潰。東過茬港，西過謝埠，至烏沙港，漸達鄱陽湖矣。

十四日，密雨如絲，湖水横流。舟故窄，復於柘林載貨，窄益甚。

十五日，石尤肆虐，阻舟不行。元燈暖鼓，寂寂無聞。榜人圍鑪而歌，此唱彼和，亦有洋洋自得之樂，然嘔啞啾唧，難爲聽也。

十六日，雲澹風微。過八字腦，舟行湖心，湖面數百餘里，水色連天，渺無津涯，惟見風帆沙鳥，波光雲影而已。行及半晌，忽見梅溪，溪人捕魚爲業，茅屋數椽斜攲岸脊，小艇百隻環繫磯頭，所謂漁村水作田也。沿湖而西，遠見康山，明忠臣之廟在焉。【略】以風利不得泊。

十七日，打槳過湖。湖集鴻雁，千百爲羣，游戲波心，壓水爲黑，舟過處輒拍拍驚起。

十八日，湖光朝霽。過鐵門限，至三山。隨山行爲饒州，出山側爲吴城。余舟放乎中流，俄而風起水湧，波濤洶湃，泊大雞山。

十九日，雪敲篷背，風凍盂冰，舟檝盡艤。

二十日，積雪盈尺，湖山皆白，如遊銀海中，清光奪目。舟行二三里，烈風不息，泊小雞山。

二十一日，殘雪初融，輕漣乍漾。過鑽子口，至定江王廟。山勢蜿蜒，横亘湖中，舟行者咸於是割牲祈福。廟前有劍沙，沙脊隆然以直，遊人履其上，故以履迹縱横亂之，瞥眼間隆然如故，神之靈地靈爲之歟？西過南康府，樓閣層層，雉堞隱隱，黌宫背塔，城門面湖。【略】湖中有落星墩，星子縣名始此。東過寡婦磯，石罅中立鐵杵，或云岸有小村，門當其磯，立此杵者，爲是村形勢所係。余謂不然，蓋石尖水急，恐舟誤觸於此，故立杵以表之也。西過青山，爲西江鹽艘停泊處。舟中遠望，可見廬山峰脊插天，山腰出雲，疊嶂層巒，巉巖突兀，然霧靄溟濛，未識真面目也。又西，沿蝦蟆石，泊大姑塘，九江分關駐此，官廨森然。西岸有陶公廟，門外石碣載大姑靈異，爲康熙三年豫章余方伯舟泊大姑山下，忽見雲中神女，絳衣蹁躚，丰姿綽約，立於山前。俄而狂風大作，波濤掀天，鄰舟覆没，神女救一婦人，餘無存者。後聞婦人云：彼舟載少年子數人，肆嘲騰誚，語褻及神，獨婦人默坐，乃蒙護救云云。神傳爲藐姑仙人，一作彩鸞，其説雖不經，然已立碑記其事，可爲世之妄言者鑒。

二十二日，移泊關下。有山屹立湖中，四無聯屬，狀如弓鞋。【略】東過湖口縣，望石鍾山，大石側立千尺，下臨深潭，風水相激，吞吐有聲。【略】舟出湖口，湖水直注皖江。予舟逆流而上，達潯陽江。晚泊十八套，則漏深矣。

二十三日，夜雨朝晴。過九江府鎖江樓下，【略】正容與間，又見危樓翼然臨於城上，背負匡廬，面挹大江，顏曰庾樓，庾亮刺江州時建也。越數里，傑閣崇宏，雕楹綺麗，水榭臨風，竹亭延月，豐碑林立於掖垣，較鎖江諸樓爲更勝者，琵琶亭也。【略】舟行江中，忽有黑物與波浮沈，舟人告予曰：「此江豚拜風也，風即至矣。」言未既，呼號奮發，浪駭波馳，物之有知覺者類如此。

二十四日，風如虎吼，水若山立，舟之顛蕩甚於鄱湖。北過龍屏，則出江西而入湖北境矣。又北過武穴，至全家鎮，過蘄州釣魚臺、黄州維陽口。予心膽皆寒，不敢出視。晚泊道士袱，風始定。

二十五日，布帆風穩，過黄水港，至南溪。又南過巴河，至武昌縣。

二十六日，曙霞初明，放舟早行。三江既過，乃泊鵝市。

二十七日，一笠雲停，片帆風静。南過羊塢，至青山，又南至湖北省，泊塘角。

二十八日，密雨濛濛，舟泊不行。

二十九日，旭影徐動，曉風息吹。舟出漢關，過龜山下，即大别山也。漢水出其側，因名漢口。

三十日，風寒水漲。南過戰口，至荆口，北過煤炭洲，至東江腦，又北至牌洲。

二月朔日，風帆半挂，煙霧繞舟。南至嘉魚。

初二日，曉起觀日出，【略】南過瀘溪口，至靖江王廟。其地多烏鴉，舟人呼爲鴉將，繞舟飛鳴，索食不避人，與之食，即飛去。或擲食於空中，亦一一接之無遺。舟之占休咎者，以鴉將之至不至爲驗，神鳥也。卓午遷舟，較前舟寬甚，可坐看書，而立穿衣矣。出石頭關，過沔陽，至新地，皆從清漣中安穩而渡。晚泊羅山，朔風怒吼，急浪喧空，舟如箕簸，竟夕不寐。

初三日，乘風破浪，行數十里。波濤之高，十倍鄱湖，予始而懼，繼而悲，終乃恍然曰：「死生有命，惶恐何爲？」朗誦讀《心經》數十過，以自壯。同舟者皆敬聽之，此亦無可奈何，强效宗慤而已。南過荆關，泊荆河口。

初四日，雨隨風勢，急點打篷，狂風捲舵，泊觀音洲。

初五日，日華晃漾，倒映晴波。過上坂觜。

初六日，迅雷驟雨，北過沙套。

初七日，天陰而寒，水淺而曲。逆風使帆，舟行折如之字。泊車灣。

初八日，宿雨初晴，微波乍漾。舟迆邐而行，泊黄柏黨。

初九日，旭日浮紅，光穿篷隙。南至條紅，北至草家坡。

初十日，朝陰午霽。北過石首縣，至沱陽。宵征五十餘里，微風蕩漾，淡月輕盈，如泛槎銀河，飄飄乎欲登仙矣。

十一日，乍明乍晦，大雨欲來。北過郝穴，泊蟲蓼。

十二日，浪勢連天，風聲拔木，雨溜艙中，水濺篷外，風波之險，至此極矣。幸穩泊淺渚，鄰舟夾輔，舟中人安坐如故。然寒甚，雖重裘，猶膚栗也。

十三日，濤頭不起，雨脚猶横。泊江陵之沙市。

十四日，微風小雨，移舟上岸。沙市爲三楚名區，闤闠十里有奇。內有小河通荆州城。

十五日，朝雨晚晴。遷蜀江之柏舟，舟制與他處異，雙桅拱立，布帆正懸。舟首有大木撥水，曰招舟。左右有大木劄水，曰尺前。執招後執舵者稱太公，看帆者稱外掌管，執索者稱内掌管，總理舟中事者稱板主。左右橈夫五六十人，少亦三四十人，欸乃之聲，不絶於耳。當上灘時，擊鼓作聲，放爆争先，有端陽競渡之意。

十六日，雲淡風輕。過石套，泊江口。

十七日，微波映日。過董市，至毛家廠。江有神沙，流動波中，舟須避沙而行。若稍沾滯，頃刻湧成高洲，即陷入不得出，亦無形之險也。

十八日，殘星在水，初日升天。過羅家河，至焦崖。南過松滋，至枝江。

又南至宜都，所謂百里三縣也。北過白楊市，明張江陵葬此，高岸墓道猶存。晚行數十里，泊紅花套。岸駐宜昌卡關，子夜柝聲，藉抒宵警。

十九日，舟乘晴曉，南過指佛山，北過天然塔。自九江以來，土地平曠，田野沃饒，方數千里，至此始見高山。

二十日，山容滴翠，水色浮藍。北至宜昌府城下，其地多坐船，巨艦高篷，不事載貨，爲往來舟子聚會之所，緣蜀江之舟未有牙行也。

二十一日，亭午至南津關。兩岸石山，壁立千仞，迴巒複嶂，層出不窮。遠望前途，巖壑陡環，雲煙迷滯，似無去路。行至水窮山盡之處，豁然又開一境，此險途之所由始也。

二十二日，晴崖竦桀，倒挂枯松。北過平甚壩，至石牌岸，達天星橋。經黄柏洞，山高水狹，石危岸坼，有欲裂之勢。舟游其下，不敢仰視。晚泊南沱。

二十三日，凹峰銜日，凸嶺截雲。南過老黄陵廟，至紅石灘，亂石填水，激水咽石，篙力難支，榜人負索登岸，蛇行而挽舟。此第一灘也，過獺東灘，破石千堆，其流奔激峻絮，魚鼈所不能游。北至白水溪，過伍員廟，道黑崖，泛曲溪，南至通嶺灘。江有尖石，或出或没，土人名爲三炷香，比紅石諸灘爲尤險。客有善謀者，將過灘時雇扁舟三，泛尖石側，客内遥望而避之，可保無虞。凡涉川者，不可惜此費也。予舟過灘畢，忽聞後來之舟倉皇絶叫，云有楚人醃肉舟破，人貨俱没。問彼舟何以「醃肉」名，乃知蜀肉賤，楚肉貴，楚人射利者往蜀業屠，載肉而歸。【略】北至新灘，衡宇踞山，樓臺近水，爲宜昌分府署。上有上、中、下三處，而上灘益險。舟由北岸過下灘，又轉南岸過中灘。日西曬矣，榜人懼，未敢再行，泊於巖石之下。石激風濤，聲聞十里。崖飛雪瀑，勢落千尋，輕舟簸側，幾有不測之變。

二十四日，玉漏初沈，金烏未躍，即過上灘。灘水迅急，舟不得上，舉舟大聲呼曰：「上不得，下不可，力窮矣，奈何！」予時寒衣在岸，大加土人挽之，須臾過灘，彼此相顧，面色如紙矣。凡蜀舟未過灘時，舟中客由小艇登岸，越嶺前行，俟舟過灘畢，再從平岸登舟。然惟上水則然，下水不能也。【略】又北至方灘，山遠岸闊，水急石藏，此第五灘也。【略】有巨石，曰龜石，舟行紆曲，失勢堪虞，涉川者苦之。漢陽李姓者哀金，雇石工百餘人，欲舉觸舟之石盡去之，有愚公移山之意，善士也。又北過葉灘，碎石滿江，折流衝岸，水漲而灘急，水涸而灘緩。諺云：「有新無葉，有葉無新。」蓋新灘水漲，則水高於石，水有定性，舟之泝流差易。葉灘水漲，則水激於石，水無定性，舟之取道良難。此時水涸，新灘危險，而葉灘平矣。又北至蟒蛇寨，小石微横，狂流遠激，此第八灘也。

二十五日，灘聲雨聲，喧豗滿耳。過八斗灘，至牛口灘。【略】南過巴東縣，傍嶺置邑，不築城垣。【略】由此達娘娘灘，過官渡口，入巫峽。【略】南過楠木園，至傳林磧。山多巖穴，野人穿穴而居，有上古餘風。北過冷水磧，山危且陡，水洌而深。【略】晚泊萬流，方入四川之境。

二十六日，晚風微拂，舟行霞天錦浪中，花落如雨。午過培石、青石、跳石三灘，崖高千丈，中無草樹，飛鳥所不能棲。

二十七日，朝暾初紅，南過白曉灘，至九石灘。絶岸壁立，亦數百丈，此第十七灘也。又南至巫山縣，神女之廟在焉。【略】舟泊巫山下。

二十八日，晨霧釀雨，晚山絢晴。北過龍保灘，下馬灘，沸騰如風雨之驟至，湍激如金鐵之皆鳴，此第十九灘也。

二十九日，瘴氣迷天，沙塵蔽日。北過三纜灘、舵渚灘、拐灘、焦溪灘，皆斜石横江，飛濤激岸。舟行冥冥漠漠之中，時虞觸石，不勝戰兢矣。

三月朔日，天宇澄霽。入夔峽，峽中峰嶂陡懸，曦月虧蔽，與巫峽相埒，而石色形容未若巫峽之奇怪也。過瞿塘，灘急水迴，復沿泝艱甚。灘上有神廟，尤爲靈驗，雖貴官經過，舟中不得鳴金伐鼓。客舟上水，恐觸石有聲，乃以布裹篙末。峽亦多猨，但不生北岸，或取放於北岸，即不聞聲，殆亦同貉之渡河而不生歟！泛灩滪墩，古稱爲淫預石，又稱爲猶豫石，言舟子取途不決水脈，故猶豫也。其石夏没冬出，高廿餘丈。達魚復浦，即古稱爲魚國者也。又東至白帝城，原稱赤岬城，漢時公孫述所造，因山據勢，周迴數里，東高二百餘丈，西北高千餘丈，南連白帝山。山甚高大，不生樹木，其石悉赤，後名白帝城者，以此。是夕泊夔府城下，其地平坦，可十餘里，江山迴闊，入峽所無有。武侯所造八陣圖皆累細石爲之，聚石八行，行間相去二丈，因名八陣。今所存止二三處，餘則磨滅殆盡矣。

初二日，天無宿霧，樹有新煙，泊夔關下。

初三日，天朗氣清。予舟估貨上税，税畢忽忽出關，泊於上岸。

初四日，微暄送暖，澹蕩宜人。南過馬湖、雞翅二灘，灘水急而不惡。

又南至老馬灘，濤高勢猛，石積灣多，舟纜幾絶。幸舟輕，舵轉，急避下流。薄暮上灘，啓視衣物，皆如湔矣。

初五日，欲雨未雨，雲氣沈沈。北過蛟尾灘，濤奔急箭，浪蹴空花。次過磁莊灘、石板灘、江石攲側，水亦峻利。後過廟磯灘，灘有危石，與波相戾，舟趁漩澴縈瀠而行，惘愽驚人，此第三十二灘也。

初六日，曉光晻暖，過東陽灘。江有破石，亦謂之破石灘，水勢灘聲如千弩齊發，萬馬皆鳴。予舟又不能支，急加纜，增人挽之，乃濟。北過雲陽縣，南過二郎灘，中流激石，波浪迴旋。次過大藏灘、小藏灘，岸石玲瓏透闢，石吞急浪，吐納成聲。北至曲擂灘，絶壁危懸，上摩天漢，衝波逆折，下割雲根，挽纜之人無踏步處。昔有好善者置鐵索於石罅，榜人攬之，跪而行，此第三十七灘也。

初七日，一輪曉日，色若胭脂，諺有云：「日出胭脂紅，無風也有雨。」於是舟概不發。予初嗤其言之誕也，後果雨，始知其占不爽云。南過小石灘及長石灘，激浪掀舞，舟行駛甚。北過紅沙灘，一片平洲，横鋪巨石，水道紆曲，舟非挽數百丈纜不濟。又北過蛾眉灘，水落石出，磧形如眉。晚泊萬縣城下，燈火萬家，廛市數里，乃夔屬衝繁邑也。

初八日，水涵霽色，山靄晴嵐。北過鳴金灘，水激聲宏。南過息風灘，水深石陡。又北過窄小灘，江有碎礫，間露巉巖，舟乘虚而過，不甚驚人。又南過小涪灘、大涪灘，千堆峭石，激爲洶濤，舟行不利。漢陽李氏亦修理焉，岸下立石柱，可以繫舟，岸上開坦途，可以利步，涉川者甚賴之。晚過磨刀灘，乃其小者，此第四十七灘也。

初九日，波摇嫩緑，日暈輕黄。過武陵墟，至石寶寨，紅石削矗，以千仞計，喬木壽藤青翠相臨，時有丹霞白雲遊曳其上。絶頂有廟，無路可入，傍石建塔數十層，遊人藉塔登之，入蜀以來所僅見也。北過煙坵灘，兩岸雲樹掩映，灘波净緑。渡倒流灘，江心石聳，湍水逆流。泛苟怕灘，或傳爲苟延光没處，故名。又北過折尾灘，岸石折立，驚波噴於石間，此第五十一灘也。

初十日，曉霞攢日，晃曜晴川。南過九渡灘，至獨柱灘，桀石嵚崟，舟行危甚。昔聞涉川者歌云：「灘頭白勃堅相持，倏忽淪没别無期。」今行險至此，始信爲人子不臨深之戒，所宜懍也。北至思州。

十一日，岸花經雨，逐水狂流。北過白麻灘、三條灘，南過瓊邊灘、野貓灘，石若彈棊，滿江歷落。水如吼雪，四面潺湲。晚泊羊渚溪。

十二日，大霧漫天，土人呼爲罩子，諱言耳。南過虎鬚灘，怒流混混，大聲震人。次過鯉魚、林角二灘，渡湧躍之波，心形如沸鼎。避岐嶒之石，骨勢若轉環。午過鐵門灘，則横石塞江。晚過巴嶺灘，則峻嶺在岸。此第六十二灘也。

十三日，舟帶雨行。北過酆都縣，人傳此地可通冥府。城外殿宇滿山，爲冥府十王、天下城隍之廟。南過蠶背灘，至送客灘，北過佛面灘，至鯽魚灘，大抵亂石高矗，咽水有聲，此第六十六灘也。

十四日，山緑水緑，摇漾日光。鼓枻過觀音灘、土腦灘，水石相激，渦回數丈。溯洄而北，岸有梵宇者爲三官灘。逆流而南，江有黑石者爲羣豬灘。過陟崖，至涪州。州治對岸有觀瀾閣，枕山面江，結搆宏敞，爲育才之地。【略】東城爲公灘河，係通貴州之道，亦險灘也。北至里渡。

十五日，沿岸漁家曬網，腥風撲鼻，予伏枕而卧者久之。所過火風、磨盤二灘未覩其形，於殘夢中聞同事相語云：「二灘殊平穩，宜黄君之適意華胥也。」南過藺市，北泛韓公陀，石壁鐫老人像，神形古朴，不知爲何許人也。渡臘月濠，巨石填江，水道窄甚。又北過張家灘、王家灘，危石對峙，夾鎖衆流，灘水奔放，如傾瓶之勢。後至焦灘，岸石漸平，微有逆浪。逕抵平岸，遂泊焉。

十六日，迎旭放舟，至長壽縣。所過和尚、鶴石、洋望、金雞四灘，灘水漂疾，悉趁風力迅速而行。望近岸低山，勢欲動摇，令人身若淩虚，惝恍不定。

十七日，晴風漸暖。北過馬嶺灘，至葫蘆灘，大石沈江，回流激浪。南過餓鬼灘，至野騾灘，危石在岸，急水平流。又南過彈石灘，亦其小者，此第八十四灘也。自紅石灘至此大灘二十一，小灘六十三，悍利詭惡，駭人心目，清夜思之，猶有餘悸。予所經之險若此，而所未經者又未知若何悍利、若何詭惡，此蜀道所以難於上青天也。

十八日，冒雨過理民廳，即重慶分府。【略】午泊重慶朝天門下，從此陸途前進，不事利涉矣。

二十二日，登輿陸行，華飛蝶粉，露點蛛絲，山徑風光，又不同於水道矣。行十餘里，出浮圖關。蒼蒼竹寺，杳杳晨鐘，石壁題詩，石崖泐字，石凹有佛像，石凸有樓臺，宛如小小城郭，雉堞森然，乃渝城扼要處也。過白石驛，宿走馬岡。

二十三日，赤日光炎，薰風力輭，肩輿者苦之。過來鳳驛，至丁家坳，憩馬坊橋。【略】宿永川城外。

二十四日，半天風雨，迷漫高山。出土硃鋪，過黄葛樹，道路泥濘，人不堪行。宿太平鎮。

二十五日，雨漬油幕，風寒袷衣。出石盤鋪，至峰高場，峰迴路轉，茅店數椽，爲行人之小憩者，板橋村也。山紆徑曲，石碑雙立，爲傳命之置郵者，梧桐鋪也。宿榮昌城内。

二十六日，一犂雨足，四野農忙。所過高池鋪、梓梓場、安富場、李市鎮、石燕橋等處，無不林木密茂，耕種紛紜，可謂無曠土，無遊民矣。宿隆昌縣。【略】自渝城陸行五日，道路康莊，行旅絡繹，煙墩鷺堠，規模森嚴。棠城黄明府鐫「往來正大」四字於碣，蓋當成都之通衢也。此後小徑低昂，高峰重疊，所謂「山從人面起，雲傍馬頭生」者，予見之。

二十七日，天半晴陰。過龍市鎮，至黄家場。【略】宿牛佛渡。

二十八日，向曙早行，沿途竹雞嚱聲未斷，聞泥滑滑之音，胸次豁然。【略】過二龍橋，至仙人石，憩自流井。【略】越二三里，又見火井，地中出火，緑燄無煙，不藉薪炭，可以煮鹽，亦天地自然之利。下午出境，肩輿在前，行李在後，有嘓匪奪行李，手持長刃，勢欲搏人。道旁觀者束手不救，予率肩輿人力逐之，乃免。【略】宿貢井，鹽井亦多，而火井未見也。

二十九日，曉出程家場，高田刈麥，淺水插秧，老夫少婦，絡繹田間。【略】過張家場，踰五通山，憩高山鋪。山中櫻桃正熟，鄉人摘以餉客。【略】宿榮縣城外。

三十日，曙色初開，行經蠶市，【略】過老君臺，至鐵廠鋪，山徑崎嶇，石崖律矹，人行屈曲蹊中，仰不見日，殆所稱爲羊腸道者歟！後歷長山橋、來牟鋪，踏紫山，皆小村落，竹籬茅舍，饒有古風。宿竹園鋪。

四月朔日，東方既白，過觀音坡，路斷橋横，林虚岫入。行十餘里，山愈高，路愈險，㮰石巉巉，輿夫擇以置足，輿中人時怵傾墜。至井研縣，時飼蠶，村莊采桑入城者紛紛，野老提挈，女子傾筐，又依然桑市也。憩淳發場，宿分水嶺。

初二日，山光初爛，下峻嶺，踏蹊徑，草樹蒙茸，輿夫彳亍而行，蘇蘇然如草蛇郭索矣。過童家場，石山聳立，欲阻人行。復穿山磵，至虎渡溪，溪水浄緑，可通小艇。遂濟渡，至青神縣。予自出隆昌城，不勝蠶叢之苦，至此田野平曠，豁然開朗矣。

初三日，風日晴和。過黑龍場，至思蒙場，【略】午憩觀音場。【略】是晚始抵丹棱署中。

楊懌曾《使滇紀程》 道光十年四月二十二日，奉命派往黔滇鞫獄。閏月初一日，由京啓程。【略】是日五鼓大雨，黎明漸疏，巳刻出城，天氣晴朗。

初四日，抵保定。夜大雨，啓行時雨竟止。自定州以南，因前月久雨，大路水溢，肩輿紆道而行，頗形濡滯。至内邱縣，署令爲門生曾貫之，送至圓津庵，距城二十里。【略】晚抵順德府城。甫入館舍，雷雨交作，旋止。次日至廣平府臨洺驛，以臨洺河而名。【略】至磁州，過漳河。至豐樂鎮，入河南彰德境。府南門外有來鶴樓，未詢所自。過湯陰縣城，謁岳武穆公祠。縣北二里許有廣靈王扁鵲墓，豐碑特立。二十餘里有古大賚處。至高順橋，河流瀰瀰，白石粼粼，已在淇泉左右間矣。衛輝府近城十餘里有比干墓，時因勘驗蘭儀濠工，由封邱轉至蘭儀。

十七日始抵汴省，住大相國寺館舍中。

二十日酉刻，地微動，即止。繼聞河北安陽、延津、臨漳等縣先後馳報地震狀，有城垣衙署傾圮者。

五月初九日，【略】余等公事已畢，於十五日卯刻啓程。行抵尉氏縣。【略】至洧川境，道旁有碑，書「吕蒙正養晦處」，有東里坊國大夫祠。許州城南八里有灞陵橋，襄城縣北廿里有季子挂劍處，葉縣途中有沮溺耦耕石坊、子路問津碑。裕州道旁有搬倒井，爲漢光武遺蹟，有光武廟。【略】由南至吕堰驛，入楚北界。抵樊城一宿，次早過襄江。

六月初一日，至荆州郡城。【略】是日住試院景韓堂。【略】因公安澧州驛路水溢，有司請改舟行。次日，【略】俟船隻齊備，即於酉刻登舟。【略】次晨過江，入太平口内河，由公安、澧州境行。沿途水漫兩岸，居民俱在水中支棚架席，露處炎蒸，殊堪憫惻。【略】入安鄉境，漫溢尤甚，兩岸俱被淹没。晚泊柳林叢密處，不知其爲何所也。入武陵縣境，兩岸略覺分明。過牛皮灘，直抵常德郡城。此次溽暑舟行，同事者頗生疑懼。及開船後，忽遇順風，六日而至，實出望外。自常郡由驛前行，至桃源，過白馬渡。【略】連日天氣酷熱異常，夜行尚覺清涼。道中山路已多平坦處，田禾正茂，借月光尚微，燈火閃爍，一路水光山色未得領略耳。過此入辰州境，仰看辰龍關，峰巒壁立，土人謂爲豹子崖。肩輿須用縴行，幸由山麓紆折迴環而上，尚不覺險。至沅陵界亭驛，辰刻大雷雨，半月來溽暑薰蒸，得此稍減。館舍旁有伏波宫，昔馬援征五溪蠻，即在辰沅境内也。由清捷塘過馬鞍、獅子各汛，皆以山得名。崇山峻嶺，有二三高坡，視前此爲較長矣。由沅州府過河，經晃州驛，入黔省玉屏縣境，至鎮遠郡城。沿河山徑險仄，人馬難於駐足。鎮遠爲黔省門户，城外大橋題曰「滇黔道岸」。倚城有三元洞，樓閣宏敞，長橋映帶，下臨溪河，即爲舟楫可通之處。過文德閣，俗名油榨關，兩峰壁立，一綫可通。有兩坡對立，三重迭起，中阻小溪，行者紆回曲折，幾至十餘里，而墩臺相望，招呼可應，名爲相見坡。又有望城坡，路亦峻削，距施秉縣城十里，望之如在咫尺。過施秉十里，道旁有華嚴洞，中有天然大士石像，儼如雕琢。至飛雲巖，勢若雲垂，玲瓏奇绝。亦有生來大士像，坐以蓮臺，近爲人飾以金碧，反失天然妙相。凡龍虎獅象之形，俱石乳滴成，多彷彿肖之。有聖果亭，翼然臨於其上，飛泉潺湲，漱玉噴珠，聲聞洞外。下有月潭寺，松竹環繞，獨據幽勝。相傳有王陽明碑記，今已無存。黄平州四十里外有大風洞，一名雲溪洞，即古道書所謂時蒼洞天也。中有蒼龍、白虎、石鐘、石鼓之形。入數武，寒氣逼人，不敢前進。洞上有小洞，拾級而登，從小洞口轉入，有亭特立。又循木梯而上，佛殿三間，足供遠眺。相傳洞口通楊老溪，與平越接壤，蓋深至三十餘里矣。聞向來遊迹罕到，余與仰山少宰攝足同登，覺騁目之餘，衆山環拱。亦遊覽之勝境也。至楊老驛，過魚梁江，兩巖對聳，下有石橋，溪流激湍，亦自可觀。入貴定縣境，有牟珠洞，一名憑虚洞，在大道旁，洞口石柱圓直下垂，上有一穴，得見天光。數步内須然炬而行，泉水自旁石罅中流出，聲如雷鳴，有鐘、鼓、獅首、象鼻之形，亦彷彿似之。

七月初三日，至黔省貴陽首郡。城環九里，自南至北，街道平闊，市肆羅列，不覺在萬山中矣。蓋自桃源二十里即多山路，歷辰、沅，至玉屏入黔境，峭壁巉巖，溪流泉湧，指不勝屈。所過鄉城村市，男婦大小，觀者如堵，視其廬舍衣履，已可想見地瘠民貧之概。而沿途松杉竹柳，棕櫚桐梓之屬，青葱鬱茂，正復不少土物所宜，資以爲利，殆天之所以養斯民也。其民知習勤苦，每遇兩山之間稍爲平衍，即治田種稻，不使略有曠土。依山結廬者多係苗寨，山麓周環皆治爲田，畛隰分明，層層疊疊，幾無餘隙。省城東三里許有雪崖洞，廟宇宏敞，中有石洞，現觀音大士像，上有吕祖閣。由洞而入，有文昌閣、王文成公祠、諸葛武侯祠，下有清漣亭、延翠閣，清流環繞，遠峰對峙，桐梓松竹之屬葱葱鬱鬱，頗有可觀。城南里許有涵碧潭，水入南明河。越浮玉橋，上釣鼇磯，有甲秀樓巍然特立。【略】西南有黔靈山，層岫疊出，樹木叢濃。循石磴盤曲而上，約百餘級始躋山之巔。【略】後五里許有泉，名曰聖泉，又曰百盈泉，雖大旱時亦不見涸。距會城三十里至龍場，相傳有陽明洞，未詢所在。清鎮縣故威清衛地，山多尖峰，四面横列，與前此之層巖疊嶂不同。有龍井驛，井在路旁。沿途石塊頗有雲狀，亦一奇也。安平縣山形又多圓峰，四圍環繞，中多稻田。有橋，俗名水橋，泉水分流，浸灌田畝，滔滔不絶。安順府城環九里，闤市居舍皆宏敞，估人雲集，較勝省垣。聞昔曾議立省會於此，因秤土輕於貴陽，故舍此就彼。【略】鎮甯州本安莊衛地，行五里，有觀音洞。【略】又二十里至白水河，石磴中横，急湍層疊，折入西去，過白虹橋，聲如奔雷。舊有望水亭，新建敞樓三間，尚未落成。面對瀑布，於懸崖數仞上怒濤噴湧，雪練飛洒，形若擘絮，勢如翻綿，細似珠簾，矗比冰柱，聯貫絡繹，萬斛傾倒，而下注潭水，輕紋漾緑，寂然不動，上下相激，成煙霏霧結之狀，殊不可解。相傳潭内有水犀，風清月皎之時往往出見。潭水深不可測，故瀑布由石壁上奔流激湍而下，晝夜不息，而潭水滿而不溢，下流勢緩而聲細也。【略】由石龍關至郎岱廳，亦有高坡，尚不甚長。至打鐵關，山形突兀，石磴盤折而上，越十餘里之遥，道尚寬平，不自知其已在山之巔也。紆回而下，勢頗陡峻，爲拉幫坡，幾廿餘里，縣巖峭壁，輿夫難以駐足。至毛口過河，其水爲盤江上流。相傳舊道由盤江鐵索橋、大關索嶺行，更爲險峻。自雍正年間改由郎岱，較爲稍平。阿都田爲安南縣境，巒岫稠疊，亂峰插天雲，山形又爲一變。至花貢，遠望高峰雄翠，氣挾飛動，有扶雲淩霄之勢，輿夫曰此老鷹崖也。行七里至花市，又八里，由小坡紆回而進。逾石橋，繞長澗，石級千盤。又數里而爲丁寨，方抵老鷹崖脚下。幸天氣晴朗，雲霧悉開，而峭壁獰狰，愈轉愈峻，直至崖頂而止。回視前此之層巒疊嶂，皆若培塿，而人蹤馬迹如蟻隨磨，旋屏氣息聲，莫不摇精動魄。從此下坡，不過里許，即履平地，可見過此，以往所謂平曠之地，與萬仞之山相齊，而地勢爲極高矣。至百里外有南澗坡，上下不過十里，石級寬平，輿馬易行。亦資孔山勢漸低，爲黔省末站。至滇南勝境，即入雲南界。路旁有石虬亭，康熙年間巡撫郭瓓建，以亭前有石，長二丈許，其形似虬也。舊有石龍古寺，今廢。道左有大木坊，書「忠孚化成」四字，爲鄂西林相國立。平彝縣城南二里許有清溪洞，宏敞如廣厦，雲峰下垂，皆石乳融結而成，多有天然佛像。中有泉水湧流，詢知後十餘里爲紫泉洞，蓋亦資孔以南土色皆紫，不獨茲泉爲然。過此山勢漸平，而迆邐凸凹，亦不見十分坦曠。四顧土坡高下，絶無林木之勝，依山開田亦少，可見滇民不若黔民之能習勤苦焉。至霑益州，舊交水地，以兩水相交故也。晚止州署中，北窗倚眺，平野四闊，青疇萬頃，煙樹朦朧，遠山環帶，頗似吾鄉風景。憶自道經辰沅以來，忽然改觀矣。過石板河，至馬龍州城。【略】過下板橋，至小關索嶺，古木密所也。史載諸葛亮盟南人於木密，即此。上有關索廟。【略】廟前有武侯手植古柏。又有一銅馬，相傳爲唐時物。至此回視黔省諸山，俱在足下矣。尋甸州大鼎山有海潮寺，登觀音閣，俯視秀嵩湖，青疇白水，瀲灧空明，數千里來未覩此景況也。四圍林木葱蒨，蒼松翠柏，多百餘年物。山石皆青鐵色，道旁有毒泉，飲之傷生。立有禁碑，行人戒之。嵩明州楊林驛有楊昇庵題詩處，羣峰屏列，有石如羊。元時本名羊林，後改爲楊林縣，今改爲驛。板橋驛距省城三十餘里，明沐英等征雲南，師至板橋，進駐金馬山，即此地。

七月三十日至滇省城，住貢院内。

九月初八日，自黔省啓程。十四日至鎮遠府，由灘河舟行。前此河水甚淺，抵鎮遠時，因連日得雨，水長四五尺，可以行舟，然水小灘大，上下甚險。是夜大雨達旦，迨登舟時，水長丈五尺許，順流而下，絶無險阻。至沅州，見楊太守鎮源，云前日水長丈餘，固利舟行，現在水落數尺，尤爲平順，否則水勢過疾，建瓴而下，尤可畏也。六日而至常德，向未有如此之順且速者。至常郡，聞澧州、公安一帶驛路水尚未涸，仍由前來水路而行。又慮湖口水淺，不能前進。適楚北委員來，詢知即由水路而至，遂定於次晨啓程，無庸易舟。自鎮遠登舟後，細雨斜風，輕舟迅疾。至武陵天氣晴朗，又得順風，六日而抵荆州。沿途漫水漸涸，兩岸丹楓黄葉，竹塢柳林，紅緑相間，居民盧舍，歷歷在目，又非復去時景象。於十月初九日行抵楚北省城，從此輕車熟路，盡入坦途矣。

姚瑩《康輶紀行》 道光二十四年，瑩奉恩命，以同知知州至四川補用。【略】九月，上諭四川遴員復往，務須折服其心，勿令阻誤差使，節相以瑩應命。

十一月，發成都，從行者家菊譜少尉、族姪翰卿、把總樊印川、馬玉堂、始委錢明府履和爲副，不果行。【略】五里過萬里橋，即武侯送敬侯使吴處也。三十五里宿雙流縣，《蜀都賦》云「帶二江之雙流」，縣名以此。

初二日，南行十五里，過黄水河。水自温江南流，過縣，東至彭山縣而入岷江。十里入新津縣境，二十五里宿新津縣，漢武陽地也。

初三日，新津縣南十里過鐵索橋，下有鐵溪，傳武侯烹鐵於此。二十里至斜江河，邛州境也。由此西行六十里，至邛州。成都至此，沃野平疇，村樹不斷，古稱天府，豈虚哉？邛州即古臨邛，城郭壯麗，廛市極繁，城南大石橋尤爲雄闊。

初四日，出南門，過邛水。一名南河，源出蒙山，東流合大邑、新津、雙流諸水，南入岷江。三十里入蒲江縣境，五十三里入名山縣境，七里至百丈，宿。唐百丈縣故址也，俗訛爲白站。地依山，過此漸百丈矣。

初五日，西行十五里，道旁一池，相傳爲趙順平侯洗馬池。三十五里至名山縣，其北二十里爲蒙山、蜀山，謂即《禹貢》蔡蒙之蒙，楊升庵云非也。山産茗，貢品也，佳者不易得，尋常貿易者甚劣。縣令穆君精阿見贈中品。飯後西南行，登山，十五里至金雞關。下山十五里，渡平羌江，以武侯平羌得名，又云青衣江。渡江微雨，十里雅州府。【略】雅安縣治即漢嚴道縣也，大渡河下流即瀘水宋太祖玉斧畫界處，在雅州府治南一百三十餘里。府屬之清溪縣古沈黎郡地，多風，雅屬多雨，故諺云「黎風雅雨」。

初六日，雅州南行五里，上嚴道山，古鹿角山也，唐玄宗易今名。自此皆山，西四十里至觀音鋪，蚤飯。十里躋嶺巔飛龍關，甚雨。下山十五里許，宿芭蕉灣，雅安、滎經二縣交界處也。

初七日，冒雨行，十里過七縱河。即滎水也，源出瓦屋山，北流，東折入平羌江，相傳武侯初擒孟獲於此。十里至滎經縣，亦漢嚴道縣地。

初八日，西南行三十五里，至安樂壩，滎經縣西界也。徐明府云：前至清溪縣七十五里當過大相嶺，晝短，山峻難逾。故止宿焉。

初九日，由山溝而上，十五里至小關山。緣溪林木障翳，山谷陰森，時已冬令，冰雪交凝，山石犖确偪仄，險滑異常。偶見民居村店，屋皆覆板，無復以瓦，可知其艱矣。更上十五里，過大關山，嶺上積雪盈尺，一望晶明，晴日照耀，目爲之眩。又十五里至嶺上，即大相嶺，昔武侯屯兵於此，故名。上有丞相祠，以有小相嶺在清溪至甯遠府道中，故稱大以別之。又稱長老坪，昔有高僧居此，後人並塑像祠內。【略】十五里下山，過二十四盤，即古笮筰山也，峻險逾甚。十里至清溪縣，此地西由打箭鑪赴藏，南由建昌赴雲南，爲兩路交集之所。往者四川南路多種罌粟花，爲鴉片煙，時英夷煙土由哲孟雄經後藏入雲南而至甯遠，水路自嘉定沿江而下，旱路則由清溪而至成都，故邛州、大邑及雅安匪民所在邀截，販煙姦民亦聚衆行以禦之，亦蜀中大患也。

初十日，出清溪縣西門，下陡坡，過長溝，復折上山。三十里至富莊，早飯。五十里至黎頭驛，清溪尉駐此。

十一日，走山溝中，由老君劍十五里過高橋，上三角坪，二十里至林口。復行山溝，紆折登山，經伏龍寺，古有寺，今無之。十里上飛越嶺，唐於嶺下置飛越縣，未幾即廢，至今猶以名嶺。下山宿化林坪，冷邊土司地也。

十二日，小雪節，西北行二十里，過沈村，冷邊土司之地。十里至冷磧，又三十里爲安樂村，冷邊土司轄地。又十五里至瀘定橋，《四川通志》以爲即《水經注》之涐水，廣約三十丈，水勢深險而急，上架鐵索橋。《圖識》云：康熙四十年建，東西長三十一丈一尺，寬九尺，施鐵索九條，覆木板於上。余按：此橋兩旁尚有鐵索各二條爲欄，以防墜溺。地屬雅州府，天全州任橋工之役。道光二十三年十月，鐵索九條忽斷，溺斃多人。今年春中甫新修焉。土人云：康熙中初建，東岸先繫鐵索，已以小舟載鐵索，過重，未及對岸輒覆，久之不成。一番僧教以巨繩，先繫兩岸，每繩上用十數短竹筩貫之，再以鐵索入筩縛之，以繩數十丈於對岸牽拽其筩，筩達，鐵索亦至，橋工以成。橋之東岸民居百餘户，有小市，設一巡檢、一千總於此。

十三日，過橋，沈邊土司於此供夫馬之役。三十五里過大烹壩，上山沿坡，十里過冷竹關，下溝，曲折十五里，過瓦斯溝，又十里至頭道水，山路崎嶇。此水自打箭鑪關外流入，蓋涐水上流也。頭道水行館甚佳，依山聽瀑，有小園亭之趣。

十四日，沿河行四十五里，至沈坑，明正土司率頭人來迎，其銜名爲明正長河西魚通甯遠軍民宣慰使。【略】乃邊徼重地也，無行館，寓旅店中。【略】漢使出關數千里，必齎行糧，諸物皆備乃能就道。夫馬皆名烏拉，計余及文武兵丁、僕從、輿夫、雜役、通事、譯字官人數十，行李糧食賞需茶煙綢段布疋及諸物，凡用烏拉百五十有四，皆土司供役。委員既予雇價，復賞諸雜物，日漸增加，西行者無不苦之。惟駐藏大臣及查辦夷情之文武官但予賞需，不領站價，大約每站用一烏拉給賞物價值銀一錢二三分，較站價一錢實有浮也。輿人雇自內地，夫一人長行來往，日給工銀三錢，守日半之。【略】賞需以茶爲主，然後雜以他物，余計半年之用，市茶百八十包，從行諸人亦各買茶十數包而行，米麪食物尚不計焉。打箭鑪地氣寒，雖盛暑亦服單夾或棉裘。同知所轄東自瀘定橋，西至裏、巴二塘凡土司一百六十餘處。本年五月大水，壞三道橋及城垣，民居被淹。

十一月初二日，巳刻出南關，文武諸君相送。【略】南行五十里，皆荒山，杳無人煙，雖路尚迆邐，而風景儼然中外之殊矣。【略】申刻至折多，依山旅店一家，有塘汛，絶無民居。蕃人謂鬼爲折，此地多鬼，故名。

初三日，曉登折多山，積雪彌漫。南行三十里，過破碉，有碉樓三四，皆壞，無人居，故以名地。西行二十里爲提茹，一路荒山漫坡，行亂石中，堅冰鏗然有聲。土屋中小憩，飲茶半甌。南行二十里，過納畦，下山，東南行十五里，漸平曠，蕃種青稞收場已畢，禾本尚盈田也。過山水皆西流，碉樓相望。晚宿阿孃壩，蕃百户率衆來迎。

初四日，曉發，沙路平坦，晴日烘暖。西南行三十里，至瓦切，過俄松多河，木橋頗高，碉樓前後相接，蠻中富庶之區也。蕃人供役，一路行歌，有恬熙之象。西南行二十五里，至東俄落，日方過未。有塘汛，蕃民二三十户，旅舍頗潔。主人吴姓，成都人，娶蕃婦家此。與供薪水之蕃皆賞以茶布，嗣後仿此。取薪之蕃曰打役，汲水之蕃曰湯役。

初五日，南行，三十里登山，至高日寺。山頗峻，蕃人十數以縴曳輿，一如蜀中。復加四牛，更替曳之而上。過大雪山二，積雪半消，林樹茂密，作黝黑色。至山上，岡路寬平回轉，松杉夾道，皆美材也。蕃人不知所用，惟作薪而已。下山，十五里至卧龍石，宿旅店，即汛兵所設。漢人數家，餘皆蕃矣。

初六日，依山西南行，四十里過八角樓，中渡汛兵來迎，蕃屋小憩。復山行四十里，一路林樹青葱可觀，此地稍暖故也。申刻至中渡，又名河口，即雅隴江矣。河東明正司界，河西裏塘界，烏拉至此更易供役。兩岸漢蕃約百餘家。

初八日，過中渡河浮橋。山行四十里，一路深林至麻盖，素稱險惡，夾壩出入之區。夾壩，蕃盜也。有戒心焉。

初九日，西行上大雪山，積雪半消。四十里至翦子灣，有塘汛。下山，復盤折登山，四十里杉松參天夾道，過波浪工，有駐防外委。二十里下山，至西俄落，蕃百户率衆出迎。地頗平坦，居民三十餘家，裏塘土司遣蕃目來候。

初十日，西南行，上小山，十數里，曲濟嘉木參遣卓尼爾達木率刺麻迎至。【略】又數里，崇喜土司丁旺澤須率蕃目從二十餘騎卯謁。【略】上大雪山，河冰甚堅，林深谷邃，亂石危崖。四十里至咱馬拉洞，塘汛達木入見。

十一日，緣山溝行，二十餘里過亂石窖。上小岡，轉折三十里。逾大山，二十里至火竹卡，駐防把總率隊出迎。

十二日，過小橋，沿河行，紆折登山，二十五里至火燒坝。下山即平原，曲濟嘉木參率執事刺麻二十餘人設帳迎候。【略】余登輿行，不一里裏塘大寺，堪布率衆刺麻來迎。【略】申刻至裏塘，依山阿爲土城，寺宇叢聚，約數百家。其城外東南蕃居百餘户，正副土司所居也。余行館在巴空寺内佛殿右。

二十五日，東還。

裏塘在打箭鑪西六百五十里，西至巴塘五百二十里，東至雅隴江，交明正司界。西至諸噶里布察多，交瓦述土司界。南至唾杓竹，交雲南中甸界。北至雄熱呢，交瞻對界。

十二月二十二日，至成都。

道光二十五年二月十一日，奉正月上諭，蓬州知州姚瑩摘去頂戴，隨同甯遠府知府宣瑛、候補通判丁淦往乍雅，查辦兩呼圖克圖之事。十六日，宣太守出成都，入辭。以委員數往乍雅，蕃皆恃險負嵎，多所邀挾，請於打箭鑪檄調兩呼圖克圖集訊，以崇體制，然後可判曲直而諭解其紛。寶公難之，更令至察木多，其地西逾乍雅五百里，距打箭鑪二千六百三十里，亦藏内所轄部落也。宣太守即日先行。

二十五日，瑩與丁別駕發成都，張竹虚紹偕行，濬昌與戚友送於丞相祠。是日晚宿雙流縣。

二十六日，宿新津縣。

二十七日，斜江河蚤飯，蒲江縣地也，去縣治六十里。晚宿邛州。

二十九日，張竹虚爲宣太守所留，余與丁別駕先發，宿名山縣百丈驛。

三十日，名山縣蚤飯，晤穆明府精阿。晚宿雅州府城。

三月初一日，【略】午刻行，宿觀音鋪。

初三日，過大相嶺，晴日暄和。晚宿清溪縣。【略】雅州多雨，清溪多風，古有「清風雅雨」之諺。余三過之，殊不爾，豈偶然邪？

初四日，富莊驛蚤飯，晚宿黎頭驛。

初五日，林口蚤飯，度飛越嶺，晚宿化林坪。是夜小雨，覺寒。

初六日，冷磧早飯，晚宿瀘定橋。

初七日，過大烹壩。【略】是夜宿頭道水，山澗水盛，亂石中如雷走雪翻，三十里不絶，洵奇觀也。行館後石壁插天，山巔瀑布直下數十丈，尤奇。

初八日，過柳楊山，澗水聲漸微，昔人所謂柳陰密箐者今已無之，間見垂楊一兩株而已。稱楊柳爲柳楊者，蕃語也。又白楊葉短而幹直，蕃人謂之麻楊。明正司率蕃屬來迎，申刻至打箭鑪城。

初九日，宣太守、張竹虚至。

十四日，定議於十七日出關。留僕及兵丁護茶煙段疋諸賞需之物，續發。

十七日，未刻出打箭鑪南關，是日晚宿折多山。

十八日，卯刻行，三十里過雪山，晴山晃耀。十餘里下山，陰雲霏雪，尚不覺寒。更十數里風雨横斜，乃大寒欲凍。是晚宿阿孃壩蠻界中。

十九日，宣太守以人衆與竹虚先行，余與丁別駕留一日。

二十日，卯刻行，至東俄落，五十五里止焉。道既平坦，天色晴霽，旅店雖狹而潔，心神一怡。蓋此數十里者地稍平曠，可種青稞，碉樓蠻寨相望，儼然有富庶之象矣。是夜雪。

二十一日，晨起行平坡，十數里至高日寺，山下小憩，飲茶。踏雪上山，山上松柏杉檜甚茂，雪封枝幹，森森峭立，緜數十里，亦異觀也。山徑峻陡峭曲，肩輿皆蕃人牽曳而上，復駕二牛助之上下者再，人牛數易。雪光晃耀，深澗俯臨，不能無恐。是晚宿卧龍石。申刻晴日頗佳，酉刻大風，雨雪雹，約二寸許，蕃人謂之雪彈子。聞打箭鑪山上有海子，逢旱禱焉，則雨中有神物。臨之者不可語，語則飛雹立至。又巴塘外數站地名力黍，過者亦然，見《四川通志》。丁戌之別駕言松潘有海子，不甚大，中有二蝦蟆爲怪，時吐冰雹，害禾稼。土人候之，見海子有雲起，即鳴。官自城上然大礮轟之，或延番僧呪之，則雹不作。道光十一年，某同知不信其事，巨雹屢害禾稼，歲大歉。民怨之，羣毀其署。土人云二蝦蟆大如車輪，每盛夏烈日中登岸曬其腹，皆赤色，人不敢近。

二十二日，卯刻行，不數里雨至，冒雨行四十餘里始霽，幸沿山坡，不甚險仄。巳刻至八角樓，蠻寨三五相望，雜漢人居所。云八角樓者聳入雲際，如塔，而中實。其下青稞被野，長松彌岡，流水小橋，山桃一株正放，出關以來所未見也。茶憩片刻，未刻至中渡河口，明正土司界止此，河西則裏塘土司界也。出關之役，明正司供烏拉，送至裏塘。河以東自役其蕃，不予值，過河則裏塘土百户出烏拉接替，而明正土司遣蕃目於此，給脚茶爲雇值。其入關之役，則裏塘土司送至打箭鑪，逾河以東亦雇明正司之烏拉接替焉。河中設浮橋，守以外委汛兵，稽往來，行者非有官票不能渡，亦蜀藏之咽喉控扼之要津也。夏水盛大，則去浮橋，蕃人以皮船渡。

二十三日，候換烏拉，巳刻渡河。自此登山，上下石谷中四十餘里，澗深嶺峻，樹木蕭椮，翳蔽天日，夾壩之所出没也。申刻至麻格宗，名麻蓋者，譯之省也。微雨數里，連日途中見斃馬，詢之通事，云一明正司蠻塘之馬，一裏塘買茶之馬，蕃俗倒斃之馬無人敢食，亦不埋，聽其腐爛而已。蕃最惡病，雖父母瘟疸，皆出之於野，云在家恐傳染也，死則焚之。西俄落地頗寬平，蕃民風景與東俄落相似。

二十五日，牛馬行疲，四十里止咱馬拉洞。林谷深邃，有塘汛。

二十六日，谷行數里，山不甚高而長，一望荒草，自此以下非復前此景象矣。

二十七日，山行，六十里至裏塘，飛雪，一刻旋霽。

二十八日，【略】請示行期，諭以分三起行走，宣太守即以四月初六日行，曲濟嘉木參以次起行，余與丁別駕督其後。是日未刻飛雪，旋霽。【略】

［四月］二十日，曉起大雪迷山，人馬冒雪而行。四十里至乾海子，輿中茶憩。自裏塘至此童山怪石，草木全無，牛馬皆飢。過乾海子半里，始見青草貼地。更十數里，上下層巒疊嶂，樹木交參，泉流百匝，天日晴霽，山上積雪時有時無。盤旋五折，至剌麻雅山，過拉爾塘，四山霽雪全消，時而震雷，忽雨，旋復日出，小河回轉數十道。申刻至剌麻雅，熱傲率蕃民十數來迎。宿蠻寨中，地頗平曠，前後蕃民約二三十户，儼然富饒矣。

二十一日，入山，緣澗上下三十餘里皆無草木，過嶺乃見深林密箐，水草遍地。午刻至二郎灣，地頗寬平，而破碉前後相望，人户絶少，惟塘鋪漢兵三人、蠻兵數人而已。此非宿站，曲濟嘉木參昨夜止此換烏拉，今日宿竹登三壩，故同丁別駕止此待之。

二十二日，登山，緣河上下迂折，五十餘里過木橋三，未刻至立登山壩，巴、裏二塘交界處也。有漢蠻塘兵各數人，巴塘熱傲率小蕃來換烏拉。是晚彤雲深布，雪意甚濃。

二十三日，晨興大雪未已，犯雪登巴山。行三十餘里，頗平坦，下山則青松彌望，紅日近午矣。地名松林口，一路十餘里穿林而行。道旁二樹，花一朱一白，葉似枇杷，花皆一幹數朵，每朵攢十數朵小花，狀如臘梅，磬口檀心，特色非黄耳。詢其名，曰達麻花也。未刻至大所塘，一作大朔，巴塘土司遣蕃目來迎，賞以茶物遣回。大所地寬闊，水草青肥，三面土山，山上石壁峭聳，奇峰異笱，色多斑駁，甚可觀也。倚山蕃户數十家，設漢蠻塘兵各數名。

二十四日，沿溝行，寒甚。逾大雪山，谷邃峰高，積雪盈尺，樹木交横，亂石遍地，泉聲刮耳。三十里至山嶺，鳥道羊腸殆不足喻也。下山三十里亦如之，人馬疲殆。停輿坐石塊，折松枝煮澗水，啜茗半甌。復進，迆邐曲屈十餘里，過崩察木，有蠻塘兵數人迎於道左。又二十餘里，乃至小巴沖，山谷間結蠻寨七八户，巴塘副土司索諾木袞布率衆蕃目來迎。

二十五日，沿山溝行，澗水皆西流，上下三十里，林谷幽窈。過大木橋二，山谷豁然開朗，則已至巴塘矣。巴塘地土饒沃，青稞小麥併種，惟無大米耳。天氣暄和，四時與内地無異，三四月間亦有牡丹、芍藥二種，余來時花皆過矣。

自打箭鑪至小巴沖地氣皆寒，節近芒種，衣必重裘。及至巴塘，始覺暄暖，可著棉衣矣。

巴塘四面皆山，中開緑野平疇，周約三十餘里，青稞小麥，彌望葱秀。蠻民數百户，有街市，陜西客民貿易於此。正副土司署在其北，都司無署，僦民房居之。蠻所居行館依近東山，面西。其西山一帶則皆刺麻寺，糧務署在寺内。舊有蠻城隍廟，神像戎裝。近建漢城隍廟及關帝廟。行館頗高潔，可時眺望，全塘在目，儼如内地，心神爲之一怡。住裏塘二十餘日，食無蔬菜。間有爲豆腐者，四方三寸，值銀二分，或易以黄煙一包。余與宣太守、丁别駕，隨行弁兵、輿夫、丁役百人，月屠一豕而分之。或有餽蔬菜者，皆賫自他處數百里外。至巴塘則有青菘、蘿白、萵筍可日充庖饌矣。有河，魚尾可一二斤。豬肉可間日市買，羊亦壯。時近端午，富都閫餽食物，蒸豚熟雞外，猶以青菘、蘿白、萵筍爲禮，居巴塘者亦不能食此物也。巴塘有售木耳者，甚肥而脆，較内地白耳黄耳尤美，産巴塘所屬之空子頂，每斤值銀一錢五分。

初六日，巴塘啓行。初上小山，路尚迆邐，十數里後則登大山，人牛曳駕，屈曲崎嶇，下臨長河，險甚。四十里至牛古，停輿，茶憩片刻。山下河益深廣，即今輿圖内之巴楚河，西流入金沙江。沿山逐河，又五十里至竹巴籠，宿。所住蕃樓面山，俯臨大河，斜陽方照，景物如繪。

初七日，渡河登山，仍傍河行，崩崖下亂石如劍鋒森立，陟降之路一綫蜿蜒，不能無恐。四十里至公拉河，稍淺，輿人涉水而過，余與丁别駕皆乘馬渡，水及馬腹。憩古廟中，觀四壁畫神佛鬼物，猙獰怖人。更换烏拉西進，河轉東流，乃不復見。山谷窈深，樹木叢雜，頗似麻格宗，而險仄殊甚。五十里至空子頂，山巔石盡，緑草如茵，黄花滿地，蠻寨二三十家，景物閒適。緑鸚鵡數十飛鳴，蕃女耕夫雜行麥隴菜畦間，恍如桃源雞犬，别有天地矣。

初八日，空子頂啓行，山路頗寬。四十里至莽嶺，勢益平遠，遥望嵐氣不斷，地亦坦曠，河流清淺，緑草黄花，如鋪如襯。馬蹏輕輭，如行沙隄。沿途楊樹相望，景物暄麗。牒巴熱傲迎於道周，停輿眺覽，幾忘身在夷地矣。《圖識》言空子頂山峻，夾壩出没，莽里龍新山多積雪，余所見殊不爾，惟山外數峰殘雪而已。西行，十餘里過邦木，設蠻塘汛於此。【略】過此則山形聳峻矣。數里躋其巔，復寬衍，峰巒秀複，即所謂甯静山也。迆邐久之，見雍正五年所立界碑，山以東爲川轄，山以西爲藏轄。碑裁二尺，字已漫滅。巴塘有巡兵數名於此。山大而長，東向一山如屏，南北各起一峰翼之，勢如龍虎朝拱。内地自打箭鑪至此未有若此山者，宜以甯静得名也。下山，迆南十餘里即南墩，達賴刺麻設臺吉於江卡，南墩其邊界也。

南墩爲川藏適中之所，蕃民百餘户，有行館一、漢人寺一，屋覆以瓦。每年秋間，巴塘、察木多兩地客民雲集，貿易於此。

初九日，傍山西行，五十里至古樹，坡路平坦，間有石山岃崱。自南墩至此，山下皆可耕種，一路青蒨，地氣暄暖故也。遇巴塘糧務錢明府自乍雅查營餉返，言宣太守二十六日過乍雅，曲濟嘉木參昨日至江卡。古樹登山，盤陟十數里而下。又十餘里至音拉，有行館可棲，地亦沃衍，與南墩、古樹同。沿途蠻塘舉號火以迎，若烽燧然。

初十日，過河，山高水遠，彌望清淑之氣，使人心神俱曠。隨行兵僕於平原中縱轡馳騁，人馬争健，不覺壯念忻然。六十里江卡，有守備、把總各一員，與台吉駐此。負山臨河，蠻民百數十户，有刺麻寺，地平曠。對山下蠻民亦數十户相望。自古樹至此川原平沃，開墾可得田萬頃，足養數萬人，非裏塘地寒可比。惜蕃户人稀，所墾僅足終歲之食而已。【略】曲濟嘉木參初八日始過江卡，計至乍雅給假五日後乃赴察木多，余同丁别駕留江卡兩日以待之。

十三日，啓行，五十里至山根子，茶憩。登山，《圖識》所云終年積雪，盛夏亦涼飆刺骨者，余過時節近夏，至山凹中，積雪數處，行人履之，猶堅凍也。氣候亦寒，較江卡以東大異。復覺微喘，恍如折多道上，水土之惡可知矣。上下七十里，至黎樹，途中雪雹，急雨數陣，倏晴倏陰，止後復雨雪，雹半刻。《通志》云黎樹不可語，語則有雹，豈信然邪？此地蠻民二三十户，有塘兵十數人，台吉遣頭人於此供應烏拉柴草。

十四日，黎樹啓行，沿山坡，五十里至阿拉塘，地屬阿布拉。蕃人謂山爲拉，故以山得名。地亦平廣，蕃數十户，有刺麻寺，熱傲在此備换烏拉。輿中食雞子三枚，復過一山，遇雹；再過一山，遇雨，旋霽。申刻至石板溝止焉。

十五日，過沿溝，迎日東行。入山復東北行，過大山二，坡路頗平，時見積雪，即《圖識》所謂大雪山矣。五十五里至阿足，皆東北行。將至阿足，大呼圖克圖之兄覺拉率頭人來迎。詢大呼圖克圖，云十三日至乍雅矣。阿足乃乍雅首站，山勢尚不甚險惡，耕種之地數十頃，蕃民數十户，塘兵十數人，外委一員領之。余與丁別駕宿關帝廟内。

十七日，自阿足東北行，二十里過阿足河，水稍退，勢猶洶湧，肩輿難涉，策馬以濟。二十里過歌二塘，川原平闊，停輿，候换烏拉。十里上山，至洛加宗，依山蠻户二三十家爲一處，數處相望。對山一處則吴公寨兩呼圖相争，時白瑪奚所攻即此。余與丁別駕共棲土屋一間，壁上土簌簌落，余有覆牆之恐，遠牆爲行牀焉。乍雅守備遣卒十人來迎，謝遣令去。亥刻，聞蠻房有傾覆者，斃七人，傷二人，即乍雅來卒所舍也，卒去而差竣未反之，蕃人宿焉，遂遘其禍，豈非數邪？召其頭人厚卹之。是夜亥時夏至。

十八日，沿河北行，山坡雖平而迂曲。四十里過大木橋，即俄倫多山，頗險仄，多偏橋。三十里至乍雅，駐防守備一員，把總一員，兵三十餘名。詢曲濟嘉木參，已於本日啓行矣。胥守備言宣太守初二日至察木多。【略】乍雅地勢平闊，四面皆山，《會典》所云乍雅廟在北山之麓。【略】勒楚河自山之東南流入，會楚楚、猛楚二河，西南流入瀾滄江。自江卡來者東北過楚楚河，有大木橋，即至乍雅。其東傍山溝行，三十里爲紅布溝，即白瑪奚轄地。楚楚河自此流出，至乍雅大寺前與勒楚、猛楚二水會，故名楚楚河也。北行登山，稍西即往察木多大路。山南雪水下澗，即猛楚河，南流合楚楚、勒楚二河西去。二呼圖所居寺院名卡撒頂，又名麻貢，土人名煙袋塘，在乍雅之西，馬行二日可至。《通志》云乍雅在布政司西南三千一百零五里，東至阿足一百七十里，西至入貢三百四十里，南界擦哇岡，北界官角。

二十三日，晴，覺拉告烏拉已齊，沿山西北行，遥望雪山淩霄插漢。三十里過雨撒，蕃民數户，甚寥落。又三十餘里上大雪山，積雪甚厚，一望無際，滑險異常，人馬數蹶。《通志》云昂喇山上下約八十里，進藏要道，冬春積雪，行者苦之，是矣。三十餘里下山，至昂地，雪盡，水流漫溢，行者苦之。曲濟嘉木參留頭人於此，供應烏拉，其倉儲巴谷喜隨至察木多矣。

二十四日，順山溝西行，三十里至噶噶，爲倉儲巴彭錯轄地，丹臻江錯及彭錯彭錯達吉各遣業爾倉巴來候，呈送土物，卻之。過噶噶西，上大雪山，亂石崎嶇，上下數十里，極險峻，積雪方化，水流漫溢。既下，沿溝曲折，崎嶇益甚。自噶噶西北六十里，至王卡河，西南流，怒濤洶湧，頗深廣，意即察木多南來之匝楚河也。王卡南北迂回十數里，沿山碉樓蠻寨約數百户，山下沃壤長河，極爲富庶，倉儲巴谷喜之轄地也。

二十五日，早起。【略】未至王卡二十餘里，水石縱横，人馬行巉巖峭壁下，架偏橋以濟，極險。隘名老龍溝，地多邪祟，過者苦觸染。蕃僧以二長繩貫溝兩岸，小方布書符呪凡數十道，懸以鎮之。過溝里許，蕃民數十户，有佛樓，小院頗修整。

二十六日，曲濟嘉木參遣告，巴貢西即察木多界，得察木多書，云此行烏拉需五六百，不能速集，囑其緩進，以書來請示。許停三日，余與丁別駕改以二十九日自王卡啓行。書致宣太守，告以緩故，及傳諭丹臻江錯之事。

二十九日，王卡啓程，沿河北行。十數里至熱水塘，過河爲二呼圖克圖界。又北行十餘里，至三道橋，復爲大呼圖克圖界，頭人冷中磧在此迎候。又北行，二十餘里至巴貢，地不甚寬，石山南北對峙，察木多大河自此流入，形勢險阻，如石闕然。

三十日，自巴貢西北行，登大山，即巴貢山也。河北石山，接連四十里，石峰巉削，高下林立，色赭如火燄，故土名火燄山。略下，嶂聯相接，爲苦弄山，乃乍雅、察木多交界處也。蕃人語風曰弄，山高大而多風，行人苦之，故又名苦弄。又山多石穴，望之如窟，俗遂訛爲窟窿山矣。此山又四十餘里，乃至包墩，陟降崎嶇，較巴貢山尤爲險峻，誠如《圖識》中所云終日蹀躞於荒山者也。惟云多偏橋，未見，蓋數十年來情形改變矣。

苦山又名窟窿山，見於《圖識》，而《四川通志》無之，惟有魚別喇山，在察木多西弄南。接乍雅巴貢界，或即此山。然云不甚險峻，上下約二十五里，似又不同。

初二日，夜雨，達曉未已。包墩沿河西北行，過小山二、大山一，偏橋險峻，崎嶇難行，復值雨濘，人馬苦困。六十里乃至猛卜，雨猶未已。

初三日，西北登山，愈形險峻，汛卒曰猛虎山也，上下三十里。有地曰小恩達，以察木多北去二百餘里有恩達寨也。又曰柳林子，察木多之北數十里有大柳林，乃呼圖克圖避暑所，蓋蕃俗稱其園皆曰柳林也。有蕃人數十户。復上山，陟降三十里，乃至察木多。

察木多西去三百餘里有瓦合山，入藏所必經也。上有海子，謝都閫云海子周四十里，每年十月十五日結冰，次年三月十五日冰解，如期不失。人傒有野獸行跡，即從冰上往來。

察木多西去，尖宿二十八站，至拉里。曰俄洛橋，曰浪蕩溝，曰拉貢，曰恩達寨，曰牛糞溝，曰瓦合寨，曰麻利，曰嘉裕橋，曰鼻奔山根，曰洛隆宗，曰曲齒，曰碩般多，曰中義溝，曰巴里郎，曰索馬郎，曰拉了，曰邊壩，曰丹達，曰察羅松多，曰郎吉宗，曰大窩，曰阿蘭多，曰破寨子，曰甲貢，曰大板橋，曰多洞，曰擦竹卡，曰拉里，凡一千五百里。

拉里而西，尖宿十六站，至前藏。曰阿咱，曰山灣，曰常多，曰甯多，曰拉松多，曰江達，曰順達，曰鹿馬嶺，曰推達，曰烏蘇江，曰仁近里，曰墨竹工卡，曰拉木，曰德慶，曰蔡里，曰西藏剌薩，凡一千一十里。

[十二月]十八日，啓行旋省。

二十八日，卯刻宣太守東還，巳刻余與丁別駕發察木多。

二十六年二月十七日，宣太守至成都。

二十六日，余及丁別駕、謝都閫續至。余上乍雅地形勢及左貢入藏二道圖，以備異日之用。

洪良品《巴船紀程》 同治八年十月十一日，余有渝州之行，將取道漢南，舟宿鵝頸渡，地即舉口。

十二日，到漢口，舟泊大別山下。【略】今俗名龜山，上有禹廟、吴將軍魯肅墓，山下有晴川閣。

十三日，【略】大風，留漢口三日。

十七日，開帆，行三十里，宿沌口。

十八日，行三十里，泊大軍山。

十九日，行七十里，泊鄧家灣，地在金口之下，當江沔之間。數家臨水成村，殘柳鬖髿，秋光明瑟，登岸臨眺久之。

二十日，入新灘口，爲沔水入江處。【略】是日行四十里，泊鮑家隄。

二十一日，行五十五里，夜泊鍋底灣，入沔陽州界。【略】余泝沔入夏，歷長川而西，遥望汪洋浩淼，漸近白螺湖、烏流湖、黄蓬湖矣。

二十二日，過黄蓬湖，望黄蓬山巖巖硲硲，通谷谽谺，衆樹蓊薆。【略】余過時水正涸，湖上廛市如畫。【略】是日行七十里，宿曾家口。

二十三日，行六十餘里，泊屈灣。按沔陽澤國也，婦女皆操舟。

二十四日，入監利縣界，過柳家集。有榷關，算徍來舟船於此。登岸，入市肆散步。已而開帆，渡碟子湖，宿湖口。風不利，僅行三十餘里。

二十五日，大風達旦。曉起渡湖，行十餘里，風愈急，留泊陳駝子口。

二十六日，東北風，開帆渡白鷺湖。【略】晡泊湖口，是日行九十里。

二十七日，至丫角廟。登岸散步。余初不解丫角之義，問之土人，云國初時水流一神像至此，頭上作丫角形，不知爲何神，遂以丫角名之，立廟祀至今也。已而風順，行十餘里，泊長湖口。

二十八日，渡長湖。湖長六十里，即夏水之首也。午後抵沙市。【略】大隄上廛肆如櫛，人煙茂密，歌樓酒舍，晝夜喧闐。前臨江岸，吴鹽蜀麻，市舶如雲。東北有章華寺，爲楚靈王章華臺故址。粥鼓鐘魚，一洗繁華塵夢，不啻重鼓雍門琴也。沙市舊有袁中郎捲雪樓，今不知所在。余如西域賈胡，到處輒留，留沙市凡旬餘。

[十一月]十六日，入荆州城。

十二月二日，自沙市寶塔窩開舟。塔在沙市皁康門外萬壽寺内，明嘉靖庚戌湘獻王建，題曰萬壽塔。寺外隄岸蹲鐵犀牛一，字畫駁蝕不可辨，蓋昔人所鑄以鎮水者也。【略】行三十里，過太平口，湘南之水出此，合江流。是日宿腰店子。

初三日，大風，過龍洲天鵝磧。行六十里，泊拕溪灣。

初四日，過劉店尾、鯉魚灘、雞公灘、雀兒尾，至松滋縣。【略】晡泊洋溪對岸。

初五日，舟過羊角洲、三汊腦、洋溪、鵝兒磧，入枝江縣。【略】又過龍窩磧、南陽磧，入宜都縣。【略】是日泊虎牙山下。

初六日，晨起望天然塔。塔在青草灘左，乾隆十年建。抵宜昌府，府古夷陵，又古西陵，又曰峽州。【略】是日登岸，遊至喜亭。【略】入城，登郭璞爾雅臺，遂至洗墨池。

初七日，欲遊三遊洞，未果。

初八日，入西陵峽，即東來入峽之首，蜀江之險始此。【略】是日入峽，行百餘里，所見巉巖峭壁，怪形詭狀，頃刻百變。土人輒名其一二，餘皆不勝紀述。蘇東坡所謂「峽山富奇偉，得一知幾喪。苦恨不知名，歷歷但想像」者也。至蝦蟆碚，方欲汲水煎茶，舟已過矣，悵然久之。泊黄牛峽西十五里。

初九日，過獺洞，一名達洞。江心有巨石，激水悍怒，余登岸，行亂石間。陸放翁謂「灘多奇石，五色，亦或有文，成物象及符書」者，今皆不見，惟亂石數堆，蹲踞江岸。下有使君沱，即使君灘。【略】次歸州界。【略】入空舲峽，絶崖峭立，飛鳥不能棲。水中有三大石，如品字，伏而不見，激水泡起，舟不敢近。俗有頭珠、二珠、三珠之名，謂水旋成珠也，舟行須對石直下，至石間回舵乃安。如望見石頭即讓，反觸碎舟矣。又有南丈珠，緊接三珠石餘噴，逼溜南下，狂瀾恣肆。北丈珠緊接南丈珠，溜急石露，衝激飛騰，水涸尤險。諺云：「新灘不爲灘，空舲是箇鬼門關。」王阮亭尚書謂楚蜀諸灘，首險在兵書，空舲二峽間，信然！又數里，峭壁上有石懸出，如牛肝馬肺形，土人因名曰牛肝馬肺峽。【略】風甚勁，行百餘里，泊新灘下。

初十日，過新灘。【略】惟歸峽中土人云：本舊灘。嘉靖時，龍起山崩，水勢騰湧，因號新灘。《入蜀記》謂南曰官漕，北曰龍門，有圓鏡石，在灘左岸，舟傍石鏡行則安穩。相傳人初畏其險，不敢行，一日忽見南岸官漕内有紙船，詫爲神導，至今往來船皆循其蹟。【略】今商賈至此，必避其險，或停舟，另覓小船，分物載之，曰起撥。兩岸居民以拉灘放灘爲業，曰灘子。凡上水曰拉灘，下水曰放灘。放之法，必倒其船，使尾就前，眠桅下柁，或雇土人熟知水性者爲之。【略】聞前此灘子甚横，悉索百端，爲行旅患。嚴中丞澍森官楚臬時，嚴禁其弊，立石刊定灘事章程，今利賴焉。余舍舟登岸，傍龍門北而行，積沙亂石，一步一憩。遥望懸流數十丈，縴夫倒挽而進，船行水石間，如蟻穿九曲珠，尺寸稍差，立爲粉碎。下灘則奮橈鼓臂，衆力齊舉，撇旋而下，一瞬數里，出没飛湍急溜中，如攫隼側翅，投地即起，真入蜀第一險也。【略】余因换舟，留此兩日。暮宿灘北龍門上帝主廟。

十一日，登灘，上臨江閣。閣倚絶壁，俯瞰大江，最後爲觀音大士殿，高出數十仞，直入霄漢。循石級而升，望對山雲氣油油出石罅間，近若咫尺，頃刻飛去。其下灘聲洶洶，輕舟一葉如鷗鳧出没。四山無風，松篁自響，與猨鳴鐘動相應。廛市百家，跨岸以居，設同知駐其地，稽察灘務。同鄉某爲余雇舟，薄暮登舟，仍泊灘下。

十二日，過兵書峽。【略】過香溪，一名昭君溪，傳爲昭君滌妝處。有珍珠潭，俗傳滌妝遺珠，故名。上有玉虚洞，唐天寶中樵人遇白鹿於此。【略】余舟過此，未及登岸，唯遥見荒山寒木而已。過黄泥三滚、鐵心肝石、石磯蕩，有蒲花三漩，水最險。聞道光年間漢陽大賈李祥興募人鑿去石磯四分之一，於山巖間開置縴道。然行舟過此，猶鳴鉦擊鼓，變色禁聲，如臨大敵。【略】又過屈沱，一曰屈溪。宋端平中，移歸州縣治於此，後徙。有三閭大夫廟。【略】是日泊洩灘下。諺云：水大畏洩灘，水落畏新灘。余舟過洩灘，冬水方涸，白浪猶洶洶也。

十三日，過牛口灘。灘與洩灘相接。登岸，履巉巖中，叢莽無路，躡石脊而行，一僕扶持，各極困憊。入巴東縣，縣無城郭，廛市負江而居。【略】是日行七十餘里，泊母豬灘。

十四日，由瀼口廣木沱進巫峽。【略】舟行峽中，如入甬道間，如墮深井底，天漏一綫，陰風襲人，橈歌一聲，山谷應響，如坐甕甓中語。兩岸鐵壁夾立，有若斧劈，巖際多作洞穴形，其上羊腸縈繞，鐵鎖横空，縴夫背負百丈，手緣索練，魚貫而升，冉冉入雲際。舟人爲言：石向無路，漢陽大賈李某募人鑿石爲竇，穿貫鐵索，以資縴夫攀陟。又以各處灘石礙舟，乃於水涸石出時燒以烈火，淬以油醋，舉錐碎之，石皆應手碎落。著有《平灘紀略》一書，殆亦如明符錫之開峽山棧道、治釣魚臺也。峽回月上，望巫山不見。泊編魚港，計行七十餘里。

十五日，過弟兄溪，至培石，爲今楚蜀交界處。培石四十八方，歷數難清。交界處兩岸各斷，草樹亦分向發生，亦一異也。聞巴東縣人曾用巫山縣石搆訟，後遂就石畫立疆界。【略】望十二峰煙巒萬狀，怪石百變，有一峰獨立者，有兩峰相對拱揖者，有三四峰攢簇倚負者。【略】然十二峰者不可悉見，所見八九峰，惟神女峰最爲纖麗奇峭，杜少陵詩「神女峰娟妙」是也。聞有一峰在巴東境，故諺有「巫山十二峰，一峰落巴東」之語。【略】是日仍泊峽中。余行巫峽凡三日始出，古歌云「巴東三峽巫峽長」，洵不虚也。

十六日，過神女廟。【略】出峽爲巫山縣，楚之巫郡也。吴置建平郡，隋廢郡，改縣曰巫山。城緣山爲墉，南臨大江，正對巫山。南岸有南陵廢城，其渡口猶曰南陵渡。沿渡口而行，江回湍急，余舟旋轉奔溜中，往而復回，心膽俱碎。自入峽至出峽，不聞猨聲。【略】蓋時方嚴冬，寒凍，深閉洞中不出耳。是日僅行三十餘里，晚泊巫山縣對岸。

十七日，過高唐驛，縣西水驛也。自萬流至此水程九十里，歷鏡架灘、紅石梁、烏雞灘、將軍灘、下馬灘、焦灘，晡泊龍抱子灘。蓋自出巫峽以西，灘灘相接，水聲相聞。每上一灘，人與水争，船與石讓，千氣萬力，始進一步。李太白詩云：「蜀道之難難於上青天，使人對此凋朱顔。」非身到其境不知也。其牽江之力，全藉百丈。【略】按程大昌《演繁露》：「蜀人云：水峻，岸石又多廉棱，若用索牽，遇石輒斷，故劈竹爲大辮，以麻索連貫，以爲牽具，是名百丈。」凡過險灘，必多雇人牽挽，船中人鳴鉦擊鼓，以助其勢。

十八日，舟過戴溪，溪市舍如櫛。入廣谿峽。【略】陸放翁云：「酈氏所謂廣谿峽，即瞿唐峽也，蓋三峽之首。」過虎鬚子，杜少陵所謂「瞿唐漫天虎鬚怒」也。又過黑石渡，兩石如牛角彎出，横障江流，春夏漲時怒湍衝激，最險。余自東來入峽，峽中二十餘里皆飛崖削壁，石色如青鐵紺玉，紅樹間之，陸離斑駁，絢若刻劃。又如經巨靈手斧，鑿痕皴皴然，嵌空玲瓏，千怪萬狀，左駭右愕，極幽窈絶特之觀。白鹽、赤甲二山煙嵐交映，峰迴岫複，帆逐雲開，杜少陵所謂「赤甲白鹽俱刺天」也。稍南有草堂河，即古瀼西水，流逕赤甲、白帝二山間，透迆入江。河因少陵草堂得名，蓋東屯故地。【略】旁爲卧龍山，以有武侯祠而名。上有義泉，相傳武侯所鑿。山下有永安宫址。【略】諺云：「灔澦大如馬，瞿唐不可下。」言水大堆小，難下。「灔澦大如象，瞿唐不可上。」言水衰堆大，難上。蓋舟人以此爲水候也。石傍灘深莫測，聞宋淳熙中有成鏞者，遣人垂繩墜石以約之，凡八十四丈。土人云：「近有人以絲四兩沈而絜之，莫罄其底。」又云：「歲旱，灔澦石露大半，有三足如鼎狀。」余過此，臘盡漲落，望之矗立江面，北尻南首，如古丈夫擁劍盾狀。當瞿唐復有一石，宛如研山，兩崖各百餘丈，豁然中坼，是爲峽門。【略】然余自東來，初入峽即見兩峰對峙，迴合如門。至出峽，又見雙崖關鎖，有若前扃後户。已而江心月上，舟泊夔州關下。

十九日，登岸入夔州府城。【略】晚歸宿舟中。

二十日，自夔府西關開舟，過高吕磧、烏龍沱、老馬灘，至安平驛。按江水所經，有沱，有灘，有磧，有碚，有峽。水中有石，曰沱。水高石伏曰灘，石積水淺曰磧，巖石隨水曲折曰碚，兩巖束水壁立曰峽。而又有狀而漩者曰腦，激而噴者曰背，轉而拗者曰角，挖而蕩者曰尾，匯而吞吐者曰口。蓋蜀地無山不水，無水不石，隨地變景，因形立名。【略】俗呼蜀江爲川河，川河多灘，亦多碕壖，舟行畏灘，尤畏碕，以碕能擱舟撞舟也。常云輭灘硬碕。

二十一日，過南沱驛、小瀼口、石板灘，至廟磯。舟人語余云：「夔州以下惟廟磯與東瀼湍流最險，過此則水勢皆平矣。」【略】是日泊東瀼上里許。

二十二日，過東瀼、青草灘，登岸至村店茗飲。返而登舟，行數十里，過雲陽縣。【略】余舟過方隆冬，木葉盡脱，巖翠獨青，荒江急峽中不聞有唤不如歸去者。遥望西關外廛市鱗列，寺觀極盛。又有湯溪，在縣東。【略】是日順風，行百餘里，泊長磧。

二十三日，過小江口。【略】行數里，入開縣界。望七星山，得勝臺，舟子指謂余曰：「此嘉慶間官軍平白蓮教匪交戰處。」過白鶴沱，入巴陽峽。【略】巴陽峽水澄碧而深，下皎鏡無底。蜀諺云：「深不過巴陽，淺不過羅溪。」《邑志》：「巴陽水驛在縣西二十里。」《輿程記》：「自巴陽驛至五峰驛，水道凡九十里。旁有九峰，號九堆子，巉峭秀削，倒插潭底，不減壺中之九華也。」又過鷂子磧、長石尾、道人灘、虎頭磧，泊氈帽石。石形如氈帽，故名。

二十四日，是日小除夕也。余舟次萬縣。【略】是日行六十餘里，過烏紗尾，泊湖灘上。

二十五日，過壤塗口。【略】又過大小磨刀灘，阮亭所謂「水勢湍悍可畏」者也。至武陵溪，溪上大石，磊磊星布，有平如案者，尖如圭者，方如斗者，圓如磨者，高如纍棊者，碚砑硉矹，使米顛見之，不知若何傾倒。然蜀江之險亦在石。王刺史燕瓊曰：「峽至狹，江面之寬不過數十步，川水當峽處深不可測，有波濤之險而無大風，川江不畏風暴而畏石。」峽中氣候温暖，隆冬雪少，常如春時。【略】又過老鸛磧、魚浦渡、永安沱，是日行八十里，泊石鼓峽口。

二十六日，入石鼓峽，歷西界沱，爲忠州界。一石拳立江岸，高數十丈，四面無坡沱。土人依巖建飛樓九層，人梯而登，始達山巔。上有古寺，幽篁古木，蓊然蒼翠。【略】又歷鷺鷥碚、曹溪驛，有九渡水。【略】過折尾子，江心有石梁，逆激湍流，逼成渦漩，作燕尾分捎勢，慓急洶怒。輕舟已過，心猶怦怦也。晡泊官溪口。

二十七日，行數十里，見三乳石，石中凸下垂，狀如雙乳，舟人云：「乳石舊有三，雷斧劈其一，故猶名三乳石。」過東溪口，至忠州。【略】余亦以十二月過忠州，時陰霧初豁，嵐翠滿江，望山郭參差，緑蘿翠篠間紅牆掩映，亭觀鱗萃，人煙晻靄。城東隅小阜上飛樓縹緲，與城西臨江一樓遥相映射於夕陽暮靄中，絢若圖畫，絶不似少陵所賦荒涼景象，蓋古今興廢不同。【略】是日過皂角灘，泊鉤鐮磧，計行六十里。

二十八日，過鉤鐮磧，歷水獺尾、金黿洞、霸王灘、翦子沱、白沙沱，晡泊羊渡溪，即水陽溪。【略】蜀中舊呼舟子曰長年，曰三老，今則呼掌梢者爲太公，呼掌柁者則爲板主，以小舟供役使曰伍件。川中行船與他處異，上水牽百丈曰扯縴，以擊鼓鳴鉦爲令。住縴曰打寬，縴挂於石，以一二人拾之曰檢挽。有縴頭嘗手執竹枝，以撻其不力者。下水則悉去篷桅，惟數十百人鼓臂推橈而已。其推橈則扣拍哀歌，遇險處則聲急調促，喧呼助勢。發船曰開頭。

二十九日，是日爲除夕，留陽渡溪度歲。余泛小舟登岸，散步廛市間。其地負山面江，西肆隸忠州，東肆隸石柱廳，中隔一山澗，乃越谷渡溪。遊紫雲宫，循石磴以上，重樓複殿，跨空而起，珠璧綺錯，金碧輝流。

庚午元日，天未明，舟子鳴鉦釃酒，拜祝江神。

初二日，開船，舟人打鼓鳴鉦，爆竹聲與欸乃聲間作。過花林驛。【略】又歷虎鬚子、鑾珠碚、野魚沱、丁溪、高家鎮、珍珠簾、狗脚灣、沖天礄。望兩岸山連綿不斷，稍覺曠遠，雲嵐萬狀，葱秀可愛。時天氣融和，水木明瑟，便有春意。回憶自沙市開程，恰周一月，去渝州尚五百里也。

初三日，過胡蘆溪、菱角腦、鷂子磧，至酆都縣。【略】望城北一山，不甚高峻，磴道梯空，雲霧冥濛，篁木森布，幽壑中有白煙如練，冉冉上升，就視不見。隱隱聞鐘梵聲，殿宇玲瓏幽邃，陰風颯然，聞有地獄變相，如吴道子所畫者。山半有寺，寺中有井，相傳井底即地獄。土人燒紙錢投其中，爲鬼贖罪。寺僧削竹爲刑杖，以供用，每歲一易，往往聞敲撲聲。【略】又過蠶背梁、鯽魚灘、大佛面、石觀音灘、灶門峽、相公石、婦人枕、山手巾溪、彈子石，晡泊手巾溪口。

初四日，由彈子石過南沱、白碚、鷺鷥碚、烏羊磧、三官灘、焦灘、土地灘、腰子磧、鸚鵡碚、和尚石、長石尾，晡泊麻柳沱，已入涪州界矣。夜大風，舟子繫纜於磐石上，水激柁鳴，撞舂達旦，稍一不戒，拔椿而去，觸石立碎，鮮不作楊使君灘矣。【略】余聞風水交戛聲，徹夕不寐。呼僕人舟子，皆鼾睡不應。

初五日，過黄角嘴，望蟹眼石。石形如螃蟹，有二眼，一大一小，俗名大眼看小眼。又過倒抹石，至涪州。州治在南岸江上。【略】余舟傍北巖，仰望羣峭摩天，林木蔽虧。山半有碧雲亭，修竹叢祠，爲涪人祀伊川先生處。【略】余由北岸渡涪水而南，見江心亂石二堆，舟人言下有石魚。【略】又過龍王嘴、黿龍閣，望賽酆都山陰壑繚雲，古刹跨澗。相傳有妓進香酆都仙都觀，酆都人鄙其淫行，不許，恚甚，因捐貲於此，創立寺觀，號曰賽酆都。然俗説無稽，余詳此山舊名鬼門關，陸劍南詩「鬼門關上過人日」，疑即此。又歷黿龍峽，過李渡，有李公祠，不知李公何神也。入翦刀峽，峽口江心巨石陡立，髣髴瞿唐之灧澦堆也。晚泊火峰灘口。

初六日，過藺市、紅眼磧、魚腸灘，至仙女塞，有廟塑女神。蜀地寺刹極盛，窮山深谷皆有之。又歷茶壺磧、陡磧、青巖、磨盤灘、犀牛望月石、反手磧、黄魚嶺，入黄草峽。【略】峽峰雖不及巫山赤甲之高聳，而怪石獰惡，水色澄碧，深澈不見底，陰氣襲人，令人骨慄神寒。晡泊峽口，夕氛暝霧中隱隱有燈光射出，知近村落，修竹數家，伴猨而居。舟檥其下，大風達旦。

初七日，歷蓮子磧、燈籠磧、羊角灘、龍舌灘，過長壽縣。望縣城居山頂，高峻入雲，一水自山中流出。入江有石橋，跨水以渡。臨江廛市數百家，皆竹瓦茅茨。【略】由長壽縣而西，歷馬頭磧、石鼓灘，過强盗廟。相傳一盗，晚悔改行，皈依白業，後得道仙去。【略】行數里，過養蠶堆，至扇背沱。見江心一大石，形如伏黿，背隆然高，皺坼處隱隱有紋，頭昂尾低，狀象酷肖。又過青溪廠，溪上有紗帽、枕頭、簪嘴三巨石。蓋蜀石之奇，非神工鬼斧，莫能鏤鑿。其象物則有作螺旋者，犀伏者，蛙鬬者，虎蹲者，魚噞者，犬卧者，雞卵菢者，牛糞堆者，蟹眼努者，馬蹏蹴者。其象人則或如美女，如飛仙，如武士，如僧道，如撫長劍，如戴峨冠，如臨屏几，如手文，如足迹，如垂乳，形形色色，難悉毛舉。是日東北風甚勁，日落昏黑，昏霧不見人。孤帆飄蕩波濤中，忽見一燈，爲之心霽。舟泊羅溪上，微雨打篷，疏燈自照。舟人云去渝州尚一百五十里。

初八日，歷百丈梁、金雞三碚、張船山。【略】過雞公啄海狗磧，山形如雄雞之啄物，石形如海狗之卧地，故名。又歷魚嘴灘、飛鵝磧、野騾灘。久聞野騾灘湍急，是日值順風，一帆斜渡，繞過南岸，幸避其險。自彝陵開帆以來，恰周一月，山重川亘，星飯水宿，周旋於奔瀧急瀨中，鬢髮爲白。然鳥道三千，巫峰十二，昔人所詫爲險奧者，今得供吾抒寫，發吾奇氣，亦平生一壯遊也。是日行一百五里，爲開頭所未有。晡泊野騾灘，上山形如騾，灘在山下，因山而名也。

初九日，歷卧龍灘，入銅鑼峽。【略】余入峽，目見一銅羅漢像在巖石間，蓋土人鑄以供養者。望煙起峽外，乃蜀人依山鑄鐵，蓋峽山實産鐵云。又數里，有人頭山，山形酷肖人頭，故名。蜀諺云：「骰打人頭山，子落長壽縣。」聞長壽西北有銅鼓山，蜀諺所謂銅鑼，並銅鼓也。又過大佛寺、鷂鴣堆、龍林磧、江北觜，至重慶府，府古渝州也。【略】晡時换小舟入城。

吴燾《遊蜀日記》 同治甲戌[十三年]四月十三日，余禮闈報罷，擇於十六日起程赴蜀。同行者爲范孝廉錫恭、王守備廷柱，騾車二兩，僕夫三人。午刻出彰儀門，時方初夏，和風旭日，駘蕩宜人，唯石路嶔崎，車行顛簸殊甚。下午至蘆溝橋。【略】是晚宿長新店。

十七日，發長新店，三十里至良鄉縣。【略】過良鄉五十里，爲琉璃河。《金史》謂之劉李河，舊《志》云：即古聖水也，自房山縣流經縣界，又南流至霸州，與拒馬河合。過琉璃河二十里，至涿州。【略】過涿州二十里，宿松林店。

十八日，發松林店，六十里至定興縣。【略】過易水六十里，至安肅縣。【略】是晚住安肅城外。

十九日，發安肅縣，四十里過徐河。河出易州西五回嶺，經滿城縣北，又東南流，名徐河。過徐河十五里，至保定府。【略】午後行六十里，至方順橋宿焉。橋爲定州界，蓋以河得名者。

二十日，發方順橋，三十里至望都縣。【略】過望都三十里，至清風店。按易州亦有清風店，正統十四年石亨追伯顔帖木兒至清風店，破之，非此地清風店也。過清風店，三十里至定州，又三十里至明月店宿焉。

二十一日，發明月店，二十里至新樂縣。【略】過新樂縣六十里，至滋河。源出山西蔚州，經靈壽縣，入行唐縣之張茂村，伏流不見，至正定府北南孟社復出，東經藁城縣北、無極縣南，又東北入祁州境，會於唐河。過滋河三十里，至正定府。【略】是晚宿正定府之三十里鋪。按自京入蜀有兩道，由正定西北行，經獲鹿、井陘入晉者，爲驛站通行之道，凡皇華使臣、軍書郵遞皆由焉。西南行，經欒城、趙州入豫者，爲商旅共行之道，公車往來多由此道，蓋騾車畏太行之險也。

二十二日，發三十里鋪，五十里至欒城縣。【略】過欒城，二十里爲新寨。【略】過新寨，二十里爲趙州。【略】過趙州五里，宿大石橋。橋跨洨河上，舊《志》云闊四十步，長五十餘步，本名安濟橋，俗呼爲大石橋，云係魯班所造，説近無稽。【略】余嘗親至橋上，見其闊不足二十步，長近之，橋下水流甚淺。詢之土人，云從不通舟楫，豈河流有變遷乎？橋南市廛寥落，蓋瘠土也。

二十三日，發大石橋，三十里至古鄗城。【略】過鄗城，十五里至野河，一名槐河，源出贊皇縣西黄沙嶺下，東流歷高邑縣，入柏鄉縣境，又東抵甯晉縣，入胡盧河。過槐河十五里，午食於柏鄉縣。【略】過柏鄉六十里，宿内邱縣。

二十四日，發内邱縣，四十五里至順德府。【略】過順德，三十里至沙河縣。【略】過沙河，二十里宿褡連店。其地居民多以織綫毯被囊爲業。北地鮮果最美，杏子大者如杯，小者微紅，風味尤佳。每止宿處，同人皆飽食，余性畏生冷，不敢多啖也。

二十五日，發褡連店，行二十餘里，至邯鄲觀。【略】由邯鄲觀三十里，午食於邯鄲縣。【略】過邯鄲縣，四十里至車騎關，入河南界。又十里至杜村鋪，爲往來尖站，同人咸欲止宿。輿夫疾驅而過，蓋不欲早住也。時已申正，途次皆沃野良田，緑楊夾道，溝水涓涓，間以蒲葦，頗有南方風景。二十里至磁州，住南門外。店皆湫隘，貿焉棲止，無茶，無水，無飯食，同人俱就酒肆中市湯餅雞子充飢而已。

二十六日，發磁州，三十里至漳河。漳有二源，一出山西長子縣，曰濁漳，東流入彰德府界，過林縣北，又東流，經安陽縣北，至臨漳縣西，與清漳合。一出山西平定州樂平縣少山，曰清漳，歷遼州、潞安等境，經涉縣、磁州南，又東南至臨漳縣西，與濁漳合，併流而東，入直隸境。【略】過漳水爲豐樂鎮，小憩飲茶。又四十里爲安陽河，本名洹水，出林縣西北林慮山，東流經臨漳縣西南，達直隸界，至永和鎮入衛水。【略】渡洹水，四里至彰德府。【略】過彰德五十里爲湯陰縣，古蕩陰地也。【略】縣北三里爲岳武穆祖塋，城内有武穆廟。廟臨市口，左右皆市廛。【略】方瞻眺間，忽陰雲作雨，輿夫促余就道。行十餘里，涼風西來，疏雨飄洒。又數里至碑岡，岡多古碑，不知何代何人所立。過岡雨漸大，風亦漸緊，迴飆掀攬，從人張蓋不能禦。冒雨行六七里，至宜溝驛宿焉。是夜雨聲淋漓，竟夕不止。

二十七日，曉起大雨盆傾，中庭積水盈尺。余住客房三間，上漏下溼，乃移榻西院，與范孝廉同住。

二十八日，阻雨。

二十九日，發宜溝驛，三十五里至淇縣，爲古朝歌地。縣東北有朝歌城。按安陽縣亦朝歌地，淇距安陽百數十里，故統謂之朝歌地。【略】過淇水，二十五里至淇縣，四十五里至西沿村，暝色已上，遂止宿焉。茅屋三椽，灰塵撲面，湫隘不堪言狀。

五月初一日，發西沿村，數里至滄河。河距衛輝府城一里許，東入衛水，每天旱時，褰裳可涉也。時值雨後，下流泛漲，水深盈丈，兩岸相距約半里。渡船狹小，捩舵維艱，加以行人争渡，相持不讓，每渡一船，必諠鬧許久。余與范孝廉、王守備、車三兩作三次渡，至下午方畢，他車仍有未渡者。噫！行路難矣。是晚宿衛輝府北門外。【略】府城北臨衛水，有石橋跨水上，長百數十步，闊數十步。橋畔帆檣林立，河流湍急。

初二日，發衛輝府。時方新霽，途多積潦，行輒濡軌。五十里至新鄉縣。【略】過新鄉地皆平曠，遥望太行諸山横亘西北，噴雲泄霧，蒼翠無際。【略】行四十里，晚宿獲嘉縣。

初三日，發獲嘉縣，曉雨霏微。行十餘里，潦水盈尺，泥濘特甚，輿夫停車問路。有村農指曰：「前途行潦尤深，非紆道不可行。」隨雇村農一人前導，南向行七八里，陰雲四合，大雨驟至。冒雨行，又五六里，村農曰：「此去宿站尚遠，日已過午，盍就近村憩乎？」輿夫曰諾，乃驅車北行數里，至一村，忘其名，有店曰三合，蓋鄉間酒肆間宿行旅者也。居舍無多，僅容車騎，余住矮屋一小間，皮門板一扇，襆被其上，從人皆席地偃卧。

初四日，阻雨。【略】下午雨止，偕同人村外閒步，畎畝縱横，垂楊環繞，風景殊佳。井上俱作鐵輪，汲水灌畦，殆以轆轤而兼桔槔之用者。田間多種罌粟，詢之土人，云此邦連歲乾旱，二麥減收，鄉間多種此爲業。

初五日，發三合店，三十里至木欒店。木欒亦名穆陵，有木坊書「古穆陵關」四字。地濱沁河，閭閻鱗次，百貨充牣，爲武陟縣第一巨鎮。時沁水驟漲，河流湍悍，同人俱不敢渡。又是日爲端陽節，輿夫索賞，犒以銅錢兩貫，各解鞍沽飲，不言行矣。【略】午後余親至河隄，察看水勢。河身闊里餘，洪波浩瀚，其頂衝處岸多坍塌，有河兵數人，督民夫用木石填塞，危隄一綫，藉資保障。俯視隄畔民居，如在釜底。

初六日，發木欒店。時河流稍緩，渡船寬大，一船容騾車四五兩。騾以善泅者二人領之，踏浪竟過。行至中流，騾皆昂首波面，不憂沈溺也。過河即武陟縣。【略】過武陟，行六十里，宿温縣西門外。【略】晚飯後，同人入城觀劇，余倦卧未出，客舍頗狹，多蚤蝨。

初七日，發温縣。沿途所過村落，彌望皆棗林，黄花罷覈，撲鼻芬芳，爲流連者久之。婦女衣皆左衽，耕田用驢馬，罕牛耕者。下午至一村，【略】孟縣爲中州要津，每逢會試之年，公車渡黄，恒病阻滯。甲戌科邑侯姚公特設大馬船數隻，專濟公車，寬平廣厚，每船容騾車二十餘輛。渡者先期赴局領單，以領單先後爲次，臨時驗號登舟，有條不紊。又派家丁一名往來稽察，嚴禁渡夫需索，公車便之。是晚宿孟縣。

初八日，發孟縣，十五里始至河干，渡夫艤舟相待。河流甚淺，舟行紆折，二里許始達彼岸。賞以青銅八百，不争較也。連日天氣漸熱，行數里，就樹陰小憩，飲茶食雞子。道旁居民多住土窑，有上古陶穴遺風。又二十里至舊縣街，又二十里至孟津縣。【略】途次多經土峽，或三里，或五里，土壁夾立如削，中僅容車。昔人云井陘道中車不得方軌，斯地近之。行二十里至河南府，燈火滿街矣。

初九日，發河南府，二十里至谷水，一名孝水。相傳晉王祥卧冰於此。又二十里至王祥河，即谷水之上流也。又十里至磁澗。【略】又二十五里爲新安縣。【略】新安城西二里爲函谷新關，即漢武帝時所徙置者。過新安三十里，宿鐵門鎮。《縣志》云：縣西三十里有缺門山，一名扼山，谷水出其間。缺門或即鐵門歟？

初十日，發鐵門，四十里至石河鋪，又二十里至澠池縣。【略】過澠池二十五里，宿英豪鎮。

十一日，發英豪鎮，四十五里至硤石驛，驛爲陝州地。【略】今有硤石關，設巡司戍守，又爲驛。【略】過硤石四十里，宿磁鐘鎮。是晚大風，月明如晝。

十二日，發磁鐘鎮。余精神委頓，勉强登車。十五里至茅津渡，同人俱就村店食粥。余憊甚，不能飲食，命僕人覓車前草不可得，車中僵卧而已。【略】過茅津十五里，至陝州。【略】過陝州，十五里爲橋頭溝。余於藥肆購藿香丸二錢服之，胸膈稍寬。過橋頭溝，二十五里爲曲沃鎮。鎮以水得名。

【略】過曲沃，十里曰好陽河，一名好陽澗。【略】過好陽一里，宿靈寶縣。【略】大約自河南府以西土峽最多，或高陂陡峻，或平地逶迤，車行其中，每憂阻滯。猶憶初九日過王祥河，車入土峽甫半里，突遇西來蓬車數十兩，彼此無地可讓，輿夫多方挪轉，幾二十刻始出峽口。則守隘者以爲巖疆，行路者視爲畏道矣。

十三日，發靈寶縣，二十里至稠桑驛。【略】過稠桑，四十里至閿鄉縣。【略】又二十里，至盤豆鎮宿焉。盤豆鎮一名盤豆城。【略】是晚旅舍中皆食湯餅，余命僕人市角黍數枚，用開水熬作粥，居然飽食矣。鎮東倚崇山，西濱黄河，居民數十家，半皆農户，蓋兵燹之後凋零已甚矣。

十四日，發盤豆鎮，四十里至潼關。潼關爲陝西四關之一，四關者，南武關，西散關，北蕭關，東潼關也。【略】其地連岡疊阜，歷崤函而至，潼津數百里間盤紆峻極。關爲城之北門，巍峨矗立，高入雲表。俯視黄河西來，曲折蜿蜒，繞關東注。【略】入關，午食於潼津城。城内有潼津橋，跨潼水上。橋畔多醬園，醬菜之美，南方所無。向例騾車入關，須改用長轂，以關中轍迹較闊，短轂不能行也。古云「閉門造車，出門合轍」，殆不盡然。過潼關，三十五里爲全店，爲楊花鋪，地皆平坦。東望華山嶙峋崷崒，如螺，如髻，如斧削，如筍攢，萬壑千巖，莫可名狀。又五里至華陰廟，即西嶽廟也。廟爲近代新修，紺宇琳宫，非常壯麗，以晚雨不暇遊覽，爲悵然者久之。

十五日，發華陰廟，五里爲華陰縣。【略】過華陰縣，二十里爲敷水鎮。敷水出華州東南敷水谷，東北流，經縣境入渭，一名敷水渠，唐時鑿之以通渭漕者。又二十里至華州。【略】過華州，十里爲石橋鋪。有石橋水，源出馬嶺山，北流入渭。舊有石橋跨水上。過石橋鋪十里，密雨如織。冒雨行七里，至赤水鎮宿焉。

十六日，發赤水鎮，二十里至渭南縣。縣在漢爲下邽地，今縣北五十里有下邽城。輿夫於西門外停車小憩，時方早市，商旅雲集，茶坊酒肆，喧闐嘈雜，殊不可耐。復行二十里，至零口鎮，爲零水入渭處。【略】過零口，至戲水。水出驪山鴻谷，東經戲亭北入渭。【略】又十里至新豐鎮。【略】過新豐，三十里爲陰盤，又十里至臨潼縣。縣倚山爲城，雉堞參差，宛如圖畫。入城，止西門内。【略】出南門一里餘，有館舍相連，中有湯池數處。遊人多浴外池，喜風凉也。余與同人就内池浴，水深及腹，温暖宜人。

十七日，發臨潼縣，二十里至灞橋。【略】橋北居民數十家，臨水有新建館舍一所，垂柳數株，繞以曲廊，爲都人士遊宴之所。過橋二十里，至西安府。府爲全省都會，名山聳峙，大河環繞，憑高據深，崇墉屹立。【略】入城，寓天福客棧。僕人卸車，檢曬衣裳。計自出都以來已一月矣，席帽未離，素衣盡化，蓬飄梗泛，殊難爲懷。【略】寓所房屋宏敞，唯暑氣蒸灼，蚉蟲尤多，竟夕不能成寢。

十九日，巳刻有李太守來拜，忘其名，蓋託寄川信者。午後，王守備赴銀號取銀，雇竹轎三乘，騾四頭，定於二十一日起程。

二十日，同人皆收拾箱籠包裹，蓋自是而南，舍車而騎矣。是日尤熱，余命僕人購篾席蒲扇，觸熱遠行，需此二物。

二十一日，發西安府。微雨數點，頗覺涼爽。行五十里，過渭水，宿咸陽縣。

二十二日，發咸陽縣，二十里至馬跑泉。泉作方池，周圍砌以白石，臨池俯視，清鑒毛髮，細沫仰流，如十斛明珠，噴湧水底，真奇觀也。又二十里爲興平縣。【略】過興平，二十里至馬嵬坡。余方假寐，輿夫疾趨而過。比醒，行已十餘里矣。【略】過馬嵬，三十里爲長甯鎮，俗名東扶風，爲武功縣地。連日宿店荒陋，蚉蟲之盛，南方所無。余每夜篝燈就寢，臥而復起者恒數次。詢之土人，亦無驅避之法，習而安焉，遂相忘於不覺耳，可見人生無難處之境也。

二十三日，發長甯鎮，四十五里過漆水，至武功縣。縣爲古邰國，后稷始封於此，縣城半附雍原之麓。【略】過武功三十里，宿古杏林，一名杏林鎮，爲扶風縣地。是晚蚉蟲尤多，甫就枕，蠕蠕者枕席皆滿。余遂和衣坐竹轎中，假寐以待旦。

二十四日，發古杏林，三十里至扶風縣。【略】縣頗荒陋，斗大一城耳。【略】過扶風，四十里至龍尾溝。在唐爲龍尾驛，又爲龍尾坡。【略】過龍尾溝四十里，宿岐山縣。縣城狹小，旅館俱在東門外，屋宇寬敞，埽除整潔，百蟲淨絶，竟夕酣眠，爲入關來第一美店。

二十五日，發岐山縣，四十里至第五村，又十五里至油坊村。暑雨淋漓不止，輿夫行泥淖中，時虞傾跌。又二十五里，至底店鎮宿焉。鎮倚山臨水，汧河自西來，經鎮北，南流入渭。

二十六日，阻雨。

二十七日，發底店鎮。甫就道，環顧四山皆霧。行十餘里，大雨忽至，輿夫就村舍避雨。余命僕人索茶，不可得。復冒雨行，過小河兩處，岸闊而流甚淺，不知其名。又二十餘里過金陵河，河水較深，輿夫紆道擇淺處行，水已及腹矣。渡河，十里至寶雞縣，雨旋止。【略】城北枕高山，南臨渭水，城外居民數百家，雜處山谷間，層累而上。自下望之，雞鳴犬吠如在雲中。山畔嘉木奇石，飛泉流注，頗有吾鄉盱眙風景。城東二里有祀雞臺，即秦文公得陳寶處。臺高踞山半，碧瓦參差，巍然一古刹也。循山麓而上，半里許爲廟門，門樓三層，南向額署「積翠流金」四字。俯視洪流如帶，浩渺東注者，渭河也。河外亂山重疊，環列如屏，左右諸峰拱抱，波屬雲委，洵勝境也。

二十八日，阻雨。

二十九日，發寶雞縣。二里渡渭河，河流甚駛。近岸水淺多石，雖設渡船，買渡者猶煩厲揭焉。過渭水，王守備語余曰：「此入棧之始也。」初行數里，路猶平坦，俄而山愈深，路愈陡，羊腸一綫，谽谺盤曲，或嶐而高，或窈而深。仰視連峰際天，晴雲縷縷，盪漾巖際。山下爲清澗水，水從兩山間瀉出，如高屋建瓴。澗中怪石森立，水石相薄，飛花滚雪，聲若雷霆。【略】澗旁居民多作水磨，或三里，或五里，磨屋相望。【略】行三十里，有小聚落名楊家灣，倚山傍水。輿夫小憩，余與范孝廉臨流眺望。【略】過楊家灣，行十餘里，有峭壁側立。肩輿倚壁南行，路闊不盈三尺，下臨無地，中斷處架木爲小橋，覆以土石，輿夫循途轉側，至危險處，余惴惴焉，屏息不稍動。輿夫雖熟於路徑，至此亦不敢不慎於舉趾也。又十里至二里關。《縣志》云：二里關在縣西南四十里，高嶺嵂崒，長亘二里。向有巡司戍守，自關廢而巡司亦移建他所。當關處居民十餘家，道左崇碑屹立，書「古大散關」四字。近關數里，蒼藤老木，夾道陰森，隔樹流水潺潺，聲清似玉。【略】關當山川之會，扼南北之交，爲秦蜀之咽喉。北不得此無以啓梁益，南不得此無以圖關中。【略】過二里關十里，地名觀音堂，遂止宿焉。觀音堂屬寶雞縣治，居民百餘户，處亂山中，人家多因巖結屋，屋後石壁千仞，蒼松古柏挺生石隙，薈蔚幽秀，不可名狀。清溪一道繞街東注，崩騰洶湃，意即清澗水之上流歟！

三十日，發觀音堂，十五里至煎茶坪，北棧中之第一坡也。輿夫謂山高者爲坡，每過坡必加賞犒。山最高，循山麓西行，陂陀而上皆石路，路爲山水沖刷，凹凸不平。輿夫彳亍於亂石間，才五六里，已作吴牛望月矣。時同人皆下輿緩步，余亦下輿行，未及一里，汗流浹背，坐石上小憩。仰視山頂尚遠，復登輿行五里，至東河橋。見鄉農打麥，山間氣候較遲，罌粟剛作花，大麥有未黄者。過東河橋，三十里至黄牛堡。【略】過黄牛堡，十五里爲長板橋，又十里宿紅花鋪山間一荒鎮也。右濱大溪，溪水南流，爲古道水。大約川陝之間羣山萬壑，龍脈皆自西來，水隨山轉，山之分脈即水之發源，故寶雞境內之水北歸於河，鳳縣境內之水南歸於江，寶、鳳之交實爲水之分界，第不能實指分脈處。

六月初一日，發紅花鋪，十五里至草涼驛，古名草涼樓驛。【略】過草涼驛，十五里至五星臺。孟瓶庵《記》云：上有懸崖，下臨深淵，山路斷處聯木爲棧，稍寬處用木闌干，延綿十餘里，一望如曲廊廣榭，皆鄂西林制府所作。今去瓶庵使蜀時又百年，而近唯懸崖深澗如故，間有木棧長不踰二三丈，上覆以土，無所謂曲廊廣榭者矣。過五星臺，十五里至白家店，大雨驟至，同人就村店避雨，飲酒食麪餅，才堪下咽。雨止復行，不數里又大雨，冒雨行十五里，至石門關。山勢高峻，泥坡陡滑，肩輿爲風雨所擺，摇摇欲墮，輿夫一步一頓，炊許時始至關上。關門書「荆門砥柱」四字。【略】過石門關數里，雨漸止，又十數里晴。下山，望鳳縣山色四圍，斜陽一抹，譙樓隱見，煙樹溟濛。又五里，至縣東門外宿焉。【略】自寶雞至此，計程一百八十里，層巒疊巘，合沓交互，終日行深峽中，到此始見平地。

初二日，發鳳縣。出城半里爲鳳嶺，亦曰鳳凰山，縣以山得名。鳳嶺爲北棧中第一高山，巑岏巀嶪，較煎茶坪尤爲險峻，輿夫最畏此山。時方雨後，泥深没脛，輿夫荷輿直上，輿中人仰卧而行。數里，大霧四塞，咫尺不辨人物。又十餘里至半山，石崖平坦，僅可停輿。山上濃霧漸消，朝陽斜射，若淡煙一抹，煙外一峰特起，突兀撐青，爲鳳嶺之絶巔。嶺畔隱隱見洞天一隙，清光微漏，即所謂南天門也。臨崖下視，白雲堆疊，如綿如絮，如洪波泱漭，與天無極。又如積雪初晴，光摇銀海，遠近諸山爲雲氣遮蔽，時露翠螺幾點，如海中島嶼浮於水面。夫雲出於山，山之高處反在雲上，然非造天下之至險，不能極天下之大觀。【略】循巖東行，又數里，仰睇南天門如淩霄漢。輿夫躡石蹬，盤旋而上，約二里，有石闕建兩崖間，上書「南天門」三大字。又南向，刻「去天尺五」四大字。由門左再上，則爲山頂，余濟勝無具，不敢作登峰造極想也。門内左右皆石壁，壁上刻「賈中丞煅石開山處」八字。中丞名漢復，聞之土人云：從前入蜀之道出鳳縣西門，沿河行經五座窑等處，危險尤甚。康熙中，兩藏用兵，中丞特開山道，以勇軍餉。後又屢加修葺，行旅稱便。宋荔裳方伯有《棧道平詩》刻於青橋驛南十里石巖上，爲賈中丞作也。過南天門不數武，道旁有吴信王廟，神像二，皆白鬚衮服。廟之左爲禪室，院宇清幽。【略】山中泉水清冽，余烹芽茶一小壺，置肩輿中。下嶺行六七里，有小聚落，輿夫息肩覓食，食畢復行。途多峻坂，坂仄路滑，直下千仞，輿夫挺身負輿，輿前俯後仰，余以兩手扼輿之左右，猶不能穩坐。下嶺有溪水南流，白石粼粼，清波激蕩，輿夫踏澗石亂流而渡。過溪路皆幽邃，出入高下，澗碧山紅，無復登陟之苦矣。數里過廢邱關，又二十里宿南星驛。

初三日，發南星驛，二十里至榆林鋪，爲古陳倉道口。蓋褒中入關之道非一，偏東爲斜谷道，偏西爲陳倉道，皆於此地分路。同人言：前去五十里即廟臺鎮，有留侯廟，踞林泉之勝。余心識之。過榆林鋪，卷簾四顧，障面皆山，居民三兩家，於崖上搆矮屋，插棘編籬，環以翠篠。更有穴石以居者。山上禾黍油油，高才盈尺，村農數輩立懸坡上，揮鋤作苦，略似吾鄉棚民。巖之横出者灌木陰翳，枯松倒挂，人行巖下，涼風襲袂，不知炎歊之蒸灼也。又十餘里，登柴關嶺。嶺高不及鳳嶺之半，然石細路古，紆迴頓折，亦迴非恒蹊。下嶺數里，瞥見危亭一角露於茂林深處，意必廟臺鎮也。促輿夫趲行，因得詣所謂留侯廟者而遊焉。廟東向，後倚紫柏山。【略】過橋爲前殿，殿宇宏整。再進爲後殿，中祀侯像。左右廊房各三間，爲僧舍。由角門左出爲客廳，仕宦往來多借爲行館。廳東向，迴廊曲折，中庭作小池，碧水漪淪，纖鱗游泳。池畔雜莳花木，盆梅盎竹，苔砌藥欄，各饒幽趣。廳屋三間，裱糊精潔，屏聯多名人書畫。廳之左有亭，亭有横額，爲嘉慶間聶銑敏學使所書。亭後竹林幽邃，有石徑通山上。山畔孤亭翼然，可以望遠，余以畏險，不敢登，唯仰視翠微煙靄而已。時方小雨，余與寺僧坐方丈茶話。【略】俄而雨止，復行七里，宿棗木欄。

初四日，發棗木欄，十八里爲亂石鋪。【略】過亂石鋪，二十里爲留壩廳。城小而固，有通判分駐於此。城外人煙稠密，客舍亦修潔。過留壩，二十里爲青羊橋，又十里爲青龍寺，又十五里爲武關河。過武關十五里，宿於鐵佛寺。沿途景物多不記憶，第覺峰回路轉，巖幽石秀，仰而看山，俯而聽泉，如行山陰道上，應接不暇。孟瓶庵《記》云：自留壩至馬道，小嶺最多，每上下輒三四里，俗傳二十四馬鞍，山水之奇，目不給賞，令人忘行役之勞。是日宿店卑狹，溽暑薰蒸。余與范孝廉緣溪尋樹陰處納涼，時夕陽猶在山也，溪水自西北來，不知其名。按地圖，似是褒水之支流。水深石峻，飛湍喧豗，下流爲岸山所阻，逼而東注，衝波逆折，瀠洄於亂石間，皆作圓渦。【略】歸途見輿夫爲樗蒱之戲，計若輩登山涉水，每日所得僅敷飯食，亦相率而爲此無益之事，誰謂飢寒之不由自取者？

初五日，發鐵佛寺，十五里至武曲鋪，古名武曲棧，向有棧閣二間，今廢。過武曲，二十里爲馬道驛，南距青橋驛四十里，中隔小水數道，皆東注，合於褒水。道旁有碑，書「蕭相國追淮陰侯至此」。又石巖上刻「清溪夜漲」四字，皆相國追侯處。【略】過馬道二十里，宿於二十里鋪。途次初見溜箭溜筩之製，於溪岸樹立大木，繫巨絙二，一低一昂，横絶水面。每山水盛漲時，遇有緊急公文，人馬不能過，則用溜筩懸繩以渡，制甚便也。聞雅州以西此製尤多，名溜筩橋，則兼以渡人矣。

初六日，發二十里鋪，十餘里至青橋鋪。前望亂峰阻塞，若無路可通者，輿夫左旋右折，幾於不辨南北。又十里至虎家鋪，忽大風振林木，四山黑雲如墨，雨隨風至，傾注不已。肩輿避於茶肆中，唯聞風聲、雨聲、溪水聲砰訇不絶。約炊許時雨漸止，登輿四望，歸雲擁樹，疏點霏微。行數里，浮雲净埽，衆山争出，裂碧跳青，明净如洗，所謂雨餘山更佳也。又十餘里至麻坪寺，又十餘里至七盤嶺。《褒城縣志》云：七盤嶺在縣北十三里，自北南上，盤迴七轉。【略】計嶺之高峻遜於鳳嶺，而陡削過之，亦北棧中一大坡也。將入嶺，緣溪皆仄徑，蒙茸交錯，數轉始至嶺麓。循嶺西上，石路頗闊，下臨絶壁，每數百步一折，七折始至山頂。山半有石橋，名天心橋，橋畔居民數家，農户也。過天心橋，余憫輿夫況瘁，下輿緩步，以蒲扇障日，傴僂而升，每十餘步必側立小憩。行半里許，見道旁有負戴者數人，倚石壁喘息。道之左有短垣，名攔馬牆，高與胸齊。余偶憑牆下視，絶壑萬仞，深不見底，巖下石筍攢刺，如戈矛森立，山趾下洪流一綫，若隱若現者，褒水也。余目眩股慄，登輿行數里，猶摇摇然如在懸巖上也。【略】又里餘至雞頭關。《褒城縣志》云：縣北十里有大石，如雞頭。自此北行入連雲棧，最爲險要。近關有碑亭，刻國朝果親王詩。關内左右皆廟宇，有白石土地，最靈驗。山半石碣千百，皆祈禱者所立。過雞頭關，下坡行未數里，豁然開朗，平原曠野，一望無際，遥山迤邐，如屏如几，無復向之猙獰可畏矣。下山，宿褒城縣。【略】余夜宿旅舍中，聞城外水聲噌吰不絶。按：褒城與南鄭諸縣古統謂之漢中，其地北瞰關中，南蔽巴蜀，東達襄鄧，西控秦隴，形勢最重。歐陽詹曰：漢中居秦之坤，爲蜀之艮，連高夾深，九州之險也。自漢中北入關有三道：曰褒斜道，南口曰褒，北口曰斜，谷長四百七十里。曰儻駱道，南口曰儻，北口曰駱，谷長四百二十里。曰子午道。南口曰午，北口曰子，谷長六百六十里。自漢中南入蜀有二道：曰金牛道，曰米倉道。金牛道今謂之南棧，褒斜道今謂之北棧。考棧道之名，由來已久。《史記》：范雎相秦，棧道千里通於蜀漢。歷代屢修屢毁，增損不一。《華陽國志》：諸葛亮相蜀，鑿石架空，爲飛梁閣道。【略】《漢中志》云：褒斜谷中宋時有棧閣二千九百八十九間，元時有板閣二千八百九十二間。又《褒中志》云：明洪武二十五年，命普定侯監軍夫，增損歷代舊路，始雞頭棧，終青水棧，共建閣道二千二百七十五間。入國朝，因西陲用兵，屢發帑金修棧，巉巖盡闢，舊路亦多改行，遂不見所謂閣道者矣。

初七日，黎明發褒城縣。曉星已沈，殘露猶滴，沙平路輭，輿夫掉臂游行，争先鬭捷，非復曩時之將進趦趄矣。二十里至老道寺，小憩飲酒。秦地自寶雞以南羣山複沓，地皆磽瘠，至此則良田美池，煙村相望矣。決渠降雨，荷鍤成雲，不減西都之沃饒也。過老道寺二十里，午食於黄沙驛。驛當孔道，負販者填街溢巷。街左有石碑，書「諸葛武侯用木牛流馬處」。【略】過黄沙驛，十八里至舊州。連日行山中，天氣頗涼，出山反苦炎熱，輿夫於道旁飲涼水止渴。余坐輿中，著單布衫猶汗流不止。過舊州二十里，至沔縣宿焉。沔縣【略】依山爲城，地甚荒陋。東南十里爲定軍山，蜀漢時先主使黄忠斬夏侯淵處，武鄉侯之墓在焉。縣南十里有漢水，源出嶓冢山。【略】水自甯羌州境流入縣界，又東流經褒城、南鄭諸縣地，會衆水東南流，而注於江。

初八日，發沔縣，三十里至沮水鋪。沮水自略陽縣流經縣境，又東南流，合於漢水。過沮水鋪三十里爲青羊鋪，途多小坡，高者一二里，低或數十步，無北棧之險峻，而深林密箐，亦往往有之。昔人云自沔縣至青羊鋪皆循沔水西行，則沔水當在沔縣境内矣。【略】過青羊鋪二十里，宿於大安驛，驛爲唐之三泉縣。

初九日，發大安驛，三十里至寬川鋪。四望懸崖峭壁，草樹混淆。過寬川鋪，十五里至五丁關，亦曰五丁峽，亦曰金牛峽，相傳即秦作石牛紿蜀處。【略】下關十五里，至滴水鋪。幽巖飛瀑，漱玉鳴球，涼聲盈耳。又三十里至甯羌州。

初十日，發甯羌州，三十里至回水河。過河地漸高，仰面登陟，約六七里至牢固關，亦秦蜀衝要也。由牢固關南去，峻坂相續，自上下下，層出不窮，太白詩所謂「山從人面起，雲傍馬頭生」是也。十里至黄壩驛，小憩。時薄雲韜日，涼風動衣，遥望山外白霧瀰漫，雨聲隱隱自南來。下山不數里，風馳雨驟，肩輿行泥坂上，百步九折，倍極艱危。須臾又上一坡，路更陡滑，余垂簾坐輿中，目無所見，唯聽雨聲滂沛而已。行數里，路忽左轉，輿夫每一舉足，輒小作停頓。余心知爲險地，俄風動簾開，瞥見道旁一石碑，書「小心移步」四字，信爲往來畏道矣。又里許，至七盤關。七盤關古名五盤嶺。【略】同人小住避雨。有老僧爲余言：此山爲川陝分界，適所過乃七盤之最險處也。相傳乾隆初，有某撫軍眷屬道經其地，一女公子坐騾轎，崖高路狹，一騾失足，轎隨騾墮，人騾俱爲齏粉。後當事者繚爲短垣，并立碑，以戒行旅焉。雨止，下坡行五里，至教場壩，地屬廣元縣治，川北之邊界也。居民數百家，處衆山中，周圍平地不及十里，秧畦麥隴，繡錯綺分，視北棧之瘠苦風景固殊焉。

十一日，阻雨。

十二日，晴，騾夫以溪水新漲，駝載不能過，坐俟水落。午後，余登北山閒眺，循石徑陂陀而上，數十步有土崖，可以駐足。崖畔農夫數人，荷笠鋤禾。再上皆沙坂，滑不容趾。余鼓勇而登，又數十步，始至半山。俯視閭閻撲地，炊煙沓靄，起於竹樹間。南望清流一道自東來，繞山麓西去，蓋山間小河，下合於嘉陵江者。渡口繫扁舟一葉，旁設溜筩，村童三五浴於水面，浮漾若鳧鷖。仰瞻峰頂，相去尚不知其幾千仞也。

十三日，發教場壩。時溪漲漸消，野航可渡，騾行水中，水才及腹。二十里至中子鋪，路過小溪無數，蓋人行山峽，溪流盤曲，水逆折而人順行，故有一水而屢過者。又十五里至神宣驛，即古籌筆驛也。【略】過神宣驛，十里至龍洞背，一名龍門山，在廣元縣北八十二里。兩山夾澗，石壁對峙，中間相連如脊。下即龍洞，澗水流入洞內，洞深不可測，中多石燕。余買得數枚，大如指頭，一頑石耳，不知何以在洞中能飛也。伏行十五里，穿洞而出，入嘉陵江，即《禹貢》之潛水也。洞之背有闞門危立，闞門之右一陂陡上，老木參天。稍南有古廟巋然立於山頂者，爲禹王廟。自下至上約三四里，盤紆蒼鬱，登頓爲勞。【略】過龍洞二十里，至朝天鎮。鎮背山面江，商旅輻輳，川北一巨鎮也。時方過午，余與同人赴南街觀劇。有神祠建於山半，神臺背臨江岸，臺下人聲鼎沸。余不耐久坐，就寺外樹陰小立。俯視江平如掌，江面小舟往來不絕，蓋蜀道至此水陸皆通矣。

十四日，發朝天鎮。有汛官馬姓，率弓兵送於郊外。是日騾夫盡卸騾載，登舟騾數頭隨肩輿緩行。十里至朝天關，一名朝天嶺。《廣元縣志》云：朝天嶺在縣北五十里，路徑絕險。輿夫談及此嶺，靡不動色相戒，蓋南棧中第一高坡也。【略】蓋蜀地山形多瘦削，唯此山窮巉兀嵂，不見巔際。初登路稍闊，愈進愈仄，蜿蜒一綫，旁行斜上，高出雲表。昔人登泰山云「前人見後人頂，後人見前人踵」，斯地有焉。山半有石碑，書「小心移步」四字，視七盤道中之碑差小，垂堂之戒，不啻重言申明矣。行數里至朝天關，關門雄峙，崇墉鞏固，環以雉堞。停輿四望，諸山如在地底。【略】關之左有鐵礮數尊，臥瓦礫中，聞同治初嘗有兵戍守。下關不數里，道左大石上鐫「金鼇嶺」三字。過金鼇嶺爲大石巖，兩山相連，皆石壁千仞。俯瞰江面光滑，無草木。又數里爲望雲鋪，亦名望雲關。《縣志》云：望雲關在縣北四十五里，山勢高聳，與雲霄相接，故名望雲。又數里過飛仙閣。《縣志》云：飛仙閣在縣北飛仙嶺。【略】又十餘里至石橋鋪，余與范孝廉入茶肆飲茶。矮屋一間，背臨江岸，推窗望隔江，煙巒如畫，修篁喬木，野寺樓臺，一村鎮也。地產煤炭，販賣者往來如織。過石橋鋪，十五里爲千佛崖。《縣志》云：千佛崖在縣北十里嘉陵江東岸，上即古之石櫃閣，石崖如門。先是，懸崖架木，作棧而行。唐時韋抗鑿石爲路，并作千佛，遂成通衢。【略】余肩輿過巖下，審睇大小佛像，刻石上殆徧。間有穴石爲屋，作石佛於中者，像較大，謂之千佛，良不虛也。過千佛巖十五里，至廣元縣。【略】地濱嘉陵江，江岸有門，門書「全蜀咽喉」四字。沿江一帶人煙稠密，列肆縱橫，不減淮揚風景。客邸多在城外，晚市燈火照耀街衢，往來行人揮汗成雨，可想見其富庶矣。

十五日，發廣元縣。出郊即南河，亦名稻壩河。《縣志》云：南河在縣南二百步，源出紫金堡，匯流西入嘉陵江。【略】渡河三十里爲榆錢鋪，又五里至桔柏渡，即古桔柏津也。《昭化縣志》云：桔柏津在縣東三里，爲嘉陵、白水二江合流處。又昭化驛有古柏，土人呼爲桔柏，故以名津。【略】渡不甚闊，然江流湍急，兩岸皆沙石，迴瀾激盪，若大風鼓浪。舟子放舟，必逆流西上，將近對岸，轉舵順溜南駛，方達彼岸，蓋不能逕渡也。過桔柏渡，五里至昭化縣。時方亭午，騾夫以前途陂隴甚多，騾畏熱，不敢行，遂止宿城內。【略】是晚天氣尤熱，騾夫三鼓即發，余亦四鼓起沐。

十六日，發昭化縣，出南門。月色微茫，煙嵐四合，溼螢幾點，閃閃於露草間，頗似新秋光景。余以夜來未曾安枕，垂簾假寐。十五里至天雄關，地名牛頭山。【略】以今所行計之，高不及十里，《紀》云二十里，侈言之耳。關上有帝君廟，廟旁小閣二間，頗潔淨。憑軒眺賞，水村山郭，隱約可見。嘉陵、白水二江環繞如帶，山下多陂池，日光下射，晶瑩奪目，如萬片玻璃，亦南棧中一勝境也。【略】過天雄關數里，即望見人頭山。《縣志》云：人頭山在縣西四十里，山頂突兀，宛若人頭。【略】大抵昭化縣以南諸山，如五峰、長甯、九曲之類，不可悉數。行道多在山上，不似北棧之如遊井底也。又二十里，午食於大木戍客店。西向後堂地稍高，迎面孤峰聳秀，排闥送青。唐許渾詩「山翠萬重當檻出」，不圖於行館見之。過大木戍，十五里爲高廟鋪。鋪居山上，遥望西南一帶崇山綿亘，山頂皆方平，若城垣延袤不斷，則前去已近劍門矣。過高廟，二十里爲志公寺。道旁多古柏，霜皮黛色，大近十圍。又十里至劍閣，亦曰劍關，關踞大劍山上。【略】關設於兩崖間，上刻「翠屏丹幛」四字，用元宗詩語也。關之上爲樓。登樓北望，羣山西來，波積雲屯，翠嶺中橫，黯然黛色。關之右有澗水北注，澗中巨石礧砢，皆崩崖所墮。過關五里，宿劍門驛。

十七日，發劍關驛。二十里至漢陽鋪，山路與吾鄉無異。山旁多種黍稷，果樹叢雜，尤多核桃。山下畝畝相錯，小橋流水，花落鶯啼。又二十里至抄手鋪，輿夫小住納涼。沿路老柏參天，濃翠欲滴。按《劍州志》，自劍閣南至閬州，西至梓潼，三百餘里，明正德時知州李壁以石砌路，植柏樹數十萬株，如蒼龍攫拏，夏不見日。【略】又二十里至劍州，甫入城，大雨一陣，旋晴。【略】州倚山爲城，南高而北下，徑三里，圍約十里。近城有小水，不知其名，亦嘉陵江之支流也。連日皆酷熱，雨後天氣稍涼，唯寓所窪下，聚蝨成雷，同人燒青蒿作煙薰之，終夕不能安枕。

十八日，發劍州，三十里至讀書臺，宋黃兼山先生講學處。【略】又四十五里至武侯坡，坡高三里，上有武侯廟，荒墟不治，亦無住持。下坡爲武連驛，驛在古爲武連縣。【略】驛南爲武連河，有石橋跨河上，東南流入蓬州北境，歸嘉陵江。

十九日，騾夫以騾病，不能行，住俟易騾。

二十日，發武連驛，四十里至上亭鋪，又二十里至吉陽鋪，入梓潼界。山形至此，起伏頓跌，盤旋如游龍。迎面一木坊，書「七曲山九曲水」六大字。山之左有大河，爲梓潼河。山之右一水西來，悠悠洋洋，彎環東注者，即九曲水也。按《縣志》：七曲山在縣北二十里。梓潼河源出龍安府平武縣山溪，東南流經縣界，又南經鹽亭縣界，入於涪江。九曲水源出龍安府洞子河口，流至七曲山麓，九轉入於潼江。過木坊，有圓峰突起，萬松環立，即所謂梓潼廟也。廟西向，門樓三層，曰百尺樓。中爲文昌殿，祀文昌帝君像。後爲桂香殿，又後爲家慶堂，祀帝君先代神像。左爲風洞樓，有風洞，深狹幽邃。【略】廟之右爲客堂禪房，花木頗堪娱目。客堂有角門，北出爲關帝廟，殿宇雄敞，神像尊嚴，衮冕執圭，金身丈六，亦他處所未見也。廟之前有高坡，循坡而上，有臺曰應要臺。臺畔古柏二株，相傳爲晉時物。臺之西有亭，曰望水亭。自亭而下，有接鳳樓、盤陀石、飲馬池諸勝蹟，惜余之倦於登覽也。【略】過七曲山，行松林中，數里至送險亭。亭署「陂去平來」四字，言蜀道之險自此而盡也。又數里至梓潼縣。

二十一日，發梓潼縣，三十里至石牛鋪，又三十里至魏城驛。【略】又二十里至沈香鋪，時午市未散，行道擁擠，往來者肩相摩也。余止市南客棧中，騾夫已先至矣。按沈香鋪屬綿州治，街道自北而南，約三里而近。街之東有藥肆，門首植紫薇花一株，高數丈，紅蕊葳蕤，堆如錦繡。近街皆稻田，水流瀰瀰，阡陌交通。街北一陂有崇碑，署「唐公墓道」。

二十二日，發沈香鋪，四十五里至綿州。州北臨涪江，古名涪水。【略】又東爲芙蓉溪，以溪上多芙蓉得名。過涪江，半里入州城。城内街衢洞達，富商大賈，甲第高門，鱗次櫛比，川中繁富，於此已見一斑。城西北爲越王樓，有臺高百尺。【略】出城行數里，彌望皆竹園，雨擣煙梢，不數渭川千畝。又里許爲茶坪河，源出安縣之松嶺，東南流數十里，入州界，下合於涪江。渡茶坪河，十餘里至石橋鋪。有督署戈什柏姓，挈親兵數人，持右之四叔信來迎。草草勞人，至此喜息肩之有日矣。是日宿皂角鋪，行館之寬敞爲入川以來所未有，卧榻後鄰小園，疏櫺四扇，涼風暫至，真可作羲皇上人想也。館地多蚊，王守備爲余借布帳張之，稍免其擾。

二十三日，發皂角鋪，三十里至金山鋪。途中見有作大輪高二丈置水上者，輪隨水轉，不假人力，能汲巖下之水，浸灌巖上。審其制度，亦唯急溜中可用耳，溜稍緩則推轉無力矣，水磨水碓亦然。又三十里至羅江縣。【略】過羅江，十里爲白馬關，稍西爲落鳳坡，即三國時龐士元畫節處，坡南里許有龐葛二公祠，道左一碑書「龍鳳二師」四字。祠之後爲龐公墓，墓高數丈，圍數十丈，松竹陰翳，暗不見日。墓有碑，題「漢靖侯龐士元之墓」。【略】過白馬關，三十里至德陽縣。

二十四日，發德陽縣。平原迤邐，曉日暄妍，煙林之外，時露遠山一角，僅如眉黛，蓋蜀地至此野曠天低矣。行十餘里，道之左右皆水田，田中早稻俱已成實，穗長七八寸，輕風摇蕩，連畦接隴，皆稻花香也。古稱揚州之域其穀宜稻，然如今之蘇、松、鎮江等處上地一畝收穀不過三四石，蜀地有一畝收至六七石者。【略】又三十里至白魚河，河自什邡縣西北發源，東南流百餘里，至漢州東南入沈犀河，過白魚河爲雒江，逾雒江爲金雁河，俗名鴨子河。河合漢州以北諸河，東流入綿水。唐韋莊詩「十日醉眠金雁驛，臨歧無限臉波横」是也。過金雁河即漢州。【略】過州爲沱江，沱自岷江分出，由漢州至新都縣，小水無數，隨地異名，皆沱江之支流也。是日宿彌牟鎮。下午與范孝廉觀八陣圖，循大街東行爲陣圖街。出街見土墩無數，碧草離離，縱横排列，墩高七八尺，圍約二三丈，中爲大路，墩之外皆民居環繞，墩之西爲武侯廟，廟東向。

二十五日，發彌牟鎮，二十里至新都縣。余本擬往遊桂湖，恐當事者有應酬之煩，不敢停輿。疾行出南門數里，就野店中飲茶小食。【略】過新都十里爲清白江，一名湔水。《一統志》：水出新繁縣，東流入縣北，又東入漢州境，即清白江也。又十里爲錦水河，又十里，午食於天迴鎮。食畢行，十數里至駟馬橋，古名昇仙橋。【略】過駟馬橋數里，至成都府。

包家吉《滇遊日記》 龍飛光緒紀元歲次乙亥七月上浣，居停陳君寶渠福勳蒙欽差查辦雲南事件，湖廣總督部堂李瀚章奏調隨滇辦事。【略】初十日，余自湖北至上海。

十一日乙巳，晴。午刻，居停赴道轅辭行。戌初一刻，偕余及通事趙錦榮、科房方祥芝、家人李敬莊春共上下六人，攜帶行李，乘坐旗昌洋行之徽州輪船。船主名魯，美國人；執事施子卿，司帳朱西亭，俱湖州人。送行諸君江干話别，無任依依。是日天氣炎熱，寒暑表昇至九十度矣。

十二日丙午，晴。寅正動輪，卯正出吳淞口。天氣晴朗，水波不興，北望汪洋，渺無邊際。午正過狼山，遥遥與對江福山兩雄相峙，真長江之要隘。酉初過江陰，遥望山之陽，夫役擔泥負石，經營礮臺，想爲江防起見。

十三日丁未，晴。卯初行抵鎮江，北固山下暫泊。仰望甘露寺，居山之巔，山下江流甚急，金、焦兩山東西對峙。辰正，復起椗上駛。巳正過儀徵縣屬之十二圩，數里帆檣，如星羅棊布，係湘、鄂、皖西四岸鹽商麕集之所也。未正三刻抵金陵，北城外之下關暫停。戌初過采石磯，山之陰有亭翼然，係好事者爲之，稱説即當年李青蓮之捉月亭也。亥初一刻至皖省之蕪湖縣。

十四日戊申，晴。卯正二刻過大東鎮，又名荷葉洲，亦是巨鎮。遥望九華山，峰螺九點，雲霧迷離。巳初過函音偶山。未正抵安慶，即安徽省垣也。遥見問津輪船泊於西城外。是日午後天氣炎熱，寒暑表已昇至九十五度矣。戌初一刻過東流縣，戌正三刻過望江縣之華陽鎮，亥初二刻過馬蕩峽，亥正三刻過小姑山。高峰獨聳，孤立江中，右挾皖省之宿松，左臨江右之彭澤。山上建小姑廟，飛閣流丹，下臨無地，江流急湍，與月色掩映，真絶勝風景。

十五日己酉，晴。寅正一刻過湖口縣。江右有石鍾山，江流擊之，聲若洪鐘。卯正二刻抵九江府，即古柴桑郡也。附郭德化縣，西城外商市極盛，係中西通商口岸。江邊有洋房數座，不甚壯麗，衡之滬上，相去遠矣。又名潯陽江，昔年白太傅之琵琶亭已無遺址。遥見廬山相去不遠，環亘數百里，白雲繚繞，煙霧迷離，所謂「不識廬山真面目」，斯言信然。午初過武穴鎮，漸入楚界。未初一刻過富池口，臨江一峰壁立，上有「鐵鎖沈江」四字斗大，係彭雪岑宫保所書。富池口江道甚仄，南北岸萬山拱合。口内有甘興霸廟，商船風阻於此，必具牲以祭，祭則必有神鴉護送，翔集桅端，人以餅餌遥擲之，飛鴉接食，百不失一。酉初一刻過道士洑，又名紅沙山，峰迴路轉，水色茫茫。戌正二刻過黄州府，西城外蘇子所遊赤壁，故址依然，修葺甚麗。是夕月色皎潔，清風徐來，獨步舵樓，凭欄遠眺。江中大放水燈，千百萬盞，與星月争輝，紅光摇曳，乘浪浮沈。

十六日庚戌，晴，酷熱。丑初一刻過陽邏鎮，丑正三刻過青山鎮。寅正初刻抵漢口鎮，旗昌碼頭停泊，將行李稍爲部署。辰初二刻，居停與余帶同家人，借江漢關之紅船渡江。辰正二刻，過黄鶴樓下。黄鶴樓在湖北省垣漢陽門城上，建樓三層，額其匾曰「黄鶴樓」，對江即漢陽府東門外之鸚鵡洲也。巳正一刻，舟抵省垣望山門外之鮎魚套。【略】是晚，居停即在六營公所，即後路糧臺歇宿，余及莊春渡江至漢口，仍住徽州輪船。

十七日辛亥，晴，天氣酷熱，甚於昨日。辰初一刻，仍借江漢關之紅船，偕趙錦榮、方祥芝、莊春共將行李檢點清楚。【略】遂渡江，巳初一刻至鮎魚套，先到問津輪船。【略】遂解維，至望山門外，將行李運於昨日軍需局代雇之把扞船上。船户唐桂林，湖南衡陽人。申初忽轉北風，天氣漸凉。余至問津輪船與叔明暢談一時之久，戌初回船，居停仍住糧臺。是晚西北風大作。

十八日壬子，陰晴，北風未息，天氣驟冷，如寒露節。辰初，余至軍需局，就局中備具墨領將薪水夫馬等銀照例領訖，至糧臺辭行，即出城回船。巳時交正午，天氣轉晴，北風稍和，日彩焕發。【略】是晚各舟開至鮎魚套口歇宿。欽憲换坐問津輪船於亥初二刻先行南下，至新隄會齊。

十九日癸丑，晴，天氣清凉。卯初二刻放櫂，適東北風大作，輕舟遇順，疾如飛電。巳初一刻過金口鎮，未正二刻繞道過簰洲，戌初一刻行抵嘉魚縣屬之大潭灣停泊，同宿者惟劉别駕一舟，各船風阻簰洲。

二十日甲寅，晴，風仍利。卯初一刻解維，風順舟輕，隨浪顛簸，舟子艤岸裝載沙泥，船始穩。巳正二刻過陸溪口，即當時赤壁鏖兵之所也。江岸不甚寬闊，江流洶湧，有萬馬奔騰之勢。舟子遥指南岸一山，有頹亭一座，曰此即漢丞相孔明祭風之臺也。忽有漁舟從上流而來，呼舟子減帆，招之，買大魚一尾。取江水煮之，味甚美，過於松江之鱸魚也。未正二刻行抵沔陽州屬之新隄鎮。欽憲駐節新關，我舟隨泊關上。【略】雞鳴，問津動輪回鄂。

二十一日乙卯，晴。仍泊新隄。

二十二日丙辰，晴，風稍緩，天氣轉熱。【略】巳正，陸刺史等各舟到齊。未初一刻，欽憲由新隄啓節，居停因藝翁殷留祖錢，特爲回明欽憲，故我舟與陸刺史、劉别駕二舟放櫂較遲，於申初解維，至戌正二刻行抵荆州府轄監利縣屬之羅山鎮。憲槎早已抵此，我舟遂同泊焉。是晚聚蚊成雷，頗擾清夢。

二十三日丁巳，子初三刻處暑節，天氣晴朗，風仍利。卯初起行，辰正二刻過白鷺磯。以千里鏡矚之，沿江一帶房屋叢雜，蒼松翠柏，相錯其間，江流澎湃，極幽致焉。巳初三刻過荆湖谿，江路自此歧，西去進荆河，下江陵，直達西蜀；南去渡洞庭，泛瀟湘，湘、粤、雲、貴必由之徑。午正二刻行抵湘省之岳州府，環山亘嶺，俯視洞庭，遥對君山，如孤舟一葉。未初二刻，至府治西南五里曰大南徑港停泊。俄頃，憲槎與各舟陸續均到，旗旛招展，礮聲轟天。港中有白馬將軍廟，朱門碧瓦，孤立湖心，髣髴似弄珠中皐。

二十四日戊午，晴，風轉南，渡湖不利。仍泊大南徑港。【略】申初天氣轉陰，似有雨狀。晚上浮雲四散，星斗焕然，不復有沛然之勢。

二十五日己未，晴，西南風，仍泊大南徑港。【略】回船後覺風色轉北，憲槎啓節，我舟隨衆過洞庭東湖。是日風微浪静，水平不波，浩渺無涯，惟見水天一色。酉初二刻，行至萬壽湖停泊。萬壽湖在洞庭湖邊東岸，距岳州府城四十五里。

二十六日庚申，晴，風色微。辰正二刻放櫂，各舟連檣南下，水波不興，夷如平地。巳正二刻過磊石，居洞庭湖中。午正二刻始達南岸，適北風大作，行駛甚疾，而各舟已入土心港矣。申正二刻行抵蘆林薄，因風大，即於是處挽泊。

二十七日辛酉，晴，風稍緩。卯正二刻放櫂，巳正一刻行抵湘陰縣屬之林子口。有鎮市，地方攀駕甚殷，憲節暫駐。

二十八日壬戌，晴，酷熱如大暑節。卯初放櫂，湖道曲折，形如之字，風色順逆參半。辰正過白馬市鎮。【略】午後行抵攔湖州，各舟停泊候風，均於是處歇宿。

二十九日癸亥，晴，炎熱。辰初放櫂，湖道甚窄，自林子口而上。沿湖一帶堅築高隄，居民賴此，藉以耔種。茅屋連絡不絶，故舟行頗不寂寞。巳初過沅江縣屬之毛家子口，湖面較寬，其中或有洲渚，或築長隄，緑楊千樹，掩映成陰，遠而望之，不啻秦淮柳色，而螓首蛾眉攀舷丐食者時不乏人。酉正二刻，行抵沅江縣東北二十餘里名大蕩口挽泊。

三十日甲子，晴，炎熱更甚。卯初二刻放櫂，巳正二刻行抵沅江縣接官亭停泊。先時未至沅江時，據舟子云，沅江地僻江濱，而無城郭，如深鄉村落然。偶閲縉紳，載沅江縣四字俱無，徵銀一千五百餘兩、穀八千二百餘石，設官一，知縣一，典史而外惟一教諭耳，學額祇有八名，於此益信沅江之地瘠民貧也。及至此而見接官亭之燈彩鮮明，水道之執事整齊，有高出於他邑者。文廟之碧瓦朱門，宫墻壯麗，迥出尋常。沿湖水閣參差，高房層疊，酒肆中居然有蝦仁麪，亦不過飛去青蚨二十四枚。余竊怪曰：「舟子之言不足信也。」

八月初一日乙丑，晴，酷熱甚於大暑節。仍泊沅江縣。【略】亥正二刻疾風大作，微雨繼至，河伯震怒，巨浪滔天，同人爲之斂容，於是寢不安枕矣。

初二日丙寅，陰沈，風稍緩。平明疾風復作，辰刻細雨廉纖，天氣轉涼，巳刻大雨如注，隔窗窺之，煙雨迷離，波濤洶湧。【略】亥初二刻西北風復作，船舷相擊，清夢不安。余與居停披衣危坐，聽窗外疾風驟雨之聲，頗駭心目。竟夕雨不止。

初三日丁卯，早起，雨仍不止，風稍緩。午初雨始霽，天氣驟涼。

初四日戊辰，早起陰涼，風仍西北，不甚厲。卯初一刻開船，西北行不數里，至洞庭西湖，即青草湖。遥望波光，水天一色，遠來帆影點點，如江上浮鷗。我舟泝灘岸而行，灘距岡甚高，約二丈許，如峰巒壁立，岡泥均赭色，性極堅，故江流擊撞，絶無泥漬。岡岸上或一段修竹萬竿，碧篁个个，或一段樹木蓊茂，緑葉成陰。沿湖一帶或百步，或數百步，必有一塢，寬廣或四五畝，或十餘畝不等，大約天生爲舟楫避風之所，如是者沿湖數十里比比皆然。未初一刻進白沙塘，距沅江縣治不滿卅里。逆流牽挽，舟行歷四時之久，篙師舵工已神憊力怠矣。按岳州至常德，無論走東湖西湖，則白沙塘係必由之徑。酉初一刻，行抵羊角谿挽泊。

初五日己巳，早起雲翳，天氣清涼。卯初三刻開船，仍往西北行，水路叢雜，多汊港。午後天氣轉熱，又如大暑節。申正三刻，見塘上哨馬探報，疾如掣電。酉正三刻行抵龍陽縣，南門外挽泊。

初六日庚午，晴。卯初一刻開船，西北行二十里，辰初三刻過蒼光鎮。天氣復熱，汗出如雨。【略】午初一刻過牛鼻灘，相距蒼光已三十里矣。未正三刻至德山鎮，油然作雲，雷聲隱隱，瞬息東南風大作，舟行甚疾。申初二刻過常德府東門外十里之德山鎮，風頓息，陣雲亦散。酉初一刻，行抵常德府南門外接官亭停泊。各舟陸續均到，惟憲槎直至亥初二刻始到。

初七日辛未，晴，酷熱愈甚。無事静坐，汗出不止。

初八日壬申，早起雲翳，天氣微涼。各船仍泊常德。午初二刻將行李搬過麻陽船安置，蓋常德以上水溜灘多，所坐之把扞船不易走也。麻陽船身材較小，喫水亦淺，且多水手，易於牽挽，故另雇焉。

初九日癸酉，巳初三刻白露節，早起陰涼，辰正轉熱。巳正一刻，欽憲啓節，各舟相率而上。西行四十五里，未正三刻過花埠，又五里過舟溪，漸上桃源縣境。崇山峻嶺，自此至滇綿亘數千里，連絡不絶。又南行二十里，酉正三刻至潁家潭挽泊。

初十日甲戌，晴。卯初一刻開船，天氣清朗，辰後復熱。西南行十里，辰初一刻過桐花溜，由楚入黔第一處大灘也。水勢溜急，清澈見底，約百步，水又稍緩。又西南行十里，巳初二刻抵桃源縣東境，奎星閣下停泊。憲槎於巳正二刻始到，駐節於漳江書院。【略】申初東風大作，揚塵滿野。

十一日乙亥，終日陰晴，天氣涼爽。卯初二刻，欽憲在桃源縣舟次祭江神，禮畢開船。風帆甚利，轉瞬間已過西境三里之馬王灘。巳刻過白馬渡，已離桃源二十五里矣。如由陸行入滇，必於此處喚渡。左瞰空江，右臨巖壑，青山緑水争羨慕焉。又南行五里，過桃源洞，又名秦人洞，陶彭澤桃源行即謂此也。洞有巨石外扃，遠而望之，巖有靈光外透，高不數尺，踞沅江之滸。洞口斷岸千尺，靈風窅然，蒼松翠柏相錯其間，真神仙福地。乃因舟行迅速，不及停橈暢遊，深爲可惜。南行不半里，至纜船洲，世所謂漁郎鼓櫂之所。又西南行，二十五里過江宗溪，又六里城灘，由楚入黔第二處大灘也。兩岸廣方數百畝，江水曲縈而下，水勢急湍，甚於桐花溜。未正一刻過白石渡，北岸羣山峭壁，其間鑿孔數處。據舟子云，當年孔明南征，駐紮大營於此，其孔乃營中然燈處。申初過穿石鎮，北岸山峰拱合，有一峰獨臨江畔，峰之巔有紺宇焉。峰腰生成大孔，自南而穿至北，如城門狀，故名曰穿石鎮，相距桃源縣治所已六十里矣。酉初，行抵窅榕寺挽泊。今日自白馬渡而上，一路山清水秀，頗有吾杭西湖風景。

十二日丙子，早起陰晴，秋高氣爽。寅正三刻開船，西行十里，至挂榜山下。山形環秀，清水繞流，各舟挽泊。晨餐既畢，仍復牽挽西上。十五里過孟家灘，由楚入黔第三處大灘也，其險要尤甚於城灘。午初過羅家灣，水勢稍緩，依山傍水，民舍居焉，午煙縷縷，透出深林樹杪之間，松脂柏膏，香聞數里。泊舟午餐，即解維西行。未初二刻，至高居堰停泊，候憲槎。自窅榕寺至高居堰，計水程四十五里。午後天氣復熱，静坐舟中，揮扇不止，猶復汗涔涔下。旁人持器登岸，汲取泉水，咸争飲焉。余亦往視之，緣坡而上，南山之麓有溪壑焉。溪旁有二泉眼，水由泉中湧出，深不及寸，餘者旁流，取之不竭，清潔無比。味甚和甘，飲之輒沁心脾，頓覺煩襟一掃。【略】未正二刻憲槎始到，即解維西南行。二里過海螺山下，望之，三峰突起，如海螺狀，故名，此係桃源與沅陵交界之所也。申刻過甕子洞，由楚入黔第五處大灘也。此灘過畢已戌初一刻矣，各舟即於甕子洞西首緩水處停宿。詢據土人云，甕子洞有名而無洞，不悉其故。是夕月明如畫，萬籟無聲，各舟艤於江畔高山之下。

十三日丁丑，早起陰涼。寅正三刻開船，西行約三里許。江畔有山，曰明月山，峰巒層疊，遥望如浮屠狀。及舟至山下，仰視之，則山之極高處有紺宇焉。深林密箐，圍繞其間。廟旁有石梁跨之，聯東山之峰巔者，約數丈許。橋下溪流倒注，瀑布千尋，亦沅江中之曠覽也。巳初日始晃，白雲四散，炎威如昨。旋過一塢，曰猛虎澗，雙峰對峙，左駕虹腰，右聯島嶼，緑陰深處民舍居焉。岡上有大樹一株，覆如華蓋，葱茂可愛。巳正一刻過纜子灣，茅舍數十家，環山依水而居。東北至甕子洞，已相去二十里矣。未初過洞庭溪，水中礁石纍纍，非比甕子洞之僅水溜。舟從石隙中穿出，令人錯顧不定，此由楚入黔第六處大灘也。申初一刻至青浪灘口，村舍數百家抱山環水，高高下下，錯落成章。村中有伏波將軍廟，頗著靈顯，過此灘者必具牲禮以祭，以迓神佑。行不半里，漸漸水聲聒耳，對語不相聞。白石嶙峋，横亘水底，水由石上行，勢如山倒，怒極成吼，白浪噴溢，有萬馬奔騰之勢，舟欲前而反却，篙師不能全用其力。灘上縴夫傴僂徐進，難似登天。約兩時許始過青浪灘，各相慶賀，如師中之獲捷。先是，劉少莊别駕見洞庭溪水勢洶湧，甚爲戰慄，而青浪尤覺險惡，乃令舟人艤岸，擬欲陸行，暫避水中之虛驚也。不意失足墮水，幾步李青蓮捉月後塵，幸水淺人多，疾忙撈救，不致僨事，然已魂飛天外矣。是晚，泊舟燒紙。甫初更時，使節頒賞，各舟舵工每豬肉一方、青錢一千文，以犒今日青浪灘挽縴之辛勞也。飲酒高歌，歡騰舳艫。亥初大雨，始就枕，聽篷外風雨瀟瀟，雷聲隱隱，竟夜不成寐。

十四日戊寅，卯初雨止，天氣涼甚，頗有深秋景象。卯正三刻開船，風甚利，西南行十里許，過斷壁峙，由楚入黔第八處大灘也。遠近五六里，水聲潺湲，危如絶巘。過此有二十五里平江，無灘險處。午初過吉灘，由楚入黔第九處大灘也。水勢凶猛，同行包槓船田姓者觸礁沈溺，人雖救起，而船物已付無何有之鄉。午後微雨，天氣愈涼，可穿棉絮袍。又西行五里，過貓兒潦。又西南行五里，至鋤灘，風愈急，水愈溜。前行各舟已經過灘，適冥色將合，故欽憲槎及我舟與劉別駕船即於鋤灘下停泊。

十五日己卯，早起陰涼。辰初開船，過鋤灘，由楚入黔第十處大灘也。兩岸石齒嶙峋，水勢之溜有轟雷掣電之勢。西南行五里，過珠洪溪。又五里，過十里長灘，由楚入黔第十一處大灘也。灘路雖長，幸不甚險惡。又西南行十五里，至白濼鎮挽泊。王巡捕傳憲諭，令我舟先行。遂命舟子解維上駛，行二十里，過橫石灘，由楚入黔第十二處大灘也。所謂橫石者，江中頑石橫阻，水勢直衝，或跨石之頂，或竄石之脇，湧過一層，復騰躍一層，約二里許，凡三層，舟行頗非易易，著名之險灘也。戌初即於橫石灘之上緩水處停泊，蔣太守、葉貳尹、殷大令船陸續均到，遂同泊。劉別駕因坐船不到，即在我舟歇宿。是夕碧天如濯，明月晶然，騰翠微而出，浩波映其下。

十六日庚辰，晴，早起仍涼。卯初開船，行七里，過溪灘，由楚入黔第十三處大灘也。其險惡與橫石稱伯仲，惟少曲折纍石耳。又西南行，十里過高麗洞，由楚入黔第十四處大灘也。又十里過百葉灘，又五里過和尚洲。又八里，午正三刻行抵辰州府，南門外接官亭停泊。申初，少谷來知照，將行李搬至提軍行臺安頓。

十七日辛巳，晴。仍住辰州官舍。

十八日壬午，晴。【略】遂上街買油紙數張，以備包裹行裝。其紙堅而且厚，價甚廉，下江所不易得也。午後至少谷處問夫馬數，返寓督令家人將行李整頓，明日起程。

十九日癸未，晴。因行轎及包槓架子未齊，仍住辰州官舍。

二十日甲申，晴。舍舟從陸，卯初起站，同行者蔣太守、陸刺史、劉別駕、殷大令、居停與余及諸僕從焉。行轅中軍周道南協戎派差官一員，親兵二十四名隨行，以便在路護衛行李。於是出辰州中南門，渡沅江，西南上坡，二里陟其巔，是爲望城坡，其上甚平。行而南，八里過苦藤塘，漸西下。又十里，有溪橫阻，地方官編木爲橋，蓋以浮土。逾橋，村居繞集，是爲清水塘。復坡行十里，有木坊跨道，曰「仰溪塘」。又十里，居廬駢集，是爲麻溪鋪。預設茶點於彭姓家，諸君遂暫憩焉。又三里，楊溪岡，嶺高且陡。約七里楊溪塘，又十里，有聚落成衢，是爲燒紙鋪。又八里狗尾塘，又七里至沅陵縣屬之船溪驛，乃各解裝於郵舍，行李亦陸續均到。晚上陣雲四起，雷電交施，乃竟不雨。

二十一日乙酉，雞鳴具飯，平旦起行，天氣陰沈欲雨。西上坡，一里逾嶺頭，漸西下，屢降屢昇。十里有村，當峽之北，是爲散水塘。又十里，聚廬駢集，是爲乾溪塘。微雨驟至，轉瞬即霽，天氣漸熱。又十里，村廬纍纍，稻禾盈塍，是爲十里鋪。由是復西南行，田塍間一望巖石林立，髣髴似太湖、靈壁，或如虎踞，或如馬馳，或如煙雲外障，或如樓臺參差，種種奇態，不能盡狀其妙。又十里至辰谿縣東門外，蔣太守諸君入城拜客，余因天氣轉熱，懶於酬應，遂促輿夫繞城而南，喚渡於沅江。適前渡始放中流，不能卻顧，乃坐輿中守渡。於江畔俯視，澄江深碧於前，峰嵐環翠於外，隔江村廬繞集，午煙縷縷，因風捲散，而江中帆舫賈帆，魚罾渡艇出没於波紋間，恍如畫屏之上也。俟久乃渡南岸，緣灘而行，流沙没足。一里漸西上坡，炎日正午，口渴如焚。有茅篷賣漿岡上，乃沽以潤渴腸，見各挑夫均息擔納涼於緑陰深處。又坡行八九里，有木坊跨道旁，曰「石牌口」。渴甚，求漿不得。忽見道左松柏參天，林間有泉一泓，澄碧可愛，遂降輿，掬而飲之，澈沁脾骨，不啻九天瓊露焉。於是踞石納涼，與鄉夫話桑麻，坦然自適。少焉，通事趙錦榮亦至，遂聯輿循南坡西行。數里有木坊，曰「寒岡」，道左茅舍二三間，亦守哨之居也。又數里轉過岡脊，西望青山之麓，村舍數百家夾道而居。輿夫遥指曰：「此即辰溪縣屬之山塘驛也。」又五六里始到，郵舍鋪張甚麗，松毛鋪地，尤雅緻。蔣太守與居停、殷、劉兩君亦先後到。

二十二日丙戌。味爽飯而行，風霧未收，陰霾滿野。向西南山行十三里，有數十家當岡而踞，是爲寺前鋪。又南行田塍間，七里，茅舍成聚，是爲龍門塘。又十二里度小石梁，有村踞橋之西，夾路成市，約里許村廬始盡，是爲中大鋪。設腰站於留雲寺，頗豐潔，極盡東道之情。午膳畢，余促輿夫先行。循坡而上，十里近泉塘，忽山雨如注，即命輿夫舁輿，暫避村舍中。老人鄧姓頗能慰客，特煎君山茶飲余，味甚清洌。心異之，詰問鄧丈，乃知此近泉之水味也。俄頃雨霽，往探近泉，鄧丈曳杖，導余徐出村舍。山泥沾足，往北行不半里及泉，泉嵌西山之麓，闊約丈許，三面皆絶壁環之，別無旁竇，水停涵其間，淺深不一，而澄澈之極，煥然映彩，淺者浮緑，深者沈碧。掬而嘗之，甘洌異常。【略】乃別鄧丈，復登輿南行，遥見居停之轎已登嶺脊矣。遂西南循坡上，路峻且滑，三里涉其脊。又七里過大山鋪，日已過午，山雨復來，恐不及到站，遂垂簾冒雨行，不暇辨途中景色。陟岡逾嶺，行二十四里，至芷江縣屬之懷化驛。分兩公館寓之，西則陸、殷、劉三君，東則蔣太守與居停及余耳，安頓行李於歐陽祠堂。【略】黄昏後又大雨。

二十三日丁亥，飯而行。濃霧瀰淪，咫尺不可見。平疇行二十里，霧影漸開，有石梁南跨之，約二十餘丈，有亭上覆，曰石門橋，水仍沅江也。余轎從東來，經橋西，不逾橋也。橋北村舍數家，有龍神廟東向，是爲石門塘。西南行，一路廬塍交錯，稻禾茂盛，半秀半熟，間有刈割者。十里村居聯絡，夾路成巷，市肆中多藥鋪，是爲俞市灣。設腰站於萬壽宫内。食既，復西南行，十里過迴溪。又西行，循南山之麓，二十里間良田按塍，綰谷成村，曲峽通幽，靈皋夾水，髣髴古之朱陳村、桃花源也。西南風大作，陣雲密布，有傾盆之狀，令輿夫作速行。未初一刻至芷江縣屬之公坪驛，行李甫卸，大雨如注，階下積水成渠。晚宴飲具精雅，得山莊風味。黄昏時酷熱異常，天復雨。是晚狂風陣雨，竟夕不止。

二十四日戊子，早起雨止。余因昨日偶飲涼水，病嗽咯咯，勉飲稀粥一甌，遂登輿，隨衆而行。一路秋雲綴錦，宿雨凝珠，二十里羅邱，又二十里盧舍夾道，是爲花石鋪。又二十里至沅州府，進東門，轉北，過武聖宫，至行臺安頓，行李已先至矣。余因病嗽就卧，不及城中一遊。是日戌初二刻秋分節。

二十五日，己丑，晴。因夫役未齊，頗費周折，直至日影正中，尚未就道。蔣太守諸君慮行李已前去，恐前站無人顧及，心甚怦怦。余即毅然稱往，乃備輿先行。出南門，繞城而西，闤闠咸集，盛於辰州。過江西橋，橋長一里欠三分，載芷江《邑志》，環數十洞，平鋪大板，構木爲屋，列肆貿易，兩旁成市，中爲長街。若兀坐橋中而不知者，亦不覺其橋在何處。向西南平疇行二十五里，茅屋數家當路而居，是爲裴家店。又十里，茅舍二三家倚南崖，皆居停之店，是爲曹路口。西南層峰高峙，突兀嵯峨，即大梨子山也。平行五六里，北上行嶺頭二里，西折而下，約里許上坡，折而南盤西峽，愈上愈峻，曲折梯危，折而左則臨左峽，折而右則臨右峽，上峙危壁，下嵌深淵。輿夫舁躋，汗流浹背，余見之不忍，乃下輿徒步登坡，披荆棘，履巉巖，亦不覺其辛勞也。漸西，下平疇，行八九里，復登坡，峻石累墜，鋒棱峭削。二里涉其脊，有頹垣踞岡頭，是爲迴龍閣。轉南，漸下，路尤險。繞江岸而南，五里至芷江縣屬之便水驛。甫到站，暝色已合，急查行李，管驛丁已早爲安置矣。乃命家人唐順在常德新雇者，有膂力。帶同護行李之親兵十二名，持炬前接。漏二下，居停與蔣太守先到，俄頃陸、劉、殷三君亦到，咸謂山行摸索，非持炬來，幾陷不測，感余之善於調遣也。

二十六日庚寅，晴。昧爽秋氣甚肅，幾披棉絮袍。辰刻飯而行，不一里過攸水，地方官以漁船蟻集，編成浮梁，涉此渡者穩如平地，不特無擁擠之危，且無臨淵之恐。西行田塍間，二十里田塍益盛，村舍甚繁，是爲碓户鋪。又十里，漸西上坡，危崖夾塹，境奇道險，南北横翠如屏插天，是爲蜈蚣關。三里餘始逾嶺脊，里餘復西折而下，道旁桐樹萬株，結子纍纍，此即榨油之桐子，非梧桐之桐子也。又十里，路旁結茅二三間，有土人擔具攜炊，賣飯於此，是爲巴周。又二十里至晃州驛，卸行李於郵舍。【略】余因銀箱未到，徒步往尋，五里外始見唐順押送而來。詢之，云槓夫狡黠，屢圖脱逸，故意遲遲耳。幸親兵後來加意防護，黠徒不得逞其志耳。

二十七日辛卯，晴。既飯而行，即於行臺前渡㵲水，盤崖麓而上，二里涉脊。四望巨嶺森削，亂峰迴罨，令人有四面芙蓉之想。由是屢上屢下，屢脊屢坳，人輿俱從石隙中行。二十里，有數十家倚山之麓，是爲大魚塘。又五里，涉兩界，山坡有石碑豎於道旁，大書「楚黔界址」，西去已入黔界矣。又五里，村居倚山臨塢，環堵甚盛，是爲鮎魚鋪。設腰站於榮家官店，午宴甚豐，係鎮遠鎮劉六如名士奇，安徽人。總戎作東道主也。食既，西南行，五里登坡，半里逾脊。漸西下，五里有村，懸西坡上，是爲南甯塘。又十里，有哨房當岡頭，虛而無人，有木坊跨道，曰「挂榜塘」。又十里，至黔東思州府屬之石屏縣。縣城甎甃甚壯麗，城外草舍三四家，依城而居。進東門，城中亦皆草舍，求瓦房，竟寥寥焉。息行李於郵舍，蔣太守諸君陸續到。

二十八日壬辰，晴。輿夫不齊，居停與蔣太守諸君午刻始就道。余因咳嗽，先於辰刻起程。出玉屏北門，繞城西行二里許，江流倒瀉，巨石梁跨其上。度橋，南轉上坡，秋花懸隙，細流縈磴，遂成一幽異之境。半里逾嶺頭，西轉漸下，六七里，有四五家竹籬茅舍，當峽而居，是爲三家塘。又平疇行十里，路旁有茅舍十餘家，具炊賣飯，是爲秋溪塘。此處米白如玉，價亦甚廉，余飛去青蚨百枚，已飽七人之食矣。又十里，荒茅焦土，破屋頹垣，二三家結茅於瓦礫之中，是爲洋坪口。聞昔村落頗盛，自苗匪擾亂以來，廬舍被焚，民皆散失，遂成荒徑。又二三里，余口渴甚，命輿夫息肩，至村中乞火煎茶，而無茶葉，乃探囊中，取葉少谷所贈之解渴丸止之。復西行十五里，至青溪江畔，有新牆一圍，中建武聖宫，規模宏麗。隔江雉堞參差，居廬環錯，即清溪縣之東門。於新牆下喚渡。是日，東門之市既至日影初西，市猶未散。入城，荒涼甚於玉屏，惟文廟、郵舍修葺甚麗，與湘省之各驛不同。申初行李到齊，日將銜山，居停始到，繼則蔣太守諸君亦至。

二十九日癸巳，主人炊飯甚早，因道遠而多山路也。平旦飯而行，出西門，雨已霏霏。羅喜臣大令郊送數里外。西行上坡，荒坡遥隴，夙霧遠迷，重茅四塞。十里有塞門，當峽而峙，不知何名。又十里，有聚落倚南坡，臨北壑，是爲坡亭。隨壑北轉西，漸上坡，再上再平，又數里，下及江。瀕江溯水而行，徑亦漸仄，右臨巖壑，左通深江，其最仄處兩轎不能相遇也。三十里抵焦溪，艤舟以渡。村聚數百家，夾道成衢。設腰站於楊家官店，余因病嗽未愈，不食鮮味，遂先行。未及二里，風雨西來，一天俱漫。輿夫舁輿行雨浪中，岡頭石齒縈泥濘，滑廉利，備諸艱楚。一里雨始霽，猶復曲折舁躋，盤纏嶺上。高崖滴翠，深木篩金，雨霽日來，陰晴弄影。又十五里至白家墳，山路崎嶇，高穹陡削，輿夫告窘。余憐之，下輿徒步行五六里，始達嶺脊。俯視西北塢中田塍鱗次，村廬錯落，雞犬桑麻，俱有靈氣，不意危崖絶磴之中芙蓉蒂裏，又現出此世界也。余徘徊久之，復南下，五里有溪縈流，石梁跨溪上。度橋西行，二里有聚落，倚崖而居，是爲兩路口。就憩片時，令輿夫覓食充腹。食既，登輿西行，盤崖而上。二里漸下，一路溪流縈迴，盤旋壑底，如玉龍蜿蜒而下。十二里抵鎮遠東關，江流騰湧，白浪噴沫。有巨石梁跨其上，渡而西，則黔東道之行轅也。解裝於宏文館，時已申正三刻矣。【略】黄昏時復雨，繼即大風雨，竟夕不止。

九月初一日甲午，早起微雨。憩鎮遠行寓。

初二日乙未，晴。仍憩鎮遠行寓。

初三日丙申，晴。早起吴觀察遣使送點心來。午後駝夫送駝架來，束縛行李於其上，以備明日登程之用。蓋鎮遠以上山路高而且陡，槓夫負重舁躋極難，且每夫兩名祇槓六十餘斤，每馬一匹能負一百四五十斤，一馬而兼五人之力，所以棄包槓而用馬駝也。

初四日丁酉，陰晴。晨起吴觀察復送點心來。既點而飯，乃令親兵押護駝馬先行，居停與蔣太守諸君往行轅告辭，余即登輿。出西關門，不十里危坡夾壍，鑿級其中，仰之直若天梯之倒挂也。循級而上，歷三百七十五級，始涉嶺脊，其甎甃如城門然，是爲油榨關，又名清鎮塘。關外茅屋數椽，爲往來息足之所。由是逾岡陟嶺，下少上多。又十里過相見坡，峰巒層疊，高皆千仞，山路紆曲，登首坡則尾見，陟尾坡則首見，立中坡則首尾皆見。行其地者，此以手招，彼以口答，應響若咫尺，而不覺十餘里之遥也。又十里，有茅舍纍纍布岡頭，是爲劉家莊。設腰站於劉家官店。食既，余及居停與蔣太守、劉别駕先行，陸、殷兩君尚在官店中與芙蓉君談心曲焉。於是西行，或西或南，盤旋嶺上，不復有三里平地。二十里，有廢舍踞岡頭，是爲望城坡。風雨驟至，轎帘爲風颺去，征衣盡溼，若騎玉龍而攪滄海者。乃行雨浪中，十五里渡小溪，至施秉縣。入城，荒涼之景尤甚於玉屏、青溪也。解裝於行臺，駝馬已到多時。

初五日戊戌，晨起濃霧瀰淪。既飯而行，今日所雇之輿夫皆鷹準猨目，短髮鬑鬑，跣足袒胸，語音唧唧。余怪而問之，知即苗民之應差也。形容駭人，心甚惡之，命唐僕押行李於轎之左右。由行臺東側轉北，上坡出西門，仰見西嶺最高，猶爲風霧所迷。上躋二三里，漸入濃霧中，咫尺不可辨，惟聽嶺上駝鈴響應山谷。十二里，有茅舍當兩峰之間，前植哨竿，空而無人，是爲草塘關。過關西上嶺，嶺更峻，石骨棱厲，數里躋其巔，其時四山雲霧已開，惟峰頭猶霏霏，釀氤氲氣。又十餘里，有百家倚東山而廬，夾路成巷，是爲藍橋關。設腰站於王家官店。食既，西行約八里，有溪横流，石梁亘之，數茅舍傍溪而踞，籬門竹徑，清趣可愛。仰見其上盤崖層疊，雲迴嶂擁，如芙蓉十二樓。心異之，適老人曳杖從南徑來，命唐傑問之，知即飛雲巖也。此處泉石幽靜，巖壑玲瓏，真考槃勝地。惜車馬遄發，不能停輿一暢遊也。又十里，路旁有茅舍二三家，是爲東坡塘。徑仄而陡，幾不能留趾，下坡尤甚。未及二里，有一澗自西山東來，環梁跨之，重巖絶壑，蒼翠參天，髣髴似雲林畫意。逼視内峽，環碧中迴，如蓉城蕊闕，互相掩映，窈藹莫測。自捨舟從陸以來，山水之勝，無過於此。又三里十里橋，橋長十餘丈，廣二丈許。又十里至黄平州，進東門。漢苗雜處，仡鳥僮花，如入異境。約半里抵行臺。

初六日，巳刻大雨如注。憩黄平州。

初七日庚子，晨起雨猶霏霏。辰初一刻始飯而行。出公館，西上坡，歷百餘級。出西門，有溪横阻，石梁亘之。見苗女子袒胸露臂，擔水溪邊。昇降曲折，盤纏嶺上，廿里，有哨房當峽而峙，是爲黄猴塘。又十里至重安江邊，縈江帶谷，居廬駢集。設腰站於行臺。食既，沿江北行，約里許，遥見鐵索橋危跨江上。僕從肩輿徐行其上，橋心摇撼，如危橋之將圮也。余至橋邊，下輿詳審之。重安江廣約十餘丈，水深不可測，左右石崖，堅利如劍。築石墩於兩岸，高十餘丈，闊亦如之。鎔鐵爲扣，聯扣爲索，凡數十綆，貫兩岸石窟中。索上横鋪巨木，蓋以大板，墩上鎮以石狁水屏之類，以索末盤繞其上，萬分鞏固，真巨工也。渡後轉南，上坡，螺旋曲折，峻而且滑，無石級可循，有泥坎陷足，舁躋極難，黔中第一處險要也。五里始逾脊，有哨房當嶺頭，是爲對江塘。西望山亂如麻，層覆疊出，崇雄屏立，上插雲霄，鎮遠以下諸山猶培塿也。又十五里，過大風洞，又名雲溪洞。洞外有茅舍十數家，爲往來居停之所。又十五里至都匀府屬之清平縣。城外荒茅沮洳，絶無片椽。進東門，則駝馬已卸行裝，將歸沸矣。【略】雨復連綿，幸已到站，免罹淋漓之苦。黄昏雨漸大，竟夕不止。

初八日辛丑，早起大雨滂沱。陳子遜大令使人持簡殷留，辰刻雨止，命諸僕從先行，駝馬繼之，居停與蔣太守諸君亦先後起程，余乃從容就道。出西門，平疇行二三里，漸上坡，幸鎮遠以上山岡盡石，雨過即乾，不復有泥濘之苦。愈上愈峻，十二里過洛邦塘，有哨房二三間當岡而踞，屋角塘旗因風飄颭，摇漾於楓林翠柏之間。宿雨含紅，朝煙籠緑，倍覺奸緻。又十七里，有村懸西坡，是爲白泥塘。由西漸下，愈下愈滑，輿夫因之傾跌，前肩甫起，後肩又仆，余在輿中甚惴惴焉。如是四五里，直抵溪邊，環梁跨之。過橋半里許，數十家當峽而居，夾路成市，是爲羊老驛。設腰站於行臺，辦差家丁係江蘇人，故席間肴核頗有家鄉風味。食既南行，上坡，循坡西行三里，越坡西下，未一里又復上坡，二里涉其脊。從嶺上西行，十餘里至平越州，所屬之馬場坪驛，解裝於郵亭。【略】黄昏又大雨，徹夜不休。

初九日壬寅，早起大雨不止，辰初始霽。辰正就道，出行臺，路復轉南而下，八里直抵深壑，有巨石梁横亘之，是爲葛鏡橋，水即麻哈江也。過橋北望，斷崖中剖，夾江如綫，對山壁立千仞，叢翠披雲，飛流濺沫，真幽險之極觀，逼仄之異境也。由是循坡而上，曲折梯危，盤崖層疊，歷三四里而臨其脊。俯視葛鏡橋邊駝騎肩輿，如寸人豆馬，蠕蠕動恍，如棧道圖畫幅倒鋪。從嶺脊南行，再下再上，十里至平越所屬之西陽驛。設腰站於行館。定例，凡上站夫役更班交替，不在馬場坪，而在西陽驛，故今日馬場坪之夫役即昨日清平之夫役也。詎知西陽驛丁因循誤事，夫役尚未雇備，而自反藏匿不見。前站扛夫輿役一到西陽，早已回去，一時無可如何。乃傳令里甲急募鄉夫，閲兩時之久始得草草完備，而鄉夫乘急索價，每名給錢四百文始就道。循坡西行，十五里村聚駢集，夾道成衢，是爲黄絲鋪。余所乘之轎輿夫本有四人，分作兩班替换，其中有趙姓者狡而且黠，乘空逃逸，餘者以守候藉詞，故意逗遛，遂與同行各轎相去數里之外。其時山雨復來，行人稀少，孤輿獨行於深山窮谷之中，雨色霏霏，商飆瑟瑟，殊覺駭人心目。正躊躇間，忽聞輿後大聲呼止，滕、陸兩差官押一人，至轎前磕頭如搗蒜，余揭帘視之，即途中脱逸之輿夫趙姓也。問其何爲而逃，答以失帶衣服故。余憐其山野庸愚，姑寬其處，仍以善言釋之。乃囑兩差官並轡同行，不離轎之前後，使輿夫不能頑梗逞志。西行岡塢相錯，十餘里有荒舍當兩峰峽間，空而無人，木坊跨道，曰「岸頭塘」。盤嶺再上，嶺更峻，石骨棱厲，數里躋其巔。漸下，有圮橋跨溪上，橋下水斷，不成流。兩差官牽騎而過，暝色將合，風馳雨驟，路寂山荒，樹影溪聲俱有靈氣，心甚怦怦。循溪行二里間，有數家當麓而居，不知何名。門内機聲軋軋，燈光外透，命陸差官叩門乞火，苦無蠟炬，相與暗中行。遇五六人，持矛挾刃而至，顧余轎云：「可速行，恐不及入城矣。」差官問其此去貴定多遠，答以十里。蓋此輩即守哨之營兵，乃送居停與蔣太守諸君入城而返者。時風雨稍止，昏黑逼人，輿馬惟向暗中躑躅，覺大道似從西南，乃遵道而南，不辨爲峽爲坡，亦不辨路之寬仄。久之，漸聞犬吠聲隱隱，真如空谷之音，知去貴定不遠。遥見燈光從南來，忽隱忽現，若螢焰之明滅然。久之漸近，兩差官在馬上遥呼之，乃唐順持炬來接，余見之，而後喜可知也。涉小溪，石梁跨之，度橋上坡，約三里至貴定城。抵東門，門將閉，因余未至而留。入城抵行臺，漏已二下。先是，居停與蔣太守諸君謂余深夜不至，無乃途中遇事，正擬派親兵出城接護，而余忽來，如遇故人於萬里外者，備極慰勞。

初十日癸卯，早起宿雨未收，不能阻諸君行色，辰刻飯而行。城中居廬甚盛，近治一段闤闠咸聚。出西門南，漸下坡，曲折盤旋，屢昇屢降。十里乾溪塘，又五里憑虚閣，又名母珠洞，羣峰拱立，林壑瀠沓。下輿，令輿夫引至洞口，黑暗如夜，冷風凛冽。與夫云洞深里許，其中諸勝奇形皆碧乳溶成，彼等曾經秉燭往視，慫余同遊。余不敢博好奇之名，而致意外之遇，就在洞口徘徊瞻顧。直瞰對崖，瀑布從崖際下墜，如懸練，深數十丈，直注峽底。峽逼箐深，俯視不能及其麓。又南行五里，有亭橋横跨澗上，亭已半圮，橋長百餘步，環七洞，是即甕城橋也。橋之左右居廬纍纍，夾峙澗上者甚繁。又十里，有水一塘，岡頭數十家倚南山而居，是爲新安塘。設腰站於公館。食既南行，十里雲頂關，甃甃如城門然。四五家當關而居，竹籬茅舍，清趣可愛。又五里古福洞，煙雨迷離，不及往遊。聞居停與劉別駕、殷大令過此下輿，遊覽洞口，石鐘石鼓皆天生自然，擊之，響應山谷。昔江陰陳子重先生持炬往遊，其中景物逼真，浮屠十餘級皆玲瓏，有階可登，每級俱有瞿曇像，香鑪炬臺皆天生成者，洞深數十里，直抵貴州後山。惜余先行，不及隨諸君之後一廣眼界，究因昨日到站較遲，前車之鑒，不得不遄發耳。又五里龍從塘，山北峰腰有洞，白痕自洞頂垂，如玉龍倒影，蓋即滴水之痕也。又十五里至龍里縣東門，城外寂無片椽，荆榛凝道。入城，城中居廬不滿百家，荒茅卑舍，求一板房瓦屋，竟寥寥焉。解裝郵舍。【略】黄昏後復雨。

十一日甲辰，早起陰而欲雨，辰刻就道。出城，西南上坡，巨嶺森削，漸上漸峻。數里，逾嶺而下。又數里，有溪自北而南，石梁跨之。過橋，西行上坡，嶺之北有頹垣，佛像露坐，想爲寺院遺址。又十餘里，稻禾盈塍，有數家倚北山下，曰穀黨塘。雖有行臺，未設腰站，陸彦翁命許僕乞糴煮食，果腹而行。又十餘里，有街横縈岡上，居廬纍纍。輿夫停輿，市食於市肆中，駝馬亦絡繹而過。時雨意霏霏，余從輿人就道。又十里靈同關，雨少止，泥滑殊甚，輿夫舁輿，躑躅南行。陟嶺遥望，貴州省城隱隱在十餘里外。下坡轉西，路漸平坦，康莊如申江之馬路。將至城垣約三里許，新建節孝坊二十餘座，跨道駢立。東來第一座石坊上書「萬里封侯」，係果勇侯楊芳所建而新葺者。石坊既盡，居廬駢聚，闤闠充衢，人煙輳集，究於外邑不同。約二里許逾大梁水，即牂牁江也，繞城而南。入城不一里，至大公館解裝，時已酉正三刻矣。

十二日乙巳，雨，仍駐貴州。

二十二日乙卯，陰晴終日。午後駝夫送駝架來，預將行李束縛，以備明旦就道。

二十三日丙辰，早起大雨，然住日已久，不能阻諸君行色。【略】巳刻起程，同行者余及居停，與劉少莊、殷紹濂以及諸隨從也。蔣太守因疾未愈，特留陸彦翁同行。出西門，冒雨行一時之久，目睫茫如，征衣濡溼，不暇辨途中景色。三十里湯粑哨，又五里龍場，四圍甃甃如城，闤闠咸集。設腰站於行臺。食既西南行，雨亦霽，四山猶爲霧影所籠，嵯峨莫辨。約十里，道旁有碑曰「華須境」，碑雖不古，然亦百年物也。昔人有夢遊華胥之説，須、胥同音，無乃是乎？又二十餘里，至安順府屬之清鎮縣。進東門，駐於行臺。城中房屋蕭條，有甚於貴東之清溪、龍里者。惟今日所經之路寬而且平，雖有坡岡，高不逾三丈，又與貴東山路不同。

二十四日丁巳，早起陰晴，辰刻始飯而行。【略】出西門，直西行，田塍中路甚平坦，四望山形迴異，箇箇不相聯絡，無復有瞻顧依迴之狀，或如孤鸞翱翔天半，或如畫屏直插雲中，俱平地突起，繞道而生，故驛路較黔東稍平。十里有橋跨溪上，水流瀠迴，是爲滴澄橋，想即古之所謂滴澄夜落也。又十里，有竹環坡，結廬纍纍，是爲長林塘。又十里至蘆荻哨，居廬甚盛，甃甃如城。設腰站於公館中。食既西行，麗日轉耀，碧天如洗。五里龍井潭，十里村舍環集，是爲界首鋪。又五里五馬塘，又十里至安平縣。相文卿山東人。大令已郊迎數里外矣，遂同入城，卸裝於郵舍。

二十五日戊午，早起陰而欲雨，平旦飯而行。出西城，路仍平坦，四顧濃霧瀰淪，密雲釀雨。兀坐輿中，祇聞颼颼淅瀝之聲，而目睫茫如也。十二里沙作塘，雨忽中止，雲霾遥滌，遠山屏列如畫，上干雲漢。又十餘里，廬舍夾道，是爲鮑家莊。北望山頂有圮屋數椽，相傳爲鮑三孃妝樓，不知何代人物。又二里，甎甃如城，數百家環集其中，俱以石板爲屋，石條爲柱，出入祇留一竇，是爲飯籠塘，想亦苗類所居也。又一里石碑坊，居廬盤錯，盡石牆石柱。設腰站於館舍。食既就道，十二里，有街横縈西山之麓，半是草房卑舍，不甚整闢，是爲中伙鋪。時微雨如塵，恍入米老煙雨圖中。輿夫沾體塗足，滑不可支。二三里雨漸霽，路亦漸燥。十里有坊跨道，曰「阿若塘」。又十里，有寺東向，曰石佛寺，其中石佛甚多，而四壁已頹，檐瓦半脱，已岌岌矣。又十里有茅舍數間，虚而無人，木坊跨道，曰「樂德塘」。西去道愈平，拓田畦間，晚禾四繞，村舍漸繁。又十里，至安順府東門。入城，城中廬舍甚盛，始皆瓦房，非復草舍，貴西大道第一繁區也。與諸君解裝於故善後局，入其門蛛絲網户，行其庭秋草叢生，登其堂塵如山積，種種蕭條，不堪寓目。命僕從乞糴於市，爲今宵果腹計。在途既遭風雨之苦，到站又迫餓火之燒，人何不幸而遇此境邪！

二十六日己未，終日雨滴不少輟，憩安順府中之故善後局。邑令胡某慢客殊甚，自朝至暮未見送粒米勺水來。是日寅正初刻交霜降節。

二十七日庚申，達旦雨止，雲氣靉靆。安順府周籽安太守送點膳來，既點而行。出西門，行田塍間，路仍平坦。遇新任普安同知赴任，辦差者絡繹道上。十五里有哨房當道，二三家傍屋而居，爲往來中火之鋪，是爲楊溪塘。又十五里，村廬環集，聚落成衢，是爲腰鋪。設腰站於劉家官店，食前方丈，珍錯羅列，驛丁伺應極其周到，自一路腰站以來，未嘗有如此之恭且敬也。然腰鋪亦是前站安順府中首邑普定所屬，何其宿站太簡，而腰站反豐邪？食既，復西行，十五里有哨房數家，是爲楊樹塘。又十五里，至鎮甯州城外，闤闠咸集，晚市未散。入城，瓦屋盈衢，民情安堵。息行李於郵舍東偏寓，與州署毗連，有徑通焉。李竹山四川人。刺史來拜會，人頗謹愨，並言明日山路崎嶇，輿上宜添縴夫，衆感謝之。

二十八日辛酉，早起陰沈，雲氣充塞。既點而飯，辰刻就道。出南門，路漸隆聳，四顧豐禾雲麗，村聚星羅，不復似黔東荒榛滿目矣。十五里，村居倚山臨塢，環堵甚盛，是爲安莊塘。昇降曲折，陟脊逾嶺，十五里黄果衞，又名白水河。設腰站於行臺。食既西行，不數武水聲沸耳，瀑布千尋，即犀牛灘也。飛沫倒捲如簾，屑玉騰珠，遥洒人衣，面白日間雨花雪片，土人所稱終古不晴者以此謂也。是處路分兩歧，南去涉關嶺，渡盤江，係歷來舊路，入滇較近，而陡險異常。康熙年間陡處崩陷，驛道梗塞，遂議改道郎岱，由白沙池過西林渡入滇，路雖較寬，而陡險與舊路不殊。從犀牛灘往西北行，上坡，將至嶺頭，遇永甯州梁華堂廣西人。刺史於大松樹下。蓋梁君爲星使過境，故迎送百里外，與居停及劉、殷兩君傾蓋長談。余促輿夫先行，危崖盤聳，愈上愈高，天氣愈寒，一路冷風凛（冽）[冽]，竦人肌骨。十里有木坊，曰「莘寨塘」。又十里，數家倚峰頭而居，是爲繁花塘。東臨絶壑，下嵌甚深，其壑東南田塍鱗次，禾芃芃焉。又十里，層岡絶嶺，漫無村居，是即永甯州屬之坡貢驛也。解裝於郵舍，駝馬早已到站。

二十九日壬戌，晴，平旦飯而行。路轉南而下，村舍纍纍，半爲往來駐足之所，名曰披頭。西南層峰高峙，雲氣瀰漫。十五里鳳凰岡，甚高，約五里許始至嶺頭。嵐霧在下，深崖峭壁，茫不可辨。逾嶺約三里，有村聚南下，皆瓦房竹扉，山居之最幽而整者。隔塢豐禾芃芃，不若黔東之重岡荒磧。度塢涉嶺，循崖而下，從脊南行，其下嵌而成壑。壑中人家隱於深崖重箐之間，但聞雞鳴舂響而已。又十里，村廬駢集，甎城如龍埸，是爲孝丁塘。設腰站於三元官店。食既西北行，約五里石龍岡。從東麓西上，屢峻屢平，峻者削崖盤磴，平者曲折逶迤，凡三峻三平逾嶺頭，約七里始陟巔。東望所度諸嶺，如屏層繞，直東一峰浮青遠出，豈鳳凰岡之最高處邪？從嶺上西行，下少上多，坡間籐木蒙蔽，猨鼯晝號不絶，瀑布皆在深箐迴崖間，相距咫尺，但聞其聲，樹石擁蔽，不能見其形也。十五里，村舍纍纍布岡頭，是爲量堡塘。北望山巔有庵，高綴層崖之上，屏雲亘壁，縹緲天半，其景甚異。又十里至郎岱廳東境，喻芳餘雲南人。司馬早在接官亭拱候矣。相與入城，城中街衢甚整，市舍亦熉。出西門，有溪横縈，環梁跨之。北有廟，東南向，朱門碧瓦，貌甚巍峨。又里許，至郵舍卸裝，駝馬尚未赶到，日落始至。緣山路崎嶇故耳。

三十日癸亥，晴，平明飯而行。不數里，竹樹蒙茸，村廬高下，莽地旱穀，犂徧山頭，雲氣嵐光，浮沈出没。又數里打劈關，距關二百步路盡，劈石無級可循，真乃一綫鳥道，萬分險惡。立岡頂，俯瞰塢中，村落沈沈，直墜壑底，以爲光從窅閬中上騰，乃鼯鼠蚖伏之窟。及至，而猶然在萬壑盤拱之上，而上眺打劈關，則一削萬仞矣。愈下愈峻，四顧亂峰迴罨，叢箐盤錯，遠雖莫覩，近多自障。十里，有數十家倚山而居，是爲半坡塘。設腰站於行舍，屋不甚廣，而倚雲臨壑，幽趣可愛。食既，曲折西下，愈下愈陡，仰視穹崖峭壁，勢極危峻，下視壑中，箐樹蒙蔽，如翠濤沈霧，深深在下，莫窮端倪。又數里，東崖之下江流轉曲，隔江有茅屋數點，倚崖而居。西向，循級直下六里，瞰江甚近，而猶未至也。又三里蓮花巖，遠而望之，如蓮花一朵，花瓣儼然。又里許，有碑碣豎道旁，大書「利涉滇黔」四字，村舍數家倚崖而居，中多往來居停之所。不半里至毛口河，又名西林渡，水即盤江之源也，怒流奔騰，水赤如赭。停輿坐巨樹之下，待渡。觀洪流洶湧，競渡者之紛紜，不啻從壁上觀也。俟久之，與居停及劉別駕先渡而西。沿江行，路甚平拓，余轎狂奔疾馳，瞬息間已去三里外。又一里西，漸上坡，二里抵峰腰，有水一潭匯岡頭，數十家倚山而居，是爲七里河塘。從嶺上南轉，過一岡，有街橫縈，村舍夾道，是爲阿都田驛，安南縣屬。遇雲南主考張王二公考竣回京，先解裝於館舍，故余及諸君投宿於逆旅。

十月初一日甲子，晴。聞驛中哄鬧，使家人探之，回云驛丁以藜藿供客，傲慢殊甚，從者均抱不平，致揮老拳耳。俄而驛中送來糲飯一盂，冷肉四盎，竟不能下咽。殷紹翁遣家人糴米數升，煮而食之，方始就道。山路低昂，紆縈曲折，十里有塘房，曰那貢。又十里，有小溪從後山流出，傍村就水，皆環塍爲田，是名安里塘，亦山居之勝處也。過此木蔭藤翳，連幄牽翠，高下虧蔽，左右疊換，屢屢不已。又十里，村廬夾道，相聚成市，是爲花貢塘。行館雖有，而舉目無人，復遣家人持鈔乞糴於村舍，煮粥一盂，上下爲之一飽。西下坡，愈下愈平，二里直抵深壑，聞水聲淙淙，數家倚西坡而居，是爲花市塘。盤壑而上，西南一峰上干雲漢，如老鷹展翅，翱翔天外者，鷹觜巖也。又十餘里，有竹環坡，結廬其中者是爲丁寨塘。又二里，村舍高下居鷹觜巖之麓，有數家具炊賣飯，甑中黃粱正熟。探囊中青蚨，令輿夫縴夫入肆果腹，整備鼓氣上鷹觜巖。由屋北上坡，始而闊僅尺餘，陡如天梯，倒挂螺旋而上，愈上愈陡，危坡夾塹，峭削淩空，列二千餘級始抵峰腰。其上甚平，有茅舍數家，木坊跨道，曰「半坡塘」。仰望鷹觜巖，猶然高與雲齊，輿夫縴夫已筋疲力盡矣。居停憐之，偕余出轎徒步，以息其勞。復列一千餘級，始至巖下。俯瞰崇山，杳杳冥冥，莫悉其根，如懸一幅萬仞蒼崖圖。綴身其間，不辨身在何際也。此巖自黔中入滇必由之徑，過此者必藉牽挽之功，輿夫不能全用其力矣。【略】踰巖半里，復登坡，凡三疊，又歷八百餘級始逾嶺脊。由嶺南西瞰，塢甚深，而箐密泉沸，不辨其從何流也。然路猶時時陟岡逾嶺，下少上多。又數里，村居環繞，田塍鱗次，是爲白沙池，係興義府普安縣所屬之驛站也。解裝於郵舍。

初二日乙丑，早起推窗四望，崇巒疊嶂，嵐光與雲氣同爲吞吐，令人神躍。辰刻飯而行，歷級南下，漸漸轉西，復盤崖而上，崖南峽中樹木森鬱，微霜乍染，標黃疊紫，錯翠鋪丹。十里有塘，曰舍基。巨松夾隴，翠蔭飛流，路漸逼仄，崇峰迴合，紆狹高下，深篁密箐，蒙密不容旁入，祇中通一路，石徑逶迆，如披重雲而穿密幄。又數里，漸下，峽中田塍高下盤錯，居廬東西對峙，是爲崧歸塘，又名罐子窑。設腰站於程家官店。食既就道，路猶屢伏屢聳，若貫珠而下，直至南門之麓。兩崖夾澗，澗上有橋，水甚清淺，流亦不急，過橋漸漸上坡。

初三日丙寅，平明聞雨聲淅瀝，頃刻而止。因前站新陳交卸之際，驛中均未整備，請暫留一日，姑允之，仍憩上寨驛。是日北風釀寒殊甚。

初四日丁卯，晴，早起飯而行。路復漸聳，十五里馬鞍山。由南漸下，五里兩崖夾澗，水極洶湧，有巨石梁跨之，曰南金橋。逾橋上坡，是爲南金坡。漸上漸陡，石峰倒湧，突兀嵯峨，其下深壑中居廬環倚，似有樓閣瞻依之狀，不辨其爲村舍，爲廟宇也。七里始陟嶺脊，從嶺上平行五里，十數家當嶺而居，是爲楊松。設腰站於何家官店。食既，余及居停先行，由南徑初下，十里曰舊差塘。又十里，村舍二三家，是爲岔路口，西去劉官屯，入滇大道；南去普安廳城小徑。余及居停諸君爲俞秋圃嘉善人。司馬殷留，入城小憩。繞道西，漸上坡，路復逼仄，兩騎不能相遇，前面駝馬銜尾而上，如貫珠狀。約八里，路漸寬，又數里，遥見煙樹迷離，村廬繞集，是即普安城外也。又五六里，過迎恩橋，是日趕場未散，人集頗盛，男女觀者甚衆。又二里，進普安北門。

初五日戊辰，晴，憩普安廳署之鴻雪軒。

初六日己巳，早起大霧，辰刻飯而行。出北門，繞城而西，七里雲南坡，石齒嶙峋，荆棒礙道，坡岡陡立，無級可循。八里始越其巔，則風霧頓開，日影焕發，四顧羣峰吐穎，泉壑盤空，巨木參霄，緯藤蒙塢，極幽峭之勢，惟遠山猶霏霏釀氤氲氣。由嶺上平行，路漸寬，約十餘里至海子鋪。行臺雖有，而無供應，命家人乞糴，苦無村舍可投。守之無益，余及居停先行，殷君爲白雲鄉之遊，遂留劉君共憩。行十餘里，小路紆曲，密樹蒙茸。又數里路漸平，居停轎已去遠。【略】又十餘里，四五家當路而居，環塍爲田，是爲蛾螂鋪。始有具炊賣飯者，各輿徒息肩飽食，俱欣欣然有喜色。由壑北轉，漸上坡，屢脊屢塢，凡五處，約十里村舍駢集，聚落成衢，是即普安廳屬之亦資孔驛。郵舍雖麗，釜甑生塵，均不解俞司馬之所以然。命家人乞糴，採薪擔水爲飲，前者安順之簡，未嘗有甚於此者也。

初七日庚午，早起雲翳。【略】辰刻自飯而行，十餘里火燒坡，高四五里，循級而上，坡泥紅赤，如雲母堆疊，而日色漸開，躡其上者，如在祥雲金粟中也。過坡十里，村居聯絡，是爲後所。仍爲腰站，向村中購得雞子百枚，乞火於陳姓家，煮而分食之，上下爲之一飽。此處胡桃甚廉，一文可得三枚。南下，漸西行，塢盤水曲，田疇環焉。約里餘，有數家倚西山之麓，是爲平彝所。有房似屋舍，而整旌標屋角，是爲普安查税所，凡商貨出入者俱税於此。又八里，峰高峽逼，竹樹蒙茸，披隙而南。二里分界山，是即滇黔交界處。有武帝廟，甚宏敞，諸君下輿拈香。【略】廟前有石虬亭，柏樹甚巨，而葱鬱如盤。亭前天生石虬兩條，蜿蜒似活。【略】廟之左右石坊兩座，左曰「彩徹雲衢」，右曰「滇南勝境」。過此路漸夷，車道平拓，無登陟之勞矣。十里有廟，東向，旁有破屋三楹，是爲真觀塘。又五里南，漸上坡，里餘陟其脊。上行不數里，至曲靖府屬之平彝縣，城外民屋斷而復續，不相聯合。入城，貿易甚煩，民苗嘈雜。解裝於縣署。

初八日辛未，晴，大風。辰刻飯而行。出城逾坡，十里有哨房當道，是爲揚威塘。一望麥畦浮翠，直逼多羅，坡名。黛色欲襲人衣。四顧他麓，皆平楚蒼蒼也，地平拓，而多墜壑，成穽蓋，入滇以來土峰繚繞，不若黔中之石骨棱棱，即使間有綴石，亦十不一二三，故環窪爲多。又十里腰站塘。西上嶺，一里逾嶺頭，四里有茅舍二三家，倚峰頭而居，是爲棠梨灣。又十里，有哨房數椽，是爲煙墩哨。又十里，村居聯絡，夾道成衢，是爲白水鋪。設有巡檢衙署，曲靖府之南寗縣屬也。郵舍甚整，規模亦麗。

初九日壬申，晴。早起飯而行，路甚平拓。十里海家哨，西漸上嶺，里餘逾脊而下，平行六七里，再逾嶺，有哨房當嶺而居，是爲分水嶺。二里有溪橫縈，木梁跨之。逾橋，循溪而南，漸高而陟崖，是爲獨樹哨。其處土傾峽墜，崩嵌交錯，石骨露其中，綴如裂瓣。行其墜處，皆流土不可著足。又十餘里，有村聚背山臨溪，高下層疊，是爲海子鋪。與諸君暫憩於玉皇宫内，有耆老李姓者頗殷埾，令土人撚松枝，煎茶供客。西行四五里，過小河，水甚清淺，各輿褰裳以渡。又十里至霑益州，入東門，路漸轉北，市肆設灘，貿易者甚繁。解裝於一品官店，行臺本在州署，相留爲明日星使駐節也。二更後接葉少谷來函，云頃奉憲諭，明日清晨諸君即在霑益州起程，不必在彼等候，緣前途行臺甚狹，恐一時擁擠，殊難措置云云。

初十日癸酉，晴。【略】辰刻始飯而行，出南門，路甚平拓。是日南風愈厲，揚塵滿野，日爲之淡。十里有塘房數椽，是爲新橋塘。南去二里，漸漸上坡，又二里逾嶺，路平坦。又六里坡石河，有虚亭三楹，爲往來息肩之舍。又十里至南寗縣屬之三岔口，設腰站於觀音寺。【略】飯於齋堂。食既，循街而南，貿易設灘者負販者居多。里許，居廬始盡。十里，道旁有亭，曰茶亭塘。又十五里，有廢舍距嶺南，是爲大海哨。又八里，新建木坊曰「黑泥哨」。又十里至馬龍州，城外居廬連絡，逆旅甚多。入城，清涼特甚，不復似平彝、霑益之闤闠咸集焉。卸裝於州署之問心堂。

十一日甲戌，晴。主人攀駕甚殷，仍憩馬龍州署。是日爲立冬節，晴爽既甚。

十二日乙亥，晴。早起飯而行，出西門，十里有塘房，是爲越州哨。循崖而西，四顧崖石疊出，有若芙蓉簇萼空中，有若繡屏疊錦崖畔，種種奇形，不一其態。又十里曰小哨，由是或岡或脊，或坳或塢。十餘里，有寨當峽而峙，曰烏龍箐。環處多土山，獨是崖純石危崖，夾箐之間覺耳目頓異。又十餘里，數十家倚北山而居，是爲白塔鋪。又數里，巨松夾隴，高影深陰，午日俱碧。有把總胡某率哨兵相接，是爲沙羅灣。又數里，居廬駢聚，田塍寬廓，是爲小板橋。設腰站於官店，是店蓋造尚未落成，器具咸草草焉。食既西行，不半里有橋，仄而甚長，橋下水涸而不流，車騎皆從橋下行，是即小板橋之遺址也。又十里有哨房西向，虚而無人，顔其木坊曰「涼漿哨」。又五里有茅屋數點，宿火未燼。日當午，土人擔具攜炊，賣飯於此。又五里西轉上坡，愈上愈峻，雖不如鷹觜巖之高而陡，壁立則過之。由是螺旋曲折，滑不可支，無梯級可循。五里始達嶺頭，有哨房數椽，設福星位，供香案於户外，守哨者持矛而接，是爲小關嶺。又爲木密關，即漢武侯平蠻，會盟於此，聞有碑記可考。從嶺上轉南而下，愈下愈平。五里，廬舍甚繁，爲尋甸州轄之易龍驛。解裝於郵舍，惟殷君到站。日將西下，孟璧成山西人。刺史從尋甸來，作東道主人。是晚微雨淅瀝，夜半而止。

十三日丙子，早起陰沈，西北風忽吼，氣候甚肅。又復啓笥添衣。辰刻飯而行，出郵亭，繞南行，田塍間路甚坦，宿雨已收，無復晦暝之色，遠峰近峽，環矚在望。十里，有平橋跨溪上。逾溪一里，有哨房，敧斜將倒，有不可支之勢，是爲雙橋塘。又十里，有頹廟南向，兩三家附廟而居，是爲牌樓哨。又十里，村廬駢集，縈流帶谷，是爲河口。隔河一山高插雲漢，聳秀無比，使輿夫指問土人，即堯封山也，又名嵩秀山。西南行，又十里，有壞梁跨河上，橋下水濁而不流，是爲白龍橋。有數家結廬，賣漿橋畔。又五六里，至大鼎山之東麓，循麓而上一里，路漸平，然路荒徑窄，疑非通道。俯視海子，古名嘉利涉，其源出於盤江。澄碧深泓，直漱南山之麓，紆折迴抱，不啻數十里。聞冬涸時，中有淺處，可徑而西，直至嵩明城下。又二里始至脊，有一庵高懸嶺上，是即海潮寺也。深竹罨門，重泉夾谷，幽寂窈窕，惜皆閉户，無一僧在。逾嶺西下，俯瞰嘉利涉水光如黛，側視夾中古木參霄，一時綠陰碧水，翠影飛流，不復知有行涉之勞，亦不知爲驅馳之道也。又里餘，有泉一泓，水赤如硃。旁有碣云：「亘古毒泉，飲之立斃。」又八九里土主山，不甚陡險，里餘陟脊。南下路復平拓，又十里至嵩明州屬之楊林驛，卸裝於郵舍。

十四日丁丑，晴。辰刻飯而行，未半里，道右有岑毓英撫軍廣西人，原籍餘杭人。生祠。【略】由祠西而南，路仍平坦，十餘里，有木坊跨道，而無哨房。哨兵執鎗而接，想爲前哨撥來也，是爲小哨塘。又七里過大哨塘，路漸聳，兩旁巨木夾隴，綠陰襲人，披映心目。又五里，廬舍夾道，當岡而踞，是爲長坡。設茶夫於朱姓家，諸君下輿稍憩。復逾坡度塢，南向而行，有數家倚山臨水，竹樹扶疏。又十里曰左衛哨，又五里隨溪而北，漸高而陟崖，是爲分水嶺。逾嶺西下，路亦險仄。又五里有寺，東向臨於松雲翠濤之間，是爲觀音堂。又五里，進板橋驛之土城，人集衢衢，牛車載柴，喊賣者甚衆。約二里，闤闠始盡，有郵舍甚整潔，遂解裝焉。日色將西，四荒晚雲密布，既暮而大風忽吼，月色爲之淡然。

十五日戊寅，早起陰沈欲雨。辰刻飯而行，路轉西向，寬而且平。五里深溝塘，五里高坡塘，路少聳即平。五里鷓鴣塘，五里馬橋塘，十里環橋跨溪上。逾橋有廟，巍然南向，松影泉聲，恍有異致，是爲興福寺。又五里近恩塘，是即滇垣離城五里之塘也。自此屋宇聯絡，鹽販甚多。昔之金馬碧雞坊已遭賊毁。將入城，微雨驟來，迴風湧之，撲人衣面，莫可掩蔽。入城約二里許，過五華山之西麓，又半里至行臺，解裝瑣院之受卷所。殷、劉兩君即於彌封所合寓。部署甫定，雨亦霽，日影正中。

[光緒二年三月]十四日丙午，晴。居停往蓮花寺大士前拈香，誠祝東旋也。午後駝夫取駝架來，束縛行李，以便明日登程。

十五日丁亥，晴。早起余往各同寓處辭行，辰正始飯，即就道，同行者丁介藩觀察、蔣亦謝太守以及居停與余也。出南門，繞過金馬碧雞坊，過迎恩塘。時暮春天氣，罌粟盛開，滿野繽紛，目遇成色。又有木香間之，時來芬芳，如入薝蔔林，聞栴檀氣，令人心曠神怡。申初始到板橋驛，卸行李於郵舍。

十六日戊申，晴。早起候丁君起，始飯而行。巳刻長坡塘，乞火於吴姓家，煮粥一盂，佐以青瓜、酥乳，頗饒風味。午刻東北行，狂飆又起，塵霧瀰漫，目不能視遠。申初抵楊林驛，丁、蔣兩君館於上舍，余與居停及趙錦榮館於東廟，屋宇卑陋，牆壁敧斜。

十七日己酉，黎明即起，收拾行李，飯於堂奥，日已三竿矣。丁、蔣二君尚未起卧，拱候之。辰正二刻丁君飯畢就道，居停與余等亦即隨後起程。東北行，狂風更厲，在轎中不覺朦朧睡去。午初至河口，輿人促余醒。設腰站於驛舍。申初抵烏龍驛，居停與余、趙錦榮下榻於別院。

十八日庚戌，晴。晨起余先飯，偕趙錦榮前行。五里小關嶺，道旁有碑，大書「武侯平南，會盟於此。」旁鐫康熙戊戌三月穀旦滇黔使者蔣陳錫重立碑，在小關嶺塘房之左，前經過時未見也。由是下坡，且下且陡，巳刻小板橋，午刻白塔鋪，停輿覓食於市肆。申初至馬龍州，諸君咸至，丁、蔣二君館於上舍，居停與余及趙錦榮仍下榻於別院。

十九日辛亥，早起余偕趙錦榮先飯而行。辰後狂風又起，比昨更厲。午初至南甯州屬之岔口，設腰站於觀音寺。食既就道，至交水塘，則張範吾刺史已出城郊迎矣。申初至霑益州，進南門，宿於州舍。

二十日壬子，早起飯而行。路由是分歧，東去出平彝，由黔而至楚；北去由川而出夔門。於是出北門，望東北行，十里有橋，仄而甚長，約七十餘孔，水無滴點。土人云：梅雨發時，水甚洶湧。是爲黑橋。環處荒山沙磧，輿馬俱從石隙中行。又十里，村舍數十家踞山之北，是爲九龍山。又十里，村舍環集如市，是爲三十里鋪。又十里，村居萃聚，有廟西南向，額其匾曰「五顯廟」，是爲章海子。又十里，廬舍夾道甚繁，是爲宗華鋪。設腰站於關帝廟，余與趙錦榮小酌於廊樓。食既，直北行二十里，甎甃如城，有廟西向，廟中醮事甚爲熱鬧，婦女進香者接踵。又十里至霑益州屬之狼煙鋪，解裝於蔣家飯店。【略】本日計行八十五里。

二十一日癸丑，早起就道，直北行十五里，土牆圍繞如城，村集數十家，是爲煙房。北去路雖平拓，而漫無村居。直北行四十里，有石橋圍如城郭，村廬層疊，是爲板橋汛。設茶尖於武聖宮。是處人情極悍，蔣使因與某丁口角，被某丁呼集數百人，奮起老拳，蔣使受傷甚重，丁使衣服亦被撕碎，可謂梟悍之至矣。又東北行二十里，土城圍繞，民苗麕集，設攤貿易者甚衆，是爲鳳橋關。又十五里至宣威州，近城有水，甚闊巨，石梁跨之，橋環五洞，水濁如漿。逾橋進南門，房舍層密，市井繁庶，過於霑益州數倍。解裝於州署。是日計行九十五里，盡是平路，惟終日狂風，衣服爲塵沙所蔽，殊爲骯髒。

二十二日甲寅，晴。晨起就道，出北門，路甚平拓。直北行十里，村聚數家依水而居，是爲十里鋪。又廿里，村聚成市，是爲來賓塘。設腰站於周姓家。余先行，約八九里漸漸上坡，三里涉其脊，是爲石鷗口。從脊上平行，五里有村居，多窑户，是爲碗廠。又十里漸漸下坡，愈下愈陡，雖不如老鷹巖之高，而陡險則過之。蓋老鷹巖有石級可循，而此坡盡是浮土，一無階級，不能支足，稍不留意，人馬俱墮深壑，甚可危也。五六里始至北麓，有松棚一間，土人攜具賣漿於此。詢之，則云陡山坡也。由此循溪而行，水蕩甚多，若梅雨發時，山水暴漲，則不能行矣。溪中多石，色如緑松，綴以山桃野草，景緻甚異。又五里，過馬鞍山西麓，復登坡，即下，仍從溪中行，十五里至宣威州屬之倘可塘，卸裝於巡檢署。

二十三日乙卯，早起就道。北行，漸漸上坡，八里有營房，曰老窪營。平行七里，村舍數家，是爲周福塘。又五里，村聚駢集，是爲新添鋪。又五里，是爲虎頭鋪。漸下，約六七里至虎頭鋪北山麓，即從山澗行，流水涓涓不濁。又十里，復上坡，二里至其脊。漸復下坡，五六里至可渡河，村聚數百家，甚閙熱。設腰站於行臺。食既渡河，過河即貴州大定府界。由河邊上沙石坡，五里舊城，即威甯州舊址也。又行一里，有溪橫阻，流水如綫，環梁跨之，有碑曰「永安橋」。五里觀音閣，又五里始至嶺脊。口渴甚，苦不得飲，安得有藍橋老嫗其人者呼雲英，以一勺瓊漿飲客乎？自河邊至沙石坡嶺脊共十五里，其高險曲折，數倍於老鷹巖也。從嶺上平行，約十里漸下坡，愈下愈平，仍從山澗行，又五里至貴州威甯州之金斗鋪，解裝逆旅。

二十四日丙辰，早起陰寒甚。余先就道，由金斗鋪東北行，山路紆曲，或上或下，有隨山將萬轉之象。二十里，有村落數家，是爲大亭子。余因天氣太寒，下輿添衣。復登輿，下簾行，涉脊涉塢，高下不一。又二十里，茅屋數家，村婦攜具賣點於此，是爲良山坡。物價甚廉，雞子每枚二文，大餅約五六兩，每枚三文。余囑輿人息肩，探囊中青蚨，使縴輿者頓然一飽，不過百文而已，此所謂人情容易做也。由是復下坡，十里有碑，曰「頭塘」。遥望威甯州，坡尚在十餘里外。沿坡又行，十里至威甯。過關聖宮，歇於東門外江西街李二西官店。行李甫卸，大雨如注。

二十五日丁巳，早起微雨，仍憩威甯州。午後稍霽，至晚大雷雨。

二十六日戊午，早起陰沈，既點而行。仍望東北，路甚寬坦，盡是石道。山行三十里，茅屋數家，是爲三鋪。更換縴夫，復山行二十五里，石牆圍堵如城，是爲四鋪。設腰站於官店。食既，從正北行，十里曰五里坪，有自鄉告狀者。又十五里，茅店數十家，是爲橫水塘。素本天桃，沿路不絕。丁、蔣二君解裝於鼇局，居停與余寓於連陞客店。狂風自西北驟至，頃刻而過，黄昏微雨。本日計行八十里。

二十七日己未，早起，辰刻麪而行。直北十里，有柴扉竹徑十餘家，是爲瓦店。轉東，漸漸下坡，十五里天橋。將至天橋路甚仄，螺旋而下。是處有銀廠，設腰站於蘇家官店。食既，由東上坡，五里至脊。下坡五里，茅屋數家，是爲水草鋪。又山行十里，有松棚賣飯者，皆婦女，是爲下扒山。又行二十里，瓦房廬舍，相聚百家，設攤貿易者甚繁，是爲徐家灣。是處杜鵑花甚盛。又東行三里，村落數家，屋宇尚整，有觀音寺當路西向，是爲七里店。即由寺旁東下，轉北，漸下坡，且下且平。又七里，村舍成市，設關納稅，是威甯州之黑章關也。余與居停解裝於福緣客寓。本日計行七十五里，盡是山路，較天橋之上尤甚也。

二十八日庚申，早起點而行。東北十里，是爲黃泥坡。又五里，村舍數家，溪水旁流，殊難支足，是爲清水鋪。又五里，甎甃如城門，門内虚無人，是爲烏龍鋪。又五里，大溪縈流如綫，巨石梁跨之，是爲甘塢橋。又五里，村廬駢集，相聚成市，是爲飲馬川。設腰站於客店。食既，東行上坡，無級可循，且上且陡，螺旋曲折，滑不可支，又過於普安之雲南坡也。五里始至脊上，東北行，五里漸下漸陡，路且仄。五里抵東麓，有街横亘，屋宇新而且整者居多，是爲平山鋪。解裝於逆旅。本日計行四十五里，盡是山路，陡而且險。

二十九日辛酉，早起即陰，食粥而行。直北十里，有茅房百家，相集成市，是爲牛頭蕩。自此下坡，七里直抵大澗水，甚洶湧，有石墩三座，鋪以石木，蓋造橋房，中間有六角亭橋，橋兩邊亦有亭。過此橋者如入室，不覺其在橋上行也。自橋西來，亭門上有扁，曰「長虹繫波」，係撫滇使者岑君所書。【略】過橋上坡，歷六百餘級至脊，有石甃如城，茅舍環繞，是爲七星關。設腰站於客店。詢土人，云同治初年回苗合據此關，五年抗拒，官軍不能下。時岑君尚在宜良縣任，率精民環攻，四閲月即破。山下大橋曰七星橋，當年以鐵索爲橋，造不得其法，屢次損壞。既而廢鐵索橋，用舟楫以渡，屢遭覆没。賊之據七星關，亦以此水爲險也。後劉制軍、岑撫軍創議建此大橋，履險如夷，人民受益甚厚等云。食既，平行，五里楊家灣，路望直東而下，五里周一站。再下十里，抵深溪，溪水涓滴不流，有巨石梁跨之。逾橋上坡，茅舍百餘家，聯絡成聚，是爲薩喇溪。由此上坡，五里曰新亭，有廟西向，漸又下坡。十里復上坡，五里有茅舍數十家，是爲高山坡。解裝於逆旅。本日計行六十里，盡是山岡，上下頗非容易。

四月初一日壬戌，早起東北行。五里有村舍，曰白家柵。下坡，五里曰楊橋溝，踰橋，隨溝中而下，五里平行，五里村聚數千家，相聯成市，是爲長春鋪。自此下多上少，二十里至畢節縣，進南門，解裝於考棚内。畢節城郭盡石甃，整麗甲於黔省，房舍繁甚，一無兵燹餘氣象。解裝甫畢，出城至市中換銀。適醮會，各色燈彩玲瓏絶頂。三更後雨。

初二日癸亥，陰，早起就道。十里有屋宇數十家，東盡處有溪，環梁跨之，是爲觀音橋。又十里，村居相聚成市，是爲毛吉廠。路轉北，上坡，甚陡險，約二里許至脊。即下，五里有村，不知何名。又八里，是爲巴坼坪。設腰站於逆旅。食既，東北行，十五里有村百家，互相聯絡，是爲金營廠。又十里至山脊，曰土地崖。從山脊而下，十里有市，曰孫家鋪。解裝於朱姓家。晚大雨，茅屋甚陋，舍榻其下，漏滴不堪其擾。

初三日甲子，早起雨猶霏霏。早飯而行，即於屋東上坡，愈上愈滑，頗歷艱楚。十里有市，曰大曹。又十里小坡，數百家相聚成市。又五里，竹樹扶疏，二三家傍竹而居，綠陰點綴，是爲五羅密。又五里曰黃泥坡，由此而下。又十里曰白巖，設腰站於逆旅。食既，余先行，且上且下，十五里過羅山。又十里高山坡，大雨由此而下。十五里抵河邊，曰赤水河，具舟以渡，過河即四川敘永廳界。沿河行半里，解裝於廣發客店。是處有巡檢衙門。晚間復雨，本日兼站走。

初四日乙丑，早起點而行。即上山，五里曰塘關，又二十五里始達山巔，是爲雪山關。自入川、楚、滇、黔以來，踰高山者無過於此。關上有關聖廟，余下輿入廟拈香，僧待客甚恭。由是下坡，甚險而陡，足不可支。十五里風水橋，設腰站。食既，復東行下坡，八里曰小坡坪。又五里，有廟踞嶺上，曰觀音寺。又二里，至莫泥站宿。計行六十里。

初五日丙寅，冒雨行。二十里曰澤關，又十里曰營盤山，設腰站於逆旅。雨愈大，十里狗腦殼，螺旋而下，陡而且險，路又泥滑，備諸艱楚。十里至其麓，又三里有市，長甚，曰財店。又七里，至普市汛宿。行李均已濡溼，借土人煨骨突烘之。夜有月色。

初六日丁卯，復雨，仍冒雨行。十里曰雙井，又十里曰高坡岡，又十里曰陳塢，又五里曰滴水，設腰站。雨稍止，食既行，十里金銀坳，又十里曰龍圖灣，又三里曰魚梟關，又七里永甯市。歷二里始至州城，進門，又二里餘出老城，過新橋，進新城，解裝於考棚。

初七日戊辰，午晴，仍憩永甯。

初八日己巳，起而行。由公館東行，轉北，街道甚長。出城行，十里曰歡喜鋪，又五里曰頭塘，又十里曰老君驛，設尖站於行臺。又十里曰海石堡，有橋。又五里曰興隆廠，又五里曰黃狗坡，又十里曰通光溪，有橋，有河。又十五里至馬嶺宿。

初九日庚午，早起大雨，仍憩馬嶺。終夕雨不止。

初十日辛未，早起細雨如塵，點而行。蔣太守由水路前進。東行約五里，天氣漸霽，然泥滑不堪。十五里有大溪縈流，石梁跨之，曰重江橋。又十五里至江門汛，設腰站於逆旅。是處山水極佳。食既，沿江東行二里，隔河有山，曰九鼎山。高處建樓閣寺院，松竹繞屋，頗有清趣。又三里，石甃如城郭，曰石虎關。左臨峭壁，右瞰洪流，亦一險要也。又十里曰大水溝，廬舍甚繁。又十五里曰常馬廠，有市約里許，街上通張五色天篷，各家披紅，爲星使過境而設，不意鄉村中亦如此之恭且敬也。又十五里，至大洲驛宿站。

十一日壬申，早起雨。因丁公有疾，不能乘轎，遂下船。順流行，七十里納溪縣。余登岸，過浮橋，至市中易錢，回來督行李過快子船。部署甫畢，天復下雨，至夜不徹點。

十二日癸酉，早起雨未霽，辰後始爽。午刻，我舟與蔣太守船先行，未正二刻舟抵瀘州停泊，尚在江之北岸。余登岸入城，街道整潔，市廛生意頗熱鬧，川緺每丈僅需銀九錢，可謂便宜之至。

十三日甲戌，天明開船。余晝卧，不暇觀江中景色。午後舟抵合江縣，已在江之南，酬應如前。瀘池至合江旱路祗有一百二十里，水路遶道而行，有一百八十里。

十四日乙亥，天明開船，和風淡蕩。順流而下一百五十里，江南岸有市甚繁，數萬家房屋高下錯落成章。問舟子，曰白沙洲也。又九十里，申刻舟抵江津縣停泊。【略】本日計行二百四十里。

十五日丙子，早起開船。是處貓兒峽距重慶九十里，巳刻白沙鎮，巴縣遣家人設腰站於此。六十里曰大渡口，又三十里，申刻至重慶府太平門停泊。余登岸，以銀易錢，歷一百八十餘級始至城門口。入城，又歷九十餘級乃至街市。適大雨滂沱，雇轎而返。【略】本日計行一百八十里。

十六日丁丑，仍泊重慶。

十七日戊寅，早起微雨，午後始霽。申刻開船，行三十里，至唐家渡停泊。

十八日己卯，黎明開船。進銅鑼峽，過人頭山。六十里，過江之南木洞，是處產米最夥。又九十里，午初過江之北長壽縣，山勢峻峭，城垣依山環水。又六十里，過江之南林澤，市舍極盛。又三十里，過江之北李渡，漫山帶谷，屋宇甚於林澤。又九十里，至江之南涪州北門外停泊。

十九日庚辰，黎明開船。行六十里，過江之北焦巖，有鋪市焉。又九十里酆都縣，有天子山，林樹蓊茂，幽峭絶塵，相傳閻羅天子所居也。又四十里高家鎮，因風暫泊。又五十里，至楊土溪停泊，雨意霏霏。

二十日辛巳，早起細雨。開船，行六十里至忠州，因雨少泊半時許。天霽，復開船，行一百二十里過石寶棧，石壁峭立，嶺表建紺宇焉，飛檐九層，狀甚巍峨。又六十里烏積溪，又二十里曰雙魚子，水勢湍急。又五十里曰府灘，又二十里，申正抵萬縣東門外停泊。本日計行三百三十里。

二十一日壬午，黎明放櫂。行六十里巴陽峽，又九十里至雲陽縣，少停一時許。又九十里二島溪，又六十里，申正二刻抵夔州停泊。本日計行三百里。晚江中笙歌繚繞，聽之忘倦。

二十二日癸未，早起余入城兑錢，仍泊夔州。天氣熱如炎夏。

二十三日甲申，早起憲節登岸拜客，余舟與蔣太守船先發約十里，因風阻，停泊於灩澦堆邊。

二十四日乙酉，早起憲槎開發，遂相與同下，過灩澦堆。入三峽不及五六里，風厲不能前進，同泊於峽內夔門下。余在篷窗遥望，兩邊山峰削如砌壁，壁上鐫「夔門」二字，題詠甚多。返舟雨更大，煙霧迷離，數里不能見。午後雨稍霽，風亦漸和，解維行，三十里出峽，有村舍居峽之東，曰大溪。憲槎停橈，遂同泊焉。

二十五日丙戌，早起開船。行六十里，過江之北巫山縣，憲槎暫泊。我舟即東下，玉山之陽樹木蔭翳，屋角微露於樹林之外，此即高唐關，巫山東之最高處。有廟巍然，即神女廟也。遂入峽，即巫峽也。巫中景緻之佳更勝長江，蓋峽中幽峭故也。約二十里壯壁，一峰矗天，峰尖如筆，玲瓏絶頂，此即巫山十二峰之一也。九十里始出峽，十里曰友渡口，即湖北界也。二十里巴東縣，江之南停泊，日已將下。聞今日華百川坐船出峽時風厲水溜，擊翻划子一箇，川江之行其險如此！本日計行一百七十里。憲槎不及到巴東，相離卅里抱泊。

二十六日丁亥，早起開船。三十里牛口，水甚溜。又四十里治灘，著名險灘。又二十里過歸州，水又溜甚。又十五里幽溪，江之北即昭君故址。又十五里青灘，亦著名險灘。又十五里入牛肝馬肺峽，又三十里菊溪，又九十里黄陵廟北，江之南水勢凶險異常。又六十里至平善壩，停宿。有查鹽局。居停買活魚一尾放生。

二十七日戊子，早起開行。三十里至宜昌府停泊，問津輪船在彼。【略】隨將行李過沙划子，船户曹春金，湘潭人。

二十八日己丑，午初開船。行一百零五里，過宜都縣。又十五里，酉刻至白洋卡停泊，微雨。【略】黄昏後雨更大。

二十九日庚寅，晴，早起開船。行六十里，過枝江縣，又九十里，至江口鎮停泊。

五月初一日辛卯，晴，早起開船。行九十里，至沙市鎮泊。【略】申初解纜，行六十里，至白家寨停泊。

初二日壬辰，晴，早起開船。行三十里，過郝穴鎮，亦江陵縣之大碼頭也。又九十里至石首縣。

初三日癸巳，早起開船，行三十里至觀音寺，因霧暫泊。巳刻開，行九十里過條關，正在演劇，觀者闐然。又三十里，天已晚，至劉家溝挽泊。

初四日甲午，早起開船，風不利，舟行遲遲。然順流下駛，與逆流牽挽者不同，日將西墜，已行一百八十里，至觀音洲停泊。

初五日乙未，早起風大利，日出過荆河瀏，瞬息間已過白鷺磯矣。辰刻抵新隄，我舟與蔣太守船連檣暫泊，命李僕入市沽酒，賞給舟子及礟船兵勇。隨解維，風愈利，加以順流，疾如奔電，轉眼已過簰洲。風稍兜，舟行徐緩。【略】酉刻抵京口停泊，是日計行四百八十里。

初六日丙申，黎明開船，行三十里過沌口。又三十里，辰刻抵湖北省城，望山門外之鮎魚套停泊。

初八日戊戌，天稍凉，風甚大。不能過江，仍泊鮎魚套。

初九日己亥，黎明江天氣熱如小暑節。船至漢口襄河内大碼頭停泊，余即雇划船至旗昌洋行，寫定俾物樂輪船。隨即回舟，將行李駁至旗昌碼頭過船。

初十日庚子，天未明動輪下駛，日午行抵九江。暫停即開，是晚過安慶。

十一日辛丑，午刻過南京之下關口。

十二日壬寅，午後四點鐘安抵上海。

是役也，往來凡十閱月，所歷吴、楚、皖、蜀、滇、黔等省。

（日本）竹添光鴻《棧雲峽雨日記並詩草》 明治八年乙亥十一月，余從森公使航清國，駐北京公館者數月。每聞客自蜀中來，談其山水風土，神飛魂馳，不能自禁。遂請於公使，與津田君亮以九年五月二日治裝啓行，即清曆光緒二年四月九日也。三日，車馬未備，頓西河沿。

四日，雇北京人侯志信爲導，出西便門，門在外城西北隅。過白雲觀，即元太極觀遺墟。【略】抵盧溝橋，橋長二百餘步。【略】宿長新店。

五日，過良鄉縣，縣南三里有樂毅墓。抵琉璃河，古聖水也，船舶輻湊，號稱要津。【略】城東有拒馬河，架石橋，長百二十丈，宏壯無比。【略】宿涿州。

六日，經定興縣，渡易水，見數馬馱煤，其品極佳，易州所出。又見大車載鐵，出獲鹿縣。【略】宿北河。

七日，渡雹河，抵安肅縣。從此以西，絶無秔稻，以麫充食。過荆軻故里。渡徐河，源出五迴嶺，合清苑河及雹河，匯於西淀。抵保定府宿焉。

八日，抵方順橋，即祁水下流也，蓋滱河一支，自唐縣東分爲廣利渠，達於保定。

九日，過陶唐氏故都。渡滱河，水淺欲涸。【略】抵定州城，有碑題曰「中山靖王國」。過明月店，則鮮虞舊都。【略】抵新樂縣。【略】渡沙河，宿伏城驛。

十日，渡滋河，抵正定府。【略】正定至西安府，踰井陘而經山西太原府，是爲捷徑，然險隘不通大車，故取路河南。抵滹沱河。【略】過南十里鋪，宿欒城縣。

十一日，經李左車故里，抵趙州，古趙國也。固城店即鄗城，其北有王莽城。過千秋臺，光武即位處。宿柏鄉縣。

十二日，渡泜河，抵大寧鋪。以官道沙深，左折取小路，過唐山麓。任縣泊在其東，相距極近。【略】飯於尹村。【略】抵順德府，即隋唐邢州。【略】宿南關外。

十三日，早發，塵埃未起，殘月近人。經沙河，水方涸無涓滴，沙深没輪，三馬不能挽一車，更雇一馬助之，始能得行。踰臨洺關，抵黄粱夢鎮，盧生祠在焉。【略】宿邯鄲縣。

十四日，過廉頗墓，入車騎關，關倚小丘，石多車軏。過杜村店，爲藺相如故里。抵磁州，多産煤，見肆上鬻土塊，其色灰白，呼曰干子，土人和麪作餅食之。渡滏陽河，一名滏水，發源神麕山，東北流經邯鄲，匯於南泊。又渡漳河。【略】宿豐樂鎮，鎮東十五里有銅雀臺遺址云。

十五日，【略】匆匆上車，抵彰德府。【略】過韓魏公故里，田間唯存一小祀。魏家營，曹操屯兵處。羑里城在路右，基址極小。入湯陰縣，爲岳武穆故里。【略】抵光村鋪，有嵇紹墓，血灑帝衣，即此地。宿宜溝驛。

十六日，過端木子故里，渡淇水，抵淇縣，南關外有三仁故里。渡衛水【略】宿衛輝府。

十七日，發衛輝府，風雨捲沙，自窗隙亂撲，車中之塵可掬。抵新鄉縣，風雨愈猛，奇寒襲肌，乃頓焉。

十八日，雨止，曉霧塞路，驅車行數里，漸開霽，則大行山横於乾位，如列屏障然。【略】過武王同盟山，一小丘載木者耳。經獲嘉縣，渡小丹河，宿修武縣。是日泥滑馬痛。

十九日，道路未乾，抵造店，脩篁如幄。【略】行數十里，得一街市，頗殷闐，曰清化鎮。

二十日，發清化鎮，池沼夾道，蘋葉田田，蛙鳴滿地，又有墟落隱見於緑竹間，宛然鄉園風致也。過丹、沁二河。【略】宿孟縣。

二十一日，出孟縣則黄河矣，河廣十里，濁浪洶涌，使人心悸，宜矣秋潦一至，汎濫數十里，不復辨涯涘也。【略】黄河之水，千里直瀉，商旅避險，不見舟行，各港口唯有一二渡艘耳。揚帆而濟，雨微下，中流洪波蕩舟，摇撼不已，達岸則鐵謝鎮也。【略】出鎮則光武陵，繚以垣墻，老樹鬱然。過陵西走，爲北邙山，車輪摩兩崖而登。【略】隱見於烟靄縹緲間者，河南府也。以日昃，疾馳入府，則街上點燈矣。燕京至懷慶，皆爲《禹貢》冀州域，此日渡河，始入豫州。

二十二日，渡洛水，往觀天津橋，橋下皆平沙，秋潦則水至云。橋疊石構成，望之如圓月，就之頽壞不修，行人皆自沙中過，橋上無復人跡。

二十三日，發洛陽，抵孝水鋪，王祥卧冰求魚處。憩磁澗。

二十四日，抵石河橋。【略】抵澠池縣，城西有秦趙會盟處。宿英豪。

二十五日，發英豪。石路凸凹，雇二壯丁以助車。抵廟高，路稍平，多丐人。宿磁鍾鎮，沿路多産土煤，每斤直錢一文，大抵銀一兩换百五十文錢。

二十六日，抵陝州，古虢國，即周、召分陝處。過石橋鎮，馬首漸仰。十餘里，忽見黄河於脚下。【略】靈寶縣爲秦函谷地，漢曰弘農，隋曰桃林，就宿焉。陝州多石，石橋鎮而西，丘阜皆土矣，亦往往有危岸絶谷。隴麥黄熟，刈者過半，而崤函之間則尚帶青色，以山深候寒也。

二十七日，渡弘農澗，入函谷舊關。自此而西一千餘里至隴關，號爲關中，其山不甚高峻，重疊相倚，弘農在其東，黄河帶其北，古稱天險，宜矣。鑿山通路，車不能方軌，每里闢崖，廣僅容車，兩車相值，則避一過一，故車夫必遥相呼應，以爲相避之地。北邙至潼關，所至皆是。關上之山，全身皆土，不挾一石骨，墾種麻麥，自腹至頂，無復完膚。過太子營，抵閿鄉縣。沿河而行，沙深數尺，馬屹立不進，策之，一躍而寸進，而尺、而丈、而里。抵盤豆鎮。

二十八日，抵潼關。《禹貢》豫、雍分界於此，山高與函谷相若，亦不著一石，土灰白色而疎鬆，觸即崩。關門譏察極嚴，出護照爲證，吏來見，執禮頗恭，又遣人護至西安府。【略】過楊震墓，抵其講學處。【略】宿西岳廟。

二十九日，君亮往探大華之勝，余以微恙不能俱。與志信發西岳廟，過郭汾陽墓，小壟一拳，在池沼中，墓標欹側，軀趺埋没，壟亦駸駸爲鋤犁所齧矣。華州往年罹髮逆之災，城市破壞，客店極矮陋，一室不能容二客。過寇萊公故里，夜達赤水鎮。

三十日，抵渭南縣。小憩以待君亮，下午乃至。【略】過新豐街，古鴻門也。抵臨潼縣，夜近半，遂宿焉。

三十一日，黎明往浴驪山温泉。【略】辰牌抵灞橋，【略】正午抵西安府。【略】凡禹域客店，獨備卧房，而無他具，故行旅者必齎枕席衾裯，始得涉遠。北地又無溷圊，人皆矢於豚柵，豚常以矢爲食，瘦削露骨，有上柵者，嘻嘻聚於臀邊，驅之不去，殆不能堪，此地始有溷圊之設，雖不净潔，亦勝於無矣。

六月【略】三日，西安以西，山路峻艱，乃舍車而轎。抵渭水，帆檣相逐，欸乃交和。【略】咸陽以東，舟船往來，漕煤炭米穀。咸陽以西，行舟綦少，蓋陝西之船皆方頭平底，無柁無篷，操手又不甚工，以其往來費時日故，行客商旅多就陸云。涉水入咸陽縣宿焉。

四日，抵興平縣，【略】過馬嵬坡，楊太真墓在道右，一隴僅存，有祠蕭然。是日遥望見終南山於烟靄間。【略】宿長寧驛。

五日，抵武功縣，【略】宿杏林驛，夜熱甚。

六日，抵扶風縣，有馬伏波故里。以晝間熱甚，謀乘月夜行，入客館小憩。已發則陰雲蔽月，終夜仍苦熱。

七日，微雨數下，熱猶不減。抵岐山縣。

八日，渡汧水，憩底店鎮。夜半起程，月光如夢。抵渭水，蓋渭水自寶鷄東流過長安北，咸陽在其北岸，故余涉渭入咸陽，左渭而西行數日，至此又涉渭南走，而與渭始遠矣。立岸唤渡，夜未晨，無有應者，令轎夫代櫂舟。

九日，抵益門鎮，則入棧道矣。溪水自萬山中來，亂石相排而出，涉溪蹈危岸而行，一路羊腸，循山盤紆，仰視天光，如在井底。踰二里關，古大散關也，山益峻，路益險，下則深谷千仞，奔流激射，轟雷翻雲。下關十里，盲雨忽至，大如彈丸，下轎小憩。【略】度煎茶坪。【略】宿東河橋，冷似秋。

十日，過紅花鋪。山不甚高峻，而石角嵬峨，動欲傾跌，其無石處則泥滑無以措步，輿夫窘甚。投白家店，雨徹明不止，冷甚。

十一日，抵石門關。陡崖壁立，望之如門，蓋以是得名，山之右聳者，騰空而下，蜿蜒如龍，與左邊一峰載石作虎形者適相抵，如鎖鑰然，故又有「雙鎖」之名。關踞龍背，實棧道之咽喉也，過此地勢稍平。鳳縣即秦隴西地，自此以西，爲《禹貢》梁州域。阻雨留宿。

十三日，雨止，踰鳳嶺，孔道迂回，乃取捷徑，極嶮，後人載前人而上。既至巔，有關，俯瞰衆峰，皆帖帖於肘腋下，乃知北棧中鳳嶺最高也。康熙中賈中丞漢復修治棧道，凡山肩石嘴可煅鎚之者，施工通路，名曰碥路，其層巒拱峙，中夾巨流，山斷崖懸者，則緣溪架木，或疊石爲橋，名曰碥橋。後人立碑嶺上，以頌其功。抵三岔驛，路始坦夷，過廢丘關，項王封章邯處。宿南星街。

十四日，行五里，道左有碑，題「對面古陳倉道」六字。踰柴關嶺，石路高峻。下阪十里，抵紫柏山。有留侯祠。【略】宿大留壩。

十五日，踰畫眉關。亂石聳起，欲壓人而墜。抵青羊鋪，青羊水一名洋水，雨則漲絶路。過青龍寺，行里許，褒、斜二水相會處。經三交城遺址，出武關驛，古武休關也。又有一水，藉小艇以過，抵武曲鋪。【略】將入馬道驛，有水曰樊河，水勢迅疾不可橋，橫施鐵鎖七條，繫兩頭於石，上排木板，亭亭懸空，徐行震撼不已，疾步則否。驛中薪樵賤如草。

十六日，過青橋驛，抵新開嶺，爲棧中第一勝境。【略】水西之山有懸瀑，流入褒水，架石橋曰「卧龍橋」。橋西爲閻王碥，賈中丞煅石闢路處。蓋棧中之險，有嶺有關，皆以十數，而碥爲之最，碥之險有燕子，有火燒，有小鬼，有青石，亦以十數，而閻王爲之最，自中丞闢之，險變爲夷，石棧如砥，置佛像焉，更名觀音碥。【略】抵褒姒鋪，相傳褒姒生於此。經沙河，河源出褒城西北黑灘山下，東南流至於此，與褒、斜二水合而爲匯，當雨漲則絶渡。抵將軍鋪，一大石屹立水中，狀如兜鍪，名將軍石，面鐫「屹然砥柱」四大字。自此一蹊旋轉而上，曰七盤嶺。嶺下二大石臨溪對峙，所謂石門也。故道循麓，由石門而行，漢熹平中，楊淮嘗作頌，今則路轉出山脊，雨急則瀑水四集不可過，因新架石橋，曰天心橋。過橋路益高峻，又無樹林可蔭，一步一喘，登涉之艱極矣。巔有關曰鷄頭，關前大石狀如鷄頭，故名。關上祀關帝，【略】褒中縣邑，皆集於履下，秦棧至此盡矣。下山七里，宿褒城縣。

十七日，發褒城，抵黄沙鎮。《水經注》云鎮武侯所開，或曰侯製木牛流馬於此。過舊州鋪，抵何家營，沔水自營南過，隔水一山爲定軍。轎夫忽呼曰：「武侯墓！武侯墓！」蓋墓在山腹薈蔚間。未至沔城五里，侯廟在焉。【略】渡沔往拜侯墓，沿水而東可十里，有堡子坪遺址，即侯舊壘也。過迴水、青龍二橋入墓門。【略】夜宿沔城。

十八日，雨霏霏不已，抵沮水鋪，爲漾、沮二水會同處，【略】經青羊驛，宿大安驛，是日道路險夷相半，沿塗新秧蒼翠可人。

十九日，大安至黄壩百四十里，溪澗溝渠甚多，所謂「七十二道脚不乾」者。過烈金鋪，路歧爲二，左出走陽平關者爲松龍捷徑，取右路而行，抵大寬川鋪，兩壁相輳，視天一線，水漱足潺潺然，踰五丁關，古五丁闢山處，巖巒陡峻，亂石嵯峨，路廣不過數武，秋潦一下，波流激湍，縱橫回轉，行旅病於經涉。抵滴水鋪，峭壁翼張，有水滴滴不絶，因得名。經溪流數道，抵浣石鋪，過柏林驛，又經小河十道，宿寧羌州。是日走山嵐間數十里，雨又不絶，在轎中衣襦皆濕。

二十日，衝雨發，經小河四道，過牢固關，抵黄壩驛，所謂「脚不乾」者至此而盡矣。踰閔家坡，山隘而隆，次爲七盤關，尤高峻。會天雨，泥深尺許，足一陷不可復拔。乃取道於山麓，自溪中行，水深没膝，輿夫躡石以取淺，左深則右，右險則左，余在輿中摇摇不已。舍正路而僥倖於危險，似智實愚矣。宿木寨山，一名教場。

二十一日，出日杲杲，人馬生影。過神宣驛，相傳爲古籌筆驛。抵龍洞背，即葱嶺，有洞名曰龍洞，一水奔突，趨於洞中，有聲潨然，嶺上有玉皇觀。【略】宿朝天鎮，鎮枕嘉陵江，距昭化百三十五里，乘舟而下，一日可至，然大險矣。

二十二日，踰朝天嶺。【略】沿江之山，其著書曰金鰲，曰飛仙，皆生毛而小矣。抵千佛崖。【略】宿廣元縣。

二十三日，過榆錢鋪，踰桔柏渡，宿昭化縣。

二十四日，阻雨。

二十五日，微雨，發昭化，有費禕墓。踰牛頭山，屏障西南，蜿蜒而穹窿，古名天雄關，有祠祀關壯繆。【略】抵大木戍，即古白術嶺，極高峻，當前崛起者爲大小劍山。【略】行里許，截然中斷，上壘石爲關，即劍關，一曰劍門，又曰劍閣。過關數百步，爲姜伯約駐軍處，其下一水瀰瀰鳴，隔水丘上有伯約祠，過祠入劍關驛宿焉。是日山路極峻險，其土赤埴而滑，坦處敷石，陂則爲磴，以防顛跌。

二十六日，冒雨行里許，得一山穹然而迤長，兩邊陡絶，巔則平坦，官道所經，有華表揭「天成橋」三字。【略】宿劍州。

二十七日，過柳池溝，抵武侯坡，【略】宿武連驛，古武功治也。【略】是日微雨。

二十八日，過上亭鋪，一名琅璫驛，即明皇聞鈴處。抵七曲山，有文昌廟，極閎麗。【略】抵梓潼。

二十九日，雨，發梓潼。劍關至此老柏夾道，大皆十圍，相傳爲蜀漢時所植。抵宿化鋪，翠松蒼竹，依依近人，又多桑樹。過炕香鋪，殷雷一轟，暴雨傾注。度涪水，宿綿州。

三十日，渡茶坪河，行數里，有石屹立於水厓，秀聳騫舉，大如一茅屋，面鐫「飛雲翥鶴」四大字。經皂角鋪。【略】過朝天寺，【略】宿羅江縣。

七月一日，抵白馬關，翠柏滿山，龐靖侯祠在焉。度綿陽河，抵德陽縣。自此西南廣袤千里，土厚水深，真天府也。東北環以羣山，巍峩相倚，西北則一髮遥翠，浮於天際而已。又涉水，過小漢鎮，宿漢州。

二日，過彌牟鎮，有八陣圖，四旁象城門，中置土壘，高約三尺，逐序羅列，今猶存七十有一，廣輪蓋三十六畝而贏。有武侯祠，面八陣圖，其背則鎮城也。祠旁攤雜貨以待客者店相屬，往來成市。【略】駟馬橋即古昇仙橋，司馬相如題柱處。過橋又有武侯祠，從祠前過，入成都城。

五日、六日、七日，皆雨。

八日，雨止。出南門，過萬里橋，行三里，謁先主廟。【略】歸途過青羊宫。

十一日，議買舟東下，時水大漲，江路危險，乃取陸路。會陳錫鬯趨重慶府，因約與俱。卯牌發錦城，路上甃石平坦如砥。過大面鋪，宿龍泉驛。

十二日，發龍泉。【略】抵石橋鋪。【略】宿簡州。

十三日，過林江寺，宿資陽縣。

十四日，棹舟濟雁江。【略】宿資州。

十五日，過唐明渡，即珠江也。將入銀山鎮，斷巖屏立，刻明人詩數章，松柏垂蔭，一蹊從其下過，不風而冷。宿内江縣。

十六日，路右多鹽井，皆深約二三百丈，廣不過尺。【略】買舟下珠江，三十里抵碑木鎮。復舍舟而轎，經雙鳳驛，過銀匠街，宿隆昌縣。

十七日，過李市鎮，稻花方秀，清香冉冉，送人不絶。宿榮昌縣，夜熱如蒸。

十八日，戴星而發，避熱也。經郵亭鋪，宿永川縣。苦熱，通夕不寐。

十九日，蓐食上程，過馬方磧，宿來鳳驛。

二十日，夜半出店，過浮圖關，【略】經白市驛，入龍洞關。【略】東走數十里，抵重慶府。府依山爲城，高而長，如大帶拖天際，躡磴而上百八十餘級，始至城門，又歷九十餘級，乃出街上。

二十二日，嘉陵江來注於江，自是江勢益壯。余將買舟，屬陳錫鬯聽采。凡船上設艙槅牕檽者曰舫子，供行旅寄載。其無之者大曰五板，小曰三板，皆裝載貨物，客亦得就搭焉。適有一大船裝鹽趨宜昌者，錫鬯勸余附載，乃告别錫鬯。【略】泊何家嘴，一名唐家沱。

二十三日，舟初入巴峽，沿岸有石山，有土山。【略】過草峽，山中多出煤炭。泊施家沱，已暝。

二十四日，過李渡，一聚數十家，皆石上搆家，石大家亦隨大，不築而基，亦一奇。過涪州，城市整齊，山容亦嵬峩争獻奇。【略】城東有一河，舟人云，舟楫能達於思南府。經離石鎮，抵酆都縣，【略】泊馬唐灣。

二十五日，過鐵門坎，急湍激蕩。忠州在南岸，滿目荒凉，殊無足觀者。抵舊忠州，方溪自南來入於江，水勢頗緊。過石寶砦，一大石四面削成，矗立三十餘丈，自趾起閣，層層爲級者十一，以屬巔。巔有一梵宫，磬聲隱隱，出自雲際。以舟行貪程，不得一登，可憾。過武林關，抵雙渠子。【略】泊仰渡。

二十六日，過胡灘，水勢漫緩，不復覺危險也。白水溪自南來，有一大盤石障之。【略】至萬縣，縣城人烟稠密，頗爲殷富。將入巴陽峽，亂石堆疊，長數百丈，蜿蜒如龍，曰龍蟠石。水束而逼仄，入峽益窄，若二大舟來遇，各槳相搪，不可過也。【略】過半邊灘，舟又遇渦，掀舞者三。泊廟溉子。

二十七日，過三塊石，以三大石束水得名。抵靈姑洗，盤渦盪舟。過安平驛，抵漫里三沱，舟又掀舞者數矣。抵夔州，街上人家多茅茨，瓦屋僅居十之一。

二十八日，僦小舟，往觀魚復浦八陣圖，方在水底，不可見。【略】一山臨江而起，爲白帝城遺墟。舍舟，由山後螺旋而上，殿宇巍然。

二十九日，抵瞿唐口，灔澦堆屹立於江心，嶔岈岩崿，望之如亂石層累而成者，其實一大石也。是爲大灔澦。

三十日，行半里，將入巫峽，北岸有神女廟。【略】已入峽，灘勢不如瞿唐，然亦爲險惡。夾江之山，皆峻絶摩空，草卉掩生，其間墾爲田者，比瞿唐爲多。抵青石洞。【略】抵皮石，即楚蜀過脉處。【略】小泊巴東，亦圮於水，城郭未經修築，尤爲荒寂。【略】下午發舟，至牛口雨晴。【略】抵石門關，關在北岸，鑿崖爲磴道。【略】過業灘，雨又大至，遂泊，篷滴終夜不絶。

三十一日，【略】過叱灘，入人鮓甕。【略】過香溪入江處，香溪發源昭君村，至此入於江。抵兵書峽，【略】抵新灘，亦險惡，水落則石聳湍激，疾如建瓴，往往不免於覆没。是日水勢緩漫，舟人鼓槳而過。入馬肝峽。【略】晚泊青林井，以候水勢。蓋重慶至此，水候有常度，過此以往非增減一丈則不可。入夜雨大至，舟人皆喜，以爲水且漲也。

八月【略】二日，乘水漲出通陵，則望黄牛山於羣峰巀嶭之上。過達洞灘。【略】黄陵廟在南岸。【略】繞出山後，則水之闊者復蹙，是爲黄牛峽，一名西陵峽。【略】入扇子峽，【略】抵鄧家沱。【略】宜昌府距此十五里。

三日，【略】更買小船，抵宜昌城下泊焉。

四日，過枝江縣，抵楊溪口。【略】過采穴，抵虎渡口，江水注洞庭處也。

五日，比曉，舟已抵沙市。沙市一名沙頭。【略】荆州府在沙市北十五里。【略】出沙市，抵匣子溝。【略】下午風順，掛帆而行，抵郝穴泊焉。

六日，抵石首縣。【略】過宋穴鋪，當前望見華容縣諸山。【略】泊洪家灘。

七日，【略】小泊蹈市驛。【略】過監利縣，泊車灣。

八日，出車灣十五里，阻風泊小灣中。

十日，行四十五里，風逆，小泊干口。下午復行九十里，泊池霸口。

十一日，【略】抵楊林磯。【略】日南對岸曰螺山，多人煙，就泊焉。

十四日，過新堤，行六十里，南岸得一大阜，前面削立，色如渥赭，即嘉魚之赤壁也。【略】抵石頭司，江益闊。泊嘉魚縣。

十五日，【略】泊下口。

十六日，發上口。【略】大軍山壓江而出，是爲金口，就泊焉。

十七日，抵鸚鵡洲。【略】揚帆東南轉，循武昌城壁而行。【略】北岸則漢陽府，春秋郧地。【略】溯漢，就東岸客店宿焉。

十八日，黄鶴山迤西有磯，劃江而起。磯上構層樓，所謂黄鶴樓也。【略】更上北岸晴川閣。【略】及暮上火輪船。

十九日，至黄州。坡遊赤壁實在北岸，一小岡臨江如削。【略】晚抵九江。廬山秀峙於天際，戴雲爲帽。【略】一白光湖忽見於船左，即彭蠡湖。有山如拳，當湖口而出。【略】過彭澤縣。

二十日，味爽發輪。過安慶府，至南京，則已暝矣。

二十一日，舟達於上海。【略】是行爲日百十有一日，爲程九千餘里。大抵車取二，轎取三，舟則略與二者相等。

闕名《察鑪道里考》［光緒十七年］辛卯三月十四日，由察啓行至打普，係察臺東山之背，出察首站，共三十五里。

十五日，由打普東北行，越打馬山，至熱窪宿，計五十里。北山繞路計七十里。

十六日，由熱窪東北行，越甲配大山，未正至妥恰絨宿，計九十五里。雪深山險，民盡游牧，旁通觀角，夾壩出没之區，有岳威信屯軍遺跡。

十七日，由妥恰絨東行，因噶熱山化雪難行，繞道東南，越大山一、小山二，至瀑木山根，乃白日頭人地，有番目支備柴草行帳，計程一百二十里。因係迂道，若無雪僅八十餘里。

十八日，由瀑木山麓東行二十里，至白日頭人處，即止宿。因須卸換烏拉，騾馬也。

十九日，由白日東行，經納多土司境，又插行疊蓋境，復入察境，至噶爾浪山根，計程百里。夾壩淵藪，地極惡劣，騾夫輪流巡防，終夜不寐。

二十日，由噶爾浪山根東北行，越摩拉山，西上不高，東下則道遠陡險。行出山口，氣候頓暖，巳初到打孜官寨宿。計程五十里，卸換烏拉。

二十一日，夫馬未齊，騾夫落後，仍宿於此。

二十二日，巳刻由打孜冒雪東行，越貢布山，路極窄險。午初雪愈大，騾幫恐雪深無草，半站即住。聞前站不遠，仍飭烏拉行走。引馬番兒指崖下石門即察木多、德爾格忒交界處。未初到德屬之窮達地方，止宿。計程約六十里。頭人來見，支備柴草。詢及地方情形，差繁賦重，土司暴虐無理，民不聊生，因重賞之。支差人等，喜出望外。

二十三日，巳初由窮達啓行，沿河而下，路甚彎曲，亂石如筍。對河民舍，敗堵頹垣。聞咸同時，均遭瞻對變之故，又被藏兵搶擄，民盡流亡，因而凋敝。申初宿於絨松，居人六七户，支應柴草。計六十里。

二十四日，由絨松東行，頭人支差恭順，上馬時酌賞銀牌、洋錢、茶甑，番人異常歡悦。午初抵捏拉山根，即宿。計四十里。

二十五日，由捏拉山根東行，越山而過，雪甚大。過山順溝東下，十里始得出雪山根。居民沿溝開地耕種，脈磽薄。午初二刻到站，地名日藕，宿於土目寨中。計四十里。土目支備柴草，更換人夫。聞該處土司性極殘虐，官民不和，疊蓋番民糾衆背叛，聚紮果洛克番者數百家，各部人心惶惶。

二十六日，由日藕東行，沿途均有民舍。約五里折而北下，行峽谷中，峯巒秀拔，草木清華。沿溪出谷，大河前横，即金沙江上源，自玉樹流來，穿疊蓋全部，流入三巖野番而出巴塘，南流入滇，始有金沙江之名。午初抵岡多竹卡，宿於官寨。計四十里。

二十七日，守候騾幫，小住一日。

二十八日，由岡多竹卡坐瓜皮小艇渡江。土司遣人持哈達云：現在患病，不能起床，只遣頭人迎於江邊，支換烏拉。稍南行出溝口，有金頂塔一座，歧路三叉，左赴土司現居之寨，右係大道，南路係喇嘛寺。正午抵站，地名阿里協卡。計四十里。

二十九日，巳初由阿里協卡上馬，越谷斯大山，雪深山險，松林極密。有巴奔喇嘛寺，住僧三百餘人。出溝抵公館，滲漏不堪止宿，仍住蠻房。其地名曲齒喜，計程六十里。

四月初一日，辰起，始知昨夜大雪。由曲齒上馬，渡橋進溝上山，亂石犖确，山之大有似賽瓦合。下山出溝，有大喇嘛寺，僧衆數千。有老僧名降養曲稱，持教甚雜，黄、紅、黑、緑、白兼而有之，爲德番所信奉，聲勢不亞土司。近日德民作亂，降養曲稱坐視不理，居心亦不可問也。未初二刻抵麥宿。計程八十里。麥宿乃土司生母分居之地也。

初二日，騾幫不來，留番兵守候。由麥宿東南進溝，越日打拉山，向正東下至洞妥宿。人户稠密，支應甚周。計程六十里。此地南行通裏塘，東北行係霍爾，正東爲瞻對，藏中番官赴瞻，必由此道，乃要地也。

初(二)[三]日，由洞妥進溝北行，繞山轉東過雜口，沿途有游牧，約行三十餘里，下馬小憩。復策馬東行，午正抵增拉山根，插帳而宿。計程五十五里。

初四日，由增拉山東行，進溝三十餘里，上雪山。越谷下行三十餘里，至馬拉松多。再前十里，插帳於松坡之上，以避卑濕。計程共八十里。旋有瞻對番官東科爾十數騎自東來，亦止於此。

初五日，晨起，番官呈哈達求見。亦擬探問瞻事，據稱伊係江達營官札阿，上年己丑遭變後，暫寓霍爾地方。因瞻事久無定局，瞻番應上租賦，兩年未納，伊擬暫行回藏云云。少頃退出，即拔帳啓行。沿溪北下，水勢漸大，春雪初融，亂石如斗，極難行走。一日之間，踏流而渡者九。三十里外路漸寬平，申初始抵麻謎干固，插帳崖穴之側。計程約九十里。

初六日，由麻謎干固拔帳，順溝北行里許，出谷向東，一望平坦。行三十餘里至一橋，渡橋進溝，宿於拉日噶多。計四十里。此地人民均爲土司調去守官寨，以防叛亂。卸換烏拉，催傳不易也。

初七日，由拉日噶多啓行，仍出溝，渡橋東行約三十里，地名綽通達，係茶站正路，人居漸密。復越阿甲浪山，路極窵遠。申正始抵絨巴擦，係德爾格忒、朱窩兩土司犬牙交錯之地，兩頭人支備一切，頗屬恭順。此站計程一百二十里。

初八日，由絨巴擦換烏拉東行，已出德爾格忒界，四十里中，居民不斷，夾道平疇，土脈甚厚，出藏以來，未見稼穡之茂有如此者。【略】午初抵白利土司寨，止宿。距絨巴擦約四十五里，其寨半面依山，半面據水，爲霍爾五土司之一，該土司守分安詳，有不侵不叛之風焉。

初九日，白利頭人將應換馬夫一早備齊，旋即啓行。渡河後，沿江東行二十餘里，至甘孜渡口。又八里而至麻書汛，該汛弁兵迎於道左。查該汛正北爲金川，西北即果洛克野番地，遠通西寧、界谷、結古、玉樹等處。正西爲德爾格忒，南爲瞻對，東爲章谷土司。其地漢番商賈會聚，四路要沖，額設兵丁五十名，近年只有八名，不敷彈壓，孔、麻兩土司凌侮輕視，該汛弁甚形竭蹶也。由白利至此，計四十里。

初十日，騾幫至此須購買各物，住扎一日。

十一日，由麻書汛換烏拉啓行，麻書汛弁等遠送於野。路折東南行，約三十餘里至撲玉壠，換人夫引馬。隨即上山，越四小坡，路漸寬平，申刻至一喇嘛寺。出溝轉東，有一水自西來，乃東谷之水。申正抵朱窩土司寨。計程九十里。

十二日，由朱窩換人夫引馬東行，五十里至蝦勒小憩，居民皆務耕作。午正至納凌衛，入章谷土司境，立有官寨，支應往來差務，有士兵盤詰往來行人。自朱窩至此，計程七十里。

十三日，由納凌衛東行，自辰至午，即見章谷喇嘛寺。下山即章谷土司官寨。沿途居民勤於農事，惟土司現被侵削，常有戒心，民心亦甚惶惶。午正到站，計程五十餘里。

十四日，土司遣頭人來見，回明烏拉備齊，並有夷禀呈遞。諭以過道之官，不能干預骨肉。土婦芝瑪跪於門外泣訴，嚴詞峻拒，始怏怏而去。上馬後回望章谷在兩山之間，山頂喇嘛寺僧衆千餘，勢焰極大，每每串通鄰近，與土司爲難。上年扎喜汪甲謀殺其父，該寺亦與謀焉。又該寺甚惡漢人，欺侮汛弁，無惡不作，實地方之大患。由章谷至噶納衛站宿。計程七十里。

十五日，由噶納衛東行，越小嶺，下山沿溪而行。十餘里過甲遮拉，見章谷水自山南繞至。沿河行三十餘里至道塢宿。計程五十里。此地漢民頗多，有小街鋪座，居然內地景象。其支備烏拉、柴草等事，乃孔撒、麻書頭人。孔、麻之地，反在章谷土司之東。絨巴擦內之凌葱，係章谷地，又在孔、麻之西。五土司轄境，犬牙交錯甚多，不免爭端時起耳。

十六日，由道塢啓程東南行，路甚平坦。約三十餘里，過橋至角洛汛，該處汛弁馬之驊來見。詢以此汛因何以角洛爲名，據稱此地歧路叢雜，夾壩出没無常，既通松茂五屯，又連綽斯甲北山之溝，正通果洛克野番，設汛名曰角洛，蓋重防範果洛克野番也。少坐，仍過橋東行，十五里至夾壩石，已入明正土司之界。計道塢至此五十里。

十七日，夾壩石東行五十里至渴卡，過此即少民居。迤邐東行入松林，是爲松林口，盜賊淵藪，時有夾壩。聞本年阜和協過此，坐馬落後，亦被劫去，並傷兵丁，迄未拿獲。又東行五十里，始越一山，有路通綽斯甲，赴噶達汛均一日程。下山東南行，路甚窵遠，催馬疾馳，申刻始抵少吴石。騾幫深夜始到。計程一百二十餘里。明正頭人支備烏拉、柴草。

十八日，天明烏拉即齊，上馬南行，踏流而渡。沿河行十餘里，繞山嘴十餘里至巴美，復換烏拉。仍向南行越兩小山，約四十里至鍾谷。有土百户及居民數家，雖有耕種，因地勢太高，霜雪甚重，每多不收。【略】由少吴石至此七十里。

十九日，辰正由鍾谷東南行，出門即上小山，馱支由山下大路而去。上山約十餘里，有民户游牧數家。由此下山出溝，與大路相合，有阜和營馬廠兵在道左拱立以候，蓋此地係阜和營牧馬之場也。下馬小憩，野草如茵。復上馬過一寺院，越一小山，至長霸衛宿。計程七十里。明正頭人支備柴草，烏拉人夫，均須更換。

二十日，由長霸衛上馬。聞此站至鑪甚遠，催馬馳行。路轉東北，連越四山，且多亂石。午初馳至折多山頂，與南路大道相合。驛舍小坐，復上馬下山馳入鑪關，時甫申初。計程一百二十里。

張其勤《鑪藏道里最新考》　一、鑪藏路程前人已多紀載，惟桑田滄海，疊有變遷。若以往時之書證今日之路，勢必不符。是編不求與前書合，亦不必與前書離，但就耳目所見聞者，筆之於書，紀其實也。

一、打箭鑪迤東爲關内地，往來行旅雜沓，其路途蜀人類能道之。是編斷自打箭鑪始，關内道里不復贅述。

一、是編所記尖、宿，皆就所棲止之地書之，雖多與正站不合，惟行程遲速勢難等齊，故逐日紀載，以存其真。

一、是編非日記體，其月日本可删去。第冬雪夏雨，夷險不同。前人所記瓦合山蓋爲大雪封山時言之，余過此時道途坦蕩，天氣清和，迥不若是之險。即是編中甲貢多洞一帶水險，亦前書所未詳。若不記明月日，無陰晴寒暑之分，徒滋閲者之惑矣。

一、關外道里未經丈量，即《西招圖考》、《藏衛圖識》等書，亦不一致。是編里數均以行路之鍾點爲斷，並參考舊書，或詢諸該處土人。其有不甚確者，則加一約字。

一、是編所記險易之處，或圍場可支帳棚，或水草宜牧牛馬，皆爲行軍而言。至於某山多樹，某地産煤，亦將來推廣電綫、創造鐵軌時所當考究。雖詞意俚鄙不足問世，或亦經營西藏者之一助爾。

光緒三十有二年歲次丙午，四月初五日午時，由四川打箭鑪出關。迤邐上坡，十里至工竹卡。復上坡，亂石横路，雖寬難行，四十里至折多塘，宿。平生不習鞍馬，至是頗覺困頓。是日陰，向晚微雨，夜雪，華氏寒暑表五十四度。

初六日。過折多大山。山巓積雪厚尺許，一望無際，巖壑皆平。雪光閃爍，頗傷目力，故行人皆以有色玻璃鏡護之。上下約六十里至提茹塘，尖。順河行，路漸寬坦，三十五里至阿娘壩，宿。是日晴。

初七日。三十里至瓦切，關帝廟尖。三十里至東俄洛，宿。此六十里沿河濱行，甚平坦。且土質肥饒，氣候和平。惟蠻人不善稼穡，任其荒蕪，惜哉。是日早晴，午後微陰。

初八日。三十里至高日寺山根子，尖。道旁多古松，有大至十數圍者。四十五里至卧龍石，宿。過高日寺山，高與折多埒，積雪尤厚，下坡亦頗陡險。是日晴。

初九日。五十里至八角樓，尖。路雖崎嶇，尚不甚險。五十里至中渡，宿。途中萬木參天，蟬聲滿耳。有瀑布自山頂下，如懸匹練。惟山徑拗折奇險難行，間有於山腰架木爲棧道者，行人至此，莫不惴惴。是日晴。

初十、十一。駐中渡。天氣晴暖，寒暑表六十八度。

十二日。由中渡前進，過雅龍江，有木質官船數艘往來載客。土人則駕皮舟。舟作方式，旋轉中流，瞬息已達彼岸。既渡，則肩負以走，亦奇製也。四十里至麻蓋中，宿。一路林木陰翳，松柏尤多，或爲山水所沖，横陳道左。惜生非其地，採運維艱，雖屬美材，不獲爲棟梁之用也。是日晴。

十三日。上大山，殘雪未融。約四十里至翦子灣，尖。隨過波浪工大山，雪積尺厚，寒氣侵人。適值大雪，雷電以風，人馬俱困。下坡則風雪雷電俱止，鞭影斜陽，增人客感。道旁多枯樹，土人云爲雷火所焚，或謂蠻人燒山所致。約六十里至西俄洛，宿。此地産老關草，可熬膏，醫病頗佳。是日陰，向晚晴，夜月明如晝。

十四日。四十五里至咱嗎拉洞，宿。中過大山，猶有殘雪。是日晴。

十五日。七十里至火竹卡，宿。中過大山，積雪方消，泥濘難行。是日晴。

十六日。二十五里至火燒坡，尖。自波浪工下山，至此百數十里，除塘鋪外無一民居，行人尖宿多用帳棚。此二十五里緣山澗行，縱横亂石，倍覺荒涼。二十五里至裏塘，宿。下山後，路頗寬平，惟天氣寒冷，四時多雪。民皆以畜牧爲業，若問貧富則數畜以對，不知種植之利也。是日晴。

四月十七。歷閏四月至五月初一，共四旬有四日，皆駐於此，以烏拉難於備辦，遂至久羈。斯時桑披正在用兵，鶴唳風聲，殊令人疑懼耳。其間陰晴靡定，或雨或雪，寒暑表初僅四十七度，後漸漲至五十八九度至六十度不等。

初二日。由裏塘前進，三十五里至大橋，尖。童山，無樹，柴草俱無。二十里至頭塘，宿。途中小樹叢生，有放花者。是日晴。

初三日。上黄土岡，亂石崎嶇。山頂有海子三，大者面積可三十餘畝。約四十里至乾海子，尖。繞山麓行，樹林蕃蔚。約六十五里至喇嘛丫，宿。是日早晴，向晚陰，夜微雨。

初四日。駐喇嘛丫。寒暑表五十三度，陰雨，向晚晴。

初五日。由喇嘛丫前進，緣山澗而上，崖下有僵屍數具，血跡模糊。聞係陝客販香者，昨爲夾壩劫殺於此。噫，慘矣。五十五里至二郎灣，尖。隨即下山，五十五里至三壩，宿。芳草鋪地，纔没馬蹏，頗似仲春風景。是日晴。

初六日。上大山，五十五里至松林口，尖。密箐深林，杳無人跡，山頂猶有殘雪。連下陡坡，五十五里至大朔塘，宿。崇岡在望，險巇驚人。是日陰，午後雨。

初七日。上大朔山。山極陡峻，由石隙中行，怪石嶙峋，縱横遍布，人馬咸無駐足處，爲裏、巴間第一險隘。約三十里至山巔。路側巨石上題「雄關」二字，筆力遒逸，乃乙巳歲馬介堂軍門征蠻過此所勒。下坡，五十五里至奔察木，宿。路更難行，沿途牛馬倒斃頗多。是日晴。

初八日。順山腰盤旋而下，間花自放，芳馥襲人。有形如刺梅，色淡黄；有類牽牛而小，色紫；有似金銀花而作黄、紫二色，均不知何名。果類若桃杏之屬，俱如彈丸大。海棠纔如豆，聞秋間始熟。可食，但較酸耳。四十里至小巴衝，尖。仍緣山下坡，花木愈蕃，姹紫嫣紅，争妍鬬媚。惜山徑險阻，未遑詳考。三十五里至鸚哥嘴，即鳳威愍公殉節處。山下水吼聲如雷，路最險惡。過此，即紅亭子，較爲寬坦。道旁高塚巋然，有石碣題曰「爲國捐軀」，蓋皆當日從殉之士也。約五里至巴塘，宿。水泉環繞，土質肥腴，遍地青稞均已成熟，惟天氣炎熱，赤日當空，炙人肌膚作痛，殊不可耐耳。

初九至十四，晴。十五，陰，微雨。十六至十九，晴。共駐巴塘十一日，寒暑表八十二度或至八十三、四度。多蒼蠅、壁虱。

二十日。由巴塘前進，上大山，四十里至牛古，尖。緣金沙江行，江流雖急，尚無灘石，有木船兩艘可以乘坐。路旁多野樹，葉類夜合而小，實結如槐。枝上多刺甚毒，手觸之皮膚即紅腫，如火灼。約五十五里至竹巴籠，宿。是日陰，向晚大風雨。

二十一日。渡江。刺樹愈多，或倒乘崖際，或横梗道左，無異行荆刺叢中。約四十里至公拉，尖。行山凹中，樹林蔚薈，路無居夷，約四十里至空子頂，宿。是日晴。

二十二日。行森林中，連下小坡，路轉峯回，豁然開朗。約四十里至莽里，尖。繞山行，路甚平坦。三十里至巴木塘，即川藏分界處。隨上甯静山，山上有界石，僅鐫有「山東界」三字，餘皆剥落，不可辨。下山路更寬平，五十里至南墩，宿。是日早晴，午後陰。

二十三日。上喜松工山，松柏成林，别無雜樹。下山坦夷，多青稞地。約四十里至古樹，尖。又上漫山，山巔無樹，下坡則青松蔽日，陰氣逼人。又有叢樹，葉類青㭎，不知能飼山蠶否。約四十里至普拉，宿。是日晴，夜陰微雨。

二十四日。冒雨行，萬山叢沓，迷目榛荒。約六十里至江卡，宿。是日陰雨。

二十五日。駐江卡，陰雨，寒暑表五十二度。

二十六日。由江卡前進，五十里至山根子，尖。中過渌河，河水清漣，游魚可數。七十里至黎樹，宿。中過大雪山，勢頗高險，回望巴裏一帶，雪嶺嵯峨，歷歷在目。是日晴。

二十七日。五十里至阿拉，尖。四十里至石板溝，宿。中過小雪山，陵谷深邃，崎嶇難行。是日晴。

二十八日。七十里至阿足，宿。亂石荒山，罕逢人跡。是日陰，向晚微雨。

二十九日。五十里至歌爾，尖。中過阿足河，水勢極險。過河即上陡坡，怪石猙獰，如惡獸欲攫人狀，路亦狹仄不易行。五十五里至洛加宗，宿。路稍平。是日陰。

六月初一日。四十里至俄倫多，尖。四十里至乍丫，宿。終日行河壖亂石間，四望童山，荒涼特甚。是日陰，向晚微雨。

初二日。駐乍丫。早陰，午後晴。寒暑表六十二度。

初三日。由乍丫前進，道多亂石，三十里至雨撒，尖。隨上昂拉大山，峯巒陡絶，高險無倫。約六十里至昂地，宿。前慶寶軒星使善入藏時，病故於此。是日晴。

初四日。順山澗行約三十里至噶噶，尖。隨上作拉大山，奇峯聳列，高出雲霄。土石皆作青黑色，頗類煤苗，惜未經鑛學家考驗，綫質何如，殊難辨決。下坡，多溜沙，行人皆舍騎徒步。約六十里至王卡，宿。前文仲瀛星使海出藏時，病故於此。是日陰，午後雨。

初五日。繞河西北行，二十里至三道橋，尖。三十里至巴貢，宿。路平。是日晴。

初六日。紆折上山，約六十里至山根子，尖。隨上大山，山名苦弄，多洞，大者高丈餘，中可容數十人，故訛爲窟隴。山土石赭色，如經火煅，因又名爲火焰山。上下約四十里至包墩，宿。是日晴。

初七日。沿河行，或上或下，路斷處則架木爲道如雲棧，約六十里至猛卜，尖。上猛卜大山，高與昂、作兩山相若。下山即緣江行，路僅寬尺許，行人魚貫而進，不能並騎也。約七十里至察木多，宿。兩山環抱，二水合流，左爲昂楮河，有橋以通雲南；右爲雜楮河，有橋以通四川。形勢扼要，可設重鎮。是日陰，午後微雨。

初八至十二，均駐察木多。連日陰雨，寒暑表五十四五度。

十三日。由察木多前進，鳥道臨江，行人懔然如墜。四十里至俄洛橋，尖。過橋，路稍寬。三十五里至浪蕩溝，宿。是日晴。

十四日。二十里至果角塘，路尚平蕩易行。隨上果角大山，煙雨迷離，如置身雲際，俯視山下，不辨路途。古人所謂「山從人面起，雲傍馬頭生」，及過此，始信世間真有此奇境也。上下約八十里，至拉貢，宿。是日陰。

十五日。行河壩中。河流泛溢，大道淹没，人馬均奔馳泥淖間。二十里至松羅橋，尖。過橋，仍緣河行，水漲路阻。隨攀藤緣葛，盤折上山，如棧道處頗多，蓋皆夷民所新開者。約四十里至恩達寨，宿。是日陰，夜晴。

十六日。緣河西行，二十里過恩達塘，由山澗亂石中崎嶇而上，童山千疊，殘雪未消。四十里至牛糞溝，尖。上瓦合大山，岡巒起伏，連綿數十里。嶺巔土石皆作煤鐵色，苔蘚不生。山腰以下淺草蒙茸，纔寸許。有海子，面積僅十餘畝。路亦不甚陡險，惟地勢頗高，邊風獵獵，不類伏暑冬春。積雪如銀，行旅苦之。然前人所謂土臺望竿，久已荒廢無跡矣。約七十里過瓦合塘，復上小山。山之麓有瓦合將軍廟，相傳康熙間雲南某鎮軍統兵至此，一夜風雪，人馬俱殭。土人立廟祀之，頗著靈異。下坡二十里至瓦合寨，宿。是日晴。

十八日。由松林中紆折上山，坡不甚陡。下山，松林漸少。約四十里至麻利，尖。上葉達拉大山，山童無樹，微有木樨香，疑即瘴氣。下坡，陡險且長，二十餘盤始至山足。過大木橋，橋下乃怒江上源，水流甚急。約四十里至嘉玉橋塘，宿。是日晴。

十九日。上得貢拉山。山與葉達隔江相對，俗呼葉達爲麻利，得貢爲碧奔，碧奔較麻利尤爲陡險。三十里至山頂，江寬十餘丈，自上視之若匹練。下坡，險峻百折，多樹，有瘴氣，中藏野獸。近又新開一路，尤陡峻，不能騎。二十里至山根子，尖。行深峽中，兩山壁立，天光一綫。崖際瀑布數十，如珠簾高挂，流涓涓不息。石上有烏斯使者保泰題壁詩，字尚完好。三十里出峽口，路稍寬。十里至洛龍宗，宿。是日晴。向晚陰，大風雨，旋霽。

二十日。上漫坡，路寬坦。八十里至得噶拉山頂，適值大霧，咫尺不辨。下陡坡，十里至鐵凹塘，路稍平。二十里至曲齒，有紫駝喇嘛寺，可宿。至此始有以菜子榨油售者，索價亦不甚昂。是日早陰雨，向晚晴。

二十一日。繞山根行，二十五里至穿心寨，尖。路均平坦。過章拉山，上下二十五里至碩板多，宿。地土肥饒，物産殷富。是日晴，夜陰。

二十二日。駐碩板多，晴。寒暑表四十七度。

二十三日。由碩板多前進，緣溝而上，過吾抵拉山，上下均不甚陡，千章翠柏，緑陰宜人。五十里至忠義溝，尖。上巴拉山，上坡盤折甚長，多奇松怪石，隨下坦坡。五十里至巴里郎，宿。是日早晴，午後陰雨。

二十四日。上朔馬拉山，俗以其類瓦合，因呼爲賽瓦合山。上坡多老松，皆作虬曲之狀，無一挺直者，想亦地氣使然。山腰以上，則朔風凛冽，令人起粟。山頂積雪尤厚，自遠處望之，若白龍游空，蜿蜒不斷，岡巒凡三起三伏。隨下亂石坡，多松樹，亦虬曲有奇狀。約五十里至索馬郎，尖。緣河行，路尚寬平。隨過小坡，路漸偪仄。入峽中，兩山峭壁摩空，崖下水石相搏激，奔騰澎湃之聲聒耳不絶。連下小坡，始出峽。約四十里至拉子，宿。是日早晴，午後陰，微雨。

二十五日。繞河行，路平。隨上必達拉山，峭石巉巖，頗類大、朔。下山，則平原茂原，河水縱横，牛馬成羣，居然富庶。共約五十里至邊壩，宿。是日陰雨。

二十六日。行山根下，路坦夷多。青稞纔作穗，尚未黄熟。隨下小坡，過短橋。上坡，路漸崎嶇。又連下陡坡，紆回多溜沙。約六十里至丹達塘，宿。是日晴。

二十七日。上丹達大山。山根有丹達神廟，相傳乾隆間雲南參軍彭某解餉過此，餉馱誤陷雪窟中，參軍從而殉焉。土人爲塑像祀之。有馬鞍一具，靴一雙，云係參軍生前所用物，至今猶存。上坡，寬平易走。山凹有土室數椽，道旁多青稞、豌豆。漸上漸冷，約三十里至山頂，爲永雪界，土皆不毛。雪積峯頭，儼如冠玉，寒風刺骨，無異嚴冬。下坡，陡險，不能騎，狹處不及一尺。約二十里至察羅松多，尖。順河西行，亂石塞道。下坡，過橋。復上坡，亂石愈多，路亦益狹，兩山夾峙，一水中流，峻嶺崇巖，逼人面起。崖巔有布泉，高約數十百尺，因風飄蕩，自下望之，若雲霧噴出，亦奇景也。下坡，過橋。上陡坡，至山頂，殊寬坦，有居民十數家。約五十五里至郎吉宗，宿。是日早晴，午後陰，向晚微雨。

二十八日。駐郎吉宗，陰雨，夜雪。寒暑表四十七度。

碩板多去察台八站，郎吉宗去碩板多五站，計十三站。中間如瓦合、丹達、麻利、碧奔各山，再前進如大窩、阿蘭多、魯公拉等處，均爲絶險。然猶幸時值秋夏間，尚未遇雪。若冬令，則雪凌載道，奇滑不能駐足，一日僅能行半日程。故來往行人，多於此失事焉。

道路絶險，固已爲生平所未經，然尤以橋梁爲最。番人之橋，多架木爲之者。兩端堆亂石爲基，架橋於其上，損敗破壞。人行其上，摇動偏側，危險萬分。然番官利其毁而復修，藉以聚斂民財，故雖嚴飭修理，終不肯使之堅固，殊可恨也。若藏中一旦有事，不惟軍士難行，即轉運亦大不易。其實道途原不甚狹，其人力所不能施之處，亦屬無幾。若兩旁稍加開闢，去其沙石，得一切實之人而經理之，費款亦不甚巨，即可成大道也。平治道路，本爲王政之一端。惜籌款維艱，遂使行人咸有崎嶇之歎，隕墜之虞，環地球中，恐無此行路難也。

二十九日。由郎吉宗前進，緣山腰旋折上下，陰雨道滑，時虞顛蹶。三十里至卡庸，尖。行亂山中，泥淖没膝，足却不前。隨下陡坡，至河壩，土肥草深，牛羊遍野，青稞地亦多，各家積薪如阜，高與屋齊。約二十里至大窩，宿。是日陰雨，夜雪。

三十日。行河壩中。渡河上坡，漸入深谷。出谷，緣山腰行，過小山，上下極陡。下山，有草坪，面積三四十畝，行人可支帳棚，尖於此。隨上坡，多浮沙碎石，狹隘難行。下坡度橋，橋連巨木如筏，人馬行其上格支作響。復上坡，萬木陰森，遮蔽天日。下坡，有深溪當路，波浪如鼎沸。上有橋，較前橋尤險，一端疊石如高臺，橋架其上；一端繫於崖石，橋身去水面數丈。遠處觀之，若飛虹。過橋，仍緣山腰行，更爲險仄。共六十里至阿蘭多，宿。是日晴。

七月初一日。順山根行，過橋。路漸褊仄，兩山高聳，下臨巨河，大道淹没不通，行人相與尋路而進。下坡，度橋，入深林中。雖陡險曲折，多亂石，尚無水阻。惟崖下灘聲雷鳴，震撼山嶽，不禁使人心怖耳。約五十五里至破寨子，尖。行叢樹亂石間，隨下陡坡。至河壩，復緣河隄而上，波滔洶湧，白浪掀天，稍一失足，即逐流東去矣。下坡，有平壩，芳草如茵，黄花滿地，面積可百數十畝。過此，復崎嶇難行，多松柏，夭矯入畫。出松林，路漸寬敞。過橋，上坡，抵山足下，約四十五里至甲貢，宿。是日晴，向晚陰。

初二日。緣山沿河而上，多松樹，有亂石。下坡至河壩，河水沖刷，大道多圮，遂上山。山係新闢蹊徑，荆棘充塞，陡險異常。下坡，緣山腰行，路窄多沙石，人畜稍駐足，沙石即隨之而下，若不能勝。復下陡坡，有草坪，可支帳棚。約四十里至大板橋，尖。上坡，路僅寬數寸，全係溜沙，行人側足而過。下坡，度橋上山，野樹夾道生，徑惟一綫。下山渡河，水甚險惡，深及馬腹。復連上小坡，行樹叢中。下坡度橋，上山繞坡行，多浮沙碎石，不克駐足。下山渡河，水清淺可揭。又上陡坡，樹木漸少，路亦稍寬。約四十里至多洞塘，宿。此數站因上流多雨，河溢途窮，故另闢山徑，遂爲赴藏第一險阻。是日早晴，午後陰，晚晴。

初三日。過亂石坡，隨上魯公拉大山。山如怪石堆成，上下數十里，無咫尺坦途，草木不生。四時無伏暑，積雪厚尺許，終歲不消。下山約四十里至海子，尖。海子有二，大者面積可數十百畝，小者不過十餘畝，中有小溪相通。水皆作青緑色，深不見底。循海子西南行，路狹多丸石。連下小坡，路稍寬，大小亂石益多，石上苔作紅、黄、紫、緑色，斑斕可愛。中有草坪數處，尚易走。約四十里至擦竹卡，宿。是日晴，向晚微陰。

初四日。行河壩中，地瘠天寒，不堪種植，惟亂石荒草，滿目淒凉而已。三十里至氣死坡，尖。隨上坡，不甚陡峻。下坡，路寬坦，有水草可作牧場。三十里至拉里，宿。是日晴，夜陰。

初五，晴。初六，陰，夜雨。兩日均駐拉里。寒暑表四十三、四度。

初七日。由拉里前進，繞河行，河水縈洄往復，過渡。隨上拉里大山，高峻與丹達等，而冷尤過之。衆山積雪，森如玉立。上坡多亂石，下坡多溜沙，均不易行。約五十五里至阿咱，宿。是日陰，夜雨。

初八日。上陡坡，過橋。大路泥淖深或没腰，遂由坡上小路進。多叢樹，高者不及二尺，開黄花瓣五出。下坡有海子，即札穆納裕池，寬可里許，長二十餘里，水平如鏡，青碧色。俗傳中有獨角獸，時出爲怪。順海濱行，浮沙亂石，甚礙馬蹄。過小石坡，有草坪可支帳棚。行山根下，路稍寬闊，亂石亦較少。九十里至山灣塘，宿。是日早晴。午後陰，大風，雷，雪彈驟至，四顧羣山，蒼翠頓失。

初九日。上瓦孜大山，凍雲下垂，萬山皆白，真不啻在冰天雪窟中也。上坡，多沙石，幸爲新雪墊平，尚覺易走。山脊有巨石二對，踞如隘。過隘，即下陡坡。約四十里至山根子，尖。渡河，河流湍急，下多圓石，人畜幾不能立。隨緣河行，亂石尤多。二十里至常多，宿。是日陰，向晚雨。

初十日。過橋，行河濱，亂石間兩山羅列如屏，山巔有石笋高出雲際。三十五里至洞古壩子，尖。仍順河行，亂石塞道。山麓有碉樓六七座，高皆數丈，不知何人所建。二十五里至凝多，宿。是日陰，午後晴。

十一日。過橋，行河岸上，多青棡樹，有亂石。自多洞塘起，四百餘里山禿地荒，柴草俱無，番民皆採野菜和乳渣雜咽之，以資果腹。至此，始有林木及青稞、豌豆。約四十里至過拉松多，即大河壩，尖。由河瀕樹林中行，亂石較少，約四十里至江達，宿。此處産麥麪，尚可食。是日晴，夜陰，大風雨。

十二日。駐江達，陰，午後大雨，寒暑表五十五度。

十三日。由江達前進，沿河隄行，路漸窄狹。右爲峭壁，左有巨石高丈餘，森立路側，中鑿爲道，俗亦謂之鸚哥嘴。隨下，舊有木橋可達彼岸，大道尚平蕩易行。橋現被水沖斷，遂繞小路進遠十餘里，青棡樹極多，土人皆燒作焦炭，運往前招售賣。共約六十里至順達，宿。是日晴，夜陰。

十四日。溯流西上，路多褊側。過大木橋，始合大道。有叢樹，枝葉類白楊，或曰即内地所謂蠟樹也。兩岸有古碉數座，依山傍水，頗據形勢。共約一百里至鹿馬嶺塘，宿。是日陰，午後雨，夜大雪。

十五日。冒雪行河隄上，連轉山灣，始漸出雪界。細雨如絲，沾衣欲溼。崖下灘聲若雷，路亦滑，且多亂石。約二十五里至山根子，尖。隨上鹿馬嶺大山，坡不陡峻，而綿亘甚長，與瓦合相類。雪積極厚，四望無涯。約四十里至山坡下茶尖，路稍寬平。又約二十五里至堆達，宿。是日早陰，大雪，旋雨。午後晴。向晚大風雹，夜大雪，寒甚。

十六日。雪已漸止，雲際微明霽色，隨沿河踏雪行。路雖無甚亂石，而亦坎坷不平。過土坡，度如馱橋。約三十里至河壩，尖。隨行河壩中，道旁野樹叢生，有結紅實如天竹者，味甘，番人喜食之。約三十里至烏斯江，宿。是日陰，午後雨，向晚晴。

十七日。緣河而西，秋風蕭瑟，衰草連天，不謂去佛地已邇，猶復荒寒若是。幸路多寬坦，雖偶有積潦亂石，尚無礙於馳騁。共約六十里至仁進里，宿。是日晴。

十八日。河干路甚平夷。上坡，緣山腰行。下坡，度橋，微有亂石，泥淖亦深。復過土坡，則一望平蕪，豁人心目。繞河，多叢樹，而羣山類巉屼不毛。約三十里至接賞，尖。仍緣河行，平坦寬闊，山根下有陶廠所出陶器尚多，惟質粗式拙，未知研究改良，以致銷路不廣，殊爲可惜。約三十餘里至墨竹工，宿。是日晴，向晚陰，雲如潑墨，雷聲殷殷自南來，旋霽。

十九日。順河西下，山勢平衍，地面寬平，萬頃青稞因風作浪，不復似前此荒涼矣。過三洞橋，緣山腰上坡，路稍窄狹。下坡，即行山根下，河流紛歧，地多淹没。若設法束使歸一，可涸出良田數千百畝。復連下小坡，約四十里至拉木，宿。是日晴，夜陰雨。

二十日。緣河行，圓石極多，如星宿羅列，一望無垠。隨順山腰而上下坡，渡小溪，傍山根行，石子漸少。約四十里至占達，尖。行山足下，過亂石坡。復繞山行，崖石倒垂如欲墜，路亦狹隘難行。轉過山麓，始漸寬坦。過三洞大石橋，約三十里至德慶，宿。是日晴。

二十一日。順河西行，路平如砥，有皮舟二，逐流而下，若水中鳧，轉瞬不見。約四十里至蔡里，宿。是日晴。

二十二日。乘皮舟渡河，舟長五六尺，寬僅三尺許，前鋭而後豐，以木條作胎，外包牛皮，無柁無篙，摇雙槳以進。較之中渡者稍大，每舟可容三四人，多則不勝矣。約二十五里至西藏拉薩，宿。萬嶺回環，儼如城郭，童童濯濯，草木不生。佛經所謂鐵圍山者，不啻指此。是日晴。

潤藩《藏游日記》 西學士吕推暨李默德君，法國人也。自新疆入游西藏，潤藩受聘相從。是役也，始於光緒十九年六月下旬，由于闐縣城東出，一道前進，南穿前藏。至二十年六月中旬，經青海南岸抵丹噶，徑西寧直入蘭州省城，途中經歷，隨時紀載，分備於後。

六月二十四日起程，六十里站維它拉卡。出門自于闐縣城，東門轉北，過大河，二十里至白石托河拉卡，東障沙山，無路可越，繞行四十里抵站。回民千餘家，柴草、水無一不備。

二十五日，六十里站維爾葉卡。出門向東北行，道頗平坦。抵站，柴水俱有，惟草獨缺。居民僅四五家焉。

二十六日，九十里站小河邊。出門向東北行，一路戈壁。抵站，有水而無柴草。

二十七日，九十里站尼野。出門向東行，越小沙山數十個，出過大河。抵站，街市喧閙，居民百餘家，柴水草東俱備。土田肥沃，林木繁茂，由此向南百里，地名咬洛托卡，出産砂金，漢人呼爲大金廠。至由尼野向北，其前則係十八年于闐令孫□君所開赴羅布淖爾之大路，按站建造房屋，然無一人賃居。

二十八日，九十里站大河邊之岌岌巷。出門向東北行，路皆戈壁。抵站，地臨河岸，有水而無柴草。

二十九日，七十里站河溝内之毛拉布拉口。出門過大河向東行，又過三小河，四十里至蘇蓋堤地方，回民四五家。又北行三十里抵站，有水潦而無柴草。

三十日，八十里站哈喇剎豆牙。出門向東南行，沿途有柴有草，惟無人煙。抵站，兩岸高出各十餘丈、七八丈不等，中夾大河、深溝，河水面寬約三五丈，深亦四五尺許。

七月初一日，九十里站苗慶。出門上河崖，過數大嶺，向東行。抵站，回民七八家。

初二日，百里站卡坡。出門下深溝，過大河，向東行，路皆石子。抵站，水味帶鹹，附近二三十里無柴無草，遍是石山。

初三日，百二十里站吴大基。出門向北行，四十里過大河，又八十里出乾河邊抵站。柴草、水二者俱無。

初四日，百二十里站卡牆。出門從兩岸砂山中夾乾河内出，東北行八十里上砂山，又四十里抵站。纏民二三百户，樹木繁盛，田土膏腴，由此沿河東去百三十里，地名大得郎，再往北九站是爲恰卡力克。至由卡牆偏北走即到羅布綽爾。又東二十餘站，係蒙古屬地布課洛可。

初五日，停住。一連多天，收買糧食一萬五千餘斤，馬二十五匹，駱駝三十二個，毛驢二十頭，僱定纏夫十一名，小教通司一名，漢人一名，洋人三名，民夫十五名，民馬十五匹，驢駝二十隻，准備全齊，以便前往。蓋前途無從採買故也。

二十四日，由卡牆動身，三十里站河邊。出門向南行，抵站，有水草無柴。

二十五日，八十里站大河邊。有水草無柴。

二十六日，九十里站毛拉布拉口。有水無柴草。

二十七日，七十里站托哥思灣。出門向東南行，越大嶺數個，前渡大河抵站。牧羊人民四五家，有水草而無薪柴。

二十八日，停住。買羊四十五隻。

二十九日，八十五里站阿克蘇阿浚。出門向東行，過二大河、三小河抵站。有水草無柴。

八月初一日，八十里站希汗扎灣。出門兩岸高山中，由深溝一道前行，抵站。有水草，無柴。

初二日，八十里站，地方無名。出門向東行三十里，出深溝抵站。有水而無柴草。

初三日，八十里站山坡下。出門向東行，途中遇大雪，盈地尺餘。抵站，水多而柴草少。

初四日，百里站拍解阿卡。出門向東行。抵站，即羅布淖爾大河之水源，周圍百餘里，泥水浮沙，馬行不便。

初五日，停住。因天下大雪也。

初六日，二十五里站河邊。出門向東行，至站處前失路途，河水北流，有草無柴。吕推帶同夫役向前覓路而去。十三日始返。

十四日，因小教通事木沙大病，遂將原僱民夫、驢馬及木沙一併發回卡牆。

十五日，九十里站大雪山下。是即阿哈塔阿之後山，其地到處皆水，有草無柴。

十六日，百里站大冰山上。出門向東，沿河上行，過冰山二個。抵站，即係葱嶺之巔頂。柴草與水全無，消冰爲飲。是日途中奇冷，倒馬二匹，驢三隻。

十七日，百一十里站冰山下。出門下冰山向南行，沿大河上河灘，又過冰山三個。倒馬一匹，途中雪深尺餘。山路瘴氣連天，行人戴著眼鏡或用黑牛尾遮之，不然登時目光昏暗，不能前進。抵站，仍是冰地，柴、水、草一併無之。

十八日，四十里站大河灘。出門向東南行，經過冰山二個。抵站，四面雪山環拱，有水草無柴。

十九日，停住。人馬俱病故也。

二十日，一百二十里站下坡大平川。出門向東走，過小雪山數個，山下似乎有炭，又向南抵站。四面冰山，平地數海子，有水草而無柴。

二十一日，並二十二日停住。因下大雪，倒馬三匹、騾駝四隻。

二十三日，六十里站冰山下中陽大川。出門向南行，抵站。東北有二河，水向南流，水、草、柴薪均有。

二十四日，百里站一平川。出門向南行三十里，東北方及南方各有一大海子。又七十里抵站，有水草無柴。

二十五日，百四十里站大海子邊。出門向南行，過無數小冰山，再經兩岸高山中夾水溝內，一道行走，凍倒駱駝三隻。抵站，海子大百餘里，其地多野獸，又出水晶石，有水草無柴。

二十六日，停住。打野牛一頭，重五百餘斤。

二十七日，四十里站冰山下。出門由海子西尾向南行，過小冰山八個。抵站，柴、水、草均無。

二十八日，九十里站平川地。出門向東南行，過冰山數架，前由兩岸高冰山下冰溝穿出。抵站，柴、水、草均有。

二十九日，八十里站長海子邊。出門向南行，道路高下無定。抵站，柴、草、水均足，野獸亦多。

三十日，百里站平川地。出門由長海子西向南行，有山坡，無冰雪。前過大紅石山二架。抵站，地臨大海子邊，水草有，柴無。

九月初一日，九十里站山坡中。出門向東南行，沿途平坡。抵站，地有火燒舊跡，草多而無柴水。

初二日，五十里站山嶺下。出門向東行，見有石砌磩，高約七八尺，大五六尺。又有石圍大三丈餘，高二三尺不等。有此古跡，不知始於何代。抵站，有水草無柴。

初三日，七十里站大草場。出門向南行，過五六個小坡。是日大風，冷不可言。抵站，不能張棚帳，有水無柴草。

初四日，五十里站大河邊。出門向東南行，道沿一海子，從西南上列大冰山一嶂，前阻大河，水深莫能渡。抵站，有水草無柴。

初五日，百里站大草場。出門沿河覓冰路渡水，向南行，過兩大冰山。抵站，有水草無柴。

初六日，八十里站大海子邊。出門向東南行，越五小嶺，過一大嶺，前出河溝。抵站，有水草無柴。

初七日並初八日，停住。因風雪大作，不能前進故也。

初九、初十兩日，再停住。風雪加緊，凍倒駱駝四隻、馬三匹，驢亦四頭。

十一日，六十里站雪山頂。出門向南行，踏雪前進，至冷無比。抵站，柴、水、草均無，以冰爲飲。

十二日，百里站大鹽池。出門向南行，過冰山十餘架。抵站，四處青霜，水味苦鹹，地無柴草。是日馬倒一匹。

十三日，九十里站大冰山下。出門向南行，遍是冰山。抵站，柴、草、水皆無，取冰充食。

十四日，百里站大草場。出門向東南行。抵站，有水草無柴。

十五日，八十里站大冰山下。出門向南行，一路平坦。抵站，大河一道，河水東流，地面有土築水池二個，内有積水，池邊隄高處丈餘，惟東南突起，西方北方只見基脚。有水草而無柴。

十六日停住，因路迷，須探訪故也。

十七日，百里站石山下。出門向東行，兩岸大冰山，由河溝走，水深二尺，上下寬丈餘，沿途多野牲。抵站，地臨大河，有水有草無柴。

十八日，八十里站海子邊。出門向東行，道出河口。抵站，有水草無柴。

十九日，七十里站平川。出門沿海子邊向南行。抵站，產野牛、野馬各計萬數，飛禽亦多，柴、水、草俱充牣。

二十日，百里站小冰山下。出門向南，過冰山五架。抵站，有水草無柴。

二十一日，九十里站平川。出門向東南行，兩岸冰山高峙，中行一道。抵站，水、草、柴均不缺乏。

二十二日，八十里站大石頭山下。出門向南行，過大冰山二架。抵站，有水草無柴。

二十三日，八十里站大草場。出門向東南行，過兩大石山。抵站，有水草無柴。

二十四日停住。因天寒，凍倒馬四匹、驢三頭。

二十五日，百二十里站大草場。出門向東南行，越小山數架。抵站，地方平衍。南有大海子。東北有方石山，同七里半，高十三丈七尺，經法員推算，東南可扳緣而上。絶頂極平，中有水池，大一丈五尺五寸，深二三尺，有石無土，上結緑苔，四面皆草。山北有哈沙放羊形跡。有水草無柴。

二十六日，四十里站小石山下。出門沿草場向南行。抵站，有水草無柴。

二十七日，九十里站小河邊。出門向南行，皆游牧草場。抵站，有水草無柴。

二十八日，百里站格子未龍。出門向南行，三十里，哈沙十餘家，每家黑大帳房一頂，均游牧人，牛羊各無算。又由大牧場行七十里，居民十餘家，均游牧人。抵站，有水草無柴，燒用牛糞。晚間哈沙四人内一婦女來訪，聚談一會，言多不辨。

二十九日，停住。法員以金銀買羊，哈沙不能識。後以洋銀錢換肥羊二隻。其地人民不食五穀，不穿絲棉，以乳肉充飢，以皮張作服。

十月初一、初二兩日，仍停住。

初三日，六十里站北面石山。出門由大草場向東行。抵站，南有大海子，水鳥游泳其中，有水草無柴。

初四日，九十里站大草場。出門向東行。抵站，有水草無柴。

初五日，九十里站海邊上。出門向東南行，過三小嶺，下河溝五十里到大海子腰上。其海水甜，有魚並小螺，水不凍冰。西南皆雪山。由海腰東向又四十里，抵站，有水草無柴。

初六日，九十里站海邊上。出門向東行，過大嶺，又向海子邊走。前過草場，又一大海子，其式圓中一小山。抵站，有水草無柴。

初七日，百里站大平川。出門向南行，過大嶺，又一大海子，由海北向東行，再過嶺。抵站，有水草無柴。

初八日，百里站草場。出門向東南行六十里，南邊一大海子，由海北向東行，又四十里抵站，有水草無柴。

初九日，停住。

初十日，百一十里站大河邊。出門向東行，路極崎嶇，過三大鹽池。抵站，水、草、柴一併有之。

十一日，百二十里站大平川。出門向東北行，過一高山，上下三十餘里，下坡向東行，又八十餘里，抵站，有水草無柴。

十二日，百二十里站大石山下。出門向東行，過小山五架。抵站，有三石洞，其内寬敞，似乎經人住過。是晚大雪平地二三尺深。有水草無柴。

十三日，停住。阻雪故也。

十四日，八十里站平川。出門向東南行，地皆草場。抵站，有水草無柴。

十五日，百三十里站小雪山下。出門向東行，皆雪地。前出大海子，由冰上經過。抵站，無柴草水，以冰咽食。

十六日，百里站栽葉卡。出門向東行，由雪進至雪山下。抵站，牧羊人四五家，有水草無柴。

十七日，停住。

十八日，百三十里站小雪山下。出門向南行，進河溝，兩岸高山。六十里上大冰山，又七十里抵站，有水無柴草。是日凍倒馬二匹，驢、駱駝各三頭。

十九日，二百十里站大雪山下。出門時方黎明，忽來哈沙三十餘人，騎馬荷槍，阻我去路。法員吕推對天施炮，將哈沙驚退，即向南行。由雪地直前，越雪山十餘架，百三十里至小河邊小憩。連夜向東南又八十里抵站，柴、水、草均無。

二十日，八十里站草場。出門向南行，日已過午，由雪地前進。抵站，有水草無柴。

二十一日，百二十里站草場。出門向東南，過小雪山五架，再過大雪山。抵站，有水草無柴。

二十二日，百里站南州滄海邊。出門向東南行，過大雪山二架。抵站，有水草無柴。

二十三日，百二十里站曾拉。出門向東行，過草山十餘個。出海角草場，抵站，有水草無柴。

二十四日，停住。自此以後至十二月初一日，始克起行。

十二月初一日，入藏採買，九十里站店。是日潤藩等率同夫役、番目、通事出門向南行，由雪地抵站，其地有店房民屋。

初二日，八十里站大石葉卡。出門向南行，一路直進，抵站。

初三日，九十里站曾維拉。出門向南行，一直抵站。

初四日，八十里站藏城。出門向南行，抵藏站北門外。其地多石少土，四圍高山環列，勢極雄峻，平坂林木亦茂，街道民房備集，不甚華飾。是夕，因傳進見駐藏辦事大臣，推與潤藩答對，皆無舛錯。二更後始回寓所。

初五、七、八等日，備物買齊。初八日下午同通事一干往游布達拉山，是即藏王大喇嘛所居地也。大喇嘛係西方所謂活佛也者，謁見時，伊惟點頭而已，外無他事。是夕駐藏大臣促令回往，未獲少留藉訪名勝，甚以爲恨。查此係前藏，由此至後藏，計程九百一十五里。由此至赴成都大道拉里地方，計程十站，一千零七十里。再由拉里至察木多，計程十五站，一千五百一十里。由察木多至巴塘，計程十四站，一千四百二十五里。由巴塘至裡塘，計程六站，五百四十五里。由裡塘至打箭爐，計程八站，六百八十五里。由打箭爐至成都省内，計程十一站，九百七十里。但此道未經走過，不過得之耳聞而已。

以前所紀，係由于闐到前藏之日記，以後所記，係由前藏達西寧之日記。

初九日，共僱馱子三十五個，運載各物就道。

初十、十一、十二等日，仍由曾維拉、大石葉及去時初站各處返到曾位。

十三日，由曾拉僱定民馬二十匹，毛牛四十條，預備由此起程。

十四日，七十里站角拉普。出門由曾拉向東北行。抵站，有水草無柴。

十五日，九十里站度力剎。出門向東北行。抵站，人民十數家，有水草無柴。

十六、十七二日停住，風雪阻行也。

十八日，八十里站喇嗎滄光。出門向東行。抵站，人民十餘家，有水草無柴。

十九日，百一十里站哈乃淖。出門向東北行，沿途皆草場。抵站，有水草無柴。

二十日，八十里站拉卡雀可力更。出門向東行。抵站，人民四五家，有水草無柴。

二十一日，七十里站拉卡雀。出門向東行，過三小山。抵站，前臨大河，水半凍。喇嘛大寺一所，人民百餘家，房屋四五十宅。

二十二日，就卡雀地方賃定民房一所，以備度歲。因住至二十年二月初一日始起程東下。

二十年二月初一日，四十里站草場。出門向北行，上下二十一人，並由大喇嘛另派番目二名、番丁四名護送。抵站，有水草無柴。先是正月初六日遣纏夫四名，請由番目派番保送過大當山，走班怕，出龍臺，穿布庫落可回新疆羅布淖爾，買來毛牛四十五頭、馬八匹、羊四十隻，預備作用，至是始由拉卡雀向東進發也。

初二日，六十里站錯木拉。出門向北行。抵站，居民四五家，均係游牧爲生，有水草無柴。

初三、初四兩日停住，連下大雪阻行也。

初五日，五十里站大當雙角。出門向東北行。抵站，有水草無柴，人民亦無多數。

初六日，七十里站棚東道。出門向東北行，過大雪山。抵站，人民無多，有水草無柴。

初七日，二十里站良監。出門向北行。抵站，依大冰山，有水草無柴。由良監北出大冰山，係徑蒙古出西寧大道。番民云：此山春冬異常寒冷，非至夏秋，不通行人。

初八日，五十里站大河邊。出門向東行，進河口，高山兩岸，中夾冰溝。抵站，水草柴均無。

初九日，八十里站河邊。出門向東仍由冰溝内行。抵站，有草而無柴水。

初十日，百里站黄州。出門向東行，七十里出冰溝，上河岸轉北又三十里(八)[入]大平川。抵站，人民十餘家。是處即玉樹交界處，有水草無柴。

十一至十四，四天停居。

十五日，四十五里站小石山下。出門向東北行。抵站，有水草無柴。

十六日，停住，因下大雪也。是日，前大喇嘛派送目丁遣回。

十七日，五十里站草場。出門向東北行。抵站，有水草無柴。

十八日，六十里站雪山下。出門向東北行。抵站，有水無柴草。

十九日，九十里站雪山下。出門向東北行，沿河而下，遍是雪地，異常寒冷。是日並十八日凍倒毛牛二頭。抵站，有水無柴草。

二十日，二十里站□□□。出門向東北沿河下行。抵站，人民數家，有水草無柴。

二十一日停住，是日大雪。

二十二日，七十里站河邊。出門向東行，過大雪嶺一架。抵站，有水草無柴。

二十三日，三十里站雪嶺上。出門向東北行，上雪嶺，途中積雪深二三尺不等。抵站，柴水草皆無。

二十四日，五十里站雪嶺下。出門向東行，下雪嶺。抵站，有水草無柴。

二十五日，七十里站必立場。出門向東行五十里，由草場過嶺，又二十里站必立湯。人民數家，有水草無柴。是處北有一大山，名八營務處。南有一大山，名大當營務處。兩山脚下均有泡泉。中間另一平頂小山，頂上一大泉，池水如湯沸，合二山脚之水而向東流，成一大河，寬丈餘，深二三尺，下流即黄河支源也。

二十六日，六十里站迪暮羅。出門向東行，沿河北岸大雪山下。抵站，人民二三家，有水草無柴。

二十七日停住，因狂風大作也。二十八日仍停住，是日大雪。

二十九日，四十里站庫達拉卡。出門向東北行，過一大嶺。抵站，人民數家，有水草無柴。

三十日，五十里站夾乃木滄光。出門向東北行。抵站，人民數家，有水草無柴。

三月初一日，六十里站阿不拉湯。出門向北行，過大河。抵站，人民數家，有水草無柴。

初二日，六十里站拔必湯。出門向北行。抵站，人民數家，有水草無柴。

初三日，六十里站龍木河。出門向北行。抵站，人民數家，有水草無柴。

初四日，六十里站河邊。出門向東北行。抵站，有水草無柴。

初五日，十里站河邊，因大風阻行，不能再進。

初六日，五十里站鄒立木。出門向東行，由石山下。抵站，人民二三家，苦水，有草無柴。

初七日，四十里站河邊。出門向東行。抵站，有水草無柴。

初八日，四十里站小河口。出門向東行。抵站，有水草無柴。

初九日，五十里站河邊。向東北行，沿河直下，兩岸高山，午後風雪大作，冰雹如卵。抵站，有水草無柴。

初十日，四十里站河北岸。出門向東行，沿河直下。抵站，有水草無柴。是日午後亦下冰雹。

十一日，二十五里站大西光壩。出門向東行，沿河直下，河大水深，無牛皮划不能渡。過南岸，聞此河水出越南。抵站，有一大寺，喇嘛百餘人，居民二三十家，房屋十數宅，水草柴均有。

十二日，停住，是日午後大雪。

十三日，仍停住，是日此處大會。人以萬計，牛、羊、馬匹、百貨俱集。

十四日，又大雪，仍停住，至十七日尚未起程。

十八日，四十里站河邊。出門向東北行，過大嶺一架，下臨小河。抵站，有水草無柴。

十九日，六十里站梭立夢之河南。出門向東北行，過數小山，再越大嶺。抵站，有水草無柴，河北岸相對人民數家，即梭立夢。

二十日，停住。至二十六日連下大雪，未行。

二十七日，七十里站小河邊。出門向東北行，過河再下東北。抵站，有水草無柴。

二十八日，七十里站河邊。出門向北行，沿小河，上過大雪山四架。抵站，有水草無柴。是日大雪，凍倒牛四頭。

二十九日，三十里站小石山下。出門向東行，沿河下。抵站，有水草無柴。

四月初一日，七十里站河邊。出門向東南行，沿河下。抵站，有草無柴。

初二日停住。至初四日連下大雪，未行。

初五日，七十里站河南岸。出門向東南行，沿河下。抵站，有水草無柴。

初六日，五十里站介古魯牙。出門向東南沿河下。抵站，人民五六家，係游牧，牛羊甚多，有水草無柴。

初七日，停住。是日風雷雹雪交作，自是至十三日尚未啓行。原初八日，吕推帶同通事、夫役前往探查此河水出何處，至十一日始回。據云，去此二百里，前至加麻，是水與大西光壩水合於該地，向越南流去矣。

十四日，八十里站大石山下。出門過河向北行，越小石山數架。抵站，有水草無柴。

十五日，九十里站大平川。出門向東北行，過大石山三架，山路崎嶇，出平川。抵站，有水草無柴。

十六日，七十里站哈吉巴。出門向北行，過小河二道，越石山一架。抵站，人民三四家，有水草無柴。

十七日，六十里站小河邊。出門向北行。抵站，有水草無柴。

十八日，八十里站介古。出門向北行，過石山三架，下平川過一木橋。抵站，通街大衢，大寺宇三個，小寺十餘所，喇嘛千餘，人民數百家，茶商十餘户，均陝西人。由西寧派能事二人接洽，漢番蒙回，十地肥潤，可種青稞。由此南行九十里，名吉格坐，地與四川交接。由吉格坐再南到千格，十二站，設有把總一員，兵丁五十名。由千格再南十二站，到打箭爐也。

十九日停住，至二十七日，一連九天坐買食物，未行。

二十八日，三十里站大山下。出門向東行，過石嶺四架。抵站，有草水無柴。

二十九日，站小河邊。行三十里，出門向北，過大山三架。抵站，有水草無柴。是夕大雨。

三十日，停住，大雨阻行也。

五月初一日。仍停住。

初二，黎明就道，行不五十步，忽聞礮聲一響，吕推倒地，上下各莊番民四出，槍炮齊施，各人争逃性命，所帶之物，概被搶去。

二十六日，五鼓，向大局卡小道潛□，午後香錯派夫馬趕來，信云：囤不大頭目派人馬各一百，均持槍礮，以五十名由北路陳多蔡店走蒙古大道，以五十名由南路向大局卡小道分途追趕，必要殺除盡浄云云。是時聞急，即將糧料重物，概行抛棄，不分日夜兼程前進，經三日夜已渡黄河，前導人云：平常騎馬，尚得十五六日程也，今可放心緩行。已然仍不敢不兼程前向。

初五、六、七等日，已至絶糧，取食道遺煮過棄茶，並將馬匹打死，割肉充飢。又越二日，始見黑拉番民十餘家，向彼買食，均稱未有。再乞，與之少許。又越一日，遇商民馬，送麥麪六七斤、青稞炒麪十餘斤，是日即由青海南經過。

十二日行抵丹噶，往拉卜楞喇嘛采糧處，向該管事借銀四兩。

十三日，到丹噶爾城，住城外。

十四日，到西寧府城。

以上潤藩從西人游藏之大概情形也。

崇謙《宦滇日記》卷首 光緒二十八年壬寅正月念五日，攜内子佩蘭、女如馨、子寶鐸，由南鑼鼓巷板廠胡同出京，當晚宿正陽門外布巷義信店内廣聚永公記。

二十六日，晴暖。早七點鐘上輪車。【略】抵津，【略】時託起免單未就，胞兄下車暫留，擬晚車同李芝亭送抵塘沽。晚四點鐘抵塘沽，住太和棲。本擬乘新裕輪舟，尚無信到，到沽者，惟遇順輪一艘，且無房艙，不獲已就統艙搭坐。傍晚，胞兄同李芝亭到沽，免單已就，趕檢行裝上船，已燈時焉。值洋關在船，欲查行篋，幸有免單，始免驗。故出京乘船者，免單萬不可少。統艙内別無搭座外客，【略】即宿輪候開。初坐輪舟，又兼忙迫，且脚行搬運行李，紛紛吵鬧，不堪其擾。【略】是輪房間太少，幸尚寬大。

二十七日，晴暖，無風。早九點鐘開輪，至十點鐘駐船候潮。早潮太小，不能出口故也。舟中飲食尚好，同坐談天，借息一日，夜分十二點開行。

二十八日，晴暖，無風。晚七點鐘抵燕臺，船駐。是日天朗氣清，風平浪静，舟行甚穩，毫不覺暈，可謂幸極。船面四望，茫茫水接天際，眼界爲之一豁。傍晚風起，頗覺憂心。

二十九日，大風，陰冷，微霧。早飯時渡黑水洋，風狂浪急，舟行少有顛簸，起立已不能堪。一日未敢吃飯，内人及女均一天未起，暈狀更甚。惟六兒嬉笑如常，毫無暈意。又有白水洋、黄水洋諸名色，昏昏已不克賞識矣。惟黑水洋色純黑如墨，同人謂水深故也；並稱似此風浪，尚未甚顛，蓋是舟既大且又平底，較之他舟差强，否則更不能堪。一夜風仍未息。

三十日，風，冷。是日舟更不穩，飲食不能少進，起立須人，頭暈目眩一日，仍卧不起，嘔吐兩次。晚抵吴淞口駐船，似稍寧息。此次初坐海輪，歷其艱辛，嘗厥滋味，殊覺可畏，仍不如旱路穩便。

二月初一日，晴，風定，午甚暖，節令迥異北方。早六點鐘開輪，十點鐘抵申，寓三涇洋橋中和棧。

初八日，早陰，薄霧，午晴暖。早，【略】發行裝上船。入貨艙内鎖門，俟到各處碼頭開艙門時，須派人看守。午，招商局顧道幕、袁仲蔚名嘉照。遣人送免單三張。將行裝件數寫入單，由天津税關免單。同少牧登江寬輪，訪施子香問船票寫法。定明官艙二票，房艙一票，又半票統艙，共四票。此輪官艙極其乾潔清浄，美不可言，且飲食亦頗吃得。三點鐘攜眷登舟，晚候洋關來查，睡下已四更矣。

初九日，早微雨，薄霧，午晴，霧濃甚，傍晚有風。早八點鐘一刻開輪。平穩極矣，較之海輪甚强。午晴，霧更濃，從來未見晴天大霧者。四面俱不能見。至四點鐘駐輪。因霧大，不敢行也。

初十日，霧少斂，半陰，午晴，極熱，不能著棉。早七點開輪，霧隆少斂，而天色仍不清明。十點抵南通州，少停。十二點抵三黄港，少停。一點抵江陰，少停。二點三刻抵泰新，少停。以上皆小碼頭，均用擺渡人上下，客皆不甚多。【略】晚八點二刻抵鎮江碼頭。此處有墩船相接，上下客商極多，停船時争渡人喧，異常亂雜。此處有洋關，未查行篋。停至十點二刻開輪。舟上人去大半，甚覺清楚。夜分雷雨交作，艙中仍覺蒸熱。

十一日，朝雨初停，午陰。早六點鐘抵南京。大碼頭，亦有墩船，洋關未查。【略】停至七點二刻開輪，過東西梁山。【略】一點一刻抵蕪湖，大碼頭也，設有洋關，未查。停至二點二刻開輪。傍晚陰冷，有風。

十二日，陰，細雨，午微晴，終朝未霽，冷。早四點鐘抵安慶，大碼頭，設有洋關，未查。惟此碼頭在江北，餘皆江南。停三刻許開輪。是日陰冷，熱氣全消，尚覺清爽。歷小姑山，傍江北岸，山勢峭立，上有廟宇，不甚宏敞。彭郎磯，在江南岸，遠望有廟。彭澤縣，在江南岸，隨山爲城，樹木陰翳。鄱揚湖，入江西界。白水滸、廬山諸勝。【略】三點鐘抵九江。大碼頭，設有墩船，洋關未查。【略】停至四點半開輪，八點抵武穴少停。小碼頭，無墩船，在江北，小船下。夜雷電風雨交作，過祈州、此地多扒。黄思港、黄州。皆小碼頭。

十三日，朝雨，陰冷。早起，收拾行裝，行至十一點二刻抵漢口。大碼頭，有墩船相接，在江北設有洋關，極嚴。【略】飯後同少牧往麻陽碼頭、巴杆碼頭看船，遇雨甚大，衣裳皆濕，回棧雨止。夜，雷雨交作。

十五日，陰冷，微雨。早起檢行裝，攜眷登巴杆舟，道路泥滑，幸先令舟移泊洋碼頭，離棧甚近。抵舟安頓行李下艙，舟中早餐後，往觀音廟進香。【略】回舟仍移泊大碼頭，時又細雨濛濛矣。

二十日，雨連朝，風冷，午微雨，大風。【略】九點三刻由漢解纜開舟，時春雨繽紛，趁西北旁風掛半帆，舟行甚速。惜風太緊，微覺摇動。過鸚鵡洲三十里，抵沌口駐。屬江夏縣，設有收船税卡，卡上有小弁乘小舟來索税。少牧執有織麻局片，得免。

三十里抵金口駐，屬江夏。不得已就沙灘泊焉。因風太大，且轉西南迎面，故不得行。傍晚雨雖停，而風狂甚，少牧稱是觀音暴。四圍寥廓，風浪激湍，聲喧驚悸，不能成寐。舟終夜簸摇，幾被風吹去。抵四更始定，計行六十里。

二十一日，早晴，風定，微冷，午陰雨。早，由金口六點開行，得東北順風，過東瓜老、鄧江口，四點一刻抵簰洲泊宿，計水程九十里。由東瓜老水程幾處灣環，須用縴行，故雖有順風，猶不能暢。簰洲多扒手，須戒嚴值宿。夜雷雨又作。

二十二日，陰，微冷，無風。早六點鐘由簰洲開行，過華口二十里蒿支頭，晚六點二刻抵嘉魚口宿，計程七十里。是夜丑刻，舟畔有聲，咸驚起，或係扒手，聞聲遠遁。當開舟行里許，又停，是夜未得安眠。

二十三日，陰，無風，仍覺涼。早六點鐘由嘉魚口開，十里抵龍口，十里老磯頭，二十里抵寶塔洲，小鎮市。泊宿。是處設有湖北釐金局，至此須持職名俟查。由此入湖南界。

二十四日，半晴，早南風，午轉北，仍涼。早六點開行，迎南風，十五里抵石頭關。早飯後風忽轉北，未正，四十里抵新堤。小鎮市，米船頗多。趁風，四十五里抵羅山，小鎮市。二十里抵臨湘縣屬沙灘宿，計行百二十里。

二十五日，陰，無風，仍涼，夜雨達旦。早四點半開舟，三十里抵上湖港，過京河口，屬巴陵。有歧路，右走宜昌，左通岳州。十五里抵陳林磯，爲入岳州要界，設有釐局，亦須持名片投遞。是處新設岳州洋關，洋舟經過則查，巴杆則否，十五里，申初抵岳州府泊宿。

二十六日，陰，微風細雨，傍晚晴少時，仍陰。早七點鐘，由岳州開行渡湖，風微無力，賴是時湖水甚小，沙灘現若兩岸，舟傍灘行，頗能負縴，故不必待風也。聞夏秋間湖水漲滿，仍須藉風力始能渡。一路君山遠送，舟子戒以凡湖内諸山，可望而不可捎。扁山砥流，三十里抵高思灣。晚七點二刻，三十里抵鹿角山宿。【略】計行六十里。

二十七日，早陰，南風，午仍陰，稍暖。早，由鹿角五點二刻開舟，六十里抵壘石山，五里抵陳棲灣，已七點二刻矣。沙灘高阜設有小肆多處，燈火如星，喧聲如市，不意湖心聚成村鎮。聞由水涸時來築屋宇，俟夏季水漲時，則移之而去。是晚泊宿，船隻頗多。計行六十五里。夜燥熱。

二十八日，朝雨，午陰涼。早由陳棲灣開行，細雨，微風，得半帆順風。十里抵白魚旗岸，東南有玲瓏塔七級，聞水盛時，身僅半露。四十五里抵雲亭，十五里抵吴公廟，十五里抵蘆林潭，爲湖中巨鎮，岸上結茅設肆，菜蔬米麵魚肉皆備，較陳棲灣尤多，南北船支，率多停泊。至水涸時，由南來渡湖者，均在此候風，始得渡。斯處水分岐路，西南爲入長沙之路，輪船往長沙者，要途由漢用小輪拖去，亦抵此處止。小輪拖帶一節，曾在漢詢價，約須洋錢三百元之譜。若由岳州僅拖過湖，亦須五六十元，當因價昂未辦。往西則歸常德。舟抵，因天氣尚早，且微有順風，舟子未肯停宿，仍前行十里，抵陽雀潭泊焉。時已七點鐘，【略】計行九十五里。

二十九日，早陰涼，午半晴，極熱。早由陽雀潭，二十里抵林子口巨鎮。停泊。是處爲出入洞庭門户，水路亦分雙歧。西南亦係入長沙路，與蘆林潭之路交匯於長沙，往粤西者亦經其地。西北入常德，河路甚隘，如京中護城河寬。而北溜流下甚急。舟抵泊，率多上岸買物。船老闆至是必謝神犒衆，故停泊久，是處鋪肆更多。未正二刻開，過塞梓廟，十五里抵白馬寺泊宿。計由岳州府爲北來入洞庭門户，至林子口始算出湖。是日午後燥熱似夏，换軟夾襖。傍晚稍有涼風，方覺爽適。出湖以後，入小河曲折灣環，得東南風爲順，夾岸房舍，率編竹爲垣，結茅代瓦，樹陰茂密，濃翠撲人。【略】計行三十五里。

三月初一日，晴，極潮熱，午後得風，晚定。早五點鐘二刻由白馬寺開行，得東南順風，三十里抵南湖洲，路過聯回船三支，十里抵百歲牌坊，二十里抵齊湖口，小鎮市。十五里大同口，五點鐘至大同北五里許，舟人見有風暴，即傍岸停泊。所經均有鎮市，甫繫纜，少時風暴即至，且係北風迎面，來往船支急投岸泊。是日早起即覺潮濕，抵午蒸熱異常，頗似過夏。【略】憶由漢起程，一路見以竹木編排作筏，寬有數丈，長有至數十丈者，大小不一，上結竹屋，大排有十數間，小排亦四五間。其間家常所需，以至一切瑣屑器具，無一不備。男女日居其上，可謂浮家。聞係由常德順流過湖而漢，即將竹木板片以及房屋器具，通要售出，只剩人口，再作歸計，此亦大生意也。比抵南湖洲，見排更多，絡繹河上幾遍，上有豎刁斗旗杆，大旗上書飭封頭品頂戴，巡撫部院，裕國通商等字。詢係供奉洞庭王爺，故懸其旗號也，過湖即掣。傍晚風狂雨密，抵夜尤大。幸舟繫牢，固不致大摇。路經水程曲折甚多，計行八十里。風雨徹夜。

初二日，風雨如昨，極冷。是日停泊未行，天氣冷似冬令，較之昨日大相懸殊，兩日之間已逾冬夏矣。風狂雨驟，晝夜未息，波濤響激有聲。

初三日，早，風冷，雨稍息，傍晚晴霽，風雨均止。晚四點鐘開行，五里許泊宿，計此地離沅江縣十餘里。晚星斗滿天，由二月初八日登江輪以來，迄今始見晴霽，宜乎南方多潮濕也。

初四日，早陰，午晴，得順風，傍晚陰冷。早五點二刻開舟，十里抵沅江縣，鋪户甚多。傍岸稍停，買菜蔬食物。過西湖邊，三十里抵白水塘。又名白沙。過罾浦，十五里抵竹磯，十五里抵楊閣老，小鎮市。二十五里抵留心塘東北，小地名刁園。泊宿。計行九十五里。

初五日，早，陰冷，無風。早五點鐘開行，五里過留心塘，十里過安陽湖，小地名。二十里抵節港，小鎮市。十五里抵龍陽縣，停泊於縣城之北，時五點二刻，計程五十里。舟傍岸行，沿岸樹林陰翳，修竹楊柳，棕樹尤多，水鳥鈎舟格磔，上下飛鳴，坐船頭賞玩，逸趣可愛。晚感冒，服藥早眠。

初六日，早晴，午陰，仍涼。早五點鐘開行，晏起，十五里抵蒼港。小鎮市。午得微風，三十里抵牛皮灘，小鎮市。二十五里抵十家店，十里泊宿於德山。小鎮市。時已七點鐘，計程八十里。是處離常德府甫十里之遥，惜傍晚無風，不能達。到德山一路木排尤多，河中連絡數里。由常德下來，此爲聚處，故多。

初七日，早陰，午半晴，微暖。早六點鐘開船，至八點鐘，十里抵常德府，泊於大南門外大碼頭。同少牧乘舟往麻陽碼頭看船，麻陽艇子只有二支，餘皆艄子船。艄子較麻陽艇子大。余擬僱三號艄子一支，老闆陳三發。少牧艇子一支，老闆滕姓。子清艇子一支，老闆張姓。惟此次常德所泊之船甚少，船户居奇，故價較常時昂。行中與巴杆老闆往復居間，價終不定。【略】歸舟早飯。午後船行，始將船價磋磨定焉。余之艄子，議定常平八十四兩，神福一切均包在内，常平比京平約大四錢三分。合京平足銀八十七兩一錢三分。每天每人飯火錢六十文，幼童減半。復與之講明，若吃麵食，則與之火錢十文，先付常平六十八兩，按八成。下俟鎮遠付清。少牧艇子價定常平五十八兩八錢，子清艇子五十七兩八錢，均憑行寫票。與余寫票者，行□鐘盛順，鄭姓。【略】夜雨。常德鋪户之多，貨物之備，不減於漢，而街道較漢差强，語言亦清楚。

初八日，早雨，午雨止，仍陰涼，夜晴。早，檢行裝，並起巴杆底艙箱篋。飯後雨止，令船就泊於巴杆，遂攜眷移舟監視，安排床鋪，裱糊户槅，並命僕上岸買常時應使各物及飲食白麵，常德白麵最好，而價又廉。蠟燭諸色，疲甚。晚飯後，少牧過舟來談，並與陳老闆酌灘河路程單。據云，鎮遠河著名巨灘，共三百有六十，先有好事者每過一灘，用法測量，由常德至鎮遠共高九十八丈，斯遊也壯哉。

初九日，朝雨甚密，終日未霽，連宵達旦。是日，舟人安排未備，不能開行，屢催促，應於次日。雨終日。【略】夜大雨，雷電交作，船柵漏有數處，衾褥皆濕，收拾多會，始寢。

初十日，朝雨，午半晴，微暖。午三點半開船，移泊於常德府西三里許。俗稱關上，設有釐卡，故名。

十一日，晴，午極熱。早由關上開船，十里甲街子，十里娘娘灘，十里大溪口，十里杉木營，十里和佛，山名，沿山人家甚衆，稍有鋪市，山脚已修有教堂，尚未齊備。十里周溪，十里頭關塘，過老眼井，十里應抵潼關老，只八里泊宿快活嶺，離潼關老二里許，彼處水濁難停，故向皆泊此。此爲桃源陸路通衢。計行七十八里。是午極熱，而天氣清明，晴無片雲。自漢登舟以來，天色初見，爲之一快。沅江山水之佳，誠有如《鴻雪因緣》麟見亭先生所記，頳巖蒙翠，秀色撲人，逼肖雲景，夾江岸少山，多排青矗翠，且林壑幽美，竹木濃森，到眼無非碧色。水程曲折，山逐迴環，巨石嵌奇，流泉瀉玉。山環轉處，景趣翻新，如園林之結構，較之長江兩岸幽僻遠矣。今初歷小灘數處，見水溜即緊上灘，後數武漸次就平，一灘高出一灘，故水之灘程，陸之坡級也。

十二日，晴，極熱。早由快活嶺開舟，二里許抵潼關老，十里抵桃源縣，少停。【略】十里神船巖，十五里桃源洞，即古桃源問津處也。十里簡家溪，小鎮市。十里陳灘，有以竹木編爲坡形者，向灘直衝，兩旁插柳，作八字形，大有數丈，坡上築屋居人，詢爲魚梁，漁人捕魚器也。十里茅蓬茨。灘下泊宿，時六點半，計行六十八里。是午熱甚於昨，開軒延爽，揮扇邀風，猶覺煩襟難滌。【略】傍晚雲淡風輕，暑氣稍退。

十三日，早陰，午半晴，熱，晚陰。早由茅蓬茨開舟過灘，七里營盤洲，八里穿石，十里李金灘，幾家編竹縴繩鋪宇，非鎮市。十里掛榜山，亦有縴繩鋪宇幾家。十里興隆街，過木碼頭，十里羅家灣，十里九頭山，五里高地馹，泊宿。有兩三鋪宇，此驛仍屬桃源。按：站口在界石，相距五里，彼處難泊，故向皆泊此，時六點鐘，計行七十里。是午熱稍亞於昨，向夕微晴，覺燥。此路峰巒秀峭，泉石清奇，修竹茂林，茅亭野寺，無非畫景。穿石之山，尤爲清絶。

十四日，早晴，午半陰，極熱，雨片時，晴霽。早由高地馹開行，五里界石，爲桃源、沅陵兩縣交界。十里茅連灣，十里甕子洞灘，過柳林漢山腰有鐵鏈，縴夫援之而行，甚險。此灘甚險，水狂溜急，灣作弓形，濤聲洶湧，宛在海中。余抵是上灘時，少牧船居前，子清船居中，余船在後，兩船俱上，余船隨之，縴夫急負上前，將縴兜在子清船尾舵上，磨折，余船隨流退下，勢甚危急。幸後來一船，舟子即將彼縴扯住余船，始順軌倒行，急抛茅，而灘礫石底不能抓，余與如馨虔誦觀音經咒，船始停住，舟人始得從新收拾復上，噫，危哉！險哉！【略】隨後聞有灰船一支失事，旋見救生船飛馳往救，料人可無恙，船則不知也。過石榴灘、明月庵，均《鴻雪因緣圖》少異。十里麻衣服，雨片時霽。十里纜子灣，小鎮市。十里蘆葦灘，泊宿。雖非巨灘，而濤聲甚奇畏。【略】計行五十五里。明月庵以上山林不甚秀麗，較亞於昨。夜雷雨達旦。

十五日，朝雨，旋停，午半晴，暖，有風。蘆葦灘十里洞庭溪，三里青郎灘，十里那子坡，十里潭口。早由蘆葦灘開行，五里登岸，沿山行抵洞庭(土)[王]爺廟拈香，叩祝三家一路平順。在廟小憩，仍沿山步行，五里至青郎灘頭登舟。此係著名巨灘，甚險，亂石嵯峨，洪濤飛怒，在廟看舟過灘，可驚可畏。《鴻雪因緣》亦志其險。登舟後得順風，揚帆行，十里洞庭溪，二十里潭口，此四十里均屬青郎灘，係站口。過魚腰塘，二十里阿國衛，十里節灘，過卯耳魚搬，又名班竹溪。曹溪灘、曲灘，十里抵硃紅溪，泊宿。時四點半，計行九十里。下廟登舟，風甚好，隨後漸大，舟每攲側不穩，又見陰雲四合，迷漫不真，似有風暴，心惴惴不定，惟默誦觀音咒，以祈鑒佑。風緊浪急，免强行至硃紅溪泊，風愈狂甚。

十六日，早陰，午晴，少時仍陰，風冷。早由硃紅溪開舟，得東北順風，十五里白溶灘，十里楊家塘，十里横石灘，十里九溪灘，此灘長而浪大，溜急險，有路可下。十里連澤灘，五里小高立洞。上爲高立洞，下爲高立淵。過白衣灘，俗名鬼門關，由此到洪江，均無石灘。十里黄草隈，十里辰州站口。有收釐卡，須持名片招呼。時四點半，計行八十里。此日風雖順而仍緊，船每攲側可畏，又兼風濤激響，波溜嗚湍，日間山無可看，惟誦經咒而已。夜風愈大，舟蕩漾不寧。

十七日，陰，風冷。早四點三刻，由辰州府開舟，乘東北順風甚緊，過土地灘，二十里南溪河，十里沙金灘，十里㨖溪塘，十里火草灣，十里三洲灘，過肯木嶺，十里瀘溪縣站口，遇五里洲，十里下油房灣，十里白沙，十里楊國老，十里馬嘴巖，過箱子巖。此即《鴻雪因緣》所繪之《機巖志異圖》也，惟是巖與圖不符。馬嘴巖路之上下山如斧削，臨江壁立，宛若大石砌就，其隙尚有箱支木板縱横，其舟則另在一巖，攲側其上。過頂牛灘，十里瀘溆洞，五點三刻泊宿於毛家灘脚，計行百二十里。是日所過灘尚平穩，惟乘風揚帆，舟輕浪急，左右偏倚不定，覺頭暈目眩。

十八日，朝雨細如絲，陰冷。早四點一刻，由毛家灘脚開舟，過毛家灘、羌港灘，十里浦市。大鎮市，極繁華。舟泊許久，上岸買物换銀。此處平頭與京平一様，錢亦可用。過銅錢坨，十里張家溜，過塔灣，十里辰溪縣，過塔佛塘、木洲灘，二十里修溪口，十里牛食巖，泊宿。時三點三刻，計行六十里。早尚有順風，午後風定，且路甚灣環，多用縴行，所過之灘，亦皆平穩。夜大雨達旦。

十九日，雨，涼，風微，晚雨止，未霽。早由牛石巖開舟，過黄瓜溜、白面巖，十里西風塘，十里沅江巖石灘，過虎耳灘，即福壽灣。十里江口，巨鎮站口。過下羊橋、上羊橋，山形似橋，上有石纹，作羊形，故名。總名雙羊橋。十里茶灣，又三里許，泊宿於少母灘脚。計行四十里許。是日旋雨旋止，舟隨時停泊，行故遲遲，所歷灘亦平穩。夜分大雨連朝。

二十日，朝雨，午陰，風冷。早由少母灘開行，十里抵神洲灘，五里抵仙人灣，過小鸕鷀灘，灘長微險。五里王溪口，十里新頭庵，過朱巖溜，十里獅子巖灘，過涼水井，七里抵廟灣，泊宿。計程四十七里。隔銅灣三里許。是日早半天雨密，時多停泊，午後雨細，得順風送行，甚速。王溪口以上諸峰，林壑蔚然深秀，獅子巖山形若獅，深翠濃青，雅可愛玩。除小鸕鷀灘溜長急，餘尚平穩。夜雨。

二十一日，雨冷。早四點一刻由廟灣開舟，三里銅灣站口，二十里生路河，有鎮市。十里大溪灘，灘長浪湧，響若奔流，微險。過小溪灘，十里箐頭港，雨密難行，泊一時許。復行，過土鵝灘，七里楊沙溪泊，計行五十里。時雨又密，隔仙福橋僅三里，遂泊。一路崇山峻嶺，茂林修竹，均佳。

念二日，晴暖，無風。早由楊沙溪開舟，三里抵仙福橋，過碗盞灘，牟殊河。黄絲滚洞灘，巨灘，亂石交錯，灘路灣環，溜急浪湧，且長，亦云險也，十里黄家河，水平浪静，舟行甚穩。十里安江站口。停泊一時許，上岸買物畢，復開行。過風篷巖，隔安江不遠，山若巨墩，作赭色，如帆形，故名。金雞嶺，十里牛皮股灘，像山形。十里玉皇山脚，灘下泊宿。時甫三點餘鐘，因趙子清船頭艙底碰毁，當即收拾，故泊，計行四十三里。安江以上，山皆頑石數丈，壁立難登。

二十三日，雨，微涼。早開船過玉皇山脚灘，十里牛皮土，十里沙灣，過倒掛金鈎灘，水狂洶湧，浪作盤旋，望而生畏。過灘時舟傍山脚，水手將山邊青草抓住，纜舟歇氣，然後放開長纜，縴夫在山高阜，盡力援負，舟順溜沖過，始拉上灘，甚險。過張果老山，十里申子溜灘，水尚平穩。五里抵關上小佛寺灘，設有釐局，過須投刺。灘長浪沸，是時水漲尚好，涸則不佳，亦險。五里過鷺鷥巖灘，亦與小佛寺灘相若。三點鐘抵洪江站口，計行四十里。洪江爲常德以上第一巨鎮，出産甚多，此爲聚處，街市甚繁華，舟抵是處無不泊者。況又爲州鎮適中之區，舟人每路歇息，逍散一日，亦彼慣習，兼值辦粮米菜蔬，兑换銀錢，添買應需器用等事。是日雨，終日廉纖，忽來忽止，故舟亦旋往旋行。抵洪江時雨正密，晚仍未止。夜雨傾盆，向曉風暴少時息。

二十四日，晴霽，午熱。是日仍停泊於洪江，無事，上岸買食物，看戲，斯地杉桑木盆極好。

二十五日，晴熱。早由洪江開船，十里連洲灘，灘長波湧，亂石嵯峨。過竹圍，十里大鸕鷀灘，灘雖不長而高，目之所及，已愈五尺，抵是用雙縴，三舟縴夫幫同遞上，腰盡傴僂，始得尺進，甚險。過灘登岸步行，天氣甚熱。十里抵新店，爲往鎮遠陸路通區，沿路皆有店宇。登舟通白馬河灘，十五里糞水灘，過牛石灘，十五里抵黔陽縣站口，泊宿，計行六十里。是日之灘，屬大鸕鷀爲最巨，餘皆沸湧作響，終日聲聒，較之洪江以下愈緊驟矣。

二十六日，晴熱，午風。早由黔陽開船，十里抵四神廟灘，過棺材巖灘，山有巨，若棺形。十里紅巖山灘，得南順風。由洪江以上至榆樹灣，路轉東北，故西南風宜。十里抵蟒塘，過桐母洞，十里抵桐母窑。蟒塘路上風大小不定，忽而風緊，子清船欹帆已點水者兩次，急切帆不得落，甚險。余船篷杆被風吹欲倒，趕落篷，用繩扶捆，亦險事也。復揚帆十里抵高立洞，斯時灘水甚漲，船抵乘順風，倏然逕過，未覺其難，實賴神佑，不禁額手稱幸。聞水涸時亂石交錯，舟不得行，人須下舟行過，以避險，亦沅江一巨灘也。二里許抵牌坳，停。時子清舟已落後甚遠，故泊。待時許，候至，復揚帆過射不籠灘，八里許抵七里長灘，十里竹站灘，十五里抵中坊灘，泊宿。計水程八十五里，時已七點二刻。是日所歷之灘，除高立洞，餘皆平穩，緣水勢甚好，無甚灘石，故乘風甚快，晚停泊。子清船落後，相隔五里許。

二十七日，早陰，風涼，午雨時許，晚晴霽。早候子清船來，由中坊開船，北風甚涼。十里柏巖塘灘，過鴨子巖，巖有石，形鴨肖。十里風母塘，波濤甚大。十里灣灘，灘甚長。過雞公巖、仙人橋，岸上兩山中駕巨石，宛然橋形，下有圓洞，對面房樹隔洞悉見，誠天然石橋也。雨時許，旋停。復開過油炸巖，十里榆樹灣，五里石灰塘，過鍋底山，十里抵魚梁灘，灘上叢石交錯，浪溜沸湧，甚險。時已垂暮，即泊於灘頭之蘭溪。計行五十五里。由黔陽以上，夾岸山漸遠，兩岸近山無甚巨者，時有坡堤，而樹木尤密。

二十八日，早陰，午晴熱。早三點三刻由蘭溪開船，過桂洲灘、蘭溪灘、濫馬頭灘，十里抵馬弓坪灘，二十里抵佛蓮塘灘，過蘿丘灘波大且長。停，上岸買物。十里狗拉巖灘，灘長。過巴洲灘，水淺，舟擱半時許。十里火燒鋪灘，灘長浪沸，聒耳。過蛤蟆口灘，十里抵七里橋灘。時已日暮，即停泊灘頭。計行六十里。

二十九日，曉雨，旋晴，極熱。早三點由七里橋灘頭開舟，十五里抵沅州府，府城南有通河大橋，計孔十三，東西向。橋上兩旁皆設鋪肆，人在橋上行，只知爲街，幾忘其爲橋。舟由下流來者，過橋洞須掣闌杆，方得過，過橋再豎。由沅州往上，不能禦風，故舟至沅，咸將帆去下不用矣。舟人至此，向皆憩息，并買帶貨，亦猶抵洪江之故習也。舟泊上釐局碼頭，酷熱異常，宛似伏日，又兼人聲喧聒，爨火煙騰，恨不到清涼世界避暑去。聞同少牧到街市及橋上換銀此處平較常德相似，價亦甚低。買物。傍晚愈燥，燈時迅雷，暴雨烈風。

三十日，陰暖，雨廉纖終日。早由沅州府開船，十里抵窑灣塘，過螺絲灘，石多浪湧。過馬王灘，灘長，石亦多。十里抵四匯灘，巨浪洶湧且長，三船縴夫互助負行。過漁溪，過小關洞灘，十里抵大關洞灘。路凡三轉，水狂浪急，宛轉行來，甚險。過小鵝灘，過大鵝灘，水益洶猛，三舟縴夫互相幫助，挨次縴負，三舟過完，約六刻許，是灘亦極險要。過烏龜灘，巨浪洪濤，甫上灘放纜，舵被浪沖，不能攏住，致將船頭轉近，勢將順流放下，幸被扯住，化險爲夷。十里抵三庵塘，停泊。計行四十里。是日所過之灘接連不斷，巨浪飛濤，響聒終日。連朝陰雨，聞舟人云水大長。夜又雨。

四月初一，微雨，涼。仍停泊於三庵塘，緣連朝陰雨，山水暴漲，舟不敢行。惟所泊處仍在溜水，又兼水長，時虞水勢，皆將船纜牢繫岸樹。傍晚雨又霏霏，煩心極矣。

初二日，陰雨，冷。早由三庵塘七點開船數武，雨密，停避半時許。復行，過王霸灘，洪濤怒飛，路狹水急，甚險，助縴挨次負行。少牧舟先過，遣洪發來告，囑余登岸，爰率衆步行，山路雨後泥滑，扶掖行過，俯視波濤，可畏。登舟過打卦灘，過細米溪灘，十里抵洗龍塘，少牧舟前行，碰石傷損，趕傍岸收拾，停一時許復開。過毛連灘，過斗灘。是日所經之灘，皆緣水大故，波湧溜急，石皆淹過，幾無平路。十里抵白馬鋪，即白馬洞灘脚。計行二十里。一日細雨，時霏時止，夜分又雨。

初三日，雨冷。早七點二刻由白馬鋪開行，過白馬洞灘，過老鼠鑽洞灘，山極高，有塔，山勢若鼠，不甚像。過遊樂灘，由開舟旋雨旋停。所經三灘，尚皆平和。十里抵汴水，雨又密，停一時許。過滿天星灘，著名巨灘也，灘高溜大且長，滿灘亂石橫縱，濤聲聒耳，語不相聞，遠望匹練橫飛，翻花如雨，又且魚梁鼓處，摻石子以逼水勢，更覺水聲奔騰。余抵是仍步行，由岸上行過，路泥濘甚滑，誠極險灘也。計行十五里，時四點鐘。是灘水涸時極難行，下灘之舟每用倒縴掖之而下，每虞碰石。是日驗草坡水跡，已落有二尺許，無灘，較昨日平坦多矣。晚晴霽，星斗滿天。

初四日，早陰冷，午晴，微熱。早由滿天星灘頭開船，約三里過王后灘，巨灘，互相助縴。過剌灘，十里抵銅槽鐵梘灘。巨灘且長。以上所過三灘，皆有石，因水勢大小合式，尚不大險，水涸則難也。由沅州一路山林幽美，樹木陰森，至是山狹路窄，不甚秀麗矣。過月坪，過白魚灘，十里抵漠沙坪，過波州灘，十里抵曹家溪，設有貴州釐局。經過投剌。過三門灘，過新店，十里抵新橋灘，過磨口溪灘，過郭家灘，十里抵晃州廳城。過晃州灘，即宿該灘頭。計五十三里。由月坪以上，山漸寬展，故灘亦和平。有鎮遠成大鎰棧房夥計上船來接。

初五日，早晴，午陰暖。早五點二刻由晃州灘頭開船，過幽羅灘，五里抵龍須口巨鎮。停泊，上岸换銀。是處平約每兩比京平大五分。候船家售貨，停約兩時。復開，【略】行甫里許，子清舟縴夫病倒甚危，趕治，又停半時許始行。十里抵九家店塘，十里抵打漁塘灘，過銅板灘，過大古桑灘，入貴州界。十五里抵富溪江，泊宿。計程四十里。一路山多頑巨，灘均平和，惟富溪江水深碧可愛。抵是登岸閒步，由山曲小徑盤行而登，林壑極其幽深，大樹蔽天，修竹夾路，並鳥語犬吠雞鳴。轉處稍寬，有村落田地，爰與少牧踞石而憩，詢諸牧童，村有四五十家，怡然自得，有古桃源樂境，徘徊不忍去，若非循徑而入，幾不知其中尚有人家也。

初六日，早暖，陰雨數點，午後雨密，晚止，仍陰。早四點二刻由富溪江開船，十里抵分洲，即古牛巖灘，灘心有石當流，若牛卧形。凡上水舟至此，必先於繫繩於巖石角上，始得放纜越山。而牽纜磨山棱，時虞斷折，甚險。過糟灘，灘短而高，愈形浪湧，亦互相助縴，聞水涸石多，下水亦須用倒縴。過年魚灘，巨灘。過觀音灘，巨灘甚長。十里抵螞蟻塘，過箐灘，過山脚樹灘。時雨密，停避時許。過木洲灘，十里抵寶洞灘，過青魚灘，巨灘。過馬班波灘，過頭叉灘、三叉灘，十里抵掛榜山灘，泊宿。計行四十里。是日行過灘有大小，亦因水勢甚好，較之易易。一路山多，頑蠢不秀，路多灣環且隘。

初七日，陰暖。早四點二刻由掛榜山灘開行，過鈎子灘，過萬卷書灘，與《鴻雪因緣圖》迥異。十里抵玉屏縣。有釐局。停半時許，上岸買菜畢，復開。過北門灘，過猛虎跳港，巨灘。十五里抵玉江石碼頭，過石灰灘，過鷂鷹嘴灘，十五里抵河口灘，過新店，過一碗水灘，過義壩灘，十里抵楊坪。計行五十里。是日之灘水勢均佳，尚稱平和。玉屏以上山漸遠，無甚林壑，兩岸高阜，多種水田。

初八日，早陰，午後晴熱。早由楊坪開船，過筆架灘，過雁子塘灘，十里抵響水灘，不長，巨灘甚陡，且多石，波濤亦大，迴轉三折，溜洄洑處，須用人下河牽拖，若僅用縴援，恐被横沖，甚險。過門北灘、瘋子龍灘，過神仙榜灘，波溜均急。十里抵毛毛塘，過雷打巖，過翦刀灘，過橋口灘，八里抵清溪縣站口，停半時許，復開。隔縣不遠，山有小塔，如笛如錐。過良灞灘，灘長。十里抵下峰梁，過閻君灘，過通姑浪灘，兩灘浪溜均湧，亦多石，通姑浪横欄。即宿於灘頭。由下峰梁至此約三里許。計行四十一里。是日數武一灘，愈行愈陡，故覺浪急聲喧，且山轉處更多，益形狹隘。當溜深處水湧，淺處水涸，需人推洩，屢次擱淺。

初九日，早晴，午陰熱，傍晚涼爽。早由下峰梁開舟，二里抵將軍巖，五里抵上峰梁，過雞鳴關，由下峰梁抵上峰梁，雞鳴關，路灣，環一周已十餘里，實只相隔一梁，遥對不能過，若將梁挖通，便省却十餘里矣。過牛戀塘灘，十里抵蒲田，過漁子沖灘，灘高浪大。過九老鼠灘，十里抵浪洞灘，過錦屏灘，皆高。十里抵羅漢溪灘，巨灘且高。過楊柳溪，過報母溪灘，灘長而高。十里抵枇杷塘，五里抵稿花灘，即宿該灘頭。計行五十二里。往上灘愈高，路愈狹，山愈灣，而水澄澈見底，緑色可愛。惟山頑蠢，且少林木，殊覺荒枯。

初十日，早陰，午晴熱。早由稿花溪開船，五里抵鮫溪，站口，有幾家鋪，無甚食物可買。過灞路灘，過武定鋪，過二王灘，灘長稍險。十里抵大王灘，著名巨灘，灘心石棱縱横，如疊成階級，既高且長，浪花如雪，飛怒沸騰。過山門灘，過潮水溪，過青草灣，過老王洞，十里抵板灘，過月亮坪，過大巖隴，過滑石板，過車家灣，十里抵大橋灘，鎮遠府泊宿。計行三十五里。抵大橋灘，少牧已先到也。【略】是日所遇山路更緊湊，而山多高聳，樹木漸繁。惟大王灘以上水極清，可鑒底，淺處只没膝，故屢擱淺，石子磨船底作響。

十一日，早晴，午陰熱。早候鎮遠税局查過，提行李上岸，寓成大鎰客棧。子清寓連陞棧，少牧寓一品棧。飯後檢食物麻包，皆沾艙水，潮濕異常。子清、少牧來邀，上街换銀，鎮遠比京平大六分，且價低。買雨衣、油布。歸棧寫致京信，擬次日發。夜大雨達旦。

十二日，早雨，旋停，仍陰暖。早起率僕晾潮濕物件，遣人送信。無郵政局，仍歸信局，三八行期。轎鋪來看轎講價，少牧與之争論許久始定，命定紗帽頭轎兩乘，內有一乘加閘板，加油布頂，加玻璃，上簾方八寸，再加□須簾，前後涼篷，均用鐵掌條，加紅托泥布，椽杵在內。每乘價七兩。湖南轎一乘，作法照前，價四兩八錢。篾棚小轎一乘，價一兩一錢。包槓二架，每架五錢。【略】閒馬不符用，尚需時日，焦甚。

十三日，早晴，午陰暖。【略】午少牧來，當將夫馬價議定，夫價每名六兩二錢，馬價每百斤五兩五錢。

十四日，晴，稍熱。仍拆檢衆篋，並裝收物件，督韓大頭買藍布三匹，包轎槓。

十五日，晴熱。仍收拾行裝，一日未出棧。

十六日，晴熱。【略】率僕等將行裝料理齊楚。【略】行期延不能定，勢又不能多待，進退維谷。

十八日，早大雨，午霽，夜又雨。早飯後監視行李過秤，共兩千，並捆轎槓。少牧來，稱伊夫人病，雖少瘥，尚須静養。越日不得啓程，促余同子清先行，獨疑未決。【略】遂議定少牧同芷洲後一日上路，余仍與子清次日先行。

十九日，早雨，旋止，午雨少時，仍陰。早起趕束行裝，派定苟升每日先行打店，郭鋆跟隨姑娘轎子，王順，倪升倒替，跟隨内人轎子。壓行李馱子，則魏少牧派定洪發。因束裝忙迫，未暇往辭少牧。遂乘轎出店，派人往鎮遠鼇局投刺。時雨正密。十里至清鎮，即文德關，又名油炸關，磅石爲路，坡高陡滑如油，故名。五里至白羊塘，五里至鎮雄關，十里至相見塘，過大小相見坡，坡極陡，然與《鴻雪因緣》所記略同。惟三坡所距無三十里，約只五里許，坡係石砌作級，有數百層回，俯視山溪，高下遠矣，亦險路也。十里至劉家莊，尖站。過涼風坳，過七里沖，十二里至乾溪塘，過望城塘，下望城坡。回望所歷之山，如在雲裏。八里至沙坪，十二里抵施秉縣城外，過渡抵店，已五點三刻。計程七十里。一路山極秀麗，雖樹木不繁，而翠靄濕潤欲滴，山谿稻畦層列，秧苗如麥浪輕勻，際此栽秧天氣，時正宜雨，而在行路人故稍不便耳。

二十日，早陰涼，午晴，極熱。早五點三刻出店，進施秉縣城北門，出南門，五里至五里墩，五里至草塘關，五里至乾地坪，五里至沿沙塘，二里至村口坡，八里至蘭橋，尖站。四里至楊柳卡，過茶店。五里至飛雲洞。【略】一里許至東坡塘，東坡塘之上有石橋，名題玉峽飛虹。十二里至十里橋塘，五里至五里橋，五里至黃平州城，進東門抵店，時四點二刻。計程六十三里。由鎮遠抵滇，一路店寓極苦，只有米飯，無菜蔬，尖站亦然。余則早抵尖站，亦不入店，只在轎隨便買食，俟抵宿站再餐。

二十一日，早陰涼，午晴，極熱，幸有風，稍爽。早五點一刻出店，出黃平州西門上望城，五里至五里墩，五里至燈草哨，五里至馬場街，五里至老木哨，十里至重安江。尖站，間有鐵鏈橋，未過。以上鎮遠府屬。過渡即至對江塘，過老君關坡，十二里至觀音山，極高。八里至洛仲塘，五里至大風洞街宿，轉山路宿此。時三點三刻。計程五十五里。【略】並悉少牧已於二十日由鎮起程矣。

二十二日，早風雨交加，旋止，午仍陰涼，時雨時止。早五點三刻出店，約二里至大風洞，巖頭飛閣若檻，洞內清流潺溪。路經未遊。三里至洛登，三里至小風洞，七里至清平縣。有行臺。按：大站爲宿站，都匀府屬。進城東門，值集場，人甚夥，命僕買菜回。出南門，過橫水塘，五里至五里橋，八里至洛邦，五里至沙子坳，七里至臘梅塘，五里至黃茅嶺，十里至楊老驛，宿行店內，按：大站爲尖站，小站爲宿站。時兩點鐘。計行五十五里。是日山路多，坡甚陡，難行。夜雨。

二十三日，早密雨，旋停，午雨細，涼。早五點鐘起程，上坡二里許至新鋪，俗名懶板凳。八里至清水塘，二里至乾巴哨，八里至阿里塘，五里至馬場坪，五里至黃花塘，塘之坡頭有觀音廟，甚靈。坡下魚梁橋，崖上有響琴峽三字，崖壑極幽。五里至湯鍋坳，八里至西陽塘，以上平越州屬。六里至棕巴街，六里至黃絲宿，時三點鐘。計行五十五里。按：小站應宿此。是日之店非常破爛，室無門，窗無紙，且污臭不堪，只得勉强休息。

二十四日，早陰，風涼，午半晴，微熱。早五點三刻出店，五里上坡，至老郎廟，五里至江西坡，上坡陡險。一里至冷溪塘，六里至沙坪，一里至谷濛關。貴陽府屬，爲大站尖站。【略】五里至半邊街，五里至巖頭塘，三里至觀音閣，七里至貴定縣，進城東門。值集場，有貨甚夥，買菜蔬。出西門，上馬桑衝坡，險而長。八里至馬桑衝街，過乾溪塘，八里至棕巴街，過牟珠洞。【略】八里至甕城橋宿。按：小站宿此，店尚將就。計程六十四里。

二十五日，早霧，冷，午晴，微暖。早五點三刻出店，八里至高平鋪，五里至新安塘，尖站。上雲頂關坡，過雲頂關街，十三里至雲龍從塘，過龍從堡，十里抵麻子塘，過五里橋，十里抵龍里縣，大站宿站，住行臺，至是正值趕場，買賣甚夥。進東門。出西門，四里至籌金橋，上觀音坡，八里至觀音山宿，小站宿站，店尚寬敞。時三點一刻。計程五十八里。

二十六日，早晴，午半晴，微熱。早五點二刻出店，過高寨，八里至沙子崗，十里至谷脚塘，過千總卡，十里至黄泥哨，十里至龍燈鋪，七里至圖雲關。【略】八里至貴州省城，至城應投職名。宿榮禄棧，在花牌坊。時一點三刻。計行五十三里。安排行李後即查電碼，派郭鋆往送。因銀錢不符，未打。往天順祥取匯款，每百兩比京平大三兩五錢。買貴州皮帽架。近省之山多峭拔。

二十七日，早晴，午半晴，微熱。是日轎夫向至此打坐一日，未行，打坐者，歇息也。藉候少牧。【略】子清來棧相候，並定準次日同行不息。

二十八日，早密雨，淋漓竟日，涼。早五點鐘冒雨起程，出黔省西門，五里至頭橋，貴州石金總局設於此橋。十里至馬王廟，十里至湯巴哨，即枇杷塘，五里至狗腸河，又名新場，尖站，有行臺。五里至高樹塘，過蒿枝塘，十二里至黑泥哨，八里至清鎮縣城，進東門出南門，宿棧狹隘，時十二點鐘。計五十五里。

二十九日，早冷，大霧，旋散，午晴熱，晚又陰。早五點一刻出店，出清鎮縣新城，八里至滴澄塘，十二里至茶花哨，二里至長寧塘，十二里至蘆荻哨，尖站，有行臺。五里至龍井塘，四里上坡至鴨蛋鋪，戴口堡又名。四里至界首塘，五里上坡至五馬塘，聞有珍珠、化龍二泉，未遑遊覽。但斯山徑，稻畦流泉，茂樹山景，足供賞玩。上坡即下望城坡，八里至安平縣城，進北門投宿，時一點一刻。計程六十里。

五月初一，早晴，午半晴，熱。早四點三刻起程，出安平縣南門，十二里至沙作，八里至沙子哨，十里至飯籠塘，過石板房，道旁山頂有鮑三娘娘廟。過清水橋，過石佛寺，聞寺内石佛甚多，未見。過帶子街，買帶鋪甚多。十二里至中伙鋪，又名三鋪。過二鋪場，適逢場期。十二里至阿若塘，十里至響水橋，過馬金藤街，九里半至羅德塘，又名頭鋪。九里半至安順府城，進東門宿，時兩點鐘。計程八十二里。是站途程極大，但道路甚平，無甚高坡，故猶覺便利。惟中伙鋪之上有坡一段，亦不陡。安順□内山甚開展，較省猶强，生意亦多。

初二日，早晴，午半晴，熱，微風稍爽，夜雨。早五點鐘起程，出安順府西門，十五里至楊家塘，十五里至馬場塘，又名腰鋪尖站。十里至大石哨，五里龍井塘，五里至巖坡哨，十里至鎮寧州城，進北門投宿，時午正。計行六十里。是日覺頭悶腹痛，因連日晴熱，轎中熱氣如蒸，約係受暑。

初三日，大雨，風雷交作，三點鐘稍息。早六點鐘冒雨起行，出鎮寧州南門，十二里下坡至竹蔭哨，三里至安莊塘，十里下坡至黄果樹，又名白水河。河頭有犀牛灘，灘上飛泉瀑布，如匹練長蛇，樹木陰森，排青疊翠，景致甚佳，尖站有行臺。十里上坡，路長，至莘寨塘，十里至繁花塘，十里至坡貢，宿，永寧州屬。時兩點鐘。計程五十五里。是站店極破，穢氣不堪，又兼腹痛猶甚，十分難過。

初四日，晴，熱極。早五點一刻起程，出坡貢街，過上坡貢，過瓦窑街，過半邊街，十三里上坡至坡頭脚，又上坡過鳳凰關，過張家灣，山頂上有雙土地廟，甚靈。十二里至丁孝塘，山頂有石龍崗。十二里至安樂塘，尖站。十五里至餘粮堡，又名青菜塘。八里至郎岱廳，進城東門，宿考棚内，係二公館。時一點一刻。計行六十里。是站鋪宇尚多，此日恙仍未愈，服萬應錠及雅片數口。轎夫因次日即端陽節，苦要打坐，而馬馱因草料甚費，堅欲行。大頭屢催，始勉行。

初五日，晴，極熱。早五點鐘起程，出郎岱廳西門，三里許即上坡，十二里至打鐵關。又上坡，一里許即下拉揤坡，陡而且長，爲黔路著名大坡。九里至半坡塘。尖站。又下坡，過大梁哨，十里至那當塘，坡頭有蓮花巖。十里至毛口河宿，郎岱廳屬，爲小站宿站，由拉揤坡下來，至是坡甫平。時十一點一刻。計行四十五里。是日熱極，俗稱冷坡貢熱，毛口且稍有瘴氣，地出乾榨黄菜。是處只有店一家尚可住得，餘皆狹隘又污穢，定不能堪，而該店已被煙客先爲占據，無處將就。尋得一家馬店，尚稱潔净，店號三元，余遂與少牧同寓。當晚熱甚，夜多蚊蚤，未得安眠，恙愈。

初六日，晴，極熱。早五點二刻起行，二里半至毛口河渡，河發源於滇之宣威州，河水甚溜，水作黑赤色，難看。時子清箱馱落水。候渡約六刻許過渡。二里半至河灣塘，又名西林渡，過五里墩，十里至阿都田塘，爲大站之宿站，有行臺。五里至那貢塘，五里至茶亭，十里至安黑塘，十里至花貢，小站宿站。宿行臺，時十二點鐘。計程四十五里。是日所經之山，忽上忽下，起伏崎嶇，甚難行走，俗稱二十四个冒鼓天，即二十四个坡頭也。中有三坡，險長而陡，餘雖不長而陡，爲黔路著名難處。

初七日，晴，極熱，午薄陰，仍熱，旋晴。早四點三刻起程，五里至花市，十里至丁寨塘，上老鴛巖坡，坡極長大，且陡，爲黔路最難行處。五里至半坡塘，五里至老鴛巖街，五里至白沙地，以上皆上坡路多，屬普安廳。按：大站爲宿站，小站爲尖站。十里至鐵廠，又名金基塘。十里至礶子窑，屬普安廳，又名崧巋塘，爲小站宿站。雖有行臺而污穢，故投店宿。時十二點鐘。計程五十里。是日山極陡峻，輿夫揮汗如雨。而在輿中，轎頂蒸熱異常，時望到棧。鐵廠以下，路甚狹，若鳥道，山若亂石堆成。

初八日，晴，極熱，幸風稍爽，夜雨達旦。早五點鐘起程，十二里至炒米鋪，四里至營盤山，四里至上寨驛，以上下坡路多，極狹，係普安廳屬。按：大、小站爲宿、尖站，有行臺。七里至丫口塘，又名馬鞍山。三里至庚戌橋，又名南車橋或南京橋，鄂相國建。上南京坡，又名南車坡。山路甚陡，車難行，亦黔之著名大坡。五里至南車塘，十五里至楊松，宿行臺。按：大、小站爲尖、宿站，時十一點二刻。計程五十里。南京坡上下路多山豁，曲徑狹隘難行，路旁荆棘樹叢如壁，或沿山單邊路，亦窄。抵棧熱甚。

初九日，早陰涼，午後雨少時，傍晚又雨，連宵。早五點鐘起程，五里至五里牌，五里至舊營塘，過德善橋。以上均下坡路多。由舊營塘上坡，八里至豬腸河街，二里至支家塘，五里至新店子，三里至陸官塘，八里至劉官屯，爲大站宿站，有行臺，屬普安廳。以上上坡路多。十里至大山丫塘，十里至兩頭河，又名大山凹，小站宿站。時十二點二刻。計程五十六里。

初十日，早陰涼，風爽，午半晴。早五點鐘起程，八里上坡至馮家莊塘，七里上坡至海子浦，爲大站尖站，有行臺。八里至馬桑卡，二里至黑泥丫口，俗名巴巴坳，小站尖站。五里至大河鋪，十里至蛾螂堡，十里至亦資孔，宿行臺，時十一點一刻。計程五十里。普安廳屬，該站設有驛丞，並訊官兩衙門。是日陰而有風，涼爽快適。

十一日，半晴，風爽。午風大，晚熱。早四點三刻起身，十里至魯尾塘，又名火燒鋪。七里至哨硐塘，八里至平彝所。尖站，貴州設有釐金局，遣人投刺，普安廳設有稅局。下坡五里至永安塘，又名龍家溝。上坡五里過勝境關，又名勝境塘，至此即滇界。該塘有牌坊一座，爲鄂爾泰公建，兩面石柱均有石獅。向滇之獅作黄色，俗稱雲南風多故也。向黔之獅作青色，俗稱貴州雨多故也。至是爲滇黔兩界，其牌坊界乎其間，故色異而界分。或云，一面朝陽故黄，一面向陰故青，亦別有見解。坊之西額「德崇業峻」，旁額「萬里通衢」，東額「忠孚化成」，旁額「全滇鎖鑰」，並志。又塘之關聖宫對門茶亭内有石龍二，亦有青黄之分。向滇之路多土嶺，漸開展曠遠，無復黔山之崇峻矣。又見有轍跡，蓋是地路就平曠，農家以牛駕車載物，睹之頗動鄉思。甫至滇界，頓覺風聲泠泠，其理果驗，其味初嘗。又婦人多以布纏頭，畏風故也。故常居滇者，帽子終年不離，否則患頭風痛。下坡過東鋪，該鋪設有滇南平彝釐卡。過玉真觀，十里至豫順關塘，五里至平彝縣城宿，曲靖府屬。進東門，時十一點二刻。計程五十里。是站自火燒鋪至勝境關頗有起伏，以後則就平坦。

十二日，早半晴，風大，涼爽，午雨一陣，復霽。早五點鐘起程，出平彝西門，二里至清溪洞。【略】五里至揚威哨塘，八里至多羅鋪，路甚平坦，若在多羅阻水，即走涼水井、土地坡等處。二里至山藜果哨塘，十里至車家灣，該處有行臺，爲尖站，平彝縣屬。八里至腰站，五里至棠梨灣，平彝縣分界處。十二里至煙墩哨塘，南寧縣屬。八里至白水驛，宿行臺，時十二點一刻。計程六十里。

十三日，早晴，風涼，午陰，旋霽，熱。早五點一刻起程，八里至海家哨塘，七里至分水嶺，又名新鋪，南寧界，至此即分。八里至大塘，霑益州屬。七里至海子鋪，尖站，無行臺，向係借廟。十五里至霑益州宿，進城東門。計程四十五里，時十點三刻。白水抵霑益路，謂三个十五里，該縣城外地勢平曠如直界，抵是值彼集場，有賣羊肉者，且不膻，初嘗頗美。

十四日，晴，大風，早涼，午熱。早五點鐘起程，出南門，十里至新橋塘，由此塘小路龍華寺進城較近，惟雨水天仍由大路爲是。十里至石板塘，霑益界止。十里至三岔塘，南寧縣屬尖站，有行臺，街市頗齊整。十里至茶廳塘，又名麵店，是處賣臘肉鋪極多。八里至響水塘，馬龍州屬。七里至大海哨塘，八里至黑泥哨塘，十里至馬龍州城，進北門，宿行臺，時一點二刻。計程七十三里。馬龍地勢狹隘，生意無多。抵是，少牧之戴夫頭定要打住，而余與子清之夫頭及馬鍋頭均不欲住。戴夫頭早在霑益即欲尋毆，至是若不打住，更覺情急，因與少牧商定，余仍與子清帶領三家行李先行進省，隨與坐省寫信，擬至板橋命苟升持字名片前行，送交坐省，以便招呼六城釐金、府稅、棧房等事，當晚議始定。

十五日，晴，早爽，午熱，微風。早四點三刻起身，出馬龍州城南門，十里至越州哨塘，過小哨塘，五里至蒼龍鋪，七里至洪景哨，七里至烏龍箐。馬龍屬，由小哨至烏龍道路難行，非偏坡即亂石，且狹隘崎嶇。過正南鄉，五里至黄土坡，十里至白塔鋪，七里至梭羅灣塘，由塘之下交尋甸州界，自黄土坡至梭羅灣路極寬坦，均土路，夾路松樹茂密，沿山翠色交加。七里至草鞋板橋，七里至獅子口。若走小路，即不過涼漿哨塘，較大路近。過趙福鋪，過青石橋，七里至覺照庵，五里至關嶺坡脚，上坡五里至關嶺塘，坡長且曲，欹側難行。【略】下坡五里至易隆驛宿，時二點三刻。計行八十七里。是站爲滇途著名大站，俗稱是站爲三个二十九里，由馬龍至烏龍箐爲一个二十九，由烏龍至草鞋板橋爲二个二十九，由草鞋板橋至易隆爲三个二十九，其里數不能定，照塘房。

十六日，早陰涼，屆午半晴，熱，微風。早五點鐘起身，過馬田橋，過七里哨，過八里鋪，十里至雙橋塘，十里至牌樓哨塘，過隆里新街，又名左位屯。五里至菓子園塘，交嵩明州界。五里至黑泥哨塘，五里至河口，尖站，有行臺。五里至牛肝哨塘，過老猴街，五里至白龍橋鋪，遇李仲帥前站行李，始知今日亦宿楊林。適逢該處趕街，甚鬧熱。五里至大山哨塘，聞斯山有毒泉，我未之見。十里至土主山塘，十里至楊林驛宿，時一點鐘。計程七十里。抵是值李中丞宿此，各店均被送差官員跕住，只匀來小屋一間，頗形湫隘。【略】是站里數七十，其實僅有六十餘里。因路平，似覺路短耳。

十七日，早晴涼，午半晴熱，微風，夜雨達旦。早五點三刻起程，過小堡子，十里至者察塘，八里至小哨塘，七里至大哨塘，五里至長坡，交昆明縣界，尖站有行臺。五里至横水塘，五里至左衙哨塘，五里至分水嶺塘，過新寺，十里至觀音塘，五里至大板橋驛宿，時十一點二刻。計程六十里。是日路極平坦，均係土路，一路遇送差回省官員甚夥。

十八日，早雨數陣，旋止，午半陰，旋霽。早六點一刻起程，五里至深溝塘，過興樂寺，又名銅牛寺，寺傍橋近。上坡五里至高坡塘，過土主宫，五里至鷓鴣哨塘，五里至放馬橋塘，十里至典福寺塘，過十里鋪，過定光寺稍憩，候轎子槓箱到齊同行。五里至迎恩塘，五里至滇省城。進大東門，住八省會館，時十一點二刻。計程四十里。是日早雖遇雨，然由板橋抵省均係石路，故雖有雨，尚不致甚滑，幸甚。

又卷二 [光緒二十八年五月]二十五日，晴熱。【略】早飯後率僕收拾行李，飭趕捆馬馱。發夫滇平四十三名，上脚每名一兩，共四十三兩。發馬二十七匹，上脚滇平四十兩，内馱馬十七匹，騎馬九匹。買應帶各物件。【略】一日之間，手忙脚亂，力盡筋疲，萬分匆迫。

二十六日，早晴，午風雨交作，旋霽。早起，趕束行裝。吃早飯畢，十點鐘啓程出省西門，共二行兩班，四轎，二乘，丁頭四轎，一乘，丁拐轎一乘，對班箱槓四抬，包槓兩抬，花籃兩抬，挑子二擔，隨轎親兵四名。過左家墳大沙河，又名張家堡。馬街，三十一里抵碧雞關，過長坡，橋頭村，昌應橋，上坡粮粑鋪，獨樹，五點三刻抵安寧宿。計行七十二里。是日路尚好走，將少牧家信交伊住井家人。

二十七日，早陰，午雨，夜雨。早六點二刻出店，過平地哨，草鋪，青龍哨，茶夫少憩。過禄脿街，後衛屯，抵老鴉關街宿，時二點三刻。計行七十里。

二十八日，早陰，傍午大雨，晚微息。早七點鐘起程，上坡過白函街，三十里至陽羊老哨，十五里腰站尖，憩少時。過練樹鋪，啓明橋，黄土坡塘。六點二刻抵禄豐縣宿，計行七十里。是日早雨後，道本泥滑，而路又坎陷不平，均係馬蹄踐踏，深尺許。石路則濫如瓦礫，土路則踐若梯階，又逢大雨，輿脚踏不住，欲蹌者屢，萬難舉步。李姐之轎與箱槓均落後，至夜十點鐘始陸續槓到。尚有二槓未來，寄在十里外民家，甚不放懷，爰命夫頭住宿看守，異常困憊。郭三衣包一件失落，遍查無著，約係逃夫所竊。

二十九日，早晴，午半晴，晚陰。是日因雨後路仍泥滑難行，打住一日。早報竊於禄豐縣。

三十日，晴熱，傍晚陰。早六點二刻起程，過浄蓮寺、南平關塘、大悲寺、響水關、新鋪塘、大哨塘下坡，三點三刻抵舍資宿。計行八十里。是程仍係碎石濫路，多係坡坎，響水關道樹深路狹，半係單邊，俯臨絶壑，深若無底，輿過處懸架空處，可畏。唯沿山松青橘緑，澗響泉鳴，景頗幽僻。

七月初一，早，霧散，晴，極熱，午後雨一陣，旋止。早六點三刻起身，二十里黑苴街，十里至蒙七鋪，十五里至甘露塘，下坡十五里抵廣通縣宿。時一點一刻，計行六十里。

初二日，早陰，午晴，雨不定。早五點二刻起程，過牌樓哨、回磴關，下坡過石硐鋪、木車哨、塘腰站，少憩。一點三刻抵楚雄府。計七十二里。

初三日，晴熱，微風。早發行李。【略】十點二刻出店，路向東南，路極崎嶇，狹隘夾路，荆棘如壁，僅容一輿。二十里至周溪河塘，上坡路轉平坦，沿山遍嶺均馬尾松樹，或高若緑旗，或低如青草。【略】抵西門，衆紳士、外委蕭自明迎候。道左亦坐炮，下輿畢，復乘輿，順城南繞進東門，新官初到，向來如是。三炮抵儒學爲公館，時已四點三刻。公館蕭條特甚，只備一床三桌，無憩息處。廂房四間，下人無住處，趕命差役向各處借床板、木凳。又無飯食，現弄晚餐，胡亂收拾，安排粗定。

又卷九　［光緒三十三年三月］十一日，陰晴兼半，風熱。早將昨日未齊行李再爲收拾完竣。【略】飯後十點鐘起程。【略】三點鐘抵板橋宿，計四十里。

十二日，早半晴，午陰沉，旋霽，風熱。早六點半由板橋起行，長坡稍息。午正一刻楊林宿，計六十里。無事，覺天時甚長。

十三日，陰冷，午後微雨。早六點三刻由楊林起程，向北行三十里，狗街稍息。三十里羊街宿，時午正二刻。一路土路甚多，甚平坦，如北省大路。【略】是日天冷，將棉大小襖均復穿上，與前二日大相懸殊。

十四日，陰涼，午後晴，夜雨。早六點三刻由羊街起行，十五里清水溝，十里花箐哨，十里果里金所街，稍息。五里衛所，二十五里柳樹河宿，時一點鐘。是站雖有起伏，坡不甚大。柳樹河之店極小極狹，且無白米，幸自己帶來煮食，店帳尚一錢四分。

十五日，陰涼，傍晚晴。早七點一刻由柳樹河起行，十二里鴉口塘，十三里功山，漸多不平。功山街店宇尤壞，萬難住宿。由功山街上坡，或起或伏，巖懸路仄，崎嶇難行。三十里抵小龍潭宿，時一點一刻。店宇亦壞，不過較昨稍寬。此處已入東川交界，是處之南□里，即尋甸南界，立有界石。

十六日，半晴，午後風暖。早六點二刻，由小龍潭起身，十五里鐵廠，十五里野豬塘，稍息。二十五里大水塘，該處千總張燦率汛兵迎迓。十里癩頭坡宿，時兩點鐘。【略】是日之路，坡埂甚大，難行，店宇極壞。

十七日，晴熱，傍晚陰。早五點一刻由癩頭坡起程，五十五里界牌，該處生員來接，稍坐。二十五里鵰雞塘，宿。會澤藍澍生大令差人辦站，時一點二刻。界牌著名風浪極大，今來是竟未遇風，幸甚。是日之路起伏甚大，且崎嶇險仄，不良於行，過界牌後則漸就平坦矣。店仍破濫。

十八日，半晴，微風涼。早六點一刻由鵰雞起程，一點二刻抵東川，同城官均在接官廳迎迓，少坐，進府西門，抵武廟公館，宿。

又卷一一　光緒三十四年戊申冬月二十二日，陰，微涼。【略】至十一點鐘始起行。【略】晚七點鐘始抵豆沙關，行有十餘里黑路，醺然困覺矣。抵棧困倦已極，未飯即寢。

二十三日，陰涼。早七點半由豆沙關起行，下午兩點半抵吉利鋪，宿。

二十四日，陰冷，傍晚毛雨。早七點二刻，由吉利鋪起行，雲臺山少憩，兩點半鐘大灣子宿。

二十五日，陰冷，微有毛雨。早七點二刻起行，小河稍憩，遇雲豐泰劉子先。三點至大關。

二十六日，陰，極冷，傍晚毛雨成淋。早七點三刻起行，李少爺派親兵，號令送里許。楊柳樹尖息。【略】抵出水洞，霧氣溟濛，山頭凍淋，泥滑已極，三點半鐘至老街宿。店亦寬潔，惟四壁透風，冷氣逼人難耐，炎炭滿爐，毫不濟事。

二十七日，陰淋，極冷，午後暢晴。早六點三刻起行，冰淋交加，幾成琉璃世界，而道途泥滑，不良於行。過潤溝丫口後，豁然開朗，覺日暖天清，別一世界矣。在井渡半年以來，未見如此天氣，況道途平坦，猶令人襟懷暢遂。五點鐘抵昭通府西關，借宿富新祥棧房，甚軒敞。是站道路甚長。

［臘月］初二日，早陰，午晴暖。早囑楊少臣、陳慶留裝課銀上馱，八點鐘由昭起行。【略】一點三刻抵桃園，宿。

初三日，晴，早涼，午熱，大風。早七點三刻起身，行二十餘里，内人轎槓輿夫綑左，致將千斤撑斷，即時改綑修好。至大水井少憩。抵鴉口時風勢極大，下江底更甚，幾將乘輿吹倒，坡極陡峻難行，四點半抵江底，宿。至是脱裘更换棉服，猶覺燥熱。

初四日，晴，極暖。早六點三刻起行，丫口塘少憩，五點鐘抵以車汛，宿。今日路難且長，頗形倦乏。

初五日，晴暖，午後大風。早六點三刻起行，珊瑚樹尖息。由泛水井下坡，曲折難行，五點鐘抵江石巖，宿。

初六日，陰冷。早六點二刻起行，二點二刻抵東川，王慎餘、彭友梅接於東關，並有站。

初七日，晴熱。早八點鐘起行，【略】四點三刻抵鵰雞，宿。

初八日，晴熱，午風。早六點二刻起行，哨牌尖息。幸得天緣，遇風不大，四點二刻抵光頭坡，宿。

初九日，晴，微風，暖。早六點三刻起行，二點抵小龍潭，宿。

初十日，早陰旋晴，午後風暖。早六點三刻起行，一點二刻抵柳樹河，宿。

十一日，晴熱，風。早六點起行，金鎖街少憩。【略】一點抵羊街，宿。

十二日，晴熱，風。早六點起行，狗街憩息。【略】一點一刻抵楊林，宿。

十三日，晴熱，大風。早六點一刻起行，長坡少憩。十二點一刻抵板橋，宿。

十四日，晴風，熱。早六點起身，十點鐘抵省會館，草爲安置。

十六日，晴熱，風。早收檢行李，院上遣人來問，不識何事。檢好行李後，順即到院探悉，催余速行。由院八點二刻起程，出小西門碧雞關。【略】五點二刻抵草鋪，宿於馬店。

十七日，晴風，熱。早五點三刻起行，老鴉關稍息。七點半抵禄豐縣，宿。

十八日，晴，午後半陰，風熱。早五點三刻起行，捨資稍息。六點抵蒙七鋪，宿於極狹隘破爛小店。

十九日，半晴，風熱。早五點起身，抵廣通縣，【略】停半時許即行。小腰站稍憩，四點三刻抵楚郡。

尹子珍《雲南探礦記》 英人戈氏，礦物學專家也。

光緒三十三年十月初，戈氏由歐抵緬，聘余爲漢文書記。是月十五日，戈氏由緬京漫得里起程，搭輪往八募。抵募後勾留數日，僱就騾馬十餘頭爲途中載運行李之用。

二十八日，戈氏由八募首途，計四日至中英交界之咕呷卡。

十一月初三日，抵蠻綫。其地有一小街，所售者概是煙酒食物，旅行之人多寄宿於此，戈氏在此撑棚歇宿。

初四日，至弄璋街。休息一日。

初六日，至蠻剛寨歇。

初七日，抵南甸。在其地休息三日。

十二日，抵騰越。戈氏下榻於英領事館，駐紥數日。【略】戈氏遊歷雲南之護照，在此領取，係由道署發給。

十七日，戈氏由騰越起程，前往大西練、明光一帶。【略】是日，戈氏在響水溝歇。

十八日，抵劉家外，係一冷落小村，村民以種植爲業。

十九日，抵固董街。其地街市冷落，商鋪售貨土物居多。戈氏在此權就鄉導一人，引路往青巖廠地。

二十日，抵青巖廠。

二十一日，戈氏抵明光之小新街。

二十二日，戈氏往東山大洞廠。

二十三日，尹勤公司代理人引戈氏參觀紅豆巖廠，其廠距小新街約里許。【略】是日，返後並往觀小尖山銀廠。

二十四日，戈氏由小新街起程抵蓋頭。

二十五日，抵熱水塘。是日途間經過瓦甸街。

二十六日，抵林鋪。

二十七日，抵大塘子。是日，途中經過雪山，至山頂時寒氣逼人，冷風刺骨，相隨兵差夫役，因衣單之故，多難支持。聞山巔積雪終年不化，往來行人時有凍斃。

二十八日，抵干定街。是日路過湯昔寨。【略】干定街市面冷落，五日一街。居民傈僳多，漢人少，係漢夷雜居之地，傈僳之風俗禮儀與漢人同，可知同化已久。

二十九日，抵勉戛。是日，途中由干定街起程不久，即過潞江。渡江係用木舟，有舟子數人，常川駐此，接送行人。【略】此間天氣酷熱，行人稍爲不慎，即染瘴毒，誠危險之地也。勉戛人户稀少，貧者居多。

三十日，抵河灣街。其地市面冷淡，村人五日一聚，所售皆食物，窮鄉僻壤之小街市也。

臘月初一日，抵栗柴壩。是日，路過魚塘、白沙溝及冷水溝三寨，寨中民人均以農爲業，士商甚少。

初二日，抵沙河廠。【略】爲保山縣所屬，隔保山約一百二十里。

初四日，抵孟家園。此地距永昌府城不遠，村中居民大半以種植爲業。

初五日，抵永昌城。

初七日，由永昌起程抵金雞村。

初八日，抵水寨。是日，道路崎嶇，多上下山路。途間經過大栗壩，人户頗多，居民皆以農爲業。

初九日，抵沙陽。是日，經過瀾滄江，江跨鐵橋，工作頗堅，聞爲紳商醵金建築。江之兩岸峭壁屹立，形勢奇怪，令人一望而生畏。【略】沙陽市頗熱鬧，居民多客籍，因此地屢遭痒子瘟疫，土人死亡相繼，全家覆滅者不少。至今計數，土人僅占十中之二三。

初十日，抵奇洞。是日，路過永國寺。【略】又過花橋。

十一日，抵杉松哨。

十二日，抵黄連鋪。是日，途間經過天井、白斗二鋪，沿途多松林，青翠之色相映不絶。

十三日，抵新太平鋪。是日，途間經過順筆橋，橋底鐵煉扯成，上鋪木板，建築工作頗巧，與瀾滄江橋形式無殊。新太平鋪係在深山密箐之間，此地天氣綦寒，余等宿此，雖終夜烘火，猶覺難支。

十四日，抵漾濞。其地市街熱鬧。

十五日，抵和江。是日，過金牛屯時，購食午飯，其價頗廉，余僅花錢五十文即得飽餐。雖山菜野羹，其味甚覺甘美。

十六日，抵下關。戈氏駐宿騰越巨商董耀廷君之新建店内。是日，過天生橋時，地勢天然險要，兩邊峭壁，嶙峋撑天，望之可畏。【略】下關是迤西通商孔道，四通八達，行商坐賈多蝟集於斯。其地所銷售物品半是騰越商人由緬甸運入之洋貨，棉綫、布疋爲通銷大莊。

十七日，抵大理城。

十八日，戈氏在大理拜會文武官員。大理提督劉某，人稱之爲劉馬棒，因伊常以馬棒打人得名。其人年雖老邁，英氣逼人。回拜戈氏時，戈氏以洋酒、洋餅、洋糖款待。此老最愛巧革力。洋糖名。曾向戈氏購分一盒。大理府係滿人，名明禄。戈氏拜會時，彼之禮貌甚恭，媚諛之容，令人噴飯，此可知滿人之畏洋如虎。有管帶某對待戈氏逢迎備至，設宴招飲，奔走不遑。戈氏在大理應酬官場，費時三日。

二十一日，戈氏在大理應往觀楚石廠，廠在蒼山之巔。

二十二日，返下關，在其地休息一日。

二十四日，由下關起程至沙河。是日，途中遠見蒙化平原，人煙極爲稠密，知是富庶之區。

二十五日，抵石黄廠，廠地歸趙州所屬，與趙州相隔約二日程。

二十六日，董耀廷君引戈氏觀察石黄廠。

二十七日，返至沙河。

二十八日，返至下關，勾留二日。

光緒三十四年正月初三日，戈氏由下關起程至趙州。

初四日，抵紅巖。是日過獅子哨之獅子口。

初五日，抵雲南縣。

初七日，抵廟村。

初九日，抵普棚。

初十日，抵天昇堂。

十一日，抵沙橋。其地爲鎮南州所屬。

十二日，在沙橋休息。

十三日，抵理河。

十四日，抵楚雄。

十五日，抵水塘子撑棚。

十七日，抵定遠縣城。

十八日，鄉人引戈氏赴青龍廠察看銅礦。【略】此廠地點距定遠城大約有二十里之遥。

十八日，抵琅井。【略】四圍居民約有三百餘家，多富户。内中有一街市頗鬧熱，所售者皆土貨。

十九日，抵黑井。【略】内中亦有小街一條，人户無琅井之多。

二十日，抵小石橋。此地人煙稀少。

二十一日，抵稗子溝。

二十二日，抵禄豐縣。

二十三日，抵老鴉關。

二十四日，抵安寧州。

二十五日，抵雲南府。是日，過滇池路時，路旁之山亂石參差，聳立雄偉之勢，令人望而生畏。地之周圍佔平壩三分之二，池水碧緑，與蒼天相映，連爲一色，景致極佳。

二十六日，戈氏移住英領事館。

二月初一日，戈氏由省城起程抵燕子哨。

初二日，戈氏在燕子哨休息。

初三日，戈氏由燕子哨起程抵馬軍寨。

初四日，抵陽林。

初五日，抵西洋塘。是日，路間遠見嵩明海一片汪洋。

初六日，戈氏在西洋塘逗留一日。

初七日，抵二龍戲珠大凹子。

初八日，抵宜良縣。

初九日，抵上眼井。

初十日，抵湯池。其地有熱水塘，能治瘡毒，每届秋冬二季，附近之鄉間男女來此沐浴者，絡繹不絶。

十一日，抵七埶街。

十二日，抵呈貢縣。

十三日，抵晉寧州。

十四日，抵昆陽州。

十五日，抵二街。

十六日，在二街休息。

十七日，抵海口街之新村。

十八日，抵安寧州。

十九日，復入雲南省城。

二十八日，戈氏復由省城首途經過安寧州，取道磨鎖園，至易門縣，共計三日程。

三月初二日，戈氏由易門縣起程抵啓富朗。【略】又距永金哨時，相隔八十里之遥，係往南安州路，地屬易門所轄。

初三日，抵三家廠。

初四日，抵昔殿。

初五日，抵大烏郎岔河。

初六日，抵南安州。州城在一山凹之間，人户稀少，總計不過百家，貧者居多。衙署之前有冷淡之小街一條，余等到時欲購一雞，不能得也。

初七日，抵楚雄。初八日在此休息。

初九日，戈氏由楚雄起程，經過鎮南州大佛寺，雲南邑，至十三日抵雲南縣，計程四日。

十四日，戈氏由雲南縣繞道出賓川州。是日，抵賓川州屬之東莊。

十五日，抵賓川所屬之干埶。

十六日，抵永北所屬之卡脚。

十七日，抵金江街。

十八日，在金江休息。據鄉民言，距永北六天路之遥，名北脚壩。

十九日，抵鄧川州之新城。

二十日，抵大王廟。

二十一日，抵上關。

二十二日，抵大理城。休息數日復起程，向來路返回，經下關和江抵漾濞時爲二十八日。

二十九日，戈氏復由漾濞起程，經過太平街、黄連兩鋪時爲四月初一。

四月初二日，抵杉松哨。

初三日，抵奇洞。

初四日，抵杉陽。

初五日，抵大栗壩。

初六日，抵永昌所屬之石花洞。

初八日，抵蒲漂。

初十日，抵紅木樹，至此計程二日。經過柳彎時，道途曲折崎嶇，余等下馬徐行，無意之間，眼見途中亂石内夾燕石無數，撬土搜尋，處處皆有此種石燕，形圓黑周，身有白紋，洵爲奇物，但小者多，而大者少。【略】山徑高低彎曲，全是鳥道羊腸，行人過此多感困難。山脚即是潞江，修有鐵橋。此間瘴毒極大，余等過時均有戒心。

十一日，抵橄欖寨。【略】龍江修有鐵橋，爲騰越人士捐資造成。

十二日，抵騰越。

十八日，戈氏由騰越起程抵熱水塘。

十九日，抵吊剛。

二十日，由吊剛起程，經過蠻璋街弄摩木姐抵咕哩卡，計四日程。

二十四日，由咕哩卡起程，計四日抵八募。

二十八日，遇快船之便，戈氏即趕瓦城轉往歐洲。

光緒三十四年臘月，戈氏復返緬京瓦城，邀余同往雲南。

臘月二十日，余同戈氏由緬京起程，搭火車赴格薩。抵格薩後，復乘輪轉船往八募，在八募僱就騾馬即赴騰越。抵騰越時，爲宣統元年正月二十三日。

二月初二日，戈氏由騰越起程，文武兩邊派來兵差數名，衛護隨行。是日，在馬站街歇。

初三日，抵固東街。

初四日，抵天堂關之營盤街。

初五日，在營盤街勾留一日。

初六日，戈氏察看天堂關濫茨溝金廠。

初七日，戈氏由營盤街起程，繞道曲池返騰越。

初十日，抵騰越，休息約十餘日。

二十四日，戈氏由騰越起程，出永昌。

二十八日，抵永昌。

二十九日，由永昌起程，向杉陽進行。

閏二月初一日，抵奇洞。

初二日，由奇洞至關山。

初三日，抵雲龍州之坡脚。

初四日，至寶峰井。【略】查雲龍州城係依山築造，無坦平地點。城裏城外人煙稀少，約共百有餘家，居民貧多富鮮。

初五日，抵石門井。

初六日，抵關平。

初七日，由關平起程，經過施家村、支打、拿葱、微金、牛塘等地，至十一日抵下關。沿途羊腸鳥道，崎嶇難行。

十八日，往大理城駐紮。

二十一日，戈氏由大理起程，經過上關大王廟，至二十三日抵黄家坪。

二十四日，由黄家坪起程，經過金江滿關，至二十六日抵半海塘。

二十七日，抵永北。

二十九日，戈氏由永北起程，經過河椿，至三月朔日抵寶平廠。

[三月]初三日，戈氏由原路返回，至初四日抵永北。

初五日，戈氏由永北起程，經過塔彩維沙各站，至初七日抵華坪縣。即舊鴉坪。沿途所經俱荒涼野草，極少人煙。

十二日，戈氏由華坪縣起程，至大興街歇。

十三日，抵新莊。其地係歸四川元源縣所屬，莊民風俗習慣與雲南同，重樸實不尚奢華，勤於農事。

十四日，抵三堆子。

十五日，抵矮郎河。【略】由華坪縣至矮郎河一帶，沿途天氣酷熱，且多煙瘴，膽小之人多不敢由此途經過。此途係依金江而上，江水清凉可愛，渴時飲之可以除熱，極似飲水。此途盜賊甚多，旅客時遭劫掠。盜賊多是山上夷人，名爲老盤。

十六日，抵會理州。其地人煙稠密、商場鬧熱，出産有黄絲、白蠟，有多數雲南商人居留收買，運往雲南，銷出緬甸。

十八日，由會理州起程，至鳳山營歇。

十九日，抵河口。是日在大橋午餐。大橋人煙稠密，售物者多。行人到此多半購食充飢，過此不食，須枵腹至晚。

二十日，抵姜驛。雲南武定州屬。

二十一日，抵小邦別。屬元謀。【略】是日過金江。木舟極朽，江水洶湧可畏，渡時毛骨悚然。若是水手稍爲不慎，全舟之人即葬魚腹。

二十二日，抵馬街。【略】但氣候酷熱，瘴毒極多，旅客到此不敢久居。

二十三日，抵西立汛。【略】西立汛爲蠻人所居之寨，漢人僅有開旅店者二三家，四圍鄉村亦皆是蠻人所住。

二十四日，由西立汛起程，至馬鞍山吃午飯。其地人户稠密。

二十五日，抵武定州。其地街市冷落，人户稀少，州城依山修築，極不雅觀。

二十六日，抵雞街。經過富民縣，至沙鍋村歇。

二十八日，抵雲南府。

四月初八日，戈氏由省垣起程，依官站返騰越。

十月二十一日，戈氏復由騰越起程，至猛連之小街，計程約六十里。

二十二日，抵鑾竹，計程約六十里。是日山路崎嶇，沿途人煙稀少。

二十三日，抵龍陵，計程約七十里。是日經過龍江之鑾喚鐵橋。橋頗堅固，爲鄉人積資所修。

二十六日，抵胡桃箐，計程約六十里。是日途中經過止安所，其地有長街一條，所售物品土質居多。胡桃箐在山巔間，人户約有十餘家，均是極貧之户。其地日夜間風吹不息，蕭蕭之聲令人生厭，余等到此終宵不能成寐。

二十七日，抵大平子，計程約四十里。是日途間經過潞江。大平子人户頗多，均是栽種草煙爲業。

二十八日，抵王家田，計程約六十里。是日山路崎嶇難行，人馬俱困。

二十九日，抵仁和橋，施甸所屬。計程約四十里。

六月初二日，抵姚關，計程約六十里。其地人煙稠密，爲富庶之區，出産有草煙、砂糖等物。

初三日，抵彎店之龍塘，計程約六十里。

初四日，抵乾溝，計程約六十里。是日途間人煙稀少，僅有太平廠一村，餘皆荒涼之地。

初五日，抵大猛統，計程約六十里。是日路間箐深林密，人煙稀少，惟道途平坦，無登山越嶺之苦。

初六日，抵猛右，計程約七十里。

初七日，抵順寧，計程約六十里。是日沿途蔓草荒煙，人煙稀少。順寧城築於山凹之間，人户約有五百，貧多富少。

初九日，抵洛黨，計程約五十里。

初十日，抵雲州，計程約五十里。是日之路順一小河而下，道路崎嶇，忽上忽下，顛險難行。查雲州城係在一山凹間，四圍山巒環繞，無平坦大壩。内中人户約七百餘家，地方貧寒，少文明氣象，其地街市熱鬧勝於順寧城。

十一日，在雲州休息。

十二日，抵頭道水，計程約七十里。

十三日，在頭道水休息。

十四日，抵幫瓦，計程約六十里。是日途間山深林密，道路崎嶇難行，人煙稀少，所見村寨多遠在山頭。

十五日，抵平掌，計程約六十里。【略】猛賴街在山脚一小平壩間，盜匪極多，行人過此多被其害。出猛賴約五里之遥，即到大河，其河無橋樑，余等渡此，小舟而過，兩岸距離約十餘丈，河水深而洶湧，渡時危險之極。聞雨水天煙瘴甚大，少人往來。平掌街係在山頂間，人户約十餘家，爲貧寒地點。

十六日，抵猛勇，計程約七十里。

十七日，抵拿杍寨，計程約六十五里。是日經過籮底剛時，見有哨房一所，守哨人數名，爲垠馬土司所設，因道路阻塞，駐此保護行人過此。又渡大河一條，渡後行不數里，即上箐門口山。山上有漢人九家，刀耕火種而食，過此即拿杍。

十八日，抵猛撒，計程約六十里。是日道路平坦易走。猛撒在坡頭，四面有土城圍繞，歸垠馬土司之弟管轄，内中人數約七十家，均擺夷。城外河邊有漢人三十餘户，聚居城一小小街市，售賣零碎雜物。猛撒壩四面之山多奇石突峰，景緻幽雅。

十九日，戈氏在猛撒休息。

二十日，復返拿杍。

二十一日，抵猛勇，計程約五十里。

二十二日，【略】是日午前十時，戈氏由猛勇起程，午後四小時抵者別。此途盜賊甚多，時有搶人之事，普通旅客非結隊不敢往來。

二十三日，抵秉遠汛，計程約六十里。是日沿途皆山，人煙稀少。

二十四日，抵緬寧，計程約六十五里。是日至幫賣開午飯。幫賣係一小平壩，四圍有人户四村。余等在其地，依一淺水小河岸邊煮飯而食。

二十五日，在緬寧休息。【略】緬寧城内人户約五百餘家，街市熱鬧。城外有二十餘村寨圍繞，係漢夷雜居，各村落均有擺夷佛寺，金塔高聳，一望可見。其地前爲擺夷區域，改土歸流爲時未久。緬寧係一平原小壩，四面皆山，出産稀少。

二十七日，抵七棵樹，計程約五十里。是日沿途多上下山路，無一村寨。

二十八日，抵江邊街，計程約六十五里。是日經過馬臺街，街在山腰，人户約十有餘家，市面所售者僅菜蔬油鹽柴米，別無珍貴之物。江邊街人戶依江岸築屋而居，約有二十餘家。此江即瀾滄江，無橋樑，往來行人以小舟渡送，單身者不收渡費，帶有行李之人收制錢五十文。

二十九日，抵猛排，計程約六十里。是日起程時即渡瀾滄江，途間經過沈家寨，一路之間皆崎嶇山徑，無平坦大道。猛排係景東廳，所屬人戶約五十家。

臘月初一日，抵翁孔壩，計程約七十餘里。是日途間多松山，松嶺青翠滿目，空氣異常新鮮，塵襟盡滌，如遊仙境。松之古者，根下産生茯苓，曾見多數鄉人搜尋挖取。

初二日，抵舊關，計程約四十里。其地人戶約二十餘家，均是貧窮之戶。

初三日，抵大海，計程約五十里。其地係一平坦小壩，內中村寨頗多，均是以耕種爲業。

初四日，抵威遠，計程約三十五里。威遠城係在一小平壩間，漢夷雜處，夷人多而漢人少，漢人僅二三家，以外均擺夷種族。城已倒塌，歷久未修，漢官借廟宇爲衙署，城內尚有土司公衙，土司仍駐其中，但已無權管轄夷民，僅是坐食遺産。城裏無街市，城外有冷淡之小街一條，所售多下等食物。【略】其地甚瘠貧，各物皆貴，煙瘴四季俱有，在此爲官作吏之人，多染瘴毒而死。以故漢人居此者爲數無多。

初七日，抵香井，計程約三十里。【略】香井係在一山凹間，其中漢夷雜處，人戶稠密。

初八日，抵益香井，又名鍋底塘。計程約五十里。

初九日，抵蠻腊。是日經過蠻乃江。又名威遠江。此江渡口有人常川駐紮，用竹筏接送行人。聞此江在夏秋之際，水勢洶湧澎湃，泛濫横流，附近江岸田園多被淹没。蠻腊係擺夷寨，人戶約有八家。

初十日，抵杉松嶺。是日途間經過小桃樹及白掌二村，沿途土石均是淡紅色，産鹽之區也。杉松嶺有人戶十家，皆是漢族。

十一日，抵猛班，計程約六十里。是日途中人煙稀少，行人飲食須自購隨身攜帶，方不受飢。猛班係一大平壩，中有土司，歸威遠所轄。有街市二，一名新街，一名舊街。設肆售物者，漢人居多，土人甚少。壩中四圍村莊稠密，漢夷雜處，均操農業，但壩中水少，種植五穀全靠雨水。

十四日，抵猛往，計程約三十里。是日多山路，途間人煙稀少。猛往係一小平壩，人戶稠密，有街市一條，居民漢回多，夷人少。

十五日，抵平掌，計程約六十五里。是日途間經過帕疊江，江水浩大，無橋樑。有濮蠻人駐此，以竹筏接送行人。大荒地在山腰間，人戶七家，均是貧乏之戶。

十七日，抵那賽，計程約七十里。是日途間多上下山路，經過村寨甚多。初過之寨名臭水，戶十餘家，繼大山脚人戶十餘家，繼黃竹林人戶七八家，繼石橋腊人戶五家。是日曾過南戞河，其河之水係由普洱流出，沿途彎曲轉流。余等經過七八次，皆是此河之水。那賽有人戶十餘家，居民係擺夷。

十八日，抵麻木，計程約三十五里。其寨在山麓分兩村，民均係擺夷。

十九日，抵那五田，計程約四十里。其寨在山腰分二寨，合共十餘家，皆漢人種族，觀其生活困難達於極點。

二十日，抵思茅，計程約六十里。是日途中人煙稀少，但皆平坦大道。思茅城係在一小平壩間，城中人煙稠密，街市繁華。設有税關税務司，英、法人各一。入口洋貨以花綫爲大宗，洋雜布疋居少數。洋貨入口之路係由中英交界之悶肯運入，路程遥遠，須月餘始能運到一次。

二十四日，戈氏由思茅起程，抵那柯里，計程約六十里。其地有人戶十餘家，依一小河立寨。

二十八日，抵普洱城，計程約六十里。普洱城係在一狹窄之壩中，人戶稠密，街市熱鬧。

二十九日，抵磨黑井，計程約六十里。是日，沿途村寨相連不絶。磨黑井之街市分老街、新街，多客店，籠絡行人。

宣統二年正月，【略】初二日，抵磨波，計程約五十里。是日途中依一小河而上，沿途村寨稠密。

初三日，抵蠻別，計程約五十里。【略】蠻別寨在山夾間，有人戶約三十多家，聚成一小街市，風景幽雅。

初四日，抵蠻連，計程約六十里。是日途間曾經過梅子街、蠻令寨等。【略】蠻連寨係在坡頭，人戶約十餘家，坡底有河一條，環繞此地，煙瘴甚大。每年六七月間，行人多裹足不前。

初五日，抵新撫，計程約六十里。【略】新撫有一小街，人户約二十餘家，其中駐有巡檢一員，管理政事，四圍之村寨多係擺夷。

初六日，抵誇泥，計程約六十五里。是日之路係循景東江上行。誇泥有漢人三家、擺夷五家，交攙雜處。其地天氣酷熱，多瘴毒。

初七日，抵樂良，計程約五十里。是日山路鳥道羊腸，危險可危。樂良人户稀少，居民皆擺夷。

初八日，抵者後，計程約七十五里。是日途中經過思樂，思樂煙瘴極大，男女均面帶黃色，有如病夫。者後人户約十餘家，有一小街，其地産砂糖。

初九日，抵鑾窩，計程約六十五里。是日途中村寨甚多，沿途甘蔗園連接不斷。鑾罵一寨居民概以熬糖爲業，每年出糖甚興。鑾窩人户三十餘家，係在一小平壩中，其壩與鑾罵相連，亦爲出糖之地。

初十日，抵景東城，計程約七十里。是日道途平坦，順一小河而行。途中經過清源街，市場熱鬧，往來買賣之人多如蝟集，擁擠不通。景東城係在山之夾道間，有小河一條圍繞，其地無城垣，街市頗熱鬧。出産物以砂糖爲大宗，甘蔗園四處皆是，富庶之區也。惟天氣極熱，有瘴毒，外來人不敢久居。

十二日，抵板橋，計程約五十里。是日途間人煙稠密，甘蔗園沿途皆是，板橋居民多以熬糖爲業。

十三日，抵杉拉河，計程約六十五里。是日經過龍街，市場熱鬧，售物者極多。

十四日，抵新馬街，計程約六十五里。【略】又過鼠街時，見街上懸有官商客店之牌甚多，知此處是旅人停定歇息之站。新馬街人户有三十餘家，市中售之物品多下等土雜。

十五日，抵貓街，計程約六十里。是日途中村寨稠密，多倮倮種族。【略】貓街在山頂間，有人户四十餘家，市場冷淡。

十六日，抵南澗，計程約七十里。是日途間，經過新街、阿克塘後即無村莊，至南澗方有人煙。南澗屬蒙化地，係一小平壩，有巡檢官一員駐此。其中人户稠密，有街市一條，頗熱鬧。居民多以種植爲業，出産蠶豆極多，有一小河横穿壩內。

十七日，抵密只，計程約五十里。是日多山路。【略】密只屬趙州所轄，係在一小平壩中，人煙稠密，有街市一條。

十八日，抵彌渡，計程約七十五里。【略】彌渡係一大長壩，人煙稠密，穀米、甘蔗、砂糖、豆子，出數極興，富庶之區也。駐有巡檢官一員，管轄其地。

十九日，抵中哨，計程約六十五里。是日途中村落甚多，路頗平坦。中哨爲迤西通省城大道中之一站。

二十日，抵下關。

二十八日，戈氏由下關起程抵大倉街，計程約六十里。其地人煙稠密，爲往來蒙化必經之道。

二十九日，抵蒙化城，計程約六十里。【略】又過貓街，市面冷淡，所售者多食物。蒙化係一平坦長壩，産豆麥穀米甚興。蒙化城之街市極熱鬧，百貨均有，富庶之區也。

二月初一日，抵西鼠街，計程約七十里。是日多山路，途中人煙稀少。西鼠街在半山間，人户約六十餘家，貧者居多。

初二日，抵老牛街，計程約五十里。是日途中經過巡檢地，人口頗多。【略】老牛街在山頂上，有人户七八家，多是開店爲業。

初三日，抵西牛街，計程約五十里。是日途中經過水平街後，渡江一條，即至西牛街。【略】西牛街沿途街市冷淡，在山頂間，人户二十餘家。

初四日，抵魯史，計程約五十五里。是日多山路，途中經過象脚井，其地頗熱鬧。魯史在山腰間，人户約八十餘家，有街市一條，向爲鴉片煙總匯積之區，順寧府屬所出之煙皆運此銷售，各地販煙巨商在此設棧買賣。現因國家禁煙，巨商漸漸四散，街市日見冷落。

初五日，抵松林塘，計程約五十里。是日上下山路沿途人煙稀少。松林塘有人户四家，係種山而食。由蒙化至松林塘途中多盜賊，行人不慎者常被搶劫。

初六日，抵新村，計程約五十里。是日途間經過瀾滄江橋，其橋係用鐵鍊造成，與潞江橋形式不殊。新村在山頂間，人户約二十餘家，開有客店，往來行人多入住宿於此。

初七日，抵順寧，計程約六十五里。是日行程多上下山路。

初十日，抵猛右，計程約六十里。是日途中人煙稀少。

十一日，抵小橋，計程約五十五里。【略】小橋有人户二十餘家，聚成一小街市。

十一日，抵右甸，計程約六十里。【略】右甸壩形似人字，平坦寬廣，其中田土肥沃，出産豆穀極多。有府經歷一員管轄，其地街市頗熱鬧。

十二日，抵梅子樹，計程約六十里。【略】是日道路崎嶇，途間村莊極少。梅子樹在山頂間，人户約有十餘家，均是種山而食，居民面貌兇惡，望之可畏。

十三日，抵平苔，計程約六十里。是日途間多上下山路。

十四日，在平苔駐紮。

十五日，抵瓦毒街。是日途中經過之處僅小田壩，有人户數家。【略】瓦毒街有人户二十餘家，市場冷淡，四圍小村星羅棋佈，隱約林木之間，風景極佳。

十六日，抵永昌城。

十七日，抵老放馬廠，計程約七十里。

十八日，抵老寨，計程約六十五里。是日行程盡是山路，層巒疊嶂，難若登天，沿途箐深林密，奇花異草觸目皆是。【略】老寨在高黎貢山腰間，人户七八家，專以開客店爲業。

十九日，抵橄欖寨，計程六十里。是日山路崎嶇，多松山松嶺。

三十日，抵騰越，計程約六十里。

三月初九日，戈氏由騰越起程，抵熱水塘，計程五十里。【略】熱水塘所出熱水，浴之能醫瘡癩。

初十日，抵遮島附近之那綫寨。此地蓋有洋房數間，爲稅務司出入行館。遮島係南甸土司衙署所在地，漢夷雜處，其中有街市一條，設肆售物者多是漢人。

十一日，抵葫蘆口，計程約六十里。此地有搭棚售賣飯食之人，數衆係朝來夕返。【略】葫蘆口係一小坡，坡脚環繞大河，形勢險要。

十二日，抵大樹寨，計程約五十里。寨中人户約有三十餘家，均擺夷種族。其寨係在一長壩之中，壩之總名爲蘿布絲莊。四圍村寨甚多，有河一條横貫壩中，田土肥沃，膏腴之地也。漢族居此者爲數無多。

十三日，在大樹寨駐紮。

十四日，抵蠻燕，計程約五十里。是日行程係順河而下，路俱平坦，沿途夷民村寨甚多。

十五日，抵章巴，計程約六十里。是日行程多山路。

十六日，抵隴川，計程約六十里。隴川城爲隴川土司衙署所在地，其中人户約有四十餘家，漢夷雜處。有街市一條，設肆售物者盡漢人。天氣酷熱，爲煙瘴之地。隴川壩極寬廣，壩中村寨寥寥無幾。

十七日，抵户撒，計程約六十里。是日行程多上山路，羊腸鳥道，如臨深履薄，舉足寒心。抵山頂，即見户撒壩，壩形似卵，中有一河穿過壩心，壩尾爲腊撒土司地，其間村寨稠密，田土廣多。

十八日，抵腊撒，計程約四十里。【略】公衙所在地，居民約有三十餘家，漢夷雜處，夷民係阿昌種類。距腊撒約三十里之遥，即是中英交界地點。英屬高黎貢山築有堅固營壘，英兵常川駐紮守護邊界，其他邊地亦有連營。中屬地界寂無一兵，門户大開，任人覬覦。

十九日，抵蠻綫，計程約四十里。戈氏在此休息一日。

二十一日，戈氏由蠻綫起程，依原來之路而回，抵八募爲二十四日。

二十五日，休息。

二十六日，戈氏由八募搭船返國。

陶思曾《藏輶隨記》 光緒三十四年十月二十六日，晴。七時發大吉嶺，傭肩輿一乘，餘均乘騎以從，一望如一小隊。嶺上路頗繚曲，惟極平闊，雪山起伏，森如劍戟，勢若奔濤，如迎如送。五十五里十七英里至帕削克，【略】入旅舍小憩。易騎而行，下山至諦斯塔河【略】岸，過鐵橋，橋長三百英尺，合華尺二十八丈，中流無礅柱，以鐵練懸之山腰，遠望如長虹枕谷間，兩頭有門以守之。凡乘馬者，每次止許過三騎，貨車每次過一輛云。晡時至噶倫綳，【略】宿旅舍。是日共行八十九中里，旅舍屋宇軒敞爽潔，院落皆種花草，四山竹木陰森，清幽殊絕。

二十七日，晴。駐噶倫綳旅舍，因牛車運來之書器須另傭馱騾，且採購米糧故也。本日寒暑表六十六度。

二十八日，晴。駐旅舍，壁懸有地圖及里程表，因手録之。

二十九日，晴。八時啓行，森林茂密，道途坦蕩，共行四十里十二英里，至白東【略】，宿於旅舍。相距里許即白東市場，板屋數十家，經商者多印度人。

三十日，晴。七時啓行，下山行十里至姜加里河。過鐵橋，長一百二十七英尺，遂上日朗山。山中有一小市，名宗跌巴，並電局一所。共行三十三里至阿里，【略】宿阿里旅舍，與白東旅舍正相對，而上下共三十里。立於舍外草地，以遠鏡望之，白東市街及旅舍屋宇，粉牆白屋點綴山腰間，歷歷在目。自噶倫綳至阿里均大吉嶺府之轄地，過此則哲孟雄之境界矣。本日寒暑表六十六度。

十一月朔日，晴。行二十餘里，至靈郎，四山糾紛，板屋十數家，一路仄狹多石，茂樹蓊蔚。【略】過橋遂上山，共行四十六里十四英里，抵石塘鎮，【略】宿。其地較靈郎高三千五百英尺，寒暑表降至五十六度。有番户十數家，尚在龍頭山之足也。

初二日，晴。上龍頭山，【略】高出海面一萬二千六百十二英尺。行數里，有舊日英藏界石棄道旁，上刻英文數目字，不知其命意。再上二三里至山腰，迂回陡峻，殘雪盈途。側身西望，惟見白雪重重，平鋪閴腹，如綿如絮，如浪如潮。所有低下峯巒，全行覆蓋。【略】龍頭山舊路，直越山頂而過，英人以其太險峻，改辟新路，繞山腹而行較爲平夷。【略】少憩復行，至山脊，左顧右盼，皆爲雲海，眼界愈闊，山坡間有兵房馬厩數座，用石砌成，大半頹廢，乃光緒十四年英藏交戰之廢壘也。下山有一海子，番名蒼波錯，又名卓宗，其水清漣，可以見底。【略】是日共行三十里九英里至那蕩，【略】宿。那蕩爲谷地，四山環繞，積雪掩映，板屋數十家，有電局，地勢過高，空氣稀薄，人易喘息，寒暑表三十四度。

初三日，晴。行約十里至骨補，小憩。遂上咱利山，【略】高出海面一萬四千九百英尺。【略】山東有二海子相連，番名骨補昆錯。咱利山風最寒冽，行者懾焉。是日天朗氣清，微風不動，下山又一海子，惜無知其名者。亂石縱横，森林茂密，路極險惡。十五里至亞東，【略】晤靖西廳同知馬俊生師周，税務司張毓棠玉棠。亞東汛千總馮驥雲、番官戴琫四朗公噶。又數里過仁進崗抵靖西。西藏及哲孟雄，自阿里至咱利山所經各處，皆哲孟雄東南一隅之地也。

自初四日至十四日，均駐靖西。中間接連大臣來文，驚悉兩宫龍馭賓天，因於靖西廳公所内舉哀三日，軍民縞素。

十五日，出駐亞東關，從事測量。

亞東處山夾之中，高峯夾束，一水中流，幅員峻狹，絶尠平地，人户稀少，惟正居咱利山之下，爲西藏、印度之孔道，商旅往來，靡不出此。下游里許爲亞東汛，人户十餘家，駐千總一員，邊牆一道，跨流枕山，横截徑路，名曰鎮西外關，乃光緒十七年修築者也。舊例晨啓晚閉，稽查出入，英兵入藏毁之，頹垣屹立，僅存遺址而已。

立於亞東對面高岡上，回望税關後，峻嶺綿亘，如城如牆。有大路一綫，踏其嶺脊而行，至卡竹康巴廟前，蜿蜒曲折，如飛帛自天而下，皆英人進兵之道也。蓋英兵入藏時，其輜重糧運均由咱利山來，而奇兵則出甘托，自那圖山伐山開道，俯瞰亞東，過吉瑪，靖西廳前一里直走格林卡前，而鎮西内外關，反隔在後，雖有重兵，亦無能爲力矣。兵無常勢，地無常形，觀此益信。今英兵更代者，來往均由此路，惟聞有一二極狹之處，馱騾俱不能過。否則，商人由此繞越者必多矣。甘托在通龍之東南，爲哲孟雄之重鎮，其地南至大吉嶺一百八十中里。甘托三十六里至米道鐙，【略】又三十六里至冷鋪，【略】又六十二里至巴削克，【略】又四十六里至大吉嶺。

北至西藏之吉瑪一百三十三中里，甘托三十三里至加檳榔，【略】又三十九里至中姑，【略】又三十里至浸比塘，【略】又二十六里至吉瑪。

十二月初三日，繪圖告竣，遂返靖西。

初七日，十時發靖西。沿阿莫楚河而行，五里至春丕，【略】番户十數家，建於河右。過橋五里至夏斯馬，一作夏森瑪，山路開豁，西人所稱春丕谷地【略】者也。英商務委員暨武員醫官並印度兵一百五十人駐此，有郵電局一所。光緒十九年《條約》言通商以亞東爲止，今則亞東無一西商受廛者，而英人汲汲經營春丕，欲以代亞東爲商埠，孰知所謂春丕者，乃距春丕五里之夏斯馬哉。又十里至靖西營，俗名大營頭，宿。

初八日，自靖西營啓行，徑路峻仄，森林茂密，三十里至告烏，上山。又十里至多打塘，過此山益陡峻，樹木漸稀，阿莫楚河中心全凍，其面如鏡。午後一時頃，忽聞河冰砉然有聲，乘馬驚躍，蓋地震也。幸秒許鐘即止。又行四十里，平原廣闊，一望無垠，風利如刃，寒冽中人。惟見雪山矗立於天空，枯草粘連於地面而已。晚抵帕克哩，胡文忠《輿圖》作帕里宗。【略】宿碉房。【略】此去雖係平原，不能馳騁，因多大鼠之穴，恐陷馬足故也。夜寒暑表三度。

初九日，晴。自帕克哩啓行，卓木拉里雪山峙於右，堪布雪山峙於左，高原中啓，遼曠極目。山無樹木，野無居人，枯草雪峯，掩映眼簾而已。風寒特甚，割面如刀，迎風行者，往往不能吐息。故南行之藏人，多以絨布遮其面鼻。過唐拉山共行六十二里，至堆浪，胡《圖》作堆鼐。宿碉房。夜寒暑表二度。

初十日，晴。荒闃無睹，邊風颯然，行二十餘里，平原中有石堤一道，乃光緒三十年英藏交兵之廢壘也。【略】又十餘里至奪金，【略】尖。遥望水光明滅，即章木錯海也，俗呼奪金海子。又三十九里至噶拉，【略】宿。驛前有一海子，俗名噶拉海子。【略】

十一日，晴。行四十九里至沙馬達，【略】尖。又六十里至康馬，【略】宿。過沙馬達時，尚見雪山。至康馬一路，則荒山童突，草木不生，河水清淺，亦未全凍，可見地勢較低，而天時亦較暖矣。

十二日，晴。行四十九里至掃扛，【略】尖。又九里至章加康巴，宿。

十三日，晴。行十二里，過乃宜塘，山勢平朗，一水縈繞，惟羣峯濯濯，苔蘚不生。又行二十里，遥見平原豁開，中有小山隆起，繚以白垣，即江孜之營官寨也。又數里過橋，抵江孜，入行館。

自十四日至除夕，均駐江孜。連日按照條約履勘埠界，解釋疑問。

宣統元年正月四日起，至閏二月十四日止，均從事測量。

二十日，晴。巳刻發江孜，天朗氣清，微風淡池。二十里至乃宜塘，塘南有康巴一所。【略】又十二里至章嘉康巴，去臘止宿之所。又九里至掃扛，宿。掃扛北二里許，即英藏交兵之戰場。

二十一日，晴。發掃扛，行年楚河右岸。【略】十里至贊章，石山合矗，年楚河環流其下，水色澄碧。【略】少頃大風微雪，十一時抵康馬，宿。寒暑表五十八度。

二十二日，晴。發康馬，童山夾峙，平原頗廣闊。【略】行二十里許，見有廢壘數座，相傳岳威信公定西藏，曾駐兵於此。【略】按岳公平西藏兵力只至拉薩，無緣南行至此，姑存俟考。又行三十里至沙馬達，宿。午後大雪，山川皆白。寒暑表四十六度。

二十三日，晴。發沙馬達，雪深尺許，天地一色，日光雪光相掩映，射人目不能張，帶雪鏡以護之。馬行亦緩，大約亦爲反光所逼也。【略】行二十餘里，過一高原，年楚河已不見矣。【略】又十里，行噶拉海子旁，此海子佔地極廣，自光緒十三年漸就乾涸，二十三年又遭地震，水遂大涸。舊驛道本設於山頂，今改行於海子之涸地矣。共行四十五里抵噶拉，呼頭人問之，據云噶拉海子本與奪金海子相連，小流一道，貫流其中。今則海子日就乾涸，而涓涓欲絶矣。【略】寒暑表四十四度。

二十四日，晴。發噶拉，十里過夾魯，碉房數座，角立山麓，小流一綫，自南北流，乃奪金海子流入噶拉海子之道也。又數里，行奪金海子之旁。【略】共行四十餘里，至奪金，宿。午後微雪。

二十五日，晴。發奪金，十里許，過章木錯，行大高原中。又十里許，望見四面山下，有碉房數座，地名古婁。【略】少頃大雪，疾馳二十餘里，抵堆浪，宿。寒暑表四十六度。

二十六日，陰，發堆浪。卓木拉里雪山及堪布雪山峯巒隱伏，不可復見。【略】三十里過唐拉山，平坡隆起，並不險峻，冬間風雪最大，行人憚之。又十餘里，有碉房數座，地名杵甲。俄而雨雪雜下，因疾馳十里至帕克哩，宿。

二十七日，發帕克哩。【略】行二十餘里，忽遇大雪。又行十餘里，兩山如束，樹林叢密，阿莫楚河如一衣帶，澎湃汹涌於懸巖之下。又十餘里，過閻王堛，羊腸一綫，上下危巖絶壁間，路絶處横木搘拄而過，如偏橋然。共行六十里，至多打塘，尖，爇薪燎衣。再行十里至告烏，又二十里至靖西大營，宿。

二十八日，晴。發靖西營，夾道檜松蒼翠，鳥囀歌喉。有棘樹一種，枝著紅花，鮮燦奪目，名曰達瑪，始知春欲暮矣。十五里過夏斯馬，又十里至靖西廳。

自閏月二十八日至三月初七日，均駐靖西。

三月初八日，夫馬已齊，辰刻啓行，過咱利山，大雪深數尺，驅馱騾先行，踏雪開路，幸免傾跌。是晚宿那蕩，遂出藏境矣。

初九日，發那蕩。大雪没膝，勢正未已，龍頭山腰新路已不能行，遂直冒嶺上舊路而過。陡逼峭峻，厚雪滿鋪，危險不堪設想。下山大雨，至右塘鎮，宿。

初十日，晴。發石塘鎮。逶迤下山，天日晴暖，時聞杜鵑布穀之聲，谷中芭蕉，青緑可愛，春色方深，頓生客感。是日宿阿利。

十一日，晴。過河至白東，宿。

十二日，晴。至噶倫綳，宿商人馬士元家。

十三日至十七日，均駐噶倫綳，日内接奉帥電，飭令由印回川，遵即改程。

十八日，晴。發噶倫綳。午後三時抵大吉嶺，寓鍾廣盛號。

程鳳翔《喀木西南紀程》 宣統元年十二月初五日，奉星使趙公檄，晉駐桑昂曲宗。因烏拉不齊，初八日始拔隊西行。由蒲丁下坡五里至瀾滄江，渡溜索，滇人因呼其江爲溜筒江。光緒三十二年，噶翁之役，始設皮船以利戰爭。【略】光緒二十二年冬，該寺胡圖克圖之弟巴拉染江弗貢，奉檄討之，三旬而平。噶翁僧房從此爲防營駐劄之所。寺右下行十餘里，過小溪橋。又十餘里，越淺原，踰小溪，即中村，計程約七十里。

初九日，五更起行，盤旋而上，十里至牛廠，有板棚一間，爲牧人棲息之所。折北入清杠林，隆冬不凋，層陰障翳。又十餘里，蒼松夾道，虬枝彈雪，下垂至地。又十餘里度出林表，童山豁然，怪石嵯峨。道中積雪及肩，罡風刮雪，如沙撲面，痛不可忍。俯視衆山，皚皚眩目，如琉璃世界，真佛地也。山頂下五里草大坪，廓然無際。其南即畢逢山，爲畢土大道，西行踰得拉山，爲扎夷大道。將及山頂，陡險絶倫，馬無穩步。至此真覺天近。惟地高險極，寒不能耐。鬚眉皆垂冰柱，肌膚罔不皸裂。山陰路稍平。十餘里入松林，冰雪斷路，牛馬滑跌。過小溪橋，又十餘里出林表，下斜坡即地村。計程一百二十里。

初十日，爲僱烏拉小住一日，午間陟淺原，度平岡，以觀其形勝。

十一日，西北行三十里至薩村，沿溝居民七八家，過漫坡。踰小橋，陟五里峻坡至朵村。計程約九十里。

十二日，出朵村，即多拉山麓，且始逕行，直上十餘里，即羊腸鳥道，陡險絶倫。又三十里至頂，罡風峭勁，草木全無。俯視羣山，纍纍如塚。山陰五里，冰凝滑澾，約二里行無穩步。接入深林，約十五里至麓，則小溪漫水皆結爲冰，步履艱難。又十餘里至八格，產疇廣衍，雞犬相聞，無殊内地。壩中環小溪，東岸有行臺，爲更換烏拉之所。由朵村至八格，計程約一百里。

十三日，踰格拉山，陡險亦如多拉，惟樹皆合抱。至頂，亦層陰蔽日。山陰路平坦，約二十里入香柏林。又十餘里至惹麥村，居民悉在半山。下山踰小溪，沿溝而進，户口殷繁。上小嶺即覺馬寺，該寺横跨嶺表，三面俯瞰敖楚。踰嶺北行二十餘里至一大村落，踰山東行爲入江卡大道，沿江上行，爲入札夷大道。自是龍塍錯綉，煙火連村，風景無殊内地。又二十餘里過敖楚河大橋即札夷寺。計程約一百二十里。

由覺馬逕赴左貢，沿江而上，不過橋。由札夷越嶺而西，爲入桑昂曲宗大道，勳嚕即在道左。

十四日，由札夷東踰橋轉而北行，上折坡高五里，上有平原，居民七家。下山沿江上行，松陰夾道。至澄都村，計程約六十里。

十五日，沿江泝行羊腸小徑，十餘里至頭道橋，冰結斷流，兩山壁立，天面皆窄。鑿石爲棧，險狹可畏，舍馬徒步，幾不容足。不數里至二道橋，險亦如之，誠有一夫當關萬夫莫開之勢。過漫坡至坡中村茶尖。以上道路稍寬。河西有石笋二枝，聳立山腰，皎潔白玉，夷多往拜之。過小溪至麻科村。計程一百二十里。

十六日，沿江上行約十里，進溝爲江卡大道，下坡爲左貢大道。至三道橋，中貫大江，石棧鈎連，仰視如在瓮盎，名龍虎山。【略】三道橋之險，較頭二道更甚，江面寬不及十丈，兩山壁立，並無可繞越之處，夷人鑿巖脚爲路，亂石填塞，幾不容足，行人咸恐顛踣。過五六里則道途坦易。又大小九壩至烏雅村。計程約六十里。

十七日，踰橋而東，折北泝上三十里至麥多村，人煙輻輳，萃處河西，宛然市廛，惟非左貢大道。河西亦是平壩，惜無人墾。越五壩至慕渴拉山，高不及五里。初上斜坡，漸及山腰，斬石爲關，兩壁高踰數丈，如行南道，半里許，復上漫坡，石堅而滑，行者戒躓。山陰狀如懸組，未有路徑，夷人斷木塞諸其中，鈎梯搭棧，以利往來，其陡險仍不可形容，誠天塹雄關，非人力所能爲也。自此以上，村落毗連，至左貢計程六十里。

十八日，沿江西北泝行，道路平坦，三十里至田落村。又十里至吞多寺宿。計程四十里。

十九日，寺後上漫坡七八里，轉東南下行五十里至怒江東岸，半山俯視，江水濃緑如染，路緣山腰，嵠巖峻峭，下臨無際。下行十餘里，小岫嵠屼，梗塞道路，夷人刳石爲棧，盤紆曲折，狀若垂綆，險實可畏。又二十里至工巴村，氣候温和，物産蕃昌，惟葡萄最盛。藤適合抱，歲輸入藏以充碗料。林木暢蔚，種胡桃、梨、桃等類，人民殷富。由吞多至工巴，計程八十里。氣候之寒燠，判若冬夏，地勢之高下，無殊南北，工巴實西南隩區也。

二十日，沿怒江泝，行二十里至慈令，竹筏渡，宿業巴村，爲察木多入桑昂曲宗大道。初聞工巴西渡一站可至咱工，爲入桑捷徑。因其地太險，西岸一山，怪石嵯峨，夷人從石隙中削木爲梯，徒手猱昇，尚多難行之處。若運載糗糧，實無路可通，始繞道向業巴。進至距工巴五里爲可烏山，險狹異常，其山本無路可通，夷人鑿石爲徑，俯視怒江奔流如瀉，仰覘巖際，峭壁摩天，而又亂石堆疊，傾斜可畏，載運皆代負而行，誠畏途也。又十里至慈令，竹筏渡西岸，入桑昂曲宗界，宿業巴村。計程二十里。慈令竹筏渡爲桑昂之險關，其水勢洶涌，徒涉不能。木筏僅容四五人，故兩日夜始全渡畢。若番人早爲設備，漢兵雖鋭，其能飛而渡乎。

二十二日，過應噶大山。初由拉寺左上漫坡，約二十里至小山頂，中開平壩，兩山對峙，居民環處於中。過此則層崗疊巘。又過二山，始登最上一層。下山亦甚陡險。至拉龔村，計程七十五里。

二十三日，涉小溪上郎噶山，山面逼人，險峻可畏，三十里至頂。下斜坡十餘里即雜公村，應换烏拉，因牛馬未齊，遥向西進，踰羅洛新戈山，下十餘里，道旁有牛廠，隆冬未有人居。接踰公拉大山，冰雪微厚，馬蹄滑澾。惟地近怒江，氣候微温，罡風雖勁，不甚寒冷。山陰路狹，峻而險遠，螺旋百餘盤至鴉撻寺。計程一百二十里。

二十四日，西踰小溪，緣山而上，路曲而險，山峻而逼。每轉至山嘴，夷民皆鑿石爲路。間有無路可通之處，則搭木以濟，誠天塹也。山陰坡不甚高，陡險奇絶。下至怒江支流，兩岸居民四十餘家。過木橋二座，至龍恰寺，喇嘛習尚黑教。又五里至冷卡。計程五十里。

冷卡官寨高踞嶺表，倚山臨水，襟帶屏藩，路無兩歧。【略】冷卡逾山，西行兩站入波密界。

二十六日，沿江下行二十餘里，繞山腹倚巖鑿徑，下至怒江西岸，爲饒巴村。對岸色朱卡爲入左貢捷徑，夷民以皮繩作渡，隆冬水涸，間用木筏。西岸概是平壩，惟石堆林立，無人耕種。番官常疊石爲卡，以禦官兵。又三十里至俄巴村。計程六十里。

二十七日，至坡拉，繞山越嶺，下抵怒江支流，逕西南行，泝上至俄斯沱。計程九十里。

二十八日，仍沿支江上行，二十里至薩麥村。是日路甚平坦，沿途皆有居民，惟無大村落。經大壩十餘處，始抵昌易。計程一百里。昌易至桑昂曲宗分兩路，逕西踰震折山轉東南，下行三站可至，是爲捷徑。逕南至竹窪轉西北，上行六站可至，是爲大道。夷民多由是路以避震折之險。

二十九日，由昌易西行，逾小橋，沿溪而上，路甚曲折。越跕拉山，高約十餘里，連上五峯。山陰有流沙，坡陡如掛壁，不能駐足。下至平壩，初撥荆榛，漸入松林，層陰障天，積雪没徑。罡風料峭，寒氣逼人。比至色龍，則四山回護，仰視如坐瓮盎。敲冰煮雪，剪燭挑燈，百子捲張，席地團坐，山高風静，儼然在室，誠野宿佳境。色龍一名色迂。計程六十里。

三十日，仍西行十里至震折山，高插雲表，積雪如銀，曲折盤紆，馬無穩步。至頂，遥視衆山白茫茫，廓無涯際。山陰雪厚及肩，路曲而狹，冰雪堅凝，牛馬鮮不滑跌。山半亦有流沙，可爲捷徑。過小溪爲夷人野宿之所。又沿溪下行，徑大小王壩至捫楚河，過大木橋至壩雪村。計程一百二十里。

宣統二年正月初一日，爲催烏拉，小住一日。初二日，黎明拔隊沿江下行，兩岸居民繁庶，林木叢生，五十里至鵝鶩村。過捫楚河，泝上轉西北十餘里至桑昂曲宗。計程六十里。桑昂曲宗有番官二員，其寨在踏巴寺右，横跨嶺表。【略】惟地僻極邊，西北四站至波密界，轉西四站至妥巴界，西南五站至雜瑜界，又二站至倮儸界。

二月初九日，進駐雜瑜，午正拔隊，三十里宿鵝鶩村。由桑昂曲宗至螺馬村，夷民原係二站，中有野宿一站。

初十日，沿江兩岸下行，路皆奇險，並無居民，約百里東岸即騾馬村。地土膏腴，人民殷富，惟大道原在西岸，仍逕行二十里，宿波羅村。計程一百二十里。

十一日，沿西岸下行至甲惹崗山，雖不甚高，而險峻可畏，路緣山壁，石棧鈎連。下坡即甲惹崗，有大橋名波惹剛穰。逾橋而東，即昌易大道。甲惹崗爲夷民野宿地方，林木暢茂，因飭建板屋三間，爲往來棲止之所。南行過木橋四道至竹窪。計程一百四十里。波羅至竹窪，中有大小十餘壩，甲惹崗以上壩多石堆，以下概是沃壤，水利亦便，惜無居民，卒爲汙萊，殊堪浩嘆。

十二日，仍沿東岸下行，間有人户，惟居民無多，村不過三數家。過望鵲橋，即拏拖桑巴，峭壁凌空，緣巖鑿徑。中有斷塹，土人架木於上，以爲偏橋。幸不甚長，尚不覺其可畏。又東行上布達拉坡至雞貢。計程七十五里。雞貢北一里有昂朗大橋，通河西呷巴村，非雜瑜大道。

十三日，仍沿東岸下行，路稍平。至札拉大橋，横跨恩曲江岸。舊《志》：捫楚河，橋長無墩，動摇可畏。烏拉至此皆卸馱而行。又南有阿心里，與札拉大橋相同。至恍覺，一名雜龔。計程一百二十里。

十四日，沿東岸行，五里至窩穰。番官向設税卡於此，以收出入貨厘。至倮桑洒巴橋，逾西行至車蓋渣，亦依巖架板爲偏橋，長僅七八丈，不甚高，行者尚無恐懼。又逾拓桑嶺橋而東下，至忙多甲穰偏橋，長約二十餘丈。其地峭壁横空，夷民以鐵樁豎巖，曲鐵爲鈎，倒攫橋梁，上覆木板，俯視江流奔騰，高數百仞，實畏途也。又十餘里，羅楚河自西北來會，至下雜瑜。計程一百四十里。

諸路程站

雜瑜至巴塘，由竹窪分路，札夷合路程站：

雜瑜一百四十里至雜龔，一百二十里至雞公，有臺站。以上兩站，均有人户、柴草。七十五里至竹窪，有寺院，無居民、有柴草。九十里至恰音，一百一十里至篤噶納嵯。以上兩站，向係野宿，現已修建臺站，無人户，有柴草。一百二十里至昌易，有臺站。七十里過大山至薩夯，一名瑟墨，有古噪供給差役，有臺站。九十里至以巴，一名有□。九十里至樹日，一名學依。八十里至熱巴，一名惹魯。一百四十里過大小山各一，至卓從此過怒江入札夷界。八十里過大山至惹自。昌易以下均有人户，有柴草，均换烏拉。八十里至札夷，有寺院，有柴草，有協敖供給差役。一百三十里至八格，中有覺馬寺，距札夷四十里渡江，分路入雜瑜，别記程站備查。八格一百五十里至地□，九十里過大山至鐘□，七十里過噶翁山，渡瀾滄江至鹽井，一百二十里至宗俄，一百零五里至莽里，一百三十里至竹巴龍，九十里至巴塘。以上程站，共計二千一百七十里。

竹窪分路由悶空至巴塘程站：

雜瑜三站至竹窪，計程三百三十五里。四十五里至朱姐，一名朱溪。一百二十里過大山至阿宗喀達，一名奪空，無人户。八十里過蔡翁大山至格賒宫。一百三十里過大山至甲哈，無人户。六十里過山至悶空，一百二十里至瓦堡，六十里至畢土，一百里過大山至鐘□，七十里至鹽井，四百四十五里至巴塘。以上程站共計一千五百六十五里。

竹窪分路由覺馬至巴塘程站：

雜瑜三站至竹窪，計程三百三十五里。一百二十里至澤绷，即若工四村總名。六十里至鄂遇，五十里至臘翁，换烏拉，尖。五十里至窄巴宿。六十里至臘青，七十里至姑吕，七十里至覺馬合札夷路，九十里至八格，三百一十里至鹽井，四百四十五里至巴塘。以上程站共計一千六百六十里。

雜瑜至察木多程站：

雜瑜六站至昌易，計程六百五十五里。九十里至瓦司沱，六十里至俄巴，换烏拉。又三十里過溜索至色朱卡，一百三十里至吞多，一百二十里至邦達，八十里至曲渣，一百五十里至摩拏，一百一十里至卓□，五十里至察木多。以上程站共計一千四百七十五里。

下雜瑜至倮儸程站：

一站至呷呵，二站至郎巴，三站至登能，四站過溜索至瓦朧，五站至壓必曲聾，爲倮儸界。六站過山至孔猛，七站至東珠，八站至斗拉，九站至邦工，上爲倮儸中區。

由桑昂曲宗至波密程站里數未詳。按鑾站登記，一站至若拉，二站至拉公，入巴雪界。三站至瓦□，此處有生成石門，僅容一人出入，並無歧路可以繞越，巴雪人據以爲卡。四站至密格，入波密界。五站至密界，六站至龔□，七站至惹拉。

由雜瑜至波密程站：

上雜瑜一站至惹拉，二站至車當，三站至簑勒，西逾□空山即妥巴界。四站至絨玉，五站至奔追野宿，六站至木中，七站至阿渣半站，八站至公拉野宿。

西北部

亭子。從此傍溪下十三里，至石橋亭子一宿。時及黄昏。

（日本）圓珍《在唐日録》 ［大唐大中八年二月十七日］，至酉頭，到中丞十九日，粥後，向石橋處，相去二里，到了，望之，溪深流懸，其聲如雷。橋長五六丈許，縱一丈許，廣二尺。擬到此頭，大石在中，高六七尺，其上削尖。過此，那邊名「羅漢寺」。【略】此日天陰而不雨，隨中西頭歸禪林寺。

珍大中九年五月二十日，初到長安。且權下春明門外高家店。

脱脱《宋史》卷四九〇《高昌傳》 ［太平興國六年］五月，太宗遣供奉官王延德、殿前承旨白勳使高昌。【略】雍熙元年四月，王延德等還，敘其行程來獻，云：

初自夏州歷玉亭鎮，次歷黄羊平，其地平而産黄羊。度沙磧，無水，行人皆載水。凡二日至都囉囉族。漢使過者，遺以財貨，謂之「打當」。次歷茅女喎子族，族臨黄河，以羊皮爲囊，吹氣實之浮於水，或以橐駝牽木栰而渡。次歷茅女王子開道族，行入六窠沙，沙深三尺，馬不能行，行者皆乘橐駝。不育五穀，沙中生草名登相，收之以食。次歷樓子山，無居人，行沙磧中，以日爲占，旦則背日，暮則向日，日中則止。夕行望月亦如之。次歷臥梁劾特族地，有都督山，唐回鶻之地。次歷大蟲太子族，族接契丹界，人衣尚錦繡，器用金銀，馬乳釀酒，飲之亦醉。次歷屋地因族，蓋達于于越王子之子。次至達于于越王子族。次歷拽利王子族，有合羅川，唐回鶻公主所居之地，城基尚在，有湯泉池。次歷阿墩族，經馬騣山望鄉嶺，嶺上石龕有李陵題字處。次歷格囉美源，西方百川所會，極望無際，鷗鷺鳧雁之類甚衆。次至托邊城，亦名李僕射城，城中首領號「通天王」。次歷小石州。次歷伊州，州將陳氏，其先自唐開元二年領州，凡數十世，唐時詔敕尚在。【略】次歷益都。次歷納職城，城在大患鬼魅磧之東南，望玉門關甚近。地無水草，載糧以行，凡三日，至鬼谷口避風驛，用本國法設祭，出詔神禦風，風乃息。凡八日，至澤田寺。高昌聞使至，遣人來迎。次歷地名寶莊，又歷六種，乃至高昌。

時四月，【略】師子王邀延德至其北廷。歷交河州，凡六日，至金嶺口，寶貨所出。又兩日，至漢家砦。又五日，上金嶺。過嶺即多雨雪，嶺上有龍堂，刻石記云，小雪山也。嶺上有積雪，行人皆服毛罽。度嶺一日至北廷，憩高臺寺。

自六年五月離京師，七年四月至高昌。【略】八年春，與其謝恩使凡百餘人復循舊路而還，雍熙元年四月至京師。

張德輝《邊堠紀行》 歲丁未夏六月初吉，赴召北上，發自鎮陽，信宿過中山。

翌日出保塞，過徐河橋，西望琅山，森若劍戟，而葱翠可挹。已而由良門、定興抵涿郡，東望樓桑，蜀先主廟。經良鄉，渡盧溝橋，以達於燕。

居旬日而行。北過雙塔堡、新店驛，入南口，度居庸關。出關之北口則西行，經榆林驛，審家店，及於懷來縣。縣之東有橋，中横木，而上下皆石。橋之西有居人聚落，而縣郭蕪没。

西過雞鳴山之陽，有邸店曰平輿，其嶺建僧舍焉。循山之西而北，沿桑乾河以上，河有石橋，由橋而西乃德興府道也。北過一邸，曰定防水，經石梯子，至宣德州。

復西北行，過沙嶺子口，及宣平，抵驛。出得勝口，抵扼胡嶺下，有驛曰孛落。自是以北諸驛皆蒙古部族所分主也，各以主者之名名之。由嶺而上，則東北行，始見毳幕氈車，逐水草畜牧而已，非復中原之風土也。

尋過撫州，惟荒城在焉。北入昌州，居民僅百家。中有廨舍，乃國王所建也。亦有倉廪，隸州之鹽司。州之東有鹽池，周廣可百里，土人謂之狗泊，以其形似故也。

州之北行百餘里，有故壘隱然，連亘山谷，壘南有小廢城。問之居者，云此前朝所築堡障也，城有戍者之所居。

自堡障行四驛，始入沙陀。際陀所及，無塊石寸壤。遠而望之，若岡陵丘阜然。既至，則皆積沙也。所宜之木，榆柳而已，又皆樗散而叢生。其水盡鹹鹵也。凡經六驛而出陀。

復西北行一驛，過魚兒泊。泊有二焉，周廣百餘里，中有陸道達於南北岸。泊之東涯有公主離宮。宫之外垣高丈餘，方廣二里許。中建寢殿，夾以二室，皆以甋軒，旁列兩廡，前峙高樓，登之頗快目力。宫之東有民匠雜居，稍成聚落。中有一樓，榜曰迎暉。

自泊之西北行四驛，有長城頹址，望之綿延不盡，亦前朝所築之外堡也。

自外堡行一十五驛，抵一河，深廣約十滹沱之三，北語云翕陸連，漢言驢駒河也。夾岸多叢柳，其水東注，甚湍猛。居人云中有魚，長可三四尺，春夏及秋捕之皆不能，至冬可鑿冰而捕也。瀕河之民，雜以蕃漢，稍有屋室，皆以土冒之。亦頗有種藝，麻麥而已。河之北有大山，曰窟速吾，漢言黑色也。自一舍外望之，黯然若有茂林者；迫而視之，皆蒼石也，蓋常有陰靄之氣覆其上焉。

自黑山之陽西南行九驛，復臨一河，深廣加翕陸連三之一，魚之大若水之口，捕法亦如之。其水始西流，深急不可涉，北語云渾犮剌，漢言兔兒也。

遵河而西行一驛，有契丹所築故城，可方三里，背山面水。自是水北流矣。

由故城西北行三驛，過畢里紇都，乃弓匠積養之地。又經十一驛，過大澤泊，周廣約六七十里，水極澄徹，北語謂吾悮竭腦兒。自泊之南而西，分道入和林城，相去約百餘里。泊之正西有小故城，亦契丹所築也。由城四望，地甚平曠，可百里。外皆有山，山之陰多松林，瀕水則青楊叢柳而已。中即和林川也，居人多事耕務，悉引水灌之，間亦有蔬圃。時孟秋下旬，糜麥皆槁，問之田者，云已三霜矣。

由川之西北行一驛，過馬頭山。居者云上有大馬首，故名之。自馬頭山之陰轉而復西南行，過忽蘭赤斤，乃奉部曲民匠種藝之所。有水曰塌米河，注之東北。

又經一驛，過石猴。石猴在驛道旁，高五尺許，下週四十餘步，正方而隅，巍然特立於平地，形甚奇峻，遥望之若大猴然，由是名焉。

自堠之西南行三驛，過一河曰唐古，以其源出於西夏故也。其水亦東北流。水之西有峻嶺，嶺之石皆鐵如也。嶺陰多松林。其陽帳殿在焉，乃避夏之所也。

迨中秋後始啓行，東道過石堠子，至忽蘭赤斤。山名，形如赭，故名之也。東北迤邐入陀山，自是且行且止，行不過一舍，止不過信宿，所過無名山大川，不可殫記。

至重九日，王師麾下，會於大牙帳，洒白馬湩，修時祀也。其什器皆用水樺，不以金銀爲飾，尚質也。

十月中旬，方至一山崦間避冬，林木甚盛，水堅凝，人競積薪儲水，以爲禦寒之計，其服非毳革則不可，食則以羶肉爲常，粒米爲珍。比歲除日，輒遷帳易地，以爲賀正之所，日大宴所部於帳前，自王以下皆衣純白裘，三日後方詣大牙帳致賀禮也。

正月晦，復西南行。二月中旬至忽蘭赤斤，東行及馬頭山而止，趁春水飛放故也。

四月九日，率麾下復會於大牙帳，洒白馬湩，什器亦如之。每歲惟重九、四月九凡致祭者再，其餘節則否。自是日始回，復由驛道西南，往避夏所也。大率遇夏則就高寒之地，至冬則趨陽暖薪木易得之處以避之。過此以往，則今日行而明日留，逐水草便畜牧而已。此風土之所宜，習俗之大略也。

陳誠《西域行程記》 永樂十二年正月十三日巳時出行，由陜西行都司肅州衛城北門過澗水八九處，約行五里，度一大溪，北岸祭西域應祀之神，以求道途人馬平安。祭畢安營，住二日。

十六日，晴。早起向西行，約有七十里至嘉峪山，關近安營。

十七日，晴。過嘉峪關，關上一平岡，云即古之玉門關，又云榆關，未詳孰是。關外沙磧茫然，約行十餘里，至大草灘，沙河水邊安營。

十八日，晴。早起向西行，南北皆山。約行七十里，地名回回墓，有水草處安營。

十九日，晴，大風。明起向西行約五十里，地名騸馬城安營。

二十日，晴。三更起，向西行約九十里，有古城一所，城南山下有夷人種田，城西有溪水北流。地名赤斤安營。

二十一日，晴。四更起向西北行，渡溪水，入平川，當道盡皆沙礫，四望空曠。約行百餘里，有古墻垣，地名魁里安營。

二十二日，晴，大風。平明起向西北行，道旁有達達帳房。約行五十里，有古墻垣，地名王子莊安營。住一日。

二十四日，晴。早起向北行，途中有樹，枝幹似桑榆，而葉如銀杏，名梧桐樹。約行七十里，地名蘆溝兒安營。

二十五日，晴。早起向北行，一路沙磧高低，四望空曠，惟南有山。約行一百餘里，有夷人種田處，富水草，地名卜隆吉安營。住二日，大風。

二十八日，晴。平明起，過卜隆吉河，向西北行，入一平川，四望空曠，並無水草，惟黑石磷磷，沿途多死馬骸骨，北有遠山，白日極冷。約行百餘里，不得水，止路旁，少憩一宿。

二十九日，晴。早起向北行，約五十餘里始盡平川。有小澗，凍冰處安營。鑿冰煮水，以飲人馬。

二月初一日，晴。早起向西北行，一路沙磧高低，絶無水草。約行七十餘里，至小溝，凍冰處安營。鑿冰得水，飲馬。

初二日，晴。早起向北行，一路岡源高下，並無水草，亦無凍冰，人馬不得飲食。約行五十里，至晚，於沙灘上空宿。

初三日，晴。早起向北行，入山峽中，山粗惡。中道有小冰窟，不能周給。通行百五十里，有冰池及泉孔處，地名斡魯海牙安營。

初四日，晴。早起向西行，四望空闊。約有五十餘里，有泉水一處，地名可敦卜剌安營。

初五日，晴。平明起向北行，山道崎嶇，絶無水草。約行一百餘里，至晚，於山谷間安歇。

初六日，晴。早起向北行，過一平川，渡一大溪，名畏兀兒河。溪南有古寺，名阿里忽思脱因，有夷人種田，好水草，係哈密大煙墩處。約行七十餘里，安營，住一日。

初八日，晴。早起向西行，過一平川，約行一百三十里方有水草，安營。哈密遣人來接。

初九日，晴。明起向西北行，皆平川，約行九十里，至哈密城東南果園邊安營。住五日。

十五日，晴。早明起由哈密城東門外渡溪水，向西行皆平川，約有行七十餘里，有人煙好水草處安營。

十六日，晴。明起向西行，有古城名臘竺多，人煙樹木，敗寺頹垣。此處氣候與中原相似。過城，通行九十餘里，好水草安營。

十七日，晴。早起向西北行，高低沙磧，絶無人煙，路徑相惡。約行九十餘里，略有水草處安營。

十八日，晴。早起向西北行，上坡下坡，盡皆黑石。約五十餘里，地名探里，有少水草處安營。

十九日，晴。明早起向西北行。入大川，絶無水草。午後至一沙灘，上有梧桐樹數株，云是一站，亦無水草。行至中宵，又到一處，有土屋數間，小水窟三二處，苦水一池，云是一站。人馬難住，仍行。至二十日巳時分，又至一所，土房一二處，小水窟二處，略飲人馬。復行至一沙灘，有小泉孔三四處，少供人飲，於此少息。中夜復行。至二十一日巳時分，至一大草灘，旁有小山，山下有大泉，山上有土屋一所，地名赤亭。自十九日起入川，行經二晝夜，約有五百里方出此川。於此安營，住一日。

二十三日，晴。早起向西行，中途有古城一處。約行九十里，有夷人帳房處，地名必殘安營。住一日。

二十五日，晴。早起向西北行，道北山青紅如火焰，名火焰山；道南有沙岡，云皆風卷浮沙積起。中有溪河一派，名流沙河。約有九十里至魯陳城，於城西安營。住四日。

三月初一日，晴。明起向西行，中道有小城，人煙甚富，好田園。約行五十餘里至火州城，於城東南安營，住三日。

初五日，晴。明起向西北行平川地，約有七十里至土爾番城，於城東南安營。住一日。

初七日，晴。移營於城西三十里崖兒城邊，水草便處安營。住十七日。

二十四日，晴。明起由崖兒城南順水出山峽，向西南行，以馬哈木王見居山南，遂分南北兩路行。約有五十里，於有草處安營。

二十五日，晴。明起向西行平川地。約行五十餘里，有小城，地名托克遜，於城東南水草便處安營。

二十六日，晴。明起向西行，約行五十餘里，於人家近處安營。

二十七日，晴。明起向西行，約有三十餘里，有水草處，地名奚者兒卜剌安營。

二十八日，晴。中宵起向西行，經一平川，約行一百五十餘里，有一大煙墩，地名阿魯卜古迹里。過此入山峽中，沿石澗西行。至晚，於澗邊路旁安歇，馬食枯葉而已。

二十九日，晴。明起沿澗水向西行，四面皆石山，路徑崎嶇。約行六十餘里，於石灘上安歇。

三十日，晴。明起沿澗水向西行，約有五十餘里，一草灘上安歇。

四月初一日，晴。五更沿澗水西行，過石崖四五處，路稍寬。約行一百餘里，於草灘上安營。

初二日，晴。微明起向西北行，過高山二處。第二山上有水一泓，地名窟丹納兀兒。下山，度一平川，約有九十餘里，於南邊山旁地名哈剌卜剌安營。是夜大雪，住三日。

初六日，晴。明起向西北行，過高山三處，路徑崎嶇。約行九十里，一高山博脱秃，於下山峽中安歇。

初七日，晴。明起向西南行，順山峽而出。復西北行，盡平川地。約行七十里，地名點司秃營。夜大雪。

初八日，雪晴。早起向西北行，路上雪深數尺。午至一石崖下，名塔把兒達剌。復大雪，約行九十餘里，於原上雪中安營。

初九日，雪晴。明起向西行，平坦，路多澗水。約行七十餘里，地名尹秃司安營。

初十日，晴。早起向西南行，度平川，多澗水。約行百餘里，近川口北山下安營，地名斡鹿海牙。

十一日，晴。早起向西南出峽口，山根亂泉湧出，地多陷。出峽，復向北行，又一大川，約行百里，於山坡安營。夜大雪。

十二日，雪。明起順行向西北行，約有七十餘里，於山坡雪中安營。

十三日，晴。明起向北行，過阿達打班，山高雪深，人馬迷途。先令人踏雪尋路，至暮方得下山。約有五十餘里，亂歇沙灘上。

十四日，晴。明起向北行，皆平地。約行五十餘里，有青草地，地名納刺秃安營。

十五日，大雪，午後晴。起北行，過一山，約行五十餘里。下山，東西一大川，有河水西流，地名葛思安營。住一日。

十七日，晴。明起向西行，約有五十餘里，地名忒勒哈剌，近夷人帳房處安營。馬哈木王遣人來接。住一日。

十九日，晴。明起順河西下，行五十里，近馬哈木王帳房五七里，設站舍處安營。住十三日。

五月初三日，晴。起營，順川向西行三十餘里，安營。住一日。

初五日，晴。明起向西行，順平川，約有五十餘里，地名迭力哈剌安營。

初六日，晴。明起向西行，度一大溪水，沿途有種小麥地。約行五十里，於溪邊安營。

初七日，晴。明起向西，順川約行五十里，於沙灘上安營。

初八日，晴。明起向西南過長山，約行七十里，地名阿剌石，河邊人煙處安營。夜雨。住二日。

十一日，陰。明起向西行，渡山河二處，水勢沖急，俱於岸窄處石崖上架木爲橋。約行七十里，地名忒哥橋安營。

十二日，晴。明起向西北行，度長板，下平川。約有九十里，近衣烈河邊有人煙處安營。

十三日，晴。明起向西行，約有七十里，近河邊安營。

十四日，晴。明起向西行，過矮山三四重，約行九十里，近過渡處安營。

十五日，晴。明起向西行，順河而下，約行九十里，於河邊安營。住一日。

南北路皆至此河兩岸安營，差百户哈三進馬回京。

十七日，晴。明起順河西下，約行五十里，於河岸安營。

十八日，陰雨。早起順河岸向西行，約行九十里，近水邊安營。

十九日，晴。明起順河西下，約行五十里，於阿力馬力口子出，至河邊渡頭安營。住一日。

二十一日，晴。早起向南山下行，約一百三十里，至山近有人煙種田處安營。

二十二日，晴。早起向西南入山峽中，過巷里打班，山徑崎嶇，雪深數尺。行約九十餘里，下山，有青草處安營。

二十三日，陰。明起順山澗水向西行，約有五十餘里，有夷人帳房處安營。

二十四日，大雪。早起行，約有五十里，於松山下安營。

二十五日，晴。明起向西行，順流水，平川，約有九十里安營。住一日。

二十七日，晴。明起向西行，平川地，水東流。約行七十里，安營。

二十八日，晴。明起向西行，度平川，轉西北行。約有八十里，地名闊脱秃，人煙多處安營。

二十九日，晴。明起向西行，入山，坡中有水，一大池，路北邊有石一大堆，若矮山，地名爽塔石。過此，通行一百餘里，於山川中安營。

六月初一日，陰，大風，微雨。明起向西行平川，道北山甚高。約行七十里，於草灘上安營，住一日。

初三日，陰雨，午後止。起向西行，約有四十里，安營。

初四日，明起向西行，平川地有一海子，南北約百里，東西一望不盡，名亦息謁兒。約行九十里，於海邊安營。

初五日，晴。明起向西行，沿海岸約行五十里，於岡山安營。

初六日，晴。明起向西行，沿海岸約行七十里，於有草處安營。

初七日，晴。明起向西南入山峽中，約行九十里，於山坡上安營。

初八日，晴。明起向西行，過長山，約一百二十里。下山，於草灘上安營。

初九日，晴。明起向西南行，平川地，約九十里，於山下安營。

初十日，晴。早起向西南行，上高山，名塔兒塔石打班，石徑崎嶇，高百丈，深數尺。約行七十里過山，於草處安營。

十一日，晴。明起順川水向南行，約五十里，近夷人帳房，地名哈剌烏只。山坡上安營，近頭目忽歹達帳。住三日。

十五日，下雪。明起向北行，過山下平坂。復向西行，約有五十餘里，於草灘上安營。

十六日，晴。明起順川流西行，度水七八回，水勢沖急。約行九十里，於草灘上安營。

十七日，晴。明起順山峽向西行，復北向上一高山，路徑險峻，人馬不得並行。約五十餘里下山，安營。

十八日，晴。早起入山峽中，向西北行，過山，下平川，約有百餘里，於川中安營。午雨雹。

十九日，晴。早起向西行，順川過水，入峽中。約行百餘里，於水邊安營。

二十日，晴。早起順山峽逆流向西行，過打班，約行一百五十餘里，於山下安營。

二十一日，晴。早起向西行平川，路多溪水，上坂下川。通行一百五十餘里，於岡上安營。

二十二日，晴。早起向西入山，大溪水東流，經平川。通行一百五十里，於山邊安營。

二十三日，晴。早起向西北上山，過坂下山，順川西行約一百里，安營。

二十四日，晴。早起向西行，出山口，一大平川。約行一百五十里，於川中有古墻垣處安營。

二十五日，晴。早起順川西行，約有一百五十里，於河邊安營。

二十六日，晴。早起向西行，五十餘里至養夷城邊，息馬復行。至晚，通行一百五十里，於有草處安營。

二十七日，晴。明起向西行，皆平川路。約行一百里，有回回阿兒哥處安營。

二十八日，晴。明起向西南行，約一百五十里，於原上安營。

二十九日，晴。明起向西行，一路平坦，約行七十里，地方哈卜速安營。

七月初二日，晴。早起向西行，約五十餘里，過塞蘭城，西邊近水處安營。住二日。

塞蘭頭目差人來接，北路也先至此相會。住一日。

初五日，晴。早起向西行平坦路，約行一百里，有水草，地名月都孤兒巴安營。

初六日，晴。中夜起向西南行，約有一百五十里，人家近處安營。撒馬兒罕差人來接。

初七日，晴。早起向西行，約四十里，近達失干城東田中安營。住二日。

初十日，晴。早起向西南，皆平路，約有一百里，地名謁牙兒安營。

十一日，晴。早起向西南行，經平川，約行七十里，至一渾河，地名大站，有船五六只，可渡行李，馬由水中渡，泥陷，死者甚多。住一日。

十三日，晴。分人去沙鹿黑業賞賜頭目也的哥兒哈班。午起向西南行，入一大川，並無水草。約行三百里，至有人家處，地名底咱安營。住一日。

十五日，晴。早起向西南行，皆平地，約行九十里，地名米咱兒安營。住二日。

十八日，晴。中宵起向西行，經一石峽，約行七十里，地名多礴安營。

十九日，晴。五更起向西行，皆平地，約行七十里，地名石剌思安營。

二十日，晴。早起向西行平川地，約七十里，地名哈剌卜蘭安營。

二十一日，晴。早起向西行，過大溪水，灘淺而寬。約行四十餘里，至撒馬兒罕城東果園安營。住十日。

八月初一日，晴，大風。明起向西南行，約有三十里，地名米昔兒安營。

初二日，晴。向午方起向西南行，度小岡，約行三十里，有高土屋一所居石山上，舊時帖木駙馬所築。地名塔達哈剌赤安營。

初三日，晴。午後起向西南入山峽中，山徑崎嶇，約行七十里。天晚，於山上亂宿。

初四日，晴。明起向西南下長坂，至一大村。約行六十里，地名沙李三安營。

初五日，晴。明起向南行十餘里，近謁石城邊安營。住一日。

初七日，晴。明起向南行，度平川，約有五十里，地名脱里把剌鎮安營。

初八日，晴。早起向西南行，皆矮山，約行六十里，地名火進滿剌，小河邊安營。

初九日，晴。早起向南行，度平岡。復向東行約七十里，地名大亦迭里，河邊安營。

初十日，晴。早起向南度山，約行一百里，地名白阿兒把，山上安營。

十一日，晴。五更起向南行，入山峽。或東行，度一石峽，名鐵門關。出關渡小河，約行七十里，於草灘上安營。

十二日，晴。早起向南行，度一石橋，約行百里，地名屑必蘭安營。

十三日，晴。早起向南度山，經一大村，約行六十里，地名鸚哥兒安營。

十四日，晴。早起向南行，復東向，經大村，約有六十里，地名阿必阿母，人家近處安營。

十五日，晴。早起向南行，約大村。約行五十里，至一河邊，河名阿木，有小舟七八個，東岸有城池名迭里迷。於河岸上安營，住一日，過渡。

十八日，晴。渡人馬至晚，連夜就行，向西南過沙川，無水，至十九日早，通有一百五十里。至大村中，地名斜吉兒安營。

二十日，晴。早起向西南行，經大村，約行六十里，近八剌黑城東北安營。住二日。

二十三日，晴。早起向西行，或西北行，四面空闊，惟南有遠山。約行百里，謁石安營。

二十四日，晴。早起向西北行，皆大村。約行五十里，有山河水，駕石橋過，地名孛里哈答，於橋頭安營。

二十五日，晴。早起向西北行，一路平坦，約行一百里，地名奧秃安營。

二十六日，晴。早起向西行，一路平坦，約有六十里，地名都克安營。

二十七日，晴。向晚起西行，過沙川，無人煙。行至二十八日早，約有一百餘里，近俺都淮城東安營。住三日。

九月初二日，晴。早起向西南行，一路軟沙，約行一百里，地名奧赤下兒山，河邊安營。

初三日，晴。早起向西南行平沙地，約行九十里，地名哈令卜板，有人煙處安營。

初四日，晴。早起向西南行，皆平岡，約行九十里，地名巴里暗安營。

初五日，陰。早起向西南行，度山峽，出大村，約行九十里，地名買母納安營。住三日，以同行之人多病。

初九日，晴。早起向西南行，度山峽，出大村中，約六十里，地名丫里馬力安營。

初十日，晴。早起向西南上山，度峽，約行六十里，地名納鄰安營。

十一日，晴。早起向西行，上山下坂，出一大村，約行四十里，地名海孌兒安營。

十二日，晴。中宵起向西行，度山峽，至一大村，約行一百里，地名車扯秃安營。住半月，候沙哈魯出征回。

二十八日，晴。早起向西行，經平川，約行七十里，地名跛看安營。

二十九日，晴。早起向西行，度南邊山坡，出大村中，地名馬剌奥，約行七十里，於田中安營。住一日。

閏九月初一日，晴。天明起順河西行，度山峽，出平川，約行五十里，地名骨里巴暗，田中安營。住五日。

初七日，晴。明起向西北行，約十餘里，地名馬剌綽，人家多處安營。

初八日，晴。日中起向西南入平山，順峽西南行，至初九日巳時分方出山，約行二百餘里至村中，地名色忒兒革，河邊安營。

初十日，晴。四更起順川向西南行，約有八十里，地名吐端，人家近處安營。住一日。

十二日，晴。四更起向西南行，度矮山，約一百三十里，地名扎剌等吉安營。

十三日，晴。三更起向南行，入山峽，路徑崎嶇，約有一百二十里，地名脱忽思臘巴兒，山下安營。

十四日，晴。明起向西南度矮山，約行三十餘里，出山口，近哈烈城東邊安營。計在途九匝月，尚在哈烈。

錢良擇《出塞紀略》 康熙二十七年戊辰夏五月【略】初二日癸酉，滿漢文武諸臣寅出德勝門。【略】午過沙河，晴暑特甚。夜屯居庸之南口，萬峰環翠，山風陡作，俄頃而息。回顧神京，已南去九十里矣。

初三日甲戌，天晴無風，山行竟日，石路崎嶇，時蹶馬足。兩峰壁立，中爲通衢，愈登愈高，不知其所止極。十五里至居庸關城，城門額曰「天下第一雄關」，盖京師北面之極沖，《淮南子》所謂「天下九塞，居庸其一」者也。又出關，山峰插天，翠屏丹嶂，掩映復迭。三里至陰涼崖，山高蔽日，故名。又五里至彈琴峽，水流潺湲，峽端緣崖置屋，若凌虚然，峭不可梯，諦視莫得其路。又三里至居庸上矣，城稍低而山益高。又十二里至八達嶺，乃山之絶頂也。【略】踰嶺下，路漸坦，五里至岔道，即平原矣。《志》云：岔道有二路：自延慶州至四海冶爲北路，自懷來衞至宣府爲西路。八達嶺爲居庸之襟吭，岔道又居庸之藩籬也。自居庸南口至岔道計程五十里，凡過長城六層，地勢北高南下。岔道號稱平地，然已高出京師萬山之上矣。絶險天設，豈偶然哉？二十里過榆林驛堡而屯，回顧山巔，城痕高下，若綫束峰腰。城間馬躪花特盛，即吾鄉書帶草也。

初四日乙亥，晴暑，二十里至懷來，十五里至狼山，又十五里屯土木堡。山風甚急，更餘微雨。

初五日丙子，晴暑，二十里至沙城，即隋總管李崇拒突厥處。旁多白花，香甚，不知其名。又二十里至保安州，本石晉奉聖州，以納於契丹而名。又二十里至雞鳴山驛，飯於城根之下。又五里至下花園，又十里至上花園，峰巒回抱，流泉繞之，水光山色，應接不暇，乃遼蕭太后行幸故地也。水有細魚，流急不可垂釣。晚大雨驟作，避柳陰下。既霽，倚山而屯。

初六日丁丑，大風，驚沙撲面，礫礫有聲，微雨隨之，馬不能進。行四十里，至宣府。城周數十里，萬瓦鱗次，坊樓櫛比，可敵江淮間名郡，邊城雄鎮也。【略】暑甚，暫憩城北古廟。晚風止，又十里，屯柳河川。

初七日戊寅，晴朗無風，五十里至張家口下堡。城周五六里，明宣德四年築也，商賈輻輳，居然都會。自明時歲受蒙古之擾，逮我朝滿漢爲一，蒙古諸色人等出入貿易如一家人，故其民安業，日以繁庶。又五十里至上堡，其廣與下堡等，而南面無城，北爲長城横截山腰，過此即蒙古界矣。【略】出塞里許，憩道旁大石下，石高十餘丈，南障日光，可蔭數人。下有碧澗，奔迅而流。澗邊泉源湧出，大如盆盎，滃滃有聲，掬而飲之，甘涼特異。又行數里而屯。

初八日己卯，晴寒如京師九月。行十里，陡高山，石路磽确，頗易覆車。亂山層迭，無林木而草特茂，水流繞石山麓，路旁間有民舍。六十里屯察罕陀羅哈打八，察罕陀羅哈譯言北首也。打八譯言嶺也。自入蒙古，其方言雖異，然既歸附本朝，理藩院官吏備曉其語言音義，故所歷地名方物猶能以滿語及中國字音通譯之。暨入噶爾噶界，雖通好日久，不能全曉矣。

初九日庚辰，晴暑，士馬早發，石路偪仄難行。七八里外道漸平，多草花。有纛簇如圓盖者，蕊紅花白，其開也，自邊而中，中紅邊白，全放則純白矣。有黄類金雀者，有白瓣五出、香似麝者，皆不知名。道過蒙古氈帳，斷木爲門，上空其頂，覆片氈於上，以繩牽之，晴啓雨閉；正中迭石作灶，上加鐵圜而置釜焉，爇馬通以烹飪；此置木榻，高尺許，其卧所也；衾褥皆羊皮爲之，旁有木櫝貯食用物，貧者並此無之，以革襯氈席地而已；牛溲馬渤狼藉布地，寢食其中，無異衽席。蒸酪漿爲酒，從人有以錫衣鈕易酒者。行五十餘里，屯八盧哈蘇泰，譯言柳條溝也。溝水甚清，然無所謂柳條者。遥望北山，穹廬簇簇，羣畜黑白相錯，如迭雪堆雲然。

初十日辛巳，早起陰雲蔽天，行不數里，驟雨。岡阜多岐，中途失道，詣蒙古帳避雨，其中牛羊男婦雜沓而居，穢不敢入。冒雨行七十餘里，屯哈爾哈冷，亂山環抱，譯言古屯田地也。控衣出水，人可升餘。晚雨止，復見晴色。

十一日壬午，晴寒，露重帳濕。行十里許，有黄羊十餘口突出，蹄高似鹿，其行如飛，逐之不獲。有鳥如鳩而色褐，名阿蘭，迎風而飛，力竭乃下，從人於草間探得其雛。道左矗立一榆，高四五丈，出關以來僅見也。又石槽，石礙遺諸草間，意舊有居民。午餘暑甚，行百餘里，屯台哈窩兒，譯言莊地也。平衍如掌，四山環之，山下有泉，泉旁茆舍分列，地皆耕種，云是内大臣所置莊也。

十二日癸未，曉晴，陟山，日有暈環。行十餘里，上陡山岡，亂山迭見，愈登愈高，下少上多，自出塞以來地勢皆然，而於斯尤盛。山有喇嘛葬處，迭亂石爲墳，高丈餘，其上遍插旗槍，以木爲之，類優人所執者。去大路二三里有喇嘛廟，瓦石迭成，純似佛刹，四隅縛竿，懸旗於上，氈帳繞之。野田中有二石幢，圍盈抱，長三尺許，四周鐫字，皆硃填，意亦喇嘛所著也。午餘暑甚，暫憩山阿，旁有清泉，掬而飲之，涼爽沁腹。共行百餘里，屯他哈布哈，岡原圍抱，形類招哈，廣則倍之。地有流水，廣深各丈，曲折萬態，縈紆而西。中有魚，長五六寸，類陽鱎而短鬣，捕之易得。土人於馬上相逢，以摟抱爲禮。有喇嘛曳槖駝求售，而能漢語，訊之，蓋平涼人也。

十三日甲申，晴爽，早行。平山綿衍，有二石幢壘立荒原，如昨所見，上置二磚，下復有斷磚數截，俱鐫蒙古書，莫之辨也。有石礙圓徑五六尺，下砌石爲槽以承之，槽厚才半尺，礙厚亦不及三寸。同行有得阿蘭鳥雛者，其母飛繞哀鳴，因命釋之，刷羽飛躍而去。行五十里，屯呵盧蘇泰，華言盧溝也。其地多山對峙，大道中通，營屯相望，宛轉十餘里。水流道旁，清甚，便汲者。有花色深紅，而葉如豌豆，簇成穗，名長十八。元人詩有「忽見一枝長十八，摘來簪在帽檐邊」，意即是也。晚大風，遥望雨脚盤旋天外，不及屯所，沙飛透幄。粮車相失在後，有蒙古人助從者負米先至，以飯犒之，無寸肴而立盡數十盂，食兼六七人，然軀幹中人爾。

十四日乙酉，侵晨大雨，辰乃止。行四十里，至鄂託阿，平皋千頃，萬山環之。水流地中，自西北而東南，廣不數尺，千回百折。芳草緑縟，不見沙土，紅花蓋之，掩映如片霞，意即胭脂草也。大雷電，雨雹如彈丸，人畜闢易。晚霽，始克屯營。

十五日丙戌，曉晴，四山清皎。忽有白霧，如匹練縈繞水涯，瞬息間自下而上，彌漫蔽天，對面不相見，食頃而散。輕陰微雨，道旁紅花布地，黄花間之，爛若披錦，紅者五出雙瓣，有花無葉，黄者類金錢菊，尤多薄荷蒿，艾香隨馬蹄。行五十餘里，高山當面，望之無路，近乃砉然中分，兩崖壁立，中爲坦通，絶無登陟之勞。窈窕盤旋，貫山而進，流泉一道，隨路曲折，或左或右，蜿蜒而西。石穴如瓮，如屋，不下數十，相傳文殊趺坐處也。山上下皆樺木，山楊，其大盈抱，山蒼樹翠，掩映相屬十餘里。塞外佳勝，未有過此者。山名柳母陀阿詭，南去大同不遠。蓋出關路皆西行，至是稍折而西北也。山盡處，憩水邊樹下，草特肥茂，縱馬飽食。有垂釣者，水急不能得魚。驟雨忽作，旋止。又行二十里，屯迭不遜哥兒，譯言山坳也。一山名和碩走，華言肺也；對山名諸勒克，華言心也；蓋皆狀山之形。山巔有九十九泉，伏流而下，匯爲長河，直達歸化城。

十六日丁亥，晴爽。行十六七里，有土城基址僅存，城門四向，雉堞宛然，土岡橫亘城中若十字，瓦礫布地，空無民居，圍十里許。西南兩山雄峙，頂方如印，若壘石築成者，數里内外絶無土著一人，無由詢其地名。自城以北，地多墾闢，頗饒耕具。又二十餘里，道旁有河流，水澄澈，中多白石，磷磷相錯。魚長五六寸及一尺許，青蛙頗多而小，土人謂其味極佳，蒙古珍羞也。十餘里陟峻嶺，嶺名突兒城打八，譯言最高嶺也，直上三里許。過嶺，地皆黄沙，路稍平而甚窄。滿山夾道亂樹蒙茸，其巔多樺，其麓多榆，草尤青葱，其高及膝。二十餘里，屯舍喇迭不孫，譯言平地也。平原如砥，有樹數株，土室三四，河水繞之，皆喇嘛廟也。驟雨，旋霽，涼風襲人。

十七日戊子，曉行，涼爽如深秋。馬首北向，土平而沃，有種麥者，不知其何時始獲也。五十里，復見空城基址，頹壞甚於前，而大則相仿。一浮圖高矗天豐，六角七級，磚砌，無木石，外向寫作菩薩天王，面面拱立，承以蓮花瓣，出數尺以爲檐，刻畫玲瓏，生動如真，全未剥落，但丹堊漫漶爾。【略】塔中無佛像，亦無鳥巢，間有鴛鴦飛集於下，地多蝎子草，似麻而短，手誤觸之，痛楚如被真蝎也。飯於塔下野田中，有蒙古人獻茶及熟黍米各一盂，跪拜甚恭，酬以肉炙，跪食其豐，懷餘臠於絮衣中，叩首頌謝而去，不辨其何語也。又二十里，屯於歸化城東南可十五里水邊，路側頗多土室。晚大風陡作，旋止。

十八日己丑，晴涼。十五里至歸化城，爲蒙古要地，設官鎮守，其廣如中華之中縣。南關顔額，上爲蒙古書，不可曉；下橫書「翁阿洪」三大字，字亦左行，用蒙古式也，以嶺名翁阿而知之。城中惟官倉用陶瓦，磚壁堅致，餘皆土室。空地半之，城南民居稠密，視城内數倍，駝馬如林，間以驢騾。其屋皆以土覆頂，對皆漢字，窗户精好。男婦衣帽無别，惟婦人以珊瑚瑪瑙相累作墜環懸耳，長寸餘而下鋭，卷黑布如筒，貫髮其中，垂於兩肩，亦有耳垂兩環者。項帶銀圈，或數珠者，紅錦作帕，八字分貼，項後者最重，其帽以露頂爲羞。俗最尊信喇嘛，廟宇林立，巍焕類西域之天主堂。書番經於白布，以長竿懸之風中，飄揚若旗幟。中一廟尤壯麗，金碧奪目，廣厦也。七楹，施丹雘，正中直上如斗，頂及四壁皆畫山水、人物、鳥獸、雲霞、神佛、宫殿，亦類西洋畫。

十九日庚寅，晴明酷暑。三軍俱市易駝馬，屯營不行。【略】午歸營，雷雨大作，旋霽。夜有蚱蜢羣集帳上。

二十日辛卯，晴明酷暑，屯營不行。

二十一日壬辰，早微雨，行十餘里，抵陰山之麓。憩蒙古帳旁，見婦人皆跣足，女子年十數歲猶裸其形。入山上餘里，大墳當山坳，城四圍，門南面，頂如橋梁，中爲方亭，亭中爲大冢，冢上作屋，亦圜其頂，以碧琉璃覆之，意必王者陵寢，不知何代遺址。【略】陟高嶺，嶺名翁阿，又名都楞打八，意即李碑，所謂捷徑故道也。直上十餘里，山石皆作五色，或赤或赭，或緑如瓜，或白如雪，黄黑間之，雖高不陡，可騎行。有亂石堆，高數十丈，其上有槍、刀、弓矢、鋼叉、方天戟、盔甲、旌旗，旗上或畫佛，或畫虎，畫大龜，或寫番經，蒙古人過此，必攜一物置其上，叩首而後敢行。聞歸化守土官春秋必祭以牲牢，不知其何神也。至山巔，怪石插天，兩崖壁立，石徑一綫曲折而下，如入重泉，不知所底。臨崖一望，心動股慄，路既傴仄，石復動摇，人馬踐之，岌岌欲墜，有隨足圓滚而下者。如是者十五里許，方至山麓，回望天門，劃然屹立雲際，鳥道縈之，忽斷忽續，忽隱忽現，始信一夫當關，千人闢易，非虚語也。山下道平如砥，清泉湧出，流入小涇，有井三四，道旁散列，有刺蝟伏草間。午餘酷暑，又五十餘里，屯昆都勒河，日暮矣。有水瀰瀰流草間，頗涼且甘，飲之如得甘露。是日大軍以翁阿嶺險絶難行，分爲二半，由此路半折而西，由烏斯兔入峪，其地稍平，而過河凡十二道，復至屯所合兵。縛炬屯營，夜分始卧。

二十二日癸巳，早晴，午大暑，晚大雨，旋霽，得涼，夜涼甚。偵者言前途水草不繼，大軍議分道進發，屯營不行。自京師至此，蓋千三百里矣。

二十三日甲午，大軍分三路進發：索帥帥正黄、正紅、鑲藍三旗取東路，佟帥帥三旗取西路，馬帥帥二旗取中路。二漢臣附正紅旗中軍，遵出都時約也。天晴暑甚，二十餘里，見道旁小溪，溪上屯喇嘛氈帳數十。又二十里，見一泉穴盈數尺許。又二十里，屯悉喇嘛魯，有溪廣三四尺，水不能覆土，僅供炊汲而已。夜大雷雨，萬馬皆驚蹄，聲隆隆，與霹靂聲相間。雲黑如墨，典牧者不辨東西，任其散逸，莫能追躡。

二十四日乙未，早晴，前山出雲，縷縷盤結。午餘酷暑，薄暮雨作，旋止，涼颸襲人。是日軍士四出牧逸馬，因屯營不行。晚有羣馬突至，驗之，則佟帥部下鈐印也，索帥遣使馳送歸營。是夕二帥分屯，相去五六十里，不意馬驚乃不約而同。

二十五日丙申，濃雲微雨。所至皆土岡，平衍無石，五十里屯呼蘇土魯。長河繞之，廣二丈許，水深有魚，四野多兔，逐之急，遂亂走投營，有徒手得之者。晚大雨，淅瀝之聲達旦，布幄輕單，竟夕怦怦。撫枕凄寂，久絶杯斝，思薄醉不可得。

二十六日丁酉，曉晴寒如新冬。行三十里，又見空城故址。又十餘里，日午大風陡作，力能仆人，著體寒極如冰，微雨隨之，馬不能前，加策强進，似輕舟跋浪。至三十餘里，屯察罕斥魯，有河可汲。風止天晴，斜陽爽潔，出帳獨步，宛然暮秋風景，不自意爲炎夏也。

二十七日戊戌，天晴無風，自出關以來蓋無日不雨，雖軍行或不相值，而天外雨脚如麻，東西相望，惟是日萬里朗潔，輕雲點綴而已。道皆土岡，馬首忽昂忽俯，行三十餘里，兩山夾道，石圓如迭麴，而無樹木，水積道中，其色純黑。又二十餘里，有流泉可汲。又五十餘里，路稍平而曲，氈帳林列道旁，牛馬滿野。此日晴明，行百有二十里，夜屯瑪下悉喇嘛魯。河水清而淺窄，汲者不贍，軍士掘地餘三尺而及泉。

二十八日己亥，晴熱無雲，行幾九十里，屯哈喇烏素。流水隨路縈紆，及屯，淺窄而穢，但可飲馬，掘地五尺得泉，軍頗疲頓。晚，雨過天外，不及營屯，愈覺燥烈。塞外風光，晴則如焚，雨即似浸，求一日晴和，正未易得。地多吐勒蘇草，高者過三尺，即都人用以作帽者也，牧馬强半賴之。自出塞北行千有五六百里，惟書帶草最多，花肥葉短，一望盖地如雲，駝馬不食，至此且漸無矣。熱甚，張盖而立風於營前。

二十九日庚子，輕陰不雨。道皆平沙。【略】而飼馬無寸草，馬上時聞香風，四顧竟無所見。行三十餘里，忽見豐草蒙茸，種如雀麥，縱横三四里，塞外所未見也，縱馬飽食。過此又皆平沙矣，四十餘里，屯阿兒士速不喇。高岡之旁多蘆葦，水流其下，黑而穢，仍掘井以汲。

三十日辛丑，早晴。過土岡數重，平衍無石，土軟，陷馬没蹄。坡間有羊突出，其行如飛，從者馳馬逐之，竟不能及。午餘酷暑，忽雲興，雨雹交作如霰，瞬息即止，而暑益甚。共行七十餘里，屯哈輪阿巴兔不喇。山坡黑石磷磷，掘井得水，咸不可汲。牧馬數里之外，草亦不給。此地爲蒙古四十九旗極北邊界，山巔堆石爲炮臺，壘壘如冢，乃外藩防禦之所。過此即入噶爾噶國矣，兩國於此分界，故謂之喀嚕，譯言邊界偵察也。

六月朔壬寅，大暑，輕騎進發。地多砂石，或赤如硃，或黑如鐵，草根無萌蘖，以手撮之，飄散如灰，盖亢旱日久矣。入噶爾噶境，其岡原與蒙古無大異，惟沙深倍常。北荒古稱沙漠，良有以也。午餘毒熱如焚，無勺水相濟，喝者昏眩，至不能言。三十餘里，路入兩山，石狀巉巖，浮沙滿道，色黄深尺，寸草不生，凡十餘里山盡，沙亦盡。屯於卓得呼，掘井以汲。途次不見穹廬。駐軍後有至營爲市者，獺皮帽，革帶衣，下截褶迭，制如朝衣，前爲方領，長尺餘，廣二寸許，亦以獺皮爲之，横互胸前，其右隨衽折而下緣至帶旁。其富者則以錦緣其里，項挂數珠，見之始覺身在絶域矣。

初二日癸卯，半晴微暑。行不數里，黄沙盖地，其深過尺，雖有駿足，莫能馳騁，每須數騎推挽一車，猶不能前。窪處軟沙尤厚，有羣馬誤入其中，陷蹄没腹，强起復陷，牧者裸身跣足，疾走而前，百計取之，終不能出，乃置之而去。人行沙中，步緩即陷。絶無水泉，而間有青草，馬稍得食。如是約三十里，沙乃盡，意即漢之所謂大漠，唐之所謂大磧也。凡過山岡三十餘層，馬力竭矣。自歸化城以北，皆折而東北行，至是復稍折而西北，共九十餘里，屯波落呼祭兒。掘地泉湧，人馬沾足。其沙雜五色，隨掘而塌，盖塞外有沙無土地。晚大雷雨，旋止，仰見蝃蝀横空，大抵塞北一雨，蝃蝀即見，無分早暮。

初三日甲辰，晴暑無風，駝馬盡疲。粮車在後，土人獷悍，頗多攘竊。以茶布易其畜産，必狡獪百出。舊傳北方俗樸，有太古風，殊不足據。

初四日乙巳，晴朗無風。行九十餘里，惟荒岡沙磧，輕移疾步，方免蹶陷。有肥鈍者二三人陷入沙中，深不可出，號呼求救，衆目注視，莫措其手。抵晚，屯呵呢七不喇，地無寸草，酷暑如焚。掘地二丈不得水，覓井於數里外，稍濟喝人，不能及馬，聽其委頓而已。是地喜無沙累，索帥領衆馳獵，至暮還營，以所獲黄羊見遺，燎而食之，肥美特異於他獸。

初五日丙午，五更驟風，微雨，卯半而晴。行六十餘里，凄涼極目，而幸沙猶少。道旁多樹，高者二丈餘，短者三四尺，枝類枸杞，葉似剔牙松，不識其名。有山，黑石磷磷，狀奇而醜。又三十餘里，屯披脊烏塗罕。掘地五尺得水，人馬賴之，草亦粗給。向晚涼風襲人。

初六日丁未，早陰，午晴。行不數里，有山遍覆黄沙，上戴黑石，如虎蹲踞。地多黄花，瓣尖五出。有草枝幹交加，色青且嫩，而無葉、無花、無蕊，皆不知名。行五十餘里，屯喀兒拜果必逐爾回不喇。豐草及膝，尤多蘆葦，流水蜿蜒，廣尋深尺，雖濁，可供飲馬，入噶爾噶界以來所未見也。屯背土岡，短樹蒙茸，掘地得水，頗咸。俗傳此地多鬼，土人莫敢居之。夜大風，徹曉聲若洪濤。

初七日戊申，輕陰不雨。行六十餘里，屯屋蘭忒門。掘井得水頗甘，而馬苦乏草。沙中見朽木一節，斧鋸之，痕宛然，取視則石也，堅不可琢。

初八日己酉，晴暑酷烈。行三十餘里，兩山夾道，山多黑石峻嶒，淤水繞其下，崖旁有樹兩三株，中軍黄盖憩其側，遠望若畫圖然。水次草特肥茂，而地窄不足以牧馬。又行七八里，屯克喇阿祭勒罕。四面皆平山，亂石散列，井泉甘，而少草，不克飼馬。

初九日庚辰，晴暑燥烈。行三十餘里，山下見一大井。又三十餘里，山下有小井二。又二十餘里，見山石白如雪，高出衆山。又二十餘里，屯齊爾兔，地無寸草，得一大井，而水少不給。又穿三四所，猶不給也。噶爾噶國人男婦追隨駝馬，絡繹而南，不下萬數，奔忙倥傯，若有躡其後者。

初十日辛亥，晴暑燥烈。中軍欲待佟、馬二帥合兵會議，而屯所無水草，偵者又言前途更甚，萬難駐軍，因復移營至克喇阿祭勒罕。遇遷徙者蟻聚蜂屯，其色驚惶。

十一日壬子，晴暑，屯營以待分道之兵，人心惶惶，議論不一。晚微雨，旋止。

十二日癸丑，晴暑，竟日無風，屯營不行，待佟、馬二帥合兵之信。

十三日甲寅，晴暑，早行。途遇噶爾噶國南徙者多不可數，馬少而駝多，挽駝者皆婦人，其衣飾自頂至踵都與男子無別，惟兩耳俱著墜環，男子則但左耳著環，而虛其右。雖暑，皆狐帽羊裘，以木爲枊，用盛小兒置於駝背，兒亦不驚。牛羊各各隨隊而行，不煩呵策，犛牛尤多，其色純黑，間有白者，腹脅毛垂拂地，尾鬃如馬，可以爲纓。蓋地而來，前後相望不絶。六十餘里至抑勒呼聲，即前所經之道也。馬疲不進，中道而屯，水少不贍，乃掘井以汲，泉頗甘，而無青草，馬嚙枯根以延性命。先一日，噶爾噶南徙者屯於是地，遺棄牛羊，死者相枕，臭聞三四里外。晚，理藩院阿尚書使至，亦言前進之難。夜月如晝，三更微雨。

十四日乙卯，早輕陰護日。行四十餘里，過齋爾兔舊屯地，所鑿之井已竭，惟舊井尚存。午餘晴暑，行次遇遷徙者漸稀。又三十餘里，屯烏蘭克波兒，掘井得水，甘咸不一，無寸草以濟馬飢。

十五日丙辰，酷暑。行七十餘里，屯姑兒巴吐嚕，三井可汲，馬飢如故，四面土山焦枯如赭。晚，旋風起西北，掠營之東北隅而過，席卷帳幄六七所，翔舞空中，食頃乃下。而中軍晏然，方揮扇以納涼。

十六日丁巳，輕陰微風。行二十里，屯烏奴蘇太。天外雲黑似墨，雨脚如麻，而屯所僅霢霂而已。是日，忽晴忽雨，忽暑忽涼，頃刻萬變。山下有大井，水濁不可飲，掘地以汲。馬飢已七八日，疲不能行，偵者言此地有草，比至則仍屬枯莖，隨手煙飛，三百餘里之内不相上下也。晚，馬帥使至，期在三日内合兵。薄暮登山四望，惟見荒岡高下，焦枯一色，目力所窮，黄沙之外無餘物，蝃蝀横空，雲光慘淡，遥望神京，如在天上，不勝南顧魂消也。

十七日戊午，時雨時晴。行三十里，有山頂鋭石白。又十餘里，遥見黑痕高下，障蔽前路，意其廢堡也。既至，則萬石林立，如斥堠，如層臺，如覆斧，如壘麴，回抱如城，散抱如棋，連屬絡繹，如行人負擔而追逐。有石上復横一石，岌岌欲墜，如舁而庋之者。有上全下缺，洞其中爲穴，方圓斜橢，玲瓏萬狀，如鐫鑿者。大者或徑數十丈，紋皆迸裂，色多青黑，人行其中，紆回曲折，應接不暇。如是二十餘里乃盡，其廣則不可知，然地本平岡，而非山也。土人盡徙，無由訊其名，因號之曰奇石岡。石下有井，水極甘涼，草亦蕤茂，馬驟見之，策亦不前。又行三四里，屯拉克帶叟疾不喇。土山窿然，乃卑於石，回首南望，猶見滅没如髻鬟也。大雨時作，涼風襲人，衣絮不足，佐以披裘。此時有水草，人馬俱便，遂決意駐此以待分道之兵，此後不復前進矣。越二日，馬帥及佟帥兵相繼而至，亦議不可復前，軍食已盡，進退無策。忽廿六日旨到，即於次日回軍，七月十八日到喀嚕，八月初八日抵張家口，十二日合隊進京。若旨到稍遲數日，俱爲絶域之鬼矣。

馬思哈《塞北紀程》 康熙二十有九年歲庚午，夏四月，以準噶爾入寇，詔綏遠大將軍裕親王杖鉞專征，出東道古北口，而分命臣思哈從行。

辛巳，抵塞下。

壬午，出長城張家口，五十里至查汗駝羅廟下營。

癸未，黎明啓行，六十里至十八喇太下營。

甲申，啓行，五十里至哈喇巴喇哈捜下營。是日度大巴汗嶺，大雨嚴寒，人盡裘氅。嶺高三十里，路寬四五尺，雨滑，人馬側足。嶺巔高聳雲表，横截南北，南望遥天中淡煙微抹，爲古長城，而北則高山壁立，徑路不通。其間相去或數百里，或千里，忽中闢一綫，以通行人，如天造地設焉。登高攬轡，遊眺至營。

乙酉，由嶺下啓行，西北七十里，至阿哈苦里下營。人馬俱渴，不得水，始掘井求泉。

丙戌，啓行，九十里至查汗那羅湖下營。湖中産白鹽。

丁亥，啓行，七十里至迭劣下營。是地草不盈寸，無尺水，人皆掘泉而飲，馬遺爲薪。

戊子，啓行，七十里至圖勒根答八哈嶺下營。所統蒙古查哈喇兵五百人是日始會合連營，令之前導。

己丑，啓行，五十里至烏蘭阿爾奇下營。雨雹，大如桃。

庚寅，啓行，六十里至著多賀下營。

五月朔辛卯，啓行，七十里至答布孫多下營。

壬辰，啓行，九十里至查汗多羅下營。

癸巳，啓行，一百里至岳家羅下營。

甲午，啓行，二十里至巴蘇太呼圖下營，始出外邊界喀路地方。由張家口至此，以里計者凡八百二十矣。

乙未，師行八十里，至查汗西里下營。是日爲重五節，領兵正黄旗漢軍李副都統車載一豕至割烹共餉，蓋囊所預蓄供用者。絶塞得之，良異數也。

丙申，仍駐本營，息駝馬。

丁酉，師行六十里，至拜澤布勒下營。

戊戌，師行五十里，至喀路下營。

己亥，仍駐本營。

庚子，師行四十里，至歪風呼土下營。是日入瀚海邊界，地盡陷沙，深者至三四尺，淺者亦一二尺。車不能前，凡軍中輜重盡改裝駝馬，空車尚需三四馬力始出陷中。按：瀚海周千餘里，杳無人跡，其地乏水，故蒙古種類亦罕至焉。

辛丑，師行三十里，至西勒布勒都下營。地無水，山盡童，野無他草，唯臭蒿、野葱二種，及藥中之地骨皮點綴道旁。野葱香味亦如葱，可食。臭蒿可飼馬。並有蟲豸黑色如墨，蠢蠢蠕蠕，隨地而有。下營時凡帟幕器物著處皆染，甚或叢集人馬項背間。

壬寅，師行六十里，至戈壁刻勒蘇太下營。戈壁者，即蒙古瀚海別名。

癸卯，仍駐本營。

甲辰，師行六十里，至哈魯尼都下營。

乙巳，師行四十里，至如烏黑里太商答下營。

丙午，師行八十里，至阿里甯都搜基下營。是地所掘泉水皆作屍肉氣味，用以造飯餐之者，逾日咽中猶作嘔逆，以是人馬俱渴。

丁未，師行七十里，以昨不得水，故迂道至朱爾歸下營。地頗窪下，然沙磧深，掘之四五尺始及泉。四望皆旱葦，深一二丈，地無草，馬飢。竟日大風，營帳皆拔起。

戊申，師行八十里，至得勒蘇太下營。所掘泉水尚復作屍肉氣。

己酉，師行七十里，至哈那哈代布勒下營。是數程山童水枯，大概與西勒布勒都不相遠也。

庚戌，仍駐本營，息駝馬。

辛亥，師行五十里，至伊勒呼下營。地中無水，水在石巔，鑿之，八九仞始見水。野騾成羣，蒙古謂之七刻貪，色黃，頗稱駿。覓水者視蹄涔掘之，泉見焉。性善奔逸，射得之，重可數百斤，一駝僅能載一野騾。

壬子，師行五十里，至烏蘭若布流下營。爲瀚海西北邊界，瀚海地至此盡。自經瀚海凡五百四十里，閱旬有二日，所見聞殊詭異，因以詩薈記之，得二十韻。

癸丑，師行五十里，出瀚海，至古魯棒禿魯下營。始得泉。

甲寅，師行百里，至納拉下營。有水。

乙卯，仍駐本營。

丙辰，仍駐本營。山水暴發，迅不及防，人馬幾溺，帟幕器物幾盡漂没。

丁巳，仍駐本營，俟鑲藍旗額都統率領加斯哈蒙古兵萬人會合齊進。

戊午，師行十五里，至納拉布拉下營。

己未，仍駐本營。

六月朔庚申，仍駐本營。

辛酉，師行五十里，至烏禿魯布拉下營。

壬戌，師行五十里，至巴納黑都哈答下營。

丙寅丁卯，仍駐本營。隨行車輛盡發回卡路。

戊辰，師行六十里，至答布胡都下營。

己巳，師行六十里，回至巴拉黑都哈答下營。

庚午，師行五十里，回至太布胡都下營。

辛未，師行五十里，回至烏禿魯布拉下營。

壬申，師行十五里，回至納拉布拉下營。

癸酉，師行一百里，回至納拉下營。

甲戌，師行五十里，回至古魯邦禿魯下營。

乙亥，師行五十里，回至烏蘭苦布流下營。復入瀚海邊界。

丙子，師行五十里，回至伊勒呼下營。

丁丑，師行五十里，回至哈那哈代布勒下營。

戊寅，師行七十里，回至得勒蘇太下營。

己卯，師行八十里，回至朱爾歸下營。

庚辰，【略】遂繞道趨赴「赤城汗城」，並力兼程，日或百里，或百餘里始下營，途路迷茫，夜以繼日，所駐營地遂不能詳記矣。

辛巳，師行百二十里下營。自是每日黎明師行，八十餘里乃飯，飯罷又復長驅，至更定時方下營。

壬午，師行百四十里下營。

甲申，師行八十里下營。

乙酉，師行九十里下營。
丙戌，師行七十里下營。
丁亥，師行百三十里下營。
戊子，師行百二十里下營。
己丑，師行百十里下營。
秋七月朔庚寅，師行八十里下營。
辛卯，師行百八十里下營。進外邊界卡路，邊内爲四十九旗蒙古地。
壬辰，師行百六十里下營。
癸巳，師行一百里下營。
甲午，師行二十里下營。
乙未，師行百七十里下營。
丙申，師行百五十里下營。
丁酉，師行十五里下營。慮賊猝至，特持重徐行，以備接戰。
戊戌，師行一百里下營。築壘浚濠爲備。
己亥，仍駐本營。
庚子、辛丑、壬寅，仍駐本營。夜漏二十下，地大震，有聲。
癸卯，駐本營。
甲辰，大風雨，駐本營。
乙巳，師行百二十里下營。
丙午，師行百二十里下營。
丁未，仍駐本營。
戊申，師行百二十里下營。
己酉，師行百二十里下營。
庚戌，師行百二十里下營。
辛亥，師行八十里下營。
壬子，師行八十里，會合大將軍裕親王大兵，同下營。凡營盤四十座，連營六十餘里，闊二十餘里，首尾聯絡，屹如山立。
癸丑，師行六十里下營。
甲寅，駐本營。
乙卯，師行七十里下營。
丙辰，師行二十里下營。自丙辰閱丁巳、戊午，士甲胄，馬鞴鞍，控弦厲刃以待。
甲戌，慮軍糈不繼，乃統率老營官兵行八十里，前赴大將軍前策應。
乙亥，師行八十里下營。
丙子，師行八十里下營。
丁丑，奉大將軍令，有旨命礮火營官兵整旅回京。是日旋，師行八十里下營。
戊寅，師還七十里下營。
己卯，師還八十里下營。
庚辰，師還五十里，過哈麻拉大巴汗嶺，即方言鼻子嶺也。視張家口之大巴汗嶺高得其半，徑寬五尺。然左則嵬峰矗雲，右則懸崖瞰壑，行者惴慄。是日於嶺趾下營會大將軍前班師各隊將士。又行十三日，爲九月六日。
癸巳，進古北口下營。自入口後，風氣全乎内地，與塞北迥殊。塞北無論冬夏日狂飆怒號，驚沙撲面，即五六月煩歊絶少，一晝夜間而四時氣備，大抵晨則衣裘，午則易絺綌，午餘即挾纊，而夜則被毳革焉。炎夏如此，窮冬沍寒凛冽，更復何如！
甲午，師還六十里，至石匣下營。家人來迎。
乙未，師還七十里，至密雲下營。
丙申，師還七十里，至牛頭山下營。
丁酉，師還三十里，至孫河下營。
戊戌，仍駐孫河，俟大兵齊集班師。
己亥，薄暮合兵。
庚子辰刻，入國門，旋京師。

高士奇《扈從紀程》［康熙三十六年］丁丑二月，三次扈從出塞，上有事於噶爾丹也。出居庸關。

保安州雞鳴山下十餘里有上花園，又三十里有下花園，臺殿猶存，相傳爲遼太祖述律后避暑處。

兹行循明時弘治、嘉靖新築外邊墻堡而西，舊長城與雁門反在東南。

保德州本嵐州地，宋析置定羌軍，景德初改保德軍，尋立爲州城，郭在山巔。黃河自黃甫川入塞，經州界，府谷縣在對岸【略】州有翠峰山。《志》言多楓，經霜如錦，今實未見。渡黃河。

神木【略】河口堡在西北，墻長八里，以爲候障。縣西十五里楊家城内有神松二株，因名。

榆林衛【略】城築於王禎，鎮移於余子俊，東、西繕三十城堡，塹山堙谷，築河套於外，而屯重兵於榆林，爲雄鎮，東倚駝山，西限榆溪，北距邊堵，南引銀州。其城三面憑山，一面臨水，可謂天險。然東南山阜參差，樹木隱蔽，沙峰置樓，則高與城埒，攻擊可虞也。其海潮寺逼居城下，掘地可慮也。

無定河流沙最深，渡時馬行少遲，輒陷沙中，有不可渡者。

塞外無樹，偶有高至三四尺者，上必有鷹巢，探手可得。

塞外行至一處，皆生短柏於岡阜之上，葉如柏，其枝蔓相連，不能成株，味臭，然白草中望之蒼翠。

沿塞垣而行，路險山峻，故由榆林出塞，外經河套地之他喇布喇克、哈留圖、郭爾庫爾、祁喇札罕布喇克、車爾他喇，通河喇克，凡六駐蹕，始入安邊營，由磚井堡定邊營至花馬池。

近花馬池一帶飛沙特多，高與城埒，軍士挑扒，勞苦無功。

寧夏邊堡自常家塞而東，至於花馬池，邊墻之缺，則山險焉，凡二十有二堡，九百一十里：常家堡、古水井堡、中衛、鎮魯堡、勝金關、棗園堡、渠口墩、廣武營、大壩堡、玉泉營、平羌堡、鎮北、洪廣營、鎮朔堡、威鎮堡、平魯城、横城堡、紅山堡、清水營、興武營、安定堡、花馬池。

閏三月十五日，自寧夏西北出塞。

賀蘭山在寧夏城西六十里，東迎河套，西通西域，南障朔方，北引沙漠，延亘五百餘里，高出雲表，雪霜凝積。山上多青白草，望之如駮馬。【略】塞外曉行，一望峠崿，真西北雄山也。

出寧夏百餘里，即哨界外地。沿河西北岸行五百餘里，至船站，絶無人迹。時草尚短，地多樫柳，甚密。兩岸新蒲可充饌。沙上叢柳爲矢極佳。

去寧夏五百餘里，山有白塔十三級，以蜃灰堊之。

兩狼山即狼居胥山，去船站百餘里，兩山夾峙，中分一路，沙深數尺，流走不定，馬蹄過處，沙復掩之，夜静有聲，故曰鳴沙，我西師所經之路也。山二百里乏水，一泉腥惡，飲無多人。

自船站登舟，順流抵湖灘河朔，見蒙古以韝貯衣韡其中，縛之胸前泅水。四五月間，蒙古諸畜澌肥，見客輒以馬湩爲獻。上網魚黃河，賜扈從諸臣。明日再網魚於河中，獨賜京江張大學士同臣士奇。

自湖灘河朔至三岔，凡駐蹕十四處：鄂爾紀庫布喇克、烏瀾巴爾哈蘇、席納拜新、吴蘇、諾木渾河、阿魯西巴爾泰、席巴爾台、格爾齊魯、色特勒黑、察馬客、齊七爾哈納、魁屯布拉克、博爾哈思泰、三岔。

張家口外皆國家育牧之場，牛羊不下數千百萬，望若雲錦。

五月，入張家口，駐蹕保安縣，賜時果。發懷來，入南口，過居庸關，駐蹕昌平州。駐蹕清河，次日扈駕還京。

范昭逵《從西紀略》［康熙三十六年丁丑四月］蒼巖公陛辭，承命於二十四日起程。不以逵爲譾劣，令逵執鞭弭以從。寅刻隨出安定門，【略】行五十里而宿。

二十五日，蚤過昌平州，遥望十三陵，白楊石碣，在征塵煙霧中。午刻抵居庸關，關因山爲城，壘石爲堵，壁峭墉峻，路徑窄狹，僅堪一軌。其煙巒層疊，插乎天表，榜曰「天下第一雄關」，《淮南子》之所以九塞列名也。是日行五十里。

二十六日，陰雲布曉，征騎嘶涼。至彈琴峽，兩山疊峙，一水中流，水極淙潺。昔詩有「水流聲似調琴韻」，故以此得名。出關履道始坦，抵岔道，即明成祖駐軍處。小憩，日復烈。午後至榆林驛，計行六十里。

二十七日，黎明起，行抵懷來縣。縣城始於元之張説。日方亭午，至土木堡計行六十里。

二十八日，雨霽，客面塵坌爲洗。巳刻至沙城，次至保安，進郡司馬恪庵王妹壻署少憩。上馬西行，【略】晌午次雞鳴驛，前繞渾河，雞鳴山背之。山以唐太宗征高麗登之雞鳴，遂名焉。是日行六十里。晚霞映處，營壘都紅。

二十九日，廿里至響水鋪，路極險絶。【略】又廿里抵宣化。將晚雷雨交作，時正苦旱事，祈禱不應，蒼巖公適至，甘澍隨沛。

三十日，發宣化，巳至沙嶺。午微雨，抵何家屯，即張家口境也。定邊河流其左，姑石兒路峙其右，蠻花野草，怪石奇峰，匝布於馬首。

五月朔，風驅雨過，馬蹏得得，絶無塵土。巳刻至太平莊，午後抵懷安縣歇。晚甚涼，篝火狐鳴，見聞多惻。

初二日，發懷安，卯正抵柳樹屯。途間乍晴乍雨，涼爽一如深秋。巳刻渡枳兒嶺，入山西界。午初進天鎮城，計行六十里。一城木葉，萬里邊墻，鄉思撩人，情隨景觸。

初三日，行六十里，歇陽和城。早晚無夏，日午有秋，朔地惟寒，已爲之驗。

初四日，過王家屯，抵聚樂營止。六時中晴雨各半。

端午日，午正抵大同。

初六日，雷雨並作，風更烈，馬爲不進。

初七日，天晴，行旌未動，雁門、龍首，仰止終日。

初八日，蚤晴，晚雨。發大同，三十里住雲岡寺。

初九日，晴和如江南三月天。至高山城歇。

初十日，自高山歷雲西堡，進左衛料理使事，三宿而出城。

十三日，辰刻至牛心堡小憩，得嫩茗清泉於僧舍。一甌滌胃，兩腋風生。逾午至黄土坡歇。

十四日，蚤進右衛城，住真武廟。

十五日，遣班第回，隨赴瓦將軍署。有陳劇者，妝態悉皆玀纥狀，隨行至殺虎口，猶巳正也。午餘次佛爺溝，土人進奶茶，此後所履皆屬蒙古地。蓋歸化城南間有山陝人雜處，而歸化以北更無華民矣。

十六日，蚤至新店，内地兵護送止此，換交蒙古，導引至烏孫土魯下。蒙古格利格利，華言帳房也，以氈爲之。

十七日，天未明，蒙古人帳外語曰「吞格利博能阿爾諾蓋」，謂天曰「吞格利」，謂雨曰「博能」，即天下雨也。辰刻起行，抵二十家，尚有店可住，係陝人所開。時議使事，無片刻暇。

十八日，蚤熱。二十里至土城，又二十里至薩里沁店房，水草咸。是晚涼。

十九日，蚤行，至舍勒烏孫少歇。前次黑河沿地，即青冢也。冢高二十丈餘，闊數十畝。

二十日，征馬停蹶，會有所待。酉刻大風雨。

二十一日，晴。進歸化城駐足。城廣二里許，地頗肥饒，人皆樸野，牛羊騾馬，貿易中外，惟土房齷齪不堪耳。得一小樓，登眺。

二十二至二十九，計八日，共起居於庫庫河屯，即歸化城也。其中風雨晦明，俱爲前途事宜諮謀整理。

六月初一日，陰雨合野，旭日藏芒。是日發歸化，抵大青山前之台罕木劄營，約行三十里。大青山即祁連山，古豐州襟帶也。山花市地，惜與馬矢爲鄰。問古所謂甸城也者，僅存一片斜陽耳。未刻風暴作，營幾爲拔。

初二日，即止原營。策馬觀山，頗饒野興。

初三初四二日，仍留未發。

初五日，辰陰，午熱，酉風，大雷雨。於台罕木起程，辰刻即次畢七沁，居停於喇嘛寺。

此後八日逗留畢七沁事，暇或登樓看雨，或縱騎合圍。

十四日，蚤行，三十里抵插蘇劄營。插蘇，猶華言紙也，亦元時造寫經紙於此者。

十五日，辰陰，行數里，雷雨交作，少頃即止。巳刻次託西賀下營，約四十里。偏野皆毒草，偏反似招人狀。牧者不知，駝馬誤中其毒，灌以酸奶子方解。夜坐沙中翫月，微酌至醉。

十六日，卯刻起營，巳刻至麥大力廟，立寨進飯。蒙古鄉導具白曰：「屋禮喀西薩爾溪。」問答未，竟忽有聲震吼，從西北來，蓋風陣也。倒帳房二架，咫尺不能起視。急入蒙古格利，片晌稍緩，始盡餐。酉刻風息，星月明潔，依然良夜。

十七日，約行四十里，名拜昇氣。時在馬上，遠望山岡矗起，中有樓閣輝耀，四圍草木蓊鬱，意謂塞外有此名勝，殊可人意。及迹至之，依然平坦無見，方疑眯目，未敢博詢。

十八日，巳正至薩爾沁正站，約行四十里。一路野草青葱，涼風氣爽，夏月如秋初。營前有山，山上有廟。蒼巖公命予及部郎阿同登山巔，見黄河自天上來，如千乘萬騎，奔騰而下，巨觀也。河離營約五十里。入廟，飲喇嘛僧所進奶茶，下山。

十九日，正行間，有風自東南來，羣鴉隨之，其體較中華者倍焉，聲甚怪，聒聒不已。蓋歸化以北無百鳥，惟有此鴉。【略】巳刻次箔頭，約行四十里。至此已轉過大青山，入吴拉忒境。

二十日，抵坤多倫。其長吴拉忒公因廢疾不出，遣台吉及札薩來迎。台吉，猶華言宗親，札薩即其相也。其言喀喀，不解所指。去而復遣小台吉同大喇嘛來，布員外爲之譯，方會其意。

二十一日，約二十里至哈達馬爾，征馬嘶風，增人悲壯。其地有好水草，駐扎旬日。

七月初二日，起營，進哈達馬爾。在山峽中行，層巒聳翠，曲澗流青，一帶喬松蒼古，昂藏竦拔於道間，而秦政鞭餘之石亦復峙踞其中，不意塞外荒涼，竟有此茂林古徑也。松風入耳，心地灑然。計行五十里，扎營山下。

初三日，晴爽，爲站務留此。戀戀山色，徒步登岡，遠眺良久。

初四日，復登山看松。

初五日，病軀雨阻，不能陟山，遥望撫松，爲之黯然。

初六日，涼風襲裾，披裘而卧。

初七至初十，養疴偃卧。

十一日，正飯間，有四五蒙古女子蹲營門外，若有所乞。

十二日，晴和。將欲啓行，有急遞文移，知内大臣佟公峨倫岱在闢東轄解東土默特一萬六千餘丁，已至歸化城，欲蒼巖公回至其地接領。時在庫庫河屯所，議帶領鄂爾多斯等部落千丁家口已至第七臺，佟公又將東土默特在歸化城候受，勢難兩顧，商議竟日。

十三日，議既决，色員外先帶鄂爾多斯等部落往布爾哈太處安設，大司馬出帑，儲備一路資費，並見馬匹倒斃，且非駝不足以行遠涉險，給文前途借餉充買，不令色員外虞所空乏。公始與余起行，回至坤都倫下營。

十四日，午刻至薩爾沁，未刻抵鄂爾格。深夜雨不止，獨卧帳中，雨聲淅淅，終夕不成寐。

十五日，陰霾。巳刻過拜昇氣，未刻仍至麥大力廟。

十六日，晴暖。由託西賀次插蘇氣下營。

十七日，抵畢七沁，仍歇喇嘛寺。

十八日，因阿部郎病瘡，止不行。

十九日，次台罕木。

二十日，復抵歸化城公館，阿部郎亦扶病而至。是日起至二十五日，大司馬與佟公共議站務，逵在侍，無片刻暇。

二十三日，暫假，登城樓遠眺。

二十六日，蒼巖公留前遣回人班第，護送阿部郎還京養疴。受領站丁，與佟公别，起行。大司馬因見諸丁行李繁重，家口衆多，雖所安臺站有遠近之差，而舉動殊艱，設不慰撫，其何以圖報稱？命逵核算酌給，計捐銀八千五百兩、米三百二十石有奇。一時歡聲震動，共感皇上用人之當。是日行次墨河沿，駐營畢，往河上看水。水上飛鳶跕跕，從者持鳥槍擊野鳧。望見各站丁埋鍋煙起處，毳幕重重，熕煙蔽日，駱駝牛馬徧地嘶風。其中蕃女跪者，坐者，捧叵羅者，吞煙飲茶者，不一其狀。笳聲互動，邊歌和之，是時也，置身出塞圖矣。

二十七日，蚤行，卓博力下寨。四山雲塞，溼露如煙，密雨隨風，斜飛亂點。昨在出塞圖中，今又如入米家畫裏，惜無丹青手爲余繪此兩景。

二十八日，晴。辰刻拔營，午刻抵昆布林沁，亦即在黑河沿。流水紆迴，甚覺可愛。見河中淤滯處有亂草一堆，不識所用。俄頃站丁争取爲薪，蓋塞外無柴，有草可炊，便爲至寶。

二十九日，午行，次善岱，沿河下營。濯足柳陰下。偶思《陰符經》云：「芳餌之下，必有懸魚。」因索餌釣之，竟得細鱗巨口者數尾，形類松江之鱸。少頃，饔宰斫膾以進，味甚美，塞外異品也。

八月初一日，約行五十里，次毛代。

初二日，巳刻起營。【略】未刻次哈喇烏蘇，營過河邊，水清魚躍，開襟對之，亦自悠然。晚大風雨。

初三日，蚤晴，午風雨。冒之而行，抵鄂爾格孫，營未定，立馬以待。忽然氣逆，恍如游絲飛繞，不能自主。至更餘小愈，聞有爲余驚惶者，因自涔涔淚下。

初四日，大西南風甚寒，茶水成冰。扶病而行，沿黄河而西。約數里稍憩，斫青草煨濁水，胸腹有微暖意。未刻抵箔頭，進飯少許。

初五日，晴和。未刻抵坤都倫，安營甫畢，遥見一獸自北而南，疾行如飛，風沙草石隨之而起。軍中戒嚴，鄉導曰：「此獸名秃墨忒，猶華言狜狜也。見則多風，械不能近。第食獸，不食人。」酉刻起風，氈圍幾倒，五更始息。

初六日，晴熱。未刻抵坤都倫北口，臨河下營。

初七日，蚤行，午抵台音布喇，約行七十里。踞營高阜，可俯視一切。下營畢，第見煙火萬家，如雲海蜃氣，亦大觀也。

初八日，西北風甚寒。巳刻起營，站丁婦女攜兒哺乳，坐卧道旁不進，知前途及吴蘭呼土正站俱缺水草，並兼路遠，於此暫憩。酉刻始抵佘泰，鄉導雖曰八十里，實有倍焉。幸得水草，不至困乏。

初九日，蒼巖公命沈邱大兄同家人牛星燦等回京，附以家信，與我兒書中只平安二字。

初十日，約行二十里，至吴蘭白善。未刻至蘇巴爾汗，地有泉，澄碧月光，映照萬里長空，一聲長嘯，四壘皆應。

十一日，至土爾漢，營前坐月。

十二日，未刻抵第十臺之莫敦鄂波，約行六十里。

十三日，霜甚濃。辰刻起行，未刻至布爾汗兔，即十一臺地，亦有六十里。皆在山路中行，幸不崎嶇。

十四日，晴和。次吴克勒駐營，看從人打野鴨，聊爲遣興。晚坐帳中，萬籟無聲，第見涼波萬里。

十五日，嶙峋石畔魚貫而行，未刻次扎喀哈沙兔，約計六十里。地有井，不足濟，衆站丁復前移十五里就汲。有歸化城帶來瓜餅，月下啖之，以應佳節。

十六日，大西北風。前行數里，站丁牛録名博倍議，以木爾古策及哈喇烏蘇二臺站丁前途水草缺乏，應暫留此過寒發往，庶不誤差，大司馬允之。午後次哈喇挖羅海下營，亦計六十里。一路有野騾，散在荒坰，身極高大，奔騰縱逸，如兔脱不能追。

十七日，行三十里，至十二臺木爾古策站所，共議過郭畢之法。郭畢，即瀚海也。因前去四五臺站水不足，草全無耳。

十八日，風大，竟晝夜不息。暫駐一日，蒙古所謂因得蜜也。是日各站丁遞呈，稱力量困乏，牲口不足，不能前進，慰之而去。

十九日，西北風仍大，甚冷，冰凍。大司馬仰體上意，議幫賞站丁隨給牛羊各百餘，米二十石資其脚力，捐助馬九十匹。不足，復將銀六百餘兩交管站員外噶爾圖雇駝搬運。竟日料理，不得行。

二十日，冰凍。扎營舒白地方，離木爾古策僅三十里。無水，甚憂，掘土三尺許，竟得甘泉，一營足用。

二十一日，蚤涼，午暖。二更時有探事回，知前途有水草，可行。隨於次蚤起營。

二十二日，四鼓時，陪蒼巖公坐蒙古帳房，然野薪，相對向火。【略】辰刻始行，至吴業烏蘇下營，約過二十里。此地有山，徧山皆雲母，頗似螺甸嵌成。坐山坡，看扎營從人槍打鷙鳥一隻來獻，留其翮爲箭翎。晚仍擁鑪，至二鼓就寢。

二十三日，風沙撲面，所行地已臨瀚海，漸近低窪。自卯至午，約五十里，至那林海拉蘇太。有井，支博斯克小坐。博斯克，華言滿洲帳房也。然薪供午膳。又行二十餘里，至十三臺哈拉烏蘇。布營畢，理藩院郎中貴錫來請，令站丁明日過瀚海，大人統後因得牧馬一天。其地多山川柳，蒙古名爲蘇海，兼有章木，蒙古名查克木，成林蔭翳，樵采可用烘焙。

二十四日，晴暖。策馬看古城廢址及土墩臺，不能考其爲何時所築。【略】觀鄉導繪圖圖畢，爲注站道里數。忽患痢，腹痛不已。

二十五日，同人看哈拉烏蘇水源。水不甚潔，紅黑相雜，滷臭異常，不可飲。

二十六、二十七兩日，在氈帳中支坐看書。

二十八日，欲起營。聞站丁車輛猶滯瀚海邊，牛馬乏力，不克徑渡，因留不發。病痢小愈。

二十九日，策馬尋水源，行數里外，見水入地。行回，看書消遣。夜大風達旦。

九月初一日，西南風加厲不息。

初二日，轉北風，寒甚。五鼓拔營。先是，堆積薪櫝，以備然燎起行，盡爲灼熾，人得炎暖，抑且照耀同於皎日。行至瀚海，馬蹶沙没，幾二十里至滚何兔。有井，無草，難於牧馬。從人駝水前進，又約四十里，至博洛河朔，纔得有草，下營。蓋瀚海一片砂磧也，横亘幾萬里，莫可窮際。其徑過處寬狹不齊，少或一二百里，多至千里之外。沙中多石，石質亦不一，有美如水晶瑪瑙者，曾擇其一二攜歸，欲命工琢爲決拾，然即爲友取去。

初三以後數日，俱在瀚海中。途中見站丁牛馬倒斃甚多，徒步之苦，不忍於目。行七十里，至阿布爾呼第十四臺正站下營。有流泉，味苦鹹，飲之令人腹瀉。有薪，即查克木，爲炭甚堅，聞灰可以療胃病，蒙古人並以之催生。木末可飼馬，其質刀斧不能入，若以足蹴之即斷。天賦物性，人亦不解。站丁用以爨牧，實兩得其濟。

初四日，陰雲蔽天，巳刻有風。聞東土默特站丁前途擁擠，因止不進。

初五日，晴爽。遥望西山一帶，隱隱如茂林修竹。亭午氣始散，漸成童山。古所謂山市也者，其誠是乎？行三十餘里，至卓泥河土，下營歇。

初六日，蚤甚寒，午極熱。行五十餘里，至山丹，各戒飽餐。又行六十里，名託火，此十五臺站所也，下營時已昏黑矣。是日半山半沙，地皆不毛，牲口疲斃，站丁力不能支。始信流沙中行而不登鬼籙者，幸也，嘻吁乎危哉！

初七日，駝馬乏力，住瀚海沙磧中一日。

初八日，辰刻起行，又復見遠山上下爲城郭宫室，爲樓臺殿宇者凡幾，爲旌旗，爲刀劍，爲寸馬豆人，各相馳驟，又不知凡幾。瞬息間忽更爲樹林，爲駱駝牛馬，爲獅象虎豹，又爲中華人、塞外人，男女衣服各如其製，種種酷肖，不一而足。少焉，日威震熠，俱歸於子虚烏有之鄉矣。所見山市，是日更奇幻莫測。吾知局處一隅，人雖與言之，而亦不信也。夫山氣之幻，與海中蜃樓，同在天地大排場中，大約偶爾遣興，演出邯鄲一劇，第未識塵境茫茫，誰能提醒，肯度出趙州橋去也。未刻抵舒魯克十六臺站，所計行八十里。至此始過瀚海，入喀爾喀境。地多猞猁猻，蓄名舒魯，故地以舒魯名。山溝中井頗甘，第堪供炊。去四五里，道旁得濁井，飲馬獲濟。有紅草棵，尚不足以飽牧。

初九日，路徑高下不一，經過山梁峻嶒可畏，幸有軌轍可循。申刻次波爾精者爾格勒十七臺站所。進車營，割冷羊肉，就熱茶，亦覺甘美。是日計行一百二十里，下營時已在酉末矣。酌留人米，爲歸計。

初十日，留十七臺站所計十有四日。

二十四日，載水起行，天氣頗寒。至未刻行七十里，下營，已越過十八臺札克者爾格勒地界。

二十五日，風大不息，冷甚。行三十里，有井，啜常筆帖式茶。又三十里，至托裏十九臺站所下營。有輿夫孫乙病迷失道，不見三晝夜，忍凍餓匍匐而至，交十八臺養之。

二十六日，彤雲密布，北風催霰，午餘飛雪漫空，竟夕不止。

二十七日，雪阻不進，坐帳中，寒甚。命從者收括馬矢煨之，站丁猶在雪地朔風砭骨，無地覓薪，爲之加憫。

二十八日，晴。行七十里，抵波爾二十臺正站。因係鹵地，復移營山坡。

二十九、三十兩日，議站務未行。

十月初一日，議未定，復逗留四日，從噶驛道請也。

初三日，喀爾喀札薩克西里渣布來，餽土儀中有黄羊一羫，伊名者倫，味極肥美，體倍於常，性野，跳躍如飛。更有曰盤羊者，角長，環盤於首，乃羚羊之雄，彼名之曰叟爾弌。二者獵人都不易致。

初五日，大雪，東北一帶山成積玉，至晚方霽。

初六日，雪後泥濘，不易行，將管站員外噶爾圖雇到駱駝給散站丁男婦，俱乘，魚貫而進，上下咸慰。

初七日，殊冷。行七十里，止布喇漢。

初八日，行五十里，名叭爾薰下營。布、常二公來談，至更餘方散。

初九日，行十里，至那焉托羅海二十一臺站所。少憩，留人馬於此牧養，候濟歸程。又行六十里，至古寢住。

初十日，辰起行，酉刻次二十二臺多必車格站所，計九十里。二更飛雪，帳外瑟瑟如碎玉聲，獨卧聽之，不覺淚下。

十一日，雪堆萬里，因噶驛道未至，暫駐一日。

十二日至十四日，安頓站務，未行。

十五日，行五十里，至二十三臺哈布他爾哈站所。

十六日，馬上遥望見四山所積，何啻萬頃瓊瑶飄來玉屑，撲人面目，拂不能净。至中途結營雪地，馬嚼之而當飲，人埽之而成炊，一營得濟，萬口皆餐。

十七日，行五十里，至紅古爾厄龍站所下營。對面沙山長亘百里，高插霄漢，殘雪堆處，瘦露山骨，海天圖畫，極目大觀。

十八日，阿冷勒百，仍未行。蒙古謂天晴爲阿冷勒百。

十九日、二十日，猶留營議站事。

二十一日，自二十四臺起行，因前途廿五、六、七等臺原指地方又屬瀚海流沙，水草全無，難以安站，今繞道改移。行六十里，下旱營，惟有草可牧。

二十二日，五鼓起程，十五里至塔拉噶順，即新改之二十五臺地方。飯畢行六十里，未刻至虎嘶碧落。蕃名怪鳥爲虎嘶碧落，相傳當年此地有大鳥，見蕃部則啄，見中華人則飛鳴高舉不敢近，故地以是名。

二十三日，陰雲塞野，寒雪騰空。行四十里，至噶扎拉烏蘇下營，草堪牧馬，水亦宜人。交三鼓，趙員外、那筆帖式回，入帳冷甚，與之薑酒解寒，竟夜未寢。

二十四日，五鼓蒼巖公來傳，纔舉趾，忽迷暈倒地，半刻許得甦，冷汗如雨，重緜俱溼。時趙、那二人猶睡熟未醒。出帳至大營門口，又復暈倒，氣逆不能出言，想爲冷厥也。天明隨隊，扶病上馬，行五十里，未刻在山坡强飯半盂。又二十里，至二十六臺科什兔下營，晚積雪寸許。

二十五日，隱霧瀰濛，不辨路徑。留營，坐帳中撥煨火取暖，但聞風聲與駝鳴，聒耳而已。

二十六日，探路人未回，不起行。冷甚，覺燕臺臘月總無此祁寒。

二十七日，衝寒行，五十里次本博兔二十七臺站所。劉司官來，敘談二更方去。

二十八日，佟公從歸化城別後，復奉命回至本博兔臺站所。欽差理藩員外趙廉來，頒賞所安。二十七臺東土默特皮衣帳房等物，計帑二千有奇。大司馬仰體上意，願擔任補償歸庫，繕摺奏。停行一日。

二十九日，行三十里，至哈吞騷克丹之西北下營，煮雪爲炊，闗風而卧。

十一月初一日，晴。行六十里，至枯布爾二十八臺站所。噶驛道來論站務。

初二日，次二十九臺勒克河站所，計行五十里地。有水草，出帳遥望，不知所底，數百里外似有黑白之物，意揣必爲樹石。詢之喀爾喀人，彼以手指畫，云黑點處爲牛，白點處爲馬，能一一悉數不爽，目光之遠，無窒礙至此。

初三日，共商站務。至午刻起程，二十里次叟吉下營，水甚佳，草亦堪牧。

初四日，行五十里，至估打木泥廟泉水頭，離安站處尚有三十里。因冷甚，下營。目覩從人斷指裂膚，慘不勝狀。

初五日，行至三十臺正站外。地無有畜雞者，蒼巖公予以三雛，令彼孳生。一路山石盡如劍戟，人馬疲憊。又勉行三十里，至達賴拕羅，俱焚燎扎營，無一安閒之狀。

初六日，次布爾哈太三十一臺站所。員外色楞所領鄂爾多斯等部落站丁於此接候，隨查安放畢。其地水亦佳，惟草不及叟吉，爨薪並絶。所得馬矢又溼，幾無以禦寒。

初七日，行三十里，至木何羅布爾哈泰。午刻雪甚，遂留營。雪道中馬無牧草。

初八日，雪飛不已。巳正啓行，盤旋山峽幾二十里，仰見巉巖峭壁，揷玉鋪瓊，從者氈笠毳裳，駝騾載道，正使闗仝輩生，寫孟襄陽出闗諸景，恐亦不能盡此興會。是日次必爾格枯三十二臺站所，晚有霽色。

初九日，晴。行三十里，下旱營，馱水爲炊。交戌初發大風，達旦不息，寒氣侵人肌骨，都至皮裂血凍，余鼻亦爲之破。

初十日，風冷如昔。行三十里，至山丹站，所幸有水草。

十一日，冰雪載塗，馬首衝寒。行七十里，晚抵蒙古拕羅海第三十四臺。

十二日，冷更甚，唾涕纔出口，鼻即成冰。整頓站務，安營一日。

十三日，行見道旁穹廬集成，村落間有土房居住，至新設木城池郭俱備，亦可觀。未刻抵鄂爾拙兔郭兒地方，即今屯田處也，計行三十里。

十四日，一路氈廬土房，間雜雞犬，鳴吠相達。約十里下營，站務紛沓，應酬不暇。有藍賓仲名國庭者，屯田效力員也，來晤敘談，情相契合。是日薩郎中設饌，有茹蔬豆腐，頗類故鄉風味，巴公亦以白菜蘿蔔見餉。詢其所產，種爲内地攜去。薩郎中又遺黄羊一隻。

十五日，與議站務，藍賓仲復來作半日談。發家信，四鼓方寢。

十六日，賓仲來，結爲昆季之歡而別。

十七日，行十五里，至鄂爾布龍劄營住。

十八日，未刻抵噶里三十七臺站所，行三十里。從者獵得毚兔四五，大如鼠，頭似兔，尾則類鼠，細毛，黑白色，足有長短，跳躍甚捷。犬不能獲，唯網可得。或在地穴，人以手探之。云皮可爲裘，殊暖。

十七日，早發。因避石路，繞道而行，昏暮方到達賴拕羅三十八臺。

二十日，行六十里，至鄂爾拙兔布拉第三十九臺。散步砂磧，荒煙滿眼。

二十一日，禦風而行，泠然善也。馬上大笑，蒼巖公問笑因，予亦不解。六十里至布多羅哈那四十臺站所，酬應至三鼓歸帳。

二十二日，行者如入八陣圖，在百千萬亂石堆中覓路而走。酉刻方抵托羅克四十一臺站所，計行八十里。

二十三日，五鼓起行，未刻次插漢托合，原名鄂爾波爾井，第四十二臺也。是夜極寒，與蒼巖公向火達旦。

二十四日，冷甚，有大風。行五十里，次波羅前機，即四十三臺站所。三鼓就枕。

二十五日，越四十四臺呼羅木洗十五里下營，計行七十里。有草有雪，並有馬矢，衆心差安。

二十六日，高低上下，路極難行。七十里抵四十五臺七百綽克站所，馬已虺隤，僕夫況瘁，所以充腹者唯有酪漿焉耳。

二十七日，行數里餘，即上沙嶺。嶺頗危峻，而地屬陷沙，馬蹶費力。申刻始抵四十六臺坑革爾革站所，計行六十里。

二十八日，未刻抵插漢叟兒哈拉烏蘇四十七臺站所，約六十里。安設臺站至此止，此臺去傅將軍新城駐扎之毛代插漢叟兒地方僅二十里，來接者踵至。

二十九日，行至半途，傅將軍等來迎。隨大人等同進將軍署用飯，二更赴沈學士綽爾岱寓，學士爲將軍司印者也。話至四鼓留寢。忽得熱炕，如置身暖谷。

三十日，竟日酬應。蒼巖公形神俱憊，又議向傅將軍借帑一千二百兩，備蒙古氈帳，每站給發十頂，免其露處。再各扎薩克俱有臺吉等一路護送站丁，勞以茶布諸物，俱於是日料理咸畢。

十二月初一日，冷甚。傅將軍見余重裘猶有寒色，惠大羊皮襖一件。服之，果暖倍常，蓋大羊在羣牧中其體性特熱，不與羣羊爲伍，取之爲裘，雖狐貂不能及也。策馬從蒼巖公閱視傅將軍木城，其地係喀爾喀境，西北通澤旺阿喇布坦，中僅隔伊力河一道，重兵統鎮，西與玉關相連，真足以扼沙漠之險，而爲外護之金湯也。木城雄狀非常，所遷放置諸徒於此種地。地寒，不生禾稻，有大小麥、青稞等物，雞犬住房亦如内地。於四十六臺站所可直達叭哩坤富將軍駐兵處，皇上睿慮周密，制勝於萬里之外，要非眇小下士所能窺測於萬一也。閱畢回營，沈學士同員外保柱來送。

初二日，巳刻起程歸，行十五里歇宿。

初三日，巳正起行，沙陷難走，從者已成人臘。第觀其枯槁黧黑中，各有一種欣欣之色，大約事竣言旋，莫不俱有生入燕關之想也。宿四十六臺。

初四日，止四十五臺。與蒼巖公共話，三鼓就寢。

初五日，行三十五里，下旱營，就草故也。

初六日，至四十四臺。

初七日，大風。幸歸途背風而馳，較前衝風欲仆時真有天淵之隔。止四十三臺。

初八日，啜粥，學故鄉所謂臘八也者。行次四十二臺下營，檢點前所留寄疲馬，知爲狼啖其三。

初九日，晨發插漢托合，行六十里，至四十一臺。營畢，陡發大風，蒙古人謂之衣客薩爾溪，大地震撼，沙石飛揚，人馬衝之，無不立踣，氈廬布帳競相維挽，始得不偃。別紀所載沙漠大風謂之飆飄，殆其是歟？逾二時少息，微雪數點後，三星依然在天。

初十日，巖寒。申刻抵第四十臺。

十一日，雪花亂墜，至午方霽。行者手足俱已木强，轡策幾脱。是日歇三十九臺。

十二日，申刻次三十八臺。

十三日，路徑多歧，錯行迂道。約七十里暫駐，掃雪尋柴，炙羊以充枵腹。徧覓前站，更餘始得，知已斜過三十七臺之噶里十五里矣。

十四日，行二十里，至鄂爾抽免郭兒地方。

十五日，蒼巖公患咳嗽，腿足浮腫，不行，暫歇。

十六日，蒼巖公腫脹更甚，薩郎中接進士房養病。

十七日，晨起候蒼巖公，見病不減，加以氣喘，不能卧。

十八至二十六日，侍蒼巖公左右不少離，爲之延醫進藥，嗽得少減，第腫未退。恐衆心驚惶，因往各營，不時諭慰，飲食俱廢，曾不知二十六日已臘盡春回也。

二十七日，營中抱悶，身極困乏。

二十八日，余亦病矣。薩郎中招飲，勉赴，不能下咽。

二十九日，除夕。

庚子正月元旦，隨蒼巖公暨屯田大人能公泰等望闕叩賀。

初二、初三日，蒼巖公病未痊愈，商摺奏草。

初四日，蒼巖公拜發事竣，奏摺並請賜藥。發家信，差馬世德回京。

初五至初八日，蒼巖公病體少瘥，擇明日啓行。

初九日，發行。【略】午刻次哈拉烏蘇。

初十日，屯田各大人及藍、薩二公又來叙話，良久而別。抵蒙古托羅海正站下營。

十一日，得家信。行次山丹三十三臺站所，是日下雪。

十二日，陰冷，雪大。次三十二臺。

十三日，雪霽。至三十一臺。

十四日，晴日當空，冰霰四塞，寒氣甚於隆冬。晚歇三十臺佔打木泥廟。月明如晝，第有暈兩重，狀如綠環，目所僅見。咸謂月暈主風，竟無驗。

十五日，黎明月色朦朧，上下有光，狀如梭形，兩旁有耳。少頃日出，亦生兩耳，想因釀雪未消，寒氣上衝之故。未幾同雲四布，六出亂飛。巳刻起營，次叟吉，日已薄暮始飯。一路炭金薪桂，此地草植頗繁，且多章木，樵充庭燎，耀同白晝，暖意襲人。

十六日，蚤行，越過二十九臺站所二十里，就雪下營。

十七日，氣寒風冽。黎明起程，又越過二十八臺站所三十里，雪中安帳。寒甚，一夜無眠。

十八日，晴。蚤發，大西南風，積雪飛旋撲面，面幾爲破，馬亦卻步不前。蒙古人皆以舒爾罕爲懼，蓋即雪後發風也，强至二十七臺下營。

十九日，大風，轉南爲北，冷逾於昔。行五十里，下野營，因鄉導歧路，已錯過科什兔正站。賴有水草，不致張皇。

二十日，次噶扎拉烏蘇。

二十一日，【略】起行，至虎嘶碧落劄營。遣人往喀爾喀索鄉導，並雇駝馬，爲過郭畢計。鹿鹿竟日，二更方息。

二十二日，辰刻發程，未刻抵二十五臺正站歇。途見一夫倒卧荒郊，知係第三起發遣數内人，病棄於此。視之，尚有生氣，蒼巖公督令灌救得甦，即著站上撥什庫收養。

二十三日，中途放馬嚼雪，得少憩，煮杯茗共嘗。未刻宿二十四臺。

二十四日，經旬水草不足，俱用馬駝負，馬爲疲敝，留牧一日。

二十五日，途中有草，藉以供牧。計行五十里，下旱營。伐冰充給，漏長無寐。

二十六日，陰雲蔽空。行未幾，發大西北風，沙石飛走，人踣馬倒。歇二十三臺。

二十七日，天晴，風大。行三十里下營，就草牧馬，融冰覓梗，差獲鼓腹。

二十八日，行至第二十二臺。

二十九日，行五十里，至古寢地方。前有二井供汲，今已堅凝如鐵，幸馬上載冰，不誤炊煮。塞外凍井至春不解，其寒可見。

三十日，發古寢，次二十一臺。前此留牧馬匹幸已膘長力足，瀚海可過，且有羊可買。一路每人止得薄粥二次，今得飽肥羊，又無虞乎絶粒矣。

二月初一日，雇駝人未到，留頓一日。

初二日，起營，六十里至布拉漢地方，就井下營。牧草不乏，惟爨薪以小棵，和馬矢兼用耳。

初三日，留歇二十臺站所，放馬牧草，消遣縱觀。

初四日，行至十九臺。

初五日，發托裏，行五十里下旱營。春日漸長，驅策亦迅，豈歸心如箭，馬亦如飛耶？

初六日，至十八臺，樵得查克木，如困堆垛。春寒未減，夜深命然，燭照四望，光燄萬丈，胸目於此一曠。

初七日，大西南風，塵沙撲面。晚歇十七臺。

初八日，蚤發，抵舒魯克十六臺。井枯泉竭，至三更始得一飯。在瀚海邊，計算明日過郭畢事，一夜無眠。

初九日，身在瀚海中，風吹馬尾，沙湧駝蹶，摇摇然如張片帆，不能自主。未刻抵十五臺。

初十日，辰刻啓行，沙陷難走，駝馬欲倒。從人舍騎而徒，拔足良苦，拄策勉行，人盡鳩鵠。酉刻始抵十四臺阿布爾呼站所。

十一日，歇博落河朔。

十二日，抵哈拉烏蘇十三臺站所，已過瀚海，出喀爾喀界，又入吴拉忒境。爲水濁難飲，轉復尋覓不得，致誤午餐。常筆帖式送燒羊肉，啖之甚甘。詢知前途乏水，因商繞道而行。

十三日，大東南風，吹面不寒，不禁色喜。行五十里，至他其兔地方，就泉下營。

十四日，行八十里，酉刻始抵十二臺正站。兩日繞道迂途，崎嶇路徑，不特馬駝勞頓，人亦枵腹難忍。兼余病後，乃至二更方飯。

十五日，吹大西北風，喜不甚寒，惟塵土漫空，目幾爲眯耳。行六十里，下旱營，無水草，爲之悶絶。

十六日，蚤行，至十一臺站所。噶驛道來請蒼巖公安，余代往答。

十七日，噶驛道來送，同行十里，午刻抵第十臺。

十八日，晴暖，地漸近南，氣候亦正。途中得烹茶二次，煩渴爲解。至九臺站所歇。

十九日，行六十里，至佘泰，乏水。又十里至布坦何度，就井劄營，無牧草。

二十日，晴暖。四更時馬世德同本部撥什庫到營，蒼巖公得奉温旨，復有御醫馳驛前來，並賜御藥，隨行者莫不欣喜。接家信，知各無恙，余懷更慰。行至臺音布喇，已過第八臺吴闌呼土界，太醫茹璜先在營中。是晚商論藥劑，至二更宿。

二十一日，蚤風冷，午晴熱，酉刻小雨成雪，積三寸許。行五十里，在哈達馬兒北口下營。代草謝恩摺奏稿，並寫家音。

二十二日，雪霽，頗冷。行五十里，至第六臺坤都倫下營，又越第七臺哈沙兔界。坤都倫西南五十里爲黄河徑渡處，係鄂爾多斯地境，即河套也。余在初十於十四臺所體爲不安，至此心猶怦怦不已。一路惟食粥，得京師攜來蒸蔬，覺清美異常。

二十三日，霏雨，後大雪。行抵箔頭，就水下營。蒼巖公飲茶稍過，復患水瀉。

二十四日，行四十里，抵第五臺站所，名薩爾沁，少息。又行十里，仍在鄂爾格孫下營。

二十五日，至哈喇烏蘇劄營，在河邊舊地。地臨河套，取水甚易。途中已見土房村落，雞犬閒閒，係歸化城所轄之土默特。雖屬蒙古，而氣象大殊。且聞鳥啼山樹，並非聒聒鴉聲，故鄉風景已在心目間矣。此由正站，不經大青山及青冢所在，前至新店，方從故道。

二十六日，大東南風。辰刻起行，五十里次第四臺毛代多渾下營。大雨變雪。常驛道送鮮魚來，久不嘗此，見之未免有蒓鱸之感。

二十七日，蚤黑雲蔽天，雪花猶舞。蒼巖公即速常公與太醫食鮮魚，味良美。辰正起行，五十里至桑蓋下營。往晤常驛道，共話站務。

二十八日，天晴。行次梅勒克，計約五十里。以井水充盈，駐營。草不足，令放野牧。京中牛星燦來，得家信。是日已過第三臺得古爾格界。

二十九日，行四十里，過阿牛海。又十里，至厄爾吉格兔下營。

三十日，行三十里，至二十家第二臺站所。出塞經年，於是日始捲氈幕，得棲屋宇。晚復氣逆，蚤睡。

三月初一日，病小愈，乘車行二十里，就村店用飯，有左衛族孫來。又行數里，大司馬幕友姜艮庵自浙至陝，自陝返京，又從京來此，下車把臂，各道契闊。同行六十里，歇新店旅舍。

初二日，蚤雪，踰午止。未刻至殺虎口第一臺站所，不禁慨然，可謂生入玉門關矣。進口，過驛道常公署，復行入右衛城，住接引寺僧舍。

初三日，晨起出右衛，六十里至桁陽堡。一路垂楊新陰，緑雲滿地，塞外悲涼景況一筆埽抹。又行十五里，至左衛，早歇。

初四日，辰發，至高山計六十里。午飯畢，又行三十里，抵雲岡寺僧舍，屈指過此已十有餘月。

初五日，行三十里，至大同府。前來日爲端午，今返，正值清明時也。長途芳草，撲面柳風，轆莎緩轡，何快如之！又六十里，次聚樂，因余病，蚤歇。

初六日，行六十里，至陽和城。家人馬世德至，得家信。

初七日，行至天鎮城宿。

初八日，發天鎮，過懷安，次北九昌，行九十里。

初九日，至宣化，同宿公館。一路河溝泥滑，行不得也。

初十日，蚤發宣化，至雞鳴驛用午飯。又二十里至保安公館，事繁不及進。

十一日，王家妹丈具饌同飯，行至懷來別。中途沈邱大兄來迎，聯轡而談，至岔道歇。

十二日，行至居庸關。李家四甥同我傳兒來迎，一齋諸弟亦到。萬里征人，重逢骨肉，喜曷有極！歇昌平公館。

十三日，蚤行，至清河僧舍飯畢。蒼巖公體未全復，余與艮庵、一齋陪至暢春苑，候明晨復命。

汪灝《隨鑾紀恩》 康熙四十二年夏五月，皇上避暑於塞外，兼行秋獮之典，皇太子、直郡王暨諸皇子、皇孫皆從，公侯而下，期門羽林之士，翼翠華而趨者，悉按舊規，各供乃職。庶吉士臣汪灝偕臣查昇等特奉旨隨行。

五月二十五日，黎明，值微雨後涼風襲襟，月鉤挂樹，乘輿發暢春園。十二里清河橋，十二里何家堰，五里沙河城。又名翠華城，明成祖創建，中間爲洪水所齧，世宗朝更築行宫於城，費至數百萬。今臺榭傾圮，久爲狐兔荆棘之叢。十里鄭家莊，渡河，入昌平州界。又十里抵湯山，駐蹕焉。山有二，大小别其名。在昌平東三十里。

五月二十六日，晨起，陰雲四布，天欲雨。上恐扈從者泥濘，命仍駐蹕。午刻開霽。

五月二十七日，駕發小湯山。從東北行，三里西流，九里聶山營，二里蓮莊，俱順義縣境。古狐奴縣西地。田禾繡錯，平削如掌，太行山從河内來，横走數千里，遥拱京師，至是直行。山麓雨勢迷濛，雲氣靉靆，半壓翠峰，火輪避舍，涼飔媚人，最宜馳騁。五里白狼河，八里范家莊，懷柔縣西境。二十里橋子村。登小岡，望見縣城。五里渡河，至懷柔縣。依山爲固，即唐時檀州也。時微雨霑衣，城湫隘，不足駐，遂冒雨行。四十里過紅螺山，爲密雲縣城。【略】行宫在北門外。中夜大雨如注，水漲衝行幕，駐蹕不行。

五月二十九日，晴，以道阻泥淖，仍駐蹕。

五月三十日，駕發密雲。東北八里冶山，浮圖直插雲表。二十里穆家圩，五里張家莊，三里沈莊，十里超渡莊，十里陳家莊，十里石匣城。自超渡東北行，平原深隰中乍昇乍降，新溜漫流，隨地飲馬。石匣舊爲驛。《長安客話》：洪武中建，土城，嘉靖中增築石城。勝朝常宿重兵，以防不虞，今則雉堞半摧，樵牧嬉遊，無非太平景象矣。十里大駕洫止腰亭鋪。

六月初一日，駕發腰亭鋪。十里新開嶺，十里老王店，即《金史·五行志》所稱天王谷也。自腰亭以往，山勢益深，潮河川穿塞而來，左之右之，流不一派。【略】由老王店十里潮河關，有城。又十里，駐於柳林總兵官衙署。柳林距古北口不數里，潮河鎖抱，喬木陰濃，雖未出口，已覺暑氣頓消。

六月初二日，駐蹕柳林。巳刻大雨，午後晴。

六月初三日，駐蹕柳林。

六月初四日，駕發柳林，幸兩間房。三里古北口關，關築於兩山合抱處，重門深邃，潮河急湍，横鎖關前。出口後層崖夾峙，一綫中穿，河聲洶洶，雷轟電激，十餘里山勢全合。跨山過嶺，如下峻坂。【略】二十里抵兩間房行宫，此爲塞外避暑第一處。【略】東宫行幄在宫西，入直之地在宫東南隅。

六月初五日，雨，駐蹕。

六月初六日，晴，仍駐蹕。

六月初九日，駕發兩間房，赴鞍子嶺宫。漏四下，馬首殘星，隨風欲落，回首萬帳燈火，熒熒類長蛇陣勢。涼飆侵袂，挾纊猶寒，彷彿大江以南十月氣候。山勢較前更峭，繞數十武即作一合抱，形柳柳州宗元《山水記》云「舟行若窮，忽又無際」足以相況。人行崖間，馬隨山轉，一轉一變，無不奇妙。【略】大率潮河自沙漠穿入塞垣，一路行峽中，蜿蜒無定。古人云「三折成巴字」，非此無以肖之。二十里度新開嶺，又名青石梁，峻嶺嶙峋，丹梯百級，置身煙霄，俯視無極。下嶺至馬圈，地復平敞，而處勢過高。【略】去馬圈三里許又度一嶺，名黄泥坂，詭石怪木，奇卉美箭，陰森雜沓，一望浩浩，直至小答兒口外，茅舍落落，至是衡宇相望，雞犬相聞。數日經行，朴樕亦供樵蘇，至是喬松合抱，老幹槎枒。先是，潮河川寥闊瀠灣，將抵青石梁，忽迷不可尋，至是巨浸復來，乃知濫觴處遠甚也。又十餘里至鞍子嶺，日尚未午，行宫在望，是避暑第二處矣，直廬在其左翼。

六月十一日，赴皇太子幄。

六月十三日，【略】曉雨達旦。

六月十五日，夜月如晝。

六月十六日，駕發鞍子嶺，幸化魚溝。十三里三道梁，十里靳家溝，十里黄甲營，三十里至化魚溝，亦曰樺榆溝，駐蹕爲第三處避暑之行宫。是日計程六十里，天未曙即發。前二十里山勢嶔崎，嶺頭石峰，若衣冠簪笏，人高低拱立。雨過嵐生，轉瞬匿去，嶺外諸峰又若束髻老人，行於牆外，而雲氣變化已稱奇絶。後三十里如屏如鏡，山骨全露，如屏者長而横列，約半里許，乾净可書大字，恨不勒遊紀於其間。如鏡者從蒙茸叢莽中恍然利劍割出，可以鑑人。又有巨巖遮路，澄潭碧水，半浸其根，苔蘚浮動，清瑩秀徹，若盤中水石然。長河滔滔，皆東向，隨馬蹏前奔。識者曰：支流之出灤河者也。【略】直廬在行宫宫門内。

六月十七日，傍晚傳旨，明早翰林隨往釣魚臺。

六月十八日，急雨，驟晴。上幸釣魚臺，翰林六臣皆從。漏四下，即輿步於月中。天明由化魚溝南行，稻粱盈野，羣山呈秀。繞山麓約七八里，陡聞水聲與樹聲、風聲相雜。中使引諸臣穿林出，溪流湛然，直至行殿。

六月二十日，薄暮，上幸東宫行幄。

六月二十一日，大雨徹夜。

六月二十二日，辰刻雨止。【略】是夕雨，復達曉。連日暴雨，河水泛溢。

六月二十三日，起營。曉餐後，上率太子臨河干，看水勢，遣人修葺橋梁。是夜復雨。

六月二十四日，上傳明日早幸喀喇河屯。蒙古以黑色爲喀喇，以城爲河，屯蓋言黑城云爾。

六月二十五日，駕發化魚溝，幸喀喇河屯。土人言：途有三溯灤河而西，不過二十里而近。緣雨積泥濘，不可往，必從舊徑返黄甲莊，又三十里乃抵其地。淩晨雨大作，【略】皇上第四處避暑行宫也，地勢較化魚溝更寬。【略】直廬在行宫朵殿之東。

六月二十七日辰刻，上幸穹覽寺。

六月二十八日，聞裕親王疾篤，親迴往視。辰刻，上輕裝減從，率皇太子回都。奉旨：翰林官留此地校書。已刻移書籍至東宫行殿後，自二十九日以後，皆直廬供事。

七月初四日，有内侍自都來，知上於初一日辰刻抵京。

七月初六日，駕即發京師。

七月初八日辰刻，中使自口内來，知駕昨宿密雲縣，今夕宿柳林。

七月初九日，駕至自柳林。

七月十五日，大雨，少頃開霽。聞旨，於來早移駐熱河之上。

七月十六日，駕發喀喇河屯，幸熱河上營。自前月二十五日抵此，已經二十餘日矣。曉霧彌空，渡灤而北，積雨餘漲，波濤洶湧。先期造橋，約長數十丈，塞外河流此爲最巨。過河正東行，俛入緑縟，幽陰蒼蔚，步武錯迕，不知所出。行十餘里，霧忽薄，兩巨石屾立高山之巔，豐上鋭下。其一石連透三罅，上如目，中如星，下如圭竇。一石稍瘦，削若老人旁立。石上又冠以小石峰，飄飄欲動，横穿罅中，不異玲瓏浮圖。時駕已前往，留中使指示曰：「此雙塔峰也。」大道繞雙塔峰三面行，從馬上東向則見其面，轉北見其肩，折而南，回首猶見其背。方共歎其奇，而霧倏復罩之，豈海上神山，不可得而近玩邪？又數里，一石横卧山首，無名可考，因以象山名之。十里登熱河嶺，遥見山峰重沓，如帶如城，引領來朝，雲排星拱。又十餘里，千峰如削，一石如琵琶，倒插山尖，一方石，如盆盛之，土人呼爲棒槌山。爲易其名曰琵琶峰。其地行宫爲塞外避暑之第五處也。

七月十七日，午膳後，上幸熱河釣魚臺垂釣。熱河距上營數里，源有二：一從正北來，有湯泉甚熱，蒙古呼爲黑茅溝。一從東北來，湯泉稍熱，蒙古呼爲賽音溝，亦名頭溝。【略】兩溝合流，是爲熱河。熱河之下流匯入灤河，旁皆有皇莊。【略】午刻，上回行宫。

七月十九日，上幸賽音溝湯泉，距行宫東約八九十里。

七月二十日，中使從行在來，知駕已抵湯泉坐湯。

七月二十三日，聞駕發湯泉，去行宫北門迎候。上從二十里外黄土坎登舟，泛熱河，順流而下，扈從十餘小舟尾焉。午刻入行宫。

七月二十四日，五更大雨。

七月二十五日，曉雨霽。辰刻，駕再幸熱河之南垂釣，得魚約七百餘尾。

七月二十七日，白露節，駕發上營，幸藍旗營，計程六十里。五鼓西進，十餘里登熱河嶺，見雙塔露尖於峰外。遂北行，雙崖峙處，茂樹叢石，空若洞谷。人馬行深樹緑陰中，泉聲潨然，流沫成輪。十餘里，山坳中有七層瓦塔，高不三丈，名曰單塔兒，遥遥與雙塔相對。問之居人，西北去興州百有四十里耳。又二十里抵一峻嶺，嶺路初開，纔容兩騎，羊腸曲折，不減滁州之磨盤山。下嶺出溝，十餘里鄉村婦孺，雞犬桑麻，疑是桃源。歎異之餘，已望見行宫，是爲塞外避暑之第六處也。

七月二十八日，藍旗營行宫前灤河環遶，上臨幸垂釣，隨幸紅旗營，去行宫約十里許。午刻回宫，傳諭云：明日當往波羅河屯。自此以北風氣漸涼，前至唐山當分營。爾等或留或隨，各聽便宜。

七月二十九日，駕發藍旗營，幸波羅河屯。起營北行，淩峭阻出幽鬱，寥廓悠長，峰頂石壁横連處類長城。日初昇，光芒先射，壁上其色爛然。二十里哈巴屯，落落十餘家。十五里冷水頭，地寬敞，村居數十户。以上初幸其地，飲水而甘，故名。是日辰刻寒如隆冬，人皆御裘，巳後稍暖，略如江南十月。飯後北發，山舒水緩，萬馬齊馳，徧地秋草生花，錦繡奪目，馬蹏俱從茵褥上行者。二十里度一嶺，甚長，有樹環焉，有泉懸焉，人跡罕稀，無從詰其名。二十里抵波羅河屯，一名皇姑莊，乃今上之姑太宗文皇帝公主下嫁巴陵，往來居停地也。四面山如列墉，中尖地平如削，蓊勃香氣，衝濤旋瀨。圍圓約數里，人家村舍，櫛比鱗集，煙火周密，而依山臨水，一望輪奂者，行宫也。【略】出塞以來，此爲避暑之第七處。

八月初一日，【略】上初欲來日幸唐山營，偶見陰雲四布，命留一日。五更大雨。

八月初二日，晚霽。

八月初三日，駕發波羅河屯，幸唐山營。黎明向東北行，見蒙古土城層層，知波羅河屯取名之義。十里阿南營子，五里過一嶺，不甚峻而峭厲。伊蘇必拉水從興安山下來，滔滔自北而南，直遶山足。又十里爲湯頭溝，溝最寬遠，一望無涯。【略】皇上垂釣河干。又十餘里，方入行宫，是爲塞外避暑之第八處。

八月初六日，駕發唐山營，幸汗鐵木耳打把漢，計程四十里。打把漢者，嶺也，自此北行爲蒙古界。【略】初離唐山營，山勢層層飛拔，若不著地，各呈靈異，以悦宸觀。田疇將盡處瓦屋茅房，無復稠密，輕霜初下，草色微變，淡黄濃緑，错雜成文。一路射干、桔梗諸花雖謝，而馬蘭、杜若燦如雲霞，葦花飄雪，浅深迴别，忽没馬蹏，忽侵馬首，皆有佳致。【略】中途賜饌而行。見道旁一峰，三髻撑天，奇態種種。山木紅黄，亦如仙女争鬭豔妝，德勒蘇草盈路叢生，其草上紅下緑，經霜彌勁。蒙古人俟其乾枯色純變白，乃採以獻。數里渡橋，駐蹕釣魚。臣灝等先行，又數里，雙壁陡起，天然門户。過一嶺，設幔城。上諭：「明日若從喀布其前行，須渡水數四。若取道嶺上，雖有澗水亂流，可渡也。」

八月初七日，由行宫七八里，渡汗鐵木耳嶺。嶺勢迂迴，槲葉楓林，掩映山徑。舊云江北無楓，不意塞外無異江南。又有多羅木，葉亦紅鮮。嶺邊草色紅黄相間，恍如古錦鋪地，分插琪草玉樹於上，株株成行，而隨步變色，非善手莫能繪也。【略】踰嶺下，河流前遶，微雨溟濛，山色金碧，忽變爲硃砂翡翠，更覺嫵媚。日色雨聲，兩兩交並，無異黄梅時節。所駐地名木鹿喀喇沁色勒，昨駐汗帖木耳嶺南，今駐嶺北，相距僅十里。是夕大雨。

八月初八日，晚晴。由南折而北發，山楓紅者漸多，平岡如案。騎行岡下，遥看岡外諸山，銀屏玉几，寶鼎秘瓷，恍若平置案上。雨霽微陰，日穿雲際，衆峰層疊，晴陰互换。十餘里，楓林中葉飛如雨，點人衣袂。【略】山迴壑轉，峭壁雕鎪，波流其下，瀦而爲潭。用幔城環之，皇上垂釣。午膳後前發，山更奇特，不可名言。遂於直廬供事，其地蒙古名曰木鹿喀爾沁。

八月初九日，天陰。漏五下，駕發木鹿喀爾沁。依山東行，山色絢爛，與昨不甚相遠，而霜葉鮮明，雙崖雪秀，空曠處可屯百萬營壘。行十餘里，豹尾屯於谷口，露坐平岡候駕。風雨忽來，山林變色。【略】是日移營不過六十里，其名爲擺波喀昂阿。昂阿，譯云「口子」。

八月初十日，晴，霜花如雪，水始冰。駕發擺波喀口子，西行。【略】山勢變幻，近處皆平原，而巒嶂峭拔，多出平原之外。雖經霜，秋花撩人，紫翠之色益復嬌豔。大路平衍，爲科爾沁、巴林、烏珠穆秦、翁牛特諸部入貢之孔道。平原盡處亂峰雜沓，一徑如綫，飛泉皆伏流其下，有如沇濟。過嶺微雪，雪止，急雨驟至，已而放晴。約三十里駐焉。上已到前山帳殿，其地名巴隴桑思太。山上有大泊如湖，人登其嶺，則雷雨立至，識者謂蛟龍潛伏其間。

八月十一日，晴。未五鼓，上先向附近山中行獵，行宫仍駐巴隴桑思太。

八月十二日，晴。漏五下，駕發巴隴桑思太，赴山中行圍。

八月十三日，辰刻隨駕發額勒蘇臺，東南行。山徑嶔崎，古松奇矯，若羣龍之浴於海。約行二十里，抵烏闌哈大。烏闌，譯言紅；哈大，譯云山崖也。峭壁逼天，孤懸萬仞，頂一小峰，中空若月，附近諸山獻巧呈奇，爲高峰之護衛。水濊濊流峰前，上釣於河。時四山黄葉鮮明，淺深如染，山骨逾爽，若合黄大癡、藍田叔筆意而變化之。依山古松較前益勝，老木大者干霄，小者尋丈，一樹一奇，無有肯雷同者。

八月十四日，秋分節，駐蹕。午刻急雨。

八月十五日，晴。駕發參即圖火羅，臣灝等西行，約六七里即駐。【略】久之乃先入直廬，其地爲覺火羅昂阿，路形肖十字，往南往北此爲分途。

八月十六日，晴。駕發覺火羅昂阿，率太子分途行獵。臣灝等北發。是日晴光和暖，風不侵面，沿途益平曠空闊，草間野薔薇染霜更赤，散生白草間，如落花點紈綺，叢生一片，則如蓮衣滿沼，如杜鵑連山。行二十里，漫山樹葉，一色數變，勝於春花。又十里，平野既盡，忽入深林。跨曲徑，黄葉飄金，飛流屈曲，潺湲聒耳，悠然心遠，不復知爲萬騎羣中。已而奇樹丹赭，峭壁天接，依山石峰五，離立山前，其匡廬五老邪？其瓊州五指邪？石峰之背，奇樹高插，擁以旌旄。由五峰而東，怪峰特立，如巨靈者二，若拱若揖，不欲讓奇於五峰也。少頃，候駕入。

八月十七日，幔城駐撒勒巴爾吉。上五鼓入山行圍。【略】是日熱如新夏。

八月十八日，東至達因昂阿先立御營，命虎賁導臣灝等於異赤阿巴之地觀園。

八月十九日，晴，熱甚。駕發達因昂阿，率太子五鼓入山。臣灝等從東南行，兩崖山木黄紅不減，而草漸逐凋枯。或行勁草雜花中，縱轡逐一片黄雲，或行蘆花荻塢中，揮鞭泛千重白浪，皆有奇致。約二十餘里，至前生即吐溝。遠見石峰之巔石橋横跨，恍忽天台石梁。山崖連轉，地多卑溼，草鋪水上，馬蹄踏處與波上下，艱於步者。數里馳騁山坂者，又數里乃到石梁峰下，遂設行幄候駕，其地上舊賜名玲瓏山云。夜雨。

八月二十日，曉晴。駕發玲瓏山，率皇太子校獵。臣灝等隨羽林西行，平疇空闊，樹木稀少。約二十緣崖而上，恍如仙子行金雲中，人馬俱作黄色，雖鄧尉之梅花、富陽之楓葉，不能與之伯仲。十餘里乃抵平地，溪澗中石生五色，有深碧若石綠者，采之欲以爲硯。東有古廟，廟有石塔，其字蹟皆滅没，相傳爲元時造，而旁無居民，無可窮詰。其地名阿擺那音疏嗎爾罕，俗云半截塔也。是日熱甚於前，日中急雨。

八月二十一日，晴陰。駕發半截塔。西北行三里餘，黄葉半林，雙流匯合，渡水者四五次，蓋塞外河流悉皆附山脚行，到處不絶。十餘里，沿河小樹叢生成林，與黄河新種楊枝無異。三十二里至土城，上先張幔於河干釣魚。午後回幔，傳諭：明日住一日，後日分營前往興安嶺。

八月二十二日，晴。五鼓皇太子分營行圍，北往。上仍駐蹕土城，早膳後入附近山中行圍。午後雨大作，風寒欲雪。漏初下駕回。

八月二十三日，再駐蹕。大風作凍，始御重裘。

八月二十四日，晴，凍稍解。仍駐蹕，駕仍往附近山中行圍。

八月二十五日，晴。五鼓駕發土城，入山行圍。臣灝等從豹尾東行十五里，至依馬圖噶海交界之口駐營。連日大風，黄葉盡脱，邊草皆枯。

八月二十六日，晴暖甚。是日分營東行，先赴唐山營。五鼓駕發，依馬圖噶海交界行圍，向興安。臣灝等隨豹尾東行，十里許渡水，折而北行，兩山夾峽中數歷深林，清流激湍，迎馬而來。草中鵪鶉雞成羣，衝騎飛出，麅麅出没叢莽間，射生好手隨路可得。山崖峭壁，古松蟠石，經霜彌翠。松生石罅，矗幹如杉，石壁突出，如熊羆猨猱下奔而飲於溪澗。深林葉脱處時有紅黄數株，鮮明新豔，草花落盡，仍有紫花數朵，及黄色虞美人，清香沁鼻。約六十里，遥見松間白道如懸絚，即興安打把罕矣。興安者，沙也，所謂沙嶺即其地。穿松而登，約十里直至層巔。立馬一望，天開地坼，千峰萬峰俱在足下。一綫東走，浩浩蕩蕩者，其長白之眉邪？遠望西聯如垤如島者，其清涼之脊邪？蒼茫莫辨，北睇而不可窮詰者，其沙漠邪？瀚海邪？西北一高處積雪常留，曰白坌也。沿嶺麓皆落葉松，松葉短而勁，經霜皆萎，以陰山皆大氣高寒，無不凋之木耳。有未落者，翠黛參天，爲千松，枝横生如盤，一樹十數層，近地一層枝最長，至巔漸小，有如浮圖，約數十株，不知其淩冬又復何狀。數里抵幔城，於西南山崖間候駕。

八月二十七日，幔城仍駐興安嶺上。【略】是日風雨大作。【略】上傳諭：明日下嶺，由歸路行。

八月二十八日，晴。五鼓駕發興安嶺，率皇太子踰嶺行圍。臣灝等從豹尾踰嶺北行，西風大作，寒甚於冬。十里過一澗，乃沿嶺脊而東，白草連雲，空曠無山，天與地接，草生積水，人馬時時行草澤中，不復知爲峻嶺之巔。落葉松萬株成林，望之僅如一綫遊騎蟻行，寸人豆馬，不足擬之。天風凛冽，吹馬欲倒，盈耳皆海濤聲。窮日東行，道里不知幾許。日將晡，乃折而南，漸見山尖林木在深林中。下馬步行，穿徑崎嶇，久之乃抵嶺足，沿嶺樹多無名，果如櫻桃，蒙古所謂葛布里賴罕是也。下嶺後山溝深邃，寒風不到，漸覺陽和。幔城在伊遜必拉色勒。必拉，譯云「河」；色勒，譯云「源頭」。蓋伊遜之發源處也。河上一帶，石壁簪松冠柏，雖智者無所設施。

八月二十九日，晴。幔城駐伊遜河源，上率太子入山行圍。

八月三十日，曉晴，微寒。駕發伊遜河源，率東宫北行圍獵。臣灝等南行，山皆牆立，而石骨離奇，立者，跪者，背者，面者，皆插怪松，與名園廣囿中堆疊假石相肖。清流照徹，鏘金戛石，草枯處猶多紅果，天漸暄和。約行四十里，石壁嶙峋，直撐霄漢，馬行壁下，仰睇不測其巔。壁峭如磨崖方新，欲待雷篆。斷處層出，勢力相敵，雲隙松懸，恍有千塔相連之勢。徘徊久之，不解何處。俄焉折出，壁之背則五指高撑，即是月十六所駐撒勒巴爾吉地也。自二十七日由興安下嶺，已爲回鑾之途，至此乃抵舊路。又東行二十里，至代因打巴罕駐幔城焉，代因亦曰達因。

九月初一日，嚴霜下降，破曉甚寒。詰旦，駕發達因嶺口，入山行圍。臣灝等從羽林東南行，數里，沿途見蒙古氈帳連山，牛羊偏野。詢之，知皆遠道來朝者。【略】是夕地名伊蘇三汊口，伊蘇即便遜，在撒勒巴爾吉之南，相距不過數里。

九月初二日，駕發伊蘇三汊口，率皇太子東北山中行圍。臣灝等從豹尾行，途間草木多枯，與内地窮冬無異，惟德勒蘇草老而愈白。天氣熱甚。行三十餘里，度舒庫里打把罕，高陡里餘，人馬若緣梯而上。在在長松雜木，重疊成行，亦足娱目。度嶺里許，有小石山如帳房形，名曰格爾齊老。蓋格爾者，蒙古云「帳」；齊老者，石山也。有旨命駐於此。

九月初三日，駕發格爾齊老。臣灝等從豹尾東行，數里度一嶺，不知其名。登不甚峻，而下臨無地。又北行二十里，沿途雉鹿多從草叢中飛躍而出，行騎爭逐得之，洵爲秋田移營樂事。是日上駐蹕烏里雅斯泰。

九月初四日，曉陰。幔城駐烏里雅斯泰，皇上、皇太子入山行圍。【略】是夕三更大雨，天明乃止。

九月初六日，曉晴。駕發烏里雅斯泰，入近山行圍。皇太子召臣灝等六人隨行。【略】乃抵幔城，較孔道省二十里。其地即烏喇帶昂阿，去巴陵桑思太不遠。三更微雨。

九月初七日，陰。曉，皇上、皇太子發烏喇帶，分途入山行圍。臣灝等隨豹尾東北行。行二十四里，上預指一地駐焉，地名爲噶吟兔。譯云猪也，山石似之。少頃風雪降。【略】將晚風雪大盛，二更至曉，狂風暴作，帳房飄蕩，渾如身在驚濤中，竟夜不寐。

九月初八日，寒風徹骨。駕發噶吟兔，與東宫分途入山行圍。臣灝等從東行十餘里，四山雪積，滿目瓊瑶。山巔有石，類羅漢打坐，人馬俱從玉山上行。又十里，名西納那海打把漢，嶺不甚峻，雲留樹木，雪色掩映，如崑岡玉屏，遠近萬峰，圭璋羅列。下嶺，空闊處恍如銀海。又二十餘里，有石峰横列，棱棱骨露。中一峰端正聳立，而二峰旁列，如左輔然。其地爲克勒烏里牙思泰，譯言楊林子也。幔城依山駐焉。【略】是夕星月交輝，萬峰殘雪，行營人定，牧馬無聲，不知身在邊塞地也。

九月初九日，駕發克勒烏里牙思泰。【略】是日行四十里，越山嶺凡二，渡水數次。中一處怪石突怒，負土而出，争爲奇狀。輒多奇松，佐之摇颺葳蕤，遮留過客。

九月初十日，晴。賞賚從圍將士千人，歸喀喇沁、敖漢。皇上、皇太子南發，行營過汗帖木耳打巴漢。上嶺只里餘，而下嶺不啻倍蓰。一轉瞬間，風景暄和如春初，漸覺日色炙人。此嶺雖不及興安，而涼燠頓異，亦可謂陰陽割昏(晚)[曉]矣。馳馬六十里，上於中途垂釣後，行抵唐山營行宫。

九月十一日，辰刻上泛御舟，同皇太子從伊蘇河順流南下，往波羅河屯，於中途觀打魚。臣灝等隨豹尾陸行，先入直廬候駕。是日行六十餘里，天氣和暖，復見舊日山巒。

九月十二日，曉駕發波羅河屯。【略】駕行七十里，於途間射金錢豹一隻。臣灝等先至藍旗營直廬。

九月十三日，陰雨。【略】駕未發，雨甚，因駐蹕一日。午間大雪飄空。【略】晚雪止。

九月十四日，晴，雪後寒。上命羽林輜重陸路度嶺，計程六十里至喀喇河屯。駕發藍旗營，親率皇太子、十皇子、十四皇子共一舟，隨從五舟，順流而南。【略】臣灝等隨豹尾從山外行，渡河，去御舟不遠。馳行二十里間，又渡水四次，西刻方至。【略】是日積雪俱凍，萬木皆成璆琳。

九月十五日，雪融道滑，駐蹕喀喇河屯。

九月十六日，駕發喀喇河屯。踏殘雪行，三十里至黄中莊。又三十里，度鞍子嶺。

九月十七日，駕發鞍子嶺。十餘里度黄土坡，山勢崎嶇，頗艱泥濘。沿途烏沙爾器及酸奶子樹紅爛，數里不絶。又三里，過青石梁，登不過高，而陡下殊甚。山泉左右折，潺潺盈耳。憶六月度梁而北，方值炎熱，今則雪泥馬蹶，風裂輕裘矣。過青石梁約十里過三間房，人煙接壤，亦有僧舍。三間房者，緣其初名之耳。其地爲司馬臺所轄，司馬臺鎮守武弁營，去此尚三十里。自三間房又數里，抵兩間房行宫。是日天氣更暖，草木青翠。

九月十八日，陰晦欲雪。駕發兩間房，殘雪掩映，山果盈野。【略】三十里，遥見峰頂煙墩，知近古北口，前來時直出關口，度橋，繞潮河川平行，今則從新關路而入，俯視人馬，儼在深阱。古北口城踞山上，長城横亘，重重關鎖，人居櫛比。穿城出，由南天門行，亦非復來時總兵府舊路也。皇上從南天門登舟，臣灝等從陸，中途漸雪。又三十里，乃至腰亭行宫。甫入口，柳葉全青，松枝積翠，人煙接壤，幾疑臘後春回，不知其爲秋杪也。自是以後行宫中無直廬，皆集帳房。

九月十九日，晴。駕發腰亭，御舟順潮河川而南，臣灝等隨豹尾行。三十五里超渡莊，又羅家石橋，五里沈莊，過張大人墳。三里石嶺兒，望見峰頭古塔，沿途林木葱翠，無異初夏，天氣和煦，籬落雞豚，村莊接續，憶前來時正赤輪如火也。又三十里，抵密雲縣城。傍晚駕至城外行宫。

九月二十日，五鼓駕發密雲，從西南至湯山。臣灝等從東南行，二十里黄姑莊，又三里經懷柔所轄之羅山，二十七里牛欄山，三十里三甲店，順義縣界。三十里渡縣河宿，共行一百里。自五月以來每夕宿帳房，是夜重投逆旅。

九月二十一日，三更發縣河，踏月至東直門。是日抵寓。

九月二十二日，戒旦暢春園啓奏謝恩。是役也，隨鑾往返計一百一十有六日，經歷口内行宫三、口外行宫八，而移駐川原廣漠之區者不與焉。

高懋功《雲中紀程》卷上 歲在横艾執徐［康熙五十一年］，夏四月二十二日甲戌，爲大同之行。以同行諸子自郡城晚至，未及登程，遂宿郭外。

二十三日，於西門外乘贏輿行。三十五里至陳堡橋，又三十五里至六合之東門。

二十四日，行三十五里，至江家渡。過河，即滁河也，源出廬州，流至滁州，會請流水，經六合之瓜步，達於江。又十里過雷官集，入來安境。三十里至水口。

二十五日，行三十里，至滁州郭外之五穿橋。遥望瑯琊諸山，蒼翠可挹。【略】又三十里至關山，環滁皆山，此其一也。山口兩峰夾峙，高數百尋。【略】又二十五里，至大柳樹驛。

二十六日，行三十五里，至池河驛。驛北有池河，東流入淮。又二十五里至定遠之宗家鋪，以大風雨，遂宿此。

二十七日，以雨不止，仍宿宗家鋪。

二十八日，行二十里，過臨淮之紅心驛。又二十里至黄泥鋪，又四十里至臨淮縣。

二十九日，過浮橋，則淮以北矣。橋架舟爲之，河中有坊，曰「臨鳳分界」。三十里至三鋪，又三十里過鳳陽縣之王莊。【略】又三十里至靈璧之連城驛。

三十日，行三十里，過固鎮。又三十里至宿州之棠棣鋪，又三十里至花莊。

五月癸未朔，行五十里，至宿州北門外。【略】又二十里過浮橋，則符離集。《爾雅》：莞，符離也。地多此草，故名。又二十里至褚莊鋪。

初二日，行四十里，過閔子祠。【略】又十五里至桃山驛，謁岳忠武祠，讀石刻公所作《滿江紅》詞。【略】又五十里至徐州南郭外。

初三日，蚤微雨，於北郭外渡黄河。【略】五十里至柳泉，又三十里至利國驛。宋吴居厚置利國監鐵冶，引沂、泇二水通汶、泗，即此。經一橋，則入山東嶧縣境。嶧，春秋鄅子國。又十里至韓莊牐，渡運河。

初四日，行六十里，至滕縣之臨城驛，旅店並無粥飯，以湯餅充飢。又三十里過官橋，又二十五里至沙河店。

初五日，行十里，過滕縣。【略】又四十里至界河驛，過小橋，入鄒縣境。鄒古邾國，顓頊後所封。《六書故》曰：邾、鄒同聲，實一地也。又二十五里至二夏店，則嶧山之麓也。嶧山一名鄒嶧山，在鄒縣南二十里。

初六日，蚤微雨。行二十五里，過孟廟，未及展拜。又十五里過中山店，又三十里至兖州西關外。過石橋，橋名泗水，十八空，萬曆中魯藩之所締構也。其下泗水，從泗水縣來，九十里經此，流至濟寧。【略】又三十里至滋陽縣之高吴橋，高、吴二氏所造，故名。滋陽舊名「嵫陽」。

初七日，行五十里，過汶上縣。又十里渡汶水，汶水源發萊蕪，經此，用以濟漕運，民間不得引之溉田也。【略】又二十里至東平之沙河站。

初八日，行三十里，過東平州。【略】又十五里至王瓜園，過此入東阿境。東阿，先五世祖雲溪公以少尹攝令之治所也。又四十里至舊縣，東阿舊治於此。

初九日，行十里，過東阿縣。【略】又四十里至銅城驛，又三十里曰三十里鋪，則東昌之茌平界。東昌，春秋齊之聊攝地。又三十里至茌平之西關。

初十日，行三十五里，南爲茌平，北則高唐州境。【略】又十里曰綿駒故里，又二十五里至高唐州，又十里曰晉劉實故里，又十里曰古魚丘郡，又二十里至濟南府平原之要站，此地平原、恩縣、夏津、高唐四邑接壤。

十一日，行三十里，過恩縣，【略】三十里至苦水鋪，其地有諺云：「苦水鋪，神仙過，留筒布。」以土人素狡獪也。街東則恩縣轄，街西則德州。又四十里至德州郭外，過浮橋，橋下運河，衛水所經之地。衛河本衛漳。黄河諸水合流，自東昌府武城縣入州境，北經河間府入海。又二十里至劉智廟，山東之路止於此。出旅店北行，則北直河間之景州，往京師大道。

十二日，西行五十里，至景州之隆化鎮。州境有董家里，漢江都相董仲舒下帷之所也。又六十里至真定衡水縣之西關，漳水會衡水，經流於此，故縣以衡水名。

十三日，行四十里，至深州之磨頭集。州境危渡口，漢光武渡滹沱河未畢而冰解之處也。蕪蔞、麥飯二亭俱在河濱。又三十里經保定之束鹿縣，又二十里至新集。

十四日，行四十里，至晉州，又二十里過稿城之兩河集。晉州、稿城，皆滹沱水所經之道也。又三十里至無極縣之郭莊鎮。

十五日，四十里至新樂縣之馬頭鋪。【略】又四十里至行唐縣西郭外，以旅店湫隘，借宿於文殊庵。箕山在縣境，相傳許由隱此，上有棄瓢巖、洗耳溪、巢由問答碑。自是城郭村落俱無茅屋，屋頂塗以泥，履之者如平地。

十六日，四十里至上羊家莊。又三十里過曲陽之赤岸村，望見恒山若在眉睫間，是爲望祀北岳之所。【略】又十里至阜平之王槐鋪，阜平無城郭，縣尹寄治於此。土人云：阜平久歸並於行唐，今復設者三十年。王槐，俗訛爲「王快」。

十七日，行五十里，至阜平廢縣。城郭圮已久，居民數十家耳。飯後涉水數處，行山中，草樹叢雜，亂石崚嶒，上下山坂有數尺者，有數丈者，路嶔崎陡險，縣厓仄徑。厓側絶澗，深不可測，怒湍激石，聲礴礴砰砰，若晴雷之起於足下。兩目所攝，方有戒心，甫上嶺而輿覆矣。幸在砂礫之上，若稍移數武，則怪石累累於前後，輿中人恐不能無傷也。又三十里至鞍子嶺之不老樹，地名。借宿於普濟庵。

十八日，行四十里，出龍泉關。關設於正統二年，隸曲陽縣，在真定之西，與紫荆、倒馬爲聲援，五臺、繁峙必由之路也。重山中立石嶄巖，委折陡峻，更甚於昨日。募四人舁轎，屈曲而上，輿夫數步一息，喘不自禁。下輿緩步行，出長城嶺又名十八盤嶺。二十里矣。【略】長城口外爲山西太原府之五臺縣境，縣以山得名，即漢之慮虒也。【略】五里至涌泉寺，稍憩。【略】又十里至射虎川之臺麓寺，殿宇巍峨，廊廡宏壯，金碧參差，殆與日光争炫。

十九日，行十五里，至金剛庫。又二十五里至萬緣庵，款留少頃。乘騎至臺懷鎮，道旁蠶豆始作花。登菩薩頂，五臺之支山也。【略】未申間返宿萬緣庵。芍藥尚含苞未放，住僧云小暑前後可開。是夜擁絮被。

二十日，天明風色涼勁，著重綿，山澗中結薄冰。【略】行二十里，至獅子嶺。望東臺，白光映日觸目。土人曰：此山中千年冰也。因言臺巔屋上横以木，以鐵絙繫瓦其上，然風起猶飄瓦墮地云。嶺路險仄，募夫四名舁轎。步下坂，十里至繁峙縣界之獅子窩。寺名净業道場，琉璃浮圖十三級，萬曆中敕建。【略】又十里至茶鋪，又三十里至巖頭村。自十五日過行唐，所歷皆層山複嶺，土人有鑿山爲穴，入居其中者。《詩》所謂「陶復陶穴」也。是日同行乘騎諸子走華嚴嶺，及應州。州以應名者，以龍首、雁門二山南北相應也。

二十一日，雨，行三十里，至代州之峨口。前是山徑崎嶇，步騎皆艱。出峨口，路始坦夷。【略】又三十里過滹沱河。【略】又十里至代州。

二十二日，行二十五里，至富家坪。路甚陡，募夫四名舁轎。又五里出雁門關，關在山巔，重門峭壁，依險而成，【略】又二十里至廣武城之南關，達沙沱之大道也。

二十三日，四十里至振武衛之老羊寨。【略】過寨即山陰縣境，山陰，秦爲雁門陰館縣地。遼曰河陰，以桑乾環其北也。金曰山陰，以縣在覆宿之陰也。又三十里，募夫十人，舁轎渡桑乾河。【略】又十里至岱岳村。

二十四日，四十里至尚希村，又四十里至懷仁縣之東關。

二十五日，行三十里，渡渾河。【略】至大同縣之綉女村。又四十里至大同府，進西門，入府署。

又卷下 九月十九日己亥，從大同府署返轡，七十里宿懷仁。

二十日，八十里宿岱岳村。

二十一日，八十里宿古雁門城。

二十二日，二十里入雁門關。山中積有堅冰，蓋重九後二日所雨雪也。

二十三日，四十里至崞縣。【略】又四十里至原平驛。

二十四日，四十里至忻口。【略】又四十里宿忻州之南門。

二十五日，五十里至陽曲之三和店。【略】又三十里宿黄土寨。

二十六日，四十里至新店，又二十里過太原府，循阜成、振武二門。

二十七日，五十里至徐溝縣之北門。【略】又四十里，宿祁縣之白圭鎮。

二十八日，五十里至盤陀鎮，又四十里，宿沁州之南關驛。【略】行竟日，兩山夾路，亂石歷落，涉水數十處，騎足惟踏石塊，谷碌有聲。質明登車，日暮宿旅館。十日已來，朝餐惟雞卵，或餺飥一二，至此始飯脱粟。

二十九日，四十里至武鄉之勳歡鋪。【略】又四十里，宿沁州之漳源鎮，土人謂之交口。仍行夾山中，石塊較少於昨日，然上坂下坡，頗竭馬力，涉水亦數十處。

三十日，四十五里至段柳，又四十五里，宿潞安府襄垣縣之虒亭鎮。

十月辛亥朔，渡漳河，六十里至屯留之余吾鎮。【略】又三十里，宿長子縣之鮑店。

初二日，五十里至堡頭鋪，又四十里，宿澤州高平縣之長平驛。

初三日，七十里至澤州之三家店。【略】又四十里，宿七嶺店。

初四日，山行六十里至河底。地名。始登太行山，石磴崎崟，輿馬頗艱於登降【略】十五里至山半，有文廟，顔曰「泮宫」。不百武有碑，曰「孔子回車之轍」。【略】又十五里，宿星軺驛，俗謂之攔車鎮，仍在山巔也。攔車鎮即古天井關。

初五日，山行三十里。赫曦初吐，零露未晞，遠近諸山羅列，黄河隱顯如帶，掩映於煙嵐雲樹之表，襟懷爲之灑然。以路愈陡峻，下輿徒行，十里至河南懷慶府河内縣之長平村。【略】又二十里則太行之麓，山環水繞，林木茂密，麥田菜圃，青翠可觀，不亞吾江鄉風景。是日宿辛店鎮。

初六日，四十五里至石㵎，又四十五里，宿武陟縣之木欒鎮。

初七日，五十里渡黄河，而南則開封府滎澤縣所轄。【略】又二十里，宿舊滎澤縣。

初八日，大風。行十餘里，入鄭州界。【略】又六十五里，宿中牟縣之萬勝鎮。

初九日，以雨不能行，仍宿萬勝旅店。

初十日，二十里，道旁有大禹行宫。又二十里至高坡，又三十里，宿祥符縣之西關，是爲汴梁。

十一日，行五里有禹王臺，又三十里至太平岡，過岡則陳留界。又二十里過陳留之南關。【略】又二十里，宿韓岡集。

十二日，三十五里至杞縣。【略】又六十里，宿歸德府睢州之鐵佛寺集。睢水在州北十里受汴，入泗。州東距黄河十八里。

十三日，三十五里至陽驛鋪，又二十里，循寧陵縣之西、北二門。北門隍橋上有木坊，曰「近接葵丘」。【略】晚宿東關旅店。

十四日，四十里至商丘之水池鋪。【略】又二十里過歸德府城之老南關，距府治三十里而遥。【略】又二十里，宿蔡家道口。

十五日，四十里至石留固鎮，又五十里，宿夏邑縣之會亭驛。此地三縣接壤，街西則商丘，街北夏邑，街南之東則永城。

十六日，六十三里至永城縣之南關。【略】又二十七里，宿義勇集，亦名胡家莊。

十七日，十五里過界首鋪，入東南宿州界，鳳陽府所轄。又四十里至五鋪，又五十五里，宿宿州之南關。是夜雨風。

十八日，大風，以道濘，僅行五十里。宿大店驛。

十九日，四十里至馬莊鋪，一名仁橋。又二十里至靈璧之固鎮驛，以橋爲水沖決，渡澮河。澮河來自河南永城，歷宿州及縣境，至五河縣西北入淮。又三十里,宿連城鋪。

二十日,三十里至鳳陽之王莊驛,又三十里,宿三鋪。

二十一日,至臨淮。【略】是日宿黄泥鋪。

二十二日,五十里至定遠之劉家鋪,又十五里至池河驛,宿旅店。風從隙入,雪逐床飛,竟夜擁衾危坐,不能成寢。

二十三日,至滁州之大柳驛,又二十里,宿朱龍橋。

二十四日,三十五里至滁州。時天初霽,山徑尚餘殘雪,日影斜透雲罅出,茂樹叢篁,蒼煙宿靄,景況殊佳。【略】晚宿水口。

二十五日,過江家渡,宿六合之東關。

二十六日,於陳堡橋午飯,始見故鄉風景。

洪亮吉《伊犂日記》 [嘉慶四年九月]二十九日,平明,兒子飴孫始具轎車一輛、大車一輛,略備衣履行費偕來。又派隨行三人:趙坤,同里人,隨余三年;唐福壽,貴州修文人,余視學時所雇車夫;趙立生,山東濟南人,亦相隨三年。

九月初一日,早自良鄉發。【略】遂隻身長行。是夕二鼓,宿涿州東關。

初二日,宿定興縣城外。

初三日,宿安肅縣城外。

初四日,未刻抵保定,稍補綴衣履。

初五日,行九十里,宿望都縣南關。小雨。

初六日,晴。行六十里,宿定州城外,日始中。

初七日,行五十里,宿新樂縣城外。

初八日,行九十里,宿正定府城内。

初九日,雨,未刻始晴。不及行。

初十日,巳刻渡滹沱河,行六十里,宿獲鹿縣城外。

十一日,行七十里,宿井陘縣城外泜水上。

十二日,行六十五里,宿樂平故縣柏井鎮。

十三日,行六十五里,宿平定州西關外。兩日中山道甚險,每日步行三十里,方得達。

十四日,行八十里,宿芹泉驛。

十五日,行八十里,宿西嶺鋪。

十六日,行七十里,宿榆次縣城外西關。

十七日,行七十里,至徐溝縣城外宿。【略】抵徐溝,日已將晡。

十八日,行六十里,宿祁縣城外。

十九日,陰。行五十里,宿平遥縣城外東關。

二十日,晴。行八十里,宿介休縣城内。

二十一日,行八十里,宿靈石縣水頭嶺。晚出步汾水上,行二里許。

二十二日,五鼓行二十里,下車步行,過韓侯嶺,凡二十里。又六十里,宿霍州城内。

二十三日,午刻行五十里,宿趙城縣南關。

二十四日,雨。行六十五里,宿臨汾縣東乾井鎮。

二十五日,陰。行二十五里,抵平陽府。【略】又雨,行四十里,宿趙曲鎮。

二十六日,五鼓行,八十里至曲沃。每過州縣必换文書,是以必詣治所,非驛路也。下皆同。又三十里,宿(候)[侯]馬驛。

二十七日,行八十里,宿聞喜縣東關。

二十八日,行五十里,至夏縣。又四十里,宿安邑縣北關,已二鼓。

二十九日,行六十里,宿猗氏縣東關。

三十日,行四十里,宿臨晋縣城外東關。

十月初一日,行七十里,宿蒲州府城内。

初二日,行七十里,渡黄河,宿潼關城内。

初三日,行四十里,謁華嶽廟,小憩。又五里,宿華陰縣城西關。華山兩日來皆重霧相蔽,至是忽開朗,因怡坐店門,清切看山半日。

初四日,行七十里,至華州。

初五日,同錢君騎馬至少華山半,久憩白衣庵。

初六日,早飯後行,【略】六十里,宿渭南縣城内客邸。

初七日,行八十里,宿臨潼縣城外華清泉上。【略】送客後至新開池浴,月上又浴,明曙又詣太子池浴。

初八日,行五十里,抵西安省城。

初九日,雨。

初十日,雨止。

十一日，晴。行五十里，渡渭河，宿咸陽城内客館。館甚幽敞，月光亦倍皎潔。

十二日，道中小雨，行七十里，宿醴泉縣西關。

十三日，陰翳，行四十五里，宿乾州城内客館。

十四日，甚雨。行四十里，宿監軍鎮。

十五日，雨作雪。行四十里，宿永壽縣城外東關客館。【略】是日泥濘甚，在途次羈留至半日。

十六日，行四十里，至邠州界。太峪莊君已遣人備小飯於此，因飽食而進。又行三十里，月甫上至州署。

十七、十八兩日，在州署。

十九日，午後偕同里程永孝諸人出州北門，眺涇水上。遂折至東門，浴於皇澗上客邸，乃歸。

二十日，陰，巳刻乃晴。凡宿州署五夕。

二十一日，早，刺史昆仲暨陳君永孝同送至二十里外，憩大佛寺。徧觀宋明人磨崖，又共飯而別。是日行八十里，宿長武縣城南關，日已暝。

二十二日，行一百里，宿涇州郭内，日乍落。

二十三日，渡涇水，行七十里，宿平涼白水驛。

二十四日，行七十里，抵平涼。【略】入城，宿縣東客館。

二十五日，行九十里，宿瓦亭驛客館。

二十六日，行十五里，至樂蟠山。山甚險峻，下行二十里，過山頂。復車行十五里，宿隆德縣城客邸。

二十七日，行九十里，宿静甯州西關客舍。

二十八日，五鼓行九十里，宿會甯縣清家驛，日乍昃。

二十九日，五鼓行九十里，宿會甯縣城外西關，日未晡。

十一月初一日，五鼓行九十里，宿安定縣青嵐山頂，日未晡。

初二日，五鼓行三十里，抵安定縣换車。【略】又行六十里，宿秤鉤驛。

初三日，行一百二十里宿。迂道至金縣，新月已上，縣僻，無逆旅，寄宿野人家。見禾黍滿階，紡車盈側，覺田廬之樂矣。卧甚適。

初四日，日出始行，九十里，抵晚至甘肅省城。【略】出就客邸宿。

初六日，晨刻無錫嵇大令承裕來訪。詢以出關事宜，大令甚悉。蓋大令久在口外，又現自玉門縣避姻親調三原，不日將發矣。

初八日，晨刻嵇君復來訪，姜廉使邀過署午飯，以將束裝辭之。

初十日，晨刻詣姜廉使話别。【略】是日行四十里，宿沙井驛。

十一日，五鼓行七十里，宿苦水驛，日乍昃。

十二日，四鼓行一百二十里，宿平番縣西關。

十三日，【略】是日巳刻行，七十里，宿岔口鎮，日乍落。

十四日，四鼓乘月行，一百二十里，宿黑松營，日欲晡。

十五日，五鼓行三十里至古浪縣，又六十里，宿靖邊營，日乍昃。

十六日，五鼓行七十里，抵涼州府東關客館。同里無錫蔡君驤來訪，渠久在口外，一切出關事宜皆託其料理。

十九日，行四十里，宿四十里鋪。

二十日，四鼓行六十里，宿義學堡，日乍中。

二十一日，四鼓行八十里，過永昌縣二十里宿，日欲落。

二十二日，四鼓行七十里，宿丁將廟，日乍晡。

二十三日，四鼓行九十里，宿山丹縣城内，日乍斜。

二十四日，平明行七十里，宿張掖古城汛。

二十五日，五鼓行四十里，至甘州府東郭，日乍高。

二十六日，長至，日出行，七十里宿沙河堡，日未落。客邸映月樓正對天山。

二十七日，四鼓行四十里，抵撫夷廳。【略】又行四十里，宿高臺縣城東關。

二十八日，四鼓行一百里，宿深溝驛，日欲落。

二十九日，四鼓行一百十里，宿黄泥鋪，時交申。

十二月初一日，四鼓行六十里，抵肅州城内客邸。

初三日，雇定伊犁長車二輛。

初五日，清晨李刺史及蔣吏目來送。巳刻行七十里，宿嘉峪城外東關，新月乍上。

初六日，辰刻出嘉峪關，以風大，四十里宿雙井子。

初七日，四鼓行一百二十里，宿赤金湖，日平西。

初八日，四鼓行一百三十里，宿玉門縣城東關，日欲昃。

初九日，平明蔣君約入署早飯，并使其子出見，兼饋驢。飯後行五十里，抵三道溝。

初十日，以車夫一人逸去，重雇定。過午乃行，五十里宿八道溝。

十一日，四鼓行一百十里，宿沙棗園，日乍下。

十二日，四鼓行九十里，抵安西州。【略】宿州東客邸。

十三日，在安西州。

十四日，四鼓行九十里，抵白墩子，日正中。其旁即疏勒河。

十五日，四鼓行七十里，抵紅柳園，甫及巳刻。

十六日，四鼓行八十里，抵大泉，日未中。

十七日，四鼓行七十里，抵馬連井，日正曙。

十八日，四鼓行八十里，抵猩猩峽，日未中。

十九日，四鼓行九十里，抵沙泉子，日方中。

二十日，四鼓行八十里，大風，抵苦水汛，日未中。水苦而鹹，刺口，不可飲。

二十一日，三鼓行一百四十里，抵格子汛，日過中。

二十二日，五鼓行七十里，抵長流水，日午中。

二十三日，三鼓行一百四十里，抵哈密西關，日過中。

二十五日，平明行一百十里，宿南山口，已二鼓。屋後泉聲淙淙，徹夜不歇，如臥江南山水窟中矣。

二十六日，平明入南山，一路老柳如門，飛橋無數，青松萬樹，碧澗千層，雲影日輝，助其奇麗，忘其爲塞外矣。過嶺風色頓殊，雪飄如掌，闌干千尺，直下難停。嶺頭一外委率十餘兵助挽，始下。至晚，雪已盈丈。是日行七十里，宿松樹塘。已無徑路，望夾道松株，方克前進，抵旅舍已定更矣。

二十七日，平明雪，行八十里，抵奎素，日過未。至申刻雪愈大。

二十八日，侵曉行，九十里抵鎮西府即巴里坤。城内宏順店，日乍昃。

二十九日，奇寒。宜禾縣景安饋食物。

三十日，奇寒，午後於客帳祀先。

嘉慶五年元旦，在鎮西府。

初三日，雪後大風。巳刻行七十里，抵蘇吉。未至半里，車夫不知何往，馬驚車覆，壓客幾死，半時許，逢人救乃甦。至客邸已暮矣。

初四日，五鼓行八十里，宿肋巴泉，日交申。

初五日，五鼓行一百三十里，宿噶順，日已落。

初六日，大風雪，午刻始行。六十里宿北山子，日乍晡。

初七日，巳刻行六十里，宿大石頭汛。山甚險，且雪積没路，至日落甫到。

初八日，平明行，一百二十里抵三箇泉，明月已高。積雪千里，天與地皆一色，真清涼世界也。

初九日，平明行九十里，大風雪，宿木壘河，月又出。

初十日，平明行，九十里抵奇臺縣，日午午。

十一日，立春。巳刻自尉署起行，九十里抵古城，日過中，微雪。

十二日，雪。辰刻行，五十里雪霽，又四十里抵吉木薩城，日乍昃。

十三日，五鼓冒雪行三十里，又誤行二十里，復回車就正道，雪亦稍霽。又行八十里，抵四十里井，日已西。重車至月上甫到。

十四日，破曙行，一百里抵大泉，日平西。

十五日，五鼓行，四十里過阜康縣，又七十里抵黑溝，日平西。重車至定更方到，因分餉酒肉。是日寒不可耐，篝火亦不温。然飯後尚南北行各半里許，山光四面撲人，冰雪中爆竹一兩聲，惟見山禽桀桀、村犬狺狺而已。是夕寒不能寐。

十六日，五鼓行，六十里抵烏魯木齊漢城北關外客店，日乍昃。

十七日，早至漢城西門外江南巷，訪同鄉，託買零件。

十九日，【略】是日行八十里，宿昌吉縣東關，日乍落。

二十日，天曙行，九十里抵呼圖壁，日午西。

二十一日，平明行，六十里抵土古里，日欲中。

二十二日，平明行，九十里抵綏來縣東關外，日過中。飯後詣清真寺旁浴池浴，甚適。

二十三日，平明行，早日晴和，覺塞上春光豔如吴越。【略】是日行八十里，抵烏蘭烏素口宿，日欲西。

二十四日，平明行，八十里抵安濟海，日欲下。

二十五日，雞鳴時行，八十里抵奎敦，日午西。

二十六日，平明行，七十里抵哈爾烏素，天微雪，日交午。【略】自哈密至安濟海以東地，皆冒雪，或盈丈及數尺不等，從未見地。自此而西，雪稍開霽，稍露石。又林木叢茂，清流紆徐，蓬蒿深黄，一望靡際，迥非沙磧可比矣。

二十七日，平明行，七十里抵布爾噶濟臺，日過中。

二十八日，平明行六十里，微雪，抵托托克，日交申。

二十九日，三鼓行，一百四十里抵沙窩頭，日未昏。

三十日，平明行，九十里抵精河，日已下。重車至更定乃到。

二月初一日，巳刻行，八十里抵托里臺，日已酉。

初二日，五鼓行，八十里抵托霍木圖臺，日過中。

初三日，五鼓行，九十里抵四臺，日未中。

初四日，五鼓行，八十里抵土爾卜穆臺，日未中。

初五日，巳刻行，半道忽大風雪，如山崩雹裂，并前雪積成丈許。四十里至松樹頭店，重車已不能行。轎車復冒雪行，二十里抵二臺，時已及申未。然自松樹頭至此，二十里中茫茫雪海，惟高下千萬松頂露青，亦奇觀也。是夜無卧具，無食物，冷坐一宵。

初六日，稍晴，復雪。待重車，至日晡方到。是日僅食炒米數撮。屋前後左右皆松濤聲，吴越中得此一二株即以爲佳樹，至此則斷作槽，析爲薪，鋪作道，皆百丈青松也，又不止屈作屋材而已。

初七日，晴，巳刻行半里許，山澗中積雪二丈，没及馬首，復回至原宿處，日將午。

初八日，晴。辰刻行，約六七里至陡坡，雪深山險，人皆下車步行，乃得過。然山益奇峭，急湍西下如箭。距水一寸，飛雪皆積成冰，時合時開，驚流飛出。山中氣候雖異，然時已春仲，候適晴和，曉日乍升，青松疊蔭，飛泉百道，削壁千尋，鳥不避人，魚能瞰客，域中無此幽境也。二十里外仍復飛雪，夾道間有雜樹，然柳已發青，水多萍緑。共行四十里，過三十餘飛橋，方抵頭臺，日乍中。【略】重車至日晡乃到。

初九日，巳刻冒大雪行，四十里抵蘆草溝。雪深没轂，至日過午方到。入城至公館，飯罷仍出就逆旅，以便來日早行。

初十日，破曙行，六十里至綏定城。同里趙君處早飯，又行三十里，抵大城。泥濘難行，因下車，步入城，泥没韡及膝。至將軍衙門報到。

祁韵士《萬里行程記》 西戍之役，余以乙丑［嘉慶十年］二月十八日自京師啓行，閲時六月，至七月十七日始抵伊江。【略】時經一百七十餘日，路經一萬七百餘里。【略】余籍隸壽陽，其自京師至壽陽十日程，素所熟遊，不復札叙。

京師至壽陽九百八十五里。由壽陽西行，七十里至太安驛。驛爲壽陽西南境，四面皆高阜，驛居其中如井，韓文公詩亭在焉。西有五峰山，山上出泉，冬夏不溢不涸，謂之龍池。

由太安西南行，三十五里至什貼鎮，入榆次縣界。再三十五里至王湖鎮，此榆次北境最大之鎮也。前此驛路皆在山中，登陟者以馬瘏爲歎，至是乃就平坦。西望川原無際，太原境内之山爲之一開。

由王湖西行，三十里至永康鎮。鎮亦榆次所轄，居民引水溉田，流經村落屋宇間，活活可愛。

由永康西行，四十里至徐溝縣。縣北郭外，爲赴太原省會之路。其地水鹹苦，不耐茶飲。

西行四十里至賈令鎮。鎮隸祁縣，舊有驛，今裁。

西行二十里至祁縣。

再五十里至平遥縣。

西南行三十里至張蘭鎮。鎮爲介休縣所轄。

西行四十五里至介休縣。縣南有綿山、狐岐山之勝，北有汾水環抱，地勢最爲雄厚。太原境内之山，至此一合。縣東十里，漢郭有道墓在焉。【略】將抵縣，路旁有文潞公故里碑。

由縣西行，出義棠鎮，折而南行，入山。五十里至兩渡鎮。此靈石北境也。兩面山勢綿亘，汾水逕其中，如帶。

南行四十里至靈石縣。

南行登山，十里至韓侯嶺。【略】石蹬盤空而上，數十轉，路益陡峻。策馬至山巔，紅垣繚繞，爲漢淮陰侯墓。

由嶺南下，三十里至仁義鎮。鎮爲靈石南境，在韓侯嶺之下，形如釜底。

南行六十里至霍州。仁義一綫，路行萬山中。午憩後，登所謂逍遥嶺者，雖土質無石，而陡峻與韓侯嶺南北相埒，回首若屏障。行半日許，稍輾轉就平地，抵霍州。

由霍州南行，二十里至辛置鎮。又三十里至趙城縣。路繞汾曲，越數土陘，四圍山勢，至此一開。

南行三十里至洪洞縣。

由縣南行，六十里至平陽府。府城在平原突高處。

南行六十里至史村驛。驛隸太平縣。太平在府西南，孔道所不到，割此驛歸太平，爲往來供億計耳。【略】汾水從霍州流經平陽，時時與行人相觸，怒濤驚駛，至此不見，蓋折而西矣。

由史村南行，四十里至高縣鎮。鎮爲曲沃縣所轄。直隸省欒城、獲鹿所出棉花、布疋，販運者皆卸集於此，商旅甚多。

南行三十里至侯馬驛，亦曲沃所轄。曲沃縣治在其東北，即春秋時新田，晉都也。自平陽南來，土肥饒而民淳厚，村堡雲連，景象雄闊，有陶唐氏之遺風。凡平陽境内之山，至此又稍一合。

南行二十里至隘口鋪。又西南行，二十里至東鎮。出侯馬，渡澮水，登岡隴，但不甚峻。高阜之田，其平如盤，層層映緑，極可觀。鎮隸聞喜縣。

西南行四十里至聞喜縣。縣城小而地勢開敞，土厚水深，爲晉舊都。中條山衺延東南數百里，蜿蜒如龍。【略】北來山勢，至此又稍一開。

西南行四十里至水頭鎮。水即涑水。鎮有橋，水經其下西流。此鎮隸夏縣，司馬文正公故里也。

西南行五十里至北向鎮。【略】地爲安邑縣北境，闤闠極繁盛。

南行三十里至油村鎮。鎮爲油聚之所，繁盛不減北向，猗氏縣所轄也。

西南行三十里至樊橋驛。驛隸臨晉縣，地近蒲州。

西南行三十里至高翁鎮，亦隸臨晉。

西南行四十里至寺坡底。路自霍州迤邐趨下，至此則下益甚，地氣益暖。將至寺坡，見古柏森森，歆生山畔，極有致。【略】貿茶者價頗廉，西行人多攜之。自聞喜山勢開後，東南青嶂，層出懷抱，縈繞而前，直至蒲州始盡，以黄河爲之限，折而東走，不復合矣。

由寺坡過蒲州，南行五十里至可河。從蒲州城南沮洳中登山麓，循之南行，抵辛店。遥見長虹西亘，如在天半，御者告余曰：「此黄河也。」已而入土嶺中行，不復見。至可河，村落甚小。又見華山仙掌，聳出天表，西南青蒼之氣咄咄逼人，覺心目爲之一爽。洎臨河濱，仰觀潼關，倚水突起，壁立千仞。其下洪流怒號，滔滔而來，令人又生怛怖！余過此，在三月念四日，夕陽西墜，天色如墨，呼船急渡，幸風力差微，篙楫無驚。夜漏初下，始叩關焉。山、陝二省以黄河爲界，河東爲山西，河西爲陝西，雍、冀之分，自古然矣。

計自可河南行二十里至潼關。【略】未入關，疑其矗立之勢，若車不得方軌，馬不得連騎者，比至，乃寬然有餘。堂皇大路，若履平地，直西而行，殊非意料所及。地阻山中，極高，而氣候極暖，亦奇。

西行四十里至華陰縣。自潼關迤西，官柳夾道，如界畫然。【略】惟見太華、芙蓉，終日争奇競秀於前，目不暇給。雙輪西轉，山逐車行，滴翠拖藍，撲人眉宇，流連愛慕之情，不得已已。華陰縣裏，無數緑柳，陰濃成衙，徙倚女墻，隱現林表，絮飛遍地如雪，真仙境也。縣在華山之麓。城東五里有華嶽廟，畢中丞所建，頗宏壯。

由華陰西行，七十里至華州。【略】州亦在華麓。

由華州西行，五十里至渭南縣。

西行四十里至零口鎮。

西行二十里至新豐鎮。

再二十里至臨潼縣。

西行三十里至灞橋。

西行二十里至西安府。【略】計自京師至西安，共二千四百八十里。

西行五十里至咸陽縣。過灃水橋渡渭，至咸陽。【略】出北門，上峻坂，古塚纍纍。【略】縣有孔道二：西行爲入川路，西北行爲入甘路。

四十里至店張驛。驛隸興平縣，縣在其南。

西行三十里至醴泉縣。

西行四十里至乾州。

西北行五十里至監軍鎮，乾州所轄。

西北行四十里至永壽縣。岡阜漫衍，愈上愈高，隘口中開，縣當其缺。

西北行四十里至太峪，邠州所轄。永壽在高岡之上，循坂上下，路甚紆曲。涉流泉，抵太峪。復登土嶺，峻甚，索費馬力。既登，則四望悉平，蓋極高之地不見其高。久之，又下峻坂，是爲邠州，范文正公舊治也。由太峪西北行，三十里至邠州，古豳地。自永壽至邠州，人民皆穴土而居，「陶復陶穴」遺風，至今未改。蓋土性堅，可耐久。他地爲之，則將壓焉。州城傍南山，下包平地，勢如龍。館中牡丹甚茂。邠西十數里有明岨山，甚奇。山之頂皆土，其趾乃皆石。洞穴玲瓏，不可勝數，備諸佛像。沿山前進，桑棗成林，矮而秀茂，鬱鬱葱葱，令人思「斧斫」「遠揚」之句。又行十餘里，見石龕中大佛，高八丈五尺，就山石鑿成，亦奇。

由邠州西行，四十里至亭口鎮，亦邠州轄。陝省一帶堡堞，與河東大略相同。永壽以西則無堡，惟有土屋。至甘省隆德以西，乃又有堡，過蘭州，則堡益多，所過驛亭，無不有堡。蓋地近邊，官爲之，與民間自築者不同矣。

由亭口西北行，四十里至長武縣，縣在高岡上。自咸陽登隴，至醴泉、乾州，路稍平。抵永壽，乃高峻嶺路，時上時下。至邠州又平，自邠州西北行則又高。長武爲最高處，視之乃成平地，四不見山。然偶有坎窞，則皆深溝高壘，天造地設，處處如是。客或語余：「此地即白起坑趙卒處。」夫趙，遠都邯鄲，長平之戰，即今高平縣，地近上党，而乃驅卒四十萬，坑於咸陽之北二三百里外，恐無是理，其謬不待辨也。

由長武西行，四十五里至瓦雲驛。驛爲甘肅涇州轄，乃陝、甘二省分界處也。

西行六十里至涇州。瓦雲趨涇，將下峻坂，見西來一峰插天，圓秀可玩，又見羣巒繚繞，煙樹蒼茫，極有致。次日訪之，則漢時所謂回中也。西王母宫在其麓，有宋陶穀碑。城倚山臨水，形勝最佳。西有涇、汭二水，清流映帶，心爲洒然。因憶涇渭清濁，聚訟紛紛，《詩》言「涇以渭濁」，是涇水本清，因渭而濁，注家誤解耳。今觀涇水清甚，足驗其誤。

由涇州西行，三十里至王莊，涇州所轄。州境桑棗成陰，田園潤澤，風景絶類邠州。

西行四十里至白水驛，驛爲平涼縣轄。

西行七十里至平涼府。府城雄峻，涇水流其南。

西行四十里至安國鎮，平涼縣轄。平涼西行入山，氣象蕭疏，山勢漸合漸高。

由安國西行，五十里至瓦亭驛。此宋時所謂瓦亭關也，今隸固原州，州在驛西北。未至瓦亭二十里許，兩山夾峙如門，僅容一轍，轉側而過，水嚙山根滮滮然，險要莫比。過此則嵯峨萬仞，疊起雲間。循澗前進，如坐井觀天。山高日落，路修馬疲，人亦憊甚。

由瓦亭西行，二十里至六盤山。自瓦亭行十餘里曰和尚坡，爲六盤之麓。余晨興到此，微雨初零，土人以泥滑，阻余莫前，僕者恃其勇不聽，遂登。路曲折，陡峻如壁。盤磴而上，愈上愈高。始猶土石相錯，雖濘，尚可行。至山半，俗呼貓兒坪，有帝君廟，甚巍焕。新鑿之路，皆土覆石上，遇雨淖甚。已而雨愈大，泥愈深，膠粘阻轍，色紫黑。雨忽變爲雪，濟之以風，烈甚。僕馬阻峻坂下，屢起屢仆，寸步不能前。余乃捨車而騎，鼓勇直上。雪花大如掌，風乃益狂，翻撲人面如織。身在風雪陣中，若騰雲霧而起，目迷口噤，馬亦股慄。望山巔有舊驛亭，馳往避。及下馬入，亭朽，被撼欲倒，岌岌不可留。乃復乘馬，陡下千丈坡，踏冰雪鑿鑿有聲。迤邐至楊家店，路稍平，有茅屋數家可憩，解衣烘焉。少頃，雪復變爲雨。回視山頭，皆白氣繚繞，不復辨。計此程五十里，上山下山只二十里耳，而倉皇狼狽一至於此！次日，行李始度嶺追至。晚無枕寢，獨坐達旦。

由六盤帝君廟西行，過嶺，三十里至隆德縣。

西行四十五里至神林鋪，隆德所轄。

西行四十五里至静寧州。

西行四十五里至高家堡，静寧所轄。路入坡嶺，登降者屢。

西行四十五里至青家驛，驛隸會寧縣。坡嶺益甚。

西行四十里至翟家所，亦隸會寧，坡嶺猶多。中途過王家川，入山澗中，但見高岸深谷，一水瀠洄若綫，乍東乍西，時時褰涉，俗稱爲「七十二道脚不乾」云。澗中土石多赤。

西南行六十里至會寧縣。水自東北澗中來，向西南澗中去。此中土石皆白，與前澗赤者異矣。縣當其中，鎮山之口。

西南行六十里至西鞏驛，安定縣所轄。驛在坡嶺高處，乏水。

西三十里至清涼山。自西鞏啓行，即越深澗，登岡阜，漸入清涼山。雖土質無巉巖石壁，而坡陡曲不一，其處遇雨則泥滑難行，商旅憚之。地亦乏水。

西行三十里至安定縣。東西驛路，皆在山中。縣城稍平坦。

西北行六十里至秤鈎驛，安定所轄。在高阜之上，路曲如秤鈎，故名。

西行三十里至車道嶺。此嶺亦號難行，其陡曲與清涼山相似。

西北行三十里至清水驛，金縣所轄。途經坡坨尚多。

西北行三十里至三角城，亦金縣轄。楊柳垂街，蔭渠水，頗有致。

西北行三十里至豬嘴驛，仍金縣轄，在西山下。林木森森，蔚然入目。蓋數日來童山如禿，求一木不可得見，至是始覺生趣盎然。

西北行四十里至東關坡。豬嘴迤北，有所謂「九溝十八坡」者，土人呼爲大狼山，紆曲上下，極隘處轉側而前。坡盡，則蘭州在望矣。

西行二十里至蘭州府。城東衢路蕩平，直至坡下。目擊園畦叢薄，點綴道旁，心爲一暢。府城雄據黄河南岸，五泉山在城南二里許，稱名勝，遊人不絶。城北黄流浩渺，自西而東，有二十四舟爲浮橋，束水若帶，兩岸鐵索繫之，復用集吉草爲巨綆，維舟屬橋，渡者如履平地。

計自西安至蘭州，共一千四百二十五里。

由蘭州西北行，四十里至沙井驛，皋蘭縣所轄，在山澗中，南猶望見黄河。其地多赤土，而性疏易坍侵。澗水過此，則土之在地中者，往往塌陷似沙眼。四望皆頹垣敗壘，荒陋特甚，無寸草，土人以爲古營盤地。土崖高處有帝君廟，碑云曾顯應於此。寥寥數家，依廟而居。過數岡阜，忽見西南春樹雲生，參差掩映，兼有渠流引灌，滿目青蒼，乃平番之苦水驛也。由沙井西北行七十里，南折至苦水驛，平番縣第一驛。甘省驛之多者莫如平番，有八驛焉，此其最東之驛。地名苦水，而水味實甘，惟色稍濁。原田萬頃，灌溉饒沃。

西行五十里至紅城驛，平番第二驛。傍山椒而行，土色盡赤，沿流緑樹甚多。

北行四十里至南大通鎮，路平。

再三十里至平番縣。縣有二城：一爲莊浪，滿兵駐守；一爲縣治，相距五里許，縣在莊浪城之北。有孔道二：西行爲赴西寧路，北行爲赴涼州路。西郭外商民錯處。

由平番北行，三十里至武勝驛，平番第三驛。起苦水、紅城，過平番，至武勝，村落銜接，水木清腴，民居豐實，市閣縱横。所過之地，遍生草蘭，馬足芬芳，爲西來第一沃壤。武勝之水，流出山口，清湛可鑒毛髮。

西行四十里至岔口驛，平番第四驛。地居險要，面面皆山。驛南有一山突起，峭屴若削。

由岔口西行，五十里至鎮羌驛，平番第五驛，爲最西之境。途間過一河，見滿山亂石。度烏梢嶺，峻甚，地氣極寒。

西北行六十里至黑松驛，古浪縣所轄。前由武勝入山，數日程，皆在萬山之中，勢險隘，跋涉不易，氣象亦甚荒劣，絶少草木，令人悶絶。此驛猶在山谷，直至古浪始出山耳。

由黑松西北行，三十里至古浪縣，縣城鎮山口，如鎖鑰然。山勢忽開，路亦平坦。城南水畔有巨石，上鐫「天關玉□」四字，疑是「鎖」字。

北行六十里至靖邊驛，亦古浪轄。從此驛起至永昌縣之水磨關，二百五十餘里，路雖平，然皆碎石子，與車輪相觸隆隆然，竟日不已。

由靖邊北行，四十里至大河驛，此武威縣轄也。驛東北有一路，設臺站，可出寧夏，達歸化城、至京師，爲邊外文報所經，不須由蘭州、西安迂道矣。

由大河西北行，三十里至涼州府。府城勢閎敞，面山而居。其山巃嵸綿亘，自塞外來，即古祁連山。頂皆積雪不消，盛夏日暖，稍稍化水，流入溝渠，引以溉田，爲自然之利。自此西去，雨澤率少，惟恃雪水入田。蓋河西自古富饒，皆以此耳。

由涼州西北行，五十里至懷安驛，驛隸武威。

西北行二十里至豐樂鋪。

又二十里至柔遠驛，亦隸武威。

西北行，三十里至三十里鋪。再三十里至永昌縣。風景閒曠，似静寧州。

西行三十里至水磨關。過此村，碎石子路始盡。然漸登岡阜，非復平路。

西北行四十里至水泉驛。水磨關既過約二十里許，有一帶沙岡，横亘南北，無寸草。【略】此驛爲永昌所轄。

西行五十里至峽口驛。驛隸山丹縣，以兩山夾峙得名。地居山口，艱於水。山澗有一泉，取飲焉，約二里許。自涼州西來，折而北，所過隨山築墻，遠近高低不一，土人呼爲長城。【略】邊墻之外，爲阿拉善蒙古游牧之所，即古賀蘭山也。

由峽口北行，四十里至新河驛，亦隸山丹，並無河。或驛路不經歟？

西行四十里至山丹縣。焉支山在縣之北，即漢時匈奴所歌「奪我焉支山，使我婦女無顔色」者也。縣雖山僻，城有流水，風景尚佳。

西行四十里至東樂驛。張掖縣丞駐此分治。路多沙石。

西行三十里至仁壽驛，張掖所轄。亦沙石路，途中過　河。

西行四十里至甘州府，古張掖郡也。茂林薈蔚，水亦清。天山、黑水俱在境内，天山即祁連山。

西北行五十里至沙井驛。此又一沙井，張掖所轄。驛西二十里，地名沙河。又十餘里爲九眼泉墩，泉流甚細，緑草蒙茸，川原平曠，牛羊散嚙草間，有野趣。過此則碱鹵地，不堪寓目。

西行六十里至撫彝驛，張掖所轄。未至驛，有大沙岡，没車輪，難行。此地多水田，産稻極佳。

西北行五十里至高臺縣。路出撫彝，曉日初昇，渠流四達，灑道盡濕，清爽可喜。頃見稻畦彌望，秧針秀茁，不類邊城。款段徐行。水田潤澤，林樹蒼茫，瓜蓏之屬，亦皆肥盛。河西風景，無逾此邑。釀酒亦佳。

北行五十里至黑泉驛，高臺所轄。驛西北陟紅寺沙岡，回望一帶平原，半屬膏壤豐草，牧畜繁滋。越岡西折，則沙深草絶，斥鹵不毛。抵深溝驛始有水泉，然亦寂寞空寥，無可流覽。

西行五十里至深溝驛，高臺所轄。路皆沙石。

西行三十里至鹽池驛，亦高臺轄。途中，見北山之下，自西趨東，綉錯如雪。詢之，知爲鹽池。色白者乃硝，鹽則黑色，以其尚是水耳。

西行四十里至雙井驛，仍高臺轄，高臺驛站最長。西境半鹵區，不堪耕牧，與東境大不類。

西行六十里至臨水驛，肅州所轄。驛路到此，始又得見水草林木。

西北行四十里至肅州，州爲極邊要地，古酒泉郡也。自臨水啓行，田疇漸廣，草樹葱蘢。距肅益近，林木尤多，水亦淪漣清漪，環繞道傍。既至州城，人民浩盛，百貨貫輸。俗尚繁奢，鄰郡莫比。蓋逼近關塞，五方雜處，其勢然也。

自蘭州至肅州，共一千四百七十里。

由肅州西行，三十里至丁家壩。出肅州北郭，行數里，入古灘，碎石縱横，人跡絶少。

由丁壩西行，四十里至嘉峪關。關距肅州七十里。民人出關者須自州給票，始得放行，此外亦須檢驗公文，乃定例也。南北兩山，遥遥拱峙，不見崒嵂巍峨之勢。關據其中，亦僅地居高阜，未爲險峻。然而，西門鎖鑰，啓閉森嚴。

西行四十里至雙井。出都之日，西望咨嗟，未審何日始能出關。及此僂指程途，已越五千三百三十餘里矣。

由雙井西行，五十里至惠回堡。自此而西，回民比屋皆是，逆旅投宿，必詢明始可卸裝，否則一切未便也。

西行三十里至火燒溝。土色多赤，然實無溝。

西行四十里至赤斤湖。非湖也，地平而草肥。漸行入沙石路。

二十里至赤斤衛。又二十里至赤斤峽。山勢忽合，中通一徑，故以峽名。近峽，雜樹頗多，惟狂風吹滿谷中沙耳。此地在明爲赤斤蒙古駐牧之所，今乃訛稱「赤金」云。

西行四十里至高見灘。沙路平衍，有瀚海石，但不甚佳。地乏水。

西北行五十里至玉門縣。舊名達爾圖，今爲縣，距嘉峪關二百九十里。近城十餘里，始見清流映帶，草木叢生，遠則無之，皆沙礫也。

西北行五十里至三道溝。灘流清淺，水净沙明，風景差佳。田畝肥潤，民生其間者亦秀。

北行五十里至六道溝。地亦平衍，但不及三道溝之潤澤。塞外産茂草，備牧牛羊爲生業，不重耕作禾稼。草中有呼爲集吉草者，其莖極堅韌，高數尺，可作箸，又可編爲簾，不亞於竹，到處有之。

由六道溝西行，四十里至布隆吉。荒草平蕪，地極寥廓。

西行四十里至雙塔鋪。有水依山西流，嶺畔有雙塔。

西行五十里至小灣。有灌溉之田。

西行四十里至甘溝。沙路，無旅店。

西行三十里至安西州。舊名大灣，後設安西府，今改爲州。【略】城東尚有水草。出北門五里許，過一涸河，即入沙磧，土人呼爲戈壁，即古瀚海也。地以沙石爲骨，如鎔煉而成，膚無寸土。日光照射，閃爍若有浮煙，就視不見。從此一望平沙，水草皆絶。凡行沙磧者，因途中無覓食飲之處，率裹粮賫水而行。或百里、或百餘里始得停車稍憩。每俟日斜後始行，日出時即投宿，蓋乘夜氣清涼，防馬渴也。又，塞外無歧路，信馬所之，未嘗有迷，車上亦不須引燭。執鞭者皆以水澆輪，日凡數次，欲其不乾，實亦無益。又慣於黑暗中行，其車甚大，而輪高轍寬，亦最穩也。

由安西西行，九十里至白墩，在沙磧中。到此，始有一泉可汲飲，然味鹹甚。自此西去，惟星星硤井水差可飲，味亦不能甘也。

由白墩西行，七十里至紅柳園，在沙磧中。一名紅柳硤，但未見所謂「紅柳」者。硤中岡巒起伏，沙石自然結成，方圓大小不一，亦奇。

西行五十里至小泉，無水。又三十里至大泉，在沙磧中。

西行四十里至地窩鋪。再三十里至馬蓮井，在沙磧中。有二路：西爲星星硤路，西南爲沙州路。

西行五十里至紅柳河。再三十里至星星硤，在沙磧中。山石惡劣，勢亦逼仄。土人又壘亂石，豎立山上，作人狀，處處皆是。由彼西行十餘里，過硤入溝壑中。時時見峰起，有秀者，但無情耳。土色甚異，黑、黄、青、赤皆具，各以類從，相間對峙。星星之名，不解所謂，或云山中出星星石，石有金點，錯落如星。余求之，弗得。云在層嶺疊嶂中，無暇往跡之也。或又云山中多猩猩，亦未曾見。

西行五十里至小紅柳園。又四十里至沙泉，在沙磧中。所謂「紅柳」者，枝條叢生極繁，莖帶微紅而細，不能如楊柳枝幹粗直，蓋杞柳之類也。塞外此物甚多，小紅柳園始見之，前過大紅柳園乃反未見。沙泉水益鹹，飲者腹爲之脹。

由沙泉西行，三十里至疙瘩井。又五十里至苦水，在沙磧中。水尤難飲。

西行八十里至紅山墩。再六十里至格子煙墩，在沙磧中。此程一百四十里，最遠。煙墩形如破釜，覆附沙岡之下，又如近海波濤沖汕，蟹殼礧砢。水差可飲。有帝君廟，在沙岡上，多鴿。

西行七十里至長流水。至此沙退土生，方見林木，水味始甘。村之中央起一土阜，建帝君廟於上。雜木蓊然如翼。迤西路左出一泉，柳斜蔭之。

西行四十里至四十里井子。再四十里至黄蘆岡。民居漸多，田草亦茂。路近哈密則有種穀，麥者矣，大半皆回民爲之。

西行四十里至慮晴墩。再四十里至哈密。哈密距嘉峪關一千五百九十里，爲新疆咽喉要地。有兩孔道：北達巴里坤，即鎮西府，爲天山北路。凡赴古城、烏魯木齊、庫爾喀喇、烏蘇、塔爾巴哈臺、伊犁，皆取道於此。西達吐魯番，爲天山南路。凡赴喀喇沙爾、庫車、烏什、阿克蘇、葉爾羌、和田、喀什噶爾，皆取道於此。北路本蒙古南路，本回子所居。【略】內地商賈懋遷者多，回民尤衆，謂之「纏頭」。城市村落，不一而足。土潤泉甘，地脈宜禾，芃芃長發，土産甜瓜頗佳。回王城距辦事大臣及通判所駐之城五里許，大城在東，回城在西。到處清流瀠注，溪樹煙深，明爽怡人，風光可掬。

西行六十里至頭堡。頭堡、二堡、三堡皆纏頭回民所居，田園墾藝，亦見饒沃。

由頭堡西行三十里至二堡，再三十里至三堡。地勢平衍，一望無際，林木亦多。西行入沙磧，又乏水草，較哈密迤東之磧更甚。

七十里至鴨子泉，在沙磧中。傍北山而行，裹粮賫水，如前白墩啓行狀。

西行八十里至瞭墩，在沙磧中。由此地西北入山澗，有一徑可達古城，名小南路。

西行九十里至梧桐窩，在沙磧中。此地只有一店，店只一間屋。如此楛境而名曰梧桐窩，甚不解。繼而悟曰：哈密以西，産胡桐樹極多，似柳而拳曲癰腫，材不堪用，僅可作薪。胡桐者，譯言「柴」也，想昔年此地多有此樹，故得名。後人以音相近，訛「胡」爲「梧」。

西行九十里至三間房，在沙磧中。坡嶺登降，索費馬力。沙岡上亂石縱横，色似豬肝。又有紫中透緑者，扣之，其聲清越如磬，即瀚海石也。【略】此地無日無風，怒號不已。

西行一百四十里至十三間房，在沙磧中。自三間房至此，途中云有風穴，古謂之黑風川，有鬼魅爲祟，見《明史》，最險處也，行人往往被風災。當揚沙走石之際，或碎人首，或徑吹去無蹤，千斤重載之車，掀簸立盡，並車亦飛去，只輪無返者。【略】余發梧桐窩抵三間房，兩程之內，風吼已甚，日夜不息，御者憚過。此乃入風穴，且不測，請勿行。余曰：「天也，此地荒涼特甚，令人憒懣欲絶，安能守風一二日耶？」決計前進。時天籟颼飀，透屋雷中，聲甚厲。行未三十里，四山黑雲吹散，忽晴朗，有青氣浮天半，衆皆喜。

乘夜疾行，路坎坷，覺甚不平。比黎明，俯視所經，則見沙礫大石委積道上，紛紛若人爲拋棄者，並無路徑可尋。迎面巨石，磨牙屹立，欲搏人，兇惡不可名狀，覺森森黑暗，非復人間世。幸風力稍軟，不爲祟，得以徑過，保無恙焉，乃知履險出險之難。既抵旅舍，從者話刺刺不休，以爲天幸。

由十三間房西行，八十里至苦水。前一苦水在沙磧中，此一苦水亦在沙磧中。自梧桐窩至此三百餘里，每投宿處，並無二店，平生從未見此窘況。水亦奇鹹，飲則破腹。

西行六十里至七克騰木，在沙磧中。然到此稍有草木及流水矣。

西行四十里至蘇魯圖。再五十里至闢展，路有沙磧。此地爲土魯番東境，即古柳中。地皆沃土，河流清冽，緑樹陰森，田園彌漫。中見禾苗遂生，瓜蔬錯雜，略似哈密。有土城，巡檢駐之。

西行六十里至連木沁。回民叢處，風景最佳。村西河水自北而南，清澈可愛。稍東則石罅中突吐一泉。稍北又一溪從深林内涌出，匯合橋畔，淙淙振響，上有萬柳，陰雲爲之庇冪，炎天酷熱，頓極清涼。

西行六十里至勝金口。連木沁迤西，漸入山峽。水流巖畔，乃引以溉田者，流甚遠。始入山峽中，沙磧無可灌也。峽盡出山，爲勝金口，土石夾雜而生，色皆赤，壁立千尋，土人呼爲火焰山。其地奇熱殊常，不可耐，至閉人呼吸氣，雖夜静亦然。往往行至中途有暍死者。【略】從此前進，路仍沙磧，如蟻行鐵釜中，其不至暈絶者甚少。雖扇不停揮，轉覺益招虐焰，不若不揮之爲愈也。

西行九十里至土魯番，古高昌國，唐於此置西州。地極饒沃，人多而雜，俗復靡麗，奇熱尤甚。【略】所産棉花遍野，蒲萄蔓地而生，不須架引，緑者，無核，最佳。甜瓜極妙，以皮瓤純緑爲上。中土最重哈密瓜，實不及此地之美。【略】孔道有二：西行爲赴哈喇沙爾路，西北行爲赴烏魯木齊路。此地距哈密一千零三十里。

西北行七十里至坑坑。出土魯番，風景又漸蕭索，至坑坑益甚。止有一店可宿。

西行七十里頭道河。路在沙石坡坨中。

西行八十里至白洋河，入山澗中。松、柳極多，車過，枝梢披拂，與篋篷相摩，珞珞有聲。河流清駛，馬争就飲。

西行，折而北，登博克達坂，八十里至達坂城。「達坂」即「達巴罕」，猶言「嶺」也。此嶺最陡峻，沙子若流，馬蹄滑，難行。逾嶺，迤邐出山，遠見水草盈目，雪山横亘北面，數峰插天，雲氣繚繞於下。晨日東昇，射照璀璨，爛然如銀，誠大觀也。及抵迪化州，回視雪山，則在東南矣。達坂城爲喀喇巴爾噶遜營，有粮員居之。黄昏後從此西行，見西南火光燭天，照耀巖谷。初疑野燒，詢之，乃煮鹽者爲之耳。

西行九十里至柴窩鋪。未至柴窩，先過隘嶺。至白鹽池，周圍十數畝，鹽水溶溶，雁浴其中，四面泛白，皆硝。【略】自達坂城迤西，水草豐茂，夾道蒙茸，高至丈許。野獸往來其中，然不見牛羊牧羣，蓋散齕草間，匿不出耳。

西北行一百里至迪化州。州即烏魯木齊，俗呼爲紅廟兒，以僧寺據紅山嘴之上，紅泥塈壁故也。有滿、漢二城，夾河相對。【略】東爲巴里坤、古城來路，距哈密一千四百九十里；東南爲土魯番來路，距土魯番四百九十里，距哈密一千五百二十里。

自迪化州西行，四十里至地窩鋪，再六十里至昌吉縣。舊名洛克倫，今爲昌吉縣。途中多引水渠道，車行弗便。到縣，風景差佳，山勢曠邈。

西行三十里至小蘆草溝，又四十里至大蘆草溝，再二十里呼圖壁，巡檢駐此，有土城，多水田，禾稼遍野，饒有生趣。

西行六十里至圖古里克，俗呼土葫蘆。西行過一河，河中有魚。

九十里至綏來縣，本名瑪納斯，今爲綏來縣。其地産稻，粮、米價皆廉，商民輻輳，廬舍如雲，景象明潤，豐饒與内地無異。西行十里許，渡瑪納斯河。水深而溜急，由南趨北，浩浩奔騰，軒然波起，河面亦闊。凌晨問渡，猶没馬腹，若日高，則山中雪水增入，暗石衝擊益甚，涉者病矣。

由綏來西行，四十里至破城子。再四十里至烏蘭烏蘇。此地始有蚊。從此西去十餘日，種類滋繁，白晝嘬人，揮之不去，頭目欲腫，始知蚊雷露筋之虐。

西行一百里至安濟海，中途過三河始至其地。有所稱鹽池者，不知池在何所。

西行七十里至奎墩。此地樹木最多，於無數柳林中渡奎墩河，闊。有十數道，水亦深。

西行六十里至庫爾喀喇烏蘇。城近南山，林阜秀潤。有辦事大臣及粮員駐之，商民亦多。有兩路：西北爲赴塔爾巴哈臺路，西爲赴伊犁路。土爾扈特蒙古游牧境內。

西行七十里至布爾噶齊。自庫爾喀喇烏蘇迤西，逕河灘中宛轉而行，水草肥美，雜木團圞如圈。過一圈又入一圈，四望不見隙，濃陰匼匝。又有紅柳、花木，蘿蔓縈繞，錯雜於其間。輪囷葳蕤，紅緑相映，令人目眩神移，終日延賞不盡。

由布爾噶齊西行，四十里至四棵樹。一路蒙古男婦往來不絶。

西行四十里至墩木達。塞外紅柳叢生，而有花若翦絨爲之，色紅鮮豔，如火如荼，道旁處處有之。又胡桐樹成林，木性疏散易朽，取以爲柴，土人呼爲「梭梭木」。塊而爇之，若内地木炭，然甚耐久不灰，家家用之。

由墩木達西行，六十里至庫爾圖。未至，須渡一大河，水深闊，與瑪納斯、奎墩兩河相似。

西行五十里至托多克。此地之東有葦湖，浩渺無際，飛雁羣翔，野樹叢生，望之若林。

由托多克西行，漸入沙路。八十里至沙泉，又名鹽池，産鹽甚白。

由沙泉西行，沙路益大。六十里至晶河，俗作精河。地勢平敞，有土城，粮員居之，土爾扈特游牧境內。此地蒼蠅又多於蚊。西行，過一沙岡，疲馬力。又渡一河，甚闊。

六十里至托里，俗呼爲牌坊，實無所謂牌坊者。一路南北兩山相拱，望見西面忽起一峰，正當其中。行半日許，則移近北矣。

西行五十里至大河沿。此地土爾扈特廬帳在道旁者多，地亦肥潤。迤西過一河，傍南山最高峰折而西南行，見無數峰巒，突兀西北一帶，或圓、或尖，或方平，生動入畫，極有致。

三十里至五臺。此伊犁東界也，地勢差高。

西行八十里至四臺。自五臺迤邐而西，山勢漸合。崖谷間，樹影青蒼，森秀溢目。

西行八十里至三臺。四面皆山，中有一澤，呼爲賽里木諾爾，匯浸三臺之北。青藍深淺層出，波平似鏡，天光山色，倒映其中，倏忽萬變，莫可名狀。【略】此臺阻海角山根，鑿石成路，逼水而過，設卡倫焉。路旁有嘉慶戊午巡檢顧謨所撰修路碑記。沿海皆駐防察哈爾，列帳而居，錯落棋布，牛羊牲畜，爛漫若錦。

西行越達坂，六十里至二臺。自三臺循海西指，約四十里許，抵達坂下，稍憩。策馬登嶺，亦有顧謨修路碑記。既至嶺頭，折入塔爾奇溝，俗名果子溝。不數武，忽見林木蔚然起疊嶂間，山半泉涌，細草如針，心甚異之。前行，翹首則滿谷雲樹森森，不可指數，引人入勝。【略】已而，峰回路轉，愈入愈奇。木既挺秀，具干霄蔽日之勢；草亦蓊鬱，有蒼藤翠蘚之奇。滿山頂趾，綉錯罕隙，如入萬花谷中，美不勝收也。泉流十餘里，與東澗中大水合流，淜湃砰訇，出入危石峻嶝間。沿岸雜樹叢枝，覆水不見，但聞其聲。七十二橋迴環屈曲於千巖萬壑之中、密箐深林之下。

由二臺南行，四十里至頭臺。塔爾奇溝之勝，至此漸稀，乃出山矣。

南行五十里至小蘆草溝。沿途新浚渠道甚多。

東南行三十里至綏定城，總鎮駐此，爲伊犁屏翰。地形開敞，官道兩行柳色，掩映怡人。叱犢耕田，村村打麥。

西行三十里至惠遠城，距迪化州一千九百餘里。自哈密至此三千三百餘里，自嘉峪關至此五千二百餘里，自蘭州至此六千八百餘里，自西安至此八千二百餘里，自京師至此一萬七百餘里。然關外地方遼闊，其路程里數約略計算，有贏無絀，非内地驛站確經丈量者可比，故往往有二三十里行至半日方到者。

方士淦《東歸日記》 道光戊子［八年］三月十五日未時，自伊犁惠遠城起身，三十里，住綏定城。【略】天陰無風，樹木才見新緑。三十里流水潺湲，冰雪初消，沙土帶潤。

十六日，六十里至蘆草溝城內，小雨。夜大雨。十七日，住一日。

十八日，晴。四十里至頭臺，進果子溝。又四十里住二臺。果子溝兩山矗立，松樹參天。中有澗溪一道，迤邐盤曲，小橋七十二道。石壁巉巖，青緑相間，人在畫中行。山景之佳，甲於關外。保文端公相修平山路，利賴至今。余丙戌子月過此，大雪彌漫，半夜始到二臺，翟兒徑停車達坂上度夜。但見松林茂密，野獸奔馳，冰塞長河，雪滿羣山，爲平生所僅見。

十九日，二十里出果子溝，上達坂。【略】至松樹塘，走海子沿，四十里至三臺灣。海子周圍數百里，四山環繞，衆水所歸，天光山色，高下相映，澄鮮可愛。中有海島，内有海眼通大海，有海馬，人常見之。又八十里，盡山路，靠海沿而行。往四臺。

二十日，八十里住五臺。以上幾處，房屋、飯食甚窘。

二十一日，八十里住牌房。水草好，平路，有柴薪。山南北盡土爾扈特遊牧。

二十二日，八十里住精河。有城，有文武員弁。鹼土地，鹽池出鹽。

二十三日，五十里，沙泉子打尖。又五十里，沙窩頭住，盡沙戈壁。

二十四日，一百二十里住古爾圖。十里沙石河。

二十五日，八十里住敦木達。以上水草極多，地盡鹼土。

二十六日，七十里庫爾喀喇烏蘇。有城，有文武大員。又六十里，住奎屯。以上灘河甚多且寬，石子大，難走。

二十七日，九十里住安集海。

二十八日，七十里住烏蘭烏蘇。自喀喇烏蘇以下，直至烏壘，村落樹木，小橋流水，風景絶佳，間斷戈壁。

二十九日，八十里住綏來縣，俗名瑪納斯。自此東至巴里坤，城池衙署，農田學校，與內地同。綏來城鄉富庶，地產金銀、玉石。

三十日，出綏來東門。三十里，樹陰茂密，風景絶似江南。又五十里，住土魯克。

四月初一日，七十里住呼圖壁，有城，有文武員弁。

初三日，七十里住昌吉縣。【略】此處煤好。

初四日，到烏魯木齊。

十二日，四十里，住古牧地。

十三日，五十里古泉。地極乾枯，水不能到，近山處稍好。四十里，住阜康縣。

十四日，九十里，住滋泥泉。夜行頗涼爽，走巴克達山背後。

十五日，七十里，住三臺，盡戈壁。三臺城外有「緑樹村邊合，青山郭外斜」之致。七十里至濟木薩，中亦戈壁，妙在水泉處處通流，民居田畝絡繹不絶，亦不減西路綏來也，即古甌脱。

十六日，住濟木薩城外。萬家烟火，市肆無物不有。

十七日，九十里至古城，有滿漢大員，漢之渠犁也。地方極大，極熱鬧，北路通蒙古臺站。由張家口到京者，從此直北去。蒙古食路，全仗此間。口內人商賈聚集，與蒙古人交易，利極厚。口外茶商自歸化城出來，到此銷售，即將米、面各物販回北路，以濟烏里雅蘇台等處，關係最重。茶葉又運至南路回疆八城，獲利尤重。

十八日，九十里，住奇臺縣。俗名「金綏來，銀奇臺」，其沃壤可想見也。四十里，腰站，地方不大，而旅店頗佳。山環水繞，草場肥美，牧畜尤旺。五十里山路，住木壘河。居民鋪户極多，大河一道圜匝，樹木好。過此以東至巴里坤，計八站，盡戈壁，地無青草，上無飛鳥。尖、宿各站，按程計里，大略相同。但旅店寥寥，僅能棲止，米麵草料，一無所有，所以謂之「窮八站」也。該處客商通北路，與古城、奇臺同。

二十日，九十里，住三个泉。中間腰站，山溝一道，頗難行，高高下下，層巒起伏，皆鐵板沙也，滿目荒涼。回首奇臺以西，真有天壤之别。又九十里住沙窩頭。三十里大石頭。

二十一日，九十里北山子，大風，盡山路。又三十里至噶順溝，千巖萬壑，山產鐵，石盡黑。有山無水，風冷之至。溝邊設卡汛以防奸宄。又二十里住吉吉臺，店好。

二十二日，大雨，盡山路。山不高，而岡巒重複，彌望無邊。自此至巴里坤以西，皆天山背面，故氣候寒冷，終歲披裘。過南山口，則山之陽。至哈密，氣候温暖矣。是日雨後，沙路净無塵，但荒涼世界耳。七十里，住烏土水。山溝之中，孤館寂寂，房屋不堪，非復人境。

二十三日，一百八十里住孤拐泉，店可。大雪。

二十四日，七十里巴里坤，漢之月支也，本係蒙古遊牧地。居天山之陰，冬夏冰雪不化。山逼城垣，居民、商賈皆在城外，府、縣、總兵在城中，滿城相距不遠。一大都會也。氣候寒冷異常，山之夾套，皆蒙古也。

二十六日，八十里至松樹塘。一路近山行走，愈近愈妙。雖係山陰，而山頂雪厚，日光照耀。半山以下，松樹蒼翠，千重萬疊。此山直接伊犁天山一脉，石骨嶙峋，草緑如茵，流泉百道，野花燦發，異香襲人，極壯遊之樂事。【略】二十里，由山脚十餘里折曲盤旋而至山頂，關帝廟三層，深巖幽邃，靈顯最著。

二十七日，早，謁關帝廟。【略】七十里，住南山口。一路盡山峽，一水中流，大似伊犁果子溝。特亂石崎嶇，小橋尤少，行者苦之，始歎保公之明德遠矣！

南山口至哈密一百二十里，盡黄沙、白草，一片荒凉景象，與西路迥别。有大渠一道，自山引注，分溉田畝，故能建城而成都會，即唐之伊吾也，爲新疆南、北兩路咽喉扼要之區。以在山之陽，故極暖多風。

二十八日，八十里住哈密。城小而固，關外熱鬧。另有回城，回王住之。

二十九日，哈密廳志星垣太守招飲。即起身，七十里住黄蘆溝。

五月初一日，八十里住長流水。哈密多沙窩路，間段有之。其餘處處有水可通。長流水，水尤好。大城至此，皆白楊樹。過此以往，至安西州十餘站，又「窮八站」，與巴里坤以西同。中有苦水等處三站，無甜水，須攜帶而行。即苦水素亦不旺，夏秋天熱，行人尤爲竭蹶。土人鑿地引泉，僅足供用，若遇差使較多，即形短絀。

初二日，夜，至格子烟墩，七十里。自南山口以來，日日大風，與山北各路迥異，無山故也。氣候多暖，路盡沙戈壁，帶甜水。吐魯番之熱，巴里坤之冷，安西之風，三絶也。

初三日，六十里至紅山，一家店，無水。又八十里，至苦水住。此兩站，戈壁大。

初四日，八十里至沙泉。九十里住星星峽。中有達坂，難走。

初五日，八十里至馬連井子。七十里，住大泉。

初六日，四十里至紅柳園子盡山路。七十里，住白墩子。

初七日，九十里住安西州城内。自長流水以東，盡戈壁，無草無樹，直至此間方見。城外河名疏勒。

初八日，二鼓起身。住小灣。水草好，店可，有樹木，唯沙窩太大耳。小雨，清凉。

初九日，九十里至布隆吉。地盡沙土，水泉曲折旁通，無處不到。城内外樹木參天，陰森茂密，一望無際，街市尤好。亦東路勝境也。

初十日，九十里至三道溝，水泉之盛，草本之旺，田畝之廣，近關所罕見。

十一日，住玉門縣，五十里。沙土間段戈壁。

十二日，九十里住赤金峽。大戈壁，有山坡。

十三日，六十里腰站，沙路。站上有大殿一座，高敞宏軒，與口内無異，爲關外絶無僅有者。又二十里，草地。又三十里，盡係崇崗疊阜，高澗深溝，沙石崎嶇，行者苦之。所以有「九溝十八坡」之目。住惠回堡，有城，樹木好。又七十里，盡戈壁，進嘉峪關。

十四日，住肅州城内。關城至此七十里，漢之酒泉也。

十五日，四十里臨水驛。六十里雙井。俱平路。

十六日，七十里深溝，大風，極熱。

十七日，一百里住高臺，魚米之鄉，風景絶佳。弱水、黑水皆在此。

十八日，四十里撫彝廳。六十里沙井。盡沙土，多白楊柳，良田沃壤，西路精華悉在此。五十里，住甘州府城外，極熱。

十九日，住沙井。

二十日，住甘州府張掖縣。

二十一日，住東樂縣，七十里。

二十二日，四十里山丹縣。四十里新河。六十里峽口。盡戈壁。

二十三日，四十里水泉。六十里永昌縣。亂石路極多。

二十四日，一百里，住凉州府城外四十里鋪。石子極多。

二十五日，四十里住凉州。城内雄健而秀，富庶甲於省門，大郡也。

二十七日，住靖邊驛。

二十八日，住古浪縣，城小而固，山水清緑，草樹茂密，風景亦妙。又三十里，黑松堡。

二十九日，六十里，鎮羌住，盡山路，山俱青緑可看。唯過烏梢嶺極高寒，山多嵐嶂。又五十里岔口驛。

三十日，七十里住平番縣，山水、樹木皆好，城市尤好。

六月初一日，七十里紅城，紅樹黄花，麥麻被野，風景不減高臺、張掖，且近黄河。又五十里，哈家觜，山路尤妙。

初二日，七十里，過黄河浮橋，到省。

十二日，起身蘭州。東路盡土山，山無石，而崎嶇難走，無草樹，無水，荒凉枯槁，遠不及西路也。是日，五十里住。

十三日，八十里，住甘草店，山溝難走，俗有「九溝十八坡」之名。

十四日，六十里，經過車道嶺，路從山頂盤曲而下，極險峻。秤鈎驛中尖。

二十里，嶢口住。

十五日，四十里，住安定縣。大雨，河漲，阻水。

十六日，住西鞏驛。過王公橋，極難走。又青嵐山，亦在此高寒淒涼之境。

十七日，六十里，住會寧縣。此數站，山河水苦，咸不可吃，且無井，唯窖水可吃。人家掘地，蓄天雨水也，過靜寧州則不然。

十八日，七十二道脚不乾。【略】兩山相夾，河水中流，每遇暴漲，常沖没漂壓。四十里，翟家所小住。大雨，午後晴。住清家驛。

十九日，四十五里高家鋪，山漸開展，路寬平好走。四十五里，住靜寧州。

二十日，九十里，住隆德縣。

二十一日，過六盤山。四十五里，瓦亭。二十五里，過峽口，住蒿店山下。十里，即河上原。

二十二日，七十里，住平涼府。城高大而荒涼，無草無樹。城外三十里即崆峒山，名山也。

二十三日，四十里埠，中尖。路難走。又三十里，住白水。

二十四日，七十里，住涇州。城外大河。盡山路。

二十五日，一百里，住長武縣。入陝西界。

二十六日，四十里，平路，過河又盡山路。【略】住邠州城外。西來至此，方見樹木，初聽蟬鳴，亦清趣也。過此以東，漸入佳境。

二十七日，立秋。七十里，盡山路，住永壽縣。

二十八日，七十里，住乾州。

二十九日，過醴泉，住咸陽縣。一百一十里。

三十日，住省城。

蔣湘《後西征述》 自余鄉之西安有南北二路：由固始縣北渡淮，道潁、陳，西北至大梁，然後西行，歷河南府陝州以入潼關者，北路也；由光州西渡淮，至汝陽折而北，又至郾城轉西，歷郟、汝，抵陝州東之觀音堂，與北路合，所謂南路也。南路一千八百餘里，北路二千一百餘里，故行者往往由南。道光八年，余初入陝，由南路。十七年，由大梁之魯山，復由魯山轉汝州以入陝，亦南路。南路渡伊、洛上流，循嵩高之陽，有長坂，無險阻，流覽靡孑遺矣。今兹之行，特取北路。【略】每日所獲，挑燈志之。其潁陳八百里見余舊著遊紀者，不再述，述自大梁始。

正月二十五日壬戌，發自大梁。單車出西門，尖風剽人，同雲霿水，羣鴉噪集麥田中，天勢殆將雪也。道旁古樹大合圍，高不踰三尺，根株大半埋土中，蓋自前代之季河決沙壅，二百年來無有剔而出之者。【略】十里有斜溝，形存斷續，古琵琶溝也。隋煬帝鑿通濟渠以引汳水，復鑿琵琶溝以入通濟渠，宋代引之入城，爲金水、五丈諸河，今皆混爲沙海，不可爬理。七十里，宿中牟縣。夕大雪。

二十六日癸亥。曉起寒甚，開門始知雪積二尺餘也。早飯後啓行，軌轍混茫，輪蹏齵齖，天雲一色，幻此銀海。行十餘里，迷途，覓土人導之，始達浦店，去中牟三十五里。

二十七日甲子，晴，鵲聲在檐，日影登樹，韅駒長鳴，一若憤積雪而欲力蹴之者。有驛馬從西來，輿夫循其蹏迹，以辨高下，而梅山鄭水皆奪於雪光中，不可復識矣。午刻至鄭州，尖於西關。以凍化，車疲，遂止宿。

二十八日乙丑。春雪易消，水泥四濺，細流瀌瀌激軌中，駃騠亦畏滑，不能騁步。【略】自大梁至鄭州百四十里，地皆鹻鹵，寬平散漫，晴則大風揚沙，雨則官路放櫂，水利不修，古渠益失，孰居民上而曾無爲之留意者？鄭州以西地勢高仰，兩山壁立，一道中通，人力馬力互爲進退。【略】夕宿汜水縣東關。

二十九日丙寅。夢中得詩二句，云「四山合如甕，甕底一城開」，頗切汜水縣形勢。汜水通洛陽，有二道，古道在縣西河干，即虎牢故關也，今廢於河，殘徑僅容單騎。新道在縣西南老澗坡，【略】大抵路鬭山腹，蛇轉雲腰，池邐徐升，窺天井隙，陡上三十里而至山頂。北顧黃河，如落釜底，人喘馬汗，憩五百須臾，然後緣坡而下。望雲霧空濛中，練影一條從城堞上浮出，輿人曰是洛河也。直下三十里，出谷口，即得鞏縣。東西兩谷口皆有土人驅騾馬，以候行旅，謂之挂坡云。繞城西南行，二十里至黑石渡，李密戰王世充處也。渡洛，至孫家灣，宿偃師境。

二月初一日丁卯，二十里過偃師縣。【略】三十里義井堡，入洛陽境。又十五里，過洛陽故城，斷瓦殘礫，雜以荆榛，黍離麥秀之感，今古共之。洛陽居天下之中，此城又居洛陽川之中。又二里餘過白馬寺，佛教入中國最初之寺也。夕宿洛陽縣南關。

初二日戊辰，出洛陽縣西關。連山不斷，大幹皆自崤澠來也。北邙在縣北五里餘，俯臨黄河，與西北之穀城、西南之谷口、正南之伊闕、東南之半石諸山相拱揖，而洛河從伊闕出山，横帶府城，伊、穀、瀍、澗喧赴競會。古稱關中爲天府，此得非天庫者歟？七十里過新安縣，舊城在今縣西，今縣乃漢之函谷關也。關高嶮峽，路出廛郭。【略】又二十里，宿鐵門。

初三日己巳，風色温熱，沿山之雪盡化，車輪濡滯，因下車步行。訪千秋亭故址，無知者，而回岫縈紆，石路阻深，殆《水經注》所稱雍谷溪乎？五十里過澠池縣，又三十里，宿土豪鎮。嘉慶中，澠池令某改名曰英豪，而居人仍稱土豪云。

初四日庚午，行二十里，過觀音堂，入陝州境。又五里，即石崤也，舊道皆石，路高下十餘里，稱最險，商旅畏僨車，覓土人夾之以行。道光十一年，河南巡撫楊公爲奉太夫人，更闢新路於崤北，雖有起伏，而無犖确，過者歡呼，比於歌蜀道易矣。【略】夕宿磁鐘鎮。

初五日辛未，三十里過陝州。【略】是日宿靈寶縣，凡行九十里。

初六日壬申，渡門水，入函谷關。【略】七十里過閿鄉縣，又二十里，宿盤豆鎮。

初七日癸酉，早起，車子來告曰：「今日行加四路也。」余久聞加四路之説，而不得其故。車子曰：「古時有許天官者，河南人，欲争潼關入河南境，而以十四里爲十里，故盤豆至潼關四十里，不啻六十。」余笑，漫應之，野語無稽，殊堪噴飯，但閿鄉道中路實迴遠，究亦不解其何故。及行十餘里而後，恍然悟之，謂車子曰：「汝知此路不止於加四乎？靈寶以西之路，舊時本在河濱，其南山之水之北注於河者不下數十，河水嚙其汭口，浸淫彌廣，路爲河奪，行旅必迂道驅車以避之，則一里且有加至二里者，何止於十里加四里也？余去年出關時所行之路，已非前年入關時所行之路，今日入關時所行之路，又非去年出關時所行之路。路日加遠，而舊稱四十里之數固未之改，此所以有許天官之説也。」車子應曰然。又十餘里入黄巷，潘岳《西征賦》所云「愬黄巷以濟潼」者也，諸本訛作黄卷。【略】午刻至潼關，又三十五里，住華嶽廟，廟去華山十五里。

初八日甲戌，行五里，過華陰縣。一路松濤柏蔭，石細路古，遠望少華山，雲氣滃然浮白，殊有列子御風之意。七十里過華州，西周鄭桓公所封留邑也。暮抵渭南縣，故人王南軒栻適丞此邑，因過之，留飲。聞王君言渭南去西安一百三十里，一日可至，遂於三鼓登車，行七十里天始明。

初九日乙亥，辰刻過臨潼縣，浴於驪山温泉。【略】午刻雨，過灞橋，長虹亘波，煙柳四靄。又十里過滻橋，申刻雨止，抵西安。

林則徐《荷戈紀程》 壬寅[道光二十二年]七月初六日壬子，晴。巳刻出西安城。二十七里，泗池汛。又二十里爲灃水橋，俗謂之三里橋。沿岸北行二里許，即渡渭。此處報水，以分數計。是日水勢浩瀚，舟人以爲不止十分，幸舟過尚平穩。及登北岸，即咸陽縣城矣。住東門内行館。

初七日癸丑，晴。黎明行。出北門，頗有小坡，十五里上照，又十里雙照，又十五里店張驛，飯。其地屬興平，距縣三十五里。飯罷又行。十里晏村。五里儀門寺。五里藥王洞。十里醴泉縣。館於西門外。

初八日甲寅，晨行，天已陰。二十里至楊鳳汛，雨漸大。又行二十里至乾州，館於城内。因途中難行，即住此。

初九日、初十日兩日，俱因阻雨，發水，未行，仍住乾州。

十一日丁巳，晴。黎明出北門。十里黑虎灣。八里十八里鋪。十二里陽峪嶺。十五里安駕宫橋，交永壽縣界。又五里監軍鎮，飯。【略】飯後又行，五里舊永壽縣。十里圪塔鋪。五里蒿店塘。十里穆陵關，唐人許棠嘗過此，有詩。五里沙廟店。五里老虎頭。二里永壽縣，館於南城外。是日行九十里。自乾州至此，皆向北行。【略】自過監軍鎮後，沿途多山，其民皆穴居，即古「陶復陶穴」之風，今土人謂之「窑洞」。

十二日戊午，晴。寅正刻行。入南門，出北門，即上坡行。五里分水嶺。五里乏牛坡。十五里瑶垣坡，下坡五里爲底窖溝。沿途多有澗水，輿、人皆涉過。又十里太峪鎮，邠州轄。飯後上太峪坡，即坡路，十里始下坡。又五里腰鋪子。又五里十里鋪。又七里三里臺。又三里邠州城，入東門，館於城内，與州署爲鄰。

十三日己未，晴。黎明行。出西門十里，有明岨山，圓如覆盂。其下有水簾洞，泉出不涸。土人誤信《西游》小説，謂其山即花果山者，謬也。自此而西北，皆沿涇河行，水勢浩瀚。涇水自甘肅平涼來，衆水匯之，河寬處不下數百丈，兩旁皆重山，屹立如牆。又十里大佛寺，即慶壽寺，唐貞觀二年所建也。【略】此二十里間棗樹最多，其實已纍纍矣。桑林亦葱葱彌望，誠一幅《邠風》圖也。十五里安仙鎮。又五里則渡涇河，土人謂之黑水。渡過，西岸即亭口鎮，長武縣轄，有行館，甚小。飯罷又行。自此至長武四十里，皆上高坡，肩輿須曳縴行。十里小村，土人謂之馬兒包。又十里謂之二廠里。又五里冉店。又十五里至長武縣城，館於南門内。

十四日庚申，陰。是日赴涇州，計程一百里。聞路甚長，天未明即行。幸無大坡。出西門，十五里洪家鋪。又十五里窑店，入甘肅涇州界。是處市集略大，爲向賣騾馬之所。又十里張村鋪。又五里瓦雲驛。飯後又行，忽起西北風，涼甚。十五里高家窑。又十里三十里鋪。又十里二十里鋪。又十里太平關。又十里涇州城，行館在東門外，頗寬敞。其前爲嚴家山，相傳爲徙置嚴嵩家屬處也。晚，微雨。

十五日辛酉，昨夜三鼓後雨漸大，晨起檐溜潺潺。輿人來言：途多積潦，且出門即須過涇水，既不能涉，又無渡船。只得作一日住。

十六日壬戌，晴。黎明行。入南門，出北門，未半里即涉涇水。深雖不及二尺，而其流甚急，土人扶輿以濟，殊爲涉險。【略】自州城至王莊三十里，中間所過十里鋪、二十里鋪，居民皆只數家。王莊地亦小，行館僅三楹，仍涇州轄。飯罷又行。十里土溝鋪，交平涼縣界。又十里花家莊。又十里驛里鋪。又十里白水驛，市鎮頗大，行館亦敞。

十七日癸亥，晴。黎明行。十里馬連鋪。五里王家砦。五里鄖現鎮。十里四十里鋪，飯罷復行。十五里甲子峪。十里米家衢。五里十里鋪。五里平涼府城，其城東西長而南北狹，入東門後有關數重，行館在城内，已近西門矣。是日行七十里，尚無大坡，惟處處由澗水涉過，已有「七十二道脚不乾」之意。

十八日甲子，黎明陰，出西城。行至十里鋪即有雨點，一路澗水洶涌，知上游昨已被雨，山水疊發也。輿夫、縴夫多有病涉之苦。十五里斜河子。五里下李家莊。五里至安國鎮。飯後雨勢愈大，只可住此矣。行館雖小，尚新潔。

十九日乙丑，黎明行，微雨。所過山澗甚多，水皆湍急。十里入固原州界。又十五里蒿店，小住，作面餅食之。又上坡行，二十五里瓦亭驛，距固原八十里，欲即過六盤山，輿人咸慮及半途遇雨，無可棲止，遂住此。

二十日丙寅，晴。昧爽行。五里高場堡。十里和尚坡，即六盤山之麓。其時，朝曦未出，西風忽來，山氣侵人，寒如冬令。因就旅店沽酒吃面。稍暖，復行。山峻路曲，盤旋而上。五里始至山半，曰廟兒坪，關聖廟香火甚盛，敬詣行香。又旋行而上，其沙土皆紫色，一木不生，但有細草。五里至山巔，俯視下方田廬，則混茫一氣矣。【略】下山，十里楊店。又十五里至隆德縣，入東門，城内住。行館深而狹，城頗大而荒涼特甚。此處向以五十里爲一站，是日亦不能再行矣。

二十一日丁卯，晴。寅刻行。天明過十里鋪。又十里小河子。又十里沙塘鋪，有市集。又五里龐家鋪。又十里神林鋪。自縣城至此，名四十五里，實止四十里。仍隆德轄。飯罷又行，十五里亂柴鋪。又十里爲静寧州之二十里鋪。又十里平家河。又十里静寧州城，入東門，有行館，甚敞。是日行九十里，路平而近。自涇州至隆德，日寒一日，非裘不可。抵静寧後則又變暖，早晨著棉，午後單衣，蓋地氣各不同也。

二十二日戊辰，寅刻行。天陰，路多山坡。黎明過十里鋪河。五里官道岔。又五里齊家大山。又五里鄧家灣。又五里松家溝。又十里七里鋪。不知離何處七里。又五里高家堡，飯罷復行。十五里界石堡。交會寧縣界。又三十里罐子峽。又十里清水河。又五里倒回溝，緣山路回環復疊，中隔山溝，後行望前行者似折而回，故爲是名。又五里青家驛，宿。此地有堡城，行館在堡内，頗新潔。

二十三日己巳，昧爽行，天晴。十里大山川，即漆家大山。又十里太平店。又十里馬家鋪，以上多高坡。又十五里翟家所，土人謂之柴家砦。飯罷又行，十里李家岔口。又十里王家川。又十里孫家油房。又十五里會寧縣城，宿。自李家岔口至縣城，上坡少，下坡多。惟沿路皆山澗之水，彎環流轉，處處涉過，俗稱「七十二道脚不乾」者，此也。此處縣城，頗爲完整，自涇州西來，皆無其比。行館在西門月城内。

二十四日庚午，晴。晨行。十里楊家岔，中間涉過澗河約六七道，而王家河尤爲洶湧。其上爲桃花山，崎嶇殊甚，車馬皆殆。又十里雞兒嘴。又十五里夏家砦，交安定縣界。又五里新道口河。又十里漆家店。又十里西鞏驛，計六十里到此。沿途無可尖處。驛館頗寬，距安定縣六十里。

二十五日辛未，晴。昧爽行。十里王公橋，坡路高峻，在昔有橋，今已廢矣。又十里周家窩。又十里青嵐山。亦作清涼山。山麓有旅店數家，行旅多住此。是日無可尖處，在此吃面。復上高坡，雖亦陡曲，而較六盤山差爲迤遞。十五里賈河灣。又十五里安定縣城，宿。

二十六日壬申，晴。早晨在行館飯後行。十里大碱溝。又十里二十里鋪。又十里刿家堡。又十里巉口河。自縣城到此，已過河三道。巉口地方略大，尚有市集。又十里梁家坪。又十里秤鈎驛，宿。此驛以路行彎曲得名，仍安定縣轄。

二十七日癸酉，黎明在行館飯後行。未半里，即上坡，十里坪灘峴。又五里景家泉，過此則下坡多而上坡少矣。又五里古家鬧池。又十里車道嶺。西來到此始上嶺，東來則已下嶺矣。又五里白土窑。又十里甘草店，此處係皋蘭轄。有尖站，行館。又五里三墩塘。又十五里清水驛，宿，係金縣轄。縣在西北四十里。

二十八日甲戌，晴。早晨飯後行。上坡，五里接駕嵴。又五里雙店子。五里畢家鋪。又五里三角城。聞城中亦有行館。又五里大坡坪。又五里石頭溝，土人謂之巖頭店。又五里黄家崖。又五里連搭溝，自此以西則下坡矣。五里崇臺坪。又五里十里鋪。又五里謝家嵴。又五里定遠驛，土人謂之猪嵴驛，仍金縣轄。

二十九日乙亥，晴。早晨飯後行，即上坡。五里猪嵴嶺。又五里太平溝。又五里柳溝店。又五里張家坪。又五里陽王溝。又五里東岡坡，自此以下則少坡陀矣，然積潦載途，又須繞行小路。五里深溝子。又五里空心墩。又五里碑亭。又五里至省城東關。此關爲省會之外城，計十四里，其内城僅七里。入城，宿於行館。

［八月］初七日癸未，晴。辰刻行，出西門，過黄河浮橋。計二十四舟，繫以鐵索，復有集吉草巨絙聯之，車馬通行。此天下黄河之所無也。十里，至十里店，名離城十里，實則倍之。又五里浸灣墩。又五里俞福墩。又五里沙岡墩。又五里安定堡。又五里三道橋。又五里沙井驛。將至驛處，山土塌陷，有僅留一蹊徑者，驛舍亦破損。

初八日甲申，晴。辰刻行。十里白家鋪。又十里新田鋪。十里關帝廟，明萬曆間顯靈於此，因建焉。又十里韓家溝。又十里石碑溝。又十里胡家山岺。又十里苦水驛。沿途皆極荒陋，將至驛，則山樹皆緑，始有生趣，驛繫平番縣轄。平番有八驛，在東西路者五，此其一也。

初九日乙酉，卯刻行。五里五里墩。十里腰外河。又十里新東川。十里塔兒沙溝。又五里張家水磨。又五里紅城驛，乃平番之第二驛也。行館小而潔。沿途堡城極多，此驛堡城尤大，有守備帶兵駐扎。【略】飯後又行，十里郎家坡。又十里金寺堡。又十里高岺營。又五里界牌灘。又五里南大通，宿。本日所行皆平路，道旁山色頗秀，緑柳白楊，森森夾道，自入甘省以來，惟此地稍有生趣耳。

初十日丙戌，晴。黎明行。五里鄭家墩。五里郭家墩。五里魏家槽子。五里三教塘。五里莊浪城，係滿兵所住，有城守尉等官駐此。又五里平番縣城。飯後又行，五里深溝。又五里十里塘。又八里中鋪。又五里清水河。又七里武勝驛，有把總駐扎。

十一日丁亥，陰。卯刻登程，沿途塘汛甚多。五里石嵴子。三里兔兒壑。又五里小馬營塘。又三里大馬營。又四里界牌塘。又四里陰窪山。又三里土溝墩。又三里水泉子。又七里團莊塘。又三里岔口驛，乃平番之第四驛也。飯後又行，其營汛多已傾圮。至二十八里爲打柴溝。自打柴溝至鎮羌驛二十二里，中間有火石溝、火石樓、德勝堡、三里墩等塘汛，相距不越二三里。鎮羌爲平番之第五驛也。是日西北風大，地氣陰寒，至驛舍則熾炭以待。聞六月未離棉衣，七月已飛雪矣。

十二日戊子，晴。辰刻行。五里水泉墩，又五里烏梢嶺，嶺不甚峻，惟其地氣甚寒。西面山外之山，即雪山也。是日，度嶺雖穿皮衣，却不甚寒，下嶺，即仍脱皮衣矣。嶺之西北七里，爲平番、古浪交界。又七里雙口子坪。又六里安陽。又十五里隆貴鋪。又十五里黑松驛。飯後又行，六里香爐墩。又三里碾子磨。又三里關王廟。又三里岔路墩。又三里新關灘。又三里太平溝。又五里扎子溝。又七里古浪縣城，入東門内行館，宿。夜雨。

十三日己丑，早晨雨，飯後稍晴，行。出西門，過三里墩，又過八里墩。十里橋兒溝。五里花窑墩。又七里雙塔堡，其地爲武威轄。八里陽窪溝。三里大墩。十里二壩廊。八里靖邊驛，宿。

十四日庚寅，晴。寅初行，十三里五壩墩。十里河東堡。又十里塘馬墩。又十里大河驛。飯後又行，經二十里、十三里、五里等墩，由大河驛至涼州城三十里，頗近。

十五日至二十一日，均住甘涼道署中。整行裝，換僱大車，直至烏魯木齊。

二十二日戊戌，陰。卯刻行，出西城，城外每五里立　墩鋪，即以里數爲名。在四十里鋪飯。又行十里懷安驛。二十里豐樂鋪，宿。

二十三日己亥，黎明行，小石滿路。十里良山堡。又一里沙河堡，即柔遠驛也。【略】又五里九壩，交永昌縣界。又五里八壩，行館小而潔。飯後又行，十里落鳳堡。又十里回回堡。又十里三十里堡。又十里鎮經站。又十里頭壩。自九壩至頭壩，皆民間所築以御山水者。自此至縣城東門十里，緑楊夾路，清泉泠泠，頗似南中風景。在城内行館宿。是日路九十里，實不及八十里，而大車至更餘始到。夜，雨頗大，子刻始止。

二十四日庚子，陰。黎明行，出西門，沿途大石礌砢，幾無行處。過五里、十里墩。又十里水磨關，過此則石子少差矣。五里紅廟墩。又五里重岡塘，有沙岡兩重横亘於道，逾其脊而過。又五里橋兒洞。又五里三條溝。又五里空心墩。【略】又五里王新鋪。又十里水泉驛，宿，仍永昌轄，有堡城，駐一守備。行館狹小。是日雖名六十里，實有八十三里長，山石澗水，處處難行。下午，微雨數陣。

二十五日辛丑，早起，雨一陣，西風大。卯刻風雨俱息，因勉行。甫數里，則大風甚雨又至矣。須臾，雨變爲雪，寒冷異常。沿途皆山坡，每五里僅一墩臺，并無居民，一望曠然，殆與塞外無異，竟無可避風雨之處。三十里，交山丹縣界，始有小村，居民二十餘户。【略】未刻，雪晴，風亦稍定，微見陽光，乃復行。十里帥圃墩。又十里峽口驛，宿。將至驛數里，又是小石子路，驛舍亦狹。

二十六日壬寅，晴。昨夕在車上宿，今日寅刻行。十五里豐樂鋪，有店。又十里阜昌堡。又十五里新河驛，亦山丹轄。飯後又行，過三十里堡、二十里堡、十里堡，又十里至縣城。城外有「大禹導弱水處」碑。此地東門向不開行，遂入南門，住城内行館。

二十七日癸卯，黎明出西門，過十里鋪，有大土佛寺。又五里祁家店。又五里二十里鋪。又五里東樂城。【略】飯後又行，涉黑河，十里山羊鋪。十里架子墩。又十里古城子，有城甚小，屬張掖，即仁壽驛也。

二十八日甲辰，晴。卯刻行，五里碱灘鋪。五里馬連井。十里二十里鋪。五里四角墩。七里八里鋪。八里甘州府城，宿。

二十九日乙巳，晴。飯後行，過八里鋪後，涉河十餘道，土人謂之黑河，有深至馬腹者，總由雪山之水發下耳。又十二里崖水。又十里沙崗。又十里繞烟墩。又十里沙井，宿，仍張掖轄。是日行五十里，前二十里路多石子，後三十里則沙路，車行較穩而費馬力。

九月朔日丙午，晴。早晨行，十里小河灘。十里沙河，交撫彝廳界，旅店頗多，行旅皆宿於此。小憩又行，十里九眼泉。十里小屯兒。十里古寨堡。又十里至撫彝，城甚小，行館在城内，與廳署極近。

初二日丁未，晴。黎明行，十里三工堡。又五里雙泉堡。又五里蘆灣堡。五里渠口堡，在龍王宫小憩，過此則高臺縣界矣。五里懷恩墩。又十里高臺縣城，入東門，在城内行館飯。未刻，出西門，三十里宣化堡。又五里定安堡。五里大寧墩。五里減淮墩。八里狼窩墩。七里黑泉驛，高臺共有五驛，此第二驛也。自入高臺境，田土腴潤，澗泉流處，土木小橋，樹林葱蔚。

初三日戊申，晴。寅正刻行，二十里花牆子堡，城頗大，城樓亦高，聞係粮食互市之所。又十里紅寺。又二十里深溝，爲高臺第三驛。又行十五里馬連井。十五里鹽池驛，宿。是日行八十里，實則不止，且多深沙，又係上坡，馬力幾竭，行人謂之沙嶺。上燈後始到驛，乃高臺之第四驛也。

初四日己酉，晴。黎明行，二十五里苦水墩。又十五里雙井堡，乃高臺之第五驛也。飯罷又行，十五里營兒。二十五里黄泥堡，亦曰黄牛鋪，交肅州界。又二十五里臨水堡，宿。

初五日庚戌，晴。黎明行，十里有營汛，牌坊曰「柳樹五墩」，迤西則四墩以至頭墩，相距各二三里至十五里，有祈報祠。將至東關，有公所曰酒泉。【略】入東門，至城内行館住。

初六日辛亥，晴。整行李。

初七日壬子，晴。飯後起行，出北門，在城外關帝廟小憩。【略】又行三十五里爲丁家壩，僅有數户居民，其前後則皆荒野。涉過澗河數道。又十五里安遠寨墩。又十里上腰墩。又五里大沙河墩。又五里嘉峪關，宿關之城外驛舍。是日行七十里，路不甚長，而小石礌砢，無一平路。尚喜大車在肅州城内已換長軸，左右車輪皆離車箱一尺，猶不至顛簸耳。

初八日癸丑，晴。昨夕，司關官吏來問所帶僕從及車夫姓名，告以人數。今晨起行，余策馬出嘉峪關。【略】近關多土坡，一望皆沙漠，無水草樹木。稍遠，則有南、北兩山，南即雪山，北則邊牆外，皆蒙古及番地耳。西行四十里至雙井，有人家數十户。在隆順店飯罷又行，則交玉門縣界矣。三十里紅山子，有兩三人家。又二十里惠回堡，有堡城，乃乾隆年間官建，駐千總一員，兵一百名。此處有林木、水泉，頗爲關外所罕。

初九日甲寅，晴。丑正刻行，三十里火燒溝，爲臺站换馬處。又二十五里俗名脖膝蓋，有居民數家。又十五里赤金湖，此地無湖而以湖名，或舊有之耳。【略】飯後又行，二十里干店子，有營汛，牌坊曰「赤金營」。【略】又二十里赤金峽。是日路長一百一十里，因起行甚早，故酉初得到。沿途沙路平坦，將至峽，則山徑狹窄，不免顛簸。其山不甚高而皆紫色。道旁頗有雜樹，而山上轉無寸草。

初十日乙卯，晴。寅刻行，西風頗大。二十里俗名賊窩鋪。又二十里高見灘。【略】又二十里三十里井，有居民數家，因在此飲茶吃面。又二十里大東渠，距玉門縣城十里，涉靖逆渠，入南門，在城内行館宿。

十一日丙辰，晴。此一程應住三道溝，只五十里，緣其地居民較多，過此則難住也。早晨在旅館一飯而行。十里頭道溝，涉水而過。又二十里干店子。又十里二道溝。又十里三道溝，此處交安西州界。

十二日丁巳，晴。寅刻行，三十里六道溝。又十五里七道溝，有旅店數家，因就店中爲粥而食。又過八道溝，四十五里至布隆吉，爲雍正年間曾駐大兵之地。有土城，今駐都司，帶兵一百名。土城内行館，白楊兩株，甚茂。

十三日戊午，晴。丑刻行，二十里野馬溝。又二十里雙塔堡，有堡城，駐千總一，兵一百名。頗有田畝，旅店數家，在此爲食而行。二十里亂山子。又十里沙棗園。又二十里小灣，宿。此處水利頗饒，田土腴潤，林木葱秀，居民數百家，惟途甚不平，則車馬經由者多也。【略】御者云附近别有一路，由駱駝井至安西州，里數與大路等而道較平，緣偏僻未允行。

十四日己未，晴。子刻即行，三十里車轆轤壩。又十里干溝。十五里林家房。十五里安西州，城内住。

十五日庚申，晴。辰刻行，出北門，約十里過疏勒河，水甚乾涸，其上有龍王廟。又十五里地窩鋪，僅一家村。又二十里大梁，亦然。又十五里石窑子，有土屋兩家。飯罷又行，三十里至白墩子，時已更餘矣。此程雖云九十，而覺甚長，土人云實有一百二十七里。自安西以西皆沙磧，往往數十里無水草，碎沙之下有石底，車行戛戛有聲。夜在車中宿。

十六日辛酉，晴。黎明行，四十里至獨山子，有土屋兩間，因憩爲粥。過此，多循山坡行。坡皆不高，其色紫黑，沿途小石片如碎瓦。三十里至紅柳園，宿。居民數十間，有太清宫，頗敞。惟地名不知何取，不唯無所謂紅柳，且樹木初無一株也。是日路七十里，尚不甚長，未刻即到。詢之御者，明日可兼程。因於晚飯後復膏車碾月而行。是夜仍在車卧。

十七日壬戌，晴。子正刻過小泉，已行五十里。又三十里，寅刻到大泉，待輿夫秣馬。至黎明，入旅館一飯，辰刻復行。三十五里大山頭，亦名地窩鋪，有居民兩三家，大抵戈壁中凡有一二土屋處，皆稱地窩鋪也。又行二十里，見東南一帶山石多白色，曠野亂石亦往往白如明礬。【略】又十五里馬連井，宿。自昨夕至今日，行一百五十里。計安西州所轄，東自三道溝，西至此，共八站，將六百里。

十八日癸亥，晴。辰刻行，三十五里紅柳河，無河亦無柳，僅一家村，小憩，煎茶飲之。過此，循山峽行，路崎嶇。又二十里無地名，亦一家村，爲粥食。又二十五里星星峽，向爲宿站，僅大小兩店，皆甚骯髒。借隔鄰土屋吃飯，夜在車宿。此地間於山峽，陰氣森然，居民僅九家。

十九日甲子，陰。寅刻行，西北風大。出峽皆石路，且多自上而下，車顛甚。五十里小紅柳園，有店三家，止，飯。仍不見所謂紅柳者，詢之土人，謂皆伐以爲薪，遂若彼濯濯矣。又四十里沙泉，居民數十家，向爲宿站。就旅店卸車，店差不惡，而土炕外别無一物。沿途旅店皆然，幸自帶繩凳、活几，勉爲一餐。此處水咸，昨在馬連井購一壺盧貯水來，因星星峽與小紅柳園之水俱尚可飲，至此始用之。是晚，風愈大。夜大雪，積厚四五寸。

二十日乙丑，晨寒甚，仍飛雪，巳刻雪霽，見陽光，始行。三十里疙瘩井，僅有兩店，在此吃面。又五十里至苦水，無行館，卸車於店，店亦甚陋。亥刻又行，五鼓至紅山墩，已行八十里，因路平，行尚不滯。僕夫喂馬，在此略停。

二十一日丙寅，五鼓，有微雪，辰刻行。天漸晴，路亦平。午正三刻至格子烟墩，已行六十里矣。居民二十餘家，水尚可飲，鴿子頗多。有店數家，俱惡，仍用自帶几凳，夜宿車中而已。

二十二日丁卯，晴。子刻即行，三十里滴水崖。又四十里長流水，時已天明，在旅店中爲食。巳刻又行，四十里有小店二家，名曰四十里井，小憩。又行，三十里黄蘆岡。

二十三日戊辰，晴。午刻行，四十里盧晴墩。【略】又三十里至哈密城。時方侵晨，自覓東門外之福興店居停。【略】哈密距嘉峪關一千五百餘里，本十八站，此次兼兩程，故行十六日耳。新疆南北兩路皆於此分途，天山橫亘其中，故有南、北祁連之稱。祁連即天山，夷語謂之「達般」。北路過達般，則至巴里坤，即鎮西府城，附郭爲宜禾縣。凡赴古城、烏魯木齊、庫爾喀喇烏蘇、塔爾巴哈臺、伊犁者，皆取道於北。其西南達土魯番，凡赴南路喀喇沙爾、庫車、烏什、阿克蘇、葉爾羌、和闐、喀什噶爾者，皆取道於南。然北路過達般，其寒徹骨，且雪後路迷難辨，恐陷於無底之雪海，故冬令雖往北路，亦多由土魯番繞道。而中有十三間房一站，爲古之黑風川，起大風，車馬皆可掀簸空中，則土魯番一路亦行人所憚。惟别有小南路一條，亦通古城、烏魯木齊，其路較近。由哈密西南二百八十里之瞭墩係往土魯番之大路。分途往北，既避北路達般之雪，又避南路十三間房之風，行人無不樂由。聞宜禾縣令不許商旅行此一路，將店拆毁一空，故中有數站，無店可住，並新建關聖廟亦被毁去。俄而宜禾地震半月，城垣衙署半就傾圮，縣令始悔毁廟拆店之非，此本年六七月間事也。頃聞小南路往來行人仍復不少，余亦決計由此而行，特覼縷識之。

二十四日己巳，陰。本欲登程，御者請稍息以養馬力，從之。

二十五日庚午，晴。早晨出東關，過回城一觀。【略】二十里有一土屋，無村名，小停爲食。又四十里頭堡，有土城，城内回民百餘户，城外漢民二十餘户。夜宿車中。此後大抵皆以吾車爲卧榻矣。

二十六日辛未，晴。寅正刻行，二十里過二堡，時甫日出，有店，未停車。又四十里三堡，漢回居民與頭堡同。今因天旱，飯後又行。五十里沙泉，宿。沙泉亦名沙棗泉。

二十七日壬申，晴。寅正行，二十里鴨子泉，甫辰初。又四十里七子泉，食罷復行。二十里大墩，有回民兩家。又二十里瞭墩，宿。自七子泉以西皆碎沙石路，車甚顛簸，蓋循天山西南麓行也。將至瞭墩之二十里，實有三十餘里長。連日望見達般積雪，一白連天。聞古城等處，本月望間雪厚數尺，没過車箱，日來天晴，未知可漸消落否。

二十八日癸酉，晴。御者修整車軸，停一日未行。

二十九日甲戌，晴。辰刻行。陂陀重疊，屢登屢降，小石滿路。五十里溝口，無人家，尚有泉流，在此爲食。又行三十里爲一碗泉，有土屋一家。飯畢又行，徹夜未歇。

三十日乙亥，晴。五鼓過芨芨槽，距一碗泉四十里。又十五里車轂泉，甫日出。七十里七个井子，此處關聖廟及民屋數間爲宜禾令毁去，只就頹垣之下作飯而食。【略】晚又開行，天已變陰，濃雲如墨，然無駐車之所，只有勉行耳。半夜，雪甚大，至六十里名黑山子，有兵房一間，人馬極乏，姑在此停，寒不可耐。

十月朔日丙子，天明起視，停車在山峽中，雪積五六寸，四面全不辨路。姑就兵房燃薪作飯。巳刻見陽光始行，而路中轍跡仍不可辨，且陂陀登降，峽路蜿蜒，欲迷者屢矣。勉行，三十里至白山子，日已斜。此處合於北路巴里坤之大道，北路由噶順至此三十里，有店兩家，人馬俱疲，只可住此矣。下午大晴。

初二日丁丑，黎明行，仍是峽路。三十里色壁口，有店兩家，在此吃面。又十里爲色壁橋，亦有民居。過此，陂陀尤多。有一陂殊陡，索費馬力。又三十里大石頭，係奇臺縣轄，民居數十家。飯後欲復行，而大雪紛紛，不得不住此矣。

初三日戊寅，晴。辰刻見陽光，行。高岡平原，一白無際，馬没蹄，人没踝，勉行三十里，地名戈壁頭，回語謂之「烏蘭烏蘇」。是時，天又稍陰，御者請稍憩。仍在車中卧。

初四日己卯，晴。寅刻行，四十里沙河，甫日出，爲食。又行，陽光普被，積雪漸融。五十里三个泉，回語謂之「阿克他斯」。

初五日庚辰，晴。寅刻行。五十里一碗泉，有小店兩家，爲食。又行，四十里木壘河，商賈雲集，田畝甚多，民户約五百家。有河一道，泄雪山之水，今冬令涸矣。

初六日辛巳，晴。寅刻立冬，是時開車行。五十里爲東城口，有旅店，小坐。【略】巳刻又行，四十里奇臺縣城，住南關外。貿易頗多，田疇彌望。

天暖,雪融成泥。

初七日壬午,陰晴相間。子刻即行,五十里甘泉鋪。四十里古城,住。闤闠甚多,北口外之科布多等處蒙古諸部均在此貿易。有滿兵、漢兵兩處土城,相距三里。

初八日癸未,晨起,已晴。五十里大泉,有兵房,查驗東旋人口,烏魯木齊都統委員駐此。四十里濟木薩,住。【略】自古城來,沿途田畝連塍,村落連接,俗謂哈密至烏魯木齊有「窮八站、富八站」,戈壁頭以東之八站爲窮八站,木壘河以西之八站爲富也。

初九日甲申,陰晴相間。辰刻行,三十里雙岔河。二十里腰站子。二十里三臺汛,亦濟木薩縣丞所轄,榆柳甚多,有上臺、中臺、下臺,上臺五百餘户,縣丞收粮之倉在焉。鋪户皆在下臺,相距二里。

初十日乙酉,上午陰,晚晴。辰刻行,四十里爲濟木薩、阜康縣交界,名四十里井,有店兩家,在此爲食。又四十里爲滋泥泉,名白楊河。夜仍在車卧。

十一日丙戌,晴。寅刻行,五十里大泉。四十里阜康縣,城内宿。是日名則九十里,實有一百三十里長。雪融後,泥潦滿途,已費馬力,且路多坎窞,一車陷,則衆車皆停,故自寅至亥始能抵次,而車之折軸、脱輻且不一而足,殊累人也。

十二日丁亥,晴。因候折軸之車,午刻始行。四十里甘泉堡。晚又行,五十里至古牧地,入迪化州界。道路之長,泥淖之多,與昨日相彷彿。

十三日戊子,晴。辰刻行。此處距烏魯木齊鞏寧城,名四十里,實有五六十里長,路尚坦,但多澗水。二十里七道溝,土城一座,屯田把總駐。又十里紅山觜,入城,至行館,住。

十六日辛卯,晴。【略】僱赴伊犁車。

十七日壬辰,晴。晨開車,十里爲十里店。二十里地窩鋪。二十里亦名地窩鋪。十里爲三十里墩,交昌吉縣界。又十里爲頭墩河,冬令水已涸,而積雪彌漫,陰寒特甚。十五里爲昌吉縣城,舊名洛克倫。

十八日癸巳,晴。辰行,十里榆樹塘。二十里小蘆草溝。十里大蘆草溝。十里榆溝,爲食。又二十里爲二十里店。二十里呼圖壁,宿,有土城,名景化,巡檢駐。雖云九十里,實有一百里長。

十九日甲午,晴。辰行。二十里爲五工臺,小坐。二十里亂山子。二十里圖古里克,俗呼土葫蘆,仍呼圖壁巡檢轄。此站只六十里,向爲宿站,緣過此則無住處矣。

二十日乙未,晴。辰行。三十里樂土驛,小坐。二十里塔西河,民居甚盛。【略】因在店食。十五里鮑家店,樹木頗多。又二十里綏來縣,在東關外住。此地舊名瑪納斯,田土膏腴,向產大米,販各處。

二十一日丙申,晴。輿人换軸,未行。由此赴伊犁,轍迹愈寬,車軸每邊出車箱一尺二寸。

二十二日丁酉,晴。辰行,過西關,十里瑪納斯河,今冬令水弱,河流隔爲三道,深且及馬腹,夏令不知若何浩瀚矣。又三十里破城子,居民數百家,無所謂城也。爲食,又行。四十里烏蘭烏蘇軍臺,宿。民户亦多。前人記載,皆言此處蚊多且虐,冬令幸無患。

二十三日戊戌,晴。聞此站長,卯初行,黎明寒甚。二十五里五棵樹。十五里三道河,此四十里有五十里長。所謂三道河者,指夏令言,冬則涸矣。民户盈千。在飯館中一飯。又二十五里曰「五斗完粮」,蓋以一村納粮之數名其地耳。又二十五里安濟海,此五十里有六十里長,仍綏來縣轄,居民五千户,軍臺及旅店皆小,却有行館敞甚,遂宿焉。

二十四日己亥,晴。黎明行,沿途空曠,與前戈壁等。三十里有一人家,無地名。二十里爲四十里井,仍綏來西界,過此,隸庫爾喀喇烏蘇之粮員管轄矣。又四十里奎墩[宿]。居民百餘户,閘水利薄,田不腴,村墟殊荒陋耳。

二十五日庚子,晴。黎明行,三十里河沿子。三十里庫爾喀喇烏蘇,宿。有土城,領隊大臣、游擊、守備暨粮員駐。

二十六日辛丑,晴。辰行,沿途無人烟,樹木不少。三十里干河子,新立牌坊曰「豐潤河」,旁有小店。又四十里布爾噶齊,住。居民百餘户。

二十七日壬寅,晴。黎明行,十五里過小河。五里四棵樹。此二十里有三十里長。又四十里爲敦木達,有軍臺。此四十里較短,到時尚早,因再行。三十里河沿子,宿。

二十八日癸卯,陰晴相間。黎明行,約三里涉河兩道,一甚淺,一稍深,夏秋則大渠也。又七八里皆小石子路,過此乃平坦,樹木極多。又二十里固爾圖。二十里花樹林，有店未停，唯行李車飼馬。二十里托多克。又二十里沙窩頭，過此皆沙窩矣。店一家，甚湫隘。

二十九日甲辰，晴。黎明行，甫里許，即沙窩路。此路至沙泉子六十里，先二十里沙最深，疲馬力，中二十里略淺，後二十里多粗沙，似石底，然車行尚不滯。沙泉子僅一店，湫隘與昨日之店同。因尚早，知精河距此五十里，又前行。間亦有沙，但不甚深。三十五里過一山，穿峽出。山自喀喇烏蘇至精河，横截南北，土人稱爲南山，似亦天山之支麓也。過山後，又行十五里精河，城外宿。有土城，糧員及都司駐。

十一月朔日乙巳，晴。住一日。

初二日丙午，晴。辰刻行，數里即入葦湖，道旁葦草彌望。聞夏令皆水，須繞戈壁二十里，今水涸，唯間亦有沙窩耳。四十里有牌坊曰「永濟湖」，俗呼爲腰站，有一店，頗潔，小坐。民居四五家。又二十里爲托里，有軍臺。此站六十里，有七十里長。附近田地皆土爾扈特種，故前後皆有土爾扈特氈帳。

初三日丁未，黎明行，天陰，甚寒。沿途從葦間穿行，五十里至大河沿，此地爲一馬頭，市肆、民居頗盛。又行三十里爲托霍木圖軍臺，俗稱爲五臺，仍隸精河轄，居民寥寥。南山環繞如翠屏，其北亦羣峰聳秀。

初四日戊申，黎明行，陰晴相間。沿途皆戈壁，微有陂陀，然尚平坦，南北多峰巒。四十里有一小店，無地名，在此爲食。其地之水，不能飲馬。又行，四十里至四臺，爲伊犁界，昨日五臺尚精河轄耳。居民數家，兩店，甚陋。

初五日己酉，晴。黎明行，沿途山坡，盡石。四十里有店，無水，只賣乾餅，昨夕爲粥，帶來食之。又四十里三臺，宿，四面環山，諸水匯巨澤，俗呼海子，考前人記載，所謂賽里木諾爾是也。

初六日庚戌，黎明，大風，天陰。過一卡倫，循海子而西，沿途風濤之聲。四十里松樹頭，海子始盡，兩山劈開，千松挺立，行人謂之「過達般」，不知其名，考前人記載，當是塔爾奇山。大雪飄灑，有店，小坐。雪稀過山，山爲行者所憚，實不甚峻。東來上山少、下山多，西來則反是矣。下後，峰回路轉，俗名果子溝，實塔爾奇溝也。祁鶴皋先生《行記》稱「奇絶仙境」「如入萬花谷中」。值冬，濃碧嫣紅不可得見，而沿山松樹重疊，不可計數。雪後，巖白松蒼，天然圖畫。古徑幽折，泉溜清泠，二十里中，步步引人入勝，誠不僅作山陰道上觀也。過橋十餘道，二臺宿。晚，雪霽。

初七日辛亥，晴。辰刻行，仍在山峽中蜿蜒旋轉。雖路石高低、車行顛簸，而松雪清泉，處處動人欣賞。木橋數十道，橋下泉聲若琴筑然。四十里至頭臺，飯畢又行。五里出山峽，就曠野，四十餘里大蘆草溝，宿。土城曰廣仁，駐一游擊，漢兵六百名。

初八日壬子，晴。辰刻行，路甚坦。四十里地窩鋪。又二十里綏定城，宿。城爲伊犁鎮駐。【略】塔爾奇城距此十里。

初九日癸丑，陰。辰刻吃面，行。十五里爲十五里鋪，又十五里至伊犁城。

韋坦《歸化行程記》 道光戊申[二十八年]九月，隨耆介春中堂英往歸化城讞事。廿一日，卯刻由京起身，清河尖，住昌平州。

廿二日，卯刻起行，十八里，南口暫歇。十五里，出居庸關，尖。重山陡壁，行關溝中，巨石排立，崎嶇萬狀，而雄奇怪聳，嵐光變幻，洵一大觀。三十里，宿岔道。

廿三日，卯刻起程，廿五里，榆林茶尖。廿五里，懷來尖。廿五里土木驛，廿五里住沙城。

廿四日，卯刻起身，二十里保安州，廿里雞鳴驛，中尖。三十里響水鋪，暫歇。四圍皆山，洋河繞流。即渾河上游。經鷂兒嶺，陡極，肩輿用縴，四人曳之得上。三十里，宿宣化府城。

廿五日，辰初起身，二十里古樹營，龍王廟茶尖，與野僧閒話片刻。二十里太平寨，落落數家，無息肩地。三十里，經山嶺數重，中無人家，寥廓荒涼。晚宿胡家屯，屯居有數十户。

廿六日，辰刻起程，三十里夏家屯，十里舊懷安，尖。二十里，住懷安縣城。

廿七日，辰正起，三十五里枳兒嶺，十里河底，中尖。二十里，住天鎮縣。入山西省界。

廿八日，卯正起身，六十里陽高縣，中尖。三十里，住王官人屯。

廿九日，卯正起身，三十里巨落，早尖。三十里三十里鋪，三十里，住大同府。

三十日，卯初起程，經雲岡，山壁峭立，上有飛閣數重。沿山有洞，洞内石刻如來像。三十里高山，中尖。三十里雲西，三十里住左雲縣，時已戌初。

十月初一日，卯正起身，三十五里牛心鋪，中尖。五里黄土坡，三十里紅土嶺，二十里，住朔平府。

初二日，卯初起身，二十里出殺虎口，中尖。二十里佛爺溝，二十里新店，宿。

初三日，卯正起，十五里老爺壩，四十里二十家，中尖。即和林格爾。五十里，住薩爾沁。

初四日，辰初起，四十里大黑河，尖。二十里至歸化城。城東南二十里即青冢，在大黑河之西北數里。

十月十六日，讞事畢，自歸化起程。二十里過黑水，又經青冢，遠望蒼鬱之氣，大如覆釜，冢前有二碑亭，一爲昇筠谷先生題詩碑，一爲偃將軍碑。四十里，薩爾沁宿。

十七日，辰刻起身，六十里和林格爾，宿。

十八日，辰刻起程，四十五里老爺壩，有廟，入廟與老僧閒話，並飲苦茶。十里榆樹梁，十里新店，宿。

十九日，辰刻起，二十里佛爺溝，山嶺陡立，用縴夫曳車而上。二十里入殺虎口，三十里至右玉縣。

二十日，辰刻起，二十里紅土嶺，重山峻嶺，極不易行。三十里牛心鋪，中尖。四十里左雲縣城，宿。

廿一日，寅正起，六十里高山，尖。三十里雲岡，入廟瞻仰大佛高五丈二尺五寸。像，就山洞刻石裝金，四面洞中皆刻佛像，極爲莊嚴。三十里大同府城。

廿二日，辰刻起，六十里巨落，中尖。三十里王官人屯，宿。

廿三日，辰刻起，三十里陽高縣，中尖。六十里天鎮縣，宿。

廿四日，辰刻起，二十里河底，尖。五十里懷安縣，宿。

廿五日，巳刻起，四十里夏家屯，中尖。二十里胡家屯，宿。

廿六日，辰刻起，三十里太平寨，二十里古樹營，龍王廟中尖。二十里宣化府城。

廿七日，卯刻起，六十里雞鳴驛，關帝廟中尖。四十里沙城，宿。

廿八日，寅正起，五十里懷來縣，中尖。五十里岔道，宿。

廿九日，卯正起，三十里入居庸關，暫歇。十五里南口，尖。二十里昌平州，宿。

三十日，寅正起身，五十里清河，尖。二十里進德勝門，未正抵寓。

慧成《科布多巡邊日記》 道光戊申[二十八年]冬，余拜科城參贊之命。己酉二月抵任。是年，輪應巡閲西路卡倫。閏四月十二日己卯午刻，拜摺奏報巡閲卡倫。十三日庚辰卯刻，率户部筆帖式福禄、兵部驍騎校善福，並蒙漢當差各兵丁，策馬啓行。是日，幫辦大臣多公率軍營三部院辦事章京、屯田、游擊於西郊佇送。天微陰。七十里，未刻，抵沙拉布拉克，換馬。八十里，酉刻，抵黄嘉舒魯克，宿。回視濟爾噶朗圖山，高横雲漢，其色蒼然如淡煙，蓋相隔三百餘里也。亥刻，北風大作，寒甚，著重裘。

十四日辛巳，卯刻，啓行，迎風北去，益寒，呵氣幾成冰。六十里，午刻，抵洪果爾鄂隆，換馬。七十里，酉刻，抵化碩羅圖，宿。

十五日壬午，卯刻，啓行。遠山層疊，或如火燄，或如卧獅，其形不一，要皆枯槁，不生寸草耳。【略】七十里，未刻，抵哈圖烏里雅蘇，換馬。七十里，申刻，乘木筏渡科布多河，抵鄂魯格依，宿。

十六日癸未，卯刻，啓行，天頗煖，著棉衣。山腰時見碧草，澗水潺潺，似關内早春。七十里，午刻，抵畢溜圖，換馬。五十里，申刻，抵博羅布爾噶蘇，宿。

十七日甲申，辰刻，啓行，微陰。時有疏雨飄灑，土香氣潤。守卡倫侍衛率巡山兵引路。八十里，午刻，抵索果克，換馬。自此山徑偪仄，僅容匹馬。澗水潺湲，雲峰層疊，極高處尚有積雪三四尺，而山腰已生細草，緑白相映，眼界一新。一百里，酉刻，抵達爾沁圖，宿。

十八日乙酉，卯刻，啓行。十餘里山路盤曲，忽得平川，寬廣可八九里，軟草如茵，野花或黄，或紫，或淡紅，映日綽約可愛。馬踏其上如鼓聲，疑其下虚懸焉。【略】再十餘里，山重水複，積雪消融，泥深幾及馬腹，跋涉困躓，筋力憊甚。又數十里，渡小河七道，復上峻嶺，回視來時諸峰，撲地如培塿。風力勁悍，不異三冬。【略】酉刻，抵濟達爾，宿。【略】從此每日巡閲一卡倫，或半途而宿，午未間下馬踞胡床少息，食乾飥，飲澗泉，充飢渴。

十九日丙戌，卯刻，啓行。是日，多平川，略有陂陀，不礙策馬疾馳。數十里，遇大河前横，來源頗遠且湍急，水深没馬。乘駝亂流而渡，駝脛破浪作雷鳴，久之始登彼岸。回顧隔岸，從者人喧馬嘶，與長河浩浩混爲一聲。踞胡床待之。余曾兩渡錢塘江，四渡楊子江，赴後札魯特，兩渡沙江，一泛洞庭湖。道光辛丑、癸卯，兩經堵築東河漫口，渡黄河者何止百餘次，均未若此番問渡之奇。一百里，未刻，抵烏柯克，宿。

二十日丁亥，卯刻，啓行。山徑皆雪泥，腐草没馬脛，跋涉甚苦。【略】數十里，復入高山，徑逾險仄，時有瀑布横瀉路前，激石雷鳴，下臨千尺，策馬逕渡。引馬蒙古臺吉合掌誦佛號，蓋跬步皆與鬼爲鄰也。一百里，申刻，人馬困殆，遂依山結廬而宿，距沁達蓋圖尚六十里。

廿一日戊子，辰刻，啓行。入山漸深景愈妙，一邱一壑，直可與永嘉相頡頏，而雄秀深邃遠過之。【略】六十里，未刻，抵沁達蓋圖宿。【略】酉刻，復雨，橋爲澗水衝斷。戌刻，晴。

廿二日己丑，卯刻，督催蒙古兵伐木架橋。巳刻，橋成。午刻，啓行，入山曲折而登，松柏蔽天，景愈幽邃。【略】八十里，酉刻，依山而宿，距烏索塔布圖尚五十里。戌刻，復雨。亥刻，晴。是日，山徑甚險，亂石縱横，高低硉矹，或棄馬步行，凛凛然舉足皆存敬慎心。噫！涉世者苟能時操此心，或可無咎歟！

廿三日庚寅，卯刻，啓行。嵐氣染衣盡濕，時有老鶴沖雲而起。【略】五十里，午刻，抵烏索塔布圖。少息復行，五十里，申刻，抵烏爾魯，宿。統計自烏柯克行百里以後，即得佳山水幾三百里，不可謂非宇宙間偉觀也。

廿四日辛卯，卯刻，啓行，微雨。遍地皆紅芍藥，香豔異常。過平山北望，有高山綿延直接霄漢。【略】一百里，午刻，抵昌吉斯臺，宿。酉刻晴。

廿五日壬辰，卯刻，啓行。數十里，又入山，覺水光草色，樹影雲容，酷似衢州道上，然而不及沁達蓋圖等處多多矣。一百里，午刻，抵塔布圖，宿。

廿六日癸巳，卯刻，啓行。遠望山坳，時有城郭，人煙似頗稠密，乃俄羅斯國。一百里，午刻，抵那林，宿。從此水平山遠，雲澹天高，蓋地與西羌相接矣。

廿七日甲午，卯刻，啓行。熱甚，易單衣。然遠峰之巔猶有積雪。野鳥黄白色，或伏草際，或飛懸空中不動，聲如畫眉，啁啾可聽。一百二十里，未刻，抵胡蘭阿吉爾噶，宿。

廿八日乙未，卯刻，啓行。較昨尤熱，似關内五六月。四顧荒原無樹，策馬赤日中，身如炙汗如雨。一百六十里，申刻，抵霍呢邁拉扈，宿。依河支氈廬，烹茗暢飲之。【略】時塔爾巴哈臺領隊大臣伊公尚未到，俄羅斯總管來見，衣冠狀貌皆詭譎，頗類西洋。

廿九日丙申，巳刻，隔岸見風飄大纛，人馬絡繹，蒙古報伊公至此會哨。午刻，伊公渡河過我，暢叙數刻。未刻，余往拜之。伊公贈余西羌馬一匹，余報以鞦轡。會哨事畢，即於是日申刻啓行，兼程回任。

五月十二日戊申，未刻，回署。

二十八日乙未，午刻，拜摺，奏報邊疆無事。是行也，點驗各卡倫軍器無缺，戰馬足額，蒙古兵技藝亦好，刁斗不驚，沙漠静謐，實聖主之洪福，抑亦守邊者之幸矣。

董恂《度隴記》 道光二十九年己酉冬十月初二日，奉上諭：著派祁寯藻馳驛前往四川查辦事件，所有隨帶司員著一併馳驛前往。欽此。

初四日，赴署，付四川、陝西等司及應取各件。

初五日，赴園標起馬牌，並咨取勘合火牌。

初七日，赴署，催付查各件，發起馬牌。

初十日、十一日，束裝。

十二日丙子，辰刻起行。【略】據舊單開，皇華驛五里彰儀門。宛平。出城，石道西行，遥望西山一帶林麓蒼黝，山亦名小清涼，相傳爲太行第八陘。【略】十五里小井，十里大井，石道止此，有坊顔曰「徑塗同軌」。十里盧溝橋，橋長里許，建於金明昌間。橋東斗城名拱北，建於明崇禎間。門二，曰順治，曰永昌。城今改名拱極。過橋，路折而南，水即桑乾，色黑，故名盧。五里長新店，尖。地俱石道，市盡有橋。五里趙新店，五里董公庵，五里長楊村，良鄉。【略】十里良鄉，屬順天府。城東里許岡赤如燎，名燎石岡，上有塔，亦名塔岡。是夕宿東關，計行七十里。四十五里長新店自尖，二十五里良鄉縣東關宿。

十三日，辨色發良鄉東關，進東門，出南門。十里小十三里，三里蕭家店，二里大十三里，十里竇店，燕樂毅、宋竇禹鈞故里也。十五里燕谷店，鎮北橋長數十丈，倚鐵竿一，俗傳王彦章所遺鐵篙，謬也。橋下爲聖水。【略】

十里挾河村，房山縣境。五里常店，涿州。五里仙峰坡，鎮長而荒，在涿州四五兩鋪之間，汛在鎮南。五里胡良河，鎮與仙峰坡等，在涿州二三兩鋪之間。鎮南有長石橋，汛在橋南，過此即見涿州雙塔高聳矣。五里涿州，隸順天府，城北有千間大庇橋。未刻抵南關，詣行轅始發封。計行七十里。二十五里寶店尖，四十五里涿州南關宿。

十四日，黎明發涿州。南之齊魯，西之秦晉，於此分道。十里包子鋪，五里忠義店，地爲張桓侯故里，有桓侯祠。五里松林店，五里熨斗店，五里澤畔鋪，涿州、新城。分界，鎮中有界石，新城隸保定府。五里平安店，十里高碑店，尖，地在縣治西二十五里，俗呼高密店，一名駐蹕莊。【略】地有橋，有長雲寺。五里馬村河，有墩，有健亭橋。五里三丈鋪，五里界牌，新城、定興。交界。五里祖村店，定興。有橋曰永順，店南有祖村，祖逖故里也。五里定興，隸保定府。驛路由東城外折而南，五里小北河，即易水也，有燕太子丹送荆卿處及高漸離擊筑處碑。五里北河[店]，宿地即河陽渡也，以在固城之北，故名。北河爲南北通津，有墩，有金河寺。鎮南有橋，橋側有楊椒山讀書處碑。【略】計行八十里。四十五里高碑店自尖，三十五里北河店宿。

十五日，丑刻發北河，三里三里鋪，有墩。三里六里鋪，有墩。四里泥河鋪，有墩，《志》作泥窪鋪。五里十五汲，汛在鎮北。五里尚汲店，有墩，有橋曰永固。先過九汲莊，亦有墩，莊北有唐詩人賈閬仙故里碑，莊南有橋。十里固城鎮，鎮爲秦范陽故城，今作固，蓋故之譌。【略】五里界牌，定興、安肅。交界。五里田村，安肅。有橋曰田村橋，橋下爲雞爪河。過固城後，西望易州一帶，山勢巄嵸峭拔，如花如火。【略】五里麒麟店，有麒麟寺、麒麟冢。【略】五里白塔鋪，始曙。鋪有南大橋，有興聖橋，【略】橋下爲萍水。十里安肅，【略】隸保定府，地當孔道，古有銅梁鐵遂之稱。尖於南關，行轅在城內。十里十里鋪。【略】五里劉祥店，有碧霞宮、觀音寺、三義廟，鎮北數里大道中有陳公橋，陳倜儀明府建，有碑。鎮南石橋曰永賴，漕河之支流也。五里荆塘鋪，【略】五里漕河，南岸有慈航寺，方恪敏公觀承建。【略】五里西漕店，舊有石橋，曰平河橋，今圮。十里徐河橋，徐河一名順水。【略】十五里保定府，省會。清苑縣附郭，以城西清苑河得名。河一名沈水，源出雞距，東至黃狗窊，與順水合。是夕宿西關，登程以來日烜風静，頗便行旅，第晝景苦短耳。計行一百十五里。六十里安肅縣南關尖，五十五里保定府西關宿。

十六日，竟日陰，似雨似霧，林梢的皪如珠。黎明發保定西關，五里五里鋪，清苑。十里小激店，十里大激店，五里閻（望）[童]鋪，滿城。滿城隸保定府。五里郭村，有廣平寺，有燕昭王賢士郭隗故里碑。五里湯村，有興勝寺。五里陘陽驛，五里孟村，五里太平莊，五里方順橋，古曲逆地。橋在鎮中，濡水所經。【略】在今縣治南稍西五十里尖，時巳正。五里拱宸鎮，五里高映鋪，《蜀輶日記》作膏映鋪。完縣。五里十五集，滿城。五里良村，望都。漢光武故里。十里望都縣，即慶都，隸保定府，乾隆十一年十月駕幸五臺山，迴鑾駐此，改今名。是夕宿東關，距城三里。【略】計行九十里。六十里方順橋尖，三十里望都縣東關宿。

十七日，寅初發望都，二里順城鋪，八里戚里鋪，十里荆墳鋪，即二十里鋪。十里清風店，定州。茶尖。鎮中有石，勒曰「清風泉」。十里樂莊鋪，有墩，即北二十里鋪，地名羅家村。十里清水河，即北十里(河)[鋪]，有墩，一名唐溪，一名唐河渡，冬設草橋，水入滱。【略】十里定州，【略】十里八角郎，有墩，即南十里鋪。五里孟良橋，有墩，即七里溝。橋甃以石，嘉水所經。五里咬村鋪，有墩，即南二十里鋪。五里明月店，【略】西望見嘉山，又西爲曲陽北倒馬關。五里三十里鋪，五里界牌鋪，五里田村鋪，新樂。即北十里鋪。五里北五里鋪，五里新樂縣，屬正定府。【略】宿南關。仍竟日陰，幸未雨。計行一百一十里。六十里定州西關尖，五十里新樂縣南關宿。

十八日，寅刻起，陰霾盡埽，月明如晝。出門過沙河，原名派河，水寒不波，河勢猶闊，時已架木爲橋，肩輿穩度，視夏日之争舟而喧者，風景一變矣。定興之北河、定州之唐河皆然，蓋夏令十月成梁遺法也。度橋後，野田尚多沮洳。【略】五里南五里鋪，二里七里鋪。官道下舊有石橋，橋下湧泉溝水也。八里小寨鋪，【略】三里十八里鋪，二里同常店，五里馬頭鋪，古蓮花店。過草橋，橋下曹河溝水也。五里藁城界牌，藁城。五里吴村堡。藁城驛路錯入新樂、正定兩界，驛路僅十里。【略】五里正定北界牌，正定。五里伏城驛，即新城鋪，尖於旅店，時辰正。地有先賢閔子騫故里碑。十里三十里鋪，十里北牛鋪，即二十里鋪，單作拐角鋪。十里十里鋪，十里正定府，【略】行轅在縣治東北，故察院廨也。【略】計行八十五里。四十五里伏城驛尖，四十里正定府城內宿。

十九日，卯初發正定，出南門，一天月色，滿地霜華，旭景將升，絳霞成采。十里滹沱河，長橋卧波，草平上輭，河身淩土相雜，水蠕蠕如凍蛇欲蟄狀，非復汪洋浩瀚之觀矣。昨許西垣明府來言：滹沱遷徙不常，三十年前尚依城基也。十里柳林鋪，五里蕭家營，五里趙陵鋪，獲鹿。有墩。辰初茶尖。十里安舍鋪，有墩。十里十里鋪，有墩。五里海山嶺，有墩。山上有龍王堂，下有穴，水常不竭，一名亂石嶺。五里獲鹿縣，屬正定府。縣西擅陘關之險，東挹滹沱之濤，封龍綿亘於南，太行環抱其北，燕晉要地也。宿東關。到時午正，計行六十里。三十里趙陵鋪尖，三十里獲鹿縣東關宿。

二十日，卯初進獲鹿東門，出西門。輿前用縴，如挽舟狀。自發獲鹿始，五里土門口，【略】按此即古井陘口，爲太行八陘之第五陘。五里界石，獲鹿、井陘。交界石在驛路南，路北有窩鋪，上書「郄家莊」。過抱犢山麓、郄家莊鎮，即抵此鎮，有墩。五里亮子嶺，井陘。《志》云古名仰字嶺，今譌。五里下安村，五里上安村，五里白石嶺，即東天門，古名白皮關。【略】十里微水村，尖。村有石，題曰「漢淮陰侯設背水陣處」。土人讀獲如懷，讀微如魚。尖後渡微水橋，橋積石爲基，空其中以讓水，橫木加草土以通車，行人便之。夏間大水，不能有此。五里長岡村，五里橫口村，村據微水上游，綿蔓、甘淘二水合流處也。五里張村，村後有天台山，宋靖康間土人避兵於此。五里郝家村，一名西河村，河亦綿蔓水也，亦有草橋。五里東窑嶺，石紋甚細。過隸書「淮陰談兵處」碑、正書「漢田叔田仁先生故里」碑。五里井陘縣，屬正定府。【略】五里朱村，五里板橋村，村西有長虹橋。五里長生鎮，五里龍窩寺，石壁峭立，寺隨壁峻。【略】五里核桃園，古桃園鎮也，宿於旅店。到時申正，計行九十五里。四十里微水村尖，五十五里核桃園宿。

二十一日，寅正起，天微陰。發核桃園，五里界牌，直隸井陘、山西平定。交界。自皇華驛至此，共行直隸境七百八十里，入山西界。【略】五里舊關，平定。一名故關，有故關山，兩山險隘，堡踞其中，蓋晉之咽喉。唐裴度出故關討王庭湊，即此。俗呼北天門，有汛。【略】二里甘桃驛，驛去井陘之核桃園十里而近，使車皆息驂於彼，故驛不設館。三里固關，重巖疊嶂，壁立摩天，小城跨山坳，北接娘子關，相去不二十里地，爲直隸要害。【略】十里槐樹鋪，有汛，一名槐樹坡，設茶尖。十里固驛鋪，有汛。五里柏木井，有汛。八里八里橋，有汛。二里西天門，【略】五里柏井驛，實鎮也，地多甎石室。到時巳正，日漸有光，尖於瓦屋鎮。西門題曰「秦晉要路」。距鎮二里許有八疊坡，險峻可守。【略】驛有橋三：一在本鎮，一在八疊坡，一在石泉會。鎮有明靈王廟，有汛。三里青玉峽，尖後出門，怪石巉巖，連綿不絶，兩壁險隘，無路可陟。山麓潭底水涸，石齒嵯岈，不可逼視。沿途碑碣多刊「小心山水」，夏間冒雨過此，其危可想。【略】七里橋頭村，有汛。五里小橋鋪，有石橋三。五里石門口，山崖下石上有長國寺，有汛。十里西郊，有汛，一名西郊村。十里暫石村，有英公祠，【略】有汛。十里平定州，【略】進東門，出西門，宿西關州之南鄉。【略】計行一百五里。五十五里柏井驛尖，五十里平定州西關宿。

二十二日，卯初發平定，五里黑砂嶺，嶺脊有憑虛閣，一名南天門。嶺麓有三義閣，嶺畔勝水出焉，有勝水寺、諸天閣，有汛。五里義井鎮，有汛。自此灘行，夏間過此或揭或厲，有七十二渡之稱，今水澤腹堅，間有涓涓細流如帶，均已累石爲橋。五里陽泉村，五里平潭鎮，有汛。舊有驛，今驛移下城西關，仍名平潭。【略】五里石卜嘴，過平潭後，地名紅土坪，【略】平潭、石卜一帶山多石炭。五里賽魚村，有汛，廢受州城也。十里新興鎮，有汛。坊作辛興，《志》作新興，地多灘行，俗呼辛興灘，或云灘上亂山名破鞋嶺。【略】五里坡頭村，五里側石驛，有汛，廢樂平縣地也，今地歸平定，驛屬盂縣，盂治在驛南七十里。【略】測石東有溫泉，由丹石崖流出，泠泠有聲。尖於石室，到時巳正。十里新店鎮，即漢橋鎮，有三義廟、圓興寺，有汛。十里張淨鎮，壽陽。有汛。鎮東里許橋曰太和，鎮西橋曰張淨。十里芹泉驛，地有二泉，一清一濁，夏間盂令李小嵐明府來晤於測石，言芹泉惟鎮中一街屬盂，餘地均屬壽陽，舊本驛也，今移驛於測石，芹泉無驛矣，而地仍蒙以驛名。驛在測石，名測石驛是矣，而公牘稱驛仍蒙以芹泉名。測石隸平定，盂驛其地，謂之借地，應差換馬在測石，換夫仍在芹泉，馬遷夫不遷，便民也。鎮西汛曰荆泉，橋曰曉月。十里土嶺鋪、土陘嶺，有唐鄖國公殷開山墓。十里壽陽，隸平定州。方山鎮其北，洞渦帶其南，西邇太原，東通井陘，爲孔道所必經。【略】計行一百里。五十里測石驛尖，五十里壽陽縣東關宿。

二十三日丁亥，大雪。卯正發壽陽，【略】五里童子河，本河名也，即以名鎮。水發源縣北七十里曹家河村，名曹河，西流，屈折至城西南二里許，入壽水。相傳李長者過此，羣兒迎水旁，因名。河身甚細，暴漲多漂没。五里黄門鎮，即古狄郇村，有汛，堡在河北。踏冰渡河，坊在河南。五里青羊岔，五里大樹堙，亦鎮也，有汛。十里清平鎮，有汛，鎮西壁題曰「燕山秀氣」。十里黄楊鋪，據汛壁所書也，界石作王强鋪。十里太安驛，尖。驛在鎮中，有汛，有大石題曰「立峰」。【略】黄門一帶至此，所涉皆壽水。十里西嶺鋪，有鎮，有汛。十里要羅鎮，夏間道濘，假店車處也，有汛。舊名遂城鎮，在城西南七十里要羅山中，左右一帶山路多石，鎮西南題曰「古晉東藩」。十里韓家溝，五里什貼鎮，榆次。宿。宿店已三下榻矣。【略】由壽陽以至平定，可臨正定之井陘。由八縛嶺以至黄榆，可趨直隸之順德。由太谷而南度鼠雀之谷，則可以向汾州。由盂縣而北出兩嶺山，則可以通忻代。【略】縣治在什貼西南四十里，什貼有土橋，在三義廟北，地當孔道，輪蹏雜沓，潦水衝決，里人時修舉云。【略】計行八十五里。五十里太安驛尖，三十五里什貼鎮宿。

二十四日，寅正發什貼，七里三岔口。東之燕，西之秦，北之晉垣，故曰三岔，距省城六十里。八里腰店，縣治在西南二十五里，地有北齊白顯墓。墓前石羊二，碑刻今磨滅。三里羅家莊，二里傅家窑，七里傅村，村有土橋，原名灞陵，康熙間更名青龍橋。八里王胡鎮，尖。縣治在鎮西南十里，地當孔道。【略】到時辰正，尖畢午初。十里郭村堡，距西門五里。堡北有會一寺，南有重慶寺，絳大爭挽輿，大閧。五里榮村，五里南谷村，十里張慶鋪，有觀音寺，殿柱石高尺五。天將雨，自上而下，溼尺雨尺，溼寸雨寸。尖王胡後一路平坦，將近張慶，轎杵脱肩，傷右手食指。古云「莫躓於山而躓於垤」，信然。十里永康鎮，露轎茶尖。五里郝村，有紫薇觀。村南有嘉平隄，東起嘉平渠口，西接太原張花村。十里界牌，榆次、徐溝。交界。榆次西南界牌華而整，徐溝東界牌質而窳，兩牌相距里許。五里遼西村汛。十里徐溝縣，本清源縣之徐川鎮也，屬太原府。縣境狹隘，《志》言東抵榆次界十三里，西抵清源十八里，南抵太谷十八里，北抵太原十三里。【略】申正宿西關。【略】計行一百五里。三十五里王胡鎮尖，四十里永康鎮茶尖，三十里徐溝縣西關宿。

二十五日，卯正發徐溝，過石橋，十里高花村，有福興寺、三聖廟。十里堯城，【略】城南有石橋。十里羅村，徐溝、祁縣。交界，備有茶尖。【略】十里賈令鎮，有召憩亭。五里賈令河，昌源河水引入豐户渠以灌田者也。有賈令橋，以土木結搆爲之，盛夏撤去，秋杪復修。十里會善村，有明覺寺，有黎國公温大雅墓。五里祁縣，【略】隸太原府。【略】進北門，折而西，再折而南，同尖昭餘書院，以昭餘祁名也。【略】尖後出書院，折而北，出西門行，五里高城鋪，即五里鋪。祁縣。五里東城鋪，即十里鋪。五里鄭家莊，五里界牌，祁縣、平遥。交界。十里洪善村，平遥。堡南題曰「毓秀南峰」。五里新城鋪，五里十里鋪，路左右廟皆覆琉璃瓦，輿人以琉璃廟呼之。五里仁内鋪，即五里鋪。五里平遥縣，【略】是夕宿城内，兩館有徑可通。計行一百一十里。六十里祁縣城内尖，五十里平遥縣城内宿。

二十六日，平明發平遥，十里良如壁，五里橋頭村，即陳村鋪。五里杜村茶房，五里田堡鋪，介休。有界牌。五里郝家堡，進堡東門，同尖。出堡西門，過石橋，即張蘭鎮東門矣。堡與鎮對峙，中通一橋，如瘦腰壺盧形，又如篆書吕字形。張蘭城垣完固，民居稠密，廛市環列，雄鎮也。行館實在郝家堡内，俗以堡與鎮聯，亦以張蘭鎮呼之。五里南張鋪，下嶺後村有李陵墓。【略】十里三里鋪，即三十里鋪，地有鄔城店，鄔大夫彌牟故城也。十里湛泉鎮，鎮北額曰「秀毓華林」，曰「惟喜康共」。鎮有普濟橋，南門外有長安橋，東門外有得勝橋，皆勝水也。五里東十五里鋪，五里宋貼鋪，即十里鋪。五里東石門鋪，五里介休，隸汾州府。【略】出西門，宿西關，兩行館通。計行八十里。三十五里張蘭鎮尖，四十五里介休縣西關宿。

二十七日，平明發介休，十里西石門鋪，五里許見汾水。汾水發源太原晉陽山管涔谷，自交城、文水歷平遥西南流，由汾陽入縣境橋頭村，驛路至此始見之。自王胡至西石門平原曠坱，車馬便利，過石門後左綿山，右汾水，無復康莊矣。十里義棠鎮，鎮南依山阜，北臨汾水，爲通衢鎖鑰，實一邑藩籬。鎮右有虹霽橋，跨汾水之上，爲汾州孔道，高二丈有奇，闊稱是，長七十餘步，孔十三，虹橋夜月爲介休十景之一。橋在鎮之右偏，遥望乃見，夏間往來於此，均未及記。五里桑平峪，靈石。五里冷泉關，即冠爵津也，又名爵鼠谷。偏關閣道累石就路，縈帶巖側，上戴土阜，下臨絶澗，乃入谷之口，蓋通古之津隘也。【略】十里崔家溝，有汛。十里兩渡鎮，尖於石室，到時巳正。鎮東岸即綿山，有徑至介之推廟，不過數里。鎮南有橋跨汾水，孔七。五里其家墳，五里索洲鎮，亦有橋跨汾水。五里張家峪汛。十五里靈石縣，隸霍州。南有郭家溝之天險，北有靈石口之巖關，汾水經流，綿山拱峙，扼塞咽喉，南北闌陝也。宿北關小水鎮，【略】汾水由介休東南經縣境冷泉、兩渡等地，直逼縣城，北合小水河，環繞縣西，復轉而東，抵翠峰山下，折而西南，經魯班纏，合郭家溝水，至南關鎮合仁義河，南入霍州界。計行八十里。五十里兩渡鎮尖，三十里靈石縣北關小水鎮宿。

二十八日，卯正發小水鎮，五里裴家峪。自介休西石門鋪至此皆沿坡行，蜿蜒曲折，坡路斷絶，補以土塊，左山右水，峰高澗深，肩輿過此時有戒心。五里坡底鎮，自此路漸陡，夫如猱升，不見汾水矣。五里竹竿坂，【略】五里韓侯嶺，【略】五里郭家溝，出祠下嶺，溝在嶺底，有汛。有天險橋，過橋復升，八里北臺，七里仁義驛，有鎮。四圍皆山，狀如深阱，人煙頗稠，巳正尖此。【略】十里逍遥嶺，近嶺一帶，山陰麥田多餘積雪，不知雨自何時。五里老張灣，霍州。五里白水，十里師莊鎮，露轎茶尖。十里周村汛，五里北坡，五里十里汛，十里霍州。【略】入北門，宿城内，兩行館通。是日所行，或峽或坡，逍遥嶺、老張灣一帶尤險隘。【略】計行一百里。四十里仁義鎮尖，三十里師莊鎮茶尖，三十里霍州城内宿。

二十九日，卯正出南門，時見汾水，過石橋，折入山峽行。遥望霍山半立雲際，山勢南趨。【略】五里壇底鎮，兩過石橋，皆彘水所經。五里鑾鈴鋪，地即鑾鈴原，相傳唐太宗過此，挂鈴於樹，故名。鋪在峽中，驛路旁近原有金鞍嶺，亦太宗息馬卸鞍處也。五里南坡底，唐太宗破宋老生，馳下峻坂，即此。五里辛置鎮，備有茶尖。過鑾鈴後至坡底，峽窈以深，不恒見日。坡底至辛置地勢平曠，復見河冰瑩澈，時有人家，三五叢集。五里霍州、趙城。界牌。過辛置後里許，復行棧道，抵霍州南界牌，左山巀嶭，右水潺湲，時漲痕減落，坡下間有平灘可履。過趙城界牌，仍復左山右水，漸入深峽。五里益昌鋪，趙城。十里衛店，五里窑子鎮，鎮南北俱有橋。以上俱隘道，行過此地漸平。五里趙城縣，隸霍州。【略】進北門，出南門，間尖簡城書院。城東五里有媧皇廟。十里王開鋪坊，五里界牌，有國士橋，橋石題曰「豫讓遺蹟」。五里苗村，洪洞。五里官莊，五里洪洞縣，隸平陽府。【略】館斜對行轅，相距不數武。是日尖後行田間，村人多講水利。【略】計行八十里。二十里辛置茶尖，三十里趙城縣南關尖，三十里洪洞縣北關宿。

十一月朔，寅初發洪洞，過洪崖，有聚瑞橋，澗水所經。十里左壁村，過皋陶墓碑。十里陽曲鎮，露轎茶尖。十里羊獬鋪，【略】地多細砂，草木不生。過天井村，五里南界牌，五里韓村鋪，地爲韓武子食邑，鋪側有臨汾北界碑。抵臨汾界，天始曙十里高河鎮，臨汾。古高梁也。【略】汾水由縣東北二十里入界，南過高河鎮，又南與平水合，入襄陵界。鎮北有公濟橋，一曰高梁橋，澇水所經也。【略】十里平陽府城，臨汾附郭。【略】進北門，有樓題曰「聲和擊壤」，坊題曰「臨汾萃秀」，尖於貢院。時巳正，城中荒陋，有茅茨土階遺風。十里岔口，有鎮。五里堯廟，廟旁有「舜尚見帝」碑。五里大韓鋪，韓康子食邑。五里界牌，臨汾、襄陵。交界。過鄧村鋪，【略】五里靈伯鋪，有坊。襄陵。十里張林鋪，靈伯南、張林北，有北辛店村、下院村。下院，夏間避雨處也。過梁坡村，梁坡東有塔。五里趙曲鎮，鎮向爲尖宿地，在襄陵治東南二十里。五里荆村鋪，過此升坡，入箕山。遥望汾河，寒鴉弄影，沙鳧踏冰，古木槎枒，夕陽明滅，饒有雲林筆意。自坡底鎮過韓侯嶺以來，至趙城窑子鎮，中間祇辛置一鎮平坦，餘俱險巇難行。自趙城至襄陵，東望箕山，西帶汾水，坊皆坦途。過此升箕山，又復左高右深矣。八里界牌，襄陵、太平。交界，太平縣屬平陽府，左帶河、汾，右臨姑射，前襟岡阜，後接巖關。縣北二十餘里曰太平關，西北十八里曰白石梯關。二里史村驛，太平。宿。到時申正，兩行館通。汾水在太平治東二十五里，自襄陵來，至史村西入邑境，南流，石底凝舟。雍正八年開引河於西，袤百二十丈，後河水自流石上，不入引河，遂仍故道，至官灘莊入曲沃界。計行一百二十里。六十里平陽府城内尖，六十里太平縣史村驛宿。

初二日，平明發史村，由土峽行。自太原以來，時見汾水流於兩山之間，至襄陵南界，驛路折入山峽，汾水西南逕沃、絳，河津入黄河，不復見矣。十里閻店鎮，過太平南界牌。牌北石橋，坊曰「古義士橋」，碑曰「豫讓橋」。【略】十里蒙城驛，曲沃。過橋後漸入曲沃界，驛鎮有橋山書院。【略】十里北辛店，五里北封王村，五里高顯鎮，尖，到時巳正。過天井橋，抵鎮。橋下滏水所經。汾水由太平入縣趙莊境，南至高顯，滏水入焉。又西南經高陽村，至汾陰，少折而南，繞平望諸村、古虒祁宫北，又西徑臺神村，入絳州界。五里高陽村，五里楊村，十里郭馬，五里西莊鎮，五里侯馬驛，宿，到時申正，兩行館通。是日尖前四十里皆行土峽，其或升坡之腰，或沿原之層，皆避峽中車也。尖後三十里皆行平田，計行七十里。四十里高顯鎮尖，三十里侯馬驛宿。

初三日，卯正發侯馬，過澮水橋時水尚未冰。五里上馬村，五里史店村，五里驛橋村。出門以來路甚平曠，饒有樹木，過村後漸入土峽，多行坡腰。五里隘口鎮，備有茶尖。過鎮南石橋，入聞喜界，取道山僻小路，東南行，道隘不可以車，肩輿人愛行此，想路較近也，而陟降不時，頗形勞頓，天下捷徑蓋類如是矣。過小徑數里，入坦途。隘，土人讀如「匿」、如「捏」。十里蘭德鎮，聞喜。【略】五里裴柏村，五里問店，五里姚村，三里中莊，二里東鎮，尖於輒室。【略】五里川口村，五里馮家莊。自東鎮至此河水漸涸，尚多沮洳，枯荷覆水，荒蘆卧灘，仲夏之一池蓮葉，數畝蒹葭，僅存此矣。十里十里鋪，過馮莊後見水從東北來，波清溜急，蓋涑水也。涑水每冬冰裂翻兩岸，立如堵，聲如霹靂，俗傳梅參將戟入水化蛟，夜有見者，如羊而黑，又如蛇有角，目光如燈。十里聞喜縣，隸絳州。【略】宿東關，到時未正。【略】計行八十里。五十里東鎮尖，三十里聞喜縣東關宿。

初四日，黎明發聞喜，進東門，出水西門。西岸有紅鶴樓，東岸有迴瀾塔，皆在水西門外。左顧涑流滔滔，南去塔樓對峙，曉色蒼寒。十里宋店鎮，鎮南有文耀閣。十里郭店鎮，鎮南有聚奎樓。晨發聞喜，雲際羣峰宛然，左闢即中條也。中條由蒲州府東南跨平陸、芮城、安邑、聞喜、夏縣、垣曲及解州界，隸聞喜境者廣袤皆四十餘里，西界夏縣，東界垣曲，巉巖峻拔，綿亘不絕，雲興則爲雨，晴則翠如畫屏。五里界牌，聞喜、夏縣。交界。【略】五里義門堡，夏縣。十里涑水鎮，尖，到時巳正。地俗名水頭，縣治在鎮南三十里。尖後過古涑水頭石橋，宋司馬温公故里碑峙其側。橋西道經行轅，鎮路數曲，橋在鎮中，亦即在兩行館之中。十里岔口，仲夏赴運城，由此南行，今赴蒲州，由此西行。【略】五里界牌，夏縣、安邑。交界。【略】五里王范，安邑。【略】十里將軍廟。自岔口至王范，山勢愈趨愈近，過將軍廟後若即若離。十里張村，十里北相驛，一名象里鎮。本名相里鎮，曰北相，以縣有村名南相也。西距縣治，南距運城各三十里。平原落日，古木寒煙，如在畫中，頗無行旅之苦。同宿一館，到時申初。【略】計行九十里。四十里涑水鎮尖，五十里北相鎮宿。

初五日，平明發北相，十里喬陽汛，其地疏林夾道，驛路中分，落葉棲田，橫枝礙馬，一千里外眼界一新。五里安邑，猗氏。交界。【略】五里李漢，猗氏。十里牛杜鎮，尖，兩行館通，到時辰正。縣城在鎮北八里。【略】五里香樂鎮，鎮甚大，當猗氏六七兩鋪。時會集演劇，觀者塞途。十里祁任塘，五里祁任村。名村，實鎮也，民居甚密。五里水頭塘，猗氏、臨晉。交界，地近涑水，故名。【略】涑水過此，西入五姓湖，經孟明橋入黃河，驛路不復見矣。五里城東橋，臨晉。十里樊橋驛，宿，兩行館通，到時未正。【略】臨晉縣治在驛西北十五里。是日平原曠坱，車輕馬熟，東望中條，西望峨嵋，皆在有無之間。【略】計行七十里。三十里牛杜鎮尖，四十里樊橋驛宿。

初六日，平明發樊橋驛，十里椿陽鎮，十里七級鎮，地俱可茶尖。五里臨晉、永濟。交界。【略】五里古城屯，永濟。古解梁城也，在臨晉西南三十里五姓湖北，其蹟至今猶存。二里古東信呂鎮，鎮名據鎮東額所書。十三里高市鎮，尖於北極荒祠，到時巳正。鎮東額曰「古東維那」。二十里呂芝，十五里坡底鎮，宿，到時未正。【略】蒲州府治在鎮西五里。【略】自襄陵南界箕山以後，歷太平、曲沃、聞喜、夏縣、猗氏、安邑、臨晉諸縣地，訖永濟寺坡底，祇曲沃之隘口小徑數里巇險，餘皆坦途。將近寺坡底，漸由土峽行，過坡底後坦途如故。聞、夏、安、猗水味多鹹，夏、安尤甚，接壤鹽池故也。至臨晉漸清，至永濟益清，蓋地濱大河矣。臨晉一帶轎夫絳夫善閧，《萬里行程記》謂其人帶樸野氣，不誣。是日發樊橋以來，中條、歷山，峭立雲際，或起於人面，或讓於道左，故所行仍坦途也。計行八十里。四十五里高市鎮尖，三十五里坡底鎮宿。

初七日，丑刻起，寅初發坡底，十里薛家巖，七里韓楊鎮，八里辛店，十五里上源頭，以上四十里皆秉燭行。【略】黎明達中條山麓，左山基庋平地，屹如垣址，右顧平田，一望無際。八里常旺，上源頭、常旺之間曰渡頭村，黃河渡船水手皆渡頭、常旺及匼河三地人也。【略】七里匼河，尖，到時辰初。十里北極宫，五里風陵渡，稍上有沙堆，風后所葬。【略】船政爲潼關司馬所轄，相國先濟，隨節繼之。【略】自平定界牌至風陵渡口，共行山西境一千四百二十里，入陝西界。【略】五里潼關廳，隸同州府。【略】既入關，所履皆坦途，身隨地高，人不自覺，往往然矣。尖於關内，兩行館通。尖後出關西行，里許有潼、華交界石坊，入華陰界。五里新滿城，華陰。【略】五里弔橋，即楊橋鋪，【略】片石之下，清流可挹，在山泉水固應如是。十里泉店鋪，有漢四知楊震講學處碑。十里陽化鋪，左沿華麓，右多村莊，驛路皆坦途。五里太華鎮，地有華嶽廟，宿廟西旅舍，行轅在廟中。將至鎮，一派清流，涓涓可愛，溯流而行，未竟其端。問廟中羽士，乃太華積雪也。詣行轅。【略】計行一百一十里。五十五里匼河尖，二十里潼關尖，三十五里太華鎮宿。

初八日，頹雲不流，沈陰欲暝，大有雪意，牧令皆言入冬以來已兩次得雪二寸許。寅初發太華鎮，五里華陰縣，隸同州府。【略】入東門，出西門西行。西關外有神醫華陀墓碑，十里長城鋪，【略】十里新莊鋪，即二十里鋪，平舒故城遺址也。十里敷水鋪，荒店茶尖。鋪東板橋跨敷水上，【略】十五里分界鋪，華陰、華州。交界。【略】五里柳子里，華州。始見石，備有茶尖。《志》言伏氣岡，土人呼曰龍岡。其北爲張村，又北爲柳子坡、千頃水，東爲柳子鎮。【略】五里蓮花寺。是日登程以來，左沿華麓，右望平原，過此右有村莊，華嶽頂多積雪，麓攢叢樹，昨登閣正看，今沿途側看矣。五里羅紋橋，橋下水因勢濬渠堰，東西各流，西流按日分水溉田，北下入渭橋。南村居千家，擣山楮作小山紙。十里華州，隸同州府，進東門，稍折而南，尖城内，時巳正，兩行館通。【略】尖後稍折而北，出西門。自華陰而西，驛路多柳、槐、檜、柏，列樹表道，華山之麓尤多叢木。華州迆西峻峰漸斂，一帶平岡綿亘不絶，嶺陰多積雪，蓋少華也。十里西溪堂，【略】西行渡石橋，田多寒水，斷葦猶存。十里白泉鋪，西溪、白泉之間正道多濘，似有積水新涸者。七里赤水鎮，華州、渭南。鎮甚長，中有石橋，橋北曰利涉隄，屬華州，備有茶尖。橋南入渭南界，顔曰「渭邑重鎮」。鎮南有橋，坊南向題曰「周處故里」。【略】三里赤水鋪，渭南。十里西陽鋪，入小徑，山坡行。鋪西有白樂天故里碑，有西陽橋，橋下西陽谷水也。赤水之西有東陽谷水，西陽谷水之西有明光谷水，皆自南而北流入渭。十里渭南縣，隸西安府。縣城在渭水南，縣境跨渭水南北，宿城内，兩行館斜對。【略】計行一百二十五里。三十五里敷水鋪茶尖，四十里華州尖，五十里渭南縣宿。

初九日壬寅，冬至。平明發渭南，天仍陰。出襟湭門，渡萬里橋，橋下湭水也。渭邑絳夫衣元緑藍，半臂，兩肩有舌如翼，以受絳，護心圓白，幅如鏡，用笠備雨雪，晴即遮日，飾以蝙蝠。入關以來，鋪兵馬褂多衣黄。城西南五里灰堆坡，崇三尺，周百步，相傳秦始皇焚書地。十里張村鋪，有背坡庵。五里良田坡，俗呼仰天坡，入土峽行，五里杜化鋪，有化覺寺、廣惠寺、净土院。五里城店鋪，近鋪城店坡，五里零陽鋪，過此天漸晴，見日。五里零口塘，西行渡零口橋，橋下零水也。五里零口鎮，臨潼。一作泠口，尖時巳初，兩行館通。塘鎮之間有渭南、臨潼界石。尖後仍坦途，十里戲河鋪，過石橋，橋下戲水也。【略】十里新豐鎮，漢新豐城，即新豐市也。跨新豐河上爲新豐橋。【略】十里陰盤古縣，有石橋跨陰盤河上。十里臨潼縣，漢新豐、櫟陽二縣也，屬西安府。新豐、櫟陽今爲巨鎮，櫟陽鎮在縣北五十里。【略】進臨潼東北門，出南門，宿驪山下行館。計行八十里。四十里零口鎮尖，四十里驪山下宿。

初十日，平明天色沈沈。進南門，折出西門，涉潼水，源出驪山下，即温泉也，一名湯泉，冬月白氣浮蒸如煙，逕縣西門，北流入渭。涉飲濟泉水，源出驪山南谷，其味甘洌。涉石澗河，即泠水河也，飲濟泉來會之。涉水碓河，源出磑子谷。渡韓峪橋，橋下韓峪溝水也。以上五水細流涓涓，俱北入渭。十里斜谷鎮，鎮街由東北入，西南出，故名。【略】五里地窑子，臨潼、咸甯。交界，一名地窑村。【略】五里邵平店，咸甯。地多唐代陵寢，店北口懿宗王后安陵其一也，豐碑屹立，而邱壟荒涼矣。五里豁口村，五里灞橋，古名銷魂橋，石棟林立，亘若長虹，時已淺涸，而沙灘遼遠，想見夏秋淋潦，波瀾壯闊也。橋南坊曰「軌通西域」，衰柳長隄，尚依依有惜别意。尖於離亭行館。【略】十里滻橋，坊曰「長樂要津」，地即十里鋪。滻水西北流，至漢文帝陵前合灞水，東入渭。十里西安府，自周暨唐，並都於此。進東門，門曰長樂，折而南，過鼓樓，入長安縣界，宿南院，院爲制軍行署。計行五十里。三十里灞橋尖，二十里西安府城内宿。

十一日，丑刻起，批發呈詞。寅初發西安，霜華在地，星光滿天。城東十五里有杜城，即古杜伯國。城西二里有鐵塔寺，唐章懷太子故宅也。五里金勝鋪，長安。有金勝寺。【略】十里亭子鋪，五里三橋鎮，備有茶尖。【略】五里泗城鋪，五里新店子，長安、咸陽。交界，有界牌。咸陽絳夫衣紅緣元，馬褂與民壯等，背幅團白，大書曰絳，笠飾視渭南加元緣朱纓。五里墚灘鋪，咸陽。鋪東通利橋，跨漆水上。五里通天台，驛路西北行，度豐橋，坊曰「豐水東注」，曰「在渭之涘」。過橋折而北，五里河南街，在渭河之南，故名。街當驛路。西過豐橋後路數曲，過渭水浮橋，古西渭橋地，唐名咸陽橋。今則夏秋時以舟渡，冬春橋成廢舟，名便橋，或稱長安古渡。【略】五里咸陽縣，縣界連長安，隸西安府。渡渭後入縣南門，門側有文王造舟爲梁處碑分書。尖城内，到時辰正。尖後過四望樓，路折而北，此隴蜀分途也。咸陽孔道有二：出西門西行爲入川路，出西北門西北行爲入甘路。【略】十五里上照塘，十里雙照鋪，五里西城村，五里界牌，咸陽、興平。交界。五里店張驛，興平。行館同尖，到時巳正。興平縣治在店張驛南四十里，今驛移醴泉，而驛名尚存。十里晏村鋪，醴泉。有醴泉界石。十里雒村鋪，日暝，城中以燈來迎。十里醴泉縣，隸西安府，【略】進南門，出西門，宿西關。計行一百二十里。五十里咸陽縣尖，四十里店張驛尖，三十里醴泉縣西關宿。

十二日，發醴泉縣。九嵕在縣東北，由是鳳凰、武將、承陽、無勢、五峰諸山迤邐而西，絡繹不絶。時雲陰月黑，風緊滅燈，弗能辨也。三里入乾州界，天色深黑，州牧以燈迓於道。二里孝義坊，乾州。五里灰坡村，五里强家村，五里陽洪店，五里尹家村，五里好時村，五里安家寺，五里乾州。進東門，城内尖。【略】尖後出北門，行土峽。時天晴，梁山在城西北五里，高三百七十四尺，周九里，廣二里。正南兩峰並峙，直北一峰最高，東與九嵕比峻，西與五峰相映，南與太白、終南遥拱。【略】十里陵坡村，即陵前村。八里三付寨，即十八里鋪。十二里陽峪鎮，七里黄家莊，三里吴店村，五里安家宫橋，永壽。五里監軍鎮，茶尖。【略】五里永壽鎮，舊永壽縣治也。今麻亭新縣治，元至元中始徙建。五里秦家鋪，五里圪塔鋪。圪塔，小山相連峰起之名，語見《輶軒瑣記》。五里蒿店，七里穆陵關，【略】三里雙廟村，五里老虎頭。日暝，縣令以燈來迎。五里永壽縣，屬乾州。【略】宿南關，到時酉正。是日道俱北向，時或稍西，多行土峽，將近縣治路益紆曲，亂山殘雪，寒氣侵人。【略】計行一百三十里。四十里乾州尖，五十里監軍鎮茶尖，四十里永壽縣南關宿。

十三日，平明進永壽南門，城街如峽，狹僅容軌，城本就山累堞故也。永壽轎四夫，三分夫之二，蓋三轎計共十四夫。出北門，愈進愈高。縣西北有永壽原，本名廣壽，避隋諱，改今名，縣以此得名。五里分水嶺，嶺下有泉，分流南北，南流爲汧河，北流爲太峪河，太峪河一爲公主川，【略】遥邠州東南，又東北流，入涇。二里樊甯坡，八里新步村，五里徐家車圈，五里瑶源坡，嶺最峻，坡次之，車圈則盤陀也，地勢均如其名。五里底窖溝，愈入愈深，向所未有。五里石坡坎，澗中大石如屋，如舟，其小者如象，如牛，坎左右再履冰。五里太峪鎮，邠州。尖於旅舍。尖後復升，道曲而峻。既升，道極平，平原積雪，一望無際。十里太峪衚衕，五里十五里鋪，五里十里鋪，七里三里臺。是日道仍北向，時或稍西，其間有轉東者，則隨山還闢也。下峻坂則州治矣，三里邠州。【略】由城南轉入東門宿，到時未正，兩行館通。【略】計行七十里。四十里太峪鎮尖，三十里邠州城内宿。

十四日，平明發邠州，出行館，左右皆山，幾忘爲城内行。出西門，恪益平曠。五里火石觜，下坡由灘行，坡上故有車道，特稍迂曲耳。下坡甚艱，肩輿人愛捷忘險如此。五里水簾洞，遥望左山洞穴玲瓏，蓋明岨山也。山頂皆土，山脚皆石，洞不勝數。【略】十里大佛寺，舊名應福寺，一名慶壽寺，鑿石爲巖，就巖石琢佛像，高八丈五尺，兩旁侍者亦高五六丈。【略】十五里安化鎮，由大佛寺前進，坡名石坂，下傴涇河，長武李明府大成鑿石通道，循崖上下，長三里餘。自發邠州以來路多西向，或稍偏北，南北皆山。右山之麓有水，即涇河也。驛路左右多植桑棗，過水簾洞尤茂密。【略】五里停口鎮，長武。尖。將抵鎮有草橋，其下爲黑水。【略】尖後登峻坂，盤折而上，路極高。既登，極平曠，即涇原也。五里馬屋，十里黑莊鋪，十里冉店塘堡。西有凹，兩原隔溝，中築土橋爲道，狹長數十丈，俯視深坑，極險。八里七堡，有武廟。七里長武縣，隸邠州。入宜山門，城南門也。【略】宿宜山書院，與縣署通。【略】計行八十里。四十里停口鎮尖，四十里長武縣城内宿。

十五日，黎明發長武，出北門，仍坦途。五里五里鋪，地有祈報塢。五里十里鋪，五里洪家鋪，十里白陽鋪，五里窑店鎮，陝西長武、甘肅涇州。分治，鎮中有碑，爲兩省交界處。自風陵渡至此，共行陝西境七百二十五里。【略】五里張村，涇州。十里瓦雲驛，尖於荒店，到時午初。五里賀藍鋪，十里高家凹，地勢漸凹，復起。十里南三十里鋪，十里南二十里鋪，十里太平關，過此曲折盤旋，如水赴壑，計坡行十里抵城。俯視民居，瓦屋如鱗，迴望平原，來路已成巉巖峻嶺，不知其高幾千百丈矣。十里涇州，隸平涼府。抵南門，轉東關宿。自停口鎮猱升，至大平關體落，中間高原遥百三十里，四不見山，道旁時有坑塹，深不可測，類非人力所爲，亦一奇也。窑店居原之半，其東屬陝，其西屬甘，長武縣治最高，而涇州在原之足，極凸凹之奇。涇州龍脈來自空同，高峰峙其南，迴巒嶂其北，羣山環翠，涇、汭合流。【略】計行一百里。四十五里瓦雲驛尖，五十五里涇州東關宿。

十六日，平明發涇州，進南門，出北門，稍折而西，渡汭水橋，登回中山，過西王母宫。【略】西距崆峒百六十里，亦崆峒之支山也。【略】過此登坡腰行，左倚高岡，右臨深澗，蓋涇水也。涇水自停口登高後遠不可見，自此復見之。坡腰行甚險，約六七里始履坦途。涇河渡在回山之陽，汭河渡在回山之陰，冬春設板橋，兩橋相望。十里十里鋪，略有樹木，户口甚少。十里二十里鋪，樹木漸茂，瓦屋頗多。十里王村鎮，尖，到時巳正。東口題曰「阬陵首鎮」，樹叢益密。【略】十里土垢鋪，八里屈灘溝，一里花家莊，平涼。一作花所鎮。十里義里鋪，十里白水驛，宿，到時申初。兩日皆西行，仍稍偏北，今日所經左右皆山，而涇流其中，車馬經涇之左，尖後兩山勢漸擁抱，水傍右山之麓，所行皆平壤矣。時有小溝礙足，皆左山之泉北流入涇者。【略】計行七十里。三十里王村鎮尖，四十里白水驛宿。

十七日，平明發白水驛，五里打火溝，五里馬蓮鋪，五里王家寨，五里鄗現鎮，十里四十里鋪，尖，到時巳初。鋪東口題曰「鹿門」。尖後午初行，五里洪溝堡，十里甲積谷，十里米家谷，五里十里鋪。米家以西山勢左右擁抱，益近涇水，仍在右山之麓，所行仍坦途。將近十里鋪渡草橋，橋下水汩汩然。蓋涇發源於空同之笄頭，由平涼城南轉東門，趨右山麓也。過鋪後漸行土峽，十里平涼府。【略】峽行抵東關，關有數重，記其題字，一曰「隴首」，一曰「高平古郡」。進東門，隨節宿貢院兩廂，到時未正。是日路多西北向。【略】計行七十里。三十里平涼，四十里鋪尖，四十里平涼府城内宿。

十八日，平明發平涼府，出西門，十里崖灣子，即十里鋪。過此山勢益合，無從辨左右矣。十里李家峽，即二十里鋪，五里頁河子，五里三十里鋪，路南有登崆峒道。五里乾掌溝，出城以來渡草橋五六次，清流激湍，映帶左右，或幹或支，皆涇水也。過三十里鋪，乃復不見。五里安國鎮，尖，到時巳正。鎮東口外題曰「安國古鎮」，西口内題曰「平西要地」。尖後復見涇水，十里白楊林，五里蕁麻灣，時有清流縈拂。五里清水溝門，固原。五里蒿店，時或升坡讓水，店東口題曰「固東首鎮」。五里瓦亭峽口，山勢益合，石氣陰森，遥望前途，幾疑無路，至此兩壁如門，僅可容軌，急流奔突而來，插木堰土，以通行人，轉似與水争道者。然以《志》考之，即古彈筝峽也。過峽後羣巒對峙，此突彼讓，互爲凸凹，牝牡相銜，中留一徑。【略】奔流東注，驛馬西馳，並道分趨，縱横無定。或履草橋，蹈纍石以跨之，或陟峻坂，摩巖坡以避之，備諸艱險，不寒而慄。十里上清水，溝門洪波汩汩，自左而來，奔流北去。土人告余曰：此涇河頭也。十里瓦亭鎮，宿，兩行館通，到時酉初。鎮庋右山之崖，驛在鎮中，即古瓦亭關也。固原州治在鎮西北，名八十里，實百里。出堡西門西北行，即之州治路也。【略】計行九十里。四十里安國鎮尖，五十里瓦亭鎮宿。

十九日，朔風夜吼，寒氣凛冽。平明發瓦亭，出南門，入南峽，右坡行，徐折而西。亂山殘雪，裘不勝寒。十五里和尚鋪，即六盤山之麓。過此盤折而上，路益巇險，十里廟爾坪，坪上有武廟。【略】茶設左廂廟。【略】茶尖後路尤陡絶，矗如壁立。五里六盤山頂，固源、隆德。交界。過此下峻坂，十里楊家店，隆德。路陡稍殺。六盤絶頂有屋三數椽，楊家店屋稍多，並有柳叢。五里十里鋪，十里隆德縣，隸平涼府。進東門宿，到時未正，店與行轅通。隆德爲隴西第一衝要地，城垣空闊，居人鮮少。【略】是日糴米爲糜，充晚膳。計行五十五里。二十五里廟爾坪茶尖，三十里隆德縣城内宿。

二十日，卯刻起，候輤夫陸續至。辰刻發隆德，出西門，八里八里鋪，十二里小河子墩，静甯。《志》所謂頁河子也，與隆德犬牙相錯。五里小河子鎮，五里沙塘鋪，隆德。有墩。十里龐家鋪，有墩。是日晨起益寒，肩輿人髮汗皆冰，懸如玉瑱，脚下凍雪錚錚有聲，轎窗玻璃鼻息觸之，凍作碎花。兩山之麓時有人家，一叢疏林掩映，中間驛路，頗覺坦直。五里神林堡，尖於荒店，到時午初。地爲隴水所經，隴水發源六盤之陰，過神林堡，出上峽口，經静甯城南，味甘美。《志》云六盤爲隴山尾，故水爲隴水。五里神林鋪，十里亂柴鋪，過此入静甯州界，風景道路與午前相似。十里二十里鋪，静甯。將至鋪，兩山漸逼，幾疑無路，過此兩山劈分，豁然開朗。行右山坡，十里平家河，至此山勢復合。十里静甯州，隸平涼府。進東門，宿亦樂書院，地在行轅之左，由行轅總門入，路甚深邃。静甯東障六盤，西通安會，南控秦徽，北峙固鎮，三邊衝要也。計行九十里。四十五里神林堡尖，四十五里静甯州城内宿。

二十一日，平明發静甯，出西門，不數里過橋，河面甚闊，爲平家河之亞，時河水已涸，中餘積雪，橋以木架草土，當亦冬支夏撤也。過此漸入山，十五里官道岔。《志》言州城西二十里有抛龍川，按里計之，當在鄧家灣、官道岔之間。十里鄧家灣，入山以來，或坡或峽，周旋折遷，縱横靡定，登降不時。十三里七里鋪。是日氣益凛冽，足痛欲裂，堅冰在鬚。七里高家堡，堡在右山之麓，尖於荒店，到時午初。過鄧家灣後路漸平坦，不數里有小峽一束，過此路俱平。高家堡川源出青家驛，東流過界守鋪，經孫家寨，南流至細港堡，合梁家河，出天麻川口，與甜、苦二水匯焉。十五里界石鋪，静甯、會窜。分界。「石」,《志》作守。履冰而渡,過此升坡,高高下下,所行皆峻坂危崖。十五里礶子堡,會甯。十里清水河,履冰而渡。十里青家驛,驛亦在右山之麓。山水味苦,不中食,行館備用皆天水。驛有城,城西門外有石刊《重修通涉橋記》,略云:「春冰解去,幾斷征人之腸;秋雨淫時,每羈驛騎之足。爰有木橋,名爲通涉橋。」爲康熙間陳公敏修,《記》則王君復旦之詞也。計行九十五里。四十五里高家堡尖,五十里青家驛宿。

二十二日,發青家驛,入亂山行,十里大山川。將近大山川,路頗平曠,人家數叢,雪畦霜棱,益增寒色。過此復行坡嶺,十里太平店,稍平,過此坡嶺益甚,十五里馬家溝鋪,十里翟家所,尖孝子董潤翁家,到時午初。尖後漸行澗底,十里李家岔口,十五里張成堡,五里孫家營房。自翟家所以來,澗底極平,兩壁絶險,時澤已腹堅,尚多沮洳,俗稱七十二道脚不乾是也。來歲春融,正不知若何形狀矣。【略】十五里會甯縣,屬鞏昌府。進南門,出西門,西關宿,兩行館通。計行九十里。四十五里翟家所尖,四十五里會甯縣西關宿。

二十三日丙辰,小寒。天明發會甯西關,【略】出關門下坡,後一再升坡,當即單開之王家河坡。十里楊家岔,十里雞兒觜。自楊家岔升坡後,兩山遥峙,中行平原,時有村落,築土爲垣,有晉省平介之風。過雞兒觜後,行深澗積雪中,《行程記》所稱土石皆白者也。澗爲會甯、安定分界,俄復入左峽,漸行高原,十五里夏家塞。安定。過塞後不數里,復入澗,再入右峽,升高原,十里漆家店。發會甯路俱西北向,過雞兒觜後入澗,轉一山角,自此皆西南行。十五里西鞏驛,驛在坡嶺,高處乏水,土人多飲窖水,時取冰雪窖之。宿旅店,抵館時午正。【略】石帆糴米爲糜,充晚膳。【略】計行六十里。西鞏驛宿。

二十四日,天曙發西鞏驛,山行。十里宋家溝,兩壁絶陡,溝極深窈,蜿蜒曲折,直探溝底,纔一轉步,旋即升崖,益進益高,俯視千巖萬壑,積雪重重,如萬馬奔騰,一齊昂首。溝上舊有王公橋,公印廷瓚乾隆間爲鞏昌守,曾於此作橋,俾免陟降之勞,今已久圮復修,故道路側有「重修王公橋道碑」。十里周家凹,即安定四十里鋪,山頂最高處在宋家溝、周家凹之間,周家凹驛路不甚凹,想坡下茅屋數椽是也。十里青嵐山,同尖旅店,啖一品鍋。山名、里數俱據塘坊所書,其實過宋家溝後升坡已是青嵐山矣。山多嵐氣,早行宜食薑酒。尖後山路勢漸下,十五里賈河灣,十五里安定縣,屬鞏昌府。進新城東門,宿琦靜庵,節相遣戈什哈來迎,到時未正。館對行轅。縣東西驛路皆在山中,縣城稍平坦,地亦乏水,山水多不可食。安定岡巒迤邐,河澗沿流,北控金城,南連德順,西通隴右,東接會川,四衢八達之區,惟坡壖倍於川原,不免土瘠産嗇耳。計行六十里。三十里青嵐山尖,三十里安定縣城内宿。

二十五日,平明發安定,出舊城北門,北行,時或偏西。安定城東三里有鳳凰山,自馬苑回翔而來,若鳳飛然,一名照城山。城西二里有西巖山,亦自馬苑蜿蜒數百里,與鳳凰山對峙。二十里爲暖河,嚴冬不冰。四十里爲錦雞原,五十里爲香泉峪,出泉甚甘。六十里爲胡麻嶺,漢張騫開西域過此,今多野胡麻。城南一里曰南安山,城面山,若屏峙。自關山延袤千里,至此爲邑。主山西南二十里爲得羅川,土脈肥饒。南五十里曰雙峪嶺,城北三十里曰大柏林山,曰漫然山,城東北五里爲興雲山,將雨則雲蒸。二十五里爲五冢川,有古冢五,似王侯之封,不知何代。西北四十里曰瑞麥川,嘗産瑞麥,故名。城東西俱有河,東河在東門外,發源城南四十里麻子川,其水苦。西河在西門外,發源城西四十里甸子川,其水甘。二水自城北合流,三百里至靖遠衛,入黄河。十里十里鋪,疑即沈峪兒。十里二十里鋪,疑即烽火岔。十里三十里鋪,疑即大柏林,漸有樹木。十里巉口,出城以來路多平坦,惟兩三處稍凹,時登降耳。十里楊家坪,十里秤鉤驛,宿。驛倚山阜,行轅在其中。計行六十里。秤鉤驛宿。

二十六日,平明發秤鉤驛,下坡。土人以坡路屈曲如秤鉤,故名,其實峭折如瘦人袒褐屈肘,不止若秤鉤已也。十五里景家泉,秤鉤驛下坡後仍升坡。十二里高家莊,三里東道嶺,過此入金縣界。升坡後道陡曲,與晴嵐相似,其左右俯瞰千巖萬壑,亦與晴嵐略同。《縣志》:城東北八十里有百巒山,巒障綿延,若蜂房然。又有關川,西通蘭州,北通靖遠,俱入黄河。按里數考之,當在秤鉤東道之間。十里賀家鋪,金縣。金縣所屬地,與皋蘭、狄道、靖遠、安定接壤,至正東之官莊則與會甯交界,所謂犬牙相錯者是也。又有四面金縣之境,其中一二村莊或十數村莊係皋蘭管轄。有四面皋蘭之境,其中一隅係金縣管轄,星羅棊置,難以考覈更正矣。十里甘草店,皋蘭。尖,樹木頗多。五里三墩營,八里稠泥河,金縣。縣治在河西北三十七里。

七里清水驛，縣治在驛西北三十里。金縣屬蘭州府，宿驛廨，驛與鎮皆以清水河得名。清水河源有三：一由趙家岔，一由苟家岔，一發源馬銜山，及各處支流經大銀川、甘草店，至清水鎮合流，入下川，匯歸黃河。是日過賈家鋪，下坡後道途平坦，兩山漸遠，風景亦漸有可觀。【略】計行七十里。五十里甘草店尖，二十里清水驛宿。

二十七日，平明發清水驛。【略】《志》言赴省之路有四：一由定遠驛路；一由北路太平堡，經金家崖，至東岡坡；一由南路馬銜山，經皋蘭屬之阿干鎮，直抵省城；一由極北之黄河直上，冬寒凍合，亦易冰行。金邑歧路毗連，城堡相望，實省會肘腋之捍蔽也。至南通秦隴，爲入川捷徑，由小龕峪、新營鎮而南，雖山僻崎嶇，而捷足者半月可抵成都。一里結家觜，金縣、皋蘭。五里畢家鋪，皋蘭。五里三角鎮，尖，地距金邑城東北僅十里。【略】十里大坡坪，金縣。有墩。三里石頭溝，溝陡曲，溝東有鎮。七里崖頭店，有墩。二里連搭溝，有鎮，中微凹。八里崇臺坪，有墩。五里謝家觜，十里定遠鎮，驛在鎮中，鎮依豬觜嶺，故俗呼豬觜驛，鎮即李諾坪也。驛枕山麓，林木蔚然，數日來岡巒濯濯，至此覺有生氣。宿，兩行館通。計行六十五里。二十里三角鎮尖，四十五里定遠鎮宿。

二十八日，平明發定遠驛，五里定遠塘，十里太平溝，皋蘭。十里張家坪，十里東岡鎮，即宋鞏哥關。自三角鎮後至此數數登降，俗所稱九溝十八坡也。坡盡，而蘭州在望矣。鎮在坡下，尖於鎮中。【略】十里空心墩，下東岡坡後皆坦途。十里蘭州府城。【略】偕相國先詣行轅，入東門，抵行館，到時午初。計行五十五里。三十五里東關鎮尖，二十里蘭州省垣駐節。自窑店鎮至蘭州府，共行甘肅境一千里。燕晉之界在陘，秦晉之界在河，皆天險也。秦隴之界獨在原，則平壤矣。邠州以西，長武以東，歷明岨山，迄停口鎮，涇流其中，仰攀峭壁，俯瞰絶澗，是爲秦之險。回中、崆峒，綿亘東南、西北一帶，層巒對峙，益進益隘，直探涇源，至彈筝峽道僅容軌，是爲隴之險。【略】自京都至蘭州計共驛路三千九百二十五里。行直隸境七百八十里，山西境一千四百二十里，陝西境七百二十五里，甘肅境一千里。

二十九日，微雪。自登程至抵蘭垣，計行四十六日，未值雨雪，嶺陰山麓積雪則有之。

[十二月]二十日，節相來晤，封摺後束裝。自十一月二十八日抵蘭，計二十二日。

十二月二十一日甲申，辰初拜摺畢，發蘭州，出行轅。【略】由南轉東，池北過蘭州書院，出新關廣武門，城東來煦門，外東郭門也。【略】出東郭，右顧蘭山高厚，蜿蜒如張兩翼，東西環拱州城，延袤二十餘里。【略】十里空心墩，凡墩臺皆實，而此臺獨空其中，爲東西户以通行人，故曰空心。然空心者臺也，而其名乃以墩冒之。十里東關坡，即東岡坡，公廨宏敞，巳刻到，早尖。【略】尖後升坡，仍東行，坡上有王保保城。保保元將，洪武初築城以戰。五里巖望溝山，形勢甚峻，上置峰燧，接東南堠火。五里張家坪，五里女遮峪，五里太平溝，疑即東柳溝。十里定遠塘，金縣。豬觜嶺在塘東路南，嶺綿亘，東與驛接。五里定遠驛，驛在金縣西北四十里，即定遠廢縣地也，本名李諾坪。使節駐此，兩行館通。計行五十五里。二十里東關坡尖，三十五里定遠驛宿。

二十二日，平明發定遠驛，南行稍東，十里謝家觜。《志》言卧龍川在金縣北三十里，與謝家觜距縣里數正同。今謝家觜、崇臺坪間地多碎石，無棱，當即夏間川水所摩盪也。五里崇臺坪塘，八里連搭溝，在金縣北二十里，溝上鎮甚長，居民甚夥。或曰水横鎮中，廬舍不斷，故名連搭。或曰鎮兩端來往驛路皆土峽，既斷復續，故名連搭。峽亦溝也，地以溝名。後説甚長。二里崖頭店塘，過此東行，塘東路南爲分豁岔路，北爲拽木岔。七里石頭溝，在縣北十里，溝極陡曲。溝西有鎮，鎮中坊曰「金石坊」。溝以石名，實無石。過溝升坡，東南行，溝東有白虎山。三里大坡坪塘，十里三角鎮，皋蘭。有堡，在金縣東北十里，一名三角城。入堡北門，折而西，尖，兩館中隔一二家。尖後出堡西門，轉東北行，五里畢家鋪，有塘，在金縣東。《志》言小龕峽在金縣東南二十里，兩山相對，形勢巉巖。當在三角鎮、畢家鋪一帶西南。五里結家觜，皋蘭、金縣。時雪融積水，間有泥淖。過淖入峽，出峽南行，稍東。《志》言龕山、涼耳山均在金縣東南二十五里，天生井在金縣東南二十五里秤鉤峽山巔石堡外，當在畢家鋪、結家觜一帶西南。十里清水驛，金縣。宿，有堡，在縣東南三十里。星使館東向，隨節館南向，障以總門。驛後有崇山寺。驛旁山，詢土人言名駝頂山。館在路西。【略】出皋蘭以來，地既犬牙相錯，山復綿亘不斷，志乘所載，詢之輿人多不能確指。計行六十五里。四十五里三角鎮尖，二十里清水驛宿。

二十三日丙戌，立春。平明發清水驛，南行，履冰而渡，蓋清水河也。沿駝頂山麓行，時東時南，過甎樓，顔其門曰「樂善門」。七里稠泥河，在縣東南三十七里。八里三墩營，皋蘭。五里甘草店，巳正尖堡外荒店，距堡内行轅里許。十里賀家鋪，金縣。自清水驛以來山遠道平，至此旋折升坡。遥望左右南北山頭田多可耕，金邑多山，惟興隆、棲雲二山爲名勝。興隆山即争秀山，俗名東山，在縣城西南十五里，林巒蔚秀，奇峰插天，上有太白泉、玉液泉，東至百草原，南至石鼓岔，西至堯溝，北至大峽口，禁翦伐焉。與興隆對峙者爲棲雲，俗名西山，高峰聳麗，山徑崎嶇，上有仙人洞。【略】十里車道嶺，安定。過嶺茶尖，換夫。嶺在金縣東南七十里，堡民甚夥。是日多東南行，惟過嶺後數里東北行。三里高家莊，仍多南行。十二里景家泉，十五里秤鉤驛，自賀家鋪升坡後多行山崖，距驛數里迆邐下坡，再升陡坡，即抵驛。兩館皆南向，中界以驛，有徑可通。計行七十里。二十里甘草店尖，五十里秤鉤驛宿。

二十四日，平明發秤鉤驛，東行，十里楊家坪塘，坪西有溝。既降復登，即抵坪。十里巉口，有鎮，有塘，居民夥。過此南行，巉口即安定四十里鋪也。數里過一缺，旋降旋登。十里三十里鋪，仍南行，過兩缺，皆旋降旋登。大柏林山，漫然山皆在安定北三十里，以里數考之，當在鋪之左右。崖下時見冰，即安定東西二河合流北入黄河者也。十里二十里鋪，十里十里鋪，五里五里鋪，過此遥望，演武廳規制宏敞。南望西巖山隆然而高，廳在城北二里許，山在城西二里。五里安定縣，度紅橋，橋下西河，水腹堅。進祥雲門，縣舊城之北門也。舊城周三里許，南北兩門，宋紹聖中汪原道經略使章楶所築。出舊城南門，折而東，宿新城，到時午正。館北向對行轅，新城增擴六里許，包舊城。【略】申初始早膳，燈下復食糜，是爲晚膳。計行六十里。安定縣新城内宿。

二十五日，黎明發安定，出新城東門，度紅橋，橋下東河也。【略】城東三里爲鳳凰山，東行數里，折而北，十五里賈河灣，有墩。北行，稍偏東，十五里晴嵐峪，同尖野店，仍食一品鍋。墩臺在堡南里許，最高處當是晴嵐山正峰。尖後東北行，十里周家凹，即安定東四十里鋪，驛路仍在陘上。十里宋家溝，王公所建橋久爲山水衝毁，今里人仍名其地爲王公橋，亦甘棠召伯之思也。過此東行，溝西有龍王廟，廟鐘題字，稱其地爲青龍尾山。十里西鞏驛，驛與道會，溝俱通固原路，其關川峽口則通靖遠秤鉤驛，龍峪鋪則通一條城，胡麻嶺則通臨洮，車道巉口則通蘭州，皆安定險隘，可設堡控扼。【略】未初進堡西門，館北向，亦旅店也，斜對驛廨。是日路多巇險，數降數登，宋家溝尤陡絶。計行六十里。三十里晴嵐峪尖，三十里西鞏驛宿。

二十六日，平明發西鞏驛，東北行，十五里漆家店，有墩。名十五里，實不足十里。仍東北行，十里夏家寨，有墩。東北行，下陡坡，復上坡，十五里雞兒觜，會甯。有墩。升峻坂，東南行，十里楊家岔，有墩。東南行，會甯西北二十里有鐵木山，色黑如鐵。自馬銜山起伏四百餘里，直注會甯縣北，爲北亂山，當烏蘭之交，九泉出焉。烏蘭山在縣北二百里，發脈自六盤，經受家原，下有烏蘭關。五里王家河坡，履冰渡。五里會甯縣，【略】驛路由縣北郭折而稍西，東南行，宿西關，兩館通，皆南向，到時午初。館倚西津門，城西門也。其東曰東勝，南曰通甯，北曰安静。【略】計行六十里。會甯縣西關宿。

二十七日，平明發會甯西關，入西津門，出南城，由南郭外折而東，入溝，南望桃華，背倚式虎，歷歷可覩。《志》言城東二里爲鵶嶂山，其右則古堆坪山，五峰列秀，參差雲表。惜行深溝中，弗能見也。十五里孫家營房，有墩。仍溝行，五里張成堡。仍溝行，翟家山在縣東二十里，苦水出焉，至縣南合衆山，環繞城郭。按里計之，當在堡左右。十五里李家岔口，有墩。仍溝行，縣東四十里有涅麥峪，按里計之，當在李家岔口之東。十里翟家所。出城以來俱行凍溝，春信方來，土膏脈動，時有新泉(隘)[溢]出，肩輿人涉水没脛，甚可憐也。將至所始升岸，進堡西門，有墩，仍尖堡内。【略】堡爲萬曆間縣令高拱宸重築。尖後出堡東門，沿北崖東行數里，南岸有屋數叢，並有堡，當是漫灣鋪。《志》言漫灣鋪在縣東五十里。十里馬家溝鋪，有墩。仍沿北崖東行，十五里太平店，有墩。過此下坡，涉冰，復升坡，由崖入峽，仍東行。柳家岔在縣東七十里，有新舊二堡，泉分兩派，時有小魚汎出，坡下之冰疑即其泉水也。又有謝家岔，亦在縣東七十里。十里大山川，有墩。過墩下坡，歷四阜，俱峽行避深溝，折而北，溝盡，折而南，稍東，將近驛，旋折升降，目爲之眩。大山嶺北接隱山，南連化家嶺，嶺東水甘，流静甯。巖西水苦，流會甯。縣治嶺在縣東八十里大山川左右。十里青家驛，入堡北門，宿增盛客寓，到時申初，地距行轅約里許。《志》稱蓮臺、陡觜、文嶺三山鼎峙，爲驛之屏鎮。環驛皆山，不辨誰尹誰邢矣。驛即古寒陵關，東自界守鋪入峽，兩面高山屹立，蜿蜒三十里，有關隘形勢，前代名青家鎮，國初改爲驛。其城半跨東山崖，周圍三里許，東西二門，東接静甯，西抵會甯縣治，皆九十里，爲甘涼孔道，鞏郡首驛。家或作江，西門實偏北。計行九十里。四十五里翟家所尖，四十五里青家驛宿。

二十八日，平明發青家驛，出堡東門，過墩臺後隨山旋折，多東南行，中有一灣，拗折繞道頗遠，人行數里，對面可見。十里清水河墩，履冰渡，仍東南行。《志》言紅石岸在縣東百里，旁爲響河，産赭石。又言響河在縣東百五里，源出山脚。過青家驛，行十五里抵石峽，高二丈，水墜聲如雷。以里數考之，當即清水河。十里礶子峽，有墩。過此東行，仍多坡嶺，十五里界守鋪，會甯縣、静甯州。交界，有墩。履冰渡，換夫，墩屬静甯。過鋪後東行，一路平坦，自皋蘭升東岡坡以來得未曾有。十五里高家堡，静甯。墩在堡西。午初尖於荒店，斜對行轅。七里七里鋪，有墩。東南行，道平，十三里鄧家灣。將近灣，路漸險阻盤折，仍東南行，十里官道岔，有墩，地低凹。【略】過岔後，中數里東北行，再折而南，即見州治，將抵城兩度草橋。十五里静甯州，隴水環流，繞帶河渭，據蘭會之肩，通秦隴之道，左枕六盤，後拒蕭關，静甯形勝也。進西門，仍宿亦樂書院。計行九十五里。五十里高家堡尖，四十五里静甯州城内宿。

二十九日，平明發静甯，出迎春門，城東門也。城凡三門，西曰餞暉，南曰向離。出東郭，過名將祠。【略】出郭東行，時偏南北。城東五里有東山，宋吴璘命子珽築堡東山，以拒金，即此也。上峽口亦在城東。五里爲興龍渠之源，渠自城東繞西，舊有長隄一帶，縈迴曲折，號玉帶隄。十里平家河墩，過此路漸坦。十里二十里鋪，有墩。十里亂柴鋪，隆德。有墩，換夫。自過平家河後俱行河崖，道頗平闊，多村堡樹木。十里神林鋪，有墩，山遠道平。五里神林堡，自平家河以來俱東行，多偏北。進堡西門，尖於荒店，到時午初。店南向，隔行轅數家。【略】五里龐家鋪，有墩。十里沙塘鋪，有墩。五里小河子鎮，静甯。履冰渡。五里小河子墩，十二里八里鋪。隆德。尖後路多坦直，皆東行偏北。隆德城畔山土色赤，出神林堡已望見之。將近城，道有一坎，涉水而渡。八里隆德縣，環隆皆山，而長阜斷溝，砂石紅土，多不毛之地，無桑棉粟稻。城址舊十里弱，明成化間以空曠難守，削其南隅三之一，崇禎末復削其西北隅二之一，今城不及三里許。門樓三扁，其東曰「六盤聳翠」，南曰「美高屏峙」，北曰「象鳳環襟」。隆德山之最巨者曰六盤，城枕其麓，四圍皆隴山之支，而終南之裔也。計行九十里。四十五里神林堡尖，四十五里隆德縣城内宿。

三十日，平明發隆德，出東門，再履冰渡，東北行，山泉落澗，已琤琤作琴筑聲。隆德諸河皆南道静甯，其水多湍流峻急，而無衍溢漂没之患。【略】十里十里鋪，仍東北行，路尚平。【略】五里楊家店，有墩。自此升六盤山，左旋右折，無復辨方矣。十里六盤山頂，隆德、固原。交界，有墩，換夫。六盤山之盤不可數計，古曰絡盤是也。五里廟爾坪，固原。山僧留素麪，所居屋小而潔，相國爲顔其楣曰「絡盤精舍」。過此涉水尤多，十里和尚鋪，此六盤山麓也。過此仍東北行，十五里瓦亭驛，宿。固原居蕭關之外，距六盤百餘里，中五十里曰牛營山，蓋古蕭關云。間道通平涼，平曠蕭索，少高山峻防，便用騎兵。將近驛，數涉水，進堡南門，折而東。兩行館通，皆南向，到時未初。【略】計行五十五里。三十里廟爾坪尖，二十五里瓦亭驛宿。

道光三十年正月甲午朔，日有食之。黎明發瓦亭驛，天陰，大風，東行多涉水，或讓水升崖，道甚險仄。十里上清水溝門，有墩。十里瓦亭峽口，一名彈筝峽，一名金佛峽，北壁上有楊延景廟，其西有佛廟，佛廟之右有「蕭關鎖鑰」四字，摩崖正書。再西則峭壁奔流，山容水韻，及南壁「清流分派」「二夫能任」等字，皆摩崖擘窠草書。南壁有武廟，屋後壁立千仞，峭削可觀，惜道流不韻，負此山靈矣。【略】五里清水溝門，五里蕁麻灣，平涼。換夫。五里白楊林，有墩。十里安國鎮，進西門，墩在堡西，尖於土樓，行館斜對。五里乾掌溝，五里三十里鋪，【略】五里頁河子，五里李家峽，有墩。十里崖灣子，有墩。十里平涼府城，【略】進西門，宿貢院，到時申正。計行九十里。五十里安國鎮尖，四十里平涼城内宿。

初二日，大風，天仍陰。平明發平涼，出東門，十里十里鋪，有墩。五里米家谷，十里甲積谷，有墩。鎮倚南山麓，驛路貫其中，墩在鎮西。十里洪溝堡，五里四十里鋪，尖於荒店。出平涼城以來俱東行，稍偏南，路平坦，涇水沿北麓行，道多官柳，田有棗桑。平涼之水涇、汭爲大，分水之源實出高山，即六盤山。東南爲小隴，西北爲蕭關，大原岡巒，糾紛不絶。十里郿現鎮，有墩，尖後微有日光。五里王家寨，有墩。五里馬蓮鋪，五里打火鋪，五里白水驛，宿於荒店，極狹。到時未正。墩在驛東三里，次早乃見之。計行七十里。四十里平涼四十里鋪尖，三十里白水驛宿。

初三日，仍陰。平明發白水驛，十里義里鋪，有墩。十里花家莊，有墩。二里屈灘溝，涇州。八里土垢鋪，過此換夫，有墩，有溝。十里王村鎮，入堡西北門，尖荒店，墩在堡西。尖後出長慶門，堡之東南門也，有王村溝。十里北二十里鋪，當即付家村塘。涇州城無東西門，因出北門抵此，故謂之北，其實在治西，有溝。十里北十里鋪，當即白村塘，有溝。過此微西，漸行回中山崖，雨漸爲雪。過古瑤池，【略】《志》言回中山一名宫山，在治西二里，絕岸壁立，涇繞其左，汭環其右。下爲大佛洞，中架飛閣。【略】過汭水渡，架木爲梁，題曰善橋。十里涇州，涇汭分流，回岸並峙，倚山臨水，形勝絕佳。涇州城凡三門，北曰永甯，南曰承熙，南左曰東盛，是日進北門，出南門，左折抵行館宿，行轅斜對。計行七十里。四十里王村鎮尖，三十里涇州東關宿。

初四日，夜雪達旦。晨發涇州，升陘原，雪益大，道濘，輿夫屢蹶。十里太平關，有墩，驛路皆東行偏南。治東十里有甘家溝，當在此。又治東十五里有何家溝，當在太平關、二十里鋪之間。十里南二十里鋪，有墩，實治東二十里鋪也。以出南門抵此，故謂之南。治東二十里有王執槐溝，當在此。十里三十里鋪，有墩。治東三十里有羅漢洞溝，當在此。十里高家凹，有墩，堡西門題曰「炎宋開疆」。十里賀藍鋪，有墩。【略】五里瓦雲驛，尖於荒店。堡西門顔曰「西京要地」，驛東南五里有雲寂院，一名東高寺，内古柏一株，相傳唐代所植。十里張村鎮，有墩。尖後雪止，五里窑店鎮，地爲甘肅陘州、陝西長武。分治，《志》作瑶店。五里白陽鋪，長武。鋪南路東有福因寺，當即士人所稱佛爺廟也。十里洪家鋪，有墩。過此時已暝，高原平闊，一望無際，天色蒼茫，雪光瑩潔，如淡青瓷盌覆羊脂玉盤。郭子儀破回紇處距城西四十五里，《縣志》圖載在窑店鎮、洪家鋪之間。五里十里鋪，復雪。將至鋪，縣令以燈來迎。五里五里鋪，五里長武縣，城垣周三里，東南曠原，西北大谷，故東南有濠，而西北無濠。北城有泉，自城牆下出，極旱不竭，名秀水，民取資焉。城北五里有折墌城故址，唐武德元年薛舉屯兵處也。進西門，宿宜山書院，行轅在縣署内，與書院通，到時亥初。夜雪不止。計行一百里。五十五里瓦雲驛尖，四十五里長武縣城内宿。

初五日，平明發長武，出書院東行，折而南，出南門，東南行，天仍陰。縣西十步有淺水原，即鶉觚原古戰場也，亦名集賢岡，又名四龕山，一名五鳳巢。【略】七里七里堡，八里冉店塘，有墩。深溝巨壑中，道僅容車。十里黑莊堡，劉黑闥降唐處也。十里馬屋，過此漸下高原，原盡即停口矣。五里停口鎮，尖。地僅一館，堂司共之。尖後渡橋，地即黑水渡，夏秋泛漲，水甚洶湧，然風浪不竟日，故不設船。至冬寒沍，則架木橋以便行旅。五里安化鎮，邠州。下涇原後即見涇水。十五里大佛寺，墩在寺東。佛像坐石巖下，座後出泉，前護層樓。十里水簾洞，洞在明岨山麓。五里火石觜，五里邠州。豳，公劉所都，古顓頊之墟也，民俗以夜市。有豳山在城南，一名鳳凰山。【略】洪龍河，俗曰過澗，源出邠州南孫村，北入涇。南河，俗曰皇澗，出邠州南張家堡，北入涇。淩陰在州東三十里，隘巷在州南，相近有狼乳溝，即平林寒冰地也。入東門宿，兩行館通。城門四：東曰「太平遺澤」，西曰「公劉啓化」，北曰「姜嫄祖武」，南曰「后稷開基」。【略】計行八十里。四十里停口鎮尖，四十里邠州城内宿。

初六日，發邠州，出南門南行，微偏東，天仍陰。登山，當即豳山也。三里三里臺，七里十里鋪，行土峽中，路尚平坦。五里十五里鋪，過此正南行，均下坡路，縴夫逸。五里太峪衚衕，峽較狹，故名衚衕。十里太峪鎮，尖。太峪堡高倚山頂，極險要。五里石坡坎，永壽。尖後隨坡旋轉，約多東南行。換夫，夫甚劣。五里底窖溝，五里瑶塬坡，五里徐家車圈，五里新步村，八里樊甯坡，二里分水嶺，五里永壽縣。城北高南下，故麻亭寨地也。入北門，出南薰門，宿南關底公廨，内通。自三里臺至此始見墩。城西南武陵山昔在城内，上有武陵寺，北魏平陽王熙建，浮圖正當行館。計行七十里。三十里太峪鎮尖，四十里永壽縣南關宿。

初七日，天漸晴。平明發永壽，五里老虎頭，過此路漸平，惟村鎮之中道濘。五里雙廟村，三里穆陵關，七里蒿店鎮，有墩，添轎夫，差勝。鎮頗大，爲往來要路。五里圪塔鋪，五里秦家鋪。天晴見日，時有凍雪墜落枯枝。五里永壽鎮，五里監軍鎮，有墩，尖於客店，到時巳初。【略】五里安家宫橋，過此南望，多平田。五里吴店村，乾州。南望平田積雪，林木蕭森，如素質紋錦。十里陽峪鎮，有墩，換夫。地有馮市鎮，東通醴泉，北通永壽，商旅往來之地。十二里三付寨，八里陵坡村，狄梁公墓在州北門外。五里當乾陵東，尖後路俱平坦，勢漸趨下。將抵乾州，下望城中屋瓦櫛比鱗次，宛如圖畫，下坡即乾州矣。州東西南三鄉其地平曠，可藝五穀，自吴店村至陵坡皆北鄉，岡阜崎嶇，瘠薄尤甚，據《志》云然。然時方春初，麥畦已緑，較甘肅固自相懸也。梁山在州北十里。十里乾州，入儲胥門，城北門也，《志》作拱斗。折而東，宿公廨，兩館通，皆南向，到時申初。計行九十里。四十里監軍鎮尖，五十里乾州城内宿。

初八日，辛丑，雨水。寅正發乾州，出迎陽門，城東門也。五里安家寺鋪，五里好時村鋪，相近有陸陌鎮，東通醴泉，北通三邉。好時舊有軒轅殿村，西北十里有婁敬廟。五里尹家村鋪，五里陽洪店鋪，有墩。陽洪雖夙號沃野，自沙溝泉涸，地亦乾燥，與他鄉等。五里陳村鋪，單作强家村。五里付留村鋪，單作灰坡村。出乾州以來村堡絡繹，《志》言鋪者墩臺，單所開者捷路也。五里孝義村鋪，二里入醴泉界，三里醴泉縣。城東西南三面有郭，其北面城郭共一垣。尖西關，到時辰正，行館斜對。尖後入接武門，郭之西門也。出向平門，郭之南門也。郭門四，東曰挹涇，西北曰坐乾。十里雒村鋪，醴泉。醴泉境内所行皆康莊，五峰、無勞、承陽、武將、九嵕諸山皆在縣北，遥望而已。十里晏村鋪，有墩臺戍樓。村北有舊寺村，西南有新寺。十里店張驛，興平。備有茶尖，到時午正，廨中少憩，即行。五里入咸陽界，有界牌，自甘肅以來到此始見。五里西城村，咸陽。五里雙照鋪，有墩，換夫。十里上照塘，有墩。十五里咸陽縣，由城西北入，折而東，宿公廨，距行轅半里。是日皆東南行，路平坦。城之北門三：中曰正北，左曰小北門，又曰天任；右曰西北門，又曰乾清，今曰永綏。自醴泉來，所入者永綏門也。南門亦有三：中曰學道，又曰文明，今曰昂霄；右曰小南門，亦曰清泰；左曰正南門。畢原即畢郢，南北數十里，東西二三百里，無山川陂湖，亦謂之畢陌。其謂咸陽北坂者，以渭水之北坡陀而上，乃曰北坂也，亦名咸陽原，又曰奉政原。計行一百一十里。四十里醴泉西關尖，三十里店張驛茶尖，四十里咸陽縣城内宿。

初九日，寅正發咸陽，出正南門，南行，渡西渭橋。五里河南街，過此度豐橋。十里搛灘鋪，鋪東通利橋，下爲漆水。五里新店子，咸陽、長安。交界，換夫。五里泗池鋪，長安。五里三橋鎮，甚大，行轅同尖。五里亭子鋪，十里金勝鋪，五里西安府。入安定門，城西門也。門四：南永甯，北安遠，東長樂。仍宿制軍行署。【略】陝西省城東距山西界風陵渡二百九十五里，西北距甘肅窑店鎮四百三十里。終南山自鄠縣東南圭峰入長安西南界，自渡豐橋後，南望一帶岡巒蜿蜒不絶，終南諸山也。計行五十里。三十里三橋鎮尖，二十里西安府宿。

初十日，卯初發西安，出長樂門，東北行，燈火叢中拜別太守以下各官於道左，時曉星初上。相傳驛路北爲軹道亭，子嬰降軹道旁，即此。十里十里鋪，咸甯。過此渡滻橋，橋中坊題曰「輞川勝境」。滻水故産水，俗加氵爲滻。唐之輞川，今之輞谷水也。【略】尖後過橋，橋下灞水，故滋水也。【略】五里谿口村，五里邵平店，店東有渾忠武王瑊墓。五里地窑子，咸甯、臨潼。交界，換夫。五里斜口鎮，臨潼。燈市雲集，過此即見驪山，古柏青葱，團簇如繡。鎮西南有洪阬溝水，鎮東北渡韓峪橋，橋下水甚濁。又涉水碓、石澗、飲濟、湯泉諸水，十里臨潼縣。【略】入永豐門，城西門也，上額曰「長安日近」。再折出南門，南門内題曰「枕驪」，宿驪山下公廨，同臨於行轅。【略】計行五十里。二十里灞橋尖，三十里驪山下宿。

十一日，寅初發臨潼，入南門，折出東北門。【略】出城東行，稍北度臨橋，橋下臨水也。臨水出石甕谷，逕縣東門北流，折而西，與潼水合，入渭。過三里橋，橋下風王谷水也。十里陰盤古縣，北魏陰盤城在今馬崖鎮西北七里司馬村。度石橋，橋下陰盤水，一名魚池水，今名沙河。十里新豐鎮，有齊王廟，祀唐相崔玨。漢新豐市在今陰盤河西北，魏移於零口鎮稍西北，周移於天寶廢新豐東南七里，即今鎮也。鴻門亭在鎮西，鎮東有鴻門坂，一名項王營。【略】新豐河即市谷水，源出八里坡，逕鴻門堡，西北流入渭，一名玉橋河。十里戲河鋪，過戲河橋。十里零口鎮，辰刻尖，兩行館通。鎮東零口橋，跨零水上。新豐、零口俱有裴晉公祠，零水即泠水，一名百丈水。五里零口鋪，渭南。五里零陽鋪，五里城店鋪，鎮甚大，換夫。五里杜化鋪，五里良田坡，鎮亦富庶，路多岡阜，麥畦青葱。或云坡名良田以此，其實即唐梁田坡。五里張村鋪，十里渭南縣，城西萬里橋跨湭水上。入襟渭門，城西門也。城門四，南抱豐，北帶渭，東引華。午正尖城内，兩行館斜對。縣境狹長，南北贏，東西不足。渭水自臨潼交口南合泠水，北受石川河，入縣境，東合杜化谷諸水，東北逕白王渡合赤水，入華州界。尖後出東門，望見少華。十里西陽鋪，度西陽、東陽兩橋。十里赤水鋪，三里赤水鎮，渭南、華州。交界，過赤水橋，橋北換夫。赤水，即《水經注》之竹水也。七里白泉鋪，十里西溪堂。西溪水受諸峪而成泓，萬壑風煙，眺遊勝絶之所也。【略】十里華州宿，進西門，西關有晚照閣，到時酉初，兩行館通。由西門折而南，稍東抵館。【略】計行一百三十里。四十里零口鎮尖，四十里渭南縣尖，五十里華州城内宿。

十二日，卯正發華州，出公廨而東，而北，東出城。關外有郭汾陽王祠，自入城至出城，路形如鎖牝，如凹字。出城俱東行，十里羅紋橋，《志》作羅汶。五里蓮花寺，五里柳子里，蓮花寺、柳子里一帶路亦曲如凹字形。五里分界鋪，華州、華陰。交界，十五里敷水鋪，【略】時鳩工庀材，作石梁未就，仍由木橋渡。荒店茶尖，地有漢定遠侯班超墓。十里新莊鋪，汛坊曰「平舒古制」。十里長城鋪，十里華陰縣，進西門門曰金莖，出東門，仍東行。稍北，太華當縣南十里，其西松果山，有佛頭崖，雲覆其巔輒雨，潼谷水出其上。其延亘縣外南境者曰秦嶺，屬華洛分壤之界，西接華郡，東抵潼關，縣崖疊障，高不可攀，通行人者皆曲徑也。《通志》稱天下之阻。五里太華鎮，華嶽廟在鎮東。【略】尖於荒店，行轅仍在廟中。【略】五里陽化鋪，十里泉店鋪。【略】過泉店即見平田，鹵氣無異蒲灘。十里楊橋鋪，汛坊題曰「伯起芳蹤」。舊有橋，曰弔橋，《志》云弔伯起也。今無橋，履石而渡者三。五里新滿城，五里潼關内宿，館通行轅。既夕大風。潼關東南跨麒麟二山，西南跨象鳳二山，城門六：東曰迎恩，西曰懷遠，北曰鎮河，小北門曰拱極，南曰鳳翩，上南門曰麟遊。城中有潼津橋，哥舒翰軍敗，至關西驛揭榜，收散卒，即此地也。潼水由南關入，過橋，出北關，入黄。關西道旁店後坡下有野狐泉，舊傳野狐掊而泉湧，故名。黄河南岸近關處，其坂隆起，下望關城曰黄卷。【略】。計行一百一十里。四十里敷水鋪茶尖，三十五里太華鎮尖，三十五里潼關内宿。

十三日，夜風達旦，午牌益甚。發潼關，渡黄。相國舟較穩，諭同舟濟送者臨河返。乘風破浪抵北岸，山西境，入土峽，西北行。峽在舊路之東，華山、首陽兩岸對峙，黄河流二山之間。【略】五里風陵渡，永濟。《九域志》言風陵上有樹數株，雖暴漲亦不漂没。過此風甚，無所見，但沙堆耳。雷首山臨大河，北去蒲坂三十里。山下獨頭坡，楊妃生處，今名貴妃村。郡城西郭外黄河東西兩岸各有開元鐵牛四，地即古蒲津關。黄河自龍門下，凡帶郡境西北，繞郡西南，過縣三，行地二百七十里。五里北極宫，十里匼河鎮，同尖荒店，到時申初。仍風，尖後行平灘河，即雷澤，南流入黄，亦曰雷水。七里常旺，風漸息。八里上源頭，天色昏黑，即村店求火，然殘燭作轎燈。十五里辛店，八里韓楊鎮，七里薛家巖，十里坡底鎮，到時亥初，月明風静，兩行館通。計行七十五里。二十里匼河尖，五十五里坡底宿。

十四日，平明發坡底，俱東北行，日烜煙藹，春氣盎然。十五里呂芝，二十里高市鎮，仍尖北極荒祠。十五里古城屯，五里永濟、臨晉。交界。路北白衣大士廟，上書「臨晉第一鋪」。臨晉東北三十五里大嶷、小嶷二山，南北並列，稱二嶷。【略】五里七級鎮，臨晉。十里椿陽鎮，十里樊橋驛，宿鎮中，館通行轅，到時申初。鎮有北平莊武王廟，祀唐馬燧，臨晉舊驛於此，今驛移城東關，仍蒙以樊橋名。鎮今無驛，行人仍蒙以驛名。邑城坐峨嵋坡下，夏秋雨多漲作，自城以北波濤雷鳴。官路通衢有貫底橋，在縣東南二十里。【略】計行八十里。三十五里高市鎮尖，四十五里樊橋驛宿。

十五日，日出發樊橋，東北行，約五里許路北小廟，題曰石佛洞。路南有橋，十里城東橋，五里水頭塘，臨晉、猗氏。交界。涑水在路南。峨嵋岡在猗氏城北門外，岡起自聞喜，延繞猗氏，南抵臨晉，西帶榮河，其猗氏縣治則岡之地脈所結也。縣南二十里有對澤，相傳猗頓居牧處，今其地爲王寮村。五里祁任村，五里祁任塘，十里香樂鎮。鎮西有橋，亦涑水也。據《志圖》爲香落橋，過此涑水在驛路北矣。五里牛杜鎮，進堡西門，尖。【略】尖後出堡東門，門内題曰「唐相故里」。【略】十里李漢，五里猗氏，安邑。交界。中條當安邑縣南二十里，西連蒲坂，東接太行，橫亘數百里。其在縣境者，西自分雲嶺與解州接壤，東至青石槽與平陸連界。【略】又東五里爲虞坂，今名青石槽，石崖險峻，車不方軌。安邑東北十五里有玉鉤山，峭峰環曲，草木青葱，有關龍逢墓。涑水河一名絳水，智伯所謂可灌安邑者也。河身共長八十七里，在安邑境者四十七里。五里喬陽汛，安邑。十里北相鎮，宿地本古相里。【略】鎮北有涑水隄。計行七十里。四十里牛杜尖，三十里北相宿。

十六日，夜雨達旦。黎明發北相，東北行道濘，十里張村，十里將軍廟，十里王范，墩在堡東。五里界牌，安邑、夏縣。交界。中條當夏縣東五里，起自蒲坂，迆邐而北，隨在異名，在夏縣者東北一隅耳。【略】縣西二十里爲鳴條岡，北連聞喜，南接安邑，今呼爲峨嵋嶺。縣西七十里爲稷王山，接稷山縣界，下有蛇虎澗，后稷始生棄此，故名。蒲坂在縣南十五里，路通平陸，土人名三橋坡，即晉假道滅虢處。五里岔口，夏縣。十里涑水鎮，尖，墩在堡東。涑水在縣境者四十里。鎮有安福寺、長生觀。十里義門堡，尖後多北行，過堡南門外，題曰瑞凝樓。過長川口，五里夏縣、聞喜。交界。五里郭店鎮，聞喜。墩在堡北，有橋曰通利橋。十里宋店鎮，墩亦在堡北。十里聞喜縣，進抯涑門，出迎暉門。【略】竟日溟濛，衣裝多溼。宿東關，兩館斜對。城之門五：東曰迎暉，南曰仰薰，西曰阜城，北曰仰薇，西之南曰抯涑。【略】計行九十里。五十里涑水鎮尖，四十里聞喜縣東關宿。

十七日，平明發聞喜東關，雨止，霧尚濃。東北行，十里十里鋪，入晉以來山勢或左或右，或左右相對，皆遥望也，過此山勢漸緊。十里馮家莊，有玉虛觀。五里川口村，將近東鎮路多北向。五里東鎮，有帝堯廟、四聖廟、三靈侯廟、保甯寺。巳刻同尖館樓。尖後過上東鎮，二里中莊，有超然觀。三里姚村、西姚村，有帝舜廟，東姚村有崇真洞，村後有紫屏山。山列如屏，懸崖千丈，其色紫，故名。五里問店，天漸晴，日出有光。五里裴柏村，【略】五里蘭德鎮，鎮有興真宫，堡南有周陽侯故城，鎮東北槐林溝上石橋曰金稷橋，近鎮黎園村有媧皇廟。十里隘口鎮，曲沃。備有茶尖，鎮南石橋邊換夫。橋南有古招仙洞，鎮北過兩橋，一沙溝橋，一金溝橋。金溝橋水經陽城里入澮，隘口東倚絶巘，西臨大壑，峰峻徑窄，車難並軌。昔設關於此，名鐵嶺關。隘口之西爲峨嵋山，東爲郝家山，郝家山東有冰巖，泉凝成冰，山陰日色罕照，冰堅不散，春夏猶存，即晉殿懸冰也。縣南十五里絳山，太行之支也，山在澮水之南，東達太行，西極峨嵋。縣南十三里爲紫金山，絳山最高之峰也，山麓宜柿。絳山之東支曰白石山，山多白石，故名。五里驛橋村，地有飲馬池，水自聞喜來，繞村西北流，入澮。五里史店，過堡西門外。五里上馬村，過堡南門外，題曰「凝翠」。過堡東門外，題曰「崇雅」。五里侯馬驛，渡澮水橋，橋名通濟。水發源澮山，逕侯馬橋，西入絳州，注於汾。進鎮南門，兩行館通。館爲賈司馬祠舊址，祀鄉賢賈公漢復。【略】計行八十里。三十里東鎮尖，五十里侯馬驛宿。

十八日，平明發侯馬，北行，時稍偏東。逢村換絳自侯馬始，入晉以來交界換夫，自隘口始皆曲沃地也。約二三里過程王村，五里西莊鎮，過此時見北面壚頭諸山。五里郭馬，有汛。十里楊村，五里高陽村，有崇慶寺。五里高顯鎮，入堡南門，題曰「風引南薰」。鎮多花店，治木棉，尖於荒店，到時巳初。店東向鎮有興國寺。尖後出堡北門，峽行，過天井橋，橋跨天井水，上即滏河也。俗名鼓堆水，源出東陘山，由此橋迆西入汾。過橋仍峽行，五里北封王村，道俱在土峽中，時行坡腰原唇，避峽中車。五里北辛店，堡南有隨心觀音坊，墩在堡北十里蒙城鎮，鎮有會雲觀，鎮南數里有文敬村，墩在堡北。【略】今數十里中坦然，已成大道，而馳驅過之，忽如身墜井底，前有驛，後有村，皆以蒙名，猶想見昔時之險也。今易其名爲蒙亨，東陘諸山皆在鎮東。自蒙城過界牌，入太平界，度古義士橋，十里閻店，太平。墩在堡南十里。史村驛宿，兩行館通。汾河在驛西，縣治在汾河之西二十五里，在驛之西南四十里。【略】計行七十里。三十里高顯鎮尖，四十里史村驛宿。

十九日，寅正興相國先發，期二十八日會於壽陽。石帆亦先發，抵平陽。平明偕曉滄發史村，間行崖上，見汾水。二里界牌，太平、襄陵。交界。襄陵驛路之東，山脈接連曲沃者爲喬山，其東北支爲石牛嶺，相傳老子過此，牛卧地，化石，今其石色青如牛。喬山北連卧龍山，上有三峰尤高，有卧龍洞。又其北曰龜山，山脊突起，石紋横織。襄陵縣治之西，最遠者爲九龍山，山脊九曲，似游龍夭矯，北連三磴山，後有盤龍山，旁有摩雲頂，北有鬬龍峪。中有一峰，峭立雲表，其形三磴，緣級而升。鬬龍峪北爲華池峪，内有石洞，滴水如珠輒雨。三磴山北爲姑射山，即莊子所謂「藐姑射之山有神人居焉」者也，南連平山，西北連臨汾山、峪山、胥平峰。襄陵城東南鄧莊伯道故居，有遺愛橋，伯道所建橋舊址。八里荆村鋪，襄陵。過「東望箕山西帶汾水」坊。巢溪在襄陵東南三十里，即三交西注之水也，至荆村入汾，一名洗耳河，相傳巢父洗耳處。側有土阜，名箕山。【略】汾水在襄陵東一里，由臨汾入境，又南入太平。五里趙曲鎮，鎮有成湯廟、超化寺，鎮左有漶溝渠，鎮南石橋曰鎮陽橋。【略】五里張林鋪，過「仙傳姑射水挹平泉」坊。平水一名晉水，發源姑射之麓，千派萬壑，胥成錦紋綺縠，分流經城北梅月橋，入汾。鋪北過梁坡下院、北辛店等村，又過辛店鎮，鎮南題曰離照，曰望衡，北曰坎止。十里靈伯鋪，過「梅月仙風龍山松影」坊，梅月溪在屏霍門外，上有晉橋，相傳仙客過飲橋畔，題梅月於壁。【略】過鄢里村，五里界牌，襄陵、臨汾。交界。過金井村，五里大韓鋪，臨汾。過王莊，五里堯廟。【略】五里岔口鎮，過郭村東、趙村、八蜡廟，趙村有倉頡故宅。十里平陽府城，南有漢鄉賢張敞故里碑，城西南有鄧子坡，鄧伯道棄子處也。西南二十里有劉淵城，淵嘗築此爲陶唐金城。入明德門，城南門也，折而東，住貢院，到時午初。飯畢，相國發臨汾，住洪洞。臨汾西南二十五里爲平山，亦姑射之支也，平水出焉。城在平河之陽，故府名平陽。【略】計行六十里。尖宿俱在平陽府城内。

二十日，細雨。發臨汾，過城内古帝堯都坊，出鎮朔門，城北門也。門凡四，西曰和義，東曰武定。過帝堯陵碑，過郭家莊、南孝村、黨家樓。雨中東望卧虎，溟濛不能見，西望姑射，在蒼茫煙霧中。十里高河鎮，過高粱橋，橋下澇水，一名黑水，源出浮山烏嶺下，合小澗溝，西流入縣境，至城北高河，經此橋入汾。過賈村、溝上村、盧曲村，溝上村有陶唐丹朱墓碑。【略】出城北行，過此東北行，十里韓村、盧曲，韓村水利有和潤渠。五里洪洞南界牌，五里羊獬鋪，洪洞。鋪南有羊獬橋，橋下岳陽山水也，鋪北有瑞羊生獬處坊。十里陽曲鎮，茶尖。茶後過有虞士師皋陶墓碑，過皋陶村，過士師村，村有屋，題曰「款留一步」，曰「藉兹滌煩」，想係盛夏施茶地也。過有虞士師皋陶故里坊，坊北有皋陶祠。十里左壁村，村有屋，題曰「式飲庶幾」，亦茶亭也。過張村，過南塔下，過安樂鎮，過澗橋村，過聚瑞橋，橋在洪洞城南一里，即澗河橋。澗水發源岳陽縣，經此橋，至城西入汾。橋南坊曰惠及步輿，橋北有程嬰公孫杵臼故里碑。十里洪洞縣，縣城南一里有洪崖，東西廣五十里，壁立百尺，澗水繞其麓，昕夕衝激。少徙而南，自左壁而北，皆行土溝，弗之見，過聚瑞橋，回顧乃見之。入縣城南門，門曰迎薰。由南而北，街道不甚闊，市屋俱重檐。出北門，門曰望霍。城門六，其東曰賓陽，西曰拱汾，東南曰安流，東北曰玉峰。宿北關行轅，到時未初。相國是日住霍州。【略】計行六十里。四十里陽曲鎮茶尖，二十里洪洞縣北關宿。

二十一日，平明發洪洞，過賈村，路多北向。五里官莊，莊在驛路之東。驛路有惠遠橋，北望一帶土阜隆起而高，疑即洪洞嶺。官莊屋宇高敞壯麗，遥望如琳宫。五里苗村，當村有水磨。五里趙城南界牌，過國士橋，橋下爲南大澗水，源出霍山青條谷中，西入汾。過橋後地勢漸高，橋北爲上紀落鎮，鎮在坡上，有漢紀信祠，祠在墓後，信故邑人也。有長春觀。五里王開鋪坊，趙城。將近城，肩輿人愛捷路，多行田棱。過石橋，橋下當是南小澗水，源亦出霍山谷中，西入汾。趙人多講水利，時見清流瀠瀠注田間。十里趙城縣，尖城東南簡城書院。尖後入南門，出北門，門各建樓，樓各題額曰「東望霍山」「西臨汾水」「南瞻堯都」「北仰神京」。北關石橋下爲大澗水，水距城一里，出霍山觀音溝，西入汾。五里窑子鎮，鎮南有石橋，鎮北門外橋曰青石橋。橋北入峽，行五里衛店，仍峽行。《志》言五女原在縣北十五里，漫衍廣博，爲縣北屏。峽上土高，當即原也。十里益昌鋪，仍峽行。鋪北有石橋，曰永利橋，橋下北小澗水也。過橋傍山崖行，崖下汾水也。【略】五里界牌，入霍州界。仍峽行，將抵辛置乃履坦途。五里辛置鎮，霍州。鎮有渠，亦汾河水利也。五里南坡底，過此復入峽行，五里鑾鈴鋪，五里壇底鎮，鎮南有石橋，鑾鈴原甚高，坡底壇底皆凹，蓋原之麓也。鎮北過石鬬，地勢開展，一再過石橋，橋下彘水也，源出州南五里石鼻谷，流經城西，南入汾。五里霍州，城内宿，到時申初。入望陽門，城南門也。城門四，東曰春熙，西曰安戍，北曰拱極。相國是日住靈石城。【略】計行八十里。三十里趙城縣南關尖，五十里霍州城内宿。

二十二日，黎明發霍州，出拱極門。郭門外石橋曰鳳棲橋，元初元帥程榮建以北走鳳棲嶺，故名。十里十里汛，五里北坡，上爲風吹嶺。自此入峽行，五里周村汛，仍峽行，時於土壁缺處窺見深塹平田，重岡疊巘。十里師莊鎮，鎮北有汛，南有石橋，露轎茶尖。十里白水，過此崖行。《志》言州北四十里爲鳳棲嶺，崖上山勢巉巖，當是也。五里老張灣，過此入靈石界。自白水以來俱崖行，五里逍遥嶺，靈石。號曰逍遥，戒怱遽也。或曰路極險曲，冠此嘉名，亦永定河、甜水鋪類耳。過此崖坡相間，俱由高視下。十里仁義驛，尖。鎮在坡底，行館尚閎敞，可宿。鎮南有仁義橋，已半圮，橋下爲仁義河，源出沁源縣。驛四圍皆山，有形如卧牛者，名卧牛山。又有蛤蟆嶺，一名蚰子嶺，距霍州東北、靈石西南各五十里，即賈胡堡，嶺勢崔巍，屹立山表。每日將暮，羣阜深黑，此嶺獨受返照，青紫萬狀，絢采可觀。陰地關在鎮西南十里，唐張濬擊李克用敗兵處也。鎮北山上有仁義堡，即劉武周修築屯兵拒唐處。七里北臺，八里郭家溝、韓侯嶺、常家山，兩山高峙，中界深溝。嘉靖間，平陽太守聶豹築臺起樓於溝南，題曰「天險」。溝上橋舊曰惠濟，萬曆二年邑長白夏易建弔橋於橋北，深塹以遏敵衝，亦曰天險。靈石西南三十里有秦王嶺，地在郭家溝之西。五里韓侯嶺，謁淮陰侯祠。【略】五里竹竿坡，有汛，亦險隘也。【略】五里坡底鎮，五里裴家峪，行崖上，崖下水淙淙，蓋汾河也。地迎溜頂衝，甚險。將近城，城南舊有中流砥柱橋，以鐵索繫兩岸，鋪板其上，今廢，中流臺址尚存。五里靈石縣，縣城門四：東聞弦，南正明，西樂泮，北承恩。驛路徑東門外，抵北關小水鎮宿。相國是日住介休。小水出綿山興地峪，至縣北門入汾，鎮南有橋。綿山當靈石之東四十里，北跨介休，東南接石膏山，又東南接沁源。【略】計行一百里。三十里師莊鎮茶尖，三十里仁義驛尖，四十里靈石縣北小水鎮宿。

二十三日丙辰，驚蟄。黎明發小水鎮，多沿崖行，崖下汾水也。路皆北向偏西，鎮西北橋跨汾水，名船圪塔渡橋，夏撤冬支。鎮東山上有清涼寺，鎮西嶽廟後有蟠龍庵。十五里張家峪，有汛，汛南有橋。仍崖行，【略】五里索洲鎮，渡橋，冬施夏撤，在鎮西，跨汾水上。鎮北崖尤險隘，崖下汾水聲如雷鼓。過鎮後路北向，稍偏東，五里其家墳，五里兩渡鎮，尖於石室鎮南，外額曰「攬雲」，鎮北內額曰「虱龍」。十里崔家溝，十里冷泉關，即古川口也。關外迆北多平曠，入關則左山右河，中通一綫，實南北咽喉。自介休義棠鎮南至靈石陰地關，賈胡堡，皆古爵鼠谷，《水經注》所謂數十間道隘者也。堡在東山，上有天聖寺、大靈寺，遥望西山之麓瓦屋層疊如畫，關題曰「河東要鎮」，關南有汛。五里桑平峪，居民千餘家，山水環繞，過此入介休界。遥望西山有塔，即秦王塔也。五里義棠鎮，介休。十里西石門鋪，十里介休縣，宿西關行轅。介休門四：東捧暉，西臨津，南迎翠，北潤濟。門外石橋各一，關城包城東北二面。相國是日住平遥。計行八十里。三十里兩渡鎮尖，五十里介休縣西關宿。

二十四日，寅正發介休，由城外東北行。五里東石門鋪，五里宋貼鋪，五里東十五里鋪，五里湛泉鎮，鎮西有蒲池泉。十里工里鋪，時天漸曙，南望狐岐山隱約雲際。十里南張鋪，過金龍橋。五里張蘭鎮，鎮爲孔道要區，即古之張南鎮，有興福寺、妙明寺、元和觀。尖於鎮東毗連之郝家堡，即郝村鋪，到時辰初。堡有利民橋。五里田堡鋪，五里杜村茶房，平遥。五里橋頭村，五里良如壁，十五里平遥縣，入上西門，折而北，尖於行轅，到時巳初。城門六：南北門各一，東西門各二，近南者爲上東、上西，近北者曰下東、下西。尖後過金井樓，折而東，出下東門，路形曲如蓋柄。【略】五里仁內鋪，五里十里鋪，五里新城鋪，五里洪善村，十里界牌，平遥、祁縣。交界。五里鄭家莊，祁縣。五里東城鋪，五里高城鋪，五里祁縣，入揖汾門，城西門也。宿昭餘書院，相國是日住徐溝。祁城門四：東瞻鳳，南凭麓，北拱辰。【略】計行一百三十里。四十五里張蘭鎮尖，三十五里平遥縣城内再尖，五十里祁縣城内宿。

二十五日，丑正起，候轎夫陸續至，寅初發祁縣。候開城，出拱辰門，城北有温太真故里碑，舅犯故里距城北三里許。五里會善村，十里賈令河，五里賈令鎮，過召憩亭始曙。鎮北有元天閣。十里羅村，祁縣、徐溝。交界。十里堯城，徐溝。十里高花村，《志》云祁大夫受封過此，土人築臺，具花綵以迎大夫，命其地曰高花。十里徐溝縣，西關尖，到時巳正。徐溝城門四：東融和，西豐樂，南迎薰，北拱極。驛路在城外，十里遼西村，汛。五里界牌，徐溝、榆次。交界。十里郝村，榆次。五里永康鎮，道多沮洳，永康渠水也。十里張慶鋪，道亦沮洳，永康、張慶兩渠俱分引洞渦之水。十里南谷村，五里榮村，五里郭家堡，十里王胡鎮，宿行轅。相國是日駐什貼。王胡西南距風陵渡一千一百里，東北距直隸界三百二十里。榆次縣治在王胡西南十里，門四：東迎曦，南觀瀾，北望嶽，西鳳朝。計行一百三十里。六十里徐溝縣西關尖，七十里王胡鎮宿。

二十六日，寅初發王胡鎮。鎮東四里許土壘如牆，周圍數十堵，南北俱鄰溝，昔太原人於此避兵，名之曰窩窩寨。鎮東八里許有淺溝，深數十丈，水直流入涂河。其土極紅，堊壁者恒取之。殺熊嶺亦在鎮東，去縣不十里。宋制置使种師中戰死其地，明初嶺上林木猶多虧蔽，後翦伐童然，或改呼王胡嶺云。八里傅村，七里傅家窑，二里羅家莊，三里腰店，八里三岔口，七里什貼鎮，尖。【略】五里韓家溝，壽陽。十里要羅鎮，鎮踞要羅山，壽水發源處也。十里西嶺鋪，過此下坡，坡盡抵太安驛。十里太安驛，茶尖，换馬。壽水逕此，俗稱太安驛河，屈西，轉而東，左會黑水，以下黑水、壽水通稱驛河。有橋曰安定。十里王强鋪，茶尖後入峽，漸高，過鋪後俱下坡路，坡盡渡河而北，東行，河架木梁，兩岸險絶。十里清平鎮，鎮在河北。將抵鎮，復度草橋而南，仍東行，十里大樹埡，五里青羊岔，過岔後下坡，坡盡臨河崖，過黄門鎮，坊沿崖。東行數武，復度草橋而北，五里黄門鎮，坊在河南，堡在河北，西門南向題曰「山明水秀」，堡東照牆内曰「霞光掩映」。鎮東有黄門橋，所涉河皆壽水也。五里童子河，過黄門鎮後，歷閻家坪，下坡履石，渡淺水，抵童子河鎮。鎮西石橋高闊，當即迎仙橋，橋下轉無水。童子河即曹河。五里壽陽縣，入川媚門，城西門也，《志》作回暘。其南曰恒陽，東曰賓暘。出東門宿。是日晤相國，同臨於行轅。計行一百二十里。三十五里什貼鎮尖，二十五里太安驛茶尖，五十里壽陽縣東關宿。

二十七日，寅初發壽陽東郭。里許有安定橋，跨東河上，河南流入壽水。十里土嶺鋪，過七嶺汛下坡，坡盡至芹泉。十里芹泉驛，十里張浄鎮，自土嶺至張浄皆東行偏南，十里新店鎮，平定。十里測石驛，尖於石室驛，爲盂縣轄。先是，壽陽縣城内無驛，嗣增設驛一。縣城距芹泉僅二十里，太近。芹泉距平定乃八十里，太遠。移芹泉驛於測石，於是由太安而芹泉，而平定，相距各五十里，道適均。五里坡頭村，過此多灘行。五里辛興鎮，灘行多險，夏秋防山水。十里賽魚村，五里石卜觜，五里平潭鎮，自張浄至此皆東行，過此東行偏南。過草橋，入峽行，漸下坡。賽魚、平潭兩界之間有媚輝閣，顔曰「上天玉尺」，平潭東門題曰「燦霞」。五里陽泉村，五里義井鎮，過鎮上坡行，五里黑沙嶺，五里平定州。州西門有茄石，平地矗起，狀如茄。州依山爲城，周二里許，爲上城，州治在其中。門二：南曰迎薰，東曰榆關。【略】出榆關門月城，即下城矣。下城起上城東南隅，由東而北，而西，而南，周六里許，其牆尾當上城之背。下城宋太平興國四年增築，門亦有二：東曰拱岱，西曰瞻華，兩門爲往來孔道。城中有河，爲嘉水。是夕宿西關。計行一百里。五十里測石驛尖，五十里平定州西關宿。

二十八日，寅初發平定，入瞻華門，出拱岱門，東行。過「文獻名邦」石坊，其石柱題云「科名焜耀無雙地，冠蓋衝繁第一州」。十里蹔石村，十里西郊村，十里石門口，去夏供事，後車於此遇水，幾不免。五里小橋鋪，舊有人祖廟。【略】五里橋頭村，七里青玉峽，三里柏井驛，尖。五里西天門，二里八里橋，八里柏木井，五里固驛鋪，十里槐樹鋪，十里固關，三里甘桃驛，二里舊關，五里山西平定、直隸井陘。界牌。發平定至此皆東行，過此東北行。五里核桃園，井陘。茶尖。五里龍窩寺，五里長生鋪，五里板橋村，五里朱村，五里井陘縣。將抵縣，由南關下坡，涉綿蔓河，即澤發水也。一名綿水，源出綿山，水性温，嚴冬不冰，引水轉磨，香麪之利出焉。入會源門，城南門也。門三：西曰鎮武，東曰東聚，又於南門之東闢一門以避水，曰甯和。是夕宿行轅。計行一百三十里。五十里柏井驛尖，五十五里桃核園茶尖，二十五里井陘縣城内宿。

二十九日，寅初發井陘，出東聚門，涉綿蔓水，登岸東北行，過漢田叔田仁故里。五里東窑嶺，五里郝家村，五里張村，五里横口村，五里長岡村，五里微水村，渡微水，至村茶尖，時辰初。村有劍山，勢若倚天。村南清風山，有龍神祠、聖水洞，禱雨輒應。村即淮陰侯背水爲陣處也，舊有石橋跨微水上，名太平，今久圮。【略】微水至此折而北流，入平山縣境，注滹沱河。十里白石嶺，五里上安村，五里下安村，五里亮子嶺，五里界石。井陘、獲鹿。交界石西三里過郄家莊鎮，出鎮後過抱犢山麓。【略】五里土門口，即井陘故關也，古者關津通謂之口。一名土門關，有淮陰侯祠。五里獲鹿縣，入威遠門，城西門也。南曰和薰。出東門，門曰迎恩，尖於行館，到時巳正。五里海山嶺，獲鹿。五里十里鋪，十里安舍鋪，十里趙陵鋪，茶尖。五里蕭家營，正定。五里柳林鋪，十里滹沱河，河水漸急。是日將渡時，橋北圮二三丈，以舟續之。十里正定府城，宿。城門四：東迎旭，今改環翠；西鎮遠；北永安；是日入長樂門，城南門也。【略】計行一百三十里。三十里微水村尖，四十里獲鹿縣東關尖，三十里趙陵鋪茶尖，三十里正定府城内宿。

三十日，寅初發正定，出永安門。【略】十里十里鋪，先經七里鋪，七里、十里兩鋪之間有滋水。十里北牛鋪，十里三十里鋪，十里伏城驛，尖，到時巳初。五里正定北界牌，過此入藁城界。五里吴村堡，藁城。五里藁城界牌，過此入新樂界。五里馬頭鋪，新樂。過草橋，橋下水清，即曹河溝也。木刀溝水自西來注之。鋪有石橋，乃古新市縣治之南關城壕也。明趙明府璿濬而栽蓮，構店舍以駐行客，因名蓮花店。今蓮不再花，店舍瓦礫矣。【略】五里同常店，二里十八里鋪，三里小寨鋪，八里七里鋪。道經湧泉溝水，水發源於中同村之浴兒池，泉眼大如箕，次如盤盂，次如蝌泡，一名浴河，一名金水河。二里南五里鋪，過此經派河，一名沙河，出繁峙縣新樂五水，夏秋淫潦，田多淹没。【略】五水者，派河、郜河、滋河、湧泉、木刀溝也。五里新樂縣，茶尖。三度草橋，始抵南關。近城之橋名通濟，冬成夏撤，歲以爲常。五里北五里鋪，茶尖後入新樂南門，門曰來薰。出東門，過羲皇聖里碑，東北行，抵此縣北金馬山，爲一邑主山。【略】五里田村鋪，五里界牌鋪，定州。五里三十里鋪，五里明月店，宿，到時申正。計行一百一十里。四十里伏城驛尖，四十五里新樂縣南關茶尖，二十五里明月店宿。

二月朔，丑正發明月店，五里咬村鋪，五里孟良橋，下爲嘉水，嘉山右掖之水也，東南流經此，合沙河。嘉山在曲陽縣治東，唐郭子儀敗史思明於此，平地崛起，蜿蜒十餘里。山頂有孟良寨，山後有佛兒峪。五里八角郎，十里定州，入迎秦門，城南門也。門四：東觀海，西望恒，北瞻宸。行轅同茶尖，時黎明。十里清水河，一稱唐河。十里樂莊鋪，十里清風店，尖，到時卯初。【略】十里荆墳鋪，望都。十里戚里鋪，八里順城鋪，過此驛路漸濘。二里望都縣，入向治門，城南門也，一曰解愠。門三：東曰喜陽，北曰拱極。出北門東行，三里許抵東關，午正茶尖，所駐即印甫容伯舊宿處。距尖所數武有帝堯祠，城東門外東南百步許有丹朱墓。十里良村，五里十五集，滿城。五里高映鋪，完縣。五里拱辰鎮，滿城。五里方順橋，實鎮也。橋下濡水，源出易州窮獨山，會縣曲逆河，流入鎮上，築石閘曰雞心，從閘口南下，東流過清苑，至府城入梁河。【略】計行一百十五里。二十五里定州城内茶尖，三十里清風店尖，三十里望都縣東關茶尖，三十里方順橋宿。

初二日，寅初發方順橋，五里太平莊，五里孟村，五里陘陽驛，五里湯村，五里郭村，五里閻望鋪，五里大激店，清苑。茶尖，時辰初。白溝河水過此，入府城河。十里小激店，十里五里鋪，五里保定府，博大爽塏，三關重地也。紫荆、居庸、倒馬爲内三關，山西之甯武、偏頭、雁門爲外三關，皆燕都之衞。城門四：東瀛海，南蠡吾，西華山，北拱極。【略】尖於西關，到時巳正。西南關吴家灣清苑河即一畝泉也，水自滿城來，由城壕南曲折抵直沽入海。灣建石閘，以時啓閉，過此時水聲淙淙，若分溉諸田，其利溥矣。【略】保定西南距山西界四百四十五里，東北距皇華驛三百三十五里。十五里徐河橋，安肅。十里西漕店，五里漕河，五里荆塘鋪。【略】五里劉祥店，五里十里鋪，十里安肅縣。縣南里許爲南城，周三里，題曰「銅梁峻壘」。關南石橋曰永濟。【略】計行一百十五里。三十五里大激店茶尖，二十五里保定西關尖，三十里漕河茶尖，二十五里安肅縣南關宿。

初三日，寅初發安肅，入來遠門，出北門，北關題曰「鐵雁雄封」。關外有瀑河，發源易州石虎嶺。【略】又有雞爪泉，流至孤莊營一帶，種蔬甚美，黄芽尤佳，世稱安肅菜，正此處也。入瀑則稍遜，漸次而東，味愈薄矣。十里白塔鋪，過石橋，橋下萍水，源出易州黄山，清淺多浮萍，自田村鋪西北第一泉起，由麒麟店抵白塔，經孤莊營入安州，近水田疇多資灌溉。五里麒麟店，麒麟冢初名龍駒墳，有碑記。五里田村，田光故里。有橋曰田村橋，橋下雞爪泉也，源出平地，三派分流，經柳灣入衞。天順間壘石爲橋，以便往來。五里界牌，安肅、定興。交界。五里固城鎮，定興。茶尖。十里尚汲店，五里十五汲村，五里泥河鋪，四里六里鋪，三里三里鋪，均有坊。三里北河店，尖。拒馬、易水、百澗三河合流於此，本名河陽渡，拒馬河即淶水也。五里小北河，即古易水，源出淶水縣樂平山，其發源處名沙河。五里定興縣，由南城外折而東。縣有椒山公祠。城門四：東迎陽，西天慶，南景化，北廣化。五里祖村店，有墩。五里界牌，定興、新城。交界。有界河，上流近紫泉，下流合白溝，入巨馬，即西溝河也。自十里鋪入大清河，至白溝鎮合巨馬，今則涓流如帶，多種葭葦，秋霖淫潦而已。新城，戰國督亢地，北鄰涿鹿，南近雄關，東接益昌，西連龍兑，地勢坦平，城臨四野，三輔咽喉，七省門户也。五里三丈鋪，新城。有墩。五里馬村河，源出高碑店西北，常涸。五里高碑店，邀曉滄、石帆茶尖。【略】十里平安店，五里澤畔鋪，新城、涿州。分界。地近歧溝，故名。其地舊爲督亢鄙亭，二溝分流處。遼宋於此置關，其南通虎賁驛，今道已東改，而其名尚存。五里熨斗店，涿州。五里松林店，五里忠義店，有汛，曰桓侯汛。【略】五里包子鋪，十里涿州，宿。【略】計行一百四十里。三十里固城鎮茶尖，三十五里北河店尖，三十五里高碑店茶尖，四十五里涿州南關宿。

初四日，平明發涿州，過千間大庇橋，南額曰「一葉通津」，北之内曰「甘露常融」。城西北一里有桃莊，《州志》以爲桓侯舊里。五里胡良河，五里仙峰坡。自渡滹沱以來，山勢與驛路絶遠，至此逼近，過此勢復開。五里常店，五里挾河村，房山。地爲涿州、房山、良鄉交界。十里琉璃河，良鄉。地即燕谷店，其水即大清河。十五里竇店，尖。十里大十三里，二里蕭家店，三里小十三里，十里良鄉縣，茶尖。【略】又五里爲龍泉山，山下有石龍口，出泉不竭，東流入鹽溝河。十里長楊村，數武過岡窪村，交宛平界。五里董公庵，宛平。五里趙新店，五里長新店，宿旅舍，兩宅通。自長楊至長新一帶地勢低窪，道多積水。計行九十五里。四十五里竇店尖，二十五里良鄉縣茶尖，二十五里長新店宿。

初五日，丑刻發長新店，五里盧溝橋，水曰桑乾，一名永定河，即古渾河也，以其濁，故曰渾；以其黑，故曰盧。十里大井鋪，十里小井鋪，十五里彰儀門，五里皇華驛，辰初抵京寓。計行四十五里。【略】通計來往驛路共七千八百五十里，(園)[圓]路不數。

倭仁《莎車行記》　咸豐元年正月二十日，挈眷赴葉爾羌幫辦之任。

二十一日，豆店尖，涿州宿。七十里。

二十二日，高密店尖，定興宿。七十里。

二十三日，過易水，弔荊卿遺蹟，想見悲歌慷慨之風。古城尖，安肅宿。七十里。

二十四日，保定宿。五十里。

二十五日，景陽驛尖，望都宿。九十里。

二十六日，清風店尖，【略】定州宿。六十里。

二十七日，新樂縣尖，伏城驛宿。九十里。淑景融和，河冰解凍，鴨泛晴波。

二十八日，正定府宿。五十里。

二十九日，過滹沱，訪光武麥飯亭。【略】獲鹿縣宿。六十里。

三十日，【略】肩輿入山，峰回路轉，萬壑千巖。李左車云，井陘道上「車不得方軌，騎不得成列」，信然。微水尖四十里。井陘宿。三十里。獲鹿西屏山，峰巒橫亘，宛若列屏，每雪霽望之，如冰封玉削，今春融雪盡矣。過東天門。

二月初一日，槐樹鋪尖，五十里。入山西界。過西、北兩天門，柏井驛宿。三十里。

初二日，平定州宿。五十里。【略】石門口峭石壁立，松柏幽秀，數日經過中最佳之境。

初三日，過南天門，擬宿壽陽，以風饕，至測石驛止焉。五十里。

初四日，過芹泉驛。山路升高，望遠雙鳳朝陽，羊頭積雪，悉在目前。

初五日，山路平坦，仍換車馬。(大)[太]安驛尖。五十里。什鐵宿。三十五里。

初六日，王湖驛尖，三十五里。榆次境。【略】徐溝宿。七十里。

初七日　祁縣尖，六十里。【略】平遥宿。五十里。

初八日，張蘭尖，三十五里。介休宿。四十五里。

初九日，兩渡尖，五十里。過汾水，遥望綿山，岡巒起伏，綿亘數百里。【略】車行巖上，沿汾水而南。峽束川流，路隨嶂轉。俯瞰平沙，淺渚點點。一行白鷺，在煙雲變滅間。遠樹斜陽，漁舟晚渡，絶妙一幅畫圖。靈石宿。三十里。

初十日，過韓侯嶺，嶺極高峻。【略】仁義鎮尖，四十里。【略】霍州宿。六十里。

十一日，仍沿汾水行。趙城尖，五十里。【略】洪洞宿。三十里。

十二日，天井鎮尖，三十五里。平陽宿。三十五里。

十三日，趙曲鎮尖，二十五里。史村驛宿。三十五里。

十四日，一出史村，有山溝一道，約卅餘里。【略】高顯鎮尖，四十里。侯馬驛宿。三十里。

十五日，東鎮尖，五十里。聞喜宿。三十里。

十六日，涑水頭尖，四十里。北相驛宿。五十里。

十七日，牛杜尖，三十里。【略】樊城驛宿。四十里。

十八日，東鎮尖，三十二里。寺坡底宿。三十八里，在蒲州城東五里。

十九日，可合尖，五十里。入陝西界。思慮紛擾，作詩戒之。三十里渡黄河，兩山夾流，滔滔東下，已極汪洋浩瀚之觀。潼關倚山傍河，龍蟠虎踞，真天險也。潼關宿。

二十日，華陰廟宿，三十五里。廟多古柏。

二十一日，華州尖，七十里。【略】渭南縣宿。五十里。十里坡，滿山紅杏，爛漫如錦。

二十二日，零口尖，四十里。臨潼縣宿。四十里。【略】驛舍在驪山下，温泉所出。

二十三日，過灞橋，煙柳絲絲，繫人離緒。西安府宿。五十里。【略】住三日。

二十七日，過咸陽古渡。【略】咸陽縣宿。五十里。

二十八日，醴泉尖，七十里。【略】乾州宿。四十里。

二十九日，北鎮尖，五十里。永壽宿。四十里。

三十日，大峪尖，四十里。邠州宿。三十里。

三月初一日，山路遇雨，滑澾萬狀。亭口尖，四十里。長武縣宿。五十里。

初二日，瓦雲驛宿。四十五里。入甘肅界。

初三日，涇州宿。五十五里。

初四日，經回中山，王母宫高居山椒。樹林鬱鬱，涇水環流，可謂一郡之勝。王村尖，三十里。白水驛宿。五十里。

初五日，四十里鋪尖。地氣苦寒，麥苗初秀，民多穴處，村落絶稀。平涼府宿。四十里。春秋朝那地。

初六日，安國鎮尖，四十里。瓦亭驛宿。五十里。

初七日，過六盤山，即古之絡盤。紆回鳥道，高入雲端。【略】隆德縣宿，漢安定地。安定即平涼府。

初八日，神林堡尖，四十里。静寧州宿，五十里。古隴干地。

初九日，高堡尖，四十里。過齊家山，山路新修，昔之險巇，皆成坦途，李吉人方伯之德政也。吉人名德，時開藩蘭省。青家驛宿。

初十日，翟家所尖，四十五里。地瘠民貧，鳩形鵠面，可憫之狀，滿眼皆是，司牧者何以富之？兩日所見，村落漸多，穴居少矣。會寧縣宿，四十五里。漢枝陽地。過山溪七十餘道，名會寧溝。

十一日，西鞏驛尖，六十里。過王公橋，上青嵐山。土嶺極高，下視村舍，茫茫在煙靄中。安定縣宿，六十里。春秋戰國時爲羌戎雜處之地。山川環繞，坡墺多於平原，亦瘠苦之區也。夜雪。

十二日，早晴，初陽宿雪，相映生輝。秤鈎驛宿。三十五里。

十三日，過車道嶺，嶺上尖，三十五里。清水驛宿。三十五里。

十四日，定遠驛宿。六十里。

十五日，蘭州宿，五十里。【略】住二日。

十八日，過黄河浮橋，河在城外。以船爲之，所謂「天下黄河一道橋」也。

十九日，咸水河尖，四十里。紅城驛宿。三十里。距驛數里，復入長城。出長城，桃花十里，頓覺邊地生春。朱家井尖，四十里。千家灣宿。三十里。綠水垂楊，村墟賽社，熙熙皡皡，太古之風。

二十日，大通驛尖，四十里。過莊浪城，距平番三里。平番縣宿。三十里。

二十一日，通勝驛尖，四十里。岔口宿。三十里。

二十二日，鎮羌驛尖，五十里。過烏梢嶺，黑松驛宿。六十里。昔聞松柏丸丸，今則牛山濯濯矣，秦山皆同烏嶺。

二十三日，過古浪峽，山峰對峙，峽水中流。入峽十餘里，巖石下垂，岌岌欲墜，過者神悚。道左一石，屹然獨起，如崇臺巨屋，色白如玉。【略】古浪縣尖，四十里。唐和戎城舊治。定靖驛宿。五十里。

二十四日，大河驛尖，四十里。涼州宿。三十里。

二十八日，四十里鋪尖，豐樂堡宿。三十里。碎石顛簸，數日無一坦步。

二十九日，八壩尖，三十里。永昌縣宿。六十里。

四月初一日，水磨川尖，二十里。水泉驛宿。四十里。

初二日，過峽口，【略】雪後經此，重裘猶寒也。峽口驛尖，五十里。新河驛宿。四十里。

初三日，山丹縣尖，四十里。【略】東樂驛宿。四十里。

初四日，仁壽尖，三十里。甘州宿。四十里。

初五日，沙井宿。五十里。

初六日，撫彝廳尖，六十里。高臺縣宿。四十里。

初七日，日照雪山，玉笋峻嶒，瓊華燦爛，土田沃潤，黑水之利也。過黑泉驛，五十里。則地皆沙鹵，一片荒涼矣。深溝驛宿。五十里。

初八日，鹽池堡尖，三十里。雙井堡宿。四十里。人煙稀少，無土可耕。

初九日，臨水驛尖，六十里。肅州宿。四十里。

十三日，宿嘉峪關。七十里。

十四日，出關。龍沙雁磧，彌望無垠。【略】雙井堡尖。四十里。肅州界止。惠回堡宿，五十里。入玉門界。

十五日，赤金湖尖，七十里。赤金峽宿。四十里。

十六日，高見灘尖，五十里戈壁。元人謂沙磧爲「沙陀」，今蒙古語「戈壁」。玉門縣宿。四十里。古玉門、陽關在今敦煌縣。

十七日，三道溝宿。五十里。屬柳溝衞，溝凡十道。桃花始開，鮮適内地，間以柳綠，春色宜人。

十八日，八道溝尖。四十五里。入安西界，卜隆吉宿。四十五里。按：卜隆吉即柳溝，一名卜朗吉爾，蒙古語「水濁」也。漢淵泉縣地，地多檉柳，有水泉。東則十道柳溝，西有卜隆吉河。

十九日，雙塔堡尖。四十里。有二沙阜，相去半里。阜巔各有小塔，不知創於何時。小灣宿。五十里。

二十日，安西州宿。七十里。

二十一日，過蘇勒河。安西城北三里。河發源於靖逆衞之南大山，山雪融化，散流十道溝内，至西匯成大河，名蘇勒河。【略】白墩子宿。九十里戈壁。有泉出石罅，涓涓細流，僅敷一方之用。

二十二日，紅柳園宿。七十里戈壁。

二十三日，小泉少憩，五十里。大泉宿。三十里。

二十四日，馬蓮井子宿，七十里。安西界止。驛馬不便，住一日。

二十六日，星星峽宿，八十里。入哈密界。

二十七日，沙泉子宿，九十里。數日所經，只此地青草芊綿，寬逾數畝餘，惟産麻黄，根幡如樹，土人取以爲薪。

二十八日，苦水宿。八十里。

二十九日，紅山子略憩，七十里戈壁。格子煙墩宿。七十里。

三十日，長流水尖，七十里。自白墩子至此，八日始見樹木。黄蘆岡宿。七十里。緑樹鳴鳩，青畦叱犢，頗似内地風景。

五月初一日，哈密宿。七十里。【略】此地爲新疆門户，天山横亘其間。南北兩路，由此而分。由哈密循天山之南，迤邐西南行，爲吐魯番、喀喇沙爾、庫車、阿克蘇、烏什、葉爾羌、和闐、英吉沙爾、喀什噶爾，是爲南路。土魯番歸烏魯木齊都統統轄，不在南八城之内。由哈密逾天山之北，山名庫舍圖達坂，譯言「碑嶺」。唐姜行本紀功碑在此。迤邐由北而西，爲巴里坤、距哈密三百餘里。古城、烏魯木齊、庫爾喀喇、烏蘇、塔爾巴哈台、伊犁，是爲北路。《漢書・西域傳》載南道北道，皆在天山以南，今之所謂南路、北路，則合天山以北而中分之，總屬於伊犁。由哈密南至南湖廿里外，俱戈壁。辦事、協辦二員，副將一員，駐守漢兵二千五百名。住一日。按：南路爲回部，北路爲準噶爾部，準部即漢烏孫。

初三日，頭堡宿，七十里。環堡流泉，饒有清致。

初四日，三堡尖，六十里。鴨子泉宿。七十里。

初五日，瞭墩宿，八十里。戈壁住一日。

初六日，夜行百二十里，至芨芨草子，入巴里坤界。此爲小南路，既避十三間房在南。之風，又免橙槽溝山路，在北。之險，且近兩站，誠捷徑也。惟臺站俱無，苦之歇處。

初七日，早晨抵此，午後復行。百二十里，宿胡桐窩，巴里坤界止。

初八日，鹽池宿，百二十里。入吐魯番界。

初九日，夜行百二十里，地窩鋪少憩，復行六十里。次日宿七格騰木。有田廬民舍，水泉一道，溉田數十頃。自胡桐窩、十三間房至此，春夏多怪風，名「風戈壁」，《明史》稱爲黑風川。

十一日，辟展宿。九十里。

十二日，連木沁宿。七十里。

十三日，勝金臺宿，七十里。數十里黍油麥秀，村墟演劇酬神，居然樂土。

十四日，宿吐魯番。百一十里。中有七十里戈壁。

十五日，夜行六十里，大墩尖。距布幹臺五里。

十六日，宿托克遜。六十里戈壁。制錢行使止此，以西皆用紅錢。

十七日，蘇巴什臺宿，八十里。入喀喇沙爾界。亂山之中，僅有軍臺一所。臺對一山，石骨沙膚，高數十仞，勢極陡絶。

十八日，阿哈爾布拉克宿。八十五里。軍臺面山，如蘇巴什山，純石無沙，高峻過之。臺東北二十里，名蘇巴什溝，怪石峥屼，累累塞路。

十九日，山行六十里，桑樹園尖。只桑一株。又二十里出山，七十里戈壁，庫木什阿哈瑪宿。清流映裾，柳陰在地，徘徊瞻眺，堪滌塵襟。

二十日，六十里戈壁，又三十里山溝路，溝中歷歷多榆，名榆樹溝。喀喇河色爾軍臺宿。

二十一日，新井子尖，七十里。宿烏沙他拉。八十里。回語「烏沙」，小也，「他拉」謂柳樹。驛舍東北約半里，有密爾岱山。

二十二日，特伯爾古宿。一百里。

二十三日，喀喇沙爾宿。回語「喀喇」，黑也，「沙爾」謂城。以城久色黑，故名。九十里。古焉耆、危須二國地。辦事一員，駐守漢兵三百三名。城名「協順」。【略】西北界伊犁，東北界烏魯木齊，西南界庫車，南阻沮洳。住二日。

二十五日，渡開都河，俗名通天河，彌漫廣三里。玉沙如綿，瀠洄綹碧。東北流，潴爲大澤，曰博斯騰淖爾。夜行百一十里，至哈爾哈拉滿，準語謂道路，言地當山口。入庫車界。走水達坂，濤聲殷雷，頓忘炎暑。【略】二十里，山路崎嶇，即古所謂遮留谷。又十里，宿庫爾勒。回語「觀望」也。地形軒敞，可供眺覽。

二十七日，宿喀喇布拉克。七十里。

二十八日，宿庫爾楚。一百里。準語忌諱之詞也，多古墓，經者多病，故名。

二十九日，野人溝尖，一百里。深林密箐，云有熊虎。策達雅爾宿。一百里。一作「策特爾」，回語「氈廬」也，舊曾安營於此。

六月初一日，羊薩爾宿。六十里。相傳此臺有柳樹泉，地近雪嶠，河汊紛歧。

初二日，布古爾宿。一百里。一名「玉古爾」，臨陣奮勇之謂。回人曾於此禦敵，故名。東有葦湖，湖上一橋，爲西入回疆要津，此外别無路徑。《漢書》所載土橋之險是也。

初三日，過喇依素河，俗誤呼爲渭干河。濟不濡軌，驅車徑涉。宿阿爾特。一百里。有數十里戈壁。

初四日，夜行。遇風，天黑如墨，幸戈壁路平，尚無顛覆之患。腰站少憩。七十里。宿托和鼐。七十里。

初五日，庫車宿。六十里。一名柳陳，又名魯陣，《元史》作庫徹。「庫」謂此地，「車」謂眢井。地有眢井，故名。一説「胡同」也，言入回部必經之路。霍吉占之亂，大兵征之，自庫車始。城名「鞏平」，辦事一員，駐守漢兵三百二名。西北界伊犁，西南界阿克蘇，東北界喀喇沙爾，東南阻沮洳。住二日。

初七日，夜行四十里，過鹽水溝。兩山相夾，險要可扼。

初八日，赫色爾宿。一百六十里。《唐書·地理志》載俱毗羅磧，即此地。有赫色爾河，發源於額什克巴什山，經軍臺西入渭干河。此渭干東源也。

初九日，賽里木尖。四十里。即《地理志》之俱毗羅城。回語「安邊」也。入阿克蘇界。拜城宿。八十里。爲古姑墨地，即《地理志》之阿悉言城，回語「富厚」也。

初十日，過木札特河。俗名通長河。

十一日，宿哈拉玉爾滚戈壁，百四十里。回語「玉爾滚」謂垂柳。柳蔭深黑，故名。軍臺。一古柳，老幹槎丫，濃蔭數畝。

十二日，札木臺宿。六十里。蒙古語「札木」，道路之謂。地當孔道，故名。臺南一莊，名哈拉塔什，與和闐界。富公德援和闐，經行沙磧，置六臺站於此。今車騎不通，河流又萃，豐草長林，是多禽獸。

十三日，宿阿克蘇。八十里。古温宿地，舊屬烏什，嘉慶二年分爲專城。立岸如削，高出地數十丈，其上平衍。回城據其麓，鎮城在其西北數十步，地勢益下，同於釜底。山泉泛溢，陡若建瓴。鎮城、回城間，築堤泄水，注於城南。回語「阿克」謂白，「蘇」謂水。地有白水，故名其城。辦事一員，駐守漢兵一千六百名，城名「普安」。北界伊犁，西界烏什。二百餘里。以山得名，即烏赤。山石突出，城居山上，名「孚化城」，古尉頭國。西南界葉爾羌，東北界庫車。住二日。

十五日，夜行八十里，過渾巴什河。河出北大雪山，廣里餘，渡船四。

十六日，宿渾巴什臺。四十里。

十七日，薩依里克宿。六十里。

十八日，沙井子宿。八十里戈壁。

十九日，齊蘭臺宿，八十里。阿克蘇界止。自過阿城，尤爲荒僻，軍臺處所，廛市都無矣。

二十日，色瓦特十二臺宿。八十里戈壁。回語「色瓦特」，獨柳也。入葉爾羌界。

二十一日，雅哈庫圖克十一臺尖，六十里。「雅哈庫圖克」，遠地有井之謂。車底庫爾十臺宿。五十里。周圍有樹，中有池塘，曰「車底庫爾」。

二十二日，圖木舒克九臺宿。七十里，山口也。

二十三日，察巴克八臺宿。七十里。「察巴克」，園子四處也。數日沙路，此站尤甚。

二十四日，巴爾楚克海那木橋七臺宿。八十里。「巴爾」謂有，「楚克」謂全有。此地爲葉爾羌、喀什噶爾扼要之區。【略】城北里許，爲葱嶺北河，俗名渾河，經喀什噶爾境名烏蘭烏蘇河。東流至此。南岸遍生胡桐，名樹窩子。沿河行，通喀什噶爾六百八十里。北岸間道通烏什。【略】游擊一員，初設總兵，後改。漢兵五百五十名，滿兵二百名。

二十五日，吉格達沙棗也。六臺宿。六十里。草湖路。

二十六日，阿克薩克瑪拉勒瘸鹿之謂。五臺宿。一百里。軍臺有倉，諺曰「倉臺」。乾隆年間回疆底定後，曾由玉河運粮至此貯倉，嗣以河水多沙易淤，船運尋罷。

二十七日，水發，繞路過一河，寬數十武，有威呼二。國語船也，刳木爲之。按《新疆識略》云：葉爾羌經流二，一曰澤普勒善河，一曰聽雜布河。回子呼「梯子納普河」。二水至莫克里特莊在葉爾羌東北。合流，西北行，至愛吉特虎頭臺東北，折而東北流，是爲葱嶺南河，一名玉河。當即是此河矣。阿朗格爾花兒馬四臺宿。一百里戈壁。

二十八日，草湖路。邁瑪特人穢之謂。三臺宿。百一十里。

二十九日，賴里克泥窩地二臺宿。九十里。數百里胡桐遍野，無慮億萬計。

七月初一日，愛吉特虎地有鬼魅迷人之謂。頭臺宿。百二十里戈壁。傍玉河行，或近或遠。

初二日，宿距城五里之回務園子。八十里。

初三日，進葉爾羌城。【略】參贊、協辦駐守，參贊原駐喀什噶爾，道光二十年移此。滿兵三百名，漢兵二千五百名，城名「嘉義」。東界阿克蘇，東南界和闐，七百七十里。又名赫探，回子呼漢人爲「赫探」。漢任尚棄師於此。城名「威靖」，路通西藏。西南阻大山，即葱嶺。按：葱嶺綿亘甚遠，名亦各異，曰昆侖，曰雪山，曰天山，曰祁連山。又分南山、北山，皆葱嶺也。東南界布魯特，分東、西二部。在漢爲休循、捐毒二國地，在唐爲大、小勃律。其部落沿邊散處。北阻荒灘戈壁，西北界英吉沙爾三百二十里。「英吉」謂新，「沙爾」謂城。其地新建城，故名。古依耐國，城名「輯遠」。喀什噶爾。四百八十里。「喀什」，初也；「噶爾」，創也。古疏勒國，城名「恢武」。東西一千八百四十里，南北一千里，方圓五千六百八十里。

丁壽祺《西行日記》 同治四年閏五月二十日，奉上諭著派瑞常、羅惇衍馳驛前往山西查辦事件。

初十日癸卯，大雨。辰刻起程，出彰儀門，今爲廣渠門，午刻至長新店，自尖。酉刻至良鄉縣，宿東關。畿輔久旱望澤，竟日大雨，田苗均有勃然之意。

十一日甲辰，晴。竇店尖，酉刻至涿州宿。過琉璃河。

十二日乙巳，高碑店尖，北河宿，定興縣境。道旁有送荆卿處、高漸離擊筑處。晚大雷雨。

十三日丙午，暴雨初晴，道多泥滓，天氣極熱。行六十里，住安肅縣南關外。

十四日丁未，住保定府。

十五日戊申，滿城尖，望都縣東關宿。

十六日己酉，定州尖。車夫周六遣令回籍。新樂縣南關宿。

十七日庚戌，過唐河，伏城驛尖，正定府城内宿。

十八日辛亥，曉起大霧。寅刻起程，過滹沱河，伏汛初退，頃刻而濟。趙陵鋪茶尖，住獲鹿縣。星使於酉刻接奉密寄上諭，改道陝西。

十九日壬子，與前用繂，如挽舟狀。出獲鹿城，登井陘山，路險峻。過東天門，微水郵尖，有石碣，題曰「漢淮陰侯設背水陣處」。晚住井陘縣。

二十日癸丑，過舊關，俗呼「北天門」。度固關，槐樹鋪尖。飯後過西天門，住柏井驛。晚大雨。

二十一日甲寅，天色陰晦。行三十里，西郊鋪茶尖。再行十里餘，雷雨驟至。沿山石磡多刊，小心山水，兩崖峻峭，中通一徑，急流下注，無路可避，輿夫竭力狂奔。午刻住平定州。

二十二日乙卯，過南天門，測石驛尖，壽陽東關宿。

二十三日丙辰，太安驛尖，什貼鎮宿，榆次縣屬。

二十四日丁巳，住王胡鎮。【略】夜間大雨。

二十五日戊午，永康鎮尖，徐溝西關宿。【略】晚間微雨。

二十六日己未，祁縣尖，平遥縣城内宿。

二十七日庚申，張蘭鎮尖，高桂坡司馬大奎來，住介休縣西關。申刻大風雨。

二十八日辛酉，兩渡鎮尖，靈石縣宿。

二十九日壬戌，辰刻過韓侯嶺。【略】仁義驛尖，霍州城外宿。

七月初一日癸亥，趙城縣尖。尖後因該縣不給輿夫飯食，咸有散意，自給錢文，始能前進。天氣極熱。晚住洪洞縣北關外。

初二日甲子，晚發。洪洞環城皆種荷花，清香襲人，大有故鄉風景。高河橋自尖，行六十里，日炙如火。住平陽府城内。

初三日乙丑，行六十里，史村驛宿。太平。

初四日丙寅，四十里高顯鎮尖，沃曲。三十里侯馬驛宿。

初五日丁卯，五十里東鎮尖，聞喜。三十里聞喜東關宿。

初六日戊辰，四十里涑水鎮尖，夏縣。五十里北相鎮宿。安邑。

初七日己巳，三十里井北鎮尖，猗氏。四十里樊橋驛宿。臨晉。

初八日庚午，四十五里高市鎮尖，永濟。四十里蒲州城内宿。夜間大雨。

初九日辛未，早起雨不止，至午刻稍住。行五十五里，匼河宿。永濟。

初十日壬申，行十五里至風陵渡。星使乘舟渡河，隨即同濟。五里潼關内尖，二十五里太華鎮宿。華陰。由都至井陘，共行直隸境七百八十里。由井陘至風陵渡口，共行山西境一千四百二十里。由潼關入陝西界，太華以北均屬完善。至西華嶽廟鎮，民舍大半被燬，廟宇傾圮，商柏周槐同歸劫燼，誠數千年一大變局也。

十一日癸酉，三十五里敷水鋪尖，四十里華州宿。

十二日甲戌，二十七里赤水鎮尖，二十三里渭南城内宿。過萬里橋。

十三日乙亥，四十里零口鎮尖，四十里驪山下宿。行館爲華清宮舊址，屋宇傾圮，僅存三四處。浴温泉，泉在住屋南隅，所謂太子湯是也。夜雨。

十四日丙子，早起雨不止。三十里至灞橋，長橋卧波，垂楊夾岸，別館離宮俱燬於火。尖於草棚，二十里西安府城。【略】申刻入城，寓陝督行轅。由潼關至西安府城，共行陝西境二百九十里。

二十六日戊子，封摺後束裝。

二十七日己丑，寅刻星使拜發奏摺後，即行。起程出城，十里至滻橋，遇雨。又十里灞橋尖，三十里驪山下宿。

二十八日庚寅，四十里零口鎮尖，四十里渭南縣宿。

二十九日辛卯，二十三里赤水鎮尖，二十七里華州學署宿。

三十日壬辰，四十里敷水鋪尖，七十里潼關内宿。夜間大風。

八月初一日癸巳，辰刻渡河，風色甚厲。渡河後，行二十里匼河尖，五十里蒲州府城内宿。

初二日甲午，三十里高市鎮尖，五十里樊橋鎮宿。

初三日乙未，四十里牛杜鎮尖，三十里北相宿。

初四日丙申，五十里涑水鎮尖，四十里聞喜縣宿。是晚雨。

初五日丁酉，三十里東鎮尖，五十里侯馬驛宿。

初六日戊戌，三十里高顯鎮尖，四十里史村驛宿。

初七日己亥，六十里平陽府尖，六十里洪洞縣宿。

初八日庚子，三十里趙城縣尖，五十里霍州宿。夜間雨。

初九日辛丑，早起雨不止。六十里仁義驛尖，時已申初。飯後過韓侯嶺，雨止道滑，至晚行二十里，復籠燭行二十里，靈石縣宿。

初十日壬寅，三十里兩渡鎮尖，五十里介休縣宿。

十一日癸卯，四十五里張蘭鎮尖，三十五里平遥縣宿。

十二日甲辰，五十里祁縣尖，五十里徐溝宿。

十三日乙巳，七十里住王相鎮。

十四日丙午，三十五里什貼鎮尖，八十五里住壽陽。

十五日丁未，五十里測石驛尖，五十里平定州宿。是晚微陰，亥刻始見月色。

十六日戊申，五十里柏井驛尖，三十里槐樹鋪宿。

十七日己酉，五十里井陘尖，三十里微水鎮宿。

十八日庚戌，四十里獲鹿尖，六十里正定府宿。

十九日辛亥，四十里伏城驛尖，七十里明月店宿。

二十日壬子，五十里清風店尖，七十里方順橋宿。

二十一日癸丑，三十五里大汲店，未尖，二十五里保定府宿。

二十二日甲寅，五十五里安肅尖，六十里北河，自宿。

二十三日乙卯，三十五里高碑店尖，四十五里涿州宿。

二十四日丙辰，四十五里竇店尖，五十里長新店宿。

二十五日丁巳，四十五里到京寓。

斯役也，來往共行四千九百八十里，過府四：保定、正定、平陽、蒲州。州縣三十九：良鄉、涿州、新城、定興、安肅、清苑、滿城、望都、定州、新樂、藁城、正定、獲鹿、井陘、平定州、壽陽、榆次、徐溝、祁縣、平遥、介休、靈石、霍州、趙城、洪洞、臨汾、襄陵、太平、曲沃、聞喜、夏縣、安邑、猗氏、臨晉、永濟、華陰、華州、渭南、臨潼。行路六十四日，住西安府城内南苑官署十二日。

陶保廉《辛卯侍行記》卷一 自陝西東至河南道口鎮，乘舟經山東德州，北至天津，二千八百六十八里。

辛卯［光緒十七年］四月，家君奉召入覲。二十七日庚申，俶裝，衣箱六，書箱九。雇轎二，轎夫每人日給錢三百。轎車四，每乘價銀十六兩。大車四，每乘價銀二十四兩。皆雇至河南道口鎮。

二十八日，巳刻啓程。四里長樂門，【略】三里東郭門。郭外歧路：東南行十里尉家坡，又十里水溝，十里毛家河，十里藍田境新街，二十里泄湖鎮，二十里藍田縣。郭外東北行，十五里光泰門，又十五里新住鎮，二十里呼於堡，渡渭水。西北十五里高陵縣。東北行。郭外二里，道南爲金花落村。又二里，道南爲韓森社，統附郭四十二村。【略】六里十里鋪。有十餘家，西北四里韓耳垛社，統十九村。下長樂坡。舊名滻坡，隋文帝改長樂。二里滻橋。【略】三里官廳村。在路東有沙谷堆社，在白鹿原北址，統閆家灘等十五村。四里牛耳寺。在道西。三里至灞水南龍王廟，食於行館。灞水淤沙日高，夏秋泛濫，道濘難行。咸寧縣丞署亦被水毀。【略】未刻渡灞橋，長約四十丈，唐稱銷魂橋。隋初移建，非漢灞橋地也。【略】橋北爲灞橋街。北里許爲灞橋堡，漢霸城縣地也。街東五里路家灣社，統十七村。五里上銅人原，至豁口村。五里邵平店，東陵種瓜處。【略】五里地窑子。臨潼界。五里斜口鎮。【略】三里過惠家村。七里橋。《志》稱「坑儒谷」，在臨潼西南五里。【略】七里臨潼縣，進西門。一里出南門，一里宿驪山下環園，計行五十七里。

二十九日，黎明行，一里進臨潼南門。【略】一里出東北門，五里五里溝，三里官路鄭村，二里陰盤坡，二里沙河，八里新豐鎮。【略】鎮東鴻門坂，沛公會項王處也。十里戲河橋。水出南山走馬嶺。六里西段村，四里饘於零口鎮。【略】三里零口塘。【略】二里零陽鋪。渭南。五里盛店鎮，五里杜化鎮，五里量天坡，【略】五里胡村鋪，九里萬里橋，下爲湭水。【略】一里渭南縣西門，一里住行館。計行七十八里。

三十日，卯行，一里出渭南東門，見兩狼在野。六里西陽橋，六里東陽橋，十里赤水鎮。【略】過橋入華州界，望見少華。在州南十五里。五里遇仙橋，五里白泉鋪，十里石橋鋪，十里華州，進西關，二里住新北門内行館，計行五十五里。【略】華州北二十里王村鋪，又七十里同州府。又北十里柳池鋪，二十里義井鋪，又十里白其鋪，五十里澄城縣。

五月朔甲子，東行，一里出華州東關。【略】十里羅文橋。【略】五里石路崎嶇。蓮花池橋，有黃家河，山移山潭，東北流入渭。五里柳子里。【略】一里迎仙橋，有孟家河，出方山構峪，東北入渭。南爲白土坡。四里臺頭鋪，即分界鋪，華州、華陰接壤也。五里古城營，有葱峪水，北流十六里經焦鎮，又北五里入渭。十里敷水鎮。敷水出鎮南六里少華獨秀峰下敷谷，北流經此，又北五里，折東北二十里，至北嚴村入渭。【略】食於旅店，望見太華。十里二十里鋪，即新莊鋪汛墩。【略】十里長城鋪。仙峪、瓮峪二水至此合流，又東北十九里入渭。【略】十里華陰縣。【略】進西門。一里出東門，四里住嶽廟，俗呼「華陰廟」，計行七十六里。

初二日，家君【略】往朝邑閱河工，在三河口鎮北二十里。【略】華陰東北二十里三河口鎮，折西北渡渭，六里倉頭鋪，十里趙渡鎮。其東曰大慶關渡口，逾河而東北，十八里嚴家莊。又二里寨西港，明末黃河故道也。又東北七里爲大慶關，有秦、晉界坊。又東過涸河，明萬曆初黃流也。三里蒲州府，又自趙渡北行，六里新市，又九里朝邑縣城，東臨黃河。

初三日，由嶽廟東北行，南有醴泉水，北流至廟南，歧爲二，西枝西流，東枝北流，均入長澗河。五里陽化鋪，四里沙渠橋。水出縣東南二十五里蒲谷，北流十餘里至鎮陽村，折西北流經橋下，又西北入長澗，東北達渭。六里泉店鋪，漢楊震講學處。二里磨渠橋，八里楊橋鋪。一稱吊橋。【略】有靈谷水出朝陽山，北流十餘里過楊村，又十里過吊橋寨，折西北五里入河。五里滿城舊址，華陰。五里潼關，入西門。一里住行館，計行三十六里。城内東山。【略】下山，行河堤，三里至電報局，寄津、滬各信。下午家君自朝邑來。

初四日，卯出潼關東門，曲折土峽中，車至此皆易短軸。五里出金陡關，入河南閿鄉界。金陡東南里許爲李家莊，又南二十餘里爲萬倉、善車、馬峰等十餘村，皆潼關廳屬地插入閿邑者。關東南古稱黃巷。【略】自此東達函關，軌轍多在巷中。【略】保廉按：車行經此，誠爲險隘，若舍車而騎步，則阜上田間，自多坦途。蓋此巷於上古爲平路，重車深碾，雨水沖刷，久而成溝。兩旁又多田廬，不得行車，數千年來趨此一轍，愈刷愈深，如巷如峽。士夫往來乘軺，只見邃徑，詫爲巖險，正如身坐井中，不知井上有康莊。【略】二里七里屯。在道北原上。十里出巷，至青龍澗，西南十里東馬等村，亦潼關插花地。即玉溪也。【略】三里食於閿底鎮。西南十餘里東莊等處，亦潼關插花地。東行，復入夾道，十里十二澗河，酈《注》之全鳩水也。【略】北入大河。十里出夾道，至盤豆鎮。西有狼水澗，一名兜津，南出棗香峪。【略】復東行夾道，十里高柏屯，在道南。十里閿鄉縣，鼎湖驛。【略】計行六十里。

端午日，出閿鄉東門。東南二十餘里鄧家營等六七村，亦潼關廳屯地插入閿邑。九里雷家營，至此折東北行。六里楊家灣，亦潼關插花地。五里大字營。《河南通志》作「達四」，《陝州志》作「達紫」。【略】二十里食於稠桑鎮。靈寶。【略】十八里得磚牆一堵，當土峽之口。康熙中，知縣事江蘩築，題曰「函谷關」，襲舊名也。【略】下坡過弘農澗。【略】二里靈寶縣，桃林驛。住城内行館。【略】計行六十里。【略】今日車路多在峽中，土山上別有捷徑，惟多陂陀，若加辟治，或可通車。【略】靈寶北至黃河十里，南至盧氏縣一百八十里。盧氏南至内鄉縣一百三十里，西南至朱陽關、西至陝西雒南縣均一百二十里。

初六日，由靈寶東北行。十里好陽鋪，有好陽澗，出峴頭山，北流入河。【略】十里食於曲沃鎮。有菑水出常烝山范家窪，寬僅二三尺，西北入河。【略】十里三十里鋪，陝州。十里新店，五里橋頭溝，八里石橋溝。《州志》：即七里澗。【略】四里南關寨，有三里澗，出城東南六十里乾山下張村，一名藏龍澗，西北流逕太峪、柳林、十拜、雷家等村，入於河。酈氏所謂譙水也。三里永定澗。即槖水下流。其源二：一曰寬溝，出乾山，一曰東川，山雁翎關，均西北合於菜園鎮，至交口村，有張茅南山之水西南流入之。折西流，一名青龍澗，繞城西以入河。潘岳《西征賦》所謂「漫瀆」也。亂石蹶人。【略】上坡，入陝州南門，甘棠驛。住東街試院。計行六十里。【略】連日酷熱，下午得雨，快甚。【略】城西北四里太陽津，即春秋茅津。州北至山西平陸縣五里，州東南至永寧縣一百六十里。又東南至嵩縣一百四十里，州西南至盧氏縣一百四十里。又南行山徑，至内鄉縣五百里。又南至淅川廳二百六十里，乘舟沿丹水達襄陽。

初七日，出陝州東門，有召公祠，又東有廣濟渠。【略】一里東十里鋪，北有上村。五里横渠集，北有會興鎮，澒河，當三門之上游。自此泛舟西達潼津，惟東行不便，有砥柱之險也。五里山莊頭，迤東多山路。五里泉腦上，五里食於磁鐘鎮。【略】五里嚴家窑，民多穴居高崖。五里衛店嶺。北通三門村，禹廟在焉。村西北河中突起二石，左右對列如華表，左者略巨，曰砥柱。【略】稍西百餘丈有磊石三，近北岸者曰人門，峙中流者曰神門，倚南岸者曰鬼門。三門東之水，卑於西者尋丈。【略】五里八里店，五里張茅鎮，五里五里河。【略】五里分水嶺，亦稱一里鋪。五里廟溝，其南四十里雁翎關，有夏后皋墓。按：「雁翎」即「崤陵」之訛。五里硤石驛，陝州。住行館，計行七十里。沿途頑石屹嶇，車行最艱，崤山西支也。道光十四年，光緒九年，皆曾削頑石，闢新路，無如重車動逾千斤，砰磅訇磕，不久即磊砢矣。【略】今硤石驛北距黄河四十里。

初八日，發硤石。十里駕車嶺，十里乾壕，杜少陵所歌《石壕吏》者也。五里食於觀音堂鎮。東南歧路：一百里韓城鎮，八十里泊池，屬宜陽縣。八十里内埠，屬伊陽縣。七十里汝州，九十里寶豐縣，九十里葉縣，七十里舞陽縣，百里陽鳳鎮，一百里确山縣，九十里明港，九十里信陽州，六十里新店，六十里金橋，五十里松林崗，七十里楊店，六十里雙廟，四十里聶口，四十里漢口鎮。五里七里村，十里西三十里鋪，澠池。十里英豪鎮，舊稱土壕，嘉慶中知縣某改。【略】二十里澠池縣，蠡城驛。住韶山書院。【略】計行七十里。【略】縣北至黄河，南至永寧，均一百二十里。

初九日，由澠池東行，頑石滿途。二十里石河，【略】四甲千秋寨。多亂石。【略】十六里義昌驛，【略】十里崤店。多石。《水經注》：雍谷溪，石路阻峽，亦有峽石之稱。【略】十里鐵門鎮，新安。有缺門山。【略】十里西二十里鋪。【略】二十里新安縣，函谷驛。住試院。計行九十里。

初十日，發新安二里，有關牆數仞，俗亦以爲漢函谷遺址。十三里尤章鋪。路平。十五里慈澗鎮。澗，古少水也。【略】十里孝水。【略】十里谷水鎮，洛陽。十里七里河，七里河南府西關外。【略】三里進南門，住試院。計行七十里。

十一日，丑刻，發洛陽，五里東關，折東北行，四十五里鐵門鎮。【略】由鎮西北行，五里大王廟，河干多祀金龍四大王。【略】知孟津縣事寧津李金齋鎮邀至廟中飯焉，繞行較迂。本當由府城東北行，二十五里堯店，二十五里孟津縣，二十五里舊縣街，五里渡黄河，十里孟縣。午後，循河西行，五里白坡鎮渡口。舊名白司馬坡。河雖未漲而溜甚急，船鋪版如筏以容車，適有東風，張帆逆上，不令順流東下，乃斜截而過。渡河頗艱，甚或露宿荒沙。三里至中流沙洲，登洲行一里復乘舟，二里至河北岸。【略】二十里乾溝橋，憩於村店。【略】五里西虢村。【略】十五里孟縣，河陽驛。住城内行館。計行一百有六里。

十二日，由孟縣東北行。自孟縣至懷慶一路，地形較卑，遇雨即泥淖難行。有别徑自縣東行，三十里招賢集，二十里温縣，又東北二十里趙堡，十五里大司馬集，三十里武陟縣，四里木欒店，三十五里宣陽站，三十五里獲嘉縣。十五里谷旦鋪。【略】十五里崇義鎮。河内。唐初忠義縣也。民間頗知井利，轆轤懸兩桶，一繩右旋，一繩左旋，互爲升降，頗能溉田。阡陌修治，遠勝河南。十里二十里鋪，十里沙崗，十里懷慶府，入南門，住試院。計行六十里。多平坦。

十三日，出懷慶東門。【略】沿沁河行。五里渡沁水，坐小舟，水手立水中推挽之。河寬里許，出山西沁源縣綿山，穿太行而東南，經濟源、河内，與澤州來之大丹河合，又東至武陟入河。夏秋泛濫，沿岸多積秫秸以備搶險。【略】沁水東北歧路，四十里清化鎮，多回回，駐懷慶同知。三十里新店，十里恩村，十五里待王鎮，二十里修武縣。三十里金城鎮，三十五里寧郭驛，屬武陟，東南至縣四十里。武陟東至亢村六十里，西至懷慶一百里，東南至滎澤七十里。十里四十里鋪，修武。四十里修武縣。武安驛。【略】計行一百二十里。

十四日，由修武東行。縣北有七賢鄉。十里鞏村，十里萬箱鋪，十里獅子營。水苦，入獲嘉縣界。十里蘇章營，十里獲嘉縣。崇寧驛。知縣事天津李竹村錫朋具食於驛館。【略】城周三里。南至亢村驛三十里，又南至滎澤五十里。城東北至輝縣五十里。又北至林縣一百六十里。午刻，東行，十里彦當鋪。【略】十里歸善鋪，新鄉。二十里新鄉縣，新中驛。飾旅店爲賓館。計行九十里。路平，唯炎勢内流，一輿如炙。【略】今城周五里。東南至陽武六十里，北至輝縣四十里。

十五日，由新鄉東行。縣北十里紅土崗，俗謂紂師倒戈血流之所。五里駱駝灣，十五里臨清店，蓋以隋臨清關爲名。十里張武店，汲縣。二十里衛輝府，住西關店。計行五十里。【略】倚郭汲縣。衛源驛。【略】府城周六里有奇,近臨衛水,商船聚泊,桅帆林立。

十六日,夏至。由衛輝東行,稍偏東北。四十里淇門鎮。濬縣。元人河運自封丘中欒鎮登陸,東北至淇門,復由衛河以達畿輔。淇水出輝縣北共山,東南流至淇門,西入衛河。【略】十里食於新鎮。地卑下,恒患水。鎮東北歧路:五十里濬縣,四十五里井店,四十五里內黄縣,五十五里晏亭,四十五里大名府。食後東行,三十里道口鎮,住店。計行八十里。道口有縣丞,署額題「滑濬分縣」,北距濬縣十八里。【略】自陝省至此,行一千二百八十八里。【略】車夫最刁難,然迫於窮,寧寬毋刻。【略】三十里道口鎮,住店。【略】僱舟三艘至通州,價一百五十八兩。飯喫船户,每客百錢,菜自備。

十七日,午登舟。家君、高八丈及保廉住一舟,賓友及僕從分住二舟。【略】三里泊北新店。連日四鼓起身,當午酷暑悶人,糞土觸鼻,入夜蚤蟲猬集,不得安眠,憊甚。登舟後如釋重負。【略】衛河出輝縣蘇門山【略】之百泉,【略】南注,三十里至新鄉西之岔河尖,會小丹河,【略】折東一百五十五里至汲縣。又東北至淇門,會淇水,經滑、濬二縣,此處又稱濬水、黎水。經內黄會蕩水,出湯陰西。洹水,一名安陽河,出林縣。至館陶會漳水,至臨清會汶水,自此爲南運河,至天津會北運河,即白河。折東入海。

十八日,沿衛河向東北,縴行,三十里濬縣西門外雲溪橋,石砌環洞五,頗如江浙式樣。泊舟,修桅帆。【略】濬縣東北陸路:八十里直隸開州,九十里山東觀城,四十五里朝城,六十里莘縣,七十里東昌府,六十里茌平,六十五里高唐州,七十里恩縣,七十里德州,三十二里桑園鎮,十八里直隸吴橋,四十里連鎮,十八里東光,五十里南皮,七十里滄州,四十里興濟鎮,六十里唐官屯,五十里静海,七十里天津府。濬縣南行:二十五里滑縣,折西南,三十五里沙店,三十五里牛市屯。折南,十八里黄德集,三十五里封丘,十八里新店,六里渡河,二十五里開封府。午刻解纜,四十里屯子街,衛河在濬境共一百七十里。自屯子至鶴嘴,當善化山麓曰老龍灣,曰石柱,曰三官廟,皆多石,名十八里溜。光緒丁亥築堤改道。善化山一名「枉人山」。【略】二十里老鶴嘴,泊。計行九十里。河道曲而淺。

十九日,東北行,十六里五陵集,湯陰。五十里河口,有支渠,窄如溝。五十里泊荒灘。內黄。計行一百十六里。【略】今縣城周五里,郭周九里。西至府、南至滑縣,均一百十里。西距衛河三十里。

二十日,十里楚王鎮。相傳項羽殺宋義處,有項羽廟,因名。此地舊爲河南兗漕之所。十八里劉沽,直隸清豐縣界。自金陡關至此,共行河南境一千二百十八里。內道口至此,水路二百三十七里。又東北,七里第六店,大名。水漸寬。三十五里元村集,距南樂縣二十五里。【略】三十五里有雲起,恐風作,泊荒灘。內有村名采桑鋪。計行一百有五里。晚大風,不雨。

二十一日,三十里龍王廟,北距大名府十八里。【略】府城西南陸路達衛輝,詳十六日記。府東陸路:三十五里小灘,三十五里冠縣,三十五里賈鎮,三十里堂邑,四十里聊城,二十五里王店,三十五里茌平,五十里野雀窩,五十五里長清縣,三十五里楊家店,三十五里山東省城。午刻自龍王廟東北行,十三里趙家寨,十二里岔道,二十五里小灘鎮,元城。【略】三十里泊衛家淺,入山東境。計行一百一十五里。以上行直隸境,水路一百八十七里。

二十二日,三十五里南館陶村,舊縣治也,陸路東北至縣四十里。【略】二十里李家圈,十里避風於羅頭村。計行六十五里。沈大令遣練勇、更夫來,日前運河道者公在水次遇盜受傷云。

二十三日,三十里館陶縣城,距水二里。三十里傅家頭,十五里尖莊,臨清。四十里吊馬橋,五里大營,去年衛水溢,毀田廬。二十里泊東窑村,右岸多柳,陸路距臨清五里。計行一百四十里。夜半驟風,閃電不雷,船蕩甚,加橛添繩,幸得無事,良久乃雨。嗣是,每宿必囑水手加橛焉。會通河在臨清城南,即汶河,出泰安府新泰縣,西流至汶上縣,元人引支渠北至臨清城,西合衛水以濟運,謂之會通河。

臨清運河:自城東南五十一里張官營,清平縣西境。三十里梁家淺,堂邑東,博平西。四十二里通濟橋,東昌府東門。六十五里古東阿城,陽谷東北五十里。二十四里張秋鎮,東阿西南六十里。三十四里戴家廟,渡黄河。三十里安山鎮,東平州西十二里。八十里分水口,汶上縣西。三十里小長溝,嘉祥、鉅鹿交界。十八里通濟閘,鉅野東北。三十四里飛虹橋,濟寧州南門。五十四里魯橋,十八里南陽閘,魚臺東北。六十八里王家口,四十里夏鎮,沛縣東北四十里。二十里彭口,滕縣東南。五十四里韓莊,嶧縣西南。六十里頓莊,三十八里梁王城,十里伽溝,邳州西北三十里。三十里徐塘口,五十里窑灣,邳州南。四十里皂河口,宿遷西北四十里。三十五里駱馬湖,七十五里古城,桃源西北。二十二里崔鎮,三十里河北鎮,六十里中河口,清河北。八里清口,舊黄河入淮處。二里馬頭鎮，二十三里清江浦，馬頭至清江，中經四閘，水面相懸數尺，船如擲下，行者多自馬頭登陸，令空船過閘。二十六里淮安府，五十里黄浦口，寶應北二十里。六十里汜水鎮，八十五里高郵州，六十五里邵伯鎮，四十里揚州府，五十三里瓜州鎮，渡江。四十二里丹徒口，七十里丹陽縣，九十里常州府，一百里無錫縣，九十里蘇州府，四十五里吴江縣，四十五里平望鎮，二十七里王江涇，二十七里嘉興府，九十里石門縣，五十四里塘棲鎮，五十四里杭州府。

二十四日，自東窑東北行，二十里臨清州西關，【略】三里北關，衛河至是合北運河。南運河貫城來會。船户皆臨清人，各有瑣事，復停橈。【略】未刻解纜北上，六十七里泊油坊鎮，一名夏城窑。東屬山東夏津，西屬直隸清河縣。計行九十里。

二十五日，五十里武城縣西。【略】午雷雨，推篷遠眺，濃雲如墨，祇見萬點浮漚，相争須臾間。申刻霽，復行。碧樹映波，青畦飽澤矣。二十五里譚家莊，十五里甲馬營，泊。計行九十里。

二十六日，四十八里竹竿箱，武城以上行山東境四百三十三里。五里鄭家口鎮，故城。三十里防斬屯，三十里泊故城縣東南。【略】計行一百十三里。河東北間有恩縣境。

二十七日，三十里四女寺鎮。以上行直隸境九十五里。鎮屬山東恩縣，一名四女樹。相傳漢時有傅長者，生四女，因無兒弟，守貞養親，共植一槐於此，故名。【略】十里畫兒樹，德州。三十里德州西關。

德州歧路：州東南五十里曲陸店，五十里二十里鋪，平原縣東。五十里禹城，五十里晏城鋪，二十五里齊河，渡黄河至北店。長清境。又南三十五里杜家廟，四十里崮山驛，一十里張夏鎮，長清東南。六十里店臺，東南距泰安府五十里。折西南六十里中過新橋嶺。下章邨，六十里陳家店，五十里寧陽，三十五里高魯橋，兖州西。五十五里濟寧州。又自德州亍南，四十里苦水鋪，三十里恩縣，七十里高唐，七十里茌平，六十里銅城驛，四十里中過黄河。東阿，折東南十二里南谷鎮，即東阿舊縣。二十里陽谷店，三十五里東平，六十里汶上，五十里新嘉驛，四十里兖州府。《禹貢》：屬徐州。東南距江蘇徐州府三百五十里。自德州西北二十里劉智廟，四十里景州，三十里漫河鎮，二十里阜城，四十里富莊驛，交河西。三十里單家橋，十里獻縣，三十里商家林，三十里河間府。

申刻自德州東北行，四里北倉，明永樂初建倉，爲山東兑漕地。六里哨馬營，雍正十三年，巡撫岳濬請於哨馬營開支渠，東至曹村入鈎盤河，又東北會老黄河入海，以洩運河之勢，州城藉此鞏固。今久堙廢。迤北又名百草窪。二十五里泊老君堂。計行一百有五里。

二十八日，三十五里桑園村，屬德州。陸路距州四十里，舊設良店水驛。以上復行山東境一百一十里。陸路距直隸吴橋縣十八里。【略】午刻，家君挈保廉至吴橋。【略】計行水陸五十三里。自陝省至此，共二千三百六十八里。内道口至桑園水路一千有六十二里。

二十九日，辰，家君至連鎮下舟。北門外四十里。昨登陸後，舟復行六十五里，泊連鎮也。

六月十一日，癸卯，酉刻，詣吴橋縣署，成婚。

七月十八日，庚寅，偕内子織文由吴橋赴天津。【略】午刻出北門，【略】二十五里安陵鎮，宋安陵縣地也。鎮瀕運河，下船。船三，東北行，微風不波，晴川送爽。二十里黄家園口，二十里泊連窩鎮。咸豐三年圍剿粵匪處，兩岸有遺壘。計行六十五里。

十九日，十五里大龍灣，十五里馬頭鎮，東光縣西三里。【略】十里油房口，十里下店口，二十里泊頭鎮，西距交河縣五十里，舊設新橋水驛。大市集也。河東屬南皮。十八里齊家堰，南皮西北二十里，明萬曆中築堤。二十里薛家窩，舊有化成寺，屬交河。二十里馮家口，十里磚河鎮。滄州。計行一百三十八里。

二十日，十六里興隆鎮。風利不得泊。據榜人呼此名，疑即捷地鎮。十六里滄州西關，市列駢闐，旋帆絡繹，水陸之冲也。【略】滄州歧路：渡運河西行，五十里杜村，四十里沙河橋，四十五里河間府。滄州北行，二十里花園兒，二十里興濟鎮，宋爲清州范橋鎮，金置興濟縣。【略】國朝順治六年廢入青縣。十里周官屯，十五里青縣，【略】二十里蔡家窪，十里馬廠汛，盛軍舊壘，長四五里，垂楊甚密，令人思細柳軍容。十里泊流河鎮。青縣。計行一百三十七里。

二十一日，五鼓發，棹人聲喧豗，不能安枕，推窗拭目，宿霧迷岸，殘星映波，坐盼晴曦，良久方得辨色。見江南漕艘連檣經此，皆高懸白旗，硃書「天庾正供」四大字，榜人倚衆猛悍。向來民舟最畏漕船擁擠，時時避讓。若不幸碰撞，即被訛詐，或縛人勒索。押運委員安坐船中，付之不見也。二十里唐官屯，東北陸路：一百里小站，三十里楊河莊，五十里北塘，六十里蘆臺，六十里盛家營，五十五里施各莊，四十里高各莊，三十里樂亭縣。十里釣臺，靜海。十里陳官屯，二十里雙塘，十里靜海城西。【略】二十里獨流鎮。產醋著名，與鎮江埒。二十里新口，二十里楊柳青。天津。計行一百三十里。楊柳青，古柳口也，北臨淀水，南枕漕渠，輪帆湊集，廛市殷闐。

二十二日，東北行，十五里曹家莊，十五里至天津，泊茶店口。吳橋至此五百里，内陸路二十五里。進東門，【略】下午回舟。

二十三日，【略】申刻，家君自京師來，泊舟三河口。

二十四日，家君報謁各官，保廉搬住浙館。巳刻遊杏花村輪船馬頭。

二十五日，家君往機器東局，並拜紫竹林營局諸官。余出城遊眺，循海河獨步。【略】下午，偕人往英國福音堂一觀。

二十八日。【略】天津北運河逆流至通州，共三百二十里。自三汊口西北，四十里蒲溝，十里岸口，三十里楊村，武清東南三十里。四十里南蔡村，十里王家務，三十里河西務，五十里香河馬頭，東距香河縣八里。五十里舊漷縣馬頭，西距舊治十餘里。三十里蘇家莊，三十里通州。又西四十五里至京城，則節節有閘，民舟罕行矣。天津陸路：西北六十里楊村，七十里河西務，四十五里和合驛，三十五里通州，四十里京城。

又 洛陽歧路附：洛陽北五十里孟津。洛陽東南一百六十里汝州。南通漢口路，詳初八日記。洛陽東七十里偃師，三十里渡洛水，三十里鞏縣，四十里汜水，四十里滎陽，七十里鄭州，七十里中牟，有賈魯河，東南通朱仙鎮，又至周家口，達潁水。七十里河南省城開封府祥符縣。省城東北九十里蘭儀，八十里考城，六十里山東曹縣，五十里定陶，一百二十里鉅野，五十里嘉祥，五十里濟寧州，爲運河要道。又自開封東南行，二十五里太平崗，二十里陳留縣，二十五里韓崗，二十里葛港，十五里杞縣，四十里榆厢鋪，三十里睢州，三十里陽驛鋪，二十里寧陵縣，二十里觀音堂，三十里水池口，二十里歸德府，四十五里馬牧集，四十五里程家莊，十八里楊集，三十里江蘇碭山縣，四十里王集，二十里王家口，三十里何家集，屬蕭縣，三十里何家寨，四十里徐州府，五十里張家集，四十里雙溝，五十里龍家集，屬睢寧縣，四十里高作，二十五里黃集，四十五里洋河，六十里桃源縣，四十里高家灣，五十里清江浦。又自歸德府南行，六十里石榴壩，七十里安徽亳州，由渦河乘舟達淮。

懷慶北路附：府北七十里山西星軺驛，鳳臺縣屬。又北經澤州府，倚郭鳳臺縣太行驛。高平縣，香村驛。長平驛，高平西北。長子縣，漳澤驛。屯留縣，余吾驛。虒亭驛，襄垣縣西北。沁州。以上七驛，每驛六十里。又北七十里權店驛，五十里武鄉縣，南關鋪。六十里盤陀驛，祁縣東南。七十里徐溝縣。至此爲東達畿輔，西赴陝甘大道。

衛輝歧路附：府東南七十里延津縣，九十里開封府。府東北十里黄崗堡，十里吉家營，十五里蒼河堡，十五里淇縣，十里思德塘，十里大石崗，十里高村，過淇水。十五里打柴口，十五里宜溝驛。折北，十三里大碑崗，十二里湯陰縣，二十里羑河鋪，十里魏家營，十五里彰德府，四十里豐樂鎮，過彰河以車濟，没軌，甚險。三十里滋州，二十里杜村，多石。十里車旗關，四十里邯鄲縣，三十里界河店，十五里臨洺關，廣平府同知駐此。十五里搭連店，二十五里沙河縣，二十里康莊，十五里順德府，十里雙羊鋪，二十里龐馬店，十里官莊，二十里内丘縣，十五里馬峰崗，十五里大寧鋪，十里小吕鋪，二十里柏鄉縣，十四里千秋，六里古鄗城，二十里沙河店，二十里安濟橋，長五十餘步，跨洨河上。五里趙州，二十里新寨，二十里欒城縣，三十里荆璧鋪，三十里正定府，合於燕晉大道。

又卷二 自天津西行至保定登陸，經山西至陝西省城，共二千五百九十七里。

[八月]初十日，巳刻自保定啓程，出瞻岳門。【略】輕車十二輛，雇至陝省，每輛車價十八兩。家君坐轎，保廉坐馱轎，雇價六十兩，每日派兩人騎馬。十五里小激店，十里大激店，清苑。十里郭村，滿城。燕賢士郭隗故里，東北距滿城縣十里。【略】十里陘陽驛，十五里方順橋，飯於旅店。【略】十里高庚鋪，完縣。《蜀輶日記》作「膏腴」，《度隴記》作「高映」，東北距完縣二十五里。【略】十里望都縣，翟城驛。住東關旅店。計行九十里。

十一日，自望都西南行，十里南十里鋪，二十里清風店。定州。【略】二十里清水河，即白龍泉，南入唐河，即滱水。詳初五日記。十里定州，永定驛。城外飯。【略】十五里孟良橋，即七里溝。右望見曲陽嘉山，郭汾陽、李臨淮破史思明於此。十里明月店，相傳漢光武帝避王郎之難宿此，雞鳴而去，後人爲建雞鳴臺，故址在堡北。十里界牌鋪，新樂。十五里新樂縣。西樂驛。進東門，住景義書院。計行一百一十里。

十二日，出新樂南門，過沙河，詳初五日記。十五里小寨，十里馬頭鋪，新樂。過曹河，木刀溝之下流也。五里藁城界碑，藁境錯入驛路者十里。【略】

十五里伏城驛，正定。即新城鋪。【略】二十里拐角鋪，十里滋水，十里正定府北關。【略】四里，住城内興隆寺。計行八十九里。

十三日，發正定興隆寺，四里出南門，門名同陝省東門。五里滹沱河，詳初三日記。寬約半里，久旱水淺，車馬徑過。【略】十里柳林鋪，十里飯於趙陵鋪。獲鹿。【略】十里安舍鋪，十五里海山嶺，逾土山。五里獲鹿縣，鎮寧驛。住東關旅店。計行五十九里。晚小雨。【略】太行山在縣西，山由懷慶之北，亘山西澤、潞之東，直隸廣平、順德之西，又北接恒山。夏間，出河内，經太行南，今則抵其東麓矣。

十四日，陰。進獲鹿東門，一里出西門。素波貫渠，層峰環道，殆抱犢山也。五里土門口，【略】八里仰字嶺，井陘。二里下安村，八里上安村。山徑深委，有林泉之趣。八里白石嶺，即東天門，車行繞避此險。十里下坡，至微水村，爲淮陰侯背水陣處。飯後，渡微水，土人稱淤水。微水村爲三水所經。北曰冶水，又曰澤發水、甘淘河、綿蔓水。桃河水自井陘城下來村南，曰柏川。又南曰沾河。均出平定州，至此合流，北入滹沱。五里長崗，五里横口，五里張村，五里西河鋪，即郝家村。渡山澗，五里東窑嶺，漢田叔故里，班史稱爲「古烈士」者也。五里井陘縣。陘山驛。【略】燕趙謂山脊曰陘，下視如井。李左車説陳余曰「井陘之道，車不得方軌，騎不得成列」者也。縣東北有陘山，西北有大臺山、鳳皇山。驛路在城外綿蔓水東，有大石橋，半圮。進城必渡河，水湍急，以巨木縱横水際，聯繩於岸，木端施機，渡舟繫繩一端，挽而過。十里板橋村，路旁石橋在平地，名長虹。住天成店。計行八十二里。上下山坡，回旋曲折，覆車二，有折軸者，二鼓始到齊。入山後氣候驟涼。燕晉之交，東起獲鹿，西抵榆次，首尾四百里，四天門亘其間，素號險途。光緒十年，大加修築，然巉巖峻阪，無處無險，行旅仍有畏心。

望日，陟降山中。五里長生口，五里龍窩寺，杰閣棲崖。五里桃園鎮，井陘。五里直隸、山西界碑，距保定省垣四百五十里。吴橋至此，行直隸省境一千三百五十八里。内安陵至保定水路八百八十三里，吴橋西南直東交錯境不計。五里逾北天門，山西平定州。峽内即舊關，一名故關。唐長慶初，裴度出承天軍故關討王庭凑。今有承天鎮，屬井陘，在故關北二十里，一名娘子關，因妒女祠而名。【略】二里甘淘驛，三里固關，即《明史》新固關守禦千户所。路出山峽，民舍衙署高懸絶壁，憑險易據，巖聳成關。地屬山西，官屬直隸。【略】十里槐樹坡，十里固驛鋪，五里柏木井，十里登西天門，覆車一。五里下坡，爲百井驛，多頑石。《金史》：陽曲有百井鎮。此爲東百井。三里青玉峽，路出深溝，勢同釜底，蓋柏川之原。石上多泐「小心山水」，山腰間有石室，均題「行人避雨此處」。四圍高山，夏秋暴雨，山泉匯注，驟難逃避也。七里橋頭村，平定。住三慶店。計行八十里。購草料甚難，農民苦旱。

十六日，陰。自橋頭西行，十里石門口，山境幽峭。十里西郊鋪，二十里平定州，巳正進東門。二里出西門，【略】五里逾南天門，即黑沙嶺。五里義井驛。就荒店造飯。驛後有通州城土路，甚平坦，客車多經南天門之險，蓋土民無車乘驢，行客見途無轍迹，疑非逾山不可。土民惑於風水，願修山路，不肯導人行坦途，深可怪也。十里平潭鎮，趙簡子故城。十里塞魚村，唐武德八年移受州治此。十里新興鎮。平潭以西，沙中碎石零星，又名星星灘。前年曾築堤以利行人，今被水沖損。聞南山之麓可以辟路。十里測石驛，故樂平縣地，現屬平定。盂縣借此設驛，盂治在驛北七十里。【略】知縣事安徽項子林則齡遣僕接，住行館。計行九十二里。

十七日，陰。西行，十里新店，平定。十里張净鎮，壽陽。十里芹泉驛。盂縣，壽陽。泉有二，爲桃水别源。十里高家坡，過此水皆西南流。十里壽陽縣，進東門。【略】一里憩於行館。家君因保定雇來轎夫不無倚勢多事，悉遣之。托沿途州縣代雇本地人，自己給價，逐程更易。雖有上站轎夫混充在内，較爲安静。食後行，一里出西門，十里黄門鎮，十里大樹堙，在高坡上，有小市集。十里清平鎮，二十里皆升降山坡。至太安驛，壽陽。宿旅店。計行一百有二里。

十八日，早發。【略】西行，又漸高。十里西嶺鋪，十里要羅鎮，壽陽。有要羅山，壽水所出。十五里什貼鎮，榆次。造飯，各車換軸，駐候兩時。七里三岔口，北抵太原，東通燕薊，西達關隴，故名。距山西省城六十里。八里腰店，二十里王胡鎮，有驛。知榆次縣事恩子嚴恩端遣人接，住行館。計行七十里。【略】縣城在驛西南十里，省城在驛西北五十里。

十九日，寅由王胡鎮西南行，十里郭村，十里南谷村，十里張慶鋪，【略】十里永康鎮，十五里界碑，榆次、徐溝。十三里徐溝縣，城外飯。【略】縣南有河南達懷慶府路，詳五月十二日記。飯後西行，十里高花村，十里堯城，舊稱姚城，有堯廟，訛傳堯自涿鹿徙此。十里羅村，徐溝。八里左東鋪，祁縣。八里賈令鎮，市廛極盛。昔賈辛爲祁大夫，民德之，因名。十里沙河鋪，即賈令河也，淤沙滯輪。八里祁縣，賈令驛。【略】進北門，住行館。計行一百三十二里。

二十日，卯出祁縣西門，十里高城鋪，【略】十里鄭家鋪，十里洪善村，平遥。十里仁内鋪，十里平遥縣，洪善驛。進下東門，【略】二里憩於行館。【略】午往城東電局寄信。【略】午後出上西門，【略】西南行，二十里永寧堡，即橋頭村，一名陳村。十里田堡，介休。五里郝家堡，繞堡外行。三里張蘭鎮西門外，住行館。計行九十里。鎮係磚城，市廛亞平遥。

二十一日，秋分。二十里義安村，有稻田，村南望見洪山。【略】五里湛泉鎮，十五里東石門，三里漢郭林宗墓，前有漢槐甚巨。中抱一椿。【略】二里介休縣，義棠驛。進東門，一里過介之推、郭林宗合祠，介左郭右。【略】飯於行館。【略】十里義棠鎮，有虹霽橋，跨汾上。自此左依綿山，右沿汾水行，徑隨嶂曲，亦幽亦險。汾水出寧武南管涔山，南流經太原府，西南經汾州、霍州、平陽、絳州，西至蒲州入於河。十里冷泉關，靈石。古雀鼠谷，《水經注》稱數十里險隘者也。前明有關，今廢。二十里兩渡鎮，住店。店屋以磚作，橢圓而方其外，無木柱，堅不畏火，謂之箍窑，晉俗多此。計行九十八里。

二十二日，發兩渡鎮，西亦有橋跨汾上。仍傍山循水行，俯視遠者，烟波縹渺。十里索洲鋪，二十里水頭鎮，有小水出錦山興地峪，北入汾。一里靈石縣，瑞石驛。食於南關古廟。【略】縣城甚小，門窄，不能進車。綿山在治東四十里，高峰曰屏峰石。【略】十里坡底村，上坡嶔崎。十里韓信嶺，古名高壁。【略】旁有廟及店鋪二十餘。遇一法國人，華裝，自陝、甘遊歷東旋，山川夷險，諒亦記之詳矣。四里天險橋，高跨深谷。一名郭家溝。有新修武廟及避雨之屋。至此下坡，土石參半。十五里仁義驛，靈石。住店。旁有行館，有巡檢署。環驛皆山，韓侯嶺之險亞於四天門。兩車折軸，覓匠修理，遣人以燈往，二鼓始來。計行七十里。

二十三日，自仁義鎮南行，十里逍遥嶺，紆回而上。五時老張灣，霍州界，有荒店。五里白水村，仍緣山椒。十里師莊，十里周村，行土峽中，多陡坡。二十里霍州北關。鳳棲橋有鐵牛，面汾水，猶荆州江濱九牛歟？一里半飯於行館。【略】五里壇底鎮，過彘水，厲王所奔。又西皆升降山中，《元和志》所謂吕坂矣。十五里辛置鎮，稍平。五里界碑，霍州、趙城。復沿水依山，路曲如折扇。十里入一土溝，勢甚陡斜，兩旁高坡，日已暝黑，暗無所睹。五里出峽，抵石橋，蓋即窑子鎮也。縣役以火來。五里趙城縣，進北門。一里住南關，後車尚遠，雇人以燈往，二鼓到齊。計行一百一十里。

二十四日，雨。自趙城南行，十里王開鋪，五里高低村，山徑窪隆，名如其形。過國士橋，題「豫讓遺迹」。趙城、洪洞交界。【略】五里苗村，有石坡，東南爲九箕山，有峰如箕者九，霍山南支也。十里洪洞縣，普潤驛。東關，一里住西關行館。計行三十一里。

二十五日，雨。入洪洞北門，一里出南門，一里澗河橋，其南曰洪崖。九里左壁村，【略】五里天井村，飯。五里韓村，韓武子食邑。臨汾。【略】十里高河，春秋晉高粱也。東望卧虎，西望姑射。十里平陽府，倚郭臨汾縣。建雄驛。進北門，三里館於武廟旁。廟極宏壯。計行六十四里。

二十六日，發平陽武廟。二里出南門，【略】五里大韓鋪，韓康子邑。七里鄢里村，襄陵。五里靈伯鋪，西北距襄陵縣十里，晉郤犨邑。【略】十里張林鋪，其北有辛店，南有趙曲堡，皆蕭索矣。十里荆村，自此升坡，東望箕山，西帶汾水。十里史村驛，太平。飯。【略】過史村後入山峽，十里閻店，又有豫讓橋，辨詳二十四日記。坊題「古義士橋」。閻店西距太平縣三十里。【略】姑射山在縣西，九原山在西南。十里蒙城驛，曲沃。小堡也。喬山下有蒙坑，舊稱險道，過文中子故里碑。【略】十里新店，十里高顯鎮，曲沃。至此得平路。住德盛店。計行一百里。

二十七日，寅發高顯，十里楊村，十里郭馬鋪，十里侯馬驛，東距曲沃縣三十里。知縣事天津高峻峰凌霄來接，憩於行館。驛西北十餘里翠金山，有翠石，上有臺駘廟，下爲臺神村。【略】午後出驛堡，過澮水橋。【略】十里史店，五里驛橋村，路復窄。五里隘口，左依絶巘，右臨深谷，仄徑圮損，架以樹枝而加土焉，車行有戒心。東爲郝家山，西爲峨嵋山，皆絳山之支。絳山在縣南十餘里，太行之支也。縣南有紫金山，産銅。五里出山峽，行坦途。五里黎園村，聞喜。堡額題「禮元」，居民僅數家。出堡即蘭德鎮，大祲之後，無人烟矣。五里碑坊村，俗稱兩家牌樓。道右舊木坊，題「裴晉公祠」，却不見祠屋。道左大石坊，碑題「宋豊公趙鼎」云云，殆趙忠簡公故居在此歟？五里問店，十里東鎮，住店。計行八十里。

二十八日，自東鎮西南行，五里川口，涑水經此，夏秋多泥淖。五里馮家莊，十里儀張村，即十里鋪。有碑泐「郭璞讀書處」。【略】十里聞喜縣，涑川驛。入東門。【略】十里宋店，十里郭店。南望雲際，衆峰起伏，皆中條也。起蒲州雷首，東接太行，南抱芮城、平陸，北跨安邑、臨晉，袤數百里，隨地異名。五里夏縣界碑，十五里水頭，夏縣。即涑水鎮。南渡石橋，過司馬温公故里碑。夏縣在鎮南三十里。禹都安邑故城在縣西北十五里。【略】十里岔口，有南赴運城路。運城鹽池在安邑西南二十里，西接解州，《傳》所謂「郇、瑕氏之地，沃饒而近鹽」者也。河東道兼管鹽務及解州州判均駐運城。十里升坡，爲王范村。安邑。西有蔡倫墓碑。【略】十里將軍廟，有小市集。一名馮村汛。十里張村，十里北相驛，一名相里鎮，住店。計行一百二十里。平坦。鎮西距安邑縣三十里。

二十九日，由北相鎮西南行，十里喬陽村。安邑、猗氏之間多棗林，赤實垂珠，緑陰成幄，平疇遠暐，偶露樹間。五里入猗氏縣境，十五里牛肚鎮飯。《郡志》作「油杜」。猗氏在鎮北八里。【略】五里香樂鎮，十五里祁任村，五里水頭塘，近涑水猗氏、臨晉。交界。十五里樊橋驛，住行館。計行七十里。平坦。臨晉縣在驛西北十五里。

三十日，由樊橋西南行。【略】十里椿陽鋪，十里七級鎮，十里古城屯，永濟。或云古解梁也，其南爲五姓湖。二里信昌鎮，食於荒店。居民稀少，堡東額題「東信昌」。《度隴記》誤作「信呂」。古屯田之所。信昌，屯名也。屯官裴姓，土人呼爲裴堡頭。迤南虞鄉縣有麻堡頭村，爲西信昌，兩處至今尚納屯粮。十里高市，十五里呂芝鎮，十五里寺坡底，山上普救寺有塔。即坡底鎮，鎮東有土峽，長里許。出峽有坊，題「有虞故都」。住行館。計行七十二里。鎮西五里即蒲州府，倚郭永濟縣。河東驛。【略】中條在府東南十五里，俗名筆架山，委蛇而東，抵安邑、聞喜，數異其名。雷首山在府南三十里大河之北。【略】首陽山，雷首之南阜，在府南偏東五十里。

九月朔，壬戌。自坡底西南行，五里澗頭溝，五里薛家巖，七里韓楊鎮。店鋪尚多，均湫隘。鎮東三里有橋，無水，爲涑水入河故道。自河流西徙，東岸淤壅，泄水不暢。平時農民引以溉田，雨多則泛溢爲患。五里辛店，有街道，無旅舍。十五里上源頭，沿途多柿林，旭日輕霜，烜映有致。連日見南山若迎若送，皆中條也。至此爲雷首北麓，高岡平庋，有如列屏，亦似迭棋。八里常旺，七里匼河鎮，永濟。飯。【略】十五里風陵渡。永濟。自平定州界牌至此，行山西境一千四百二十八里。【略】午刻登舟，挽而西者數里，然後放乎中流，順水而東，漸偏於南。河水自朝邑之趙渡鎮挾渭、洛而下，有洋洋之勢。潼關當河曲之南，塹山爲城，仰之彌高。《水經注》「潼激關山」一語，深悉形勢矣。十里泊潼關北門外，登岸。陝西。一里住關内行館。計行七十八里。内水程十里。

九月初二日，寅自潼關西行，六里滿城鋪，華陰。雍正初建城，乾隆初撤。五里楊橋鋪，南有金盆原，泥泉水出焉。【略】十里泉店鋪，東南爲瑞村原，靈應泉出焉，分三十六渠溉田，北入渭。十里楊化鋪，其南有朝陽山，有蒲谷山，蒲谷水出焉。即《水經》之沙渠水，北入渭。以上均循華山東麓行，白雲逢浡，翠岫岧嶤，望見仙掌甚顯。五里華嶽廟，飯。【略】四里過東平橋，下爲大澗水。入華陰縣東門，潼津驛。【略】一里出西門，過駐馬橋。下爲西河，即長澗水，源出蓮峰水簾洞。挂溜騰虚，直瀉而下，北流會大澗，至員莊入渭。行人至此，左顧華山，駐馬流連焉。十里長城橋。下爲車箱水。《水經注》：渭水又東，合黄酸之水，又東逕平舒城長城之北。今長城鋪西有亘橋跨黄酸水，水出瓮谷，有仄徑通商雒。十里新莊鋪，有良餘水南出良餘之山。五里班家莊，【略】五里敷水鎮，南有大敷谷，稍西曰葱谷。酈氏曰：渭水又東，敷水注之，北逕告平城東。武王伐紂，告太平於此。十里分界鋪，華陰、華州。南有方山、三甲山，北有臺頭村。【略】其東爲葱谷水、方山水所經，水不常流，潦則兼受華州構峪之水。五里柳子鋪，東有迎仙橋，下爲構峪河。出西南横嶺，嶺南下陽川産銅、錫。東合方山河，《府志》以爲古沈水。鋪西南曰柳子坡，曰鳳居崗，或稱伏氣崗。五里蓮花池。宋熙寧時，少華山崩，壓民居六社。澗水瀆涌成潭，俗呼移山潭。其上曰半截山，西曰獅虎峪，東曰白崖峪。其下曰石子坡，巨石如獅、象，潭水北出爲蓮花池。後人建寺焉，亦曰蓮花寺。【略】鋪南對少華正峰，其麓東溪水有黨氏村水莊，風景殊常。【略】羅文河出小敷峪，北流入渭。八里太平橋，下爲潭峪水，一稱太平河，北注渭。【略】二里華州，華山驛。進舊城東門，鎮潼。西行折南，一里進新城北門，拱極。住行館。額曰「穆棣」。計行一百十二里。【略】同治七年，於舊城東南隅築新城，周四里一分。城南曰南溪，細流入城，溪旁舊多園亭。上爲少華西支，古名馬嶺山，今曰太平峪，曰飛來峰，曰五龍山，曰栲栳山。山後有間道，距城七十里爲青崗坪，坪南十里羽坪，又十里五勝溝，達雒南境。

初三日，寅發華州，出新西門，二里舊西關，路南有鄭桓公墓。十里石橋鋪。橋南石堤峪水北流，曰五港河，合赤堤峪水，出橋下，北經沈陽橋入渭。《水經注》所謂東石橋水，一稱沈水者也。鋪東南有西溪，出南山，二渠并導，會於羅家村，東北入太平河。西溪旁爲唐時遊春亭故地，杜子美爲華州司勳，嘗遊此。後人名爲小曲江。十里白泉鋪，西南有郭市，俗傳隋、唐舊城。五里遇仙河，水出喬峪、金堆峪，二源并導，北合於會同坊，東北逕遇仙橋、小張村，至魏家莊入渭。《水經注》所謂西石橋水也，俗訛稱仙石橋，轉訛爲遇仙橋。【略】五里赤水鎮。赤水九源，在渭南者四，在華州者五，出水之山曰箭谷，曰牛耳峪，曰澗峪，曰李峪，衆澗競流，以次相入，匯於聖山之西。北逕赤水鎮，又北六里入渭。【略】十三里新安鋪，渭南。即程家塘，有東陽橋跨東陽谷水上。酈《注》云：南出廣鄉原，北入渭。原南曰葫蘆峪，其東即箭嶺，西爲元象山，一名倒獸峪，王子年隱處。五里西陽橋，跨西陽谷水上，水北入渭。橋南曰三娘坡，又南曰小峪，曰靈臺山。二里明光橋。【略】有明光峪水。其南爲龍尾坡，又南爲曹峪。三里渭南縣東門，豐源驛。一里憩於人和街行館。【略】渭水在縣北數里，自臨潼之零口入境，東至赤水抵華州界，長六十餘里。冬春水涸，約寬百餘丈，深丈餘。夏秋盛漲，寬深各四倍。縣南有神川原、鳳皇山。飯後西行，一里出襟酒門，度萬里橋。酒水，古首水。《元和志》作「酉」，出石樓山。西北流，與武渠、小峪、羊峪、曹峪諸水合，經城西入渭，長七十餘里。兩旁卉木交蔭，人烟環匝，邑人謂之小江南。然酒水春冬則涓涓細流，夏秋則湍湃汹涌，較之姑蘇澤國平波緩溜，終歲盈盈者迥不侔也。十里廣慧寺塘，即胡村鋪。其南有羅家破，有嚴峪。【略】五里仰天坡，坡在南。五里杜化鋪，有杜化水。五里成店坡，五里零陽鋪，五里零口塘，五里零口鎮。臨潼。【略】十里戲河鋪。《水經注》：戲水出驪山馮公谷，【略】東北逕驪戎城東，又北注渭。【略】十里新豐鎮，北周徙新豐縣於此。有新豐原，長二十餘里，一名青原。新豐河出八里坡，即市谷水，一名玉橋河，北經鴻門堡入渭。十里陰盤鋪，有陰盤水。今名沙河，即酈《注》之魚池水，出驪山東北，流逕始皇冢，又北逕新豐縣故城東，北入渭。按：始皇冢在今縣東十里岳家溝。【略】七里三里橋，有風王谷水，西北入渭。三里過臨水，一名石瓮水。進臨潼縣東北門，新豐驛。一里出南門，一里過大地陽春坊，至驪山，住環園。計行一百三十九里。

初四日，雨。【略】巳刻冒雨行泥濘，一里入臨潼南門，華清。一里出西門，永豐。過潼水，即湯泉水，北流合臨水入渭。渭自奉政原東入臨潼界，東至方家渡抵渭南境，長六十里。二里二里橋，有石澗河。五里七里橋，有水碓河，出磑子谷，北入渭。三里斜口鎮，有韓峪水，北入渭。五里地窑子，自北西至灞水，皆曰銅人原。【略】西南行，五里邵平店。咸寧。五里豁口村，有洪慶河，出臨潼，西流經棗林坡、趙莊，至豁口又西入灞。五里灞橋，屈計行蹤，七度此橋矣。食於行館。灞水出藍田牧護關。《水經注》云：灞水出藍田谷，西北合銅谷水、輞谷水、泥水，又北逕藍田縣。又左合滻水，歷白鹿原東。【略】又北，長水注之。又北，逕枳道，灞橋入渭。漢灞橋在今橋西北十餘里北辰社内，隋初置南橋，即元明灞橋也。今橋道光時重建，又非隋唐舊地矣。【略】十里滻橋，【略】荆溪水由橋下北流，經沙谷堆、西務莊，南入灞水。橋西爲十里鋪。【略】六里金花落，在道南里許。即唐南内興慶宫東之金花落，爲衛士所居。【略】金花落村南有龍首渠。自鳴犢社分荆溪水西北流，經黄渠、元興、韓森社，折西經東關入城濠，環城而西出。舊有支流入城，今涸。二里陝省東郭門。【略】從者先行過山西會館，折南，經中大街、西大街。三里東門大街，故唐景風街崇仁坊也。【略】西行過滿城，唐皇城之東偏及延喜門，永昌、永興諸坊地。北有校場。前明秦王府址。四里鐘樓，省城之中，稍偏南即滿城西南隅之門。鐘樓稍西布政使署，即唐尚書省，爲承天門街東第四横街也。折南行南大街，【略】一里半折西爲湘子廟街，唐太常寺地，承天門街東第七横街也。半里住浙江會館。計行五十九里。湘子廟街之東即府學街，爲唐太廟地。府學街旁即碑林，經始於宋龍圖學士呂大忠。府學西即關中書院，講堂之後即仁在堂。

又　保定北路及西北路附：保定東北三百三十里至京城。折西北一百三十里出居庸關，經榆林、土木、雞鳴三堡，二百四十里宣化府，由府西行一百二十里懷安縣，一百二十里山西陽高縣，一百二十里大同府，一百八十里朔平府，二百三十里歸化城。六十里張家口。西北行蒙古軍臺，五百里至第九臺，曰沁岱。以上察哈爾。又四百三十里至第十六臺，曰錫拉木楞。歸化城北約三里。又五百四十里至二十四臺，曰賽爾烏蘇，爲四達之衢。折北行，歷十五臺，九百八十里庫倫。距京二千八百八十里。又北十二臺，九百二十里恰克圖。以上均喀爾喀土謝圖汗境。接俄國雜拜喀勒省界。恰克圖東北一千三百二十五里赤塔城，即雜拜喀勒省會。恰克圖北一百九十里斜連金斯克，折東北三百四十二里伊里音，折西一百九十三里坡索哩，在拜噶爾湖東。折西南二百六十八里哈喇穆林。折西北一百十四里庫勒圖克。以上均瀕湖，夏有輪舟。又北一百七十六里伊爾庫次克省，西北二千有十五里也尼塞省，一千一百十一里托木司科省，折西南四百五十七里闊雷完，又西北一千三百二十五里鄂木司克，一千九百二十四里威爾和捏烏拉里。西行一千一百五十八里倭連布省，距恰克圖九千二百六十三里。俄人擬於此路設鐵軌，改弧就弦，尚有捷徑，其倭連布鐵路西北達俄都三千九百一十里。自賽爾烏蘇臺西行，經三音諸彦部。三千有六十里烏里雅蘇台，距京四千九百六十里。又西北一千三百二十里科布多，杜爾伯特地，距京六千二百八十里。接俄國托木司科省界。折南五白六十里沙扎蓋台，折西一千二百六十里布倫托海，一千三百里新疆塔城廳，接俄國斜米省界。

正定歧路附：府東南九十里晉州，四十里新集，二十里束鹿縣，三十里磨頭集，深州南。四十里衡水縣，六十里隆化鎮，景州西南。五十里劉智廟，山東界。二十里德州，接運河衝途矣。府西北四十里行唐縣，四十里楊家莊，三十里赤岸村，曲陽縣西。十里王槐鋪，五十里阜平縣，二十里鞍子嶺，四十里龍泉關。逾長城嶺，入山西界。三十里射虎川，五臺山麓。十五里金剛庫，二十五里萬緣庵，二十里獅子嶺，十里獅子窩，繁峙縣南。四十里巖頭，三十里峨山口，三十里滹沱河，十里代州，三十里雁門關，七十里桑乾河。山陰縣西。東北行五十里尚希村，四十里懷仁縣，三十里武州河，四十里大同府。正定西南有達河南衛輝府路。

山西北路及西北路附：省城臨汾驛北行，三百六十里出古雁門城，即廣武營。西北八十里朔州，二百三十里朔平府，二十里殺虎口，一百里和林格爾廳，五十里托克托廳，五十五里綏遠城。將軍駐此。西行五里歸化廳，距省九百里，其東有通直隸省路，詳八月初七日記。九十里畢齊克爾，六十里博拉克齊，一百里薩拉齊廳，九十里包頭鎮，在黃河北岸，用舟逆流而上，可運寧夏之米，下達秦晉沿河諸邑。七十里黑兒腦包，以下皆蒙古地。六十里烏喇特，西北七十里烏拉胡同，八十里烏蘭板升，一百八十里莫兒古擒粱，七十里烏蘭烏蘇，五十里竹拉克濠賴，八十里賀拉烏蘇，六十里木雷滾，六十里鄂貝爾哈，以上在河套北約二三百里，北距軍臺路五六百里。五十里白彥善丹，九十里布頓卯朵，七十里賀拉套拉孟。七十里博爾沁，北通土謝圖汗路，南距寧夏約千餘里。七十里拉克圖，八十里迭烈蘇，七十里章毛烏蘇，七十里討勃其，有山圓形，距歸化城一千六百九十里。一百二十里達拉孟，七十里古欽，七十里圖布濟，八十里哈布塔克，六十里和洛圖，七十里洪果領，七十里朝腦索倫古爾，八十里布格帖爾，六十里莫頓鄂博，屬三音諾彥部，南距涼州千餘里。八十里哈喇尼丁，七十里蘇吉，七十里察汗布拉，九十里呼都克貝爾，八十里賽胡同，五十里西尼烏蘇，七十里紅土門，七十里甲高胡圖，六十里小托雷，六十里幹善莫多，又名紅淖爾，南距肅州千餘里。八十里庫林匝布，又名夾拉孟。一百三十里甲會，七十里俄農鄂博，四十里明安子山，一名哈勒金達坂，又名沙拉胡素。七十里哈達迭里，六十里札木善丹，在阿濟鄂博山下。四十里明崗，又名哈沙土。六十里柳樹泉，五十里乾湖子，九十里老爺廟。向西南一百二十里炭窑上，九十里三塘湖。西南距鎮西廳約二百里。西行八十里天生川，七十里白墩子，六十里專金，七十里鍋底山，六十里菜子地，七十里鄂龍吉，九十里黑山頭，九十里芨芨湖，九十里三个莊，八十五里新疆古城子。即奇臺縣，距歸化城四千七百三十五里。

潼關歧路：自關南至龍駒寨山路三百二十里，分八站：泰峪嶺，黑章鋪，紙房溝，柴峪溝，雒南境。照樹溝，游方坪，蒼龍嶺，龍駒寨。在商州東南一百有五里。由寨東南至河南荆子關水次二百八十里，分七站：華王廟，武關，試馬寨，黨家店，青山，小嶺關。商南縣南七十里。荆子關以上每站四十里。恩施饒公子維前知同州府時，籌荒政，每站設一局，各雇役百名，負米五斗，重七十斤，日行四十里，遞相傳送。山間尚可行騾，每騾馱二百斤。自武關東南行，四十里清油河，五十里商南縣，四十里青山，九十里胡村，河南。八十里淅川廳，九十里韋散集，湖北。九十里樊城。距武關四百八十里。自淅川南行，九十里李官橋，三十里黨子口西，六十里均州，一百二十里鄖陽府。又淅川小路，六十里火龍觀，六十里均州。自龍駒寨舟行，順丹水而東南，七十里湘子灘，六十里竹林關，山陽縣東一百有四里。七十里江西溝，即武關河，商州東南。四十里清油河，俗呼潑油河，商南縣西。八十里釣金崖，西南爲商河口。四十里荆子關，河南界。龍駒寨至此，亂石夾峙，十里數灘，一灘數曲，尋丈之外，高下迥殊。巉石如劍，奔流若沸，舟以牽行，水淺易膠。夏秋間雨多潤漲，牽路淹没，篙不及底，狂瀾摧舟，觸石碎裂。然舟運便於車騾，故商艘樂行之，惟宜避夏秋盛漲之時。【略】鑿險灘四，削鉅石十九，修牽路三千五百二十九丈。一百二十里淅川廳，山遠河寬，水淺沙多。一百二十里李官橋，豫鄂交界，向多暴客。六十里小江口，自此入漢水，逆流向西北，經鄖陽至陝西興安府，僅通小舟，較龍駒寨路尤險。順漢水東南六十里老河口，光化縣南以下，岸闊水深，俗呼襄河，夏日溜漲難行。一百八十里樊城。其南即襄陽。其東北有唐，白二河，可以小舟達河南之南陽府。【略】一百三十里宜城縣，二百三十里安陸府，二百里沙洋鎮，荆門州東。三十里多寶灣，京山縣西。一百十里澤口，潛江縣北。一百九十里仙桃鎮，沔陽州屬。一百九十里漢川縣，一百八十里漢口鎮。距龍駒寨二千一百六十里。

又卷三 自陝西省城，西北至甘肅省城，一千四百二十二里。

十三日，假裝。同行友人【略】，又差官二人，【略】戈什十二人，【略】家人如舊。雇大車十輛，每輛價十六兩。內裝書箱五車。轎車三兩，每輛價十一兩，均雇至甘省。賞錢在外。自備轎車三輛，車夫三名。

十四日，巳刻自西安浙館起程。【略】家君坐轎，所需轎夫函托各寅友逐站雇換，每日自發價。此所謂長轎短夫。如雇用長夫，慣在衙署當差，一切惡習，無所不知。地方官因上司暫時過境，莫肯直言也。【略】保廉坐車，戈什及家人或車或騎。自備馬二，餘則沿途借用。四里西門，名安定，唐皇城西垣順義門也。【略】二里半西郭門，【略】五里金勝寺，唐波斯胡寺也。【略】金勝寺前平坦，龍首原西址也。東北二里爲唐休祥坊，漢宣帝立奉明縣者也。寺西北半里許爲唐京城開遠門故址。【略】十里亭子鋪，五里三橋鎮，飯。【略】鎮東有潏水，一名泬水，又稱漕河，訛爲皂河。【略】五里新店子，長安、咸陽。五里鹼灘鋪，東有漆渠。七里豐橋，長十餘丈，木截土也。豐水出長安南山豐谷，西北流逕鄠縣秦渡鎮東，交水自東來入之。又北逕周靈臺東，又北逕長安斗門鎮，入咸陽界，逕豐橋東北入渭。三里河南街，渭河之南也。渭水出甘肅渭源縣西鳥鼠山，東南流逕秦州、隴州，東北過岐山，至興平之段家崖入咸陽界，又東北入長安境。出堡北門，半里至渭濱，俗傳文王造舟爲梁處。【略】今則冬春有橋，夏秋以舟，舟平似筏，載渭而北。二里登岸，進咸陽縣南門，渭水驛。住行館。計行五十四里。

望日，出咸陽西北門，古冢累累。漢哀帝義陵在縣西八里。十五里上照塘，其北十五里馬家堡。十里雙照鋪，五里西程村，五里界牌，咸陽、興平。五里店張村，饘，南距興平三十里。【略】十里晏村鋪，醴泉。十里雒村鋪，十里醴泉縣，進南門，住峻峰書院。城東北五十里有九嵕山，故名。計行七十里。

十六日，出醴泉西門，二里泥河，舊有水東入甘谷河，今涸。過此入乾州界，西微偏北，三里孝義村，三里三十里鋪西堡，東里許曰東堡，西北有商路至楊家莊。入山，經陸陌鎮、鐵佛寺、馮市、新店子出鏡，至永壽之監軍鎮，合於驛路，較爲便捷。同治初，賊匪往來，官車進剿多由此路。去年設立電綫，仍由州城。八里陳村，在路南。四里楊洪廟，路北爲楊洪鎮西堡。又北約十里陸陌鎮，周處與齊萬年戰處。又西北十里曰雞子堆，有唐僖宗靖陵。又北三十里曰五峰山。六里好時村新堡，北魏好時地也。【略】西北有老堡，秦漢好時縣也。四里安駕寺，四里進乾州東門，威勝驛。一里住行館。計行三十五里。

十七日，發乾州行館。二里出北門，城內北半多曠地，如村野。入山行，土峽僅容轍，漸行漸高。七里，路東爲金家堡，路西爲陵前村，當乾陵之南。皆在坡上。九里十八里鋪，其西爲三福寨。十里陽峪鎮，稍平曠。其北三里曰馮市。西北登陽峪東麓。十五里安家宮，永壽。五里飯監軍鎮。十里永壽鎮，後周縣治也。十里蒿店，七里莫營關，相傳後魏置。邑南四里穆陵關，宋建。十三里永壽縣，永安驛。城外住。計行八十八里。【略】行館在武陵山岡，其上曰文筆峰，有寺，有小塔。

十八日，進永壽南門。山城斗大，居民約百家。出北門即入山，五里登分水嶺，十五里徐家車圈，回環曲折，有似車輪。十里底窑溝，一稱接角溝。峻坂斜下，長三四里，溝中水石參半，車甚顛播。五里石坡坎，一名十八坎，車顛甚。五里泰峪鎮，邠州。列阜如屏，民皆鑿壁以居。飯後升坡，下望似山上，實平原。北有太峪水，東北入涇。涇東有汃水，西南流入涇。【略】十里泰峪胡同，入土溝內，窄而陡。十里十里鋪。《志》云：州東十里有姜嫄墓。詢之土人，謂在州東北十里水北村山谷中。武功縣西南二里亦有姜嫄墓，均遵例設陵户。公劉墓則在州東八十里土陵村。又州東十里司空山，即《郡國志》之師曠山，有師曠冢。十里邠州南門。新平驛。城南枕豳山，一名壽山。有小水北流，俗呼南河，《志》以爲皇澗。又云城南有履迹坪，隘巷、狼乳溝，后稷所生。【略】住行館。計行七十里。

十九日，發邠州行館。城內南垣有紫薇山。二里出西門，道左有范文正舊治碑。【略】城西小水曰洪龍河，《州志》以爲過澗。水常涸。【略】五里火石嘴驛，路兩旁皆山，平正如階級，窑洞密若蜂衙。窑洞者，穴山以居，《詩》所謂「陶復陶穴」也。秦地多此，邠境尤多。五里水簾洞，壁竅玲瓏如其名。有水簾洞，出明岨山，《志》稱「白土川」，即漆水。按：此蓋《漢志》「漆縣」之「漆」，非杜陽之「漆」也。沿途棗林萬計，過長安後惟此有佳趣。十里大佛寺，唐尉遲敬德所建慶壽寺也。因石爲佛，趺坐谷中。僧云佛高八丈五尺，諦視不及正定府大佛之高。登巖遠眺，山水縈繞，烟雨迷離。寺西小廟塑丈八佛。僧云此佛自西方來，慾與大佛較，及望見大佛，趺坐且高數倍，惶悚化爲石。荒唐之談，爲不自量者諷歟！迤西道險，曰打兒嘴。又西漸高，曰石板坡，左峭壁，石涇水，巉石凝輪，覆車一。十五里安化鋪，邠州。人家三五。五里黑水，【略】既渡，食於停口鎮。長武。復升坡，其上平曠，爲長武原，多穴居之民，於深溝內穿土爲室，結鄰地中。十五里黑莊鋪，五里二套嶺，五里冉店塘。西有深坑，寬二十餘丈，繚以短垣，聯以土橋。東南香山，東北回龍山，相距各二三十里。【略】八里七里鋪，七里長武縣，宜禄驛。入南門，一里館於縣衙之右。計行八十三里。【略】縣南十里宜山，北十五里神龍山。城東北進賢里，爲隋牛弘故里。

二十日，寅出長武西門，斜月在山，飛霜透幕。十里十里鋪，北有淺水原，爲唐太宗破薛仁杲處。五里洪家鋪，俗傳郭汾陽破回紇處。十里白楊坡，西北有盤谷山。過此入甘肅涇州界。自潼關至此，行陝西境七百三十五里。內渡渭二里。五里窑店，涇州。自此迤西，驛路兩旁多白楊，左文襄督陝甘時令防營栽植。五里張村鋪，五里東高莊，五里瓦雲驛，食後騎行。五里賀藍墩，五里胡家園，五里高家凹，五里通南莊，五里二十里鋪，三里黄家堡，二里杜家莊，四里二十里鋪，五里十五里鋪，五里十里墩。其西南曰太平關，始下坡。長武原至此而盡。旁爲天鏡山、筆峰山。二里鳳翔口，坡益陡，多磊石，馬蹄易蹶。一里七里臺，四里三里臺，三里涇州，安定驛。仵東關行館。計行一百里。

二十一日，進涇州南門，二里出北門。城北五里爲兼山。山下海印寺，一名水泉寺，有共池。《志》稱周共王曾遊此。《史記》所謂「密康公從」者也。西北渡汭水。二里回中山，即共山，涇在陰，汭在陽，絶巘壁立。相傳周穆、漢武所遊。道右碑題「古瑶池」，降王母處。御者因坡上多石，繞行涇水之滸，騎者取道山麓。山有大佛，洞中架飛閣，上爲王母宫。《志》稱瑶池在共山之陽，泉出石竇，滴瀝如雨，其傍峭壁，石黑如古鐵。【略】三里五里鋪，二里任家溝，三里小白村，即北十里鋪。四里焦家溝，一里十五里墩，二里豆家山，三里傅家鋪，即北二十里鋪。三里秋坪，三里相家溝，三里食於王村。有小市。一里三十里墩，三里余家溝，二里百泉溝，五里土垢鋪，二里杜家溝，二里下八里埫，三里上八里埫，三里花家寨，有店鋪。三里羊圈溝，三里張家什字，四里義理鋪，五里王家溝，二里三里墩，三里白水驛堡，平涼。宿。計行七十二里。驛在涇、汭間，南距汭水較遠。

二十二日，霜降。自白水西行，二里鄭家莊，三里打虎嘴，南爲龍鳳山。五里馬蓮鋪，即六十里墩。五里王家寨，五里眉峴鎮，絶少居人。四里馮家墩，三里馬尾溝，三里四十里鋪。食於行館。三里洪溝，二里胡老溝，五里三十里鋪，五里東甲積峪。層巖如積甲，有穴居之民。十里米家峪，五里烟霧溝，二里十里鋪，八里平涼府東關，道右有武威堡，防營駐焉，中有塔。二里過清平橋，進東門，二里住試院，額題「空同使節」。計行七十四里。

二十三日，出平涼西門，就驛路北涇水灘行，多小石。八里八里鋪，二里崖灣子，即十里鋪。三里棗灣子，七里李家峽，即二十里鋪。二里頁河子，三里頁河塘，車經村北，遥見民居數十家。迤西衆山絡繹，在右者如螺如髻，在左者如牆如垣，皆石戴土。南山缺處，望見崆峒東峰，若方臺者兩層。登山之路由府西乾溝、銀洞溝、石頭寨，西歷大峒山，至問道宫。北入於峽，飛泉流石，上升四里，巨石僵道左，倦者可據而休。再登里許，巖間多古人題名，穿薈蔚，歷曲盤，得平地，爲滹沱寺。稍東爲中峰，又東爲東峰，有眺豐亭。亭下有崖深百丈，有洞焉，鶴巢其中，亭南南峰懸出乎涇之上。中峰北小崗有喬松六，崗北二絶澗，獨木爲橋。過此登北峰，一塔特立於西北隅，後有丹穴。西南出深林，捫蘿百折而上爲西峰。峰右虎穴，穴石洌泉，大旱不竭。泉之上曰馬鬉山，空峒絶巘也。下瞰涇南北諸山，若波浪之伏挫。馬鬉之東，直下滹沱寺，石蹬千百級，視諸徑尤艱曲云。摘録趙時春《遊崆峒記》。五里三十里鋪，五里乾掌溝，或作陽窪巘口。五里安國鎮，平涼。飯。【略】五里清水溝門，固原。五里蒿店，民居五六十。下坡爲瓦亭峽，即古彈箏峽，唐德宗時與吐蕃分界處。《寰宇記》引《水經注》云：涇水逕都盧山，内有彈箏之聲也。羣山怒起，路隨峰轉，繞行澗底，車顛甚。五里蕭關口，一名金佛峽，漢晉以來戰守要隘。明嘉靖中築城峽口，今廢。南巖下有武廟，過此益幽險。【略】陡壁迎面，泐「峭壁奔波，山容水韵」等字。邵陽魏公午莊駐營平涼時曾修此坡，吴縣吴清卿學使爲碑記、篆書。十里上清水溝，居民八九家。山勢稍寬，泉流汩汩，皆注於涇。十里瓦亭驛，固原。【略】進堡東門，民居約六十餘户，入隘巷，住行館。計行九十里。此處電綫繞赴固原州城，在驛西北八十里。

二十四日，陰，始披羊裘。出堡南門，名曰隆化。二里折而西，漸行漸高。十三里合上鋪，民居二十餘家。由此登六盤山，曲盤不止於六，或謂之絡盤道。洪稚存《伊犁日記》誤作「樂蟠」。余按：唐有樂蟠縣，今合水縣西南。羣峰環抱，如卷蕉葉，烟雲滿岫，多雨少晴。回環而上，坡陡泥滑，轅駒喘且蹶。十里至第五盤，名廟兒坪，詣武廟小憩。五里至第八盤，爲山巔，固原、隆德交界。峻崿百重，絶壁萬仞。有窩鋪，見汛兵二三。又曲折西行，雲起車下，昨所經彈箏諸峽俯視之矣。至第三曲，兩峰開處，望見瓦亭堡，如一拳石。至第六曲，旁有烽墩，始下坡。朔風怒號，寒雲下壓，亂山叢谷，滿目陰森，遥望隆德諸山，斜陽如赭。再下至第九曲以後，愈入愈深，循澗壑，共十九曲抵山麓。十里楊家店，隆德。民居十餘家。五里十里鋪，五里賀貴鋪，有防營。五里進隆德縣東門，隆城驛。住行館。計行五十五里。

二十五日，陰。出隆德西門，折北行，兩旁皆山。三里長把溝，三里山石灣，二里八里鋪。即得勝鋪。迤西道樹成行。六里金家溝，六里小河子墩，即二十里鋪，一名紅心鋪。五里小河子鎮，静寧插花地。居民十七户。五里沙塘鋪，隆德。有二四十家。十里龐家鋪，五里神林堡，民居四五十户。食於行館。堡南有甜水河，隴水上游也，出六盤山，經上峽口，至静寧城南會苦水。六里王家堡，風雪寒甚。四里趙林店，五里亂柴鋪，六里黄巖兒，過此路稍曲。四里司家河，過此爲静寧州東二十里鋪。七里上峽口，三里平家河。過此循右山麓行，路益曲。五里萬福橋，五里抵東山下土峽，爲李家店。東山，宋新安王吴璘隴干人。命子挺築堡拒金人之所。三里静寧州，涇陽驛。東門曰承恩，曰迎春。住行館。計行九十三里。【略】州東二里旗鼓山。宋劉滬於此屯兵，防西夏。南五里翠屏山。北十里横山。州南三十里甘墤川，係温泉。五十里莊浪鄉，四十里水洛城，其西北爲隴山。又西南三十里朱家店，十五里垂家川。凡一百六十五里接秦安之蓮花城界。

二十六日，陰。出静寧西門，名餞暉。西北行，三里長原河，有木槓，通徒步，車行河中，水及馬腹。河出固原西須彌山，俗名苦水，由北峽繞城南會甜水，下流至秦安會瓦亭川，爲隴水。過河後，左右皆山，積雪無隙，惟道旁殘柳千株，作一綫淡黄色耳。循山峽曲折，五里八里鋪，登坡數層，雪滑泥濘，僕馬俱疲。折西行，七里官道岔，即祁家山頂。始下坡，數曲後又下峻坂，斜長四五百丈。復向西北，十里鄧家灣，五里孫家溝，五里七里鋪，七里高家堡，居民五六十户。飯於行館。有響河，出會寧青家峽，東過界守東南，爲抛龍川，又南下長原河。十里王家河，在路南。五里界守鋪，静寧、會寧。過此下小坡，度土橋，循右山麓，路稍平，間有石坡礙車。五里石嘴嶺，十里罐子峽，居民二三户，有防營。會寧。騎行，十三里清水河，五里倒回溝，即五里橋。五里青家峽，有驛，古寒林關也。住行館。計行九十五里。飲水苦咸。自高家堡迤西，皆右附高山，左臨深谷，間有土坡，尚不甚陡。惟峰回路轉處輒有缺口，當依壁曲折緩行。遇一車自西來，在驛東五里下坡時順勢直行，從缺口墮河澗底，車馬粉碎，人亦折臂。蓋車夫於途中無不瞌睡，實由旅店内無若輩安卧處。【略】情亦可憐。余於平坦處任其瞌睡，遇險則呼之。余欲詳記沿途形勢，不敢假寐也。

二十七日，晴。由青家驛西行入山，蓮臺、文嶺、陡嘴三山爲青家驛屏障。六里尚家灣，二里賈家坡，二里大山川，山勢略寬。過此入土峽，升坡，循右山麓，十里太平店，十五里馬家溝，窑洞數穴，有汛墩。十里翟家所，憩堡内行館。太平店西路稍平。飯後仍入山，傍右山麓升降曲折，度土橋三，均名平政。六里董家溝，三里大成堡，三里土地廟，又曲折行，度土橋一。十二里張成堡，其東北爲金西寧縣址。下坡入澗底，即會寧溝，淺水平沙，縱横錯雜，俗名七十二道脚不乾。地當深壑，雨水多時，山洪奔注，無從趨避。夏秋間不可行，山腰别有路。《行程記》言澗中土赤。今日積雪乍融，審視澗底無赤土。兩旁山壁離地丈許，有赤沙，上仍黄土，絶壁崩塌，改陡爲斜。山水冲刷，復改斜爲陡。陡斜無定，赤沙黄土，互相掩覆，時隱時見也。五里尚家營，十五里三里坡，始出溝，穴居之民二三家。三里會寧縣南關，保寧驛。城東有碑題「麒麟冢」，明天啓時立，蓋叔季之世，好言祥瑞也。一里住城内枝陽書院。計行九十三里。【略】縣南二里桃花山，土石皆赤。南三里弌虎山，西南二里馬原山，東起隴山，西至龜巖，其上平廣百餘里，形如圓餅，一名蒸餅山，明行太僕牧地也。城北二里龍頭山，五里紫薇山，西北二十里龜巖石。自青家驛以西數程，水味多咸，有窖藏雨水者，尚可飲。

二十八日，寅出會寧西門，參宿右欹，眉月才上，循坡陟降，莫辨西東。五里王家河坡，縣南有南玉河，西北流至城南，翟家所水西流入之。又北至郭城驛，消河自東來，安定水自南來，合爲祖厲河，西北至靖遠入黄河。五里楊家溝，十里雞兒嘴，居民三四十家。下坡入溝中，西南行，溝寬十餘丈，左右皆高原。二十里十道溝口，安定。居人二十餘家。一名夏家寨。五里入土峽，左轉出原上，道旁多白楊，行人或泐字也。五里道左有村堡三四，名新河。十里西鞏驛堡。時當巳正，本擬住青嵐山，聞山上雪大，客車阻滯，旅店不能容，遂住西鞏驛館。計行六十里。水苦。

二十九日，自西鞏西行山間，十里宋家溝王公橋。乾隆時，鞏昌府王廷瓚創建土橋，跨澗上，屢經重修矣，有碑題「永定橋」。東坡上路右土屋一家。過橋升坡，愈曲愈高。十里周家凹，十里青嵐山頂，一名晴嵐峪，俗呼清涼山。鋪户二三十。過此時入土峽，時緣山脊，俯視左巖，重疊如鱗，殘雪半消，黄白相錯成文。二十里坡頭上，土屋二三。由此下坡，車轍中多冰凌，三十餘曲而至平地。五里董家河，五里安定縣東關。延壽驛。涉東河，出城東南四十里麻子川，繞城北會西河。入新城東門，新城環舊城之南，有正統時築。一里住行館。計行六十一里。【略】定安歧路：自安定東南一百二十里馬營，六十里通渭縣，三十里碧門關，九十里鐵櫃，一百十里張家川，八十里故關，六十里陝西隴州，九十里汧陽，七十里鳳翔府。安定西南四十里内官營，二十里胡麻嶺，五十里連二灣，六十里十八盤，五十里狄道州。安定南行，九十里通安驛，九十里鞏昌府，九十里寧遠縣，一百里伏羌縣，一百二十里秦州。

晦日，寅發安定。一里出舊城北門，過西河。出城西四十里甸子川，北會東河，又北至靖遠入祖厲河。十八里十八里鋪，居民二十餘家。驛路仍在兩山間，甚平坦。望見左右村堡五六，左山麓村樹頗密。二里二十里鋪，過此路曲而凹。十里三十里鋪，下小坡，折而左，又升坡。五里紅巒莊，土屋兩家。五里巉口鎮，土屋五六十，瓦房二三。有水二道，截民居爲三。左負高巖，上有小廟，鎮西有舊壘。八里梁家坪，八里稱鉤驛，安定。居民二三十户。飯於行館。出堡下斜坡五折，土人肖其形曰稱鉤。下坡片晌即升坡，爲車道嶺之麓。五里打狼嘴，土屋十餘。五里平灘峴，土屋三四。五里景家泉，土屋七八，爲嶺巔矣。四里魏家窑，四里下峴子，頹垣數座，俯視右崖有人家。過此路漸低，四里高家聚，車路左依山壁，右臨深壑。三里車道嶺，人家五六。安定。六里白土窑。金縣。過此下陡坡百餘丈，得平路數十丈，又下陡坡百餘丈，始平坦。八里郝家溝，五里甘草店，皋蘭。鋪户百餘。進街西前路堡，住行館。計行一百有六里。

十月朔，壬辰。自甘草店西北行，五里三墩營，八里稠泥河，道北有何家口門。七里清水驛，金縣。一名屯軍鎮，俗傳趙充國屯軍處。食於行館，土民接者三四十。舊時清水鎮赴省驛路：西行二十里三角鎮，四十五里定遠鎮，三十五里東崗鎮。三角迤西，地頗崎嶇，俗稱九溝十八坡。回事後人烟稀少，移驛於金家崖。金縣治在驛西南三十里。【略】縣南五里有廟坡山，二十里小龕峽，二十五里棲雲山，三十里駝頂山、龕山、尖山。今日驛路寬展，村堡絡繹。五里大路口，西南有通金縣路。五里東古城堡也，四里樊家營，四里下西營，皋蘭。四里敖坪，四里夏官營。皋蘭。進堡，堡西鋪户二十餘。過此下坡，就河灘行，水落沙平，小石嶙嶒。大路循右山麓，十里郭子店，六里梁家灣。十五里登右岸，爲梁家灣，金縣。村樹扶疏，溝渠暢達，田多水烟。産五泉山麓紅泥溝爲最。稍西即岳家巷道，二里上古村，道右有堡。三里金家崖，金縣定遠驛移此。鋪户四五十，多挂紅，土民接者二三十。住行館。計行六十六里。

初二日，寅發金家崖。四里邴家灣，三里寺兒溝，鄉民接者數次，每次數十人，間以爆竹。時天未明，姓名、籍貫莫辨也。三里上官營，四里買子堡，皋、金交界。有水磨。四里賀家店，金縣。上下土峽。二里鐵鍁口，五里響水子東坪，鋪户十餘。下坡過水，或云即酈《注》之菀川水。又升坡，爲響水子西坪，皋蘭。鋪户二十餘。五里大水洞，五里桑園子，明肅王種桑處。山勢漸合，小石滿地，車顛甚。有桑園子腰站，居民十數户。右崖下即黄河，爲衆山所束，深不可測。村西下坡爲桑園峽，有坊題「提督府」。過此又上坡，行亂山中。二里燕兒灣，山缺處俯見黄河，南岸間有長城遺址。長城不始於秦皇，《日知録》考論最詳。三里巖望溝，五里下坡，即東崗鎮。面山背河，街道平直，鋪户百餘，街西有堡。【略】東崗鎮歧路：東南十里張家坪，十里太平溝，十里猪嘴嶺，十五里謝家嘴，十三里連搭溝，十里石頭溝，十里金縣。折西南十五里興隆山峽，二十里黑羊嘴。過馬銜山，三十里好水溝腦，十里田家廟，十里劉家灘，十里馮家溝，十里高崖子，十五里新添鋪，南四十里狄道州。五里深溝子，五里空心墩，倚長城爲大臺，旁有居民一二十户。三里劉順堡，有碑題「理學名臣段容思先生故里」。【略】五里蘭州城外，望見五泉山。【略】進東關，名曰迎恩。三里進南門，名曰皋蘭。一里住南府街浙江會館。計行六十七里。陝省至此一千四百三十一里。內自涇州白楊坡至此，行甘省境一千有七里。

又　長安北路附：省城北九十里三原縣，八十里耀州，七十里同官縣，九十里宜君縣，七十里中部縣，一百四十里鄜州，九十里甘泉縣，九十里延安府，一百八十里安定縣，驛路東出延長縣。一百五十里綏德州，八十里米脂縣，一百七十里榆林府，距省城一千三百里。府東二百五十里神木縣，一百七十里府谷縣。東南渡河，四里至山西保德州，其東至代州，其東南至太原府，皆四百六十里。府西一百六十里懷遠縣，二百十里靖邊縣。縣東南一百四十里保安縣，一百八十里安塞縣，四十里延安府。二百三十里定邊縣，五十里甘肅花馬池，靈州東北。九十里永興站，一百里清水，七十里横城。西渡黄河，六十里王鋐驛，寧夏府南五十里。六十里大壩，寧朔。七十里渠口，八十里石空寺，九十里中衛縣，七十里長流水，七十里三塘，七十里營盤水，六十里白墩，五十里紅水，皋蘭。一百里大靖堡，九十里土門堡，六十里古浪縣，合於涼州大道。

咸陽西南路附：出咸陽西門三百一十里鳳翔府，西南三十里渡汧水，六十里寶雞縣，城南過渭。十五里益門鎮，入棧道。二百有五里鳳縣，一百六十五里留壩廳，一百九十里褒城縣，漢中西北四十里。九十里沔縣，二百二十五里黃壩驛，寧羌州西。一百五十里四川廣元縣，一百八十里劍州，一百六十里梓潼縣，一百二十里綿州，一百六十里漢州，一百里四川省城。距咸陽二千一百六十里。又西南三百三十里雅州府，一百里榮經縣，一百三十里清溪縣。渡鐵索橋。西北三百六十里打箭爐，西南三百六十里中渡，過鴉龍江，即若水，原出青海境爲瑪楚河，南至寧遠會打衝河，又東南入金沙江。八十里翦子灣，有雪山。二百三十里裏塘，三百十里大朔，雪山。一百六十里巴塘，巴塘西南逾猓猓野番地，又西曰阿賽密，一名亞山，東通騰越廳，西達印度，南抵緬甸，北通布魯克巴，在萬山之中。英人據之，慾辟路東出。九十里竹巴籠，過布壘楚河，上流出青海爲木魯烏蘇河，下流入雲南爲金沙江。一名麗江，折東過永北廳，會打衝河，又東北至四川敘州，入岷江。二百十里南墩，一名寧静山，入前藏界。一百六十里江卡，過拉克楚河，下流至雲南爲瀾滄江，又南曲折七千里，出暹羅、越南之間，由西貢之西入南海。西貢駐法國總督，流寓漢人四十餘萬，東至廣東四日程。八百五十里察木多，一名昌都，又名康。又西四百九十里嘉益橋，過喀喇烏蘇河，東南入雲南境爲怒江，一名潞江。又南入緬甸爲撒路音江，折西南，過英國所屬麻塌班，至莫兒緬入南海，商輪聚焉。一百九十里碩班多，九百八里拉里，南有桑楚河，東南流至薄宗城，曰薄藏布河。又南逾怒夷界，至雲南騰越爲龍川江，折西南入緬甸，至新街與檳榔江會。以下爲大金沙江，緬人呼爲伊拉瓦底江。又千餘里過蠻得勒城、阿瓦城，通輪舟。南至別牟旁，有鐵路達漾貢。又西南至撥散入海，稱拔散江。東南分一枝至漾貢，一名仰光，商輪萃焉，漢人流寓數萬。一千有四十里西藏。達賴喇嘛所居拉薩城，《唐書・吐蕃傳》所謂邏娑也。其種人曰土伯特，即吐蕃之轉音。舊名衛，又烏斯之合音也。距成都六千一百七十里。六百七十里江孜，江孜南四程至帕克哩，西人曰法利。又九十里仁青崗，爲哲孟雄界，哲部一名錫金。又一百九十里亞東，二百二十里噶連魯，八十五里宗木拉棒喀，有山曰珠拉巴里。又二里曰大吉嶺，哲部南境。英人據此，設鐵路南達印度總督所治之加爾各塔只一日程，較成都至前藏必百餘日者，利鈍迥殊矣。大吉嶺西界廓爾喀，《唐書》之泥婆羅也。嶺東二日程，至塔西蘇登，或作札什曲宗，即布魯克巴之都城也。布部一名布丹，其東北三日即帕克哩。光緒十一年，英人請互市，衛藏藏人不許。十四年構兵，敗衂，乃開市於亞東，且割錫金全部屬英。二百二十五里後藏，札什倫布城，班禪喇嘛居此。《文獻通考》：前、後藏相距五百六十里。《會典・郵政》《衛藏圖識》均九百里。雅魯藏布河出阿里東北，東流經後藏、前藏，折西南由緬甸、印度之間入海，西人呼勃拉布特河。二千二百餘里阿里。北界新疆于闐縣，東南界廓爾喀，西與西南均界英屬克什米爾，即唐之个失密也。阿里西南境又名堆喀爾，爲英人互市處。又自成都南行六百五十里敘州府，二百二十五里筠連縣，三百二十里雲南大關廳，一百八十里昭通府。西南一千一百六十里雲南省城。西一千二百里永昌府，三百六十里騰越廳。西南二百三十里箋達，七十里蠻允，二百里蠻暮，一名八募，爲緬甸境。又舟行，一日新街，有漢人數百家，通輪舟。三日至阿瓦，又七日至仰光。出海折西北行，四日至東印度加爾各塔。

［甘肅固原］瓦亭驛歧路附：瓦亭西北二十里嗚陽鋪，十里平泉鋪，五十里固原州，永寧驛。又北九十里三營驛，九十里李旺驛，城。九十里同心驛，七十里沙泉驛，九十里寧安驛，寧朔。七十里渠口驛，六十里大壩驛，六十里王宏驛，五十里寧夏府。東達榆林，西達涼州。

又 蘭州歧路附：省城赴河州有三道，一由省南行，四十里阿干鎮，二十里關山，即摩雲嶺。三十里中鋪，三十里沙泥站，狄道州判駐。三十里新店，三十里康家崖，崖東南十里新添鋪，四十里狄道州城，北至省會，東南至鞏昌，西北至河州，西南至洮州廳均二百里。狄道直西小徑至太子寺九十里。折西南渡洮，十里三甲集，回莊，四十里太子寺。河州州判駐。自寺堡直西，由那力寺至河州較近，所經皆回族，路又險窄，漢人少行。寺西南六十里寧河鎮，六十里河州，此驛道繞行者也。三十里買家巷，西二十里黑茨溝，折西北，四十里河州。共三百里，通車。一由省西南行，二十里崗家營，二十里箭山，四十里漫坪，東南距沙泥八十里。二十里白崖，渡洮水即唐汪川。多回民，有牛心山。三十里大灣，三十里陳溝，二十里鎖南壩，三十里折橋，大夏河。十里河州。共二百二十里。一由省西行，二十里崔家崖，折西南，二十里乾溝，六十里達什波羅，六十里劉家峽，渡黃河，此處河折西北流，東南有洮水口。三十里白塔寺，瀕河，水東北流。三十里蓮花渡，又過黃河。折南四十里河州。共二百六十里，上二路皆不通車。河州赴循化二路：一由西北一百二十里積石關，山峽小徑，關北十里抵黃河，爲碾伯縣界。三十里孟達工，傍河南岸行。西四十里清水工，十里循化廳。一由河州西南，五十里韓家集，韓土司所屬珍珠族，屬循化。折西北，三十里老鴉關，屬河州，關東三里老鴉族屬循化。二十里盤坡驛，二十里過阿木你拉打加山，高峻，盛夏飛雪。起臺堡，以下依起臺溝東岸行。三十里立輪驛，撒拉爾族張尕工地界，尕係土俗通用之字，音割雅切。四十里清水工，十里循化廳。此驛路不通車。循化西北行，十五里沿河塘。渡河西行，十五里甘都堂堡。折北，六十里巴燕戎格廳，西北行，六十里扎什巴堡。轉東北，六十里平戎驛。循湟水西北行，七十里西寧府，五十里鎮海堡，四十里丹噶爾廳。西南六十里哈拉庫圖營，接青海界。循化東南三十里張尕工，折西南十里崖慢工，撒拉地。十里夕廠溝，有東鄉番五寨。南行五十里甘家川，居捏工川之西，莽剌川之東，番族插帳游牧地。五十里拉布楞寺南番十一寨，南抵和碩特南右翼中旗地。拉布楞南有達那河，俗呼大夏河之上游也。沿河東北行，四十里拉家寺，五十五里沙溝寺，十五里哈家寺，東逾山，即河州老鴉關。寺南七十里黑錯寺。黑錯寺東北一日程卡家寺。又東北一百餘里至石嘴關，河州商旅赴南番貿易之徑也。黑錯東南五十里買吾寺，八十里根岔，入洮州番地。六十里舊洮城，四十里楊土司卓尼城。今土司楊作霖，已傳十六世，所轄四十八旗十二章哈寨，共八日至四道城，爲四川松潘北境。卓尼東南渡洮，入岷山，經上鐵布、下鐵布、野番上下包座族，封疆千餘里，儼然牧伯也。循化西南行，四十里邊堵溝，十里邊堵塘，邊堵番七寨。二十里尕楞溝，有下隆務西番六寨。三十里上隆務，二十里保安營，小堡在山上，有都司。二十里吴屯，前明吴、李等四姓防戍留此，言語衣服變同番族，謂之土民。十里隆務寺，上隆務西番十六寨，寺東一百二十里有阿巴那西番八寨。又東南一百十里即拉布楞寺矣。隆務西南約百里有小速古山，又西南合爾番五寨、葉什羣上八族及沙布朗賀木等游牧地，長二百餘里，當西傾山北隆務、清水二河之間。循化正西四十里查漢大寺，二十里過清水河，入貴德界。西北沿黄河行。四十里革初塘，十里康家寨，三十里李家峽，西南有鐵瓦寺上六族、贊咱三族。二十里雙布塘，南爲他爾的族生番。四十里汪佐塘，南有札布拉族。折西二十里札麻山，十里白三白石崖，南有東山番族。三十里下河墩，南有麻巴族、工巴族。十里貴德廳，廳正南二百餘里至莫却山及速古山，此路左右盡是番族。又南爲庫克烏松山，南接和碩特南右翼中旗。廳西十里下闇門，明洪武初因古邊牆築，長八里，迤南曰上闇門。十里爾多拉山，北有龍羊堡。西南十里三泉山，十里西把切山，有羔楞河。十里撒通墩，十里下拉安，十里上拉安族，二族西北有山瀕河，曰龍羊峽，北接和碩特南右翼末旗。六十里沙溝。又西南百餘里至圖爾根山，有哈克河，一名忙拉水，西流入黄河。逾河抵青海，屬札薩克喇嘛罕諾們罕界。

又卷四　自蘭州西北至甘州一千有三十六里。

十月初三日，在蘭州。

十一日，壬寅。發蘭州浙館，一里鎮遠門，轉北出橋門，正對白塔山，其上祠廟矗立。過河橋，坊題「第一橋」。【略】家君過河後坐車。【略】傍山沿河西行，由橋頭街東行，折北七十里水埠，八十五里六墩，東北九十五里大拉牌，七十里蘆糖，九十里營盤水，一百四十里長流水，七十里中衛縣。又東北三百六十里寧夏府，又經蒙古地一千二百六十里，至山西邊外包頭鎮。一里金城關，隋、唐置關，今有磚牆一道。八里十里店，即保安堡。至此折西北行，不見黄河。迤西有前明邊牆，斷續相望。完善者高約二丈，無垛口，闊數尺，土人呼爲秦長城，非也。有棗林，有大墩。十二里石家灣，春多桃花。此處西行十八里沙井驛，七十里苦水驛，五十里紅城驛。其路較迂，官商多由俞家灣。折北行，二里安寧堡之北，五里沙溝，寬二三丈，兩旁亂山，路曲而平。丙戌夏，甘州府吴君協中赴任經此，山水環注，其子漂没無蹤。同治元年七月，權陝甘總督沈文忠名兆霖，杭州人。於平番西沙溝遇雨漂溺。北地多陡，水無停蓄處，夏秋山行，宜留意也。三里路稍寬，有巖石突起，下方上圓如樓臺，土石皆紅黄色。七里朱家井，民居二三十户。飯後仍西北行兩山間，十五里白石頭，土屋一家。十五里下坡俞家灣，皋蘭。民居三四十户，住店。計行七十一里。皆瘠地，沿途村民相送，間有衣冠者。俞家灣無井，砌窖積雨水供飲。

十二日，由俞家灣西北行，三里小澇池，居民二十餘户。二里一大阜，特立如層臺，上有小廟。一里蘭溝，四山皆紅沙。村民來送。折西行，一里原山廟，皋蘭、平番分界。四里琵琶臺，升降高坡。過土橋北行，十里哈家寨，土屋二十餘。十里狄家鋪，土屋二三。十里咸水河，鋪户三四十。飯後西北行，始有樹木村舍。三里張家莊，二里達家莊，五里觀音寺。折西行，十里泉溝嶺，七里徐家店，一稱徐家水磨。村堡相望，頗有林泉。西北行，五里紅城驛，平番。土城周三里，駐守備，鋪户百餘，住店。計行七十三里。《萬里行程記》言紅城多緑樹，今則不然。

十三日，由紅城西北行，五里水槽溝，五里鄭家墩，有龍泉寺。二里老界河，當路有佛閣，額曰「統靈」。八里青寺堡，五里魏家槽子，三里高岑營，五里孫家團莊，北即蓋白灘。五里南大通驛，飯。西大通驛在平番西一百二十里，有縣丞。又，西寧府西北有大通縣及北大通營。五里唐家營，路入溝内。五里黑城子，有村樹。五里南坡頭，五里柳樹墩，五里高橋墩，三里莊浪滿城，乾隆元年建，周四里，初設副都統，後改城守尉。四里平番縣南關，平番驛。一里西關，住店。計行七十一里。山遠路平，官柳成行，渠水通流，村堡亦密。

十四日，自平番縣西北行。五里深溝兒鋪，五里馬廠溝，無人家。五里鋪溝灣，其南爲東坡，有村莊。十里漢屬郎坡，下坡山勢漸合，中有小河，循右山麓行。十里永濟橋，長六七丈。過橋循左山麓行，五里武勝驛，居民約二十餘户。驛西南四十里亂石窊。又三十里紅罊峴，九十里香爐山，通西寧、青海。飯於汛房。哈密王沙木胡索特入覲過此，來見。【略】午後仍西北行，【略】十里伏羌堡，有村無堡。邊牆在河東山上。十里二十里界牌，仍屬平番，并無交界。有土屋數家，過此望見右山麓有殘缺邊牆，杳無村落。二里鶯窩山墩，十八里岔口驛，平番。居民二十餘户。住行館。計行八十里。

望日，寅自岔口北行，冰雪匝地，風利如剪，星月之下，只見亂山萬重，邊牆斷續。須臾月食，滿目陰慘。岔口歧路：西行十八里石門寺，又十五里青土坡，十七里野葱溝，二十里濫泥溝，二十里駱駝山，三十里散岔口，十五里光草嶺，二十里思加羊，二十五里新河壩，三十里捏耳朵，四十里沙金溝，十五里野狐州。十四里安家莊，六里折腰溝，天始明。四里王家鋪，土屋一。三里打柴溝，西北過火石溝。六里崗子墩，三里得勝堡，分駐制兵數人，沿途絶少人烟。九里鎮羌舊堡，杳無居人。四里過水，即莊浪河上游。一里鎮羌驛，土屋數家。升坡爲鎮羌遊擊新壘，飯於荒店。【略】七里湘子廟，即烏稍嶺東址。洪文卿侍郎《中俄界圖》誤作無事嶺，蓋譯音近也。自蘭州金城關以來，山皆在大路兩旁，至此則亂山當路。恒有風雪，最易受凍。三里半界牌墩，平番、古浪。升降陡坡。食頃至烏稍嶺巔，頗寬平。烏稍疑是烏松轉音。十九里半安遠堡，居民七八户，皆頹牆敗垣，有都司。西五里曰雷峰山。西南三十里可可口，舊有黑番兒加洞族住牧。堡北三里毛達坂，熟番都剌住牧。又堡屬柏林溝番民二族。五里油坊臺驛，八里龍溝河，即古浪河之上游，自是無南流之水。二里龍溝堡，古浪。民居三四十家，住店。計行九十五里。

十六日，丑自龍溝北行，五里新墩灣，五里板橋墩，五里黑松驛。舊有市鎮，堡北里許有碑，旌表唐氏九世同居。過此亂流而北，河廣五六丈，石灘三之二。登坡入古浪峽，南爲松林山，北爲鐵櫃山，峻坂一綫，頑石塞途，形勢比潼關、函谷。《十三州志》：蒼松南十里有鹿塞。或在此歟？堡之東西山，紅宛卜、白宛卜二番住牧。又東山圍場溝番四族。五里香蔄坡，四里關王廟墩，有塘汛，居民二家。三里岔路墩，土屋十餘所，其北蹊徑坎坷。五里新關墩，三里十里鋪，南有石壁如門。過此後車行澗上巉石，奔流間有水磨。三里金家灣，有峽。七里下坡過橋，進古浪縣古浪驛。南門，曰永安，曰承恩，城周二里許。飯於行館。【略】縣東南三十里黄羊川有番族。又十餘里南冲寺，喇嘛趙札提兼管平番之報恩、華藏、祝貢、天堂等七寺番衆。縣東北三十里安寧寨，又三十里土門堡，折東南九十里大靖堡，迤東達寧夏、榆林等處，程站詳九月初五日記。午後出北門，拱極。三里三里墩，軌道入土溝内。五里八里營，有莊堡。二里丁家牌樓，題「義姬淑守」。二里小橋鋪，得寬地里許。北又進溝，三里嚴家灣，十三里出溝，至雙搭堡，堡街强半屬古浪，少半屬武威，故曰雙搭。八里土阜當道，中裂大罅，適通一騎。二里花腰墩，五里大墩，六里頭霸河，四里楊家鋪，二里二霸河，五里靖邊驛，武威。堡内皆頹垣，寠民十餘户，甚荒涼。住行館。計行一百有五里。堡西門二重，額曰「大觀在上」，有外委，爲張義營分汛。張義在堡西南五十里，舊稱西黄羊川，駐都司營。西北三十里峽溝寺，有納受索番營。西九十里青土峴，有札提加木番營。西南一百八十里寬溝，通西寧大通界。

十七日，丑自靖邊西北行，過三壩河，三里三壩墩，三里四壩河，一里七里堡，二里五壩墩，三里張家莊，三里六壩墩，小堡四五，有渠水。【略】二里有小河，六里河東堡，堡廢，僅土屋十餘。過此行沙灘，多石子，礙車。七里塘馬墩，沙灘無人。十里大河驛，堡頹。時方巳正，飯於旅店。午後騎行，十里黑泉堡，即二十里堡。有小廟，無居民。七里十三里鋪，涼州副都統【略】均迓於郊。長途奔走，本是苦事，每到大郡邑，應酬尤煩苦。啓程少遲，恐答拜不及，故開車必須丑、寅之間也。路南層峰積雪，西達嘉峪，即祁連也。沿途沙灘石子，皆山水沖刷所致。八里五里墩，三里道北有集賢亭，二里涼州東關，武威驛。一里迎恩橋，進東門。名安定，城周十二里。一里至大什字南，住行館。計行七十二里。【略】府東五里狄臺。【略】府東北九十里蔡旗堡，又二百里鎮番縣，又北一百七十里接阿拉善蒙古界，府南五十里上古城營，又西南二百八十里至牛頭俄博，楚瑪爾山，接西寧大通界。府西南三十里南把截營，南二百七十里雪山口。府西南七十里西把截營，又一百六十里庫庫鄂博，一百八十里黄城灘。

十月十八日，辰發涼州行館，二里出西門，過永安橋，滿漢文武諸官送於郊。十里十里鋪，無人家。西南十五里爲中截堡。二里郭家鋪，土屋四五，過此行沙磧，甚寬。八里二十里鋪，土屋七八。南里許有王家寨。五里二十五里鋪，告示書驛生墩。鋪户十餘。五里三十里鋪，土屋四五。十里四十里鋪，即永懷渠。甘、涼鄉間多稱某渠某壩，猶吾鄉之稱某圩也。飯於無量廟。五里酸酒店，墩題「雲」字，里數與《縣志》不合，皆由汛弁任意改作，按墩計里，不盡符也。五里懷安驛，東有汛墩，題「金」字，稍西有奪浪堡，壁宇多破。又西里許，逾溝爲奪浪墩。三里過小水，三里律字墩，又有小河。迤西拳石觸輪。四里昌隆堡，廢。

十里豐樂堡，武威。居民百家。住行館。計行七十二里。皆沙磧磟瑣，如卵如拳，下午石子更大，車播甚。

十九日，丑由豐樂堡西行，五里沙灘堡，五里大墩，五里石磧，中有墩，名干致。五里柔遠驛，即沙河堡，堡廢，民房十塌七八。三里多亂石。永昌界牌，三里九墻墩，四里八墻墩，西即清溪堡，永昌。民居三十餘户。饘於旅店。三里越一渠，二里豐樂腰墩，五里樂豐鋪，渠貫街東，途多亂石。二里半有渠，向北堡寨相望。二里半七墻墩，二里兩渠横道，二里六墻，有小河，河東小街有武廟。一里宣德堡，小寨三。五里五墻，中逾二溝。五里通津堡，即三十里鋪。五里真景腰墩，五里真景寨。大堡一，小堡二，無人。五里十五里墩。石子播車。五里十里墩，平廣，一名東崗，有田畦莊堡。五里東五里墩，叢冢所在。五里永昌縣東關，永昌驛。進東門，曰拱翠，城周七里有奇。二里住雲川書院。計行九十二里。多沙磧。

二十日，卯發永昌，半里出西門，内曰虎踞，外曰鎮西。拳石冰塊，遍地碌鏃，夏秋南山融雪，引以灌田，今皆凍矣。城南百里外，山峰綿亘，隨在異名，皆祁連也。冰雪深積，春後漸融，萬壑傾注，迤邐成河，分引多渠，灌田萬頃。【略】五里西五里墩，五里十里鋪，迤北有陳家寨。頑石益多，車行甚苦。道旁有殘柳。五里牛王宫，五里水磨關，明設關，爲大黄山番民互市所。舊有市集，亂後存十餘家。一里水磨河，出縣西南一百六十里鸞鳥山，一名雲川，東北流二百里，潴爲昌寧湖。三里紅廟鋪，三里過一渠，一里卜喇灣，升降沙阜。二里崇崗塘，五里橋兒墩，五里金川坡，一名三道溝，晉之金昌城地也。西行荒磧，有衰草，黄色，俗名芨芨，可作繩蓆。五里空心烽墩，下繞短垣爲障，前十餘丈豐碑屹立，題「張將軍戰勝處」。【略】下坡行沙山間，五里王秀堡，破屋七八家。十里水泉驛，永昌。無泉汲井，居民四十餘家，有守備。住店。計行六十里半。堡周一里八分七釐，多圮。堡南經焉支山茄連達坂，二十里到高古城堡，西南三十里石城達，接大馬營界。

二十一日，小雪。自水泉西行沙磧，五里西五里墩，十里十五里口塘，無居人，有汛房一。汛兵五人，遇顯宦過境，來此接送，平時往他處執别業。南山忽低，中有蹊徑。斜對北山之青羊口，出口循邊墻西行，達肅州北境。五里古城窪，山丹。無人煙，漢日勒縣也。路北有大墩，南山上有小墩，用以指迷。十里定羌廟，廢堡倚邊墻。墻有門洞，上題「神功永賴」，乾隆十九年西寧道朱某書。居民十餘户，駐把總。【略】南北兩山，至此漸近。十三里邊墻，上有高墩。道南有草地，三里外有小村，荒廢無人。南望大黄山，積雪萬仞。即焉支山，又名青松，亦祁連之支，長百餘里，其南爲大草灘。二里山丹峽邊墻，自山崗蜿蜒而上，半已頽廢，電杆亦逾嶺而過，車路折西北入峽，亂山圍抱，頑石峥嶸。五里峽口驛，城形長方，周三里，有都司，居民八九十家，人少不足守陴。同治亂後城垣未葺，近城乏水草，城内掘井十餘丈無水，此絶地也。峽口東南五十里石城墩，接高古營界。口西南三十里老軍寨。又五十里大馬營，在大草灘中。城北垣屬於邊墻。七里八里墩，八里豐城鋪，土屋十餘。十里王城鋪，俗稱老爺廟。其南有堡無人，堡外土屋二三，有汛弁。八里新添墩，七里新河驛。山丹。士民出接，住行館。計行九十里。堡周三里，頽壞，居民二三十户，有把總。驛東武廟有道光九年所立碑，謂邊外六十里仍準漢民牧牲，六十里以外爲蒙古境。堡南歧路：四十里花寨，三十里大馬營。堡北距邊墻五里。

二十二日，卯出新河西門。左右有大澇池。十里居安寨，車經神樓下，路北連堡三座。五里廿五里墩，大墩下有小障，邊墻半完。五里二十里鋪，十餘家。有無量祖師廟，北有莊堡。又名永興鋪。十里十里鋪，有村，有墩，南數里有仙堤堡，回。三里下坡，緊靠邊墻，殘缺，僅高三四尺。二里行山丹河灘中，漲時浸及邊墻，墻圮。五里進山丹縣東南關，山丹驛。半里進南門，居民有接者，食於行館。城周七里，城内渠水暢流，西北僅見者也。

午後，出山丹南門，經西南關，過山丹河，即弱水之東源。山丹河有三源，一曰甘泉子水，出縣東南八十里焉支山西北，峽口堡之南，西北流六十里過猩猩寨，又二十里至縣城西南，爲山丹河。一曰大馬營水，出縣東南九十里大馬營西，大黄山麓楊家村諸泉，西北流過花寨子、范家營，至縣南入山丹河。一曰永固營水，出縣南一百二十里永固城東南雪山内，北流三十餘里過西山堡，折西北三十餘里過侯家寨，又二十餘里出蒲家寨、任家寨之間，又四十餘里至南草湖東入山丹河。河經城西橋，西流經東樂城北，又西五十里至太平堡南，左右皆沙磧，有洪水出金山，西北流，來會山丹河。又西北五十里至甘州北、靖安堡南，入張掖河而弱水始大。十里大佛寺，寺在獅山，一名石嘴巖。大佛負山面東，高十三丈，覆屋七層，登最上層共一百五十餘級，始見佛頂。蓋大於正定，邠州兩佛矣。【略】山丹河屈經其東北，距寺前數里，土人又稱清泉河。有村曰清泉堡。三里經石嘴巖，上有亭榭。涉山丹河西北行，二里祁家店，俗稱十五里店子。有渠水樹木，鋪户七八。兩旁有小堡，迤西有碉樓。二里石嘴子，小村數處，南有小山，錯列甚近。二里道北一堡，南有大廟。半里靜安堡，半里二十里鋪，居民三四十户。五里路南有小堡，一里半大橋寨，四隅有小樓凸出，附近居民五六十户。半里過橋，河西屬東樂。三里大墩廟。望見路北方堡有三樓，一方臺式，一高長堆垜式，一胡盧式。二里十里墩。下有小障廢屋。二里欒定堡，三里五里墩，小村廢堡。五里過土溝二。東樂城，土民來接，進東門，城周二里半。住行館。計行八十二里半。【略】東樂南四十里六壩，折東南五十里洪水營，又西南三十里西水關口，曲折東南一百六十里官樹窑，九十里察罕俄博營。自官樹窑向西九十里八寶山古佛寺。東樂西南九十里南古營，明置，城周二里。順治初設守備。其要隘：營東南二十里大都麻，有唐烏忒黄番一族。營東南三十里小都麻，營西南三十里酥油口，三十五里小野兒，四十里大野兒，五十里正南溝口，六十里小尾麻龍口。自酥油口南行四十里槎芽灘，又四十里青牛蹄，四十里百福臺，四十里古佛寺。洪水即紅水，出洪水營南金山，亦祁連山也。西北流七十里受虎喇水，又十餘里受小都麻水、大都麻水，又二十里受馬蹄水，又二十里至新溝堡，折北三十里至張掖太平堡南入山丹河。

二十三日，丑由東樂西行，一里下坡，入土溝內。三里出溝，行沙漠。六里山陽鋪，張掖。有墩無鋪。十里架子墩，有廿餘家，距北山十里。行草灘。二里逍遥墩，一里過水，二里土阜累累如廢垣。二里仁壽驛，即古城子，城内外百餘家。漢屋蘭縣也。食於行館。【略】十里鹼灘堡，北通大盤道口。五里馬蓮井墩，沙漠。七里二十里鋪，兩旁村落較多，有沙棗。其北爲東山口，邊牆止此，迤西皆山，曰人宗口，曰寺兒口，曰魔王山，皆合黎也。距城四十里，山西南有明沙堡，又接邊牆。五里四角墩，七里青龍鋪。八里甘州府東關，甘泉驛。有坊。題「邊關鎖鑰」。【略】二里入南門，城周十二里。一里王府街。住行館。計行七十二里。

二十四日，在甘州。

又 平番歧路附：縣東北七十里平城驛，五十里松山驛，荒磧不毛，多瘴，無居民，邊兵守汛最苦。五十里寬溝驛，皋蘭紅水縣丞駐此。五十里三眼井驛，一百二十里營盤水。自此達陝西、山西路，詳九月初五日記。平番西南四十里經大沙溝通遠驛，六十里塘坊，二十里西大通，即河橋驛。渡浩亹河西行，五十里冰溝驛，碾伯。四十里老鴉堡驛，五十里碾伯縣。渡湟水。六十里過大峽。平戎驛。西寧。七十里經小峽。西寧府，西北六十里長寧驛，五十里大通縣，九十里北大通營，一百二十里永安城，一百四十里三角城。由城東北六十五里鸞鳥口逾雪山爲涼州境，城西北六十里扁都口逾山爲山丹境。五十里鎮海堡驛，四十里丹噶爾廳，西南六十里哈拉庫圖城，過此爲青海境。二十里哈什哈水，五十里巴彦淖爾，五十里恰布哈河，青海東南。四十里西尼淖爾，六十里公噶淖爾，六十里牛哥兔，五十里沙拉兔，六十里衣麻兔，以上均蒙古游牧。五十里登努兒特，六十里哈隆烏蘇，七十里埡列淖爾，以上均阿力克番子游牧。七十里埡利布拉。六十里必留兔溝，以上端住格隆番子游牧。六十里阿隆阿他拉川，南各壘番子，北達賴喇嘛商上人游牧。七十里瑣力麻川，黄河源。南達賴喇嘛商上人游牧。六十里噶順阿卜兔，永沙豹番子游牧。六十里且克淖爾，五十里哈麻胡六太，蒙古爾津番子游牧。五十里哈拉河，南年木錯番子，南星宿海。五十里烏蘭火里，一百二十里喇嘛托洛海。以上别利番子游牧，皆在星宿海南。五十里一克白彦哈拉，六十里烏河那峽，以上多洛奴圖番子。六十里巴汗白彦喀喇底，六十里哈拉河洛。以上那哈學番子。六十里柯柯賽，渡木魯烏素河。乘皮筏。五十里柯柯托爾，以上由受番子。六十里大湖灘，由受百户爾克台吉番子。一百里插漢哈達，以上阿爾台吉番子，四十里東卜拉，以上皆木魯烏素河沿。七十里塞柯奔，六十里湖藍你火，六十里多藍巴兔，一百十里胡角爾兔，以上格里吉番子。九十里因大木，一百二十里一克奴木汗，七十里索胡，以上奔巴番子。一百里撥胡沙，五十里查汗哈達坡火，九十里沙各，以上説立站且功番子。一百里却那人火六，入西藏界。以上哈拉烏蘇堪布蒙古。一百里班的奔第，一百十里奎田希拉，以上堪布蒙古。六十里巴卜隆，西爲天蓋淖爾。九十里達目，以上何叉巴叉番子。五十里羊阿拉，六十里來頂寺，以上達目番子。四十里鐵鎖橋，一百里孫冬卜宗，四十里浪唐，南浪唐番子，東的巴達何采番子。八(里)[十]里前藏。自西寧至此，共三千五百六十里。歇處皆有水，無柴處則燒駝、馬糞。以上摘《西寧府志》。《衞藏通志》載西寧至藏共四千一百二十里，地名亦多不同。自丹噶爾西行，五十里巴燕灘，四十里楊家塔爾，六十里巴彦合受，五十里哈侖烏什，四十里哈立蓋河，五十里吉哈吉格，八十里烏哈爾倫，青海北岸北右翼旗。六十五里才吉，九十里揭爾莽，西南八十里布哈河，六十里業兔達坂，八十五里察汗俄爾，七十里都藍寺，郡王輪濟爾噶勒游牧，西北距安西州十餘站。六十里塞利克灘，九十里端水尕秀，八十里阿倫布拉克，一百里阿羅斯，五十里土羅斯，八十里八音溝，五十里柴達木河，五十里爾勒工，七十里塔剌弄，八十里諾門罕山前峽，一百十里諾門罕山，八十里後峽，六十里壯托波浪柯，一百十里琉璃湛，八十里喀喇得細，九十里梭羅瑪，七十里星宿海，八十里鄂敦搭拉，八十里宗木通，一百里喇嘛托洛海，六十里托印喇命，七十里哈喇呵較，九十里雜漠，七十里兒喇合，六十里波洛倉吉，六十五里尼牙木錯土司，度木魯烏素河，俗呼通天河。三十里安圖族。沿河東南行，八十里拉光達，六十里布犁寺，五十五里三祝寺，六十里卓唐，六十里唐大，五十里屯不大，七十里界科，即札武族。西接玉樹，南接西藏界。距丹噶爾三千一百七十里。此丹噶爾册報。又由丹噶爾廳西北行，九十里楊家灘，一百五十里乙開烏藍，一百二十里阿隆皆契，以上青海北岸。一百三十里烏吐，在山間。西行八十里烏孫葉空，一百七十五里光貢喇嘛簡，二百七十里郭樂可，南有通玉樹土司路。七十五里淖木工河通，東北有古營盤。八十里聽克里克，二百九十五里趹必特里，西南有赴藏路。四百六十里可克喇嘛簡，北有通敦煌路。二百四十里光初峽里，一百八十里沙山口，西北一百二十里趹里遜，以上間有蒙番游牧，以下多無人烟。一百八十五里克里，自光貢喇嘛簡至此，南北皆有遠山。六十里烏宗碩，即噶斯池，山勢漸合。入新疆路。折北二百十五里紅柳溝古卡，在山間，東有赴敦煌路。西北一百四十五里雙石墩，一百七十五里阿不旦，即羅布淖爾西南岸，始有回民。距西寧三千三百三十五里。此今年春新疆候補縣丞蕭然奎所探路也。又自阿不旦北行，四百十二里都納里，東北九十里浣溪河，即海都河下游。六百二十里桑園驛，折東三百二十五里吐魯番。

永昌歧路：縣東北四十里邊牆，又三十里寧遠營，駐守備。九十里昌寧墩，東接鎮番，北抵蒙古界。縣正北一百六十里寺兒溝。漢蒙分界。縣西北二百五十里玉泉墩，蒙古界，其西七十里青羊口，接山丹界。縣東南二十里頭壩堡，南即寒占口，一名澗轉口，有渠出雪山，盛夏冰消，灌十四堡之田。三十里唐家沙溝，山曰摩天嶺。十里黑溝口，五十里黄城灘。元永昌王牧地，有避暑宫，蒙古語稱斡耳朵城。【略】今爲緑旗各營馬廠地，當祁連山中，豁然開朗，東西袤百餘里，南北廣數十里。折西南，二十里東水關，六十里酸茨河源，東北由濫泥打班至涼州二百八十里。别由塔爾嶺，東經戛只牙齧、旗杆溝等處至古浪三百五十里。即一棵樹口，仄徑懸崖，劣通騎步，其東有騸馬溝更險。一百里過老虎溝，至北大通營城。縣西南七十里新城營。都司營。西北二十里高古城營，東南九十里柏樹溝。營南七十里腦兒都口，營西南七十里平羌口，均南逾山，接大通界。縣西七十里高古城營。千總營。西北枕大黄山，其東南鸞鳥口，南五龍池口，均距營一百二十里，入口皆達西寧之永安城界。營西三十里大阿博，接甘州之大馬營界。

山丹歧路：縣北三里邊牆，東北一百二十里玉泉墩，縣西北三十里龍首山，均接蒙古界。縣南稍偏東南三十里魏機寨，又十里暖泉堡，二十里花寨子，三十里大馬營。扼大草灘之中，前明築城，周二里。【略】營西北距黑城營三十里，距永固七十里，距甘州二百三十里，東距高古城六十里。營之要隘：東南九十里白石崖口入山，又南一百里卧牛河，營南八十里後所口，并崎嶇，接永安、大通界。縣南三十里新開壩，又五十里黑城營，亦瀕大草灘。明嘉靖中築，周五里。康熙初設游擊，乾隆時改都司，今駐經制外委。西北距永固四十里，距甘州二百里。營南要隘，七十里香溝口。又西南二十里馬營墩，舊名馬家墩，城周一里。當祁連北麓，苦寒。康熙十年設守備，雍正十一年改都司，道光二年裁，今駐把總。西北距永固二十里。其要隘：東南三十里扁都口，西南十五里義得渠口，二十里黄冰溝口。東南三十里扁都口，貫祁連之中，盛夏積雪，當春不芳，鳥道環崖，裁容一軌。途經深澗，溜急石多。夏秋騎步均艱，嚴冬墮指裂膚。南達湟中求捷者，不憚冒險。【略】六十里察漢俄博營，爲西寧大通縣地，原屬西寧鎮永安營。道光二年設都司，改屬甘州永固協。山深地寒，不能耕稼，惟産煤。城周二里二分，東西南三門。土性疏散，時築時圮。額兵二百，外無居民，轉粮甚難。西北距永固一百一十里。自扁都口東南五里朝面莊，又南十五里二道溝，二十里羊胸子，二十里察罕俄博營。城正南十五里大紅溝，東南五十里景陽嶺營，西達野馬川、八寶山。縣西南四十里土關堡，折南二十里童亮寨。又西南三十里洪水營，在大草灘西，明嘉靖年巡撫唐澤築堡設防。【略】康熙八年，改洪水游擊爲參將，十一年仍改設游擊。西北距甘州一百四十里，西距南古營七十里。其要隘：營東南三十里黄冰溝，營南三十里西水關逾祁連。又西南一百里八寶山之青羊溝。營西南四十里虎喇河口，又西南通巴絲墩川古佛寺。營屬黄草溝，有唐烏忒黑番一族。今頭目名崗楝札什，男女九十五口。折東南二十里永固營。順治八年築城，周四里。康熙八年設守備，十一年改設副將，凡甘州城守營、山丹營，西對撫彝、東至峽口各營，皆隸焉。其要隘，東南五十里香溝口。

自察罕俄博營東南五十里景陽嶺，一名金羊。又二十里獅子崖，【略】二十里沙金城，遺址負山臨河，不知所始。二十里永安營，舊爲青海蒙部北境。雍正三年築城，周三里三分，設游擊，今城半圮。當祁連之南，雪峰環峙，五穀不生。有制兵二百人，回鶻居半。城外絶無村落，惟正東六十里寫溝，有青海左翼角昂札薩克台吉游牧蒙古二十餘户。大通河出景陽嶺，逕城南而東。酈《注》謂浩亹河出西塞外，逕西平之鮮谷塞尉城南。蓋是地矣。城南三十里黑溝口，其西南三十里多羅達坂，一名雙俄博，通青海。其西北四十里二道溝，一名柏樹峽。正北五十里硫磺溝，即古覆袁山，通永昌之上房寨及甘州之大馬營。東北四十里白水河，出北山，南流入大通河。東三十里黑石頭，有柏金錯吉番族，屬阿里克千户。二十里老河溝南口，今訛稱老虎溝，出永昌縣南山，南流注大通河。二十里北大通營，故青海蒙地，雍正二年，年羹堯奏請駐總兵，旋設大通衛，隸西寧府。三年築大通城，周六里。十三年改設副將。乾隆九年徙衛於以南之白塔城，稱舊衛爲北大通，今駐游擊。北阻祁連，南襟浩亹，六月飛霜，四時皆瘴，只産青稞，仰穀於甘州。漢少回多，習俗强悍，兼賴淘金，游牧畋獵爲生。北有寧展溝、騙馬溝，曲折鳥道，約二里通涼州之西把截堡。營東四里大沙溝，又一里小沙溝，均南流入大通河。五里那楞莊，三里牙壑，七里漢臺，五里黄田，五里官莊，五里俄博溝莊，五里尕莊，五里孔家莊，以上每莊均有山澗南流入大通河。河南爲瓜拉、陰田各莊，亦每莊有山澗北流入大通河。三十里仙密寺，七十里他拉山，即塔爾達坂，或稱陀羅山。由此向北，順他拉河行，曲徑險邃，恒陰多雹。約五十里黑溝口，又三十里龍潭口，三十里響水，三十里土塔，五十里西把截堡。他拉河至此出山，析爲永懷渠，溉涼州城西諸堡。三十里戛六牙壑。自壑東行，經馬牙山，至平番之鎮羌驛；自壑東北，經雞冠山，至古浪之安遠驛；自壑北行，經寬溝，至武威之張義堡，各一百二三十里。自壑東南至祝貢六十里。

自北大通南行，渡大通河。十里頭塘，二十里雪達坂，即撥科山。三十里張家寺，三十里大通縣。舊屬青海，名毛百勝。雍正三年築白塔城，周三里一分，設參將。十三年改設都司。乾隆九年徙大通衛於此，二十六年改爲大通縣。東南至西寧府一百一十里。張掖、酒泉二郡之南山曰祁連，又南有山曰八寶，亘若重垣，中劈一徑。直張掖南者曰野馬川，長數百里。直酒泉南者曰野牛溝，亦長數百里。雪峰相銜，緣澗成蹊，故以水名。自永安營而西，十五里土坡，青海右翼盟長墨爾根郡王棍布拉布坦部牧。【略】又西十五里測爾兔，三十里紅溝爾，八十里三角城，或云元代所築。青海右翼札薩克台吉丹巴，及黑番阿里克族千户得立蓋在三角城，野馬川等處游牧。此番族舊牧河南，道光時私渡河北，用兵逐之。迨咸、同間復有潛渡者。二十里伊斯們沁，此爲野馬川舊金廠，乾隆三十九年開采。道光三年，因藏匿漢奸，總督那彦成奏明封禁。三十里逾青羊溝，南注八寶河。至八寶河，野馬川之別名也。東出景陽嶺，西流，有上黑溝、駱駝水、黑泉、巴哈圖水、小八寶水、下黑溝、天棚河等七水出南山，北流注之。河西南直牛心山，爲八寶山之正峰。其東草達坂，下有平地數里，惜多冰雪，未易辟治。徑折西北，過拉東河、柏林溝，均南注八寶河。河南山有洞素水、札馬什蓋水、油胡盧水，均北入八寶河。約一百里至八絲墩川古佛寺。直南古營之南，在山峽内。明初築墩建寺，喇嘛五六十人，田數十畝。西南有黑河，一名野牛溝，出高臺南山鐵里達坂，挾左右諸山澗東北流，至此會八寶河。折西北經梨園營東南番地，入哱羅口，又北入甘州西南鶯落峽，爲張掖河。寺西約一百里，至哱羅口外黄達子峽。黄番八个家牧地，舊有金礦，北距梨園營約二百餘里。又一百里野牛溝，谷中平川，南北寬數里，水草皆足。一百里黑河腦，腦者，水源也。其西北九十里紅土溝，有金礦。自紅土溝北越擺浪河，至高臺縣約二百餘里。自西北經紅水壩、黄草壩、清水堡，至肅州約三日程。一百里鐵里達坂，七十里鐵里甘溝，七十里討來川腦，北距清水堡約一百六十里，西北距金佛寺二百餘里。七十里白水河，西北由黑達坂至嘉峪關外惠回堡，正西由蘇賴河上游至玉門南山之昌馬爾，均六日程。不必叩關，可越玉門矣。祁連間道，東起湟中，西達塞外，南通星海，其北只逾一嶺，即能擾四郡堂奥。蹊徑百數，防不勝防，然未可諉於難而漠不加察。郡邑志疏略無可稽，兹詢之老兵，得諸蒙番及回鶻之獵者，道里未盡徵實，而形勢粗可見也。此路夷險參半，東西傍川行多夷，南北緣澗行多險。夷者可方軌，險者難通騎，徒步不濟，甚而匍伏。冰嶺陡滑，人馬僵仆，獵人割牦牛皮帶毛者爲履。

甘州歧路：府東北六里郝家墩，又五里泠家墩，十里趙元堡，北過山丹河。四里紅少窩墩，二十五里龍首山人宗口。兩山忽斷，大道中通，狀如紫荊、居庸。明嘉靖中巡撫楊博於谷内建山南關。府東北十里劉家凹，又十里東王堡，有大沙河。五里三壩堡，折東渡山丹河。五里太平堡，北三十里觀音山東山寺口。在人宗東南四十里。府東南十里齊家渠紅山寺橋，又十里沿河墩，大沙河。十里新溝堡，三十里石崗墩，屬東樂。三十里六壩，五十里洪水營，二十里永固營。南通扁都口，東南由黑城、大馬營，通永昌之黄城灘。府南十里清涼寺橋，又五里松樹園，三十里朝元寺，十五里榆嶺寺，二十里酥油口。入山通八寶山古佛寺，約一百里小路，才通騎。府西南十里五座橋，又十五里周家鋪，十五里小滿堡，五十里小尾麻口，抵南山。府西南別一路，十里官墩，又十五里中龍王廟，五里李明堡，二十里龍首堡，二十里上龍王廟，十里煙洞口山，東接板達口山。胡唐烏忒黑番一族。【略】今其族男女一百餘口，爲漢西羌之種。府北十五里寺兒堡，又五里山丹橋。西北十里靖安堡，堡西北二十里魔王山。西三十里撫彝之明沙堡，西北直走塞外，不必經嘉峪關也。

又卷五 自甘州西北經肅州、安西至哈密，共一千八百八十二里。

十月二十五日，卯發甘州。一里出西門，西北行。一里王家橋，七里八里鋪，六里謝家灣，土屋、烽臺各一。折北循弱水東岸沙灘行，水色深青，土人呼黑水河，不甚寬，而奔流迅急。一里渡木杠，架木填土以通車。轉向西，曲折沙際。二里涉小水四五，皆弱水爲磊石所隔，其北仍合爲一。前年曾築石橋多座，旋被衝毁。值泛濫時，修理驛道，恒資民力，民甚苦之。弱水之爲害如是，不能負芥之説，無待辨矣。三里渡，最深處水及馬腹，冬令淺涸，夏秋更寬也。二里下崖子，又名夾河堡。小堡三，夾道如品字。二里半碎石灘，有淤塞之橋，西有古廟。一里半上崖子堡，即清河墩，西南二十里巴吉渠，又十五里西洞堡，十里大磁窑口山。西過小水，半里上沙坡，四里半道右大墩，曰加店鋪。西行沙地，沙阜累累，隨風移徙，車行無轔轔之聲，輻起沙瀉，如磨吐粉，土人謂之沙窩子，甚費馬力，不必沙州始有流沙也。八里沙崗墩，五里五里墩，有荒村。八里沙井驛，撫彝。鋪户二十餘，饍於行館。路南大堡有譙樓。四里道北坡上有三層樓，蓋佛宇也。道南有遠村。六里沙灘堡，或稱小河堡。有村舍，有棗梨。五里賈家莊，有沙河。五里沙河堡，堡周里許，明建，附近居民約三百家。住店。計行七十三里。汛地屬梨園營，在堡西南五十里。梨園城，前明築，周二里，東北距甘州九十里，北距撫彝八十里。今駐都司。其要隘：曰小磁窑口，在營東南五十里；曰大磁窑口，在營東南四十里；曰南山關栅，在營南十里；曰香山口，在營西南十里；曰小打磨口，在營西南三十里；曰大打磨口，在營西南五十里；曰青溝口，在營西南一百二十里。【略】自梨園營循梨園河西南行，三十里駱駝撥子，又七十里青龍寺，三十里紅灣寺，四十里黄韃子峽，有松樹。又南一日程酸茨溝，在黑河之旁，有金礦，山深氣寒，只宜夏工。自酸茨溝東行，四十里臭水溝。又五十里照壁山，有油胡盧水，山澗多樹，金苗頗旺。一百餘里黄番大寺，有札瑪什水，北入黑河。四十里八寶山，八十里天棚河，六十里察漢俄博營。又自酸茨溝西北行，約三程至春崗峽，又二程至肅州之金佛寺堡。響山河即沙河，出榆木山南，有東西二柳溝，合而東北流，曰黑藏河，過梨園谷謂之梨園河。又北爲沙河，北經撫彝之東，入於弱水。

二十六日，寅由沙河西北行。夏秋驛路泥濘，偏南有商路，自沙河西五里廖家堡，即化音堡。又十里古吉堡，即宋家大寨。西北五里韓家堡，三里康家堡，七里威虜堡，二十里戈壁腰站，十五里雙墩子，五里仁和堡。折北三里從仁堡，四里高家鋪，八里三清河，五里高臺縣。十里花牆堡，在路北。十里廣屯堡，俗稱小屯。二十餘户，有義學，左右村落四五。十里古寨堡，在路左十餘丈，有古廟、大木坊，過此行沙漠。十里撫彝廳，城周一里四分。飯於城外行館。【略】城北五里弱水，水北邊牆之南爲平川營，牆北有高臺地。飯後西行，七里新工堡，八里小魯堡，即雙泉堡。沿途多鹼地，間有沮洳，過此復入沙漠。五里魯灣墩，高臺。沙中烽臺一座，四無居人。五里渠口堡，七里八里鋪，有村樹溝渠。八里高臺縣東門，高臺驛。一里住行館。城周五里半。計行八十一里。【略】縣北十里合黎山，自撫彝入境，至鎮夷營折而北，其尾與毛目城東西斜對，相距約六十里。邊牆在縣北五里，緊緣山根。南山即祁連，一名雪山，其勢由東漸偏西南，東峰距縣約烏里六十，西南峰距雙井驛約烏里一百。縣南榆木山約烏里四十，在祁連北，自梨園營依附祁連，迤西至從仁堡止，長百餘里。榆木、祁連之間，東窄西寬，東自新墩至梨園，極狹處僅容騎。西則順德、暖泉兩堡在山峽内。黑水河即弱水，經縣北入亦集乃海，詳昨記。高臺營都司所管汛地，東二十里魯灣墩，接撫彝營界。西六十三里黑泉水灣墩，接鎮夷營界。東南三十里威魯墩，接梨園營界。東北十里六壩夾山墩，接平川營界。西南三十里順德堡北之高崖墩，接紅崖營界。西北六十五里十壩馬圈墩，接鎮夷營界。高臺西南四十里高崖子，又五十里暖泉。七十里紅崖堡，明初築，周二里，西北距肅州一百九十里，今駐守備。其要隘：曰石灰關河口，在堡西南十五里；曰水關口，在正南二十里；曰擺浪河口，在東南五十五里；曰新墩子口，在東南八十五里。均通青海。【略】石灰關口外五十里索口達坂，逾此西通討來川腦，東通八寶山。紅崖堡百姓畜牧者，夏秋時放牧入索口達坂，至冬山徑雪擁不能出，即留在山間隙地。

二十七日，出高臺縣西門。城周一千七百餘垛，内外居民七百餘家。西門曰宣化。三里月牙湖，沮洳，有堤。有土橋五六，想夏日必有情趣。二里西五里墩，有長渠。三里西八里鋪，莊堡夾道。三里鹼灘，四里臺子寺。堡在道左數十丈，名鎮西，周二里，附近居人千餘家。西涼李暠臺址，後人建寺於上，縣名所由起也。一里吴家堡，在道北里許。二里有歧路，偏西南三里爲川心堡。二里宣化堡，周約二里，内外居人百餘家。堡北有街，鋪户二三十家。汛墩題「青山」。街東連屬三莊。三里樂善堡，道北里許土人呼殷家寨，周五里，内外居人一千家。三里路南半里有高樓出樹間，曰定安堡，周三里三分，居民三百餘家。經堡北小街，鋪户十餘家。附近有馬家莊。二里大凝上莊，在道南里許。二里大凝堡，南門有高樓，路經北牆外，亦名安寧堡。鄉人呼爲羊達子堡。周二里餘，民居二百餘家。一里度渠橋二，一里過擺通河，北入弱水，詳前。即擺浪河，俗呼羊達子河。車馬逕過。河西皆沙漠。循河灘西北行，八里狼窩墩，村曰窪壩，或稱永豐堡。田舍數家，白楊成林。四里東有歧路，通至黑新壩。一里攔馬墩，墩北一莊，南三莊。五里黑泉驛，高臺。進舊城南牆破門，住堡外行館。計行五十里。黑泉舊城，明建，周三里三分，南北二門，牆垛多頹。今傍西垣作小堡，周里許，向東一門額題「吉暉驛」。在堡内驛西火神廟有老白楊，圍六七尺，横卧於地，枝幹穿牆而起。堡内外居民三百家，附城麥田十頃。

二十八日，丑由黑泉西北行，三里張家莊，五里八里墩，五里水灣墩，五里馬尾湖，夏秋黑水張溢，餘波瀦此。道多泥淖硝鹼。五里荒沙，連阜如冢。北傍黑河，有村樹，河北曰羅城渠。一里花牆堡東街，約四五十家，堡西南隅曰臨河墩，花牆多沮洳，産蚊子。草結實如球，蚊出其中，夏秋間行旅苦之。此處西北三十五里黑水河，舟車皆可過，惟始凍解凍時泥濘難行。過河五里鎮夷營，又北逾合黎山峽，俗名石門口，極崎嶇。出峽六十里清流墩，十里雙樹屯，三十里芨芨墩。四十里毛目城，周二里三分，高臺縣丞及把總駐焉。毛目轄境南北如一綫，依黑河東岸，引渠裂田，以天、地、玄、黄等字名渠，凡二十餘村，餘皆沙漠。城北三十里萬年渠，又十里雙城子，接額濟納蒙古界。黑河西爲肅州王子莊州同所屬地。七里新添墩，見黑河。北有村曰上堡，其總名曰紅山渠。五里紅寺坡，大沙阜也。下有土屋二，上有廟一、墩一。沙厚澀輪，升坡殊艱。北望合黎，白光一道環其下，蓋弱水經流盡成堅冰也。若繞墩北，不必升坡也。河西有村曰下堡。五里中沙墩，多沙窩，一名地耕坡。車脱輻，步行五里山嘴墩。一名深溝墩，蓋西去者至此下沙坡入溝，西來者上坡如山也。道旁堆小石爲人形，車夫經過必涂以油，名曰石人子，以爲神靈云。九里過小河，一里深溝驛堡，土屋廿餘家，有把總，食於行館。迤南草灘，作牧場，有瞭馬墩。又南皆沙漠，有明海子，夏秋積水，冬春涸竭。驛北黑山長沙嶺至此有缺口，通鎮夷堡，約二十里。明洪武三十年築堡，設千户所。永樂初爲弱水所决，天順中改築，仍在水北。今駐遊擊。北距邊牆三里，地瘠鹵，居民止百餘家。汛地狹小，東南有高臺都司，西北有金塔協，似可將鎮夷營裁并入他營。十里靖邊墩，五里雙泉墩，亦稱馬蓮井子，土屋五六。七里東八里墩，五里沙嘴墩，鹵土間有枯草。三里鹽池驛，高臺。街東有小堡。明建，周一里，居民九十家，有把總。住行館。計行八十六里。鹽池在北山下。從紅寺坡起，西至苦水墩，長約七十里，其南皆黄番遊牧。堡南至紅崖堡水關口一百四十里，東南至暖泉渣子河口一百六十里，南至清水堡所屬黄草壩、榆林壩諸山口一百二三十里。東北至鎮夷堡五十里，西北至金塔寺營一百一十里。

二十九日，卯由鹽池西行，荒地尚平。五里煙堆凹墩，三里西八里墩，七里平截墩，南草湖，北硝鹼。十里苦水墩，土屋三家。北爲乾粮山，南皆沙漠，直距肅州上河清堡約鳥里六十。五里沙河墩，五里東新墩，五里雙井驛，廢堡。明建，周三百丈，居民二十餘家。饘於行館。地皆沙漠，至肅州上河清，南北經過可騎行，不便行車。十里西新墩，五里下營兒墩，一名河清墩汛，屬鎮夷。土屋二三，左右草灘。五里界牌墩，入肅州界。北爲夾山，一名火石山，白河經其陰。十里鹼溝墩，十里黄泥鋪，土屋三四家。十里劉斌溝墩，右有小村。十里臨水驛，肅州。住堡内行館。計行一百里。【略】堡周四百丈，長方形，東門題「金泉保障」，西門題「玉塞通衢」。内外居民八十餘家，有把總。堡西北十里下古城，有外委。折東北十里出邊牆。又北十里鴛鴦池，五里夾山大口子，二十里古邊牆，五里金塔寺。【略】今金塔堡形方，周一百九十丈，東南北三門，堡外有古邊牆圓繞如環，周三十里，堡駐副將及州同。東北距毛目一百四十里，西南距肅州一百里，東北百餘里雞心山，正北百餘里孤紅山。又北百三十里有唐威遠守捉城。金塔西北路：十五里察黑包墩，又二十五里威虜堡，有千總。其西南有二渠，曰王子東壩、王子西壩。雍正時，王子莊州同駐威虜堡，鎮撫哈密纏回。乾隆時，纏回歸哈密，移州同駐金塔。又西北五十里石人子卡，六十里沙棗園，九十里玉門東北之花海子，又西北一百五十里十二墩，一百二十里烏拉木泉，五十里二家胡桐，六十里陰凹峽，七十里蘆草溝，七十里牛圈子，七十里勒巴泉，八十里明水，九十里東泉山。九十里鏡爾泉，在哈密東境塔什嶺下。九十里大石頭，一百二十里上莫艾泉，一百四十里土古里克，爲哈密東北境。西行一百五十里西腰泉，七十里奎蘇，九十里鎮西廳，此漢將出酒泉伐蒲類、天山之道也。

十一月朔，辛酉。出臨水西門，一里下坡，南有故堡。二里過土橋三，皆跨臨水，驛路折西南行。二里路北有舊汛房，田間白楊頗密。五里雙橋墩，多廢屋。其東半里道北一堡。四里三墩，六里二十里鋪，土屋六七。二里二墩，二八里頭墩，道旁小水，水東有廟，其西里許路南有堡。五里紅橋墩，二里過小渠，二里永固橋，討來支渠繞城東北流者也。半里酒泉官廳。古稱泉味如酒，今飲其水不甘。上有亭臺，左文襄重修。【略】半里東關，外曰「迎曦」，内曰「迎恩」。二里進東門，題曰「鎮綏華夷」。經大街，住試院。計行四十二里。【略】州城周七里三分，城中鼓樓四向，有額曰「東迎華嶽」，曰「南望祁連」，曰「西達伊吾」，曰「北通沙漠」。州東南一百二十里清水堡，唐祁連戍也。明初築堡，周二百七十丈，東西二門。東距高臺之紅崖營五十里，東北距鎮夷營一百五十里，西距金佛寺五十里。今駐都司。堡東二十里馬營河，出南山，北流經鹽沙堡，北瀦於沙。堡西三十里三壩，有豐樂川水，北流至下河清堡，北入於沙。其南山要隘：堡東南三十里黄草壩卡，又南三十里九九山，又南通重崗峽堡，正南二十里茹林霸卡，又五十里青達坂堡，西南三十八里乾壩卡，又四十里漫達坂，皆祁連也。有黑番南吾兒族遊牧。州東南九十里金佛寺堡，明天順中建番寺，嘉靖中巡撫楊博築土堡，周二里，東向一門，今駐把總。堡東南十五里豐樂川，接清水營界。堡東北二十里上河清堡，接鎮夷營雙井驛界。堡北十里長沙嶺，接金塔營臨水驛界。堡西北三十里荒梁墩，接肅州城守營界。其南山要隘：堡東南十里麒麟溝，入山屈曲行，二百里重崗峽，豐樂川所出也，黑番小宛卜族所牧。堡南十里觀音山口，折西南四十里西溝門卡，又五十里五道溝卡，守以番丁。稍西有海子，此處東爲銀工山，西爲硫磺山，西北爲寒水石山。萬峰積雪，盛夏消液成池，俗呼海子，實在山崗。海南溢流曰囊肚溝，東注，折南出山爲觀音山河。西歧一支爲紅山河，溉金佛寺迤西田疇。自五道溝轉東南行，經三道松嶺、柳灣達坂，折西南八十里至香子山雪達坂，又折東南約七十里總兵達坂。有天澇池，亦衆山雪液所匯。池水北出爲豐樂川水，池之陽即重崗峽矣。峽徑斗窄，蝸旋蛇行而過。夾澗設兩卡，東曰清水，西曰金佛。自峽東南一百餘里紅水霸金廠，又南越沙龍達坂，一日程至紅土溝，在鐵里甘達坂之北。紅土溝東一程黑河源，又東歷野牛溝、野馬川，通西寧、青海矣。自紅土溝西逾鐵里甘分水嶺，三日程，約二百四十里至討來川源，山間沃土也。西北七十里白水河，西九十里高崖泉，九十里黑達坂，折北八十里七克達坂，八十里大泉口，六十里青頭山，九十里惠回堡，繞出嘉峪關外矣。祁連之南平川，爲討來源。其西南八十里五个山，番名巴拉素，亦東西横亘之大雪山也，與祁連南北相望如重垣。此山之南有平川，爲蘇賴河源，一名速魯川。西繞烏蘭達坂之南，折西北約三百餘里，達玉門之昌馬爾矣。金佛寺西十里觀音山堡，即永安堡。又十里紅山堡，以南有紅山而名。又西四十里磁窑溝口，十里紅水壩河，北流爲臨水，此非重崗峽南之紅水壩也。南有西寨、東洞二堡。【略】紅水西北五十里文殊山，招提百計，創自唐代。由山口折南三十里卯來泉堡，明築土垣於半山，周一百四十丈，北向一門，在肅州西南七十里，今駐把總。其南三十里牌樓山，又七十里淖泥山，黑番伯喇宛沖族遊牧，番僧爲之長。凡南山番族皆納添巴於西藏，南通討來川。【略】自卯來泉傍山西行，至討來河口三十里，又西南七十里大紅泉，則塞外矣。【略】紅泉西十五里壑落河，北流溉陳、趙二村。又西四十里天生墩卡，十五里青頭山卡。州西北三十里新城堡，周二百十五丈，建自前明，今駐把總。北倚邊牆窑灣墩，東三十里兩山口堡，周一百二十丈，地皆鹵，有把總，屬金塔協。又東二十五里下古城，周二百八十丈，駐外委。討來下流土鹼，城易壞。西南距肅州、東北距金塔寺皆五十里。東南距臨水驛十里。自新城西二十里野麻灣堡，明萬曆四十四年置，周一百四十丈，東南距肅州、西南距嘉峪關各五十里，今駐把總。迅風飛沙，壅牆易越。西十五里小鉢和寺山口，有榆樹泉，嘉靖時參將崔麒築烽臺。又西六十五里大鉢和寺，東有黑山湖，一名大草灘。西北四十里頭墩，南距惠回堡一百七十里。又西五十里二墩，西南距赤金堡一百二十里。又西歷三墩、四墩、五墩，爲玉門北境。此皆歧途，不由嘉峪逕達西域者也。

初二日，雪。住肅州，寒甚。

初三日，晴。自肅州試院啓行，一里鼓樓，一里出北門。西行，一里通商税關，洋商莫來，終年無事。一里道北有舊烽臺，一里北大河，即討來河。沙州石灘，隔爲六七派，皆冰。二里渡畢，西北行。二里謝家莊、常家莊，三里四井堡，東北隔清水河有任家屯。四里望見道北有大臺。更北村樹甚密，爲老鴉堡。六里冰溝一道，四里丁家壩大墩，在戈壁中。二里丁家壩，土屋數家。一里柳樹墩，四里備御墩，三里界碑，肅州營、嘉峪關營分界。三里安遠寨，在路南半里。四里中過三渠，蓋討來西支。小墩在南。北數里有村。三里下腰墩，四里上腰墩，四里大沙河墩，烽臺高二丈許，下築小障，周二十餘丈，汛房二，小墩五。東北白光環繞，蓋沙河所凝也。四里有木坊，題「嘉峪東關」。近處多溝，皆沙河支流，石磧分隔。想夏間必漲闊，每溝下流得土壤，乃有小村。二里過沙河，關南校場，又南爲仁壽山，有九眼泉，東北流爲沙河，溉田數頃。經關之東，又東北潛於沙漠。循關北長牆行，向西南上坡，入嘉峪關外城東門，門甚小，在城東北隅，題曰「維屏西極」。附城有大烽臺。住行館。計行六十里。東南距蘭州一千五百二十八里，電綫一千二百三十里。

初四日，發嘉峪關行館，由内城東垣外繞南垣而西。出外城西門，青石額泐「嘉峪關」三字，係重修改題者，今復裂。石磧横阻城根。於門旁取小石擲之，有聲唧唧如雞雛，稍遠則否。一里道左石碑題「天下雄關」。嘉慶十四年立。迤西磧阜更多，忽起忽伏，雖高不逾丈，而疲於升降。三十三里道北數里長嶺，上有大烽墩，其下設黑山湖軍塘。嶺北有草灘，肅州標營及鄉民均於此放牧，灘北高山爲黑山。路南爲小紅山，皆荒嶠也。【略】西北五里過大木坊，題「肅州嘉峪西關」。【略】一里雙井子，小堡無人，堡外土屋三家。借把總汛房煮面，送錢一千。東北至黑山湖十里，東南至大紅泉卡五十里，西南至青頭山七十里。三里半上坡，二里半有小烽墩，二里玉門縣東界碑，光緒五年知縣事張某立，廢屋一座，井爲沙塞，無人。二十里紅山子墩，有汛房，在戈壁中，無水無井，汛兵不能居。南面大紅山，北負長嶺。十三里長方小墩，六里三里墩，道北沙阜一大方臺。旁築小障，乘障可瞭青頭山要路。二里半惠回軍塘，土屋約二十家，皆退卒及謫戍流落者。半里中過白楊河，升坡。住惠回驛。有五六家。計行九十里。沿途南北有小山，相去二三里，更南有高山，距大道二十餘里。驛西惠回堡，雍正五年築，土垣周一里二分。《明史・西域傳》稱回回墓，未知墓所在。今堡内駐千總，制兵十人，無居民。堡外白楊二十餘株，磧中得此，不啻琅玕玉樹矣。堡北寬臺山堡南白楊河，出南山，夏流秋涸，北入於沙。【略】惠回堡千總所管南山隘口：堡東南一百里天生墩，東接嘉峪關所屬大紅泉四十里，西至青頭山卡十五里。堡南九十里青頭山卡，西至赤金營所屬白楊河卡六十里。堡西南九十里白楊河莊，舊有數百家，今止百家，分住三莊。白楊河防卡更在莊之西南山内。北境舊汛墩四處：堡北一百七十里頭墩，東接嘉峪營所管野麻灣四十里，西至赤金營所管二墩五十里。堡北三十里後柳灣卡，西至圪塔井子七十里。堡西北一百里圪塔井子卡，西至雙泉子五十里。堡西北一百五十里雙泉子卡，西北接塔爾灣交界四十里。頭墩、後柳灣各處汛墩久廢，今問其地，罕有知之者。青頭山徑南行三十里土達坂，無水。折東南四十里大泉口，寬里許，有水西南流。四十里七達坂，無柴草。轉正南四十里黑達坂，飲溝水，無草。折東六十里高崖泉，水草柴俱足，有平地，寬廣七十里，白水河即討來川源。又東七十里峽口，九十里分水嶺，嶺東爲野牛溝，黑水河源矣。自黑達坂南行九十里，逾烏蘭達坂，爲蘇賴川源。循水而西，北達於玉門。

初五日，朱思齋以病辭歸，蓋不耐寒也。【略】卯發惠回驛，一里經惠回堡之北，入戈壁。二里上坡，半里下坡，過冰溝，騾馬汗出成冰，如垂絲，如糝粉。余所坐車蓆棚氈裏，羊皮門簾，左右縫兩袋，盛筆墨、羅經、書圖，常將車簾挂起，以便左右望。今日大風砭肌，呼吸間寒氣入鼻如刺，不得不垂簾兩旁。雖有玻璃，人氣著之，成霜成冰，暗無所見。身披重裘，足著棉襪，又屈皮褥三分之一以蓋兩腿，仍凍慾僵。【略】半里二道溝，草地一段，有三家村。以西均培塿，盤旋登降，御者呼爲九溝十八坡。多黑多碎石，無沙土，蓋上古火山噴炎所致。十里過一長溝，有冰。一里北坡下，白楊三，土屋二。一里騸馬城，小堡里頹垣一圈，似駱駝廠。【略】二里升降兩沙坳，三里茲泥泉，道北十丈許草地一區，樹三，土屋一。八里度一溝，一里火燒溝軍塘，土屋四家。西北有小村。一里過溝，少頃復逾沙坳。一里上坡，十三里經土溝，至膊膝蓋子卡。駐汛兵五，小廟一，破屋四，大樹五，其北四里有腰泉子莊。十里八楞墩，高約二丈。老樹四，廢屋三，汛卡一，無居人，北對沙山。十三里赤金湖，無湖，塞外呼下隰多草者曰草湖，近赤金堡，故名。有驛及軍塘，居民八家。向驛書乞饃饃、米湯充飢，購草料喂馬，酬銀四兩。驛西南至赤金營堡二十里，漢玉門縣地。【略】由驛西北行，南北草湖甚廣，康熙初蒙古綽爾吉、勞藏滚卜二部曾徙牧於此。二里赤金墩，四里行沙阜間，三里平壙，十里乾店子，小廟，土屋，僅存頹垣十餘座，無居人。道南四五里有村樹，即赤金堡也。三里地勢寬廣，北多沙崗，南有遠樹，更南雪山突兀。五里魏家館子，夾道土屋三四家。十里赤金河。【略】又西北小山紆繞，清澗瀠瀠。《寰宇記》：玉門縣有石門，周匝山間，衆泉北入延興海。蓋指是峽也。四里半赤金峽軍塘，半里赤金峽驛，居民廿餘家，有把總。兵二十名。住行館。計行一百一十里。驛東稍南二十里至赤金堡，舊名西吉木，居民數十家。東南有紅山，南二里爲上赤金，散居五百家。毗近南山，徑路紛歧。【略】赤金營都司，兵六十名，汛地東四十五里至膊膝蓋子，西六十里至高見灘。其南山隘口曰衣馬兔，俗訛爲妖魔山，一名窟隆口，在堡西南八十里，西接靖逆營之安站口，東至渾菜口，均九十里。曰渾菜口，在堡正南八十里，東至鴉兒河九十里。曰鴉兒河，在堡東南一百里，東至白楊河七十里。曰白楊河卡，在堡東南一百一十里，又東至惠回之青頭山六十里。四口均通討來川，番匪出没所由。【略】堡東南一百里至肅州，堡正東九十里沙棗園子，又一百五十里至金塔寺。由花海西北一百五十里至十二墩，又一百二十里烏魯莫泉，更西北直達哈密、巴里坤。花海正北路：三十里爬腰樹卡，折西北四十里至草湖卡，又四十里紅泉，又四十里爲四十里井子，六十里芨芨槽，六十里紅柳井，八十里至橋灣北境之木龍泉。

初六日，自赤金峽西行，稍西行。一里升斜坡，二里越沙坳，北半里外小樹一叢。三里沙崗，如鋸齒。二十里上小坡，十四里中歷小烽墩二處，皆在沙阜。高見灘，汛房一，小墩五，戈壁平廣，堀井無水。二十里過小墩三。至三十里井子，井深十丈。有方墩，名三十里大墩。汛卡駐兵五，無民居。向汛兵購柴，煮湯禦寒。拭目四望，無地非磧。西南有雪嶺，蓋昌馬、牛尾諸山，回顧赤金峽没入地平，如眉月矣。二十里歷小墩四。昌馬河，蘇賴河之汊也。自城南之河西渠分支，東北流經上東渠、下東渠各村，折北爲塔兒河，又北瀦於草湖，潛於沙，餘波爲鹽池。車馬逕涉，河西始見村樹。【略】五里大東渠軍塘，軍塘屬標營，驛站屬州縣。五里經上東渠、上中渠、西中渠，莊家均在道南。入玉門縣南門，靖逆驛。住行館。計行九十里。【略】今玉門城長方形，止兩門，南門在東南隅，題曰「柔遠」，瓮城曰「厄阻羣番」。北門在西北隅，曰「綏德」，瓮城曰「永奠西戎」。周三里三分。【略】古廟堅致，老樹數抱，塞外所罕見。南山隘口五處：曰安站口，距城一百三十里。東至赤金營之衣馬兔九十里，西至董大口六十里。曰董大口，一作洞達口，距城一百二十里，南北皆山，峭壁雄峙。西至圓墩子六十里。曰圓墩子，距城一百一十里。西南至昌馬爾三十里。曰昌馬爾，距城一百四十里。西南至大崖頭四十里，南至磧山口一百七十里。曰大崖頭，距城一百八十里。西至布隆吉爾營所管青石峽九十里。各口之南通青海，黑番常由此出掠。昌馬居民約七十餘户，或稱長馬爾，或作常瑪爾，西北通踏實、安西州。昌馬西南七十里鷹嘴山，無人，有水草，有廢卡房。山南址爲流沙坡、扁博溝，左高山，右長嶺，中有石峽，峽内寬平，曰蘇吉泉。泉之西通苦峪、石苞城矣。昌馬東行，稍東南一百餘里魚兒渾，有水草，可牧。又東南四十里東溝，八十里望牛臺，九十里高崖泉，清泉多穴，自地涌出。有路北通青頭山，東通討來川源。南越烏蘭達坂，即蘇賴川源。北路舊烽堠十所，東北起五墩，距城七十里。東接赤金營所管四墩三十里，西至六墩八里，又西至七墩八里，又西至八墩五里，又西至九墩五里，在塔兒灣北三十里，又西至十墩十里，又西至十一墩、十二墩、十三墩、十四墩各相間十里。十四墩距縣一百二十里。又西至橋灣營所管十五墩二十里，均在戈壁中，久廢。今於城東北一百五十里之花海子設防卡。

初七日，大雪(節)。發玉門縣，一里北門，外有大坊。向西偏北，三里過橋，俗稱城河，即蘇賴支渠也，冬令無水。升坡，復行戈壁。一里沙崗墩，地處沙梁，北有廢垣及大烽臺。二十三里經小墩五處，二里孤楊特立，行人稱一棵樹，亦號西井子。屋毁井堙，西往者呼三十里店子，東歸者呼二十里腰站。其南半里有大烽臺，曰頭道溝墩，一地而五名矣。北有遠樹，詢係頭道溝莊家，一名官莊子。又西北曰黃花園子，更西北由大戈壁通哈密。八里二道溝墩。二道溝村莊在路北。十一里界碑，玉門、安西。在道北坳内，過此下坡，行沙灘，即二道溝。泥沙分隔，冰棱數道。一里上坡，爲三道溝軍塘之街，安西。土屋六七十家，小市集也。住店，計行五十里。三道溝之街與三道溝之水，一名兩地，且三道溝街東近接二道溝，則名與實又不符。村後有堡防兵一哨。

初八日，由三道溝街西行，二里沙坎不平，六里經乾溝内，八里三道溝之渠，有村樹。過此下坡，循沙灘西北行，即四道溝也。寬處約三四十丈，爲蘇賴經流，舊名錫拉谷爾，或作西喇郭勒。蒙古呼水曰郭勒，實即蘇賴河也。四里溝盡，升坡爲二十里鋪。有頹廢汛房。稍西又升坡，曰三水梁子。路南約半里有小堡，曰四家灘，柳溝驛在彼，車行不經驛前。【略】自四家灘東北五十里至布魯墩，四家灘西北四十里橋灣堡。雍正十年築，周一百四十四丈，駐同知。今僅有永寧寺在堡西，番僧居之。橋灣都司移駐四家灘，而橋灣營之名遂被於此。梁西下坡，四里五道溝大墩，上有小屋。北有小廟，西越五道溝，一稱羊頭廟河壩。流沙厚積。七里六道溝，寬約十丈，東半沙，西半草，中約五尺有冰。二里逾七道溝，廣五六丈。四里七道溝之腰站，枯樹荒村，茅店一家，住防兵二，餘均頹垣。借灶煮粥，蹲而啖焉。六里四十里墩，廢屋數間，無人。一里草灘，夏秋積潦，横大道而北注，爲八道溝。十三里小廟，臨水，九道溝之汭也。五里逾一渠，西北行，一里九道溝之堡，周約百丈，向南一門題曰「瑞映南山」。迤北荒地名扎筏營，不知何義。二里道北有小村，倚樹爲柱，編柴爲壁。二里過九道溝，傍溝行，四里東岸有農家，四里過十道溝，七里涉小河，行草灘。二里進布隆吉爾舊城之東北缺口，荒無居民，有驛與軍塘。一里進堡東門，土屋四五十。住店。井深七尺，有白楊數株，古幹逾抱。【略】計行八十五里。公牘以此程爲九十里，其實不足八十里。惟途多溝渠，夏秋繞避沮洳，或較迂耳。【略】城西南行四十里土胡盧，又南二十里橋子村，折東南六十里土達坂東千佛寺，又東通昌馬爾。自橋子南行，三十里上達里圖，即前明苦峪城也，今廢，亦稱鹼泉子。又東南爲青石峽、鷹嘴山、蘇吉廟，東通玉門南山之大頭崖。自橋子西經馬巷井、忒布忒河，共五十里至踏實堡。布隆吉東北七十里橋灣營，又東北沙磧八十里木龍泉，又一百三十里一肯亦馬干，二百四十里鐵布什連札薩克圖汗部輝特旗界。布隆吉西北五十里古邊牆頭墩，又一百四十里壘墩子，在普成山下。又八十里石板墩，八十里白墩子，二百十里金溝峽，一百二十里鏡兒泉。其東北由北套阿濟山通札薩克外蒙古，其西北通巴里坤。

初九日。卯出布隆吉爾堡東門，繞向西，二里出舊城北門，三里過小河，即布隆吉水也。發於城西南三十餘里柳湖之七星泉。北有草灘。四里上小坡，三里半逾一渠，迤北曰權家堡。四里半道北有遠樹，問是潘家莊。六里月牙湖墩，南有草湖，野馬溝所潴也。十四里過窟窿河，蒙古稱札噶爾烏珠，水出土胡盧村南，相傳水中多大穴，西北流。唐時玉門關遷此。【略】西即雙塔堡。【略】今堡空無人，雍正六年築，周一里一分。把總及士民二十餘家，均在堡外。入草棚小坐，乞柴煮粥，遍餉從者。酬主人錢一串。近堡有田，三十餘户農人，七十家。堡南十五里冰草溝，又五十五里橋子村。自堡北行四十里紅山子。二里小橋，一里烽墩，三里又一墩。下小坡，一里西南上坡，一里沙阜，缺處望見蘇賴河，稍西小嶺上有二塔。又西，左右沙崗，各有墩。十二里亂山子，山小路平，無草木。八里山盡，下坡爲沙棗園，廢屋十餘間。無人亦無樹。七里渠口軍塘，土屋一院，樹五株。西行，一里大墩一，小墩五，二里地多枯草，五里古墩子，夾道有田疇樹木。五里小灣驛、永安堡，周二百四十丈，東西二門，西門如竇，不通車。堡内三四十家，有把總及驛舍。堡外五六十家，種地三十户，每户六十畝或三十畝。堡南距山五六里，西南至踏實堡一百里。堡北抵蘇賴河三里，又北二站曰茨窩泉。到時申正，就店吃辣面。署安西州事歸安沈少薌遣人具燒酒品鍋。安西至哈密大戈壁十一程，草料必於州城購帶，當耽延一日，因於酉刻碾月西進。十九里過土橋，三里車轂墒，土屋一家，南有草灘，爲安西協營牧地。十七里北乾溝村，四里南乾溝，有板橋，長渠。五里入沙地，凹凸如浪，馬蹄澀，力乏而喘。十六里安西州，安西驛及軍塘。進東門，一里住行館，時方四鼓。計行一百五十里。

初十日。備乾粮，車夫釘馬掌，購草料。

十一日，辰發安西，哈密馬隊來，同行。一里出北門，沙爲風擁，有高與城等者。西南二里有廢城。乾隆三十三年築，徙安西府治之。南門屢災，三十九年復居舊城。五里蘇賴河，踏冰而過。蘇賴河出肅州祁連山直南巴拉素雪山之南。【略】北爲得勝墩，【略】過此行大戈壁。安西至哈密千里，無田疇樹木，惟有水處設軍塘，驛站。因掘地不盡得水，故每站相距遠近不等。沿途平曠無垠，如泛滄溟。五十四里石窑子，沙阜挖洞，令人暫憩。《荷戈紀程》：有土屋兩家。今無。三十里白墩子，沙阜累累如冢，有軍塘、汛房，駐外委。土屋十家，皆勇丁也。計行九十里。店後有泉，水味咸。《荷戈紀程》：龍王廟北十五里地窩鋪，二十里大梁，皆一家村。今皆無。

十二日。出白墩西北行，戈壁多沙坳，登降坎坷，不能望遠。四十里獨山子，有廢屋古井，累石爲牆，無人。又北，有小山甚長，環向大路，作半月形，高僅數丈。車入山間曲折行，三十里紅柳園軍塘，安西。無樹。【略】駐外委，汛兵十，土屋七八家，皆山陝兵丁。旅店三四，路東出泉，味苦。計行七十里。有青海喇嘛插氈帳於野，所謂蒙古包也。【略】紅柳園東北五十里乾隆溝有鉛礦。【略】軍塘西北六十里花牛山有鉛，又三十里上山子，舊有金礦，今廢。西南八十里青墩峽，又七十八里土窑子，渡蘇賴河南岸，曰呵呵沙石。三十七里黃墩堡，折南六十三里敦煌縣。乾隆二十七年，楊應琚奏請徙臺站於此，路甚迂遠，蓋州縣樂於增驛馬，應琚受欺耳。三十二年，吴達善改歸安西白墩子舊道。紅柳園正西歧路：九十里大疙禿，又九十里老君廟。折西南一百二十里石槽子，四十里敦煌縣。

十三日。由紅柳園西北行，戈壁旁有小山，路多石子。五十里小泉，土屋四五，無人。二十里大泉軍塘，安西。汛兵十，土屋十餘家，旅店四。計行七十里。住店，土牆及肩，色黑於漆，頂覆以草，灰塵累累，下垂如藤花滿架。泉在西南，出沙草間，味咸苦。又南有草灘，鹵不可耕。山中有黃羊、野騾。晚雪，屋少人多，車夫皆露坐向火，從人貪用煤炭，易受烟毒，一夕數驚。【略】西南戈壁，至敦煌三百二十三里。

十四日，由大泉西北行，戈壁平坦。二十里入小山間，二十里有廢屋一，疑即祁韵士《萬里行程記》之地窩鋪。道左有小山，南北亘四十餘里，間有美石。二十里馬蓮井子軍塘，安西。旅店五六，無民居，住店。井深七尺，水咸苦。計行六十里。道北有小堡，駐把總，汛兵十，無居民，迤南路旁六七里有草地。東北歧路：過氣丙達坂八十里鴨子泉，又東北過紅土峽，八十里坡子泉，六十里馬鬃山鉛礦，又七十里咸水峽舊金礦。

十五日，由馬蓮井西北行戈壁。【略】二十里有小山，頑石滿途。西北地名石板墩，有鉛。十里咬牙溝，疑即《行程記》之紅柳河，堙爲平地。無居人。甘肅安西、新疆哈密界。自涇州白楊坡至此，共行甘省境三千四百三十二里。四十里路漸窄，至星星峽驛，新疆章程以軍塘並入驛站。土屋五家，皆旅店，住店。井深一丈，水咸。計行七十里。亂石錯落，故曰星星。康熙時圖作喀拉嶺。峽東北路曰專金，折北曰白石頭，曰野馬泉，曰胡桐窩，其東南即坡子泉。

十六日，西北行戈壁。七里關爺廟，相傳此處多鬼，建廟後始安靜。廟左下坡，巉石狰獰，車顛甚，曲折峽内，山不甚高。十五里左巖，石色上焦黃，下深黑。四里地勢寬展，十八里兩旁培塿，有石質者，有沙積者。六里小紅柳園，廢垣五六堵，有古井，無居人，無樹，頑石播車。三里小阜排列如卧虎。十五里上坡，多沙阜。二十二里沙泉驛，哈密。纏頭回呼庫木納克，言有沙有水。防勇一什，荒店三家，井深丈餘。路南有泉，深約五尺，水微咸。左右小山綿亘，北三十里外有高山。計行九十里。《荷戈紀程》謂沙泉有數十家，今除旅店外無民居，非曾爲營勇之人，亦不能在戈壁中設店也。

十七日，西北行戈壁。左右多小山，二十里始平曠。五里出沙阜間，沙多紅色，碎石凝輪。五里復平曠，左右均有廢屋一所。即祁、林二公所謂「疙瘩井」，今井爲沙堙，莫知地名，但呼腰站子。四十五里苦水驛，哈密。纏回呼阿及克蘇，防兵十，旅店四，泉深八尺，味苦。中午大風，房屋盡毁，流沙擁積。今驛舍非舊地，四年一滄桑矣。每站只一泉，御者急飲渴馬，矢溺錯雜。泉雖不苦，亦穢極矣。【略】計行七十五里。南山有鐵。驛南戈壁一百五十里庫庫車爾，又八十里博羅圖欽，一百五十里博羅春集，一百二十里土窑子，一百里敦煌縣。

十八日，子刻西北行，戈壁平曠。五十里天生墩，紅土屹立，高三丈餘，古烽臺遺址也。祁、林二公並作紅山墩，今無此名。且平沙無山，四望大漠，無勺水寸草，非古里城邑之墟。八里腰站子，道右沙阜上廢屋二座。八里路北百步外沙丘間有井，水苦。三十四里格子烟墩驛。計行一百里。舊案一百四十里今哈密廳，丈量實止八十三里七分。邊吏驛卒均不願報實數，他站類此，關内各省亦多如此，不能獨苛於塞外。姑作一百里，御者已不願聞矣。【略】祁韵士云烟墩多鴿，林文忠云居民二十餘家，今皆無。舊驛在迤東二里，亂後徙此。今有車店四，小鋪一，防勇十。井四，深八尺，味苦咸。

十九日，丑西北行，戈壁平坦。四十五里升沙丘，右有廢垣，過此復下。十五里長流水，舊稱額鐵木兒，蒙古語高坡出泉也。防勇十，旅店四，西北坡上有甘泉。細流出沙間，刺以樹枝則發泡，至坡下匯爲池，作牆護之。過安西後七百里不見一樹，至此有樹十餘，爲之色喜。饘後升坡，皆平衍草地，惟有鹼氣。東北二十里有種地漢人四家，但知下種子五石，不知若干畝。三十五里道右廢垣一圈，亦腰站也。或云有泉在迤北草灘中。二十五里黃蘆崗驛，哈密。康熙時圖作西拉虎魯蘇，蒙語黃蘆葦也。纏頭回呼賽烏拉克，言草地也。土屋十家，旅店四，白楊六，井深一丈，野多旱蘆。計行一百二十里。北數十里外高山積雪，東西亘百餘里，土人稱小天山，巴里坤天山之南幹也。驛東北十里曰大泉，農民八户，田四百八十畝，汲井以溉。光緒初年，於天山下之黑溪坂開渠引水，旋爲沙堙。又東一百九十里至沁城，蒙語呼塔勒納沁，言曠野有鴉，或云果子溝也。回語呼塔什伯拉克。塔什，石也。伯拉克，廟也。有守備，耕民一百四十户，田三千餘畝。水少地寒，半資畜牧。

二十日。西行草地，二十里有小村，漢人呼一棵樹，纏回呼哈喇木提。西北行沙漠，四里業農回民三十餘户，有巴達什莊水出東北天山内，西南流溉其田。有溝，小樹二十餘株。折西行，二十六里有田疇雜樹。祁韻士云「哈密東四十里有盧晴墩」，林文忠云「哈密東三十里盧晴墩」，今詢無知之者。二里新莊，回語曰克子胡木。漢民三十户，田三千畝，東北乞竿淖爾、榆樹溝水溉之。一里折西南，三里道南有回村，三家，白楊一叢。三里蔡湖，回語呼賽巴什，黄曰賽，頭曰巴什，言黄水頭也。有義學及廟。散處漢民一百三十一户，田七千有五畝。每畝下麥種約市斗四升，獲四斗，納租一斗。其地本協標屯田轉租，故糧重。折西行，一里十里墩，三里沙巴什。道南四里有廢堡。三里上阿雅爾橋，有官廳，北爲校場。回語「阿」，白也。雅爾，其岸如牆也。【略】三里夾道官柳甚密，折西南過下阿雅爾橋。阿雅爾河上源曰庫巴申圖水，自天山西南流，經城東八十里之石城子莊，又西南經廟灣、賽巴什，至此過城南，至小南湖，蘇巴什之水自西北來會，西南入於阿里滾。距城百餘里水道遷徙，涸爲長溝。一里哈密東門，曰向陽。住行館。計行七十里。

又　安西州歧路：州東南九十里踏實堡，有千總。又四十里旱峽，折西南九十里石包城。西通敦煌二百八十里。轉東南五十里，經風洞溝、宫皂河。宫皂口，或作宫岔。又二百五十里額爾得尼布喇，五十里烏蘭達坂。又東南四日程，至科爾録古淖爾。青海貝勒左翼盟長住牧，或作闊爾勒。又有駝毛達子，本河西回回也，百年前因犯法逃入青海，變回爲蒙矣。其地正西曰小柴達木、大柴達木，稍西南曰中柴達木、南柴達木。折東四程柯柯貝勒。又東南二程都藍郭勒。郡王翰克濟爾噶勒建牙於此，西南通玉樹及西藏。折東九程至丹噶爾廳。州南二十里九工堡，又二十里七工，八里尖山廟，十里牛橋，三十里三眼泉。又南經破城子、浪柴溝，有廢金礦。古石城、奔馬兔，通青海。州西三十里新瓜州，有千總，南有紅柳峽口。三十里瓜州口，七十里甜水井，七十里圪墖井，七十里敦煌縣。縣南四十里千佛洞，折西南二十里大泉，又五十里噶受，五十里黨城，五十里哈馬爾達坂，四十里大湖，四十里鰲蓋山。東南六十里獨山子，四十里長山子，有金礦。三十里沙爾陀羅海，一名泉溝腦。四十里烏喇窑洞，四十里頭道沙灘，三十里奎天峽。或作故托，或作紅果爾和，其南有克博圖山，或作黑布托里，有大水河、金礦。又東南三程至青海科爾録古。縣西南一百二十里巴彦布喇，入南山鄂博兒北口子。西南一百六十里南口子，又七十里色爾騰海。西通噶斯口，康熙時，阿南達行軍出此。折東南五十里烏蘭克己，又五十里索莫屯峽淖，五十里鄂羅達坂，或作阿魯南，有鄂羅根河、博們河。南五十里夷且，或作一且麻鞋戈壁。四十里伊克柴達淖爾。即大柴達木。折東七十里巴哈柴達淖爾，即小柴達木。折南六十里昌結淖爾。西南逾布隆吉河之下流，一名柴達木河，由廳克里克通西藏。折東七十里恰布恰里，一百里烏爾吐達拉，三十里科爾録古。

漢玉門、陽關路：【略】今赴新疆，必取道哈密，不能逕達于闐。前任巡撫劉毅齋、護撫魏午莊，先後遣副將永剛、賀參將焕湘、劉都司清和裹粮探路，各有圖記。惟不諳考古，措詞亦艱澀。特匯集諸説，就作者本意，疏明之如左。

北道出敦煌西門，渡黨河，西北行戈壁。七十里碱泉，五十里大泉，四十里大方盤城，廢垣無人，漢玉門關故地也。四十里小方盤城，廢垣高丈餘，長四五十丈，無居民。三十里西湖，一名後坑，有邊牆遺址及烽墩數十。【略】七十里清水溝。以上六站有水草，惜多鹵。折西北七十里蘆草溝，水咸，北有小山，西爲大沙漠，杳無人迹，迷人如醉。即漢之白龍堆沙也。西行六十里五棵樹。有胡桐五，掘地得泉，砌堆立杆，書「五棵樹新泉子」，即以爲地名。西南行，過小土岡。六十里新開泉，西行七十里甜水泉，六十里沙溝。掘井得咸水，南望沙漠無際，北百里外有小山如弦月，長數百里，敦煌縣界止此。西南行，八十里星子山，皆碱灘，有土阜數十，遠望若星，有柴草，無水。八十里土山臺，潮碱戈壁，途中獸迹縱横，有土堆如頹廢城郭，漢樓蘭國東境也。西南有山，有柴草，無水，掘井，咸。西北七十里野牲泉，沙碱，有紅柳、蘆草，泉味苦，野牲多飲於此，南有山。西九十里咸水泉，途中有土墩，形如牆，高數尺，或一丈，均已生碱。咸泉在沙坡下，坡旁可挖窑洞。九十里蛇山，先行四十里，路北坡下有水苦濁，南皆沙漠，東西北皆碱灘。又五十里，路南有坡，可挖洞，下有咸水，紅柳柴草，南有山如蛇。九十里土梁子，先行沙地三十里，又碱灘四十里，又鹽地二十里。路南有坡，下有柴草、咸水，北望皆沙磧。七十里沙堆，八十里黑泥海子，先西行三十里，過沙阜，又西北二十里碱灘，有廢屋基。導者云：咸豐時，此地亦爲水，回民漁於此。今淤爲碱地。又西南三十里黑泥海子，即羅布淖爾東南隅也。水畔沮洳，人馬難近。水咸，有蘆葦。四十里蘆花海子，沿途碱塊堅如石，駝蹄流血。以上二十站無人，皆堆石立杆題字。【略】今據劉清和云：羅布淖水漲時，東西長八九十里，南北寬二三里，或一二里及數十丈不等。九十里阿不旦，回民十餘户，以捕魚游牧爲生。以上一千四百里路平，可通車。正北三日行，有古城，疑是樓蘭故都扜泥城。【略】西北四次渡河，塔里木河下流。六站，皆有回民。共五百十五里都納里。唐西州蒲昌縣境也。東北九十里浣溪河，開都河自博斯騰淖爾溢出之下流東注者也。又七站，戈壁無人。五百七十里阿節克，九十里魯克沁，又西北一百里吐魯番。安西出玉門，至此三千有三十五里，漢車師前庭也。由此隨北山波河西行，與今驛路合。

漢陽關路：敦煌西南行七十里石俄卜，七十里南湖，即陽關。一名龍頭山，四周皆沙阜，無高山。路西北有泉，農民約五十家，尚有可墾之地。其西曰古銅灘，又北一里紅山口，爲陽關廢城，有於此掘漢磚者。路南有壽昌故址，今設巴彦布喇汛。【略】西行戈壁七十里推莫兔，有荒村。七十里胡盧斯臺，廢屋無人，有泉水，荒田數頃，北有通大方盤路。七十里毛壩，途中石子難行，有水草，青海蒙番間來游牧。三十里安南壩，舊作阿魯巴兔。先上下土山二十餘里，有泉西北流，有草灘，又十里至此。一名下營盤，亦稱廟灣，古壘周三里，北有河水頗清，多紅柳。東南數里又一古壘，曰上營盤，蓋康熙中防準夷者也。均無居民，北有高岡。西行八十里野馬泉，先二十里過小山，又西五十餘里皆沙泥平地，多野馬，有水草，可屯田。又西多石子，至此有常流水，味咸。北近山，南有遠山。西北一百里深溝，依山沿水，三十里水盡，二十里升坡，出小南山西口。又五十里東西有高山，中爲平原，寬里許，有溝，南北向，長可十里。山下出甘泉，旁有胡桐十餘株，并有獵者所築藏身石圈。四十里龍尾溝，無水草，高坡壁立，鐫地名也，敦煌界止此。又西爲新疆境。一百二十里聚水溝，先曲折山峽內，十里有雪山。又西路益窄，施以斧斤，駝乃可過。十里亂石峽，四十里沙灘，有小山。又西北二十里山峽有泉，又二十里至此，南倚高山，有甘泉。九十六里一碗泉，先四十里黄沙，至大山口。又三十六里入小山溝，多土坑，出溝二十里至此，泉味甘。七十里雙泉子，三十里皆石子溝，十里上坡，十里下坡。二十里北山下有二泉，回語曰伊格布拉克，華言雙泉也。一名雅不冷。六十里野馬溝，西北上坡，曲折四十里至大石山，雙峰插雲，路甚險。二十里下坡入溝，無水草。六十里紅柳溝卡，山下有咸泉，山上古卡，周二十餘丈，鐫字於壁，曰「東至敦煌，南赴西藏」。卡東南二百十五里噶斯池，爲赴青海要道。按以上所經，道北皆漢樓蘭國地，道南皆漢婼羌國境。八十里紅柳溝口，路東有水，由東而西約二百里，時伏時見。六十五里雙石礅，升降土阜，五十五里出山口，行戈壁，多乾溝。五十里至此，沙石無水，以上皆堆石刻字焉。七十五里大土墩，沿途皆黑石，作磊數十爲記。六十有沙地，多紅柳，五里有古烽墩。有水性毒。以上一千二百二十六里，間有崎嶇，不能行車。一百二十里密阮。沿途皆碱灘戈壁，至此有古城，周三里。北距羅布淖爾一百里，疑即漢鄯善國之伊循城。【略】西行一百里卡克里克，古城周十五里。【略】唐以後淪入沙漠，近百年來始漸開闢，今有回民百餘户。【略】一百里甜水井，一百里凹石峽，有古城，周三里，蓋唐之弩支城也。五十里茄絆卡的，又名沁克里克。六十里布古里克。入于闐縣境。渡卡牆河，一作切鏘河，出于闐東南托古兹達坂，東北流千餘里入羅布淖，即《水經注》之且末河，釋氏所云阿耨達大水也。徐松以克勒底雅河當之，非也。沿河西南行，八十里抵敏托海，一作店里多海。七十里英蘇，一作雅沙。八十里塔得朗，回民數家。六十里卡牆，回民四百户。舊名策爾滿。西北有古城，周十餘里，漢且末國，唐之播仙鎮。【略】卡牆以西有二路：偏南者傍山，多險。偏北者在磧中，較平。五站，四百一十里安多羅。或作安得悦。【略】疑漢之戎盧國境。又西戈壁四站，三百四十里尼雅。【略】又西三站二百六十里克里雅莊，今于闐縣。【略】自卡牆以西行偏南之路，五站四百里卡撥小金廠，又五站五百一十里艾也，其南山爲大金廠。又三站二百三十里克里雅。又西五驛四百五十里和闐直隸州城。漢于闐國故城在州西南十餘里。自安西出陽關至此，共三千七百七十六里。今驛路由安西繞哈密至此，共六千八百餘里。

又卷六 自哈密西北經吐魯番，至新疆省城一千四百一十八里。

十一月二十一日，出哈密南門，迎薰。西南行。一里下坡，過嵩武軍舊壘。今設義塾。折西北，一里過橋二，雜樹繞岸，急流不冰，纏回呼重阿魯。重，大也。阿魯，河也。出城北四里土坡下，數泉並涌，匯成大池。回語謂之蘇巴什蘇水也。巴什，頭也。【略】其地水木清秀，沙磧中得此亦佳。池南出歧流三渠，經漢、回二城間三十餘里。至小南湖，回語名哈拉塔爾，會庫申圖水。又南四十里至大南湖，入於沙，回語名阿里浣。浣者，猶蒙古所謂淖爾也。一里經回城北門外，石額題蒙、回二種文。半里過土橋，小水出自天山，南流三十里至火燒莊，回名得什托拉，言有高樓也。水溉莊田無餘。半里道左有亭臺，係回王祖墓。西行又過土橋，即入荒沙。三十六里一棵樹，十里下坡，有荒田之跡。十里有草而鹵。頭堡，住店。井深六尺。計行六十里。堡甚小，僅容一驛一廟。街在堡外，漢人、纏回各八家。纏回呼其地曰蘇木哈喇灰。【略】街東南數十丈有土坡，向西斜倚，小溝出泉，委宛下流。迤南水草交錯處有圓泉，徑三尺，人立草際頓足，水即上沸。蓋枯木敗草朽腐土中，多通水之孔，震動之，則有氣逼水成泡。兩泉匯爲一池，池南築堤栽柳。堤外地低，設水磨於缺處，下流溉田一百有二畝，水少不能增闢，散處纏回二十二户。

二十二日，冬至。自頭堡西行，間偏西北，草地鹵。二十里二堡，回名阿斯塔納，謂先賢墓地也。【略】纏回三十餘户。【略】二十八里有石磧，二里沙阜，下坡。二里曲折溝中，有廢屋。六里三堡驛，堡壞，街在堡外，有十餘家。住福生店。井深七尺。計行六十里。纏回呼此地曰托和齊，言長官舊居也。【略】堡北纏回村舍約三十餘户。【略】驛西北二十里柳樹莊。【略】驛西南十五里四堡，回語稱拉布楚喀，蓋即前明所謂剌木城也。又十五里五堡，回語曰哈喇都伯。哈喇者，黑也。都伯者，吐蕃也。其地在唐時曾爲吐蕃所居也。又西南二百 十里沙拉淖爾。

二十三日，微雪。自三堡西北行，上坡二次，五里折西行。有歧路西北達柳樹泉。【略】六里沙棗園，纏回呼哲克得里。一名於格每可，有雜樹，土屋數家，正北有哈木爾達坂。康熙圖作察漢哈馬兒，即古俱密山也。西北行，間偏西，皆戈壁。十八里下坡，四里上坡，十二里下坡，十五里升坡，即三道嶺驛，以鴨子泉塘改設。回名塔勒奇。言有寄居人也。住店。計行六十里。店旁纏回一家，有桃園，後二十丈有小泉。人多則水不足用，竭地之力，可住一二十家而已。沙磧引水，滲漏居多。

二十四日，自三道嶺西北行戈壁。十二里鴨子泉，回名惡而臺克，無人居。二里廢垣四五，柳樹一。道左草地數十丈，道右里許土屋一，白楊一。十五里平曠，十八里上坡，至梯子泉，小店一。廢屋三，柳樹三，白楊二。折西南行，四里紅莊，破屋二院，無人。下坡老柳三，旁有泉。轉西行，多石子。二里有歧路，南通煤窑，不能多挖，無從銷售也。三里下坡，六里沙墩子，墩在南阜，其下有泉，破屋數堵，無人。二十八里下坡，至瞭墩驛。官店一，民店二，防勇百人，别無農家。大墩在驛東，旁建武廟。坡下出泉，楊樹十餘。計行九十里。【略】驛東八十里橙槽溝，逾山四十里爲鎮西之上肋巴泉，折西六十里陶賴井，一百里七个井子，北路間道也。驛正西舊驛路：九十里胡桐窩，七十里三間房，本名鄂塔爾奇瑪。一百二十里十三間房，本名闊什。一百三十里七克騰木。此路恒有怪風，因改設驛站於一碗泉。

二十五日，雪。自瞭墩西行，間偏西北，升降砂坡，多石撼車。三十二里乏馬灘舊卡倫，入鎮西廳西南境。西北行，十三里折北向天山，十七里折西。八里一碗泉驛，廢陶賴臺，移設此驛。破屋三四，旅店一。計行七十里。遍地頑石，色黑如碎瓦，如火石。無草木，有泉在西北高阜間。東西兩井，已堙其一。南十里有一泉，駄來供飲，味苦。正北距天山六七里。

二十六日，自一碗泉西行。七里逾堈四，車播甚。十一里下平坡，二里盤旋陂陀間，沙阜夾路如門。又下坡，二里升長坡，十九里多沙山，漸降。二里折北，五里入峽，三里向北上坡，一里折西北。三里轉西，至車轂泉驛，四圍皆山，無草木，無民居，只一旅店。泉在東北巖下土坑中，挹良久方得一桶，味咸苦。【略】飯後西北行，八里出山峽西行，平曠。北山漸遠，南山迤邐車右。東北有歧路。皆山徑，七十里陶賴溝，又東六十里上肋巴泉，七十里蘇吉，九十里鎮西廳。咸豐五年廢鎮西府及宜禾縣，改爲廳治。二十里北山漸近，八里多碎石，十五里草地，鹵，多胡桐，小樹也，枝幹虬曲，只中柴薪。【略】五里西南行，二里七个井子，土屋一，無人，有達奇臺縣路。西北入天山，九十里頭水，爲奇臺界。三十里色必口驛，即山北大道。【略】由七个井西北行戈壁，三里折而西，沙阜錯落。四里有衰草，二十五里東鹽池驛，一名胡桐窩，旅店一，無居民，有草無木，泉水在東，鹽池在南。住店。南向烏克塔克，纏回呼山曰塔克，北負高巖，係天山一幹，向南突出如伸臂。計行一百四十五里。

二十七日，自東鹽池西南行，沙土略平，正對烏克塔克。十二里道左里許多胡桐，八里入山間，左右相去各三四里，遍地碎石，轢輪如鋸。漸行漸高。三十里惠井子驛，破屋五，井一，無民居。至此入山峽，寬數丈，兩旁峰巒重疊，積雪眩目。十五里路益窄，僅容車，曲折升坡，多石子，車播甚。五里始下坡，十里至平地。十里沿草灘之東向西南行，五里西鹽池驛，鎮西。舊名納呼，四圍皆山，無民居，無樹木，旅店一，在南山下。迤北草地略寬，惟鹵瘠。鹽池在北山內，驛東南里許山峽中有泉，實井也。計行九十五里。驛站檔案一百二十里，實無此數。驛西北有歧路：八十里高泉，逾天山六十里莫家地溝，入奇臺境。六十里三泉驛，即阿克他斯。

二十八日，自西鹽池東南入山峽，折向西南，幽曲漸升。九里折北，陟降二次，一里上小坡，三里下平斜坡，一里轉西上陡堈，一里降，一里出山，平曠多沙阜。二十五里阜上累石爲標，六十五里土墩子驛。東半里有吐魯番界碑。大墩在驛後，回名克勒克。上有小廟。泉在墩西北，沙土下埋大石，由石隙出細流，不能飲百人，味咸。店在驛東，無民舍，無草木。吐魯番馬隊來迓。飯後西南行，三十二里北山，上有烽墩。二里折西過小堡，駐守備。堡中有泉。繚以牆，顔曰喜泉，水甚旺，味略苦，穴垣而達於外。稍西至齊克塔木驛，一作七克騰。旅店三。纏回二十餘家，有草無樹。計行一百四十里。回云齊克塔木者，言得泉水矣。【略】驛東南三里略有村墅。

二十九日，西南行，稍偏西，沙阜多如覆釜。十八里英子樹，回呼培而布拉克，言泉水足也。有村舍樹木。二里有草而鹵，遠望似鹽。一里下高坡，二里行沙阜間，一里下坡，得井泉一。有樹數株，瘠田一區。【略】二里六十里墩，回名特斯。無人家，道左小山有烽臺，過此望見北山。距大道約二十餘里。道右三五里外，隱然有村舍。十六里蘇魯圖，有草。十八里三十里墩，回名哈克吐兒，謂烏鴉所宿也。東阜有小泉，南流溉田數畝。纏回三家，有税局，四周皆沙磧，迤西曰特庫斯。十四里東坎兒，夾道二小堡，漢人亦稱柳樹泉。村落相望，纏回六十户，漢人一家，屢受排擠。樹以千計，北山漸遠。十四里巴雜，回語街市曰巴雜。漢回雜處，八九十家。二里辟展驛，進東門，名迎秀。土城新築，周二里七分，鋪户三十餘，纏回四十餘户。住店。井深約四丈。計行九十里。【略】辟展南皆大戈壁，其北九十里柯柯雅爾，又北入山，經夾皮泉、回回溝，通木壘河，可騎行。

晦日。出辟展西門，向北折西。五里過水，二里有村墅雜木，上坡。二里降，二里又升，戈壁平曠，無人烟，無草木，北山巀嶭，積雪如銀，道左沙丘阜委迤如鋸齒。二里下斜坡，九里下小坡，十里右有高阜，挖一穴以憩行人。東北有村曰漢墩。六里過小河，道北數里外有村落。九里逾溝三道，有流水，左右有回村。六里二工，西南通雅圖庫，訛作丫頭溝。十里連木齊驛，吐魯番，《西域通志》作「連木齊木」。舊音「勒木津」，《新疆識略》作「連木沁」。有行館面北。光緒四年精善馬隊營官王某建，有老榆，大二抱。計行六十三里。車店三，漢人及回商各二十餘家，纏回九十户。溫泉數處，匯成小河，西南流七十里，至色爾啓布歧爲三：北渠西北流，四十餘里至魯克沁城北。其南渠西流，至魯克沁南。其東渠向南流，三十里至東湖。均溉田無餘。【略】夜雪。

臘月朔日，辛卯，晴。由連木齊西行，下坡涉水。二里有泉渠村樹，上坡。三里五里墩，四里折北，平曠戈壁。三里南有歧途，有遠樹。又西，多小園阜，彌望累累，皆坎爾也。坎爾者，纏回從出麓出泉處作陰溝引水，隔數步一井，下貫木槽，上掩沙石，懼爲飛沙擁塞也。坎爾以千百計，水自地中通流一二里，或十餘里，至有土壤處泄出溉田，回疆多此。其法甚古。【略】今人動云林文忠所創，非也。【略】十五里入土峽，二里出峽，下小坡，平曠。折西，三里蘇巴什，北有水源，横道而南。一里道左有村。【略】三里折北，小屋二家，過土橋。二里又一土橋，左一巨楊。六里夾路有樹，皆榆、楊、白楊、酸棗，路南一車店。五里森尼木，一稱僧吉木，回云潮濕地也。今訛爲勝金臺。漸近南山，有村舍。【略】三里土屋夾道，轉西行。一里下坡，道漸窄。一里北坳下凹處一屋，牧者居焉。一里漸降，二里北山有岔口，二里河灘。寬六七丈，沙十之五，冰十之三，流十之二，多蘆草。五里登降厄峽，左巖右澗，流水淙淙，隔岸土屋二三，小樹繞之。出塞所經，惟此處略有幽景，而車行較險。天下佳處即危境，不獨行路然也。五里南崖下有廢廟，又西有窑洞。【略】下坡過橋，爲勝金口驛，回呼愛克斯。漢人以驛舍由勝金臺移此山口，遂呼勝金口。旅店三，無民居。計行七十里。驛前後皆山澗，水貫其中，疾流不冰。出北山木頭溝，西南流經此。又南過三堡至二堡，即喀喇和卓，引渠溉田。三堡距驛十餘里，有九十户。更南有峽曰玉門口，亦名小城子，或誤以爲漢之玉關，蓋高昌壁也。

初二日，自勝金口西行，平曠。二里下小坡，南山有墩，循北山下行。二十三里蒙古包，有纏回墳，屋形似穹廬，故名。三十里有廢屋，無人。五里道左數里有村樹，十二里左右均有村舍。經纏回禮拜寺，古塔高四五丈，形如瓶，雕砌精致。一里過土橋，水曰沙河。出北山，南流曰布拉里克，漢人呼爲蒲桃溝。又南經城南之牙爾巴什莊，没於沙。一里吐魯番漢城，陽和驛。進東門，名朝陽。住行館。計行七十五里。

初三日，出吐魯番西門，四里回城，安集延酋所築。入東門。異服異言，喧闐雜沓。有巡檢。一里出西門，有村樹田疇。南有小山。四里過一渠，不冰。六里逾土橋，二里渡小水，一里道南有泉，二里左有井，三里入沙磧，一里下高坡三層，即雅爾崖。二里雅爾河，寬四五丈，水涸，僅澌流二三尺。上游即白楊河，過此後東南流二十餘里，伏於沙。斜行石灘，車播甚。二里升陡坡，迪化。西北過土溝，行浮沙。二里下坡，一里經乾溝中上坡，二里下坡，左右小阜皆扁圜，層累如餅，蓋上古洪水漩澴而成。四里細流横道，有岔路。三里降，一里升，十一里逾磴磴溝。泉出土坳下，有新栽小樹。西岸旅店一，無民居。計行五十二里。蒙古語曰根特克，漢人訛爲磴磴溝。舊設蘆溝驛，今廢，驛使繞由托克遜小草湖也。

初四日，雪。西行，一里半升坡，一里半行培塿間，十九里登降六次，行小山之北。鹽山口，破屋一所。二十四里頭道河，細流成冰，有廢屋，無人。又名雙岔河子。南有歧路通托克遜。西北行，平曠，十三里下坡，五里三角泉，一名哈必勒罕布拉克，舊設通津驛。車店一。四圍沙磧，無民居。南山下出泉成溝，有草地數里。皆旱蘆及拳曲之短茨，俗呼刺疙瘩，間有席具草，或作息雞，或作芨萁、集吉、芨芨。戈壁中得水氣只生此三卉。遠望芃芃，近視則數步一叢，仍是粗沙細石及鹼塊，罕有土壤。非獨不可耕植，即移他處之草於此，亦不能活。大漠不毛者十而七八，車中望見荒草，爲之一釋愁容也。食後西行，二里上坡，三里向北下長坡，二里折西，左右多沙山。八里平曠，多石子，北望大山爲地平所掩，僅露其頂，似慫沈者，此陸路察地員之證也。十里經小山間，十里復平坦，四里白楊河站。舊設山陽驛。計行一百有四里。旅店二，無民居，無草木，井水味鹹。不見有河。在站北甚遠，源出濟木薩爾南巴克達山之四道橋，西南流六十里至迪克列克，折東南一百五十里至雅爾崖。

初五日，自白楊站西入峽。四里出峽，升陡坡。又西，多黄沙梁，登降坎坷。三里東北下坡，逾乾溝，緣沙梁行，四里折北，越十餘丈之坡，又北多培塿。十五里復入峽，經溝中石磧，四里溝水淙淙，流急不冰。繞行曲岸。有荒草小樹。三里後溝，土屋三間，茨棘爲籬，行人饘焉。後溝南七十里小草湖驛，又一百里托克遜，爲南路大道。北負齊克達坂，蒙語嶺曰達巴罕，急呼爲達坂。天山一幹也。祁韵士《萬里行程記》以此爲博克達坂。屈曲而登，衆車更迭加驂。七里至嶺巔，小憩峽中，旋下。有修路碑，已仆。六里臨峻坂，斜約四十度。繫馬車後，多人挽之徐降，車播不可坐，徒步攀援，行行且止。八里坂盡出峽，道左荒店一家，半里下坡，半里涉二澗，寬丈餘，深三尺。有村野草木。一里半經廢堡。周約二里，回民所築。又渡澗二，崖下有汛卡，循山迂繞，一里半下坡過溝，一里石磧中有廢壘，三里折西南，二里達坂城驛，迪化。住南門外店。街上四五十家。計行六十四里。

初六日，晴，大風，奇寒。卯刻自達坂城西北行，有草木。十里入戈壁，折西，十里偏西北，二里得草地一區，望見南山麓，白波如鏡。蒙語達布遜淖爾，漢人呼鹽海子。七里皆沙磧，二里破城子，只廢屋一，無人。得土壤，有細流横道，皆冰。向南入海子。四里半又一横渠，頑石撼車，風力更猛，颯颮聒耳，胸煩腦暈。六里半土墩子，墩在北坡，圮其大半，舊設望墩驛。荒店一，小憩。窮民取鹽於此。【略】四里抵鹽海西畔之北，二里半有平沙劃海爲二，中有一徑通南山。三里望見第二海子，八里馬蘭灘，草地一段，東北山内有乾溝、小銅溝、大銅溝，均産銅。一里半第二海盡。十七里得土壤，道右有獨樹。南山下又一澤，呼柴鄂博海子。傍海西北行，七里柴鄂博驛，住店。土屋五六家，有草無木，井泉在西。計行八十五里。南望海子似甚近，趨赴之千餘步，力乏未至。蒙語呼鄂門淖爾，又稱昂吉圖爾淖爾，謂淡黄海也。東西長二十餘里，南逼高山，乍視疑相距數里，實則南北寬十餘里也。萬山中留此窪地，夏秋融雪，匯注成海，漲時合爲一，涸時分爲二三。旁無支流，潛滲沙底，灘渚渟泛，易成鹽鹼。塞外多如此。

初七日，丑刻飯，寅刻行。十六里海子盡，十里頹垣一堵，四旁荒磧。四里道左有廢屋，三里有芨芨草，疏而短小，因土多硝鹼也。七里大鹽池在西南磧中。税局，舊設鹽池驛。十里芨芨槽，土屋三間，憩於帳棚。南北皆山，無草木，無民居。有土阜上圜下方中空，回教阿渾之墓也，名曰拱拜，其徒常往誦經。【略】食後北行，十里升兩坡，迤西陂陀迂曲，頑石撼輪，地名羊腸溝。冬令雪深風猛，甚或吹失人馬。十二里下坡冰雪堅滑，車行甚艱。小鹽池，有防卡。無民居。七里道右土屋三，始見村樹。地名十七户。【略】十里南梁，又西北小廟當道，額曰「普渡」。【略】三里南關。【略】一里進迪化南門，二里經大街，轉東至巡撫衙。【略】計行九十五里。自哈密咬牙溝至此，行新省境一千九百一十三里。從四月訖今，東西奔走共一萬一千二百三十三里。

又 哈密歧路：無名氏《秦邊紀略》卷六嘉峪關至哈密路程地名，問之纏回，絶無知者。以蒙語考之，只得也帖木兒及哈喇木提二處。某君作哈密圖，依《秦邊紀略》繪之，殊不切用。

城東八十里下廟兒溝，北十餘里上廟兒溝。有回王避暑宫。又北四十里至上游，曰巴達什水，訛呼八大石。七十里芨芨臺，三十里烏拉溝，五里四屯莊，五里阿敦溝，五里照壁溝，五里頭道溝，二十里沁城。稍西有舊城址。東北五十里河源小堡莊，有石城古迹。又東北逾塔什嶺，一百里上莫艾舊卡，訛稱剌梅花泉。折西一百三十里土古里克，一百里土墩子。西北經鹽池，一百里西安泉，一百里奎素驛，鎮西廳界。若從上莫艾東北行，六十里下莫艾，其西距葦子峽，其西北距諾穆湖，均一日程。沁城東南九十里胡桐窩，其南一程爲野馬泉，又一程火燒峽，又一程星星峽驛。一百里墩兒山，即馬鬃山。折北八十里鏡鏡兒泉，一百四十里大石頭，九十里上莫艾。九十里岷水，一百里野馬井，一百十里牛圈子，七十里蘆草湖，七十里伊吾峽，訛呼鶯窩峽、陰瓦峽。七十里二枝胡桐，六十里烏魯木泉。其南六十里麻菇灘，六十里三道溝，安西州界。東南七十里碱泉，五十里十二墩，七十里石墩門，五十里小泉，南爲玉門之花海。五十里見牛井，一百里西壩，金塔營西境。九十里臨水驛。肅州界。以上與十月二十九日所記稍異，緣詢諸駝商，罕有吻合者。哈密北九十里南山口，又五里焕采溝，【略】五十里天山廟，【略】二十五里松樹塘。折西北八十里奎素，折西七十里鎮西廳。其西九驛至奇臺城，又一驛古城，今爲奇臺縣治。又西四驛阜康縣，又西二驛新疆省城。廳北八十里沙溝峽，又八十里三塘湖，西通奇臺，東南通山西歸化城，詳八月十八日記。二百餘里蘇海圖，又北入外蒙古界。喀爾喀札薩克圖汗部。凡十四程至烏里雅蘇台。蘇海圖以北曰海爾罕布拉克，曰察罕迭斯，曰錫林，曰巴爾魯克河。折東北曰毛海，曰車臣淖爾，曰那林，曰伯勒滚，曰奎素，曰諾爾木垓，曰畢齊克淖爾。過札布噶河曰胡吉爾土，曰化領諾圖，曰烏里雅蘇。同治四年，新疆道梗，於此路設臺站，事平即廢。

吐魯番歧路附：廳城東南一百三十里魯克沁，折南四十里沙白特坎爾。又呼馬廠，有五六十家，多獵户。第二程東南行，無地名。有柴，有水苦，以下均無人煙。第三程英都爾哥其。英都爾，銀珀石也。哥其，光也。有柴，水苦。第四程石子戈壁。毛拉艾買提。第五程迷拖克生。有苦水。第六程托和喇布拉克，言胡桐泉也。水甘，有柴草，直西五程通破城子。南有大山，循山北麓折東南行。第七程巴什托和拉克。言胡桐林之頭也。第八程戈壁。阿提米什布拉克。言有泉七十也。有紅柳。第九程小山起伏。布魯頭。言多野牲也。有麻黄柴，水苦。第十程烏魯鐵漫吐。此蒙語，言有野駝也。有紅柳麻黄，水苦。據羅布淖爾譯者意斯朗云：獵於此五度矣。又東南通敦煌若干程，未知其詳。【略】又自沙白特坎爾西南行，多沙阜，且鹵。三十餘里入覺洛塔克山峽，七十里克子里山，産煤，一名伊格爾達坂。回語馬鞍曰伊格爾。八十里阿習布拉克，言水苦也。西南過庫什爾達坂。一百七十里烏宗布拉克。彌望堅鹵，其白如雪，中有一水，咸不可飲。回語長流曰烏宗。西南入孔木達坂，回語沙曰孔木，又曰渾。六十里帕沙布拉克，井水咸。折西八十里生額爾，或名五户地，有池及樹，纏回一家，地三十畝，半耕半牧。六十里阿子杆布拉克，轉西南六十里逾卡卡蘇達坂，東西連山，又名庫圖洛克塔克，猶言無水草荒山也。托呼喇布拉克。以上七程須馱負淡水，冬則熬冰雪以飲。五十里出峽。營盤海子，周約三十餘里，海西十里有廢壘。西南平沙寬廣，相傳此處本在澤中，爲涴溪河淤沙所堙。疑古時此海與蒲昌海合也。西南四十里涴溪河，回語曰共奇達里雅。共奇，古墓也。達里雅，河也。漢人訛其音曰涴溪河，或曰孔雀河，實即喀喇沙爾之海都河也。其上源爲裕勒都斯河，入博斯騰淖爾。《水經注》所謂敦薨之水注於敦薨之藪者也。又從淖爾溢出，西南過庫爾勒城西，折東南流六百餘里，至此又東折南二百餘里至阿拉港，會塔里木河入蒲昌海。廳城西行六十里布幹驛，六十里托克遜驛，【略】驛西北一程伊拉里湖驛，正南四十里哈沙土拉，又一百二十里該密希布拉可，一百六十里愛立辟買，一百五十里生額爾。七十里石路。蘇巴什驛，折西南八十里哈爾布拉克驛，山路險惡。六十里桑園驛，迤西歷六驛四百八十里至喀喇沙爾廳，又西南十二驛九百四十里庫車廳，又四驛三百里拜城縣，又五驛四百五十里温宿州。又十驛七百三十四里瑪喇巴什廳。又七驛五百五十九里莎車州。自瑪喇巴什西行，稍西南九驛六百一十里疏勒州。自疏勒東南二驛一百五十里英吉沙爾廳，又五驛三百十九里莎車州，又二驛一百八十六里葉城縣，又六驛六百七十里和闐州。又五驛四百五十三里于闐縣。桑園西二十里折南入山，五十里苦水井，二井，一甘一苦。有紅柳、柴草，四周皆硝鹼地，回語曰消爾布拉。又一百里内三十里浮沙，六十里石磧，十里鹼灘。乾草湖，有草無湖，東北有鉛。六十里沙磧。破城子，敗壁周一里，東南有池，有紅柳。北有可耕地約六七十畝，餘均沙鹵，有鉛礦。在東南者曰大工，曰東工，在西南者曰北工，曰西工。自破城東南六十里至大工，又十餘里東工，折東八十里即生額爾。一百二十里均山峽。四馬哈泉，七十里胡桐泉，七十五里胡桐窩，流沙不勝車輪，若由前站向東南至舊營盤，約八十里可以行車。以上均無居人。七十里涴溪河，水寬多蘆，行者至此舉火，南岸上回見烟來迎。刳胡桐樹爲槎，廣一二尺，聯數槎以渡，呼曰卡盆。【略】循涴溪河北岸正西行，荒磧無人，六十里生必阿塔可，又一百一十里阿哈巴什，北有大山，曰於洛可達坂，又西三十里拖干巴什，四十五里雅爾當，三十里沙幾布拉克，六十里托古巴什廢卡，其北逾沙山，爲博斯騰淖爾。自廢卡西北行，二十里登窩塔克，四十里而勒里杆，五十里科素喀哈，一百八十里庫爾勒城。渡涴溪河東南行，八十里都納里。光緒十八年築蒲昌城於都納里，移招徠局及屯營駐焉。蒙古人都納里始來居此，因名。自此西行二十里鐵干里克，有回莊。三十里哈什墩，八十里古斯拉克。沿塔里木河北岸而西，五十里烏魯可力，四十里英格可立，又名英柯洛，去年設撫輯招徠局於此。又西北八十里和拉里，七十五里共奇河，六十里克尼爾，五十里庫爾勒驛。按羅布淖爾全境，東接龍堆，西抵龜茲，廣二千餘里。磧什五，鹵什三，僅沿塔里木河北岸間有土壤，畸零散處二十六莊，六百四十餘户，男女六千有奇，種地約一萬六千三百畝。【略】又一百里卡拉達雅，回語有槎之水也。一百里阿拉港，言水有汊也。渡塔里木河。八十里吐渾，或作托孔，言地小如一馬鞭。九十里和兒罕，一名科羅干，言平地也。有安集延酋所築堡，周約里許。渡塔里木河，四十里七克里克莊，七克，野麻也。里克，有也。纏回二十七户。東南行，忽騎忽槎，六十里特里昆，五十五里阿不旦莊，又東南一千四百里入古玉門，至敦煌縣。詳十一月初十記。莊南涉水，于闐之卡牆河東北流，至此會塔里木河。《水經注》「且末河東北經且末國、鄯善國，北入於澤」者也。四十里羅布村，有二十一家，半漁半獵。四境多沮洳，即蒲昌海之西畔，古稱牢蘭海，樓蘭之轉音。今回語曰喀喇布朗庫爾，言黑風海子也。蒙古語曰羅布淖爾，淖爾，言聚水澤也。羅布，或作洛普，乃沿用唐僧《西域記》「納縛波」之音，不知何義也。河水至是伏流者也。【略】自羅布村南行，鹽水泥淖，四十里得平沙堅鹵，又一里卡克里克莊，古樓蘭也，東南通古陽關，西通于闐，均詳十一月初十日記。南阻阿勒騰塔克。阿勒騰，猶言阿爾坦，黄金也。塔克，山也。或作阿里哈屯山。東南行一百里磨朗，草湖。又一百里阿武喇司布拉克，一百里特必達坂，五十里闊什塔石，五十里一立必契曼，六十里噶斯池。一名削爾浣。回語譯曰庫爾，急呼之爲浣也。東南通青海西寧，詳十月十三日記。折南六十里哈布圖布拉克，亦名哈喇覺洛，産金。六十里察汗得勒蘇垓，一名忙奇。六十里噶順，回語烏宗碩。【略】一百里噶斯山南口，一名屈莽山，一名羌開爾，東南地名得布特里。【略】爲青海邊境。東南至青海十三程，道經柴達木川，即《漢書》之婼羌國也。折西南一百二十里巴什托垓，一百里墨土勒可罕，一百二十里汪八扣什坎，至勒謝爾烏蘭達布遜山，有鹽海，一名庫木浣。接前藏界矣。距布達拉約一月程。

王廷襄《葉柝紀程》卷上　光緒十八年，歲在壬辰。冬十月念五日，自新疆省城新南門開車，在赤道北四十三度有零。公家發傳牌車一輛，另雇車一輛，半裝莎車直隸本管州潘名震。所買救濟地方藥材，半裝行李等件。出城向南行半里許，地勢漸高，曰南梁。省城北面高處曰北梁。節署靠北梁建。踰南梁，地勢漸低。自南城外至此，纏漢人煙頗萃。【略】二更後，出羊腸子溝。行旅經此，遇風輒凍斃。是夜無風，從行皆未受凍。三更抵鹽池墩，宿。

二十六日辰初，自鹽池墩東南行。寒威栗烈，南風雖小，而自雪山中來，車向南正迎之，簾不可捲。足著狼皮靴，覆以新棉被，尚冷疼。未初抵柴窩鋪。【略】柴窩鋪則沙草莽平，且時近冬至日，行南陸寬平之地，又無高峻峰巒遮蔽日光，故地雪消釋，皆見沙土。南面約十餘里山勢連綿，不及北面博峰高險。西面一望無際。東南去達坂城九十里，冰雪之氣騰而爲霧，將峰巒籠罩，故奇克達巴罕一山尚未呈露。堡南有海子闊約半里，盛夏水不枯竭。薄暮，電工委員沈亦到。

二十七日卯正，自柴窩堡東南行，南風從奇克達巴罕一帶雪山來，寒氣凛冽。巳午時更大，終日簾不捲。薄暮抵達坂城，所謂噶遜營也，城名嘉德。乾隆四十七年建，爲喀喇巴爾噶遜守備所駐。城東南奇克達巴罕，綿亘插霄漢，積雪森然，《新疆識略》指爲南北相通之正道，可通車。謹按：新疆南北相通之道通車者三：自北路巴里坤踰天山三百三十里至哈密，一也；巴里坤尚有橙槽溝一路，達哈密之瞭墩。自奇臺之色必口穿小南路，至鎮西廳屬之車箍轤驛，達一碗泉，二也；自烏魯木齊踰奇克達巴罕五百里至吐魯番，三也。此外僅可馬行，不能通車者四。一自伊犁東南經那喇特達巴罕、朱勒都斯山、察罕通格山，而至喀喇沙爾城，可馬行。雍正年間遣使至策妄阿拉布坦游牧，乾隆二十二年將軍成袞札布、參贊大臣舒赫德帶兵重入伊犁，皆由此路。一自伊犁之南渡伊犁河，踰索果爾達巴罕，渡特克斯河，六百五十餘里，踰木蘇爾達巴罕，共一千二百餘里至阿克蘇。木蘇爾，譯言冰也；達巴罕，譯言嶺也。嶺長百里，堅冰結成，《唐書・西域傳》所謂凌山冬夏積雪，春秋含凍是也，今爲通行之路。又阿克蘇所屬巧塔爾達坂及賽里木所屬阿爾通伙什卡倫，均爲赴伊犁捷徑，道光八年奉旨封禁。一自伊犁惠遠城西南十七站，由布魯特游牧地方直抵烏什，爲行兵捷徑。道光八年，奉旨著伊犁將軍、烏什辦事大臣將伊犁西南哈布哈克卡倫，烏什迆北貢古魯克卡倫，添派官兵巡防，不計夷民取道來往，則此路久經封禁。按：烏什之貢古魯克山，山嵐層複，巖岫險峻，其中溪澗縱横，谷中尤隘，止容單騎。有地曰南北鄂羅，北通伊犁之哈布哈克卡倫，乃布魯特牧游。一自伊犁西南出鄂爾果珠勒卡倫，一百三十里經善塔斯嶺，又五百五十里踰巴爾琿嶺，又百八十里渡納林河，又四百五十里至烏蘭烏蘇河，凡二千二百餘里至喀什噶爾城。可馬行，皆在布魯特界中。今自霍爾果斯河以西劃歸俄人，則此路已非我有。

二十八日辰正，自達坂城開車。東南一小河即喀喇巴爾噶遜水也。過河，經草湖十餘里，入奇克達巴罕山峽中，曲折行里許，先登北面達坂，絶頂鑿開一峰，兩旁壁立若門，中爲車路，車從兩壁中轉出。南面山坡陡峻而下。越此一層達坂，復行兩山中里許，漸行漸高，曲折而登南面達坂。將躡絶頂，回頭一望，遥見博克達山從西北峰巒外插入霄漢。到此重岡疊岫中尚見博峰，則其高固出奇克達巴罕之上矣。復登絶頂，亦鑿開一峰，壁立若門，凍風從山底兩谷中夾束而上，逼入絶頂兩壁間，迎面刀刺。自此旋轉而下，兩旁層峰複嶺紆曲束縛，迆邐向低處行十餘里。至後溝，計程三十五里，則既暝矣。溝旁店隘甚，先歇車數輛，無房舍可容，宿車中，燒燭書此畢。

二十九日寅初，自後溝東南行。辰正，抵白楊河腰臺，漸出奇克達巴罕支山之麓。自白楊河東南行半里許，分兩大路，北面路向東，趨吐魯番、闢展，達哈密；南面路稍東向南，趨小草湖，至託克遜。午後抵小草湖，計程七十里。此站柴薪多。驛書李姓，光緒十四年到站。道及本月初四夜，有阿克蘇纏回隨天津人自南路販貨晉省，策驢數十頭，未及驛十餘里，黑風陡起，時值下雪，凍斃纏回一名、驢子三十頭，天津人得汛勇救回驛店，亦僵卧發腫，入省尋斃。竊謂小草湖至託克遜，此百餘里戈壁雖在吐魯番以西，仍是當日白龍堆腹背，蓋噶順沙磧綿亘數千里也。今由哈密趨吐魯番者，雖自哈密之西折而北，踰烏克克嶺，行兩山中，避十三間房風戈壁之險路，且較捷，誠往來行旅萬全策。惟小草湖至託克遜一站，無計可避風災，夏經此者渴死，冬經此者遇黑風輒凍死。

三十日卯正，由小草湖正南行，地勢漸低，戈壁中微風不興，平安度磧。申初抵託克遜，計程百里，屬吐魯番轄境，在赤道北四十二度。【略】市東分二路：一向北，由小草湖至達坂城，達新疆省；一向東百九十里，至吐魯番。由北路小草湖晉新疆省，道在弓弦，近一站，而有戈壁遇風之險。由東路經吐魯番入省，道在弓背，遠一站，無風災。

十一月初一日。車夫以從小草湖百里大站到託，騾馬宜略歇息。且將西南入蘇巴什山溝，有三站無草料，均須在託市買備，停車一日。而南路東來之車，亦以過蘇巴什山溝既經勞頓，加以下站小草湖又係戈壁百里，宜蓄全力度之，大率到託亦停一日。

初二日巳正，由託克遜西南行十里許，有沙路十餘里。出沙路，皆戈壁。行戈壁五六十里，入蘇巴什山口，喀喇沙爾東路轄境自此起。【略】今觀蘇巴什一山横卧沙磧二三百里，其形勢獨自南而北，不似南北大山，均自西而東。雖不及葱嶺幹山與南北兩支山巍峨廣大，而劃然於高昌之西、焉耆之東。凡東路入南八城，必自蘇巴什山口曲折行山中一百八十餘里始出山，則蘇巴什一山乃東四城關隘所繫，亦即合南八城全境咽喉所繫也。

初三日辰初，由蘇巴什驛正南行，終日盤旋山溝中，兩旁峭壁横空，亘若長城。入其中者，恍游井陘、平定間隘道，正午日光始照溝路。午前，溝向東彎處見日，向西彎處不見。午後，向西彎處見日，向東彎處不見。行八十里至阿哈布拉隘口，乃蘇巴什山中最險難行處。按左文襄光緒六年四月奏稱，阿哈布拉地方兩峰壁立，積石峙嶒，一徑羊腸，下臨無際，車馱經此輒有意外之虞。防營總兵劉見榮鎚幽鑿險，化而爲夷，用功至勤，羣情欣慼云云。廷襄平時想像其險，未獲目覩。此次經過，見險隘處碎石平鋪，皆當日劉總戎鎚鑿之力，誠已化險爲夷。惟尚有二三頑石梗阻征輪，故此次同行三車尚有一車費盡氣力，不能登隘。雖離店僅三四里，此車仍停巖石中度夜，不能到店。

初四日辰正，自阿哈布拉克驛西南行約三十里，地勢漸行漸低，兩旁山勢亦左高則右低，左低則右高，不似甫入山溝，希見天日。復行三十里至桑樹園，倭文端公《莎車紀行》載桑樹園有尺桑一株，今無。又二十里出山。再踰戈壁五十里至庫木什阿哈瑪驛，宿約三更矣。此站柴薪多。倭文端《紀行》注：庫木什，回語「銀」也，唐人謂之銀山，郭孝恭率步騎三千出銀山道，是也。謹按：庫木什東西兩面有山，皆不甚高，所謂「銀山」或即指此。又按：《新疆識略》載庫木什臺正南二百四十里有草湖，爲官牧地，自吐魯番赴羅布淖爾者，傍草湖之東向南行四五日程。按圖索之，其路弦直。而刻下籌辦羅布淖爾善後者，必繞向喀喇沙爾以西第二站之庫爾勒，始分路向東南，趨羅布淖爾。計自庫木什西至庫爾勒相距八站，共六百二十里，又須折向東南七站，統計十五站之遠，始達羅布淖爾。是不若自庫木什南行，傍草湖之東抵羅布淖爾，祇七八站，爲途甚近矣。今之赴羅布淖爾，何不覓此道試行，得毋因庫木什臺南二百四十里或山路崎嶇未設站口乎？然《新疆識略》既云然則是庫木什南明有一條路走羅布淖爾，而毋庸繞向西面至庫爾勒始分路向東南者，姑志之，以備查攷。

又《新疆識略》云：烏沙克塔拉台，博斯騰淖爾在其南。今按：自庫木什西行九十里至榆樹溝，又西七十里至星井子，又西八十里至烏沙克塔拉驛，是庫木什距烏沙克塔拉共二百四十里。則所謂庫木什台南二百四十里之草湖，得毋即博斯騰淖爾東岸近水饒草處乎？

再按：《新疆識略》載庫木什台正南二百四十里有草湖，是言自北而南，非言自東而西二百四十里有草湖也，或博斯騰淖爾之東另有草湖，當俟查攷。

博斯騰淖爾在喀喇沙爾東南，受開都河之水瀦爲大澤，復西南流入哈爾阿滿山谷中。出哈爾阿滿山谷，向南流經庫爾勒回莊，復西南入塔里木河。葱嶺南北河、和闐、阿克蘇河四水會，是爲塔里木河。自是隨塔里木河以東歸羅布淖爾。《新疆識略》既言傍草湖之東向南行四五日程達羅布淖爾，無論草湖是否即博斯騰淖爾東岸饒水草處，總之由此路趨羅布淖爾，祇取道博斯騰淖爾東頭，其路徑直。不似今赴羅布淖爾，由烏沙克塔拉驛出博斯騰淖爾，北至喀喇沙爾西面二站之庫爾勒，又包博斯騰淖爾西，然後折向東南，再包博斯騰淖爾之南，復行數百里始達羅布淖爾也。詢之土人，云上站桑樹園南面有徑路通草湖至羅布淖爾。按：光緒二十年臘月，廷襄由葉城交卸晉省，道出桑園腰站，已經羅布淖爾善後局沈菊臣司馬開出，此路計自羅布淖爾至桑樹園，置驛站七，即交卸于闐之孫海槎别駕、柳竺溪司馬，均由羅布淖爾取道新開之路至桑樹園，以晉新疆省矣。

蘇巴什山口南至阿哈布拉隘口，地勢北低南高，車向南行，水向北行。過阿哈布拉隘口後，地勢北高南低，終日走下坡路。

初五日，車夫以馬踰阿哈布拉隘口，業已勞頓，又自阿哈布拉至庫木什行一百三十里大站，馬力宜略休息，薄暮始開車。

按：自託克遜西南三十里已係吐魯番與喀喇沙爾分界處，故蘇巴什至庫木什四站，本喀喇沙爾廳轄境，命盗詞訟案件仍歸喀喇沙爾辦理，惟四站驛遞撥歸吐魯番管者，以喀喇沙爾轄驛太多也。

初六日子初，抵榆樹溝驛，計行九十里，即喀喇和色爾台也。喀喇沙爾廳東路轄驛自此起。自庫木什西南行至此，六十里戈壁，三十里山溝路。倭公《紀行》載溝中歷歷多榆，故名榆樹溝。驛店南北兩面皆童山，無柴薪。薄暮開車西行，七十里至星井子驛，約三更。

初七日辰初，抵烏沙克塔拉驛。星井子至此八十里。驛東、西、南三面空廓，北有察罕通格山自西向東綿亘百數十里。博斯騰淖爾正在是驛南。【略】是日薄暮開車西行，三更時過曲惠，古危須國也。

初八日辰初抵清水河驛。由曲惠西至此四十里，昔之特博爾古台也。驛北高山，回民僉稱察罕通格達坂。西面迥野。芨芨草彌望，芨芨草，一名席箕草，即《西域傳》所謂白草莖大者，人取爲箒。東南寥廓。以驛處博斯騰淖爾北面稍西也。一河自北面察罕通格山中來，向南流，水色澄清。車子言每四五月河水泛漲，頗不易涉。是驛柴薪充足，居民漢回七户，纏回三户，開店畜牧營生，無治田者。【略】是日傍晚，開車西南行九十里。

初九日辰初，抵喀喇沙爾城。古焉耆國。按之《一統輿圖》，在赤道北四十二度有零。城北百餘里大山綿亘，西接哈布齊海山，東起察罕通格山。

十一日巳刻，開車西南行，踏冰橋，度開都河，頃刻過之。輿夫喜相告曰：四五月渡此，容易亦需半日也。河西南岸毳幙穹廬，皆蒙衆出山畜牧者。復西行二三十里，大澤寥闊，迥野連天，但見蘆葦蒼白之中，牛羊出没。【略】午刻四十里井子，打尖。又西行，望見西面山勢平拖數十百里，知明日所經哈爾阿滿台，即此一帶山色中也。薄暮，行八十里，宿紫泥泉，地多鹻水，鹹甚。

十二日辰初，自紫泥泉西行，地勢漸低。約二十里，有數重矮山來迎，從數重矮山中馳入哈爾阿滿山谷。開都河由博斯騰淖爾西南溢出，灌入谷中，銀濤山立，雪浪雷掀，其陡絶奔放，雖瞿塘、灧澦之駭人心目不是過也。車從河北山麓行經哈爾阿滿舊軍台南。河隨山折，愈北而地勢愈低，愈折而河聲愈怒。車路瀕岸危險，釘有木欄以防覆車。台右屈曲半里許，一山横當河道，其勢斗峻。車自山麓登此，較阿哈布拉隘口尤爲險絶。若西路來車由山頂建瓴而下，更多顛覆憂兹。由東而西，既登此山，但見數峰峭壁，將河拒向南奔，寂然忽不可得見。又半里許，峰向西旋，河仍隨山西折，飛赴馬前，自是出山南流，地勢敞平，一望無際。【略】是夜二更後，計行百一十里，抵上户地。

出哈爾阿滿山谷，宿庫爾勒者，向西南行二十里抵庫爾勒。此次車夫趕路，折向正西，徑踰庫爾勒之北以抵哈拉布拉克。即上户地。正西地勢漸行漸低，北面山勢平拖，連綿不斷，即《新疆識略》圖載紅石、霍壘等山。【略】

十三日申正，自上户地西行，道路坦平，不似前數站漸行漸低，北面山仍綿亘不斷。

十四日辰初，抵車爾楚，計行百里。漢烏壘城也，都護治此。

十五日卯正，抵野人溝驛，計行九十里。北面山仍連綿不斷，一水從北山峽中出，向南流。

十六日卯正，抵洋薩爾，計行百三十里。自野人溝隨北山西行，地勢時高時低，以多越矮土山也。沿途草樹叢密。行四十里至車底地方，該處莊家聞較野人溝、車爾楚更多。月明中經過，惟聞犬吠。復三十里過策達雅爾驛，約四更。

十七日卯正，抵布古爾，漢輪臺地。喀喇沙爾轄境止此。市面街道二，通長里許，纏户櫛比。

十八日辰正，抵阿爾巴特驛，計行百里。庫車東路驛自此起，地氣較東來各站略冷，以北面雪山雖相去數十里，而寒氣逼人。驛北莊家廿餘户，渠水方冰，春融消釋，纏户得資灌溉。二更，開車西南行。五更天氣過哈爾巴驛。

十九日巳初，抵託和鼐驛，計行百四十里。

二十日巳初，行七十里，抵庫車，漢龜兹國，在赤道北四十一度。

二十一日申初，西北行六十里，入山，過鹽水溝，經託和拉日驛，庫車廳轄境止此。倭公《紀行》載兩山相夾，險要可扼。惜宵夜經過，負此險隘，未獲熟閲。百餘里出山，復西南，踰戈壁二十里。

二十二日巳正，抵和色爾驛。屬拜城縣轄境。【略】是夜五更，渡和色爾河。

二十三日辰初，過賽里木驛。賽里木，回語「安適」也。《唐書·地理志》俱毗羅城，即此。自和色爾驛以西，地氣較東路寒冷，以平野雪鋪。北面即木蘇爾達巴罕，南面亦有雪峰，雖相去均有百餘里，而冷氣逼入車中，特較達板城略遜耳。申正，行百二十里，抵拜城縣，在赤道北四十度有零。自布古爾以西，夾道白楊寒柳。至庫車以西，除戈壁外，道旁樹株更密，纏回瑪雜壘壘。瑪雜，纏語「墳塋」。

二十四日，薄暮西行，道旁楊柳不斷。【略】二更過木雜喇特河，乃渭干河上游西源，即《水經注》所謂龜茲西川也。

二十五日卯正，行百三十里，抵察木齊克驛。驛西南三十里滴水崖，拜城産銅處也。路皆沙磧。《唐書·西域傳》自龜茲踰小沙磧，即此。其産銅之山名楚午哈。

自拜城縣西行，渡木雜喇特河，其驛路中經下銅廠及鄂依斯塘可齊克。又西，乃至察木齊克。而鄂依斯塘可齊克路狹，可馬行，不能行車，且道在弓背，略遠。故車路徑出鄂依斯塘可齊克之北，經黑米子地，取其道在弓弦，較近十數里。然驛站以捷爲要，不設在黑米子地近處，反設在鄂依斯弓背道遠處者，緣春夏冰雪消融，水勢盛漲，木雜喇特河水面太寬，馬不易渡。惟鄂依斯塘可齊克河面較窄，地勢較高，水亦較淺，馬行徑渡無留難，故棄近就遠爲便。申正開車，二更行四十里，抵滴水崖。

二十六日辰正，隨滴水崖山勢西行十餘里。山折而北敞爲沙磧，車度磧南行二十餘里，漸近南面楚午哈山西走之脈。有矮土山自磧西向東，與南面山相夾，車由兩山間溝中穿出，地勢陡低約數里。北面矮土山盡處，見高山自北面木素達巴罕來，與南面楚午哈山西走之脈接，其相接處遥見峰頂劃然中開，知爲車路入峽之口。午初，經托和奈，産銅最旺處也。拜城溫宿於此分界。自此入峽口，兩旁峭壁紫色。【略】峽中行四十里，愈行愈低。出峽後，沙磧平闊。二更，抵哈拉玉爾滾。日間所見南面楚午哈山西走之脈，已在北矣。計行百四十里。

二十七日辰正，西行十餘里，路皆碎沙。又十餘里，黄茅徧野。尋渡一河，即姑墨川，《新疆識略》所謂阿爾巴特河也。【略】是日申正，抵札木臺，計行八十里。

二十八日辰初，西行，皆沙路。道旁莊家甚少，柳樹寒冬衰颯，轉眼春到則婀娜矣。【略】過此則土坡陡下，高數十丈。仰望之，方知本日所行平曠之野皆在高原，非低下處也。下土坡，向北行，回城緊靠原麓，崇崖峭壁之下，但見街市叢密，烟户輻輳。午正，回城税局停車，謁兄。

三十日，自回城赴新城，傍東原崖下，行道左爲原岸，右則長渠。自北而南，渠左官柳成行，右皆稻田。【略】傍東原行二十餘里，崖岸斷處，車自此東折登原。自原上西南行數里，復下原行二里許，入溫宿州治北門，在赤道北四十一度有零。

又卷下　十二月初一日，謁道憲陳退。巳刻，賀兄接州篆，留居三日。添僱輕車一輛，赴喀什噶爾晉謁本管道憲李。刻期初四日起程西指疏勒，二十二日抵莎車州，二十七抵葉城，二十八日接鈐。

初四日巳正，別兄。向正南行約數里，一水自西北向東南湍急奔放，上架木橋以渡。即楚克達爾河，乃上游託什罕河所分東支，其西分一支爲渾巴什河。渡楚克達爾河正南行二十里，官道仍向正南，輿夫折向正西，不由官道。詢悉正南渡河處，河面太寬，此即西支渾巴什河。須船渡，躭延時日。折向正西，從上游渡，架有木橋，過河較易。但春夏上游水漲，不能架橋，必由正南乘船以渡。二更，抵渾巴什驛，計行八十里。三更後，由渾巴什西行，渡渾巴什河。黎明，抵薩伊里克驛，即洋阿里克。計行六十里。

初五日巳正，自薩伊里克向正南行。西北有山綿亘，因冰雪之氣騰成霧障，隱隱見嵐光一道横在天邊耳。日暮，抵喬里呼圖驛。驛係新添，計行八十里。水鹹苦。二更，自喬里呼圖南行。

初六日黎明，抵齊蘭臺驛，即都齊特臺。計行百里。溫宿州轄驛止此。【略】午初，西行。申正，黄草湖尖，計行五十里。

《新疆識略》載：自阿克蘇南行，渡楚克達爾河，三百里至都齊特臺。渡烏蘭烏蘇河，沿河南岸西南行，三百五十里至巴爾楚克臺。自此分爲二道：一向西達喀什噶爾，一往南達葉爾羌。是由都齊特臺南行，即渡喀什噶爾東來之烏蘭烏蘇河矣。今改齊蘭臺即都齊特臺，昔時官道自此南渡烏蘭烏蘇河。今因舊官道遠二十里，且係沙窩，車難行，改由弓弦西行抵黄草湖，約近二十里，遂不南渡烏蘭烏蘇河，而取道烏蘭烏蘇河之北。

黄草湖現時沙草平曠中，隨在水結成冰。詢之驛書，云北岸莊家既收，需水甚少，遂將渠水放令四散，故平野中隨在水結成冰。又詢車夫云：向來夏間黄草湖水勢漂散，路苦泥淖，不便行車，則自齊蘭臺南渡烏蘭烏蘇河，較西指黄草湖遠二十里。本年夏黄草湖水悉歸渠灌溉，平野無漂流患，車至齊蘭臺均不南行，而就近向西行抵黄草湖。

黄草湖驛舍外木料堆積甚多，詢係譚別駕念征途濘淖，特購辦以修路也。是日行百五十三里，抵雅哈庫圖克驛，即《新疆識略》所載烏圖斯克滿臺，又曰十一臺。回語雅哈庫圖克，遠地有井也。謹按一、二、三、四、五、六、七、八、九、十、十一、十二各臺，自葉爾羌愛吉特虎頭臺起，至瑪喇巴什東路轄境色瓦特十二臺止。蓋乾隆時葉爾羌駐協辦大臣，瑪喇巴什乃葉爾羌轄境，故一臺至十二臺自南計算至北，自西計算至東。

初七日巳正，自十一臺西行。【略】未正，十臺尖。即車底庫勒驛，昔之衡阿喇克臺。夜子初，抵九臺。即圖木舒克驛，昔日庫庫車爾臺。計行林木中百零九里。是處有巴雜市。

初八日巳初，九臺西行。南面有山橫亘如帶，西面小一支山勢自北而南。行二十餘里，蘆葦徧野，南面山盡，西面又一支山自北而南。此一帶地勢東高西低。約行五六十里，西面山盡處，峰脊起一土臺。【略】復行草湖二十餘里，中有水渠一道，譚別駕所修。酉正，抵察巴克驛。即巴爾楚克臺，亦曰八臺。回語察巴克，園子四處也。【略】是夜，二更開車。

初九日卯正，抵瑪喇巴什廳治，即七臺。計行七十二里。自新疆省城至此，共四十四站，計三千五百十四里。在赤道北三十九度有零。瑪喇巴什城，係劉爵宫太保蕩平回疆後用瓦磚創建。葱嶺北河自西面繞城北東流，至察巴克莊之東、覺里孔山之西，折而南趨，至烏果洛可山之西、切里山之東，匯爲烏果洛可湖。又南與葉爾羌玉河支流會，折而東北至噶巴克阿克集，與葉爾羌之葱嶺南河會。從前十二臺，即伊勒都，今色瓦特驛。十一臺，即烏圖斯克滿臺，今雅哈庫圖克驛。十臺，即庫庫車爾臺，今圖木舒克驛。皆在葱嶺北河南岸。回亂平後，將各臺改移北岸，惟舊臺遺址仍在南岸。【略】是夜二更開車，西行經樹窩子道。

初十日辰初，抵屈爾蓋驛，計行七十六里。驛西瀕大渠，水自南向北流。現雖冰凍，而渠面、渠身寬、深約二丈許，想見春夏渠水不少。午初度渠橋而西三十餘里，樹林叢密。酉正，抵卡拉克沁驛，計五十四里，瑪喇巴什轄境止此。三更開車西行，月明中經過樹林，約四十里，沙窩約二十里。

十一日辰正，抵玉代里克驛，計行七十里。疏勒州東路轄驛起此。【略】又東過瑪喇巴什城北。薄暮開車西行，皆草湖。三更後過雅素里克驛。按：自瑪喇巴什出城西北行，即渡葱嶺北河，以上均在河北岸行。

十二日辰初，渡葱嶺北河而南，抵龍口橋驛，計行百三十里。【略】午初，自北河之南向西行，沙草雪泥中多紅柳。約行四十里，平野得一井，上覆土室，形似蒙古帳房，井四邊鑲以木，泉水清冽。酉正，過英阿巴特驛。夜子初，抵排素巴特驛，計行百二十里。

十三日未正，西行。三更後，輿夫車轅鼾睡，不戒於途，轅前三馬宵深盼棧，得廢店門飛馳而入。【略】就近停喂馬匹，詢是處地名爲雅璊雅爾驛。五更後，整駕復行。

十四日辰初，抵喀什噶爾新漢城，計行百六十里。是爲疏勒州治，董提帥軍府駐焉。未入城，由東北郭外繞向州治西北，渡葱嶺北河，橋梁二，一顔曰七里橋。攷徐氏松《水道總叙》注，河水經喀什噶爾城南七里，故又名七里河。橋名七里，必以此。巳正，抵喀什噶爾回城，是爲疏附縣治。管理通商事宜兵備道憲李駐焉詢。回城無寓店，店在漢城，僅遣僕向道憲處禀到。未正，回車入漢城。

十八日申初，疏勒州漢城開車，自此向南行約十里，過大橋一座。夜間過小橋數十處，已渡喀什南境之泰里布楚克河。三更，抵雅卜藏驛，即庫森塔斯渾臺。是處有巴雜市，計行七十里。

十九日辰正，自雅卜藏驛南行，道旁楊柳成行，或數里、十數里不斷，想見東風披拂，轉瞬畫圖。復行草湖二十餘里，柳株亦密。又歷沙梁二三段。申正，抵英吉沙爾廳治，在赤道北三十九度，計行八十里。沙爾，謂城；英吉，謂新。其城新建，故名。

二十日巳正，出英吉沙爾漢城南門，過回城，巴雜市長二三里。出回城，有沙梁東西橫亘。踰沙梁，南行十數里，有大橋，即英吉沙爾水自西北來，經廳治南，東北流入葱嶺北河者也。過橋，復得沙梁。踰沙梁，行曠野中，復時遇沙梁。申正，過托和布拉驛，自此折向東行。二更，抵黑子爾驛，即《新疆識略》所載和色爾察木倫臺，計行百二十四里。

二十一日辰正，自黑子爾驛向正東，迎曉日行。雖遍地雪鋪，較北路凜冽氣迥不侔，終日可捲簾望。約行三十里戈壁，道旁纏户一，四圍垣牆皆緑色瓦磚。【略】又東行二十里，過和色爾驛，莎車州西路轄驛起此，《新疆識略》圖所謂和色爾塔克腰臺也。驛在長途戈壁中，乏水草，方冬雪鋪，尤苦無飲。馬策驛馬渴倒數匹。又東行五十二里，戌初抵科科熱瓦驛，《新疆識略》謂之喀喇布札什臺。是日行百有五里，三更月上東行。

二十三日辰初，過大橋梁，有大渠水自南而北。巳初，抵葉爾羌城，計行九十里。在赤道北三十八度有零，距京師萬二千二百二十八里，距新疆省城四千七十三里。其節氣中氣交入時刻，較京師早十刻十一分，較新疆省城早三刻二分。

二十六日辰初，自莎車州漢城南門出，穿過回城。回城中間地勢隆起，有纏民大禮拜寺。陶協戎謂莎車地脈在此，惜衙署未占其處。出回城，南行三四十里，多渠橋，夾道楊柳桑株不斷，稻田甚多。復十餘里，爲草湖。午初，渡澤普勒善河，葱嶺南河西源也。河流湍疾，有威呼二。威呼，回語「渡船」也。脱驂馬，轅馬，登威呼以渡。未正，行七十八里，抵坡斯坎木驛，莎車州南路轄驛止此。是驛纏户繁庶，巴雜市長二里，官店即大禮拜寺東偏。

二十七日卯正，自坡斯坎木驛東南行三十里，地名一肯蘇，葉城縣轄境。【略】復東南行七十八里，抵葉城縣治。縣尚無城，即《新疆識略》所載哈哈里克莊，約在赤道北三十八度。

二十八日，接葉城典史鈐記。德薄識淺，柝擊龍荒，雖非仕之正理，亦可於犴獄間稍行惻隱，以報各憲之知矣。

闊普通武《湟中行記》卷上　光緒廿四年戊戌十月廿八日，由禮部左侍郎賞加副都統銜，作爲西寧辦事大臣，照例馳驛前往。

於十八日挈眷赴任。以次子花連布、三子花山布、四子鳳諾布、長女貞閣從。午刻出彰義門。【略】過蘆溝橋，振策急行，日暮抵長新店。秉燭又行廿里，至良鄉南門外旅店宿。七十里。

十九日，與親戚、三弟等判袂，及叮囑長男而別。過琉璃河，橋甚高，眩矚空曠。涿州宿。七十里。

二十日，驛站公文未備，仍宿涿州。

廿一日，過張桓侯古井，井口尚在。又過昭烈桓侯故里。定興宿。七十里。城南即高漸離擊筑處。

廿二日，渡易水，寒甚。【略】過燕田光故里。又過劉伶墓。安肅宿。七十里。

廿三日，保定宿。五十里。

廿四日，過靳文襄墓。景陽驛尖，滿城縣境，望都宿。十九里。東門外過帝堯廟。

廿五日，過清風店，本名清官店，【略】定州宿。六十里。

廿六日，過明月店，俗有「清風明月夾定州」之謡。路旁一碑刻「黄石公修道處」。又過羲皇廟，外立一碑，曰「羲皇聖里」。【略】新樂宿。五十里。

廿七日，【略】晨起渡沙河，河面寬里餘。時方冱凍，中流已涣然。直走伏城驛，尖。四十五里。入正定郡城，恒山驛宿。四十五里。

廿八日，渡滹沱河，冰未解，而中流尚波濤洶涌。【略】至趙陵鋪東南二里，見南粤王趙陀先人墓。獲鹿縣宿。

己亥新正月初一日，仍留獲鹿過年。

初二日，入山，澗水潺潺，頓超塵壒。峰回路轉，萬壑千巖。【略】過東天門，即古白皮關。門左建白面將軍廟，額曰「趙之干城」。又至一河，見碑刻「漢淮陰侯背水陣處」。河不寬，水亦不深，並不似戰場。滄海桑田，想有變遷。過橋，見元尚書陳寬神道碑。又過西漢丞相田叔田仁故里。井陘縣宿。七十里。

初三日，早出驛館，見縣治依山建，城前臨大河，十八孔橋已斷其半。【略】循岸南行，又入山境，仍如昨日狹窄。午後出井陘，過北天門，外額曰「晉陽鎖鑰」，内額曰「古固關」。甘桃驛换馬。館舍荒蕪。入山西界，石路崎嶇，難行之極。槐樹鋪尖。五十里。至雄關，有税吏詢問。過西天門，較東北兩門稍易行。柏井驛宿，三十里。樂平縣地。是日也，萬壑羣山，千曲百折，滿地皆碎石，車不能順軌，馬不能駐足，誠異常險巇也。

初四日，過青玉峽，壁立千仞，下建山城，豎碣云「此處小心山水，行人不可避雨。」讀之，四顧悚然。此地山水若下，衆流匯歸，深成巨浸，促難回避。又砌石龕數處以備避水，額曰「遇險藏身」。【略】又十里至石門山口，峭石壁立，松柏青蒼，間以樓閣亭臺，十分幽秀。數日山行，此爲最佳之境。過此，路亦平坦。平潭驛宿，五十里。在平定州西關。

初五日，早出南天門，自下而上，尚不難行。出門，自上而下，覺陡峻非常。俯視衆山，皆培塿。是日早陰，行至半路忽晴，頓覺爽目。許久始下平地，回首城垣，宛在天表。詢之土人，云有五里。午後過黄沙嘴，見山色青翠可愛。測石驛宿五十里，盂縣地。館舍穴山爲屋，「陶復陶穴」，今日身臨其境焉。

初六日，微雪。山行，俯視雲在脚下，天然畫圖。過晉乂子祠，經朝陽閣，極壯麗。兩山對峙，有雙鳳朝陽之目。壽陽驛宿。五十里。【略】傍晚寒甚，恰合冷壽陽之説。

初七日，驛站車馬不齊，仍留壽陽。

初八日山行，抵太安山，下坡有里餘，亟陡峻。道左有張香濤前輩修路德政碑。【略】太安驛宿五十里，地屬壽陽。

初九日，過韓文公詩亭，什鋪尖，三十五里。鳴謙驛宿，三十五里。榆次縣境。自初二日入井陘，至今日始出山。

初十日，過永康鎮，商鋪林立，頗似北京之興隆街。徐溝宿。七十里。

十一日，經舅犯、温嶠故里。【略】賈令驛宿，六十里，祁縣境。

十二日，洪善驛宿。五十里。

十三日，過尹吉甫故里，張蘭鎮尖。三十五里。爲四大鎮之一。【略】入城東門，見文潞祠。又經三賢故里。義棠驛宿四十五里，在介休西關外。

十四日，走汾水，傍巖而行。俯瞰沙灘，見白鷺野鳧紛集水次，隔岸則綿山，山勢不平。【略】兩渡尖。五十里。過十一孔橋，汾水漸狂，風亦大。山巖路狹，只容一軌。此地名平樂村，其險較四天門尤甚。以後行此，須用民壯扶轎。靈石宿。三十里。【略】是邑無驛館，假宿茅店。亟卑隘，饌亦弗潔，不能下嚥，食薄粥一盂而已。

十五日，仍緣汾水行，有民壯扶轎。過韓侯嶺，上下共四十里。山頂有淮陰侯墓，墓前有祠，刻詩甚多。仁義驛館舍荒蕪，覓店茶尖。四十里。又過逍遥嶺，霍州宿。六十里。

十六日，仍緣汾水行，民壯扶轎。擬宿洪洞。天陰晦，止於趙城。五十里。

十七日風雪，過國士橋，華表二：一曰國士橋，一曰豫讓遺跡。【略】又經紀落坡。【略】洪洞宿。三十里。

十八日，楊曲鎮北見有虞士師皋陶墓。【略】又經古高河橋，古高梁城，至平陽。【略】建雄驛宿。六十里。

十九日，出南門，【略】經帝堯故里。【略】又經舜尚見帝處、巢父洗耳處。入襄陵，屬山西襄汾界。又沿汾水行，見鴻雁飛鳴水上，音流清越。史村驛宿，六十里。太平縣界。

二十日，入山溝行十餘里，至伯益故里。又行十餘里，至文中子故里。出山，又過義士橋，【略】侯馬驛宿，七十里。曲沃縣境。

廿一日，過澮水橋，又過絳山。【略】過宋豐公趙鼎故里，對面即唐裴晉公故里，行數里即晉郭璞讀書處。東鎮尖，四十里。聞喜宿。四十里。

廿二日，涑水頭尖。四十里。過橋即宋司馬温公故里。又行蔡倫故里，【略】行二三里，廟前一碣曰「杜康故里」。【略】北相驛宿，五十里。安邑縣境，距縣治三十餘里。

廿三日，經相氏先塋，碑鐫「皋陶後裔」。行棗林十里，入猗氏縣界。牛杜尖。三十里。【略】樊橋驛宿。四十里。館舍洞房重闥，亟幽曲。

廿四日，古東信昌鎮尖，三十二里。寺坡底宿，三十八里。永濟縣境，在蒲州城東五里。

廿五日，過楊襄毅墓、明陳二難故里。遥望蒲城，想見重華之盛。可合尖，五十五里。入陝西界。又十五里，過黄河。【略】潼關宿。

廿六日，過漢太尉楊公震墓，華表曰「四知坊」。【略】華陰廟宿。四十里。

廿七日，入華陰縣城。【略】出城，過漢神醫華佗墓。又見古塚甚大，碣刻「秦侍中王猛墓」。【略】過大王橋、陳希夷先生隱廬。傍晚雨大作，華州宿。七十里。

廿八日，過寇萊公故里。走十里坡，滿山花木漸開。過郭汾陽墓、白樂天故里。渭南宿。五十里。

廿九日，阻雨，留。

三十日，仍留渭南。

二月初一日，因事仍留渭南。

初二日，零口尖。四十里。過鴻門坂，【略】入新豐。【略】入城，見廛市蕭條，半毀於兵，居民絶少。【略】新豐驛宿。四十里。

初三日，仍留華清。

初四日，過灞橋，古柳十圍，觸人別緒。灞水尖。三十里。過滻橋，【略】至西安。

初十日，仍留西安。【略】是日車轎換妥，往各處辭行。

十一日忌辰。【略】山橋鎮尖。二十里。【略】過豐水橋，【略】渡渭陽，即秦康公送重耳處，咸陽古渡又爲關中八景之一。咸陽縣宿。三十里。

十二日，出咸陽北門。【略】將近醴泉縣城，過唐太宗祠，僅剩一碣。【略】興全鎮尖，四十里。醴泉鎮宿。三十里。

十三日，乾州宿。四十里。

十四日，大風。將軍鎮尖，五十里。永壽縣宿。四十里。

十五日，入山，萬峰環抱，九曲珠穿。經豳谷口，澗水争流，巨石當道，爲公劉立國處。【略】大峪尖，四十里。邠州宿。三十里。

十六日，過范文正公舊里，【略】過大佛寺。又數里，傍巖而行，下臨潭水。亭口尖。四十里。午後大風，過隋吏部尚書牛弘、明殉難忠臣景清故里。長武縣宿。五十里。

十七日，瓦雲驛尖，四十五里。入甘肅界。午後大風。涇州宿。五十五里。

十八日微雨。經古瑶池降王母處，西關外里許。王村尖。三十里。午後大風。白水驛宿，四十里。平涼縣境。【略】驛館傾圮，假宿旅店，在山麓。

十九日，四十里鋪尖，三十里。平涼府宿。四十里。

二十日，出西關，望崆峒山形勢嶔崎，【略】安國鎮尖。四十里。入山路，雙峰對峙，中流澗水，石鋪沙底，琤琤有聲，巖際刻「峭壁奔濤」，又刻「山水清音」。瓦亭驛宿，五十里。固原州界。

廿一日，過絡盤山，俗名六盤。蝸篆蟻旋，高出雲表，俯視來路，悉被雲遮。上下共三十里。關帝廟稍憩。地勢既高，山坡尤陡，較韓侯嶺高數倍。隆德縣宿。五十里。

廿二日，神林堡尖。四十五里。過三將軍故里，即吴信、吴玠、劉錡。旁建三忠祠。静寧州宿。四十五里。

廿三日，高堡尖四十里。過齊家山，傍巖行，下臨深澗，幸石路皆坦平。咸頌李吉人方伯之德政，名惠，道光末年方伯，議修。又過利濟、履順二橋，爲李軍門良穆新修。青家驛宿五十里，地屬會寧。

廿四日，翟家所尖。四十五里。過山溪七十二道，名會寧溝。會寧縣漢枝陽地。枝陽書院宿。四十五里。緣溪轉山，共計一百二十六里。自此日後皆食窖水。

廿五日，微雪。西鞏驛宿。六十里。

廿六日，早晴。過王公橋。今名永定。上青嵐山，土嶺甚高。俯視衆山，如奔流下注，澗坡茅舍如春草初生，雪積遠近峰頭，歷歷在目。嶺上尖。三十里。安定縣宿。三十里。

廿七日，秤鈎驛宿。六十里。是驛館役倩人入山鑿冰煮茗，較窖水差强，無陰寒氣。

廿八日，過車道嶺。嶺上望南山，積雪映帶，嵐光瑩翠可愛。下嶺過一村，見人家房舍俱空，只徒壁立。聞十年前尚有百餘家，今則寥寥十餘户，可想見兵燹後之景象矣。乾草店宿。五十里。

廿九日，清水驛尖。二十三里。定遠驛宿，五十里。金縣境。

三月初一日，東岡鎮尖。四十里。過明理學名臣段容堅思故里，至蘭省。十里。東關外接官廳。【略】入城，至皋蘭縣八旗會館宿。

初二日，留蘭州。

初七日，起程，【略】過黄河。浮橋以船爲之，上架木板，所謂「天下黄河一道橋」也。【略】二十里入山，數處高峰皆赤色，形似樓閣，窗扇柱石，式樣天然。朱家井尖。四十里。自此無村落，食窖水。于家灣宿三十里，皋蘭縣境。

初八日，走紅沙路十里，咸水河尖。五十里。曠野荒山，無村落，行半日不見一人。紅城驛宿。三十里。至驛，食河水。平番縣境。

初九日，南大通驛尖。四十里。過莊浪城，距平番三里。平番縣宿，三十里。

初十日，早大雪，通遠驛尖。六十里。一路行荒山中，無居人。西大通驛宿六十里。無驛館，賃居野店。窗無紙，門無簾，且無飲食。

十一日，入山，溝窄，地只容一輿，兼有冰雪未化。冰溝驛尖。五十里。

上山坡行二十里，老鴉驛宿。四十里。碾伯縣境。

十二日，高廟尖。二十里。【略】緣湟水行，尚不岑寂，過河灘，碎石滿路。碾伯縣宿，假宿鳳山書院。三十里。

十三日，過河，見山下村落花木盛開。過大石峽，湟河雪山諸水匯流一處，兩山緊束，碎石滿底，其聲甚大。高店尖。四十里。沿途石子當道，難行之亟。平戎驛宿，二十里。入西寧界。

十四日，中街尖。三十里。過小石峽，險要與大石峽同，兩山之高遜之。【略】進西寧城，假宿試院，候擇吉入署。四十里。

又卷下 光緒二十九年癸卯，十月初一日，卯時拜發起程折，巳時交印，往同城諸寅友處辭行。

初四日，巳時起身。【略】午刻中寨尖，戌刻至平戎驛宿。

初五日，出驛之東門。【略】碾伯縣宿。

初六日，傍湟水行。波浪觸石，嗚咽盈耳，猶仿佛昨日衆人哭送之聲也。老鴉驛宿。

初七日，出西寧界。地漸荒涼，村落稀少。過馬蓮潭。水由北山而下，湛碧可愛。過潭即村落。無公廨，宿於茅店。夜間大雪。

初八日，早寒甚。行一百二十里，冰溝驛尖。住平番縣。至縣時已薄暮，提燈渡水。裕正甫大令端再三款留，小住一日。

初九日，留平番。

初十日，早，張雲亭來送別。過莊浪城。【略】是晚住紅城堡。

十一日，住余家灣。

十二日，大雪。冒雪行一日，將渡黄河，行梨樹林下，雪中四望，如梨花盛開。

二十一日，在館料理行裝。

二十四日，巳刻起程。【略】午後尖。【略】緣黄河行，值兩山相夾處，河面只寬一丈。【略】晚宿金家隘。

二十五日，宿甘草店。【略】下站無河無井，食窖水。自此驛即載水行。

二十六日，過車道嶺，地勢極高，眩矚宏敞。午刻，至稱鈎驛。地屬安定。

二十七日，住安定縣。東關外橋上建揚泗神廟，詢之春霆，言夏日山水暴發，波濤洶涌，其勢甚急，今歲沖壞城垣三十丈。設有不測，縣城恐成澤國。

二十八日，由安定起程。【略】上青嵐山，天風襲人，輿中十分峭冷。過王公橋，橋在澗底，舊碑半没土中，近年又改名永定橋。晚宿西鞏驛。地屬安定。

二十九日，【略】晚宿會寧縣之枝陽書院。至是始有河有泉，水尚可飲。自入縣西境，官道兩旁，楊柳稠密，十年樹木，令人憶左文襄之遺愛。

三十日，曉發會寧，出東關，行十里，日方出。寒冷異常。四顧童山壁立，溝水環流，幸冰堅，尚不難行。過七十二脚步關。早過平政橋，晚過履順橋，皆頌揚修橋之德政。青家驛宿。館在山坡上。

十一月初一日，午前所行皆坦途，傍晚過齊家山，嶺雖高，尚無險巇。晚宿静寧州。城市商鋪林立，街衢亦寬綽。

初二日，神林堡尖。【略】晚宿隆德縣。

初三日，【略】過六盤山。自西而東尚不甚陡峻。至山頂，有公館一所。【略】自絶頂俯瞰衆山，深不見澗底，左旋右轉，窄處只容一輿。【略】至山腰謁關聖廟，【略】拈香畢，至東廂道士齋喫茶。一盞山泉，甘洌沁入心脾。惟天風摩蕩，重裘尚寒，不敢久坐。【略】澗中屢見馬骨，疑爲野獸所啖。正行間，見狼狽同來，横不畏人。若孤客獨行，不堪設想矣。下山，二十里至瓦亭驛宿。

初四日，早行，見山頂麋鹿如蠅大。過三關口，【略】石峽壁立，澗水緩流，【略】地勢險要，所謂一夫當關，萬夫莫開者。於此可悟兵法。地凍石滑，轎夫脱骨，幸未臨深澗。將入平涼，望崆峒山前仰後俯，如棺形，樹木蓊鬱，一望知爲靈山，迥非甘省童山可比。【略】是夕宿平涼試院。

初五日，出東關。商賈雲集，半屬回民。兵燹後元氣漸復，人家屋宇皆修整。緣南山行，山村櫛比。自陜赴甘者，轂踵聯翩，明駝絡繹。蓋隴西無出産，一切日用所需，皆仰給於陜西。

初六日，沿路山村漸多，天亦晴爽，是腹地景象。又過瑶池降王母處，【略】過回中山，即瑶池。感慨繫之。涇州試院宿。爲甘肅東界。

初七日，黎明起行，自關内即上坡，行十餘里始履平地，路狹只容一輿。昔唐、宋防邊駐兵於此，誠爲秦隴之咽喉。瓦雲驛尖。以東爲陜西地。計自十月初四日由西寧起身，日日在山中行，至今始出隴上，然山之餘波東注，雖平地，亦屬山阜，惟無峰嶺之嵯峨而已。站程寫遠，是日行一百五里。長武縣宿。

初八日，過大佛寺，登明鏡臺，瞻古佛。穴山爲洞，鑿石成像，有三丈六尺法身。【略】又東過花果山，遍山鑿壞，爲室、爲廊、爲華表，以廟宇點綴，嵌空玲瓏，俗傳爲水簾洞。【略】山下花木成林，肩輿經過，如穿花塢。山農比屋而居，雞犬桑蔴，庶而且富。山下之地亦係平川，小河一道，阡陌潤澤。【略】是日住邠州。

初九日早，出驛館，見州治作甕城象，帝王舊治故也。過豳谷，山勢迂迴，儼爲州之屏障。又東，入永壽界。仍爲山路。是日又在山行一日。永壽縣宿。

初十日，山行，見腴田沃壤，盈陌連阡，而四顧茫茫，杳無村落。【略】遠望太華山在正東，若天外削成。將入乾州，過武后墓。【略】乾州宿。

十一日，卯初起身，秉燭行十五里，巳正抵醴泉縣，假座九嵕書院早尖，畢即起程。至店張驛尖，係興平縣界。該縣大尹遣人備茶飯。過北邙山，見古塚累累。【略】宿咸陽。爲古來建都之地，城門有九。北枕高山，南臨御河，尚有王氣。城中房屋甚高，鋪舍均有樓。是日行一百十里。

十二日，出咸陽東南門，渭水汪洋，一望千頃。渡口船隻甚多，惟官場之肩輿車馬從浮橋過。【略】山橋鎮早尖。未刻入西安，住皇華館。

十七日，巳正起程，【略】午正至滻橋。見滻水自南來，水紋細碎，沙淤將至橋洞。【略】過灞橋。【略】灞水亦迂緩，沙淤甚厚，灘中大雁紛集，與天上征鴻飛鳴相應。四面煙嵐，林木一望無涯。【略】晚宿臨潼之新豐驛館，係唐之華清宫。

十九日，早起，【略】入縣城，【略】行二十里，至鴻門坂，東門外平坂一區，周圍半里，坂前立碑，刻「楚項王屯兵鴻門招漢王赴宴處」。【略】零口河尖。【略】一路東行，望遠處松柏叢生，想即漢唐之上林苑廢址。渭南縣宿。

二十日，出渭南東關，【略】午刻至華州宿。

二十一日，【略】望少華山行，古木修竹，饒有畫意。午至神福水鎮尖。飯後渡河，望太華如在目前。【略】驛館仍在西嶽廟内。

二十二日，【略】午刻至潼關。

二十三日，出潼關東門，過黄河。時值冰汛，中流尚滔滔不息，斷冰沖而直走，惟傍岸稍凍。【略】舟駛三刻始抵北岸，行李船爲浪所激，沖於下游五里外。輿中回首，尚見太華。可合店内尖，食刀削面。將至蒲州，遠望城垣，雄壯亞於西安。惟南門外一片荒蕪碱鹵，毫無生氣。寺坡底宿。

二十四日，【略】七級鎮尖。樊橋驛宿。

二十五日，牛杜鎮尖。入安邑縣。【略】北相驛宿。

二十六日，涑水尖。聞喜縣宿。

二十七日，行碱地，一片如雪景。此地雖不生五穀，居民以水淘製，借以易錢糊口。東鎮尖。午後大風，塵沙捲地。【略】過澮水橋。河已凍，岸上茅檐菜畦，稍有點綴。侯馬驛宿。

二十八日，高縣鎮尖。又名高顯。【略】午後入太平縣界。過古義士橋。見山村民舍皆瓦屋，樓閣玲瓏，不似山居景況。是日多在山溝内行，黄沙飆起，對面來車不能開路，行役之苦萬狀。史村宿。

二十九日，天陰，大風，寒甚。平陽府宿。無公館，假宿茅店。上燈後大雪。自此郡以北，居民村落無築堡者。

十二月初一日，冒雪行。天井鎮尖。午後天晴，泥濘，轎子脱肩，幸未跌出。晚住洪洞縣。

初二日，沿水田行，見山村房屋皆磚瓦，民人之衣服整潔。是邑講求水利，故百姓富足。過國士橋，點綴尤佳。趙城尖。城門刻「造父遺封」。飯後沿汾水行，兩山遥對，林木樓臺亟多，近水遠山，情景若繪。方開顔眺矚，忽入山溝，行二十餘里出，而仍繞汾河，河水色碧，勢亦猛。時在三九，不凍中流，汩汩有聲。行數里又入山溝，十餘里，入霍州城宿。

初三日，卯初出霍州東門。【略】仁義鎮尖。上韓侯嶺。自二十七年乘輿經過後，鏟去浮土，較易行。過韓侯廟。【略】晚宿靈石縣。

初四日，早入縣城，城亟小，門亟卑隘，不能行車，肩輿入城，轎頂摩門而過。【略】出北門，在北關河神廟看靈石。【略】兩渡尖後，風大起，望綿山而行，有積雪點綴。晚宿介休西關外。

初五日，由介休城中行，人家商鋪房舍俱高大整齊，惟街太窄，只一車軌。【略】張蘭鎮尖。街市繁富，亞於北京正陽門外。平遥縣宿。公廨之精潔，室宇之合宜，爲晉省冠。是日晨起即風，午後大作，黄沙蔽空，對面幾不見人。

初六日，祁縣宿。

初七日，六村尖。過帝堯坊，同戈驛宿。徐溝縣。城西北一橋，往南楊柳兩行，係驛站大道。往西楊柳兩行，係入太原大道。

初八日，永康鎮尖，王胡鎮宿。榆次縣。

初九日，什鐵尖。過要路鎮，横額曰「古晉東藩」。又上山行，見山澗深逾十丈，其土紅色。入山溝行數里，上平坂，數里又入山溝，如是者終日。【略】過太安鎮，經韓文公詩亭，下輿瞻仰。【略】太安驛宿。

初十日，早微雪，宿壽陽縣。

十一日，上雙鳳山行，下而走亂石中，碎石當路。測石驛宿。館在山脚，以穴爲室。

十二日，行亂石潭，土名星星潭。過南天門，壁上有松湘浦筠相國修路碑。【略】平定州宿。日夕雪寸餘。

十三日，早晴，雪景頗佳，惟路泥濘。西郊鎮尖。過石門口，松柏叢茂，峰巒層疊，山村稠密。【略】柏井驛宿。無旅館，住茅店。自測石驛滿地皆石，過平定州尤多。居民皆用以砌山坡，壘墻屋，無用之物化爲有用。是邑煤鐵礦甚旺，驢騾橐載，絡繹於道。

十四日，出驛數武，即進西天門，尚易行。槐林鎮尖。俗名槐林鋪。過固關天險之地。【略】甘桃驛换馬，走北天門，古固關。自南上尚不難行，出而北下，亟危峻。石路約行三里，過一山窪，立碑鐫「重關疊嶂」四字。過界碑，入直隸井陘界。山路仍崎嶇。至板橋宿。

十五日，出井陘，【略】微水鎮尖。過東天門，即古白皮關。獲鹿縣宿。細閲四天門，惟北天門甚難行，自内而論，未至天門數里外即滿地頑石，不能置足。次則南天門，門内亟平，係土坡，出則陡峻，係石坡。東天門内坡稍峻，門外即平坦。西天門内外皆不高不長。

十六日，趙陵鋪尖。遠望滹沱河自西北直奔東南，河已結冰，光瑩如匹練。所過村落人家皆瓦舍，有庶而且富氣象。至正定府城外火車站宿。

十七日，午初上火車，每至府縣城鎮甸地方，稍停片刻，看護鐵路之武弁勇丁，尚沿站侍候。風馳電掣，酉正即至正陽門。計自正定府至正陽門六百三十里，三個半時即到，可謂神速。鐵軌行於中國已十餘年，此余初次乘坐也。

裴景福《河海昆侖録》卷一　光緒三十一年乙巳三月庚辰，甲戌朔。二十七日庚子，午後自廣州府經歷署出南門，至天字碼頭登舟。

二十八日，晨開行，六十里至佛山。

二十九日，自佛山行一百三十里，至三水縣。

四月辛巳癸卯朔，自三水縣行六十里至蘆苞圩，二十里至大塘圩，八十里至山塘圩，共行一百六十里。

初二日，自山塘圩行三十里，至清遠縣。

初三日，自清遠縣行三十里至峽山寺，七十里至横石圩，共行一百里。午間過清遠峽，游飛來寺，采紫背天葵。

初四日，自横塘圩行七十里，至英德縣。

初五日，自英德縣行一百五十七里，至烏石圩。

初六日，自烏石圩行五十里至白度圩，三十里至奶嶺，共行八十里。清遠、英德一路，山水奇秀，不減宗少文卧游也。

初七日，自奶嶺行二十里至韶州府曲江縣。

初八日，住。

初九日，住。

初十日，自曲江縣行七十里至周田圩。

十一日，自周田圩行七十里至始興縣。

十二日，自始興縣行五十里至野泊。

十三日，行六十里至白羊角。

十四日，自白羊角行三十里至南雄州。

十五日，住。

十六日，住。

十七日，自南雄州换肩輿，行九十里至梅嶺，入江西界。青松夾道。三十里至南安府大庾縣，共行一百二十里。

十八日，住。

十九日，住。

二十日，住。

二十一日，自大庾縣登舟，行八十里，野泊。

二十二日，行九十里至南康縣。
二十三日，自南康縣行一百四十里至贛州府贛縣。
二十四日，住。
二十五日，住。
二十六日，住。
二十七日，住。製竹肩輿自隨。
二十八日，自贛縣行一百六十里至五屬圩。
二十九日，自五屬圩行六十里至萬安縣。
三十日，自萬安縣行一百里至泰和縣。
五月壬午癸酉朔，自泰和縣行四十里至神格圩。
初二日，自神格圩行八十里至吉安府廬陵縣。
初三日，自廬陵縣行四十里至吉水縣。
初四日，自吉水縣行一百里至峽江縣。
初五日，自峽江縣行七十里至新淦縣。
初六日，自新淦縣行六十里至樟樹鎮。
初七日，自樟樹鎮行六十里至豐城縣。
初八日，自豐城縣行四十里至長狐村。
初九日，自長狐村行七十里至江西省南昌府南昌縣。
初十日，住。
十九日，自南昌縣乘官輪，船行四百里至九江府。
二十日，住。
［六月］初二日，自九江德化縣渡江，換肩輿行四十里至隆通鎮，入湖北界。

初三日，自隆通鎮行五十里至黄梅縣。

由廣東至九江均舟行，僅過嶺陸行九十里。六月初二日過江，第二程宿黄梅，此後不見片帆矣。

初四日，自黄梅縣行五十里至宿松縣，入安徽界。
初五日，自宿松縣行七十里至太湖縣。
初六日，住。
初七日，自太湖縣行八十里至潛山縣。
初八日，自潛山縣行五十里至桐城縣。
初九日，住。
十一日，自桐城縣行五十里至山鋪。
十二日，自山鋪行五十里至舒城縣。
十三日，住。
十五日，自舒城縣行五十里至梅花降。
十六日，自梅花降行七十里至廬州府、合肥縣。
十七日，住。
二十日，自合肥縣行七十里至梁園鎮。
二十一日，自梁園鎮行六十里至張揚圩。
二十二日，自張揚圩行六十里至定遠縣。
二十三日，住。
二十九日，自定遠縣行四十五里至封神鎮。
七月甲申，壬申朔，自封神鎮行六十里至臨淮關。
初二日，住。
初三日，自臨淮關行六十里至麥嶺。
初四日，自麥嶺行六十里至固鎮。
初五日，住。
初六日，自固鎮行七十里至大店。
初七日，自大店行五十里至南宿州。
初八日，自南宿州行七十里至七埠。
初九日，自七埠行六十里至永城縣，入河南界。自粤垣至此，僅紀驛程，罕書事。

初十日，晴。申刻宿永城雙盛店，爲入河南之第一站。

十一日，晴。住。

十六日，晴。卯初行，仍坐肩輿，以大車二載行裝。劉介侯、華封昆仲乘轎車，僕人乘大車。行四十五里，至樊集，午飯。行四十五里，宿夏邑城内。

十七日，晴。晨行二十五里，實有三十里。午飯三官集，行三十里，宿榴古鎮。天氣熱，酉初到站。

十八日，晴。晨行三十二里，午飯芒隆集。行二十八里，宿歸德府城内西關，偪近西門。

十九日，晴。住。

二十一日，晴。卯正行，四十里至觀音店，午飯。行二十里，宿寧陵城内。【略】自入永城後，沃野千里，秫菽豐收，沿途樹木葱鬱，有接陰數里者。中原氣象，固非邊鄙所敢望也。夏邑、商丘，繞城皆水，蒹葭彌望，風景極佳。夏邑有水患，地勢較低也。

二十二日，晴。卯正行，二十五里至楊驛，小坐，車夫飯畢即行。二十五里宿睢州城内西關。

二十三日，晴。因病住一日。

二十四日，晴。病愈，辰刻行，三十里至榆錢，午飯。一里宿杞縣城内。【略】李、莫兩公明日回歸德，詢之輿夫，來回兩日共發一百八十文，沿途夫價無省於此者。騾車雙套一站給五六百文，至多千二百文。

二十五日，晴。辰正行，三十五里至韓堽集，午飯。行二十五里宿陳留縣。

二十六日，晴。辰刻行，二十里至太平岡，午飯。行二十五里抵汴省，住南陞店。

［八月］初六日。【略】汴省到鄭州一百四十里。鄭有火車站，兩日至湖北武昌，由武昌乘江輪直達九江。憶自六月初二日由九江渡江，至七月二十六日始到汴，曠日持久，公私勞費，若乘火車，僅四五日程，而言者必曰，非馳驛不可，拙哉！此後眷口往來，定由此道。由汴省到西安十八站，不過一千二三百里，兼程十一二日可到。

初九日，辰起，檢點行裝。午後又雨。

初十日，早陰雲，未雨。各物檢齊，專候登程。同人議明日若晴，定起行。

十一日，巳初行，出汴省西門，門弄宏深，爲東南罕見，惟金陵聚寶門堅實雄壯，則又過之。【略】城内經山陝會館、城隍廟，均宏壯，而城隍前牌樓尤巨麗。行宫在大梁書院前，因病未能瞻仰。出城行半里許，即隔水，沿途一望，白草黄沙，不長五穀，成林者皆棗樹，紅簇可愛，車夫以鞭取食之。行四十里，至韓莊尖飯，已過午。飯後行三十里，將晚抵中牟，寓西門内。

十二日，晨行三十里，至白沙午飯。行十五里至圃田，小住。【略】又行二十五里，至鄭州，次西門外客館。【略】始通火車站，一切加繁劇也。【略】途中距鄭約二十里，見西南有長山連綿不斷，自鳳陽至此千里，始見山也。

又卷二 ［八月］十四日，晨起吃粥，遂行。出城十五里至三官廟集。出西寨門，即入鴻溝，車轎俱行溝中，兩岸土壤壁立，無頽裂痕，高或百尺，低亦數丈，寬處五馬並行，狹僅容一車，預候寬處交讓。溝内時有積水。緣坡登岸，一望平原，菽黍連雲。路僅一綫，下臨深險，即漢楚所劃之鴻溝也。又行十五里，至須水鎮午飯。鎮有寨，磚石砌成，雄峙類名城。飯後行四十里，至滎陽城，宿西門外。【略】鄭州、滎陽東門内皆有石陂，層級而上，由東至西，愈行愈高，不虚也。

十五日，辰正行，今日宿汜水，僅四十里。【略】行二十里，飯於野店。復行二十里，至汜水城，宿東門外。仍行溝中，稍寬處有人家池樹，間有穴居者，風景頗佳。有時肩輿出溝，行平原，黍米、黑豆、蓖麻子已熟未收，青黄彌望。

十六日，卯正起，辰初行。過汜水城，度烏沙河，入虎牢，皆土山。凡登五嶺，過鞏關，計三十五里，至老犍坡午飯。坡頂有行宫。飯後登坡四望，乾端坤倪，軒豁呈露，黄河繞坡脚，白氣蒼茫中，舟楫隱現。緣坡開作田，方罫層疊，林木蒼翠，到目如畫，即古之成皋虎牢也。中州平陸千里，此爲西上第一險隘。【略】初入溝處，兩坡夾峙，中有關門，磚甃遺址尚可見。偕芷同瞻仰行宫。【略】下坡行十餘里，漸落平地，黄河外抱，洛水内縈。又行二十五里，順坡而下，路頗平迤。至鞏縣東門外，市廛尚盛。入東門，門洞土塞其半，聞四門皆然，防水患也。城内人煙寥落，蓮塘櫛比，紅妝雖卸，翠蓋猶擎，蓮子沿門出售，香嫩可食。人家門與水平，游魚振鱗掉尾，唼喋菁藻，咀嚼菱藕，極似江鄉風景，亦西北罕見者。出南門，宿客館。【略】店後山岸如削。半夜雨。

十七日，早仍微雨，辰末行，十五里登高，望宋仁宗諸陵。又行十里，至黑石關午飯。旅店面河而居，修竹繞檐，風景清曠，流連不忍去。飯罷渡洛水，滄波浩渺，相傳即李、郭同舟處。渡後沿北邙南趾、洛水北岸行十餘里，至孫家灣，又望宋陵。午後共行三十五里，至偃師縣城，宿西門外客館。【略】出鞏城後，行溝中，兩岸壁立，黄土結成，如奇峰怪石，上有叢草，青翠娟娟，乃知大小李、劉松年、王晉卿、趙王孫金碧山水悉本於此。兩岸相距，寬者數十丈至百餘丈，中岳紫蓋、天柱、太室、少室均在望中。道坦夷，余易車而馳，奴子探頭頻顧，蹙之墮車。西行奇勝，令人目不暇賞。

十八日，早晴，辰正行。三十里至義井，午飯。再行經管鮑分金處，紆徑往游白馬寺。【略】共行四十里，入洛陽城，即河南府首縣。【略】將晚又雨，宿南館。

十九日，住。

二十日，辰正出南關，渡洛水，行十五里，至關帝林冢，入内瞻拜。【略】出林後行十五里，登龍門伊闕。伊闕者，伊水從中出，兩山相對，望之若闕。【略】飯後渡伊水，登東山，游香山寺。【略】下山渡回西巖，乘輿歸，行至洛水南岸，已昏黑矣。

二十一日，辰正行，四十里至磁澗午飯。有行宫。午後行三十里，至函谷關。飛樓聳漢，峽路通車，攀藤披棘，陡乎層巔，西望新安城闕，冒落日，熊熊如火，如車輪，東望山環澗繞，中有白光一綫，縈紆蜿蜒者，來徑也。關樓已圮，惟存順治年間重修函谷關一碑。此非秦之函關，乃漢時楊僕耻爲關外民所築也。自鞏、偃以西均土山，即北邙綿亘數百里，亦不見石。惟此關山石雄峙，關内里許即新安東城樓，正塞關口，高峻得勢，幾於萬夫莫開。【略】城内古廟多殘毁，市廛亦不盛。住西門外客店。西門樓刊「崤陵風雨」四字，明日將過二崤也。

二十二日，辰起，巳正行。過二陵，一南一北，突兀相望，二崤在雲霧間，嵯峨隱現。【略】三十里至鐵門，午飯。東南有棋盤山，即王喬爛柯處。出洛陽後，澗水自西而東，紆回萬山間，日來數渡。過麥仁嶺，相傳光武麥飯處。居民猶漉麥仁，加玉露、姜豆煎湯，餉過客。行六十里，已昏黑，宿澠池東門外。破屋支帳禦寒，未明即起。連日仍行溝道。

二十三日，辰正行，四十五里至觀音堂，午飯。冒雨行二十五里，雨甚。山路崎嶇難行，至硤石驛，無店可住。芷同商之驛丞，寄宿行宫廂房，仰瞻殿宇，雖結構不宏，甚爲整齊。將晚，雨益甚，行李車仍向民房棲止。將近硤石，雨中峰巒蒼翠，林木葱鬱，似江南而氣象雄厚，宜爲翠華駐蹕也。【略】夜晴，見星月。

二十四日，早起，陰欲雨。辰正行，過硤石關，二十里至張毛，有行宫。又行二十五里，至磁種，午飯。行三十五里，至陝州城。入東門，出南門，渡澗河，行四五里，至南關，宿客店。【略】自辰至酉，雨不止。山路崎嶇，泥滑難行。夫馬極苦。張毛、磁種均行深溝，兩壁赤立數十仞，仰天僅一席，將至磁種以西十餘里，景象蕭瑟，儼然邊塞，中原之外郛也，草木甚稀，人民悉住土穴，附近州城樹木漸盛，黍穀在田。洛陽以西之路，澠池至新安九十里，山路多碎石，溪澗曲折，向稱難行。而澠池西至磁種，僅四十五里，若遇久雨，往往遷延負轅，八九日不能進。自入鴻溝，凡城池民居悉在溝内，低平寬敞，兩岸相距甚遠，即以岸爲外郭也。

二十五日，雨，未行。

二十六日，早起，陰雲欲雨。辰正行，四十里至曲沃，午飯。冒雨行二十里，至靈寶縣城，宿南門店。將到靈寶，溝道有狹者，不容一車。民夫陳姓，年十八，面有菜色，體無完衣。詢之，乃四川廣元縣人。三年前年荒，其父予錢二百，饅頭一，令其出外度命。聞予至，候於河南府城，昨自陝州充擔夫，定價三百，而夫頭僅給小錢二百文，負荷四十斤，途雨難行，輿夫代肩十餘里。余見而憐之。彼言得錢二千文，至西安則鄉人多，可結伴歸矣。爲買棉襖褲各一，攜至西安。陝州係民設夫馬局，應差夫一名，三百文；轎夫每乘八名，二千四百文。局中夫不足，必須由縣代傳，少一轎請縣傳夫，竟費至五千八百文。據云即十千亦不能不給。途經各縣，有縣自賠夫價者，有由民間每日繳役費，由官自雇者，有徑由民間設夫馬局供差者，但官收費而雇民夫，民間往往故昂其值以挾制官，若由夫馬局自應，而官又故多開夫馬車轎以與局爲難，丁役因而取利。又有所謂夫頭者，串通丁役，折扣多端，使實惠不得均沾，長途數千里，經過百餘縣，應役發價，毫無劃一定章，任由丁役上下其手，以病民而難客，殊可慨也。

二十七日，夜雨，至午不止。旅次滲漏，青苔及榻。【略】酉刻雨止，聞前途水深數尺，河又漲，距城十里内即有峻嶺，車不易行，因商定雨止當遣馬往，探明再行，免至中道趑趄。

二十八日，雨止，早起，西南風競。巾車脂轄待發，偵役回報河漲，浸車没馬腹，溝路積水没軌，遂止。

二十九日，辰正行，由南關向西行里許，渡穀水。【略】登岸，兩山夾峙，崇關高聳，函關也。關外有同治癸酉年蜀涪周某新建關房三間，壁嵌一記甚佳，而名已泐。前立一石，刻「古函關」三大字。【略】自鄭州以西，皆傍黃河行，惟此最近。入關行函道中，兩山壁立，山皆土結，而奇秀如石。《元和郡縣志》引《西征記》：「路在谷中，深險如函。」「東西十五里，絶岸壁立，柏林蔭谷中，殆不見日。」今童山濯濯矣。行二十里至臭桑墩，小住，即稠桑驛也。【略】又行四十里，至達字營午尖。午後出函道，漸平曠。行二十里，至閿鄉西門外，宿大王廟。廟向北，面黃河，内障一堤，垂柳森護，堤外有大石壩二，作張翼形，衛廟即以固城，而河聲汹涌如怒雷，羣山迫繞，尚不至爲大患。

三十日，辰末起，行四十里，至雍底午飯。飯後行二十里，至潼關。上刻「第一關」三字，又名金陡關，光緒二十七年新修，巍峨峻整。關外有「河南西界」一碑，巡撫崧壽立。黃河繞關之左臂，形勢與函關略同，而雄壯倍之。惟虛無一人，不知誰掌鎖鑰。【略】又行三四里，至金林關，面對黃河，别成形勝。石路城樓均新修，寬平雄麗，下爲關卡、收税房。入城，次於五省行臺，規模頗壯。【略】由閿鄉西行，見道南長山綿亘，峰巒叢簇，高入雲表。閲《閿志》，此山峰名甚多，一峰一名，如荆山、首山、夸夫皆是。黃河北岸有長山，峰平而峻秀葱鬱，兩日來均見之，中條山也。今日仍行深溝，壁立數十丈，黃白土結成，不見片石，土山奇秀萬狀，盡於此矣。

由靈寶至潼關兩站，僅一百二十里，而輿夫咸謂每十里加四里，或謂加八里，以余驗之，每十里僅加二里。

九月丙戌，辛未朔，住潼關。【略】余將肩輿賃就，用六人，每站人三百五十文，住日不給，送至西安再定。夜將半，風大作。

初三日，午刻行。仍用大車五，載行李隨從，余乘肩輿。行三十五里，申初宿華陰廟。潼關西門甬宏深，門樓兩重，巍峨壯麗。出城垂柳夾道，風草相摩，柯葉綷縩，三十餘里不斷。從柳陰中見太華千態萬狀，一步一變。

初四日，早起，用遠鏡照視蓮臺，嵐翠欲滴，仙掌螺紋可數。辰正行，三十五里至敷水午飯。午後行四十里，入華州東門，宿行館。【略】由華岳廟西行五里，入華陰東門。出西門，【略】傍山行七十餘里，柳陰如張幕，北望平曠盡沃野。行近華州，山脚水泉不擇地而涌，新稻登場，清漪冒畦，秋林疏密，雀鳥啾啁，風景絶佳。聞山村之民極富。華山峰頂悉大石，而山腰稍平處則多土壤，山民開田種菽芋，高下鱗次，凡白黃色者均山田也。

初五日，辰正行，二十五里至赤水午尖。飯後行二十五里，至渭南，入東門，住行館。沿途柿樹正熟，密如繁星。出赤水後，過周處故里。將晚陰雲不雨，夾道多稻田，水聲濺濺，禾黍、菽豆、包穀甚豐，高地已種麥。【略】今日所行之道可五車方軌，余與山肩並行十餘里。

初六日，卯正行，四十里至零口午飯。出渭南西門，行十五里，有三聖寺，殿宇殘圮。【略】近廟爲良田鋪。午後過新豐。【略】共行四十里。實有五十里。入臨潼東門，宿行館，即唐華清宮故址。

初七日，辰正行，三十里實有三十五里。過霸橋，橋長三百步，寬約二十餘步。橋西岸老柳四五株，心空皮裂，百年前物，而自有旖旎繾綣之姿，蓋爲離人折殘矣。過橋行二里餘，至龍王廟旁行宮，午飯。復行八九里，過滻橋，橋寬十步，長二百步，橋兩堍各有石犀卧石欄上。登橋一望，東南有山綿長如卧蠶，藍田也。村落煙樹，華子岡、斤竹嶺、茱萸沜、辛夷塢，歷歷在目。橋下滻水自南來，繞藍田山下，紆餘淪漣，澹蕩温衍者，輞川也。【略】登岸行里許，即十里鋪，長安舊城外郭也。出鋪見平野間丘阜墳起，大小星羅，古陵墓也。十里入東門，經大街，住橋梓口客店。

初八日，住。

二十日，早晴。訂明日起程。

二十一日，辰初起，檢點行裝。【略】余初意同一老各賃騾轎乘之，日前有四川轎夫願送至甘省，言定六人兼肩一伙食擔，工力三十兩，一切在内，途中稍有耽擱，亦不加貼，騾轎須三十二兩，此更費省而身逸矣。巳正起行，出西門，行三十里，至山橋午飯。飯後行二十里，過涇水、豐橋，水清見底。又行三里許，渡御河，即渭水，河寬流濁，車馬多而船僅二，候良久始得渡。【略】是日午後西風緊，冷甚。入咸陽東門，至第三行館，已昏黑。

二十二日，辰初行，出西門，【略】自長安以西，樹木漸少，楊柳望秋將零，而青翠如夏，野原蕎麥殷紅，棉花吐白，來牟遍種，青青如氈，路旁低窪之區，荻葦盈望，葉蒼黃而花濃白。【略】行四十里，至店張驛。驛荒寒，無住足處，【略】飯罷，行三十里僅二十五里。至醴泉縣，入南門，住行館。

二十三日，巳正行，四十里宿乾州，唐之奉天也。住行館，雖規制略小，而屋宇整潔，鋪陳甚備。

二十四日，天明即起，卯正行。出西門，登來子嶺，高約十里。【略】坡見緑柳陰中，柿林掩映，葉落柿熟，朝日射之，密若繁星，爛若濃霞，又如緑綺萬丈，滿綉碧桃，雖石家錦幛，不能逾也。行四十餘里，至安家公橋一帶，土山平坡，忽深陷數十丈，俯視峰巒巉聳，皆在地底。土人就巖穴爲屋，如鴿房。共行五十里，至監軍鎮，午飯。仍多穴居。西來漸高，土山平漫，有深窪處，方有民居墟市。自醴泉、乾州以來，水皆鹹苦，不宜飲，到此頗甘。渡淮後，汴梁以東，水半苦澀，以西近黄河處則漸甘。

飯後行四十里，至永壽嶺，愈行愈高，九十里內有登無降。至永壽城外，登高四望，立身千仞崗矣。兩嶺夾道，中陷一澗，自頂起，土田鱗次，遞至澗底，有類層梯。自監軍鎮以西，土田枯白，麥僅見苗。道旁間有楊柳，蕭疏斷續，野草叢薄，大半黄落。永壽壓山而城，荒涼可掬。土人穴山而居，高下洞開，望之如千門萬户。【略】今日始見明駝，豐茸碩大，一駝可負三百斤。

二十五日，晴暖。辰正行，出城登泰峪嶺十里，下嶺約三十里，數渡澗水，下坡即地窖溝。過溝至泰峪鎮，午飯。自咸陽以西，層級而升，歷二百里，至此始下。崔巍蒼莽，厚負土而深包石，太古以來，風雨車馬，摧蝕蹂躪，加以澗水衝激，嶺下道旁，石骨迸露，有碎石結成巨塊者，有方正平直層疊碌砌者，有壁立數十丈，巖根深凹如覆檐者，有大石深卧，長百丈而背豎立如獅蹲、鰲負者，千怪萬狀，凡於天柱折、地肺裂矣。【略】飯後出鎮，逾大嶺，高十餘里。自嶺頂中裂一澗，深數十丈，人馬行其中，兩壁削立，蔽虧日月，仰天僅一席，峰巒奇秀，萬變不窮，而風梳雨淋，土紋如織，如鏤，如注、如漏，如畫錐，如蟲蝕木，不鬆不塌。正在仰視驚異，低頭一瞬，深巖陡壁，更在脚底，爲之駭然。下嶺約十數里，近邠州東五六里，兩壁高聳入雲，奇變更勝。間有土橋寬丈餘，長二三十丈者，洞甃以磚，覆土於上。午後行三十里，宿邠州城內行館。途中駝最多，負物山積。

二十六日，晴，卯正行，涼飔砭骨，初陽怯霜，平蕪羣秀，英靈將頹。【略】四十里至亭口，午飯。午後行四十五里，宿長武縣署旁行館。【略】行二十里至大佛寺，【略】出寺依山傍河行十餘里，全山一石結成，色赤而黝，如聚億萬鐘來牟之粉、菽粟之漿，和爲大劑，風雨霉蝕，縱横皴裂，可謂奇絶。出邠州，棗林逶迤，至寺前而止【略】。出亭口後，所行多溝道，深峻與地窖同。

二十七日，晴，卯正行。長武城西有碑，署隋牛宏明景清故里。四十五里至瓦雲驛，一名晚雨，午飯。飯後行五十五里，至涇州城，宿行館。是日路平而遠，名百里，實有一百二十里，二鼓始入城。【略】出長武，西行二十里至窑店，陝西境止。入涇州境，屬甘肅。出瓦雲後行二十餘里，登弇山高屏嶺，嶺盡下趨，頗陡，輿夫幾難駐足。紆回溝道中，上臨絶壁，下俯萬仞，其崩陷處如削壁，如立錐，如石筍，如劈桄榔，如疊帶，如堆酥，如蛟螭昂首，虎豹怒奔，如僧披袈裟，如美人拖裙綴珮，纓絡萎蕤，如崩濤壞雲，如危墻半裂而垂倒，幾於不能形容。入涇州境數里，楊柳夾道，疏密不斷，途中客商販物，悉用駝負，來往雜沓，西上者多棉花、棉皮紙，東行多蘭州煙、土藥。夾路柳蔭張幕，平疇麥苗鋪氈，西日將沉，紅霞漫天，羣駝背負棉囊，行萬緑叢中，起伏蠕動，如千丈白龍，游戲碧海，真洞心駭目之觀。

二十八日，晴。換車未齊，住一日。【略】今日晤談，官差過境，定章每員給車二輛，遣員則可通融。【略】甘省向章，凡差到涇州即發給長車，長價由地丁內坐扣，開報公家之款，嚴防濫支也。

二十九日，午前陰雨，午後晴。車不敷，仍未行。

十月，丁亥，庚子朔。陰，小雨。候省電。【略】電懇王觀察加車，電資三千餘文。

初二日，陰風作寒。接省中王道台來電，每人添給二車，可以行矣。午後與何焕老閒談。自此至瓦亭三站，便到六盤山脚。當六盤未開之前，大道由瓦亭至固原，過海子溝至静寧州。現由六盤過山，至隆德縣，由隆德至青家驛一站，至静寧一站，此三站較固原大道省五六十里，同是三站而有遠近難易之别，因海子溝路爲衆水所匯，年年沖損，不易行也。至乾州以西，山澗深處，土橋有高數十丈者，均左文襄命營勇修築。車價照章由涇州至蘭州省城十二站，計九百十里，官價每車發銀十七兩有零，領銀十八兩零。

初三日，辰正行三十里，實四十里，至黄沖午飯。午後行四十里，實五十里，左相勘丈共九十里。至白水，住宿無客店、行館，覓一駝店居之。【略】初出涇城，渡汭水板橋，沿回山東麓王母宫前，西折入大道，兩山夾道，涇水中流，循涇水南岸向西行，柳陰夾道，交柯接葉，九十餘里，沿山草地牧羊者，千百成羣。回山禿赭枯劣，似無靈秀之氣，招引王母自西來，綿延百里，至東麓而止，汭水即由此入涇。山根白石層疊，每層約尺餘，由南迤東轉北，平齊如綫，層疊如砌，青白相間，石紋如此，可爲繼長增高之證。【略】傍回山行十餘里，忽於柳蔭蒼翠中見山根豔若涂丹，爛若潑火者，二百餘丈，初疑柿林，近之乃橡栗樹也。

初四日，辰正起，食粥。辰末行，三十里至四十里鋪，午飯。復行四十里，酉末至平涼府城，宿南關外客店。【略】夾道柳林與昨同，而葉黄零落者漸多，田中已有積葉，土人棄不取，近山多柴也。自黄沖以西，每十里建兵房三間，旗竿臺一，土墩五，標明里地。平涼踞嶺而城，涇、汭繞之。城東兩幹並抽，南幹初起，均小山數斷，至三十里外，石山沖跌斷，再起即回山之首，綿亘直至王母宫而止。北干其高大不及回山，而東去更長。平涼城西三十里外，有山巍然，崆峒也。今晨霜結甚厚，至午暖甚。夜涼，手足覺凍。府東十里外，大路寬三十餘丈，植柳四五層，三路並行，參天合抱，想見左文襄經營西陲，同於召伯甘棠，而遠略尤過之。途中橡栗，霜紅耀目。

初五日，晴。辰正行，四十里至四十里鋪午飯。飯後行五十里，宿瓦亭客店。出平涼西門，兩山中開，豁爲平川。過三四小水，清而溜，皆涇水上流，源出崆峒山。崆峒山在西南三十里，突兀聳峙，元氣渾淪，回山之祖也。【略】出四十里鋪，行十餘里，入亂山中，連環合匝，四無人煙，澗水怒號，寒風蕭瑟，怪禽啼野，雉兔馳突，羣駝散放溪澗中，輿夫呵之即讓道。【略】山人野燒，行煙焰中十餘里，赤日斜烘，重棉欲解，漸有春夏氣。自窑店下輿，覓茶小坐。再行，三關口有古廟，日晚未入視，【略】廟前兩山欲合，相距僅以尺計，懸崖赤立，巉岏垂注無寸土，澗水怒流，即瓦亭川也。傍左山根石路而行，對岸石壁鑿「峭壁奔流」四字。山石奇怪，仿佛龍門，而兩山相摩，尤覺駭目。連山不斷，一石融結，而變態各別。【略】屈曲山峽中，約二十里至瓦亭。近瓦亭諸山，石上細沙流注，慘青黝緑，或謂内有礦質。既至瓦亭，四望羣峰，環合無隙。西南有巨嶺横亘，即六盤山也。【略】晚寒，到店遲。土坑燒牛馬糞，頗觸鼻。

初六日，晴。晨正起，食粥。行十五里至山脚火燒店小坐。登山，至六盤山頂午飯。路極陡峻，盤紆而上，路旁卧亂石，開道時所移也。流泉嗚咽，陰風怒號，深澗積雪皚皚，石惡土劣，植柳不能成行。【略】極頂僅一茅店，賣面酒，行人涌集，無立足處，索面一盤充飢。【略】因行李車重，每用兩車騾馬拽一車上，再返拽之，候至未初，尚未齊集。余乘轎先行下山，車路坦直，不似上山之陡曲。輿夫行小路，近里餘，直下幾難留步。至楊家店。楊柳成行，山户十餘，有牧羊者。土人謂山頂至隆德二十五里，余度之，不過二十里。下山沿北嶺行，大石斜倚層累，如堆酥餅，如牡礪片，石上有青灰細沙溜注。六盤山一帶，山根有草，英落苞開，白毛茸茸，圓如毬，白如絮，從風飄揚，土人謂之野棉花，又名夜明花。【略】六盤之西，兩山夾道，隆德當沖而城。【略】下山宿城内，風復作，冷甚。

初七日，巳初行，四十五里至神林堡，午飯後行四十五里，至静寧州，宿行臺，頗好。途次山地柳漸成行，但稍瘠耳。早起冷，結冰。昨夜北風欲雪，及曉日出，同行皆喜。人謂過六盤畏風雪阻滯，過山便暖，不知至隆德地氣愈寒。六盤横亘南北，直劃東西，寒暖所由分也。將到州城十里内，有所謂九里十三灣者，兩山對峙，深澗中蟠，傍北嶺行，鏟山就路，縈帶巖側，上載崇阜，下臨絶壑，一壑一灣，封山犬牙相錯，彼凹此凸。澗水作之字形，州城出水口也。【略】潼關以西，車軸加寬，能載物負重，涇州車廂反狹，軸雖寬而不能載物，駝馬亦疲，此官雇之不足貴也。

初八日，晴。辰初起，辰末行，四十五里至高家堡午飯。飯後行五十里，住青家驛行臺。出静寧西門，約行十里登大嶺，高峻不及六盤，而紆遠過之，幸坦而易行。輿夫行捷徑，下臨深澗，窄而多缺，有時懸輿直過，俯視心悸。有峻陂直注，輿行如飛。下嶺後，約二十里到堡。午後登一大嶺，赤土孕結，披離腫漫，如綻如爛，如大肉山，有百千眼，無量唖食。將至青家驛，十里内有坡，初向西北，折向東，過澗復轉向西，即倒回溝也。【略】潼關以西各城多土築，壁立而不頽卸，六盤附近多石山，遂無穴居者。至静寧復見土穴，山地多耕，亦湘軍招集有以啓之。道旁柳漸黄落，而一望蔚然，小株尚垂青。過清水河見山嶺皚皚耀目，以爲雪也，而日光甚濃，詢之土人，乃鹽硝也。水不甘，山溝早晚結凍，著棉袍狐皮馬褂，足少冷。

初九日，晴暖。辰末行，四十五里至翟家所行臺，午飯。又行四十五里，宿會寧城内。出青家驛，即行亂澗中，高下崎嶇。至太平店以西，二十餘里均傍右山麓行。山嶺豐隆腫突，連環相接，依山傍澗，灣環繚曲，無數十丈平直者。山高澗深，雨水衝突，路窄容一車，多缺口，萬一逸軌，則不可測。澗中沖刷日久，槎枒破碎，零畸峭削，險惡萬狀。入潼關後，所經溝澗無奇於此。【略】翟家所東三四里間有一大灣，積水深泥，同行之車無不陷入，用五六馬始拽之出，至尖所已過午。民居多土穴。飯後出所，路稍寬，行二三里過一山，方趾圓頂，沿山麓行，度一橋，巖壑甚美。復度二橋，路曲折，約行二十餘里，至張成堡。西下坡，入大澗，水黄濁怒號。静寧以西所逾大嶺，水均西流，會此澗。輿夫涉之，上左岸大道，行二百步，見車軌半没，裂陷成穴，如甕，如池，如碗，下視無底。途遇一人，告以前路橋斷，不可行。遂紆道折回，過一大穴，路僅數寸，輿夫健步側行而過。復下澗，行亂水中，澗寬約三四十丈，水渴在澗底，紆曲盤旋，或左或右，遇即涉之，至數十次，諺語謂「七十二道脚不乾」也。杏如以錢記之，過二十八次。兩岸壁立，高插雲表，爲水所蝕，崩沓潰裂，峰巒奇幻，岫壑沖深，即終南、太華、天台、雁宕無以過之。但彼石此土耳，一成不易，土爲風雨所虐，一年百變，愈變愈奇，上懸無極之高，下垂直不測之淵，西來第一奇險也。太店以西，山根時見赤坂，有一嶺盡赤者，大澗底平水處亦白層疊。行二十里，登右岸，途中多穴，與前略同，蓋車路均下臨深澗，初或蟲蟻蝕一小孔，風遂入而呼吸之，久則通而爲穴，一遇風雨，水即浸入，愈刷愈大，上仍平坦，下已深陷，車馬受害最大，昔人謂隴陂多風穴，即此也。【略】張成堡以西大澗，乃隴大道，而兩岸高峻，竟無他路可移，若遇夏秋大雨，洪流洶涌，雖千人萬馬，必爲魚鱉，當道者宜措意焉。二鼓後始入會寧城，店狹隘。

初十日，晴，住。自瓦亭至此三站，均九十里。昨日一站，據驛夫云曾經丈量，實一百八里，故人畜同疲。商之同人，暫息一日。青家驛至會寧應作兩日行，中站翟家所行臺，房屋整潔，最好住宿。自所至城，實有六十三餘里，一日行之，尚不竭蹶。【略】連日飲澗水苦鹵，同人皆有腹疾，余亦不免。

又卷三　十一日，辰末起行，出會寧西門。羣山四豁，一路高原，白楊夾道，青青未凋。初越三四溝，涉二河，至曹家河，下深溝約三四里，出溝，兩山漸狹，又入溝中，至董家河午飯，共行四十五里。飯後出店，仍溝路，寬平易行。出溝四山環繞，中平如砥，白楊蕭蕭，陰連響答。早起白雲漫天，有釀雪意。午後雲斂日出，温暾如春。行十五里，宿西鞏驛堡，行臺荒涼，改宿茅店，較有暖氣。荒遠之地，非旅店不能利行人，成聚落也。静寧以西，土咸水苦，民間悉穴窖藏雨水，官廨亦如之。住店，購雨水爲第一義。小壺亦須數錢，幾於水二石入絹一匹矣。

十二日，晴。辰正行，五里登青嵐山，三十五里至巔，尖於山店。飯後行四十三里，至安定城内，宿客店。僅土(坑)〔炕〕，遍假不得一凳，向鄰鋪假一炕几置食物，荒涼可見。青嵐山雖不及六盤高峻，而峰巒綿亘，澗壑盤紆，其遠倍之。下嶺從左山度一大澗，至右山足，西行不五里到城。青嵐山東趾有柳數株，青青裊裊。山之四圍高抵層疊，均旱田，已開未種。六盤以西，風氣愈寒，來春二三月方可種麥，冬麥每怯凍不生。【略】由青嵐山南向至秦州，約六程，履山脊而行，即小隴山也。爲隴阪正幹，其阪亦九折。農民耕山背，僅通騎行，遇雨更爲畏途。會寧東，窮山惡水，無地可耕。至安定以西，多熟田，旅店稍佳者，非湘即蜀人也。

十三日，辰正出安定西門，行兩山之間。數逾溝澗，夾道列柳鬖髿，村落相望，來牛去馬，交錯於道。行四十里，過澗河，上岸至巉口午飯。早起白雲彌漫，微雨。將午北風作緊，蔚藍萬里，晴曦灼人，手足欲汗。飯後度澗河上岸，兩山夾道，行四五里，入深溝，過大澗，傍右山下深溝，循左岸行，約十里至稱鈎驛，宿行臺。

十四日，辰正行，出驛不遠入深溝。溝盡，登二涼山，即車道嶺。其高略同青嵐，路頗陡峻。十五里至第三峰頂，山店午飯。皎日當空，青天如洗，舉目見百里。西來站路最大者，長武至涇州，青家驛至會寧，此二站必須破作兩日，遠而難行也。飯後行三十五里，至甘草店住宿。午後雖下嶺，而或高或下，忽東忽西，盤旋衆峰之上。下嶺三四里即到店。今日四十九里，不啻五十餘里。甘草店百餘家，市面頗好。二涼山南四十里，危峰層出，疊嶂回環，煙雲縹渺，林木蔚葱，頗似少華。詢之土人，乃金縣興隆山也。距蘭州九十餘里，南連龕谷，北俯馬銜，時爲異人所棲。

十五日，辰正行，出店後行兩山之間。中開一澗，柳枝已秃，楊葉猶青。初傍右山行，度澗後傍左山行，二十里至新河灞。左山斷而復起，澗多頑石，仍傍左山行，五六里至山西麓，爲山之起處，右山亦漸低平，路出平原而深陷崎嶇，越溝度澗，竟無坦途。至下關營已未正，共行四十里，不啻五十里。飯後出店，右山漸逼，左山復起，大河中貫，車行河中，肩輿渡河，傍北岸而行十里。山根多赤石，乃紅斑碎屑結成，多紅崖灣。【略】又十里至買子堡，秋林迤邐，土垣茅舍，掩映高低，挖渠作圳，引澗水灌田。傍山臨河一望，膏腴皆種煙葉，婦女沿流浣衣，砧杵四達。【略】惟車行河内，碎石格磔，大路在北岸，深溝飛洒。行十里，住金家崖。行臺房屋整潔，器用亦備，行人之福也。早晴，下午微雨。近二日，道路多牧羊。【略】自河南以西，人情愈厚，而愈拙愈懶，見有乘轎者必謹讓之，而轎夫動加呵斥。

十六日，晴，辰正行。山水、林木、民居悉如昨日，而[illegible]望明瑟，水田更多，圳高於路，沮濡難行。十里登右岸，入一山峽，見黄河縮入峽中，深不可測。車行河内，肩輿行沿岸小徑，至陡絶處，下輿徒步而過。渡河，抵響水午飯。下關營河向西流，經買子堡、金家驛，名買子堡川，四十里至響水，入於黄河。遥見河北岸，長城迤邐，亘壓山脊。【略】飯後仍沿山坡行，三四里下大澗，爲桑園河，似張成堡溝路，而石更奇，寬約四五十丈，夏月揚波北注，涌流赴河，秋冬水涸，淺灘曲瀨，踐石涉而過，兩岸懸崖怪石，又似龍門。登岸逾東崗坡，黄河兩岸皆山，明浄如堆沙。東崗坡以石爲骨，以土爲肉，以沙爲衣，微颶拂動，松撲如沸粉，峰巒重迭，徑路紆回，或壓於頂，或礙於眉，豐隆當前，幾於無隙可入，而危崖綫路，層折不窮。山根多赤石，忽見青氣一道，乃黄河也。晴天若潑藍，丹壑若涂砂，素湍如委練，望之蕩人目精。尤奇者，山頂每陷爲深溝，仰視僅一綫，而已置身千仞崗，乃一溝分爲數溝，一峽劈爲數峽，細塵飛沙，不見片石，天造地設，鬼斧神工，令人莫測，較之六盤、青嵐、二涼，高險百倍。計上下十餘里，至東崗堡始到平地，又行十里至空心墩，又十里入蘭州東門，宿督轅東街客店。房窄價昂，每房日銀一錢。勢難久居。

十七日，辰末起，陰雲微雪。午欲晴，率家丁整行李，取出應用之物。銀一兩换錢一千一百二十文，每百九十二文。其平與京市平同。途中平最大者，莫如涇州以西各州縣。

十九日，【略】晉老言新疆官車局差事過境，諸多阻滯，現改新章，發官價雇民車，每車給銀一百四十兩，由蘭州直至迪化，新撫吴中丞所訂也。

二十四日，晴暖。午後同强心如、劉華封出西門，觀黄河橋。橋長三百七十步，寬十步，用二十四舟聯接而成，上覆以板，亦古法也。【略】今此橋每舟相離約八九步，空其中以防水之涌滯，旁植木欄，以防人物墮落。河兩岸各鑄大鐵柱二，斜插入地，上露數尺，北岸一柱勒「洪武九年魏國公鑄」。並列提揮使以下各官姓名，鐵色甚精。一柱勒「道光十九年鑄」，列總督以下各官銜名。其圓均合抱。南岸二柱亦如之。南岸東一柱道光年鑄者，埋土中，露尺餘，勒文不可見矣。柱上各繫大鐵索，粗逾臂，一在橋西，一在橋東，夾而束之，以防橋之崩移。河從西來，兩山夾峙，水極汹涌，非極人辦之，雄固不能禦也。鐵柱外，另有木樁十餘，各繫大竹纜以輔鐵柱之力，亦偉觀矣。

[十一月]初二日，晴暖。購各色氈作車篷、門簾、床鋪之用。作篷者，每氈銀一兩，一篷共用四氈，寬厚結實，再糊洋布，以障沙灰。車前用布簾，外加氈簾，使風不能入。一篷需竹席四張，覆氈上，篷架以木爲之，現言定三篷氈皆自購，席架由店家代辦，共價銀十兩。余坐一篷，内加洋布，出關之車篷要厚而密，雖大風雪不入，夜卧車中也。

十九日，晴，冷。車輛傳牌由臬司發下，同一老各給車五。由涇州來，每人四車，因冬日出關，衣物食用須多備，求加一車，蒙升制軍照准。余與一老由粤至新，除私費不計外，一路夫馬取之官者，廣東、江西水路三千里，每縣發水脚二十元，酒席等費約十餘元。有本省本府道委員伙食。過九江後陸行，長解委員二，省委一文一武。到河南，有經過府委，每日需夫二百數十名，每名一百五六十文、二三百文不等，加以驛馬夫料，經過一邑，至儉亦需百餘千。至河南永城，人則乘轎，物則車載，夫少用而車價盡足相當。河南供給飲食尤周到，人境日起，每餐人一席，大小八簋，每站約費百元。至官費可計者，長解委員路費四千兩，到涇州用二十乘，每車支二十餘兩，由甘省至迪化，每車支官項一百四十兩，大約發遣一員至戍所，公家所費多則萬金，少亦五六千金，而遣員私費仍三之一。凡遣員窮之者居多，非由驛供給，無力到配也。

[十二月]初五日，晴，微暖。定車三輛，由甘省至迪化每輛價一百二十五兩，若民雇百兩内外足矣。由省雇至肅州價不過四十兩，由肅州至新省只五十餘兩，中途尚可停歇，免受車夫迫促。但肅州車少可立辦，多則不易。近年甘省解餉出差，每向地方官索車爲難，近由大府定章，省委一員給一車。出關者由省長雇，以免擾累地方，此杜官車之弊。若過客自雇，毫無所求於官，官亦無從限制也。

初八日，晴，冷。午後，子芳至皋蘭縣代領車價二百兩，每車先發七十兩，至肅州發四十兩，新省二十兩。

車夫別有所往，將定銀退回。

初九日，晴，甚冷。收拾行李。

又卷四　十七日，晴，冷。出關車久定，省委檄尚未下，年内勢不能行。

［光緒三十二年正月］二十日，晴，稍冷。【略】午正出城，余乘肩輿，介侯、華封與匡輔李玉、李才、懷德、李芬共三車，什物太多，車夫頗費唇舌，余先行過冰橋，冬春均暖，距上游數里許冰開數丈，波濤洶涌，流入冰窟，其上即冰橋也，履之聞冰下水聲汩汩。過河行四十里，至朱家井，天已黑，水咸苦，化冰水煮茗。店屋窄狹，門窗破碎，寒氣逼人，行李、伙食車未到，枯坐以俟。杏如處飯已粗具，邀之同食。二更後車始到。【略】今日車發太晚，人畜均疲敝，擬明日僅行三十里，稍舒困乏。初渡河過金城關。北周置金城津，隋改爲關。沿岸向西行十餘里，入亂山中，折向西北行，有邊墻數段，土人指爲長城，實前明所築也。又行十餘里，樹木多棗梨。又八九里入沙溝，寬約三四丈，四山陡立，路傍山足頗曲折，山高路低，四水所歸，淺水磑磑，若夏月經此，暴雨漲發，竟無可避。

二十一日，晴，冷甚，日中始暖。將車重裝勻稱，午正行三十里，申初至俞家灣，均行山峽中。將到店始下坡，一往一復，類相見坡。【略】俞灣諸峰，下圓上鋭，山根風雨摧蝕，作赤黄色，東有老楊一株，百年物也。車夫屢言載物太重，又因湖南陳、任二君搭坐，更憤憤。余因道遠負重，而騾馬疲弱，萬一趑趄不前，豈非自誤？許以添雇一車，不吝此百餘金也。

二十二日，晴，早微冷，午暖甚。出俞灣，見枯柳數十株，行亂山中十餘里，過山坡，有村民十數出視。村旁一小山，赤立十數丈，上一小廟。又四五里，山峰上有廟。又十里至哈家寨，覓茶小坐。出寨二三里，過土橋，紅綠欄杆，有碑亭。過橋，傍澗溝行十餘里，兩山緊抱，高低升降。過一小澗，水濁而白，冰碱相雜，上坡即咸水河鋪。由俞灣至此，名四十里，實五十里。午飯後出咸水河，柳林疏密不斷。蘭州以西各店，除切面外，無可充飢，民居均平房，荒涼可掬。行三里許，度一土橋，紅欄有碑。過橋上坡，沿右山脚行，山有廟。又行二里許，過土壩，下有流水，對岸正西有圓山，峰頂有廟，風景頗佳。又五六里過觀音寺，村店數家。出俞灣後，向西北行，至此始漸向西。又十五六里至徐家店，晚色蒼涼，林影迤邐，燈火隱現，犬吠兒啼聲與駝鈴車鈴相和。人家均依山傍水，沿河行，水聲潺潺，途頗泥濘，村樹民居，直達紅城驛，風景極似金崖驛，出蘭州後未嘗見也。初更抵紅城，各車至二更後始到。由咸水河至紅城名三十里，實四十里。行山峽内，高下崎嶇。入夜頗冷，途次惟早晚覺涼，自辰正至申，極暖。河水甘。

二十三日，晴，早冷。辰正行，四十里至孫家莊午尖。飯後行，三十二里至平番城内住宿。是日路遠行遲，到時天已將黑，各車二更後始到，名七十二里，實約八十餘里。出紅城傍河行，夾道柳林不斷，村舍相望，直達平番。自紅城以西，羣峰東走，大河南横，天開沃野，原隰龍鱗。【略】莊浪滿城在平番東五里，逼河而城，壯哉！邑沿河水磨，瀧瀧隆隆。

二十四日，晴，暖。住一日，添一車，價銀三十兩，送至肅州，將每日應用火、食、氈、簾專裝一車，隨余行。前數日車重行滯，每到店輒候至一二時，飢寒交迫，不勝其苦。

二十六日，午刻出平番北門，積雪在地，行深溝十里，始見柳林，枝禿如沐，日中無陰。又行深溝約十餘里，至屬郎坡。下坡山勢漸合，循右山麓傍河行，水青冰白，激射怒號。行十里過永濟橋，低而平，横木覆土，長五六丈。過橋循左山脚行，過一小澗，至武勝驛宿，客店狹小，僅蔽風雪。共行四十里，據驛夫言，實有五十里。由此向西南行一百六七十里，至香爐山，通西寧青海驛。

二十七日，天明出店，傍河左岸行八九里，過一山脚，崖石獰懸欲墜。以上河面更寬，汊流紛歧，積雪成冰，流澌帶凍，爲亂石所拒，横流逆折，汹涌嗚咽，回者如輪，縈者如帶，磊石相擊，硠硠磕磕，天光慘白，山色蒼黄，路邊楊柳斷續，枯無生意。又十餘里，右山麓有殘缺邊墻。又二十里至岔口驛午飯，换號馬。午後出店，傍左河岸邊墻内行，不二里，北風雨雪。邊墻外，隔河白雲無際，浩蕩如銀海，時有遠山出没混茫。邊墻内，牧羊填坑盈谷，嚙枯草，吸新雪，羝羊呼母，遠近哀鳴，不見牧者。邊墻每二三里築一大烽墩，參差聳峙。【略】共行五十里，至鎮羌驛，宿茅店。雪仍未止。

二十八日，陰，極冷。卯正行，出鎮羌驛，欲雪未雪。過懸崖，緣河岸上嶺，七里至湘子廟，小住。登烏梢嶺，六七里至巔，嶺豐隆逶迤而不陡峻，路出嶺尾，甚寬坦。下嶺，約十六七里至安遠店，都司駐札。又行十三里，過龍溝河。日出，烏雀聲喧。二里至龍溝堡午飯，車夫欲宿此，余促之行。出店入亂山中，雪甚。十五里至黑松驛堡，北有「唐氏九世同居碑」。過灘河，上山坡，入古浪峽。兩山夾峙，峻阪中通，上陷深溝，下臨絶澗。行十餘里，輿夫指視落星石，屹如瑶臺，與雪一色，即釀酒石也。【略】又十里至十里鋪，南有石壁如門。過十里鋪，兩山益陡峻，中抱澗河，水石相嚙，作怒雷崩濤，甲馬勝踏之聲。路傍左山趾巉巖崎嶇，極不易行。入夜，雪明於月，夾道大石，側立如奇鬼猛獸，森然欲搏人。又十餘里，下坡過長橋，至古浪縣北門外，計行四十里。宿客店，時已二鼓。午前隱雲密布，山爲雪埋，天爲山遮，仰視大銀海中時露一綫青天，【略】午後雪花如掌，四十秒鐘厚積至寸。【略】近塞極冷，而古浪峽、烏梢嶺尤爲陰慘，四時皆雪。【略】自武勝驛至古浪縣，山皆土石相半，頑石塞路，車尤頓撼。山以無草木而窮，水以有石而惡，近邊山水大半如此。邊牆在北，有沿莊浪河左岸者，有逾河而築於山巔者，或傍水，或踞山，而依於山者多，可謂雄矣。自鎮羌至縣八十六里，據土人云，實有一百二十里。以余度之，不謬。由十里鋪至城十里，不啻二十科里。諺云：「甘肅人用錢九十作一百，走路則十里作九里。」信然。今日極冷，點水成冰。過嶺時寒甚。

二月辛卯戊戌朔，辰初出古浪北關，兩山緊抱，路在溝中。行二十八里至雙塔堡，街市頗盛，入店小坐。出堡，漸入平原，路寬平，仍時行溝中。沿途村小村堡，空垣荒凉，回亂所毁。又行三十二里，至靖邊堡午飯，即住宿堡内。客店三四，居民十餘户。【略】登堡上三清閣四望，南有小山，東西北三面平原數百里，土地沃美，北面村莊林木較密，地已墾出。

初二日，夜半微霰打窗，孤燈照壁，寒氣侵肌，不復成寐。早起雪甚。辰正出店，過小河，行十餘里，多渠水。又度小河，行沙灘二十餘里，石子梗道，杳無人煙。共行四十里，至大河驛，頹垣赤立，約半里，亦回亂所毁。覓店午飯。飯後行十餘里，見路南叢巒積雪，綿亘直達關外。共行三十二里，至凉州東關，住泰來客店。途次焦溪涸，湯谷凝，火井滅，温泉冰，此所以爲凉州也。將近州城，村堡相望，林木蕭疏，氣象雄闊，固是重鎮。自靖邊至大河驛實有五十餘里，大河驛經西沙灘石子，皆南山澗水沖刷所聚。凉州道、鎮、府、縣各衙署頗宏敞，而城垣門樓堅壯亦甲於隴省。【略】街道寬二三丈，仿佛京師。城周圍九里，滿城圍六里，住滿兵。

初四日，晴，暖。轎夫病一人，遍覓無應者。至武威縣力求，始得二人。午正行，入凉州東門，貫城過三里，出西門。初行平灘，石子被地，如拳如卯。道旁萬家均石子堆成，深至數尺無土也。繼行水灘，碎石彌望，覆以冰雪，崎嶇縱横，愈行愈難。途次間有墩店，空垣破屋，不見一人。行四十三里至四十里鋪，茅店無可棲止，住行館，甚寬敞。按站尚應行三十里，因斜陽下墜，道難人困，不能再進。計距永昌尚有百二十里，恰好破站作兩日行。

初五日，晴。晨發行館，石子更惡，縱横鋪地，殘雪覆之，峻嶒耀目，輿夫踐冰帶水，履穿踵裂，騾馬足爲冰所割，血殷於洿，陰凌膠石，摧輪滑褫，車中震撼，臟腑倒翻。行二十里後道漸平，有林木。又十里至豐樂堡午飯，民居稍盛。飯後仍行灘上，水石與前同。三十里至清溪堡，宿荒店。堡東四五里過一河，水泥雜揉，舉步若縶，進寸退尺。午後出豐樂堡，漸近祁連山。山從西來，人向西去，山之右爲大灘。自凉州西門起至永昌縣止，路出灘上。

初六日，大雪，冷甚。辰正出清溪堡，行三十里至通津堡即三十里鋪。午飯。荒店，一宋姓老翁。計過淺渠三四，仍多頑石。行至十五里，臨渠道旁見一人僵雪中，撫之已絶，審視，乃一老輿夫老楊也。【略】飯後路較平，石子亦少。行三十里至永昌，入城宿東門内客店。大雪終日，天地一色，惟見枯槎白草，半埋半露，遠望村堡，依稀渺茫，人踪斷絶。偶見驛馬往還，輿夫沿蹄迹循行而已。

初七日，晴。辰正行，出西門，積雪被野，匀結如新成絮胎。行四五里後，石子石塊漸多，車聲格磔。又行十四五里至野店，小坐。下灘過水磨河，水聲怒吼，上覆板橋。又小溝四五，支獨木，水均清駛。里許上灘，至水磨關午飯。夾道山崗土坡，高下逶迤，右一長山直到峽口驛始止。道旁時見柳林，有鳥雀聲。【略】傍山麓行，頗平坦，荒磧間有石子，多黄草。二十五里至一烽墩，破垣無人。明張將軍紀功碑屹立曠野。羣山遠障，中平如砥，西望獨空闊，風行有聲，日薄無色，真古之戰場也。過此有一沙磧，碎石結成甬道，中通如門，僅容一車。下坡向北行，一片沙磧，約四五里，至王秀堡，頹垣綿半里，僅居民二家。【略】又十里至水泉驛，宿荒店。驛有堡新修，駐扎守備。民居堡内僅數十家，堡外敗垣極多。【略】王秀堡一帶黄草遍地，殘雪覆之，將到水泉驛，惟見枯柳數叢，荒墳三四，殘雪斜陽，半明不滅。午後共行四十里，實有五十里。是日冷甚，將晚風利如割，十指皆龜，舉筆重於五斤杵矣。

又卷五　初八日，晴，早頗暖，巳刻風起，冷甚。行五十里，至峽口驛午飯。出水泉驛向西，兩山夾道，中開平洋，多碎石白草。長城在右山脚，已頹壞。十五里至口塘，漸入荒磧，山水沖刷，如木文直裂，蔚藍如沐。西北隅有晴雲綿亘，如匹練，行近乃雪山也。即定羌廟北燕支山也。過青窪，漢日勒縣故址，有大小二烽墩。至定羌廟小坐，索茗飲。詢之土人，廟於二十一年回事已毁。出定羌，見邊墻綿延右山之脚，青青者天，皚皚者山，中劃黃影一綫者，邊墻也。下至山丹峽，蜿蜒逾右山嶺而北，下草灘，因峽口山石确磽，無寸土可取也。羣羊哀鳴如猿，聞之淒愴。將至峽口，右山高聳峻嶒，路由左山趾上坡向南，復折向西北入峽，四山巉巖，亂石梗道。出峽口即峽口驛堡，入彭姓旅店午餐。詢大黃山何在，彭翁指門前正南一山曰：「大黃山也。」突起大灘之中，卓立天際，與四山不屬，東西長一百餘里，高可十里。【略】飯後出峽口驛，西北入大草灘，空闊蒙茸，邊墻絡其北，道平如砥，黃土細沙，車行無聲。二十五里至王城鋪，民居十餘户，南有空堡。過此漸起平阜，十五里至新河驛，住宿。驛有武廟，道光九年立碑。邊墻外六十里仍作漢民牧牲，六十里外爲蒙古境，沿明制也。今日行九十里，實有一百十里，灘草枯白成叢，遠望如麥田，稻畦已剃而留其根也。

初九日，晴，冷甚。巳初行，由新河至山丹縣，驛路只四十里，因山丹河雪消水深，車不得過，繞道邊墻外，約行六十餘里。將至縣城，路旁有碑曰「大禹導弱水處」。宿山丹城外南關，即隋唐删丹舊治。【略】出新河驛西門，直北五里，出邊墻缺口，沿右山坡漸轉向西，邊墻亦如之。沙磧荒坡，人煙斷絶，不見一草一木，塞山負雪，寒威逼人，並哀鴻斷雁而無之。山水爲邊墻所阻，衝突縱横，冰雪迷漫，輿夫踟躕審顧，擇淺而凍者履之，備極艱辛。余下輿以馬策撾長城。【略】約行四十餘里，入邊墻缺，渡山丹河，與驛路合。行七八里，入山丹東郭，城内有渠清甚。邊墻高者一丈二尺，厚四五尺，低者五六尺，厚尺餘，殆爲風雪所蝕。墻根有隍，高三四尺，凡頹缺處均山水沖刷所致。【略】邊墻外雖荒遠，多水阻，而路尚坦易。塞内外諸山均陰面有雪，陽面無雪，雨雪多北風也。

初十日，晴，冷甚。卯正出南關西門行，四十里至東樂城，午飯。南關係山丹外郭，中亘柳堤，夾堤而市，風景頗佳。出西門，渡山丹河，瀲灩清駛，繞郭西北流，城内亦引此水成渠。上覆板橋。北有長山，土人呼爲「哦哩」，即合黎也。【略】十里大佛寺，喇嘛住持，寺當獅山北麓，面東，虚無一人。【略】出寺五里，左山下有古寺。又二十二里過樂定堡，又八里至東樂城，入東門客店，午餐。路旁時見柳林。【略】山丹以西路漸寬，東樂以西尤平坦。土飯後初入土溝，繼經沙漠草灘，共行三十里，宿古城仁壽驛西門内客店。井深丈餘，飲之甚甘甜。酒釀，甘醇絶倫。登臺西門樓眺望，城係土築，壁立一丈五六尺，樓高二丈餘，不傾裂，土性使然。今日行兩山之間，相距約三十里，左大黃山自峽口來，右山自新河驛北邊墻外起，逶迤不斷。

十一日，晴，早冷，午暖。巳初出古城西門，行四十五里至甘州，進東關，入南門，至王府街，住客店。出古城，初行溝道甚平，十餘里後下沙灘，路平而數阻水。上坡至二十里鋪，不遠又下灘度水，復上坡，大道坦易，村居煙樹相望。共過土橋六，第六橋即東關外濠，有牌樓題「張掖古郡」四字，城坦整齊，不如涼州之雄壯。途中車夫數罵途人不讓道，余痛斥之。

十二日，早冷，午暖。住一日。

十三日，晴，不冷。辰出甘州西門，行二十二里，至下崖子，午飯。時已過午，避水繞路有三十五六里。午後行五十里，至沙河堡宿。【略】出甘州行五十里，至謝家灣，向北傍弱水東岸行里許，下灘過土橋，水色深青。流澌甚急，土人呼爲黑水河。轉達向行灘中，水汊紛歧，曲折往復，過土橋五六，涉小水十餘。行八九里上岸，有樹木，北有白塔一。至下崖子，復行沙灘，多碎石，上坡積沙成山，行沙中約二十餘里，沙隨風移，墩屋埋没，而地質堅硬，沙泥黏結，高低碌簇。至沙井驛，小坐即行，漠野平迤，村落煙煙相望，土地膏腴。約行十五六里，過沙河，河灘寬三里許，近西岸灘水迷漫，晚結薄冰，踐之齾齾乙有聲。上岸即沙河堡，月色已照人矣。

十四日，晴，不甚冷。辰正西北行，四十里至撫彝城，午飯。出沙河向西北行，野曠路平。過花墻堡，二十里至古寨堡，有古廟已圮。【略】過此入沙漠，浮沙際天，無村落草木，車陷深窩，並兩三車力拽之方出。偏南，沙漸少，易行。二十里至撫彝城外，飯旅店。【略】關内沙漠浮沙尚淺，下有地質，故能行。至瀚海中央，則沙深不知其極，有沙無地，故易沉溺。午後行四十里，至高臺縣，宿東門内客店。出撫彝城西行，平曠間有碱地。十五里過雙泉堡，又入沙漠行十餘里，惟見烽墩巍立沙際。至八里鋪後，村落樹木，一望蔚然。經平灘，淺草離離，春深當如青氈毹也。草灘路左，輞水沮洳。高臺附郭居民甚盛，林木尤密，雖枯幹纖枝，而薈蔚之勢莫遏。連夜月明如書。

十五日，晴，暖。卯正出高臺，西行五十里，至黑河驛午飯。出城初行，路略高，左右皆灘。過月牙湖土橋長堤，至八里鋪，村堡連綿，右有鹼灘，望之如霜雪。過臺子寺，爲西涼李暠臺故址，上有廟宇。望南山，相距約四五十里。二十里過宣化堡，自此至羊達子堡，夾路村莊煙樹，連綿十餘里，沿途小渠如縷，水溢於路，時有泥濘。過羊達子河，經沙漠，平曠易行。至黑泉驛，時已未正。驛内有火神廟，白楊卧地，風聲蕭瑟。飯後行二十里，均沙漠，至花墻子堡。經馬尾湖，積水清澈，輿夫取飲。余嘗之，味甘甚。途次時有水阻，沙爲風揚，作水浪紋。沙上有生鹼者，黄白參差，映日慘淡。堡外居民無多，客店極卑陋。堡内煙户寥寥，詢之土人，有二百餘家，皆小户蝸居。【略】蘭州來大車，輪高四尺五寸，牛駕，木輪高五尺三寸，兩輪相距寬六尺五寸，出關加寬一尺五寸。

十六日，早晴，頗暖。路平。將午北風甚涼，又霎陰雨。出花墻堡，平沙無垠，迥不見人，沙中生馬練草。右山略近，左見山影杳杳冥冥。右山下有白光如匹練，弱水成冰也。十餘里上沙阜，形如崗巒。【略】有古廟。沙堆多細石子，約數里。沙盡行荒磧，高下崎嶇，八九里過水灘，鳧鴨有聲。上坡，至深溝驛午飯。共行二十七里，不啻三十餘里。午後杲杲日出，出店，西北風大作，四人幾不能拽一輿，塵沙漲天。行荒磧三里，但見枯草芨芨草，馬練草。硝鹵，映日慘白。五里有煙墩。過雙泉墩，土屋數間，閉户無人。午後行三十里，將近鹽池驛，【略】驛爲鹹鹵之地，於沙中挖坑，深三四尺，浸水飲之，尚甘。荒店三四，院内土深尺許。【略】住行館，比之客店，則在百尺樓上。連日長途困乏，明日百里宜破站作兩日行。

十七日，陰雲微風。巳初出店，曠野枯寂。二十五里至苦水墩，土屋二三，木輪牛車五六横道，卧駝十餘，蓋運鹽所需。過此入荒磧，土丘墳起，荻葦蒼茫，路平。十五里至雙井驛，已未正。飯後即留宿，驛内二十餘家，店三四。

自潼關西行，凡經過之路，曰山，曰水，曰河，曰坡，曰埂，曰平原，曰曠野，曰溝窖，曰沙灘，曰水灘，曰石灘，曰草灘，曰沙漠，曰沙磧，曰荒磧，曰高阜，曰水汊，曰城堡，曰邊墻，曰山峽，曰沮洳，曰汪洋，此其大概也。肩輿一點鍾行十里，速者十二里。關内白草荻葦被地，而土人炊爨，專采紅柳，乾焦易燃，十錢足供一爨。

十八日，晴，不冷。寅初行，出雙井西行，均沙漠荒磧，遍生白草，高三四尺，土人以之織席搓繩，見水愈堅勁。行二十餘里，入黄泥灘。道右有長渠，水清澈。途有沮洳。二十里至黄鋪，土屋三家，入楊媪家午飯。媪一子一媳三孫，室中米鹽罌瓿悉具，子媳謹順，種田六畝，媪日抱孫怡如也。【略】鋪南有大烽墩。飯後行二十里，至臨水驛，宿西門外客店。雙井南爲大白山，即祁連昆侖一體也。北有土山，綿長三十餘里，色紅黄，土人呼爲大紅山。雙井東西百餘里，三四月無雨，至七八月連雨不止，遍地沮洳，但便騎行，車不得過。地多硝鹼，白草外復，生白刺，曲節蒙茸，枯白多刺，類關中酸棗。至黄泥鋪，始間有耕者。

十九日，巳初出店，下坡度臨水河，過兩橋，上岸行平原間，有細石子。北望匹練平拖，玉龍横卧萬丈者，大白河也。南望白雲，嵯峨極天，西連塞外者，大白山也。夾道楊柳將稊青紅鬱鬱，平地無點雪，而右河左山，積素浩然，白山白河，不虚也。【略】又行二十里，至二十里鋪，荒店三家，午飯。飯後行平原，十餘里後岸多紅柳。過兩橋，皆南山澗水來匯大河也。又行十餘里，過酒泉，下輿一游。【略】行二里許，入東門，至大十街北客店住宿。

二十日，晴，風冷。向肅州牧符君領車銀，每乘四十兩，平番所雇一車止此，現另雇接裝一車，至新省須八十金。

二十四日，晴，暖。車已添雇，將棉衣、薄裘揀出，備途次用。擬明日出發。

二十五日，早晴，午微雲罨日。清晨將各車裝齊，午後開行。【略】一點半開車，九點到嘉峪關外城東關，宿客店，計行六十里。出肅州北門，多泥濘。二里許過大北河，沙灘石子，度水汊五六。上岸即戈壁，碎石彌望，南北間有村樹烽墩。十七八里過一水溝，六里至丁家壩，土屋頹垣，僅一二荒店。過此石子愈大，車行顛跌撼頓，頭涔涔然。又行十里，天昏黑，過二三小溝，又十餘里略平。又下坡，過沙河，車行甚速。外城已閉，呼門而入，飢凍交迫。入店，馬通雀糞，塵垢坌積，覓帚不得，覆之以氈而寢焉。【略】土人云：肅州東臨水驛至州城四十里，實有七十里。州西至嘉峪關七十里，只有四十。余度之，彼四十至多不過四十三里，此七十足有六十餘也。且沿途石子梗道，極不易行。出關後多戈壁，無尖站，每站必須趕到，方有水草食宿之處。向來出關者均日住夜行，站百里外者，申刻開車，天明可到。百里內者，酉刻如行，白日消閒，至下午晚餐，食飽上車，若夜飢可令車暫停，於車傍炊爐熱粥茗點心，食畢再行。惟夜行如墨目，無所見，殊悶悶也。

二十六日，晴，稍冷。午後入内城，出西門，登嘉峪關樓。【略】城内駐扎游擊巡檢，有税廠，空車過取四百文，駝馬二百文，人一百文。同行十餘車，開箱細查，無私貨乃免。申正晚餐，日晡開車。

二十七日，晴，午風，略冷。昨將晚開車，未十里左靷絶韇，馬蹶，車幾覆。行四十里，亥初至雙井，荒店三，入屋食粥。登車行五十里，寅正至惠回驛，荒磧高低，碎石梗道，車震簸，頭涔涔然。雙井以西略平，在車偃臥，不成寐，到店始酣睡。辰正下車，食粥飲茗，如瘧初愈。【略】午後狂風揚塵。惠回堡東北隅河邊白楊成林，河西岸行臺旁有白楊踰二抱。地多沙石，無水，不耕種。堡東有河流，水清駛，味甘。覆以木，通行人。

二十八日，晴。昨申正開車，過九溝十八坡，石子强横，車震跌欲撲。三十里，亥初至火燒溝，溝内盡黑石子，荒店三，下車食粥。【略】上車行四十里，過赤金湖，又二十里過赤金堡。又二十里，卯初至赤金峡，山土赤黄，無草木，枯槁惡劣，宜西域之亂始於此也。余與一老在車上均不能眠，甚苦。今日午正開車，中途略停，再行，夜到站，仍宿店内，以後均如此。

二十九日，晴。申初開車，頗暖。初行沙磧，略有高低，細沙碎石。四十里，亥正至高見灘汛房小住，晚飯。汛兵三人，每人月餉一兩，給一驢，供水草，水由玉門負至。【略】登車風漸大，行十餘里，愈厲。【略】車中甚冷，四體如冰，野黑迷失道。過一村，犬吠甚，土人曰左轉而南必至焉。卯初始入玉門北關，宿客店，塵垢狼藉，天明始卧。午後風仍不息。玉門僅南北二門，所轄百餘村，共千餘户，縣令僅用三僕。以百文買敦煌梨五，頗甘。高見灘東二十里西至玉門極平處，如行細氈之上。大風竟日，夜雨，未行。

三十日，晴，曉起風息，見微日。辰初行。店内土(坑)[炕]高三尺。【略】開車後，風大作，由北關向西行十里，内有石子，以後細沙平軟，索索欲蘇。三十里至一棵樹，頹垣無人，老樹一株，正幹向東，西生一小幹，爲烈風、漂霰、飛雪所虐，根已半死半生，土人云：咸同前，樹已如此。又西北行二十里，過支水三四，至三道溝宿，客店稍寬潔。

三月壬辰朔，晴，早風息，午復作，晚息。辰初行四十里，午正至七道溝，四十里腰站午飯。未初行四十五里，酉正至布隆吉爾堡，宿西門内客店，櫃房頗整潔。車夫因避溝水，向北行約多十里。初出三道溝，西北一帶樹林接十餘里，北有大村。踰磧度溝，升降崎嶇，至四十里腰站。土屋二三，住汛兵十。東有白楊踰二抱，西一榆樹合抱，道旁牧馬二十餘匹。北有村樹。此後車行甚速，沙軟無聲，欹傾擺蕩，如乘船行波浪中。未至布隆吉，十里外即見林木蒼鬱，村堡蔚然，堡東有堡，曠無居人。進東門，街右白楊踰五六抱者近十株，正直樸茂，殆數百年物。圓徑三四尺者約二十餘株，戈壁偉觀也。

初二日，晴，巳初行三十六里，至雙塔堡午飯。飯後行四十八里，至小灣宿荒店。出布隆吉爾，行十二里，荒磧草枯，沙阜日薄，碌蔌高低，車簸蕩甚。過權家堡里許漸平，過窟窿河，植木築土壩爲橋，河内多流沙深穴，陷没車馬，故名。上岸即雙塔堡，堡内無人，堡外約二十餘家。又行過小橋，四山遠羅，沙灘平軟，如行氈上。又三十里過沙棗岡，頹垣赤立。又六七里經平灘，枯草被地。又五六里過一墩，道旁有牛犁地，備種麥也。林木葱鬱，暮色蒼茫。又五六里至小灣。

初三日，晴，巳初起風。出小灣行四十三里，未初至南乾溝，荒店一家，午飯。有頹垣十餘，路平車速。初出小灣，左傍小山行，飯後過水溝，旁有長渠，路爲水浸，行沮洳中三四里，上沙灘，積沙墳起，陷輪而滯於行，騾馬喘甚。過沙灘，路復平。由南乾溝至安西城二十二三里，因阻水，繞向南行幾四十里。午後西北風厲，御人不能左驂，隱身車後。未正開行，酉正入安西東門，住顧樓街客店。由北乾溝於安西約二十餘里，在今日所行之北，沿途泥濘，如塗塗附，亦蘇賴河凍解溢出也。昨晚應宿永安堡，有驛站，因途中阻水，故舍之，而至小灣住宿。永安在小灣之北。

初四日，晴。安西城内約三百户，東門外沙堆與城齊。安西東境至玉門向多大風，相傳多風穴。【略】關内外行路有必不可犯者二：曰愛潔，曰求備。【略】蘭州以西客店，尚偶有桌凳，至關外則絶無矣。到此向民家遍求，不得一几一案。一老先至，請州署代借，僅送一案至，猶舊足裝以破板。夜風稍息。

初五日，晴，巳初風起。今日欲行，聞蘇賴河水未退，日前尚没一駝二馬一車，遍尋不得。聞河内水下有沙，沙下復有水，遇重墜之物，沙即涌起，車行稍緩便陷入，與過窟窿河同。

初六日，晴，暖，無風。安西東北兩門，積沙過城。午初行，出北門，北望有村樹。城南有土城，已頹廢。西行三里至蘇賴河，河寬半里，水分四支。深者平車軥，没馬腹。【略】上岸二里至龍王廟。【略】過廟向北行，入大戈壁。風日慘淡，沙石青黑，車行其上，乾澀不膏，如轉空磨，如拉滯弦，數車相和，地殷隆隆，自成音調。【略】時已正午，行四十里，飢甚，無屋可息，即倚車炊飯。食後行二十里，至石窖子，已昏黑。下車便旋道左小山，砂石結成地窖二，一東向，一北向，内男婦十餘人，均行路寄宿者。無主人，無水火。上車行三十里，至白墩子，宿東頭路北第一店。土屋十餘家，井水不深，稍咸，可飲。

初七日，晴，暖，午後微風。【略】未初出店，西北行，沙堆土阜，如連冢升降高下。四十里至獨山子，廢墻二三。路北有長山，過此行亂山中，彌望青黑。【略】又行三十里，至紅柳園已戌末。土屋八九家，客店三四，有泉不甚甘，可飲。店内無門，關外各店無案几，無坐具，無窗，土炕高至三四尺，上下不便。共行七十里。日出甚暖而冰不消，純陰凝結，雖太陽熱力亦不能透。

初八日，晴，暖。紅柳園無柳，亦無草，僅小白楊一株。有二泉爲池，引池水種地，約數畝。【略】未初行，五十里至小泉子。崎嶇曲折，行亂山中，石骨横路，車極震簸，窄處僅容一車。道右多長山平嶺，左多圓峰，紛如亂冢，有碎石積成者，有大石積成而上覆石子者。小泉子在道右，頹垣無人，有泉水，味鹼。過此上土嶺六七里，漸下坡，二十里至大泉子，住客店，尚寬。軍塘汛兵、居民十餘家。旅店四，泉味鹼苦。自安西州起無驛站，由武營遞文應差，謂之軍塘，馬更少，且疲瘠。馬不足，易之以驢。

初九日，晴，暖，無風。【略】未初開車，向西北行，北大西小。路平甚。二十里上坡，入亂山中，忽東忽西，高下确犖，亂石梗道，車極顛簸。約四五里下沙灘，道左有長山，平遠連綿，車傍山行，初遠漸近。又行十四五里逼近山嘴，地多白石，山後出美石，似水晶，微黑，星點光芒。共行六十里，約六十五里，戌正至馬蓮井，宿客店。店三四，小鋪二，駐把總，軍塘額馬十四匹，實養十匹，今年倒斃四五匹。

初十日，晴，暖，午後西風起，申刻漸息。未初行，路尚平。二十里入亂山中，東彎西折，沙軟石硬，左撑右距，車震簸甚。路左有廢墻，十里入蛟牙溝，兩山逼近。出溝右坡有碑座，不見碑。坡下亂石成堆，有葫蘆形者，有人形者，車夫均以油抹之，謂行車即速。五里有小廟，名游神廟，亦供以油。又十里，道左長山平迤，長山西南有一小山，上鋭下圓。道右有小山二，倚抱如連冢，土色赤黃。兩山逼近，路狹於巷，山土爲風雨摧剥，細皴如牛毛。山下石骨隱現，覆以紅白沙子，車簸如倒篋。又數里四山漸開，入沙灘稍平，而砂礫森錯，如舂肉糜，如剉骨肢，如埋鑿露柄，如立劍植鋒，爲之目栗。又十餘里，兩山高起而逼近，路寬約十餘丈。共行七十里，戌初至星星峽住店。有房有明窗，並借得一桌，甘州以來所未有也。今日向西北行十之七八，向西行十之二三，自馬蓮井以北四山叢抱，地勢極高，乃戈壁之脊背也。西南望瀚海甚低，北面亦有瀚海，隔山不得見。客店五家，店南有井，深丈餘，水味淡而微甘。

十一日，晴，暖，微風。星星峽兩山夾峙，悉大石層疊崚嶒，千狀萬變，西來未見。峽口北即軍塘，井泉在道左山下，井眉有木欄，深丈餘。旅店均負山而屋。【略】午正行七里，上坡至關帝廟。【略】出廟左轉，鑿石爲路，初寬漸狹，僅通一車。繞至廟背，下嶺入大澗，澗底土石黑黝，澗上千峰競秀，萬壑争奇，如列屏障，山根大石平鋪偃卧，如鱗甲森錯，爪鬣怒張，天帝斷鰲，其在斯乎！此戈壁山水極雄秀者。由澗底向北行十餘里，左山根石色青黑。又數里，道旁小山絡繹，有沙有石，共行五十里。至小紅柳園，道右有吳中丞新設腰站，泉水甘，道士劉青山主之。【略】已酉初，旋行。夾道葱山被地，簇石成山，石如卵，如拳，如沐，如點黛螺，磊磊落落，不見寸土，殆爲風雪刮净也。路行山峽，石骨迸露，震撼異常。有沙處稍平軟，不及三之一也。共行四十里，宿沙泉驛，客店三。井水咸苦如鹵，幸攜水足用，店家亦藏淡水。由星星峽、小紅柳園運來。出星星峽向西北行，有小徑約六七里，經深溝上，有雍正年間立碑二。爲水所沖，車不能行，只通騎，共行十六七里，始與大道合。土人云：星星峽至沙泉驛，由小徑可近二十里。

十二日，晴，暖，午前起風，午後漸息。未初行，午飯奴子爲調海黛作湯。【略】未初行三十里，四點鐘至腰站，亦吳中丞設，去年九月造成，佈置與昨同。前因道遠，一歲凍暍死者七八人，故設中站。出沙泉驛西北行，北大西小。夾道長山中開沙路，有石簸車。二十里後入沙阜間，沙堆腫漫如肺葉，映日殷紅。自獨山子至此山始盡，多碎石。又五里入曠野平沙，叢草黄白，砂礫雜黑子如豆。五里至腰站，屋後有泉，深五尺，味鹹鹵，飲之壞腹。五點半後行十里，八點三刻至苦水驛。平沙無垠，極目寥廓，碎礫下沉，飛沙上浮。【略】將至苦水驛，月明如鏡，沙軟如氈，八輪同碾，寂闃無聲。驛站一，客店三，看電杆者一，住汛兵。自巳刻至夜暖甚，一裘亦不能耐，恐生大風。苦水驛附近二三百里向多黑風，飛沙走石，昏不見物。

十三日，晴，暖，有風，將晚風厲，亥初息。雖暖而減衣即覺涼，地氣寒也。未正行，出驛見各店壁均塗紅土，西有土阜二，豐而平。左阜爲電杆廠。車行粗沙碎石之上，干濇生滯，與蘇賴河、龍王廟戈壁同。沿途平曠，而土阜沙坡高低起伏，氣旺而有情。五十里至天生墩，墩在道左，土色赤，高十餘丈，長倍之，卓立大荒。向西盡處起一峰，上堆頑石，夾道多赤壤，硝鹵間雜，如雪上點珠，晚霞萬縷，白雲絡之，互相激射，真金碧世界也。過天生墩八里，七點鐘至腰站，亦新設者。屋後土作蒙古包一。【略】復行四十二里，丑初至煙墩住店。今日路平曠而堅硬，有石處頗顛簸，過天生墩向北里許，土阜起伏類岡巒，日將落時，烏雲障日，濃淡縱横，日在雲内隱現，深淺紋縷因之奇變萬狀。【略】《辛卯侍行記》：「由苦水至格子煙墩，據哈密廳丈八十三里零。因驛夫不願，酌定一百里。」今行十一點鐘之久，以尋常車行遲速衡之，實有一百十里，車夫口稱一百四十里，亦虚數也。自過蘇賴河入戈壁，至此未見一樹。昨日過腰站後，尚未見草灘，今日行百餘里，不見寸草矣。

又卷六　十四日，晴，暖甚。格子煙墩，店四，官店甚寬展，水鹹，共四井，井平地四尺見水。路南阜上有龍王廟，北有舊驛。【略】未初行六十里，七點一刻至。長流水初出煙墩，夾道土山頗高，路狹如峽，旁有沙石結成大塊，沙灘厚積，車行濇澀，約三十餘里，西北有雪山，鬱然高峻，與雲氣相連，土人呼爲小天山。至灘沙淺細處，又行十餘里，下坡，道右泉一，土屋三，墾地十餘畝。沙盡出戈壁，平地有荒草，與中土同。又八九里，道右泉三，清而甘。又五六里，至長流水住店。出沙灘後，但聞鈴聲，不聞輪聲，軟膩如綿，地質係極細泥土結成，深至十丈，可決其無砂石，與中原膏腴同。遍地生草，織密暢茂，此最宜開墾者。【略】泉水在西北山坡上，匯爲二地，味甘。他站馬來飲，驅之不肯去。樹大小近百株。山在路北，有關帝廟，店四，居民小鋪二十餘。泉水其清若醴，雖江南惠泉不能過也。

十五日，晴，暖，東南風甚厲。戈壁三月必屢有東風，凍解而耕開矣。【略】未正行，二十五里，道右有土屋，已圮。泉在路左，味頗甘，稍濁。因大路有水，繞向東北行，約三十里過大泉，土屋三四，林木蔚然，牛羊成羣，白楊二株頂枝屈抱，似蓮花含苞未放。途多沮洳水泉，有耕地。折向西北行，約十餘里，至黄蘆岡驛，沿途盡草地，多黄蘆。共七十餘里，到店已戌末矣。店四，有一店最明浄，每屋開窗。民居十餘。道北雪山距此七十里，遠望山似兩重，高者乃雪山，産松木，最堅直，電杆用之。

十六日，晴，暖，風。未正行，詢之周店老人，云拔木登距雪山約三十里，距黄蘆岡約三十里。【略】午正二刻，行十五里，至一棵樹，纏民五六家，漢民如之。車行平曠，沿途村莊林木相望。又三十五里至二十里鋪，過此夾道青榆碧柳，緋桃紅杏，倚天照海，春色盎然，直至哈密城外，穠鬱掩映，如行萬花谷中，東南惠麓、虎阜，尚無此豔陽也。共行七十里，住哈密城外。

十七日，晴，午風。

出長流水初向西行，至二十里鋪向西南行，土色純白，田疇彌望，麥苗已青。

十八日，晴，暖。【略】由哈密赴迪化省城幹路有三：出北門經巴里坤謂之北路，天山積雪，五六月行始便。出北門，與巴里坤路同，七站至七格井分路，向西南經吐魯番謂之南路，近火山，夏月穴地而居以避熱，須冬十月後行始便。由七格井西行謂之中路，經大石頭，寒暖得中，三四月行最宜。林文忠《紀程》所謂「小南路」也。現與車夫約行此路，共十九站。有一站一百十里，餘站多九十，少者七十，末站僅四十里。由安西至哈密十一站，由哈密至木壘河十一站，均大戈壁，無食物，須預備。

十九日，晴，暖，無風，下午寒。未正行，由西關入漢城西門，出南門，園林夾道，過舊營壘，向西北行里許過橋，溝水清駛。過回城北門，繞城行，又里許，道左高原有回王祖墓，墓覆以屋，圓頂，飾緑磚，有亭有臺，繚以土垣。過橋入沙灘，平迤無際，而沮洳泥濘。約三十里，道左土垣破屋，似牧羊所居。日將落，路欹側，有泥窪，兩陷車，力曳始出。至一棵樹，路旁有地，似已耕而荒者。過一棵樹，已黑不見掌。須臾露微月。【略】行二十餘里至頭堡住店，已子初。店三，漢民四，回民一，纏民二十餘户。路名六十里，實七十里。堡内有驛，有關帝廟，堡外泉數十，味甘洌。種地二百餘石，上腴一石，收麥七八石。

二十日，晴，暖，無風。昨住路南張永盛店，屋後一泉，深丈餘，色青碧，源旺而味甘，有暗渠灌地。未初行六十里，戌初至三堡住店。初向西行，間向西北，沙灘枯草，二十里至二堡，車夫到此採芻茭入橐。纏回六十餘家，漢人三十餘家，豆麥茁地，桃柳滿園，風景蔚然。過此路平，迤行三十里，入亂山石磧中，碎石平佈。又三四里兩山墻立，車路如溝。道左老榆數十株，詰屈有古致。三堡纏回約二十餘家，堡東古桑數十株，纏民養蠶。【略】自二堡行約三十里，過白楊溝。上覆橋，水流甚駛，分二道，一通四堡，一通資以溉地。四堡距三堡二十里，五堡距三堡四十里，纏民百餘家。白楊溝二，一東一西，在三堡東十里，二水同向南流，五六里匯爲一欄，以木槽，槽開五洞圜圓二尺餘。分流，四堡得其二，五堡得其三，以溉瓜果。每歲哈密貢瓜，均取之四五兩堡。二堡悉纏民，四堡約百户，五堡約二三百户。凡膏腴之地均歸纏民，漢人不能有。

二十一日，晴，暖，無風。未初出店，約行十里，至沙棗園，纏民四五家，共一院，夾道村樹相望。又五六里，遠望有樹。入戈壁，粗沙碎石，車聲濇澀而沉殷，沙石厚也。行四十八里，道右有長土山，約四五里即三道嶺。下坡即三道嶺驛，住客店，時已酉正，共行六十里。夜半微雨。客店五，纏一回四，漢賈六家。西北有關帝廟。北有泉，味甘，向東南流，沿渠垂柳數十株，渠西有纏民園圃，桃花盛開，柳色掩映，渠流溉地數十畝。不謂戈壁磽确，乃有此風景。

二十二日，晴，暖。巳刻，同華封至關帝廟後土山，東北趾有泉，突沙而出，其眼十數，清洌而甘，山下硝鹼如霜，而泉不鹼，何也？入渠向南流百餘步，分二渠，東南匯爲一塘，溢出灌地，西南灌園，供飲酌。沿渠生細草，青翠芊綿。纏園有老桑，芳香撲鼻，清蔭覆地，極田居之樂趣。【略】未正行五十里，七點半鐘至梯子泉尖飯。【略】出三道嶺向西北，行大戈壁，地勢有起伏。行十四五里，道左草地一段，過廢垣，一柳獨青。道右遠望有白楊一，地高，多長嶺，戈壁之脊也。又行三十五里至梯子泉，白楊一，柳二，二泉匯爲一塘以灌地。塘口開一圓洞，纏民呼爲潦壩，放水則啓之。申初東南風起，甚猛。飯後行四里，過廢屋，無人。此後多下坡，行頗速，而石齒當車，欹側不安。行二十里後漸平坦，有砂石極厚處，車聲澀滯，如錯錯鋸，如鋸鋸木，如風卷潮打岸，如磨沙石，如碾瓦礫，奇響百出，令人耳聾，心掉而齒欲蘇。又行十五六里，丑正至瞭墩，住店。驛東北有煙墩，墩旁武廟，驛站、馬營在驛東南。客店大小五，纏一，居民十餘家，回一。

二十三日，住。申酉之交，大風飛揚，沙石亂走，如麟鼓初鳴，金鐘流韻。【略】驛東北有高墩，方而峻，即瞭墩也。灘上碎石平鋪，或白或黄，或黟黑如煤屑，或青灰如碎瓦，途間石子頓撼，臀背不能著車，自入戈壁，路無惡於此者。北望天山，縈青繚白，外與天際，距此約七八里，峰忽中斷，零亂縱横。子末風起，狂暴異常，土人謂之怪風。

二十四日，晴，暖。昨夜未睡，巳正始起。驛後土坡下有三四泉，一井深丈餘，水與地平，甘洌。北望天山，隱約如長城。泉上老柳成蔭。申初行八十里，子初至一碗泉住店。店一，驛站一，無居民。出瞭墩向西行，右多長嶺，路傍嶺下頗狹，坡嶺叢雜，平者爲灘。二十里入九溝十八坡，凡登一坡，坡之銜接處必有一溝，出溝即下灘，灘盡復有坡，坡復有溝，故有此名。中有一嶺，在道右，最高。向北行及頂，與天山相直，白雲籠其巔背，落日如紅綃。半里許折向西行，南望戈壁，如履屋脊而俯平地，此天山南麓之附庸也。二十里坡盡，道右數十步有小土山，山頂一泉，近初尋得，上懸小紅旗書「泉」字以示人。又七八里傍左嶺行，出溝復傍右嶺行，入乏馬灘。道右有張勤果建卡房，今頹廢。泉一，深二丈，已堙。十五里灘盡，又十五里多下坡，至一碗泉，泉味甘。店一，馬號一。

二十五日，陰。昨夜子正東北風起，狂暴如海濤，至午不止。【略】有二車先行，車篷被揭，復回。有三人自墩來，徒步共一繩，各繫於腰，拽之始達。乃車夫謂店小無槽，堅欲行，未末行五十二里，八點三刻至車輗轆泉，雪作。僅一店，泉水苦且竭。出一碗泉西行，距天山五六里，數踰沙阜，多石，車簸甚。行四五里，向西北行，天山東下，至此漸落平地，倏起小山長嶺，條分縷晰，紛披縱横，自西徂東，復由散而聚。有一峰下圓上鋭，即巴里坤天山之首也。車路行山峽中，如隘巷，高低曲折，夾道山多碎石，色青黑如死灰，白刺瑣瑣，纖茸掩映。十四五里，有長山夾峙如峽。山峽登高坡，道左之山皆沙土結成，黄赤雜糅，高峻崚嶒，峰多懸垂。路漸平，二十里下坡，向北行六七里入峽。峽盡復上坡，向西北行三四里，至車轂轤泉，此五十餘里亂山沙灘，無人煙。約行四十里，道北里許名芨芨草子，有民居一，有泉。再行十二里至車轂轤泉、一碗泉，無草樹，無居人，亂石被地，無水土生氣，不能種植。

二十七日，午前晴，頗冷。午正行八十里，七點二刻出峽，即至頭水溝，無樹木，官店一，馬號一，小店一，住兵十，水稍苦可飲。出七个井初向西北行，沙灘碎石，遠山如半環。一里，左有小土山，二里，沙灘，八里，上坡。間有碎石，色黑。八里向北行上坡，右山漸低散零亂，一里碎石格車，一里入峽。天山西來二千餘里，勢如奔馬，至此中斷，劃爲深塹，横穿山腹一百四五十里，可謂奇矣。北行二里，小山夾道，車簸甚，四里偏東，峽寬四五丈，愈入愈窄，二里正東，山根多大石，左有二峰最奇秀，白雲冒之，忽騰起與山石相觸，一吞一吐，久之乃没。二十里懸溜峭壁，兩崖相嵚，石各異態，【略】入峽愈深，石愈大，峰愈幻，車亦愈簸，一石一狀，數石攢成一峰，而一峰極一峰之變。車入峽中，峽隨山轉，忽東忽西，迷於所往，其高峰赤立無寸土，而石罅中異草叢生，【略】入夜大風雪，官店寬敞整潔，桌椅俱全，爲關外冠。

二十八日，早陰，巳日出，西北風。途有凍人。午正三刻行六十五里，五點半至大石頭，住官店。民店二，一略寬，馬號在官店之西，澗水甚甘，冰厚三尺。出頭水溝西北行，山峽漸開，三里右山盡，左有小山，三四峰，路如溝，五里漸至平地，右有長嶺十里，左山漸平，右山漸近，上坡多碎石，十里漸平曠，向北行二里，至色琵口，《荷戈紀程》作「色壁口」。兩山並起，左山下有營壘，如小堡，下坡入峽，僅容一車，山根多大石，西北行五里下坡，兩山漸伏，二里又起。雪甚，車行雪上，軟而簸。二里道左大石一堆，里許又下坡，三里小山亂石，右有長阜，里許上坡，偏西行，右小山多石，零零落落，左長嶺，四里上坡，又里許，兩山之間窄而陂，車行欹側，幾難立輪。二里折北，道左大石一堆，西草地一段。右山又起，四里下長坡，兩山漸高漸開，路甚平，多白芨草。八里至小石頭，頹垣周遭，三里四山縱横中闊，至大石頭。午後風緊，點水即凍，呵氣成冰，兩日不見一樹。初入民店，人多難容，移官店。出店，風狂甚。

二十九日，早陰，冷甚。九點半行三十里至三十里墩，十二點一刻午尖，兩點鐘行七十里，七點半至三个泉住官店。車店二，小店一，駐把總，有關帝廟。出大石頭，初北行，折向西，兩山漫腫，車傍左山脚行，偏側而簸。五里山漸平，六里右起長嶺，多碎石，十餘里右山平遠，路漸闊，左山仍起，三里右山低平，起三四小峰，遂止。自七个井西二十里入峽，穿天山之腹，至此山始盡。三里至戈壁頭三十里墩，飯。於舊官車局後，有烽墩，屋甚多，撤局後無人管理，舊會開井，深十五六丈，無泉，取水遠至七八里外，又非腰站適中之地，停車者少，不足養店主，荒廢異常，門窗俱無，駝馬糞填集，無立足地，檐下狼矢皚皚，炕塵厚寸餘，勉入一餐。【略】未正登車向西行，平曠，六七里過沙灘，入草地十餘里，望天山積雪，如玉城綿亘雲表，又十餘里，車與山接。晚晴雲浄，落日金紫萬縷射馬耳。北望草地青黄接天，南望天山巒壑叢深，如玉龍偃卧，鱗爪森張。西行間偏南，十餘里至沙河，頹垣一區，無人。又十餘里，天山之陰向南拖一長坡，上坡仍草地，多積雪浮水，又四里下坡，道左有長山，傍山入溝甚深，多石。又行六七里，地平如砥，而碎石梗車。近三日天寒，大風雪，午後風息，天浄若洗，晚景最佳，可卜明日晴暖。

三十日，晴，風息漸暖。

十點半鐘，自三个泉行五十里，三點正至一碗泉，始飯。廢垣甚多，回民二，一開小店。四點一刻行四十里，七點半至木壘河住店。出三个泉，初向北，漸西北，四里下坡，右有土嶺，天山低平綿長。四里下大坡，直西三里下坡，多碎石，里許再下坡，四里石多，車震撼，左山漸近，三里下小坡，五里稍平，山更近，北望草地平曠，三里下坡，車欹側，多石，又上坡，左右均長嶺，車行深溝，左嶺即天山外郭也。三里上左嶺，天山伏不見，左嶺長，車行二嶺之間，旋登高坡，約三里下坡，左嶺外仍見天山。三里下坡，車簸甚，右嶺平，左亦低。五里餘下坡，西南行，折向西，六里下長坡，兩嶺之間狹而多石，車簸極，里許左嶺低缺處見天山，雲白團團若車輪，旋轉不已，漸若匹練輕綃，至青煙縷縷乃化。二里下坡至一碗泉，飯後仍西行，左嶺下，地高，右草地低，車傍左嶺行十二里下坡，見天山高起負雪立斜陽中，右一土阜有破垣亂石，五里下坡，左嶺漸平，見天山之趾護土甚厚，路平坦。十里傍山根行，見天山最高一峰，晚霞返照，白雪與晴嵐争暉，如美人披縞素，戴金翠首飾，凝立大荒，仰天而若有所訴者。道右三里許，有村莊，小樹連綿，即頭二三旗各莊，八里下坡，天山漸低伏，三里左嶺外復見雪山。道邊有墾地，二里於斜陽影中忽見奇峰怪石，參差林立，乃木壘河之頹垣破屋也。入街住店，店寬大，市上一百五六十家，飲食之物悉具。附近種地頗多，春夏天亦應時雨，木壘河水由西南引至東北，灌頭二三旗，地及一碗泉北各莊，河水味甘，駐扎守備，營壘甚整。自哈密、巴里坤赴烏魯木齊，木壘河適當其沖，【略】地處兩山之間，形如釜底，受敵甚易，據守甚難，請於闊舍圖駐重兵。

天山之北，自三十里墩至此，青葱無際，悉草地。行直達歸化城、張家口，以駝馬通道，經内蒙古地。自哈密至此十一站，戈壁始盡，土人謂木壘河爲富八站之首，以後人煙較盛。【略】咸豐間，木壘河市廛極盛，民居過萬，凡山西、歸化城貨物悉屯積於此，蒙古諸盟亦來貿易，爲北疆大聚落，遭亂後已三十年，迄不能復。

四月癸巳，戊戌朔，晴，仍冷，午暖。十點三刻行四十里，兩點至東城口午尖，三點一刻行五十里，七點至奇臺南門外住店。出木壘河，下坡西北行，曲折麥地，忽南忽北，里許渡河北行，折西下坡，道旁種麥，二里左嶺高，七里右嶺高，上大坡，土阜縱横，名平頂嶺。車行嶺下如峽，登坡至頂，左嶺漸低，西行沿路多碎石，右嶺復起，多高阜。十里車行二嶺之間，右嶺起伏漫延，下坡入咬牙溝，碎石遍地，車震撼欲撲。十里下坡，六里下坡，多石子，三里道旁多廢垣，至東城口，店六七家。飯後出店西行，右嶺遠伏，左嶺低，五里平曠，多積草，五里左嶺起，下坡碎石鋪地，多草，二里右有廢垣，左嶺遠伏，西行偏南六七里，左有村莊，過水溝，見天山，十里至溝底，崖有居民，垂柳數株。天山漸向南去，復由南折西，繞奇臺之南，右平曠，左嶺長而低，夾道村莊，樹木迤邐。間向西南行，十里至奇臺，有故城，駐巡檢，鋪户一百餘家，民居種地者多。

初二日，晴，暖。午初行四十里，二點一刻五分至四十里腰站，午尖。三點二刻行五十里七點半至古城，住店。出奇臺向北，間偏西下坡，夾道小阜，麥地，天山在南，一望平曠。十五里後間有碎石，十五里三十里墩，破垣無人，十里，四十里腰站。小站四家，戈壁無水，僅一井，覆土屋，置鹿盧繫繘三十餘丈，以取水。【略】飯罷行十里，微石，右嶺見村莊，十里右大墩一，小墩五，破垣無人。入草地，黄蘆白芨，彌望皆是。六里下坡偏西行，右嶺起，下坡過頭屯河土橋，泥沙陷車，河左岸高，車行溝中，上坡仍草地，夾道村莊煙樹。右嶺下有土垣，栅門一所，遠近村樹相接，十五里入城東門，過河至城，只五六里，車夫謂十五里，妄也。里許住店。

初三日，晴，午後暖。辰正出西門，西行間偏西北，五十里未末至大泉，午尖。申正行四十里至濟木薩，即孚遠縣東門外，住店。出古城，沙土路平，五里墩有泥窪甚深，車簸幾傾。左見天山，右爲草灘。三十里過河至小屯，左嶺有耕户村莊，右仍草灘，二十里至大泉，民居四五，有飯館，過此，村樹絡繹，農居多沿天山北麓，四月初雪，消土潤，種麥。五六月開渠，引天山雪水以救旱，北望無際，悉湖灘草地。五里右嶺起，破垣數十無人，八里下坡，二里行樹林中，參差蒙密，極似江南光福風景，但少小山平田耳。三里下坡，二里下坡，左右有土阜廢垣，即二十里鋪，過此多石子，簸甚。偏西南行下小坡二，西北行，左有空垣三四，一里下坡，過水多碎石，半里過水，沙石相雜，三里過水，樹森漸稀，下坡偏南行，有空垣，多碎石，一里下坡，至芨芨窩，民居三四，駐汛卡，里餘，右起坡陀，過水溝，下坡半里過水，上小坡，多石子，一里上坡，又下坡，沙石泥濘。左望天山低平，漸近，下坡林木漸稀，右有長嶺，五里樹林村莊復密，車行沙石，格格作聲，二里密林一段，鴉雀喧噪，夾道居人更多。二里下坡，里許至濟木薩西門外。

初四日，晴，早冷，午後暖，午末行，入東門，出西門，向西北行，過一廟，右有舊壘，里許過橋下坡，又過二橋，橋下水清而激，南山水引以灌田者。左右村樹麥地，八里平曠入草地，左望天山高峻，道旁有廢垣，路低而不平，四里左有嶺，右平，十里荒野沙漠，十里榆林漸多，至雙汊河，民居小店五六。西行偏北五里，右有長嶺，樹林不斷。十里平曠，多下坡，泥水軟而陷，五里樹林夾道，下坡多石子，二里下坡，入深溝，夾溝叢棘、古樹，出溝入林愈深，土墻泥屋，麥秀青青，雞犬牛羊，婦稚熙熙，田家樂宛在目前。三里樹林密，村居愈多，惜石子礙路，車簸蕩，石子由田夫擲出，爲害行人，應埋土中也。向西行十里，多碎石，村樹連綿，田土膏腴，望天山漸遠。宿三臺。市面甚盛，多天津人。德盛客店寬敞，即行臺也。共行六十五里。

初五日，晴，午後甚暖，大風不見日。巳正行四十里，二點五分至四十里井子，午尖。飯後未末行四十五里，戌初至紫泥泉住官店。出三臺向北行，左嶺村樹蔚然，右平野沃壤，樹林麥地，五里過橋，渠水由南至北，二里道右大榆數株，里許左土坡有小墩五，二里高嶺道，左嶺上有圓塔一，過此樹漸少，左起高嶺長山，二里樹林，二里左起高峰，二里道右樹林漸疏遠，三里左有圓峰，接長嶺，右曠野，五里偏西，五里左嶺漸近，六里左嶺低平，右草地，五里偏北下坡，多石子，右嶺逼，至四十里井子，井深七丈，味甘，小店二。飯後北行二里，道左突起二小山，下坡車側行，六里左見天山頗峻，右林木，三里林木村莊，五里林木漸密，四里至二十里巷子，北行廢垣連綿，無居人，道旁有古榆，多石子，三里左樹漸斷，右林疏遠，三里左右樹林復合，十里林木不斷，多田家，上坡居民數家，二里碎石被地，小墩五，左樹漸遠，入草地，鹼白如霜，生小紅柳，瑣瑣草，右曠甚，二里至老紫泥泉，田家五六，五里草地間有小胡桐，至紫泥泉。居民三十餘户，井水尚甘。

初六日，陰雲而風冷。未申間小雨，關外罕有。十點二刻行五十里，三點至大泉午飯。四點行四十里，七點三刻至阜康縣，住康樂驛行館。【略】出紫泥向西入草灘，北空闊，南望山色葱鬱，如展翠屏，博克達坂山也。【略】四里有樹，二十餘株，五里榆林夾道，左起土坡，右多廢垣，六里右樹林，左廢垣，五里間有石子。西南行六里，左有胡桐三四株，四里至小泉，店一，十里草灘平曠，硝鹽皚皚，至大泉腰站，飯店二，一回民，泉甘。飯後南行，硝鹼厚寸餘，百里如積雪，出關三千餘里，無此廣且多也。六里有廢垣，四里廢坦一，樹一，四里右樹漸遠，有廢垣里許，林木夾道，沮洳污途，右有池水自博克達山來，三里林木深邃，小園周遭，鴉雀聲喧，田婦抱稚子，依柴門，風景若畫。下坡里餘，右廢垣，又下坡，古木田舍，四里下小坡二，右有廢垣，里許至九龍街，有土堡民居，店鋪頗整齊，住汛兵。南門下坡有百骨塔，劉襄勤建，藏戰死忠骸也。四里下坡，車側而簸，十五里左山漸伏，林木遠近疏密，連綿迤邐，達阜康東郭城外。百骨塔一。入東門住行館，房屋尚好，水甘。

初七日，晴，暖。九點三刻行，是站九十里，實有百里，所經九十里站，以此爲最大。出西門西北行，樹林不密，近城有麥地，左嶺低，路平，八里有石子，樹漸少，三里右有廢垣，里餘，下坡，四里入草灘，十七里傍左嶺行，嶺雖低而凸凹起伏如海波，嶺下青青皆茵陳也，採之，觸鼻香烈。八里草灘，至甘泉鋪，小店二，午尖。飯後二點三刻行，三里傍左嶺，高低不平，右嶺逼，如行溝內，二里右嶺平，南行里許，左嶺起高峰，二里半南行，二里半左右起長山，傍右嶺行，多石子，右嶺有長圓各峰，路狹，五里二嶺夾峙，傍左嶺行，下長坡，車側且簸，二里半右嶺平，左起尖峰，西行二里，左嶺開，下坡傍右嶺西南行三里，兩嶺復合，下坡右嶺平低，下陡坡，過水溝，右有廢垣，至黑溝，居民五六家。三十里向南行，右嶺平，一里下坡，半里下坡，折向正西，又下坡，折向南，過水溝，踰右嶺，向東南行，沙路軟，車摇簸，里許復向南，陡落水溝，右有麥地，半里兩落水溝，車幾傾，三里左右見林木，又過水溝，偏東南，春麥被野，左多村落，四里又下坡極險，正南行里許，過水溝，右土屋，又落坎，加鞭始過，左見高山晴嵐，遥峙吞吐，落日紅豔如火珠，博克達坂也。三里平曠，麥地盡，右嶺亦平，七里過水溝，又三里至古牧地，有堡，住店，居民二百餘户，黑溝以西，土人引水種麥，溝渠縱横，大道幾成阱陷，應由地方官勘明，將路修整，遇有溝渠，造木橋，覆以土，則兩益矣。

初八日，佛生日，晴，頗冷。午正行四十四里，申末至迪化省城。初出古牧地，向西南平曠，二里半過水，有麥地樹林，四里石子覆地，車震甚，旁有小渠，四里下坡，左嶺深林中田園村舍，仿佛桃源，右平原多樹，二里半道右，麥秀青青，如平蕪，多石子，下坡向南，左平曠，樹漸少，里許樹又多，過兩窪，車側行幾傾。三里林愈密，水聲潺潺，右起高峰，幽逸如行鄧蔚籬落間，但少梅香耳。一里深林，水聲愈喧，惜水溢於途，泥濘難行。里餘下坡，過水溝，流清激，左右長嶺，車行泥中，簸蕩不已。右嶺外青山一抹，如文君眉嫵，右起漫坡，三里榆林夾道，僅容二車，二里有堡。至七道溝過橋行五里，左渠流水清激，樹林陰翳，路窪如溝，石子碌鏃，左嶺漸高成山，右嶺漸起坡陀，縱横如亂山，路稍平，三里下長坡，車簸甚，左樹多，向南行，左起長嶺，二里下坡，里許崎嶇沮洳，左坡種麥，二里半左山高漫，山頂有墩，即紅山嘴。里許麥地水光明瑟，里許右嶺漫起，三里下陡坡，復屢落水坎中，林木茂盛，居民益夥。二里餘入迪化北門，住西大街高升客店，共行四十四里。租房六間，甚敞淨，每日銀四錢。

方希孟《西征續録》卷上　光緒三十二年十月十五日，自鄭州登車，軌路至鄭北趨渡河。【略】十五里出西塞門。車行溝中，兩岸土壤壁立，高或百尺，低亦數丈，即楚漢所劃分界之鴻溝也。又三十五里至二十鋪，宿。是日共行五十里。

十六日，二十里至滎陽。城周七八里，土厚墉高，形勢極壯，即漢之滎陽。【略】今滎水已湮。又四十里至汜水，仍行溝中。【略】是日共行六十里。

十七日，晨渡烏沙河。二三里許入溝，兩坡夾峙，中有關門磚甓遺址，土人謂即虎牢。凡越小嶺五重，過鞏關。三十五里至老犍坡。中州平陸千里，此爲西上第一重險要，或謂鞏關乃漢之虎牢關也。坡上下斗甚，馬喘息，增駕始行。又三十里至鞏縣。【略】又二十五里渡洛水。洛水繞城，北入於河，入冬勢微，一葦可杭。越洛，沿北邙南趾，洛水北岸行，又十八里至孫家灣宿。是日共行一百八里。

十八日，早行。十七里至偃師縣，即古南(毫)[亳]。出城，遥見嵩嶽矗立雲表，初陽軒豁，蒼翠極天，紫蓋、天柱、太室、少室諸峰參差羅列，其方削如壇，疊立如屏者，是爲中峰。【略】又四十五里至義井鋪尖，洛偃分縣駐此。又四十五里至河南府。【略】是日共行一百七里。

十九日，晨出洛陽。三十八里至磁鎮尖，鎮爲春秋尹國，亦畿内諸侯。又三十里至函谷關，亦曰函谷新關，漢樓船將軍楊僕恥居關外，請以己封移函谷於此，故名，非秦之函谷關也。關在新安城東里許。【略】入城，井邑蕭條，風日淒冷，已近秦邊氣象。西過二陵，一南一北，突兀相望。【略】一路山徑紆折，水石雷硠，涉澗水三四次，車馬皆瘏。又三十里至鐵門，宿。【略】是日共行九十八里。

二十日，二十里過小堡，顔曰「董公倡義處」，蓋迹説高祖爲義帝發喪者。又四十里至澠池縣，秦趙會處。城西百步許有會盟店，漢馮異破赤眉於崤底，亦此地。【略】是日共行六十里。

二十一日，四十里至觀音堂，有西狩行宫，甚完整。又二十里至硤石驛，西來有兩硤石，鄖塢故地也。【略】是日共行七十里。

二十二日，晨過硤石關，四十里至磁鐘尖。又三十五里至陝州，周、召分治地，春秋時爲虢、焦二國。自張毛、磁鐘行深溝間，兩壁赤立數十仞，人民悉住土穴，草木稀疏，遇雨往往留滯草店，八九日不能前進。途中復多盜賊，行客至此，咸有戒心。【略】是日共行七十五里。

二十三日，四十里至曲沃。又二十里至靈寶，秦文公得寶處，漢弘農郡也。【略】是日行六十里。

二十四日，晨，里許過穀水，八水之一也。登岸，兩崖對峙，崇關高聳，前有石刻「古函關」三大字，關前有聯云：「不許田文輕策馬，願逢老子再騎牛。」又六里爲第二重關，關右立片石曰：「夏直臣關龍逢墓」。益西，連綿三十餘里，皆高墉如削，夾道如山，夏秋山水暴發，漂没車馬，與太行四天門同爲行道之厄。【略】是日行六十里。

二十五日，二十里至盤豆城，東、西魏戰場也。又二十里至閿底鎮。又二十里至潼關，一名金陡關。自函關至潼關，皆古桃林塞故地。【略】三里許至金林關，下爲關卡税房，驗照放行。街道修整，市廛繁盛，爲洛陽西來之亞。【略】是日共行六十里。

二十六日，至華陰廟三十五里，攜兩姬小女遊焉。

二十七日，五十五里至椰子鎮尖。又二十里至華州。【略】又二十里至赤水鎮。【略】是日共行九十五里。

二十八日，晨行，過周處故里。二十五里過渭南縣。又四十里至零口鎮尖。又二十里至新豐。【略】是日共行八十五里。

二十九日，二十里至臨潼。驪山在城南半里，華清宫在其東隅，内有温泉。【略】又二十里過灞橋，橋長三百步，寬約二十餘步。橋西枯柳四五株，猶婆娑有生意。又五里許至滻橋，橋寬十步，長二百步。滻水自南繞藍田山而來，上下淪漣澹淹，波光揺蕩者，小輞川也。兩峰并聳，晶瑩插天者，玉山也。近城十里，遥見萬樹叢中樓閣隱隱。【略】去城五里許豐水，左右即漢都，至今瓦礫猶存。【略】今城乃元、明兩朝所縮，周圍猶四十里。入東門，宿橋梓口。街衢皆鋪條石，平直如砥，巷亦寬容四軌，浄潔無塵。城内有滿城，駐旗旅，轄以將軍，則本朝所修建也。是日行六十里。計鄭州發軔，至此共一千二十二里云。

初八日，早出横門，日冽晴皐，雪融大野，麥覆平疇，一望無際。北邙一帶，萬冢累累，皆周、秦、漢、唐帝王將相之陵墓。【略】三里許有唐崇聖寺，隋名濟度，大秦景教碑在焉。【略】二十里至三橋，古未央宫地。又三十里渡渭河，至咸陽，宿。【略】是日行五十里。

初九日，晨行。遥望太白峰頭，晶瑩璀璨，積雪浩然。北即畢原，文、武、成、康、周公、召公暨漢高、惠、昭陵寢皆在焉。四十里至店張驛尖。又三十里至醴泉，東北九嵕山有唐太宗昭陵，武將山有肅宗建陵。【略】是日共行七十里。

初十日，二十里至楊家店。又二十里至乾州。【略】武后乾陵在北山巔，即古梁山。【略】又二十里至監軍鎮，宿。【略】是日共行六十里。

十一日，四十里至永壽縣。【略】出城，登泰峪嶺。自咸陽以西，歷二百里皆層級上升，然皆履行平地，不覺其高，過嶺十里始漸下。又三十里過地窖溝，逾溝即泰峪鎮。民家皆居土窑中，鱗次櫛比，密如蜂房。窑倚巖鑿壁，頂平外敞，大者寬容數十間屋。旅店中簾幕、几案咸具，西來行館無此净潔。【略】月下不寐，聽泉聲泠泠可愛，詢之土人，名皇水，即《豳風》之皇澗，過澗也。【略】是日行八十里。

十二日，出鎮，登大嶺，車行兩山深澗間，亂流競渡，崖石慾頹，羣馬遞曳始進。逾山口約十餘里，入邠州，一路木葉凋枯，棗林猶密。【略】城西有明岨山，山下有水簾洞，洞内藏小石佛，千百龕燈隱隱。二十里至大佛寺，唐之慶壽寺也，貞觀二年尉遲敬德造。【略】上爲平臺，臺旁爲僧堂。憑檐北望，千里茫茫，飛鳥低空，夕陽慾没，遂攜小女歷級而下，再上數層，不及登矣。又二十里至亭，宿。【略】是日行七十里。

十三日，四十里至長武。【略】又三十里至窑店，入甘肅界。【略】是日行七十里。

十四日，三十里至高家窪尖。又四十里至涇州。枯楊夾道，疏密成行，魏方伯光濤所植也。涇州在弇山之陰，涇水之陽。回山横亘涇、汭二水之間，其東麓，渭水匯涇處也。【略】是日行七十里。

十五日，晨出涇州北門，有碑，大書「瑶池降王母處」。池用白石甃，方式，上有王母像，池前有稚桃一株。【略】王母宫在回山頂上。初渡汭水板橋，沿回山西折，兩山夾峙，涇水中流，至城北始合汭水，而達於邠也。三十里至黄沖。又四十里至白水驛，宿。【略】是日共行七十里。

十六日，晨行。至四十鋪尖，又三十里至平涼府。【略】是日行七十里。

十七日，四十里至安谷鎮。又西過三關口，有古廟，祀楊六郎。【略】益西過蒿店，連峰不斷，屈曲山峽中。又二十里至瓦亭。【略】是日行九十里。

十八日，十里至和尚鋪，小憩。仰視一綫羊腸，車摩崖側而行，下臨百丈深淵，心爲之栗。及登，反覺寬平，狹處皆甃短垣，彎環如闌限，馬傾側不虞失墜。蓋壬寅年所修築也。余車先登至巔，後車重累，每並兩車騾馬，拽一車上，再返拽之。自午至暮，兩姬及僕婦衆車始集。山頂建有綽楔，陶勤肅公榜曰「隴干鎖鑰」，聯曰：「峰高華嶽三千丈，險據秦關百二重。」時夕陽西墜，憑崖四望，雪霧迷濛。【略】下山路極坦直，約十里許至楊家店，枯柳成行，月光黯淡，山市十餘家，柴扉盡閉。呼茶不應，寒風侵骨，遂促車夫速行。比至隆德，已三鼓盡矣。

十九日，四十五里至神林堡，住。頻日陟降，疲頓，稍息馬力。

二十日，四十五里至静寧州，住。近城十里，四面亂峰回合，一澗中蟠，一窪一灣，故俗有九里十二灣之諺。

二十一日，晨過祈家山，高峻不及六盤，而路轉紆遠。天日晴和，車行甚駛。四十五里至高家堡，日猶未中也。炊釜作飯畢，又十五里至界石鋪，宿。【略】是日行六十里。

二十二日，四十五里至青家驛尖。近驛十里有石橋二。【略】又二十里至太平店，大風。【略】是日共行七十里。

二十三日，晨行，遥見山根作丹砂色，有一嶺全赤者，有半崖如赭而上黝者，霞駁祲紅，浮濛空際。沙磧中又多陷，穴風自中出，一遇暴起，則奔騰澎湃，排蕩千里，塵沙昏冪，恒陰不見日月。有某官眷，行至哈密戈壁，驟遇風作，數車皆飄没，至今無踪。安成堡以西大澗，乃隴阪大道，四峰合匝，中道一綫，兩岸高峻深險，無路可逾，澗水左右盤回，連涉至數十處。若遇夏秋大雨，洪流洶湧，千人萬馬，必爲魚鱉，俗所謂「七十二道脚不乾」者，即此地也。四十五里過翟家所。又四十五里至會寧縣，城外有大墳，題曰「騏驎冢」，明時所瘞。【略】是日行九十里。

二十四日，六十里至西鞏驛，住。

二十五日，晨過青嵐山，山斗甚。余棄車步行，上一峻坂，稍喘息，復登。前嶺愈高，四顧不得下，偃卧坡上。【略】白日淡空，寒風刺面，亦無瑟縮。適車夫韋七來覓，挾以下坡，遂登劉姬車行。三十五里至山頂，有小店。下嶺，循左山，度大澗，歷三十六灣，轉右山足，四行五里至安定城，宿。

二十六日，四十里過潤河，上岸至巉口，方午。一路殘柳鬖髿，牛羊散野，疇冰未結，邊日猶温。又二十里至稱鈎驛，宿。【略】是日行六十里。

二十七日，晨，出驛。逾深溝，登車道嶺。嶺路極狹，不能並車而行，銜尾聯接，層遞直上。十五里至第三峰頂，極目千里，寥廓無垠，回視來路，一綫夾道如函，下臨萬仞深谿，不覺心神俱栗。【略】六十里至甘草店，宿。

二十八日，晨行，崗嶺漸平，川原開曠。四十里至東蘭鎮，兩山復合，灘聲如雨。又數里，度一小嶺，車行沙窩伏穴旁，馬幾陷入，力鞭而過。逾金家崖，經響水，遥見黄流一綫，縮入峽中，北岸邊牆隱隱。【略】日晚，度不能抵城，遂就宿焉。

二十九日，二十里至蘭州。入南門，寓某棧房樓上，張、向二君已先至矣。蘭州爲漢金城五郡之首，城周八九里，形狹而長，四面皆山，黄河自塞外羌中西來，繞城東去。

十九日，冰結甚堅，車馬競過。嘉齡掖子，行罅漏處猶滮滮有聲。逾河爲龍尾山，山上樓殿參差，盤道數十級。由寺而登，登盡，復接一寺，寺上又接盤道，直至山頂。一塔巍然，高凌霄漢，即所謂白塔寺也。迤西即金城關，左臨黄河，右倚峭壁，不甚高峻，而極險隘，僅通一車。出關西折，爲赴甘、涼大道，關内僅百餘家，寒宵燈火，小市寥寥。整車未竟，遂宿此焉。

二十日，晨出關，沿黄河北岸行。北周置金城津，關名隋所改也。十餘里入山，四面赤峰，巉巖硌埆，險惡可怖，地雜沙石，不能耕種，故恒童禿不毛耳。四十里至朱家井，宿。

二十一日，三十里至俞家灣，莊浪河自西北來，土人節節漑田，分設水磨，西南流入黄河。【略】又四十里至咸水河，宿。【略】是日行七十里。

二十二日，晨，三十里至紅城子尖。城内居民數百家，街衢修整，店肆繁闐，爲西來一大鎮。【略】又二十里至青寺堡，宿。【略】是日行五十里。

二十三日，二十里至南大通尖。又三十里至平番縣。莊浪滿城在西五里，西門外有禁止留宿回民碑。【略】自紅城以西，羣峰東走，大河南横，野曠原開，平疇千頃。【略】是日立春，共行五十里。

二十四日，三十里至武勝驛。由此西南行，一百六十里至香爐山，通西寧、青海驛，鹿角、山羊、石羊皆產此。又四十里至岔口驛，宿。是日行七十里。

二十五日，四十五里至鎮羌驛。邊牆每二三里築一烽墩，或十餘里建一碉樓，蓋明時所築，以禦北寇。今牆多圮，缺口間牛羊出入，踐踏盡平。村落稀疏，枯林隱隱，迤西銀峰疊立，積雪涵空。緣崖側上，約十餘里至巔，則烏稍大嶺也。嶺不甚高峻，而逶迤綿長，尾甚寬坦。下嶺，過安遠店。又十三里至龍茅店，十餘家。土灶無煙，冷氣逼人，急呼僕抱薪爇火，暖酒禦寒，微醉，宿焉。是日共行九十里。

二十六日，十五里至黑松驛。過灘，上山，俗名閻王邊，即此。余昔有詩云：「莫飲咸水河，莫過閻王邊。水咸洩人腹，崖長馬行難。」今已兩邊砌石如闌，人馬不虞失足。俯視其下，萬仞懸崖，亂澗縈洄，怪石磊砢，水流迅急如箭，濺濺有聲。【略】西來險徑極多，此與六盤尤其最也。又過十八里堡南，【略】又過十里鋪南，有石壁如門，路益盤陀斗峻。下坡逾長橋，至古浪北門，宿焉。【略】是日行四十五里。

二十七日，晨出古浪北關。二十八里至雙塔堡，街市頗盛，亞於紅城。一塔在山灣，一塔在墩上。【略】又三十二里至靖邊驛，驛左有玉皇閣，虬松森森，躡石級數十層，及前殿，巡廊四望，夕陽明滅間，大漠迷茫，百里可見。及下，入店，炊粱已早熟矣。是日行六十里。

二十八日，四十里至大河驛，白草荒寒，頹垣堵立。回亂焚毁，至今尚未復原。自烏稍嶺越古浪硤，石路雷硠，車行顛簸，一觸石則頭目齒牙俱震，三日皆乘騎行。【略】又三十里至涼州東關，廛市喧咽，城堞雄壯。

光緒三十三年戊申正月，朔旦在涼州，初三日午乘肩輿行，日晡至四十里鋪，宿。

初四日，三十里至豐樂堡。又三十里至八壩，宿。【略】是日行六十里。

初五日，三十里至清溪堡。又三十里至永昌縣。【略】是日共行六十里。

初六日，晨行。十四五里過水磨河，亂石蹲踞，急湍怒號，上横板橋。又小溝四五，支獨木，細流清駛上灘。至水磨關，午尖。又四十里至水泉堡。【略】是日行六十里。

初七日，五十里至硤口驛，長邊盤山右上，左峰回合，緊抱驛城。石徑巉巖，中通一綫，爲涼州西來一隘。大黄山在驛正南，鬱律青蒼，卓立天際。【略】又四十里至新河，宿。近邊五里有武廟，道光九年立碑。邊牆外六十里仍留漢民牧牲，六十里外爲蒙古境，沿明制也。

初八日，四十里至山丹縣，即隋唐「删丹」舊治，城小而堅，市廛頗盛。又四十里至東樂驛。【略】是日共行八十里。

初九日，晨行。三十里至古城子。邊牆迤邐不斷，然皆就山址低平處堆築，峻嶺高峰，皆在牆外。【略】是日行七十里。

十一日，四十里至沙井，渡黑河，水汊紛歧，急湍剽悍。過土橋五六，行沙中二十餘里，兩崖積簇成山，風起沙移，遠望有如流水。碎石滿川，大者如鳥卵，小者如珠璣，陸離斑駁，作五色光。【略】又三十里至沙河，宿。是日行六十里。

十二日，晨行。過古塞堡，浮沙際天，草木村落，四望俱無。偏南避沙，車行甚駛。四十里至撫彝廳，行臺整潔。近廳數里，樹林稠密，榆棗繁多，雖枯枝敗枿，而葱蘢鬱勃，漸有生氣。邊塞氣候較南方遲逾一月，江南立春後，已垂柳紓春，燕飛草長矣。又四十里至高臺縣，宿。【略】是日共行八十里。

十三日，晨行，過月牙湖。經臺子寺，爲西凉李暠臺故址，上有廟宇。五十里至黑泉堡，住。堡東南有泉湧出，廣可二里許，深三四尺，黑泉所由名也，溉田約四五頃。

十四日，二十里至花牆子，堡内民約二百餘家，泥衢污穢，小兒多不著褲，上衣亦不蔽體，鳩形鵠狀，老幼皆然。【略】又三十里至深溝驛，宿。途間歷一長山，土人呼爲「哦哩」，蓋即合黎。【略】是日共行六十里。

十五日，三十里至鹽池，東南數十里，一望皓如積雪。【略】又四十里至雙井，宿。是日行七十里。

十六日，四十里至黄泥鋪，荒磧間遍生白草，高三四尺，土人以之織席、搓繩，賣薪爲業。又二十里至臨水驛，驛南有大白山，驛北有大紅山，綿長三十餘里。其色紅黄，土人因名以配「大白」云。【略】是日行六十里。

十七日，晨行。渡白河，即討來河，古名呼蠶水，出州西祁連山，西北經州城北又東，與臨水河、清水河合。又北，出邊，經金塔寺，西至將軍營，與黑河合焉。四十里過酒泉，有亭臺，左文襄公重修，余昔過此有詩云。又二里許至肅州，文殊山在城西三十里，舊有禪室三百，號西洞天。其西有黑山，黑水經其下，即紫塞也。【略】向晚，柴松亭鎮軍約往行臺，屋曠而冷，遂辭，與張、向二君共住一店云。

又卷下 二十九日，出肅州北門，二十里許過北大河。經戈壁，石子盡黑色，茫茫如海，南北間有村樹烽墩。三十里至丁家壩，有小營駐焉。又四十里至嘉峪關。【略】關東西皆三門，外爲月城。距關門三百步許，有碑，大書「天下雄關」。回望關樓，高聳雲霄，左文襄書「天下第一樓」遥懸空際。【略】是日共行七十里。

三月初一日，四十里至雙井堡，道、咸時產金最旺，役金夫以萬數，爲絶大市場。同治末忽告匱，至今一片荒凉，居人僅寥寥數十家矣。又四十五里至惠回堡，番人沿南山而居，皆羌種，革履韋韝，背槍挾弓矢，彈飛鳥無不中。堡内外皆回民，行臺在西坡上，寬敞整潔。坡下河流瀠注，支木爲橋。臨水白楊數十株，竟夜蕭蕭，月光淒冷，忽聽隔岸笳聲相和。【略】是日行八十五里。

初二日，午開車。頻渡沙嶺，俗稱「九溝十八坡」，石子雷硠，車顛幾撲。三十里至火燒溝，距南山約六七十里。番人駐帳牧羊，草盡即移去。【略】又四十里過赤金湖。又二十里至赤金堡，日已曛，暮遲，張、向兩君車不至。【略】是日行九十里。

初三日，四十里至赤金峽，住。

初四日，四十五里至高見灘。有汛房，一兵守之，月餉一兩，給一驢，供水草。又四十五里至玉門縣。城小而庳，僅西北二門，轄百餘村，共千餘户。【略】是日共行九十里。

初五日，五十里至三道溝，住。西北一帶村莊稠密，產豆、麥，饒水草，爲玉門精華所萃。地氣較西來稍暖，桃杏似已含苞矣。

初六日，四十里至七道溝，土屋兩三，僅汛兵十。又四十里至布隆吉，近堡遍地皆泉，流水彎環，林木葱蔚。堡内白楊八九十株，亭亭直上，居民約一百餘家。【略】是日共行八十里。

初七日，晨行。四十里過窟窿河，河内多流沙，陷馬，即岑嘉州詩「胡盧河」之轉音也。上岸即雙塔堡，堡下即蘇勒河，河水黄濁，出南山。雪水分注十道溝後，餘波聚於一處，西流過安西州，入於砢砢石，伏沙而止。水寬僅數十步許，暴漲無時，洪濤迅急，人馬驟涉，往往突遭沖没，行者咸禱祀始敢過，呼爲神水云。又四十里至小灣驛。小灣，《志》作「小宛」，因大宛得名。城約三里許，僅一西門，曰永安堡，把總駐焉。居民三十餘家，每歲恒有顛風數次，拔木振沙。東自嘉峪，西至哈密，爲風綫，嘉峪東、哈密西則無此風矣。是日共行八十里。

初八日，七十里至安西州。州設副將一，知州一，城周五里，爲新、甘咽喉。過此十一站，皆戈壁。行人至此，必裹糧束芻而後就道。居民約三百餘户，東門外沙堆積與城平。四時多大風，風起則天地變色，飛石滿空，平時晝號夜嘶，揚沙震撼，猶其恒也。【略】蘇勒河繞城如環，溉田約九百斛。

堅冰初開，湍流迅悍，人馬皆不敢涉。西門内行臺整潔，遂留住六日，以待漲消云。

十四日，晨，探河水漸平，先以牛車試行。予車至岸，御重載置牛車，偏南徑渡。三車遞過，最後張君一車陷淖中，解四馬拽之，始出。上岸，二里至龍王廟，正殿供龍神，上懸乾隆御書「神功顯濟」額，後殿祀天后。大門西有道光年西寧道德公重修碑。稍憩，煮鐺炊飯，飽啖始行。六十里至石窑子。小山砂石結成，地窑一東向，一北向，中有男婦數人，皆行路寄宿者。戈壁寸草不生，惟見沙礫間雀鳥二三，日色昏昏，淡白大如盤盂，亦無片雲。入夜，天黰漠黑，繁宿懸空，非熟視北斗，四時、春夏、東西亦不辨也。又三十里至白墩子，宿，已三鼓矣。是日共行九十里。

十五日，雪。七十里至紅柳園，并無一柳，亦無他草木。四顧荒涼，惟垣西積水一池，浮鴨三兩。店前平屋八九家，灶冷煙寒，風饕雪虐，急倚炕，覆裘偃卧，聽小女猶絮語喃喃也。

十六日，五十里至小泉子，頹垣無人。有泉水，味咸。又二十里至大泉子，軍塘，汛兵、居民共十餘家。自安西州起，無驛站，武營供差，謂之軍臺。軍臺自庫爾哈喇烏蘇起，北接塔爾巴哈臺，而東科布多，而東烏理雅蘇臺，而東張家口止。又西接晶河，而西伊犁惠遠城止。其東自哈密，而南接吐魯番，而南喀喇沙爾，而南阿克蘇，而南庫車，而南英吉沙爾、葉爾羌止。又自庫車，而西烏什，而西喀什噶爾止。周圍萬里，節節貫通，西北之一大軍政也。改省後盡撤軍臺，改爲驛遞，蓋以旗兵盡裁，亦不得不然之勢。惟塔城至庫城其間八臺，尚如舊制耳。泉在西南沙灘上，有塘，鴨聲拍拍。泉水乾處，皆成鹽粒，土人即食之云。【略】是日共行八十里。

十七日，七十里至馬蓮井。有井，極甘冽。駐把總，軍塘額馬十四匹，每匹八兩。戈壁生草二，一爲白芨。【略】山多野馬，百十成羣，又多狼，常食牲畜云。

十八日，三十里過咬牙溝。溝右亂石成堆，道左建油神祠，前樹木表，御者至此，必以膏涂之，謂行車即速。又五十里至星星峽，入新疆界，駐守備一，客店五家。自馬蓮井以北，地勢極高，乃戈壁之脊背。仰視晴空，龍蛇横挂，燦爛光明。【略】井水味甘。《辛卯侍行記》謂馬蓮井及此水咸苦，蓋地土本咸，久爲泉浸，故變甘耳。【略】是日行八十里。

十九日，早行峽口，道左山巖洞内有回回墓。【略】十里上坡，拜關神武廟。【略】又四十里有吴中丞新設腰站。又三十里至沙泉，宿。【略】是日行九十里。

二十日，三十里至腰站，屋後有泉，深五尺，味咸，飲之洩腹。又四十里至苦水。由星星峽迤西，北道四工山出碧玦如玉。泉水極清冽，足千人飲，余行軍時所經也。【略】國初，準夷猶擾至布隆吉以東。迨岳鍾琪、張廣泗駐軍巴里坤、木壘河，其後進兵，始分南、北兩路：一由巴里坤進烏魯木齊，一由開都河進伊犁。其由東北路進者，則由博羅塔拉逾闥厄奇嶺而至伊犁，又北道中之北道也。余去新疆已二十年，聞北道中又開一小南路，由哈密經瞭墩，色必口而至木壘，以避天山二十四盤之險。山川形勢，二百年中已數變，可慨也夫！是日共行七十里。

二十一日，夜行。五十八里過天生墩，至腰站。又四十二里至格子煙墩。據哈密廳丈量，僅八十三里零。驛夫不願，酌定作一百里，車夫皆作一百四十里，亦虛數也。有店四家，共四井。

二十二日，七十里至長流水，西臨草湖。紅柳、胡桐數十株，毵毵已含青意。泉在北山坡上，傍丘鑿兩塘，方廣可十步，置梘引泉下注，細流淙淙，渟瀅瀲灩，色青若鑒，味甘如醴。環以木闌，頗似江南惠泉光景。溢出者復潴爲沼，町畦井井，鳧鴨没波，雞豚在野，荒漠中儼然自成一小村落。【略】過此，即黄蘆崗，已爲戈壁盡頭路矣。

二十三日，夜，微月。穿草湖行，四望但見黄茅、白葦，百里間并無村莊。已刻漸近哈密，約十里餘，垂楊夾道，新菜攢畦，蝶舞燕飛，風温日暖，絳杏緋桃，争相迎陽，含嬌吐豔。一路梨花數百樹，紅日掩映，如行錦綉谷中，江南鄧塢、虎丘，無此天然美景。附城處處放水溉田，溪流環復，泥途陷馬，襏襫盈疇。關外數千里氣候皆寒，惟哈密二月即暖，吐魯番則冬不御裘，夏必穴地而居，朝伏夕出。蓋以地近火山，且下有硫磺伏質。西越達坂，則又雪封崖谷，三月無青矣。是日行一百四十里，繞背黄蘆崗爲捷道云。

二十四日，清明。

制錢用至瞭墩，去哈密僅四站。再西則用天罡，即新省所鑄之紅銅錢，四百合銀一兩。又鑄五錢、一錢二項之小洋銀，從前安集延所鑄之小洋，現已不用。然買物皆以銀論，碎屑零星，極爲不便。

二十六日，早行。去城十里有回王墓，冢高數丈，甃以碧磚，繚以周垣，彩畫偉麗，關外之回皆來祭於此。【略】四十里至一棵樹。又二十里至頭堡，原名蘇木哈喇，莊北近山處有小海子，回語淖爾，大可徑畝，纏回引之灌田三十石。四周饒樹木，産沙棗、紅果、林禽、小麥、青稞、豌豆、甜瓜、穈穀、包穀。堡内有驛，有關帝廟，居民二十餘家，皆纏户云。是日共行六十里。

二十七日，晨行。二十里至二鋪，有回、漢九十餘家。漠草初青，牛羊散野，豆麥苗地，桃李滿園。約三十里過白楊溝，上覆土橋，水流甚駛。【略】回户約二十餘家，三堡原名托郭棲。又南四堡，原名哈喇都伯。又南五堡，原名拉楚布喀，户口繁衍爲諸回莊之最云。是日行六十里。

二十八日，十里至沙棗園，棗樹極繁。又五十里下坡，至三道嶺驛。纏回客店五，漢賈六家。驛西土山有泉，其眼數十，突沙而出，汩汩泠泠，頗與吾鄉珍珠、瑪瑙二泉相似。南流分二渠，夾渠垂柳數十株，桃花掩映。渠西有回圃，桑葚團團，濃陰覆地，纏民亦有采葉飼蠶者。有回童赤身露頂，浴溪間戲者；有女郎二三，團坐陌頭，聯袂揚帕唱蔫郎者，渾渾寞寞，戈壁中一小桃源也。是日行六十里。

二十九日，七十五里至瞭墩，居民十餘家。氣候漸暖，西南行，直抵吐魯番，謂之南大路。中經十三間房，多怪風，車馬往往吹没無踪。又自七克騰木至鹽池，越南兩大站，三百二十里，須窮兩晝夜之力，人馬困殆，行旅視爲畏途。自闢小南路後，此道遂廢。驛西五里，道旁樹木以爲識云。

三十日，八十里至一碗泉，一店一驛，無居民。一泉圍四五尺，一碗所由名也。

四月初一日，六十里至車轂轆泉。天山自長流水至此，五百餘里，綿長迤邐，至一碗泉西北忽中斷，散爲無數小山。平野莽開，磧石盡黑，一木不生，猶見白草成叢，黄花數點，知漢間尚有水氣也。【略】又六十里至七角井，鄯善縣境。【略】是日共行一百二十里，并兩站爲一，實尚不及百里云。

初二日，二十里入山，四峰斗合，凌跨霄漢。大風時吼，白日微瑩。又五十里至土井。【略】土井有泉，僅二店。是日行六十里。

初三日，晨行。陟大嶺，積雪初消，峰巒皆有碧色。二十里許才及嶺半，忽陰風怒吼，天日黯淡，黑雲一堵自西飛擁，側空南墮，颯颯有聲。輿夫策馬駛行，又三十里，平。上愈高，回視衆嶺，皆在足下，飄飄然如身立虛空，肩摩霄漢矣。又里許，有小營，即色必口。迤東爲赴巴里坤大道，石色斑斕，紅碧可愛。又十里至大石頭，宿。官店一，民店二。越色必口至烏魯木齊，仍行軍舊道云。

初四日，三十里至戈壁頭，舊爲窮八站之一，今站移於大石頭。又九十里至三个泉，有防軍一哨駐焉。【略】余往年從軍宿此，夜半，大風雨，萬帳盡拔，僅隴上有一壘，避入其中，今則有居民三五家矣。是日行一百二十里。

初五日，五十里一碗泉。又四十里至木壘河，守備駐焉。自哈密至此十一站，爲戈壁盡處。木壘乃富八站之首，亂前市廛極盛，民居逾萬。山西歸化城、包頭貨物悉屯於此，蒙古諸盟亦來貿易，爲西疆一大聚落。采《河海崑崙録》語。兵燹後已三十餘年，市上僅一百五六十家，迄未復一。遥望南山峰頭，積雪磊磊，晶瑩如玉。有河北流，碧澗琤瑽，雜木掩映，瀕街架橋，以通行旅。水復東北注，三十餘里，灌頭二三旗地畝及一碗泉各莊，支流穿街中一小寺，清流滺滺，晚鐘寂然，憑闌佇立，儼如對姑蘇城外寒山也。是日行九十里。店房寬潔，飲食具備，爲哈密西來所無云。

初六日，早行。四十里至東城口，有居民六七家。又五十里至舊奇臺縣。【略】故城現駐巡檢，餘皆頹垣敗寺，寂寞無人，鋪户百餘家，皆在城外。哈薩偷竊甚多，行旅有戒心焉。是日共行九十里。

初七日，四十里至腰站，戈壁無水，僅一井，置轆轤，係繘二十餘丈以取水。又五十里至古城。光緒十六年奇臺遷此，北接旱三臺，南通吐魯番。關内草地運來百貨，屯積轉銷，西至伊犁，北至塔城，與俄交易；南至哈什、葉爾羌，與英交易。洋貨大宗亦集此，而後東進嘉峪，北至歸化城。市長三四里許，棟屋鱗比，闤闠喧闐。【略】以上節采《河海崑崙録》語。【略】是日共行九十里。

初八日，五十里至大泉，村樹連綿，居民多沿天山北麓。雪消土潤，麥壠青青。又四十里至孚遠縣，舊設縣丞，今改爲縣。【略】是日共行九十里。

初九日，四十里過雙汊河，長林豐草，彌望無涯，土地肥饒，農業最盛，皆賴天山雪水，引之灌溉。【略】又三十里至三臺，住行臺。

十一日，晨行至四十里井子，井深七尺，味甘。又四十五里至紫泥泉，落日銜山，頳霞照野。博克達山突起衆山之中，若嶽蓮聳峙，凌空獨尊，烏魯木齊祖山也。【略】店二，有居民數十家。是日行八十五里。

十二日，晨行。五十里至大泉，將軍遣弁來迎。又二十里至九運街，有土堡，榆林稠疊，溝水縱横。【略】又二十里至阜康，近城有白骨塔一。小黄山在城東九十里，産煤，工人千餘，終年開采，闔境皆頼其利。正北草湖中産黄羊，亦間出熊虎，而狼尤多。自木壘以西，頗臻富庶，惟阜康仍荒凉寥落，遭劫尤甚，元氣未復云。是日行九十里。

十三日，四十里至甘泉鋪。又五十里至古牧地，有舊壘，金景亭軍門所築也。【略】是日行九十里。

十四日，四十里至烏魯木齊。入北門，徑滿城，住東門第□巷客店，迪化縣某君所代備也。【略】計光緒三十二年十月十五日，自河南鄭州登車至新疆省，除西安、蘭州、涼州、肅州、安西州共住五十□日外，凡行九十三日，共程八千□百□十里。

出南關，闤闠喧闐，街衢坦直。三里至俄市，領事駐焉。【略】市長約一里，售物亦只洋布、磁器、鐘表、耍貨、手巾、煙卷之類，無大宗貨本。【略】

出西門爲赴伊犂大道，舊阻水，行旅維艱。金景亭軍門駐軍烏垣時，令其屬督兵創造石橋，三月而竣。橋長約二百步，兩邊置木闌。闌外澗水自南來，浩漫潺湲，沙礫雜湧，博克達諸山所匯注也。

李德貽《北草地旅行記・出塞日記》 自五月十一日至五月二十四日。此爲由都赴歸化一段途程所記，乃由北草地赴新之發軔也。

［光緒三十三年］五月十一日，晨三點乘騾車出都，七十里宿貫市。道經萬壽山、圓明園，一路青秧接壤，約千餘畝，亦東北之僅見者也。

十二日，八十里岔道。經居庸關，途多石子，車甚震蕩，緣其時正修築京張鐵道，鑿山填路，沿途土工極多，並有以炸藥轟山者。

十三日，一百里沙城堡。

十四日，一百里宣化府。是處爲出塞分途之地，出西門爲去張家口之路，至大同者則走南關。是日大風揚塵，飛沙走石，目不能張。

十五日，六十里胡家墩。

十六日，六十里懷安縣。

十七日，八十里天鎮縣。中途有枳兒嶺者，爲直隸、山西分界處。

十八日，九十里王官屯，山西高陽縣屬地也。

十九日，九十里大同府。

二十日，一百里豐鎮廳。中途有得勝口，爲往來行旅午餐之所。

二十一日，八十里雙古城。有岱海長數十里，海邊多雁，飛鳴其間。

二十二日，七十里塞別爾。

二十三日，七十里白塔。

二十四日，七十里抵歸化城，寓德亨棧。以上共計行十四日，計程一千一百二十里。本擬即日首途赴新，以時當夏令，氣候炎熱，駱駝換毛，不能載物，暫駐以待秋涼，故自五月二十四日到此，及七月十二日乃克長征也。

又《北征日記》 自三十三年七月十二日至三十四年三月十七日。此乃由歸化赴伊犂所記也。

七月十二日，六十里牌樓館。晨八點束裝，乘駝車出棧，北行過噶扎爾山，即古之陰山，俗呼爲後山，亦名大青山，蓋陰山之轉音理。經過蜈蚣壩，路極崎嶇，登山巔南望，萬峰攢拱，北嶽五臺如培塿然。此爲行北草地之第一日也。

十三日，六十里康家油房，露宿帳篷。道經可義禮耕，係蒙古四王子管轄地也。該處街衢宏敞，生意繁盛，人煙稠密，有緑營兵駐防於其地。

十四日至十六日，三日均住康家油房露宿，以駝户未齊故也。

十七日，以起身過遲，僅行二十里至扎蘭。道旁有蒙古包，其人間有能操漢語者。

十八日，因駱駝歇久，不良於行，故初行難暢，温居一日。温居者，蒙古語歇一日也，駝户住一日亦緣之而曰温居。

十九日，三十里布聯河。晨六點出發，八點遇大雨，不能前進，乃住宿。

二十日，八十里殿版，午後四點出發，至夜分二點乃至。因駱駝畏熱，故晝宿夜行。又以曠野無垠，夐不見人，故駝户多結隊而行。駝户每幫多則三四百駝，少亦七八十駝。由歸化起身，必帶大犬一隻，夜以守貨，防盜賊也。又有領房子者，即掌櫃之謂也，此人須能操蒙古語，及熟悉此路，且曾經三四次走過者。每日瀕行，騎馬先走，夜分尋得有水草之地，可以住宿之處，即下馬以火鐮擊石，火光四射，因風大，不能張燈。牽駝者遥見火光，始知駐所。本夜經過卯大布蘇地，亦四王子管轄地，即内蒙古西二盟四子部落，元太祖成吉思汗之弟察哈爾後裔也。

二十一日，因駝病，温居一日。

二十二日，八十里烏克胡洞，午後五點起身，夜分一點到。胡洞者，蒙古語井之謂也。

二十三日，六十里烏龍胡洞，午後五點出發，夜分一點到。沿途平衍，遠連天際。

二十四日，六十里來布辰，午後五點出發，夜半十二點到。間有坡坎，車亦不平。

二十五日，六十里蘇吉，午後六點出發，夜半十二時到。路旁多墾地，蒙、漢雜處。

二十六日，七十里吉格斯臺，午後六點起身，夜半十二點到。此乃蒙古烏喇特東管轄地。

二十七日至二十八日，温居兩日，購備食料也。因自此以後，須直至古城子方能購物，所以當總計人數若干，食面若干，維時若干，逐日計算，購辦齊備乃可，否則中途無購買處也。至計算後食料，常加倍購置，因恐不幸阻風阻雪阻雨及駝病等温居，超出計算，致中途絶粮。此路伙食，每日仍是兩餐，早晨以炒熟小米泡茶和飲，耿耿難嚥，且尚須自購，以囊貯之，否則惟茶一甌而已。又有以油麥炒熟磨面，用時以開水沖服，甜鹹均可，如内地油茶然，較爲可食，然價值甚昂，白糖尤貴。午餐則係面條，除鹽而外，一無所有，南人驟服，其苦可知。前由歸化所攜之白米菜蔬悉已罄盡，每一回憶，不啻上林珍饈，惜以初次旅行草地，日前不知珍惜耳！至於升火之物，全無薪柴，均以乾駝糞爲之，故沿途駝糞無遺棄於地者。至於駱駝，則不帶草料，每到一處，駃户牧放於山，柳枝枯草，任其所食，不問其食飽與否，每到夕陽西下，仍負貨物以行，每夜十二點後乃宿。所以行北草地者，非駱駝不可，而宿處又非水草俱備者不可也。

二十九日，僅行二十里，因雨劇，住官府營。其側有蒙古王府，規模不大。

三十日，因氈被雨侵濕，温居曬晾。

八月初一日，七十里陶賴蘇木，午後四點起身，夜十二點半到。中途過沙河一道，時多羣雁飛鳴。

初二日，五十里莫蓮河，午後五點起身，十點到。

初三日，六十里紅果爾鄂博，午後五點起身，十點到。鄂博者，蒙語石堆之謂也。過此始有柴，可不燒駝糞矣。然仍拾而藏之，蓋備不時之需也。

初四日，温居一日。其旁有蒙古包，蒙人之遊牧至此者。

初五日，六十里海騮河圖，午後六時起身，十一時到。此地水草甚富，故遊牧者頗衆。

初六日，温居一日。此地有山葱野韭，可采而食。由歸化至此，所攜蔬菜早已罄盡，今驟得此，用佐面食，無異珍饈，故除供終日之果腹外，尚博采之以備他日之用。山葱如内地火葱，細而短，略有葱味。野韭則内地之苦薤也。均甚辛辣，然而久食鹽水面條，忽食此物，其快愉安可言喻也。

初七日，六十里洪谷鄂博，午後六點起程，十二點到。地皆沙漠，水鹹澀難飲。過此以西，即所謂大戈壁也。

初八日，七十里瓦窑，午後四點起程，十一點到。

初九日，七十里哈喇陶拉蓋，午後三點起身，夜十一點到。蒙人謂黑爲哈喇，山頭爲陶拉蓋，意即黑山頭也。此地在河套之北，距寧夏七站，約六百里。在北京西經綫十一度，北緯綫四十二度。按：康熙朝御駕三次親征噶爾丹，其一由東路，再由中路，三由西路。東路至博洛河屯，僅及奉天西界而止。中路由獨石口出塞，渡瀚海，至克魯倫河，追至拖諾山而還。三次乃由西路，出歸化城西行，逾河套之北，循賀蘭山之陰，取道寧夏，盡降青海蒙古而還，即此地也。

初十日，七十里西呢烏蘇，午後四點起身，夜十一點到。蒙人謂水爲烏蘇。砂磧中産煤礦頗佳。

十一日，六十里呼魯墩，又十里愛力蘇壩，午後三點出發，夜十點到。道旁有榆柳數株，葱蘢可愛，時有鴉鵲飛鳴其間，爲由歸化至此所僅見者也。以上均蒙古烏喇三公和碩管轄地。

十二日，七十里哈喇烏蘇。旁有烽燧臺，矗立高數仞，蓋前朝戰壘，瞭望敵人之所也。

十三日，六十里木壘滚。沿途均戈壁。戈壁者，蒙語沙漠之謂也。黄沙無垠，極目千里，乏水草，偶得水，亦苦難下嚥。

十四日，七十里哈巴湖。

十五日，七十里章木山丹，午後六點起身，夜十一點半到。是夜月明如晝，【略】步月行四五十里，道路平坦。

十六日，七十里河套，午後四點出發，夜十一點到。又二十里乃達黑麻子口，時已午夜一點半矣。砂磧中多灌木，矮樹萬株，老幹蒼翠，狀類虬松。此間山石，色盡黝黑，綿亘二十餘里，皆礦質也。

十七日，四十里卜洞莫圖，亦寫作布洞卯杜。蒙語人爲布洞，樹爲卯杜，因其地有榆柳數百株，垂陰路側，皆數百年喬木故也。夜狂飆怒吼，聲震天地。沿途多白石，似玉非玉，大小不一，約二百餘里。

十八日，七十五里吉林卯杜，午後四點起身，夜分一點到。

十九日，八十里博兒井，又名加杠圖，午後三點起身，夜十二點到。此地爲外蒙古三音諾顔圖什公所管轄，水草頗富，旁有榆柳，大約數圍。沿途多土堆，大小如墳墓，皆緣狂風吹沙，被刺藤堆集而成。

二十日，温居一日。

二十一日，八十里烏蘭鄂博，午後三點起身，夜十一點到。此地在北京西經綫十二度，北緯綫四十三度。

二十二日，九十里拖黑布喇，午後四點起身，夜分一點到。外蒙古地也。

二十三日，温居。因車圈鐵瓦將壞，聞附近有土木達耳，乃訪之以收拾車圈也。土木達耳者，蒙語鐵匠也。

二十四日至二十五日，因收拾車圈，温居二日。買羊四隻，犒勞馱户。其羊隻係以磚茶調换，不用銀買也。

二十六日，七十里耳搭尼布喇，午後四點起身，夜十一點到。蒙語謂水爲布喇，此乃耳搭尼水之謂也。自入戈壁以來，乏水草，少禽鳥，此處水草甚佳，野禽翔泳，鳴聲格磔。

二十七日，六十里烏蘭胡洞，午後五點起身，夜十　時到。

二十八日，八十里慶大木，亦寫作清達孟，午後四點起身，夜分一點乃到。此地有大招，地勢極佳。

二十九日，七十里孤心，亦稱古慶，午後五點出發，夜十二點到。

九月初一日，八十里土木齊，又稱圖布齊。地多亂石，舉步維艱。

初二日，温居一日。

初三日，一百里哈搭布蓋，午後四點起身，夜分三點乃到。路極不平，車甚震蕩顛簸。

初四日，六十里答爾布蓋，午後四點三刻出發，夜十點即到。

初五日，八十里紅果爾嶺。是處有沙山，長數十里，其紋如水波。沙山中，時有聲響，如喇嘛擊鼓誦經音。蒙人謂昔有大招湮於沙中，其僧侣猶唄誦經懺也。語近荒唐，殊難憑信。然細審之，似山凹中因風振蕩以成音耳。其沙皆内地白眼沙，風能吹行，時聚時散，行路甚難。

初六日，八十里蘇勒果拉。細沙飛揚，頃刻深寸餘。由此入緊八站，爲扎薩克部、三音諾顔部、沙畢部甌脱地三交界之所，遇事互相推諉，行者戒嚴，故名緊八站也。

初七日，八十里洪淖爾，午後三點起身，夜十二點乃到。過沙山，細紋如塵埃，風吹蕩漾，成水浪紋，古所謂之流沙瀚海，殆即是歟？沙中有樹，壯如檉柳。

初八日，八十里雪海。道經玉石瓦，此地極險，時有被劫者。

初九日，五十里卯杜鄂博，午後三點出發，夜九點即到。此地距外蒙古庫倫僅三百餘里。

初十日，一百里哈拉牛渚，以途程稍長，路亦難走，故於午後三時出發，及翌晨三時乃到。

十一日，七十里察汗淘拉蓋。蒙語謂白爲察汗，山頭爲淘拉蓋，即白山頭之意也。此地在北京西經綫十八度有奇，北緯綫四十五度。中途經哈拉湖，湖縱横四十餘里，土腴草茂。

十二日，六十里察汗不拉。前經蘇吉分道，西北走烏里雅蘇台，其地駐有辦事大臣。又二十里喀哨。

十三日，七十里胡同克博，又稱胡克科布爾，午後三點出發，夜十一點到。此地係外蒙古沙畢和碩轄地，西行路旁有石柱矗立，剥落無文字，蓋數百年物也。

十四日，八十里巴彦克博，又稱巴彦科布爾。緊八站至此過完。

十五日，因風温居。每日鼻息出氣，結冰於鬚，杯大石子，漫天吹起，不敢出帳一步，風雪交加，寒徹肌骨。【略】聞上年有風洞，出口極大，人馬均能吹至半空云。

十六日，七十里碎胡同，午後二點起身，夜十二點到。此地凸凹不平，結帳篷頗難。前十里有阿嚕滚者，平原廣漠，雖宜於住宿，但乏水草耳。

十七日，六十里錫尼烏蘇，仍外蒙古轄地也。盛産白硝，遍地如雪。

十八日，六十里蘇紅圖，一名克克疊拉蘇。

十九日，八十里加杠胡洞，又名烏什喀，外蒙古百斯和碩轄地也。過大河循山崖向西南行，即加杠也。

二十日，八十里小拖累，午後三點起身，夜十一點乃到。沿途除緊八站起身及住宿較早外，餘均每夜十二點後始宿也。

二十一日，七十里於子罕莫敦，午後四點起身，夜十二點乃到。所謂富八站者，以其水多草富也，從此地始。

二十二日，六十里紅淖爾，午後三點起身，夜十點到。因車將壞，步行六十里。

二十三日，七十里扎拉孟，午後二點起身，夜九點半到，仍係步行。此地爲雲扎薩克和碩管轄，分中、東、西三水，蒙古包極多，水草甚富。有蒙古人飼養駱駝，可僱以運貨至古城子，每駝價約六兩上下。

二十四日，因風大，温居一日。

二十五日，七十里呼倫扎布。午後四點起身，夜十二時到。此地盛産青鹽，其堅如石。又産山葱，其形如蒜頭，皮色紅而葱味極大。

二十六日，七十里佳惠東首，午後三點起身，夜十一點到。初行二十餘里上山，路極崎嶇，車震蕩不已。繼行十數里下山，車大壞，瓦落二皮，不能乘坐，乃下車步行。又十餘里有喇嘛湖，一名巴彦布喇湖，縱横八十里，地暖土腴，高山環繞，河水瀠洄，有檉柳千株，聞夏季開紅花，風景頗佳也。再十餘里乃達住宿處，時已夜半矣。

二十七日，因車壞温居。焚車輪，取鐵瓦及氈子等小零件。如佳惠西行，可至塔爾巴哈臺，其地駐有辦事大臣。

二十八日，步行三十里，宿佳惠西首。沿途多檉柳，水草富茂，並有長流水溝渠，水面雖結冰，然下流仍潺潺有聲。時有流水小橋，駝行殊覺危險，如車則須轉道。此地蒙人亦學種植，但不佳耳。駄户至此，購麥豆以飼駝，不以斗量而以秤稱，黄小米每斤售銀七八分。

二十九日，九十里老龍鄂博，路甚平坦，午後四點起身，翌晨四點乃到。因車已壞，乃改乘駝。騎駝之法，用駝毛長繩一根，約六七丈長，於駝背環繞，如椅形，置氈子衣物於上，人始坐定。駝走動時，緊握兩繩，亦甚平穩；惟至夜分，冒雪沖風，全身僵硬，麻木不仁，只有靈犀知未死耳。至住宿時解繩取物，必數次呵手，乃能解結。冷極之手脚不可以火驟熱之，否則一二日後，關節腫大發癢，一摇動即斷矣。

三十日，六十里好賴胡同，云貝子和碩轄地也。

十月初一日，七十里哈拉疊蓋，又十里烏蘭胡烏洞。此地西行，兩崖壁立，爲蒙古通新疆要道，似昔時鏟鑿以通者。

初二日，五十里章木山丹，河套前一站，亦同名。又二十里黑齊鄂博。路甚崎嶇。

初三日，因大風温居。

初四日，五十里巴顔鄂博。

初五日，八十里柳樹泉。

初六日，温居。

初七日，七十里乾湖子。

初八日，七十里老爺廟，午後一點起身，晚八時即到。此爲馬拉扎薩克轄地，蒙新交界處，距巴里坤四百餘里。前後一站盡皆戈壁，無水草，惟廟前清泉一塘，草亦茂美。若無此水草，人駝均困矣。按：老爺廟係乾隆年間所建，祀關夫子，偶遭回禄，光緒三十三年重建。余經此地，時甫落成，故來往客商駄户至此，無不殺羊設食祀者。聞草地之初闢也，有駄户數十人至乾湖子前一站，已無水草，領房子者乘馬偏覓，不得水草，人畜俱困，將近此地，遥見火光一片，初疑或有人家，及就近視之，乃清水一塘，以爲關聖顯應也，於是建廟祀之。北方一帶都呼關聖爲老爺，故名老爺廟也。

初九日，一百四十里木炭窑，乃新疆北境也。路甚平坦。午間十二點起身，翌晨四點乃到。此爲行草地之第一大站也，因沿途皆戈壁，無水草，故不得不早行晚宿。計共走十六點鐘，人困駝乏。

初十日，五十里三塘湖口，屬巴里坤，即鎮西，相距一百八十里。此地有漢人居住，大半來自巴里坤，其貨物亦由該處運來。

十一日，温居。

十二日，三十里三湖塘，午後三點起身，七點即到。此行在山峡中，冒微雪。沿途居民約百餘家，雞犬桑麻，怡然自得，頗有桃花源之概。村中聞有駄幫至，咸來問詢，並可以茶易酒及小菜、西瓜等物。按：巴里坤今名鎮西，漢蒲類國地，即古之輪臺也，一名巴爾庫勒。

十三日至十四日，温居二日，因僱駝也。計由歸化至此，已歷三閲月，駱駝並未攜帶草料，困乏已極，故另僱駝以負貨，減輕負擔，亦惜駝之法也。

十五日，九十里天生川。因無水，煮雪烹茶作食。此地有二道：夏秋間循山麓西南行，走北墩子、卧龍居爲大道。春冬因積雪太厚，故須改道行，向西北山中乃可。

十六日，一百里炭窑子，午後三點起身，翌晨三點乃到。夜分冷甚，手足俱僵，雪地冰天，良非虚語。南走北墩子，計八十里。

十七日，六十里宿山中，非正道，故不知名。雪積尺許，下帳篷鋪氈，就雪上卧。次日檢鋪，雪仍如故。西南行八十里，有磚井者，産金礦，同治時曾經采過。

十八日，七十里，不知名。奇寒大雪，仍然雪上卧。

十九日，盡行山峽中，迷途，往返數次，不得路。計共行九點鐘，僅三十里耳。

二十日，七十里花耳刺。循山澗而下，約四十里出山口。又十里，道旁有居民種植，屬奇臺縣。如由鍋底山向西南行，九十里可達紅柳園。

二十一日，九十里雙鄂博。如由紅柳峽西南行，一百里可達紅柳泉，如由此更西南行，一百里可達黑山頭。

二十二日，八十里戈壁灘。

二十三日，九十里枝荆湖。此地爲二道合路處，有駐防營兵。自此以西，盡沃壤矣。

二十四日，六十里莫路渠，又三十里三个莊。

二十五日，九十里三馬廠。自本日起，人與貨分途而行。

二十六日，三十里古城子，即奇臺縣也。按：此地爲漢之渠犁，唐李靖所築，北庭都護所領地。至此奉將軍來電，謂省垣公館租定，米麵購齊，催促就道，早日莅止。緣向來習慣，駄幫到此，每有月餘休息也。雖然亦人畜俱困，小住五日，乃克前行。

十一月初二日，晨由古城子出發，九十里福源縣。沿途居民甚少。自今日起，乃晝行夜宿，改過去夜行生活矣。

初三日，七十里三臺。

初四日，九十里磁泥泉。

初五日，九十里阜康縣。

初六日，温居。

初七日，九十里古牧地。

初八日，四十里迪化。計自七月十二日由歸化起行，至十一月初八乃達迪化，共計行一百一十六天。【略】次年正月十八日，乃隨同將軍啓節赴伊犁。

三十四年正月十八日，晨四點，由迪化行轅同將軍起行，午後五點半乃抵昌吉縣，計九十里。城雖不大，然城厢内外，尚屬整齊。

十九日，九十里呼圖壁。地似豐裕，别有分駐。

二十日，九十里樂土驛，沿途平坦。

二十一日，六十里綏來縣，亦名瑪拉斯。此地扼西至伊塔、北至阿爾泰之通衢，形勢重要，農産尤豐。盛産白米，有「小四川」之名。迪化民食，咸仰給於此，故俗有「金綏來」之稱。

二十二日，九十里烏勒烏蘇。

二十三日，九十里安集海。

二十四日，九十里奎屯莊。此地盛産柳花，可作藥用或茶用。

二十五日，七十里西湖廳，瀕奎屯河西岸，土名庫爾喀喇烏蘇廳，亦簡稱烏俗。古西莒彌國，即故綏慶城也。伊犁、塔城由此分道。北關外商務繁盛，城内反覺蕭條。將軍因有要公，又復駐下，隨員夫役數百人，亦均駐焉。此地産白米甚佳，柳花亦好。附近煤油層四布，惜未開采。二月中旬，改委陸軍學堂文牘兼教官，令先行到伊供職，乃於三月初四首途。

三月初四日，九十里四棵樹。有蒙古王府，壯麗宏閎，森林茂美。

初五日，七十里古爾特。沿途多石子，有蘆葦灘，春夏之交，車多泥滯。

初六日，九十里脱沱。夏有碱灘，車多泥滯，且有沙磧，車滯難行。

初七日，九十里沙泉驛。中途有三十里流沙，車行甚苦。

初八日，九十里精河廳。有同知、游擊。産鹽甚富。僅長街一通，無城郭也。

初九日，五十里永潔湖。途中戈壁、膏腴各居其半，間有纏頭回種植者。

初十日，四十里大河沿。街市不大，有官棧、民棧商號數十家而已。

十一日，八十里五臺。有官棧、卡房各一。道路平坦，但往來行人多不住此。

十二日，六十里四臺。沿途路甚平坦，惟前半山峽中，時有哈薩回子之一種。劫人財物，行者戒嚴。

十三日，九十里三臺。有海子長數十里，水極清，其味鹹，子午亦潮。一物不能貯，曾有以魚置水中者，越一宿遂死，浮水面。

十四日，七十里二臺。由三臺至二臺，中有大山，名果子溝，山之南由麓至頂約十里，積雪厚數尺，草仍枯槁，樹尚凋零，維時已届清明，其氣象如冬日。早晨七點驅車上坡，車輪陷於雪約尺許，加馬匹，每車十二馬，艱澀萬分，至十二點始達山頂。午後下坡，一二鐘行四十里，遂達二臺。兩旁木樹森森，黍油麥秀，大有春意。一山之隔，而氣候不齊有如此者！從此平陽百有餘里，滔滔流水，以灌以澆，洵沃壤也。

十五日，九十里蘆草溝，即廣仁。此爲伊犁七城之一，有武官駐此。沿途山坡，七上八下，高低不平，車身震蕩不已。

十六日，六十里綏定城，距惠遠尚有十五里。夜宿釐局伊昆元處。【略】在昔將軍亦駐此城，光緒中葉，惠遠落成，將軍遷彼，故現僅駐鎮臺、知府、知縣而已，故此城亦稱舊城，惠遠又稱新城也。

十七日，十五里惠遠城。

又《入關日記》自宣統元年四月十七日至八月十三日。此爲由伊犁赴蘭州所記，乃由西域入關，故曰「入關日記」也。

四月十七日至五月初七日，晨由惠遠城同譚少山乘騾車出發，及五月初七日遂抵迪化。至其程途里數，宿地名稱，已如前述，兹不復贅。到迪化後，寓會館楊尚周處，小住九日，乃另僱車入關。

五月十六日，晨起行過遲，僅行四十里，至岌岌嘈已黄昏矣。計由迪化入關之道，有南北二途：出西北門，走古城子，過巴里坤爲北路。出南門，走吐魯番爲南路。兩路均於哈密合路。以途程計，北路較捷，然因少山有要公到善鄯，故走南路也。

十七日，五十里柴火堡。沿途盡戈壁，有大石，有海子。

十八日，九十里大坂城。沿途有小海子，上下坡極險惡，而平路又被水沖刷，車行甚困難。

十九日，六十里柏楊河。途有大山，車震蕩難行。

二十日，六十里頭道河。環覩皆山，山頭有分界碑，一走南路，一走北路。

二十一日，七十里坑坑。沿途雖戈壁，路尚平衍。

二十二日，四十里吐魯番。【略】余等到此，適當仲夏，酷熱非常，小住三日，乃克重征。

二十六日，九十里聖經口，亦簡稱金口。沿途平坦，農産亦豐，惟氣候炎熱，行路殊感困難耳。

二十七日，九十里連木沁。路平車穩，樹木葱蘢，人煙稠密，黍油麥秀，雞犬桑麻，幾同内地，有「小四川」之稱。盛産棉花，洵膏腴也。其南行五十餘里，有魯克沁回王城，聞建築頗崇閎，惜以地非孔道，未克前往。

二十八日，七十里鄯善縣。按：鄯善即漢之鄯善國，爲辟展地，今其城猶名辟展城也。光緒初年，尚爲魯克沁回部郡王行使政教兩權之地，旋以民心離叛，遂設立縣治，改今名。其政權歸於知縣，回王僅行使教權而已。王府回城，在縣西南九十里，繁華過於縣城。出産以棉花、葡萄爲大宗，而魯克沁梨、東湖甜瓜尤爲特産。因少山在此有要公，住一日，即又啓行。

六月初一日，九十里七角臺。晨由鄯善道途，初行二十餘里，路甚平坦，禾苗茂盛，緑柳繽紛，仿佛川境，此後則又戈壁矣。將到七角臺，又有十數里膏腴，餘盡戈壁也。夜大雨傾盆，道路成渠。

初二日，因道途泥濘，不能行走，乃暫駐以待。至夕山水驟發，滔滔而下，十數里即聞水聲，其勢洶洶，有須臾均成澤國之概，人心皇皇，紛紛遷徙高阜營房暫避。余等車駐棧中，更動不易，且昏夜途路不悉，又發覺過遲，騾來不及，惟束手待斃，頻唤奈何而已。乃滔天波浪將及棧房，突然東西分流，棧中人居然無恙，其走避未到，及避地未高者，多被波臣召去。

初三日，四十里土墩子。因有昨夜之驚，不敢候路乾而行，自晨至午，僅行十數里，因盡係鹹灘，又加新雨，故泥濘不堪也。午後盡行戈壁中，路甚平坦，然反熱甚大，故僅行四十里而宿。

初四日，一百四十里西鹽池。因昨日錯過棧口，故今日不得不趕程，且沿途皆戈壁，非達西鹽池無宿處也。路既甚長，又遇頂風，阻力甚大，幾有吹人回走之勢，故到棧後，人馬俱困矣。途中米麵均須自帶，晚至棧中，自行造飯。作茶飲之水亦須自帶，蓋此地水含鹽質，其味甚鹹，不堪飲用也。此即所謂窮八站之一。有一池，其水可以煎鹽，故名鹽池也。

初五日，五十里惠井子。長途鎮日，不遇一人。乃至惠井子，亦不過有居人三四家，磚屋數堵而已。

初六日，四十里東鹽池，亦名梧桐窩，亦有鹽池一，其水亦可用以煎鹽。此地居人較多，約二三十户。

初七日，四十里七角井。此爲南北二路會合之總口，居民較多，約七八十家。

初八日，七十里車箍轆泉，周圍皆山。

初九日，一百五十里瞭墩。由車箍轆泉起行，六十里即達一碗泉，遂入山峽。沿途雖行山峽中，然路尚平坦，甫黄昏即達，人畜俱不甚吃力。

初十日，一百里三道嶺，亦稱三堡。

十一日，一百一十里二堡。沿途居民漸多，土地可以種植。不似以前之地瘠民稀矣。

十二日，七十里哈密。【略】分回漢二城，漢城形勢整齊，城上每百二十步有一兵棚以爲守禦。城内蕭條，西關外人煙輻輳，生意繁昌，往來行人，車馬雲集，至此必休息數日，備辦食料各物。回城在漢城南里許，有絶大回王府，頗形壯麗；其城河渠環繞，樹木青葱，城内有古柳九株，盤曲如龍蛇，景致極佳，哈密扎薩克回王駐之。全市人口約二萬餘，纏回居住十之七八，其膏腴之地，皆屬於回王所有，故回富而漢貧。附近農業頗盛，産麥類，高粱，及其他穀物；果品有葡萄、西瓜、梨、杏等物。西瓜尤爲有名，大如水桶，爲入貢佳品。當余等經過其地時，適僑寓同鄉新建四川會館，余捐銀十兩，因爲勒石留名。在此小住八日，乃復首途，得便至回城遊覽，殊爲快意。

二十一日，五十五里一棵樹。因起身過遲，又加途次沙淤甚重，車輪滯澀難行，故到棧已黄昏矣。

二十二日，八十五里長流水，即黄蘆崗。其東北一百餘里，有塔勒納沁回王城，聞甚壯麗，惜不順路，未得遊覽。此地有清泉一池，方約丈許。盈不竭，其味極佳，來往旅客，每於此汲取，以供煮茶之用。其地産大葫蘆，可容水十餘升，用以貯水者，即此物也。

二十三日，七十五里煙墩，又稱格子煙墩，路平坦易行。

二十四日，一百四十里苦水。沿途均戈壁，中途七十里，有老爺廟，可以小憩及造午餐。

二十五日，七十里沙泉子。沿途皆戈壁，風大塵揚，目不能張。

二十六日，九十里猩猩峽。將入峽時，有大山蜿蜒，乃甘、新兩省分界處也，猩猩峽已爲甘肅安西轄地。

二十七日，八十里馬蓮井。

二十八日，七十里大泉子。

二十九日，八十里紅柳園。

三十日，七十里白墩子。自猩猩峽至此，路皆平坦，山峽多麻黄，居民多采以當薪。中途有白石砌成八卦，大約丈餘。

七月初一日，一百里安西州。此係甘省極邊州縣，玉門、敦煌皆其所屬。近城十里有疏勒河，亦作蘇納河，又名蘆花河，上流又稱布隆吉河。河中流沙甚厚，往往車輪爲陷。州城城墻半爲沙限，聞舊城全被流沙湮没矣。出嘉峪關以西，平沙廣漠，杳無村樹，僅玉門、安西、敦煌三縣，憑河築壁，遠垂天外，坐鎮西陲。而安西北通哈密，西出陽關，東通内部，尤爲隔閡蒙、藏，控制西域之重地。此城距敦煌四站，古之玉門、陽關，尚在敦煌西一二站，班超生入玉門，西出陽關，當日大道，恐非今日之大道也。

初二日，九十里駱駝井。

初三日，九十里布隆吉。舊有提督，大城基址尚存；今有都督府及民房數十家而已。城中古榆極多且大，約數百年物也。中途經雙塔堡，即古之玉門關也，兩山扼徑，依堡居民百餘家，田園尚密。路南疊雙塔，路北烽墩錯列，即漢玉門關址也。

初四日，九十里三道溝。

初五日，七十里玉門縣。

初六日，九十里赤金峽。

初七日，一百里惠回堡。中途有火燒溝，其城隍廟甚靈應。

初八日，九十里嘉峪音欲，俗讀如裕，但讀谷音則訛。關，有小城一座，地勢頗險峻。相傳秦築長城，肇端於此，遺址尚存。此地去肅州七十里，當長城之西端，爲西域出入之門户。

初九日，七十里肅州。沿途多石多水，有酒泉，昔有「酒泉太守」之稱，故其首縣今仍名酒泉也。肅州爲漢河西四郡之一。城周七里餘，中建鼓樓，高入雲表，四面有額，曰：「東迎華嶽，西達伊吾，南望祁連，北通沙漠。」東門外有池，方八九尺，清可鑒髮，泉源噴出若瀉珠，半晌一發，即古酒泉也。其水北瀦爲湖，沙草叢緑，湖水清漪，有亭翼然，風景如畫。商務頗形發達，可比於省垣。逗留二日，乃復重征。

十一日，四十里林水。因起身過遲，故只行四十里已黄昏。沿途多居民，農産甚豐。

十二日，六十里方井子，有城堡及棧房數家而已。

十三日，六十里鹽池堡，亦稱鹽池驛。有鹽神廟。鹽池極大，産鹽極多。

十四日，四十里花墻子，僅有小街一道而已。

十五日，四十里新城堡。是日係中元節，方車夫回家祭祖，由新城分手回家，至高臺趕到。此地土田肥美，禾苗茂盛，居民衆多，洵膏腴平陽地也。

十六日，二十五里高臺縣，以等方車夫，故未前進。城廂比户鱗接，縣屬各境，黍油麥秀，前後三百餘里，平陽膏腴，沃壤相接，直至蘭州，無有出其右者；水亦佳勝，灌溉殊便，故俗有「水高臺」之稱。

十七日，四十里撫彝廳。由高臺至此，路甚平坦，但起身過遲，僅行四十里，過此前途又無較大住所，故只得宿此也。城甚小，城外有長街一道，行臺、城隍廟在焉，來往行人，均不晉城。

十八日，九十里山石子。沿途溝渠極多，有古黑水國故址，城之周圍，約四十里，城徑約十里，内有沙阜三處，有小河流水。

十九日，二十里甘州。首縣張掖，漢河西四郡之一，張掖郡是也。城瀕山丹河，南北山雪融化，分注五十二渠，即所謂黑水也。灌溉便利，其最深者竟淹車底。此河西所以爲膏腴，有「金張掖」之稱。甘省提督不住省垣而住此，蓋因軍事上便利使然也。由肅州至此，本六日可達，余等以沿途耽擱，故九日乃到。

二十一日，四十里古城堡。以起身過遲，故僅四十里，沿途多溝渠，灌溉便利，甘州出白米，良以此也。

二十二日，九十里山丹縣。城瀕弱水，沿渠列市，商業頗盛。道經東樂，有大佛寺，依山刻佛像，高十丈。

二十三日，四十里星河。

二十四日，九十里水泉堡。中途有山峽，終日傍長城行。

二十五日，六十里永昌縣。途多石子，車甚震蕩，步行三十里。

二十六日，九十里風羅堡。仍多石子，常步行。

二十七日，七十里涼州。步行四十里，避石子也。【略】境内川渠交錯，水草豐美，農産裕饒，有塞北江南之喻，其富庶稍次於甘州，故有「銀武威」之稱。商務亦盛，多在南關外，道、州、縣同城。居民多各自爲壘，聚族而居，建碉堡瞭望，以爲防禦；蓋明代備北寇之遺規，今猶存也。【略】余等到此，小住四日，因少山公幹未畢，不克同行，余乃另僱車先發。

八月初三日，七十里近邊驛。

初四日，六十里古浪縣。沿途石漸稀，可以乘車。

初五日，四十五里龍溝鋪。入山傍河行。時有大石，須下車步行乃可。

初六日，四十五里鎮邊驛。上山三十里，有古浪、平番分界碑，過此即烏騷嶺，時有怪風冰雹，雖盛夏亦不能免。【略】由此下坡，過河即到。

初七日，九十里武勝驛。終日傍長城行，因係下坡，車行甚速。將近數里，有河一道，即紅水、莊浪河也。水深流急，淹及車底，行者戒懼。

初八日，四十里平番縣，沿途仍傍山麓長城行。縣城不大，然與番子互市，貿易頗佳，故有平番之稱。其生意以調换爲主，以布疋易麝香、鹿茸、鹿狐毛皮等爲大宗。

初九日，三十里楠木通，亦稱南大通。因雨止宿，以非站口，故僅小棧一家及么店數家而已。

初十日，四十里紅城子。上午大雨，雨止乃行，故僅行四十里。由平番到此，原係一站，故有長街一道，較楠木通稍大。

十一日，三十里碱水河。上午大雨，午後乃止，故僅行三十里也。且前途有山溝，非上午不敢行，故止宿於此。

十二日，四十里余家灣。初行沙淤十數里，即入朱家井山溝，兩山壁立，車行溝中，如舟行巫峽，倘遇暴雨，頃刻水深數尺，車馬時有淹斃者。全長十五里，無處避匿，故行者戒懼，非上午不敢經過也。山溝後又數里，即抵余家灣，時雖尚早，可再行二十里，然非三十里無棧房，勢又不能達，故即宿於此，明日乃可抵蘭州。

十三日，七十里蘭州。過黄河鐵橋，即抵北關，時已黄昏，遂寓客棧。蘭州爲甘肅省會，首縣曰皋蘭，即漢之金城郡也。居黄河南岸，控河爲險，西陲一重鎮也。城周十餘里，分内外二城，漢回雜處。【略】北關外有鐵橋，即鎮遠橋也，係光緒末年陞允督甘時，奏用庫款三十餘萬所建，雄跨河上，用濟行人，所謂「天下黄河只一橋」即指此也。京漢鐵道之黄河鐵橋，工程較此爲巨，然非以之濟人也。往昔未築鐵橋時，乃以木船二十四艘，覆木筏以濟車馬行人，須俟冬季結冰，來往者可以履冰而過，乃修理船隻，以備次年之用。每值結冰、開冰之際，浮橋拆架之時，常有淹斃行人之危。且橋身過長，約及一里，飄浮蕩漾，亦常有淹斃行人之事；今玆一勞永逸，穩固非常，民無病涉，造福無量。

余以十三日抵蘭州北關，十四日進城。

袁大化《撫新記程》 [宣統三年]正月初七日，電軍機處代奏：「除夕前連日大雪，洛陽以西硤道積深數尺，未消，別處又無路可繞，擬俟雪盡路出，即日上道，祈代奏。袁大化叩。陽。」

念八日，巳初叩辭老母，起程出汴垣，至車站。郵傳部飭備花車頭、二等車各一，敞車三，巳正廿分開車。【略】車行七十里，中牟縣李令景晟先詣汴垣送行，至此備茶點。三十里白沙。四十里鄭州，葉直牧濟郊迎道左，備午餐，禮甚恭。三十里鐵爐。三十里滎陽縣。四十里汜水縣。【略】四十里鞏縣。三十五里黑石關。【略】車過洛河鐵橋，橋甚壯麗。四十里偃師縣。南嵩，北邙至此漸開，平壤寬者數十里，土脉膏腴，民居稠密。途次多古陵寢，逶迤相屬。銅駝寂寞，玉碗飄零，憑弔英雄，威靈盡矣。四十里義井堡，有餓夫冢在首陽山下。迤西，管、鮑分金臺。又西金墉城，遺址尚存，鐵道穿城基而過。四十里洛陽縣，下車，啓守綏、祝令鴻元等來迎，宿於行館。計程四百三十五里。自汜水西至鞏縣，過山洞八，至黑石關，又過洞三。車行洞中，如深夜密幕，促膝對坐，莫辨面目，長者經數分鐘始復明，明則較倍尋常，光耀眼纈。沿途兩岸壁立，黄土結成奇峰，怪石詭異萬狀，高者十數丈，低亦丈餘。昆侖中幹，迤邐萬里，至此脱沙變土，結成厚壤，有高至數十丈無片石者，土質莫厚於此矣。汜西虎牢關，再西成皋關，硤路即鴻溝也。

念九日，因差車未齊，小住一二日。【略】是日先發十三車，大風竟宵，徹晝未息。

三十日，大風，終日未行。夕，風止，車裝齊，明日必行矣。

二月初一日，卯正行。三十五里磁澗，曾辛庵大令炳章備午飯，新安界也。【略】午後行，三十五里新安縣，宿於高等小學堂。【略】計行七十里。

初二日，卯正行。三十里鐵門，曾辛庵借行宫旁舍，預備尖站。【略】午後天氣甚暖，從者以爲可到澠池。余先行，二十里倡義橋，二十里石河，又三十里澠池縣。張子政大令錫典備行館於高等小學堂，住定後，車僅到數輛。泥深没軌，兩縣民壯修補未竣，有住石河者，有住十里鋪者。楚兒坐予車，知余住此，派人將襆被來，已二鼓，賴此得安枕。次早巳午間，人始到齊。沿途順澗河西上，日數渡。縣西則澠水，非澗河也。

初三日，車到齊已十二鐘，午飯後行。二十五里英豪，住。路多泥淖，車陷其中，十餘馬并曳之始出。【略】英豪之西，即陝州界。旅店湫隘，密雲慾雨，心以爲慮。

初四日，卯正行。二十里觀音堂，陝州岳奎章直牧廷楷備尖膳。途中陂陀上下，非嶺即溝，溝則泥淖，嶺則峻阪。自英豪起，肩輿前即有四人曳繂而行，名爲繂夫，嶺峻故也。向例顯官過境，旅店支應，地方差使，派四人曳繂，過山即回，不給錢。余每人酌給飯錢四十文。又二十五里硤石鎮，即崤陵。前途泥深難行，擬宿於此鎮。店少，不足容多車，有分住廟溝者。【略】其東硤石嶺，上下二十里，盤曲如羊腸，數爲上下。一夫所守，千人莫過，真要隘也。道光十八年新開大路，崎嶇難越。

初五日，卯初即行。沿途大石嶙嶒，所過溝塹，泥深没軌，車陷其中，人推馬曳，半晌始出。三里廟溝，有關門據其東口，名三里關，頗扼險要。二十里張毛。過衛店嶺，路僅容車，兩岸壁立數仞，無片石，路漸乾。二十里磁種，岳直牧備午飯。又三十里至陝州，路乾多塵，溝深十數丈，無寸石，土厚又過於鞏、汜兩邑。南望嶺漸平，車行崗上，甚敞闊。北瀕河，不見山。城中荒涼甚。

初六日，卯初行。出南門，過澗河，水濁，入黄。多開溝渠，引水灌地，大利也。二里許南關，有關門二，橫亘大道中，鎖鑰甚嚴，旅店多在此。出關，入峽中，兩岸深十數丈，路狹而坦。二十里温塘，大村落。温泉可浴，泉水出出即冷。十數里大營村，有土圩。入東門，出北門，高原平闊，北臨黄河，過河即山西界也。二十里曲沃鎮，有行宫，葉少蓮大令承祖備行館於此。因前車已過，余稍憩即行。二十里靈寶縣尖，漢弘農郡也。平原開曠，南有土嶺，亦不高峻，居民皆住窑洞中。【略】午後出南門，過澱水。【略】西面兩山雄峙，關樓高聳，古函谷關也。【略】入關，兩岸壁立，溝路陡深數仞，仰視青天，寬不尋丈，皆青白土結成，數千年未嘗傾圮。去秋大雨如注，竟崩數十處，溝路爲之塞，行人若之。二十里出溝，渡河，至稠桑驛，店少不能住。又行，再入溝路，寬僅容車。二十里達子營，宿。日已昏黑，閿鄉辦差家丁聽戲他往，自尋荒店下榻。土坑小屋，不能禦風，揞帳而卧，楚兒等三人卧於前。夜風大作，怒號有聲。是日計行百里。

初七日，卯正行。高原敞闊，南北六十餘里，東西近百里。南則秦嶺高峻，積雪未化；北則中條山横亘河朔，黄流貫其中。沿河數十里皆沃壤，水深土厚。【略】二十里閿鄉縣尖。【略】飯後行，入溝路，兩岸陡高數十丈。十餘里出一溝，溝前澗河横流入黄，有烟火十數家，餘則絶壁懸崖，塵土滿目，西行入關者不絶於途。四十里閿底鎮，【略】二十里潼關宿。【略】是日計行八十里，實有百里。

初八日，卯正出西門，關門兩重，甚雄壯。【略】西風大作，霧霾不開，數里不見人物。經舊城基，輿夫曰滿城也，今無人矣。十里鈞橋，東有漢太尉楊震墓，四知坊，北二里許弓長楊家即其後也。黄河由此北曲矣。三十五里華陰廟，宿。衛隊連日奔走，疲乏，稍歇半日。

初九日，卯正起，密雲細雨，冒雨行。三十五里敷水尖。華陰陳令送至此，備午餐。飯後行，雨未止，從者衣履皆濕。二十里柳子。又二十里華州，住。

初十日，卯正行。【略】自此至下邽鎮尚六十里，今隸渭南縣，在渭北五十里，居黄、渭之間。【略】三十里赤水鎮。【略】鎮西河寬十餘丈，即赤水，有長石橋。【略】二十五里渭南縣，行臺住。【略】城東十數里，傍渭河有太公釣魚臺。

十一日，寅正即起，天未曉，同人皆先發，余也遂行。【略】四十里零口尖。臨潼縣張瑞璣差人備晨餐於行臺。【略】飯後行，十數里戲河，藺相如墓在焉。【略】又十里新豐城。【略】東南五里許有鴻門堡。【略】又十里越土嶺。【略】十里臨潼縣，宿温泉行館。【略】館爲唐華清宫舊址，温泉宫、長生殿、集靈臺皆其地。【略】是日計行八十里。

十二日，卯正行。十五里斜口，有渠甚長大，可灌田。二十里至灞橋。【略】又十里滻水橋。【略】過橋以西十里，至西安省城。【略】入城東關接官廳。【略】入行館。

十三日，未行。【略】連日陰雲翳日，夜間細雨濛濛，滑蹉難行。

十四日，未行。

十五日，陰。卯正起，雨止，行。【略】二十里三橋鎮，【略】鎮東即鎬水，鎬京、鎬池皆其地。西南十數里細柳。【略】十里豐橋，古豐水也，北流入渭，橋長百餘步，石礎覆板，掩土其上。【略】又二十里渭河浮橋，中流繫舟，夾岸築木樁，架筏，覆板其上以渡，名曰便橋，所謂造舟爲梁者也。過河，入咸陽縣。【略】是日計行五十里。

十六日，早，出城北門，古冢累累，莫辨誰氏。騎馬登畢原，觀畢秋帆中丞撫陝時題漢成帝延陵碑。披荆攀藤，升及陵巔，中陷如坑坎。【略】四十里店張驛，興平縣界。縣令派人備行館。午飯後，行數十里，望見九嵕山。【略】醴泉在其下，舊城去陵十八里，今縣六十里。【略】四十里醴泉縣城，宿。【略】是日早陰，晚出日，計行八十里。

十七日，卯起，陰雲迷霧。出醴泉縣北門，聯大令送諸途。高原平闊，麥苗敷地，居民多築圩牆，無大村，餘皆穴處。四十里乾州，住。

十八日，晴。寅正起，卯初行，月色尚明，賈直牧送至北門。出門入峽路，北行。土厚無石，兩山對峙於北，其上有石如華表者各一，土名瓜破嶺，嶺後大山即唐高宗乾陵也。【略】五十里監軍鎮，永壽縣界。童令派人辦尖站。路多泥濘，望前連雨數日，路旁溝深數十丈，人行其上，每一下視，頭爲之眩。出西安城，偏向西北行，今日正北行矣。自此入隴，一步高一步。午後行，二十里蒿店。十里穆陵關。嶺漸高，仍無石，回望昭陵、乾陵猶在目。又十里武陵山，下山即永壽縣，宿於行臺。隴阪從此始矣。初下，陡峻如懸阪，縣城煙戶數十家，歷歷在望。將至城，右山左澗，僅容一車，折而北，入西，極雄關也。泥深數尺，肩輿入館，寸步難行，大車困頓可想。地瘠民貧，縣無車輛，給價打過站，遂令車輛露處城南，無須進店，免得進出維艱。

十九日，陰。寅起，卯末行。車輛至此，向例加套，未齊，余促之先發。傍城西北行，即隴阪也。山陡峻，有塊石。先向西南行，折而東北，再折而西北，傍山盤旋。泥淖没軌，每一車陷，解數車之馬曳之始出，輪環前進。兩邊絶壁懸崖，跬步維艱。峽路高數十丈，轎馬、單人多行其上，每一俯視，頭目皆眩，而澗底仍在大路以下百餘仞。【略】二十里分水嶺。五里下坡，順溝行，尚無泥窞。十五里大峪口，過河，邠州界。【略】余先至，車在後尚遠，宿此以待之。二鼓始到數車，余尚滯在半途。次早，解驂數十往援之，巳正方齊。

二十日，陰。車到齊，巳刻行。兩車并一，先送過嶺十五輛，再并前車之馬，回援後車。初上坡，西北向，轉而東南向，十三轉而抵十里坡。路旁壁立黄礓土，高者數十丈，不見片石。俯臨深澗，仰視懸崖，令人栗栗。居民住窑洞。過此以北，高原平闊，地平綫高出海面數百丈，山頂仍種麥田，故土人悉呼爲「原」。二十里邠州，住。

二十一日，陰，有雲霧。卯起，出北門，西、西北行。左山右涇，涇右仍山，土人皆呼爲原，穴處其中。有棗林，長十餘里，傍涇西南岸。詠《豳風》「八月剥棗」一語，猶見古昔遺風。傍涇河南岸行，二十里大佛寺，石骨嶙峋，蓋明岨山也。佛就巖石爲之，高八丈餘。【略】佛閣三層，依巖鑿穴，飛檐畫棟，聳插崖前，望之如仙山樓閣。山行至此，耳目一新。【略】又二十里亭口鎮，長武縣界。沈吉卿大令備尖站於此。過達溪河，土名黑水，在亭北入涇，夾帶泥沙，皆黄水也，與涇河無異，黄濁過於渭。自邠以上，涇水淺，流急而濁；邠以下水深，流緩而清，故有涇清渭濁之分。午後過大嶺，盤曲而上。路經沈吉卿大令派人修墊，河築土橋，車行無阻。四十里長武縣，宿於署西院。

二十二日，陰，寅起。卯行，細雨沾衣。三十五里窑店鎮，長武、涇州分界處。自此入甘肅境，沈大令送至此回。又十五里瓦雲驛，涇州金少逸直牧承蔭來接見，備行館、晨餐。陝、甘交界之區，高原敞闊，南臨汭水，北有涇河，會於亭口鎮，歷代多設大郡於此。【略】午後晴，十五里窑店鎮。三十五里涇州，宿於南門外之行臺。【略】涇州坡十數里，陜路陡峻，壁立數十仞，餘皆深澗，無石。地極險要，控扼西陲，兩重關門扼其口，甘省之咽喉，邊徼之門户也。城西北緊臨涇、汭兩河，居民不過三萬人，人少地多。每一州縣監犯一二人，盗賊亦少，古樸可嘉。

二十三日，晴。辰行，肩輿出北門，過汭河，車則過涇河。至回中山，千里來龍至此截止。一峰高秀，石洞林立，上有三清樓。又上文昌閣，極頂王母宫，前有瑶池，一鏡澄澈，古王母降生處也。周穆、漢武祠各五楹，瑶池在其西，皆遥望而未得一登，以爲憾。傍山腰西行，車輛經其下，過涇水者數。三十五里王村鎮，行臺午飯。【略】午後大熱。三十五里白水驛，宿於行臺。泉甘美。【略】邠州以西，天氣稍寒，沿途麥苗才青，柳色未黄，較之長安，兩邊氣候迥異。左公柳甘界尚整齊，無甚短缺。【略】是日傍涇河南岸行七十里，平川寬約一二里至四五里，皆種地，居民二百餘家。

二十四日，早陰，晚出日，大風揚塵，對面不見人。卯刻行，西偏北向，柳蔭夾道，交柯接條。仍傍涇河南山麓，山水下流，路成泥淖，土人不知鑿渠灌田，良可惜。三十里至四十里鋪，【略】沿途居民漸多，半窑洞半瓦房，童山枯草，小兒驅羣羊於嶺腰，望之如積雪片片。【略】午後行，四十里至平涼縣，宿於試院。

二十五日，早起，陰雲四布。【略】送者畢過涇河，西北行，入瓦亭川，楊柳夾道。【略】四十里安國汛尖，仍平涼界。午後行，十里蒿店，汛以西諸山，細沙流注，糝青黝緑，似有銅礦，峭壁插天。二十里三關口，即金佛峽也。山至此突起高峰，一水中流，寬僅二丈，一夫當關之地。從前路在山上，光緒元年魏午莊光燾備兵隴東，督師開道，砌石山麓，行者稱便。【略】又五里，南來清水，笄頭山發源，北支涇河也。西來濁水，六盤山發源，隴河也，至平涼入於涇。十五里瓦亭汛，宿於行臺。有城堞甚嚴整，固原州距此九十里。

二十六日，晴，有雲霧。卯正行，送者如禮。出南門，渡隴水，亦涇源也。彈箏峽在其上，路傍開威嶺東麓。西南行，十餘里和尚鋪，六盤山麓也。車至此，脱驂并馬，輪替過嶺。余乘肩輿，繂夫八名曳之而上。初向西南，繼轉東北，十八盤而至山頂。中至廟兒坪，稍憩息。【略】皆傍高山南麓盤旋而升，每一回視，萬丈懸崖，心驚目眩。嶺巔北有行臺。南官店，陶子方督陜時所建，現皆頹敗不堪。登峰遠瞭，以六盤山爲最高，積雪未化，隴山頂也，韓魏公嘗建關置戍於此。回視東南，高山峻嶺，直接崆峒，再東南則與秦隴諸山相銜接。東北山勢綿亘，亦與此齊。瓦亭關深藏山中，勢難繞越飛渡，故爲隴阪扼要關鍵。而路之盤曲險阻，自潼關以西則以六盤爲第一。山勢雄峻，元氣渾淪，水亦東西分流，各不相混。西面傍山北麓盤旋而下，五里楊店汛，【略】十五里隆德縣城，住。【略】今日西南行五十里。

二十七日，陰。卯行，西、西南向，順隴水。三十里沙塘鋪，烟火數十家。十五里神林鋪。【略】午後，西偏南行，三十五里東峽口，寬僅丈餘，水流曲折，路在山腰，隨之旋轉。兩坡獸蹄之迹如蛛網，多穴孔，大小不一，豺狼所嗥也。峽長七里，緊鎖司家川口。出口，勢漸開展，即静寧州城，隴水、硝河夾流。出西峽口，大山環於外，亦關要之地。是日行九十里，住静寧州行臺。

二十八日，陰，密雲不雨。卯正出城，西北行。【略】過硝河，寬不及丈，徒杠輿梁皆非難成，無人議及。僅餘數人赤足貧丐，候此負人渡河，需索錢文，亦惡習也。又過山，河有小橋，河西流注隴水，會寧來水亦如之，南流入於渭。上祁家大山，高峻不及六盤，而紆遠過之。上陟峻坂，下臨陡澗，路傍山行，輾轉往復，車一顛覆，禍不可測。土厚無石，年久爲雨水沖刷，槎枒破碎，畸零峭削，無奇不有。自平涼以西，左公柳夾道，斷續拳屈，瘠薄不如青白楊之條達肥美，或西來土性宜楊不宜柳歟？大山上下三十里，下嶺孫家溝，有食物車店。以西，道漸平坦。十五里高家堡尖，馮牧送至此，備行臺，午飯，有塘汛把總來接見。【略】午後路平，二十餘里至青石嘴，路傍北麓，隨嶺上下，或逼近岸側，下懸深澗；或轉入山腹，竭人馬之力始得搶上一坂。澗水東流，至静寧州西入隴河，歸於渭，即倒回溝也。四十里至青家驛，宿於行臺，會寧縣曾松樵憲清派人辦宿站。入鞏昌界。是日西北行九十里。

青家驛行臺，全楚會館舊基，李提督良穆等請改建行館。又於迤東五里倒回溝，修利濟橋，長十二丈有奇，寬三丈餘。迤西三里尚家灣，修履順橋，長十六丈有奇，寬二丈餘。

二十九日，卯正西偏北行。天已晴，始知夜雨。路滑，輿夫數步一傾，余換馬行。二十餘里傍北山麓，以山之凹凸爲路之曲折。每當懸崖轉折，轎常淩空，心實惴惴，而夫役弩劣，時有傾跌。方至路旁缺口，下臨深澗，轎夫失足倒地，雖未遭險，已飽虚驚，如是者屢次，王陽畏途，不足道也。出青家驛，即大山川，過陡嶺，水東流倒回溝。下嶺，水西流歸黄河。二十里餑餑鋪，過橋即閻王匾。上有高山，下臨陡澗，路出山腰，寬不及丈。每遇風穴，塌陷深不見底，雨後泥滑，人馬難行。四十五里至翟家所，均在山腰上行，步步深淵，行有戒心。【略】午後道路較好，仍在山上行，高窪崎嶇，緊靠嶺側，絶壁懸崖，一落千丈。下橋澗水，濁逾黄流，漢之祖厲河也，下遊入黄。二十里至張成堡，土橋沖塌，車行溝中，數步一渡河，河流繞曲，路隨河轉。夏日暑雨暴發，人行其中，往往失事。十八里上坡，數爲上下。七里至會寧縣，宿於行臺。天色昏黑，大車上燈後始到。車路在南山上，自張成堡橋壞，路亦沖塌，單人尚可往來，車馬極難行，地方置若罔聞，餘事可知。將出口，南山豐隆，浮面一層土，色糝白，皮厚尺許，内一層作絳色，剥落處土紅如染，斜入河底，桃華山也可知。青白沙土，高者數十丈，皆洪水横流時淤墊而成。下臨深澗，上多風穴，口小下闊，深不見底。人行其上，心常惴惴。昔人云「隴坂多風穴」，信不誣也。是日山行七十二里，澗底行十八里，共九十里。

三月初一日，晴。卯正行，初向西北，渡河者三，繼轉西南。大車順新道，溝河或左或右，逢河則渡，不計次數，余乘肩輿走山上。六十里西鞏驛。【略】日方中，車未到齊，只可就宿於此。【略】午後大風怒號，車簾響動。此兩日行程中，或緣山陟嶺，或過澗穿溝，輿夫赤足渡河，泥水盈尺，一無橋梁。夏日山水暴發，旅行人馬常有覆溺之憂。

初二日，卯行。出西鞏驛西門，逾青嵐山，山不甚峻，盤旋上下。山澗築橋，路旁一碑名曰「永定橋」。凡山橋，皆用磚跨溝砌成圓門，屯土其上，厚常四五丈。橋闌亦壘土爲之。過橋，上青嵐大嶺，豐隆陡峻，解兩車騾馬拽一車，始得上，費盡人馬之力。十餘轉而至山巔，上有村落，數家道旁穴居，鬻乾饃、茶水。水皆冬日冰雪，作深井窖之。井深二丈餘，掘土後以杵築之使堅，墁泥一遍，即不滲漏，土性然也。地名山頭哈。【略】去西鞏驛十五里，爲青嵐最高處。順山脊行，一覽衆山皆小。山溝日久爲霖雨沖刷，頹阜斷崖，如人之肢體鱗碎，身無完膚者。然其上間有墾地，畸零町畦，皆隨山勢爲之。十五里至東四十里鋪，居民數家。左公楊柳寥如晨星，存者柳茂於楊，楊樹拳曲欹斜，或山高氣寒，爲風凌逼耳。【略】十五里至青嵐塘，有汛官、土兵來接見。共行四十五里，作三十里。姚鴻軒代覓一店，地小無食物，飭廚夫作薄餅，同人共食之。午後順山梁行，曲折盤旋。下嶺即安定縣城，東、西兩河夾流，會於北。東河水苦，有橋梁牌樓；西河水甘，合流三百餘里，至靖遠縣合會寧、海城諸河，同入於黄。四山環抱，兩水會流，形勢頗好。由塘汛到城三十里，實有四十里。連日行程，多在山腰或峽底，山行一徑旋繞，如作壁上行；溝行則兩岸壁立，如入釜底，時防水患。

初三日，卯正行。仍出東門，過安定東河偕樂橋。傍東山麓，順葫蘆川北行，三里中山壘，一名福臺，半依西山麓。【略】又三十里鋪，河道刷至東山根，路將塌陷。【略】過此有土城居川中，基高丈餘，或安西舊城也。又十里巉口鎮尖，店極狹。距安定城四十里，河向北流，路轉西行。午後過溝水，上北山坡，西行，路甚寬。二十里至秤鈎驛，住行臺，姚司馬送至此，備晚餐。【略】是日計行六十里，較昨日路近。

初四日，卯正行。出秤溝驛，上車道嶺。初向西北，繼西南，又正北、正南，復西北，盤旋嶺上。五十里而至甘草鎮，一名前路堡。【略】聞須兩日方能到蘭州。日方午，宿於行臺。初上嶺，甚陡峻。十里至大嵐嘴，迷霧陰濃，數步不見人，直至下嶺，霧未全消。

初五日，卯起。連日陰雲四布，午後方晴，晚大風。出甘草鎮，北偏西行，二十里渡河，水淺没脛。至清水驛，屬金縣界，有土城，南北兩門。李春甫大令光山人備尖站，余入憩少許。天尚早，又行十數里至東屯堡，曠域忽開。又十餘里，遠矚西山根，問之輿夫，即金縣也。有興龍山在其西北，古木叢蔚，高薄雲表，大者徑十數圍，延袤數十里。土人無力運出隴阪，故樵采者稀。入隴以來，千里童山，至此獨森森茂密，別有天地。地脉漸腴，去蘭州不遠矣。五十里至金家崖，日方過午，即住行臺，李春甫款洽周備。自甘草鎮至此七十里，名大營川。【略】金縣以北皆種秋麥，柳黄麥青，風景一新，與車道嶺東南數百里窮山劣水，迥不同矣。

初六日，卯正起。順大營川西北行，過嶺，俯視黄河，一綫中流，寬不盈丈。西偏南行有古長城，土質堅韌，秦蒙恬所築，起臨洮，至遼東。【略】四十里東崗鎮即東關坡。【略】二十里至省城，入東門，【略】住皇華館。

初九日，雨，未行。擬派頭幫車先發。

初十日，陰雨。終日與甘藩陳昆山方伯商借薪餉十萬兩，帶往新疆。

十六日，陰。令二幫車先行，余俟一日，恐同行無住處也。

十七日，晴，有風。辰初出城，【略】過黄河鐵橋，出金城關，【略】十里保安堡，堯齋與同鄉官備茶尖於廟中，少坐，行。十里沙溝口塘。又五里入溝，初向西北，繼轉東行數里。右望山頂如房脊，山麓如牆壁，方圓光濯，望之疑爲亭臺樓閣，直如立柱，大如洋房，其缺處石柱雙峙。又如碑樓孤立，烽墩高聳，碉堡羅列四面者，然奇巧天成，非人力也。兩岸皆紅沙，下有金礦，水缺不易淘挖耳。四十里朱家井，皋蘭縣備尖站於此。午後，北行至崖渠頭塘，塘以南水入沙溝，熟田甚少，四無人烟。山頂間有小圩牆，烟火數家而已。道順溝行，尚平坦。塘北過分水嶺，坡甚陡峻。西北行，山多紅土。三十里俞家灣，住。窮民百餘家，荒店四五座，草木皆無。是日行七十里。

十八日，晴，冷。卯正起。初向西行，繼轉北，又西北，順溝路尚平，兩岸皆土山。十里至樹崖塘。又十里過土嶺，逾通遠橋。哈家嘴子産食鹽，望之如霜雪。山多紅土，出硫磺，下有礦。人少地多，彌望荒蕪間有新開種者，童山無木，多羊羣。【略】又二十里咸水河子，平番縣境，署知縣楊光熊派差備尖站。午後行，初向北，又西行，過蔡家嶺，漸有樹。莊浪河自平番西北來，納衆水，南入黄河，灌田甚多。三十里至紅城驛，居民五千餘家，平番南第一鎮也。農家只種一季麥，無秋粮。山仍積土無石，不甚開洋。是日行七十里。

十九日，晴，冷。卯正出紅城，守備防軍送如禮。傍莊浪河東山麓北偏西行，路旁渠水流聲潺潺，水磨、灌田皆賴此。夾道楊樹高十餘丈，左公督陝時種植，多爲奸民剪伐，有未伐者，高聳插天，幹直無枝，枝亦被人斫去。河灘石子彌漫，皆山水沖刷，年久厚積盈尺，不能種植。惟東原地頗寬闊，已敷居民耕耨。【略】四十里至南大通尖，有土城。山至此稍開展，北望遠山，積雪一白，祁連山也。午後，仍傍東麓行，地高路凹，居民村舍頗多。三十里莊浪，滿城亂後新築，磚石尚整齊。【略】望見北門樓上大書「武當勝境」四字。城北里許有樓四層，飛甍高聳，南面有「正度」二字，乃平番縣南高閣也。又里許。【略】入南門，上書「河朔重關」。城西南隅牆垣圮壞，闤闠蕭條。是日計行七十里。天氣冷熱無常，早晚均寒，日出即熱，雲布即雨，或飛雪瓣，遇風尤冷。

二十日，陰。卯正出平番城。【略】仍傍莊浪河東岸，北偏西行，高原低路。十里馬廠溝，東倚土牆，明時防邊所築。又西起鎮番，東至寧夏，横築四百餘里，牆多傍山脚，不如依山脊爲之得形勢也。又數里十五里鋪，居民寥落，水沖石露，河灘悉砂礫，清流潺潺。東山陡如屏風，石色黟黑，鐵礦畢露。又十五里過河，即武勝堡。【略】午後，傍河西山麓，北偏西行。逆風大作，乘車行四十里，大風雪從迎面來，不可仰視，從者衣襦皆冰。又十里過山河，至岔口驛，住。沿途兩山，寬二里許，中夾莊浪河，舊渠甚多，田已荒蕪，有新開種者。邊牆在其東，河流至此已繞出邊牆外矣。西望雪山，即祁連山也。東北雪山，又自烏稍嶺分支東趨。是日行八十里。

二十一日，大風終宵，天明，晴冷，西北風又作。卯正西北行，傍南山麓，邊牆在其右，莊浪河又在邊牆之外。沿途兩山夾峙，中闊一二里，近河皆土山，無冰雪。以外南、北雪山，峭石崚嶒。北山差近，山勢寬平，雪尚易化。南山如在目前，實遠出八十里外，積雪經年不化。從近處山豁望之，如白云之麗青天，峭壁槎枒，無奇不備，真奇觀也。問之土人，即天山，一名祁連山，其脈遠自昆侖山分支東來，至烏稍嶺西分爲南、北二支：北支東趨爲賀蘭山，黄河以北正幹也；南支自平番西鄙南下，逾黄河，脱砂變土爲隴阪諸險。五十里鎮羌營尖。【略】午後，過莊浪河，北邊牆亦改築於北山之麓。由此北行十五里，至烏稍嶺巔，有韓湘子廟。楊石泉督陝時禱雨有驗，立碑記其事。此嶺多怪風雪，四季皆然，行者十遇八九。昨晚大風雪，今午過此，日色晴明，頗自慶幸，入廟瞻拜。回望南山積雪，太白混淪南下，與北山相距百里，一色相映。烏稍嶺腰係關内外通衢要隘，西接祁連，東控賀蘭，南北開溝爲界，以西番界屬土司，以東漢界屬州縣，邊牆延東山直穿而過。下嶺，十五里安遠營。雪化濘泥，車夫失足伏地，車輪軋身而過，幸無恙。旱獺三五成羣，見人唧唧，竄入穴。又東北行十五里，傍南山麓，至龍溝堡，有都司駐此，弁兵老弱不堪。自烏稍嶺北，水皆北流，入鎮番海子；以南，南流莊浪，歸黄河。是日計行九十五里，實有一百里。

二十二日，晴，有風。卯初出堡門，傍龍溝河西山麓東北行，兩岸山勢高厚雄渾。沿途巨石林立，中夾一溝，寬不盈丈，濁流激石，怒號有聲。十五里黑松驛，頹垣敗壁，長逕數里。【略】又十里過石嶺，西北行，至二十里鋪。破屋數間，道旁一碑，大書「關帝顯聖處」。由此傍河南岸，依山西行，東來一溝，入龍溝河。邊牆高列北山上，山勢雄渾，逼河西折，中寬數丈，崎嶇險阻，石子遍地，道極難行。又數里十八里鋪。遠望一巨石孤立，色白如雪，近視之，青石也。被人敲剥，遍體斑痕，訛傳石能催生，故行人鑿而取之。河隨山轉，折而北行，又數里十里鋪。兩山夾峙，一水中流，寬不容舠，巨石阻水，水聲怒號。又十里古浪縣尖。計行四十五里。縣城緊據山口，口窄而曲，外有關闌，足資控御。西來山水入龍溝河，繞城南過，地極險要，山勢至此忽止，分東西行。城北高原平闊，縱横千餘里，南引祁連雪水灌田，到處水流潺潺，浸溉不絶，土沃物富，儲粮養士之區。【略】午後，北偏西行，原高路下，形如溝峽，渠水順路北流，草美羊肥。三十里雙塔堡。十五里大墩堡。十五里靖邊驛，住。回望雪山，如在目前，相去已二百餘里矣。是日計行一百五里。

二十三日，晴。卯初，北偏西行，送者如禮。渠水横路，數武一度，河深没脛。余常舍肩輿，乘馬而過，聽轎夫自繞越之。南望雪山，宛然在目，羣山皆赤，祁連獨白，上無養氣故也。他山高及天山雪際者，亦有雪，惟易化耳。十數里黄渠下堡。【略】又十里河東堡。過大沙河，寬數里，石子滿地而無水，道頗難行。二十里大河驛，武威縣盧大令辦尖站。午後行，過石子河數道，河邊土坎，遇水沖刷。【略】三十里涼州，住。【略】是日行七十里。

二十四日，晴，暖。卯正出城，西北行。【略】四十里鋪尖。【略】午後仍向西北行。天氣驟熱，數步一渡河。十里懷安驛，换站馬。十里隆昌堡。十里豐樂驛，住，武威縣備行臺。沿途墩臺極多，凡過一驛，皆有汛官帶老兵數名來接見。

二十五日，晴明。卯正，西、西北行。【略】沿路石子彌漫塞途，車馬難行。十里沙灘堡。十里柔遠驛，武威界止此。十里九壩堡，永昌界。【略】南臨炭山，北望蘇武等山，路經山水，渠流沖刷，年久遍地碎石，犖确大小不一。【略】午後天氣熱，仍西、西北行。十里清溪堡。十里樂豐堡。十里宣德堡。十里通津堡。十里真景堡。十里永昌縣，行館住。【略】永昌縣城南臨照面山、横梁山，北倚武當山、金川峽，山後則邊牆繞之，牆外爲紅井腰峴，馬跑泉，青鹽池等處，蓋南北多高山深壑，東西爲萬里通衢。【略】東有九道壩渠水，西北有大河，并多山泉，山環水繞，地勢頗雄。是日行九十里。

二十六日，卯正出城西行。晴，有風，送者如禮。夾道渠水汩汩，自西而東，源發於西山百餘里，鸞鳥三山積雪融流，居者永以爲利。路多巨石，摧輪絆馬，崎嶇難行。二十里至水磨關，茅屋數椽，餘皆破牆廢院，一片荒涼，沿途驛站類如斯。【略】南北高山，中接平崗，關鎖甚嚴。下坡即過河，西北行，清流數道，即大河口也。水磨無多，兩岸居民較稠。西十數里，一小山突起河中，四面皆水。問之土人，忠山寺也。其形如斗，或即唐之大斗軍歟？過一村，二十里至三道渠。過梁，平川碎石，【略】高崗平闊，古戰場也。十餘里方下坡，又上坡行。五里至水泉堡，住，仍永昌界。【略】四面皆高山，東南一大路，西二十里巍峰積雪，即焉支山也，周百二十里，高古城在其南麓。五里即晉之焉支縣。向晚，西北風大作，迎面塵土，不見人。計行六十里，實有八十里。大風竟夕。

二十七日，天晚風息。卯正出城門，西北行。黄塵白霧，一色混茫，半里外不見人。傍西山麓行，邊牆在其東。三十里定羌廟，漢日勒縣故址在其南，西去焉支山二十里。繞行山東北，兩面相距咫尺，塵霧四塞，山色在有無中，豈匈奴婦女亦知自韜顔色耶？山下四面皆平埸，寬者數十里，向爲産馬之區，遊牧饒富。西南兩面水草尤美，甘凉故道經焉。出永昌水磨關，順河西行，經唐之大斗軍，晉之焉支縣，西度紅水，入甘州道。高古城，即焉支縣，舊址迄今尚存，都司駐焉。中大道經其東北，草埸遼闊。五十里至硤口，營中皆平坦，草能畜牧。【略】初入硤口，右山高聳，從左山麓向北折東，又折西北，上坡出硤，入城。【略】午後，西北行，東南風刮地揚塵，日色渾濁混沌，未開蒙象也。草灘高平，四望無邊，羊羣甚多，數逾千頭。無水灌溉，地皆荒蕪，畜牧尚宜耳。十五里王城鋪，窮民數家，沙平草細，車行無聲。以西漸有崗阜，路尚寬平。二十五里新河驛，住。始有渠水灌田，名温泉壩，五壩之一也。【略】是日計行九十里。路無水渠，地無種植，村莊亦少。

二十八日，晴。塵霧四塞，日色渾白。卯正西北行。道平如砥，兩旁地皆膏腴，亦有渠迹可尋，惜多荒廢。【略】十里三十里鋪，居民十餘家。十里二十里鋪，居民二十餘家。十里十里鋪，居民無多。又十里山丹縣城，渠水澄瀅，流聲潺潺，穿西城而過，沿渠列市，勢尚殷填。渠水至西北隅，又折而北流，繞城而去。街道甚寬，無人修理。【略】入城，至行臺尖。【略】午飯後，出南門，順渠西行，武營送如禮。過山丹河，河水東北流，轎馬西北行。十里大佛寺，寺依獅山東麓，甚壯麗。【略】又五里十五里鋪。復過河，山勢西轉，河流隨之而西，峰小而秀，路亦西行。邊牆在其北，以外草地屬蒙古矣。終日烟霧，至此始見山。五里二十里鋪，塵霾燥熱，惟傍河多渠，柳陰夾道，水流潺潺，景致頗佳。錫令送至此。又五里大鐘廟，東樂，分縣界。縣丞炳鈞來接。又過河，河向西北流，傍河南岸西行。五里十里鋪，【略】是日住城裏行臺。

二十九日，塵霾蔽日。卯正出城，西、西北行，車馬經過，塵土沖天。初出溝路，繼履平磧。二十里夾字墩，東西街數十家。又十里過一渠，有橋，至古城子尖，即仁壽堡也。街市尚繁盛，屬張掖縣界。【略】午後，西偏北行，烟塵迷目。二十里(鋪)緑樹陰翳，村落漸密，頗有内地風。又二十里過迎恩橋，甘州行臺住。【略】古居延關、晉三關門、明鐵門關，皆在今山丹縣西北二十五里龍首山口内，古張掖塞在今撫彝廳北三十里羊臺口，走龍荒道。

三十日，塵霧未開，大風，飛沙揚塵。卯正出甘州西門，西北行。過兩橋，黑水河疏分數渠，濁如黄流，灌田甚多，麥苗芃芃。餘水流入大道，漫溢成小河，行者有厲揭之苦。又數里接官廳。【略】坐車過黑河故道，石灘寬十餘里，車行格磔。二十里崖子堡，漸有土路，渠水交流，樹亦茂密。又過河，十里西城驛，沙堆如土山，相傳隋韓世龍守黑水國，駐此，有古壘四，去後一夕爲風沙所掩，即今沙山也。又十里瞭望墩，過河，水深泥淖，亦名黑河。數道分流，相距數十里，土人皆謂之黑水。又十里沙井堡，張掖令辦尖站於此。瞭望墩兩邊，淤土厚丈許，上覆碎砂石，馬行其上，蹙蹙有聲，種樹或相宜，下皆土也。村落多大樹，聞之土人，黑水發源於祁連山，積雪融流，耕者築壩，分渠引水灌田，靠此以生，數千年如一日。午後西北行，數步一渡，水渠、村落較密，大樹亦多。十二里河套堡。又八里沙河堡，幹河無水，水分入田，四五月間水稍旺。【略】是日西北向計行七十里。邊地多風，塵沙漬面，日色無光，村民老幼面目黧黑，婦人多纏足，不耐久立，皆跪地操作。路傍多羊羣。是日風極大，子時息。

四月初一日，早陰，午晴，有風，霧。卯正出沙河堡，北偏西行。地多鹼灘，長十六七里，寬數里，彌望斥鹵，生咸草，無人居。距灘地稍遠，則樹木陰翳，有渠地村莊焉。冒風乘馬行，二十里至廣屯堡，換車。十五里八寶山，皆沙礫積成，長八九十里，寬五六里至十餘里不等，即古流沙也。出土煤，供炊爨。過沙山，至撫彝廳。廳無城，依舊堡爲之。居民二百家，合屬七萬人，全藉黑河、紅河兩水灌田，雪水亦旺。夏秋霪雨，河水漲至六七尺，即禁行人，須候落至三四尺，乃用大輪牛車以渡。張掖、沙河、撫彝三處河口皆如是，往來者須識之，以其常失事也。計行四十里，撫彝廳行臺尖。【略】午後，塵霾氣燥，西、西北行，始乘馬，旋換車行。十五里至雙泉堡。又五里過河橋，有草湖，夏日村民多牧馬於此。又十里渠口堡。屯堡漸密，樹木繁茂，田皆有渠，麥苗青葱。間種稻棉，亦能收獲。又十里高臺縣，行臺住。將近縣郭，夾道渠水潺潺，白楊森秀，有一種其高插天，不發别杈，自根至梢，遍生細條，蓬蓬矗上，甘州尤多，月夜望之如高塔然。黑河縈其北，合黎山包河之外，流長數百里，距道遠或數十里，回環如帶，皆此河也。

初二日，塵霧，巳午方見日，其色昏蒙。卯正出高臺縣西城門，北偏西行至八里堡，又二里十里官橋。又五里臺子寺，相傳爲西涼李暠臺故址。又五里宣化堡，【略】夾道渠水，縱横分流，麥壠青葱，緑楊茂密。沿途三五人家零星散處，無大聚落。無論貧富，皆高其垣墉，結廬於内，非入門不能窺見室家。黑河流於北，合黎障其外，西面沙山坡陀不斷。兩旁多稻田。【略】又五里定遠堡。【略】又五里楊達子堡。又五里過山水河。又十五里黑泉堡，堡南里餘有三泉湧出，資以灌溉，故名。高臺縣派人辦尖站於此，計行五十里。午後，塵霾燥熱。北向行，細沙平闊，深陷馬足。三里三里堡。五里沙溝莊。二里馬營湖，左傍沙山，右依草湖，困臥車中，一覺十數里。又十里至花牆子堡。轉向西北行，過清水溝橋，又過濁水渠。十里至紅寺坡，有店一家，寺居高阜，垣與墩臺皆紅土爲之。車繞行而上，沙坡微陷，輪軸蹙蹙有聲，頗費馬力，如鳴沙然。頂上寬平如砥，叩之中空有音，其下非石即礦也。十里至地更坡，下嶺。又十里深溝堡，居民七八家，皆小本營生，不務耕種，草料食物遠購自數十里外。【略】是日計行一百里。若由黑泉西北直向深溝，約近十餘里。

初三日，陰，霧。卯正行，西偏北向，路多平坡，結硝鹼厚數分，亦生草，有泉。中闊十餘里，南北有土山。十五里馬連堡，居民兩三家。又十五里鹽池堡。鹽池距堡尚里許，因乘馬往視，東西長八九里，南北寬二里，窄不及一里，水深數尺及數寸不等。夏秋之際，烈日暴乾，水自結鹽，取之不竭。【略】午尖畢，西行。風沙撲面，沙軟行遲，溝深陷軸，間有坦途，而兩旁草地鹼重土松，馬蹄没入半尺許。荒煙蔓草，滿目蒼涼，每行數十里，四無人煙，偶有樵薪行牧者，亦不種地。問其由來，多云鹼重，五穀不生，實未嘗試種也。過五墩臺，二十五里苦水堡，煙户數家。又十五里過沙崗，雙井堡住，高臺縣辦宿站於此。堡駐把總一，汛兵十五，居民二十家，打柴草、牧牛羊爲生，米麵草料遠運自肅州，往返二百里，民惰官疲，可見一斑。連日天色陰晦，午後微見日，渾濁無光，大風揚沙，氣象慘黯，殊不可解。

初四日，晴，霧未全消。卯初，西、西北行。十五里營兒堡，居民數家，兩距土山五六十里，南遠而北近，中夾荒原，東西長約一百四十里，地平如砥，鞠爲茂草，似經前人開種而歲久荒廢者。【略】過營兒堡，西、西南行。五里界牌墩，又五里蘆凹墩。又十五里黄泥堡，漸有人煙樹木，引水種麥。又十里郭家墩，又五里紅柳灘。又五里臨水堡，水從祁連山來，上有洪河壩，即洪水河也。沿岸灌田，樹木茂密，南北數十里接連不絶。居民衆多，麥苗青翠，别有天地，似與才過荒原磽脊不同矣。午後燥熱，正西行。三里臨水河，二里雙橋墩，五里三十里墩。十里馬道坊，茶尖换衣。西、西南行，十里十里墩，五里紅橋墩，又五里肅州，行臺住。此四十里中，渠水潺湲，田園肥美。【略】是日計行一百里。

初五日，住。塵蒙不見天日。

初六日，住。陰雨竟日。【略】晚，晴。

初七日，住。雨止塵净，天朗氣清。【略】是日轅騾病，不食，前腿兩腋摩穿，車夫指爲因熱所致。牽騾執套驗之，持足夾套，騾不動，匍匐若鳴冤狀。疑車夫虐待，重責四百，騾當夜食草如常，牲畜亦有知耶？【略】飭車已發，明日可就道矣。

初八日，晴，風輕雲淡，天氣甚佳。卯正出肅州北門，西、西北行。【略】過大北河，碎石滿地，順滔賴河灘行。三十里過兩渠，渠岸即丁家壩，破屋數椽，城守營設茶尖於此。至此以西，石子更巨，直抵關門而止。塞外雨少，全靠渠水灌田，有餘則泄於道路。每遇山水暴發，挾石而下，溝渠四溢，碎石成灘，年久浮土沖刷净盡，即成戈壁，肅州至嘉峪關七十里中，一片石灘，犖确難行者以此。二十里安遠寨，守關遊擊雙禄等來見。五里下腰墩。五里上腰墩。五里大沙河。五里嘉峪關，行臺住。關兵約有百名。關建於山坡，居高憑險，横扼通衢。西南瞰青頭山口，長城繞之；北依牌樓山，黑山障蔽其後；南據紅山，祁連高峙於前；西有高坡如月城，起伏數道，深藏固閉，誠天下第一雄關。惟南、北平坡，寬約二十里。黑山前後山溝，自惠回堡直通金塔廳城，紅山北麓順滔瀨河灘直至肅州北門，雪山之陰，亦有間道繞越。【略】自此出關，有宿站，無尖站，車馬多夜行晝息，苦無所見。余則以子夜行，明午憩止，尚有半日得縱觀山川形勢，庶不虚此行耳。

初九日，子正起，半句鐘出關門，西、西北行。新月未落，浮雲四起，遥望雪山，形影微茫，北斗辰星隱約可辨。執燭夜行，茫然無所見，甚悶悶也。十五里大草灘。五里二草灘。十里黑山湖軍塘。十里雙井堡。天色向曉，紫雲横天。【略】其地舊有土城甚大，居民六十餘家，淘金居多，今則瓦礫荒凉，水泉亦涸，只一汛官，帶兵五名駐此，守護行旅過差，防番衆出巢劫掠也。【略】飲茶就道，仍西、西北行，兩山相距十餘里，中夾平崗，沙石鋪地，内多草墩，其外草灘寬長，頗宜行牧。北面童山無木，南則峻嶺插天，積雪封頂，層嵐疊嶂，僅露白頭。上有浮雲籠罩，蓬蓬如張蓋，山腰霧靄蒼茫，瘴氣迷濛，日高始散。十里牌坊梁，二十里紅山子，十七里八里墩。八里惠回堡，居民廿餘家，黄草白沙中忽見緑樹數行。堡南二里有惠泉，流經村中，清澈甘美，灌田三十里，耕作百餘户。【略】堡東九十里，曠無人烟，宛成戈壁，關西碎石堆積，格礫難行。雙井西則細沙無石，路尚寬平。辰刻八鐘到堡，計行九十里。日色晴明，二幫車將開行。堡屬玉門縣轄。

初十日，晴。寅初出惠回堡，西北行，東方微白。三里二道溝。四里七里墩，高窪崎嶇，數武過一溝嶺。八里騸馬城，相傳唐故壘也。高原平闊，與前不同，北傍紅山，南望雪嶺，嶺下草灘寬長，無人耕牧。路旁鹼草叢生，積沙成阜，纍纍如冢，長約五十里。【略】由此西、西北行，十五里火燒溝，白楊河經其左，舊有渠，今已廢，夏秋水甚大。十五里脖膝蓋子，十里八楞墩，十五里赤金湖。甫行七十里，草湖有泉，命輿夫就泉飲馬，余與僚友出糇粮分食之。望見北山歷亂，從後面繞出西南，環抱有情，南對大雪山，萬峰來朝，地勢頗佳。迤南二十里，柳陰銜接，即赤金堡也，有都司住此。【略】赤金渠上游，鴨兒河立閘，分渠四道，雪水渾濁，至赤金峽漫溢成河，西北流入花海子，沿河灌田，百有餘里。楊柳成陰，村居比連，耕民千餘家，大户占地，窮者租佃。【略】午後，西北行，中有改向西、西北者。五里亂山子，峰尖而小，纍如楸坪，碎沙隨水而去。上多玻璃沙，亦類金礦沙，車行有聲。十五里甘店子，八里魏家場。七里峽口，折偏西行。五里赤金峽，峽地險而要。【略】是日計行一百一十里，申初到堡。據電局丈量，實有百四十里。

十一日，密雲不見星光。寅初出赤金峽城，西北行。入戈壁灘，東西寬八十里，南北長一百六十里。碎石整砂，年久牢結，風吹不起，車馬經之，嚓嚓有聲。行十餘里天始曉，狂風大作，車動鈴響，如衆鼓齊鳴，風聲間之嗚嗚，如萬馬奔騰。肩輿難進，换坐大車。二十里地窩堡，無居人，武都司送至此。十里紅土峽。十里高見灘，有石碣，字迹皆剥落。站房三間，玉門縣周寶珊彝章備茶尖於此。風急氣冷，驅車前進，灘平如砥，不生草木，惟枸杞叢密，摇曳多姿。積砂成堆，四望平闊，毫無障蔽，故風來迅烈，勢不可御，車馬當之，其聲怒號。巳初出灘，風亦漸息。午初至玉門縣，微見日光。二十里三十里井。又二十里鞏昌河，即疏勒、昌馬兩河，由大壩分流過此，灌田甚廣。【略】五里大東渠，水流潺潺。四里玉門縣，行臺住。【略】是日計行九十里，電局丈量實有一百二十里。關内外風起，多昏晦不辨人物，風息始開霽，常有數晝夜不見天日者，殆盲風也。

十二日，晦霾。卯初出玉門縣城北門，西北行。城邊渠水交錯，村樹茂密，田苗青青。二里過西大橋，即西渠水。【略】入戈壁灘，長五十里，寬約三十里，碎石如指大，鋪地青黑色。右有渠地，左望無邊，盲風撲面，迷霧四塞，里許即不辨物，冷氣侵人。灘上不生草木，惟札蓬、枸杞生焉，數步或十數步一棵，結子爲枸杞，根爲地骨皮，生於戈壁中者最佳。余乘車行，十八里白土窩，十里西三十里井，皆無居人。渠水一道，自西徂東，横穿戈壁，迤北漸有村樹人家。二十里三道溝，住居民七十餘家。余住一店房，穿頂漏日，土坑兩行，踞而登之。惟院闊尚可容車，門前古楊數株，大數圍，百餘年物也。河東玉門界，河西即安西界。

十三日，早霾，晚晴。東風大急，飛沙揚塵。寅正出三道溝，西北行。渠水分流，地多膏腴，輿夫襪履皆濕。十里山水梁，河寬半里，已乾涸。上游遏水，決以灌田，遇水漲時，尚由此道。十里四佳灘，即柳溝驛，有都司來接見。清流潺潺，可灌田。沿途鹼草叢生，極爲茂密。【略】十里六道溝，有關帝廟，泉清，寬丈許。兩岸土沃草肥，無開荒者，致成曠土。十里七道溝，古楊兩三株，居民一家，有水池。由此西、西南向，又轉西北行，平野無際，荒草粘天，高與馬齊。十里八道溝，遍生青草，細水長流。又十里九道溝，有土橋，蘆草滿塘，曠無人烟，實皆沃壤也。二十里札馬營，紅土堆如高阜，營址尚在。野草蒙茸，牛羊濈濈。【略】十里布隆吉城，居民七十餘家。古楊甚多，大者十餘圍，皆數百年前物。【略】三道溝至布隆吉九十里，南北長百餘里，沃野約七八萬頃，足容十萬家。【略】是日計程九十里，四鐘行，十一鐘半到，均向西、西北行。

十四日，晴。卯初出布隆吉城，城大，多空地，渠水横溢。【略】滿地鹼草，如二麥初熟，一片黄雲，四望無際。【略】四十里雙塔堡，居民七家。【略】西面兩山，南北對峙，中貫一河。南山則雙塔矗立，北山則一墩高聳，中央則疏勒河西流也。望之如邊門大啓，西則山寬三十餘里，土名亂山子。【略】自雙塔堡起，西南過小灣堡，遥望南山漸高大，迤邐直至敦煌縣北界，延長三百餘里。【略】雙塔山下即疏勒河，過河北岸有墩臺一座。其間砂山突起，峰亂如墳，寬約二十里，長城絡其腰，背連平山，高出數仞，望之狀如城闕，其色青黑，隱隱可辨。南起嘉峪關，西北至猩猩硤，延袤千餘里，砂磧遼闊，寬至二三百里，寸草不生，水泉亦少，即古瀚海，土人謂之戈壁灘。灘北爲蒙古草地，所以限中外也。疏勒河口寬不及百丈，大道出其南，亂山擁之，洵險要之區，用武之地。漢唐以來，恃玉門爲外蔽，有以哉！今早出北城門，西、西北行，又轉西、西南，西、西北，均之正西向行。十里潘家莊，渠水繞流，田甚饒沃。十里野蔴溝，水流汩汩。二十里雙塔堡，過橋，入店，小憩啜茗。西行五里，道旁山有兩墩臺。西、西南行，童山無木，起伏斷續，絶無脉絡。十五里卡房，遍山皆白石，朗朗如玉，漢唐設關當在此地。由此西、西北行，十五里出山。又西行，至沙棗園，出沙棗。沿溪多紅柳，性堅而拳曲，難長大。二里渠口塘，五里趙家莊中渠。五里小灣堡，即小宛驛，有汛官駐此。居民廿家，耕户散處者二十餘家，除河水灌及之地，餘荒尚多，堡地寬十餘里，南阻大山，北瀕長河，前臨戈壁，近河兩旁，水草甘美，鹼草尤多，牛羊成羣，馬驢次之。入其堡，緑楊夾道，古樹經圍，誰謂「春風不度玉門關」耶？【略】是日計行九十里，四鐘半啓行，十二鐘到堡，住。山嵐霧靄，瘴氣未消。

十五日，晴。卯初出小灣堡，西、西南行。五里王家莊。五里楊家莊。紅柳成林，溝渠交錯，地質肥美，草木蒙茸。山勢至此漸遠，夾道甘草成叢，從者連根拔之，長尺餘，粗徑寸。産此藥者，只附近四站，餘皆無之。十三里南工渠。過黄渠橋，水寬丈餘，來勢汩汩，灌地甚廣。而沿渠之地，平原敞闊，無人墾種，未免可惜。三里車轂轤壩，又名官馬場，有房一所。十里北甘溝，村樹成蔭，其南沙灘，試金石極多。山勢向西南行，望之益遠。十里北工渠，又名三工渠。十五里本城渠。五里過沙磧，入安西州城，住。

十六日，晴。子正即驚覺而起。寅初出安西北門，北偏西行。【略】五里過疏勒河，水寬二丈許，聞封凍、開凍時水極大。龍王廟在其北。天未曉，過沙灘，車行有聲。二十里地窩堡，曠無居人，四面皆大戈壁。地勢漸高，沙石青黑，遠望水氣濛濛，不生草木，深闊無際，其平如砥。安西南山如在目中，山石受日力久，色多變黑，而白者愈白，理有不解。三十五里石窑子，窩棚一，石窑一，協兵聶天仁，年六十餘，駐於此。長帥過此，因沙磧百里中常有飢渴凍餒死者，置腰站，派老兵守之，備柴火、茶水，以濟行人。月給麥二斗五升，銀九錢。【略】沿途戈壁中漸有高隴低灘，由此北行，小山紛起，鉅石豁露，車行蕩簸。三十里白墩子，住。所過高阜崎嶇，上下難行，雖沙石仍前，而平坦不如遠甚。此地有居民十數家，山泉涓涓，流溢道旁。【略】是日計行九十里，實百三十里，三鐘行，十一鐘半到。

十七日，晴。卯正出白墩子，初北偏西行，轉西北行。將至紅柳園，又北偏西行。白墩子北一里許，有草灘，長數里，可耕種。沿途小山凌亂無序，路多白沙，馬牙石綫甚多。硫磺氣盛，童山無木，必有金礦。十里金窩子。十里亂山子，即二十里堡。又十里黑戈壁梁，緑沙黑石，銅鐵諸苗畢見。十里小紅柳園。十五里大山口。過平嶺，道坦闊。十五里紅柳園，住居民八家，不耕不種。山梁至此漸高，青黑砂蓋面，山與平道皆然。【略】午初到店，大風忽作。是日計行七十里，地有清泉，行者賴之。

十八日，晴。卯初北偏西行。遥望亂山層疊，沙石鋪地，草木不生。惟路尚寬坦，枸杞遍生山窪處，望之纍纍如黄羊。大山過盡，小山漸平，每十餘里有沙梁一道，自西而東，中平如砥，純沙無土。小泉有草場，道旁頹垣四堞，惜泉水小，不足以灌溉。行數十里，有山無樹，終日不見人蹤，可謂乾淨世界。紅柳山四圍如園，中闊十餘里，行過數里復如是，無村落人家，亦無耕地。沙灘小柳叢生，自成圍形，所謂「紅柳園」者，殆指此。出紅柳園，五里咬牙溝，十五里紅沙灘，十里亂山窩鋪，十里青沙灘。十里小泉，十里石照子，皆無人煙。二十里大泉，住居民十數家，有汛官住此。泉水較旺，亦不種地，仍安西州界。

十九日，卯初出大泉，北偏東行。每過一小嶺，中間地平如砥，四面闊約十餘里，山皆環抱，望之如堵牆。二十里炭山子，產煤炭，無人采用。十里亂山子。十里腰站子，有破屋數間，基址尚在，皆無人居。十五里大山頭，東麓出玉石，滿地皆是，大者如斗，小亦如拳，潔白透光。由此北偏西行，十五里馬蓮井，住居民一家，有汛官、汛兵，開三店。草灘周數十里，甚茂密，出藥材鎖陽，大如藕。【略】是日行七十里，路較近，仍安西轄，明日即入新疆界矣。

二十日，晴。卯初出馬蓮井，西北行。過河灘十里墩，有石坎數道，自西而東，寬數尺，陡起如門坎。過坎道始平，山溝產金砂。凡出金之溝，山脚斗拔，或攔溝有石坎，聚沙必多。二十里金窩子，舊有金夫窩棚，故名。【略】每過一坎，高下成窩形，寬里許，窄半里，或數十丈。愈北愈寬，阜亦漸高，有至三四丈者。惟水泉極缺，若於草厚處掘深，當有泉出，惜無人知之耳。十里腰站子，頹垣數間，無人居。七里紅土峽，甘、新兩省交界處，立有界碑。其峽土色如丹，歷年雨水沖刷，尖、圓、方、斜形皆備。中隔一川，寬平，多枸杞。三里油神廟，山環路曲，崎嶇難行。五里咬牙溝，下山路平坦。五里卧牛灘，紅土坎陡起，高丈許，上平如砥。十五里峽口。【略】兩山皆整石，形勢雄厚，隱隱露金綫痕，亦產煤。甘草、大黄、枸杞等藥生焉。好事者於山腰用塊石堆垛成人形，遍山多是。行旅過此，輒仿爲之，殆祈禳之意也。五里猩猩峽，有把總一員，兼帶巡防馬隊一棚，駐紮稽查，出峽來迎。初入峽口，細雨廉纖，既而開朗，晴曦忽放，浮雲乍斂，亦佳象也。居民三家，各開設小店，以待過客。有郵政局一所。峽口建關帝廟，甚靈驗。草料皆自沁城來，回王派送，照章給價。是日行八十里。峽内多馬牙綫，深入石罅，滿山細沙糁白如嚴霜，金綫寬約五十里。大山頭與猩猩峽南北相望，中間數十里，勢低平而起伏，高下環回相抱，結成圓形。白紅柳園以北，山形皆然，惟較彼較寬闊，而此則緊圓耳。

二十一日，晴明，有風，揚塵迷目。寅正出猩猩峽，西北行。上坡鉅石一塊，方長數丈，如一整石，無斷裂痕，其平如砥。八里大坂關帝廟。【略】繞廟左出峽，下坡陡峻，從前往往失事，自立廟後，屢經開鑿修墊，始免蹉虞。峽底東、西皆平川，順川西行，南、北山麓煤苗呈露，川底亦然，長數十里，儼成煤山。【略】十二里亂山子，煤苗顯露於外，北高而南長，長者一道黑綫，東西穿峽而過。十里亂房牆，出峽口，南北多沙石，山勢漸小，路亦寬平。過數坡，環抱成圜形，皆出金礦。二十里腰站子，又名小紅柳園，有官房一所，道士守之，月給八金。有井一口，掘地兩仞及泉，水旺且甘。有草灘三四頃，可墾種。【略】由此西北行，十二里河壩。又西行，過山坡，山勢十數里一環抱，中開大陽，藏風聚氣，礦產甚豐。二十里沙泉子，住。有泉流於地，居民亦種菜蔬，若加濬鑿，水源必旺。有旅店三，官店一，驛站一，郵兵三名，水味鹹苦。道光間有居民數十家，而今亡矣。自安西至此，多沙石，不生草木。【略】是日行九十里。

早發猩猩峽，峽長四十里，純石無土，體勢雄厚。關帝廟居峽之陽。

二十二日，晴。寅正西北行，過草灘。北望白石頭山，甚高峻，積雪長白，北通巴里坤，天山尾閭也。距此百餘里，曰沁城，回民耕作數百家。十五里亂山子。二十里腰店子，一名鹹泉，又名疙瘩井，水味鹹，舊有兩店，今無存。惟官房一所，使僧守之，月給八金。回王派人設茶尖於此。乘馬行，二十里大坡。二十五里苦水驛，有店三，小鋪一，郵卒三名。是日行八十里，寅初行，巳正到。

二十三日，早陰霾，旋放晴曦。二鐘半出苦水驛，西北行。天氣昏黑，燃燭照之，沿路倒斃駝、馬、驢甚多，棄置道旁，無人顧問，爲野獸膏吻，白骨狼藉，觸目皆是。由距站道太遠，水草中絶，負載過重，車夫惡劣，動輒鞭撻，以致倒斃頻仍。【略】自此平坡，沙路寬平無阻，車行有聲，飛塵迷目。十五里石窑子，天已大曉，乘馬行。二十五里蒙古包，土坯爲之，如牛皮帳方幄露頂，圓孔大如碟。凡過往行人，如遇日暮途遠，或風雪晦暝寒冷，藉此爲躲避處所。旁一鉅石方丈許，高數尺，前豎紅石碑，標明南至苦水，北至腰店，各四十里，無水。余下馬步勘，東北百餘步外，青稞茂密，下必有泉，用石爲標記，預備開井。又十里甫上坡，察視兩溝會合處，泉水尤旺。坡下産金，馬牙石多而潤，有水方可作。三十里天生墩，紅土高出六七丈，自遠眺望如烽臺一座，故名。十里腰店子，官房一所，以道士守之，沙阜無泉水。北行三里許白沙山，左東對方臺，有兩小溝，中間水草繁滋，下有泉，降輿指示之。十里五十里井子，有土屋、石碑，後有兩井，無水，深七尺，以木圍之。兩邊皆有水，開井時誤鑿石骨上，故不及泉。三十里紅山子，土人設蒙古包於此。兩阜土色如丹，過一川，一崗平如砥，上面純是青石子，如指大，遠望深黑似水，近即之，陽氣浮動，又如水銀鋪地。二十里過二工河，舊渠道也。格子煙墩在其中，多可耕之土，惜渠壩湮廢，水泉不到。背倚平崗，紅土剥落，氣象深秀，即驛站也。是處有兩店，一小鋪，電工頭一名，郵兵五名。【略】是日計行一百四十里，寅初行，午正到。

二十四日，晴明，有風。寅正出格子煙墩，西北行。上坡，五里大沙梁，平坦如夷。過崗川，四十里腰站子，有泉。【略】一片草墩，茫無涯際，水脈甚長。五里鹼灘，有水可耕種，鹼不甚多。五里哈家園子，草場有牛羊羣，土沃草肥，可殖民。鑿井引泉，亦可灌地。五里常流水，住。有泉眼五，一眼水源獨旺，汩汩其來，土人於泉旁築兩池，水色清美，上池可供汲飲，下池淘洗各物，污流洩於外，成大池，澆園地。【略】地生胡桐樹，大徑六七尺，枝葉如棠梨，根下如柳，邊地特産也。餘樹亦繁茂，白桑樹大數圍。關帝廟居其上。過廳中井泉，深丈許，味甘而冽。【略】居民十家，店五家，兩家兼種園地，一家專養牛五十頭。小鋪三家，一家兼牧羊，一家專種菜。馬兵十名，郵兵三名。是日寅正行，巳初到，行七十里而弱。晚風急。

二十五日，晴。寅正，西北行。地平可耕，出甘草，水脈亦淺。二十里腰站，空房場一間，有兩泉。北二里許有方泉，寬丈餘，深亦如之，四面皆鹽場，長十里，寬二里，結成鹽厚不滿尺，性輕鬆，年久風沙積厚，土皮數寸掩蓋其上，質礓而虚，一踏即陷，掘之即鹽塊。【略】二十里腰站子，草厚土肥，水泉亦多。【略】北距大渠三十里，地平如砥，可以開渠引水，先在此鑿井築室，招民居住，種地設店，以便行人。二十八里大泉灣，漢民五家，回民三家，種地十六石三石一頃，牛四十，羊三百，馬二十匹。二里即黄蘆崗驛也，居民十三家。前有大渠，種地八石，馬十五，牛四十，羊二百，計車店四，小鋪五，農家四，電工一，郵兵三。

二十六日，晴。寅初，西、西北行，土肥草盛，旱蘆尤多。十五里一棵樹，有美泉灌地，耕民賴之。纏民三十六家，漢民三家，兩家開店，牛六十，馬八十，羊八百餘，頗富饒。惟北山雪水，中隔沙窩、戈壁三十餘里。【略】十五里戈壁頭，無草木。【略】二十里新莊子，渠長百餘里，兩岸緑楊環繞，渠極堅固。漢民三十家，各種百畝地，餘皆纏民。十里柴湖廟，村户比連，緑樹垂陰。【略】十里哈密，漢伊吾國，城以土爲之，溝渠縱横，樹林深茂。回城在其南里餘，風景尤佳，緑陰夾道，青流貫其中，水聲潺潺，草木暢茂。

二十七日，晴。東風大作，沙塵迷目。卯初出哈密，過回城。西行三里回王家，臺高兩丈餘，緑色圓頂，繚以垣牆，寬約十餘丈，門北向，回王歲時致祭者也。十七里屹塔，纏民一家，路旁有泉水，土脈肥厚。二十里西一棵樹，古樹一，無居民，泉水頗多，足可墾地。二十里五屯河壩，多淺溝，有水草。北距天山百餘里，望之宛在目前，積雪封頂，六月猶白。山北巴里坤，今之鎮西廳也。天氣較他處尤寒，四月朔尚下雪尺餘，渠水汪洋，可卜豐年。山南哈密廳，天甚熱，今午汗流浹衣。十里頭堡，纏民十八家，漢民開兩店，一鋪，一木作，郵兵二名。是日行七十里。

二十八日，晴。寅正出頭堡，西北行。土地饒沃，有泉無渠。【略】二十里二堡，有大泉，村樹濛籠，居民十餘家，有客店二，可留宿。二十里大沙坡，泉水尚大。西行十里大墩，泉水旺。又西、西北行，五里白楊溝，農民引渠水種地。五里三堡，住。漢民十家，回民四家，車店、飯館、小店備，羊千餘。纏民三十一家種地四十五石，牛馬數十，羊千六百餘頭，有郵兵、電工。

二十九日，晴，有風。寅正出三堡，西北行。十里柳樹泉，有渠水回繞，村樹銜接。過此以西戈壁灘，天山雪水北來，沖刷年久，已成沙磧，約寬五十里。十里，路北二里餘羊浦那，居民一家。三十五里，路北二十里許沙棗泉，道旁有農户一。【略】土地平曠，四無草木，亦無泉水。十五里三道嶺子，上坡二里許有大泉，漢民五家，四店一鋪；回民兩家，一店一館；纏民一家，種地六石，牛四頭，馬四匹。是日計行七十里。

五月初一日，晴，有風。寅初出三道嶺，北偏西行戈壁灘，路寬平。十五里鴨子泉，纏民一家，有水草，種地數石。南二十里磨子石，有回王煤窑。由此西行，又西北行，三十五里七子泉，漢民一家，種地六石，有大泉一，小泉六七，加濬寬深，可灌田地兩頃。西、西南行，五里駱駝場，有泉水。五里沙墩子，纏民一家，有水草。三十里瞭墩驛。此四十里中，崗阜忽高忽下，碎石鋪地，崎嶇難行。【略】漢民九家，纏民一家，店鋪、藥店備，牛羊八十餘。有税卡，王守備帶後路馬隊駐此，多空額，郵兵三，電工一。是日計行九十里。

初二日，晴，有雲。早二鐘行，初西北，繼西南，又西北，又北偏西行，均之西北向。山阜起伏，陵谷高低，碎石鋪面，岨峿難行，車甚簸蕩，馬亦裹足。四十里鹹泉。路北半里許水尚美。【略】到時已卯初，將出哈密界，王差由此回。余乘馬西北行，北臨天山。山水沖刷年久，高窪盡成石灘，行人苦之。又西行一碗泉驛，只一泉，深四尺，水不敷用。【略】尖後，巳刻西行。傍天山南麓，出南北山頭間，路平如砥。轉而西北行，左傍石巖，長數十里，形勢雄厚，不甚高。或整山一石，宛似架山一座。東北向多風窩，大如斗，或如升。一石倒插窩中，懸於空，下多石縫，長數丈，寬尺許。每值北風緊急，空響谷應，飛沙刺面，而天朗氣清，雲翳片片，寒冷如三冬，重棉不足以禦之。北路天山高峻，雲氣沸騰，彌滿山腰，諸峰隱現靡常，望之如海外蓬萊，時没時露，奇景畢肖。一碗泉北，天山則又忽焉在後矣。西南諸山高插天際，一氣銜接。東麓石骨高露，紆折迴環，幾如天生。城中平如砥，四山環繞，峰巒聳立。【略】早出瞭墩驛。三十里九溝十八坡。十里鹹泉，可加濬寬深，設一店以便行旅。十里乏馬灘，皆無人煙。三十里一碗泉，驛有馬撥，官店一，郵兵三，電工一。計八十里。尖後，十里石屹塔泉，十里深溝，十里駱駝場子。西出皆鉅石山巖，入鄯善界，爲古樓蘭國境。由此北行，十五里大山口，風力甚猛，來風從山豁間出，故振振有聲。轉而西北，而西，而西南，十五里車轂轆泉，住。【略】有驛站，客店三家，郵兵三名。此驛貫兩山中，其南山鉅石係土沙結成，多風窩，玲瓏四透，如蜂窩，如鴿籠，如土室，如佛龕，大小不一，隱見龍、鳳、蛇、鹿各形，惟妙惟肖，人造地設，絶非人工所能描構。【略】惟水泉缺乏，實不敷用，後覓兩泉，鑿之得水，此地可名風窩山。是日行一百四十里，併站也。

初三日，晴，早雲，午霽。寅正出風窩山，六七轉而出山口，西、西北行。十五里地窩子。沿坡行，一望平闊，北臨天山，宛在目前，其遠尚有百餘里。【略】三十五里胡桐窩子，其南柳條墩，高八九尺，低亦二三尺，枝條細短，高不及肩，而根大可把，盤結於地。循此以往，陸續不絶。其北則胡桐樹，寬數里，長十餘里，歲經樵采，留者身半多枯，數不可計。間或枝葉暢茂，未能如前稠密，餘皆柳墩及雜稞滿地。二十里七个井子驛，經制一員，馬隊一棚，大小店四家。井十眼，水深四尺，坎厚丈許，而北面數井，僅厚五尺。【略】每站郵兵、馬、步各四，每名月支餉十二兩，分兩班，一上一下，日夜行四站，較内地略快。

初四日，晴。寅初西北行，三十里天山口，豎奇臺交界碑。將至，北風大作。四面高山，風聚一處，故車轂轆、七个井、大石頭三處多暴風。入山稍息，山谷中屈曲紆迴，不易暢行。天山蜿蜒西來，勢如萬馬奔騰，至此截然中絶，溝寬數丈，路平如砥，兩面高山如一石結成，壁立千仞。惟石質鬆脆，山上、下求一片整石而不易得。【略】初西北，繼北偏西，北偏東，又西轉東北，均之正北向，紆折盤旋於萬山中，數步一轉彎，每一轉彎，山勢屈伸俯仰，盤紆環抱，如蟻穿九曲，吞吐往復。峻峰峭壁，聳插雲端，六十里中旋轉至百餘次。三十五里二水溝，泉流於道，遍生青草。十五里頭水溝，有清泉，足可墾地數石。有驛站一，店三家，馬隊五名，郵兵四。東北半里許，煤質呈露，長十餘里，挖取燒之，著火即燃。再掘下層質當更美。是日行九十里，環顧水灣皆山，明日仍穿天山而行，其脈皆自省南迤邐東來。

初五日，晴。寅正出頭水溝驛，西、西北行，天山正幹至北東南行，而西北諸山皆其支脈。脱沙變土，勢漸平闊，水草亦多。【略】五里大坡，石少土多，路西草灘，一望青葱。二十五里塞皮口有清泉，水流潺潺。【略】西北轉過山灣，草場甚美。十里塞皮橋，舊有房場數間，橋下亦有水。五里對頭坡，大橋長十數丈。五里小石頭，多白石，下有煤礦。車行至此，風漸大。兩面山高，中道平窪，風行迅速，愈進愈急，故其地經年多風，雷雨時作。山上草木蒙翳，煤苗時露。五里五里莊子，泉水甚旺，一泉來源在四十里外，至此而會，由大石頭穿過西面，灌田六十石。五里大石頭驛。住。【略】汛官把總兼帶馬隊駐此，兵一棚，店四，鋪一，農民一家，有地六十石，牛三十五頭，馬四匹，郵兵三。是日行六十里。余初住此，彤雲忽合，雨點大如錢，雷聲殷殷，有頃而止。土人云，自去年至今第一次聞雷。七个井西四十餘里與鄯善接界，東、西兩鹽池相距百餘里。

初六日，晴，風。早兩鐘半出大石頭驛，竟日西行。十五里蒙古包。五里山口子。十里官店，前潘撫擬行臺車，此處設有站口，今臺車早已停辦，而官站尚存，空無居人。【略】由此西行，北山至此而盡，大道在南山下，十餘里即天山北麓也。自此至省，皆傍山右行。一片平原，青草繁縟，地皆可墾，但少泉水，故無人煙。二十里大溝坡，空房場兩處，草尚茂密，必有水泉。五里駱駝場子。二十里沙河子，頹垣破壁六七家，其地並無井泉，不知當時何以駐此多家也。二十里三十里莊子。十里二十里莊子。二十里三个泉子驛，有驛站一，郵兵五，店四，鋪户一，井泉四。後路巡防馬隊哨長帶防兵五名駐此。【略】是日計行一百二十里。【略】午後，天雨，微冷。【略】是夜大雨。

初七日，晴。寅刻，乘馬往視南山水泉。【略】閲畢，起程西北行，越數平崗，皆有舊渠陳迹，當可規復。三十里入大路，過響水河，始知夜雨甚大，沙地亦泥濘。路極寬平，兩邊高原，一望無際。【略】二十里一碗泉，清流潺潺，有五泉，新雨後水流更旺。【略】二十里二十里莊子。【略】二十里木壘河，有河渠，灌田甚多，南山雪水也。守備孔福堂駐此，有千、把、哨官數員，商民六十家，纏民十六家，回民二十家，各村農民百三十八户。是日行九十里。西、西北向，迎面風急。

初八日，晴。寅正出木壘河，西北行。下坡，過河灘，碎石滿地，上坡行溝中。左右兩山坡多旱地，麥苗青葱，勝於水田。【略】十五里咬牙溝。出溝上平坡，南近雪山，勢漸高峻，北望平曠無邊，煙樹蒼茫，似有村落。廿五里東城口，鄭令設茶尖於此。西南行，二十里西吉，又名一渠。【略】此地遭同治末回亂，死亡孑遺，今尚存百餘户。【略】二十二里紅水壩。八里舊奇臺城，設巡檢駐此，縣令移住古城。有驛站、郵局、釐税、鹽局，商民四十家，纏回十家。【略】是日行九十里，初西北，繼西南，又西、西南，西、西北，均之正西向。

初九日，晴。午後雨，旋復晴。寅初出奇臺縣舊城，西北行，路多沙石，兩旁亦有渠水，左距松山三十餘里，右二十餘里。外即戈壁灘，灘北仍有平崗，蒙古所遊牧。二十里腰站子，院牆空無人居，四面皆荒地，左邊間有村莊，田禾一望青葱。【略】二十里，右傍戈壁灘行。【略】四十里腰站，典史設茶尖於此。有駱駝兩羣牧於草灘，天山聳峙，遠望如銅牆鐵壁，高插天際。【略】仍西北行，數里有駝羣百餘，房場一處，沿戈壁之北，村樹綿連不斷，一望平闊，遠入無際。【略】二十里三十里墩，小店一家，路旁駱駝三百餘頭，牧人支幕守之。有井，深兩丈餘。遍地芨芨草，茂且密，地勢北高南下，能開坎井，可資耕作。三十里古城子，漢爲蒲類後國，郁立師國，開省後移奇臺縣治於此。【略】居民六萬餘人，新疆商務以此爲樞紐，内地商人自歸化城，嘉峪關至此，分赴各城，西商亦自伊、塔、喀三處至此，以茶、綢、布匹、皮毛爲大宗。

初十日，晴。寅正西南行。【略】約行十餘里，過兩渠，水流潺潺，芨草茂密，可織席、編草帽。又過兩小渠、一大渠，至三十里腰站，即小村。沿渠村樹相連，南北十餘里，東西四倍之。由此西行，多小羣牛馬，芨芨草尤茂盛。十五里八里莊。【略】五里大泉。【略】沿渠多民民，緑樹陰翳，連接不斷。三里頭工，破垣甚多，其西村莊榆樹稠密，夾道數十里，密不透風。【略】二十里雞窩子。二十里孚遠縣，即濟木薩城，宿於行臺。居民二千五百户，約三萬餘人。是日行九十里。

十一日，晴，天净無雲。寅正出孚遠縣西門，送者如禮，市面尚繁富。傍山西行，六里長流河，破垣甚多，居民只三家，渠長十餘里，沿渠皆有人家。一溪清流，兩岸緑樹，望之神怡。天山雄峙於南，勢極高渾，上多積雪，中有青松，下生芳草。草外山溝，溝外小山，即紅山也。山外平原，北通蒙古。【略】二十九里三叉河，店鋪數家，有大渠，渠邊皆榆樹。【略】由此西北行，夾道古榆成行，溝洫縱横，麥苗半穗，然貧民多而富人少，土屋破垣，不堪入目。三十五里三臺驛，住。有商民數十家，市面較盛。是日行七十里。

十二日，陰。寅初西北行，五里三臺壩，古榆夾道，大經數圍，渠道縱横，數步一涉。轉西、西北行，穿黄山而過，山麓向北伸長數十里，横截大道。山上雲氣蓬勃，饒有雨意，有數百駝羣行於山溝之左，望之如魚麗之陳。路北村樹零落，種地無多。三十里有空房場，左面山脈至此而盡。向西微北行，高原平闊，北面平窪，中有人煙。【略】逾土阜，十里至四十里井，舊有井，今堙没矣。其南里許有泉，可汲，阜康、孚遠於此分界。【略】仍西、西北行，左傍黄山北麓。【略】二十里二道河子，榆樹接連數十里，如行窩集，叢蔭翳目，疑其中有大村落也。至則渠樹縱横，水涸田蕪，樹多枯幹，頹垣破壁，觸目皆是。南、北首尚有三十餘家，有水故也，餘則無人矣。西與東圈上樹木相連，有渠一道，水流汩汩，灌田築室，亦足幽居。又二十里八佛溝，古樹夾道。又六里滋泥泉驛，有二百餘家。【略】是日行九十里，午前至。【略】天山至此折而南矣。

十三日，陰。兩點鐘出滋泥泉，西、西南行。月落星稀，黑雲慾雨，電光閃閃，雷聲殷殷，與内地無異。【略】三十里小泉，有居民一家，至此天色大明。路旁芨芨草甚茂密，沃野萬頃。【略】已而雨落肩輿，滴滴有聲。回視博克達山，已在東南方矣。二十里大泉，南麓村樹稠密，煙户稍多。茶尖畢，仍西、西南行，過兩渠，濁水北流。【略】又過一渠，濁水横流於道。再西，夾道緑蔭，渠水縱横，其源從博克達山海子，入地二十餘里湧出，灌地二百餘斛。二十里東五運，三十餘家。【略】村樹濃蔭，阡陌比連，九龍街、水湖各村，緑葉繽紛，一色相接。二十里阜康縣，青苗在野，緑樹蔽天。【略】是日行九十里，巳初到。

十四日，晴，有雲。寅刻，【略】出阜康西門，西南行。【略】渠水灌地，數步一渡，輿夫襪履皆濕。沿路緑樹青苗，鳥語花香，頗足欣賞。【略】十五里頭工，五里四十户新莊，南山煤綫又起。【略】傍山麓西行，一片荒涼，皆地枯水涸所致。又西，西南行，十五里三个莊，南山紅土崩裂，下有鐵、煤，溝口窄而曲水向北流，有人家，紅柳、稞子遍地，高不及尺。十五里甘泉堡，官店一，民店二。有泉，不甚旺，從前居民八家，今寥落也。茶尖畢，西南行。【略】南偏西行，高崗平川，凹凸不一。順川南行，又南偏東行。天極熱，有牛羣牧於右坡。由此上西坡，入山溝，南偏西。二十里黑溝。茶尖畢，出山，南偏東，博克達山在其東。又南行，俯視平川，緑樹綿亘數十里，古牧地也。青苗遍地，村户相連，羊羣千百牧於野。博克達山一幹至此，轉南行，經吐魯番折西至迪化，其環繞目前者，層出疊見，皆天山之餘脈也。六里東工，渠樹相連。南偏西行，一望平原，多未墾種，水不足也。是日計行九十里。古牧地居民二百餘家，屬迪化境。

十五日，晴，有雲。寅正會三客。出古牧地，南行，微偏西，遥望博克達山冉冉出雲，始露山峰尖，須臾盡没。十里卡子灣，小店一家，緑蔭夾道，渠水分流，東、西兩土嶺，相距不過二里許，榆木叢生。十里七道灣，南偏東行，道旁渠水，流聲潺潺，爽心豁目。【略】八里水磨溝。【略】有温泉，冬日不凍。【略】十二里省城東門。

東北部

薛映《遼中境界》 大中祥符九年九月己酉，命樞密直學士、工部侍郎薛映爲契丹國主生辰使，【略】至上京。及還，上虜中境界。

自中京正北八十里至臨都館。又四十里至官窯館。又七十里至松山館。又七十里至崇信館。又九十里至廣寧館。又五十里至姚家寨館。又五十里至咸寧館。又三十里度潢水石橋。旁有饒州，蓋唐朝嘗於契丹置饒樂州也，今渤海人居之。又五十里至保和館。度黑水河，七十里至宣化館。又五十里至長泰館。館西二十里許有佛寺民舍，云即祖州，亦有祖山。山中有阿保機廟，所服靴尚在，長四五尺許。又四十里至上京臨潢府。自過崇信館即契丹舊境，蓋其南皆奚地也。入西門，門曰金德，内有臨潢館。

臨潢西北二百餘里，號涼淀，在漫頭山南，避暑之處。多豐草，掘丈餘即有堅冰云。

胡嶠《陷虜記》 初，蕭翰聞德光死，北歸。有同州郃陽縣令胡嶠爲翰掌書記，隨入契丹。【略】居虜中七年，當周廣順三年，亡歸中國。略能道其所見。

云：自幽州西北入居庸關。明日，又西北，入石門關，關路崖狹，一夫可以當百，此中國控扼契丹之險也。

又三日，到可汗州。南望五臺山，其一峰最高者，東臺也。

又三日，至新武州。西北行五十里有雞鳴山，云唐太宗北伐，聞雞鳴於此，因以名山。

明日，入永定關北，此唐故關也。

又四日，至歸化州。

又三日，登天嶺。嶺東西連亘，有路北下。四顧冥然，黄雲白草，不可窮極。

又行三四日，至黑榆林。時七月，寒如深冬。

又明日，入斜谷。谷長五十里，高崖峻谷，仰不見日，而寒尤甚。已出谷，得平地，氣稍温。

又行二日，渡湟水。

又明日，渡黑水。

又二日，至湯城淀，氣候最温。契丹若大寒，則就温於此。其水泉清冷，草軟如(葺)[茸]，可藉以寢，而多異花。

又二日，至儀坤州。渡麝香河。自幽州至此無里候，其所向不知爲南北。

又二日，至赤崖。

又行三日，遂至上京，所謂西樓也。西樓有邑屋市肆，交易無錢而用布，有綾錦諸工作。宦者、翰林、伎術、教坊、角觝、秀才、僧尼、道士等皆中國人，而并、汾、幽、薊之人尤多。

自上京東去四十里，至真珠寨，始食菜。明日，東行，地勢漸高。西望平地松林，鬱然數十里。遂入平川，多草木。始食西瓜，云契丹破回紇，得此種，以牛糞覆棚而種，大如中國冬瓜，而味甘。

又東行，至褭潭，始有柳，而水草豐美。有息雞草尤美而本大，馬食不過十本而飽。

自褭潭入大山，行十餘日而出。過一大林，長二三里，皆蕪荑，枝葉有芒刺如箭羽。其地皆無草，兀欲時卓帳於此，會諸部人葬德光。

自此西南行，日六十里。行七日，至大山門，兩高山相去一里，而長松豐草，珍禽野卉，有屋室石碑，曰「陵所也」。

嶠與部曲東之福州。福州，翰所治也。

嶠等東行，過一山，名十三山，云此西南去幽州二千里。

又東行數日，過衛州，有居人三十餘家。蓋契丹所虜中國衛州人築城而居之。

闕名《宣和乙巳奉使金國行程録》 金人既滅契丹，遂與我爲敵國，依契丹舊例以講和好，每歲遣使，除正旦、生辰兩番永爲常例外，非常慶弔別論也。甲辰年，阿骨打忽身死，其弟吴乞買嗣立，差許亢宗充奉使賀登位，並關取奉使契丹條例案牘，參詳增減，遵守以行。【略】於乙巳［宣和七年］年春正月戊戌陛辭，翼日發行，至當年秋八月甲辰回程，到闕。其行程本朝界内一千一百五十里，二十二程，更不詳敘。今起自白溝契丹舊界，止於虜廷冒離納鉢，三千一百二十里，計三十九程。

第一程，自雄州六十里至新城縣。離州三十里至白溝巨馬河，源出代郡淶水，由易水界至此合流，東入於海，河闊止十數丈，深可二丈，宋與契丹以此爲界。舊容城縣附雄州歸信縣寄里，自壬寅年冬，於河北岸創築容城縣新壘。過河三十里，到新城縣。

第二程，自新城縣六十里至涿州郡。【略】昔爲契丹南寨，邊城樓壁並存；及郭藥師舉城内屬，不經兵火，人物富盛，井邑繁庶。近城有涿河、劉李河，今范河，東流入海，故謂之范陽。

第三程，自涿州六十里至良鄉縣。【略】隸燕山府，經兵火之後，屋舍居民，靡有孑遺。帥臣復加修築，樓壁焕然一新，漸次歸業者數十家。離城三十里，過盧溝河，水極湍激，燕人每候水淺深，置小橋以渡，歲以爲常。近年都水監輒於此兩岸造浮梁，建龍祠宫，仿佛如黎陽三山制度，以快耳目觀睹，費錢無慮數百萬緡。

第四程，自良鄉六十里至燕山府。【略】金人以朝廷嘗遣使海上，約許增歲幣，以城歸我，遷徙者尋皆歸業，户口安堵，人物繁庶，大康廣陌，皆有條理，州宅用契丹舊内，壯麗夐絶。城北有三市，陸海百貨萃於其中。僧居佛宇，冠於北方，錦綉組綺，精絶天下。膏腴蔬蓏，果實稻粱之類，靡不畢出，而桑柘麻麥，羊豕雉兔，不問可知。水甘土厚，人多技藝，民尚氣節，秀者則向學讀書，次則習騎射，耐勞苦。【略】癸卯年春，歸我版圖，更府名曰燕山軍，額曰永清城，周圍二十七里，樓壁共四十丈，樓計九百一十座，地塹三重，城開八門。

第五程，自燕山府八十里至潞縣。是歲燕山大饑，【略】後奉朝廷令，度支漕太倉粳米五十萬石，自京沿大河由保信沙塘入潞河，以贍燕軍。回程至此，已見舳艫銜尾，艤萬艘於水。潞河在縣東半里許。

第六程，自潞縣七十里至三河縣。三河縣隸薊州，後唐趙德鈞於幽州東置三河縣，以護轉輸，即此。

第七程，自三河縣六十里至薊州。

第八程，自薊州七十里至玉田縣。縣之東北去景州一百二十里。自甲辰年金人雜奚人直入城劫虜，每邊人告急，宣撫司王安中則戒之曰「莫生事」，四月之内，凡三至，盡屠軍民，一火而去。安中輒創新築此城，改爲經州。

第九程，自玉田縣九十里至韓城鎮。鎮有居民可二百家，並無城。

第十程，自韓城鎮五十里至北界清州。出鎮東行十餘里，至金人所立新地界，並無溝塹，惟以兩小津堠，高三尺許。其兩界地東西闊約一里内，兩界人户不得耕種。行人並依奉使契丹條例：所至州備軍馬護送至界首，前期具國信使副職位姓名關牒，虜界備車馬人夫以待；虜中亦如期差接伴使副於界首伺候。兩界各有幕次，行人先令引接賫國信使副門狀過彼，彼亦令引接，以接伴使副門狀回示，仍請過界。於例三請方上馬，各於兩界心對立馬引接，互呈門狀，各舉鞭虚揖如儀。此次行焉，四十里至清州會食，各相勞問。州元是石城縣，金人新改是名。兵火之後，居民萬餘家。

第十一程，自清州九十里至灤州。【略】州處平地，負麓面岡，東行三里許，亂山重疊，形勢險峻，河經其間，河面闊三百步，亦控扼之所也。水極清深，臨河有大亭，名曰濯清，爲塞北之絶景。郡守將迎於此。回程，錫宴是州。

第十二程，自灤州四十里至望都縣。民既入，契丹依阿保機即於所居處創立縣名，隨其來處鄉里名之，故有望都、安喜之號。

第十三程，自望都縣六十里至營州。【略】金國討張覺，是州之民，屠戮殆盡，存者貧民十數家。是日，行人館於州宅，古屋十數楹，庭有大木十數株，枯腐蔽野，滿目淒涼，使人有弔古悼亡之悲！州之北六七里間，有大山數十，其來甚遠，高下皆石，不産草木，崎立州後，如營衞然，恐州以此得名，而前人謂地當營室，故名曰營。

第十四程，自營州一百里至潤州。離州東行六十里，至榆關，並無堡障，但存遺址，有居民十數家。登高四望，東自碣石，西徹五臺，幽州之地，沃野千里。北限大山，重巒複嶺，中有五關：居庸可以行大車，通轉粮餉；松亭、金坡、古北口止通人馬，不可行車；外有十八小路，盡兔徑鳥道，止能通人，不可走馬。山之南地，則五穀百果，良材美木，無所不有。出關來才數十里，則山童水濁，皆瘠鹵彌望，黄雲白草，莫知亘極，蓋天設此限華夷也。【略】出榆關以東，山川風物與中原殊異。所謂州者，當契丹全盛時，但土城數十里，民居百家，及官舍三數椽，不及中朝一小鎮，彊名爲州，經兵火之後，愈更蕭然。自兹以東，類皆如此。

第十五程，自潤州八十里至遷州。彼中行程，並無里堠，但以行徹一日，即記爲里數，是日行無慮百餘里。金人居常行馬，率皆奔軼。此日自早飯罷行，至暝方到，道路絶人煙，不排中頓，行人飢渴甚！自兹以東，類皆如此。

第十六程，自遷州九十里至習州。遷州東門外十數步，即古長城所築，遺址宛然。

第十七程，自習州九十里至來州，無古迹可云。

第十八程，自來州八十里至海雲寺。離來州三十里，即行海東岸，俯挹滄溟，與天同碧，窮極目力，不知所際。寺去海半里許，寺後有温泉二池。望海東有一大島，樓殿窣堵波之上有龍宫寺，見安僧十數人。是夜，行人皆野盤。

第十九程，自海雲寺一百里至紅花務。此一程，盡日行海岸。紅花務乃金人煎鹽所，去海一里許。至晚，金人饋魚數十枚，烹作羹，味極珍。

第二十程，自紅花務九十里至錦州。自出榆關東行，路平如掌，至此微有登陟。經由十三山下，歐陽文忠叙胡嶠所説十三山，即此。

第二十一程，自錦州八十里至劉家莊。是後，行人俱野盤。

第二十二程，自劉家莊一百里至顯州。出榆關以東行，南瀕海而北限大山，盡皆粗惡不毛。至此，山忽峭拔摩空，蒼翠萬仞，全類江左，乃醫巫閭山也。

第二十三程，自顯州九十里至兔兒渦。

第二十四程，自兔兒渦六十里至梁魚務。離兔兒渦東行，即地勢卑下，盡皆萑苻，沮洳積水。是日，凡三十八次渡水，多被溺，名曰遼河。瀕河南北千餘里，東西二百里，北遼河居其中，其地如此。隋唐征高麗，路皆由此。秋夏多蚊蛇，不分晝夜，無牛馬能至，行以衣被包裹胸腹，人皆重裳而披衣，坐則蒿草薰煙，稍能免。務基依水際，居民數十家環繞，彌望皆荷花，水多魚，徘徊久之，頗起懷鄉之思！

第二十五程，自梁魚務百單三里至没咄寨。没咄小名孛堇，漢語爲官。

第二十六程，自没咄寨八十里至沈州。

第二十七程，自沈州七十里至興州。

第二十八程，自興州九十里至咸州。

第二十九程，自咸州九十里至同州。自咸州四十里至蕭州，又五十里至同州。離咸州即此行，州地平壤，居民所在成聚落，新稼始遍，地宜穄黍。東望大山，金人云此新羅山，山内深遠，無路可行，其間出人參、白附子，深處與高麗接界，山下至所行路可三十里。

第三十程，自同州三十里至信州。回程錫宴於此。

第三十一程，自信州九十里至蒲里孛董寨。

第三十二程，自蒲里四十里至黄龍府。契丹阿保機初攻渤海，射黄龍於此地，即建爲府。是日，州守迎迓如儀，有中使撫問，賜酒果，錫宴，一如咸州制。

第三十三程，自黄龍府六十里至托撒孛董寨府，爲契丹東寨。當契丹強盛時，虜獲異國人，則遷徙雜處於此。

第三十四程，自托撒九十里至漫七離孛堇寨。道傍有契丹舊益州、賓州空城。

第三十五程，自漫七離孛堇寨一百里至和里間寨。離漫七離，行六十里，即古烏舍寨。寨枕混同江湄，其源來自廣漠之北，遠不可究；自此南流五百里，接高麗鴨緑江入海，江面闊可半里許。寨前高岸有柳樹，沿路設行人幕次於下；金人太師李靖居於是。靖累使南朝，此排中頓，由是飲食精細絶佳。時當仲夏，藉樹陰俯瞰長江，涼飆拂面，盤礴少頃，殊忘鞍馬之勞。過江四十里，宿和里間寨。

第三十六程，自和里間寨九十里至句孤孛堇寨。自北而南，莫知遠近，界隔甚明，乃契丹昔與女真兩國古界也。界八十里，直至淶流河。行終日之内，山無一寸木，地不産泉，人攜水以行，豈天地以此限兩國也？豹狼互相吞噬，終爲強者所並耳。淶流河闊二十餘步，以船渡之。五里，至句孤寨。自北以東，散處原隰間，盡女真人，更無異族。無市井，買賣不用錢，惟以物相貿易。

第三十七程，自句孤寨七十里至達河寨。

第三十八程，自達河寨四十里至蒲撻寨。

第三十九程，自蒲撻寨五十里至館。行二十里至兀室郎君宅。【略】又行三十里至館。

次日，館伴同行，可五七里，一望平原，曠野間有居民數十家，星羅棋布，紛揉錯雜，不成倫次；更無城郭里巷，率皆背陰向陽，便於牧放，自在散居。又一二里，命撤傘，云近闕。復北行百餘步，有阜宿圍繞，三四頃，北高大，余云：皇城也。

次日回程，起發至兀室郎君宅，館伴使副展狀辭，送伴使副於此相見，如儀。有中使撫問，賜酒果，如來時。至信州、灤州，同此。回程在路，更不再叙。至清州，將出界，送伴使副夜具酒食，以爲惜別之會，亦出衣服三數件，或幣帛交遺，情意甚歡。次早發行，至界内幕次，下馬而望我界，旗幟甲馬車輿帟幕以待，人皆有喜色。少頃，樂作，酒五行，上馬。復同送伴使副過我幕次，作樂，酒五行，上馬，復送至兩界中。彼此使副回馬對立，馬上一杯，换所執鞭以爲異日之記；引接展辭狀，舉鞭揖別，各背馬回顧，少頃，復數步，躊躕爲不忍別之狀，如是者三，乃行。

是秋八月初五日，到闕。

路振《乘軺録》 十二月四日，過白溝河，即巨馬河也。

五日，自白溝河北行，至新城縣四十里。新城屬涿州，地平無丘陵。

六日，自新城縣北行，至涿州六十里，地平。十五里過橫溝河，三十五里過桑河。涿州城南有亭，曰修睦。是夕宿於永寧館。城北有亭，曰望雲。

七日，自涿州北行，至良鄉縣六十里，道微險，有丘陵。出涿州北門，過涿河，河源出太行山，與巨馬河合流。五里過胡梁河，十里過淊河。四十里過琉璃河，又云劉李河，西見太行山隱隱然。太行東至薊門，北至虎口，接奚界，凡八百里。山之秀拔者有六屏山，屬涿州。山多蘭若，國業寺、石經院，唐舊寺也。五天梵文咸刻石於東峰之上。太行山已下事順州刺史梁炳言。

八日，自良鄉縣北行，至幽州六十里，地平，無丘陵。十里過百和河，三十里過鹿孤河，五十里過石子橋。六十里過桑根河，河繞幽州城，桑乾河訛而曰根也。是夕，宿於永和館。幽州城周二十五里，東南曰水牕門，南曰開陽門，西曰清音門，北曰内城。三門不開，止從宣和門出入。城中凡二十六坊，坊有門樓。有罽賓、肅慎、盧龍等坊，並唐時舊名。府曰幽都府。

十日，自幽州北行，至孫侯館五十里，地平，無丘陵。出北安門，十里過高梁河，三十里過孤溝河，三十五里過長城。

十一日，自孫侯館北行，至順州三十里，地平。二里過温渝河。順州古城，周約七里。

十二日，自順州東北行，至檀州八十里，路險，有丘陵。二十五里過白絮河，河源出太行山。七十里，道東有寨柵門，崖壁斗絶，此天所以限戎虜也。虜置榷場於虎北口，而收地徵。

十五日，自虎北館東北行，至新館六十里。下虎北口山即入奚界，五里有關，虜率十餘人守之。澗水西南流，至虎北口南，名朝里河。五十里過大山，名摘星嶺，高五里，又謂之辭鄉嶺。

十六日，自新館行，至卧如館四十里。七里過编厢嶺。

十七日，自卧如館東北行，至柳河館六十里。五里過石子嶺，道嶮。三十里過鑾河，四十里過纏斗嶺。又行十餘里，至平州路。六十里過柳河。

十八日。過柳河館東北行，至部落館八十里。十里過小山，六十里過

沈括《熙寧使契丹圖抄》 臣某、臣評准二月癸丑詔書，充大遼國信使、副使。是時，契丹以永安山爲庭，自塞至庭三十有六日。日有舍，中舍有亭，亭有餼秣。以閏四月己酉出塞，五月癸未至單于庭。凡三十有六日，以六月乙未還，己未復至於塞下，凡二十有五日。山川之夷嶮、遠近、卑高、横從之殊，道途之陟降、紆屈、南北之變，風俗、車服、名秩、政刑、兵民、貨食、都邑音譯覘察變故之詳，集上之外，別爲《圖抄》二卷。轉相補發，以備行人以五物反命，以周知天下之故。謹條如右，臣某昧死上。

大安山，契丹之北部，東南距京師驛道三千二百十有五里。自慶州、上京皆有便道。

由驛道之西，自鐵漿館徑度，馬馳不三日至幽州。

單于庭依犢兒山之麓，廣薦之中，氈廬數十，無垣牆溝表。

自澄州大山之西爲室韋，今謂之皮室，其俗類契丹。恩州以東爲渤海。中京以南爲東奚。其王衙西京數十里。其西南山間奚西奚，有故霫之區。其西治牛山谷。

山之南乃燕、薊八州。

北白溝館南距雄州三十八里。面拒馬河，負北塘，廣三四里，陂澤繚屬，略如三關。近歲狄人稍爲繚堤畜水，以仿塞南。

新城，涿之屬邑，南距白溝六十里。中道有頓，皆北行，道西循廢溝，北屬涿州。

涿州南距新城六十里。州據涿水，州北二里餘渡涿，又二里復渡涿。涿之廣，渡三百步，其溢爲城下之涿，廣才百步而已。又北數里，渡溜水。通三十里至中頓，過頓又三十里至良鄉，皆東行少北。良鄉，幽州之屬邑，西南距涿州六十里。

自邑東北三十里至中頓，濟桑乾水，水廣數百步，燕人謂之盧駒河。絶水而東，小北三十里至幽州。幽州西南距良鄉六十里，館曰永平。州西距山數十里。自順州以南皆平陸廣饒，桑穀沃茂，而幽爲大府，襟帶八州，提控中會，家將所保也。

自州東北行三十里，至望京館，望京館西南距幽州三十里。

自館東行少北十里餘，出古長城。又二十里至中頓。過頓，逾孫侯河。又二十里至順州。古長城，望之出東北山間，至順州乃折而南，至順州契丹嶺。

十九日，自部落館東北行，至牛山館五十里，山勢平漫。

二十日，自牛山館東北行，至鹿兒館六十里，地勢微險。

二十一日，自鹿兒館東北行，至鐵漿館八十里，山勢平遠。

二十二日，自鐵漿館東北行，至富谷音浴。館八十里，山勢平遠。

二十三日，自富谷館東北行，至通天館八十里，山□路平。

二十四日，自通天館東北行，契丹國三十里，山遠路平。契丹國外城高丈餘，幅員二十里，南曰朱夏門。三里至第二重門城，城南門曰陽德門，城幅員約七里。自陽德一里至内城門，曰閶闔門，東西掖門去閶闔門三百步，東西角樓相去約二里。是夕宿於大同驛，驛在陽德門外。

二十六日，持國信自東掖門入，至第三門，名曰武功門。見虜主於武功殿，飲凡三爵而已。

二十七日，自西掖門入，至第三門，名曰文化門。見國母於文化殿。

虜名其國曰中京，府曰大定，府無屬縣。中京南至幽州九百二十五里，至雄州白溝河界一千一百四十五里。東至靈河五百里，沿靈河有靈、錦、顯、霸四州，地生桑麻。又東至黄龍府一千五百里，爲東京。又東至高麗、女貞四千里。自靈河以下接伴副使李詢言。詢嘗使高麗，經女貞，涉靈河，凡五十程。東北至遼海二千里，遼海即遼東也，樂浪、玄菟之地皆隸焉。遼海已下事館伴使劉經言。北至上國一千里，即林胡舊地，本名林荒，虜更其名曰林潢府，國之南有潢水故也。西至炭山七里，山北有涼殿。西北至刑頭五百里。虜小暑即往涼殿，大熱即往刑頭。亦劉經言。東北百餘里有鴨池，鵞之所聚。西南至山後八軍八百餘里。

虜之兵欲南牧，皆集於幽州。兵入幽州有四路：一曰榆關路，二曰崧亭路，三曰虎北口路，四曰石門關路。榆關在薊州北百餘里，崧亭關在幽州東二百六十里，虎北口在幽州北三百里，石門關在幽州西一百八十里。虎北口東三十餘里又有奚關。榆關路涿州刺史李賀言，崧亭、石門、奚關路幽州客司牛營言。

自白溝至契丹國凡二十驛。近歲以來，中路又添頓館，奚民守館者皆給土田，俾營養焉。國信所至，則蕃官具芻，漢官排頓置，大閤執梏案，舍利勸酒食。

負城西走，出望京之北，西南至廣信之北二十里，屬於西山。

順州西距望京館六十里少南，館曰懷柔，城依古長城。其地平斥，土厚宜稼。城北倚澗水爲險，水之袤數百步。

自州東北數里出古長城，十里濟白水。又十餘里至中頓。過頓，東行三十里至檀州，皆車騎之道，平無險阻，古密雲之區，館曰密雲。城據北山之東，南北距皆數里，惟衢道北皆北之險，而順州策其後，管鑰所寄，鷙將之地也。

自州東北行隘中二十里餘至中頓，又二十里餘至金溝館。金溝館西南距檀州五十里。

自館少東北行，乍原乍隰，三十餘里至中頓。過頓，屈折北行峽中，濟欒水，通三十餘里，鉤折投山隙以度，所謂古北口也。古北之險雖可守，而南有潮里，平磧百餘，可以方車連騎。然金鉤之南至於古北，皆行峽中，而潮里之水出其間。逾古北而南距中頓，皆奇地，可以匿奸藉勢，而南有密雲捍其會衝，此古北之所以爲固也。古北館南距金溝七十里小東。

自館北行數里，度峻山之麓，乃循潮里東北行山間，數涉潮里，通三十五里至中頓。

過頓，入大山間，委回東北，又二十里登思鄉嶺。逾嶺而降，少東折至新館。自古北至新館，山川之氣險麗雄峭。路由峽間，詭屈降陟，而潮里之水貫瀉清洌，虜境之勝，殆鍾於此。新館西南距古北七十里。

自館北行，少西北屈行，復東北二十餘里至中頓。其東逾小嶺，有歧路，小近而隘，不能容車。

過頓，東北十餘里，乃復鉤折而南，數里至臥如館。臥如館西南距新館四十里。館宅川間，中有大水，曰霤水，乃故霤之區也。絕霤有佛寺，隳崖石以爲偃佛，此其所以名館也。

自館西行八九里，逾霤水，入山間，東北逾小嶺，二十餘里至中頓。過頓，濟欒水。東出，度摸斗嶺，三十五里至柳河館。柳河館西距臥如館七十里。

自館循山行十里，下俯大川曰柳河。乃北二十餘里，至中頓。

過頓，逾度雲嶺，三十五里至打造館。有徑路行於巑岏薈翳之間，校之驛道，近差十里餘。打造館西距柳河七十里小北。

自館西南行十里餘，至中頓。頓之西南有大山，上有建石，望之如人，曰會仙石。山下大川流水，川間有石，屹然對山，乃築館其上，傍有茂木，下湍水，對峙大山。大山之西有斷崖，上聳數百尺，挺擢如屏，而鳴泉漱其下。使人過此，必置酒其上，遂以爲常。

過頓二十五里，南行至牛山館。牛山館東北距打造館五十里。館之西南數，有大山曰牛山。

自館逾牛山之麓，西南屈折三十里至中頓。過頓，復西南數里濟車河，又二十餘里度松子嶺。嶺東有夷路，回屈數里，車之所由也。逾嶺三所至鹿峽館。鹿峽館東北距牛山館六十里。

自館東南行數里，度瘠嶺，又四十里過中頓。

過頓，又東南數里逾小山。復三十里至路口村，有歧路，西南出幽州。自幽州由歧路出松亭關，走中京五百里。循路稍有聚落，乃狄人常由之道，今驛回屈幾千里，不欲使人出夷路，又以示疆域之險遠。

過路口村東北行，十里至鐵漿館。鐵漿館西北距鹿峽九十里。

自館東北行，二十餘里逾瘠嶺，乃東數里至中頓。過頓，東行山間之川二十五里，折而小北，五里至富谷館。富谷館西南距鐵漿館六十里。

自館東北行四十里至中頓。過頓，稍東出，又三十里至長興館，皆行山間。長興館西距富谷館七十里。

依北山之迤，循虎河，逶迤正東至中京。中京西距長興館二十里少南，城周十餘里，有廛閭宮室，其民皆燕、奚、渤海之人。由其東南曰中和門，循城以北，至城之隅。

乃稍東北行。其東一路歧出，逾隴走韃淀。又三十餘里至中頓。又十里餘，路曲，走西北，逾十里濟三膚河，至臨都館，皆平川。經小坂，自路曲東出七八里，望之可見，曰恩州。臨都館南距中京七十里小西。

自館稍西北行，路小平，二十里至中頓氈廬。過頓，乃登馬疲嶺，嶺不甚峻。度嶺，行坂間二十里，至崇信館。崇信館南距臨都館四十里小東。

自館稍西北行，逾原坂數疊，北三十里至中頓。過頓，又歷行坂間十餘里，乃平陸。又十餘里，過陰涼河，至松山館。河自西來，廣度百步，河之流才二十許步。至館東，迎小石山，乃折而北，與駱馬河會。松山館東南距崇信館六十里。

自館稍西北行十許里，乃東折，濟駱馬河。河廣數丈，東南與陰涼河會。逾河，東北二十里至中頓。頓西有歧路，西北走饒州、慶雲嶺。逾濟罔子河，河之廣度五步，詰曲蛇行，西南與駱馬會。又三十餘里至麃駝帳，皆平川。帳以氈爲之，前設青布拂廬。麃駝氈帳西南距陰涼河七十里。

自館東北逾山，數里得平川。又二十餘里至中頓。頓傍蒼耳河，河廣三丈，東流。過頓，陟坂衍十餘疊，三十餘里至新店。又行坂間，三十里至廣寧館。廣寧館南距麃駝帳九十里少西。

自館東北行，五里至澄州。路由西門之外。州有土垣，崇六七尺，廣度一里，其中半空，有民家一二百，屋多泥墁，間有瓦覆者。舊曰豐州。又十五里至中頓。過頓，行原坂間三十里至會星館。會星館南距廣寧館五十里。

自館北行山間，登降曲折，二十里至大山之顛爲中頓。行原藪間，三十里至咸熙帳。咸熙氈帳東距會星館七十里小南。

自館西行，稍西北過大磧，二十餘里至黄河。迎河行數里，乃乘橋，濟河至中頓。河廣數百步，今其流廣度數丈而已。俯中頓有潭，潭南沙洄，潭北流廣四丈。岸皆密石，峻立如壁，長數十步，雖回屈數折而廣狹如一，疑若人力爲之。河出硤中，有聲如雷，桁溝以橋。狄人言此大河之别派。

過中頓，循河東南行，又二十餘里乃北行，稍稍西北十許里，復正北，又三十里至保和館，皆行磧。其曲折如此者，趍河橋與避大山之阻也。保和館西南距咸熙館九十里。

自館北行數里，有路北出走上京。稍西又數里，濟黑水，水廣百餘步。絶水有百餘家，墁瓦屋相半，築垣周之，曰黑河州。

過州西北行十餘里，復東北行，出大山之東。又二十餘里至中頓。頓西數里，大山之顛有廢壘，曰燕王城。逾頓，西北三十里餘至牛山帳，皆平川。牛山氈帳南距保和館九十里。

自帳西行，稍稍西北，甫三十里，乃復北至中頓。過頓，北二十餘里，稍西北，又十里餘逾山。復東北行十里餘，回走東，甫一里至鍋窯帳。鍋窯氈帳南距牛山帳八十里少東。

自帳稍西北行平川間二十餘里，涉沙陁，乃行磧間十餘里至中頓。過頓，西北二十里，復逾沙陁十餘疊，乃轉趨東北，道西一里許慶州。塔廟廛廬，略似燕中。

過慶州東北十里，經黑水鎮，濟黑河，至大河帳。帳之東南有大山，曰黑山，黑水之所出也。水走西南百餘里，復東出保和帳之北大山之間。大河氈帳東南距鍋窯帳七十里。

自帳復度黑水，乃東北出兩山之間，平川四十里至中頓。又東北五六里，乃折西北逾竇都嶺。嶺間行十餘里，復北行原阜間，又十餘里牛心山帳。牛心山氈帳西南距里河帳八十里。

自帳東北逾山，乃東行二十餘里，又北十里至中頓。過頓，北行稍東，三十里至新添帳。帳之東南有土山，痺迆盤折，木植甚茂，所謂永安山也。新添氈帳西南距牛心帳六十里。

自帳東北行，三十里至中頓。過頓，北十里餘度隴，復西北數里至頓程帳。頓程帳東南距新添帳六十里。帳西北又二十里至單于庭。

王寂《遼東行部志》 明昌改元春二月十有二日丙申，予以使事出按部封，僚吏送别于遼陽瑞鵲門之短亭。是日宿瀋州。

丁酉，次望平縣。望平本廣寧府倚郭山東縣也，朝廷以廣寧距章義縣三百餘里，路當南北之衝，舊無郡邑，乃改山東爲望平，治梁魚務，以適公私之使。是夕，借宿僧寺。

戊戌，次廣寧。

甲辰，次閭陽新縣。閭陽，遼時乾州也。承天皇太后葬景宗於先塋陵之東南，建城曰乾州，取其陵在西北隅，故以名焉。本朝以其縣去廣寧府五里，降州爲縣。去歲又以縣非驛路，移東南六十里舊南川寨爲縣治。居民蕭條，亦無傳舍，寄宿於僧寺。

乙巳，次同昌。舊名成州長慶軍節度使。始建於遼，聖宗女晋國長公主黏米以從嫁户置城郭市肆，故世傳「公主成州」者是也。是夕，假宿於城南之蕭寺。

丙午，次宜民縣，宿福嚴院。宜民舊號川州長寧軍節度使。或謂白川州，故至今地名白川。本朝天會間，改川州刺史，其後遭契丹之亂，殘滅幾盡，由是復降爲縣。

戊申，次胡土寨虎寨。胡土虎，漢語渾河也。

己酉，行約四十里，過小蘭若，曰建福，臨洮總管蕭卞之祖所創也。

【略】是日宿懿州寶嚴寺。懿州，寧昌軍節度使，古遼西郡柳城之域，遼聖宗女燕國長公主初古所建。公主納國舅蕭孝惠，以從嫁户置立城市，遂爲州焉，舊名廣順軍。

庚戌，移宿於近照庵。予嘗兩過寧昌，皆宿於此。

丁巳，晨發懿州。是日大風，飛塵暗天，咫尺莫辨，驛吏失途，至東北山下，横流洶湧，深不可濟。【略】是夕，寄宿於靈山縣之佛寺。

戊午，早解鞅於慶雲縣。縣本遼之祺州，皇統間始更今名。

己未，晚達榮安縣。昔在遼爲榮州。

辛酉，次歸仁縣，宿南城道院。歸仁，在遼時爲安州，本朝改降爲縣。

癸亥，次柳河縣，舊韓州也。先徙州于奚營，州後改爲縣。又以其城近柳河，故名之。予寄宿僧寺。

乙丑，次韓州，宿於大明寺。韓州，遼聖宗時併三河、榆河二州爲韓州。三河，本燕之三河縣，遼祖掠其民於此置州。

己巳，次胡底千户寨，宿温迪罕司獄家。胡底，漢語山也。以其寨居山下，故以爲名。

庚午，次南謀懶千户寨。南謀懶，漢語嶺也。以其近分水嶺，故取名焉。借宿於朮勃輦家。

辛未，次松瓦千户寨。松瓦者，城也。寨近高麗舊城，故以名之。

壬申，宿特撥合寨。特撥合，漸地也。

癸酉，宿闢羅寨渤海高氏家。闢羅，漢語暖泉也。以山間流水一股，經冬不冰，故以名寨。

甲戌，次叩畏千户營。叩畏，漢語清河也。宿耶塔剌虎寨，漢語火鎌石也。

乙亥，次和魯奪徒千户。和魯奪徒，漢語松山也。宿蒙古魯寨。蒙古魯，漢語本孟子也。

丙子，次鼻里合土千户營。鼻里合土，漢語范河也。

丁丑，次咸平，宿府治之安忠堂。【略】及高麗既强，侵據其地，唐高宗命李勣東征高麗，置爲安東都護府。其後爲渤海大氏所有。契丹時，既滅大氏，卒入於遼，遂爲咸州，以安東軍節度治之。本朝撫定，置咸州詳穩司，後升爲咸平府，兼總管本路兵馬事。昔予運漕遼東，居此者凡二年，以是遷移區併，粗得知之。是日，易傳於山下民家。旁有古城甚大，問路人，云此高麗廢城也。

乙酉，宿清安縣治之生明堂。清安，世傳遼太祖始置爲肅州，本朝改降爲縣。

丙戌，復歸咸平，路經西山崇壽寺。昔予守官於此，寺已荒廢。

庚寅，宿銅山縣。銅山，遼之銅州也，本朝改爲東平縣焉。

王寂《鴨江行部志》 明昌辛亥歲二月己丑，予以職事有鴨緑江之行。僚屬出餞於望海門，會食於白鶴觀之鶴鳴軒。【略】是夕宿靈巖寺。

庚寅，游上方，禮九聖殿，登舍利塔，度水殿，瞻六祖畫象。

辛卯，大雪後，登此山之正觀堂。

壬辰，大風雪，對目不辨牛馬。抵暮稍霽，扶杖游龍泉谷，谷去寺三里而近。

癸巳，次澄州，宿郡治之恩政堂。

甲午，登明秀亭，此亭蓋完顔信之參政大定癸卯爲郡時經創也。

乙未，飯罷經行，駐屐於有宓齋，亦信之手書，公餘每看書於此，今欹側無人居者。

戊戌，宿析木之法雲寺。析木蓋先君之舊治，父老郊迎，歡呼塞路。及入城市，觀者如堵，里巷爲之一空。

己亥，宿湯池縣護國寺。湯地本遼時鐵州，以其東有鐵嶺，故名之。隸耀州，今神鄉鎮也。護國寺之經始歲月無可考，獨寺僧言：老宿相傳，寺起於有遼，藏經亦給於有司。

庚子，出東城，道左百步，背水面山，有亭榭園圃，高低掩映。問從吏，云此坡陽邑人之別墅。

辛丑，次辰州，授館於興教寺。寺宇荒凉，亦無碑記可考，唯經閣上有梁文，云「維清寧四年歲次戊戌己巳朔，十四日辛未巽時建」。

甲辰，次熊岳縣，宿興教寺。晚登經閣，南望王元仲海岳樓，不及一牛鳴，但以謁禁，不得一登覽爲歉。

乙巳，次龍門山雲峰院，昔武元直爲申君與作龍門招隱圖，正謂此也。龍門之南有大山焉，崇高峻拔，諸峰環列，皆北面事之，連延數十里，意謂此必熊岳也；然詢及土人，無有知者。【略】予是夕宿於主僧之禪寮。

丙午，游北巖，觀瀑布水，野服曳杖，至於絶頂。

丁未，次曷蘇館，宿府署之公明軒。

己酉，游西山。

壬子，行復州道中。辰巳間，風大作，飛沙折木，對目不辨牛馬。所幸者自北而南，若打頭風，則決不能行也。午後風勢轉惡。予怪而問諸里巷耆舊云：「飄風不終朝，何抵暮尚爾？」耆舊云：「此地瀕海，每春秋之交，時有惡風，或至連日，所以禾黍垂成，多有所損，固亦不足怪也。」【略】是夕宿於復之寶嚴寺。

丙辰，自永康次順化營。中途望西南兩山，巍然浮於海上。訪諸野老，云：此蘇州關也。遼之蘇州，今改爲成化縣。關禁設自有遼，以其南來舟楫，非出此途不能登岸。相傳隋唐之伐高麗，兵粮戰艦亦先此來。南去百里，有山曰鐵山，常屯甲七千人，以防海路。每夕平安火報，自此始焉。西南水行五百餘里，有山曰紅娘子島。島上夜聞雞犬之聲，乃登萊沿海之居民也。

丁巳，次新市，投宿於民家。

戊午，宿龍巖寺。西去龍巖一舍而近，有山崛起，筆立五千尺，秀出諸峰，望之如浮圖焉。予怪而問之，路人云：「此速魯忽山也。」速魯忽，乃「尖刃」之意。

己未，發龍巖。山前數十里，北望大山，連延不絶，數峰側立，狀如翠屏，秀色可掬。里人謂之磨石山，以出磨石故也。

庚申，赴大寧鎮。中路亂山重複，人迹僅通，然皆培塿無可觀者。又東行四五十里，南望層巒迭障，空翠溟濛，百道飛泉，環流水麓。

王惲《開平紀行》［中統二年］二月癸巳朔。五日丁酉，行省官奉旨北上。後三日，惲與偕行者周定夫，已刻遇河南經略使史公於居庸南口。【略】前次北口店，復有旨：山北寒沍，可緩來。遂還。

二十二日，役來催闔省北上。

越三月壬辰，五日丙寅未刻，丞相禡禡與同僚發自燕京。是夕，宿通玄北郭。

六日丁卯，午憩海店，距京城二十里。凡省部未絶事務，於此悉行次遺。是晚宿南口新店，距海店七十里。

戊辰卯刻，入居庸關。【略】是夜宿北口軍營。【略】距南口姚店三十里而遠。

己巳辰刻，度八達嶺。於山雨間俯望燕城，殆井底然。出北口，午憩棒棰店。天容日氣，與山南絶異，以暄凉校之，爭逾月矣。午飯榆林驛。其地大山北環，舉目已莽蒼沙磧，蓋古嬀川地也。是夜宿懷來縣，南距北口五十三里。

庚午，泊統墓店。詢其名，土人云店北舊有統軍墓，故稱。是夜宿雷氏驛亭。地形轉高，西望雞鳴山，南眺桑乾上流。自奉聖東，諸山下注，白波洶湧，若驅山而東。雞鳴山者，昔唐太宗東征，至其下聞雞鳴，故名。東南距懷來七十里而遠。

辛未午刻，入宣德州。申刻，使者也鮮乃至，傳旨趣令諸官速赴行殿。是夜宿考工官劉氏第。

十一日壬申，候禡相爲一日留，蓋有所需也。距雷氏驛九十里。

癸酉，行六十里值雪，宿青麓。

十三日甲戌，至定邊城憩焉，蓋金所築故城也。是夜宿黑崖子，距青麓九十里。

十四日乙亥，抵榷場峪，蓋金初南北互市之所也。是夜露宿雙城北十里小河之東南，距黑崖甸北一百有五里。

十五日丙子，停午至察罕腦兒，時行宫在此。申刻大風作，玄雲自西北突起，少頃四合，雪華掌如，平地尺許。亂灤河而北，次東北土塿下，群山糾然，川形平易，因其勢而廣狹焉。泉流縈紆，揭衣可涉。

十六日丁丑，【略】時御道不啓，拜覲者皆俟，故留八日而發。距雙城七十里。

二十三日甲申，次鞍子山。南距灤河四十里。

二十四日乙酉，次桓州故城。西南四十里有李陵故臺，道陵敕建祠宇，故址尚在。未刻朔風發發，雨霰交作。傳令：方春，牧馬不勝寒，尤瘦弱者悉用氈毳搭覆其背，否者以法從事。

二十六日丁亥，【略】晨霜蔽野如大雪，日極高，陰凝始釋。距鞍子山二十有五里。是日完州人高道字道之來自和林城。

二十七日戊子，次新桓州。西南十里外，南北界壕尚宛然也。距舊桓州三十里。申刻，欻有兔自北來，入王相帳中，獲焉。

二十八日己丑，飯新桓州。未刻，扈從鑾駕入開平府，蓋聖上龍飛之地。【略】距新桓州四十有五里。

[八月]廿日庚戌，詣都堂辭諸相南歸。

二十一日辛亥，辰刻由都西門出。是夜宿桓州。

二十二日壬子，抵舊桓州。

二十三日癸丑，前次牛群頭。取直東南下崖嶺。夜半宿山南農家。

明日甲寅，宿雲州張繼先家。

二十五日乙卯，自望雲沿龍門河南行，入寒山峪遇大雨，憩寒山遞補。午霽，渡泥潤，人馬縋而下，挽而上，登靖邊北嶺。【略】投宿碧落崖下。

二十六日丙辰，下十八骨了。泥滑不能騎，比至平地，僕馬爲痛矣。行約兩舍，抵田家止宿。

二十七日丁巳，宿北口小店。明日踰灰嶺。【略】山間殊有奇觀，石爲盤渦如碧玉盆者非一，壽藤灌木交蔭左右，其水泉蓋潞河之上源也。是晚宿新店。又二日至燕。

周伯琦《扈從詩集·前序》 至正十二年歲次壬辰四月，予由翰林直學士、兵部侍郎拜監察御史。視事之第三日，實四月二十六日，大駕北巡上京，例當扈從。是日啓行，至大口，留信宿。歷皇后店、皂角，至龍虎台，皆捺鉢也。國語曰納鉢者，猶漢言宿頓所也。龍虎台在昌平縣境，又名新店，距京師僅百里。

五月一日，過居庸關而北，遂自東路至甕山。

明日至車坊，在縉山縣之東。縉山乃軒轅縉雲氏山，山下地沃衍，宜粟，粒甚大，歲供内膳。今名龍慶州者，仁廟降誕其地故也。州前有澗名薌水，風物可愛。

又明日入黑谷，過色澤嶺，其山高峻，曲折而上，凡十八盤而即平地。遂歷龍門，及黑石頭，過黄土嶺，至程子頭。又過摩兒嶺，至頡家營，歷白答兒，至沙嶺。自車坊、黑谷至此，凡三百一十里。皆山路崎嶇，兩岸懸崖峭壁，深林複谷中則亂石犖確，澗水合流，淙淙終日。深處數丈，闕有橋，淺處馬涉頗艱。人烟並村塢處二三十家，各成聚落，種藝自養。山路將盡，兩山尤奇聳，高出雲(衣)[表]，如洞門然。林木茂鬱，多巨材。近沙嶺則土山連亘，堆阜聯絡，惟青草而已。地皆白沙，深没馬足，故嶺以是名。過此則朔漠平川如掌，天氣陡涼，風物大不同矣。

遂歷黑咀兒，至失八兒秃。其地多泥淖，以國語名，又名牛羣頭。[其地有驛有郵亭有巡檢司]，(髩髦)[闤闠]甚盛，居者三千餘家。驛路至此相合，而北皆芻牧之地。無樹林，遍生地椒、野茴香、葱韭，芳氣襲人，草多異花五色，有名金蓮者，絶似荷花而黄尤異。

至察罕腦兒，云然者，猶漢言白海也。其地有水濼汪洋，而深不可測，下有靈物，氣皆白霧，故名。其地有行在宫，曰亨嘉殿，闕庭如上京而殺焉。置雲需總管府，秩三品以掌之。【略】居民可二百餘家。又作土屋養鷹，名鷹房，雲需府官多鷹人也。駐蹕於是，秋必獵校焉。

此去納鉢曰鄭谷店，曰明安驛、泥河兒，舊李陵臺驛、雙廟兒。遂至桓州，曰六十里店。桓州，即烏丸地也。前至南坡店，去上京止一舍耳。

以是月十九日抵上京。歷納鉢凡十有八，爲里七百五十有奇，爲日二十四。

大抵兩都相望，不滿千里，往來者有四道焉，曰驛路，曰東路二，曰西路。東路二者，一由黑谷，一由古北口。古北口路，東道御史按行處也。

予往年職館閣，雖屢分署上京，但由驛路而已。黑谷輦路，未之前行也。

又《扈從詩集·後序》 車駕【略】遂以[七月]二十二日發上都而南，是日宿六十里店納鉢。

明日過桓州，至李陵臺、雙廟兒。又明日至明安驛、泥河兒。翌日至察罕腦兒。

由此轉西，至懷秃腦兒，有大海在納鉢後。懷秃腦兒，猶漢言後海也。曰平陀兒，曰石頂河兒，土人名爲鴛鴦濼，以其地南北皆水濼，勢如湖海，水禽集育其中，以其兩水，故名鴛鴦，或云水禽惟鴛鴦最多。國語名其地曰遮里哈剌納鉢，猶漢言遠望則黑也。兩水之間壤土隆阜，廣袤百餘里，居者三百餘家，區脱相比。

察罕腦兒至此有百餘里，皆雲需府境也。界是而西，則屬興和路矣。納鉢曰苦水河兒，曰回回柴，國語名忽魯秃，漢言有水濼也。隸屬州保昌。曰忽察秃，猶漢言有山羊處也。地饒水草，野[獸]兔最多，鷹人善捕，歲資爲食。

又西二十里，則興和路者，世皇所創置也。歲北巡，東出西還，故置有司爲供億之所。城郭周完，闤闠叢夥，可三千家。市中佛閣頗雄偉，蓋河東憲司所按部也。西抵太原千餘里，郡多太原人。郊圻地(坡)[陂]陀宂隰，便種藝。路置二監分守，餘同他上郡。東界即宣德府境，上都屬郡也。

府之西南名新城，武宗築行宮其地，故又名曰中都。棟宇今多頹圮，蓋大駕久不臨矣。

由興和行三十里，過野狐嶺，嶺上爲納鉢。地甚高，風寒凜栗不可留。山石犖确，中央深澗，夏秋多水。東南盤折而下平地，則天氣即暄，至此無不減衣者。

前至得勝口，宣德宣平縣境也。地宜樹木，園林連屬，宛南燕南。有御花園，雜植諸果，中置行宮。

得勝口南至宣平縣十五里，小邑也。

又前至沙嶺，沙深，車馬涉者甚艱。

又五十里至順寧府，本宣德府也，比年因地震，改今名。原地沃衍，多農民。又宜藍澱草，頗有工染者，亦善地也。

南過坳兒嶺，路并[亂]石，下臨深澗，險阻可畏。澗黃流浩汗，東南數百里，穿居庸關，流至京城南盧溝，合衆水，勢甚大，名曰渾河。每歲都水監專其事，否則爲患不小。

嶺路參互，四十里至雞鳴山，疊嶂排空，綿亘二十餘里。有小寺在山巔。旁有榷木，泉所經也，望之如在半天邊，山隘迫尤甚。

又南二十里，乃平地，曰雷家驛，京尹所治也。雷家驛之西北十里，納鉢曰豐樂。豐樂二十里，阻車納鉢。又二十里至統幕，則與中路驛程相合。

西南歷狼居胥山，至懷來縣。縣，唐所置也。四山環抱流注，市有長橋，水名嬀川。唐名嬀川郡，有碑可考。縣南二里，納鉢也。凡官署留京師者，皆盛具牲酒果核，於此候迎大駕，乃張大宴，慶北還也。南則榆林驛，即《漢史・衛青傳》所謂榆谿舊塞者。

自懷來行五十五里，至嬀頭。又十里入居庸關。關南至昌平龍虎臺。

又南則皇后店，皂角，大口焉。

遂於八月十三日至京師。凡歷納鉢二十有四，爲里一千九十又五，此輦路西還之所經也。

方象瑛《封長白山記》 康熙十有六年四月望，上以長白山發祥要地，特命内大臣覺羅武某、一等侍衛兼親隨侍衛費耀色、一等侍衛塞護禮等於大暑前馳驛往。

五月四日啓行。

十四日至盛京。

二十三日至兀喇，宣諭。鎮守將軍等召村莊獵户，皆無知長白者。都統尼雅漢族祖戴穆布魯世採獵，以老退閒，自言祖居額黑訥陰，聞其父嘗云獵鹿長白山，負以歸，四日可抵家。以此度之，長白山距訥陰當不遠。因問訥陰路幾何，獵户噶喇大額黑等曰：「陸行十日，水路乘小舟二十日。」乃命獵户喀喇前導，各持三月糧。又慮食盡馬乏，不能歸也，期將軍巴海載米一舟，候於訥陰。於是噶喇大額黑等由舟，覺羅率固山大薩布素由陸。

六月三日啓行，經文德痕河、阿虎山、庫納訥林、邪爾薩河、渾陀河、法布爾堪河、訥丹佛勒地方、輝發江、法河、水敦林、巴喀嗒河、納爾渾河、敦敦山、卓龍窩河凡數十處，抵訥陰。而噶喇大等亦至，蓋自江逆溯，由瓦努湖河至佛多和河，復順流來會，纔七日耳。

十一日，發訥陰。一望林莽，迷不得路，薩布素率旗甲二百人伐木開道。

十二日，悉衆行。是日薩布素遣顧憭等先後馳報，前進約百數十里，登一山。昇樹而望，遥見遠峰白光片片，殆長白山也。因留噶喇大額黑督采珠蚌。

十四日，與薩布素等會。密樹茂林，揣摩開路。

十六日，黎明聞鶴鳴六七聲，雲霧迷漫，不復見山。乃從鶴鳴處覓徑，得鹿蹊，循之以進，則山麓矣。始至一處，樹木環密，中頗坦而圓，有草無木。前臨水，林盡處有白樺木，宛如栽植，香木叢生，黄花爛熳。隨移駐林中，然雲霧漫漫，無所見也。衆惶惑，前誦綸音。禮甫畢，雲披霧捲，歷歷可覩，莫不歡呼稱異。遂攀躋而上，有勝地，平敞如臺，遥望山形長闊，近視頗圓，所見白光皆冰雪也。山高約百里，五峰環繞，憑水而立。頂有池，約三四十里，無草木，碧水澄清，波紋蕩漾。繞池諸峰望之，摇摇若墜，觀者駭焉。南一峰稍低，宛然如門，池水不流。山間則處處有水，左流爲松阿里兀喇河，右流爲大小訥陰河。瞻眺之頃，峰頭遊鹿一羣，皆駭逸，惟七鹿忽墜落。衆喜曰：「神賜也。」蓋登山適七人，時正乏食，拜而受之。回首望山，倏復雲霧。遂於十八日南回，至前登山高望處，一氣杳冥，並不見有山光矣。

二十一日，至二訥陰河合流處。

二十五日，至恰庫河，則訥陰東流合處也。

二十九日，由恰庫河歷色克騰圖，白黑噶爾、漢噶、大渾薩滿、薩克錫、法克錫，松阿里，多渾大江，險絶處凡九。

七月二日，次兀喇。

十二日，抵甯古塔，徧閱會甯諸府。

八月二十一日，還京。

吴振臣《寧古塔紀略》 辛酉［康熙二十年］【略】八月十八日，爲予娶婦葉氏，氏賢而孝，兩大人甚愛之，遂理歸裝，飲餞無虚日。起行，將軍遣撥什庫一人，兵八名護送，又發勘合撥驛車二兩，驛馬二匹及飲食等項按驛供給更换。親戚之内眷送至一朗岡而别，親友及門俱送至沙嶺，聚談徹夜。至曉分手，我父哭不止，策馬復追二十餘里，再聚片時而回。患難交情如此之深也。次日經過石頭甸子，石質相連不斷，闊三十里，東西長三百餘里，其底嵌空玲瓏，車馬行動有聲，冰泮時下，有流澌潺湲，亦一奇也。第二站名鱉而漢鱉臘。第三日進大烏稽，古名黑松林，樹木參天，槎枒突兀，皆數千年之物，綿綿延延横亘千里，不知紀極。車馬從中穿過，且六十里初入烏稽，若有門焉。【略】第四站名昂邦多紅。第五站名拉發，穿過小烏稽，經竟三十里，情景亦相似。第六站名厄黑木。第七站名泥溼哈，十里渡松花江源，亦發自長白山，通黑龍江、黑而根、愛葷等處，總歸於混同江。烏喇有船廠造大船，往來諸處，故又名船廠，有將軍鎮守。本寧古將軍調此，即前與予父有書記之約者。留數日，更换勘合，如前護送。烏喇第一站名蘇通，第二站名衣而門，第三站名雙羊河，第四站名一巴旦，第五站名大孤山，第六站名黑而素，第七站名野黑，第八站名棉花街，四十里至烏遠堡，即柳條邊。柳條邊垂楊數百里，係前朝所種，以隔中外。今仍有章京守此，盤詰往來，亦要害地也。又十五里至開原站，又十五里至開原縣，又五十五里至高麗站，又十五里至鐵嶺縣，又六十里至驛路站，又七十里至奉天府。時奉天將軍即丁酉刑部江南司問官，當時極憐我父之才，聞我父將至，遣人至柳條邊迎候至奉天，遂留半月餘，亦更换勘合，照前護送。奉天府第一站六十里至老邊站，四十里至澡流河，四十里至白旗堡站，七十里至二道井子，五十里至小河山站，爲廣寧縣。十五里至廣寧站，三十里至閭陽驛，四十里至石山站，三十里至大陵河，四十里至錦州府，六十里至高橋站，六十里至寧遠州，六十里至東關站，六十里至涼水河站，八十里至山海關。山海關即秦之長城第一關也。【略】又七日至京師，與親友相聚，執手痛哭，真如再生也。

李調元《出口程記》 乾隆四十六年辛丑四月四日，自通州發，五十里渡白河，至順義縣，食。縣古范陽地。二十里至牛欄山，宿元聖宫，宫向稱華整，先大夫爲北路廳同知署密雲縣時，余來往省親所宿之地。今不戒於火，廟棟摧殘，而花木尚如故也。

初五日，二十里至螺山，三十里至密雲縣，食。密雲，古檀州地，即漢魏之烏桓。明爲重鎮，設提督軍門駐之。城東八蜡廟，有戚繼光《燕山紀功碑》形如八卦，侍郎王道昆撰文。東潮河、西白河二水來會，潮河源出口外興州，白河由土城之西發源。【略】二十里至穆家峪。【略】二十里至九松山，山多松，故名。山下有廟，頗整潔可憩。【略】二十里至石匣，宿。石匣以城北有石如匣故名，古金溝館也。

初六日，二十里至南澗河，山溪逼狹，亂石峭倚，似棧道中行。十里至南天門，北望邊墻，繚繞峰巔，南對諸山，皆如培塿。十里至古北口，食。萬山巉巉，中通一綫，形勝甲天下，提督軍門駐此，重鎮也。按：《昌平山水記》：古北口水淺則絶潮河，水大則紆回從山頂行。故石匣至古北口，計程爲六十里也。【略】出口度得勝嶺，盤道數層，俗名思鄉嶺。八十里至新館，過雕窠嶺、偏槍嶺，四十里至卧如來館。【略】四十里至兩間房，偶憩觀音庵。【略】三十里至青石梁。凡口外呼嶺皆曰梁，沿巖詰曲，大石垂顙，歷十餘盤始臻絶頂。山下即馬圈子。十里至長山峪，宿。兩山多樹，是日聞有虎食驢事，爲之戒心。

初七日，二十里至三道梁，二十里至王家營，食。自古北口外，皆新設灤平縣所管之地。十二里至鬼子峪，十八里至灤平縣，宿。縣舊名喀喇河屯，譯漢言「灤水平處」也。【略】灤水發源於千里外之弓家鳥，經多倫諾爾，流入灤州以歸於海，諸峰至此稍平坦矣。形勝清秀，宛然縣治，沿河楊柳，依依向人。是日始見燕子，桃花初開。

初八日，十里過雙塔山，石筍對峙，高三丈餘，卓立山頂，天生二浮圖也。十里至三岔口，十里至廣仁嶺，十里至承德府，即熱河也，皇上每年巡幸木蘭所駐蹕之地。遥望山莊園林，祥雲葱鬱。【略】過熱河，望磬椎山，上豐下鋭，石形如之，故名。東行二十里至平臺子寺，後有夾墻山，壁立天半如屏風，中二層可通人行，故名。内有鴿子洞，深廣丈餘，聞野鴿常數千百巢於此。五里度紅石喇梁，坡陀宛轉，直入雲中。回望古北口衆山，都如土簣。嶺上有關帝廟，廟中古松一株，虬蟠陰森，甚可愛，爲坐其下久之。廊間有碑文甚俚，云此去永平府遷安縣之喜峰口，不過百餘里，便可進口。下嶺五里望見天橋山，形如横琴，亘長數十丈，中空露天，宛然虹梁也。三十里至黄土梁，宿。是日桃李雜花開遍山谷，聞讀書聲出蘆簾泥壁間，琅琅可聽。

初九日，三十里西柳溝，食。是日寒甚。【略】三十五里至鳳凰山，二十五里平泉州，宿平泉書院。州舊名巴溝，兩山退分，翠嶂東横，上通錦州，下通喜峰口，街長十六里，瓦屋鱗次，商賈輻輳，人煙稠密，口外最繁華處也。

初十日，平泉州，接署中包封批回，始發。自過熱河，皆由東行，至此始轉而之北。三十里大廟，食。二十里楊樹梁，始見蒙古營，名三十家子。門墻各以小旗標之，旗上有蒙古字，爲嗎彌杆，以奉佛法甚謹，故家家有之。家子云者，如部落之稱。四十里至北宫，宿。【略】是日申刻大雨。

十一日，晴。三十里至雙廟，食。居民三五家，店壁有通州粮船圖，【略】三十里至宋家莊，村廟有演劇者。三十里至建昌縣，宿於書院，規模甚宏敞。縣舊名塔子溝，縣後雙峰峭拱，中嶺凹伏，煙雲繚繞，仿佛畫圖，街市修整，頗稱華富。

十二日，大風。復向北行，四十五里至王胡子店，食。四十五里至公營子，南有小山，形如覆釜，上有小塔，土人稱爲小塔子山。二十五里過會濟山，上有小白塔。是日始見喇嘛寺。五里至土裏根，宿。出白菜，不讓安肅。此處麥皆無冬種者，而獨白菜初秀，地寒故也。

十三日，早行，十五里渡大淩河。河發源於塔子溝諸溪，至此始大，由義州入於海。十五里至木頭城，食。商民繁庶，一大鎮也。西有金寶山，上有泰安娘娘廟，山東流寓人所建也。東山有塔，甚高。二十里平房，三十里長閣兒，懸崖鑿路，下俯大淩河，上臨絶壁。壁間有碑，皆蒙古字。三十里至藍堂，二十里至朝陽縣，宿。縣舊名三座塔，以塔有三故名。今只存二座，其一於乾隆七年傾塌，市人建關帝廟補之，基阜尚存。縣南有鳳凰山，嶔崎秀削。山下有朝陽洞，縣得名以此。洞中有石卧佛羅漢，峰頂有二塔，塔下有延壽寺，寺前即大淩河，爲一邑風水之冠。【略】是日宿關帝廟，即古靈感寺。

十四日，雨，仍駐朝陽。

十五日，大雨，仍駐朝陽。

十六日，晴。自朝陽縣向西行，三十里大廟子，食。四十里過青溝梁，山溪迂回，登頓頗高。溝邊有花數株，葉似水楊柳而稍圓，花罩瓣白色，土人呼爲山丁香。二十里憩牛膝河屯，五十里至林家地宿。有楊、陳二學童來謁，頗嫻禮文。以上又屬建昌縣所轄，蓋各州縣所管蒙古四十九旗，以旗分不以地分，故往往犬牙相錯如此。

十七日，八里過熱水塘，相傳水可療疾，蒙古人常相率於此沐浴。是日始見蒙古包，以熟牛皮爲之，象罩之圓，用氈蒙頂，上有穴以通煙爨，前開小門出入，行則用大車以牛馬馱之，並載帳房，各帶轎輿，以載家小。是日野宿候沐者十餘家。十二里至孟哥店，食。自店轉向西行，六十里至五十家子，午食。所見蒙古多騎駱駝，五十里至漢溝，宿。

十八日，五十里過老河，源出諸山泉水，東流入海。橋壞無船，人與馬亂流而渡，十里至建昌營，食。四十里過沙爾噶河，譯漢音，言河之渾也。發源自圍場内大山，曲折而下，由遼陽入海。奔湍甚急，以車輪横鎖爲橋，上加黍秸，實土如浮橋然。河邊即步步屯，五十里至赤峰縣，舊名烏蘭哈達，譯漢音，言山觜之紅也。其峰在縣西南，紫翠峭削，如霓如雲，返照壁間，稜角愈見。是日，通判管知縣事那公穆塔來會，公廨潔麗修整，廛市寬廣，人民繁庶。

十九日，微雨。自赤峰向西行，山愈遠，地愈平，沃野數百里。晡，雨大作，六十里至大碾子，食。沿石碑溝河行，河發源於毛金壩，東流歸老河入海。二十里至木匠營，稍憩。行榆林中，雨益大，始聞雷，二十里至公爺府，宿，以地有蒙古公府故名。抵旅舍已漏下一刻矣。

二十日，晴。由石碑溝溯河而行，平川青草，兩岸榆林，羊牛遍野。過蒙古喀喇親王府，樓閣崔嵬，潭潭府居，與内地無異。環以蒙古民百餘家，其中紅墻紺宇，喇嘛寺也。五十里至瓦房，食。雨復作，寒甚。【略】自此三十里之兩家兒，四十五里至馬廠，有茅屋一間，旁築室三楹，爲蒙古王出獵棲息之所，亦不堪託足。少憩，大雪，寒風射人。【略】四十五里至毛金壩，宿。是日所過，溪流清淺，四山多樹，異花匝地，啼鳥時聞。但爲喀喇親王圍場，禁人樵采，亦無内地佃民耕墾，是以一百二十里並無居人。而沿溪柳尚未葉，桃初含芯，風氣亦異。薄暮始抵毛金壩山嶺，借宿山神廟，樹栅爲籬，狐嗥狨嘯，一燈睒睒，寒星在户，是日始覺有行役之苦。

二十一日，大雪。登毛金大梁，在天之半，懸巖大壑，迭翠重巒，大風吹衣，白雲繞足，坂作之字，棧出重霄，羊腸、熊耳，不足爲險矣。其道平治，因月前阿米都布魯罕初過，華言活佛也。有花滿山，如錦如火。【略】下嶺向南行，有溪出嶺下，奔輪激石，活活有聲，亦向南流。而沿溝榆柳又皆著葉，相隔一嶺，而天時不同如此。此後始有居民村落。午後，雪變爲雨，時止時作，六十里至七家兒，食。三十里至黄鋪營，過楊樹溝，三十里至章家營，宿。

二十二日，晴。四十里至十八汰，十里薩喀牛駱。過行宫，即皇上出哨駐蹕之所。十里至黄姑屯，食。【略】十里過驛，馬兔河發源於哨下，由遼東入海。三十里至兩間房，四十里至灤河沿，午食。此水下流即灤平縣也。四十里至半寧縣，舊名土城子，又名四旗廳，通判管縣事托公諱倫求會。是日共行一百八十里。

二十三日，自豐寧縣署食罷，順舍利塔河南行。河在兩山之間，曲折作之字，故凡過二十餘渡。午，雷雨大作，兼雹，須臾復晴。五十里至波羅腦普惠寺，食。寺即華新，金碧輝炫，爲口外招提之第一。飯罷，過波羅腦梁，從山半曲折而上，頗爲險峻。二十里至興州，古宜興縣，城址尚存，土人云有「帖木丞相紀功碑」在城北，字多不可識。又有天啓年碑，晚未得訪。三十里至鞍匠屯，宿，有巡司。

二十四日，二十里至十八盤，徑路遼繞，如蛇之蟠於山麓。三十里至三岔口，食。二十里至巴克什營，合熱河大道。十里至古北口，接承德府當太守信，並寄熱河土産，花榆根小几桌各四，茶盤各八，盒各二。進口，拜提督常公青。十里至南天門大悲庵，有聖祖仁皇帝御題「洛迦仙境」四字。【略】三十里，大雨復晴，過潮河，至石匣，宿。口内柳絮飛花，麥穗垂垂矣。

二十五日，自石匣至密雲六十里，食。七十里至順義縣，午食。五十里回通永道署。

（朝鮮）朴趾源《熱河日記》卷一《渡江録》　起辛未，止乙酉，自鴨緑江至遼陽十五日。

後三庚子，我聖上四年清乾隆四十五年六月二十四日辛未，【略】午後渡鴨緑江，行三十里，露宿九連城。

二十五日壬申，【略】以方物未及到，又露宿九連城。

二十六日癸酉，【略】發九連城，行三十里，到金石山下中火。又行三十里，露宿葱莠。

二十七日甲戌，【略】平明發行，【略】疾驅行七八里，抵栅外。【略】朝飯於栅外。【略】是日行三十里。自鴨緑江至此，該有一百二十里。我人曰栅門，本處人曰架子門，内地人曰邊門。

二十八日乙亥，【略】早與卞君先爲發行。【略】中火於康永太家。【略】食後，與卞季涵、鄭進士先行。【略】至河邊，得柳陰，納涼五渡河。【略】宿松店，一名雪裏店，又號薛劉店。是日行七十里。或曰此舊鎮東堡也。

二十九日丙子，【略】舟渡三家河。【略】又，舟渡劉家河，中火黄河莊。【略】馬渡金家河，所謂八渡河也。【略】是日行五十里。宿通遠堡，即鎮夷堡也。

七月初一日丁丑，曉大雨，留行。

初二日戊寅，【略】前溪大漲，不可渡，遂留行。

初三日己卯，【略】又留。

初四日庚辰，【略】留行。

初五日辛巳，【略】阻水留行。

初六日壬午，【略】溪漲小減，故遂發行。余入正使轎中同渡。【略】中火草河口，所謂畓洞。【略】逾分水嶺、高家嶺、劉家嶺，宿連山關。是日行六十里。

初七日癸未，【略】行二里，乘馬渡水。【略】逾摩雲嶺。中火千水站。【略】又逾青石嶺，嶺上有一所關廟極其靈驗。【略】是日逾兩大嶺，通行八十里。

初八日甲申，【略】與正使同轎，渡三流河。朝飯於冷井。【略】亭午極熱，趨馬歷高麗叢阿彌莊，分路與趙主簿達東及卞君、來源、鄭進士、李倲鶴齡入舊遼陽。【略】出西門，見白塔，【略】還遼陽城，【略】還至太子河，【略】順河而下七八里。【略】宿新遼陽映水寺。是日通行七十里。

初九日乙酉，【略】乘曉涼先發，歷張家臺、三道巴，中火爛泥堡。【略】歷萬寶橋、烟臺河、山腰鋪，宿十里河。是日通行五十里。【略】明日將入瀋陽。

又《盛京雜識》 起丙戌，止庚寅，凡五日。自十里河至小黑山，共三百二十七里。

［四年庚子清乾隆四十五年］秋七月初十日丙戌，【略】自十里河早行，至板橋堡五里，長盛店五里，沙河堡十里，暴交蛙子五里，氈匠鋪五里，火燒橋三里，白塔堡七里，共四十里。中火於白塔堡。又自白塔堡至一所臺五里，紅火鋪五里，渾河一里，舟渡渾河入瀋陽九里，共二十里。是日通行六十里，宿瀋陽。

十一日丁亥，【略】留瀋陽。

十二日戊子，小雨即晴。自瀋陽至願堂三里，塔院十里，方士村二里，（壯）［狀］元橋一里，永安橋十四里，築路自橋始，雙家子五里，大方身十里，共行四十五里。中火。自大方身至磨刀橋五里，邊城十里，興隆店十二里，孤家子十三里，共四十里。是日通行八十五里，宿孤家子。

十三日己丑，【略】自孤家子曉發，至巨流河八里，名周流河，鉅流河堡七里，泌店子三里，五渡河二里，四方臺五里，郭家屯三里，新民屯三里，小黄旗堡四里。中火，共三十五里。自小黄旗堡至大黄旗堡八里，柳河溝十二里，石獅子十二里，營房十里，白旗堡五里，共四十七里。是日通行八十二里，宿白旗堡。

十四日庚寅，【略】自白旗堡至小白旗堡十二里，平房六里，一半拉門，一名一板門，十二里，靠山屯八里，二道井十二里，共五十里。中火。又自二道井至隱寂寺八里，古家鋪二十二里，粱路止此，古井子一里，十扛子九里，烟臺六里，小黑山四里，共五十里。是日通行百里，宿小黑山。

又卷二《馹汛隨筆》 起辛卯，至己亥，凡九日。自新廣至山海關内，共五百六十二里。

［四年］秋七月十五日辛卯，【略】與來源及卞太醫觀海。趙主簿達東乘曉發小黑山，至中安浦三十里，中火。又先行，由舊廣寧觀北鎮廟。乘月行四十里，宿新廣寧。北鎮往返當迂二十里，通計則九十里。「程里録」所載白臺子、蟒牛臺、沙河子、屈家屯、三義廟、北鎮堡、羊腸河、于家屯、侯家屯、二臺子、小古家子、大古家子等，地名、里數多相錯謬。若以此通計，則將爲一百八十里，今不可考矣。

十六日壬辰，【略】與鄭進士、卞主簿、來源又約乘涼先行。自新廣寧至興隆店五里，雙河堡七里，壯鎮堡五里，常興店五里，三臺子三里，閭陽驛十五里，共四十里。中火。無脊屋始此。自閭陽又行至頭臺子十里，二臺子五里，三臺子五里，四臺子五里，王三鋪七里，十三山八里。是日通行八十里，宿十三山。

十七日癸巳，【略】朝自十三山至禿老鋪，十二里；舟渡大凌河，十四里；宿大凌河店，四里。是日只行三十里。

十八日甲午，【略】曉發大凌河店，至四同碑十二里，雙陽店八里，小凌河十里，小凌河橋二里，松山堡十八里，共五十里。中火。又自松山至杏山堡十八里，十里河店十里，高橋堡八里，共三十六里。是日通行八十六里而宿。

十九日乙未，【略】曉發高橋堡，至塔山十二里，朱獅河五里，罩羅山店五里，二臺子三里，連山驛七里，共三十二里。中火。又自連山驛至五里河子五里，老和尚臺五里，雙樹鋪五里，乾柴嶺五里，茶棚庵五里，寧遠衛五里，共三十里。是日通行六十二里，宿寧遠城外。

二十日丙申，【略】曉發寧遠，至青墩臺七里，曹莊驛六里，七里坡七里，五里橋五里，沙河所五里，共三十里。中火沙河所，即中右所也。中火後，暴炎釀雨。至乾溝臺三里，大雨，冒雨行，烟臺河五里，半拉店五里，望河店二里，曲尺河五里，三里橋七里，東關驛三里，共三十里。是日通行六十里。

二十一日丁酉，【略】阻河漲，留東關驛。

二十二日戊戌，【略】自東關驛至二臺子五里，六渡河橋十一里，中後所二里，共十八里。中火。自中後所至一臺子五里，二臺子三里，三臺子四里，沙河店八里，葉家墳七里，口魚河屯三里，魚河橋一里，石橋河九里，前屯衛六里，共四十八里。宿前屯衛。是日通行六十六里。

二十三日己亥，【略】自前屯衛朝發，至王家臺十里，王濟溝五里，高嶺驛五里，松嶺溝五里，小松嶺四里，中前所十里，共三十九里。中火。自中前所至大石橋七里，兩水湖三里，老君店二里，王家店三里，望夫石十里，二里店八里，山海關二里，入關行三里至深河舟渡，紅花鋪七里，共四十七里。是日通行八十六里，宿紅花鋪。

又《關内程史》 起庚子，止庚戌，凡十一日。自山海關内至皇京，共六百四十里。

［聖上四年庚子清乾隆四十五年］秋七月二十四日庚子，【略】自紅花鋪至范家莊二十里。中火。范家莊至楊河堤三里，大理營七里，王家嶺三里，鳳凰店二里，望海店八里，深河驛五里，高鋪臺八里，王家鋪二里，馬棚鋪七里，榆關三里，共四十八里。是日通行六十八里。宿榆關，或稱渝關，今臨渝縣。

二十五日辛丑，【略】自榆關至榮家莊三里，上白石鋪二里，下白石鋪三里，吴家莊三里，撫寧縣九里，羊腸河二里，午哩鋪三里，蘆家莊二里，時哩鋪三，蘆峰口五里，茶棚庵五里，飲馬河三里，背陰堡三里，共四十六里。中火。自背陰堡至雙望店八里，要站五里，鏈子營三里，部落嶺六里，盧龍塞三里，驢槽十三里，漏澤園三里，永平府二里，共四十三里。是日通行八十九里，宿永平府。

二十六日壬寅，【略】自永平府至青龍河一里，南墟莊二里，鴨子河七里，范家店三里，灤河二里，夷齊廟一里，共十六里。中火。自夷齊廟至望夫臺五里，安河店八里，赤紅鋪七里，野鷄坨五里，沙河堡八里，棗場十里，沙河驛二里，共四十五里。是日通行六十一里，宿驛城外。

二十七日癸卯，【略】自沙河驛至紅廟五里，馬鋪營五里，七家嶺五里，新店鋪五里，乾草河五里，王家店五里，張家莊五里，蓮花池十里，榛子店五里，共五十里。中火。自榛子店至烟墩山十里，白草窪六里，鐵城坎四里，牛欄山鋪四里，板橋六里，豐潤縣二十里，共五十里。是日通行百里，宿豐潤城外。

二十八日甲辰，【略】自豐潤曉發，至高麗堡十里，沙河鋪十里，趙家莊二里，蔣家莊一里，還香河一里，一名漁河橋，閔家鋪一里，盧姑莊四里，李家莊三里，沙流河八里，中火，共四十里。又自沙流河至亮水橋十里，良家莊五里，廿裏鋪五里，十五里屯五里，東八里鋪七里，龍泣庵一里，玉田縣七里，共四十里。是日通行八十里，宿玉田城外。

二十九日乙巳，【略】自玉田曉發，至西八里堡八里，五里屯七里，采亭橋五里，大枯樹店十里，小枯樹店二里，蜂山店三里，鰲山店十二里，歷見宋家莊，共四十七里。中火。又自鰲山至二里店二里，現橋五里，三家坊二里，東五里橋十六里，一名龍池河漁陽橋，薊州城五里，西五里橋五里，邦均店一十五里，共五十里。是日通行九十七里，宿邦均店。

三十日丙午，【略】自邦均至別山莊二里，曲家莊二里，龍灣子四里，一柳河二里，現曲子二里，胡李莊十里，白榦店二里，段家店二里，滹沱河五里，三河縣五里，東西棗林五里，共四十六里。中火。自棗林至白浮屠莊六里，新店六里，皇親店六里，夏店六里，柳河店五里，馬已乏六里，煙郊堡七里，共四十一里。是日通行八十四里，宿煙郊堡。

八月初一日丁未，【略】自煙郊堡曉發，至師姑莊五里，鄧家莊三里，胡家莊四里，習家莊三里，潞河四里，通州一里，永通橋八里，楊家閘三里，管家莊三里，共三十五里。中火。又行至三間房三里，定府莊三里，大王莊三里，太平莊三里，紅門三里，(是)［十］里堡三里，(巳)［八］里堡二里，新橋六里，東嶽廟一里，朝陽門一里，入西館，共二十七里。是日通行六十二里。

自鴨緑江至皇城統計三十三站，爲二千三十里。

又《漠北行程録》 起辛亥，止乙卯，凡五日。自皇城至熱河。

［乾隆四十五年庚子］八月初五日辛亥，【略】巳時，從謝恩兼進賀正使，自燕京發熱河之行，副使、書狀官、譯官三員，裨將四員，并從人共計七十四人，馬共計五十五匹，餘皆落留西館。【略】皆至瞻雲牌樓前辭拜馬首，【略】入地安門，【略】出門又折而北，循紫禁城行七八里。【略】行三四里，出東直門。【略】不覺行二十餘里。【略】日暮既，迷失道，誤追車迹，迤西益行，已迂數十里矣。【略】炊宿孫家莊。東直門爲其捷路，而猶迂數十里。

初六日壬子，【略】昧爽發行，亭堠書順義縣界。又行數十里，亭堠書懷柔縣界。【略】行數十里，渡白河。【略】望密雲城，纔近數里，促鞭疾馳，望城而行。【略】雨少歇即發，循密雲城外行七八里。

初七日癸丑，【略】朝炊穆家谷。出南天門。【略】先至古北河，副使、書狀追到，【略】遂渡河，一名廣硎河，此白河上流也。【略】夕炊石匣城外。【略】飯後即發，已初昏矣。【略】暫歇馬城內。【略】沽酒小飲，即出長城。

【略】出三重關，遂下馬。【略】又登一嶺，既至河邊，【略】以錢五百雇主人，導正使轎前，遂渡河，凡一水九渡。

初八日甲寅，【略】曉炊半間房。又至三間房，小憩。【略】漸近熱河，【略】片時間約行五十里，至嶺上。【略】少歇三道梁，渡哈喇河。黄昏時逾一大嶺，【略】時夜已二更時分矣，【略】令首譯馬頭扶護先送，遂與首譯步至站中，夜已深矣。有行宫而閭井廛市極繁華，忘其站名，似是樺榆溝也。至店即進食。

初九日乙卯，【略】巳時入熱河，寓太學。鷄鳴先發，與首譯同行。【略】渡河行十餘里，【略】轉過一山。【略】纍日行山谷間，既入熱河，宫闕壯麗，左右市廛連亙十里，【略】熱河城高三丈餘，周三十里。

又卷三《還燕道中録》 起辛酉，止丙寅，凡六日。

秋八月十五日辛酉，【略】朝飯後即爲登程，已過午刻矣。【略】過廣仁店、三岔口，至雙塔山。【略】渡灤河，宿河屯。是日行四十里。

十六日壬戌，【略】平明發行，到王家營，中火。過黄鋪嶺。【略】至馬圈子，止宿。是日行八十里。

十七日癸亥，【略】曉發過青石嶺。【略】朝炊三間房。【略】飯後即發行數十里。【略】行至長城外。【略】還入古北口，【略】令工値晌午，與首譯小憩沙邊，遂入關。【略】中火於關内店房。【略】飯後即發，入第三關。【略】憩一蕭寺。【略】是日行八十里。

十八日甲子，【略】平明發行，過車花莊、獅子橋，有行宫。至穆家谷，中火。飯後即行，過石子嶺，至密雲。【略】至白河津渡，【略】到駙馬莊，止宿。店在城底，城乃懷柔縣也。【略】是日行六十五里。

十九日乙丑，【略】曉發懷柔縣，至南石橋，中火。【略】過林溝，至清河止宿。

二十日丙寅，【略】平明發行，行二十餘里，至德勝門。

丁壽祺《海隅從事録》 庚申［咸豐十年］八月之變，天子巡幸木蘭。俄羅斯乘間請和，與恭邸面定條約，勘分邊界。【略】奏帶司員，余厠名簡末，奉旨著一併馳驛前往，欽此。辛酉二月，由兵部咨取火牌勘合。

二十五日癸未，巳刻起程，出朝陽門，四十里至通州。

二十六日甲申，住棗林，三河縣境。是日清明。

二十七日乙酉，住別山，薊州境。

二十八日丙戌，住玉田縣。

二十九日丁亥，住豐潤縣。

三十日戊子，行五十里，至榛子嶺，灤州屬。無人供給，自欽使以下自謀朝食。飯畢就道，大風，微雨。住七家嶺，遷安縣境。

三月初一日己丑，住盧龍縣灤河驛。

初二日庚寅，住撫甯縣峰口驛。

初三日辛卯，易車而騎，住臨榆縣。

初四日壬辰，出山海關，住沙河驛。自此以往，夫馬俱歸驛丞支應。

初五日癸巳，住望海店。至村外望海，水勢汪洋，帆檣遠行如豆。

初六日甲午，行十餘里，遇朝鮮問安使從事官宋姓。下馬詢問，倚鞍筆談。【略】住連山。

初七日乙未，住松山。

初八日丙申，住十三山站。

初九日丁酉，住廣甯站。

初十日戊戌，住黑山驛。

十一日己亥，住拉門。

十二日庚子，住新民屯。途中遇雨。

十三日辛丑，過巨流河，遇雨，住永安橋。

十四日壬寅，至隆業山，欽使祇謁福陵，余等在宫門外相候。未刻進奉天省城。

十五日癸卯，冒雨遄行，住蒲河。

十六日甲辰，泥澤深尺餘，車行屢覆。自此以往，無日不乘馬矣。住鐵嶺縣。

十七日乙巳，住開原縣。

十八日丙午，【略】行三十里，出威遠堡邊門。過此皆吉林所屬，每百里一站，站設筆帖式一員、領催一人。山勢雄秀，林木葱翳。考地志，長白山在吉林東南，橫亙千餘里，東連甯古塔，西達鐵嶺，諸山皆發源於此，故氣脈特盛。住蒙古和羅站。

十九日丁未，住葉赫站。

二十日戊申，住赫爾蘇站。【略】出關以來氣候更寒，時已暮春，尚著羊裘。草際曉霜凝結，人家俱卧火炕。

二十一日己酉，住阿勒坦頗墨勒站，俗名大孤山。山頂多古廟，風景極佳。

二十二日庚戌，住伊巴丹站。

二十三日辛亥，住蘇瓦延站。

二十四日壬子，大雷雨，住依勒們站。

二十五日癸丑，雷雨竟夜，住蒐登站。

二十六日甲寅，立夏，乘馬入吉林城。沿松花江而行，道鋪木板，山青水緑，頗有江南風景。

［四月］初二日庚申，微雨。欽使會同將軍奏報起程，拜摺後即行。余等因馬匹缺乏，未刻始能就道。至松花江口車馬充塞，守渡兩時之久，無人過問。過江，天已昏黑，在高家窪自謀晚餐，索價極昂。

初三日辛酉，至額特穆站。又行數十里，大雨道滑，至老爺嶺路極艱險，馬及僕夫蹶而復起者再。不得已，冒雨入村店。店僅三間，上下數十人共聚一室，人聲嘈雜，飲食麤糲，竟夜不寐。

初四日壬戌，大雨徹夜，驅車過嶺。嶺勢陡絶，上下三十里，直上巔頂。下視雲氣迷漫，天風浩蕩，有身世頓忘之感。踰嶺，雨勢更大，車馬俱陷泥中。冒雨行汙萊間，乘馬至旅店。雇夫四名、牛一頭，拉運至大道，舍車策馬先行。至拉法站，渾身霑溼，供事家人俱墮河中，踝蹬而來，環坐向火。晚後雨雪，行李車輛渡河，至中流而陷，無計可施。和衣假寐，如卧冰雪中。

初五日癸亥，晨起望對山，積雪如玉，同人皆有寒色。前途河水暴漲，橋斷不得渡。枯坐終日，北風怒吼，行李到站俱已溼透。

初六日甲子，乘馬行里許，過拉法河。橋板忽斷，余因受風寒，腹痛舊疾大作，忍痛登大車，泥深没轂，馬屢蹶屢起，余左臂左項受傷。酉刻雷雨大作。飲馬溝中，有巨蛇如臂，昂首水外，馬驚逸。時已昏黑，至庫傅禮河覓店投宿。店僅二間，先有住者，不得已分榻棲身，和麪作餅，僕役皆食蘆穄。

初七日乙丑，車馬疲極，泥淖膠滯，萬難前進。馭之以牛，過額勒河，又陷於水。余涉水就馬，至退摶站。

初八日丙寅，過張才嶺，莫知得名之由。嶺長四十餘里，嶺上有張才廟，黑面短鬚，肩荷一斧。山路崎嶇，碎石當途，磨輪鐵有聲，旁行側上時有傾覆之虞。下嶺入魏家窩集，清言「窩集」即漢言深不見天之樹林也。樹木叢雜，落葉盈聚，槎枒糾結，無路可通。辨徑取道，盤還兩時之久，始歸正道。

初九日丁卯，至鄂穆和站。因天色尚早，擬追及星軺。又行八十里，至半拉窩集。有吉林書吏獨行遇虎，聞車聲呼救，載以同行，子刻至塔法站。

初十日戊辰，大雨不止，住必兒罕站。

十一日己巳，冒雨遄發，河水暴漲，橋斷不得渡。隨欽使至山家借宿，薪米俱無，勉强易麤麪數升，拾枯枝作炊，聊以充飢而已。

十二日庚午，行二十五里，至石頭甸子。周圍三十餘里石平如砥，俗言李老君鍊水而成。四旁壘石焦枯，土人謂之老君鑪。地志言下有海眼，與鏡泊湖相通。越嶺三重，岡五道，住河蘭站。

十三日辛未，至甯古塔。

十四日壬申，因前途狹邃，車道不通，改用馬馱。東行無非曠野，上下俱住帳房，將行李分半暫存塔城，以取簡易。

十五日癸酉，馬匹不敷，不能起程。

十六日甲戌，大雨。

十七日乙亥，據探報云墨稜河水漲，艤舭不能渡。艤舭者，刳木爲之，僅用一人，無槳無舵，順流而濟，稍有傾側即溺於水矣。

十九日丁丑，水勢稍退，巳刻起程，渡牡丹江，住乜河南溝。尚有草屋數間，因帳房未到，暫行借住，污穢不堪。上下皆計口受食，每人日給米一碗，麪一盂。自此以東新設臺站十一處，以便遞送文報。

二十日戊寅，住江密峰。

二十一日己卯，住柳樹河子。營幕未張，疾風忽至，欽使以下露坐草間，大雨如注，渾身沾溼。約一時之久，風勢稍定，帳房始能支搭。甫經就枕，大風又起，布既單薄，梁柱又不甚堅實，時有傾壓之懼。夜氣極寒，頗有冬意。

二十二日庚辰，冒雨住墨稜河西岸。雨雹，伐木爇火，環坐烘炙，稍有暖意。

二十三日辛巳，雨徹夜不止。渡墨稜河，路多黑溝，余足陷於泥。又涉峭壁而過，兩手爲枯草刺傷。住馬家萊營，風雨大作。

二十四日壬午，越嶺十餘重，深溝數處，皆無地名。住石頭河，夜間大風。

二十五日癸未，雨，住東溝。對山有虎，夜行目光如炬。

二十六日甲申，住大嶺子。

二十七日乙酉，竟日陰雨，住大王山。數日以來，日行荆棘之中，晚卧曠野之地，天既奇寒，地復潮溼，人馬行李時墮溝中，馱馬多有倒斃。

二十八日丙戌，住烏什庫。陰雨經旬，人卧淤泥中，子刻就枕。有虎下山，攫馬，羣騎狂奔，人聲鼎沸，移時始定，計傷馬四匹。

二十九日丁亥，至興凱湖西北岸安營。夜間大風雨。

五月初一日戊子，探聽俄人在風密山東北蓋有房屋數間，俄兵數十名，火鎗數十桿，大銅礮一尊。

初二日己丑，又移營前進，與俄人相距二十餘里。有俄使二名來營送照會一紙，語句毫不可解。內一人名地牙内福，纔通漢語，稱伊正使喀咱切斐齋，副使步多郭斯啓已到湖口。未刻大雷雨。

初三日庚寅，風雨竟夜，午刻風雨暴作，帳房或傾或壓，至晚始止。

初四日辛卯，俄國通使地牙内福來營，請期會齊。

初五日壬辰，晴，换戴涼帽。

初六日癸巳，欽使命余等至俄營會議。

初七日甲午，欽使將軍許於次日午刻相見。

初八日乙未，距該夷營十里地名達蘭泡支搭帳棚，候該使來議。【略】雷雨大作，巨雹交至。酉刻回老營，余帳房已經傾塌，行李浸於泥水中。草草支撑，漏已三鼓，擁溼衣假寐。

初九日丙申，風雨竟日，河溝水漲，不能行走。

初十日丁酉，水仍未退。

[五月]二十二日己酉。【略】設之第十站。

二十三日庚戌，雨，住第九站。

二十四日辛亥，雨，住第八站。

二十五日壬子，住第七站。

二十六日癸丑，住第六站。

二十七日甲寅，住第五站。

二十八日乙卯，兼程住第三站。

二十九日丙辰，住第二站。夜間大雨，至早始止。

三十日丁巳，住第一站。

六月初一日戊午，入甯古塔城。

初二日己未，守候車馬，將軍先行。

初三日庚申，住沙蘭站。

初四日辛酉，住必兒罕站。

初五日壬戌，住塔法站。

初六日癸亥，【略】住鄂穆和站。

初七日甲子，住伊齊斯渾站。申刻大雨。

初八日乙丑，住退摶站，大雨竟夜。

初九日丙寅，隨同欽使叩賀萬壽聖節。午後大雨，住拉法站。

初十日丁卯，辰刻起程，大雨不止，平地水深尺餘。迤邐前進，過老爺嶺，雨勢更大，阪峻車覆，下嶺時已昏黑，山河漲漫，莫知深淺，遂投七道河村店借宿。欽使及同人或先後，均不知住處。

十一日戊辰，雨仍不止。僅易小米數升、蕎麥數斤，日食一飱，以免飢餓耳。

十二日己巳，知欽使住六道河，乘馬涉水踰嶺，至欽使所住之店，商議取道。【略】回七道河村店。

十三日庚午，聞欽使由對山小路乘馬越嶺而過，馬踣於水，從人擁救，幸未傷損。

十四日辛未，大雨。

十五日壬申，雷雨竟夜，糧食將盡。

十六日癸酉，接文潔溪劉潤書信，知伊等或東或西，均阻於河套之中，因乏食，望救。無可如何，束手待斃而已。

十七日甲戌，雨仍不止，無處覓食。不得已，約同文潔翁乘馬越嶺，分道冒險前進。嶺勢陡峻，雨滑不得上。林畔有草棚一所，有老人孫姓居住。就棚中避雨，老人留宿，摘瓜菜煮食，坐談竟夜。

十八日乙亥，雨。老人言嶺東路徑稍寬，或可行走。惟過嶺仍有大河數道，不知能過與否。

十九日丙子，乘馬上嶺，用木棍支拄而行。踰嶺後相其河水淺處，策馬以濟。同人多顛於水，扶掖而起。行五十餘里始得正道，晚住雙岔河。烘炙衣履，供饌始有飯米。

二十日丁丑，過莽流河。酉刻渡松花江，計行一百餘里，人馬乏極，始抵吉林省城。

二十一日戊寅，微雨。

二十二日己卯，行李陸續到齊。

二十三日庚辰，烘晾衣服。

二十五日壬午，由吉林起程，住蒐登站。

二十六日癸未，住依勒門站。

二十七日甲申，大雨，兼程住依巴丹站。

二十八日乙酉，住依勒坦頗墨勒站。

二十九日丙戌，住赫爾蘇站。

七月初一日丁亥，住葉赫站。

初二日戊子，進威遠堡邊門，兼程住開原縣。夜間雷雨。

初三日己丑，住鐵嶺縣。

初四日庚寅，住蒲河。

初五日辛卯，進奉天省城。

初六日壬辰。

初七日癸巳，連日酷熱。

初八日甲午，住孤家子。

初九日乙未，住西旗堡。

初十日丙申，住三道井。

十一日丁酉，住廣甯站。

十二日戊戌，住十三山。大雨竟夜。

十三日己亥，渡大稜河。甫經登岸，河水暴漲，行李車截於東岸，船不得渡。

十四日庚子，住連山。

十五日辛丑，住望海站。

十六日壬寅，住前衛。

十七日癸卯，進山海關，住臨榆縣。行李車兼程趕到。

十八日甲辰，大雨。沿途望澤甚殷，得此甘澍，可望有秋。住撫甯縣。

十九日乙巳，住盧龍縣。

二十日丙午，住豐潤縣。

二十一日丁未，住玉田縣。

二十二日戊申，住邦均。

二十三日己酉，住棗林。

二十四日庚戌，晚距通州八里，夜深雨大，投旅店暫宿。

二十五日辛亥，早起冒雨渡河，至通州。欽使由通州取道赴木蘭，叩謁梓宫，命余同往。初七日回京。

恩錫《出邊紀程》〔同治六年〕丁卯九月二十日，由奉天省城起程，行二十里，申刻抵白塔堡，晚宿。

二十一日，由白塔堡行二十里，巳刻抵沙河驛。由沙河驛行四十里，申刻抵煙臺，晚宿。遼陽境。

二十二日，由煙臺行二十里，至章臺。俗名章臺子。由章臺行二十里，申刻抵遼陽城，晚宿。

二十三日，由遼陽行三十里，未刻過望寶臺，其地四面皆山，有茅店數椽，山風亂吼，謖謖盈耳，如聽萬樹松濤，不覺悠然心遠矣。由望寶臺行二十里，酉刻抵唐河沿，晚宿。

二十四日，由唐河沿行二十里，登亮甲山。其地店屋軒敞，當窗蒼翠盈眸，有狸奴甚馴，殊悦人意。店名德成，主人張姓，蓋旗籍也。由亮甲山行五十里，途中石子皆嵌入土，車不易行。又有嶺名青石，徑仄崖高，尤稱險隘。酉刻抵甜水站，晚宿。

二十五日，由甜水站行二十五里，巳刻踰大高嶺，又名摩天嶺。嶺陡絶，上有蟠龍寺，殿宇輝煌，工竟未久。有僧名虚住，雅甚。由大高嶺行三十五里，未刻抵連山關，晚宿。

二十六日，由連山關行三十五里，午刻度分水嶺。府視嶺下，環村楊柳百餘株，門外山色空濛，隱含雨意，如觀米家畫圖。店名湧源，主人汪姓，亦隸旗籍。由分水嶺行二十五里，途中山雨欲來，車行甚驟。申刻抵同遠堡，晚宿。岫巖境。

二十七日，由同遠堡行三十五里，午刻渡金家河，小憩。渡河有三，曰金家河、劉家河、單家河。又有峻嶺，勢甚陡，下視水次，深不可測。有長嶺，道長而坦。越過長嶺，已見薛禮站隱隱前面。由金家河行二十五里，申刻抵薛禮站，晚宿。

二十八日，由薛禮站行四十里，未刻入鳳凰城。城外人烟稠密，城内市井繁華，甲於內地。寓居關帝廟，禪房幽静，院有高松異草，迥出天然。旁蒔月季花一種，經霜不萎，嫣紅可愛。於此小住數日，候延樹南侍郎、奕小峰都護到齊出邊。

十三日，由鳳凰城起程，行三十里，申刻抵鳳凰邊門。旅店依山築室，巒光聳秀，迥出天然。次日即同延樹南侍郎、奕小峰都護聯騎出邊。

十四日，由邊門行三十五里，午刻至楊木溝那家店，少作勾留。旋復馳進，由那家店行二十里，申刻抵雙廟，晚宿。

十五日，由雙廟行二十五里，午刻越駱駝嶺。由駱駝嶺行十五里，未刻抵小豬山，晚宿。

十六日，由小豬山行四十里，午刻過北井。其地水陸俱通，人烟輻輳，肆中諸貨及市價之銷長，皆自孤山來者。未至北井，由北而南三度板橋，遥見帆檣叢立，頗似南方風景。由北井行二十里，申刻抵柞木山。與延樹南侍郎、奕小峰都護偕登蛇塘山，山多蛇，距窟窿山相去僅一矢耳。窟高五尺餘，可容一人穿過，因此得名。窟中山鳥爲巢，莫計其數，望東海如匹練。歸途月上，離海已有丈餘。

十七日，由柞木山行六十里，中途偕登前光土山，望後光土山較小。復由樵路登丁家岡，距東海咫尺，海水多作碧色，如游蔚藍天，目力不知所窮。申刻抵小黑山，晚宿。

十八日，由小黑山行四十里，折回雙廟。中途遇風，直至未刻抵舊棲處，晚宿。

十九日，由雙廟行五十五里，未刻抵鳳凰邊門，晚宿。是日水始冰，凝結不及半寸，足徵地氣之暖。

二十一日，偕登芝蔴嶺。嶺上柞木不下百餘株，盤桓半晌，折回邊門。

二十二日，會祀山神廟。距邊門半里。神最靈，凡出邊者咸具香楮虔禱。

二十四日，由邊門起程，行二十里，過唐三城。登高眺遠，悉在目中。又三十里，未刻抵金山灣。其地峰巒環抱，有朝鮮國所築草屋三楹，名曰高麗店。由金山灣行四十里，酉刻抵中江，晚宿。

二十五日，午刻接見朝鮮使臣接應官兵曹參判鄭應周，係二品。滿浦僉使李義明，係三品。差使員龍川府使申杓，係三品。又有勞問使同副承旨柳德魯、差備官李應浚。當與兵曹參判鄭應周等，互相筆談，籌商三時之久，中外之全局始定。

二十六日，由中江行六十里，申刻抵土城，晚宿。

二十八日，由土城行三十里，未刻抵安平城，晚宿。

二十九日，由安平城行六十里，酉刻抵茅兒淀，晚宿。

十一月初一日，由茅兒淀行六十里，申刻抵寬淀，晚宿。其地有城，詢諸土人，云明萬曆三十六年所築，周圍八里。

初二日，由寬淀行六十里，酉刻抵靉陽邊門，晚宿。次日辰刻偕祭山神廟，如前儀。

初三日，由邊門行三十里，經新開嶺，陡降陂陀，勢甚陡險，人馬難以停足。又行三十里，申刻抵賽馬集，晚宿。

初四日，由賽馬集行三十里，過喜鵲嶺，一名鵲雀嶺。又行三十里，申刻抵大分水嶺坳，晚宿。嶺絶高，細路盤曲，如兩之字相接之形。其地有分水寺，住持僧體月，人甚樸實。

初五日，由分水嶺陟前嶺，自山脚至嶺巔羊腸蜿蜒，計二十四級。上視雲霧溟濛，深不見底。行十里，午刻入箐子峪。又行三十里，酉刻抵四哨嶺，晚宿。

初六日，由四哨嶺行五十里。午刻過本溪湖，其地依山築室，高低不接，或三楹，或五楹，重疊掩映，望之若層樓結構，深有雅致。又行三十里，酉刻抵石橋，晚宿。

初七日，由石橋行四十里，巳刻至鳳積堡。又行五十里，申刻旋省。

聶士成《東輶紀程》卷一 九月初五日記 一點三十分，由蘆臺開火車啓行，蘆防武毅等營及通永鎮三營官長皆叩送焉。行四點十三分鐘，至灤州車站，有灤州城守千把總叩接，比即渡灤州河，宿於東岸。【略】灤河鐵橋此次重修，極其堅固，大約年底可以工竣，此後當可無虞。

初六日記　早六點三十五分，由灤乘車。行五點十三分鐘，至山海關車站，榆防各營官接見。

初八日記　早六點鐘，率文武員弁、學生由山海關起程。行二里許，至烏煙城。【略】又六里，至姜女廟。【略】是日，遂宿於距山海關六十里之王崗臺。

初九日記　天氣晴明。早六點鐘，由王崗臺起程。惟北風甚急，夾衣已不可禦寒。行八里，至前衛所，晤奉天彈壓委員劉鳳來司馬。談及地方情形，據云此次奉、錦、山海一帶興修鐵路，自各大憲剴切曉諭後，地方百姓皆遵示咸服，不若津、沽之掣肘，其餘沿途亦無搶(却)[劫]情事，約談半點鐘遂別。因道路躪滑，車行不易，行六十里，至中後所宿焉。

初十日記　早三點四十五分鐘，由中後所起程。行二里，過六股河，而水已結冰。何以以六股名？因六道山河合而爲一也。寬約十分里之九，深約二尺許。據土人言，夏季山水漲時，人馬車輛須用船渡。鐵路興修至此，則工程又屬不行。【略】下午三點鐘，過寧遠州，出東門行六里，至首山，見山坡有鐵路公司插立標旗。將來興工，必須開挖道路，其工程又不知費幾何人力。繼行至乾柴嶺，有洋人微綸密士率領工夫四五人，用炸藥開取石道，已有四百餘丈。是日，宿柴嶺，距中後所九十五里。

十一日記　早三點半鐘，由乾柴嶺起程。行四十五里至高橋，有蘆防副中營馬小隊哨長駐防下窪。都司劉殿元接見，比即詢問地方情形，據云，蒙、漢均各相安，年歲亦稱豐稔。往拜鐵路總辦周金聲軍門，適公出未見。余遂詢問司事，據云，東由大(陵)[淩]河以至高橋，西由山海關以至寧遠，均已動工，每日工夫不下兩萬人。前本擬九月二十告竣，現在窺其情形，大約定期尚難一準。余遂別。是日下午，渡小淩河，宿於錦州南門外，計行程一百一十里。

十二日記　【略】十一點三刻，由錦州起程，行至大淩河，遇金聲周軍門。比入旅店，坐談鐵路工程，一切工夫均各相安，軍民和睦，與錦州副都統所言相合。是日，遂宿於大淩河，計行程四十里。

十三日記　黎明，由大淩河店起程。行二里許，至大淩河。先有貧民於此往來帶路，並水車裝送行李。其河在夏季山水漲時，寬約二里許，有民船裝渡。【略】繼行至十三站地方，街市生意亦頗茂盛，途中往來粮車絡繹不絶，其年歲豐稔已可概見。【略】是日，宿於吕陽駟，計行七十里。

十四日記　早四點鐘，由錦縣、廣寧分界之吕陽駟起行。二十里，天明。大霧，山林、村莊概不能辨。行四十里，至廣寧站地方。【略】是日，行九十五里，宿於三里店。

十五日記　早三點四十五分，由三里店起程。【略】是日，遂宿於半拉門鎮，行程計八十五里。

十六日記　早三點三十分，由半拉門起程，劉守備帶隊送行。天明降雪，愈下愈大。行五十里，至潘家港，入店稍憩，午飯。十一點四十分，稍小，由店起行。至新民屯，有奉軍聶鎮軍馥山派隊接見。【略】是日，宿於新民屯，計行八十里。

十七日記　【略】繼於十點鐘自新民屯起程。【略】行二十五里，渡巨遼河，其河在春水漲時約寬二里，現秋枯，寬與天津紫竹林河相等，水深丈餘或八九尺不等。查河源發自松花江，流至營口入海。河内往來船隻均由通江口裝載粮食運往營口。其通江口之上，河既窄而水猶淺，所以船不能上達。又行二十五里，至興隆店宿焉。

十八日記　天氣晴明。早四點鐘，由興隆店起程，行五十里，至大石橋，入店午飯。【略】行三十里，至瀋城。

二十日記　早六點鐘，命武備學生馮國璋等閲看瀋城形勢，余往拜城内各部及都統協各官。下午，學生覆稱，城垣四面見方，每面有城門二，大東門乃入興京之大道，小東門乃至(詎)[距]城九十里北西湖産焦炭處之大道，大南門、小南門乃至遼陽分道，旅順、朝鮮之大道，大北門通吉林之大道。

二十一日記　【略】十一點鐘由瀋起程，行四十里至蒲河，宿焉。

二十二日記　早三點，天降大雨兼飛雪花，以爲住雨再行起程，而愈下愈大，以致路泥躪，車馬不能行走。仍宿於蒲河。

二十三日記　早三點鐘，雨霽。四點十五分，由蒲河起程，而道路泥濘，車馬行走誠非易易。約記出關以來，自新民屯而後，道路極其寬闊，無論何項隊伍行走，不致漫延民地。雖間有崗嶺，亦無害於炮車。【略】是日，行五十里，宿於范家屯。

二十四日記　早三點鐘，由范家屯起程，行八里過凡河。又行三十二里，至鐵嶺縣。切東南城角，越東門而入旅店。遥見城西篷帆絡繹，詢土人，言距西門外五里有遼河，即巨流河之上流，其船隻即本縣馬逢口及通江子往來裝運粮食之船。【略】午飯畢起程，行三里，過柴河。【略】又行四十里，過沙河，即入店宿焉。

二十五日記　早五點，由沙河店起程，霜降如雪。行二十五里，過清河，其河面寬十分之七，是時水道僅寬七丈餘，深約三尺許，土人言，夏季山水漲時，溜湧非常，渡船甚至翻覆。又行一里許，至五里堡。【略】又行三十五里，至威遠堡邊門。【略】是日，遂宿於威遠堡門外，計程六十五里。

二十六日記　早四點四十五分，由威遠堡起程。行十里，過二道河至南城子。【略】又十八里，過歡喜嶺、沙河。又五十七里，至葉赫站宿。是日所行之道，左右皆山，谷若衚衕式，相間或七八里，或三里，甚至不及一里。

二十七日記　早四點十五分，由葉赫站起程。行五十里，過遼河。【略】至赫爾蘇站宿焉，計行程八十里。

二十八日記　早三點五十分鐘，由赫爾蘇站起程。行二十五[里]至小孤山，天明。【略】又行三十五[里]至大孤山午飯，其大致與小孤山彷彿。又行三十里，至伊通州宿焉。【略】是日，行程九十里。

二十九日記　早四點鐘，由伊通州起程，入鎮市西圍門，過大街，出北門，過伊通河。【略】行二十里，至伊巴丹站，人馬皆至徹，遂入店午飯。越兩點鐘，[雪]稍小，起(行)程。又行二十里，至王三家子宿焉。雪尚未住。

十月初一日記　黎明晴霽，由王三家子起程。【略】行四十里，至蘇瓦延站，俗呼為雙陽河。其河[寬]約二十餘丈，深約十餘丈，往來行人搭有木橋，車馬須行河底。【略】又行四十里，至長嶺子宿焉。是日，所行之路在雙陽河西，當稱平順。自河以東，步步皆係山嶺，車行不穩。

初二日記　早四點鐘，由長嶺子起程。行十里，過伊勒河門。又二十五里，過叉路河，其河亦寬，鎮市亦大。河西修有木橋，行人便於往來，車馬仍行河底。又二十里，至一拉溪，又四十里，過大綏河，入店宿焉。是日天氣晴明，極其寒冷。所行道路亦屬平坦，惟叉路河東有崗嶺數處，亦無害車行。

初三日記　黎明，由大綏河起程，靖邊營派隊護送。行十里，過土門子。又十里，至老爺嶺，因山上有聖帝廟宇，所以俗呼為老爺嶺，車馬上下均不易。又十五里，至歡喜嶺。因上嶺即望見吉林省城，所以俗呼為歡喜嶺。自過土門子山至歡喜嶺，大道皆在山溝之中，左右俱係高山，樹木叢雜。待至歡喜嶺上，則松花江、吉林省垣、村莊、街木皆可一目瞭然。又十里，入德勝小西門，進客寓，時十一點三刻。【略】是日，行四十五里，宿於永升客寓。

初七日記　據貳學生等聲稱，昨日所繪之圖，各處通衢要路尚未備載，應仍往各處揣看，余遂允其自往。查德勝門、福綏門、迎恩門雖各有分路，而歸即係入奉天大路。致和門往化皮廠、沙河子大道，北極門往烏拉街大道，巴爾虎門、朝陽門均往黑龍江大道，東(葉)[萊]門往暉春大路。其松花江水係北流，寬約一里許，深約一丈二三尺或八九尺不等。夏季水大，三五百石粮船可由柏德訥、三姓等處來，此時並無船隻。其柏德訥距吉林計程六百里，若乘船順風，三晝夜可到。其江發源本自長白山，木料均自江順流而下，所以該處極賤。

余於六點鐘往將軍處稟辭。【略】蒙將軍派馬小隊二十匹、哨官一員護送，又飭沿途各站掃除房屋，以備住宿，並派站馬車四輛裝送行李。余自出山海關以來，均住客店，並不蹧擾驛站，而自吉林西往黑龍江，沿途雖有客店，僅能容隻身行人兼有家眷，余所帶車輛、兵弁勢不能住。所以既蒙將軍飭驛，余遂不辭。既別，行十五里，渡松花江，宿於烏拉站。

初八日記　早九點鐘，由烏拉站起程，雪花亂飛，道上積雪尚未銷化，路上行人、村莊均屬寥寥。行二十里，至嘎子街，過蟒牛河。又行二十里，至金珠站，時方一點三刻。至五點鐘，學生等隨帶車輛亦到。是日，宿於該站。

初九日記　早八點鐘，由金珠站起程，天仍未霽，雪花亂飛。行五里，至啞叭屯過河。又三里，至萬家，有向西北叉道一道，係往[烏]拉街大道。【略】又四十里，過四家子河，均松花江之叉。又十二里，至舒蘭河站，入站宿焉。

初十日記　【略】七點鐘起程。行五十里，至巴彥鄂佛羅邊門站，俗呼為法特哈門，宿焉。該處為吉林府、伯德訥所分界之處。

十一日記　早八點鐘，由巴彥鄂佛羅邊門站起程。行五十里，至登伊勒哲庫站，俗呼為臭水店，時兩點二十五分。隨帶學生向東大道，行四十里，至孤榆樹。四面揣看，該處向北大道即往濱州、三姓大路，向西北大道，即往伯德訥、齊齊哈爾大路。由吉林至該處，所行向北，而明日則向西行矣。

十二日記　早八點鐘，由登伊勒哲庫站起程。行五十里，至蒙温站午飯。【略】午飯畢，由站起程，又行四十五里，至陶賴昭站宿焉。

十三日記　早七點鐘，由陶賴昭站起程。行四十五里，至遜紮保站，俗呼爲五家站，更换車輛。該處係一大鎮市，西去二里許即至松花江，有馬頭可以停泊往來船隻、木排。向西南三百二十里，至長春廳，即俗呼寬城子，往來販運糧食貨物。又行三十五里，至浩色站宿焉。【略】自出法特哈邊門以來，大路均寬二十餘丈，亦無山嶺。【略】是日，計行八十里。

十四日記　早八點鐘，由浩色站起程向西，彌望無際，村莊、樹木一概皆無，路上行人一無所見。行二十五里，始一民屯，俗呼茶棚。又二十[里]有民屯，曰小防身。又十五[里]至社哩站，時兩點三十分。【略】是日，遂宿於社哩站。

十五日記　早八點鐘，由社哩站起程。比時地已雪深尺許。余因不肯躭擾各站，所以不遷延時日。行三里許，北風大作，飛雪密如細雨，對面不能見人，遍地皆爲雪漫，不明路跡，而一轉瞬則方向莫辨。幸站上車夫能識路徑，尚未入誤。華氏寒暑表已無度數。又三十二里，至十家子，入店稍憩。越三十分鐘起行。又二十五里，至伯都訥城，俗呼爲新城。【略】是日，計行程六十里，晚宿祥發客寓。

十六日記　【略】俟於十一點鐘起程。行二十五里，至伯德訥站。吉林護送馬隊，余命回防。按學生等復稱，該城四面見方，係土牆，倒塌不堪，均能出入。每面有城門一，其東門即通吉林大道；南門距松花江一里許，即通長春府大道；夫長春廳現改爲府，又俗呼寬城子。查伯都訥城距法庫門八百里，係往來客商車行大路。若軍行直往齊齊哈爾，則可由新民屯過黄旗堡至法庫門，往長春府至伯都訥，再由御路直上，較由奉天往吉林至伯都訥城則近六百里。其西門距松花江三里許，過江行五十里，至茶捍圖墨，即蒙古地方；其北門即往齊齊哈爾大道。

十七日記　早四點三刻，由伯德訥站起程。天晴，北風甚冷。行二十里，至地窩鋪分道，向東北往水手營，其西北大道係由三叉河過江，御路因此時冰凍封嚴，故由水手營過江。其江本係松花江，至三叉河東往三姓分爲剪股式，所以，今日過江兩道，相距五里。其頭道江過江處寬二百一十丈，江南屬吉林，江北即屬黑龍江，又水深一丈一二尺。二道江過江處，寬一百八十五丈，水深八九尺不等。過江後，其相□處多坑窪，夏季泥水約深數尺，即俗呼紅眼哈塘，考即紅泥沙塘。沿黑龍江西北直上，比有茂興站路記防禦帶隊接見。又行三十里，有黑龍江鎮邊水師營德管帶[帶]隊來接，又黑龍江將軍派馬小隊哨官併差帖來接。又行十五里，入黑龍江邊界茂興站。【略】是日，自伯德訥起程，至茂興站，計行九十里，加繞道共約一百十百。【略】是日，宿於(發)[茂]興站。

十八日記　天氣晴明。早四點半鐘，由茂興站起程。行四十五里，至吴蘭喏爾站。因站西有積水塘，蒙古呼爲吴蘭爾泡，故站以是命名。而俗呼爲新站，因該站繼後設立，所以呼爲新站。入站午飯，越一點鐘起程。又四十五里，至古魯站。查自吉林至伯德訥站，御路均沿松花江而上，其各站相距或七八里、五六里、三四里不等。而至三叉河過松花江至齊齊哈爾，御路又沿嫩江而(止)[上]。夫各站如是而設者，因沿江一帶均有水泡，俾夏季牲畜飲水便易，所以站名多半以泡名而設。自過三叉河至古魯站，均係蒙古地，歸郭爾羅斯公所屬，即俗呼爲北高爾蘇公儀，御路一帶歸屬站道。夫一江兩省驛站與關内不一，各站設筆帖式一員，委官一員，書識一名，頭目二名，壯丁二十三名，馬二十七匹，牛二十七條。馬以遞送公文，牛架車護送官員。站之鄰近地方任其開墾耕種，不納課税，而每日各員名仍貼津貼銀一兩。其牛馬若無公文差務時，亦任其借以耕種。并於各站設立官舍，以便因公往來官員存宿，因道上無旅店可住。其壯丁均係内地各省貧民遷移至此，或由發配而來。現在人口日見增多，地面亦開墾日廣。是日，計行九十里，遂宿於古魯站。

十九日記　晴，寒暑表十八度。早五點鐘，由古魯站起程。車向北行偏西三度，四十五里，至嘎嗲房。又十二里，至排二店，均有客店。此外，則一遍荒野，一無所有。惟自古魯站向北十里至温托合站，處蒙古地方，歸都爾伯岱貝子管屬。又十八里，至他爾站宿焉。

二十日記　晴，寒暑表十八度。早三點鐘，由他爾哈站起程。車向北行十五里，見蒙古呼曰十五里崗。又五十五里，至多耐站。天曙，入站早飯。越一點三十分起行，又六十五里，至卡倫房，即都爾伯岱貝子與黑龍江將軍分屬之處。又十里，至温托合站。自過松花江至此，凡崗嶺不過居十分之二，而高於平地亦不過一二丈、三四丈不等，其餘皆平坦平面，溝渠河道亦無所有。若將來由吉林修鐵道至此，則較別處易於爲力多多矣。是日，計行程一百五十里，宿於温托合站。

二十一日記　晴，寒暑表十九度。早四點鐘，由温托合站起程。車向北偏東十度，行七十五里，至特木德黑站。午飯，更换車輛，越一點鐘起程。車向北偏東十五度，行三里許，依將軍派飛虎馬隊迎接。又二十七里，至三家子。江省各協領、佐領預備茶餐，入室稍憩。又行二十里，至齊齊哈爾城，即俗呼卜魁。【略】是日，計行一百三十五里，晚宿於江省東門外公廨。

二十三日記

既别，據學生等聲稱，該處係城二道。内磚城，四面見方，各面有城門一，周圍約三里八分。城内即衙署既公廨，並無生意；其外城係土圍一道，周圍約七里許，四面爲闇，不等邊形，共有城門。爲因人西門居土崗上，車行不便，所以添設一小西門。生意俱在南門與東門内。東門係往呼蘭鐵山(包)[泡]大道，南門係由吉林來大道，大西門、小西門向西北通呼倫貝爾，西南通法庫門。嫩江距西門八里，夏季亦有民船往來，裝運粮食至伯都訥、吉林等處。

二十四日記　晴，寒暑表十七度。昨日本擬十點鐘起[程]，因將軍擬率文武並出隊餞送，余故先於六點鐘暗自出城，免致勞動各官。既出城，向北偏東三十度行四十二里，過小馬蹄崗，又二十里，至塔哈爾站宿。

二十五日記　晴，寒暑表十五度。早七點鐘，由塔哈爾站起程。車向北偏東三十五度行十五里過小河，約寬十一丈許，冰已堅厚，乃嫩江之叉，俗呼爲十五里河。又十五里，至達子屯。又四十五里，至寧年站宿焉。

二十六日記　【略】早五點鐘，由寧年站起程。車向東偏北四十五度，途中見乘馬駕(雁)[鷹]帶狗追尋獐貓鹿兔者絡繹不絶。查自塔爾哈站至薄爾多站一帶，均係布特哈地方。【略】行九十五里，至拉哈站焉。

二十七日記　【略】早五點鐘，由拉哈起程。車行向東偏北四十三度行五十三里，過汀南屯。又八里許，過諾墨爾河，即嫩江之叉。四里，至溝爾多站，有鎮邊軍左翼右營駐防哨弁帶隊接見。入站稍憩，更换車輛，越三十分鐘起行。又四十二里，至喀迷你喀站宿焉。

二十八日記　晴，寒暑表十度。早五點鐘，由喀迷你喀站起程。車行向北偏東三十度行四十三里，至伊喇哈站。入站稍憩，又换車輛，旋即起程。【略】行七十五里，至墨爾根城，時二點三刻。【略】查嫩江自齊齊哈爾以至墨爾根，相距不出十里之外，至該城西距二里許，北距一里許。夏季水大時，亦有船隻往來，皆裝二三百擔者。再向上至嫩江源，江既窄，而水亦淺，則船隻不能行矣。

二十九日記　晴，寒暑表十九度。早七點鐘，由墨爾根起程，鎮邊軍烏統領帶官長送行。車行向東偏北十五度，途次崗嶺忽上忽下。行八十五里，至科落兒站。【略】至晚，宿於科落兒站。

三十日記　晴，下晴雪。早七點鐘，寒暑表十度，由科(兒)落兒站起程。車行向東偏北十三度，三十五里，至大石溝。又十五里，過木拿河，入店稍憩。與興安城總管晤面。又行四十里，至喀兒塔兒奚站。【略】是日，計行七十五里，晚遂宿於該站。

十一月初一日記　晴，下晴雪。早七點鐘，由喀兒塔兒奚站起程。車行向東偏北十度行十五里，至興安城。在大道之西北山膀上，木修城垣，僅總管及各司公署若干間。又二十五里，至興安嶺。

下嶺，下通平川大道，左右皆山，相距或四五里、二三里不等，惟平地雪深數尺，已凍成冰。余所帶馬匹不時滑倒，而該處馬匹一則習成自然，兼之掌上之釘均七八分，所以行走無礙。又行二十八里，至一山谷口，俗呼爲石頭衚衕，兩山相間處不及一里。山下大道，多有亂石及草根等項，即俗呼哈塘是也。此時冰已堅實，車馬可行，若夏季非由山繞道不可。【略】又行十里，於庫木爾站宿。是日，計行七十八里。

初二日記　【略】早七點鐘，由庫木爾站起程。向北偏東四十三度，行十七里，至男女石。【略】又十八里，至額雨兒站，更换車輛。既行四七十里，至匡安嶺，嶺上有關帝廟，兼開客店。約半里，過陡溝子。又二十里，下山嶺，皆是一遍平地，即興安嶺東邊處。其山勢向西北東南，分爲八字式，中間大道爲愛琿入江省必由之路，而又非由前三家子上嶺過關帝廟。除此，別處皆樹木叢雜，兼有哈塘，人馬所不能行。【略】又行至黑龍江站宿焉。是日，計行一百十五里。

初三日記　晴，下晴雪。早七點三刻，由黑龍江站起程。車行向北偏東三十度，行二十五里，[至]愛琿城，即黑龍江城。

初五日記　晴。早十點鐘，至各處辭行。由愛琿起程，向北偏西五度行六里，過頭道溝及二、三、四、五道溝。三十五里，至卡倫山。【略】又行十五里，至四家子，有小河一道，亦西北興安嶺之來源。又三十里，至黑河，遥見江東一帶煙（露）[霧]迷漫，樓閣鮮明，沿江約長十里許，乃俄城之海蘭泡也。江西即中國之黑河屯。既至屯，入客店。

初六日記　晴，早七點鐘，命依將軍所派通俄語之工阿布先持余名片過江，至俄官顧畢爾那特處，知會余已到境，如彼肯見，則余當往拜。否則，即命學生等過江往看，亦不謂無用。十點鐘，工阿布持合中國副都統俄官顧畢爾那特名阿爾斜泥業夫，並合中國州縣俄官普拉威帖里名布達郭威赤[名片]來請余往見。余昭命學生等隨帶繙繹至海蘭泡街市並其莊村揣看，(命)[余]帶繙繹工阿布並差弁一名至顧畢爾那特府入見。

初七日記　早八點鐘，隨帶學生等周歷黑河、海蘭泡各處。緣海蘭泡居於黑龍江、黄河兩叉之間，街道約長十里許，房屋、墻壁均以木料爲之，沿江有輪船停泊碼頭，其生意即爲彼國各金廠。而電綫沿江上至俄京，下通海參崴，有水綫接連黑河電局，漠河之音均由彼電道。而江西黑河僅有生意數家，房屋極其狼狽，與俄城對岸抵立，殊覺赧然。

查黑河至漠河無道可通，夏秋兩季乘俄輪船，春冬兩季乘俄爬犁，由江東岸俄境方能前往。其爬犁即俄之沿江各馹站預備往來遞送公文即裝送官差等項而安。站(儀)[僅]有爬犁四張，每張僅可坐二人，多則三人，行李尚不能多帶。每爬犁駕馬三匹，每羌里合中國二里，給官價九改別，合中國七十六個半錢。若遇别項公差，爬犁已去，即民家另顧，其價之高即無定數。余所帶差弁、學生十餘員，若全行前往，恐沿途爬犁難[僱]，所以命鄔玉春、張祖佑並差弁等仍回愛琿測繪地圖，余即帶馮國璋、周某記事、(功)[工]額布繙繹、差弁宋方震、奉天張某五人，顧爬犁三點三分由黑河起程。爬犁行於江面冰上(即)[極]快，四點一刻，至俄站依克那擠，計程四十羌里。繙繹云，俄人言此時爬犁預備遞送博齊圖，即俄國之有京報文件、書信等類，須由民家另顧。至下站，計三十一羌里，索爬犁價羌帖十四張，外酒錢八十改別，否則不送。余憶道路在彼境内，站房係彼設立，若不乘彼爬犁，不惟不能行走，亦且無處餐宿，於是遂更換爬犁，六點二刻起行。八點三刻至迷海敖司各站，仍無官爬犁，須顧民家，其價之高，毋庸煩述。九點鐘起行，十二點十五分，至比畢開夫站，計三十羌里，仍前更換爬犁，於一點五分起行，四點三十分至蘇開金站，計二十五羌里，宿焉。惟途中爬犁，若有山則行於江面，若無山則行於岸上，即俄人埋綫桿之大道。

初八日記　天明，八點十分，顧民爬犁起程。十一點三十分至補西窩站，計三十羌里。旋更換爬犁，於十二點十分起行，一點五十分至開爾則果夫站，計十六羌里。兩點三十分起行，四點三十分至西門得站，計二十九羌里。五點二十分起行，八點二十五分至古麻爾站，計二十二羌里。九點四十五分起行，十一點三十分至而里克三德落耳站，計三十羌里。十二點四十五分起行，三點一刻至烏河哥站宿焉。

初九日記　天明，八點鐘起行，九點三十分至各爾楚卜站，計十四羌里。每日所行，見黑龍江左右岸均係高山，山上樹木均長六七丈，嚴密如羅網，雖隻人亦不能行走，因入林内則方向難辨，兼之野獸過多，莫能防禦，所以俄人於沿江一帶山上伐樹爲大道，埋設綫桿，稍坡處，爬犁可行。【略】十點五分，由站起行，兩點五分至懶羅司站，計二十二羌里。三點起行，五點五分至場合依陽站，計三十羌里。五點三十分起行，七點三十分至伊立某果夫站，計二十二羌里。八點十五分起行，一點五分至古心楚夫站，計二十五羌里。宿焉。

初十日記　天明，八點五分起行，十點二十五分至督爾來站，計二十五羌里。一點鐘起行，三點五分至奚力也夫站，計二十五羌里。該處即雅克薩城，生意民居約三百餘家，從前本設有州縣官一員，現在改設站官，管理沿途各站。五點十分起行，八點十五分至我敖立根站，計二十七分羌里。九點十五分起行，十一點五分至瓦崗恩站，計二十四羌里，宿。

黑龍江邊界本言設有卡倫，繪圖立使，人見之，知其能遞送公文，亦且可防守邊疆，他人不能犯境，殊不知徒記空名，虛應故事。每卡倫原設顧目一名，步兵十名。考其實，多則五六人，(可)[少]則三四人，其餘捏名抵空，私飽橐囊。沿江所見，兩三處狼狽房屋兩三間，既不聞雞鳴犬吠之聲，而煙火亦俱不見，如此情能遞送公文，能保衛邊陲耶？余特恐笑落俄人齒牙也！然卡倫兵亦無法可施，沿江均係高山峻嶺，樹木遮天，無一綫之道可通，何法可以遞送公文？何法可以梭巡邊界也？所以，漠河往來公文均由俄站遞送，按分量給費。

十一日記　天明，八點鐘起行，十一點十分至多爾博金站，計三十羌里。【略】一點十分起行，四點十五分至畢開埃特站，計二十九羌里。五點鐘起行，八點十五分至畢力迷坑站，計三十三羌里。九點十五分起行，十一點十五分至畢特駝姆站，計十九羌里。十二點起行，一點五十分至呵土克新司克站，計十九羌里，宿。

十二日記　天明，早九點十五分起行，十一點十五分至而耳巴金，計十九羌里。該處亦係鎮店，生意人若頗多。三點十五分起行，五點五分至連伊鎮。【略】六點十五分起行，八點十五分至呵爾羅犀站，計十五羌里。九點四十五分起行，十二點三十分至也另倫西拉站，計二十四羌里。一點四十五分起行，三點四十八分至西離比尤站，計二十一羌里。宿。

十三日記　天明，九點十分起行，兩點十五分至字改畢遼站，計至三十八羌里。四點五十分起行，八點十分至一各拿司站。江西岸即中國漠河金廠之漠口局也，計由黑河至此，行三十俄站，共七百七一羌里。華里倍之。

十五日記　早九點鐘，隨帶學生等偕袁星南觀察入山，往老溝金廠。翻山越嶺行七十里，下午三點十分至廠，隨即往各處。【略】晚遂宿是局。

十六日記　早九點鐘，偕袁星南乘馬［由］老溝起程向西，翻山越嶺三十七里，至黑龍江之南岸。又向西南行三里，至鎮邊營左哨駐紮處。旁有礦務局路站，以便往來休息。對岸即馬折蘭俄站，余遂入路站稍憩。十二點起行，循江道行四十里，見江北岸有房屋數間，詢係俄之輪船停泊上柴處。又二十里，三點十分至没股河金廠口局，詢其挖金處，在局之南二十里，有礦丁二十餘人，每日得金三二錢不等。午飯畢起行一里許，見江北岸有民居百餘家，詢係巴博羅夫俄站。又十里許，至合龍江之三叉口，向西北入俄境者黑龍江，向西南入華境者額爾古訥河，其江與河相間之地亦屬（儀）［俄］，河之南岸屬中國。入河口約二里許，北岸有俄屯名司達遼克，對岸有前督理之差弁在此開荒種菜，俱給金廠。又行七十八里，至墨河口局，係奇乾河金廠之東口局，以便礦丁出入棲存，並貨物存卸處，距奇乾河六十里。對江北岸即俄屯伊克打期。是日，遂宿於是局。

十七日記　早五點鐘，由墨口局起程，行七十里至西口，即奇乾河出入之西口也。入局稍憩，入山内，向南行二十里，至奇乾河金廠。【略】早飯畢，换爬犁起程，仍出西口，循額爾古訥河道向西南行四十里，至木其幹俄屯。又九十里，過烏留濱俄屯。又七十五里，至烏漠河口局，是即烏漠河金廠出入之口局也。晚還宿是局。

十八日記　早四點鐘，换爬犁偕袁星南仍出西口，循額爾古訥河道，向西南行四十里，過木其幹俄屯。又九十里，過烏留濱俄屯。又七十五里，至烏漠河口局。入室稍憩，即入山内。向南行二十里，至烏漠河金廠。【略】晚宿該局。

十九日記　早三點鐘，偕袁星南仍乘爬犁出烏漠河口局。本擬往烏漠河，循額爾古訥河上至呼倫貝爾，沿途閱看情形。奈河岸雖有俄屯，不若黑龍江内有官站可以餐宿，即爬犁亦不易顧，是以由是局而返。早八點鐘，仍出西口，循河向東北行，四點二十分，至黑口局宿焉。

二十日記　早四點，偕袁星南乘爬犁起程。下午一點四十分，至（洛）［没］股河口分局午飯。兩點十五分起行，六點五分至馬栅欄，稍憩。七點起行，不由老溝，循江道直往漠口局，十一點五十分至焉。

二十一日記　早八點，命繙繹過江至依克那申俄站，顧爬犁起行。稍頃覆曰，晚四點始有爬犁，余即往鎮邊營答拜。【略】四點五分，與各人分别，乘爬犁起行二十七里半，六點至字改畢遼站。九點起行三十八羌里，兩點二十五分至西立比尤站。三點起行二十六羌里，五點四十五分至也另倫西拉宿。

二十二日記　早九點二十五分起行二十四里，十一點五十分至呵爾羅烏。十二點三十分起行十四里，過連伊，至郎永福家，稍憩。【略】又行十八里，三點十分至而耳巴金站。其屯有官署，命繙繹詢。據俄人云，此屯即雅克薩城。【略】五點起行十九里，八點五分至呵士克新士克站。十一點三十五分起行十九里，兩點五分至畢特駝姆站。四點十分起行十九里，七點至畢立迷坑站宿。

二十三日記　早九點十五分起行三十三里，十一點三分至畢開埃特站。十一點二十分起行二十九里，三點十分至多爾白金站。五點二十分起行三十里，八點五十分至瓦崗恩站。九點五分起行二十四里，十點四十分至俄立根站。十一點十八分起行二十七里，三點七分至其立也夫宿。

二十四日記　早九點起行三十三里半，十一點至督爾來站。十一點四十五分起行三十五里，兩點五分至古心焚夫站。三點四十分起行二十五里，七點五分[至]伊立麽果夫站。八點十分起行二十二里，九點十五分至赤合依陽。十一點起行二十九里半，一點十五分至安挪司。兩點四十五分起行，五點四十分至各爾楚卜站，宿。

二十五日記　早七點五十分起行十四里，九點三十分至烏河果俄站。十點三十分起行二十四里半，至而離散得爾站。□(四)點十分起行二十六里半，三點二十五分至故麻爾站。該站有電報局，對江即中國胡麻爾卡倫，其平地數十里，惜卡倫人過少，無力開墾也。四點二十分起行二十二里，六點，至西門得站。六點三十分起行，由江道行二十里，爬犁即登岸，入山林內，向(至)南行。其大江直向西南去三羌里，又向正南五里，又繞回向東南十二里，至克爾則果夫站。爬犁由山道行九羌里，則至克爾則果夫站。其江道繞行之灣即名烏勒蘇牡丹。十點，由克爾則果夫站起行十六里半，十二點至補西窩。兩點起行二十八里半，五點三十分，至蘇客金站宿。

二十六日記　八點四十五分起行二十五里，十一點五分至比畢克夫站。十二點起行八里，至穆爾根俄屯。又三里，過化博爾羅俄屯。又行十五里半，三點三分至葛紀林站。該站南去一里許，即迷海敖司克俄屯，每屯約有百餘家。七點起行二十一里，九點四十三分，至依克那紀站宿。

二十七日記　早五點起行。上次來時，由海蘭泡循江道行三十八羌里，至依克那紀。今循岸道行二十三里，六點四十五分至海蘭泡。比命俄人以原爬犁送之江西岸，至入黑河三義洋貨鋪。十點鐘過江，至海蘭泡街閱看。【略】下午兩點鐘，仍回江西顧爬犁，於六點鐘起行，十一點五十分至愛琿城，仍入東門外公廨宿焉。

臘月初一日記　早二點，由愛琿起行往伯利，即過江至八旗屯居處。向東行三十五里，至老虎屯，乃工額布之種地處，時五點三十分，余入其室早餐。【略】十點三十分起行，二十里過界溝。見其溝寬不過一丈，現已塌平，僅餘土埂，似不足資常久，應於溝栽立樹木方好。又五里，至各力秦俄站，該站係由海蘭[泡]往之第二站。【略】三點五十分，仍顧彼站爬犁起行十六里，過烏爾圖俄屯。又九里二分五，六點三十分至各留其站。八點十五分起行十里，過俄之哈河倫人所居之屯，名打不果期，而至此已出八旗之界。又行十七里，十二點三分至依吉木站。一點十五分起行十六里，至白牙兒果夫站稍憩。

初二日記　早四點二十分起行十五里又二分五，六點十五分至其司那果俄站，早餐。余行俄連日加夜，非有博齊圖阻隔，不稍停留。所以，日記每日皆以天明爲準。八點二十分起行十八里，九點十五分至講布里亞那站。九點三十分起行二十三里又七分五，十二點至迷果司克站。由海蘭泡至此，即再向南看，均係平地，而多半皆係樹木，皆因彼民少，未曾開墾也。而江西岸中國境内，山仍連連不斷，不似上游之壁立也。十二點二十分起行二十五里，二點五十五分至士果力秦站。三點三十分起行十九里半，五點五分至亦那金司克站。六點十分起行十八里三十分，八點二十分至迷海洛司克站宿。俄站爬犁行於江内，冰上均插有樹枝，不致誤行至冰眼處。然夜行在前之爬犁，其站丁頭上有銅帽牌爲記，言其熟習道路也。俄人遇事均言齊整，即如每爬犁駕三馬，若黑色全黑色，紅色全紅色，不一雜亂，而馬之靈性尤甚，行止快慢，呼嚇一聲，應聲而變，其高大粗壯誠可愛。

初三日記　早四點起行三十三里半，七點三十分至克薩得克。見巴博羅夫都司宜吾得考姆克，由伯利見總督來，據云因來稟會勘鐵路工程情形。八點十五分起行二十七里，十一點十五分至朝吉布站。對江有麒麟人五家，亦以打牲爲業。二點起行十九里半，四點五分至博什闊站。五點三分起行五里，過七女山。又十里，六點三十分至托洛支威站。仍乘原爬犁，又行二十一里，九點十五分至額拉及畢站。對岸即觀音山金廠溝口。本擬至其廠内閱看，因距溝口尚有一百五十餘里，爬犁不能行，遂於十點十五分又起行二十里半，一點三十分至吉伊壽站。二點半起行二十二里半，四點至板畢夫站宿。

初四日記　早七點五十分起行二十里，九點四十五分至新干站，該站東北五十里有金廠歸商。十點十五分起行二十六里，十二點至波里各夫站。十二點五分起行十八里，二點二十分至蘇尤則站。二點四十五分起行十八里二分五，四點五分至伊格紀林米果司克站，華名木哈達。【略】四點四十五分起行二十里，六點五分至補吉洛站。六點四十分起行十三里七分五，八點十分(不)[至]挪郭司挪温諾葉站。【略】遂宿該站。

初五日記　早三點起行二十三里，五點二十分至多布洛站。五點四十五分起行二十一里，七點三十分至老司連克站。八點二十分起行十八里，十點七分至郭施雜那站。十一點三十五分起行，過及施了威俄屯。［行］十八里二分五，一點二十分至惱威站，該［站］距黑河口一八俄里。比顧爬犁，於兩點五十分起行，四點三十五分，至黑河口卡倫。【略】晚宿於卡倫。

初六日記　是日爲俄一千八百八十年元旦。早七點鐘，隨帶學生等分作兩班，一入松花江内踹看，一出口查看各通并輪船路徑。其口外之通，北面水淺，輪船不能行走；南面之水較深，而口門即窄，寬僅八十餘丈，而水深三丈餘，輪船可行。【略】下午四點，乘爬犁由江道出口，行十餘里，至莫勒洪口。該口有民居十餘家，俄船常［泊］於此處，因船上有華人裝卸貨物，緣黑河口無民居房舍，無可棲存，若入口至卡倫，中國不准，故祇可以莫勒洪口爲停泊處。又行五十里，過江至迷海老西苗司克俄站，華人呼爲許爾故。【略】晚遂宿該站。

初七日記　吉林省於沿邊一帶，上至三姓，下抵興凱湖，均招聚魚皮韃子，分段安設站道，夏季以船隻，冬季以爬犁，往來遞送公文，應備差使。余思中國既有道路，何必以重價顧俄人之爬犁？莫若以此款給諸中國人。遂於早七點五十分由俄站起行，過江入中國界，行四十里，至克木卡倫站更换馬匹。又行四十里，至惡托卡倫站。又行四十里，至秦得力卡倫宿。查此各站站丁均更替在富克錦當差，平時任其耕種、捕魚、打獵，設有兩哈各站。【略】是日，宿於該卡倫站。

初八日記　早五點四十分，由秦得力起行六十里，九點五十分至蘇勒敢胡卡倫站，午飯。自昨日入中國界，行抵此處，沿江一帶均係高山，樹木(即)［極］多，每有山溝，皆有魚皮韃子房屋。入其溝内，必多平地，較之江省似覺純熟。據云俄人亦不敢輕入我界。得毋因有人屯住之(致)［故］乎？惟行魚皮韃［子］之站，馬匹固無俄站之快，而飲食實爲不便。余思已知我中國卡倫之情形，即是似亦不必捨俄站而全由此行也。遂於十一點起行，約行三十里，過江左岸入俄界。又四十里，至補克威俄站。【略】晚遂宿該站。

初九日記　早三點十分起行十二里七分五，五點至則必老姆站。五點十五分起行十七里，六點三分至渭江司巴滋站。六點十五分起行二十里，八點五分至力司利士巴司克站。十點五分起行二十五里七分五，十二點五分至那克挪司克站。十二點三十分起行二十里二分五，一點四十分至哈巴羅夫克城，即華名伯利屯也。查黑龍江由海蘭泡至伊格林米果司克站，即中國呼爲木哈達，除曲折不計外，應向南偏東三十度。由木哈達至迷海老西苗司克站，即華人呼爲許爾故，對岸即黑河口，應向東偏北十五度。由許爾故至伯利，應向北偏東十度。計由海蘭泡至伯利，共三十八站，七百九十俄里合華里一千五百八十里。是日，遂入華商紀鳳臺利成洋行内宿。

十三日記　早六點，巴黎特迷斜司來，執俄文路照一紙，旋譯漢文，内開「大俄國欽命總督阿穆爾、東海濱兩省地方宜利那固畢爾那托爾，爲給發路票事，照得一千八百九十三年疊喀喇月，應發第八千九百十七號路票，給予中華大員聶及隨員五人，自伯利起程至海參崴，直抵横道河卡。沿途地方官吏，見票放行，一體妥爲照料，不得阻滯，以利遄行。其馬匹亦照章交納十個各别釐捐可也。特此畫押蓋印爲憑。一千八百九十四年燕瓦利月初五日發」。並云已電飭各站備馬匹，貴大人此去當迅速矣。既去，余遂於十一點鐘乘爬犁起行，總督署及各官署均掛國旗相送。循烏蘇里江道行十九里，一點四十五分至喀爾薩果夫站。兩點十分起行十九里七分五，四點五分至客自爾姐外站。

十四日記　早五點三十分起行十八里半，六點四十五分至聶别司克亞站。七點起行十四里，八點五十分至赤哩也夫站。九點十分起行二十二里，十點三十分至枯林司克站。十一點十分起行十七里半，十二點十分至庫克里站。一點十五分起行十七里半，兩點二十分至咸尼果克站。二點三十分起行十七里半，四點十分至葛尼果威站。四點二十五分起行十六里七分五，六點二十五分至姐得老温站。六點四十分起行十二里七分五，六點五十五分至施那利埃司克站。七點五分起行十九里七分五，九點五分至唯得那站。九點三十分起行十八里，十一點十分至安查果夫站。【略】是日，宿於該站。

十五日記　早六點三十分起行十五里，七點三十分至各俄司老司克站。該站亦係大屯埠，有電報局。七點五十分起行二十二里，九點十五分至瓦西利挪司克站。由此南去三里許，即蟒牛河。【略】九點三十分起行二十五里七分五，十二點至噶魯兵站。一點五分起行十二里，二點三十分至尼士比果仔站。二點四十分起行二十八里，四點三十五分至那不金克站，該站僅一站房，別無人居。五點五分起行二十七里，六點五十五分至克多別埃領司克站。七點十分起行十七里二分五，八點五十分至各林連然司克站宿。今日所行各站，見道旁均埋有木樁，詢係鐵路公司所埋。查彼鐵路已由海參崴修成至各那司乃西姆施地方，華名樺樹林，距海參崴四百餘俄里。查俄人鐵路爲三股，曰官路、兵路、商路。其商路（非）〔惟〕聚商股，官路由官籌辦，兵路者即爲徵調兵之用，由兵丁修築。

十六日記　早六點三十五分起行十五里，八點至各那司改業站。站北一里許，有河名議馬河，對江有中國卡倫。亦有種地人百餘名，俱係山東人。【略】八點三十分起行二十六里半，九點二十五分至亦林司克站。九點五十分起行二十五里，十二點五分至唯足紅泥果司克站。十二點二十分起行二十二里半，一點五分至補西埃站。二點五分起行二十三里半，三點至馬力果夫站。三點五分起行二十五里，五點二十五分至柏司諾米力站。華名小黑河。七點五分起行二十五里七分五，九點五分至老迷得來期站。華名四道河子。【略】十一點四十分起行三十里二分五，兩點五分至奇特米里司站。該站門臨興凱湖口，以該湖出水之河爲中俄界，其河寬不足三十丈，水流急溜，此時尚未結冰，聞歷年如此。【略】查伯利起程，皆循烏蘇里江道而行。待今日過補西埃站，行十五里，華名倒馬溝子，烏蘇里江則分爲兩叉，向東南名烏拉河，向西南即興凱湖出水之河，俄名松克。其入烏拉河百餘里，再向西南即刀兵河，俄人駐兵處。是日，宿於該站。

十七日記　早七點十五分起行，入興凱湖，循東岸行三十九里二分五，十點三十分至散得核司站。因無爬犁，等至一點鐘起行。仍循湖東岸行三十二里七分五，三點三十五分至裏斧阿站。【略】比無爬犁，送博齊圖未回。是日，遂宿該站。

十八日記　若由此直往雙城子，則可省一站路。余因紅土崖乃俄之駐兵處，不可不往。遂於早兩點鐘起行，由東向西，兼循湖東南兩岸行三十一里二分五，四點五十分至葛而迷來諾乃不老夫站。即紅土崖。該處係一俄城，臨於湖沿，爲輪船停泊處。【略】七點五分起行十七里半，八點三十五分至莫俄站。【略】八點五十五分起行二十五里二分五，十一點二十分至四特乃期那雅站，站之對面俄屯即大約二百餘家。十一點四十五分起行十八里半，一點至五巧司噶站。【略】一點二十分起行二十七里，三點三十分至諸秉克站。該站亦約大站，民居生意亦多。三點五十五分起行十四里，五點至迷果爾司克。華名雙城子。街道闊寬，人煙繁集，係俄之東海濱一府城也，華人呼爲雙城子者，因該處有古之土城二以名焉，大約皆金時之舊城。現在土城內俄人建房以爲兵營。其東去二里許，即現修之火車棧。是日，遂宿於迷果爾土司官站。

二十日記　早七點三十分，由雙城子起行至火車棧。八點三十四分開車，九點四十八分至巴邢爾司站，華名石頭何子，計三十俄里。停六分鐘開車，十點四十分至阿挪司多蘭俄站，華名哈嗎塘，道左即俄兵住房，亦有電局。行二十俄里，與海參崴頭次車會，停二十三分鐘開車。十一點三十八分至克巴黎金耳站，計十三俄里。該處存餘木架數百萬噸，皆預備火車之用。停一點四分鐘，海參崴二次車來，始開行。下午一點十六分至那交爾金司克，計十一俄里。停三十八分鐘開車，兩點五十六分至伯特郭老金站，計十二俄里。停四分鐘開車，三點三十七分至別列呵司克。海沿有房屋十餘所，乃俄水師兵丁敝暑處。四點十五分至烏拉尼娃司陶克，華名海參崴。旋有本處守城官併中國公議會首來接，余入瑪司郭姓客棧。查俄之火車由海參崴至雙城子，於七月始開行。現在海參崴頭次〔車〕裝運物料，直至各那司乃亞姆施，二次車衹至雙城子，搭客甚可。沿路各站尚未修齊。車頭機器大致與中國相同，惟客車甚窄狹，而路中橋梁亦不堅固，路亦高低不平，忽上忽下，所以車行較以中國火車慢，鐵路與之比，則强彼之十倍矣。惟開山之路過多，工程甚大，其用款似尚多於中國。聞前議擬由海參崴修鐵路至蘇城，緣蘇城係一海口，出海帶，每年有商船至彼裝運，而輪船可以入口停泊。【略】從前華人挖煤不得，自光緒十六年夏間，雨大山崩，煤現出。現在挖出之煤不在東洋以下，所以欲修此道火車。又聞欲修鐵路至茅口巖，蓋茅口巖亦海口，輪船能開入口停泊，商賈亦多，兼又臨近中國邊界，所以欲修此道火車。而現在均未開辦，想係先修通伯利以後再辦。晚宿客棧。

二十四日記　早八點鐘，巴黎特迷斜司送到伯利總督原來路票，其票內徑彼已加印畫押，即如中國加結式，旋命繙繹繹成漢文，內開「道出海烏拉及姓司陶克即海參崴，並無攔阻。一千八百九十四年正月十七日。地面官彼德羅甫加印畫押」。余即於十點三十分仍由俄站僱爬犁起行。由海參崴往琿春，須仍哈嗎塘而之蒙古街，計二百餘華里。此時海套結冰，乘爬犁即可由冰上直往蒙古街，然爬犁之價須加四倍，否則不去。於(走)[是]遂行三十五俄里，十二點四十分至蒙古街站。因地無雪，爬犁不行，遂換坐四輪車。一點五十分起行二十里二分，途次見高麗人往來不絕，而高麗莊村亦多，三點三十分至土洛木站。五點二十五分起行二十一里二分五，七點四十分至司乃唯司克站，華名土洛木。【略】該處亦係海灣，民船可以停泊，故俄駐兵守之。遂宿該站。

二十五日記　早七點二十分起行十五里七分五，八點二十五分至爾來則然蘭站，華名坎船子溝。九點起行二十一里，十二點二十五分至各拉特克站，華名柳河溝。一點起行二十一里，三點二十分至摩闊崴海口。【略】三點二十五分起行，若夏季循海沿須行三十華里，現由冰上直行十五華里，四點五分即[至]老娃改唯司克。【略】因此處爲琿春至海參崴必由大路，又爲摩闊崴之後路，故彼特駐兵以防中國而兼僱摩闊崴。【略】晚宿於俄站。

二十七日記　早八點鐘起行，十六里至紅旗河，與副都統並靖邊前、中兩路統領營官晤面。繼過河又行五里，入琿春城。【略】晚宿客寓。

三十日記　早七點鐘，接奉北洋大臣來電，詢余由何處往朝鮮。余遂復電，由寧古塔而之三姓，循三岔口、分水嶺回琿春而往朝鮮。下午七點鐘，又奉回電，著余由琿春往朝鮮時，至溫貴海口詳行察勘等因。遂在客寓度歲。

又卷二　光緒二十年正月元日記　【略】嗣仍回副都統署，與彼敘談一日，皆邊防近事。臨行，彼云：「約在何日可以至朝鮮，以便轉□其慶領府。」余言二月初可到。余遂行，仍回客寓宿。

初二日記　副都統與各總理邀余至前路恩統領午飯畢，余遂三點三十分起行。往寧古塔行二十里，至甩灣子地方。【略】又循圖門江沿行二十里，漸次上山，過大盤嶺。其嶺高約五十餘丈，嶺巔均係開通石道。查從前皆無往來之區，自吳欽差督辦邊防，始修通此各項道路。下嶺又行二十里，至密占站宿。查此道之各站亦係吳欽差設立，撥兵駐守，以備遞送公文。

初三日記　早六點起程，三十里至涼水泉，有前路左營馬隊一棚駐紮，南距圖們口三里。過江又三里即朝鮮大溫城，乃知府所居。又行八里，過臉兒嶺，高約三十丈。下嶺，又行二十二里，至穆克得和站。午飯畢，起行十五里，過高麗嶺。【略】又行十里，至和尚卧鋪，經吳欽差修蓋廟宇名「且住庵」。又十五里，過中以哈嶺。又五里，至大坎子站。所過各站，前經吳欽差修立，原冀日甚一日，而今狼狽已極。因與黑龍江定章不一，每站敘僱三四名遞送文件，兼之周圍無民屯，祇站房數間，以應其名耳。是日宿於該站。

初四日記　早六點起行，二十里至長嶺子，高約五十丈，上下約六里許。下嶺行六里，至汪清，俗呼五八班。【略】九點十分起行十八里，至荒片地方，民居亦多。又五里，至大王溝。又十五里，至受呀河，有前路左營馬隊駐紮。又八里，至瑚珠嶺站。【略】由哈順起行，均循汪清河。【略】是日，宿於瑚珠嶺站。

初五日記　早四點起行，十五里過瑚珠嶺。下嶺，又行二十里，至阿佈達店，因爬犁過嶺(誰)[費]力，遂入羅駝牙子河由冰而行。又八里，至三岔山口。【略】又行三十里，至薩奇庫站，即寧古塔界，有靖邊左路中營步隊駐紮。午飯畢，又行四十里，至松嶺腳。既上山嶺，過嶺巔，至半坡即老松嶺站，俗呼三臺子，嶺高約八十餘丈，嶺巔有關帝廟。行此二十里皆在樹林內，而遮天遍地，無埋綫桿之空，電綫皆錠樹上。【略】是日，宿於老松嶺站。

初六日記　早五點起行，仍下坡，在樹林內行三十里，至窩家口，樹木漸稀，山溝亦略寬。【略】又五里，至五道河，始有種地人家。自大王溝至此，皆係山嶺。【略】又二十五里，至碼勒瑚哩站，俗呼陡溝子。午飯畢，降雪。又行過三小嶺，計四十里，至新官地站，有寧古塔練防馬隊駐紮，地亦較平，民居遂多。【略】是日，宿新官地站。

初七日記　早四點三十分起行。【略】行五十里，至乾溝子，係一大民屯，其中滿、漢人皆有。又行二十里，過牡丹江至寧古塔城。【略】是日，宿於德興公寓。

初八日記　早五點五十分起行，二十里過牡丹江，上瑚石哈嶺。又二十里至團山屯。又十五里至也河鎮，旋入伊統帶營內午飯。查該處東北有通三岔口大道一條。【略】一點三十分起行，因乘爬犁，遂入牡丹江行冰道，行九十里至寧古塔頭站。寧古塔至三姓六百里各分一半，按設四站，撥靖邊營看守，遞交公文，故爲頭站。【略】是日，宿於頭站。

初九日記　早四點，仍循牡丹江起行，四十五里過二站。又行六十里，至三站。午飯畢，起行五十里，至四站宿。

初十日記　早[五]點三十分，仍循江道起行，六十里至三[姓]四站，即蓮花泡，因有石頭之嘴如蓮花瓣，（或）故呼爲蓮花泡。午飯。又行五十里，至三站。又四十五里，至二站。【略】該站名烏斯暉，因對岸有民站屯名烏斯暉，用是名之。晚宿該站。

十一日記　早四點五十分，仍循江道起行。四十里，見江東岸一遍平地，一望無際，遂命爬犁上岸行。約五里許，見有堆塌土圍，詢之民人，云古高麗城，大約乃（今）[金]之舊城也，而民居極多，開荒十有其七。又行四里許，仍入江道。行十二里，至江西岸張家店，午飯。對岸即三姓之頭站，因其不便大路，故未至站。午飯畢，由旱道起行十六里，過索羅嶺。又十二里，仍入江道。又十二里，至三姓城，比入永聚客店。

十二日記　早八點鐘，副都統既闔城各官來拜。【略】松花江尚可往來四五百擔粮船，牡丹江水底多石，船隻不能行走，雖有水，不啻於無水也。

十四日記　早七點鐘，乘爬犁往巴彥隨閱看地勢。出北門，向東行八里，過通肯河。又二里，入松花江，由冰道行二十里至焉。【略】於下午五點鐘起行，仍回三姓城客寓宿。

十六日記　早六點鐘，由三姓乘爬犁起程，仍回寧古塔。【略】行四里，入牡丹江。又八里，過控哈府地方。由旱道過索羅嶺，行三十里，至堆江張家店，即來時休息處。午飯畢，十一點四十分起行，又入牡丹江道。行九十里，至三姓二站，即烏斯暉宿。

十七日記　早七點，仍循牡丹江冰道起行五十里，十點至三站，即原名博彥蘇。【略】十一點三十分，又循江道起行四十里，至三姓四站，即蓮花泡宿。

十八日記　早七點鐘，由三姓四站起程，仍循牡丹江道行六十里，過三姓、寧古塔界碑。十一點十分至臺四站。【略】十二點二十分起行四十五里，四點十分至三站宿。

十九日記　早七點鐘，由臺三站起程，仍循江道行九十里，下午三點至臺頭站宿。因二站不邊江沿，故未停歇。

二十日記　早七點起程，仍循江道行，六十里至樺樹林。起早，又行二十里至乜河。查乜河係一鎮店，因四圍民居極多，距寧古塔過遠，兼之有通達三岔口大道，又靖邊左路兩營在此駐紮，所以生意頗盛。街道約長二里許，東面爲寧古塔，三姓大路，北面即臨牡丹江，夏季亦有小民船裝貨停泊。

二十一日記　天降大雪，余擬由此處往三岔口，然後由分水嶺而回琿春。然爬犁不行，須換車輛。該乜河無車，旋命差至寧古塔專顧。晚仍宿泰和隆。

二十三日記　早八點鐘，由乜河起程。翻山越嶺，行四十里至磨易石店，稍憩。【略】茶畢起行。上嶺，樹木漸次叢濃。又三十五里，至石頭廟，有屯兵駐紮。又十五里，至抬馬溝屯兵公寓宿。

查此屯兵乃經吳欽差設立。因三岔口地多平坦，而且豐肥，兼之臨近崔風河，爲中俄界綫，既無民墾，而各處道路亦且不通，恐日久難保，俄人蠶食其地，所以設法設立招墾局，招聚屯兵，藉以開墾，兼修道路。所以今由乜河至三岔口始便往來。原定章程，招屯兵五百，分屯三岔口至乜河一帶道路開墾。其牛、種、傢具均由官發，每人月給銀二兩，待光緒十七年始行裁撤。由此屯兵內提四十名，分駐各處，作爲馹站，兼以巡緝盜匪。今之石頭廟、抬馬溝、溪鱗河、小海芬河、涼水泉五處，每處兵八名，設屯總一員，辦理之法可謂周且密矣。然吳欽差原爲舉試一隅，二隅不及。孰料自吳公去後，仍舊守此一方，別處仍置之荒蕪，豈不可惜哉！晚宿於抬馬溝站。

二十四日記　早八點鐘，由抬馬溝起程。上嶺入樹林內，行二十里，至捍麵石地方。【略】又下嶺，行二十五里，至穆楞河西崴子。查自昨日過磨易石上嶺，今日此處下嶺，始見平地。比入客店，稍憩起行，入穆楞河冰道。【略】又行二十里，至穆楞河屯，有古城跡，詢之，有金時之舊城也。

二十五日記　早六點鐘，由穆楞河起程。過河行十里，至腰嶺子，上下五里，入地平溝，內有分岔之路，向東北即往蜂密山之大路，向東乃三岔口大道。又行十里，至孤榆樹。又過蜂密嶺，其嶺高約六十餘丈。上下嶺二十里，至馬橋河，有客店，遂入室稍憩。又行八里，過空楊樹嶺。上下十二里，至高麗井。又行二十五里，至細鱗河。【略】是日，行九十里，晚宿於細鱗河屯兵公寓。

二十六日記　早五點鐘，由細鱗河屯兵公寓起行，二十五里至小綏芬口河，有屯兵駐紮。又行十二里，至對頭磖子，過小山河。又八里，至三道崗。午飯畢，起行十二里，至王寶蓋子。【略】又行十八里，至雨水泉子，俗呼爲八道河。

二十七日記　早六點鐘，由雨水泉起程，天甫晴霽。行二十里，至平房子。又十里，至萬鹿溝嶺，慢坡漸上，至嶺巔，約□里。又下坡行二里許，至一小廟。山坡有一小泉，四時温暖。又下坡，入出溝內。其溝寬十丈餘，樹木叢雜，中現一條車路，二面之山均高八九十丈，壁立如牆，奇峰疊出，怪惡異常。【略】又二十里出山口。【略】又五里，至馬家大營。【略】計又行二十二里，至泡子沿屯，與三岔口招墾局總理晤面。又行八里，至三岔口街，入客店宿。計由乜河至此共六百里。

［二月］初四日記　早八點鐘，由三岔口起程，循中俄邊界而往琿春，即向南行八里，過高麗營，與恩總理別。【略】既行，即入大烏蛇溝，其溝寬約四五里不等。【略】行抵溝之南端馬家營，又名荳茹蒗荊宿。計由三岔口至此四十里。

初五日記　早七點鐘，由馬（處）［家］營起程，行三十里，有一種地窩鋪。其烏蛇溝（儀巖）［僅若］一條小河溝，二面俱山，不能行走。遂向西南循山坡上，則無人煙。又行四十里，至亮子川張連斗種地窩鋪住。

初六日記　早七點鐘，由梁子川起程。行二十里至乾河子，有種地窩鋪一所。【略】而大烏蛇溝河至此僅餘河一條，兩面俱係高山，不能行走，非上嶺不可。余由三岔口帶來炮手（勇）即獵户，幸能知道，遂由此入山。樹木漸次稠密，奈山上日光稀少，兼之寒氣甚於平地，以致積雪深於四五尺，祇可牽馬步行，若一乘上，則馬蹄（蹈）［陷］入其中，無可置行。至十二點，方向亦不能（便）［辨］。樹木遮天蔽日，順樹空彎彎曲曲行之，亦難記里數。而上下山坡皆壁陡躪滑，行走誠非易。至下午五點半鐘，至一山溝，炮手云：「即可在此處宿，若再行則難尋路境。」【略】今日所行，大約六十里。

初七日記　黎明起程，樹木更密，均青松，高十餘丈。【略】炮手何以能知路境，因樹上有削去皮一塊者，即曾經人行，所以由此樹而尋彼樹，由是慢慢行走。昨日樹空尚可容一人一馬，今則非以馬刀將樹枝砍下，則馬不能過，所以愈行見慢。下午五點鐘，至一大嶺下，有小山河一條，詢之炮手，云係大烏蛇溝之河源。遂尋一大樹下，仍照昨日，燒木化雪，圍坐一宿。今日行程約計五十餘里。

初八日記　黎明起程，步步上嶺，陡而且滑，三行兩歇，約十里始上嶺巔，而尚覺平坦，惟松枝過密，日光俱不能見。在嶺上又行約十里，即下坡，愈下愈陡，又多亂石。又約五十里，始至山溝。【略】自至山溝，樹木漸稀。循河溝行約三十里，始見平地，而有一種地窩鋪名「蘭教窩子」，因其姓蘭，專在山上挖深坑爲鹿教，因是名爲「蘭教窩子」。遂入其室宿焉。

初九日記　早八點起程，向西南係一大山溝，地頗平坦，種地窩鋪連連不斷，而紅旗河即循此溝向琿春流。行二十里，至一屯，俱係高麗人。【略】又五里（有五里），見一古城，大約皆金時之舊城也。又十里，過土門子嶺。又五里，至琿春招墾分局。【略】此距俄卡倫向東南二十五里，至蒙古街八十里。【略】晚遂［宿］該局。

初十日記　早七點鐘起行，循紅旗河行三十里，至五道溝地方，兩面仍係高山，其中開荒耕種者甚多。又十里，過高麗營，約十餘家。自過分水嶺向南，愈行覺地愈暖，出中及地平積雪已鎔化，以致泥躪，車馬難行。又三十里，至潘家窑地窩鋪宿。其潘姓者乃奉天長春人，至此十一年，開種地畝百餘垧。由琿春至三岔口本無旅店，據云，凡往來行人均至該處尖宿，臨行不落分文。每日所食總須預備（總）［充］足，即夜半前來，亦須應酬。（憶）［噫］，非其足食之家，當爲行人食罄矣。是日遂［宿］該處。

十一日記　早七點鐘起程，行三十里，至塔子溝。【略】又十五里，至瓦崗寨地方。【略】午飯畢起行，過三道溝，見二面之山坡上均有窩鋪，皆係流民在此淘挖金河。【略】又四十里，至哈待門，因山口緊抱，似爲門户。入此口即爲琿春城之一遍平地，而民居愈行愈多，多半又係滿洲。又二十五里入琿春城，入都統署宿焉。今日所行，計過河八道，而皆係紅旗河順山溝曲折而下，此時冰雖竦，而尚可行，若夏季山水漲發，則不易過也。

十五日記　十點鐘，由琿春城起程，在紅旗河與副都統及各統領營官話別。仍由二道河中國卡倫過長嶺子，至横道河俄卡口。琿之東屬［俄］，西屬中國。又行二十里，至河草峰韓屯，約二十餘家，亦黑頂子之越墾也。【略】晚遂宿於是屯民家。

十六日記　早六點二十分，由河草峰起程，往看土字界碑，約五里上嶺，又十五里到焉。【略】余辭别，彼又派隊送至黑頂子叉路方回。約行十五里，過一嶺，又十五里，至黑頂子靖邊前路右營。查琿春至此原有路可通，委因翻山越嶺不易行走，故由俄界而行。而黑頂子四面皆山，中現一塊平地，東、南、北三面皆界俄，西南臨(土)[圖]門江，逼近朝鮮慶興府，惟西北一隅爲往琿春之路。從前經希將軍將是右營撥歸此處屯墾。越二年，長將軍復將該營仍招回。【略】遂宿於黑頂子右營，該營官胡殿甲奉調晉省未回云。

十八日記　早八點，先命學生等攜帶儀器，循慶興府站路徑往温貴測繪去後，余循江西岸往立本街，查看河灘能否開挖。遂於九點鐘起程，時小雨兼雪，行三十里至扶夷鎮，即古邑，大雨淋漓，遂入城投民居宿焉。

十九日記　一夜大雪，平地均深尺許，至九點一刻稍住，遂行。十五里，雨雪兼施，又强行十里至增河泥屯宿。

二十日記　九點鐘，雨雪稍住，遂由增河泥起程，行五里至黑姆雉，即前日所擬挖河道之處。比即向東沿江踹看河崗。復又向南行七里，至立本街，時天已晴霽。又向西南行二十里，至古魯街。入屯稍憩，即至(蓋)[黑]姆雉。【略】是日，遂宿古魯街韓屯。

二十一日記　十點鐘，由古魯街起程，向西南循海邊行十里，過羅戈河泥屯。又二十里，至蒙祥訣處，亦係海灣，高麗平底小船亦常於此處停泊。又過一嶺，上下行十五里，至温貴海口。朝鮮本書作「雄基」，温貴乃中國彷其音而呼也。既至沙坪民屯。【略】晚宿於沙坪民屯。

二十四日記　學生等測繪已完，遂於十點鐘起程，向西北行二十里，上温貴嶺。前次連日雨雪，別處尚小，此處過大，山頂上泥深數尺，車馬深陷。下嶺仍向西北，過上會洞。又三十里，至阿吾地站，由此至慶興府祇三十里。設温貴開口，由此道運貨亦不見難。【略】是日，宿於阿吾地。

二十五日記　早七點鐘，由阿吾地起程向西行，因山上之水湧流，平地成河，車馬均行不易。四十里，至德明站。【略】晚遂宿於德明站。

二十六日記　早七點鐘起程，道路略乾。向西偏南過二嶺，計六十里，至行營。蓋行營乃咸鏡道統領官駐紮處，亦有城垣。【略】彼意亦以開辦爲利，但恐多事，似(又)[有]惶恐之狀。至此晚宿於行營公廨。

二十七日記　早六點鐘起程，向西偏南行二十里，過半腰嶺，又十五里至沙嶺，又十五里至會寧府。【略】晚宿於會寧城公廨。

二十八日記　早四點鐘，由會寧府向南稍西行六十里，豐山鎮午飯。【略】午飯畢起程，行二十里，至嶺上，即茂嶺也。嶺巔有叢靈大王廟一座，即朝鮮之山神廟。【略】下嶺行二十里，至武陵臺。又二里，見旁道有一破城基。【略】又十八里至富寧府，該府迎接入城，至富春館宿。

二十九日記　早四點一刻，由富寧府起程，向南稍西行六十三里，至輸城鎮。行此六十三里，雖二面俱係山道，頗見平坦，民居亦較多別處。本有館駟，因年久殘壞，遂入客店。午餐畢起行，向西北望見高大之山緝立雲漢，山巔積雪，如頭帶白巾，詢之，白頭山也。【略】計又行六十二里，至鏡城府。

三月初一日記　早四點鐘，由鏡城起程，過生氣嶺，三十五里，至朱温場民屯。距海沿約四里許，係海套，小民船可以靠岸。又十里，至永康站。午餐畢起行，過永康嶺、乾柴嶺，計四十五里，至朱村站宿。

初二日記　早三點鐘，由朱村站起程，行約三里，過上柯洞嶺。亂石既多，而且泥濘，誠不易行。又過雲院嶺、貴門嶺、地境嶺，計六十里至明川府。【略】午飯畢起行，過雲水嶺、被災嶺，計四十五里，至臺站宿。

初三日記　早七點鐘起行，過青石嶺，計三十五里至吉州城。【略】午飯畢起行，五十五里，過臨溟嶺，又五里，至臨溟站宿。

初四日記　早七點鐘起程，向南行二十里，至雙浦屯。該處迫臨海岸，海邊有三石山，起如立錐。朝鮮有小輪船兩條，名元山丸、理雲丸，一月三次，由元山開往此處。【略】余遂隨帶從者三人並馬匹，仍由陸路起行。又向南十里，至城津鎮。【略】又向西行十五里，至摩天嶺下。該嶺雲天壁立，不惟車馬不能行走，隻身人亦不易上。往來商人皆由嶺下僱小轎，所以嶺下之韓民多以此爲業者。余遂價僱爬犁小轎旋繞而上，愈上愈陡，待至半腰，則雪深盈尺，尚未銷化。行至嶺巔，據韓人云，計十五里，高百二十丈，余覺其數有盈無絀。下嶺更陡，因向陽，冰雪微化，不能立足。又十五里，至嶺脚，即摩谷站，遂宿焉。

初五日記　五點三十分起行，比有端川府派差來接。行十里，即沿北大川河行。又五里，過橋行街，渡過北大川河之水，[深]五尺許。又二十五里，至端川府城，府官迎入。午餐畢，出南門行五里，過南大川河。又十二里，過富河。又三里，過風山小嶺。過嶺行五里，至摩雲嶺下。該嶺高聳險峻，與摩天嶺相等，仍顧小轎上下。至嶺脚山谷口，即谷口站，宿焉。

初六日記　六點鐘起程，直向南行十里，過鴻津小嶺，大道緊靠海沿。約行五里，至羣賢津，二面有山環抱，成爲口岸。據土人云，該處水深二三丈不等，輪船常有於此避風者。又行十里，至利原站，南距利原五里。復由松林内行十里，至避外津，亦係海口，祇有民居，而無生意。又十五里上抹嶺，又名侍中臺，山上青松遮避天日，山峰沿海，陡立如錐，高約五十丈。大道在其傍，下視海内波濤，人馬皆驚。【略】過此十里，至嶺底，即北青府界，該府派差來接。循海沿又行十五里，至居山站，宿焉。

初七日記　四點鐘，向正北行十里，過居山嶺。又向西北行四十五里，至北青府城。城尚整齊，該府迎入公廨。午飯畢，向西南行十里，過南川河。又向西南行二十里，過道吉嶺，亦極高大險峻。又向南行十里，至平浦站宿焉。時大雨淋漓，行(步)[李]衣服盡濕。

初八日記　一夜大雨，至曉不停。六點鐘，冒雨向南行十里，過大門嶺，下嶺係洪原縣界。又向西南行十五里，至仁正立民屯。【略】又向西南行二十里，至洪原站，雨止天霽，站之南三里，即洪原縣城。又向西北行二十里，至咸原站。又二十里，過咸嘉嶺，入咸興界。又二十五里，至德山站宿焉。計入北青府以南，種稻者漸多。至此則遍地皆稻田，雜粮甚少。

初九日記　五點鐘，向正西行三十里，至咸興城。【略】約一點鐘起程，向西行約里許，過城川江，深丈餘，寬不及一里，架木爲橋，曰「萬安橋」，向南流十餘里歸海。又向西南行三十里，入定平界。又十五里，至定平站。又五里，入定平府。

初十日記　早五點半鐘起程，行十里上土崗。【略】又向西南行三十五里，至新興溝。又十里，至金坡原。【略】又向西二十五里，過龍興江，過即入永興府街市。【略】又向南二十五里，過鏡嶺，入高原界。又十五里，至高原府。

十一日記　四點鐘起程，向南行十五里，入德源界。又三十五里，至文川站，北面山後即文川郡。又三十里，至鐵關站。又十五里，至德源府，遂於城外穿樹林過山河一道。又十五里，至元山，中國領事官迎余入領事府，學生等已先一點鐘由吉州乘朝鮮商船至此。據學生等聲稱，朝鮮此元山丸、理雲丸輪船兩條均由日本大阪購，價各六千元，保險十年，船上管輪、駕使均日本人。此兩船更替由元山開往前津、新浦、遮湖、西湖、端川至吉州之臨湖各海口裝運貨物。而各海口既無甚出産，又不通大道，亦無外商，所以不見起色。余問吉州之臨湖距温貴幾何遠？據云曾行，據船主言，水陸九百五十里。余思朝鮮既有此兩船，何不開往温貴通商，庶與中國、朝鮮兩有裨益。俟見其國王後再爲定奪。晚宿元山理事府。

十三日記　接准漢城袁使電，稱中堂四月大閲海軍，迭來電催回防。余本擬由元山乘輪往釜山而之仁川，兹接電催，遂命學生在此候船，由釜山往仁川，余仍帶三人乘馬由陸路直往漢城。遂於早六點鐘起程，吴領事與德源府送五里，至元山津而回。過元山津街市，向南轉過山角，行五里，至地境，入安邊府界，該府派兵役守候迎接。又行三十里，至南山站，入寓稍憩。【略】又五十里，至高山站宿焉。

十四日記　細雨濛濛，早四點半鐘起行，向西南約行一里即上嶺，步步登高。初五里尚可騎，繼後則盤道而上，亂石如狼牙，人馬均不易下足。又約五里，始至嶺巔。有瓦屋數間，額曰「鐵嶺堂」，旁有遺愛善政碑記。查咸鏡與江原即以此處分界。稽女真據咸鏡時，朝鮮於此防堵，今見之，古稱險峻，不虚矣。然今之元山入王京之大道，非由此而不可，似又爲可扼守之處。又行四十五里，過懷陽馹。【略】又行四十里，至新安站午飯，約一點鐘起行。又四十里，至昌道站宿焉。今日計過河五道，均有橋樑。【略】今日已入京畿道矣。

十五日記　一夜大雨，約足三犁，至早八點鐘方住，隨即起行。無怪吉州至漢城無車輛可行，既多大嶺，又多亂石，稍有平地，則二面俱係水田，所以不便行走也。四十里，至真木站，稍憩，隨即起行。又四十里，至金化縣宿焉。

十六日記　早六點鐘起程，初向南，繼西南，行五十里，至豐年站。午餐畢，復向西南行七十里，至馹場巨里站宿。自過元山德源府，沿站均無馬匹，遞送公文均步下行走。若遇緊急事，恐不免貽悮事機。

十七日記　早三點四十分起程，初向南稍西，繼向南行二十八里，過祝石嶺。又二十二里，至義政府地方午飯。【略】午飯畢起行，仍向西南，行二十里過三角山。見其山峰聳立，高約八十餘丈。比有袁觀察派轎來接，遂乘輿。又行二十里，入王京之東北惠化門，見其城牆均修於山頂上。既入城，向北約行里許過成均館。復向西，復行過景德宫。又向南過昌慶宫。

蓋景德宮即前慶軍親兵左營駐紮處，昌慶宮即光緒十年日人内亂處也。約一里許，過親軍統衛營。復向西由宗廟前行約二里，又向南行二里，至駱洞，入駐朝總理公署。【略】晚宿於總署。

十九日記　天降小雨，早八點鐘，由總署乘輿起程。出南門行五里，換坐中國小轎車。向西稍南，又行五里，至馬浦過漢江，寬約六十丈。【略】過江行二十五里，至一小民屯午餐。【略】過此，仍向西稍南，又行五十五里，至仁川之理事府。入室稍坐，遂登山巔察看海口情形。查此口與大沽彷佛，漲潮水近碼頭，落潮現出沙灘數里。漢江之水出海處雖多，而輪船入江惟此一口。海岸以日本商爲最，其餘各國不過駐有領事，無甚商賈，皆因既無甚出產，貨物又不能暢(消)[銷]故也。現在日本有商船兩條在此，民船十餘艘，而朝鮮三口海關以此口爲最上。晚遂宿於理事府。

二十日記　早六點鐘三十分，學生等由釜山乘肥後輪船到，遂命就繪仁川海口。查漢江内共有小輪船三條，往來至龍山裝運客商，有中國一條，朝鮮一條，日本一條，兩日往返一次。而漢江之水路計二百一十里，順流六點鐘可到，逆流須九點鐘始到。漢城陸路至仁川九十里，若乘中國小轎車，九點鐘亦可到。所以往來乘輪不及者皆乘車行。從前韓王製有小車二十五輛，僱中國人往來御使，後入不敷出，遂又(買)[賣]給中國人。此時由漢城至義州有小車往來，别處皆不通車道。晚仍宿於理事府。

二十一日記　接奉李傅相電，催「速由平壤至旅候晤」等因，隨即於早六點鐘隨帶學生等乘日本順利小輪船回漢城。【略】船初指正北，繼東北，行三十餘里，至江華府江面。【略】又行二十餘里，見江西岸又通連海内，斷江華府之旱道，知江華爲一島也。轉過此處，船遂向東行，復向南，至下午三點鐘至馬浦，停輪登岸，乘輿入漢城，至總署午餐。【略】乘輛已齊，遂於四點二十五分起程，由王宫後出影義門，向西行四十里，至高陽站宿焉。

二十二日記　早三點鐘起程，向北行六十里，過臨津江，江之南岸曰臨津鎮。【略】過江又行二十里，至長湍。午飯畢，又向西行四十里，至松堵府。【略】又向西稍北行四十里，過青石關，該處四面皆山，中餘一條大道，修有長城一段，堵塞山口，城樓上横書曰「畿海交界」，門内爲京畿道，門外即黄海道也。又行十里，天已渾黑，民間以火把遞送。朝鮮大道之上設有郵舍，凡官商均須遞送，此一善舉也。又二十里，至外店，東距金川邑二里。自入黄海道，樹木亦多，地土更覺肥美。今日計行一百九十里。是日，遂宿於外店。

二十三日記　早三點鐘起程，向西北行三十里，過平山府，大道在府城之西門外。【略】又行三十里，至葱秀。午飯畢起行，向西稍北行五十里，過龍泉府。【略】又四十里，至釰水宿焉。

二十四日記　早四點鐘起程，初向西，繼西北，行九十里至黄州府。途中山嶺漸少，而道路不平。【略】南門外臨河，水淺不能行船，而城市中生意頗多，蓋因府屬地多平坦，又爲通衢大道故也。又行三十里，過黑橋。又七十里，過大同江至平壤府，入東門至電報局。【略】遂宿於電報局。查黄海道，平安道以大同江分界。

二十五日記　早八點鐘，隨帶學生周歷平壤城之四圍。【略】三點鐘辭出，由西門向北稍西，行五十里至安順縣宿焉。

二十六日記　早三點鐘起程，向北稍西，行六十里，過肅川縣，無城垣。又三十里，至雲暗。午餐畢起行，仍向北，三十里至安州。該州城垣頗見堅固，東門外有外城一道，穿城出北門約一里許，至(輕)清[津]江沿。【略】過江遂向西行，又三十里，至博川南之古津，過津頭江。該處江寬一里許，水勢較深。清津江其東岸停有民船數條，均可裝百石之數。過江又行三十里，至嘉山縣宿焉。該縣亦無城垣，居於山窩内。今日行見道上多以黄土鋪地，詢之土人，據云，朝鮮赴中國進貢之使臣回國，故以黄土鋪道，大約該使臣帶有聖命故也。查朝鮮之入貢，每年冬月起程，次年四月回國。今日計算，當在下月初可抵王京云。

二十七日記　早四點鐘起程，向西北過三嶺，六十里至定平縣城午餐。【略】飯畢起行，三十里過郭山縣，該縣亦無城垣，生意亦甚寥寥。繼向西行，五十里至宣川府宿焉。【略】咸鏡道至王京山路崎嶇，車馬不能行走。而王京至此，不惟道路平坦，亦且寬闊。雖兼有小嶺，亦無害遄行。

二十八日記　(沉明)早一點半鐘由宣川起程，行三十里，過一城名東林城。【略】又行二十里，過鐵山嶺。又十五里，過西林城。【略】又十五里，至龍川。午飯，大雨傾沛。餐畢，又四十五里至一小鎮店。比有義州電報局張牧來接，遂與之偕行，三十里至義州城南演武廳别舍，宿焉。

二十九日記　早五點鐘起程，向西先過通天河，約寬一里，即登西岸。

在江涌上行三里過中江，此江即中國與朝鮮分界之處。過江，中國設有税務分局，入局稍憩，仍向西行，已見中國耕種之人。又四里，至鴨緑江。【略】由義州至九連城，水陸計程共十五里。過此又向西行六十里，至唐山城。【略】又三十里，至鳳凰邊門。【略】入門又向西北行三十里，至鳳凰城。

四月初一日記　留學生在鳳凰邊門、九連城各處繪圖註説。余先於是日早三點鐘起程，向南稍西，時小雨，行七十里，至雕窩。午飯畢起行，一百一十里至大孤山，入客店宿。

初二日記　早三點鐘，由大孤山起程，向西稍南行八十里，至青堆子鎮。該處有小河一道，通連海内，民船亦可入内停泊，有生意數十家。午飯畢起程，又行八十里，至莊河鎮宿焉。夫莊河乃河之名，亦通海口，民船亦可入内停泊。

初三日記　早三點鐘起程，向西稍南行九十里，至宋家(砍)[坎]子民屯。午餐畢復行，九十里至皮子窩，又名皮口，又名洋河口，入宿。

初四日記　早三點鐘起程，向西行五里，過紅土城。【略】又行七十五里，至李家店。午餐畢復行，七十里至金州城，天已(晖)[昏]黑，即更衣，至銘軍劉總統營内宿焉。

初五日記　早三點鐘起程，行六十里，至木城駅，亦有古高麗之城。銘軍由金州修路至此，均四丈餘寬，實與軍民便易，不似從前亂石填道，車馬不易行走也。午餐畢復行六十里，至旅順。由木城駅至旅之道路係毅軍修理，較之銘軍更爲寬闊堅厚。至旅，遂入海軍船械局宿焉。

吴大澂《皇華紀程》　正月十七日，由天津啓程。行四十里至東堤頭，尖。又三十里至潘兒莊，宿。

十八日，行七十里至蘆臺。李漢春軍門邀至署中午飯，甯河石令、慶臣。鹽場周大使德釗。來見。又行五十里至王蘭莊，宿。

十九日，行四十五里至宋家營，尖。又四十五里至施家莊，宿。

二十日，行四十里至高家莊，尖。又三十里至樂亭縣城。劉俊卿、徐鰲峰迎至城南二十餘里。署樂亭縣孟令丕顯。來見。又三十里至甘草坨親軍砲隊營，夜飯後至鞏軍中營宿。

廿一日，晨起爲俊卿書家祠額四字。至製造局邱玉符處。又至軍械局宋筱舫處小憩，筱舫已赴綏軍，惟陳玉如在焉。行三十里，過茄荷莊。前年海防喫緊時，曾在此處紮營數月，邨民多有相識者。出莊數里，遇俊卿、鰲峰、小圃、義堂策馬而來，余亦易騎同行。三十里至團林，尖。綏軍各營官來見。飯後行四十里至鈎兒灣，宿綏軍正營。

廿二日，行八里過袁行南營，小憩。又二十二里至牛頭崖。【略】又行五十里至蒲萄窪，尖。飯後風大，行二十五里至白塔嶺，宿。

廿三日，行三十里至紅花店，葉曙清軍門帶隊來迎。又行十二里至山海關，晤謙懋齋都護。旋至葉曙清營中午飯，小巖同往。下午出關行二十五里，至老軍屯宿。小巖送余三日，出關數里而還。在津奏派隨員湯伯碩、沈韵松、王芷帆、吴文伯四人，又奏調同文館俄文繙譯官慶錫安。惟伯碩在蘇未至，芷帆去臘請假回臨榆，同行者韵松、文伯、錫安三人耳。

廿四日，行五十里至前街，又五十里至中後所，宿。

廿五日，行五十里至沙後所，尖。又三十里至甯遠州城外，宿。州牧朱北園克揚。來見。

廿六日，行三十里至連山，尖。此三十里約有四[十]餘里之遠。又行三十里至高橋，宿。入錦州界矣。

廿七日，行十八里至杏山，又十八里至松山，尖。此三十六里約有五十餘里之遠，土人謂關東三箇十八里路程最大，謂連山、杏山、松山也。【略】午後行三十里至雙楊店，宿。

廿八日，行二十里渡大凌河，冰尚未開也。又二十里至禿老婆店，尖。又二十里過石山站，人煙稠(窑)[密]。自半山至山麓屋宇鱗比，大有豐樂氣象。又四十里至閭陽驛，宿。

廿九日，行十五里至常興店，又二十五里至廣甯驛，又十里至孤家子，又五里至二臺子，尖。午後行二十二里至中安堡，又十八里至洋岔河，宿。

三十日，行十二里至小黑山站，又二十里至胡家窩棚，尖。又十八里過金家窩棚，二十二里至半拉門，宿。

二月初一日，行三十里至白旗堡，尖。署新民廳同知王清輔爲澂。來見。又行五十里至新民屯，宿。

初二日，行二十里至巨流河，十五里至孤家子，尖。又行二十五里至老邊，又十五里至大荒身，又十五里至大石橋，宿。

初三日，辰刻，恭謁昭陵。巳刻，至奉天省城西門外關帝廟東實勝寺，慶蘭圃將軍裕、裕壽泉京兆長、濟筠甫都護祿、啓穎之司農秀、松吟濤宗伯森、鳳輝堂司馬秀、寶震甫司寇森、阿允亭司空克丹、楊蓉甫學使頤，同請聖安進城。住南門内同陞店。

初四日，巳刻，恭謁福陵。由陵上至大窪子三十里，尖。由大窪子至蒲河二十里，宿。初五日，行十五里至清水臺，又十五里至懿路站，尖。飯後行二十里至范家屯，又十五里至遼河屯，又二十五里至鐵嶺縣城外，宿。

初六日，行三里過青河，又二十七里至中固，尖。又二十里至孫家店，又二十五里至九社，宿。

初七日，行二十五里至威遠堡門，又十五里至南城子，又二十五里至蓮花街，尖。又行七里至赫爾蘇，又十八里至楊木林子，又二十五里至葉赫站，宿。

初八日，行三十里至英額卜占，又十五里至十里鋪，又十里至火石嶺子，尖。又十八里過大孤家子，又十二里至赫爾蘇站，宿。

初九日，行廿五里至小孤山，又三十五里至大孤山站，尖。【略】又行三十五里至伊通州，宿。

初十日，行二十五里至伊巴丹站，尖。又二十里至三家子，又二十二里至土門子，又十八里至雙楊河蘇瓦延站，宿。

十一日，行五十里至伊拉門站，尖。又二十里至岔路河，又二十五里至依拉奇，宿。丁友雲大令來晤。甯古塔都統容峻峰遺材官明利德慶持函來接。夜大雪。

十二日，五更起，宋渤生太守來晤。行二十五里至蒐登站，又二十里至大綏河，尖。又行二十里至老爺嶺。又十五里過歡喜嶺。【略】又行五里至西門外萬壽宮，希贊臣將軍、恩雨三都護同請聖安。未刻進城，住北門内永升店。將軍、都護先後來晤，見客至薄暮而畢，不及出門矣。

十三日，答拜贊臣將軍、雨三都護。

十四日，答拜各統領、各協領及道府各署。

十五日，自書銅柱銘交渤生代刻，書大虎字五，至贊臣將軍、雨三都護處辭行。

十六日，五更起，爲方晴庵大令題宋榻郭有道碑。辰刻啓程，贊臣將軍、雨三都護送至小東門外關帝廟。旋至機器局小憩，即在局門東三里團山子渡江。此處江心老冰尚堅，兩岸沿凌水亦不甚深也。過江二十里至小茶棚，尖。渤生、集庭、少彝均來送行。又二十里至江蜜蜂。向來出省東行，多在江蜜蜂住宿。今店已歇閉，無可宿之處，商旅之蕭條可見矣。又行四十里至雙岔河，宿。

十七日，行八里至額赫穆站，委官程萬春慶年之父。邀至其家早飯。候至巳初刻，韵松諸君未至也。又行三十里過七道河，又十里過老爺嶺，又三十五里至拉法站，宿。

十八日，行二十五里過苦不了河，又二十里至鄂勒河，尖。又行十二里至樺樹林子，又八里至退摶站，又三十里至烏棘口劉家店，宿。

十九日，行三十里過張廣才嶺，又十里出烏棘口。適甯古塔靖邊右路中營哨官英喜率隊兵伐電綫木桿，住一小店，得余宰一豚，煮飯方熟，留余小憩。英喜乃余舊部也。在此店打尖。飯後行五十里，風大，繼之以雪。申刻，至額赫穆索羅站，宿。

二十日，行二十五里至鳳皇店，尖。【略】又行五十五里至塔拉站，宿。

廿一日，行二十里至朱墩，尖。又十里至貝勒窪，又十五里至老鸛窩，又十里至必爾罕站，宿。

廿二日，行十五里至三道嶺，見道旁石磴上有光緒九年八月由甯古塔進省時題名三行篆書，墨色無恙。【略】又行十五里至石頭甸子，尖。【略】又行三十里至沙蘭站，宿。

廿三日，行四十里至藍旂溝，雙如山、恩承之兩統領均來迎候。又行三十里至猗蘭岡，容峻峰都護在關帝廟内請聖安。又行十里至甯古塔城，住城外官葠局舊行臺。峻峰都護來晤。

廿五日，由觀音閣渡江而南，行十五里至乾溝子，小憩，峻峰都護、如山、承之兩統領均來送行。又三十里至石頭坑，又二十里至下營子，宿。

廿六日，行三十里至上馬連河，又二十里至斗溝子，尖。飯後過瑪勒瑚哩站，小憩。又三十里至窩棘口徐家店，宿，即余辛卯年所築之望松窩也。

廿七日，行二十五里上嶺，又五里至老松嶺站，尖。又十三里過嶺，又四十二里至駱駝磊子薩奇庫站，宿。

廿八日，行三十五里至哈達密達，尖。即余辛卯年所搆息廬五間，交葛翁管業。後葛翁招劉姓同居，今竟爲劉獨占矣。又三十七里過瑚珠嶺之新站，小憩。又八里渡嘎呀河，河凍已開，徒涉而渡，水深幾及馬腹矣。至郭梯階所搆官房，宿。

廿九日，行廿五里至荒片，尖。又二十五里至五人班關清德家小憩，即余辛卯年所搆之屋，手書「清樂鄉」三字額猶在焉。【略】又行廿五里至大坎子，宿。

三月初一日，寒食，行廿五里至且住庵，尖。【略】飯後行二十五里至德通，又三十里至涼水泉子，宿。

初二日，清明，行三十里至密占，尖。又十里過蟠嶺，又十五里至吴鳳起窩棚，哈伯軒、永厚山兩統領及馬步各營官均來迎候。依堯山都護設帳於道，即於帳下跪請聖安。申初進城，住南門行臺。堯山都護來晤。見客畢，答堯山都護。

初三日，堯山都護來晤。起恭報行抵琿春日期摺稿。午後答拜堯山都護。

初四日未刻，拜摺，致慶蘭圃將軍書，發天津、上海電報，至西營答拜哈伯琴統領，發俄國勘界大臣巴拉諾伏照會。

初六日，接總署公函，屬查甯古塔東大川界址，即復。

十一日，題子璋鐘玫釋部鐘未竟。俄官廓米薩爾馬秋甯來晤，繙譯倪廓來福同來。知俄國勘界大臣巴拉諾伏須俟北路烏蘇哩江、興凱湖冰凍全消，方可乘輪而來，至紅土崖起陸，一日可達雙城子，再换輪船經海參崴至摩闊崴，半日可到。大約在四月初十日後，俄歷則五月初也。馬秋甯索閲漢文條約及交界道路記文，節文案房鈔一分與之。余亦向索俄文條約及交界道路記文一分，允俟歸後寄來。

[四月]十六日，接俄使巴啦諾伏信，知於昨日抵巖杵河矣。起摺稿。報十九日啓程赴巖杵河。

十九日，復運齋書。復合肥相國書。爲雙如山書篆額四字。午初啓程，與堯山都護同至二道河卡倫，尖，距城纔二十里耳。又行三十里至恒道河俄卡，宿。未至卡倫五里許，有俄國副統領澤柏落伏斯奇一員，那達落伏一員，帶領俄國馬隊六十名，持巴將軍名片來迎。及抵俄卡，又有俄國統領克拉多在卡迎候。卡官哈斯三設席會飲。

二十日，辰正行三十里至佛多石，小憩。哈斯三攜酒炙羊席地而飲，澤柏落伏斯奇那達落伏勸飲甚勤，團坐良久。該處有高麗人所蓋茅屋十餘家。未刻，又行十四里至巖杵河，俄兵站隊迎道旁，觀者如堵。先至北營更衣少憩，與堯山都護同拜東海濱巡撫巴啦諾伏。巴使留余同住俄館。

[五月]十八日，復周玉山書。巳刻啓程，行二十里至二道河卡倫，尖。又三十里至横道河俄卡，新换卡倫官索廓落伏斯奇帶隊來迎，茶話片晌。又行三十里至三道岡子，有鹽鍋十餘家，瀕海而居，遂宿焉。

十九日，行二十里至英安河高麗民房，尖。【略】又行三十五里至沙草峰南十餘里山麓盡處，支帳而宿，與巴啦諾伏帳房毘連。

廿二日，晴。午刻啓行，三十八里至英安河，茶尖。高麗人云：俄官皆由陸路回巖杵河，惟巴啦諾伏仍坐小艇出英安河口而去。余與堯山商定由南道至蘇倫哈達渡海，宿摩闊崴，無深溝陷馬之患。行二十里，望見巴使與克拉多、佘威羅伏三人坐一艇在海灘淺水處，四僕在水中挾舟而行，濡滯不能速也。又行十餘里至蘇倫哈達，時已薄暮，僱高麗渡船揚帆而渡，約三里許頃刻抵摩闊崴。登岸，有俄官導至一公所，則巴使與克拉多、佘羅伏先在焉。統領密薩羅説邀余住俄館，辭之，遂與堯山都護同宿劉家洋貨鋪。

廿三日，俄統領密薩羅説來約巳初刻至俄館早飯。午初啓程，行三十里，未正，抵巖杵河，仍住俄館。

廿九日，書記文一頁。堯山都護來晤，擬於明日先回琿春。

[六月]初七日，巳刻，堯山都護來，會同俄使巴啦諾伏及克拉多、馬邱甯將中俄交界第一段地圖及道路記文畫押鈐印，兩國各存一分。惟舒利經往查界綫未回，巖杵河尚未畫押也。未刻拜摺。酉刻，與巴使同車冒雨至摩闊崴，堯山都護已先在矣。戌刻，上俄國兵輪船船名阿布列克，管帶者拉威羅伏也。

初八日，寅正，開船。未正，至綏芬河口，换坐小輪船，船名僻亞尼爾。由河口至哈瑪塘六十里，河道彎曲，兩岸絶少人家。船上燒柴而不用煤，中途岸上有積柴數大堆，停輪片刻，添柴數十捆乃行。登岸時已戌刻矣。俄統領斯敏而士基在河干迎候，五年前在摩闊崴見之，如舊相識也。余與巴使同車行三十里，越一嶺至俄站少憩。站名巴啦諾伏站。又行三十里至雙城子，俄提督科爾悉利、統領阿達莫爲赤密赤可伏均來迎候。

初十日，辰初刻啓程，余與巴使同車。行六十里至新開河俄邨，尖。又行五十里渡綏芬河，雨甚。又行十里至俄卡，少憩。又十餘里至三岔口招墾局，時不過申刻也。

廿七日，卯正，余與巴使同車行。六十里至新開河俄郵小憩，時方巳初刻也。又行六十里，午正已達雙城子。

［七月］初七日，辰初刻，與堯山都護及俄官巴啦諾伏、克拉多馬邱甯、多謨日落伏、倭羅忽伏，通事莫新同上定遠鐵艦。適遇大雨，霧氣迷濛，船不能開。至巳初刻，始得展輪出口，雨仍未止。午後晴霽。酉正，抵摩闊崴，停泊。【略】余與巴使同車行，至亥初刻即抵巖杵河。

初八日卯正，由巖杵河啓程，午初刻至俄卡，尖。戌初刻始抵琿春，接天津來電。

域外部

（日本）圓珍《行歷抄》［嘉祥四年］四月十五日，和尚辭京，向太宰府。遂入唐。

［五月二十］四［日］，得達前處。以無便船，暫寄住城□□［山四王院］。

［仁壽］三年七月十五日，上船，到值嘉島，停泊鳴浦。

八月九日，放船過海。

［八月］十五日，午時，著大唐嶺南道福州連江縣界。即大唐大中七年也。

大中七年十一月十九日，從屈家發，到黄巖縣安寧寺宿。當日綱維報縣。

［十一月］二十六日，上開元寺。

十二月九日，五更，乘潮上發行。【略】都五个日，從溪而上。

［十二月］十二日，【略】去唐興縣三五來里，宿住溪上。

大中八年二月初間，留學圓載出，剡縣去。此越州管，去唐興縣一百八十里。

［二月］八日，黄昏，在國清。

［二月］九日，齋後，珍領徒入山。國清東山名靈芝之峰，巖峻難行，宛如延曆葛阪。行十八許里，山路地黄，同一金色。行盡此地，路邊有墳，右題「晞禪師墳」，左無其題，相傳云第六祖荆溪大師墳。並頂拜禮訖，轉向路行，更有一墳，題「揚州延光寺琮禪師墳」。更行一里許，有幢，題曰「智者大師之墳」。

［二月］十八日，【略】入山。禪林西北過一峻峰，行一三里，路傍蒿草滋蕪。樹下有石，名之「西道場」，即大師居止之地。從此西行十里，到前越州孟中丞亭子。只有舊基，曾無屋舍。於此吃齋。凡跨四峰，方至此地。齋後，向華頂。自是過十一峰，到於華頂，則第十二峰。

九月二十日，從梅橘發，上船。中路吃飯。飯後，到越州南郭門。門家報州。少時，至開元寺，安置天王院。

［大中］正二月間，【略】請得越州公驗，取二月二十九日進發。同行四人。

大中九年四月十五日，從蘇州徐押衙宅發，入上都。

五月十七日，過佛光和尚墓。列赤水店馬家宿。

［五月］十八日，到新豐店張家宿。此故新豐縣也。

［五月］十九日，到照應縣。【略】當日寅時，圓載座主共蘇州人施二十先入長安，看好店舍云云。

［五月］二十三日，傔驢馱籠，移去東中之門，名「春明門」。到高家店停泊。

［五月］二十五日，丁滿入城。

［五月］二十八日，圓珍到青龍寺。【略】將「瑜伽本」出寺，歸到春明門外高家店寫。【略】彼十九日到城，權下崇仁坊王家店。

六月，【略】至八日旦，傔驢擔籠入城。略到載處。【略】當日歸寺，更三五日後，多將飯食來供養。其後載、珍到街西龍興寺，相看雲居院主。

七月一日，珍移龍興寺，住淨土院居院主房。【略】未安泊之間，不及到青龍寺。在後，臨自恣際，到青龍。

［大中］十年五月十九日，從蘇州徐押衙宅發。

［五月］二十三日，齋後，入開元寺。

天安二年，歸朝，暫留太宰府。

天安二年十二月二十六日，使並小師等入城。珍獨向海印寺，禮拜故和尚鎮。到夜入寺，【略】寄宿。

［十二月］二十七日，午後，從山寺發，日落到上出雲寺宿。取葛野路，從城北來。刑大典先在寺侍候。二更，春録事來寺中相見。兩君各前後去。

［正月］十六日，召入内。

［正月］十九日，從出雲寺發。静法和尚相共祇送於粟田山口。逢法明菩薩將齋飯迎，共到山階店東頭路南畠吃飯。二人從此歸京。飯後，共詮暉法師行到滋賀粟園。【略】從此更行到弘法寺，【略】迴弘法寺宿。

［正月］二十日，衝雨入寺山，至定心院玄契禪和房。

［正月］二十三日，從中堂起，禮拜經藏、文殊堂、法華三昧及講堂、戒壇、總持院。從山王院參净土院，【略】從净土院過至西塔肥前前講澄愷和尚院。【略】飯後大德送到講堂法華三昧。又至愷和尚院，暫坐吃茶。呈《求法録》，一遍看過。出院，辭别山王院，安置圓敏禪師房。

三月一日，差人於比叡神宫轉《金剛經》一百餘卷。

（日本）三善清行《天台宗延曆寺座主圓珍傳》 至仁壽二年閏八月，值唐國商人欽良暉交關船來。三年七月十六日，上船到值嘉島，停泊鳴浦。八月初九日，放船入海。十三日申時，望見高山。緣北風致，十四日辰頭，飄到彼山脚，所謂琉球國喫人之地。四方無風，莫知所趣。忽遇巽風，指乾維行。申刻見小山，子夜至脚下。十五日午時，遂獲著岸，而未知何國界。便問所在，知此大唐國嶺南道福州連江縣界。於時國號人中七年矣。【略】十六日上州，便宿海口鎮。【略】十七日達州下郭門，【略】十九日上州。

九月二十日，辭使向北，【略】十月中旬入温州界，過江口鎮，至横陽縣，停住郭下。【略】過安固縣，到永嘉郡，【略】以安泊於開元寺。

十二月初一日，得達台州臨海郡，權下開元寺。【略】十三日，遂達唐興縣，相見縣官，暫憩國清寺廨宅。【略】十四日，留學僧圓載從越州來，於國清寺相接。

大中八年二月，上天台山禪林寺。【略】又從禪林寺北行二十五許里，山趾有亭子，曰「捫蘿亭」。浙東觀察使、御史中丞孟簡所建，仍字之曰「孟中丞亭子」。從此行三十五許里，至天台山最高之峰，號曰「華頂」。【略】林邊亭子曰「倒景亭」。【略】次下華頂，却到山脚。隨溪而卜，至步雲亭宿。來日又傍溪行，至於石橋。【略】圓珍數日巡禮已畢，還至國清坐夏。

九月七日，出台山，向越府。

大中九年二月，請得越府公驗。二十九日，辭衆入漢。便至蘇州。緣疾，寄宿衙前同十將徐公直宅。

五月六日，得到東都洛陽之城。從上東門入。【略】七日，自徽安之門出，至磁澗宿。次過新安，至缺門。【略】十日，過三壕、五谷等難處，至陜府宿。二十一日，遂達上都長安城。權住春明門外。復冬至日，至街東大興善寺不空三藏和尚院，禮拜三藏和尚骨塔。【略】更至街西千福寺多寶塔，【略】次巡莊嚴、西明、慈恩、興福、崇福、薦福寺等。二十七日，圓珍共圓載拜辭本師，出長安城，從春明之門指東渭橋行。二十八日，過橋漸行，從櫟陽縣至同州城。次渡蒲關，即到舜城，此河中府矣。【略】便出府門，傍中條山向東而行，路側見古劍匠莫耶之墓，又看解縣鹽池。從於柳谷，至陜府背後，方過黄河，宿府城内甘棠驛邊。【略】自硤石官路而登土嶺，入洛州界。

十二月十七日，【略】至東都龍門伊水之西廣化之寺，禮拜無畏三藏和尚舍利之塔。【略】十八日，又踏大雪至東京，從長夏門入，至水南温柔坊新羅王子宅。【略】向後遊歷敬愛、安國、天宫、菏澤等諸寺。

大中十年正月十三日，與圓覺等迴至龍門西岡。【略】十五日，辭洛向吴室，至止河陽。自懷州界至黄河上船，渡河十里到河陰縣，積漸行過鄭滑界，方達大梁。傭船入汴水，至淮河之陰普光王寺。

次過淮南浙西，五月晦，迴到越州開元寺。相看良諝闍梨，【略】從此拜别，向天台山。

六月初四日，得達國清寺。

至十月初，台州刺史、朝議郎殿中端公，敕賜緋金魚袋裴謨帖唐興縣，追命圓珍，【略】端公更帖驛館，次供素飯，差館子、家丁各一人送至國清。

大中十一年十月，秩滿歸京。

十二年正月，刺史、朝散大夫、敕賜緋金魚袋嚴修睦，新下台州。圓珍二月初頭至州相看。

六月八日，辭州，上商人李延孝船過海。十七日申頭，南海望見高山。十八日丑夜，至止山島。下矴停住，待天明。十九日平明，傍山行至本國西界肥前國松浦縣管旻美樂埼。

天安二年六月二十二日，至大宰府鴻臚館。【略】十二月二十七日，的達帝都。

徐兢《使高麗録》 宣和四年壬寅春三月，詔遣給事中路允迪、中書舍人傅墨卿充國信使副往高麗。秋九月，以國王俁薨，被旨兼祭奠弔慰而行，遵元豐故事也。

五年癸卯春二月十八日壬寅，促裝治舟。

二十四日戊申，詔赴睿謨殿，宣示禮物。

三月十一日甲子，赴同文館聽誡諭。

十三日丙寅，皇帝御崇政殿，臨軒親遣，傳旨宣諭。

十四日丁卯，錫宴於永寧寺。是日解舟出汴。

夏五月三日乙卯，舟次四明。先是得旨：以二神舟、六客舟兼行。

十三日乙丑，奉禮物入八舟。

十四日丙寅，遣供衛大夫相州觀察使直睿思殿關弼口宣詔旨，錫宴於明州之廳事。

十六日戊辰，神舟發明州。

十九日辛未，達定海縣。先期遣中使武功大夫容彭年建道場於總持院七晝夜，仍降御香，宣祝於顯仁助順淵聖廣德王祠。神物出現，狀如蜥蜴，實東海龍君也。廟前十餘步當鄞江窮處，一山巍然出於海中，上有小浮屠。舊傳海舶望是山，則知其爲定海也，故以招寶名之。自此方謂之出海口。

二十四日丙子，八舟鳴金鼓，張旗幟，以次解發。中使關弼登招寶山焚御香，望洋再拜。是日天氣晴快。巳刻，乘東南風張蓬鳴艣，水勢湍急，委蛇而行。過虎頭山，水浹港口、七里山。虎頭山以其形似名之，度其地已距定海二十里矣。水色與鄞江不異，但味差咸耳，蓋百川所會，至此尤未澄徹也。過虎頭山，行數十里即至蛟門。大抵海中有山對峙，其間有水道可以通舟者皆謂之門。蛟門云蛟蜃所宅，亦謂之三交門。其日申未刻，遠望大、小二謝山，歷松柏灣，抵蘆浦抛碇，八舟同泊。

二十五日丁丑，辰刻，四山霧合，西風作，張蓬，委蛇曲折，隨風之勢，其行甚遲，舟人謂之拒風。巳刻，霧散，出浮稀頭、白峰、窄額門、石師顔，而後至沈家門抛泊。其門山與蛟門相類，而四山環擁，對開兩門，其勢連亘，尚屬昌國縣。其上漁人樵客叢居十數家，就其中以大姓名之。申刻，風雨晦冥，雷電雨雹欻至，移時乃止。是夜，就山張幕，掃地而祭，舟人謂之祠沙，實岳瀆主治之神，而配食之位甚多。每舟各刻木爲小舟，載佛經糗粮，書所載人名氏納於其中，而投諸海，蓋禳猒之術一端耳。

二十六日戊寅，西北風勁甚。使者率三節人以小舟登岸，入梅岑，舊云梅子真棲隱之地，故得此名。有履迹、瓢痕，在石橋上。其深麓中有蕭梁所建寶陀院，殿有靈感觀音。昔新羅賈人往五臺刻其像，欲載歸其國，暨出海，遇焦，舟膠不進，乃還置其像於焦上，院僧宗岳者迎奉於殿。自後海舶往來，必詣祈福，無不感應。吳越錢氏移其像於城中開元寺。今梅岑所尊奉，即後來所作也。崇寧使者聞於朝，賜寺新額，歲度緇衣而增飾之。舊制，使者於此請禱。是夜，僧徒焚誦歌唄甚嚴，而三節官吏兵卒莫不虔恪作禮。至中宵，星斗煥然，風幡摇動，人皆歡躍，云風已回正南矣。

二十七日己卯，舟人以風勢未定，尚候其孰。海上以風轉至次日不改者謂之孰。不爾，至洋中卒爾風回，則茫然不知所向矣。自此即出洋，故審視風雲天時而後進也。申刻，使副與三節人俱還八舟。至是水色稍澄，而波面微蕩，舟中已覺䑰䑗矣。

二十八日庚辰，天日清晏。卯刻，八舟同發，使副具朝服，與二道官望闕再拜，投御前所降神霄玉清九陽總真符籙，並風師龍王牒、天曹直符、引五岳真形與止風雨等十三符訖，張蓬而行。出赤門食頃，水色漸碧，四望山島稍稀，或如斷雲，或如偃月。巳後，過海驢焦，狀如伏驢。崇寧間，舟人有見海獸出没波間，狀如驢形，當别是一物，未必因焦石而有驢也。蓬萊山望之甚遠，前高後下，峭拔可愛。其島尚屬昌國封境也，上極廣，可以種蒔，島人居之。仙家三山中有蓬萊，越弱水三萬乃得到，今不應指顧間見，當是今人指以爲名耳。過此則不復有山，惟見連波起伏，噴薄洶涌，舟楫振撼，舟中之人吐眩顛仆，不能自持十八九矣。舟行過蓬萊之後，水深碧，色如玻璃，浪勢益大。洋中有石曰半洋焦，舟觸焦則覆溺，故篙師最畏之。是日午後，南風益急，加野狐颿。制颿之意，以浪來迎舟，恐不能勝其勢，故加小颿於大颿之上，使之提挈而行。是夜，洋中不可住維，視星斗前邁，若晦冥則用指南浮針以揆南北。入夜舉火，八舟皆應。夜分，風轉西北，其勢甚亟，雖已落蓬，而颭動颺摇，瓶盎皆傾，一舟之人震懼膽落。黎明稍緩，人心向寧，依前張颿而進。

二十九日辛巳，天色陰翳，風勢未定。辰刻，風定且順，復加野狐颿，舟行甚鈍。申後風轉，酉刻，雲合雨作，入夜乃止，復作南風。入白水洋，其源出靺鞨，故作白色。是夜舉火，三舟相應矣。黄水洋即沙尾也，其水渾濁且淺，舟人云其自西南而來，横於洋中千餘里，即黄河入海之處。舟行至此，則以雞黍祀沙，蓋前後行舟過沙，多有被害者，故祭其溺水之魂云。自中國適句驪，唯明州道則經此，若自登州板橋以濟，則可以避之。比使者回程至此，第一舟幾遇淺，第二舟午後三桅並折，賴宗社威靈，得以生還，故舟人每以過沙尾爲難，當數用鉛硾時其深淺，不可不謹也。黑水洋，即北海洋也，其色黯湛淵淪，正黑如墨，猝然視之，心膽俱喪。怒濤噴薄，屹如萬山，遇夜則波間熠熠，其明如火。方其舟之升在波上也，不覺有海，惟見天日明快。及降在窪中，仰望前後水勢，其高蔽空，腸胃騰倒，喘息僅存，顛仆吐嘔，粒食不下咽。其困卧於茵褥上者，必使四維隆起，當中如槽，不爾則傾側輥轉，傷敗形體。當是時，求脱身於萬死之中，可謂危矣。

六月一日壬午，黎明霧昏，乘東南風。巳刻稍霽，風轉西南，益張野狐颿。午正風厲，第一舟大檣砉然有聲，勢曲欲折，亟以大木附之，獲全。未後東北望，天際隱隱如雲，人指以爲半托伽山，不甚可辨。入夜風微，舟行甚緩。

二日癸未，早霧昏曀，西南風作，未後澄霽。正東望　山如屏，即夾界山也，華夷以此爲界限。初望隱然，酉後遇近前有二峰，謂之雙髻山。後有小焦數十，如奔馬狀，雪浪噴激，遇山濺瀑尤高。丙夜風急雨作，落帆徹蓬以緩其勢。五嶼在處有之，而以近夾界者爲正。定海之東北蘇州洋内羣山馬島，皆有五嶼。大抵篙工指海山上小山爲嶼，所以數處五山相近，皆謂之五嶼矣。

三日甲申，宿雨未霽，東南風作。午後過是嶼，風濤噴激久之，峭崪蒼翠，頗甚可愛。是日巳刻，雲散雨止，四顧澄霽。遠望三山並列，中一山如堵，舟人指以爲排島。亦曰排垛山，以其如射垛之形耳。是日午後，東北望一山極天，連亘如城，日色射處，其白如玉。未後風作，舟行甚快。黑山在白山之東南，相望甚邇，初望極高峻，逼近見山勢重複，前一小峰中空如洞，兩間有澳，可以藏舟。昔海程云是使舟頓宿之地，館舍猶存，今取道更不抛泊。上有民居聚落，國中大罪得貸死者多流竄於此。每中國人使舟至，遇夜於山巔明火於烽燧，諸山次第相應，以迄王城，自此山始也。申後，舟過月嶼二，距黑山甚遠。前曰大月嶼，回抱如月，舊傳上有養源寺。後曰小月嶼，對峙如門，可以通小舟行。蘭山島又曰天仙島，其山高峻，遠望壁立，前二小焦鼉鱉之狀。白衣島三山相連，前有小焦附之，偃檜積蘇，蒼潤可愛，亦曰白甲苫。跪苫在白衣島之東北，其山特大於衆苫，數山相連，碎焦環繞，不可勝數，夜潮衝激，雪濤奔薄，月落夜昏，而濺沫之明如火熾也。春草苫又在跪苫之外，舟人呼爲外嶼，其上皆松檜之屬，望之鬱然。夜分風静，舟行益鈍。檳榔焦以其形似得名，大抵海中之焦，遠望多作此狀，唯春草苫相近者，舟人謂之檳榔焦。夜深潮落，舟隨水退，幾復入洋，舉舟恐懼，亟鳴櫓以助其勢。黎明尚在春草苫。

四日乙酉，天日晴霽，風静浪平，俯視水色，澄碧如鑒，可以見底。復有海魚數百，其大數丈，隨舟往來，夷猶鼓鬣，洋洋自適，殊不顧有舟楫過也。是日午後，過菩薩苫，麗人謂其上會有顯異，因以名之。申後風静，隨潮寸進。是日酉後，舟至竹島抛泊。其山數重，林木翠茂，其上亦有居民，民亦有長。山前有白石焦數百塊，大小不等，宛如堆玉。使者回程至此，適值中秋月出，夜静水平，明霞映帶，斜光千丈，山島林壑，舟楫器物盡作金色，人人起舞弄影，酌酒吹笛，心目欣快，不知前有海洋之隔也。

五日丙戌，晴明，過苦苫。苫距竹島不遠，其山相類，亦有居人。麗俗謂刺猬毛爲苫苫，此山林木茂盛而不大，正如猬毛，故以名之。是日抛泊此苫，麗人挐舟載水來獻，以米謝之。東風大作，不能前進，遂宿焉。

六日丁亥，乘早潮行，辰刻至羣山島抛泊。其山十二峰相連，環繞如城穴。六舟來迓，載戈甲，鳴鐃歊角爲衛。別有小舟載緑袍吏，端笏揖於舟中，不通姓字而退，云羣山島注事也。繼有譯語官閤門通事舍人沈起來參。同接伴金富軾、知全州吴俊和遣使來投遠迎狀。使副以禮受之，揖而不拜，遣掌儀官相接而已。繼遣答書。舟既入島，沿岸乘旗幟列值者百餘人，同接伴以書送使副及三節早食，使副牒接伴送國王先狀。接伴遣采舫，請使副上羣山亭相見。其亭瀕海，後倚兩峰，相並特高，壁立數百仞。門外有公廨十餘間，近西小山上有五龍廟、資福寺，又西有嵩山行宫，左右前後居民十數家。午後，使副乘松舫至岸，三節導從入館。接伴、郡守趨廷，設香案拜舞，望闕拜舞，恭問聖體畢，分兩行升堂，使副居上，以次對，再拜訖，少前叙致，復再拜，就位。上中節堂上序立，與接伴揖，國俗皆雅揖。都轄前致辭，再拜，次揖郡守如前禮，退就席。其位，使副俱南向，接伴、郡守東西相向，下節、舟人聲喏於庭，上節分坐堂上，中節分兩廊，下節坐門之兩廂，舟人坐於門外。供張極齊肅，飲食且豐腆，禮貌恭謹。地皆設席，蓋其俗如此，亦近古也。酒十行，中節、下節第降殺之。初坐，接伴親斟以奉使者，復酬之。酒半，遣人致勸三節，皆易大觥。禮畢，上中節趨揖如初禮，使副登松舫，歸所乘大舟。

橫嶼在羣山羣之南，一山特大，亦謂之案苫。前後有小焦數十繞之，石脚一洞，深可數丈，高闊稱之，潮至，拍水聲如雷車。

七日戊子，天日晴快。早，全州守臣致書，備酒禮，曲留使者。使者以書固辭乃已，惟受所饋蔬茹魚蛤等，因以方物酬之。午刻解舟，宿橫嶼。

八日己丑，早發。南望一山，謂之紫雲苫，橫巘差迭。其後二山尤遠，宛如雙眉凝翠焉。是日午後，過富用倉山，即舟人所謂芙蓉山也。其山在洪州境內，上有倉廪，積穀且多，云以備邊鄙非常之用，故以富用名之。洪州山又在紫雲苫之東南數百里，州建其下。又東一山產金，盤踞如虎，謂之東源，小山數十，環拱如城。其山上有一潭，淵澄可鑒，不可測。是日申刻舟過。鴉子苫，亦名軋居苫，麗人謂笠爲軋，其山形如之，因以得名。是日西刻舟過。是日酉後，風勢極大，舟行如飛，自軋子苫一瞬之間，即泊馬島，蓋清州境也。泉甘草茂，國中官馬無事則羣牧於此，因以爲名。其主峰渾厚，左臂環抱，前一石觜入海，激水回波，驚湍洶涌，千奇萬怪，不可名狀。故舟過其下，多不敢近，慮觸暗焦也。有客館，曰安興亭。知清州洪若伊遣介紹與譯語官陳懿同來，如全州禮。岸次迓卒旗幟，與羣山島不異。入夜然大火炬，熒煌照空。時風政作惡，舟中搖蕩，幾不可坐。使者扶持，以小舟登岸相見，如羣山亭之禮，惟不受酒禮，夜分還使舟。

九日庚寅，天氣清明，南風甚勁。辰發馬島，巳刻過九頭山，其山云有九峰，遠望不甚詳然，而林木叢茂，清潤可喜。唐人島未詳其名，山與九頭山相近。是日午刻，舟過島，當雙女焦，其山甚大，不異島嶼，前一山雖有草木，但不甚深密；後一山頗小，中斷爲門，下有暗焦，不可通舟。是日巳刻，舟自唐人島繼過此焦，風勢愈亟，舟行益速。大青嶼，以其遠望鬱然如凝黛，故麗人作此名如是。午刻舟過。和尚島，山勢重迭，林壑深茂，山中多虎狼。昔嘗有學佛者居之，獸不敢近，今葉老寺乃其遺迹也，故麗人謂之和尚島。是日未刻，舟過其下。牛心嶼，在小洋中，一峰特起，狀類覆盂，而中稍鋭，麗人謂之牛心。它處皆見之，刑肖此山而差小者，亦謂之雞心嶼。是日未正，舟過此嶼，南風，小雨。聶公嶼，以姓得名，遠視甚鋭，逼近如堵，蓋其形匾，縱橫所見各異，是日未末，舟過其下。小青嶼，如大青嶼之形，但其山差小，而周圍多焦石。申初舟過，雨勢稍密。是日申正，舟次紫燕島，即廣州也。倚山爲館，榜曰慶源亭。亭之側爲幕屋數十間，居民草舍亦衆。其中之東一嶼多飛燕，故以名之。接伴尹彥植、知廣州陳淑遣介紹與譯官卓安持書來迎，兵仗禮儀加厚。申後雨止，使副與三節登岸到館，其飲食相見如全州禮，夜漏下二刻歸舟。

十日辛卯，辰刻西北風，八舟不動。都轄吴德休、提轄徐兢同上節復以采舟詣館。過濟物寺，爲元豐使人故左班殿直宋密飯僧。是日未刻，到急水門，其門不類海島，宛如巫峽江路，山圍屈曲，前後交鎖，兩間即水道也。水勢爲山峽所束，驚濤洎岸，轉石穿崖，喧豗如雷，雖千鈞之弩、追風之馬不足喻其湍急也。至此已不可張篷，惟以櫓棹，隨潮而進，申後抵蛤窟拋泊。其山不甚高大，民居亦衆。山之脊有龍祠，舟人往還必祀之。海水至此，比之急水門變黄白色矣。分水嶺即二山相對，小海自此分流之地，水色復渾，如梅岑時。

十一日壬辰，早雨作，午刻潮落，雨益甚。國王遣劉文志持先書，使者以禮受之。西刻，前進至龍骨拋泊。

十二日癸巳，早雨止。隨潮至禮成港，使副遷入神舟。午刻，使副率都轄、提轄官奉詔書於采舟。麗人以兵仗甲馬，旂幟儀物共萬計，列於岸次，觀者如堵墻。采舟及岸，都轄、提轄奉詔書入於采輿，下節前導，使副後從，上、中節以次隨之。入於碧瀾亭，奉安詔書訖，分位少憩。次日，遵陸入於王城。

以其年五月二十八日放洋，得順風，至六月六日即達羣山島。

及回程，以七月十三日甲子發順天館，十五日丙寅復登大舟，十六日丁卯至蛤窟，十七日戊辰至紫燕島。

二十二日癸酉過小青嶼、和尚島、大青嶼、雙女焦、唐人島、九頭山。是日泊馬島。

二十三日甲戌，發馬島，過軋子苫，望洪洲山。

二十四日乙亥，過橫嶼，入羣山門，泊島下。至八月八日戊子，凡十四日，風阻不行。申後東北風作，乘潮出洋，過苦苫，入夜不住。

九日己丑，早過竹島，辰巳望見黑山。忽東南風暴，復遇海動，舟側欲傾，人大恐懼，即鳴鼓招衆舟復還。

十日庚寅，風勢益猛，午刻復還羣山島。至十六日丙申，又六日矣。申後風正，即發洋，夜泊竹島。又二日，風阻不行。至十九日己亥，午後發竹島，夜過月嶼。

二十日庚子，早過黑山，次過白山，次過五嶼、夾界山。北風大作，低篷以殺其勢。

二十一日辛丑，過沙尾。午間，第二舟三副桅折，夜漏下四刻，正桅亦折，而使舟與他舟皆遇險不一。

二十三日壬寅，望見中華秀州山。

二十四日癸卯，過東西胥山。

二十五日甲辰，入浪港山，過潭頭。

二十六日乙巳，早過蘇州洋，夜泊栗港。

二十七日丙午，過蛟門，望招寶山。午刻到定海縣。

自離高麗到明州界，凡海道四十二日云。

（朝鮮）崔溥《漂海録》卷一 ［弘治元年閏正月］十一日，漂大洋中。是日陰。清晨至一島，石壁嵯峩，甚險巇。【略】夕至一大島。島又巖石削立。【略】島無避風處，故夜又縱舟而去。

十二日，遇賊於寧波府界。是日乍陰乍雨，海色還白。晡至巨島，連綿如屏。

十三日，復漂大洋中。

十四日，漂大洋中。是日晴。晡時漂至一島。

十五日，漂大洋中。

十六日，到泊於牛頭外洋。

十七日，捨舟登陸。【略】遂率陪吏等先下船。諸軍人接踵而下，冒雨穿林，逃遁奔匿。過二嶺，嶺皆枕海，有石如甬道，行六七里得一里社。

十八日，遇千户許清於路上。【略】過二嶺，見遞他里。向曙問其有大橋之里，則人曰仙巖里也。【略】行至蒲峰里，雨少止。

十九日，到桃渚所。【略】過一嶺，可二十餘里，至一城，乃海門衛之桃渚所。

二十日，在桃渚所。

二十一日，在桃渚所。

二十二日，在桃渚所。

二十三日，自桃渚所登程。【略】過山場、烏頭二嶺間，有三大川。烏頭嶺下又有鑑溪。【略】又行過塘頭、蒲峰等地，犯夜至一道傍佛宇而宿，其前里開即仙巖里。

二十四日，至健跳所。【略】曉過穿巖里。里西有山戴石壁，屹立穹窿，有大竇洞，望如虹門，里之得名以此。又過田嶺，嶺上有僧作佛宇横道，路行人從寺中以過。【略】至海浦。有兵船具戎器，循浦上下，示以水戰之狀。臣從鼻居船以渡，則乃是健跳所也。城臨海岸。

二十五日，到越溪巡檢司。

二十六日，過寧海縣。是日雨。巡檢司對岸有越溪鋪，自鋪前舍舟乘陸，從溪岸而步。溪之通海口甚廣闊，不知其源之所從來。行過西洋嶺、許家山，至市奥鋪。【略】又行至白橋嶺。有軍卒二十餘人擔轎來迎臣等。臣等八人又乘過進士坊，至寧海縣之白橋驛。驛在縣治之中。【略】過桐山鋪、梅林鋪、江汇嶺、缸空鋪、海口鋪。其間有三大川、二大橋，忘其名。夜二更至西店驛以宿。驛有甲兵警戍，如防禦所。

二十七日，在西店驛。

二十八日，到連山驛。【略】冒雨過壇墟鋪，折關嶺山隍鋪。又過大嶺方門鋪，至雙溪鋪。鋪北有雙溪，溪水漲溢，人皆以衣而涉。經尚田鋪，止宿奉化縣之連山驛。縣距驛東二里。

二十九日，過寧波府。【略】乘轎過大川，川畔有佛宇極華麗，前有五浮圖，雙大塔。又過虛白觀、金鍾鋪、南渡鋪，至廣濟橋。橋跨大川，橋上架屋，橋長可二十餘步。橋所在之地即寧波府界，舊爲明州時所建也。又行至三里，有大橋，橋之北有進士里。又行至十餘里，又有大橋，橋上亦架屋，與廣濟橋同而差小，忘其名。橋之南有文秀鄉。又過常浦橋，至北渡江乘小船而渡。【略】江之北岸築一壩，壩即挽舟上過之處，壩之北築堤鑿江，有鼻居船繞岸列泊。勇引臣等乘其船過石橋十三，行二十餘里。江之東堤閭閻撲地，其西南望有四明山，山西南連天台山，東北連會稽、秦望等山。即賀知章少時所居也。棹至寧波府城。截流築城，城皆重門，門皆重層，門外重城，水溝亦重。城皆設虹門。門有鐵扃，可容一船。棹入城中，至尚書橋。橋内江廣可一百餘步。又過惠政橋、社稷壇。凡城中所過大橋，亦不止十餘處。高宫巨室，夾岸聯絡，紫石爲柱者殆居其半，奇觀勝景，不可殫録。棹出北門，門亦與南門同，城周廣狹不可知。府治及寧波衛、鄞縣治及四明驛俱在城中。至過大得橋，橋有三虹門，雨甚。留泊江中。

二月初一日，過慈溪縣。是日雨，經新清橋、進士鄉，至宋石將軍廟。廟大如官府，立旌表之門。自府城至此十餘里間，江之兩岸市肆舸艦坌集如雲。過此後松篁橙橘夾岸成林。又過茶亭、景安鋪、繼錦鄉、俞氏貞節門，至西鎮橋，橋高大。所過又有二大橋。至西壩廳。壩之兩岸築堤，以石斷流爲堰，使與外江不得相通。兩傍設機械，以竹絢爲纜，輓舟而過。至西嶼鄉之新堰。堰舊爲刹子港，顔公堰。後塞港廢堰爲田，導水東匯，至於廣利橋之南。置此壩。外捍江湖，輓濟官船，謂之新堰。概與西壩同。至此又輓舟而過。過新橋闕禧橋、姚平處士之墓，至慈溪縣。棹入其中。有經元門、鍾英門、都堂里門、都憲橋、進士門、德星橋、寶峰門，至臨清亭前少停舟。夜又泝江而北，至雞報泊於岸。待曙而問，其江則乃姚江也。江邊有驛，乃車廐驛也。

初二日，過餘姚縣。是日陰，早發船，遡西北而上。【略】日夕過玉靈廟、驛前鋪、姚江驛、江橋，至餘姚縣。江抱城而西，有聯錦鄉、曹墅橋，橋三虹門，又過登科門、張氏光明堂。夜三更到下新壩，壩又與前所見新堰同。又輓舟過壩，經一大橋，有大樹數十株列立江中。將曙到中壩，壩又與下新壩同。又輓舟逆上江，即上虞江也。

初三日，過上虞縣。【略】過二大橋而上。【略】又過黃浦橋、華渡鋪、蔡墓鋪、大板橋、步青雲門、新橋鋪，至曹娥驛。【略】驛北有壩。舍舟過壩，步至曹娥江，亂流而渡。越岸又有壩，壩與梁湖巡檢司南北相對。又舍舟過壩，而步西二里至東關驛，復乘船過文昌橋、東關鋪、景靈橋、黃家堰鋪、瓜山鋪、陶家堰鋪、茅洋鋪。夜四更至一名不知江岸留泊。

初四日，到紹興府。撐鑑水而上，水自鏡湖一派來，繞城中。日出時到紹興府，自城南泝鑑水而東而北，過昌安鋪，棹入城。城有虹門，當水，口凡四重，皆設鐵扃，過有光相橋等五大橋，及經魁門、聯桂門、祐聖觀、會水則碑，可十餘里許，有官府翟勇引臣等下岸。【略】復沿湖棹出城外，過迎恩橋，至蓬萊驛前留泊。

又卷二　初五日，至西興驛。【略】又遡鑑水而西經韻田鋪、嚴氏貞節門、高橋鋪至梅津橋。【略】又過融光橋，至柯橋鋪。其南有小山，山脊有古亭基，人以謂蔡邕見椽竹取爲笛之柯亭之遺址也。又過院社橋、白塔鋪、清江橋，至錢清驛。江名乃一錢江也。夜過鹽倉館、白鶴鋪、錢清鋪、新林鋪，蕭山縣地方，至西興驛，天向曙矣。江名即西興河也。

初六日，到杭州。【略】自西興驛前舍舟登岸，乘車而行。可十餘里，至浙江，復乘船而渡。【略】自團魚嘴至范村約三十里，又至富陽縣，共六十餘里。石築尚完固如新，故又謂江爲塘江也。臣至其塘，復緣岸步行，則西望六和塔，臨江畔行，過延聖寺、浙江驛，至杭州城南門。重城疊門，門有三層樓。入其城，過文魁門、靈順宫、肅憲門、澄清門、南察院、祐聖殿、土地廟、芝松坊鋪，至武林驛。自城門至此驛約十餘里矣。

十三日，自杭州登程。是日陰。指揮楊旺護臣等自武林驛起程，行二十餘里至城北門。【略】惟水亭公館、解元門、真教寺、登瀛洲門、雲鳳門、觀光門、進士坊、貢院、亨衢門、千勝廟、晏公廟而已。重城外有吳山驛，驛前又有吳山鋪。又三大橋，四門，皆忘其名。自門外可十餘里間，市肆相接，亦與城中一般。行至天妃宫，宫前即德勝壩河。【略】過溥濟橋，橋有三虹門，橋上有華光寺。江漲橋，橋有四虹門，橋上有江漲鋪。至香積寺前，少留焉。【略】夜過通示橋等三橋，橋以水廣皆設五虹門，甚高大。

十四日，過崇德縣。是日陰，泝謝材河而東，【略】過十二里洋、堅濟橋、普安橋、大尹廟。水即鴻麗河，河上官廨乃塘西鎮也。【略】因過夸塘橋、萬壽橋、福禄壽橋、福德橋、普濟橋、彭和橋。問其水名，則承沉河也。又過恩榮門、大德新橋、三里橋、山川壇、浯溪橋，到崇德縣。【略】過終橋、税課局、永安橋、養濟院、朔義門。所過大虹橋有六七。夜三更過皂林驛。徹夜而行。

十五日，過嘉興府，泝三塔灣，過三塔鋪，至龍淵勝境之前。有三大塔臨河岸，地之得名以此。又過龍王廟、嘉禾遞運所、趙氏貞節門、社稷壇、香珠橋，至西水驛。【略】自西水驛過一大橋，至嘉興府。【略】自城南過移青閘，至唐承相陸贄故里，里在城西，有旌門在河之畔。又經安洋門、雲程門、丹兵橋、永福橋、松青巡檢司。夜又冒雨順風，達曙至平望驛而泊。

十六日，過吳江縣，至蘇州府。是日陰。捧舟遡平望河，過迎恩門、安德橋、大石橋、長老鋪、野湖、鳶鴦湖。岸石築堰可十餘里。又過吳江、湖石塘、大浦橋、徹浦橋至九里石塘。【略】至太湖壖。【略】循太湖壖而北，過龍王廟、太湖廟、祝聖門。【略】又過駐節門，至松陵驛，少渟舟而過。過恩榮門、會元門、都室、造士門、進士門、譽髦門、儒學、大明橋、登科門。所謂太湖壖，又通跨驛前里閈中，直抵吳江縣。其間又有石大橋，虹門凡七十餘穴，驛與縣皆在太湖之中。【略】棹過三里橋，迎恩庵，泝尹山湖而上。【略】又棹過尹山鋪。尹山橋左有造舟作浮橋，可三里許，至寶帶橋。橋又有虹門五十五穴。【略】夜三更，傍蘇州城東而南而西，至姑蘇驛前。

十七日，留泊姑蘇驛前。【略】夜三更又乘月棹舟而北，過閶門。閶門之外有通波亭，臨湖，舊名高麗亭。【略】至接官亭以泊。亭之西望有大塔，即寒山禪寺。

十八日，至錫山驛。【略】自楓橋遇便風，懸帆而北。東有虎邱寺，有塔。西有方山，亦有塔，皆望如柱天。過射瀆鋪、趙王涇橋，至滸墅鎮。鎮前有鈔關。南北往來船到此灣泊點檢，然後乃行。【略】遂乘船過普圓橋、普恩橋、滸墅鋪、吳家店、張公鋪、不平得勝橋、通兵橋、望高巡檢司、馬墓鋪、純安橋，乘夜而行，四更到錫山驛留泊。

十九日，至常州府。【略】自驛過建渡橋，入無錫縣治之中。縣即古句吳太伯所都。過建虹橋、都憲門、少司寇第、億豐橋、進士坊，至（至）錫山之下。山在縣西北間。又自錫山過十里鋪、高橋巡檢司、藩封鋪、洛社鋪、石瀆橋、橫林鎮鋪、橫林橋、戚墅鋪、興明橋，至劍井。【略】日夕過个鴈鋪、大橋，至采菱橋。橋之東西皆作二層閣以當路，即進士牌樓也。又過大虹橋三，至常州府。從東水關入城，府治及武晉[進]縣之治俱在城中。所過虹橋亦至七八。行十餘里，至毗陵驛少泊。又出自西水關。【略】又過遞運所、沛河橋，至（牛犇）[犇牛]大壩，捧舟上岸，纔渡壩限，日曙矣。

二十日，過呂城驛，至鎮江府。是日晴，午後雲暗。朝過長店鋪、呂城鎮、巡檢司、泰定橋，至呂城驛。過呂城壩、呂城閘、呂城鋪、清徽觀、青龍橋、唐家溝、柵口鋪、陸朝鋪、慈雲寺、聖墅鋪、七星橋、長樂鋪、定善院、惠政橋，到雲陽驛。河名即潤河。又過雲陽橋、承恩門、鬼神壇、寧真觀、新橋、新河橋，至丹陽縣。縣枕河邊。過縣，經新廟、廣福橋、七星廟、柏岡廟，夜過減水閘、萬景潮、新豐鎮。大雨徹夜，行至鎮江府新門。

二十一日，至楊子江。是日陰。臣等自南水關泝專城河傍府城而南，而西，過新壩，至京口驛留泊。夕步過京口閘，至通津遞運所。【略】至西津渡、馬頭石。【略】過瓜洲鎮，至是禮河。一名鎮上河。【略】過攀桂門、南京甎廠、祈求雨澤祠、七錢鋪、花家園鋪、魚井鋪、衿城澤、楊子鋪，至楊子橋。橋廢，只有閣懸標，又有橋倉。日暮過清涼鋪，夜至廣陵驛。驛止一里，即楊川府城也。

二十三日，過楊州府。是日雨。朝發廣陵驛，過楊州府。【略】由舟而過，不得觀望，所可見者鎮淮樓而已。樓即城南門，有三層。沿河而東，而北，過夏國公神道廟、觀音堂、懷遠將軍蘭公之塋、晏公廟、黄巾壩、北來寺、竹西亭鋪、㕛釘廳、楊子灣、巡檢司、灣頭閘、荒廟、鳳凰橋墩、淮子河鋪、河伯入塔鋪、第五淺鋪、稅課局、四里鋪、邵伯寶公寺、迎恩門，所過有閘二座。至邵伯驛，驛北有邵伯太湖，棹傍湖邊二三里許，至邵伯遞運所。因水漲風亂，不得夜過湖，故經宿焉。

二十四日，至盂城驛。是日晴。自邵伯遞運所沿邵伯湖新塘過邵伯巡檢司、邵伯鎮、馬家渡鋪、三溝鋪、腰鋪、露筋烈女祠、露筋鋪、王琴鋪、八里鋪。新塘石築，長可三十餘里。又沿新關湖，夜二更到盂城驛。驛在高郵州城南三里。

二十五日，過高郵州。是日陰。雞報時發盂城驛，過高郵州。【略】又至西河塘。【略】又過樊將軍廟、前總鋪、塘頭鋪、巡檢司、張家鋪、井亭鋪、塘灣鋪，至界首驛。驛與遞運所東西相對。【略】又冒雨行過子嬰淺，沿界首大湖，湖邊亦有長堤，過巡檢司、槐角樓，夜泊范水鋪前。

二十六日，至淮陰驛。是日陰。過范光太湖及寶應大湖，至安平驛。又過寶應縣治，過白馬大湖及白馬鋪、黄浦鋪、平河橋、里涇河、鎮店、十里亭鋪，夜泊淮陰驛。自范水鋪至此百餘里間，東岸築長堤，或石築，或木柵，綿連不絕。

二十七日，過淮安府。【略】自南渡門而北，至淮河，其間有金龍四大王廟、浮橋亭、龍興塔、鍾樓殿、雷神店、西湖、河嘴老和尚塔、鈔廳、板閘、移風閘、鳳翥門、工部廠、清江閘、騰蛟起鳳門、清江輻輳門、清江閘、常盈倉門、天妃廟、東嶽仁聖宫、靈慈宫、平江恭襄侯廟、漕運府總廠、東街總廠、西街福興閘、玄帝祠、佑聖祠、新藏閘。又其間有鳳陽中都、鳳陽左衛、龍虎右衛、龍江左衛、豹韜衛、豹韜前衛、淮安衛、大河衛、鎮江衛、高郵衛、楊州衛、儀真衛、水軍左衛、水軍右衛、府軍前衛、泗州衛、邳州衛、壽州衛、長淮衛、廬州衛等。【略】是日冒大雨過淮河，一名黄河。【略】臣等過河，遡東河而上，至清口驛。夜經清河縣，至泊無人煙之岸。

二十八日，陰，大風。揺舟逆風遡清河口，過三汊淺鋪，又遡白洋河，夜半至，泊河岸，地名不知。

二十九日，晴。曉發，行過張思忠淺、白廟淺，至桃源驛。【略】遡龍溝河過桃源縣而北，又過崔鎮，昏至古城驛。

三十日，過宿遷縣。是日陰。朝自古城驛過武家溝，遡白洋河、陸家墩、小河口至鍾吾驛。【略】又過遞運所。【略】過皂河、青墩、沙方等淺，夜三更至直河驛。

三月初一日，過邳州。是日陰。由直河驛過龍江、匙頭灣、合沂等淺。【略】行至石邳驛，驛在州城南。【略】自驛前西轉過邳州城，又過一鎮渡、白浪口、乾溝、兒雞報，過新安遞運所，平明至新安驛。

初二日，至房村驛。【略】自新安驛過馬家淺、雙溝、豐沛蕭楊四縣、夫廠及房村集，又過金龍顯聖靈廟，至吕梁小洪。以竹索縴舟而上。過尼院寺。西岸有關羽、蔚遲公、趙昂之廟。又過房村驛，至吕梁大洪。【略】自青山龍神祠前逆洪水，過形勝樓，夜過工部分司、王家橋、李家橋、老聃廟，至水首廟前。洪之湍急處，可八九里。

初三日，過徐州。是日雨，大風。曉過九女塚、子方山，至雲龍山。【略】又過蝗蟲集、大廠、廣運倉、國儲門、火星廟，至彭城驛，登庯門。【略】夜至汴泗交流之會留泊。

初四日，晴。揺舟至遞運所。所前有起鳳門、沐浴堂。又以舟爲橋，截河流號爲大浮橋。【略】船過是橋及搭應夫廠。至泊於蕭縣之水次倉前河畔。

初五日，過劉城鎮。【略】曉發船過九里山，至洞山。山有十王殿。又過秦梁洪鋪、茶城店、梁山寺，至境山市鎮。山有上下寺，皆巨刹。又過集殿、白廟兒鋪、夾溝淺，至夾溝驛。【略】自驛至黄家閘，閘上有眉山萬翼碑。【略】又行過義井、黄家鋪、候村鋪、李家中鋪、新興閘、新興寺、劉城鎮，夜三更至謝溝閘。

初六日，過沛縣。是日晴。曉過沽頭下閘、沽頭中閘、社學沽、頭上閘、刀陽湖、金溝兒淺。有上、中、下三處。至沛縣。【略】是日自驛過水母神廟。

初七日，乍陰乍雨。曉過廟道口、湖陵城閘，至兖州府地方。【略】過沙河驛，少泊。又過孟陽泊閘，至八里灣閘。閘西即魚臺縣地。【略】又過上下淺、二鋪河、西集埸，至谷亭閘望河岸。【略】過玉皇廟，至南陽閘以泊。

初八日，過魯橋驛。是日陰。自南逹閘過棗林閘至魯橋驛。驛前有魯橋閘。【略】自魯橋閘，通利王廟，魯津橋至五樓橋。東魯諸水交流於此。又過師家莊、下上鋪、仲家鋪、仲家淺閘至新閘。【略】夜過新店閘以行。

初九日，至濟寧州。是日晴。欲曙過閘，則乃石福閘也。又過趙村閘，至南城驛，少停舟而行。又過真武廟，至下新閘。

初十日，至開河驛。【略】曉發濟寧城。西過分水閘至南旺湖。【略】沿堤岸順風而北，過馬長坡、安民牢、正曹井等鋪，至鉅野縣地方。過火頭灣、白嘴兒、黄沙灣、小長溝等鋪，大長滿集，又至嘉祥縣地方。過大長溝、卜字河、寺前、孫村等鋪，又至汶上縣地方。過界首鋪、老坡閘，至分水龍王廟。【略】又過闞城鋪，至開河驛。

十一日，晴。過關河鎮、劉家口、表家口、開渠頭、山津、張八口、步家口等鋪，至東平州地方。【略】又過靳家、粟家莊、李家口、劉家莊、王忠、馮家莊、長張口等鋪，至安山閘。【略】夜至安山驛。

十二日，至東昌府。是日晴。過堡粮倉、安山保、譚家花、積水湖口、蘇家莊、邢家莊、沙孤堆等鋪及戴家廟，至金綿閘遞運所(所)前。【略】又至壽長縣地方。過戴家廟、劉家口、戴洋、張家莊、沙灣等鋪，感應祠，至東河縣地方。過沙灣淺鋪、大河神祠、安家口鋪、北浮、掛劍鋪、通汴梁通濟閘、汉河、沙灣、巡檢司、兩河口、鍾樓閣、鼓樓閣、雲津門，到荆門驛。【略】又過平河水鋪、新添鋪、荆門上下閘，至陽穀縣地方。夜過灣東鋪、張家口鋪、七級上下閘、周家店閘、阿城上下閘、李海務閘，至崇武驛。

十三日，過清陽驛。是日晴。過通濟橋閘、東岳廟、進士門、東昌遞運所、兑粮廠，又過堤口稍長閘、柳行口、房家莊、白廟、雙渡兒、吕家灣、校堤等鋪。河之東即堂邑縣地方，西即博平縣地方。又過洪家口、梁家口等鋪，及梁家閘，感應神祠。又過表家灣、馬家灣、老堤頭、中閘口等鋪，土橋閘、新閘口鋪、函谷洞、減水閘，至清平縣地方。又過趙家口鋪，至清陽驛。又過朱家灣、丁家口、十里井、李家等鋪，戴家灣閘。

十四日，晴。至臨清縣之觀音寺。【略】沿清泉河而北，過漏浮閘、藥局、新開上閘、衛下廠、板下閘、大浮橋，至清源驛前留宿。

十五日，【略】撑舟至下津廠前留泊。

十六日，過武城縣。是日晴。沿衛河而北至裴家圈鋪，東爲夏津縣地方，西爲清河縣地方。過巡檢司孫家、新關口、草廟、萁家口、平河口等鋪，至渡口驛。又過商家道鋪，至武城縣。【略】徹夜行，至甲馬營驛。

十七日，晴。朝過鄭家口、河口鋪、陳家口鋪，至恩縣地方。過白馬河口鋪，又過下方遷無谷寺河口鋪，至梁家莊驛，移棹過鍾閣。夕至故城縣前留泊。

十八日，過德州。是日晴，大風揚沙。平明過孟家口、兵河口、馬家等鋪，四女樹、文英門、劉皮口鋪，得意門、大浮橋，至安德驛。

十九日，過良店驛。是日晴。早發，過皮口鋪、高家鳳鋪，至吴橋縣地方。又過羅家口、高官廠等鋪，關王廟，至濟南府地方良店驛。又過桑園兒、薄皮口鋪、狼家口鋪、郭家口鋪、舊連窩鋪，至連窩驛，又至連窩遞運所而泊。

二十日晴，曉過王家口鋪，至景州地方任家口鋪。又過東光縣，縣治在河之東岸。又過油房口鋪、北下口鋪，至南皮縣地方。過北下淺鋪，又至交河縣地方。過曹道灣、薄頭鎮，至新橋。又過鎮武廟、藥王廟、戚家堰軍屯，夜二更至泊薛家窩里前。

二十一日，過滄州。早過三鎮道、馮家口、楊橋口、磚河南、甎河南口等鋪，至甎河驛。又過王家圈口、羅家圈口、紅按口、南關等鋪，長蘆巡檢司、鹽運司遞運所，踵武科門，到滄洲撥夫廠。

二十二日，過興濟縣。是日陰。曉過安都塞口鋪、清水王家口鋪，至乾寧驛。興濟縣之治在驛之後。【略】過左衛鋪、柳巷口鋪、三聖祠、盤古廟、高士崗，至蘆臺舊城。【略】又過鍾樓閣、社稷壇、峭帆亭、中州集，至河間府地方，府城在河之北七八里許。又至流河驛，日已昏暮，過流河鋪。夜二更至泊夏官屯。

二十三日，過静海縣。【略】過釣臺鋪、南家口鋪、雙塘鋪，至奉新驛。驛在静海縣治之前。【略】又過獨流巡檢司、沙寧鋪，至武清縣地方。過楊青遞運所，人定時至楊青驛，地名都是楊柳青也。

二十四日，過天津衛。是日陰。曉過直沽城。【略】遡河過丁字沽海口、里河東巡更所、桃花口、尹兒灣、蒲溝兒下、老米店，至楊村驛。驛西又有巡檢司。

二十五日，陰。早經上老米店、白河里、南蔡村、北蔡村、王家務、杜口雙淺、蒙村、白廟兒、河西巡檢司，至河西驛。

又卷三 二十六日，晴，大風，沙塵漲天，自不能開。順風而行，過要兒渡口、下馬頭、納鈔廳、天妃廟、中馬頭車、榮兒上、馬頭河西務、土門樓、葉青店、王家擺渡口、魯家塢、攀繒口，至泊蕭家林里前河之越岸。

二十七日，【略】平明至和合驛。又過漷縣。【略】又過火燒屯、公雞店、李二寺、長店兒、大通關、渾河口、土橋巡檢司，至張家灣，即諸路貢賦朝貢商賈之船所集處也。

二十八日，至北京玉河館。是日晴。舍舟乘驢，過東岳廟、東關鋪，至潞河水馬驛，一名通津驛。【略】過永濟橋，橋跨龍池河，一名漁水。【略】又過泰山東岳廟、五里店、八里鋪、別山里、右河鋪、枯樹里，至陽樊驛。

二十九日，過玉田縣。【略】過扣諭鋪，至采亭橋，橋跨藍水河。馳至玉田縣，由藍田門入城，至藍田遞運所。【略】又過孝子李茂旌門，出城東門，門即興州左屯衛之門也。【略】又過兩家店、沙流河鋪，至永濟驛。

三十日，過豐潤縣。是日陰。早發行至便水，一名還鄉河，下流入梁河。【略】又過登雲門，至豐潤縣城西門。【略】又過林城鋪，至義豐驛。

五月初一日，陰。曉至灤州地方。【略】又過鐵城鋪、狼窩鋪、杏兒峴、榛子鎮、忙牛橋、店佃子里鋪，至遷安縣地方。

初二日，至永平□城南。是日晴。過沙河，至灤河，其間所過有沙窩色山、赤峰、白佛院、石梯子等鋪。【略】舟渡行七八里，又渡漆河。【略】至灤河驛，驛北二里有城。

初三日，在灤河驛。

初四日，至撫寧衛。是日晴。過東關遞運所，至驢槽河。【略】又過國家鋪、十八里鋪、雙望鋪、儀院嶺鋪、蘆峰口鋪、蕖芎鋪，至陽河。【略】又過民壯教場，問入撫寧縣城西門，過關王廟，寓於撫寧衛。

初五日，過榆關驛。【略】過興山鋪、背時鋪、至榆關店。【略】又過榆關驛、半山鋪而行。【略】又過張古老河，至娘子河。【略】又過十餘里，停車於名不知路街。

初六日，晴。行至石河南，有五花城。【略】至迁安驛。驛在山海衛城西門外。

初七日，過山海關。【略】又過東遼一鋪、鎮遠鋪。【略】又過中前千户所城。【略】過至高嶺驛。

初八日，過前屯衛。【略】又出城東崇禮門而行。【略】又過東嶽廟，至沙河驛。

初九日，晴。過張公墓、雙墩鋪、王公墓，至前屯衛之中後。【略】復出自城東慶春門而行，至東關驛。

初十日，晴。過曲尺河鋪、大沙河，至寧遠衛之中右千户所。【略】復出自永和門，過小沙河而行。【略】馳至曹莊驛城。

十一日，過寧遠衛。【略】自曹莊驛至寧遠衛城。【略】從春和門出城東，城東四里許有聖塘温泉。【略】又過桑樹鋪至連山驛。

十二日，晴。行，過五里河，至塔山所。

十三日，陰。行至中屯衛之中左千户所城。【略】至凌河驛驛。

十四日，晴。驛之城東有小凌河。渡河，過荆山鋪，至左屯衛之中左千户城。【略】到十三山驛。

十五日，晴。過山後鋪、榆林鋪，到閭陽驛。

十六日，至廣寧驛。【略】過四塔鋪，又過二鋪及接官亭。至廣寧衛城。

二十日，陰，大風。過察院普慈寺，出城東門，即泰安門也。又過鍾秀橋、泉水、平甸、潮溝等鋪，至盤山驛。

二十一日，晴而風。過要站鋪，至高平驛。過清泉鋪、新河橋、通河橋、通河鋪，至沙嶺驛。

二十二日，晴而風。過高墩鋪，至新關門。【略】又過大臺、三官廟、河灣鋪至三汊河，河即遼河也。【略】又過臨河橋，到牛家莊驛。又過石井鋪、沙河、在城鋪，至在城驛。

二十三日，至遼陽驛。【略】自驛傍衛城而西而北而東，過遞運所、土河鋪、甘泉鋪、關王廟，至鞍山驛。【略】又過武安王廟、長占鋪，至沙河鋪。

二十九日，自遼東登程。【略】行出驛城東門外，不一里乃遼東城也。兩城間有關王廟。行過凡良哈館、泰和門、安定門，至我朝鮮館。【略】又過石河兒，入高麗洞。過大石門嶺、小石門嶺。兩嶺間有王都督墓。又過柳河兒、湯河兒、頭巾站、狼子山，至顯得寨里而歇。

六月初一日，晴，日食。逾顯得嶺、青石嶺。【略】又過甜水河兒。【略】東南踰高嶺。【略】過泰子河，至連山關。【略】泝連山河而上，暮投白家莊民家。

初二日，晴。朝至分水嶺。【略】至通遠堡。【略】又過李海屯。【略】過斜哨屯河。【略】至李勝屯。

初三日，晴。過斜哨大嶺，至八渡河。【略】又過長嶺兒、薛里站、白言嶺、奴哥秃奴哥河兒、奴哥嶺、干河兒，至鳳凰山。東寧衛方才撥軍夫築城於此。【略】過關州城、王斌吉塔里餘温者介河兒，至寬得浴谷露宿焉。

初四日，渡鴨緑江。清晨過湯山站，名不記二小河，至連九城。【略】又舟渡吾夜江。【略】又舟渡鴨緑江。

（朝鮮）全湜《沙西先生文集》卷五 ［天啓乙丑九月］四月己酉，朝早發船向椵島，幾至而毛帥出往蛇浦，已乘船矣。即回帆追往，泊舟於蛇浦西港。乘轎進至毛營。

六日辛亥，留蛇館。

十二日丁巳，平明出船洋中，得東風發行，午後風止。此去鹿島幾至百里，勢難止泊大洋。北趨薪島，依泊止宿。

十三日戊午，曉頭趕趨鹿島，留二三兩船。夜半先發，入大洋，無風之後，櫓役甚勤。申時到島。

十四日己未，曉向石城島。午後無風，未及五十里而下碇洋中。初昏有北風憂。爲艭進至島邊而止。

十五日庚申，曉向長山島。【略】仍泊洋中。主島都司劉印科【略】指示藏船處，夕欲入泊，船人等皆以爲船入深港，曉來有優風，則發行未易，不若停泊洋中，以待風勢云云，不肯移棹。招船主教曰：「即今天暗雲陰，必下大人等舉帆發船，午後還來，説稱過鼉磯島南風亦起，遂即回棹云云。宿船中。

二十八日癸酉，下碇於港口，留宿船中。夜半有北風，發船。

二十九日甲戌，曉則鼉磯，下碇良久，天始明。遂下腰檣，舉前帆，發船出洋，視之浪勢尤急於曩日。到廟島，得見書狀船，慰不可言。

三十日乙亥，到登州，入接金家鋪。

十月【略】九日甲申，晴。朝早兵備道使人探問去留，答以今日夫馬未集，欲發而不得，明將早行。

十日乙酉，發向黄縣。【略】夕抵黄縣，宿民鋪，去登州六十里。

十一日丙戌，晚發向黄山驛，夕至同站止宿。

十三日戊子，早發，至萊州止宿。中路有吕蒙正先蹟，又有吕祖謙讀書堂。

十五日庚寅，宿昌邑。

十六日辛卯，午到寒亭古驛。夕至濰縣止宿。城西有囊沙古蹟。

十七日壬辰，行到昌樂縣。【略】將向青州。州去此七十里，以日暮道遠，一行諸人及縣主皆請止宿，遂留焉。

十八日癸巳，歷洰洱河上，到青州止宿。路經楊河，乃臨淄下流也。

十九日甲午，歷淄河上，至金嶺鎮止宿。【略】是日朝過青州城外，有雪宫遺址。牛山在城西五里地。宣王墓在其下。景公桓公墓則在大路北邊，立石道上以志之。

二十日乙未，宿長山縣。

二十一日丙申，歷鄒平縣，宿章丘縣。

二十二日丁酉，歷龍山，宿王家莊。

二十三日戊戌，朝至濟南府。【略】午後到濟河縣，止宿。伴送不得發濟南馬騾，軍官以下十一人留濟南，未及追趕。

二十六日辛丑，朝過德州，渡黄河。

二十八日癸卯，歷獻縣，夕至河間府。

二十九日甲辰，歷任丘縣，到鄚州店。

三十日乙巳，過白溝河，宿新城。

十一月一日丙午，過新橋，功役甚鉅，聞是魏瑭所造云。又過琉璃橋，雨。雨來之後，則風必亂吹，明日則決不可發船。待天朗雲消，顯有順風，然後發行。如此之時，雖有好風，不可行。」即運棹入港，遂終夜雨下。

十七日壬戌，朝陰，午晴。風濤大起，海水如飜，登山俯臨，不可正視。留泊港裏終日。管餉貿穀船一隻隨謝行不及，追到三山島，遇風，不敢支吾，退來同島。見一行留泊，其喜可掬，仍同去留。初昏，日候向晴，議出洋中待風，欲行。夜深後微雨又來，南風大作，還泊港中。

十八日癸亥，朝陰，午晴。大風飜海，遂留泊港中終日。是朝，三船格軍一人無病急死，出埋山側。【略】初昏，移船出大洋，欲待風於海門。遇南風，且雨，遂還泊舊港。

十九日甲子，仍留港口。夕有西風，移往石門。門在島腰，去港三十里許。自石城當直向其門，而其日風勢不順，迤東而行，故今始到此，夜已深矣，風不順，停泊門口。南風連吹，天日黯陰，想有前頭風雨，可慮。

二十日乙丑，或陰或晴。午時有好風，而雨徵未已，將有亂吹之候，故不爲發船。唐船或有舉帆發去者。

二十一日丙寅，因風放船，波浪接天，到廣鹿島。得信地停泊，二船、四船則仍爲過去，上船及三船、管餉船同留一港。管餉船碇不著地，爲風所侵，漸退洋中。而舟人皆入蓬底，不知退去，至洋始覺，不得已舉帆發往。日勢已暮，殊極可慮。

二十二日丁卯，風亂，不得發，仍留泊處。

二十三日戊辰，月初上，發向三山島。未明過去，欲泊平島。船人多以有風不行爲恨，獨老工師安良以爲今日午晚當有大風波，不若入信地停泊。一船人皆以安言爲遠，强出大洋，未過一二刻，風浪果起，舟不能安行，將有危急之勢。即解後帆，又令差下前帆，而猶不支吾，欲覆者無慮數十巡。俄而帆檣底析，船人皆泣，且有水疾而不省人事者矣。幸免顛沛，至皇城島，則第四船已至，而二船則爲風所逼，不能入島，過去，云想已泊於鼉磯廟島等地矣。夕入海潮寺，借僧坑入宿，殊極安穩。

二十四日己巳，留海潮寺。不但風浪猶險，一船之人皆若奪魄，飢者不食，病者未起，雖欲發船，末由也已。

二十六日辛未，或陰或風。未得發往，仍留海寺。

二十七日壬申，朝早下海，將發而西風不止，遂止不行。寺中諸將及僧橋長亘二三里。

二日丁未，歷張店，至大井店止宿。去京城僅十五里。而陪表之行必由朝陽門，路勢甚迂，不及得達故也。午後過蘆溝橋，橋亦壯觀。自登州至北京，千八百五十里。

三日戊申，朝往東嶽廟，改服，舍轎，騎馬入朝陽門，投玉河館。

十四日己未，晴。四憂詣闕行賀禮。

十一月【略】八日辛亥，晴。東館使臣發行。

九日壬子，發玉河館。【略】兩行先出，金誠立等數人領數十馱落後。兩行宿高味店，去京十七里。

十日癸丑，過通州，【略】到沙河店，留宿。

十一日甲寅，朝飯於宿處而發，待人故也。夕宿楊邨。邨傍大河，鋪子不知幾許。舸艦迷津，真壯觀也。

十二日乙卯，歷韓家樹，渡河水，夕至大王村。距韓家樹僅二十里，而又有津渡，故止宿。

十九日壬戌，平明發行，宿田店。落後通事金誠立、卞承吉等追到。

二十四日丁卯，早發，到登州繫船處，留在軍官、譯官、格軍等皆於中路迎之。

二十七日庚午。朝往海方道請行。【略】曉頭發船去，風勢甚優，午後風反。

四月一日癸酉，午時使人登山望見，則自登州有來船數隻云矣。日晡時三船、四船皆來會。缺書狀船先舉帆發行，未及鼉磯島而有逆風，不得發行，皆下帆止洋中，時夜未央矣。

二日甲戌，東北風連吹，仍止不行。日曛時移向鼉磯。近處雲暗，不知所向。到三憂洋中止宿。

三日乙亥，以南風向，往皇城島其快如飛。書狀船及三船望見上船，皆舉帆追來。四船與管餉船先往前去，遇白牌通事於欽島前洋。問之，則先來通事二月二十四日到京，金昇平爲遠接云矣。未時到皇城島。船人多欲過去，而欲止者亦多，故入島停泊。書狀船及三船過去矣，及夕三船自島北回來，幸幸；未知書狀無事過去乎？慮慮！四船及管餉船朝早發行，故過此島矣。初昏風勢大作，三船飄轉北去，想至楊島鐵山硝等處耳。上船亦爲風波所侵，終夜摇蕩，柁樟之得保，幸矣。至曉，船人皆曰風勢如此，似不可仍留此處，因風放船，任其所之云云，即令發行。

四日丙子，雨。自皇城島放船，雲暗不知某處矣。忽見雲間有峰，是鐵硝也，在左邊。船人相賀曰：過皇城海過半矣。未末風勢漸微，即向旅順口近處，風果絶無。緩緩向平島，初憂始至。

五日丁丑，西風大起，朝晚舉帆，過三山島，夕到廣鹿島止宿。有唐船一隻在傍。

七日己卯，留泊不行。蓋待三船也。日入後船趕來，乃第二船也，問諸船所在，則答曰過皇城時遇橫風，飄至楊島，第四船及管餉船已先在矣。三船則不到其島云。

九日辛巳，水淺舟膠，夕到宣沙浦本邑。支待以行。

十五日丁亥，留浦。夕時四船無事到浦，可幸。而三船之事悼怛不可言。

（朝鮮）金昌業《老稼齋燕行日記》［壬辰］十一月初三日壬午，【略】行四十里，宿高陽。

初四日癸未，【略】自高陽行四十里，宿坡州。

初五日甲申，【略】自坡州行三十里，至青黛川。又行十五里，至長湍府，中火。又行四十里，宿松都。

初六日乙酉，【略】行七十里至金川，中火。又行三十里，宿平山。

初七日丙戌，【略】自平山行三十里至葱秀站，中火。又行五十里，宿瑞興。

初八日丁亥，【略】自瑞興行四十里到劍水站，中火。又行三十里，宿鳳山。

初九日戊子，【略】自鳳山行四十里至黄州，止宿。

初十日己丑，【略】自黄州行五十里至中和，止宿。

十一日庚寅，【略】自中和行四十五里至平壤，止宿。

十二日辛卯，【略】留平壤。

十三日壬辰，【略】自平壤行五十里至順安，止宿。

十四日癸巳，自順安行六十里至肅川，止宿。路中遇暴風雪，須臾而止。

十五日甲午,【略】自肅川行六十里至安州,止宿。

十六日乙未,【略】留安州。

十七日丙申,【略】自安州行五十里至嘉山,止宿。

十八日丁酉,【略】自嘉山行三十里至納清亭,中火。又行四十里至定州,止宿。

十九日戊辰,【略】自定州行三十里至雲興館,中火。又行四十里至宣川,止宿。

二十日己亥,【略】自宣川行五十里至車輦館,中火。又行三十里至良策站,止宿。

二十一日庚子,【略】自良策行四十五里至所串館,中火。又行三十里抵義州。

二十六日乙巳,【略】自義州行二十四里,宿九連城。

二十七日丙午,【略】自九連城行三十三里至金石山,朝飯。又行三十里,宿沙屯地。

二十八日丁未,【略】自沙屯地行十五里,入柵。又行三十里,宿鳳城。

二十九日戊申,【略】自鳳城行二十里至乾者浦,朝飯。又行三十里至松店,宿。

三十日己酉,【略】自松站行二十九里至八渡河,朝飯。又行三十里至通遠堡,宿。

十二月初一日庚戌,【略】自通遠堡行三十里至沓洞,朝飯。又行三十里,連山關,宿。

初二日辛亥,【略】自連山關行十五里,踰會寧嶺。又行二十五里至甜水站,宿。

初三日壬子,【略】自甜水站行二十里,踰青石嶺。又行二十里至狼子山,宿。

初四日癸丑,【略】自狼子山山行三十八里至冷井,朝飯。又行三十里至新遼東,宿。

初五日甲寅,【略】自新遼東行三十五里至爛泥堡,朝飯。又行二十五里至十里堡,宿。

初六日乙卯,【略】自十里堡行四十五里至白塔堡,朝飯。又行二十里至瀋陽,宿。

初八日丁巳,【略】自瀋陽行三十八里至大房身,朝飯。又行四十里至孤家子,宿。

初九日戊午,【略】自孤家子行四十二里至小黄旗堡,朝飯。又行四十六里至白旗堡,宿。

初十日己未,【略】自白旗堡行四十二里至二道井,朝飯。又行五十里至小黑山,宿。

十一日庚申,【略】自小黑山行三十里至中安堡,朝飯。又行三十七里至新廣寧,宿。

十二日辛酉,【略】自新廣寧行三十八里至閭陽驛,朝飯。又行四十里至十三山,宿。

十三日壬戌,【略】自十三山行二十里至大凌河站,朝飯。又行二十五里至小凌河站,宿。

十四日癸亥,【略】自小凌河站行二十里至松山堡,朝飯。又行四十三里至高橋鋪,宿。

十五日甲子,自高橋鋪行十九里至連山驛,朝飯。又行二十里至寧遠衛,宿。

十二月十六日乙丑,自寧遠行三十三里至沙河所,朝飯。又行四十四里至東關驛,宿。

十七日丙寅,【略】自東關行三十五里至沙河站,朝飯。又行二十三里至兩水河,宿。

十八日丁卯,【略】自兩水河行四十里至中前所,朝飯。又行三十一里入山海關,宿。

十九日戊辰,【略】自山海關行四十五里至鳳凰店,朝飯。又行三十二里至榆關,宿。

二十日己巳,【略】自榆關行四十七里至背陰鋪,朝飯。又行四十四里至永平府,宿。

二十一日庚午,【略】自永平府行二十里至夷齊廟,朝飯。又行三十二里至沙河驛,宿。

二十二日辛未,【略】自沙河驛行四十九里至榛子店,朝飯。又行三十一里至豐潤縣，宿。

二十三日壬申，【略】自豐潤縣行三十八里至沙流河，朝飯。又行三十七里至玉田縣，宿。

二十四日癸酉，【略】自玉田縣行三十五里至蜂山店，朝飯。又行三十二里至薊州，宿。

二十五日甲戌，【略】自薊州行三十里至邦均店，朝飯。又行三十五里至三河縣，宿。

二十六日乙亥，【略】自三河縣行二十六里至夏店，朝飯。又行四十里至通州，宿。

二十七日丙子，【略】自通州行二十二里至八里鋪，朝飯。又行八里至北京。

［癸巳二月］十五日癸亥，【略】自北京離發，至通州，宿。

十六日甲子，【略】自通州行至煙郊堡，朝飯。至三河縣，宿。

十七日乙丑，【略】自三河縣行至邦均店，朝飯。至薊州，宿。

十八日丙寅，【略】自薊州行至蜂山店，朝飯。至玉田縣，宿。

十九日丁卯，【略】自玉田縣至沙流河，朝飯。至豐潤縣，宿。

二十日戊辰，【略】自豐潤縣行至榛子店，朝飯。至沙河驛，宿。

二十一日己巳，【略】自沙河驛行至永平府，宿。

二十二日庚午，【略】自永平府行至背陰堡，朝飯。至榆關，宿。

二十三日，【略】自榆關行至鳳凰店，朝飯。至角山，宿。

二十四日壬申，【略】自角山行出山海關，至老君屯，朝飯。至兩水河，宿。

二十五日癸酉，【略】自兩水河行至中後所，朝飯。至東關，宿。

二十六日甲戌，【略】自東關行至沙河所，朝飯。至寧遠衛，宿。

二十七日乙亥，【略】自寧遠衛行至連山縣，朝飯。至高橋，宿。

二十八日丙子，【略】自高橋鋪行至錦州衛，朝飯。至少陵河，宿。

二十九日丁丑，【略】自小淩河行至大陵河，朝飯。至十三山，宿。

三月初一日戊寅，【略】自十三山行至閭陽驛，朝飯。行四十里，宿毉巫閭山。【略】初二日己卯，【略】自觀音閣行六十里至中安堡，午飯。至小黑山，宿。

初三日庚辰，【略】自小黑山至二道井，朝飯。至白旗堡，宿。

初四日辛巳，【略】自白旗堡行至黄旗堡，朝飯。至孤家子，宿。

初五日壬午，【略】自孤家子至大方身，朝飯。至瀋陽，夕飯。進紅花堡宿。

初六日癸未，【略】自紅花堡行至沙河堡，點心。至爛泥鋪，喫烹飯。至遼陽永安寺，宿。

初七日甲申，【略】自永安寺行至千山下，朝飯。至龍泉寺，宿。

初八日乙酉，【略】自龍泉寺行至大安寺，中火。至黄嶺子，宿。

初九日丙戌，【略】自黄嶺子行四十餘里至甜水站，朝飯。至連山關，宿。

初十日丁亥，【略】自連山關行至沓洞，朝飯。至通遠堡，宿。

十一日戊子，【略】自通遠堡行至八渡河，朝飯。至松店，宿。

十二日己丑，【略】自松店行到乾者浦，朝飯。至鳳凰城，宿。

十三日庚寅，【略】自鳳凰城行至柵門，朝飯。至馬轉坡，中火。夜渡江至義州，宿。

十六日癸巳，【略】自義州行到所串，中火。至良策，宿。

十七日甲午，【略】自良策行至車輦館，中火。至宣川，宿。

十八日乙未，【略】自宣川行至雲興館，中火。至定州，宿。

十九日丙申，【略】自定州行至納清亭，中火。至嘉山，宿。

二十日丁酉，【略】自嘉山行四十里至博川，朝飯。又行五十里至寧邊，宿。

二十一日戊戌，【略】自寧邊行五十里至安州，宿。

二十二日己亥，【略】自安州行至肅川，宿。

二十三日庚子，【略】自肅川至順安，中火。至平壤，宿。

二十四日辛丑，【略】自平壤行至中和，宿。

二十五日壬寅，【略】自中和行至黄州，中火。至鳳山，宿。

二十六日癸卯，【略】自鳳山行至劍水站，中火。至瑞興，宿。

二十七日甲辰，【略】自瑞興行至葱秀站，中火。至平山，宿。

二十八日乙巳，【略】自平山行至金川，中火。至松都，宿。

二十九日丙午，【略】自松都行至長湍，朝飯。至坡州，宿。

三十日丁未，【略】自坡州行至高陽，中火。入京。

（日本）策彦周良《策彦和尚初渡集》卷上　天文七午　戊　七月

朔，去月廿六，自五島奈留回歸棹。今日申刻，至博多著岸。

同二日，移居於龍華。

天文八，己亥稔，正月。於博多龍華庵記焉。

十九日，今旦，唐船祈禱始。

又卷中　己亥五月

廿二日，卯刻，發船出定海港。【略】巳刻，候潮泊船於中流。蓋定海與寧波之交也。【略】未刻，開船。酉刻，著寧波岸。

八日，【略】二號、三號貢馬上岸。

十一日，辰刻，一號船物件盤驗了，二號、三號未矣。

十二日，卯刻，大監以下諸大人盤驗二號物件，未刻驗了。【略】未刻，又點檢三號物件。【略】歸休於嘉賓堂。

七月

廿七日，【略】詣補陀寺。歸路訪張古岩。

又卷下之上　嘉靖十八亥年，十月小

十七日，【略】午後，詣四府告北上之別。【略】酉刻，各方轎。自鹽倉門出上船。正使船旗黄色，書「正使」二大字。予船旗色同，書「副使」二大字。

十八日，護送大人船遲緩，故泊於此。自四明驛下廪給。

十九日，巳刻，自寧波北門之前發。舟泊於西壩。【略】鹽倉門至西壩四十里。

廿日，【略】黎明，著車厩驛之岸。舟行四十里。

廿一日，【略】申刻，自車厩驛開船。戌刻，著姚江驛。舟行六十里。

廿二日，繫纜於姚江驛前。【略】未刻，自龍泉寺前撥舟。酉刻，至下壩，舟行四十里，候潮泊於此。【略】夜半，發下壩，舟豎挐舟。丑刻，至中壩。舟行十八里。又如前壩。同刻，撥舟。寅刻，著上虞縣岸。舟行十里。臨岸有一門，揭「便民倉」。

廿四日，辰刻，撥舟。二里而上岸。【略】行二丁許而又換舟。【略】涉小渡，又駕轎里許，而至東關驛，換別船。【略】自曹娥驛門回舟。【略】午後，暫泊於東關驛前。【略】申刻，將發東關驛。阻風泊舟於柳岸蘆灣之間。

廿五日，寅刻，撥舟。所歷過傍北山有宇，門揭「瓜山鋪」三大字。自東關舟行四十里而有陶家堰鋪。【略】又十里許而有樊江寺。【略】午時，至紹興府。自陶家鋪至本府，舟行四十里。【略】本府人城裏方四十里。申刻，著蓬萊驛。【略】自迎春亭下至蓬萊驛，舟行十里。

廿六日，【略】辰刻，自迎恩門下開船。船路少許而有青田鋪，又次有石橋，横刻「靈芝橋」三字，船過其下。【略】又舟行里許，而渠口有石橋之尖頭者，横刻「露頭橋」三字。又舟行四五里許，而有鋪門，額上横書「山陰縣」三小字。【略】又二里許而有石橋，横刻「通濟橋」三大字。【略】午時，至錢清驛。舟行六十里。不滯泊，直涉驛前。舟行四十里餘。【略】戌刻，至鳳堰，泊舟於此。蓋蕭山縣附庸也。

廿七日，辰刻，上岸。

廿八日，巳刻，各駕轎子出。三里許而有西興驛，【略】驛門横揭「西興驛」三大字。又總構有樓門。【略】自此門里許，而至錢塘江之滸。【略】未刻，乘站船。【略】酉刻，通事來，即進船。須臾，著杭府東門人外之岸。岸上有二重樓，揭「暎江樓」三大字。

十一月大

朔，【略】巳刻，上岸。自西北門入杭府。【略】午時，又入北關駐節之門。

三日，辰刻，離岸撥船。一二里許而右岸有一門，横揭「便民倉」三大字。又左岸有一大門，横揭「錢塘縣倉」四大字。巳刻，水夫停舟者須臾。見岸下則有一門，豎揭「户部分局」四大字。少焉開船。【略】戌刻，至德清縣而泊矣。舟行七十里，德清縣屬湖州府。

四日，【略】酉刻，開船。

五日，巳刻，著湖州府苕溪驛。舟行百里。

六日，【略】辰刻，開船。二里許而泊矣。

七日，卯刻，撥船。船路九十里許，而左方有樓閣巍然，門揭「三賢書院」四大字。申刻，至進宅[震澤]而泊。舟行九十里。有寺，揭「敕賜慈雲禪寺」之額。

八日，辰刻，開船。【略】午時，至蘇州府平望驛。舟行四十里。

九日，【略】未刻，開船。戌刻，至松陵驛而泊矣。舟行四十里。

十日，【略】申刻，開船。一里餘而又泊。

十一日，巳刻，開船。船路四十五里，而申刻至姑蘇驛前而泊矣。

十三日，午刻，發姑蘇驛至閶門。舟行六里許。

十六日，辰刻，遊寒山寺。舟行七里。【略】又北行一里而有楓橋。【略】又西相去七里而有虎丘寺。

十八日，【略】申刻，開船。到楓橋，橋畔而泊矣。去楓橋一里許。

廿日，巳刻，開船。船路數里許而河左畔有門，横揭「户部分司」四大字。【略】酉刻，到常州無錫縣錫山驛而泊。舟行九十里。驛門竪揭「錫山驛」三大字。

廿二日，【略】辰刻，開船。酉刻，至毘陵驛。舟行九十里。

廿七日，巳刻，開船。到呂城鎮巡檢司門前而泊，【略】即呂城駅也。舟行四十里。

廿八日，未刻，發船，卷越壩。舟行一里許而止。

廿九日，寅時，開船。辰刻，至雲陽驛。舟行四十五里。

晦日，卯刻，解纜。午時，至丹徒壩。舟行六十里。

十二月大

二日，【略】酉刻，開船。又里許而止。

三日，辰刻，擊鼓發船，渡揚子江。午時，至鎮江府京口驛。即刻同正使和上遊金山寺。

四日，【略】巳刻，開船。即著瓜州楊子岸。亥刻，超壩。

六日，申刻，進舟者里許而止。

七日，辰刻，撥船。未刻，到揚州府廣陵驛而泊矣。舟行四十里。

十日，【略】巳刻，進船少許而止。

十二日，【略】午刻，開船。戌刻，著邵伯驛。舟行六十里。

十四日，辰刻，開船。二里許而泊中流。

十五日，辰刻，撥船。酉刻，著孟城驛。舟行六十二里。

十七日，午刻，開船。午刻，著界首驛。

十九日，巳刻，開船。前進者三十里而泊於中流。

廿日，【略】巳刻，撥船。酉刻，著安平驛。舟行三十里。

廿一日，【略】午時，開船。亥刻，著淮陰驛。舟行九十里。

廿三日，【略】丑刻，乘月撥船。船路十五里而有閘驛，故泊於此。

廿四日，午刻，開船。此河曰黄河涇河。酉刻，著清口驛。舟行六十五里。

廿六日，卯刻，鳴鼓解纜前進。申刻，著桃園驛。舟行七十里。

廿八日，卯刻，開船。申刻，著古城驛。舟行六十里。【略】酉刻，開船。船路二十里而泊於中流，時維戌。

廿九日，【略】卯刻，撥船。巳刻，著鍾吾驛。舟行四十里。

嘉靖十九庚子年履端辰始焉　正月大　泊舟於鍾吾驛。

二日，午刻，開船。前進者四十七里而泊於中流，於時酉。

三日，【略】卯刻，開船。巳刻，著直河驛。舟行十五里。未刻，撥船。船路貳十里而泊於中流，時維酉。

四日，【略】卯刻，解纜。巳刻，著下邳驛。舟行四十里。

六日，卯刻，開船。申刻，著新安驛。舟行七十里。

七日，【略】辰刻，【略】開船。船路五十里而泊於中流，時酉。

八日，寅刻，鳴鼓解纜。辰刻，著房村驛。舟行十五里。【略】午時，開船。船路五十七里而泊於中流，時已戌。

九日，巳刻，超百步洪，到彭城驛。舟行三十里。

十一日，【略】巳刻，鳴鼓開船。船途六十里而泊於中流，時方酉。

十二日，【略】寅刻，開船。辰刻，著夾溝驛。舟行二十里。巳刻，開船。船路二十里而泊於中流。超閘。

十三日，寅刻，開船。午刻，過沛縣謝溝閘。舟行五十里而泊中流，時維亥。

十四日，辰刻，撥船。巳刻，著泗亭驛。舟行十五里。

十五日，巳刻，開船。船路三十里而泊於中流。

十六日，辰刻，撥船。未刻，著沙河驛。舟行三十里。【略】亥刻，乘月開船。船路四五里而超閘，泊於兹。

十七日，巳刻，開船。船路二十里而有閘，故泊於中流，時酉。

十八日，辰刻，開船。船路十里而止。

十九日，寅刻，開船。巳刻，著魯橋驛。舟行二十五里。【略】開船，船路十里而有閘，故泊於此。

二十日，卯刻，鳴鼓解纜。舟行少許而有新閘。戌刻，著南城水馬駅。舟行五十里。

廿二日，【略】子刻，鳴鼓解纜。

廿三日，申刻，著開河水驛。舟行七十里。

廿四日，巳時，撥船。申刻，著安山水驛。舟行九十里。

廿五日，午刻，開船。戌刻，著荆門驛。舟行六十里。

廿六日，午刻，撥船。酉刻，到中流而止。【略】舟行三十里。

廿七日，卯刻，鳴鼓解纜。酉刻，著崇武水馬驛。舟行六十里。

廿八日，【略】未刻，開船。亥刻，著清陽驛。舟行七十里。

廿九日，巳刻，【略】開船。酉刻，著清源驛。舟行七十里。

二月小

三日，卯刻，開船。船路八里而止。【略】巳刻，解纜。酉刻，著渡口駅。舟行四十七里。

四日，卯刻，鳴鼓開船。酉刻，著甲馬驛。舟行九十里。

五日，巳刻，開船。船路八十里而泊於中流。

六日，卯刻，撥船。船路十里而止。

七日，寅刻，鳴鼓解船。辰刻，著梁家驛。【略】且又開船。酉刻，著安德驛。舟行六十里。

九日，【略】酉刻，乘月開船。船路十五里而泊於中流。

十日，午刻，撥船。【略】戌刻，著良店驛。舟行五十五里。

十一日，【略】辰刻，開船。船路三十里而泊於中流。

十二日，辰刻，開船。船路五六里許而泊於中流。【略】戌刻，撥船，著連窩驛。舟行三十四里。

十三日，巳刻，【略】鳴鼓解纜。酉刻，著新橋驛。舟行七十里。

十五日，寅刻，開船。船路二十里而泊於中流者少焉。【略】辰刻，又解纜。巳刻，著磚河驛舟行四十里。【略】且又開船。船路四十里，而酉刻。泊於滄州滄瀛樓前，又此所曰長蘆。

十六日，【略】酉刻，鳴鼓開船。子刻，著乾寧縣。舟行四十里。

十七日，【略】巳刻，【略】即開船。申刻，著流河驛。舟行七十里。

十八日，巳刻，【略】即解纜開船。戌刻，著奉新驛。舟行八十里。

十九日，【略】午刻，開船。申刻，著楊青驛。舟行七十里。【略】酉刻，鳴鼓開船。亥刻，到直沽而泊矣。舟行四十里。

二十一日，【略】午刻，【略】即鳴鼓開船。船路三十五里而泊於桃花口。酉刻，著岸。

廿二日，寅刻，鳴鼓開船。午刻，著楊村驛。舟行三十五里。

廿三日，【略】寅刻，鳴鼓開船。【略】酉刻，而泊於中流。舟行七十里。

廿四日，【略】丑刻，開船。卯刻，著河西驛。舟行十里。

廿五日，辰刻，開船。船路四十二里而泊矣。

廿六日，【略】辰刻，開舟。午刻，著和合驛。舟行二十里。

廿七日，卯刻，開船。酉刻，著張家灣。舟行六十里。

三月小

二日，巳刻，發張家灣。【略】申刻，入京。從崇文門而入。

六日，巳刻，正使及予兩居座，從僧以下從人到鴻臚寺。

七日，寅刻，朝拜。【略】從東門右腋而入。

十五日，巳刻，正使及予，從僧一人詣禮部。

五月小

九日，【略】巳刻，離城起身。【略】午時，達潞河驛。【略】又過永濟寺。【略】酉刻，著張家灣，即上船。

十七日，【略】卯刻，鳴鼓解纜。未刻，著和合驛。舟行六十里。申刻，【略】又鳴鼓開船。船路四十里，或曰六十里，而泊於中流，時維戌。

十八日，天快晴。寅刻，開船。辰刻，著河西驛。舟行二十里，或曰四十里。【略】申刻，開船。一里許而止。【略】酉刻，上岸。散步於深柳之陰。【略】亥刻，乘月開船。

十九日，【略】巳刻，著楊村驛。舟行七十九里。【略】未刻，擊鼓開船。船路十里而泊於中流。

廿日，【略】卯刻，撥船。【略】午時，泊於天津雄鎮門前。舟行四十里。

廿二日，【略】未刻，【略】鳴鼓開船。船路二十里而泊於中流，時維酉。丑刻，乘月撥船。

廿三日，辰刻，著楊青驛。舟行二十里。【略】未刻，開船。船路二十里而泊於中流，時維酉。【略】丑刻，乘月解纜。

廿四日，【略】午時，著奉新驛。舟行五十里。

廿五日，寅刻，開船。【略】酉刻，著流河驛。舟行八十里。

廿六日，【略】辰刻，開船。【略】未刻，著乾寧驛。【略】舟行七十里。【略】酉刻，同即休、三英上岸到道士觀，【略】有殿揭「三清殿」三大字。

廿七日，【略】卯刻，開船。【略】午時，到滄州滄瀛樓下岸而泊矣。舟行四十里。

廿八日，卯刻，鳴鼓開船。巳刻，著磚河驛。舟行四十里。【略】未刻，打鼓解纜。船路約五十里泊於中流，時維酉。

廿九日，卯刻，開船。巳刻，著新橋驛。舟行二十里。

六月小

朔旦，卯刻，開船。申刻，著連窩驛。舟行八十里。

二日，【略】卯刻，撥船。船路三十里而泊於安陵巡檢司，時維午。少焉，又撥船。午後，著良店驛。舟行四十里。【略】申刻，開船。船路二十里而泊於中流，時酉。

三日，寅刻，鳴鼓開船。未刻，著安德驛。舟行五十里。

四日，【略】未刻，挽夫來，即開船。船路四十里而泊於中流，時維酉。

五日，寅刻，開船。辰刻，著梁家驛。舟行三十里。【略】巳刻，【略】即鳴鼓開船。【略】酉刻，泊於中流。舟行六十里。

六日，【略】寅刻，撥船。未刻，著甲馬驛。舟行六十里。

七日，寅刻，鳴鼓開船。酉刻，著渡口驛。舟行八十里。

八日，【略】辰刻，開船。船路五十里而泊於中流。

九日，寅刻，撥船。巳刻，著清源水馬驛閘口。舟行十五里。少焉，進舟者五里許而泊於觀音閣前。

十二日，【略】午刻，開船。戌刻，著清陽驛。舟行七十里。此交有東昌府清平縣戴家灣閘。

十三日，【略】午時，開船。【略】戌刻，著崇武水馬驛。【略】舟行七十里。

十五日，【略】辰刻，開船。亥刻，著荆門驛。【略】舟行九十里，超閘者五。

十六日，【略】巳刻，撥船。酉刻，著安山水驛。舟行六十里。

十七日，【略】酉刻，開船。船路四十里而泊於中流，時維子。

十八日，【略】寅刻，鳴鼓開船。巳刻，著開河水驛。舟行三十五里。

十九日，【略】卯刻，開船。船路四十里而前程有閘，故待開閘泊船者須臾，同大光、鈞雲上岸徐步，時維辰。【略】去此閘北六七里許有龍王廟。【略】又發船者十里許而泊，蓋以前程閘開也。申刻，又撥船。所歷過岸畔有門，橫揭「獲麟古渡」四大字。挽夫乘月又舟行，七十里而泊於中流，時子。

廿日，卯刻，開船。辰刻，著南城水馬驛。舟行五十里。

廿一日，【略】酉刻，同正使登太白樓。【略】次憩於觀瀾亭，過晡歸矣。

廿二日，【略】午刻，開船。戌刻，著魯橋驛。舟行六十里。

廿三日，【略】巳刻，【略】即開船。船路五十里而泊於中流，時維酉。

廿四日，卯刻，開船。午時，著山東兖州府沙河驛。舟行四十里。【略】申刻，撥船。船路十五里而泊於胡陵城，時維酉。

廿五日，【略】寅刻，開船。午刻，著泗亭驛。舟行四十里。

廿六日，巳刻，同正使暨大光、鈞雲、即休上岸，重訪歌風臺舊趾。

廿七日，【略】辰刻，開船。酉刻，著夾溝驛。【略】此交歷留城，有張子房廟。

廿八日，【略】辰刻，【略】即開船。【略】所歷過有境山，山下有寺，【略】傍門楣以「大雲禪寺」四大字。酉刻，著彭城驛。舟行八十里。【略】泊於驛外之枝流。

七月大

二日，【略】巳刻，鳴鼓開船。未刻，著房村驛。舟行五十里。

三日，【略】巳刻，擊鼓開船。未刻，著新安驛。舟行六十里。即刻打廪粮，打罷即開船。船路十八里而泊於中流，時維酉。

四日，卯刻，開船。巳刻，著下邳驛。舟行四十里。

六日，【略】巳刻，開船。酉刻，著直河驛。舟行六十里。

七日，【略】巳刻，開船。午時，著鍾吾驛。舟行四十里。

九日，【略】午刻，開船。申刻，著古城驛。舟行四十里。

十日，【略】卯刻，開船。巳刻，著桃園驛。舟行六十里。

十一日，【略】未刻，開船。酉刻，著清口驛。舟行七十里。

十二日，【略】未刻，開船。船路三十里而泊清江，時維戌。

十三日，辰刻，開船。酉刻，著淮陰驛。舟行三十五里。

十五日，【略】巳刻，開船。子刻，著安平驛。【略】舟行九十里。

十七日，【略】申刻，開船。一二里而又回船，蓋前程河廣而如湖。

十八日，【略】辰刻，打鼓開船。申刻，著界首驛。舟行七十里。

十九日，【略】午時，開船。戌刻，著孟城驛。舟行六十五里。

廿日，【略】申刻，挽夫來。開船。乘月挽之。

廿一日，寅刻，著邵伯驛。舟行六十里。辰刻，同大光、鈞雲，即休詣邵伯廟。【略】午時，開船。所歷過有祠，祠門横揭「夏國公神道」五字。【略】申刻，著廣陵驛。舟行三十里。

廿三日，巳刻，開船。申刻，著儀真驛閘口。舟行十里。

廿六日，【略】辰刻，超嚮水閘亭，到渡口。舟行五里許。

廿七日，午時，挽夫來，即開船。申刻，驟雨，故泊於中流。舟行三十里。

廿八日，【略】巳刻，開船。戌刻，泊於中流。舟行八十里。

廿九日，卯刻，開船。此交有觀音山，紫金山亦在。未刻，著龍江驛。舟行十里。

八月小

三日，【略】卯刻，開船。三里許而泊於中流。【略】申刻，回船於南京城外者二里半許。

四日，丑刻，開船。申刻，著京口驛。舟行百八十里。

五日，【略】辰刻，偕大光、鈞雲遊金山寺。

七日，【略】辰刻，開船。巳刻，到丹徒壩而泊矣。舟行十八里。午刻，解纜。申刻，著雲陽驛。舟行四十二里。

九日，【略】未刻，挽夫來即開船。挽夫乘月拏船。

十日，寅刻，著毘陵驛。舟行八十里。齋後，偕大光、鈞雲詣東坡廟。次遊胡頤西蠡山(壯)[莊]。歸路舟行而歸。

十二日，卯刻，前進者二里，到南門而泊矣。【略】申刻，開船。

十三日，寅刻，著常州錫山驛。舟行九十里。【略】巳刻，再遊惠山寺。

十五日，巳刻，挽夫來，即開船。

十六日，寅時，著姑蘇驛。舟行九十里。

廿一日，辰刻，去驛前。前進者二里許而泊矣。

廿三日，辰刻，同正使和上遊虎丘寺。【略】舟行二十里。

廿四日，巳時，前進者一里而止。【略】申刻，開船。四里而泊矣，時維酉。

廿五日，寅刻，鳴鼓開船。辰刻，著松陵驛。舟行三十三里，從蘇之閶門至松陵總計四十里。巳刻，同大光、鈞雲到垂虹橋。

廿六日，【略】未刻，挽夫來，即鳴鼓開船。亥刻，著平望驛。舟行四十里。

廿七日，【略】巳刻，開船。申刻，著西水驛。舟行六十里。

廿九日，卯刻，開船。船路二里許而辰刻過三塔寺前，在河之右方。【略】未刻，著桐鄉縣皂林巡檢司。舟行四十里。申刻，打挽夫即開船。亥刻，著崇德縣皂林驛。舟行三十六里。

九月大

朔旦，【略】午時，開船。船路九十三里而泊，時維丑。

二日，【略】卯刻，前進。船路七里而止。過去年所歷之北關駐節，去吴山驛者少許。

三日，卯刻，正使及予、大光、鈞雲、三號居座、土官并從僧以下上岸。【略】方轎過吴山驛，自武林門而入城裏。【略】未刻，自清波關出到西湖之涯。【略】申刻，歸本船。

四日，【略】申刻，正使及予以下役者乘船。船路五里而又有持越。【略】酉刻，到吴山驛前而泊矣。舟行四五里許。

五日，卯刻，河關之門開了。自此門下而移舟於城裏，舟行三十里而又有持越，交三丁許。【略】至錢塘江轉運於小船。【略】巳刻，正使及予、大光、鈞雲同徒步，到錢塘江滸映江樓下，暫登映江樓。【略】須臾而上船。【略】正使、予、大光、鈞雲泊船在此。

六日，寅刻，渡錢塘江。卯刻，著岸。【略】辰刻，正使、予、大光、鈞雲如位次第駕轎子，過全越都會門裏到西興驛而上站船，路程二里。自武林至西興總計七十里。申刻，【略】開船。船路十里而到蕭山縣而泊矣，時維酉。

七日，【略】巳刻，前進者二里許而止。未刻，開船。丑刻，著蓬萊驛。舟行九十八里。

八日，【略】巳刻，開船。所歷過河之右方，有敕賜興善將軍之廟。【略】遥丁其南有會稽山。酉刻，著東關驛。舟行八十里。

九日，辰刻，【略】前進者二三里而有持越，其交二丁許而渡小河。諸役者各方轎到河滸，絶河後，又有持越。二丁許，載行李於小船，官員轎行。

午時，著曹娥驛，即上船。自東關至本驛總計一十里路。戌刻，乘月撥船。子刻，著上虞縣便民倉下。

十日，辰刻，【略】即開船。船路十里而巳刻超中壩，十八里而午時超下壩。【略】酉刻，著姚江驛。舟行四十里。

十一日，【略】辰刻，攜三英遊龍泉寺。【略】巳刻，鳴鼓開船。申刻，著車厩驛。舟行六十里。【略】酉刻，開船。

十二日，卯刻，著靈橋門前岸。舟行八十里。【略】正使以下次第搬貨物於懷柔館中。午時，各上岸，駕轎就館。

又卷下之下　大明嘉靖二十年辛丑

二月小

四日，【略】刻後，遊月湖，艤舟二隻，各上舟。舟行而歸，到延慶寺前，又上岸。【略】又舟行而歸嘉賓堂。

卯月小

九日，【略】巳刻，旋朝乘船始。正使與予乘轎子而出。居座、土官以下各徒步而往。【略】二號船乘初。

廿九日，【略】齋後，就於正使館，議歸朝出船之事。【略】於以觀一號船之艤，次及二號、三號，時方過午。

五月大

二十日，【略】自東渡門而出，歷城外而上本船，時方酉。

廿一日，【略】午時，【略】即理篷開船。一里許而淹留於中流。【略】酉刻，潮平，以故又前進者十里餘。

廿三日，【略】卯刻，開船。三里許泊。酉刻，開船。三里餘而又泊。定海在近。

廿四日，【略】辰刻，開船行六里而泊於定海港。【略】自寧波至定海六十里。自定海至蛟門十六里，自蛟門至川山六十五里。

廿五日，【略】卯刻，開船。二里許而繫泊於定海官廳之前。須臾而又過廳前者半丁許而泊矣。

廿六日，【略】辰刻，開船。出定海前進者里許而有小港，【略】是港乃通育王山云云。所歷過蛟門。申刻，泊本船於川山下中流。舟行日本路五里許。【略】自定海至此八十里云。

廿七日，【略】巳刻，開船。出川山而前進者四十餘里，唐路。而泊於中流，時維酉。

廿八日，【略】辰刻，開船。日本路三里許而泊於沈家門，時午。今日，歷舟山。

廿九日，【略】猶繫泊於沈家門口。

晦日，【略】午刻，開船。未刻，達於烏沙門，唐路十八里。

六月小

朔日，【略】在烏沙門。

十日，【略】巳刻，潮寶開船，出烏沙門。【略】須臾歇。午時，立柱開帆。又次引舸子前進者日本路三里許而泊於中流。

十一日，早旦，又東風，以故辰刻回船者二里許而泊矣。烏沙門瀨戸口之外面。

十七日，【略】辰刻，俾二號脚船歷沈家門。遣舟師於補陀洛山看可保船之處。

十八日，【略】卯刻，差一號、二號脚船查看通補陀山裏海之淺深。

十九日，【略】雖然瀨戸口波大，故不出船。辰刻，差一號脚船，俾脇船頭、二號案司等裁補陀通行之瀨戸口淺深。【略】未刻，脇船頭以下還報以瀨戸口淺了。

二十日，【略】卯刻，出船。船離烏沙，初開彌帆者須臾出大瀨戸，即立檣引帆。【略】午時，左方見補陀山，當北。茶山亦在前程左方交四五里。自烏沙至茶山十五里云云。日本里。自昕至晡，舟行十五六里許，蓋以潮強也。今夜舟行三十里。

廿一日，【略】自昕至昏四十里。夜三十五里。

廿二日，【略】今晨，改針向寅方走。【略】今日舟行晝三十五里，夜三十里。

廿三日，【略】舟行晝十里，【略】[夜]三十里。

廿四日，【略】舟行晝八里，【略】夜二十里。

廿五日，【略】舟行十五里，夜二十里。

廿六日，【略】卯刻，立島當辰方，交五里許，五島膳左衛門云。此島是五島西面姬島云云。【略】申刻，到五島之内日島，而繫泊矣。果然二號船亦到此而泊矣。
廿七日，【略】猶在日島。
廿八日，【略】卯刻，開船出日島。二號同前。【略】酉刻，繫泊於南滿屋堅。自日島到玆，舟行七里。此島亦五島内也。
廿九日，晴。辰刻，【略】出船。猶在南滿。【略】午後，繼光、惟德以下各乘小舶，先甲往博多津。
七月小
一日，【略】辰刻，【略】二號船開帆。
二日，【略】辰刻，出船離南滿。【略】午時，落瀨戸。舟行七里。【略】又到鹿本渡七里。又到息盡瀨戸三里。戌刻，暗中不能入此瀨戸，繞息盡大島外面。
三日，【略】巳刻，憑斑島繫泊矣。從息盡到此島十五里餘。
四日，辰刻，出本島開帆。午時，著呼子。舟行五里。
五日，【略】辰刻，【略】二號船開帆。
七日，風不好，猶在呼子。
九日，【略】卯刻，離呼子出船。船行三里而過土器崎、柏島等。【略】午時，歷日島，自呼子至此島交七里云云。【略】酉刻，著藍島。自呼子到本島舟行總計二十一里。前程【略】又曰矢島，其次志賀島突出，然而虎島、七里灘亦彰。子刻，出船。
十日，【略】卯刻，舟行七里。而右有宗像，左有大島。【略】俗又曰滑和布島。【略】左方七里灘見。辰刻，歷鐘御崎，又歷小島。【略】巳刻，過白島。自玆到赤馬關七里云云。過蘆屋。未刻，將著宮浦之間。【略】申刻，【略】而入宮浦而繫泊矣。自藍島至此浦，舟行二十二里。
十一日，【略】卯刻，開船，出宮浦。巳刻，著赤馬關。舟行三里。
十九日，【略】午時，於龜山洋中凤願湯立。
廿六日，【略】辰刻，室又七船加脚船二隻開帆。承珍上京。堺衆石田與三五郎、岩井七郎左衛門、吸江延上司、德上司、卜田以下東上。東南坊亦乘類船，至小郡上。午時，僕從二郎四郎自博多上。
廿八日，【略】卯刻，起身。【略】巳刻，著府中。在此候潮退。【略】申刻，著淺郡，宿於大福寺。【略】自關至淺交八里。
廿九日，【略】未刻，著山中。宿於勝蓮寺。【略】自淺至山中交五里。
八月
晦日，【略】卯刻，起身。與鈞雲方馬而出。【略】前進者里餘而過古東郡安國寺傍。【略】申刻，著山口。假寓於牧牛院。
十日，齋於覺雄寺。
十二日，起身，赴藝之金山御陣。
十八日，早旦，金山著。【略】今晚，晚炊於淩雲寺。
十九日，齋後，御對面，同御曹子對面。【略】午時，又徵起，陳大唐返命之事。
廿七日，興禪至山口下向。
九月
朔旦，齋後，附保壽和上驥尾，上本城之一。
十八日，早旦，金山起身，下向於山口。【略】遂同鈞雲赴杉宗珊入道陣屋乞暇。【略】於晚，舟行詣嚴島，時方戌刻。
十九日，【略】滯留於嚴島。
廿日，【略】舟行而到小方。
廿三日，申刻，著防府。宿於天神坊中。
廿四日，午後，著於山口。
十月
十四日，【略】宿於泉福。
十六日，【略】謁龍福院。

（日本）策彦周良《策彦和尚再渡集》卷上　嘉靖廿漆年戊申雞旦

三月大
六日，【略】巳刻，解纜，出川山所。南風，出瀨戸口。即立檣而走。未刻，著定海。
九日，【略】午時，起鐵猫解纜而前進。酉時，到寧波，近港而泊。
十日，【略】曉出船。辰刻，著寧波府。【略】未刻，上岸。
七月小
三日，【略】詣延慶寺。次遊月湖。
十月大

二日，齋罷，隨例北上門出，詣石衛將軍之廟。先年雖船路，今次陸地轎行。

六日，九宫開門。酉刻，寧波起身，自東渡門而出。予、副使以下次第駕轎，船在北門之外而待，即各乘船。【略】夜裏開船，曉到西壩。

七日，【略】泊於西壩。

八日，拂曉，著車厩驛之岸。【略】午後，開船。酉刻，著姚江驛。【略】夜半之後，開船。

九日，辰刻，著登瀛門下，以鹿索卷越船。午後，過中壩，又如前度卷越船。戌刻，著曹娥驛。

十一日，【略】辰刻，發曹娥驛。而前進者三里許，持越行李，又經北渡。各轉運行李於船。予、副使以下先到者，次第駕轎子至東關驛前乘船。【略】少焉，開船。【略】夜半，著蓬萊驛。

十二日，【略】午前，下廪粮即開船。戌刻，著蕭山縣。

十三日，【略】早旦，出船。巳刻，著西興驛。【略】打廪給口粮，即開船。前進者三里許而止。

十四日，【略】即刻，轉運行李於錢塘江渡船。巳刻，發西興驛。自襟江帶海門而出。【略】午時，各渡錢塘江。晡時，冒雨駕轎入浙江驛，在此而停宿。【略】本驛驛門揭「浙江驛」三大字。

十五日，【略】午時，發轎出本驛，入武林驛。歷過南關駐節、鳳山環翠等之門。

十九日，【略】點行燈登吴山。經忠節坊，詣伍子胥廟。【略】又詣城隍廟，到銕佛寺。又到水利館。

廿日，辰刻，冒雨駕轎經武林門、北關驛□□停驂門。到吴山驛。

廿一日，【略】登北山山頂。乃保叔寺也。

晦日，曉戴星出本驛。遊西湖。自北山山下乘扁舟。第一到浄慈寺。【略】經六橋。歷覽諸寺，始於浄慈，終於大佛寺。取歸途於北山山頂。再遊保叔寺。

十一月大

八日，【略】卯刻，轎夫來。予、副使以下役者並轎發吴山驛。到本州遞運所。【略】予駕小舟，回棹於吴山驛。【略】午時，又歸遞運所。即便，各乘北上之船。

九日，【略】前進者十里許。

廿日，【略】冒曉扣月開船，里許而泊於中流。【略】巳刻，鳴鼓開船。【略】亥刻，到大猫而泊矣。寅刻，撥船。卯刻，著崇德縣。

廿二日，【略】巳刻，發崇德縣者二里許而泊於中流。午後，又開船，然挽夫欠少，日亦曛黑，又回棹於舊處。

廿三日，【略】辰刻，挽夫來即開船。午前，至石門而泊者須臾。午時，又撥船。申刻，至皂林而泊矣。少焉，又開船。刻，著西水驛。

廿四日，【略】西水驛嘉興府城近了。

廿五日，【略】辰刻，發西水驛。開船三里許而又泊於中流。未刻，開船。亥刻，著平望驛。

廿六日，【略】申刻，開船。酉刻，過鈞雲打談。戌刻，著松陵驛，或曰吴江云云。

廿八日，【略】巳刻，【略】即開船。船路三十里而經寳帶橋五十三洞。自此橋到姑蘇驛五里。【略】申刻，著姑蘇驛。【略】又少許前進，泊於胥門遞運所。

十二月大

二日，【略】巳刻，進船，到閶門近邊而泊矣。

九日，【略】酉刻，開船五六里許，泊於閶門之前程。少焉，顧後則副使以下之船在後，以故回掉於舊處。

十一日，【略】遊虎丘寺。酉刻，自虎丘歸。即刻開船。到楓橋而泊矣。

十五日，【略】巳刻。離楓橋而開船。船路三里許而泊於中流。【略】午時，又開船。未刻，到望亭巡檢司而泊矣。【略】酉刻，【略】即又開船。夜過半之頃，到縣南七里亭而泊。

十六日，早旦，前進者少許，到錫山驛前。【略】申刻，開船。六里計而泊於中流。

十七日，【略】巳刻，【略】開船。子刻，著毘陵驛。

廿日，【略】齋罷，同鈞雲上岸，到西蠡山莊。午時，【略】發毘陵驛而開船。亥刻，著呂城巡檢司。

廿一日，【略】卯刻，開船。卷越壩。【略】未刻，著雲陽驛。

廿二日，【略】未刻，開船。三里許而泊於中流。

廿三日，【略】卯刻，【略】即開船。未刻，著丹徒壩。

廿五日，【略】齋罷，搬行李於小船，蓋前程水淺，大船難通故也。大船直超壩赴揚子江，吾使臣諸船經別路。申刻，開船。一里許而泊於海會寺前之江隈。

廿六日，【略】曉開船。巳刻，著鎮江府。經南水關而繫泊於城外之江隈。

廿七日，【略】齋罷，攜琇、楞、熊三子而遊金山寺。【略】飯罷，各駕船而歸。歸途直到北固山下，且登甘露寺。副使以下取歸路於鎮江府城裏，予與鈞雲經講武場而歸本船。【略】戌刻，座船自丹徒而乘風潮而來。

廿八日，【略】巳刻，進船於壩下，積移行李於座船。午時，自小船移原船。

廿九日，早旦，副使所駕之座船乘潮而來。齋罷，搬行李。

又卷下 嘉靖貳拾捌年己酉雞旦始焉

正月小

於時在鎮江府京口驛外江中而泊。

二日，【略】在京口驛過歲。

五日，【略】巳刻，乘潮開船，渡揚子江。【略】未刻，著儀真驛。舟行十里。嚮是嘉靖十八年來貢之時，自鎮江府直裝瓜洲，今有換船之事故到儀真驛。此驛近南京。

八日，【略】午時，自儀真回棹於瓜洲。【略】戌刻，著瓜洲港口而泊矣。

九日，【略】午後，潮滿，容船於港中者小許。

十二日，【略】午後，搬行李於小船，蓋爲待潮便超壩也。

十六日，【略】辰刻，以轆轤索卷起各船，第一進貢船，第二送官船，第三予船，第四副使船，第五慈眼院船。

十七日，【略】巳刻，鳴鼓開船。午時，【略】過經歷有小門之面水者，上右書云「岳陽舊迹」，又左書云「黄鶴遺蹤」。酉刻，著廣陵驛。

廿三日，【略】齋罷，偕副使、鈞雲、慈眼上岸，遊瓊花觀。去城三里，有樓門。入門少許而有六角亭，横顔「無雙亭」三大字。【略】取歸途於城裏。入小東門，遊目於街頭。又出安江門，而到船邊。驛門揭「廣陵驛」三大字。

廿五日，【略】辰刻，開船少許而泊於浮橋前。午後，超浮橋而又泊矣。

廿六日，【略】辰刻，【略】即開船。酉刻，著邵伯驛。

廿七日，【略】巳刻，【略】故即擊鼓開船。至黄昏而著孟城驛。

廿八日，【略】午時，【略】鳴鼓開船。船行二十里而泊於中流。寅刻，開船。【略】辰刻，著界首驛。

廿九日，【略】未刻，著安平驛。以順風故，著驛太早。

二月大

朔日，【略】巳刻，【略】即開船。未刻，著淮陰驛。順風故，著岸太早。申刻，同泰首座、琇首座上岸，詣漂母祠，次詣韓信廟。

五日，寅刻，鳴鼓開船。六七里而泊於閘前。少焉，閘開，即便開船。申刻，著清口驛。

六日，【略】辰刻，開船。船路四十里而泊於中流，時維酉。

七日，寅刻，開船。巳刻，著桃園驛。

八日，【略】午時，開帆順風。申刻，中流而泊。

九日，晴。辰刻，開船。巳刻，著古城驛。【略】未刻，鳴鼓開船，及暮著宿遷縣鍾吾驛。

十日，【略】申刻，開船者少許。日將晡，前程遠，故泊於中流。

十一日，【略】卯刻，擊鼓開船。未刻，著直河驛。申刻，【略】即開船，卅里而泊於中流。

十二日，【略】寅刻，開船。午時，著下邳驛。

十三日，【略】未刻，開船。順風和月而前進，不到前驛者少許，而泊於中流。

十四日，【略】辰刻，開船。巳刻，著新安驛。未刻，開船。酉刻，泊於中流。

十五日，寅刻，撥船。申刻，著房村驛。

十六日，【略】巳刻，開船。涉吕梁洪，時方風暴，故四五里許而泊矣。申刻，開船。四五里許而又泊於中流。

十七日，卯刻，開船。午時，著鼓城驛。即刻同副使、鈞雲上岸，經浮橋入城裏，遊卧佛、石佛、鐵佛三寺。

十八日，【略】申刻，與副使、鈞雲、慈眼以下同上岸，詣漢高廟。

廿二日，【略】卯刻，發彭城而開船。【略】午後，著夾溝驛。【略】酉刻，又開船，數里而停泊於中流之閘前。

廿三日，【略】巳刻，開船。飇風急而淹滯於中流者數。酉刻，又超閘。水淺故，又泊於中流。

廿四日，寅刻，鳴鼓撥船。卯刻，泊於中流之閘前。自本閘到泗亭驛，前程十五里。【略】少焉，超閘。巳刻，著泗亭驛。即便偕琇公上岸，遊歌風臺。

廿五日，巳刻，開船，離泗亭驛。酉刻，到閘處而泊於中流。

廿六日，【略】寅刻，鳴鼓開船。卯刻，著沙河驛。未刻，前進者少許而超閘。泊於中流。

廿七日，寅刻，擊鼓開船。又超閘而泊於中流。辰刻，又開船。酉刻，又泊於中流。

廿八日，【略】午前，開船者少許。又泊於中流。

廿九日，【略】巳刻，【略】開船。超閘而前進十餘里而泊於中流。又超棗林閘。未刻，又開船。申刻，著魯橋驛。

晦日，【略】午前，開船。酉刻，泊於中流。

三月小

朔，【略】巳刻，鳴鼓開船。酉刻，超石佛閘，而泊於三官殿之門外江中。

二日，巳刻，鳴鼓開船。【略】在中流再三繫泊。【略】申刻，著南城水馬驛。

三日，【略】巳刻，【略】即開船者少許而超閘而泊矣。

四日，【略】巳刻，開船。戌刻，中流而泊矣。

五日，【略】卯刻，開船。自此到前驛十五里。【略】辰刻，著開河水驛。【略】前進者二十里許，在閘灣而泊矣，時方戌。

六日，卯刻，開船。【略】未刻，著近安山水驛之閘。

七日，卯刻，前進者三里許，而著安山水驛。

十一日，【略】卯刻，離安山驛而開船。午時，著荆門驛。【略】申刻，開船。

十二日，【略】水淺閘多，故泊於中流。酉刻，河水方漲，即前進者十八里，而到閘而泊。

十三日，【略】卯刻，鳴鼓超閘而開船。午時，著崇武水驛，有光嶽樓。

十四日，【略】未刻，前進超通濟橋閘。挽夫乘月挽船而前進，泊於中流。

十五日，寅刻，鳴鼓開船。卯刻，著清陽驛。【略】午時，開船。申刻，【略】故又泊於中流。

十六日，【略】開船。巳刻，著清源水馬驛。

十八日，【略】巳刻，前進者許傍閘旁而泊矣。

廿日，【略】午時，開船。【略】申刻，著渡口驛。

廿一日，【略】巳刻，開船。未刻，著甲馬營水驛。

廿二日，【略】寅刻，鳴鼓開船。午前，著梁家莊水驛。【略】酉刻，前進十五六里許，而泊於中流，時維戌。

廿三日，【略】午時，鳴鼓開船。酉刻，著安德驛。

廿六日，寅刻，開船。午後，著良店驛。【略】申刻，開船。至昏鴉而泊於中流。

廿七日，【略】寅刻，開船。午前，著連窩驛。未刻，【略】即開船三十五六里許而泊於中流，時維戌。

廿八日，【略】曉，開船。巳刻，著新橋驛。

廿九日，【略】寅刻，開船。中途而阻風少滯。未刻，著磚河驛。【略】酉刻，開船。然而泊於中流，時維戌。

卯月大

一日，【略】寅刻，鳴鼓開船。辰刻，著滄瀛樓下驛。

二日，【略】辰刻，開船。午前，著乾寧驛。【略】未刻，鳴鼓開船。晡後，著流河驛。

三日，【略】辰刻，【略】開船。午時，著奉新驛。【略】未刻，開船。戌刻，泊於中流。從此至楊青驛二十里。

四日，【略】辰刻，開船。午後，著楊青驛。酉刻，一、二、三號客船來。

六日，【略】巳刻，鳴鼓開船。至酉刻，而泊於中流。

七日，卯刻，開船。巳刻，著楊村驛。【略】未刻，開船。水淺風急，日亦過晡時，故泊於中流。

八日，【略】卯刻，鳴鼓開船。申刻，著河西驛。

十日，【略】辰刻，擊鼓開船。水淺了，副使船在後，少焉來，以故彼此舟行澀停。酉刻，泊於中流。

十一日，【略】辰刻，開船。未刻，著和合驛。

十二日，【略】卯刻，開船。酉刻，泊於中流。蓋此所去張家灣者十四五里許。

十三日，【略】卯刻，開船。巳刻，著張家灣。

十四日，午時，進船者少許。

十八日，【略】巳刻，離船起身。【略】申刻，達京。依舊例從崇文門而入，就玉河館。嘉靖十八年進貢之時，就西館，今東館修復，以故就東館。

廿一日，【略】未刻，四號居座、恕上司并三號士官、宗薰暨二號、三號客衆，自張家灣而到。

廿四日，【略】自長安門而入。【略】又照與例自承大門而入。【略】次自端門而入。【略】又依例到鴻臚寺而消拜者四而跪矣。【略】次詣禮部門下。【略】跨馬而歸東前所館，即到主事所。【略】次到西前所。

八月小

九日，【略】辰刻，離城而起程如例。至通州府潞河驛。未刻，著張家灣。少焉駕船。

十八日，【略】巳刻，開船者里許。

十九日，【略】辰刻，鳴鼓開船。船路二十里而停棹。蓋此處有道士觀，【略】予乃率副使、鈞雲以下役者上岸，入本觀而燒香。【略】歸船則日未午，即鳴鼓開船。船路少許而止。【略】未刻，又開船。戌刻，著和合驛。

廿日，【略】午時，【略】即鳴鼓開船。酉刻，泊於中流。

廿一日，【略】寅刻，擊鼓開船。巳刻，著河西驛。晡後，打廩粮。前進一里許而止。

廿二日，【略】卯刻，開船。未刻，著楊村驛。即同副使慈眼登岸。於以見敕賜報成禪寺。

廿三日，【略】辰刻，開船。申刻，著楊青驛。驛東南有樓門，門前屏面横顔「海不揚波」四大字，裏揭「天津重鎮」四大字。

廿五日，【略】午前，鳴鼓開船。酉刻，泊於中流。丑刻，乘月開船。

廿六日，【略】申刻，著奉新驛。

廿七日，【略】辰刻，擊鼓開船。酉刻，著流河驛。

廿八日，【略】辰刻，開船。酉刻，過昏鴉而著乾寧驛。

廿九日，【略】辰刻，【略】開船。未刻，到滄瀛樓下而泊。

九月大　謹月

一日，【略】猶在滄瀛樓前之江中。【略】巳刻，偕副使、鈞雲、江雲、慈眼登岸，到水月寺，登上頭樓。【略】申刻，開船。戌刻，著磚河驛。

二日，【略】巳刻，開船。酉刻，著新橋驛。

三日，【略】辰刻，【略】開船。午時，各船頭設茶飯待送大人，故少滯於中流。然後又開船，日薄曛黑，而泊於中流。

四日，【略】寅刻，撥船。巳刻，著連窩驛。【略】午時，【略】即解纜開船。戌刻前，中流而泊。

五日，寅刻，開船。卯刻著良店驛。【略】巳刻，鳴鼓開船。亥刻，著安德水驛。

六日，【略】猶在本驛。

八日，【略】猶在本驛。未刻，【略】擊鼓開船，乘月挽之。亥刻，泊於中流。又寅刻之前，打鼓開船。

九日，【略】巳刻，著梁家莊驛。

十日，寅刻之前開船。酉刻，泊於中流。

十一日，寅刻之前開船。午前，著於甲馬營水驛。【略】酉刻，【略】及曛黑而開船，挽夫乘月挽之。過亥刻而泊於中流。

十二日，寅刻，開船。未刻，著渡口驛。【略】戌刻，開船，乘月而挽之。【略】子刻，泊於中流。

十三日，拂曉，鳴鼓開船。【略】未刻，著清源水馬驛。

十七日，【略】午時，開船。少焉，過總門第一重閣横揭「去天尺五」之四大字，又二重面顔「啓秀津」之三大字。過此四五里而順風揚帆。【略】戌刻，著清陽驛。

十八日，【略】巳刻，開船。【略】戌刻，著崇武水馬驛。

十九日，【略】辰刻，同琇公上岸。於以登光嶽樓。

廿日，【略】猶且在本驛。

廿一日，【略】酉刻，【略】過昏鴉而開船。又泊於中流。

廿二日，【略】歷過六閘。酉刻，著荆門水驛。亥刻，乘月開船。

廿三日，【略】辰刻，同副使、鈞雲、江雲、慈眼上岸，登樓門。【略】樓門第二重樞門之最上層東簷，横顔「安平勝概」四大字，西面揭「譙樓」二大字。巳刻，【略】即便鳴鼓開船，順風。酉刻，著安山水驛。

廿四日，【略】彼此在本驛。

廿五日，【略】未刻，鳴鼓開船，順風滿帆腹。

廿六日，子刻，著開河水驛。【略】酉刻，【略】曛黑之後，開船，暗中點燈，挽夫拏船。船路十二里而有閘，到此而泊矣。

廿七日，【略】卯刻，開船。船路三里而有分水龍王祠，祠傍有門，横揭「總眺河道」四大字。江水一道分向東。【略】所歷過有小門，顔「柳堤淺鋪」四大字。酉刻，到濟寧閘口而泊矣。

廿八日，卯刻，超閘而到官驛而維纜。驛門顔「南城水馬驛」。【略】酉刻，【略】猶在本驛。

廿九日，【略】齋罷，攜鈞雲、江雲，登太白樓。

三十日，【略】未刻，人夫來即開船。【略】戌刻，中流有閘。到此而泊。

《策彦和尚一番渡唐、二番渡唐》 一番渡唐

天文八年四月十九日，五嶋出船。

嘉靖十八年五月二日，著唐嶋温州。

十六日，定海著。

十七日，上岸。

廿日，三號船定海著。

廿二日，著寧波岸。三艘一俱。

廿五日，上岸。二號、三號廿七日上岸。【略】居嘉賓堂。

十月十七日，上京起身。

廿八日，著杭州。

十九年三月二日，北京著。居會同館。

九日，北京起身。

七月廿九日，著南京。

九月，著寧波。

嘉靖二十年五月廿日，寧波起身。同六月廿日。烏沙門開船。

天文十年六月廿六日，著五嶋日嶋。

二番渡唐

嘉靖廿八年卯月十八日，入京。

八月九日，北京起身。晚景，著張家灣。

陳侃《使琉球録・使事紀略》 嘉靖丙戌［五年］冬，琉球國中山王尚真薨。越戊子，世子尚清表請襲封。【略】越壬辰春，禮部肇上其議，請差二使往封，給事中爲正，行人爲副，侃與澄適承乏焉。命下之日，時夏五望也。八月，侃等始治裝戒行。

［嘉靖十二年］越癸巳五月，侃至三山，澄亦以六月至。閩之三司諸君承禮部咨文，已將過海事宜會裁已定。造船之制，訪於耆民，得之大小廣狹。惟其製價計二千五百兩有奇，予等初欲各具一艘，見其費之廣也，而遂不敢無益於國而侈其費財之蠹也。惟舊製以鐵梨木爲舵杆，取其堅固厚重。今以輕價索之，而艱於得，易以他木。予等必欲倍價以購，後果得之。財固當惜，舵乃一船司命，其輕重有不難辨者。七月二日定艫，艫即船之底木。福州府備祭豕二、羊二，予等主祭，三司諸君率府縣官亦與陪焉，重王事也。定艫之後，方鳩舟人僝功矣。侃等與衆官時巡督之。

越甲午三月，舟始畢工。其舟之形制與江湖間座船不同，座船上下適均，出入甚便，坐其中者八窗玲瓏，開爽明霽，真若浮屋然，不覺其爲舟也。此則艙口與船面平，官艙亦止高二尺，深入其中，上下以梯，艱於出入。面雖敞牖，亦若穴之隙。所以然者，海中風濤甚巨，高則沖，低則避也。故前後艙外猶護以遮波板，高四尺許，雖不雅於觀美，而實可以濟險。因地異制，造作之巧也。長一十五丈，闊二丈六尺，深一丈三尺，分爲二十三艙。前後豎以五桅，大桅長七丈二尺，圍六尺五寸，餘者以次而短。舟後作黄屋三層，上安詔敕，尊君命也。中供天妃，順民心也。舟之器具，舵用四付，用其一，置其三，防不虞也。櫓用三十六枝，風微逆，或求以人力勝，備急用也。大鐵猫四，約重五千斤。大棕索八，每條圍尺許，長百丈，惟舟大，故運舟者不可得而小也。小舺船二，不用則載以行，用則借以登岸也。水十四櫃，海中唯甘泉爲難得，勺水不以惠人，多備以防久泊也。通船以紅布爲圍幔，五色旗大小三十餘面，刀槍弓箭之類多多益辦，佛郎機亦設二架，凡可以資戎事者靡不周具，所以壯國威而寒外醜之膽也。

二十五日出塢，塢即造舟之所，亦設祭如定艫之時。其間若豎桅，若浮

水，若治索，皆有祭，行祭禮皆如初。靡神不舉，靡愛斯牲者，王事孔艱，利涉大川祈也。

［明嘉靖十三年］四月十八日，舟先發於南臺。南臺距海百餘里，大舟畏淺，必潮平而後行。日行數里，故先之駕舟民稍用　百四十人有奇，護送軍用一百人，通事、引禮、醫生、識字、各色匠役亦一百餘人。官三員，千户一員，百户二員。官各給銀十二兩爲衣裝費，餘各給二食銀五兩三錢五分。舊時用四百餘人，今革其十分之一，從約也。舊例猶有金銀九十餘器，金廂帶四條，備二使過海之用，福州府造册開報。回文與之云：「職等素守清約，無事華侈，茶鐘酒盞用銀飾者相應備辦，銀酒素、銀撒盞、銀節盂、金廂帶皆不必用。雖舊有成案，似宜遵奉，但裁而行之，存乎其人。毋得妄斂妄費，以污職等名節。造完之日，令首領官一員賫領前去。回還之日，照數給領。若此者，貞行也，非所以要譽也。」

二十六日，予等啓行。三司諸君送至南臺，包肉於几，釃酒於尊，爵三行。予等起謝曰：「曩時海國之役，必數年而始克竣事，聞之舟不易成也。今未及期月而有航海之期，誰之功也？敢不再拜？」諸君皆歌《烝民》之詩以贈，亦再拜，遂别。是夜宿於舟中。

翼日至長樂。長史舟亦隨行，中途爲淺所傷，臬厥載，具狀伏於階下，求爲之援。予等欲借其爲前驅，即日將行，事已亟，不可辭，判詞於提舉司，令申海道假環海衞所禦寇之舟，暫遣其歸。

五月朔，予等至廣石，大舟亦始至。

二日，祭海登舟，守巡諸君設宴爲餞。是日北風大作，晝昏如夕，舟人皆疑，予等亦有懼心。【略】遂别諸君，慨然登舟。連日風逆，五日始發舟，不越數舍而止，海角尚淺。

至八日出海口，方一望汪洋矣。風順而微，波濤亦不洶湧，舟不動而移，與夷舟相爲先後。出艙觀之，四顧廓然，茫無山際，惟大光與水光相接耳。雲物變幻無窮，日月出没可駭，誠一奇觀也。

九日，隱見一小山，乃小琉球也。

十日，南風甚迅，舟行如飛，然順流而下，亦不甚動。過平嘉山，過釣魚嶼，過黄毛嶼，過赤嶼，目不暇接，一晝夜兼三日之程。夷舟帆小，不能及，相失在後。

十一日夕，見古米山，乃屬琉球者。夷人鼓舞於舟，喜達於家。夜行徹曉，風轉而東，進寸退尺，失其故處。又竟一日，始至其山。有夷人駕小舠來問，夷通事與之語而去。

十三日，風少助順即抵其國，奈何又轉而北，逆不可行。欲泊於山麓，險石亂伏於下，謹避之，遠不敢近。舟蕩不寧，長年執舵甚堅，與風爲敵不能，進不能，遂上下於此山之側。然風不甚厲，浪亦未及於舟，人尚未懼。相持其十四日夕，舟刺刺有聲，若有分崩之勢。大桅原非一木，以五小木攢之，束以鐵環，孤高沖風，摇撼不可當，環斷其一。衆恐其遂折也，驚駭叫囂，亟以釘鉗之，聲少息。原舟用釘不足，艌麻不密，板聯不固，罅縫皆開。以數十人轆轤引水，水不能止。衆曰不可支矣，齊呼天妃而號，剪髮以設誓。予等不能禁，徹夜不寐，坐以待旦。忽一家人匍匐入艙，抱予足，口噤不能言。良久方云：「速求神佑，船已壞矣。」予等聞此，心戰神怖，無可奈何，歎曰：「各抱詔敕以終吾事，餘非所計也。於此將焉求之，而又將焉逃之？」是時唯長年數人色不少動，但云：「風不足懼，速求罅縫而塞之，可保無虞。」衆亦知其然，舟蕩甚，足不能立，心悸目眩，何罅之求？於是有倡議者曰：「風逆則蕩，順則安，曷回以從順？人心少寧，衣袽有備，尚可圖也。」有一人執舵而云：「海以山爲路，一失此山，將無所歸，漂於他國，未可知也；漂於落漈，未可知也。守此尚可以生，失此恐無以救。」夷通事從旁贊之。予等亦知其言有據，但衆股慄啼號不止，姑從衆以紓其懼，彼亦勉强從之。旋轉之後，舟果不蕩，執燭尋罅，皆塞之，固水不能入，衆心遂定。

翼午，風自南來，舟不可往，又從而北，始悔不少待也。計十六日旦當見古米山，至期四望唯水，杳無所見。執舵者曰：「今將何歸？」衆始服其先見，傍徨躑躅，無如之何。予等亦憂之，亟令人上桅以覘，云遠見一山巔微露，若有小山伏於旁。詢之夷人，乃曰：「此熟壁山也，亦本國所屬，但過本國三百里，至此可以無憂。若更從而東，即日本矣。」申刻，果至其地泊焉。

十八日，【略】世子復遣夷衆四千人，駕小舟四十艘，欲以大纜引予之舟。【略】船分左右，各維一纜迤邐而行，若常山蛇勢，亦一奇觀也。一晝夜亦行百餘里。

十九日，風逆甚，不可以人力勝，遂泊於移山之嶼。法司官率夷衆環舟而宿，未嘗敢離左右。泊至五日，予衆苦之。

二十三日，世子復遣王親一員，益以數舟而來，風亦微息，始克行。法司官左右巡督，鼓以作氣，自夕達旦。夷衆亦勇於用力，無少懈。至二十四日，猶未克到。

二十五日，方達泊舟之所，名曰那霸港。計六石登舟至此，幾一月矣。

六月哉生明，報長史舟至北山。又越五日，始抵國，較之予舟浹旬之隔。詢之，乃知桅折帆傾，非夷衆之熟於操舟，幾何而不飫魚腹也？

［九月］十二日，登舟。【略】泊舟之港出海僅一里，中有九曲，夾岸皆石，惟滅風而後可行。

十八日，風少息，挽舟而出，亦斜倚於岸，衆恐其傷於石，大驚。幸前月親督修艌，不爲所傷，復止。

二十日，始克開洋，夷舟同行。

二十一日夜，颶風陡作，舟蕩不息，大桅原以五木攢者，竟折去。須臾，舵葉亦壞，幸以鐵梨木爲柄，得獨存。舟之所恃以爲命者，桅與舵也，當此時，舟人哭聲震天。予輩亦自知決而生理，相顧歎曰：「天命果如此，以計免者得之矣。狐死尚正首丘，嗚呼！狐之不能若也。」舟人無所庸力，但大呼天妃求救。予等爲軍民請命，亦叩首無已。果有紅光燭舟，舟人相報曰：「天妃至矣，吾輩可以生矣。」舟果少寧。翼日風如故，尚不敢易舵，衆皆廢寢食以待斃，不復肯入艙上水，同行夷舟遂相失，不知所往。

二十三日，黑雲蔽天，風又將作。有欲易舵者曰：「舵無尾不能運舟，風弱猶可持，烈則不可救。」有不欲易者曰：「當此風濤，去其舊而不得安其新，將奈何？」衆不能決，請命於予等。予等曰：「風濤中易舵，靜則可以生，動則可以死，中心惶惑，亦不能決。」令其請珓於天妃，乃得吉兆，衆遂躍然起舵。舵柄甚重，約有二千餘斤，平時百人舉之而不足，是時數十人舉之而有餘。兼以風恬浪止，倏忽而定，定後風浪復厲，神明之助不可誣也。舵既易，衆始有喜色。

二十六日，忽有一蝶飛繞於舟，僉曰：「山將近矣。」有疑者曰：「蝶質甚微，在樊圃中飛不過百步，安能遠涉滄溟？此殆非蝶也，神也。或將有變，速令舟人備之。」復有一黃雀立於桅上，雀亦蝶之類也。令以米飼之，馴馴，啄盡而去。是夕果疾風迅發，白浪拍天，巨艦如山，漂蕩僅如一葦。梢後距水不下數丈，而水竟過之，長年持舵者衣盡濕，則艙中受水又可知也。風聲如雷，而水聲助之，真不忍聞。舟一斜側，流汗如雨。予等懼甚，衣服冠而坐，欲求速溺，以紓其懼。又相與歎曰：「聖天子威德被海内外，百神皆爲之效職，天妃獨不救我輩乎？當此風濤中而能保我數百民命，真爲奇功矣，當爲之立碑，當爲之奏聞於上。」言訖，風若少緩，舟行如飛，徹曉已見閩之山矣。舟人皆踴躍鼓舞，以爲再生，稽首於天妃之前者若崩厥角也。

二十八日，至定海所。十月初二日入城。

從予駕舟者，閩縣河口之民約十之八，因夷人駐泊於其地，相與情稔，欲往爲貿易耳；然皆不知操舟之術。上文所云長年數人乃漳州人也。漳人以海爲生，童而習之，至老不休，風濤之驚，見慣渾閒事耳。其次如福清，如長樂，如鎮東，如定海，如梅花所者，亦皆可用。人各有能，有不能，唯用人者擇之。果得其人，猶可少省一二，此貴精不貴多之意也。

一則可以節國之費，一則可以衛衆之生，故不惜辭之煩，爲後使者忠告。

張學禮《使琉球記》［康熙二年］【略】擇吉於五月初四日登舟。

初八日，迎供天妃像。

十七日，泊林浦。

十八日，過鼓山。

十九日，過羅星塔。

二十日，過閩安鎮。鎮將李遣游擊鄭洪以鳥船百餘、兵三千護送出海，次猴嶼，祭天妃。

二十二日，候風广石，風汛不定，復回猴嶼，再過閩安，避風羅星塔下。閲十日，風汛定，再過猴嶼。

［六月］初七日，西南風微起。向闕叩辭。【略】出海口，中流風作，護舟游徼左右，礮流旌掣，閃電虹飛，礮聲轟動，空海如沸。【略】是日至白洋，大風息，雲霧散。

初九日，浪急風猛，水飛如立，舟中人顛覆嘔逆，呻吟不絕。水色有異，深青如藍，舟子曰：「入大洋矣。」頃之有白水一綫，橫亘南北，舟子曰：「過分水洋矣。」此天之所以界中外者。隨見羣魚鬐鬣，有人立者，有飛舞水面者，有作相撲狀者，魚之脊翅豎如大桅，周圍旋繞。舟子曰：「水族聞封舟過海，歡忭來朝，此祥徵也。」海洋之水緑白紅藍，歷歷如繪。汲起視之，其清如一，不能解也。

十一日，早忽見一山，横於舟前，首尾約長千丈。隨將洋鏡照之，非山非雲，乃巨魚耳。於是令僧道設醮施食，其魚漸沈，與水相平，猶如沙嶼蘆葦，至晚潛消。

十二日，過糠洋，風恬浪静，天水若一。日出則海水俱紅，月現則碧天皎潔。【略】是夜飲於戰臺，宵深無風，忽聽船旁咂水聲，其船動摇，繼噴水滿船。舟子曰：「此乃大魚戲水，勿驚。」連日無風，船浮水面，膠滯不前。通官謝必振禀，已離梅花所七日，不見一山，舟中水米且盡，枵腹三日矣。惟有順流七島，冀活兩舟。余聞七島去中山遠，有羈王命，不可。令舵工上斗瞭望，見東北一山，形圓，卑如覆盂，四面無址，諒無居民，心甚疑。

十五日，有風自北來，又見一山如長蛇，蜿蜒水中。至晚抵山下，見柴薪堆積，知有居民。恐有礁石，不敢近，遶山行，以待天明。居民驚疑，遁入深山。差王大夫、鄭通使上山採問，云是琉球北山，與日本交界。舉舟歡忭。隨有地方官進水薪，居民亦至。問所見小山，云乃尤家埠琉磺山也，北去日本，東去弱水洋矣。【略】泊一宿，差琉人破浪先往。

十八日，南風起，風逆不能起椗，地方官撥小船百餘，牽挽出口。

十九日，將近伊藍埠，有二龍懸挂，尾鬣俱見，風雲四起，影播蕩颺摇曳，大桅决鐵箍已失二三，舟中人怖絶，恍惚晦冥，似有天吳海童奔逸左右者。守備王祚昌、魏文耀告曰：「皇靈遠降絶域，百神來集，速出免朝牌示之。」牌懸，如故也。頃之，乃悟，易墨以硃，一懸鷁首，一投於海中。天漸開，雲漸散，風仍大作。土人稱此是龍潭，不可泊，轉至山南。余因連日受驚而病，登岸調養，三日方愈。

二十五日，次温鎮，抵那壩港，法司等官來迎。【略】中山王備龍亭恭迎敕印，稱舊館毁敗，已備民房，現在修理，因在船守候六日。

[七月]大典既竣，戒員役宿館中，候風回舟。舊例，過海以夏至前後兩三日，歸以冬至前後兩三日。是月十一日冬至。

十二日，登舟。

十四日，東北風起，出那壩港，暮抵馬齒，過孤米。

十六日，颶風大作，暴雨如注，船傾側，將危。與副使工公登戰臺，匍匐風雨中，亟禱天妃。風愈大，桅摇撼將倒，桅左欹則龍骨現於右。龍骨，船底定驂木也。忽折，半截相連不斷，船愈側，哭聲震天。【略】桅出入波濤，篷半浮水面，半罥戰臺，相繫牽帶。舟人曰：「桅不速斷，舟必中裂。」於是再禱以請，風勢如故。【略】隨有火光熒熒，自風雨中起，霹靂斷截其桅。即令守備魏文耀、千總陳蘭割去篷索，篷桅逝而船始平。但風浪搏擊，舵不能定，舵左轉，舵右者隨而仆，舵右轉，舵左者隨而仆。浪由船尾進，從鷁首出，嚴冬凛冽，舟皆裹冰，榜人凍沍，不能施力。亟易其衣，初以布，次以紬段裘襖，凡一晝夜。

十七日，雨雖止，風仍大作。通官曰：「遇險不死，或有可生，須再禱。」各許願，設簿登記。時黑雲密布，上下晦冥，心寒膽裂。問必振曰：「汝言可生，若何？」云：「大桅雖去，頭桅尚存，可生者一。舵乃二繩，没於水底，夾於龍骨，一繩斷，舵即浮，今勒索無恙，可生者二。」

十八日。舟子忽報曰：「勒索斷，舵浮於水，危在頃刻矣。」余令曰：「如能下水者，賞銀五十兩。」有一人出應令，飲酒而下，入水即起。余又曰：「能换繩者，賞銀百兩。」有一二少壯者出應，皆隨下隨起，入水不能，起舵不可，船從風順流，隨波上下，又一晝夜，不知幾千里也。

十九日，風息。禱神，起舵，三禱三從，易繩下舵，風乃止。設使易舵時風起，則船必覆。今禱而隨心，人舟無恙，神之佑也。

二十日，東北風起，修整篷桅。東風大作，拆帳房爲帆，繼以被，皆可翼風，舟行如飛。

二十一日，有一鳥，緑觜紅足，形若雁，鶩集戰臺。舟人曰：「天妃遣來引導也。」相狎如馴鳥。

二十二日，海水漸渾，中國相近，但恐過閩，或抵粤耳。行至申刻，望見一山浮於天際。

二十三日，舟子曰：「是浙江之定海，北是普陀，西是九山也。」【略】晚至福窗，舟人曰：「悉是賊窩，不可近。此去閩安只有兩潮，再出大洋，可以直進。」又恐西北風起，傍九山下迆邐而進。日晡遠望，山上隱隱有火光，山下船桅如林，不敢近。

二十四日，舟子報曰：「船已到五虎門矣。」正遇落潮，隨放礮。【略】直達閩安。李總鎮慰問曰：「舟中人口無恙乎？」余曰：「前朝舊例，封舟過海，恐飄流別島，不能復回，隨帶耕種之具。又慮員役損失，後事俱備。今隨行數百餘人無一損失，皆朝廷之福也。」詢二號船，隨風飄至江南崇明之鳳尾山，南行一晝夜，將至廣東，始得順風而轉，已至閩安二日矣。謝恩船遲半月到，因風壞船，復回修艌，故來遲耳。大船進口，先用小船剥進。

季冬二十二日，起行，督撫餞送。至建甯度歲。

正月，至衢州。【略】抵杭州。【略】三月過姑蘇，至京口。五月過山東，河水涸，船不能進，日行不數里。七月抵通州，初十日同副使王公率琉球陪臣並隨封官員謝恩。

趙咸中《使廓紀略》 唐古忒爲西藏古名，與廓爾喀爲鄰國，廓人之賈於唐者甚衆，皆坐擁厚資，工於牟利，爲唐姦徒覬覦久矣。光緒九年三月爲喇嘛攢招之期，每年正月初八日起，二月三十日止，天下喇嘛皆聚於前藏，宣誦佛號，動輒四五萬、六七萬不等，此名爲攢招。僧衆雲集，人逾數萬，梵唄之聲，上徹霄漢。其中渠魁糾羣不逞之徒，乘夜竊發，往劫廓商之資。罹其毒者，凡一百一十六家，房屋灰燼，財具蕩然，迄明各鳥獸竄。藏吏往勘，廓人亦具稟藏憲，久之無成議。廓地國小而强，虎視眈眈，屢思逞志於唐。然畏我朝天威，不敢遽發。今釁端開自唐人，廓國有話可執，於是治兵儲糧，約期犯界。藏憲飛章入告，得旨命簡員往平其事，弭兵議和。時咸中隨欽使崇公綱到藏未久，遂檄咸中酌帶弁兵尅日就道，飛調漢番弁兵，遴選精壯八百名，略加訓練，於九月十四日由前藏起程。

時雖秋末天氣嚴寒，歷後藏地名。距前藏十二站。越定日地名。天下之中，日月在頂。日行萬峯之頂，下臨不測之溪，積雪没脛，煙雲漠漠，人跡不見，但聞猿聲，艱阻萬狀。【略】凡兩閲日抵濟嚨。此廓人入西藏要隘。濟嚨距前藏四千里，居四山合抱之中，地窪而天氣微温，山邊竹木青葱，非復前日之峭壁叢山，寒風砭骨矣。

至次年光緒十年甲申。正月初間，派來二大酋，一國王之猶子，官名噶南，同我國親王。一係常出使外國善於言説者，官名噶箕，同我國侍郎。止於索當，地名，地在廓界。疑懼不前，招之亦不來，徒以文函批答，兩情終隔，且彼此文字翻譯，其中難免舛錯，關係非輕，一再熟思，非親往面議不可。【略】諄諭之後，選兵百人，番官數員，通事家人等十餘人跟隨前往，於正月二十日起程。一路亂山雜沓，皆係羊腸鳥道，其間更有奇險削壁，直插霄漢，下臨大溪，水聲如雷，勢若奔馬，壁根水中，路已絶矣。土人鑿壁，横插木條，上鋪石片，下無豎柱，懸於半壁，寬僅二尺，距水面七八丈，人履其上，跛跛有聲，偶一俯視，心膽爲之俱裂。此等奇險，實平生所未經，亦平生所未聞也。譬之關内之象嶺，即九折坂，王陽回車之所。飛越嶺，山極大，矗入雲中。人至半山，即雲霧迷後，對面不見，距打箭鑪迤東四十里瀘定橋，即漢瀘水，水深浪急，難通舟楫。康熙年間，修木橋不成，修石橋亦不成，乃鏈鐵爲鎖，粗如碗口，長有三十餘丈，共十三根。兩岸樹鐵柱繫鎖，距水面丈餘，面鋪木板，遠望如長虹，微風擺簸，人履其上，眼迷腿戰，必須土人扶掖而過。距打箭鑪迤東二站。關外之丹達山極高峻，有雪城，有閻王匾、鐵門坎、上天梯等名目。瓦合山極險，多妖物，一百八十里之内無居民。魯公拉山極峻險。昂地山極峻而奇冷，藥氣噴人。折多山極窵遠，路極叢殘，又極冷。等處口外山極多，險處亦多，難以悉數。此乃約略之言，已云險矣。若置之此地，如登階拾一級耳。凡如此者三處，一處約半里許。軍士至此，趑趄不前。余乃身先扶壁，穩步而過，軍士亦魚貫蟻附，一日不過行三四十里。三日始到熱索橋。

考熱索橋，乃乾隆五十六年大將軍福、康安。參贊海、蘭察。四川總督惠齡。平亂到此，受降之所也，嗣後無漢人到者。大河一道，水西流，有木橋以通往來。南岸爲廓爾喀界，北岸爲西藏界。兩壁夾立，上有一綫之天，下有數席之地。無居民，乃結草爲廬，以避風雨。

由熱索橋至其都會，計千里。然其文字簡約，每一里安一塘，一塘八人，接遞文報，晝夜不停，此所以三日能往返也。會晤之暇，廓臣請余觀其合操。其操約萬五千人，布陣盤旋，槍炮齊施，陣極整暇，器及堅利，蓋亦勁敵。然余不甚許可，以止其夸，偶一指示，彼猶嘖嘖稱嘆。

於是往來傳言，訂於五月初二日歃盟，和議竟成，立約四款，其一所償之銀分作七年償還，其二兩家兵費各自墊賠，三拏獲釀事之人，從重懲辦，四兩國仍前和好，各不侵犯。立約後，廓臣來我營以酒相待，盡歡而散。初八日兩國各撤營壘，余回藏銷差。藏憲色、崇二公嘉功入告，蒙恩晉秩州牧。其餘弁兵，賞賚有差，余回藏蓄瘴舉發，大病數月而愈。

徐葆光《中山傳信録》 海中船行里數皆以更計，或云百里爲一更，或云六十里爲一更，或云分晝夜爲十更。今問海舶夥長，皆云六十里之説爲近。

琉球在海中，本與浙閩地勢東西相值。但其中平衍無山，船行海中，全以山爲準。福州往琉球，出五虎門，必取雞籠、彭家等山，諸山皆偏在南，故夏至乘西南風，參用辰巽等鍼，袞繞南行，以漸折而正東。琉球歸福州，出姑米山，必取温州南杞山，山偏在西北，故冬至乘東北風，參用乾戌等鍼，袞繞北行，以漸折而正西。雖彼此地勢東西相值，不能純用卯酉鍼徑直相往來者，皆以山爲準，且行船必貴佔上風故也。

《指南廣義》云：福州往琉球，由閩安鎮出五虎門，東沙外開洋，用單或作乙。辰鍼，十更取雞籠頭，見山即從山北邊過船，以下諸山皆同。花瓶嶼、彭家山；用乙卯並單卯鍼，十更取釣魚臺；用單卯鍼，四更取黄尾嶼；用甲寅或作卯。鍼，十或作一。更取赤尾嶼；用乙卯鍼，六更取姑米山；琉球西南方界上鎮山。用單卯鍼，取馬齒；甲卯及甲寅鍼，收入琉球那霸港。福州五虎門至琉球姑米山共四十更船。

琉球歸福州，由那霸港用申鍼放洋，辛酉鍼，一更半見姑米山，並姑巴甚麻山；辛酉鍼四更，辛戌鍼十二更，乾戌鍼四更，單申鍼五更，辛酉鍼十六更，見南杞山；屬浙江温州。坤未鍼，三更取臺山；丁未鍼，三更取里麻山；一名霜山。單申鍼，三更收入福州定海所，進閩安鎮。琉球姑米山至福州定海所共五十更船。

閩有司既治封舟畢工，泊於太平港羅星塔。五月十日壬午，齎詔敕至南臺，以小舟至泊船所。十五日，祭江，取水，蠲吉於二十日壬辰奉詔敕昇舟。連日夜風皆從東北來，是日轉西南，遂於未初起椗，至怡山院，諭祭於海神。

二十一日癸巳，日出西南風，日中至管頭，出金牌門，日入未過黄蝦鼻，下椗。

二十二日甲午，日出丁未風，過梅花頭。日中丁風帶午，乘潮出五虎門放洋。過官塘尾，日入至進士門，夜至九漏轉丁未風。接封陪臣正議大夫陳其湘率其國夥長主鍼，用乙辰鍼，三更半。

二十三日乙未，日出見東湧在船後約離一更半許，丁未風，用乙卯鍼，二更，約離官塘八更半許。

二十四日丙申，日出丁午風，仍用乙卯鍼。日未中過米糠洋，海水碧徹如靛，細黄沙如涎沫連亘，水面如米糠。見羣魚拜水。日將入，有大鳥二，來集於檣。是夜風益利，用乙卯鍼，四更，共計十三更半。當見雞籠山、花瓶、棉花等嶼及彭家山，皆不見。夜用乙卯鍼，四更半，共十七更船，東北下一更半許。

二十五日丁酉，日出，丁未風輕，用單乙鍼二更，乙卯鍼一更半。夜至四漏轉正南風，用單乙鍼一更半，共計二十一更。

二十六日戊戌，日出正南風，日未中轉丁午，逾時丁未風微起，用單乙鍼一更。日中風静，縋水無底，晚晡轉丙午風，用乙卯鍼，風静船停，不上更。日入風微起，至四漏轉丁午風，用乙卯一更。至八漏又用單卯二更，至天明。

二十七日乙亥，日出丁午風，日未中風静，船停。有大沙魚二，見於船左右。日入丁午風起，至二漏轉丁風，用乙辰鍼二更半。天將明，應見釣魚臺、黄尾、赤尾等嶼，皆不見。共用卯鍼二十七更半，船東北下六更許。

二十八日庚子，不用接封陪臣主張卯鍼，本船夥長林某改用乙辰鍼，日未中，丁未風，行二更半，鴉班上檣，見山一點在乙位，約去四更餘。水面小黑魚點點，接封陪臣云：「此出姑米山，所見或是姑米，而未能定。」日入風轉丁午，用辰巽鍼二更。

二十九日辛丑，日出見東北小山六點，陪臣云：「此非姑米，乃葉壁山也，在國西北。」始悟用卯鍼太多，船東北下，若非西北風，不能提舟上行至那霸收港也。日中禱於神，忽轉坤申庚風，一時又轉子癸，陪臣大喜，乃回鍼東南行，指一小山云：「此名讀谷山，由此迤轉，即入港。」日入轉丑艮風，大熾，用丙巳鍼，又用丙午單卯鍼。先是，四五日前未見山，舟浮不動，水艙將竭，衆頗惑，禱於神。珓示曰：二十八日見山，初一日到港。至是六月朔壬寅日未出遂入港，行海中凡七晝八夜云。二號船先到海口，候一號船至，相次入港。《鍼簿》别録，亦落北見葉壁山始回也。

封舟至那霸港，泊海口。

二月十六日癸丑巳刻，封舟自琉球那霸開洋，用小船百餘引出港口。

【略】是日晴明，南風送颿，用乾亥鍼一更半，單乾鍼四更，過馬齒、安根呢、度那奇等山，海水蒼黑色。日入見姑米山二點，離二更半許。夜轉丁未西南風，十三漏轉坤未風，用乾戌三更半。風有力，頭巾頂索連斷三次。

十七日甲寅，日出龍二見於船左右，水沸，立二三丈。轉西北風，用單子鍼一更。日入至十四漏轉坤未風，用乾戌一更。夜見月，至明。

十八日乙卯，日出用單乾乾戌四更。日入至十四漏西南風，有力，用乾戌四更半。夜見月，至明。

十九日丙辰，日出轉辛酉，西風帶南風不定，用單庚一更。日中轉壬子癸風，用單酉鍼。至日入轉子癸，又轉丑癸，用單戌三更半。夜見月，至明。

二十日丁巳，日出轉艮寅，東北順風。日中轉甲卯，用辛戌四更。日入轉乙辰風，大雨。船共行二十六更半。是日海水見緑色。夜過溝，祭海神，轉巽巳風，用辛酉三更半，至明。

二十一日戊午，日出大霧，正南風，轉西南，又轉西北風，不定，船行緩，不上更。綄水四十八托，有鳥來集於檣。轉子癸風，至十三漏轉東北大順風，用庚申二更，至明。

二十二日己未，日出東北風，晴，大寒。用庚酉申四更半。日入有燕二來集檣上。至十一漏轉乙卯風，綄水四十托，用庚酉一更。夜雨，大霧。

二十三日庚申，日出霧，大雨，無風，綄水三十二托。日晡壬（癸）[亥]風起，日入轉壬子風，夜雨，大寒。用庚酉二更。未明見山，離一更遠許。

二十四日辛酉，日出用單申一更。至魚山及鳳尾山，二山皆屬台州。封舟回閩鍼路本取温州南杞山，此二山又在南杞北五百里，船身太開北行，離南杞八更遠許。日晡轉北風，用丁未鍼三更。日入舟至鳳尾山，風止，下碇。

二十五日壬戌，無風，舟泊鳳尾山。夜雨，有數小船來，伺警至明。

二十六日癸亥，日出東北風，起碇行，大雷雨，有旋風轉篷。日晡轉壬亥風，用單未坤，未三更。日入風微，用單未一更，見南杞，離一更許。

二十七日甲子，日出晴，見盤山，至温州東北。順風，用坤申庚四更，綄水十四托，離北關一更許。日入用坤申庚一更，至台山下碇。夜十八漏又起碇，至明見南北關。二號船先一日過南關。

二十八日乙丑，東北風無力，船泊七星山，綄水九托。夜至五漏颶作，碇走，用乙辰鍼行七漏，加副碇泊船。

二十九日丙寅，日出至霜山，東北風，用申庚酉鍼。日晡與二號船齊至定海所，琉球謝恩船先一日到，相次泊。

三十日丁卯，東北風，乘潮三船雁次進五虎門，日中至怡山院。【略】行海中凡十四晝夜云。

歷次封舟渡海日期：

嘉靖十三年甲午陳侃《使録》：海行十八日至琉球，五月初八日出海，二十五日至那霸港。七日回福州。九月二十日出那霸，二十八日至定海所。

嘉靖四十一年壬戌郭汝霖《使録》：海行十一日至琉球，五月二十二日出海，閏五月初九日至那霸港。十一日回福州。十月十八日出那霸，二十九日至五虎門。

萬曆八年庚辰蕭崇業《使録》：海行十四日至琉球，五月二十二日出海，六月初五日至那霸。九日回福州。十月二十四日出海，十一月初二日到定海所。

萬曆三十三年乙巳夏子陽《使録》：八日至琉球，五月二十四日出海，六月初一日至那霸。十一日回福州。十月二十一日出海，十一月初一日到五虎門。

崇禎六年癸酉杜三策從客胡靖録：九日至琉球，六月初四日出海，八日過姑米山。十一日回福州。十一月初九日出海，十九日到五虎門。

康熙二年癸卯張學禮《使録》：十九日至琉球，六月初七日出海，二十五日到那霸。十一日回福州。十一月十四日出海，二十四日至五虎門。

康熙二十二年癸亥汪楫《使録》：三日至琉球，六月二十三日出海，二十六日到那霸。十一日回福州。十一月二十四日出海，十二月初四日至定海所。

臣葆光按：封舟以夏至後乘西南風往琉球，以冬至後乘東北風回福州，此言其概也。南風和緩，北風凛冽，故歸程尤難，非但内外水勢有順逆也。嘉、萬封舟回閩，率先冬至，在九、十月中，朔風猶未勁，歸帆最宜。十一月、十二月冬至前後則風勢日勁，浪必從（頭）[船]上過矣。若正月則風颶最多，且應期不爽，萬無行舟之理。二月中則多霧，龍出海矣，然春風和緩，兹役親驗之，浪無從船上過者，殆遠勝於冬至前後也。海船老夥長言：十月二十日後東風送順爲吉。葆光在琉球，無日不佔風所向，歷考數月內，風自東來不間斷者惟十月二十日後、十一月初五日前半月中爲然。因考陳侃以來，惟蕭崇業之歸閩較爲安吉，其出海日期乃十月二十四日，爲不誣也。

李鼎元《使琉球記》［嘉慶五年］二月己卯二十有八日辛亥，黎明設香案，望闕謝恩畢，午刻拜辭老母，由米市衚衕起程，轉横街，出轎子衚衕。不由菜市口者，俗有所忌也。介山寓彰儀門大街，亦於是時起程。【略】酉正宿良鄉縣同節驛。【略】是日惟午時晴，出門選吉時，或其驗也。

二十九日壬子，陰，大風。【略】早起同行，過竇店，不憩，申刻宿涿州涿鹿驛。

三月朔日癸丑，晴。過張桓侯祠，不入。六十里新城縣分水驛，食。經白溝水，沿隄行七十里，宿雄縣歸義驛。【略】是日午後大風，入傳舍迎送，始聞礮。

初二日甲寅，大風，晴。卯刻行，瀰望皆水，道通一綫，曲折如盤蛇。十里達趙北口橋，十二洞，舟俱泊橋東，俗謂之燕南趙北，疑即瓦橋關。三十里至鄚州，又四十里宿任丘縣鄚城驛。

初三日乙卯，陰，大風。行七十里，宿河間瀛海驛。

初四日丙辰，陰，大風。行六十里，獻縣樂城驛食。【略】又十里，交河縣富莊驛宿。是夜雪，麥苗得此，不啻膏雨。

初五日丁巳，大雪。行四十里，阜城驛食。【略】又五十里，宿景州東光驛。

初六日戊午，晴，寒甚。行三十五里，劉智廟食。廟名不知所起。【略】又二十五里，宿德州安德驛。【略】運河出城北，浮舟爲梁，聞山東糧艘將次出境。

初七日己未，晴。行四十里，曲路，食。沿途雪消麥茂，麥秋有望矣。又四十里，平原縣桃園驛宿。是夜經行有所謂黄河沿者。

初八日庚申，晴。行五十里，禹城縣劉普驛食。【略】又五十里，宿齊河縣晏城驛，店陋甚。

初九日辛酉，晴，驟熱。行三十里，齊河縣食。【略】又二十里杜家廟，小憩，熱甚。又十里潘村，從此步入山，路多滑石。又三十里長清縣崮山驛。山多柏，層植而上，頗可觀。【略】申刻，家人董祥患中風，移時卒。

初十日壬戌，陰。介山來言先行，余視董祥殯出乃發。山行頗難，肩輿始加縴。五十里長清縣長城驛食，俗名萬德店，路旁柳青矣。午刻雨，不能望岱。又四十里，新店小憩。又四十里，宿泰安府泰安驛。

十一日癸亥，辰刻微雨。決意登岱。【略】入午風雨轉盛，仍宿故館。夜寒甚。

十二日甲子，清明，陰，大風。山行四十里，崔家莊食。見徂徠山盡白頭，始知昨夜之雨在山已成雪，而所謂徂徠之松，杳不復得矣。又四十七里，宿新泰縣羊流驛，晉羊叔子故里也。是日五渡汶水，水環山流，人截山行，民夫捧轎以渡。諺云「蛾子撞青蟲」，頗類此景，蓋民夫皆有雇錢也。

十三日乙丑，晴。山行五十二里，新泰縣新泰驛食。【略】又二十里過敖陽，敖山在焉。前過小村，問新甫山不得。有一秀才東指，曰即此山，俗名蓮華。其西則龜山、蒙山聯絡而南，蒙陰縣在其麓。又四十里，宿蒙陰驛，亦名保德驛。

十四日丙寅，晴。山行六十里，沂水縣垛莊驛食。【略】再行二十里，有坊曰「瑯琊古郡」，後題「蘭山令祁恕士新建」。連日逐沂水、傍蒙山行，頗有山水趣。又二十里，宿青駝寺。

十五日丁卯，陰，微風。山行五十里，過沂州徐公店驛，至伴城食。山於此盡，平郊麥苗較茂。又五十里，宿沂州府沂州驛。

十六日戊辰，大風。行二十八里，沂州李家莊驛食。有山亘於東，陂陀平遠，勢如長隄，若馬首之低昂，土人指曰馬陵山也。或曰即古瑯琊山。又六十五里，宿郯城縣郯城驛，去縣尚十里。

十七日己巳，陰，大風，巳刻雨，麥益暢茂。路滑甚，捨輿而騎。郯城紅花埠驛食。驛爲山左、江南界，街長三里許，盡茅店，瓦屋絶少。恐賞物爲雨所溼，遂宿焉。是日見道旁密種皂角樹，樹既多刺，實又不可食，可避人馬之擾。

十八日庚午，陰。路濘甚，騎行六十里，宿遷縣(峒)[峒]峿驛食。食後即登馬陵山，見落馬湖水勢浩瀚，不辨涯際。又六十里，宿遷縣鍾吾驛宿。是夜介山於亥初始到，行李車陷於泥，去驛四十里野宿，俗謂之打野盤。

十九日辛未，陰。候車不至，騎行五十里，桃源縣古城驛食，俗名新安集。隄行又六十里，宿桃源縣桃園驛，俗名重興集。【略】是日介山未至，因不慣騎馬，爲泥濘阻滯矣。

二十日壬申，晴。欲候介山至，恐留住多擾，遂留札先行。約行二十里，不見魚溝，詢知順隄行乃直至王家營道，爲引道者所誤。又行四十里，宿清河縣清江驛，俗名王家營，日暮始得食。隄上望洪澤湖，水勢甚闊。館舍新造，宏敞可容百人。館後有餘地，植檉柳八株成陰，大可納涼。

二十一日癸酉，晴。留住，候介山。【略】戌刻，介山行李及從客至，聞介山宿魚溝。

二十二日甲戌，晴。介山至，因同過黄河，至清江浦。縣令備船甚多，僅用大舟二、小舟一，餘令遣去。奉安詔敕畢，遂登舟。

二十三日乙亥，晴。介山從客不戒於盜，停舟訪緝。余先解纜，過關。沿河糧船絡繹，盡江南幫。申刻介山至，同泊山陽縣淮陰驛。

二十四日丙子，晴，午刻東南風大，恃犂以行。犂木身鐵觜，繫纜於鼻，以殺風力，隨耕隨移，二人專主之。八十里，泊寶應縣安平驛，漏三下矣。舟中登倉以望，白馬湖漾其西北，廣洋湖盪其東南，水光接天，樹影浮沈，景最清遠，暮景尤可愛。

二十五日丁丑，晴，風如故。感風畏寒，閉東窗，又不敢立船頭遠望，殊悶悶。行四十里，已昏黑，風轉大，去高郵四十里泊。

二十六日戊寅，陰，東南風仍大。午刻至高郵州界首驛，以州北有界首鎮也。沿隄多斗門，爲宋轉運使吳遵路遺制。州介揚楚間，岸峻而水深狹，藪澤環聚，易於控扼。過州不泊，行三十里，泊露筋祠前盂城驛。

二十七日己卯，穀雨，雨，風轉順。過邵伯湖，湖爲晉謝安築，民思其德，比於邵伯，故名。州境湖汊最多，樊梁、新開、甓社號三湖，益以平阿、珠湖，又號五湖。蔣之奇詩又云「一十六湖水所瀦」，而揚州境又有艾陵、雷塘等湖陂，蓋其上有七十二澗，至此盡瀦爲湖。經官河入於江，午刻泊揚州江都縣廣陵驛，計行百有十里。【略】是夜東風大。

二十八日庚辰，晴，東風仍大，不能渡江。

二十九日辛巳，晴，東風仍大。

三十日壬午，陰，東風如故。渡江之心甚急，而舟人阻之。

四月朔日癸未，日食。【略】時東風稍息，遂解纜。四十里至瓜洲，風逆不能渡。洲爲揚子江砂磧，狀如瓜字，謂之瓜埠洲，亦曰瓜步洲。

初二日甲申，晴。卯刻渡江，【略】辰刻入京口，因山爲壘，控扼大江。三吳襟帶，最爲險要。巳刻泊京口驛，【略】隨解纜，過丹徒鎮，鎮即漢縣治，土人猶謂之丹徒舊縣。行五十里，去丹陽二十里泊。

初三日乙酉，晴。辰刻抵丹陽縣雲陽驛，風順不泊。六十五里奔牛鎮，未刻雨，申刻泊武進縣毘陵驛。

初四日丙戌，晴。行九十里，泊無錫縣錫山驛。

初五日丁亥，陰。行四十五里，風逆，暫泊五臺山。【略】午後强行三十里，泊蘇州府姑蘇驛。【略】號船者，乃備運銅鉛兵糧之船，閒泊時人即賃爲旅舍，便於旅店。夜大雨。

初六日戊子，大雨。

初七日己丑，大雨，舟不得行，悶甚。

初八日庚寅，晴。五更解纜，行五十里，小泊吳江縣松陵驛，驛去縣城尚十里。又二十里黎里鎮，俗名八尺湖。【略】又二十里，平望驛泊。

初九日辛卯，晴，風。行五十五里，泊嘉興府西水驛。

初十日壬辰，陰，風逆。行五十五里，泊石門縣皂林驛，舊名皂林鎮，亦名皂林市。

十一日癸巳，晴。行七十里，至塘西，即官塘河。【略】又二十五里，泊横塘，去北新關五里。

十二日甲午，晴。【略】辰刻過關，泊武林門外。

十七日(巳刻)[己亥]，晴。奉詔敕至錢塘江登舟。【略】巳刻解纜，風逆，行五十里，泊渡船埠。

十八日庚子，微雨。風順，乘早潮行四十里，卯刻至富陽縣會江驛，不泊。又乘風行百里，過桐廬縣桐江驛，又十五里泊。

十九日辛丑，微雨，風順。二十里富春山，一名嚴陵山，有二石，高數百丈，土人號爲子陵釣臺。其下曰嚴陵瀨，瀨上有子陵廟，泊舟。【略】過七里瀧，風順，七十里過建德縣富春驛。【略】又行十里泊。

二十日壬寅，微雨。行新安江上，清澈可愛，太白所謂「新江清若空」者是也。十五里至胥口，溪名大洋灘，水急，恃縴以行，人肩一繩，異於他所。又三十五里白沙渡，新安渡口也。又二十里，泊許埠，去蘭溪二十里。

二十一日癸卯，微雨。過穀水驛，不泊。又四十五里，大雨，裘家堰泊。

二十二日甲辰，雨。行四十里，過龍游縣停步驛十里泊。

二十三日乙巳，雨，風順。行八十里，泊衢州府西安縣上杭埠驛，驛程例於此陸行。【略】縣令許君執中來，與商登岸事，皆言水大，舟可至清湖，便於陸路。因乘原舟再行，即解纜，行二十里泊。

二十四日丙午，風順。水急灘多，舟行沙石上輾如雷，絶類潼江舟景，而險過之。去江山縣三十里塔溪泊。

二十五日丁未，陰，巳刻微雨。過江山縣，不泊。【略】又行十五里，泊清湖鎮。

二十六日戊申，晴。介山以前途山路崎嶇，館舍甚狹，因讓介山先行。

二十七日己酉，陰。與杏南別，行三十五里，過江郎山。石峰三片，高插雲表，適雲覆其頂，未見全面，然山態轉奇。食後步步入山，過蘇嶺，【略】登窑嶺，路轉峰腰，與縉雲桃花嶺谽谺無異。又四十里，宿保安驛。

二十八日庚戌，小滿，晴。上仙霞嶺，山頂有關，無戍卒，或曰即古泉山。周圍百里皆高山深谷，凡登三百六十級，歷二十四曲，長十里，兩浙之襟束，八閩之咽喉也。【略】惟石徑平鋪，無梯級，異於棧道。半嶺先有關帝廟，可小憩。【略】三里茶嶺，又五里小竿嶺，險不及仙霞，亦有關帝廟。僧甯遠俚甚，一茶而去。至廿八都食，地勢平曠，居民甚衆，歧徑可達衢、處諸郡。《輿程記》謂浙閩分疆處地名南樓，問土人不知，或即此名廿八都者，以歧路所達之都計算而名之邪？食後即登楓嶺，即大竿嶺異名。迆邐而陡絶，捨輿而騎。登梨嶺，地宜梨，俗名五顯嶺，以上有五顯廟也。廟北有小天池，取徑甚幽，而亭勢甚敞。【略】盡日仰看山，俯聽泉，騎而忘苦。計行七十里，九牧宿。

二十九日辛亥，晴。三十五里漁梁，食。土人多堰水捕魚，故曰魚梁，山以此得名。道側有山如船，曰船山。又四十五里，宿浦城縣小關驛。【略】得介山書，知分家人由水路進。余倣而分之，僅帶跟伇四人，餘悉遣上船。奉詔敕由陸路進，計與介山減從陸行所省夫價不少。

三十日壬子，晴。行三十五里，過西陽嶺。嶺北多竹，嶺南多松，晝暝晦，暑氣全消。又四十里，宿人和館驛。

閏四月朔日癸丑，晴。行五十五里，馬嵐食。傳舍臨江，軒豁而清幽，地屬甌甯縣，與建陽縣地方犬牙相錯。又四十五里，過石陂玉塔嶺沿亂石大溪等灘，至營頭驛宿。舊名水吉鎮，驛屬甌甯，食供建陽，大有東家食而西家宿意。

初二日甲寅，晴。行四十里，七姑店食。館介兩山間，亭依樹蔭，杯中時有雲影往來，亦大佳境。又四十里，宿建陽縣建溪驛。驛舍俯臨清溪，平眺遠岫，極軒敞。上游造舟爲梁度人，歷歷如畫。所經傳舍，此景爲最。

初三日乙卯，晴。行四十里，震前食。疑即蓋竹鎮，名震前者，縣南有鄭灘，或傳寫誤耳。又四十里過葉坊驛，小憩。本前明舊驛，有吉陽溪自驛口流入西溪，溪水較大。又四十里，宿建甯府之甌甯縣城西驛。坐船從人夜半先至，驛在建溪南岸覆船山下，府治在溪北。

初四日丙辰，晴。行四十里，太平驛食。驛因太平山得名，然去山實遠。又四十里過大横驛，不宿，再行四十里，戌刻至延平府，追及介山，同宿劍浦驛。余欲舟行，而介山難之，然余慣歷三峽，今且渡海，何畏於溪？乃決意登舟。介山仍陸行。

初五日丁巳，晴。午刻登舟，即解纜。從者船稍後，遂不相及。江西甚平，特多石，凡急湍處土人皆謂之灘，亦有梨灘、箭孔、梅花諸名，實不甚險。惟兩岸亂石參差，水觸石作漩，有似三峽平處。行四十里，從人尚未追及，乃買船户米一升，就鹽齏一碟，與二僕同食。終日肥甘，忽得蔬食，大適口。申刻大風雨，泊尤溪口，計行八十里。

初六日戊午，晴。細玩閩江山水，麤類巴江，然山平而無奇拔氣，水緩而無建瓴勢，而土人已謂險不可測。亦猶度仙霞者不知雲棧之高，登漁梁者欲傲峨眉之峻也。行百里，泊古田縣水口驛。介山猶未至。

初七日己未，晴。介山亦至，遂同登舟解纜，與介山各乘一紅船。水順無風，行百二十里，過侯官縣白沙驛，不泊。又行六十里孚遠驛。是日舟中飲食皆取給閩與侯官二縣。奉安詔敕又别具一紅船焉。泊處去省會三山驛二十里。

初八日庚辰，晴。辰刻抵洪山橋，【略】午刻奉詔敕賞卹登岸，舁以龍亭綵亭送館安奉。

五月朔日壬午，夏至，晴。向來封中山王，去以夏至，乘西南風，歸以冬至，乘東北風，風有信也。早起命僕襆被登舟，午刻具龍綵亭，奉詔敕節幣安放中倉。同介山先至南臺館驛點驗兵役，盡令登舟。舟二，余與介山共乘其一。前後各一桅，長六丈有奇，圍三尺。中艙前一桅長十丈有奇，圍六尺，以番木爲之。通計二十四艙，艙底貯石，曰壓鈔，載貨十一萬斤有奇。【略】二號船稱是，每船約二百六十餘人。船小人多，無立錐處。

初四日乙酉，晴。午泊鼇頭，申刻慶雲見於西方，五色輪囷，適與樓船旗幟上下輝映，舟中及兩岸之人莫不歎爲奇瑞。【略】亥刻起碇，乘潮至羅星塔。投銀龍潭祭，取淡水滿四井止，井各授二百石，封錮之，以鑰交陳都司司啓閉。

初五日丙戌，晴。連日皆南風，以水淺，待潮乃行，辰刻至怡山院。

【略】潮至仍行。

初六日丁亥，晴，無風。巳刻過管頭金牌門。領兵總兵許廷敬來謁，諭令嚴申紀律，以待風信。

初七日戊子，晴，無風。同介山禱於天后，禱畢風微至。【略】巳刻西南風大至，潮亦盛。【略】布置已定，令張帆，午刻開洋。舊例，洗礮應在五虎門內，因聞有賊，故令出口再洗，藉以壯聲勢，懾賊膽。丁未風，乘潮出五虎門，日入過官塘，越進士門。水淺，起柁尺許乃過。【略】午風，單辰鍼，計行船五更。

初八日己丑，晴。午風大，日出無甚異，所謂「不識廬山真面目，只緣身在此山中」也。黎明有二白鳥繞船而飛，午刻丁風，仍用辰鍼，計行四更。申刻過米糠洋，璇皆圓，波浪密而細，如初篩之米，點點零落，米糠字極有形容。日落計又行三更，船夥長云：「雞籠山、花瓶嶼去船遠，不應見。」是夜用乙辰鍼，行船六更。舟中吐者甚多，余日坐將臺，初不覺險，飲食如常。

初九日庚寅，晴。卯刻見彭家山，山列三峰，東高而西下，計自開洋，行船十六更矣。由山北過船，辰刻轉丁未風，用單乙鍼，行十更船。申正見釣魚臺，三峰離立如筆架，皆石骨。惟時水天一色，舟平而駛，有白鳥無數繞船而送，不知所自來。入夜星影横斜，月色破碎，海面盡作火燄，浮沈出沒。木華《海賦》所謂「陰火潛然」者也。舟人稟祭黑水溝，按汪舟次《雜録》，過黑水溝，投生羊豕以祭，且威以兵。今開洋已三日，莫知溝所。琉球夥長云伊等往來，不知有黑溝，但望見釣魚臺，即酬神以祭海。隨令投生羊豕，焚帛，奠酒以祭，無所用兵。連日見二號船在前，約去數十里。

初十日辛卯，晴。丁未風，仍用單乙鍼。東方黑雲蔽日，水面白鳥無數，計彭家至此行船十四更。辰正見赤尾嶼，嶼方而赤，東西凸而中凹，凹中又有小峰二。船從山北過，有大魚二，夾舟行，不見首尾，脊黑而微綠，如十圍枯木，附於舟側，舟人舉酒相慶。巳刻微雨，從南來雷一發，雨倏止。午刻大雨雷，以震風轉東北，柁無主，舟轉側，甚危。接封大夫梁焕請曰：「水井漏，淡水將竭。如此風不止，當乘風回五虎門，再圖風利。」余聞大魚夾舟，若有神助，行海最吉。因令人視大魚，尚附舟未去，意者風暴將起，魚先來護舟。因與介山潛焚藏香，跪禱於天后曰：「使者銜命，有進無退，家貧親老，志在蕆事速歸，神能轉風，當籲請於皇上，加封神之父母。鼎元自元旦發願，時刻不忘，想蒙神鑒。」禱畢不半刻，霹靂一聲，風雨頓止。申刻風轉西南且大，合舟之人舉手加額，共歎神力感應如響。是夜行六更，船仍用單乙鍼。

十一日壬辰，陰。丁未風，仍用單乙鍼，計赤尾嶼至此行十四更船。午刻見姑米山，山共八嶺，嶺各一二峰，或斷或續，舟中人歡聲沸海。未刻大風，暴雨如注。俗傳十一日爲大帝龍王朝玉皇之期，又十三爲關帝，颶發於前後三日，殆其驗也。然雨雖暴，而風順，酉刻舟已近山，計又行五更船。球人以姑米多礁，黑夜不敢進，待明而行。亦不下椗，但將篷收回，順風而立，則舟蕩漾而不能進退。初使風時，各篷再加插花褌，大篷更加頭巾，頂皆以布爲之，插花附於篷側，頭巾附於桅稍，至此盡落之，惟大篷不落。海舟所恃惟柁與篷，落篷下椗，舟行最忌。戌刻舟中舉號火，姑米山有火應之，問知爲球人暗令，日則放礮，夜則舉火，《儀注》所謂得信者，此也。丑刻有小船來引導，乃放舟由山南行，始用乙卯鍼。

十二日癸巳，晴。辰刻過馬齒山，山如犬牙相錯，四峰離立，若馬行空。計又行七更船，再用甲寅鍼，取那霸港。回望見迎封船在後，共相慶幸。考歷來鍼路，所見尚有小琉球、雞籠山、黄麻嶼，此行俱未見。問知琉球夥長，年已六十，往來海面八次，每度細審，得其準的，以爲不出辰、卯二位，而乙卯位單乙鍼尤多，故此次最爲簡捷，而所見亦僅三山，即至姑米。鍼則開洋用單辰，行七更後用乙辰，自後盡用乙，過姑米乃用乙卯，惟紀更以香殊難爲據。念五虎門至官塘里有定數，因就時辰表按時紀里，每時約行百有十里。自初九日未時開洋，訖十二日辰時，計共五十八時。初十日暴風停兩時，十一日夜畏觸礁停三時，實行五十三時，計程應得五千八百三十里，計到那霸港實洋面六千里有奇。據琉球夥長云：海上行舟，風小固不能駛，風過大亦不能駛。風大則浪大，浪大力能壅船，進尺仍退二尺。惟風七分，浪五分，最宜駕駛，此次是也。從來渡海，未有平穩而駛如此者。於時球人駕獨木船，以縴挽舟而行，迎封三接如儀，辰刻進那霸港。先是，二號船於初十日望不見，至是乃先至，迎封船亦隨後至，齊泊臨海寺前。

［十月］初五日甲寅，晴。恭請天后、拏公登舟。按：歷來使録，皆云十月二十後東風順送爲吉，而從無十月歸舟者。半緣貨多，價未全結，亦由歸志不決，遂爲從人所誤。此行令船户出結貨既少，以貨易貨外補價無多，早

令辦結，今復預請天后登舟，從人亦無敢觀望者。

十四日癸亥，晴。飭兵役來早各執事登舟，毋復上岸。

十五日甲子，微雨，巳刻晴，北風厲。午刻奉節登舟。

十六日乙丑，晴，南風，不能開帆。晨起禱於天后，並求筊，仍得第一，合舟皆喜。

十七日丙寅，晴。風東南，不能出口。【略】是日上淡水，滿四井而止。

十八日丁卯，晴，風仍東南。

十九日戊辰，晴。【略】巳刻風轉東北，催船户出口。

二十日己巳，晴。東嶽朝天暴不應，東北風利，促解纜。卯刻揚帆，出那霸港，岸上舟中送者如雲，舉手辭謝之。午刻雨，入暮不止，夥長恐有暴，收馬齒山安護浦下椗。山勢横亙二十里，犬牙相錯，山沒海中，若斷若續，分東西二島，爲中山第一外障。泊處青山圍繞，無出路，有鹿見於山間，疑亦海魚所化。雨景大佳。

二十一日，大雪。暴期應，午後雨。

二十二日辛未，雨，風仍西北，午刻晴。

二十三日壬申，大雨，北風甚暴。

二十四日癸酉，晴，北風少平。促夥長出洋，對以風信未定。余曰：「風信定，甯無變乎？可行則行」。介山曰：「姑候之。」遂止。

二十五日甲戌，晴，北風如故。決令開帆，介山亦以爲然，遂於巳刻解纜。子丑風，用辛鍼，酉刻過姑米山。終日峭帆，舟轉駛，微側而震，有吐者。余仍日坐將臺，飲食如故。

二十六日乙亥，晴，風與鍼如故。巳刻轉寅卯風，仍用辛鍼，翁爹暴不應。

二十七日丙子，晴。辰刻轉己卯風，午刻轉辰卯風，鍼皆如故。戌刻風止，余已卧，聞譁聲，披衣起，禱於天后。漸復辰卯風，鍼仍如故。是日爲東府君朝玉皇暴不應。遥望二號船在北，相去數十里。琉球兩船未知前後，令鴉班登桅望之，亦不見。

二十八日丁丑，晴。寅刻風轉辰巳，舟不能行。急起焚藏香，禱於天后，辰刻風轉子丑而微，仍用辛鍼。未刻霧大起，夥長云：宜一見山，恐夜暴，舟逼山。心甚憂之。自二十六至此日，有大魚挾舟。

二十九日戊寅，辰卯風微，大霧，鍼如故。巳刻稍霽，見温州南杞山，舟人大喜。少頃見北杞山，有船數十隻泊焉。舟人皆喜，曰此必迎護船也。霧漸消，山漸近，守備登後艄以望，驚報曰：泊者賊船也。【略】惟時日將暮，風甚微，恐賊乘夜來襲，默禱於天后求風。不一時，北風大至，浪飛過船。

十一月朔日己卯，陰。夢中聞舟人譁曰：到官塘矣。驚起。【略】盥後登戰臺視之，前後十餘鼋皆沒，船面無一物，爨火斷矣。舟人指曰：「前即定海，可無慮」。申刻乃得泊。【略】遂令船户登岸購米薪，乃得食。是日二號船先至，琉球頭號三更亦至。

初二日庚辰，晴。總兵倪定德來，始知七月間神風暴起，擊碎艇船百餘隻，並沒海賊蔡謙船四十餘隻。【略】巳刻入五虎門，至怡山院。【略】歸舟，潮退不能行。聞琉球二號船亦至。

初三日辛巳，雨，微風。卯刻乘潮行，去南臺十里潮退，制軍遣人以小舟來迎。

李圭《東行日記》 光緒二年四月二十日，雇定日本國三菱公司【略】之美國宜發達輪船，計上艙票二張，一由上海至日本國猶哥哈馬埠，即横濱。一由猶哥哈馬轉船至美國三藩謝司戈城。即舊金山。每人船資減其半，尚約洋錢一百五十圓。凡赴美國會所公幹人員，以及工商人等，并赴會之貨物，皆由我國管理會務官員與美國之商船議定，船價俱減半。是日亥正登船，同行譯語者爲粵人陳君熾垣。

二十一日，卯正由滬開行。船爲明輪，大桅二，煙筒二，容二千五百噸。每噸合一千六百八十斤。船面開闊艙，分上下二等，圭偕熾垣住樓面第二十五號房間。房廣七尺餘，設榻二，衾枕潔淨，墊褥厚軟。客皆不帶鋪蓋，此爲船上所備者。壁懸大鏡一，玻璃燈一，舟例，每交子初必熄燈火。盥漱器及面巾、香皂諸瑣物無不備，榻幔牀幃並皆潔白可喜。樓之前後另有雅座二間，專爲上艙客而設，一備看書作字，一備吸煙消遣，舟例，房艙飯廳内皆不得吸煙。鋪設華美，坐卧皆宜。樓下中艙爲飯廳，有長桌六張，每坐十餘人，瓶供花卉，香氣馥郁。辰正二刻早餐，午正二刻中餐，酉正二刻晚餐，非特外洋風味咸備，即吾華粥飯亦有之。每餐先二刻鳴鑼一次，届時再鳴鑼，則當齊集飯廳矣。食時每桌置菜單一紙，聽客自點，惟飲酒須向船夥另沽。侍者粵人、日本人參半，服役勤謹，聞呼即至。圭或稍覺暈浪，不赴中廳飲食，而一切小菜、茶湯、果品皆隨意令其往取。戒行時多備食物，爲不時需，至此都用不著，且深以爲累贅矣。

二十二日，亥初舟抵日本之長崎島，日人稱拏格薩格，亦即長崎二字，蓋文字同中國，而讀以倭音也。計由上海至此僅十九時有半，行一千七百九十七里。

二十三日，巳初以八開小洋蚨一枚雇小艇上岸，至粤友泗合盛雜貨店。【略】戌初回船，夜半開行。先數刻，船中鳴號礮，使登岸之客聞聲回船，恐遲誤也。

二十四日，舟行内港，甚平穩。兩岸山石奇秀，樹木叢密，碧海灣環，窄處不及一里。倚欄眺望，嵐光撲人眉宇，恍若置身畫圖中。

二十五日，午正抵神户。日人稱苦卑，又稱猶哥。計由長崎至此（六）[亦]十九時有半，行一千五百三十一里。

二十七日，【略】夜半始回船，甫就枕，忽水聲洶湃，雙輪又展動矣。

二十八日，舟行亦尚平穩。【略】早餐後波浪忽作，卧船面長籐椅上。

二十九日，巳初舟抵横濱，日人稱猶哥哈馬。由神户至此計十五時有半，行一千三百四十一里，距上海共四千六百六十九里。見海中停輪船一隻，較宜發達船大可加倍，插美國旗號，詢即轉往美國之船，名北京城，先一二時由香港到此。未初换船，須五月初二日清晨始開行，故將行李安置妥當，復駕小舟登岸。至東同泰廣號，託其往萬昌公司「北京城」即美國萬昌公司之船。换船票。

五月初一日。【略】戌正二刻回同泰號，晚餐畢登船。

初二日，寅正啓輪，渡大東洋。船名席地厄夫别徑，譯即北京城，喻其船之最大也。通身以鐵製成，大桅四道，煙筒二具，計長四十二丈六尺，寬四丈六尺，容五千五百噸。上等艙三十四間，每間深廣各七尺，住二人。下等艙在二桅前，名統艙，可住千人。此次上艙客外國三十五人，中國三人，下艙客中國一百九人，外國十八人。聞下艙每次由香港至美國傭工華人率不下千數，今春傳説三藩城之愛爾蘭人已入美籍者，華人稱爲會黨。以華人奪彼工作，誓與爲難，故此次往者寥寥也。洋人則英、法、美、瑞司、日斯巴尼亞、祕魯各國皆有之。美人而外，餘皆因事回國，特繞道東行，經美之費里地費城會院游覽者。圭偕熾垣住第二十四號之房艙，鋪設華麗，尤勝前船。門窗板壁皆良木爲之，雕鏤丹雘極精細。其起居飲食之便適，婢僕服侍之周到，儼然宦家富室焉。船主名馬利，曾爲美國武官，年將六十，厚重老成。夥長四人，亦精於此道者。外有書記、醫生、管帳以及管事、庖丁、宰夫、更夫、僕婢等三十一人，另雇華人爲火夫三十八人，水手三十八人，通事一人，侍者二十人，庖丁等九人。

初三日，舟行平妥，飯後客多就艙面聚談作樂。是晚海天一色，月痕如眉。

初四日，傍午西北風大作，一連數日，舟極顛簸，乘者多僵卧，不能飲食。

初九日，轉西南風，船稍穩。【略】晚餐畢，船主云：「今日爲禮拜三，明日仍應爲禮拜三。」蓋自中國啓輪後，測日度，準時刻，每日日出遞速十七分有奇。船抵三藩城約期二十八日，當速至四時許，上海午正爲三藩城戌正。設不於中間越過一日，則中美必參差一日矣。視時辰表鍼，與其言頗合。表在上海準定時刻，後未曾停息者。

十五日，天色甚佳，無風，亦無雲。

二十日，晨起，舟子指東面諸山，曰見乾土矣。前爲金門，過此即爲進口，不多時即抵三藩城。詢何謂金門？曰：金門之名蓋取意口外兩山對峙如門，而西向無草木，午後日光映射，作金色也。進口後雲煙密布，樓閣相望，港中大小商船甚夥。海狗游泳水中，若不畏人。巳正船發二礮，安抵三藩城。由横濱至此，計程一萬七千四百八十里，船行十八晝夜零三時。此即中國所稱大東洋，十八日内不見寸土，不見他船，洋面以此爲最闊，蓋已越地球三之一矣。鼒君謂此爲怕司費，譯即太平洋，以無大風浪也。然當西北風大作，客心又何嘗太平邪？旋見小艇二隻，飛槳而來，疑爲海關巡役，詢係客寓來招攬客人者。有寓名巴列斯和退而者，美國第一家，曩在中國已耳其名，故商之鼒君，與寓夥説明，即住彼寓。旋又有小輪船來附大船停泊，詢爲輪船公司接客、運行李之船，因與熾垣亦將箱件令人搬上小船。午初抵碼頭，有人將箱件起上，令各認明，堆置一處，俟海關查驗放行。有巡役二三人逐箱開驗，不堪其擾。洋人男女皆無如何，非若在中國之强項矣。迨驗至圭處，見有出差洋文護照，乃免驗，以白粉就箱面畫押放行。寓夥隨將各件擡上馬車，另雇上等車，偕鼒陳兩君徑赴客寓，未初二刻乃到。

二十四日，購定火輪車票。由三藩城至費里地費城計程一萬餘里，車價一百三十六圓。車中有卧榻者，每夜另加三圓。

二十五日，卯正偕鼐、陳二君由寓雇馬車起程，行約三里，至輪車房。將行李過秤，車例，每客隨帶行李以二百五十磅每磅合中國十二兩。爲則，逾此則每磅加洋錢一角五分。秤畢，按件發銅牌一面，另以同式同號牌繫箱上以憑，到費城後持牌往取。其隨身小箱、竹籃須帶至車内者無牌。嗣坐車房輪船，約行三刻許，抵惡倫。其地在海中，有長橋通陸，輪車發軔處也。兩旁間段豎木桿懸電綫綫以鐵爲之，藉電氣傳信者。泰西各國逐處皆有。各五六條，與鐵路相附而行。鐵路之制，先將路築平，用木長六七尺，方廣三四寸者，横鋪路上。二木相間尺許，木兩旁釘凸形鐵條，各長丈許，寬一二寸，厚如之，使與車輪凹槽合，若逗筍然。車行於上，迅疾無滯。辰正登車東駛。車制，前車爲機器，以火灼水蒸汽貫入各管，激輪而行。次載石炭，再次載貨物，再次載牛馬，再次載行李，再次爲書信房、管事房、侍者房，再次爲客車，而無卧榻，坐地亦挨擠。再次亦客車，而有卧榻者，西人稱此等車爲息里評克阿。乘此皆上等客，坐地寬餘，鋪設油漆極華麗，每車如住屋一間，長七丈二尺，寬九尺，兩行各設小炕十張，中爲走道，兩炕相對，坐二人，上懸一榻，至晚時侍者將榻放平，可卧一人，其下二炕可卧一人，皆有木槅幃幛，茵褥亦厚輭，隨身小箱則置炕下。每車日間坐二十人，夜則各卧一榻。兩旁大玻璃窗二十扇，内護幃幔障風日，啓閉隨人。坐卧、起立、飲食、左右望無不適意。車後有小室，僅容二榻，客有眷屬惡諠譁者坐之，另加洋錢數十圓。車前爲洗面所、吸煙所、車内不准吸煙，吸者來此。厠所、冰水桶，水係另儲一處，由機管貫入，便客飲，手巾、洋皂、塵刷皆備。晚間燈燭煇煌，至明始熄。侍者多黑人，産阿非利加洲而入籍美國者。亦極周到，俟換車時賞以半圓。接續之車自八九輛增至四五十輛，蓋視貨物坐客多寡焉。將展輪，每車左右各四輪。頭車放汽摇鐘各二次。初行尚緩，數十步後即若電掣雲馳，兩邊山樹村舍若飛鳥之過眼，窗外風聲與轍軌摩盪聲聯爲一氣，又若春雷殷殷不絶。每日三次停車，皆有一定地段。每停僅一二刻，客皆下車，就道旁飯店用飯，每餐洋錢七角五分至一圓不等。即稍用茶點，動需五角，倉卒之際不堪果腹。亦有自帶食物者，或令黑人往購者，此則婦女居多，男客不屑爲，蓋欲藉以行動，舒暢其氣血也。開行時仍摇鐘放汽，使客聞聲而回。此外每日或停數次十數次，以便短搭之客上下，亦有一定地段。車甫停輪，隨處有童子來車賣新聞紙、新書及沿途山水畫幅、牛奶、架非、茶、瓜果之類，客頗便之。戌刻抵打池佛來施地方，以上俱屬卡韋方利亞省。其地山皆不毛，産金極旺，攻礦者甚多，距三藩城六百八十里。初開車時，有大河綿亘西北隅，路旁間有村舍，花果樹木黍麥亦蓬蓬然，半日後則皆瘦嶺枯山，土皆赤色，無涓滴水，車中風極乾燥，暑氣灼人。

二十六日，午正二刻始見水，其地名帕列碎，譯即草地，屬宜發達省。距打池佛來施一千二百十里。

二十七日，辰刻經過鹽湖城。車中人皆欲往游，惜未停輪，不果。【略】巳初二刻至惡敦，亦一市鎮，居人四千，以上屬由達省。距帕列碎一千零十六里。在此换車，停半時許。未刻過山洞，洞長二里，極幽暗，兩旁電綫仍由山巔而過。申初至愛司敦地方，見華人三四名。【略】上車後行不數里，所見又係崇山峻嶺，無草無木，積雪未消，隨處皆有，厚至尺許。車路過必經積雪之所，則搭蓋木架，若深巷然，有長至四五里者，車行巷内，使雪積於架上。遇山不甚高者，徑過之，若絶高，舍此又無别路，則鑿洞而過。遇水則建橋梁，雖長至數里，視若等閒。車經之處，隔數里必設巨井，外罩木房，懸風輪，車内乏水則展輪激水而入，雖赤土荒漠無缺乏憂。

二十八日，見荒山野牛成羣，毛色黄黑，頭毛若蝟，奔行甚捷。野羊大如驢，亦夥。未初二刻抵色悶地方，此爲美地最高處，自海面量至山頂高八百二十四丈二尺。西人量山自海面者，以水最平，懸空直計，不假折算也。當起程之日，炎熱異常，以後地漸高熱漸減，至此則衣重綿。聞逾山而東，又逐漸熱矣。計距惡敦一千四百六十五里。申初抵一市鎮，名奇恩呢。以上屬威倭明省。

二十九日，午正换行李銅牌，防舛錯也。申初二刻抵阿馬哈，以上屬奈撥拉司加省。由色悶至此計程一千九百四十里。市鎮較大，居民三萬五千人。停車片刻，復開行。越長橋，橋爲鐵造，長二百七十五丈，寬五丈，下立鐵柱二十根，各高二丈，圍二尺，重八噸。橋道數歧，面鋪木板，或以石，而更築鐵路，故輪車可往來其上。起高架，懸電綫二十餘條。兩旁屋宇參差，樹林叢密，山水環抱，亦佳境也。過橋約百武，有敝屋甚大，爲换車處。客皆下車，復上他車。箱件之在前車者，亦有管車人逐件起卸，無虞疏失。其隨身所帶小件，即令黑人搬往，賞以半圓。申正二刻復開行，車式與前同。

三十日，辰刻抵勞店，距阿馬哈一千零三十三里。沿途花木黍麥，清氣宜人，從此東行，漸入佳境，非復前數日之岡陵錯雜，嶺岫盤回，黄沙四起，異類驚心矣。【略】巳刻過密司失畢河，其處名客連登。以上屬哀倭窪省。車由鐵橋而過，亦甚寬闊，上懸電綫三十餘條。天下江河之長，斯爲第一。河内輪船往來不絶。此皆美國商船。美例，他國商船祇准在海口，不得入内河。【略】申刻抵志克哥城，屬伊林奈司省。距勞店五百八十七里。【略】在此換車，有二三時耽擱，乃偕鼎君暫至薩悶客寓，沐浴休息。【略】回車已亥正二刻，少頃即開行。

閏五月初一日，見沿途樹木叢密無際，大者數十圍，小亦拱把，美之産木處也。【略】戌初至畢次卑城，距志城一千五百四十四里。【略】按自志城之東至畢城之西，中間地屬因的愛納、倭海爾兩省。在此換車後，戌正二刻開行。

初二日，早起聞友人云，自昨晚開車東至費城所經之地皆屬噴夕爾費呢阿省，山水清秀，花木繁茂，亦名勝處也。車距費城約二十里，管車人來收車票。巳初二刻抵費城，計由畢城至此一千二百四十里。下車，偕陳鼎二君暫住會院前格羅伯客寓，即著寓夥持銅牌往取行李。其時視時辰表鍼又較三藩城速至二時許，是中國子正，美國東土已午正矣。由三藩城至此統計一萬零七百十五里，越十省地，在車七日，換車四次，人極困頓，每食皆倉卒不果腹，飲則冰水，或牛乳茶，塵土膩身，刻不可耐，兩耳亦爲輪機所震，聽不分明，苦哉此行！然以七晝夜工夫行一萬餘里，便捷亦可謂極矣。微輪車，何以爲功哉？計由上海至費城水陸共得三萬二千八百六十四里。

［九月］初九日有輪船，定於次日自費城開赴英國雷弗普城，當購上艙票一紙，計客二位，共英銀三十磅，合洋錢約一百五十圓。是日午前束裝，午後辭行。晚餐畢，雇馬車二輛，計洋錢六圓，一載箱件，一自乘。戌初三刻由黎宅起身，東行數里，至特爾拉窪河碼頭上船，位置行李，仍與熾垣住第二號房艙。【略】船名羅得克賴夫，長四百尺，寬四十尺，容三千四百噸，機器極堅固，力抵馬五百五十匹。船内外亦尚潔淨美觀，此次上艙客僅四人，每人船資十五磅；下艙客八十餘人，每人六磅，十二歲以内減半。每日三餐，早晚二次茶點烹飪皆適口。

初十日，(晨)［辰］正開行，午初停輪候潮，未正復行，仍患水淺膠舟，申刻再停。晚餐甫畢，聞船尾聲震甚厲，急至艙面詢問，乃一帆船乘風而來，柁工稍不慎，其船首衝桅搗入本船之尾鐵欄内，驟不可出，人聲轟然。閱一時許始脱，幸皆無大患，然亦大受驚恐矣。船主詢明帆船何名號，下次到費向索修理資焉。

十一日，辰刻開行，午初出特爾拉窪河口，向東北行。

十二日至十四日，風浪大作，頗覺目眩頭暈，茶飯亦不甚甘，然尚可耐。

十五日，午刻經紐芬蘭島。島屬英，在美之東北隅大洋中，上有塔燈，近島一帶捕魚船甚夥，英派兵舶保護焉。是晚至船面，見霧氣溟濛，海天不辨，一輪明月爲霧掩映，作淡黄色。

十六日至二十日，船向東駛，風浪更大，一連僵卧五日，不食不飲，嘔盡，繼以白沫，精神憊甚，耳畔惟聞風聲水聲相叱咤，船身海勢相撲擊。忽而飯廳器皿擲地作碎玉聲，忽而架上箱籠落下，遠去丈許。船友來榻前慰曰：「有時風浪較此尤大，尚無他故，此乃尋常事，不足懼也。」答曰：「我豈懼死哉！實不耐此顛簸耳。」船友隨令侍者進牛奶，飲後心稍甯，不一時又嘔出。

二十一日，風漸息，浪稍殺，蓋已越過中洋，漸近東岸。

二十二日，能至船面小步，胃口頗健。此後船向東南行，船主云此爲阿蘭滴洋，即大西洋，風浪最稱險惡。每届五、六、七三箇月稍平穩，船行極速，每日可一千二百里。其餘九箇月無風水亦極湧，當風浪大作時，每日僅行百數十里耳。洋船不畏風浪，最畏礁石。此洋無礁，故損船事不數見也。戌正二刻舟過發四納地方，距岸約十二里。遥見一燈忽隱忽現，船桅亦懸燈應之，詢知此處距君士湯埠在英屬愛爾蘭島東南。僅二百二十八里，設有號燈，見船桅燈爲何色，即知爲某某公司之船，可由電綫寄信至君士湯埠，俾彼處搭客預備上船，並收發書信。一面由君埠電信報雷城，使知此船將到。再由雷城報知費城，則船尚未抵岸，而雷、費兩城新聞紙已刊佈，凡搭客兩處親朋心皆慰矣。

二十三日，丑正抵君士湯埠，停船一時許，即開行。是日在船書事，亥刻領港人到船。

二十四日，寅正抵雷弗普城，計自費城至特爾拉窪河口三百八十八里，由河口越大西洋至君士湯埠一萬零七百三十一里，由君埠至苗爾細河口八百七十四里，進口十九里即雷城，共一萬二千零十二里，輪船行十四日。尋常行十一日，極速僅九日半，此次風浪大，故最緩。船主測算每日日出遲至二刻許，由西而東，計以十日，則遞遲二時有半，費城午正，英始辰初。隨令侍者收拾箱件，連在船伺候，共賞以金錢一磅。【略】早餐後偕屠君過小輪船，約行五里至，評碎細碼頭登岸。碼頭長約二里，有稅關所設專驗過客行李房，頗極寬敞。爲門有五，客船行李分別排列，門內界以木板繩索，其搬運之人由各船自雇，帽沿紅條，編號數，右臂繫圓式銅牌，鐫姓名。各船行李起畢，則有稅關巡役一二人穿號衣持洋文單，問客帶有色蓋否，色蓋即煙捲，華人所謂呂宋煙。由客自開箱籠，預備查驗。圭箱籠無應稅物，裝塞甚緊，捆紮牢固，一經開拆，不能裝復，因告以並無色蓋，亦無應稅之物，並言即須上輪車赴倫敦，恐開箱耽延，致誤行期，遂許免驗，就箱面貼圖記放行。屠君代雇馬車二輛，每輛英銀三錫林，行約三里，至輪車房。購最快車票二紙，每人英銀一磅零九錫林。位置行李畢時，纔巳正，尚有半時許始開行，故與屠君略談。據云：輪船進口河名苗爾細，左即雷弗普城，右爲甲爾沙地方。左岸停泊之船約二十里銜尾不斷，往來西半球各國及愛爾蘭等埠居多，東行者不過十之一二耳。【略】午初上車，東南行，路旁木葉黄緑相間，田疇井井，頗極幽雅。村婦兒童，或嬉戲林間，或於平野牧牛羊。屋雖甚小，而皆潔凈，門外窗際多種花草。每十餘里、二三十里必建車房，停輪數分許，俾搭客上下。未正抵勞卑，距雷城四百五十二里，亦一城市，有書院塾房。以後一路凡書塾善堂甚多，人煙尤稠密，菓樹一望無際。鐵路相排而築，約十數條，來往輪車若川流，由煤礦載煤分送各處之車亦不絶於道。申正抵倫敦京城，共七百三十六里，車行較美國更速。車制，每車分二間，門設兩旁，與美制稍異，外飾遜於美，高大亦遜於美，而坐處寬闊過之。停車處名愛司登，在城西北隅。有英人胡姓來此引路，金稅司派來者。即將箱件搬上馬車。行三里許，至城西班年街寓所。

[十月]十六日，【略】酉初至輪車房，部署箱件。至飯館晚餐畢，先定上等車坐位，此等車名苦卑。每人另加十一箇法藍。戌初一刻開車，南行。

十七日，卯初抵里昂城，自巴里至此一千零五十三里。【略】在此停車數分許，客皆下車用茶點。復南行七百十六里，午正抵海口馬塞城，住格蘭的客寓。【略】共計由巴里至馬塞陸路一千七百六十九里。

十八日，辰刻由寓雇車，行二三里，至新口上船。船名阿娃，長三百三十尺，寬四十二尺，喫水深二十二尺，容三千五百噸，暗輪，法國文報船也。每艙分四等，頭等三十五間，住七十人，船資由馬塞至上海英銀九十五磅。每磅金錢一枚合洋錢約五圓。二等十間，住三十九人，每人七十一磅。三等、四等在船頭，爲統艙，三等四十三磅，四等二十八磅。船主以下至水手共一百七十二人，黑人五十名，華人二十三名，餘皆爲法人。房艙之寬大，鋪設之華麗，烹飪之精美，他國船皆不逮焉。每日三餐，早晚兩次茶點。二等艙惟無中餐，余與頭等同。他國船酒須另沽，惟法國文報船三餐俱備紅酒。所住亦皆文墨人，而法國武官及傳教人參其半。客以英、法、荷蘭三國人居多，英人赴印度，法人赴西貢，即越南海口，今屬法國。荷人赴瓜窪，即南洋噶羅巴島，屬荷蘭。誠以此三處即其國之屬地，官商往來不斷也。余爲德、美、日本、印度諸國人。【略】是日巳正放船東行，不一時水鑊受損，暫停修理。酉正復行。

十九日，天風激水，舟甚蕩，客多不能起立。西人嘗謂地中海風浪有時較外洋尤甚，以四面皆地，風易窩聚也，今洵然。

二十日，申刻抵義大利國之奈波里城西，由馬塞至此一千七百零二里。【略】在此停船二時有半，收發書信，起卸貨物畢，戌刻開行，舟折而南。

二十一日，辰初舟出西里治海港。南爲西里治島，兩岸山峰奇峭，土皆黄色，樹木不甚多，而産葡萄、桑椹極良。東北有埠頭，曰墨西拏。【略】蓋西里治亦多火山也，當蘇爾士運河未開之先，文報等船悉停輪於此，今則改泊奈波里矣。以後舟向東南行，天氣漸暖，換單夾衣。

二十三日，酉正抵鉢碎，此爲地中海盡處，蘇爾士運河北口。前皆沙漠，無居人，開河後始漸成市肆，地屬埃及。【略】河口有塔燈，高一百八十尺。計距奈城四千一百八十里，在此停泊，因運河窄狹，夜間不可行船，且必須領港人也。客多上岸，稍作游覽。

二十四日，日出時解纜，進運河，舟行甚緩，恐快捷則輪軸激水，有損河道。酉初至河之中段廷莫薩湖停船，僅行一百三十二里。湖西岸爲阿斯巴尼拉城，城以埃及總督得名，開河後始建，居人約五萬餘。法人里息勃斯創開河道者。於此築別墅焉，距湖數里西岸高處有埃督行館。

蘇爾士運河故沙漠地，界亞細亞、阿非利加兩洲間，屬土耳基國之埃及總督轄。北界地中海，南界紅海，中間陸路長二百三十八里，向無居人。西來之船至地中海盡處，必由阿勒散得城地中海南岸第一大埠，屬埃及。乘火輪車，陸行至紅海北岸蘇爾士地方，復上船而東，不能一水直達。《瀛寰志略》載《海國聞見録》謂「恨不用力截斷」者，即指此也。咸豐六年，法人里息勃斯創議開鑿，使地中海商船得以直達紅海。商之埃及總督阿斯巴尼拉，埃及督韙之，督固於里君友善也。於是里君回法集資，每股五百箇法藍，一面相度丈量，先建機器取水法，埋鐵筒地下，接他處淡水，備工人飲食。已得始事要領，遂於八年興工，用絶大濬機六七十具，事畚挶者日常二三萬人。復患沙易流合，就他處取黄泥蚌殼類於兩岸填壓之。同治七年十月告成，歷十一年之久，費十萬萬兩之鉅，成河長二百八十七里，寬一百九十二尺，深二十六尺。法主以里息勃斯功偉，特賜男爵。過河之船，度船身大小，每容貨一噸，取鈔十箇法藍，船客每人亦十箇法藍。船行其中，不宜速駛，或左或右，或行或止，必照運河公司規制，無不欣然聽從。

二十五日，卯正開行，復經一湖。此湖昔通紅海，嗣爲飛沙填塞，湖水凝結爲鹽塊，若山積。開河後湖水驟漲，鹽亦消化。又聞從前此處可十年無一雨，今則地脈流通，或三四年一雨，二三年一雨矣。連日沙漠薰灼，炎氣逼人。未正出南口，抵蘇爾士，計距廷莫薩湖一百五十五里。在昔此地尚稱繁庶，以東西往來客貨必由此登陸轉運，自開河後亦漸漸冷落矣。【略】停船一二時，酉刻復行，南入紅海。天氣熱甚，客皆换夏衣，飯廳用風扇，房艙夜不能寐。先是，客皆於馬塞上船時預購長籐椅置船面，至此則卧椅迎涼，每夜漏三下始能歸寢。誠以海形狹長，兩面皆山，南風自赤道來，四時皆熱。早晚天半赤霞倒映海中，若生萬樹珊瑚，故西人曰紅海。

二十六日至二十九日，舟行紅海中，海水不波，每日能作細楷。鷗燕逐船飛，有依人之態，飛魚亦多。

三十日，午後南風厲甚，極其顛簸，夜半始息。連日酷熱，日飲冰水數升，不解煩渴。

十一月初一日，午正二刻抵亞丁，停船。其地屬英國，北距蘇爾士四千九百七十里。【略】地甚炎熇，或一年一雨，或二三年不雨，淡水缺乏。英於各山窩聚處相度鑿池，曲折灣環，上下聯絡，西人謂其形若礮臺，洵然。而建築之奇異，幾若神工鬼斧所成者。天雨，山水匯灌其中，以資飲食，並灌溉花草。皆自印度移來盆景。復由輪船用機器，以水火二氣化海水爲淡水，而成冰。西國行海輪船食用淡水，亦係此法。並多鑿水井，寄居者以羊皮全張縫爲袋，一驢背五六袋。或用駱駝，以巨桶負載。或黑人男女腰馱背負羊皮袋，往來不絶於道者，皆淡水也。船中裝煤既畢，戌正開行，向東而駛。一連數日，亦尚平穩，惟氣候炎熱，夜不能卧。每見大魚長丈許，千百成羣，排若隊伍，與浪争逐，不知何名，或謂即飛魚也。

初七八兩日，向東南行，將近錫蘭島則向南行。

初九日，戌初抵錫蘭島，夜間不能進口，暫泊口外。其地爲印度之南海中大島，今亦屬英。

初十日，卯正進口，行半時許停船，地名戈爾，錫蘭極南海口也。由亞丁至此八千一百十三里。客由英至印度會城加爾格達英國總督駐劄所。者，在此换船。口左首有白石塔，燈高矗雲表。兩岸緑蔭参天，幽雅特絶，皆椰林也。早餐後乘小艇上岸，每人船資一錫林。艇制奇甚，刳木爲之，長逾二丈，寬不及尺，深倍之。客列坐左右船舷，首尾二人櫂槳以行。船左首尾各横紮一木，長五六尺，其末與水平。復駕一巨木，若與船相低昂者，詢知爲風浪甚大，非是無以免覆溺患。

十一日，巳正二刻開船東行，連日逆風，行甚緩。

十五日，清晨舟折向東南，左右有山，或遠或近，或隱或現，絡繹不斷。詢知左爲麻六甲，右爲蘇門答臘，中間海道由西北而東南，寬處三四百里，狹處僅三四十里。入口偏左有島，名檳榔嶼，俗稱新埠，亦屬英。右爲亞齊，屬荷蘭，内多高峰，山水清勝。

十六日，晚見左岸塔燈二，一距新加坡七八百里，一距約五百里。

十七日，巳刻見左岸諸山，綿亘百餘里，如列屏。右有十數小山浮海中，鬱然若碧芙蓉。山内多虎，能於海之窄處浮游往來。午正二刻抵新加坡。按新加坡爲麻六甲極南海口，今亦屬英。進口行一刻許，就本船碼頭停泊。由錫蘭至此計五千七百里。碼頭東南爲英國城，有教堂，塔亦高聳。未刻上岸，雇馬車，每半時洋錢五角。【略】戌正回船。

十八日，瓜窪接客貨輪船未到，再停一日。

十九日，巳正二刻解纜，出口後舟指北行。連日東北風大作，因在船日久，波浪尚可耐。憶自奈波里東行至新加坡，計程二萬數千里，歷時幾及一月，舟行俱平穩，每日能作小楷。舟子云由新加坡折而東北行，適當逆風，波浪日大一日矣。

二十一日，巳刻見西面十數山矗立海中，詢爲波羅康德，距越南海口三四百里，現屬法國。【略】戌正二刻抵越南海口，停船。

二十二日，寅初進口，溯瀾滄江而上，兩岸花樹叢雜，青翠欲滴，闊處二三里，狹處不過二十丈。計北行一百八十二里，辰初三刻抵西貢。由新加坡至此二千四百二十一里。碼頭在江之西岸，隨波上下，若浮橋。

二十三日，卯初開船，巳初二刻出口，折向東北。逆風而前，舟極蕩。

二十四五兩日，尤甚。

二十七日，午初抵香港。由西貢至此計三千四百七十七里。進口右首爲香港，左首爲九龍司，海中商船多隻，檣如插箸，一望無際。

二十八日，【略】粵東海口在其西南，相距二百六十四里，有輪船日日往來。天時仍和暖，衣夾衣，持紙箑。早晚稍涼，換棉衣。

二十九日，午正開船。

十二月初一日，辰刻過潮州，戌刻過廈門。

初二日，夜半過福州。

初三日，巳正過温州。

初四日，寅刻過甯波，申刻抵上海，亦皆逆風而行，波浪較地中海更大。天氣日寒一日，客皆在飯廳圍鑪飲酒，不復至船面行動。及抵上海，則朔風凜冽，衣重裘矣。計距香港三千一百三十九里，自法國馬塞海口登船，至上海止爲時四十六日，共行三萬三千九百八十九里。內蘇爾士運河二百八十七里原爲陸道，故仍以丈量計。船主指時辰表，告圭曰：「上海西初，倫敦纔巳正耳。」

王之春《東遊日記》 光緒己卯[五年]十月十八日，由鎮江防營搭輪。

十九日，抵滬。

二十日，晴。【略】戌初上東洋公司輪船，同行者二人，僕從三人。先日買定上艙票三張，每張洋五十五元；下艙票三張，每張洋二十元；均寫至橫濱口。船爲明輪，大桅二，煙囱二，船面開闊。上艙爲客房，寬廣七尺餘，上下設榻二，衾枕潔浄，墊褥厚輭。壁懸大鏡一，玻璃燈　，盥漱器及面巾、香皂諸瑣物無不備。樓中艙爲飯廳，有長桌八張，每張可坐十餘人，瓶供花卉，香氣馥郁。辰正早餐，午正中餐，酉正晚餐，食物皆外洋風味。每餐先二刻鳴鑼一次，届時再鳴，則當齊集飯廳。食時每桌置菜單一紙，聽客自點，惟酒須向買辦房另沽。侍者華夷各半，服役勤謹。下艙無房，不獨役使無人，即盥面亦無熱水。每日三餐，用方廣八寸、深一寸之木盒盛飯，匕許鹹小菜些須，析小方木，長三寸許爲箸，每人各一。飯後數人共茶一壺，此外須開水泡茶、温水盥面，了不可得。即自帶熟菜點心，亦無從蒸煮。視坐上艙客不獨有上下牀之分，直有天壤之别矣。惟鴉片煙之禁綦嚴，而防火患最密，即上艙客喫食水旱煙，均須往前艙及外面平板站立。客房及飯廳正艙各處，除晚間一點燈外，均不得攜一火種。

二十一日，晴。早七點鐘，展輪出吴淞口，羅鍼指東南。崇明、銅沙一帶岸樹蕭疏，古人所謂江山之外，第見風帆沙鳥，煙雲竹樹者，庶幾近之。午初見大戢山，鍼轉正東。申正越花腦山，舵轉東向兼北。一字泛大東洋，一帆風利，真有破浪如飛之勝。

二十二日，晴。天曉，觀日曈曈，暘谷扶桑，仰射異采。出海漸高，不可逼視。觀水，初作淺碧色，漸作蔚藍，較過花腦尤黑。辰後見高島屹立海中，近視羣列，三五如小星。舟東北行，又經五島，將近日本境。戌刻抵長崎，停輪。

二十三日，天陰。登舵樓，望港口彎環回抱，勢趨東南，山皆蒼秀，有煙雲繚繞之態，古之所謂三神山者是也。辰後上岸，至招商分局。【略】遂於酉初回船，六點鐘即開輪矣。

二十四日，微雨。啓輪，輕風徐颺，水波不興，蓋由長崎越長門，入裏海，兩岸山環，一水縈帶，非復大海之汪洋一片。憑舷遠眺，諸山忽斷忽續，或圓如覆笠，或削如筆尖，或巉巖而歷亂，或蒼翠而清奇，恨不起宗少文而一一圖之，以爲他日卧游也。未初抵鹿兒島，停輪三點鐘。【略】開行後舟行平穩，無異長江。晚間登樓閒步，濤聲走風，浪花噴雪，時有漁舟上下，燈火出没於波濤間，幾忘置身海外。

二十五日，晴。遵海而行，島嶼星羅。所見豐前、豐後人家，多依山以居。午後洋面稍寬，遠望山形隱約，帆檣梭織。申正經明石島，下有暗礁。酉初始抵神户，隨雇舟登岸。宿何仰雲處，亦辦理招商分局者也。【略】神户口又名茅港海口。

二十六日，晴。辰刻梁煒煌來自大阪，大阪府距神户七十里，昨晚仰雲以電信約之來。遂於早飯後同坐火車往游大阪，煙雲屋樹，過眼如飛，約行四刻即至。

二十七日，晴。辰後偕梁煒煌同坐火車返神户。【略】午後回舟，六點鐘始開輪東駛。

二十八日，晴。舟行内洋，遥望南部諸島，羣山糾紛，漁艇賈舶，上下出没於波濤中，惟見布帆遠颺，時隱時現而已。

二十九日，晴。舟抵横濱，行李上岸，司關者傾箱倒匣，查點綦嚴。

十一月初一日，晴。乘火車往游東京，計程七十里，鑿山填海，以通鐵路。中途阻水，架木橋里許，共費金錢五十餘萬，工亦頗勞。【略】十一點鐘始返横濱。

初三日，晴。辰後仍乘火車往東京。

初十日，晴。辰後辭二星使，仍坐火車回横濱，至停輪處，遂閒步返寓。

十二日，陰。【略】午後登舟。【略】申初開輪。

十三日，晴，大風。舟行内洋，亦覺簸蕩。蚤起憑窗閒眺，忽見遠水旋波，時隱時現。注目凝睇者久之，則一二巨魚露脊，長二三丈有奇，逐浪奔騰，旋復飛出水面。魚本潛物，而忽飛躍，識者謂今日風浪作惡，即驗於此。舟行攲側，從人多堅卧不能起。是晚微雨。

十四日，舟抵神户。

十五日，晴。侵晨即上岸。

十六日，晴。乘火車經大阪，至西京。【略】惜輪舟約於未初開行，不克周覽，忽忽返駕。計往返四五點鐘，所行已三百餘里矣。【略】而輪舟改於晚間開輪，至十點鐘始回舟。

十七日，早天陰。辰後歷長門，入平户港，羣山聯翩，彤雲密佈。

十八日，半陰半晴。巳刻至鹿兒島，輪泊約四點鐘。

十九日，微雨，日中雨止。申初舟泊長崎。

二十日，天陰。【略】酉初回舟。

二十一日，微雪，狂風陡作。舟已開輪，行數十里，風大浪高，不能出口，仍回輪，返泊長崎。

二十二日，風略息。開輪行至緑水洋，風復大作。申酉間機輪震盪，駭浪如山高，從煙筒上冒過，船旁窗板玻璃有損壞者，上中兩艙俱進浪水，勢極危險。西人閱風雨鍼，陡失常度，慮有變。全船皆驚，竟夕不能成寐。頻年航海入津數次，未有此番風浪之惡，即詢之同舟諸人，有自美國舊金山回者，亦云此等颶風從來未見也。余來自吴淞，泛洋歷長崎，經内峽，至神户、横濱，行萬餘里，均無恙。設非經此，遂玩風濤而忘涉海之險矣。

二十三日，風稍息。午間驚魂甫定，尚摇摇如懸旌。開窗遠眺，海與天連，了無邊際。甫經出險，對此猶覺心悸。

二十四日，晴。過崇明、銅沙一帶，風景猶昨，不覺驚定而喜。午前舟抵滬上。

李筱圃《日本紀遊》 光緒六年庚辰，往游東洋。三月二十六日癸巳申刻，自滬登舟。船名禿格薩約麥魯，譯名高沙丸，係日本人三菱公司商船，管船之船主，司理機器各執事仍用西人。船長約三十丈，三枝桅，鐵底，暗輪，單煙筒。中艙飯廳長八丈，寬一丈六尺，四面粉飾塗金，帷幔、桌套、地毯俱極華麗。上等客房在飯廳兩旁，計十八間，每間寬廣六尺餘，可住二三人。房内燈、鏡、面盆、香皂、手巾、溺器俱全。卧榻分上下兩層，墊褥、蓋氈輭厚，故西客皆不攜行李，但嫌榻稍窄耳。每日早六點鐘、晚四點鐘點心兩次，又早八點鐘，午十二點鐘，晚六點鐘飯三餐，與洋人圍坐而食，水果、蜜餞、餻餅雜陳。每桌有菜單一紙，早晚味品不同，聽客自點，然皆西國烹調，終難適口。下等客僅飯三餐，鹹菜一碟而已，與上等客相去懸殊。【略】船中侍崽，浙、粤、東洋人皆有，更有女僕專爲西人眷屬服役者。余住第五號房艙，伺應者定海人張姓極爲殷勤，以余食味不能適口，每餐必備燒火骽、炙雞、羊肉、雞子之類以進，更隨時送茶點水果至房，抵岸時給以洋三元。船價上等客自滬至横濱英洋五十五元，下等客二十元。余自滬寫往回船票，便宜九折，且可至中途埠頭上岸，隨便耽延多日，遇後來公司船到即乘之赴他口，不再取值也。

二十七日甲午，早八點鐘開輪。出吴淞口，行近銅板沙，因霧停輪半時許。夜中仍霧，北風横捲，船略顛簸，刻刻鳴汽筒以行，防來船之相撞也。

二十八日乙未，濛霧如雨，舟行稍緩，終日無所見。

二十九日丙申，晴。卯刻見長崎外羣山，名五島。巳初抵長崎港，海程一千七百餘里，計行二十五時。舟人云，若無濛霧，十八時可到矣。港爲一大海島，長約三里，便於泊船。【略】巳正登岸。【略】亥初登舟，亥正二刻開行。

三十日丁酉，申刻至長門下關峽，停輪半時許。

四月初一日戊戌，未正二刻抵神户，計行十八時。自長崎至神户一千五百餘里，舟行峽中，兩岸之山斷續不絶，闊處海面數十里，狹處數里，故無大風浪。然多暗礁。此一程雖稱平穩，但須熟習引水之人。從前西洋船自長崎至神户，須繞正南過肥後、薩摩，再轉東北入紀伊山，海程三千餘里，風浪險惡。後有東洋人教之，自長崎過壹岐島響灘，入長門下關，由海峽行走，計程僅一千五百餘里。雖有暗礁，皆置燈表，輪舟可以夜行。峽中山勢秀拔，古木森森，近神户百數十里兩岸小山更多，尤爲奇秀，波平如鏡，坐艙面觀之，羣山排闥而過，真如置身圖畫中。申初上岸。【略】神户之内，中國程七十里爲大阪府治，由大阪一百三十里至西京，俱有海汊，火輪車可通。

初三日庚子，【略】午後與張掇芹、胡小蘋同乘火輪車至大阪，計程七十里，行半箇時辰。若非中間搭客卸客，停頓四次，兩刻工夫便到矣。車價自神户至大阪上等客每人一元，中等六角，下等三角。車皆一式，但坐位寬擠不同。余往返皆坐中等車，人極寥寥，可以躺卧。下等則並股挨肩，人數恒滿。車式約長一丈，寬高各六尺餘，四面玻璃窗可以開閉。頭車安火鑪機器，後拕十餘車，車皆四輪，順鐵條軌道而行。

初四日辛丑，早飯後與胡小蘋同乘輪車至西京，計程一百三十里，行一時到。中間有市鎮六處，皆停車搭客，中等車價每人八角。

初六日癸卯，【略】申初登輪車，酉正回至神户。

初十日丁未，昨日已有公司船到，準備起程赴横濱。【略】酉刻掇芹諸人同送登舟，船名玄海丸，明輪，較高沙丸稍大。住其面上房艙，窗内見海，尤爲爽適。戌初啓輪。

十一日戊申，舟行大東洋。申刻隱見北面羣山，詢之爲日本東海道尾張、三河、駿河各國境。

十二日己酉，寅正未刻抵横濱，海程一千五百餘里，行十五時有半。

十五日壬子，號友袁鏡甫送余至東京，並派廚夫葉五奎同往，因飲食不同也。巳初二刻上火車，沿海而行，計程七十里，巳正二刻到。【略】東京亦在沿海，以海灘水淺，重載大船不能收泊，故通商埠頭設在横濱。

二十七日甲子，起程回横濱。【略】申初一刻上火車，申正一刻抵横濱。

[五月]初二日己巳，起程回華。申刻王惕齋自東京來，與袁鏡甫同送登舟，船名東京丸，大小與前坐玄海丸相等，鋪陳亦極華麗，住其第八號房艙。酉正開行。

初三日庚午，戌刻行，【略】夜半子正抵神户，計行十五時。

初四日辛未，天明時德澄號著人來接，辰刻上岸。午正與虞冠羣乘火車至大阪，【略】酉正回神户，【略】十一點鐘登舟。

初五日壬申，寅正啓輪。

初六日癸酉，戌初抵長崎。自神户至此，計行十九時半。泊舟後大雨。

初七日甲戌，卯刻泰記號友郭上治來接。【略】亥初回船。

初八日乙亥，寅刻啓輪，天明後風雨交加，風雨鍼亦驟降。恐有颶暴，轉舵，仍回長崎。午初進港停泊。【略】未刻狂風大作，吼聲如雷，設非折回，則不知如何驚險，風雨鍼之用不更大哉！晚刻風稍息。

初九日丙子，雨。天明開行，逆風鼓輪，船略顛簸，心中已覺不適，飲食少進。

初十日丁丑，舟行平穩。戌刻，見花腦山燈火。四更後停輪，泊銅板沙候潮。

十一日戊寅，天明開行，辰刻進吴淞口，巳刻抵上海。

馬建忠《南行記》 光緒辛巳[七年]六月二十三日，奉合肥傅相面諭，訪辦鴉片事件，遂有南洋之行。

二十四日，晚餐後上怡和新南陞船，一點鐘開行。天陰，微雨。

二十五日，晨六點鐘舟抵大沽，停輪待潮。天陰，大雨，十點鐘天霽潮生，啓輪出口。午後雲日晶瑩，水天一色，清風習習，暑氛却埽，不知在伏中也。向晚隱隱見塔燈，知距煙臺不遠。

二十六日，晴。六點鐘抵煙臺，以萬壽節封關，須次日乃開。

二十七日，晨四山雲合，大雨傾盆，艙面不可坐立。【略】下午開行，雲霾四合。船主恐有霧，駛向大洋山，島不可復見。

二十八日，晴。至黑水洋，東南風大作，舟摇蕩殊甚。

二十九日，晴，風仍甚。至清水洋，知佘山將近。午後至黄水洋，過佘山。【略】晚刻八點鐘收吴淞口，一小蓬船横掠船首，猝被碰裂，霎時沈没，不知船有幾人，能拯起否？慘然久之。十點半鐘抵虹口浦頭，上岸。

三十日，晴。使人往探赴港船隻，則法國公司已先二日行矣。初二日雖有商船，以載貨，無艙搭客。初四日有英國公司往港，遂定附是船。

［七月初四日］晚十一點鐘登公司船，略坐就寢。一點鐘啓輪出口。

初五日，晴。舵樓平眺，薰風南來，披襟樂甚。島嶼蜿蜒，起伏不斷，海水忽分二色，一綫斜縈，青黄迴別，知舟已過錢塘江口矣。午後東南風愈大。

初六日，晴。憑檻一望，海波盡平，水作豆绿色。隱隱西見一山，知近福州界矣。

初七日，晴，風平水急，舟逆流行，甚摇蕩。遠望風帆葉葉，漁舟無數，遥山縈帶，已過汕頭。【略】晚十一點二刻抵香港，進口，夜深未由登岸，遂寢。

初八日，早六點鐘登陸。

十六日，晴。晨命隨行洋人收拾返津，午前至公所晤歐參贊小談，回寓料理行裝，擬明日附法國公司船南行。

十七日，晴。【略】十點鐘，【略】遂偕借歐參贊乘小輪舟，登法公司船。船甚寬敞，入艙小坐，歐辭去。十二點鐘啓輪出口。

十八日，晨陰。舟行甚疾，島嶼希少，已入安南界矣。午時測得舟行二百八十二邁。午後雷電，暴雨如注。【略】晚復雷雨大作。

十九日，晨晴。【略】午後測得舟行三百十七邁，約明日午前可至西貢。晚風浪殊甚。

二十日，晨晴。午正至安南西貢口外雅谷角，風雨交作，舟欹側而行，浪花飛濺，艙面盡溼。尋領港者刺小艇來舟，遂乘潮進口。河道狹曲，有似津沽。四點鐘至西貢埠頭。【略】登岸。

二十一日，晨晴。【略】四點鐘啓輪出口，晚間風浪大作。

二十二日，晴。午正測得舟行二百十七邁，距新加坡四百三十邁。

二十三日，晨晴，風平浪静。午正測得舟行二百九十邁。【略】晚十一點鐘抵新加坡，天氣陰晦。待潮，不能進口。

二十四日，晨晴。黎明進口，櫛洗畢，登岸。

二十六日，晨晴。檢點行裝，早餐後至蘇君處辭行，遂登舟。舟窄隘殊甚，炎熱異常。三點鐘開行，舟向西北行，頗穩。

二十七日，晴。無事，三餐後静卧看書而已。晚十一點鐘至檳榔嶼，口外停泊。

二十八日，晴。進口，聞舟泊二日乃開，遂登岸。

三十日，晴。摒擋衣物，茶後回船。十二點鐘啓輪，往加爾古答。出口後舟行甚速，一點鐘約行十二邁，貨少船輕之故也。

閏七月初一日，猛雨，風浪大作，且舟小，摇蕩殊甚。

初二日，晨雨，俄晴。風浪猶甚，島岸莫辨，惟蒼波一片，浩渺而已。夜半過椰子峽，至此舟行六百二十邁，距恒河口尚餘六百四十邁。

初三日，晴。風息波平，舟蕩如故，偃卧舵樓。

初四日，西南風大作，暴雨，舵樓盡溼。悶坐艙中，苦熱異常。夜十一點鐘海水漸黄，見水面紅鐙一盞，乃口外標鐙，距口尚有四十邁。自此則每五邁設一鐙標。按恒河發源西藏，經東北印度，至此出海，口外活沙淺灘，歲變月更，故設標鐙以爲船導耳。

初五日，晨雨。八點二刻潮至，舟起椗入口。恒河曲折，舟行頗緩。午晴，三點鐘過烏大故王宫，四點鐘至加爾古答。關胥登舟，搜檢甚苛。旋至大東客寓居住。

初九日，晴。得撫軍參贊書，詢余今晚如果起程，將電知制軍處管理交涉事務總辦，先爲料理一切，並飭知總理火車者另備妥車以待。答覆後整理行裝。【略】晚八點鐘，乘車往火車廠。路過鐵橋，横跨恒河，長二里許。聞營造五年方竣，誠巨工也。九點鐘開車，過桑代那哥，地屬法國，乃康熙二十三年蒙古王亞郎克敢所讓給者，居民三萬。四境皆英地，蕞爾十餘里介乎其間，誠類彈丸黑子。【略】十一點過蒲爾士，居民三萬五千。

初十日，晴。所見土地卑窪，恒河横決，車過堤上，如行湖中。七點鐘半至巴達那，地出公煙，民奉回教。【略】九點鐘至提諾布爾，乃英兵戍所。早膳後過桑肋河，横亘一橋，長二百五十丈，寬五丈，橋門二十八。河發源中印度，經千餘里，至此匯入恒河。前次淤塞，歲有水災，英人濬之，費金磅數十萬，居民德焉。午正至蒲哂爾，乾隆二十三年英將磨羅戰敗烏大王於此，因割比亞一部行成，今屬旁甲喇省。四點鐘車過貝那羅斯，地產姑煙，印度人稱爲聖城。城濱恒河，相傳此水可消罪孽，故每晨四方男女來浴者可數千。【略】此地往來火車極多，盡載土人。土人乘三等艙，中坐十二人，駢肩抵足，有類囚車。四點二刻至蘇納爾，始見山岡。畯壘據其巔，乃蒙古王巴貝築之以拒英人者。七點鐘至依喇亞巴，爲中印度首府，置監司，有城垣焉。東距加爾古答，西距孟買，北距那奧爾，適當其中。【略】昨夜至此十一時，馳五百六十四邁，其速率僅及西國火車之半，緣沿途村密，土人搭車者夥，故尖站較多。子刻至康波羅，爲英兵戍所。

十一日，晴。所過平原廣衍，彌望無際，牛羊成羣，椰林漸稀。蓋已至北印度，氣候稍冷。七點鐘至董大喇，道旁有城名亞格喇，闢門十六，爲蒙古後朝建都之所。【略】午正至加西亞巴，乃東印度與北印度火車分道之界。有戴蘭城，城垣以紅沙石甃成，爲蒙古前朝所建。門分十二，城外周圍五六十里，皆頹垣敗瓦。【略】二點鐘至莫羅多，英之重鎮也。【略】晚九點鐘至盎巴喇，下火車。自依喇亞巴至此，車行五百二十六邁。由此往西末喇，鐵道未通。晚餐畢，覓顧雙層馬車，上載物，中卧人。日間暑熱，乘涼夜行，風露生寒，須加夾衣。十數邁至灘河，闊可半里，水急而淺，車加六牛，亂流而渡，水及車茵。一路平沙曠野，漸有遊牧之風。假寐片時，則遥天放曉，已抵高山之麓，名喀爾喀，記程三十八邁。

十二日，晴，北距西末喇四十八邁。小坐茶點後，七點鐘換小馬車二輛，一載物，一坐人。余乘車緣山而上，遇磴道爲山水衝崩，車不可過，遂步行過險，換車馬，行十五里一換，一點鐘約行二十餘里，山程一百五十八里，計四時可達。盤旋百折，峰巒漸峻，幸道路寬整，時有工人修之。十二點鐘約行九十餘里，至英國所設行館下。就午餐已，登車復行，攀陟愈高，萬壑千峰，瞥過足底。前視高峰，撑雲掛日，皆車轍所必經也。下午四點鐘，片雲忽起，微雨送涼，有類深秋。俄山勢漸平，屋宇較多，已抵西末喇山市之下，蓋已高陟七百餘丈矣。乃下，就逆旅卸裝。

二十一日，四點鐘整理行裝，下至山腰車廠，則輿夫未起，起則索費不已。比啓程，已五點二刻。冒露甚寒，馬下阪，行頗速，磴道回折，瞬息而過，下視朝暾，乍吐晴靄，流輝頃復，煙霧迷濛，咫尺莫辨。中途暴雨殷雷，馬逸不能止。上視谽谺欹側欲墜，車過其下，心膽驚懾，飛溜橫濺，衣履沾濡。十二點二刻至山下喀爾喀，已行百五十八里。午餐後換高車行，渡灘河數道，六點鐘至盎巴喇，行百二十五里。晚九點鐘上火車，熱甚，向南行，所過平野即古之薩他泥涇伐羅與窣禄勒那二國，玄奘謂其地溼，宜稼，土人稱爲福地。今亦秔稻盈疇，每歲二穫。

二十二日晨，車進戴蘭城。城闕壯麗，有故宫在焉，街道甚闊，兩旁樹陰蔽日。早餐，換車西南行，入土酋境。車轍狹僅三尺，初，英人始築鐵道，土酋畏其長驅入境，不願築焉。尋見鐵路之利，終畏英人之偪，因築道而狹其轍，意謂英人不得連軌而進。【略】所過平野荒蕪，山嶺盡童，車棧卑陋，肴饌麤惡。子正過埃及米爾，英兵屯所，幅員不滿數十里。

二十三日，晨晴。東見高哇亞山重岡疊嶺，頗饒秀色。內有烏地坡城，乃印度王那納所建。【略】十點鐘至諾諾，早膳。自昨日二點鐘至此始食，蓋沿途無可食者。午時車中炎熱異常，平野沃衍，即玄奘所稱瞿折羅國。晚七點鐘至亞末大巴，始入孟買省界。自戴蘭至此三十六點，車行五百八十邁。晚餐畢，換寬車南行。【略】自此車盡沿海南行。

二十四日，早二點鐘車過蘇剌佗。玄奘謂其地當西海孔道，人皆販海爲業。西據莫鹽河，現於河上建鐵橋以通火車。【略】十點半鐘至孟買，寓焉。

二十六日，晴。午後至火車棧，二點鐘開行，五點鐘至熬山之麓，地名葛蘇查。南印度地雖稱平原，然聳出海面至二百餘丈。東印度海濱平坦，以次漸高，近孟買處則有熬山陡峙，綿亘西海之濱。葛蘇適在熬山之東麓，山腰羊腸鳥道，車行甚緩。瀑布數十道，匹練横空，飛珠濺玉，清人心脾。六點二刻至康大喇，則已距山巔。其東則平原彌漫，其西則蒼波浴日，峰壑高下，晦明百變，真奇觀也。八點鐘至布那。【略】晚涼甚，殆類深秋。

二十八日，晨五點鐘赫參贊駕車送至鐵路，五點二刻開行，十一點二刻至孟買。

八月初一日，晨起整理行裝。十點鐘英國公司總理名巴爾克暨船主名里梅來來謁，謂接福撫軍來電，囑備寬艙以待，並言舟次船塢明晨開行。【略】四點鐘，令僕送行李上船。

初二日，八點鐘上船。船名克什葛爾，馬力四百五十匹，頗窄隘，蓋公司船之最小者。九點鐘開行，出塢候潮。午正開駛向南，二點鐘島嶼不復可辨，風順舟穩。

初三、初四、初五日，晴，風微海静，日行約二百八十邁。

初六日，六點二刻泊錫蘭島之伽蘭口，午後登岸散悶。

初七日，早膳後上船。午刻起椗，向東行，風急舟蕩。有客來自紅海者，謂見中國新製碰船二艘，前月二十二日已駛過新開河云。

初八、初九、初十日，晴，風利，日行三百邁。初十晚九點鐘過蘇門答喇北角，名阿秦，有燈遠燭。

十二日，晨六點二刻至檳榔嶼。暴雨時至，登岸一游而回。午後四點鐘開，向東南行，風猛，舟甚簸蕩。

十三日晨，舟入麻六甲峽，海平如鏡。正午見遥山疊翠，拱揖迎人，無復波濤之險。

十四日，晨七點鐘至新加坡。

十五日，【略】八點鐘起椗，向東北行，風微海静。午後微雨。

十六日，暴雨時至。十七、十八、十九日，晴，風平浪静，炎暑異常，每日約行二百九十邁。

二十日，晴，西南風作，舟甚摇蕩。午後五點鐘舟艤香港。【略】旋上岸借宿。

二十二日早，風狂雲黑。小吕宋來電，謂颶風發自東南，尅期至港。船主起椗開行，泊於港外山陰以避之。八點鐘雷雨交至，濤若山湧，舟簸蕩不定。沙霧迷漫，白晝爲昏，風從四集，故云颶風，西人稱曰泰風，意即颱風之轉音耳。【略】是日午後風息雨止，至晚復作。蓋颶風即旋風，早當其北半周，午後適當其中，晚則其南半周耳。

二十三日，晨七點起椗開行。風息浪湧，餘波未平，舟傾側不可立。

二十四日，過臺灣峽。

二十五日，東北風大作，一小時僅可行八邁。

二十六日，晚九點鐘至滬。

吴廣霈《南行日記》　辛巳[光緒七年]六月，客津門，寓馬眉叔觀察家。【略】適眉叔以奉合肥相國命有事南洋，邀余同往，慨然許之，遂定於本月二十四日啓行。【略】晚餐後，十點鐘上怡和新南陞船，一點鐘開輪。天陰，微雨。展簟酣睡。

廿五日，舟中晨興，陰，巳刻船，抵大沽口，停輪待潮，大雨時至。午刻天霽潮生，啓輪出口。雲日晶瑩，水天一色，清風習習然來，暑氛却掃，不復知時令正伏中也。晚隱隱見塔燈，知距燕臺不遠。

廿六日，晨起晴，六點鐘抵燕臺，以萬壽節停關，須次日開。

廿七日，晨暝，四山雲合，大雨如注，舵樓不可復坐，偃卧舟中，把卷吟哦而已。午時天色放晴。【略】下午展輪，陰霾恐霧，舟指大洋山島，不可復見。

廿八日，舟次齊海古積洋，晴。至黑水洋，東南風大起，舟摇簸殊甚，余高卧不食。

廿九日，舟中。晨興晴，東南風猶盛。已見清水，知距佘山不遠。申初至黄水，舟過佘山，風濤頓平。【略】夜二鼓，抵虹口上岸，寓三洋涇橋客棧。

[七月]初三日，寓中。晨興晴。以眉叔定於明日登舟，摒擋行李，赴市買雜物。

初四日，寓中晨起，晴。【略】余偕眉叔登英國公司船，小坐即眠。子初啓輪，出吴淞口。

初五日，浙海舟中晨興，晴。登樓一眺，薰風南至，披襟當之，炎熇如洗。島嶼連綿不絶，海水忽判青黄二色，蓋舟過錢塘江口矣。午後東風轉勁。

初六日，舟中。晨興，晴。出艙一視，水天鏡平，波紋映日皆作緑色，羣島已稀。隱見一山，長亘如眉，蓋近福州界也。

初七日，閩海舟中。晨興，晴，風平水急，船逆流行，摇蕩異常。遠望風帆葉葉，漁舟無數，遥山縈碧，已過汕頭。晚十一點鐘舟抵香港，進口夜色蒼黑，形勢莫辨，惟見高山當面，平岫四環。【略】香港距粤省海口二百六十里，日有輪船往來。

初八日，舟中。晨興檢點行囊，偕眉叔登陸。

十七日，寓中。晨起，晴。【略】燕港督命歐參贊用坐輪來送，遂偕眉叔同乘登法公司，艙中軒敞，逾於英船。午時啓輪出口，進港由東，出則西焉。已過南弓島，見老萬山一帶羣島迎舟，起伏不已。俄至外伶仃洋。

十八日，入交趾洋界，舟中晨起，陰。舟行甚速，島嶼星稀，抹過安南界口。午後雷電大作，暴雨如注。

十九日，交趾洋舟中。晨起，晴。早餐後整理巾箱，舟行倍速。午後大風忽起，波翻海立，堆浪如山，澎湃一聲，散作雪花萬點，撲入眉宇，衣襟盡瀑，洵奇觀也。

二十日，交趾洋舟中。晨興，陰。俄霽計程，是日可抵安南西貢口。遥天霧影中微見一山，甚高，西人指示名伽南貌山，是安南出茵楠處也。午後舟指正西，狂飆怒發自南來，掀舟仄立，浪花飛過，如遽雨傾盆，艙面水湧。俄已見岸痕，由香港至此計三千四百七十七里。舟進西貢口。河流發源瀾滄江外，勢遼闊，而口内狹仄縈曲，有似天津兩岸，草木繁茂，民居絶少。闊處二三里，狹處止二十丈，計行一百八十二里。

二十一日，西貢舟中，晴。【略】三點鐘開輪，出口時大雨如注。

二十二日，南洋舟中。

二十三日，南洋舟中，風平浪息。眉叔云：明日可至新嘉坡矣。自去香港後，舟行逐漸而南，去赤道日近。【略】亥初抵新嘉坡，待潮不能進口。

二十四日，黎明舟進港口。自香港至此水程約四千三百餘里。早餐畢，偕眉叔登陸，卸裝客邸。

二十六日，寓中，晴。檢點行裝。早餐畢，赴蘇君處辭行，遂由是登舟。舟屬怡和，窄小異常。未刻開行離埠，復折而西北指，蓋行經新嘉坡西界及蘇門答臘島之海峽中也。晚立舵樓閒眺，見北斗在水，南箕高張，風浪甚静，雖小舟，未覺摇蕩。

二十七日，南洋舟中，晴。【略】晚戌正時，夢中聞巨響，驚醒，則舟抵檳榔嶼，入口下椗矣。

二十八日，舟中，晴。聞停舟須三四日，艙中熱甚，遂偕眉叔登岸，謀避暑之所。

三十日，棧中，晴。一茶後，即偕眉叔登舟。午刻艙面酷熱，不可復坐，遂入艙偃卧。午正啓輪出口，從此片帆西去，島嶼星稀矣。舟行甚速，一點鐘約得十二邁，計中里三十餘，蓋船輕貨少之故。然無風亦蕩，余爲之廢晚餐云。

閏七月初一日，舟入印度洋界，巨雨，風浪大作，加以船小，一低昂間幾有九天九淵之險。余高卧，不復食，惟啖果餌，倚枕觀書而已。【略】申刻，舟抹過緬甸耶古海口。

初二日，舟中，雨，俄晴。風浪猶甚，余仍未進食。【略】夜間子刻，舟過椰子峽。按：舟自出蘇門答臘海峽外，泛濫二千餘里，不見一山，至此乃逢片島，過此則入孟加喇海灣界，去印度克爾克打口一作「加爾右答」「加爾壳答」「加爾各答」「加爾各搭」「加爾各塔」。二日程矣。

初三日，舟中，晴。風浪已息，舟蕩如故，以其小而且輕。又南洋遼闊數萬里，衆水所歸，百匯坌涌，不風自波，非沿海有島岸者比也。

初四日，舟中，雨。水天一片，茫無所見。

初五日，舟中，陰。西南風大作，舟拽三四帆，駛行頗速。俄頃暴雨如注，歸艙悶卧。夜中聞下椗聲，則舟抵克爾克打口外。起視，海燈明滅，每五里一標。查此口海面雖闊，而沙多水淺，非潮不行，故停舟期諸明日也。

初六日，舟中，晴。風平不波，心胸頓爽。登舵樓，一片黄水，如入吴淞江界。隱見岸痕，離口尚數里也。海鷹無數，搏飛檣尾。按：此水發源西藏，經印度東北，蜿蜒數千里，流入海灣，佛經所謂恒河是也。

初十日，加爾各搭寓中，晨興，晴。【略】日暮歸寓，晚餐後，呼車同赴火車道所。途經大橋，上下皆鐵爲之，卧跨恒水，亘長約二里許，聞營造五年方竣。過橋即火車道，摒擋行李，買票上第一等車。車略如日本製而長，拖三十乘，則日本所未覩也。中敞如小舟，對設二緑皮榻，余與眉叔分據其一，僕人卧於榻下。洋鐘八敲，遂開車行，時正戌初。頭站至賽郎寶兒，距加爾各搭三十里。按：此處火車一點鐘約行百里，每二三十里即過小站，停二三刻不等，以便上下行客。早、中、晚三時至大站，則車停差久，約得鐘刻二十分，車客悉下，就廠中進食。兹特記其發軔之始，餘悉從略，惟大站及有風景佳者則志之云。

十一日，車中，晨興，晴。車過長隄，兩岸水田皆没，平波一片，泛濫無涯。蓋夏秋雨多，恒河水漲以致此也。有頃至一站，曰馬加賣，停車早餐茶湯。辰正過巴達那。【略】午刻十點鐘至提諾加波兒，英兵戍所。停車午餐。復行數刻，至桑肋河，過一鐵橋，寬廣五丈，約二百五十丈，橋甃二十有六，其工約費三四十萬云。按：桑肋河發源中印度薩布那山，蜿蜒千餘里，至此匯入恒河。前者淤塞，歲有水荒，英人疏濬之，發金磅數十萬，河患乃已，居民賴之。又數十里至一處，名鴨奔。【略】過罌粟地甚廣，現非花時，故彌望荒畝。俄至毛古薩那依，中餐。車由是迤邐指北，行約數十里，漸見山郭平巒縈帶，牧牛羊無數。【略】復過數里，見舍利塔，奇麗可觀，巋然僅存。午正至蒲曬爾。【略】申刻車過波羅塔，今名貝那羅斯。地産姑煙，印度人稱爲堅城。城濱恒河，即舊稱安日河。【略】申杪至蘇納爾，晚戌初至依那亞巴，是爲中印度首府，有城治焉。【略】是日約行二千里云。

十二日，車中。晨興，晴。曉日初出，蒼涼氣候，漸入新秋，一望平原曠衍。進茶點。牧畜無數，椰林漸稀，蓋已入北印度界。俄至東大拿，午刻十點鐘至哂里姑，早餐。有頃至加西耶巴，道旁有城曰亞格喇，十六門，爲蒙古後朝建都之所。【略】申刻至英羅多，英兵之重鎮也。【略】申刻至一處，遥見磚橋長二里許，橋甃百門，亦一奇也。晚十點鐘至孟巴拉，晚餐。遂偕眉叔束裝下火車，蓋西末喇須折而益北，叢山峻壑，鐵道不通。餐畢换雙馬車，上層載物，車中坐人，平鋪坐褥，可容二人睡卧。因日行畏暑，乘涼夜發。車行緑樹中，月色昏黄，幽景得未曾有。惟蟲聲四起，客夢淒清。且多沙。加六牛助馬，拽車亂流而渡，水幾及車茵。過河見一高塔，夜色不能細察，其亦舍利之遺跡與？一路平沙大野，牧畜成羣，田疇絶少，蓋地寒近北，過希馬山即廓爾喀，土俗相近，故有游牧風焉。又十數里，過一古松，獨臂横枝，平出數十丈。其下如環門，車從門過，一奇景也。俄車復過小河，沿途天氣漸涼，加衣數重。倦甚，倚車假寐片時，醒則露氣濕袂，晨光已熹，車至高山之麓矣。地名喀爾喀，記程約百餘里云。

十三日，至山麓進車廠，晴。至此距西末喇尚二百餘里，少息，進牛乳加非茶及饅首。日出已數丈，復换馬車二輛，視前車較小，余與眉叔共乘一車，盤山直上。【略】少焉，大木横道，車爲之停，則山水下衝，砌道爲毁，車不可過。幸沿途設有尖站，車馬皆備，於是下車步行，過其壞道。上視崩崖百尺，亂草枯株，倒垂欹卧，下則奔石雜沙土，碾轉墜於深谷中，鬨聲如雷，猶未已也。其險若此，始歎昔人摧輪瘏馬，良非虚語。側足過之，心爲懍然。换車畢，遂行，雙馬挽轅，其馳甚駛。每十餘里一换馬，一點鐘約行二十里許。山程二百里，刻以八點鐘可至。盤旋曲行，十步九折，每上益高。山花甚稀，蒼松古檜，高插天際。道路整潔，皆用本山山石砌成。沿途有土人鑿崖取石，大者築墻，小者填道，其費殆不勝算。【略】自入山至此，皆土山戴石巒，形如饅首。辰末復躋長嶺，漸有居民，土墻板屋，錯落於懸崖峭壁間，猶有巢居遺意。下瞰深谷，則田疇鱗次，高下如梯。俄而峰回路轉，忽見瓦屋連雲，大類莊市，蓋回村也。其左有高峰，峰巔壁壘甚峻，板屋四繞，英兵戍焉。以上所過多巉峭，石山戴土，石紋皆作大斧劈皴。復行百餘里，午正至一處，有英國官設行館以待過客者。飢腸轆轆，急偕眉叔入館授餐。餐已上車行，則山勢愈陡，峭壁愈多，石棱奇異，或類披麻，或作雲臺，或潔白如鐘乳，或黝黑如石炭，其太古劫灰之所積耶！尋見一洞，深不可測，中必有奇觀，惜不能停車一探其秘。隨復經洞谷愈多，過瀑布十數處。未末申初，攀陟愈高，已在萬峰之頂。而舉頭仰視，高峰出没雲表，前路正自無涯。天梯石棧，談笑涉之，奇險之中得此坦途，要非意慮所可及，異哉！此境五嶽不足六矣。俄而上至兩峰之口，有土屋數間，土兵駐此，以爲刺奸之所。過此忽馳一閣道，係剷平山頂爲之者。左右深淵，莫測其底。前有峻嶺當面，繞嶺腰而行，則境愈奇，壁愈峭，全山無土，勢類削成，石紋奇麗，間以琦花瑶草，掩映紛披，斑剥陸離，雖畫工未易摹倣。老天靈秀，自此發洩盡矣！多大洞，惜皆以磚石封之，殆中有奇險，恐遊者誤入之故。【略】流泉百道自壁瀉下，飛作雨花，潤人眉宇，其高不知幾許。余翹首視之，帽爲飛落。雲氣忽起，彌漫如霧，下視如海，衆山皆不復見。雨，數刻乃霽。過此復陟一山，多檀、楠、檜、楷，異木千章，罕識其名。【略】俄山勢寬展，四圍樓閣漸多，則距西末喇不遠矣。繞山復數十盤，乃抵西末喇。

二十一日，山中。寅刻興，盥節，略進茶湯。卯刻下山，登馬車長行。馬駛如箭，幾夢兀兀，不知已過崇巖疊嶂更復幾重。已而日出煙銷，見山石皆作松紋，與元劉郁《西行所記》正合。此山大起大落，雄高深厚，海内殆罕其匹。至幽遠疎秀，是其所短，不得不讓江南諸勝矣。午刻至英國行邸，午餐。行不十數里，亂雲觸石而起，雷聲送响，急雨忽至，袖蓋蒙頭，兀坐車中，衣襟盡濕，轉側皆難。申刻至山下，抵喀爾喀客邸，小息，進中餐，盡更濕衣。復换馬車行，一路雨絲風片，泥濘載途，四輪鼓激，飛濺輒上人面。途次過一回城，周圍約三四里，磚垣高五六丈，外塗白堊，中建回堂高聳，頗壯麗。有頃，復换車過灘河，河水半涸，山泉未至，平穩勝前過河。約辰時抵孟巴拉，進車廠暫憩。晚餐後，戌刻上火車，天氣炎熱，復更單衣。

二十二日，車中。黎明至新地亞换車，此處是爲北印度，與中印度火車分界之所，乘隙進餐。巳刻上車行，車較昨乘者稍狹。直指西行，所過一望平陌長阡，種黍稷甚夥。【略】午刻至一站，中餐畢，復上車行。漸覩平山車低，行入山峽中，兩面皆土壁，悶鬱無賴。良久乃出，微雨東來，風光滴翠，緑樹中回莊無數，山際舊壘甚多，據高巔，砌築頗固，乃無一完者。【略】夜雨，車幄遍濕，榻無乾處。踡坐一隅，不得成寐。

二十三日，車中，晨興，陰，時雨時晴。辰刻車折而南行，所過漸無田陌，草樹葱蘢，雲山掩映，居民擇水草處支帳篷作屋，牛羊遍地，殆有游牧風焉。行行山色漸奇，皆大塊磐石，起伏土中，高或數丈，低僅盈尺，襯以淺莎，環以短樹，絶似園圃中所磊成者。石勢則或如龜伏，或如龍蟠，或蹲踞如虎豹，或飛翔如鷹隼，又其方如屋，其立如人，如靈芝之輪囷，如筊筍之尖削，奇形詭狀，不可悉名，如是者百餘里，異哉此徑！【略】晚至蝦爾美打，晚餐。復換車，湫隘塵垢，令人不耐。夜中過拉爾百打河，河發源於中印度。

二十四日，黎明車過大不地河，晴。平疇緑畝，椰林復茂，車行甚速，所過停止刻許，不復早餐。午初過一河，水闊如江，蓋海潮之所吞吐，故波濤頗壯。鐵橋横其上，長六里許，是爲印度第一長橋。過橋後午潮適至，遠望怒濤如飛，匹練須臾拍岸奔騰，大聲雷吼，殊快胸臆，不減錢塘白馬矣。午末至孟買，下車赴客邸。

八月初一日，早晨束裝，登英公司輪船。出孟買港，泛波斯海洋，東沿印土而行。遥見大山不斷，蓋所謂哥摩林也。

初二日，日朗天晴。東望印土，連山如横翠黛。

初三日，天氣炎熇，清風襲人，偃卧艙面。

初四日，夜抵錫蘭。按：錫蘭有都會曰可倫坡，其港口則名戈爾片埠，如舌孤峙南海，惟北面與印土僅隔海峽，餘三面汪洋萬頃。土地縱七百九十八里，横四百二十里。

初五日，晨起預備登岸。倚檣平眺，見小舟，厥製甚奇詭，係以大長木一段略刳淺槽，嵌鑲二木板，深僅盈尺許，寬不及尺，客坐中舩，首尾二人掉長槳，舟旁復以堅木二株，横出二木之首，以一木聯之，其狀如匚，平拖於水面，以乘舟勢，故不患顛覆，然甚矣其拙也！余與眉叔不敢坐，另呼洋艓登岸。

初六日，晨起束裝返舟，午刻展輪，風順而緩。

初七日，舟折而東南，遥望山巒蜿蜒不斷。以遠鏡測之，左爲麻六甲，右爲蘇門答臘，舟行其中，頗平穩。眉叔云：幸連日無風，若遇風暴，峽中激浪尤甚大洋，是可怖也。夜中見蘇門島塔燈閃閃不定。

初八日，在船。

初九日，在船。

初十日，在船。

十一日，晨抵檳榔嶼。自錫蘭至檳榔嶼三千六百里。【略】午後展輪，直指新嘉坡。

十二日，在船。

十三日，夜抵新嘉坡。自錫蘭至此計水程約五千七百里。

十五日，【略】清晨，左君復登舟來送。【略】有頃左去，啓輪。

十九日，【略】船鍼徑指香港，雖道經西貢海口外，不復艤舟，蓋英船，非法船也。

二十日，舟中。

二十一日，舟中。

二十二日，聞眉叔云是夜可抵香港，以見大金鍼，爲將抵港之證。欣然以喜，不啻漢征人之獲覩玉門關也。

二十三日，【略】午後見老萬山諸島，須臾船從西口進港，見長虹亘於天際。余等束裝已畢，一艤岸，亟偕眉叔登陸。

吴鍾史《東遊記》 光緒八年歲次壬午三月十二日，晴。辰刻，上海招商總局徐君雨之、鄭君陶齋兩觀察來書，邀赴高麗察看商務情形，以去歲朝鮮翰林院魚允中一齋來華，禀請李傅相少荃派招商局員前赴彼國，酌設通商口岸以興市面也。定議，即日起程。午後趣裝，晚同廣東駐防崔君琴舫登興盛輪船赴煙臺。

十三日，晴，早八點鐘開輪。

十四日，晴，行黑水洋。

十五日，黎明大霧如雨，舟行甚遲。十一點鐘霧開，行駛如常。四點半鐘進煙臺口。

十九日，晴。【略】晚飯後同赴鎮海兵輪，居處甚窄。

二十日，晴。早五點半鐘，同威遠、揚威兩船啓行。午出成山口，舟指正東。

廿一日，陰，小雨。早起已見朝鮮海中諸山，遠望有峰削如壁者，有頂平若臺者，有上平闊而中束小如方勝形者。舟望東南行，復轉向北，四點鐘抵京畿道仁川府西海邊月尾島後洋。有日本兵輪先泊島旁，因於相近處下椗。有朝鮮舟載古衣冠人來拜，舟形敝陋，削木爲筲櫓，在船尾左右推拽，蠢笨不堪。舟無艙，面坐者惟蹲於舟底，上蓋草薦。船首小錨係以木條夾縛石塊，俾得重沈於水。鍊則以草繩爲之，一舟上不見有鐵器也。【略】余於晚飯後同崔君赴威遠，問赴王城日期，謂須俟美國兵輪到後方可定云。

廿二日，霧。【略】申，馬觀察同趙君、陸船主及隨從諸人由舢舨渡登彼岸，赴仁川。

廿三日，晴。【略】午後，丁公登陸赴仁川。

廿五日，陰，小雨。午後美國兵輪到。

廿九日，晴。午後，附鎮海入山取水舢舨赴仁川。口岸距下椗處約十餘里，潮漲時可泊岸。石山脚下怪石磈磊，極其險峻。由碎石危步至山尖，踰嶺而下，有草屋二三十家，觀者蝟集，舉步維艱。復危步歸舟。

[四月]初二日，晴。午後朝鮮司譯院四品堂官李應浚來舟，傳國王命，請招商局員赴都遊歷。惟共去幾人，須開單報知，俟命下户部，方可備辦轎馬夫役來接云云。余因往返需數日，請自出資雇用民夫，以免遷延。李君謂王命沿路供給，均須官辦，雖價雇，無人敢爲承攬。且仁川地僻人稀，亦無轎馬，不如静候來接爲是。

初四日，晴。辰，李應浚來説轎馬已候於口岸，請即渡登。因早飯，趣裝，僅帶數衣，留箱籠於舟，同崔、李、張三君，僕人二，廚司一，及國王派來伴行通事金永淑、張鎮邦二名，坐舢舨赴仁川口。將抵岸時，山巔遥望之人已難悉數，皆戴黑紗，笠衣白布服，立者、踞者、坐者，如無數米蟲，蠕蠕山頂。泊岸時，以觸石故，舟子有墜水者，幸水淺，即得起。登岸後，轎馬皆集，轎略如華式，而狹陋無匹，土人以平坐故，於轎槓下即削平無所有，近槓可坐處用皮條架十字，作網形，以坐人。皮條偶脱，即從中墜下，坐時甚惴惴也。轎槓即連於釘皮之木架上，前長一尺，後長三尺，轎夫以帶套於槓之近坐處，肩曳而行，途中不能換班，行數十步，另有左右兩人，於轎底横扛一桿，以鬆前後兩人之肩，又數十步抽去其桿，則前後又任重矣。將停時，以輿倒竪，脱去後帶，輿未停，人已先仆出矣。轎之四圍内，則於四角植立半寸方之小木柱，斜交兩麻繩以爲衛，外罩青布，行時揭罩於頂，如檻車然。馬小如驢，崔君以體肥，轎馬不能容載，不得已，仍返舟。余等即乘所備轎馬登程，途中山路崎嶇，高下屈曲，約十數里抵仁川。四圍皆山，中有百餘茅舍，向南山麓爲仁川府署。署屋數重，零落如涼亭。府使鄭志鎔迎入署中，舍於東館，無桌椅，入即脱屨，席地而坐。【略】約明日早飯後起程。昏頭疼，僅煮粥，食松花蛋，閉紙窗，席地卧。戌刻，護送官來請晚安，方睡。夜大雨。

初五日，晴。辰起，護送官來請早安，候駕。余不能飯，食粥而行。因轎窄陋，易馬而乘。一路皆山，登高履下，危險萬狀。遇陡處，下馬步行，時虞隕越。午刻，過富平府屬之五柳衕，打尖，計去仁川三十里。其地茅屋數十家，富平府使差官接待，供宴如仁川。因不止宿，撤宴後又供飯桌，與初宴彷彿，多牛血及辣菜等湯，仍不能入口。飯尚潔白，因和自備路菜，以充飢腸。飯畢復行山路，十餘里始得平原。四圍崇山峻嶺，白石紅泥，中則緑野平疇，方十數里，惜無人種植，僅爲放牧地云。過此至楊花津口，司譯院三品差備官李容肅字菊人、四品差備官吴慶然字莒庵迎於道左。同至河干登舟，中流遇由大路迎接之差官崔、玄二君，亦同過江。兩岸觀者如蟻，不知其幾千萬人也。過濟物波，入臨江亭，曰濯纓館止焉。屋宇低小，問何以不進城，謂奉王命迎舍於此，以館宇清幽，山圍水遶，足供天朝人舍館也。問離城尚有幾里，謂有山路十五里，若欲進城，可於明日早飯後，下午出城亦覺便易。余因索紙筆，書數行以商之。大意謂我等既爲商務而來，居宜近市，以便察看商務情形，今承館於城外幽雅之地，遠隔闤闠，往返需時，諸形不便。且暫住不過數日，何有郊原遊賞之時？務望將此情轉達國王，俾得居近市廛，出入自便等云。李君謂姑俟，以此紙稟請首相洪淳穆，轉達於王，然後聽命。余因時日忽促，即託吴君當晚進城。下馬宴較富平、仁川尤豐，以彼係當地汛官辦差，此則由户部供給，有光禄寺差官漢君在此駐辦。然其地亦不過茅屋數十家，無物可買，除雞蛋外又皆不能用也。戌刻李君來請晚安，去後閉紙窗，席地卧。

初六日，晴。辰，李君等來請早安，并謂已奉王命，即請進城，可於早飯後同行。惟進城須改乘輿，不便騎馬，否則恐干款接不恭之咎也。巳刻起身，前導有差頭，青衣紅袖，戴黑氈笠，挖三眼小花翎，跨馬前驅，以除道路。

行萬山叢中，十餘里曲屈高下。至艾五嶺，有清水小坎，夫馬打尖，役夫等均伏地作牛飲。又行數里，至南大門外，一路引領，而望者如站班列隊，擁擠兩旁。城垣係石砌，高約四丈，頗雄壯。入崇禮門，道左人民奔走爭視，塵土蔽天。大街寬可數丈，旁搭茅篷，售雜貨，狀類中土地攤，皆不甚值錢之物。須臾擁入道右南別宮，云係舊駙馬府，即所以館天使者。入宮後封門下鍵，內外守者嚴密，不得出入。因以欲遊歷市衢爲請，李君謂俟享宴後請命於王，國中事無大小，非王命不敢擅便也。宴後李君始去，歸已午後，雖允入市，尚須俟兵部護衛禁兵到後方可出門。遲之申末，兵尚未齊，乃同張君攜數十兵，及金通事先赴左近大街，萬民圍視，鞭之不開。至鐘樓街，聚者愈衆，日暮返南別宮。

十一日，晴。早飯後趣裝，乘輿出宮。前驅尺方藍旗，中書巡視紅字，如長柄之令旗然。吹手音似吹蘆笳，沿途伴送各官同行，隨觀甚衆。過濟物波，兩岸觀者如堵。易馬至五柳衕，打尖，請宴如前。午後行數里，於山上望見仁川外洋，盤繞峰嶺。兩時許抵仁川，又請宴以祖行。晚小火船來接，潮落，不得泊岸。用土人小漁舟過渡，離岸數尺，人物由人負上漁舟。舟有魚穢，且漏，行李浸溼，鞵襪亦著水中。昏上揚威快船，知英兵船到，亦欲代爲議約，明日不能回華船上。居處更窄，鋪程又溼，和衣而睡，聊免席地之苦。

十四日，晴。申，得明日揚威船送中堂稟消息。晚赴丁、馬二公處辭行。

十五日，晴。晨朝鮮差官李應浚來，附舟由煙赴京，送咨報總理衙門與美立約公文。八點鐘開輪。

十六日，晴。早十點鐘抵煙臺，停輪下椗，雇小舟赴招商局。

十八日，晴。辰，豐順過煙，午即趣裝登舟，一點半鐘開行。六點半鐘過成山燈塔。

十九日，晴，行黑水洋。

二十日，晴，午十二點鐘抵吳淞，兩點鐘泊下海浦，三點半鐘到招商局。

（越南）范慎遹、阮述《建福元年如清日程》 嗣德三十五年十二月二十一日，欽奉諭准臣范慎遹充爲欽差正使，臣阮述充爲欽差副使，前往天津備問。臣阮顓充爲欽派，前往廣東留住，以便寄遞書信等因，是日臣范慎遹、臣阮顓奉於文明殿拜命。由臣阮述已於是月初十日奉准賫遞國書前往廣東呈候。

二十二日，派隨屬就內務府檢認貨項，歸束箱擡停當，俟船搭往。

二十七日，得報有招商局普濟輪船駛來順安汛，訂以二十九日駛往海陽海防。

二十八日巳牌，奉率佐屬並隨丁等，【略】由東嘉津次渡船，裝載箱擡。未牌開棹，二更初抵順安汛招商局津次停待。

二十九日，辰牌【略】回船。【略】午牌下船，未牌放津。經奉咨呈院舶審覆。是日並三十兩日夜，船行皆遇逆風，波濤甚巨。

嗣德三十六年正月小。初一日，酉牌抵海陽海防招商局津次停泊。

初三日，【略】申牌開駛。

初四日，申牌抵瓊神州海口，自海陽海防至此五百八十二里。該船停泊搭貨。

初五日，申牌開駛，酉牌行經七洲，風水皆逆，波濤洶湧，人多嘔吐，竟夕不能寐。

初六日，天色陰晴，逆風稍退，東南望見遙山一條，隱在雲霧中。午牌至澳門洋分，西望馬羔山，東望萬山，舟行當中，頗覺平穩。

初七日，丑牌抵香港。自海口至此七百八十里。是處重巒疊嶂，亦海中一島耳。【略】辰牌雇小船裝起箱擡，就本國順穩火船權置，臣范慎遹訪聞臣阮述已於初五日由港搭船往東省，乃暫於順穩船安歇。

十三日，卯牌臣范慎遹臣阮顓並隨員等搭隨火渡船。號漢口船，長約二百三十五尺，橫約六十尺。午牌至虎門，申牌抵廣東渡船津次。【略】飭人附起箱擡，並雇轎夫護引到館停住。【略】臣阮述與隨派人等【略】亦於是日自何昭記寓移住於此。

二十二日，【略】申牌開駛。

二十三日，辰牌抵香港津次，委屬就順穩火船認原寄官項箱擡，移就富有船穩置。

二十四日，【略】申牌自港開行。

二十五日，卯牌過汕頭，香港至此五百二十五里。歷彭嶼，汕頭至此一百五里。北風颯颯，乍雨乍晴。戌牌過廈門，屬福建省以下，彭嶼至此二百八十五里。歷東椗。廈門至此六十里。

二十六日，卯牌過泉州。東椗至此一百五十六里。海霧濛濛，北風漸盛。午牌歷海壇南北口。泉州至此二百四十里。入夜戌牌，過白犬山。海坛北口至此八十一里。電光閃閃，風雨交作。

二十七日，寅牌過羅星塔。屬浙江省以下，白犬山至此九十六里。歷穿山，羅星至此四十二里。媽祖，穿山至此三十九里。戌牌到溫州，媽祖至此四百五十里。風水皆逆，洋分多有石磯，海霧濛暗，船暫停椗。

二十八日，寅牌開駛，未牌過台州，溫州至此三百三十里。風濤震盪。戌牌過定海，台州至此二百八十二里。波浪漸平。

二十九日，丑牌過寧波，定海至此九十六里。歷七里岐。寧波至此四十八里。巳牌過□心嶼，七里岐至此六十二里。天色晴霽，風靜波平。舟行歷大戢山，□心至此九十三里。銅沙燈船，大戢至此六十六里。川沙燈船，銅沙至此四十八里。入吳淞口。長江下注於此。午牌到上海。川沙至此八十四里。【略】到津次。頃間接唐道員馬大使商委長發棧撥船護引，臣等與隨派隨丁人等就該棧暫住。

二月【略】初二日，未牌招商局著人報，謂海定火船現回上海，後日往津，唐、馬二員飭撥夫船護載裝撬到船，又委潘瑜、吳有濡等先就該船穩置箱撬停當。

初三日，巳牌，唐、馬二員就長發棧商叙海定船搭載貨項，並會試舉人數多，艙房皆滿，使部全搭不便，擬應先搭一半，存千人俟後一二日再搭海晏船續往。臣等乃量摘留阮藉等八人【略】在寓【略】俟船。申牌，臣等率屬就船。

初四日，丑牌出吳淞門，自上海至此四十二里。歷川沙塔、吳淞至此四十二里。銅沙燈船、川沙至此四十八里。鷄骨礁、銅沙至此六十三里。沙尾山，鷄骨至此五十四里。酉牌到黑水海。即中田山地頭，是處水最深，望之色黑，其窪則非黑也。東風微拂，波平浪穩。

初五日，寅牌舟行，至午後過中田山，屬山東省以下，沙尾至此九百九十里。歷山東城山角，中田山至此九十三里。咬牙嘴，城山至此九十九里。亥牌到烟臺洋分停椗。咬牙至此一百零二里。

初六日，丑牌開駛，卯牌過大竹山，烟臺至此一百十一里。西北望見天色陰晦，寒風陣來，頃間雪下繽紛，船上帆柱繩索，雪凝成片。午牌雪霽，歷高家山，大竹至此四十二里。北風颯颯，橫波逆浪，船身傾倒。未牌天色轉晴，船行稍穩。

初七日，丑牌到大沽界外，屬天津府轄，高家至此四百二十一里。船因著淺停椗，俟潮漲入江。酉牌水漲駛進，水深約六尺餘。戌牌到大沽礮臺外，界外至此十五里。水淺船不能進。唐道先搭小大船往天津。

初八日，巳牌唐道商與招商局著取他船刊載客貨，並將小大船護引。酉牌入大沽關，礮臺至此十里零。由江道行歷葛沽，大沽關至此四十二里。鹹水沽，葛沽至此二十里。礮臺灣，鹹水至此二十二里半。戌辰牌水淺剎船，暫停椗。

初九日，卯牌開船，歷墳窑灣，礮臺灣至此十三里半。火藥局河口、墳窑至此九里。駕家口，河口至此九里。巳牌到紫竹林津次，就招商總局。駕家至此十里半。旁有諸國領事居館在此。招商局官飭雇車轎護起箱撬，頃間到天津府城。另有畫圖奉進。城有二重，甎城之外，又有土城，周道署則在城外之東，李伯相署則在城外之東北。隔天津府城一小江。城之內外，民户商庸雜居，道路不甚平潔。午牌到公館。天津府城東門內二道街。

[十月]二十二日，招商局輪船船名保大。來津，訂以二十四日開回海，即委杜富足鄧德輝將脚銀自天津回上海。一百五十五元九角，上艙四人，每人十九元六角，下艙五人，每人十五元五角。遞交招商局收認，另取船票共九片。

二十三日，早委館内差官劉得龍雇借車轎裝載箱撬，就招商局埠頭上船。【略】午刻裝載箱撬上船安置。

二十四日，刻開輪，巳刻駛到大沽口外，水淺船未能行，停待至戌刻開船駛。

二十五日，辰刻經過蓬萊縣屬山東省。洋外，北風稍盛。申刻雨雪霏霏，天色陰晦。船再停椗烟臺港外。

二十六日，寅刻駛入烟臺港口。亦屬山東，現有開商。頃間雨霽，船人刊搭客貨事清，午刻開駛。

二十七日，經過黑水洋分，波濤洶湧，船中人多吐暈。

二十八日，辰刻入吳松口，午刻到上海津次停椗。適接長發棧人將帖延接，即委該棧人雇借護載箱撬，回棧暫住。

[十一月]【略】初五日，接唐廷桂就寓探訪，並言該局輪船日下多因載兵，不便搭往，請且留俟數日。

十一日，早聞招商保大輪船自天津來，訂以明日開回香港，即委杜富足就粘船房，又將脚銀自上海香港。九十元交招商局取票事清。午牌由長發棧雇船裝載箱擡，就船安置。臣等與隨屬人等一并乘車就船。

十二日，寅牌開駛，辰牌出吴淞江口，船暫停碇，修整機括，再放行駛。酉牌過寧波海口，望見一山，上有望燈，數里之外，其光如晝，誠道海船行之一助也。

十三日，寅牌過台州，辰牌横對温州洋分，波平浪静，戌牌過白犬山，波濤大作，傳聞此處天日晴霽而波濤亦常洶湧，猶瓊崖洋分之上洲。頃間雨下，天色晦濛，船行欠穩。

十四日，寅牌過厦門，未牌横過彭嶼，波濤稍減。戌牌横汕頭，望見山上有燈，其光閃爍，此夜月霽雲開，風調浪静，船行甚快。

十五日，船到香港津次。隨接泰來棧人就船邀接，即委該棧代雇船夫，裝起箱擡，就棧暫住。

十二月【略】初七日，委杜富足通事輝將船脚銀九十三元。交鑑芝，並票。未牌雇借車船，裝載箱擡，就船穩置。申牌臣等與隨屬隨人等一併就船。住港欽派何文忠、謝惠繼、阮文本，與利用火船正、副管督及標屬員弁等，亦由是船同搭回國。

初八日，午牌駛，酉牌過澳門，船向西南行，北風徐來，船行稍穩。

初九日，辰牌過七洲洋外，午牌見海南漁船數十艘，四望無涯，風濤甚盛，船身摇蕩。

初十日，早向南而行，波濤稍静。

十一日，寅牌望見連山一帶，船再望山而行，辰牌到施耐汛，於虎磯外停碇。午牌入汛，即委杜富足雇漁船上岸，就商政衙報信，並雇船夫就火船裝起箱擡。未牌臣等並欽派諸員及利用船官兵陸續上岸，就商政衙停住。

十二日，商政衙派撥民夫，護遞箱擡上平定省城。行欽派並利用船官兵仍留在汛，俟起公項。途到綏福地轄，接該縣員與省派來接，申牌到平定省城，於公館安歇。

十五日，臣范慎遹舊病復發，仍留平定省公館調治一二日。是日未牌臣阮述先帶隨屬自平定起程回京。

十七日，臣范慎遹帶隨人等自平定省起程回京。

二十五日，臣阮述與隨屬等現回抵京。

二十九日，臣范慎遹與隨人等現回抵京。自平定省至京，一路人民寧帖，風雨順便，田禾葩利，均獲秀茂。

崇禮《奉使朝鮮日記》［光緒十六年四月］初八日，軍機大臣面奉諭旨：仁川登岸原係體恤該國，節省陸路供張煩費。尖宿之處仍遵前旨辦理，毋庸改道馬山。欽此。【略】與燕甫會商，片行禮部，定本月十七日巳刻起程，由通州乘船至天津，换輪前進。【略】並將起程日期知照兵部，給與勘合、夫馬，暨飛咨北洋預備輪船，轉飭經過各海口一體接護云云。

初十日，接北洋電：十五日遣小輪船來迎。係燕甫所借，爲拖帶坐船也。

十七日，巳正與燕甫【略】乘馬出朝陽門，至大橋换輿。申正至通州，通永道楊宗濂、州牧何其翔迎於河干，設茶座。略談，始知先行牌於十三日過通州，竟由陸路遞赴山海關矣。遂登舟，自備船五艘，余與燕甫大船二，幕友船二，通官船一。

十八日，辰初開行，用津航、慈航二小火輪拖帶，開往天津。距馬頭八里，火輪因水淺，耽延一時許。午正至馬頭，行九十里。未初行，酉正停泊，距河西務水程已三十里矣。

十九日，辰初開行，巳初過河西務。【略】午正至蔡村，大風，停泊一時許。申刻過楊村，【略】戌刻泊浦口。

二十日，辰刻開行，巳刻抵天津。

二十一日，【略】時北洋已調鐵甲兵船經遠、來遠聽用，遂與燕甫定二十二日開行。

二十二日，【略】巳未刻與燕甫偕幕友通官從人乘快馬輪船，由紫竹林開行，過北塘等處。【略】至大沽口，礮臺升礮迎。遂乘潮出口，燕甫奉諭祭文登經遠輪船，予奉賜祭品物登來遠輪船，酉正開往朝鮮。

二十三日，辰初至廟島，午刻至煙臺，未正至威海衛，酉正至成山頭。

潘飛聲《天外歸槎録》 光緒十六年庚寅七月，余由柏林東歸。十一日晨裝促發，【略】至安海特火車驛。【略】辰刻開車，未刻至薩克斯威馬推靈恩停車，朝飯。【略】至畫博，望巖岫尤深秀，隱見石門架山坳中明，日耳曼人路德著書地也。戌刻抵法郎格缶爾德城，宿地歷舍利客館。

十二日，卯刻起駕，火車過巴敦，望黑林山松林百里，蒼翠如滴。旋入嘉遭都城，停車，小游街市。【略】余在柏林，久聞巴淀飛泉之勝，是日火車過淀不停，不能往游。遥望晴嵐翠靄，雖未見飛泉，極爲神往。見一山高聳，阿恩德曰此和繼神山，爲德法分界地。望來因河一水如帶，《瀛寰志略》所謂「沿河多名山古蹟，風景清美，時有遠客來游」者也。車穿數山洞，入瑞士境，名巴塞。午渡來因河，换車。車較敞，有一房，行客皆集飲，作午餐。晚過沁白湖，碧水漣漪，蒼山隱現。瑞士湖山忽在眼前，已思之四載矣。酉刻抵盧在湖，入玉勒客館。【略】夜大風雨。

十四日，巳刻出駕，火車疾馳萬山之中。大雨陡至，四圍蒼碧忽變爲浩瀚雲海，時見千百白龍蜒蜿天半，蓋飛瀑也。車穿十數大山洞，陰寒逼人，山巔轟雷震耳，行客驚起。余危坐，以爲作天上行，獲此奇觀，頗不駭慴也。抵葛神靈，雨稍晴，下車午飯。過蘆千湖鐵橋。又沿緑漪湖行，見諸峰煙鬟新沐，如拂明鏡梳頭，意態妍媚，較朝行所歷之境，殆化奇險爲秀麗者。酉刻入意大利界嘉所，榷吏接見，言奉德外部檄，知中國教習歸國，免查税。暮抵郭木湖客館，此地來時曾一宿者，名朋宣士威士。

十五日，辰刻登車。望蒙秘朗山巍然出天半，此爲歐羅巴第一大山。巳刻至奥地利境米蘭停車。【略】未刻登車，過白河，又經數大山洞。酉刻抵現華羅馬街伊述達客館，舊寓重來。

十六日，學生包爾來告，所定歷嘉船已泊洋口，明日開行。

十七日，同竹君阿恩德、包爾登歷嘉船。【略】申刻開船。

十八日，船上懸各國旗，奏軍樂，飲饌加豐，言是日乃德兵克法下師丹七城之期。晚見一山，紅光直衝霄漢，拿波利火山也。火山余不獲登，今從海上望之，尤屬奇矚。

十九日，過西治里島，望墨西拿樓臺叢浮出海濱，東爲卡波利亞。

二十日，過干地亞洲。洲在海中，周圍千餘里，與希臘相對。舊屬土耳其，今爲英所據。

二十二日，未刻泊波塞，此地爲亞非利加海濱沙漠，屬埃及。本無居人，自新開河成，舟楫停泊，添載煤炭，遂爲要津，百貨雲屯，貿易漸盛。

二十五日，晨起已開船，入新開河。午刻行湖中，清風徐來，蘆葦皆有秋意，如泛舟故鄉煙水中，頓忘身在重洋也。船主蘇美亞言此河全爲英國購得，徵收船税，日有起色，而紅海、地中海之筦鑰實爲英人司之。【略】晚過蘇爾士。

二十六日，入紅海，兩岸皆好山，昔年賦詩所謂「奇峰萬里看」者。是日天宇無雲，晴翠萬狀，山靈忻然，若喜我天際歸帆也。

二十七日，鬱熱如蒸，飲饌設冰糕、冰酒，艙中扯風扇，猶覺揮汗成雨。至夜露宿船面，僅睡片時。

二十八日，見兩破舟没海中，僅露桅尾二三尺許，令行客悚然。連日酷熱加劇，船中水手燒煤兩西人中暑昏卧，經醫士灌以藥水，逾時乃醒。

二十九日，過數山島，奇峭離立水面，惜不知名者。夜稍涼。

八月初一日，申刻泊亞丁。亞丁舊隸阿剌伯，童山突兀，不生寸草，英人據此以扼紅海要害，設兵守之。【略】雨後歸船，鬱熱尤不可耐。蓋紅海兩岸皆沙漠，日炙沙石，燥烈如火，偶得驟雨，薰蒸之氣愈覺灝爍逼人。

初二日，寅刻開行，入印度洋。晚見波面現白光，中作萬點水晶。君迪因言：考西人紀載，謂紅海一帶多紅蟲游泳，映帶波浪作紺色，故名紅海。然余往來諦視，並不曾見，惟見飛魚最多耳。夜半舟蕩。

初三日，大風。午過蘇門答臘大山島，晚波浪更大。

初四日，微風，暮雨打玻璃窗，淅瀝有聲。【略】已見月出海東，滄波澄徹，照人眉宇。

初五日，風定舟平。

初七日，天朗氣清，波平如鏡。

初八日，酉刻抵錫蘭。

初十日，寅刻開船。過潘都哥，一帶遠山緑樹屯雲，綿渺數百里，印度海濱南境也。

十二日，晚過蘇門答臘。望萬古魯高山雲氣滃鬱，大雨忽晴，涼月又上。

十三日，曉雨，薄涼。舟人指示士冷阿諸山，蓋已入麻六甲境。麻六甲舊隸暹羅，與新嘉坡地勢接連。

十四日，將抵新嘉坡，島嶼起伏海面者不可紀數。新嘉坡口外兩山高峙，中闢海門，真可扼守形險者。【略】是夜因待帶水人至，故子刻始泊舟。

十六日，蚤起，開行。遠見一船從東來，西人以望遠鏡窺之，曰巴仁船也。及至，兩船各昇旗，吹角者三。憶余來時乘此船，至是已閱四載，往返七萬餘里，幸而帆歸天外矣。

十七日，陰雨。蘇美亞來告，言風雨表鍼已大落，恐有颶風。西洋行船有大風而無颶風，故只畏沙石。南洋則颶風可以覆舟。颶風者，旋風也，即莊子所謂洋角風，盤旋海面，或千里或數百里，舟入風中隨風旋轉，不可避，西人輒患之。至是均有戒心矣。

十八日，大雨漫空。午刻舟漸巔簸，憬然知颶風將至也，惟僵卧聽之而已。

十九日，大風，雨勢益狂，洶濤排山，激壓舟頂。我舟隨之掀騰上下，艙中窗檽已入水至尺。先是，舟泊新嘉坡，華人附載而歸者數百人，皆居艙面，至此無容身地矣。船主令開後艙底，招衆人避。入夜四聞哭聲，余心亦不能自持也。

二十日，風力尤驟，舟勢偏側，似不能轉旋者。至是，僵卧亦須攀持牀杆，恐從此波臣召我矣。余私度海外三年，萬幸生還，屈指日内可抵香港，即有生入玉門之樂，乃至此而見厄耶？果爾，亦數之不可逃也。

二十一日，風勢稍平，余强登艙面，猶覺激浪成山，騰沸澎湃，桅旁鐵管已折其一，鐵篷多飄入浪中。【略】明日可至香港矣。

二十二日，巳刻到港，泊船聲礮。

張鵬翮《奉使俄羅斯日記》 康熙二十七年五月初一日，陛辭。

初二日，寅時啓行，出得勝門，士氣勃勃，軍容甚盛。按期行二十里，抵清河。【略】四十里過昌平州，鐵騎騰踔，塵土撲面，不暇辨十二陵矣。三十五里駐南口，中未刻，暴風，洒雨數點即止，暑氣稍解。

初三日，早度居庸關，山路崎嶇，四十五里出關。入平地，名岔道，即永樂駐軍處也。又二十五里，次榆林驛，環溪列營，水濁不可飲。忍渴至夕，遣人馳山下取清水烹茶。

初四日，行二十里，過懷來衞，石城完固。《志》稱唐開元中張説始築，今設一通判。三十里次土木堡，風猛沙撲，帳内熱氣蒸騰，無處可避，惟瞑目默坐而已。有頃，微雨，始涼。

初五日，行四十里，過保安城，城設參將一員。四十里過雞鳴驛，次上花園。雞鳴驛石城完整，渾河繞其前，背擁雞鳴山，峰巒聳峻，紺宇凌霄，蜿蜒十餘里，陵阜姸秀，楊柳依依。

初六日，早發上花園。大風沙，土迷目，帶臉罩行。山路陡絶，下臨河水，金幼孜所謂車行馬驟，毛髮栗然者也。出此二十里，地漸平。又二十里過宣府，石城堅高，規模宏敞，夙稱塞上重鎮。今設總兵一員，口北道一員。午，風息，十里駐柳河川。

初七日，早涼，行平地四十二里，過下堡城，永樂所築也。又八里，出張家口，兩山對峙，石壁崎峭如削，中設一關，環山爲城。昔永樂嘗指此歎曰：「如此險，人馬安能度？」富哉言乎！澗水由塞外入口，清徹見底，深不踰尺，名曰定邊河。旁有一峰聳立，碑曰姑石兒路，下有清泉，甘洌可以煮茗。過此五里，夾澗下營。是日出關，日霽風恬，軍行踊躍。【略】晚涼，衣皮套。

初八日，早氣肅如深秋，襲外套。由山峽中行二十里，有土屋托羅廟，古槐一株。又三十里，次察汗托諾亥大壩，猶華言白頭嶺也。平阜四周，帶土多草，澗溪數處，而有泉者三，惜少薪耳。軍士知者先載薪以往，否則采枯蒿佐以千馬矢，僅足供爨；若後至，則無矣。山河一道，即達口之定邊河也，有蒙古沿岸穹廬以居。此中有皇莊與旗莊，同蒙古雜處。自此皆向西行。

初九日，上崇山，石路崎嶇，約三里入平阜，四十七里次博爾哈斯奉，猶華言柳條溝也。有小河北流，繞山下。蒙古依水草聚處，牛羊成羣。此河曲折繞營，清甘足飲，名之曰清河。道上見蒙古五六家，穹廬而居，其廬上穿一孔，中安一灶，以糞餅置廬上，臭不可聞。衣敝布衣，男女同處，較中國之貧民更苦。

初十日，小雨，行六十里，次哈喇郎，有水草。甫扎營，雨止，夜隕霜。

十一日，行平地八十里，約中國百十里，次佐漢郭兒。有水西南流，濟軍士汲取，字曰清溪。兩阜青草可以牧馬。未至此四十里有小澗清流，暫憩其處，觀從者拾馬糞處囊，載之俱往，以供爨。嘻，異矣！初見道旁石碾遺迹，意古時此地必然可耕。至晚扎營，見山地新墾，未見所藝何穀。再睹榆樹一株，大可合抱。

十二日，行平道八十里，抵中國百有十里，次他喇布納。濁水繞流，鹵地草稀。未至此四十里，有小澗清泉，望見喇麻寺一所。將至營門，古堆上有二石柱，鐫蒙古碑字，或云界石也。

十三日，行五十里，入山，次呼盧蘇泰，猶華言葦子溝也。山形環秀，清水繞流，平章審視云：「是吉地。」鵬翮、世安登山，四望空闊，祇見軍士牧馬山阿，或坐或伏，窩南白翎迎風飛舞。

十四日，辰刻雨止，啓行，五十里次阿托和。三軍扎兩山下，中有水一道南流，半濁，牧馬山阿。未刻雨，下帳，雷雨夾雹，一食頃止。

十五日，大霧，行五十里，過三小溪，入山溝，石峰聳峻，澗水繞流，樺木敷榮於山阿，喜鵲翔集於條枝，俄而雙雁嘹嚦，若告我以塞外奇觀也。紅花盈疇，遠望如錦茵，近視之，一莖四朵，形如蘿卜花而十二瓣。其山出稚烏、雛烏，【略】又二十里，次葉不孫郭兒，地稍平衍，清水北流。土人云心、肺二山相連，有九十九泉池。按史，元太宗嘗避暑於此。其泉發源官山，流爲黑河。再見榆樹一株如蓋，累石豎旗，云是蒙古祖冢。遍野有花，如牛賴子，叢生並開，蕊紅而花白，微香，根臭，名曰小人草。是日采薪爲爨。

十六日，行十里許，有土城，周環可十里，名巴爾蘇泰，未知築自何時。旁有方山峻嶺，俯瞰城下，當年亦不可守。策馬往視，其中惟見斷壘荒草而已。二十里踰峻嶺，入深谷，草木叢生，羊腸一道，兵家所慎，今賴至尊威福，蒙古臣服，統入八旗，如行内地矣。五十里出山，入平地，過清水河，駐昌河兒托諾。甫下帳，微雨後頗熱，衣單袍，齊集會議。漢軍照旗分附入八旗下營，整齊嚴肅，以示威遠人。是日，溪邊始見小魚如指，游泳藻間。蒙古帳外有場圃，稚子以木臼舂炒糜子，取山木爲薪。

十七日，行四十里，有廢土城，周圍可五里。側有浮屠七級，高二十丈，蓮花爲臺，砌人物斗拱較中國天寧寺塔更巍然，篆書萬卷華嚴經塔。【略】此二日所見蒙古皆有土屋，能耕種，藝麥糜子。時方五月中，麥僅二寸，其土磽可知矣。又二十里，次甘察莫都，夾水列帳，部伍整齊，牧馬平地，蒙古二百人防圈外。

十八日，行十五里，次歸化城，此蒙古語庫庫河屯也。城周圍可二里，惟俞庫及副都統署瓦屋，餘寥寥土屋數間而已。

二十日，早發，車輛先行。

二十一日，行九里，入祁連山。有土城廢址，疑即碑所云甸城也。遠望石峰迭翠，入其中，則平阜蜿蜒。相傳元世帝後俱潛厝此山，而不立陵墓。紅白芍藥、杏樹、萱花，敷榮山阿，易險阻爲坦途，豐州守張鑄之功不可泯也。十五里踰峻嶺，方言都倫大壩，土人樹木槍旗幟，累石積薪其上。五里下坡，石溝崎嶇，車馬難行，加以石山壁立，溪壑幽深，師行宜慎。六十里駐昆都勒必納，已日夕矣。峽行棄駱自此始，山路險遠，抵中國之百六十里。

二十二日，巳刻微雨，【略】乃分三路東行，佟國舅領鑲黄、正藍、正白三旗居右，馬圖章京領鑲、白二旗居中，索大臣領正黄、正紅、鑲藍三旗居左，而相距不出百里，聲息可以相通。

二十三日，無路徑，嚮導折而東向。踰平嶺四十里，有水草之地，喇麻窮廬而居，飾新涼棚。其前又二十里，駐席喃莫洛。有清河一道，足人馬汲飲，兩山亦堪芻牧。【略】夜大雨，至四更止。

二十四日，【略】是夜行路馬俱驚，可異也。

二十五日，向北行，平地三十里，駐烏蘇禿。有河水繞流，草色青葱。【略】未時雨，至四更止。深夜，帳中聞雨聲瀟瀟，念從者沾體牧馬，若狀堪憐。

二十六日，風涼，襲襲套。行五里，有廢城基址可七里許，平原回合，氣勢攸聚，昔人城此，亦知地利者也。自此山澗有水之地，蒙古零星而處，常登嶺觀我軍容。未刻，北風大作，烏烏有聲，迎馬首來，馬遂不策而馳。《漢書》云：邊馬感北風之思，遂頓羈絶絆，驤首而馳。豈不信哉？二十里次察汗卓魯，計程七十里。有泉源可汲，惜草少耳。入帳後，虹見於東，復北風有聲，和雨而來。

二十七日，涼風刺面，如中國十月氣候，將士有服皮袍者。踰平阜七十九里，次門西臘木倫，沿途蒙古居者絡繹。未至營三十里，有黑泥河一道，草亦稍有。此處河水稍清，而草則不及耳。

二十八日，行平道四十三里，次哈納烏蘇。河水盡牛溲，臭不堪。童阜沙磧，止産得勒蘇枯豆，間雜嫩草，牧馬駝以此，深慮不足。

二十九日，行平沙中，一望無際，寸草不生，馬前惟見沙堆累累，此古人所謂大漠也。步此三十里，忽有青草百畝，肥脆茂盛，停驂牧馬，殆有神助。過此復平沙六十里，駐阿爾七金，地面竟日無水始此。乾澗有蘆葦，勉强牧馬，下濕處掘地三寸餘得水，有土氣。

三十日，出軍門，滿地矮樹紛披，狀如小柏，生采爲薪即能燃。踰平岡六十里，亭午暑氣炎蒸，行人渴甚，無水可求。忽風雲洒然而至，少解渴暑，人馬安然而度，皆仰賴皇上洪福，天心默佑也。下岡二十一里，駐喀龍，平阜夾岸，怪石槎枒，地勢低凹，掘三尺餘，水碱，煮羊烹茶，變黑色，令人腹疼。地枯無草，無薪，軍中拾馬矢供爨。

六月初一日，入喀爾喀界。石阜怪狀如齒牙戟劍，地盡沙石相雜，草木不生。行五十里，次哈泥哈打。亭午甚熱，久旱之地，山童草枯，牧馬無處。掘地數尺不得水，復求之山阿，得泉眼，人馬汲飲立涸。

初二日，風凉，平阜起伏，始見草色青青。行九十里，次克勒孫，掘地三尺餘，得甜水，僅足人馬汲飲。是日，路有流沙二十餘里，陷沙一處，馬誤行其中，陷不得出，車輛不可行，毁輪自此始。喀爾喀國人身長者多衣布袍，領袖鑲皮，腰間細摺，而野心較甚。

初三日，軍中車輛未至，用馬駝負重致之。

初四日，冒暑行七十里，次科尼赤。

初五日，晨小雨，乘凉行七十八里，次阿爾哈爾蘇八。掘地得水，有土氣，牧馬亦無草。

初六日，行五十五里，次噶爾果拜必逐爾回不吶。有小河一道，紫泥臭濁，茂草盈尺，馬争食之。

初七日，天濃陰，行七十一里，次屋蘭忒門。東邊山阜下有舊井，可飲，就其處掘水，亦足飲馬，獨枯地無草耳。此上數日俱有小木，如松而葉圓長，可采爲薪。是日有軟沙五十里。

初八日，行三十里，入山溝，有溪水嫩草，停驂小憩。復行七里，駐克勒阿祭拉漢。時方亭午，道上見喀爾喀國人挈孥載帳易去者，詢知喀爾喀與喀諾德戰敗，而部落各奔。

初九日，風沙朴面，暴日薫蒸，行百里，次查哈馬克兔。

初十日，還軍克勒阿祭拉漢。

十一日、十二日，仍駐軍，喀爾喀潰卒布滿山谷，行五晝夜不絶。

十三日，復行五十里，次臊韃舊營。掘地得水，黄濁而味甘，足人馬飲。暑氣大甚，沿途斃畜狼藉，臭不可聞。

十四日，行七十里吹克布禄。亦無草，掘地，水黑不可飲。岡上得舊井五，水濁而腥，然渴者易飲，亦實如醴泉。

十五日，風凉，行五十八里，次古爾半。禿路掘地無水，童山無草，我馬隤頽之餘，復值此苦境，益增旅愁。尋得舊井三處，午後酷暑，尚不足軍士汲飲。

十六日，辰刻乘陰行二十里，次烏奴蘇太。濁泉微細，掘坎得水，如礬色而味碱，只供人飲，牧馬亦無草。巳刻小雨，旋止。

十七日，微雨，行三十三里。石山磊落，參差連壤，奇峰聳拔，競勢争高。振衣登嶺，遥望白雲孤飛，徘徊久之。復策馬行三十里，次拏拉克帶叟即不拉，抵中國之八十里。甫下帳，風雨驟至，須臾止。掘地得水，足人馬汲飲，枯地淺草，聊充芻牧。

十八日，辰刻小雨。午刻，阿、馬二使臣至，將士言途中乏水草，苦狀如繪。

十九日，喀爾喀人來乞援師。

二十日，軍中恐粮盡，並日而食始此。

二十一日，終風且暴，開帳則揚沙朴面，卷幕則炎氣蒸人。夜半，疾風怒號，如泣如訴。詰旦微雨，風稍平。

二十八日，統正白、正紅二旗還駐烏奴蘇泰，自此皆向東南行，其鑲白、鑲紅、正藍、鑲藍四旗分道向東行，以就水草故也。是日，水臭不可飲，遣人於東旁五里取井水烹茶。夜暴風，怒號達旦。

二十九日，陰凉，兼程行七十八里，駐克布禄，抵中國路程三百里。

七月初一日，駐衣勒呼，即臊達舊營也，途中棄馬駝甚多。申刻，虹見，小雨，怪風嗚嗚，雜天鵝聲而過，征人莫不起視。

初二日，凉爽，過克勒阿祭拉漢，至哈喇布喇駐軍，即山溝口也。乾澗旁掘三尺得水，頗甘，足人馬飲。六月初八日過溪旁，嫩草青葱，爲之停驂；今惟濯濯而已。軍壘斃畜横道，臭不可聞，飛馳惟恐不速。會日月之幾何，而所見頓殊如此。是日，沿途乏馬或卧道側，或立坡間，割尾跏足，仰天穢地，不可名狀。軍士大半徒行，自此始矣。次早，陳世安焚輪。

初三日，次屋蘭忒門。清風徐來，趙學士、張樞部、陳給事登山眺望，山多粗石累積，間有美石如瑪瑙水晶，其光瑩然。及閲《北征録》，亦云地多美石，行者下馬拾以爲玩。古今有同情矣。

初四日，疲馬行酷暑中，炎氣薫蒸，鞍頭如火，眼迷不能遠視，探囊取不渴丸含之。軍士有牽馬垂頭而行者，有只身袒衣得得行者，有裸體伏矮樹下伸頸望人者，有咽喝起煙逢人乞水不得者，馬背見之，殊爲惻然。【略】途間多蚊，細者如水蠅，拂面麾之不去；大者如蜂，入馬鼻，噴之不出，至於昂首齧蹄，稍不防備，人爲之墮。申刻，住噶爾果拜必遂爾回不納，前所見茂草爲遁卒縱火焚之矣。問齋奏筆帖式，云六月十八日到暢春園，二十日啓行，初一日抵此。

初五日，午未二時狂風大作，偃帳揚沙，軍中皇然。前駐軍於此，聞土人言此地有鬼，人多畏之，是夜悲風怒號，其聲淒切，今復怪風揚沙，人飲水輒瀉，或腹脹，馬多病死，其古戰場歟？

初六日，鑲紅等四旗同至，言途次乏水草，渴死二人，疲馬棄於途者甚多。夜大雨，至次日辰刻乃止，出塞以來所僅見者也。軍中羸馬不耐雨寒，冷斃頗多。

初七日，申刻虹見於東，大雨，旋止。

初八日，涼爽，行二十里，揀有草處駐軍。掘地丈五尺不得水，軍士飢渴交迫，至三更尚聞歎息。五更束裝，燈火閃爍，人語喧闐，起見北斗當頂，因憶成宗南望北斗之説，信矣！

初九日，次阿哈爾蘇八，前所掘井半多坍塌。距此八里青蒿中，見白色頹然者，草已枯矣。因兩路無水草，八旗同此一路，分先後行，以人馬困乏，不能按站，每一路分兩日行，前軍過此，後軍南至，周八日而八旗方輪過一舍。理藩院安驛站至此，每站用四十八旗蒙古一百名接應差使。

初十日，駐葱嶺，以遍嶺皆葱故名，計程三十四里。乾澗側有舊二井，從旁掘地七八尺，得水，甘洌可煮茗，字之曰塞外第一泉。營前小山蜿蜒，峰頂積石磊落，狀類園亭假山，散步登眺，一片野色，荒煙迷離。布氈坐石頂而望，晚霞繼日，胡馬歸牧，咏「牧人驅犢返，獵馬帶禽歸」之詩，爲之一快。距此五里爲正白旗駐宿，山下有舊井一眼，掘地亦得水。喀爾喀遁兵至此，蟻聚兩山下，攜瘦馬駝往來道旁貿易，其價頗昂，蓋窺我軍乏馬故耳。

十一日，駐軍埃正白旗。行軍壘得跳兔大如鼠，其頭目面色皆兔，爪足則鼠，尾長，其端有毛，黑白相間，前足短，後足長，得則跳躍，性狡如兔，犬不能獲之。善穿地作穴，以前足推土出，而漸運之遠。人戲填以碎石，即手口卒堵而排出之。若得千皮爲裘，較紫貂更細。金幼孜云：疑即《詩》所謂「躍躍毚兔」者也。得唐開元錢，古人曾有至此者矣。

十二日，次科尼赤敢。步山坡下，亂石間見泉眼二處，水濁而臭。陳世安使人就近低凹處掘去數石，穴中得水，不濁。後平地任掘而不得水者，不審地脉故也。蓋塞外之水往往在山脊與石穴中，與孟子就下之説不侔也。

十三日，行三十里，揀南集水處駐節。

十四日，風涼，次克勒孫。陰雲慘淡，風雨驟至，顧視衣履敝決，形容臞顇。

十五日，行軟沙七十里，甚屬艱難。見有舊井二所，因駐節，水咸，炊飯變黄色，食不下咽。乍雨乍止，地處低窪，鹵氣上蒸，帳幔衣服皆濕，次午曝於山坡始乾。二十日内，暑濕交侵矣。

十六日，過哈喇哈打，五里入山溝，夾澗而營。澗側有古井四所，淡而不濁，掘其旁亦得水。兩山石壘，多産金雀木，皮色如金，可飾弓箭器具；葉如天冬，有芒，正夏開黄花，塞外嘉植也。惜乎屈而多節，不適於用，空長荒塞，僅供野爨。天之妒全材也，物其然矣。折不孫丹八剌麻由秃喇必納遁此。

十七日，巳時入噶禄，次苔布泰哈不七兒，計程四十里許。

十九日，將士步獵於野，每旗獲兔百餘以歸，刳肺肝生啖之。

二十二日，亭午熱透帳房，衣履如火，以手拭之，如探湯。

二十三日，晨陰雨，行二十里，次阿達金呼都克。

二十四日，天氣躁熱，汗馬行淺沙四十里，如陟火焰山，揮汗如雨，氣不能蘇，秋陽十倍中原。次張郭圖呼都克，止得一古井，將士爭取泥漿解渴，懸釜竟夕。

二十五日，蚤行三十五里，度平嶺，至達布蘇泰，有水草，僅供一旗之需。亭午甚熱，開前後帳門以出暑氣，布席伏地，想中原緑樹餘陰，畫蘭香水，不啻天堂。越酉刻，察有風信，命人釘橛封帳後門。將畢，忽風聲北來，勢如萬馬奔騰，揚塵蔽天，觸處帳幔裂飛，人聲與風聲相雜，轟轟如雷。默禱關夫子念軍士久役於外，寒暑交侵，飢者弗食，勞者弗息，偶值狂風大作，勢必毁裂帳房，露處生災，衆命不保，祈神威息此狂風，保全三軍之命。祝甫畢，風聲漸息，頃止。是日見蒙古攜馬駝交易，知用銀兩，戴雨纓涼帽，衣布棉袍，非復披羊裘頂狐帽之儔矣。且間有通漢話者，評市價頗騰踴，蓋四十八旗部落與中國漸近故也。

二十六日，申刻甫撤營，狂風揚沙，咫尺不能起視。有頃，虹見於東，飛雨數點而已。酉刻，載水以行，馬上仰觀，晚霞四映，五彩照耀，如奇峰，如人物，千態萬狀，妙不可言，塞外奇觀也。薄暮揀有草處駐軍，計程十四里，號其地曰彩霞。

二十七日，蚤發四十里，次擢羅，有水草足用。鄉導先呈路程，載此地水稀少，掘地可得。今至此，舊井二眼，掘坎二十餘處，蓋蒙古流沙，望野而行地勢，鄉導未得其真也。

二十八日，未刻冒暑行三十里，次荒沙，有草無水。

二十九日，蚤行四十六里，次阿爾托，有水乏草。

三十日，曉行，踰平嶺四十里，至薩瑪布納，與滿使臣同駐劄。中阜下有泉，掘坎盛水，足飲。溝有葦子草，但多毒蛇，名七寸子，爲可虞耳。

八月初一日，辰刻小雨，行四十三里，次布而思納。草少，有井二所，不足汲飲。

初二日，曉行四十七里，駐噶埜。舊井四所，水鹹，軍士汲飲立涸。三更盡，猶聞馬聲蕭蕭，牧人求水，招呼相雜，爲之不寐。

初三日，早行，踰平山六十六里，駐至喜。環迭皆山，茂草盈野。遠望青翠豁目，此出塞所罕見者也。【略】產朱瑪納哈，形似黃鼠，而身短足矮，可食。

初四日，早起風冷，凍水成冰，冠暖帽。行三十里，入山溝。又三十里，次毛布納，爲察汗兒地，歸順我朝，分隸八旗，顧居原地者聽往來中國貿易，其服食較喀爾喀稍富，而其習尚同也。人死，載柬暴於荒野，竪幡竿書剌麻經於其上，云風翻經動，亡魂即得超脫。剌麻死則積石覆之，其他則竟棄之。逐水草而居，遷徙無定。凡從一處駕車，牽駝支帳，取乳則婦人任之，男子惟馳馬逐兔享其逸耳。是日仍飲行潦水，有蝌蚪則釃而去之。至此始見蒙古居人。

初五日，早發，繞崇山，踰峻嶺約八十里，次英泰四旗，分劄以就水草。道上野花遍開，有黃、碧二種，似蜂窠菊，碧者字曰塞魁，黃者字曰賽春花。申刻小雨。是日使臣駐節與蒙古相鄰，止一井，先至者汲取立涸。復得一眢井，堙塞已久，命苗海雲淘數尺，忽清泉湧出，澄泓盈坎，取而飲之，甘且洌。

初六日，早大霧濡衣。入大路，行平道五十七里，次禿兒哈，飲行潦。始見宣府民人，車載燒酒米麵貿易，軍中乏粮者得買食。沙地多鼢鼠穴，馬行其間輒踣，執轡在手，競競惟恐失墜。

初七日，風涼，早行平道六十七里，次噶納布納，猶華言黑河也。一綫小溪，清水東流，四旗夾岸而營，水草俱便，還旗以來所希有也。未至此二十里，有土城廢址，周三里。日夕，查副都統請食瓜果，爲其友饋自京師，塞外視之，不啻交梨火棗矣。夜深，慘淡愁雲四塞，有欲雨雪之意。

初八日，雨中行五里，過土城廢址，約七里，周圍三十五里。抵大壩嶺，坡陡泥滑，疲馬不堪乘，下馬步行。二里至平溝，復乘馬行七十里，至張家口駐師，始見青山綠水，禾黍豆粱，不覺眼明。

初九日，霽，進張家口，過宣府，次城南二十里鋪。

初十日，酷暑，乘疲馬行，山路崎嶇，有臨深履薄之懼。日夕次保安，至此始無馬蚊。

十一日，風涼，次榆林。

十二日，卯刻過岔道，入居庸關，雨。未刻至南口，大雷雨，酉刻止。秉燭行，三更至昌平，大路如河，水深，泥濘不能行，暫憩荒原待旦。

至尊出狩獨石口，即皇太子前請安。出至午門前，命吏視日晷，已午時七分矣。出西長安門，兩漢官聯轡出正陽門，分道還邸。

繆祐孫《俄遊日記》 光緒十三年七月二十五日，具報啓程。八月十五日，至上海治裝待伴。

九月十三日丁卯，晴，乘德意志公司船放洋。舟長准工部營造尺四十丈，喫水二丈四尺，闊三丈六尺，載重五千噸，三千匹馬力，名薩克森，或譯曰薩經。舟主名質克。

十四日戊辰，陰，巳正啓椗，雨。鷁首指東南，午後風緊，渾洪贔怒，濤波頹疊。夜仍雨，子正風勢殺。

十五日己巳，晴，過松門、海門。暮見東南亂山兀峷，紅雲秀天，蓋厦門、福州諸口也。臺灣、澎湖則煙嶼蒼茫，莫能辨認矣。

十六日庚午，晴。駱越諸山袤延起伏，障海而南。酉初抵香港，突起數島排港外，入則峰巒合遝，萬頃瀲碧。少時昏黑，明燈層層，高逾山脊，如絡角繁星，萬點斜挂。

十七日辛未，晴。辰刻趁小輪舟登岸。【略】申正發，風厲，舟攲側。天氣漸炎，行近赤道北十九度。

十八日壬申，晴，天熱如中伏，御單猶揮汗。機輪頗捷，午見懸牌行八百餘里，英買二百餘，蓋英一里合中國三里也。

十九日癸酉，鎮日風雨。午牌行一千有九十餘里，在赤道北十二度五分，已略瀾滄江，海水色如靛。

二十日甲戌，晴，微淪風縐，極目鞾紋。計程在七洲洋之尾，禄奈昆侖，時見螺髻。午牌行一千有四十九里，經赤道北七度四分。

二十一日乙亥，晨晴，未申間小雨。午牌行一千一百有一里，經赤道北二度三十五分。戌初泊新嘉坡，天毒熱，舟納煤達旦，嚴閉窗牖，尤增悶燠。

二十二日丙子，晴。【略】按新嘉坡與蘇門答臘對峙，轉彭亨之南，稱南洋西畔第一埠。嘉慶間爲英人所踞，島勢東西綿亘三四百里，港口諸山迴抱，甚有關鍵。居民約十餘萬，貿易者十之三，皆閩粤人。產鉛、錫、胡椒、兒茶、江珧、蔗糖、檳榔、椰子、果下馬、紅白鸚鵡、倒挂鳥、葵花鳥、翠羽、巨螺，英人經營締造，不遺餘力。鐵路縱横，飆車如織，掔兩牛挽車，運諸貨物，相屬於路。

二十三日丁丑，晨陰，微雨，西風颯爽，水波不興。舟指正西，午牌行七百八十九里，經赤道北三度三十六分。柔佛、龍牙、丁機宜、葛羅巴點翠拖青，時在眉睫。按葛羅巴即加拉巴，古耶婆提也。又曰闍婆，曰瓜哇，南洋大島國，今屬西人矣。

二十四日戊寅，薄晴，仍西風。午牌行九百九十里，經赤道北五度四十四分。曉見南北兩岸煙嵐擁赴，茂樹蓊菀，殆在麻剌甲、大小亞齊之間，即所謂異他硤。至其狹處，隔岸祇二三十里，彷彿在鄱陽湖中循康山麓，觀屏風九疊也。泰西人於山口緑陰中建塔燈，築室整潔，此南洋羣島一巨阨。申刻入印度海，即小西洋。其水黲然黛色，雲天迴闊，眇望無垠。

二十五日己卯，朝晴，晚雨。風逆簸舟，未申間舟轉西北，艎中炎歊略減。

二十六日庚辰，沈陰西風，時飛雨，如江南四月天。午牌行九十三里，經赤道北五度二十二分。

二十七日辛巳，晨微雨，午晴。舟向東北行，入錫蘭島，泊格崙坡。午牌行一千有八十里，經赤道北六度三十六分。此島右勢斜伸，屏印度洋，亂石崛突，激海水作高浪，直上十餘尋，艤舟輒動盪。自前五年，英人用塞門土兼大石築長隄一道捍禦之，泊者始安。趁小輪舟登岸，易馬車。【略】申刻旋舟。【略】子夜發。

二十八日壬午，晨陰雨，東北風。午後西風霽，就海觀魚，極天送鳥。午牌行五百二十八里，在赤道北七度三十五分。

二十九日癸未，晴，北風。午牌行一千有十一里，在赤道北九度三十四分。夜觀舟人作樂，禮拜之外，每日兩奏。

十月初一日甲申，晴，東風。曉坐船面，觀飛魚數對，如小鳥掠波。午牌行一千有五里，在赤道北十一度四十六分。

初二日乙酉，晴，東北風。午牌行一千有四十一里，在赤道北十二度五十二分。申刻因機器小損，停輪八刻二分，修治畢復行。

初三日丙戌，晴。午牌行九百有三里，在赤道北十三度四十七分。未刻微雨，旋霽。子夜風起水湧，飛浪入窗，衣被皆濕。

初四日丁亥，晴。坐船面，見奔濤卷空，如白馬萬隊，勝吴山絶頂觀錢塘八月潮也。午牌行九百八十四里，在赤道北十三度十二分。夜毒熱，不成寐，獨起步船面，觀日出。

初五日戊子，晴。卯刻抵亞丁，獰巘乖崿，拔起海中，奇構異形，難以辭叙。石骨棱棱，純赭色，畫家大斧劈皴也。山頂雲氣滃然，海岸飛沙滚滚。英人因阿結牖，連局接闤，礮壘衛之。土人黎黑，卷髮如蠆，攜碎珊瑚、駝鳥羽、山羊角，來舟求售。申刻啓椗，夜入紅海。

初六日己丑，晨晴。入夜風狂雨驟，舟簸甚。詢向經紅海者，皆言無風浪之險，而炎歊迫人，今則氣候頗異矣。午牌行七百八十三里，在赤道北十五度。

初七日庚寅，晴。午刻雨，食頃即止。[午]牌行九百六十九里，在赤道北十九度三十七分。

初八日辛卯，晴，金飆送涼，波平如鏡。午牌行一千有二十六里，經赤道北三十四度四十三分。舊圖紅海其狹，今驗之，入口時及見兩岸諸山，中仍莫覩邊際，大類洞庭春漲時。而往來汽艘遠者約距二三十里，近或一半里，取道却近，不似大洋中鎮日不見一帆也。仍向西北行，天冷，御夾。

初九日壬辰，晴，北風，巨浪泊舟，高丈許，兩岸童山矗立，將出口矣。酉刻至蘇爾士河，小泊。是日午牌行九百二十三里，在赤道北三十五度十二分。倚欄，見東岸斜亘一隄，停兩舟，列平屋，櫺牖洞達，危亭置其上。舟人曰：「此浴處也。」西岸隄上翠柏一行，內有街衖樓樹，燈光熒熒。戌正解維，入新開河，其狹有如潞河者。舟前特置電燈，恐擱淺也。行殊緩，兩岸白沙，河身易塞，以開河機器隨時疏濬。此河乃法人海理色楪所開，擘亞細亞、阿非利加二洲相連處，巨靈手盪脚蹋，功足相侔。昔歐人東來，必遶大西洋，今將地中海、紅海鑿通，是舍弧而求弦矣。凡舟經過皆税之，此舟税至八千馬克，其利博哉。夜立船首，望斜月如梳，亭亭欲墜，沙石荒寒，恍如積雪。聞人言，海理色楪近又偕其子集貲鉅萬，攻鑿巴拏馬，將分南北美利堅爲二，開東西洋舟航之捷徑。精衛填海，愚公移山，其志無以過之。

初十日癸巳，晴，西風。行曲港中，時於寬處小泊，緣河狹，來往之舟不能並行，或此讓彼，或彼讓此，各於數里外懸旗爲號。岸邊時有駱駝十數頭，負土培隄，沿隄設自來水鐵管，隄内或淺淑平灘，一二漁舠飄忽來去，數羣鷗鷺飲啄飛鳴，倘以蘆花楓葉點綴其間，無異泖湖秋景。酉初抵新河北口波利塞維舟，地屬埃及，民尚天方教，英、法、美、德商估雲集，市廛繁盛。役使多阿非利加人，習英法語。其俗女子以黑布冪面，但露兩目一口，乍覩之，甚駭異。有埃王花園一區，雜花生樹，異采奮發，方塘石沼，錯落其間。登岸薄遊，歸巳亥正。自錫蘭至此，屋瓦赤黄，其土色然也。日行二百十六里。

十一日甲午，晴。入地中海，水色墨，舟行穩如在紅海中。向遊歐洲者皆云，如此風平波静未曾有也。午牌行二百三十一里，在赤道北三十一度五十九分。

十二日乙未，晴，東北風勁，濤湧波襄，西南雲山重疊，與舟上下。午牌行九百八十四里，在赤道北三十四度五分。夜微雨。

十三日丙申，晴，西風，天寒。午牌行九百四十五里，在赤道北三十六度四十一分。

十四日丁酉，陰，晨微雨，旋薄晴。西南島嶼環翠，樓閣參差，舟人謂即意大利之火山，其熄已二百餘年，居民甚庶。詢昔昔利，云昨夜已過。午牌行九百八十六里，在赤道北三十九度二十二分。膳後朔風凛烈，駭浪騰躍。

十五日戊戌，晴，西風。曉起，見西上初日一抹，雪山皚皚。午牌行一千有二里，在赤道北四十度。午後行一百七十四里，申正抵熱瓦。德語曰折那阿，英語曰熱奴挨，法語曰熱瓦。泛小舠登岸，乘車至與希希馬街，德則特廊惹客寓，宿第三層樓。高甍淩虚，降眺列肆，亦有機室，乘之可登。地屬意大利，依山成市，周十餘里，雕檐華宇，鱗比層陵，民俗奢麗，亦歐洲大埠也。山勢迴繞，頗似香港，而結束未嚴，新築長隄障其西北。

十六日己亥，陰雨。

十七日庚子，陰。申初登火車，經意大利界，重嶺襟瀧，湍奔相屬，亂石縱横，中開鐵路，遇山穴道，阻溪爲梁。意多水田，産秔稻，膏腴。近羅馬，所經其髖髀也。由密闌飯，基押所英語曰盧遺諾。在瑞士界。夜經貝林左拏聖閣得合耳德，山洞最長，約二十五里。倚窗，頻覩雪山壁立，若罩楹插霄。俄昇其頂，白雲與車並飛，或層岑峻壁，其下萬咫，怪石巉巉，度以危橋，俯瞰悸魄，羊腸邛崍可以化夷矣。冰霜載塗，嚴寒貶骨。停車五次。

十八日辛丑，晴。已入日耳曼境，老楓墜丹，稺柏浮翠，林木蕭森，離離蔚蔚，黄壤沃衍，溝洫横卦，極知經界而無阡隴，知其地宜麥，不宜禾也。西人以馬耕，或用兩馬並驅，頗捷。用機器者少，殆不如用馬之省費歟。晨煙數縷，纓帶平岡，寒菜一畦，茵褥斜坂，按眺農圃，情邈灌蔬矣。凡停車七次，入德界之巴色爾、弗來布爾克、俄分布爾克、喀爾士路危、海德爾伯克、達爾末斯塔得。夜飯弗狼克福爾得，德之劇鎮也，樓臺燈火，近十萬家，攘往熙來，商民蕃息。由車棧易馬車，至此約二里餘。停十六刻，復行，夜過基生客色爾克、來恩生馬格、德布爾克業，次達末，停車又五次。

十九日壬寅，晴。辰初抵德都伯爾林，連日共行一千四百三啓羅邁，當合中國約二千五百三十五里，經十九驛。伯爾林人民蕃盛，氣象宏闊。是夜宿旅舍第四層樓。

二十日癸卯，晴。

二十一日甲辰，陰雨。子夜昇車，向東北發。

二十二日乙巳，晴。至的爾劭，車停十八分，飯。申正，由德界唉得若能至俄界威爾伯侖。俄語曰威爾日波羅灣，以上所譯皆德意志語也。二日計行一千三百四十五里，德里作七百四十三啓羅邁。當半易俄車，以俄之鐵軌寬於德也。德人近日專練一軍，眴息可使易轍改轅，俄深嫉之。税關驗護照，查行李綦嚴，留難間，得同車俄商噶咧什鏗始解。

二十三日丙午，晴。自入俄界，極目林莽，雪後景物清絶。午飯格囉得倮，德語曰我斯得羅。暮至噶剌納。德語曰喀爾可色羅。燈火甚繁，其地有俄主離宫，聞俄主尚居此，歲杪始旋冬宫。酉正抵比得堡，由邊界至此計一千六百八十里，俄里作八百三十七唯爾斯特。暫宿使館。

二十四日丁未，晴。俄候祁寒，三冬晷短，嚴辰肅月，祇合蟄居。蓋其地極北，而日行南陸，故非亭午夜分不見曦月。按森比得堡在北極出地五十九度五十五分，距我京師時刻，論者謂其差至五時四十四分四十六秒四十八微。京師之午正初刻，比得堡爲卯正一刻十三秒十二微也。其城南三十里有卜爾可倭測量天星臺，泥瓦江北岸亦有一測量處，猶英國之格呢栗遲。其距格呢栗遲三十度十六分三十秒，變時則二時一分六秒。中國觀象臺在赤道北三十九度五十四分又十分之四，距英之格呢栗遲一百一十六度二十八分一十二秒，變時得七時四十五分五十二秒又十分秒之八。由此推之，中俄相距實爲五時四十四分四十六秒又十分秒之八也。

[十一月]十九日壬申，晴。俄裏海東鐵路已至阿母河，將全收希洼布哈爾之地利而偪阿富汗。聞今秋又於阿母河上建長橋，自蔑爾甫屬之車爾錐起就島洲分四截，第一截八百有二丈，第二截八十二丈，第三截五十八丈，第四截三十丈，並島洲計一千九百有二丈，費二萬五千盧布。又欲於河之東岸接修火車道，徑達薩馬干。

十二月朔癸未，晴，寒表至十七度。是日爲俄曆一千八百八十八年正月朔。

初十日壬辰，晴。午後出遊，繞其王庭一匝。有阿爾寒人列幕泥瓦江冰上，以三鹿駕車。鹿淡墨色，角長，多歧而鋭，首類犢蹏，大亦近之。毛長身矮，不似中國之鹿，黄質白章文斑斑而足伎伎也。車小無帷幔，僅容一人坐，使驅之，行速。

十五日丁酉，陰，寒表至十九度。柏蘭孫來譯日報，有云蔑爾甫之英人電達英廷，謂俄鐵路已渡暗木河，將窺印度，英人甚恐。

十六日戊戌，晴，寒表至二十度。日報言塔什干之總督電告俄主，言阿母河新製兵輪二艘，大拕船二艘，拕船用載軍需。皆已出塢，其輪一名察爾，稱國王曰察爾。一名察利雜。稱后曰察利雜。其拕船一名莫斯克窪，一名森比得堡。丙夜，月有食之。

二十二日甲辰，晴。日報言俄復自阿母河接建鐵路至哈薩巴。

[十四年正月]初三日乙卯，晴。譯日報，言哈薩巴鐵路又接修至霍札達匆列特，近雜拉夫山，河發源之處。

初七日己未，雪。聞英人自緬甸建鐵路至南掌。案南掌即老撾，北界雲南。

初九日辛酉，晴。聞阿母河上鐵路又修至喀拉枯爾。

二十五日丁丑，晴，寒表至十七度。立春已一月，尚如此凜冽，俄人皆以爲異。聞俄將建鐵路於悉畢爾野尼塞省所屬之阿陳司克，至克拉司諾雅爾司克，以達於伊爾古慈克。

三十日壬午，晴。日報言俄雜喀思批斯鐵路已建至布哈爾境，民不驚擾，火車到時觀者如堵墻，無不稱快。

[二月]二十八日庚戌，陰。日報言俄將由雜拜喀爾省赤塔城建鐵路至伊爾古慈克，已踏勘一次。

[四月]初六日丁亥，晴，夜雨。午刻至俄外部，訪其文牘總(辨)[辦]吉羅唯甫，並辭行。【略】發行笥之黑海。

初七日戊子，晴。以提單交佘威烈甫，託其函致阿疊沙之友，代爲提存。

十二日癸巳，晴。【略】申初啓程，赴莫斯克窪。一作莫斯孤，一作莫斯克隈，一作莫斯夸。車所經過，多林木平疇，方事耘耔。

十三日甲午，晴。巳正抵莫斯克窪，其城距高埠，甚雄峙。元以前城門雉堞猶有存者，護其王庭，今皆呼爲中國城。

二十六日丁未，晴。午刻動身赴畿耶甫仄，威黎云其子在彼，即爲電屬相迓。阿蘭因、莫叶金皆有書屬沿塗友人照料。

二十七日戊申，晴。曉過古爾斯克，其城依平岡，遠望樓舍連雲，約十餘里。酉正抵畿耶甫仄，威黎之子已至，即導入逆旅。案畿耶甫乃俄千餘年前之都會，距崇岡，面涅卜爾河。渡河繞向山後，則萬瓦鱗次，廛肆喧闐，形勢頗桀。衢路中凹，有細流涓涓，據土人云，百餘年前尚爲山谿，隔谿列肆，漸就迫束，今竟如行潦焉。連日塗間所經，極日平疇，麥穗垂碧，菜花散金，民風樸質，山間多設風磨，其土黑壤。

二十八日己酉，晴。午刻往謁畿耶甫提督德連騰。【略】詢涅卜爾河輪舟水程，據稱由畿耶甫至克烈明出三百一十八里，氺二十三點鐘，回二十九點半鐘。克烈明出至葉喀帖林思納甫一百五十五里，來九點鐘，回十一點鐘。葉喀帖林思納甫至阿烈克山德多礁，無船。阿烈克山德至赫爾酸有船，而里數未詳。

［五月］初二日癸丑，陰雨。酉刻登車，赴阿疊沙仈。

初三日甲寅，風雨。午刻抵阿疊沙，其城距高阜，憑黑海，極蕃庶。街衢純用方石墁砌，道旁植阿勃勒樹，碎葉白花，處處皆綠陰門巷。伊彎諾維池之友巴勞烏作甫來車棧相迎，並云已爲覓定寓所，價稍廉。即同至寓。

初七日戊午，乍陰乍晴。枯喀而尼可甫來，噶勒什鏗之友也。發衣笥交倭波理納，據云秋初可到滬。

十九日庚午，晴。未刻趁輪發。【略】風浪甚惡。

二十日辛未，晴。卯正抵哆洼斯託坡立，計行六百一十里。其地乃克雷木最要海口，亦最好船埠，港口兩岸皆礮壘，形勢頗佳。

二十八日己卯，晴，暑表至十五度有奇。晨向古馬尼索函，知照巴合遲薩來之有司官。酉初趁火車往，一路重嶂疊綺，懸崖擘玉，如在天台、雁蕩間。計程九十里，凡經六山穴，或一二里，或四五里。戌初抵巴合遲薩來，易馬車。二里入山凹，闤闠櫛比，約二百餘家，地形如釜底，昔年克雷木汗之舊治也。街衖頗狹，僅容兩車並行，列廛多瓦屋，低隘鮮樓居。

［六月］初二日壬午，微晴。申初乘車啓程，赴鴉爾塔。經過之境峰巒奇秀，其青綠平遠不啻李思訓畫本，而石骨劖刻嶔崎嶊偉，又有如王叔明者，如黄子久者，如倪雲林者。道旁多蘋婆果、胡桃、山梨、榛栗，又有樺柏栝柏，野花紅黄妍媚。行八十里，夜宿拜達爾山，乃瀕海一關隘也。念山中五里十里間必展平陸，逾萬頃，其間所産二麥饒裕，蒲陶、淡巴菰甚美，其他果實亦繁，宜其能自立國也。

初三日癸未，晴。卯初起，立於關外，俯瞰海波，如冰折紋，凝而不流，蓋高逾數百尋矣。登其左峰，觀日初出。卯正發，取道關門之右，迴旋上下，面北依山，面南臨海。其山棱棱露骨，壁立萬仞，鋭峰三五，瘦削若簪，丹霞白雲，游曳其上。近城則茂木嬌花，泉聲鳥語，倍饒佳趣。午初抵鴉爾塔，入烏拉犀旅寓，計行六十五里。飯後持佘威烈甫函，訪託克馬可甫。其居近海南岸，距城二十餘里，名思坦棲亞米希霍爾，即循晨間之途而往。

初九日己丑，晴。酉初趁輪之拔禿一作「圖」。木。舟名倭爾噶。

初十日庚寅，晴。寅正至斐倭多西，計行三百二十六里。其地濱海，廛市約二三百家，有礮壘四座。山半廢城垣約二十丈。【略】適有地方武職來舟，詢登岸遊否。因舟即發，不果。問此廢城係何代所遺，答以千餘年前意大利人所建。足證克雷木之曾入大秦矣。午初抵切爾赤，計行一百七十六里。舟人云酉初乃發，因登岸一遊。居民約四百家，有新式大礮臺，距港口西岸。

十一日辛卯，晴。自發切爾赤，傍高架所一作司，一作索。山行，煙嵐秀巒，翹黛翻青。酉初抵蘇烘克烈，計行六百六十三里。其景物類鴉爾塔，亦無深港曲汊，居民約二百餘家，有土爾基所建礮壘，已燬敗。【略】亥初啓椗。

十二日壬辰，晴，酷熱。寅正抵拔禿木，計行二百四十二里。入逆旅，其城横阻黑海，有守隘新式礮臺五座，有俄主花園一區。【略】聞近梯富麗斯路小損，有同舟查鐵路之坡爾頗勿尼克聶士帖略甫，約同之枯榻伊斯。

十三日癸巳，晴。與悦顛司嘍聶士帖略甫結伴行，辰正發，飯桑得列齊，未正抵枯榻伊斯，與悦顛同寓。熱至二十餘度。憶車中見高山積雪亘數百里，何氣候之不同也。

十九日己亥，晴。未刻發，冒大風雨登車，沿溪行亂山中，路上下盤折，或穴山而過，蓋依泉脈、就地勢爲之。山間麥已熟，玉粟方穗，民居板屋，勤穡事。山上時見廢碉。夜子刻，至梯富麗斯。

二十四日甲辰，晴。有王爵撇布抡甫阿爾綿族屬巡街官約見，即往訪之。聞將遊薩馬干，爲致書託蔑爾甫之領兵官照料。

二十七日丁未，晴。暮至車棧，將發，先致聶士帖略甫函。適有該國察路官車亦赴八枯，其官即延登車。周旋間車已駛行，僕役不及相隨。中途得電，知洼爾塔諾甫已爲市商車坐位，與行李同來矣。

二十八日戊申，晴。塗經曠野，飛沙漫天。午抵八枯，地産石油，乃商業之最大者。産甜瓜，大可四五斤，味如哈密瓜。黄蠟李似檇李，而香味不逮，與蜀之墊江李正無異。市井多波斯人，土著則阿爾綿韃靼里爲盛。

【略】其城濱裏海，童山沙磧，雨澤甚稀。歲秋冬得數日甘霖，則人人稱慶矣。天熱至五十度，患暑，憊甚。

三十日庚戌，晴，大風。偕斐利潑波弗出城，行十里至巴拉酣，觀産石油山。【略】歸，聞阿母河橋折，雜喀思丕斯火車暫停。

［七月］初五日乙卯，晴。未正趁輪發，舟名土爾克綿。裏海多礁，船中機器非精，其行緩。火用石油渣滓，每日約需五百鋪特。詢知裏海輪舟共八艘，或赴波斯，或赴烏遵阿達，皆不過載二三千吨，蓋貨物本無多也。海水清如太湖。

初六日丙辰，晴。巳正行一百八十二密律，四密律合俄七里，蓋意大利之里數也。抵顛爾邊特，濱海山城，有礮臺，距山半，繞以睥睨，約方一里。廛市三百餘家，戍兵列幕水次。地産青梨，絶小而甘芳。凡三種，味皆別。亦産白杏，大於桃。鮮榛亦美。午初行，七十二密律，酉正抵撇特羅復司克。蓋昔彼得羅征高架所，先據此城，因以己名名之。東西高阜有圓礮壘三座，方礮臺二座，皆彼得羅所建也。今由兩岸接修石壩，環護海口，並築新式礮臺於上，壩基出水才四尺餘。其城甚小，居民百餘家耳。

初七日丁巳，晴。辰初啓椗，自八枯至撇特羅復司克皆傍高架所山行，由兹出口，海面遼闊，不見邊際，怒濤斗揭，舟簸甚。食波斯西瓜，紅瓤，極甘。戌刻，黑雲鬖鬖自西北上，顛風橫掃，舟幾覆。蓋已近倭爾噶河口，上游迅溜奔騰，排山倒海而下。舟遂下椗，終夜簸摇。

初八日戊午，晴，風力略殺。寅正發，辰正抵倭爾噶河口，易小輪舟入。其水泛濫，色黄，頗類長江口，門寬至三四十里。行四點鐘，河漸狹，兩岸多蘆葦。酉初至阿斯達勒汗，計程二百二十三密律。其地産魚及蘋婆果、沙果。多蒙古人，別一種曰喀爾梅幾貌，直似蒙古，即《異域録》之車爾米斯，專以網罟爲業。税關查行李，欲開笥剔驗，一武弁止之，遂過。

初九日己未，終日狂風，乍晴乍雨。晨出遊其廛，經舊城，方里許，踞平阜。内惟禮拜堂二區，兵房二所而已。統觀閭閻約三四百户，貿易以鮑爲大宗。有行店十餘家，乾魚大者常至二三百斤，每歲出五十萬鋪特。城中亦有花園、劇館、萬生院，土爾扈特所居馬努托海在河東。

初十日庚申，晴。酉刻啓程，趁美利堅輪，舟名蘇洼洛甫，其制如長江輪船，而艎不深，蓋別有運貨船，此則專載行旅。房艙精潔，純用電燈。惟行殊緩，每一點鐘約行十三四里。俄人結習，凡富商貴介無不行賸纍纍，並皆自攜被褥，故頭二等艙但具絨冪繩牀而已。前在莫斯克窪，因火車費重，減隨身行李，將被褥及皮綿衣數襲皆由漫車送往託木司克，至此頗窘。幸值暑天，以夾袍作被，稍却夜寒。亥正發倭爾噶，即佛爾格，其水渾溜，急似長江，而江面僅及其半，港汊較多。商估置小輪舟拕帶貨船，以省簽夫之勞，而免石尤之阻，其行較牽挽爲速。

十一日辛酉，晴，風。夜子刻抵擦利勤，遂泊。

十二日壬戌，晴。卯正展輪，午至篤波復喀，已入薩拉奪甫一作膚。界。其地居民五六百家，頗富庶，産花絨、騸馬、李拉果。又有類櫻桃而味酸者，亦名衞什拈，有如東粤之黄皮果，而紋象瓜棱者，味酸甘，曰克李若勿僾克阿思達勒汗。境平曠，過此則近岸多山崖，而河身甚曲。申刻至喀梅深，亦大村落也。同舟多韃靼里人，【略】有叟年七十，自言是阿渾，爲哈薩克汗之裔，攜眷歸喀籓云。喀籓之哈薩克户口極多，約二萬餘人，亦皆守其舊俗。

十三日癸亥，陰，微雨，西風。天涼，御綿。卯正至薩拉奪甫，其城約方六七里，土著約八九百家，頗殷實，業穀石魚鱻。辰初展輪。

十四日甲子，晴。卯刻過悉字蘭，距城十里有大橋，火車道也。午至薩馬拉，登岸遊。其城市約方六里餘，居民六七百家，臨河有花園。産麥粉，磨磑純用機器。河濱集場方開，鄉民麕至。俄人名集場曰鴉爾馬，市農具布疋。距城六里，有村民專以馬肉釀酒治疾。申正發。

十五日乙丑，晨晴。卯過星比爾斯克，其城略似薩馬拉。昨日方遭火災，燬二百餘家。亥初抵喀籓城，距艤舟處十四里。趁月色往遊，居民富庶，樓舍整飭，約千餘户，《異域録》所稱木城今已墮去，有甎城方二里許，四角建礮臺，圜天主堂一所，其廛皆在此。城之外，花園卉木蕃植，懸畫燈、玻璃燈數十，遊人頗盛。

十六日丙寅，晴。前向西北行，自過喀籓專向西，兩岸多平遠山，河淺，其流不競。

十七日丁卯，晴。辰抵尼一作義。日里諾甫果倮特，蓋山城也，居民近三千餘家。左倭嘎河，右倭爾噶河，有大橋。橋西爲集場，時已開，商賈咸萃。暫入逆旅。詳詢自阿思達勒汗至尼日里諾甫果倮特程途里數，因識之：一百八十四里哎諾達耶甫司克，一百四十六里車爾泥鴉兒，三十三里務拉的密爾囉甫喀，一百十八里擦利勤，五十三里篤波扶喀，一百三十一里喀梅深，一百一十里囉毋擬，一百有七里薩拉奪甫，八十九里拔鸞司克，五十三里倭力司克，二十里拔羅可洼，七十二里赫洼林司克，七十二里悉字蘭，一百十七里薩馬拉，八十二里司他勿羅波力，九十里仙寄烈，五十五里星比爾司克，一百有二里切鳩什，四十五里士拔肆嘰雜端，有河汊，泊冬舟。八十五里喀簪，一百七十五里柯自謨的米顔司克，四十七里瓦西理蘇魯司克，一百五十九里尼日里諾甫果倮特。

十八日戊辰，晴。午刻微雨、旋霽。持莫葉金之友所致書往謁固必爾臘脱巴拉諾甫，【略】告以自彼京啓程，奔馳三閲月，塗次屢病，擬在此暫且休息。適城長喀爾嘰在坐，即屬代覓一寓。

[八月]十七日丙申，陰。蔑次曼爲市六筒小手鎗　具，謂入西伯利境，塗間必須此防身物也。【略】午刻出城，謁巴拉諾甫、喀爾嘰、蔑次曼、雅可勿烈甫，話别。

十八日丁酉，陰。俄官均來送行，喀爾嘰贈照相一幅。

十九日戊戌，晴。毓希頗甫來照料啓程，赴撇爾穆。蔑次曼、雅可勿烈甫、宰可甫均送，登舟飲之酒。舟人催發，皆立於屯船，揮巾脱帽，視展輪去遠而後歸。

二十日己亥，晴，北風甚厲，天寒如仲冬。晨過喀簪，停四刻。向東行，六里至簸果囉慈克一作「菠果藩茨克」。村，入喀馬河，泝流而上。酉正過飭司託波立，一作「離」。夜過唯亞特喀河口，在喀馬之西。由此至唯亞特喀約五百餘里，有輪舟。

二十一日庚子，晴，仍北風。巳刻過别烈河口，在喀馬之東。由此至烏發約四百餘里，有輪舟。戌初過郭里堰山，内三十俄里有益若弗司克鐵廠，專造鎗。

二十二日辛丑，晴。喀馬之流甚曲，沿岸多平嶺漫岡，皆烏拉嶺之枝也。杉松叢植，境殊幽秀。經數村，皆板扉木室，依山臨水。夜亥正抵撇爾穆，一作木。入逆旅。計程，自尼日里諾甫果倮特七十八里益薩德，七十里瓦西理蘇魯斯克，四十七里柯自謨的米顔司克，五十四里掣波克沙爾，二十八里孫堆唎，九十三里喀簪，七十三里簸果囉慈克，六里入喀馬河，三十八里拉伊佘洼，三十七里㖷爾仈希，十七里離布賴斯羅波堆，四十五里飭司託波立，七十五里瑣顆羅克，此下過唯亞特喀河。五十五里葉拉布嘰，二十里車爾諾甫，八十里卜鴉納倭波拉，此下過别烈河。五十里喀拉枯理納，四十里呢克别烈作甫，五十里薩拉鋪拉，三十四里郭里堰，七十里烏私奇唎飭嘍，六十里諾熱弗啓，八十六里倭顒，八十里額寒司克，五十里未特委，七十里撇爾穆。其城市在山半，面喀馬河，廣袤六七里，居民約二千餘家，地産井鹽、鐵鑛。《異域録》所稱索里喀穆斯科，即出井鹽處。由此溯流而上，約三百餘里。

二十四日癸卯，晴。酉刻趁輪車赴葉喀帖林。布爾克嚧軻式柯甫贈二札，論葉喀帖林之正副城長屬導觀各鑛廠。軌轍東指，度烏拉嶺四百六十五俄里，合中國九百三十里。地勢漸高，松杉夾路，昔經此途者訝其無奇峰峻嶂，不知天下名山多於數百里外跨州連縣，負地而起。如遊岱宗者至泰安城，已及山半，而行人殊不覺其高，必陟南天門，登日觀峰，而後恍然於小天下之説也。

二十五日甲辰，晴。侵曉山行，見溪流清絶，詢其名，曰悦烈陽司克。未正抵葉喀帖林布爾克，入寓飯畢，訪其正副城長。【略】案此城枕平岡，縱横五六里，街衢廣闊，居民九百餘户，半業鑛廠琢工。

[九月]初五日癸丑，晴，未正趁輪車發。

初六日甲寅，晴。卯正抵裘冕，案：裘冕即《異域録》之圖敏。其云至鴉班沁舍舟登陸，鴉班沁即土林斯科，亦濱土拉河，距裘冕二百三十二里。蓋當日俄人設驛在彼，以其無崇岡巍阜，車馬安便，其途直向北踰山，復向東南，較今徑度烏拉嶺至撇爾穆買櫂者約紆道五六百里矣。至土拉河岸趁輪舟，辰正啓椗。河狹而曲，先用小輪船兼拕貨舶，行殊緩，約一點鐘行十俄里。夜丑初至埃爾達莫洛倭，易大舟前進。

初七日乙卯，晴，辰初入拕波爾河。啜茗畢，寒熱交作胸中，如石塊梗阻，頭暈目眩，服青麟丸不稍解。入夜壯熱頭痛，同舟德商倭爾躐爾聶爾贈金雞納霜一餅，送以鹹荷蘭水，又飲以蓖麻油，至五鼓洞瀉三次。是日酉初過拕波爾城，泊至戌正解纜。其城長德寬拉脱維遲來舟見訪，並約登岸一遊，以病謝之。已入伊爾推什河。

初八日丙辰，晴。病勢少差，肌仍熱，胃納大傷，不能食，憊極。申初至荻穆演，舟人增薪，泊二點鐘。扶病憑窗望之，蓋一荒村也。積薪數十堆，皆備輪舟用，較燒石油渣滓尤省。民以革製背兜，負運各物，其式如蜀黔鄉農所用。

初九日丁巳，未初至薩馬羅波，亦一小村落也，停炊許。旋入倭別河，溯流向東南行，兩岸多平沙林莽，偶出蒼巒。

初十日戊午，陰。未初至蘇爾姑特，泊三點鐘。沿岸樺黄楓丹，成珊瑚海。秋漲已落，河闊或二三里。

十一日己未，雪竟日，天寒野闊，景物荒涼。行數十里，不覩一人家。戌正抵拉琳司幾，艤舟添薪，岸間燔柴以炤。民市小紅果，亦呼衛實拈，味澀微酸，如山茱萸。

十二日庚申，陰。沿岸楓盡紫。夜過推木司克，自此以上河更曲，水淺時膠舟。

十三日辛酉，陰。午泊拉雷穆，民居約百餘家。

十四日壬戌，晴。過柯爾拔佘洼，河流頗清，兩岸皆林藪，落葉滿山矣。

十五日癸亥，晴。卯初至託木一作穆。河口，水淺，易小輪舟。未初抵託木司克，泊舟處距城十里，賃車入逆旅。

十九日丁卯，陰。購途間食物夜市。

二十一日己巳，晴。市車枕、車褥、靷絆、軸脂。

二十二日庚午，晴。晨訪查勘鐵路官阿枯洛甫，觀其勘定鐵路圖，由託木司克至伊爾古慈克、雜拜噶爾斯克等城有與舊驛路同者，有鑿山取直捷之徑者，大致相距不遠，凡經城堡與驛同。所繪頗細密，惜祇一幅，不能分詒爲憾。布留巴什遣一文員來送，並問有所需否，謝之。聶克拉朔甫來送。午正發，聶遣其副率馬兵送至郊外，一再却之乃返。三十一里仙米盧什乃，耶布留巴什遣馬兵追及，將護送之境外。給十俄幣遣還，屬致謝曰：「治內安謐，無戒心也。」驛馬悉出待，至戌正乃行。哈爾疊葉洼驛仍缺馬，賃民馬，進至伊佘木斯喀天已明矣。

二十三日辛未，晴。飯畢黎枯立斯喀耶，宿馬理迎司克，所經各驛皆無所食，惟取熟雞子滲白鹽及麥餌瀹茗下之，聊以充飢而已。驛榻闊只尺餘，不能轉側。途經荒嶠寒林，衰草青黄，軌轍泥黑，潦深坎窞，高下顛頓非常，遍體酸楚。

二十四日壬申，晨微雪。自馬理迎司克發，渡幾亞河，飯恰仁司喀，至博郭脱理斯喀耶宿。

二十五日癸酉，晴。巳刻至别諾雅爾斯喀耶，入野尼塞境。自此以下，驛馬價每里三戈比，較前倍之。經阿陳司克，渡楮林河，其舟長二丈，闊八尺餘，上鋪平板，尾用一櫓櫂撥。兩岸植樁，結長繩，輓之以渡，不用篙也。飯擢爾諾別成司喀耶，宿撥力佘克木初格司喀耶。

二十六日甲戌，晴。午刻至克拉斯諾雅爾斯克，乃野尼塞之省會，居民約七八百家。因餱粮敗腐，精力困憊。輪鐵小移，傍前軸，橫木頗入。逆旅暫憩，以車畀梓人。

三十日戊寅，陰。梓人送車至，云已修理完好。

十月朔己卯，晴。未初束裝，喚驛馬，申正發。撇顆克送至野尼塞河干，立觀渡畢乃返。河流甚急，其渡用大舟如筏，於上流十餘丈外植樁，筏上木架橫繩，貫三小舟，而繫其杪於樁舟，尾絞關平渡。宿巴賴斯喀耶。

初二日庚辰，晴。晨發，夜至龕斯克宿。入東悉畢爾以來，其村落民居稠密，木室較前完善，間有用甎壁者。每村必造禮拜堂一區。

初三日辛巳，晴。卯刻發，過列堪河，經益蘭斯喀耶，疑即元之益蘭州。至坡羅維喏掣列木霍甫斯喀耶宿。連日屢越嶺，所經林藪有松，染雪霜作嫩黄色。

初四日壬午，陰，微雪。卯刻發，入伊爾古慈克境。山路泥滑，兼多磊坷，增驂而進，馬皆白汗交流。至阿爾雜默斯喀耶宿。所經諸山材木不可勝用，任人伐取，無主之者。輒見合抱之松焚折橫卧，詢之，乃牧竪所爲，欲其林稀草茂，便於芻蕘也。

初五日癸未，晴。飯烏柯弗爾司喀，宿尼日里烏金司克。

初六日甲申，晴。巳刻過烏達河，飯呼得益蘭斯喀耶。疑即唐之呼得國，後屬益蘭州。夜至枯爾磐斯喀耶，大雪，遂宿。

初七日乙酉，晴。飯佘拉古爾斯喀耶，宿利士特緣斯喀耶。

初八日丙戌，微雪。飯吉明斯喀耶，過吉木河，又名倭可河，宿雜拉林斯喀耶。

初九日丁亥，陰寒。飯馬理汀斯喀耶，過盧遊河，宿帖利明斯喀耶。

初十日戊子，陰，微雪。過安噶拉河，抵伊爾古慈克，寓莫斯科甫店。伊城憑河，背平岡，廣袤四里餘，居民千餘户。巨商半業茶，半攻金廠。其四郊則土瘠野曠，十未墾一，有司亦不知督民以實屯力，盡地利，麥石皆來自西路，輓運維艱，故百物騰貴。

［十五年］四月十二日丁亥，晴，自伊爾古慈克啓椗。晨間顆蓮柯率其城長來送，並云已電告沿途驛官備馬匹照料，又派一介送之郊，一文員先導自枯爾禿繞拜噶爾湖行，顆蓮柯所派文員返。

十三日戊子，晴。飯梅瑣洼耶。新開商路由此南行，陟山上下，其途甚狹，僅容二車並行耳。

十四日己丑，晴。午至喀班斯克，其伊自布拉勿尼克已在驛館相待。茶畢行，至波洛維納耶宿。

十五日庚寅，晴。飯穆惺斯喀耶，夜至洩楞庚司克，時已四鼓，宿。其地方官來會，談食頃，並派人送。連日所經多大山，然路廣闊。以後過洩楞格河，傍河行。

十六日辛卯，晴。飯烏私奇，恰克圖新開商路至此合。洩楞庚所派人返贈俄銀十盧布。暮抵恰克圖，俄之有司官聞電，已爲備行館，其坡理次即邀入住。辭之，入中國木城，寓華商所設逆旅。

十七日壬辰，晴。【略】由伊城所發箱件已由俄商格離鋪什遣人送來。

六月初一日乙亥，借茶商獨慎玉大泉玉駱駝車一輛，即倩大泉玉代賃蒙古駝隻，午後啓程。由商路東南行八日，至庫倫。又二十日，出外蒙古車臣汗境，入察哈爾部。又十一日，抵張家口。庫倫以北近恰克圖諸山頗秀，土宜麥，多內地民往彼開墾，歲豐頗獲利。又有一流兒河、喀拉河、土拉河之水，資其灌溉，其地大可屯田。庫倫以南多大戈壁，罕水草，蒙古人亦甚貧。

王之春《使俄草》［光緒十九年］十一月初一日，雪。早起乘車出東便門，馬行泥淖，深幾没踝，一路匉鏗顛簸，殊苦。未初至方橋，小饁，借禦寒威。抵通已二鼓矣。

初二日，晴，夜雪。在通候行李，日午猶未見，至申初始齊集。即登舟，催令速發。至張灣，風雪大作，乃停泊焉。案是河發源於昌平州境內，入內城十刹海，出玉帶河，至東便門外始通小舟，然盤闢而過，既甚艱難，尤須時日。

初三日，晨雪，午晴。曉起飛雪入窗，見兩岸廬樹，一白平鋪，覺凍合玉樓，光摇銀海，幾疑身入水晶世界矣。風逆阻舟，夜至蔡村駐宿。

初四日，晴。晨起見舟左右已有積冰，恐封河，催其速行，並添催纜夫數名，至北倉已二鼓。

初五日，晴。冰稜矗起，與估舶相錚鏦。一望前涂，檣駢有如林立，舟不得進，改呼肩輿入城。

初七日。【略】夜遣人至各船局顧定艙位，據覆云：連日太古、怡和各輪因各官眷屬南旋者多，艙位均已顧定，須俟禮定到津，乃可預備房位。

初八日，晴。詢禮定船，云已至大沽口，遂遣人至招商局預定大餐房一間、房艙數間，冀免稽遲。至夜云因潮不順，須明午到津，當俟十一日子正開行。寒威栗冽，時作封河之懼。

初九日，晴。五點鐘，偕楊虞裳、潘（晨）［晟］初並季弟乘大車至塘沽，羅耀庭軍門已派小火輪延候。比至大沽，早踰午正。

初十日，晴。巳正移上禮定船。【略】十點鐘返輪。夜濃霧，須明始克駛行云。

十一日，晴。由紫竹林至大沽口水勢屈曲，作七十二灣，河道迫狹，估颿坌集，輪舟未敢暢行，沿塗復小作停頓。日午霜風凛冽，寒氣砭衣，兩岸殘雪皚皚，磋玉堆璃，如行琉璃境界。

十二日，晴。丑正已抵大沽口，因潮淺，不能行，鉅舟終夜鼓輪盤旋，如驢踏磨。巳初始潮漲，駛行出口。

十三日，晴。午正見水色驟黃，蓋適當利津海口。

十四日，晴。卯正始抵煙臺，即乘小火輪登岸。【略】午正啓椗，乃辭去。申初過威海，波平如砥。回眺成山，朗若列眉，不勝去國懷鄉之感。煙臺即古之罘島，昔僅漁民耕户，結茅而居，今則經營周密，有輪車以往返威海，有電綫以通連內地，商旅（轄）［輻］輳，民物殷闐，亦一大鎮也。威海在煙臺南一百三十里，輪船行四點鐘，陸路乘馬約十點鐘可達。距丫蘆蛇島六十餘里，在雙公灘及深水灣之中，水土溫和，鉅艦出入極便。門户有二，雙公灘之東西各一，均設影鐙，以照船艘出入。城建於近西山麓，而西面門户尤窄，輪船寄椗皆在劉公島，以其水深浪靜，雖東北風大作，無虞也。

十五日，晴。昨夜已舟入黃海，午正始過茶山，至上海已酉正矣。

十九日，晴。夜乘元和輪船，戌正開行，亥正出吴淞口。

二十日，晴。午正過江陰，至鎮江已三鼓矣。

二十一日，卯初至金陵。

二十二日，晴。【略】申初復乘小舟至江口候輪，即假招商局爲寓宿地。

二十三日，晴。卯正附江水輪船上駛，未正過蕪湖。

二十四日，晴。辰正見小孤山，健筆凌霄，奇峰聳翠，左顧廬山，如列屏錦。

二十五日，晴。黎明抵漢臯，過江已辰正矣。

二十八日，晴。晨起赴各署辭行，即乘紅船至漢陽。【略】鐙後至鄱陽船，滇督王夔帥適同坿是輪至鎮江。

二十九日，晴。晨起過九江。

三十日，晴。申正至鎮江。

十二月癸卯朔，晴。辰正輪泊上海，即乘馬車至行館。

初四日，晴。兼俄領事吕班來拜。【略】申刻，邵中丞復來久坐，【略】云俄境此時天氣極寒，準英寒暑表鍼縮至無度可紀，四季衣服皆須備帶。君至俄當在正月杪，若至三月杪，或可無需重裘耳。

初五日，晴。【略】飯後答拜吕領事，云撒拉濟法公司準初十日開行，業爲招呼一切。歸即飭繙譯李聯二君購定頭等艙位船票三紙，二等艙位船票六紙，三等艙位船票十紙，合計需銀約三千數百金，而火車房棧尚不在此數內，費用固無從預計也。

光緒二十年十二月初十日，晴。卯初起，詣天后宫大殿行香。【略】遂改由虹口急乘小火輪至吴淞。【略】閲視全船，船名撒拉濟，計長法尺一百三十邁當又八十四桑的邁當，每邁當合工部營造尺三十有一寸，每一邁當爲百桑的邁當。計長中尺四十丈又五尺五寸，寬十二邁當又六十六桑的邁當，計寬中尺四丈零一寸。滿載時食水前五邁當，後七邁當。頭等艙位八十六，二等艙位四十四，三等七十四，共計艙位二百零四。馬力六千四氣力，得馬力四分之一。氣力即壓力。每點鐘行二十一米勒，每米勒合中國三里又每百分之三十四。每三米勒合中國十里。載重五千九百零八頓。余與虞裳、晟初居頭等艙，余房獨在船右，中設一榻，旁榻横設，餘地頗寬舒。船主名博羅，亦法水師兵官也。【略】酉正突煙噴湧，汽笛瀏亮，送客并去，舟旋開行。【略】戌正過普陀山，西人名之田果臘夫，船主至此始不用帶水。亥正過鎮海，舟右見虎蹲山燈塔甚近。

十一日，晴。【略】早餐後登艙面，遠眺浙東温臺諸山，蜿蜒瀕海，勢若趨壑。漁舟數十，小如一葉，隨風盪漾，頗有畫意。【略】午正懸牌，行二百七十四米勒，合中國九百一十三里，至香港五百九十六米勒。北京偏東四度七分，赤道北二十六度三十四分。寒暑表六十二度。

十二日，晴。晨起，舟人云正過厦門，水澄碧，作蔚藍色。四望空闊，惟見海鷗數十，隨波上下。【略】午正懸牌，行三百三十四海里，北京偏東二度五分，赤道北二十四度四十分。寒暑表六十七度。

十三日，晴。巳初抵香港。在赤道北二十二度十四分，北京偏西二度十七分，由上海開行越五十八點鐘而達，計程八百二十海里，合中國三千二百里。【略】巳正由火輪登岸，至洋館。

十四日，晴。【略】午正開行，寒暑表六十九度。出口風順船平，水見黑色，放雞洋一帶島嶼相接，隨在可避風停泊，巡緝尤關緊要。是夜過水東硇洲。

十五日，晴。卯正南行，偏西三十度，水澹緑色，地當瓊南。遠望五指諸山，微見皴痕，有如徐熙澹遠山水。午正行三百二十米勒，入安南界，北京西五度二十分。寒暑表七十四度。自香港至西貢共九百一十五米勒，合中國三千四百七十里。自入越界至西貢五百九十五米勒，合中國一千九百八十三里。在赤道北十七度三十五分。午後陰，酉初微雨。

十六日，卯正微雨，辰初晴。舟過廣南灣，入七洲洋中，極簸蕩。遥望見禄奈諸山。午正行三百三十米勒，合中國一千一百里。北京西七度十五分，巴黎東一百六度五十四分。在赤道北十一度四十分。寒暑表七十六度。亥正至瀾滄江口，停輪候潮。

十七日，晴。巳初進西貢口，舟北行，少西。東岸山麓曲折，入口里許山半凹處，法人於此築礮臺鎮之。按此口有七十二灣，彷彿大沽，極狹處止容一舟盤旋。

十八日，晴。【略】飯後登舟，未正開行，至暮始出口。一路沙平水淺，雜樹亂生，小港縱横四佈，魚舟三兩出没其間，幾疑行吴淞江上也。是日寒暑表八十三度。夜大風，舟極顛簸。

十九日，晴，晨起風猶勁，水深藍色。舟南行，偏西，午正行二百八十二海里。寒暑表八十五度。赤道北三度五分，北京西十一度十二分。巴黎東一百零三度四十六分。夜過吉連丁噶奴海面。

二十日，陰。午正行三百二十三海里，合中國一千一百十里。寒暑表八十八度。未初後行二十二海里，抵新嘉坡。【略】地距赤道北一度廿分，北京偏西十二度三十九分。巴黎東一百零十一度二分。由西貢至此六百三十七海里，合中國二千四百二十一里。【略】夜三鼓登舟，張君以次來送行，少頃即展輪。

二十一日，晴。晨起登艙面久坐，見水作濃緑色，彷彿湘江風景。舟左右島嶼連綿，有如星羅棊布，即土人亦不能悉數其名，葢左龍牙丁機宜，而右蘇門答臘也。午正行一百五十一海里，北京偏西十四度二十分，巴黎東九十九度二十二分。赤道北二度五十九分。寒暑表八十六度。由新加坡至科郎埠一千五百九十九米勒，合中國五千七百里。

二十二日，晴。晨起登艙面，遥望舊港萬丹一帶點翠拖青，宛如送客。舟行狹處，南北隔岸祇二三十里，煙嵐縹緲，海鳥紛飛，殆在噶羅巴、蘇門答臘之間，所謂異他峽也。午正行三百二十五海里。寒暑表八十五度。赤道北三度三十八分。

二十三日，晴，風逆簸舟。寅初入印度洋，水作黛色。巳初觀演船上水龍，極爲迅捷。午正懸牌，行三百四十六海里。寒暑表八十五度。赤道北四度二十一分。

二十四日，晴。午正行三百六十海里，赤道北五度二十分。寒暑表八十二度。未正西北風大作，浪花潑雪，飛入艙中，濺衣袂皆溼。遠浦觀魚，極天送鳥，遥望銀濤萬頃，蒼淼無際，絶勝龕赭山頭觀錢塘八月秋潮也。

二十五日，晴。晨起見舟右一帶山勢平衍，布帆上下，時與廬舍相映。遥望巴德夾，去錫蘭不遠矣。午正行三百六十三海里。寒暑表八十三度。復行二十五海里，申初至科郎埠泊焉。在赤道北六度三十六分。島勢如人右臂斜伸，屏印度洋，亂石崢嶸，激水作高浪，艤舟輒苦動摇。前十數年，英人用大石合塞門，泥築長隄亘海面，泊者始安。乘小輪舟登岸，易馬車。

二十六日，晴。巳正啓椗，西風鼓浪。俗云無風數尺高，船偏盪，西人多有暈眩者。午正行三十三海里，北京西三十六度三十分。寒暑表八十四度。

二十七日，晴。昨日自啓椗至夜，西風不止。船主云：自錫蘭至亞丁須水程七日，惟第一日風浪甚險，過此則波平如鏡，大似中國長江云。午正行三百一十九海里，北京西三十八度三十分。巴黎東七十五度零四十五分。寒暑表與昨日同。在赤道北七度二十二分。申初見二島平列，竹樹清蒼，極爲佳勝。西人於淺沙處建燈塔，高可二丈，下築小室數楹，爲司鐙者所棲止，亦殊雅潔。

二十八日，晴。午正行三百三十四海里，北京西四十四度，在赤道北八度十一分。【略】是日寒暑表八十五度。

二十九日，晴。舟西行，偏北，地近波斯。午正行三百五十八海里，合中國一千一百九十里，北京西四十九度三十八分，在赤道北九度三十一分。寒暑表八十五度。申正舟左見一島，純沙，作赤色，譯名沙各脱臘山。山下一舟隨波上下，駕駛者波斯剌伯人也。

三十日，晴。【略】午正行三百四十海里，北京西五十六度四分。寒暑表八十二度。

光緒二十一年乙未正月癸酉朔，晴。寅正舟近亞剌伯洋面。【略】適舟右兩島連延，如相拱揖，風平浪静，天氣亦驟涼，寒暑表至七十七度。【略】午正行一千一百八里，北京西六十一度三十二分，赤道北十二度三十六分。寒暑表八十一度。未正過嘉特山角，自沙各臘山起至此止，海底沈沙倏忽聚散，行船者咸有戒心焉。

初二日，晴。舟西北行，水色如靛。午正行一千二百十里，北京西六十八度十一分，赤道北十二度四十七分。自科郎埠至亞丁計程八千一百十三里，上鐙後始至。近岸電光掣閃，如萬道金蛇，拏起紛騰，惜無埠頭，不能登岸。亞丁本阿剌伯一島，獰巘稜嶒，石骨純赭，似畫家大斧劈皴，奇構詭狀，難以辭叙。枯熯尠雨，山童不毛，英人據此爲接濟煤水之所，兼以扼守險要。【略】島周圍百里，城去此可三十餘里。【略】至此舟下碇。【略】是日未正已入紅海，口兩岸山形並作赭色，葢右阿拉比阿而左阿非利加也。

初三日，晴。丑正微雨一時許，至寅初電雷交作，霶霈繼至，有如銀河傾吐，瀑布横飛。至巳初始漸息，天色微明，復啓椗行。寒暑表驟縮至七十四度，爲向來行紅海者所未有。舊聞此間從前三四年一雨，今將一年始雨。薛叔耘過此，適遇雨，以爲偶然，今余過此，又復遇雨，殆所謂豈料偶然復偶然耶？【略】午正行七十五海里，在赤道北十二度六十分，北京西七十三度五十分。寒暑表七十四度。未正過勃白爾門，爲紅海口頸，兩山南北矗峙，海面望之約八九里，水底皆有礁石，中間可行者僅一二里。西人名之曰哭海頸，中國曰流淚門。緣此地壞船最多故也。南山名丕立姆，英人亦設鐙塲二座、礮臺一座，並兵二百阨守。北山屬阿剌伯，亦置兵房礮臺。白路一綫上昇，殆如秋蛇云。

初四日，晴，涼颸送籟，波鏡如揩。午正行一千一百里，在赤道北十六度十九分，北京西七十五度二十二分。寒暑表八十四度。舟右間見數小島，並沙石，無草木。舊圖紅海甚狹，以今觀之，過勃白爾門兩岸仍莫覩邊際。惟往來輪艦，遠者約距一二十里，近或一半里，取道甚近，大似洞庭秋漲時，不類飄行大洋中，竟目不見一颿也。

初五日，晴。【略】午正行一千一百里，北京西七十七度三十四分，赤道北十九度十二分。寒暑表八十四度。

初六日，晴。舟西北行，自過麥丁納境外，海岸左右羣山羅列。辰初過北賴鐙塲，舟人云埃及人所設。兩島平列，土人名之曰兄弟島。申正過阿要臘非鐙塲，紅海至此已盡，再前即爲蘇彝士海灣矣，此處屬埃及所轄。【略】午正行一千零九十一里，北京西八十度十五分。寒暑表六十七度。赤道北二十九度十二分。夜大風，舟極搖蕩，不能治事。

初七日，晴。晨起，寒暑表驟縮至五十四度。兩岸山容近列，闊約十餘里，彷彿長江景象。卯正抵蘇彝士河，停輪一時餘。【略】地當赤道北三十度六十分，北京西八十三度六十七分。河狹未能暢行，故午正不克紀行程。未正過小苦湖，湖本舊地，李習因而導之。又前有大苦湖，故此名小苦湖。湖中一路皆設浮表，並以鉅木作架，俾辨水程。所設煤鐙共千餘盞，左紅右緑，晝夜不熄。船主云：是處各鐙均以機軸作自來火，歷三月之久，届時始命一舟前來整理。自入蘇彝士河口以至波賽，皆有魚鷹百數，尾舟而行。夾岸間見蘆葦，一二漁舠飄忽來去。【略】夜過阿美大阿瑪諾林巴拉三湖，至新河北口波賽已踰亥正矣。自亞丁(亞)[至]蘇彝士河四千九百七十里。

初八日，晴。子初下碇，偕同人登岸一游。小艇每人畀以小銀錢一枚，不交艇户，而在岸有專收之人。【略】北口有長隄二道，用以攔截泥沙。卯正啓碇，竟日沿阿洲海岸而北。午正行二百八十海里，北京西八十八度十二分。寒暑表六十二度。赤道北三十一度。復行四百十里，至亞勒散得。一路山水平遠，淺溆浮汀，與夕陽、鐙塲時相輝映，殊可愛翫。下碇後，船主邀集同人登岸。

初九日，晴。寅正啓碇，舟西北行，地當埃及、希臘、土耳其之間。土耳其或譯土爾基，皆誤，實則西突厥也。午正行三百里，北京西九十二度三十分，赤道北三十四度五十五分。寒暑表六十四度。

初十日，晨微雨，旋晴。辰初過突厥之甘的力島一作開恩特，一作康第，地當希臘境外。横山一帶，其巔積雪皚皚，白如約素。山下鐙塲棊布錯列，抑何佈置之周密也！午正行一千零九十里，北京西九十三度十分，赤道北三十四度十二分。寒暑表六十二度。

十一日，晴，晚微雨。晨起風大，舟極摇蕩。午正行一千零六十里，北京西九十八度二分，赤道北三十七度十八分。寒暑表五十二度。酉正過枚息那海峽，夾岸皆山，叢樹蔭緑。左即細細利島，一作昔昔利，《志略》作西里治。臨海一市鎮曰梅新，舊有酋長，今屬義大利。右爲義國之南省卡臘勃來，其市鎮曰而愛及。兩岸鐙火排若一字，密類繁星。舟左遥望海中，紅白鐙塲相間錯列。舟過此，猛旋舵北指，蓋視此爲行舟之軌度也。

十二日，晴。午正過拿波利，用遠鏡窺之，微見蒼茫黛色而已。蓋舍弧求弦，海程視昔爲近也。午正行一千一百二十里，北京西百零三度，赤道北四十一度十二分。寒暑表五十一度。是日風息船平，同舟爭慶幸。船主云：日落時風絲甚長，月色有暈，須俟今夜子丑時方可保無風波之虞。

十三日，陰，晨微雨。子初風勢甚惡，船欹側至二十餘度，艎中器物時聞毀壞之聲，卧榻忽上忽下，如騰空際，殊可駴人。黎明風稍微，見亞吕伯一帶山巔積雪踰尺，寒氣總至。船主云：夜來知風信必惡，故背是島而行，不然殆不堪設想也。午正過島門，蓋已至法界矣，山水明秀，頗類吴楚，雖乏杞梓千章，而菭青蘚碧，倍饒豐致。未正過都隆，法市鎮也，船塢在焉。西初抵馬賽。【略】詢知火輪快車每人除隨身衣物外，祗許另攜行李四十啓羅。若運載各物至俄都，每磅須銀三福蘭，約中國銀一兩。不然則慢車，須兩月乃可至俄。遂議登岸，至徐能福客棧暫住一日，相與檢視其可緩者寄存棧内，以節糜費。酉正抵棧。

十五日，晴，夜微雪。遣人購至巴黎火車票二十餘紙，上下匀計，每人約需一百福蘭外，行李費六七百福蘭。【略】夜六點十二分鐘乘火車，行一時許至奈可，林莽積雪，如行瑶林琪樹中。初穿一小洞，約二分鐘；尋穿一大洞，車行踰七分鐘始出。復行一時，至培弗脱市。又行二時許，至里昂，一名立墉。法巨鎮也。凡歐西絲帛均在此織造，鐙火甚繁，貿易猶盛。又行二時許，至約內，停車十五分。是日寒暑表五十一度。

十六日，雪。早八點五十五分鐘至巴黎。【略】許竹篔星使來電，云行程，請由挨白爾司打克至廓倫，已派員至彼迎候矣。

十七日，雪。【略】晚九點二十五分鐘至火車棧，承龔星使率參隨等枉來送行。復候車四分鐘久，方開行。行四時許，至慕耳𡸣孫停十二分鐘，爲法北邊界境。再越比利時境，然後入德界之俾爾絆愛。法、德兩國鐵軌不同，交界處譏察甚嚴，即火車伺候之法人，至此必盡易德人。德車之由德境來者亦如之，否則必遭呵禁焉。

十八日，晴。早九點半鐘至廓倫，入德界，例須換車。西例，各國火車祇能行各國境內，凡客商入境，稽察行李甚嚴。公使例免查税，然亦須照會也。【略】廓倫，一作「科連」，一作「寇倫」，或作「果羅尼」，地當孔道，水陸交衝。行三十分鐘，度來因河上之長橋，即稠式查夫。一譯作「杜就爾對甫」，濱來因河上。又行十五分鐘，至皮斯娑克。又行十五分鐘，至一大機器廠，不知何名，鎔鐵所五六處，火光燭天，基址頗大。復行二點鐘，至呵模。屬普國之沙而龍省。始經山麓，居民房室皆鋭其上，作剡圭形。又二點鐘至漢諾威，一譯作「海挪威」，又名「亞諾威爾」，本日耳曼列邦之一，同治五年爲普所滅。復行四點鐘，經大樹林，乃至柏林，時晚八點鐘四十九分也。

二十日，雪。【略】晚十一點二十九分鐘，乘火車赴俄，許竹篔星使亦偕行。車向東北發，至的爾劭停十五分。三點鐘至唉得若能，德邊界市鎮也。倚窗頻覘，夜色微明，一路雪山壁立，若玉楹插霄。忽昇絶頂，煙雲與車並飛。或層岑疊嶂，其下萬咫，俯臨㟼嵬，巉石齒齒，林木蕭森，洵一幅絶妙夜景也。

二十一日，雪。三點半鐘至威爾日波羅倭，已入俄界邊境。【略】並遣御用火車來迎。車製華麗，前爲客廳，中設几案，酒果煙茗無不具備。後爲寢室，廣長亦近尋丈，鏡燭澡豆巾拂皆設，亦有自來熱水。再後爲參隨人等牀榻，製較淺狹，或兩人一室，或四人一室，然亦可坐可卧也。再後則楲牏備焉。連日火車因冰凍冱行，駛較遲，一路景物清絶，儼如水晶世界。入俄境，尤極目林莽，更臻繁密。晚飯格囉得倮，夜過噶敕納，其地有俄主離宫，鐙火甚繁。西人創興火車，不過數十年，今已密若蛛絲，往來梭織，遇水則設長橋，遇山則穿洞穴，或駕橋行街市之上，或穴地而行其下，並無大礙人廬墓者，至經行之路，不過稍爲平治，於風水一説，尤無妨礙。道路之畚鍤修治，邨落之分運貨物，一一需人，亦並無傷於貧民生計，而百貨流通，化重爲輕，縮遠若近，不啻以陸作海，而以車當舟，運兵速，運漕便，行旅迅疾，而無泥溝風濤之苦，何快如之？何憚而不爲之？

二十二日，雪。午正至森彼得羅堡，計行俄境一千六百八十里。俄里作八百三十七惟爾斯特。

[二月]二十二日，晴。午刻使館參隨各員並來送行，夜六點鐘至俄皇御火車棧。

二十三日，早晴，午微雪。晨起，見車左右積雪漸消，草茁金鉤，松森玉麈，覺洩漏春光，不止柳色含稊已也。雨雪征人，不禁物候驚心之感。辰正至呂揾蘭，早餐。申正至威爾日波羅灣，晚餐。復登車，行一里許，酉正過河，即德俄交界處。過此即德境哀的滚倫地方，例須換車而行。【略】夜色微茫，飆輪迅駛，無可瀏覽，惟覺鍼度漸南，積雪愈薄，時見山坳深處，僅餘殘白而已。【略】其經行俄地之路，則四十二里至嘎敕訥，八十七里至盧噶，百二十八里至布思果甫，四十九里至倭斯特勒弗，百十一里至列日擦，八十里至的孥布爾克，百六十一里至維里納，九十七里至闊勿諾，八十一里威爾日波羅倭。與普交界。

二十四日，早雨，午晴。七點鐘抵柏林。

二十五日，晴。

二十七日，陰，微雨。七點鐘由(爲)[茀]理特里許斯脱拉賽斯脱拉賽，譯言街也。乘火車，行五分鐘，過德京禽獸院。又行十分鐘，至斯邦道城，德國國家製造槍礮廠也。煙囱林立，有類檣桅。過此即易北河長橋，復行點半鐘，至深好森鎮俾思馬克一作「舉司馬」。住宅。【略】又行一點鐘，至湯力特爾，改乘馬車，行三分鐘，至其演礮廠。【略】約一時餘，復乘火車，過勒爾德。行半點鐘至嗎德堡，亦名女人城，巨鎮也。【略】乘馬車行半點鐘，至孤松廠。【略】即留此大餐。夜復乘火車行，其所經過者曰漢挪威鎮，日耳曼三十六國中之一，故國也。曰明度，曰喊拇，各有小廠，並因夜黑不及往觀。

二十八日，雨。卯正一刻抵陶脱明，換慢車，約兩點餘鐘抵愛森，廠主之樹林及住宅在焉。松柏茂密，約長里許，廠中本料皆取於此。地近來因河，其南有温水流入，天氣和煦，勝於他處。

二十九日，晴。【略】酉正乘火車開行，夜過荷蘭北境。子正即上海輪，幸風息船平，得安寢一時許。

三月壬申朔，晴。黎明已入海峽，風静船平，英東南境也。卯正抵岸，赴海關驗照免税單。即乘火車開行，約兩點餘鐘始抵倫敦。一路隴麥膩緑，澗草縈青，頗似中國仲春之初，較伯林尤爲和煦。近海草茂，居民多圈地牧豕，以千萬計。倫敦居泰晤士江上流，在京師西偏一百十里，赤道北五十三度，視京師遠十三度。地本多寒，爲海中温水所蒸，氣溢騰上。又數百萬家然煤之煙絡繹不散，故終朝常爲霧罩。是日幸值晴朗，意興爲之欣然。抵車棧。

初四日，陰雨。八點鐘乘馬車至火車棧，【略】九點鐘開車，駛行甚速，寒氣亦未盡退也。按由英至法有數道，一由地爾魄過海，至丑黑文。車分早晚，早車九點鐘由倫敦開車，下午六點鐘三十五分到巴黎；晚車八點五十分由倫敦開車，次晨八點鐘到巴黎。如從多甫兒過海至加利，車分三種，早車八點鐘由倫敦開車，下午四點三十六分到巴黎；中車十一點鐘由倫敦開車，晚七點鐘到巴黎；晚車八點十五分鐘由倫敦開車，次晨五點三十八分鐘到巴黎。車價每三月一定，低昂視搭客之多寡爲贏縮，各國皆然，無一定章程也。由多甫過海較奴黑文稍快數點鐘，而海潮爲兩岸峽束，風濤頗險，價轉昂貴。未正渡海，北風甚勁，舟行極摇盪。七點鐘至巴黎。

五月辛未朔，晴。【略】晚七點半鐘乘馬車到火車棧，東風颯至，山雨適來。【略】登車後即開行，夜色微茫，至立墉已將向明矣。

初二日，晴。寅正穿比里牛斯大山洞，約行七分鐘。卯正復穿一小山洞，約行三分鐘，已近馬賽矣。一路田疇平治，桔槔不喧，雜花生樹，並成行列。洋荔枝鮮紅滿畦，與麥溝桑隴相間映，殊可觀翫。十點鐘至埠。

初三日，晴。【略】四點鐘登舟，船名鴉戛，係兵輪改造，寬廣，載重及房艙位置並與撒拉濟同，惟年代較久耳。

初四日，晴。舟沿伊吕伯一帶山麓而行，遥望山頂，尚有積雪未消，蓋中西氣候之各有不同如此。

初五日，晴。【略】風起，午後更勁，海水作深黑色，舟顛簸殊甚，西人亦有眩暈不能起者。

初六日，早大雨，午後晴。舟行過意大利境，海濱列肆頗繁盛，羣山作青緑色，頗似江湘風景。其對面即的黎波里也。

初七日，晴。

初八日，晴。卯正至亞勒撒得，偕從官登岸一游。詢土人，云乘火車一點鐘可至阿剌伯，三點鐘可至埃及都城。【略】十點鐘返舟，即開行。舟近山麓，一路山花放紫，緑樹成陰，雅可愛翫。晚十點鐘至波賽，復登岸一游，返舟已四鼓矣。

初九日，晴。舟行蘇彝士新開河中，兩岸砂磧如舊，惟近水草色稍青緑耳。是日東來之舟甚夥，而英商船爲多，或彼讓此，或此讓彼，至晚十二點鐘始出東口。少停，即復開行。

初十日，晴。舟入紅海，天氣驟熱，夾岸赭山，恍若雲林秋色。

十一日，晴。南風從阿非利加洲來，煩熱異常，寒暑表昇至百有九度。

十二日，晴，南風極熱。岸側時有民舟往還，水仍作深藍色。長夜鬱攸，舉舟皆不成寐。

十三日，晴。將出紅海，山勢峽束，鬱熱益甚。舟人並稱煩苦，揮扇無停晷矣。晚七點鐘過哭海頸，兩岸鐙塔照映，有如繁星。夜三點鐘始抵亞丁。

十四日，晴。乘小舠登岸一游。【略】晚三點鐘開行。

十五日，晴。晚見舟右一山，蜿蜒東赴，有鉅魚長踰數丈，奮鬣揚鬐，如迎如送。清風徐來，漸喜涼爽。船主云：夜兩點鐘當有颶風北來，窗椅箱麓，一切皆令縛束戒備，食案亦用鉅索作琵琶形横勒薄木板，使食物盤碟不至傾動，甚矣行海之難也。夜二鼓，果風大至。

十六日，晴。東南風大作，銀濤噴起，似萬疊雪山，岔湧而來。舟行如在雲霧之中，船外波聲震撼，與船中器物毁壞聲如相和答。加以薰熱，萬分難堪，西人亦多嘔吐者矣。

十七日，雲陰晝晦。風愈猛烈，舟側行，如見舷底，時而一落，幾乎有千丈强之勢，覩之使人心悸不止。將暮大雨，徹夜不止，雷電飛騰，瞑眩神摇。

念身行鉅浸之中，四畔茫無涯涘，惟有静以聽之而已。飛魚入船數十，長不盈尺，項下著兩翅，如蜻蜓，腹多子，纍如紅貫珠。

十八日，陰，風仍不止。舟行較昨日稍平，然顛簸騰起，猶可丈餘。而南風鬱熱，轉增使人煩懣不堪。僕從皆昏暈不能起，至此食息乃益苦矣。

十九日，晴。連日風浪惡劣，舟中毀物極多，甆器亦碰損不少。

二十日，晴，南風仍盛。自亞丁至錫蘭，計程八千餘里，須七晝夜始可到，中間並無停泊之所。計此七日無不在狂風鉅浪之中，回憶去時波平如砥，蓋不啻霄壤之别也。

二十一日，大風雨。早五點鐘抵科郎埠，大風雨竟日夜，不能登岸一游。停泊時，舟猶摇盪，欹側至丈餘。堤外鉅浪騰起，高三四十丈，排若堵墻，恍從霄漢傾瀉而下，真偉觀也。

二十二日，晴。是船本應昨夜八點鐘開行，臨展輪，因機器損壞，不能行駛，須修補數日。

三十日，晴。晨起，船主邀乘火車，至開殿大餐。詢船何時可開行，云尚須一二日方可竣事。比辭謝，飯後忽云本日三點鐘即可啓碇。【略】未初開行，出口門，因長堤所蹙浪甚險惡，足畏人也。申正過巴德夾，自科郎埠至此二百三十里。

閏五月辛丑朔，晴。東風大作，舟甚顛簸。然因遲滯十日之故，一旦忽得駛行，同人亦不覺其病苦矣。

初二日，晴。風大作，盪舟殊甚，眩暈良苦。

初三日，晴。

初四日，晴。午正過横加島，兩岸緑樹陰濃，山花紅絢，令人有愛不忍釋之意。

初五日，晴。早九點鐘抵新嘉坡。【略】晚四點鐘隨送至舟，候船開行乃别去。

初六日，晴。

初七日，晴。巳正已望見廣南諸山，船主云須晚六點鐘始可到。西貢一水，至海口分爲七道，東流入海，每道甚狹，而又灣環如帶，皆非乘潮不能駛入也。酉正始下碇，以將暮，不及登岸，船中頗苦鬱(勢)[熱]云。

初九日，晴。六點鐘始開行。【略】午正出口，沿横山之麓。

初十日，晴，晚微雨。

十一日，晴。昨夜已過瓊州海面，午正見香山、順德、新安一帶島嶼，蓋即所稱香港峽也。夜十點鐘始抵埠。

十二日，早大雨，午晴。【略】午正登舟，諸君並送至舟，意均拳拳。未正即開行。

十三日，晴。【略】午正過厦門洋，舟行微盪，蓋海水爲山麓所激湍故耳。

十四日，晴。晨起，船主云本日晚十點鐘可至上海。【略】夜十一點鐘抵吴淞口。

張德彝《航海述奇》 同治乙丑年[四年]冬十有一月，經總理衙門奏派前任山西襄陵縣知縣、副護軍參領銜三品頂戴、内務府正白旗漢軍斌椿號友松，【略】八品官六品頂戴、鑲黄旗漢軍德彝號在初【略】等前往泰西各國游歷，察訪風俗。奉旨依議。時恰值按察使銜、總理洋税務司英國愛爾蘭人赫德號樂彬者亦乞假回國，遂定於次年偕同前往。至次年丙寅正月，彝即約車治裝，親友送别。至二十日庚辰巳正，由京登車起身，道出崇文門。行三十五里，至余家衞早尖，又行二十五里，至張家灣晚飯，住宿。酉初大雪繽紛，半尺有餘。

二十一日辛巳，卯初起身，時雞聲茅店，月影横窗，晴雪蕭蕭，寒風冽冽。行四十五里，至安平鎮早尖。午初過安平，天燥風乾，塵揚迷路。晚行五十里，至蔡村住宿。

二十二日壬午，曉起殘月無輝，稀星有數，雞鳴四野，犬吠孤村。卯初動身，見紅日三竿，炊煙四起。行五十里，抵浦口早尖。午後風起塵揚，又行三十五里，至天津衞。途遇北口通商大臣崇所派之張把總，迎接至天津縣東關外南斜街恩裕店住宿。

二十六日丙戌，早聞有英國火輪船三隻來從上海、煙臺等處，現在紫竹林下錨。彝等遂往一觀，見兩隻係暗輪者，長皆二十餘丈，一名行如飛，一名日本。一隻乃明輪者，長亦二十餘丈，名曰南潯。自外觀之，皆整潔堅固，其形與中國船隻迥異。

二十七日丁亥，【略】由京至津共計陸程二百四十里。

二十八日戊子，早天金黄色，風沙撲面。至巳正，同衆到紫竹林登行如飛輪船。此船長二十二丈，廣三丈許，通身鐵打，内包橡木，上寬下窄，狀如魚腹，前尖後圓，形如瓜種。面上四圍鐵闌高約三尺，前掛白布油圈二個，名曰救命圈，長約三尺，寬三寸，中有油繩四根作錢眼形。如船有險時，將此圈横套於身上，投在水面，順海飄流三二日，以待救者。又有小礮二尊，麻球四個，長形，以爲並船之時置於中間，以防擠損等事。左右小舟四隻，爲上下大船而用者。此後有舵房一間，内一車輪，二人把持，往來轉弄。上有鐵鍊二根，直通後舵，船主在内指向行途。又一銅盤，上横鐵柄，盤面有快、慢、行、止等字，移柄向何字則下面亦是何字，所爲告火機使者，令其進退。房後有地圖、千里眼等物，又有各色花旂二十餘根，乃爲對面來船彼此交談而用者。中立一桅，極高，上横二木，所用風篷形如工字，係白布所作，捲放在下皆有輪繩，前後亦有如厶字形，乃爲行左右風者。又一煙筒高約二丈許，麤有四圍，兩邊小水筒十餘箇，長繩鎖鍊數盤。後有藤椅四五把，以爲上等客人閒坐之處，二等客即不准過桅竿之後。左右有長形雞鴨籠四箇，喫食水房一小間，此後又有定南鍼、定時鐘。【略】煙筩旁有一氣筩，若對面來船時，拉則自鳴，以爲讓路。【略】其火輪機乃以火燒水，水滚則上下輪子自轉，輪轉則船自行矣。船初開時黑煙直上，既走則晝夜永聞丁東之聲，船能日行一千三四百里。面上終日有人察看道路，盤算里數，照應客人，管理奴僕，整齊之至。是日未初開船，但見兩岸馳驅飛去，不見輪船半步挪移。戌刻住船口内，以待潮。由天津至大沽計水程二百二十五里。

二十九日己丑，丑刻出大沽口，入海。冷甚，天陰，煙飛霧結，萬頃迷離，水天一色。船行一日皆屬平穩，至晚忽狂風大作，浪高百尺，船即簸揚，人皆嘔吐不止。窗外水聲澎湃，船内人聲嘔哇，金鐵皆鳴，盃盤亂落，當斯時也，彝心昏頭暈，嘔吐無甯晷。至黎明，船行石上，震聲若雷，通船驚起，莫不駭者，惶恐時許始定。

三十日庚寅，因行錯路，遇石爲險，乃反回一百七十餘里，始歸正路。早過妙島，水深六丈六尺。又過黄霸，蓋大欽島、小欽島、鼉磯島、高山、廟島、長山島、大竹、小竹等處遠近掩映者，但見山峰耳。過河南入山東界，未初抵登州府煙臺，進口，停泊芝罘山下。彝等遂乘小舟登岸。【略】仍駕小舟回入大船，一路樹花交翠，山水盈眸，清風徐來，水波不興，心殊暢然。船至此口上下客人，起卸貨物，至酉初始定，即時開船出口。夜過成山島，甚平。

二月初一日辛卯，過黑水洋。此船晝夜顛揚，人人嘔吐，鎮日偃卧，祇喫梨橘而已。

初二日壬辰，走吴淞江，仍風波大作，嘔吐不止，飲食不進。【略】是二日水蕩船摇，浪過窗櫺始止。

初三日癸巳，早起風微浪静，既已止嘔，便覺力輭。巳正至崇明縣黄浦江，係江南松江府地界。進口，遥見兩岸翠色盈盈，大似北京孟夏之景。沿路中外船隻無數，風篷火輪，紅頭三板，羣列其中。至未刻抵上海縣，口内住船。【略】由大沽至上海計水程二千五百里。

初七日丁酉，早仍微雨。乃至江海北關前馬頭，駕官船順流至吴淞口，上法國公司輪船名拉不當内者。長三十五丈，廣四丈，亦是鐵打。午後開船，出口南行，轉西，水深绿色。凡公司船乃法國通城富户聚集銀錢公造，大小各種輪船散於四海，而國家差派船主、總管、千總、火機、使者等人，每船上必有一東主，同衆人共保一船，傳帶書信、公文、新聞紙等件。此外往來載人運貨，獲利甚重。然其往來索費亦實不菲，每一次所用煤油、喫食、飯單、桌布、人工等項約數在萬金上下。

初八日戊戌，過甯波口分水洋。水藍色，狂濤高疊，船行簸揚，人遂飲食不能進矣。

初九日己亥，陰，過白狗山。冷甚。

初十日庚子，過浙閩界，北面山嶺高綿。

十一日辛丑，早入粤界，微晴，巳初抵香港住船。【略】午正回大船，未正換船，名崗白鷗士，長四十五丈，寬五丈七尺，亦法國公司船。此則西國上等行船，船通身鐵包，極厚。下分四層，頭層極厚。【略】船主房前有二門，下即卍字梯，中間掛一大表，表下一牌，每日午正船主掛出，上書從何處至某地多少里，已行多少里，下剩多少里，自昨日午正至今日正午走多少里。【略】船能日行一千五六百里，可快可慢，能進能退，更能横行，不畏風浪風雨，祇恐不戒於火與碰於石。船上如有絲毫傷損，立刻收拾。每日有副總二名，手持一物，如洋畫鏡，上下有小顯微鏡三箇，以之照日，查其遠近，始知船路是否。此乃輪船之大局也。由上海至香港共計水程三千里。是日申正開船，出口南行。

十二日壬寅，水黑如漆。見船初生火時，濃煙直上，蔽日之光。晚見水藍如靛。

十三日癸卯，晴。見北面一帶連山，山下白沙大片，乃安南國界也。未初至一山，見頂上有一燈如塔，甚高，蓋其國海口外之燈樓也。其光可照百里之外，以爲夜間示行船認海口也。【略】山後即海口，不寬，兩岸短樹葱蘢，水灣數十，港岔亦多，內有漁舟隱於雜樹之間，又有海鴨成羣飛舞。船因水淺，亥初停泊。

十四日甲辰，丑正開船，午後抵安南國。【略】其地則名嘉定省平陽縣，現屬於法，改名西貢。安南一省之地，不過中國一縣之區。將至時，見兩岸民房皆浸於水內，鄙陋之甚。再南，則有洋樓，皆法人建造者。時已行赤道，熱甚。當晚停泊，客人皆在船面散坐。

十六日丙午，黎明開船出口，平穩如轎，水無波浪，其色葱緑。

十七日丁未，天晴，大熱。水易藍色。

十八日戊申，早抵新嘉坡。

十九日己酉，巳初開船，西南行，甚穩。見東岸下打魚木閘，曲曲無數。至晚暴雨。

二十日庚戌，天陰，水黑色。午初見北面小山數座，遠近不一。午後又雨，未刻水變碧色。晚有巨魚長四五尺，飛躍而上，出水三四尺。由安南至新嘉坡計水程一千八百八十里。

二十一日辛亥，晴。其地已過日南，正午則人影在南。【略】午刻船主查點各項職事人等，恐其中有病者。衆皆排立數行，黑人皆換新白衣、藍褲、小紅帽，水手藍褲、藍衣、小黄草帽，廣東人白汗衫、月白褲、高襪、厚底鞋，餘者亦皆换新服，查畢散去。一路水平無紋，西行見一帶大山，名蘇門達拉，乃馬六甲之南界，現屬於荷蘭國。

二十二日壬子，入印度洋。見有飛魚長六七寸者，出水丈餘，更有飛入船倉者。

二十三日癸丑，猶西行。天熱，人皆暈。

二十四日甲寅，申初抵錫蘭，乃印度國之東南界也。【略】進口，見林壑古城，洋房小島，不計其數。又見本地小舟，寬有尺餘，長約一丈四尺，左有三木，長六尺許，作丁字形。因是處波浪甚大，船雖小，而幫趁扶持，不致有翻覆之患耳。是晚暴雨，河内小舟無事，並不停避。由新嘉坡至錫蘭共計水程四千五百里。

二十五日乙卯，早陰。乘小舟上岸。【略】申正回船，微雨，亥刻開船。

二十六日丙辰，晴。戌刻隔壁倉中失火，被褥皆烘，船中大亂，倖人多滅速。

二十七日丁巳，晴。申初行至麻尼怪，此處小岔數四，總名摩拉地哇，乃南印度之東南。

二十八日戊午，晴，海水色藍且平。得食西瓜，不大，其味微酸。

二十九日己未，早見新月出於正東海面，高丈許。水黑而亮。

三月初一日庚申，西北行。記同船客人共五百六十七名，分屬二十七國，語言十七種，文字未悉。聞有巨魚吐水，高丈許。

初二日辛酉，晴。聞是日早在二等客倉內有纏頭拜日回回卧病已久，是日早亡。船主將此人姓名、住處、籍貫註明，其行裝銀兩皆付於同來之人，替其代回。令二人握其屍，而付諸汪洋矣。蓋船中溼熱，存則氣味熏人，轉染疾病，無論何人，概照此例。

初三日壬戌，西行，稍北。見南面一帶山嶺絡繹不絶，乃阿非里加之東北界也。北亦空山綿亘成嶺，前之矮者迷離可認，後之高者皆隱於雲煙之內，乃亞西亞之西南界也。

初四日癸亥，早見東南一帶高峰，其色紅白，並無一樹。午後至亞丁島，在紅海口外，南通阿非里加，北近亞西亞。其地天時數年不雨，甚熱。多山，不生草木，徧地紅黄。【略】是日乘小舟登岸，並無碼頭。【略】登舟回船，上煤添水等事已畢，夜亥正開船出口。由錫蘭至亞丁島共計水程六千九百里。

初五日甲子，晴。辰初一刻至紅海口，東西皆奇山異嶺，口外水黑色，入口水變緑色。【略】巳初正北行，東即亞西亞之連山疊疊，西乃阿非里加之枯嶺重重。北行稍西，東面海中忽覩白石小山二座，皆枯石，滿山作孔，如蜂窩然。

初六日乙丑，晴。夜半忽颶風大作，捲浪如山。北風南吹，輪船北行，兩力相敵，險而不險。

初七日丙寅，北風猶勁，客人不食而吐者過半。

初八日丁卯，未初見西南一片沙地，長三里許，與海水平。中有鐵燈樓一座，高逾二丈，内住一人，每見船來，晝則繫一紅旂，夜則然燈，在百里之外即可見之。

初九日戊辰，水平船快。是日左右山峰連綿絡繹，其色不一。晚三下鐘至蘇爾士，此地乃兩洲接連之地，東爲亞西亞，西爲阿非里加，北係地中海，南即紅海。此海口極闊，水淺多沙，大船不能内進，遂泊於山下。見有英法大小輪船二十多隻，皆依次下錨。

初十日己巳，晴。卯正有土人駕火輪渡一隻，將通船客人皆載上岸。時有涼風觸面，蓋又至日北矣。【略】申初上火輪車，起身。由亞丁至蘇耳士計水程四千一百里。酉初至埃及國京都，地名開路。一路皆荒山曠野，沙厚二尺餘。中途停車三次，旁有英人開設酒店，無非三椽之屋、五柳之門耳。客皆下車，浄手小便，喫酒喝茶。少歇，仍上車行。前所經之地民房甚少，隔數十里一堆，皆在地中，如穴居然。聞四十年前此程無輪車之時，一片沙漠而已，且風暴頻起，行客皆騎駱駝往來，水火不接，死於中途者甚多，今猶見白骨拋露處。此地係別一國，名埃及，又名麥西，乃土耳其屬國。【略】乘車至店，名大葡巴者，店主係法人。

十一日庚午，晴。卯初同衆上四輪馬車，極快。行十四五里，至乃樂河岸。沿途房舍雖亦石砌，然較前所見則皆麤鄙。【略】至此下車，雇驢六頭一同登舟。【略】抵彼岸，棄舟乘驢。行二十餘里，見晨光熹微，樹林陰翳，馬鳴山上，牛卧水中，田間麥高二尺。復行六七里，則大片荒沙，人跡疏絶。後至一古埃及人建之王陵。

十二日辛未，辰正自店起身，上輪車，行四百五十里，午刻至阿來三得亞。【略】由蘇耳士至阿來三得亞共計陸程千里，是日下車，遂急上小輪。舟行十餘里上大船，船名賽達，長約三十丈，寬三丈，乃亦法國公司輪船。見口内各國船隻大小咸集，因是日埃及國有喜事，各船皆挂花旂，以爲慶賀之意。及時放礮開船，西北行。出口浪大船摇，客皆不食而卧矣。

十三日壬申，陰雲氣霧，海浪風擁。遥見雪山甚高，而船中亦飄飄然六出飛來矣。冷甚。

十四日癸酉，陰。船行尚穩，水色藍黄，至酉刻，風起浪湧如前。

十五日甲戌，晴。水平如油，船穩若石。見西方風篷四隻，遠近不等，其形如山如樹。寅正至馬西那，乃歐羅巴西南之意大里國界。羣山錯列，紫翠凝暉，兩岸燈籠甚密，樓房亦多。卯正一刻開船西行。

十六日乙亥，見曉日銜於山頂，背日之山皆紫色。南北皆山，如送如迎。有峭然挺拔者，有壁立如削者，有作荷葉皴者，若插水芙蓉者，斷雲横亘者，若曉霜凝素者，是海浪逐潮剥蝕，日久自成此像。山皆迎海而立，入望皆成畫本。

十七日丙子，【略】後見山頂一石，直若白熊自下奔上之狀，又有如老人拱手者、長跪者，羣山錯列，連綿百餘里。又見巨魚長丈許者，傍船而游。申刻大雨如注，迅雷巨閃。戌初雨止，風起狂濤。

十八日丁丑，晴，風浪猶大。未初至法國海口馬賽拉。【略】下船，乘小舟登岸。入接客廳，旁有查裝房。先以四楞木渡，長三丈許，寬一丈五尺，將衆人行李載入此房，將四面鐵門關閉，官員按數查點，船主交明。後則有小車，形如椅而無骰四輪者，將行李皆推出，按人分散。前由上海至此客人行李，皆船主經管，本人毫不費力。若失落星點，船主包賠。彝等乘車行十餘里，至店名笛路埃得拉佩。

十九日戊寅，【略】午初上輪車，行二百五十里至拉薛達。沿途遠山近水，花樹春田。又過黑山洞五，小者長三四里，大者二十餘里。入内黑暗，聲音振耳。長者中途或有一二小燈，亦不覺亮。下輪車後又乘馬車，行十餘里，至造船廠。

二十日己卯，早乘車行七里許，見本地新建總管公署。【略】是日巳初回店。由阿來三得亞至馬賽拉計水程四千六百里有奇。午正自馬賽拉店内起身，乘車北行。六里許至一門，如城墻馬道，入門向西直上，東轉，正面高廳九間，極大，乃火輪車客廳也。遂上輪車，即行八百八十里，戌初至吕陽。【略】日夕過山洞四，有長四十餘里者。長橋六七，或石或鐵，長有數里者。過羅馬教皇行宫，外有城墻，墻頭出廊下。作密孔爲水溝，兼以防敵。中途停車九次，將至時見河岸層樓，明燈密密。是日往法京者皆在此處客廳内打尖。【略】火輪車形如平臺，每輛長三丈，寬丈餘，高八九尺，平頂無檐。鐵輪鐵軸，六輪大約二尺，頂上鋪鉛，餘皆以印度木作，極其堅固。内分三間，每左右二門。門旁各兩窗，有活玻璃，可上可下。藍紬小簾，自捲自舒，消息甚奇。頂上玻璃燈，晚則人自車頂上然之。四壁糊以洋綾，前後兩木炕，寬一尺五寸許，分四槅，可坐八人。靠背坐褥厚皆四寸，或花紫厚絨洋呢，或馬尾所織，黑者厚亮如段，灰質白花者如綾如絹。地鋪花氈，有唾盒，取燈匣，前後壁上有面鏡、帽架，有槅子可放零碎物件。兩炕可彼此抽出，接成一炕，此蓋頭等車也。二等者稍次，三等者三屋皆通，當中隔一木板，前後祇有木櫈而已。四等者載行李貨物，牛馬牲口，行時一串五十輛，或六十輛，或以鐵環連之。人物少則六七輛，無人無貨亦有幾輛行走，以接前站。設某國自其京城往外省各處，有輪車則在各處城外建造對面高廳十八間，爲客人待車之地，亦以頭、二、三等分之。頭等者裝飾華美，桌櫈器具全備。二等、三等相似，四等者堆積行李貨物。又有小屋十間，爲男女客人中厠，與賣書籍等及酒食煙果。更有官人登賣車票，其形長方，大約寸許。其色花白不一，價之貴賤以途之遠近，車之頭二分。行囊多者，與貨並輸。兩廳之間隔一箭地，上有鐵架玻璃照棚，下有來往兩股車道，去者皆在左邊廳内，來者皆在右邊。内有税局，驗人行李。去者買票，上車後有管車官按人要票，翦去半邊。來者未下車時，該官復來，持鑰匙開門，收票之後半，此所以防宵小也。車行多直道，且須平坦，不能上下如途。有小山則開之，大山則鑽洞，長有三四十里者，内抹光，修飾齊整。過江河造鐵橋，長有一二十里者。車行鐵轍，寬約二寸，出地七八分，爲陽轍。其四輪外寬内窄，合於轍上。頭車乃火機，形如笨碾車，通身鐵打，下有六輪，四大二小。上一圓鐵筩，長約一丈三尺，高五尺餘，内藏水火輪機。前立煙筩，長四尺。下横二出水筩，不大。後有氣筩、鳴哨、機柄等物。初開時，内樅樅有聲，濃煙頻出。後立二人，使之能進能退，可疾可遲。其氣將至一轉，則銅哨自鳴，爲令當途者躲避。對面來車，亦必鳴哨。以此一車帶彼五六十輛，其力可知矣。第二車載煤，隨行添用。三車内沿路刷印新聞紙，攜帶信箱。此後則頭、二、三等客車，最後則貨物行李。每一行車，有二官人管察行李，僕夫四五名爲然燈開門與通報地名等事。車到止處，如欲回時，在照棚下有一大圓蓋，長約四丈者，將車頭移於蓋上，下有消息，一轉則車頭倒回，連在尾上，自回矣。車路有來轍，有去轍，共三四道，以免兩碰。中途按站皆有小客廳，亦賣車票。每重之地有堆撥車，過時一人手執紅緑二旂，夜則舉燈，紅者則過，緑者當止，不止必有險事。在各處亦有添煤取水之具。城中書鋪内賣行路簿，某處每日某時開某船，或某時某處有某地車船經過，停時多少，皆爲一定。又云某處某店好，景致好，某鋪貨好，車路有高有低，若高低横竪疊成十字之時，高者以石土壘起，在低路上横一鐵板如橋，竟有達人房頂疊起大路，而車行其上。車之快者日行四千餘里，平時者日行二三千里而已。

二十三日壬午，行九百二十里，卯初抵法國京都巴黎斯。

四月初一日己丑。【略】申刻忽有赫總税務司由法電綫寄遞之信來，約彝等立刻起身前赴英國。時斌公因痔發，不能坐，乃留叔含在彼，彝同包臘等於戌初上火輪車。夜行六百一十里，至法國海口，地名布倫。丑正又上火輪船過英江，寅刻行七百里，抵英國海口，地名都法。是時天未明，不然燈可見道路。下船，在火輪車行二百六十里。

初二日庚寅，卯初抵英國京都倫敦。至客廳下車，上馬車行八十里許，至店名端木司。

二十五日癸卯，巳初彝等自倫敦上火輪車，行一百五十里，未初抵敖西佛耳。【略】午正微雨，辭去，復上輪車。沿路造鐵器之廠一望無邊，煙筩叢立，高皆十數丈，遥見煙出，直沖霄漢，與雲相接。行二百六十里，申刻至博明根城。

二十八日丙午。【略】戌初，業公送彝至客廳，與鳳夔九蟬四相會見此。廳在兩樓之間，横一鐵橋，上下有梯，可從此廳往彼廳，不從車道經過。是時微雨不止，蟬四乃令其弟占四陪彝二人上火輪車，行二百五十里，亥正抵滿柴四得，入店名卜來由者。

三十日戊申，大雨。【略】亥正回店，遂起身上火輪車。乃一間大屋者，内四面皆凳，地鋪花氈，通屋在坐者祇五中國人而已。

五月初一日己酉，走六百六十餘里，卯初回至倫敦。客廳下車，仍入前店。

初四日壬子，巳初上輪車，行二百里至大東方。下車步至河岸，上小輪船，行數里，至大輪船，名葛來大宜四頓，長六十四丈七尺，寬七丈八尺，高六丈九尺許，貨可載三萬餘箱，客倉共一千九百間，行李可載一萬餘件。煙筩五箇，桅杆七根，明輪，内有三十二輪機，專爲自英國走太平洋往美國者，乃天下第一大輪船也。因其費用太重，故不多用矣。

十二日庚午，晴。午正起身，由店乘車，行十餘里，至英國海口名泰穆思，即上火輪。船不甚大，客亦不多。天氣甚熱，行一夜。

十三日辛未，行六百三十里，巳初抵畢國海口之安土耳地方下船。遂在火輪車客廳前茶館内點心。【略】午正上輪車，入荷蘭界，行二百里下車。上輪船，在上晚飯。又行二百十里，未正下船，再上火輪車，行百二十里，申初至荷蘭國南京，名黑格。一路田疇交錯，林木葱蘢，至此入店，名代拉艾拉鋪。

十六日甲戌，晴暖。巳正往拜畢國欽差，未初乘輪車，行一百三十里至哈拉瑪，一路多半沙土。又乘馬車行十五六里，至一處。【略】後又乘車，行四十里，至荷蘭北京，地名阿木思達大。

十七日乙亥，早微雨。上火輪，渡過河，看其本國新造鐵閘。

十八日丙子，【略】申正回店，亥初起身赴輪船，長二十丈者。【略】丑初開船，風順，夜行甚快。

十九日丁丑，大雨。

二十日戊寅，仍雨。未正走一千二百里，至漢博爾。【略】酉刻坐馬車，行數里，入布國界。

二十一日己卯，【略】是日酉正起身，上輪車，行二百餘里至河。戌正又上輪船，行一夜。

二十二日庚辰，行三百五十里，丑正至丹國海口，地名闊二三。下船，再上輪車，行三百里，午初至丹國京都盆海根。乘車入店，名菲尼克思。

二十四日壬午，午正起身，上火輪船，行百七十里，申初至瑞典國海口下船。上輪車，行八百里，亥正至雲菊平住車入店，店因其地名。

二十五日癸未，卯初上輪車，行一千里，酉初抵瑞典國京都名司鐸火木。

六月初一日戊子，午初乘馬車至大橋，登小輪舟。其船長不足三丈，船户何姓者，共有如此小舟數十隻，每歲以此爲業，可得數千金，已成巨富。【略】丑初自店起身，上輪船，長二十六丈，行一夜。

初二日己丑，申刻行七百里，至故芬蘭國之外郡愛白鷗地方。【略】一路大水少而小島多，船行灣曲，至此見河口作丌字形，中横大橋，兩岸皆大石砌起，甚齊。遂登岸，乘本地車。車小無鞍，有一灣木置於兩檐之首，以一馬拉之。車無棚，亦無箱，中作簸箕形，極淺，將受二人。兩旁有鐵欄，高三寸餘，四輪，鐵架，却甚輕快。御者服長袿皮韡，寬檐矮帽。【略】回船後丑正開船。

初三日庚寅，緩行六百里，申初至芬蘭國京都，地名漢興佛，現在亦屬俄國。【略】戌初回，是夜丑正開船。

初四日辛卯，早入大海，名芬蘭海，想即北海也，水黑色。顧海左右，頻見島。岸行七百里，未刻抵威柏閣倚口，有白石礮臺二座。乃以小輪船引入内河，傍岸後彝等乃乘車游逛。【略】戌正回，是日停泊一夜，大雨。亥初天色少暝，至子正則日出矣。

初五日壬辰，辰初開船，入大海，水黑色，甚平。行片時，忽見雨水相接，黑白分明。既至時，見前者白，後者黑，如一綫相横於其中。行六百里，申初至俄國海口，名可纍思達大。見前後白石礮臺五座，風篷一片，狀如白蛾，皆隱於石墻内。【略】復行二十餘里，至俄國北京，名比得思北閣。【略】前有大橋，長六十餘丈，相接南北兩邑。及船傍岸，下船處有小船房。穿出乘小車，亦如前在威相閣等處者。行十餘里過，橋南轉東，有南北一條長街，距二十餘里，其寬較北京大街兩倍。蓋俄國多産木石，而街之中心以石堤寬三丈爲走大車，兩旁又二條木道，皆以六楞松木堤之。其木厚有半尺，中以釘連。此六楞木下仍横木板，長皆二丈許，木道寬有二丈，專走小馬車。兩旁又各細石路四道，寬皆一丈，以便行人。【略】是日入店，名北拉五由。

初九日丙申，早陰。乘輪車，行四十五里至紅村，换乘帝車，行十數里至教軍場。【略】戌正上火輪車，行二十餘里回店。

初十日丁酉，微雨。彝等自俄京起身，未初上火輪車，即開，甚快。其車又異乎前之所乘者，每輪分四間，有内外室，有中厠，更有帶火鑪者。中途過黑山洞二座，一約十餘里，一約二十里。又過鐵橋一座，長里許，高有三丈，寬二十丈，左右欄杆高丈餘，作花障形，當中走火輪車，欄杆外有二小道，乃走人馬者。

十一日戊戌，仍雨。未初行一千四百里，出俄國界，入普國界，地名漢大昆。雨止，换普國車。見其國田疇蕃衍，阡陌交通，園囿連綿，人物俊秀，所經之村鎮樓房亦皆俊麗。中途過一處，名馬林柏爾者，南北長河，東西横一鐵橋，長五里許，高約四丈，闊五丈有奇。

十二日己亥，行一千二百八十里，卯正至普國京都地名柏二林。下車入店，名阿拉倍。

十五日壬寅，【略】巳正上火輪車，行四十五里，至博爾屯。復乘馬車至一王宫。【略】亥正自店起身，上輪車。

十六日癸卯，微雨。辰刻過韓國界，【略】復行七百六十里，至艾森。【略】戌初至畢國交界，地名可倫恩，停車半時。

十七日甲辰，行七百四十里，卯正抵畢京，地名布樂四。【略】入店，名得拉驢拉巴。

二十日丁未，【略】申刻有委員姓矮名和者同車，行百二十里，至安土耳，其地乃前自英國往荷蘭經過之地，爲畢國海口也。【略】戌初上火輪車回店。

二十二日己酉，巳初至客廳上火輪車，午正出畢國界，入法國界矣。行八百里，酉初至法京。【略】乃宿於拉佩巷之得都武店内。

二十五日壬午，巳初上火輪車，復至衛賽拉游。【略】戌初回店。

［七月］初八日甲午，早約車治裝。【略】酉正彝等自店起身，乘火輪車行一夜，微冷。

初九日乙未，早過吕陽，穿黑山洞三箇，未初至馬賽拉。一路天晴，熱甚。仍住來時店内。

初十日丙申，午正上火輪船，名陸比思。是日風大，竟將小帽吹落海中，飄揚順流而去。又見各海口内外水淺處皆有大鎖，拴一鐵帽，飄於水面，大約丈許，形如棗實，紅色，船進口時見之，以防擱淺之患。又各船出入海口，皆有本國引水船。船開時自有引水船出，或引入口内，或帶出口外。他國船隻進此國海口時，必予引水船之資若許。【略】申初開船。【略】出口，極熱。

十一日丁酉，天晴，水平，戌初順風。

十二日戊戌，浪起，人暈。亥初至麥西那，係前三月十五日經過之地，停泊半時。

十三日己亥，天晴，水平。

十四日庚子，晴，水色深緑。晚則日落海面，月出東方，船微摇蕩。

十五日辛丑，晴，徧海藍色。

十六日壬寅，未刻至阿來三得亞，在船，天熱甚。岸上回民言歐羅巴人現有瘟疫，船到不許客人下船，恐其傳染，來埃及者皆留船八日，而後上岸，往正西廟内再住八日，始許入城。是日酉正，始坐木船登岸，上火輪車。此車索頭等價，而爲三等車。車長七丈餘，内無牀褥，外無窗户，只木板二條而已。車門在兩頭，内可坐人百十，不潔凈。即時開車，一夜躭擱數十次，饑無食，渴無水，衆皆怨之。

十七日癸卯，早至蘇耳士下車，登泰格耳輪。船長五十丈，廣五丈許。是日上貨未完。

十八日甲辰，大晴，蒸熱。船中上貨，終夜喧嘩，寢卧不安。

十九日乙巳，見海内有魚，如玻璃罩，圓形，藍紫不一，大有半尺。取之出水，看如海蜇，無目無腮。又小魚二寸長者數百一羣，皆淡黄色。又三寸長者數百，皆灰色，傍船而食。酉正開船。

二十日丙午，天晴，海水藍黑色。

二十一日丁未，水變緑色，甚平，船亦快。天氣猶熱，汗透衣。

二十二日戊申，天氣酷熱，如三伏。

二十三日己酉，水葱緑色。

二十四日庚戌，亥初抵亞丁，住船。

二十五日辛亥，早飯後乘小船上岸，乘涼，飲冰水。未正開船。

二十六日壬子，晴，水黑色。

二十七日癸丑，晴。自辰至晚狂風巨浪，摇蕩簸揚，同船男女竟有嘔吐者。

二十八日甲寅，晚見海水皆白如銀。

二十九日乙卯，船仍摇蕩。

三十日丙辰，順風，水碧色。

八月初一日丁巳，陰。夜見徧海皆亮，如燈照然。有人以桶取之，乃蟲也，蟲尾有光，如螢火然。

初二日戊午，早大雨，船簸揚。同船有吕宋人嘔吐益甚，所有西國婦女小兒皆不能出艙已數日矣。

初三日己未，陰，半晴。申初抵錫蘭，船雖下錨，而摇蕩無甯晷。蓋是日爲大潮期也，潮浪之大，高起如山。下船乘小舟登岸，小舟隨行，忽上如在山頂，忽下如在巨壑，大有傾覆之勢，險甚。既至碼頭，靠岸尤難。坐車入城,至一店,名入位良。

初四日庚申,起身,因浪大不能上煤,是以訂於次日開行。

初五日辛酉,【略】午後同乘小舟上大船,舟傍船時,更覺險甚。船東歪,自將小舟碰開數丈,西歪則小舟在下,幾乎壓覆。上船梯時,更須急快,否則半身落水。是日壓翻煤船三隻,客人上船溼骰者若許。酉正開船。

初六日壬戌,晴,順風。

初七日癸亥,水藍色。

初八日甲子,海平如油、如鏡。

初九日乙丑,依然。

初十日丙寅,見北面一小山,如兩覆釜,滿山皆樹,不見一隙石。

十一日丁卯,晴。申初抵新嘉坡,見海水澄清,山峰競秀。是晚停泊,下貨。

十二日戊辰,早飯後上岸,乘車至前所去之店喫茶。【略】酉初開船,北行,稍熱。

十三日己巳,天晴,仍熱。水平船穩。

十四日庚午,早陰雲靉靆,酉初驟雨一陣。

十五日辛未,早抵安南。辰正登岸,至宏泰昌號。【略】乘小舟回船,時月色朦朧,輕舟飄蕩,清風徐徐,水蟲唧唧。

十六日壬申。【略】午正開船,出口有九十九灣,河甚窄。

十七日癸酉,晴。

十八日甲戌,晴。

十九日乙亥,順風。

二十日丙子,晴。未刻見西面羣峰錯列,岌岌蒼蒼,蓋已至香港前之羣山矣。酉初抵香港口停泊。

二十一日丁丑,辰正送斌公喬梓及包臘夫婦上火輪船名江西者往廣東。午後換船,得食柿子。酉初開船。

二十二日戊寅,見北面長山大片。

二十三日己卯,晴,逆風。

二十四日庚辰,晴。過閩浙界。

二十五日辛巳,天晴。南北皆山。戌正抵江南崇明縣海口,進口入浦江,亥初至上海縣吴淞江口停船。

二十六日壬午,丑初開船,又行二十餘里入内口,巳刻下船至江海北關。

[九月]初五日辛卯,自公館起身,至新關西敦裕碼頭上輪船,名南潯。來時中途過木橋一座,長十丈餘,係英國人建造者。橋之東首有英人收税,過橋擲錢一文,每小轎五文,申初開船,夜半停泊口内。

初六日壬辰,寅正開船,見南面多山。

初七日癸巳,狂濤怒浪,客皆嘔吐。

初八日甲午,過黑水洋,船之兩端如簸匙然,前後進水,屋内皆溼,險甚。

初九日乙未,浪小,少穩。見西面連山數百里,寅正抵山東煙臺,辰正登岸,乃駕小舟,送德善代拜潘道台。午後開船出口。

初十日丙申,連山不斷,風平浪静,船輕快。

十一日丁酉,未正至大沽口,進口,過沽數道。酉刻淺在罈子窖河畔,潮漲,因淺住甚深,强行未動。

十二日戊戌,早登岸。【略】午正潮漲,努力開船前行,轉過十餘灣,忽見一灣極窄,且有紅頭船數隻在彼下錨,輪船長大,甚難轉過。船主甚急,進退數次,竟將他船碰壞數處,乃得過。申初抵天津,紫竹林下船。酉正乘小舟,至北浮橋紅盛店住宿。

十五日辛丑,巳正起身,早尖浦口,晚住楊村。

十六日壬寅,仍住楊村。

十七日癸卯,早尖河西務,晚住張家灣。是日涼甚。

十八日甲辰,寅初自店起身,早尖余家衞。午正抵都,入廣渠門,進崇文門。

斌椿《乘槎筆記》 同治五年正月初八日,接奉總理衙門行知斌椿奉命往泰西游歷。

十一日,徐松龕賜所著《瀛寰志略》,董醖卿賜《隨軺載筆》各一部。徐公撫閩時,洋人以互市集海濱,公訪察各國形勢利病,博采衆説,彙集成書,西人咸服其允當。

十二日,桑朴齋師贈《海國番夷録》一册。

十七日，束裝。

十八日，雇定往天津車輛。

十九日，正擬起程，旋聞大沽口復凍，輪船不能近口，緩期。

二十日，法國伯大臣送來過馬塞海口照據一函。

二十一日，巳正一刻啓程，車行二十里，出沙窩門。又二十五里，未正一刻至余家圍，尖。又三十里張家灣，住。是夜微雪。隨行四員：同文館八品官鳳儀、德彝，內務府筆帖式兒子廣英，均蒙賞加六品銜。同文館學生彦慧，蒙賞加八品銜。並僕從六人。

二十二日，卯正開車，行十二里，過安平鎮，武清縣境第一鋪。又十八里過馬頭，又三十里，午初河西務早尖。又三十里過蔡村，又二十五里，酉初至楊村，住。

二十三日，卯正開車，二十五里過浦口，又二十五里過天津城北浮橋，崇地山侍郎差戈什哈來迎，至東門外南斜街公館住。

二十六日，往紫竹林。時輪船進泊闕下者，南潯、行如飛、折蘭，凡三舟，皆精巧絕倫。

二十七日，【略】定行如飛船，明日開行。

二十八日，巳正登舟，未正始解維。時水涸，酉初行至可沽，舟膠於沙，住。計水程一百七十五里矣。

二十九日，黎明開行，四十二里過大沽。兩岸礮臺形勢雄壯，誠北海之門户。辰刻出大沽十里許，爲攔江沙所阻，舟不能行，候至午未潮長，始得行。洋人用鐵砣試水半時許，深有一丈八九尺，乃得暢行無阻。在船頂遠望，但見煙水茫茫，渺無涯涘，海天空闊之中，惟有檣帆沙鳥數點而已。

三十日，寅刻舟行，尚有淺阻處。卯初忽聞船底作霹靂聲者三，舟人多起登柁樓，大霧瀰漫，舟觸於石，使非堅固如此舟者，則危矣。午刻過廟島、大竹、小竹、鼉皮諸島，相距不甚遠，兩山相對，最峭拔者麥島也。舟折而西，見人家屋舍高下列於山之陽者，之罘島也。漸南，見檣帆林立，廛市參差，有亭翼然高峙者，烟臺島也。遠見塔表矗立海濱者，崆峒島也。棟宇高聳，雄據一方者，觀海樓也。【略】抵岸，登眺移時。酉刻還舟，已見滿街鐙火，光映水湄矣。登舟即開行。

二月初一日。昨夜登舟即開，午後泱泱大風，舟甚蕩，乘舟者半嘔吐。薄暮風愈狂，震揺終夜。

初二日，午後風漸平，登柁樓四望，海天空闊，波濤無際。遠望數十里外，有淡煙一縷，約二三寸許，舟人以遠(境)[鏡]窺之，乃三桅輪船也。自大沽口至此水程逾二千里，僅見此一舟耳。酉刻風息，甫見新月。戌刻海中霧作，駐舟。計水程煙臺至此已一千五百而遥。

初三日，卯正三刻陰霧漸開，始起錨行。辰刻過沙尾島，至此折向西北行。即揚子江入海處。巳刻望見吴淞口，自沙尾島進口，水程二百四十里，皆揚子江也。【略】入口四十里，抵上海。

初六日，陰。【略】雇定赴香港輪船。

初七日，晴。未刻登法國拉布得內船，船長八十四邁當，法國大尺名邁當。合中國尺二十七丈六尺，計一邁當乃營造尺三尺三寸。寬三丈，深一丈八尺，可容二千礮。每礮作十七石。火輪器具居其大半，佔一千二百礮，貨物止容八百礮。船主一人，司船者十一人，水手三十人，管水火器具者四十人，司火食者十五人，庖丁六人，共一百零三人。房艙共四十間，每間住三四人。中桅以後爲飯廳，飯桌長六七丈，可坐三四十人，皆上等客也，中下等客皆在前艙。器具精潔，肴饌豐美，皆外洋風味。晚則鐙燭輝煌，兩旁住屋十五間，每間各嵌玻璃鐙二、大穿衣鏡一，燭光照耀，入其中者目迷五色，不啻千萬門户矣。中桅以前爲火輪器具及廚屋，兩旁有長巷二，每門各懸鐙，爲司事及中客住屋，計四五十間，晚則到處光明。其餘廚灶厠屋前後十餘處，無不精妙。司船者按圖以爲疆域測影，以計道路。前、後、左、右暨桅中用鍼盤五，各二人司之，以定方向。用鉛砣以量淺深，用繩板以驗遲速，其餘考寒燠，測風雨，以至張帆捩柁，皆精巧異常。舟行晝夜不息，飲食充備，如入市肆，如居里巷，不覺其爲行路也。尤奇者，行海以淡水爲要，輪船則以火灼水，藉水氣之力以運船，即用氣化之水以供用，舟之上下四旁皆有銅鐵管貫注，數百人飲食洗濯之用，無缺乏之憂也。

初八日，卯刻開行，巳刻出江口而南。山島數處，舟人云島形多如馬鞍，土名馬鞍子島，距吴淞口已三百三十里。未刻晴，過浙之舟山、普陀山。南望峰巒重疊，如列屏。自鞍子島至此，時有白鳥逐舟而飛，背翅皆作淡墨點紋，腹與尾皆純白，張兩翅長丈許，鳴聲嚶然。去人不遠，舉手向之，殊不怖，時而没水，時而飛翔，高與帆齊，去山百餘里始不見也。

初九日，陰，午後微雨。未刻過海壇島，詢之舟人，云閩海已過，風順可至粵洋也。晚間順風大作，舟中甚覺顛簸。

初十日，晴，辰刻過潮州。自吴淞口開船，兩日行二千五六百里，非輪船之神速，焉能如是？早飯罷，登眺（砣）［柁］樓，四望驚濤飛雪，泱漭際天，遥見漁舟十數，挂席出没洪波巨浪之間。然大洋幾三千里，至此始見有舟。

十一日，陰。辰刻至香港，峰巒重疊如畫圖。入港數十里，樓屋參差，依山傍麓，較上海又别有景象也。巳刻换船，名康拔直。船身内艙分三層，頭等艙十七間，可住二十九人。又二十九間，可住九十二人。二等艙二大間，可住三十六人。船主名得剖比思。司船者七人，法國水手三十九名，麻六甲黑人八名，管器具者，法國十三名，阿非利加人皆黑人。五十九名。伺候飯食者，法國四十四名，中國二十名。船身長三十八丈，寬四丈六尺，深四丈二尺，可容三千三百噸，每日燒煤六十噸。合中國一千零二十石，計十萬二千斤。船頂後半支布帳，長二十餘丈，晴雨皆宜。午刻駕小舟登岸一覽，街衢整潔，市肆多華人。申正開行。

十二日，晴，暖。日正午，司船者三四人執遠鏡窺日影，云自開船十時，計行七百三十有五里。是晚明月如畫，碧海不波，倚篷遠眺，飄飄然有淩雲之想。

十三日，晴。卯初即起，見海日初出，氣象萬千。午正舟人又窺日影，云自昨午至今爲時十二，計行一千二百有七里，距安南海口僅一千一百八十有奇。然自辰刻起，見越南山島綿亘於西面百里外矣。是日熱甚，舟中懸風扇十面，以五人抽拽，坐中清風習習，炎暍頓清。

十四日，晴，熱甚，换夏衣。未刻入港口，曲折東北行，兩岸灌樹叢雜，青翠無際，闊不過三四里，狹處止數丈，如入江南蘆荻洲，又疑入武陵桃花源。行一百八十餘里，酉刻始泊舟。

十六日，晴。寅刻開船，向正南行，午正行三百里。亥正西面二山，名波羅嶠，東一山相離約十里，舟出其中，距東山止里許。舟主指圖相示，與之吻合。連日熱甚。

十七日，晴，熱甚。向正南行，午正計行九百里。

十八日，卯刻向西行，辰刻至新嘉坡，巳初泊舟，計行六百八十四里。

十九日，晴。巳初開船，午後雲氣蔽空，始稍凉。至晚，雷雨大作，舟行不息也。

二十日，晴。巳刻過波羅雜哈，距新嘉坡八百餘里，山形團欒，樹木叢茂，如揚子江之焦山。至午正，計程九百二十六里。是日所見飛魚甚多。

二十一日，晴。巳初過勾勒凳山、歐拉番山。午刻，北面有山，名波羅圍，諸山南面爲蘇門答臘，南洋大島，長二千餘里，自唐宋至明，朝貢中國。龍涎嶼在其西，每春日龍交戲其上，遺涎可采爲香。明嘉靖時，詔采辦，每斤給價銀一千二百兩。午正，計行程八百四十里。飛魚大者長丈許，躍出水面以數百計，且有排列如隊伍式，真奇觀也。

二十二日，晴。午正行八百八十五里。

二十三日，晴。午正行八百九十一里。兩日皆印度海。

二十四日，晴。午正行七百九十六里，申正泊舟錫蘭。土人統名之爲印度。

二十五日，陰，小雨即止。卯初起，雇划子登岸，乘四輪車。

二十六日，午陰。【略】是日舟行極穩。

二十七日，晴。午觀日影，計十九時行一千二百三十六里。申刻北面見一洲，長數里，草木茂密，詢名彌尼格愛。

二十八日，晴。午正行七百八十八里。兩日行中南兩印度海界。

二十九日，晴。午正行八百七十里。是日卯初見來船東往中華，計行海二萬里矣，令人有故鄉之感。

三月初一日，晴，暖。舟人遥指北面，爲西印度。

初二日，晴，熱。舟中有印度回教人欲往土耳其國，拜教中祖師墓以修福者，登舟，病不能起，今晨圓寂。舟例，客死則墜石投海中。【略】亥末過一島，聞是島多怪風，發無定時。計自香港來，縱横數萬里，茫無津涯，風静波平。【略】兩日行一千六百九十里。

初三日，晴。午正行九百二十一里，距亞丁八百餘里，明午可泊舟也。卯初過阿非利加山北界，日甫出，南面有大山如列屏，映日作赭色，童然無草木，約長四五十里。是晚月廣於眉，連日行西印度海，名小西洋。俾路芝、古波斯地，即安息國。阿喇伯即《漢書》條（文）［支］國。均在其北。

初四日，晴。午初至亞丁，山在右面，亘數十里，若口門然，舟泊其中。

山形突兀，怪石嶙峋，數十里皆不毛，内有火山數處。岸上土屋十餘所，係英國兵房，屯煤以備海舶之用。自錫蘭至此六千四百餘里，非有此埔頭，則煤與水不能繼，故英人設兵於此，東西往來必由之路，以供困乏，制甚善也。惟地無所產，需用牛羊、食物、煤炭皆自他處運來耳。是夜亥末開船。

初五日，晴，南風，熱甚。舟向北行，辰刻東而有山綿邈，乃阿喇伯界，西爲阿北西尼亞東山，相距約二三十里，爲入紅海之口。後則東山或隱或現，水鳥飛翔竟日，與鞍子島略同，但較小而色黑。至晚不見。

初六日，晴，熱甚，無風。午正測日影計十九時，行程一千三百九十里。

初七日，晴，熱甚。午正行七百里。

初八日，晴。午正行七百三十九里。甫申刻，遥見海中一塔高矗，近視高七級，計十丈許，以鐵爲之，中掣紅旗一。舟人云彼處沙淺膠舟，故爲此塔，駐人其中，見海船則懸旗，至夜則懸鐙，使知遠避，誠善舉也。

初九日，晴。辰刻始見山島，查地圖，繪(江)[紅]海兩岸如峽，舟行自初五日至今，已行三千四五百里，茫無畔岸。使遇風濤大作，其險可想見也。午正計行七百九十八里，夜半可抵蘇爾士。

初十日，晴。子正二刻又行三百八十七里，泊舟。寅正即起，卯正束裝，換小輪船，行十餘里，登岸。【略】申刻登火輪車。前車爲火輪器具，燒石炭，貯水激輪，後車以巨鉤銜其尾，蟬聯三四十輛。中坐男婦，多寡不等，每輛如住屋一所，分爲三間，間各有門。啓門入，兩面小炕各一，可坐八九人。炕上下貯行囊數十件。每間大窗六扇，有玻璃木槅，以障風日，啓閉隨人。油飾鮮明，茵褥厚輭，坐卧飲食，起立左右望，皆可隨意。次者裝貨物箱隻，再次裝駝馬。摇鈴三次，始開行。初猶緩緩，數武後，即如奔馬不可遏。車外屋舍樹木，山岡阡陌，皆疾馳而過，不可逼視。炊許，停車道旁，村舍中有屋一所，車内男婦皆下沽飲食。【略】食畢開車，明月皎然矣。又一時許戌刻，始見樹木陰翳中屋宇漸多，蓋埃即國即麥西國。都城改羅也。計兩時行陸路二百七十八里。入客舍，鐙燭燦然，飲饌具備，屋舍精美，子刻乃就寢。計行海一月餘，今始登陸。

十一日，晴。寅刻裹粮買車，西北行十餘里，渡尼羅河。發源南方，北流入地中海。歲一漲，兩岸淤爲良田，故近河阡陌雲連，户口繁盛，稍遠則沙漠不毛也。登岸，雇驢六頭，行甚駃，奔馬不及也。又十餘里，至古王陵，相連三座，北一陵極大，志載基闊五里，頂高五十丈，信不誣也。

十二日，晴。辰刻起程。見有大輪車二，金漆輝煌，云係國王之車也。巳刻開車，西北行。【略】車行更速，直如雲中飛過也。未正至三它呀海口，計陸路四百八十九里。申刻坐小輪船，登地中海船，即開船。船小於康拔直，規模少異，而飯廳寬闊過之。長桌三，可坐百五六十人。兩面明窗，間以細畫，晚間懸玻璃燈四十四盞，四面光明如晝。自紅海至此，氣候漸涼，早晚須厚棉衣，間有披裘者。

十三日，晴，北風甚涼。舟行顛簸，客多僵卧，不能食。

十四日，晴。辰刻，遠見北面山頭有積雪。午刻測日影，計二十二時行一千三百里。

十五日，晴，午正又行七百八十里。是日更覺顛簸，蓋地中海多風，波浪較大洋更急故也。

十六日，丑刻泊舟墨西拏一時許，係意大里亞國埔頭也。【略】辰刻尚見山島綿遠，且有奇峭非凡者，内有火山數處，與志悉合。

十七日，微陰。早起登樓，兩面俱崇山，舟行峽中，廣狹不一，岡嶺四合，怪石嶙峋。間有人家屋宇，背山臨流，嶺上墾種梯田，儼然圖畫。其石島重疊，有如鳥獸人物形者，不可勝紀。有一嶺石，譯言如熊下山形，舟過側面，則又如老人鵠立山頭。又有數峰高出羣山，奇峭插天。未刻出峽，漸近大西洋，波濤際天矣。日晡陰雲四合，大雨至夜未息，逆風急雨，行巨浪中，只可僵睡也。

十八日，晴，北風，寒甚。舟行極顛簸，計巳刻可到海口，惟逆風竟夜，遲一時許。未初至馬塞里，海關見伯使臣照據，免驗行李。買車至客寓。

十九日，晴。坐火輪車，往看造船器具，其地距寓舍八九十里，往返僅兩時許。穿山嶺十餘重，大者有五，皆如深洞，長三五里不等。車疾馳入，黑暗如漆，車數十輛各然燈，俄頃即見山外天光而過矣。

二十日，晴。【略】申初乘火輪車，行八百四十七里，至里昂，時甫戌刻。

二十一日，晴。【略】是夜戌刻乘火輪車，寅刻已至巴黎斯，即法國京都，計四時，行千里矣。

[四月]初四日，晴。辰正出寓，巳初乘火輪車，行六百三十里，未刻至布倫海口。登輪船過海，七十餘里，申刻至英國都發海口。又乘輪車，行二

百五十里，戌初至倫敦。

［五月］十二日，晴。巳刻坐輪船出海口，赴荷蘭國。

十三日，晴。辰刻抵比利時國安托爾步海口，計行海六百三十里。巳刻乘火輪車，行五十一里，過婁得大，係荷蘭交界，又至海它里。午刻坐輪船，未正午餐畢。又乘火輪車至拉里，爲荷蘭南都，計程三百里。

十六日，晴。巳刻乘輪車，五十里過來丁，内有大書院。又七十里，看火輪取水器具，用洩亞零海水者。【略】又六十里，馬車行一時許，至安持坦。

十七日，晴。午初乘船至洩水公所。

十八日，晴。【略】是夜亥正乘輪船，將北行。

十九日，子初二刻開船。竟日雨。【略】是日約行六百里。

二十日，陰。申正至酣博爾浦，泊舟。

二十一日，陰。【略】是日酉刻乘輪車，行三百里，戌正登輪船。【略】

二十二日，陰。寅正泊舟，計海程二百里。辰初輪車開行，巳正行三百里，至丹麻爾都城，地名阿奔黑根。

二十四日，陰雨。巳正二刻起程，登輪船出海口。時正晴霽，水天一色，茫無津岸。一時許行百里，至瑞典海口，乘輪車。未正東北行，亥正一刻九百餘里，至云居平。

二十五日，卯正三刻啓行。【略】酉初三刻至斯大克阿剌捫，即瑞國都城。計云居平至此一千四百里，距丹都已二千四百里，行程未及九時，其神速大可快意。

［六月］初二日，晴。丑正開船，出海口東北行。酉初行六百餘里，入港，【略】土名呵剖，爲芬蘭舊都。

初三日，晴。寅初開船，行波羅的海，酉初至芬蘭都會，名亨沁佛耳思。

初四日，晴。寅刻開船，行波羅的海。北面傍山島，東南望則水天一色。見遠船一二，微露檣帆，繼而止見桅尖，計遠去百里外矣。【略】三日皆東行稍北，晝日愈長而氣候愈冷。現已入伏，當午正晴，尚衣重棉，早晚須披裘也。申刻過峽口，又二十里至威不爾克泊舟，計六百四十里。

初五日，晴，無風。辰正出海港，波平如鏡，水天一色，令人心曠神怡。申初過克龍斯達的。【略】又六十里至彼得爾堡，乃俄國都城也。

初九日，晴。辰刻出郭，乘輪車西行六十里。

初十日，雨。午刻孔公來送，承照料行李，并代雇車。【略】車極大，中分小屋六七間，走巷二，厠屋二，住十餘人綽然也。入夜几榻安眠，無行役苦。

十一日，陰雨。未刻至俄布兩國界換車，計一千三百里，地名汗大昆。又至馬林博爾，鐵橋長三里許，高四丈，兩旁作花幛形。

十二日，陰。卯刻，又行一千二百六十里，至布國，都名伯爾靈。

十五日，巳刻乘火輪車西行，五十里至博爾屯行館。【略】申刻歸寓。【略】亥刻乘輪車登程。

十六日，陰雨。巳刻過酣揶爾國境，布魯士二十七國之一。申刻至可倫。布國西部。【略】戌初換車前進，計行一千六百里。

十七日，寅刻又行，七百餘里至比利時都。

二十日，晴。【略】因易火輪車西行，百餘里至安托爾海口。

二十二日，陰。巳刻登程，西南行六百三十里，申末至巴黎斯。

二十五日，陰。辰刻出郭，乘火輪車，行六十里至行館。

七月初一日，晴。【略】是日至電機信局問馬塞開船日時，頃刻回信，答以初十日申刻往中國船開行。計程二千里，其應如響。

初八日，晴。酉刻起程，戌刻乘火輪車，自巴黎開行時逕往馬塞。

初九日，晴。子刻過里昂，巳刻至馬塞，住。計程自巴黎至此一千九百餘里。

初十日，晴。午刻登舟，申初始開。

十一日，晴。過沙臺島，午刻至峽，四望山巒層疊，景象依然。

十二日，晴。申刻過思得昂伯里火山，晚至意大利國埔頭名墨西拏。進口時已亥刻，燈火萬家，水濱照耀。停舟一時許即開，自馬塞至此一千六百二十里。

十三日，晴。午正又行三百八十四里，距麥西國阿里格三它呀二千一百二十四里。

十四日，晴。午正行八百十三里。

十五日，晴。午正行八百一里。連日天朗氣清，波平如砥，至夜月明如晝。

十六日，卯刻又行五百一十里，至阿里格三它呀。麥西國境。午後發行李及客貨，戌初乘小舟登岸。乘火輪車，一夜行八百三十餘里。時西土多患瘟病，誤云自歐土傳來，麥西國令過客由海口登車，逕往蘇爾士乘舟，不令入城。車中不施茵褥，懼傳染也。

十七日，巳刻至蘇爾士。復乘小舟行五十餘里，登梯格爾輪船。

十八日，住舟中，上客貨，用小船撥載來者計十餘船。

十九日晴，戌刻開船。

二十日，晴。午正行六百二十一里。

二十一日，午正行七百八十六里。連日晴熱，此後仍著夏衣，舟行自北而南，近赤道。

二十二日，午正行七百九十二里。苦熱。

二十三日，午正行七百九十里。連日行阿喇伯海界。

二十四日，午正行七百八十里。連日皆晴。戌初又三百里，至亞丁住。

二十五日，【略】申初開船。

二十六日，午正行六百七十二里。連日舟行在赤道北三四度，熱甚，作苦熱行，夜不能入艙宿，布席樓板露卧。

二十七日，大風，陡涼，易單夾衣。午正行七百二十里。入夜，海水皆亮如積雪，千里一色。

二十八日，大風，仍涼。午正行八百四十里。

二十九日，午正行九百里。風潮平，連日皆東向行。

三十日，午正行八百四十里。兩日有陣雨。

八月初一日，午正行七百八十里。是日陰，夜雨不止。

初二日，寅刻雨漸止，陰黑異常。起視，海面如白雲密布，有光可鑑毫髮。登樓遠望，如然億萬明燈，光照海水，皆詫爲異。巳刻始晴。午刻行七百九十二里。

初三日，未刻泊舟錫蘭。風潮極大，乘小舟浮巨浪中，登彼岸。

初五日，晴。未末登舟，波濤極險。酉正開行，震蕩終夜。

初六日，晴。午正行五百八十二里。午後雨。

初七日，陰。午正行九百五十四里，連日皆向東南行。

初八日，陰。午正行八百一十里，連日顛簸，舟中不能作字。

初九日，早見蘇門答臘山，波漸平，近山故也。午正行七百六十二里。

初十日，午正行七百五里。

十一日，午正行五百九十五里。辰刻見山島孤立，樹木青葱。午後海中水母甚多，千百成羣，浮游波際。夜雨極大，昏黑不能辨方向，停舟兩時許，申正始到新嘉坡。

十二日，登岸往客舍一游。【略】酉刻回船，即開。

十三日，午正行六百十五里。

十四日，小雨。午正行五百八十五里。是晚風雨大作，波濤湧起，幸不久即風息雲散，皓月當空。

十五日，卯刻行五百五十五里，至安南國。

十六日，【略】午正開船。

十七日，午正行七百二十里。西面見越南山島。

十八日，午正行六百六十里。

十九日，午正行六百四十五里。連日過七洲洋，風大，舟甚簸。

二十日，行七百二十里，申刻始至香港。

二十一日，晴。巳刻乘九江船名。輪船赴粤省，未刻過虎門礮臺，山勢重疊，鎖鑰天成。申正抵廣州，計程三百里。

二十九日，未刻英國輪船由江蘇到粤。

三十日，雇定艙口赴香港。

九月初一日，辰刻登舟，巳刻開行，申刻至香港。

初四日，舟因上貨，仍未開。

初五日，連日晴熱，仍著夏衣。酉刻開船。

初六日，晴。午後過潮州南澳。

初七日，大風，舟顛簸甚，午刻泊廈門。

初八日，風稍平，午刻由廈門開，晚過福州五虎門。

初九日，初十日，風甚大。由內洋北上，一日止行二三百里，逆風顛簸，浪由船頂過，然時出艙看閩浙山島。舟從峽中過，稍平穩，甫出峽則大波軒然，不能立也。

十一日，過浙江甯波府定海境。舟行峽中，亂峰重疊，碧樹晴雲，迥非凡境。舟人指南面煙雲一帶，即普陀落伽山。

十二日，辰刻至上海。

十三日以後，住滬待輪船。

十九日，【略】聞南潯船已到。

二十日，雇定艙口，須俟上下貨物畢始定期開行。

二十二日，酉刻登舟。

二十三日，申刻開船，至吳淞口。

二十四日，卯刻開行，巳刻過沙尾島。是日晴，酉刻以後大風。

二十五日，北風大作，顛簸異常。

二十六日，連日大風，過黑水洋，大波如山立，舟中不能起坐，浪花由船頂過，客皆凜凜。

二十七日，晴，風息，客始起相慶。申刻泊舟煙臺。

二十八日，午初開船，至夜風愈大。

二十九日，連日逆風，舟行甚艱，未刻始抵大沽。水淺，停舟候潮。

十月初一日，未正潮至，開舟進口，又因水淺住舟。薄暮風雪，寒甚。

初二日，未刻開船。兩岸黄葉林中茅舍炊煙，蘆洲積雪，輞川筆意，如在目前。【略】戌刻遥見燈光閃爍，旋至紫竹林泊舟。

初四日，未刻由陸起程，戌刻始至楊村，覓店住。

初五日，辰刻開車，午刻蔡村早尖，酉初住河西務。

初六日，巳刻行，至馬頭早尖。申刻過張家灣，酉刻又十二里，住通州。

初七日，行二十里，至余家園早尖。未初由沙窩門進城。

宜垕《初使泰西記》 大清同治六年丁卯十二月初二日，總理各國事務衙門以軍功花翎記名海關道總辦章京志剛篤實懇摯，器識宏通，保奏奉旨派充使臣，與本衙門章京候選知府孫家穀并賞給二品頂戴，偕同美國欽使蒲安臣、英國協理柏卓安、法國協理德善等恭齎國書，前往西洋有約各國，辦理中外交涉事件。蒲安臣先期起程。

十一日，由總署乘公車起程，向山東驛路進發。

十九日，至德州。入山東境，山路崎嶇，店寓闔閉，住宿飯食一切艱難。道旁樹身被水所浸，皮色皆白，其痕皆在六七尺不等。房屋倒塌大半，人多棲止於斷墻敗箔之側，黄河爲災故也。

二十八日，至紅花埠，入江南境。

三十日，至清江浦，易水驛官船。

同治七年戊辰正月初一日，【略】由運河起程。

初七日，入長江，泊七壕口。見南岸金山童童鵠立，江干迆東鎮江西門外洋人租地建樓，市廛相屬。【略】洋蔑船大二十餘丈，横亘江中，高敞若建飛閣。鎮江之船無論華洋，均停泊七壕口者，緣該處水淺而灣，可以避風。南岸靠近江身大溜，西北風動則進退無所據，而船遭碰撞矣。是以七壕口之停泊難於禁止也。

初八日，美國旂昌行之飛似海馬輪船到，由救生紅船往就之。時值連日風浪大作，而是日洶湧更甚，加以昏黑，距輪船約里許，而逆風顛簸，久之而仍可望不可及。柏協理在船頭大聲急呼，催促水手摇櫓擊槳。及傍輪船，而使者與隨帶學生等已眩暈大吐，不能起立矣。輪船放鐵梯接人，或推或挽，提攜而上。即柏協理屢涉重洋，亦甚覺驚悸不安也。是晚行一時許，因風大夜黑，停輪未行。至將曉始又開船，逆風破浪，盡一日行六百三十餘里，至上海黄浦江岸洋涇浜馬頭停泊。

［二月］初三日，由虹口登格思達噶里輪船，東行往日本進發。

初六日，正北見山，爲日本南界戈兜島，即五島門。東北行入長崎，爲自昔日本與各國通商口岸。自上海至此約水程一千四百五十餘里。

初七日，南行出口，復北行，入日本洋。東北行，過長山赤澗關，又過安藝水島洋，其地有孔子廟、關帝廟。

初八日，入播摩洋，又東北行。

初九日，晚出口，傍日本東界大洋北行。

初十日，大風。

十一日，至横濱口，又名江户，爲西洋各國通商口岸，内通其國都。停泊以俟大輪船。約水程二千六百餘里。

十四日，登美里堅國齊納大輪船，亦天平船也，長四十丈，載四千頓。每頓一千六百斤。並船身、機器、煤倉、水井、糧囤、牲圈，總計不知其幾千萬鈞之重，使氣之積也不厚，則其運大舟也無力，將何所恃由香港而至美國金山口行兩萬數千里之洋海哉？故船中之氣鑪有六，積六鑪之蒸氣，以入於氣籥，由籥鼓入氣橐，而後上托下軋之力壯。所謂天平者，船心立鐵柱，上架鐵梁，柱端凹形而圓，其楞如半規，所以便鐵梁之前後抑揚也。梁夾於柱由日本橫濱東渡之三日，大風起，輪舟摇蕩，勢甚急。忽而大聲發於水上，撞舟訇然，乃撥窗視之，則駭然矣。凡江湖内海之波浪，雖大小不同，率皆由風橫吹，其勢層疊翻捲而起。此則如霜林落後，突兀峥嶸，由四面攢拱而起，愈起愈高，矗若峰巒，浪花在頂，攢簇如茶，陡然而落，豁如巨壑。方以爲是舟也，縱四十餘丈，橫八丈，載四千頓，銅底鐵機，恐岳陽城無此堅重，何慮波撼哉？言未既，而忽然昏暗，水自上灌，則濤峰飛來，壓帆檣而下潑，浪山傾倒，撞窗壁以橫衝。而舟中之聲則丁當鏜鞳，格磔砌訇，諠譁嘈雜，震聒不甯。舟中之物則圓者轉，方者折，立者倒，懸者摇，浮置者墜復躍而起，疊放者下忽翻而上。而人則隨波逐衣履，踏浪追囊篋，乃逐未及而俯者仰矣，追未得而趨者伏矣，沾濡淋漓，無處不至，蓋頭沐恩波，足浴善水，而身被德澤者優且渥矣。有見此景況，登船頂而觀者則更駭然矣。其觸凸峰也，迴視則船尾若埋。其陷凹壑也，俯看則鷁首若沉。天忽墜而南，則舟之枕於左也。雲忽趨而北，則舟之卧於右也。人則攀篷索，跨艦欄，觀風伯之潑浪，聽海若之戲濤，遂至以數千鈞之巨舟，顛簸傾摇，幾同飄蓬浮葉，是造物之不可思議也。而猶欲以人力勝之，豈不難哉！然是舟也，不但或遇橫衝，或遭逆撞，即在驚濤怒浪紛至沓來時，仍是蜿蜒奔騰於左翻右覆，前掀後墜之中而不敢息。如是者計時三日之久，計程二千里而遥，而風微緩而波漸平，而舟稍穩而人始甯。或曰此太平洋也，而險猶若此，難乎免於世矣。使者曰：世本無常太平之境，苟無其具以濟之，焉往而非險境哉？吾愈以信此舟之堅利，攸往咸宜矣。

二十四日，初乘火輪車，往海倭斯觀農。其車輕穩捷利，列子御風而行或不如也。其制如板屋，寬丈二三，長三之，鱗次設椅。椅三人，兩行，八層，坐四十八人。兩旁有連窗玻璃、布簾、木板三層，備風雨明暗之用也。每車鐵輪四，前爲大輪機車，御人司之；後二煤車，執役者司之。其機運動之法，與上海局之火輪機同而用殊。每火車可拕十數車、二三十車，煤車之後三五車載重，又後乃坐人，再後載行李。前車然煤，蒸水鼓氣，由管入於氣橐鼓，橐幹伸縮以運輪，而車於以行。火機之體同，而運輪之用殊者，則在橐幹前出之端活環釘於輪轂之偏軸與轂心平，一伸一縮而輪自轉，即以之行路也。車行之速倍於輪船，則在鐵路喫力較之輪刮水省力多也。修路先須取直，易向必須取圓，而寬轉之，緣車式長，而鉤連拕帶不便曲折也。

端，而貫以軸，梁前端下垂鐵榦，以提放船輪之軸。橫軸中間曲如凹形，而長提軸下垂之榦下端爲環，貫於長凹之心，梁後端活軸以連橐榦之上端，下連氣橐。稱天平，象形也。其運動也，六鑪之蒸氣歸一籥以鼓橐，則橐榦升，而上梁之後端揚矣。後端揚，則前端提軸之榦放而下矣。氣軋橐，則橐榦降，而下梁之後端抑矣。後端抑，則前端提軸之榦拔而上矣。輪軸之曲一上一下，而軸外船幫之雙輪轉，而船行矣。輪刮水向後，則船前進；刮向前，則後退；如櫓之摇。其制輪輞雙層鐵圈，間以槅板。輪徑三四丈，入水者二三，載重則入水多。橐榦之能升降者，由於籥中之氣由下口入，橐以上托之極而無所洩，則下口閉而上口開，而籥中之氣翻上鼓入，橐上口以下軋之極而無所洩，則上口閉而下口開。若慮所閉之氣無所洩，勢將鬱塞而不靈，而又有上下洩氣出水之口焉。蓋入氣之門閉而出氣之門開，出氣之門有管，下通注氣水之筩，下有空筩以吸之，則橐中餘氣即化爲水，而洩於出氣之管矣。上下四門皆有閘而司啓閉，又有四鐵榦以提頓之，四鐵榦之上端統貫於一橫軸，此提彼落，聯爲一氣，而橫軸之轉又統係於氣橐之降昇，故循環迭互爲用，而不爽分毫。然作用縱多，皆秉於一氣，而一氣生於水火。雖云機事，亦不能不法自然也。

十五日，開船東南行，望美里堅國進發。

十六日，出日本洋東南行。

十九日，正東行，大風雨。

二十五日，重日。泰西以由中華、日本往東每日日出早二十分，至西洋海英國分界之處，泰西謂之西半球，應較東半球通計趕前早得半日。再由英西界至中華，每日日出遲二十分，通計向後晚得半日。故於大東洋中間與英界度數平分之處東洋則重一日，故此日之二十五直至次日午後仍謂之二十五，再一日方爲二十六。至英界分度之處則憑空減去一日，及至周環，仍與前加之日相符。此次度大東洋，得兩二十五日。

三月初一日，在大東洋齋納輪船行次。

初二日，東行，一路皆風。

初五日，東北行。

初九日，正東行，入美里堅國本音埋里嘎。加拉福呢邦之金山海口，爲美國之西岸。入敖克西丹達客寓譯音西來也。自江户行水程一萬七千二百餘里。

取徑既得，則修之平之，橫鋪木板，寬於車輪。如輪之寬，連釘工字鐵條，無論萬數千里，逢山轟洞，遇水架橋，鐵轍凸出，鐵輪外缺，以缺受凸，如窌入榫，輪轍堅滑，故馳疾而無出轍之患也。

［四月］初九日，登廓落拉多輪船，沿美國西岸南行。

十五日，仍南行，甚熱。至末西格國阿拉嘎伯勒勾海口停泊，曲折而入。地暖山秀，土産菓樹若芭蕉、曼菓、椰子、波羅蜜、橘、柚等類，頗似粤東風味。夜半開行。

十九日，東南行。其地距赤道北尚不及一度，而當午仰視，太陽已在腦後。節逾小滿日，行北陸故也。

二十二日，夜北行，至帕那馬海口。自金山連遊歷，計海程一萬三千餘里。

二十三日，登岸。乘火輪車東行百四十里，至阿斯賓末爾海口，爲大西洋西岸。蓋東洋之東，即西洋之西也。易阿里足納輪船，東北行。

帕那馬之地介於南北米里堅之間，北自落機大山迆邐至帕那馬萬餘里，又自此而南接連而爲安底斯大山，至於南洋盡處又將萬里。是一脈大山綿延南北，縱二萬餘里，而北境橫九千餘里，南境橫亦六千餘里，而中間折腰處僅百數十里。地球地勢之奇，無愈於此。然地土雖狹，實居東西兩大洋、南北兩大山之腰，其間山勢高下參差，當赤道下不及一度。

二十四日，東北行，大風。

二十六日，東北行。過古巴島。

閏四月初一日，在大西洋西偏阿里足納輪船行次，向東北行。

初二日，北行至美國東界紐約海口，海程六千七百餘里。

十二日，乘火輪車，西南行七百里，至米里堅國之華盛頓都邑。寓盤邦街梅豆伯歐力田客店。

二十一日，由末勾河乘官輪船，西南行四十八里，至卧南山，觀華盛頓墓。

［五月］初三日，往紐約，赴鄉紳約。

十一日，回華盛頓。往返一千四百里。

［六月］十二日，回至紐約。聞英國君主往瑞士國養痾，不在國中，未便速往。而華爾特又有往伊家一聚之約，蒲使亦欲回原籍省親，是以復有敖巴爾、尼嗄爾、包士頓之遊。由巴那馬水陸往返九千四百八十里。

十五日起程，由赫遜河西北行四百三十餘里，至紐邦省會阿拉巴呢。

十六日，登火車，西北行四百五十里，至敖拜爾。寓華爾特家。

二十日，乘火車，西北行四百六十餘里，至呢雅嘎爾。

［七月］初二日，乘火車回至阿拉巴尼。往返八百七十餘里。

初三日，經烏斯得爾，行五百餘里至包士頓。人煙稠密，商賈輻輳，洋布所出之地，爲美國東北之通商海口也。

十六日，回紐約。往返水陸二千二百餘里。

二十三日，由美國紐約海口乘札瓦暗火輪船，向東北度大西洋，望英吉利士音印各力。國進發。

八月初一日，在大西洋東偏札瓦輪船行次。【略】暗輪爲兵船，船上層皆平，無樓屋，惟桅與煙筒，周設鐵欄而已。二層爲飯堂、廚房，三層住室鱗次，周百餘間，隔厚玻璃窗，見海水蕩漾在肩背間。下艙堆貨物及水井、煤窖。國有戰事則載兵，否則運貨而牟利焉。大西洋風汛靡常，時遇波濤洶湧，旅客皆有戒心。自七月二十四日開輪東駛，連日風狂浪猛，船身顛簸，水高於船，忽而灌入上艙，客皆倉皇失措，而使者之嘔吐眩暈又不可爲矣。幸每日駛八九百里，跧伏忍耐，歎苦海無邊而已。

初三日，至英國阿爾蘭之坤如城海口，暫停。旋開船東行。

初四日，至英國里末布爾海口。計水程九千一百五十里。

復乘火輪車，東行六百六十里，至英國都邑倫頓各妻倭内爾客寓。自里末布爾至此，沿途遇山穿洞，忽而昏暗如漆，忽而開朗，惟取車路之便，弗計轟鑿之費焉。自紐約行九千八百十餘里。

［十一月］二十日，由英國倫頓起程，乘火輪車，東南行二百六十里，至都夫爾海口。登輪船，望法國進發，由此口至法國嘎力司海口對岸，僅六十里海峽，而波濤洶湧異常。未開船時，舟子先於每人前置一盆，以接吐，蓋渡此峽者未有不昏暈大嘔者，故舟子照例備盆焉。蓋緣此峽爲兩國交界，山根不斷，正值狹處，束急溜之海水，故波浪激湧，而船受顛翻，則人必昏暈大嘔，難堪矣！登岸少憩，乘火車，南行六百里，至法蘭西巴里司都邑。商司力結街租寓。水陸行九百二十里。

［同治八年］八月十六日，乘火輪車往北，向瑞典士音綏頓。國進發。夜過比利時國境。

十七日，入布國境勾倫業地方，換車。自巴里至此九百二十里，地在來尼河左岸。礮臺八十餘座，前爲法國所有，於五十年前屬布國。又行六百十餘里，至汗腦衞地方。換馬車，過得來勒布河，乘火車，行五百九十里，至罕布爾克。此處爲商會地，不立君主，但公揀會長議事，歸北日爾曼公會。因係商會地，貨物無税，而價較廉。

十八日，雨，未行。

十九日，乘火車，至小波勒的海岸，過渡爲丹麻爾國境。又乘火車，至大波勒的海岸過渡。一路牧多稼少。又乘火車，至丹麻爾國都邑勾本哈根。自汗布爾至此九百餘里。

二十一日，過波勒的海口，登岸至馬勒牟，入瑞典國境。乘火車，行六百里，至永勾兵地方。

二十二日，乘火車，行七百七十里，至瑞典國都邑司豆勾勒們，住里伯勒克客寓。自巴里行四千四百里。

[九月]初六日，乘火車南行，向丹麻爾國進發。

初七日，至麻勒牟過渡，是晚乃至丹國勾本哈根都邑印各力客寓。行一千三百七十餘里。

十六日，丹君約往福來當司布拉克鄉宫之宴。其地林巒開朗，爲遊獵之所。乘火車，東北行九十餘里，六刻許始至。

二十一日，乘輪船南行，望和蘭進發。丹距和國水陸約二千里，出門即須渡海，洲港紛歧，不利於陸。適有丹商願以其舟相送，即登舟南下。此海爲波勒的之尾閭，口面雖不甚寬，而激湍洶湧，船身簸摇。夜間風雨大作，而使者嘔暈之病有感即生，惟披衣兀坐船頭，爲稍緩耳。

二十二日，抵録拜克海口。換車至印布爾，行六百餘里。

二十四日，乘火車南行，至汗腦衞，三百里。

二十六日，至和蘭海各都邑，一千一百餘里。一路地勢愈下，積潦沮洳。漸入和境，則河渠縱横，田疇沃潤，平原草肥，便於牧養，而柴門臨水，屋後繋舟，頗似淮揚湖田風景。

[十月]十五日，乘火車東北行，望布路司國進發。前在法都，蒲使原議先往西面沿海四國，仍回巴里度歲。迨抵和蘭，探悉比君在倫頓未回，不便在彼羈候，因而改道北行，由布之俄，完此兩大國公事。乃乘快火車趲程前進，頃刻百里，真有王濬樓船風利難泊之勢。不意火力過猛，司關捩者偶失檢點，火車退回數武，碰動坐車，撞如雷震然。車擊猶爲事之常，而人被車撞者已受切膚之痛矣。器雖利而終有害，槪如此矣。是夕至汗腦衞，行一千一百餘里。

十七日，乘火車東北行，六百餘里至布路司國伯爾靈都邑。寓羅馬店。自瑞國行三千八百八十餘里。

同治九年庚午正月初一日，【略】是夕由伯爾靈起程，乘火車東行，向俄羅斯土音嚕司克衣。國進發。

初二日，向東北行，至威衣勒巴闌俄國界，行一千二百五十餘里。換暖火車。

初三日晚，至俄國都邑披得爾布爾，行二千餘里。有其國委員迎接，居羅斯客寓。自伯爾靈至此共行三千二百五十餘里。

[三月]二十日，起程，乘火車望布國進發。

二十一日，至俄界威勒巴侖，行二千餘里。換布國火車。

二十二日，早至布都邑伯爾靈，行一千二百五十餘里。仍寓羅馬店。

二十五日，【略】是晚乘火車，起程西行，望比利時土音别力西。國進發。

二十六日，行一千一百里，至勾侖業換車。又行一百八十九里，至比國界威勒非業。又行二百三十餘里，至比利時國都邑比律西。住伯勒非魚客寓。自伯爾靈至此一千六百十餘里。

[四月]十五日，自比律西乘火輪車南行，望法國進發，行八百六十餘里至巴里司。住大衣蒙客寓。

二十八日晚，乘火車往南夜行，向意大力國進發。

二十九日，午後至阿拉伯山下三米沙勒地方，行一千七百餘里。有意國委員來接，名伯雷牙。換度山小火輪車，行二百五十里，至須司地方。又行一百二十餘里，至都闌。住非呆勒客寓。

度山火輪車與常車同，而較小，惟車底多兩平轉之輪。遇山路稍陡，旁有深澗之處，則鐵路中間多一工字較寬之鐵路，使兩小平輪夾中間工字鐵之下而對旋，則車保無逸出轍外之虞。三百里之山中間轟鑿之洞，十數里至一二里者數十。於將登山路之時，即於車中然燈火。車僅帶坐車兩輛，石徑盤曲，迤邐而上。時近端陽，山頂尚多積雪。每至峰巒陡峻、澗壑幽深之處，則仰觀飛瀑，俯瞰流雲，穿山跨嶺，疑非人間。夏防沖於暴雨，有疏洩之石溝。冬恐壓於濃霙，有蔽遮之鐵廈。盤旋至頂，寒氣逼人，五月披裘，信矣。山頂爲意法交界，換車至都蘭。

［五月］初四日，乘火車往米蘭，見其儲君杭布勒。往返七百二十里，在都蘭東北。

初五日，歸寓。

初六日，夜半起程。

初七日，至大婁蘭司都邑，行一千一百八十餘里，計穿石洞六十餘。

五月十四日，起程，乘火車南行。經羅馬，未曾停車，惟沿途見引水高墻爲異觀。【略】由大婁蘭司西南九百五十里，至羅馬。又行六百五十里，至那不勒。

十七日，往遊崩背，在邑南六十餘里，威蘇威火山西南麓。

十八日，由那不勒起程。

十九日，回大婁蘭司。

二十三日，起程。

二十五日，過山。

二十六日，至法都巴里司。仍住夫衣孟客寓。往返行一萬一千二百六十餘里。

七月初一日，在法都巴里司客寓。是日晚乘火車南行，望西班牙土音衣西巴呢雅。國進發。

初二日，早至伯爾都地方，暫歇。

初三日，早南行，午至伯庸納地方。有西班牙委員越境來迎，入西班牙界伊倫地方。約行六百里，換火車。【略】往東南行，至三色巴司、委克多里雅、卜勒勾司等處。

初四日，因一路火車飛行太速，行經日則五中擾攘，頭目眩暈，不勝委頓，暫息。是晚起程。

初五日，巳刻至西班牙國都邑馬得里，住巴里客寓。仍有伊國文武鼓吹列馬隊迎謁，送至客寓。自伊倫至馬得里都邑計程一千六百餘里。

十五日，【略】午後乘火車起程，仍回巴里。

十六日，至伊倫換車至伯爾都。

十七日，晚至巴里客寓。往返行七千五百八十餘里。

八月初一日，由法國巴里司都邑起程，乘火車東南行，望馬爾塞海口候船。

初二日，至里庸地方，行一千二百八十里。【略】是日未刻至馬爾塞海口，住魯夫爾客寓。

初五日，觀海塘。塘内爲停泊之灣，外爲地中海。壘砌甎石爲塘，猶是常法，惟塘下以碎石山泥砌成房，大方塊縱横，亂擲於塘下，以捍海潮激蕩，甚爲得力。蓋塘下有護塘之石，則潮不爲患。然石塊小則散漫無力，大則難於運轉。今聞其山中自生白色膠泥，勝於石灰，暇則砌成方塊，視塘下之缺而推之，隨時修補，乃經久之法也。

初九日，【略】是日乘法國暗輪阿發船，入地中海東駛，望中國進發。昔使者由中國前往西洋各國，係由上海乘輪船向東渡大東洋，至米里堅，及由紐約克乘輪船，又向東（度）［渡］大西洋，至英、法國，至往布、俄、西、意諸國，皆南北跋涉，奔馳於西洋海之東，則是西洋各國之大勢一似中國沿海之各省也。今奉使事竣，應回中國，仍是由馬爾塞海口入地中海，東南一帶至印度洋，正東行，以至入中國閩廣界，東北至原登輪船之上海而止。則是出門向東，回歸仍向東，而地球之大勢可恍然矣。

初十日，早東南行。見南北有島綿亘，南名勾拉塞，北名薩勒丹。

十二日，過意大利西西大島海峽，遥見山頂有煙氣盤旋，較威蘇威爲大。

十四日，至埃及回回國包爾塞運河口，自馬爾塞至此行三千八百八十五里。

十五日，入運口南行，至衣司馬力雅湖停泊。

十六日，出運口，至蘇爾士停泊。此河經千數百年，西人欲開以通由西洋達南洋之船路，無如埃及與亞拉伯回土毗連一片，皆沙，患其工之難成，成而不可持久，則徒勞工力。而自大西洋南繞於阿非里加之岌樸，不但遠出兩萬餘之程途，而且風濤險惡，故法人與埃及發奮而開。此河四百五十餘里，大輪船可以由大西洋直卜羅多峽經地中海，徑達印度南洋，毫無阻礙。昔未開運河時，船至埃及換火車，至蘇爾士乘輪船入紅海，今省此一番周折矣。然河雖有岸，而風吹水蕩，沙土時刻來填，則河工雖竣，而濬沙之機器船須常川往來，以淘溜下之沙，而後始得持久。是晚開行入紅海，兩岸赤山童童，沙土乾燥，雖逾中秋，不殊盛夏。

十八日，見獨峰駝聯絡負載而行，而山凹沙岡，時有土人赤身聚處，與絳沙一色。

二十一日，至亞丁島。自蘇爾士行三千二百九十餘里。午後開行，入印度大洋。

二十九日，至印度西蘭島，島在印度極南。

停泊之旁約數十里有石島數堆，潮擁其下，則洶激而起過島頂，白霧彌漫，移時漸落而島始出。方以爲美觀，而回顧則不勝驚駭，有三桅洋船被海潮湧於淺灘。別船繫巨鍊，鼓火機，拽而救之，乃船載皆煤，拽之不勝，而潮大來，潑過船面而沈矣。目擊情形，何勝心悸？幸其人皆逃於三板，未及傷命，危乎哉！然西人之航海者皆有總考云：地球水面每年所傷之船，皆在四千上下。然則意外之災，亦有常額乎？

九月初一日，在印度西蘭島阿伐輪船行次。

初二日，開船東行。

初六日，過馬拉加海峽，即蘇門達拉。

初七日，至新加坡。其地去赤道一度，至宵望南斗在頂上，顧尋北斗，只見魁四星，南極之小斗仍未之能見也。

初八日，進口，泊於馬頭。自西蘭行三千六百四十里。新加坡爲暹羅南盡頭，與蘇門達拉北角相錯爲峽，暹羅南半率爲英有，印度洋與中國南洋適中之要地也。

初九日，開船東行。

十一日，至安南，泊於康包士江口。

十二日，進口，行百四十餘里，泊於法人所佔之馬頭，名石工。自新加坡行一千六百五十餘里。

十五日，開船，入中國洋矣。

十七日，至香港停泊。自安南行二千三百七十餘里。

十八日，換伐司輪船往上海。

十九日，開船。

二十三日，晚至吳淞口停泊。

二十四日，至上海。自香港行二千一百五十餘里。住浙江海運局公寓。

[十月]初七日，乘滿洲輪船，出吳淞口守風。

初九日，東北上，向天津進發。

十三日，至山東煙臺守風。

十六日，開行。

十七日，大沽口候潮。

十八日，至天津府，住楊家花園公寓。自上海行二千四百餘里。

二十四日，乘車回京。

二十六日，至京。【略】自天津行二百四十里。

郭嵩燾《使西紀程》 ［光緒二年十月］十八日，雨。子正開行，過浙江境，大風顛頓，隨行人等皆至嘔吐，其能支持者，劉雲生、黎純齋、德在初、劉和伯四人而已。予雖勉强起坐，而頭昏眼痛，鼻端作痛尤甚，亦極狼狽矣。

十九日，過福建境，遠望廈門諸山，知臺灣已過，風力逾勁，困卧竟日，不能起。間從風浪中開窗一望，微辨山色而已。

二十日，過廣東境，汕頭、碣石數百里間，山勢綿亘相屬。有英國鐵甲兵船尾追而至，船主云：水師提督賴得船也。我船昇旗，來船見，亦昇旗。我船隨下旗，來船漸趨而近，兩船並行，相距可十餘丈，來船船人皆昇桅，舟中樂作。我船復昇旗，來船横掠船首而過，我船停輪候之，遂揚帆駛去。因詢船主，「昇旗何也？」曰：「所以告也。」「彼亦昇旗，何也？」曰：「報也。猶曰公使在船，已謹知矣。」「下旗何也？」曰：「既告，則可以下矣。」「彼船人昇桅而立，何也？」曰：「示敬也。猶之列隊也。昇桅而後，可以示遠。樂所以作，軍樂也，以爲列隊之節也。」「掠船首而過，何也？」曰：「趨而迎也。停輪者，以示讓也。」彬彬然見禮讓之行焉，足知彼土富彊之基之非苟然也。

二十一日，至香港。在赤道北二十二度十二分，視上海近九度有奇，而寒燠迥異，皆改著薄棉衣。

二十二日，以修船耽延一日。

二十三日，卯刻開行，午正行九十五里，在赤道北二十一度二十二分。船主以沙漏定每時分數，而繫尖木板於繩，用轆轤轉繩，而投尖(未)[木]板海中，計繩之尺丈，每沙漏盡則引繩覘其丈尺，以辨所行之里數。據云每一點鐘行三十四里，日以午正總計所行之里數，而以量日機器測赤道遠近，每日一牌示。遥見捕魚船數十，張帆一葉隨波上下，知距瓊南萬州一帶爲近也。

二十四日，午正行八百三十一里，在赤道北十七度三十分，計當在瓊南二三百里。船人名之齊納細，猶言中國海也。海多飛魚，約長數尺，躍而上，騰至丈許乃下。左近拍拉蘇島，出海葠，亦産珊瑚，而不甚佳，中國屬島也。係荒島，無居民。同舟英人拍得斯里西得方繞地球一周，附船回國。詢知專爲游歷，蓋亦英國之富民也。是夕雨，而熱如盛夏，不能蓋被。

二十五日，雨。午正行八百五十二里，在赤道北一十三度。過瓦蕾拉山，安南東南境也，海名七洲洋。

二十六日，雨。午正行九百三十九里，在赤道北八度十分，距西貢南四百五十里。西貢者，法人所踞安南埔頭，隸安南之嘉定府，爲瀾滄江入海口，古真臘地也。自香港南行，天氣日熱，而雨亦多。上海寒暑表五十三分，至香港六十五分，今則入熱度八十一分矣。不能著棉，舟人皆單衣。

二十七日，雨。午正行八百三十五里，在赤道北四度三分，計當暹羅外海。意大里人阿拉多尼同舟，詢知在倫敦開設洋行，亦由美利加至日本，歷中國各海口，繞地一周。

二十八日，雨。午初行七百二十里，至新嘉坡，在赤道北一度二十分。早過一島曰浩斯白爾，有燈樓。浩斯白爾，大西洋始尋地來中土者也。

二十九日，雨。【略】總督申初枉過，即時開行。

三十日，新嘉坡西北行二百一十里，過麻剌甲，即西行出印度海。英國公司輪船取道檳榔嶼，稍折而北，遠至百餘里。船主以非西行正路，不牌示。

十一月初一日戊午，巳刻至檳榔嶼，洋人名之碧瀾。距麻剌甲九百三十三里，在赤道北六度。【略】以停船片時即開行，未暇一登岸。【略】申刻開行，是夕風。

初二日，午正行六百八十四里，在赤道北五度五十七分。南望蘇門答臘，相距約四十里，見大山綿亘如畫，即所謂萬古魯山也。蘇門答臘逶長二萬餘里，起息力之南，横出檳榔嶼西千餘里，中間小島不可紀數。【略】是夕風雨大。

初三日，大風雨，雷。午正行七百七十四里，在赤道北六度十六分。至是始出大海，所謂印度洋也，俗名之小西洋。是夕風逾勁，船主見旋風起，急停輪避之，而方張帆以收風力。帆急不可下，船人上桅拽帆，墜傷者三人。旋風者，閩廣人謂之颱風，洋人謂之賽格欒，風勢盤旋而上，陸地亦有之，所謂羊角風也。巨海盤旋或逾千里，或數百里，舟入其中，掀騰回薄，常至傾覆。洋船見旋風起，急以寒暑表之輕重制船之進退，氣重而上昇則去風漸遠，可以免患。馬格里言：西洋諸大國皆設密的阿羅奇格阿非司，以覘風力。凡風起處，一點鐘疾者行八十英里，每一英里當中國三里，凡二百四十里。而電報頃刻千里。如英國風起，即由電報通知德、法各國，俄國風起亦然，得報即通知各海口洋船準備，以爲出入之節。阿非司者，譯言官署也。

初四日，風雨。午正行五百四十六里，在赤道北五度五十四分。以先夕旋風停輪，又值逆風，不能依時計里。船主云：「行海三十年，未遇旋風如此，亦無若此行之多風者。」予笑曰：「以吾薄德，累及諸同行者。」船主改容謝之。從行諸君嘔吐困憊，多至廢食，而鬱熱加劇，夜卧顛頓，揮汗如雨，不能成寐者十餘日矣。

初五日，雨，大風。午正行六百六十三里，在赤道北五度五十四分。廚夫柳樹仁患病數日，手面忽見紅顆。召洋醫視之，曰痘也。洋船最忌病癥，而痘尤甚，有患此者，懸黄旗，禁舟人往來。上岸醫院延病者，别居必留二十日，俟其無傳染也，而後舟人得上下自由。此去錫蘭兩日程，當换船，舟人皆恐。船頭一小房爲予日間看書之所，船主令病者遷居，而閉其艙内所居之房，禁同艙人不得出入，受累者多矣。

初六日，午正行八百六十四里，在赤道北五度四十分。又行二百一十九里，抵錫蘭。【略】泊船錫蘭之南盡西處一海汊，地名高諾。總督駐紮科倫布，相距二百四十里。【略】錫蘭渡船皆刳木爲舟，有至四五間者，每間僅容一人納足其中，而身坐其上，旁施横木，首尾各繫樹株束之。舟行巨浪中，亦無敧側，蓋猶上古刳舟之遺制也。

初七日，辰刻過船，名北夏窪爾，視原船大逾倍，而新造成甫二年。船主懷德言：「北夏窪爾、大磐廓爾皆印度省名，一在極北，一在極南。」西洋名船多此類。船務監督布萊司放船來迎，路斯馬力闊克拉爾克迎於岸次，礮臺聲礮十五，西洋所以待頭等公使也。【略】是日酉刻開行，大風。

初八日，午正行六百二十四里，在赤道北六度四十九分。

初九日，午正行七百五十里，在赤道北七度五十五分。

初十日，大雨。午正行八百二十八里，在赤道北九度五秒。其地當值俾路芝回部，在印度河之西。

十一日，午正行八百一十四里半，在赤道北十度十一分十二秒。

十二日，午正行八百七里，在赤道北十度五十五分。其地當略涉波斯、印度海汊入之海汊，名阿勒富海，土耳其兩河之水注焉。波斯、阿剌伯夾海爲國，亦名東紅海。【略】連日風，是日尤大。

十三日，午正行七百九十二里，在赤道北十一度二十六分。其地當屬阿剌伯，馬格里言紅海口外英國屬島名蘇克得拉，距亞丁一千五百里，計程距此二百餘里，海道廣闊，不能望見。又言入紅海三百五十四里有島，曰畢爾林。【略】船主懷德見示船單，西曆本年正月起英船出入海口按期排定，北夏窪爾船以西曆十二月二十五日由錫蘭開行，今初十日當西曆十二月之二十二日，蓋先三日程矣。船凡數百往來各國海口，其行度皆有期限，歲首彙次而標識之，以何月往何處，當附某船以往，按册稽之，無或爽者。條理之繁密，乃至如此。是日大風，天氣稍涼，可以著小棉襖。

十四日，午正行八百六十四里，在赤道北十二度十六分。早見亞得非山，已入阿非利加洲北境矣。至是爲亞細亞、阿非利加海道交界處，由此一折而入紅海。

十五日，午正行七百七十七里，在赤道北十二度三十八分。又行一百四十五里半，抵亞丁。亞丁與阿剌伯地勢相連，《瀛寰志略》誤爲一島。瀕海一山皆石，英人建礮臺。山盡處東西各爲一山，横出海面，中廣十餘里，可以泊舟，英人距此，以爲紅海口外一形勝地也。

十六日，丑刻開行，午正行四百二里，在赤道北十三度十分。正當阿剌伯之木甲，爲東岸海口最繁盛處。地産加非，販運英美諸國。兩岸山皆赭色，故以紅海爲名。阿剌伯都城曰麥加，回教所由起也，亦瀕紅海。

十七日，雨。午正行七百七十一里，在赤道北十六度四十六分。阿剌伯所屬，時見高山。隔海爲阿伯西尼亞，蓋番土也。

十八日，午正行七百二十三里，在赤道北二十度二十三分。船主云紅海闊約五百里，時見島嶼而不著之圖經。《瀛寰志略》僅著馬蘇阿一島，阿剌伯屬地也。近年英人得畢爾林一島，其間小島未開墾者甚多，地無所屬，《西洋圖説》亦無從列其名也。過亞丁後天氣漸涼，以距赤道日遠之故。紅海所以多熱者，以南界阿非利加皆沙漠，無人居，日炙沙石燥烈，爲南風所煽，薰蒸之氣逼入紅海。秋冬北風，其熱自減。

十九日，午正行七百五十六里，在赤道北二十三度五十七分。早過麥加，距海尚一程，即阿剌伯都城也。南岸阿非利加已入努伯亞境，亦回部也，爲麥西兼轄之屬國。自新嘉坡近距赤道，日長如春秋二分。時入紅海北行，日長如故，子、午二時，相爲贏縮，視中國争差一時許，倫敦則差至兩時有奇。蓋當地球極西，見日宜稍遲也。

二十日，午正行七百二十六里，在赤道北二十七度三十二分。至此海道漸狹，兩岸山勢羅列，時見島嶼距岸咫尺，知已入麥西境，西洋人謂之埃及。海盡處分兩汊，東出曰阿喀巴，地屬阿剌伯；西出曰蘇爾士灣，地屬麥西。兩灣歧分，各廣數十里，中有大山，曰西奈山，相傳爲摩西以十誡立教之地。稍東即土耳其之猶太，《唐書》所謂拂菻也，爲摩西生長之地。西洋文物創始麥西，猶太又教主所從出。東漢《班超傳》：遣椽甘英往通大秦，抵條支，臨海欲度。安息西界船人以海水廣大，止之。大秦即羅馬國，今屬意大里。安息今波斯，條支今阿剌伯也。所臨之海即今地中海。

二十一日，卯刻行五百一十三里，抵蘇爾士灣口地，爲亞細亞、阿非利加兩洲一綫相連處，廣約三百里，介紅海、地中海之間。同治三年，法人賴賽樸以機器開河，通舟楫，廣六丈，深不逾三丈，凡七年始成。費至七八千萬，各國商人醵金爲之。以地屬埃及，竭與三分之一。往來徵船税，按成分收其利。同治十三年埃及以千二百萬金鬻之英人，於是英人合官民所出公費，約得全股之半。適有輪車赴蘇爾士，爲埃及一市鎮，距灣口八里，偕劉雲生、黎蒓齋、劉和伯、張聽帆、德在初、鳳夔九一往試之。【略】紅海以兩岸皆紅土爲名，夕陽返照，見山石紅紫輝映，如胭脂圖畫，亦一奇景也。

二十二日，船主守候孟買衞尼哈船，巳刻始至。蓋輪船行程皆有限期，衞尼哈船由孟買至亞勒散得，其附船赴倫敦者於此過載，故須一守候。禧在明由輪車赴亞勒散得海口，附船渡海至意大里之伯林的西，由輪車三日程可抵倫敦，即時辭去。【略】酉刻開行，由蘇賽江口入新開河。僅容一船，中有湖數所，來往船於此交互取道，以相避。沿江置計里牌，以知行路之遠近。而於江南岸安設電報，每十里許設一木板屋，以處司電報者。江路側處或數里，或數十里，並於出入兩口懸球於桿，大如瓜，以爲表識。船東至則報知西口懸球，以示東行者擇地便處停輪俟之。船西至亦報如前。禁止夜行，是以江僅容船，而無擁塞喧嚷。入夜停輪，必於湖蕩寬處，皆依成例以行，無敢違者。是日行三十六里，泊小苦水湖。

二十三日，卯初開行，入大苦水湖，亦名鹽湖。適報有船名那木坦已入西口，停輪待之。又過阿美、大賽拉賓二湖，入劙木薩湖。又過一船，交首而過，一名阿瑪諾爾林，一名提格，湖旁亦有開河機器船一具。午過日斯麥里亞，適當新開河之中，輪車赴亞勒散得亦由此道，市肆頗繁。入蘇賽江口，募一引水者，至日斯麥里亞當換一人，而不停輪。甫望見市肆，有小輪船迎面至，即公司行所募之引水人也。又入小江口，有法王后宮。同治九年，新開河成，埃及王傳報各國臨視，意大里王、奧王皆至，法王遣其后至，而設行宮江次，今尚完好。江路愈狹，兩岸沙山高十餘丈，舟行距岸不過數尺，又多作灣迴之勢。再過巴拉小湖，至滿薩磊湖停舟。是日禮拜，行二百二十里。

二十四日，卯初開行，五十四里至波賽。北岸有開河機器一，壓沙機器一，南岸有開河機器二具，取重機器一。新開河故沙漠下游，尼羅江積沙上壅，歲淤數尺。船主云：海岸燈樓臨海，今海潮積沙已至七百餘步。故於新開河入海處兩岸累石爲長隄，橫截海面，以攔沙。北岸約二百餘丈，南岸又數倍之，如連長橋，遠浮海濤之中。以沙地不可得石，乃用機器積沙壓成之，長方約七八尺，寬厚二尺餘，并摹英文其上，以記累石里數，一皆以人力奪天工。波賽市洋樓鱗次，詢知開河以後所新造。江邊引水機器一，南引尼羅江水以供民食者。【略】未初開行入地中海，爲亞細亞、歐羅巴、阿非利加三土交界處。自此盡地中海之境，北界歐羅巴，南界阿非利加，而土耳其，中東二土迤西北二千里，遥與亞細亞西境相望。歐羅巴人於此一海析分三洲之地，亦天地之大區限矣。晚見南岸燈樓者再，尼羅江凡分三口入海，曰達密也得，曰羅塞得，曰阿勒散得。船主云：阿勒散得相距尚百餘里。

二十五日，午正行七百八十九里，在赤道北三十二度五十一分。雨，鬱熱，亦時見日，日西而虹東見，長數丈。地距赤道視上海遠至一度許，而了無冬意。

二十六日，午正行八百四十里，在赤道北三十四度四分。大風，顛頓至不可耐。地中海島嶼回環，風浪相激薄洄漩而力逾勁也。【略】是日(徑)[經]希臘而西。東土耳其之馬海爲亞細亞分界之地，希臘横出當其衝。至是始抵歐羅巴境。

二十七日，午正行八百四里，在赤道北三十五度二十四分。【略】是日歷諸島而西，至意大里境。

二十八日，丑刻行三百八十四里，抵馬爾他島，在赤道北三十七度，北界意大里之西治里島，其南與的黎波里都城正相值。地形如臼，中出一山，四周環拱之，長四十五里，縱三十里，横出枝脚。泊船灣曲四五，中設機器局，環列礮臺十一所，英國地中海第一重鎮也。【略】未刻開行。

二十九日，雨風。午正行六百九十九里，在赤道北三十七度二十八分。南岸山勢疊起，爲突尼斯國，亦土耳其屬國也。地勢突出地中海，境內一山横列，海面下有伏洲，僅中路可通巨艦，洋船過此亦稱險境。過此，北岸已近接法蘭西矣。

十二月初一日丁亥，午正行七百二十里，在赤道北三十(一)[七]度二十分。大風顛頓，夜不能寐，而鬱熱乃近春三月。【略】自突尼斯以西地勢北出，連山相屬，或遠或近，海中亦時見島嶼。以地道求之，北界法蘭西南岸，當已入阿爾及耳境，亦回國也，今爲法蘭西屬部。是日禮拜。

初二日，午正行七百二十三里，在赤道北三十六度五十一分。以經度計之，此地正與倫敦相值。中隔西班牙、葡萄牙二國，地勢畸出大西洋海，倫敦轉在其東。故由法國馬賽車路赴倫敦，非獨取道徑直，實亦近數千里程也。大風，昏眩日苦不支。【略】遠望一山隱約，船主指爲西班牙，馬格里云山名西艾臘尼瓦大，其山尖峰疊起如鋸，而積雪終年不消。西艾臘者，譯言鋸也；尼瓦大者，譯言雪也。【略】見北岸燈樓忽明忽暗，所過西班牙之加拉拏大。有二埔頭，曰亞爾美里牙，曰馬里牙。馬格里云：燈樓之設有二義，一爲海口引船，一爲避險。避險率用紅燈，其引船之燈四面周轉，或隨暗隨明，或稍停，皆以分數計之，使人辨知其爲何口。海口相連者各爲定式，以示區別。

初三日，午刻行八百三十七里，抵奇巴答答，在赤道北三十六度七分。有石山崛起，高一千四百餘丈，長七里有奇。英人名之諾，譯言大石也，與西班牙之詭美阿非斯卑陰山相望咫尺，中隔一洲，海水泛則别爲一島。瓜達爾幾河繞其右，南與阿非利加之珥布斯赫德并横出海中，對峙成海峽，爲地中海之門户。珥布斯赫德者，譯言猴子頭也。英人踞有其地，因山爲礮臺，號稱奇搆。

初四日，午正行五百九十四里，在赤道北三十七度十四分。過奇巴臘答海口，入葡萄牙境。南對阿非利加之摩洛哥，小回部也，其地猶屬地中海，至是抵星子文生，是爲葡萄牙南境，盡處始出大西洋。海洋人以山盡處爲岌，水流當岌，兩相激蕩，浪益洶湧。星子文生山石嵯峨，横截海面，舟行極爲顛簸。而西班牙西境地勢微削而向北，海方南趨，爲地勢所遮遏，數十百里間湍湃騰沸，洋船以爲至險。晚見海口燈樓，船士云里斯波亞海口，葡萄牙國都也，爲德人河入海之口。是日鬱熱尤甚。初聞紅海炎酷，隆冬一如盛夏，心甚畏之。此行亞丁至蘇爾士，盡紅海六日程，天氣晴和，風恬浪静，爲行海最佳之景。其餘三萬餘里多在風濤震撼之中，至出大西洋，而鬱蒸之氣轉甚紅海，天時地氣，固有不可意測者歟！

初五日，午正行七百八十里，在赤道北四十一度二十分。北過斗羅、米虚二河，爲葡萄牙西北都會，兼兩河爲名。再北又入西班牙西境，晚過蓋潑非尼士特，遠見燈樓。波濤洶湧倍甚，蓋西班牙向北盡處地勢深入，匯成大蕩，與法蘭西壤地相接，至羅亞爾江口又衺伸而出，中廣千餘里，海水奔騰而下，驅入蕩中，回薄渀激，乃始折出南趨，故此海伏千餘里，稍一見風，則洶濤激浪，相助飛騰，尤以蓋潑非尼士特爲至險。蓋潑者，譯言尖處也；非尼士者，盡也；特者，地也。風雨瞑冥，顛危傾險，鬱熱尤劇，心氣痛甚。

初六日，雨，風。午正行八百四十六里，在赤道北四十六度一分，經度距倫敦偏西。至九度五十二分出大西洋，折而北，稍迻東行，至是益東。

初七日，午正行七百三十一里，在赤道北四十九度十一分。過法蘭西羅亞爾部，正當地勢斜伸入海處，波濤激蕩尤甚。西人名之曰珥勝，有引路燈樓。過此即與倫敦之哥爾奴瓦里斯部隔海相望，至是始稍有寒意。【略】船主出示船單：北夏窪爾船以西曆十二月二十五日自錫蘭開行，正月二十一日抵蘇士阿母敦海口。此次錫蘭開行實先三日程，而云明日午正準至海口；以日計之，則正西歷正月二十一日也。蓋自入紅海後稍減機輪之力，以待孟買衞尼哈船。兩船行度相值，中間稍有參差，而其終仍合也。計此行所歷之國十八：曰安南，曰暹羅，曰俾路芝，曰波斯，曰阿剌伯，凡五國，隸亞細亞。安南儒教，暹羅佛教，餘皆回教也。曰土耳其，曰希臘，曰意大里亞，曰法蘭西，曰西班牙，曰葡萄牙，凡六國，隸歐羅巴。法蘭西、西班牙則地中海徑其東南，出大洋海又徑其西一面。土耳其回教，餘皆天主教也。希臘又自爲教，爲天主教别派。曰阿伯西尼亞，曰努伯亞，曰埃及，曰的黎玻里，曰突尼斯，曰阿爾及耳，曰摩洛哥，凡七國，隸阿非利加。皆回教，阿伯西尼亞又自奉天主教。近年法蘭西踞阿爾及耳爲屬部。所歷英國屬部十（四）[五]：在南洋者六，曰香港，曰拉布灣，曰新嘉坡，曰麻剌甲，曰威阿斯里，曰檳榔嶼。拉布灣在七星洲南，麻剌甲與新嘉坡相連，威諾斯里與檳榔嶼一島相對，皆不停船。在印度者五，英人踞有印度全土，而瀕海大部凡三：曰孟加拉，曰麻打拉薩，曰孟買。島二：曰錫蘭，曰蘇克得拉，停船者錫蘭而已。麻打拉薩與錫蘭島相對，餘皆相距遠，而一海徑達，其地可指望也。在紅海者二：曰亞丁，曰畢爾林，畢爾林亦不停船。在地中海者（三）[二]：曰馬爾他，曰奇巴臘答，所在建耶蘇堂，番民皆習其教。印度佛國乃習回教，而孟加拉之訶利薩與錫蘭皆宗佛教，以合掌爲禮。孟買則波斯火教之遺，猶有流傳。西洋習教各有宗主，波斯爲回部所踞，禁其本教，於是習火教者皆避至孟買。南洋羣島分隸各國者，過瓊洲七洲洋，與吕宋相望，地屬西班牙。再南過廣南灣，西與西貢相望，法蘭西所踞安南嘉定省海口也。東與文萊島相望，地屬荷蘭。再南迻西過蘇門答臘，亦屬荷蘭。其附近小島不記，相距遠不記，各國海島歸所屬者不記。

初八日，未正行四百九十五里，抵蘇士阿母敦，過波子倫敦，有兩燈樓，極奇麗，爲英水師屯泊之地。入尼羅司海口，有島曰阿路威得，爲君主消寒地，有行宫曰阿思本。舟行擱淺，又值大霧，潮信稍晚，故後一時許始至。【略】西刻上輪車開行，以是日禮拜，僅早夜兩次開行。歷柏性思多喀及窩多兩處市鎮，所過燈燭輝煌，光明如晝，近倫敦處猶甚。金登幹早爲雇備馬車，相候道右。街市燈如明星萬點，車馬滔滔，氣成煙霧，闤闠之盛，宫室之美，殆無復加矣。換馬車，歷一時許抵波克倫伯里斯寓宅。

劉錫鴻《英軺日記》 皇上御極之元年，總理各國事務衙門奏請照西洋事例，遣使駐劄各國，以通中外之氣，爰派侍郎郭嵩燾、道員許鈐身偕使英。

[光緒二年八月]十五日，奉旨以鴻副郭嵩燾使英。九月十五日陛辭，二十八日出都，十月初八日到上海，郭公已駐節於是三日矣。

十月十八日，由上海搭英國拉萬闊輪船起程，廿一日到香港。【略】

廿三日寅刻由香港起輪，行南而略西，辰初過驢耳山。廿五日，遥見西面山影，則安南境也。廿八日午刻，至新嘉坡，水程凡四千三百一十一里。途間蒸熱，不能重衣。坡與香港皆羣山環抱一水，船可放椗避風，故洋人利之。港山高峻，入口出口處較狹。坡則岡阜連延，或起或伏，長八十一里，廣五十二里，不如港之收束，而地勢舒展，物産豐盈則過之。【略】廿九日，哲威斯與其緇譯官必麒麟到輪舟報拜，送客畢遂啓行。

新嘉坡西北約二百餘里爲馬拉甲，對面有島，不知其名。【略】廿九日，申正由新嘉坡開船，戌初遥見此洲，三十日辰刻猶未盡度也。十一月初一日，午至檳榔嶼。嶼廣二十七里，長四十二里，距新嘉坡凡一千一百四十三里。

抵檳榔嶼稍停泊，夜間仍開船。折而南經蘇門答臘，乃西上，凡行三千六百三十九里，於初六日夜至錫蘭。出新嘉坡西口即遥見蘇門答臘，本可由此逕西以達錫蘭，其繞赴檳榔嶼者，英船往其屬埠頭載客耳。故既至檳榔嶼，仍須折而南，取道於蘇門答臘也。

錫蘭放舟西上後，巨浸瀰漫，數日絕無所覩。十三日始見一山，曰梭哥得辣，綿亘二百餘里。十四日辰正又一山，曰加得非，則亞非利加之東境也。凡歷六千四百零二里，十五日抵亞丁時已薄暮，不及登岸一行。遥望童山濯濯，高者矗立百餘丈，番書云高一百七十六丈。臨水有洋樓十數間，東、南兩面各立礮臺，南面圓臺二，東面方臺一。西北莽蕩平原，云是亞剌伯國土。亞剌伯即天方。以其水口峰巒對峙，若別爲一港，覺與新嘉坡等處無異耳。【略】是夜子正仍開船。

地近赤道則熱，以漸而近則以漸而熱。如由香港以至紅海，真所謂炎方火維之域，不知有冬令者也。香港在赤道北二十一度，十月杪尚可重袷。迨南行三日，度水程約二千五百里，地在赤道北十七度半，則僅可單衣矣。抵新嘉坡，則距赤道僅一度二十分，雖單衣亦汗浹腹背。由是而檳榔嶼，而錫蘭，凡七八日，所行均在赤道北之五六度，時已冬至，猶欲披襟當風。初九日以後相去漸遠，初九日八度零，初十日九度零，十一日以至十五日皆在十五度内外。其熱乃漸殺。既至亞丁，則涼飆送爽，儼然新秋，服絺綌不可以無斁矣。至出香港後，未至亞丁之先，無日不滂沱大雨，雨畢輒晴，與夏令不稍異。至是然後陰雨不作。

紅海入口處僅闊一百二十里，且多礁石，船行之道隘甚。小島曰碧鱗者實塞其衝，英人踞之，立礮臺山上，爲扼吭計。余舟十六日巳正經此，歎其布置良獨周也。【略】入紅海後，船北行而略西，兩岸峰巒時隱時見，東岸爲阿剌伯，十六日午正過其莫駕城，樓閣玲瓏，臨於海濱，萬户千門，一望堊白如雪。西岸爲阿非利加。所過阿非洲之國，有曰阿秘西尼亞者，有曰牛秘阿者。十九日至埃及國境，洋人譯之曰埃及國，《瀛寰志略》則曰麥西。童山高下，蜿蜒水濱，數百里不絕，對岸亦頗相稱。二十一日，辰初抵蘇爾士，由亞丁至此水程共三千九百二十四里。十七日爲西人元日，賀歲儀文固彼所不講也。十八日後天氣頓寒，可衣重綿。在赤道北二十餘度。

二十二日，申正起輪，由新開河西上。河道極狹，兩舟不能並駛。有西來者，東舟必停泊稍寬處，以待其過，且時或擱淺。故蘇爾士至波賽僅二百六十一里，二十四日午後始到，凡行兩晝夜矣。【略】自是入地中海，仍一望汪洋。海固多島，波浪殊惡，船身簸蕩，不可駐足，二十五、六日皆然。二十六夜，船略穩。

波賽至摩兒大島水程二千八百十四里，島在意大里國西、奚里島之南，阿非利加居昵司國之東，其長五十一里，廣二十七里，周一百六十餘里。【略】余於廿八日履其地，匠作之聲猶隆隆然。先是，子刻船抵此。【略】午正定期開行，餘十臺不及游覽。

廿八日，甫開船，逆風大作。寅正大雨，浪躍起數丈，過船入艙，船左右傾側，杯盤箱篋莫不隨之，撼撞之聲如隳屋壁，駭心驚魄。廿九日，浪尤惡。所經小島曰戛呢達者，地未墾闢，無所屬。然波掀舟舞，不能憑欄一觀矣。十二月初一、初二日復然。初一日所見南面高山乃法郎西屬阿遮利亞邊地。初三日，風始息。未初抵直布羅陀，是處爲地中海西口，西班牙之南界，大西洋之門户也。長十里，廣二里，石山面海，矗立千餘丈。乾隆五年，英人與西班牙力戰得此土，鑿山開道，刳空山腹爲洞穴，以置礮，上下數層，自巔及麓，隨在可拒敵，而敵不能知其礮兵屯守之處。岡巘斷則累石爲城補之，殫勞極費，六年畢工，遂成奇險，爲諸國所不敢睨視。【略】自摩兒大至此凡二千九百四十三里，地在赤道北十三度三十六分。

初三夜，入葡萄牙界西北行。初四日過賢馬利雅山、賢温遜山，皆葡境也。由是而北，過立士本，風大作，船身簸揚，較前月廿八九日殆甚。初五、六日，東北行，風仍不止。初七日，出比四吉而東，申工遥見紅燈閃爍，則衛拉斯之西南界地名斯大達盤者也。厥明，距騷士庵墩庵字以粵省土音讀。二十里，天大霧，迷於所往，船遂擱淺。倒退十數里，乃利於行，所過處水静波平，澄明一碧，與兩岸畫樓相掩映，風景有若湖蕩。午初，禧在明、金登幹由倫敦來接，告以館舍既定。【略】未初抵騷士庵墩，計自直布羅陀至此三千四百五十三里。船未泊定，官紳士女即接踵而來，看中國使者。申正登岸，乘六馬大車，行約數里間，將馬脱去，銜火車前進，電駛風馳，僅及一時，已竟二百七十餘里。既至倫敦，换馬車赴波兒克倫伯里斯伯里斯，華言坊也。第四十五號房屋，即金登幹代賃之舍館也。

張德彝《隨使日記》［光緒二年］九月十五日，星使陛辭啓節，彝亦遵奉偕往。

二十八日乙酉，晴。叩别嚴親，未初登車，出崇文門、廣渠門，東行四十里，申正抵于家衛宿。入夜涼風掃榻，黄葉敲窗，已届深秋時矣。

二十九日丙戌，晴。早起郊外散步，見樹枝垂露，場圃浮雲，烏嘑曠野，犬吠孤村，心暢甚。早尖後，鳳夔九來談。至未正遂同登車起程，行三十里，酉正抵張家灣，宿。

三十日丁亥，晴，甚暖。辰初起程，行四十五里，至安平鎮早尖。午正又行五十三里，一路車塵蔽日，風捲黄沙，道旁茅屋生煙，老嫗炊火，柴門積土，稺子堆山。申正至蔡村，宿。

十月初一日戊子，晴。店雞報曉，殘月懸天。卯初登車，行二十五里，過楊村，又行二十五里，至浦口早尖。後行三十里，申正抵津，宿北浮橋人和店。

初二日己丑，晴，暖如早春。

初三日庚寅，晴。【略】戌初謝别，至紫竹林，登日新輪船。船長二十五丈，寬約二丈，暗輪，鐵造，極堅固，極整潔。

初四日辛卯，晴。辰正開船，戌初出大沽口，風順船穩。遇招商局明輪盛京、暗輪永清，皆來自上海。同船男女三洋人：一司彪夫婦，爲合衆國傳教者；一葛樂滿，年逾古稀，英國遊士也。入夜逆風，微覺簸揚。

初五日壬辰，晴，風息水平。午正過張山，遥見一英國兵船，聞係七日前錯行岸上者。後見左有二島，右則長山一帶漁舟兩三。未初抵之罘，住船，見樓臺隔岸，舸艦迷津。司彪夫婦下船，適登州。客人上下貨物畢，戌正展輪，出煙臺口。船平。

初六日癸巳，晴，順風南行。西面頻見島嶼，迨午後則海水滔滔，一望無際矣。同船華人二三十名，惟往九江之都門寶地山謙、往粵東之天津王月三秉璋、夢庚鴻逵、稺連鴻鈞兄弟，朝夕聚談，甚是相契。入夜過黑水洋，風平浪静。

初七日甲午，晴，水平船穩。早遇中土風篷二、礮船一，皆北去。午刻西風驟起，甚勁，船遂摇蕩。戌初過佘山，亥正至吴淞口外，住船。

初八日乙未，晴。子正開行，進口，辰正抵招商局碼頭傍岸。

十七日甲辰，陰雨。【略】子正展輪出口，甚平。此船係暗輪，長二十八丈一尺，寬三丈五尺，高二丈七尺，入水一丈二尺，馬力三百五十。船主英人巴迺得，年近四旬，言語温和。

十八日乙巳，陰，順風。水色早黄午緑，左右疊見山島，申正則海水瀰漫，一望無際。酉初細雨，繼而傾盆，狂風拍浪，船甚簸揚，奔騰砰湃，金鐵齊鳴。水手喧囂，令人終夜難寐。

十九日丙午，雨，浪尤大。未初過臺灣，鎮日南行，少西。酉正雨止風息，入夜晴平。

二十日丁未，晴。辰正入粤境，過汕頭。左遇輪船一，係東往日本、金山等處者。右遇風篷一，亦西往香港者。風順水平，縱横掛十二布帆，遠望如樓似島，其行迅比火輪。申初西行，少南，有英國鐵甲船名敖達仙額斯，長四十五丈，寬四丈餘，銜尾而至。我船見，遂昇旂，來船亦昇旂，我船隨下旂，來船漸趨而近，兩船並行，相距可十餘丈。來船作軍樂，兵丁列隊昇槍，我船復昇旂，停輪，稍待則來船横掠船首而過，遂撤隊下旂，揚帆駛去。夫彼此昇下旂者，問答也。作樂列隊者，示敬中國公使也。昇槍而立者，以示遠也。停輪者，以示讓也。掠船首而過者，趨而迎也。

二十一日戊申，晴。寅正抵香港，住船。

二十二日己酉，晴。丑初突有英國商輪船名福婁額司戛斯者由福州進口，直撞船艄，聲震如雷，壞後窗丈許。幸船尾鐵厚，未斷，而小艇之懸掛船尾者竟成兩截。原訂是日午正開輪，因修補，遂延擱一日。

二十三日庚戌，晴，甚熱。卯初開行出口，甚平，左右頻見山島。辰初過驢耳山前一小島，周約二三十丈，距山里餘。西人欲立燈樓，以明海路，請示我國，未允。同船新搭英、德、義、法各國男女二十餘名。午後大浪洶湧，見漁舟數十，隨波上下，想皆來自瓊南萬州一帶也。是日南行，少西，至午正行一百九十五里，在赤道北二十一度二十二分。

二十四日辛亥，晴，水平風順。午正行八百二十一里，在赤道北十七度三十分。左近巴拉賽小島，中國屬島也，荒僻無人，産人葠、珊瑚，均不佳。入夜大雨。

二十五日壬子，陰，午初細雨。午正行八百五十二里，在赤道北十三度。未初遥見正西小山數里，名曰瓦蕾拉山觜，乃安南東南界也。申正雨止，晴。

二十六日癸丑，晴熱，早起清風拂面，皎日當頭。南行，順風，如履平地。【略】午正行九百三十九里，在赤道北八度十分。申初細雨一陣，復晴。

二十七日甲寅，早大雨，水藍色。午正晴，水黑色。行八百三十五里，在赤道北四度三分。南行，少西，夜仍雨。

二十八日乙卯，早大雨，辰正微止。先南行，後轉西，左見小山一帶碧樹葱蘢，後則左右山岡，蒼翠入畫。巳正見左山岡前一孤島，上立燈樓，名曰瓦斯寇，係四百年前始覓地來華之葡萄牙人名也。午正行七百二十里，至新嘉坡，在赤道北一度二十分。傍岸。

二十九日丙辰，晴熱。【略】酉初開行，出口向南，少西，入夜轉北，因英國公司輪船取道檳榔嶼，故改道而行。

三十日丁巳，卯初大雨滂沱，水程難辨，停輪少待。巳正晴，熱氣生。西行，少北，見正北山岡長數十里，乃麻來亞之西南馬六甲南界也。鎮日水色深緑而平。

十一月初一日戊午，陰。早遇風篷三四，掩映而來，如在畫圖中矣。南行，少東，見東南一帶山岡緑樹參差，白雲環繞。稍轉則左右皆山，右邊樹木森列如垣，隱有懸崖，令人應接不暇，乃衛拉奚里也。行數十里，左邊漸露樓舍，炊煙上昇。辰正抵檳榔嶼，住船後晴熱。【略】申初大雨，後細雨迷離若霧。酉正開輪，仍由舊路北行，少西。由新嘉坡至檳榔嶼一千一百四十三里，地在赤道北六度，北京西十一度二十分。【略】是夕風。

初二日己未，晴，水平船穩。西行，大山綿亘，疊嶂入雲，乃蘇門答臘之西北境也。午正行六百八十四里，在赤道北五度五十七分。申初正南高山起伏，翠黛千重，四面白氣如絮，倏忽萬變，繼而大雨一陣。酉正見正南一燈，乃蘇門答臘西北界，臨海三里外之小島燈樓也，樓名比婁布拉斯。入夜風浪暴起，萬竅怒號，船摇甚劇，人不堪之。

初三日庚申，陰。西行，少北，東北風甚勁。午正行七百七十四里，在赤道北六度十四分。後改旁風，浪高如山。戌初風雨交作，雷電奔馳，遂急停輪撤帆。奈風烈，不及撤，水手登桅力拽之，而墜傷者三人。殺氣怒號，通船驚起，蓋海面旋風也。粤人謂之颶風，海面盤旋或千里，或數百里。舟入風中，隨風旋轉不得出，常致傾覆，非風息舟不能行。洋船每見旋風起，急以寒暑表之輕重馭船之進退。氣輕而下降則臨風將近，乃設法以躲避之；待氣重而上升則去風漸遠，可以免患。東西諸大國皆設有報風公司，以覘風力，凡風起處疾者，一點鐘行二百四十餘里，較電信頃刻千里者則有遲速之別。如某國某處風起，急以電報通知他國，繼而彼此通知，各海口安排船隻以爲出入之節。次早另登新報，以便通悉，洵航海之惠政也。

初四日辛酉，晴雨不定，風浪如昨。午正行五百四十六里，在赤道北五度五十四分。

初五日壬戌，晴。西行，少南，西風甚勁，而船穩，波浪不起，萬里蒼茫。午正陰雲四合，大雨。行六百六十三里，在赤道北五度五十三分。郭星使之庖丁柳樹仁患病數日，手面生紅顆，經本船醫官艾大勤驗其爲痘。洋船最忌病證，痘尤甚。有患者，掛黄旂，禁舟人往來上岸，醫院延病者别居，必留二十日，俟無傳染，舟人方得上下自由。此去錫蘭兩日程，當换船，舟人皆恐，船主乃移柳樹仁於船面單屋，四圍遮閉，禁人走入。原與同艙各人亦皆移開，不許前後上下亂步，以防傳染。病者原艙灑藥水，鎖閉，附近各艙門首亦灑藥水，以阻病氣云。英船規：頭等客每人准帶行李重三百三十六磅，二等者一百六十八磅，每磅合十二兩。多則每噸加二十金磅，貨物每噸五金磅。

初六日癸亥，晴，水平風暖。午正行八百六十四里，在赤道北五度四十分。未初遥見北面峰嶺嵯峨，狀如冠幘。漸行漸近，衹見緑樹叢叢矣。又行二百一十九里，西正抵班得高，錫蘭島之東南境也。住船。【略】入夜雖云浪小，然潮水觸石，驚天撼地，同舟無不震慴，甚矣浮海之難也！

初七日甲子，晴。早起束裝，辰刻施醫院接柳樹仁去，途次屋中皆灑藥水，以散病氣。已初同張聽颿駕小舟行一里，登英國公司北紹爾輪船，照料行李。午初一刻回塔萬寬。【略】登北紹爾輪船，知衆僕未换船時，本船醫官賀勒遜到塔萬寬驗二等客中有無病證。因郭星使之衣工陳炳祥曾爲柳庖送茶水，遂亦留住醫院，以防傳染。俟病者愈，併送英都，二人費用由公司墊付，俟抵倫敦再爲照數償還。申正，塔萬寬開往孟買。酉初本船開，出口水平，西行順風，入夜摇動。北紹爾甫造成四年，係暗輪，極整潔。長三十九丈七尺八寸，寬四丈四尺，高三十六尺，馬力六百，重三千七百八十一噸，可載一千零三噸零百分之四十一。船主英人槐達，年逾五旬，温恭和藹。

初八日乙丑，晴，風光瀲灔，鷗鷺不驚，穩送一帆，爲數日未得之樂事。【略】午正行六百二十四里，在赤道北六度四十九分。仍西行，少北。

初九日丙寅，晴。午正行七百五十里，在赤道北七度五十五分。

初十日丁卯，早大雨，雷。巳刻雨止。午正行八百二十八里，在赤道北九度零五秒。未初晴。

十一日戊辰，晴。西行，順風。午正行八百一十四里，在赤道北十度十一分十二秒。

十二日己巳，早微陰，旁風浪湧，船摇。午正晴，行八百七里，在赤道北十度五十五分。當晚皓月當空，輝揚萬里，同坐船面以賞之。

十三日庚午，晴，旁風如昨。午正行七百九十二里，在赤道北十一度二十六分。【略】入夜，大風，天氣稍涼。

十四日辛未，晴，水色藍而平。午正行八百六十四里，在赤道北十二度十六分。遥見正南長山一帶，乃阿斐里加正東，蘇墨里斯之東北界也。山名臘非勒，長四十二里。以千里鏡窺之，層石童童，無蔚秀氣。

十五日壬申，晴。午正行七百七十七里，在赤道北十二度三十八分。又行一百四十六里，申初抵亞丁，住船。

十六日癸酉，晴。丑初展輪出口，水平色緑。辰正入紅海口，過英屬棓林島。【略】過此左右頻見山嶺，時隱時見。午初過阿剌伯西南濱海之木戛城，爲東岸海口繁盛之區，萬户千門，遥望堊白如雪。午正行四百二里，在赤道北十三度十分。北行，少西，東風甚勁。【略】入夜，風息水平。

十七日甲戌，晴暖，水微波。午正行七百七十一里，在赤道北十六度四十六分。西面見高山，隔海爲阿斐里加之阿伯西呢亞。

十八日乙亥，晴，逆風頗勁，船亦簸揚。按：《四海總説》謂海水大抵緑色，惟紅海色淡紅。或云海底珊瑚所映，然此海水色忽藍忽黑，海底亦少珊瑚。有謂兩岸山皆赭色，故以紅海爲名。未知孰是。【略】午正行七百二十三里，在赤道北二十度二十三分。

十九日丙子，晴。早遇輪船，左右各一，皆南去。西一小島形如饅首，東望高山綿亘百里，峰插入雲。午正行七百五十六里，在赤道北二十三度五十分。晚過呢大蕾斯，平地燈樓，夜涼似秋。彝屢次往來紅海，皆熱比中伏，不解其故。後詢知紅海闊五百餘里，南界阿斐里加，皆沙漠，無人，日炙沙石燥烈，爲南風所煽，薰蒸之氣逼入海水，故多熱。此日炙威少殺，亦偶然耳。

二十日丁丑，晴。早過賽乃山，入蘇耳士灣。遥望左右山嶺連綿，島嶼甚雜，如送如迎，色皆黄白。午正行七百六十里，在赤道北二十七度三十分。入夜雖涼，而月昇如火，大比車輪，金光赫赫，萬里無雲，想亦熱氣上騰也。

二十一日戊寅，晴，涼。西北行五百一十三里，卯初一刻抵蘇耳士，住船。隄岸整齊，而路徑彎曲。巳正，隨二星使同黎蒓齋、鳳夔九諸君乘輪車，行十餘里，至蘇耳士鎮。【略】步行回船。是日因候同行之孟買來船，未能早開。後接電信，始知來船遲開一日。

二十二日己卯，晴。【略】未初我船開，申初入新開河，酉正一刻至鹹湖南口，住船。見右岸里牌上標第七十五吉婁美當，計由河口至此共行十吉婁美當，合中國三十六里。吉婁美當，洋里名也。

二十三日庚辰，晴。卯初開行，辰刻至鹹湖北口。遥見左岸河道公司桿頂懸黑球，知他船已入河口，乃停輪待之。巳初英國輪船那木坦長三十餘丈者出河入湖，黑球下，我船遂開輪進口。午正過義思麥利亞地，當新開河之中。其鐵道南達阿來三它牙，北達蘇耳士，遥望樓舍較增於前。由蘇耳士曾募一引水者，至此換人，船不停輪。甫見市肆，有小船迎至，係换班之引水人也。又遇一英輪船名該馬諾爾令者交首而過，長四十一丈五尺。入河口，過法王后行宫，水路愈狹，兩岸沙山高五六丈，舟行距岸不過數尺，又多作回灣，以殺急流之勢。申刻遇法老輪船提格，係前庚午冬由法回華駕過者，泊於西岸以讓路。蓋沿河西岸寬處南北立牌，以志停泊之所。酉正過滿芮蕾湖，至南口下錨，由第七十五吉婁美當至第二十吉婁美當，合中國一百九十八里。

二十四日辛巳，晴，涼。卯初開輪，行二十吉婁美當，合中國七十二里，巳正抵波賽，住船上煤。西岸樓舍倍增，人多物阜。東岸有壓沙機器廠，帆桅林立，水湧如潮。午正開入地中海，甚冷，無風浪而船搖。北行，少西，未初遥見正西一石塔，乃尼羅江東岔塔美達口外之燈樓也。酉刻又見正西阿來三它牙之燈樓，洵指迷之寶燭也。

二十五日壬申，早陰，水藍色。辰正細雨，後稍晴。遇南行大輪船一，其名未詳。午正西北行七百八十九里，在赤道北三十二度五十一分。申初復陰，風起浪湧，船即簸揚，入夜尤甚。丑初風雨交作，浪過船頭逾丈，艙窗進水，衣履皆溼矣。

二十六日癸未，晴。午正行八百四十里，在赤道北三十四度四分。終日狂風作勢，波浪連天，雲釀成陰，日迷減色。蓋地中海之島嶼回環，被風浪相激，而洄漩愈猛也。入夜風轉東而船快，波稍息而船平。

二十七日甲申，晴。水黑色，逆風甚烈，浪湧如昨。午正西北行八百四里，在赤道北三十五度二十四分。酉刻陰，一夕風雨晦冥，夜不安枕。

二十八日乙酉，晴，暖。行三百八十四里，子初抵莫洛塔，放礮停輪，亦船規也。【略】我船原定辰正開行，因有官兵百名帶眷回國，總督遂令改於午正。【略】由波賽至莫洛塔計水程二千八百一十七里。午正一刻開行，出口逆風，船即簸揚而冷。未初陰，亥正大雨，波濤洶湧，浪躍船頭，杯盤流動，箱篋轉移，撼撞之聲令人心駭。

二十九日丙戌，早涼，微雨，巳正止。遥見正西小山一縷，乃居尼國東境之柏昂山觜也。午正行六百九十九里，在赤道北三十七度二十八分。按居尼國，土耳其屬國也，地勢突出地中海，境內東北一山横列海面，下有伏洲，僅中路可通巨艦，洋船經過，亦稱險境。去此西行，則北界法郎西矣。鎮日西南，島嶼不斷，逆風巨浪，使船摇蕩簸揚，水上船面，反激入艙，令人終夜不寐。過二小島名戞呢達者，地小荒蕪，不知屬何國，亦無人住。

十二月初一日丁亥，晴。午正行七百二十里，在赤道北三十七度二十分。早晚風浪如昨，遇英輪船二，皆東去，順風。南面隱隱高山，乃阿扎利亞北境，屬法郎西之阿拉吉業也。入夜稍平。

初二日戊子，陰晴參半，早逆風，浪小而船穩。午初則大風顛撲，船復簸揚。午正行七百二十三里，在赤道北三十六度五十一分。申正，遠望正北一山，峰尖疊起如鋸齒然，乃日斯巴尼亞東南境謝喇呢瓦達大雪山也。夜望北岸有二燈樓，如星似月，乃日斯巴尼亞戞拉那達省麻立亞及阿爾美立亞二埔頭也。

初三日己丑，晴，冷。早起遠望，左右皆山，晨氣清爽，翠色接天。風篷大小十數隻飄蕩海面，風激浪白，日射波紅，出入波濤，浩杳無際。行八百三十七里，未初抵支布洛達，住船。【略】由莫洛塔至支布洛達計水程二千九百七十九里。

初四日庚寅，晴，冷。西北行，早過日斯巴尼亞西南境賢馬利雅山觜，巳正過賢萬森山觜，乃葡萄牙國南境盡處也。始出地中海，入大西洋，西人以山盡處爲岌，水流當岌，兩相激蕩，浪益洶湧。賢萬森山石嵯峨，横截海面，舟行極爲顛簸。而日斯巴尼亞西境地勢微削而向北，海水南趨，爲地勢所遏，此數十百里間溯湃騰沸，洋船以爲至險。過此轉北，微風浪小，而船摇。一路見東南山不高，平坦有棱角，此後亦然。午正行五百九十四里，在赤道北三十七度十四分。酉初過立四本海口，遥見燈樓燦爛，即葡萄牙國都也，爲德格思河入海之口。亥正忽起旁風甚勁，船左右摇蕩，聲音震耳。

初五日辛卯，早晴，巳初一刻陰冷。午正行七百八十里，在赤道北四十一度三十五分。鎮日東北行，順風而陰雨晦冥，狂濤震動。申初過斗羅、米細二河，爲葡萄牙西北都會，兼兩河爲名。再北入日斯巴尼亞西北境，省名闊魯那。酉初一刻過開泊肥呢斯太，遠見燈樓，水勢洶湧倍甚。蓋日斯巴尼亞向北盡處地勢深入，匯成一大蕩，與法郎西壤地相接，中隔大山名壁啦呢，至洛亞爾江口又衺伸而出，中廣千餘里，海水奔騰而下，驅入蕩中，回轉奔激，乃始折出南趨，故此海洑千餘里，稍一見風，則波濤排山倒海而來矣，尤以開泊肥呢斯太爲至險。開泊者，譯言尖處也；肥呢斯者，盡也；太者，地也。夜走必斯吉灣，北行，少東。

初六日壬辰，雨，風。午正行八百四十六里，在赤道北四十六度十一分。仍走必斯吉灣，東岸爲法郎西正西境，旁風震撼無暇晷。

初七日癸巳，晴。水深藍色，逆風無波而船搖。丑正過法郎西西北境非呢戒省旁之禹商達島，當地勢斜伸入海處，波濤尤爲搖蕩。亦有燈樓矗立，光燄輝煌。過此即與英國寬倭省隔海相望，出必斯吉灣，轉東少北。寅正停輪二次，驗水深淺，蓋走英國江也。巳初陰雲密布，未正雨晴，水平船穩。遇風篷十餘隻，往來於左右。午正行七百三十一里，在赤道北四十九度十一分。申正遥見正北有岸，前立紅燈，地名斯達爾塔盤，乃英國衛拉斯省之西南境也。酉正又二燈樓對立，地名波瀾，爲英多爾賽省之南境，南與法郎西北境莽什省相對，爲英國水師屯泊之地。

初八日甲午，早大霧，水路難辨，丑初住輪。辰正霧散，引水人至，入呢得爾斯海口。呢得爾斯，譯言鍼也，因沿海柱石林立，故名。有島曰艾洛衛，爲英君主消寒地，其行宫名敖斯本，洵爲巡幸之勝境也。巳初又霧，船因錯行，退回二十餘里。少住，又開行十數里，擱淺待潮。【略】午初潮長，復開行四十餘里，【略】一路水静無波，山巒染碧，風清雲淡，淑景如春，男女往來接踵，争看華人者甚夥。由昨午正至今未初，共行四百九十五里。抵騷三浦屯，地在英格蘭正南漢浦囉府南界。城周二十九里，居民七萬二千。入口左右兩河，左名泰斯達，北流，長九十餘里。右名宜勤，西北流，長六十餘里，皆不甚寬。土産牛肥蔬美，爲英邦之一中等海口也。由支布洛達至騷三浦屯，計水程三千四百四十六里。又由香港至騷三浦屯，計水程二萬八千二百六十八里。船傍岸。【略】申正，照看行李由輪船移入火車後，與正副船主，醫官及同船各人告别，登火車。即時開行，是日係禮拜之期，早晚僅兩次開往倫敦。先北行，少東，酉初一刻過巴興多村。轉正東，酉正至倭景杭鎮，少住再開，走柏克囉府，入米得賽府，共行二百一十里，戌初一刻抵英都倫敦。一路田疇交錯，水秀山青，樓房宏麗，别一洞天。入柴令克洛斯火車客棧。

黎庶昌《奉使倫敦記》 光緒丙子[二年]十月，【略】十七日，乘英國公司輪船，自上海出吴淞放大洋，指南行，約二千一百六十里，可四日程而得香港。經過浙江、福建、廣東三省境地，福建以東臺灣障之，西人謂其海爲中國海，嘗有大風，又多暗礁，船人以爲戒。又自香港指南行，經七洲洋，約四千三百一十里，可六日程而得新加坡。從雨中過越南，羣山連延，隱約可辨。新加坡爲亞細亞斗入海中處，最近赤道，以圖經索之，蓋距二百四十里而遥。迤西爲馬納甲，對峙者蘇門答臘，别自一島，不相連屬，舟行有時望見。其地炎熱卑濕，有春夏，無秋冬。【略】又自新加坡折而西北行，約一千一百四十三里，可二日程而得檳榔嶼。【略】自檳榔嶼指西行，約三千六百三十九里，可五日程而得錫蘭。【略】又自錫蘭易船，指西行，約六千四百三里，可八日程而得亞丁。是爲印度大洋，八日中無所覩，惟巨浸稽天，時有飛魚而已。亞丁與阿剌伯連，距紅海口三百五十里，瀕海一山多石，英人建礮臺，設兵二千守之，屯煤於此，備輪船取攜。【略】又自亞丁折入紅海，西北行，約三千九百二十四里，可六日程而得蘇衣士，當紅海中，經過麥加城，望見之焉。【略】海盡處分兩汊，東出曰阿喀巴，屬阿剌伯；西出曰蘇衣士灣，屬埃及。中有大山，曰西奈。【略】蘇衣士界亞細亞、阿非利加兩洲之間，地本相連。同治三年，法人賴賽朴司建議以機器開河，通商旅，避大浪山海道之險。糜費至八千萬金磅，鑿之七年，卒斷此峽，而兩洲分矣。自蘇衣士入新開河北行，二百六十里，可一日程而得波塞。波塞臨地中海。【略】又自波塞正西行，約二千八百十四里，可四日程而得毛兒達島。【略】又自毛兒達西行，約二千九百四十三里，可四日程而得支布洛陀，綰轂大西洋之口。【略】自此出大西洋，折而北行，沿葡萄亞、法蘭西西境，約三千四百五十三里，可五日程而得掃司阿母敦。掃司者，英語南方之謂；阿母敦則其碼頭也。【略】又自掃司阿母敦登陸，乘火輪車行，二百一十五里而抵倫敦，時十二月八日也。總五十一日，凡行三萬一千七百十四里，皆以英之買爾折計，每買爾當中國三里云。

王詠霓《歸國日記》 光緒丁亥[三年]三月，余自歐州歸國，將繞游英吉利、美利堅、日本諸國。既得請於使者，乃以初四日壬辰黎明偕嚴少巖都尉寶增由德意志國都城啓行。【略】辰初四十分登輪車，四十五分發伯爾靈。辰正過士邦道，一作「斯班度」。德國重鎮也。【略】巳初過賴忒諸境之厄白耳河，水出什里司恩之利生嘎比阿嘎山，譯言偉人山也。【略】由是至伏希麽，入漢諾威境。午正至漢諾威城，故日耳曼列邦，英之宗國也。【略】停二十三分，飯罷仍行。未初過威薩河，水出撒克遜邦伊生倍克之扼士嘎比阿嘎山，譯言五金山也。西北流至勃雷門，入於北海。【略】未正過唵士河，水出威士法蘭之山，北流至唵登，入於北海。由門士塔城西南行，過物賽耳。皆屬威士法蘭邦。又西行過來因河，水出瑞士國之阿爾魄士山。【略】申正十五分至改納撥，入和蘭國境。凡車中過客，不稽行李，和例然也。五十六分過椏孛好司，酉初十分行，均屬北勃拉班特省。戌正三十四分至椏層大爾，五十一分過博克司臺耳。由倍耳根大橋過腮兒岱海灣，入西和蘭之孛微蘭界。又西行過大橋，亥初五十分至福利澄埠，屬烏耳喀連省，南岸爲烏士特堡。伊士古河入海處也。一名士克耳得河。【略】自伯爾靈至福利澄海口七百八十啓羅邁，當合中里一千八百十二里有奇。上潑林此愛利思佩忒輪船，亥正十分開行。船制狹小，不耐風浪，舟中人有嘔吐者。夜渡北海，行一百八十二海里。

初五日。早雨，晚晴。卯初五十分至英吉利國之規因司罷耳口岸，天士河入海處也。【略】登岸時有司關者檢詢行李，示以洋文護照，乃免驗。先期請星使給照，由駐德之英、美、日本三國公使畫押蓋戳，以後逕行無阻。【略】卯正二十五分登輪車，啓行。辰初五十八分至維克士里亞車廠，換馬車，至開痕克羅忒客寓。【略】過華得路孛林吹，譯言大橋。爲倫敦最大之橋，長四百二十邁當，廣十三邁當，每一邁當合工部營造尺三尺一寸七分六釐强。有九柱，每洞廣三十六邁當。工費一百萬磅。每一英金磅合庫平銀四兩二錢有奇。未正由華得路司對洵登輪車，四十五分開行，過求耳疊福耳忒，又過開司利迷奚諸處，酉初十五分至拍司麥脱。【略】換馬車，住克羅司維挪耳客寓，距倫敦二百二十二英里。每一英里合中國里三里强，後記西里皆仿此。

初八日。早風雪，晚晴。【略】午正十分，自由司登司對洵車廠登車啓行，未初過撓忒挨姆敦，居民五萬二千，有造韡大廠。未正五分過洛克比，過惕連達河。申初二十五分過陪耳民亨姆，居民四十萬，有大鋼廠，又有造鈕扣廠，專售中國，及鍍金銀作玻璃料各廠。又五十五分過克羅姆，申正五十分至利物浦，下車即客寓，計共行一千八百十八里。一作「立法鋪耳」。

初九日，晴。午後上溫孛里也船，住第十九號房艙。申初五十分開行，出墨層河口。同舟士女坐一等艙者二百餘人。是日西南行，出愛耳蘭海。

初十日，晴。晨抵坤因司坦爾，亦英國水師埠也，在愛耳蘭南境。有内外二口。【略】自利物浦至此行九百三十里，屬愛耳蘭之高爾克城，一作「科克」。在偏西八度二十三分，赤道北五十一度五十分，利克河入海處也。【略】未初開行，戌刻出大洋，不復見山嶼矣。

十一日，陰。東北風起，浪花飛散，艙面上如微雨，舟中人多堅卧不起。午正懸牌，行四百六十二海里，合中里一千四百二十里。後記海里據西法不注中里者，以一海里合中里三里又三分之一，可推而得之也。緯度赤道近北五十度五十三分，經度自倫敦偏西十九度零七分。後記經度皆做此。海水深黑。

十二日，晴，風稍息。午正行四百六十三里，緯度四十九度四分，經度三十度五十六分。

十三日，晴。夜月。午初見一舟從西來，詢係福棱吹代門船，自紐約往利物浦者。午正行四百三十七里，緯度四十五度三十六分，經度四十度三十三分。

十四日，陰。申刻雨。午正行四百五十里，緯度四十二度七十分，經度四十九度三十八分。

十五日，早微霰，午晴。午正行四百五十九里，緯度四十一度三十三分，經度五十九度三十七分。自此水緑色。

十六日，午正行四百八十四里，緯度四十度四十二分，經度七十度三十三分。酉初始見乾土，詢之，係龍衣司蘭域長島，有燈塔。自歐州來美者看高山，山名内物沁克海倫此。戌正一刻抵紐約，泊舟口外。

十八日，晴。【略】按紐約爲大西洋入口要衝，美之精華萃焉，故設防較嚴。城南八忒黎有舊礮臺，其外口名三代霍克，譯言沙觜。去八忒黎十八英里，口門水深七拓至十五拓，口外沙淺處只四拓又四分之三，入水至深者皆可入，其泊船碼頭爲天下第一。辰刻舟泊碼頭。

二十日，由紐約乘馬車，渡赫次河，渡船係明輪。抵岸爲直爾言脱之火車行，購車票，爲華盛頓之行，每人往返十圓，睡房加十四圓。【略】南行二十七里，至怒阿克，居民十四萬。有工部房。【略】又十八里，至愛黎才佩忒，譯言上帝所居。居民三萬人。又四十一里至奴孛倫司衛克，居民一萬八千，有書院，近二百年。又四十八里至潑林司敦莊新近地，有大書院，名潑林司敦喀來。又三十里至忒林頓，一作「突連登」。怒傳耳失邦都會也，居民三萬人，有大議院、大信局、瘋病院。去此無多即至噴司物尼也邦内。又二十七里至僕來司拓耳，居民三千五百人。又六十九里至費勒特耳費邪，一作「費耳特獵斐」。爲美國最大面積之城，在得勒伐河之左右。【略】自紐約至費城計二百七十里。【略】去費城八十四里，至衛耳民敦，屬得勒伐邦。居民四萬二千。又三十六里至奴阿克，屬味利蘭忒邦。譯言摩利地方。又六十六里至懈孛特克諾司，過蘇司克哈奈河，有鐵橋甚長。又一百五里至包剔木阿，在派太潑司卡河之側，美國通商埠也。【略】由包城至華盛頓計六十六里，過山洞二。一在包城外，名火薩克忒羅，長六千九白六十九尺。一名由尼恩忒拿，忒拿，洞也。長三千四百十尺。皆於山石最堅處挖成，計共費四百五十萬圓。

二十一日，將近華都又有一千五百尺長之山洞。既抵華盛頓，有繙譯梁震東貳尹誠來迎，因往住使署。【略】亥刻登車，循舊路而回。

二十二日，晴。晨抵紐約舊寓。偕寶森觀鐵橋，跨赫次河，長五千九百八十九尺，廣八十五尺，從水面至平板高一百三十五尺。左右築塔，高二百七十八尺，廣一百四十尺，懸鋼絲巨繩四條，每筩徑十五寸又四分寸之三，中間容輪車來去。車行以電氣，附鐵繩而行，不用煤汽。兩旁爲馬車道，上層爲行人往來。【略】午刻偕寶森至公司行，換車票。酉刻過東河，上輪車。初購定車票時未有睡榻，至是增購卧房，自紐約至尼亞加哈需洋銀七圓，尼亞加哈至切考果十圓，切考果至烏木哈十一圓，烏木哈至奥敦二十八圓，奥敦至金山二十二圓。酉正二分車發紐約，車廠名格蘭生譯言大。忒洛耳譯言重。特坡。譯言車廠。循赫次河右岸向阿耳孛尼而行，河岸石壁陡立，高三百尺，長二十里，地名盼里賽因司。四十一里過洋凱司，富民所居。又七十八里過披克司犬耳，山水幽秀。隔河爲韋司朴痕脱，有美國武備學堂。又六十六里過薄克潑思，有女學堂，名梵思可吹侖。又一百二十里過赫倀，居民一萬三千，海船至此而止。隔岸有喀此企耳山。又八十四里過阿爾盆尼，紐約邦都城。居民九萬。又四十一里過司克納克特臺，循馬學克河而行，水流甚急。有長橋一千尺，過河有大書院。又一百七十一里過立忒耳福斯，左右見山石壁立。又六十三里過由惕克，居民三萬三千，有製造廠、瘋病院。又四十二里過何姆，即羅馬之轉音。居民一萬二千。又一百十七里過秀拉久司。

二十三日，晴。又西行，二百四十六里過拉川司臺耳，居民九萬，有大書院。由車上右觀瀑布。是處瀑高一百二十尺，名尼亞古拉。又一百六十五里過洛克罷耳脱，譯言水閘。地多水閘，皆爲二門，以便啓閉。又四十七里至所司奔洵孛侖吹，譯言大橋。有車廠人來迎，遂下車，將行李寄存道旁，雇馬車至客寓。用早膳畢，粤人李阿金陪觀瀑布。【略】未初仍登車，過所司奔洵大橋，入英屬之喀那大境。行三十里，過生喀羅楞司，有鹽井、硫黄井。又九十九里過漢摩登，又五百五十五里至問坐耳，過渡，休侖湖、衣利湖中通處。回美國之的忒來脱。屬蔑耳根邦。渡船長廣平，其兩端容火車四行，每行四兩。戌初抵岸，少停即開行。中爲汽機，兩旁爲鍋爐。

二十四日，晴。又一百十四里過恩阿琶，有蔑士根邦之大書院。一作「密世幹」。【略】又一百十四里過且克司，有按察院。又三十三里過派合邁，有喀勒麥蘇河平田，産麥最盛。又六十三里過麥算耳，又三十六里過拔特克呂克，池多磨坊。又六十里過喀勒麥蘇，有書院、病院、製造廠。又一百二十里過内爾司，在生宙鋭夫河之側。巳初抵切考哥一作「世克哥」。停車，住薩門客寓。【略】亥正登輪車，開行，一百十七里過奥羅賴，有縛克司河，居民一萬二千，有製造廠、修理火車廠。工匠七百人。又一百二十九里過悶度太，居民五千，多務農，開煤礦。又二百四十里過蓋耳斯罷克。

二十五日，晴。又三十九里過悶莫夫，有書院數處。又八十七里過巴耳林敦，居民二萬。過密士失必河，河岸陡峻，爲哀胡衛邦之要城。哀胡衛，一作「哀倭窪」，一作「阿華大」。密士失必河發源於蘇比利阿湖，一作「温尼壁哥士」。南流入海，長約萬餘里，爲天下江河之最。火車由河橋鐵造。而過，橋下輪船往來絡繹，地宜葡萄嘉果，有書院、禮拜堂數處。蘇湖上受薩士卡察萬河，河有南北二源，皆出落機山。又八十七里過芒脱潑來生脱，居民五千。又六十六里過費阿廢耳脱，有並格西鐸克吕克河。又八十四里過阿士姆韋，在代摩因河側，居民七千，商賈頗盛。又六十六里過阿耳比亞，又九十里過且來墩，又七十八里過阿西椏蘭，又一百二里過克來司敦。其地水分二流，一入密士失必河，一入密疏利河。【略】又十二里至孛拉夫司，換車，並換行李銅牌。過密疏利河鐵橋，即尼不拉士格邦之椏墨霍也。陳記作「阿麻蝦」，李記作「阿馬哈」。橋長二千七百五十尺，寬五十尺，橋有十一洞，其柱以鐵管爲之，筩徑八尺又四分寸之二，管厚一寸又四分寸之三，内實以賽門得土，高於水大時五十尺，計造費一百餘萬圓。陳、李記斯橋互有詳略。自切考哥至此計一千五百六里。酉正換車，戌正開行。自紐約至此俱於車中打尖，至是以後始於道旁就食。且一路皆平沙廣漠，不見林木矣。見土番，赤面披髮，短衣紅袴，踞坐各車廠路隅。西人呼爲因地，即印度之轉音也。自椏墨霍循潑辣忒一作「批辣特」。河而行，約一千二百十里。一百四十一里過福利門脱，又一百三十五里過殼侖嚨司，又一百二十里過生觸耳賽逮，又六十六里過克闌代愛侖脱。

二十六日。又一百二十三里過畎耳内，又一百八里過潑侖姆克吕克，又一百八十里過登伏椿詢，又四百三十五里過川寅。此地遠見大山，山之最高處有萬四千四百六十四尺。山名學克芒囤司。《聯邦志略》以此爲落機山，常有積雪。從此慢行上山，車路上時有木棚遮蓋，懼積雪凝道。川寅居民六千人。初上山頂，三千二百四十二尺。又六十九里過寅合門，一作「色恩」，一作「沙門」。爲宇内最高之車廠，計高於海面八千二百三十五尺。自此下至平地，猶有牧羊，名賴拉米潑來因司。譯言平地。又六十九里過賴拉米昔臺，【略】過此平地，仍循諾脱孛拉脱河而行。

二十七日，又一百三十二里過漫斜，其地山水最佳。又二十七里過學克吕克。自椏墨霍以西俱有華人。昨午尖地至洛士丙冷，去歲土人殺華民於此，凡二十八口。【略】一路派官兵彈壓，每逢下車就食，各兵站立護衛，車上卧房管車者必小心關鎖。又二百十里過縛脱勿侖忒司的耳，仍上學克芒囤司山，見峰巒聳拔，多作廉貞形，山皆黄赤色，水流亦然，草皆荆棘，近水際者其苗或赤或黄。又一百二十六里過克來司敦，譯言分水界也，東入大西洋，西入太平洋。又行，地曠野，三百三十六里過格利因慮伏耳司對詢。又三百六十三里過華白山吹，自川寅至此屬韋椏民邦。相近有烏太邦鹽湖，名沙耳忒來克。湖水高於海面四千二百尺。自此歷山洞五處，共長二千尺，洞石甚堅，不用磚砌。又三十三里過看拖學克，始見山凹有林木數株，一路削壁，赤如城郭，有似人物奇怪之形，然皆細石結成，鏤空剗削，非純石也。近凹墩數里見楊柳桃李花。又一百七十四里至凹墩，屬烏太邦。即猶太。西正換車，居民六千。四圍高山，有分路至所耳來克。【略】自椏墨霍至凹墩三千零九十九里，從此至舊金山二千四百九十九里。【略】其路從山嶺過者，名爲呸悉非克。譯言太平洋路。戌正自凹墩行，七十里至柯林，陳記作「哥連」。地頗繁庶。過此即大鹽湖，湖在山頂，長二百五十八里，廣一百六十五里，居民多煮鹽爲業，有竈百七十座。過湖不遠爲訥梵大邦，又六十里過潑洛門多利朴痕脱，東西兩公司鐵路相接處。

二十八日，晴。自鹽湖以西名爲美國沙漠，一路無青草，有草最乾，高五六寸，亦棘類也，動物惟有四足蛇及大耳野兔。微風偶起，塵沙撲人，車路道傍儲水，以濟缺乏。又五百四里至烘罷而脱物而司，始有泉井，然有井深一千七百尺尚未見底，亦一奇也。又一百七十一里過受耳柯，居民一千二百人，有大學堂。又四百三十二里過問訥木卡，有礦。又一百二十六里過烘罷耳脱，見巉巖一帶如雲林畫幅，沙漠中最佳處也。又二百八十五里過獲此伏耳司，仍昇高，過色拉訥梵大山，一作「詩拉尼華大」，《聯邦志略》以此爲白鋸山。山高處一萬四千四百四十尺。又一百二里過利拿，訥梵大邦梵爾沙之首邑。居民二千人。華民三百餘。又一百二里過杜溪，屬喀拉方尼亞邦。在杜溪河北，居民三千人。又四十五里過色密脱，譯言峰頂。爲第二段火車路最高處，計高於海面七千四十二尺。

二十九日，晴。又一百五十三里過開樸兒山，峰巒奇峭，地名柯爾凡克司喀。又過色克門杜，一作「沙加免杜」，喀拉方尼亞邦都會。在色克門杜河側，華民居此者甚衆。見草木便蕃，畜牧滋盛，居民三萬人，有製造局。又一百六十一里至培尼宣，居民一千八百人。河通鉅舶，有船載火車過渡。又行八十一里至椏洛闌脱，舊金山商人多於此避暑。車行止於此，視表鍼已午初矣。【略】午正上渡船，過河行九里，抵三藩昔司柯，住我國舊金山領事公署。【略】舊金山在半島上，長九十里，闊十八里，背面爲太平洋，内有海灣。

［四月］初五日，晴。午刻上森柏孛羅船，蓬雲、鯤侶、少白來送。申正初刻二分，自舊金山啓行。【略】酉刻出金門，初猶沿北岸而行，一二時後一望汪洋，不見邊際矣。入夜頗有風浪，船輒簸摇，人言太平洋自三月以後無大風，惟有慢衣輭浪。同舟者上等艙位共十九人，統艙中有華人九十餘名，日本人十餘名。

初六日，晴。午正行二百海里，緯度三十七度四十七分，經度自英倫偏西一百二十六度四十分。【略】自秘魯過巴拿馬至金山，計程一月，一等船價二百三十餘兩。

初七日，晴。午正行二百七十八里，緯度三十七度三十三分，經度一百三十二度三十一分。海水深黑。森柏孛羅船身甚小，壓水力三千一百十九噸，光緒十一年下水。初行時頗較美境各船爲速，近始於上艙面添蓋艙房，容一等居住，並新置電氣燈，然船底未及入塢刷刮加油，故速率少減，現計每一小時行十一海里，以視大西洋之温孛里也船一小時行十八九海里相去遠矣。

初八日，晴。午正行二百七十九里，緯度三十七度十八分，經度一百三十八度二十二分。

初九日，晴。午正行二百七十七里，緯度三十七度十五分，經度一百四十四度零九分。海水深藍色，去金山一千零三十四里矣。

初十日，早雨，晚晴。午正行二百七十里，緯度三十七度十分，經度一百四十九度四十七分。

十一日，晴。午正行二百六十里，緯度三十七度八分，經度一百六十度五十四分。

十二日，晴。午正行二百七十里，緯度三十七度九分，經度一百五十度二十五分。

十三日，晴。午正行二百六十七里，緯度三十七度六分，經度一百六十六度一十八分。

十四日，晴。夜雨。午正行三百八里，緯度三十七度九分，經度一百七十二度五十四分。

十五日，霧。午正行二百九十三里，緯度三十七度四分，經度一百七十九度一分。

十六日，陰，西風逆浪，船頗顛側。午正行二百九十四里，緯度三十六度五十二分，經綫偏東一百七十四度五十二分。西人以是月爲五月，初八禮拜期，蓋自東而西日行漸遲，至此必減却一日也。

十七日，晴。午正行一百七十四里，緯度三十六度三十分，經度一百七十一度十五分。入夜風息。

十八日，晴。午正行二百五十三里，緯度三十六度零五分，經度一百六十六度零三分。

十九日，晴。午正行二百六十一里，緯度三十五度五十一分，經度一百六十度四十一分。

二十日，晴。午正行二百六十四里，緯度三十五度二十九分，經度一百五十五度十五分。是日見海中有波紋，赤色。連日均有飛鳥，舟行破浪，見一種小魚極多，大小不一，形似雞蛋，有鬐。又嘗見大魚吹沫，如西國水法，上激數丈。

廿一日，陰。午正行二百九十九里，緯度三十五度八分，經度一百四十九度十分。

廿二日，大風雨。午正行三百十八里，緯度三十五度三分，經度一百四十二度四十二分。入夜風静。

廿三日，晴。寅初見塔燈，卯初近江户灣，見雪山與火山對峙。舟行指北，偏西一字。入口見北岸礮臺二，皆築土，亦有隔堆。外口廣八海里，水深三十六拓又四分之三。内口廣六海里，水深二十拓至四十八拓。南岸一臺，遠望不明。口中間亦有一臺，蓋就南岸沙嘴培築以成，頗寬廣閎。【略】江户灣口北岸礮臺實踞形勝，凡各船出口，須近臺前，每大霧時，船行時慮觸壞。辰正抵横濱，西人謂之由呵哈邁。有法人在租界設大客寓，名格杭霍探耳，譯言大客寓。到船來迎，因赴之。

三十日，晴。夜雨。巳初四十五分偕寶森少巖赴東京，過川崎，又過大森，巳正三刻至新橋，抵大清公署。

［閏四月］二十日，晴。巳正舟發神户，過明石北、淡路南，鍼指西偏南五分。明石舞子礮臺兩岸相對，均石基護土。未正一刻過備前之小豆島，鍼路西偏北四分。申正二刻過丸龜北，過大槌、小槌島。酉初三刻鍼路指正西。酉正二刻過燈塔，地名鍋島，鍼西偏南五分。戌初二刻過海峽，狹處僅里許，稍折而北。

二十一日，晴。辰初抵司木崎，即馬關也。停輪，便搭客上下，泊時鍼指西南。一謂之赤間關，東語阿卡埋山奇。近關東口爲部崎，有塔燈。巳初開行，出口鍼南偏西，半轉向西偏南。傍口一小島，島中有屋數楹，甚得幽趣。又鍼指正西北，岸有石標二。一白一黑相間。過此指西南，行引島北。又鍼指正北，行六連島之北，島有塔燈。又過塔燈，轉指西北。過藍島北，出白島、蓋井島之間，即大洋。白島瘦削，有一石獨立，甚秀削。放洋後鍼指西南，左傍山，右亦時見小島。未正十分過烏帽子島，島純石，有塔燈。四十五分過壹歧島南，壹歧與對馬相望。又過馬渡島北，申正過横島南、田助島北，酉初過安滿島北，出生月島海峽，行平户島之西，鍼指西南。又南六分，酉正過高島西，鍼轉指南。又東，戌初四十分過二小島北，戌正四十五分過塔燈北，一路見漁火。亥初七分入口，口門甚狹，見兩岸小舟燈火數百，浮漾水際，如螢依淺草。十五分到長崎。

二十二日，晴。辰正登岸。【略】未正十五分舟發，鍼指西南。出口指西，又偏北五分，五十五分過燈塔北。鍼指西偏南五分，戌初過福江諸島南，屬南凇浦郡，島西角有旋轉燈臺。

二十三日，雨，午後霧，酉初晴。戌初遠見茶山塔燈。

二十四日，早霧，巳刻展輪，午後晴。未正泊吳淞口外待潮，申正開行，酉正抵上海。

錢德培《歐遊隨筆》 光緒三年十月十八日申刻，由上海登法公司晏拏蘳輪船。船例，不開行不供飯，因復登岸食宿。船價頭等艙法銀二千零七十五佛郎，每佛郎約制錢二百三四十文。二等一千六百六十佛郎，三等八百三十佛郎，因公來往者可酌減百之十五。每日小食二次，大餐二次，紅酒如例。分外取飲者，各酒皆備，另給值。洗澣衣服，每件銀三分。

十九日，午刻登舟，住一百五十一號卧榻。【略】隨帶之行李，大者存下艙，並無對號牌據，有時亦可取用；小者置卧艙内，隨手可用，船例也。午正開行，風浪大作。

二十日，過甯波、溫州外海，浪大如山，顛播殊甚。不能起坐，每食必吐，頗覺難耐。

廿一日，過厦門、汕頭外海，風浪稍平。

廿二日，辰刻抵香港。舟客各購籐椅，以備舟行南洋炎暑之用。有以勸余者，因亦置一具焉。孫心耕云：賽會官物自滬至法，每噸水脚官價十五元。每噸約合一千七百斤，輕物則以四十二立方英尺爲一噸。

廿五日，午自香港開行，風浪尚不惡。行三日，至廿八日早抵安南海口西貢。【略】入口有狹港數十里，兩岸矮樹甚密，雖時值冬初，不啻五月天氣。

廿九日，午初開行。

十一月初一日，午抵新加坡。泊船處距市陸路四五里，馬車價約英洋六角。其時船上裝煤，炭屑塵飛，刻不能支，埠頭又無憩息之所，不得不至内市一遊。

初二日，午刻開行。

初四日，晚出印度洋，風浪稍大，然不及過吳淞時顛播之甚，使人難耐也。

初七日，午刻抵錫蘭東口，裝煤，泊僅四五時。渡船極窄，刳木爲之，橫安兩木，兩木之端繫一長木，浮於水面，牽使其船不至傾覆。坐處寬不及尺，不能容足，故未登岸。其地椰樹成林，怪石嶙峋，海潮搏擊，浪花高數丈。晚亥刻開行。

初八日，卯正到錫蘭西埔，地名可羅姆婆泊舟。喚渡登岸，渡價每人洋銀一角。【略】酉正開輪，仍行印度洋。出洋，水道雖近赤道，而尚偏北數度至十數度不等。船上南窗啓，則日光逼進，薰蒸鬱炎，且易受風。是以由華至西洋，必擇其右邊之艙房，自洋返櫂則從左。

十三日，將出印度洋，波光微皺，天氣清涼，可衣薄棉，蓋此處距赤道又較遠矣。

十五日，午初抵亞丁，裝煤。其地童山禿禿，景緻毫無，西人設煤棧以濟行舟，置旅店以息行人。

十六日，寅正開行。

十九日，可衣棉袍。

二十日，未刻抵蘇爾士河東口。

廿一日，卯刻開駛入河。兩岸黃沙，地形如蘇常一帶官塘，河長二百數十里。晚泊港内。

廿二日，早開行，未刻抵波賽，裝煤。其地爲埃及國，一名麥西國，屬土耳其。【略】戌初開行，入地中海。

廿三至廿五日，風浪大作，舟左右傾側，艙内物件自相搏擊，浪過船面，水聲澎湃。惟有僵卧不動，聽其自然而已。

廿六日，浪漸平。

廿七日，申刻抵意大利國海口，地名那不勒。東面火山煙焰上升，西面山際屋宇鱗比，人民蕃庶，古跡極多，晚燈列若繁星，照耀璀燦。晚開行，風浪大作。

廿九日，卯正抵法國海口，地名馬賽。【略】其地爲法國第一海口，帆檣林立，屋宇櫛比，繁華景象，一路來所未有也。

十二月初一日，卯刻乘馬車至火車站，登輪車。

初二日，午抵法國都城，地名巴黎。

初三日，衣君代覓一法人同赴火車行購票，計英金五枚、法銀一枚。戌初開行。

初四日,早入德國境,地名闊倫。用早餐,換車,戌初到柏林,車停來而退而火車行。

初五日,【略】行李自巴黎至柏林,係由貨車轉運,計十二日始行運到,計費一百三十八馬克。前自馬賽至巴黎之火車價並馬賽寓資,則由博軍門匯還那稅司,計共德銀一百十四馬克五十分尼,蓋行李運費已由那君列入賽珍會内併銷矣。

陳蘭彬《使美記略》 光緒四年正月二十八日,蘭彬在太常寺卿任内,祗領國書三分,出使美利堅、日斯巴尼亞、秘魯。二月初九日請訓,面奉諭旨,先赴美國。十一日領到敕書,當即料理行裝。二十四日,由通州上船東行,沿途阻風。

三月初二日,抵天津紫竹林泊,駐招商局碼頭,不寓客館。

初六日,搭招商局保大輪船南行。

初七日,過煙臺。風大,不克登岸。

初九日,到上海,住二擺渡廣肇公所。奏帶各員陸續亦到。

五月初一日,偕隨員搭招商局富有輪船,前往香港。

初五日,到香港。寄寓舊居安棧,等候美國金山公司輪船。

十三日,往粤城。

十七日,返香港。定美國公司東京輪船艙位,其僕從川資各員自行支發,至由通州、天津、上海到香港同行隨員火食則均由蘭彬行裝撥支。

二十二日巳刻,雨後偕隨員僕從共三十四人登舟。【略】未刻啓輪,出鯉魚門,鍼指東北艮寅方。

二十三日,午正到厦門海面,計行二百九十七邁,每邁約三里三。經綫偏東一百一十七度零四十九分,緯綫偏北二十四度零六分。酉刻望見臺灣山岸。

二十四日,午正計行三百三十四邁,經度偏東一百二十三度零五十七分,緯度偏北二十七度零六分。

二十五日,辰刻遥見兩小山對峙,據舟人説山在琉球之北,由此至長崎約須半日水程。是日午正計行三百四十二邁,經度偏東一百二十九度零四十九分,緯度偏北二十九度零二十分。酉刻北風,微雨。自香港開行連日炎熱,至此可穿夾衣。

二十六日,大雨。午正計行三百五十七邁,經度偏東一百三十五度零十一分,緯度偏北三十三度零六分。

二十七日,巳刻到橫濱,由香港至此,共計一千六百二十邁。因該船候貨未行。

[六月]初五日,【略】余俱隨蘭彬於七點鐘動身,搭火船過屋崙橫水渡。上車。【略】八點半鐘開車,往東北方行,九點零十五微釐以後零數俱以微釐計。到乃兒士,計程二十九邁。十點零十二到布里山頓,計程四十一邁。十一點零三十一到伊利士,計程六十九邁。十二點零二十到拉杜拉,計程八十一邁。十二點零四十到士釋頓打尖,計程九十一邁。一點半到哥兒自,計程一百二十二邁。二點零二十到沙加免杜,即所謂金山二埠。計程一百三十八邁。【略】是處天氣與金山已大異,早間在金山時尚穿棉衣,至此改換單衣,仍汗流浹背也。三點零四十六到增順,計程一百五十六邁。【略】往阿利堅都由此分路,四點零十五到沽倫,計程一百六十邁。是處有石山一座,土人建造屋宇多於此處取石。有華人數十名。四點零二十七到偏那,計程一百六十二邁,路經矮山。四點零五十到紐哈士坐羅,計程一百六十四邁。【略】五點零一十到惡笨,計程一百七十四邁。【略】六點零五十到高羅化士打尖,計程一百九十二邁。七點零四十到高路崙,計程二百零二邁。【略】八點鐘到阿兒達,計程二百零七邁。【略】八點零五十到哺嚧干嫩。【略】九點零十八到俺覓加蘭格,譯言游人峽。計程二百二十一邁。九點零五十五到西士哥,計程二百三十邁。從前火車路至此而止,因落機大山阻隔故也。落機山譯言石山。

初六日,十一點零五到心覓,譯言峰頂也。計程二百四十三邁。是山統名曰詩拉尼華大,離海高約萬尺。今火車所過計離海高七千零一十七尺,西人鑿山通道,名曰暗路,計長一千六百五十九尺。又有雪蓋木屋如長街,凡高必用蓋者,緣巖谷間往往積雪,至一二丈不解,火車至此,凝難走動,故用此蓋。又必麤大之木爲之,春天冰解,勢如地塌,非巨木不能支也。每邁路約須銀一萬圓。十二點零五十到杜力機,計程二百五十八邁,在杜力機河之北岸。【略】十二點零四十八到波架,計程二百六十六邁,不過一小站而已。兩點零十二到尼那,尼華大邦華士沙郡之首邑。計程二百九十二邁。【略】三點零五十到哈喇士,計程三百十二邁。四點零十四到鬱士話乎,計程三百二十七邁，在杜力機河之東岸。【略】五點零三到爹說，譯言荒野。五點零三十二到喝士冷士，譯言溫水泉也。計程三百四十六邁。【略】六點零四十到布郎莊，計程三百七十三邁。七點零二十到拉乎樂莊，計程三百八十九邁。【略】七點零十二到阿嘀嘆那，計程四百邁。【略】八點零十五到嚟疋士，譯言燚麥隴。計程四百一十邁。【略】九點零五到欽哺路的打尖，計程四百二十二邁。是處清泉極甘，旁有酒店，樹木清秀，果實亦多。十點零五十五到呍嘀麥吉，計程四百六十二邁。乃欽哺郡首邑。【略】十一點零三十五到哥阿達，計程四百七十九邁。【略】一點零四十到八地兒毛天打尖，譯言戰山也。酒店侍役俱係華人，詢知附近一帶華人到此攻礦者約九百餘人。二點半鐘到疏好，計程五百四十五邁。是處離海高四千六百三十六尺，銅礦、銀礦俱旺。三點零三十六到巴禮雪，計程五百七十三邁。有居民約百餘人，火車往天鳌加銀礦之最旺者。由此分路。【略】是日酷熱異常，寒暑鍼在太陽陰處尚高至一百二十度。四點零二十到嘉倫，計程五百八十三邁。【略】四點零四十八到模棱，計程五百九十四邁。五點零十四到依兒高打尖，【略】六點零四十到哈力，計程六百三十邁。【略】八點零五十到威兒士，譯言水井也。計程六百六十一邁。有清泉二十餘處，當火車未通時，挖金之人乘馬車往來，必於此處飲馬。九點零十二到臙脂偏定士，計六百七十六邁。【略】

初七日，十一點零十五到滿爹羅，計程七百一十五邁。是處離海高四千九百九十九尺。十二點零十五到嚕順，一點零四十五到爹利士，乃尼華大邦兵站也，計程七百五十九邁。三點零二十五到機利頓，計程七百九十邁。【略】夏日苦熱，絕少清泉，日用所需俱由遠方運來，亦有飲溝中積雨者。火車路旁亦廣置水桶，儲積清水，以備火車之用。每日專用火車一輛取水。在阿利堅那衣打賀屬由此分路。無火車，用馬車。四點零五到門紐問，計程八百零七邁。地枕大鹽湖，時湖風撲面，腥穢難聞。入毛不沈，有似青海，水味鹹苦，產鹽極旺，湖邊有鹽灶百十座。五點半到布郎門多利，計程八百二十邁。東西兩路火車於此分界，由此東到紐約、大西洋，歸東輪路公司。西至舊金山、太平洋，歸西路公司。一千八百六十九年即同治九年。始行接續。六點零五十五到哥連，計程八百五十六邁。八點到惡頓打尖，計程八百八十一邁。自金山至此，換車停候半時。此埠離火車房七里許，地高四千三百零一尺。【略】十點零四十五到煙大，計程八百九十邁。地勢離海高四千五百六十尺。【略】十一點零五到爹胡路吉他，譯言鬼門關也。計程八百九十五邁。巖石崎嶇，絕少草木。十一點零四十五到威罷，計程九百零七邁。居民約一千左右。十二點零四十到益个，計程九百二十三邁。居民約二百人，是處煤礦最旺，亦有鐵礦。一點零四十到加士杜路洛，二點零二十五到華剎治。是處舊爲野番游獵之所，有石山一座，於石中鑿通，以利車行，計長七百七十尺。三點鐘到伊尹士頓乃□大首邑。打尖，計程九百五十七邁。【略】四點零二十到呀士便，此處離海高七千八百三十五尺。連日暑氣薰蒸，幾不能耐，而遠望山頂，尚有積雪未消。四點零五十到必問，計程九百九十七邁。居民寥寥約三數十家。五點零五十到加大，計程一千零一十邁。六點零四十到策治不士，計程一千零二十七邁。土產瑪瑙石最多。七點零七到加嗹北，七點半到麻士頓，七點零五十到布儘士仁，計程一千零六十九邁。【略】從前火車公司設此，因與土人不睦，改由河上搭橋而過，今已蕭索矣。九點零四十五到洛士不領士，計程一千零八十三邁。【略】十一點零二十五到些兒地威而士，譯言鹽井。計程一千零九十七邁。地產煤，多野獸。十一點零五十到潘他阿父不洛士，計程一千一百零九邁。

初八日，十一點零二十五到不叨畢士，十一點零五十到畢大其力，十二點零二十五到嗟步洛，譯言平石也。計程一千一百三十九邁。此處離海高約六千八百九十尺，石皆紅色，不堪器用。一點零一十一到列哆述，一點零四十到華殊呀低，二點零四十到其李士頓，計程一千一百七十七邁。是處離海高七千零三十尺。三點零十二到舌巴李順。譯言離別也。當初開輪路時，各公司延請地師聚會於此，然後分詣東西勘估，故有是名。四點零二十到羅連士，計程一千二百零五邁。有居民八百人，離此東北一百三十里有銀礦，頗旺。五點零一十到五藿是士低兒，計程一千二百一十八邁。此處離海高六千八百四十尺。【略】五點零五十八到勝馬利，六點零四十到巴士，七點零十一到哈柄，係哈柄首邑。計程一千二百五十八邁。【略】七點零五十到勿地順哺，八點零一十五到哥無，計程一千二百七十六邁。該處有一湖，與地同名，寬一里半，長三里。八點零五十五到落其列打尖，計程一千二百九十一邁。九點零十二到米沙，九點零四十五到碌區，十點零八到古巴士咧，計程一千三百一十二邁。有湖一，與地同名，長七里，寬一里半，居民皆沿湖而居。十點零三十五到歪庵命，十一點零十一到拉拉米壞沙石，屬拉拉米郡首邑。計程一千三百四十七邁。居民約四千人，屋宇淺窄，俱以木爲之，近亦有改用甎石者。連日經過沙漠，鄉村俱寥寥數椽，間有市站，多則百十間，少則十餘間，獨此處頗稱繁盛，火車公司於此設鑄鐵局。【略】十二點零一十到藿山大士，計程一千三百五十四邁。【略】一二點零三十五到不咧士，地産橡木，極大。十二點零五十到蝦尼，一點零二十五到沙問，火車路所過落機山之至高處。聞美國有一將名沙問，其身材最高，故以此名之。計程一千三百六十五邁，離海高八千八百四十二尺。是處天氣，寒暑鍼至熱八十二度，至冷三十度。以後東南一望，千餘里皆荒郊坦野，人煙絶少，舊爲胭甸野人游獵之所。當一千八百六十九年前火車初開之時，野人不服，屢出殺掠，所殺白人、華人以千計，野人死亦不少。後美廷發兵以威服之，近又設邊吏以鎮守之，該野人遂移徙深山之中，離此約五百邁間。亦有出至附近山谷打獵者，但須託熟番先求邊吏允准始可，否即殺而勿論。【略】一點零四十五到標拂，二點零一十到加蘭奸嫩，計程一千三百九十八邁，係懷阿名屬省會。【略】四點鐘到呀查，四點零三十到熙利士爹兒，五點零三十到嘍地立，係尼不拉士格邦屬邑。計程一千四百六十三邁。地産金錢鹿，土人多捕鹿爲業。七點零十五到砵大，八點零五到失尼打尖，計程一千五百邁。【略】九點零十一到律治専路，十點零三到昭憑不，十點零四十六到不士冰領，譯言大水泉也。計程一千五百五十三邁。有大水泉，泉源甚旺。

初九日，十一點零四十到噁加拉賴，十二點零一到囉士个，十二點零三十五到噁哥兒，一點零十五到阿花倫，二點零二十到那平不辣，計程一千六百二十三邁。居民約二千人，俱牧牛爲業，三年前民居寥寥，近始興旺。二點零五十五到馬福順，計程一千六百三十七邁。有汛地，弁兵無多。三點零二十到布禮地，五點鐘到布林其咧，計程一千六百八十四邁。【略】五點半到阿華頓，五點零五十到嘁其列，俱木屋數間而已。六點零四十八到加尼，計程一千七百二十三邁。【略】七點零八到呦笨，居民約一百人。七點零四十七到活李華，譯言木沙也。八點零四十五到其蘭哀倫打尖，譯言大島也。計程一千七百六十邁。有居民一千五百人，鋪户頗多，地枕不辣河。離此七里有大海島，長二百五十里，闊四十里，因以爲名。九點零一十五到十間，九點零四十二到隴其里，譯言獨木也。計程一千七百八十二邁。有居民六百人。十點零一十到哈勒士，十點零四十到利華其力，譯言銀灣也。計程一千八百零五邁。【略】十一點零五到側順，十一點零二十五到哥林囉士，計程一千八百二十二邁。【略】十一點零四十五到力治蘭，十二點零五到柴賴，計程一千八百三十八邁。【略】十二點零四十五到那士邊，有民房七十餘間，民人三百餘。一點零五到結鍼，一點零四十到夫里文，達士郡首邑也。打尖，計程一千八百六十七邁。【略】二點零十一到華利，二點零二十八到益康，計程一千八百八十五邁。地近益康河邊。三點零五到巴被靈，沙皮郡首邑也。居民約一千人。三點零十七到基利摹，三點零四十五到阿麻蝦換車，係尼不拉士格邦大郡。計程一千九百一十四邁。【略】埠之東北有鐵橋一座，長約五里，上鐵下石，有鐵橋礅二十四隻，其柱俱八尺五寸，經費二百五十萬圓而成。是晚在車上打尖。五點零二十五到干司路補拉乎士，計程一千九百一十六邁。係挨阿華邦不多華多味郡首邑。又曰會議岡，當一千八百零四年初開埠時，與野人在此會議故也。【略】七點零一十七到啞寫加，八點零二十到尼蘭的，九點零四十三到崎士，十點零三十五到的之達，計程二千零七邁。沿途溪水交錯，耕牧皆宜。

初十日，十一點零七到地些陀，十一點零二十五到奔馬喊羅，十二點到地士毛煙，計程二千零四十二邁，乃埃阿華邦首會，在地士毛煙河拉觀河口。【略】一點零十二到哥兒化士，一點零四十五到紐頓，計程二千零七十七邁。二點零七到其樂，計程二千零八十六邁。二點零四十五到吉領娟兒，計程二千零九十六邁。三點零十一到馬利襟，計程二千一百零六邁。三點零三十五到不碌連，計程二千一百一十二邁。三點零五十到域坐，計程二千一百三十邁。四點半到馬領个，計程二千一百三十二邁。五點零一十一到惡士佛，計程二千一百四十七邁。五點零五十到挨阿華薛地，計程二千一百六十邁。地枕河邊，溪水繯繞，平原廣坦，日漸開闢。六點零三十二到威士的禮的，計程二千一百七十九邁。七點半到威利頓增順，計程二千一百九十一邁。八點零四十五到爹云砵，計程二千一百九十一邁。係挨阿華大郡，在密士失必河旁。是河長約萬餘里，河上有木橋一道，長數十丈，河下火船往來不絶。【略】過橋到洛哀倫，譯言石島。有橋數道，有礮臺一座，爲密士失必河握要之地。九點零六到摩拉吾，計程二千二百二十邁。九點零四十八到専爾師阿，十點零五到呢建順，十點零十六到嘍孥灣，十點零三十五到此煇耳，十一點零七到低士機利華，計程二千二百七十七邁。

十一點零十三到雕羅增順，十一點零五十九到𠯿嚕，十二點零八到拉沙羅，十二點零四十到尼多華，計程二千三百一十五邁。跨依鄰奴士河左右，兩岸居民約二千人。沿途鄉村稠密，腴壤極多。十二點零五十到馬些路，一點零二十八到摩利士，一點零五十到免奴家，二點零二十到左李哝，計程二千三百五十九邁。在地士毛煙河東岸。【略】二點零三十五到莫堅拏，計程二千三百六十九邁。二點零四十八到布里問，三點零五到布魯哀倫，譯言藍島。四點鐘到詩加古換車，計程二千四百一十邁。乃衣鄰奴士邦大市鎮，地近勿士鏡河之西岸，東臨詩加古大河。因河道歧流，地分三段，上架飛橋，以通往來。萬厦整潔，街道寬廣，每街道闊八十尺。爲東北一帶火車路統匯之所。有石暗道二條，由河底而過。又於地中開一暗道，以便馬車行走，長約一千六百零八尺。費四十萬圓。【略】五點零一十開車，七點零五十五到拉砵打尖，英鰲安納邦屬邑。九點零四十五到益檄，十點零一十到高順，十點零四十二到叻呢亞。

十一日，十一點零十七到嘹打威兒，十一點零四十五到華打嗧，十二點零三十七到不殭仁，一點零二十五到華而安，二點零四十到柁梨坐。倭海阿邦大郡。地枕摩味河，離伊鰲湖尚有十二邁。【略】四點零十二到砵其連頓，六點零二到利利啞，七點零五到其里夫闌，在古雅可嘉河旁對岸，舊爲倭海阿薛地，薛地譯言城池也。近已兼而名之曰其里夫闌。河道深闊，泊舟極穩。常有挖泥機器疏通河道，以便舟楫往來。有木碼頭二處，築出伊鰲湖數百尺。該湖闊六十邁，長八百邁。街道方整，民居稠密，有橋梁數道横架古雅可嘉河上。【略】八點零二十到邊是喊兒，九點零五到啞是的哺辣，賓夕爾勒尼安邦屬郡。九點零五十到北力，十點零二到伊鰲，十一點零四十到登却，紐約邦屬郡。在伊鰲湖之東南岸。沿湖多築隄壩，泊船之處亦以人力築成。【略】十二點零十五到不乎羅，計程二千九百四十五邁。【略】港口近爲沙淤，舟行多滯。迆北有河名曰加啞辣，與安剔衣阿湖、伊鰲湖相通矣。以此河分界，北岸屬英，南岸屬美。【略】又有河上架飛橋兩道，一以便火車往來，一以便游人行走。其橋不用橋墩，四面以鐵纜維之，兩岸各建橋樓以挽鐵纜，高約數十丈，南樓闊八十尺，北樓闊七十八尺。

十二日八點鐘到阿兒賓尼打尖，十一點零五到四北嶺非爾，麻沙朱色士邦屬郡。計程三千三百一十六邁。地毗干捏底吉河，河之東屬麻沙朱色士，河之西屬干捏底吉。在哈富之北二十六邁。【略】十二點到哈富，即哈富德耳，干捏底吉之首會。計程三千三百四十二邁。是埠【略】正枕干捏底吉河，旁又有一河，穿貫埠中，名曰柏河。上架橋梁十一道。東西哈富相連處架木橋一道，長約一千尺。【略】十二點到中國駐洋肄業總局，局在柯倫士的，譯言街也。第四百號。

黃楙材《西輶日記》 光緒四年戊寅五月，奉四川總督丁公寶楨札開，派委楙材游歷三藏五印度地方察看情形等因，經附片奏明，奉旨允准，頒發總理各國事務衙門漢英文護照，暨英國駐京公使英文護照祇領，遵於七月初七日由成都起程。同行者高安武舉章鴻鈞春甫、長沙聶振聲夔堂、慈谿裘祖蔭筱雲，及跟隨一名、廚役一名。

七月初七日，出南門，行二十里過簇橋場，二十里宿雙流縣。寒暑表九十二分。指午正言之，後準此。

初八日，行五十里過新津縣，近城連渡三河，砂嶼蘆洲，茫無路徑，行李至此頗覺病涉。又五里入卭州界，又五里宿楊場。夜中大雨。

初九日，行四里渡河，六十里宿卭州。自省垣至此，皆平疇沃衍，稻芒穠蔚，城内亦多田畝。遥見西南一帶，羣山隱約雲際。

初十日，立秋。仍出東門迆南，行九十里宿百丈驛。名山所轄。居民二三百家，依於山麓。自入名山界，斜坡上下，卵石填路。表八十八分。

十一日，行四十五里過名山縣。城甚小，東西僅半里。又十里過奠安橋，上坡五里金雞關。【略】又三十里渡河，水流湍急。日夕抵雅州府。

十二日，出南門，山路崎嶇，沿溪曲折，行四十里逾溪而南，宿觀音場。行李悉换背夫。

十三日，早起上坡，十里下坡，十里至高橋，入滎經界。又十里石家橋，尖。又十里過渡，又二十里上坡過渡。計程六十里。

十四日，行三十里入清溪界，十里黃泥鋪。入山沿溪而行，鳥道崎嶇，亂石狼藉，叢木交加。過二板橋，用鐵索牽連。十里宿小關，近關一段尤爲陡峻，斜七十餘度，關口僅容二馬，兩山壁立，茅店十數家。雖赤日亭午，尚覺陰寒迫人。夜中大雨。

十五日，行十里大關，又二十里爲三大灣，盤旋深谷之間，既繚而曲，如往而復。又五里草鞋坪，已臻極頂。居民尚服皮衣，所謂大象嶺者，自黃泥鋪起拾級而升，計程四十五里。萬山羅列於足底，危峰聳入於雲霄，凡過此之人，皆屏息不敢揚聲。山頂童然，不生草木。自是循山脊逶迆而下，迂回百折，陡峻絶倫，或謂即九折坂，王尊叱馭處。五里爲廿四盤，又五里羊圈門。背夫在此分路，前往泥頭驛較近十五里也。下山五里宿清溪縣，山城如斗，居民無多，四山壁立，雙溪倒懸。附郭稻田數百畝，望之如梯級然。自滎經以來皆以稞米爲飯，其粒形較短，而兩端鈍圓。此外惟包穀、蕎䅘而已。

十六日，行七十五里，宿泥頭驛。終日上下坡谷，沿江岸而行，雖非峻嶺危峰，而崩崖陡岸，亂石堆積，澗水横流，徑路欲絶，馬不能容蹏，轎不能倒拐，跋涉艱苦，至此已極。兼之里數迂遠，薄暮始得到站。人馬疲乏，數四傾跌，每遇危險之處，則下轎步行。一路皋山悉爲頑石，不能栽種。表八十八分。

十七日，行二十五里過鵲來橋，於是上山。又二十五里伏龍寺，過飛越嶺。此山之高亞於象嶺，日昳行近山頂，倏而雲霧奔騰，雷雨交作，冰雹迸飛，大若衣釦，冷冽異常，人畜股栗。寒暑表由八十六分縮至六十四分。既陟其巔，有一小廟供奉關神。遥望西南，蠻箐諸山聳入雲漢，古雪斑斕。下視化林坪，一如象嶺之視清溪縣，近在咫尺，而下行則有十五里程也。

十八日，下坡三十里，宿冷磧。小市數十家，前臨大度河。

十九日，循河干而上，折向西北，行五十里宿瀘定橋。【略】橋建於康熙三十四年，長三十一丈一尺，廣九尺，平牽鐵絙凡九，上覆以板，兩旁各用二鐵絙爲扶欄。兩端有四鐵樁，各重千八百斤。【略】按大度河發源於松潘蠻箐中，匯大小金川諸水，南流經上下魚通，至此已歷一千里。又南流至沈邊，折而東下，經清溪縣南境、峨邊廳北境，至嘉定府城西與雅河合，然後東入於岷江。【略】是日表八十六分。

二十日，過橋轉北，循河西岸而上，七十里宿瓦寺溝。瀘河自西來會。表八十分。

二十一日，轉西向，循瀘河南岸而行，七十里抵打箭鑪。自過橋以來，山川奇險，駭目驚心，怪石危峰，懸空欲墜。至於河流迅急，尤異尋常，水石相激，飛濤怒吼，如白龍夭矯，騰空直下，幾疑身到銀河，極宇宙之奇觀矣。午正表八十五分。至瀘城則氣候驟改，人思挾纊。蓋地勢攲斜，每里漸高十數丈，自瀘定橋至此大約高逾千丈矣。自省城至打箭鑪十三站，計九百七十五里。鑪城二水夾流，三山緊抱，晨夕多風，終年積雪，盛夏猶服重裘。【略】東至瀘定橋一百二十里，冷邊土司界。西至中渡汛二百八十里，裏塘土司界。南至樂壤六百里，冕甯縣界。北至章谷屯四百五十里，小金川界。

八月初一日戊寅，朔。表六十四分。

初三日，會廓爾喀貢使，番語稱曰噶箕。自去歲五月由該國起身，至本年六月乃抵鑪城。

初八日，由打箭鑪起程。九點鐘出南門，行二十里，初試騎馬。此處分路向南，經大雪山往冕甯，溪水亦分二支。轉西南，平坡逶迆，二十里宿折多，有碉房二座。南望雪山，屹如銀屏，夕照掩映，真奇觀也。山凹有熱泉沸起，行人俱往浴之。寒暑表六十四分。

初九日，早起過山，山雖長，不甚峻，一路行斜坡亂石中。五十里至山頂，奇峰嶫屼，瘴霧暝曚，滿目荒涼，不見人户，行旅至此，每有劫掠之虞。一帶山石多係鐵礦。下山十餘里有碉房一間，少憩打尖。從此地勢漸平，頗有居民。三十里宿阿娘壩，一作安良壩。計程九十里。表五十八分。

初十日，換烏拉。夫馬也。二十五里經小營官寨，頗扼形勝。又二十五里宿東俄洛，一路地勢平坦，岡巒秀潤，水草肥美，稞麥菁葱，儼有富庶之象。每過蠻村，皆攜酥茶以犒烏拉。表六十四分。

十一日，換烏拉。行二十里，山根早尖。騎馬過山，上下三十里。山頂有高日寺，喇嘛百餘，由寺前經過，較遠數里。山産蟲草、貝母諸藥。再穿老松林二十里，龍鱗虬榦，矗立陰森，大者數十圍。【略】晚宿卧龍石，有塘兵二名。計程七十五里。表六十四分。

十二日，辨色而起。一路平衍，地勢斜下。五十里八角樓，打尖，有塘兵出迎。又沿小河西行，或左或右，連過四橋，五十里宿中渡汛，一曰河口，即鴉龍江也。設汛防外委一員，兼管渡船。河東爲明正土司界，河西爲裏塘土司界。兩岸石壁嶙峋，河流迅急。表八十分。

十三日，雨。因烏拉未備，留住一日。表六十五分。

十四日，陰雨。過河換烏拉。上坡四十里，宿麻蓋宗。

十五日，晴。早起過雪山，用牦牛拉縴。行至山頂，雪子迸飛，寒飆刺骨，表縮至四十八分上下。凡四十里至剪子灣，有塘兵碉房一間，汙穢特甚，因藉草而坐，少憩片時。又騎馬，三十里至博浪工，四路交通，設有汛防外委，以防夾壩。盜匪也。下坡二十里，宿西俄洛。有塘兵，有碉房七八座，溪水東流，地勢平坦。

十六日，因烏拉未備，留住一日。

十七日，陰雨。延至巳正起身，一路上下斜坡，林深谷邃。四十里宿咱馬拉洞，有塘鋪，狹隘卑溼，竈在牀前，炊煙起而目淚，衾裯貼而背冰，夜不能寐。

十八日，早雨。行二十里過巒卡，又騎馬過雪山，上下三十里，冷冽異常，表縮至四十分。午後晴霽，順山溝而下，二十里至火竹卡，有行臺，頗可容身。此處四路交通，夾壩出没，設汛防把總一員，馬步兵十七名。

十九日，晴。過河，因山潦暴發，衝毀橋樑，水深三尺，騎馬而過，衣履俱溼。沿河紆折，二十里過巒卡。又行漫坡二十里，下坡即平原曠野，二十里抵裏塘。自打箭鑪至裏塘十站，計六百六十五里。【略】其地東至河口三百二十里，明正土司界。西至二郎灣河二百四十里，巴塘土司界。南至拉空嶺甕水關五百八十里，雲南中甸廳界。北至楚穆河四百四十里，瞻對土司界。

二十二日，啓行，十五里至熱水塘。【略】熱泉從石孔沸出，分引數處，鑿爲方池，可以洗浴。用寒暑表測之，熱至一百一十分。又十數里，騎馬過河，上斜坡，忽遇大雨飛雹，渾身淋漓，人馬戰栗。是日宿頭塘，即公撒。有塘房一間，甚卑狹。計程六十里。

二十三日，早起過雪山，寒風凛冽，凍綻肌膚。四十里至乾海子，有巒塘，打尖。又經濫泥壩及虎皮溝，上下岡巒，盤旋五次，巨石森立，横梗道塗，滿目荒涼，絶無人户。四十里至拉爾塘，有塘兵。下坡順溝，二十五里至喇嘛丫，計程一百五里。此地氣候和暖，河水東南流，兩岸俱種青稞，有碉房數十座。

二十四日，晴。上下石岡，盤折數次，過嶺則深林密箐，曲徑通幽。沿河而行，風景清麗，伶俜黄蝶，徘徊馬首。共行五十里，宿二郎灣，有塘鋪。自裏塘至此俱向西南行，因大雪山横亘於前，必迂道繞過也。聞土人云，另有捷徑，由公撒直向西行，不過三日，可抵巴塘，但所經草地絶無宿站，故不便於行旅耳。

二十五日，晴。由山足進溝，折向西北，路稍平。共行六十里，宿立登三壩。蓋二郎灣正當雪山之前，而三壩即在雪山之背也。此數日雖傍雪山而行，然天氣晴和，不覺甚冷，惟山頂風勁，每致頭痛而氣喘。

二十六日，晴。向西行，少北過巴山，上下六十里。至松林口，藉草少憩，支石煎茶。一路深林蔽日，枯樹塞途，不但人迹罕逢，即鳥雀之聲亦絶無所聞矣。再下三十里，宿大朔塘。

二十七日，秋分。進溝，上雪山，三十里至巔，怪石巉巖，陡險可畏，下馬步行。此數日俱無尖站，但在草地煎茶，略啖糌粑而已。再下，穿過樹林，四十里宿邦乂木。有漢蠻塘兵，頗種青稞。

二十八日，順溝而下，十里至小巴沖，有碉房，打尖。又下坡，四十里抵巴塘，一路懸巖峭壁，亂石参横，溪水急湍，與瀘河無異。惟天氣和暖，表升至八十四分。

二十九日，【略】自裏塘至巴塘七站，計五百四十五里。【略】其地東至二郎灣裏塘界，西至甯静山江卡界，南至耿中橋中甸廳界，北至桑昂野番及德格土司界，廣七百餘里，袤千餘里。

十一月初一日丙午朔，寒暑表五十分。近歲以來，西洋各國數次派員進藏游歷，俱被番民阻止，改道滇南而去。梀材等行抵巴塘之時，藏内番民聞有印度之行，諸多疑慮，聚衆阻撓，難以理諭。因與糧務趙牧光燮會禀督憲，批准改道中甸而行。查此間有二路：一由巴塘西行，至竹巴籠過河，九程至阿敦子，又十程至維西廳，皆行金沙江之外，即去歲趙牧護送英員吉爲里之路也。一由巴塘南行，經六玉奏堆，至中甸廳，俱行金沙江之内，較近數程。顧此路荒徼僻壤，人迹罕到，必須裹乾糧，負毳幕，野棲露宿，兼之野番、夾壩出没無常，是以趙牧及兩土司攜帶兵役古操，土司親兵也。護送同行。

二十日，由巴塘折回小巴沖，三十里。

二十一日，辨色而起。折向正南，沿溝而上，鳥道崎嶇，枯木虬僵，亂石狼藉，兼之冰凌彌漫，滑溜難行。日出後乃舍轎乘馬，五十里林口打尖。從此盤旋上大雪山，奇峰嵲屼，頭痛目眩，氣息喘急。昏暮始抵帳房，人疲馬乏，計程約百二十里，蓋一路並無水草，無可駐足也。晚宿黑毳幕中，冷冽特甚，假火假寐而已。

二十二日，順溝下坡，過老林密箐，轉東南，過二板橋，左一溪水自邦又木來會。五十里宿東拉多，有碉房六七座。

二十三日，沿溪南下，林木交加，天氣較暖，一路間有居民。六十里至竹挖根，紅教寺特迎入寺住宿。

二十四日，下坡五十里，宿六玉。此處天氣和暖，地土膏腴，與巴塘相彷彿。附近數村，居民共三百餘户，設桀敖一名，實口外第一繁庶之區也。溪水至此折向西南，入金沙江。別有小溝自南來會。左往阿墩子八站，前往德絨二站。右循小溝而南，則中甸之道也。

二十五日，歇息。

二十六日，循溝而進，一路俱有碉房，皆然煙以示敬。三十里宿仁堆。

二十七日，折向東行，深林邃谷，冷冽異常，表内水銀亦凝結不動矣。騎馬過峽翻山，平原曠野，漸覺和暖。下坡，入松林少憩，轉東南，順溝而下，宿奏堆，計程約百里。碉房散處，田疇沃衍，有居民六十餘户。

二十八日，向南緣崖而行，路多偏仄，至喀沙少憩。乘馬出溝口，見巴隆達河自東北來會，水勢洶湧。數里過板橋，折向南下，十數里復過板橋，轉西岸。日昳宿於喀拱，有碉房數座，距高坡之上。計程約九十里。

二十九日，冬至。順河南下，陡險難行，四十里宿邱麥。

三十日，順河南行，少西，四十里宿邦多。有河自東北來會，即立登三壩之河也。此一帶天氣和暖，表昇至五十二分。

十二月初一日，丙子，朔。順河南向，三十里至工拍喜，有碉房數座。本擬在此住宿，因天色尚早，遂催趲前進。又三十里至棋馬通，下帳房。附近未有居民，皆在五十里外也。自奏堆以來，鳥道嶔巇，每舍輿而乘馬，或棄馬而徒步，攀巖陟磴，無異猨猱。僻壤窮陬，絶非人境，無論漢官威儀目所未覩，即巴塘兩土官亦足迹所未經也。

初二日，早起南向，少東，緣崖而下，過拉渚河，蓋裏塘二郎灣諸水合而南流，至此與巴隆達河相會。過板橋，危險可畏。復上陡坡，至夾渚，有蠻民數十户居於崖際，其麥地町畦如梯級然。

初三日，大風。順河南行，上下坡凹。過小蠻村，有碉房數座。至擦拉，遂登石崖，半係偏橋，賴兩古操扶掖而行。過崖見金沙江，凡山形水勢，至此俱折而東向矣。江之陰爲維西廳境，遥望迆東一帶雪峰高聳，是以風來甚勁也。復盤旋山脇之間，峭壁千仞，下臨金沙，驚心怵魄，不敢俛視。日昳抵阿鹿宫，計程約六十餘里。然人疲馬乏，從者皆有難色矣。

初四日，順金沙江東南向，山路繚曲。下陡坡，三十里至奔子瀾，有渡船。南岸碉房散布，頗有繁盛之象，設汛防把總一員。西距阿墩子三站，東距塔城關二站。北岸僅蠻民一家，爲巴塘所轄。再行二十里，宿土照壁，路漸寬展矣。

初五日，順江東南行，上下斜坡，三十五里至橋頭汛，即耿中橋。設外委一員。爲川滇分界，巴塘土司至此而返。此水從東北而來，深廣不亞於巴隆達河，其發源必遠在裏塘之上。從此向正東而行，不見金沙江矣。又五里宿農巴慶多，有居民數十户。有二溪水，一自正東來，一自東北來，相合而入於河，復南流歸於金沙江。

初六日，向正東行，上陡坡，三十里過紙坊塘。又二十里至泥溪，地勢開洋，居民二百餘户。

初七日，夜半炊飯，坐以待日，持火起行，二十里始天明。又二十里至昌多打尖。居民用木板蓋屋，爲人字形，頗有内地景象。從此天氣較寒，地勢平坦。四十里過一海子，寬廣數十里，水澤腹堅，光明如鏡。日昳抵中甸，此地漢番雜處，人煙稠密，民物風景大抵與巴、裏二塘相類也。自巴塘至中甸行十八日，約計一千餘里。【略】留住中甸五日，夜間極冷，衾裯如冰，不能成寐，起而圍鑪煨火。所帶寒暑表及玻璃之器莫不迸裂，所乘肩與亦敝不可用，此後皆騎馬而行。

十三日，趙牧仍循故道而還巴塘，楙材等亦由中甸起身。八十里宿小中甸，一路平坦，人煙稠密，不似口外荒涼矣。

十四日，南向，少東，二十五里宿青香樹。

十五日，早起戴月而行，三十餘里始天明。上至山頂，寒風勁起，濃霧堆匝，堅冰在地，碎雪滿身。乃煨火熬茶，手足漸蘇。下坡尤陡而險，石徑偪仄，枯木杈枒。日昳抵格六灣，臨金沙江岸，計程約百里，上坡四十，下坡六十。若春夏溪潦盛漲，則由小中甸分路，過吉沙，至此相合，較遠三十里，稍爲寬平。

十六日，順金沙江向東南而行。天氣和暖，地土沃衍，號爲江邊境，爲產米之區。九十里宿梧竹，有居民數百户。

十七日，仍順江東南行，六十里宿冷渡。江水瀠洄，岡巒秀潤，兩岸村莊瓦屋，連續不斷，頗似江南風景。

十八日，東向，少南，五十里至木筆灣，渡江，宿於阿喜汛，爲麗江縣境。

十九日，上下陡坡，三十里至剌是壩。有一海子，寬廣數十里。又過兩坡凹，歷一大壩，薄暮抵麗江府。計程約七十里。

二十五日，由麗江府起身，折回剌是壩，沿海子而行，轉向西南，翻過山凹，而下坡甚陡。計程七十里，宿於坡脚，有土屋二間。

二十六日，南行三十里，至九河街，小店數家，有釐卡，爲劍、麗交界。又三十里至劍川州，一路俱平疇，有溪水南流入劍海。城周三里，居民街市繁於麗郡。

光緒五年己卯，正月初一日乙巳朔。

初二日，出南門，二十里過橋，溪水西南流。至甸尾。有海子，周數十里。轉東南，上斜坡，二十餘里宿野鴨塘，茅店數家而已。

初三日，下坡，三十里至觀音山，爲鶴慶州境。又南行，十五里牛街汛。又十里入浪穹界，又十五里宿應山鋪。一路田疇平衍，人户稠密。

初四日，東南行，十五里過金水寺。山峽循隄岸而南，十五里至中所過橋，二十里至鄧川州城，垣頹廢居，民亦寥寥。又十五里宿上關，左臨洱海，右倚蒼山，城周三里，實扼形勝。

初五日，循山阯向南，平疇沃衍，村落聯綿，洱海平波，蒼山點雪，天氣和暖，風景娱人。七十里至大理府。自麗江至大理十三站，計八百六十里。

二十二日，出南門，三十里過下關。【略】關外分三大道：趙州境。左三十里往趙州，爲進滇省之路。前九十里往蒙化，爲通迤南之路。右則爲達騰永之路也。洱海之水由關前折向西南，環繞蒼山之背。有巨石跨河，呼爲天生橋，橋下急湍倒瀉，雪浪高噴，呼爲不謝梅。六十里至合江鋪，入漾濞江。

二十三日，折向西北，循行江岸，上下坡凹，山徑崎嶇，水流湍急，人户稀少，無異蠻中光景。兼之風雨交作，春雷發聲。六十里宿漾濞，爲蒙化所轄，有巡檢司。隔一溪，三里許爲永平所轄，有汛防千總。此地於上關東西相值，中亘蒼山，故由劍川分路，行二站半，至此相合。

二十四日，北行二里許，過石橋。有溪水從蒼山之麓流出，曲曲如抱弓，而入於漾濞江，爲蒙化、永平分界。又經汛防，過鐵索橋，長六十步。轉西向，少南踰小溪，上高坡，石徑狼藉。三十里至坡頂，有塘防。下坡，三十里宿太平鋪。一溪西南流。

二十五日，西南行，上坡凹，四十五里過鐵索橋，長五十步，即勝備河也。發源箭桿土司，南流至此。太平溪水自東來會，黄蓮溪水自西來會，曲折南下，入於漾濞江。過橋行山脇間，路繚而曲，十五里宿黄蓮鋪。

二十六日，辨色而起。上下斜坡，日昳至永平縣，計程百一十里。附郭田疇十數里，居民數十家而已。永平古博南縣，有舊城在銀龍江東岸，被潦水沖圮，乾隆間乃遷治於西岸之山麓，相距十五里，其居民多在舊治。

二十七日，西南行，上高坡兩次，七十里宿杉陽，爲保山所轄。

二十八日，西南行，上下陡坡，之字迂迴十數折。二十五里過霽虹橋，即瀾滄正幹也。兩山壁立，聳拔千仞，因石基以建，橋長七十五步，用十六鐵絙，上鋪平板，頗爲穩固。摩崖多刻擘窠大字，皆明以後款識。過橋復上峻嶺，石磴陡滑，高入霄漢，不亞於象嶺飛越矣。山頂有水雲寺。二十里宿水寨，村落數十家，形如釜底。

二十九日，下坡，六十里至板橋，又二十里至永昌府附郭保山縣。西有大保山，東有青華海，南北平疇綿衍數十里，與大理相彷彿。

［二月］初四日，南行七八里，轉西過斜坡，宿蒲縹驛，計程七十里。

初五日，西北行十餘里，遠過山觜，轉向東南，復折而西北，至潞江橋，計程六十里。河寬二十餘丈，中流立墩，建鐵索橋二段。前月二十三日大風，吹斷三索，二十八日又斷五索，乃編竹爲筏，以濟行旅，每筏僅容三四人。橋頭有小市，五日一集。茆棚攤子大半漢人。是日因過渡耽擱，不及趕站，遂宿於此。初春天氣已覺炎蒸，如内地仲夏矣。四月以後頗有瘴癘，漢人皆散去。凡過此者必策馬前進，不敢停留也。兩岸稻田平衍，二十餘里俱玀夷耕種。

初六日，西向上陡坡，三十里和木柱。一路峭壁巖間悉有人户，因平地瘴熱，夏秋二季不可居也。再西南，上坡尤爲陡峻，三十五里至山巔，逼近霄漢。踰嶺盤折而下，夾道皆細竹密箐，陰寒侵人。十五里宿太平塘，僅塘兵數户而已。計程八十里。入夜甚冷。

初七日，下坡，三十里過龍川江鐵索橋，有汛防把總一員。又五里宿橄欖寨。

初八日，西行，上下斜坡，六十里至騰越。此地岡巒環繞，中開平洋，廣袤二三十里，田土膏腴。附郭分爲十八練，人户稠密，雞犬相聞。城周八里，依近西北山麓。【略】自大理至騰越十三站，計八百七十里。

十六日，由騰越起程，九點鐘出南門。迆西過平岡，三十里至小河底。沿大盈江而下，又三十里過曩宋關，有一水自西北會。又三十里至左營，有土城都守各一員駐防。又五里至南甸，宿土司衙門。一路平坦，田疇沃衍，人户稠密。

十七日，南甸宣撫司派土練十名護送。南向上下斜坡，轉西，沿河而行，八十里抵干崖。若由南甸過覽轉橋，行大盈江之西岸，較爲便捷，然山徑崎嶇，兼有野人出没無常也。盈江之口水勢漫衍，彌望砂礫，茫無畔岸，析爲無數小支，西流入於檳榔江。舊城在大盈之陰，設有税局釐卡，爲商旅往來之大道。新城在檳榔之東，大盈之陽，依於山麓。【略】檳榔江發源藏地，經流野番，山箐人迹不到，其里數無可考。西北入古永隘，經展西練，縈迴浩瀚。沿江設七十二練卡，南流至干崖，與盈江相會，地勢開曠，水流平緩，寬至數十百丈不等。土人呼爲海珀江，或作洗珀江。

十八日，干崖宣撫司換派土練五十名護送。仍涉盈江而南，循行隄岸，三十里至蠻掌街，有茅店二十餘家。又數里過渡，水淺而寬，刳木爲舟，可容十許人。即濟，轉西北向，行平壩，二十餘里至盞達宣撫司。【略】商旅往來，則由干崖舊城宿於弄章街，不必過江也。

十九日，盞達土司換派土練三十名護送。南行，三十里至太平街，有漢人開店，野人亦有負薪賣菜者。【略】又二十里至江邊，轉西行平壩，二十餘里至蠻允，爲南甸土司所轄，借住於關神廟。有小市三四十家。【略】因停十餘日以待之。【略】西北曰銅壁關、巨石關、萬仞關，爲通孟拱寶井之路。正北曰神護關，猛豹隘、止那隘、古永隘，爲通茶山、麻里之路。東北曰滇灘隘，明光隘，爲通怒夷、俅夷之路。西南曰鐵壁關、虎距關、天馬關，爲緬甸舊時貢象之大道。正南曰漢龍關，邦掌隘，爲通木邦之路。又蠻允之西十餘里曰壩竹隘，爲河邊之路。近二十年因輪舶直抵新街，於是商旅往來皆取道於此。其餘二隘淹没不可考，即天馬、漢龍兩關亦久淪入於緬。【略】野人山有三路，上爲火焰山路，中爲石梯路，下爲河邊路。中下二路較爲近捷，然不若上路柴草方便也。三路各有包頭，每寨自爲雄長，不相統屬，父之所保，子或從而劫之。所居皆係茅屋，大者可容數十家，惟前門可以出入。其後有一鬼門，不可犯也。距寨里許，於路口植立木樁，謂之寨門，往來之人至此，必須下馬。楙材等改裝易服，與商賈爲伍，兼之帶有盤費銀鞘，不得不加意謹慎。另募鎗手二十名、桿手二十名，藉資保護，送過山寨。

二十九日，十點鐘起身。大幫結伴三百餘人，騾馬千匹，向西北行，上斜坡。三十餘里野宿，既無帳幕，亦無樹林，夜間寒風料峭，冷露凄楚。

三十日，辨色而起。三十里過户宋河，又三十里宿火焰山谷口。是日過三野寨。

三月初一日乙巳朔，早起過火焰山，上下陡坡約四十里，鳥道偪仄，單騎纔通，林木陰森，猨猱嘯聚，有野人寨踞於山脊。

初二日，下坡，歷三野寨，三涉紅奔河，三十里至平壩。折而向南，行蘆葦中，三十餘里抵蠻慕，如脱虎口，人人額手相慶矣。蠻慕有一土酋世職，爲緬甸所轄。居民數百家，編竹爲樓房，離地三尺。【略】地勢砥平，田疇沃衍，二月插秧，四月收穫，米粒甚長，炊飯腴美，每斤米值銀一分。交易用銀錢，重三錢二分，上鑄鶴形。零星小物則以米易之。徧地薪柴，任人取用，皆係夏潦漲發之時從野山沖來者。河干有漢人街，二三十家，俱騰越人爲寄屯貨物之所。

初五日，雇緬船。其船用大木刳成，兩舟相聯，而空其中，上鋪竹篾，可載棉花五十駝。水手九人，前後三槳。有茆棚，僅可睡余一人，餘俱露處。沿途派有鎗兵一二名護送，所至遞換，如内地塘鋪然。午間解纜，向西南行，三十餘里停泊。

初六日，約行六十里之程。午後抵新街，寓於關廟。騰越鎮廳會銜字寄新街緬官公文已於十日前遞到，此次復自帶陳司馬致大蘊官一函，交許客長投之。晚間派來五人守夜。新街當檳榔江之口，水陸交通，商貨雲集。【略】緬人所居皆板屋，或編竹爲之，結構草草，不日可成。惟漢人街頗有瓦屋，滇人居此者四五十家，而往來商旅常有數百人。建關神廟爲會館，迴廊戲臺，規模宏敞。大金沙江東北自孟拱而來，其上源即雅魯藏布江，自發源至此已歷五六千里，緬人稱曰伊拉瓦底江。檳榔、大盈諸水自東來會，地勢平陽，波濤浩瀚，寬至六七里，盛漲或十餘里，故可以駕駛輪船。英人之船每月往來瓦城二次，上水五日，下水三日。緬人之船則無定期。【略】此江自阿里經流前後藏地三千餘里，然後折而南下，過貉貐野人境，又二千里至蠻暮新街。其孟拱以上，石峽奔瀧，罔通舟楫。自新街至跋散海口，輪舶水程十有餘日，亦與長江自宜昌至上海之程途相仿也。【略】自南甸、干崖以下，漸南漸暖，至蠻暮新街則炎蒸酷暑，暮春之初無異內地盛夏。且四月以後雨多晴少，瘴癘時發，行人絶迹，必待九月秋高氣爽而後可行。緬地惟二、三、四、五等月最熱，六七月間天氣稍涼，因每日必有雨也。

初八日，晤法國教士二人，出示地圖。

十四日，晤英國教士范、施二君。范君曾在甯波、紹興傳教多年，能通華文華語，施君雖未到中國，亦略解華語。

十六日，范、施二君代購輪船。其船名曰大里户，係英商旗號，船主甲必丹爲瑞國人。定議於上層尾艙，貨十有五肘，上下七人，路界二百十二敦，另銀鞘三千，保險五十敦。

十七日，飯後登舟。

十八日，范、施二君到船送別，并致手函於駐紥瓦城公使。八點鐘開輪，河寬水淺，往往滯礙。船身長十六丈，廣二丈四尺，汽鑪兩具，左右拕帶二舟。折西轉南，四點鐘至磨太，因添買薪柴，遂泊於此。

十九日，向正南行，食時過格沙，龍川江自左來會。停午過滅未微切。硐，爲緬國收網稅也。之所。西岸見有山坡，綿亘數十里。

二十日，薄暮抵阿瓦都。城江水折向西流，所泊輪船甚多。【略】阿瓦本舊城，距河十五里。其東南數里曰孟得俐城，緬王所居，環以木柵。又東數里曰安拉普那城，滇人居此者三千餘家。

二十二日，【略】新街以上入夜頗涼，新街以下逐日加熱，表昇至百一十度，煩燥不堪。船内小蟻甚多，鉗刺肌膚，奇癢難耐，兼之蚊蚋叢集，遍體紅瘢，扒搔達旦，不復成寐。阿瓦馬頭腥膻之氣尤爲棘鼻。

二十三日，早起過船，形式與前舟相同，右附一船。九點鐘開行，晚泊捫家，左旁又拕一船。

二十四日，午間擱淺，至二十五日昳始能行動。

二十六日，日昳至押納，爲緬國邊界，人户稠密。過此則爲英國之境矣。

二十七日，泊別年，一曰別羅模，爲英國所轄，多建洋樓。有火車鐵路，一日可達漾貢。

二十八日，十點鐘開船，二十九日泊押硐。【略】自別年以下，轉向東南而行，地勢砥平，略無山阜。兩岸鎮市頗多，遇有客貨上下，必停輪數刻。兼之河寬水緩，淤灘最多，往往擱淺，故不敢夜行。約計每日所行之路，不過三四百里而已。

閏三月初一日，甲戌朔。緬甸一曰披爾麻，東界暹羅、老撾，西界印度、孟加拉，南界海，北界亞山，東北界雲南騰越廳，緯綫自赤道北十六度起至二十七度十分止，經綫自偏西十九度十分起至二十一度二十分止。

初二日，晚五點鐘舟抵漾貢。

二十一日，由漾貢附輿美里亞輪船。其上等客艙華麗整潔，房壁皆樺木，其紋理似大理之楚石，淺深波縐，天然山水畫圖。內河之船皆明輪，海船則盡暗輪也。

二十二日，早六點開輪，向南行，五十餘里出海口，乃轉西南。風和浪静，至午後漸覺播盪。

二十三日，淩晨海中見有窣堵坡，於是折向西北而行，兼順風張帆，船行甚速。然顛簸特甚，人盡嘔吐。

二十五日，薄暮抵東印度海口待潮。

二十六日，進扈枝黎江口，向東北行，曲折百餘里，二點鐘到卡里格達，一作甲兒古他，一作卡剌吉打。即東印度孟加拉之會城也。

六月初五日，由些利打雇火車一輛，下午一點鐘開行。五點鐘至箇南達岔路，右往姑司替，左往日慕得河干。自會城至此計程一百十五邁又四分之三，每一邁合中華三里。六點鐘坐火輪船過渡，即恒河也，洪波浩淼，寬十餘里。行三刻許，登岸，至沙達換車，九點鐘開輪，翌晨九點鐘到夕力格里。自沙達至此計程一百九十六邁。初七日，雇馬車行八十餘里，至獨吉嶺。停住三日，仍坐火車而返。沿途平坦，多係水田，湖澤之中填築成路，蓋取其徑直，非舊由之途。現在日加修治，不久即可直抵獨吉嶺矣。【略】所過小河甚多，俱架鐵橋。昔疑火車鐵路工費浩繁，乃今觀之，殊易爲也。其軌道約寬六尺，用兩鐵條，徑寸餘，相距二尺許，則釘之木板，壓以土石，俾兩鐵條平行，無參差廣狹之弊。軌道與輪周雌雄相配，一車四輪。車凡三等，上車鋪陳華整，椅榻咸備，其價五倍。中車半之，下車較寬，可容白人。汽機之車導於前，貨車客車數十輛銜尾相接，追風逐電，神速無倫。苟充其量，每一點鐘駛行二百華里。夫船行水中，必生阻力，故輪船汽機之鉅多至二千馬力。乃若輪車地勢平坦，鐵路光滑，一切面阻力消盡無餘，不過三十馬力可拉六十輛車。機栝一動，絶迹飛行，以重生速，以速生力，力速相因，遂有不可遏之勢。人坐其中，不失常度，無顛簸之苦，無炸裂之危。

二十四日，雇火車至姑斯替，再附輪船至亞山，往返二十日。

八月初六日，乘坐火車游歷中印度。沿恒河而上，至阿拉哈巴、亞加拉得希、孟買等處，所至流連數日。

九月十三日，由孟加拉乘坐輪船，航海而返。三日至唉家嶼，爲阿拉干海口，有華人在此貿易。又三日到漾貢，寓勝茂店。五日旋上本號之輪船，名碧芭得力。惟舵工、管機用五洋人，其餘司事悉係華人，一切飲食言語較之洋船爲便多矣。出海口向正南行，所稱印度洋是也，風浪最猛，人盡嘔吐，終歲皆然。三日以後漸覺習慣，稍進飲食。遥望東南一帶，山島斷續，隱約浮青。歷五晝夜，抵檳榔嶼。寓永裕店，主人姓顔，亦閩人。

十月初一日，搭英人輪船。日昳開輪，向南而行，駕駛從容，風柔浪静。距岸不遠，常見右旁麻六甲諸山。初三日，見蘇門塔拉山島横亘於前，於是折向東行。薄暮停輪，翌早九點鐘至星加坡。登岸，寓恒廣和客棧。

十五日，搭涉珍麻輪船。向西北而行，風和浪穩，五日至安南西貢。登岸，寓宏泰昌號，主人張霈霖，香山縣人。

十一月初二日，搭極力倫輪船。薄暮出海口，向東北而行，所稱七洲洋是也。夜半陡起颶風，船甚顛簸，水從窗隙而入，渾身淋漓，易衣十數次。翌日北風愈勁，巨浪排山，壁立百仞，行李衣物罔不浸溼，滿船之人號呼不絶。棶材等僵卧五晝夜，昏迷不醒，飲食未嘗沾唇。其後風勢稍弱，漸覺飢腹難忍，則船中米糧將罄，每日僅給粥少許而已。兼之煤炭不敷，將木器等物焚燬殆盡，繼以棉花代薪。幸而風息，早起忽覩燕子於飛，知其距岸不遠。午後望見山色，人人額手相慶，始有更生之樂矣。晚九點鐘抵香港。平時輪船往來不過四五日之程，此次遭遇非常，延至十有二日。不意航海之苦至於此極，而且艙面諸客求入艙中避浪者，洋人百計勒索，必飽其欲而後已。是以海外旅人聞我招商局輪船將有出洋之信，莫不延頸企踵而望之焉。【略】仍附輪船至廣東省垣。

曾紀澤《出使英法日記》［光緒四年十月］二十八日，【略】辰正三刻客去，啓椗出口。【略】阿馬松船長一十三丈，闊四丈有奇，入水深淺約二丈，内外載重三千四百餘噸。噸合一千六百八十斤也。艙分五等：頭、二等艙面寬狹與艙中陳設大略相似，惟頭等艙住二人，食肴六品；二等艙住四人，食肴三品爲異耳。三等二十餘人共一艙，疊榻而居，高者四層，人得一榻而已，烹飪不如二等之精美，然亦不減三品。四等、五等住船面，不能入艙，四等食麥餅、牛肉之屬，五等自攜糗粮食之。船主名提疊，職視中國副將。有一官專司郵政，不受船主節制，郵官公事未畢，不許啓椗，船主不敢違也。英人名公司船曰昧兒，法人曰馬而，譯即信袋也。以信袋名船，若曰此船專以遞達音問爲重云。有一官專司醫藥。每泊一埠，則醫官偕郵官先登於岸，郵官收發文報，而醫官則報船中人有無疾疫。醫官未登，則船主亦不敢先登也，法至嚴也。副船主以下，船主皆得號令而賞罰之。自船主至水手一百六十餘人，華人居十一焉。主客日食五次，巳初二刻爲早餐，酉初爲大餐。皆先二刻鳴鐸以爲號，肴核既陳，復鳴鐸，則客皆就坐矣。午、亥陳茶食三次，有紅茶、咖啡、牛乳、餻餅之屬。午、亥二筵亦鳴鐸以爲號，卯筵不鳴鐸，主客晨起盥漱後，自就坐而食飲焉。英國人早餐多在午刻，故午筵有麥餅、牛肉、火骽之屬，專爲英人設，以英人往往不就巳刻之早餐也。

二十九日，【略】是日午正懸牌，共行一千三百里。

十一月初一日，午正牌示行一千三百五十里。

初二日，【略】舟行自昨日午正至本日午正三刻，凡五百五十里。抵香港。

初五日，【略】午初登大輪舟。【略】午正二刻解纜，初行尚無所覺，出港以後舟甚顛簸，不復能治事矣。從官眷屬僕役皆嘔吐困卧，余不嘔吐，然坐立甚覺疲乏，亦時時偃卧，按時飲食如常耳。

初六日，飯後舟蕩益甚，窗間常有波入。午正懸牌，行一千零五十五里。余屢卧屢起，起則至各艙省視諸人。亥初解衣睡，風雨波濤甚惡，睡後亦不覺矣。

初七日，内人以舟蕩成病，兒女輩亦皆不能起坐。飯後風潮愈洶涌，海客所謂颱風也。浪時時從船頭越過，舟子皆恐懼，盡闔樓門，以防水入。又因雨，不能見日，不知舟行所届，乃繞廣南灣大洋而行，黑水壁立。余屢臥屢起，繞至船首，登樓，冒雨至舵樓艙撫慰眷屬。傍夕颱風稍止，而北風益狂，夜毁船篷如拉朽。船因陰雨，不能見星，不敢前進，竟夕在大洋緩緩迎風鼓輪，舟摇蕩如故也。亥初解衣睡。

初八日，寅正醒，天明時始聞輪葉稍稍鼓動。至卯正起，見夜來所毁船篷。【略】飯後登樓，久坐，舟漸平，清檢箱篋極久。又至樓艙清檢各物，因前兩日風濤太惡，船勢顛簸，致行李箱篋頗有損壞也。

初九日，卯正起，茶食後登樓一坐。舟溯瀾滄江而上，辰正抵西貢。【略】未正二刻，乘小艇登岸，乘馬車至總督署，小坐而歸。【略】自初六日午正至本日辰正，共行二千一百餘里。其間頗有迂繞，因不能見日星，不敢徑行也。

十一日，飯後登樓，看操演水龍。因家人攜帶臘肉等件，致艙中有穢惡之氣，不合行船章程，船主怒令擲棄。余自督僕役檢視，可存者存之，當棄者棄之。是日午正牌示，行一千二百八十八里。

十二日，辰正舟行九百三十八里，抵新嘉坡。

十三日，【略】辰正二刻展輪復行。

十四日，午正牌示，行一千零五十里。

十五日，午正懸牌，行九百九十七里。

十六日，午正牌示，行一千一百二十二里。

十七日，【略】午正牌示，行一千零八十五里。

十八日，辰正舟抵錫蘭島之巴德夾停泊。【略】酉初展輪復行。【略】舟行二百三十四里，抵錫蘭島之格侖坡泊焉。

十九日，辰正偕蘭亭乘小艇，船主特放隨船舢板以送。余言本地刳木之舟櫂行雖穩，然往往濺濕衣襟，不可乘也。顧埠中小船往來如織，皆刳木爲之。《使西紀程》所謂舟旁繫巨木者，乍見不得其解。今目擊之，乃知所繫之木亦爲船式，但不刳耳。遠望之，直是一艇之旁復紮一艇，相距數尺方而並進也。掉半時許，抵岸。【略】見英人所築長隄，障水避浪者，方以火輪機運土石，役人數百以爲之，工費甚鉅。然隄成，則泊舟不畏風濤，當亦有利。惟大舟不能入埠，尚須疏濬耳。又見火輪車及鐵路，亦新設未久者。午正二刻，舟復啓椗。自新加坡至巴德夾五千三百七十二里，巴德夾至科郎埠二百三十四里。

二十日，【略】是日午正牌示，行一千零五十里。

二十一日，辰初起，舟甚摇蕩，上午西南風，下午西北風也。午正牌示，行一千一百六十五里。

二十二日，午正牌示，行一千一百四十八里。

二十三日，午正牌示，行一千一百九十里。

二十四日，卯正起，南岸羣山蓋阿非利加洲尾，舟已入紅海矣。午正牌示，行一千二百零四里。

二十五日，亥正舟抵亞丁泊焉。是日午正牌示，行一千一百八十三里。自科郎埠至亞丁共七千三百三十二里，午後蓋行三百九十餘里也。

二十六日，茶食後偕松生、蘭亭乘小艇登岸，乘車遊亞丁市肆。地皆頑石童山，常數年不得雨，故草木不殖，水飲維艱。【略】巳初回船，因水淺，久泊待潮。【略】申初啓椗，復行。

二十七日，午正牌示，行九百三十一里。

二十八日，午正牌示，行一千零八里。

二十九日，午正牌示，行一千零五十三里。

三十日，午正牌示，行一千零九十二里。午後行三百六十里，至蘇愛斯泊焉。

十二月初一日，【略】辰正啓椗，行入新開河。法國人勒色布斯鑿通歐羅巴、阿非利加兩洲相連處，爲河以通舟楫者也。自亞細亞至歐羅巴，省却水程二萬餘里，厥功偉矣。【略】河窄，不許暢行，又不能並置兩舟，舟相遇，須於寬處停輪以讓。是日僅行一百九十里，夜暗不敢行，仍停輪泊焉。【略】

初二日，【略】午正二刻，舟行一百一十四里，至波利寨泊焉。是爲新開河北口入地中海處，地屬埃及國。數年前尚爲一片沙漠，今則各公司皆建立埠頭，取煤取水，市肆貿易漸盛，本地回民及歐洲各國寓者約萬餘人。【略】申刻啓椗，復行。俄頃入地中海，則波濤大作。

初三日，午正牌示，行四百八十三里。大風顛簸，故不能速也。

初四日，午正牌示，行九百五十二里。

初五日，午正牌示，行一千一百九十里。

初六日，丑正舟過米新卡納爾峽中，北爲意大利，南爲昔昔利，兩岸燈火甚繁。【略】未正二刻，舟抵意大利之拏波利島泊焉。【略】回船遂已曛黑，展輪復行。是日午正牌示，行一千一百三十七里。自牌示處至拏波利七十七里。

初七日，【略】午正牌示，行九百一十三里。

初八日，丑正二刻舟行六百五十里，至馬賽兒口外。夜暗不敢入口，泊焉。巳正入新海口泊定，偕眷屬及隨行員弁登岸。

十一日，茶食後偕蘭亭至火輪車公司閱視坐位，以便安置眷屬員役。巳初歸。【略】發遣行李，飯後督僕役清檢店中什物等件。酉正乘車，至火輪公司小坐，督僕役安置鋪蓋等件，率眷屬登火車。旋開行，自戌初至子正停輪五次，下車三次。子正停處名立墉城，自馬賽至此七百十六里。

十二日，【略】巳正車抵巴黎，蓋八時而行一千七百七十里。照料家眷下車，良久乃乘馬車至使館，已午正矣。

徐建寅《歐遊雜録》 光緒五年，【略】往法公司行，搭定揚子輪船，於九月十一日由吴淞口出洋。十四日早，到香港。

十八日，【略】十二點自香港開行。

二十一日，早六點到瀾滄江口，即越南之西貢江口也。現已割隸法國。溯江而上，三點半至西貢，船靠碼頭。

二十二日，【略】三點開船。

二十四日，六點到新加坡，船靠海邊碼頭。七點裝煤，小工擡筐，蟻附而上。【略】時天氣熱甚，因上煤不得開窗，終夜人聲喧鬧，煤屑污船，苦不可耐。

二十五日，【略】四點半開船，天氣甚熱，换穿紗葛，尚揮汗不止。

十月初一日，早八點半鐘天大雨，船迷所在，停輪不行。用鉛錘探取海底之泥，辨其泥色，始知船在何處。九點復行，向北稍東，十點半向西行，十一點向北行，十二點向東行，三點到錫蘭之南邊海口，名曰果爾。大雨如注，船泊海中，距岸里許。錫蘭公司行派二小船運送食物，其船刳獨木爲之，寬尺許，距舷丈許另撑一圓木，與船平行，以二桿連之，彼此相持，終不傾覆。是夜上煤。

初二日，三點鐘到克倫巴，英國總管駐節於此。船泊海中，距岸三里，未及登岸。是處隄上有鐵路，可行汽車。海中築一石隄，隄内泊船，以避風浪。七點開船。自西貢至此，所見海岸均林木繁密。

初九日，到亞丁，四點鐘上岸。【略】六點回船，見添載客貨甚多，皆由南洋及印度各處换船而來者。夜三點開船。

初十日，船向西北行，進紅海口。雖名紅海，而水並不紅，天氣酷熱，與新加坡同。

十四日，天氣驟冷，穿重棉衣。三點半到蘇愛士海口，泊船。

十五日，早六點鐘船入運河。兩岸砂礫堆積，皆未填平。遥望隄外，全是沙漠，一片荒涼。晚六點停船。

十六日，早六點鐘開船。見連珠斗挖河船數隻，適在開挖。又用大船數隻運泥，裝滿水泥後，用汽機行走。見兩岸斜坡駁岸，均用灰土與亂石砌成。十二點到帕賽，上煤。五點開船。

二十日，二點鐘，船上大夥將往倫敦之客人行李開單，另給客人一票，客人可先搭汽車往倫敦，俟船到埠後，行李由火車送至倫敦，客人持票向公司行提取行李，往他處者不送。船行地中海，四點鐘左右俱見山，山上有房屋甚多。五點半到捺坡里，泊船。

二十一日，給客人行李票，凡入艙大宗之行李，均由該船送至海關。

二十二日，三點鐘到馬賽。四點鐘，坐小船至海關碼頭上岸，换馬車至客寓。

二十三日，五點半鐘由客寓起身。隨身行李大件裝於車上，小件手自提攜。先至車站等候，站房内甚爲寬敞精潔。陳敬如往買車票，六點二十分登火輪車。開行十點鐘後即有大雪，凡徑過之山高一二十尺者，鑿溝以通車行，更高者皆鑿成洞，洞内用甎或石砌成穹頂，如城門然。凡馬路與鐵路交互處皆造環橋，或鐵路在橋上行，而馬路穿橋洞而過，或反是。沿途所經山溝、山洞，上橋下橋，多至不可數計。四點以後，因雪行慢，且頻頻停車添水。大約因鐵路上結冰，車行震動，鍋鑪内小煙管漏水，故用水更多也。此種客車名爲考畢，每房内有二大椅，坐、靠、躺均隨人便。有銅筩長三尺餘，寬七八寸，作扁形，内盛熱水，每房二具，以得温暖。車至小站略停，即另换熱水銅筩。

二十四日，十點鐘抵巴黎斯。换坐馬車，十一點進客寓。

二十六日，【略】晚六點，由客寓動身往車站，登客車，均與前次同。七點二十分開行。此種車可以展被而卧，衾枕皆備，名爲卧車，欲卧時侍者來房，將上牀放下。

二十七日，晚五點鐘到可倫。入車站房之飯館内用晚餐，八點上汽車，即開行。房有五椅，二二相對，中一椅對門，由門内入厠房。椅下板可抽出，相對作二牀。

張德彝《使還日記》［光緒六年五月］十七日甲申，陰雨。午後乘車至金登幹處，請代寄電信致赫總税務司，轉達起程日期，以慰親心。頃知六月初五日法國公司輪船開赴上海，遂於二十四日往巴里。入夜雨止。

十八日乙酉，陰。早起料理行裝，由倫敦寄往馬賽。午後乘車入老城，赴法國輪船公司分局寫票。

十九日丙戌，陰雨。巳正乘車往拜醫官馬克蕾，問此時走紅海必熱，當以何法防之。馬云：此時有風，尚好。迨入西曆八月，則酷熱無風，頗不易受。今當配藥一料，天極熱時，每早以檸檬水衝服一包，以斂血氣。尋感謝而去。申正晴。

二十四日辛卯，晴。午後叩别曾襲侯及陳松生諸君，戌初二刻起程，乘車至柴令克洛斯火車客廳，蒙同人送别，少叙登車。戌正二刻開行，亥正二刻抵都法海口。下車登舟，即時展輪，水平船穩，子正二刻至戛蕾海口。換舟登車，開行一夜。

二十五日壬辰，晴。辰初二刻抵巴里。

［六月］初三日己亥，晴。晚餐後告别同人，戌初乘車至吕陽火車棧。【略】戌正登車，即開行，一夜頗覺涼爽。

初四日庚子，陰雨陣陣。申初抵馬賽，下火車，乘馬車，仍入馬賽大店。酉初一刻以敞車送行李入船行，熱似初伏。

初五日辛丑，晴。巳初乘車，行數里至碼頭，登法國公司安那的輪船。係暗輪，長一百二十四碼，一碼不足四尺。寬十二碼零七寸，深十碼，重五千四百噸，載三千五百一十六噸，馬力六百，一律潔浄整齊，即曾襲侯前由上海駕來者也。巳正展輪出口，風平浪穩。

初六日壬寅，晴。水藍色，平如油，清風徐來，天氣涼爽。早晚遇火輪二、風篷三，皆南行者。

初七日癸卯，晴。丑正抵那柏里，住船。卯初睡起，雇舟登岸。【略】辰初回，登大船。【略】辰正一刻開行，出口甚平。戌正過司托羅百里島，頂上亦有火山，惟紅燄微小耳。子初二刻過墨西那，燈火連綿，海天一色，尤奇景也。

初八日甲辰，晴。風静水平，色深藍。午後遇風篷一隻南行者，火輪一隻北行者。

初九日乙巳，晴，水平。午正過堪的雅島，地屬土耳其，在赤道北三十五度，北京西九十一度。

初十日丙午，晴。

十一日丁未，晴。寅正一刻抵波賽，住船。上煤下貨畢，午正復開入新開河，行百零八里，戌正住船。新開河，故沙漠，下游尼羅江積沙上壅，歲凝數尺。波賽口外燈樓原造臨海，今海潮積沙已至八百餘步，故於口外入海處兩岸累石爲長隄，横截海面。北岸長一百餘丈，南岸又數倍之，連如長橋。因沙地無石，用機器積沙壓成之，長方約八九尺，寬厚三尺，極其堅固。斯亦天工，而人代之矣。

十二日戊申，晴。寅正開輪，卯正過義思麥利亞，未初一刻出蘇耳士口，住船。頗熱，下貨畢，申正復開，走紅海。入夜順風。

十三日己酉，晴熱，水平無波。海道狹窄，兩岸山勢羅列，時見島嶼，距岸咫尺。蓋左爲阿利伯，右爲埃及也。

十四日庚戌，晴熱，水平如昨。巳正一刻，左右各遇輪船一隻，皆北行者。

十五日辛亥，晴。南行，西風，船行平速。夜雖有風，而熱似中伏，客卧船面尚覺汗流浹背。子正微睡間，忽聽法人狄特鑾之長女因酷熱難禁，哭號驚醒。丑正，又有德人席阿甘之妻與妹忽由艙内驚出，言有大鼠竄越牀榻，上下喧嘩，寅正始息。至卯正，水手刷洗船面，又欲眠而不得矣。

十六日壬子，晴，天熱水平。左右山島如送如迎，蓋紅海闊僅五百餘里，而島嶼甚夥。【略】申初一刻過喇布與阿拉巴二大島之間，出紅海。雖非赫赫炎日，而仍思飲冰也。

十七日癸丑，晴。寅初抵亞丁，天氣雖較紅海減熱，然曉日初昇，諸山紅紫輝映，色如胭脂，仍似日炙沙石。蓋地在赤道北十二度四十六分，所謂炎方火維之域，不知有冬令者也。住船後上煤下貨畢，酉正開行，走阿剌伯海。入夜稍覺涼爽。

十八日甲寅，晴。卯初旁風浪起，船搖。午正甚熱，入夜大風尤烈，船内盃盤亂落，金鐵皆鳴，人之嘔吐者大半。

十九日乙卯，晴，風浪尤大於昨。巳正過斯高達拉島，出阿剌伯海，入印度洋。見一英國輪船由東來者，三桅皆折，身已半斜，行動甚慢，蓋昨遇颶風所苦者。

二十日丙辰，晴熱，風浪如昨。雖當風揮扇，猶覺汗流。席阿甘之妻因畏炎威，而晝夜哭泣焉。

二十一日丁巳，晴，浪動船搖。

二十二日戊午，晴。風浪雖有，而船行尚穩。巳正陰，午初大雨一陣，雨後晴。遥望左右奇峰羅列，翠嵐如畫，不知其爲雲或山也。

二十三日己未，晴熱，水平船穩。午初過麻那怪島，遥望孤峰矗立，直插青霄。有飛魚如白鳥者往來船面，可謂魚鳥親人矣。

二十四日庚申，晴平，天氣稍涼。按水程，船須東行稍南，辰正因南行過度，乃轉北三十餘里，始歸正途。

二十五日辛酉，晴。卯正二刻抵錫蘭，住船。早餐後駕小舟登岸，步入歐連大店少坐，旋回船。入夜上下貨物，卸煤炭，放水氣。黑人歌舞，令人終夜不寐。

二十六日壬戌，晴。辰初一刻開行，出口甫數十里，因收拾機器，停輪一小時。

二十七日癸亥，晴平。

二十八日甲子，早稍陰，巳正晴。旁風，船微搖蕩。因飲食不調，胃中微痛，入夜吐瀉不止。

二十九日乙丑，晴。早起吐瀉雖愈，身體頓覺疲乏，偃卧一榻，惟日數歸程而已。

三十日丙寅，晴暖，水平如鏡。鎮日左右見山，或遠或近，參差掩映，突兀峥嶸，洵天然之圖畫也。

七月初一日丁卯，晴平，水緑色。申正一刻抵新嘉坡，住船。傍岸後乘車至唐城漆木街叙仙樓晚餐，頗佳。戌正回船，入夜熱。

初二日戊辰，晴。終日上下貨物，裝載煤水。

初三日己巳，早陰。辰初啓椗出口，細雨。未刻西風起，水微波。申正晴。

初四日庚午，晴，水平船穩。熱似紅海。

初五日辛未，晴。巳正一刻進江口，午初陰，未初雷雨，申初晴，申正二刻抵西貢，住船。

初六日壬申，晴熱。【略】申正展輪，亥初出口。入夜涼。

初七日癸酉，晴熱。早出印度洋，走中國海。時届孟秋，熱如盛夏，雖能安枕，仍覺暑氣逼人。

初八日甲戌，晴平。【略】入夜熱。

初九日乙亥，晴平。早見捕魚船數十，隨波上下，知距瓊南萬州一帶較近也。亥正至香港，口外住船。清風徐來，披襟納爽，非復昨日之炎熱也。

初十日丙子，陰。卯初開行，辰正停泊。駕小舟登岸。

十一日丁丑，忽陰忽晴。【略】亥正謝别，登船。入夜雨。

十二日戊寅，早大雨。卯初一刻開行出口，水平船穩。辰正雨止，仍陰。未初晴，涼。

十三日己卯，晴冷，逆風。

十四日庚辰，陰涼，未初細雨一陣，雨後，晴雲作峰，高數十重，而北面山嶺一帶相爲銜接，乍覩之，莫能辨其真假也。

十五日辛巳，晴。子初進吴淞口，丑正停輪。待至卯初復開，辰初泊於怡昌碼頭。登岸，寓洋涇橋長發棧。

二十日丙戌，晴。早起招商局寫船。

二十一日丁亥，晴。【略】子正登保大輪船。

二十二日戊子，早陰，寅初晴。寅正展輪，辰初一刻出口，水平船穩。

二十三日己丑，晴，風逆而水平。

二十四日庚寅，晴。卯正抵之罘停泊，上下客畢，巳初啓椗。水深藍色，平静無波。

二十五日辛卯，晴。辰初至大沽口，停輪待潮。巳初復開，巳正二刻進口，申初抵紫竹林。晚寓於北浮橋人和店。

鄒代鈞《西征紀程》 光緒十一年秋，天子命太常寺卿貴池劉公瑞芬出使英吉利、俄羅斯兩國，所以修好也。曾威毅伯薦余隨行，於是有西征之紀。十二年春正月，余自金陵之上海，入行轅天后宫居焉。

十三日辛丑，早鐘六下余起，【略】即行至黄浦江上登輪船。早餐畢，起椗展輪，北行十四海里，至吴淞口，入大江。轉而東南行，依東沙之南出大江口，入東海。又東南至馬鞍羣島之東北，以海霧蔽空，不辨尋常之外，而定海之東島嶼錯列，恐不良於駛駕，或至誤觸，因停輪以待霧霽。西北望，崇明隱約可識。

江口廣幾二百里，崇明居中扼塞，分爲南北二水道。崇明與通州之蓼角間爲北水道，皆平淺沙灘，深處纔十餘尺。西自崇明之東南觜，東至海中之佘山，一名沙尾山。又東南自佘山東北至蓼角，其間沙亘相屬，殆無隙地，以阻北水道之口，故惟帆船可行，火輪巨艦從無過其地者。崇明與南匯之九團間爲南水道，晚近於南水道中又涌新沙，自西北至東南亘百餘里，與崇明爲平行勢，亦名東沙。同治初，東沙上又出二小島，於是東沙又分南水道爲南北二水道。南水道之北道口内頗深，而口門當佘山之南，迤邐皆淺沙，即西人行海圖所謂大揚子灘者，深處不過二十尺，輪船亦未嘗通行，故西人名爲假水道。長江之口雖一望無際，而能行火輪鉅艦者僅南水道中之南道耳。南道口置有燈船，以爲夜行標識。口内兩旁仍多淺亘，僅中通一道，廣不過三四里。入口者須西北過吴淞口，至崇寶沙，南與寶山縣城相對，實東沙之西北尾也。始出東沙險。東沙之内，又狼、福兩山間之沙淺尤爲難行，蓋江流至江陰、靖江間而極狹，江面不過三里。過此而東，江面忽增廣至三十里，水勢因而散緩，多停沙爲淺灘。東南自南岸之白茆司，西圖曰布魯法角。西北至北岸之假山角，相距殆百里，西人名爲狼山渡，言行此道須由東南岸亂流而至西北岸也，左右沙綫密布，惟中泓一水可通輪船，廣處不過五里，狹處或僅一里。【略】鐘四下，霧稍收，乃展輪向南行。過馬鞍羣島之東，又南過柳根羣島之東，又南過漁人羣島之東，羣島西約百里，即浙之定海。

十四日壬寅，船已夜過舟山，向西南行，過象山縣東南海中之韭山，至石浦壇頭山外大洋。【略】壇頭之西爲牛頭山，中間相距約六里，曰石浦水道。牛頭之北三里曰險島，又北三里曰東門島，又北四五里爲大地，即石浦廳。石浦之東有山，南伸入海，與東門對峙，如門然，故東門島又名天門山。【略】又西南行，過黑山之東。黑山爲羣小島，其西北百里爲三門港，乃石浦與健跳所間口門，上承甯海縣水道。爲甯波、台州分界處。明代爲戍守重地，今輪船亦能入口。其牛頭山西南角、金洋島、大佛頭山、生佐治島，西圖名。台明嶼，西圖曰天頑島。桃頭角，皆險要處。又西南行，過大陳山之東。大陳山，西圖名爲台州羣島，南北兩大島對峙，東西皆小島環列，中間水深至百尺，爲收泊輪船妥處。【略】大陳之西北三十五里有竹嶼，亦輪船寄泊處。竹嶼之西爲台州灣，灣内爲海門港，一曰椒江，上通台州。港口南岸爲海門衛。【略】今椒江口外潮退時水深僅八尺，而口内水深或至三十尺，輪船間有乘潮渡淺亘入口，泝流至台州城下者。日中，舟人測日躔過午綫高弧，又以所測午正與度時表校求時差，知所至爲赤道北二十八度十六分，京師偏東五度四十八分。自上海至此，行二百八十一海里。用海里求中里，爲六十與二百之比。測處當太平縣東南五十里海中，松門山之東一百二十里，松門山之西大地爲松門司。又西南行，過玉環廳之東。玉環本温州東北海中山，東與楚門所對峙，爲楚門港。港口有雞膀島，横塞雞膀，南爲大鹿島，兩島間甚便輪船停泊，故守雞膀與楚門之東南觜、玉環之基忙觜爲港之門户。又西南行，過温州灣外，灣爲甌江入海之口。甌水深闊，輪船往來温州城下。口外島嶼錯列，其黄大嶴、虎頭山、河建島、三盤山、鳳皇山數處皆爲守口切要，而鳳皇山之南有牛港，輪船每來收泊，又宜守大瞿島、南策島以清其外。又西南行，過北岐、南岐兩羣島之東。兩岐南北相距約四十里，均便輪船寄椗。其西爲瑞安縣飛雲江入海之口，口門皆淺沙。又西南行，入臺山洋，以臺山羣小島而名也。其西北爲南關港，港北爲平陽縣之鎮下關。【略】今港内深闊，甚便輪船停泊。南關港之東曰南關澳，南關澳之東曰北關港，扼南關港之南觜及鎮關島、屏峰島，則三口皆固矣。南關港爲閩浙分界處，又西南行則入閩海矣。

十五日癸卯，天將明，風起浪作，船盪摇特甚。卧聽飯廳食具有頃刻作破碎聲者，少頃風稍平。自入閩海，則過福瑶山之東，福瑶爲福甯東海中之島。西北爲流江，西南爲烽火門。【略】福瑶西與大地間之裏山澳，及福瑶東北二十里之引考克羣小島，皆爲輪船寄泊處。引考克之東，即臺山羣小島也。又西南過七星羣島之東，七星之北曰鎮島。又西南過東引山之東鎮島，與東引均便收泊。東引，羅源縣東三沙灣口外島也，灣内水深至百尺。其灣口之雙峰島、蜘蛛島及南岸之北茭司觜，皆爲口門外蔽。北岸之東樹山，尤近内之險要也。又西南行，過閩江口之東。閩江近世多呼爲馬江，以江出閩縣南，中流有巨石，形如馬首，故又呼爲馬頭江。閩江口外羣島横列，北曰長岐山，南曰馬祖山，再南曰白犬羣島，三處皆水深浪静，而閩口淺亘交錯，甚礙舟行。凡西船入口者，恒於三處阻風候潮。【略】又西南行，過海壇鎮之東。海壇爲福清縣東南海中大島，其山如壇，故名。【略】其東北二面無深港大澳，惟東南之海頭角與海壇角間尚可避風。其西與大地相距間爲海壇夾，夾之南北口均小島環列，甚有關鍵。夾内亦廣闊，但淺深相間，水道頗隘耳。又西南行，過興化灣之東南，灣在興化城東，可以棲泊。灣口有南日嶼，又名南匿山，明之水寨也。嶼之西爲南日水道，口門東西距僅數里。嶼之東爲興化水道，中多小島。【略】又西南行，過平海灣之東南，灣之東北岸駐平海縣丞。屬莆田。又西南行，過湄州灣外。灣口之東有湄州嶼，一名鯑山。【略】灣之西北岸爲莆禧所，所之西爲吉蓼寨。【略】又西南行，過小岞港外，港之北觜曰古來角，南觜曰大岞角，大岞之西爲崇武所，亦明代防倭處。又西南行，過泉州之晉江口外。晉江，西圖曰泉州港。其東北岸即崇武所，與西南岸祥芝角相對爲港口，約三十里。港中有大墜、小墜二島，及西南岸之日湖觜，皆扼要處，然僅能停泊港口。晉江水淺，輪船未嘗至泉州城下。【略】又西南行，過深滬灣之東南，灣北觜爲永甯所，南觜爲深滬巡司，皆明之戍守處。又西南行，過圍頭澳之東南，澳北通安谿縣，東岸爲圍頭角，西岸爲金門鎮口門，相距約二十里，門之西有北定島矗出水面，置燈塔。又西南行，過金門鎮與厦門廳之南。金門爲同安縣東南海中島，舊曰浯州嶼。【略】厦門島亦在同安縣南海中，舊又名嘉禾嶼。【略】金、厦兩島相距二十一里，港中峙小金門島，東至金門之塔觜，西至厦門之西南觜均不及十里，實爲金、厦口門切要。小金門之西南爲大擔、小擔，又西南爲浯嶼，即明設水寨處。又西南爲大武山，東南觜即抵大地，數處接遞相望，又爲厦門與大武山間水道之關鍵。金、厦兩島之外口東北即圍頭角，西南爲鎮海城東南之鎮海角。鎮海角之東南海中有堂島，亦置燈塔，與東北之北定島爲東西兩路夜入觜門之表也。自厦門東南至澎湖之馬公港約四百里，爲澎湖至内地最近處，故由澎湖渡臺者率自厦門放洋。日中，舟人測日躔高弧，又校求時差，知所至爲赤道北二十四度六分，京師偏東一度四十七分。自昨午至此，行三百二十九海里，測處在堂島南約十五六里。望堂島與小金門爲正北，金門爲北偏東，厦門爲北偏西。又西南行，過漳州之虎頭澳外。虎頭澳，西圖名爲浮頭灣，漳浦城外南谿入海之口也。水淺，西船不能入口。澳南有羣小島，西人呼爲禮是島，似即前志所謂石城嶼，言海中亂石叢雜，望若城壁者。今羣島間水道，西人亦呼爲禮是門，言羣山環繞如門也。其中深處，西船亦嘗寄泊。又西南行，過銅山港外港，爲雲霄縣漳江入海之口。港之東岸爲古雷寨，即明之鼓雷巡司；西岸爲銅山營城，即明之銅山所；相距不過十里。口外數十里有羣小島，曰兄弟島，航海者指爲表識。又西南行，過南澎羣島之南，南澎北當詔安灣，灣口東觜爲詔安頭，其北有大冒山，山下爲宋末陸秀夫奉帝昺泊舟處。西觜爲懸鐘柴，即明之元鐘千户所也。口門相距約十里，中有高島、方島列峙，詔安灣西爲淺澳，口門甚隘，閩粤分界處也。又西南行，過南澳鎮之南，則入粤海矣。【略】南澳之北爲柘林澳，乃黄岡谿入海之口，在明亦爲戍守地，今皆淺沙。南澳東北之吴平寨對北岸雞母汛南之陳旗頭，相距十五六里，爲南澳港之東口。南澳西之長山尾對西近澄海岸之大萊蕪島，相距亦十五六里，爲南岸港之西口。西口内有小島，曰侍郎州，其東南可泊輪船。又西南行，過汕頭之南。汕頭本澄海縣西南市鎮，即明之鮀浦，南臨馬嶼港。港之南爲達豪營，港之西爲潯洄匯。匯西北受玉窖水，北受韓江，南通練江，東自馬嶼港入於海，港水深泓，能容泊巨艦。西人利之，自通商以來，汕頭遂爲繁盛闤闠。港口有小島，曰馬嶼，距南北岸均不過三里，横塞中流，爲防守要地。按韓江出福建之汀州，曰汀江，入潮州境始曰韓江，因退之驅鱷魚而名。其入海之口分爲數道，其最北者曰旗頭港，迤南曰飛錢港，再南曰大州港，曰蓬子港，曰北港，以上各港均在南澳西口内入海。曰南港；轉而迤西曰金獅猴港，再西曰新港，港口南對馬嶼；再西曰東港，則由汕頭之西流入潯洄匯者也，皆淺沙，輪船未嘗出入。達豪營之東南觜曰廣澳角，東北望南澳之長尾山，西南對海門所南之海門角，亦臨海形勝。又西南行，過海門所之南。所屬潮陽縣，西臨練江入海之口，明代戍守，今水淺，僅通帆船。又西南行，過石牌澳之南。石牌在惠來縣東南，澳東北爲靖海所，澳北山勢迤邐，臨海之觜有燈塔。又西南行，過神泉所之南，所臨神泉港口。【略】又西南行，過甲子所南，所爲惠州陸豐縣地，臨甲子門。【略】其東南爲甲子角，角西有澳，便輪船停泊。甲子所之西爲湖東礮臺，據臨海山巔，望之如華蓋，甚易辨識，航海者恒以爲準。自日昳後船行稍緩，以當泊香港，計程不值，竟夜行。若夜半抵口，畏險，不便駛入，特緩機輪以竢天明耳。

十六日甲辰，船夜過湖東，又西南行，過碣石鎮之南，碣石在陸豐東南臨海。【略】鎮南爲淺澳角，亦曰田尾角。西對海豐東南之石獅頭觜，亦曰白沙角。相距約三十里，爲碣石灣口門。灣内承大德港、烏墩港，皆北通陸豐城下。烏墩東南爲金箱汛，又東南爲崎石汛，皆背倚山麓，前臨大海。自崎石迆南至淺澳爲寄泊輪船之處，石獅頭之西南爲遮浪角，東望淺澳，西連捷勝，甚得形便。又西南行，過捷勝所之南。所爲碣石鎮右營駐處，其南海中有龜齡彙嶼，最大者曰山羊島，島西便泊輪船。又西南行，過紅海灣之南。灣内有紅海島，島北爲長沙港，東北通海豐城下，港口又名麗江浦。【略】又西南行，過平海所之南。【略】其東南伸入海中之角曰大星表，西圖曰富克角。角西北爲平海灣，輪船便於寄泊。大星表與西南海中之面陀薩島相距約七八里。平海灣之西北有大灣，曰霞浦，西圖曰白耶士灣。灣内有數小島，南北中亘。灣之東岸爲碧甲鄉，其北有范和港，西圖曰范羅港。即文信國駐軍之涌船澳也。灣之西岸爲廣州新安縣之大鵬所，駐大鵬協左營并縣丞。所之南爲東山村，村西南臨海之角曰大鵬角，東南臨海之角曰溪蹾角。溪蹾南六里海中爲沱濘島，東對面陀薩島，相距約三十里，爲霞浦灣之外口。灣内中亘最南之島曰三管筆，西對東山村之鹿觜。三管筆之東有倍德島，東對碧甲鄉之牛頭卡觜。四處蟬聯，相距遠者不過十里，又爲霞浦灣之内口。又西南行，過大鵬海之南，大鵬海東北岸即大鵬所，其西南岸爲大鵬協所駐之九龍汛。四山環繞，中間水深岸峭，爲停泊勝地。而西岸又有瀝源港，口門甚狹，口内能容萬艘，水深至八十尺。大鵬海口西曰鳳頭，東即大鵬角，相距約十七八里。其間復有獨牛州中矗。【略】又西南行，過九柱羣小島之南。羣島峙列海中，如九柱然，故名。九柱之北有海港，港内島嶼錯雜。其金島、貴島南北相接，中分港爲二，東曰石頭港，西曰避風港。石頭口門曰小欽門，廣約三里；避風口門曰大欽門，廣約六里；均便輪船寄泊。二港之北爲鮀山，即瀝源港南岸地。九柱之西爲南佛堂島，西圖曰東龍島。島北對鰌魚灣南觜，僅半里許，水甚淺，爲佛堂門；南對香港之大龍角約五里，爲大東門，由東南入香港水道也。余船至南佛堂之南，轉而西北行，入大東門，過南佛堂之西，又西北入鯉魚門，至英吉利埠北泊焉。英人名此埠曰維克多利亞，蓋以其女主之名名之。自昨午至此行二百六十海里。

十八日丙午，舟發香港，向西南行。過緑島之西、校椅州之東，又南行出南丫水道，過南丫、長洲兩島間。又南行，至丹杆羣島之西北、外零丁島之東南，轉而西南行，過雞澎羣島之西北、老萬山之南，入大洋。老萬山舊名大奚山。【略】又西南行，過大小横琴、三竈兩山之南。兩山在澳門南海中，澳門在香山縣南一百三十餘里，東、西、南三面環海，惟北與大地連，不絶如頸。【略】横琴東曰九澳，北曰鮀尾。九澳北曰大拔，亦曰雞頭潭仔。四島間爲十字門，輪船停泊甚妥處。又大拔之東北、澳門之東南有下椗處，曰沙瀝，沙瀝東北即零丁洋也。横琴西角曰磨千角，西與三竈東角大環山對峙，爲寛河口門，相距約十二里，有鶴洲中矗。寛河，西江入海之支流也，亦名黑沙洋，水頗深。【略】又西南行，過高闌村、黄竹洲兩島之南。兩島在新會縣南海中，兩島北小島尚多，其稍大者曰竹篙尾、文灣山，最北與大地近者曰崖山。【略】崖山東港曰虎跳門，西港曰崖門，即張世傑與張弘範戰處。又西南行，過上川、下川兩山之南。兩山在新甯縣南海中，上川北至大地廣海寨有主簿。約三十里，下川北至海晏汛約十餘里。兩山間相距亦十餘里，皆饒香蠟、竹藤之利。【略】又西南行，過海陵山之南。海陵爲肇慶陽江縣南海中大島，山高千餘尺。舊名羅洲，又曰羅島，北距大地十餘里，居民頗繁。【略】東北當北津港，西南望雙魚角。北津爲漠陽江入海口，上通陽江城下。雙魚角爲雙魚港入海口，上通雙魚縣丞駐所。均淺水，不通輪船。海陵東有三小島，南北列矗，曰大鑊、中鑊、小鑊，高均三百餘尺，望之如伏釜，故以鑊名。三鑊東有南蓬山，高七百餘尺。又西南行，去粵岸漸遠，以船當南出瓊州之東，不復西南循電白、吴川一帶行也。

十九日丁未，舟夜過高雷之東，而至於瓊州之東。西望七洲洋山在數里外，七洲洋一名七里山，又名浮邱山，在瓊州文昌縣東北大海中，七島羅列。【略】其北島高於海面六百四十英尺，爲羣島之卓。自羣島西至文昌縣之加定角約四十餘里，加定角之西北爲海南觜，北對徐聞縣之博平灣，約六十四里，爲瓊、雷間海夾東口。海南觜之西南爲新港，又西爲瓊州府城。府北十里曰海口港，北對徐聞之海安港僅三十餘里，爲北渡津要。又西爲澄邁縣，又西爲石礶港。石礶西北觜北對徐聞之關滘尾四十五里，爲雷、瓊間海夾西口。又西北大地爲廉州、欽州，西接越南之東京，故所臨海名東京灣。【略】又南行，入七洲洋，水深，色蒼黑如漆，遇風浪惡，甚於他處，舟行苦之。又南行，過文昌江口之東，江西通文昌縣城下。又南行，過會同縣之東。又南行，過樂會縣之東。又南行，過萬州之東南。日中，舟人測日躔高弧，又校求時差，知所至爲赤道北十八度九分，京師偏西五度四分。自香港至此行三百海里，測處西北至萬州岸二百一十四里，東南二百餘里海中有巴拉塞爾羣小島，小者僅拳石，灣環散列海面，約方一百里。島上僅生草木，中間亦有寄椗處，即《海國聞見録》所謂千里石塘。又西南行，過陵水灣之東南，巴拉塞爾之西北。陵水灣，陵水縣所臨之海也。又西南行，去瓊州漸遠，不復依中國海岸矣。

二十日戊申，船出東京灣南，過順化之東。順化本越南國都城，臨順化河。河東北流，三十里至通安口入海。口南爲長島，自西北至東南約六十里。島之北觜與北岸對，即通安口門；南觜與南岸對，爲陀彌口門；兩口廣均不過一里。長島西與大地間爲順化港，港西北逾通安口。又西北達廣治城下，轉而東北通海陀彌。口外曰陀彌灣，灣南約六十里爲杜蘭灣。灣口南北對峙，兩山如門，灣內水深至六十尺。又南行，過廣南之東。廣南城臨海港，港東至海安入海。又北通杜蘭灣，南達基安灣。海安口外有島，曰山嶼，西人名爲珊珂羅島。又南行，過廣義之東。廣義城臨佛河，河東流十餘里入海。至此去岸愈近，時見漁舟出没。又南行，過歸仁之東。歸仁城南臨高隄河，河東流，復轉而南流入海。口門山東西峙，嵯峨甚隘。又南行，過富安之東。富安城北二十餘里有富安山，東臨海。山之東北有狹地，南斗入海，名階英巴觜。觜上山與富安山東西對峙，中廣二四里，水深至四十尺，能容泊巨艘。日中，舟人測日躔高弧，又校求時差，知所至爲赤道北十二度五十四分，京師偏西六度五十六分。自昨午至此行三百三十海里。測處西距富安城南一百一十里之法里拉角僅十三四里。法里拉角西南有狹地，南斗入海，長五六十里。狹地之西成海灣，曰杭海赫灣。灣內水深至八十餘尺，視狹地如障風之隄，亦停泊勝地也。灣口有島，曰考島。又南行，過廣和之東。廣和城東距海約三十五六里，近岸有島，曰德里，德里之北爲丙刊海灣。廣和南七十餘里有刊闌海灣，口東南向，夾山甚隘，如門，口內能容泊巨艘。又南行，過芳瀾海灣之東。又南行，過倍達隴角之東，轉而西南行，過拉岡角之南。倍達隴、拉岡兩角間爲海灣，灣口有數小島，内便停泊。又西南行，過平順之南。平順城臨諒河，河東南流十餘里入海。海口曰芳梨灣，迆西南曰圭俄角，其間亦便停泊。聞法蘭西人謂倍達隴一帶爲東方極好船埠，擬置塢，爲駐泊水師之處。芳梨灣東南百餘里海中有塞塞島，又南爲克特園羣小島，《海國聞見録》所謂大、小二山屹立澎湃，山產佳果，幽寂無人跡，神龍所宅之昆侖，殆即此。船出塞塞島北，再西則入南圻海疆矣。

二十一日己酉，船西南至西貢河口外，轉而北行入口。過森占美斯角之西，角三面臨海，爲口門東岸，其山高於海面六百餘尺，頂有燈塔。又北行，過豐都之西。豐都南聯森占美斯，東倚山麓，西臨海灣，市肆數十家，北有礮臺，蓋西貢第一重守險處。又西北行，過紐伊之西。紐伊南倚山，北臨淺水海灣，有小水東北自巴里亞來注之。豐都與紐伊均有淡水，航海者恒於此取汲。自森占美斯至紐伊，雖海面彌望，然西岸皆淺沙，水道薄近東岸，廣不過七八里。又西北行，水面有燈塔，所以識西岸淺沙之東界也。自燈塔北望，有數水自北來注，船遶燈塔之東北，向西北行，過干吉阿之北，江面至此頓狹，兩岸南北距不過四五里。干吉阿有礮臺，蓋西貢第二重守險處。又西北行，西岸有燈塔，東岸有水自東北來會。船過燈塔，復北行，江面不過一二里，兩岸低窪，水與地平，豐草長林，青葱無際。間有居民，皆結茅爲屋，狀甚貧窶，顔色黝黑，椎髻，不翦髮，衣寬博。又轉而西行，北岸有二水來會，蓋西貢河之分支名爲東西莽岡河者。又西南行，轉而西北行，南岸分數支流，南流入於海。又北行，轉而東行，轉而北行，轉而西北行，過莽岡河分支處。又西北行，西南岸有分支，南流入於海。又北行，至西貢東南二十四里，有東奈河東北出廣和西山之西麓，西南流入真臘境，過邊和城之西南，又南流來會，約行八百里。又西北，泝洄西貢河曲曲行，至西貢泊焉。自昨午至此行二百八十五海里。西貢河出柬埔寨境，南流經西貢城之東，又東南流，與東奈河會，約行三百里，二水既會，又東南流一百三十里入海。入海處分十數支流，而水深能通火輪海舶者僅一道耳。西支有數横港，西通瀾滄江。

二十二日庚辰，舟發西貢，向東南行。出口，轉而西南行，經瀾滄江口之東。瀾滄江源出衛地之北山，東南流經喀木境，又東南流經雲南境，又南流經老撾境，又南流經暹羅東境，又南流經柬埔寨境。【略】瀾滄江又南流，至西貢之西南，分爲數支流入海，約行七千里，西人呼爲湄公河。永隆、安江兩城均臨江岸，而海口淺沙淤塞，且水亦灌入西貢河。惟西貢河能行輪船，商務遂萃於西貢。又南行，過康道耳羣島之東。康道耳有二島，東西對峙，西島數倍大於東島，自東北至西南，長約三十里，廣約七八里，殆《海國聞見録》所謂大真嶼、小真嶼者。北距瀾滄江口約百六十里，亦屬法蘭西。又南行，過爛泥尾之東。爛泥尾爲南圻六道極南之觜，西圖名爲柬埔寨觜。又南行，過暹羅海灣口之東，灣北爲暹羅國。

二十三日辛巳，船行暹羅灣口。灣北岸爲暹羅，東岸爲柬埔寨及河仙鎮爛泥尾，西岸爲馬來隅，灣内海面幾方千里。【略】日中，舟人測日躔高弧，又校求時差，知所至爲赤道北四度二十九分，京師偏西十一度。自西貢至此行三百四十四海里。測處西至馬來隅丁加羅南六十里之徹拉丁河口約四百里，東至大那突拏島之北觜約五百五十里，南至安南巴羣島約二百四十里。安南巴羣島在赤道北三度，京師偏西十度，數十島羅列海面，幾二百里，大者約方十里，小者僅拳石大。那突拏島在赤道北四度，京師偏西八度，島南北約百二十里，東西約六十里，其山高於海面一千八百九十英尺，環以小島數十。準其地望，似即《海國聞見録》之茶盤島。其南稍東約二百里爲南突拏羣島，大小十數，大者不過方十里。此數羣島均屬荷蘭，西南隸於蘇門答剌長官。馬來隅者，暹羅、緬甸兩國南斗入海中之峽也。峽地三面環水，如登萊類者，西人名爲班甯蘇拉。以馬來隅種人居之，故以名峽。南北長二千八百里，東西廣處僅六百里。【略】船又西南行，過安南巴羣島之西、彭亨河口之東。又西南行，過多瑙島之東。島在彭亨之東南海中，南北長約三十里，廣半之，山高於海面三千四百英尺。島西大地爲布拉兩觜，觜北有英都河入海之口，蓋彭亨南境。又西南行，過白門吉爾、亞爾兩小島之東。二島皆小於多瑙，高均千餘英尺。又西南行，過柔佛之東。柔佛爲馬來隅峽南岸之部落，在彭亨東南三四百里，境土東、西、南三面臨海，亦稱自主。

二十四日壬午，船向西南行，入新嘉坡海夾，即《海録》所謂白石口。口門廣約四十里，北岸爲羅馬尼亞觜，柔佛之東南境也。南岸爲本定島，島東西八十餘里，南北七十餘里，而闕其西南隅爲海灣，甚便停泊。有市埠曰里俄，亦商務繁盛之區。又西行，過柔佛河口之南、巴丹島之北。柔佛河北出柔佛國内地之琛門冬山，南流至新嘉坡島之東北入海，口内水深至三十尺。巴丹島在本定島之西，廣狹約方四十里。又西北行，至新嘉坡埠泊焉。自昨午至此行二百三十六海里。馬來隅與蘇門答剌島間海夾，即新嘉坡海夾。其東南口即白石口。羣島叢列，而以本定、巴丹二島爲大。二島間曰里俄海夾，蓋東南達里俄埠者。巴丹西南爲布林島，其間曰狹海夾。布林西南爲占波爾島，其間曰占波爾海夾。占波爾西爲蘇齊島，其間曰蘇齊海夾。蘇齊西南爲謀羅島，其間曰謀羅海夾。謀羅西爲薩邦島，其間曰都林海夾。薩邦西爲蘇門答剌島岸，其間爲淺沙，巨艦不能通行。諸海夾以里俄、都林爲最廣，里俄約廣十六七里，都林約廣二十五六里。凡此均由新嘉坡南達蘇門答剌東海之路。諸島外小島尚多，以瑣屑不詳紀。【略】嘉慶二十四年，英吉利人以新嘉坡爲南洋西北門户，因入貲於柔佛以購之，立廛肆，開船埠，減貨税，以招商旅。西南兩洋之估船麕集，漸成闤闠。然其時僅爲印度通南洋必由之路，泰西船東來者率遶道於阿非利加州之好望角，經印度洋之南，入蘇門答剌島與噶留巴島間之巽他夾，【略】即分詣各處，不必盡至新嘉坡也。自同治中法蘭西人溝通紅海、地中海之水道，於是泰西商船多北由新嘉坡，不復迂道於巽他夾，而新嘉坡之隴斷遂爲西南洋第一島。東西七十二里，南北四十里，爲方里者二千三百又七。東、西、南三面環海，東北隅對柔佛河入海之口。口門有三小島，東西列，自口門之西有港。遶新嘉坡島北、西北去，復轉而西南，至島西達海，名曰老港，廣約三四里，水深，能行巨艦，所以隔島與柔佛大地相絶也。柔佛王所居南臨老港，英吉利廛肆在島之南稍東。臨海街衢綿亘，自東北至西南約七八里，以廛肆爲定處。在赤道北一度十八分，京師偏西十二度三十四分。氣候暑甚，而茂林罨靄，海風盪漾，尚不至蘊隆。【略】晚鍾五下，舟發新嘉坡，展輪向南行，至森約翰羣小島之南，轉而西南行，入門夾。夾北岸森約翰島，與南岸巴丁島對，距約十二三里。森約翰北距新嘉坡島南觜，巴丁南距巴丹島西北觜，均不過十餘里，中間復小島相屬。又西南行，過巴尼島之南。自巴尼東北至森約翰西北，至新嘉坡島西南觜，中鋪島嶼羅列。巴尼之南有小島，置燈塔。船過燈塔，轉而西北行，過老港西口之南。又西行，過都林水道之北。又西行，過柔佛西南境布魯斯觜之西南。布魯斯觜西南對小克里木島，爲口門，廣約三十里。小克里木之西南爲大克里木，又南爲薩邦島，相距均不過十里。都林等南通各水道均在此口之東，故此口爲馬來隅海夾最要處。又西北行，出口，則距兩岸漸闊。

二十五日癸未，船自布魯斯口西北行，過比桑島西南，島有燈塔。又西北行，過法摩薩河口之南，其南岸爲坿蘇門答剌之班加里斯島。又西北行，過馬爾河口之西南，河東北自柔佛之龍加西南流入海。又西北行，過滿剌加之西南。【略】又西北行，過林吉河口之西南。河北自松吉南流來入海，河口爲滿剌加、沙剌我交界處，松吉則沙剌我之別部也。又西北行，過魯庫特河口之西。其西南近蘇門答剌島岸有沙淺，西圖名爲南沙，即《瀛寰志略》之紅毛淺。又西北行，過吉隴河口之西南。吉隴河東北出大山中，西南流過吉隴鎮之北，又西南流入海。海口有長島，分河流爲二，均深泓，輪船可上泝至吉隴鎮。【略】又西北行，過北沙之西。北沙爲近東岸淺沙，蓋對南沙而稱也。北沙東岸爲沙剌我河入海之口，沙剌我王所居之城在河口之南。【略】日中，舟人測日躔高弧，又校求時差，知所至爲赤道北三度二十九分，京師偏西十六度八分。自新嘉坡至此行二百五十五海里。測處東北至柏南河口一百二十里，西至蘇門答剌島之巴剌一百五十里。柏南河口爲卑力國境，河出卑力東南山中，西流過柏南鎮之南，又西流入海。又西北行，東西望有兩小島在縹緲間，相距約百里。東島曰雅拉，高於海面五百英尺；西島曰法律拉，高於海面六百英尺；均不過方三里。雅拉之東爲卑力河入海之口，河北出吉德國境，南流經卑力境，又轉而西流入海，計行六百里，馬來隅夾之河以此爲最長。卑力河口之北五十里爲丁丁河入海之口，口外有小島，亦曰丁丁，又名班科爾島，與丁丁河口兩岸地皆爲英人所據。丁丁口之北百餘里有埠曰威爾得，西臨海港，便停泊，亦卑力名埠。【略】船出兩島間，轉近蘇門答剌島，向西北行。

二十六日甲申，船西北行，過德里河口之東北。河出蘇門答剌島中大山，東北流至德里城德里，近人或譯爲日裏。之西北入海。海口有巴拉温島，分河爲二，西支水深，輪船便於停泊，故德里商務頗盛。【略】德里東北對威爾得。又西北行，過蘭開特之東北。又西北行，過蘭克薩河口之東北，口外爲蘭克薩海灣，東北對檳榔嶼。又西北行，過大門得觜之北，轉向西行。大門得爲蘇門答剌島之極東北觜，北與近馬來隅峽之薩郎加島相對，爲馬來隅海夾西口，廣約五百餘里。日中，舟人測日躔高弧，又校求時差，知所至爲赤道北五度五十七分，京師偏西二十度四十一分。自昨午至此行三百有六海里。測處南至亞齊岸百里，西南至亞齊北海中之威爾島亦百里。

二十七日乙酉，船西行，過尼科巴羣島之南。【略】東南距亞齊北觜約四百里，羣島以數十，南北亘海面六百里，均阻水相望。其最大者曰大尼科巴，在羣島之極南，南北長約百里，廣半之，其山高於海面二千一百英尺。開馬大島居羣島之中，有市肆曰南庫里。【略】尼科巴羣島之北約二百七十里有安達門羣島，南北亘海面約六百里，北曰北安達門，南曰小安達門，中曰中安達門，爲最大。南北長二百四十里，廣四十里，有城曰巴特布來，皆山深林密。【略】自北安達門之北稍東約五六百里爲緬甸之西南境，有巴森河入海之口。巴森，即伊洛瓦底河分流，自巴森口東迆一百四十五里爲伊洛瓦底河正流入海口。其東北三百餘里爲仰光城，蓋英吉利所置北古部之會城也。城臨伊洛瓦底河東支，水深闊，南至海口七十里，便輪船出入。【略】日中，舟人測日躔高弧，又校求時差，知所至爲赤道北六十三分，京師偏西二十六度二十八分。自昨午至此行三百四十海里。測處北至孟加拉灣乾吉思河入海處三千二百里，南盡南極。

二十八日丙戌，船行印度洋海面，南北二萬餘里，東西近萬里，水深至十里，與泰西、太平兩洋並爲宇內三大海。時微風從西南來，水銜隱波，船頭隨波上下至丈許。若風加厲，顛簸當甚。蓋自蘇門答剌以西至於阿非利加東岸，名印度大洋。迆北復隨地命名，以錫蘭島中分之，東爲孟加拉海，西爲阿剌伯海。西人考其風信，自二月至七月爲西南恒風，八月至正月爲東北恒風，颶風即從而生焉。颶風者，旋風也，悍怒飆疾，行舟者若誤入風之中心，即巨艦亦隨之而没。惟其起有時，其行有路，旋轉之勢恒與太陽行向相反。西人熟知其性，輒因勢用之，非但不害，且可借作順風，以增船行速率。如孟加拉海當西南恒風時，三月與六月無颶風，二月與七月各一次，五月四次，四月十次爲最多，共十六次。當東北恒風時，八月與正月無颶風，十一、十二兩月各一次，十月八次，九月十一次爲最多，共二十一次。而阿剌海之颶風則在三月、五月、十月、十一月。日中，舟人測日躔高弧，又校求時差，知所至爲赤道北六度九分，京師偏西三十二度十六分。自昨午至此行三百四十五海里。

二十九日丁亥，船行印度洋。【略】辰刻，船抵錫蘭島之科隆坡泊焉。自昨午至此行三百一十四海里。

三月初一日戊子，早鐘十下啓椗，展輪向西行。

初二日己丑，船行印度洋。過科摩稜觜之南，科摩稜爲印度極南臨海之地。日中，舟人測日躔高弧，並校求時差，知所至爲赤道北七度四十六分，京師偏西四十一度四十四分。自科隆坡至此行三百一十海里。測處東北距麻打拉薩部之哥陳見前。約五百三十里。

初三日庚寅，舟過彌尼科伊島之南。島東北至西南亘，長約三十三四里，廣不過五里，地勢平衍，蘆葦彌望。南觜有燈塔，舟行望之，蓋印度西南，海中北有羣小島曰加來的甫，南有羣小島曰邁爾的甫。加來的甫羣島南北相屬，約千里，東距印度西岸約五百里。邁爾的甫羣島南北相屬，約千五百里，東北距錫蘭島約千二三百里。兩羣島間南北距約六百里，爲東西往來水道。彌尼科伊島適當水道之中，故因以爲表耳。【略】日中，舟人測日躔高弧，並校求時差，知所至爲赤道北八度五十二分，京師偏西四十六度三十八分，西北當印度河入海處約三千里。自昨午至此行三百海里。

初四日辛卯，舟行阿剌伯海。日中，舟人測日躔高弧，並校求時差，知所至爲赤道北十度二十四分，京師偏西五十一度五十九分。自昨午至此行三百二十四海里。時北岸漸離印度，西入俾路支國。

初五日壬辰，舟行阿剌伯海。日中，舟人測日躔高弧，並校求時差，知所至爲赤道北十一度五十一分，京師偏西五十七度二十六分。自昨午至此行三百四十海里。測處北當阿剌伯之呵曼部，呵曼之北爲阿爾謨斯海灣，蓋波斯海灣之口也。阿爾謨斯本小島名，一作呼爾謨斯，《瀛寰志略》謂之惡未嶼。屬波斯之拉里斯丹部，在赤道北二十七度五分，京師偏西[六]十(六)度。

初六日癸巳，舟行阿剌伯海。辰刻西過索哥德拉島北，島在赤道北十二度，京師偏西六十二度，北距阿剌伯亞達拉毛部之撒法兒岸八百六十里，西距阿非利加洲瓜達佛伊角四百三十里，東西長二百三十里，南北廣六十里，爲方里者一萬一千七百四十七。其最高石峰高於海面四千六百五十六英尺，勢甚嵯峨，望之如束筍插雲際。【略】日中，舟人測日躔高弧，並校求時差，知所至爲赤道北十二度四十六分，京師偏西六十三度二分，蓋在索哥德拉島西北[海]中。自昨午至此行三百三十七海里。

初七日甲午，舟行入亞丁海灣。海面至此漸狹，南北廣約六百餘里，北爲阿剌伯之亞達拉毛部，南爲阿非利加之索謀里蘭。日中，舟人測日躔高弧，並校求時差，知所至爲赤道北十二度五十六分，京師偏西六十八度四十五分，北距亞達拉毛之侯拉約二百里。自昨午至此行三百三十五海里。舟夜抵亞丁泊焉。

初八日乙未。【略】鐘十下，舟發亞丁。西行約九十海里，轉而西北行，入紅海。口門廣約五十里，東爲阿剌伯也門部，西爲阿非利加亞發部，口門曰巴白曼德峽。東近也門岸有小島，曰丕林，屬英吉利，置燈塔島上，爲夜行入口之識。島在赤道北十二度四十分，京師偏西七十二度五十六分。

初九日丙申，舟行紅海。北過摩加之西、亞薩巴之東摩加也門部臨海市埠，部之會城曰薩那，在摩加東北六七百里。【略】船又北過興什島、哲貝爾蘇克島之東，又西北過塞巴葉島之東、堪穆林島之西。堪穆林，東近也門岸，屬英吉利。又西北過哲貝爾特島之東。日中，舟人測日躔高弧，並校求時差，知所至爲赤道北十六度九分，京師偏西七十五度六分。自亞丁至此行三百四十一海里。測處東爲法珊羣島，西爲達魯克羣島，法珊屬也門。達魯克之西有島曰馬蘇阿，其西大地南北環抱爲澳，島塞其外，澳內甚便停泊。

初十日丁酉，舟向西北行。紅海至此漸闊，東西距約六百里，東岸爲阿剌伯之亞西爾部，西岸爲阿非利加之努北阿國。【略】紅海居阿非利加、阿剌伯之間，兩地皆數千里大漠，無草木蔽蔭，赤日蒸沙，炎歊特甚，故東西風均從大漠來，挾暑流炎，渡紅海者恒苦之。余自入紅海，幸日得北風，一盪煩暑，尚不至苦惱也。又西北過蘇亞金之東，蘇亞金爲努北亞屬部，小有市埠。日中，舟人測日躔高弧，並校求時差，知所至爲赤道北二十度四十二分，京師偏西七十七度五十四分。自昨午至此行三百一十四海里。測處東距阿剌伯黑德倭斯岸一百五十里，西距蘇亞金岸二百三十里。黑德倭斯部會城即麥加。分度見前。

十一日戊戌，舟向西北行，過煙波之西。煙波屬黑德倭斯部，小有市埠。又西北過布勒尼西之東。布勒尼西，屬埃及國之埃斯內部。其北有地觜，東伸入海，可以停泊。又北行，隱約望西岸有山，高出雲表，其山名伊美拉爾得峰，高於海面八千三百英尺。日中，舟人測日躔高弧，並校求時差，知所至爲赤道北二十五度八分，京師偏西八十度四十九分。自昨午至此行三百一十四海里。測處東距黑德倭斯岸二百九十里，西距埃斯内岸一百三十四里。

十二日己亥，舟向西北行，過科西爾之東。科西爾屬埃及之給内部。舟行至此，紅海東岸亦爲埃及之彌的安部。蓋埃及疆域跨紅海之北，東與阿剌伯接壤，故東岸有埃及地也。又西北行，過齊爾日部之東。又西北行，過亞西烏德部之東。亞西烏德城在尼羅河西，爲埃及名鎮。埃及所修鐵路北自亞歷山德，南達於此。又西北行，入蘇夷士海灣。紅海之北有西奈山，南伸入海，分海爲二，東爲亞喀巴海灣，西爲蘇夷士海灣，均廣不過百里，而亞喀巴海灣尤短。又西北行，過迷尼亞部之東、西奈部之西。此間海面既狹，東西兩岸均在望。東望西奈山，矗出衆峰，高於海面八千四百五十英尺。【略】又西北行，過給塞部之東。日中，舟人測日躔高弧，並校求時差，知所至爲赤道北二十九度五十二分，京師偏西八十三度五十三分。自昨午至此行三百三十九海里。又北行四海里，至蘇夷士泊焉。蘇夷士屬沙克部，爲埃及名埠，在加義羅之東二百餘里，有鐵路達加義羅及亞歷山德、羅斯大、達迷也大等埠。【略】午鐘二下，復啓椗北行，入新開河。新開河者，舊本亞細亞、阿非利加兩洲交界之地，頸廣約三百里，以隔斷地中海、紅海。昔人航海者，至蘇夷士，即疑爲海之盡處，不知北逾三百里更有地中海，西出地中海更有大西洋也。此河未開，西人市舶東來者，率由大西洋經阿非利加洲之南，入印度洋，經蘇門答剌，南入巽他峽，至南洋，遶道三萬餘里。咸豐十年，始議溝通兩海，集金錢一千六百萬，法蘭西人勒塞拍斯即留瑟。董其役，至同治八年始克成工，名曰新開河。河身不甚廣，僅容過火輪大船。亦間有闊處，西岸設電綫，置電房相望。凡南船先入隘處者，電房即電知北船，令停闊處，俟南船過隘，然後南行。若北船先入，南船亦如之。因不能疾駛。兩岸積土沙易於下潰，常有機船取泥，以爲疏濬。船過者，悉按載貨頓數稽徵。聞河初成時，稽徵甚重，每載貨一頓徵法銀十佛郎又二分佛郎之一，載客一人徵法銀十佛郎，今則稍減矣。沙駕林船能載四千頓，僅徵二萬一千佛郎。【略】船禁夜行，以司電者不望見南北船來往也。此夜泊河中。

十三日庚子，舟行新開河。計自蘇夷士北行四十七里，入小白特湖，湖面廣二十三四里，水頗深，輪船往來無礙。行三十三里，出湖口，河身復狹。又北行十里，過寨拉本之東，寨拉本小有市鎮。西行三四里，即達鐵路。又西北行，二十里入大木薩湖。湖面廣約八里，水淺，僅中通一泓。湖之西北岸有市鎮，曰伊斯馬拉，屬沙克部，有鐵路西通加義羅。自蘇夷士至此，鐵路即傍河西岸，過此以北，河與路相離漸遠矣。又北行十里，出湖口。又北行四十六七里，過巴拉湖，湖水甚淺，築隄束水，行船過者不見湖面之廣也。又北行七八里，過堪特拉之西，堪特拉屬西奈部。自此以北，河西岸隄外爲彌薩勒湖，湖水浩漫百餘里，東北通波特塞得，西北至於達迷也大。北與地中海接處有長小島，斷續相間，湖内小島甚多，水淺，僅通小船，新開河即傍湖東岸，加濬築隄北達也。又北行八十里，出新開河北口，至波特塞得泊焉。自蘇夷士至波特塞得計八十七海里，合中度二百九十里。波特塞得屬沙克部，在赤道北三十一度十九分，京師偏西八十四度八分，北臨地中海，南瀕彌薩勒湖，東倚新開河入地中海處。其地南北廣僅三里，東西長亘，西與長小島接，以塞彌薩勒湖之口。市埠之北砌石爲長隄，北伸入海約三里，以蔽西北風。【略】夜鐘十一下，啓椗西北行，入地中海。

十四日辛丑，舟西北行。按地中海爲亞細亞、歐羅巴、阿非利加三洲所跨，其踞海之東岸者爲阿剌伯，爲西里亞，爲小亞細亞，三部皆屬土耳其。此亞細亞洲西臨地中海之地也。其踞海之北岸者爲土耳其，爲希臘，爲奥斯馬加，爲義大里，爲法蘭西，爲西班牙，此歐羅巴洲南臨地中海之地也。其踞海之南岸者爲埃及，爲的黎波里，爲突尼斯，爲阿爾及耳，爲摩洛哥，此阿非利加洲北臨地中海之地也。三面環以大地，東西長七千里，南北廣二千里，水面積爲方里者九百六十五萬，惟西班牙、摩洛哥兩國間之直布羅陀海峽西通大西洋，土耳其之他大尼里海峽東北通黑海，埃及之新開河東南通紅海。新開河爲人力所成，固狹隘，僅容單艦；即直布羅陀峽廣亦僅三十里，他大尼里峽廣僅十里，其東北口之暴斯勿勒斯峽最狹處僅一千八百英尺，是廣不及一里，三口均爲海之咽吭。【略】日中，舟人測日躔高弧，並校求時差，知所至爲赤道北三十二度三十二分，京師偏西八十六度四十一分。自波特塞得至此行一百五十八海里。測處北距土耳其所屬小亞細亞之加拉馬尼亞部岸七百一十里，南距埃及之亞歷山德城二百八十六里。亞歷山德爲埃及名埠，即馬基頓王所築者，尼羅河支流至此入海。

十五日壬寅，舟向西北行，過羅得島之南。羅得島屬土耳其之小亞細亞，爲方里者三千三百七十二，城埠甚佳。【略】又西北行，過斯加班多島之南，斯加班多，羅得島西南小島也。又西北行，過干地亞島之南。干地亞爲土耳其西土正地八部之一，島東西長四百六十四里，南北廣處一百二十里，爲方里者二萬七千八百四十六。中有高山，東西亘，其最高峰曰埃的亞，高於海面八千又六十英尺，四時積雪不消，與日光交輝，望之璀璨悦目。【略】干地亞之北名愛琴海，西爲希臘，北爲土耳其西土，東爲小亞細亞。三面環抱，僅東北一道通黑海，即他大尼里夾也。南則干地亞島横亘以塞愛琴海口門。【略】愛琴海中小島羅列相望，其近西岸者屬希臘，近東岸者屬小亞細亞。日中，舟人測日躔高弧，並校求時差，知所至爲赤道北三十四度四十六分，京師偏西九十二度四十三分。自昨午至此行三百一十五海里。測處北距干地亞西偏南岸一百里，東距干地亞南之加福多小島六十里，南距的梨波里之巴爾加部岸五百三十三里。

十六日癸卯，天將明，風起浪作，浪高於船，常從船頂拍過。舟人以繩爲綿蕝，扶之而行。余不勝蕩摇，堅卧不起。早鐘十下，始勉起就食，風亦稍小矣。舟向西北行，過希臘之南。【略】又西北行，過亞得亞海口之南。亞得亞海，地中海之子海也，西與北爲義大里，東北爲奥斯馬加，東爲土耳其。海狹而長，自西北至東南約一千四百里，廣約四百里，其南口通地中海處僅一百三十里。日中，舟人測日躔高弧，並校求時差，知所至爲赤道北三十六度五十二分，京師偏西九十八度二十七分。自昨午至此行三百又七海里。測處北距義大里亞浦里亞之勒塞部哥利波里埠六百六十六里，西距義大里西治里島諾托部之亞福拉埠四百七十里，東距希臘美塞尼亞部之納瓦里那埠六百里，南距的梨波里之西德拉海岸一千二百里。

十七日甲辰，舟向西北行。過義大里加拉布里亞部之南、西治里島之東，轉而北行，入墨西拏海夾。過勒格俄屬加拉布里亞部。之西，又北過墨西拏屬西治里。之東，又轉而東北行，出夾。夾爲義大里南觜與西治里島間之海，南北長六十七里，南口廣約五十里，北口廣僅六里，勒格俄與墨西拏夾兩岸爲市埠，頗繁盛。【略】舟北行，過黎巴利羣小島之東，羣小島均屬西治里。中有福爾克那島、斯克瑯波里島，均有火峰，望之濃煙自峰頂出，直干雲霄。福爾克那凡六口出火。又傍義大里西岸西北行，至拏破里口外，轉而東北行，入口泊焉。自昨午至此行三百一十海里。拏破里海澳甚得形勢，澳口西南向，拏破里市鎮在澳之北隅。自市鎮迆而西南，山峰疊起，約三十餘里。臨海爲普羅西達山，又西南渡海五六里爲伊斯查島，山島相屬，爲澳之北岸。自市鎮東南，循維蘇威火山西南麓，五十里至喀斯特馬勒，有船廠，製造兵輪，實爲澳之南隅。自喀斯特馬勒有山西南伸入海中，約三十餘里。又渡海約十里，有開普里島，爲澳之南岸。澳口廣約四十里，近日復於拏破里市鎮南海中砌石爲長隄，東西亘約三里許，船在隄北停泊，蓋距開普里南岸頗遠，故砌石以障南風浪耳。【略】晚鐘五下，啓椗出口，向西北行。入夜風雨作，船盪摇如昨。

十八日乙巳，舟傍義大里西岸，向西北行，過低白河口之西。低白河出亞卑尼奴山，西南流，行三百三十里入海。【略】又西北行，過西威大佛克雅之西。又西北行，過吉格里俄島之西、蒙特支里斯多島之東，兩島均不過方數里，屬義大里。日中，舟人測日躔高弧，並校求時差，知所至爲赤道北四十二度二十八分，京師偏西一百六度二分。自拏破里至此行二百又二海里。測處東距義大里格羅塞托部之阿畢特羅埠百里，西距法蘭西之哥爾塞牙島岸一百二十六里，西南距蒙特支里斯多島三十二三里。又西北行，過拔羅薩島之東。又西北過埃爾白島之西，此間羣小島均屬義大里，惟埃爾白爲稍大，東西約四十五里，南北約二十里，西高而東低。島西有峰，曰喀班尼，高於海面三千三百四十英尺，法王拏破侖先次流放於此。又西北行，過哥爾塞牙島之東北。轉而西行，過哥爾塞牙之科爾索觜北。【略】又西行，過摩納哥之南。【略】又西行，過尼西之南。

十九日丙午，舟向西北行，過土侖口南。土侖屬法之瓦爾部，爲停泊兵輪之埠，有造船塢。礮臺守口，甚爲堅固。【略】又西北行，至馬塞口外之佛禮優爾泊焉。自昨午至此行二百四十六海里，時早鐘方八下也。西人通例，凡船自外埠來，遇外埠有時疫流行者，必令船停泊口外二三日，方許入口，蓋恐船人上岸或傳染疫疾故耳。余船自拏破里來，適拏破里有疫，故須在口外停泊。佛禮優爾爲兩島間泊船之處，北島名拉多內奥，南島名波彌歸斯。北島東西長四里，南島自東北至西南長四五里，兩島廣均不過一里，而南島之東北頭約一里許，與北島中間爲平行勢，相距僅十分里之六七。法人於平行處之西面砌石爲隄，以聯兩島。於東面接北島山觜砌長半里之石隄，西南伸入海中，對南島之東北頭，爲口門。隄之西南端置燈塔。口門廣約半里，口内水深泓，能容數十巨艦。北島東頭之東南有小島，曰查特奥，適當佛里優爾口門之東。查特奥與北島間海夾亦可下椗。自佛里優爾東至馬塞南之英都彌觜約六里，東北至馬塞口内約十里。南北兩島均無居民，但有電報局及醫院。

二十日丁未，停泊佛里優爾。

二十一日戊申，啓碇向東北行，至馬塞口外，轉而東南行，入口，又東行泊焉，時早鐘方八下也。馬塞爲法之不世德羅内部首城，即《瀛寰志略》之馬耳塞里亞。地勢爲向西海澳，口門西北向，廣約三分里之一。其東岸觜有礮臺，曰森占，所以守口也。入口轉而東向處，南岸山麓有大礮臺，曰森尼科來斯，甚堅固，且踞地頗高，礮力可以及遠，所守不僅口内也。澳内東西長約二里，廣約三分里之二，口門迆北距岸約里許，砌石爲隄，南北亘約六七里。隄以東皆船塢，澳之南則倚山麓。旋與同人攜裝登岸，至阿得爾得全勒福客店寓焉。自上海至馬塞，計海程八千八百一十一海里，合中度二萬九千三百七十里。【略】馬塞在赤道北四十八度十七分，京師偏西一百一十一度五分。本法蘭西南海巨埠，無論法船往來必停泊其間，即英吉利與各國東行之船亦當迂道泊此，以載歐洲中原之人貨。

二十二日己酉，【略】晚鐘六下，攜裝上火車。向西北行，約數里過馬的圭斯湖之東北，湖口西南向，與海通，湖口有燈塔，湖内能行火輪，湖口之西爲羅尼河入海之口。又西北行，過山洞，至亞勒斯，屬不世德羅内部。始傍羅尼河東岸向東北行，至亞威農，部首城。入窩哥律師部，時已入夜。轉而西北行，入多羅美部，過瓦棱薩部首城。之東。又北行，入義塞勒部，過菲尼。部屬城。又北行，入羅内部，至里昂，部首城。渡羅尼河西岸。按法蘭西之繁盛城鎮，巴勒爲第一，而里昂次之。蓋里昂爲蘇安河、羅尼河會流處，河流至此始大，能通淺水輪船，南達地中海，與歐東各埠近，故貿易爲特盛，民口過四十萬。【略】過里昂始與羅尼河離，即傍蘇安河西岸北行，入索内羅亞爾部。過馬康部首城。西，又北行，與蘇安河離。西北行，入哥德多爾部。東北行，至的仍，部首城。轉而西北行，入約内部。傍約内河南岸西北行，入塞納馬爾内部。過約内河，入塞納河之口，又西北行，逾塞納河，至美倫。部首城。又西北行，至巴黎之東南車棧停輪。下火車時已天明，早鐘九下矣，攜裝至克郎阿得爾客店寓焉。自馬塞至此，計行一千七百七十里。中里。

二十五日壬子，早鐘九下，發巴黎。由北車棧登火輪車，向北行，逾痾瓦斯河，入痾瓦斯部。過波威城，部首城。又北行入索美部，過亞眠城，部首城。轉而西北行，過亞貝威勒。又北行，入巴的加雷部，循海北行，過補羅義，轉而東北行，至加來停車。補羅義、加來均法蘭西西北臨英倫海市埠，貿易繁盛。【略】自巴黎至加來計行四百七十里。舍車登火輪船，渡英倫海。按英倫海北通歐洲北海，西南通大西洋。自加來以北，西臨英倫海者爲比利時，爲荷蘭；加來之西南，北臨英倫海者即法蘭西。比與荷距英之海較廣，惟法爲近。自法渡英之道凡六：一自設貝格見前。東北渡英之蘇當波敦，在赤道北五十度五十四分、京師偏西一百一十七度五十分。計海程一百海里。合中里三百三十三里。一自哈佛爾見前。西北渡蘇當波敦，計海程一百二十海里。合中里四百里。一自低培在赤道北四十九度五十六分、京師偏西一百一十五度二十一分。西北渡英之紐海汶，在赤道北五十度四十七分、京師偏西一百一十六度二十二分。計海程七十五海里。合中里二百五十里。一自加來在赤道北五十度五十七分、京師偏西一百一十四度三十五分。西北渡英之多汶，在赤道北五十一度七分、京師偏西一百一十五度七分。計海程二十一海里。合中里七十里。加來亦可渡英之福克斯墩，較多汶爲略遠。以此道爲最近，蓋海之最狹處也，故加來、多汶爲兩國之最要地。【略】渡海約歷一小時又三十分，抵根德部所屬之多汶。捨舟登火輪車，向西北行，過坎特布里。又西北行，過法汶冉木。又西行，過茶坦姆。又西行，出根德部，入塞勒部境，轉而北行，入倫敦，逾達迷塞河，至使館住焉。自多汶至倫敦計行二百四十里，自巴黎至倫敦共八百八十里。【略】自上海至倫敦計海道二萬九千四百四十里，陸程二千四百八十里，共三萬一千九百二十里。歷時凡四十一晝夜，中間停輪寄寓凡十一晝夜，蓋行三十晝夜云。

潘飛聲《西海紀行卷》 光緒十三年丁亥七月，余受德國主聘，至伯靈城一名柏林。講經。十三日，領事熙朴爾送余往香港，申刻開船。船名保安。

十四日，寅刻抵港。【略】復送余上德國船，船名巴仁。申刻開船。

十五日，過七洲洋，碧海不波，舟行極駛，殊有萬里乘風之概。

十六日，登舵樓觀海。

十七日，大風雨，舟極搖動，不能起坐。

十八日，大風，舟亦搖動。

十九日，寅刻泊新嘉坡。

二十日，寅刻開船。行七百餘里，低山環曲如帶，樹木叢茂，後一山作團欒形，晴嵐覆水，萬緑浮動。

二十一日，過蘇門答臘，望茫古魯、波羅園諸山在雲中。又經龍涎嶼。島上龍涎可采爲香。午大風。

二十二日，大風。過印度洋，舟勢顛簸，較七洲洋十倍，客皆高卧而已。

二十三日，風勢尤狂，不食已兩日。

二十四日，日船主來慰問，云十年來無此大風，請移榻至艙面。稍能飲食。

二十五日，巳刻泊錫蘭。【略】時風濤洶湧，不敢乘小舟登岸。

二十六日，午刻開船。回望泊處波濤際天，惟十數小木船揚帆出没而已。

八月初一日，大風。

初二日，過大山島，高插雲際，横風割面，不能啓睞。舟人遥指西北，爲俾路芝漢島弋、波斯漢安息、阿剌伯漢緣支界。

初三日，風止，見眉月。將至亞丁，水面多魚。

初四日，酉刻泊亞丁。兩山對峙，碧海界之，夕陽未斂，明月已舉。

初五日，寅刻開船，入紅海口。口外山勢繚曲，最防壞舟，西人呼爲墮淚門。遥見貝林小島，如白雲一點。

初六日，見月紅色，同舟人皆詫爲奇覩。

初八日，舟行極穩。遠近層巒疊嶂，詭怪莫可名狀。日出則海霞萬派，金削芙蓉；日落則夕照千峰，翠横屏障。自航海西來，看山以此日爲最勝。晚泊蘇爾士。飛樓舞閣隱出樹杪，其右一嶺蔽天而來，則亞剌伯之西奈山也。夜半海中燃電燈，照耀波面如白晝。

初九日，寅刻起碇，入新開河。【略】河一轉爲小富湖，則魚莊蟹舍，蘆荻秋涼。再轉爲大富湖，則黑草黄沙，駱駝嘶日。三轉爲丁薩湖，則天光雲影，倒蘸冰壺，至於緑水灣環，不止虹橋九曲，粉樓高下，不減雪閣千層，此則河之勝也。河水極淺，舟行亦緩，憑闌延眺，終日忘倦。夜半泊波塞，又名博棲，蓋譯音無定也。鐙樓酒肆，人聲喧雜，彷彿香港。

初十日，巳刻開船，過地中海。

十二日，大雨，日暮雨晴。

十三日，迎面見大峰兀立海上，頂有積雪。登檣仰眺，則雲氣蓬蓬，白光變幻，不辨其爲雲雪。舟人云已至意大利界，明日可抵現華也。巳刻大風，舟蕩。

十四日，申刻泊船現華，一名伊那窪。阿思德請駕小舟登岸。税關見護照，免驗行李。

十九日，辰刻駕火車，申刻抵郭木湖客館。

二十日，巳刻坐火車，入瑞士國。過蘆干湖，湖長二千三百尺，繞數十峰。中有桑額達嶺，高四萬二千尺，山半積雪，冷光射眸，不能仰視。又穿大石洞，逾數刻始出，出則寒雲陰翳，不見天日，惟聞瀑泉鞺鞳而已。晚渡四連城湖，酉刻抵盧在城客館。

二十一日，【略】酉刻，【略】坐火車，夜半至德國南境巴塞。關吏接見，請小酌。隨换車，夜行達曉。

二十二日，寅刻入法郎格缶爾德城停車。【略】午刻坐火車，過白煙河，夜半抵伯靈城璩琦街三作西客館。

薛福成《出使英法義比四國日記》 光緒十六年庚寅正月十一日記

【略】購定法公司伊拉瓦第船票，以是日戌刻登舟。【略】伊拉瓦第船能儎三千五百三十二噸，在公司船中號爲中等，其大者能儎四千三百噸。【略】船長一百二十七法尺，每一法尺即一邁當，合工部營造尺三尺有一寸。廣十三法尺有半，馬力二千四百匹，氣力氣力即壓力。得馬力四分之一，喫水七十二法尺，每一點鐘行十四海里。每(三)〔一〕海里抵中國三里。

十二日記　晴。巳初展輪，巳正二刻出吴淞口，南行。申初入浙江境，望見諸島，西名果臘夫。近普陀山。船主至此始自能識塗，不須引港人矣。酉正過鎮海口，兩山對峙，形勢自雄。舟右視虎蹲山塔燈甚近。入夜風浪較大。

十三日記　晨微雨，午後晴。午前舟頗簸蕩，暈者吐者較多。舟南行，偏西二十七度。午正在赤道北二十六度三十一分，北京偏東四度八分。即巴黎偏東一百十七度十七分。戌正初刻，舟右諸山緜亘，已抵福建泉州境，蓋當臺灣之西北云。自昨日午正至本日午正，共行三百三十二海里。寒暑表六十三度。每日寒暑但記午正。

十四日記　晨大雨，午後晴，風浪平静。辰正過汕頭，巳刻舟行偏西七十四度，舟右諸山隱見。午正在赤道北二十二度四十八分，北京偏西一度二分。即巴黎偏東一百十三度五十七分。自昨午至本日午正，共行三百四十一海里。寒暑表六十七度。復行一百二十七海里，戌正抵香港下碇。在赤道北二十二度十五分，北京偏西二度十七分。由上海開行，越六十點鐘而達此，計程八百七十海里。

十六日記　晴，寒暑表七十四度。【略】午正一刻開行，未初二刻出口，風順船平，水見黑色。

十七日記　晴，風順浪平。舟行偏西一二十度，昨夜已過瓊州，巳正入越南境。自昨午至今日午正，共行三百四十三海里。寒暑表七十四度。在赤道北十七度二十五分，北京西五度二十四分。水見翠藍色。

十八日記　晴，風順浪平。舟南行偏西一二十度，水見綠色。辰刻後舟右諸山或遠或近，連緜不斷者數百里，其崖皆童，其土或赭色。午初所過者曰平頂山，屬越南順化府境。自昨午至今日午正，共行三百五十四海里。寒暑表七十六度。在赤道北十一度四十九分，北京西七度十二分，巴黎東一百六度五十七分。未初過白大蘭海角。洋文譯爲派達姆角。【略】亥初舟右見塔燈，蓋距西貢口近矣。

十九日記　晴，子正進西貢口，舟折而北。西望水面數十里沙水淺阻，不能暢駛，惟順東岸山麓曲折緩輪而行。入口里許，半山凹處有法國兵房礮臺，頗占形勝。寅初二刻停泊馬頭。自昨午至進口，共行二百三十二海里，由香港至口共行九百十五海里，又行十五海里而停泊焉。【略】西貢在赤道北十三度十三分，北京西九度十六分。進口港與瀾滄江一名考罷提江。平行，相距甚近。【略】由西貢至柬埔寨，輪船二日程。由柬埔寨至暹羅，輪船四日程。

二十日記　寅正一刻展輪，辰正二刻出口，舟南行，偏西十五度。午正寒暑表八十度。船左見小島數座。自展輪至午正行九十九海里。在赤道北九度二十九分，巴黎偏東一百零四度三十七分。未初舟右見山，蓋考罷提角也。【略】是日晴，風逆舟蕩。午正陰。

二十一日記　晴，風順船平，寒暑表八十六度。自昨午至今日午正行三百四十五海里。在赤道北四度四分，北京西十一度一分。巴黎東一百零二度四十七分。

二十二日記　丑正到新嘉坡，停輪候潮。卯正進口，泊碼頭。在赤道北一度二十分，北京西十二度三十八分。自昨日午正至此行二百海里，距西貢六百三十七海里。【略】是日晴，午後雨，即止，寒暑表九十二度。

二十三日記　晨雨，旋晴，風微舟平，寒暑表八十六度。自展輪至今日午正，行二百六十一海里。在赤道北三度二十九分，北京西十六度十五分。巴黎東九十七度五十四分。舟向西北，過麻六甲海峽，蓋右麻六甲而左蘇門答臘也。水見淡藍兼黃色。

二十四日記　黎明薄霧，頻響氣筒，不一刻即出霧界。舟西北行，午正在赤道北五度四十七分，北京西二十一度四分。巴黎東九十三度五分。自昨午至今日午正，行三百四十一海里。寒暑表八十六度。船右見山，樹木葱翠，洋人名之曰渭。船左島上有塔燈，乃蘇門答臘之西北盡處，西名勃臘司也，過此入印度洋矣。是日晨大雨，旋晴，屢逢陣雨，風逆舟蕩。

二十五日記　乍雨乍止。舟指正西，風大，舟甚蕩，嘔者極多。寒暑表八十四度。昨午至今午行三百三十一海里。在赤道北六度四分，北京西二十六度三十一分。巴黎東八十七度三十八分。

二十六日記　乍雨乍晴。舟仍西指，風微，舟稍平。寒暑表八十四度。昨午至今午行三百十三海里。在赤道北六度七十七分，北京西三十一度四十八分。巴黎東八十二度二十一分。

二十七日記　晴，風小舟平。丑正過包恩得葛拉，似即曾侯日記之巴德夾。印度之東南境也。卯初舟右見來無塔燈，蓋錫蘭東南境，山巒起伏。障海而西，午正抵錫蘭島之克倫伯。一作格崙坡，曾侯日記謂應作科郎埠。自昨午至此行三百五十三海里。寒暑表八十七度。埠無碼頭，檥舟海中。錫蘭一島長二百五十英里，闊百五十英里，周圍得二萬五千方英里，人丁二百五十萬，克倫伯其大埠也，距新嘉坡一千五百九十七海里。

二十八日記　子初開行，至午正行一百七十五海里。在赤道北七度三十二分，北京西三十九度三十一分。巴黎東七十四度三十八分。是日晴，風小船平。寒暑表八十四度。

二十九日記　晴，寒暑表八十三度。昨午至今日午正行三百三十九海里。舟西北行，浪静風微，海天如鏡。午正在赤道北八度三十一分，北京西四十五度二分。巴黎東六十九度七分。

二月辛未朔記　晴。西行，少北，舟平如砥。寒暑表八十三度。昨午至今日午正行三百四十海里。在赤道北九度四十九分，北京西五十度三十五分。巴黎東六十三度三十四分。

初二日記　晴。西行，少北，風小船平。寒暑表八十一度。昨午至今日午正行三百四十海里。在赤道北十一度十二分，北京西五十六度八分。巴黎東五十八度一分。

初三日記　西行，偏北。昨午至今日午正行三百四十六海里。寒暑表八十一度。在赤道北十二度三十四分，北京西六十一度四十八分。巴黎東五十二度二十一分。舟左傍沙各脱臘山，《使西紀程》作「蘇克得拉島」。是島亦隸英國，長六十洋里，闊二十洋里，土著約四千人，俱阿剌伯種也。山脚有一德國輪船擱滯淺沙，幾及兩年，規模尚未全損。西人因言，由此山起至阿非利加之山角名曰嘉特分。止，海底沈沙倏忽聚散，行船者俱有戒心焉。是日晴，夜半舟微蕩。

初四日記　舟指西北，水深藍色。昨午至今日午正行三百三十九海里。寒暑表八十度。在赤道北十二度四十五分，北京西六十七度二十九分。巴黎東四十六度四十分。【略】是日晴，風小舟平。

初五日記　寅正抵亞丁灣，進口下椗。在赤道北十二度五十二分，北京西七十三度三十分。巴黎東四十六度四十分。克倫伯至此計程二千一百十七海里，由昨日午正至此行二百三十八海里。童山不毛，奇峰壁立，水深綠色。英人建屋東南山麓，爲往來舟艦接濟煤水之所。本阿剌伯海口，山後故城在焉。【略】辰正大雨，約一刻止。聞此間從前三二年一雨，今則半年一雨，而余此日獨遇雨焉，殆偶然歟？【略】午正寒暑表八十五度。酉初啓輪，子正入紅海口。海頸名勃白爾門，又名哭海頸，中國地圖曰流淚門。兩山南北矗立，以海面望之，約三洋里，然水底皆有礁石，中間可行者僅一洋里也。由歐洲入中國者，此頸壞船最多，故以哭頸名之。南山名丕立姆，英人亦設礮臺，有兵百餘扼守，兼設塔燈二座。行五六洋里，初入紅海。兩邊尚見岸，左阿非利加，而右亞剌伯也。

初六日記　晴，風小舟平。寒暑表八十三度，午後八十七度。開輪至午正行二百八十九海里。舟右見小島突出海面，皆沙石，無草木。午正在赤道北十五度十八分，北京西七十四度三十四分。巴黎東三十九度三十五分。海水不見紅色，仍深藍色，兩面不見涯岸。

初七日記　晴，寒暑表七十九度，最涼時七十三度。昨午至今午行三百三十三海里。在赤道北二十度，北京西七十七度三十七分。巴黎東三十六度三十二分。入夜，風大浪湧。

初八日記　晴，舟指北，少西。東北風大，顛簸殊甚。寒暑表（四）[七]十三度，最涼時六十九度。舊云紅海炎熱，而此次氣候獨涼，蓋因北風來自歐羅巴也。倘南風從阿非利加而來，必熱矣。兩洲空氣冷熱懸殊，風之激盪，挾空氣以俱來也。昨午至今日午正行三百零七海里。在赤道北二十四度二十五分，北京西八十度十六分。巴黎東三十三度五十三分。自入紅海以來，兩邊並不見岸，海水由深藍變深青色，日光所映，翻出波浪，亦間有似淡紅色者，惟諦視之則非耳。

初九日記　子初過來北賴燈塔，辰初過阿要臘非燈塔，已進蘇彝士海灣矣。船左右皆有山羅列，直接至新開河止。海面闊僅十餘里，或二十餘里不等。昨午至今日午正行三百二十海里。寒暑表六十八度，午後七十五度。申刻後日光斜照，浪無微紋，如蕉之翠，如鏡之清，時有水母浮沈海面。此處爲土耳其之埃及總督所轄，埃及即麥西也。【略】惟地多沙漠，尚近紅海之尾，每東南風一起，挾阿非利加之空氣以俱來，令人異常煩熱耳。午正在赤道北二十八度四十三分。巴黎東三十度三十九分。又行七十九海里，酉初抵新開河即蘇彝士河。口，距亞丁一千三百二十八海里。有小輪舟來收進口税，是船能容三千五百噸，應納税洋銀七千圓。又船上約有人五百，應納税洋銀一千圓。計納八千四百餘圓，合三萬五千佛郎，其費可謂重矣。然經理此河者費用亦甚鉅，河中挖泥機器船分佈各段，恐浮沙之淤積也。岸旁電綫相接，十里設一電局，見有來船，則電告前船，使停泊以相待，以兩船不能並行也。又於江路窄處懸球於桿，大如瓜，以爲表識，與電綫相表裏者也。入夜紅綠燈沿河排列，紅左綠右。恐黑暗不能見浮筒也。【略】戌初進河口。河長八十七洋里，廣七八丈，深約三丈。亥初，船主導觀電燈及羅盤、星圖、地圖之屬。從前禁止夜行，近有電燈，夜間並不停泊。電燈在船首，照耀可二三里。蘇彝士埠乃新開河之南口也，有市鎮，貿易頗盛，距口八里通以鐵路。在赤道北二十度五十七分，北京西八十三度五十七分。【略】埃及有海口三：曰達每太，曰蘇彝士，曰亞勒散得。

初十日記　晴，舟甚平。寒暑表八十六度。水翠綠色，乍行乍止，因來往舟甚多，隨處停避，且緩輪而行。夾岸沙灘，晝時適值南風，熱氣隨風沙撲面，令人躁悶難受。此河之東爲阿剌伯，西爲埃及地。

十一日記　子正舟抵波賽，一作鉢碎。亦名波脱賽德。波脱，譯言埠；賽德，其地名也。在赤道北三十一度，北京西八十三度五十九分。爲蘇彝士河之北口，距南口八十七洋里。是處有大湖，出口即地中海也。泊舟甚多，居民約三萬有奇。其西爲達每太，又西爲尼羅江口，又西爲亞勒散得。【略】停波賽三點鐘，寅初解纜，入地中海。舟指西北，午後爲薄霧所迷，舟人測水淺深，知西行太過，復撥舵而東，申初二刻始抵亞勒散德。埃及總督駐此。下椗，在赤道北三十度九分，北京西八十六度三十五分。居民十餘萬人，洋房毗連，帆檣雲集。近岸處東西長隄各一，以障風濤。礮臺塔燈，參差羅列，土耳其所屬一大口岸也。波賽至此約有一百八十海里。寒暑表七十五度。水翠緑色。是日逢土耳其國王誕辰，各舟皆滿懸彩旗爲賀。酉初小雨，即止。展輪復行，有公司行派運淡水來船之小火輪纜挂船尾，未及解放，被撞，頃刻沈没，幸未傷人，足見行海之險。

十二日記　晴，風大舟蕩。向西北行，昨午至今午止行二百三十九海里。寒暑表六十八度。在赤道北三十三度三十四分，北京西九十度二十四分。巴黎東二十三度四十五分。戌正，舟右横山一帶塔燈熒然，乃土耳其之開恩特島也。一作「康第島」，在西臘境外。自入地中海後，水淡藍色，驟望之似黑色，蓋深故也。日光耀之，或作淡緑色。入夜舟蕩尤甚，嘔吐者十有七八。

十三日記　晴，東北風仍大。昨午至今日午正行三百十六海里。寒暑表六十一度。在赤道北三十六度五分，北京西九十五度五十五分。巴黎東十八度十四分。酉初風息，船平。

十四日記　清晨船向西北，過枚息那海峽。左爲昔昔利一作細細來。島，其巨鎮曰梅新；右爲意大利之南省卡臘勃來，一作鉛來勃山。其巨鎮曰而愛及。兩岸皆山，火車往來如織，叢林滴翠，樓閣參差，嶺頭積雪未消。舟人謂春夏之間花放滿山，香聞百里，誠勝境也。昔昔利島之南約六十海里，即英屬之麻爾太島。其北一島中有火山，恒騰煙霧，望之在舟之右。昨午至今日午正行三百四十四海里。寒暑表五十八度。在赤道北三十八度四十五分，巴黎東十二度十七分。午後大風，雷雨，約逾時止。入夜風浪尤惡，船傾側時至二十九度，半邊輪盤但聞乾響。船外波濤震撼之聲，與船内器皿毁壞之聲，終夜不止，令人心悸。丑正過意大利之拿波利海口，昔許(倬雲)[竹筼]星使由此登岸，乘火車至伯靈。拿波利西北一百二十洋里，即意大利之羅馬都城也。

十五日記　晴，黎明風漸息。昨午至今日午正行三百十五海里。寒暑表五十八度。在赤道北四十二度四十八分，北京西一百零六度四十一分。巴黎東七度二十八分。舟左望見考息卡島，山巔積雪，高與雲齊，乃法之屬島也。入夜西北風大作，同人皆驚暈嘔吐，狼狽不堪，惟余尚無恙。

十六日記　晴。卯正抵馬賽，計昨午至今凡行二百三十二海里。在赤道北四十三度十七分，北京西百十一度七分，距亞勒散得一千四百零八海里。

十八日記　晴。酉初二刻，余挈眷屬及參、隨、繙譯等乘馬車至火車棧，坐半時許，酉正二刻登火車，又十五分展輪。馬賽鐵路處處通行，遥望之幾如蛛網，東至意大利，至蘇彝士；東北至比國之勞而林，北至梅恩，西北至巴黎，西至勞而來脱，至開埃，西南至開恩脱而至愛維隆。一路行車，過各鎮皆停輪，共停輪五六次，每次停五分鐘，多則十分鐘。丑初三刻抵一鎮，名培弗脱，市肆繁盛，燈火輝煌。丑正抵里昂，又名立墉，爲法國第二雄富之城，水陸通衢，商賈輻湊。

十九日記　卯刻大雨，辰刻晴。巳初二刻抵巴黎火車棧，旋易馬車至使館。【略】巴黎在赤道北四十八度五十分，北京西一百十四度九分，在北京之北八度五十七分，在倫敦之東二度二十分。

[三月]初四日記　【略】余於本日率同眷屬及參贊黄公度，繙譯那華祝，隨員趙静涵、楊叔平，供事王鵬九等，乘馬車至火車北棧，遂登火車。行二百洋里，至葛賴一譯作「坎來司」，又作「加利」。海口易輪舟，渡海峽，約一點鐘零十分，行二十洋里，至英國之多甫一譯作「都發」，又作「渡浮」。海口。仍坐輪車，行七十八英里，抵倫敦之維多利亞車棧。芝田中丞已在此相迓，遂與同坐馬車至使館。由法赴英渡海有兩口：一由葛賴至多甫，僅行一點鐘有奇，峽稍窄，而濤浪掀激，船易顛簸。一由法之布倫海口至英之福克司敦，約行兩點多鐘，峽稍寬，浪亦稍平。倫敦在赤道北五十一度三十一分，北京西一百十六度二十九分。按北京在赤道北三十九度五十三分，則倫敦在北京之北又十一度三十九分矣。以經度推算，倫敦午正應遲北京午正七點鐘三刻五十六秒，北京午正實倫敦丑正十四分四秒也。

[四月]二十二日記　巳初二刻，率參贊陳季同、學生王豐鎬、武弁王鐸及庖人一名，乘馬車至車林克洛司車棧。巳正火車開輪，午正抵多甫海口，計程七十八英里。未到多甫之前先過福克司登停車五分時候，此處亦英法往來之海口也。自此傍海而行，即抵多甫。易比國輪船，行四點鐘時候，計程約六十四洋里，申正抵比國之澳斯唐脱海口。又乘火輪車，約行八十五洋里，酉正二刻抵北車棧。復換馬車，酉正三刻抵客店。【略】比國都城名伯魯色爾，在赤道北五十度五十二分，倫敦東四度零二十分，北京西一百十二度九分。

二十九日記　未初一刻，余率參贊、學生等由比都啓行。先乘馬車至北棧，換坐火輪車，過明司，停三分鐘。街市繁盛，比國之大埠也。過分呢，爲比法交界之地，停二十分鐘。【略】酉正二刻抵巴黎之火車棧，換乘馬車，戌初一刻抵使館。是日共行三百十一洋里。

[五月]初二日記　巳正由法館乘馬車至火車棧，換坐輪車。午初三刻抵阿明，停二十分鐘，未正抵布倫海口。亦有法國海關，街市繁盛。上輪船，未正一刻啓椗，渡海面二十八洋里，申正一刻抵英國福克司登海口。又有英國海關。乘火車，開輪，酉正一刻抵采令克路司即車林克洛司。車棧，換馬車，酉正二刻至使館。計由法館至布倫海口皆法界，陸程二百五十四洋里。由福克司登至英館皆英界，陸程七十一洋里。

[十二月]二十日記　【略】[王]省三先由德返英，由英隨余來法，昨將日記送(聞)[閱]，茲(持)[特]撮録其程途、形勢、政俗之梗概焉。由倫敦之車林克路斯火車棧啓行，二十分鐘抵倫敦城内之鉛能斯脱里脱車棧。又一點二十五分鐘抵愛虛福特，又三十分鐘抵福克斯登，又十分鐘抵都甫鎮，又二十分鐘抵都甫海口。以上所紀之候，併停留時在内，每處停留不過三四分也。登舟行兩點鐘，始渡海峽，抵法國之加利海口。赴海關查驗行李竣，乘德國之寇倫火車，行經加利鎮、經商大梅車棧，經矮材孛羅克車棧，各停二三分鐘，共閱三點鐘，至利勒，法國大鎮也。又行兩點鐘，左邊見高山一帶樹影參差，詢之，知比利時都城伯勒塞爾也。又行三點五十分鐘，抵利雅許，此鎮係比國製造槍礮廠之所，亦要地也。又五十五分鐘抵維爾威業，停二十分鐘。又二十分鐘抵德國邊界，曰海爾維斯他爾。又赴海關查驗行李，停二十五分鐘。又三十五分鐘抵愛克塞拉沙貝爾，又兩點半鐘抵寇倫，寇倫爲德國有名之鎮，土産香水，甲於歐洲。此處須換車，稍爲停留。【略】由寇倫開車約行四十五分鐘，過來因河上之長橋，抵杜就爾對甫鎮。又所過之地曰杜愛斯伯來，曰澳白好成，曰陶脱明，曰喊姆，曰明度，各處稍有停留，共閱六點半鐘抵海挪威，即漢諾威故國也。是處爲英、法各國必由之路，亦稱名勝焉。又所過之地曰勒爾德，曰斯湯特爾，又過易北河上之長橋，至斯邦道，共閱四點半鐘，遂抵柏林之茀理特里許斯脱拉賽車棧。中國使館在黄大海斯脱拉賽十八號，居德京之西偏。斯脱拉賽者，譯言街也。大約由英至德經行英、法、比、德四國之境，約需三十點鐘以内可到，併各處停留在内。其道(理)[里]無從查考，若以中國里數計之，當在三千里以外矣。

二十二日記　克魯伯廠，歐洲製造槍礮著名絶大之廠也。往觀者由德京禽獸博物院開車，約需四點鐘抵海挪威鎮，又五十分鐘抵明度，又二點鐘抵喊姆，又三十分鐘抵陶脱明。換慢車，開行約兩點零十五分鐘抵愛森，廠主之樹林及住宅皆在焉。

[光緒十七年辛卯]二月乙未朔記　【略】於夜八點十五分鐘乘馬車行，半點鐘至里昂一譯作立墉。車棧，登火輪車。凡夜行者可買輜軿卧息之車，其票價較頭等坐位稍昂。九點鐘開行，夜半一點四十三分鐘至提從，《萬國輿圖》作「宋秋」，屬法國若多阿郡。三點三十九分鐘至馬崑。屬法國順阨洛哇郡。

初二日記　黎明五點五十九分鐘至居禄，屬法國。六點二十八分鐘至愛來培，屬法國。九點四十二分鐘至馬達恩，屬法國。穿法義界之阿爾魄士一譯作亞爾伯。山，下午一點五十八分鐘至丟來。《萬國輿圖》作「佗利諾」，屬(義)[義]國丕厄蒙納省。阿爾魄士山勢盤礴，劃分義、法兩國之界，東起奥地利亞，横亘瑞士南境，袤延三千餘里，鐵路蜿蜒於山谷中。卷簾四望，皆高峰環繞，積雪瀰漫，一白無際。盡日穿行山洞，頃刻即過者約數十處，最後穿一洞，長十七啓羅邁當，約中國三十三里。行二十五分鐘始豁然開朗。山之北爲法之馬達恩，義國設關查驗客貨於此。洞之南口爲義之丟來，法國亦設關查驗焉。既出南口，氣候温和，岡巒回互，絶澗鳴湍，頗饒佳景。六點十分鐘至然恩，《萬國輿圖》作「賤諾伐」，德國譯音作「折弩阿」，屬義國里沽力阿省。此處爲地中海要口，闤闠帆檣，亞於法之馬賽，與亞力山德、拿波利兩處均稱義國之大埠焉。夜十點五十分鐘至必士，即往歲二月十一日輪舟所經之波賽也。《萬國輿圖》作「帔薩」，屬義國拖士卞納省。由然恩至此，鐵路逼近海岸，火車遵海而行，距水近處僅咫尺耳。

初三日記　晨七點鐘至羅馬，義國都城也。【略】羅馬在赤道北四十一度五十四分，京師西一百零四度，巴黎東十度九分。近地中海之濱，城跨泰擺江上，聯合七山之址，故西人亦謂之七山城。

二十四日記　【略】申初至車棧，登火車，行十里許即至阿徧乃因士山之麓。蓋義國全境若人股著屐，横展於地中海，山乃股之骨也。重岡複巘，迎面而起，有大溪潺潺，蓋泰擺江上流也。穿山洞約數十，亥初十分至勿羅郎斯，屬義之士斯街尼省。丑初十五分至蒲琭尼，屬義之愛米省。蓋已度阿徧乃因士山而北矣。

二十五日記　卯正十分至密蘭諾，一譯作「迷郎」，屬義之郎拜而底省。義國北境通商大埠也，東達奥都，北通瑞士。【略】辰初十三分登火車，遥望小山簇峙，遠近連亘，村民多繅絲釀酒爲業。女桑布野，一律翦齊，高三尺許，柔條初芽，行數百里不絶。葡萄支棚，互相聯屬。巳正至果穆，義界盡處也，遂入瑞士國境。抵阿耳魄士山之麓，層巒疊嶂，積雪皚然，一白無際。山路由漸而高，鐵軌斜上，俯視絶壑，深杳無底，林麓人家，蹲若雞塒，側道褊峽，車行亦緩。午正至柳街諾，一譯作「羅下諾」，屬瑞士之泆山省。萬山之中忽開空曠，晴湖如鏡，明淨無塵，倒影澄碧，濱湖萬家闤闠相連，蓋各國王公卿相以及文人學士、富商巨族，無不駕飛車，挾重貲，僦居數月，徜徉於翠嵐緑漪之中，亦多有營别墅於此者。車行益北，路益高，峰益峻，雪益深，景益奇麗，火車出入山洞中，忽然窅黑，忽然開朗，霎時之間，明滅百態，如圖畫之忽展忽收，令閲者應接不暇。凡穿數十洞，有行五六秒鐘者，有行四五分鐘者，惟山東得捺爾洞爲最長，行至二十餘分鐘。此處山高一千一百十四邁，洞正當山心，南口爲愛羅羅，屬瑞士之德散省，即迭山省。出北口過盎堆而買特，又經小洞數十，至果斯雪囊，屬瑞士之越利省。始穿阿耳魄士山之背矣。地勢漸下，雪山萬疊，拔地插天。又經山洞二十餘，濱徂指湖一譯作「蘇克湖」。及指脱爾缸東湖而行，酉正度越勒嶺。自入瑞士國境以後，車行終日，大抵皆阿耳魄士山也。山中吐納萬景，變幻不可名狀，搜奇挹勝，俄頃忽殊，縱眺諸峰，或遥障如城墉，或巍峨如殿闕，或攢簇如列笏，或分峙如置棊，或雄踞如虎豹，或蜿蜒如龍蛇，或旋折如蝸螺，或昂企如獅象，或樓閣如鏤雲，或溪澗如轟雷，或噴瀑如拖練，或漱石如鳴玉，或密林如帷幄，或吐花如錦繡，或麥疇如翻浪，或松風如洪濤，青靄迎人，湖光飲渌，宜其名勝甲於歐洲，西人羡瑞士爲洞天福地，良有以也。戌初五十四分至伯勒，一譯作「巴勒」，亦作「排而」。伯勒爲四國交衢，過客如織，凡赴法、赴德、赴瑞士、赴比利時者，均於此分道焉。又換車，入德之新疆挨勒賽斯省，關吏譏察嚴密，驗照方許入境。

二十六日記　寅初過海奪拉陪爾，屬日耳曼列邦之拜晏。卯初四十分至法郎克福爾，一譯作「佛郎渡」，又作「法蘭團」，屬日耳曼列邦中之海琛。海琛，一作「埃塞」，又作「黑辛」。地居日耳曼適中。【略】辰正四十五分由法郎克福爾換車啓行，沿途漸見平疇，電竿林立，紛布交錯。未初入普魯斯國境，繁華不如英法諸國，房屋之式亦較儉樸，然頗有整静嚴肅氣象，夾道樹林陸續相接，枝柯繁密，松柏尤多。酉正至柏林。

二十八日記　午初五十三分發柏林，赴火車棧，登車起程，仍經大樹林而行。申初四十五分至漢諾威，一譯作「海挪威」，又名「亞諾威爾」，本日耳曼列邦之一，同治五年爲普所滅。亦大鎮也。酉初四十五分至阿樸，屬普國之沙而龍省。始經山麓，居民房屋皆鋭其上，如剡圭形。戌初四十五分過一機器大廠，徧燃電燈，鎔鐵所五六處，火光燭天，基址絶大，惜未知其何名也。戌正十五分至皮斯婆克，亥初十五分至稠式查夫，一譯作「杜就爾對甫」，濱來因河。車度來因河上之長橋。亥初四十五分至果爾尼，一譯作「寇倫」，又作「科隆」。地當孔道，水陸交衢。濱來因河。德法兩國鐵軌不同，於此必换車焉。又登車前行，至俾爾惟愛，德界盡處也，譏察嚴密，非護照不能前進，即火車伺候之德人盡易法人焉。火車之由法界來者，亦必於此盡易德人，否則必遭訶禁。再西越比利時北境，至法之慕耳亞孫，入法國界，法關亦驗照放行。時已夜深，所過關隘村鎮不能觀其形勝，察其利病，殊可惜也。

二十九日記　辰刻還至巴黎使館。

闕名《澳洲紀遊》　光緒十三年十二月五日，由香海鼓輪，閲八日而抵新嘉坡。自此至珊摩朗，海中島嶼棊布星羅，大小錯峙，日朗雲開，則見黛峰隱現，螺髻參差，遥望樹木叢茂，葱蒨撲人，風定波平，舟行如瀉。既抵埠，遂寄椗，唤小舟登岸。密林深箐，掩映於山谷間。曲徑斜行，風景幽寂，林鳥千百，鳴聲上下，嵐光樹影，空翠欲滴。入其中，頓忘塵世。廛市之盛亦不減他島，商賈輻輳，貨物殷闐，向稱貿易衝繁之地。按珊摩朗屬於噶羅巴，爲荷蘭藩部，一名刹未倫，乃其海口也，距雪里朋二百四十六里。入口礮臺森峙，船塢即設於此，以便修葺舟艦。鄰境土産悉販運至此，稱要地焉。游歷興盡，返舟高卧。十有九日，子刻起程，睡夢中聞雙輪旋轉聲，激浪衝風，去若甚駛。二十三日乃遶出島後，諸嶼既盡，一水無涯，洪洋失岸，巨浸稽天，連日濁浪排空，驚濤撼地，頓覺簸蕩不定，舟中人有委頓偃卧者。二十八日，抵薩摩捷埠。【略】停泊半日，薄暮乃行。自此歷三晝夜，背日而駛，夕泊。因海中多石筍，森然矗立，或水深，不可得而見。航海者偶觸之，立齏粉。即至堅之海舶，無不潰成洞穴，以此觸目驚心，輒相戒爲險途，過此者額手交慶。十四年正月元旦，酉刻抵克釐雲卑埠。是埠乃島中海灣，西人旅居行賈者凡百餘家，市廛寥落。【略】舟行至此，天氣始寒，朝暮可著木棉。是日戌刻啓行，三日已抵巴雲奇埠，風景與克釐雲卑相髣髴。海中賈舶商帆未見一二，但有沙鷗海雁翺翔空際而已。泊舟久之，小艇絡繹而來，皆接遞書札者也。午正起椗，四日戌刻抵客波尼卑。即有小輪船駛來，領取郵筒，以重驛務。是埠距洛錦敦約百五十里而遥，華人謀食其地者不知凡幾。惜以道遠，未得借飆車電馭之力，而一覽其風景也。亥刻解纜，六日午初抵庇里奔，泊舟海口。瀕海與内埠相距約百二十里，帆艦泊此，僅四艘有小輪船來分遞書札。七日，寅初舟行。是夕北風大作，銀濤拍天，凝雲四垂，天色昏霾如晦，氣候驟熱，有若夏時。聞是島天時寒暖與别國不同，往往冬夏相反。八日，風勢稍息，陽光不匿，惟駭浪奔騰，尚覺驚心眩目。九日，午刻抵悉德尼。乃會城也，在島東南，埠内居民十萬餘，街衢廣潔，廬舍崇閎。【略】十日，戌刻啓行，十二日夜半抵迷里奔，距悉德尼一千二百七十里。海濱泊舟，馬頭穹然高跨，亘若長蛇，登岸八九里始入城。